rowohlt

Heinz-Gerhard Friese

Die Ästhetik der Nacht

Eine Kulturgeschichte

I: Leib und Raum

Rowohlt

1. Auflage September 2011

Redaktion Wolfgang Müller
Satz hanseatenSatz-bremen, Bremen
Druck und Bindung CPI – Clausen & Bosse, Leck
Printed in Germany
ISBN 978 3 498 02057 6

Inhalt

B. Nachtleib

Vorrede

Dunkler Anfang

Sie sinkt herab, bricht herein, steigt gelassen an Land, die Nacht, Tochter des Chaos.[1] In vielen Mythen kommt sie von außen, von ganz weit her, aus dem All, aus der Unterwelt oder aus der Zeit vor der Zeit. Der Gott der Juden und Christen schwächte und verdrängte ihre Macht über die noch hässliche Erde, indem er Licht aus dieser älteren Dunkelheit abschöpfte, der Rest-Suppe nur eine periodische Wiederkehr einräumte und diese Finsternis Nacht nannte.[2]

Doch die periodische Nacht ist hausgemacht: Die Erde selbst umnachtet sich, indem sie der Sonne die Kehrseite zeigt und hinausblickt in die ‹ewige Nacht› des Alls. Nun gut, die Erde blickt heute nicht mehr selbst; aber alles, was auf ihr aufblicken kann, blickt nachts durch den Nachtschatten der irdischen Atmosphäre hindurch, hinaus in die unendliche All-Nacht.[3] – Sonnenanbeter mögen einwenden, dass die Erde sich doch, wie das Leben auf ihr, der Sonne *zu*wende. Dass dabei eine Ab-Seite der Zuwendung, die Nachtseite, entstehe, sei sozusagen ein Kollateralschaden. – Doch damals, als die Bewegung noch von außen kam, Sonne und Sterne aufstiegen und sanken, Nächte und Tage *kamen* und *gingen*, wendete sich Hesiods Mutter Erde sehnsuchtsvoll einer männlichen Nacht zu, ihrem Sohn namens Uranos, damit der sie umfange und besame. Aus dieser Hochzeit von Nachthimmel und dunkler Erde entstanden Einzelhei-

1 Vgl. frz. la tombée de la nuit und engl. the nightfall.

2 Vgl. zu Urnacht und zu Nacht, älter als der Tag: E. Th. Reimbold: Die Nacht im Mythos, Kultus, Volksglauben und in der transpersonalen Erfahrung. Köln 1970, S. 7. Etliche Zeugnisse lassen sich auf die verräterische Erkenntnis reduzieren, dass der Anfang von allem dunkel sei, das Ältere dunkler als das Jüngere.

3 Auch vom All sehen wir nie alles, sondern nur das, was wir von unserer Nachtseite aus sehen. Das je sichtbare All repräsentiert trotz grandioser Tiefe gewissermaßen unsern beschränkten, abgeschotteten, abseitigen Standpunkt auf der Rückseite der Erde.

ten der Gaia-Logie (also der Geologie) wie der Ringstrom Okeanos oder die Berge, sodann die Göttergeschlechter. Sogar die Menschen sind Kinder der Erde.[4] Erstaunlicherweise war der weite Nachthimmel Uranos selbst vaterlos aus dem Innern der Mutter Erde hervorgegangen. Periodisch wurde es nun Nacht, indem der ‹scharfe› Uranos mit seinem Leib den Leib seiner Mutter ganz bedeckte. Nur deshalb umhüllte Nacht die Erde, weil er wieder eindringen musste – in den noch dunkleren Ort seiner Herkunft. Die nächtliche Periode war eine Oszillation aus äußerer und innerer Nacht; früheste Assoziationen zur Nacht waren Umhüllen / Verhüllen und Eindringen / Ausstülpen.[5]

Wir wissen heute, dass die Periodizität der Nacht aus der Rotation der Erde um ihre eigene Achse entsteht. Diese Rotation hat nichts mit ‹Zuneigung› zu tun, nicht einmal mit der Sonnen-Anziehung, die durch die Laufbahn um die Sonne abgelenkt werden könnte, sondern sie rührt aus ihrem eigenen Innen her: Die Eigenrotation, anders gesagt, die Wanderung der Nacht um die Erde, ist Ergebnis ihrer inneren Verdichtung – und Verdunklung – aus Gasen zu Klumpen. Wohl für die Periodizität der Nacht, nicht aber für die Dunkelheit selbst ist die Rotation entscheidend. Selbst wenn es sie nicht gäbe, so bliebe es doch bei einer dann eben dauerhaft fixierten Trennung von Tag- und Nachtseite. Und auf der Nachtseite sähe man ewig in die ewige Nacht hinaus. – Doch warum ist es auf der Nachtseite dunkel? Die Sonne ist doch nah genug! Auch das liegt eben an der Verdichtung der Erde. Wäre sie ein gläserner Hohlkörper, gäbe es ewigen Tag auch auf der Nachtseite. Die Verdichtung zu einem Planeten Erde ist die Ursache ihrer nächtlichen Periodizität *und* nächtlichen Verdunklung.

Die Griechen, die die Erde (Gaia) mit demselben Prädikat belehnten wie die Nacht: schwarz, ahnten immerhin, dass es einen Zusammenhang zwischen der Weltraum-Nacht und der Nacht der Körper gibt, die Schatten werfen können, weil sie auch innen dunkel sind. Parmenides sieht

4 Siehe Pindars 6. Nemeische Ode. – Prometheus, der Enkel von Erde, bildete die Menschen, wie auch der jüdische und christliche Gott, aus Erde. Auch Mythen anderer Kulturen kennen die leibhaftige Verwandtschaft mit (der) Erde.

5 Letzteres häufig als Gegensinn von Begattung und Geburt. Indem Uranos zurück in den Mutterleib will, verhindert er das (nächtliche) Herauskommen seiner Nachkommen.

den Zusammenhang, wenn er die Nacht «schwer» nennt, obwohl sie doch seit Homer «schnell» ist. Diese zwei Nächte gehören von Anfang an zusammen: *draußen* die unermessliche Nacht, welche die wenigen Sterne nicht erhellen können – *drinnen* die Nacht in den Massen, in den Körpern der Erde und in allem, was aus Erde gemacht ist. Beides verbindet sich in der dritten, der atmosphärischen Nacht *Nyx*, die an die Weltnacht reicht und zugleich im Inneren eines leuchtenden Sonnensystems vermöge der Schatten werfenden Rotation einer Planetenmasse entsteht. Nachts taucht die Göttin Nyx aus der Unterwelt auf, wohin sie sich des Tags zurückgezogen hatte. Nachts geht ein atmosphärisches Fenster auf, das die innere Nacht der Erde mit der Sternennacht verbindet.

Diese Dreifaltigkeit der Nacht – Leere, Schwere und die Bewegung des Rein/Raus – wiederholt sich in jedem körperlich existierenden Lebewesen, das sich zur äußeren Dunkelheit aus einer dunkleren inneren Nacht *heraus* verhält, pulsierender ‹Sternenstaub›. Die Menschen sehnen sich hinaus aus dem nächtlichen Fenster zur äußersten Welt, oder sie suchen die Nacht als Hülle, Deckel, Mantel der Verborgenheit und Abwendung. Die Griechen schufen sich spiegelbildlich zu ihrer inneren Nacht eine Göttin Gaia mit einer dunklen inneren/unteren, jedenfalls lichtabgewandten Welt des Tartaros, die sie für gleich alt hielten wie die Erde selbst. Sie rechneten die Natur noch nicht mit Gleichungen aus, als sie schon behaupteten, der Grund des Tartaros sei genauso weit von der Oberfläche der Erde entfernt wie der Nachthimmel. Und ihr Maß war die Schwere des Falls: Zehn Nächte und Tage lang fällt ein Amboss, bis er im ehernen Tartaros aufschlägt, ebenso lang, wie der Amboss vom ehernen Himmel herabfällt zur Erde. Auch im Innern von Körpern wie dem der Erde kann den Griechen zufolge eine leere Nacht hausen – in der gleichwohl stürmische Winde wehen, und auch die Nacht draußen wird von einem ehernen Firmament abgeschlossen wie von einem Körper.

Wir aber, die wir aus Stern und Staub sind, wir vergessen zu leicht, was den Griechen als *Doppel*nacht heilig war: Mehrfach und nicht widerspruchsfrei haben die Griechen auf den Doppelaspekt der inneren und äußeren Nacht hingewiesen. Mit ihrem Bruder *Erebos* (= untere, innere Nacht) zeugt die atmosphärische Nacht *Nyx*[6] den taghellen Luft-

6 Bei den Orphikern war die Nacht (Nyx) sogar die älteste Göttin, Urmutter aller Wesen. Aber das Alter der orphischen Vorstellungen ist umstritten, die Quel-

raum (*Äther*) und die Zeit des Tages (*Hemera*). Der Tageshimmel (*Äther*) ist also mit dem Nachthimmel (*Uranos*) nicht einmal verwandt. Bei Tag und Nacht aber vermittelt eine *Göttin* Nacht äußere und innere Nacht – nicht nur der Erde – zu einer Ordnung von Werden und Vergehen: symbolisiert als Kinder, als ihre Kinder Schlaf und Tod. Zweierlei Nächte können wir seitdem sehen: die Nächte draußen, zu denen man hinaus sieht, und die Nächte drinnen (Uhrwerke und Abgründe, tief wie der Nachthimmel). Die griechische Analogie zwischen unterirdischer und innermenschlicher Nacht ist bei Hesiod bemerkenswert. Keine andere Gottheit als jene bei Tagesanbruch in den Tartaros zurückgehende Nyx gebiert aus ihrem dunklen Schoß: die inneren Zustände der Menschen. Nyx ist zugleich die Mutter der inneren Nacht der Menschen, denn sie ist auch die Mutter von Alter, Begehren, den Träumen usw.[7]

Kann man das heute noch sagen? Und wie sähe dann das Verhältnis zwischen innerer Nacht und äußerer Nacht aus? Oder ist innere Nacht nur eine Metapher? Dann wäre Nacht-Ästhetik ein karges Feld, schnell bestellt und schnell abgeerntet. Mich interessiert an Nachtästhetik, ob und wie all die Eigenschaften, welche die Erfahrung der äußeren Nacht attestiert, einerseits aus dieser inneren Nacht stammen – dann wäre *äußere* Nacht eine zentrale Metapher des Menschen – und wie andererseits eine grundlegende Organisation von Erfahrung der Nacht und von jeglicher Ästhetik aus einer Resonanz zwischen äußeren und inneren Gegebenheiten hervorgerufen werden. Den Tod könnte man zum Beispiel als die innerste Begebenheit des Menschen bezeichnen, weil sie die Einstellung jeden Bezugs zur Außenwelt (Leben) darstellt. Damit ist der Leib nur wieder schwarze Nacht, Erde, in die er als Körper zurücksinkt.[8]

len jünger als Hesiod. Vgl. G. S. Kirk, J. E. Raven, M. Schofield: Die vorsokratischen Philosophen. Stuttgart und Weimar 1994, S. 20ff. Vgl. den spätantiken anonymen Text in: J. O. Plassmann (Hg.): Orpheus: Altgriechische Mysterien. (1928) Köln 1982, S. 26.

7 Hesiod: Theogonie – Werke und Tage. Hg. und übers. von A. v. Schirnding. Düsseldorf und Zürich ²1997; im Weiteren als v. Sch. abgekürzt. – Näheres hierzu im ersten Kapitel dieses Buches.

8 Das *Sterben*, das Verscheiden, ist gewissermaßen das innerste Ereignis: das Aufgeben der Unterscheidung zwischen innen und außen. Nur die Außenstehenden unterscheiden noch dies tote Innen von anderem opaken Materiellen. Hesiod

Die alte heilige Ordnung, ihr Sinn für gegenseitige Durchdringung und für Verwandlungen im Wandel zwischen innerer und äußerer Nacht, sind heute nur noch ein Weihnachtsmärchen, das von globalisierten Menschen am elektrischen Weihnachtsbaum verschmäht wird wie die drögen Kekse der Großeltern. Mit der Ehrfurcht vor der Nacht räumt der Up-to-Date-Globus auf. Nicht nur, dass es jetzt in überall traurigen Tropen gleichzeitig WeihNACHTen gibt, mit Plastikbäumen unter südlicher Sonne; es gibt überhaupt einen globalen Ausverkauf der dunklen Nacht; denn diese Nacht ist ein Ausfall von Geschäften auf der falschen, der Nacht-Seite. Die Idee der Globalisierung zielt auf die Aufhebung der Nachtseite des Globus.

Noch müssen die Börsen der Welt dem Schlaf in den Knochen von Shareholdern Rechnung tragen, indem sie sukzessive von Ost nach West öffnen; aber schon ersetzen immer häufiger Rechner die Spekulationen ihrer (unruhig) schlafenden Anteilhalter. Früher kam die Bestimmung der Anteile (Shares) am Schicksal aus der *Nacht*: von ihren Kindern, den Moiren, oder den Sternen. Aber das Kapital braucht keine Nacht. Geld schläft nicht, und jeder Aufschub des Gewinns ist ein Verlust. Diese ewige Geilheit wuchert durch das Viagra des Internets fort in all die stillen Kammern ruheloser Konsumenten. Nachts starten viele Firmen ihre Werbe-E-Mails mit den nächtlichen Sonderangeboten; E-bay ist immer; von anderen Geschäften ganz zu schweigen. Es ist jetzt immer ganz viel los nachts, auf dem leuchtenden Dis-Play, auf der nachtabgewendeten Seite der Nacht.

Einerseits die moderne Abwertung der *inneren* Nacht (bettschwer oder traumleicht), die nervöse Bekämpfung von Einkehr und Nachdenklichkeit und andererseits der Kampf gegen eine *äußere* Nacht, die nur noch als Tod des Geschäfts verstanden wird: Beides gehört zusammen. Denn das Clair-obscur von jenseits strahlt nicht mehr Glaube, Liebe, Hoffnung aus. – Dabei *simuliert* die gegenwärtige Strategie Nachtfreundschaft. Man haut die Nacht auf den Kopf, schlägt sie sich um die Ohren, verkauft sie für 'n Apple und 'n iPad.

Schon seit dem 18. Jahrhundert arbeitet ein wachsender Teil der Moderne an der Verlängerung des Tages, was sich nicht nur in der rasanten Geschichte der künstlichen Beleuchtung zeigt, sondern auch am Kampf gegen die innere Nacht des Schlafes: von Verlags- und anderen Heimarbei-

unterscheidet die vorherbestimmte Sterblichkeit (Moros), das Sterben (Thanatos) und das Totsein (Ker). Alle drei sind Kinder der Nacht.

tern. Mit dem weltweiten Sieg der Schichtarbeit seit 1914 bei Ford ist die Nacht auf dem Rückzug vor dem Tag.[9] – Unter dem Stichwort *Nachtindustrie* denkt man aber heute an neuere Bereiche des Wirtschaftslebens. Thomas A. Edison ächtete die verschnarchte traditionelle Nacht und feierte 1911 – nein, nicht die Nacht, sondern das rastlose Licht der (von ihm erfundenen) Glühbirnen, das alle Schwärmer vertilgen wird, jedenfalls ihre Börse:

> «… Nachtleben bedeutet Fortschritt. […] Nachtleben und Stupidität vertragen sich nicht miteinander. Die wachsende Neigung zum Nachtleben bedeutet daher auch wachsende geistige Frische […] Elektrisches Licht aber bedeutet Nachtleben. Nachtleben bedeutet Fortschritt. Berlin ist auf dem besten Wege, die fortschrittlichste Stadt in Europa zu werden.»[10]

Ob das, was Edison propagierte, wirklich den Namen Nachtleben verdient, sei einmal großzügig in der Schwebe gelassen. Auffällig aber ist die Ereiferung für den geistigen Fortschritt in der Nacht gegen eine *Müdigkeit*, die zu befriedigen nicht einmal eine Glühbirne kosten würde. Seit 1920 hält das Nachtleben (und seine rhetorische und literarische Propaganda)[11] mit dem geistigen Fortschritt des gleißnerischen Kapitalismus nur mühsam Schritt. Im Bemühen, der eigenen Marke zu einem sogenannten Kultstatus zu verhelfen, gibt die Firma Red Bull «ein fast unabhängiges Monatsmagazin», das «Red Bulletin», heraus, in dem unter der fortschrittlichen Rubrik «More Body & Mind» die Kultnächte der Welt aufgelistet sind. Titel: «Die Macht der Nacht». Im Zentrum der dunklen Doppelseite: die atlantische Hemisphäre des nächtlichen Globus mit seiner künstlichen Beleuchtung. Einzelne Strahlen kommen auf uns zu und vergrößern herausragende Veranstaltungen im Vordergrund per Foto. Offenbar soll man so viele wie möglich dieser 18 Veranstaltungen (etwa im Juli 2010) ‹mit-

9 Vgl. hierzu Stanley Coren: Die unausgeschlafene Gesellschaft. Reinbek 1999, S. 317.

10 Bericht über den Besuch Edisons in Berlin im «Berliner Tagblatt» vom 29. 11. 1911, zit. n. Joachim Schlör: Nachts in der großen Stadt. München 1994, S. 21.

11 Futurismus, Surrealismus, Experiment und Montage konkurrierten auch mit der neuen realnächtlichen Schein-Industrie.

nehmen›; denn der Untertitel unter der Macht der Nacht lautet: «Mehr als einmal um die Welt für alle, die nie müde werden.» Wegen Red Bull. Denn Red Bull ist ein Schamane, den man mieten kann; er verleiht Flügel.[12]

Dahinter steckt die alte nachtästhetische Ambivalenz von Schlaf und Licht – so alt wie die Entdeckung des Feuers. Und die Nachtästhetik zwischen Feuer und Schlaf ist so bedeutsam, weil hier die Prototypen dieser Kon-Stellation von Natur und Kultur ausprobiert wurden. Die Nacht begann mit dem Feuer und endete mit dem Erwachen. Zwischen Feuer und Schlaf gab es Mahlzeit, Gedächtnis und müßige Kommunikation, Rausch und Erkenntnis, Zweisamkeit und gestillte Begierde. Und Werke natürlich, der Kunst und Phantasie.

Aber der Schlaf – ein Kind der Nacht, hängt an deren Brust – kennzeichnet den finalen Schwerpunkt, der naturnäher lebenden Völker, die es je nach Länge der natürlichen Dunkelheit auf gut 16 Stunden Schlaf und Dösen brachten – so lange wie eben die Dunkelheit dauern konnte. Die Länge der schläfrigen Nacht war noch bis 1900 das Kennzeichen der ‹Stupidität› der Landbevölkerung. Nun ist Schlaf nicht gleich Schlaf, sondern er ist individuell, kulturell und beleuchtungshistorisch extrem verschieden. Insgesamt kann man von einer Langzeit-Geschichte der Schlafverkürzung – und vielleicht deshalb auch der Schlafvertiefung ausgehen. Aber auch der tiefste Schlaf ist keine vollständige An-Ästhesie. Schließlich sind wir durch viele Sensorien weckbar (Berührung, Geräusch, Licht). Man soll sogar, beim Namen gerufen, aufwachen. Die Frage ist allerdings, ob man zu allen Zeiten und in allen Kulturen derartig persönlich schlief. Auch gibt es eine Entpersönlichung im Rausch und einen komatösen Schlaf, der unempfindlich sogar für Verbrennungen an glühender Asche ist.[13]

Andererseits zeugt noch in den nachtangepassten Kulturen eine *stupende* Nachtästhetik von einem regen Nachtleben. Die Höhlenmenschen des Jungpaläolithikums malten bereits vor mehr als 35000 Jahren die innere Nacht der Erde aus. Mit schwächster künstlicher Beleuchtung vertieften sie die äußere Nacht der inneren Erde, indem sie die Vorstellungsbilder *ihrer* inneren Nacht in zum Teil grandiosen nächtlichen Szenarien

12 The Red Bulletin, Juli 2010, S. 90.

13 L. R. Binford erwähnt in «Die Vorzeit war ganz anders», München 1984, S. 172, die zahlreichen Verbrennungen, die sich Aborigenes am Feuer zugezogen haben, in das sie schlafend gerollt waren.

entäußerten. Wenn man diese Bilder und vor allem die Art ihres bizarren Auftauchens aus der Nacht vergleicht mit den Szenen der nächtlichen Metropolen in Paris, London oder Berlin von 1900 bis heute, dann gewahrt man bei aller Konstanz des nachtästhetischen Motivs einen gravierenden Unterschied zur heutigen semantischen Leitfunktion des Lichtes selbst (Leuchtreklamen, Bilder aus Strom, Bahnungen). Offensichtlich war in den alten, dunkleren Nächten die Dunkelheit selbst deutlicher und stärker das Medium des Auftauchens der Bilder aus der inneren Nacht der Erde und des Leibes. In der Nachtstadt dagegen ist Dunkelheit eher ein Mittel zur Trennung konkurrierender leuchtender Botschaften.

Nach über hundert Jahren Elektrifizierung der äußeren und Elektrisierung der inneren Nacht (Kino, Fernsehen, Computer etc.) ist das weltweite Gewebe des Internetzes der kopflose Agent globaler Antiperiodik zwecks Aufhebung der Nacht. Dieses weltweite Gewebe gehört jetzt in Deutschland zum Existenzminimum eines jeden Bürgers.[14] Bereits 1987 prophezeite IBM mit seinen «10 Thesen für 2010» eine perfekte Kommunikation in der «24-Stunden-Gesellschaft», in der sich «das Individuum im Austausch von Daten, Texten, Bildern und Stimmen mit höchster technischer Qualität unabhängig von Raum und Zeit bewegen kann».[15] Die Einschleifung der Gegensätze von Tag und Nacht richtet sich mit ihrem kindischen Begehren nach dauernder allseitiger Wachheit gegen eine physische, neuronale und kommunikative Einschränkung auf der Nachtseite der Rotation. Die Aufhebung der nächtlichen Handelsbeschränkungen scheint sich vordergründig nur gegen eine leere, äußerliche Himmelsnacht zu richten; aber in Wahrheit geht es um die Ökonomisierung der inneren Nacht, denn Nachtleben im Internet bedeutet «wachsende geistige Frische» (Edison, s.o.) in den neuen Nachtstädten Google, Facebook oder Youtube usw.

Die «wachsende geistige Frische» in einem neuen Typ nächtlichen Er- oder Verlebens bewirkt neben täglicher Müdigkeit eine teilweise veritable Verkümmerung der inneren Nacht. Was wie eine Ausbreitung der Nacht durch künstliches Licht froher Botschaften (selbst am Tage) daherkommt,

14 Die Kosten des Internets gehören zum Index der Sozialhilfe-Bemessung (Hartz IV).

15 IBM Deutschland, Theo Lutz u. a. Hg.: Zehn mal 2010. These 8; zitiert in: D. Borchers: Die Zukunft, die nicht geschehen ist. In: FAZ, 2. 1. 2010, S. 31.

ist eine irrlichternde Verleitung zum Vergessen der inneren Nacht und ihrer Gebote (selbst in der Nacht). Alles, was wir auf elektrisch unterstützten Bildern leuchten sehen, verdunkelt das Umfeld zwar nach dem Typus einer nächtlichen Vision, aber Schlaf, Träume, Müdigkeiten, Wachphantasien und die Arbeiten (Nachdenken) und Freuden im und am Unsichtbaren werden vernachlässigt zugunsten einer lichtgetränkten Fremdbestimmung, die nicht mehr viel mit einem 16stündigen Schlaf- und Dämmerzustand in einer Winternacht ohne künstliche Beleuchtung zu tun hat.

Interessanterweise scheint die Entkörperlichung nächtlicher Kommunikation im Internet das Bedürfnis nach leibhaftigen Nächten wiederum zu steigern. Seit Jahren ist das Phänomen der Spontan-Partys notorisch, zu denen man sich per E-Mail und in Foren (!) verabredet hat, um aus der Zombie-Öffentlichkeit auszubrechen. Man malt dort keine Höhlenbilder, eher ähnelt das Ganze dem im Grunde tausende Jahre alten Brauch jugendlicher Nachtschwärmerei. Die Hauptsache scheint der kollektive Rausch. Aber auch das ist eine alte Geschichte der Nachtkultur zwischen Feuer und Traumschlaf. Auch die nächtliche Dunkelheit scheint insofern zur Veranstaltung zu gehören, als die Versammelten ähnlich anonym sind wie die maskierten Schwarmgeister aller Zeiten. Ihre bürgerliche Existenz haben die mehr oder weniger ‹anonymen› Alkoholiker, Mitglieder von Facebook oder Youtube oder SchülerVZ insofern aufgegeben, als sie nicht mit ihrem bürgerlichen Namen für die Beseitigung der Reste des «komos», des Umtrunks, bürgen wollen.

Doch steht der Verkümmerung des Nachtlebens nicht eine blühende Nachtkultur, nicht nur von Hobby-Astronomen oder Nachtigallen-Forschern gegenüber? Wächst nicht aus der Tiefe der inneren Nacht, auch des leibhaftig privatisierten Netzwerkers, das Bedürfnis auf eine nächtliche Öffentlichkeit an, die mehr ist als rauschhafte Entropie? Das Auftauchen des *events* in der *Öffentlichkeit* ist ein liturgisches *must*.[16] Nächtliche *Öffnung* der Berliner Mauer, der deutsch-deutschen Grenze, aller Grenzen; nächtliche Siegesfeiern, Wettkämpfe (Fußball, Squash, Schwimmen, Ski-

16 Im «event» ist die Bedeutungsspur des Herauskommens aus dem Unsichtbaren oder aus verdunkelter Banalität, also ein Auftauchen ins Sichtbare, zu einem Eräugnis, enthalten. Dieses bedarf der Nacht. Vgl. Abb. 1 Filmnächte.

und Bobrennen usw.) unter nächtlich flutendem Licht usw., nächtliche Prozessionen von aus Schauspielhäusern ausgestülpten Fiktionen, das sind späte Errungenschaften eines längeren kulturhistorischen Prozesses moderner Urbanität, der seit der Renaissance begonnen und mit der Allianz von Kapitalismus und Kunstlichtdurst immer schneller geworden ist – den aber auch die alten Römer schon genossen hätten, wenn sie gekonnt hätten. Die niederen Formen der Vermischung von innerer und äußerer Dunkelheit, der rauschhaften Depersonalisation und die hohen Nachtfeiern der Repräsentation des Erhabenen haben immer schon nachts gemeinsame Sache gemacht, einander gefördert. Das ist der ambivalente Kitzel der Nacht.

Dieser Zug zu einer mehr oder weniger kollektiven Ausstülpung in äußere Nacht scheint anthropologisch relativ konstant zu sein. Die Tendenz nächtlicher Öffentlichkeit zur Anonymität, Maskerade und Illusionismus spricht dafür, dass es bürgerlich nicht verkehrsfähige innere Nächte sind, die hier, manchmal zum Segen der Gesellschaft, ‹vergesellschaftet› werden. Das Verhältnis zwischen innerer und äußerer Nacht scheint entscheidend für die Nachtästhetiken verschiedenster Kulturen zu sein. Wege gibt es in beide Richtungen, raus in die Nacht, rein in die Nacht. In den beliebten «Langen Nächten» der Theater oder der Museen in Deutschland kann man eine Nacht lang fortwährend rein ins Theater, raus in die Nacht, rein ins nächste Theater usw.[17] Das Museum August Kestner in Hannover bot zur «12. [!] Nacht der Museen» am 12. 6. 2010, 24 Uhr, «Klänge im Dunkeln – Gang im Dunkeln – Kurzführungen mit Taschenlampen» an. Wie Gangster, Einbrecher in die Nacht können die Zuschauer also zombihaftes, weil museales Geister-Leben, zum Auftauchen bringen.[18]

Faszinierend ist das dunkel Flutende zwischen innerhalb / außerhalb

17 Eine unvollständige Deutschlandkarte nur derjenigen explizit «Lange Nacht» genannten und nicht ausschließlich kommerziellen Langen Nächte von Matthias Stolz in: Zeitmagazin, Nr. 30, 2010 weist für das Jahr 2010 177 Lange Nächte aus. Mit einem Nachtschmieden in Salzgitter und zweimal einer «Nacht der Puppen», wo man ‹bis in die Puppen› wach ist.

18 Das Motiv «Nacht im Museum» ist auch in einem Spielfilm sehr beliebt gewesen. Verwandt mit Märchenmotiven von nachts wach werdendem Hausgerät und Spielzeug (E. T. A. Hoffmann: Nussknacker und Mäusekönig), wird so das Eindringen in das geheime Nachtleben der Dinge gefeiert.

des Leibes und das täuschbare Verhältnis von Sensation und Illusion. Die Filmnächte am Elbufer (Abb. 1) oszillieren zwischen dem filmischen Lichtloch in der Nacht und dem über den Fluss zurückkommenden Spiegellicht der eigenen Stadt. Ein typisches Nachtfenster. Doch alles Nachtästhetische ist beeinflusst vom magnetischen Pol des Schlafes, und hinter den Faszinationen droht oder lockt die Dissoziation von Körper und Geist. Hierin sind Schamanen, mittelalterliche Mystikerinnen und Computer-Hacker vergleichbar. Trance, Ekstase, Halluzination und Rausch befördern auf nächtlichen Reisen, bei denen der Körper wie schlafend bleibt, Offenbarungen. Profane ‹Verblendungszusammenhänge›, ‹irrlichternde› Warenangebote im ‹Rotlicht›-Viertel oder aus dem Internet-Bildschirm fallen nicht aus diesem Rahmen der Nacht. – Die Reihe der Beispiele nächtlicher Unruhe über die Räume und Zeiten hinweg mag befremden; doch macht es in allen Räumen und Zeiten diese nächtlichen Reisen aus, dass Vorstellung und Wahrnehmung durch besondere innere Zustände ungewöhnlich und flexibel miteinander co-agieren können – oder eben von sich lassen können, wie beim Schamanen, der seinen wie entseelten Leib bei seinen Himmelsreisen unter sich lässt. Die städtische Jugend (bis 40 Jahre) kompensiert ihre abstrakte nächtliche Kommunikation in den Medien (Internet-Foren und Netzwerke), ihre digitale ‹Tele-Pathie›, mit einer kollektiven Suche nach der körperlichen Gegenwart in der Nacht.

Bei den per Fern-Medien zustande gekommenen anonymen Spontan-Partys namens Flashmob dominiert (zumindest freitags bis sonntags) neben der puren massenhaften physischen Anwesenheit das kollektive Besäufnis. In Hannover gab es diese Anhäufungen vom Frühjahr 2010 (bis zum Public Viewing der Fußball-WM) fast im Wochentakt. Eine solche kopflose Veranstaltung (also ohne Veranstalter), bei der von 500 Anwesenden 63 polizeiliche Platzverweise erhalten und sieben stark alkoholisierte Minderjährige ins Krankenhaus eingeliefert werden, ist für die Polizei mittlerweile schon eine eher friedliche Veranstaltung.[19] Dass hier gewollt verantwortungslos und anonym im Dunkeln Dreck gemacht wird, scheint mir zu dieser kulturhistorischen Kontinuität Nachtästhetik dazuzugehören: die Lust auf Niedertracht und Gemeinheit im Dunkeln. Die ganze Last der tagesbürgerlichen Sozialisation scheint die Jugend hier

19 Siehe HAZ, 8. 6. 2010, S. 1 und 9: Tobias Morchner und Andreas Schinkel: Spontanpartys im Maschpark weiter erlaubt.

noch einmal abwerfen zu wollen. Die Ekstase ist dann allerdings eher ‹inbildlos›, jedenfalls ist noch nichts von dort als Botschaft aufgetaucht.[20]

Die öffentliche Diskussion um die Authentizität des Romans «Axolotl-Roadkill» von Helene Hegemann im Februar 2010, der Erfahrungsklau aus der Bloggerszene vorgeworfen wurde, wirft darauf ein grelles Schlaglicht. Gewisse Grottenolme vor dem Bildschirm feiern – ebendort! – nämlich die vorgebliche Authentizität exzessiver Diskonächte voller Räusche und Sex, die den Leib nachts über die Grenze der bürgerlichen Person bringen, quasi anonym, im Berghain. Berghain! Das klingt gewaltig nach Mänaden auf dem Parnass. – Aber warum feiert man diese Entpersönlichung hinterher als Authentizität? Weil man ahnen ... möchte, dass die entäußerten, zum *Ereignis* hochstilisierten inneren Nächte mehr sind als eine anonyme Negation der bürgerlichen: die frenetische Alternative einer Nachtseite.

Eine Gruppe von Bloggern – keine Ahnung wie repräsentativ sie ist – lebt extreme körperliche, seelische und moralische Nachtseiten ihrer Persönlichkeit auf der Nachtseite etwa von Berlin aus – und veröffentlicht sie hinterher unter einem Blog-Namen im Netz. «Gibt es eine Underground-Gesellschaft in Berlin, eine Nachtseite des Bürgertums?» fragt – nach dem Auftauchen des «Axolotl Roadkill» – ein Interviewer den Blogger Airen, und der bestätigt.[21] Diese neuartige nächtliche Bevölkerung besingt nicht den Mond der Liebenden und Beladenen, berauscht sich nicht am Aroma der Nachtviole, sondern taucht ein in eine Dunkelheit des Rausches, damit die Dunkelheit auch in sie hineinrausche. Auf die Frage, ob Blogger authentisch schreiben, antwortet Airen: «Authentisch zu schreiben ist ein unerfüllbarer Anspruch. [...] Aber mein Anspruch war, mich an das Gefühl anzunähern, das du hast, wenn du drauf bist, wenn der megafette Track läuft und du auf der Tanzfläche in dieser schwitzenden Menge bist.» Hier soll der Rausch des Nachtleibs in der Disko namens «Berghain» zum

20 Nicht dass ich das einklagte; es ist nur für spätestens seit 1945 in der modernen Welt zu konstatieren, dass die seit altersher bekannten jugendlichen Nachtschwärmereien immer seltener mit Riten oder Mythen legitimiert werden – und dementsprechend auch nicht mehr die Ausnahme zwecks Integration in die sozialen Regeln feiern können.

21 T. Rüther im Gespräch mit Airen: Helene Hegemann hat das nicht erlebt. In: FAZ, 12. 2. 2010, S. 37.

Abb. 1. Zeitungsanzeige «Filmnächte am Elbufer» (2010)

Die Werbeagentur wartete mit einer Fülle von Einblendungen auf der Darstellung einer Freiland-‹Kinoleinwand› auf. Diese digital einfache und in der Internet-Kommunikation beliebte Technik variiert das romantische Motiv der Suchfahrt ins Dunkle, die vom antwortenden Blick einer auftauchenden Diva oder etwas Spiegelartigem ‹umgehauen› wird.

Rausch des Schreibens im Blog, später auch zur Buchveröffentlichung, verlängert werden. «Das Buch ist im Rausch erlebt und im Rausch geschrieben.»

Ein Unternehmensberater taucht also in den ekstatischen Nachtleib des bürgerlichen Berlin ein und im Blog-Medium unter der Maske Airen wieder auf. Beide Tauchakte versuchen, die mediale Gebrochenheit (in der Disko, vor dem Bildschirm) zugunsten einer unmittelbaren Interpenetration zu vergessen, manifestieren die gleiche nachtästhetische Sehnsucht nach Verschmelzung. Die Wochenend-Ekstasen von Airen und seine dienstäglichen Blog-Ausflüsse leben beide von der Vorliebe für extreme Intimität bei gleichzeitiger Wahrung, nein Herstellung, der Anonymität. Ohne Außensicht, ohne Personalausweis rauschen die dunklen Innen zusammen. Das Netz ist voller solcher Blogs echten anonymen Erlebens, und zwischen Echt und Anonym besteht natürlich ein sachlicher Zusammenhang. «Das, wofür wir uns schämen, macht uns interessant», sagt der Blogger Glamour Dick am selben Tag, in derselben Zeitung, die dieser öffentlichen Privation eine ganze Seite eingeräumt.[22]

«Große Herzenskünstler haben sich in die schauerlichen Abgründe des Bösen vertieft und die furchtbaren Gestalten geschildert, die ihnen aus ihrer Nacht entgegengetreten sind.» Das schreibt kein Blogger, sondern Karl Rosenkranz (*1805), der mit diesem Satz seine «Ästhetik des Hässlichen» beginnt.[23] Gemeinsam ist ‹Herzenskünstlern› die Entdeckung der inneren Nachtseite als ästhetische Kraftquelle und Strafhölle ihrer Größe oder Hybris. Aber Rosenkranz denkt an Dante, Michelangelo und Rubens, die ihr Inneres verobjektiviert haben in Gestalten, «die ihnen aus ihrer Nacht entgegengetreten sind». Gegenüber den fiktiven Nächten der alten Künstler spürt man in den Blogger-Texten nur den kalten Schatten des körperlichen Exzesses. Die rabiate Verausgabung des nächtlichen Körpers findet im Internet noch nicht zu einem Nachtraum der Gestaltung. Ein Hauch Ähnlichkeit zwischen Erlebnis und Ausdruck beim Schreiben und Tanzen scheint allein den Traum einer Einheit zwischen innerer und äußerer Nacht zu erinnern.

22 Glamour Dick: Selber Leben! Selber schreiben! Das, wofür wir uns schämen, macht uns interessant: Vom Selbstverständnis der Blogger. In: FAZ, 12. 2. 2010, S. 37.

23 K. Rosenkranz: Ästhetik des Hässlichen (1853). Leipzig 1990, S. 11.

Das ist nur ein Spotlight auf die *historischen* Veränderungen des ästhetischen Nachtprogramms in den westlichen Städten. Seit Jahrhunderten driftet die ästhetische und soziale Relevanz von Schauspielen, Kinos, Installationen, Sport-Festen und «shopping events» immer heftiger in das vermeintlich intensiver erlebbare oder ausdrucksstärkere Medium der Nacht. Selbst die mediale Inszenierung der ursprünglich vom Tageslicht ‹gemeißelten› Architektur macht seit bald 30 Jahren vorzugsweise aus jedem Modell-Entwurf, aus jeder Gebäude-Einweihung ein in die Nacht hinaus leuchtendes, ein nach innen heimleuchtendes Schaufenster, ein ‹Nachtfenster›. Das wirkt zurück auf die ‹Leuchtturm›-Architektur selbst, für die immer häufiger die Nachtseite ihrer Gebäude wichtiges konstruktives Element ist: für das Spiel zwischen äußerer Gestalt und innerem Leuchten.

Ist es da nicht seltsam, dass es noch keine Ästhetik für die ganze Nacht, dass es noch keine Nachtästhetik gibt? Es gibt eine Warenästhetik, eine Religions- und Kommunikationsästhetik, eine Bild-, Kino- und Alltagsästhetik und vieles mehr, aber keine Nachtästhetik.[24] Und das, obwohl alle diese Ästhetiken spielend könnten umfangen werden vom Mantel der Nachtästhetik – reicht sie doch von der geheimsten Lasterhöhle bis zu den Sternen und über die Sichtbarkeit hinaus. Ist es nicht das seit dunkler Vorzeit sich ändernde, aber durchhaltende Wechselspiel zwischen Beleuchtung und Erleuchtung, das die entscheidenden Impulse für jede Ästhetik gegeben hat? Ist nicht die im Mittelalter als ‹blinde Nacht› projizierte Macht *das* Medium des sichtbar werdenden Unsichtbaren, zum Beispiel der Religion, aber auch des Unendlichen, in dem wir wahrhaftig leben?[25]

Und ist nicht die Nacht zugleich das Medium all der neuen Sichtbarkeiten, von der künstlichen Straßenbeleuchtung, die draußen in der Nacht des Alls von Satelliten fotografiert werden kann, bis zum leuchtenden Display, das die Aufmerksamkeit für dessen Umfeld verdunkelt, und auf dessen ‹Nachtseite› ein ‹unentwegtes› verborgenes Verknüpfen

24 Natürlich gibt es immer schon nachtästhetische Praktiken, aber kein Nachdenken über ihre Einheit, keine Nachtästhetik als Theorie, Konzeption oder Analyse.

25 Mit der Religion als einem Tor zum Jenseits sei nicht nur an nächtliche Gebete, Visionen und Träume (in denen Tote zurückkehren), sondern auch an die häufig jenseitsbezogenen Riten (z. B. Bestattungen) erinnert.

geschieht? – Seltsam, dass es noch keine Nachtästhetik gibt, obwohl die Nacht die Hälfte der Alltags- und Lebenszeit ausmacht und sie vielleicht weit draußen (und tief drinnen) im Dunkel Grund, Abgrund oder Quellpunkt der Zeit ist! – Und wird nicht die gesamte sonstige Ästhetik seltsam und fragwürdig, wenn sie so weit und tief reichendes Sichtbares und Unsichtbares als möglichen Grund des *Zusammenhangs* ihrer ästhetischen Erfahrung vergisst?

‹Fragwürdig› und ‹seltsam› – das sind selbst bereits typische Nachterfahrungen, ebenso wie es deren ästhetische Darstellung oft ist.

In der Nacht wird mehr Seltsames entdeckt, bohrender gefragt und öfter erschüttert gestaunt als am Tag. Dass daraus keine Nachtästhetik erwuchs, das liegt an der traditionellen *Verpönung* der *Ungewissheit* unter anderem durch die Kunst des ‹Schließens›, die ‹Bindungen› des Glaubens und die Selbstgewissheit der Vernunft. Dem Staunen, dem Befremden, ja selbst dem Unheimlichen ist nicht die konstitutive Bedeutung eingeräumt worden, die sie haben. Wenn aber mit dem Staunen die Liebe zur Weisheit beginnt – und somit auch jegliche Ästhetik, denn die Philosophie hat sich die Ästhetik als eine ihrer Abteilungen zugeschlagen –, so müsste eigentlich die Nachtästhetik auch am Anfang einer jeden Ästhetik stehen. Sie müsste die Grundlegung ihrer *aisthesis* (mit der Wahrnehmung in der Nacht, mit der Anschauung von ihr und in der Erfahrung mit ihr) sowie der ästhetischen *poiesis* (Herstellung) leisten.

Ein psychologischer Grund für die Missachtung des ästhetischen Wertes der Nacht mag in der zersetzenden Anmutung dieser Fragwürdigkeit liegen; stellt diese doch den selbstverständlich vorgeschossenen *Zusammenhang* (der Dinge mit den Sinnen) in Frage, in dem wir uns bis dato je aufgehalten haben, der *uns* hält.[26] Tags halten das Sonnenlicht und mithin auch die durchsichtige, aber feinstoffliche Schwerkraft der Welt uns in der Welt. Dass wir uns auch tagsüber auf unendlich komplizierter Bahn im nächtlichen All bewegen, sehen wir nicht; und darum stört es uns nicht, dass unsere Wahrnehmung der täglichen Welt *nicht* im ästhetischen Zusammenhang mit der ewigen Nacht draußen steht. Wir sind zwar an der *Einheit* der Welt interessiert, weil deren Ordnung uns den Raum gibt, in

26 Viele Mythen, nicht nur der griechische und der jüdisch-christliche, setzen deshalb die Nacht als räumlichen und zeitlichen Rahmen ihres Kosmos oder ihrer Schöpfung ‹voraus›.

den wir uns stellen, in dem wir Subjekt-Objekt spielen, der uns zusammenhält, während wir uns entwerfen und mit unseren Perspektiven um uns werfen ...

... aber des Nachts, wo doch auch unsere *Anschauung* uns mit der Sternenwelt verbinden kann, scheint uns die Einheit (mit) der Welt schon deshalb bedroht, weil der täglich *eingebildete* geschlossene Zusammenhang und Vorhang der Lufthülle aufreißt (oder uns verschluckt bei Neumond). Nachts sind so viele Löcher zwischen Gefühl, Geräusch, Gerücht und Gesicht. Und die vereinzelten Lichter bannen uns zu sehr an isolierte Orte und Strecken. Direkt rechts neben der Leuchtspur der Autobahn, auf der wir wie ein Komet mit ‹hundertsechzig Sachen› verglühen, herrscht der Abgrund des Nichts und des Vergehens mit hundertsechzig.

Des Nachts scheint *unsere* Einheit mit der Welt bedroht, zu vieles stellt sich anders dar. Wir sehen nicht genug – und manchmal zu viel. Jetzt ist uns alles klar – aber spinnen wir nicht? Nachts ist unsere Einheit *mit uns selbst* bedroht. Wer sind wir nachts – etwa, wenn wir schlafen? – Dass aber solche psychologischen Gründe für die Nachtästhetik erheblich sind, das liegt an der Dunkelheit *in* uns, das liegt an der Prädominanz der *inneren Nacht*, die sich, wenn auch oft nur ahnungsvoll, bemerkbar macht. Es ist immer wieder dieselbe Geschichte: Gewissheit strömt «als ein Licht» dem Hl. Augustinus ins kummervolle Herz und vertreibt «alle Nacht des Zweifelns hin und her».[27] Aus innerer Dunkelheit werden Fragwürdigkeit und Befremdlichkeit der Nacht draußen gebildet – das ist: die Erfindung der Nacht.

Dass am Anfang von *allem* Nacht oder Finsternis waren, ist eine *innere* Erfahrung des Menschen. Wenn der Meister des nächtlichen Zweifels, wenn Descartes sagt «Cogito, ergo sum», so steht das «Ich bin» zwar am Ende des Satzes, aber es ist im «Cogito» immer schon impliziert. Genauer: Das «Cogito» bedient sich seiner Räumlichkeit. Derer es erst nachträglich als Erstes gewahr wird. Spätestens seit Hegel liegt die Betonung des Denk- und Erfahrungsweges auf dem Prozess und damit auf der Implikation des dunklen Anfangs. Bloch, der in seiner «Tübinger Einleitung zur Philosophie» das «Cogito» des Descartes aufnimmt, weiß: «Das Bin ist innen. Alles Innen ist an sich dunkel.»[28] – Aber dass es «Innen» gibt, sieht man erst

27 Augustinus: Bekenntnisse / Confessiones. Frankfurt 2007, S. 186, (B. 8,29).

28 Ernst Bloch: Tübinger Einleitung zur Philosophie I. Frankfurt ^{5}1967, S. 11, weitere Seitenangabe im Text.

draußen. Nachträglich zeigt sich die Spur zurück ins Dunkel des Anfangs. Die elementare Asymmetrie des Lebendigen, «auf etwas aus» zu sein (S. 13), weist auf einen dunklen Impuls des Anfangs zurück. – Anscheinend oder scheinbar? Jedenfalls kommt erfahrenden, ausfahrenden Menschen so Licht immer entgegen, und Nacht liegt hinter ihnen. Wie seltsam dann, wenn sie vor ihnen liegt, sie ganz umgibt! Das kann ‹unheimlich› sein oder Heimat bedeuten, Fratze des Alten sein oder unerforschter Kontinent.

Beide Verhaltensweisen gegenüber der unermesslichen äußeren Nacht, sie zu meiden und zu verdrängen oder ihr neugierig entgegenzugehen und (sogar in der wissenschaftlichen Suche nach ihrem äußersten Rand) die Einheit mit ihr zu suchen, antworten auf dieses ebenso unermessliche innere Dunkel, das sich mal erwartungsvoll und mal bedrohlich geltend macht. Die Raumsonde Mars Express fotografiert im Jahre 2009 mit einer hoch auflösenden Stereokamera die beiden Monde Phobos und Deimos – und krümmt damit die Zeit der Beschäftigung mit der Nacht zurück in die ‹Nacht der Vergangenheit›, da ein gewisser Hesiod die beiden Gestalten in seiner «Theogonie» behandelte: als Söhne des Mars / Ares, die nun als Monde den väterlichen Planeten umkreisen.

Man sollte diese Verstirnung von Emotionen nicht überbewerten, denn es gibt auch Sternbilder, die Mikroskop und Luftpumpe usw. heißen. Aber ich möchte doch in der Namengebung ein Beispiel der Anwesenheit der inneren Nacht erblicken. Hesiod, den ich wegen seiner frühen Humanisierung der Nacht besonders ausführlich behandle, hat diese beiden Gestalten, noch ohne realnächtlichen Kontext, am Ende seiner «Theogonie» als *Personifikationen* von *Angst* und *Schrecken* erwähnt. Und das sind nun psychische Aspekte, die wir, seit mindestens 2700 Jahren schriftlich belegt, mit der ‹inneren Nacht› assoziieren. Ähnliche Personifikationen lässt Hesiod nämlich aus dem unheilschwangeren Schoß der Nacht entspringen.

Dass nun gerade die realen Trabanten des Planeten Mars nach den mythischen Kindern von Mars und Venus (Aphrodite) genannt werden – Phobos, der Schrecken-Verbreiter, kommt mehr nach dem Vater, der ängstliche Deimos mehr nach der Mutter –, zeugt vom immer noch vorhandenen Familiensinn der Astronomen. Viele ihrer Benennungen verbrämen metaphorisch dunkle, weit zurückliegende Körpergeschichten, wenn von Sterngeburten, Stern-Nestern und -Kinderstuben – und sogar von der Milchstraße die Rede ist. Schrecken und Furcht werden aus der inneren

Nacht der Astronomen in die ewige Nacht des Alls projiziert und mit dieser Rückstufung der Metapher zur bloßen Benennung gleichsam exorziert und in die Distanz zur Ansicht verbannt. Das ist ein nachtästhetischer Akt, der die innere Nacht im doppelten Sinne anscheinend aufhebt. Die hierin sichtbare Einheit der Nacht deutet zugleich ein anhaltendes Interesse an der Nacht der Vergangenheit an, die ans Dunkel der Zeit verlorenen Teile zurückholen zu wollen.

Eine Nachtästhetik muss selbstredend an der Kohärenz ihres Themas interessiert sein. Aber wir haben darüber hinaus Grund zu der Annahme, dass gerade die Einheit (mit) der Nacht das tiefe Bedürfnis *aller* ist. Zum Beispiel arbeiten wir nur *am* Tage, aber *in* der Nacht schlafen wir. Nicht nur die präpositionale Unterscheidung zwischen Tag und Nacht, auch der Schlaf selbst, die Vereinigung der inneren mit der äußeren Dunkelheit, könnte das bezeugen ... wären nicht die Träume oft so bizarr und eigensinnig. – Wenn ich nun die Einheit der Nacht sowie diejenige ihrer ästhetischen Erfahrungen und Hervorbringungen versuche, in ein rechtes Licht zu stellen, so nicht deshalb, weil ich an einem *System* der Nachtästhetik meine Erbauung finde, sondern weil ich vermute, dass nur der ständig wechselnde Blick auf den Zusammenhang ihrer vielfältigen Phänomene die ästhetische Reichweite und Tiefe der Nachterfahrung zu retten vermöchte. – ‹Rettung der Phänomene› statt Systemglaube – das wäre ein hehres Ziel, wüsste man nicht, dass schon das Wort «Phänomen» (Er*Schein*ung) etwas Irrlichterndes hat in der Dunkelheit der Nacht.[29] Sprechen wir also lieber von der Bewahrung der ästhetischen Diversität. Wovor aber sollte denn die Nachterfahrung bewahrt werden? Vor dem ‹ästhetischen› Raubbau an ihren partialisierten Effekten. Und warum? Weil der die Nacht-Erfahrung, eine Grundbedingung humaner Existenz, mittlerweile regelrecht schwinden lässt. Denn die Nacht ist innen, *in* uns.

Keine Angst: Es *gibt* die Nacht. Aber sie gibt sich uns nur, weil wir ihr dies innere Dunkel entgegenbringen: dass sie *die* Nacht sei. Der ästheti-

29 Die Übernahme der Vorrangstellung des *Visuellen* in der Nacht aus der Tagesästhetik aufgrund des geringeren Angebotes und der gesteigerten Nachfrage ist schon deshalb problematisch, weil das Licht in der Nacht kein Allgemeingut ist und die Art seines Scheinens durch die projizierten Nutzungsabsichten sozusagen semantisch verschmutzt ist.

sche Raubbau an den partialisierten Effekten, die mit der Nacht zu erzielen sind, scheint zwar nicht allzu dramatisch zu sein. Denn schon Pythagoras soll, Diogenes Laertios zufolge, vor bis zu 600 Leuten *Nachtvorlesungen* gehalten haben, erstens um sein Auftauchen kostbarer zu machen, zweitens wegen gewisser religiöser Anleihen an Mysterien und musischer Inspiration, drittens, um gewisse Zaubertricks zu verschleiern oder zumindest um vom magischen Prestige der Nacht zu zehren.[30] Und doch gibt es sie immer noch, die Nacht. – Aber mit den neuzeitlichen Explosionen der Beleuchtung hat es doch eine dramatischere Bedeutung. Was anderes können wir noch erleben außer den partialisierten Effekten? Was also können wir folglich aus innerer Nacht der äußeren antragen, um sie zu erfahren?

Andererseits verwirrt der Widerspruch zwischen der *Reichweite* der einen Nacht und der vielfältigen Verborgenheit ihrer oft verrufenen oder ‹verhohlenen› Orte eines ungewissen Nachtlebens (Friedhöfe, Höhlen, Abgründe). In derselben Nacht, in der Galileo Galilei, also der Mensch, nicht das Raumschiff, durchs Fernrohr den Mond erblickt und diesen Augenblick lang eine imaginäre Translokation erzeugt – indem er die Austauschbarkeit der Perspektiven zwischen Erde und Mond denkt, steht er auf dem Mond als der Erde und sieht auf die Erde als auf (irgend)einen Mond[31] – in dieser selben denkwürdigen Nacht, röchelt irgendeine Schwerkranke der Nacht ihres Lebens entgegen oder erwartet sehnsüchtig das Ende der vermaledeiten Nacht, weil sie wie die meisten ihrer Zeit (um 1600) glaubt, nachts sei die Krankheit gefährlicher, wegen der giftigen Dämpfe der Nachtluft, die vom Mond herabsinken – wo gerade Galilei ‹steht› und den Glanz der Erde imaginiert.

30 Siehe Diogenes Laertios: Leben und Lehre der Philosophen. Stuttgart 1998, S. 376.

31 Der Perspektivenwechsel, zu dem uns Satellitenbilder von der Erde auffordern, ist noch realistischer. Aber inzwischen haben wir uns an die Perfektion der Bildbearbeitung und die Wiederholung dieser Ansicht so sehr gewöhnt, dass wir den ‹Schwindel› dieses abgehobenen Standpunktes gar nicht mehr bemerken. In der Frühzeit solcher Aufnahmen, in den 1970er und 1980er Jahren, konnten wir durchaus von einem veritablen Schwindel überrascht werden, wenn wir beim Blick auf eine dunkle Karte einen Augenblick schwankten, ob wir auf die Sterne oder auf die Erde bei Nacht sahen. Solche Schwindel lassen sich aber in der realen Nacht auf der Erde immer noch nach Belieben herstellen – etwa wenn man, aus einem Wald im Gebirge heraustretend, erleuchtete Häuser oder Sterne sieht.

Beide bewohnen dieselbe wirkliche Nacht. Wir können in derselben Nacht die verschiedensten Er-Fahrungen als typisch nächtlich feststellen. Vielleicht fliegen auch die Benandanti (wohltätige Nachtfahrende) durch diese italienische Nacht um 1600 – sozusagen zwischen Mond und Bettstatt – im Kampf gegen die Hexen, die eine Kranke verhext haben. Nachtfahrende gab es in ganz Europa. Seit dem Mittelalter überliefert, sind einzelne Bestandteile zweifellos älter. Ihre Reisezwecke reichen von ‹gut› bis ‹böse›. Aus Deutschland ist zum Beispiel die «Nachtschar» des Oberstdorfers Chonrad Stoeckhlin bekannt.[32] Aber sie alle durchfahren die eine Nacht, *die* Nacht, und sie verknüpfen unmittelbar die disparatesten ‹Erfahrungen› mit ihr. Die Nachtfahrt, besonders die zwischen innen und außen, ist vielleicht ein den Nachtleib, und so den Leib überhaupt konstituierender Prozess.

Dass in der Nacht zugleich imaginär (wenn auch wahrnehmungsgestützt) abgehobene Standpunkte eingenommen werden – Descartes bewohnt den Jupiter und beobachtet die Erde, springt dann ins Gleichnis einer Schifffahrt zwischen den Sternen, um das Verhältnis der «Körper» zu einander zu bestimmen[33] – und zugleich Krankheit und Leiden subjektiv oft als schlimmer, ‹auswegloser› empfunden werden, diese Dualität von Kontingenz und Existenz weist auf das eine skandalöse, kritische oder grandiose Verhältnis zwischen innerem und äußerem Dunkel hin, auf das erschütterte oder entzweite Verhältnis zwischen (sterblichem) Körper und (flüchtigem) Geist.

Je weiter wir hinausgehen, -fahren oder -sehen in die Nacht, desto verfuhrerischer wird die Vorstellung einer ‹astrogenen› Nacht als Kontinuum einer Geschichte der Nacht. Der Blick in das verlässliche Uhrwerk und den Kalender am Nachthimmel hat schließlich nicht nur verschiedene Interpretationen erzeugt, sondern diese auch in eine unumkehrbare Sukzession von Richtigstellungen geführt, die jeweils auch die Interpretation der irdischen Welt, ja der Lebenswelt beeinflusst haben. Das reicht von Weltbildern wie dem ptolemäischen oder dem kopernikanischen bis zu astrologischen Geheimlehren und ganz privaten Schicksalsauslegungen.

32 Vgl. W. Behringer: Chonrad Stoeckhlin und die Nachtschar. München 1994. Und C. Ginzburg: Die Benandanti – Feldkulte und Hexenwesen im 16. und 17. Jahrhundert. Frankfurt 1980.

33 R. Descartes: Die Prinzipien der Philosophie. Leipzig [2]1887, S. 88.

Hinter der Intuition des Zusammenhangs zwischen der dunkelsten inneren Bestimmung und den Sternen in der Nacht steckt die Ahnung eines Zusammenhangs von innerer und äußerer Nacht, und diese Ahnung treibt vielleicht nicht nur abstruse Esoteriken an, sondern die wissenschaftliche ‹Neugier› auf die äußerste Nacht. Es ist ein Drang in die Tiefe, der aus der Tiefe kommt. Die gesamte Intentionalität des Menschen, seine sinnliche, mentale und gedankliche Aushäusigkeit ist von einer derartig ‹existenziellen› Asymmetrie geprägt, dass mit jeder Vertiefung des Wissens um die Tiefe das Begehren nach einem Halt, nach Gegen-Wart, nach einer Umkehrung des Blickes, eines Lichtes aus einer anderen Nacht wächst.

Die Intuition des intentionalen Austritts aller Bedeutungsgebung aus dem dunklen Innern hinaus ins Licht oder in die äußere Dunkelheit ist so zwingend, dass in der Antike bis zur Frühneuzeit alle visuelle und teilweise auch die auditive Wahrnehmung als Wahrgebung verstanden wurde, als Austritt von Feuer (Sehstrahlen) oder Wärme (Hören). Was im Umkehrschluss nahe legte, dass auch die Sterne herabsehen. Vor 3300 Jahren spricht der ägyptische Gott Ra aus dem geplätteten Schilfrohr, das heute das «Turiner Papyros» heißt: «Ich bin der, der seine Augen öffnet, und es wird Licht; wenn sich seine Augen schließen, senkt sich Dunkelheit herab.»[34] Diese projektive Gegenüberstellung eines den eigenen Blick aus dem Dunkel spiegelnden Blicks aus einem seinerseits dunklen, hintergründigen Körper ist konstitutiv für die menschliche Perspektivität. Hier geht es aber nicht um die Gesetze der Optik, sondern um *intentionale* Akte von Projektion und Reflektion, deren hintergründige Dunkelrelevanz uns mehr oder weniger spürbar bleibt.

Dieser bildgebende Aspekt der Nachtästhetik kommt gründlich erst im dritten Teil der Nachtästhetik wieder zur Sprache, wenn es um das «Nachtbild» geht, das von den Sternbildern bis zu den Bildern im Innern der Menschen reicht. Hier soll nur erst auf die ‹desiderate›(!) Symmetrie des Leibes in der Welt hingewiesen werden, die nach dem Nachtbild verlangt, weil innen im Leib ‹unstillbare› Nacht herrscht, solange er lebt. Freilich, es gibt Erlebnisse der Spiegelumkehr, auch (aber eher imaginäre) Verschmelzungen; doch sie halten nicht, was sie versprechen … an Fremdheit, an Zufuhr, die zur ‹Aufhebung› der zuweilen als grässlich erlebten

34 Zitiert nach A. Zajonc: Die gemeinsame Geschichte von Licht und Bewusstsein. Reinbek 1994, S. 55.

Asymmetrie (Ungewissheit, Mangel an Essen, Liebe oder Schlaf) nötig ist. Dennoch besteht das Leben der Lebewesen im Grunde in motivierter Translokation (von Fortbewegung bis Fortpflanzung).

Seit den Fünfziger Jahren des 20. Jahrhunderts ist die Translokation Galileis nicht mehr nur imaginär. Die nach ihm getaufte Raum-Sonde Galilei ist von 1989 bis 2003 unterwegs gewesen zum nach dem höchsten Gott der Römer und Griechen benannten Planeten (und um ihn herum), bis sie verglühte und ‹verschallte› (Spur des verschollenen Stammverbs vom Partizip ‹verschollen›). Ihre Tochter-Sonde drang 1995 auch in die Atmosphäre Jupiters ein, verglühte und zerschellte. – Seit 1990 sucht das Hubble-Weltraum-Teleskop den Anfang der Zeit in ‹ewiger› Nacht und weist indirekt die Existenz Schwarzer Löcher nach. Aber für die Ästhetik ist der reale Blickwechsel ersten und zweiten Grades bedeutsam, weil er das Thema Innen / Außen als ein zentrales Thema der Nachtästhetik anspielt. (Dem Blick-Wechsel vom Standpunkt der Erde zum extraterristrischen Standpunkt, von dem aus ein Blick zurückgeht, antwortet ein Blickwechsel zweiten Grades von hier aus via Bilder hin zu diesen realen Blicken von dort her zurück, aber durch neue Medien vermittelt.)

1969, im Jahr der ersten bemannten Mondlandung, gab der in siderischer Navigation ausgebildete Freibeuter der Wissenschaft Richard Buckminster Fuller seine «Bedienungsanleitung für das Raumschiff Erde» heraus[35] und legte damit allen Lesern nahe, sich als Astronauten dieses Raumschiffs unentwegt unterwegs in der Nacht des Alls zu befinden, als moderne Nachtfahrende sozusagen. Dieser Blick von außerhalb auf ein ganzes System (also mit seinen Grenzen) war die produktive Quelle der Ideenmaschine Buckminster Fullers. Seitdem haben einige reale menschliche Navigatoren mehr oder weniger leibhaftig einen Blick aus der unermesslichen Tiefe des Nachtmeeres auf das Raumschiff Erde geworfen, und ein größerer Teil der Menschheit hat ferngesehen, so fern, dass der reale Blick aus der Ferne zurückkam, wie eine Antwort. Sie haben also den astronautischen Perspektivwechsel im Dunkeln ersten Grades eingeübt im Dunkel vor dem Fernseher. Seitdem sind vierzig Jahre vergangen, in denen dieser Blick von außen fast die Herrschaft übernommen zu haben scheint,

35 R. Buckminster Fuller: Bedienungsanleitung für das Raumschiff Erde. Reinbek 1973, S. 11–75.

und die Welt ist eine google. Man kann diesen Vorgang auch als eine Art Entropie bezeichnen, denn der Sinn für diese Innovation entsprang der durch die Neuen Medien, besonders durch das ‹Inter-Net›(!), gelockerten Faszination für das (in der Nacht oft turbulente) Verhältnis zwischen Innen und Außen.

Dass die Fahrten durch die Nacht selbst des Alls und des Internet immer noch ‹Navigationen› heißen, zeigt die Spur alter Körperfahrten in der medialen Übertragung von Nachtluft auf Nachtmeer und von Nachtleib auf Nachtschiff.[36] Die Reminiszenz auf eine der frühesten Routen des Nachtschiffes, welche die Metaphorik selbst ist,[37] wirkt angesichts des ‹Surfers› im Internet, dessen Körper mausgroß ist, allerdings eher putzig. Denn online stehen sich zwei leuchtende Oberflächen gegenüber, Face und Display. Und ein Strom von Bildern aus Strom ergießt sich ins erleuchtete Auge. Wo bleibt da die Schwere der Nacht?

Die Intention für diesen virtuellen Sprung nach außen, von wo was zurückspringt, entspringt in der Tat – wie bei Fuller – einer ‹dunklen Quelle› (dunkel, aber spiegelfähig). Buckminster Fuller, der über die Leute lachte, die von ‹oben› oder ‹unten› sprachen, vergaß ein wenig die innere Nacht – sowohl des Leibes wie des Raumschiffs Erde. Die Fast-Schwerelosigkeit der Astronauten auf dem Mond kann man geradezu als Schwundform der Leibhaftigkeit begreifen. Das Gewicht des Menschen aber ist mit der Schwere der Nacht zusammen zu denken. Wenn bereits Parmenides die «Dichte und Schwere der Gestalt» der dumpfen Nacht für einen Gemeinplatz hielt, so ahnte er, der mit dem ächzenden Wagen am Nachthimmel unterwegs zum Sein war, den Zusammenhang zwischen der Schwer-

36 Der Archaismus einer Rede von «Navigation als ordnungsstiftendem Element im Chaos des digitalen Raums» ähnelt bewusst ein eher nachtversunkenes (also dunkel gewordenes) Verhältnis von Subjekt und Objekt dem alten Schiffen überm Nachtmeer an, das von fremden Gewalten hin- und hergeschüttelt wird wie ein träumender Leib. (Zitiert nach Th. Thiel: Navigieren – Bruno Latour über das Netz. In: FAZ, 16. 6. 2010.)

37 Die kühne Schifffahrt in der Nacht ist seit Homers Ilias (19. Gesang, Vers 375) ein Emblem der Metapher. Dabei erhebt sich die Metapher vom Schiff auf dem Meer, fährt hinüber zum Leuchtturm und schaut von dort aus zurück aufs Meer. – Das ist ein Gleichnis; aber die Metaphern sind Gleichnisfahrten in Pillenform. Vgl. H. Blumenberg: Beobachtungen an Metaphern. In: Archiv für Begriffsgeschichte, Bd. XV, H.2, 1971, S. 271.

kraft der ewigen inneren Nacht der Erde und der Bettschwere des Müden, der in den Schlaf sinkt.[38]

Da aber, wo die Schwere herkommt, ist Nacht, und *die* Nacht ist innen, in der Erde. Die *nächtliche* Erdoberfläche, die seit der Neuzeit für immer mehr Menschen in die Nacht des Alls hinaussieht, kann sich nur dadurch vom Sonnenlicht separieren, dass sie die opake Masse, das Innere dieser dunklen Erdoberfläche, die wir «Nacht» nennen, zwischen sich und die Sonne dreht. Diese Abwendung versteht noch der menschliche Körper, der sich zum Schlaf vom Feuer/Licht wegdreht, die Augen schließt, sich gleichsam um sein Innen zusammenkrümmt.[39] Dies ist der andere Pol der Nacht an den Grenzen der An-Ästhesie. Und die ganze schwere Nacht der Unterwelt hängt daran, als Übertragung auf die innere Nacht der Erde.

Was heißt Nachtästhetik?

Der Begriff will nicht nur die schönen – und *insofern* ästhetischen Seiten der Nacht erfassen. Es geht auch nicht um eine nächtlich angehauchte Ästhetik der bloß inhaltlichen Nachtvorkommen in Kunst und Leben. Schon gar nicht will ich Umnachtungen schönreden und den Abarten und Aborten der Zivilisation eine metaphorische Nächtlichkeit anhängen. Vielmehr klärt die Nachtästhetik zunächst die Wahrnehmungen, Erfahrungen und Vorstellungen, aber auch die Darstellungen und ästhetischen Produktionen über die Nacht, in der Nacht und mit der Nacht. Dabei geht es auch um die hergebrachte Ästhetik selbst, die, von der Nacht aus gesehen, verblendet, verkümmert oder oberflächlich erscheint. Denn immer noch macht die traditionelle Ästhetik vor allem dem Tageslicht schöne Augen. Kann aber immer weniger vom dunklen Grund und Abgrund las-

38 Parmenides: Die Fragmente. Zürich 1995, Frgm. 8, S. 35; vgl. auch Frgm. B 1, S. 9. Das ‹Ächzen› des von den Pferden fortgerissenen Wagens gibt Parmenides allerdings genauer als helles Pfeifen der Achse in den Naben wieder, vielleicht eher vergleichbar dem Gesang von Reifen der ‹Brummis› in der Nacht.

39 T. Boiadjiev: Die Nacht im Mittelalter. Würzburg 2003, S. 431, erwähnt eine allegorische Darstellung der «Nacht» auf einer Elfenbeinplatte, wahrscheinlich aus dem 11. Jahrhundert und Süditalien, auf der die Nacht als schlafende Frau dem Betrachter den Rücken zukehrt.

sen, aus dem auch das visuell Schöne auftaucht. Immer glänzender werden die Nächte von Feuerwerken der guten Laune. Aber ist es nicht wie mit den neuerdings sogar auf allen Fernsehkanälen zelebrierten *Nachtmahlzeiten* der Menschen, deren gastrisches Ende so dunkel und windig ist wie der Tartaros?[40] Ist die doch dunkle Nacht, von der sich alles Leuchtende abheben muss, nicht lediglich der ästhetische Abtritt? Oder ist die Nacht die Mutter oder ein dunkler Demiurg der Ästhetik? Beginnt und endet nicht mit ihr *alles* ästhetisch Interessierende? Tauchen nicht alle ästhetisch relevanten *Äußerungen* aus einem Dunkel auf? Verschwinden nicht alle ihre *Wirkungen* in einem geheimnisvollen Dunkel, aus dem auch die Äußerungen auftauchen: Ist der Mensch nicht innen dunkel wie die Nacht?

Die nachhaltige Verdrängung der nächtlichen Dunkelheit macht das Nachtleben lebhafter, bunter, ‹schöner›. Hier findet ein nächtliches Autorennen statt, da ist ein nächtliches Squash-Turnier in der Wüste, in sogenannten Langen Nächten der Museen, des Theaters, der Schwimmbäder usw. machen die Menschen die Nacht zum Tage und treiben die Nacht im Nachtbetrieb aus. (Suchen sie zu diesem Zwecke aber immer wieder gerne auf.) Wird die Nacht nur verbraucht, oder wird sie umso leuchtender, vielleicht irrlichternder, wiedergeboren? Jedenfalls muss die Nachtästhetik hier in zwei Richtungen sondieren: Was ist an der alten, relativ unbeleuchteten Nacht ästhetisch relevant? Und andererseits: Wohin zielt die Vertäglichung der nächtlichen Aktivitäten?

In der alten *Dunkelheit* haben die anderen Sinne eine Chance, die Diktatur des Visuellen zu lockern. Der Leib im Dunkeln kann seine sensuellen Möglichkeiten neu ‹organisieren›. Das reale Verschwinden der nächtlichen Dunkelheit, das man auf Satellitenphotos von der nächtlichen Erde verfolgen kann, trifft aber nun zusammen mit der allgemeinen Zunahme des Nachtlicht-Paradigmas, auch für die Theorien *über* unsere Erfahrungsarbeit und die Wege des Bewusstseins. Schon gibt es ähnliche Nachtwelt-Bilder über die Verbreitung des Internets, also über die im Dunkeln ‹installierten› leuchtenden Displays, die der Satellit nicht aufnehmen konnte. Das allgegenwärtige funktionelle Licht steigert das visuelle

40 Jetzt wird sogar außer der Verdauung auch das Essen selbst schon dunkel und glanzlos: «Essen im Dunkeln» wird Teil der Erlebnisgastronomie. Siehe die vielen Angebote im Internet.

Leben. Was sowieso immer schon ästhetische Führung beansprucht hat, seit wir als Aufrecht-Geher eine ‹Visage›[41] haben, überstrahlt nun alle Sinne und alle Fragwürdigkeiten der sinnlichen Wahrnehmung. Visualisierungsstrategien – etwa bei der Darstellung von Arbeitswegen im Gehirn – scheinen unverzichtbar zu werden. Hier gilt es, grundsätzlich gegen Frömmler der Dunkelheit festzuhalten: Nachtästhetik hat's erfunden: Sie ist immer schon auch Umkehrung des täglichen Dunkels im Hellen: künstliches Licht *im* Dunkeln.

Früher, als die Verwünschung der Nacht noch geholfen hat, als man «hässlich wie die Nacht» war, wäre N*a*chtästhetik ohne Weiteres als eine N*i*cht-Ästhetik verstanden worden – ganz so, wie eine Nachtschwalbe *keine* Schwalbe, ein Nachtkönig *kein* König, sondern Latrinenreiniger und die «Nacht der Zivilisation» die Barbarei ist. Doch auch wenn man unter Ästhetik sowohl das Schöne, als auch das Hässliche fasst, ja alles sinnlich Interessante, so bleibt die Nacht ästhetisch prekär, weil sie häufig eine Grenze des Erlebens rahmt und weil sie mit dem Schlaf einen fast *an-ästhetischen* Zustand beherbergt. Noch der ‹Hellste› aber, also der Wachste, sieht im Dunkeln einer bewölkten Neumondnacht auf dem Lande: nichts, muss sich mehr vorstellen und gelangt mit Phantasie und dank der Kombinatorik anderer Sinne schnell in eine Art Hyperästhesie, die im Dienste des Realitätsprinzips Abwesendes repräsentiert, Anwesendes verwandelt. In der *notwendig* intensiveren Verknüpfung, besonders von nicht-visueller Wahrnehmung mit visueller Vorstellung, mithin in der notwendigen und zum Teil dramatisch intensivierten Übertragung von Innen und Außen, unterscheiden sich nächtliche von naturhellen ästhetischen Erfahrungen.

Dass der Schlaflose, Wachhabende, Produzierende, Konsumierende, sich Reproduzierende diesen ästhetischen Wahrnehmungs-Mangel heute mit immer mehr künstlichem Licht *in* der Nacht aufheben zu können scheint, lässt die Grenzen zwischen Wahrnehmung, Übertragung und Inszenierung illusionär, virtuell und/oder tatsächlich immer mehr verschwimmen, verglimmen oder verglühen, jedenfalls mit Verwandlungen arbeiten, die immer schon, das heißt *vor* jeder *individuellen* ästhetischen Wahrnehmung oder Erfahrung, semantisch ‹geladen›, nämlich vorinstalliert sind. Bedenkt man diesen Unterschied zwischen der täglichen Randbedingung des externen solaren Gratisleuchtens und der notwendig artifi-

41 «Gesicht» kommt von «Sehen».

ziellen Semantik des Leuchtens in einem *Inneren*, also mit dunklem Rand, so ist in dieser Hinsicht der Unterschied zwischen den modernen Stadtnächten und dem paläolithischen Lagerfeuer nicht so wesentlich, wie er ‹scheint›.

Im Unterschied zum Tageslicht, für das der Mensch (abgesehen von den Verdunkelungen und den Veränderungen der Atmosphäre) nicht verantwortlich ist, hat jedes künstliche Nachtlicht einen menschlichen Grund, warum es leuchtet. Es ist leicht einzusehen, dass sich hier aus einem vermeintlich ästhetischen Mangel der Nacht eine ästhetische Vormacht entwickelt hat, die sich anschickt, alle weiteren tagesästhetischen Optionen zu beherrschen. In dieser artifiziellen Beleuchtung ist der Mensch schließlich eher zu Hause, das technisch erleuchtete Nachtreich ist sein Reich, sein Wirkungsbereich. Licht *im* Dunkel – also die Umstülpung der Tagesordnung – ist nicht erst seit den neuzeitlichen Experimenten mit der Camera obscura die heimliche Sehnsucht ästhetischer Welt-Anschauung. Aber seit der Installation der embryonalen Dunkelkammer fotografischer ‹Entwicklung›, seit dem theatralen Kino-Saal und der Glotze im Dämmer des Wohnzimmers, seit den künstlerischen Installationen in verdunkelten Museen[42] und mit der rasanten Zunahme elektrisch gespeister Oberflächen wird das Leuchten im wachsenden Dunkel des Hinter-, Vorder- und Beweggrundes immer nachdrücklicher zum ästhetischen Leitmedium.

Nun mag ‹der Mensch› in seiner eigenen Nacht-Schöpfung in gewisser Weise zu Hause sein. Doch *fühlt* er sich darin meistens unbehaust. Ein jeder Mensch in seiner Nacht findet sich zunehmend konfrontiert mit den leuchtenden Repräsentanzen von ‹Absichten› *Anderer*, die seine soeben noch bestehende absichtslose Dunkelheit ‹aufreißen› und durchkreuzen: Verführerische oder gefährliche Angebote – für jedes Licht hat irgend eine Figur oder eine Firma (beide innen dunkel) bezahlt, und sie werden ihren Vorschuss mit Zins und Zinseszins zurückfordern. Selbst das nützliche, ‹infrastrukturelle› Licht (etwa der nächtlichen Verkehrsführung) wurde aus Steuermitteln bezahlt und kann nur insofern als freundlich angesehen werden, als es einen aufgenötigten Weg vorab beleuchtet.

42 Beispiele: James Turrell, Bill Viola, Gary Hill, Christian Boltanski und Olafur Eliasson, Rodney Graham etc.

Schon ein wenig rechts des Ampellichtes wird die Dunkelheit umso dunkler. – Mit Lichtschranken hält man wilde Tiere im Zoo gebannt auf ihren ausgestellten Platz. – Dunklere Interessen, Ziele oder Lüste werden durch moderne Irrlichter abgeführt. Das werbliche oder gewerbliche Licht-Leit-System ist nämlich noch ‹abwegiger›. – Nun mag der Leser vernünftigerweise einwenden, wer sich in den nächtlichen Verkehr oder ‹Verkehr› begibt, muss sich an dessen Regeln halten, sonst kommt er halt darin um. Aber die Nacht ist mittlerweile eben zu voll von diesem Verkehr; andere nächtliche ‹Kehren› (Einkehr und Nachtfahrt) sind wie versperrt oder überblendet.

Damit will ich keineswegs behaupten, dass eine authentische Ästhetik der Nacht am Ende sei. Vielmehr ist selbst dieses verführerische Muster noch die triumphale Behauptung der Nacht, denn auch die Nacht ist ‹menschgemacht›. Noch die Entfremdungserfahrung in der Nacht bestätigt die alte Erfahrung des Menschen in der Nacht seit der Feuerwirtschaft. Klammern wir für einen Augenblick methodisch die kapitalistischen Triebkräfte dieser Entwicklung aus, so gerät die phänomenale intersubjektive Doppelbedeutung des Heimlichen und des Unheimlichen in der Nacht deutlicher in unseren Augenschein: Fremde Lichter waren immer schon potenzielle Irrlichter, deren glänzende Ansichten böse Absichten verbargen wie eine Nachtseite. Die Sterne blicken herab wie tausend Augen in der Nacht. Dahinter können Unheil oder Siechtum lauern, wie beim Hundsstern in der Ilias des Homer.

Das Problem ist: Ein Leuchten kommt aus unserer inneren Nacht dem Leuchten draußen entgegen: dem Leuchten des Ungeheuren[43], der Werbung, der Verführung. Menschenfleisch leuchtet z. B. im wörtlichen Sinne aus dem All des Inter-Netzes, um Begierden dazu anzufeuern, Sex von Bildschirmen ‹runterzuladen›. Diese neuen Irr-Lichter sind wie früher die Gespenster, halbtote oder scheinlebendige Spuren eines fremden Lebens, das uns etwas sagen will und von uns etwas will. Diese neuen Lichter sind *wie* wir. «In girum imus nocte et consumimur igni», sagt ein Palindrom (das rückwärts gelesen, dasselbe ergibt).[44] In der modernen dunklen Nacht, da es manchmal nur dieses Leuchtende und unser Inneres zu geben scheint,

43 Die oft feurigen Ungeheuer sind nicht geheuer, das heißt: nicht von hier, sind entgegenkommende Fremdheit.

44 G. Debord: In girum imus nocte et consumimur igni – Wir irren des Nachts

spiegelt die fremde Bedeutung die uns selber unsichtbaren Akte unserer Bedeutungsgebung. In der Oszillation zwischen ‹fremd› und ‹eigen› hat die moderne leuchtende Nacht immer noch das Erregungspotenzial, das vormodern den «Sterntalern», der mystischen Erleuchtung eines Goldenen Esels (von Apuleius), der Teresa von Ávila oder der Begegnung mit einer Weißen Frau eignete oder der Begegnung des kleinen Freiherrn von Eichendorff mit dem kulminierenden Mond, als er das ‹Licht der Welt› erblickt.

Doch der visuelle Aspekt verdunkelt die Tatsache, dass die Nacht-Ästhetik die ‹Nacht› der ganzen Ästhetik betrifft. Die *Nacht* der Ästhetik ist jetzt zu verstehen als das *Nicht*sein der gewöhnlichen. Das ist kein willkürliches Spiel mit einer übertragenen Bedeutung von ‹Nacht›. Über die bloße Verpönungsstrategie hinaus, welche die Nacht als etwas Nichtswürdiges oder negatives Vorzeichen der Unwahrheit behauptet, wenn sie von «Nachtgebet» (Sex) oder «Nachtschwalben» (Ziegenmelker) redet, artikuliert die deutsche Sprache mit der übertragenen Bedeutung von Nacht = Nicht die ‹eigentliche› Erfahrung der Nichtsichtbarkeit, Nichtgültigkeit und fragwürdigen Existenz in der Nacht – die alle immerhin dennoch mögliche nächtliche Erfahrung (von Objekten und von einem selbst) umgibt und bestimmt. Anders als eine beliebige Ding-, Raum- oder Zeitästhetik (zum Beispiel für Mode, Innenarchitektur oder epochalen Stil) ist die *nächtliche* Wahrnehmung, Vorstellung und ‹ästhetische› Gestaltung konstitutiv für den ganzen menschlichen Leib, für seine Sprache und für seine kulturellen Artefakte und Fakten. Das heißt nicht nur für Kunst und Ritus, sondern für den sozialen Raum und den vermeintlich transkulturellen Raum des Jenseits-Glaubens. Die Nacht fördert die je individuelle sowie prä- und metakulturelle Entwicklung des Selbst, des Selbstausdrucks, des Fremdverstehens und aller umlaufenden Bilder, im wörtlichen wie im bildlichen Sinn. Faktum brutum ist, dass der Mensch die Nacht intus hat, weil er innen dunkel ist.

Diese Dunkelheit ist nicht so abgeschlossen zu sehen, wie es von außen aussieht. Die verbreitete Intuition des Nachteinschlusses stammt vielleicht aus der traumatischen, bewusstlos gewordenen, aber konstitutiven

im Kreis umher und werden vom Feuer verzehrt. Berlin 1985. Das Titelphoto von Brassaï zeigt eine Bordellstraße im nächtlichen Paris.

‹Erfahrung› jenes ersten Auftauchens, das wir *Geburt* nennen, Vertreibung aus jenem Paradies, in dem die Nacht auch außen war. Von dem fatalen, natalen Ausschluss aus der äußeren (mütterlichen) Nacht an, welche die innere Nacht einer Anderen war und bleibt, wächst die innere Nacht der Ontogenese. Diese sucht die äußere Nacht – oder flieht sie, weil sie ans Trauma rührt.

Der Säugling trinkt die Nacht. Gerade weil es für das gerade Geborene diese leibliche Selbst-Organisation um seine innere Dunkelheit noch nicht gibt, ist das Saugen der Milch ein Trinken der Nacht. Durch den Stillakt gelangt nicht nur die Milchstraße der mütterlichen inneren Nacht in die innere Nacht des Säuglings, sondern die Fähigkeit zur Unterscheidung von Innen und Außen wird durch dieses ‹Beziehen› erst möglich. Nach dem ‹bewusstlosen› Auftauchen der Geburt und zunehmend in der coenästhetischen Beziehung mit der ersten Person wird die Trennung in dem Maße ahnbar (‹hinter› jeder intentionalen Geste), dass die äußere Nacht umgestülpt wird, eingestülpt zur inneren wird – und vergessen wird.

Wie eine schimmernde Perle in der pulsierenden, trinkenden und ausscheidenden menschlichen Muschel des Nachtleibs … träumt innen das verborgene Licht einer Ahnung von der nur ungleichzeitig möglichen Einheit je äußerer und innerer Nacht. Dieses Licht einer ‹dunklen› Ahnung wächst sich aus zu den leuchtenden Preziosen, die Taucher heraufholen an die Nacht draußen, wo dieses im Dunkel verborgene Licht des Wissens als ein Stern aufgeht, das heißt: zugehörig dem Nachthimmel. Menschen sind Auftauchende, und das ‹Auftauchen› ist eine ihrer wichtigsten ästhetischen Erfahrungen.[45]

Natürlich sind sie auch Eintauchende. Sie tauchen in Schlaf, Tod und Verwandlung. Achilleus taucht in die Rüstung und verwandelt sich in einen Leuchtturm. Tod und Verwandlung sind verwandt mit Reinigung und Erneuerung. Im «Codex Hammurabi» (18. Jh. v. Chr.) ist der Gestus des Tauchens stärker als der Zeigefinger, den manche wieder als den Anfang der Sprache sehen. «Wenn über die Ehefrau eines Bürgers wegen eines andern Mannes der Finger [zum Zeichen übler Nachrede] ausgestreckt worden ist,

45 Vgl. H.-G. Friese: Tauchen und Auftauchen – Tod und Ästhetik. In: H.-G. Friese sen. (Hg.): Festschrift zum 25jährigen Jubiläum des Künstlerkreises La Bohème. Essen 2001, S. 16.

sie aber mit einem anderen Manne nicht ergriffen wird, so taucht sie ihrem Ehemann zuliebe in den Fluss.»[46] Sie wird dann nämlich, vom schmutzigen Zeigefinger gereinigt, wieder auftauchen. Nachtästhetisch tritt das leibhaftige, existenzielle, rituelle, mystische und metaphorische ‹Auftauchen› gegen den alteingesessenen Begriff der ‹Erscheinung› an.[47] (Abb. 1)

Hat der Mensch das Licht der Welt erblickt, wird er nun zwar *innen* dunkel, er selbst aber findet sich dort selten ein. Außer manchmal, in auch äußerer Nacht. Öfter ist er draußen, bei den Sachen, anderen Menschen, höheren Werten und Zielen: da, wo Wahrnehmung, Gefühle und Gedanken halt hingehen, haltsuchend. Hinter jeder bedeutenden Erscheinung draußen liegt ihm aber ein dunkles Innen; Glanz ist ihm ein Versprechen von ‹Inhalt›. Selbst wenn er in *seiner* dunklen Erinnerung kramt, simuliert er einen Gang nach draußen, und er hat sein Erinnerungsobjekt, auch seine Erinnerungsszene *vor* sich. Der Mensch existiert im Grunde zwischen der inneren und der äußeren Nacht – beide unerreichbar tief, und sein ästhetisches Verlangen sucht seit altersher (oft unbewusst) die Balance zwischen innerer und äußerer Nacht… ohne dass er die inkommensurable Asymmetrie des Wegs nach innen *oder* nach außen akzeptieren würde, und ohne dass er diese Asymmetrie aufheben könnte, denn das wäre die Entropie, sein Tod.

In diesem Sinne sind die mythischen Beispiele einer Äquidistanz der Erde zum Nachthimmel wie zur Unterwelt (etwa: Uranos – Gaia – Tartaros) nicht nur geozentrisch zu interpretieren, sondern auch egozentrisch: als ‹Erwägung› zwischen Innen und Außen, die den notdürftig souveränen Leib konstituiert. (Notdürftig souverän, um bedürftig zu bleiben – und befriedigbar.) Man sage nicht, die Hauptsache für den Leib sei hier die Balance zwischen den Vektoren seines Raumgefühls und die Nacht sei ein beliebiges Accidentium: Nur weil Innen *und* (periodisch) Außen dunkel und qua Dunkelheit unermesslich sind und phänomenal ähnlich wirken, kann Differenz sich ausbilden und daraufhin ein Balance-Bedürfnis entstehen, nicht als Abwägung präexistenter Distanzen mit fixierten Polen.

Das ist nicht bloß eine Affäre für Kleinkinder und archaische Mythen. Denken Sie an Kant! In seinem «Beschluss» zur «Kritik der praktischen

46 Codex Hammurabi. Übers. von W. Eilers. Wiesbaden 2009, § 132, S. 58.

47 Siehe z. B. die Seebühne Bregenz, die Elbphilharmonie Hamburg und die Filmnächte in Dresden (Abb. 1).

Vernunft» verknüpft der Philosoph der Aufklärung – haltsuchend – den Anblick des Sternenhimmels mit dem imaginären Anblick seiner inneren moralischen Verfassung:

«Zwei Dinge erfüllen das Gemüt mit immer neuer und zunehmender Bewunderung und Ehrfurcht, je öfter und anhaltender sich das Nachdenken damit beschäftigt: der bestirnte Himmel über mir und das moralische Gesetz in mir. Beide darf ich nicht als in Dunkelheiten verhüllt oder im Überschwenglichen, außer meinem Gesichtskreise, suchen und bloß vermuten; ich sehe sie vor mir und verknüpfe sie unmittelbar mit dem Bewußtsein meiner Existenz.»[48]

Um diesen Vergleich zwischen den äußeren Gesetzen, die er im Dunkeln sieht, und den Gesetzen des Herzens, die er dunkel sieht, überhaupt anstellen zu können, muss Kant das Fernste mit dem Nächsten, das Äußerste mit dem Innersten verknüpfen (eine ehrwürdige nachtästhetische Technik). Er geht dabei sozusagen in gegensätzliche Richtungen, räumlich, zeitlich und kategorial.[49] Das scheint dem ansonsten nicht für seine Phantasie oder Assoziationsfreude berühmten Pedanten überhaupt nicht schwerzufallen, weil Nacht ist: innen und außen und dazwischen. Es handelt sich um *ein* Medium der Dunkelheit, das die Verbindungen der Gegensätze, ja der Welt der Physik mit der Welt der Moral ermöglicht oder zumindest fördert. Es ist Nachtästhetik, was ihre Analogie trägt. Man mag bestreiten wollen, dass der Nachthimmel und das Bewusstsein je in einem andern gemeinsamen Medium als der Vorstellung «im Gemüt» erscheinen können (obwohl diese Analogien auch in der Neuzeit, von Hegel bis zur Visualisierung in der Hirnforschung nicht enden wollen), dann ist dieser aufleuchtende Kontakt zwischen Stern und Moral eben (wie alle Metaphern) ein Irrlicht, das die Menschen ‹unter ihrem unruhigen Herzen› tragen. Aber auch das ist Ästhetik, auch das ist Nachtästhetik. Wie wahr die Verknüpfung zwischen innerer und äußerer Dunkelheit ist, ist am Nacht-Leib zu prüfen.

48 I. Kant: Kritik der praktischen Vernunft. In: Ders.: Werke in zwölf Bänden. Bd. VII. Wiesbaden 1956, S. 300.

49 Diese sehr vermittelte Unmittelbarkeit, deren Evidenz durch die nachdenkende Verknüpfung (und das Aufstellen eines Verbotes) ansteigt, verknüpft entweder zwei verschieden alte Erinnerungen aus verschiedenen Zeiten oder eine Wahrnehmung mit einer älteren Erinnerung.

Kant ist der Kronzeuge einer nicht an «Überschwenglichkeiten» interessierten Nachtästhetik. Die äußere und die innere Nacht gehören zu seiner «Existenz», die anders als im heutigen ökonomistischen Sprachgebrauch etwas im vordigitalen Sinne Verknüpftes ist: eine leibhaftige Verschlingung von Fremd und Eigen, Innen und Außen sowie anderer räumlicher und zeitlicher Faktoren. Man sage nun nicht, es sei nur *das Bewusstsein* der Existenz. Kant sieht *beide* leuchten in der Dunkelheit und verknüpft sie, die er *vor* sich sieht, *unmittelbar* mit diesem Gegenstand des Bewusstseins, den er «Existenz» nennt. Unmittelbar heißt hier, wenn nicht ‹notwendig›, so doch immerhin: ohne weitere Mittel, ohne Weiteres. Doch wo befindet er sich, wenn er das Innere und Äußere in ihrer Dualität so *vor* sich sieht, dass er sie verknüpft, nicht spielerisch verknüpfen *kann*, sondern *unmittelbar* verknüpft?[50]

Diesen zugleich extragalaktischen und extracorporalen Standpunkt, von dem aus man die Nachtseite der Welt und die Nachtseite des Menschen vergleichbar sozusagen nebeneinander *sieht*, nimmt man seit Kopernikus und Galilei auch wissenschaftlich in einer Nacht ein, die von einer Dunkelheit bestimmt ist, die oszilliert zwischen innen und außen. Man befindet sich hier in der erhabenen Gesellschaft von Schamanen und Mystikern und Poeten. Damit soll keine der Existenzen an der andern diffamiert werden. Sie befahren dasselbe Reich der Nacht und vermitteln uns eine Ästhetik der Nacht. Die Milch im Nachthimmel und Sterne, die in innerer Nacht aufgehen, das ist Nachtästhetik – die ohne die Nachtpost des Leibes nicht existierte. Und beginnen mit solchen Übertragungen im Dunkeln nicht alle Bilder und Metaphern? Nur in der Nachtfahrt des Leibes berühren sich das Fernste und das Nächste.

Der Nachtleib

Die Heterogenität nachtästhetischer Aspekte möchte ich zunächst beschränken auf die Geschichte des einzelnen Nachtleibs, der natürlich jeweils historisch in der Nachtkultur ankert, in der er lebt. Bei manchen weckt der Begriff Nachtleib Assoziationen an Schmacht-Leib, Schwüle

50 Zur *textilen* Verknüpfung als nachtästhetischer Verbindung von Innen und Außen siehe unten: «Der Stoff der Nacht, aus dem die Bilder sind».

und Bettschweiß. Schon der Begriff *Leib* wirkt in einer Zeit, wo selbst «Penner» (also Schläfer) in *Jogging*hosen rumlaufen[51], wo man Bodybuilding und -stretching betreibt und auf seinen Body-Mass-Index achtet, betulich und aus der Welt gefallen. Aber ich kann auf ihn nicht verzichten, weil er bessere ‹Anschlüsse› an Raum, Seele und die Anderen hält.

Leib heißt ursprünglich «Leben», bezeichnet den lebendigen Körper. Er ist beim Menschen innen beseelt und beseelt zugleich seine Außenwelt als eine Lebenswelt, indem er sie befährt, erfährt. Dieser Zusammenhang zwischen der äußeren Fortbewegung, auf deren ‹Aufrichtigkeit› die Menschheitsinterpreten sich viel einbilden, und der inneren Erfahrung ist auch für die Nachtästhetik bedeutsam, da, wie bekannt, die *Nachtfahrten* wie auch die *Nachtfahrenden* sich von den täglichen Besorgungsfahrten und den Fahrensleuten des All-Tags einigermaßen unterscheiden.

Zu den Besonderheiten der menschlichen Säugetiere gehören aber noch zwei weitere bedeutsame Typen der Fahrt: erstens die Fahrten *zwischen* Innen und Außen, wie sie in der Geburt und im Tod mindestens von Anderen begegnen und verarbeitet werden müssen. Als leibliche Ein-, Aus- und Umstülpung zwischen Hell und Dunkel haben sich die Geburtsfahrten je schon fortgepflanzt in den Still- und Fortpflanzungsakten und enthalten eine wichtige nachtästhetische Dimension, die in kultischen, kulturellen und künstlerischen Akten sich äußert und empfunden wird (bevor die letzte Fahrt angetreten wird).[52] Zum Beispiel begegnen sie in Maskentänzen, Initiationsriten, aber auch in sogenannten Konversionserlebnissen und Träumen.

Die Umstülpungserfahrung ist nur *eine* Variante der allgemeinen Ästhetik des *Auftauchens*, die sich auch auf andere Menschen, fremde Objekte und Medien bezieht. Das Auftauchen-*Sehen* des Mondes oder einer Gottheit aus dem Nacht-Meer ist damit ebenso angesprochen wie das ei-

51 Der sogenannte Warenkorb zur Ermittlung des Bedarfs zur Lebenshaltung für Hartz-IV-Empfänger ist vor Jahren aktualisiert worden, indem der Schlafanzug zugunsten des Jogginganzugs gestrichen wurde. Hoffte man solcherart auf eine körperliche Ertüchtigung des ‹Sozialschwachen›? Jedenfalls war die Tageshose für den Bedarf des Bedürftigen repräsentativer als das Nachthemd.

52 Das Wort «fort-pflanzen» erinnert an die Gemeinsamkeit mit den Pflanzen, dass die transgenerative Fahrt der Gattungsübertragung eine dunkle Phase der Insemination oder der Verankerung in der dunklen Erde voraussetzt.

gene Auftauchen aus einem Meer der Blindheit oder das Auftauchen eines Traumes aus dem Schlaf. Selbst- und Fremd-Auftauchen lassen sich nicht immer gut voneinander trennen. Im zehnten Buch des «Goldenen Esels» von Apuleius ist man zum Beispiel nicht sicher, ob *vor* Lucius die Göttin Isis aus dem Meer auftaucht oder *in* seinem Schlaf ein Traum. Am Begriff des Auftauchens ist weiterhin zu beachten, dass er nicht nur die Bildästhetik im Bereich des Nachtbildes prägt, sondern auch mit anderen Körper-Erfahrungen verbunden ist: mit dem Auftrieb (also auch mit Balance und Schwindel) und dem Trockenwerden, bzw. Luftbekommen. Beides sind schon Geburts-Sensationen.

Dass das Auftauchen sich häufig auf ein wässriges Medium zurückbezieht, ist schließlich kein Zufall, sondern Schicksal: weggeschickt, getrennt worden zu sein vom Fruchtwasser, bevor man auftaucht, um das Licht der Welt zu erblicken. Die besondere Affinität zur Heimat aus nachtdunklem Wasser und die Umwertung der Geburt als ein Auftauchen zum Licht werden seit Jahrtausenden ‹reflektiert› in nächtlichen Licht- (oder Feuer-)Künsten, die sich im Wasser spiegeln – wie, wenn das Licht daraus auftauchte.[53] Ein wahrlich stärkeres Leuchtfeuer als dasjenige, das vom gerüsteten Achill in der Ilias ausgeht, ist das Feuerwerk zur Einweihung (!) des zur Zeit höchsten Hochhauses der Welt, des Burj Chalifa Dubai am 4. 1. 2010 gewesen. Aber es spiegelte sich, wie das Tadsch Mahal, das Washington Monument und das Bundeskanzleramt in einem künstlichen See, in einem Reflecting Pool, in einem Sprühbogen oder Spreebogen der Erinnerung an wässrige Herkunft.[54]

Zweitens ist mit dem Auftauchen eine zeitliche Sensation verbunden. Die Spur der Dunkelheit, in die eine Wahrnehmung sich abschattet, versinkt, sowie der dunkle Rand, aus dem heraus die Erinnerung auftaucht: Sie repräsentieren die Ahnung eines zeitlichen Vektors. Was in leuchtenden, aufwühlenden, uns ‹umkrempelnden› Erinnerungen von Ereignissen und Erlebnissen – die aber aus dem Dunkel auftauchen – als Fest der biographischen Singularität zu triumphieren scheint, ist nicht so in-

53 Vgl. Friese: Tauchen und Auftauchen, S. 16–30.

54 Siehe dpa, 5. 1. 2010, Fotogalerie zu «Feuerwerk und Wasserfontänen – Die Eröffnung des Burj Chalifa». In diesem Fall stellen die gigantischen Fontänen, die im Takt der Musik tanzen, einen sichtbaren Zusammenhang ihres Auftauchens aus dem Wasser zum Aufragen des feuerspeienden Wolkenkratzers her.

trasubjektiv, wie es meistens erlebt wird.[55] Die Fahrt des individuellen Lebens zwischen dunkler Herkunft und dunkler Zukunft, zur Gegenwart hin leicht erhellt durch Erinnerung und Erwartung, ist zwar unumkehrbar werdende Singularität des Einzelnen, aber diese ist unlösbar verwachsen mit Erzählungen und Vorstellungen Anderer über Nicht-Jetzt, über Vergangenes, über Vorfahren, Nachfahren und Fortfahren. Die Anderen bestätigen die vorhandene Richtung ins Dunkle über ein vermeintlich inneres Dunkel hinaus. Andererseits stellt aus zweiter Hand Erfahrenes eine gymnastische Übung der Expansion von Ahnungs- und Einfühlungsvermögen ins Dunkle dar. Die Grenze zwischen innerer Nacht der (übertragungsfähigen) Erinnerung und äußerer Nacht vermuteter Vergangenheit, erzählter oder gelesener Geschichte(n) wird unscharf.

Ein Beispiel aus jüngster Zeit ereignet sich im Harz, in und um Bad Grund herum. Die im Grund des Bodens, in der sogenannten Lichtensteinhöhle gefundenen Knochen bronzezeitlicher Menschen (3000 v. Chr.) haben sich durch Gentests als nah verwandt mit dort noch heute Ansässigen erwiesen. Die Höhlen der dunklen Vergangenheit wurden nun in einem Höhlen-Erlebniszentrum nachgebaut, in dem Besucher, zum Teil via Durchkriechlöcher, eng wie Geburtskanäle, als Höhlenfahrer Kontakt mit den Vorfahren aufnehmen können. Lebende, genetisch verwandte Personen der nachgebildeten Toten, sind dort in Gesprächsinstallationen schaudernd zu bewundern. Die per Speicheltest nachgewiesenen Nachfahren entdecken plötzlich verwandtschaftliche Gefühle für die ausgegrabene Großfamilie, werden sozusagen selbst zu einer solchen von heute dort Lebenden. Einer von ihnen, Manfred Huchthausen, resümiert in einem Zeitungsartikel: «Da ist schon eine große Nähe unter uns spürbar geworden. Die gemeinsamen Wurzeln verbinden einfach.»[56] «Wurzeln» sind eine gute Metapher, aber mit Pflanzen sind die Menschen definitiv nicht verwandt. Auch die Spucke, in der die Sprache der Gene gespeichert ist, fühlt sich nicht nach Vergangenheit an. Es ist ein *dunkles* Gefühl, das

55 Übertreibe ich, wenn ich vermute, dass wir beim Erleben herausragender Ereignisse, sogenannter Sternstunden, meinetwegen auch Sternschnuppensekunden, die Nacht drumherum ahnen, in die alles andere versinkt, aus der die spätere Erinnerung wieder auftaucht?

56 Siehe H. Thies: Zu Besuch bei Verwandten aus der Bronzezeit. In: HAZ, 28. 12. 2009, S. 6.

sich auf eine *dunkle* Vergangenheit, prägnant in der unterirdischen Verborgenheit, auf eine dunkle Weise bezieht.

Das seltsame ‹Objekt› dieses Gefühls ist ein Phantom-Zeitglied der eigenen dunklen leiblichen und seelisch-geistigen Herkunft, und dieses Objekt (eigentlich ist es nur das abgerissene unbekannte Ende einer Erstreckung) ist ein Substitut, wenn nicht eine Spiegelung der eigenen ‹dunklen Vergangenheit›. Diese Vergangenheit wird häufig intuitiv als ‹unten›, als untergegangen, empfunden, und was da empfunden wird, ist vielleicht älter als die Sprache: das Auftauchen von Gefühl. Bei einem Rencontre zwischen der sprechenden Nachbildung seines Vorfahren und Huchthausen, der wie H. Thies konstatiert, «seinem Vorfahren irgendwie ähnlich sieht» (was eine dunkle Spiegelung im Grund der Vitrine bestätigt, in der sich der ‹Vorfahre› befindet), sagt Lehrer Huchthausen aus dem Harz, der unser Zeitgenosse ist: «Da kommen Gefühle in einem hoch, die man nicht in Worte fassen kann.» Entscheidend ist für uns nicht die Angemessenheit der verwandtschaftlichen Gefühle, sondern diese dunkle Senkrechte des auftauchenden Gefühls, dessen Dunkelheit mit der unbekannten Vergangenheit assoziiert wird, mit einem leiblichen ‹Grund›, dessen Unklarheit und Unbestimmtheit dem neuzeitlichen Objektivismus vielleicht nicht leicht erträglich ist. Deshalb die Suche nach dem Grund, nach einem Ende, nach einer Gestalt, einem Gesicht, einem Spiegel, der die Vektorisierung in die Dunkelheit schließt. Die Faszination der irdischen Unterwelt ist die Substitution der Faszination für das eigene dunkle Innen: um des Grundes willen, sei er Fundstück oder Spiegel.

Jeder Leib ist immer schon auch Nachtleib in Raum und Zeit. Bei jeder Lebensäußerung spielt der Parameter Hell-Dunkel eine große Rolle. Atmung, Ernährung, Gefühle und Gedanken, inklusive des intersubjektiven und sozialen Austausches, gehen ins dunkle Innere des Leibes und/oder aus ihm heraus. – Und dieses dunkle Innere behaupte ich als innere Nacht. Es handelt sich nicht nur um eine Analogie zu einem geschlossenen Hohlkörper. Vielmehr behaupte ich sogar: Diese bloß innere Nacht ist *die* Nacht. Das besondere Verhältnis zur äußeren Dunkelheit kommt aus dieser inneren Nacht, weshalb wir die äußere Dunkelheit Nacht nennen. – Allerdings wollten wir in den meisten Zeiten unserer gattungsgeschichtlichen Entwicklung *die* entäußerte Nacht auch möglichst weit fernhalten von uns; erst als wir sie wirklich fern hatten, wollten und konnten wir uns in ihr spiegeln, oft unglücklich über die im Spiegelbild manifeste Zerrissenheit.

Wer sich also bei der ersten Gegenüberstellung mit dem Wort Nachtleib fragte: «Welchen Leib hat denn die Nacht!?», der bekommt hier zur Antwort: «Den Leib». Der Leib, den die Nacht selbst hat, das ist der Leib in der Nacht, also der leibliche Mensch in der Nacht. Die Nacht hat ihren Leib sozusagen innen, durch die Menschen, die sich in ihr bewegen. Die Nacht hat eingestülpte Leiblichkeit, so wie die Menschen eingestülpte Nacht haben. Klingt in dieser Allgemeinheit etwas verstiegen, aber wir werden sehen ... Allen hartleibigen, also gefühlt unhohlen Skeptikern komme ich vorerst mit dem leichter akzeptierbaren Hinweis entgegen, dass die Menschen immer auch in der Nacht draußen waren, obwohl sie oder weil sie sich diese Nacht als eine leibliche Gestalt vorgestellt haben. – Nun gut, sie hatte nicht immer einen Mantel an oder ein Sternenkleid, wurde auch als bauliche Gestalt gesehen: als Gewölbe oder Zelt. Aber darin war der Leib in der Nacht gut aufgehoben (oder eingesperrt).

Ersatzweise war die Nacht auch immer wieder selbst ein Leib, trug nicht nur ein Monddiadem, ein wallendes Schultertuch oder ein Sternenkleid, sondern sie hatte auch schon mal strahlende Brüste, an denen die Kinder *Schlaf* und *Tod* hingen. Bei Hesiod, der sie in seiner «Theogonie» als eine der ältesten und fernsten Gottheiten am Rande der Zeit, aus dem Chaos, auftauchen lässt, ist sie aber zugleich diejenige Göttin, aus deren Leib (also aus dem Innern der Nacht) wie erwähnt Zustände und Gefühle der Menschen hervorgehen. Die innere Nacht der Menschen wird bei Hesiod von einer leibhaftigen Nacht (*Nyx*) geboren, die zwischen innerer und äußerer Nacht wandert und im Tartaros, im Leib der Erde, ihren Sohn *Hemeros*, den Tag, bei Schichtwechsel begrüßt. – Kein Wort übrigens über das Aussehen des Tages an dieser Stelle, nirgendwo bei Hesiod.[57] Der Tag

57 Heutzutage ist man anspruchsloser bei der Gestaltvorstellung der Göttin Nacht. Nyx heißen jetzt ein Asteroid von 1 km Durchmesser, der die Bahnen von Venus und Mars kreuzt, sowie ein Plutomond (Nix). Immerhin: In der Vampyr-Romanserie «House of Night» bemüht man sich um mythologisch aussehende Nachtanbindung. Dieses ‹Haus› bezeichnet nicht nur im Band «Gezeichnet» von P. C. und Kristin Cast (2009) ein Internat für Vampire, sondern auch einen Blog der Fan-Gemeinde, und es reveniert anscheinend das mythisch-genealogische Denken. Mit Nyx, der ‹Mutter› der Vampyre, spricht die Heldin Zoey Redbird im Traum und

ist in der Vorstellungsgeschichte des Abendlandes kaum je personifiziert worden; er redet kaum mit der Seele der Menschen.

Das spannungsreiche Verhältnis zwischen innerer und äußerer Nacht ist keineswegs immer positiv oder gar erotisch anziehend; selbst die *Figürlichkeit* der Nacht ist nicht der Hauptaspekt. Man ist auch heutzutage noch «hässlich wie die Nacht», und die Verstellung und Lüge der Nacht hat oft die Bedeutung der verborgenen, aber drohenden Bösartigkeit, weshalb bei uns immer noch Wörter mit der Voranstellung «Nacht» (auch) etwas ganz Anderes oder das (böse) Gegenteil von sich bedeuten. Wie «Nachtschwalbe», «Nachtgebet» oder «Nachthusten». Gemeinsam ist diesen Phantasie-Operationen aber die Projektionsbereitschaft, ja die Nötigung zur Projektion, gerade weil die visuelle Fixierung der Gefahr oder des Glücks so schwierig ist oder so irritierend aufgenötigt wird, weil es so überscharf leuchtet oder kaum zu sehen ist.

Solche Projektionen, Ahnungen, Vermutungen über das (a)visuelle Objekt tauchen aber aus dem *inneren* Dunkel des Leibes in der Nacht auf, und an ihnen sieht man zugleich, dass dieser Austausch zwischen Innen und Außen ein ganz besonderer ist, mit besonderer Auswirkung auch auf die Ästhetik im engeren Sinne der Darstellung. Die Dominanz der Phantasie in den Bereichen der Nachtästhetik scheint allerseits Konsens zu sein. – Das Phanische, dieses leuchtende Auftauchen der *Phan*tasie, ist aber kein ätherisches Gebilde, sondern entspringt vielmehr gerade einer intensiveren *leiblichen* Gegenwart, sei es als Bedrohung durch die Nacht oder als nächtliche Beglückung. Eine größere dynamische Skala von der Quasi-Synästhesie zwischen verschiedenen sich einander übertragenden oder ersetzenden Wahrnehmungsleistungen bis zur Anästhesie des Schlafes sind die leiblichen Diener der Vorstellung, dieses nächtlichen Theaters.

Von Anfang an aber ist die ‹gestirnte› Nacht zugleich als äußerster Raum und fernste Anschaulichkeit ‹vorgestellt› und ‹angesehen› worden. Und es ist dieses Ganze der Finsternis und der teilweisen Erleuchtung innen und außen, das dieses Äußere wiederum zu *der* Nacht hat werden lassen, sei es um die innere Nacht daran festzuknüpfen, sei es, um die innere Nacht zu verwerfen, in die äußere zu expedieren. – Man mag Schwie-

persönlich. Die Zuordnung von Sex und Gewalt unter der Nachtgöttin ist natürlich schon archaisch und älter, ist aber dann differenziert auf verschiedene ‹Kinder›.

rigkeiten haben mit dem Verständnis der Hesiodischen Götterfiguren, ihren Genealogien und Taten. Aber erstaunlich sind solche Verwirbelungen von innerer und äußerer Nacht, wie sie seine Nachtgestalten aufweisen. In das Innere der Nachtkinderschar personifizierter menschlicher Eigenschaften pflanzt der älteste Dichter des frühesten Abendlandes im Osten das Fernste der Nacht, die singenden Hesperiden, die draußen, im äußersten Westen, im Abend-Land, wo der Abendstern steht, die goldenen Äpfel des Lebens bewachen. – Ein horizontal aufgeschnittener Apfel zeigt im Innern einen Stern.

Innerste und äußerste Tiefe lassen sich aber im Dunkeln oft nicht auseinanderhalten. Das ermöglicht kühne Übertragungen, erleichtert rauschende Vermischung fast zu sehr, ist aber auch der Abgrund des grenzenlosen Horrors. Merleau-Ponty hat in seiner «Phänomenologie der Wahrnehmung» eindringlich die mitunter bedrohliche Wirkung der extrem dunklen Neumond-Nacht geschildert: Von ihr sagt er in seinem Abschnitt über die Räumlichkeit der Nacht des Lebensraumes: «Sie ist nicht ein Gegenstand mir gegenüber, sie umhüllt mich, sie durchdringt alle meine Sinne, sie erstickt meine Erinnerungen, sie löscht beinahe meine persönliche Identität aus.»[58]

Doch auch der weite erleuchtete Nachthimmelsraum wird ambivalent erfahren. Das Leuchten der Tiefe in Raum und Zeit (und für manche in Ewigkeit) erhebt nicht nur den Betrachter, sondern kann als erhabenes, ja ungeheures Gegenüber auch einschüchtern und demütigen. Dass das Sternengewölbe ein für viele Kulturen thematisch zentrales Ästhetikum war, leuchtet ebenso ein wie die Tatsache, dass den meisten zum Stichwort «Ästhetik der Nacht» noch heute zuerst der Nachthimmel einfällt. Die ästhetische Eigenart einer bis vor kurzem *nur* mit den Augen als existent wahrnehmbaren Realität macht sie zu einem wichtigen Aspekt der Ästhetik des Nachtbildes im dritten Band der Nachtästhetik.

Aber auch die Ästhetik des Nachthimmels unterliegt *jenseits* der naturhistorischen Prozesse, die diesen seit dem sogenannten Big Bang (oder auch anfanglos ‹immer schon›) bestimmen, einer starken historischen Veränderung. Die Raumfahrt und den «Blick zurück» haben wir schon an-

58 M. Merleau-Ponty: Phänomenologie der Wahrnehmung. (1945) Berlin 1966, S. 329.

gesprochen. Aber noch allnächtlicher ist die Mediatisierung (oder Überblendung) der hellen Nacht des Sternen- und des Vollmondhimmels durch die uns nähere künstliche Beleuchtung in der Atmosphäre, die auch in jeden intimen, jedenfalls privaten und dadurch neu eröffneten öffentlichen Raum eindringt und das Verhältnis zwischen Nah und Fern im Dunkeln radikal verändert. Künstliches Licht im Dunkel der Nacht bedroht am gefährlichsten die Aura jenes leibhaftig Unerreichbaren, das als Sternenhimmel gleichwohl da ist.

Manche Nacht-Erlebnisse werden durch künstliche Beleuchtung oder Lichter leichter möglich, willkürlicher erreichbar und in der Intensität prima vista sogar gesteigert, wie etwa diese Umstülpung (zum Beispiel beim Feuerwerk) und das Auftauchen (zum Beispiel beim nächtlichen Landeanflug auf eine Metropole). Aber die manchmal fruchtbare schmerzliche Differenz zwischen Wunsch und Schicksal und ein Gefühl für das außerhalb der leiblichen Reichweite liegende Schöne haben es schwerer. Man geht ins immer leuchtende ‹Inter›-‹Net›, in das Netzwerk, in dem wir alle hängen, und es schreibt, lächelt, zeigt sich uns alles, was wir wollen – während wir immer unsichtbarer werden. Vor Jahren hörte ich, wie eine junge Frau im Kino, eine Stuhlreihe vor mir, zu ihrer Freundin sagte: «Wenn's mir zu frustrierend wird im Büro, dann zieh ich mich halt ins Internet zurück.» … ins Weltall gleichsam sich verbergend …

Angesichts der für Jahrtausende unendlich scheinenden ‹Entrücktheit› von dennoch als real sichtbar geltenden Sternen, mit der dunklen Leere dazwischen, angesichts also der Körperferne dieses Nachtraumes ist uns, die wir unsere Erfahrungen mit dem Fahren unseres Körpers machen, dieser Nachtraum immer wie eine seltsame Mischung aus Real und Irreal vorgekommen, wie eine belebende oder betäubende Trennung von Körper und Bild, wie eine Aufforderung, ästhetische Wirklichkeit neu zusammenzusetzen: Sichtbares mit Unsichtbarem zu kombinieren, Ahnungen mit Evidenz, Erinnerungen mit Vermutungen. Das Gehör tastet, und die Nase hört. Manche möchten die Sterne trinken. Die dunkle Leere zwischen den Sensationen ist eine nächtliche Domäne; sie prägt die Wahrnehmungen, die ‹Betrachtungen› und fördert die Ahnungen, Vermutungen und Erinnerungen. Sie rahmt allerdings das Erlebte auch zum Bildhaften, wie es schon die Sternbilder zeigen. Inspirationen, Visionen und Stimmen tauchen aus dem Dunkel auf als etwas Eigenartiges, Unvergleichliches: weil ihr Rand nicht an Vergleichbares stößt, sondern an Nacht, an etwas *wie* Nichts. Oder stimmt das nicht, und zwar deswegen, weil wir von «Auftauchen» sprachen, vom «Nachtmeer»? – Das Dunkel der Nacht ist wahrhaftig nicht nur (äußerste) Leere, sondern auch (mittlere) Atmosphäre und (innerste) Schwere.

Zwischen den Synästhesien und Phantasien und um sie herum herrscht also nicht nur das vermeintliche Nichts der Nacht, das alles An-Scheinende in den Schatten bloßer Scheinbarkeit taucht, sondern da ist auch die Lichter und Töne tragende Nachtluft, die wir atmen – und schließlich lastet, last but not least, spätestens seit Parmenides auf uns das gefühlte Gewicht der Nacht. Erinnern wir uns daran, dass zur Öffnung des Blicks in die Tiefe der Nacht die schwere, opake Masse zwischen Sonne und Blick treten muss. ‹Inspiration›, Nachtsprache und Nachtgesang bedürfen des Einhauchens und des Trägermediums der Luft. Aber das heimliche Gravitationszentrum der Nacht ist die Schwere.

Antoine de Saint-Exupéry beschreibt in «Wind, Sand und Sterne», in einem Buch, das im Original bezeichnenderweise «*Terre* des hommes» heißt, den Schwindel des nachthimmlischen Abgrundes, den Sturz des Tauchers ins Nachtmeer. Aber dann fühlt er im Rücken, auf dem er liegt, und von den Zehen bis zum Kopf die Sensation der Schwerkraft «allgewaltig wie die Liebe». Mit ihrem Halt in seinem Rücken wird die Erde zu seinem Flug-Zeug, das ihn durch die Nacht navigiert, das heißt: trägt und in die Ferne führt, in die Tiefe der äußeren Nacht der Wahrnehmung und der inneren Nacht des Erlebens.[59]

Wenn es immer wieder heißt, der Mensch habe den aufrechten Gang gelernt, um die Sterne zu sehen, so möchte ich diese Vertikale, die damit betont wird, wenngleich sie zur Genickstarre führt oder wie bei Thales in die Tiefe stürzen lässt,[60] keineswegs kippen. Aber sie ist anders zu begründen: mit der Schwere, die der Körper intus hat, sein Leben lang, und die er gleichwohl nachts stärker spürt als tags, wenn er (mehr oder weniger aufrecht) seinen Geschäften nachgeht. Diese Schwere, die er innen umso stärker spürt, je müder er ist, ist gleichwohl eine Kraft, die ebenso von

59 A. de Saint-Exupéry: Wind, Sand und Sterne. (1939) Düsseldorf [25]2000, S. 85.
60 Vgl. hierzu H. Blumenberg: Das Lachen der Thrakerin – Eine Urgeschichte der Theorie. Frankfurt 1987.

außerhalb kommt wie das Licht der Sterne: Es ist die ‹Anziehungskraft›, Saint-Exupéry sagt in der deutschen Übersetzung dazu: «Liebe». Und es ist die Liebe der Erde! Dieser schweren Nacht gibt der Mensch nach, wenn er in den Schlaf ‹fällt›. Aber zuvor oder danach oder dazwischen erfährt er diese ihn ‹richtende› Vertikale, die vom Mittelpunkt der Erde bis zum Mittelpunkt eines anderen Sterns reicht, aus dem es ebenso glühend (oder flunkernd) zurückblickt, wie es zu ihm hinaufblickt. Er könnte heutzunachte auch in die saugende Tiefe der ‹dunklen Materie› blicken, bis er gähnend in den inneren Schlund des Tartaros fährt. Den Nachthimmel hat der Mensch im Liegen entdeckt.

Zu den nächtlichen Eigenarten gehören nicht nur die anderen Wahrnehmungen zwischen Tiefensehen und Blindheit, die phantastischen Übertragungen und Substitutionen sowie die stärker fühlbare Schwere, sondern auch eine nachts verstärkt auftauchende Turbulenz: der *Schwindel*, etwa beim Einschlafen. Ontogenetische Spuren des Schwindels scheinen bis zum Säugling zurückzuführen, wenn er zum ‹Stillen Ozean› der Mutterbrust aufgehoben wird. Und auch die onto- wie phylogenetische Linie der Entwicklung zum aufrechten Gang wird nicht ohne Arbeit am Schwindel möglich gewesen sein. Der ist auch kulturhistorisch interessant, weil er jahrtausendelang die Folge des Starrens auf den Lauf der Gestirne gewesen sein muss. Dass wir Menschen uns nicht nur um die Sonne drehen (und diese wiederum ihre Lage relativ zu anderen Systemen ändert), sondern dass wir uns zudem um unseren internen Schwerpunkt drehen, hat seit der Renaissance schwindelerregende Vorstellungen ausgelöst, etwa von Menschen, die auf der Nachtseite wandeln, oder von den sogenannten *Antipoden*, die kopfunter gehen, «auff den untern Theil der Erden wohnen / und ihre Füsse gegen unsere kehren», schreibt Johannes Praetorius (*1630) in seiner Enzyklopädie «Blockes-Berges Verrichtung» (1668)[61]. Dass oben und unten so sehr relativ auf Schwerkraft bezogen wird, dass die *vermeintlich* stationäre Ansicht von dem, was oben und unten heißt, irrelevant wird, treibt die unmittelbare Gewissheit der Vorstellung aus der unmittelbaren Gewissheit der visuellen Wahrnehmung heraus.

61 J. Praetorius: Blockes-Berges Verrichtung. Leipzig und Frankfurt 1669, S. 211.

In der Nachtästhetik ist der Zusammenhang zwischen physischem und verbalem Schwindel (also der Lüge und Fiktion in der Sprache) besonders bemerkbar. Und da dementsprechend dieser zentrale nachtästhetische Begriff erst in einerm folgenden Band, am Übergang von ‹Nachtleib› zu ‹Nachtsprache›, ausführlicher behandelt wird, sei hier noch ein Beispiel von Schwindel-Erzählung angeführt, das mit der schwindelerregenden Umkehr vom geozentrischen zum kopernikanischen Weltbild entstanden ist.

Grimmelshausens (*1621) Held Simplicius, der ein Jahr nach Praetorius' Dämonologie das Licht der Welt erblickt, sinkt durch einen Schwindel in den Mummelsee, in den «Bauch der Erde», ins Reich der Wassergeister[62], und von innen, unten aus, über den Mittelpunkt der Erde hinaus zum Grund des Stillen Ozeans, durch den hindurch er «den Mond und den Sternhimmel mit dem südlichen Pol» erblickt, «denn die Sonne stand über unserer Hemisphäre, so dass bei mir und unseren Antipoden gerade Nacht, bei den Europäern hingegen Tag war» (492). Durch die innerirdische Nacht gelangt er antizyklisch zum Anblick der Himmelsnacht.

Von den Sylphen erfährt er auch den ‹wahren› Grund seines Schwindels in die Unterwelt und bis zum Durchblick zu den Antipoden. Es ist die alte schwindlige Geschichte der Verwechslung von Fremd- und Eigenbewegung: Früher habe er geglaubt, in der hohlen Mitte der Erde «liefen die Pygmäen wie in einer Tretmühle immerfort herum und sorgten dafür, dass sich die Erdkugel ständig drehe, damit sie auf allen Seiten von der Sonne beschienen werde, die ja nach Meinung des Aristarch und des Kopernikus unbeweglich in der Mitte des Himmels stehe». (S. 493) Die freche Vermengung von innerer und exzentrischer Rotation der Erde ist hier nichts gegenüber dem Hohn der ‹Eingeborenen›, die das Ammenmärchen des Einfältigen (Simplicius) und die astronomischen Hypothesen des Kopernikus auf die eine Ebene des Gelächters herabziehen. Er sieht ja, da dreht nichts und niemand im Innern ein großes Rad. Die Erde bleibt sich immer gleich, und wenn ‹oben›, also bei uns, die Sonne scheint, taucht unten die Nacht auf und vice versa. Schwindel.

Heute läuft Down Under kein Antipode mehr kopfunter, und bei der

62 H. J. Chr. von Grimmelshausen: Der abenteuerliche Simplicissimus Deutsch. Übertragen mit Nachwort von R. Kaiser. Frankfurt 2009, 12. Kap., S. 471 ff. Folgende Seitenangaben im Text.

Vorstellung der kompliziertesten Bewegungen unseres Raumschiffes Erde im Verhältnis zu den vielen anderen Bewegungen im Weltraum bleiben wir mit beiden Beinen auf dem Boden – oder wichtiger: in ‹Lagen› befindlich. Wir ahnen, dass die vermeintlich vertikale Achse zwischen Stern und Unterwelt durch uns hindurchgeht als ein Verhältnis zwischen Masse und Gesicht, dass also vielleicht alles, was uns sinnlich und geistig und gastrisch beschäftigt auf dieser Achse, eine pulsierende Verwirbelung von innerem und äußerem Dunkel ist.

Daraus ergibt sich die konstitutive Bedeutung der Leibesoberfläche, mit ihren Sinnesorganen, vor allem dem der Haut. Diese Grenze *für uns* ist zugleich das universale Zentrum des Austausches zwischen Innen und Außen. Berührung ist die bleibende Mitte zwischen so ‹spannenden Hautgeschichten› wie Sex und so entspannten wie dem Schlaf. Die mythische ‹Hochzeit von Himmel und Erde›, eine kosmische Interpretation des Sexualaktes, die von Hesiod über Blake bis Mörike die Weltliteratur anspannt, findet ihre Ent-Spannung im Schlaf. Denn nie hat der Mensch länger dauernde Berührung als während jener ‹abgedrehten› Selbstvergessenheit des Schlafes, da er liegt!

Die Berührbarkeit des Leibes via Haut kommt in den gängigen Tages-Ästhetiken entschieden zu kurz, weil diese unter dem Diktat des Visuellen stehen. Vor uns, im hellen Tageslicht, ist die Haut der Anderen eine querende Wand, die das äußere Licht vom inneren Dunkel trennt. – Neuerdings scheint man mit dem Tasten, selbst nachts, die tollsten Bilder- und Infowelten öffnen zu können. Aber der Tastsinn wird auf die Fingerkuppen reduziert. Von wegen «*Multi*touch»! Am Bilder-Paddel (iPad): eine verstümmelte Zeigegeste, die im Bilderstrom einer Oberfläche versinkt. Schon in der hellen Sommernacht dagegen ist jede Berührung der Haut (besonders mit anderer Haut oder mit der Nacht) eine Er-Fahrung nach innen und außen, ein interpenetrativer Akt. Nicht nur willkürliche Berührungen sind nachts durchdringender: Denken Sie an Gänsehaut, an Schauder und ‹zu Berge› stehende Haare. Eigentlich wissen wir ja, dass unsere Haut ein Netz mit durchlässigen Poren ist, offen für den Austausch zwischen innen und außen.

Oder gehört das Netz schon zur Nacht? Im «Agamemnon» des Aischylos wirft die Nacht ihr Netz über Trojas Türme (Verse 355 f.). Ihr Garn ist aus Schicksal gesponnen, von der Moira, Tochter der Nacht. Am Netz der Nacht berühren sich leibinnere und äußere Nacht – unauflöslich, aber permeabel. Denn zugleich erwacht in der Nacht die Nachthaut, eine Membran zum Fliegen, zum Tauchen, für Verwandlungen und Symbiosen.

Ja, so verstiegen ist der Nachtleib oft. Es handelt sich um die Kraft der kühnen Metapher, der Über-Tragung, auch nach innen, die von Berührungen ausgeht. Die Inspiration zum Beispiel ist auch ein *Hauch*, der die Haut berührt und durchquert. Warum wohl feiern die Dichter das Rauschen der Bäume, Brunnen und Roben, ja der Nacht selbst?[63] Wovon zittern denn die Blätter, wenn nicht vom ‹himmlischen Kind›? Der Dichter spürt den Nachtwind auf seiner Haut, hört das Rauschen der äußeren Natur als eine innere Regung anderer Wesen, als ihr Reden – und wird selbst ‹rauschig›, oder jedenfalls rauscht es mächtig in ihm auf wie aus den Orakel rauschenden Eichen von Dodona. Eichendorff zum Beispiel hört das Rauschen in den Feldern, und seine «Seele spannte weit ihre» Nachthaut auf, «als flöge sie nach Haus», zur Nacht. Das Gedicht beginnt übrigens mit einer kosmischen Berührung: «Es war, als hätt' der Himmel die Erde still geküsst ...»[64]

Schlaf

Bevor der Schlaf kommt, fassen wir noch das Weichbild des Nachtleibs, gerichtet zwischen den Polen von Himmel und Unterwelt: Nach unten / innen zieht es ihn in die Erde mit ihren Schichten der Vergangenheit (des Untergegangenen), mit den Bestattungsschichten und den Umschichtungen des Pfluges sowie den fundamental-ästhetischen Höhlen der Gebor-

63 Bei Eichendorff z. B. rauscht auch schon mal die Nacht selbst: «Und es rauscht die Nacht so leise / Durch die Waldeseinsamkeit, / Und ich sinn auf neue Weise, / Die der Menschen Herz erfreut.» Siehe J. v. Eichendorff: Sämtliche Gedichte. Frankfurt u. Leipzig 2005, S. 263; dort titellos beginnend mit «Mürrisch sitzen sie und maulen».

64 J. v. Eichendorff: Mondnacht. In: Ders.: Sämtliche Gedichte. S. 322. Bei Eichendorff bilden Flügel der Seele die Nachthaut. In Sabine Friedrichs Roman «Nachthaut», Frankfurt 2000, ist dieselbe ein getrockneter Fledermausflügel, durch den hindurch man dunkler auf die Welt sieht. Bei Dr. M. Dante-O'Connor in Djuna Barnes Roman «Nachtgewächs», Frankfurt 1985, S. 98, ist die Nacht selbst «eine Haut über den Kopf des Tages gezogen».

genheit, der Verborgenheit und des Geheimen. – Nach oben/außen sieht man, noch vor dem Sternenhimmel und der ‹unsichtbaren› Nacht dahinter, an diesem vorgestellten Nachtleib dasjenige, woran sich ‹zunächst› dessen Sinn für außen gebildet hat: die Stoff-Schichten auf der Haut-Oberfläche, die den Leib sozial ‹übertragen›, die Masken und unsichtbaren Formen von Verstellung und Verwandlung, die vom Dunkel des Leibesinneren her inszeniert werden. Darüber Luft für Gesang und Sprache, die aus dem Dunkel von Lunge und Mundhöhle ‹ausgedrückt› werden und von außen, häufiger in der Nacht, inspiriert werden. Alles ist vom Dunkel her aufgebaut. – Selbst das Gähnen des Anfangs! Womit wir uns der *zeitlichen* Ordnung der Nacht zuwenden.[65]

Das Finale des Nachtleibs ist der *Schlaf.* Auch der Übergang zu ihm ist locker mit Schwindel gepflastert. Poe, Hoffmann, Proust, Kafka oder Brodkey, von den Lyrikern ganz zu schweigen, haben mit Lust versucht, sich auf dieser delirialen Schwelle zum todverwandten Maelstrom des Schlafes länger aufzuhalten, als es vorgesehen ist. Doch nicht nur das mühsam oder fiebrig wache Schiffen am Rand dieses dunklen Abgrunds ist eine nachtästhetische Fahrt; auch der Schlaf selbst ist mehr als ein «Offline-Modus des Gehirns», wie es heute heißt. Denn das Gehirn bleibt empfänglich für den Druck der Blase, den es in Träume verwandelt, bis der Schläfer schlaftrunken auftaucht und zum Wasserlassen geht. Es bleibt empfänglich für innere und äußere Ereignisse: für das auftauchende Tageslicht, die Geräusche des erwachenden Tags und den Ruf von Wächter, Hahn und Wecker.

Manche Kinder und Kranke ängstigt dieses Schwarze Loch der Zeit als ein Abgrund zur ewigen Nacht des Todes. Doch wenn Kants «interesse-

65 In manchen Mythologien, z. B. in der älteren Edda, ist das *Gähnen* der Anfang von allem. (Reimbold, 32) Bei Hesiod geht die Nacht aus dem *chasma*, dem gähnenden Abgrund des Chaos hervor und aus der Nacht wiederum der Schlaf. Was das Gähnen bedeutet, ist bis heute nicht erforscht. Klar ist nur, dass es oft mit Müdigkeit zu tun hat, dass es allen Wirbeltieren geschieht und dass es ab der 15. Woche bei menschlichen Föten schon in der Nacht des Mutterleibs, gleichzeitig mit dem Saugreflex entsteht. Siehe J. Niederstedt: Nicht schön, aber empathisch. In: FAS, 20. 6. 2010, S. 53, über: O. Walusinski: The Mystery of Yawning … Basel 2010 – Das plötzliche Klaffen zwischen innerem und äußerem Dunkel scheint ein plausiblerer Anfang von allem zu sein (‹Auftauchen›), als das Töpfer-Modell eines Schöpfers, das die Ordnung von Subjekt-Prädikat-Objekt bereits voraussetzt.

loses Wohlgefallen» eine ästhetisch relevante Kategorie ist: Hier wäre es zu lernen: im Loslassen, ‹Gefallen› am Fallenlassen. Vielleicht nicht einmal der Schlaf, trotz seiner Übertragungsleistungen zum Traum und zum Wachwerden, aber das *Ein*schlafen ist trotz, nein wegen, der Schwelle zur herabgesetzten Ästhesie bedeutsam für die Nachtästhetik.

Ist es heute noch angemessen, den Schlaf als Finale des Nachtleibs zu behaupten? Ist nicht in der 24-Stunden-Welt die Schwelle zwischen Tag und Nacht ‹geschleift›? Schläft nicht tendenziell jeder, wann er will oder kann oder muss? – Es ist jedoch zu bedenken, dass es immer noch eine natürliche zeitliche Ordnung des Nachtleibs gibt, gegen die zu verstoßen physische und psychische Folgen hat. Dagegen helfen zwar wiederum Pharmaka, aber alle Strategien und Prozeduren bleiben *Aufwendungen* gegen die Müdigkeit, die so auch die ästhetische Erfahrung des Wachen verändern.

Ein starker Zeitgeber zwischen der inneren Nacht des Schlafes und der äußeren Nacht auf der Erde (oder einem abgedunkelten Schlaf-Raum) ist diese Dunkelheit selbst, die sofort eine erhöhte Produktion von Melatonin auslöst. Der Sehnerv des Auges leitet die Botschaft der Nacht an die Zirbeldrüse (die Epiphyse) weiter, die Descartes noch für den Sitz der Seele hielt, weil es der einzige Teil des Gehirns ist, der nicht doppelt vorhanden ist.[66] Dieser natürlich nicht wirkliche Sitz der Seele, denn die Seele sitzt nicht, noch ruht sie (leider), außer im Tod, diese Eichel also, sendet den auch als Schlafhormon bezeichneten Botenstoff aus, der müde macht, zum Einschlafen beiträgt und dafür sorgt, dass man durchschläft und nicht ständig aufwacht. Mittlerweile ist dieser Stoff sogar käuflich; er soll aber nicht als universelles Schlafmittel einsetzbar sein, sondern lediglich zur Regulierung des Schlafrhythmus. Sowie es hell wird, wird die Melatonin-Produktion schwächer, und andere Neurotransmitter wie Serotonin werden verstärkt gebildet. Das stärkere Gefühl und Bewusstsein des Ausgeschlafenen für die Gegenwart verdeutlicht die vorangegangene natürliche Synchronisierung zwischen innerer und äußerer Nacht.

Man kann dagegen einwenden, dass das käufliche nachtunabhängige Melatonin die *innere* Zeit des Menschen gerade ausschalten kann. Nun sind zwar während des Schlafes bewusste Zuordnungen von Ereignissen auf einer Zeitstrecke erheblich eingeschränkt – nicht aber gewisse Zeiterfahrungen. Denken Sie an die Traumphasen, in denen Sie Beschleunigung

66 R. Descartes: Über die Leidenschaften der Seele. Leipzig 1891, S. 33.

und Verlangsamung, Dauer und Wiederholung, Erinnerung und Erwartung erleben! – Aber das Argument war ja auch nicht, dass der Schlaf das Zentrum des Zeitbewusstseins sei, sondern dass er ein jeweiliges *zeitliches Endstadium des Nachtleibs* sei, obwohl seine Ästhesien (also sein Bewusstsein) zeitweise eingeschränkt ist. Im Schlaf finden nämlich tatsächlich etliche zeitlich regulierte biochemische und hormonelle Prozesse statt, ja die Phasen selbst sind zeitlich geordnet.

Sogar Bestandteile des Zeit*bewusstseins* werden via ‹Handlung› im Traum aufgearbeitet, der selbst in zeitlich geordnete organische Prozesse eingebettet ist, die wiederum natürlich von der äußeren Nacht ausgelöst werden. Gerade die zeitlichen *Veränderungen* sowohl im Gehirn (zwischen REM- und Non-REM-Phasen) als auch zwischen dem Gehirn und den verschiedenen chemischen und hormonellen Prozessen im ganzen Leib, zwischen Zeitbewusstseinsformen und organischen zeitlichen Steuerungen, zeigen den Schlafenden als den komplexesten Zeitfahrer – und zwar im Dienste seiner zeitlichen Selbstorganisation.

Die körperlichen Zeitvorgaben bedeuten, dass die seltsamen, aber für alle imaginativen Prozesse konstitutiven Ästhesien (wie innere Wahrnehmung, Traum und Träumerei) abhängig vom Schlaf des *ganzen* Leibes und seiner Zeitlichkeit sind. Neugeborene, die noch nicht viel Einzelheiten erlebt haben und an deren Traumleben erhebliche Zweifel bestehen, haben pro Nacht den höchsten REM-Phasen-Anteil von 50% der Schlafzeit; zum Erwachsenen-Alter hin nimmt der Anteil bis auf 15–20% stetig ab.[67] Der Neuropsychologe Alfred Meier-Koll weist in diesem Zusammenhang darauf hin, dass die erhöhte zerebrale und motorische Körperaktivität im Dienste der Regulierung der Körpertemperatur der Säuglinge steht, die bei ihnen in den ersten Lebensmonaten leichter abfällt. (S. 88) Die Periodizität zwischen der Phase, in der später geträumt wird, und der Phase, in der das Hirn ruht, antwortet also evolutionshistorisch auf die Kühle der äußeren Nacht. Mehr noch: Dieser periodische Eigen-Sinn bildet sich sogar schon in der intrauterinen äußeren Nacht des reiferen Ungeborenen aus, wenn die Körpertemperatur der Mutter infolge ihres Schlafes absinkt. (S. 89) In solchen Nächten also bildet sich das Medium des Traums aus, das nachtästhetisch so bedeutsam ist.

67 Siehe A. Meier-Koll: Chronobiologie. München 1995, S. 87, weitere Seitenangaben im Text.

Schon die menschlichen Vorfahren haben ihre Nächte vor 1 Million Jahren mit dem Feuer erhellt und erwärmt und zugleich die erhöhte Produktion des Melatonin bekämpft. Unabhängig von all dem Fortschritt und der Differenzierung der Funktionen von Wärme, Ernährung, Licht, Vision usw., unabhängig auch von der *ästhetischen* Differenzierung der Gestaltung, bleibt seit dem ersten Feuer zu berücksichtigen, dass Licht und Wärme nicht den Tag ersetzen, sondern dass vom Lagerfeuer bis zum Fernseher im geheizten Nachtraum ein stärker der Nacht als dem Tag entsprechender *Übergang* zum Schlaf erreicht wird, der trotz räumlicher, zeitlicher und biologischer Schlafnähe Nacht-*Leben* ermöglicht. Im schwachen Lichte des verfremdenden Feuers wird die Melatonin-Dosis nicht auf das Quantum des Tages gesunken sein. Aber die Angleichung der Nachtkühle an die Wärme des Körpers, die Einfuhr von Nahrung, die Lichtspiele und die Muße für Erinnerungen des Tages sorgen für eine gute Durchmischung von innerer und äußerer Nacht: mit Rausch, Schläfrigkeit, Halbschlaf-Phantasien, Erscheinungen fremdartiger Wesen und schließlich mit dem Traum. Müdigkeit, ‹künstliche Überdrehtheit› und die Ähnlichkeit der Visionen mit Träumen zeugen vom rätselhaften Attraktor der Nacht, dem Schlaf. Gegen ihn opponieren aus verschiedenen Gründen Körper und Geist – und bringen Nachtästhetik aus Licht- und anderen dunklen Spielen in Stellung.

Zu den anderen Spielen gehört der Schwindel, der Lügenschwindel (in Rede und Traum) und der physische Schwindel, etwa der vor dem Einschlafen (und in der Trunkenheit).[68] Die deliriale Schwelle zum Schlaf ist, wie gesagt, locker mit Schwindel gepflastert, und die Dichter suchen diesen wackligen Grund, weil er mit frühesten Erfahrungen der Befriedigung aus dem Stillakt verbunden ist. Gestillt sinkt der Säugling in den Schlaf. Zuvor war er aufgehoben worden an die Brust. Dieses Auf und Ab grundiert die leibliche Erfahrung der Schwere und ihrer Aufhebung.

Nach der vergessenen ‹Niederkunft›, der vielleicht auch schon schwindligen Passage ins Reich der Schwerkraft, ist die nun chronische *nach*geburtliche Schwindelerregung, als welche wir den Stillakt begreifen können, vielleicht noch wichtiger. Das Aufgehoben-Werden zur Milch und das Sinken in den Schlaf sind nicht nur ebenso wichtig wie die On-

68 Beide Schwindeltypen gehören zusammen, wie ich allerdings erst im Band «Nachtsprache» ausführen kann.

togenese des aufrechten Ganges, sondern sie ‹hängen› mit dieser ‹zusammen›. Die ‹Relevanz› der ‹Aufhebung› ist nämlich notwendig gestiegen, seitdem die Mütter aufrecht gehen. Werden Säuglinge solcherart zunächst einmal in eine größere ‹Abhängigkeit› hineingehalten, so wird andererseits ihr Greifreflex frei für eine Erfahrung libidinös besetzter Berührungen, die das Trinken begleiten.[69]

Dieses noch nicht aufrechte, fremdbewegte Wesen entwickelt an all den Fahrten, die es ‹erfährt›, und noch bevor es weiß, was Objekte sind, einen Gleichgewichtssinn, der ihm schließlich den aufrechten Gang erlauben wird. Zuvor aber ragen unter seinen Lageveränderungen diejenigen nachhaltig heraus, die ihn mit der Nahrung, der Entspannung seiner Krämpfe belohnen. Die ‹Niederkunft› zur Schwerkraft, ihre himmlische Aufhebung, die schwindlige Umkehrung von oben und unten gehören neben den chaotischen Umstülpungen von innen und außen zu ältesten nachtästhetischen Bedingungen – und Mitteln.[70] Diese Lageveränderungen, die mit tiefer Zufriedenheit assoziiert werden können (oder mit Angst vor Auflösung), bewirken im Innenohr eine Bewegung der gallertartigen Endolymphe. Auch diese Bewegung rauscht – wie die Milch nebenan. Berührung, Rauschen, Schwindel der Verwirbelung von oben und unten, innen und außen führen in den Rausch, in den Schlaf, in den Traum.

Traum

Angesichts der bis in die Dunkelheit der Genese hinabreichenden emotionale Reaktion auf *äußere* Dunkelheit erscheint der Glaube vieler Kulturen verständlich, dass man im Schlaf in eine andere reale Welt reist oder dass die Träume Einwanderungen von Anderen sind, seien sie nun Lebende

69 Die positive Besetzung des Höheren und des Erfahrens von etwas wie ‹Aufhebung›, ‹Erhabenes› und ‹Hoheit› beruht nicht auf der bloßen Negation der (Sicherheit gebenden) Schwerkraft, sondern auch auf der Glückserfahrung ihrer ‹Aufhebung›.

70 So mauert die Phantasie das ‹Firmament› aus Ziegelsteinen, schmiedet eisernen Boden oben, während der Boden unten offen wird zur Unterwelt, oder wässrig, damit der Himmel sich drin spiegeln kann, sich alles umkehrt oder von unten her auftaucht.

oder Tote, Geister oder Götter. Die Träume werden als Wege in eine andere Art Wirklichkeit oder ein höheres *Jenseits* gesehen oder als unveräußerliches persönlichstes Gut. Kindern auch in westlichen Kulturen ist nicht immer klar, ob es beim Träumen von außen nach innen oder von innen nach außen geht. Ein 7jähriger Junge sagt, Träume kämen «von der Nacht. – Wohin gehen sie? – Überallhin. – Womit träumst du? – Mit dem Mund. – Wo ist der Traum? – In der Nacht.»[71]

Die Nachtästhetik des Traums ist entschieden zu komplex, um die Tiefe ihrer Wirkung im nächtlichen Ausfall dieser Vorrede auch nur skizzieren zu können. Da sie sowohl ein bildliches als ein sprachliches Geschehen ist, wird sie in den Folgebänden ausführlich behandelt. Hier sei nur auf ihre ‹Verankerung› im Nachtmeer des Leibes und auf die Folgewirkungen für die bewusste Bild- und Sprachästhetik hingewiesen. Zur Leibverankerung gehören auch die *Vorstellungen* darüber, wie der Traum in den Leib kommt, in ihm gebildet wird und aus ihm ausfährt. Und in diesem Zusammenhang ist der Hinweis des oben zitierten 7jährigen Jungen interessant, dass die Träume mit dem Mund geträumt werden.

Die Geschichte des Traums lebt von der Unklarheit, ob der Träumende empfängt oder spendet, und die Spur des kleinkindlichen oralen Paradigmas scheint unversiegbar. Wenn man früher buchstäblich die ganze Welt in den Mund nahm, warum nicht auch die Bilder des Traums? Genau so stark wie Nahrung und Berührung repräsentiert der Mund die Traum-*Rede.* Zeus spricht indirekt zu Agamemnon (Il. 2, 22), sehr direkt zu Io (Aischylos: Der gefesselte Prometheus, 640). Ios Vater glaubt ihr nicht, hält des Zeus Rede für das Gerede der Tochter, verbannt den Mund, der den Traum erzählt. Athene lässt Penelope im Traum durch die Rede der Schwester Iphtima beruhigen. (Od. 4, 795) Der tote Patroklos spricht zu Achilleus. – Viel älter ist Ninsun; diese göttliche Mutter von Gilgamesh, aus dem nach ihm benannten Epos, kann die Träume deuten (I, 243–298)[72]. Als der Sohn ihr von Sternen, die in harten Brocken vom Himmel fallen, und von Küssen erzählt, rätselt die göttliche Mutter – in der Fassung der Nachdichtung durch Raoul Schrott – über die «Wortspiele» und Scherze der Himmlischen – «oder war es bloß ein dir in den Mund gelegter Versprecher, der

71 J. Piaget: Das Weltbild des Kindes. (1926) München [8]2005, S. 94.

72 S. M. Maul (Hg.): Das Gilgamesh-Epos. München 2005, S. 54 ff., im Folgenden als Gilg zitiert.

sich auf ein Wesen unbestimmten Geschlechts bezog»[73]. Die erotische Bedeutung wird narrativ belegt. Kaum ausgelegt, wird der Traum vollzogen in der Freundschaft mit Enkidu. – Aber der Traum als in den Mund gelegter Versprecher (ein Versprechen?), das ist ein göttlicher Einfall (egal, von wem).

Der Mund-Befund ist dreideutig, verweist aufs Küssen (Berührung und Interpenetration), auf Rede und Ernährung. Vielleicht geht es nicht nur in diesem Traum um die gesteigerte Wiederholung des nährenden Trinkens – weil schon die frühesten Trink-Sensationen mit einer Fahrt hinauf zur Mutterbrust verbunden gewesen sind und der Mund die erste Höhle der Verwirbelung von innen und außen für zwei Wesen ist.[74] Die nächtlichen Räusche von Trinken und Essen sind phylogenetisch früh mit jenen nächtlichen Feuern verbunden gewesen, die zugleich den Schlaf bewachten und den Wachenden wärmten. Vielleicht wurzeln auch die nächtlichen Räusche Erwachsener noch in den Traumfahrten der ontogenetischen Vergangenheit, als Subjekt und Objekt, aus Sicht des Trinkers, noch nicht so entschieden verschieden, geschieden waren.

Auch die Traum-Bilder standen fast immer in höchsten Ehren. Die Träume sind bei Hesiod ein visuelles Ereignis und kommen als göttliche Kinder aus der Nacht *Nyx*. Dennoch konnten die Götter Fehlträume wie einen Wahnsinn ‹einreden›. Böswillig schickt Zeus Agamemnon, einen «trügenden Traum» in Gestalt des greisen Nestor, der den griechischen Heerführer auffordert, jetzt, in der Nacht, Troja anzugreifen (Il., 2, 6 ff.). Dieser Betrug konnte nur gelingen, weil Homers Zuhörer (nicht er selbst) eine so hohe Meinung von der Wahrheit und Gottgesandtheit der Traumrede hatten. Die gleichwohl immer bestehende Ungewissheit über den Status von Fremd- und Selbstgegebenheit, von höherer Wahrnehmung und niederer Einbildung, hat spürbar zu den bewussten Sensibilisierungen der Imagination, zum Rausch der narrativen Fahrt, den Oszillationen der Metapher, und überhaupt zur Bildung von Fiktionen auch der Literatur beigetragen.

Vermutlich ‹animiert› die jeder ästhetischen Wahrnehmung und Pro-

73 R. Schrott (Hg.): Gilgamesh. München 2001, S. 55.

74 Gilgamesh träumt von einer Axt, die er liebkost und dann seiner Mutter als Gabe zu Füßen legt; es ist Aufgabe der Mutter, den Traum auszulegen (Gilg, S. 55; Schrott: Gilgamesh, S. 55).

duktion eingeschriebene Asymmetrie zwischen Innen und Außen dazu, Gegensätze der inneren und äußeren Erscheinungen (und nicht die Ähnlichkeiten) in imaginative Fahrten zu verwandeln und der Metapher ihren kühnen Schwung über den Abgrund der Unvergleichlichkeit einzuhauchen. Träume bahnen die Wege der Fiktion (vielleicht sogar die Fähigkeit zur Narration). Das Epos von Gilgamesh aus dem 2. Jahrtausend v. Chr. ist ein signifikantes Beispiel für Träume als Propädeutik der Handlungen. Traum-Szenen darin sind in dem Sinne prägend, dass später folgende Handlungen wie deren Ausführungen, ja Wiederholungen erscheinen.[75] (Das wird freilich erzählt.)

Trotz der seit Jahrzehnten wieder steigenden Beliebtheit und diskursiven Salonfähigkeit der Träume in der westlichen Welt ist die *nachtästhetische* Dimension der Träume, die mit der Nachtleiblichkeit verbunden ist, zumindest in der breiteren Öffentlichkeit etwas in den Hintergrund geraten. Das liegt nicht nur daran, dass wir nicht mehr am Lagerfeuer sitzen, sondern an einer aufs Biografische reduzierten Interpretation von symbolischen Verschlüsselungen, also von individuell verdrängten *Inhalten.* Das verdünnt sich im alltäglichen Gebrauch bis zum Wort *träumen* als Synonym für ‹wünschen›, ‹realisieren wollen›.

Seit Jahren führt die Wochenzeitung «Die Zeit» in ihrem Magazin die Kolumne «Ich habe einen Traum», in welcher prominente Zeitgenossen mehr oder weniger geheime Wünsche preisgeben. In der Mitteilung innerer Wunschinhalte durch außen herum Prominente scheint der Reiz dieser Serie zu bestehen, die immerhin den Schein echter Träume wahrt, indem sie die Promis mit geschlossenen Augen fotografiert. In Nr. 2/2010 hat die damals noch amtierende Ratsvorsitzende der Evangelischen Kirche in Deutschland, Margot Käßmann, einen Traum: «Ich träume davon, mich irgendwann ins Private zurückzuziehen.»

Der Satz repräsentiert den bisher letzten Grad der Veralltaglichung des Traums, dem der Sinn für die *ästhetische Realität* des Träumens selbst aus dem Sinn geraten ist. Dabei war es ein zwar selbst schon säkularisierter, aber rhetorisch noch biblisch beeinflusster ‹Traum›, der sie zu der prominenten Christin hat werden lassen, die heute von (inzwischen erfolgter)

75 Vgl. Gilg, die «vierte Tafel», S. 74 ff., wo von fünf Orakelträumen erzählt wird, die natürlich von außen kommen: mit dem Wind durch die Tür einer Hütte auf dem Berg in der Nacht.

Privatisierung träumt: Diesen Traum hat sie als Schülerin *gelesen*, es war der Traum des Martin Luther King, «einer der stärksten Texte des 20. Jahrhunderts.» (ebda.) Die darin ausgesprochene «verbindliche Idee [!] von Gerechtigkeit, Frieden, der Bewahrung der Schöpfung» (ebda.) hat die Imagination der jungen Leserin begeistert und sie Theologie studieren lassen.

Selbst in dieser verdünnten rhetorischen Figur spüren wir noch die Ermunterung des Ausgedachten durch den starken kontrafaktischen Einspruch des echten Traums. Er wirkt hinein in die lasziven Techniken des Tag-Traums und befeuert mit seiner Energie die ästhetischen Imaginationen in phantastischen Fiktionen, politischen Utopien und selbst in anämischen Idyllen. Die gegenseitigen Verschlingungen zwischen Traum und Literatur (auch die Kompositionsprinzipien betreffend) sind spätestens seit der «Odyssee» selber geradezu abenteuerlich.[76]

Die Aufmerksamkeit für die verschiedenen Möglichkeiten des Traums vom Schwachsinn bis zur Evidenz der ‹Gesichte›, das Wissen über die fließenden Übergänge von den Schlafträumen zu etwa mystischen oder schamanischen *Jenseits*reisen im Schlaf oder ‹Anderen Zuständen› ebenso wie zu den geträumten Fahrten der Hexen und anderen Nachtfahrer, ist in Europa noch gar nicht so lange Vergangenheit, wenn man in Dimensionen der Geschichte des menschlichen Leibes denkt.[77] Mehr noch: Descartes, eine Säule oder ein Säulenheiliger des vermeintlich rationalistischen Gedanken-Gebäude-Flügels der Aufklärung, begründet seine Philosophie und seine Lebenswende mit dem Erleben dreier Träume in einer Novembernacht des Jahres 1619 – und natürlich mit der reflexiven Arbeit, die er damit hat – schon im Traum selbst! Bezeichnenderweise ist ihm aber nach aller Traumarbeit zunächst immer noch nicht klar, ob sein weiterer Weg ein philosophischer oder poetischer sein wird, und er betet zu Gott um Erleuchtung. Henning Ritter hat die Geschichte des Verhältnisses zwischen Imagination und Reflexion in Descartes' Philosophie und Lebenswandel in einem Aufsatz zu-

76 Christine Walde: Die Traumdarstellungen in der griechisch-römischen Dichtung. München und Leipzig 2001, S. 43–72.

77 Hier ist die häufige zeitliche Ordnung mit besonderen, äußeren Nächten zu erwähnen. Siehe, außer der ewigen Walpurgisnacht: Das Traumlied des Olav Åsteson – Eine altnorwegische Jenseitsvision. Stuttgart 2006, mit dem Beispiel der heiligen Zwölfnächte.

sammengefasst, der hier, wo ich bewusst auf aktuelle verstreute Spuren der Nachtästhetik hinweise, erwähnt werden soll.[78]

Im Gegensatz zum rhetorischen Gebrauch des Traums als bewusster Ideal-Vorstellung, *erwartet* Descartes von ihm eine verbindliche Botschaft für die Zukunft seines Lebens. Er erwartet diese Botschaft von *oben* – also außerhalb – und hat *in* einem Traum Angst, zu stürzen. Das sind zwei Beispiele vertikaler Relevanz in drei denkwürdigen Träumen einer Nacht. Der Sturz-Traum ist ihm aber nur ein ‹körperlicher› Traum niederen Rangs, kein Wahrtraum von ‹höherer› Wahrheit. Die erste ‹Beherzigung› dieser Traumerfahrung besteht im Erfahren selbst des Inneren, ja des inneren Selbst, um die richtigen Wege des Geistes auszuwählen.[79] Die Beherzigung für sein Leben und seine theoretische Arbeit hält Ritter in zwei Sätzen Descartes' fest; der erste bezieht sich auf dessen methodisches Forschen, der zweite auf seine Darstellung. Der erste Satz heißt: «Doch wie ein Mensch, der allein und in der Dunkelheit geht, entschloß ich mich, so langsam zu gehen und in allen Dingen so viel Umsicht walten zu lassen, dass ich, wenn ich auch nur langsam vorankam, mich vorsah nicht zu fallen.»[80]

Dieser Vergleich zwischen innerer und äußerer Realität geht zwecks Lebensweisung und Grundlegung der philosophischen Erkenntnis in beide Richtungen. Er denkt nach innerhalb des Traums, wacht auf, zum Teil mit gesteigerter Sinnesempfindlichkeit, denkt über sein inneres Dunkel im äußeren Dunkel der Nacht nach und schläft wieder ein, um seine Erkenntnisse auf die träumende Traumarbeit im Traum anzuwenden.[81] Die vielfältigen Umstülpungen zwischen Innen und Außen kulminieren nach der Reflexion des Traumes in der äußeren Nacht im Weiterträumen der Reflexion in der inneren, wenn er sich selbst als Identifikations-

78 H. Ritter: Die Nacht der Träume. In: FAZ, 13. 1. 2010, S. N3.

79 R. Descartes: Abhandlung über die Methode. (1637) Hamburg 1957, 1. Teil, Abschn. 16.

80 Zit. n. Ritter, Sp. 1; vgl. Descartes 2. Teil, Abschn. 10. – Die taghelle Darstellung der Texte Descartes' verdunkelt mit dieser Methode zugleich die tastende Forschungsmethode im Dunkeln.

81 Vgl. die Zusammenfassung aus Adrien Baillé [Baillet]: «Das Leben des René Descartes» durch Ritter: Nacht, ebda., 2.–4. Spalte.

punkt hinter in den Traum eingeschleusten Büchern entdeckt. Also hinter Körpern mit rätselhaftem Innenleben: von Bedeutungen bestimmter Ausdrücke. Sie heißen «Est & Non», übersetzt «Ja und Nein», und: «Welchen Weg werde ich gehen?»

Es scheint aber keine weitere Weisung von oben gekommen zu sein, obwohl er eine Pilgerfahrt verspricht, und nach einer Weile scheint seine Be-Geisterung, wie nach einem guten Theater, verrauscht zu sein. – Aber Ritter schließt mit einem zweiten Satz des Descartes aus den «Cogitationes privatae», mit seiner, so Ritter, «berühmten Devise»: «Larvatus prodeo», «Ich trete mit einer Maske auf». Und weiter: «Wie die Schauspieler, damit nicht die Schamröte auf ihrem Gesicht erscheine, eine Maske anlegen, so betrete ich dieses Welttheater … mit einer Maske.» (Sp. 5)

Ritter bezieht diese Maske auf Descartes' schriftstellerische Vorsicht beim Formulieren. «Das Neue muss sich überall die Maske vorhalten.» (Sp. 5) Immerhin hat Descartes seit dem Inquisitionsurteil gegen Galilei (1637) heftige Angst vor Verfolgung gehabt.[82] – Aber wird die Maske nicht mit derselben «berühmten Devise» heruntergerissen? Wichtiger fast scheint mir, dass Descartes hinter den Masken der Texte sich selbst im Traum – und hinter dem Traum im Text sich selbst *entdeckt* hat. Dass er also auch die (nacht)ästhetische Freiheit begeistert entdeckt hat. Wenn der Satz mit der Schamröte auch eine Maske wäre, so könnte man die Maske fast für die eines nächtlichen Abenteurers oder Rebellen halten, der sehr bedacht wie ein Mensch vorgeht, «der allein und in der Dunkelheit geht».

Die Dunkelheit des Gleichnisses im ersten Zitat ist die Maske des Traums, hinter der er sein Ich entdeckt. – Dass Träume Schauspieler, also Künstler sind, ist übrigens eine schon antike Vorstellung (Ovids Morpheus, Icelos und Phantasos)[83]. Wer aber eine Wahrheit hinter Träumen verborgen sieht, wird auch hinter dem Schein der Wirklichkeit manche Illusion zerplatzen sehen. Wer alle Wachgedanken versuchsweise als Trugbilder seiner Träume ‹fingiert›, alles auf die Karte des Zweifels setzt, um

82 Vgl. J. H. v. Kirchmann: Descartes' Leben und Schriften. In: Reneé Descartes' philosophische Werke. Bd. 1. Leipzig 1870, S. 10.

83 Ovid: Metamorphosen. Übers. von G. Fink. Zürich 1989, Buch 11. – Die «Digitale Bibliothek», Bd. 125: Deutsche Literatur von Luther bis Tucholsky. Berlin ^{2}2005 weist 107-mal die Nennung des wichtigsten, Morpheus, aus.

im *cogito* sein *sum* zu finden, ist kein skeptischer Angsthase, sondern ein großer Spieler.[84]

Die Traumerfahrungen Descartes' sind nicht einfach als Material aufzufassen, das der rationale Cartesius cool seinen Deduktionen aussetzt. Vielmehr geht die philosophische Reflexion aus der Oszillation zwischen Traumerinnerung im Wachzustand und Reflexion im Traum und sogar aus der Traumerfahrung selbst hervor. Auch *im* Traum kennt er Realitätsprüfung, zielloses ‹Grübeln› und Staunen; und bis sich alles methodisch fügt, gibt es vielleicht sogar jahrelange Fahrten des freien Schweifens der Gedanken. Die Freiheit, die Descartes über alles liebte, ist vielleicht das wichtigste Gut *zwischen* den dunklen Traumzwängen und der methodischen Strenge des Wachen. Die Freiheit kommt also nicht aus dem Träumen, aber vielleicht deren Voraussetzung: Fahrt zu unvordenklich Anderem und die Toleranz für widersinnig scheinende Zusammenhänge.

Wie anhaltend sich das Paradigma des Traums bis in die Fragen der Lebensführung hinein geltend macht, wird aus einem Brief Descartes' von 1631 – Descartes lebt seit mehr als zwei Jahren in den Niederlanden – an einen Freund in Paris deutlich, der aufs Land übersiedeln will. Ich «möchte wohl», schreibt er, «dass Sie ein Flüsschen fänden, das die größten Schwätzer zum Träumen veranlasst». Aber die Freiheit eines Spaziergangs «mitten im Wirrwarr einer großen Bevölkerung» sei doch vorzuziehen. «Selbst das Geräusch ihres Gewerbes unterbricht meine Träumereien nicht mehr.»[85] Die Traumfahrten, übertragen in die freie Träumerei des Philosophen: Auch das ist ein Hauptwerk des Begründers der modernen Philosophie – und, wenn man so will, ein Meilenstein der Nachtästhetik, denn es geht schließlich um die Prüfung der nächtlichen *aisthesis.*

Im Gegensatz zum modernen Privateigentum des Traums, das mit

84 Descartes: Methode, Vierter Teil, S. 27, V. 29. Er bezieht sich hier auf sein noch nicht veröffentlichtes Hauptwerk, die «Meditationen», in denen er klar sieht, «dass der Wachzustand niemals aufgrund sicherer Anzeichen vom Traum unterschieden werden kann, dass ich erstaune; und dieses Erstaunen bestärkt mich fast sogar noch in meiner Meinung, zu träumen. Meinetwegen, dann träumen wir also …» R. Descartes: Meditationen – Mit sämtlichen Einwänden und Erwiderungen. Übers. von Ch. Wohlers. Hamburg 2009, S. 21.

85 R. Descartes: Brief an Guez de Balzac. 5. 5. 1631, zit. nach Ch. Wohlers: Einleitung. In: Descartes: Meditationen, S. IX / X.

«Ich habe einen Traum» behauptet wird, interessiert sich die Nachtästhetik des Traums eher für die Fahrt, die «mir träumt» – und für die Übertragungen von Innerhalb nach Außerhalb und Außerhalb nach Innerhalb des träumenden, fühlenden nachdenkenden und gestaltenden Menschen. Die Fahrten zwischen innerem und äußerem Dunkel sind aber nicht bloß eine raffinierte westliche Gedanken-Akrobatik. In Träumen ist immer auch eine Bewegung *zwischen* Körper und Geist, Leib und Seele manifest geworden.

Innerhalb der Träume aller Kulturen spielen senkrechte Fahrten wie Steigen, Sinken, Schweben, Stürzen, Fliegen und das Auftauchen eine größere Rolle als im bewussten Leben, besonders des Tages. Das kann eine Selbstreferenz zum Erleben des Traum-Auftauchens (oder Schlafschwere) selbst darstellen, wie es besonders bei Traumfahrten von Schamanen und Initianden in Mysterien, bei Philosophen und Dichtern bekannt ist. Und hinter der Darstellung des Träumens als Auftauchen kann eine Verarbeitung unklarer Verhältnisse der Zuschreibung zwischen Innen und Außen verborgen sein. Deshalb gibt es Schwindel in der Nacht, auch *im* Schlaf, ebenso wie es Schwindel vor dem Schlaf gibt und in den traumverwandten Phasen der Trunkenheit und des Rausches. – Doch bevor wir zur nachtästhetischen Nähe zwischen Schlaf/Traum und Rausch/Trunkenheit kommen, sei noch ein Beispiel traumgespeister Science-Fiction herbeigespielt.

Der Film mit seinen Möglichkeiten der realistischen Anmutung traumhaftester Fahrten, neuerdings gesteigert in der Kombination von digitaler Bearbeitung und 3D-Brille im dunklen Kinoraum, zehrt, auf neue Weise vermehrt, von der traumgenährten Senkrechten der Bilderfahrt. Diese senkrechten Fahrten sind in der Geschichte des Nachtleibs verknüpft mit den vorgestellten Fahrten der Verwirbelung von innen und außen, auch deshalb, weil sie schwindeln machen. Auch wenn es nun in einzelnen dieser Filme inhaltlich nicht mehr dunkel ist: Es verbindet sich das Dunkel des Mediums Kinoraum mit dem innerleiblichen Dunkel der Herkunft dieser Sensation, die die nachtästhetisch bedeutsame Traumzeit repräsentiert. Es kommt aus innerer Nacht.

Gesteigert wird dieses Erlebnis, wenn auch inhaltlich der Held des Films ein Träumer ist. Der Film «Avatar» von David Cameron (USA, 2009) sei als Beispiel genannt. Dass die Landschaften der Eingeborenen auf dem Planeten Pandora – *Pandora* ist bei Hesiod die Mutter der (weiblichen)

Menschen und der menschlichen Illusionen – extrem senkrecht sind, mit zum Teil schwebenden Bergen, aus der Tiefe wirkenden Kräften der Großen Mutter (mit einem Aufleuchten aus der Tiefe) und extrem senkrecht ‹erfahren› werden, auf Flugdrachen nämlich, liegt daran, dass sie veritable Traumlandschaften sind. Sie werden von einem Avatar, einem künstlichen Doppelgänger in neuer Gestalt erkundet, dessen Original-Erlebnissubjekt ein irdischer Mensch im Schlaf, im Traum ist, weshalb die Eingeborenen den Avatar auch «Traumwanderer» nennen.

Die Handlung des Films verrührt europäische Klischees von edlen Wilden, kapitalistisch verseuchten Wissenschaftlern und Militaristen mit dem Aufruf, die Schöpfung zu bewahren. Immerhin, der digitale Schein schafft den depravierten Körper des Zuschauers neu, in 3D. Dieses Motiv der senkrechten Fahrt des Nachtleibs steigert Cameron seit Jahren unbeirrt und massenwirksam. Schließlich ist das Verhältnis von Tauchen (nach der versunkenen Vergangenheit) und dem Auftauchen der Erinnerung bereits das Zentralmotiv von «Titanic».[86] Die versunkene Vergangenheit ist ein Zentralmotiv des Zeitgenossen Cameron, sie taucht im Planeten Pandora ebenso auf wie in den Titanen der «Titanic». Alles so alt wie Hesiod, 700 v. Chr. Der aberwitzigste technische Aufwand nicht nur innerhalb der Filmhandlung, sondern auch ihrer Produktion, dient nur dem Auftauchen ältester Traumzeit, die via Traumindustrie eines immer stärkeren Aufwandes bedarf – aber auf sie kommt es eben an, auf die Träume. Ihnen zuliebe wandert die Seele des Original-Erlebnissubjektes in den Leib des Avatar – mitsamt den Zuschauern, in ihrem Traum von Film.

Die Bedeutung des Träumens für die gesamte Nachtästhetik und für die ästhetische Erfahrung und Handlung überhaupt liegt weniger an den bizarren oder rätselhaften Inhalten oder an der Funktion als Wunscherfüllung als in der erkenntniskritischen Infragestellung der täglichen äußeren Wahrnehmung und in der Herausforderung des Realitätsanspruchs vieler Träume. Die Traumliteratur vom China des 4. Jahrhunderts v. Chr. bis zum Comic des 20. Jhs. stellt immer wieder die Frage, ob nicht die Traumrealität die äußere und (darum) wahrere Realität sei als das wache Erleben darin.[87] Vom Traumerleben her, wird diese Frage zugleich dringlicher und schwerer zu entscheiden. Denn unter dem Ausschluss des schla-

86 Friese: Tauchen und Auftauchen …

87 Vgl. Tschuang Tse: Der Schmetterlingstraum. In: M. Gsteiger (Hg.): Träume

fenden Leibes findet anscheinend ein Kurzschluss zwischen innerer und äußerer Nacht statt. Geht es immer weiter weg nach innen, also weg von der wahrnehmenden Oberfläche, nicht wieder nach oben, unten, nach außen? Von dieser Intuition, ja Evidenz des von außen Kommenden alles Gehörten und Gesehenen im Traum zehren die mystische Erfahrung, die Prophetie, die Nachtfahrt der Schamanen, die Bereitschaft zur Fiktion, die Lust auf die kühne Metapher und die Techniken zur Herstellung der realistischen Anmutung in den phantastischen Werken.

Rausch

Weitere wichtige Quellen der Nachtästhetik sind Rausch, Trunkenheit und verwandte Zustände. Da sie erst in einem Folgeband des «Nachtleibs» erörtert werden, soll hier kurz ihr Zusammenhang zwischen Traum und den ehrwürdigsten Formen wacher Visionen skizziert werden. Seit der Mitte des 20. Jahrhunderts diskutierte die westliche Welt angeregt über die Weisheit der Schamanen, von denen die bei den westlichen Schrifthengsten berühmtesten behaupteten, die besten unter ihnen kämen ohne Drogen zum Fliegen. Nun, die Debatte hat sich entkrampft.[88] In sechzig Jahren hat man sich ans Fliegen gewöhnt und mancherlei Räusche, vom Bungee-Springen bis zur 3D-Brille, sind ohne Drogen möglich geworden. Aber was der Westen in der Asche der Vergangenheit und bei sogenannten Urvölkern suchte, war die Einheit von Wildnis und Kultur, von niedriger und höherer Befriedigung, die er in Suff und Koks und Ecstasy nicht fand. – Noch heute ist die Stoßzeit der Räusche die Nacht.

An der Nachtgebundenheit hat sich seit dem Paläolithikum wenig geändert, denn die Spanne zwischen dem Licht und der Nacht ist immer noch auch die von endogenen Drogen wie Serotonin und Melatonin. Der menschliche Körper am Feuer war selbst gespalten zwischen der wärmenden, leuchtenden, erregenden Vorderseite und der kalten, dunklen,

in der Weltliteratur. Zürich 1999, S. 5 und N. Gaimans Comic «Ramadan» in der Reihe «Sandman» (deutsch Panini 2010).

88 Pilot der Debatte war wohl M. Eliade (*1907): Schamanismus und archaische Ekstasetechnik (1951). Frankfurt 1975. Vgl. K.-P. Köpping: Ekstase. In: Chr. Wulf (Hg.): Vom Menschen. Weinheim und Basel 1997, S. 561.

quasi-toten Nachtseite. So waren auch die Räusche verteilt zwischen halluzinogenen, erregenden und sedierenden halluzinogenen, in den Schlaf herunterziehenden Substanzen. Auf die schlaffördernden Räusche will ich hier nicht weiter eingehen. Immerhin beschleunigen sie den Weg zu den Träumen, jenen Fahrten, die sogar im Dunkeln erleuchten. Die Nähe zu Schlaf und Traum ist aber insgesamt ein Grund für die Nachtansiedlung der Rauschkulturen gewesen: jenseits der täglichen Aufwendungen und Kämpfe, wenn am Feuer die Beute verteilt und beredet wurde.

Ich möchte hier keine Idylle zeichnen; aber der innere und äußere Verbrennungsvorgang ist zu allen Zeiten, auch ohne die Kenntnis der Hormone, mit den Feiern der Erinnerungen, Erwartungen, Aufmerksamkeiten und Phantasien verbunden gewesen. In seiner einflussreichen Versuchsanordnung über die Entwicklung «eines einsam lebenden Menschen, der im Besitze aller seiner Sinne ist», schreibt der Abbé de Condillac (*1714), dass dem Ich die Freuden und Schmerzen «die Leuchte» sind, welche die Dinge je nach ihren Beziehungen zu mir erleuchtet ... und die [Dinge, hgf], welche ihren Strahlen entrückt bleiben, «bleiben in einem Dunkel begraben, worin ich sie nicht entdecken kann».[89] – Räusche nun konnte man sich in der längsten Zeit der Phylogenese nur nachts leisten. Die Paläolithiker mussten tags Jagd und Verteidigung organisieren, koordinieren und ansonsten blitzschnell reagieren können, ohne etwa zu taumeln. Die Nacht war auch die Zeit des Rausches, weil die innere ‹Umnachtung› in äußerer Nacht möglich war, weil das Feuer im Dunkeln, zur Inszenierung auch des inneren Lichtspiels taugte. Auch im rauschtechnisch innovativen Neolithikum, als sich unser Begriff von Arbeit herausbildete, bedurfte es tagsüber der Geduld, des Fleißes und der Disziplin statt drogengestützter Imagination.

Diese trunkene Konstellation habe sich bis heute nicht wesentlich geändert, habe ich gesagt. Die Zeit des Rausches bleibt die Nacht mit dem gespaltenen Körper am Lagerfeuer von Fernseher, Kino, Computer. Hinterm Hintern erstreckt sich die Abseite, der Abort bis zum tödlich kalten Abgrund der Welt-Nacht. – In der Kneipe, die in Zeiten des öffentlichen Rau-

89 E. Bonnot de Condillac: Abhandlung über die Empfindungen. (1754) In: G. Gawlick (Hg.): Geschichte der Philosophie. Bd. 4: Empirismus. Stuttgart 1985, S. 359. – Bedenke die Nähe zur Sehstrahl-Theorie.

chens noch mehr einer Ansammlung nächtlicher Lagerfeuer glich, trinkt man lieber noch ein kleines Helles, statt in die kalte Nacht hinaus den Rückzug anzutreten. (Natürlich macht auch Dunkelbier innen hell.) – Jeder Feuer-Focus, ob drinnen oder draußen im Dunkel, weckt den Rausch, seien es die realen Massenszenen der Französischen Revolution[90] oder all die Spiele (Fußball, Slalom, Autorennen etc.) unter trunken machendem *Flutlicht.* Neben der Wärme-Kälte-Polarisierung und dem umgekehrten Hell-Dunkel-Verhältnis berauscht schon die Umkehrung der Wahrnehmungs-Dominanz in Imaginations-Dominanz sowie die ganze Kippsituation des Körpers zwischen summierter Erregung und finaler Erschöpfung.

Die Wahrnehmungssituation wird schon allein dadurch geändert, dass vieles nicht mehr wahrnehmbar ist. Die Grenze zwischen wahrnehmbarem und nicht mehr wahrnehmbarem Raum liegt näher und ist abrupter. Diese Reduktion und Annäherung der Reizquellen und die Intensivierung des äußeren Dunkelraumes übertragen sich auf den inneren Raum des Erlebens, der entsprechend den äußeren Erleuchtungen auch innen bereit wird für die Verzerrungen (der Aufregung oder Beruhigung) des Lichtes. Dass scheinbar «nix los» ist, hat zudem zur Folge, dass latente *innere* Wahrnehmungen, Erfahrungen, Erinnerungen, Wünsche und Phantasien stärker hervortreten und mit den reduzierten und veränderten Wahrnehmungen neue und sozusagen frischere Verbindungen eingehen (wenn Nyx los ist). Diese Volatilität ist ein Ästhetikum ersten Ranges für alle Übertragungen, Projektionen und Metaphorisierungen.

Noch bevor wir einzelne Rauschmittel wie Alkohol oder Pilze thematisieren, ahnen wir, wie zentral dieser schwindlige Zustand zwischen überwach und unterwach jeweils gewesen sein muss. Wir brauchen die Worte «Rausch» und «Trunkenheit» nur von weitem anzusehen, schon sind wir wie berauscht: Im Deutschen liegt die Bedeutung von Rausch, Rauschen und Geräusch nah beieinander. An der etymologischen Übertragung von Rausch als Trunkenheit aus dem mittelhochdeutschen *rusch* für «Rauschen», «Ungestüm» fällt die Bedeutung der ungebärdigen, fast chaotischen Bewegung (wie beim Wasserfall) eben so auf wie das dem Rauschen verwandte akustische Ereignis des Schädelbrummens.[91]

90 Vgl. W. Schulze: Der 14. Juli 1789. München 1989, S. 162 ff.

91 F. Kluge: Etymologisches Wörterbuch der deutschen Sprache. Berlin und New York [23]1999, S. 670, hinfort mit dem Sigle «Kluge Etym.» belegt.

Dichter wie Eichendorff haben von diesen verbalen Verschwebungen ausgiebig genossen. Aber diese Schwindeltechnik ist älter. Im Lied eines unbekannten Dichters aus «Des Knaben Wunderhorn», «Laß rauschen, Lieb, laß rauschen» (1535), liegt der Liebesrausch dem Rauschen der Sichel bei, dem Geräusch des Abscheidens und des Abschieds.

Ich hört ein Sichlein rauschen,
Wohl rauschen durch das Korn,
Ich hört ein Mägdlein klagen,
Sie hätt ihr Lieb verlorn.[92]

Das Rauschen ist ein besonders eindrucksvolles Ereignis in nächtlicher Stille; auch Klang und Rede werden zum Geräusch beim Eintritt in den Schlaf. Aber, so Claus-Ulrich Bielefeld: «Es gibt den Liebesrausch, das Rauschen des Weines, und wenn ein Tier rauschig ist, ist es zur Paarung bereit.» Die Erweiterung des Liedes um zwei Strophen durch den Mitherausgeber Clemens Brentano im «Wunderhorn» sei hier vorgestellt, weil es das alte Rahmenmotiv vom Dunkelwerden (in der Heide) und finalem Trennungsschmerz («ja scheiden, das tut weh») in einer rauschhaften Bejahung des Rauschens sprengt:

Ich hör ein Hirschlein rauschen,
Wohl rauschen durch den Wald,
Ich hör mein Lieb sich klagen,
Die Lieb verrauscht so bald.

Laß rauschen, Lieb, laß rauschen,
Ich weiß nicht wie mir wird,
Die Bächlein immer rauschen,
Und keines sich verirrt.[93]

92 Die 1. Strophe ist identisch mit der 2. Strophe eines alten ostpreußischen Spinnstubenliedes, das unter dem Titel «Es dunkelt schon in der Heide» durch die Jugendbewegung Anfang des 20. Jahrhunderts verbreitet wurde. – Bei Gilgamesh ist die Abschiedssichel eine Axt.

93 C.-U. Bielefeld: Ein Liebesdrama in fünf Akten. In: Frankfurter Anthologie, FAZ, 9. 1. 2010; vgl. A. v. Arnim, C. Brentano (Hg.): Des Knaben Wunderhorn. Mün-

Das Rauschen, das hier zuerst ein akustisches Ereignis ist, wird zu einem Erregungszustand und führt sodann zur Entropie. Sturzbetrunken, die ‹munteren› Bäche, todsicher finden sie ihr Bett.[94] Vielleicht waren die Dichter der deutschen Romantik besonders trunken und berauscht – von den Möglichkeiten der Übertragung der Liebe auf die Poesie. Aber das gab es allerorten zu allen Zeiten, dieses Gleichnis zwischen Rausch und Liebe in der Nacht. Im altägyptischen Papyrus Harris 500 (1290 v. Chr.) sagt ein junger Mann: «Küsse ich sie, / und sind ihre Lippen offen, / dann bin ich trunken, / auch ohne Bier.»[95]

Trunkenes Eintauchen und trunkenes Auftauchen ist unterwegs zwischen trunken *von* und trunken *nach*, also auch zwischen voll und leer, schwankt nicht nur in der Liebe zwischen Befriedigung und Sehnsucht. Das Deutsche kennt außer «liebestrunken» noch «schlaftrunken», «traumtrunken», «wonnetrunken» und «heiligtrunken». Von «Todestrunkenheit» sprechen mindestens sechs verschiedene Dichter. Ein ganz kleiner Ausschnitt aus dem weiteren Wortbestand der deutschen Dichtung: «sonnentrunken», «begeist'rungstrunken», «geistestrunken», «balsamtrunken», «lichttrunken», «unsterblichkeitstrunken», «lebentrunken», «siegestrunken», «hoffnungstrunken», «märchentrunken», «himmelstrunken», «mondlichttrunken». Das sind nur die Wörter der Dichter von ‹A› bis ‹Brentano›![96]

Wohl gibt es auch trockene Räusche. Aber die nassen scheinen kulturhistorisch doch eine besondere Rolle zu spielen, weil sie eben besonders flüssig zwischen der inneren und äußeren Nacht verbinden. Das Trinken selbst prosaischer Flüssigkeiten wie Wasser und Milch stellt häufig schon eine rauschhafte Befriedigung dar, weil mit ihm die ‹Erinnerung› der ersten ‹Stillung› und des Sinkens in den Schlaf verbunden ist. Mit ihr

chen 1984, S. 324. Vgl. N. Linke (Hg.): «Kein schöner Land …» Niedernhausen o. J., S. 78.

94 Zur Traum- und Rauschnähe rauschenden Wassers s. o. den Brief Descartes'. – Häufiger ist es das abwärts fließende Wasser, das in Trance versetzt; wir kennen aber auch das erregende ‹Schwellen› des Wassers, das den «Taucher» Schillers zum Tauchen verleitet. Vgl. Friese, Tauchen und Auftauchen …

95 H. A. Schlögl (Hg.): Gärten der Liebe – Lyrik aus der Zeit der Pharaonen. Düsseldorf und Zürich 2000, S. 63.

96 Siehe Digitale Bibliothek Bd. 1: Deutsche Literatur von Lessing bis Kafka. Berlin 2004 (Sigle: Dig.Bib. D. Lit.).

und mit der Assoziation von Wasser und Nacht ist die Performation der Schwerkraft in Sinken und Steigen, Abtauchen und Auftauchen verbunden. In der Icherzählung «Der Klub der Haschischesser» von Théophile Gautier hört sich das so an:

> «Mehrere Haschischesser waren zu Boden gesunken mit der weichen Schwere des Rauschzustandes, die dem Sturze die Gefährlichkeit nimmt; Ausrufe wie: ‹Mein Gott, wie bin ich glücklich! Welche Seligkeit! Ich schwimme in Ekstase! Ich bin im Paradies! Ich vergehe in Abgründen der Lust!› kreuzten sich und verschwammen ineinander.»[97]

Natürlich ist auch hier die Nacht die Zeit des Rausches – wie meistens seit der Steinzeit. Neuesten Forschungen zufolge sollen Flüssigkeit, Ernährung und Rausch schon im frühen Neolithikum eine entscheidende Rolle gespielt haben. Mehr noch: Der Rausch soll das Neolithikum, also die Sesshaftigkeit und den Ackerbau, erst möglich gemacht haben. Alles kam von der Chicha her.

Den ältesten *nachweisbaren* Alkoholgebrauch hat der Molekular-Archäologe Patrick McGovern an Tonsplittern für das China des 7. Jahrtausends v. C. entdeckt. Mit dem Mund eingespeichelte Klumpen von Reis, deren Stärke auf diese Weise geknackt worden sei, damit sich Malzzucker bilde, spuckten sie in die Maische. «Oben auf der Brühe schwammen Spelzen und hefiger Schaum. Mit langen Strohhalmen saugten die Dürstenden den Trunk aus dünnhalsigen Kannen.»[98] Die neolithischen Vorfahren der Chinesen tranken ein Met mit einem Alkoholgehalt von 10 %. Die Form dieses Alkoholgenusses ist noch heute nicht nur in China nachweisbar, sondern auch bei anderen Völkern, etwa bei den Indianern Amazoniens.[99] Entscheidend ist, dass das Gebräu gleichzeitig berauschend war und der Ernährung diente. Der Vorteil dieser Ernährung bestand darin, dass er ansonsten kaum verwertbare Wildkörner für die zuckerhaltige Ernährung aufschloss.

97 Th. Gautier: Der Klub der Haschischesser. In: Ders.: Romane und Erzählungen. Wiesbaden 2003, S. 483.

98 Der Spiegel, Nr. 52 / 2009, S. 132: Am Anfang war der Sud.

99 Vgl. B. Mindlin (Hg.): Der gegrillte Mann – Erotische Mythen vom Amazonas. Zürich 2006, S. 19.

McGovern und ebenso der deutsche Naturhistoriker Josef Reichholf vertreten die Ansicht, dass die Alkoholproduktion nicht nur ein Nebenprodukt der Ackerbauern war, sondern dass es bei der Seßhaftwerdung zwecks Anbau der sehr sesshaften Pflanzen vor allem um diesen nährenden Rausch gegangen ist. Reichholf argumentiert vor allem gegen die Vermutung, dass der Mangel an Wildpflanzen und jagdbarem Wild der Grund für die neolithische Revolution gewesen sein soll.[100]

In jedem Fall muss die sogenannte Revolution ziemlich lange gedauert haben. Schließlich haben die Kulturen lange Zeit gebraucht, bis sie den Alkohol vertragen haben. Aber da schon vor dem Ackerbau wilde Fruchtalkohole zur Verfügung standen, wenn auch nicht so ergiebig wie nach der langen Zeit der Domestikation der Wildpflanzen, war die Alkoholtoleranz während der allmählichen Wildkörner-Aufschließung für Back- und Kochwaren inzwischen vorhanden. – Obwohl es nun sozusagen eine ernährungsphysiologische Begründung des Rausches gibt, der Teil eines inneren und äußeren Verbrennungs- bzw. Spaltungsprozesses ist,[101] deutet die Gefährlichkeit der Alkohol-Adaption – wir sehen das am Schicksal der Indianer, der Indios und der Aborigines – auf einen transitorischen Aspekt des Rausches hin, um dessentwillen sich dieser Prozedur unterzogen wurde. (Denn es entfällt laut Reichholf die Begründung mit Nahrungsmangel.) Vielleicht geht der rituell erinnerte Dionysos-Mythos von der Erschlagung der ersten Weinbauern, die Trinkern den Tod brachten, realiter auf diese kritische Adaptionsphase zurück.[102]

Die anfängliche Lebensgefährlichkeit des Alkohols, sei es nun des Weines oder des «Feuerwassers», rückt, gewollt oder ungewollt, den Genuss einerseits nah an die Schlafenszeit, *jenseits* täglicher Selbstsorge und notwendiger Nüchternheit; andererseits ist es möglich, dass dieser gefährliche andere Zustand in gefährlich anderer Zeit der Nacht ‹aufgeschlos-

100 J. H. Reichholf: Warum die Menschen sesshaft wurden. Frankfurt 2008, S. 258.

101 Der früheste artifizielle Alkoholbildungsprozess ist eine in der Mundhöhle beginnende externalisierte Verdauung. Erst anschließend scheinen Backen und Kochen, also ins Feuer ausgelagerte Vor-Verdauung, auch ohne Rausch möglich gewesen zu sein.

102 Siehe hierzu im Kapitel B 5 «Das Nachtmahl» den Abschnitt «Verwandlungen des Opfers».

sen› für die transzendierenden Aspekte des Rausches Richtung Jenseits gewesen ist. Dass der Alkoholrausch auch andere evolutionshistorische Vorzüge besaß, darauf weist Reichholf hin, für den die orgiastischen Kulte (wie die späteren Dionysien) im Dienste der Steigerung der Fruchtbarkeit standen. Zwischen Nacht und Schlaf die inneren und äußeren Feuer – sie beleuchten die bizarren, wunderbaren oder schlicht außergewöhnlichen Wege der Enthemmung und zum Jenseits: hin zu Schlaf, sexueller Durchdringung und spiritueller Fahrt. Aus den unentwegten Wanderungen des Paläolithikums, deren bemalte Kulthöhlen in tiefster Nacht lagen, sind die imaginären Nachtflüge von tanzenden, taumelnden, liegenden Sesshaften geworden.

Ich entwerfe hier nicht das Bild einer anthropologischen Konstante; aber diese Konstellationen sind zu verbreitet und zu nachhaltig gewesen in der Geschichte, um nicht nachtästhetisch bedeutsam zu sein: Die nächtlichen Leiber am Feuer, in der Spanne zwischen Erregung und Schlaf, berauscht von innerem und äußerem Feuer, sind zu oft in die gleichen Prozesse vertieft: Erinnerung wird nachts möglich, und sie ist nötig, um andererseits die Gottheiten anzusprechen oder sie sogar zu evozieren in Rausch und Nahrung. Das Gebratene und das am Feuer Gekochte ist zu oft zugleich ein Opfer an unsichtbare Mächte (deren Unsichtbarkeit nachts nicht mehr so trennend ist), mit denen man Tischgemeinschaft hat. Hier sei nur daran erinnert, dass es noch im antiken Griechenland die wichtigsten Sorten Fleisch nur als Anteil eines religiösen Opfers gab. Und der erste Schluck vom berauschenden Wein wurde den Göttern gespendet, das heißt vergossen.

Am Feuer steigt in wohl allen Kulturen die Idee der Trennung von Körper in Geist auf, und zwar auch – bevor sie versinken in Schlaf – angesichts der stiebenden Funken, der wirbelnden Flugasche und der senkrechten Auffahrt. Die göttliche Annahme des Opfers wird am Aufsteigen der Flammen erkannt. Homer sieht im Lager-Idyll (Il. 8) einen gleichnishaften Zusammenhang zwischen Lagerfeuern und den Lichtern am Himmel. Die Senkrechte hat der Mensch als Gewicht am Leibe; aber sie wird bedeutsamer mit der neolithischen Lebensweise der Sesshaftigkeit, der Bodenbesetzung, der Bodenbearbeitung, der Gefäßherstellung aus gebrannter Erde, der imaginär stärker bewirtschafteten Unterwelt.

Diese tiefsinnige Installation am Lagerfeuer soll nicht zur Verpflichtung zu geschichtlicher Ableitung geraten. Vielmehr geht es hier darum, vorauszuweisen auf Aspekte, die im ersten Band der Nachtästhetik noch nicht selbstständig erörtert werden können. Stattdessen wird zunächst in wenigen Texten tiefer gebohrt, statt über sie hinweggeflogen. Die gründliche Sondierung weniger Texte ist notwendig, um aus ihrer werkästhetischen Nachthaltigkeit den solcherart *verwandelten* Anteil der ästhetischen (auch vorliterarischen) Erfahrung heraufholen zu können. Immerhin mag es nach der Durchquerung früharchaischer Nächte bei Hesiod plausibel scheinen, im eigentlichen Nachtleib-Teil einen thematischen Schwerpunkt der Nachtästhetik zu sehen.

Das erste Kapitel dieses Teils – über Monster – behandelt den nächtlich entfremdeten Leib des Menschen, der sich selbst als verzerrtes Ungeheuer im Nachtfenster sieht, oft ohne sich zu erkennen. Verfemte oder verhohlene Aspekte je eigener Leiblichkeit werden so in die Nacht geschickt – oder es wird, vermehrt seit der Romantik, um die Reintegration des Entstellten gerungen, um *sympathy for the devil.*

Das zweite Kapitel beschäftigt sich mit der Unterwelt der Imagination: mit der Erinnerung als Vergegenwärtigung aus dunkler Vergangenheit. Erinnerungen tauchen auf aus einem Meer des Vergessenen und des aktuellen Vergessens. Erst die Einbettung des später erinnerten ‹Materials› ins Dunkel des Vergessens, seine dortige Vernetzung, Überlagerung, Maskierung, Neuformatierung und Übertragung in andere Kontexte macht aus dem Wahrgenommenen und Erfahrenen das Erinnerbare. Wie konstitutiv aber ist die Dunkelheit für dieses ‹Einschreiben›?

Das dritte Kapitel ist dem gastronomischen Stoffwechsel zwischen innerer und äußerer Nacht, dem Nachtmahl, gewidmet – mit besonderer Berücksichtigung des Verhältnisses von Ernährung und Spiritualität, innerleiblicher Einfahrt und Verwandlung. Das christliche Abendmahl und die griechischen Dionysien werden verglichen und um die inbildlosen Ekstasen der gutbürgerlichen Küche erweitert.

Jetzt, da ich Traum, Rausch und Imagination derart zusammengebracht habe, sehe ich in vielem etwas Gemeinsames, was ich provisorisch *Steigerung des Ausdrucks* im Dienste der *Steigerung des Erlebens* nennen möchte. Der Nutzen für alle möglichen Formen der Ästhetik und der Kunst liegt auf der Hand, und ihre Hersteller haben davon wahrscheinlich gelernt – wenngleich man nicht abstreiten kann, dass es in den Künsten oft verkehrt wird: zur Steigerung des Erlebnisses im Dienste der Steigerung des Ausdrucks.

Das Wort «Steigerung» klingt abstrakt, quantifizierend, wie Fortschritt etwa; und heutzutage denkt man dabei vielleicht an so etwas wie Steigerung des Umsatzes. Deshalb ist dieser Ausdruck in vielen Fällen vielleicht besser durch den der *Intensivierung* zu ersetzen. Die Idee der Steigerung der Ernteerträge zum Beispiel muss den Griechen erst kurz vor Hesiod gekommen sein, denn er führt die Idee des Wettstreits um die beste Ernte als eine neue Überlegung in «Werke und Tage» ein, in Gestalt einer neuen, zweiten Göttin Eris, die ihm zufolge (auch) eine Tochter der Nacht war, aber älter als die theogonische.[103] Ich möchte an dem Ausdruck aber wegen einer älteren als der archaischen Geschichte festhalten, weil in ihm die Idee, oder vielleicht eher das Begehren der auffahrenden Senkrechten, angedeutet ist, das Steigen als Überwindung der Schwere, das vielleicht schon am Beginn der menschlichen Evolution zum aufrechten Gang geführt hat.

In Träumen kennen wir das Steigen (zum Beispiel im Fliegen) und Stürzen, aber eben auch die Steigerung, etwa der Bedrängnis durch steigende Wassermassen beim Harndrang. Hier steigt also der Druck. Auch Angst steigert sich durch wuchernde Unwesen und Architekturen. Doch es gibt auch Träume, die sozusagen in szenischer Rede immer intensiver werden, mahnen, auffordern, drängen. Durch Widerstände im Traum oder zwischen den Träumen können sich ganze Staffeln der Steigerungen bilden. Offenbar sind solche Steigerungs-Erfahrungen bereits zur Zeit Homers bekannt, wenn er sie als Mittel der Komposition in seine «Odyssee» übernimmt. Christine Walde stellt in ihrer Untersuchung fest: «In Wirklichkeit sind alle drei Träume der Penelope im vierten, 19. und 20. Gesang der Odyssee […] als wohlkomponierte Steigerung zu verstehen.»[104]

Die Attraktion von ‹Steigerung› muss keineswegs allein oder zuerst im Traum entstanden sein, eher entspringt sie wohl dem Wechselspiel mit Rausch und Imagination im Dunkeln und im semantisch geladenen Licht, bevor sie auch ein Mittel für die Literaturen im engeren Sinne wurde. Jedenfalls entstand die Idee kaum im alltäglichen frühhistorischen Wirtschaftsleben. – Allenfalls könnte man sich vorstellen, dass Angst zu-

103 Hesiod: Werke und Tage. Vers 11–17 In: Hesiod: Theogonie – Werke und Tage. Hg. und übers. von A. v. Schirnding (Sigle v. Sch.) Vgl. E. G Schmidt: Einführung. In: v. Sch., S. 195.

104 Walde Traumdarstellungen S. 68.

nehmen könnte. Als Steigerung des Erlebnisses oder des Ausdrucks wäre dann aber eben eine Vorstellung bzw. Erinnerung der Angst im Spiel oder hätte diese zur Folge. Der Kern wäre vielleicht eine Fusion aus Rausch und körperlicher Bewegung, von Tänzen zum Beispiel bis zur Erschöpfung. Im schließlichen Niedersinken wäre so angezeigt, worin die tänzerische Auflehnung bestanden hat.

Völker, die in der Nähe von Bergen wohnen, kennen nächtliche Aufgänge zu den Gipfeln, wo dann Feuerkulte stattfinden. Diese Aufgänge sind zum Teil äußerst strapaziös und werden teilweise, wie die Dionysien, in trunkenem Zustand ‹gefeiert›. Aber der körperliche Aspekt in Fahrten und Tänzen ist nur die eine Seite der Steigerungen. Immer schon waren Spiele mit Worten aus diesen Opferfeiern, Mysterien oder orgiastischen Festen heraus entwickelt worden, fortentwickelt bis zum heutigen Theater. Das ist kein abendländisches Alleinstellungsmerkmal. Rituelle Wortgefechte, aus denen auch Erzählwettbewerbe entstehen, sind aus Afrika und Amerika bekannt. Die Yanomami vom oberen Orinoko feiern zum Abschluss eines Bündnisses das nächtliche *wayamou*-Ritual: einen «schwindelerregenden Wortwechsel», der mit abgestandenen eingeübten Floskeln beginnt und sich bis zum Morgengrauen, wenn «alle männlichen Stimmen heiser von den Ausschweifungen» sind, zu einem immer intensiveren «Redegefecht» gesteigert hat.[105] – Der Sinn für die rhetorische Figur der *Klimax*, für das *Finale* im Drama, in der Oper, im Turnier, für den *thrill* im Thriller, für das maßlos anwachsende Monster im Horrorfilm, ist vielleicht jeweils am Feuer – oder anderen inneren Beleuchtungen – der Nacht entdeckt worden. Vor Toreschluss.

Nachtsprache

Damit Sie nicht denken, das ganze Vorhaben diene einer nietzscheanischen Rechtfertigung der Nachtästhetik – mit den vier Sakramenten Traum, Rausch, Lüge (Nachtsprache) und Schein (Nachtbild)[106] –, sei

105 J. Lizot: Im Kreis der Feuer – Aus dem Leben der Yanomami-Indianer. Frankfurt 1982, S. 253.

106 Vgl. F. Nietzsche: Geburt der Tragödie aus dem Geist der Musik. In: Ders.: Werke in drei Bänden. Hg. K. Schlechta. Bd. 1. München 1956.

zum Schluss wenigstens angedeutet, in welche Richtungen es nach dem «Nachtleib» mit Nachtsprache und Nachtbild weitergeht. Die Schwerpunkte ergeben sich aus dem erörterten leiblichen Verhältnis von innerer und äußerer Nacht. «Was spricht die Nacht» (fragt Nora in «Nachtgewächs» Djuna Barnes). Reden nur Brunnen *in* der Nacht lauter oder deutlicher? Und wie steht die Rede in der Nacht zur *inneren* Nacht, aus der die Rede kommt?

Gerade der letzte Punkt scheint dringend das Licht der Welt erblicken zu sollen. Ist doch das Jahr 2009 in Deutschland von einem riesigen Zeigefinger überschattet gewesen, Symbol einer auf den Tag fixierten Sprachauffassung. Sie spiegelt sich selbstgewiss im Licht von Öffentlichkeit und Interesse und Public Relations in ihrem Gründungsmythos einer Trigonometrie des Zeigens von Ich, Du und Es, draußen in der hellen Welt. Ich meine die mediale Inszenierung von Michael Tomasellos «Die Ursprünge der menschlichen Kommunikation».[107] Der berühmte Kollege Jürgen Habermas, der auch auf dem Buchumschlag lobend zu Worte kommt, der auch die Preisrede zur Verleihung des Hegel-Preises an Tomasello hält, der auch einen großen Artikel über Tomasello in «Die Zeit» mit dem Zeigefinger titelt: «Es begann mit dem Zeigefinger» (Nr. 51, 2009, S. 45), hat vornehm über die Affinität dieses Werks zu dem seinigen und überhaupt zu seiner Konzeption von Kommunikation geschwiegen. Aber das Schweigen, neben der Lüge notwendiges Element der sprachlichen Kommunikation, findet nie draußen im Licht, sondern drinnen im Dunkel statt.

Tomasello stellt die Hypothese auf, «dass die ersten nur beim Menschen vorkommenden Formen der Kommunikation im Zeigen und Gebärdenspiel bestanden» (S. 13). Auf dieser «Art psychologische[r] Plattform», hätten alle anderen 6000 Sprachen aufgebaut werden können. Das Zeigen war für ihn die «ursprüngliche Form der nur beim Menschen vorkommenden Kommunikation» (S. 13). Mit Verlaub: Das ist Bienensprache. Noch nicht einmal. Jedes Lebewesen, das spricht, spricht aus einem Inneren heraus. Die Differenz von Innen und Außen ist impliziert im Sprechen, und Sprechen ist objektiv die Bezugnahme darauf, sogar bei der Biene, sonst würde sie nicht tanzen. Explizit gilt für Tomasello die Hypo-

107 M. Tomasello: Die Ursprünge der menschlichen Kommunikation. Frankfurt 2009.

these vom Primat der Geste des Zeigens sowohl bezüglich der Phylo- wie der Ontogenese (S. 22).

Menschensprache beginnt aber mit Regungen im dunklen Inneren, mit elektrischen Ariadnefäden im Hirnlabyrinth, mit Krämpfen von Hunger und mit Gebrüll aus dem Mund, in den die stille Milch einschießt, mit den Blasen, die der Gesättigte stimmvoll blubbert. Hand und Blick bauen darauf auf, während die Mutter spricht, mal fort, mal da. Sprache beginnt asymmetrisch im Dunkeln. Mag sein, dass Zeichen früher sind. Aber erst im Dunkeln – drinnen wie draußen! – zeigt sich die Stärke unserer Sprache: der Repräsentanz für Nichtsichtbares.[108]

Trotz des philosophischen Beistandes, dessen sich Tomasello versichert: Er ignoriert den Abgrund zwischen dem, was er «kooperative Kommunikation» nennt, «ein Mittel, diese Aktivitäten der Zusammenarbeit effizienter zu koordinieren», und dem, was er Intentionalität nennt. Letztere ist ein Begriff aus der Phänomenologie und bezeichnet auch schon vorthematisch nach außen gerichtetes Inneres. Er aber macht daraus ein Mittel für soziales Management: indem er von einer «gemeinsame(n) psychologischen Infrastruktur geteilter Intentionalität» spricht. Das ist tautologisch, weil Intentionalität in jeder menschlichen Äußerung vorausgesetzt werden muss. Es unterschlägt die Fahrt zwischen Innen und Außen. Hier wird so getan, als ob gemeinsame (!) Kommunikation, also Inter-Psychologie, Sprache konstituiert, bei der die vorausgesetzte Intentionalität eher Begriffen ähnelt als Gefühlen. (S. 25)

Aber er entkommt nicht der Frage, woher denn jeweils die konkrete Rede kommt und was in diesem Sprechakt das Innere und das Äußere zusammenhält. Er zitiert Wittgenstein als Motto: «Was wir Bedeutung nennen, muß mit der primitiven Gebärdensprache (Zeigesprache) zusammenhängen.» (S. 12)[109] Dass die Bedeutung etwas mit ‹Deuten auf› zu tun hat, ist nicht neu; aber woher kommt die Gebärde – ein Wort das etymologisch übrigens mit *gebären* zusammenhängt, mit der Bedeutung von «austragen» – wenn nicht von innen? Das Zeigen ist eine ‹Extentionalität›, die in jedem Fall nicht so richtungsneutral mit dem Ding draußen zusammenfällt, wie

108 Der Zeigefinger reüssiert jetzt auch mit dem iPad. Hier schließt sich der Kreis zur primitiven Sprache. Die komplexere Sprache ist verborgen und verdinglicht im Gerät.

109 Er zitiert aus dem «Big Typescript» von Ludwig Wittgenstein.

sie tut, sondern eine Intentionalität voraussetzt, die in ‹Be-Deutung› übertragen und eingeschlossen ist, ins Innere des Wortes / Satzes.

Solche Versuche wie derjenige Tomasellos, die Konstituierung der Sprache auf die Außenseite des Leibes und zwischen die Leiber zu verlagern, sind seit den Entdeckungen der Linguistik im 19. Jahrhundert notorisch. Immer wieder wird von Zeichen überhaupt gesprochen, dabei nur an visuelle Zeichen gedacht, und die anderen Zeichen (akustische, taktile, olfaktorische etc.) fallen dieser trigonometrischen Entleiblichung zum Opfer. Für Habermas folgen bereits «einjährige Kinder im vorsprachlichen Alter» den Zeigegesten von «Bezugspersonen» auf angezeigte Objekte und erschließen so zugleich die Intention des Zeigers. Die bei Habermas gefeierte «Gleichursprünglichkeit» von aus kommunizierten Interessen entstandener «Intersubjektivität und Objektivität» (Sp. 4) hat einen kleinen Fehler: Sie ist viel zu weit weg für den ‹egoistischen› Säugling. Da ist die Brust näher, die nährt und auf den Ausdruck des Hungers antwortet, die er tastet und riecht, und an der er etwas gluckern oder schlucken hört. Ist dieses duale Verhältnis nicht ein wahrlich triadisches: von Mutter, Kind und Brust?

Die Behauptung der einjährigen Sprachlosigkeit des Kleinkindes ist ein starkes Stück. Schon im Mutterleib nehmen die Föten die Muttersprache wahr und haben wahrscheinlich nach der Geburt ein *muttersprachliches* Schreimuster.[110] Ein Jahr lang hören sie die Sprache dann ‹draußen›, reagieren darauf und lernen, dass man auf ihre akustischen Äußerungen reagiert. Die Laute, die sie im Alter von einem Jahr aktiv herstellen, sind weitaus komplexer und kommunikativer als ihr eigenes Zeigeverhalten.[111] Natürlich entsteht die sprachliche Entwicklung in einem komplexen Zusammenhang gerade auch zur motorischen Entwicklung. Aber die Bündelung der außenweltlichen Erfahrung zur sprachlichen Motivation entsteht im dunklen Inneren. Das stärkste Argument gegen die plane Trigonometrie der tageshellen Außenwelt bietet vielleicht das Spiegelsta-

110 Vgl. SZ, 6. 11. 2009: Schreien auf französisch. Schon Neugeborenen hört man die Muttersprache an.

111 Das Kleinkind bildet bereits im 11. Monat sinnvolle Silben, die konstant bestimmten Objekten oder Intentionen zugeordnet werden können. Vgl. Th. Hellbrügge und J. H. v. Wimpffen (Hg.): Die ersten 365 Tage im Leben eines Kindes. München 1973, S. 152.

dium des Kindes. In einem Alter, wo es meistens noch nicht selbständig gehen kann, erfährt das Kind im Spiegel sein eigenes Gesicht als etwas, das es ganz aus dem Häuschen bringt. Es jubelt, reckt sich ihm entgegen und kann gar nicht von ihm lassen.[112] Da es beim erstenmal nicht sein *Gesicht* ist, das es *wieder*erkennt, muss dasjenige so attraktiv sein, was dahinter ist – und aus *seinem* dunklen Inneren kommt. Zum ersten Mal ist es *da*, umgekehrt und ausgestülpt, weil die innere Nacht, die es für die Welt hielt, ein Gesicht draußen bekommt. Ahnungsweise kommt die asymmetrische Intentionalität zur Welt. Die Selbsterkenntnis des Kleinkindes im Spiegel ist der erste Dialog des Sichtbaren mit dem Unsichtbaren – und des Selbst mit dem Anderen.

Die Zeigesprache im weiten Feld der visuellen Objekte hat einen entscheidenden Nachteil: Sie braucht Helligkeit, ist ursprünglich nicht nachttauglich. Bei den modernen nächtlichen Lichtexplosionen, die vielleicht die Sprachlosigkeit überblenden, ist tendenziell das Gespür dafür verloren gegangen, wie Rede leuchten kann im Dunkeln, wie ein Gespräch in der Nacht beglückt. – Aber zurück zur phylogenetischen Sprachentwicklung: Selbst wenn die Menschen schon eine gestische Sprache entwickelt hätten: Für die Nacht hätte eine akustische entwickelt werden *müssen.* Feuer hilft hier nicht, ist selbst zu fokussierend als Objekt. Gesten vor dem Feuer laufen entweder zu schnell ins Dunkle, oder sie sind bereits an den verkleinerten Lichtraum angepasste, das heißt ‹übertragene› Darstellungen von Abwesendem im Licht. Ihr Sichtbares ist dann eine Symbolisierung des Nichtsichtbaren, *zeigt nicht* – und gehört, schon durch die äußere nächtliche Bedingtheit und die Hervorbringung aus dem dunklen Innern, zur Nachtsprache. Wie unermesslich also die Vorteile der beleuchteten und unbeleuchteten Sprache im Dunkeln. Selbst die Sprache der «kooperativen Kommunikation» funktioniert hier besser. Nachgeahmte Tierlaute bei der Jagd oder im Kampf der Gruppen gegeneinander wirken nachts weiträumiger als optische Zeichen und Gebärden. Zudem ist hier bereits die kommunikative Exklusion enthalten als Geheimsprache oder Täuschung des Wildes.

112 Siehe J. Lacan: Das Spiegelstadium als Bildner der Ichfunktion, wie sie uns in der psychoanalytischen Erfahrung erscheint. (1949) In: Schriften 1. Olten 1973. Vgl. Ch. Fernyhough: Das Kind im Spiegel. München 2010, S. 161 ff.

Ich habe keine systematischen Ableitungsinteressen; es reicht mir, auf den elementaren Beitrag der Dunkelheit, genauer: des Nachtleibs für die Entstehung der gesprochenen Sprache, hinzuweisen. Die intentionale sprachliche Äußerung entsteht schließlich nicht erst, wenn sie draußen ist und identifiziert werden kann am äußeren Objekt. Auch ohne das Wissen davon ist jede sprachliche Äußerung ein Ausdruck des Leibes, der innen dunkel ist. Angesichts der elektronischen Tastsache, dass der Zeigefinger heute globale Ausmaße angenommen hat, sei daran erinnert, dass der wesentliche Vorteil der Sprache darin liegt, Nichtsichtbares (oder Nichtgreifbares etc.) zu repräsentieren. Das kann die leibhaftige akustische Sprache nicht nur in der Nacht nicht nur besser, sondern die äußere Nacht ist auch eigentlich die Heimat dieser Sprache aus der inneren, weil die Nacht, wo alles unsichtbar wird, für fast alle Kulturen ursprünglich die Zeit, der Raum bzw. das Medium eben *der* Unsichtbaren gewesen zu sein scheint.

Das ist keine Kleinigkeit, Sprache für Spinner, sondern erlaubt die Vermutung einer generell anderen Sprachgenese. Denn *was* gesprochen werden soll, stammt ebenfalls aus dem Unsichtbaren; kaum sichtbare Richtungsvalenz aus dem Inneren hat das, was sich Gehör verschaffen will. Was gehört und was gesagt wird, ist vorstellbar, und insofern ist visuelle Erfahrungsverarbeitung immer mitbeteiligt. Aber der Mitteilungsdruck aus dem dunklen Inneren ist umso größer, als er sich auf Nicht-Zeigbares, Unsichtbares im Dunkeln bezieht. Das klingt vielleicht spekulativ; aber ich möchte zeigen, dass es speziell die Beziehungen auf dieses Unsichtbare in dunkler Nacht sind, die die sprachliche Entwicklung jeweils entscheidend beeinflusst haben, besonders das Verhältnis der sprachlichen Form zum ‹Inhalt›, der schließlich nicht ‹drin› ist, sondern jenseits ist.

Nacht ist das bevorzugte Medium von Zauberei, Magie, Gebet und Erzählung. Man halte das nicht für abseitigen Tinnef, für Extrapolationen bloßer Einbildung. Denn diese ‹Einbildungen› haben jeweils zum Vertrauen auf die Sagbarkeit des Unsichtbaren geführt, das zum Erbe des Sprachvermögens gehört. Die geglaubte Anwesenheit der Unsichtbaren im Unsichtbaren (also der Götter im Dunkeln) begründet das ganze schaurig-nächtliche Eidwesen der Griechen, bei dem die Götter zu Zeugen und Eidverpflichtern ausgerufen wurden. Dass der Areopag, das älteste Gericht der Griechen, nachts tagte, ist darauf zurückzuführen. – Nachtmähler (mit eben solchem verpflichtenden Charakter wie die Gerichtssitzungen) und

Tanzfeste, Mysterien und Initiationsriten, von Traumorakeln gar nicht zu reden, begleiten und stützen jeweils performativ und institutionell sprachliche Kommunikation mit der ‹Jenseite› der Sichtbarkeit, die auch heute noch, wenn man nicht mehr weiter weiß im Ausdruck, «Nachtseite» genannt wird. Diese Sprechakte sind wahrscheinlich für die symbolische Repräsentation des Abwesenden oder Unsichtbaren qua Bedeutung konstitutiver als die Verbindung von Zeigefinger zu gezeigtem Ding.

Neben der kindlichen Sprach-Genese in innerer Nacht stellt also die leibhaftige Sprache in der äußeren Nacht den zweiten Schwerpunkt dar. An dritter Stelle wird die *inner*literarische Referenz dieser Nachtsprache untersucht: ihre auch inhaltliche Auswirkung auf die Metapher, auf Lüge und Fiktion. – Man glaube aber nicht, dass ich einer Irrealisierung der Nachtsprache das Wort rede. Wir haben zwar im nächtlichen Gespräch keine Dreiecke, die per Konvention die Illusion der Objektivität erzeugen; aber das gemeinsame Sprechen schließt immer auch das gemeinsame Hören ein. Das Ohr vernimmt jedoch nicht nur die Stimme der Anderen, sondern auch den Klang, der vom eigenen sprechenden Körper kommt. Diese sensuelle und zeitliche Überlagerung von Fremd und Eigen, vice versa beim Anderen, stellt (gegenüber der visuellen) eine geradezu körperliche Verknüpfung her, die dann durch die Berührungen und Interpenetrationen im nächtlich intimeren Raum bestätigt und gefestigt wird. Was hier innen und außen zusammenhält, scheint deren Berührung, ja Vermischung zu sein. Diese Akte aber bilden in Wahrheit erst den Sinn für Innen und Außen, und somit das Gefühl für die Differenz von Sprache und dem, was sie repräsentiert. Ohne dieses Beilager von Berührung und Interpenetration, wozu ich auch das Stillen zähle (das ‹zum Schweigen bringt›), würden wir vielleicht nicht zur Sprache kommen.

Wie dürftig dagegen die Habermas'sche Lesart, woraus die «intersubjektiv geteilte Welt» entsteht: Die mit dem Zeigen aufs Objekt hergestellte gemeinsame Aufmerksamkeit stimuliere ein «gemeinsames Wissen von diesem». Und «erst die Verbindung von Kognition und Kommunikation» würde für die Beteiligten die intersubjektiv geteilte Welt konstituieren, worin diese sich miteinander verständigen können. (Sp. 4) Er aber unterstellt, dass der Zeigefinger *weg* vom Körper des Zeigenden, *die* Kognition sei. Eine Berührung von Mutter und Kind scheint mir eine komplexere Verbindung von Kognition und Kommunikation zu sein, offener auch für die Ent-Deckung der den *Dingen* innewohnenden Gebrauchsweisen. Die Kommunikation zwischen je inneren – und zwischen äußeren und inneren Dunkelheiten trägt weiter als die kooperativen Dreiecke.

Befreit von der visuellen Fixierung auf Sender und Empfänger, lebt das nächtliche Sprechen im ‹Urwald› aus Geistern und Geräuschen auf. Die Skala ist breiter als des Tags und geht fließender in die äußere Natur über. Schon eine nur provisorische Liste der häufiger nachtsunter als tagsüber bevorzugten Redeweisen zeigt: Das tägliche Sprechen wäre nur ein schmales mittleres Frequenzband darin. Links davon das *poetische Sprechen* bis hin zum *Gesang*. Im ‹exaltierten› Ausdruck antwortet die Einsamkeit auf die Stille der Nacht oder sucht die Höhe in Sehnsucht und Angst. Die Anrufung der Unsichtbaren im *Gebet* ist unter kommunikationstechnischem Gesichtspunkt ebenso prekär, ist aber als Schulung der Sprachgemeinschaft mit Sichtbaren (aber vieles Verbergenden) nicht zu verachten. Zweifellos ist dieses quasi links vom profanen Sprachgebrauch angesiedelte Reden stärker von der inneren Nacht, die zum Ausdruck drängt, geprägt. Gleichwohl ist ihr Medium die äußere Nacht, deren Sternenhimmel, deren Zivilisationsferne oder deren sinnliche Eindrücke (Geräusche, Gerüche etc.) oder deren projizierte Ähnlichkeit mit der inneren Nacht zu dieser Ausfahrt anregen.

Sozusagen rechts vom profanen Sprechen breiten sich aus bis zum Schlaf: *Flüstern*, *Wispern*, *Murmeln*, *Raunen* und *Rauschen*. Die Übergänge von ‹bewusst *im* Dunkeln reden› zu ‹*dunkel* reden› sind unscharf wie die Nacht. Das *Flüstern* schützt den Schlafenden – oder bedroht ihn durch eine gemeine Verabredung. In jedem Fall verdunkelt es sozusagen akustisch den Kommunikationsraum. Früher, als noch die gesamte Familie auf dem einzigen Ofen schlief, war es ein unverzichtbares Vademecum durch die Nacht. Heute scheint es nicht mehr so wichtig, da im ‹Einzelzimmer› der Fernseher ‹durchmacht›. Aber es ist hier wie mit den anderen rauschenden Reden: Ihr phylogenetisches Erbe ‹geht uns› immer noch ‹nahe›. – Da ist das dem Flüstern ähnliche *Wispern* schon ferner; zwar wispern in der Romantik noch die Liebenden miteinander; aber später scheint es nur noch von Heimchen oder Zwergen zu kommen – immerhin haben sie einem scheinbar manchmal was zu sagen. Das *Murmeln* wiederum ist nicht unbedingt so leise wie das Wispern, aber undeutlicher. Zwar, Bäche und Flüsse murmeln deutlich, zuweilen sogar lieblich, aber das menschliche Murmeln ist ein dunkles Vor-sich-Hinreden, das nicht verstanden werden will, auf das man aber nicht verzichten kann. Manchmal wird es auch geheimsprachlich gebraucht zum Zaubern, meistens nachts.

Dies trifft auch aufs *Raunen* zu, bei dem man zwar den literalen Sinn versteht, aber dann doch nicht ganz, was es bedeutet; es bleibt im Dunkeln. Die eine Bedeutung von Raunen geht Richtung *Gerücht*, das dunkler Herkunft ist, im Dunkeln fortwuchert und sich ständig verwandelt. Die zweite Bedeutung geht in Richtung Geheimsprache, ist verwandt mit «Rune». Aber gerade nachts offenbaren sich manche Geheimnisse ... Am Rand, am Grund, ach überall: das *Rauschen*, innen und außen. Jedenfalls ist in der Biophysik schon seit einigen Jahren vom *stochastischen Rauschen* die Rede, das die zum Beispiel taktile und neuronale Wahrnehmungsleistung im Tierreich und bei Menschen erhöht.[113] Bezeichnenderweise hat man jetzt auch ein elektrisches Rauschen im präfontalen Cortex des Gehirns entdeckt.[114] Im ruhenden, im schlafenden! Wir müssen uns auch den Schlaf als ein Rauschen vorstellen!

In dieser ‹Liste› ist die äußere und innere Natur des Einzelnen überrepräsentiert, deshalb nennen wir zum Abschied noch andere nächtliche Redeweisen: das Lallen des Trunkenen – der noch ein kleines Helles will – das Stöhnen der Liebenden und die verrückten Wörter, die sie sich geben, nachts.

Nachtbild

Wer bis hierher gelangt ist, wird den Nachtgehalt des realistischen abendländischen Nachtbildes (1400–1950) realistischer einschätzen. Die Konstitution eines dauerhaften visuellen Objektes beim Stillakt verlagert unsere Aufmerksamkeit zunächst auf das *innere* Bild des Kindes, das im Blickkontakt – während anderer wichtiger Kontakte der oralen und gastrischen Sensation, also im dunklen Innern – mit den auftauchenden Augen der

113 Physikalische Blätter 57, 2001, Nr. 1: Stochastische Resonanz: Rauschen macht sensibel, S. 15. – Das neuronale Rauschen im Gehirn wird geradezu als «die beste Berechnungsmaschine des Universums» bezeichnet. Alex Pouget nach F. Rötzer in: Telepolis, 13. 11. 2006.

114 M. Hubert: Netzwerkgeflüster. Was das Gehirn in Ruhe bewegt. Deutschlandfunk Köln, 13. 5. 2010: «Forschung aktuell».

Mutter entsteht. Aber zugleich ist der nachtästhetische Sinn für die Konstanz dieses *szenisch* entstehenden Bildes zu schärfen.

Auch hier geht es mir nicht vor allem um die Klärung des Vorrangs zwischen materiellem Bild und Vorstellungsbild. Aber kulturhistorisch liegt das Interesse zunächst auf der szenischen Integration visueller Aspekte: auf den Wegen in der Nacht zum Bild, auf dem Bild, das aus dem Dunkeln auftaucht. Zwischen den Jahrtausenden kultischer Bilder in äußerer Nacht am Anfang der Kulturgeschichte und den nächtlichen Illuminationen heute, die solche szenischen Visualisierungen von Bedeutung wieder favorisieren, verraucht das materielle, aber subtil flache Nachtbild, das im Öl eine nächtliche Atmosphäre aufleuchten lässt, zu einer, wenn auch denkwürdigen historischen Eskapade: Das flache Bild mit einer ‹Nacht› darauf ist zwar schon etwas zwischen ‹Fort und Da›, aber bloß stillgestellte Schwelle des kindlichen Dramas von Verbergen und Auftauchen. – Kulturhistorisch betrachtet ist das realistische Nachtbild nur ein Schnappschuss von jenem Fort-Da, das jedes Nachtmahl mit den Göttern darstellt, das ja ein Opfer ist.

Also: Die Ästhetik des Auftauchens und des Fensters zwischen innerer und äußerer Nacht hat zunächst Vorrang. – Natürlich waren auch die Sterne schon immer dabei – bei all den Nachtfahrten der Schiffer überm Nacht- und des Kleinen Hävelmann überm Häusermeer. Aber auch hier ist das prozessuale Bild, seine Erfahrung in der Tiefe, entscheidend für das leibhafte Sehen aus dem inneren Dunkel heraus. Aus der Erfahrung des Leibes stammt die Strategie, die traumatische Tiefe der Nacht mit einer (imaginär) flachen Anmutung astraler Bildlichkeit zu verhüllen und zu verdrängen. Voller Grauen vor dem Abgrund von Raum und Zeit der Weltnacht werden seit Jahrtausenden imaginäre und fiktive Fäden von Stern zu scheinbarem Nachbarstern auf eine Fläche scheinbarer *Kon*-Stellationen gebannt, bis darauf Bilder von Wagen, Fischen, Perseus oder einer Mädchenschar (Plejaden) erscheinen, die Körper darstellen, gehalten von der Leinwand, dem Mantel, dem Zelt oder der Kuppel der Nacht.

Der ästhetische Sinn für das prekäre Rückgrat des Bildes, für die notwendige Verbergung, Abwesenheit, Finsternis hinter dem Sichtbaren, ist den Menschen spätestens bei einer solchen (am besten auf dem Rücken liegenden) Betrachtung des Himmels gekommen, welche *Sternbilder* bildete. Und das ist seit der Zeit der ersten Hochkulturen belegt.[115] Das Sternbild

115 Vgl. J. Hamel: Geschichte der Astronomie. Basel u. a. 1998.

als Spiegelung der (dunklen) Erde in ihrer paradoxen ‹Doppelbödigkeit› zeigt sich im Sternbild Eridanus, benannt nach dem mythischen Fluss weit im Westen, in dem Phaeton mit der Sonne, wie eine Sternschnuppe versinkend, verlöscht.[116] Der Fluss, der das Himmelslicht löscht: als Sternbild. Nicht jedes visuelle Objekt, aber ein *Bild* können wir geradezu ‹definieren› als jenes visuelle Objekt, das vor, auf oder innerhalb von Dunklem oder dunkel umrahmt (von Nacht oder Opakem) auftaucht. Das gilt für diaphane Objekte ebenso wie für Vorstellungsbilder. Mir scheint, sie können nicht anders *sein* als im Verhältnis zu Körperlichem oder Dunklem. Das kommt von der intentionalen Aushäusigkeit des Sehsinns im Verhältnis zum leiblichen Nachteinschluss, der die Bedeutung ‹verleiht›.

Nach der Erörterung des Auftauchens szenischer Bilder, also durch performative Bewegungen in äußerer und / oder innerer Nacht (in irdischen oder Leibeshöhlen), komme ich zu der gewaltigen Variationsbreite der *fixierten* Bilder. Sie drohen nicht selten, den lebendigen Leib, der sich bewegt, indem er lebt, und der ständig vor Objekten zwischen den Zeiten der vergehenden Wahrnehmung draußen und der aus dem Dunkeln auftauchenden vergegenwärtigenden Erinnerung *schwankt*, fast selber zu fixieren. Nur einige einflussreiche Bildträger, die das Verhältnis des Leibs zwischen äußerer und innerer Nacht gestalten, seien hier erwähnt; sie ‹prägen› Bildlichkeit durch ‹Verdrängung›, Einräumung oder Bezeichnung innerer Dunkelheit: den Körper bedeckende textile Bilder, Grabbeigaben, Särge, Mumien und sonstige Überformungen von Skeletten etc., Rüstungen, Gesichtshelme, Masken. – Punzschläge des Hephaistos ‹treiben› in der «Ilias» die Bilder auf dem Schild Achills so lange hervor, bis sie selbst zu klingen beginnen.[117] Und zu welch weiträumigen Sprachbildern aus szenischen Bildern wird Homer nicht durch die Beschreibung der Wappnung (also der ‹martialischen› Einkleidung) Achills fortgerissen! Und zwar als Verwandlung des Inneren dieser Rüstung: Achills näm-

116 E. Slawik und U. Reichert: Atlas der Sternbilder. Heidelberg und Berlin 1998, S. 34.

117 Die Vorstellung des Basso continuo der Punzschläge evoziert bei der Treibarbeit des Schildbildes im 18. Gesang der Ilias mindestens zehn verschiedene akustische, sprachliche und musische Ereignisse, wobei Stampfen und Tanzen auffallen und einmal sogar das Schweigen des Königs zu hören ist. (Il. 18, 556)

lich. Wie weit das ästhetische Programm der Masken reicht, sei mit Hinweis auf den magischen ‹Skalp› der Medusa angedeutet, einem Emblem der bildenden Kunst überhaupt. Die apotropäische Fixierung ihres fixierenden Blickes auf Außenseiten (auf Kleidung, Rüstung oder Gebäude) ist ausgestülpte Angst.

Aber das sind nur einige wenige unmittelbare Leib-Übertragungen. Fortgetragen wird dieses Verhältnis von innerer Dunkelheit und äußerem Bildprogramm von bronzenen Plastiken, (Grab-)Urnen, Vasen, überhaupt: ‹Hohlwaren› aus Erde, wie der dunkel beseelte Mensch: Kisten, Schachteln, Schränke, Schreine, Tabernakel; Diptychen, Triptychen, Camerae obscurae, Kinoräume. Kein Bild, auch nicht das im Medaillon und im Portemonnaie eingeschlossene, das davon freikäme, sich auf dieses dunkle Innere in irgendeiner Weise zu beziehen via Krümmung, Bezug auf die Gegenseite oder auf die Semantik des Inhalts. – Es gibt in diesem Kontext nur ein zur Bild-Bildung drängendes Thema des Nachtbildes: das Verhältnis zwischen innerer und äußerer Nacht. Wie ist es darzustellen auf der Fläche – ohne es dadurch zu verraten?

Was ‹Tafelbilder› mit einer Nacht darauf immer und immer wieder überblenden, vertieft den Mangel aller Bilder, dass sie *für sich* keine Tiefe haben, kein Innen und Außen. Zwischen der Räumlichkeit und Plastizität des Dargestellten und der materiellen Darstellung ist die Erfahrung der *Bildlichkeit*, der Übertragenheit, eine solche der Fläche, heute mehr denn je. Die Nacht aber ist das Tiefste, das die Bilder haben wollen; denn der Grund aller Bilder ist dunkel. Viele Nachtbilder thematisieren den undarstellbaren Zusammenhang des inneren und äußeren Nachtraums, indem sie Lichter, die auf verschiedene Nachträume innen und außen, fern und nah verweisen, ähnlich wie bei Sternbildern, auf der Bildfläche *neben*einander bzw. *über*einander stellen – oft mit einer geheimnisvollen Zwischenzone, die zwar indirekt durch die Lichter ins Bild gebannt wird (als Grenzfläche oder Kontraststreifen), die aber unbezwungen auf die Wahrheit außerhalb des Sichtbaren verweist. Zwar legt der Maler seine Ehre darein, möglichst subtil die schwächste Ahnung von Licht noch durch die dunkelste Dunkelheit ziehen zu lassen. Aber er weiß, die Nacht ist von anderer Art: asymmetrisch hinaus, herein und nicht trigonometrisch zwischen zwei hellen Punkten vor dem Auge.

Diese Doppelnacht oben und unten, fern und nah, innen und außen, ist in der abendländischen Nachtmalerei geradezu notorisch, häufig als ikonische Spannung zwischen Himmelslichtern und intimem Kerzen- oder Feuerschein, farblich im Gegensatz von (gemaltem) fernem Blaulicht und nahem Rotlicht. Siehe all die Weihnachtsbilder ab dem Ende des 15. Jahrhunderts, oder zum Beispiel programmatisch Joachim von Sandrarts «Allegorie der Nacht» (um 1650). Schon die Bevorzugung der Ungleichheit von Länge und Breite bzw. Höhe und ‹Tiefe› im Format des Tafelbildes ist wohl eine Kompensation der mangelhaften Tiefe, die sich noch bei der vor-bildlichen visuellen Fahrt von Innen/Außen nach Nah/Fern ergeben hat. Zwei dargestellte Licht‹quellen› verteilen sich (besonders vertikal und diagonal) nicht nur besser auf der rechteckigen Fläche, sondern sie befähigen die dunklen Partien zum Ermessen der Tiefe. Ihre ikonologische Differenz befördert die imaginäre Fahrt der Betrachter zwischen Innen und Außen – draußen im Bild.

Ein drastisches Beispiel: Altdorfers (und Umkreis) «Auferstehung Christi» von 1527.[118] Das untere Licht strahlt aus der vom Engel beleuchteten Höhle in die Nacht; das obere schneidet mit der Apotheose Christi einen Lichtkranz in die Himmelsnacht. Während zwischen den beiden Lichtflächen die Dunkelzonen kontrastierend wirken, ist die dargestellte Nacht im gleitenden Übergang an Undefiniertes, Felsen, Wald und Wolken gebunden. Auf dem Rücken der Dunkelheit fährt das Licht zu den Realisierungen, auch der übertragenen Bedeutung von Innen und Außen. Diese Verbildlichung zwischen Licht in einer Grabeshöhle, also innerer Nacht und Licht in äußerer Nacht, geschieht auf dem Rücken einer Dunkelheit, die von *etwas* darstellenden Dunkelheiten (wie Himmel, Wald und Felsen) über eine als *nicht* darstellbar *dargestellte* Finsternis (Eingang zu einer Grabeshöhle in der Mitte) direkt in die nicht dargestellte, sondern übermalte Dunkelheit des Bildträgers zu führen scheint. Abstieg zur Hölle und Auferstehung zum Licht werden dem in die Andacht versunkenen Betrachter auf diese Weise fast als leibhaftige Imitatio Christi vorgeschlagen.

Die Suche des Nachtbildes nach dem Körper mögen vier zeitgenössische Umschläge von Büchern illustrieren, in deren Innern sich Abhandlungen über die Geschichte der Nacht (und ihrer Bilder) befinden. Gerade hier, wo das Nachtbild die innere Nacht, nämlich des Buchinhaltes, repräsentieren soll, ist die Doppelnacht besonders prominent. Den Umschlag von A. Alvarez, «Die Nacht – Von Dunkelheit, Träumen und Nachtschwär-

118 Siehe Abb. Buchumschlag hinten.

mern» ziert eine Bildmontage: Mondlicht, auf dem Wasser gespiegelt, ein nackt-bleicher Frauenarm ragt aus dem Wasser und verweist qua Spiegelbild in die Tiefe.[119] Dieses Spiegelbild ist seit den antiken Installationen von Öl- oder Wasserflächen vor Skulpturen ein beliebtes Verfahren, einen Zusammenhang zwischen zwei sichtbaren Lichtern als einen Zusammenhang zwischen eintauchendem und auftauchendem Licht zu suggerieren. Es muss aber nicht Mondlicht sein.

Den Umschlag von B. Borchhardt-Birbaumers «Imago noctis – Die Nacht in der Kunst des Abendlandes» ziert Battista Dossis «Der Traum oder Die Nacht» (nach 1540). Hier wird die äußere Nacht von einer Feuersbrunst in der Ferne symbolisiert, die sich in einem Gewässer spiegelt. Dieser Teil des Bildes befindet sich aber sozusagen hinter dem Rücken des «Corpus»; die Vorderseite des Buches und nun auch des umgebogenen Bildes wird vom beleuchteten Gesicht der Schlafenden beherrscht, die das ganze Hintere wahrscheinlich träumt, zu ihrem Inneren macht. Die äußerste Nacht, auch hinter dem Buch, ist als Traum zugleich auch die innerste, hinter dem Gesicht vor dem Buch, im Innern der Schlafenden und des Buches. Die beiden Teile des Bildes sind getrennt durch den bildlosen Rücken des Corpus-Umschlags.[120]

«In der Stunde der Nacht – Eine Geschichte der Dunkelheit» von A. Roger Ekirch glänzt außen herum durch helles Mondlicht auf den «Marktplatz in Antwerpen» (1843, Petrus van Schendel), der aber unten dunkel verdichtete intime Rotlichtbezirke von Laternen und Kerzen nah an Körpern und in Innenräumen hat. Extremer Gegensatz von Nah und Fern, Innen und Außen. An den dunklen Übergängen zwischen den hellen Partien wohnen Ahnung, Geheimnis, Schwindel, Umstülpung und ein vorgetäuschtes Nachtfenster, das oszilliert zwischen innerem Spiegel und dem Ausblick auf die Nacht.

119 A. Alvarez: Die Nacht. Von Dunkelheit, Träumen und Nachtschwärmern. Hamburg 1997; Illustration: Pierre Boucher/Büro Hamburg.

120 Der Buchumschlag hat die Bildvorlage vielfach geändert. Vor allem durch eine breite dunkelblau transparente Schattenrahmung oben und unten und durch die Externalisierung einer dritten Leuchte, den Vollmond rechts hinten, der die Schlafende bescheint. Durch die Abtrennung des nun vorderen Bildteiles wird die Einbettung der Schlafenden in ihre Nacht des Traums aufgehoben, wird ihr Körper ausgestülpt aus der phantastischen Welt, die von Traumtieren bevölkert ist.

Die Illusion, als könne der Zusammenhang von innerer und äußerer Nacht malerisch durch eine ‹Konstellation› beieinander auf der Fläche liegender Lichtdarstellungen evoziert werden, ist grandios in dem berühmten, oft kopierten und variierten Bild von Adam Elsheimer «Die Flucht nach Ägypten» thematisiert.[121] Er hat nämlich diesen Rücken der Nacht, hinter dem sich die Hl. Familie gleichsam verbirgt, zum Thema gemacht. Der Rücken dieser mondhellen Nacht ist hier bereits im Bild, bevor er sich zum mächtigen Rücken des Katalogs der Münchener Ausstellung «Die Nacht» krümmt.[122] Der Rücken stammt von einem schlafenden Riesen aus Bäumen und Büschen, der sich zwar nach rechts hinter einem Gewässer verdünnt, aber markant die obere, fernere, äußere Nacht des Himmels von der unteren, näheren und inneren Nacht trennt.

Von links nach rechts sieht man drei Bildzonen mit diesen (bild-)vertikalen Innen-Außen-Bezügen, an denen prima vista die räumliche Gliederung auffällt. Links und rechts zurückweichend, räumt der dunkle Wald mehr Fläche für eine Nachtszene ein, während er sich ausgerechnet in der Mitte ganz nach vorne schiebt, sodass uns diese Nachtszene, die am wenigsten Licht hat, am kleinsten und verborgensten ist vor dem weiträumigen Nachthimmelslicht, dennoch aber uns (auch durch den stärkeren Farbkontrast) am nächsten ist. Eine paradoxe Ambivalenz ergibt sich aus dieser konvexen Beugung der Dunkelheit zu uns hin, weil uns zugleich das Nischenartige, in dem sich die Hl. Familie aufhält, auffällt, und ihre Ausgesetztheit auf der Flucht vor der emblematisch global gekrümmten Opazität (des römischen Weltreichs und seines Satrapen Herodes).

Rechts spiegeln sich ein Vollmond, der Nachthimmel, die von hinten beschienenen Bäume und sogar eine Kuh im Wasser. Aber der Doppelmond ist das prägende, fast blendende Ereignis, weil er ein frontal-vertikales Paar bildet. Die Spiegelung des Mondes ‹im› dadurch opaken Wasser wird dadurch als ein *Auftauchen* des Mondes (seines zweiten Abbildes) inszeniert, dass dieser ein bisschen zu hell (fast gleich hell wie das Original) und ‹ungebrochen› gezeigt wird. Dadurch wird der Flächenzusammen-

121 Vgl. hierzu: R. Baumstark (Hg.): Von neuen Sternen – Adam Elsheimers «Flucht nach Ägypten». München 2005. Das große Bild der Nacht ist keinen halben Meter breit.

122 Adam Elsheimer: Die Flucht nach Ägypten. 1609. – Haus der Kunst (Hg.): Die Nacht. Ausstellungskatalog Wabern – Bern 1998.

hang zwischen dem oberen und dem unteren Mondbild zu einem auch zwischen einem äußerem und einem soeben von innerhalb des Wassers auftauchenden. Der dargestellte Himmelsmond könnte fast eine Spiegelung des Wassermondes sein.

Von uns aus links verbindet sich das Lageridyll von Tieren und Hirten, die ein *Feuer* unterhalten, mit den Sternen an einem Himmel, der sich über ihnen befindet und sich dann nach rechts hin öffnet, hinter den hier am mächtigsten ragenden Bäumen. Denn vom Feuer links steigen vor der Baumwalze Funken in eine Höhe, die von Sternen besetzt ist, welche den Funken ähnlich sehen. Die *aufsteigende* Verweisung von Licht aus quasi innerem zu quasi äußerem Dunkel und rechts *absteigende* Verweisung (trotz des Auftauchens) von äußerem Himmelslicht zu innerem wässrigen fügt sich zum Kreis durch die naturgetreu gemalte Milchstraße[123], die von oberhalb des Funkenflugs diagonal in Richtung Vollmond zeigt. Nach realistischen Kriterien ist die Milchstaße gegenüber dem Mond zu klein geraten. Umso besser für ihre Funktion der Richtungsanzeige zum Mond.

Vor dieser Lichtdrehung und vor den dunklen Bäumen wie ausgestülpt zum Betrachter hin: die von uns auf der Flucht ertappte heilige Familie. (Die Hirten links zum Beispiel scheinen sie noch nicht gesehen zu haben.) Drei Menschen und ein Esel, in dessen Auge sich das brennende Holzscheit spiegelt, das Joseph als einzige Lichtquelle dieses Ensembles in der Hand hält. Jesus ist nicht mehr die leuchtende Glühbirne der Renaissance.[124] Der Schein des Scheits bescheint, gestreut durch eine glänzende Pfanne, banale Oberflächen-Partien. Alles reicht gerade aus, das Motiv der Flucht fast läppisch zu erinnern: Joseph reicht Jesus eine kleine Gerte, mit der er den Esel antreiben soll … Aber dann ist er doch zu sehen, der nun ebenfalls flüchtige Stern über Bethlehem. Unendlich fern, dennoch kräftig, leuchtet er durch die Mitte der Baumgruppe über der Hl. Familie: wie aus dem innersten Dunkel auftauchendes Licht. Ähnlich dem reflektierenden Kupfer, das beim Farbauftrag noch eine Weile unter der Farbe her-

123 … über deren innere Bedeutung wir kein Wort zu verlieren brauchen. Elsheimers Freund Rubens, der übrigens auch Elsheimers «Flucht nach Ägypten» im Sinne seiner Bildordnung variiert hat, hat etwas später die Entstehung der Milchstraße gemalt, wie sie aus der Mutterbrust herausschoss.

124 Siehe bei Lorenzo Monaco, Gentile da Fabriano, Gerard David, Geertgen tot Sint Jans etc. pp.

vorschimmern mag. Denn Elsheimer malte die meisten seiner Bilder auf Kupfer – um des dadurch in der Tiefe verborgenen Glanzes willen.

Fünffach haben uns Bilder gezeigt, wie man innere und äußere Dunkelheit auf der Fläche vernachtet – jetzt aber zur zeitgenössischen Inszenierung der Nacht als Buch und Inhalt: Der Münchner Katalog zu Elsheimers «Flucht» zeigt das Bild (S. 134/35) in allen Facetten und Details, aber als repräsentatives Gesamtbild in der Mitte des Buches treibt diese Präsentation sozusagen den Grund der Flucht in die Flucht. Der Jesusknabe ist schlicht verschwunden in der Furche der Falz. Das betont verrückterweise noch einmal das Motiv der leibhaftigen Versenkung ins Bild. – Dagegen der opulente Katalog über das Nachtbild überhaupt mit dem weit über das bloße Bild hinausgreifenden Titel: «Die Nacht»: Er macht es umgekehrt und hüllt dieses Elsheimer-Bild um die Nacht, die ein Buch ist. Vorne leuchten die Monde und hinten, nach dem Buch, lodert das arkadische Hirtenfeuer. Der breite ‹Rücken› aber, der das ganze Buch der Nacht trägt, wird umfangen vom opaken und noch konvexer gewordenen Wald. Das ikonologische Thema, die Hl. Familie auf der Flucht, fällt, über die Kanten ragend fast heraus aus dem Corpus, dessen wahrer Inhalt von innerhalb der Ansicht kommt. «Sie sinkt herab, bricht herein, steigt gelassen an Land, die Nacht» auf diesem Bild; doch in Wahrheit kommt die Nacht von innen. – Ein weiterer Corpus, welcher die Nacht einschließt in Gestalt eines Buches, folgt nun: «Der Nachtleib».

Apropos Buchumschlag: Bevor man die Nase über die Herabwürdigung großartiger oder intimer Nachtbilder zu Verpackungen rümpft, sollte man bedenken, dass Verpackung, eine Art Verhüllung also, überhaupt der vielleicht – jedenfalls ökonomisch – bedeutsamste Zweig der Nachtästhetik geworden ist: der verführerischen Verdunkelung (oder Geheimnis-Krämerei'), hinter der manchmal nicht mehr steckt als die Geste des Verhüllens selbst. Aber das habe ich ja schon gesagt, dass die Warenästhetik eine Tasche im Mantel der Nachtästhetik ist.

A. Von Musen und Moiren: Hesiods «Theogonie»

Wer aber sehen will, der sitze im Dunkel.
Aus dem Dunkel heraus sieht man,
aus dem Licht heraus nicht.

(Otar Tschiladse)

Aus der Finsternis ferner erblicken wir
das, was im Licht ist.

(Lukrez)

Vorurteile über den griechischen Sinn für Ästhetik

Nach all den griechischen Renaissancen in der Geschichte des Abendlandes will die Aura nicht mehr weichen vom Ensemble der griechischen Kultur als etwas besonders Ästhetischem. Die Hauptstädte der Welt brüsten sich mit Propyläen (Brandenburger Tor), klassischen Schatzhäusern (Banken) und politischer Öffentlichkeit, symbolisiert von dachhohen Säuleneingängen unter gleichschenkligen Dreiecken («Weiße Häuser» von Washington bis Minsk). Mit all den hellenischen Wort-Lehen wie *Ästhetik*, *Ikone*, *Museum*, *Phantasie* und *Plastik* fließt Glanz in jede Jetztzeit-Hütte, wird jede schnöde Vorzeit-Beute mit Patina behaucht; das grenzt schon an die Bedeutung religiöser Offenbarung. Besonders mit dem Vorbild demokratischer Stadtstaaten ist dann ein Trio con brio vorstellbar aus Schönem (Kunst), Wahrem (Religion) und Gutem (Politik), in dem sich alles herrlich gleichschenklig im Dreieck hält, miteinander *harmoniert*, um noch die Musik in Gestalt der *Muse Harmonia* mit ins Bild zu schmuggeln. Nur zu schmuggeln, denn wirkungsvoller als die Musik scheint das griechische Licht, also die optische Repräsentanz, diese Maßarbeit durch die Zeiten zu transportieren.

«Warum leuchten die olympischen Götter immer wieder auf», selbst den Ungläubigen, fragt Walter Fritz Otto (*1874) in «Theophania»[125]. Nun, weil sie uns ästhetisch erscheinen, durch die Musen, die Künste, durch unsere innere Erfahrung bei ihrem Anblick oder bei ihrer vorgestellten Herbeirufung. Und immer wieder beherrscht das Licht den Vordergrund, mal kometenhaft und mal ätherisch.[126] Wie wichtig ist dann aber der dunkle Hintergrund? Ist er der tragende Grund, der tragische Abgrund

125 W. F. Otto: Theophania. Frankfurt 1975, S. 23.

126 Kometenhaft für Goethen: in seinem Epilog zu Schillers «Glocke» – ätherisch für Schiller, dem das olympische «Lichtreich» das Göttlichste war, was er gekannt hat, und für den die gelungene Darstellung dieses Lichtreichs der sehnlichste Wunsch war. Otto: Theophania, S. 24 und S. 32.

oder nur eine dekorative Grundierung, ja ein Palimpsest des Anderen als der Kunst? – Zugegeben: Die klassische griechische Philologie denkt bei griechischem Licht eher an Tageslicht. 1925 schreibt W. F. Otto in «Apollon und Artemis»:

> «Aus der mystischen Nacht unserer Dome, wo über schimmernden Altären schmerz- und seligkeitstrunkene Augen uns angeschaut, treten wir vor Apollon wie unter das scharfe Licht der südlichen Sonne. [...] Welches Licht und welche Heiligung strahlte von seiner Erscheinung ins Menschenleben?»[127]

Doch nicht nur Suchenden eines helleren Glaubens, auch Kirchen- und anderen Fahnenflüchtigen aller Zeiten sowie den Atheisten, war die griechische ‹ideologische› Offenheit ihres Pandämoniums bei aller ästhetischen Bestimmtheit eine wahre Trutzburg, um nicht Akropolis zu sagen. Um nur ein ganz klein wenig in niedrigere Gefilde herabzuschweben: Jedes «Weiße Haus» der Welt mit der leuchtenden Durchlässigkeit seiner griechischen Säulenordnung leiht sich eine fast religiöse Weihe seiner undurchschaubaren Umtriebe dahinter. – «Apollo – Optik», eine Brillen-Handelskette, sorgt auf ihre Weise für die Pflege des apollinischen Erbes und die Aufrechterhaltung der griechischen Aufklärung. Und die Fotosatelliten «Ikonos», die für jeden US-Bürger in kürzester Zeit Fotos seiner näheren Umgebung aus entferntestem Abstand machen, bekräftigen die Ahnung, dass der überlegene bildästhetische Standpunkt etwas mit den Griechen zu tun haben muss.[128] Überm deutschen Himmel zieht Phaeton, der Sonnensohn, im Sonnenwagen seine Bahn; der aber stammt aus Wolfsburg.

Doch schon seit dem 19. Jahrhundert verdunkeln Flecken das Bild. Ein Bachofen bringt mit seinem «Versuch über die Gräbersymbolik der Alten» (1859) nicht mehr weichen wollende Schatten von Mutter und Tod. Heinrich Schliemann gräbt sich in Troja in die unterste Schicht (1871–73), um auf jungfräulichem Boden sein dunkles Streben mit der dunklen Bronzezeit zu vermählen. Und Erwin Rohde stellt mit «Psyche» (1890–94) «das Bild der dunklen chthonischen Seelenreligion neben die helle olympische

127 W. F. Otto: Apollon und Artemis. In: Antike, 1925, S. 338.
128 Vgl. FAZ, 14. 10. 1999, S. 13: Washington in hoher Auflösung. ulf

Götterwelt».[129] Die Reihe der Bildverdunkler ließe sich beliebig verlängern mit Robert Ranke-Graves, der die Mythen als Schattenbilder noch älterer blutiger Riten und Kämpfe im Übergang vom Matriarchat zum Patriarchat entziffert[130] und mit Karl Kerényi, der mit seiner «Humanistischen Seelenforschung» in allen Dunkelheiten «Urbilder» findet und Licht sucht.[131]

Aus dem angelsächsischen Raum wäre Erec R. Dodds zu erwähnen, der die Geschichte des griechischen Irrationalen nachzeichnet und dem gerade das Zeitalter der griechischen Aufklärung fast so dunkel wie das der Ketzerverfolgung im Mittelalter ist.[132] Am weitesten zurück geht Walter Burkert, um die griechischen Riten und Mythen zu entschlüsseln, nämlich zum «Homo necans» der Steinzeit, ja zu den biologischen Wurzeln der Religion.[133] «Immer wieder führt Burkert», schreibt Glenn W. Most in seiner Einleitung zu dessen «Wilder Ursprung», «den Leser vom hellen Tag der griechischen Humanität zurück in die furchtbare Nacht ungehemmter Aggression, zerstörerischer und selbstzerstörerischer Triebe, die jenem Tag vorausging, ihn ständig umlagerte und stets zu vernichten drohte.»[134] Aber auch er konzediert den Griechen den *Willen* zur Verdrängung alter und dunklerer Mächte, was im Grunde die Griechen seit Hesiod selbst so sehen: als Entwicklung vom Chaos zum Kosmos.[135] – Der hohe

129 dtv-Lexikon. Bd. 15, München 1976, S. 212. J. J. Bachofen: Versuch über die Gräbersymbolik der Alten. Basel ³1954. Erwin Rohde: Psyche. Darmstadt 1991. H.-G. Friese: Die drei Leben des Heinrich Schliemann. Radiofeature NDR 3, 26. 12. 1990.

130 R. Ranke-Graves: Griechische Mythologie. 2 Bde. Reinbek 1974; im Weiteren abgekürzt: Gr. Myth. 1,2.

131 Vgl. K. Kerényi: Humanistische Seelenforschung. München und Wien 1966; Ders.: Urbilder der griechischen Religion. Stuttgart 1998.

132 E. R. Dodds: Die Griechen und das Irrationale. Darmstadt 1970.

133 W. Burkert: Homo necans. Berlin ²1997 und Ders.: Kulte des Altertums. München 1998.

134 G. W. Most: Einleitung in: W. Burkert: Wilder Ursprung – Opferritual und Mythos bei den Griechen. Berlin 1990.

135 Hesiod: Theogonie. In: Luise und Klaus Hallof (Hg.): Hesiod. Werke. Berlin und Weimar 1994; im Weiteren abgekürzt Hal. Wenn ich deren Übersetzung zitiere, belege ich in Klammern mit Namenskürzel und Verszahl (Hal. xy). Da ich kein klassischer Philologe bin, benutze ich mehrere Ausgaben. Eine wichtige zwei-

Rang, den die alte Göttin Nacht bei Homer und Hesiod innehat, bekommt etwas zutiefst Abgründiges, sobald die Betonung auf der gestalteten Ordnung (Kosmos) liegt, die ja ein Werden hochschätzen muss.[136] – Mit der prägnanten Sichtbarkeit, ja Öffentlichkeit der griechischen Religion in archaischer und klassischer Zeit hängt wohl die Drift vom Religiösen ins Ästhetische zusammen. Jean-Pierre Vernant, französischer Antipode Burkerts, rückt die Zeit vom 7. zum 4. Jahrhundert in die Nähe eines eucharistischen Wunders, wenn er zusammenfaßt: «Das Religiöse ist in die Kunst übergegangen.»[137]

Daraus ergeben sich zwei Vor-Urteile, die teilweise berechtigt, zum Teil irreführend sind: 1. *Nachtästhetik* könnte etwas Vor-Ästhetisches bedeuten, das Rohe wilder Ursprünge von Kulten betreffend. – 2. *Nachtästhetik* könnte – schon seit der Spätarchaik – eine ästhetische Rückprojektion sein, eine (manchmal gegenwartskritische) Nostalgie hin zu einem besseren Ur- oder doch Frühzustand. Obwohl es für beide Urteile empirische Gründe gibt, liegt mein Schwerpunkt auf der Suche nach genuin ästhetischen Manifestationen aus dem Bereich der Nacht und ihren Auswirkungen auf die allgemeine, die ‹Tagesästhetik›. Gleichwohl sollten die ersten beiden Aspekte wichtig genommen werden, da an ihnen ständig etwas regsam, ahnbar, vermissbar bleibt: das Historische am Ästhetischen, ohne das jede aktuelle ästhetische Äußerung oder Erfahrung bloße Sensation bleibt. Die bereits früharchaische Vektorisierung, diese Drift vom Chaos zum Kosmos, ist in gewisser Weise das erste Hell – Dunkel, das sich

sprachige sei noch einmal genannt: Hesiod: Theogonie – Werke und Tage. Hg. und übers. von Albert von Schirnding. Düsseldorf und Zürich ²1997. Seine Theogonie-Übersetzung belege ich mit «v. Sch.» Die *griechischen* Textzitate belege ich mit bloßer Verszahl (Th. xy). Eine weitere Vergleichsausgabe: Hesiod: Sämtliche Werke. Übers. von Thassilo von Scheffer, zitiert «v. Sche», Bremen 1984. – Wenn Übersetzungen Interpretationen sind, so sollte man sie auch als solche nutzen.

136 Homer: Ilias 14, 256. Wenn nicht anders angegeben, zitiere ich nach der zweisprachigen Ausgabe in der Übersetzung durch Hans von Rupé, Zürich 1994, im Haupttext und in Klammern auf diese Weise: Il. 14, 256. – Hesiod: Theogonie, 123 – Den *poetischen* Anfang macht Hesiod mit den Musen (Th. 1). Doch als die aufbrechen, ist es bereits Nacht (Th. 10). Vielleicht eine Einbettung der Vortragssituation: Es ist Nacht, wenn Hesiods Gesang anhebt.

137 J.-P. Vernant: Zwischen Mythos und Politik. Berlin 1997. Diese verbale Transsubstantiation ist die Rache der Religion an der Ästhetisierung.

in noch jeder Renaissance des Griechischen als ‹Nacht der Vergangenheit› fortzeugt und in jedem aktuellen Bild, das man sich von der Gewordenheit dieser Schönheit der Gestaltung macht, den Hintergrund abgibt, den atmosphärischen Raum oder gar, wie im reformierten Festkalender der Athener seit dem 6. Jahrhundert, die (scheinbar oder anscheinend) ältere Hälfte der Riten. Gerade aber weil auch uns zu leicht das ‹Licht des griechischen Geistes› in einem Meer vermeintlich dunklerer Zeiten (aus Mittelalter und «dark ages») wie ein Nachtbild entgegenleuchtet, sollte man diese historische Situation nicht mit der Bemühung verwechseln, den Beitrag je gegenwärtiger Nachterfahrung für ästhetische Manifestationen, ja für das überhaupt, was man das Ästhetische nennt, zu klären.

Das Ästhetische hat jedenfalls etwas mit den Sinnen zu tun. Und wenn uns das Griechentum leuchtet, so scheint damit bevorzugt der optische Sinn angesprochen zu sein, der bereits in den öffentlich Kulten der archaischen und klassischen Griechen eine große Rolle gespielt haben muß. Nachts sieht man aber besonders wenig. Das braucht der religiösen Evidenz keinen Abbruch zu tun, im Gegenteil. Es ist etwas Besonderes, wenn man nachts etwas sieht. Nicht nur für uns ist der Kern der religiösen Beziehung im Grunde unsichtbar. Für die Griechen Homers liegt der Kern der unsichtbaren Tischgemeinschaft mit den Göttern im zunächst brutal physischen Opfer. Freilich, es gibt Zeichen – der Annahme oder Verweigerung von Opfern, schließlich immer mehr *anstelle* von Opfern; aber Zeichen tauchen immer nur aus einem Meer von Nicht-Zeichen auf. Anders sieht die Sache aus der Perspektive des Duos von Politik und ‹Ästhetik› aus. Tyrannen aller Zeiten lieben die Übersicht, und eine ästhetische Übersicht frommt dabei sinnigerweise sogar den ‹übersehenen› Einzelnen. Deshalb arbeiten Herrscher gerne an Festkalendern, wie Peisistratos im 6. Jh.

Eine symbolische Veranschaulichung des sonst in Einzel- oder Klasseninteressen zerfallenden Gesamtwillens meint sich aber auch eine relativ demokratische Verfassung wie die des 5. Jahrhunderts in Athen schuldig zu sein. Kontinuierlicher als die athenischen Herrschaftsformen in Archaik, Klassik und zum Teil im Hellenismus ist das Politische in der ästhetischen Erscheinungsweise des öffentlichen Festes anwesend. – Wieso ist aber dann der Anteil der Nacht an den Festen so hoch? Ist das ein Tribut an die ‹Noch›-Regentschaft einer vorpolitischen, vorästhetischen Nacht oder Religion oder ein Tribut an eine emotionale Verfassung (Angst, Aggression), die nach magischen nächtlichen Kulten schrie? Oder zeigen sich gerade im Junktim täglicher und nächtlicher Feste andere ästhetische Optionen, die entweder untergegangen oder transformiert worden sind? Kommt nicht die Kunst von den Musen? Spätestens im 8. Jahrhundert aufgebrochen, verborgen ‹im dichten Nebel› der Überlieferung, «schreiten sie in der Nacht einher, wunderschönen Gesang verbreitend».[138] – Und wenn sie nicht gestorben sind, so leben sie noch heute: «und / in der Nacht gehen Sie um und singen mit heller Stimme ihr Lied» überträgt es Raoul Schrott.[139] – Glücklich ist, wer sich dabei a*müs*iert und dabei einmal ‹alles vergißt›. Denn was an deutschen Worten ein *ü* statt eines *u* zwischen ‹m› und ‹s› hat, kommt vom französischen *s'amuser* (sich ranmachen an die Musen). Also:

138 Hesiod: Theogonie. Übers. von Karl Albert. Kastellaun 1978 (zweispr. Ausgabe), Vers 10. Alberts Übersetzungen belege ich mit Alb. plus Verszahl.

139 R. Schrott: Die Musen. München 1997; zit. nach Friedmar Apel: Leichten Fußes an die Quelle. In: FAZ, 2. 8. 1997.

1. Hesiod und die Stiftung der Musen

Sehnsucht

Die Frage, ob die Nachtästhetik der Griechen archaisch oder nostalgisch ist, lässt sich nicht so einfach beantworten. Im Hellenismus, als viele Formen ästhetischen Verhaltens und Erfahrens bereits globalisiert und abgekoppelt von den historischen oder auch nur mythologisch überlieferten Formen ‹gepflegt› wurden, war der sentimentale Rückbezug auf die vergangene Pracht und Würde der Nacht gewiss stärker ausgeprägt. Aber an der Schwelle zur Archaik gab es einen unerhört *modernen* Sänger, der die archaische Epoche überhaupt erst entscheidend ästhetisch (und moralisch in «Werke und Tage») geprägt hat. Dies war Hesiod – und nicht der etwas später singende Homer. Homer ist vielleicht erst im 6. Jahrhundert so wichtig geworden, weil seine scheinbar älteren Geschichten, die von Menschen handelten, erstens selbst etwas archaisierend wirkten, zweitens von seinen Herausgebern des 6. Jhs. zusätzlich mit Patina versehen wurden und drittens, weil sie eine *gesamtgriechische* große Vergangenheit (hinter einer dunklen Nacht des Traditionsabrisses verborgen) vorspiegelten, die legitimatorischen Charakter hatten.[140] Dass sich der reale Homer hinter einer Wolke verbirgt, die von Chios bis Kilikien reicht, scheint mir ein Indiz dafür zu sein, dass er nicht sofort berühmt gewesen ist. Hesiod aber, der authentisch Ältere, hat viel mehr Nacht. – Allerdings lässt sich *daraus* keine traditionelle Geltung dieser Göttin Griechenlands ableiten. Die Nacht Hesiods ist seine ästhetische Erfindung, die dann für die Archaik repräsentativ wurde.

Hesiod, der Sänger mit dem längsten Musenvorspiel und dem ausführlichsten, tiefsinnigsten und literarisch anspruchsvollsten Bericht über den Bereich der Nacht, möge eine Weile den Weg in diese Nacht erhellen. Zuerst sangen die Dichter jedoch von den Musen – und das schon, als jene noch keinen Namen hatten, mit dem sie sich als Lehnsleute dieser göttlichen Mädchen hätten geltend machen können. Vielleicht waren die Musen in noch früherer Zeit gar nicht für die Kunst zuständig, allein deshalb nicht, weil es sie noch nicht gab, die Kunst. Vielleicht waren sie nicht ein-

140 Vgl. W. Burkert (1992): The Formation of Greek Religion at the Close of the Dark Ages. In: ders.: Kleine Schriften I. Homerica», Göttingen 2001, S. 21.

mal für die Inspiration oder die Stiftung der Botschaft zuständig, und zwar allein schon deshalb nicht, weil sie selber sangen. Etwa den Klagegesang für gefallene Helden, bei dem die religiös-therapeutische Funktion überwog. Also waren sie zuerst göttliche Klageweiber? In der «Memnonis», im Heldengesang von Sieg und Tod des Achill, ein Menschenleben älter als die Ilias, singen die Musen im pathetischen Finale einer göttlichen Beerdigungsfeier selbst und begründen so des entrückten Toten Ruhm.[141] Der Name selbst der Musen soll «von Haus aus [...] die Bedeutungen des Nachsinnens und des Erinnerns» gehabt haben. «Nicht ohne Grund macht Hesiod die Musen zu Töchtern des Zeus und der Erinnerung, Mnemosyne.»[142]

Nach der Auffassung *unserer* Klassik stiften die Musen die Künste (nach heutiger: die Museen). Es wäre sicherlich interessant, den antiken Werdegang der Göttinnen vom mykenischen Zeitalter bis zur Klassik zu rekonstruieren, was aber die Dimensionen meines Vorhabens sprengen würde. Hier nur so viel: *Musen* ist das erste Wort in Hesiods «Theogonie» wie auch in «Werke und Tage».[143] Mit Homers Ilias und Odyssee verhält es sich nicht viel anders. Die Ilias ist insofern bemerkenswert, als deren Sänger damit beginnt, die Muse aufzufordern zu singen, ohne ihr je die Chance einer Übernahme des Gesangsparts zu geben. Sie singt, wenn er singt. Noch deutlicher ist diese Konstruktion in der «Theogonie»; nur ist das etwas später im Übergang vom Vorgesang zum Hauptgesang. Doch spürbar ist dann zugleich ein Vortragswechsel (115). Diese Gegenbild-Konstruktion kennen wir auch von anderen menschlichen Spenden, die als Spenden der Götter gesehen werden.[144] Es passt ins Bild der größer gewordenen Göt-

141 W. Schadewaldt: Von Homers Welt und Werk. Stuttgart 1965, S. 179. – Auch in der 2. Totenwelt-Szene der Odyssee gibt es eine Reminiszenz des Musengesangs zum Begräbnis Achills (Od. 24,60). Die Odyssee zitiere ich, wenn es nicht um eine besondere Übersetzung geht, nach: Homer: Odyssee und Homerische Hymnen. Übers. von A. Weiher, München 1990, abgekürzt angegeben mit Od. und Verszahl.

142 E. G. Schmidt: Register. Artikel: «Musen». In: Hesiod: Theogonie – Werke und Tage. Hg. von A. v. Schirnding, Darmstadt [2]1997, S. 236.

143 Hesiod: Werke und Tage. Vers 1. In: A. v. Schirnding (Hg.): Hesiod, Theogonie... S. 82, im Weiteren abgekürzt mit WuT.

144 Vgl. N. Himmelmann: Wenn die Götter Wein ausschenken. Heilige Spende: ein Paradox der antiken Religionsgeschichte. In: FAZ, 13. 10. 1999.

terferne auch bei Homer – Parallelhandlung im Olymp, Verbot der direkten Kriegsbeteiligung der Götter, indirektes Eingreifen durch Kunststücke wie Ägis, Schild und Verwandlung – dass die Musen nicht mehr selber singen. So lassen sie Raum für die sterblichen Sänger und ihre ‹unsterbliche› Kunst. Diese Musenanrufung, eine Mischung aus Dankgebet, ‹Quellenangabe› und theatralischem Vorprogramm, hebt seit Hesiod und Homer das folgende Hauptprogramm von der Prosa des Lebens ab. Denn auch *zuletzt* sollte der Sänger immer die Musen selbst preisen, wie Hesiod berichtet. (Hal. 34)[145] Damit ist aber dieses Hauptprogramm der Theogonie, die Aufzählung und Erzählung der Göttergeschlechter, zu etwas gänzlich Neuem geworden, zu etwas innerhalb von Anführungs-, ja Aufführungszeichen, zu einem musischen Programm: Der Sänger stellt dar, er überträgt, was die Musen verkünden.

Dabei stellt der Anfang des Proömiums eine besonders kunstreiche Verknüpfung zwischen Musen, Hesiod, Nacht und Gesang dar. Das erste Wort des Textes ist *Musen*; das letzte Wort des ersten Verses ist *singen* (wobei mit dem Singen Hesiods Beginnen gemeint ist). Der Wortbewegung von ihnen zu ihm entspricht im semantischen Kreuzen sein Bezug auf die Musen. Er beschreibt ihr Tun; doch mit der Nacht (singt er) spiegelt sich sein Tun in ihrem: Jetzt beginnen *sie* mit etwas: Sie brechen auf, steigen hinunter und singen. Die Nacht ist das Medium der Umkehr einer singenden Bewegung. Das ist kein Spiel; vielmehr ist das Ideal *eines einzigen Gesangs* das Ideal seiner Legitimation. Nun singen also die Musen in der Nacht (singt er), zählen preisend die Gottheiten auf … und bleiben ausgerechnet bei *Nacht*, der finsteren Göttin, stehen. (20) Aus dieser Nacht folgt die neuerliche Umkehr auf Hesiod selbst, denn jetzt bringen sie (von denen er singt) ihm den Gesang (bei). Die Rückblende des Gesangs ist besonders dick aufgetragen. Nach der Nennung der Göttin *Nacht* folgt:

Alles besingen die Musen, was ewig lebt unter den Göttern.
Diese nun lehrten einst auch Hesiodos schöne Gesänge … (21)

145 Dass der Musenpreis am Ende fehlt, zeigt, dass die «Theogonie» unvollständig ist. Die Verse 1021 f., die noch Albert bringt, haben sich als der Anfang der Ehoien («Frauenkataloge») Hesiods erwiesen. Vgl. Hal., S. XVI.

Dass man sich diesen Wechselgesang wie eine einzige Szene vorstellen soll, wird auch daran sichtbar, dass genau hier wieder der Helikon genannt wird. Lautete der erste Vers:

Von Helikonischen Musen will ich mein Singen beginnen (1),

so setzt er den Stimmwechsel an eben diesem Fuße des Helikon wieder ein:

Diese lehrten nun einst auch Hesiodos schöne Gesänge,
als er am Fuße des heiligen Helikon Lämmer gehütet. (22)

Am deutlichsten aber ist diese Spiegelung an der Bedeutung der Nacht zu sehen. Die Nacht der Musen setzt in Vers 10 ein; in Vers 20 fällt der letzte Göttername, *Nyx*. Der Status der beiden Nächte ist verschieden, so verschieden wie eine Spiegelung vom Original. In die reale Nacht, Medium ihres Gesangs, sind sie eingehüllt, geradezu eingenachtet (*ennychiai*, 10); die Nacht, die auftaucht, bevor Hesiod seine Zusammenkunft mit den Musen beschreibt, ist eine Personifikation. – Darüber hinaus suggeriert der Text gleichwohl die eine noch anhaltende Nacht am Helikon, als ob schon der erste Vers «Von Helikonischen Musen …» vom *Fuße* des Helikon aus gesungen wurde, von dem sie *jetzt* in der Vorstellung (wieder) herabsteigen und ihn inspirieren. Dieses folgende Erlebnis der Inspiration, das Einhauchen der Stimme, ist also immer wieder dann, wenn der Dichter zur Musenanrufung seine Stimme aushaucht.

Die Musen nun, Hebammen der Stimme, sind immer noch Göttinnen, und förderlich ist, zumal der Kunst, allein schon ihre dunkle Herkunft aus der Nacht (damit Kunst *scheint* und nicht jeder aus der Quelle schöpft). Denn die Dichter machen, wie Herodot weiß, die Götter.[146] Nun ist die Rückübertragung einer eher beiläufigen Bemerkung Herodots auf Hesiod, der nach Ersterem «nur vierhundert Jahre vor mir gelebt [hat], nicht früher» (S. 130), nicht weniger zweifelhaft dadurch, dass es nur zweieinhalb Jahrhunderte sind, die die beiden trennen. Dieses Selbstbewusstsein über Selbstgemachtes, das Homer wie Hesiod zweifellos hatten, wird nun einmal von ihnen selbst als einer externen Begründung bedürftig dargestellt. (Es gibt Wahres und Falsches; das Wahre aber wissen nicht die

146 Herodot: Neun Bücher der Geschichte. O. O. 1999, Band I, Buch 2: «Euterpe», S. 53.

Menschen, sondern die Musen.) Zu Recht hebt Renate Schlesier in «Die Musen und Zeus» die bisher wenig beachtete Bedeutung der Musen für die altgriechische Dichtkunst hervor.[147] Sie sind wie ein Notenschlüssel, der die Tonart der folgenden Musik aufschließt, vor allem ihre ‹Modalität›, die sie von Gebeten oder anderen kultischen Handlungen (wenigstens tendenziell) unterscheidet. In der Tat wurden die Musen rituell wenig als Götter verehrt und «verdanken ihre Bedeutung vielleicht hauptsächlich den Dichtern»[148]. Wenn sie ein Noten-«Schlüssel» sind, die Musen, dann muss es kein Mangel an Selbstbewusstsein sein, die Gesänge ‹einzuschließen›. Will sagen: Die Fiktion der externen Gabe der Musen entzieht die Quellen des Dichtergesangs allen Zudringlichkeiten des Handels und der Macht, die Gabe der Musen ist kein tauschbares Gut[149] – wohl aber ‹ihr› Produkt wäre es.

Doch sollte noch auf den Stoff, von dem die Dichterkraft sich nährt, hingewiesen werden. Die Rede ist da von Tau, der auf Zungen geträufelt wird, die dann Worte wie Honig fließen lassen (81), von der Glückseligkeit der Musenlieblinge (96), von der regelrechten Verwandlung, welche die Musen-Begeisterung bewirkt (103). Sollte nicht auch eine «heilige Dosis» (93) eine Rolle gespielt haben? Schließlich beginnt wenige Verse später der wahre, der Hauptgesang. Soeben waren die Musen noch auf dem Trip zum Olymp, begeistert von ihrem heiligen Gesang, Gaia begegnet, als der Schlag ihrer Füße die Erde bewegte, ‹rührte›: «Da jauchzte die nachtschwarze Erde ihnen, den Singenden zu.» (69) Kommt ihnen da etwa die Erde im *Schwindel* entgegen? Es ist möglich, dass sich hinter dem «i'ache gaia melaina» der Jubelruf «Iacchos», des Bacchos Festname in den Mysterien von Eleusis, verbirgt, die es seit etwa 1500 v.Chr. gab …[150] Dann hätten die Musen bzw. die von ihr Inspirierten nicht nur zum Demeter- bzw. Dionysos-Kult gehört, sondern hätten auch ‹was genommen›. Denn inzwischen gilt es als ziemlich sicher, dass in den Eleusischen Mysterien nachts

147 R. Schlesier: Die Musen und Zeus. In: O. Münzberg und L. Wilkens (Hg.): Aufmerksamkeit. Klaus Heinrich zum 50. Geburtstag. Frankfurt 1979, S. 405.

148 E. Tripp: Reclams Lexikon der Antiken Mythologie. Stuttgart ^{6}1999, S. 353, im Weiteren zitiert als Recl. Lex.

149 Diese Überlegung wurde angeregt durch Maurice Godelier: Das Rätsel der Gabe – Geld, Geschenke, heilige Objekte. München 1999.

150 Bis zu 3000 zogen in Prozession von Athen nach Eleusis; da soll die Erde wohl geschwankt haben.

vor der Schau des Iacchos ein Pilzgift (Mutterkorn), verwandt dem synthetischen LSD, genommen worden ist.[151] Aber selbst wenn dem so wäre, Hesiod hat das durch die Musen-Inspiration verschleiert, und diese Verschleierung ist als seine ästhetische Strategie zu würdigen. Wenn auch vieles mit diesem Rausch leicht zu erklären ist, etwa die jähen Wechsel von Lieblich zu Horribel, die Widerspruchstoleranz, die Wiederholungen: Seine profanen Hörer und Leser mussten sich cum grano salis mit Wörtern und Tönen begnügen und hatten ihr Vergnügen daran.

Je deutlicher die Rechtfertigung bei den Musen gesucht wird, desto klarer wird der Mythos als ‹Fiktion›, als etwas Gebildetes, denn: «Die Musen geben ihr Wissen nicht ganz unverhüllt preis: Wahrheit bleibt in ihrer Präsentation an Lüge gemischt.»[152] Diese schönen und jungen Töchter des Zeus, die ihren glatten Leib – oder ist es ihre weiche Haut? – im Permessos zu baden pflegen[153] – unverhüllt? geben also ihr Wissen nicht ganz unverhüllt preis? Sie tanzen so schön und lieblich (8); ist Schönheit ein Argument ihrer Wahrheit oder ihrer Lüge? (Sirenen sind schließlich schon bekannt.)[154] Sie führen herrliche, «sehnsuchtweckende» Reigen am hohen Gipfel des Helikon auf (Hal. 7 f.). Wem wecken sie denn die Sehnsucht beim Tanzen? Etwa sich selbst? Sind sie denn nicht glücklich in ihrem

151 Siehe R. G. Wasson, C. A. P. Ruck und A. A. Hofmann: Der Weg nach Eleusis. Frankfurt 1984 und M. Bröckers: Das sogenannte Übernatürliche. Frankfurt 1998, 7. Kap.

152 R. Schlesier: Musen, S. 405.

153 *terena chroa* (Th. 5) übersetzt Karl Albert mit einem «glatten Leib», Hallof/Hallof mit «weiche Haut». Von Scheffer sagt «zarter Leib». – Die ersten ‹Kulturträger›, die hier auftauchen in der Nacht, sind schöne Frauen, *echte* schöne Frauen.

154 Sirenen, die Odysseus durch anmutigen Gesang «heißes Verlangen» (Odyssee, übers. von J. H. Voß 12, 192) einflößen, sind wahrscheinlich ursprünglich Todesdämonen, den Aasgeiern ähnlich, versprechen aber Vergnügen und Weisheit (Voß) oder Beglückung durch «tieferes Wissen» (Od. 12, 188). Seit dem 8. Jahrhundert werden sie im ägäisch-vorderasiatischen Raum als Vögel mit Menschenköpfen dargestellt. Siehe Konrat Ziegler und Walther Sontheimer (Hg.): Der Kleine Pauly – Lexikon der Antike in fünf Bänden. München 1979. Bd. 5, Sp. 79. Spätere Dichter stellen sie immer wieder in einem genealogischen oder konkurrenzhaften Zusammenhang mit den Musen dar. (Recl. Lex.) – Die Übersetzung der Odyssee von J. H. Voß in: Homer: Odyssee. München 1996, wieder aufgelegt.

göttlichen Hiersein? Das wäre denn doch sehr unwahrscheinlich bei jenen Wesen, «die einzig Singen im Busen bewegt – sie tragen ein Herz ohne Sorgen». (Hal. 60) Plausibler ist wohl, dass sie Sehnsucht wecken in den Hirten, die sie in der Nacht, ziemlich unfeierlich, anhauen: «Ihr Hirten draußen, üble Burschen, nichts als Bäuche, wir wissen viel Falsches zu sagen, dem Wirklichen Ähnliches, wir wissen aber auch, wenn wir wollen, Wahres zu verkünden.» (Alb. 26) Und was hat nun die Wahrheit mit der Sehnsucht zu tun? Kam die Sehnsucht nicht von der körperlichen Schönheit her, oder auf dem Weg zu ihr? War sie da auf der richtigen Spur oder auf Abwegen? Nun ist nicht unerheblich, dass zwischen musischer Sehnsuchterweckung und musischer Ansprache des Hesiod ziemlich viel Götterpreisgesang, wenn auch «mit herrlichen Stimmen» «durch die Nacht» zu vernehmen ist. (Hal. 10) Aber als Erstes gab es in diesem ästhetischen Programm die schönen Körper in schönem Ausdruck. Dann war Sehnsucht[155] da, die Empfänglichkeit für weibliche Schönheit, die Suche nach ihrer Nähe, dann der religiöse Katalog und dann die Ansprache an den Erwählten, an Hesiod. Ob der Götterpreis und die ernste Botschaft an den Hirten wirklich der wahrere Teil ist, als eine anders gerichtete Sehnsucht auf den erotischen Kern[156] musischer Kunst, ist so ausgemacht noch nicht. Ist das nicht der Sinn der Kunst, dass ihr Sinn so ‹ausgemacht› noch nicht ist – weil er sinnlich ist?

Bei alledem kann nicht nachdrücklich genug darauf hingewiesen werden, dass dieses Vorspiel vor der expliziten Genealogie alles mit Nacht, Leidenschaft und Schönheit beginnen lässt und dass *diese* Nacht eine angenehmere Atmosphäre verbreitet als die Sippschaft der *Göttin* Nacht. (211) – Dennoch gibt es irritierende Gemeinsamkeiten zwischen Nyx und den

155 «Sehnsucht» trifft das Ausfahrende von *himeros*, ist aber nicht so ätherisch wie in der Lyrik des 19. Jahrhunderts. Bei Hesiod grenzt es an ‹Verlangen›, ja ‹Begierde›. «Voller Verlangen nach Liebe» *(imeiron philotetos)* hält Uranos nachts «die Erde umfangen» (Th. 177 in: Hesiod. Sämtliche Gedichte. Übers. von W. Marg, Zürich und Stuttgart 1970; im Weiteren abgekürzt mit Marg.). Die Bedeutung reicht also an die praktische Liebe heran, ist nicht von ihr abgeschnitten. Am deutlichsten repräsentieren Hallof und Hallof das Paar von Himeros und Philotes an dieser Stelle: «... begierig schlang er voll Liebe die Glieder um Gaia und dehnte sich endlos überallhin» (Hal. 176).

156 Verdienstvollerweise haben Hallof und Hallof die «chorous ... *imeroentas*» (8) des Originals wörtlicher und an die Sehnsucht, an *imeros* erinnernd, übersetzt (statt mit «lieblich» wie Albert, oder «anmutsvoll» wie von Scheffer).

Musen. Neben dem hohen Luftverbrauch der zur Herstellung von Atmosphäre dienlich ist, erst recht wenn im Hauptteil das große Gähnen losgeht von Chaos und Tartaros, haben die Musen ein ausgesprochen intimes Verhältnis zum Wasser, wie es auch die Nacht hat (Lethe, Styx). Manchmal verschwimmen die Grenzen zwischen Luft und Wasser, wenn sie etwa «nach Anbruch der Nacht, gehüllt in dunstige Schleier, niedersteigen» (v. Sch. 9); wenn sie mit «wirbelnden Füßen» tanzen (v. Sch. 8), besonders aber, wenn die *Unaufhörlichkeit* ihrer weissagenden Luftkunst («wenn der Olympos / klingt und singt von dem, was ist, was war und was sein wird») (v. Sch. 37) nach der Wahrheit des *panta rhei* klingt. Der ewig plätschernde Brunnen vor dem Haus des göttlichen Vaters ist Musik in seinen Ohren:

> Einstimmig, ohne Ermüden entströmt Gesang ihrem Munde,
> süß ertönend, und Lachen erschallt in den Häusern des Vaters
> Zeus, des donnernden, wenn sich die Stimme der göttlichen Mädchen
> lieblich ergießt…(v. Sch. 39)

Aber können solche Mixed-media-Botschaften verlässlich sein, einem Bauern zumal, der *Frauen* für üble Gefäße hält?[157] Wenn sie es wollen, die doppeldeutigen Musen, dann ist es ihnen leicht, viel Trug zu verkünden. Und Hesiod fährt fort: «So sprachen die Töchter des großen Zeus, die rechtredenden» (Alb. 29)[158]. – Recht haben sie – dass sie *Falsches* sagen, wenn sie behaupten, wir seien üble Burschen… Ein zwischen 750 und 720 vor Christus geborener Gemeindehirte aus Askra am Helikon in Boiotien namens Hesiod, Sohn von Einwanderern aus der aiolischen Stadt Kyme (an der kleinasiatischen Küste), wird nachts bei den Schafen von einer großen Sehnsucht nach Schönheit ergriffen. An diesem Erlebnis wird der Hirte, der in der aiolischen Fassung Aisiodos heißt, was «Glückliche Reise» bedeutet[159], auf seine, neue Weise ein Reisender: ein Dichter. Er wird seine

157 Die «Büchse» der Pandora ist eine Metonymie dieser Frau, aller Frauen, denn alle stammen von ihr ab. (WuT., 80–82).

158 Vielleicht ist noch die Hirtenverkündung des Neuen Testaments von diesen Musen inspiriert, wenngleich die spätere Botschaft, hierin ‹einfältiger›, nur die Wahrheit verkündet. Die Musen gründen eine Wahrheit eigenen Rechts, mit Falschem, Ähnlichem gemischt.

159 Nach Hallof und Hallof, Einleitung, S. 7.

Kunst schützen[160] vor der Vorherrschaft des Göttlichen und des überwältigenden Heiligen, aber ebenso vor den Zudringlichkeiten von Königen und dem Pöbel: durch die Externalisierung der Stiftung einerseits[161] und durch die Integration der Zweideutigkeit und des Zweifels andererseits.[162]

Dass nämlich die Musen Falsches künden könnten, ist nicht verderbliche Irreführung wie bei den Sirenen (die davon leben), sondern gehört zu ihrer ästhetischen Erfahrung. Zuerst nennen sie das Falsche beim Namen, das jedem einfällt, wenn er so etwas Schönes wie den Tanz der Musen nächtlicherweise erblickt. Auch das Falsche kommt von «rechtredenden» Göttinnen und ist so eine legitime Macht. Auch *nennt* der Sänger zunächst «schöne Gesänge» (v. Sch. 22). Dann erst wird mögliche Wahrheit versprochen («wenn wir wollen», 28), die *hinter* dem zweifelhaften Anschein und der Anmutung verborgen ist. Es ist also eine andere, eine neue Wahrheit, die ein Dichter wie Hesiod von Musen vorgibt erhalten zu haben: etwas Fiktives, das nur im ersten Anschein offenbar nicht ‹stimmt›, etwas Wahres, das nicht selbstverständlich ist. Es ist also irreführend zu glauben, dass Hesiod nach dem Musen-Vorspiel nur noch die ‹reine› Wahrheit im Sinne unseres Alltagsverständnisses oder den wahren Anteil am Musengesang weitergibt.[163]

Wenn so offenkundig Göttergenealogien aus verschiedenen lokalen Traditionen zusammengeschoben sind, wie das bei Hesiod der Fall ist, erscheint alles verdächtig; es sei denn, ein neuer Typ von Wahrheit ist wenigstens dunkel zu ahnen. Hinzu kommt, dass selbst die Musen widersprüchlich lokalisiert und damit widersprüchlich definiert sind, nämlich als welche, die einerseits am Helikon nachtwandeln, andererseits «hoch auf verschneitem Olymp in der Nähe des obersten Gipfels» ihre «schimmernde[n] Tanzplätze» und schönen Paläste haben (Hal. 62 f.).

160 Dass dieses Motiv Hesiod nicht fremd ist, zeigt die Passage Vers 80–104, wo er sorfältig Könige und fahrende Sänger so lange in die Musengeschichte interpoliert, bis sie gleichwertig nebeneinander stehen.

161 Damit soll nicht behauptet werden, dass die Externalisierung erst eine Hesiodische Darstellungstechnik sei, nachdem er selbstbewusst etwas als seine Phantasie erlebt habe. Die Externalisierung kann durchaus schon im Erleben selbst als ‹höhere› (nicht korrumpierbare) Wirklichkeit erfahren worden sein.

162 Vorläufig seien einige zweifelhafte Erscheinungsformen der Wahrheit genannt: Metaphern, Etymologien, Lautmalereien, Oxymoroi etc.

163 Diesen Eindruck erwecken Alb., S. 33, sowie Hallof und Hallof, S. IX.

Wenn die letzte Aussage stimmt – sie ist vielleicht die gängigere Überlieferung – dann ist die Aussage, welche diese Aussage beglaubigen soll, das Erlebnis am Helikon, Fiktion. Hat aber die leibhaftige Musenbegegnung am Helikon einen authentischen Erlebniskern – und diese Auffassung hat sich wohl durchgesetzt[164] – dann ist das später Dargestellte der verkündeten Musenwahrheit, nämlich ihr olympisches Wirken, als ‹Fiktion› aufzufassen, als etwas Zweideutiges, dessen wahrer Kern immer erst noch je erfahren werden muss.

Kommen die Hörer und Leser dieser Aufforderung an die Erfahrung nach, dann fahren sie der Erfahrung nach, zu der zuvor Hesiod herausgefordert wurde. Denn Hesiod hat seinerseits die Musen singen hören aus den alten vorhomerischen Sagen und aus den fremden östlichen Texten. – Homer selbst ist, sich verdichtenden Anzeichen nach, wie sie Raoul Schrott zusammenfasst, jünger als Hesiod. Schrott zufolge ist der Text Homers um 660 v. Chr. entstanden. Homer ist es, der Motive von Hesiod übernimmt.[165] – Hesiods grübelnde Nachdenklichkeit nun, so schon früh Kurt von Fritz, erkannte, «dass vieles in jenen bewunderten Dichtungen Lügen sein müßten, die freilich eine eigene dichterische Wahrheit haben» und daher, wie er es ausdrückt, «der Wahrheit ähnlich sind». Er selber aber grübelte darüber nach, was wohl von dem Gehörten wahr sei und was die Wahrheit hinter den wahrheitsähnlichen Lügen, bis die Eingebung über ihn kam und die Musen ihm am Helikon die Wahrheit enthüllten.»[166]

Hinter der musischen Ambivalenz ist mehr als nur ein Problem Hesiods zu sehen. Vermutlich ist der Drang nach einer neuen, dichterischen Wahrheit, zumindest latent, ein gesamtgriechisches Anliegen des 8. Jahrhunderts, nachdem sich die griechischen Lokalmythen in den vorangegangenen tauschärmeren Zeiten, den *Dark ages*, stark differenziert hatten (durch Isolation von anderen ‹griechischen› Mythentraditionen und durch unterschiedlich starke Aufnahme von Vorstellungen je benachbarter bzw. ‹unterlegener› Kulturkreise), nun aber eine verstärkte (Wa-

164 Vgl. K. v. Fritz: Das Proömium der hesiodischen Theogonie. In: E. Heitsch (Hg.): Hesiod. Darmstadt 1966, S. 298.

165 R. Schrott: Homers Heimat. München 2008, S. 12, S. 58 und S. 103. Sein wichtigster Referenztext ist M. L. West: The Date of the Iliad. In: Museum Helveticum 52, 1995.

166 v. Fritz: Proömium S. 298.

ren-)Tauschbewegung im Ägäis-Raum aufkommt.[167] Im Schlepptau der Handelsschiffe verfängt sich tauschbare, täuschende Mythenware, die an sich schon jedes heilige lokale Erbe mit dem Lügenverdacht oder, schlimmer noch, mit der Erfahrung seiner Kontingenz bedroht. Eine Währung für Geschichten muß her. Nächtliche Offenbarung wäre geeignet. Hesiod ist nicht der erste, der sie für sich reklamiert. Kabti-Ilani Marduk hat in vorhesiodischer Zeit (aber nicht lange vorher) ein babylonisches Epos vom Pestgott Erra geschrieben, in dem er mittendrin berichtet, das Niedergeschriebene sei ihm «in der vorangegangenen Nacht offenbart worden»[168]. Der Bericht gehört zu einer Art von Texten, die Hesiod kannte: hethitische, churritische und babylonische. – Der fahrende Sänger und der erfahrende Hörer öffnen füreinander den Raum der Übertragung von fernher. Es macht nun Sinn, den Zweifel nicht dem Naheliegenden zu opfern, sondern Wahrheit immer erst zu erreichen aus dem spielerischen Austausch von fern und nah.

Bewusst stelle ich vor den Leser nicht zwei gleichsam *nebeneinander* liegende Tauschgüter hin, sondern ich betone mit ‹fern› und ‹nah› eine Welt der erfahrenen und je noch zu erfahrenden Perspektive, deren protohistorischer Grund in der existenziellen leiblichen Polarität von ‹innen› und ‹außen› besteht. Diese Innen-Außen-Dissoziierung ist in der Regel mit einer Dunkel-Hell-Verteilung verbunden, die in der historischen Zeit der Tauschintensivierung eine dramatische Bedeutsamkeit erlangt. Nicht nur kann man aber die gesamte Wirtschaftsentwicklung der Zivilisationen als eine gigantische Entfaltung eines Stoffwechsels, also eines ständigen Wechsels von Innen und Außen, ansehen, deren Ziel das Innewerden (Konsumtion) ist, sondern die ebenso gigantische ästhetische Parallelaktion verläuft nach einem ähnlichen Muster: Sehnsucht, als erste, fundierende Kategorie der (Nacht-)Ästhetik ist ein Aus- und-Einstülpungs-Vorgang aus der inneren Nacht des Imaginationsbegehrens hinaus in die vorgestellte Welt mit dem Wunsch nach Austausch, sprich: Einfahrt, ‹Inspiration›.[169]

Aufmerksame Leser mögen einwenden, dass der Sehnsucht deren Evo-

167 Vgl. J. Boardman: Kolonien und Handel der Griechen. München 1981, S. 40.

168 E. G. Schmidt: Einführung. In: v. Schirnding (Hg.): Hesiod …, S. 165.

169 Nächtliche Erleuchtung mit ‹Anpochen› als Form der musischen Inspiration wurde auch von Jacob Grimm an Wolfram v. Eschenbachs «Frau Aven-

kation durch das Singen der Musen vorausgeht. Sie mögen aber bedenken, dass die Musen bisher nur dem Sehnsüchtigen erschienen sind – und von ihm als austauschbegierige Sehnsüchtige beschrieben sind. Ihr nicht enden wollender Gesang ‹ergießt› sich nachts aus ihrem dunklen Innern (aus Busen und Mund), nachdem sie selbst eingetaucht gewesen sind in dunkles Wasser.

Dichtung, Theologie – und der nachtästhetische Anteil

Das Problem der musischen Wahrheit bei Hesiod ist mindestens so alt wie die Rezeption der «Theogonie». Bereits die ersten griechischen Philosophen setzten sich damit auseinander, dass Hesiod versucht, den überlieferten Göttergeschichten eine Genealogie von Prinzipien voranzustellen, die Ordnung in das Chaos der Phänomene bringen wollten.[170] So gehört noch für Olof Gigon Hesiod zum «Ursprung der Philosophie»[171]. Mir scheint, auch wenn es für Hermann Fränkel nicht angeht, die Philosophie erst mit Thales beginnen zu lassen[172]: Die Toleranz gegenüber Widersprüchen und die mangelnde Zielstrebigkeit im Ausweis der Gültigkeit von Prinzipien unterscheiden ihn wesentlich schon von jenem Typus der Denker ab Thales, die wir «Proto-Philosophen» nennen. Die musische Flexibilität zwischen Götternamen und Erfahrungsrealitäten im Fluß des Kontextes versucht, den Hörern oder Lesern nicht den Begriff (die Souveränität des Habens) sondern die Ergriffenheit (Hingabe) nahezulegen. – Eine zweite Deutungsvariante hält ihn vorrangig für einen Theologen. In seiner «Griechischen Literaturgeschichte» weist Albrecht Dihle ausdrücklich auf den musischen Wahrheitsbegriff als etwas Neues hin, das ihn von der bloßen Bindung an den «herkömmlichen Stoff [...] der Heldensage» löst. Doch diese «höhere Wahrheit» reklamiert

tiure» vermutet. Vgl. hierzu: F. Ohly: Schriften zur mittelalterlichen Bedeutungsforschung. Darmstadt 1977, S. 150.

170 Vgl. eine Übersicht bei Alb., S. 28.

171 O. Gigon: Der Ursprung der griechischen Philosophie. Von Hesiod bis Parmenides. Basel 1945, S. 13.

172 H. Fränkel: Dichtung und Philosophie des frühen Griechentums. München 1993, S. 119, Anm. 30.

er nicht etwa für die Dichtung, sondern für die Theologie: «Nun, Hesiod ist der erste bekannte Theologe griechischer Sprache.»[173] – Sicher gibt es ähnliche Momente zwischen Hesiod und religiösen Lehrern: Da sind einmal die knappe, lehrbuchhafte Diktion des Haupttextes, dann das Erweckungserlebnis nebst Einweihung und schließlich die Behauptung, mit der Inspiration über prophetische Kräfte zu verfügen: «Und sie hauchten mir eine weissagende (thespin) Stimme ein, damit ich rühme, was sein wird und vorher war.» (Alb. 31)

Gegen die theologische Dominanz aber spricht im Allgemeinen das Gewicht des Ästhetischen und im Besonderen die Art der Sehnsucht nach der ästhetischen Befriedigung – und schließlich: die Bedeutung des integrierten Zweifels am Erscheinenden. Wen die Ableitung der Hesiodischen Prophezeiungen aus der Ambiguität der Musen zu wenig überzeugt, der sei auf eine weitere Funktion der Musen und ihrer Sänger verwiesen: vergessen zu machen. Mnemosyne, das Gedächtnis, vielleicht erst von Hesiod als Mutter der Musen eingeführt[174], gebiert dem Zeus die Musen, «damit sie Vergessenheit brächten der Leiden und Ende der Sorgen» (Alb. 55)[175] – oder wenigstens eine «Atempause», wie Albert von Schirnding das ‹Ende› (*ampauma*) übersetzt. (v. Sch. 55) – Man stelle sich die biblischen Propheten als Vergessenmacher vor! Dazwischen steht eine größere Distanz als die zwischen nur verschiedenen Religionen. Denn der jüdische Prophet, der Mund Gottes, spricht nicht verstellt durch die Masken des Zweideutigen.

Zwar operieren immerhin auch die griechischen Orakel mit Zweideutigkeiten. Diese sollen aber eindeutig interpretiert werden, und auch wenn sich nach Tische alles anders liest, so bleibt auch nur eine als richtig ‹entlarvt› stehen. Bei Hesiod aber ist der gesamte Haupttext durchtränkt von dem Verdacht, er sei hauptsächlich dazu da, alles andere zu vergessen – «als ein Vergessen des Bösen, als Trost bei Not und bei Sorge» (Hal. 55).

173 A. Dihle: Griechische Literaturgeschichte. München ²1991, S. 33. – Vgl. zum Beleg der Tradition dieser Einschätzung: R. Reitzenstein: Altgriechische Religion (1924/25). In: E. Heitsch (Hg.): Hesiod. Darmstadt 1966, S. 525. – Aber schon er sieht die Infiltration literarischer Vorbedachte bis in die «eigentliche Theologie Hesiods» hinein (S. 533).

174 Vgl. Alb., S. 47.

175 *Lesmosyne* hat die Bedeutung von Lethe.

Zwischen der dichterischen Legitimation durch Erweckung und der dichterischen Wirkung durch Einschläferung im Vergessen steckt eine philosophisch und theologisch unerträgliche ‹Wahrheitslücke›, die nur dichterisch überwindbar scheint, nämlich durch eine ästhetisch erhöhte Gegenwart. Diese Wahrheitslücke musste jedem Hörer aufgefallen sein, denn die Wahrheit, die Hesiod verspricht, ist keine der Übereinstimmung von Sache und Aussage, sondern die a*leth*ea (Th. 28) ist das Nicht-Lethe-Gemäße, das Nicht-Vergessen. Das Nicht-Vergessen (der Musen und ihrer Wahrheit) soll gefeiert werden, damit etwas Anderes vergessen werde. Das wiederum ist vielleicht weise, jedoch keineswegs philosophisch. Und dem Frommen müsste der Gedanke schwer zu denken geben, dass die frohe Botschaft nur ein Intermezzo ist.

Das Vergessen aber ist keine Nebensächlichkeit, sondern, gemeinsam mit dem Gedächtnis, das kultische Zentrum dieser Dichtung. (Es gibt nur eine ‹Kunst›, die dem Gedächtnis mehr Vergessen widmet: Das ist die Kunst des Träumens.) Deshalb die variierende Wiederholung, die ständig neu das Verhältnis von Erinnern und Vergessen ausbalanciert. Im Grunde ist die Passage im Proömion, in der das Vergessen auftaucht, der dritte Anlauf Hesiods, mit den Musen zu beginnen. Zuerst beginnt er, von *seiner* ersten Begegnung mit ihnen zu singen. Die Musen tragen ihm damals auf, bei jedem Gesang mit ihnen zu beginnen. Gut denn, sagt er dann (36); dann will ich mal mit den Musen anfangen. (Als ob er nicht schon längst mit ihnen angefangen hätte.) Und er beginnt in einem zweiten Anfang so, wie die *Musen* anfangen, wenn sie von den Göttern singen. Das ist dann allerdings ziemlich ähnlich dem, wie er gleich darauf im Hauptteil anfangen wird. Hier, in diesem zweiten Anfang mit den Musen, singen die Musen selbst von Gegenwart und Zukunft. (38)[176] Aber sie singen nicht nur *von*, sondern vor allem *für* die Götter. Also haben sie ihnen mit diesen Ausdrücken von Vergangenheit und Zukunft nichts zu prophezeien oder an etwas zu erinnern, was die Götter selbst besser wüssten, sondern sie haben eine ganz andere Funktion: Unterhaltung, Vergnügen. Die ‹Harmonie› der Gruppe, die ‹Lieblichkeit› der Töne und die ‹Lilienklarheit› ihrer Stimmen bewirken, daß der ganze Palast des Vaters lacht. (Alb. 40) «Es hallt wider das Haupt des schneebedeckten Olymp / und das Haus der Unsterb-

176 Das Verhältnis des Proömiums zum Haupttext ähnelt dem «embedding» von Rahmengeschichten in «1001 Nacht.»

lichen ...» (Alb. 42) Die Götter brauchen natürlich kein Vergessen, dafür geht es ihnen zu gut. Aber Unterhaltung, selbst Götter brauchen Unterhaltung. Das ist tröstlich. Denn erstens sind die Menschen selbst zum Teil diese Unterhaltung (für die Götter). Zweitens brauchen zumindest Götter (außer den Musen vielleicht) keine kompensatorische Ästhetik. Zumindest als *Themen* einer Ästhetik, die keinen Mangel vergessen lassen muss, sind also Menschen vorstellbar.

Als nun die Musen im zweiten Anlauf von Hesiod (und in ihrer Theogonie) bei Zeus anlangen, werden sie als dessen Töchter erneut an den Anfang einer Geschichte gerückt, die nun wieder Hesiod als Hesiod erzählt, im dritten Anlauf: Wie sie in neun ganzen (!) Nächten von Zeus und Mnemosyne gezeugt werden (56): neun gleichgesinnte sorglose Mädchen, die ewig nur ans Singen denken. (60) Dieser dritte Anlauf mit den Musen schildert nur noch ihr Wirken unter den Menschen. Dabei ist das Angebot musischer Anmutungen reichhaltig, die Wahrheit jedoch, auf die ein Theologe doch das Hauptaugenmerk richten müsste, kommt nicht mehr vor. Wohl aber die heilsame Wirkung des Sängers, den die Musen lieben (Hal. 98):

> Wenn auch ein Mensch mit Schmerz in frisch verwundetem Herzen
> tief in der Seele vor Kummer dürstet, aber ein Sänger,
> Diener der Musen, die ruhmreichen Taten früherer Menschen
> und des Olymps Bewohner besingt, die seligen Götter,
> dann vergisst er sofort sein Leid und gedenkt seines Kummers
> nimmer; der Göttinnen Gabe bewirkte so rasch diesen Wandel.

Erst in diesem dritten Anlauf, da die Musen unter den Menschen ‹wandeln›, bekommen sie allmählich nicht nur ästhetische, sondern auch mythologische Gestalt: Ihre neun Namen werden genannt: Kleio, Euterperpe, Thaleia, Melpomene, Terpsichore, Erato, Polymnia, Urania und die höchste, Kalliope, die Muse der rechtsprechenden Könige. (77–79) Trotz ihrer *Einmütigkeit* beginnt sich also so etwas wie ästhetische Arbeitsteilung anzubahnen. – So die Hesiodische Legende, denn die Erinnerung der getöteten Freier Penelopes in der Unterwelt an die Beerdigung des Achill hat die Musen dramatischer im Gedächtnis: nämlich mit *Wechsel*gesang (Od. 24,60). Vielleicht ist das die ältere Spur einer anderen als apollinischen Zuordnung der Musen, nämlich der zu Dionysos, dem sterblichen

Gott. Renate Schlesier hat darauf hingewiesen.[177] Walter F. Otto hatte davon noch nichts wissen wollen, wenn er sie sozusagen ab ovo gegen «Gefühlsüberschwang» gefeit sein lässt, dem Logos verpflichtete Vorboten der Philosophie.[178]

In Wirklichkeit zeichnet sich dahinter eine Entwicklung von kultischer zu mythologischer Dominanz ab, der sich bei Hesiod in der Abfolge der Evokation von den helikonischen zu den olympischen Musen spiegelt. Am deutlichsten wird die Tendenz in der Namengebung durch den boiotischen Dichter. Die neun Musen heißen in der Übersetzung von Schirndings: die Rühmende, die Freude Bringende, die blühend Schöne, die Sängerin, die Tanzesfrohe, die liebliche Sängerin, die Liederreiche, die Himmlische und die mit der schönen Stimme (E. G. Schmidt, S. 236). Hier ist eine Verstärkung ihrer wirkungsästhetischen Aspekte gegenüber den epischen Zeugnissen zu sehen[179], sodann eine Betonung der Optik. (Die helikonischen Musen waren noch unsichtbar.) Und schließlich scheint dem Sänger der Göttergeschichten der Tanz nicht mehr so wichtig zu sein. Er kommt zwar in Terpsichore, der Tanzfrohen, noch vor, aber die ist nur ein Neuntel des Vereins. Insgesamt fällt die Mischung aus Attributen der Funktion, Wirkung und Anmutung auf.

Doch zugleich zeigt sich in der beginnenden Differenzierung der nicht mehr helikonischen, sondern olympischen Musen ein gemeinsames ästhetisches Wesen, das auf Handel, Wandel und Heil baut: Ein musisch begabter Sänger ‹verwandelt› offenbar einen leidenden Menschen in einen, dem es gut geht: «Es heilten ihn rasch der Göttinnen Gaben», übersetzt Thassilo von Scheffer die Zeile, die bei Hal. heißt: «der Göttinnen Gabe bewirkte so rasch diesen Wandel» (104). Sicherlich ist «heilen» nicht so wörtlich wie Wandlung, aber die Bedeutung der Heilung spielt eine Rolle, wenn der Zustand von Schmerz, Verwundung und Kummer aufhört – oder doch vergessen wird. Wenn auch Heilung hier nicht so kausal begrif-

177 R. Schlesier: Musen, S. 433.

178 W. F. Otto, Die Musen. Düsseldorf und Köln, 1955, S. 36 und 37.

179 Kein Name für die Wahrheit!, fällt Walter Marg auf. Siehe W. Marg: Erläuterungen. In: Hesiod: Sämtliche Gedichte. Zürich und Stuttgart 1970, S. 94. – Wir hatten natürlich kein graues Aschenputtel erwartet, das Einspruch gegen den gleißnerischen Schein einlegt. Aber ein bisschen Erinnerung hätte der Feier der sinnlichen Gegenwart durchaus ein wenig mehr ‹Tiefe› gegeben.

fen wird, wie bei ärztlicher Kunst heute, so ist in dem Wort ‹paretrape› (Aorist II, Stammwort: trepon = drehen, wenden, umkehren) mehr als die bloße Ablenkung der Aufmerksamkeit vorhanden, die Albert darin sieht: «Schnell lenkten (ihn) davon ab die Gaben der Göttinnen.» (Alb. 103) Das Umkehr-Motiv, zurück zu einem guten Zustand, hängt zwar mit dem Vergessenmachen zusammen; doch das ist nicht einfach die Wirkung irgendeines schönen, aber benebelnden Tamtams. Sie, die Umkehr, scheint im starken Sinn einer Umkehr in der Zeit oder eines Austausches von einem späteren Zustand mit einem früheren gemeint zu sein. Von Schirnding verwendet (102) für die Umwendung zwar auch keinen Ausdruck starker zeitlicher Umkehr, aber seine Zeitenfolge vom Futur zum Perfekt der beiden Verse betont, dass das Vergessen nach der Verwandlung kommt:

> Bald vergisst er den Kummer, und keinerlei Sorge beschwert ihm
> länger den Sinn. So rasch hat der Göttinnen Gunst ihn verwandelt.

Indiz für die starke Präsenz eines ästhetischen Umkehr-Motivs ist die Beschreibung der Auswirkung, die der musische ‹Einfluß› auf Könige hat: Sie träufeln ihm süßen Tau auf die Lippen, wie Honig fließen ihm die Worte über den Mund. Er redet aber auch unfehlbar, klug und ist rasch in seiner Schlichtung. (83–87) Die für uns aufschlussreichste Musengabe an den König wird dann von Hallof und Hallof (88) folgendermaßen übersetzt:

> Darin besteht ja die Weisheit der Könige, dass sie den Leuten,
> wenn sie geschädigt, leicht das Umgekehrte bewirken,
> wenn auf dem Markt überzeugend mit freundlichen Worten sie reden.

«Wiedergutmachung» nennt Albert (89); «Ersatz» nennt von Scheffel, was Hallof und Hallof wörtlicher als «das Umgekehrte» bezeichnen, nämlich *metatropa*. Im Grunde ist selbst das noch ein Kompromiß mit der Gütersphäre, die im «Ersatz» vorschwebt. Denn ganz wörtlich heißt «metatropa»: die Umwendung, die Umkehr. Dieses Umkehrmotiv verbindet die verschiedenen Sphären des Sängers und des königlichen Juristen oder Schlichters. Vielleicht wurzelt es in magischen Heilritualen; greifbarer ist es in der Tauschsphäre, auf dem Marktplatz, wo auch der fahrende Sänger agiert. Jedenfalls ist hier ein weiterer ästhetischer Eigensinn im Ansatz fassbar, der die musischen Künste vom Wahrheitsbegriff der Theologen und der konsensbemühten Philosophen abrückt. Was dieses Umkehrmotiv mit der Nacht zu tun haben kann, soll später noch erörtert werden.[180] Hier mögen zwei Hinweise genügen:

1. Der ‹Gegensinn› in den Bedeutungen von Umkehr und Vergessen fügt sich gut in unser aller Bedeutung von Gegensinn, den wir der Dunkelheit im Allgemeinen attestieren. Alles, was wir in *täglicher* Anschauung erfahren, erscheint uns als Fortsetzung des bekannten lichtvollen Raums, als ‹Erweiterung› unserer Perspektive. Zwar kennen alle Kulturen den Gegensatz *zwischen* Tag und Nacht; aber ebenso scheinen die meisten Kulturen diesen *Gegen*satz auf Nacht, als *ihren* Eigen-Sinn oder *ihre* Feind-Seligkeit gegenüber dem Tag, zu verlagern. Sie, die Nacht, re-flektiert den Gegensatz zwischen Tag und Nacht – in den Zeugnissen der Nacht-Erfahrung.

Diese psycho-logische Erklärung klingt sehr neuzeitlich, sodass man versucht ist, sie nicht für die ersten und ‹immer schon› geltenden Erfahrungen mit der Nacht zu akzeptieren. Doch die frühesten Zeugnisse dokumentieren die Erfahrung der Nacht als Medium oder Stoff, Raum oder Zeit, Welt oder Wesen der *Umkehr*: Die Sonne ist verschwunden in der Nacht, und sie taucht auf am entgegengesetzten Pol ihres Verschwindens aus dem Meer der Nacht. – Die gegen den Verlust des Augenscheins imaginär antizipierte Wiederkehr der lebenswichtigen Sonne und der Sichtbarkeit schreibt dem Denken und seinen Figuren ihren negativen Charakter, gegen den Anschein des Nichtseins, des Verschwundenseins ein. Denken / Imaginieren und die Nacht selbst behalten den Charakter des Gegensinnigen. Die Nacht ist die Zeit der «*Nacht*fahrt» (des drohenden Nichtseins oder der Umkehr) der Sonne. – Und je mehr diese Nacht selbst als ein Wesen, eine lebendige Macht gesehen wird, desto bedrohter und unsicherer ist die morgendliche Wiederkehr, sodass man dafür sogar dachte, beten zu können oder zu sollen.

Diese oder ähnliche Vorstellungen von Umkehr, Gegenläufigkeit oder Gegensinn finden wir in Darstellungen des Nachtbogens der Sonne, nicht nur in Ägypten, sondern zum Beispiel auch auf der bronzezeitlichen Himmelsscheibe von Nebra manifestiert. Dass der unsichtbare Nachtbogen der Sonne einige Jahrhunderte später am unteren Rand des bronzenen Him-

180 Siehe den Anfang des folgenden Abschnittes: Frühe Nächte. Im Chaos.

mels hinzugefügt wurde, mag ein zusätzliches Argument des Nacht-Denkens gegen den fehlenden Anschein sein, das aber zugleich objektivistisch als ein Gegenlauf der Nacht selbst oder der Sonne in der Nacht gesehen werden musste. – Noch frappanter ist vielleicht das Beispiel des bronzezeitlichen Sonnenwagens von Trundholm, weil hier der Gedanke der Umkehr und des Gegensinns mit dem der Gegenseite eines Bildes verbunden wurde: mit der ‹Nachtseite›. Auf der Vorderseite dieser Plastik zieht ein Pferd auf Rädern die golden glänzende Sonnenscheibe nach rechts. Auf der Rückseite zieht das Pferd die dunkle ‹Nachtsonne› (ohne Goldblech) nach links.[181] Die Tag- und die Nachtseite schließen einander ebenso aus wie die Vorder- und die Rückansicht des bronzezeitlichen Sonnenwagens. Dies erst gibt den vollen Gehalt der Umkehr: Sie ist nicht die Änderung einer bloßen Bewegung im Licht, sondern der Wechsel vom Sichtbaren zum Unsichtbaren und vice versa. Ebenso finden wir eine tiefsinnige Manifestation von Nachtbild vor: als einer Nacht, einer dunklen Infragestellung des Bildlichen. (als Rückseite und innen)

2. In der «Theogonie» fesselt Zeus den Prometheus und lässt tagsüber einen Adler an seinem ‹Leben› nagen: «Dieser / fraß an der ewigen Leber, die nachts ihm um soviel nachwuchs, / wie am Tage der flügelbreitende Vogel gefressen.» (Hal. 523) Hinter dem Mythos einer nächtlichen *Renovierung* könnten ältere Vorstellungen nächtlicher Kreativität verborgen sein, die vielleicht auch in Heilritualen manifestiert gewesen sind.[182] Der

181 Siehe F. Kaul: Der Sonnenwagen von Trundholm. In: H. Meller (Hg.): Der geschmiedete Himmel. Stuttgart 2004, S. 56: «Tatsächlich nimmt man nämlich den Tageslauf der Sonne von links nach rechts wahr. Verschwand die Sonne bei Sonnenuntergang am Horizont, musste sie sich in der Vorstellungswelt der Bronzezeit nach links durch die Dunkelheit der Unterwelt bewegen, um ihren morgendlichen Ausgangspunkt wieder zu erreichen.» (Links = dunkel, sinister)

182 Dass nach jeder Nacht die Sonne neu und erfrischt am Himmel auftaucht, ist wohl der am meisten verbreitete Anlaß für objektivistische nächtliche Verjüngungsvorstellungen von Ägypten über Griechenland bis zum römischen Kaiserreich. Vgl. für Ägypten z. B. E. Hornung: Die Nachtfahrt der Sonne. Zürich und München 1991, S. 144. Dass die nächtliche Dunkelheit «die treueste Bewahrerin des Geheimen» ist, kommt wohl hinzu. Diese Worte stammen von Medea in Ovids «Metamorphosen» nach der Prosaübersetzung von Gerhard Fink, Frankfurt 1992, S. 162. In einer Vollmondnacht – der Mond steht also am Wendepunkt – betet *Me-*

Gedanke der heilenden Erneuerung und der ‹Reproduktion› ergibt sich zwanglos aus der Kombination des Umkehr-Gedankens der Nacht mit der Erfahrung der Sterblichkeit, Hinfälligkeit und der täglichen Ermüdung. Auch heutzutage werden immer noch Aktivitäten des Nachtleibs in der dunklen Zeit, besonders während des Schlafs, entdeckt, wie etwa das Aufquellen der Wirbelsäulen-Bandscheiben.[183] Am häufigsten wird aber Zeitumkehr in der Verjüngung durch den nächtlichen Schlaf erfahren. Die virtuelle Zeitumkehr in natürlichen Prozessen, wird aus der *Periodizität* biologischer und geophysikalischer Lebens gefolgert und mit der Kontinuität des Bewusstseins über die alterierenden Phasen hinweg verbunden, zu denen die eigenen Phasen des Fort – Da in Wachen und Schlafen gehören. Man kann also die Vorstellung einer Zeitumkehr als Produkt derjenigen Negation vorstellen, welche die Negation des Bewusstseins im nächtlichen Schlaf negiert. Selbstverständlich erfordert jeder Gedanke an Periodizität eine *gedankliche* Umkehrbarkeit der Zeit. Aber die fiktive Ausgestaltung einer faktischen Umkehrung in der Nacht, negiert die einsinnige Zeitlichkeit (Sterblichkeit) ausgerechnet in dem Bereich der Wirklichkeit, der an Schlaf und Tod erinnert.

Die Rückbezüglichkeit der nächtlichen auf die täglichen Tätigkeiten kommt in der List der Penelope zum Ausdruck, die tägliche Webarbeit des Nachts zurückzunehmen. Es ist etwas nicht ganz Geheures, eine Ränke, in dieser nächtlichen Arbeit, die ihre erschlagenen Freier später in der Unterwelt beschreiben: «Nachts aber nahm sie sich Fackeln und trennte und trennte…»[184] Die Kraft der Nacht zur Umkehr täglicher Prozesse ist aber wohl damals schon eher als ‹negativ›, als Bedrohung der Ordnung, gesehen worden. Die Prometheus-Mythe ist samt der Atlas-Geschichte eingestreut in die Beschreibung der Lage des Zeus, der soeben den Kronos besiegt hat. – Kronos ist ebenso mit der Umkehr der

dea zur *Nacht*, zu den nächtlichen Gestirnen und zur Göttin *Hekate*, bevor sie den greisen Aison um 40 Jahre verjüngt (Metamorphosen, 7. Buch, V. 159).

183 Martina Lenzen-Schulte schreibt in: «Kein Kreuz mit dem aufrechten Gang», FAZ, 5. 4. 2006, S. N1: «Ihr Aufquellen in der Nacht garantiert für die bewegungsintensivere Phase am Tag einen günstigen Ausgangszustand, weil dadurch unter anderem der Bänderapparat in eine Art Vorspannung versetzt wird.»

184 Od. 24,140, Übers. Weiher.

Zeit verbunden wie mit einem nächtlichen Wohnort. Nach einem späteren Zusatz in Hesiods «Werke und Tage» (Hal. 170–74), den Burkert aber für schon vor Pindar eingefügt vermutet[185], herrscht der von Zeus befreite Kronos über die Inseln der Seligen am Okeanos, also am Rand der Nacht. Hier gibt es Wiedergeburt, ewiges Leben oder gar Verjüngung.[186] Die Zeus-Vorherrschaft ist aber noch nicht gefestigt. Am Rand des Atlas-Prometheus-Komplexes werden Donner und Blitz erwähnt, die Zeus von den Kyklopen erhält (Th. 504), die den Titanenkampf für ihn entscheiden und die den Gott des Tages eigentlich erst zu dem machen, was er ist. Diese Waffen, vor allem das Feuer, stammen aber ursprünglich von Gaia. (504) An den Kyklopen, an Gaia wie an Prometheus wird ersichtlich, dass es auch um die Herrschaft des Tages über die Nacht geht. Der spezielle Aspekt der Atlas-Prometheus-Geschichte ist die Betroffenheit der Menschen, die von Prometheus den Betrug an den Göttern durch ihre Opfergaben gelernt haben (556) und von Zeus mit dem Pandora-Betrug bestraft werden.

Die neue Art Klugheit des Zeus besteht auch darin, die Mächte der Nacht gelegentlich für sich arbeiten zu lassen. So wie der nächtliche Widerstand gegen die tägliche Weidearbeit des göttlichen Adlers an des Prometheus Leber die Qualen seines titanischen Konkurrenten steigert, so besteht seine Strategie durchweg darin, wie Uranos und Kronos ständig die dunklen Quellen mütterlicher, nächtlicher Produktivität zu verstopfen, aber zugleich diese Arbeit von ‹umgedrehten› Ausputzern und Wadenbeißern versehen zu lassen. Das beginnt mit dem steinigen Schein-Zeus aus dem Bauch des Kronos. Kronos hatte ja auf seine Weise noch persönlich die Zeit umkehren wollen, indem er seine Kinder fraß. Und auch Uranos kehrte die Zeit noch persönlich um, indem er allnächtlich seine Kinder in den Bauch der Gaia zurückstieß. Zeus, der Gaia-Ziehsohn aus der Ersatz-Gebärmutter im Ida-Gebirge, wird das mütterliche Produktionsprinzip selbst verschlucken (und aus Kopf und Schenkel gebären), aber als Erstes

185 Walter Burkert: Griechische Religion der archaischen und klassischen Epoche. Stuttgart u. a. 1977, S. 305, Anm. 39, im Weiteren abgekürzt als Burkert, Religion.

186 Vgl. Gr. Myth. 1, 106 und 108, auch: E. R. Leach: Zwei Aufsätze über die symbolische Darstellung der Zeit. In: W. E. Mühlmann und E. W. Müller (Hg.): Kulturanthropologie. Köln und Berlin 1966, S. 397.

stopft er Gaia, der er alles verdankt, mit demjenigen Stein zu, der für Zeus gehalten werden sollte, mit dem Zeus-Idol also, das Kronos als Erstes wieder ausgespuckt hatte (Hal. 498):

> Diesen rammte Zeus der von breiten Straßen durchfurchten
> Erde am Fuß des Parnassos ein im geheiligten Pytho,
> künftig ein Zeichen zu sein, ein Staunen den sterblichen Menschen.

Pytho am Fuß des Parnass ist identisch mit dem Orakelsitz Delphi, der erst in klassischer Zeit so hieß.[187] – Pausanias identifiziert in «Reisen in Griechenland» (10, 24,6) das Zeus-Denkmal seiner kommenden Erscheinung mit dem Omphalos, dem Nabel der Welt. Es sieht so aus – und dem Zeus ähnlich – dass diese Umwidmung schon im 8. Jahrhundert stattgefunden hat. Der Nabel der Welt ist der echte Zeus nun wirklich nicht; er muß ihn denn auch der Sage nach von zwei Adlern ‹ermitteln› lassen, die vom Rand der Welt aus losfliegen, um sich in der Mitte zu treffen, die der Omphalos dann anzeigt.

Der Omphalos aber ist nur das äußere, veräußerlichte Anzeichen der wahren, weil inneren Mitte, die über die Nabelschnur nach innen führt. Zeus macht aus ihm und seiner Barrikade-Funktion das Kultmal seiner Entbundenheit von Gaia. – Ebenso verbannt er die unterirdischen Lichtbringer, die ihm für ihre Befreiung diese Herrschaftsmittel geben, nach dem Sieg über die Titanen wieder in die Unterwelt, indem er sie zu Wächtern vor deren Eingang bestellt. (Th. 734) Und all die Titanen selbst sind gebannt in Nacht und Unterwelt, als dem verfemten anderen Teil, den sich Zeus fern hält. Die neue Ordnung besteht in einer rigorosen und umsichtig durchgeführten Trennung von Hell und Dunkel.

Wenn nun auch der poetische Anteil gegenüber dem theologischen hervorgehoben worden ist, so wurzeln in der Hesiodischen Theogonie doch beide ‹Künste› in etwas Früherem: Ob sie theologisch oder poetisch, wahr oder falsch reden: Vor dem Reden kommt das Auftauchen von Göttinnen in Nacht und Nebel. Das nachtästhetische ist das erste Ereignis, sei es im Erlebnis oder in der Fiktion. Nachtästhetik ist das allgemeinere und in der Überlieferung religiöser Offenbarungen ebenso wie in Hesiods Textüberlieferung das jeweils vorangehende. Jeder religiösen Botschaft geht

187 Vgl. M. Maaß: Das antike Delphi. Darmstadt 1993, S. 1.

empirisch und logisch die Empfängnisbereitschaft, die ‹Intonation› der Andersartigkeit und die Erscheinung des Boten voraus. Bevor er durch die Botschaft als Bote ausgewiesen ist, muss Ferne in der Nähe (und das Verschwinden des Vertrauten) etwas Weitreichendes, das ‹Gebieterische› am Boten als Botschaftsträger, anzeigen. In nuce ist das Ästhetik, weil es nicht nur sinnlich Erfahrbares mit aktuell nicht Zugänglichem verbindet, sondern weil es auf der anderen, der subjektiven Seite, den bis dato je wirksamen Aufmerksamkeitshorizont sprengt. Das Interessante, das Erhabene, das Zweideutige[188] und Umkehrerlebnisse gehören dazu. Die Bereitschaft für diesen Weg der Erfahrung, die Hesiod im Wirken der Sehnsucht sieht, kann man allerdings selbst schon als Gabe empfinden. – Wichtig aber ist das verwirrende Ensemble von Nähe und Ferne, selbst- und fremdgegeben, das die bisherigen Grundsätze in Frage zu stellen scheint. Das bevorzugte Medium dieser Ereignisse, Erfahrungen und Installationen ist die Nacht.

Um anzudeuten, wie weit die ‹Konstellation› von Nacht und Sehnsucht in unsere Zeit hinüberleuchtet, sei an einen anderen Grenzgänger zwischen Dichtung und Theologie erinnert, der zudem die erotische Wurzel der Sehnsucht ein Stück weiter aus der Nacht des Erdreichs herausgezogen hat und der sein kurzes Leben zweieinhalb Jahrtausende später gelebt hat: an Friedrich von Hardenberg, genannt Novalis. Nachdem er in seinen «Hymnen an die Nacht» (1797–1800) das Versprechen ewiger Liebe erinnert hat, das dem Menschen durch Maria gegeben ist, sagt er diesem, was es einstweilen Tröstliches gibt:

Die Sehnsucht ihm zu lindern,
Begeistert ihn die Nacht.[189]

Mehr noch, diese Sehnsucht wird sich in der Nacht ‹verklären›; Sterne und Menschen werden sich gegenseitig durchdringen und genießen und neu hervorbringen; es gibt eine einzige liebende Verschmelzung und «Nur Eine Nacht der Wonne» (eine unendlich-einzige Nacht). Diese Nacht der Wonne ist «Ein ewiges Gedicht». – Dem aber die Sonne aufgeht mit «Got-

188 S. oben die Rede von der Erde, die stetig schwankt zwischen Körper und Gäographie (Parnass als ihr Eingang).

189 Novalis: Hymnen an die Nacht. In: Ders. Werke, Tagebücher und Briefe Friedrich von Hardenbergs. Bd. 1. München 1978, S. 172 (Handschrift-Fassung).

tes Angesicht» (ebda.). Trotz größter religiöser Gegensätze ist die Sehnsucht von Novalis und Hesiod so unvergleichlich nicht. Sie ist ein Antrieb, noch vor visuellen Ereignissen ins Dunkle zu sehen und zu gehen; und die erste Stufe einer Linderung oder Lösung ist eine innere: Inspiration oder Begeisterung.

Hier ist es zunächst geboten, Hesiods Musenprogramm mit seiner ‹eigentlichen› Theogonie zu konfrontieren. Wie verhält sich die Nacht als *Medium* der Musen und der Sehnsucht im Vorgesang zur Nacht als *Aspekt* anderer Götter im Hauptgesang und zur *Göttin* Nacht innerhalb der «Theogonie»? Wenn Hesiod auch nur *neugierig* gemacht hätte auf den Hauptgesang, so hätte er pragmatisch den Sinn, ja die Wahrheitsförderung im Vergessen gezeigt. Während er die Atempause des Vergessens pries, vergaßen wir unser eigenes mitgebrachtes Päckchen. Jetzt sind wir frei für *neue Wahrnehmung.*

2. Frühe Nächte

Im Chaos

Die Schwelle zu einer neuen Wahrnehmung ist höchst bedeutsam, denn einerseits setzt der Sänger quasi rituell mehrmals zum Hauptgesang an, verschärft so das Bewusstsein der Schwelle; andererseits tut Hesiod alles, um inhaltlich beide Darstellungsebenen möglichst nah aneinander zu rücken. Dreimal hebt er an, die Musen zu preisen; dreimal aber lässt er auch die Musen selbst eine Art Theogonie beginnen. Beim vierten Mal ist die Vernetzung zwischen dem die Musen präsentierenden Dichter-Ich und den theogonisch präliminierenden Musen so dicht, dass Hesiod sie auffordern kann: «erzählt mir Musen [...] von dem Beginn und sagt, was davon als Erstes entstanden!» (Hal. 114) Und sofort geht es los: Die Musen sprechen aus Hesiod: «Wahrlich am Anfang entstand das Chaos.» (Hal. 116) Da die ernsthafte Suche nach dem Anfang für das Argument eines genuinen Ursprungsphilosophen gehalten wurde[190], der dieser «grüblerische Boiotier»[191] sein soll, und da versichernd Hesiod ausruft «men» (= «wahrlich» für von Scheffer, Albert und die Hallofs, «fürwahr» für Gerhard Fink), wollen wir nichts von diesem tiefgründigen Anfang verpassen (Hal. 116–128):

Wahrlich, am Anfang entstand das Chaos; danach aber Gaia
Mit ihrer breiten Brust, stets sicherer Wohnsitz für alle
Ewigen, die im Olymp die schneereichen Gipfel bewohnen
Oder den düsteren Tartaros tief in der wegweiten Erde;
Und mit ihr Eros, der schönste unter den ewigen Göttern,
er der Gliederlöser, der allen Göttern und Menschen
klaren Verstand und besonnenen Rat bezwingt in der Seele.
Erebos aber und Nyx, die Dunkle, entsprossen dem Chaos;
Aber aus Nyx wiederum entstanden Heméra und Aither,
die sie, in Liebe von Erebos schwanger geworden, ihm austrug.

190 Vgl. Gigon: Ursprung, S. 29; vgl. auch Albert, S. 23.

191 G. Fink nennt ihn so in «Die griechische Sprache». Darmstadt ³1997, S. 254.

> Gaia gebar nun zuerst, gleich weit wie sie selbst, den gestirnten
> Uranos, dass er sie rings von allen Seiten umhülle
> und für die seligen Götter ein Sitz sei, dauernd und ewig …

Oder haben wir ihn schon verpasst, den Anfang? Haben wir nicht ein wahrlich chaotisches Ende von Anfängen, die sich jeweils einander widersprechen? Die Musen selbst begannen einen ersten Anfang bei Zeus (Th. 11) und landeten bei Nyx, Gaia und Okeanos (19), welch letzteren Homer als den ältesten der Götter kannte (Il. 14, 245). Im Original ist die schwarze Nacht die letzte namhaft aufgeführte Göttin, bevor die Aufzählung in die Ewigkeit geht: «und das heilige Geschlecht der anderen Unsterblichen, der ewig seienden» (Alb.19). Doch wenn man Chaos mit Unordnung gleichsetzt, dann ist das Proömion in dieser Hinsicht nicht sehr chaotisch. Die folgenden theogonischen Anfänge der Musen beginnen alle mit Gaia, Ge, also mit Mutter Erde (Th. 45), beziehungsweise mit dem ersten Trio aus Uranos, Gaia und Nyx. Das haben die Musen selbst gesungen, singt Hesiod. Ganz ungefähr klingt es nun ähnlich, wenn die Musen aus Hesiod selbst singen, mit zwei gravierenden Unterschieden:

Erstens: Der Anfang gilt nun ganz prononciert als der echte Anfang, und er ähnelt den späteren Anfängen des Proömions. Zweitens: Der allererste Anfang ist ganz neu: Chaos!

Wenn der neueste, zuletzt erzählte, ‹allererste› Anfang gültig ist, dann war alles Bisherige nur ein Gang zurück, eine Umkehr von der gegenwärtigen Ägide des Ägishalters, mit der die Musen begannen. Schon in ihrem ersten quasi-theogonischen Gesang sangen sie *rückwärts*, die Chronologie der Götter zurück bis Nyx. (11–20) Wenn die letzte namentlich erwähnte Gottheit, die Nacht, in Wahrheit die erste dieser Reihe war, dann ergibt schon der erste Vorgesang der Musen, von dem Hesiods inspiriertes Ich singt, eine gewisse poetische nächtliche Geschlossenheit, denn er begann auch mit der Nacht, in der die Musen aufbrachen. Die Nacht ist nicht nur das Medium der Musenfeier, sondern auch der Gipfel oder Zielpunkt ihrer Anbetung – in der Hesiodischen Interpretation, denn er stellt in seiner Erzählung das nächtliche Milieu und die Reihenfolge der Götter in *ihrem* Gesang fest, und er wird es sein, der die Wichtigkeit des Anfangs betont. Während die Musen herabtanzen in der Nacht zu den lämmerweidenden «Bäuchen», steigt die ‹Höhe› ihrer Götter gemäß deren Alter bis zur schwarzen Nacht. (20) Es ist, genauer betrachtet, die Tiefe der zeitlichen und räumlichen Erstreckung, an deren

Ende via Sonne und Mond (19), Erde und Meer (20) nur noch Nacht (20) und Ewigkeit (21) da sind. Der antipodische Charakter dieses Musengottesdienstes ist hierbei zu bedenken. Denn Zeus, der Hesiod am nächsten steht, der ‹Jetzt› ist, soll in Wahrheit jetzt und in Ewigkeit herrschen durch seine kosmologische Ordnung. Mit den Musen im Herzen Hesiods geht es gleichsam rückwärts durch die Nacht der Vergangenheit.

Die jeweiligen Beschreibungen der Musenhymnen setzen, gemessen am späteren ‹wahren› Hauptgesang, mit immer früheren Anfängen der Göttersukzession ein. Nach seiner Weihe beschreibt Hesiod erneut, wie die Musen mit ihrem Gesang beginnen, preisend zuerst das Göttergeschlecht, «das am Anfang aus Gaia und und Uranos stammte» (45)[192]. Zum dritten Mal schließlich beschwört Hesiod selbst den musischen Anfang der Götter, nachdem er die allgemeine Wirkung ihrer Inspiration auf Künstler und Könige beschrieben hat. (81) Jetzt geht es ihm noch dringlicher und allgemeiner um den «heiligen Ursprung» der Unsterblichen (105). Zwar nennt er keine ältere Gottheit mit Namen, aber die Musen sollen sagen, «wie am Anfang die Götter entstanden und Gaia geworden» (108). Das gesamte Proömium, das mit den Musen im *Medium* der Nacht begann, sich in Hesiods nächtlicher Inspiration fortsetzte und die Musen mit immer früheren Anfängen zitierte, *ist bereits* Hesiods Weg zurück, ein nächtlicher Weg, auf dem er den Musen folgt. Die Nacht ist das Medium oder mittels ihrer Personifikation: der Leitstern in die Negation der historischen Zeitfolge.

Ist der Begriff der Negation an dieser Stelle zu sehr konstruiert? Wenn man bedenkt, dass schon die einfache Sukzession (Gaia, Uranos, Kronos, Zeus) eine Folge ziemlich drastischer ‹Negationen› zwischen dem Älteren und dem Jüngeren, zwischen Vätern und Söhnen darstellt, dann wird man es nicht für hineingelesen halten, wenn man sagt: Zeus negiert Kronos, und Kronos negiert Uranos, Uranos aber negiert Gaia (ebenso wie zuvor Gaia den Uranos, dieser den Kronos, der wiederum Zeus negiert hatte). Der musisch-therapeutische Sinn dieses heilsamen Gesanges, der die Kas

192 Im Gegensatz zum ersten musischen Götterkatalog landet der zweite aber in einer sozusagen noch näheren Göttergegenwart als derjenigen, in welcher der erste begann. Denn die Musen singen schließlich von ihrer eigenen Zeugung durch Zeus und Mnemosyne (54) und der Güte und Gerechtigkeit, die seitdem herrschen (75).

trationen und Verschlingungen umkehrt, ist aber auch in der Parallele zu sehen, dass es explizit um das Vergessen der Gegenwart geht, während die Vergangenheit solcherart erinnert wird. (98)

Mit dem ‹chaotischen› Beginn des Hauptgesangs sollen wir endlich zum wahren Anfang umgekehrt sein, und von jetzt an, vom namhaft gewordenen Anfang, geht die wahre Zeit in derselben Richtung wie die des Erzählens. Das ist eine neuerliche Umkehr, die mit dem Chaos beginnt, unauslotbar schwankend zwischen der Bedeutung der tiefsten Negation und dem wahren Anfang. Doch wie kann dieser Paukenschlag eines ‹unerhört› neuen Beginns zugleich wahr sein und von den Musen stammen, da diese doch nie vom Chaos sangen! Entweder singen die Musen aus Hesiod nur noch sehr metaphorisch, Übertragungsverluste eingeschlossen; oder die Umkehr zum Chaos des Anfangs ist entscheidend wichtig: So kann der Musenliebling etwas Neues bringen und es zugleich als dasjenige Älteste behaupten, zu welchem die Musen nun erst in ihrem Gesang vorgeschritten seien, der wiederum aus ihm heraus singt. Chaos ist das unerhörte Neueste und Älteste. Beides ist an Hesiod zu erfahren.

Neben der nächtlichen Umkehr der Welt, welche die Voraussetzung für ihre Wiederkehr ist, und neben der nächtlichen Umkehr der Handlungen (Auflösung des Tage-Werks durch Penelope) ist die dritte Weise der nächtlichen Umkehr die Nachtästhetik der Erinnerung. Auch die Musen singen, Vergessen stiftend, rückwärts; sie wieder-holen, was gewesen ist. Dies ist nun ein ganz allgemeiner Zug der Nachtästhetik auch in anderen Kulturen, auch wenn sie keine Musen haben, sondern Barden oder andere ‹Spinner›. Dass in vielen Völkern nachts bestimmte Geschichten wieder *geschehen*, wurzelt in der Tatsache, dass sie nachts *gesungen* (oder erzählt) und das heißt wesentlich: *erinnert* werden. Viele frühe Kulturen allerdings leugnen diese musische Bedingung der musisch besungenen nächtlichen Umkehr. Jede Nacht stehen die *Hiadninger*, «Streiter», die auf den Orkney-Inseln in einer Schlacht gefallen sind, «durch die Zaubereien der schönen Schildjungfrau Hildur geweckt», wieder auf, um denselben Krieg noch einmal zu kämpfen. «Die Bewohner von Haey wissen viel von diesem schauerlichen Krieg zwischen Gespenstern zu erzählen, und keiner würde sich bei Nacht auf das Schlachtfeld wagen, das am Tag nur mit unförmlichen Steinen besäet ist», heißt es in Wilhelm Vollmers «Wörterbuch der Mythologie»[193].

193 W. Vollmer: Wörterbuch der Mythologie (1836). Neubearb. Von W. Binder.

Aber was ist das Chaos selbst? Ist es nicht der Inbegriff der Zweideutigkeit? Sagen wir zunächst, was es bei Hesiod nicht ist. Es ist weder die Fülle, die Mutter, die Hegel und die Romantiker darin sahen, noch ist es die Leere[194], die aus der jüdisch-christlichen Tradition der Genesis- Interpretation des «tohuwabohu» hineingelegt werden mag. Wenn wir beherzigen, dass die zwei Nachtarten Nyx (Nacht) und Erebos (Unterwelt) Kinder des Chaos sind und einen Augenblick annehmen, dass die Fahrt zurück über das Proömion hinaus anhält, so können wir auch umgekehrt sagen: Das Chaos ist eine *Ausgeburt* (der Phantasie?) aus Nacht und Unterwelt. Letztlich ist nämlich die Zeitrichtung des theogonischen Hauptgesangs immer noch nicht zweifelsfrei: Die Genealogie der nächtlichen Sippschaft ist zwar mit Chaos über die Göttin Gaia hinaus an den Anfang gerückt, aber das Geschlecht des Chaos bleibt getrennt von dem der Gaia. Nirgendwo verbindet sich bei Hesiod die Genealogie der menschenähnlichen Götter aus Gaia mit derjenigen der quasi elementaren Mächte der Welt, die aus dem Chaos entsteht, wenngleich beider erzählerische Verkettung offensichtlich gewollt ist. – Es gibt allerdings eine bezeichnende Ausnahme, die Hesiod so wichtig ist, dass er sich selbst widerspricht. Die Schicksalsgöttinnen werden einmal als Nyx-Kinder behauptet, mithin als Enkelinnen des Chaos und andererseits am Ende als Zeus-Kinder geboren. Diese Moiren sind aber zugleich die Göttinnen, die dem Menschen in seiner Nacht am nächsten sind. Zu ihnen später mehr.

Die genealogische Trennung bei gleichzeitiger narrativer Verkettung scheint Hesiods Werk zu sein. Ein von Robert Ranke-Graves in seiner «Griechischen Mythologie» (1, S. 22) als älter behaupteter, weil matrilinear erscheinender *pelasgischer* Mythos setzt die Mond-Göttin Eurynome (*Weiter Weg*, vgl. Gaias Wegenetz) an den Anfang. Die Pelasger galten zwar als Ureinwohner von Hellas mit umstrittener Lokalisierung und Ethnizität. – Die Dorer zum Beispiel behaupteten, die Ionier seien Pelasger. – Jedenfalls aber ist Eurynome ein griechischer Name. Also: «Am Anfang war Eurynome, die Göttin aller Dinge. Nackt erhob sie sich aus dem Chaos.» (Gr.Myth. 1, S. 22). – Am Anfang war also das (griechische Wort) Chaos, das Klaffende! – «Aber sie fand nichts Festes, darauf sie ihre Füße setzen

Stuttgart [3]1874, S. 248, «Hiadninger»; vgl. Digitale Bibliothek, Bd. 17: Ders.: Dass. Berlin [2]2004, S. 4152.

194 Recl. Lex. Ant. Mythologie, Artikel ‹Chaos›, S. 135.

konnte. Sie trennte daher das Meer vom Himmel und tanzte einsam auf seinen Wellen.» Das klingt nach Geburtsdrama – wie später bei Thetis und vielen als ‹urtümlich› geltenden Göttinnen, etwa Leukothea. (Aber auch die Musen trennen Wasser mit Tanz von Luft.) Hinter Eurynomes Bewegung entstand der Nordwind, den sie so lange zwischen ihren Händen rieb, bis daraus das Schlangenwesen Ophion wurde, mit dem sie die Welt in allen ihren Einzelheiten, von der Sonne bis zu den Kräutern, schuf. – Wasser, Tanz und Luft: Die Ähnlichkeit mit den Musen ist verblüffend – sodass der größte Unterschied verdeckt wird: Die Musen schöpfen nicht mehr, Schöpfer ist jetzt Hesiod, der den längeren Atem hat. – «Lebt nun wohl, ihr Kinder des Zeus ...» (Th. 104). Hesiod ist vielleicht nicht der Erfinder des *Wortes* Chaos in theogonischer Funktion; aber er trennt Gaia von Chaos, um aus dem Letzteren das Luftreich seiner fortwirkenden Einflüsterungen zu machen, während in der Tat das pelasgische Chaos (was immer das auf ‹pelasgisch› heißt) bloßer ‹Schoß› ist, den jedes Lebewesen zu verlassen hat.

Vielleicht stützen oder ergänzen die beiden Sukzessionslinien einander; aber man kann aus eben diesem Grund nicht sagen, daß Chaos *ein* (oder der) Urgrund ist, wie es im «Kleinen Pauly» steht.[195] Wolfgang Fauth nennt ebendort das Chaos im entsprechenden Lexikonartikel «primäre Potenz»; er vermeidet die Entscheidung zwischen dem unbestimmten und dem bestimmten Artikel. Nur *‹eine›* Potenz widerspräche dem «Ur», und das Chaos ist alleine zuerst da. *‹Die›* primäre Potenz widerspräche der chaosfreien Autopoesie der Erde (Gaia). Dennoch findet er eine interessante Möglichkeit, die beiden Mächte einander zuzuordnen: Das Chaos und die Seinen sind *negativ*: nämlich «primäre Potenz [...] einer mythisch-genealogisch verkleideten Kosmogonie, jedoch ohne eigentliche schöpferische Funktion [...]; es bildet den ‹Raum› für die Entfaltung der positiv schaffenden Gewalten Gaia und Eros, bringt, selbst negativ, nur die ihrerseits negativen Dunkelmächte Erebos und Nyx hervor.»

Wieso das Negative etwas weniger Schöpferisches als das Positive sein soll, liegt im (wenn auch abendländisch folgenreichen) Wolkenreich seines positiven Wertehimmels verborgen. Eher lässt sich behaupten, die musische ‹Negation› der Zeit(folge) brächte den Anfang hervor. Triftig daran ist,

195 K. Ziegler und W. Sontheimer (Hg.): Der Kleine Pauly – Lexikon der Antike in fünf Bänden. München 1979, Bd. 1, Sp. 1129, Artikel «Chaos» von W. Fauth. (Im Weiteren wird «Der Kleine Pauly» abgekürzt mit Kl. Pauly.)

dass Hesiod unter der negierten Verborgenheit des Anfangs (den die Musen singen) nun das Chaos aufdeckt. Die Zeitfreiheit der ewig Seienden ist die Zeitfreiheit des Chaos. Und in der Tat muss der Anfang von allem auch auf der Schwelle vor der Zeit gelegen sein. – Allerdings verschwimmt der ontische Anfang doch sehr mit dem Anfang aller Erzählung. (Vielleicht bezeichnet das Chaos den Anfang im Herzen der Erzählenden.) Die Musen, deren Mutter immerhin die Göttin «Erinnerung» ist (Th. 54), negieren die Negation des Zeitverlaufs durch musisches Erinnern – und musisches Vergessenmachen der ‹negativen› Zeit der Zuhörer. Wiederum aber ist dieser anscheinend nur poetisch gewonnene Anfang derartig ‹erhaben›, dass von ihm her erst die wahre Geschichte erzählt werden kann. Sie ist für die Hörer so unerhört neu, dass sie ihnen gleichsam jetzt erst entsteht. Nur von dieser magischen Zeitquelle aus macht es überhaupt Sinn, von der Kraft zur Zukunftsvorhersage (32) des musisch begnadeten Sängers zu sprechen: Indem er eine absolute Gegenwart mit dem Zuhörer erzeugt, ist das, was der Zuhörer demnächst erfährt, Zukunft, die der Sänger schon kennt. Weder im physischen noch im moralischen Sinne bringt Gaia zunächst mehr oder Größeres hervor, als das Chaos es seinerseits tut. Der Schurke Uranos besamt sie zwar unentwegt ‹schöpferisch›, verhindert aber gerade, dass *sie* groß rauskommt, indem er ihre Söhne ebenso unentwegt im Mutterleib zurückdrängt. (155) Darüber freut er sich auch noch! (158) – Auch der irre Eros wäre nur dann eine positive Gestalt, wenn es Aufgabe der menschlichen Glieder wäre, nicht gegliedert zu sein, und wenn es positiv wäre, unbesonnen zu sein. Die spätere archaische Lyrik, der Liebe so aufgeschlossen, weiß noch ein Lied davon zu singen: «Du hell und strahlend lächelnder Liebesgott, und doch von allen Göttern der schrecklichste», seufzt Alkaios.[196]

Nein, ‹schöpferisch› oder moralisch ist der Unterschied zwischen der Chaos-Linie und der Gaia-Linie nicht so gravierend, dass er den Sinn dieser Reißverschluss-Komposition erhellen würde. So bleibt der merkwürdige Umstand, dass etwas Negatives das Erste sein soll, der Anfang von allem Positiven, worauf es sich wesentlich beziehen muss, um zu sein, was es ist – obwohl dies Positive noch nicht existiert. Wir haben indessen mit dem Negativen allein deswegen schon keine allzu großen Probleme, weil wir das Chaos als erzähltaktisches Ende des Vorspiels und Anfang jener Schöpfung begreifen, die Hesiods Werk ist und die der Negation des profa-

196 Alkaios: Carmina. Übers. von Max Treu. Göttingen 1952, S. 28.

nen Zeitverlaufs sich verdankt. Je gleichwertiger das Proömion gegenüber dem Hauptteil ist, desto plausibler ist der ‹negative› Anfang des Chaos, das ja nicht immer war, sondern entstand. Jeder Anfang ist ein Ende von etwas anderem, in diesem Fall ist das Chaos das Ende des Vorspiels. Aber kann dieser Anfang auch das Ende von allem sein?

Ja, das kann das Chaos, wenn man das Ende räumlich auffasst, und hier hat Fauth eine Spur: Chaos bilde den «Raum» für die Entfaltung der positiv schaffenden Gewalten Gaia und Eros. Es fällt auf, dass es bei allen Gestaltungen des theogonischen Anfangs um das Problem des Raumes als eines ‹Negativs› von Gestalt geht. Das ist keine Leere, sondern entweder eine Kraft, sei es des Entzugs, sei es der Beziehung, wie auch Eros eine solche darstellt. Oder es hat intern dieselbe Fülle wie das Positive, aber mit anderen Vorzeichen. Denken Sie an das gestaltpsychologische Kippbild von Figur und Grund, um die wertenden Untertöne von ‹Negativ› zu vergessen.

Gaia, Tartaros und Uranos

Dieses Motiv ist nicht nur bei Chaos, sondern auch bei Gaia auffällig. Die breitbrüstige Gaia ist ganz Figur; aber von Anfang an verweist ihre enorme Oberfläche auf ganz außen und ganz innen[197], oder auf ganz oben und ganz unten, oder auf ganz hell und ganz dunkel (auf *Ganzes* also): Ihre breite Brust ist der sichere Wohnsitz für die Götter, «die im Olymp die schneereichen Berge bewohnen» (Hal. 117) – aber ebenso Sitz für den «düsteren Tartaros tief in der wegweiten Erde» (Hal. 119). Aber so ganz sicher darüber, ob der Tartaros hier als nachgeordnetes Inneres der Erde entstanden ist oder, wie auch Eros, gleichzeitig mit der Erde entstanden ist, oder ob er nicht vielmehr ein negativer Ab-Grund ist, etwas Abgerissenes, Konkaves, Raum-*Gebendes*, aus der die Erhabenheit der Erde, deren Olympos immerhin in den Himmel reicht, im Trennen erst wurde, scheinen sich die Übersetzer nicht zu sein.[198] (Eben die ‹Ganzheit› ist bedroht –

197 Die «breitstraßige Erde» (Alb. 119) nennt von Schirnding «geräumig» (v. Sch. 119).

198 Albert übersetzt: «und es entstand der dämmerige Tartaros im Innern der breitstraßigen Erde» (Alb. 119). Bei von Scheffer ist Gaia ein Sitz der Götter, die «des Tartaros Dunkel im Abgrund der wegsamen Erde» bewohnen (v. Sche. 119).

oder bedrohlich.) Mit Recht, denn Hesiod scheint selbst zu schwanken, ob er den Tartaros innerhalb der Erde oder unterhalb der Erde situieren soll. Im späteren Gang des Gesangs ist der Tartaros ebenso weit von der Erde entfernt wie der Himmel, und ein eiserner Amboss, der von der Erde fortgeworfen wird, braucht neun Nächte und Tage, «bis er am zehnten Tag von der Erde im Tartaros ankommt» (v. Sch. 725). Um ihn, den Tartaros, gelegt ist wiederum eine dreifache Nacht (727), ähnlich der uranischen Nacht um Gaia. Andererseits darf das Band zur Erde nicht endgültig reißen: «Aber von oben reichen herunter die Wurzeln der öden See und der Erde» (Hal. 727). Sie reichen herunter, aber sie erreichen den Boden nicht, muss man vermuten; denn dreifache Nacht «schäumt» (v. Sch.) um den «Schlund» (v. Sch.), und ein «Gehege aus Erz» (v. Sch.) soll ihn ja grad von der Erde trennen. Kirk et al. übersetzen «ein eherner Zaun» (10) und betonen die Randlage von Nacht und Erz.

Und obwohl sie den Tartaros oder den Rand davon für «überwachsen [...] von den Wurzeln der Erde» halten (810), vermuten sie später die Wurzeln der Erde «oberhalb davon» (22). Dieses «düstere Dunkel» ist eine innere *oder* untere Nacht (außerhalb der Erde), und dass es vage bleibt *oder* widersprüchlich, zeigt an, dass es gerade um die Unterscheidung von Innen und Außen geht, genauer: um die Voraussetzung, den ununterschiedenen Grund der Unterscheidung von Innen und Außen ... Zeus selbst spricht in der Ilias (8,14) vom Tartaros als einem *Abgrund.* Jedenfalls übersetzen die meisten Übersetzer seit Voß *chtonos* in diesem Kontext so. Die Grundlosigkeit des Homerischen Tartaros wird betont durch die markierte Beschreibung der Grenze (eiserne Pforte, eherne Schwelle) (Il. 8,15) und durch die Gebärde der Abwendung, des Wegwerfens, der Verdrängung. Zeus will nämlich alle Götter dort hinunterschleudern, die sein Neutralitätsgebot im Trojanischen Krieg verletzen. Wohin genau, ist egal, jedenfalls aber fort, über die Grenze. Diese dominant perspektivische Redeweise des jüngeren Homer, die aber der vorhesiodischen Denkweise verpflichtet ist, hatte der ältere Hesiod bereits wieder relativiert durch die implizite Benennung des Bodens, auf dem der Amboss am zehnten Tag landet, «ankommt» (Th. 725). Hesiod kommt es nämlich auf den Tartaros an.

Das Wort Abgrund ist als Ortsangabe eindeutig zweideutig, da Abgrund ein Ab-Ort ist.

Doch selbst, wenn vom Tartaros nur noch die Bedeutung der Tiefe, der Erstreckung, des Abseits bleibt: Er ist unermesslich weit – aber *nicht unvergleichlich.* Die Balance über den schwindelerregenden Abgrund hält die Balancierstange des Gleichnisses. Auch bei Homer wird darauf Wert gelegt, dass der Tartaros so *tief* ist wie der Himmel *hoch.* (Il. 8,16) Manche Übersetzer halten es für eleganter, einfach von gleich ‹weit› zu sprechen[199]; das erlaubt nämlich zugleich den Vergleich zum Parabelwurf des Zeus, denn der ‹Verworfene› sollte an der Reichweite seines Wurfes die Reichweite seiner Macht erfahren: «Dann erkennt er, wie weit ich von allen Göttern der stärkste» (Ham. 8,17). Aber die Differenz im Original zwischen *enerth* und *apo* unterstreicht die Gegenbewegung, die Umkehr der Richtung. Vielleicht ist, stark verallgemeinernd, Negation jeglicher Art konstitutiv für das Gleichnis, und vielleicht hat das Gleichnis etwas mit dem Schwindel des Abgrundes zu tun.[200] Hesiods Zeus, noch mächtiger als derjenige Homers, macht jedenfalls das wahr, womit Homers Zeus seinen Mitgöttern gegenüber nur noch droht: Er bannt die widerspenstigen Titanen (v. Sch. 720)

> ebenso tief, wie der Himmel hoch ist, hinunter,
> ebenso weit von der Erde entfernt in des Tartaros Dunkel.

In den Tartaros kommt man offenbar, jedenfalls bei Homer und Hesiod, nur als ‹Unterlegener›, ‹Verworfener› oder ‹Gefallener›, sei es als Gott (olympisch bzw. titanisch) oder als toter Mensch. Warum wirft man von oben nicht den Hammer, um zu prüfen, was die Tiefe spricht? Dumme Frage, der Hammer ist Zeus selbst! Der Amboss aber ist, schon bevor er am Boden der Geschlagenen aufschlägt, das Symbol für den geschlagenen Boden.

Während es zum Tartaros hin von der Erde wegzieht, ja saugt (Schlund), drückt es von oben auf die Erde, ja in sie hinein. Um den ältesten Leib, um Göttin Gaia, schlingt sich der nächtliche Sohn, aus dem Stoff ihrer inneren Nacht entstanden, mit seinem Sternen-Mantel. So wird schließlich Uranos

199 Vgl. Voß, Schadewaldt, von Rupé, Hampe und Geoffrey S. Kirk, J. E. Raven und M. Schofield: Die vorsokratischen Philosophen. Stuttgart und Weimar 1994, S. 10 (im Weiteren abgekürzt: Kirk), die «*… so weit unter … wie (weit) über …*» bringen. V. Schirnding macht an dieser Stelle einen Kompromiss, indem er nur einmal das *weit* benutzt.

200 Siehe dazu hier unten: «Ein nächtliches Panorama».

eingeführt: als sternreich (*asteroenth*, Th. 126) und zum Daseinszweck der Umhüllung (*kalyptoi*) (127).[201] Diese Macht der *äußeren* Nacht, deren Sternhaltigkeit eine stehende Redewendung ist,[202] hält die Erde selbst und ihre Kinder in deren *innerer* Nacht durch seine gewalttätige ‹Obsession› gefangen. Aber eine nächtliche Rache klärt die Grenzen, trennt zwischen Innen und Außen – und noch so einiges anderes ab (Alb. 176):

> Es kam nun, die Nacht herbeiführend, der große Uranos.
> Ringsum zog er
> die Gaia verlangend an sich und spannte sich
> überall aus. Der Sohn aber streckte aus seinem Versteck die linke
> Hand aus, nahm mit der rechten die riesige Sichel,
> die lange, scharfzahnige, und
> schnitt die Geschlechtsteile seines Vaters
> eilends ab…

Es fällt schwer, Hesiods Anteil am Uranos-Mythos, den er sich aus Babylonien ausgeliehen hat, zu bestimmen. Immerhin zeigt eine kleine Gegenüberstellung von neueren Übersetzungen, was hier umkreist wurde und was als harter Kern blieb. Den Vers 176 «elthe de nykt epagon megas Ouranos» übertragen vier Übersetzer, in historischer Reihenfolge, so:

v. Scheffer:	An kam mit der Nacht der gewaltige Uranos (1)
Albert:	Es kam nun, die Nacht herbeiführend, der große Uranos (2)[203]

201 *Kalypto* heißt auch ‹in Schatten stellen› Langenscheidts Taschenwörterbuch Altgriechisch. Berlin u. a. 1981). Nacht als verbergende Umhüllung hat auch Homer (Il. 5, 23; 13, 425)

202 Siehe Verse 106, 127, 463, 470, 807, 891. Nie führt er die Sonne mit sich oder ist er hell. Die wenigen weiteren Attribute wie «groß» oder «weit» gehören schließlich auch eher zur nächtlichen Anschauung des Himmels. Er ist nicht ‹der› Himmel, das ist eher der Äther. Uranos ist der *Nacht*himmel, und er *kommt* erst nachts!

203 Ähnlich Marg: «Und es kam, die Nacht heraufführend…» und Karlheinz Hülsers Übersetzung in: Kirk S. 49, Nr. 39. – «Herbeiführen» ist für das griechische *epago* die wörtlichste der vier Übersetzungen. Das «Handwörterbuch der griechischen Sprache – Griechisch-Deutsches Handwörterbuch» von Wilhelm Pape be-

v. Schirnding: Eingehüllt ins Dunkel der Nacht kam Uranos (3)
Hallof/Hallof: Uranos kam mit dem Einbruch der Nacht (4)

Von Schirndings Übersetzung mit «eingehüllt» weist Uranos am stärksten als einen Nachtgott aus, als einen, der *aus* der Nacht kommt, der vielleicht von der Nacht *herbeigeführt wurde*, der etwa sogar von der Nacht geboren worden ist. Jedenfalls weist eine orphische Theogonie, die offensichtlich von Hesiod beeinflusst ist, Uranos explizit als Sohn der Nacht aus.[204]

Wie immer man die Nacht hier auffasst, als Umstandsbestimmung oder fast gleichwertige Begleitung (1), als zu führende Person oder als Mittel zum Zweck (‹Türöffner›) (2), als Decke oder jedenfalls Größeres, Bergendes (3) oder schließlich als Vorkämpferin (‹Einbrecherin›) und Vorzeichen (4): Es ist immer nur ein ‹Kommen›, um das es geht, die Befriedigung des Liebesverlangens. Aus der ‹geo›-, gaia-zentrischen Perspektive ist das Verlangen des Nachthimmels zu ‹kommen›, das Verlangen eines Anderen. «Nun aber» (*de*, Th. 176) kommt er. Aber auch, wenn wir versuchten, Uranos ganz allegorisch als das Verlangen selbst zu definieren, will er ‹kommen› und nicht gehen, weil (auch) ihm sein Zustand der Begierde äußerlich ist, weil er ‹außer sich› ist. Hesiod sagt nicht, Uranos *ging*, höchstens ginge er zurück, der Sohn, woher er kam, wenn er ‹kam›. Der ‹Gattungsakt› ist (Wieder-)Versammlung einer kosmischen Zerrissenheit. Von einem *Hier* aus manifestiert diese sich als Verlangen, als ‹Sehn›-‹Sucht› (Suche) nach sexueller Vereinigung (177) – von äußerer Nacht nach innerer. Denn mit der nächtlichen Ankunft des Gaia-Sohnes bei seiner begehrten Mutter kehren sich zum ersten Mal die geradezu kosmischen Ausdehnungen des Klaffenden, Gebärenden und des Hervorgehens um, die auch bei Gaia und Nyx noch im Gestus aufreißender Räume vorgestellt wurden. Was immer Uranos antrieb: Er erfüllt den Zweck seiner Geburt darin, zurückzukommen in ihre ‹innere Nacht›, indem er sie umnachtet.

Gemäß der Gewalt der Anspannung aufs Ziel der Vereinigung wäre eine autoren- oder übersetzerpsychologische Auffassung der Nacht denkbar als Mittel und Anzeichen (1), als Synonym für Umnachtung = Begat-

tont: «Besonders feindlich gegen Einen heranführen.» Berlin [3]1914, Bd. 1, S. 893. Dig.Bib. Bd. 117, Berlin [2]2006.

204 So der Orpheus-Kommentator im sogenannten Derveni-Papyrus; vgl. Kirk, S. 35.

tung (2), als symbolische Vorankündung dessen, was Uranos sogleich mit Gaia macht (nämlich: sie einhüllen), oder als Symbolisierung seines Wunsches bzw. Verhüllung seiner Gewalt (3), oder als Vorspiel der tiefgehenden, ‹eindringlichen› Umarmung (4). Doch die Nacht des Uranos ist bei Hesiod nicht bloß das *Medium* sexueller bzw. erotischer Anspannung und Befriedigung. Denn abgesehen davon, dass der maßlose Uranos nur seinen Daseinszweck für Gaia erfüllte, wenn äußere und innere Nacht zusammenkamen: Für die mediale Eigenständigkeit der Nacht gibt es hier zuwenig Anzeichen. Zwar kommen zwei Nachtaspekte zusammen, die unter anderem auch dabei sind, mit Okeanos den Rand der Welt zu gebären. (v. Sch. 132) Aber insgesamt sind besonders bei der Kastrationserzählung die Nachtlichter zu flüchtige Signale, um von einer medialen Nacht im Bewusstsein Hesiods zu zeugen.

Es bleibt diese dunkle Unruhe im Hintergrund des Bewusstseins, dass es die Nacht als personifizierte Göttin und Macht schon gibt, wenn Uranos *in* der Nacht kommt und kastriert wird. Wir müssen auch bedenken: So, wie hier in, mit, vor und hinter Nacht ein im Dunkeln leuchtendes Begehren (Sterne) auftaucht, so ist seit Hesiod die Nacht immer wieder erschienen: als Assoziationsraum einer Ambivalenz aus Angst und Begehren – vor und nach Klaffen und Vereinigung. Seitdem allerdings sind das dunkle Innere der Erde und das dunkle Äußere des Nachthimmels soweit außer einander (*ouranos eurys*) (Il. 15,36), dass man sagen kann: Die kastrierte Himmelsnacht ist ein Medium … Aber es muss vorher etwas untrennbarer mit Nacht Verbundenes gegeben haben, dessen Spur wir im Nachthimmel myriadisch variiert (oder zerstückelt) eingeschrieben finden.

Die Schöpfung kann so weitergehen: mit einer seitdem (!) entrückten äußeren Nacht und einer Befreiung der inneren Nacht, sei es im Bauch der Erde, sei es in einem anderen Höhlenversteck, wo der Schöpfer *Kronos* nun heranwächst. Die Geschichte ist markant in ihrer Raum-Betonung: Die dramatische Bedrohung der Gestalt bzw. der Oberfläche durch innere und äußere Nacht («die elend bedrängte, gewaltige Gaia / stöhnte im Schoß» Hal. 159) endet im Kampf zwischen innerer und äußerer Nacht. Trotz der negativen ‹Psychologie› von Tartaros und Uranos wird mit ihnen zum ersten Mal Raum als etwas fassbar, das in gewisser Weise negativ oder das Negativ zu Körper, ja Leib ist – und dieser Raum ist dunkel. Der Himmel wird zu einer bedrückenden *Atmosphäre* und der Tartaros zu einer unheimlichen *Gegend.*

Zugleich wird vorstellbar, dass die Raumqualitäten *Atmosphäre* und *Gegend* Züge des leib-räumlich verwirbelten Chaos aufnehmen und in etwas schmerzvoll dem Leib Abgerissenes das Ferne verwandeln. Dieses Negative bekommt seine Richtung und seine Valenz von dem Leibhaftigen, dem es entgegensteht. Diese Eigenschaften eines Außen sind notwendig, um Gaia, um die Erde, um den Leib in eine Sphäre zu ordnen. Die gesamte «Theogonie» ist geprägt von diesem Streben nach Ordnung als Entflechtung und Raumgewinn. Gaias kosmologischer Zweck ist es, «für die Götter ein seliger Sitz» zu sein, «dauernd und ewig» (Hal. 128). Der Sitz ist geradezu das Metonym des durchwalteten Raums. Die Erfindung der ‹Entfernung› hat ihre negative Kehrseite am Tartaros als einem Strafraum, einer Verbannungs-Gegend.[205]

Ebenso wichtig wie der sphärische Raum, ja ihn mitkonstituierend, ist aber der leibliche Raum, der in einem *Äußerungs*verhältnis zur Welt existiert, *in* der er zugleich lebt. Das Insein und das Hinauswollen wird der Mensch als biologisch frühgeborenes Säugetier fortwährend mit auf die Welt bringen.[206] Hesiod symbolisiert in der Erzählung über die Bedrohung der Kinder, des Nachwuchses, auch die Mühsamkeit des ‹Zur-Welt-Kommens› der Welt in der ‹Kosmologie› selbst, sowie (in der Wiederholung) die Mühsal der Geburt der Zeit (von Geschichte und Erzählung). Mit dieser Metaphorisierung aber wird die leibliche Herkunft des Raumdenkens als Übertragung klar, ebenso wie aus der Raummetapher des getrennten Leibs erst derjenige Leib entsteht, der ernstlich einer *ist*, weil er auch von außen einer ist. Der Anteil der Übertragung an der Entstehung des Kosmos kann nicht hoch genug veranschlagt werden.

205 Die Differenzierung in ‹Atmosphäre› und ‹Gegend› ist mir an Hartmut Böhmes «Fetischismus und Kultur», Reinbek 2006, aufgefallen; sie dient hier lediglich der Beschreibung verschiedener Anmutungsweisen des Raumerlebens: Tränkung und feinstoffliche Durchdringung der sphärischen Umgebung einerseits und der Begegnung des markierten Ortes andererseits.

206 Vgl. ähnlich: P. Sloterdijk (im Gespräch mit H.-J. Heinrichs): Kosmische Quartiere. In: Lettre 46, 1999.

Der Leib des Chaos

Welches Figur-Grund-Spiel, welche Innen-Außen-Dialektik wird aber nun möglicherweise mit dem Chaos als noch älter seiend behauptet? Obgleich das Chaos zunächst als ein vorgängiges Raum-Negativ für Gaia gesetzt gewesen zu sein scheint, hat es selbst diesen Durchzug von Innen und Außen, muß also eine Spur von Gestalt aufweisen. Wie uns die Philologen lehren, heißt Chaos etwas wie «das Gähnen»; es komme von «chainein» = gähnen, klaffen, platzen, bersten, «überhaupt heftige Begier wonach haben», aber auch staunen.[207] Indogermanische Entsprechungen, etwa das «ginnunga gap», der «gähnende Abgrund», mit dem die Edda die Schöpfung beginnen lässt[208], sind seit dem 19. Jahrhundert philologisches Gemeingut.[209] Aber warum gähnt der Abgrund – wenn wir uns eine zu enge psychologische Assoziation mit der Vagina dentata Gaias verwehren, aus deren ‹Schlund› die Sichel des krummsinnigen Sohnes Kronos nach der Schöpferkraft des raumbeherrschenden Vorfahren schnappt? Zweifellos ist der Abgrund ein tragender Grund der mythischen Anfänge rund um die Welt, vom Nahen Osten über Indien bis zum vorkolumbianischen Amerika, und selbst der Anfang der biblischen Genesis wird manchmal abgründig vorgestellt. Was Luther mit «und es war finster auff der Tieffe» übersetzt[210], heißt in der Bibel, die Hieronymus Bosch kannte: «ende donckerheden waren op die aensichten des afgronts»[211]. Während aber der Abgrund als (welt-)läufiger Archetypus

207 Hal. 255. Vgl. Pape: Handwörterbuch, Bd. 2, S. 1324.

208 Die Edda. Übers. von F. Genzmer. München 1997, S. 33. «Urzeit war es, / da Ymir hauste: / nicht war Sand noch See / noch Salzwogen, / nicht Erde unten / noch oben Himmel, / Gähnung grundlos, / doch Gras nirgend.»

209 Vgl. J. Grimm: Deutsche Mythologie. Bd. 1 (1835), Nachdruck Frankfurt und Berlin 1981; S. 463: Gap sei Kluft und in ihm die Bedeutung von hiatus = gaffen. Er deutet auch *ginnunga* als Verstärkung der Kluft, weshalb er gap ginnunga mit «Kluft der Klüfte» (ebda) übersetzt. Aber Genzmer war mit seiner «Gähnung» vielleicht genauer. Es ist wohl nicht der Raumcharakter, der verstärkt wird, vielmehr ist das «grundlos» ein Attribut der Gähnung. ‹Grund› der Kluft ist die Aufreißbewegung des Gaffens selbst.

210 M. Luther: Die gantze Heilige Schrift. München. 1974, Bd. I, S. 25: Das erste Buch Mose I,2.

211 Bible in duytsche, 1477, f° a2, r°; zit. nach: R. H. Marijnissen und P. Ruyffelaere: Hieronymus Bosch. Köln 1999, S. 104. Bosch malt diesen Abgrund auf die

in einer Reihe mit Nacht und Vagina das furchtbare Weibliche als dunkle Drohung der Mutter und des sexgierigen Weibes verkörpert[212], weicht die Hesiodische Fassung hiervon deutlich ab. Gaia, die Erde, muss sich des samen- respektive sternenreichen Uranos erwehren, während Chaos, grammatisches Neutrum, zwar Kinder gebiert, aber einen Mann nicht nötig hat. Der zweite Abgrund, der Gaia stärker verbunden ist, ist Tartaros – und der ist ein Mann, der mit ihr Typhoeus zeugt. Hat das griechische Chaos also nichts mit den Schrecken der Verstoßung aus der Mutterhöhle oder der Drohung ihrer Heimholung der entlassenen Kinder zu tun? Doch, aber es zeigt darüber hinaus in eine andere Richtung.

Bei Hesiod ‹gähnt› der Abgrund aus demselben profunden Grund, aus dem heraus es menschliche Körper tun: weil sie Luft brauchen, immer! (Und weil sie hinterher die Luft wieder ausstoßen müssen!) Es gähnt der Mensch vor dem Einschlafen, und nach dem noch schlaftrunkenen Aufwachen. Man muß bei ‹Gähnen› also nicht in jedem Fall an Müdigkeit denken. Schließlich machen Neugeborene eine ähnliche Bewegung zwischen ihren Brüllstößen. Und Sänger vor großem Publikum? – Und das Publikum selbst, diese Gaffer? Gaffen bedeutet im Mittelhochdeutschen eigentlich «mit offenem Mund anstarren, den Mund aufsperren». Im Schwedischen heißt «gapa»: «den Rachen aufreißen, schreien, gähnen, klaffen. Diese Wörter gehören wahrscheinlich zu der Wortgruppe von *gähnen*»[213]. Im Anfang war das Wort, steht in der biblischen Genesis. Die Hesiodische Überbietung lautet: Im Anfang war das aufgerissene Maul – auch von Sänger und Hörer (und Säugetier). Denn auch im Griechischen

Flügelrückseiten seines «Der Garten der Lüste» (Madrid, Prado) in Grisaillemalerei; der Abgrund ist nicht nur ein Motiv für «das erste Beispiel einer reinen Landschaftsmalerei in der Kunstgeschichte» (Marijnissen über Tolnays Präsentation des Triptychons, Marijnissen S. 87), sondern auch eine der ersten Nachtdarstellungen der Neuzeit.

212 Vgl. E. Neumann: Die Große Mutter. Olten ^{2}1987, S. 148. Auf S. 168 resümiert er nach der Beschreibung des germanischen *ginnunga gap*: «Der gähnend-gierige Charakter des Schlundes und der Spalte ist in mythologischer Apperzeption die Einheit des Weiblichen, das ebenso sexuell als gieriger Schoß das Männliche anzieht und den Phallos in sich tötet, wie als Erdschoß der großen Göttin, als Todesschoß, das Lebendige an- und einzieht, um sich zu befriedigen und zu befruchten.»

213 Duden – Das Herkunftswörterbuch, Mannheim u. a. O. 1963, S. 194.

heißt «chainein» nicht nur «gähnen»; vielmehr ist wörtlicher mit «chainein» ursprünglich ein Aufreißen, Sich-Auftun gemeint, vornehmlich des Mundes: um etwas zu verschlingen, nach etwas zu schnappen, auch um etwas zu ‹vernehmen› oder um «Schmähreden mit weit geöffnetem Munde gegen jemanden auszustoßen»[214]. Hesiods Weihe begann mit dem ‹Vernehmen› der musischen Schmährede gegen die Hirten.

Das Aufreißen eines Körpers oder einer anderen Gestalt (klaffende Abgründe gibt's auch schlicht in den Bergen)[215] ist also das Entscheidende dieser Gähnung. Der prominente Anwendungsfall ist zwar der Mund, doch muß auch der ‹Schoß› klaffen, bevor er gebiert, und eine besonders tiefe und vor allem erschreckende Wunde ist eine ‹klaffende Wunde›. Dass die wörtliche Bedeutung von ‹klaffen› für Hesiod noch gegenwärtig ist, dafür spricht Vers 740, wo davon die Rede ist, dass selbst den Göttern das «chasma meg», das «große Klaffen» (Alb.), verhasst ist.[216] Hier klafft aber der Tartaros, der seinerseits topographisch eine Filiation des Chaos ist: räumlicher, deutlicher lokalisierbar, aber durchaus mit einer Variation des Luftthemas versehen. Das häufigste Attribut des Tartaros ist *heroentos.*[217] Auch das heißt «dunkel»; aber es ist immer ein luftiges Dunkel. Statt des Gähnens herrscht hier das Hin und Her des Sturmes. (742)[218]

Doch um das Chaos zu vervollständigen, sei darauf verwiesen, dass de Jan de Vries *ginnung* mit «Betörung» übersetzt, dass Gaffer angezogen werden von den ‹Objekten› ihrer Schaulust, dass die Weltliteratur voller

214 G. E. Benseler: Griechisch – Deutsches Schulwörterbuch. Leipzig 1882, S. 883.

215 Nach der Trennung von Himmel und Erde, als welche man die Geburt des Uranos auffassen kann, gebiert Erde die «zerklüfteten [!] Berge» und das «rastlose Meer» (Hal. 130). – Zum *klaffenden* Abgrund stelle die Vorstellung den *kläffenden* Hund – Kerberos, «den bellenden Bluthund des Hades» (v. Sch. 311).

216 Der Hesiodsche Text gibt es nicht her, das Chaos mit der ‹Scheide› gleichzusetzen, wenngleich eine gewisse männliche Kastrationsangst aufgrund der Sukzessionsmythen sozusagen in der Luft liegt.

217 Vgl. Th. 721, 729, 736 und 807. – Mit dem Nachthimmel teilt die Unterwelt das Attribut der Tiefe, Weite: *eurys* (868).

218 Je stärker der Tartaros als ein Aspekt des Chaos gesehen wird, desto eindeutiger gehört zum Chaos das Phantasma des fehlenden Grundes (740). Aber dafür steigt dann das Bewusstsein für Bildlichkeit an: «Dies das schreckliche Bild» (Hal. 744).

Abgründe ist, die einen magischen Sog auf ihre randständigen Betrachter ausüben, indem *Erstere* ‹gähnen›[219], Letztere aber staunen und bewundern, auch dies gehört dem *chainein* an. Als Beispiel für die Sogkraft des Abgrundes in der Weltliteratur sei hier nur signalhaft auf Vergils «Aeneis» (6. Buch, Vers 265), Dantes Inferno der «Göttlichen Komödie» und auf Poes Erzählungen wie «Die Flaschenpost», «Der Sturz in den Maelström» und «Der Engel des Sonderbaren» verwiesen.

Aufschlussreich ist ein Aufsatz Wolfert von Rahdens, der mit einem Nietzsche-Motto beginnt: «Wer lange in den Abgrund blickt, in den blickt der Abgrund auch hinein.»[220] Ausgehend vom Abgrund innerhalb der Sprache zwischen der Metapher und demjenigen, was durch die Metapher gleichgesetzt wird, erschließt von Rahden diesen Abgrund als den sekundären gegenüber demjenigen zwischen der Sprache und den Dingen. Noch bevor also von der speziellen Metapher des Abgrundes die Rede ist, ist die Metapher selbst ein sichtbar gewordener Abgrund. Allerdings scheint mir die Metapher den Abgrund zwischen der Sprache und den Dingen immer in der Form ihrer Überwindung zu repräsentieren, als eine Art Luftbrücke, in der die Haltlosigkeit der Dinge und der Sprache zueinander gefunden haben.

Trotz seiner Plausibilität scheint mir von Rahden aber nicht den anfänglichen Abgrund anzusprechen, den ein unvollständiger, mangelhafter Körper darstellt. Nietzsche setzt ihn wohl im oben zitierten Ausspruch voraus, wenn er von zwei Weisen des ‹*Hinein*›sehens spricht. Es ist ein zunächst objektloses, antwortloses Hineinsehen, das den Abgrund kennzeichnet. Der visuellen Mangelsituation liegt die physische der Grundlosigkeit zugrunde. Ob im Sturz oder nur im Schwindel verweist Abgrund immer nur zurück auf den grundlosen Körper und das nur negativ formulierte Andere als den Körper. Von dieser Not, von diesem Taumel zehrt auch die Sprachnot, die einen Anker zu werfen lernt, der das Sprachschiff metaphorisch fixiert. Denn die Metapher ist nie schon da, auch nicht als die Wand gegenüber …

Wie bewusst hat Hesiod das Chaos als *Metapher* des Abgrundes eingesetzt, noch während er es für den Anfang von allem erklärt? Es ist schwer

219 J. de Vries: Altgermanische Religionsgeschichte. Berlin ^{3}1970. Zitiert nach Reimbold: Die Nacht, S. 33.

220 W. von Rahden: Der Grund des Abgrunds. In: Paragrana. Bd. 9, H. 1, 2000, S. 34.

vorstellbar, dass er den Riss zwischen Körper und Welt übersehen hat, während gleichzeitig das eine für das andere stehen kann, zumindest, wenn es am Anfang alles ist. – Und wenn es nur der Riss in der Sprache wäre, den er zu über*winden* versuchte im ersten Wort, um das man ringt, im ersten Wort für den ‹Anfang von allem›? Das ist immerhin die äußerste Zuspitzung von Zeitumkehr und der Bedeutung von ‹Nicht-Jetzt›. Psychisch gliche dann die Sprachnot der frühesten Atemnot – aber es gibt keinen Riss *nur* in der Sprache, weil die Sprache nur als Ab-Riss von dem, worauf sie sich bezieht, semiotisch existiert und nur als Überwindungsversuch eine Semantik hat. Jede Sprache setzt den Riss voraus, den exemplarisch und Pars pro toto der Vortragende im Suchen nach dem ersten Wort überwinden will.

Dass der Anfang von allem eine Metapher ist, findet seine frappierende Zuspitzung in der Tatsache, dass diese spezielle Metapher (der im Gähnen aufgerissene Mund: Chaos) eine Metapher der Metapher ist (für das doppelseitige Beziehen, das Hineinziehen und Ausstoßen von Tönen im Wind). Zwei Abgründe werden verglichen: Innenwelt und Außenwelt. Sie sind aber diese Abgründe erst – und zugleich schon nicht mehr ganz –, indem sie verglichen werden, von dem Rand aus, der sie beiderseits erst konstituiert: vom atmenden Mund. Wie bewusst diese Gleichsetzung ist, ist schwer zu rekonstruieren, da die mangelnde Ausdrücklichkeit dieses Vergleichs auch an der kulturellen Selbstverständlichkeit liegen kann. Immerhin muss berücksichtigt werden, dass das erste Wort zwar aus dem Innern des singenden Leibs kommt, aber als ein inspiriertes vorgestellt wird, von fernher, jedenfalls von außen kommend.

Und wenn Hesiod auch mit dem ‹Anfang von allem› den entferntesten Punkt von seiner Gegenwart aus gesucht hat, von wo aus sich erst die Ordnung der Theogonie ergibt (Th. 115), so ist dieser Anfang doch nicht anders denkbar denn als schockierend fremder Neuanfang, als *Chaos* eben, als ein Ab-Grund (von) der Gegenwart (aus), der das (bisher) Geltende als bloße Perspektive ‹aufreißt›, und zwar vom (Ab)Grund der Übertragung aus, vom Leib, der anhebt, singend zu sprechen. Zwar scheint nun im zweiten Blick der *Abgrund* zwischen Metapher und Metaphorisiertem eine Übertragungsarbeit desjenigen Abgrundes zwischen Sprache und ‹objektiver Welt› zu sein; doch dass dieser Abgrund zwischen Sprache und Welt nur mit der (wieder)gefundenen Sprache seine Manifestation gefunden hat, sollte zu der Frage Anlass geben, ob der Abgrund nicht grundsätzlich etwas nur nachträglich Ursprüngliches ist, so, wie das Wort selbst den Grund voraussetzt, von dem es sich dann unterscheidet, um in einem einzigen Wort für Anfang, für eine zusammengesetzte Bedeutung, aufzutauchen.

Hesiod gebraucht sowohl bei Chaos wie bei Tartaros nicht das Wort *kremnos* für denjenigen Abgrund, der sich an einem Abhang im Gebirge auftut. Auch das Wort *barathron* für «Schlund», «Tiefe» gebraucht er nicht zur Bezeichnung. Doch er beschreibt die Finsternis (*zophos*), die dem Sturz folgt und die von Schirnding sogleich mit «Abgrund» übersetzt (729), sowie das *chasma* des Tartaros (740), das derselbe Übersetzer mit «Schlund» wiedergibt. Schwindel, Taumel, Sturz als eine Bewegung nach außen, auf die Dunkelheit folgt, und Gähnen, Saugen, Schlucken als eine innere Bewegung, auf die Dunkelheit folgt, bleiben, auch ohne Hochgebirge, untrennbar miteinander verknüpft, auch in den wörtlichen Bedeutungen des Griechischen. Gemeinsam ist nur eine Repräsentanz des Fehlenden im aufgerissenen Loch: fehlender Halt und fehlende Füllung. Wenn dies Wort «Abgrund» aber grundsätzlich ein post festum a priori bezeichnet, dann gibt es auch keinen Grund, den Abgrund zwischen der Sprache und den Dingen als den ersten Abgrund zu fixieren. Warum sollte der Abgrund sich erst (in) dem Leib auftun, der spricht? ‹Spricht› nicht bereits der Leib, der sich verhält, der intentional sich nach außen wendet? Und ist da nicht schon ein Riss zwischen dem (solcherart) ‹sprechenden› und dem ‹stummen› Leib? Der Abgrund in jedem Leib zwischen dem sprechenden und dem stummen Bereich ist die Voraussetzung, den Abgrund zwischen Sprache und Welt als den konstitutiven für den Abgrund im metaphorischen Verhältnis anzusehen.

Hier schließt sich aber ein Kreis, ohne dass das Kreisen damit beendet wäre: Denn es kann gesagt werden, dass jeder Leib eine Metapher *ist*, nicht so, dass ‹Metapher› nur eine Metapher für Leib wäre, sondern so, dass der Leib, indem er *ist*, gelungene Übertragung ist. Insofern ist es keine metaphorische Übertreibung, sondern eine zutreffende Spiegelung der Metapher als Metapher in der Metapher des Abgrundes, wenn Antonin Artaud sagt: «Ich bin ein Abgrund».[221] – Weder mit der Metapher noch mit dem Abgrund soll hiermit abgerechnet sein. Die häufige Bedeutungsverwandtschaft des Abgrundes und der Metapher mit der Nacht ließen es nur geraten erscheinen, einzelne Aspekte vorzuziehen, die für die weiteren Erörterungen eine Erleichterung darstellen könnten. Für mich ist

221 A. Artaud: Die Nervenwaage. (1925) Zit. nach W. v. Rahden, Der Grund, S. 41.

der gemeinsame Punkt von Abgrund, Metapher und Leib: der Sprung ins Dunkle – des noch nicht fixierten Gegenüber. Diese Dunkelheit, die in der archaischen Ästhetik bedacht wird, scheint grundsätzlich die Imagination gewissermaßen zu rahmen.

Der phänomenale Realismus des hesiodischen Schöpfungsaktes, der hinter der metaphorischen Verstellung vorstellig wird, fällt durch eine dialektische Verknüpfung von Leib und Raum auf, wie sie mit der *Geburt* gegeben ist, dem wichtigsten theogonischen Vorgang, der leibhaftig ein Vorgang der Übertragung ist. – Damit uns die luftigen Musen nicht den Kopf verdrehen, sei an die Schwerkraft erinnert, die sich im gähnenden Abgrund ebenso geltend macht wie im Schweregefühl, das nach dem Gähnen (oder nachdem Eros die Glieder gelöst hat) den kommenden Schlaf ankündigt.

Die Er-Fahrung des Unten ist im (eigentlich geschlechtslosen) Gott Erebos als erstem Nachfahren des Gähnenden recht gut dokumentiert. Bevor man *erebos* als einen Raum, etwa «das Totenreich»[222], vorstellt, sollte man die Erfahrung des Sinkens bedenken, die sich beim Ausatmen einstellt. (So sinkt man auch in den Schlaf oder ‹haucht sein Leben aus›.) Das Ein- und Ausatmen der Luft ist objektiv eine erste und die dringlichste Be*zieh*ung auf den neuen Außenraum, die jedes neugeborene Säugetier selbst herstellt und die sozusagen den autopoetischen Teil seiner individuellen Geburt darstellt. Nach dem Tauchen durch den Geburtskanal und dem Auftauchen im dramatisch trockenen und kalten Medium der Luft ist es eben dies Gefühl der Luft auf der Haut des Gesichts, das den Reflex zum ersten Atemzug auslöst.[223] Aristoteles wusste noch von einer orphischen Lehre, derzufolge die Seele mit dem ersten Atemzug in das Neugeborene einzieht.[224] Die Assoziierung der Seele mit dem Atem ist in vielen Kulturen tradiert; noch heute ‹haucht› man im deutschen Sprachgebrauch ‹seine Seele aus›. Jude, Christ und Moslem wähnen den Menschen als von göttlichem Hauch beseelt.

Aller Anfang besteht im Umkehren von In-Sein und Außen-Sein, durch Drücken und Ziehen von Mutter und Kind. Durch Spasmen teilen sich Innen und Außen, indem sie sich aufeinander beziehen. Außen, das heißt

222 So die «wörtliche Übersetzung» von G. Fink in: Die griechische Sprache. Darmstadt [3]1997, S. 254.

223 Vgl. H. Kaulen: Geburtsort Badewanne. In: FAZ, 4. 3. 2002.

224 Vgl. Burkert: Religion, S. 444.

nach dem Ausgestoßen-Sein: Druckabfall, Hautreizung, Unterdruck (Sauerstoffmangel) und ausgestoßene Luft. Es entsteht ein Hohlraum, der sich nur als außenwelthaltiger in notwendiger Weise weitet. (Gaia und Uranos werden auf ihre Weise den Kampf um die Balance zwischen Innendruck und Außendruck fortführen.) Mit dem Atmen verbunden ist die rhythmische oder doch zumindest periodische Einrede gegen die Schwerkraft, mittels derer wir den Leib als nicht nur intentionalen, also einen, der sich aufspannt (und anspannt), erfahren, sondern als Teil der physischen (Außen-)Welt. Besonders viel Auftrieb hat der musisch inspirierte Leib. Der nie versiegende Atem der leichtfüßigen Tänzerinnen verspricht, dem Klaffen entronnen zu sein. Doch das Betörende des Abgrunds liegt im Versprechen, dass der Schwindel aufhören könnte. Der Schwindel ist ein Gefühl. Das «Wörterbuch der philosophischen Begriffe» von Rudolf Eisler betont dagegen, dass auch der Schwindel noch ein *Bewusstsein* ist, nämlich «das Bewusstsein der Unfähigkeit der einheitlichen festen Coordination von Bewegungen, Bewegungsempfindungen»[225]. Nun kann man auch Gefühle als Formen des Bewusstseins auffassen. – «Ich fühle, also bin ich», sagt Antonio R. Damasio.[226]

Aber es gilt doch, den Unterschied festzuhalten zwischen einem eventuell klaren Bewusstsein, das dieses Gefühl des Schwindels gut bedenken kann, ohne selbst zu schwindeln, dessen Körper aber gleichzeitig stürzt, und einem Schwindel, der nur noch die eine Erfahrung des Schwindels selbst machen kann. Die Verhaftung des Schwindelgefühls an körperliche Sensationen ist das Entscheidende. Das *Gefühl* der Dissoziation des *Gleichgewichtssinns*, der eine Synthese aus Schwerkraft und Leiborientierung darstellt, kehrt das Verhältnis von Leib und Chaos phantasierender Weise um: Dem eigenen Chaos gegenüber reißt die Schwerkraft als fremde Intentionalität das Maul auf und will mich einsaugen. – Im Übrigen taucht Schwindel auch bei Fortfall der Schwerkraft auf; fast die Hälfte aller Astronauten klagen im Weltall über Schwindel.[227]

225 R. Eisler: Wörterbuch d. philosophischen Begriffe. Berlin ²1904; Digitale Bibliothek Bd. 2: Philosophie von Platon bis Nietzsche. Berlin ³2004 (Sigle: Dig.Bib. Phil.).

226 A. R. Damasio: Ich fühle, also bin ich. München 2000.

227 Siehe hierzu: K. T. Haid, B. Hofferberth und G. Hortmann: Schwindel und Gleichgewichtsstörungen. Berlin und Wiesbaden 1997, S. 24.

Die Anziehungskraft des ältesten Phantasmas gilt weniger einem gesehenen Objekt als vielmehr dem ältesten Trauma des Luftmangels, dem Ein- und Ausstülpen von Innen und Außen als chaotischem (und schöpferischem) Gemisch oder Ensemble von Fremdem und Eigenem, dem Fall in die Welt. «Menschliches Leben begann nach antiker Auffassung erst mit dem ersten Atemzug des Kindes …»[228] Aber dieses Umstülpungsmuster ist nicht nur beim Atmen und Saugen lebenswichtig, und es erstreckt sich über die Lebenserhaltung der Säugetiere hinaus: «Das Herz der Wirbeltiere entwickelt sich in einem frühen Embryonalstadium zunächst als Saugapparat und nicht als Pumpe, wie man bisher angenommen hatte.»[229] Gleichwohl können die der Ohnmacht nahen Schwindelgefühle durch spezielle Atemtechniken und die Einnahme von speziellen Drogen willkürlich erreicht werden. Vor den Halluzinationen à la Chaos und Tartaros, die auch bei LSD-Trips nicht selten sind, pflegt ein Schwindel einzusetzen.

Die mit dem Atem verbundenen Körpergefühle des Sinkens und Steigens müssen aber nicht zur Evokation von Phantasmen führen. Wahrscheinlich ist schon in archaischer Zeit das, was wir heutzutage Wahr*nehmung* nennen, in viel stärkerem Maße als Wahr*gebung* verstanden worden. Wir haben allerdings erste Zeugnisse darüber erst von Pythagoras, der Hören als das Ausströmen von warmer Luft, Sehen als eine Art unsichtbar austretenden Feuers fasste.[230] Diese beiden Weisen der sinnlichen Wahrgebung sind also (fast metaphorisch, weil unmerklich) in gleicher Weise der Luft verbunden, wie ihnen auch die Sensation des Steigens (von Wärme und Feuer) beigesellt ist. Doch ist hier die Vorstellung der Selbstbewegung, des Austretens aus dem dunklen Nassen des Körperinneren, entscheidend, während Sinken und Steigen in der Vorstellung zunächst eher ‹grundlegende› erlittene Prozesse wie Geborenwerden, Sterben, In-Schlaf-Fallen usw. repräsentieren oder in Erinnerung bringen, die aber in Visionen auftauchende Bilder kennen. Die archaische Vorstellung von der Vorstellung (Phantasma) wird also, umgekehrt zu unserer heutigen Auffassung (von

228 W. Schuller: Der Tempelschlaf der Griechinnen. In: FAZ, 16. 3. 2000 über: Ch. Schubert und U. Huttner (Hg.): Frauenmedizin in der Antike. Düsseldorf 1999.

229 FAZ, 14. 6. 2006: Das saugende Herz. Nach einem Bericht in Science, Bd. 312, S. 751, über Forschungsergebnisse an Embryonen von Zebrafischen.

230 Vgl. R. Jütte: Geschichte der Sinne. München 2000, S. 41. Das von Jütte Paraphrasierte verdient allerdings Skepsis, denn es gibt kein «Werk» des Pythagoras.

einer eher rezeptiven Wahrnehmung und einer eher aktiven Vorstellung), als eine eher außenbestimmte Weise der ‹Erfahrung› gesehen. Doch sind diese Grenzziehungen viel zu schematisch angesichts des Glaubens an die Einfahrt von Göttern in den Leib des Sängers und ihres Sprechens aus diesem Gefäß. Immerhin findet aber eine Angleichung von Wahrnehmungsvorstellung und Vorstellungsvorstellung darin statt, dass das Wahre etwas Erhöhtes (das spätere Erhabene), eine Ekstase darstellt, etwas wie Sehen, aber umfassender.

Was nun Hesiod mit *chaos* in den Raum stellt, das ist kein Raum in unserm Sinne, sondern eher etwas zwischen Zustand und Bewegung (oder beides): Schlucken, Gepresstwerden, Ziehen, Luft rein – Luft raus. (Bis ungefähr zum Alter von drei Monaten kann der Säugling zugleich trinken und atmen.) Die zweitwichtigste Bedeutung, die noch mitgeteilt wird, ist das Gebären, genauer das Hervorgehen. Die Funktion des Gebärens sollte man nicht als bloße empathische Projektion von heute aus auf Erebos begreifen. Das tatsächliche, wenn auch abstrakte Hervorgehen von Nacht und Erebos aus Chaos ist ‹kontextuell› eingebettet in der Wortbedeutung des Klaffens (und ähnlicher Aufreißbewegungen), einer *Art* Mutterloch einerseits und den nachfolgenden Geburtsgeschichten Gaias, der Mutter der Mütter, andererseits. Es ist gut denkbar, dass das Hervorgehen als ein abstrakter Mittelschritt zwischen dem physiologischen Klaffen und dem synthetisierten Gebären konstruiert ist.

Jedenfalls müssen Nacht und Erebos auch als Aspekte von Chaos berücksichtigt werden, ebenso, wie es als charakteristisch für Erebos und Nyx zu gelten hat, dass sie chaotisch geprägt sind.[231] Hesiod kennt Genesen als Ableitung von Rechten und Stellungen, als Entfaltung von Wesen durch Variationen des Ähnlichen (Chaos › Erebos und Nyx), als Gegenüberstellung des Gegensätzlichen (Tag aus Nacht hervorgehend) – und vielleicht auch aus weiteren Prinzipien, die uns nicht bekannt sind.[232] Das

231 Dass Nyx und Erebos nur einen Elter haben, der zudem noch grammatisches Neutrum ist, hält den genealogischen Abstand zudem minimal und den Eigensinn der Personifikation (qua Namen) gering.

232 Vgl. Kirk, S. 39. Denkbar sind fiktive Genesen als Umkehr einer Assoziations- oder Suchbewegung. Man geht zum Beispiel in die Nacht der Vergangenheit, hält die Nacht für den Anfang und fragt dann: Was liegt dahinter: also: Was war davor? Von dem Punkt aus geht man zurück …

zweite, schon nur indirekte Kennzeichen, ist die Nächtlichkeit der hervorgehenden Wesen. Mit Geoffrey S. Kirk u. a. lassen sich aus ihrer kommentierten Textsammlung «Die vorsokratischen Philosophen» vier Gründe für die Nächtlichkeit des Chaos zusammenfassen:

a. Die Nachkommen von Chaos sind nächtlich.
b. Die Kluft ist dunkel, weil es noch nicht Äther und Sonne gibt.
c. Die Kluft ist stürmisch, weil auch die Nacht immer «von Sturm begleitet ist».
d. Der dunkle Tartaros ähnelt dem Chaos und erscheint manchmal als ein Teil desselben.[233]

Ein fünftes Kennzeichen kann aus der späteren Episode des Titanenkampfs gefolgert werden: Wenn hier das Chaos (es scheint freilich nicht mehr die alte Größe zu haben und alt geworden zu sein unter der Ägide des Zeus) im göttlichen Feuer erstickt (Th. 700), so muss es als ein dunkles, vor allem aber atmendes Lebewesen vorgestellt gewesen sein.

Wenn wir dennoch etwas Räumliches anzeigen müssten an Chaos, so wäre es sein *einräumendes* Wesen des Anfangs: ein Rand, eine Schwelle. Hesiod sagt fast nichts über ein Wesen, das er Chaos nennt; er sagt nur: Am Anfang war da ein Klaffen. Indem er so wenig sagt, erweist der Schwellen- oder Übergangscharakter dieses Klaffens seine Macht über die werdenden Räume innen und außen, Ungesagtes und Gesagtes. Das Gleichbleibende zwischen dem Chaos und seinen Kindern ist das Dunkle. Was sich in der Genealogie an Differenzierung ausdrückt, zeigt sich zunächst in derjenigen zwischen Nyx und Erebos. Erebos vertritt vielleicht eine *luftlose* Dunkelheit – das Pressen der unterweltlichen Erde? Jedenfalls erscheinen Erebos und Nyx etwas gespreizt im Vers: «Ek Chaeos d' Erebos te melaina te Nyx exegenonto.» (Th. 123)

Von Schirnding hebt diesen Aspekt der Spreizung nur ein wenig stärker hervor, indem er daraus den Bereich der Finsternis macht, in dem zwei Personifikationen Platz finden: «Chaos gebar das Reich der Finsternis: Erebos und die schwarze Nacht …» (v. Sch. 123) In der Bereichsteilung des Paars liegt die Neuerung gegenüber jener Mischung aus Stille und Bewegung, die im Klaffen ausgedrückt ist, wenngleich der Plural bei

233 Kirk, S. 45; vgl. Th. 814.

Hesiod eher die Ausbreitung zu betonen scheint. Es ist zwar verführerisch, im Klaffen einen Raum zu implizieren, doch dieser wird weder bei Hesiod explizit, noch ist er der zeitgenössischen Wortüberlieferung zu unterstellen. Im Hervorgehen aus *Chaos* beginnt er aber ahnbar zu werden. Der vorherrschende Zug an *Chaos* ist das Ziehen der Beziehung, der Durchzug am Rand, der Mangel von hier aus in etwas Unausgesprochenes hinein / hinaus, die Mischung aus Anziehungskraft und Abstoßung davor – oder darin.

Man muss sich die Wirkung, die das Wort «Chaos» auf das Abendland hat, als eine genuin ästhetische vorstellen, und zwar aus dem Bereich Phantasie. Denn obwohl sich immer wieder die Behauptung findet, das Chaos sei «windig und finster» wie Erebos und Tartaros[234], findet sich davon expressis verbis nichts bei Hesiod selbst. Nacht und Wind sind keine Attribute der *Personifikation* ‹Chaos›. Nur als Ort in der Nähe des windigen Tartaros ist es auch düster (*zopheros*, Th. 814). Vor allem die nächtlichen Kinder und das Gähnen (an das die Hörer durch das gesungene Wort erinnert wurden) sorgen für den stetigen Wind der Übertragung. Dieser ‹Wind› aber zieht nie vorbei, er stößt heraus und zieht ein, und das heißt: Er *bezieht* sich auf einen Körper. Für den, wenn auch formlosen Körper, den ‹Urschlund›, der das Chaos auch ist oder in dem das Chaos vielleicht nur haust, gilt: Die Integrität jeder Gestalthaftigkeit ist im Klaffenden bedroht, zunächst die klaffende Gestalt selbst, sodann diejenige Gestalt, die mit der klaffenden konfrontiert ist.

Andererseits muß jede neugeborene Gestalt, die im Aufreißen eines andern Körpers entspringt, als Erstes das Maul aufreißen, um zu überleben, als Säugling und atmendes Wesen durchdringt es sozusagen selbst seine Gestalt mit Milch und Luft. Der Säugling stülpt sich nach der Ausstülpung aus dem Schoß gleichsam selbst ein durch die ‹Auto-Poesie› seines Atemzugs (und stülpt sich brüllend aus und saugend ein). – Das Positive ist gerade diese Löcherung, die Leben heißt, während das Negative jene Entropie ist, die die Sirenen bewirken. Gestaltfindung in und mit den sich zugleich konstituierenden Kräften von Innen und Außen ist das Desiderat des Chaos. ‹Geburt› ist darin aber nicht nur autopoetisch zentrales

234 Vgl. Historisches Wörterbuch der Philosophie. Hg. von J. Ritter u. a. Bd. 1. Basel 1971, S. 980 (Sigle: HWPh.), und R. Buxton: Das große Buch der Mythologie. Stuttgart 2005, S. 44.

Thema, sozusagen als ‹Raus an die Luft und Rein mit der Milch›, sondern als Entstehung von Entfernung und Nähe, die jede leibliche Gestalt impliziert. Jede Geburt ist ein traumatischer Fall *in* den damit werdenden Ab-Grund. Jeder Säugling macht diesen Abgrund: klaffende Wunde der Gebärenden. Sobald er aber raus ist, gähnt dieses Chaos sozusagen zurück: reißt das Maul auf und brüllt, zieht sich die Milch in den Rachen (*gap*). Seitdem und immer wieder ist Abgrund das Ziel und Gegenteil des Lebens: Befriedigung. Im Sinne dieser Beziehungsdialektik mag es berechtigt erscheinen, in *Eros* den heimlichen Helden hesiodischer Genealogien zu sehen (heimlich, weil er selbst keine Nachfahren hat, obwohl er keine Hochzeit ausläßt). Aber auch er ist zweideutig: schön und doch auch *gliederlösend* (120).

Diese Gestaltung im, aus dem und um das Chaos herum ist nun das ästhetische Programm Hesiods, eine eigenartige Ästhetik, da sie zunächst im Dunkeln stattfindet, während der Taktilität, der Stimme und dem Hören eine große Bedeutung zukommt, dazu die verbindende Funktion von Luft. Kein Wunder, dass es um das Gähnende oder in ihm so dunkel ist, dass man schon mal Tartaros (das Innere des Urleibs) und Chaos verwechseln kann.[235] Oder ist es die in den meisten Mythen der Welt als Anfang gesetzte Allnacht[236], die eine nicht optokratische Ästhetik fördert? – Wenn wir einen Augenblick unsere vergangenen Vorurteile über das Chaos reanimieren und uns fragen, welchen ästhetischen Zweck dieses vorgestellte, kaum vorstellbare dunkle Chaos haben sollte, so stoßen wir via *Abgrund*, *Unordnung* und *Desorientierung* auf den *Schwindel*, der die *Einbildung* ‹gebiert›. Erst kommen bei Hesiod die Musen *vor*, dann das Chaos. In Wahrheit aber ist es umgekehrt, sagt Hesiod (und die Musen hätten es ihm gesagt): Erst kommt das Chaos, dann kommt die ‹Musik›. Der Schwindel, das ist die Wahrheit, ist die Voraussetzung der imaginären Ordnung der Theogonie. Denn zumindest in Griechenland sind die Musen älter und Chaos eine Erfindung Hesiods.

235 Vgl. Hal. 255.

236 Vgl. E. Th. Reimbold: Die Nacht, S. 19. Strikt als Totalität ist Chaos bei Hesiod nicht gedacht. Dafür ist der Bruch zwischen Chaos und Gaia zu groß. Ihr gemeinsamer Aufenthalt besteht nur im «danach» (Hal. 116) des Erzählers.

Ästhetik des Chaos

Im Satz über das Chaos reflektiert Hesiod den Anfang einer Ästhetik: erstens in dem Sinne, dass ‹Anfang› so allgemein gehalten wird, dass er *auch* als Anfang des Vortrags, als Beginn der wahren, weil göttlichen ‹performance› verstanden werden musste; zweitens, weil er bewusst einen speziellen Zusammenhang zur individuellen Musenweihe, zur ästhetischen Legitimation Hesiods herstellt. Zum Ersten: Dieses Gähnende, das Merkelbach mit «Es geschah ein Aufklappen» ins Spiel bringt[237], ist auch ein ‹Blow up›, ein Vorspann: Am Anfang war der Anfang: Erwartung, Luftholen: Himeros folgt Eros. Damit ist ein älteres Klaffen angesprochen: das Klaffen der Wunde des Anfangs, schnappend nach Schöpfung. Zum Zweiten: Der Sänger reißt also den Mund auf, um nach dem Anfang zu schnappen. Vor ihm all die klaffenden Wunden der Zuschauer; gähnend die einen, die andern gaffend, neugierig schnappend nach Schöpfung. Jetzt geht es zurück: Am Anfang war das Chaos. Vergiss den Text. Die Muse erinnert dich.

Der rein erzählerische Urknall, der mit der Nennung des Chaos den Anfang setzt, zeigt seine Ausnahmestellung auch dadurch, dass dieses Klaffende zwischen Vorspiel und Kosmogonie in der weiteren «Theogonie» selbst nicht mehr vorkommt, mit Ausnahme der Stelle, wo es erstickt, am Feuer der olympischen Götter (v. Sch. 700)[238]. Indem das Chaos dem ‹Dann› der folgenden Erzählung keine eindeutige Zuordnung von Eigennamen einer ‹Linie› erlaubt, macht es die Hörer abhängig von der Sukzession des Gesangs. Wie beim Tanz abwechselnd der linke und der rechte Fuß vor und zurück bewegt werden, so wechselt die verschränkte Parallelgenealogie zwischen Chaos und Gaia das Standbein und geht einen Schritt vor, einen zurück in der Zeit der Göttergeschichten. Gerade durch die Auslieferung des Chaos an die Aufreihung des Sängers führt das Spiel von Erinnern und Vergessen (der vorletzten ‹Glieder›) zu einer gesteigerten Aufmerksamkeit des Gegenwärtigen.

Für jeden Hörer ist es zudem eine kühne Herausforderung auch seiner Vorstellungskraft, dass jede neue Gottheit ein anderes Abstraktionsver-

237 R. Merkelbach: Inhalt und Form der symbolischen Erzählungen der Antike. Eranos-Tagung 1966, zit. nach Reimbold, S. 29.

238 Erfüllt von Sichtbarkeit, ist das Chaos nicht mehr es selbst, sondern ein Bild-Raum (vgl. Hal. 700). Von diesem Punkt an beginnt der Kosmos zu herrschen.

mögen zu benötigen scheint. (Schon allein dafür ist Musenlegitimation hilfreich.) Ist Chaos eine Person? Ist Gaia (auch?) ein Prinzip? Bleibt der Nachthimmel (Uranos) über uns jetzt auf Abstand? Ist er der metonymische Raum eines Gottes, oder personifiziertes Begehren, oder ewige Rachsucht des Kastrierten? – Erst mit der Zeit ahnt der Initiand (ob Hörer oder Leser) die individuellere Gestaltung im theogonischen Fortgang auch als eine ethische Abhandlung: von der Begierde des Uranos, über den Mut des Kronos zur Klugheit des Zeus. Allmählich erst bewegt sich der Initiierte in den unterschiedlichen Abständen und Verbindungen, die Hesiod herstellt: wie die einen Götter Gefühle in uns erzeugen (sollen), die andern aber Gefühle *sind*, die gerade abstrakt generiert sind. All diese Zweideutigkeiten reißen den überlieferten Horizont der traditionellen Mythe, den man für den Kosmos selbst hielt, auf und fördern die Bereitschaft zur ‹Realisierung› der Metapher.

Drei Aspekte der Hesiodischen Metaphorik der chaotischen Nacht verdienen eine nachhaltige Aufmerksamkeit. 1. die starke Präsenz des Leibes (anstelle des Nachthimmels etwa), 2. die metaphorische Zusammenspannung größter Gegensätze von Leib und Raum und 3. eine Ästhetik der Negation und des Auftauchens.

Ad 1. Unermesslichkeiten wie die Nacht und das Unterirdische in etwas noch Unermesslicheres hineinzustopfen, in das Chaos, und dann ‹hervorgehen› zu lassen, das zeigt die phantastische Übertragungskraft der Erfahrung und des Phantasmas der Geburt, als Agentur von Metaphorik. Die Dunkelheit ist eine ständige Begleiterin dieser frühen Genesen.

Ad 2. Die Entstehung des Chaos löst «wenig nur später» (Th. 116) eine Reihe von Körper- und Geburtsvorstellungen aus, die statt lediglich zu trennen, in Wahrheit die größten Extreme metaphorisch verbinden: Auf den chaotischen Abgrund folgt der sichere Göttersitz Gaias. Der Abgrund des Tartaros wiederum, ein fast kaum vorstellbar weiter Raum, wird bildlich in den Schoß derselben installiert. Die äußerste Schönheit von Eros wird bildlich unterwandert von der zerstörerischen Unordnung im Innern. (Th. 120) Solche sozusagen unsichtbaren Mächte wie Nacht und Unterwelt (Erebos) werden nicht nur zusammengefasst, sondern auch noch bildlich anschaulich, indem sie von der gerade erst erfundenen Macht des Chaos geboren werden.

Ad 3. Diese kumulative Konkretion des Unsichtbaren gipfelt in den Geburten der *Nacht*: «Himmelsblau» und «Heller Tag». (v. Sch. 124) Der

Weg der Anschauung war aber hier: Dieses helle und himmlische Hier und Jetzt soll nicht nur auf die Dunkelheit *gefolgt* sein, sondern die Nacht hat sie mit Erebos gezeugt. Das Helle ist eine Ausgeburt des Dunklen, aus dem es wie aus einem Schoß ‹hervorgeht›. Das Sichtbarwerden, im Himmelsblau und hellen Tag symbolisiert, ist durch die Metaphorisierung mit Geburt nicht nur ein ästhetisch bedeutsames *Auftauchen*, sondern das jetzt übertragene, ausgetragene Sichtbare ist das Gegenteil des verborgenen Literalen der Nacht, die durch ihre Personifikation zweideutig wurde. (Ihre innere Nacht ist die Gebärmutter des Metaphorischen.) Die Geburt als Passage zwischen innerer und äußerer Nacht ist eine ‹Ur-Metapher›, die eine Kraft aufweist, die konstitutiv für alle weiteren Metaphernbildungen ist: Entgegensetzung, Negation.

Das Chaos und die Musen

Chaos und Muse gehören zusammen. Auch Gähnen ist Atmen. Dann kommt die Atmosphäre. Doch in der ästhetischen Anmutung ist wohl kein größerer Gegensatz denkbar als der zwischen den Musen und dem Chaos. – Nun liebt die archaische griechische Welt betaute Wiesen mit blühenden Mädchen darauf, die plötzlich böse enden: Persephone im Hades, Herse (Tau) und Aglauros (Schafhirte!), die Töchter des Kekrops, sind nicht nur mythologisches Personal des athenischen Festes der Arrhephoria, sondern verweisen nach Ranke-Graves auch auf den athenischen Brauch des Tausammelns in den Vollmondnächten der Sommersonnenwende. (Gr.Myth. 1, 187) Noch in klassischer Zeit mussten in der Nacht des Arrhephorienfestes zwei Jungfrauen in die Unterwelt der Akropolis steigen. Burkert hält dafür, dass der Zielort ursprünglich ein unterirdischer Brunnen gewesen sei.[239] Wie auch immer: Mit diesen Mädchen haben die Hesiodischen Quellnymphen gemeinsam, dass sie in verschiedener Weise mit Tau in Berührung kommen. «Nach Anbruch der Nacht, gehüllt in dunstige Schleier, steigen sie nieder» (v. Sch. 9) wie der Tau. Das Wort für dunstig, *heróeis*, stammt vom Wort *aer* her, «was eher Dunst und Dunkelheit als den transparenten Stoff bedeutet, der bei uns Luft heißt»[240].

239 Burkert: Religion, S. 354.
240 Kirk u. a., S. 22.

Genau dieser dunkle Dunst aber ist das erste (und konstanteste) Attribut des Tartaros, noch bevor die Nacht entsteht.[241] Genau dieser musische Tau wird auserwählten Königen auf die Zunge geträufelt. Musen und musisch ‹begabte› Könige können ‹Atmosphäre› hervorrufen, ein feucht-luftiges Medium. Denken Sie an das Luft-Wasser-Gemisch, das den Musen und Königen metaphorisch enthaucht (oder entfließt: dick wie Honig). Ein feuchtluftiges Klima herrscht auch im Tartaros. (Th. 721) Wenn die Übersetzer auch die gemeinsame Spur verwischen und den dunstigen Tartaros «neblig» (Alb.), «düster» (Hal.), «dunkel» (v. Sch. und v. Sche.) heißen, die Stammbedeutung ist so «süß» (Th. 84) wie die von Tau. – Oder sind die musisch inspirierenden Quellen im Tartaros oder an anderem dunklen Ort verborgen? Nachdenklich könnte machen, dass die Erde, als die Musen über sie hinwegtanzen und sorgenvergessen singend zu ihrem himmlischen Vater ziehen, dass die Erde zwar «jauchzt», aber «nachtschwarz» ist. (v. Sch. 69)[242] Haben die Musen eine dunklere Herkunft vergessen? Sind diese ‹himmlischen› Töchter das Opfer einer dunklen, (unter)irdischen Macht, die mit Zeus zu tun hat?[243]

Mag man den Tartaros auch als Arkanbereich des Chaos abtun, die Verbindungen der Musen zur Nacht sind genauso stark wie die des Chaos zu ihr. Schon der Musentanz beginnt in der Dunkelheit: an der «dunkelfarbigen Quelle» (Alb.3). *Ioeides* heißt «veilchenfarbig», «dunkel»; Hallofs übersetzen es mit «tiefblau», von Scheffer mit ‹bläulich›. Das übliche Schwarz der Nacht ist also nur um Weniges aufgehellt, etwa so viel wie beim Nachthimmel. Auch das Wasser des Pontos ist «veilchenfarben». (v. Sch. 844) Und ebenso ist das *Haus der Nacht* am Rande des Tartaros «verborgen in blauschwarzen Nebeln» (kyanemsin, Alb. 745) oder,

241 Dass dieses dunkel Dunstige in der Geschichte der deutschen Hesiod-Übersetzungen und auch der Übersetzungen des Vorläufers Homer und der griechischen Nachfolger (Aischylos, Sophokles etc.) am konstantesten mit «düster» wiedergegeben wurde, ist nur einer der vielen Hinweise auf die nicht löschbare Nähe des Tartaros zur Nacht. Von Schirnding übersetzt den *Tartaros heroentos* (Vers 736) mit «des Tartaros nächtlicher Nebel».

242 Zwar steht da nur *gaia melaina*, «schwarze Erde», aber «melaina» ist das konstanteste Adjektiv der Nyx bei Hesiod und Homer.

243 W. F. Otto erwähnt in «Die Musen» (S. 26), dass Alkman und Mimnermos «ältere Musen» für von Gaia und Uranos abgestammt halten; Musaios gar für von Kronos.

wie von Schirnding übersetzt «gehüllt in Wolken aus Schwärze». – Die Nacht schließlich ‹spendet› Vergessen (Lethe) über ihre Tochter Eris («Streitsucht», v. Sch. 226). Auch die Musen spenden Vergessen, denn Lesmosyne ist Lethe (55).[244] Die Verbindung der Musen zu Gaia schließlich besteht auch nicht nur über die breiten Brüste ihrer Berge: Auch Quellen sind Wunden aus Adern in ihrem Innern. Wie überhaupt alles Entstehen und Vergehen von Hesiod schließlich unterhalb der Erdoberfläche, vielleicht auch nur an ihren unteren Rand, jedenfalls in etwas Dunkles, Inneres und Nasses verlegt wird, das aber immer noch dominant mit der Metapher der Quelle (pegé, 738) belegt wird. Wer weiß, was die wirkliche Quelle (krene) der Musen ist, bevor sie oben, im Hippo, im Permessos oder im Olmeios baden – wenn sie zu ihrem himmlischen Vater erst unterwegs sind, während die schwarze Erde doch schon jauchzend unter ihren Schritten bebt.[245]

Ihr Auftauchen aus Nacht und Nebel erzeugt zuerst den Sog der Sehnsucht und endet mit einer heftigen Böe der Beschimpfung. Hierin dem Chaos selber verwandt, ist die musische Ein- und Ausfuhrbewegung von *chainein*, was «den Mund öffnen» heißt, sowohl im Sinne von ‹nach etwas schnappen› als auch im Sinne von ‹Worte ausstoßen›.[246] Noch mehr aber ähnelt die Tanzbewegung selbst, eine ‹religio›, die den ganzen Körper erfasst, dem Chaos. Karl Kerényi zitiert in seinen «Gedanken zum griechischen Tanz» Varro mit dem Satz: «Getanzt wird im Kult, [damit] kein Teil

244 Die Spur einer Differenz entdeckt Kerenyi, wenn er die lexikalische Abhängigkeit der Lesmosyne von Mnemosyne zum Indiz für eine ältere griechische Religiosität erklärt, für eine «Einheit der Gegensätze unter der Herrschaft des Positiven». K. Kerenyi: Mnemosyne – Lesmosyne. In: Ders. Seelenforschung, S. 321. Das Gute dieses Vergessens aber sei, dass es alles, «das zur Nachtseite des Daseins gehört, verschwinden läßt.» ebd. – Auf der Nachtseite wiederum wohnt eine Lethe, die als Folge von Streit (Eris) alles Positive vergessen läßt. Die leichte Herrschaft des Positiven scheint mir gerade an Hesiod und seinem Wirkungskreis Wunschdenken zu sein. Lesmosyne ist keine Göttin, sondern eine Gabe (Th. 55); Lethe dagegen wird großgeschrieben (Th. 237) und ist eher eine Göttin, jedenfalls eine aus der Streitsucht heraus verselbständigte Macht.

245 Ein Alkman-Kommentar auf dem sogenannten Oxyrhynchos-Papyrus Nr. 2390, der 1957 veröffentlicht wurde, erlaubt die Vermutung einer Tradition, derzufolge die Musen als Töchter der Erde angerufen wurden. Vgl. Kirk, S. 51.

246 Siehe Langenscheidts Taschenwörterbuch Altgriechisch.

des Leibes ohne die Erfahrung der Religion bleibt.»[247] Freilich scheint im Tanz mehr Ordnung als im Chaos, besonders in dem Tanz, der ein getanztes Labyrinth ist.[248] Aber ist das nicht zu sehr von außen gesehen? Der innere Taumel im endlosen Hin und Her ist nur möglich durch die Umkehrungen, die Windungen und Wendungen; ohne sie wäre jedes tanzende Wesen schon längst aus der Welt fortgetanzt. – Kerényi scheint der Verbindung zwischen Tanz und Chaos zwar nichts abgewinnen zu können, denn er leugnet an ihm jede Richtung und Bewegung. Aber er dementiert sich gleich darauf, indem für ihn das Chaos «alles Gestaltete wieder in sich zurücknimmt»[249]. Und was geschieht, wenn ein Tanz aufhört? So leicht werden wir den (roten) Faden zwischen Chaos und Tanz, der da Labyrinth heißt, nicht mehr abreißen lassen. Denn das Labyrinth ist ein genuiner Topos der Nachtästhetik.

Weit verbreitet ist inzwischen die *musische* Anmutung des Labyrinthes; es soll zuerst ein Tanz gewesen sein, bei dem auch gesungen wurde. Hermann Kern: «Vorzüglich zu dieser Interpretation fügt sich die Tatsache, dass die Geranos, der labyrinthförmige Kranichtanz, auf Delos nachts bei Fackelschein getanzt wurde, man also in den sich bewegenden Fackeln ein Bild der gemeinten Himmelskörper sehen konnte.»[250] Sei dies nun die ältere oder die jüngere Ausprägung: am weitesten verbreitet ist die Verbindung ‹Labyrinth› mit einem unterweltlichen Gangsystem, bei dem sich Chaos und Ordnung im Dunkeln wie zwei Seiten einer Welt verhalten, die gleichwohl nie zusammenkommen. Einem von außen oder oben ausgeklügelten System ‹entspricht› im Innern die möglichst vollständige Desorientierung. Jedenfalls ist es in dem System des minoischen Mythos vom Minotauros so, bei dem es nicht darum geht, die richtige Verzweigung zu wählen, sondern darum, dem Gang unaufhaltsam zu folgen, der ins Innerste führt – und dadurch erst hinaus, weil erst im Innersten die Kehre angelegt ist zur Umkehr. Für den Folgsamen geht es so übers Chaos oder so etwas Ähnliches (hinaus) in den Kosmos.

Die Vorstellung des Kosmos gehört insofern genau zur Architektur

247 K. Kerényi: Vom Labyrinthos zum Syrtos. In: Ders.: Seelenforschung, S. 287.

248 …mit dem sich Kerényi beschäftigt hat, vgl. S. 284.

249 K. Kerényi: Hermes der Seelenführer. In: Ders.: Urbilder, S. 112.

250 H. Kern: Labyrinthe. München [4]1999, S. 32; s. auch S. 52.

und Denk- wie Erfahrungsfigur des Labyrinthes, als mit ihr der äußerste, der Himmelsraum ins Innerste übertragen und begehbar gemacht werden sollte. Wenn auch nicht in allen Kulturen dieses Äußerste nur den Nachthimmel in die innere Nacht der Erde einstülpte, sondern auch Sonnen-Einbettungen gespielt wurden, so ist ihnen doch der Verweis in ein inneres Dunkel gemeinsam. Diese Gänge bestanden aber nicht für sich selbst, sondern sie sollten gegangen werden. Menschliche Leiber gingen hinein, für die die innere Nacht der Erde eine äußere war – die sie als innere, verinnerlichte mit nach draußen brachten. Bezog sich nicht die äußere innere Nacht des gebauten Labyrinthes auf ein Inneres im Menschen? Wir können im etwas übertragenen Sinn von der labyrinthischen Nacht im Innern der Tanzenden sprechen, die sie empfänglich macht für die Darstellbarkeit einer neuerlichen Umstülpung der inneren Nacht nach draußen, in die Nacht draußen. Insgesamt ist auch im labyrinthischen Reigen, draußen in der Welt, wiederum eine Bewegungsfigur entscheidend, die im gezeigten Weg nach Innen und erst ‹darüber hinaus› nach draußen führt – bis hin zur Choreographie des Nachthimmels.[251]

Die Suche nach der innerleiblichen Entsprechung einer kosmischen Ordnung wird unter anderem durch die Assoziationsnähe zur kosmischen Hochzeit und durch magische bzw. kultische Kopulation (S. 28, S. 39) oder durch die Vorstellung des Uterus als eines Labyrinthes (S. 37) deutlich. – Von hier aus ist die Vorstellung nicht weit, dass die Geburts-Passage zwischen innerer und äußerer Nacht eine Urmetapher ist (s. Ende des vorigen Abschnittes): eine Übertragung von der inneren Nacht der Mutter zur äußeren Nacht des Kindes, das seit der Geburt eine innere Nacht ausbildet. Die innere Nacht eines Anderen, außerhalb der Mutternacht. – Selbst der Hinweis auf das innere Gedärm der Menschen ist insofern eine weiterführende Spur, als der Ariadne-Mythos mit dem Dionysos-Mythos verbunden ist, in dem es nicht nur um des Dionysos Wechsel zwischen Unterwelt und Oberwelt geht, sondern auch um Stieropfer samt Verspeisung desselben.[252] Wie nachhaltig in den Köpfen der Menschen mit der Figur des Labyrinthes das Thema der Verbindung, genauer: der Übertragung, von innerhalb und außerhalb des Leibes steckt, ist an der Bezeichnung «Labyrinth» für

251 Siehe zusammenfassend H. Kern: Labyrinthe, S. 13–69; weitere Seitenangaben im Haupttext.

252 Siehe unten «Das Nachtmahl», «Bauch und Gott» I und II.

einen Teil des Innenohrs zu erkennen, in welchem das Gleichgewicht mit der Welt gehalten wird.[253] Das Labyrinth dokumentiert das Wissen oder die Ahnung von einer inneren Nacht, der die äußere entspricht.

Was im Labyrinth-*Tanz* (etwa in minoischer Zeit) getanzt wurde, ist die ‹Wendung›, «die Wendung in der Obhut und im Bereich einer Göttin, die im Kontext der Überlieferung nur eine Unterweltherrin ist. Auf eine Wendung bei ihr kam es an. Sie wäre doch die Wendung aus dem Tode ins Leben zurück!»[254]- Wenn auch für Kerényi klar ist: «Die ganze griechische Mythologie konnte getanzt werden»[255], so käme es schon auf den genauen Zusammenhang zwischen der Unterweltsgöttin Ariadne und den tanzenden Musen an. Belassen wir es aber an dieser Stelle bei dem analogischen Hinweis auf eine labyrinthische Situation, wenn sich dem Hörer des Hesiodischen Gesangs eine verwirrende Filiation von Sukzessionsgängen ergibt und er am Ende wieder am Eingang bei den Musen steht (stehen soll). Was Ariadne für eine Wendung vertritt, klingt dramatischer. Im Kult der Ariadne auf Zypern wurde die Geburt des Dionysos wiederholt, die aber eine «Geburt im Tode»[256] war. In etlichen Mysterienkulten wurden symbolisch Tod und Auferstehung nachvollzogen. Beim Vortrag des Hesiod geht es nur um Erinnern und Vergessen.[257] Geburt im Tode ist wie Erinnern im Vergessen, Vergessen im Erinnern. Die Verjüngungserfahrung im Vergessen ist eine Art Nachtod-Erfahrung.

Welchen Sinn aber sollte die Entsprechung zwischen den Musen des Vorspiels und dem Chaos des Hauptspiels – bei gleichzeitig äußerstem ästhetischem Gegensatz – machen? Das Schöne als des Schrecklichen Anfang? Es hilft nichts, sich damit zu begnügen, zu sagen: Die Musen sind symbolische Objektivierungen der Phantasie. Denn diese Objektivierungen haben zu anderen Graden von Objektivität geführt: Vielleicht stan-

253 Siehe hierzu den Folgeband der Nachtästhetik: Nachtsprache: Den Schwindel im Ohr.

254 K. Kerényi, Vom Labyrinthos zum Syrtos. In: Ders.: Seelenforschung, S. 287.

255 Ebd., S. 286.

256 Kerényi, Urbilder, S. 9.

257 In Lethe sei ursprünglich die Bedeutung von ‹Verstecktheit› gewesen, sagt Kerényi, s.: Mnemosyne – Lesmosyne. In: Ders. Humanistische Seelenforschung, S. 317.

den am Anfang irgendwelche Tributzahlungen in der Währung von Töchtern, Opferungen von Töchtern, dann Feste, in denen eine Wende gefeiert wurde, eine Rückkehr. Wiederum eine andere Objektivation wäre die literarische, die nicht nur solche Inhalte aufgriffe, sondern auch das Thema der literarischen Phantasie selbst reflektierte: im Modus der Verbindung von Muse und Stoff, hier: der Theogonie. Dass Hesiod die Verbindung des musischen Liebreizes mit dem vor allem dunklen Thema von Vergangenheit und Nacht programmatisch hergestellt hat, das sieht man am Dunst, dem (in der Welt und gerade hier und jetzt) Sehnsucht und Schaudern entspringen: *imeroessan aoiden* (104) und *tartara t'heroenta.* (119) «Schenkt liebliche Lieder», ihr Musen, «rühmt ... die ... Kinder der düsteren Nacht» (v. Sch. 104, 105, 107).

Dennoch bleibt ein Widerspruch zwischen Prooimion und Theogonie, der im Dunstkreis Hesiods noch schöpferisch genutzt werden sollte. Es mag ja sein, dass der Zuhörer über der Schilderung schlimmeren Leids und böserer Kämpfe seinen Kummer und seine Sorgen vergisst, wie er bei Vers 102 hoffen durfte. Und die Nacht ist die mächtigste Nährerin der Sorgen; das ist zwar aus den «Metamorphosen» des Ovid (8,81), aber es hätte auch bei Hesiod stehen können, wo Tadelsucht, schmerzliche Drangsal und Angst vor Nemesis an der Brust der Nacht genährt werden. Doch darin logen die Musen, dass sie eine freundlichere Medizin versprachen: Preisung der ruhmvollen Taten früherer Menschen und Verherrlichung der Seligen im Olymp. (99) Wahrscheinlicher aber ist ein Zielkonflikt zwischen dem musikalischen Wettbewerber und dem pessimistischen Ethiker.[258]

Kaum ein archaisches Götterbild ist so düster wie das Hesiods, dessen v*or*olympische Geschichte im Grunde auch vorarchaisch ist. Oder sagen wir besser: Alles, was als ‹vor dem Sieg des Zeus geschehen› erzählt wird, ist der Versuch, *nach* dem Sieg des Zeus ein Bild der Vergangenheit in die kosmische Gegenwart zu integrieren. Letztere wird allein durch diese Integrationsbemühung historisch: ‹archaisch›. Zwar deutet sich mit der Herrschaft des Zeus, der die Göttin Metis, die ‹Klugheit›, in seinem Bauch

258 Der Pessimismus erstreckt sich besonders auf Hesiods Dichtung «Werke und Tage», wo das als kommend angedeutete ‹Heroische Zeitalter› nur ein Intermezzo in der Dekadenz vom bronzenen zum noch schlechteren eisernen Zeitalter darstellt. Vgl. Dihle: Literaturgeschichte S. 36.

verschluckt hält, ein Ende der Vatermorde und Herrschaftskämpfe an, ja mehr noch: Es deutet sich die Herrschaft der Allegorie über die Einbildungskraft an – mit verinnerlichter ‹Klugheit› nämlich. Doch das wahre Ende der «Theogonie» ist unbekannt.[259] Und am Schluss des Überlieferten sammelt sich wie von ungefähr ein notorisch verdächtiges Personal an, das des Kriegs vor Troja: Anchises, Aeneas, Achill, Odysseus (Th. 1008). – Schließlich gehört es auch zur Aufgabe des Sängers, von den Heldentaten der Sterblichen zu singen (100).

Nicht nur die eigenen Wunden und Sorgen, auch der Widerspruch zwischen Musenkunst und pessimistischem Weltbild können zwar während des Vortrags vergessen werden, für die folgenden Jahrhunderte jedoch ‹stachelt› der Text fortwährend die Auseinandersetzung zwischen Poesie und Wahrheit an. Schließlich wird er zum Medium, in dem die Kluft im mythischen Stoff zwischen den Gattungen (zum Beispiel Lyrik, Drama, Kosmogonie) immer klaffender gähnt. «Ein Jahrhundert später hat die frühgriechische Philosophie sehr deutlich Bezug auf die ‹Theogonie› genommen, besonders auf die in ihr enthaltenen kosmogonischen Aussagen.» (116–138, Hal. XXII) Zur gleichen Zeit beerbt ein befestigtes lyrisches Ich (Archilochos, 1. Hälfte des 7. Jahrhunderts)[260] in der gesamten Poesie seit der 2. Hälfte des 7.Jh.s (Alkman, Sappho und Alkaios)[261] den bis dato größten, den hesiodischen Musenhymnos.

Das hat über die ästhetische Marginalisierung der Musen hinweggetäuscht, die Hesiod betrieben hat, indem er mit dem Chaos eine erste genuin ästhetische Nachtdynastie inthronisiert hat. Ausgerechnet die nächtlich auftauchenden Musen, von denen er die Inspiration des Chaos hatte und die er wiederholt erwähnt, befördert er ins Jenseits (von) der Nacht, zum himmlischen Vater (915)[262] – zugunsten einer metaphorischen Nacht

259 Die früher zur «Theogonie» gezählten Verse 1021 / 1022 haben sich durch Papyrus-Funde als Beginn der «Ehoien» (Frauenkataloge) Hesiods erwiesen. Vgl. Hal., S. XVI.

260 Archilochos: Gedichte. Hg.: K. Steinmann, Frankfurt 1998. Vgl. die von Hesiod inspirierte Legende seiner Musenberufung im Vorwort (S. 9).

261 Alkaios: Carmina.

262 Zweifellos verehrte Hesiod die Musen, deren Zahl er auf neun erhöhte, und zweifellos hielt er sie für besonders ‹ästhetisch›, wenn er ihnen Beinamen

eigenen Rechts von Chaos her. Manche Eigenarten der Hesiodischen Nachtästhetik – die Betonung der Leiblichkeit (statt des Himmels), die Kombination von Nachtleib und Nachtraum und die nachtmediale Förderung von Negation und Auftauchen, alles im Dienste einer suggestiven Metaphorik – sind zwar möglicherweise nicht gänzlich Erfindungen von Hesiod, es gibt auch noch beim weit entfernt beheimateten Homer ein wenig von einigem, was auf ältere gemeinsame ästhetische Vorlieben hinweisen könnte – aber Hesiod gibt dieser ästhetischen Spur mit der Linie Chaos-Nyx nicht nur eine mythologische Ordnung, sondern auch eine poetische Gestalt.

Die Älteren, rituelle Gefäße namens Rhapsodoi, ‹Rap-Sänger›, aus denen die Musen noch *selbst* sangen, kannten (vorgeblich) nur die treue Weitergabe des zeremoniell Erinnerten vom Hörensagen. Aber die neue Erfindung des Chaos *zielt* aufs Älteste, im Dunkeln Liegende, von der anderen Richtung her Kommende. Während die Musen Tradition darstellen, rekonstruiert Hesiod sozusagen archäologisch. Woher die Musen kommen, das ist unklar, fern und vage. Sie kommen in der Nacht, in einem jeweiligen Jetzt. Hesiod holt vom Jetzt aus: aus in die bestimmteste Vergangenheit, und zwar in die von *ihm* bestimmte, für die er nun alle Freiheit der Gestaltung hat, die er (bei aller Rücksicht auf die rhapsodische Tradition) nach symbolischem Kalkül bestimmen kann. Da dieses dunkle Ferne zugleich die Anmutung äußerster leiblicher Nähe, ja leibinnerer Nacht hat, gewinnt er mit Chaos ein autochthones ästhetisches und narratives Feld. In der Sukzession ausgestülpter, das heißt geborener und auftauchender Götter konstituiert er in dieser Konzeption säkularer Zeitigung einen Spiegel der Narration: eine zeitliche Linie und zugleich ein Bild der Einstülpung in die Imagination der Hörer/Leser.

Indem er mit Chaos den Zustand ante rem narrationis fixiert, erschließt er zuallererst den Dispositionsraum (und beim Zuhörer das Gefühl) für die sich aufspannende Zeit und die Dunkelheit vor ihr. Die Metapher von der *Nacht der Vergangenheit* ist zwar nicht seine Erfindung, aber seit ihm liegt sie zur ästhetischen Gestaltung in der Luft. Dabei ist aller-

gab wie «Freude Bringende» (Euterpe), «Liebliche Sängerin» (Erato) oder «Tanzesfrohe» (Terpsichore); aber was ist eine Abstammung von der Erinnerung (Mnemosyne, 54) an den Anfang gegenüber einer Abstammung vom Anfang selbst (Chaos)!

dings die Entwicklung zu beachten, die Hesiod von Chaos zu Nyx symbolisiert hat. Nyx, die Äther und Tageshelle gebiert (124), ist die Mutter der zeitlichen Alteration und des historischen Umschlags. Chaos aber war (post festum!) die tiefe Nacht der Zeitlosigkeit – gewesen, nun gefühlt! Denn vor ihm entstand nichts. Indem Chaos gebar, und wenn es auch nur das Reich der Finsternis war (123), hellte sich die Substanz *ewiger* Finsternis bereits ein wenig auf zu Raum und Zeit von unterscheidbaren Gestalten, Erebos und Nacht. Die Vorstellung, dass die tiefste Dunkelheit zeitlos sei, ist wahrscheinlich eine anthropologische Konstante (die mit Hesiod in die geschichtliche Veränderung überführt wird). Psychologisch ist das mit der Einschränkung eigener Bewegung, eigener Orientierung und Wahrnehmung erklärlich. Diese tiefste Nacht der Zeitlosigkeit bringt einer weit verbreiteten Einschätzung zufolge diejenige Nacht hervor, die Hesiod mit Nyx personalisiert hat und die man auch die Mutter der Geschichte nennen könnte, weil sie die menschlichen Schicksale (via Moiren) und die historischen Enden (Keren) und Rückbezüge (Nemesis) hervorbringt.

3. Die Nächte der göttlichen Nacht

Nächtliches Chaos – chaotische Nacht

Besonders ausgeprägt ist der Gegensatz zwischen Musen und Chaos in ihrer jeweiligen Konstellation mit Nacht. Der theogonische Widerspruch zwischen der Nacht als dem Medium musischer Erfahrung und der Nacht als der Quelle allen Übels (211) lässt sich zunächst dadurch mildern, dass Nacht, noch ohne ihren täglichen Widerpart, eine Totalität mit guten und bösen Aspekten ist. An Nacht scheint man besonders gut das Auseinanderdriften von Ästhetik und Moral beobachten zu können: Das nächtliche Murmeln der Quellen evoziert angenehme Erscheinungen, die göttliche Nacht ist dagegen verderblich. Freilich: Verbindet die beiden Nächte denn mehr als nur das Wort? Die Nacht des Musenauftritts im Vorgesang wirkt jung und jetzig, ist aber uralt. Die theogonische Nacht wirkt uralt, düster (107), grausig (757), ist jedoch erstaunlicherweise immer noch ziemlich schnell (481). Zwar wird sie als eine der ältesten Mächte behauptet, aber die Art der Konstruktion, die ihr zur Erscheinung verhilft, ist die neuartige von Hesiod. Er scheint aus ihr Prinzipien, Realien, Charaktereigenschaften und Lebenslagen abzuleiten; sie stellt eine chimärische Frühform der Personalisierung dar. Das gilt zwar sehr eingeschränkt auch für Gaia, aber sie und ihre Nachkommen haben eine deutlichere Persönlichkeit und repräsentieren zugleich stärker eine materielle Natur.

Noch markanter ist der Unterschied zu den olympischen Göttern, die nicht nur, wie Zeus, mit ihrer Physis imponieren müssen, sondern auch psychologisch nachvollziehbar handeln und fühlen. Hervorbringungen der Nacht sind dagegen bewusst überraschend und nur nachvollziehbar an der Person Nyx, weil sie zugleich eine rätselhafte Allegorie sein kann. – Unter Allegorie verstehe ich eine Sonderform des Metaphorischen, bei der abstrakte Sachverhalte zu einer konkreten Erscheinung finden, die aber im Unterschied zum Symbol nur von der Wissenskombinatorik des abstrakten Sachverhaltes her zu entschlüsseln sind. Durch diese Kombinatorik entstehen überraschende neue Aspekte an Sachverhalten bzw. Behauptungen. Ein Gegenbeispiel zu diesem allegorischen Status ist Ares, der olympische Kriegsgott. Diese Symbolisierung des Krieges in Ares scheint zunächst nicht leicht von einer Allegorie des Krieges unterscheidbar zu sein, und zwar eben der Leichtigkeit wegen, mit der man «Symbolisierung des Krieges» sagen kann. Im Ausdruck «Symbolisierung *des* Krieges» findet eine Allegorisierung statt. Man muss nur strikt auf der Rezeptionsebene, bei der aktuellen Erfahrung von Erzählungen bleiben, um den Unterschied zu bemerken. Es sind einzelne Kriegserfahrungen, die beschrieben und nacherlebt werden, für die schon die resümierende Sammelbezeichnung irreführend ist gegenüber dem ganz gegenwärtigen Furor, der mit der Einfahrt eines Gottes in den Leib des Kriegers seinen Höhepunkt findet, wie es Homer in der Ilias (17, 210) beschreibt.

Die Grenze dieses Aufstiegs von der einzelnen Nacht-Erfahrung zum allgemeinen Gott liegt in der mündlichen Vortragssituation selbst. Nachdem dies Wort *Ares* für den Furor gefunden ist, kann man es als Kürzel überall einsetzen; es «steht [dann] stellvertretend für Kampf», wie Hampe zusammenfasst.[263] Aber diesem Kürzel vergangener Erfahrungen tritt dann nie etwas Neues hinzu. Die Namen allein sagen also gar nichts, der Kontext ist enscheidend. Die konkrete Schlachterfahrung wird symbolisch verallgemeinert. In dem Kontext, wo dieser Verallgemeinerungsvorgang abgekürzt evoziert wird, kann nichts Neues an den Zügen der reduzierten Erfahrung auftauchen. Bei «Nacht» hingegen, wenn sie als Allegorie auftaucht, ist die Erfahrung eine andere. Es ist aber entscheidend, dass Nacht, nachdem sie in den Versen 211–232 im konkreten Bild des Gebärens (*tiktein*) solche inkarnierten Unsichtbarkeiten wie «Streitsucht» (Eris) oder «Tod» (12) hervorgebracht hat, später gleichwohl wieder wie eine natürliche Realität, sogar wie eine materielle Substanz beschrieben werden kann, die dem Tartaros um den Nacken gelegt ist (726). Kurz darauf wiederum ist sie sowohl die periodische Realität als auch eine Göttin, die den Tag vor ihrem Haus begrüßt (748). Sicherlich schwankt auch die Bedeutung von Gaia / Erde, aber die Gegensätze sind nicht so extrem, berühren sich nicht so häufig und vor allem: Sie haben nicht diese fast begriffliche Seite, die einer Kategorientafel gleichkommt. Keine andere Gottheit oder Wirklichkeit oder Metapher taucht unter so verschiedenen Tarnnamen oder Enthüllungen so oft und differenziert auf – oder unter – wie Nyx / nyx.

Dieser Umstand und die Neuheit, dass die mannlos gezeugten Nacht-Nachfahren weniger nach der ähnlichen Erscheinung als nach Prinzipien

263 Ham., Register, S. 576; er bezieht sich auf die Stellen Il. 7,241 und 9, 532.

sortiert scheinen, erfordern es, die Nacht in ihrer ästhetischen Totalität und im Verhältnis ihrer unterschiedlichen Modi zu untersuchen. Verführerisch ist der Gedanke, dass ein stärkerer Einfluss durch die Schrift auf bestimmte Gedanken und Assoziationen des Textes in verschiedenen Stadien seiner Fertigstellung vorliegt. Ein aufgeschriebenes Wort ermöglicht in seiner medialen Selbständigkeit einen neuen Kontext in der erneuten Lektüre; räumliche und zeitliche Kombinierbarkeit entfaltet sich an der Beständigkeit des geschriebenen Wortes. Sie könnte der Nährboden der Allegorie sein. Relektüre ist jedoch auch ein einsamer Akt, und die mannlose Zeugung nächtlicher Ausgeburten könnte eine bloße Verhüllung der fraulosen Erzeugung von Texten sein.

Dass diese Art der Ableitung von Abstrakta aus der Nacht bei den Griechen jung sei, *muss* nicht heißen, dass sie erst von Hesiod erfunden wurde, wenngleich er für uns das früheste Zeugnis ist. Auch in der Ilias sind «Schlaf» und «Tod» Kinder der «schnellen» Nacht[264]; aber die Ilias ist wahrscheinlich später geschrieben. Auch bei Homer scheint die Nacht zwar eine der ältesten Göttinnen zu sein, Bezwingerin (dmetaira) von Menschen und Göttern. (Il., 14,259) Möglicherweise greifen beide also auf ältere, vielleicht gleichwohl fremdkulturelle Motive zurück. Aber mit dieser Personifikation einer Macht fängt Homer wenig an. Sei es, dass das Denken vom Ursprung her beim Fiktionen bildenden Epiker Homer nicht (mehr) so wichtig ist, wenn es sich um zusammenkomponierte Götter handelt, sei es, dass *dieser* Ursprung noch nicht so alt ist: Bei Hesiod findet eine Aufwertung der Nacht sowohl als ästhetisches Medium der Inspiration im Vorspiel statt als auch durch die Erweiterung ihres Einflusses über ihre ‹Kinder›. Damit soll nicht behauptet werden, dass Hesiod der Erfinder der Nacht-Nachkommen ist, er könnte auch diverse Traditionen verbunden haben. Aber durch die Teilung der Nacht-Aufgaben in Vor- und Hauptspiel gewinnt die Nacht an Spielraum für unterschiedliche Sphären, in denen verschiedene Bewertungskriterien gelten. «Hesiod, [...] der älteste Dichter des antiken Griechenland, der als Person fassbar ist» (Hal., S. V), der damit die Ahnung einer Differenz von Person und Fiktion erlaubt und damit ersichtlich das ganze Nachtreich sei-

264 Il. 12, 463: «nykti thoe», was H. von Rupé selbst aber mit «schwebende Nacht» übersetzt. Vgl. jedoch die Übersetzungen von Schadewaldt (Scha.) und Hampe (Ham.) – Zu Nacht als Mutter von Schlaf und Tod: Il. 14, 231 und 259.

ner Dichtung als Fiktion, ist zugleich ein Dichter der Nacht in dem Sinne, dass er ein ganzes Reich mit vielfältigen Bedeutungsschluchten und Aspekt-Unterwelten erschafft.

Schon Göttin *Nacht* im Hauptgesang ist nicht der einzige Gegensatz zur musischen Welt. Das saugende Chaos ist das glanzlose Auge des Taifuns der Nacht, verwirbelt aus dem musischen und dem theogonischen Strom, von lauter Nacht-Aspekten. Verwirbelt mit der nächtlichen Nachkommenschaft des Chaos (Nyx und Erebos), sind Gaia und ihre Kinder, besonders Uranos, Kronos, die Titanen, sowie ihr seltsamer Nachbar oder ungeratener und weggesperrter Sohn namens Tartaros in überwältigender Weise nächtlich. Diese nächtlichen Aspekte unterscheiden sich von unserem gewöhnlich vorherrschenden Urteil darüber, was nächtlich sei, darin, dass sie eine leibliche Nacht symbolisieren und diese vermischen mit dem äußeren nächtlichen Raum. Es ist eine *innere Nacht* von Leibes- und unterweltlichen Höhlen; erst die Entmannung des Himmels schafft Raum; es bleibt aber dunkel (trotz Äther, Tag und Sonne) bis zur erst spät einsetzenden Herrschaft des Zeus. Insofern könnte man auch von dreierlei Nacht reden – wenn man nur die beiden theogonischen wirklich auseinanderhalten könnte. Denn ganz offensichtlich ist der Tartaros das *poetische* Kind (nicht das mythische) von Chaos und Gaia.[265] Ebenso ist Nyx das Mittlere aus Uranos und Gaia so wie Erebos das Mittlere aus Gaia und Tartaros ist. Ahnt nicht jedes gähnende und saugende Wesen, wovon diese Nacht ein dunkler Spiegel ist?[266]

Dennoch lässt sich *Nyx* von den anderen auch nächtlich gefärbten Göttern an der Art der Generierung unterscheiden. Von Mutter Nyx werden weder Geburtsschwierigkeiten noch Generationskonflikte noch überhaupt Gespräche mit ihren allein geschaffenen Kindern berichtet. Schlaf, Tod, Streit usw. sind nie bedroht in ihrer oberirdischen Herrschaft über die Menschen. Dagegen thematisieren die sogenannten Sukzessionsmythen

265 Dem ‹Kleinen Pauly› zufolge ist «Tartaros» ein lautmalendes Wort (Bd. 5, Sp. 530), wohl für die malmende Bewegung seines Schlundes.

266 Wer berücksichtigt, mit wie kleinen Spuren und in wie seltsamen ‹Paarungen› griechische Mythen Elternschaft begründen (abgewischte Spermien des Poseidon am Bein von Athene, Schamschaum des Uranos in Meerschaum etc.), wird toleranter für die Behauptung, dass auch bei bloßer Textnachbarschaft zwischen Gaia und Chaos etwas hängen bleibt.

gerade kontinuierlich die von der Sukzession bedrohte Kontinuität: Nachkommen werden zurückgestopft, der Ast sichelt den Stamm ab, dem er entstammt, wilde Onkel werden weggesperrt usw. Nun ist interessant, dass die Sukzessionsmythen von Gaia bis Zeus aus dem Vorderen Orient inspiriert sind, dass sie viel älter sind, dass sie als diese viel älteren nun, viel später, dem Zeus als virtuelle Vergangenheit untergeschoben werden. Beiläufige Unterschiebungen kennt auch Homer. Aber wenn es um die Ableitung der Wahrheit aus dem Anfang geht, wie bei Hesiod, wird eine solche Prothese der Vergangenheit immer Phantomschmerzen verursachen.

Nicht nur scheint es seit einem halben Jahrhundert erwiesen, dass der Mythos von der Kastration des Uranos durch seinen Sohn letztlich auf die Hurriter zurückgeht, sondern auch Homer kennt offenbar solche Unterstellungen von Vorvergangenheit, wie die Erklärung Heras zeigt, dass Okeanos der Ursprung der Götter sei, und Thetis «die» Mutter. (Il. 14, 201) Damit erwähnt Hera ein Paar, so Jan Bremmer, «das von dem Elternpaar Apsu und Tiamat des babylonischen Schöpfungsmythos abgeleitet ist»[267].

Mit der, gemessen am behaupteten Ur, relativ späten Aufnahme eines fremden ‹Früher› in ein eigenes ‹Früher›, das man ersichtlich erst später, im Kontext tauschender Verhältnisse erfahren hat, wird eine Ab-ovo-Linearität umso schwieriger, wie sie verführerischer wird. Das Bewusstsein von der späten Konstruktion des Anfangs zwingt zu einer Interpolation mehrerer möglicher Anfänge, verschiedener Ebenen von Anfang, die meisterhaft im sogenannten Reißverschlussverfahren bewältigt sind. Letztlich aber wird die historische Zeit der erzählten Geschichte (gegenüber den überlieferten Stoffresten) gestärkt: Ihr Fortgang verzwirnt erst die schwanken Fäden der einzelnen Genesen, sodass etwa an Erebos und Nyx auch etwas von dem früher *Erzählten*, von Gaia, ja selbst vom kommenden *Erzählten*, von Uranos, haftet, so wird aus der *Songline* eine feste Textur. Alles, was offenstand mit dem Gähnen von Zuschauer, Sänger und Chaos wird nun ‹verzahnt› und verzwirnt.

Insofern ist die ständige Bedrohung der göttlichen Sukzession auch ein wunderbarer Spiegel des anfänglichen Quasi-Stotterns in ihrer Erzählung. Dieses ‹Stottern› hält im Grunde an bis zur Schilderung des Titanenkampfes (Th. 617–725), einer gewaltigen Eruption von Licht und Hand-

267 J. Bremmer: Götter, Mythen und Heiligtümer im antiken Griechenland. Darmstadt 1996, S. 10.

lung. Erst danach sind Nacht und Vergangenheit, die dunklen Mächte eben, in einen fernen Raum, in ein Bild, gebannt (!), das Bild vom Tartaros (726–819). Das Chaos aber ist in dieser Konstruktion von Anfang an zweideutig: unser aller Nächstes, die Luft in uns und das am weitesten von unserem mythischen Wissen Entfernte. Es ist *negativ*, weil dies Entfernte immer nur als Sekundäres in unserm Bewusstsein manifestiert sein kann, als post festum rekonstruiertes Erstes. Das ist etwas anderes als das Ur, mit seiner behaupteten immer präsentischen Kraft, die alle Differenzen zwischen Subjekt und Objekt als die negativen quantités negligeables des Historischen ausgibt. Dieses Chaos Hesiods kann nur *sein* im Widerspruch mit sich selbst: als Mangel *und* Überfluss: ästhetisch.

Die Göttin Nyx

Die Nacht erscheint bisher so sehr als musisches Medium einerseits und Aspekt des dunklen Gähnens andererseits, dass wir die Hesiod-Zusammenfassung nur zu gut verstehen, die die Orphiker gaben. Sie, die sich selbst von einem Sänger ableiteten, der die Unterwelt dazu bewegte, einer Sterblichen die Umkehr zu erlauben, erklärten: Am Anfang waren Nacht und Wind.[268] Jedenfalls Kirk und andere verstehen den Dreiklang zu gut von Kluft, Nacht und Wind, «weil die Nacht immer von Sturm begleitet wird»[269]. – Dennoch sollen nun die Veränderungen *der* Nacht untersucht werden, die sie seit ihrem göttlichen Auftauchen von der Nacht des Vorgesangs und der Nacht in und zwischen Körpern unterscheidet. An ihr, der ersten theogonischen Nachfahrin, gerät der Hörer gleich in Entscheidungszwang, wie er sie nach der Bipolarität von Chaos und Gaia auffassen soll. Zwar soll der Bipolarismus erzgriechisch sein[270], doch sollte man eher vermuten, dass das traditionelle Zähl-Muster des Mythos hier ganz ungewöhnlich ‹antipodisch› zum Tanzen gebracht wurde, mit Schritten vorwärts und rückwärts.

268 Gr.Myth. 1, S. 25. Siehe auch Kirk u.a., S. 20, 25 u. 34 (zum Derveni-Papyros).

269 Kirk, S. 45.

270 ... sagt Albert (mit Philippson) S. 53; und er spielt damit wohl auf die Auseinandersetzungsfreude und die Wettbewerbslust der Griechen an.

Chaos schien zuerst ein Prinzip, Gaia ein Körper, Tartaros eher als Raum und Eros als eine leibliche Dynamik. Doch stellte sich dann gerade Chaos als etwas sehr ‹Lebhaftes› heraus, während an Gaia der Raum der inneren Nacht gezeigt wurde, der vom Inbegriff der äußeren Nacht, von Uranos, umgriffen war. Der Unterschied zwischen Gaia und Chaos ist am ehesten im Grad der Personalisierung zu sehen, also an einem unterschiedlich ausgeprägten ästhetischen Verfahren. Gaia hat Gefühle im Unterschied zu Chaos.[271] Wie stark aber sollen nun, nach dem Entstehen von Gaia, Tartaros und Eros, Erebos und Nyx als Personen gedacht werden, also als Metaphern? Nun, da auch Eros schon entstanden ist, ruft die Bifurkation (Gabelung) nach (Wieder-)Vereinigung.

> ... aber aus Nyx wiederum entstanden Heméra und Aither,
> die sie, in Liebe von Erebos schwanger geworden, ihm austrug. (Hal. 124)

Es weist zwar mit dem Ausdruck «philotes» (125) für Liebe, Freundschaft und vor allem Liebes*genuss* nichts auf den Gott Eros hin, doch wurde dieser nun einmal als Letzter vor dem wie eine Ableitung aus Eros klingenden Erebos erwähnt (120). So ungerührt parallel laufen die Genealogien wohl nicht nebeneinander her. Doch mit diesem Gefühl der Liebe scheint immerhin die Personalisierung der Göttin weithin gelungen; Nacht ist die erste Göttin, die Liebe empfindet, und das sollte man bei den negativen Attributen, die ihr ansonsten dargebracht werden, hervorheben.[272] Andererseits ist an dieser Liebe einiges nicht ganz geheuer, wenn der göttliche Geliebte eigentlich ein geschlechtliches Neutrum ist[273], wenn sie sich mit Erebos auf die Totenwelt bezieht. Am merkwürdigsten mutet indessen an, dass dieser nekrophile Zug sich auf sie selbst bezieht. Erebos und Nyx sind erst bei Hesiod Geschwister, oder Klone. Erebos *ist* die unterirdische Nacht, bei Homer nicht nur *Ort* der Persephone (Il. 9, 572), die im sterbenden Sinken erfahren wird, sondern *nyx erebenne*, «finstere Nacht» (Il. 9, 474), ge-

271 Chaos kann ganz Gefühl *sein*, aber er *hat* es nicht. Chaos atmet, Gaia *hat* Gefühle, Rhea hat Absichten, Gaia berät Zeus, Zeus handelt planvoll.

272 Siehe dagegen das antagonistische Verhältnis von Gaia und Uranos, dessen Begehren gewalttätig ist (Vers 156).

273 Vgl. Kirk, S. 40.

radezu verschmolzen mit einer Nacht, die zwar nicht eindeutig als Göttin angerufen wird, die aber doch eine von den Achaiern «sehnlich erflehte» (von Rupé, Il. 8, 488) ist, weil die Troer dem Sieg greifbar nahe sind. Sehr deutlich ist bei Homer durch den Kontext die Analogie zum Sinken nicht der Nacht, sondern von etwas Lebendem *in* die Nacht hinunter, die die Todesbedeutung des ‹Abwärts› aufweist:

> In den Okeanos tauchte des Helios leuchtende Fackel,
> über die sprießende Flur den Schatten der Nacht verbreitend. (Il. 8, 485)

Erst Hesiod trennt und bezieht sie zugleich als Personifikationen aufeinander: Erebos und Nacht – aber eben nicht immer, sondern vor allem am Anfang.[274] Eine Gegenüberstellung mit (dem) Tartaros zeigt neben Ähnlichkeiten auch schnell die entscheidende Differenz: Während Tartaros ursprünglich «Gefängnis» bedeutet[275] und nachts immerhin die Sonne birgt, also immer unten ist, heißt Erebos ursprünglich «Finsternis»[276] und dann auch Totenwelt, ist aber nicht so betont tief, schließt vielleicht direkt an der Erdoberfläche an. Jedenfalls ist das die Tradition. *Kirke* etwa folgt dem Sonnenuntergang im Westen, wenn sie die Höhle der ‹bellenden› Skylla beschreibt: «In der Mitte der Felsen ist eine benachtete Höhle, abendwärts, gewandt nach des Erebos Gegend …» (Voß, Od. 12,80). Dennoch ist Erebos nicht so luftig wie der Tartaros, der ja regelrecht stürmisch ist, sondern eher ‹irdisch› wie die Erde, gefüllt mit Toten, in der/in denen kein Hauch von ‹psyche›[277] mehr ist. Dagegen ist Nyx wiederum luf-

274 Vgl. Th. 213, wo Hesiod die «nächtige Herrin» (v. Sch.) «Nyx erebenne» nennt.

275 Kl. Pauly, Bd. 5, Artikel «Unterwelt», Sp. 1054.

276 Hal. 259; vgl. auch Th. 669. – Kirk u. a. vermuten (S. 39) eine hethitische Etymologie hinter erebos und halten ihn für traditionell eher zum Bereich Hades, Gaia und Tartaros gehörig. Wenn er nun statt von diesen abzustammen, mit Nacht zusammengetan werde, so beruhe das «zweifellos auf einem bedeutenderen Merkmal (Dunkelheit)». Dass *anschauliche* Merkmale bedeutender seien als *kultische*, die wir nicht kennen, ist eine eher poetische Einstellung, aber vielleicht auch schon eine von Hesiod.

277 «Das Wort psyche hängt ursprünglich mit psychein (hauchen) zusammen», stellt I. G. Kalogerakos in «Seele und Unsterblichkeit», Stuttgart und Leipzig, 1996, S. 2, fürs Epos der homerischen Zeit fest. Sie ist nach ihm und Fränkel ein

tig wie die Nachtluft auf der Erdoberfläche. Wenn Uranos, «eingehüllt ins Dunkel der Nacht» (v. Sch. 176), seinerseits die Erde in Liebe ganz umhüllt, so ist die Nacht als Liebesmedium rehabilitiert, wie sie als Mittleres zwischen Himmel und Erde erwiesen ist – *diese* Nacht, die «nyx» genannt wird.[278] Dass diese sexuelle Verbindung wichtig genommen wird, ist daraus ersichtlich, dass deren Nachkommen getrennt von den Nachkommen aus Nacht allein behandelt werden (Th. 211).

Nachkommenschaft aus nur einem Elternteil hat den Vorteil, Erbstreitigkeiten und den Streit um Vorrang von Mutterrecht und Vaterrecht auszuschließen.[279] Es ist der Autor Hesiod, der ganz offensichtlich die Jungfernzeugung als Züchter klarer Verantwortlichkeiten in Anspruch nimmt, etwa, wenn er Hephaistos für ganz allein aus Hera entstanden behauptet. (Th. 928)[280]. Hesiod will vielleicht in diesem Fall, wo es um Tag und Äther geht, auf die Liebe nicht verzichten; möchte aber das ‹genetische› Erbe sicherstellen, das Erbe aus Chaos. Im Streit oder Übergang zwischen matrilinearer und patrilinearer Vererbung ist da in verschiedenen Kulturen Geschwisterheirat ein bewährtes Mittel der Friedenssicherung gewesen (siehe das Beispiel Ägyptens); darauf mag sich Hesiod besonnen haben. Er ist es schließlich, der bei der primären Göttersukzession ab Gaia den Inzest nach Griechenland einführt oder doch dramatisch ins Bewusstsein rückt.[281] Auch ‹geht›, bio-metaphorisch, das Tageslicht in seinen zwei

unbestimmtes Etwas, «das im Tode (oder in der Ohnmacht) entschwebt und einen leblosen Körper zurücklässt». Fränkel, S. 311, zit. nach Kalogerakos, ebd.

278 Diese Nacht ist nicht die Göttin, sondern die kleingeschriebene nyx, das Mittlere zwischen nah und fern, die Mitläuferin von Uranos in Richtung Erde, Fluchtraum, ja «eilige» Mitläuferin des kleinen Zeus auf der Flucht vom Himmel in den Schoß der Erde (Th. 481) und schließlich der Zeit-Raum der Musen.

279 Die Sukzessionskämpfe sind kaum verhohlene Kämpfe um die Vorherrschaft zwischen matrilinearer und patrilinearer Sukzession.

280 In der Ilias dagegen redet Hephaistos mehrmals unwidersprochen von Zeus als seinem Vater (zum Beispiel Il. 1, 578). – Seine Degradierung in der Thronfolge durch Hesiod kann mit dem Feuer zu tun haben, das Zeus allen anderen neidet oder entwindet. Es kann zwar ebenso gut sein, dass erst Homer (oder ein nach-hesiodischer Homer-Bearbeiter) Hephaistos dem Zeus unterschiebt und dass Hesiod die Erinnerung eines älteren chthonischen Gottes bewahrt hat.

281 Die Vorstellung der Göttersukzession scheint überhaupt erst im 8. Jahrhundert v. Chr. aus Kleinasien nach Griechenland gelangt zu sein. (Burkert: Reli-

unterschiedlich hohen Aspekten nicht nur aus den beiden Nachtaspekten ‹hervor›, sondern ‹wurzelt› auch im Chaos. Phänomenal mag der Umschlag von doppelter Dunkelheit in doppelte Helle das Auffallendste sein. Aber dadurch, dass die liebevolle Fusion nur die alte Spaltung aufhebt, wird diese Sensation relativiert als substanzielle Kontinuität. (Der Schafzüchter wird wissen, was eine Rückkreuzung ist.)

Dadurch verschiebt sich der Akzent dessen, was dieser (abstrakt gesehene) Umschlag vom Dunkeln ins Helle bedeutet. «Bei der Zeugung werden Gegensätze hervorgebracht.» (Kirk, S. 39) – das erkläre man mal einem Bauern.[282] Nein, in diesem kosmogonischen Kontext ist das Ältere das Entscheidende. Das bedeutet auch, Nacht und Erebos sind gewichtiger als Äther und Tageshelle. Keineswegs sind Tag und Äther ein gleichwertiger Gegensatz, sozusagen neben Nacht und Erebos stehend. Noch problematischer scheint mir die Argumentation, die Hallof/Hallof (Einl. XXII) an der Geburt der hellen Kinder entfalten:

«Bei der Ordnung der Namen finden wir erste Elemente dialektischen Denkens. Erebos (‹Finsternis›) und Nyx (‹Nacht›) zeugen ‹Helle› und ‹Tag›. Das ist nicht nur Ausdruck der Vorstellung, daß der Nacht das Tageslicht folgt [1], sondern auch der Empfindung, daß das Dunkle der Helligkeit zur Abgrenzung bedarf [2]. Aus sich heraus zeugt das Dunkle wieder nur Dunkles [3], wie denn Nyx nur dunkle Gestalten hervorbringt (Th. 211–225), zu denen ‹Trug› und ‹Liebesvereinigung› gerechnet werden. (Th. 224)» [4, eckige Klammern von mir]

[1] Die umgekehrte Reihenfolge, dass dem Tag die Nacht folge, wird genau so oft bedacht wie die, dass auf die Nacht der Tag folgt. Wieso aber findet erstere Vorstellung hier *keinen* Ausdruck? Durch die Behauptung der Richtungsvorstellung von der Nacht zum Tag erscheint die Alternative, dass die Nacht aus dem Tag hervorgehen könnte, als weniger selbstverständlich. Das wäre dann aber höchst erläuterungsbedürftig.

gion, S. 197) Von Hesiod aber stammt die erste Systematik, und in diesem Zusammenhang fällt auf, dass Geschwister-Inzest auch erzähltechnische Vorteile bietet.

282 Das *Denken* in Gegensätzen ist Hesiod ein wichtiges Instrument auch seiner Metaphorik. Er verbildlicht mit dem Mittel der Genealogie Gegensätze. Das ist der umgekehrte Weg wie derjenige, Gegensatzerfahrung bei der Zeugung zu machen, die dann zur Charakterisierung von Nacht und Tag benützt werden.

[2] Sicherlich bedarf in gewisser Weise auch das Helle des Dunklen zur Abgrenzung, so wie jede ausgesprochene Qualität Unterscheidung benötigt. Die einseitige Bedürftigkeit ist indessen eine tendenziöse Unterstellung. Nacht bedurfte des dunklen Erebos. Aber schon die Setzung des Hellen als äußerer Grenze ist eine Projektion. Tag und Äther gehen *aus* der dunklen Nacht (Th. 124) *hervor*, und es scheint in der griechischen Archaik gerade das Helle vorzugsweise Helles *im* Dunkeln zu sein statt Helles um das Dunkel herum. Das Feuer schließlich, mit dem Zeus seine Weltherrschaft im Titanenkampf festigt, stammt von (der breitbrüstigen, schwarzen) Gaia (504), wie auch der gestirnte Nachthimmel aus *ihr* hervorging (Th. 126). Zeus bekommt dieses ‹Licht› aus der Unterwelt, von den Kyklopen.

[3] Der dunkle Satz, dass das Dunkle aus sich heraus nur Dunkles zeuge, stimmt u. a. nicht mit der Zeugung von Äther und Tag überein, die aus zwei Dunkelheiten gezeugt wurden. Will man das Dunkel aber als Jungfernzeugerin setzen, so ist keine Dialektik mehr möglich, passt diese magische Denkart eigentlich nicht zur dialektischen Erkenntnis, dass das Dunkle zur Abgrenzung des Hellen bedarf. (Denn das Dunkle tut ja wohl diese Abgrenzung!)[283] Man behelfe sich nicht mit der Ausrede, dass Hesiod verschiedene Vorstellungen von Generierung gehabt habe (was zweifellos richtig ist). Denn diese Verallgemeinerung widerspricht seinem Licht, das als besternter Nachthimmel aus der schwarzen Erde hervorgeht, und sie widerspricht der umfassenden Dunkelheit am Rand des Tartaros, wo sich Tag und Nacht begegnen, wo der Tag, wenn es tagt, herauskommt aus dem Tartaros, der immer ist.

[4] Natürlich haben Hallof/Hallof bei ihrer Verallgemeinerung den empirischen Fall der solipsistischen Hervorbringungen der Nyx (211) im Sinn. Aber gerade die offenkundige Begrifflichkeit einiger Ausgeburten sollte davor warnen, sie assoziativ mit dem Prädikat eines physisch nächtlichen Produktionsortes, eben der (äußeren) Dunkelheit, zu verknüpfen. – Es sei denn, man wolle behaupten, just diese Assoziationen zwischen physischer und metaphorischer Dunkelheit hätten Hesiod zu seinem Nachtkatalog von Jungfernzeugungen verleitet. Unter all den Dunkelheiten ist Nyx nicht *die* Dunkelheit; sie gebiert nicht nur als Dunkelheit, und sie

283 Jede Geburt eines Lebewesens kommt rein aus dem Dunkel hervor und erblickt schattenbildend das Licht der Welt, dieses also einschränkend.

gebiert nicht nur die Dunkelheit, wenn sie die *hell*stimmigen Hesperiden gebiert (275), den Schlaf und die Träume. Im Übrigen gebiert Nyx alleine auch Philotes, den «Liebesgenuß» (Fränkel, S. 224). Eben diese Art Liebe, die die Kinder von Nyx und Erebos so hell und freundlich zu machen schien, ist selbst eine Frucht der ‹ungeliebten› Nacht. Liebe gehört der Nacht, weil Liebe Schlaf bringt.

Wenn wir die innere Nacht bedenken, die sich beim Schlaf einstellt, und zwar gerne auch in äußerer Nacht, dann sehen wir den besonderen *Rück-Bezug*, den die Liebe zur Nacht erreicht. Diese Art erfüllter geschlechtlicher Liebe führt im griechischen Horizont offenbar derartig zwingend zur ‹Umnachtung›, also zum Schlaf, dass man fast von einer Kopulation der Geschwister Philotes und Hypnos sprechen könnte. Hera bittet zum Beispiel Hypnos im 14. Gesang der Ilias, Zeus einzuschläfern, «sobald ich zu ihm in Liebe mich lege» (Il. 14, 236). Nein, sagt Hypnos, selbst wenn ich alle einschläfern kann, Zeus schaff ich nicht gegen seinen Willen. (Il. 14, 243) Er habe sich früher schon mal nur dadurch vor dem wütenden Zeus retten können, dass er (*Schlaf*) sich in den Schutz der Göttin *Nacht* begeben habe, vor der selbst Zeus zurückscheue. Dann traut er plötzlich seinen einschläfernden Kräften doch mehr zu, als er hört, dass er dafür von Hera seinen langjährigen Liebeswunsch erfüllt bekommt, die Charite Pasítea. Schlafes Kräfte wachsen offenbar mit dem Näherrücken der Liebeserfüllung. Und genau das zeigt dann das Liebesspiel der Hera mit Zeus. Sozusagen mit vereinten Kräften der Nachtkinder Schlaf und Liebe schläft Zeus fast sofort ein. Die Darstellung erweckt den Eindruck, als ob Schlaf und Liebe gleichzeitig kommen.

> Also schlummerte still der Vater auf Gargarons Höhe,
> Hielt in den Armen die Gattin, von Liebe und Schlaf überwältigt.

Im Original wird Zeus hier sogar zuerst von Schlaf und dann von Liebe benommen (14, 352). Neben der Vereinigung von Hera und Zeus findet hier die übertragene zwischen Schlaf und Liebe statt, Zeus wird umnachtet und wacht erst im nächsten Gesang wieder auf. Wie um das Rendezvous zwischen Schlaf und Liebe zu betonen, kehrt Hypnos dann gegenüber Poseidon den faktischen Verlauf in seiner Erzählung und Aufzählung um. Zeus schläft (Il. 14, 359),

den ich selbst mit Schlaf, einem linden, tiefen umhüllte;
Hera hat ihn betört, sich in Liebe zu ihr zu lagern.

Das Beispiel hat hier einen kleinen Haken, indem bei Homer Aphrodite und nicht Nyx die Gabe der Liebe an Hera austeilt, einen Zaubergürtel (Il. 14, 214). Aber erstens ist Aphrodite das Produkt einer nächtlichen Kastration, und zweitens betont die Erinnerung von Schlaf an Nyx diesen Zusammenhang. Drittens hilft auch die dunkle Erde mit, die das Liebes-Lager mit jungem Gras und tauigem Lotos aus sich emporsprießen lässt. (Il. 347) Hier dient das Beispiel auch nur erst zur Illustration der traditionellen Aufmerksamkeit für den Zusammenhang von Schlaf und Liebe – den der *ältere* Text Hesiods bereits unter die Schirmherrschaft der Nacht gestellt hatte.

Licht im Dunkeln

Aus all den Zeugnissen geht hervor, dass Nacht das umfassendere, beständig Gemeinsame von Chaos, Gaia, Tartaros usw. ist. Es ist nicht ohne Absicht schon am Anfang der Ausführungen so viel von Geburt die Rede gewesen. Denn bei der Beschreibung von theogonischem und kosmogonischem ‹Hervorgehen› spielt naturgemäß die Geschichte der Geburten eine ‹herausragende› Rolle. Noch die Absonderlichkeiten mythologischer Zeugungen sind ein Indiz dafür. Die erste Erweiterung des Nacht-Paradigmas hat in der Entdeckung der (zu engen) *inneren* Nacht gelegen, die der überfüllte Leib Gaias, die Höhle des Kronos, der Schlund des Tartaros und das Gähnen des Chaos waren. Nach diesem Paradigma wäre die *innere Nacht*, weil sie innen ist, außen von Tag umgeben. Aber von diesem äußeren Tag ist in der «Theogonie» eben bemerkenswerterweise nicht die Rede, genauer: Er wird nicht beschrieben. Vielmehr muss man bei Geburt sowohl an äußere wie an innere Nacht denken. Die Geburt scheint von einer Außenperspektive, für die der trächtige Raum der dunkle Innenraum ist, in eine Innenperspektive umzuschlagen: in die von Embryos. Das erste Gespräch, das in der Theogonie stattfindet, ist das zwischen Gaia und ihren *ungeborenen* Kindern. Sie redet in ihre gigantische, von Titanen überfüllte innere Nacht hinein, und Kronos antwortet ihr (Th. 163). Nicht nur Gaia, auch Chaos, Nacht und Tartaros sind gigantische Welt-Innen-Nächte, und was aus ihnen hervorgeht, geht zuerst *in* ihnen vor. Sehen wir uns unter der Wirkung dieser Behauptung noch einmal einige Stationen an.

1. Alles, was aus Chaos geboren wird, nein: alles, was geboren wird, entsteht im Dunkeln. Auch wenn es ‹das Licht der Welt erblickt›, bleibt jedes geborene Wesen ein nachtumflossenes Wesen, von dunkler Herkunft und Umgebung ‹geprägt›. Mit der mütterlichen Ausstülpung beginnt jene Einstülpung von außen nach innen, die alles, was der ‹Fall› ist, in sich hineinzieht, Luft, Feuchtigkeit, Bilder, in jenes Dunkel, das jetzt innen sein mag, das aber die ganze mögliche Welt bedeutet. Wie ein Phantasma vom Mutterschoß bleibt in der «Theogonie» das Chaos bestehen (Th. 700), selbst als «furchtbare Gluten» es «durchdrangen» (Hal. 700) – also sein Inneres.

2. Ebenso geht aus der Nacht der Tag hervor. Hallof/Hallof sprechen in ihrer Einleitung von der «patrilinearen Gliederung» des Ganzen. (Hal. S. XVII) – Das gilt erst ab Zeus, und während Uranos und Kronos nichts mehr zu sagen haben, bleibt Gaia, die Matrone, im Hintergrund. Was aber über die Menschen herrscht, ist die Nacht. Alle Geborenen aber tauchen aus dem Dunkel des Mutterschoßes auf, nicht nur Äther und Tag. Später bewohnen die Götter ‹Nacht› und ‹Tag› schichtweise den Tartaros (748), außen herum wacht eine dreifache ewige Nacht-Schicht (Hal. 726).

3. Am ehesten mag man bei Gaia, also bei der Erde, an *Außenlicht* und inneres Dunkel denken. Aber *Himmelsblau* und *Heller Tag*, wie von Schirnding *Aither* und *Hemera* übersetzt (v. Sch. 124), scheinen sie nicht zu kümmern. Vielmehr, wie im Gegensatz zu diesen lichten Wesen, scheint sie den Sternenhimmel als Hülle zu bevorzugen. Wir wissen nicht, ob auch Hesiod wusste, dass das Blau des Tageshimmels der Vorschein oder Nachschein des Nachthimmels ist, der nur vorübergehend den Zwischenraum der Atmosphäre dem Sonnenschein überließ.[284] Jedenfalls bedurfte Hesiods Erde zuerst des Tages nicht. (*Hemera* ist im Griechischen weiblich.) Gaia entlässt vielmehr als erstes Wesen aus ihrem «dunkeln Innern» (Alb. 119) den männlichen Nachthimmel, «ihr selbst gleich» (Alb. 126). Hallof/Hallof übersetzen diesen Ausdruck mit «gleichweit wie sie selbst» (Hal. 126), nämlich gleich weit von ihrem Inneren oder Unteren, dem Tartaros.

284 Natürlich ist das Nachtblau nicht der Verursacher des Tagesblaus. Vielmehr entsteht das Blau durch die Streuung des Lichtes an den kleinen Partikeln in der Atmosphäre. Vgl. hierzu: G. Hoeppe: Blau. Die Farbe des Himmels. Heidelberg 1999.

Das spielt an auf eine Stelle, wo der Tartaros als so weit von der Erde entfernt beschrieben wird, wie der Himmel von der Erde entfernt ist (Th. 720). Es handelt sich bei Gaias Uranos-Ausstülpung, um eine auto-‹chtone›(!) Phase der Umstülpung, deren Zweck die Einstülpung in Dunkelheit ist (so weit außen wie zuvor innen, so weit oben wie zuvor unten): «Gaia gebar nun zuerst, gleich weit wie sie selbst, den gestirnten Uranos, dass er sie rings von allen Seiten umhülle.» (Hal. 126)[285] Aber am wörtlichsten ist «ihr selbst gleich»... eben an innerer Nacht, aus der er stammt. Ihre innere wird zu ihrer äußeren. Erst mit dem Gleichgewicht von innerer und äußerer Nacht fällt dem Sänger ein, was Gaia «auch» gebar: Berg und Tal (Th. 129) und das «rastlose Meer, im Schwall seiner Wogen tosend» (Hal. 131): die hell-dunkel differenzierte und gestaltete Oberfläche der Erde als eine *Eigen*schaft, die das Innere und das Äußere von ihr an ihr selbst haben. – Dieses Gleichgewicht des Drucks und der Dunkelheit ist indessen keineswegs schon der naturgemäße Zustand des Kosmos. Die Aufgabe der Geburtsgöttin Gaia ist es, ans Licht zu bringen, aber ihre entäußerte Dunkelheit, der penetrante Nachthimmel Uranos, verhindert das. Hesiod selbst gebraucht die Lichtmetapher für Geburt (v. Sch. 157):

> Und immer wenn einer geboren,
> den verbarg er sogleich im Schoß der Erde, und nicht mehr
> ließ er ans Licht ihn zurück und freute sich noch seiner Untat
> Uranos...[286]

Erst dem jüngsten ihrer Kinder, Kronos, wird es gelingen, mit der Sichel der Zeitlichkeit diese perverse Zeitumkehr (qua Umkehr der Geburt) der

285 Uranos ist nicht hauptsächlich Himmel und nebenbei nächtlich, sondern in erster Linie eine Nacht, die oben ist: 1. ist Uranos besternt, gleich bei seiner Geburt; er zeigt also einen nächtlichen Innenraum, als den wir ihn überhaupt auch nur kennen. 2. entsteht er aus dunklem Innern und im Bezug darauf (gleich weit). Er hat innen dunkle Nacht, gleich weit, wie Gaia innen hat. Deshalb kann er sie (obwohl das physikalisch nicht ganz langt) umfangen. 3. kontrastiert er der Helle des Tages (Th. 124–126).

286 *Phaos*, ‹Licht›, heißt sowohl ‹Tageslicht› als auch ‹Lebenslicht›, ‹Augenlicht›, ‹Feuer›, sowie übertragen: ‹Leben›, ‹Glück›, ‹Heil›, ‹Hoffnung›, ‹Retter› und anderes. Das «Innere» Gaias ist *keuthmoni*; die Bedeutung reicht von ‹Schlupfwinkel› bis ‹Schlund›, ‹Schlucht›.

obsessiven Dunkelmacht des Uranos mit einer Entmannung erneut umzukehren. Nach dieser Kastration einer wuchernden Zeit, symbolisiert als Bestrafung argen Frevels (Th. 165), ist die Sukzession vorerst gerettet, kann weiter erzählt werden. Gaia aber ist die Herrin des Verfahrens: von ihr der Schuldspruch, die Festlegung der Bestrafungsart und die Herstellung des Exekutionsgerätes. Noch Enkel Zeus, das personifizierte Telos der Theogonie, wird in ihrem Schoß nachreifen müssen (479–483), bis er mit ihrem, Gaias Feuer, das er von den Hundertarmigen bekommt, seine Herrschaft begründet. Aber vielleicht *ist* Zeus ja sozusagen das chthonische Feuer der Gaia, bevor er sich auch gegen sie verselbständigt und ihre letzte Kreatur besiegt, den Typhoeus (821)[287]. Auch der ist, Sohn des Tartaros, ein Ungeheuer mit Feuer aus den «zahllosen Augen» seiner hundert grässlichen Köpfe auf Schlangenhälsen (825), ein vulkanisches Wesen, das im Ätna seinen Geist aushaucht (860). – Das ging auch gegen Gaia, mit einem Feuer, das inzwischen von oben kommt.

4. Rand / Abgrund und Quelle von allem: Man hat verschiedentlich einen Widerspruch gesehen zwischen dem Tartaros, in den die Titanen geworfen werden, ins «Modergemach am Rand der riesigen Erde» (v. Sch. 731), nachdem sie von Zeus und den Seinen besiegt worden sind (717 f.), und demselben Abgrund (729), der Quelle (736) und Mündung (738) von allem ist, und folglich auch des Tartaros selbst (Hal. 736):

Dort nun sind des düsteren Tartarosdunkels, der braunen
Erde, der öden See und des sternüberzogenen Himmels
Aller nebeneinander, Quellen und Enden gelegen.

Der vermeintliche Widerspruch, dass ein Ort nicht zugleich der Rand von sich sein kann, löst sich auf, wenn man den Ort, in dem sich später die Titanen aufhalten, als einen anderen betrachtet als den, den Hesiod ausführlicher beschreibt. Nach 240stündigem Fallen kommen die Titanen am *Rand* des Tartaros an. Denn welche Bedeutung sollte es haben, sie *im* Tarta-

287 Wahrscheinlich kehrt Hesiods Mythologie die Geburtenfolge um, und Typhoeus ist älter als Zeus. Schließlich ist auch die übrige Drachensaat und das Natterngezücht von titanischem, wenn nicht vortitanischem Alter – eine Spur der älteren Kulturen, die einverleibt wurden: ägyptische, babylonische, minoische und ‹auto*chthone*›.

ros selbst zu verorten, wenn sie dort erst *ankommen.* Dieser Ort verbirgt sie ja und ist selber unermesslich groß; erst recht wird mit der ganz anderen Größenangabe als derjenigen für die Falldistanz von Erde *zu* Tartaros (10 Tage freier Fall), länger als ein Jahr zu Fuß (740) von Schlund zum Boden nämlich, gerade das gemeinsame Maß für gemeinsamen Raum verweigert. Der Zaun aus Eisen (Alb. 726) und das Schaudern selbst der Götter *davor* (Th. 740) betonen den Rand vor einem quasi entorteten Ort.

Weiterführend sind hier die Überlegungen von Kirk u. a. über die Ähnlichkeit von Chaos und Tartaros und die «absolute Unbegrenztheit des Chaos» (S. 44). Es ist nur so, dass der Tartaros jener Teil oder Nachfahre (nicht Nach*komme*) des Chaos ist, der sich genau jetzt, nach der titanischen Vermessung des Zwischenraums, auftut hinter dem Sichtbaren. Er verbirgt die Titanen und spottet jeder räumlichen Beschreibung: Er ist von diesem bestimmten Rand aus unendlich. Aber von außen, in diesem Zwischenreich, das Hesiod hier beschreibt, lässt sich ein prächtig düsteres Bild malen. Den Bildhintergrund bilden die Verrammelungen vor dem Tartaros: die ehernen Tore (Th. 732), eine Ringmauer (733), die dreifache Nacht: das Gefängnis eben, das Tartaros I ist. Erst jetzt herrscht die kosmische Ordnung, und sie ist geprägt durch die Verfemung des dunklen Teils. Erst aus dieser Distanz – mit dunkelstem Hintergrund – ist ein Bild entwerfbar, ein ‹Entwurf›, und es ist ein Nachtbild *vor* der bildlosen Nacht von Tartaros I. Diesen Ort, der noch nicht der eigentliche Tartaros ist, den wir aber, weil er immer noch so genannt wird, Tartaros II nennen wollen, habe Hesiod in einer Reihe von «Visionen» beschrieben. Er ist kein Gefängnis mehr, oder noch keines, aber ein Zwischenraum, der Raum ‹fesselnder› Bilder.[288]

Visionen, ihr griechischer Ausdruck ist «Phantasma», sind eigentlich Erleuchtungen im Dunkeln. In Hesiods Ästhetik ist das Licht im Dunkeln

288 Kl. Pauly, Bd. 5, Sp. 530. – Tartaros I ist der Erzeuger von Typhoeus; selbst eine noch so intransigente Gottheit wie Tartaros kann von der Göttin der Liebe zur Zeugung bewegt werden (Th. 822). Dagegen wird man vom Hohlraum Tartaros II, in dem sich Tag und Nacht ‹Gute Nacht› sagen – die Wasser kommen und gehen –, kaum vorstellen können, er sei diese *Person* Tartaros I. Möglicherweise hat Hesiod zu Beginn des Werks die Oszillation von Raum und Personifikation *eines* Tartaros vorgeschwebt. Tatsächlich hat aber das Raumphantasma den Zusammenhang mit einer bildhaften Person gesprengt.

bedeutender als das Dunkle im Licht (des Tages), und daraus ‹entspringt› die erste Idee von Bild: als von einem visuellen Ereignis im Dunkeln.[289] Im Dunkeln, aber eingeklemmt von den noch größeren Dunkelheiten der Unterseite der Erde oder des Erebos einerseits und Tartaros I andererseits, begegnen sich Tag und Nacht auf einer ehernen großen Schwelle – und reden miteinander (Alb. 749). Mit diesem wunderbaren, aber auch verwunderlichen Bild vom Gespräch der Nacht mit dem Tag hat Hesiod den unmöglichen Bildcharakter bezeichnenderweise an der Schwelle (oder sollte man ‹auf dem Rahmen› sagen?) hervorgehoben, indem er sagt: «Furchtbar ist sogar den unsterblichen Göttern dieses Schreckensbild» (Alb. 744). Unmöglich ist das Bild im Eigensinn seiner Personifikation, denn an der Schwelle zwischen Nacht und Tag ist die Dämmerung, der Morgen oder Abend: entweder zwei weitere Zeiten oder eine Vermischung. Bei Hesiod im Untergrund aber ist durch die Begegnung zweier Personifikationen ein Gegensatz fixiert, an dem pars pro toto Tag- und Nachtwelt auseinanderfallen. Ein unmöglicher Ort, ein phantastischer Ort mit dem suggestiven Gepräge einer neuen Welt eigenen Rechts, einer Wirklichkeit.

Oder bezieht sich das ‹Bild› (*teras*) auf das grausige Unsichtbare dahinter? Zweifellos, das erste Bild ist das *von* Tartaros I, wo (Hal. 741)

> keiner den Grund je erreicht, sobald durch die Tore er eintritt,
> sondern ihn Sturm auf Sturm bald hierhin risse, bald dorthin,
> voller Gewalt – ein Grauen selbst den ewigen Göttern.
> Dies das schreckliche Bild …

Dieses erste Bild bezieht sich auf etwas hinter der Schwelle, das Beziehen ist davor. Der Sturmzerrissene sähe nichts, würde nur den *inneren* Zustand bemerken, ortlos hin und hergerissen zu werden, draußen in der Nacht von Tartaros I. – Von hier aus aber, im Dunkeln von Tartaros II, schweift der Blick in eine *daseiende* Szenerie. Dass alle äußeren Dunkelheiten in einem Zwischenreich zusammenfallen, müsste eigentlich zu dem paradoxen Ergebnis führen, dass das Dunkle vor allem innen, weil zwischen *allem* ist. Doch Hesiod gibt unmissverständlich zu verste-

289 Im ersten Kapitel wurde schon versucht, die größere Bildähnlichkeit des Hellen im Dunkeln gegenüber derjenigen des Dunklen im Hellen darzustellen.

hen, dass der Ort zwischen allem zugleich der Ort um alle Orte herum ist, an dem sie alle ihr dunkles Außen haben, ihren Anfang und ihr Ende (v. Sch. 736):

> Da ist der Quell, wo die schwärzliche Erde, der sternhelle Himmel,
> öd sich erstreckendes Meer und des Tartaros nächtlicher Nebel
> eins nach dem andern entspringen, wo auch alles wieder mündet,
> jener widrige, modrige Grund…[290]

Dieser unmöglich scheinende Ort des Bildes, der zugleich offenbart und verdeckt, ist aber nicht die erste Gelegenheit der Hallofs, den Ausdruck «Bild» zu verwenden.[291] Vielmehr beginnen mit ihm die Schlussbilder. Schon vorher, beim Beginn des Titanenkampfes, als Zeus selbst eingreift, beschreibt Hesiod eine Vision, die Hallof/Hallof mit «Bild» umschreiben:

> Furchtbare Gluten durchdrangen das Chaos; man meinte,
> die Augen sähen ein solches Bild und die Ohren hörten ein Tosen,
> wie als ob sich der Erde von droben der riesige Himmel
> näherte … (Hal. 700)

Von Schirnding übersetzt die Bild-Stelle mit «Man glaubte, mit den eigenen Augen zu sehen» (v. Sch. 700). Unstrittig ist denn auch der visionäre Charakter, das Zusammenfallen von Unwahrscheinlichkeit und Evidenz. Die ganze mühsam aufgerichtete Raumordnung, Himmel und Erde, das Ferne und das Nahe geraten hier durcheinander. Das Licht ist im Zentrum der Auseinandersetzung, bzw. fährt als gewaltige Energie des Zorns aus Zeus heraus. Dennoch bleibt das Bewusstsein von ‹gegenüber› (*d' anta*) gewahrt. – Was weniger bildartig anmutet als die späteren Bilder, nach dem

290 V. Schirnding nennt Uranos *asteroentes* hier stern*hell*; gleichwohl macht Hesiod mit dem bestirnten Himmel klar, dass auch der ein dunkler Himmel ist, so, wie Meer, Erde und Tartaros hier dunkel sind. Von Scheffer übersetzt *asteroentes* mit «sternig» (737), Albert mit «sternreich» (737).

291 Hallof/Hallof bezweifeln im Übrigen, wie üblich, die Hesiodische Autorschaft für dies Gemälde: sowohl Vers 723a, den Standort sozusagen, als auch die Verse 734–45. Für mich ist aber der Bild-Hinweis nur eine erste Spur, gleichgültig, ob sie einer oder mehrere gelegt haben.

Kampf, das ist der Offenbarungscharakter. Die Bilder vor Tartaros I sind Bilder *vor* etwas, verbergen zugleich etwas.[292]

5. Nur kurz erwähnt seien nochmals drei weitere Orte, denen Dunkelheit außen ist: Tartaros (I), Nyx und Uranos. Der Tartaros ist selbst von Nacht umgeben: «Um ihn ist dreifach am Eingang die Nacht ausgegossen» (Alb. 726). Tartaros ist einseitig unendlich (wie unsere alltägliche Vorstellung vom All), also eigentlich ungestaltet. Aber an der Schwelle zum Schwellenland (Tartaros II) bekommt Tartaros I bezeichnenderweise metaphorische Körperlichkeit, denn wörtlicher übersetzen Hallof/Hallof: «und dreifach geschichtet ist ihm die Nacht gelegt um den Nacken» (Hal. 727).[293] Mit dieser bedrohtesten Engstelle, dem Schlund von außen gesehen, kann sich die Vorstellung halten, dass Tartaros, obwohl einseitig unendlich, von Nacht umgeben, gefesselt ist. Zugleich bleibt Tartaros I selbst – er ist eine Nacht für Tartaros II, Gaia und die olympischen Götter: außen vor.

Aber selbst die Nacht, die doch den enormen Tartaros umfasst, ist wiederum von einer Dunkelheit umgeben, allerdings, da wir uns mit ihr an der Schwelle befinden, wiederum von einer sehr pittoresken Dunkelheit: Das «furchtbare Haus der finsteren Nacht» ist nämlich «verborgen in blauschwarzen Nebeln» (Alb. 745). Auch dies ein Weichbild vom Rand des Tartaros, und der Bildcharakter rührt nicht nur vom dahinter Verborgenen her, sondern auch von der schwarzblauen Farbe (kyanemsi, von kyanos: blaue Lasur, Blaustein oder blauer Glasfluss). – Zum Gemälde gehört noch die wie auf Dauer gestellte Ansichtigkeit. Die kosmische Ordnung impliziert eigentlich als anschauliche und als feste: ihre Bildlichkeit. Das alles begann, noch als dramatischer Prozess, bereits mit der Ablösung der himmlischen Dunkelheit von der irdischen. Auch Uranos selbst, der hiermit angesprochen ist, hat seine Sterne innen, in sich, und nicht am Rand, wenn er ‹asteroenth› ist (Th. 127). Er ist also außen dunkler.

Das alles heißt nicht, dass Dunkelheit bzw. Nacht *nur* außen ist. Dunkelheit ist auch im Innern von Gaia/Erde, Erebos und Tartaros. (Erebos

292 Der Versuch der Situierung eines Davor für die Augen und eines dem Augenblick verwehrten Dahinter (Tartaros I) ist der Versuch der Objektivierung einer Vision in ein (möglichst materielles) Bild, oder doch immerhin in eine Vorstellung von einem möglichst materiellen Bild.

293 *Deiré* heißt ‹Hals›, ‹Nacken›.

und Tartaros *sind* geradezu innere Nächte.) Aber Licht ist nur innen, *im* Dunkeln. Selbst Helios, die Sonne, theogonisch ein kleines Licht, auch wenn sie groß genannt wird (371), muss in den Tartaros. Also, Licht ist bevorzugt innen im Dunklen: kleiner, markierter aber eben auch bestimmter als Dunkelheit. Licht ist bei Hesiod zuerst eine *nacht*ästhetische Erscheinung, *es* bedarf der Dunkelheit. Erst sind da Erebos und Nacht; dann entsteht der äußere Nachthimmel. Und selbst der entsteht im noch dunkleren Schoß der Erde. Und: Licht in der Nacht ist eine nacht*ästhetische* Erscheinung, die eine gewisse finale ‹Affinität› zum Bild hat. Dieses Hell-Dunkel hat eine dynamische Komponente. Ständig taucht Leuchtendes aus Dunklem auf, metaphorisch als Geburt. Ständig möchte Licht umhüllt sein, ins Dunkle eintauchen. Uranos, aus dem Schoß der schwarzen Gaia geboren, ist das Symbol der äußersten, der Himmelsnacht, doch er will nur das Eine, immer wieder rein. Von Gaia zur Zeugung aus sich heraus gebracht, ist er reiner Sex.[294] Im Innern der äußersten Nacht das Begehren, wieder innere Nacht zu werden. Licht ist Spaltung, Ausfällung (der Materie), Nacht ist Einheit. Nur zum Zwecke der Umhüllung, zur um-nachtenden Begattung entlässt Gaia Uranos aus sich, der selber immer nur umnachtet auftaucht, eingehüllt in Nacht und die Erde umhüllend. (Nacht ist das Signalwort für die Vereinigung.)[295] Von unserer lieben Himmelsnacht, der ganz normalen äußeren Nacht, ist in der Hesiodischen Symbolisierung durch ‹gestaltete› Götter in der Hauptsache repräsentiert, dass sie entäußerte Nacht ist, die wieder innere sein will. Ob hier vor allem projektive Anschauung äußerer Nacht ihre Bedeutung aus der ausgelösten ‹Erinnerung› älterer, innerer Nächte gewinnt, bliebe eine weitreichende Frage an die Geschichte des Verhältnisses der Menschen zur Nacht.

294 Vgl. J.-P. Vernant: Götter und Menschen. Köln 2000, S. 23: «Uranos ergießt sich ununterbrochen in Gaias Schoß und kennt keine andere Beschäftigung als Sex.»

295 Umhüllen: das Metonym eines Aktes, dessen eigentlicher ‹Grund› durch Penetration eingeholt wird. – Aber die Botschaft ist zweideutig: Was mögen die ‹archaischen› Hesiod-Leser beim Dunkelwerden empfunden haben: auftauchendes Begehren oder auftauchende Kastrationsangst?

Die göttliche Macht der Nacht

Wenn jetzt endlich die Göttin Nacht selbst in den Blick rückt, so ist klar, dass sie nicht die ganze Nacht ist, nicht die ‹Begleiterscheinung›, das Mittel oder Anzeichen Nacht, das dem göttlichen Himmel Uranos assoziiert ist, nicht die mediale der Musen, nicht verborgene Eigenschaft in andern Göttern, nicht die physikalische, nicht die poetische, ja nicht einmal die Göttin als Geliebte von Erebos, sondern, bewusst abgesetzt von ihrer *ehelichen* Mutterschaft, die alleinige Ahnherrin der menschlichen Nacht. Die Göttin ist nicht alles, was Nacht ist, aber sie ist *für uns* die Repräsentantin der Nacht. Das gilt besonders für Nyx als nicht-penetrierte Gebärerin: «Keiner hatte den Schoß der nächtigen Herrin befruchtet» (v. Sch. 213). Es liegt nahe, Nyx eine Sonderstellung «im System» einzuräumen – wenn daraus keine Absonderung wird, wie sie manchem naheliegt: «Neben dem System der positiven Dinge», schreibt Fränkel, «die sich von der Urmutter Erde herleiten, stellt Hesiod ein zweites der negativen Dinge auf»[296].

In Wahrheit setzt Hesiod Chaos als das ältere System; und von Chaos ist Nacht das Kind, vor den Kindern der sekundären Gaia-Dynastie gezeugt. Ja, bevor das System der positiven ‹Dinge› auch nur ein ‹Ding› hervorgebracht hat, hat die Tochter [!] des primären Systems bereits das Himmelsblau und den hellen Tag hervorgebracht (nicht sehr negativ). Aus der Liebesvereinigung von Nacht und Unterwelt entstehen die Grundfesten des Kosmos: das Blau des Himmels und der helle Tag (Th. 124).[297] Es ist also bestenfalls andersherum zu formulieren: Sekundär zu den Kindern der Nyx gibt es auch noch die der Gaia. – Etwas Zweites, ‹Nebenbürtiges› sozusagen, gerät natürlich schneller auf die negative Bedeutungsebene des Zwi-(etracht etc. wie Zwist) und des Wider-(lich etc.). Andersherum wird ein Schuh daraus:

Gaia, das zweite System, gebiert Generationen lang Mord und Totschlag. Noch ihrem Enkel Zeus hilft sie bei der Bekämpfung ihres Sohnes Kronos (Th. 474 f.), was sie nicht daran hindert, den größten Feind des Zeus, Typhoeus hervorzubringen. Neben Typhoeus ist sie von Anfang an

296 Fränkel, S. 113.

297 Der Nacht*himmel* (Uranos) ist jünger als die Nacht und stammt nicht von dieser, sondern von Gaia ab – was ein bezeichnendes Licht auf die viel umfassendere Nacht wirft. Uranos hüllt sich in sie.

die Mutter der übelsten Kreaturen, der Kyklopen (Th. 139), der Hundertarmigen (Th. 147), der Eurybia (Th. 239), der Erinyen (185). Sicherlich, das alles ist mit einem anderen Ethos zu erklären, einem der Mutter verpflichteten. Aber das heißt nicht, dass Hesiod sie positiv sah. Auf der anderen Seite kann Fränkel nicht umhin, die «Ausnahme» der freundlichen Kinder von Nyx und Erebos einzuräumen. Eros war's, redet er sich heraus, denn «allein, ohne die Produktionskraft der Liebe, wird die Nacht zur Urmutter aller negativen Dinge» (S. 211).[298]- Aber erstens ist auch Erebos ein Nacht-Aspekt, und das Ergebnis ist hell. (Auch Eros erscheint im Medium der Nacht.) Zweitens gebiert auch Gaia einiges allein, zum Beispiel «Pontos, das wüst tobende Meer, das in der griechischen Dichtung das Urbild der Lieblosigkeit und kalter Grausamkeit ist»[299]. So viel zum System der positiven Dinge von Mutter Erde.

Nein, der ganze Anfang ist tendenziell negativ. Und er ist zuallererst negativ, weil er nicht das Erste ist, weil er nämlich *Nicht-Jetzt* ist.[300] In Hesiods Vortrag bleibt das Sensationelle davon gewärtig, vom Nicht-Jetzt zu singen: Etwas nach dem Gähnen und Gaffen der Zuschauer ist vorher, wohin man zurück muss.[301] (Die Musen helfen bei der Umkehr.) Dies ist das Negative, das im Hesiodischen Gesang zum Positiven sich wendet: Erst der Aufstieg des guten Zeus bringt die Zuschauer endgültig vom Zurück (in die Nacht der Vergangenheit) zurück: in erhöhte Gegenwart. Wenn die Nacht jetzt wieder auftaucht, so liegt der dunkelste Punkt schon lange zurück, und was die Nacht hervorbringt, wird die Menschen stärker betreffen. Doch soeben ist die schändlichste Geschichte geschehen, und der Fluch des kastrierten *Nachthimmels* über die Zukunft (!) der Titanen (Th. 210) macht die Luft der atemlos lauschenden Zuhörer schwer, verdüstert die Erwartungen noch: als die Nacht auftritt – mit ihrer leider nur zu bekannten Brut. Obwohl für Hesiod weder ein sachlicher noch genealogischer Zusammenhang zwischen dem Nachthimmel und der Nacht besteht, sorgen nun im Bereich

298 Fränkel, S. 113. Neben einer sehr romantischen Urmutter-Vorstellung kennzeichnet Fränkel eine ebensolche von der Liebe als einer Macht, die alles gut macht. Das ist nicht Hesiods Auffassung.

299 Ebd., S. 112.

300 Hesiod ist zerrissen zwischen der höchsten Verehrung des Ursprungs und der höchsten Wertschätzung der olympischen Ordnung jetzt.

301 Siehe oben die allgemeinen Schlussbemerkungen zu Chaos.

der Nacht gewisse erinnernde Stichwörter (Sterne, Begehren, Vergehen und Vergeltung)[302] für die Aufrechterhaltung einer ziemlich gedrückten *Stimmung.* Das spricht für eine aparte ästhetische Strategie, die zu trennen ist von einer etwa magischen, religiösen oder kultischen Bedeutung, die mit der Nennung der Namen von Nacht und ihren Kindern evoziert wäre.

Aber sehen wir uns den Katalog der Nachtkinder genauer an: Unmittelbar nachdem erzählt worden ist, wie Uranos die Kinder Gaias als *Titanen* (208) verfluchte,[303] geht es hinüber zu den *vaterlos* (213) erzeugten Kindern der Nyx. Er nennt sie jedoch Nyx erebenne (213) und führt ihr so die ehemals (ein wenig) männliche ‹Potenz› (Erebos) wieder zu. Hesiod ist ein frühes Zeugnis des Denkzwangs, die Menschen-Nacht mit der Unterwelt zusammenzudenken, auch wenn der Anschein der Trennung in «oben» und «unten» dagegen spricht. Mag sein, dass Hesiods attributive Zusammenfügung der Geschwister und Geschlechter (Nacht und Unterwelt) die Spur eines magischen Denkens bewahrt, den generativen Riss, die Dissoziation, welche die Nacht als zweite Generation und geschwistertes Wesen repräsentiert, aufzuheben, umzukehren, wiedergutzumachen in Richtung auf die Fülle oder doch die Ubiquität des Chaos – aber eben nie mehr ganz zurück, sondern in einer sprachlichen Ordnung der *Prädikation*, welche ein Vorschein des Kosmos ist. Hier also *die vaterlosen Kinder der Nyx*:

1. Moros	**Todes-Schicksal** (211), Geschick (Alb.); *stygeron*: verhasst, schrecklich (Hal.)
2. Ker	**Verderben** (Alb. 212), Schicksal (v. Sche.); *melainan*: schwarz, schwärzlich (Hal.)
3. Thanatos	**Tod** (212), (Hal.): Alle drei sind Aspekte von Tod: Moros: Todes-Verhängung; Ker: den Tod herbeiführend; Thanatos: Nicht-mehr-am-Leben-Sein
4. Hypnos	**Schlaf** (212), ruhebringend, süß (Hal. 762); stark, gewaltig (v. Sch. 759), groß, entsetzlich (v. Sche. 759)

302 Siehe unten bei Hesperiden, Philotes, Moiren und Nemesis (für Sterne, Aphrodite und Erinyen).

303 Titanen = Aufständische. Des Uranos Ängste werden im Fluch zu Aufstands-Prophezeiungen. Wahrscheinlich ‹stehen› sie aber auch schon durch ihr ständig drohendes Geborenwerden, durch die Usurpation von Gaias Scheide als *ihres* Ausgangs, seinem Begehren, *Eingang* in Gaia zu finden, im Weg.

5. Oneiren	**Träume** (212), im *phylon* (Geschlecht, Stamm) auftretend, v. Sch.: in Scharen
6. Momos	**Tadel** (214), Schmähsucht (Fränkel 113), der Tadler (v. Sch.)
7. Oizys	**Jammer** (Alb. 214), Elend (Hal. 281); schmerzbereitende Drangsal (v. Sche.)
8. Hesperiden	Die **Westlichen** (215), transokeanische Wächterinnen von Goldapfelbäumen
9. Moiren	**Schicksalsgöttinnen** (v. Sch. 235) Moira: ursprünglich *Anteil*[304]; Klotho (Spinnerin), Lachesis (Zuteilerin) und Atropos (Unabwendbare) (217)
10. Keren	**Todesdämoninnen**, gnadenlos strafend (Hal. 217), grausame Rächer (v. Sch. 218)
11. Nemesis	**Vergeltung** (223), Rache, Übelnehmen[305]; heilig in WuT. (v. Sch. WuT. 199)
12. Apate	**Betrug** (224), Täuschung (Hal.), List[306]
13. Philotes	**Liebe** (224), Liebesumarmung (Hal), Liebesleidenschaft (Alb.) Liebesgenuss (Fränkel), Vögeln (Friese)
14. Geras	**Alter** (225), Greisentum (Fränkel); *oulomenos*: verderbenbringend, grausam (v. Sch.), zerstörend (Hal.), unselig (v. Sche.)
15. Eris	**Streitsucht** (225 v. Sch.), *karterothymon*: starkmutig (Alb.), heftig (v. Sch.), trotzig (Hal.), hart und stark (v. Sche.); *stygere*: verhasst (226), düster (v. Sche.)

Da hat einer, im Namen der Nacht, eine Ordnung versucht herzustellen, von der in der Geschichte des ‹*Abend*landes›eine große Faszination ausging. Offenkundig sind hier sehr alte Vorstellungen mit eigenen Gedanken, ist Vertrautes mit Fremdem verbunden worden. Das schwindelerregende Beilager der widersprüchlichsten Assoziationen hat wohl damals schon die Hörer verführt. Die Göttin Nyx trat ja das Erbe des bestürzend neuen, ältesten Chaos an. Andererseits war klar, dass, bei aller sonstigen Unklarheit, das genealogische Profil zur ‹andern Seite› hin, zur Titani-

304 Kl. Pauly, Bd. 3, Sp. 1393.
305 Burkert: Religion, S. 287.
306 Vgl. Buxton: Mythologie, S. 46.

schen, nie unscharf war. Kein Gott aus der Linie bis zu Zeus hat sich je mit der Nachtgöttin eingelassen. Sie und ihre Kinder wurden auch nie als Bedrohung der eigenen Herrschaft bekämpft.[307] Es ist für Leser so, als ob die «Theogonie» ein Doppelroman sei. Es *war* aber anders: In der Vergangenheit des lebendigen mündlichen Vortrags war der Unterschied zwischen der Göttin Nyx und der sozusagen natürlichen Nacht (nyx) nicht so ohne Weiteres erkennbar: Man hört den Unterschied nicht. Es gab also eine Fülle von Assoziationen; man musste viele Verbindungen erinnern – und vergessen, um dem Gang zu folgen. Diese Assoziationen sind sozusagen Ersatzhochzeiten zwischen den beiden Familien. Aber neben dem Nebeneinander von Göttin Nyx und den Nachtschichten um den Nacken des Tartaros gibt es doch eine ersichtliche Isolierung von Göttin Nyx eben hier, indem sie als ‹ungeliebte› Gebärerin vorgestellt wird.

Nur die Betonung des Gebärens gibt ihr (mit der namentlichen Vorstellung ihrer Kinder) den Anschein von Leibhaftigkeit, aus deren unsichtbarem inneren Dunkel erwächst gleichsam die dichterische Freiheit und die Ahnungsbereitschaft (im inneren Dunkel) des Zuhörers, der eine bisher unbekannte Wahrheit von den Musen mitgeteilt bekommt. Wenn gerade diese ‹abstrakte› Nacht sich von den andern Nachtaspekten unterscheidet durch das ganz leibliche Gebären, dann steigt durch diesen Gegensatz die Aufmerksamkeit für das Metaphorische, sowohl der Verbindung zwischen Nacht und ihren Kindern als auch für den symbolischen Namen selbst. Dass Hesiod über den Bedeutungen von Namen nicht die Namensgeschichten selbst vergisst, dass er etwa etymologisch denkt, haben wir bereits feststellen können.[308] Hier wird greifbar, dass er Wörter als Namen bewusst absetzt von dem, was sie ‹meinen›, vielleicht sogar, dass er mit ihren Klangmustern spielt, wenn er Moros (*Todeslos)* und Ker (1+2) in den

307 Allerdings schielt Zeus nach dem Herrschaftsapparat über die Menschen, indem er die Macht des Schicksals noch einmal zeugt mit Themis (Th. 904); bei Homer sind sie allerdings älter als Zeus – und zuweilen stärker. (Il. 20, 303)

308 Siehe seine (falsche) etymologische Ableitung des Namens der Titanen von *titainein* «sich dehnen», «strecken» (Th. 209) oder seine Ableitung des Namens der phönizischen Göttin Aphrodite aus dem griechischen Wort *aphros*, «Schaum» (Th. 188 f.). Vgl. auch seine Einführung des Styx (776) durch Hinweis auf *stygeros*, «verhasst» (775).

Moiren und Keren (9+10) wiederholt. Wir müssen immer berücksichtigen, dass hier ein Text vorliegt und nicht etwa ergriffenes Stottern. Der Autor und seine Bearbeiter konnten *unbeabsichtigte* Widersprüche oder Wiederholungen vermeiden oder löschen. Geschah das nicht, müssen wir versuchen, dem Zustand des Textes selbst einen Sinn abzugewinnen.

Dass die ‹leiblichen Früchte› der *Nacht* oft, aber nicht immer, irgendwie abstrakt wirken, ist unbestritten. Es handelt sich nicht selten um unsichtbare Sachverhalte wie *die Sterblichkeit* (Moros), die aber phantastischerweise erscheinen, wie die *Träume* (Oneira). Man sieht *die Täuschung* (Apate) nicht, höchstens indirekt – als Enttäuschung. Man sieht zwar einen Alten, nicht aber das Alter (Geras). Aus welchem *Dunkel* kommen solche begrifflichen Sachverhalte, wenn man diese von ihren Trägern abziehen und aus Nyx hervorgehen lassen kann? Doch das Alter, den Jammer, die Liebe spürt man, Tadel und Streit hört man, und über der märchenhaften Anmutung der Hesperiden wird jede metaphysische Zumutung vergessen. Ob das Ganze einer systematischen Absicht auf eine *metaphysische* Ordnung entspringt, erscheint also höchst zweifelhaft. Bei den Enkeln der Nacht, bei den Kindern der *Streitsucht* (Eris), ist, wie mit einer Fußnote angegeben, was ein metaphysisches System der Nacht hätte leisten können – wenn Hesiod die Absicht gehabt hätte, eines aufzustellen: Alle Kinder der Eris – Hunger, Schmerzen, Vergessen, Lüge, Mord und Meineid (226–32). – stehen im gleichen logischen Verhältnis zur Streitsucht: Sie sind die Folgen dieser Ursache. Hesiod kann also klar logisch denken, und er ist so klug, diesen längeren Nachweis ans Ende der Liste der Nachtkinder zu rücken, damit er nicht den Gesamtablauf stört. – Dennoch ist es nicht Hesiod, sondern Friese, der oben im Text fünfzehn Begriffe aufgereiht hat. Hesiods 15 Kinder der Nacht sind, wenn auch ungleichmäßiger, über die gleiche Anzahl an Versen verteilt (Hal. 211–225):

> Nyx gebar die schwärzliche Ker, den schrecklichen Moros,
> Thanatos, Hypnos gebar sie, gebar das Geschlecht der Oneiren.
> Ferner gebar die finstere Nyx, mit keinem der Götter
> zärtlich in Liebe vereint, die peinvolle Oizys, den Momos,
> die Hesperiden; am hehren Okeanos ferne bewachen
> jene die herrlichen Äpfel aus Gold und den Baum mit den Früchten.
> Schließlich gebar sie die Moiren und gnadenlos strafenden Keren,
> [Láchesis, Klotho und Átropos, die das Gute und Schlechte

schon im Moment der Geburt den sterblichen Menschen bestimmen,]
die die Vergehen verfolgen unter den Menschen und Göttern;
eher lassen die Göttinnen nicht vom schrecklichen Zürnen,
bis sie die schlimme Strafe gezahlt, wer immer gefrevelt.
Und die verderbliche Nyx gebar, den Menschen zum Unheil,
Némesis; nach ihr gebar sie Täuschung und Liebesumarmung
Und das zerstörende Alter, gebar die trotzige Eris.

Versuchen wir, statt der logischen oder ontologischen Ordnung der ästhetischen auf die Spur zu kommen, genauer: der rhetorischen. Immerhin ist der Text für einen musischen Wettbewerb gedacht. *Innerhalb* dieses Dokumentes einer musischen Veranstaltung scheint die Nacht der *Göttin Nacht* zunächst sehr musenfern. Auf die Verfluchung der Titanen folgt keine nächtliche Muse, sondern die Moira der Menschen-Moral. Aber auch aus dem *Medium* der Nacht (im Vorspiel) waren die Musen unerwartet aufgetaucht. Im Fall der Nyx kommt man den Musen näher, wenn man auch bei Hesiod eine musische Launenhaftigkeit vermutet, welche die Zuhörer von einem in den andern Gefühlszustand stürzt: Kurz zuvor war noch von der Kastration des ‹unendlich› geilen Uranos die Rede gewesen; gleich darauf entsteht daraus Aphrodites Reich (v. Sch. 205):

Jugendliches Gekose, Gelächter, Spiele der Täuschung,
Lockung und süßeste Lust und die Wonne umarmender Liebe.

Doch im nächsten Augenblick verdammt der entmannte Vater seine titanischen Kinder und sagt ihnen Bestrafung voraus. Die Wonnen der Liebe sind gebettet in den mörderischen Krieg der Generationen. Das jugendliche Gekose ist ein Spiel der Täuschung, kein dauerhaftes Reich. Dieser Mischung aus Sex and Crime folgt die kalte Nacht und ihr wiederum ein besonders anmutiges Kapitel über die reizenden Kinder des Nereus, Sohn des Pontos (Th. 242–64). Fünfzig sollen es sein, und Hesiod zählt sie alle auf. Aber so turbulent und unregelmäßig wirbelig beschreibt Hesiod in den Nereiden die angenehmen Aspekte des Wellenspiels, dass es unter der Hand 52 sind, eine lieblicher als die andere. Ganz offensichtlich hat es Hesiod Freude bereitet, diese ganz unmetaphysische Unordnung auch im unregelmäßigen Rhythmus der Aufzählung zu verlebendigen: Da sind die Gaben, zu beherbergen wie Doris, sich am Stein zu reiben wie Amphitrite, die Wellen zu besänftigen, wie Kymodoke es vermag. – Dazwischen nun die Kinder der Nacht, ebenso rythmisch wechselnd aufgezählt, unterschiedlich dicht verteilt auf die Reihen der Hexameter.

Da Hesiod einen bestimmten, wenn auch vielleicht ambivalenten, Gefühlszustand mit der Nennung der Göttin Nacht hat aufrufen wollen, ist es angebracht, auch den Klang der Namen in diesem Gesang zu berücksichtigen. Die erste Gruppe der göttlichen Kinder (1–7) ist im griechischen Original deutlich von der dunklen, aber klangvollen Endung auf... *on* bestimmt, wie Moron und Thanaton (211–14). Die Hesperiden, die in mehrfacher Hinsicht eine Zäsur bezeichnen[309], leiten die zweite Gruppe ein, die durch Endungen auf... *as* beherrscht wird (wie *Hesperidas* und *Geras*, 215–30). Dass es ihm um den *ästhetischen* Kontrast geht, zeigt nicht nur die inhaltliche Entgegensetzung von der einsamen, un*be*fruchteten «finsteren, nächtigen Göttin» zu der *hell*stimmigen Schar der Hesperiden, die schließlich *glänzende* Äpfel hegen, Hochzeitsgaben der Gaia für die Ehefreuden von Zeus und Hera (Kl. Pauly 2, Sp. 1117), sondern auch der phonetische Kontrast des dunklen -as ihres Namens zu den hellen Stimmen dieser westlichen Nymphen (Th. 275). Die Vorherrschaft dieses dunklen, aber auch stimmloseren, rasselnden bis zischenden Geräusches wird zum Ende hin aufgehellt zum sirrenden Klang von *Eris*. Die letzten Kinder, *Philoteta, Geras, Erin... Eris* (224–26)[310], tendieren gemäß ihrer grammatischen Ordnung ins Helle, ‹nach oben›, wenngleich *Ponon* (Pein, Plage, Strafe) als erstes Enkelkind der Nacht gravitätisch in einen neuen dunklen Klangraum fällt. Aber das ist der dunkle Anfang einer neuen Generation, die übrigens wie diejenige der Nachtkinder mit einem Doppel-O beginnt. Ponon (226) entspricht Moron (211).

Damit kann man nicht nachweisen, dass die Klangwahl in Hesiods Reihenfolge der Namen eine herausragende Rolle gespielt hat. Schließlich kommt ein guter Teil der Klangdifferenz einfach daher, dass die erste Gruppe im Akkusativ Singular steht und die zweite teilweise im Plural. Dennoch ist die zweite Gruppe nicht vom Plural bestimmt; nur die Namen 8–10 sind es, die Namen 11–15 stehen wieder im Singular. Nach in-

309 Sie steigen außer durch die neue Endung auf ... as durch inhaltliche Fremdheit und den Platz, den sie zu ihrer Beschreibung beanspruchen, aus dem Erwartungshorizont auf.

310 Die Klangbrücke... *er-* (G*er*as, *Er*is) trägt von... *as* zu... *is*.

haltlichen Gesichtspunkten hätte es zudem nahegelegen, die Keren (10) bei Ker (1) zu behandeln und die Moiren (9) sachlich angemessen bei Moros (1). Nein, an dem phonetischen Argument muss schon etwas dran sein: Ausgerechnet beim Übergang von ‹Jammer› (*Oizyn*) zu der -as-Gruppe beginnt Hesiod mit einem inhaltlich völlig disparaten Namen: mit dem der Hesperiden, wie um den phonetischen Wandel durch einen ‹bedeutungslosen› Themenwechsel hervorzuheben.[311] Die gesamte Klanggestalt von Ker bis Eris ist zu markant, um zufällig zu sein, und zeugt vom darstellerischen Selbstbewusstsein gegenüber der «verderbenbringenden» Nacht(bedeutung). Ihre ästhetische Funktion ist die der dramatischen Zuspitzung, der die semantische Wendung von den eher passiven Kindern der Nacht zu den aktiven der Eris entspricht. Selbstredend sind die Klangaspekte nicht l'art pour l'art. Aufgerufen werden moralische und religiöse Assoziationen. Die Aufhellung des Klangs zu *Eris* führt in eine soziale Nacht des moralischen Vergehens, die Hesiod besonders dunkel erschien (225–232).

Dieser Aspekt ist nicht unwichtig; Hesiod bezeugt in den «Werken und Tagen» (WuT. 199) eine verbreitete heilige Scheu vor der rächenden Nacht, die zu dem (ihm von altersher überlieferten) Verbot führt, nachts nicht nackt und aufrecht auf oder abseits von Wegen zu urinieren. Begründung: Den Göttern gehören *die* Nächte (WuT.728).[312] Doch selbst sie scheuen vor *der* Nacht (Il. 14, 261). Das ist mehr als nur eine Façon de parler; wie

311 Der Einwand, der phonetische Wechsel könne im Gegensatz dazu dienen, den *semantischen* Sprung zu unterstreichen, ist weniger plausibel. Denn auf *die* Bedeutung, die die Hesperiden haben, kommt es im Folgenden nicht an. Im Übrigen ist der semantische Bruch ja nicht so groß zwischen Moros und Moiren, Ker und Keren.

312 Dabei ist nicht die Nacktheit an sich der Frevel. Schließlich verlangt er fürs Säen und Pflügen sogar den nackten Landmann (WuT. 390). Nein, es geht um die feldbeherrschende Geste des nächtlichen Stehpinklers: «Sitzend tut es der fromme Mann» (WuT. 730). – Ansonsten fällt aus der Perspektive der Nacht auf, wie stark «Werke und *Tage*» mit dem Tagewerk auch die Frage des Rechts und der individuellen Verantwortung hervorheben. Dies neue, tägliche Recht kontrastiert mit dem älteren Gesetz der Nacht und ihrer Kinder Moira, Nemesis, Horkos etc., das vorherbestimmt ist und folglich nicht positiv durch Übernahme von Verantwortung beeinflusst werden kann.

denn auch die Tage und Nächte voll gewesen sein müssen von heiligen kultischen Handlungen und Symbolen. Die Ernsthaftigkeit des Textes der «Werke und Tage» weist auf alte Gebote und Verbote zurück. Die *Heiligkeit* der Nacht ist also schon lange vor Hesiod selbstverständlich. Natürlich spielt auch die Personifikation der Nacht als Göttin eine Rolle, wie sie in der Homerischen Ilias bezeugt ist. Andererseits reicht es nicht, die Heiligung der Nacht (in Raum und Zeit) nur als Ergebnis der Ausstrahlung einer Göttin in den ihr attribuierten Bezirk anzunehmen, da auch von der realen Nachterfahrung Impulse zu deren Personifikation ausgehen. In der Ilias wird auch die realnächtliche Dunkelheit (*knephas*) heilig (*ieron*) genannt (Il. 17, 455). In einem Fragment des Stesichoros (um 640–555 v. Chr.), in der «Geryoneis», ist von den «Tiefen des heiligen nächtlichen Dunkels»[313] die Rede, in die Helios, der Sonnengott, will. Das metaphorisiert reales Nachtwerden als Vertiefung der Nacht zur Unterwelt und als eine Fahrt zur Heiligkeit.

Hier, im *theogonischen* Katalog der Nachtkinder, scheint zumindest kompositorisch nichts mehr nach einem alten heiligen Ritus vorzugehen, wenngleich natürlich im Einzelnen alles voll ist von alten Erinnerungen an etwas, das mit Nacht verbunden wird. – Aber worin besteht denn die Verbindung der einzelnen Kinder zu Mutter Nacht? Meine Vermutung ist, dass es eine ästhetische Verbindung ist. Im Gegensatz zu einer kultisch-religiösen Verbindung besteht der Zusammenhang in der Unterhaltung, im Genuss – einer ehemals schaurig-heiligen Wirklichkeit und Macht.[314] Es handelt sich um etwas so Modernes wie eine Ästhetik des Hässlichen. Das, wovor in kultischem Zusammenhang früher Angst, Scheu, Entsetzen und Sprachlosigkeit vorherrschte, wird nun ausführlich beschrieben, vor Augen geführt. Die Attribute, Beinamen und Prädikate der göttlichen Wesen werden disponibel und nach kompositorischen sowie atmosphä-

313 H. Diels und W. Kranz: Die Fragmente der Vorsokratiker. Berlin ^{6}1951, Fragment 6, zitiert nach Fränkel, S. 321; vgl. auch W. Marg: Griechische Lyrik. Stuttgart 1989, S. 20.

314 De facto lassen sich ästhetische und kultisch-religiöse Aspekte seit den frühesten menschlichen Zeugnissen schlecht trennen. – Aber eben doch in ersten Ansätzen ab dem 8. Jahrhundert in Griechenland, etwa durch die ästhetische Aufmerksamkeit für die ‹eigenartigen› Möglichkeiten der Textverarbeitung von ‹Stoffen› für einen Wettbewerb.

rischen Gesichtspunkten eingesetzt. Ein Beispiel ist das Adjektiv *stygeros*, «verhasst», das seine Apotheose später noch in der Substantivierung (als Fluss) und Personalisierung (als Göttin) *Styx* erfährt (776).

Karl Philipp Moritz übersetzt (zweieinhalb Jahrtausende später) *Styx* mit «das Entsetzen»[315]. Mit Styx wird so, aber nicht erst von ihm, eine ‹hässliche› Atmosphäre intoniert; es folgen die Adjektive «schwarz», «unterweltlich» (*erebenne*) und «peinvoll» (*alginoessan*). (Hal. 214). «Verhasst» wird das Todes-Schicksal (*Moros*) genannt, aber diese Beurteilung ist nicht kultisch oder auch nur traditionell feststehend, sondern dient der *Erinnerung* an Hassregungen bei den Zuhörern. Es wird demnach zur Fortsetzung dieser Stimmung bei Nennung der Eris eingesetzt: Eben noch sehr positiv als starkmutig (*karterothymon*, Alb. 225) charakterisiert, wird Eris *stygere* genannt, wenn nun ihre Kinder dran sind: eine andere Generation – aber die Einstimmung auf Verhasstes soll bleiben. Vielleicht ist sogar eine böse Vorahnung geweckt, denn die Kinder der Eris werden später den Eingang zur Unterwelt bewohnen.[316] Und die Göttin Styx wird in Vers 776 bewusst mit der Erinnerung an die wörtliche Bedeutung von *stygeros*, «verhasst», eingeführt (775).

Interessanter aber als die *einzelne* Gefühlserweckung ist das Verfahren der Ästhetisierung selbst, das Hesiod als Autor und sozusagen Begatter der Nacht erfindet. Mag auch an die Nacht ein altes griechisches tiefreligiöses Gefühl gebunden gewesen sein; aus *dieser* heiligen Nacht ging keineswegs die Kinderschar hervor. Neben jenen Erlebnissen, die die Griechen vielleicht auch schon vor Hesiod mit Nacht verbunden haben, weil sie in der Nacht besonders fühlbar oder prägnant waren (wie Jammer, Schmerzen und Träume), die sie aber vielleicht nicht mit einer heiligen Gottheit verbunden haben, hat Hesiod offensichtlich noch ältere Göttinnen oder Dämonen aus fremden Kulturen übernommen und umgeformt, und zwar die Moiren und Keren. Raoul Schrott fasst den Forschungsstand zusammen, wenn er schreibt: «Die althethitischen Schicksalsgöttinnen Papaya und Istuya, die seit Urzeiten mit Spindel und Spinnrocken den Lebensfaden spinnen, sind ebenso als unmittelbares Vorbild für die Moiren zu erkennen wie die diversen weiblichen akkadischen Todesdämonen für die Keren.»[317]

315 K. Ph. Moritz: Götterlehre. (Ausgabe 1795) Lahr 1948, S. 50.
316 Vgl. K. Kerényi: Die Mythologie der Griechen. Bd. I, München [5]1981, S. 33.
317 Schrott: Heimat, S. 124.

Um 700 v. Chr. galt den Griechen der hethitisch-hurritische und der gesamte semitische Kulturbereich als ästhetisch vorbildlich, das war von Hesiod für einen Gesangswettstreit zu berücksichtigen. Er holt also die für die meisten inländischen Zuschauer dunklen fremden Mächte von weither, an die er gleichwohl nicht glaubt, wenn er solcherart verfremdend mit ihnen verfährt, und steckt diese fremd-heiligen Unbekannten der ehemals tiefheiligen Nacht in den Leib, aus dem sie dann als der Nacht *ureigenstes* Produkt erscheinen: ‹auftauchen›, vulgo geboren werden: mit keinem der Götter in Liebe vereint, aber mit Hesiod, der sie ihr gemacht hat.

Was immer die Nacht vorher war – vielleicht ist selbst ihr griechisches Alter eine hesiodische Erfindung, hier nun ist die Nacht *sekundär*: eine Holding für disparateste Tatsachen und Gefühle, verdichtet aus der *Synopse* verschiedenartiger Texte zum narrativen Aplomb vor Zuhörern in *Sukzession* gebracht. Der ästhetische Zweck dieses Verfahrens ist eine quasi-religiöse Umkehr- oder Umstülpungserfahrung des Bekannten als des Fremden und des Fremden als des Bekannten. Die Zuhörer kennen vielleicht Darstellungen dämonischer Wesen auf neuen Waren aus dem Osten; befremdlich, dass sie aus demselben dunklen Schoß auftauchen wie die vertrauten nächtlichen Schlafstörungen und Träume. Vertraut ist aber, dass sie alle aus der alten Nachtmacht hervorgehen sollen, mit deren Unvertrautheit man sozusagen immer schon vertraut gewesen ist. In dieses diffuse Zwielicht aber fällt der Schwindel, dass aus dem Innersten der *äußersten* Macht, die, wie soeben gehört, mit der Unterwelt den Tag gezeugt haben soll (auch diese Erkenntnis ist vielleicht ein semitischer Import), die dreifach die Unterwelt von uns fernhält, das eigene Innerste hervorkommen soll: Begehren, das Alter, das Schicksal usw. Dieses Auftauchen – woher nun eigentlich? – ist das Erstaunlichste, und das ist eine ästhetische Kategorie.

Die Kinder der Nacht

Geben die einzelnen Kinder weitere Auskünfte über ihre Mutter? Moros, das Los, das Geschick, das dem Menschen vom Schicksal zugeteilt ist (Alb.), ist «verhasst», weil er die Gewissheit des Todes im Leben bedeutet. Jedem ist sein Anteil Leben als Moros vorherbestimmt. Mögen die Moiren (oder die singuläre Moira), jenseits der drei Spinnerinnen aus dem Osten, die Spur eines griechischen Schicksalsglaubens bewahrt haben, so scheint die männliche Personalisierung des Moros und ihre Unterstellung unter den Mantel der Nacht Hesiods Erzeugnis zu sein. Die ‹Individualisierung› der drei ersten Nachtgewalten über den Menschen (Moros, Ker und Thanatos) setzt das bestimmte Einzelschicksal eines jeden Sterblichen in eine individuellere Perspektive, als das die Moiren können. Die Zuordnung zum Nachtbereich scheint assoziativ über die ältere Zuordnung von ‹Tod› über das Beerdigungswesen zu ‹Nacht› (und Unterwelt), über die Adjektive in diesem Bereich (zum Beispiel «schwarz» und «verhasst») und über den Bedeutungshof, den die Moiren haben, erfolgt zu sein.

Es ist aber auch denkbar, dass ein differenzierter Begriff das Ziel einer synthetisierenden Operation gewesen ist: Einerseits ist die bekannte *Schicksalsmacht* der Nacht, «die Götter bändigt und Menschen» (Il. 14, 259) [318], die also nicht nur über den Tod gebietet, da sie auch die Unsterblichen bindet, einerseits also wird diese in den Moiren-Komplex überführt und zu Moros individualisiert. Andererseits prägt ein anderer Strang der Ableitung, die Todesmutterschaft der Nacht, diesen Moros ebenso stark. Nach von Schirnding ist Moros das «Todeslos», das «Todesgeschick», «neben Ker und Thanatos einer der drei Aspekte, unter denen Hesiod entsprechend den Vorstellungen seiner Zeit das Phänomen des Todes begreift»[319]. Dennoch bewirkt diese Arbeitsteilung des Todes eine Auffaltung seines Bedeutungsraumes und zugleich eine Verlagerung von der puren Tatsächlichkeit des Todes, des Totseins (Thanatos), zu der Art und Weise seines Auftretens, ja zur Eindunklung auch seines Gegensatzes, des Lebens, indem das ‹Verhängnis› wesentlich immer schon über demselben hängt, es verschattend. Zwar scheint die Bedeutungsgeschichte von *moros* immer mehr in die von *mors* (lat. «Tod») zu gehen, doch spricht bei Annahme einer ästhetischen Berechnung dafür, dass Hesiod gleich am Anfang der Nachtgeburten mit dem Bedeutungsaspekt ‹Verhängnis› ‹Bestürzung›

318 Möglicherweise war dieser Ausspruch, der darauf hinausläuft, dass Götter zwar unsterblich sind, aber schlafen müssen, ein frecher Witz, der nicht die Göttin Nyx aufwerten, sondern die Willensfreiheit der olympischen Götter abwerten wollte. Dann wäre aber immer noch die Allmacht des Schlafes als einer Vorahnung des Todes ein ziemlich mächtiges Attribut einer wenn auch profanen Nacht.

319 V. Sch. S. 235.

auf einer abschüssigen Ebene auslösen wollte, welche die Determination des Lebens gefühlsmäßig antizipiert.

Ob nun Hesiod mehr an der puren Faktizität des Todes oder an der Angst erzeugenden Unerbittlichkeit interessiert war, was folgt, ist die Niederkunft ins Einzelne und ins Wie: Ker nämlich bezeichnet nach Hallof/Hallof die Modalität des Sterbens: Ker, Moros und Thanatos «sind drei Aspekte des Todes: Moros, die Verhängung des Todes; Ker, die den Tod herbeiführt; Thanatos, der ‹Tod› selbst, das Nicht-mehr-am-Leben-Sein.» (Hal. 205) Ker ist auch in der Ilias der ‹individuell›(!) ‹zugeteilte› Todesdämon, genauer: ein Lebensdämon, der zum Todesdämon gereift ist.[320] Eine Analogie zur Nacht besteht in der olympischen Wägung der Todeslose. Die Keren zweier miteinander kämpfender Helden, hier Hektor und Achill, werden als Todeslose in einer Waage gegeneinander aufgewogen (Il. 22, 209). Die reifere wiegt schwerer, geht Richtung Unterwelt, wo auch die Nacht ihr Haus hat. Fassbarer wird die Nachtbedeutung der schwerwiegenden Ker durch die Metapher vom Leben als Schicksals*tag* (aismon hemar) in der Ilias (22, 212). Geht der Tag zur *Neige* (!), kommt die Nacht, der Tod. Ker bringt die Nacht. Dass die Verbindung von Ker mit Nacht nicht nur ein isoliertes Gleichnis bei Homer ist, zeigt der «Schild des Herakles», ein Kurzepos aus dem 7. oder frühen 6. Jahrhundert, das zunächst Hesiod zugeschrieben wurde, was aber schon in der Antike umstritten war. Hier wird ein Schild beschrieben, auf dem außer anderen Scheußlichkeiten Keren um die Leichen Gefallener raufen. Daneben steht *Achlys*, das Todesdunkel, das Fränkel mit «Umnachtung» übersetzt.[321]

Aber von all den Konkretionen ist an dieser Stelle Hesiods nicht die Rede, obwohl zumindest jeweils ein Teil von ihnen Gemeingut gewesen sein muss.[322] Das macht die Wirkung der hesiodischen Fleischwerdung

320 Vgl. hierzu ausführlicher Kerényi: Seelenforschung, S. 306–08. – Die *Moira* (ursprüngl. ‹Anteil›) gibt also die ‹Individualität›. Letztere wird mit diesem Wort immer noch als das Eingeteilte aufgefasst, nun aber als Teil eines innerweltlichen Ganzen: der Gesellschaft.

321 Pseudo-Hesiod: Der Schild des Herakles. In: Hal., S. 158, Vers 264 f.; s. a. Fränkel, S. 123. – Bei Homer taucht *achlys* unpersonifiziert auf (Il., 5. 696) und wird von deutschen Übersetzern mit Nacht gleichgesetzt: «... und Nacht umhüllte die Augen» (von Rupé).

322 Über des Pausanias (5, 19,6) Beschreibung der sogenannten Kypseloslade sind Ker-Darstellungen des 7. Jahrhunderts belegt. Wahrscheinlich sind aber bild-

noch schauriger. Denn andererseits forciert er mit ihrer ‹Geburt› personalisierende Vorstellungen, die bei Homer keine so große Rolle spielen (vgl. die Wägung der Todeslose). Das wird noch deutlicher bei *Thanatos*; auch er, der vollendete Tod, wird *geboren*. Welch eine imaginäre Dissonanz bei apodiktischem Ton der Mitteilung! In der Ilias tut der Tod wenigstens noch etwas, ja er tut sogar wohl, wenn er gemeinsam mit Schlaf den Leichnam des *Sarpedon* in die Heimat überführt (Il.,16,672) Bei Hesiod wird er nur genannt – jedenfalls hier, im Katalog. Denn später, wenn Tartaros II ausgemalt wird, wird dieser «mächtige» Gott (759), der hier wohnt, ausführlicher gewürdigt (v. Sch. 764): Sein Herz

> ist aus Eisen; ehernen Sinnes,
> kennt er kein Mitleid; wen von den Menschen er einmal gefasst hat,
> nicht wieder lässt er ihn los, ihn hassen die ewigen Götter.

Die Götter sind zwar unsterblich (*athanatos*), aber selbst ihnen ist der Tod verhasst (*echthros*). Schon dass es ihn gibt dort unten, wo vieles den Göttern verhasst ist, ist eine Beleidigung der göttlichen Existenz. Schon dass es diesen nächtlichen Ort der Verbannung gibt, ist nicht nur Ausweis ihrer ‹höheren› Macht über die dunklen Gewalten, sondern auch ein Kompromiss, der selbst sie bindet: die kosmische Raumordnung.

Thanatos wird an dieser späteren Stelle neben seinem Bruder Schlaf mit der Mutter Nacht eingeführt, alle drei haben in der nächtlichen Welt von Tartaros II ein Haus, während Moros und Ker hier nicht vorkommen. Wenn andererseits Thanatos im Katalog neben den anderen Göttern so abstrakt erscheint, so ist das ein Hinweis auf die Jenseitigkeit dieses Todesaspektes. Moros und Ker repräsentieren als Aspekte des Sterbens lebensimmanente Kräfte. – Es kann sein, dass schon die katalogartige Zusammenstellung dieser so divergenten Reiche durch ihre Namensvertretung im ersten Teil des Katalogs erschütternd gewirkt hat. Vor allem

liche Darstellungen viel älter. Ihre ikonologischen Details (Vogelkrallen, Blutsaugen, Zerfleischen u.ä.) sind aber oft schwer von verwandtem Getier wie Gorgonen, Sirenen und Harpyien zu unterscheiden. Viele Züge weisen auf gemeinsame Vorstellungen von den Kelten bis zu den semitischen Völkern hin – und zurück bis ins Magdalénien, nämlich die des aasfressenden Geiers. Vgl. Marija Gimbutas: Die Sprache der Göttin. Frankfurt 1995, S. 187 f.

der jeweilige Zusammenhang zwischen den «Todesarten» und der Nacht ist dabei verschieden und in dieser imaginären Zusammenschau überrumpelnd.

Ausgeprägter als zu den andern Todesaspekten ist die konstante Beziehung von *Thanatos* zu *Hypnos*, ‹Schlaf›, der als nächster Nachtgeborener im Katalog genannt wird. Während die Bedeutung des Thanatos, die vor Hesiod eher freundlicher war,[323] schon durch die Nachbarschaft zu Moros und Ker ‹negativer› wird, wird die Bedeutung von Hypnos negativer durch die Nachbarschaft zum Tod. In der Sukzession des Hörens ändert sich nichts durch die Erwähnung der bekannten Tatsache, dass Schlaf der Bruder von Tod ist. Aber für die Assoziationen zu Schlaf ändert sich einiges, wenn der immer nahe Schatten von Bruder Tod die geschwisterliche Atmosphäre umnachtet. Hallof/Hallof übertreiben nicht, wenn sie *Schlaf* später mit «ruhebringend und süß» übersetzen. (Hal. 762) Aber zuvor wurden Tod und Schlaf *in einem Atemzug* furchtbare (deinoi) Götter genannt (Th. 759). Immerhin sind beide Kleinkinder auf den Armen der Mutter Nyx, ‹bei Lichte betrachtet›, nicht zu vergleichen. Helios nämlich kriegt nie beide gleichzeitig zu Gesicht: «Niemals betrachtet beide zur gleichen Zeit mit den Strahlen der leuchtende Helios.» (Hal. 759) Thanatos gehört auf andere Weise zur Nacht als Hypnos.

Der positive Aspekt des *Schlafes* muss auch beim Hören des Nachtkataloges präsent gewesen sein. Er ist nach allen überlieferten Zeugnissen so stark und eindeutig, dass damit die Triade Nacht – Tod – Schlaf einen nicht nur negativen Charakter hat. In der Ilias, wo Hypnos übrigens im Himmel wohnt (14, 258) und, wenn auch zeitlich beschränkte, so doch größere Macht über die Götter hat als der Tod (14, 245), ist er eine der wenigen komischen Gestalten und hilft Hera bei der ‹Ausschaltung› des Zeus, genauer: Hera hilft Hypnos, Zeus in Schlaf zu versetzen, indem sie diesen zunächst in den Bei-Schlaf verführt. Sie machen den stärksten Gott «von Liebe benommen und Schlaf» (Il. 14, 353). Die Macht des Schlafes nach dem Beischlaf, ja, der Schlaf als Deckbild für Liebe-Machen, früh erkannt.[324] Hier, im Hesiodischen Bereich der Nacht, hellt sich die Stimmung des Hörers allein schon durch die Entfernung vom Tod auf, und da-

323 Vgl. Kl. Pauly, Bd. 5, Sp. 648.
324 Vgl. auch Ham. 14, 305.

durch, dass die Träume folgen. Doch mehr noch ist es ganz unverständlich, wieso Hypnos als negativ gelten soll. Da ihm im Nachtkinder-Katalog kein Attribut gegeben ist, müssen wir die traditionelle Rezeption voraussetzen. Ist er aber nicht negativ, dann ist er auch kein Baustein in einem prinzipiell negativen System, wie denn überhaupt die Bedeutung der ‹Begriffe› je nach Kontext verlagert wird.

Die bildlichen Darstellungen des *Thanatos*, der häufig mit seinem euphemistischen Kommentar *Hypnos* auftritt, zeigen einen fundamentalen Gegensatz zu den Darstellungen der Keren. Letztere sollen Todesangst, etwa auf Schilden, hervorrufen. Thanatos und Hypnos dagegen, die erst in der 2. Hälfte des 6. Jahrhunderts als Bildmotiv beliebt zu werden scheinen, dienen der Besänftigung der Trauernden auf den Grablekythen. Als Allegorien (was allein schon einen traurigen Gestus des Sehens als Lesen erfordert) dienen sie einer Trauerästhetik, die sich entscheidend vom rituellen Selbstentleibungsmuster absetzt (wie es noch bei *Achlys* im «Schild des Herakles» zum Ausdruck kommt).[325] Kenntlich sind *Thanatos* und *Hypnos* durch ihre Anlehnung an die Geschichte der Entrückung des Sarpedon aus der Ilias und durch ihre Flügel.[326] Bildästhetisch sind das zwei Welten: hier die Schreckbilder, dort Beruhigungsbilder.

Im Schlaf kommen die Träume … in der «Theogonie» nur einmal und dann nimmermehr. In der Tradition bis zu Hesiod haben Träume eine eher positive Funktion, wenn auch ihre konkreten Erlebnisse Unsicherheit über Ursache, Realitätsgrad und Zweck des Ganzen verraten.[327] Die

325 Fränkel, S. 123, interpretiert die Achlys als Personifikation der Hinterbliebenen.

326 Vgl. K. Schefold: Götter- und Heldensagen der Griechen in der spätarchaischen Kunst. München 1978, S. 244 und Abb. 313. Vgl. für die klassische Zeit den Lekythos des Thanatos-Malers in E. Buschor: Griechische Vasen. München 1969, S. 212, und J. Boardman: Rotfigurige Vasen aus Athen – Die klassische Zeit. Mainz 1991, Abb. 271 und 275.

327 In der Ilias kommen die Träume von Zeus. Obwohl sie also eine höhere Botschaft darstellen, können sie von Zeus auch bewusst zur Täuschung eingesetzt werden. (Il. 2, 6) Sie können aber auch distanziert in ihren sich wiederholenden Mustern beschrieben werden (22, 199). Der nächtliche Zusammenhang besteht darin, dass Tote(ngeister) im Traum aus dem Hades zu den Schlafenden gelangen und mit ihnen sprechen können, so real, wie sie nun einmal wirklich sind: Der tote Patroklos erscheint Achill (Il. 23, 65).

üblichen Traum-Orakel nach einem nächtlichen Kultschlaf bzw. Tempelschlaf haben nicht nur prophetischen, sondern auch therapeutischen Charakter.[328] Die einzige Aussage, die wir von Hesiod über die Träume erhalten, besteht, außer den indirekten Informationen des Kontextes, darin, dass er zum erstenmal Kinder der Nacht namenlos im Plural erwähnt: «die Scharen der Träume» (v. Sch. 212). Bei der betonten Individualität der älteren Geschwister ist das auffällig. Dadurch wird dem Traum etwas von seiner drückenden Bedeutung genommen, mehr noch: Aus der Perspektive von außen auf *Scharen* bekommen die hier vorzustellenden Traumerlebnisse etwas leicht Irreales, was sie weder in früheren Epen wie dem «Gilgamesh» noch bei Homer haben: Es wird aus ihnen fast so etwas wie ‹Träume sind Schäume› – aber nicht ganz: Die Scharen sind verwandt, sind eine Sippe (*phylon)*, das gibt ihnen das Gewicht der Tradition. Der qualitative Unterschied liegt im Plural; denn in der nächtlichen Erlebnis-Realität des Traumes hat man immer nur einen Traum. Auch wenn man mehrere hintereinander träumt, sieht man sie nicht in Scharen. Allerdings kann man in Staffeln träumen, in Wiederholungen, Variationen und Steigerungen – mit den Unterbrechungen des wachen Bewusstseins. Die Unterbrechungen lassen deshalb die Träume in der Biographie als Generationen auftauchen, und zwar so, dass der Hinweis auf die Verwandtschaft schon einen Sinn ergibt.

Es hat etwas raffiniert Wunderbares, wenn ausgerechnet jetzt, da die erste *Schar der Nachtgeburten* rasch in zwei Hexametern vorübergezogen ist und zuletzt von einer Schar Träume zu hören war, das für alle Nacht-Kinder dieser Textpassage erhellende Schlaglicht kommt: «keiner hatte den Schoß der nächtigen Herrin befruchtet» (v. Sch. 213). Kein Vater und keine äußere Kraft, Potenz oder personifizierte Eigenschaft! Als ob alle diese ‹Nachtgewächse› *Träume* der Nacht seien! Das kann kein Zufall sein, denn dieser Einschub ist ziemlich umständlich, und andere Stellen im Katalog wären dafür günstiger gewesen, wenn nicht der Zusammenhang von Nacht und «Irrealität» so wichtig gewesen wäre.

Nun ist der Terminus «Irrealität» etwas tendenziös; keineswegs wollte Hesiod seinen eigenen Katalog herabsetzen, vielmehr wollte er eine neue Wendung vom phantastisch Subjektiven über bündige sprachliche Äußerungsform ins Geltende, Gültige finden. Diese ‹Irrealität› ist ihm ein Teil,

328 Vgl. Burkert: Religion, S. 186. Siehe auch Kerényi: Urbilder, S. 35.

der nächtliche Teil der menschlichen Realität. Selbst *Jammer* (Oizys), auch als «schmerzliche Drangsal» übersetzt (v. Sch. 214), und *Tadel* (Momos) haben etwas Unwirkliches, indem sie etwas Defizitäres repräsentieren, das eigenartig zwischen der Feststellung dieses Mangels und der mangelhaften Form der Feststellung changiert. Noch wenn man Oizys objektiver als *Elend* (Hal. 281) auffasst, bleibt der lautmalende Jammerton. – Auch wenn man wie Fränkel[329] Momos mit «Schmähsucht» übersetzt, so reflektiert das den Wendepunkt zum Subjektiven hin, am weitesten entfernt von *Moros*, das Schicksal, an das *Momos*, der Tadel, erinnert.

Das am weitesten Entfernte wird klanglich aufs engste zusammengerückt, so ist ja auch der musische Auftrag zu erfüllen, wenn von den himmlischen Göttern gesungen werden soll. Neben dem Umkehrmotiv, das die Klangerinnerung an vergessene Anfänge zurückführt, ist unter der Lektüre, die vielleicht weniger ‹vergesslich› ist, eher von einer Synkopisierung zu sprechen. Wichtig aber ist das mediale Selbstbewusstsein im Dialog mit den Inhalten, das auf einem entscheidenden nächtlichen Aspekt gegründet ist: der Dunkelheit. In diesem Medium können erinnerte und vergessene Vorstellungen mit dem Klang (oder dem Schriftbild, hinter dem doch auch alles Vorgestellte verborgen ist) kommunizieren. Das Wort «Medium» klingt modern, betrifft aber die älteste Sache der Welt: Formeln, formale Vehikel, die man nicht ‹versteht›, die also der eigenen Welt nicht zugehörig sind (wie Zahlen und Buchstaben)[330] – aber auch Stoffe, die man nicht beherrscht, wie die Dunkelheit etwa, sind Medien für Passagen: für Zauberei ebenso wie für Verwandlungen durch die Musen.[331]

Doch gilt es, unterhalb der komplexen Komposition von Verweisungen nicht die einfachen Lebensverhältnisse zu vergessen, die Hesiod hier anspricht: Jammer und Tadel sind die Früchte nächtlicher Schlaflosigkeit (und vice versa), an die Hesiod nach Schlaf und Traum hier erinnert. Diese vier ‹Tatsachen des Nachtlebens› wiederum kontrastieren mit den ersten

329 Fränkel, S. 113.

330 Raoul Schrott weist in «Die Poesie ist älter als der Acker» in: FAZ, 30. 12. 1999, auf Palindrome und Hypogramme bei Hesiod hin.

331 Selbstverständlich gehört zur Umgrenzung dieses Mittleren, das die Medien sind, dass sie auch nicht identisch mit der anderen Welt, Gottheit oder Adresse sind.

drei in gewisser Weise abstrakteren Beziehungen des Menschen zur Nacht, der Dreifaltigkeit des Todes. Indessen sollte man nicht die schlichte Tatsache aus den Augen verlieren, dass der Tod zum Nachtleben auch deshalb gehörte, weil nachts häufig die Beerdigungen stattfanden. In Athen war die nächtliche *ekphora* (Trauerzug) Vorschrift.[332]

Obwohl «mit keinem der Götter in Liebe vereint» (Hal. 214), gebar die Nacht ferner die Hesperiden, die «Westlichen», die mit den goldenen Äpfeln Symbole der Liebe und Fruchtbarkeit bewachen. Diese westliche Grenze der Welt (Th.518), wo die goldene Sonne untergeht und der Zephyr herkommt, war vielleicht immer schon der Horizont der Sehnsucht für Seefahrer; jedenfalls kommt Musisches auf, denn sie singen (518). Dort ist Abendland, der glänzende Rand der Nacht.[333] Wenn wir aber nach der Ordnung der evozierten Namen der Götter gehen, so ist dieser «Rand der Nacht» (Hal. 275) das Herz der Nacht. Von den fünfzehn aufgezählten Kindern sind die Hesperiden nämlich als achte genannt, also genau in der Mitte der Aufzählung. – Es mag sein, dass in vielen Zahlen (wie 3, 8, 9) und

332 Siehe L. Bruit Zaidman und P. Schmitt Pantel: Die Religion der Griechen. München 1994, S. 73. – Die nächtliche Bestattung ist keine anthropologische Konstante. Bis zur Frühneuzeit war im christlichen Kontext eine Beerdigung bei Nacht verpönt, unehrenhaft, geradezu verboten. Erst im Barockzeitalter, vor allem im protestantischen Bereich, nahm die Beliebtheit einer solchen nächtlichen Feier, fürstlichem Gepränge folgend, aus *ästhetischen* Gründen zu. Siehe hierzu: C. Koslofsky: Von der Schande zur Ehre. Nächtliche Begräbnisse im lutherischen Deutschland (1650–1700). In: Historische Anthropologie Bd. 5, 1997, H. 3, S. 350. – Der Zusammenhang zwischen oberirdischer und unterweltlicher Nacht war in der ‹heidnischen› Antike allein schon durch die Vorstellung vom unterirdischen Aufenthalt der Seelen gegeben. Dieser Zusammenhang war im Christentum im ursprünglichen Sinne des Wortes ‹verpönt›, weil dort die Hölle war, die Seligen aber im Himmel oben wohnten. Dass sich in der Neuzeit dieser Zusammenhang zwischen Nacht und Hölle lockerte, hat viele Gründe; einer davon ist wahrscheinlich die stärkere Selbstbezogenheit der Hinterbliebenen auf *ihren* Abschied.

333 Die meisten alten Kulturen sahen, was die zeitliche Ordnung betrifft, den Abend als den Anfang der Nacht; in der *symbolischen* Ordnung Hesiods jedoch ist er das Ende: Als parthenogenetisches Kind ist der westliche Horizont eine Ausuferung der Nacht. In den Hesperiden spiegelt sich die Sehnsucht des Abendlandes auf den Orient, den Osten; denn wir sind da, wo den Griechen die Hesperiden sind, und sehen in dem Wundergarten der hl. Hochzeit von Hera und Zeus Adam und Eva mit dem Apfel der Erkenntnis.

Formeln Hesiods alte kultische Bedeutungen, ja Zaubersprüche überlebt haben.[334] Uns interessiert hier ihre verwandelte ästhetische Funktion, und die ist, der leiborientierten Welt-Auffassung gemäß, die, ein Gegenkörper zur mythischen Selbstverständlichkeit von Bedeutung zu sein: Die gedankenlose Kohärenz, Zusammenbindung des bisher Getrennten, der Zusammenhalt divergenter Bedeutungen und eine räumliche Orientierung der Assoziationen nach fern und nah, gemischt und rein, harmonisch und unharmonisch sind mit den Zahlwerten möglich.[335]

Diese Eigenständigkeit eines zunächst dunklen, intransigenten Zahlenkörpers kann hundert oder zweihundert Jahre später einem hesiodischen Epigonen, also Nachfahren, dazu dienen, sich und uns einen Reim (darauf) zu machen, indem er genau in Vers 275, wo in der Theogonie die Hesperiden vorkommen, im «Schild des Herakles», welcher ja die Äpfel raubte, schreibt: «Fernher strahlte ein Glanz von leuchtenden Fackeln herüber».[336] Muss man noch erwähnen, dass die «geschilderte» Szene eine zutiefst hesperidische ist, weil es eine Hochzeitsszene ist?[337] Hochzeiten gehörten schon deshalb zum Nachtleben, weil sie nachts stattfanden – genauer: abends fand der fackelbeleuchtete Umzug der Braut ins Haus des Herrn statt; nachts wurden ‹die Äpfel gegessen›. Apropos Eigenständigkeit des Zahlenkörpers: Man sollte nicht die schlichte Tatsache aus den Augen verlieren, dass es nach zweieinhalb Jahrtausenden geschehen kann, dass ein Leser auf der Suche nach Vs. 275 der Theogonie versehentlich Vers 275 vom «Schild des Herakles» liest…

Rituelle Bestattungen und Begattungen sind das eine, die Ordnung der Zahlen das andere: Worin sie sich treffen, das ist die Verteilung der Bedeutungen von Hell und Dunkel, Fern und Nah. Bei der Lektüre erfahren wir die synkopische Verbindung von Ferne und Mitte, die Verpflanzung

334 R. Schlesier weist in «Die Musen und Zeus», S. 405, darauf hin, dass das Proömium fast genau ein Neuntel des Gesamttextes der Theogonie ausmacht.

335 Hans Schwabl hat in «Beispiele zur poetischen Technik des Hesiod», in: E. Heitsch (Hg.): Hesiod, den musikalischen Aspekt der Wiederholungen nach Zahlenschemata betont. Klangwiederholung in der Formelwiederholung bedeute Emphase (S. 219). Es geht also auch um Intensitätsgrade von Gegenwärtigkeit.

336 Pseudo-Hesiod: Der Schild des Herakles. In Hal., Vers 275.

337 Die Äpfel der Hesperiden waren das Hochzeitsgeschenk Gaias für Heras Hochzeit mit Zeus.

von entfernten Symbolen entfernten Lichts, ferner Liebe und musischer Schönheit ins zahlenmystische Zentrum: Das ist die Sehnsucht – nicht als ausgesprochener Gedanke, sondern als poetische Realität. Diese poetische Realität stülpt die tägliche um: Nicht außen ist das Licht, sondern innen, im Dunkeln. Ein starker froher Lichtkontrast im Zentrum der Dunkelheit, und zwar entgegen der geozentrischen Bedeutung von Abend und der mythischen Bedeutung der Nymphen, das ist ein ästhetisches ‹Anliegen›, bei dem das, was anliegt, etwas Umgekehrtes ist, etwas aus der Ferne Eingekehrtes, das gleichwohl keineswegs irgendwie wunderbarerweise nun zu Hause wäre, sondern im Gegenteil, ausstrahlt, zweideutigerweise die Dunkelheit erhellt (das heißt auch: als Dunkelheit erhält).

Dies ist Hesiods Werk. Wie sehr es das ist, kann man daran sehen, wie er mit den vielen konkurrierenden, aber traditionellen Vorstellungen über Abstammung, Wohnort und Funktion der Hesperiden umgeht:[338] Nach den Kindern der *Nacht* besingt Hesiod die Kinder des salzigen Meeres, *Pontos*. Der Verbindung Gaias mit Pontos entstammen der agile Phorkys und die rotwangige Keto. Aus der Liebe zwischen den Geschwistern entstehen lauter weibliche Scheußlichkeiten: schöne Gesichter mit Greisinnen, darunter (das Schlimmste für die mädchenvernarrten Griechen) die sogenannten *Graien*; dann die drei Gorgonen (zwei unsterblich, Medusa sterblich) und schließlich (Hal. 297)

> die Echidna, göttlich und grässlich,
> halb ein Weib mit glänzenden Augen und herrlichen Wangen
> halb ein Untier jedoch, eine Schlange, schrecklich und riesig
> schimmernd und gierig nach Blut, im Schlund der heiligen Erde.

Alter und Jugend, Tod und Leben und Sex & Crime sind hier wieder in bewährter Weise gemischt. Doch kein Wort davon, dass die *Hesperiden* auch als Kinder von *Keto* und *Phorkys* galten, ja dass Schlangen in Funktionskonkurrenz zu den Hesperiden gestanden haben könnten, denn auch bei Hesiod, aber an anderer Stelle, bewachte eine Schlange der Überlieferung nach die goldenen Äpfel.[339] Stattdessen: eine Raumangabe, interpoliert in die Mitte der mittleren Gruppe, in die der Gorgonen (v. Sch. 274):

338 Siehe Recl. Lex., S. 284.

339 Nach Vers 334 gebar Keto eine Schlange, «grässlich anzusehen» (v. Sch. 334),

...die jenseits des ruhmvollen Ozeans wohnen,
wo, am Rande der Nacht, die Töchter des Hesperos singen.
Nämlich Euryale, Sthenno, die schmerzerfüllte Medusa...

Ein musisches Licht mitten im Dunkeln; auch mitten im dunklen Innern der Hörer regt sich eine helle Anmutung, so fern und doch so nah. Sie ist ihm wichtiger als die korrekte Ableitung, ja er fordert sie offen heraus: Er erinnert indirekt an die Ableitung der Hesperiden als Kinder des Phorkys, also an die Phorkiden. Er nennt sie aber «Hesperiden», was Kinder des *Hesperos* bedeutet, und behauptet doch, provozierend herausgestellt, die Töchter des Hesperos seien Töchter der Nacht. Er verzichtet damit demonstrativ auf die ganze himmlische Anbindung[340] der Hesperiden an Hesperos, den Abendstern, das Kind der getöteten Sonne, wie sie Ranke-Graves erzählt: «Die Sonne, die vom Horizont in einen tiefroten Halbapfel geschnitten wird, findet ihren dramatischen Tod in den westlichen Wellen. Wenn die Sonne verschwunden ist, erscheint Hesperos. Dieser Stern war der Liebesgöttin Aphrodite geweiht. Der Apfel war die Gabe, mit der die Priesterin den König, den Stellvertreter der Sonne, begleitet von Liebesgesängen in den Tod lockte. Wird ein Apfel ‹äquatorial› durchschnitten, so erscheint das Kerngehäuse als fünfzackiger Stern.»[341] Hesiod hätte dieser Mythos sicher gefallen, besonders die sirenischen Aspekte der Aphrodite.[342] Doch all das ist unwahr im Bereich der Nacht: Mögen die Leuchtenden[343] dem *Mythos* nach am Rand wohnen, im *Gesang Hesiods* singen sie

«die tief in der finsteren Erde, fern an den großen Grenzen die goldenen Äpfel behütet» (Hal. 334 f.).

340 ... obwohl er sie als nah allen *anderen* Elementen beschreibt, als jenem, das sie selbst repräsentieren: Sie sind nah bei Atlas, dem Gebirge, das den Himmel berührt (Th. 518), nah dem Okeanos, der das Wasser symbolisiert (215), und am Rand der Erde (518). Sie selbst aber sind Licht.

341 Gr. Myth. 1, S. 114.

342 Kerényi berichtet von zeitweiligen Verwechslungen der Hesperiden mit den Sirenen und den Harpyien. In: Ders.: Mythologie der Griechen. I, S. 48. Diese gefährliche Zweideutigkeit scheint aber später aufgetreten zu sein als zur Zeit des Hesiod.

343 Mehrheitlich betonen die wohl später erst aufgetauchten Namen der Hesperiden Lichtphänomene: die Lichte, die Rötliche, der weiche Glanz, die goldene Ordnung, das Aufblitzen. Siehe Kerényi: Mythologie I, 48.

aus der Mitte des Textes. Wenn die Nacht selber und alleine dieses Leuchtende, Singende und Wachende hervorbringt, so sprechen die Musen aus der inneren Nacht Hesiods.

Die Moiren

> Schließlich gebar sie die Moiren und gnadenlos strafenden Keren,
> [Láchesis, Klotho und Atropos, die das Gute und Schlechte
> schon im Moment der Geburt den sterblichen Menschen bestimmen,]
> die die Vergehen verfolgen unter den Menschen und Göttern
> eher lassen die Göttinnen nicht vom schrecklichen Zürnen,
> bis sie die Strafe gezahlt, wer immer gefrevelt.

Warum erblicken ausgerechnet jetzt (Hal. 217), nach den Hesperiden, die Schicksalsgötter das Licht der Welt? Und warum gehören sie zur Nacht? Dass der Sinn dieser Position sich nicht sofort erschließt, steigerte eventuell schon seinerzeit die ästhetische Aufmerksamkeit für die folgenden Verse. Die Erläuterungen der Moiren durch ihre triadische Personalisierung (Láchesis, Klotho und Atropos) ist hierbei zunächst wenig hilfreich. Denn erstens ist diese Stelle wahrscheinlich später aus einer hinteren Textpassage (Th. 905) interpoliert worden;[344] zweitens reißt diese Frauengruppe neue Abgründe dunkler Ahnungen auf, denn sie ist zum ersten Mal der Nacht unterstellt, in dieser Weise nebeneinander gestellt, ja überhaupt erst von ihm erfunden worden.[345]

Alle göttlichen Nachtkinder zeichnen sich darin vor den Kindern der Gaia aus, dass sie unmittelbar mit den Menschen in Berührung kommen müssen, indem diese leben (schlafend, träumend, liebend, alternd und so weiter), ja sie sind Symbolisierungen biologischer, sozialer und innerpsychischer Lebensbedingungen, -verhältnisse und -situationen der Menschen: Sie *sind* der Schlaf, der Traum usw. (Die einzige Ausnahme sind die Hesperiden, diese Ferne in der Mitte des Textleibs.) Ganz besonders aber trifft das auf die Moiren zu, die Götter des *Schicksals*, von dem man so we-

344 Vgl. W. Marg: Erläuterungen. In: Marg, S. 136.

345 Vgl. Recl. Lex., S. 351. Die Erfindung bezieht sich hier auf die Dreiergruppe der Moiren.

nig weiß, das aber dennoch das Eigenste eines jeden ‹In*divid*uums›, seinen Teil, betrifft; scheint es doch, wie das Sterben, die Müdigkeit oder das Begehren aus einem dunklen, unbekannten Innern des je eigenen Leibes aufzusteigen. Die Moiren stehen den Menschen näher als die anderen Götter; sie sind ihnen aber fremder. Die Götter sind den Menschen entrückt, aber, wie ein Spiegelbild ihrer eigenen Oberfläche, vertrauter in der Vorstellung. Etwas ist daran, wenn Dodds als Anlass für die Bildung der Schicksalsgötter die Unerklärlichkeit von etwas Geschehenem sah, das, weil es nun einmal geschehen war, «offensichtlich ‹wohl so sein musste›»[346].

Das erklärt aber noch nicht Hesiods Entstellung der Moiren und ihre Unterstellung unter die Nacht. Diese greift nämlich etwas Un-Heimliches an den Moiren, eine unbegreifliche Nähe, auf und akzentuiert sie. Was ist das Besondere an den Moiren, ja an allen Nachtkindern, gegenüber den ‹gestalteten› Göttern? Pierre Grimal sagt, nachdem er *alle* Nachtkinder und -enkel beschrieben hat: «Langsam bereitet sich die Welt darauf vor, den Menschen zu empfangen, für den sie tausend Ursachen des Leidens bereithält.»[347] Es ist richtig, dass bis jetzt von Menschen nicht die Rede war. Erst ab Vers 501 werden sie feindselig erwähnt, und erst ab Vers 965 werden die Sterblichen Sexualobjekte für die Unsterblichen.[348] Das heißt aber nicht, dass die Menchen erst nach den Moiren erschaffen worden sind. Vielleicht waren sie schon die ganze Zeit dabei, bei der Entstehung der Götter.

Dass die Götter eine Erfindung der Menschen sind, sieht man daran, dass jene sich zunächst nicht um die Menschen kümmern. Das Großartige an der Hesiodischen Theogonie ist das Durchhalten der göttlichen Perspektive. Rückwärts rücken die *Sterblichen* ins Bild der *Unsterblichen*,

346 Dodds: Griechen, S. 6.

347 P. Grimal: Die Mythologie der Griechen. In: Ders. (Hg.): Mythen der Völker. Bd. 1, Frankfurt ²1977, S. 163.

348 In Hesiods Darstellung früher, jedoch später in der Götter-Genealogie (501), werden zukünftige Menschen genannt und die Menschen als Empfänger der prometheischen Gabe sowie der künstlichen Jungfrau (513). Einerseits könnte man sagen, dass die Menschen erst nach dieser Stamm-Mutter entstanden sein konnten, andererseits war der Beginn des Zwistes lange vorher, vor dem voraufgegangenen Betrug beim Mahl zu Mekone (535). Die Klärung der zeitlichen Relation von Menschen-Genese zu Götter-Genese scheint nicht im Interesse Hesiods zu liegen.

über die Kinder der Nacht, den *Tod*, den Schlaf usw.[349] Die Kinder der Nacht müssen auf die Menschen nicht erst vorbereiten, sondern setzen sie voraus. Sind die ‹gestalteten› Götter jenen kreativen Geschöpfen, die wir Menschen nennen, auch näher, weil sie Produkte ihrer *Vorstellungen sind*, so sind diese ihnen zugleich ferner, weil sie *Produkte* ihrer Vorstellungen sind. Mit zunehmender ‹An›-Schaulichkeit werden sie eigensinniger.

Die Metonymien des Nacht-‹Lebens› jedoch, wie Traum, Tod und Schlaf, *sind* erst, indem es Menschen gibt, können ohne Menschen nicht sein. Der Traum ist ein geträumter Traum; im Tadel verhält sich ein Mensch. Während uns diese ‹Götter› tatsächlich äußerst zugewandt sind, uns notwendig heimsuchen, können wir ausgerechnet von ihnen, die uns voraussetzen, paradoxerweise sagen, dass sie vor uns da sind, ja dass sie uns in gewissem Sinne machten, indem sie unsere Existenz vorbestimmten. Obwohl wir von ihnen an uns nur je Wirkung zeigen. Das gilt sowohl für Sterblichkeit wie Schläfrigkeit; besonders aber für die Moiren, die Götter der Vorbestimmung. Wenn es «Bestimmung», wie Otto die Moira übersetzt[350], gibt, dann muss sie an den Anfang. Sie wäre in diesem Sinne nicht weit weg von unserm säkularen Begriff von Kausalität, wenn sie nicht lediglich für die Menschen gälte und nicht auch als Vorbestimmung für Chaos oder Zeus.

Jedenfalls beginnt in einem vertrackten Sinn wechselseitiger Rückbeziehung die Geschichte der Menschheit mit den Kindern der Nacht. Wenn wir sie auch aufgeklärter Weise zu unserer vorgängigen Naturausstattung erklären (Sterblichkeit, Begehren, Aggressivität etc.)[351], so können wir doch gerade von ihnen noch am ehesten als göttlichen Mächten sprechen, indem sie unsere Existenz bestimmen. Die ganze große Macht der Natur, in die wir hineingeboren sind, erklärt Hesiod zu polymorphen Ausgeburten der einen Nacht. Die Mutter dieser uns betreffenden Natur / en, die uns gute und böse Gaben geben, ist die große Unbekannte – aber eine Mutter.

349 Der Un-Sterbliche (A-Thanatos) setzt den Sterblichen voraus.

350 W. F. Otto (1929): Die Götter Griechenlands, Frankfurt 1987, S. 341.

351 Auch wenn es bei *Momos* (Tadel / Schmähsucht) verdächtig nach Milieu und Psychologie klingt, sollte man versuchen, Nacht als menschliche Natur zu interpretieren – und deren Kinder als ihre Gaben.

Man muss sich immer wieder das Beispiellose und Beispielgebende des Hesiodischen Verfahrens vor Augen halten. Das, was für die vorangangenen und benachbarten Kulturen der Inbegriff von Jenseits und Ferne war, indem Nacht am deutlichsten mit dem Himmel assoziiert wurde, das versenkt nun seine Kinder ins Innerste der Menschen, ins ungreifbarste Dunkel der *inneren Nacht*, wo der Tod auf seine Stunde wartet, die Müdigkeit, der Ehrgeiz, die Liebe und die Streitsucht: *herkommen.* Indem wir alle diese Tendenzen als aus einer *inneren* Dunkelheit kommend akzeptieren müssen, müssen wir in einem viel ernsteren als nur im Sinne physiologischer Opazität von der *inneren Nacht* des Menschen sprechen. Da der Mensch geradezu zusammengesetzt erscheint aus den Bestimmungen und Stimmungen der Nacht, kann man sagen: Die Menschen sind die Kinder der Nacht.

Bei Homer sind Moiren und Moira randständiger, stehen am Rand des Götterhimmels und des menschlichen Handlungsspielraums (der allerdings ‹in sich› kleiner scheint als beim Verfasser der «Werke und Tage»). Die Delegierbarkeit der Verantwortung für ‹Schicksalsschläge› an die Moiren ist zweifellos ein ältester Beweggrund für deren Erschaffung, wie für die der Götter überhaupt. Bei Homer kommt Patroklos, dem die Rüstung Achills wohl eine Nummer zu groß ist, trotz Warnungen, durch *eigene* Hybris um. Er aber nennt nur äußere Gründe «und das mächtige Schicksal» (Il. 16, 853). Bei Hesiod ist die Tendenz umgekehrt: Eine bedrohliche Atmosphäre entsteht allein schon durch die Nachbarschaft zu Nemesis und die Nennung der Keren in einem Atemzug mit den Moiren. Die Drohung aber heißt *Rache* (Th. 217), Strafverfolgung mit göttlicher Wut (220 f.) und tödlich bösem Blick. Denn das «schreckliche Zürnen» (Hal. 221) ist wörtlicher der «böse Blick» (v. Sch. 222). Hieran wird die Vor-Stellung der Hörer schon selbst zum ‹bösen Blick› nach innen: Wo ist meine Schuld? Was Dodds als Zunahme des Schuldbewusstseins seit Hesiod diagnostiziert hat, wirft hier schon seinen Schatten voraus.[352]

Dabei könnte ein funktionierendes Strafsystem doch eigentlich für Ordnung und vor allem (innere) Ruhe sorgen. «Nemesis, das Verargen, ist an sich, im archaischen Denken, wie es im Epos sich zeigt, ein positiver Grundwert.[353] Doch die Atmosphäre der Nacht, die Nachbarschaft

352 Dodds: Griechen. Darin das Kapitel: Von der Schamkultur zur Schuldkultur. S. 17.

353 W. Marg, Erläuterungen. In: Marg: Hesiod, S. 137. – In den *Kyprien*, einem

zum Schicksal und der böse Blick verändern die Tendenz: Entweder werden alle Menschen als Verbrecher geboren, oder man weiß nicht genau, für was man geboren wurde; das bestimmen die Moiren. Die Moiren sind nicht identisch mit dem Strafgericht der Keren und der Nemesis. Doch das macht die Sache noch schlimmer: Die Koalition von Schicksal und Vergeltung gerät zu einer üblen Mischung, welche die Entlastungsfunktion sowohl der Moiren als auch des gerechten Ausgleichs liquidiert, ohne der Selbstverantwortung Raum zu geben, denn man weiß nicht, was die Moiren einem bestimmt haben. Gleichwohl wird man immer darüber grübeln, wo die Wurzeln des Übels liegen; es gab schließlich auch ererbte Schuld. Aber schon das dunkle Grübeln ist ein Spuren-Element der Freiheit.

Später, unter Zeus, herrscht eine eher sittliche Ordnung, und die Moiren sind als Töchter von Zeus und Themis, der Göttin des Rechts, ehrliche Spinnerinnen. Wenn aber hier das, was im Verein mit Keren und Nemesis auftritt, Recht sein soll, so muss das ein sehr böses, fremdes Recht sein, das es Anderen als den Menschen recht machen will. Diese schaurige Vermischung von göttlicher Wut und moira scheint eine Hesiodische Erfindung zu sein, um unter der Atmosphäre der Nacht schaudern zu machen. – Andererseits ist die Bewertung der drei eine Frage der Perspektive. Aus Sicht der blutverschmierten Ker in der Ilias (18, 535) führt die Beigesellung der Moiren eher zu einer Art Verrechtlichung, wenn diese auch durch Vergeltung erreicht wird.

Die bloße Nennung der Moiren, unmittelbar nach den goldigen Apfelmädchen, muss damals als schockierende Enthüllung musischer Wahrheit aufgefasst worden sein, zumal sich die Nacht immer mehr als ein phantasmatischer Körper je eigener innerer Angelegenheiten entpuppt hatte (Träume, Drangsal, Verlangen). Dabei war es damals nicht von der Hand zu weisen, dass der Moiren-Akkord einen gewissen Anklang an die

verlorenen, aber mindestens ebenso alten Teil des Ilias-Zyklus wie die ältesten Homerischen Teile, verliebt sich Zeus sogar in *Nemesis*, die sich seinen Nachstellungen durch eine Reihe von Verwandlungen zu entziehen sucht, bis sie in Gestalt einer Gans von Zeus in Gestalt eines Schwans ‹verführt› wird. Die Rache war ihr Ei und hieß Helena. (Vgl. Gr. Myth.1, S. 110 und Recl. Lex. S. 359) Hesiod schweigt selbstverständlich über eine Zeus-Liebe zu einer Nachttochter. Nur die Moiren adoptiert der höchste Gott Hesiods – aber nicht als Töchter der Nacht, sondern der Themis.

Hesperiden zuvor hatte. Denn auch die Moiren waren nicht nur für den Tod, sondern auch für Hochzeit und Geburt verantwortlich, oder sie hatten doch wichtige Aufgaben bei dieser ‹existenziellen Gelegenheit›.[354] Auf der andern Seite der Nachbarschaft aber hat Hesiod einen derart überwältigenden Kontext zu den Keren, ja bis hin zur Nemesis geschaffen, dass deren Unterscheidung von den Moiren schwerfällt.[355] Weshalb also diese Konstellation, weshalb die Zuordnung zur Nacht – wo die Moiren doch auch Gutes geben, fragt Walter Marg in seinen Erläuterungen zur Theogonie: «Weil sie wirken, wenn der Mensch aus der Geburt aus dem Dunkel ans Tageslicht kommt? Weil zum Schicksal unausweichlich der Tod gehört, die Moiren dem vorher genannten Moros verwandt sind? Weil sie so undurchdringlich sind wie die finstere Nacht? Wohl alles zusammen.»[356]

Doch je plausibler diese Überlegungen sind, desto weniger kann die Nennung der Moiren an dieser Stelle schockieren, was sie meines Erachtens zwischen Hesperiden und Keren tun sollen. Also müssen noch ernstere Gründe für die Subsumtion unter der Nacht überhaupt sprechen, ohne dass sie an dieser Stelle, in dieser Nachbarschaft, sofort offenbar werden, ja sie sollen vielleicht zunächst unerkannt wirken, die Ahnungen heimsuchen und ‹ahnden›. (Eine gewisse Anmutung von Orakel ist ja der ganzen Hesiodischen Eigenmächtigkeit nicht abzusprechen.) – Ebenso sind aus den Keren, den Plagegeistern der homerischen Schlachtfelder, die die vom Tod Bedrohten «umgähnen»[357], die nachtgeborenen Keren im Chaos der Phantasie geworden: vorgestellte Strafen aus erinnerter oder erst geahnter Schuld. – Wenn man die Neuigkeiten abzieht, die aus der Konstellation der Moiren entstehen (Nachbarschaft zu Hesperiden und Keren, Unterordnung unter die Nacht, Erinnerung an Moros), dann bleibt

354 Mit diesem etwas ungeschickten Ausdruck soll der ebenso ungeschickte Versuch der Menschen repräsentiert werden, ihr Geschick an Gelegenheiten zu bannen, sich von Determinismen zu befreien.

355 Die Wirkung ist umso stärker, wenn man das Fehlen des späteren Einschubs, die Namen und Wirkungs-Weisen der Moiren betreffend, berücksichtigt.

356 W. Marg, Erläuterungen. In: Marg: Hesiod, S. 136.

357 So übersetzt M. P. Nilsson (1874–1967) in seiner «Geschichte der griechischen Religion», Bd. I. München 1976, S. 223, «amphechane» in der Ilias (23,79), mit dem die ‹Seele› des Patroklos ausdrückt, dass sie schon verloren ist, nämlich von der Ker «verschlungen» (v. Rupé und Schadewaldt) bzw. «hinuntergeschlungen» (Hampe) worden ist.

nichts als der Name. Was aber war den Zuhörern Hesiods unter dem Namen der Schicksalsgötter bekannt?

Hier ist an die Magie zu erinnern, die für wohl alle Kulturen im (Eigen-)Namen verborgen ist. Jeder Name birgt ein Geheimnis, die Nacht des Namensträgers. Denn unmöglich konnte ein Grieche alle Bedeutungen oder Epitheta, die mit dem Namen einer Gottheit verbunden waren, wissen. Er konnte aber wissen, oder er musste es wenigstens ahnen, dass er nicht alles wusste, was er evozierte, wenn er mit der Anrufung des Namens dessen Träger(in) ansprach. Im Unterschied zur Bezeichnung eines Tisches steht der Eigenname für eine Person in einer wenn auch sehr engen, so doch auch sehr dunklen Beziehung sozusagen zum Inneren des Namens. Deswegen ja auch die Inflation der griechischen Beinamen.

Abb. 2: A. J. Carstens: Die Nacht und ihre Kinder. (1795). Kreide auf Karton. Klassik Stiftung Weimar, Graphische Sammlungen

Die intime Zeichnung ist fast einen Meter breit und 75 cm hoch! Der Halbkreis neben und hinter der Hauptgruppe aus *Nacht* mit *Tod* und *Schlaf* wird gebildet von den Nacht-Töchtern: *Vergeltung, Schicksal* und den drei *Parzen* (von links nach rechts). Wichtig ist das Fehlen der Himmelsnacht und die vierfach komponierte Höhle: die Erdhöhle des Bildraumes, die Höhle weiblicher Schicksalshaftigkeit, gebildet vom Halbkreis der Nyx-Töchter, dann die Höhle, die Nyx den männlichen Kindern Schlaf und Tod durch ihre Haltung gibt, und schließlich die Höhle des Mutterschoßes. Sie ist als einzige nicht selbst sichtbar. Der *Tod* verweist auf sie, indem er sie verdeckt. - Carstens interpretiert Hesiod hier wie Karl Philipp Moritz in seiner Götterlehre. Den zusammenfassenden Ausdruck Moira (Schicksal) zählt er zu den drei Schicksalsgöttinnen (Parzen), zu Lachesis, Klotho und Atropos, hinzu.

4. Die Nacht des Schicksals

Um zu zeigen, was Hesiod mit der überlieferten Moiren-Vorstellung macht, indem er sie einerseits durch ihre Benennung ‹aufruft›, sie aber andererseits nur je im Innern der Vorstellung der Hörer wirken lässt, indem er darüber schweigt, was sie hier sollen, und indem er sie drittens verfremdend in den Kontext einer *personifizierten* Nacht stellt, muss etwas über die zeitgenössischen Schicksalsgötter selbst gesagt werden und über dasjenige, was sie von Hause aus an Nächtlichkeit mitbringen. Wahrscheinlich ist im gesamten Bereich indogermanischer Mythen und Sagen der Zusammenhang der Schicksalsgöttinnen mit ‹Nacht› immer schon sehr stark gewesen. Parzen, Nornen und Feen (von lat. *fatum*), immer mal wieder zu dritt auftretend,[358] sind durch das Mittelalter hindurch bis in den Sammlungen europäischer Märchen des 19. Jahrhunderts nachweisbar. Tzotzo Boiadjiev schreibt in «Die Nacht im Mittelalter»: «Die Zeit der Feen ist die Nacht. Als Parzen identifiziert, verkünden sie ihr Urteil über das Neugeborene nachts oder sogar – wie in der Geschichte über Ogier den Dänen – im tiefsten Teil der Nacht, um Mitternacht. Deshalb sind in der mittelalterlichen Vorstellung die drei Schicksalsfeen – ganz in der antiken Tradition – Töchter der Nacht.»[359] Auch sie rochen lange ein wenig streng nach Tod. Dass Heinrich Pröhle noch in seinen Kinder- und Volksmärchen von 1853 ganz ernsthaft berichtet, Feen fräßen «Leichen bei ihren nächtlichen Zusammenkünften»[360], trifft wahrscheinlich das schaurige Milieu der Nacht in der indogermanischen Märchentradition, auch der Griechen[361]. – Aber sie kommen nicht mehr explizit als *Töchter der personifizierten* Nacht vor, es sei denn,

358 Vgl. A. Kuhn und W. Schwartz: Norddeutsche Sagen, Märchen und Gebräuche… Leipzig 1848: Die drei weißen Jungfrauen. In: H. – J. Uther (Hg.): Deutsche Märchen und Sagen. Dig.Bib. Bd. 80. Berlin ²2004, S. 483, im Weiteren abgekürzt als Uther, D. März.

359 Boiadjiev: Die Nacht, S. 174.

360 H. Pröhle: Kinder- und Volksmärchen, Leipzig 1853, S. 37 und S. 119 In: Uther: D. März.

361 Vgl. G. A. Megas: Die Moiren als funktionaler Faktor im neugriechischen Märchen. In: Laogràphia 25, 1967, S. 316–332.

es handelte sich um literarische Hesiod-Adaption oder um eine philologische Re-Metaphorisierung wie bei Boiadjiev.

Bei Hesiod ist die Nacht kein Zauber-Medium, um eine Fee zu treffen, sondern die Moiren sind wesentlich gekennzeichnet und *legitimiert* als Töchter der Göttin. Die Nacht wiederum gebietet nicht nur über diese existenziellen, sozial- und gattungsrelevanten Bestimmungen, sondern auch über die innersten individuellen Angelegenheiten wie Schlaf, Traum und Begehren. Die Humanisierung der Nacht durch deren Kinder bedeutet andererseits eine Aufwertung von Moral und seelischen Zuständen (‹innerer Nacht›) durch die göttliche Mutterschaft der Nacht (und die Verschwisterung etwa von *Rache* und *Umarmung*). Eine Schlüsselbedeutung der Nacht (nicht nur) Hesiods liegt gerade in der Verschränkung von innerer und äußerer Dunkelheit. Für die ‹Moral› heißt das: Sie wird trotz ihrer außerindividuellen Bindung stärker zu einer Kategorie der inneren Nacht. Die innere Nacht ist aber *nicht nur* eine ‹Bewusstseinskategorie›. Im Gegenteil: Hesiod erweitert das Wissen vom kleinen inneren Licht um das Wissen vom weiten dunklen Feld zwischen Wissen und Nichtwissen, das sich hinter dem Erinnerten auftut: Das dunkle Verhängnis der Geschlechter, die Schuld der Vorfahren, der mit der Geburt bestimmte Todeszeitpunkt usw.

Ich beschränke mich im Folgenden soweit wie möglich auf wenige Hinweise über Homer und über die andere große Institution, die Aussagen über das Schicksal gemacht hat, den Orakelglauben. Diese vergleichenden Ausführungen sind unerlässlich, weil die Moiren ins Zentrum des griechischen Götterglaubens führen, an den Rand der Personalisierbarkeit (und darum an die Frage des ästhetischen Eigensinns) und an die Frage eines eventuellen historischen Wandels im Götterglauben ab etwa 700 v. Chr. Während die Moiren mit dem zu tun haben, was man nicht ändern kann, spricht der Orakelglaube anscheinend für ein ‹kritischeres› Bewusstsein der Befrager: Sie konnten wahr oder falsch handeln, nicht wissen, ob sie handeln sollen, und ein Zeichen haben wollen. Sind die gestalteten Götter (immer noch) versucht, immer wieder, aber eben willkürlich, ins Handeln der Menschen einzugreifen, ist die Vorstellung des 8. Jahrhunderts von der moira (Schicksal) bzw. den Moiren (Schicksalsgöttern) eher deistisch.[362] Die Entscheidungen waren immer schon gefällt, die menschli-

362 Im Gegensatz dazu die römische Fortuna, die als launisch gilt, oder die Feen, die durch menschliche Begegnungen beeinflussbar scheinen.

che Existenz ist prädeterminiert wie der Kosmos. Das Orakel soll eine gewisse Balance herstellen zwischen der unberechenbaren ‹Menschlichkeit› der Götter und der Macht des Schicksals hinter der sich von Hesiod bis zur griechischen Tragödie immer drohender das Verhängnis einer dunklen Vergangenheit aufbaut, vulgo: die Erblichkeit von Schuld (und Schulden). Zuweilen wird die regelrecht methodische Berechnung sichtbar, mit der das Orakel menschliches Handeln und göttliches Eingreifen einander zuführt. Frage an das Orakel zu Dodona: «Zu welchem Gott muss ich beten, um das, was ich im Sinne habe, auch tatsächlich zu erreichen?»[363]

Was jedoch bei Hesiod ins dunkle Innere der göttlichen Nacht verpflanzt wurde (um daraus ‹hervorzugehen›) und in die Mitte weiblicher Schwarmgruppen montiert wurde, führt bei Homer eine vielsagende Randexistenz. Burkert ist sich sicher: «*Moira, aisa* ist keine Person, keine Gottheit oder Macht, sondern ein Faktum: das Wort heißt ‹Teil› und sagt aus, dass die Welt verteilt ist, dass Grenzen gezogen sind nach Raum und Zeit. Die wichtigste, schmerzlichste Grenze für den Menschen ist der Tod: dies ist sein begrenztes ‹Teil›.»[364] Doch im Grunde reicht ein Beispiel von Moira (großgeschrieben), um zu zeigen, dass Homer sie auch als Personifikation kennt, nämlich in Il. 19, 87, wo der sterbende Patroklos als Verursacher seines Verhängnisses die Moira nennt – in einem Atemzug mit Zeus und der im Dunkeln schreitenden Erinys. Auch die Mehrzahl der Moiren ist ihm nicht unbekannt (24, 49).

Dieses Nebeneinander von Personalisierung und Bereichsbezeichnung (Schicksal) ist aber nicht nebensächlich oder gar rückständig; vielmehr fördert es die weitere Produktion von Metaphern und hält ständig das Bewusstsein dafür wach, dass eine personalisierte Gottheit eine Metapher ist (oder sein kann) oder eine Kraftquelle für Metaphern. Auch Burkert, wenn

363 Zitiert nach: J. Rickenbach: Dodona – Eine der ältesten Orakelstätten in der Antike. In: Museum Rietberg (Hg.): Orakel – Der Blick in die Zukunft. Zürich 1999, S. 48, Nr. 22. – Im Übrigen gibt es Ähnlichkeiten zwischen Inspirationsorakeln, wie etwa dem zu Delphi, und dem museninspirierten Gesang Hesiods, bei dem ja auch die Wahrheit über Zukunft und Vergangenheit verkündet wurde. Und auch um die Stimme der Pythia hat sich später schließlich eine kleine Industrie von Verseschmieden angesiedelt, die das ganze Wahre warenförmig in gehörige und gefällige Form goss.

364 Burkert: Religion, S. 205 f.

er über «letzte Dinge» redet, redet in Metaphern (Teil, Grenze). Alles hängt aber hier davon ab, ob etwa eine Metapher gestorben ist, oder aktuell etwas begreifen macht, indem sie zur aktualen Übertragung führt. Bei der Moira / den Moiren verhält es sich hier ebenso wie mit der Nacht, deren Geheimnis in ihrer Wandlungsfähigkeit zwischen ihrer Existenz als Göttin und als profaner Macht der Dunkelheit liegt. Im Bewusstsein des Unterschieds zwischen *moira* und den Moiren eröffnet sich erst das weite Feld der Übertragungsmöglichkeiten, die etwa Priamos zu der widersprüchlichen Anrede des Agamemnon führen: Du Sohn des Atreus, du Sohn der Moira (Atreide, moiregenes, Il. 3, 182). In der Übersetzung von Rupé liest man darüber hinweg, wenn es heißt: «Seliger Atreussohn, du Glückskind, Liebling der Götter! (Il. 3,182) – Immerhin kommt so zum Vorschein, dass die Moira auch die Vorstellung gewährten Glücks hervorrufen kann. – Die Vorstellung hinter der Metapher, dass auch das Schicksal Kinder kriegt, dass es damit zwar ‹genetisch› wirkt, aber auch gnadenlos blind-egoistisch ist, mag Wolfgang Schadewaldt so wenig behagen, dass er versucht, die Metapher zu vermeiden, indem er übersetzt: «Seliger Atreus-Sohn! Zum Glück Geborener! Gesegneter du vom Daimon!» (Scha. 3, 182).

Vielsagend nun ist die Randexistenz, weil sie ‹orakeln› lässt darüber, wer denn nun tatsächlich die Macht über das Schicksal der Menschen hat, Zeus oder die Moiren. In diesem Punkt ist Walter F. Otto zuzustimmen, dass die Alternative so nicht existiert. Die Moiren greifen nach Zuteilung nicht mehr aktuell ins Geschehen ein und werden aktiv nur, indem sie anzeigen, wenn eine Grenze überschritten wurde.[365] Die Exekution liegt dann bei den Erinyen oder wie in der «Theogonie» bei den Keren (die bei Hesiod freilich so sehr wie in einem Atemzug genannt werden, dass es so wirkt, als seien sie demnächst synonym). Die Moiren wirken oft wie die Repräsentanz eines tabuierten Bereichs. So verschlagen die Erinyen dem göttlichen Pferd des Achill, Xanthos, sofort die Sprache, als es seinem Besitzer etwas über dessen Schicksal verraten will (Il. 19,418). Sie weisen damit sogar Hera in ihre Schranken, die Xanthos eine «menschliche Stimme» (Il. 19, 407) verliehen hatte. Ihre Wirksamkeit ist also ebenso hinter ihren Schranken zurückgezogen, wie es im konditionalen Satzgefüge der Orakelsprüche zum Ausdruck kommt: Tu, was du meinst, tun zu

365 Otto: Götter, S. 345 ff.

sollen; aber wenn du *das* tust, so wird *das* unweigerlich die Folge sein. – Zeus dagegen hätte sogar die Macht, das Schicksal zu beugen, doch davor warnen ihn die anderen Götter (Il. 16, 443; 22, 181): Es hätte verheerende Folgen. Und seine Weisheit siegt über sein Mitleid. Dennoch scheint es manchmal so, als sei Zeus *der* Schicksalsgott. Denn er verfügt über zwei große Vorratsgefäße mit guten und bösen Gaben, die er an die Menschen austeilt: Gutes und Böses gemischt oder nur Böses (Il. 24, 527). Allein die Götter leben aus dem vollen Guten: «Zugesponnen haben die Götter den elenden Menschen, / Immer in Sorge zu leben, sie selber aber sind sorglos». (Ham. 24, 525)

Die Mehrzahl der Götter und das Bild vom Zuspinnen lassen ahnen, auf wie tönernen Füßen die Vorratsgefäße *des* Schicksalsgottes stehen. Mehrmals schwankt es an dieser Stelle (24, 525–538) zwischen Gott und Göttern. Dabei ist die Stelle zentral für die Erfassung des homerischen Götterglaubens: Der Hauptheld der Ilias, *Achill*, solidarisiert sich mit dem Haupt des Feindeslagers, *Priamos*, gegen die sorglos launenhafte Zuteilung des Schicksals durch die Götter. Während die Feinde im gemeinsamen Los ihrer Sterblichkeit zusammenrücken, rückt die bestimmte Zuständigkeit der unverantwortlichen Verantwortlichen in unbestimmte Ferne. In diesen Nebel aus Götterferne oder Abwehr passt die Undeutlichkeit des Gespinstes im Bild des *Zuspinnens*. Wie die Fäden mit den Töpfen des Vaters zusammenhängen, ob einzelne Götter für je einen Faden oder alle für alle Fäden verantwortlich sind, wie man sich das Zukommen des Fadens auf die Person vorstellen soll, alles das bleibt unklar. Und es bleibt unklar, ob diese Unklarheit zur Bewusstseinslage Achills gehört oder Homers Problem ist, dessen Gleichnisse sonst doch eher umständlich als ungenau sind. Offenbar ist das Bild überliefert, sonst würde Homer es beschreiben. Auch ist ihm genügend hauswirtschaftliche Kenntnis zuzutrauen. Steckt also, wenn Homer ein oder zwei konkurrierende Bilder verundeutlicht, mehr dahinter, von dem Homer nichts wissen will?

Jedenfalls kennt Homer nicht nur die abstrakte moira, sondern auch die Moiren, die dadurch allein zwar nicht schon eine je eigene Physiognomie haben, aber doch offener für mythologische Personalisierung sind. «Ein geduldiges Herz gewähren die Moiren den Menschen» (24,49), all das Sterben um sie herum zu ertragen. Hinter diesem objektiven Zynismus Apollons erhebt sich ein ernstes theologisches Problem: Sollen die Götter für das Elend der Welt und die Sterblichkeit der Menschen verantwortlich sein? Vor der endgültigen Beantwortung dieser Frage schrecken die homerischen Helden zurück, indem sie zwischen Bestimmung (moira), den Moiren und den Göttern schwanken. Homer tradiert so den althellenischen Chorismus zwischen den gestalteten und den ungestalteten Göttern bzw. dem Schicksal.

Die Unverantwortlichkeit der Unsterblichen für den wesentlichen Unterschied zu den Sterblichen, mit denen sie doch in Gütergemeinschaft leben, ist aber die Voraussetzung für die Ästhetisierbarkeit der Götter zu menschlicher Idealität – in der unsterblichen Kunst. Nicht ohne Grund ist der Musenführer und Namenspatron des Apollinischen, Apoll, der unerbittliche Wächter der Grenze zwischen ‹Göttlich› und ‹Menschlich›.[366] – Doch ist das sogenannte Apollinische nur die glänzende Vorderseite seines Wesens. Denn um blitzhaft zu erscheinen, oder intransigent zu handeln, pflegt der Gott sich in «finstere Nacht» zu hüllen wie hinter Patroklos (Il. 16,790); diese Verhüllung markiert jene Grenze zum Unfassbaren, aber auch zum Numinosen, dessen sich dieser Gott wie einer erbeuteten Waffe bedient. Dass er auch aus der dunklen Rede der Pythia in Delphi spricht, mag ein Hinweis auf Usurpation und Depravierung älterer Rechte älterer Nächte sein.

Die Spannungen zwischen dem zumindest schon mykenisch überlieferten Wetter- und Lichtgott Zeus, dessen Wortstamm den Keim für das lateinische Wort ‹dies› (Tag) birgt, und den Moiren, die Hesiod zu Töchtern der Nacht erklärt, sind älter als eine eventuelle Übernahme aus einem orientalischen Mutter–Nacht–Fundus. «Altarisch ist sicher die Vorstellung von dem über den Göttern und der Welt waltenden Schicksal (Moira, Aisa), einer abstrakten, unpersönlichen göttlichen Macht.»[367] Doch müssen die Personifikationen weit vor Homer bereits selbstverständlich gewesen sein, wie man an den verselbständigten Bildern im Milieu des Schicksals sieht: Los, Waage, Spinnerin. Entweder hat Homer bereits Schwierigkeiten, die verlorenen Anknüpfungspunkte der Bilder zusammenzusuchen, oder sie

366 Erst später wird mit Dionysos, dem periodischen Teilhaber am Heiligtum in Delphi, ein Gott wiederkehren, der zwar schon zu den ältesten gehört, aber erst nach der früharchaischen Vernachlässigung wieder gesucht wird, der sterben kann und die Menschen mit Maske und Rausch eine Kunst der Verwandlung lehrt, welche die Kunst des Sterbens als auflodерndes Leben feiert.

367 F. Heiler: Die Religionen der Menschheit. Stuttgart 1999, S. 294.

waren immer schon ‹eigensinnig›, oder er will sie nicht zusammen sehen. Sicher ist, dass Homer wie auch Hesiod Parteigänger einer zweifelsfreien und einigermaßen berechenbaren Vorherrschaft des Zeus sind. In diesem Sinne prüfen sie alle Eigenschaften, Vorrechte und Gewalten anderer Götter auf ihre Kontrollierbarkeit und Subsumierbarkeit unter Zeus. Alles Unförmige und Unverdauliche wird in der Ilias an den Rand gedrückt wie Okeanos, Nyx und eben auch die Moiren, Moira und moira.

Das hängt damit zusammen, dass die Gottesvorstellungen der früharchaischen Griechen in einem labilen Dreieck aus a) den ‹gestalteten› Göttern, zu denen die Olympier gehörten, b) den ‹ungestalten› (eventuell ‹abstrakten›) Göttern (die natürlich ebenso von der menschlichen Vorstellung gestaltet sind), zu denen die Moiren gehören, und c) den Menschen geordnet gewesen sind. Wahrscheinlich fühlten sich die Menschen den von ihnen menschenähnlich gestalteten Göttern näher. *Ihre* Götter sollten es besser haben. Aber sie waren auch ein Spiegel ihres Mangels, Erinnerung an den kommenden Tod. – In den Mythen von Sisyphos oder Prometheus wird die Kampflinie zwischen sterblich und unsterblich deutlich. – Im Sinne ihrer Ideal-Funktion war es vorteilhafter, die personifizierten Götter nicht für das Unheil verantwortlich zu machen, das darin bestand, dass die Menschen keine Götter waren.

Andererseits musste das Schicksal nicht nur die gestalteten Götter eingrenzen, sondern in ein erträgliches Verhältnis zum eigenen Verhalten gebracht werden. Das grässliche Dunkel der unerforschlichen Fremdbestimmung musste zumindest mit einem antwortenden Gesicht gebannt werden, das aus der Nacht heraus der Projektion entgegenkam: Das waren die Bilder für die Moiren. Doch darüber hinaus hatten sie durchaus schon früh, wenn auch selten, Kultstätten, etwa in Sikyon, wo sie ähnliche Opfergaben wie die Erinyen empfingen.[368]

So schwankt in der Literatur zwischen Homer und Euripides nicht nur das Verhältnis der Menschen zwischen den beiden Götter-Bereichen, sondern auch das Herrschaftsverhältnis zwischen den persönlichen und den abstrakten Mächten, beziehungsweise zwischen Zeus und den Moiren. Aischylos etwa zeigt Zeus in seinem «Gefesselten Prometheus» als Gefesselten ihrer Entscheidung. In die Zeit zwischen Hesiod und Homer fällt nun bemerkenswerterweise der Aufstieg des Orakels von Delphi zur füh-

368 Vgl. Recl. Lex., S. 351.

renden Weisheits- und Weissagungsstätte Griechenlands.[369] Das Orakel wird sich selbst mit seinen später schriftlich formulierten Sprüchen immer mehr zu einem Genre der Literatur entwickeln.[370]

Sein Anspruch auf Erkenntnis der Wahrheit in Vergangenheit und Zukunft konkurriert mit dem (allerdings anders gemeinten) Wahrheitsanspruch der Musen, und neben der Literarisierung und dem Wahrheitsanspruch besteht drittens eine Ähnlichkeit mit Hesiod in der thematischen Relevanz der Moiren. Zwei Statuen gab es in Delphi, die jeweils von einem männlichen Gott begleitet, besser geführt wurden: Zeus Moiragetes und Apollon Moiragetes. Apollon führt also nicht nur die Musen, sondern auch eine Moira.[371] (Vielleicht gibt es einen weiteren Zusammenhang mit den Moiren dadurch, dass hier auch Losorakel üblich waren.) Viertens aber war hier die Stelle, wo Zeus Hesiod zufolge seinen Scheingeburtsstein vor die Öffnung der Gaia/Erde gewälzt hatte. Zeus befestigt den Stein am *anus mundi*, nämlich da, «wo die Erde den breitesten Sitz hat/in dem hochheiligen Pytho am Hang des Parnassosgebirges» (Th. 498) – also in Delphi, dessen alter Name «Pytho» war. Dieser Stein scheint identisch zu sein mit dem berühmten Omphalos, das ist ein bodenständiger behauener Stein, der den Nabel der Welt (der Erde?) bezeichnet.[372] Wie immer man den Widerspruch der Bilder, zwischen Zeus-Idol und Ausgangspunkt der Welt der Mutter beurteilt, irgendwie geht es um die Grenze zwischen Gaia und Zeus.

Das Orakel in Delphi, vormals Pytho – das heißt: Uterus statt Schlange! Dem ‹Homerischen› Apollon-Hymnos zufolge sprang der in einen Delphin verwandelte Apollon kretischen Seefahrern aufs Schiff, um sie zur Stiftung des späteren Apollon-Heiligtums in Pytho/Delphi zu veranlassen. Die griechische Wurzel *delph~* bedeutet soviel wie Uterus, *delphys* heißt Gebärmutter.[373] Apollon war eine ziemlich schwere Geburt, Hera hatte seine Mutter Leto nicht niederkommen lassen wollen aus Eifersucht gegen den ehebrecherischen Zeus. Wenn ausgerechnet der Uteroide Apol-

369 Siehe Burkert: Religion, S. 188. Homer erwähnt bereits die reichen Schätze an Gaben.

370 Vgl. M. Maaß: Das antike Delphi. Darmstadt 1993, S. 3.

371 Paulys Real-Enzyklopädie der griechischen Altertumswissenschaft – Supplement-Bd. V. Stuttgart 1931, Artikel «Delphoi».

372 Vgl. ebd.

373 Vgl. K. Kerényi: Das Urkind. In: Ders.: Seelenforschung. Anm. 142, S. 392.

lon, der Knabenführer, in Delphi Moirenführer ist, Führer von Göttinnen, die bei der Geburt Gaben verteilen, so ist klar, dass die griechischen Epitheta häufig besitz- und herrschaftsanzeigend sind. Weibliche Göttinnen beherrschen die Schlange, Apoll den Uterus; er besiegt Python und macht sich Pythia untertan. Delphi nun war wie andere griechische Weissagungsstätten, etwa in Olympia und vielleicht sogar wie das älteste in Dodona, zuvor eine Kultstätte der Göttin Gaia, die dann Themis, Zeus, Dionysos und Apollon ‹besaßen›, besetzten.[374] Die späteren Orphiker glaubten allerdings, dass die ihnen älteste Göttin, Nacht, das Orakel gestiftet hatte: «Als Erste gab die Göttin Nacht Orakel, nachher Themis.»[375]

In der Literatur, so Kerényi, seien die ältesten Zeugnisse über die *Diadochie* (die Nachfolge in der Herrschaft) des Orakels, Aischylos und Euripides.[376] In den «Eumeniden» des Aischylos (Vers 1–8) kommt Apollon erst an vierter Stelle (abgesehen von Dionysos, der für Kerényi immer schon da war, wenn auch am Rand, vagierend im Umland und zum Parnassos hinauf). In des Euripides «Iphigenie im Taurerlande» zürnt Göttin Erde gegen den Knaben Apollon, der ihre Tochter Themis vertrieben hat, indem sie seinen Priester(inne)n «im Dunkel des Schlafs» «Traumgebilde» hinaufschickt, «nächtlichem Schoß entstammend», und stiehlt ihm «Würde und Ruhm des Orakels». Apollon beschwert sich bei Vater Zeus; der solle «vertreiben die Stimmen der Nacht». Zeus, ganz jovial, «hemmte die nächtlichen Träume, nahm von den sterblichen Häuptern des Dunkels Entrücktheit, schenkte die Würde wieder seinem Sohne».[377] In der Geschichte der Kultstätten und auch Delphis/Pythos kommt es immer wieder, wie auch im Mythos, zu Umwidmungen, Doppelbezeichnungen

374 M. Maaß: Delphi, Orakel am Nabel der Welt. Sigmaringen 1996, S. 11. Nach Burkert: Religion, S. 188, ist der Apollon-Bezirk nicht vor 750 angelegt; nach Maaß gibt es Funddatierungen für Apollon-Heiligtümer erst ab dem 7. Jahrhundert (Das antike Delphi, S. 89). Doch Marion Giebel (Das Orakel von Delphi), die den Anfang einer Kultstätte an diesem Ort auf das 13. Jahrhundert v. Chr. datiert und den Sieg der olympischen Götter ab etwa 1000 v. Chr. erstaunlich spät ansetzt, hält den Beginn des Apollon-Kultes für spätestens um 800 v. Chr. für «archäologisch nachweisbar» (S. 13).

375 K. Kerény: Dionysos. Stuttgart ^{2}1998, S. 277, Anm. 30.

376 Ebd., S. 135.

377 Euripides: Iphigenie im Taurerlande. In: Sämtliche Tragödien und Fragmente Bd. IV. Hg. von G. A. Seeck. München 1972, S. 93, Verse 1259–1283.

und Doppeldeutigkeiten, aber auch zu einem Nebeneinander verschiedener Kulte und verschiedener Orakel. Diese Doppeldeutigkeiten und Widersprüche gibt es nicht nur im Kult oder in der damaligen Literatur, sondern auch auf Bildern. In einer Darstellung des Kyprien-Stoffes aus dem 7./6. Jahrhundert v. Chr., wo die von der Überbevölkerung belastete ‹Erde› durch Zeus' Schicksalsspruch der Verhängung des Trojanischen Krieges entlastet werden soll, wird diese Gaia inschriftlich als «Themis» behauptet – bei Hesiod ist diese die Mutter der Moiren.

Dafür, dass der Omphalos zugleich der steinerne Schein-Zeus in Windeln ist, spricht, dass er ganz vom *agrinon*, einem Netz wollener Bänder umwunden ist – als Relief.[378] Doch ist die Darstellung mehrdeutig. So erinnert die Gestalt auch an einen Bienenkorb, der Assoziationen an den Zeus Meilichios weckt, den honigsüßen, der wiederum mit den Musen geht.[379] Andererseits sind die einzelnen Bänder derartig ‹fadenscheinig›, dass an ihnen eine Substruktur auftaucht, die sie wie aneinandergeknüpfte Spindeln aussehen läßt – eine Erinnerung an eine andere Wahrsagekunst als das Loswerfen, die mit dem Spinnen oder Zuteilen des Fadens verbunden ist. Interessanterweise gab es in Delphi nur zwei Moiren, eine für Geburt und eine für Tod.[380] Als eine dritte Moiren-Repräsentanz könnte man die wahrsagende Pythia oder sogar den Omphalos bezeichnen, der auf noch zu klärende Art etwas mit der Bestimmung des Verhältnisses zwischen Geburt und Tod zu tun hätte. Jedenfalls ist auf ihm auch das andere Ende des Schicksalsfadens, sein Anfang nämlich, zu sehen: Der ausgespieene Stein wird in Delphi «mit Öl gesalbt, und Bündel *ungesponnener* Wolle werden auf ihm dargebracht»[381]. – Nun ist Hesiod nicht der Einzige, der die Moiren zu personalisieren versucht. Während Pausanias zu berichten weiß, dass die zwei Moiren in Delphi Personifikationen von Geburt und

378 Eine Marmorkopie des Omphalos befindet sich im Museum zu Delphi; eine Abbildung desselben in: A. H. Borbein: Das alte Griechenland. München 1995, S. 113. – Das Original ist indessen nicht mehr erhalten, und seine Darstellungen weichen zu sehr voneinander ab, als dass sie verlässliche Zeugen sein könnten. Vgl. M. Maaß: Delphi – Orakel, S. 11.

379 Vgl. Schlesier, Musen.

380 Gr. Myth. 1, S. 40.

381 Gr. Myth. 1, S. 33.

Tod seien, sei in Athen Aphrodite Urania die älteste von drei Moiren gewesen[382], was ihre Tod und Leben vermittelnde Rolle als ähnlich dem Hesiodischen Eros erscheinen lässt. Hesiods Personalisierung ist weiterreichend: Nicht nur erklärt er Schicksalsfragen zur Chefsache, indem er die Moiren zu Kindern des Zeus macht, er lässt die bis dato wohl elternlosen Moiren gleich doppelt abstammen, nämlich auch als vaterlose Kinder der Nacht. Es kommt einem Sakrileg gleich, den Inbegriff von ‹Bestimmung›, welche selbst eigenlich keine Einschränkung duldet, durch widersprüchliche Abstammung zu bestimmen.

Diese ‹Personifiktion› der Moiren durch Hesiod ist eine erhebliche Leistung – der Domestikation. Gleichzeitig, während er die Aufmerksamkeit für die Bedeutung der Moiren steigert, legt er ihnen die ersten Fesseln an, indem er sie zu Kindern, zudem zu reinen Mutterkindern, macht. Dann werden sie noch einmal geboren, wie in einem Akt der Initiation in die ‹ordentliche› Göttergemeinschaft, indem sie als Kinder des göttlichen Vaters, Zeus also, und einer Schwundfigur von Gaia, ihrer Tochter *Themis* nämlich, Göttin des Rechts, auftauchen. Der Machtschwund der *glänzenden* Themis ergibt sich aus der Perspektive von der *schwarzen* Gaia her. An sich war Themis in archaischer Zeit eine hohe Göttin. Die Odyssee nennt sie als diejenige, «welche der Männer Versammlungen auflöst und sie auch einsetzt» (Od. Ham. 2, 69). Diese Alterspräsidentin erinnert sozusagen an das ältere Recht der mütterlichen Rechtsprechung; sie hat aber nicht mehr viel zu sagen, nur abzusegnen. Immerhin aber repräsentiert sie etwas Mittleres zwischen Götter- und Menschenwillkür: Sie ist unbestechlich – «unnahbar» nennt Hesiod diese Uranostochter (v. Sch. 16) –, und sie steht für Diskurs.[383] Als Schutzherrin der Kasuistik weist sie eine gewisse geschäftliche Nähe zu den Musen auf, die immerhin den königlichen Rechtsprecher inspirieren.

Mit der Heirat seiner titanischen Tante hält Zeus die richterliche Gewalt auch über die Menschen schön ‹hübsch› (das heißt ‹hiesig›) in der

382 Vgl. ebd. auch die Beschreibung durch Pausanias. – Hesiod deutet eine Zuordnung der Aphrodite Urania zu den Moiren dadurch an, dass sie einerseits explizit kurz vor *Nyx* behandelt wird, andererseits innerhalb der Nyx-Passage kurz vor den Moiren, bei den Hesperiden angedeutet ist (s. o.).

383 Siehe dagegen die manifeste Emotionalität im *moirischen* Nacht-Gebiet: grausame Rache (217), göttliche Wut (221) und böser Blick (222).

Verwandtschaft der schwesterlichen Horen (Th. 901) und der halbschwesterlichen Athene (895)[384], sowie der Chariten (907) und Musen (915). Über Themis sind die Moiren mit dem Orakel von Delphi verbunden.[385] Mit Apollon haben sie nicht nur den Vater gemeinsam, sondern ebenso die Nährmutter Themis.[386] Mütterlicher- und halbmütterlicherseits gleichfalls eine einzige Versammlung von Geist und Schönheit. Doch wenn Zeus sie auch «aufs höchste» ehrt (v. Sch. 904): Sie sind nun *Produkte* einer vorausschauenden sozusagen metishaltigen Heiratspolitik des Göttervaters.[387] Sind sie damit nicht ebenso an den Rand gedrängt wie bei Homer? Wofür dann der Aufwand? Immerhin hat Hesiod, der ‹Theogoge›, die Moiren zum zentralen Scharnier seines Systems gemacht, denn nur die Verdoppelung ihrer Elternschaft verbindet die Gaia-Linie mit der Nacht-Linie – jedenfalls vorgeblich.

Wenn die Moiren so sicher «altarisch» sind, warum dann *der Umweg ihrer Integration über die Nacht?* Wofür die schwere, die doppelte Geburt? Meines Erachtens hat Hesiod durch diese Nacht-Passage des Schicksals nicht nur die Moiren erst in die Zivilisierungsbereitschaft zur Zeus-Adoption gebracht, sondern auch die Nacht den Menschen als Menschen-Nacht nahegebracht. Nach der mythologisch behaupteten post-chaotischen Frühzeit verringert der Dichter das Gewicht der Nacht, indem er diese Dunkelheit von dem Potenzial der unerbittlichen Drohung des Schicksals befreit. Da die Nacht des weiteren genealogisch keine große Rolle mehr

384 Athene war auch die Göttin des Spinnens und Webens. (Vgl. Jan Bremmer, S. 28)

385 Themis weissagt 440–430 als Pythia auf einer attischen Trinkschale. Siehe E. Simon, S. 22; vgl. Maaß, S. 11.

386 Natürlich ist Apoll kein Brustkind, er wurde gleich mit Nektar und Ambrosia aus den «göttlichen Händen» der Mutterschwester ernährt. Die Quelle, der ‹Homerische Hymnos› an Apollon von 522 v. Chr. (Vers 123), ‹legitimiert› wahrscheinlich mythisch die viel frühere Inbesitznahme des Themis-Orakels.

387 Dass Zeus die Klugheit ‹gefressen› hat, ist auch ein neuer, hesiodischer Zug von ihm, der ihn wahrsagefähiger macht. In der mykenischen Tradition ist des Zeus erste Frau *Dione* (weibliche Namensform von Zeus), bei Homer ist sie noch von Zeus Mutter der Aphrodite (Il. 5, 370 u. 428), aber sie «überlebte» nur «im entlegenen Dodona und weitentfernten Pamphylien». (Bremmer, S. 19) Dann aber war, noch in mykenischer Zeit, Hera die erste Gattin, die bei Hesiod die letzte ist.

spielt, aber andererseits periodisch *wahrnehmbar* bleibt (anders als die besiegten Titanen), hat sie eine andere Funktion, eine *ästhetische*. Die Nacht bekommt zwar von nun an keine weiteren Kinder mehr, aber allnächtlich taucht sie auf, und täglich taucht sie wieder ein in den Tartaros. Diese ästhetische Nacht wird nicht von der Morgenröte vertrieben und sinkt auch nicht auf die Erde, sondern sie ist – in Umkehrung ihrer vormaligen Geburtstätigkeit – eine ständig in den Unter-Leib der Erde ein- und ausgehende. Dies ist *ihre* nicht genealogische, sondern *ästhetische* Verbindung mit der Linie der ‹gestalteten› Götter.

Diese ästhetische Nacht, die kommt und geht, repräsentiert und prägt auch die Raum- und Leibeserfahrung des Ein- und Auftauchens. In diesem ästhetischen Modus betont sie zugleich ihre zeitliche Einheit mit der Opazität und Verhüllbarkeit alles Körperlichen. In ihrer Repräsentanz des phänomenologisch zeit- und raumkonstituierenden Sinns für die Hell-Dunkel- und die Innen-Außen-Differenz ist die Nyx in ihrem ästhetisch wahrnehmbaren Modus des *Auftauchens* bei Hesiod zudem nicht nur explizit auf die *irdische* innere Nacht zurückbezogen, also auf eine vorgestellte ästhetische Verbindung mit der Gaia-Linie, sondern auf die inneren Nächte der *Menschen*, auf die ihnen inhärenten Bedingungen von Schlaf und Tod, Liebe und *Schicksal* usw. Trägt sie doch ihre Kinder, die wir in uns tragen, hinein und hinaus, in ihr tartareskes Haus und auf die sichtbare Erde. Die Nacht verbindet nicht nur innere Nacht von Körpern mit äußerer Nacht von Körpern (mit unserer uranischen Nacht also), sondern sie verweist mit diesem Gestus noch einmal darauf, woher ihre ganzen menschlichen Attribute, die ihre Kinder sind, eigentlich kommen. Denn die Moira kommt, wie Träume, Streit- und Nörgelsucht, aus unserer inneren Nacht – die Hesiod schlicht «Nacht» nennt. Die ästhetisch erfahrbare Nacht draußen und die innen fühlbaren, vorstellbaren oder unbewussten Wesen gehören zusammen, wechseln ständig das Feld, werden zum Teil erst im anderen Teil anschaubar. Dass im Angesicht der äußeren Nacht vielen Menschen etwas zu ihrer inneren Nacht einfällt, ist also schon für Hesiod kein extern ‹hervorgebrachtes› Wunder, sondern ein natürlich erscheinendes *Spiegelungsverhältnis*. – Dieser Ausdruck ist eine Fortspiegelung von mir, aber Hesiod hat selbst auf seine Weise auch schon fortgespiegelt.

Gerade der Fall der Moiren zeigt das besonders krass. Die im Milieu der Nacht aufgetauchten Moiren werden mit ihrer seltsamen *Wiedergeburt*, hinein in die sanftere, wohltuende, recht- und kunstliebende Gesellschaft der Musen, Chariten und Horen sowie der Göttin Athena fortgespiegelt in eine glänzende Parallelwelt. Wenn die Schicksalsgöttinnen auch nichts mehr von ihrem früheren Nacht-Leben zu wissen scheinen, so wissen wir es doch und sehen die ‹feine› neu-olympische Gesellschaft nächtlich verschattet von unserem Wissen über ihr nächtliches Herkommen – aus unserer inneren Nacht. Wir können die Moiren, alle Hesiodischen ‹Kinder der Nacht›, nach Belieben verdrängen, sublimieren oder nur verschieben: Es bleibt etwas hängen … überall sind jetzt auch die nicht entstellten Nachtkinder mit der dunklen Ahnung einer ‹Nachtseite› vertieft, nämlich über ihre nächtliche Herkunft. Nehmen wir die Moiren, das «Begehren», den «Tod», was wir wollen, wieder fort von der Idee, dass Nacht die Mutter dieser Kinder sei und nicht wir, so bleibt unabweisbar der Verdacht, dass genau das ‹gleich› ist. Die Nacht wird so noch mehr zu einer innermenschlichen Conditio der Übertragung. Tod, Schlaf, Traum, das Altern, die Liebe, der Streit und all die Trug-Verhältnisse usw.; *sie* bringen gleichsam die Nacht als ‹Mutter› und damit als Horizont ihrer aisthesis hervor! Die Nacht wird eine Ausgeburt der inneren Nacht des Menschen, die mit jedem periodischen Auftauchen der äußeren Nacht ‹re-levant› wird.

Die metaphorisch fruchtbare Oszillation der Nachterscheinung zwischen menschenähnlicher Personifikation und äußerem Zeitraum, zwischen subjektiver Dimension und objektiver Erstreckung, scheint später in der Theogonie zu einer Art Realität geworden zu sein: zu etwas zwischen Raum (Th. 727) und Person (Th. 744), zu einer Art von *Bild.* Doch bevor wir darauf eingehen, müssen noch die Namen der Moiren erörtert werden und was dahinter steht. Denn wenn auch die unverrückbare Individualität der Namenzuordnung, erst recht der ganz neue Name «Atropos», eine Schöpfung Hesiods darstellen, so sind einzelne Bestandteile ihrer Bedeutungen bereits längst bekannt, während andere, etwa die Wahrsagefunktion, für die Lachesis, die Loszuteilerin, steht, bis zur Unkenntlichkeit entstellt sind.

Dass die Moiren, anders als ihre nachtgeborenen Geschwister verändert wiederauftauchen, hat nämlich außer der ästhetischen Veränderung einen weiteren Grund: die Aporien des Sozialen. Über den Eigennamen der Drei von der Spinnerzunft, deren ‹zünftige› Solidität und berufliche Biederkeit ihre bedrohliche Herkunft vergessen lassen könnte, schwebt nicht nur die Wolke zwie-lichtiger Herkunft, die den Furor der Drei verwandelt in die Schwüle einer leiseren, haltloseren Unheimlichkeit, sondern die Hörer wurden auch an die sozialen Verstrickungen erinnert, die mit der sozialen Verteilung der Arbeit und der Lose in gemeinschaftlicher Abhängigkeit verbunden sind. Den Charakter einer verfestigten ‹zweiten Natur› durch die unerbittliche Reduktion auf die eine Funktion scheint Hesiod gesehen zu haben, indem er der dritten den Namen *Atropos* gab. Gewiss, auch Symbole, Allegorien und alle Bilder fixieren bereits ihre ästhetischen Funktionen. Aber die ‹Gewerkschaft› der Zusammenfügerin des Fadens (Klotho), der Zuteilerin des individuellen Faden-Loses (Lachesis) und der unaufhaltsamen Dreherin am Spinnrad des Schicksals (Atropos): sie sind durch die Reduktion auf ihren Abschnitt am Gesamtwerk unerbittlich unumstimmbar – und zugleich bestimmen sie damit das soziale Verhältnis der Menschen untereinander, auch im moralischen Sinne: «Sie geben Gutes und Böses zugleich den sterblichen Menschen zum Schicksal.» (Th. 904) Gegen die Verteilung der Gaben scheint es also keine Möglichkeit des Widerstands zu geben. Glücklicherweise entdecken die Menschen das erst, wenn die Moiren Einhalt gebieten. Oder?

Soziale Probleme

Auch im *erweiterten* Sozialbereich des Dreiecks Moiren – Olympier – Menschen können die bis in die griechische Klassik hinein ständigen Reparaturarbeiten die grundsätzlichen Übel der Ungleichheit kaum verringern.

1. Die olympischen Götter sind, gemessen an ihrer Macht, zu ‹allzumenschlich›, und deshalb zu unvollständige Götter.

2. Die Moiren wirken bis in das Innerste der Menschen hinein, etwa durch Verleiten zu Handlungen oder durch Lähmung, ja bis zur Ausstattung des Charakters. Trotz dieser existenziellen Nähe bleiben sie unpersönlich und fremd.

3. Die Menschen sind einerseits Spielball der Götter, offen für ihre Hilfe, hoffend, sie gnädig zu stimmen, andererseits immer schon vom Schicksal «bestimmt».

Beim (vielleicht jüngeren) Homer stehen die beiden Mächte noch traditionell unverbunden nebeneinander. Es mag sein, dass die relativ hohe Bedeutung der Moira hier mit dem vergangenen heroischen Heldenleben zusammenhängt, das auch für Homer im Kontrast zum Alltagsleben seiner

Zeit steht.[388] Dennoch wäre es falsch, den Moirenglauben zu sehr an eine eventuelle Kriegerreligion anzuschließen. Denn die Moiren sind gerade im Familienleben stark repräsentiert. Noch beim jüngeren Homer ist das Nebeneinander von anthropomorphen Göttern und Schicksal/Moiren zunehmend als Widerspruch zu spüren. Doch schon bei Hesiod kündigt sich eine stärkere Versittlichung des Zeus und eine Zurückdrängung der Moiren an. Deren gesittete Wiedergeburt in den himmlischen Olymp hinein rückt wiederum die traditionell bereits gestalteten Götter in ein ungünstigeres Licht:

Die Götter sind unsterblich. Gegenüber der Macht des Schicksals über die Menschen sind sie aber machtlos. Selbstlosen Menschen bliebe allein der religiöse Gedanke: ‹Wie tröstlich, dass es immerhin Unsterbliche gibt!› – Doch das Verhältnis hat auch irdisch-soziale Folgen: Die Götter sind nicht wirklich ewig, sondern nur unsterblich. Sie sind – wie menschlich! – geboren und können, werden sie verstoßen, auch schon mal nur halblebendig in der Unterwelt hausen. Sie verstoßen aber gegen eine noch größere Schicksalsordnung: dass Geburt nur möglich ist, wo auch Tod ist.[389] Und es werden immer mehr. – «Dreißigtausend ja sind es», glaubt Hesiod in «Werke und Tage» (251). – Und sie haben Kinder mit den Menschen, die besondere Rechte beanspruchen. Und die Götter und göttlichen Könige leben ja nicht von der Frömmigkeit der Menschen, sondern von ihren Opfern. Sie leben von Fleisch und Blut und Brot und Wein, und zwar nicht von den schlechtesten Teilen.

Wer aber sind die Empfänger der guten Teile? Es sind die irdischen Vertreter (im Kult) oder Nachkommen der Götter.[390] Die Nahrung verschwindet

388 Burkert: Religion S. 313, nennt fünf Stellen in der Ilias, wo die damaligen Menschen als viel stärker, ja als doppelt so stark behauptet werden: 5, 304; 12, 383; 12, 449; 20, 287; 1, 272.

389 Menschliche Überbevölkerung ist das göttliche Motiv für den Trojanischen Krieg; Überbevölkerung ist das Motiv für die Kolonisation der Magna Graecia, welche wiederum eines der zentralen Themen des Delphischen Orakels war.

390 Ähnlich wie die Moiren haben die Heroen die Funktion, aus der ambivalenten Relation Menschen – Götter ein Dreieck zur Balance zu bilden. Zwar sind sie keine Vermittler wie die katholischen Heiligen, aber sie sind Zeugen einer geschlechtlichen Verbindung zwischen Sterblichen und Unsterblichen oder sonst einer übermenschlichen Einwohnung in den menschlichen Leib und können zwar sterben oder entrückt werden, doch haben sie danach ein unsterbliches Leben im Elysium und einen an einer irdischen Lokalität gebundenen Kult – also ein Fortle-

in einem Fass ohne Boden – statt in Vorratskrügen. Dieses Problem behandelt Hesiod in der Prometheus-Mythe. Prometheus, eine Art göttlicher Klassenverräter, versucht, an den Vorrechten des Zeus zu «nagen» (Fleischopfer-Betrug und Raub des Feuers, das die Menschen doch zum Opfern benötigen). Zur Strafe nagt an seinem Leben, seiner Leber, der Adler als Repräsentant des Zeus (Th. 523). – Zu Recht bekommt Zeus zuerst die Leber; denn: «Von den Eingeweiden sofort zu kosten ist Vorrecht und Verpflichtung des inneren, engsten Kreises der ‹Teilhabenden›.»[391] – Prometheus' ‹ewiges› Zombietum zwischen täglichem Sterben und nächtlichem Aufleben (523–25), scheint selbst Hesiod unerträglich, der den *Unsterblichen* durch den noch sterblichen Herakles erlösen, das heißt wider die Logik sterben lässt.

Wenn Hesiod auch nicht, wie Aischylos, Partei für Prometheus ergreift, so begreift er doch die Sündenbock-Funktion des Prometheus für die durch ihn eingeführte, aber nicht mehr revidierte Opferung wertloseren Tiermaterials an die Götter (556) und für das schlechte Gewissen der Menschen wie auch für die bleibende Missgunst von Zeus, der die Lebensfreude der Menschen durch die eingeschleuste Pandora samt Büchse vergällt (570). (Seine Leber als Kompensation für die Knochen des Opfers.) Für den Schöpfer der «Theogonie» ist entscheidend, dass die Götter und die Menschen getrennt werden und dass die Moiren vom obersten Richter abstammen. – Der Aspekt der Anteile am Opferfleisch bekommt dadurch sein irdisches Gewicht, dass es für die Sterblichen zumindest domestiziertes Großviehfleisch *nur* qua Opferfleisch-Anteil durch Lose gab – vorabzüglich des privilegierten Teils für die Götter bzw. den Ältesten.[392] Das vor jeder Fleisch-Mahlzeit notwendige Schlachten wird im Tieropfer geradezu sakralisiert, nicht zuletzt deshalb, weil die Tötung des anvertrauten und gehegten Tiers (damals noch) angst- und konfliktreich ist, ja die Basis für die «Tragödie» (Bocksgesang?) legt.[393]

ben in der Erinnerung. Vgl. J.-P. Vernant: Mythos und Religion im alten Griechenland. Frankfurt und New York 1995, S. 55.

391 Ich montiere hier etwas dreist ein Zitat über allgemeine Opferbräuche (Burkert: Religion, S. 102) mit dem Prometheus-Stoff.

392 Vgl. J. N. Davidson: Kurtisanen und Meeresfrüchte. Berlin 1999, S. 37. Eine ausführliche Darstellung der Verflechtungen zwischen Opferkulten und Schlachtereiwesen findet sich bei Bruit Zaidman und Schmitt Pantel: Religion, S. 30.

393 Vgl. Burkert: Religion 103–105.

Um die irdisch-sozialen Anteile geht es aber schließlich auch in der ganzen zweiten Hälfte des Nachtkinder-Katalogs: von den Moiren über *Geras*, das ‹grausame Alter› (seltsamerweise das zweitjüngste Kind) bis zu *Streitsucht*. Die unklare Zäsur zwischen Alter und Streit macht zudem einen gewissen Sinn, denn *geras* ist auch das ‹Altenteil›, das ‹Privileg›. (Das Alter ist eine Last – auch für die anderen.) Um die Anteile geht *eris*, der Streit. Hesiod lässt Zeus nach dem Sieg über die Titanen als Oberherrscher des Himmels die Gaben an seine Mitkämpfer verteilen. Nach George Thomson sind dabei die Ausdrücke «geras», «moira», «lachos» (Wurzelwort für Lachesis) und «kleros» eng verwandt.[394] Ihre Bedeutung reicht von Beuteanteil über Opferstück bis Anteil und Privileg von Berufsclans. Noch bei Aischylos kommt das Feuer als das *geras* des Hephaistos vor (Prometheus, 38). Für Thomson ist das ‹gerontokratische› *geras* ein historischer Spaltpilz der Ungleichheit, fort vom «Urkommunismus». «Im géras am Fleisch, dem géras an der Beute und dem géras oder témenos an Boden schlug sich jeweils auf den einzelnen Entwicklungsstufen – der Jagd, der Kriegführung und dem Feldbau» der Entwicklungsprozess zur gesellschaftlichen Ungleichheit nieder.[395] Zeus macht es nicht anders als die irdischen Eroberer und Mächtigen: Das gute Los aus dem guten Topf wird zuerst beiseite getan (für Gott, König und Priester); dann wird der Rest verlost, sei es Fleisch, seien es ‹Schicksals›-Gaben.

Diese relativ prosaische *moira*, abgeleitet aus der ‹Ordnung›, die durch die Verteilung der Güter entstand, ist noch lange nach den einschneidenden Veränderungen des 8. Jahrhunderts prägend geblieben für die Vorstellungen über Anteilsverhandlungen zwischen Menschen und Göttern im Kultmahl und im Kult überhaupt, aber auch für die Metaphorik des individuellen Schicksals als Anteil am ganzen Schicksal der Menschen. Lange vor Homer lag das Schicksal des *Schicksals* wohl in *weiblichen* Händen von Geburtshelferinnen, Spinnerinnen und Los-Verkünderinnen. Auch was mit Zeus' Wägekunst als Wiegekunst metaphorisiert erscheint, bedarf noch einer eingehenden Untersuchung. Die Homerische Seelenwägung bleibt nun einmal an die alltägliche Bedeutung

394 G. Thomson: Frühgeschichte Griechenlands und der Ägäis. Berlin (Ost) 1960, S. 278.

395 Ebd., S. 275 f.

des Wiegens gebunden, in welcher indessen der schwerere Teil auch der bessere ist. Das biblische Bild des «Gewogen und zu leicht befunden», das berühmte Menetekel aus dem Buch Daniel 5, 27, ist zeitlich gar nicht so weit von Hesiod entfernt.[396] Plausibler wäre es, wenn Themis die Waage in die Ehe eingebracht hätte und wenn deshalb die Waage vom Bereich des (Opfer-)Handels in den der Justiz gewandert wäre – bis hin zur Göttin Justitia.

Martin P. Nilsson hielt die Waage für ein Attribut schon des mykenischen Zeus und interpretierte eine Darstellung auf einer zyprisch-mykenischen Vase aus Enkomi als eine Zeusfigur mit einer Waage in der Hand, wie er die Todeslose zweier Männer auf einem Pferdewagen wägt.[397] Dem widerspricht aber, dass der mykenische Zeus ein Kriegergott (der Beute verteilt), aber kaum ein Richtergott gewesen sein kann. Auch kann er damals nicht so bedeutend gewesen sein, dass er die Lose wägt, das Los der Menschen erwägt, wie er es im später überlieferten Mythos und Epos tut. Es gibt zum Beispiel kaum kultische Überlieferungen oder Überlieferungen von Monatsnamen mit Zeus.[398] Eine Waage und ein Wäger setzen aber eine über den Antagonismen erhabene Position voraus und nicht einen zornigen Wetter- und Kriegergott, der seine Macht noch bei Homer und Hesiod durch physische Stärke erringen oder sichern muss.[399] Weder von Stärke noch von abgehobenem Standpunkt ist aber auf dem Enkomi-Vasenbild (frühestens 11. Jahrhundert) etwas zu entdecken. Die Figur am unteren Bildrand könnte allerdings ein Vorprogramm darstellen: Die Arbeit eines Priesters oder Wahrsagers vor dem Kampf. An dieser Stelle muss die Möglichkeit erwogen werden, dass jede bildliche, mythische oder rituelle Schicksals*zuweisung* lediglich eine Schicksals*prognose* darstellt, dass Priesterinnen oder bloße kundige Frauen schnell in der Überlieferung zu Moiren-Repräsentantinnen und dann zu diesen selbst wurden. Es ist wie bei einer Self-fullfilling Prophecy: Nachdem Zeus zum Beispiel die Keren von Achill und Hektor gewogen hat – auf einem archaischen Bild sind das

396 Die Geschichte von Belsazar ereignet sich ungefähr 600 v. Chr.

397 M. P. Nilsson: Geschichte der griechischen Religion. Bd. I, München 1976, S. 366.

398 Siehe Bremmer, S. 19: Seine Feste waren «kaum wichtig, und nur wenige Städte nannten Monate nach ihm».

399 Vgl. Il., 8, 18–27.

kleine Idole der Helden, fast wie beim Voodoo-Kult[400] –, sank «Hektors Todesgeschick / Und ging fort zum Hades; und Phoibos Apollon verließ ihn» (Ham. 22, 212), wortlos, wie ferngesteuert.

Die (uns so erscheinenden) Schwierigkeiten Homers, die literalen und die übertragenen Teile des Waage-Gleichnisses in ein ausgewogenes Verhältnis zu setzen, sind um so ernster zu nehmen, als (uns) Homer ansonsten gerade bei Gleichnissen durch Genauigkeit und Kenntnisse über die zu übertragenden Sachverhalte besticht. Er kennt und benutzt landwirtschaftliche wie auch hauswirtschaftliche Verhältnisse und wertet sie durch ihre Gegenüberstellung mit denen der Kriegskunst auf. So vergleicht er etwa die Schmerzen einer Kriegsverletzung mit dem «stechenden Pfeil der Geburt» (Il. 11, 272).

Im 12. Gesang der Ilias beschreibt er die Patt-Situation einer Schlacht mit dem Bild einer Waage. Es ist eine besondere Waage, nämlich die der «ehrlichen Spinnerin» (*kernetis alethes*, Rupé 12,433). Hatten Spinnerinnen eine Waage? Wäre Homer das Bild der Waage der ehrlichen Spinnerin auch bei unausgeglichenem Kampfstand eingefallen? Bezieht sich die Waage also nur auf das Unentschieden? Nein, in diesem Gleichnis wird das Kriegspatt in einem *Sprachbild* mit der Haltung einer Spinnerin verglichen, die wiederum ein *Bild* abgibt: Wie eine Waage steht sie da. Es ist also ein doppeltes Bild. In der umständlichen Übersetzung Schadewaldts kommt die Verschachtelung der Bilder deutlicher zum Ausdruck: Die beiden Kampfseiten hielten sich

> So wie die Waagschalen eine Frau, eine ehrliche Spinnerin,
> Die hier das Gewicht hält und dort die Wolle und auf beiden Seiten
> Hochzieht und das Gleichgewicht herstellt, dass sie den Kindern den
> kärglichen Lohn erwirbt:
> So war denen ins Gleiche gespannt die Schlacht und der
> Kampf … (Scha. 12,433)[401]

400 Rotfiguriges Außenbild einer Trinkschale, ca. 522/510 v. Chr., Rom, Villa Giulia: hier Memnons Zweikampf mit Achill. Vgl. Borbein: Griechenland, S. 116.

401 Dass mit dem Gleichgewicht der Lager das Gleichgewicht der jeweiligen Schicksalsbestimmung gemeint ist, mit der Spinnerin also die Moiren angedeutet sind, zeigt Homer, indem er nun den Zeus den ‹Ausschlag geben› lässt, der dem

Dieses rahmensprengende Wackelbild[402] kann eventuell mit dem übermächtigen Drang erklärt werden, die Schicksalsgöttin zu evozieren. Am grässlichsten ist der Widerspruch zwischen dem antagonistischen Paradigma der *Waage*, zu dem sich der kampflustige Wettergott noch am ehesten bereitfindet, und andererseits dem holistischen Paradigma des *einen Fadens*. Das Bild der Waage geht vom Einzelnen aus, auch von seiner Perspektive auf sein Schicksal. Dieser Einzelne schafft es gerade noch, seine Perspektive in die Perspektiven-Konkurrenz zu erheben. (Vgl. den Vorrang des Zweikampfs in allen kultisch erhöhten Wettkämpfen.) Das Bild des Fadens rückt ins Blickfeld, dass das Schicksal aller an einem Faden hängt, der aus einem Haufen gedreht wird. Der Zusammenhang allen Lebens macht die Moiren oder die Moira zu (fast verstummten) Zeugen, ja zu vorgestellten Erzeugerinnen (als Spinnerinnen) einer vorolympischen irdischen Kollektivität, wie sie vielleicht Thomson mit seiner Hypothese vom Urkommunismus vorschwebte. Neben der räumlichen Verzwirnung aller zu einem Faden ist aber die generative, also zeitlich unumkehrbare Abhängigkeit zwischen dem Gewicht der schon verzwirnten Lebenden auf der einen Seite und dem noch nicht Lebenden, dem Werg, auf der andern Seite zu beachten. Die Moira kann (als Spinnerin des einen Fadens) durchaus die Waage integrieren. Das Leben geht immer in eine Richtung, aber sie hält zwischen beiden erhobenen Armen das demographische Gleichgewicht wie ein neugeborenes Kind. Mag der Moirenglaube in der Zeit der Homerverehrung auch zurückgedrängt worden sein. Homer selbst gibt die Stichworte in der sich später verstärkenden Schuld-Diskussion, vor allem über die Erblichkeit von Schuld, wie sie sich in der frühklassischen Tragödie, etwa am Geschlecht der Atriden, niederschlägt.

Natürlich tragen die Helden vor Troja auf ihre Weise zur Lösung des

Hektor den «höheren [!] Ruhm» (Il. 12, 437) gibt, den «überlegenen» (hyperteron) Ruhm (Schadewaldt).

402 In Wahrheit macht die Spinnerin eine andere Arbeit als zu wägen: Alles hängt an einem Gewicht auf der einen Seite, während sie den einen Faden vom Werg zu diesem Gewicht hin dreht. Dieser unumkehrbare (atropos!) Richtungssinn beim Spinnen, beim Entstehen des Fadens passt gar nicht zu dem Hin- und Herwogen der Schlachtwellen, zum Auf und Ab auf je einer der Seiten. Es ist aber der eine Faden hier zu beachten. Zu viel Gewicht lässt ihn reißen, zu wenig macht das Garn schlecht.

demographischen Problems bei.[403] Zwar scheinen sie nicht übermäßig fromm zu sein; wenn es aber einmal brenzlig wird, so etwa beim ‹Fehltraum›, welchen Zeus dem Agamemnon schickt, dann stieben alle auseinander, um, jeder auf seine Art, dem seinigen Gott zu opfern (Il. 2, 398). Das ist kaum verwunderlich bei der vielleicht ersten ‹koine›, der allgriechischen Gemeinde(bildung), welche das Troja-Lager darstellte (aber eben ohne Ehefrauen und Kinder und mit nur wenig Vertretern ziviler Berufe). Kein Wunder, dass die Moira nur über den Tod herrscht, hier werden keine Kinder geboren.

Doch Homers Helden sind das eine, das andere ist ‹Homers› Sprachverhalten. Reden die todbedrohten Helden vage und vorstellungsarm von Daimon, Ker und Moira (Il.19,87), so sehen wir beim Sänger, quasi statt eines verbindlichen Kultes, in der Kontinuität und im Aufwand der Gleichnisse eine gewisse Inständigkeit, ja literarische Hingabe. Das gilt für das Hinübertragen der zivilisierten Welt ins Gleichnis der Kriegswelt im Allgemeinen wie für die Rede von der Moira im Besonderen. Dass die Moira prinzipiell für *alle* Gaben zuständig ist, wird noch im Zynismus deutlich, mit dem Apollon (24, 49) auf die Gabe der Leidensfähigkeit der Menschen verweist. Gewiss, auch die andern Götter geben laufend Gaben (während sie Gaben empfangen). Die Moirengaben sind aber immer schon vergeben, bei der Geburt. Das Verfallsdatum ist seitdem eine ‹deadline›, die durch keinerlei Kämpfe verschoben werden kann. Auch wenn das in die Windel Geprägte später als Ersatz-Identität getauscht wird gegen das heldische Gepräge des laufenden Sarges namens Rüstung: Hier, ausgeliefert auf dem Gefilde des *in toto* unentschiedenen Kampfes, ist für jeden *Einzelnen* alles gelaufen, und nur wenige entkommen dieser Entwürdigung der Handlungsfreiheit durch vorbildliche Annahme des Schicksals in den Ruhm.

Die Windel soll die Spindel wieder aus den Feldlagern der Belagerer in die Stube der Wöchnerin zurückbringen, wie es auch Homer zuweilen tut. Die Spinnerei repräsentiert nächst der dunklen Sphäre des nackten Lebens eine zweite Schicht, in der sich die Bräuche der Beuteverteilung verknüpfen mit den Kulten des Gabentausches zwischen Göttern

403 Der Gebrauch der Schicksalswaage bezieht sich in allen Fällen der Ilias auf das Kriegsglück. Nilsson: Religion, Bd. I, S. 366.

und Menschen.[404] Das ganze Feld textiler Bedeutungen und der mit Stoff und Wäsche verbundenen Handlungen vertritt nicht nur eine relativ zivilisierte Sphäre der Hauswirtschaft und Kinderpflege, sondern es stellt eine Schicht der Übertragung zwischen dem Leiblichen und dem Jenseitigen, Unsichtbaren dar. Gewandweihung und Kleiderkult stellen «innerhalb der griechischen Religion, auch in prähistorischer Zeit» ein «geläufiges Phänomen» dar.[405] – «Gott an hat ein Gewand.»[406] Drittens ist der ganze stoffliche Bereich bedeutsam für die griechische Entwicklung des theatralischen und bildnerischen Bereichs (Bilder auf Textilien, Sprachbilder ‹auf› Text). Wenn dieser Bereich aber wichtig ist, könnte damit eine Akzentverschiebung des bildnerischen Bereichs überhaupt fällig werden, hin zum Wechselspiel von Erscheinen und Verdecken. Es liegt nahe, diesen Bereich für den Komplex Nachtbild und Nachtästhetik zu reklamieren.[407] Neben der leibhaftigen Nacht im Bannkreis der Hesiodischen Chaotik und der sinnreichen Symbolik Hesiodischer Nachtkinder ist seit alters her zwischen Leib und Begriffsraum die performative Schicht von Darstellung und Verbergung imaginär mit Nacht verbunden gewesen. Andererseits lassen sich vielleicht sogar an der Veränderung des Paradigmas ‹Mantel der Nacht›, Aischylos spricht einmal vom «Netz der Nacht»[408], Wandlungen der Nachtkultur ablesen.

Auf der andern Seite der ‹Waage›, in einer kostbar möblierten Kleiderkammer des Palastes von Troja (Il. 24, 191 und 228), worin Hekabe mit Priamos den fernen toten Sohn Hektor betrauern möchte, erklärt sich die Mutter das Schicksal so (Ham. 24, 209):

404 Zu den mykenischen Anfängen der Bedeutung von «Teil» in moira siehe auch: Kl. Pauly, Bd. 3, Sp. 1391.

405 H. Schwabl: Zeus. München 1978, Sp. 1004.

406 Vgl. Ch. Jamme: Gott an hat ein Gewand – Grenzen und Perspektiven philosophischer Mythos-Theorien der Gegenwart. Frankfurt 1999.

407 Siehe weiter unten das 5. Kapitel.

408 Der Chor im «Agamemnon» spricht gebetsartig die Göttin Nacht an und gibt ihr moirische Züge, indem er das Netz, das sie auswirft, ein «gewaltige[s] Knechtschaftsgarn allfangenden Unheils» nennt. Agamemnon. I, 355. In: Aischylos: Tragödien und Fragmente. Reinbek 1966, übers. O. Werner – Hier sieht man das Band der Hesiodischen Metapherntradition, der Unterstellung der Moiren unter die Göttin Nyx.

So spann wohl die mächtige Moira
Ihm bei Geburt schon den Faden, als ich ihn selber geboren,
Dass er die schnellen Hunde sättige, fern von den Eltern …

Je nachdem, ob das Spinnen als gleichzeitig mit oder nachfolgend dem Gebären aufgefasst wird, ändert sich die Bedeutung dessen, was die Moira tut. Spinnt die Moira während des Geburtsvorgangs, ist das Schicksal mit der erfolgreichen Geburt ent-schieden. So übersetzt es von Rupé (24, 210): Dann aber rücken Spinnen und Gebären eigenartig zusammen, als ob das Spinnen (wie es bei *den* Spinnen aussieht) eine Metapher des Gebärens wäre.

So hat's ihm das mächtige Schicksal
Zugesponnen bereits, als ich ihn gebar, mit dem Garne …[409]

Dann ist die Geburt schicksalhaft, und kundige Frauen können aus ihr etwas schlussfolgern. – Gab es Wahrsagung aus Länge, Drehung oder sonstiger Beschaffenheit der Nabelschnur – als Schicksalsfaden?[410] – Kommt das Spinnereiwesen jedoch erst erst *nach* der Geburt zur Geltung, so ähneln die Moiren Feen[411] oder Verwandten mit Aussteuer-Gaben. Es ist aber möglich, daß beide Bereiche (noch) nicht arbeitsteilig in diejenigen von Hebammen und ‹Patinnen› geschieden waren: Zudem ist der rote Faden der Vererbung durch die Folge der Geschlechter zu beachten. Schon Thom-

409 Linon = Garn, aber auch Leinen (Linnen).

410 Noch das «Corpus Hippocraticum» empfiehlt, den frisch Entbundenen frisch geschorene Wolle – also Werg – auf den Unterleib zu legen. Siehe Ch. Schubert und U. Huttner (Hg.): Frauenmedizin in der Antike. Düsseldorf 1999, S. 381. Das Ende der Nabelschnur dagegen wurde mit einem Wollfaden abgebunden. Kein Leinen nehmen, sagt Soranos. Siehe A. Dierichs: Von der Götter Geburt und der Frauen Niederkunft. Mainz 2002, S. 210.

411 Vgl. das Märchen «Dornröschen», das in der Grimmschen Fassung (im Gegensatz zu anderen) nicht von Feen spricht, sondern von weisen Frauen und von so hehren Gaben wie Tugend, Reichtum und Schönheit. Die uneingeladene Dreizehnte erinnert mit ihrem Spruch, dass Dornröschen sich an ihrem 15. Geburtstag an einer Spindel stechen und sterben soll, an die Spindel der Notwendigkeit und an das Gebot zur (Gegen-)Gabe. Brüder Grimm: Kinder- und Hausmärchen. Frankfurt und Leipzig 2004, S. 225.

son hat in seiner «Frühgeschichte Griechenlands und der Ägäis» die Dreigestalt der Moiren in Klotho, Lachesis und Atropos auf eine gewisse Arbeitsteilung im Spinnereiwesen älterer weiblicher Verwandter bezogen, die bei der Geburt halfen. Die Einkleidung sei im alten Griechenland aber auch mit magischen Handlungen verknüpft gewesen: Einwickeln und Schmücken wurden zusammenfassend als «Kennzeichen» (*gnorismaia*) behandelt. Da auch todgeweihte Kinder, nämlich ausgesetzte, mit diesem Kennzeichen versehen worden sind, zeugt das vom Glauben, «die Seele des Kindes wohne zum Teil auch in ihrer Kleidung, die die Kennzeichen seiner Herkunft trug»[412].

Mit dem eigenen Faden(stück) beginnt die ‹Individualität›. Der Faden als symbolisierter Vektor und ‹Richtschnur› hat den Vorteil, sowohl chaotische Verschlingungen als auch den Verlauf des Lebens thematisieren zu können. Doch die ‹Individualität› ist in jedem Fall ein *abgeschnittener* Faden. Entweder betont der Faden des Wäschezeichens die soziale oder doch genetische ‹Eingeburt› oder die mutter- bzw. lebensbezogene ‹Ausgeburt›, nämlich die Trennung vom vorgeburtlichen Leben. In diesem Fall wäre ein Tod, nämlich das Abschneiden der soeben noch lebenserhaltenden Schnur, synonym mit Geburt. Die Geburt wäre untrennbar mit der Bedeutung der Sterblichkeit verzwirnt.[413] Dann läge im Wort «Atropos» die Unheimlichkeit des Gegensinns von Urworten: Erst der Eintritt in diese Sterblichkeit des Unumkehrbaren wäre Geburt vom *zoe* ins *bios*, vom allgemeinen ins individuelle Leben. Faden ist ein Maß des Abgrunds.

An dieser Grenze zwischen sozialer Eingeburt und symbiotischer Ausgeburt sind Doppelbenennungen und Übertragungen vom einen in den andern Bereich üblich. Plazenta oder Uterus sind Werg, der Faden ist Leben. So nennen die Männer (Homer etc.) auch *Eileithya*, die göttliche Geburtshelferin, eine Spinnerin.[414] Bleibt den Männern, die allerdings das Faden-Maß für dunkle meerische Tiefen ersannen, eine «eigentliche» Bedeutung verborgen, weil die geburtsbezogenen Tatsachen und Erfahrun-

412 Thomson: Frühgeschichte, S. 281. – Diese Wäschezeichen sind Ausweisformular und Grabinschrift in einem.

413 Bedenke, wie emsig die Erfahrung des Faden-*Bindens* alle sozialen und emotionalen ‹Bande› und ‹Bünde› metaphorisch fortspinnt, -webt und -knüpft.

414 Vgl. Thomson: Frühgeschichte, S. 280.

gen sich nur im dunkeln, abgetrennten weiblichen Bereich ereignen?[415] Erweitern sie die Nacht des *Schoßes* zum Schoß der Nacht (aus dem schließlich bei Hesiod die Moiren kommen)? – Setzen die Wehen nicht meistens in der Nacht ein?[416] – Hat die Verbindung zwischen der Geburt und dem Spinnen tiefere Gründe als die Ähnlichkeit der verdrehten Nabelschnur mit dem gesponnenen Faden? Die Kontinuität und Breite der überlieferten Verbindung zwischen moirischem Geburts- und Todesbereich sowie dem Spinn-Motiv spricht gegen eine bloß äußerliche Analogie, von der noch dazu Männer wenig Anschauung hatten.

Zunächst ist festzuhalten, dass es neben eventuell ‹tieferen› Gründen auch im materiell-stofflichen Bereich weitere semantisch gemeinsame ‹Schnittmengen› zwischen dem Säuglingsbereich und dem Spinnereiwesen gibt. Schon vor der Geburt haben die Wehen der Gebärmutter die Frucht zum Tiefertauchen in Richtung Geburtskanal gedrängt, wobei das Kind «spiralige Drehungen um seine Längsachse»[417] beschreibt (ganz wie die Spindel im Spinnwirtel). – Auch das Wickelkind gleicht einer Spindel, und etwas derart Verpupptes eröffnet den ganzen Bereich von Kokon / Larve / Schmetterling für die Metamorphose vom pränatalen Wesen zum beseelten sozial ‹ent-wickelten› Menschen. – Die Nachgeburt, deren Nachwehen erst vom Abschneiden des alten Lebensfadens, von der ‹Entbindung›, ausgelöst werden, ist ein neuer Haufen ungesponnener Wolle. (Fruchtbarkeit oder Befruchtung scheint manchmal mit Drehung assoziiert worden zu sein, mit der etwa Eurynome den Nordwind zur fruchtbaren Schlange spinnt.)

Tiefsinniger scheint mir die Doppeldeutigkeit des Abschneidens zu sein, das in einem Tod und Geburt zugleich bedeutet. Der Tod der chaotischen Existenz in der Entwindung und Entbindung, der Schnitt, setzt das Gähnen in Gang, das Aufreißen des Mauls, das individuelle Atmen mit einem eigenen inneren Organ, eine spastische Organisation von innen und

415 Später, im 5. oder 4. Jahrhundert, wenn das Innere der Frau etwas besser erkundet und textil niedergekommen ist, nämlich im Text «De mulieribus» des «Corpus Hippocraticum», wird die Ärzte eine krankhafte Veränderung des Monatsflusses an etwas erinnern, «das aussieht wie ausgespannte Spinnennetze». Schubert und Huttner (Hg.): Frauenmedizin, S. 200.

416 So das dtv-Lexikon, Bd. 7, S. 134.

417 dtv-Lexikon Bd. 7, München 1976 (1966), S. 134.

außen. Dieser Tod setzt wiederum die Nachwehen in Gang, die Nachgeburt eines neuen ungesponnenen Haufens. – Ich weiß, daraus wird nichts mehr. Aber er könnte ein Symbol für das biotische ‹Netzwerg› sein, das auf der andern Seite der Waage, jenseits des individuellen, abgetrennten Lebens, das Gleichgewicht der Erde anmahnt.[418] Die doppelte Geburt des Zeus könnte in diesem Zusammenhang gesehen werden. Hier sind vielleicht Geburt und Nachgeburt vertauscht worden. Oder: Die Geburt gehörte dem Vater, die Nachgeburt der Mutter. Der nachgeborene Zeus ist zugleich Symbol der noch kommenden Geburten. Das Muttersöhnchen wagt aber einen ebenso folgenreichen, nur unauffälligeren, Aufstand gegen seine Mutter wie gegen seinen Vater: Zeus, die Nachgeburt, nutzt den Vorscheinstein, den fadenumwickelten *omphalos*, zur Verstopfung weiterer Geburten der Erde / Gaia.

Ahnungen über das Verhältnis zwischen dem Kreislauf der Geburten und dem individuellen Zeitlauf zum Tode sind das, was Zeus am ehesten für ein Patronat über die Moiren qualifiziert. Bei den Moiren scheint diese doppelte Zeitlichkeit aber nachhaltiger ausgebildet gewesen zu sein. Sie kennen nicht nur die eine Richtung vom ungesponnenen Werg zum gedrehten Faden. Immerhin ist bei Homer mit dem Gebrauch der Waage-Metapher eine gedankliche Reversibilität der Zeit impliziert, wenn die Spinnerin ein Gleichgewicht der Kräfte hält: Indem sie zum Vergleich hin und her guckt, blickt sie vor und zurück. Die Moiren wissen wie die Musen von Vergangenheit und Zukunft. Zwar, Atropos scheint die Sachwalterin des Unabwendbaren zu sein; aber gerade sie ist die jüngste, ‹kleinste›, von Hesiod erst erfundene. Die Moiren konnten durchaus zu zweit, ohne die personifizierte ‹Atropie›, Zukunft (im Los) und Vergangenheit (als Gespinst der Herkunft) symbolisieren. Betont die Symbolisierung des Unabwendbaren (atropos) den ewigen *Fort*lauf des einen Fadens, so betont sie den schicksalhaften Zusammenhang des Ganzen. Akzentuiert Atropos den unabwendbaren *Schnitt*, so akzentuiert sie die Individualität, ein von der Spinnkraft abgeschnittener Faden: Das einzelne Schicksal ist wie sein

418 In etlichen magischen Vorstellungen ist die Nachgeburt eine Art Doppelgänger, muss *nachts* begraben werden und hat Auswirkungen auf das Wohlergehen des Geborenen. Vgl. H. Bächthold-Stäubli und E. Hoffmann-Krayer (Hg.): Handwörterbuch des deutschen Aberglaubens (1927–42). Augsburg 2005; Bd. 6, Sp. 759. Abgekürzt zitiert als Hwb. Abergl. – Heute gibt es für die Plazenta keine Absatzprobleme.

Faden mit dem eingedrehten *spin* der Verwandtschaft besiegelt. Dadurch, dass die noch namenlosen Moiren als Kinder der Nacht fast bis zur Verwechslung mit den Keren verzwirnt werden, dass an deren Stelle aber später unter anderen Atropos als Tochter von Zeus und Themis auftaucht (Th. 904), wird deutlich, dass Hesiod bei den Moiren, besonders bei Atropos eher an die *abgeschnittene* Individualität und Sterblichkeit denkt als an die unabgeschnittene Macht des Zusammenhangs.[419]

Mit der neuen Dominanz des ‹textilen Gewerbes›[420] nimmt, von Hesiod ausgehend über die Tragiker bis zu Platon, eine todnahe Verdüsterung der Moiren deutlich zu – obwohl bei Hesiod zunächst die Eindunklung und Todesdominanz noch ohne einen Wink mit der Schere auskommt. Aber über die deutlichste Namengebung der Spinnerin (Klotho) ließen sich, unter Vernachlässigung des geburtlichen und divinatorischen Bereichs, die Zuteilerin (Lachesis) und die Unabwendbare (Atropos) offenbar am leichtesten auf eine Spinnstube fixieren. Die imaginationshistorische Reduktion auf das Spinnerei- und Textilwesen von 700–300 v. Chr. sowie deren ahnungsreiche Aufblähung mögen durchaus ein ambivalenter männlicher Kommentar zur Erfolgsgeschichte einer eigenen weiblichen Einnahmequelle gewesen sein. Doch ist an diesem Kommentar

419 Im pseudohesiodischen «Schild des Herakles» (um 600 v. Chr.) setzt sich die Bedeutungsverstärkung der Moiren gegenüber den Keren und diejenige von Atropos gegenüber den andern Moiren fort. Diese jüngste Göttin soll jetzt die altehrwürdigste sein, sie wird in Umkehrung der Zeitabfolge, als jetzt klein, aber früher groß dargestellt. Auf dem Bild eines Schildes ist sie kleiner als Klotho und Lachesis; «nicht zählt sie zu den großen Göttinnen, aber dennoch ragt sie hervor vor den andern an Alter und Größe». (Pseudo-Hesiod: Der Schild des Herakles, in: Hal. 259) Dass sich hier sogar die Moiren selbst um einen Gefallenen streiten, wäre eine wohl selbst Hesiod kaum vorstellbare Individualisierung gewesen. – Die Stelle (258–63) könnte auch ein späterer Einschub sein.

420 Fasern, Fäden und Ähnliches eignen sich in allen Kulturen nicht nur als Aufbewahrungssubstanzen und Medien der Aufschreibsysteme, sondern sie können zuweilen selbst zeichenbildend sein – wie die «quipus» (khipus) der Inkas zur Zeit der spanischen Invasion. Vornehmlich zur Buchhaltung, doch auch zum historischen Bericht verwendet, bestand diese Schrift aus einem differenzierten System von Knotenschnüren: An einem langen Seil waren 48 sekundäre Schnüre angebracht, an die wiederum verschiedene tertiäre Bänder geknüpft waren. Vgl. Encyclopaedia Britannica, 2001, digital.

ebenso bemerkenswert, wovon er schweigt: vom Trauma der Geburt und von der Beschneidung der weiblichen Deutungskompetenz in kultisch-religiösen Schicksalsangelegenheiten.

Über dem Kampf der Geschlechter, der im Bereich der Nacht ausgetragen wurde, sollte aber nicht die paradigmatische Leistung Hesiods vergessen werden, dessen ‹Nacht› nicht nur eine Muse für den einsamen Hirten der Wörter ist, sondern die Mutter eines weitverzweigten Clans *sozialer* Kompetenz: Es geht um den Anteil am Leben, um Anteile im Leben (geras), es geht um Gesetz, Schuld, Gerechtigkeit und Strafe. Alle diese Dinge kommen aus der Nacht, aus der auch ansonsten den Menschen am nächsten stehenden Göttin. Einerseits bekommen Moral und Gerechtigkeit hier einen deutlich naturrechtlichen Zug. Andererseits werden diese Kategorien durch das Milieu der Stimmungen (Jammer), Gefühle (Liebesbegehren) und Imaginationen (Träume), in dem sie sich geschwisterlich befinden, deutlich emotionalisiert (zum Beispiel als Schuldbewusstsein) und mit nächtlicher Atmosphäre versehen. So geht es denn im Bereich der Nacht um Moral, aber das alles ist nicht etwa Hesiods moralische Idealwelt, sondern es ist eine unordentliche, vorolympische Welt, die allerdings auch nach der Zeus-Adoption nicht grundsätzlich außer Kraft gesetzt ist.

Weibliche Ränke

Dass Garn, Gewebe und Netz im weltlichen Bereich Bestandteile einer Falle sein können, nämlich weiblicher *Apate* (Täuschung) (Th. 224), welche mit *philotes*, mit ‹Umarmung›, ködert (Th. 224), das wissen auch die Larven der Freier Penelopes in der Unterwelt von Homers Odyssee. Dass Penelope ihre Freier umgarnt, also hereingelegt hat mit der Taktik des Vor und Zurück, also des zeitlichen Stillstands im Hin und Her zwischen Tag und Nacht, dokumentiert in Männergeschichten die erotische Verlängerung des Schicksalsfadens zum Zweck der Verstrickung:[421] «Trüglich zettelte sie in ihrer Kammer ein feines/übergroßes Geweb' und sprach zu unsrer Versammlung ...»[422] Die Weltgeschichte der Literatur seit den ers-

421 Auch der Faden der Ariadne führt hinein ins Labyrinth – und wieder hinaus; Theseus aber sucht das Weite.

422 Homer: Odyssee. Hg. von M. Giebel, übers. von J. H. Voß, München 1996,

ten überlieferten Texten ist voll von Verstrickungen in bestrickende weibliche Zauberfäden[423], wozu auch Spinnfäden[424] und das Haupthaar zählen. – Wer wollte all die Spinnerinnen, die mit der Zauberspindel den Prinzen am goldenen Faden zurückholen («Spindel, Weberschiffchen und Nadel» in Grimms Märchen), all die Loreleyen und Rapunzel-Esserinnen aufzählen; wer wollte die Haarphantasien in der hochfrisierten Literatur aufbinden, etwa in Flauberts «November», in dem nicht nur das Haarabschneiden auf dem Höhepunkt der Wollust (Tod im Leben) erfolgt, sondern auch die Leichenhaare im Totenacker durch die nekrophile Phantasie zur imaginären Wiederauferstehung ihrer Träger (Leben im Tod) befruchten.[425]

Das ist übrigens ein variables, aber haltbares Motiv Flauberts. In den Notizen seiner «Reise in den Orient» schläft er nach dem Vögeln, haltsuchend mit den Fingern in der Kette der Tänzerin, ein.[426] – Wie in Novembre so auch hier: die widerstreitenden Gefühle von Bindungssehnsucht (Andenken) und dem Bedürfnis nach Erlösung von dieser Kopflo-

24, 128. Spinnen und Sprache werden hier bereits zusammengeführt: Das *Hin* und *Her* webt ein Lügengespinst. – Das ‹Gespenst› der Zeitlosigkeit im Tag-Nacht-Wechsel am Stoff enträt nicht gewisser schauriger Elemente. Das Gewand, an dem Penelope arbeitet, an dem die Freier die wachsende Nähe zur Hochzeit ablesen wollen, ist ein Leichentuch für Laertes.

423 Die Ilias kennt bemerkenswerter Weise auch ein weibliches ‹Gewebe›, das der Frau dazu dient, *Abstand* von ihrem Los zu gewinnen, die Männer ins Unheil verstricken zu müssen. Die Rede ist von der webenden Helena kurz vor der Mauerschau-Szene.

424 Vgl. die Phantasien im Umkreis von Otto Weiningers «Geschlecht und Charakter» (1926) und Alfred Kubin. Eine Zeichnung von Alois Kolb, «Geschlecht und Charakter» in «Jugend» 1903 stellt eine schamvolle, weil entlarvte Frau dar, die aus der Lineatur von Fäden einer Spinne gebildet ist, die wiederum aus deren Schatten gebildet ist. B. Dijkstra: Das Böse ist eine Frau. Reinbek 1999, S. 238, kommentiert: «Und sie sind doch Schwestern!»

425 G. Flaubert: November. München 1974, S. 65 f.

426 Ich verwende den Terminus *vögeln* recht häufig, wenn nicht regelmäßig für jenen Akt, der auch *fliegen* genannt wird. Er ist zwar nur ‹übertragend›; aber besagter Akt ist doch auch ein recht weitreichender Übertragungsakt. «Das Wort Vogel [ist] in vielen Sprachen ein Äquivalent von Penis.» (Na ja) R. Borman: Der geflügelte Phallus. In: V. v. Vilsteren u. a. (Hg.): 100.000 Jahre Sex. Zwolle und Stuttgart, 2003 / 2004, S. 48 (über das *tintinabulum*)

sigkeit. (Er denkt an Judith und Holofernes.)[427] – Zum Haar als Metonym der Nacht sei hier nur noch auf Poes Erzählung ‹Ligeia› und Baudelaires «Eine halbe Welt in einem Haar» verwiesen.[428]

Es reicht nicht, die Nachbarschaft von Liebe und Trug unter der Nacht mit dem Umstand zu erklären, dass tatsächlich in der realen Nacht beides häufig geschehe, dass aber nicht alles Nächtige bei Hesiod negativ sei.[429] Denn in der Tat ist gerade dieser Kontext hier ‹negativ›, indem die Nacht in derselben Zeile unheilschwanger (Th. 224) genannt wird. Vielleicht ist die Bedeutung von *philotes* zu deutlich positiv gewesen. Aber die Liebe ist hier verzwirnt mit dem Trug, und die positive Bedeutung zu sehr verkettet mit der negativen. Es ist nicht irgendeine Nacht, sondern der Mantel der Nacht, Gespinst der Nacht, das diese so gefährlich, weil anheimelnd macht. Das Netzwerk wäre nicht so gefährlich, wenn es nicht auch Geborgenheit verspräche. Hinter der Verführerin: die Mutter, hinter der *femme fatale*: die Schicksalsfrau, die *Moira*.[430]

Hinter der Moira aber steht nicht nur irgendeine ausgedachte Götterlehre, sondern das wirkliche Schicksal der archaischen Menschen, ihr Triebschicksal, das Schicksal ihrer schuldhaften ‹Verstrickungen›, das ihnen nachts gegenübertritt: im Traum. In seiner ethnopsychoanalytischen Untersuchung «Träume in der griechischen Tragödie» behandelt Georges Devereux den berühmten Traum der Klytaimestra in der frühesten schriftlichen Fassung bei Stesichoros (etwa 600 v. Chr.): Klytaimestra «träumte, dass eine Schlange mit blutigem Haupt käme und dass aus ihm [dem Haupt] ein Pleisthenidischer König [Orest] erschiene»[431].

427 G. Flaubert: Reise in den Orient. Frankfurt 1985, S. 100.

428 Ch. Baudelaire: Le Spleen de Paris. In : Ders. Sämtl. Werke / Briefe Bd. 8. München 1992, S. 171.

429 Die nächtlichen, benachbarten Tatsachen erinnert W. Marg in seinen Erläuterungen zur Theogonie (Marg, S. 138) dabei an Fränkels Verdikt von der Nächtigkeit des Negativen, aber nur partiellen Negativität des Nächtigen denkend.

430 Vgl. ähnlich: C. Paglia: Die Masken der Sexualität. München 1992, S. 27.

431 G. Devereux (*1908): Träume in der griechischen Tragödie. Frankfurt 1985, S. 288. Er übersetzt hier ein Stesichoros-Zitat Plutarchs. Des Weiteren wird Devereux zitiert durch Seitenangabe im Haupttext. – Das entsprechende Stesichoros-Fragment aus einer verloren gegangenen «Orestie» des sizilianischen Chormeisters (= ‹stesi-choros›) wartet in der Übersetzung von D. Ebener: Griechische Lyrik in einem Band. Berlin und Weimar ²1980, S. 85, allerdings mit einem *Drachen* auf.

Die Schlange, «eine chthonische Kreatur, die den zornigen Toten repräsentiert» (291), ist Agamemnon, dessen Haupt vom Axthieb gespalten ist. Sie ist aber auch das «Geschlecht» des Agamemnon (S. 293), aus dessen Eichel als seinem Haupt der Vatersohn geboren wird. Schon in der Antike ist der Traum der Klytaimestra mit dem Geschlechtsleben der Vipern assoziiert worden, demzufolge der sexuelle Kannibalismus des Weibchens, das dem Männchen bei der Begattung den Kopf abbeißt, gerächt werde durch die Schlangenkinder, die der (lebend gebärenden) Viper bei der Geburt den Bauch aufreißen (S. 296). Die sexuellen und Tötungsphantasien – Devereux spricht bei Stesichoros, Aischylos und Sophokles von erotisierter Angst (S. 295) – mit Schlangen sind Legion.[432]

Sie entsprechen aber vorgestellter Realität in tradierten Mythen über das Leben der Schlangen. Diese Vorstellung trifft nicht die Realität; aber «menschliche *Phantasien* über sexuelles Verhalten [finden] gewöhnlich eine Entsprechung in einem *tatsächlichen* Verhalten bei anderen Spezies, wie den Insekten» (S. 297). Die Schlange ist in ihrer äußeren Ähnlichkeit mit dem männlichen ‹Schwanz› die Trägerin der Übertragung. Was sie *erträgt*, ist Spinnenzeug. Den Traum hat Klytaimestra, nachdem sie ihren Mann auf Spinnenart getötet hat; mit einem Netz hat sie ihn zuvor bewegungsunfähig gemacht.[433] Nicht nur in der Rache für die Ermordung ihrer Tochter Iphigenie, sondern auch mit ihrem Kennzeichen des Netzes repräsentiert Klytaimestra die bei Aischylos mutterrechtlichen Erinyen[434], die bei ihm Töchter der Nacht sind, welch letztere wiederum bei ihm mächtig ist durch ihr dicht deckendes Netz (Agamemnon Vers 358), das «gewaltige Knechtschaftsgarn allfangenden Unheils» (Agamemnon Vers 360).

Besitz und Herrschaft zeigen sich aber nicht nur in der bedenkenlo-

432 Der verbreitete Glaube an die Wiederkehr der Toten in Gestalt von Schlangen mag genährt worden sein durch Beobachtung von Schlangen auf Gräbern, die sich von den Opferspeiseresten ernährten. (Burkert: Religion, S. 300)

433 Aischylos: Agamemnon Verse 1115 und 1126. In: Ders.: Tragödien, S. 34 und 35.

434 Devereux weist auf die Spiegelflucht im Verhältnis zwischen Erinyen und Klytaimestra hin: «Wenn Klytaimestras Geist nicht […] in den Traum der Erinyen eingedrungen wäre, wären die Erinyen inaktiv geblieben, da Apollon sie in Schlaf versenkt hatte. Wenn die Erinyen nicht von Klytaimestras Geist geträumt hätten, wäre *ihr* (Klytaimestras) Geist unwirksam geblieben. Der Traum der Erinyen von Klytaimestra befähigt sie (Klytaimestra), ‹aktiv› zu existieren.» (Träume, S. 269)

sen Ausübung nackter Gewalt, sondern auch in der Beugung des anderen Willens durch Verführung (wenn dies auch oft nur eine obsessive Vorstellung der physisch oder politisch Herrschenden gewesen sein mag). Die weibliche Insinuation zeigt die Schlange im Dienste des Lebensfadens. Die Schlange ist ein Stück Lebensfaden und zugleich der Phallus.[435] Oder sie steht im Widerspruch dazu, wie der umgarnte Agamemnon, der als Schlange im Traum wiederkehrt. Aber in vielen alten Riten und Mythen scheint die Schlange eher der Frau zu gehören. In der geheimnisvollen *kiste* (Korb) der Athena, die zwei Mädchen am Fest der Arrhephoria in die Unterwelt bringen müssen, befinden sich (oder befanden sich zumindest im zugrundegelegten Mythos) ein Knäuel Wolle und eine Schlange.[436] Wohin gehen sie? Sie «gehen von der Akropolis stracks zum Bezirk von Eros und Aphrodite»[437] – Schwamm drüber. Wie weit ist die Nacht? Schwer zu sagen; aber klar ist: Frauen haben ein Netz, und die Nacht hat eins. (Was allerdings mit den jungfräulichen Hüterinnen der Schlangen bei den Arrhephoria geschah, dafür hatten die Athener keine Worte.)

Neben Hochzeit, Tod und Geburt spinnt auch die ‹weibliche Ränke› vornehmlich in der Nacht ihr Garn.[438] Ist es nur das männliche Phantasma, das die Ambivalenz zur Nacht und zur Frau zusammenschiebt? Die Angst des Mannes, durch den Geschlechtsakt wieder zum kleinen Sohn zu werden, wie Camille Paglia schreibt[439], kann ja noch mannhaft geleugnet werden. Dass der Mann, schließlich in der Nacht wieder klein geworden, häufig den postkoitalen Einflüsterungen seiner Bettgenossin unterliegt, ist geschichtsnotorische weibliche Ränke – behaupten die Männer.[440] (Dass auch die

435 Im deutschen Märchen «Die hamelschen Kinder, oder das Mährchen vom Ritter St. Georg» (B. Naubert: Volksmährchen der Deutschen. Bd. 2, Leipzig 1840, S. 117) müssen sich Feen dreimal jährlich in Schlangen verwandeln.

436 Vgl. Burkert: Religion, S. 348.

437 Ebd., S. 337 f.

438 Vgl. die Beispiele im deutschen Märchen: «Rumpelstielzchen». Selbst, wenn nicht ausgesprochen Nacht herrscht, ist Verborgenheit vonnöten, wie in «Die drei Spinnerinnen.» Versuche des Mannes, die Frau zum Spinnen anzuhalten, ja ihr dabei behilflich zu sein, werden «garstig» von der faulen, aber listigen Spinnerin abgewickelt: «Die faule Spinnerin». – Alle Märchenbeispiele in: Grimm: Märchen.

439 Paglia: Masken, S. 44.

440 Vgl. J. Michelet: Die Frauen der Revolution. Frankfurt 1984, S. 106–108.

männlichen Schößlinge der Mutter, seit sie abgeschnitten sind, zur Ränke neigen, wollen sie nicht wahrhaben.) – Natürlich spann auch schon Homer Seemanns*garn*. Zu glauben, dass Seemanns-Listen gutartiger seien, bedarf der Voraussetzung, dass die Beute, die ihnen ins Netz ging, nicht ihresgleichen war: Frauen. Der Sagenstoff der Abenteuerfahrt der Argonauten, älter als einige Stoffe der Ilias,[441] handelte von einer Eroberungsfahrt zum Ungesponnenen, zum Goldenen Vlies, mit Iason, dem Unwiderstehlichen,[442] vorneweg. Bereits ihr erstes Abenteuer war die komplette Befruchtung der Insel Lemnos – das heißt ihrer rein weiblichen Bewohnerinnen.

Der bis in die Moderne gezogene Faden scheint dünn und der Haufen Werg klein; doch es zieht sich durch alle ältesten Werke ein Hinweis auf die paradigmatische Bedeutung von Faden, Garn und Spinnen. Um noch die nachhesiodische Lyrik zu bedenken, sei Ibykos erwähnt, den Eros «mit vielgestaltigen Verführungen der Liebe» «ins unentwirrbare Netz» (diktyon) wirft.[443] Bei Hesiod ist die erotische Zugkraft des Garns (noch) nicht so wichtig wie dessen Verbindung zwischen Tod und Geburt (wozu die notwendige Täuschung über den Sinn der Sexualität beiträgt). Doch ist Hesiod andererseits, nach unvollständigen Vorformen Anderer wie Helena, Penelope, Ariadne und Medusa, an anderer Stelle der «Theogonie» der wahrscheinliche Erfinder einer veritablen *femme fatale* (von lat. *fatum*): der Pandora (das heißt *alle Gaben*). (Th. 513, 570)[444] Aus Rache am Gott Prometheus, der ihn zweimal zugunsten seiner menschlichen Schützlinge hintergangen hat, und damit es den Menschen wieder hinreichend viel schlechter geht als den Göttern, schafft der eigentlich als Schmied bekannte Hephaistos auf Geheiß des Zeus auf der sich drehenden Töpferscheibe die erste Menschenfrau, ein Übel, über das die Menschen sich

441 Die ausführlichste Fassung ist zwar erst durch die «Argonautika» des Apollonios Rhodios aus dem 3. Jahrhundert v. Chr. überliefert, doch zumindest Teile der Sage müssen dem Iliasdichter schon bekannt sein (Il. 7,468).

442 Vgl. zu dieser Einschätzung Recl. Lex., S. 76.

443 Fragment von Ibykos übersetzt von/in E. Peterich: Fragmente frühgriechischer Lyrik. Zürich 1948, S. 37. Vgl. heutzutage: Joseph LeDoux: Das Netz der Gefühle. München 2001.

444 In der «Werke und Tage»-Fassung des Pandora-Mythos erklärt Hesiod den Namen Pandora aber so: «Denn die im Olymp die Paläste bewohnen, hatten sie alle beschenkt – zum Leid für die schaffenden Menschen.» (WuT. Hal. 81) Wirkungsgeschichte: A.-B. Renger und I. Musäus (Hg.): Mythos Pandora. Leipzig 2002.

auch noch freuen sollen, und das sie liebkosen. (WuT. 57) Viele olympischen Götter sind an dieser ‹Machination›, dieser *Ränkeschmiede*, beteiligt. Auffällig ist das Trio Athene, Aphrodite und Hermes in «Werke und Tage» (63), die Pandora den Faden, die Schönheit, die List vermachen.[445] Aber ist diese Mutter des gesamten weiblichen Geschlechts (Th. 590) überhaupt ein Mensch? Interessanterweise setzt die deutlicher aus der Götterperspektive gesungene «Theogonie» hier andere Akzente als das eher säkulare und prosaische «Werke und Tage». Die «Theogonie» hebt das Trugbild (*eidon dolon*) hervor, «den Menschen ein Rätsel» (Hal. 589); während in «Werke und Tage» Pandora von Aphrodite mit leibhaftigen Gefühlen ausgestattet zu werden scheint (WuT. Hal. 65):

> Und Aphrodite, die goldne, umwand das Haupt ihr mit Anmut,
> schmerzbereitendem Sehnen und gliederverzehrendem Kummer.

Doch das ist kein starkes Argument gegen ihre trügerische Künstlichkeit; denn Hephaistos war nach Homer sogar in der Lage, goldene Mädchen mit Bewusstsein (noos) zu bauen (Il. 18, 419). – Ihr eigentlich moirisches Attribut ist aber der ihr von Zeus mitgegebene Krug, in dem alle Übel der Menschheit verborgen sind. Die Frau streute alles heraus, mit Ausnahme der *Hoffnung* (WuT. 95). (Hal.: *Erwartung*), und seitdem suchen sich alle Übel der Menschheit selbsttätig ihre Opfer. Vielleicht kann man sich so besser gegen sie zu schützen lernen, als wenn sie in der Verfügung jähzorniger Götter wären, wie Fränkel denkt[446]; doch bleibt im Hintergrund der Grund für die schlimme Lage: die Mißgunst der ‹Seligen›. Deutlich ist die Anspielung auf die zwei Töpfe des Zeus in der Ilias (24, 527). Pandora ist eine niedere Form der Moira, die im Auftrag von Zeus das Leid der Menschen vergrößern soll, das Prometheus den Menschen zweimal erleichtert hat. Sie ist listig, schön, und ihre Gaben sind übel. Selbst die launige Idee, die ‹*Hoffnung*› im Innern des Gefäßes verbleiben zu lassen, nämlich «drinnen unter den Lippen des Kruges» (WuT., v. Sch. 97) erscheint als Paraphrase der sarkastischen Invektive Apollons über die Gabe der *Geduld*

445 Hermes musste auf Geheiß des Zeus «falsche Art und hündisches Trachten» dreingeben (Hal. 67). Die hündische Art taucht auch in der Ilias als Selbstbezichtigung der Helena auf.

446 Fränkel, S. 130.

bei den Menschen. – Aber die ‹Büchse der Pandora› kommt doch in der «Theogonie» noch gar nicht vor! – Das ist richtig, jedoch hat Hesiod in «Werke und Tage» lediglich ein zweites Fass aufgemacht, das nachdrücklich darauf hinweisen soll, was schon im ersten ‹Fass›, der Urfrau, einem Fass ohne Boden[447], enthalten war. Die vom äußeren schönen Schein genährte Hoffnung, dass in ihrem dunkel-rätselhaften Innern wenigstens ein guter Kern sei (weil sie Göttergabe ist), lässt den Mann geduldig immer wieder in/auf diesen ‹Krug› hinein/hereinfallen. Denn auch Pandora ist nur ein Krug, auf der Töpferscheibe gedreht. Hat Hesiod bei den zwei Krügen der Pandora an die zwei ‹Büchsen› des Zeus gedacht, oder Homer an Pandora? In der «Theogonie» steht: Zeus hat den sterblichen Männern die Frauen als Übel gegeben, «einzig verschworen zu schlimmer Untat» (Hal. 600). Doch später (Hal. 608) kommt ziemlich unvermittelt:

> ... wer gar ein treffliches Weib mit rechter Gesinnung erhalten,
> dem hält immer und stets auch nur mit dem Übel das Gute
> Waage. Doch wer an die böse Sorte von Weibern geraten,
> lebt mit unbezähmbarem Schmerz im Sinne, im Herzen
> und in der Brust; und dieses Übel ist niemals zu heilen.

Das ist eine deutliche Reminiszenz an die bestenfalls ‹ausgewogene› Mischung guter und böser Gaben bei Zeus in der Ilias (24, 529). Für diese Andeutung der zwei Schicksalstöpfe des Zeus nimmt Hesiod den Widerspruch mit der Behauptung in Kauf, die Frauen seien «einzig verschworen zu schlimmer Untat» (Hal. 600). Der deutlichste Hinweis auf den Zusammenhang der Femme fatale mit der Moira ist ein struktureller. Die ausweglose Lage des Mannes besteht darin, dass, wenn er keine Frau nimmt, er im traurigen Alter nicht gepflegt wird und für fremde Erben gearbeitet haben wird (Th. 604–607). Die Reihenfolge der Denkbewegung: Pandora – Täuschung – Liebe – Alter ist ziemlich ähnlich der von Moira – Apate – Philotes – Geras aus dem Nachtkinderkatalog. Im letzteren ist zwischen Moiren/Keren und Apate noch Nemesis angesiedelt, das «Übelnehmen»[448],

447 Muss noch eigens darauf hingewiesen werden, dass die ganze Verbitterung über parasitäre Weiblichkeit beim knapp kalkulierenden Bauern vornehmlich daher rührt, dass er dachte, die Frau geschenkt zu bekommen?

448 Vgl. Burkert, Religion, S. 287.

das durch die Nennung der gemeinsamen Mutter, der «unheilschwangeren» Nacht (v. Sch. 224) mit Betrug und Umarmung verbunden wird; das trifft sich gut. Viel Liebe und Sorgfalt verwenden die olympischen Götter auf die Herstellung ihres ersten Kunstwerks, dessen Aufgabe es ist, die unheilschwangere *innere* Nacht zu verbergen, die ihrer Rache dienen soll. Ob sich dahinter ein weitreichendes archaisches Kunstparadigma erstreckt – Bildkunst mit Nachteinschluss als ‹Nachtbild› –, muss in einem folgenden Band der «Nachtästhetik» erörtert werden. Hier sollte zunächst der erotische Strang der Moiren an der moira-ähnlichen *femme fatale* ausgezogen werden. Da letztlich alle Frauen nach dieser Konstruktion Kunstwerke und Schicksalsfrauen sind, wird das Verhältnis zwischen Mann und Frau eindeutig im konkurrenzhaften Beziehungsdreieck mit den Göttern definiert. Die Göttergabe ist so listig, wie es auch die Gabe *an* die Götter ist (siehe das gleißnerische Opfer des Prometheus, das außen vor Fett glänzte und innen nur Knochen enthielt).

Im Abschnitt «Die göttliche Macht der Nacht» (Kap. A 3) habe ich die Liste der 15 Nyx-Kinder durchnumeriert. Die Femme fatale *Pandora* lässt sich durchaus den Kindern 12–14, Apate, Philotes, Geras zuordnen. Doch obwohl darüber deutlich wird, wie nächtlich das Feld um Pandora ist, geht andererseits die Bedeutung von geschlechtlicher Liebe (13) und Täuschung (12) nicht in der Allegorie der üblen Büchse auf. Sowohl ist die Täuschung, die auch ein Göttermittel ist, fruchtbar für die Fruchtbarkeit der Liebe, als auch ist die Liebe in einem viel schicksalhafteren Sinn eine Täuschung. 13 (Liebe) ist 12 (Täuschung) wegen 14 (Alter), denn 14 kommt eins, zwei, drei. Die Liebe ist kein Betrug der Frau, sondern der topfhaltenden Götter. Ihr gottgewolltes Kunstwerk lässt die Sterblichen ihre Sterblichkeit über der Gabengemeinschaft vergessen. Es ist zweifelhaft, ob dieses Vergessen ein Übel ist. Im übrigen aber muss der Blick noch einmal von der inneren Nacht in den Krügen zum Garn zurückgelenkt werden. Innerhalb der Nachtkinderschar ist der erotische Strang einer zunächst innerleiblichen (Nr. 1–7), dann familial-sozialen Ordnung (Nr. 9–14) untergeordnet.

Deutlich hat Hesiod versucht, das zerrissene Band zwischen Kindschaft und Mutterschaft als dramatische Ausgangslage für die Aporien des sozialen Zusammenlebens darzustellen und wieder zu verknüpfen: Die gesamte postchaotische Ordnung der Nacht ist eine infantile Unordnung nach dem Fall aus dem gähnenden Loch, zu dem es ex post wird. Kein

Blick in den Nachthimmel gewährt hier Raum (außer der sehr schwachen Andeutung des hesperidischen Abendlichts im Herzen der Nacht-Attribute). Eine dunkle leibliche Unruhe ist verstrickt in sich und andere Leiber: beim *Tadel* (Momos) und unter *Schmerzen* (Th. 214) im *Traum*, in *Umarmung* (Philotes), *Händel* (Eris), *Intrige* (Apate) und in der *Altersschwäche* (Geras): notdürftige Beziehungen von abgeschnittenen Fäden, die sich aneinander halten.[449] Kein freier Raum für ausschreitende individuelle Tatkraft, keine leibferne soziale Einrichtung (wie sie im zweiten Teil des Nachtkinder-Kanons zu erwarten gewesen wäre). An der durch ihre Endstellung und eigenen Nachwuchs hervorgehobenen *Eris* (225) fällt die Betonung der Rechtlosigkeit auf, die schlimmer als das Gemetzel ist. Diese Symbolisierungen der Rechtlosigkeit betonen wiederum Verdunkelungsmanöver: Lüge (229), Rechtsübertretung (230) Meineid. (232) Auch hier ist *Verblendung*, Ate (v. Sch. 230), immer in der Nähe, die Schwester von *Rechtsübertretung*. Man sollte bei Ate, der älteren Göttin des Betrugs und der Betörung[450], älter als Apate, immer an jene technische Verdunkelung denken, die durch Überdecken entsteht.

Über und vor der verdunkelten Absicht ist es der betörend gewand(e)te Schein, dem in einem starken Bild Homers die runzligen Bittgänger der «Reue» schieläugig und hinkend auf dem Fuße folgen. (Il. 9, 502) Während im Fortgang des Hesiod-Textes Ate auf Apate rekurriert, aus der Sicht der Betörten, verweist Eris mit ihren Rechtsmängeln als Übeln auf Nemesis zurück. Ist Nemesis wirklich nur die Vergeltung für einzelne Straftaten? Ist sie nicht vielmehr durch das Band der hesiodischen Rede verbunden mit der moirischen Ordnung von Tod und Geburt?[451] Was «nimmt» die «unheilschwangere» Nemesis denn im Einzelnen «übel»? Dass *man* geboren ist, ein

449 Erst nach der Machtfestigung des Zeus können die Moiren als Teil der Rechtsordnung unter Themis neu entstehen. Auch an diesem Detail zeigt sich die Idee der Theogonie als Idee der ‹Entwicklung› (!) von Ordnung, was im Nachhinein die Nacht als einen instabilen Übergang zwischen Chaos und Ordnung erscheinen lässt.

450 In der Ilias ist sie eine Tochter des Zeus und verblendet selbst ihn. (Il. 19, 91).

451 Mythische Parallelen zu den Erinyen der Blutrache und zur Demeter Erinys, die sich übelnehmend zurückzieht nach ihrer Vergewaltigung von Zeus – und unheilschwanger, nämlich mit Helena, sind bei Burkert: Religion, S. 287, nachzulesen.

Einzelner gegenüber dem ausgewogenen Gewicht des Geschicks? Bis zum bitteren Ende, bis zur Andeutung eigenen Unrechts durch seinen rechtsbeugenden Bruder, ist für Hesiod das Verhängnis der Nachtkinder ein Verhängnis des Zusammenhangs der Fäden, die moirische Ordnung von Geburten. Die Symbolisierung all der Leiden hat später auf die falsche Fährte gelockt, es ginge um Prinzipien, um Abstraktionen mithin, durch die sich Hesiod aus der mythologischen Vernetzung befreien wollte. Obwohl die nachhesiodischen Weisheitslehren und die vorsokratische Philosophie unleugbar Hilfe für ihre Ordnungsarbeiten aus Hesiod bezogen haben, ist meines Erachtens für ihn selbst etwas anderes viel wichtiger: eine Aufwertung der menschlichen Perspektive, der subjektiven Erlebenslage durch ihre Theogonisierung.[452] Gegebenheiten des Lebens von Schicksal bis Alter, von Traum bis Trug, die alle Menschen betreffen, aber jeden verschieden, werden kategorisiert, vergöttlicht und in Geschichten verstrickt.

Der am stärksten gesponnene Faden, stärker als der rote Faden der Geschlechter in der Wäsche, ist zweifellos das Garn der Erzählung selbst, sei es das Seemannsgarn eines listenreichen Odysseus, darin ganz der Liebling der Webkunstgöttin Athena und seiner Frau Penelope, die im Haus die Fäden in der Hand behält[453], oder das rhapsodische Aufzählen der Linie der Geschlechter, des Fadens der Helden durch die Geschichte. Schon die Imponierrede der Helden in der Ilias vor dem Zweikampf selbst, besonders die lähmend lange Aufzählung der Vorfahren, spinnt ein Garn, das im nächsten Hexameter schon reißen kann. Jenseits eines psychologischen Motivs des (schwachen) Muttersöhnchens, «spinnend» der Gemeinschaft von Kriegern sich einzubinden[454]: Ohne die Sänger des Ruhms wäre der-

452 Was wird er damit machen? Er wird es in ein Weltbild fügen, das aus einem Abstand betrachtet werden kann.

453 J. Winkler zeigt in «Der gefesselte Eros», Marburg 1994, wie sehr Homer die Listen des Odysseus metaphorisch an die Webkunst und andererseits die Webarbeit Penelopes an die Klugheit des Odysseus heranführt, wie sehr aber beides verknüpft wird durch die List des Homerischen ‹Textils›. Nicht nur ist nämlich auch Penelope «als eine Figur des Dichters» zu betrachten (S. 226). Sondern Winkler zeigt ebenso, wie die Leser der ‹Erkennungsszene› von Homer in die Falle aus List und Gegenlist gelockt werden und durch überraschende Volten aus ihrer ‹Befangenheit› für Odysseus und gegen Penelope befreit werden (S. 229).

454 Vgl. H. Blumenberg: Hypothese über die Genese des paläolithischen Künstlers. In: Ders.: Höhlenausgänge. Frankfurt 1989, S. 30ff.

selbe ein Furz im Winde; ohne die ständige Wiederholung der ewigen Litaneien, wer wann wen mit wem hervorgebracht habe und was daraus folgte, wäre die historische Identität der vorliteralen Kulturen rasch kollabiert. Über diese Funktion verbindet der ‹Spinner› und Sänger Musen und Moiren. Hesiod nutzt die gesellschaftlich notwendige Technik der genealogischen Aufzählung als Faden der Göttergeschichte. Dabei sind die Kinder der Nacht auf besondere Weise mit unserm Innern verknüpft: anteilsmäßig, versponnen und unabwendbar. Geben die Kinder der Nacht eine gewisse Mittelstellung zwischen Mensch und Gott an, so regeln die Moiren im Besonderen, auf welche Weise die Gaben der Nacht ausgeteilt und zugleich erhalten werden.

Atropos, die Neue

Hundert Jahre nach Hesiod ist die Hesiodische Kopfgeburt der ‹Nicht-Drehbaren› derartig wichtig geworden, dass sie auf dem fiktiven Schild-Bild des Herakles, obschon kleiner, das heißt jünger als Klotho und Lachesis, als ehrwürdiger und deshalb älter dargestellt ist.[455] Sie ist die Alte mit der Schere. Was Atropos repräsentierte, kann gleichwohl seit altersher im Moiren-Kult seine praktischen Wurzeln gehabt haben. Aber die Differenzierung im Rang zeigt eine historische Entwicklung in den Vorstellungen der archaischen Griechen über das Schicksal, wohnhaft im Haus der Nacht.

Neu ist die Personifikation zu Atropos, aber darin verborgen wohl *auch* die überkommene Arbeit der Hebammen, den *realen* Lebensfaden, die *Nabelschnur*, abzuschneiden und so das ‹Individuum›, das ‹abgeteilte› Leben erst freizusetzen. Erst Hesiod hat überhaupt das aus dem Dunkel der Nacht hervorgehende Schicksal als die drei Schneiderinnen und Schnitterinnen *personifiziert*. Es ist zwar nicht sicher, ob er schon an eine Schere gedacht hat. Aber gegen eine einseitige Fixierung der Moiren auf den textilen Bereich bei Hesiod spricht gerade die neue Abstraktheit des Namens Atropos. Aischylos scheint dann endgültig alles auf die Metaphorik von Faden und Stoff übertragen – und dadurch vergessen gemacht zu haben, dass der Faden auch eine Metapher der Nabelschnur ist. Atropos ist die, «die nicht zu-

455 Pseudo-Hesiod: Der Schild des Herakles. Vers 258 f.

rückgewendet, deren Faden nicht ungesponnen gemacht werden kann»[456]. Das Abschneiden vom Gattungsleben setzt den individuellen Lebenslauf in Gang, eine unumkehrbare Sukzession, auf der sich die Bio‹graphie› des Einzelnen einschreibt. Dass der ganze nachgeburtliche und kindliche Bereich in der Folgezeit ‹übersät› ist mit der Symbolik von Faden und Werg, ist kaum zu übersehen. Während das dunkle Loch, aus dem eine Totgeburt herausgeholt wurde, mit Werg, mit ungesponnener Wolle gestopft wurde[457], wurden die Säuglinge bis zu den Fingerspitzen lückenlos mit drei bis fünf Finger breiten Binden in mehreren Schichten äußerst sorgfältig eingewickelt. Eine Wiederholung der Spinnbewegung aus Drehen und Ziehen, die für die ‹*Ent*wicklung› als heilsam angesehen wurde.[458]

Thomson jedoch kann sich nur schwer vorstellen, wie die *Un*umkehrbarkeit zum Spinnen passt; er vergisst nämlich den ‹Zug der Zeit› (die ziehende Bewegung) und den Schnitt. Immerhin schlägt er eine Neudeutung der Vorsilbe *a* in *atropos* vor: als Verstärkung statt als Verneinung der Umwendung, Drehung. So kommt er auf die ununterbrochene Drehbewegung der Spindel, auf die der Faden sich aufspult. Atropos als Personifizierung der Spindel.[459] – Aber die Spindel bekommt ihren Drehimpuls über die Drehung des Fadens selbst, verstärkt und verstetigt über die Spinnwirtel.[460] Immerhin rührt er mit dieser Überlegung an das Geheimnis vom *Gegensinn* zentraler Gesten und Worte. Man sehe sich nur die einwickelnde Entwicklungshilfe am Kleinkind an.

Schöpferin der Binden bildenden Fäden ist indessen die fingerflinke Spinnerin (und eventuell Ent-Binderin). Sie inspiriert den Text-Hersteller Hesiod zu den übertragenen Textilarbeiterinnen des Schicksals. Drehen sie zu schnell, mindern Schlingen und Knoten die Qualität des Garns. Drehen sie zu wenig, droht der Faden am Gewicht der Spindel zu zerrei-

456 Das ist die interpretierende Übersetzung von G. Thomson aus Aischylos: Die Eumeniden, 334 ff., in: Thomson: Frühgeschichte, S. 279.

457 Vgl. Celsus über Embryotomie in: Schubert und Huttner: Frauenmedizin, S. 381.

458 Siehe Dierichs: Von der Götter Geburt, S. 94 (über Soranos).

459 G. Thomson, S. 280.

460 Siehe hierzu Gerburg Treusch-Dieter: Die Spindel der Notwendigkeit. In: Ästhetik und Kommunikation, Heft 47 (1982), S. 57–71. Ihr Aufsatz geht von der Interpretation des «Staat» von Platon aus.

ßen, der Faden wird wieder ungesponnen. Selbst hier droht die Umkehr der Zeit, welche die Moira in der Hand hält. Der Tod des Einzelnen könnte als Umkehr zum Ungeborensein aufgefasst werden. (Werg liegt am mütterlichen Ausgang der Totgeburt.) Der *abgerissene*, schon gesponnene Faden, wird zwar nicht wieder zu Werg; aber die Moira, ehrliche Spinnerin, kümmert sich ursprünglich eher um den Gattungs-‹Zusammenhang›. Mit Atropos verlagert sich die Aufmerksamkeit dramatisch auf das einzelne abgeschnittene Schicksal. Schon die Entbindung definiert auch die Länge des übertragenen Fadens, der beim Tod nicht mehr abgeschnitten werden muss, sondern, wie vorherbestimmt, endet. Von der Idee des dunklen Schicksals her ist ‹die Unabwendbare› zwar zunächst ein Attribut des sich unerbittlich fortsetzenden Schuldzusammenhangs der Vorfahren, zugleich kommt aber mit dem Gedanken der *Un*umkehrbarkeit die *gedankliche* Reversibilität der Zeit ebenso unerbittlich ins Spiel. Diese ermöglicht das Neue, Individuelle.

Der zeitliche Aspekt steht bei Hesiod eindeutig im Vordergrund. Während die *böse* Determination des neuen Menschen bei der Geburt noch verstärkt wird durch den engen Zusammenhang mit den Keren und den (recht retrospektiven) Gedanken der Rache an der Wiege (Th. 217), sind die guten Gaben anscheinend individuelle Startgeschenke; jedenfalls wird zu ihrer Begründung keineswegs auf irgendeinen Ahnen-Verdienst hingewiesen. Sukzession, Innovation und selbst die Idee des unveränderlichen Laufs der Zeit bedürfen der Denkbarkeit der Zeitumkehrung. Und es ist wahrscheinlich, dass die Atmosphäre der Nacht und die Vorstellung vom aus dem Dunkel auftauchenden Leben (Geburt) die Vorstellung oszillativer Zeit gefördert hat. Die Nacht als Zeit des Kommens und Gehens, Entstehens und Vergehens ist schließlich auch durch die unterweltliche Nacht, wo Nyx ihr Haus hat, ausgedrückt, weil es da einen Rand gibt, an dem Kommen und Gehen eins sind (Th. 807) Auf dieser oszillativen und vielleicht zyklischen Basis baut die Idee des abschnitthaften Individuellen – und bei Hesiod auch der individuellen Schuld – auf.

Dieser Aspekt der Atropos hat bei den Nachfahren allerdings kaum Gegenliebe gefunden. Sie haben über Platon, das Mittelalter bis zur Newtonschen Himmelsmechanik die mechanische Einförmigkeit der Atropos eher in Richtung Statik interpretiert. Nikolaus von Kues zum Beispiel, der noch die Moiren im Himmelsraum wirken sieht, identifiziert das Prinzip der Atropos mit einer sehr starren Himmelsmechanik: «Sie nannten sie *atropos*, gleichsam das Bewegungslose, weil sie glaubten, der Eine Himmelsraum habe eine einfache Bewegung von Ost nach West.»[461]

Aber die Drehung enthält selbst immer schon ein Moment von Wende, Wiederkehr und Erneuerung. Als rituelle Geste ist sie deshalb in unübersehbarer Vielfalt mit nächtlichen Handlungen und Erfahrungen verbunden gewesen. Ob hier die Nachtfahrt der Sonne, der Gang durchs Labyrinth, der Drehtanz oder das Spinnrad genannt werden: Verborgen darin ein geheimes Widerlager der Negation und Erneuerung. Dass jeder ‹Dreh› eine Not-Wende zu erfinden erleichtert, die Abwendung von Unheil, die Umkehr eines Laufs, wissen die listigen Handwerker seit langem, die mit Dreh zu tun haben: Spinnerinnen etwa und Töpfer. Und die Spinnerinnen arbeiten, besonders in Märchen, nachts. Als Dornröschens Spinnrad stehen bleibt, bleibt die Zeit stehen.

Neben dem Spinn-, Geburts- und Kinderpflegebereich, wo Fäden und Kinder gewickelt und ‹entwickelt› werden, übten die Moiren ursprünglich einen weiteren Beruf aus, der in der Namensbedeutung von *Atropos* angedeutet ist. Denn das ‹Unabwendbare› ist das Voraussagbare; die Moiren waren Wahrsagerinnen. Fast schweigt Hesiod über diese Aufgabe; aber die prominente Interpolation der Keren (Th. 217) sorgt für eine deutliche Erinnerung an die Todeslose der Ilias. Die Prophezeiung der Zukunft hat nur eine völlig andere Perspektive, da die Moiren, poetisch fest im Griff von Keren und Nemesis, aus der vorherbestimmenden Vergangenheit auf die Zukunft schauen und nicht aus der Perspektive des Orakelsuchenden oder musisch Inspirierten. Die moirische Zukunft verspricht nichts Neues. Denn die Nacht gebar (v. Sch. 217)

> die Moiren und Keren, die grausamen Rächer, [...]
> die aller Vergehen Spur von Menschen und Göttern verfolgen,
> von ihrer göttlichen Wut, der entsetzlichen, nimmermehr lassen,
> bis ihr böser Blick den Verbrecher vernichtend getroffen.

461 Nicolaus von Kues: Von der Wissenschaft des Nichtwissens. 10. Kapitel: Vom Geiste des Universums. In: Digitale Bibliothek, Bd. 2: Philosophie von Platon bis Nietzsche. Berlin [3]2004, S. 9095.

Der Fluch des Zusammenhangs erleichtert jede Prognose. Dass Hesiod weitergehende Spekulationen nicht bedienen wollte, kann an zwei Haltungen liegen: an seiner Wertschätzung des Rechts und an seiner Musengefolgschaft. Beides widerspricht einem fortunamäßig ausgebauten Glücksrad, das zu befragen wäre. Schließlich verkünden doch auch die Musen, was war und sein wird, und ihr Gedächtnis wird so dauerhaft sein, wie das der Moiren unnachsichtig ist. Die ähnliche Zeit-Kompetenz der nachts auftauchenden Musen und der nachtgeborenen Moiren ist auffällig. Beider Verständnis über das Nicht-Jetzt der Vergangenheit und das Nicht-Jetzt der Zukunft basieren auf der Kenntnis von Geschichten: ihrer Handlungen und ihres Gesangs darüber.

Es wäre indessen ein Fehler, die drei Berufsfelder je einer der drei Personifikationen Hesiods zuzuordnen. So zeigt sich gerade Atropos als Symbolisierungsmöglichkeit für alle drei Berufe. Atropos ist nicht nur der abstrakteste der drei Namen, sondern seine Trägerin scheint auch immer wieder den abstraktesten Zusammenhang des menschlichen Lebens zu thematisieren: Zeit, Zeitlichkeit als Sterblichkeit und Zeitrichtung, wie sie auch schon im Spinnen und im Tausch der Gaben symbolisiert sein mögen. Wie im «Schild des Herakles» steht Atropos am Rand, zeitverdreht, weil an ihr die Umkehr einer Folge deutlich wird; sie, die Jüngste, wird später die Älteste genannt.[462] Und doch *ist* sie das Unabänderliche – das sich ergibt, wenn man die zeitlichen Vektoren vergeblich auf und ab gelaufen ist. Sie ist der Poe'sche Rabe *Nimmermehr*.[463] Die hesiodische Lakonie im Katalog der Nachtkinder behält alle Assoziationsfäden in der Hand und nur *unter anderen* auch den, alle drei Moiren einem Spinnbereich zuzuordnen. So konnte man sich Lachesis als verantworlich für die Zuteilung des ungesponnenen Wergs denken, Atropos für die Spindel auf der andern Seite und Klotho für den Faden dazwischen.

Doch die Vielzahl der ‹Verknüpfungs›-Möglichkeiten ist nicht erst durch Hesiod gegeben, sondern muss entlang materieller Ähnlichkeiten bereits in kultischen Handlungen manifestiert gewesen sein. Dass die Keren so nah bei den Moiren sind, entspricht der homerischen Keren–Wägeszene, in der die Keren über das Schicksal der Kämpfer sowohl aussagen

462 Vgl. Pseudo-Hesiod: Der Schild des Herakles. S. 157.

463 Vgl. E. A. Poe: Der Rabe. In: Das Gesamte Werk in 10 Bänden. Herrsching 1979, Bd. 9, S. 135.

als auch indirekt entscheiden. Die Keren sind auch Lose, und in Delphi gab es auch Losorakel. Die Hinweise auf moirische Anwesenheit in Delphi[464] sprechen für die Moiren als Wahrsagerinnen, und es ist nicht ausgeschlossen, dass sie dies zuerst waren und erst darüber, rückwärts sozusagen, Schicksalsgöttinnen wurden. Dass es in Delphi Losorakel und Traumorakel gab, ist bereits erwähnt worden. (Wenn man sieht, wie Euripides die Nächtlichkeit der Erde betont, um ihre Macht über Träume plausibel zu machen, so fällt es leicht, auch die Traumnähe der moirischen Nachtkinder in Erwägung zu ziehen.) Vielleicht aber wurde in noch älterer Zeit sogar aus der Nabelschnur geweissagt. Es hat sich wahrscheinlich kein Zeugnis für «Nabelschau» im literalen Sinn des Wortes erhalten, nämlich des Lesens der Zukunft aus dem Zustand der Nabelschnur[465], dem Nabel des Neugeborenen oder demjenigen der Mutter des Neugeborenen.

Aber keine Vorschau ohne Vorherbestimmung. An Atropos wird die antipodische Konstellation zwischen Musen und Moiren sichtbar. Die nächtlichen Musen können verwandeln und die (emotionale) Umkehr des Schadens bewirken (Th. 103, 89), Atropos verkörpert das Unumkehrbare, das «Nevermore» des Raben. Es ist zu spät! Diese zutiefst subjektive Erkenntnis, die naturgemäß jedem am Ende erst kommt, oft auf dem unruhigen Nachtlager, wird in Atropos grandios verallgemeinert. Wer später im Laufe der Kulturgeschichte, kein Fetischist der Gesetzmäßigkeit ist, sieht in Atropos gerade nicht die Unveränderlichkeit, sondern seine Zeitlichkeit gespiegelt. Selbst durch die betuliche Beschreibung des 19. Jahrhunderts glimmt ein Grauen an der Kreuzung zweier Lebenswege: «Sie wird gewöhnlich als ein altes Mütterchen mit einer Scheere abgebildet.»[466] – Wieso ist Mutter so klein geworden, zum Mütterchen? *Ich* war doch klein! Und was will sie mit der Schere – wo sich doch alles von Mutter auf mich bezog?

Ein Aufstand der Phantasie gegen die Erkenntnis des Unabänderlichen, die besonders dann sich aufdrängt, wenn das Unabänderliche ‹endlich›

464 Siehe Maaß: Das antike Delphi, S. 83.

465 Vgl. aber für den Vorderen Orient: R. Ranke-Graves: Die weiße Göttin. Reinbek 1985, S. 185, die in einer Heroenkult-Orakelstätte aufbewahrte Nabelschnur des Heros.

466 W. Vollmer: Wörterbuch der Mythologie, S. 82. Siehe auch: Ders., Dass. In: Dig.Bib. Bd. 17, S. 1493.

kommt, wird an der kunstvollen moirischen Vernetzung der zeitlichen Richtungen deutlich und an der Anknüpfung des Fadens der Weisheit mit den Zeiten jenseits der Lebenswelt. Ranke-Graves zufolge wurden die drei Moiren mit den drei (sichtbaren) Mondphasen und den drei Lebensphasen der Frau als Jungfrau, Mutter und Alte assoziiert.[467] So wie der Mond aber nach dem Neumond wiederauftaucht, so werden die zeitlichen Perspektiven der Lebensphasen mit dem Lauf der Gattungsgeschichte verknüpft. Die jugendliche Klotho weiß, was in der Vergangenheit geschah, Mutter Lachesis weiß alles über die Gegenwart, und die Alte, deren Ende naht, sieht das Zukünftige. Sinnfällig, die drei Paarungen von Lebensalter und Zeitalter zu Kindern der Nacht zu machen.

Abb. 3: Francisco Goya: Atropos – o Las Parcas. (1820–23). Prado, Madrid

Aus den «Schwarzen Gemälden» der Quinta del Sordo. Auch hier wieder vier statt drei Moiren (Parzen). Aber Atropos scheint die Hauptrolle zu spielen: Die uns *abgewandte* Verkörperung des Unabwendbaren hält die Schere in die Höhe, mit der sie alle Betrachter irgendwann aus dem Blickfeld schneidet.

467 Gr. Myth. 1, S. 40. Die früheste Spur des moirischen Mondbezuges ist orphisch. In Platons Politeia (Buch X, Nr. 617 c) werden die Aufgaben anders verteilt: Lachesis besingt das Geschehene, Klotho das Gegenwärtige und Atropos das Zukünftige.

Nabel, Faden und Schlange

«Charakteristischer Weise gelten die meisten Heiligtümer der *Erde* als Welt-Nabel.»[468] Und es gab am Sitz der Pythia, dem religiösen Zentrum der griechischen Welt[469], eben den Omphalos, den Stein, den man für den Nabel der Erde hielt. Auf seine Verbindungen mit dem Spinnbereich wurde schon hingewiesen. Ebenso wichtig ist seine senkrechte Verbindung mit der Unterwelt, die mit dem Wahrsagen zu tun hat: Die Bedeutung von ‹Nabe› in *Nabel* schwingt nicht nur im deutschen Klang mit, da in allen indogermanischen Kulturen das Zauberrad eine bedeutende ‹Rolle› spielt, wie sie noch im Rad der Fortuna symbolisiert ist. (Kreisbewegung als Verbindung von Zukunft und Vergangenheit.)[470] Zwar denkt man bei Nabe eher an eine achsenführende Vertiefung, während der Omphalos eher als eine Erhebung vorgestellt worden ist. Denn auch der zentrale Buckel des Kriegsschildes wurde «omphalos» genannt. Zwar haben auch die meisten etymologisch belegten Ableitungen mit Erhebungen zu tun; aber «omphalos» heißt zugleich auch Nabel*schnur*, und der *omphalister* ist ein Messer zum Abschneiden derselben.[471] Die Schnur jedoch ist nicht zentral, sondern etwas sehr Erstrecktes: sie weist auf den Schicksalsfaden, demzufolge die Indogermanen schon früh die Bedeutung von Nabel auf Nabe übertragen haben, als sie den Wagenbau kennenlernten. Sie hätten nämlich beim Spinnen das Schicksalsrad gesehen: als Spinnwirtel.[472] Ohne die Spinnmetaphorik und die zusätzliche Bedeutung von omphalos als Nabel*schnur* bliebe der Omphalos-Stein ein äußerst dürftiges Ding – es sei denn, er wäre mit der Nabelschnur umwickelt. Denn der Nabel verweist nicht ins Innere des Nabelhalters. Der Nabel verweist immer auf das Zentrum der *Anderen*, der Mutter, die dem Embryo die ganze

468 E. Neumann: Die große Mutter. Olten ²1987, S. 133.

469 Bruit Zaidman / Schmitt Pantel: Religion, S. 126.

470 *Tyche*, das griechische Pendant zu Fortuna, wurde gelegentlich für eine Moira gehalten; z.B. von Agamemnon in der «Iphigenie in Aulis» des Euripides. Siehe D. Ebener (Hg.): Euripides. Werke in 3 Bdn., Bd. 3, Berlin 1979, S. 48 (Vers 1138).

471 Siehe H. Frisk: Griechisches etymologisches Wörterbuch. Heidelberg 1970, Bd. II, S. 391.

472 Vgl. Duden: Das Herkunftswörterbuch. Mannheim u.a. 1963, S. 459.

Außenwelt war. Nur weil Zeus *seine(n)* Nabel(schnur) vor den Eingang seiner ehemaligen Höhle wälzt, beansprucht er sie für sich. Uranos hatte die Kinder noch selbst zurückgedrängt, Zeus will freiwillig zurück. Jedenfalls soll keiner mehr raus. – Wahrscheinlich war der Omphalos also nicht Gaias Nabel, sondern des Zeus, der ihn über ihre Spalte wälzte, aus der die Schlange kam und die Wahrsagung … Diese Umstülpung macht aus dem Rand ein Zentrum. Der *omphalos* bezeichnet auch die Nabel*schnur*, und dadurch wird der Nabel zum Metonym, zum verdächtigen ‹Muttermal› und einem Zeichen der Abhängigkeit von außen. Ging es nicht um das Trauma der Abnabelung? Diese Schwelle zwischen einem leiblichen Innen und einem leiblichen Außen wurde vielleicht im Phantasma der archaischen Männer, also von außen, dramatischer gesehen als heute. Noch im späteren «Corpus Hippocraticum» glaubt man, durch die Nabelschnur gelange auch Milch zum Kind. Und wenn die Milch dem Kind zu wenig werde, zappele es, zerreiße das Häutchen zur Geburt, «denn es wünsche eine größere Menge an Nahrung»[473].

Durch die größere Bedeutung der Schnur, schon im Mutterleib, dann für den Geburtsverlauf selbst, durch den Glauben, dass die Knappheit der Lebensmittel in der Schnur auch Frühgeburten auslöst, kommt vielleicht am ehesten die Assoziation des Schicksalsfadens zustande – und damit das ganze Wegenetz der Assoziationen dieses Tätigkeitsfeldes. Vielleicht haben sich die archaischen Vorstellungen des Schicksalsnabels dann auch am Wulst des Wirtels selbst entzündet, denn später, als es Wiedergeburtsvorstellungen gab, sollen die Gräber, so Gerburg Treusch-Dieter, «voll mit Spinnwirteln» gewesen sein, kleinen Schwungrädern mit Loch zur ‹Bewirtung› der Spindeln, «die keine andere Bedeutung gehabt haben können, als die Toten mit ‹Kreisbewegung›, mit Energie zu versorgen. Ihnen für die Wiedergeburt eine kleine Spindel der Notwendigkeit, pars pro toto, mit ins Grab zu geben.»[474]

Alle Bedeutungen: die bedrohliche und bedrohte Nachkommenschaft (Kronos Zeus Gaia), das Spinnen der Gaben und die Gabe des Spinnens sowie das Zuteilen des Schicksals aus dem Glücksrad könnten sich auf dem

473 Corpus Hippocraticum, De natura pueri 30; in: Schubert / Huttner (Hg.): Frauenmedizin in der Antike, S. 347.

474 G. Treusch-Dieter: Spindel, S. 63.

Omphalos versammelt haben, auf jenem Kunstwerk, das einen Gott nicht ‹nachmacht›, sondern vormacht. Denn neben Windelstein und Nabel ist der 1913 von Courby entdeckte Omphalos möglicherweise auch Spinnwirtel und Losmaschine gewesen. Schließlich hatte der Nabel oben eine Vertiefung, aus der ein «eiserner Stiel hervorragt. Courby vermutet, dass daran die Binden befestigt wurden, die den Omphalos umspannten [...] oder, dass er dazu diente, die beiden goldenen Adler zu halten [...]»[475]

Wenn Gaia auch später noch verehrt wurde[476] an jenem Eingang zu ihr selbst, der durch die Ausgeburt ihrer eigenen List (Windelstein) von ihrer echten Geburt (Zeus) verstopft worden war, so war dieser Ort wahrscheinlich schon im 9. Jahrhundert unter männliche Vorherrschaft geraten[477], nämlich von Apollon und Zeus, die hier als *Moirageten* fungierten, als Führer einer ihnen jeweils zugeteilten Moira.[478] Die bildlichen Darstellungen der Moiren scheinen nicht über 600 v. Chr. hinauszureichen. Aber seit ihrer bildlichen Darstellung sind sie noch tiefer gesunken. Als Töchter der vertriebenen Themis können sie noch froh sein, dass ihr Vater und der Vertreiber ihrer Mutter, Zeus und Apollon, sie zu Statuen am Sitz der Pythia gebannt haben. Auch auf einer schwarzfigurigen Vase des Sophilos (um 580 v. Chr.) sind die Schicksalsgöttinnen nur noch Fußvolk hinter den Wagenfahrenden Artemis und Athene, halb versteckt hinter den Zugpferden, im Hochzeitszug von Thetis und Peleus.[479]

Bevor der Exkurs über Horizont und Kontext der Moiren um 700 v. Chr. zur ästhetischen Gestaltung des Nachtkinderkatalogs und der Theogonie überhaupt zurückkehrt, muss noch auf die spezifische Gemengelage in Delphi eingegangen werden, wie sie besonders an der Schlange sichtbar wird. Die Gemengelage besteht aus einer moirischen, einer olympischen und drittens einer chthonischen Bedeutungsschicht.[480] Im/am Na-

475 Paulys Realenzyklopädie der griechischen Altertumswissenschaft. Suppl. Bd. V, Stuttgart 1931, unter Delphoi.

476 Kl. Pauly Bd. 1, Sp. 1451, erwähnt, dass Gaia in einem alten Kultraum verehrt wurde, wo auch die Musen ihren Ort hatten. Seltene Nähe also zwischen Moiren und Musen.

477 Ebd.

478 Paulys: Suppl. Bd. V, Art. Delphoi.

479 Vgl. Bremmer: Götter, S. 19.

480 Das Chtonische ist nicht elementar, sondern gemischt aus vorhellenischen Kulten, die mit Unterirdischem und mit der Erde zu tun haben, dann einge-

bel der Welt sind sie auf engstem Raum versammelt. Spindel, Binden und zum Teil der Nabel selbst repräsentieren die Anwesenheit der Moiren. Die Adler, der omphalos als Windelstein und die Pythia als Priesterin des Apollon, vor dem Omphalos bzw. über der Erdspalte vertreten die olympische Herrschaft. Der Nabel, besser: was er verdeckt, nämlich die Erdspalte, aus der wohl die mantischen Inspirationen steigen, besetzt, ‹bedeutet› das Chthonische. Keineswegs saß die Priesterin in der Hauptsache auf einem Dreifußkessel. «In tranceartigem Zustand bewegte sie sich ruckartig. Schweißausbrüche und Zittern bezeugten, dass sie den menschlichen Bereich verlassen hatte und im Kontakt mit überirdischen Kräften stand.»[481] Man weiß bis heute nicht, woher die Trance kam: vom Lorbeer, der Pflanze des Apollon[482], aus einem rituellen Trank aus der Kastalischen Quelle, vom Rauch des Bilsenkrautes oder neuerdings: von giftigem Honig, der Gabe des Zeus Meilichios[483]. Die früher beliebteste Erklärung, es handle sich um ‹benebelnde› Gase aus einer Erdspalte, hat einen Dämpfer erhalten, nachdem die Ausgrabungen bisher keinerlei Hinweise darauf ergeben haben und Geologen eine Durchlässigkeit der Gesteinsführung für Gase ausschließen, in letzter Zeit aber nicht mehr so eindeutig.[484]

Vielleicht hatte Plutarch doch recht: Im Wasser der Kastalischen Quelle haben Forscher neben verwandten chemischen Verbindungen auch *Äthylen* entdeckt (von griech. Äther = Himmelsluft)[485], das seit ca. 1846 für die medizinische Anästhesie verwendet wird. In geringeren Dosen kann es, wie verwandte chemische Verbindungen (etwa Äthylalkohol)[486], Schwindel erzeugen, mithin taumelnde oder ruckweisen Bewegungen die als kul-

wandertem Gedankengut aus dem Osten, drittens eine räumliche Bezeichnung für das unterirdische Drittel des Kosmos nach der olympischen ‹Reichsteilung›.

481 Rickenbach: Delphi – Die Orakelstätte des Apollon als Mittelpunkt des Universums. In: Museum Rietberg (Hg.): Orakel – Der Blick in die Zukunft. Zürich 1999, S. 108.

482 Nicht nur bekam der Sieger der Pythischen Spiele in Delphi als Siegespreis den Lorbeerkranz, auch heißt es im Apollon-Hymnos (522 v. Chr.), dass Apollon aus dem Lorbeer weissage (V. 395). Siehe: Odyssee und Homerische Hymnen, S. 479.

483 Maaß: Delphi, S. 107.

484 Ebd., S. 15 und Giebel S. 19.

485 Vgl. Forschung aktuell, Deutschlandfunk vom 6. 8. 2001.

486 Vgl. Haid u. a.: Schwindel, S. 28.

tische Tänze gesehen werden konnten. Diese gähnende Erdspalte (chasma ges) ist ungefähr so inspirativ oder transpirativ wie das Chaos, mit dem Hesiod seine Botschaft beginnt, wenn aus ihm die Musen singen. – Es kann natürlich eine ausgehobene Grube als Giftdeponie ähnliche Dienste tun. Hier könnte zum Beispiel der Kadaver einer Drachin (oder ihrer symbolischen Vertretung) verwesen, die vorher Pytho / Delphi beherrschte. Das riesige, feiste und wilde Untier, das die Pflegemutter Typhons war, Heras Ausgeburt des Grolls über die Zeus-Geburt der Athena, wurde von Apollon, dem Gott der Hygiene und der Pest, mit einem Pfeil erledigt und dann bei Tag und Nacht (also durch Helios und Hyperion) verfaulen lassen.[487] An Faulgase also wäre auch zu denken. Der Apollon-Hymnos erklärt den Namen Pytho «nach einem Wort, das verrotten bedeutet»[488]. In der Geschichte der Mythologie, gerade auch der auf Delphi bezogenen, geht es (von außen gesehen) wüst durcheinander zwischen Drachen und Schlangen, und auch Typhon wird als männliche Schlange gesehen, als «Pytho» bezeichnet. Die Pythia deckt und heckt Python.

Damit ist der dritte Repräsentant der chthonischen Ordnung benannt: die Schlange.[489] In der Kasbah von Delphi sind alle drei Welten miteinander agglutiniert, und sie sondern sich je erst durch die Akzente der Riten und deren profane Beweggründe (zum Beispiel die Ratsuche). – In der «Theogonie» dagegen ist alle mythische Rede fein versponnen in die Sukzession der Geburten und den daraus sich ‹entwickelnden› Handlungsfaden bis hin zum Netzwerk der kosmischen Ordnung. In Delphi ist von den Moiren selbst nicht mehr viel zu sehen; in der «Theogonie» dagegen schweigt die Rede von den Schlangen, wenn es um Delphi und um das Schicksal geht. Geradezu sorgfältig wird der Zusammenhang zwischen Delphi und Schlangen zerrissen. Zeus muss in der «Theogonie» immerhin erst den schlangenähnlichen *Typhoeus* bezwingen, um König zu werden. Typhoeus, ziemlich ähnlich der Drachin von Delphi, ebenso ähnlich ihrem von Hera geborenen Pflegesohn *Typhon*, hat hundert Köpfe, «wie von Schlangen

487 Vgl. Apollon-Hymnos, Verse 300–374 – Zu Hygiene vgl. Joachim Gruber: Apollo(n). In: H. Cancik und H. Schneider (Hg.): Der Neue Pauly. Bd. I, Stuttgart und Weimar, 1999.

488 Recl. Lex., S. 463.

489 Vgl. hierzu schon oben «Die Kinder der Nacht».

entwachsen» (v. Sch. 825). Aus zahllosen Augen brannte Feuer, und göttliche, aber auch tierische Laute brachen aus ihm hervor, «ein Wunder zu hören» (v. Sch. 835). Der apokalyptische Drache strebt nach der Weltherrschaft (v. Sch. 838). Dieses Feuerwesen wird von den Blitzen des Zeus erledigt, nachdem es ein letztes Mal in den gebirgigen Schluchten des Ätna sein Feuer ausgeschnaubt hat, was immerhin so stark war, dass die Erde dahinschmolz wie in den Tiegeln der Zinnschmelze (v. Sch. 861).

Wie sehr der Sohn der Erde ein Phantasma des Vulkans war, wird daran ersichtlich, dass er, endlich von Zeus besiegt und auf den Grund des Tartaros zurückgeworfen, der Urheber aller üblen Winde wurde (v. Sch. 869). Trotz der Ähnlichkeit von Schwefel- und Fäulnisgestank: Wo Hesiod von Schlangen spricht, spricht er nicht von Delphi, und wo er von Delphi spricht, spricht er nicht von Schlangen. Das ist seltsam, denn es bleibt ja «pytho» (*ich lasse verfaulen*) hörbar – als Ort der Gaia, wo Zeus nichts mehr raus lässt, weil sein Idol den Ausgang der Gaia versperrt (v. Sch. 498). Wie konnte Gaia dennoch zur Mutter des (dritten!) chthonischen Aufstands (nach demjenigen von Kronos und Zeus) werden? Sie bleibt innerhalb der Hesiodischen Götterwelt eine rätselhafte Gewalt; denn aus ihrem Schoß stammt auch das Gegenmittel, der Zeus'sche Blitz. Und sie selbst rät nach Zeus' Sieg über Typhoeus den Göttern, Zeus zum König zu wählen (v. Sch. 883) – behaupten die Zeus-Anhänger.

All die griechischen Mythen über Schlangen- und Drachenbesiegung zeigen, dass die chthonische ‹Monsterwelt› und die olympische Welt der menschenähnlich gestalteten Götter eng miteinander verwandt und feind-selig ineinander verstrickt sind und dass die siegreiche olympische geradezu legitimiert ist durch die Herrschaft über die chthonische Schlange – als ‹verworfenen› früheren (eigenen) Zustand. – Die Moiren scheinen darin kaum involviert. Gibt es aber einen Zusammenhang zwischen der delphischen Reduktion der Moiren und der Hesiodischen der Schlangen? Führt eventuell eine gewisse Ähnlichkeit in der psychischen Besetzung von Faden- und Schlangengestalt zu einer mythischen oder rituellen Funktionskonkurrenz? Schließlich bietet die Schlange im Garten Eden den Menschen Erkenntnis und größere Gottähnlichkeit an.[490] Gibt es gemeinsame moirische Züge im nahöstlichen und griechischen Schlan-

490 Auch der Aufstand Luzifers und sein Fall in die Unterwelt sind dem Typhoeus-Mythos ähnlich.

gensymbol? Die Frage ist nicht unwichtig, da Moiren und Schlangen bei Hesiod Repräsentanten einer je *verschiedenen* Nacht sind: der Göttin Nyx und der Göttin Gaia.

Genau diese Teilung der Schlangenrepräsentanz kennen Mythos, Ritus und die bildliche Symbolik der Ägypter nicht. Die Schlange, «schon in frühester Zeit kultisch verehrt»[491], hat in drei Jahrtausenden eine verwirrende Fülle von Erscheinungen angenommen, die ähnlich wie im archaischen Griechenland ambivalent besetzt sind und auch sonst einige Ähnlichkeiten mit dem griechischen Phallusdiskurs aufweisen.[492] Auch hier scheint das Schlangenattribut zuerst der Weiblichkeit zu gehören. Die vier weiblichen Glieder der «Achtheit» tragen Schlangenköpfe. Die Andersartigkeit besteht darin, dass die Schlange nicht nur chthonisch ist, wie die furchtbare Apophis (vgl. Ophis bei Hesiod), ein riesiger Schlangendämon, der jeden Abend den Sonnengott bekämpft, und dessen Verwundung den Abendhimmel rötet. Diese Macht ist ein Ausbund an Bosheit, Finsternis und Unterwelt. Doch es gibt auf der andern Seite neben der schlangenköpfigen Erntegöttin Thermutis und der zweiköpfigen Schlange Nehebkau und Uto, der Schlange von Buto, die als feuerspeiende grüne Kobra Unterägypten und Fruchtbarkeit repräsentiert und als Uräus ein Schutzsymbol auf Diadem, Krone und Brustbehang darstellt, neben all dem gibt es Mehen, den Ringler, welcher der Sonne bei der Nachtfahrt hilft. Im «Pfortenbuch» (um 1400 v. Chr.) ringelt sich diese Schlange wie ein Band-Ornament um die Kajüte der Sonnenbarke auf ihrer Nachtfahrt.[493] Auch das Äußerste der Welt ist durch eine Schlange markiert, ein bestehendes

491 I. Shaw und P. Nicholson (Hg.): Reclams Lexikon des alten Ägypten. Stuttgart 1998, S. 283, Art. «Skorpion».

492 Der Gott Atum zum Beispiel kann auch als chthonische Schlange erscheinen und verkünden, sich nach der Zerstörung alles Geschaffenen wieder in die Urschlange zurückzuverwandeln. Er hat alles durch ‹Selbstbegattung› in die Hand geschaffen. Diese Hand «wurde als das in Atum ruhende weibliche Element personifiziert.» (M. Lurker: Lexikon der Götter und Symbole der alten Ägypter. Bern u. a. [3]1995, S. 47 – Vgl. Ähnlichkeiten mit dem Mythos von Eurynome und Ophis (s. oben).

493 Vgl. Hornung: Nachtfahrt, S. 21. Vgl. eine ähnliche unvollendete Szene auf einem Wandrelief aus dem Königsgrab des Haremhab; Abb. in: Eggebrecht, S. 407

«Nichtsein», das die Welt in Gestalt einer Schlange mit dem Schwanz im Maul, des Uroboros, in Finsternis umschlingt. «In diese Finsternis des Urzustandes wird der Sünder gestoßen, dorthin müssen die Götterfeinde vertrieben werden, dorthin kehrt auch die Welt am Ende der Tage zurück.»[494] Dieser Uroboros ist nun zwar eher himmlisch, aber auch ziemlich «negativ». Doch die größte himmlische Schlange ist der Nachthimmel selbst, der die Sonnenbarke verschlingt und sie sich allnächtlich erneuern lässt. Im Unterweltsbuch «Amduat», das nach den Stunden der Nachtfahrt unterteilt ist, ist eine vielfach gewundene Schlange, «Weltumringler», das Sinnbild dieser allnächtlichen Erneuerung.[495]

Im ebenso nach den zwölf Nachtstunden gegliederten «Pfortenbuch» bleiben beim Aufstieg des Sonnengottes moirenähnliche Trauergöttinnen, Ammengötter und -göttinnen und weibliche «Schicksalsmächte» zurück, welche die Lebenszeit festsetzen und den Aufenthalt nach dem Leben.[496] Letztlich gleicht aber die Göttin Nut, der Nachthimmel, wie er in der unterweltlichen Nacht der Grabkammern dargestellt ist, nicht nur einer Frau, sondern auch einer zweigeteilten, zweigestaltigen Schlange, in die aus vielnächtlicher Beobachtung der Gang der Gestirne eingetragen ist. Nut ist *die* Nachtgöttin der Ägypter, und sosehr sie etwas hohes Gekrümmtes oberhalb der Luft ist, so wenig hat die griechische Nyx etwas mit ihr gemein, die fast keine himmlischen Attribute aufzuweisen hat. Dafür hat Nyx (wie Nut) Schicksalsgöttinnen, aber deutlicher an Textiles erinnernd mit Windeln und Bahrtuch. Dieser ganze mythische Raum, den die gekrümmte Nut, etwa in der Sargkammer Ramses VI. bildet[497], nein einbildet, ist selbst voller Schlangenbedeutungen. Das Schlängelnde verwandelt sich zur Bedeutung des Pfades einer Bildordnung, die die Zeit der sichtbaren Symbolik mit der Nachtzeit gleichsetzt.[498] In beiden Kulturen ist die Schlange immer von Nacht umgeben; in der ägyptischen nicht nur von der chthonischen, son-

494 Eggebrecht: Das alte Ägypten. München [4]1997, S. 237.

495 Lurker, S. 176.

496 E. Hornung: Nachtfahrt, S. 196/97.

497 Vgl. die gute Abbildung in Eggebrecht: Ägypten, S. 383/84.

498 Vgl. die Darstellung der zwölften Stunde im «Pfortenbuch», wo die verschiedenen Schlangenbilder auf den drei Bild-Registern wie zusammengebunden erscheinen an einer rechtwinklig dazu aufgerichteten (?) Schlange als Bildorganisator. Hornung: Nachtfahrt, S. 192.

dern auch von der himmlischen Nacht. Aber unter der griechischen Göttin der Nacht gibt es keine Schlangen – und keine Sterne. Böswillige Zungen behaupten, selbst die ägyptische Himmelsnacht sei eine chthonische Nacht gewesen, ein Sargdeckel.[499] Aber es sind Sterne darin, es ist die Beobachtung des nächtlichen Sternhimmels darin eingegangen, welche die Beurteilung der *Zeit* der Nacht prägt. Dieser ganze Bedeutungsbereich hängt bei Hesiod am Faden der Schicksalsgöttinnen.[500]

Doch darüber hinaus hat der ganze orientalische Schlangengarten, den Hesiod kultiviert, auch eine allgemeinere Verbindung zu den Moiren (nur nicht bei Hesiod). Die Schlangen bilden eine mittlere Kategorie zwischen Göttern und Menschen (vergleiche die biblische Schlange im Garten Eden oder die babylonische im Gilgamesch-Epos), und die nicht-anthropomorphe proteushafte Gestalt hat sie in den griechischen Mythen oft zu Übergangsgestalten aus dem chaotischen oder chthonischen Bereich werden lassen. Der wichtigste gemeinsame Grund für die Göttlichkeit der Schlangen und ihre Moirenähnlichkeit ist ihre vermeintliche Unsterblichkeit und die Frage, ob sie darin den Menschen feindlicher oder freundlicher gegenüberstehen als die ‹gestalteten› Götter. Im Gilgamesch-Epos erringt Gilgamesch nach vielen Mühen und Abenteuern das Kraut der Unsterblichkeit; aber im Schlaf schluckt es die Schlange ihm weg und erlangt so Unsterblichkleit, was man daran sieht, dass sie sich häutend verjüngt.[501] Für Mircea Eliade ist der Gegensatz von Schlange und Adler ein «Leitmotiv der eurasischen Mythologie», älter als das Gilgamesch-Epos und die Schlange der eigentliche Gegner der menschlichen Unsterblichkeit.[502] In

499 Vgl. N. O. Brown: Love's Body. Frankfurt und Berlin 1979, S. 47 – in Assoziation zu William Blakes «First Book of Urizen».

500 Hesiods Verschweigen des nächtlichen Sternenhimmels als Attribut der Göttin Nacht in der «Theogonie» ist um so erstaunlicher, als bei den Griechen seiner Zeit und auch bei ihm das *alltägliche* Leben viel stärker geprägt ist vom Blick in den Nachthimmel als bei uns. Die «Werke und Tage» sind voller Regeln, die nach dem Mondmonat festgelegt werden (WuT. 765), die also ab Ende Neumond gezählt werden. Jahresarbeiten wie Aussaat, Traubenernte und Holzschlag und vieles mehr richten sich nach Sternstand und Konstellation der Sterne (WuT. 383). Der nächtliche Sternenhimmel gehört für Hesiod nicht zur Nachtästhetik, sondern zur Prosa des Lebens.

501 Gilg., die 11. Tafel, V. 301–318. – Vgl. für Ägypten: Lurker, S. 177.

502 Mircea Eliade, Die Religionen und das Heilige, Frankfurt a. M. 1998, S. 335.

der griechischen Mythologie scheint die stärkere Polarisierung zwischen Schlange und Olympiern, aber ebenso deren nähere Verwandtschaft den Menschen eine ambivalentere Haltung auch den Schlangen gegenüber zu erlauben.

Es gibt eine leider erst sehr spät dokumentierte, nämlich hellenistische (Zusammen-)Fassung des Typhon-Mythos, der bei Hesiod als Typhoeus-Mythos erzählt wird, von dem ich nicht weiß, wie weit seine Motive zurückreichen: In der «Bibliotheke» des Apollodor ist Typhon, der ‹oben herum› menschenähnlicher, ‹unten herum› schlangenähnlicher ist, zugleich viel stärker als bei Hesiod in der «Theogonie»; er hat zwischenzeitlich den verkrüppelten Zeus in seiner Gewalt.[503] Aber die Moiren, die Hüterinnen des Menschenloses und Wahrsagerinnen, versetzen dem menschenähnlichen Typhon den entscheidenden Schlag, indem sie ihm raten, «menschliche Nahrung zu sich zu nehmen»[504].

Den Zusammenhang zwischen Wolle und Schlange habe ich schon beim Nachtfest der *Arrhephoria* notiert, das eine einjährige Arbeit von Jungfrauen am Peplos (Wollgewand) der Athena abschließt. Der diesen rituellen Umkreis spiegelnde Mythos von der Zeugung des Knaben Erichthonios und vom Todessturz der Jungfrauen von der Akropolis zeigt Athena als Herrin der phallischen Schlange: Mit Wolle hatte sich Athena den Samen des Hephaistos vom Oberschenkel gewischt, nachdem der vergeblich versucht hatte, sie zu vergewaltigen. Aus der auf die Erde geworfenen besamten Wolle entsteht der athenische Urkönig *Erechtonios*, den die beiden Mädchen in der ‹kiste› zugleich mit einer oder zwei hervorschnellenden Schlangen erblicken.[505] Renate Schlesier zufolge sind jeweils genau neun Monate nach einem gemeinsamen Fest für Athena und Hephaistos, das wie ein Hochzeitsfest begangen worden sei, vergangen gewesen, wenn die Arrephoroi, die zwei Mädchen, die ‹kiste› zu einem Grottenheiligtum der Aphrodite und des Eros hinunterzutragen hatten. In der ‹kiste› des Ritus aber seien aus süßem Teig gemachte Schlangen und männliche Glie-

503 Siehe: Apollodor: Die griechische Sagenwelt. Apollodors mythologische Bibliothek. Köln 1997, I, 42.

504 Recl. Lex., S. 537. Bei Apollodor ist von «eintägigen Früchten» die Rede (I,43). Sollten es Neugeborene sein?

505 Burkert: Religion, S. 348 – Bei Ranke-Graves (Gr. Myth. 1, S. 85) ist ein Kind mit Schlangenschwanz im Korb.

der gewesen.[506] Die Nächtlichkeit der Schlange der Athena liegt nicht nur in ihrem chthonischen Ursprung wie bei Gaias Typhoeus, sondern auch in der Nächtlichkeit des alljährlichen Opfergangs. Herodot, der es wissen musste, denn er trug hier auf der Akropolis seine nach den neun Musen benannten Historien vor, berichtet gar, dass der Schlange als der Wächterin der Akropolis an *jedem* Neumond Honigkuchen geopfert worden seien[507], – wenn die Nacht am dunkelsten ist. – Der Zusammenhang des Spinnens und Webens mit Schlangen ist im griechischen Mythos aber selten; nur bei Athena ist er besonders deutlich.

Nach manchen Zeugnissen hat sie eine Schlange auch in der Ägis und im Beuteskalp der Medusa, die ja schlangenhaarig war. Die Haare sind später bei Ovid ursprünglich das Schönste an der Gorgo gewesen. (Metamorphosen IV, 797) Er überträgt den Coitus zwischen Poseidon und Medusa von der blühenden Wiese in das Heiligtum der keuschen Athena, die daraufhin die Haare Medusas in Schlangen verwandelt. Schlangen statt Haare: diese Ersetzung verrät etwas über den Zusammenhang des durch Repräsentanz Ausgeschlossenen. – Am leider fragmentierten Ende der «Frauenkataloge», die wohl mit einer «grausigen Vision»[508] endeten, wird eine Schlange, die dreimal drei Junge in drei Jahren gebiert, «die Unbehaarte»[509] genannt. – Athena, die jungfräuliche Tochter ihres Vaters, hat bis zu Ovid die Phantasien der Männer im Netz vermuteter Spinnen- und Sexualangst beschäftigt.[510] Das ist bemerkenswert, weil die Herrschaft über Schlangen durchaus altes weibliches Vorrecht zu sein scheint. Es ist das herabtropfende Blut der Medusa, das in der Libyschen Wüste die Schlangen generiert. Eurynome schafft sich ihren Begatter Ophion aus dem Nordwind; Gaia gebiert Typhoeus, um Zeus zu bekämpfen, Hera gebiert Typhon, in anderer Lesart Python[511], um Leto an der Geburt des Apollon zu hindern, des, wie Ranke-Graves vermutet, ersten homosexuellen Gottes. Es geht also um die weibliche oder männliche Herrschaft über den

506 Schlesier: Musen, S. 414 f.

507 Herodot: Neun Bücher der Geschichte. Bd. 3, Achtes Buch Urania, Nr. 41; o. O. 1999, S. 22.

508 Hesiod: Ehoien (Fauenkataloge). In: Hal. Nach Vers 204, S. 138.

509 Ehoien 204, 91.

510 Vgl. Gr. Myth. 1, S. 86 über Ovid und Vergil.

511 Ebd. 1, S. 46.

Phallos. Ein schönes Beispiel für den ‹Zusammenhang› von Faden und Phallos, und zwar in der Variante ‹Schwanz am weiblichen Gängelband›, erzählt später Herodot von den Ägyptern, aber er erzählt es im Tempel der Athena allen Griechen als einen Brauch zum Dionysos-Fest:

«Im Übrigen begehen sie das Dionysosfest fast in allen Stücken durchaus wie die Hellenen, nur ohne Chöre, und an der Stelle der männlichen Glieder haben sie etwas anderes eingeführt, nämlich Puppen mit einem Fadenzug, etwa eine Elle groß, die von Weibern von Dorf zu Dorf getragen werden. Dabei hebt und senkt sich das Glied, das nicht viel kleiner ist als der ganze Leib.»[512]

In Griechenland sei der Dionysoskult aber, weiß Herodot, von Melampus, das sei einer «der größten und vielleicht der erste griechische Seher»[513], den schon Homer kannte (Od. 15, 225), eingeführt worden. Melampus aber ist ein Freund von Schlangen, die ihn eines Nachts im Schlaf in den Ohren lecken und so sein Sprachverständnis wecken, nämlich für die «Sprache der Vögel und Tiere» (Recl. Lex., S. 335). Eine der ersten Ruhmestaten des Melampus war die Heilung von Impotenz infolge einer traumatisierenden Kastrationsangst (S. 336).[514]

In Delphi nun – auf seinem Grund liegen die Gebärhöhle von Typhoeus und der Kadaver der Pflegemutter von Typhon (oder seinem Anagramm Python) – führen die beiden Schlangenbesieger Zeus und Apollon die Moiren, deren Handwerkszeug am Ort der Wahrsagung aufgepflanzt ist. Die Fähigkeit der Wahrsagung lebt in der *Pythia* weiter, die jetzt von Männern kontrolliert wird. Schließlich gelten die Orakelsprüche als von Apollon inspiriert. Aber Apollon ist nach Jean-Pierre Vernant nur der «Prophet des Zeus»[515]. – Was haben Wahrheit und Sexualität, was haben die pythische Wahrheit und olympische Sexualität miteinander zu tun? Gehen wir vom historischen Endpunkt einer latent homoerotischen Wahrheit des Platonismus aus, dem Gleichheit, oder doch zumindest sokrati-

512 Herodot, Neun Bücher der Geschichte, 2. Buch Euterpe, Nr. 48, S. 128.

513 Recl. Lex., S. 335; des Weiteren im Text belegt.

514 Schlangen-Symbolik für das männliche Glied scheint in vielen Kulturen verbreitet zu sein – als männliches Glied, das der Mutter gehört. Vgl. für die Vorgeschichte des archaischen Kosmos der Griechen die minoischen Schlangengöttinnen.

515 Vernant: Mythos, S. 41.

sche Übereinstimmung ein Indiz auf dem Weg zur Wahrheit ist, gehen wir von hier zurück in die frühesten überlieferten Ansprüche auf moirische Wahrsagung, vor allem musische Wahrheit, die ein *anderer* Zustand ist, göttliche Eingebung, wenn nicht Wahnsinn.[516] So finden wir zwar im delphischen Zentrum noch eine Frau in Trance, aber umzingelt von männlichen Göttern und weisen Männern. Diese männlichen Götter dienen nicht mehr als Schlange der weiblichen Wahrheit (die das Fortspinnen der Gattung meint), wie Ophion an Eurynome. Sie sind auch nicht mehr solche dem chthonischen Bauch sich entwindenden ‹Bedürfnis-Imperialisten› wie Zeus, der sich gegenüber seiner Mutter Rhea, weil sie ihm keine Heirat erlauben will, in eine Schlange verwandelt und sie vergewaltigt.[517]

Die Emanzipation der männlichen Phalloiden vom Schoß der chthonischen Nacht zeigt ihr Attribut, die nun besiegte besessene Schlange in ihrer ganzen Verschiedenheit zum Faden der Moiren. Im Nyx-Kontext ist die sinnliche Liebe (*Philotes*), die von Schirnding *Umarmung* nennt, fruchtbar, ein selber vaterloses Kind der Nacht-Macht und eine Schwester der Moiren gewesen. – Wollte man das neue sexuelle Paradigma des Olymps in Symbolen ausdrücken, könnte man sagen, dass der Pfeil die Herrschaft über den Kreis angetreten hat. Und welche Götter könnten dieses neue Paradigma besser repräsentieren als Zeus mit seinen Blitzpfeilen hinter wolkendunkler Aigis und Apollon mit seinen Pestpfeilen wie aus dem Dunkel der Nacht? (Il. 1, 47) – Zur Erinnerung an die Herrschaft des Kreise(n)s über den Pfeil sei an *Eurynome*, die «weithin geltende Satzung» (Hal.) erinnert, die sich zur Befruchtung eine Schlange, Ophion, dreht. Und durchaus ist an das Drehen der Spindel und das Kreisen des Reigens zu denken. Man könnte *Eurynome* nämlich als meerische Variante der Moiren auffassen. Schon bei Homer ist diese Tochter des (bei ihm) ältesten Gottes *Okeanos* für 9 Jahre gemeinsam mit Thetis die Amme des verstoßenen *Hephaistos* in einer meerumtosten Grotte (Il. 18, 398 u. 405). Bei Hesiod ist

516 Vgl. W. F. Ottos nietzscheanisch angehauchten «Dionysos», Frankfurt 1933 – und die Kritik daran von / in: H. Cancik (Hg.): Antik. Modern. Stuttgart 1998, S. 165, und W. Burkert, Religion, S. 178.

517 Gr. Myth. 1, 44. Die schriftlichen Zeugnisse sind jung (Orphisches Fragment 58); aber die Kombination von Inzest und Schlange läßt eher an minoische Wurzeln denken. Ähnlich Kerényi, Dionysos, S. 80, über des Zeus Inzest mit seiner Tochter Persephone in Schlangengestalt, deren Frucht Dionysos ist.

sie eine Tochter der bedeutenden Tethys, Schwester und Gattin des Okeanos. (Th. 345–66) Eurynomes Mutter ist die Schwester der Musenmutter *Mnemosyne* (136) und der Moirenmutter *Themis* (Th. 135). Nicht nur Eurynome hatte mit ‹Satzung› zu tun. Eine ihrer vielen Schwestern ist *Styx* (361), das göttliche Strafgericht, und eine weitere ist *Urania* (350): Bei ihr könnte es sich um jene Aphrodite Urania handeln, die einmal als Moira bezeichnet wurde. Die vierte moirenähnliche Tochter der *Tethys* ist *Tyche*, das *Erlangen* (Th. 360, v. Sch. S. 250), «in der späteren griechischen Religionsgeschichte zur Göttin des Schicksals, des Zufalls und des Glücks aufgestiegen»[518]. Es ließen sich noch weitere Schwestern angeben, die Ähnlichkeit mit den Moiren haben. Dieser Kreis ist über die Mütter mit den Kreisen verwandt, welche die Spindel kreisen lassen und den sehnsuchterfüllenden Reigentanz beherrschen. Aber all diese Verwandtschaftskreise haben nichts mit Schlangen gemein.

Hesiod ist ein Parteigänger des Zeus, aber als Sänger ist er ein Musensohn, kein Herrscher der Schlangen. Das heißt nicht, dass er und die Seinen, die nachfolgenden Musen- und Nachtkinder – also die Sänger in ihrem Wirkungskreis, wie Linos, der Seilwinder (!) und Orpheus – nichts mit gemeiner Liebe gemein haben. Aber Liebe ist bei ihnen ein Faden zwischen Leben und Tod, Wahrheit und Trug. Sie wird eher als fatale Passion dargestellt. Der einzelne abgeschnittene Faden, das Individuum, ist eine schwache Schlange. Nur derjenige Faden, der Teil des Ganzen ist, in den Händen der Schicksalsfrauen, ist stark. Der chaotische Eros, der alle(s) vereinigt und auflöst, erscheint *musisch* gefällig als Musenbegleiter Him*eros* (64) – oder gleichsam *moirisch* als nächtlicher Sex namens Philotes (224), im textilen Beilager von Betrug und Alter. Auch *Philotes* ist eine nächtliche Macht. Aber bezeichnender Weise kommt sie in der olympischen Ordnung nicht weiter vor. Profanerweise, nicht als Personifikation, kommt dieser Sex nur bei Nyx, Uranos, bei Schlangenmüttern wie Echidna (306) oder Müttern von Schlangen wie Keto (333) vor, sodann bei der Titanin Eos, die mit dem Titanen Astraios in Liebe die Winde zeugt (380), und bei der Titanin Phoibe, die immerhin Leto gebiert. Das ist die einzige freundliche Frucht der Umarmung.

Der letzte Liebende in diesem Sinne ist Kronos (625), der mit der Sichel, der aber immerhin Zeus zeugt. Demgegenüber wird der große Liebhaber und Vergewaltiger bei Hesiod keinmal mit Philotes gesehen und

518 A. v. Schirnding, in: v. Sch., S. 270.

auch nicht in *philotes*. Das liegt nicht daran, dass er in der «Theogonie» soviel kämpfen und Macht verteilen muss. Auch im Vögeln ist der Adler Spitze: «Neun ganze Nächte vereinte sich [...] der weisende Vater» mit «Erinnerung», *Mnemosyne* (56). Aber hier kommt *philotes* nicht vor. Ist wohl eher eine politische Aktion, dass er das «heilige Lager» (57) besteigt, um die Musen unter seine ‹Kandare› zu bekommen. – Als Musen‹sohn› aber besingt Hesiod, nolens volens[519] wie seine Kollegen, *Himeros* (das Begehren, das der Inspiration vorangeht) und *Philotes*, die dunkle Macht unter dem Mantel der Nacht. Jedoch nicht phallisch, sondern unterlegen. Hierin gleicht er Archilochos aus der Mitte des 7. Jahrhunderts:

> Denn ein solches Verlangen nach Liebe hat sich unter das Herz geschlängelt [!],
> und viel Dunkel über meine Augen gegossen
> und mir aus der Brust geraubt den zarten Sinn.[520]

Diese Nacht kommt von innen, und die nächtliche Fesselung wird als Schicksal zelebriert:

> Unselig, in Verlangens Bann
> leblos lieg ich, und quälende Schmerzen nach göttlichem Ratschluss
> durchstechen mich bis ins Mark.[521]

Archilochos aus Paros, Bastard, Krieger und musisch inspirierter Sänger des eigenen unsteten Lebens, ist des Nachbetens alter Mythen, gar Schicksalsmythen, unverdächtig. Aber zu Delphi hat er eine besondere Beziehung. Dreimal hat es über ihn gesprochen, und dreimal hat es ihn als «unsterblich», fast heilig bezeichnet.[522] Zum Emblem eines quasi moder-

519 Vgl. seine Einstellung zu Pandora und zur Macht von Betrug und Verführung.

520 Archilochos, Fragm. 112 in der Übersetzung von Kurt Steinmann. In: Archilochos: Gedichte, S. 101, Nr. 71. Die Schlange hat Steinmann im «elystheis» des Originals ‹sich winden› und ‹krümmen› gesehen.

521 Archilochos, Fragm. 104. Vgl. auch: Max Treu (Hg.): Archilochos. München 1959, S. 95, wo *apsychos* wörtlicher mit «entseelt» übersetzt ist.

522 Vgl. Vorwort von K. Steinmann in: Archilochos: Gedichte, S. 9–13.

nen Ich, dem die Welt aus den Fugen ist, gereicht ihm sein eigenes Fragment (Nr. 63), in dem er die Sonnenfinsternis vom 6. 4. 648 um 9.54 Uhr besingt.[523] Die Genauigkeit der Zeitangabe stammt natürlich von uns Heutigen und deutet *unseren* Fadenzwang an, von dem neben der Chronologisierung auch unsere Internet-Einspinnung[524] und unsere ‹Superstring-Theorie› genannte Kosmologie zeugen:[525] Fadenzwang als Angst vor leeren oder vollen dunklen Räumen, vor dem Chaos. – Archilochos nun gilt manchen als Begründer der abendländischen Liebeslyrik.[526] Diese aber hat trotz der über ihn kolportierten Realistik und brutalen Offenheit[527] in ihrem Gestus des erotischen raptus, des *Hingerissenseins*, weniger deutlich, aber weiterreichend als das Motiv der ‹femme fatale› ein säkularisiertes Erbe der Liebe als Schicksalsmacht übernommen. Dass Sterblichkeit und Unsterblichkeit ein bedeutender Hintergrund im Liebesparadigma der archaischen Zeit sind, dass dieses Liebesparadigma aber die Quellen des Musenglaubens speist, der wiederum existenziell religiös bedeutsam ist, weil mit ihm eine Art Unsterblichkeit verbunden ist, das kann man noch bei Sappho (um 600 v. Chr.) erfahren, die an eine «reiche, hochmögende Frau»[528] die Verse richtete:

> Stirbst du einst, so vergehst du ganz: keiner wird deiner gedenken,
> keiner begehrt dich auch hier, denn von den Rosen des Musenwalds
> hast du nie gepflückt. Und ungekannt wirst du eingehn
> in die verborgenen Häuser der Unterwelt, flatternd
> unter glanzlosen Toten.[529]

523 Ebd., S. 126, Nr. 63.

524 Zum Motiv des Liebesgarns: «70% des gesamten Online-Umsatzes in Europa und Amerika wird mit Erotik gemacht ...» In: «Cebit 2000» Verlagsbeilage der FAZ, Februar 2000.

525 Zum Superstring-Modell der «Welt»: Brian Greene: Das elegante Universum. Berlin 2000. Auch bei ihm sind Moiren und Musen eng zusammengerückt: «Nichts als Musik: Die Grundlagen der Superstringtheorie» (S. 163).

526 Vgl. K. Steinmann, in: Archilochos: Gedichte, S. 23.

527 Fränkel, S. 167.

528 Ebd., S. 213.

529 Sappho, Fragm. 58, in: Peterich: Fragmente frühgriechischer Lyrik, S. 11 (Zeilenumbruch von mir).

Pytho am Uterus der Welt

Doch die Verlängerung des musischen Fadens bis Archilochos verschiebt die Symbolik von Schlange/Pfeil und Spindel/Kreis zu sehr in Richtung auf die *Sprachbilder.* Immer ist für die vorwiegend illiterale archaische, an Festen orientierte Musenkultur der *Handlungs*kontext als Träger symbolischer Bedeutungen, gerade auch von ‹Geschick› und ‹Eros› zu berücksichtigen: der Reigen von realen Mädchen der Chorlyrik, das kreiselnde Auf und Ab der Spindel im Wirtel, die Wahrsagung am ‹Kreiß›-Stein über der Schlangengrube.[530] Die lautliche Nachbarschaft von Kreiß- und Kreis ist hier (zufällig) auch eine triftige: durch den Kreisel im Omphalos und durch die beiden Adler auf ihm, die mit der ‹Besetzung› der Erd-Mitte einen neuen, patriarchalen Erdkreis beanspruchen. Von oben und vom Rand der Erde her hatten sie ihn ermessen. Dennoch bleibt das ‹Ent-Scheidende› in Delphi, im Uterus, verborgen: in dunkler Nacht der Trance oder der Erdspalte – und kommt schicksalweisend aus dieser hervor wie Hesiods Kinder der Nacht. Auch ist gerade zur Zeit Hesiods die Verantwortung Delphis für das Ganze wichtiger als diejenige für die privaten Zweifel eines Gehörnten an seiner Frau. Nicht nur hinter dem Moiren-Motiv des Lebens-Anteils stehen demographische Probleme.

Delphi gilt als Förderer, wenn nicht (Mit-)Urheber der großen Auswanderungsbewegung ab dem 8. Jahrhundert. Dafür ist natürlich nicht die Trance der Pythia, ihr Gang in einen tieferen Raum, ihr Sitz auf einem gedeckelten Dreifuß oder sogar die Erdspalte selbst verantwortlich, sondern eine weltkluge Priesterschaft und ein professionell arbeitender Beraterstab (die «Sieben Weisen» Athens), der es seinen Klienten abschließend schriftlich gab.[531] Auch diese ‹Ghostwriter› blieben im Dunkeln. Aber das Dunkle hatte nicht mehr die Funktion, die Urheberschaft einer müt-

530 Die apollinische Verbindung von Schlange und Pfeil symbolisiert im Letzteren nicht nur die Penetration, sondern auch den Adressaten für Gebete bei Krankheiten, etwa bei Vergiftungen, besonders bei Schlangenbissen. Vgl. Hesiod, Ehoien, Fragm. 307, Hal. S. 145 Der archaische Hörer hatte die Pestpfeile Apollons aus der Ilias im Ohr – und die Pfeilschmerzen der Geburt.

531 Vgl. M. Maaß: Delphi, S. 76 – Verbürgte ehemals die Dunkelheit des ‹Wahns›, die Umnachtung, die Wahrheit, so ist es nun die Schriftlichkeit, schon als mediales Phänomen der Gegenpol zu Trance und Ekstase.

terlichen Nacht zu symbolisieren, sondern nur noch eine im wertfreien Sinne ‹negative› Funktion der Verschleierung individueller, profaner Autorschaft und der Verdunkelung ihrer Informationsquellen. In Wahrheit wuchs nämlich vom System der Fragen, die von außen kamen, dem System der Antworten neben den profanen Schatzhäusern mit Dankgeschenken auch ein Thesaurus an Erfahrung zu. Die Dankgesandtschaften und sonstigen Rückmeldungen der oft der Heimatstadt weiterhin verbundenen Kolonien taten ein Übriges, aktualisiertes Wissen zu vermehren. Daraus lernte man, so Christian Meier, immer besser, die Fragenden selbst auszufragen.[532] Jedenfalls ließ man die Fäden nicht abreißen und so entstand ein Wissensgespinst, das die Netzspezialisten zu immer kühneren, sozusagen unerhörten Prognosen auf die Fragwürdigkeiten der Weltläufte ermutigte, woraufhin die Netzhörigkeit, das heißt die Orakelgläubigkeit, weiter zunahm.[533]

Gegenüber den versenkten Drachen und verdrängten Moiren fallen die Musen auf. Die Kassotis-Quelle hatte in der Nähe des Apollontempels ein Musenheiligtum und floss unterirdisch bis ins Allerheiligste, in das sogenannte Adyton (*unbetretbar*) der Pythia.[534] Aus ihr tranken die Pythia und die Priester, wie es überhaupt noch bis in römischer Zeit verbreiteter Brauch blieb, aus den vielen griechischen Musenquellen Begeisterung zu trinken. Die Musen sind also Mitwirkende der Prophetie, «wurde doch das Orakel in poetischer Form gegeben»[535], das heißt in Versform. – Es handelt sich also mit Theogonie und Orakel um zwei konkurrierende musische Systeme, die teilweise ähnliche Angebote machten: Sinn- und Schicksalsfragen aufzugreifen, die Wahrheit zu sagen aus göttlicher Quelle. Bei beiden war Wahrheit mit Lüge vermischt und nicht einfach zu unterschei-

532 Christian Meier: Erkenne, daß du ein Mensch bist. In: FAZ, 14. 2. 1987, 4. Sp.

533 Vgl. ebd., Sp. 4/5.

534 Vgl. W. F. Otto, Die Musen, S. 130, und Maaß, Delphi, S. 91. Der sogenannte Musenbrunnen der wieder austretenden Kassotis ist nicht identisch mit dem Ort des Auftauchens im Adyton. Der Brunnen ist erst im 6. Jahrhunder v. Chr. errichtet worden – jedenfalls der, von dem man weiß.

535 Eine verdächtige Formulierung Ottos, mit der er den Orakelpriester Plutarch paraphrasiert. Verdächtig wegen der Trennung von Trance und poetischer Form, die eine spätere, klassische oder klassizistische Geisteshaltung bezeugt.

den, weshalb beide ausgeprägte Auslegungsliteraturen nach sich zogen. Beide haben auf dunklen Grund gebaut, nämlich Chaos und Gaia, und doch sind sie angestrengte Versuche, rationale Strukturen zu bilden. Zwischen diesem dunklen Grund, der erst durch die ‹Verwerfungen› der Göttersukzession jener verwerfliche Ort da unten ist, gebannt durch das dreifache ‹Halseisen› aus Nacht um den Tartaros bei Hesiod oder durch den Omphalos bei Delphi – zwischen diesem dunklen Grund und dem oberirdischen Ringen um rationale Fassung gibt es eine verdünnte spezialisierte Verbindung durch die Medien des einmalig geweihten und chronisch inspirierten Sängers hier und die mantischen Eingebungen unter Trance dort.

Vielleicht lässt sich an der Parallelität des ältesten Textes mit einem elaborierten Nachtcode (der «Theogonie») und der seinerzeit berühmtesten Rationalisierungsagentur (Delphi) erahnen, als wie repräsentativ sich noch der Topos der *Erkenntnis aus dunklem Grund* bzw. aus *dunkler Quelle* erweisen könnte. (Man denke etwa an die vorsokratische Philosophie.) Die Musenwerke der Geschichtsschreibung in klassischer Zeit zeigen, in welchem Ausmaß das berühmteste Orakel der griechischen Welt es vermocht hat, die Handlungen und Entscheidungen von Politikern, ganzen Städten zu beeinflussen[536] und: inwieweit es selbst in den Rang einer griechischen Verfassungsinstitution aufstieg[537], obwohl es zugleich von Persien bis Ägypten jedem offen stand. Die Sprüche der Pythia waren auslegungsbedürftige Literatur; mehrere tausend davon sind überliefert[538], und gerade diejenigen, die nicht sehr auslegungsbedürftig schienen, waren es besonders. Dennoch, oder gerade deswegen, begründeten sie eine spezifische diskursive Kultur. Und eine sokratische Philosophie, bei der die Weisheit Freundin der Fragenden ist, wäre kaum groß geworden ohne die Tradition

536 Bruit Zaidmann/Pantel: Religion, S. 119. «Allein Herodot zitiert 18 Heiligtümer und 96 Orakelsprüche, von denen allerdings 53 aus Delphi stammen.»

537 Seit 600 v. Chr. aus Schutz vor Übergriffen und zur Wahrung der Unabhängigkeit von den überregional gebildeten *Amphiktyonen* verwaltet, ist Delphi gesamtgriechisch institutionalisiert, um die traditonellen Aufgaben als Schiedsgericht, Strafgericht und Hoher Stuhl (Dreibein) der Heiligsprechung mit mehr Autorität wahrnehmen zu können. – Natürlich war auch die Amphiktionie ein Spielball sehr profaner Interessen. Maaß: Delphi, S. 77.

538 Bruit Zaidman/Pantel: Religion, S. 122.

einer notwendigen Fragekultur, die Apollon, dem Gott der *sophia*, der aber zugleich als der «Schräge, der Vieldeutige» (*Ioxias*) galt,[539] die Wahrheit geradezu entwinden musste.

Besonders prägnant ist das kritische Bewusstsein vom Fehlen der Kriterien, ob ein Spruch wörtlich, metaphorisch, metonymisch oder mit einem geheimen Code aufzuschließen sei. In öffentlichen Debatten, etwa in Athen, wurde später nach Plausibilitätskriterien der Spruch angenommen oder angezweifelt; wenngleich gerade das zunächst Unplausible oft seine überraschende Plausibilität erfuhr. Das steigerte nicht nur den Ruf des Orakels, sondern auch die diskursive Versiertheit der Klienten, die bald über eine Vielfalt an Fertigkeiten verfügten. Das reichte von Buchstabengehorsam über Spitzfindigkeit und Dialektik bis zu poetischer Einbildungskraft. Auf Seiten der Orakelgeber führte die gefährliche Gratwanderung zwischen höchster Prägnanz und der Wahrscheinlichkeit der Fehlprognose zu einer subtilen Form der Reflexionsliteratur, die sich häufig damit salvierte, dass der Orakelnehmer in der Dunkelheit des Spruchs das Spiegelbild seiner Optionen nicht erkannt habe. «Erkenne dich selbst!» – dieser Spruch des Thales war im Tempel des Orakels neben anderen vorsokratischen Weisheiten zu lesen.

Natürlich darf man die Kultur hinter den Sprüchen des 5. Jahrhunderts, die uns durch Herodot und Thukydides viel bekannter sind, nicht mit dem Kontext der Theogonie gleichsetzen. Aber es gibt doch eine gemeinsame Basis zwischen den Ordnungsversuchen der Hesiodischen «Theogonie» und der Sortierung der Nachrichten in Orakelform um 700. Der größte Unterschied scheint noch in der ‹Interaktivität› des Orakels gegeben. Die Ratsuchenden wurden als Informanten abgeschöpft, während sie zugleich versuchen konnten, durch geschickte Fragen die Randbedingungen ihrer Antworten herauszubekommen. Die Dunkelheit der Antworten wiederum zwang den Fragenden, möglichst weit hinaus auf das Glatteis der eigenen Spekulation, wodurch die Weissagung aus der Verantwortung für die folgenden Tatsachen, die tatsächlichen Folgen der Orakelbefolgung entlassen war.

Ähnlich war die Rationalität des Hesiodischen Systems. Natürlich er-

539 J. Rickenbach: Delphi – Die Orakelstätte des Apollon als Mittelpunkt des Universums. In: Museum Rietberg (Hg.): Orakel – Der Blick in die Zukunft. Zürich 1999, S. 99.

scheint es von heute aus irrational, weil der Empirie widersprechend, dass Hesiod, als ob er vergesslich wäre, Götter gleich zweimal geboren werden lässt. Dennoch ist diese Verdopplung vernünftig, wenn damit ein unaufhebbarer Streit zwischen zwei Kulten geschlichtet werden kann. Weise war zum Beispiel die zeitliche Aufteilung der Kultstätte Delphi unter Apollon und Dionysos. Ähnliches geschieht bei Hesiod durch die eigenwillige Ordnung der Namen und der Namengebung, besonders im Bereich der Nyx. Dabei wissen wir oft im Einzelnen gar nicht, von welchen Problemen strittigen Besitzes, widersprechender Ableitung unterschiedlicher mythologischer, ritueller oder ästhetischer Auffassung die Namengebung und Reihenfolge der Namen die Lösung ist. Namen können in verschiedene Richtung deuten: in die Funktion (Klothos für engl. *clothes),* in die Klangassoziation, in eine Sukzession, in eine Metonymie (Hesperiden für Sternhimmel?); sie können Individualität betonen oder Gattung. Der Name «Atropos» kann als sprechender Name erscheinen, aber was spricht er denn? Der Hörer muss selber im Dunkeln tappen; bei allen einzelnen Lichtblicken muss der Hörer die generelle Dunkelheit voraussetzen, in der das einzelne Licht auftaucht.

Ähnlich ging es dem ‹Kunden› von Delphi; er konnte noch so skeptisch sein und die Pythia oder die Priester der Parteilichkeit verdächtigen: Bei aller Suche nach Klarheit musste er akzeptieren, dass diese *Nacht der Hermetik* im dunklen Adyton die notwendige Bedingung des *Auftauchens* der göttlichen Botschaft war. Wenn der Spruch göttlich war, kam er aus dunklen Quellen, aus den tieferen Quellen göttlicher Weisheit. Doch: Mochten die Pythia und der Dichter auch ergriffen sein von heiliger Ekstase und begeisterter Inspiration, der zweifelnde Hörer im Areopag oder der abwägende Hörer im Gesangswettstreit, sie mussten selbst trockenen Geistes und nüchternen Körpers im Dunkeln tappen. Damit haben wir drei Schichten Nacht oder Dunkelheit in und an Delphi. Zuunterst die dunkle Quelle und der verschlossene Schoß der Erde. Er ist nicht nur von Natur dunkel und opak, sondern auch, weil er von oben verschlossen ist. Er ist mit allem Nachdruck nicht nur metaphorisch ‹Nacht›. Auch die hesiodische Nacht ist stärker chthonisch als astral, und ihre verdeckende, verhüllende und (ver)bergende Fähigkeit wird zusätzlich betont durch das musische Jauchzen der eventuell drogenberauschten nächtlichen Erde, sowie durch die Wächterrolle der Nyx um Tartaros hier und den Omphalos da. Die oberste Schicht der Dunkelheit, die auslegungsbedürftige Nacht der Orakelsuchenden, hat zwar keine direkte Verbindung mit der untersten Nacht – aber eine phantastische. Von hier aus werden nämlich die Nachtfunktionen ins nächtlich dunkle Reich hinunterphantasiert. Rituell aber ist die chthonische Nacht durchlässig zur mittleren ‹Nachtschicht› der Pythia, der Inspirierten und der Ekstatiker.

Diese mittlere Schicht hat in der Manifestation der mantischen Trance nicht nur eine ‹geistige› Nachtbedeutung. Was hier hinauf- und hinuntergetragen wird an Fragen und Antworten, ist verborgen im Leib der innen Umnachteten und äußert sich als kommunikative und körperliche Anomalie (wirres Reden, unkoordinierte Bewegungen, Erschöpfung).[540] Offenbar muss dieses dunkle Gefäß, die pythische Jungfrau, nicht nur mehr an Botschaft ertragen als sie ‹hinüberträgt› (sie darf nicht alles sagen), sondern manchmal ist es auch mehr, als sie zu fassen vermag. Nach Plutarch soll zu seiner Zeit eine Pythia an der Wahrheit, die sie vernahm, geradezu gestorben sein.[541] – Diese innerleibliche Nacht ist also durch mehr als einen nur herbeigeholten Vergleich dunkel. Doch stellt dieser Körperraum der Passage zwischen Nacht I und Nacht III zugleich mit der Distanzierung von den Klienten[542] und durch die Annullierung jeder profanen Beziehung zwischen ‹Klerus› und Volk eine medientechnische Verdunklung dar, die vom Publikum her als negative Bedeutung von Dunkelheit aufgefasst werden musste: als Fehlen von Licht und Information, die aber zugleich die Passage in die heilige Dunkelheit erst erlaubte. – Zu Nacht III erst gehörte das, was professionelle Schreiber im Umkreis des Orakels in Versform setzten. Der Gegensatz zwischen der entrückten und besessenen Pythia und dem konzentrierten im Ausdruck freien ‹Ghostwriter›, dem statt ruckartigen Bewegungen die gebundene Form des Verses eignet, könnte kaum größer sein und wirft ein schräges Licht auf Ottos Begründung der Musenpräsenz mit der Form der Aussage. Aber auch

540 Auch Hesiods inspiriertes Ich ist innen dunkel wie eine Pythia, mit seinen Widersprüchen, Wiederholungen und unerhörten Andeutungen.

541 Plutarch: De defectu oraculorum. 49 (437 A-B), nach Rickenbach: Delphi, S. 105.

542 Ob überhaupt eine Transaktion zwischen Nacht I und Nacht III stattfand, das entschied nicht der Augenschein zwischen den Fragestellern und der Pythia, sondern eine göttliche Ziege. Reagierte diese nicht auf die Besprengung mit kaltem Wasser, fand keine Séance – und kein Geschäft statt.

Nacht III bleibt ein dunkles Gefäß: Nach Plutarch umgaben die Schreiber die «Antworten mit Versen und Kadenzen», «in welche sie wie in eine Vase eingeschlossen wurden».[543] – Leib der Erde, Leib der Pythia, Leib der Vase und das kleidsame Gefäß des Vergleichs, schlüssige Beispiele für die originäre Leibhaftigkeit der Nacht und ihre Übertragung in die Nachtästhetik.

Zurück zur Nacht des Schicksals

Die mit der Übernahme des Python-Orakels durch den Uteroiden Apollon[544] einsetzende Entsubstanzialisierung der chthonischen Nacht dürfte aber zur Zeit Hesiods noch nicht sehr weit gediehen sein. Auch Hesiod ist kein großer Apoll-Bewunderer, obwohl ihm der Glaube bekannt ist, dass die Sänger und Kitharaspieler (also auch er) von Apollon und den Musen abstammen (Th. 94). Vielmehr interessiert ihn, wie Zeus das Schlangenloch der Erde (498) verrammelt. Vielleicht spielt hier Hesiods Konkurrenz zum apollinischen musischen ‹System› eine Rolle, das verwandte Züge trägt. (Ursprung der Rede aus einem gähnenden Spalt) Ein gewisser orakelnder Rationalismus eignet immerhin auch der hesiodischen Namensordnung und besonders in seiner Nacht-‹Bearbeitung› wird das deutlich. Wichtiger sind Ähnlichkeiten in der Legitimation und in der Wirkung seiner ästhetischen Geltung: die dunkle musische Quelle der Inspiration (Nacht I) und die Zulassung des Zweifels beim Adressaten (Nacht III). Nacht I bezieht sich hier auf den Sehnsucht erweckenden nächtlichen Tanz der Helikonischen Musen, Nacht III auf die Warnung der Musen selbst, dass sie auch Falsches künden könnten. Dazwischen aber befindet sich jene leibhaftige Nacht des Dichters, aus der heraus die Musen singen, so wie Apollon aus der Pythia spricht. Diese hesiodische Nachtschicht II ist zwar ähnlich der delphischen, aber dadurch von ihr unterschieden,

543 Plutarch, De Pythiae oraculis, 25; zit. n. Rickenbach: Delphi, S. 108.

544 Trotz seiner Jungmänner-Lieben (Hyakinthos und Kyparissos) bleibt Apollon auf den Uterus fixiert. Mit der Besetzung von Delphi, dem Uterus der Uterusse, besetzt er nicht nur den Ausfluss der Weisheit, sondern eben jenen Ort, von dem die Drachensaat ausschwärmte, ihn am Verlassen des mütterlichen Uterus zu hindern. Deshalb nenne ich ihn einen Sohn der Gebärmutter.

dass sie gerade nicht das Publikum fernhält, sondern mit ihm besonders stark kommuniziert. Das mantische Wahnpotenzial ist ausgeglichener verteilt auf Dichter und Zuhörer, auf Inspiration und Einbildung.[545]

Dass Phantasie Dunkelheit brauche, ist ein solcher Gemeinplatz, dass es schwerfällt einzuräumen, dass man mit diesem ‹locus› einen phantasielosen Begriff von Dunkelheit gebraucht, nämlich den des fehlenden Lichtes und damit fehlender Information. Die gemeinsame physische Gegenwart einer dunklen Macht, die aus dem (am hellen Tage sichtbaren) Dichter hervorströmt, mit einer dunklen Macht der Einbildung gegenüber dem Gesang (im Hörer) bedeutet aber, dass die Dunkelheit miterfahren wird und werden muss. Dazu gehört eine Verschiebung der Aufmerksamkeit, nicht einfach nur Blindheit. Was diese Verschiebung der Aufmerksamkeit bewirkt, das möchte ich am Nachtkinderkatalog zeigen.

Natürlich interessieren mich auch die Vorstellungsinhalte zu Nacht, die um 700 in dieser Passage manifestiert sind. Doch glaube ich darüber hinaus, dass die musische Funktion gerade dieser vergöttlichten nächtlichen Emergenzen darin besteht, für den *ganzen Gesang* jene Form des leichten ‹Wahnsinns›, die wir Imagination nennen, verstärkt zu evozieren und jene dunkle Grundierung der Aufmerksamkeit zu erreichen, auf deren Basis die Einbildung baut. – Der Wahnsinn des Sängers muss allerdings einigermaßen heftiger sein als derjenige, den er selbst beim Hörer erzeugt. Es ist keine Metapher oder gar nur eine gedankenlose Façon de parler, wenn für Hesiod und Lyriker nach ihm die Muse(n) aus dem Dichter selbst sprechen / singen, wenn das Dichter-Ich ein Anderer, eine Andere ist. Sie glauben das im Ernst.[546] Und nur so ist das gegen die Erfahrung, die Vernunft und die Tradition Verkündete glaubhaft: als aus dunkler Quelle auftauchend. Diese An-

545 Hinzu kommt, dass Hesiod auch lügen kann. Schlesier zufolge tut er das, wenn er behauptet, seit Prometheus bekämen die Götter nur verbrannte Knochen (Th. 556, Schlesier, S. 427). Während der Dichter einerseits für Nachtschicht I eher archaisierend kultische (nicht mythologische) Wahrheit in Anspruch nimmt, das heißt eine Inspiration, deren Quelle eine Art Wahnsinn von musischen Orakel priesterinnen sein könnte, halten wir ex post eher sein Vermögen, lügend mit dem Nüchternen zu vermitteln, nüchtern seinen Rausch auf uns zu übertagen, für die Befähigung zu einem ästhetischen System. Die Lüge wird in der innerleiblichen Nacht (II) des Dichters erfunden und wirkt in der Nacht (III) des Zweifels zwischen Hörer und Sänger.

546 Vgl. W. F. Otto: Die Musen, S. 31–35.

dersartigkeit der nächtlichen Wahrheit gilt es, sich zu merken: Sie liebt die Differenz zwischen Bedeutung und Bedeutetetem; denn sie ist erotisch, weil sie inspiriert ist. Als diese musische Wahrheit entsteht sie im Dunkeln und äußert sie sich dunkel, denn dunkel ist das Medium des Widerspruchs.[547] Ihr gegenüber steht die spätere platonische Wahrheit, die alles Wahre im Lichte und im Lichte der Gleichheit (adaequatio) sieht.

Wieso hat der Nachtkinderkatalog exemplarische Bedeutung für die ganze «Theogonie»? Weil er, jenseits der traditionell verbreiteten himmelsbetonten Nachtbilder, der Vorstellung und dem Gefühl den Raum für eine innere Nacht ‹einräumt›. Dieser Nachtraum ‹tut sich auf› durch die einzelnen Beziehungen zwischen ‹verrückten›, fragmentierten und überdeterminierten Bedeutungen der einzelnen ‹Kinder› und ihrer mitgebrachten ‹Nächtlichkeit›. Die Sonderstellung dieser Passage ergibt sich darüber hinaus aus der besonderen Betroffenheit der Rezipienten von dieser Passage, da es mehr um die menschliche Existenz selbst geht als um irgendwelche der wahrlich vielen Götter. Der dritte, auch schon behandelte Gesichtspunkt ist die genealogische Sonderrolle der Liste von Nachtkindern, die sich nicht weiter fortpflanzen, sondern wie eine Repräsentanz der menschlichen Nachtseite die Perspektive auf das zunehmend entrückte Licht der Herrschenden umkehrbar halten. Am folgenreichsten scheinen mir die Techniken der Verrückung / Verfremdung (Hesperiden / Moiren), der Fragmentierung (Oizys, Nemesis) und der Überdeterminierung (doppelte Genesen von Musen und Moiren) zu sein. Bestimmte Wörter sollen hier nicht die «Bestimmung» festlegen, sondern eine Stimmung verdichten, die einige Nachtkinder per se schon ‹evozieren› (Jammer, Tadel, Träume); aber sie sollen eine nicht auf diese Worte fixierte Gestimmtheit erregen. Diese Gestimmtheit ähnelt oft verblüffend derjenigen der realen Nachterfahrung, die ja auch eine der Verrückung / Verfrem-

547 Sokrates selbst freilich wäre in vielem von diesem Platonismus-Vorwurf auszunehmen – nicht weil er etwa, wie Otto zitiert, die «Eingeistung und Wahnsinnigkeit» von den Musen bei den Dichtern für schöpferischer befindet als das Virtuosentum (Platon: Phaidros, 245. In: Sämtliche Werke. Bd. 4, Reinbek [8]1969, S. 26), denn das ist bei ihm eigentlich auf den Dichter eingeschränkt, sondern, weil er ein zu spöttisches Verhältnis zu dunklen wie hellen Wahrheiten und vorschnellen Identifik(a)tionen hat. Kann er doch noch nicht einmal «nach dem delphischen Spruch» sich «selbst erkennen» (229e).

dung, Fragmentierung und Überdeterminierung ist. Aus allnächtlichen Erfahrungen wissen wir, wie wirksam nach solchen Zerrüttungen unserer all*täglichen* Souveränität das Auftauchen nächtlicher Bilder ist. Sollte es auch Hesiod *darum* gegangen sein?

Nach der Gegenüberstellung einer der wichtigsten archaischen Institutionen der Griechen mit dem ausführlichsten Nacht-Text (der in archaischer Zeit kanonischen Rang hatte) scheint die Vermutung nicht unbegründet, dass die ‹hellen› Hellenen aufmerksamer für ihre Nachterfahrungen waren als die griechische Klassik und dass sie vor allem auch in manchem andere Vorstellungen damit verbanden. Die chthonische Nacht (der Erde und des Unterirdischen) war ihnen wichtiger als der vom Nachthimmel überwölbte Raum mit seinen Sternen. Mit dem chthonischen Raum war aber der innerleibliche intensiv verbunden (Mantik und Inspiration). Mythopoetisch werden diese beiden Bereiche von Hesiod noch einmal zusammengeführt, indem er der Nacht das Chaos voranstellt, einen dunklen Konkurrenzleib zu Gaia, und indem er andererseits aus der Göttin Nacht innerleibliche Zustände, Daseinsformen und Konditionen hervorgehen lässt. Aus dem Kontext der Orakelsituation einerseits und der Passage der Hörer durch die Nacht ergibt sich die Dunkelheit der Phantasie, der Übertragung, der imaginären Ansicht auf Bilder. Aus dieser verallgemeinerten Beschreibung lassen sich zwei weitergehende Hypothesen entwickeln: 1. Bildlichkeit, das Vermögen der Realisierung einer Art Zweifaltigkeit, entfaltet sich individual- und kulturhistorisch aus einer inneren Nacht. Das Bild ist zuerst ein Nacht-Bild, weil es ein Bild *in* der Nacht ist. 2. Der poetisch selbstbewusste Weg in diese Bildlichkeit wird bei Hesiod bereits mit einem auch thematisch als Nachtbild zu bezeichnenden Bild erhellt, mit einer Nacht-Ansicht: vom Tartaros. Die Thematisierung des Raums der Bildlichkeit im Bild selbst, indem es eine Nacht thematisiert, hätte dann eine genuin ästhetische Absicht zum Grunde, nämlich die, das Gefühl für den Schwellencharakter der Passage zwischen den Ebenen zu steigern (die sich ineinander spiegeln).

Doch kann überhaupt eine so weit gehende Extrapolation aus einem apokryphen Katalog, der nur einen kleinen Teil des Hesiodischen Werkes darstellt, eine ganze vor- und früharchaische ästhetische Auffassung repräsentieren? Meines Erachtens entspinnt sich gerade aus dem wirren Knäuel, aus dem Haufen Werg, in dem die Moiren mit den Keren und Nemesis verstrickt sind, ein tragfähiger Faden zunächst durch eine Nacht der Existenz[548], zu der die Nacht als göttliche Mutter aufgewertet wird, bis hin zur ästhetischen Gesamtkonzeption der musischen Evokation von (hellen) Vorstellungsbildern aus der dunklen Nacht leibhaftiger Vorstellung. Die Führungsaufgabe der Moiren scheint auf den ersten Blick nicht zwingend, nehmen sie doch nicht allzu viel Zeit im Vortrag für sich in Anspruch. Ihre Bedeutung wird erst klar, wenn man sie mit den Musen vergleicht, die ja das musische Programm Hesiods repräsentieren. Sie ähneln, trotz des krassen Stimmungsgegensatzes bei ihrem jeweils ersten Auftreten, den Musen – oder treten in signifikanten Gegensatz zu ihnen.

	Musen	**Moiren**
Nacht ist	Medium des musischen Auftauchens	Mutter der Moiren
Mehrfach-Nennung	Im Vor- und Hauptgesang	Unter Nyx und Themis
Doppelte Herkunft	Helikon und Olymp	Verschiedene Mütter: Nyx und Themis
Delphi	Doppelter Wohnsitz nicht bei Hesiod, vgl. aber Musenquelle	Nicht bei Hesiod, vgl. aber Omphalos
Apollon	Zeugt mit Musen die Sänger und Kitharoiden	Apollon *Moiragetes* in Delphi
Lorbeer	Lorbeerzweig für Sänger, glückselig (96)	Pythia mit Lorbeerkranz und -Zweig verbrennt Lorbeer. (Rickenbach: Delphi S. 107)
Schlange	Kräuter der Musenlandschaft gegen Schlangengift (Schlesier: Musen, S. 410)	Delphi = Pytho: Grab des Typhon

548 Damit ist der Nachtkinder-Katalog angesprochen.

Wahrsagung	Als Gabe auch an Hesiod (Th. 32) Täuschend echte Lügen (27)	Vorherbestimmung (Th. 218)
Trugvermögen	Vergessen und Lügen	Schwestern von *Träume* und *Täuschung*
Gaben	Gute Gaben, aber Vergessen und Lügen	Gute und böse Gaben zugleich (Th. 906)
Todesnähe	Früher Klageweiber (Od. 24,60)	Schwestern von Ker und Thanatos, Nähe zu Keren (217)
Emotion	Mit Begehren, Liebreiz und Freude, weitergebend an Zeus, Sänger und Hörer (Th. 64)	Göttliche Wut im bösen Blick – unerbittlich (Th. 221)
Bewegungsformen	Tanz und Gesang; Eilen (68)	Gleichgewicht haltende Spinnerin; Verfolgung
Gesetze	Singen aller Dinge Gesetz (66), befähigen den Richter (83)	Erst Exekutive (216), dann Satzung der Mutter Themis (901)
Ort	Draußen, unterwegs	Drinnen, unentwegt Wochenbett, Delphi
Akustik	Gesang, Sprache, Tanzgeräusche (70)	Wortlos, geräuschlos. Erst bei Platon (Politeia, X) mitsingend
Optik	Musen kaum sichtbar, aber nächtliche Vision	Mit lähmendem Blick holt die Vergangenheit die Gegenwart ein.
Schlaf	Nach Hesiod: Musen singen in Schlaf (Pindar: 1. Pyth. Ode)	Hypnos Bruder der Moiren
Spiel und Zwang	Umstimmung, Pause, fast Zeitumkehr (Th. 89,103)	Unumkehrbarkeit (Atropos) (218)

Mögen die Indices aus zu verschiedenen Sphären stammen, mag auch vieles an alten Hörgewohnheiten und kommenden Tendenzen mittransportiert worden sein, so ist doch die schiere Menge der Vergleichspunkte ein Argument, die Moiren und die Musen für korrelativ zu halten. (Hesiod muss auch die von ihm verschwiegenen Aspekte der Moiren – wie Wahrsagung und Anwesenheit in Delphi – als Voraussetzung der aktuellen Rezeption bedenken.) Die Moiren vertreten das Programm der Nacht, wie die Musen das der ganzen «Theogonie». Wenn dem aber so ist, dann ist die ganze moirisch geprägte Nachtpassage Widerlager und dunkler Spiegel im Herzen der *Theo*gonie. – Müsste dann aber nicht die Nachtpassage mehr in der Mitte des Ganzen zu erleben sein, und müsste sie nicht mehr quantitatives Gewicht haben? Nein, auch das Herz ist relativ zum Körper klein und schlägt auch nicht im geometrischen Mittelpunkt des Körpers: Bedenken wir, wie wichtig Hesiod die Frage war, was der Beginn von allem war (115) und wie wichtig ihm die Genealogie vom Anfang her ist. Die älteste Linie, mit Chaos beginnend, ist aber später, das heißt nach der Nacht, ohne weitere Nachkommen. Dennoch bleibt etwas, das sonst nirgendwo vorhanden ist, aber die ganze Theogonie mitbestimmt: die Perspektive der Sterblichen.

Dieser Basso continuo menschlicher Grundstimmung in Bezug auf die Göttergeschichten schlägt im Herzen der Zuhörer den Takt zu dem, was die Musen aus Hesiod singen. Dass sie, die Moiren, bisher kaum im Zusammenhang mit den Musen gesehen wurden, liegt trotz der vielen ähnlichen Attribute hauptsächlich an ihrer fundierenden Gegensätzlichkeit im kultischen Raum, in Zeit und Gelegenheit. Spiegeln die Moiren *innerhalb* des Gesangs die bedeutenderen Musen, so spiegeln außerhalb des Gesangs die Musen die bedeutenderen Moiren. Kritischer formuliert: Die musische Anmutung von ‹Freudenmädchen› (916) verdeckt oder verspiegelt die Ahnung der Moiren als morosen Plagegeistern. In dieser Gegensätzlichkeit gehören sie wesentlich zusammen. Die Moiren sind die ‹Nachtseite› der Musen. Beide Lager ähneln dem Lager von guten und bösen Feen.[549] Dass

549 Die Art, wie die vergessene Eris verspätet auf der Hochzeit von Peleus und Thetis erscheint und den goldenen Streit-Apfel mit dem Motto «Der Schönsten» in die Versammlung wirft, eine Bombe, an der Troja und Mykene und andere zugrunde gehen, ähnelt der Art der 13. Fee im Märchen «Dornröschen». Vgl. R. Abenstein: Griechische Mythologie. Paderborn 2005, S. 196.

die begütigenden Musen bei Hesiod zu neunt sind, zeigt, wie schwer das nächtliche Schicksal an der nachtästhetischen Atempause hängt. Die Erinnerungskünstler propagieren die Nacht des Vergessens. Andererseits verkünden sie auch Wahres. Dieses Wahre ist in der Nacht der Vergangenheit zu suchen, in einem Jenseits, in das die Musen führen.

Dieses Bild der Moiren als der Nachtseite der Musen ist insofern unscharf, als es um einen Vergleich von Moiren und Musen *in* der Nacht geht, in der ästhetischen Nacht Hesiods, der nachts von Musen auserwählt wird, wie auch der ästhetischen Nachtlandschaft der Griechen im Übergang zwischen der Zeit des Aufbruchs aus den «dark ages» und der früharchaischen Zeit überhaupt und in der Phantasie seiner Hörer und Leser. – Auch ist unser Begriff der Nachtseite (nicht von Anfang an, aber seit 140 Jahren) stark pejorativ gefärbt[550]; doch kann man die Hesiodische Nacht, die den hellen Tag und das Blau des Himmels gebar, nicht als rein negativ auffassen. – Dennoch ist der Gebrauch des Bildes der ‹Nachtseite› für die Moiren gerechtfertigt, weil er Tradition hat.[551] Otto hat (1929) diesen Ausdruck für die Moiren gebraucht, um an ihnen die radikalsten Verneinungen seines leuchtenden Olymps aufzugreifen und zurückzuweisen.[552] Nach Otto befänden sich die Moiren auf der Nachtseite der Götter überhaupt, und da die Musen seiner ästhetischen Quasireligion zufolge die Quintessenz der griechischen Religiosität darstellen[553], dürfte er dem Antagonismus zwischen Moiren und Musen wohl nicht widersprochen haben.

Doch Otto konzentriert sich bei der Moirendarstellung seines Pandämoniums unter dem verräterischen Titel «Das Schicksal» ganz auf Homer

550 Vgl. H.-G. Friese: Metaphern der Nacht, Nacht der Metaphern. In: Paragrana 2000, H. 1.

551 Vgl. auch K. Heinrich: Parmenides und Jona. Frankfurt 1966, S. 187, Anm. 37 im Titelaufsatz, wo er von der «Nachtseite der Hesiodischen Theogonie» spricht. Der Ausdruck ist insofern glücklich, als es diese Nachtseite ist, als Chaos, Nacht und ihre Kinder oder als Tartaros in / unter Gaia, die in ihrer ‹Seitigkeit› (abseits, gegenseitig) die Räumlichkeit erst begründet, welcher der Bildlichkeit bedarf. Der moirische Einschluss in die ‹Atempause› garantiert, dass es hinterher weitergeht mit dem Fadenzwang der Geschichte. Dadurch ist das Musische Teil der ‹historischen› Wirklichkeit.

552 Otto: Die Götter, S. 339.

553 Otto: Musen, S. 27: «Man kann die Musen die Seele des Olympischen Zeusreiches nennen.»

und allein auf das Vorkommen der nur halbwegs personifizierten Gestalt der Moira (kaum auf ihr Verhältnis zur Homerischen Sprache und seiner ästhetischen Disposition). Da fällt es ihm leicht, alle moirischen Elemente unter dem Stichwort des *menschlichen* Schicksals zwar der Nachtseite anheimzugeben, aber sie zugleich strikt von der typisch griechischen *Gestaltung* der *Götter* getrennt zu halten. Letztlich läuft das auf die Behauptung hinaus, diese Nachtseite könne gar nicht das griechische Lichtreich in Frage stellen, weil sie nur den Schatten, das Verdecktsein der Götter darstelle. Wenden diese sich ab, wird es Nacht (des Schicksals).[554] In dieser Konsequenz gibt es für ihn keinen Dualismus gleichwertiger Kräfte von Licht und Nacht, weder bei Homer noch bei allen andern edlen Geistesgriechen.[555] Denn Götter *sind* Er*scheinung*, das ist seine Religion. Das würde bedeuten, dass schon vor Hesiod das vermeintlich randständige Chthonische der griechischen Glaubensorientierung ästhetisch untergegangen wäre. – Für Hesiod indessen schiene eine solche Behauptung Ottos unverständlich, da doch dieser Musenliebling besondere Sorgfalt auf Plazierung und Komposition der Nacht verwandt hat.

Worin besteht aber dann der Gegensatz zwischen Musen und Moiren bei Hesiod, wenn er nicht im Unterschied von Tag und Nacht, gut und böse, positiv und negativ zu sehen ist. Nun, in der Art der Stimmung – die Musen machen U-Musik, die Moiren wecken ernste Bilder. Die Schwerpunkte ihrer ‹Kunst› sind verschieden verteilt auf visuelle und auditive Phänomene (die sich im Medium der Schrift indessen als *imaginäres* Erlebnis annähern). Andererseits ist man geneigt, die Musen, wegen der dicken Luft, welche die Moiren verbreiten, für irgendwie ästhetischer zu halten. Dann fällt indessen auf: Die Moiren kommen ja hier vor als Teil des Musenliedes. Zugleich ist das, was die Moiren repräsentieren (Sterblichkeit, Mangel), der Grund des Musengesangs: zu vergessen. Zugleich kann in diesem Raum des Vergessens die Wahrheit erst verkündigt werden. Die Jämmerlichkeit des außermusischen Lebens, der Skandal der Sterblichkeit, werden erst innerhalb des Musengesangs in den Adelsstand des würdigen Ernstes (das Unabwendbare an Atropos) und der tragischen Sterblichkeit erhoben (vom bösen Blick zum gemessenen Schritt im Zeus-Gefolge). Wenngleich

554 Otto: Götter, Sn. 339, 341 und 369.
555 Vgl. ebd., S. 369.

diese musischen Wahrheiten über den Ernst des Lebens durchaus wieder hinausfinden in dessen prosaische Bewältigung, so bleibt für diese erbauliche Funktion eine fast kultische Liquidationsbewegung von zwei Gegen-Sätzen wichtig: zunächst nächtliche Erweckung versus seliges Vergessen, dann und in diesem Zustand: Wiederkehr des Verdrängten als Eindunklung der imaginierten Szenerie.[556]

Die Ebenendifferenzierung und ihre Thematisierung machen das genuin Ästhetische aus, das aber gebunden bleibt an die Vortragssituation und die weiteren damit verbundenen Kontexte wie Fest, Wettkampfsituation der Vortragenden und ähnliches. Für Otto, darin eher Gläubiger als Ästhet, versinkt um seine lichte Offenbarung herum alles ins dunkle Einerlei: der rituelle Kontext, das traditionelle Wissen und die Metaphern der Existenz. Für Otto sind das alles Inhalte einer philologischen Liturgie, die sich an der gehabten Vision des griechischen Glanzes ihr eigenes Procedere schafft. Da kennt er keinen Unterschied mehr zwischen der chthonischen Nacht alter Erdreligion[557], die bei Homer nicht mehr «das Wesen des Göttlichen»[558] trifft, und andererseits der Nacht als bloßer Metapher für den *Dunstkreis* der Moira, in den uns Otto mit einem letzten Satz aus dem Paradies seines Götterhimmels vertreibt: Den homerischen Helden bleibt nur die *Größe* des Sterbens. «Für sie tritt auch die Göttin [Moira], die zu Gefahr und Unglück geworden war, noch ein; und sie darf der Gestürzte mitnehmen in die stumme Nacht, die keinen Herzschlag und kein Heute mehr kennt.»[559]

Die spezifisch ästhetischen Gegensätze zwischen Musen und Moiren gilt es deshalb zu beachten, weil sie schon bald, im 6. Jahrhundert v. Chr., nicht mehr ganz geheuer gewesen sind, oder sagen wir es neutraler: weil die Idee einer Gesamtästhetik im Dienste einer würdigen Ausgelassenheit, die alle Kunstzweige tendenziell mit den gleichen Kriterien beurteilte, zu-

556 Hinzukommt die vermutliche Kehrtwende am Schluss der Theogonie, die wieder hinausführt aus den Gesang. Denn Hesiod macht im Prooemium erwarten, dass am Ende ein Hymnos auf die Musen erfolgt. Dieses Ende ist allerdings nicht überliefert.

557 Otto: Götter, S. 192.

558 Otto: Die Götter, S. 193 – Dieser theosophische Monismus des ‹Wesens› ist wesentlich unhomerisch.

559 Otto: Die Götter, S. 369.

mindest im athenischen Einflussgebiet um sich griff. Damit sei vor allem angesprochen: die zunehmende Staatsfürsorge für das Gesamtkunstwerk der Feste seit dem ersten Gesetz über die Homer-Rezitation von Solon (594 v. Chr.), für die ersten Panathenäen als Tempelfeste der Athena (spätestens seit 566/5 v. Chr.), für die Reform der Großen Dionysien (535 v. Chr.) und die Neuherausgabe Homers durch Peisistratos (525). Die allgemeine ästhetische Tendenz zur Koinzidenz von Ausgelassenheit und Rückbindung an den Fadenzwang (in Kalenderordnung, Kanonisierung von Texten und horrorreduzierten Riten) zeigt sich im Repertoire der materiellen Bilder des 6. Jahrhunderts unter anderem daran, dass der ikonologische Zusammenhang der Moiren mit Nyx fehlt und dass man Moiren- von Musen-Darstellungen kaum noch unterscheiden kann. Auf dem Volutenkrater des Kleitias aus Chiusi, der sogenannten François-Vase von circa 570[560], sind sie ebenso nebenher laufende Groupies der großen Götter in ihren Vierergespannen wie auf dem Dinos des Sophilos von ca. 580 (und mit dem gleichen Thema des Hochzeitszuges zu Peleus und Thetis).[561] Dabei werden die Wirklichkeitsbereiche vernachlässigt, aus deren Wirkung auf die Erfahrung die ästhetischen Muster oder Vorstellungshöfe stammen: die Nachtluft hier und dort der Faden.[562] Was den Musen ‹abgeht›, ist die Wolle, was den Moiren fehlt, ist die Musik.[563]

Und doch hat es Platon, wiederum rund 200 Jahre später, geschafft, den Schicksalsfaden der Moiren mit dem himmlischen Gesang zu verbinden und den Stoff, der seit alters her eher dazu taugt, Geräusche zu dämmen, in die Musik einzuspannen. In seinem Jenseitsbericht des ‹Er›, im 10.

560 K. Schefold: Früharchaisch, S. 188 f.

561 Ebd., S. 220 f., Abb. 229 g und 229 h.

562 Auch wenn die Reduktion der Moiren auf das Spinnen und den Stoff ein ideologischer Kommentar zur tatsächlichen Kasernierung, ja Industrialisierung der Frau bis zur Entwicklung des mechanischen Webstuhls darstellt, bleibt unabhängig davon die ‹vielschichtiger› werdende Idee des Bildes zu würdigen, nicht nur des Vorstellungsbildes, sondern vor allem des materiellen Bildes. Dass *Stoff* im Deutschen sowohl das Trägermaterial als auch das darauf Bedeutete bezeichnet, bezeichnet einen Ahnungsrest.

563 …jedenfalls den Spinnerinnen. Als Wahrsagerinnen, z. B. im Mythos von Meleagros, der uns von Stesichoros (ca. 600 v. Chr.) überliefert ist, singen die Moiren die Zukunft des Helden. Siehe Kerényi: Mythologie II, S. 96. – Die Kleidung der Musen ist (vielleicht nur): nächtlicher Dunst (Th. 9).

Buch der «Politeia» wird uns ein Bild der Welt gegeben, in welchem die Moiren in eine Spindel greifen, die die Welt im Innersten bewegt und zusammenhält. Sie greifen aber in diese Spule, als ob sie in die Saiten griffen. Durch diese Beeinflussung des Drehimpulses erhalten sie das ‹Lied der Welt›, das freilich nicht mehr so jauchzend ist, wie das der Musen. Woher sollte auch der Überschwang kommen, sind doch die drei «Mören» inzwischen nicht mehr Kinder der Nacht, sondern der Notwendigkeit.[564]

Vielmehr erhalten sie so den jeweils nur einen Ton der jeweiligen Sirene, die auf den jeweiligen Sphärenbahnen diese Spindel der Notwendigkeit umkreisen und dabei eine Sphärenharmonie erzeugen: Höhere Schönheit aus Bescheidung in die Jeweiligkeit; das macht die altehrwürdigen Herrscherinnen über Zukunft und Vergangenheit (wahrsagend, ‹nachtragend›) zu schnurrenden Rädchen im Lauf der Welt.[565] Der Gedanke, dass sie durch Beschleunigung, Verlangsamung oder rhythmische Gestaltung dieser Drehorgel die (nicht sehr) musikalische Ordnung, den ‹kosmos›, in Ekstase oder Entropie versetzen könnten, ins Schrille oder in den Bass – in den Dithyrambus oder in den Blues, kommt diesen Kindern der Notwendigkeit – Platons Notwendigkeit – natürlich nicht. (Immerhin singen sie mit.) Dass sie aber überhaupt mit ihren Fäden die Verbindung zur Sphärenharmonie herstellen können, das liegt daran, dass Platon ihr Garn unendlich fein gesponnen hat: zu reinem Licht (616e–617a).[566] An

564 Platon: Politeia. In: Ders.: Sämtliche Werke. Bd. V, Frankfurt 1991, Buch X, 617a., S. 776f.

565 Wie soll auch nur ein Bewusstsein einer der drei Moiren noch zeitmächtig sein, wenn jedes nur das Seine zeitigt; denn Lachesis singt nur das Vergangene, Klotho nur das Gegenwärtige, Atropos aber allein das Zukünftige. (Platon: Politeia, X, 617c) – Die synoptische Vorstellung einer symbolisch-harmonischen Gleichzeitigkeit der drei Zeiten schleift die Erfahrung der zeitlichen Differenz ein, welche doch entscheidend für den Aufbau von Zeitbewusstsein ist.

566 Damit ist noch nicht der Endpunkt der Sublimation des Spinnens erreicht. Vielleicht inspiriert durch Platons Modell, hat Brian Greene in «Das elegante Universum», Berlin 2000, eine Welt aus (superkleinen) Saiten komponiert, an denen aber nicht ihre Anbindung wichtig ist oder ihre Lichthaftigkeit, sondern ihre Fähigkeit, das Universum in Schwingung zu bringen. Die «Schwingungsmuster» komponieren die Evolution des Universums (S. 163). Das hindert ihn freilich nicht, zuweilen nach Bildern aus dem textilen Bereich zu greifen (z. B. «Flechtwerk», S. 13).

Platons imaginativer Verzwirnung von Faden und Lichtstrahl leuchtet noch einmal die Bedeutung einer *aus der textilen Erfahrung gewonnenen Vektorisierung im Dunkeln* auf, bevor der Faden als ein taktiles Licht in der Nacht das paradigmatische Feld einem ‹reineren› Licht des christlichen Abendlandes überlassen muss. (Es ist das Licht der Idee.) – Ein zweiter Gegensatz zwischen Moiren und Musen wird freilich auch bei Platon nicht aufgehoben, sondern vertieft: Die Moiren sitzen im Sessel.

5. Der Stoff der Nacht, aus dem die Bilder sind

Auswirkung der Moiren-Rezeption auf die Nacht-Vorstellung

Die Moiren sitzen im Sessel und geben keine Nacht-Vorstellung mehr. Möglicherweise fördert Platons Einfluss auf die folgende Moiren-Rezeption die Abkoppelung von jeglichem nächtlichem Wirkungsraum und Milieu. Zugleich wertet er die spätarchaisch und klassisch vernachlässigten Schicksalsgöttinnen ontologisch und ästhetisch wieder etwas auf. Er wertet sie ästhetisch auf, indem er sie singen lässt und indem er ihre Fäden, die doch die Welt zusammenhalten, aus Licht und Farbe sein lässt. Die Fäden sind da, wo sie aus den Rändern des Himmels zu einer Säule zusammenlaufen; sie sind aus Licht, sagt Er, sagt Sokrates, sagt Platon. Die Säule um die Achse der Spindel sei einem Regenbogen vergleichbar, «aber glänzender und reiner» (616,b). Diese Fäden sind geradezu das «Band des Himmels, welches wie die Streben an den großen Schiffen den ganzen Umfang zusammenhält» (616,c). Stoff (Faden), Farbe, Musik und Licht – es werden also ‹ästhetische›, das heißt hier: schöne Bestandteile des Kosmos ‹verknüpft›. Diese schönen Elemente dienen nicht der Unterhaltung oder dem Vergessen, sondern der Aufrechterhaltung der Ordnung des Seins.

Dennoch ist gerade das Bild einer Spindel der Notwendigkeit aus Fasern von farbigem Licht etwas zu subtil für die Funktion, die Spindel und Faden für das Ganze haben: Verbindung, Halt und Antriebsriemen in der Einheit von konzentriertem Ganzem und detailliertester Filiation scheinen doch nur in einer besonderen materiellen Konsistenz wirken zu können. Ein System, das vom Prinzip der Gleichmäßigkeit zwanghafter Drehung, eben der Notwendigkeit, seinen Wirtel-Impuls für den Zusammenhang von allem, bis zum äußersten Klang der Welt bezieht, ein solches System aus Zwang und Klang braucht, zumindest in der platonischen Welt-Anschauung, einen stärkeren Faden. Diesen Faden gibt es indessen, wenn er auch nicht irgendwo äußerlich angebracht ist. Dieser ästhetisierte Kosmos besteht aus gefesselter Bewegung der Moiren und Sirenen, aus mentaler Disziplin zur Wiederholung, aus Fleiß und Sitzfleisch. Von diesem Himmel aus ist es gleich weit zum jauchzenden Tanz der Musen wie zum gnadenlosen Hass der Keren.[567] Trotz aller Ähnlichkeiten mit einem anderen notwendigen Nabel der Welt in Delphi ist an den platonischen Fadenzupfern vor allem die Unaufhörlichkeit, Genauigkeit und eine gewisse Mechanisierung der ineinandergreifenden Teile und Stimmen zu bewundern. – Hans-K. und Susanne Lücke machen denn auch im weiteren Gang durch den Stoff eine Tendenz zur Verbeamtung und zum Skribententum bei den Moiren fest. Schon bei Ovid, dann bei Remigius herrscht eine Anmutung geradezu buchhalterischer Penibilität textverarbeitender Systeme vor.[568]

Selbst ihre Emsigkeit können wir noch als Motiv bis zur ehrlichen Spinnerin Homers zurückverfolgen. Tatsächlich konnte das Spinnen immer schon an fast jedem Ort zu fast jeder Zeit erfolgen, was allein schon ein Anreiz sowohl zur ‹Industrialisierung› der Arbeit wie zu derjenigen der inneren Arbeitseinstellung war. Es wurde immer schon nachts oder/und in abgeschlossenen dunklen Kammern zur (einem Krieger vielleicht sogar mysteriös erscheinenden) Verwandlung von Fleiß in Reichtum betrieben. Und der Assoziationsfaden, der die eintönige Arbeit des Spinnens mit der Endlichkeit des Lebensfadens verband, ist eigentlich nie gerissen. Im «Pentamerone» von Giambattista Basile sagt die faule Spinnerin Saporita zu ihrem Ehemann, welcher durch und durch Kaufmann ist und ihr für jede (!) Rolle Garn sein ganzes Herz schenken will[569], sagt also Saporita:

567 Die Moiren machen auch nicht mehr die Drecksarbeit; «gewisse wilde Männer», «ganz feurig anzusehen», aber auf Ruf hin «bei der Hand» (615,e), erledigen das. – Man bemerkt die Handschuhe, mit welchen Platon den Kontakt vermeidet zwischen der vom moirischen Ammenlied eingelullten *Ananke* und ‹des Todes grausamer Pranke›.

568 H.-K. und S. Lücke: Antike Mythologie. Reinbek 1999, S. 554; im Weiteren zitiert als Lücke.

569 G. Basile: Das Märchen der Märchen – Das Pentamerone. Hg. von R. Schenda. München 2000, darin vom vierten Tag die vierte Unterhaltung: Die sieben Schwarten (S. 333). Der Kaufmann scheint den neuen Zusammenhang von Unsterblichkeit und Mehrwert zu ahnen, denn entweder erneuert sich sein ‹verschenktes› Herz unentwegt neu, oder er hat unersättlich viele Herzen in seiner Brust. – Das «Pentamerone» ist postum 1634–36 erschienen und von Perrault und den Gebrüdern Grimm gelesen worden.

«Aber bin ich erst tot, so bringt mich meine Mutter nicht noch einmal auf die Welt, und darum komm mir nicht wieder mit solch einer Hundearbeit; denn ich hab' keine Lust, nur um all diese Spindeln voll zu spinnen, die Spindel meines Lebens abzuspulen.»[570] Noch die deutschen Märchen des 19. Jahrhunderts sind voller Beispiele. Symbolisiert der hundertjährige Schlaf Dornröschens nicht auch die Langeweile eines Mädchens beim Spinnen? Dass alle Anderen im Schloss ebenfalls in den Schlaf sinken, ist das nicht eine hintersinnige Kritik an der Vorstellung, dass die Spinnerin den Lauf der Welt in Ordnung hält? Bleibt die Welt nicht stehen beim Spinnen? Es gibt vielleicht *keine* Geschichte, solange diese mechanische Ordnung herrscht.

Der verfemte dunkle Teil ‹sinnloser›, bloß produktorientierter Leistung mit mechanischer Wiederholung verhässlicht und versehrt die Körper der einseitig beanspruchten Frauen. Im Grimmschen Märchen haben «Die drei Spinnerinnen» jeweils eine spezielle Berufskrankheit: «die erste einen breiten Platschfuß, die zweite…eine so große Unterlippe, dass sie über das Kinn herunterhing, und die dritte … einen breiten Daumen»[571]. Wahrscheinlich waren die drei Spinnerinnen im Grimmschen Märchen ursprünglich Moiren. In einer neugriechischen Märchensammlung des 19. Jahrhunderts erscheint das Märchen von der Faulenzerin wie ein Bindeglied zwischen Hesiod und Grimm.[572] In beiden Fällen wird die Spinnqualifikation zum Heiratsgut, wird die weitere Spinnarbeit aber der jungen Braut erlassen, als der Bräutigam an den drei Spinnerinnen bzw. Moiren sieht, welche körperlichen Folgen das ständige Spinnen hat. Aber im griechischen Fall erklären die drei Helferinnen in der Nacht vor der Hochzeit, nämlich Mytú (Nase), Tsachilú (Lippe) und Kolú (Hintern), dass sie ihr aus

570 Basile: Pentamerone S. 334 – hier also mit Andeutung des Moiren-Themas.

571 Brüder Grimm: Kinder und Hausmärchen, S. 84: Plattfuß tritt das Rad, Dicke Lippe netzt den Faden, Breiter Daumen dreht den Faden und schlägt mit dem Finger auf den Tisch, «und so oft sie schlug, fiel eine Zahl Garn zur Erde, und das war aufs feinste gesponnen». Der Kontrast zwischen hässlichen Demiurgen und feiner Kunst ist freilich älter als die Industrie; man denke nur an den hinkenden und rußverschmierten Hephaistos.

572 B. Schmidt: Griechische Märchen, Sagen und Volkslieder. Leipzig 1877, Nachdr. Hildesheim und New York 1978, S. 65: «Die Faulenzerin». Seitenbeleg im Text.

der Patsche helfen würden. «Denn siehe, wir sind deine Moeren. Wir haben dir das Los zugetheilt, dass du eine Faulenzerin bist» (S. 66). Jetzt wollen sie sie wenigstens gut verheiraten und dafür sorgen, dass sie als Faulenzerin auch leben kann. Sie sind allerdings nicht mehr so spezialisiert wie bei Hesiod und noch nicht so spezialisiert wie wieder bei den Grimms: ‹Nases› Nase ist riesig vom Kopfwenden beim *Weben* geworden, ‹Lippes› Unterlippe hängt vom Benetzen des *fadendrehenden* Fingers fast bis auf die Füße herunter, und ‹Hintern› sitzt beim *Stricken* ständig auf demselben, der darüber größer geworden ist als die ganze Person (ebd.). Die Selbstbezeichnung als Moiren fehlt im Grimmschen Märchen, doch ansonsten ist die Handlung ziemlich gleich. Freilich, die listige Überwindung der Arbeit durch die Macht des Schicksals selbst ist in beiden märchenhaften Fällen denkbar unhesiodisch. Dass die Moiren geradezu ihre hässliche Körperlichkeit einsetzen müssen, um die Erfüllung ihrer Gabe an die Faulenzerin, Faulenzerin zu sein, einzulösen, zeigt denkbar drastisch, wie weit *Märchen*, seien sie griechisch oder deutsch, antik oder neuzeitlich, von der Gedankenwelt eines Hesiod entfernt sind.

Aber diese nächtliche Arbeit musste getan werden, und sie war mechanisch genug, um nebenbei gemacht zu werden, beim Erzählen solcher Märchen etwa und beim Hüten und ‹Einschläfern› der Kleinkinder. Deren früheste Erfahrungen der Nacht waren versponnen mit diesen dunkeln abseitigen Orten, in denen mit einschläfernder oder ‹gespenstischer› (Gespinst) Monotonie der Lauf der Welt vonstatten ging. Noch die Älteren der Heutigen, deren frühe Nächte vom grässlichen Rattern oder angenehmen Schnurren einer mechanischen *Singer* oder *Pfaff* (-Nähmaschine) begleitet waren – eher menschenfreundlich, weil akustisch unterbrochen vom stillen Neueinrichten des Stoffes –, können ein Lied singen vom Schwindel der Spindel, von der Symbolträchtigkeit aller Fadenarbeit an der Schwelle zu Schlaf und Traum.[573] – Nicht so Platon. Den Fleiß der göttlichen Spinnerinnen nimmt er gerne; doch fügt er ihm sofort Farbe und Licht hinzu. Die Vision des Er ist kein Nachtbild. Denn für Platon kann der dunkle Raum nicht der Raum der Wahrheit sein. Hat er doch soeben erst, nämlich im Höhlengleichnis des X. Buches, den dunklen Raum fürs kommende Abendland als Raum der Wahrheit ausgeschlossen – und als Raum

573 Die Mutter als Muse: Zwar war ihr Rücken gebeugt über der Nadel, doch ihr Spielbein wippte wie in zurückgenommener Erinnerung an frühere Tänze.

der abendländischen «Faszinationsgeschichte» (Klaus Heinrich) aufgeschlossen.

Neben der Steigerung der moralischen Verwerflichkeit dunkler Unterwelten von Hesiod zu Platon (darin eingeschlossen: ihre Anziehungskraft) ist noch das dauerhafteste Moment an der zweideutigen Platonischen ‹Aufhebung› der Schicksalsgöttinnen die *Repräsentanz* des Fadens – selbst in der sublimierten Fassung des Lichtfadens. Doch liegt gerade im *stofflichen* Bereich die Basis für eine nächtliche Genese der Bildlichkeit. Neben dem physisch Stofflichen sollte dabei nicht die imaginäre Räumlichkeit außer Acht geraten, die geprägt wird durch eine am Faden orientierte Raum*struktur:* Dieses im Nahen unendlich Dünne, kaum Sichtbare, das im unendlich entfernten, kaum sichtbaren Raum zusammenhängt, einen dunklen Zusammenhang ahnen macht, steht in vielem ebenso ‹dunkel› dem leiborientierten, sowie dem anthropozentrischen Sehen (und dem Sehen von etwas) entgegen: als hauch(!)zartes Gewebe der *Atmo*sphäre. Eduard Mörike hat den platonischen Zusammenhang und -klang von ‹Mören und Musike› aus der «Politeia» noch einmal heraufbeschworen, wenn er im «Gesang zu zweien in der Nacht» ‹Sie› den Bericht des (platonischen) Er ‹vertonen› lässt. Sie:

Wie ein Gewebe zuckt die Luft manchmal
Durchsichtiger und heller aufzuwehen;
Dazwischen hört man weiche Töne gehen
Von sel'gen Feen, die im blauen Saal
Zum Sphärenklang
Und fleißig mit Gesang
Silberne Spindeln hin und wieder drehen.[574]

Bei den Schicksalsgöttinnen wird in Text und Bild regelmäßig auf die Kleidung geachtet, man präferiert das lange Weiße.[575] Natürlich sind auch die Moiren selbst ein ‹Stoff› der Nacht, nämlich im Sinne literarischer oder ikonologischer Tradition. Der Stoff indessen, den ich nun anspreche, ist der materielle Stoff, der durch die nächtigen Moiren seine Aufwertung er-

574 E. Mörike: Gesang zu zweien in der Nacht. In: L. Reiners (Hg.): Der ewige Brunnen. München 2005, S. 380.

575 Vgl. Lücke, S. 554.

fahren und seinen Beitrag zur Entwicklung der ‹abendländischen› Bild-Idee geleistet hat: Die wirkliche Intransigenz des Stoffes, die die Voraussetzung für das Spiel zwischen Verhüllen und Offenbaren, Verbergen und Tragen ist, diese Undurchdringlichkeit setzt sie in den schärfsten Gegensatz zum Durchzug des musischen Hauchs. Auch zur vermeintlich grenzenlos schweifenden Phantasie in der Nacht der Vorstellung steht diese Stofflichkeit der Nacht im Widerspruch. Um diese Stofflichkeit möglichst tief zu verankern, sei kurz kontrastierend gezeigt, welche Art Nachtbilder im Gefolge der Moiren-Rezeption ich hier *nicht* besonders weiterverfolge: *Nicht* besonders ergiebig für das Problemgebiet des bildtragenden Stoffs der Nacht sind gewisse (oft sentimentale) Nachtansichten in viel später aufgeschriebenen, für orphisch gehaltenen Gebeten, die sich den Zusammenhang von Nacht und Schicksal folgendermaßen ausmalten:

> Unerforschliche Moiren, / Liebe Kinder der dunkelen Nacht, / Hört mein Flehen, ihr Vielbenannten, / die ihr im finsteren Pfuhle wohnt, / Wo das unheilbringende Wasser / Sich im schattigen Schlunde bricht / Der steinbesäten, schimmernden Höhle ...[576]

Wenn die Moiren in dieser Anrufung die «mildgesinnten, freundlichen Herzens»[577] genannt werden, so vereinigt sich hier mit dem euphemistischen Gestus des orphischen Gebets die damals schon tradierte Tendenz der Moirenverharmlosung.[578] Kennzeichnend für die orphische Nacht-Auffassung – und damit auch ihrer Moiren – ist eine gewisse Astralisierung der hesiodischen Nacht-Aspekte, wie sie in der Verehrung des Mondes zum Ausdruck kommt.[579] – Doch wo ist hier der Mond?

576 J. O. Plassmann (Hg.): Orpheus. Altgriechische Mysterien. Köln 1982, S. 100. – Fritz Graf kennzeichnet den Text im Nachwort als Teil eines liturgischen Liederbuchs aus «den ersten Jahrhunderten der Kaiserzeit» (S. 161).

577 Ebd., S. 101. Sie tanzen auch (wieder), vgl. S. 82: Den Horen.

578 Im 5. Jahrhundert gab es mindestens ein (verschollenes) Satyrspiel mit Namen «Moirai». Siehe: R. Krumeich, N. Pechstein und B. Seidensticker (Hg.): Das griechische Satyrspiel. Darmstadt 1999, S. 536.

579 Vgl. Kirk, S. 35 Nr. 30,9. – Natürlich können die Orphiker mit der Lunarsymbolik auf vorhesiodischen Bestand, der noch im Mündlichen kurrent war, zurückgegriffen haben. Aber obwohl sie immer wieder behauptet haben, ihre Lehre sei die älteste, hat sich bisher auch indirekt kein schriftlicher Hinweis ergeben,

Zwar ist Schimmern des Mondlichts im Wasserfall des Styx ein Reflexionslicht. Aber die Verführung, das Bild weiter auszumalen und es, damit man noch mehr sieht, sozusagen mit Mondlicht aufzuhellen, muss ganz gewaltig sein. Kerényi: «Nach den späteren Verehrern des Orpheus wohnten sie [die Moiren] in einer Höhle des Himmels an einem Teich, dessen weißes [!] Wasser durch eben diese Höhle hervorbricht: ein deutliches Bild des Mondlichtes. Ihr Name Moira, was den ‹Teil› bedeutet, und ihre Dreizahl, so behaupteten die Orphiker, entsprach den drei Teilen des Mondes: Darum singe Orpheus von den ‹Moirai im weißen Gewande›.»[580]

Noch allgemeiner dekretiert Ranke-Graves: «Aber die Moiren, die drei Schicksalsgöttinnen, sind die dreifaltige Mondgöttin. Daher kommen ihre weißen Gewänder und der Leinenfaden, der ihr, so wie der Isis, heilig ist.»[581] Sicher haben die beiden Mythologen etwas vom bildsüchtigen Geist der Orphiker veranschaulicht; aber sie haben die unterirdische Quelle verschüttet, welche die Bilder speist: Es ist Hesiods Vision vom Tartaros. Zwar ist Hesiod mit seiner Erfindung des dreifaltigen Fadenzwangs der Schöpfer einer textilen Nacht, aber zugleich ist er mit seiner unterirdischen Nachtansicht der griechische Neu-Erfinder eines Unterwelt-P*anoramas*. Vergleichbar mögen die imaginären Jenseitswelten der Ägypter seit dem Ende des 3. Jahrtausends sein, aber erst Hesiods Bilder-

der auf die Zeit vor Hesiod und unabhängig von Hesiods Nachtlehre genuin orphische Lehre war (Kirk, S. 21). Früheste orphische Anfänge werden heute im späten 7. Jahrhundert gesehen. Das älteste Zeugnis, der sogenannte Derveni-Papyros, stammt wahrscheinlich von etwa 400 v. Chr. In ihm ist die Nacht die älteste Göttin (Kirk, 35). – Die Bedeutung des orphischen Mythos für die griechisch-archaische Vorstellung von der Nacht scheint aber gerade wegen der fehlenden schriftlichen Quellen bisher überbewertet gewesen zu sein. Nur in einem kleinen Teil der Quellen ist außerdem die Nacht repräsentiert (Kirk, S. 29), und es gibt (außer dem Mond) nichts, was nicht aus Hesiod erklärt werden könnte. Von ihm leitet sich wohl auch der späteren Orphiker Anbetung von Hypnos und Oneiros ab. Siehe Plassmann: Orpheus, S. 128f.

580 Kerényi: Mythologie I, 31. – Die Ableitung der Dreizahl aus den drei Phasen des Mondes bezieht sich auf Otto F. Kern u. a. (Hg.): Orphische Fragmente (Orphicorum fragmenta). Berlin 1922/1963, Nr. 33.

581 Gr. Myth. I, 40, Nr. 1. Für ihn sind die Moiren als Mondrepräsentanten zugleich Repräsentanten des Matriarchats; siehe ebd., S. 13.

welt schiffte sich erfolgreich Richtung ‹Abend› ein. – Zwar berichtet auch Odysseus ausgiebig aus der Unterwelt, doch er bleibt personenorientiert und schweift nicht in die Topologie. – Wahrscheinlich ersetzt die spätorphische Moira hier den unterirdischen Styx, dessen Tendenz bei Hesiod gerade in der Verbergung, in der Wegspiegelung des Mondes bestanden haben könnte. Denn bei Hesiod wird in Spiegelumkehr der Wasserfall zu «silbernen Säulen» (Hal. 779), die in den Himmel ragen.[582]

Zwar wird die Eigenart des Tartaros als Nachtbild noch gewürdigt; aber hier sei schon darauf hingewiesen, dass der astrale Aspekt bei Hesiod nicht moirisch ist. So wesentlich die Moiren für die Hesiodische Nachtvergottung sind, so unwesentlich sind die astralen Aspekte der Nacht für die Hesiodische Nachtauffassung. (Uranos ist kastriert!) Doch gleichwohl, ob es sich um Unterweltspanoramen mit/ohne Mond oder um dunkle Himmelskavernen mit/ohne Mond handelt: Beides sind Ansichten, die den Abstand zum Ansichtigen im Raum voraussetzen. Von beidem möchte ich das Nachtbild absetzen, das ein Bild ist, das aus der Nacht auftaucht – so wie Kinder das Licht der Welt erblicken oder wie Zeus als zuckendes Lichtbild aus dem Chaos auftaucht, um Typhoeus zu besiegen. (Th. 853) Zu dem, was hier Nachtbild heißt, gehört das sichtbar erst *Werdende* ebenso dazu, wie das verdeckende Stoffliche. Ebenso gehört dazu der Fortgang, das Herauskommen, die Geburt, der Übergang vom einen zum andern. Vom Status der Anerkennung des Dunklen, Intransigenten, Stofflichen sowie von der Anerkennung der Unvergleichlichkeit, der Ebenendifferenz zwischen Räumen, Körpern und Vorstellungen, davon hängt ab, wie bedeutsam die Passage, der Übergang gesehen und gestaltet wird. Diese Vorstellungen sind uralt; sie sind im Körper verankert, und gleichwohl, nein deshalb, beziehen sie sich auf die ältesten Vorstellungen von Welt überhaupt: als etwas, das Sein ist, Außerhalb-Sein, Gegenüber-Sein. Dass die Welt Vorstellung ist, ist zunächst einmal nicht die Behauptung, dass die Welt nur die Summe der Vorstellungs*bilder* sei, die wir uns von dieser machen, sondern, dass wir leibhaftig erst der Welt ‹vorstellig› werden müssen, um das «Außerhalb» von uns konstituiert zu finden. – Das scheint darauf hinauszulaufen, dass individualgeschichtlich das entfernte gegenüberliegende Bild, deren reinster Vertre-

582 Indem die Säulen weit reichen (Hal. 779), nämlich bis zum Himmel, wird klar, dass dies die Unterwelt sein muss und nicht eine Höhle im Himmel.

ter das Sternbild am Nachthimmel wäre, erst *mit* der Konstitution einer inneren Nacht möglich ist.

Die moirische Nacht samt ihrer geschwisterlichen Umgebung ist kein Raum der Transparenz, sondern ein Geschehen des Berührens, Verdeckens, Umstülpens, Durchbrechens, Durchschlingens und Durchwirkens. Erst dieses ‹Durch› *erreicht* eine transversale Ordnung, ‹beziehungsweise› eine Orientierung, welche die Bedingungen erfüllt für die *erfahrende* ‹Einräumung› von Auftauchen und Transparenz. – Im Jahre 17 v. Chr. feiert der Princeps und spätere Kaiser Augustus die «ludi saeculares», die (angeblich) alle 100 Jahre stattfindende Säkular-Feier Roms, als ein großes, auch nächtliches Spektakel vor zahlreichem Volk: «ad lychnuchos», bei Fackelschein. Persönlich opferte Augustus in der ersten Nacht den Moiren, in der zweiten den Eileithyien, also den göttlichen Geburtshelferinnen, und in der dritten der Terra Mater, Mutter Erde.[583] Die Steigerung des Tiefenbezugs chthonischer Religion vom Stoff über das Auftauchen aus dem Körper bis zum mütterlichen Körper der Erde selbst kontrastiert mit dem stetigen Zug zum Licht und zeigt in entgegengesetzter Richtung den ästhetischen Gestaltungswillen des Kaisers, den die Fackeln in der Nacht als den entscheidenden Protagonisten zwischen dem Sichtbaren und dem unsichtbaren Geschehen beleuchten.[584] Vorschein auf die glänzenden Nachtfeiern der Neuzeit.

Schicksalsstoff: Nacht

Für die griechische Archaik ist die Stofflichkeit der Nacht und ihre Rolle des Verbergens und Offenbarens durchaus bemerkt worden. Fränkel zählt eine Reihe von Beispielen aus der homerischen Ilias auf, in denen die (bedrohten) Helden verhüllt und ‹entrafft› werden. Aber er sieht nicht die archaische bildästhetische Konzeption in der medialen Einheit von Enthüllen und Verhüllen. Ist es denn nicht die Aufgabe *jeden* Bildes, im Zeigen auch zu verbergen? Immerhin wundert er sich, dass diese göttlichen Wunder «noch eine Fortsetzung erhalten: der Entraffte wird durch ein

583 Siehe K.-W. Weeber: Nachtleben im alten Rom. Darmstadt 2004, S. 150f.

584 Diese nächtliche Opferhandlung im Fackelschein war bedeutsam genug, um auf einer Münzserie bildlich geprägt und verbreitet zu werden (ebd., S. 151).

Scheinbild ersetzt» (Il. 5,449)[585]. Was ist das aber nun für ein Nacht-Stoff, dessen sich ein Gott hier bedient? Fränkel schreibt:

«Während eines Kampfes zwischen Achilleus und Aineas gießt Poseidon Achilleus Nacht über die Augen und entführt Aineas (Il. 20,321). Hier hat die ‹Nacht› den Charakter eines Stoffes, sie wird wie ein Schutzschild zwischen dem Gefährdeten und seinem Verfolger geschoben; und die Isolierung ist bis zur körperlichen Entrückung des Schützlings gesteigert.»[586]

Zwar steht in der Ilias nicht *nyx*, sondern *achlys* (‹Todesdunkel›, ‹Umnachtung›), doch hätte sich Fränkel die Anführungszeichen um Nacht sparen können. Die griechische Nacht umfasste mehr als nyx, und das Dunkel (achlys), war nicht nur eine Metapher für den mentalen Blackout des Achilleus, sondern für eine physische Dunkelheit, der man das Wunder der Entrückungskraft, eine blitzschnelle Bewegung im Raum, zutraute. (Vgl. damit das stehende Attribut der ‹schnellen› Nacht in der Ilias.) Die vorgestellte Kraft der physischen Nacht begründet erst die Übertragungskraft der metaphorischen Nacht. – Allerdings bezeugt die kulturell ubiquitäre Vorstellung nächtlicher Fortbewegungen, die man nicht sieht, ihrerseits zunächst vor allem die Fortbewegungskraft der Phantasie im Dunkeln.

Was ist aber nun der Stoff der Nacht? Fränkel assoziiert Wasser (*gießt*), Textilien (*Stoff*) und Metall (*Schutzschild*). Sind das zufällige Beispiele, an denen das «Stoffliche» der Nacht zur bloßen Allegorie von Materialität und Opazität wird? Nein, die Beispiele heißen nicht «1 Klafter Holz» oder «ein Haufen» Erz oder ungesponnener Wolle; es sind Beispiele mit einem Spannungsverhältnis zwischen Oberfläche und Innerem oder Rückseite. Es sind zentrale ‹Boten-Stoffe›, deren inhärente Zweiseitigkeit bei geringster ‹Eigensinnigkeit› des Volumens eine eigene rituelle und ästhetische Funktion hat, unter anderem besonders die, auftauchen und erscheinen zu lassen aus dem eigenen Dunkel.[587] Diese fiktive, performative oder reale Handlung (Bilder auf, unter, durch Tuch hindurch oder auf, unter,

585 Fränkel, S. 81.

586 Ebd. – Auch Voss, Schadewaldt und Hampe lassen *achlys* gießen *(cheen)*. Bei von Rupé *umwölkt* Poseidon die Augen mit *finsterem Nebel*.

587 Diese medial besonders geeigneten Stoffe weisen bei relativ großer Oberfläche einmal einen hohen Grad an Präpositionalität auf (Kleid *an* Körper, Schild *vor* Körper usw.), zum anderen konstituiert die Fremdbezüglichkeit in der ‹Durch-

durch Schild hindurch auftauchende Erscheinungen) macht eine andere Handlung nach, macht eine Handlung vor, spiegelt etwas vor: das Auftauchen der Vorstellungsbilder, innen im Körper der Hörer/innen und Leser/innen, als ob sie herausträten aus ihnen. – Schutzschilde spielen für den Bauern Hesiod begreiflicherweise keine bedeutende Rolle. Aber der Stoff erfährt, neben dem Medium des Auftauchens, höchste Ehrung in der göttlichen Spinnerin, die ein Nachtkind und für die Menschen von schicksalhafter Bedeutung ist.

Es ist ‹wahnsinnig›, zu welcher Spinnerei die hesiodische Unterstellung der Moiren unter die Nacht geführt hat; schon seine spätere Rückprojektion alter Bräuche über die Namensgebung der Personifikationen Klotho, Lachesis und Atropos zu noch älteren Töchtern der Nacht (es gab noch keine Menschen) muss dem Gesetz gehorcht haben, nach dem eine mythische Leerstelle einen Sog ausübt. Welche Leerstelle? Jene Nacht, die Hesiod «Nyx» nennt, ist weder der Nachthimmel Uranos, noch die innere Nacht Gaia, weder männlich äußeres noch weiblich inneres Dunkel; vielmehr ist diese Tochter des Chaos, mithin des Klaffens und Gähnens, die *Darstellung* des Dazwischen: des Dramas, der Katastrophe, des Übergangs von Geburt und Tod, der Trennung von Innen und Außen. Die Nacht Nyx ist wesentlich per-formativ, indem sie einerseits Zusammenhänge aufreißt, durchquert, unkenntlich macht durch ‹Verkleidung› und ‹andererseits› Zerrissenes zusammennäht, das Innere im Äußeren, das Äußere im Inneren zeigt: Übertragungen. (Die Nacht hat vorne und hinten.) Eine der merkwürdigsten Eigenschaften ihrer Übertragungen, nämlich ihre ‹Ausgeburten›, ist ihr Schwanken zwischen der Veräußerlichung innerer Eigenschaften als Figuren und der empathischen Funktion der Benennung innerer Leiden. Bei manchen Gestalten können sich die Übersetzer, konnten sich wohl schon die Griechen, nicht entscheiden, ob es innere oder äußere Leiden sind: Ist Momos der Tadler, der Tadel oder die Tadel*sucht;* ist Eris Streit oder Streit*sucht*?

Die Darstellung dieses Schwankens der unpenetrierten Nacht (Th. 213), der Tochter des Klaffens, folgt bezeichnenderweise unmittelbar der theogonischen Zeit, als die Trennung von Himmel und Erde, Mann und Frau, Innen und Außen (die Kastration des Uranos) geschehen ist

führung› eine selbstbezügliche Abseitigkeit, eine verdeckte ‹Nachtseite› in eben dem Augenblick, wenn eine Oberfläche das Licht der Welt erblickt.

und der fortwährende Drang, die Spaltung zu schließen, in Aphrodite nymphomanisch leibhaftig geworden ist. Aber Aphrodite schenkt, vom Schicksal des ganzen Menschen aus gesehen, in seiner Nacht, nur die Illusionen der Jugend (205). Die Nacht aber, dieser Riss zwischen Fülle und Leere, dieser Vorhang, der den Riss verdeckt: schreit nach Stoff, wie nach ihrer Seele, nach Stoff aus Fäden, Lebensfäden, Metaphern, Kleidung als Bildträgern zwischen Körper und Raum. Das ist ein anthropologisch relativ neues Nacht-Paradigma: die Textilität der Nacht. Sie entsteht vielleicht erst mit den Hochkulturen des Nahen Ostens; zu ahnen ist sie an der Nähe der Textilkultur zu sakralen Bereichen und der Sphäre von Tod und Geburt (Binden) bei den Ägyptern. Im griechischen Bereich wird sie erst mit der hesiodischen Unterstellung des Textilgewerbes unter die Nacht greifbar. Das textile Paradigma der Nacht aber ist die dramatische Schwelle zwischen äußerer und innerer Nacht, die wiederum durch ihre Verbindung bedeutsam werden. Allein die Vergöttlichung profaner innerer Stimmungen – Schmähsucht zum Beispiel wird eine göttliche Macht: Momos, der Tadler (214) – eröffnet ein ästhetisch und moralisch diskursfähiges Feld für Verweise auf innere und äußere Nacht, auf Fremd- und Selbstzurechnung innerer Zustände beim Hadern mit dem Faden Schicksals.[588]

Übertragungen

Die Metapherntrachtigkeit der Nacht als Stoff ist in dem kulturhistorischen Wendepunkt Hesiodischer Andeutungen nicht mehr wegzudenken. Nachdem sie die Hesiodische Dreifaltigkeit vorgestellt haben, schreiben Lücke und Lücke: «Grundlegend ist hier die Metapher vom Lebensfaden, den die Mythographen weiterspinnen. Bis heute gilt, dass Klotho einen Rocken hat, Lachesis einen Faden spinnt und Atropos den Faden abschneidet, wenn er lang genug ist (vgl. Wilhelm Busch, Julchen, gegen Ende: ‹und sie zwickt und schneidet schnapp!! Knopp sein Lebensbän-

588 Hesiod weiß genau, was es bedeutet, eine menschliche Schwäche zu einem Gott zu erheben. Ironisch gebrochener moralischer Realismus und ästhetisch-moralische Therapie sind hier bei jeder nächtlichen Gottheit (wie Schmerzen, Alter, Täuschung) neu auszubalancieren.

del ab›).»[589] – Daran könnte man jetzt ‹anknüpfen› und ‹weiterspinnen›. Grundlegend ist, dass alle Geschichten einen Faden haben. Aber alle Geschichten haben auch einen Anfang, und der ist später als der Stoff des Erzählten, das heißt später als der Faden selbst, von dem er der Anfang ist, denn er ist das Abgeschnittene vom Faden, behauptet aber, den Faden zu beginnen. Was psychologisch post festum a priori einen Anfang sucht, zur Begütigung des Geburtstraumas oder für Erzähler, also Spinner: des Risses in der Zeit, das kommt gar nicht aus der Nacht, sondern geht in die Nacht. Was bei Hesiod später, erst unter Zeus, die drei Namen bekommt, rätselhafte Namen, die zum Teil etwas verdecken (wie Atropos, die Unumkehrbare), wird umgekehrt (entlang des Fadens der Narration), um unter Nacht, als wär's schon immer so gewesen, eine schützende Hülle der Unterscheidbarkeit von Keren und Nemesis zu erreichen. Die Dreifaltigkeit der interpolierten Spinnerinnen verdeckt begütigend eine aktuelle heftige Bedrohung der Vorstellung, die von der «göttlichen Wut» und vom «bösen Blick» ausgeht, durch Dehnung des bedrohlichen Augen-Blicks in die Imagination des langen Fadens des Geschicks, der Vorherbestimmung jeglicher Gegenwart, der blinden Mechanik des Laufs der Welt.

Jetzt habe ich mich eingesponnen mit meiner frühkindlichen Nähmaschine. Doch geht es anders, wenn man die Tiefe nächtlicher Phantasmen ‹ausloten› will? Die Einführung der Hesiodischen Nacht macht von Anfang an nächtliche Phantasmen namhaft, die aber wiederum nur ihr traditionsbildendes Gewicht bekommen, weil sie Erfahrungen auch Anderer binden, entbinden, zeigen und verbergen, die sonst keinen Ort haben zwischen Innen und Außen. Die Nacht *Nyx* ist bei Hesiod der ‹Bauch›-Bereich der Inspiration, wo die Phantasmen ihre Stellen bekommen, sich zu entäußern zu Erfahrungen. Aber es ist auch umgekehrt möglich, dass im Hören Hesiods Erfahrungen zu Visionen oder Phantasmen mutieren. Das hängt von der Hör-/Lesekultur ab. Ich halte es für ziemlich wahrscheinlich, dass zum Beispiel jener Dämmerzustand zwischen Wachen und Träumen, der in der Literatur so gerne für den Anfang benutzt wird (Nodier, Poe, Proust, Brodkey)[590], zu einer archaischen *Trance-Kultur* gehörte, die alltäglich im dunklen Raum der Frauen, an der Brust oder allnächtlich,

589 Lücke, S. 553.

590 Vgl. auch für die deutsche Sprache: W. Bächler: Traumprotokolle. Ein Nachtbuch. Frankfurt 1972, eine Art Schreib-Therapie.

mit der halbwachen kindlichen Wahrnehmung von Spinnerinnen oder Näherinnen zusammengehört, und die festlicher Weise in der ständigen Wiederholung des Erzählstoffs, in der Wiederholung feststehender Ausdrücke, im unendlichen, aus ‹betont/unbetont› geflochtenen Band der Hexameter bestand.[591]

Auf die Gefahr hin, für einen Spinner gehalten zu werden, muss ich auf dem fruchtbaren Chaos der Vermischung von stofflichen, metaphorischen und phänomenologischen Aspekten des Faden-/Stoff-Paradigmas bestehen, weil in diesem ungeschiedenen Zustand (und besonders: in diesem wiederhergestellten Zustand des Ungeschiedenen) der Anfang einer Geschichte der Nachtästhetik, und vielleicht sogar der Ästhetik überhaupt bestehen könnte. Auf einer ganz banalen Ebene ist zum Beispiel der physische Stoff, sind Textilien, anders mit der Nacht verbunden als mit dem Tag. Sie sind Ersatz für die mütterliche Nacht der frisch und feucht ins Licht der Welt Geworfenen und Schutz der Toten vor der unterirdischen Nacht der Verwesung oder Stoff der Übertragung in eine jenseitige Existenz. Von innen betrachtet, besteht zwischen Windel und Totenhemd eine profunde Ungleichheit: Während *für* den Säugling der Stoff ein wichtiger Schutz nach der traumatischen Austrocknung in der Geburt darstellt, ist dem Toten Wäsche wurscht. Aber von außen betrachtet ist die soziale Funktion der Baby- und der Totenwäsche sehr gut vergleichbar. Der Einkleidung als sozialer Geburt entspricht die Aussetzung des asozial gewordenen Leichnams in die Wäsche, die somit eine Grenze wird. Babywäsche zeigt die Grenze zum vorsozialen Körper von innen, Totenwäsche von außen. Die Lebenden setzen alle Kunst darein, den Abschied vom lebenden Körper durch seine ‹Aufhebung› in den Stoff zu feiern, eine Art ästhetisches Programm. Neun Jahre altes Balsam verschließt in der Ilias die Wunden, bevor das weiße Totenhemd die Gemeinde der Lebenden vom Hades trennt. Die Krönung des Abschieds, welcher im frühhistorischen Griechenland, anders vielleicht als im alten Ägypten, das wichtigere Motiv darstellt, wichtiger als der Schutz des Toten, ist die Trennung von Licht

591 Dass Sprache ein Flechtwerk und Text ein Textil sei, ist nicht meine Erfindung, sondern die der Quipu-Knüpfer und Papyri-Schreiber und Seemannsgarn-Spinner, wenn ich das ‹einflechten› darf. – Hier interessiert der Faden der Sukzession. Dieser Faden mag bildlich gesprochen als geflochten gelten, insoweit identische, gleichlautende und assonante Silben ständig wiederkehren.

und Nacht durch Stoff. Oben auf das «schmiegsame» Leichentuch des Patroklos legen die Griechen noch ein «leuchtendes Tuch» (Il. 18, 351).

Dazwischen, im Leben, sind Textilien als Bettwäsche (Decken und Matten inklusive) in vielfacher Hinsicht Medium und Bühne für Übergänge: der allnächtlichen Metamorphosen in Schlaf, Traum und körperlicher Liebe. Stoffe bestanden früher nur aus Fäden. Diese wunderbaren und verblüffenden Repräsentationen gar nicht einmal notwendig sichtbarer Länge und der Kraft des Zusammenhangs, mit der die Dünne des Garns drohen kann, reizten früh dazu, sie metaphorisch zu nehmen. Bei den Leichenspielen für Patroklos im 23. Gesang der Ilias wird der Lauf des Odysseus mit dem Lauf des Fadens beim Weben gleichgesetzt (Il. 23,760). Erinnernd vorgestellte Sinneseindrücke werden mit aktuellen in der Vorstellung überdeckt, überblendet oder amalgamiert, was in jedem Fall eine Sensibilisierung für die Differenz des Sensuellen und des Imaginären bewirkt. Doch wo ist, etwa im Mythos, der Übergang zwischen metaphorisch und nicht-metaphorisch? Und werden nicht phänomenologische Strukturmerkmale des Bewusstseins geahnt, nicht erst wenn Theseus am Faden der Ariadne auch zurückkehren kann, sondern auch schon, wenn der Faden gesponnen wird? Das Gleichnis vom Wettlauf als Webkunst bei Homer ist zum Beispiel ungleich komplexer als oben angedeutet und schöpft die ganze Vertrautheit mit einer komplexen handwerklichen Technik nebst deren Körpererfahrung aus (Ham. 23, 760): So

> Dicht wie der Webestab dem wohlgegürteten Weibe
> Liegt an der Brust, den fest mit den Händen sie an sich heranzieht,
> Wenn sie den Einschlag schießt, an der Kette vorbei, und sie hält ihn
> Dicht an der Brust: so nah war Odysseus im Lauf; seine Füße
> Trafen von hinten die Spur, noch ehe der Staub sie umhüllte.
> Und ihm über dem Kopf goss den Atem der edle Odysseus
> Immer im schnellen Laufe. Da schrien alle Achaier…

Es wird also nicht ein Lauf mit dem ‹Lauf› eines Fadens verglichen, sondern der *Wett*lauf *zwischen* Aias und Odysseus, genauer: Wie Odysseus dem Aias auf die Pelle rückt, das wird gleichgesetzt dem Moment, da die Weberin den Webestab fest an ihre Brust zieht. Je deutlicher aber die Einzelheiten des jeweils übertragenen Aktes vor Augen stehen, desto zwingender zeigen sich Muster, neue visuelle Einheiten für eine imaginäre

Wahrnehmung: Aus der Schnur, die am Webekamm hängt, wird die Spur, auf der zwei Männer laufen, mit sehr verschiedenem Schicksal. Der eine betet mit Erfolg zu Athene, der andere landet in der Kuhscheiße (Il.23,768). Sie hängen nicht am gleichen Faden, aber es gibt einen ‹Kamm›, über den verschiedene Schicksals-Fäden zu einem laufenden Vergleichs-Muster sich fügen. Aber das abstraktere Muster der Vergleichbarkeit von Weben und Laufen im Kopf ergibt sich erst aus der gewahrten Ebenendifferenz des Verglichenen.

Assoziierung verschiedener Innen zu einer ästhetischen Oberfläche – ein Kultur-Gut

Die oben angesprochene Assoziierung von stofflichen, imaginären und metaphorischen Aspekten des Faden- und Stoff-Paradigmas – von Begriffen etwa oder Formelementen des Bildes – ist die selbstverständlichste Tätigkeit jeder Kultur und für diese vielleicht so lebenswichtig wie die Mischung der Gene durch Zweigeschlechtlichkeit für das biologische Überleben der Menschen. Schon Gleichnis und Metapher sind Durchbrechungen von Kontexten. Ein Kontextbruch wie die Vorstellung ‹Achilleus an der Brust der Weberin› funktioniert aber nur mit vorausgesetztem und rezeptiv bestätigtem Kontext. Aus dieser im Widerspruch bestätigten Kontextualität folgt allerdings, das ist mein Verdacht, die Überbewertung desjenigen Kontextes, mit dem ein Mythenforscher, Ritenspezialist oder Literaturwissenschaftler in ‹Wahrnehmung› seiner Profession gerade beschäftigt ist.

Taucht zum Beispiel im Zusammenhang eines religiösen Festes der Faden auf, muss man nicht unbedingt den Faden aufnehmen, um ins Wesen des religiösen Verständnisses vorzudringen. Jedenfalls wird die Frage nach einer möglicherweise kontingenten, oberflächlichen Übertragung des Anscheins, der Anmutung, des symbolischen Mehrwerts (mehr geahnt als erkannt) von einer zeitgenössischen fremden Erscheinung (etwa von einem Fest oder einem imponierenden dinglichen Komplex) auf ein eigenes Fest oder eine Ausstattung, zu selten gestellt. Dass dem kulturellen Zwang der Wissenschaft, Kohärenz herzustellen, quasi Kultstatus gebührt, sagt noch nichts über den kultischen Kohärenzzwang bei den Festen vor oder jenseits der athenischen Festreformen des 6. Jahrhunderts aus. So müsste es doch erstaunen, dass trotz der wesentlichen Funktion der Personifikation von Göttern, nämlich der Differenzierung, die Feste immer wieder aus gleichen Bestandteilen zusammengesetzt erscheinen, die für sich sprechen in ihrer stofflichen oder übertragenden Eindrücklichkeit. Weit entfernt von der epischen ionischen oder kilikischen Welt der homerischen Ilias war zum Beispiel der Zusammenhang von Wettlauf und Faden im Fest der *Karneia* ein ganz ‹handfester› zwischen einem realen Wettlauf und dem zugleich symbolischen Mehrwert eines moirischen, ja orakelhaften Charakters.

An diesem Burkert zufolge wichtigsten Jahresfest der Dorier[592] jagen sogenannte Traubenläufer (nackt, wie alle Läufer) einem mit *Wollbinden* umhängten Läufer auf einer begrenzten Strecke hinterher. Fangen sie diese Mischung aus Sündenbock und Gott, können sie Gutes für die Stadt erwarten, ansonsten Unheil (355). Dieses Fest, das vielleicht zwei Wochen dauerte, in denen nicht gekämpft werden durfte (weshalb die Spartaner vor Marathon zu spät eintrafen), ist nach Burkert möglicherweise ein Vor-Opfer, das die nachfolgenden Blut-Schandtaten des Krieges vorsorglich entsühnt. Jedenfalls ist die Markierung mit Wollbinden eine nicht seltene ‹Bezeichnung› für Opfer (356). Neben der orakelhaften, ja moirischen Komponente, die im Spruch des erhaschten Fadenhalters repräsentiert ist, kommt der Aspekt der guten Geburt dadurch zum Ausdruck, dass am Ende des Laufweges neben anderen der Tempel der Göttin Eileithyia, Göttin der Ent*bindung*, stand. Sie sieht den nicht nackten, sondern durch Binden behinderten Karneenläufer als Opfer des alten Vegetationstausches: altes für neues Leben zu geben. Denn «Eileithyia deutet auf neues Leben, das ans Licht tritt» (ebd.). Die Binden des zu fangenden Läufers binden die (jugendlichen) Läufer an die Göttin der Nabelschnur.

Doch sind die semantischen Richtungen des einen Laufwegs in Sparta selbst dadurch schon mehrdeutig, dass mehrere Tempel am Ende des *dromos* stehen. Die Nähe des Tempels der Artemis lässt den Fanglauf als Jagd erscheinen und die losen Enden der Binden als zerrissenes Netz. Die Nähe eines Tempels für Apollon Karneios rückt den Knabenführer, der die Jugend in die Kampfbereitschaft des Erwachsenen überführt, ins Blickfeld. Mit all seinen mehrdeutigen Hinweisen, ja in seiner Überdeterminierung

592 Burkert: Religion, S. 354, weitere Seitenangaben im Text.

stellt der eine Lauf die Handlung einer Übertragung dar, deren *ästhetische* Anmutung, jenseits des religiösen Wissens (wenngleich dieses ‹jenseits› nie so strikt sein kann wie unsere methodische Trennung) im Kampf der Nacktheit mit der Wolle besteht.

Im Kontext nicht des religiösen Wissens, sondern des jugendlichen ‹Lebenslaufs› besteht der symbolische Mehrwert aber in der Umkehrung der Bedeutung von nackt und gekleidet. Die Zukunft des Kämpfers jagt den immer mehr zurückbleibenden häuslichen Bereich des Fadens[593], bis der Fänger eingekleidet ist in die Wahrheit des Kämpfers, die nackt ist. (Nach dem Lauf rückt eine repräsentative Auswahl der kampffähigen Bevölkerung in eine Art Feldlager unter Blätterpavillons, in denen sie mit militärischem Kommando ein Opfermahl halten.) Der Stoff aber, der den häuslichen Bereich vertritt, ist der Bild-Spender der Lauf-Symbolik. Der Faden, aus dem der Stoff besteht, hier die Binden, welche selbst überdimensionale Fäden sind, der Faden ist von Kindesbeinen an bekannt als unendlich langer und hochkonzentrierbarer Spindel-Aus-Lauf und zugleich als ‹immenses› geheimnisvolles Maßwerk. Die Verschiedenartigkeit der «aitiologischen Legenden», also der nachträglichen, sich (schon in archaischer Zeit) widersprechenden Erklärungen, rückt aber gerade die *erfahrene ästhetische* Wirklichkeit in den Vordergrund!

Manche Mythen wirken geradezu als Geschichten, die aus der Assoziierung ähnlicher Stoffe aus verschiedenen Kontexten verknüpft werden. Die Töchter des Minyas in Orchomenos enthielten sich der dionysischen Tänze der anderen Frauen und blieben sittsam bei ihrem Web-Rahmen im Hause und im Dienst für Athena. Der ergrimmte Dionysos lässt Efeu- und Weinranken um die Webstühle sich schlängeln, in den Wollkörben Schlangen nisten und von der Decke Wein und Milch tröpfeln. Sie verfallen in Wahn (eine von ihnen, Hippasos, zerreißt für Dionysos ihr eigenes Kind) und werden rasend «aufgescheucht von Webstuhl und Spindel», wie es später Euripides sagt.[594] Wie viel des Unheils aber dem Dionysos zuzuschreiben ist und wie viel der Monotonie des Fadenlaufs, der plötzlich

593 Der durch seine Wollbänder behinderte Läufer vertritt vielleicht das Kinder-Stadium der nackten Läufer.

594 Euripides: Die Mänaden. Vers 118. In: G. A. Seeck (Hg.): Euripides. Sämtliche Tragödien und Fragmente. Bd. V. München 1977, S. 265. Euripides deutet diesen Mythos mit «Spule und Webstuhl» hier nur an.

ausbrach in Schlangenform und Rankenwerk, das ist eine zu alltägliche Geschichte des Wahnsinns – der aus Fleiß (industria) entsteht –, als dass sie groß Beachtung fände in einer Kulturgeschichte religiöser Ideen. – In einer solchen Geschichte wird die Ebenendifferenz nicht bewusst zur ästhetisch kontrastiven Erfahrung (etwa im Gleichnis) eingesetzt, sondern im Wahnsinn übersprungen, beziehungsweise dem wunderbaren Wirken eines Gottes zugeschrieben. Das ist das andere Extrem zum Abstraktionspotenzial, das in den Übertragungen schlummert (oder wacht).

Verstärken solche Ahnungen aber nicht, ob rituell, mythologisch oder metaphorisch, das, was ausgesprochen wird, zum unausschöpflichen, auch ästhetischen Paradigma? Wenn die Sukzession des Spinnens in die Spirale der Spindel überführt wird, in die Periode des Auf und Ab in der Spindel, erkennt dann nicht das Thema der *Um*kehrbarkeit, der gedanklichen Reversibilität der Zeit, wer mit Atropos die *Un*umkehrbarkeit dekretiert?[595] – Wichtig aber am Faden ist die Selbsterschaffung und Fortzeugung eines Zwischendings zwischen Körper und Raum, zwischen dem Raum jenseits des Körpers und dem Körper jenseits des Raums. Dieses lange Dünne scheint nur einen Schwund-Raum zu vertreten, schmal wie ein Ausweg, fast nur eine Richtung. Doch von außen gesehen ist der Faden die personifizierte Zweideutigkeit: in zwei Richtungen. Von außen gesehen, verheddert sich angetragene Willkür rasch im Irrweg, den das Labyrinth verschlingt.

Und doch kann die Aufmerksamkeit für einen Faden zum Leitfaden, zum roten Faden der Imagination werden. So wie ein literaler Faden mal auf-, mal untertaucht im Stoff, wie er durch eine einfache Drehung einen anderen Raum offenbaren kann, ohne sein Versprechen auf Sukzession und Zusammenhang zu brechen, so vermögen es etwa Traum und Phantasie (aber auch der bewusste Gedanke), dem Faden der Sukzession zu folgen, wenn sie ihm denn zu *folgen* vermögen. Sie können dann links und rechts vom Weg alles *dunkeln* lassen, denn an ihrer Richtschnur (oder ihrem Gängelband) fehlt ihnen kein Licht, um zu ‹schnuren›. Aber ich spreche hier nicht nur von inneren Bändern oder Banden, sondern auch von

595 Die Musen jedenfalls kehren bei Hesiod die Zeit der Prosa des Lebens um, indem sie ein erkranktes Gemüt heilen. Jeder (fiktive) Gang zum Anfang einer Geschichte ist eine (fiktive) Zeitumkehr.

jenen, die, mit der Wahrnehmung verbunden, ihr nach außen folgen: mit der festlichen Prozession, vor dem Fries auf der Tempelwand, im Mäander-Schmuck auf der Vase, und im Kinosaal, dem Filmbild, das sich von der Spule abrollt.[596] Faden und Band sind nicht nur Metaphern für die Präsentationsform, auch nicht nur Metaphern für die Sukzession der Aufmerksamkeit in der Zeit. Sie repräsentieren zugleich die nächtliche Suche, bzw. die frühe Suche im kaum differenzierten phantasmatischen Zwischenfeld, zwischen Innen und Außen: die Suche nach Erstreckung und Anbindung (in der Spanne zwischen Physis und Intention). Es gehört zum Schicksal der *Körper* und ihrer Phantasmen, dass sie nun endlich im ‹Netz› surfen dürfen – in weltweiter Nacht…

Netzbilder

Das ‹Netz›, der zweite Teil des Stoffparadigmas der Nacht, ist auch in der Archaik schon differenziert in zentralistische, kopflose und instrumentelle Netze: Wie eine Spinne im Netz sitzt die delphische Pythia, besser: sitzen ihre dunklen Hintermänner im Knotenpunkt der zusammenlaufenden Informationsfäden. Das Netz der Nacht, von dem Aischylos spricht, ist dagegen ähnlich dem Chaos azephal. Hephaistos wiederum benutzt es wie viele allnächtliche Fischer und Jäger auch, zum Fangen und Fesseln: Seine Gemahlin Aphrodite und Ares fixiert er im flagranten Seitensprung und setzt sie den Blicken und dem homerischen Gelächter der Götter aus (Od. 8, 266–360). Doch ist das Netz auch schon früh mit dunklen Ritualen und Mythen der Meerversenkung einer Göttin oder ihres Fluchtsprunges ins Meer und der anschließenden Rettung im Fischernetz verbunden.[597] Das Netz ist hier oft schon ein Attribut nächtlicher Gottheiten

596 Die Verstärkung des Faden-Paradigmas durch die alten ratternden Bild-Nähmaschinen ist nicht wirklich notwendig für das Erleben der szenischen Sukzession des Films; ohnehin wurde dieses Band ja *durchbrochen* vom Licht des Projektors, das dann reflektiert von der Leinwand *entgegenkam*.

597 Vgl. die kretischen und ostägäischen Mythen und Riten um *Britomartis* bzw. *Diktynna* und *Ino-Leukothea*. (Kl. Pauly, Bd. 2, Sp. 27) Die Mondgöttin und Leto-Tochter Britomartis gehörte zum Gefolge der *Artemis*, erfand das Jagdnetz und führte die Hundemeute der Artemis an den Leinen! Von Minos verfolgt, stürzte

im Doppelsinn von Wildheit und Zähmung. Die *Durchlässigkeit* des Netzes für Luft, Wasser, vor allem aber für Blicke, hilft, die ästhetisch wichtige Trennung von Körper und Blick zu inszenieren. Sie ermöglicht Hephaistos, dem hinkenden Gott der anmutigen Kunst, den Voyeurismus auf die gefangenen Ehebrecher. Die offenbar europaweit verbreitete Einrichtung der Liebesjagd (erst Frau den Mann, dann Mann die Frau) hat für Ranke-Graves Verwandtschaft mit den Walpurgisnacht-Riten.[598] In den von ihm angeführten Beispielen spielt das Netz eine bedeutende Rolle als Teil einer Liebesprobe: Die Frau soll unter anderem «weder bekleidet noch nackt» erscheinen[599] – und *erscheint* angetan mit einem Netz. (Und schon ist der Mann gefangen.) – Die dramatische Zweideutigkeit zwischen Innen und Außen macht das Netz zum *Symbol* des Körpers.

Der archaische Körper selbst ist oft ein Netz. Einiges Feinstoffliche gelangt hinein und/oder heraus: Luft, Wasser, Blut, Mut, die *psyche* des Sterbenden. Der Körper ist ein (Informations-)Netz, das ‹Fremd› und ‹Eigen› trennt (und verbindet), das offen ist und zugleich geschlossen (und sich verstellen kann und lässt). Es gehört nicht nur in den Bereich der Darstellungstechnik, wenn Menschenkörper in der archaischen ‹Malerei› und Reliefbildung netzartig vom Hintergrund abgehoben, wie abgeschöpft sind.[600] Bilder in spätgeometrischer und früharchaischer Zeit beziehen die *dargestellten* Körper viel stärker zurück auf die *darstellenden* Körper – dar-

sie sich ins Meer und wurde von Artemis zu Diktynna, zur Höhengöttin auf dem Dikte-Gebirge erhöht. (Vgl. Gr. Myth. 1, S. 270) Der Name Diktynna hänge im Mythos mit *diktyon* (‹Netz›) zusammen. (1, S. 273) Zumindest das Netz der Mondgöttin wurde wohl des Nachts ausgeworfen. (Vgl. auch das Netz der Liebe im Fragment des Ibykos, oben Anm. 321.)

598 Ranke-Graves: Die weiße Göttin. S. 484.

599 Ranke-Graves berichtet hier nach Saxo Grammaticus: «Geschichte Dänemarks» aus dem späten 12. Jh. (ebd., S. 484).

600 Netzartige Bekleidung ist schon um 3000 v. Chr. in der Uruk-Zeit belegt, wie die sogenannte Warka-Vase aus Bagdad zeigt. In: FAZ, 26. 4. 03. R. B. Wartke: Alles für die Fruchtbarkeit. Schon hier ist die kultisch drapierte Körperlichkeit mit dem *dargestellten* Gabengefäß und dem Darstellungs*träger* Vase feinmaschig vernetzt. – Noch weiter zurück, ins 5. Jahrtausend fast des gesamten Balkanraumes, reicht die netzartige ‹Beschreibung› eines nackten Körpers *als* bekleidet durch Lineatur (V. Kruta: Die Anfänge Europas. München 1993, besonders S. 43, 64 und 68–81). Die 2009 entdeckte Venus vom Hohlen Fels, die älteste menschliche Darstel-

unter! Die Bilder *sind* ein Netz. Eine eherne Plattenfibel (Fibel ist ein Metonym für Netz) von ca. 700 zeigt auf der Vorderseite Herakles im Kampf mit der Hydra und auf der Rückseite Herakles und die Hirschkuh.[601] Alle Körper, also nicht nur Herakles, sind netzartig vom Hintergrund abgehoben. Zwar sieht das aus wie ein stilisiertes Kettenhemd oder wie Schlangenhaut – die Hydra ist eine Schlange mit sechs Köpfen, Tochter der Schlange Echidna und des schlangenartigen Ungeheuers Typhon, die Hera großzieht und gegen Herakles einsetzt – doch scheinen die Körper in erster Linie wegen der Bildfindung und der Technik der Darstellung netzartig zu sein. Denn alles lebt an diesen Bildern aus der ins Material geritzten Linie. Füllung der Konturlinien mit netzartigem Lineament soll der Fläche Volumen vormachen (hinter welcher der Körper des Bild-Trägers aus seinem Körper einen Bildträger macht). Wir finden aber das Netz als Darstellungsmuster für Körperlichkeit auf Fläche in spätgeometrischer und früharchaischer Zeit nicht nur bei der Ritztechnik auf Kleidung (S. 97), sondern ebenso auf einem tönernen Reliefpinax (670/60 v. Chr.) (119) und auf einer ehernen Plattenfibel aus der Zeusgrotte am Ida. (kurz nach 700) (S. 97) Und die Netzbildoberfläche von (korinthischen) Vasen aus dem 7. Jahrhundert demonstriert eine Körperlichkeit des Gefäßes, aus dem das Wasser abgeflossen ist.[602] Diese Vorstellungen von Körper als Netz(innerem) oder Netzvolumen sind mittels verschiedenster Bildtechniken und Repräsentationsformen von Körperlichkeit wie Vasen, Rüstungen und Kleidungsteilen ‹verkörpert›. Sie sind der Ausdruck von ästhetischen Körpervorstellungen, die den Körper in gewisser Weise erst ausmachen als selbstbezüglich menschlichen Leib (mit Oberfläche als Grenze).

Damit keine Mißverständnisse aufkommen: Die Erörterung von Faden, Netz und Stoff ist eine nachtästhetische, keine bildästhetische im Sinne einer Orientierung auf fertige materielle Bilder. Diese Orientierung wird in einem späteren Band der Nachtästhek über das Nachtbild untersucht. Dennoch gehören auch Bildzeugnisse hierher, insofern sie ihren Teil eines umfassenderen Netzparadigmas bezeugen, das die später stärker differenzierten Kunstgattungen durchquert. Die Berechtigung zur Durch-

lung (45000 v. Chr.), lässt unentscheidbar, ob die Ritzlinien den nackten Körper bezeichnen oder bekleiden.

601 Schefold: Früharchaisch, S. 102 f., des Weiteren Seitenangaben im Text.

602 Siehe z. B. E. Buschor, Griechische Vasen, S. 34.

mischung alter Sortierungen ergibt sich aus der Ergiebigkeit, zum Beispiel auch für: Bilder. Wenn man die Linien auf Bildern von vornherein zu Elementen der Fläche erklärt, erreicht man eine unendliche Armseligkeit der Konzeption, der die Wirklichkeit der gestischen Auffassung der Linie als ein Faden gar nicht erst in den Blick gerät. Das heißt aber auch: das Drama einer möglicherweise blinden Raumfindung oder einer raumarmen Sukzession in der Zeit oder eines möglicherweise zwanghaften Zusammenhangs ohne eine andere Orientierung (auf Fläche oder in Raum) kommt gar nicht erst in den Blick. Dann aber kommt die Kühnheit des Netzwerkes nicht in den Blick: wie Verbindungen Löcher machen, wie Löcher Verbindungen herstellen (sozusagen senkrecht zum Netz), wie die Zweideutigkeit des Netzes zwischen der Verbindung von Fäden in der Fläche und dem Stoff zwischen davor/dahinter bzw. innen/außen: wie die Einheit zwischen dem sensuellen und dem imaginären Körper durch diese Zweideutigkeit hergestellt wird. Gehen Sie nur bei der Überprüfung der ästhetischen Kriterien von der Nachterfahrung aus: Wie kommt es zur Plausibilität der ‹Sternbilder›?[603]

Mit dem Netz kannst du im Trüben fischen. Auch Bilder. Mit dem Netz schöpften die alten Völker die Bilder aus dem Meer der Nacht. Mit den Augen verknüpften sie die Sterne zu einem Netzbild zwischen sich und der fast raumlos wirkenden Nacht des Alls; daraus entstanden Fläche und Raum und Körper neu. Umgekehrt kann die Manifestation des Netzartigen wegen der Durchkreuzung der Sukzessionen auch die Rätselhaftigkeit repräsentieren. Aus dem Liniengewirr der Leber wurde die Zukunft

603 Nicht nur die Sternbilder der traditionellen Nachtanschauung sind netzartig. Unter dem Foto eines planetarischen Nebels (NGC 6751) textet die FAZ vom 12. 4. 2000: Dieser Stern, «der wie die Iris eines Auges aussieht, entpuppt [!] sich bei näherer [!] Betrachtung als ein Netzwerk aus kalten und hellen Gasen. Heiß sind die helleren ‹Filamente› [!], die sich vom Zentrum aus durch die kältere Materie nach außen hinziehen, sowie der äußere ‹Ring›.» Die faszinierte Überbewertung des Netzhautbildes als «Vorbild der künstlerischen Nachahmung» (P. Bexte: Blinde Seher. Dresden 2000, S. 150, Anm. 74 über John Ruskin) im 19. und Anfang des 20. Jahrhunderts erweist sich so als äußerst zweideutige Bewegung. Denn das Netzhautbild des Auges ist nicht nur die Bildbeute von außen, sondern auch das schützende Netz vor der Außenwelt (und der dunklen Innenwelt), und die Grenzen zwischen den pointilistischen Flecken der entsprechenden Malerei bilden ein unsichtbares Netz der Trennung.

geweissagt.[604] Dem Uneingeweihten ist das Netz ein Buch mit sieben Siegeln; ähnlich wie das Netz über dem Omphalos in Delphi. Um den Beitrag der Nachtästhetik zur Bildästhetik überhaupt vorstellbar zu machen, ist es notwendig, Bilder im Dunkeln, ungesehene Bilder, verborgene Bilder zu denken, Bilder, die ‹verknüpft› sind mit den taktilen Erfahrungen von Faden, Netz und Stoff. Sicherlich ist es in diesem Zusammenhang das Leichteste, imaginäre Bilder aufzurufen. So hätten wir vorerst einen Dreierbund von Leitkategorien: Musische Inspiration, Moirische Stoffarbeit und die Imagination. Doch der Stoffkomplex umfasst mehr als die Textilarbeiten. Gerade am Netzwerk zwischen Faden und Stoff sind all die archaischen Netze zwischen Körper und Außenraum zu beachten aus den Materialien Hanf, Schilf, Weide, Ähre, Efeu, Wein. (Hinzu kommen die Netze aus Lederriemen und die metallenen Kettenhemden.) Sie bilden Taue, Gefäße, Fesseln, Kränze, Symbiosen, und ein Blinder fühlt an ihnen die Verstrickung von innen und außen, die Kehren von oben und unten, die Verdichtung und Verdünnung zwischen Faden und Schlinge, Knoten und Band. Von alters her bezeichnen diese Kippfiguren zwischen flächenhafter und körperhafter Auffassung den bildfähigen Körper. Das heißt: Nicht erst soll ein gemaltes Gitter/Netz auf einer Fläche einen dargestellten Körper bezeichnen, auch: Nicht erst soll ein gemaltes Gitter auf einem wirklichen Körper den Körper be-zeichnen, sondern: Schon die realen Netze auf realem Körper heben ihn als solchen hervor, zeichnen ihn aus, machen aus der Auszeichnung erst die Semantik des Körperlichen als einer Einheit von Sichtbarem und Verborgenem.

Das Netz der Haut

Diesseits realer äußerer Netze hat der Körper selbst eine netzartige Oberfläche: ein solches Bild macht seine Haut. Freilich ist nicht sicher, ob dieses Bild eine Übertragung von äußeren Objekten her ist. Andererseits wäre auch zu fragen, ob wir nicht durch die Haut, durch unser primäres Netz zur Welt ‹alle Welt› auf diese Weise vernetzen und vernetzt wahrnehmen. Aber ist es das eigene? (Wir sehen es schließlich nur von außen.)

604 Siehe W. Burkert: Religion, S. 96, und den Katalog «Orakel» des Museums Rietberg mit Abbildungen hellenistischer Lehrmodelle, S. 75.

Zwar hat sich die auch psychische Bedeutung der Haut für das menschliche Ich in den letzten Jahren herumgesprochen[605], doch ob das Bild vom Netz der Haut auf unserer Netzhaut eines der historisch reichhaltigen *Phantasmen* der Haut zwischen Panzer und «durchlöcherter Haut» ist[606], oder ob es eine reale Matrize unserer Wahrnehmung figuriert, ist kaum zu entscheiden. – Ohne das Netz aus Linien und Poren hätten wir jedenfalls nicht genug Luft zum Atmen, und wenn wir schrien wie Neugeborene. Oder ist das Netz bereits eine Projektion? Denn zum Atmen brauchen wir die Linien nicht – wohl aber, um aus der vielleicht beunruhigenden Löcherung der Haut durch die Poren eine imaginär schützende Fläche zu konstruieren.

Dabei bestünde der Witz an diesem die oberste Oberfläche «bezeichnenden» Netz – so zeichenhaft, dass er fast nicht mehr zum Körper gehört –, dass es ein Blick von außen ist, der dieses Schutzbild fixiert, während die Knoten des Netzes gerade aufs tiefste hineinführen, dass die Poren ein Negativ zu den Knoten des Netzes sind. – ‹Schlingen› allerdings die Luft ein, die Poren. Der zweite Witz besteht darin, dass die überlebenswichtigen Poren, die Knotenpunkte des elementarsten Stoffwechsels, auch nur eine Löcherung des Sinnesorgans der Haut darstellen. Wo die Haut fühlt, atmet sie nicht, und wo sie atmet, fühlt sie nicht. Wirklich rein und raus gehen – unwillkürlich – Luft und Schweiß. Da wo aber sensitiv Kontakt aufgenommen wird, wird die Haut nicht verlassen, und noch die sogenannte Interpenetration im Geschlechtsakt ist ein jeweils eher inwändig bleibender Vorgang, jedenfalls im Leben der Haut. (Sekrete und Blutungen werden heutzutage zunehmend von einer zweiten Schutz-Haut zurückgehalten.) Unsere Haut, wie mit einer Poren-Sternkarte übersät – oder umhüllt –, ist also auf ihrer Ebene unterschiedlich innen und außen. Das aber ist nicht immer zu sehen. Im Dunkeln sind wir nur noch nackt, weil kein Blick das Sternbild des Haut-Netzes zeigt. Dieses Nur-Nackt kann aber verblüffenderweise ganz innen und ganz außen sein, weil die Bezeichnung der Grenze fehlt (die eine Domäne des Lichtes ist).

Das alles scheint weit von Hesiod entfernt, der nicht so viel über die

605 Vgl. Oliver König: Haut. In: Wulf: Vom Menschen, 1997, S. 436 und grundlegend: D. Anzieu: Das Haut-Ich. Frankfurt 1991.

606 Hierzu: Claudio Benthien: Haut. Literaturgeschichte – Körperbilder – Grenzdiskurse. Reinbek 1999.

Haut in der Nacht und die Nacht als Stoff spricht. Aber was ist im Schatten dieser Überlegungen von dem bereits erwähnten Diktum Hesiods zu halten, dass man nicht nackt sein Wasser in der Nacht abschlagen dürfe? Das hat nichts mit einer optisch/visuell manifestierten Scham zu tun, denn man sieht ja nichts. Dennoch klingt das ‹Tabu› bei ihm wie ein eigentlich selbstverständliches, jedenfalls übliches Gebot. Dieselben Griechen, die täglich ihre ölglänzende, reflektierende Nacktheit in der Palästra, im Gymnasion, im Kampf ausstellten, sollten sich nachts nicht nackt ihres Wassers entledigen dürfen, obwohl im Dunkeln doch kein Ort mehr ein öffentlicher ist?[607] Ja, und zwar weil die Griechen nachts nackter sind, weil man das Netz nicht sieht, weder die physische Graphik noch übertragene Zuschreibungen. Ist das nicht übertrieben? – Nein, Blicke können nicht nur ausziehen, sondern auch einkleiden. Die Poren mit ihrer notwendigen und nicht intendierten Aktivität zwischen Innen und Außen ziehen die Haut an, kleiden sie ein im Stoffwechsel mit der Natur. Oder sagen wir vorsichtiger: Ein Blick auf die Haut, der ihr Netz freigibt, kleidet sie ein in die Stoffwechselmetapher der Natur oder in die soziale Gemeinschaft der Blick- und Bildtauscher. Die Vorstellungen aller erdenklichen Kulturen von der Haut als einem abziehbaren und übertragbaren Kleid, das den Träger der Übertragung verwandelt in den ‹eigentlichen› Träger dieser Haut[608], ist eine Vorstellung, die, die Haut vor Augen, unter die Haut ‹geht›. Fällt der Blick darauf ‹flach›, weil es dunkel ist, so fällt eine Grenze, die noch in der zur Schau gestellten Nacktheit aufgerichtet gewesen ist. Noch Georges Bataille erscheint

607 Zwar gibt es nachts heilige und unheilige Orte, aber die beziehen sich nicht auf die Repräsentationseigenschaften der körperlichen Erscheinung. Andererseits kann seit altersher durchaus bei Bedarf nächtlicherweise ‹Öffentlichkeit hergestellt› werden, wie es in der Ilias mit der Krisenversammlung der Griechen im zehnten Gesang geschildert wird. Doch wird dann die Öffentlichkeit am ehesten durch die körpernahen Insignien repräsentiert zur Erscheinung gebracht: durch die einzeln aufgezählte repräsentative Kleidung und das Zepter des Vaters bei Agamemnon (Il. 1, 46). Und die Drohung mit öffentlichem Ehrverlust gegen Thersites kleidet Odysseus in die Worte, dass er ihm die Kleidung vom Leibe reiße, bevor er ihn mit Prügel aus der Versammlung jage (Il. 2, 261).

608 Vgl. E. Neumann: Die große Mutter. Olten ²1987, S. 188 – und als modernes Beispiel den Film «Das Schweigen der Lämmer» von Jonathan Demme (USA 1988).

das in seinem ‹obszönen Werk› als die wahre Interpenetration: die Nacktheit in der Nacht.[609]

Das Netzwerk besteht also nicht nur aus Textilfäden, sondern auch aus dem Netz der Haut darunter (samt Netzhaut), sowie dem Netz zwischen ihnen, solcherart getragen, untertragen und übertragen ist *Bild* nicht nur das eingeschlossene, imaginäre Bild. Vielmehr dient vielerlei Netzwerk gegensinnigerweise sowohl zum Verschließen des Sichtbaren als auch zu seiner Entbergung. Viele schon vorarchaische Riten und Mythen stellen Netzartiges in den Zusammenhang mit Bilderverbot und Bildenthüllung. Dionysos ist nicht nur die Maske, sondern er verfügt über verschiedene Netze (aus Wein- und Efeuranken), mit denen er, nachdem er sich selbst entfesselt hat (von Fesseln aus Weidenruten), zum Beispiel das Schiff seiner räuberischen Entführer ‹verschlingt›[610]. Doch am eindrucksvollsten ist das nächtliche Bild des Dionysos im Kult des *Dionysos Aisymnetes* von Patrae. Knaben, die zuerst mit Ährenkränzen zu einer anderen Netz-Göttin, der *Artemis Triklaria* am Fluß Meilichos, ziehen, die Kränze dort ‹bei der Göttin› niederlegen, sich im Fluss waschen, legen dann Efeukränze an, «um so Dionysos Aisymnetes zu begegnen. ‹Aisymnetes› heißt ein altes Holzbild in einer Truhe, die nur in der einen Fest*nacht* des Jahres der Priester zusammen mit je neun ausgewählten Männern und Frauen aus dem Tempel trägt und öffnet; wer das Bild erblickt, wird wahnsinnig.»[611] Ermöglicht das Netz (in der Nacht), Verborgenes und/oder Verbotenes zu sehen? Bereitet der Kranz darauf vor, das Sichtbare zu ertragen? Ist das Sichtbare etwas zugleich Verborgenes und Gezeigtes? Dass dieser Kult und entsprechende Mythen mit Artemis verbunden sind, bestärkt den Zusammenhang von Netz und Auge. Denn im Mythos von Dionysos Aisymnetes mindert die Ankunft des Gottes das Todesurteil eines Liebespaares, das Artemis in ihrem Tempel gesehen hat, herab zum Wahn. «Die

609 Z. B. G. Bataille: Madame Edwarda: In: Ders.: Das obszöne Werk. Reinbek 1980, S. 66. Hierzu Friese: Metaphern der Nacht.

610 Homerischer Hymnos an Dionysos, V. 35, in: Od., S. 512. – Apropos Befreiung von seinen Fesseln aus Weidenruten: «... doch hemmten die Fesseln/Nicht seine Freiheit. Die weidenen Ruten fielen ins Weite» (V. 11).

611 Burkert: Religion, S. 340, das folgende Zitat ebd. «Aisymnetes» heißt soviel wie ‹wahrer Herrscher›.

‹jungfräuliche› Grausamkeit [der Artemis] löst sich im nächtlichen Taumel.» – Doch sollte das nicht dazu verführen, die grausamen Wurzeln des kretischen Netzgottes Dionysos zu vergessen, dessen Netz dazu diente, Lebendiges lebendig zu fangen, zu zerreißen und roh zu verschlingen, ein Jägergott, der vielleicht als Sternbild des Orion erschien.[612] – Dionysos van Gogh malt mit einem Kranz von Kerzen auf dem Haupt eine nächtliche Ansicht der Rhône, blind für die Farben der Nacht.

Das Netz des Ornaments als ‹Schöpfer› der fiktiven Figur

Solche Netzerfahrungen erhellen die ‹sensationelle› Bedeutung plastischer und gemalter ornamentaler Kunst auf Gefäßen und Körpern seit dem Jungpaläolithikum und – erneuert – seit dem Neolithikum.[613] Markant ist die Fesselung des Körpers als Vase oder als gehbehinderter Leib, wobei das Netz selbst häufig die Scham oder die Brust fixiert. Visuelle Fortbewegung an Leitfäden, Fesselung des Auges, Konstitution übertragenden Sehens zwischen Blickwanderung und blinder Tiefenvermutung sind selbstverständliche Implikationen des Sehens von Bedeutung. Denken Sie an die vielen Übergänge zwischen plastischer und flächiger Bildauffassung, unter vielem anderen etwa gehämmerte Bronzebleche, die eine Reliefierung erreichen, indem das zu Bildende von der ‹blinden› Rückseite her sich durchdrückt, etwa wie in einem geflochtenen oder geschlungenen Band, wie ein verdeckter Körper, der sich gegen ein Netz durchdrückt.[614] Nicht erst die Rankenmuster des Symposiongeschirrs aus dem 6. Jahrhundert weisen zurück auf Anregungen durch dionysische Kulte, in deren Zusammenhang sie verwendet wurden. Vielmehr ist immer schon, hier wohl seit etwa 1000 v. Chr., in allen Bändern, Ranken, Mäandern, Flechtwerkmustern usw. die körperliche Erfahrung mit Netz, der Leib als Netz und Bildträger niedergelegt, aufgetragen, eingegraben worden. Es sieht so aus, als ob rein ikonologisch die Tradition aus dem Neolithikum bis zur Archaik besonders im kretisch-mykenischen Raum nie unterbrochen ge-

612 Vgl. Kerényi: Dionysos. S. 67.

613 Siehe M. Gimbutas: Die Sprache der Göttin. Frankfurt 1995, S. 81.

614 Vgl. das Bronzeblech aus dem Heraion von Argos, um 650 v. Chr., Athen, Nationalmuseum Nr. 5.81.71; Schefold: Früharchisch, S. 152, Abb. 156.

wesen ist.[615] Die Erfahrung mit der Markierung des Objektes durch ein Netzwerk als oder zum Körper ermöglicht darüber hinaus im 8. Jahrhundert – und parallel zu den großen Installationen der Imagination im Epos – die Eroberung der Fläche als imaginären Tiefenraum der Bild*narrationen.*[616] Provokant formuliert: Das realistische Bild verdankt sich dem Ornament. Zumindest die erfahrende ‹Realisierung› eines Objektes, etwas zu sein und es zugleich nicht zu sein, bedarf der Realisierung jener ‹Nichtrealität›, die die Realität erst repräsentieren kann. Das Ornament ist die Fortsetzung jener rituellen oder poetischen Handlungen, Gesten, Gebärden der *Aufhebung* oder *Absetzung*, mit denen in vielleicht noch früheren Zeiten etwas zu etwas ganz anderem erklärt wurde, wie es in magischen Handlungen üblich ist.

Das gilt besonders bei Kleidungen, Schilden, Vasen und anderen Gefäßen für die Randverzierungen, die oft wie Saumkanten des Netzes, das den Körper fängt, wirken (mit allem Unsichtbaren darin).[617] Der markierte Rand des Netzes als Schwelle zwischen verschiedenen Formen der Bildlichkeit, bzw. verschiedenen Formen der fiktiven Räumlichkeit, ist bereits im Neolithikum auffällig.[618] Von diesem Umfangen des Körpers her wird das narrative Bildfeld möglich als ‹gähnende›, ‹Erfüllung› heischende Potenz. Die ‹dekorative› Markierung des Bildfeldes ist nicht nur ein Rahmen, sondern die ‹Erinnerung› (!) vorbereitender Riten des Sehens im Netz der (inneren oder äußeren) Nacht. Die Bildfelder wirken wie mit dem Netz herausgefischt aus der je anderen Seite (wozu die methodische Zweifarbigkeit der Vasenbilder oder das Helldunkel des Reliefs beiträgt). Innerhalb der narrativen Bilder verweist die geometrisch aufgefasste Körperlichkeit

615 Vgl. Gimbutas, Sprache, S. 86 f., die die ornamentale Verbindung von Widder und Netz hervorhebt.

616 Forschungsberichten zum «Corpus Vasorum Antiquorum» zufolge sollen erste «Handlungsbilder» um 770 v. Chr. in Athen und Attika «auftauchen». Hildegard Wiegel: Neuer Wein in alten Schläuchen. In: FAZ, 15. 5. 2008, S. 34.

617 Beispiele: Das eherne Tymphanon aus der Zeusgrotte des Ida (um 900, Schefold: Früharchaisch, S. 26); die attisch-spätgeometrische Schale mit der Prozession zur Athena Polias (Ende 8. Jahrhundert, ebd., S. 60); Herakles im Amazonenkampf auf einem Tonschild aus Tiryns (um 700, ebd., S. 10); Fragment eines Tonreliefs um 650 mit Unterkörper einer Göttin, bzw. mit Kleid derselben (ebd., S. 144).

618 Vgl. Gimbutas: Sprache, S. 81.

der *dargestellten* Körper oder ihrer Bekleidung auf dieses Netz zurück, das aus jedem Ding ein imaginationsförderndes Gegenüber macht. Dafür stehen einerseits die fließenden Übergänge zwischen ornamental und figural im Bildfeld selbst oder zwischen Bild und Rand und andererseits körperferne Körper- bzw. Kleidungsdarstellungen, die etwa netzartig sind. Eine Reliefamphora aus dem Athen nach 700 zeigt eine Apollon und Artemis gebärende Leto. Eingeritzte Gitterlinien vergattern eine Punktierung in jedem Gitter, die das Zugleich von Innen und Außen betonen. Die seitlichen Außenlinien des Netzes der Gebärerin sind zugleich Außenlinien der Kleidung der Kinder, die mit gleicher Saumhöhe wie dieses Netz abschließt.

Der ‹Dialog› zwischen Ornament und Figur zeigt, dass vieles von der vermeintlich flächenhaften Auffassung des Dekorativen, etwa das Schachbrettmuster malgestisch und in der optischen Auffassung viel stärker linienbetont ist, dass dies aber gerade die Körperillusion ‹animiert›. (Die ‹Linie› aber kommt vom Leinenfaden, von *linos* her.) Die vielen Schachbrettmuster auf Hals, Fuß und Bauch (!) der Vasen, erweisen sich bei genauerem Hinsehen als Flecken, die nachträglich in ein Liniennetz eingefügt, aufgetragen sind. Auf einer attisch-geometrischen Kanne von etwa 740 mit dem Zweikampf zwischen Aias und Hektor[619] ist das Netz geradezu das Medium für das Spiel zwischen Schwarz und Weiß als das Spiel zwischen Bild und Grund. Das ist das Testbild für die Tiefenschärfe innerhalb der figuralen Bildfelder. Die Körper selbst werden zum Teil als plastische gerade durch Schachbrettmuster gekennzeichnet. Drastisch wird die Stereometrie am Bildthema der zwei *Aktorione* sichtbar. Die Söhne des Aktor haben zwei Körper aber «ein gewaltiges Wesen». Auf den Darstellungen zwischen 750 und 700 v. Chr. haben sie zwar zwei Körper, aber ein Teil des Körpers ist zusammengewachsen; auf einer attisch-spätgeometrischen Kanne (um 735–720 v. Chr.) ist dies genau der Oberkörper: als Schachbrett.[620]

Die Fläche ist selbst bei gemalten Bildern die Spiegelachse zwischen dem betrachtenden Körper und der imaginierten dreidimensionalen Welt hinter der (diese) verdeckenden Fläche. Sie kann dies sein, weil der Faden und mit ihm das Netz der Linien eine so wichtige Rolle spielen. Häufig ist die bemalte Fläche eine ‹Flucht› von immer fiktionaler werdenden Flä-

619 Schefold: Früharchaisch, S. 142.
620 Ebd., S. 97.

chen: Ein bezeichneter Rand zwischen bemalt und unbemalt wiederholt die physische Kante einer Metope. Ein gleicher Rand auf dieser Wandverdeckung aus Ton trennt die ‹Dekoleiste› wiederum vom narrativen Bild aus Thermos. Die Stoffkante zweier Figuren im Bild von etwa 625 v. Chr. wiederholt allerdings diesen Rand. ‹Innerhalb› dieser Stoffe, die durch Mäanderbänder als gewirkter Stoff bezeichnet zu sein scheinen, tun sich zwei Öffnungen auf, durch ein gemustertes Kantenband von der Außenseite abgesetzt. Darin: zwei Frauen mit nichts an als geflochtenem Haar. Man kann das Bild auch als Oberfläche zum imaginären Eintauchen in das zentrale ästhetische Thema auffassen: durch die Verdeckungen hindurch zur Entbergung. Bildästhetisch konstitutiver als die Flächenbegrenzung der Stoffkante und, davon abgeleitet, des gestalteten Bild-Randes ist vielleicht das Sichtbarwerden (und die Thematisierung) der Durchschneidung der Sehachse. Das Thema des Bildbeispiels aber ist: die *Selbstentblößung* der vom Wahnsinn befallenen Proitiden. Diese Töchter wurden entweder vom Wahnsinn befallen, weil sie sich wie die Töchter des Minyas gegen die Durchsetzung des Dionysoskultes wehrten, oder als Anhänger eben dieses Kultus (was sich nicht einmal ausschließt).[621] Die Selbstentblößung ist aber für den Betrachter der Wandverkleidung eine ‹Offenbarung›, nachdem er quasi-rituell durch die (dunkle) Flucht der Verdeckungen geschritten ist …

621 Hierzu: Kerényi: Dionysos, S. 121.

Abb. 4: Die Proitiden (?). Tonmetope von Thermos (um 625 v. Chr.). Athen, Nationalmuseum; Rekonstruktionszeichnung von J. Dörig.

Die drei Töchter des Proitos wurden wahnsinnig, weil sie sich dem Dionysos-Kult verweigerten oder weil sie Anhänger des Kultes waren: Jedenfalls liefen sie entkleidet und mannstoll durchs Land. – Tonmetopen dienten zur Abdeckung der Zwischenräume im Gebälk.

Opake Textilien

Wenngleich ich mit diesen Erörterungen den Ort der Hesiodischen Theogonie verlasse, sollen die Überlegungen zum Stoff-Paradigma doch so weit skizziert werden, dass sich ein Überblick auf das noch zu Erwartende ergibt. Was für den Faden und das Netz gilt, gilt verstärkt auch für dichtere Textilien – wenngleich in der ‹Verdichtung› nicht nur eine Steigerung, sondern auch ein Unterschied angesprochen ist. Damit ist allerdings nicht der Unterschied größerer Durchsichtigkeit zwischen Netz und flächendeckendem Stoff angesprochen. Dieser Unterschied ist eher für das tägliche *Auge* entscheidend, nicht für den taktilen Proto-Raum von Reiz und Nicht-Reiz.[622] Für uns wichtiger ist der Unterschied zwischen der vexierbildhaften Zweideutigkeit des Netzes einerseits und der Schichtung von Zeigen und Verbergen am / im opaken Stoff andererseits. Diese Schichtung selbst entäußert bereits ein körperähnliches Wahrnehmungsmodell, das die eigenen verborgenen Herkünfte des Aktes quasi am Objekt fixiert. – Ist nicht für die Konstituierung jeglicher Bildästhetik das Hinaus und Hinein von Blick und Objekt wichtiger als das Nebeneinandersein auf einer Fläche? Ist nicht Tiefe der Ursprung der Bildgebung?

Netz und dichtere Stoffe freilich konvergieren in ihrer immer schon erlebten Kleidsamkeit und der wechselseitigen Repräsentation von Kleidung und Haut. Noch heute wird Haut als ein «Gewebe» bezeichnet (Benthien)[623], während andererseits diese ‹Übertragung› auch eine ganz unmetaphorische Grundlage in der Tatsache hat, dass viele Kleidungsstoffe, bis hin zur klassisch antiken Theatermaske, organisches Material enthalten: Fasern oder ‹Haut› (Rinde) von Pflanzen, Fäden von tierischer Haut (Wolle) oder diese Haut selbst (Leder). Alle aus organischen Fäden zusammengesetzten Stoffe sind wegen der ‹prägenden› Kleidungserfahrungen seit dem Stadium des Wickelkindes als Hautphantasma bedeutsam. Initiationen und soziale Neugeburten werden kulturübergreifend als Einkleidungen dargestellt.

Jeder Stoff aus Faden hat ähnlich wie Haut, ja stärker noch, diese mar-

622 Diese Gegenüberstellung von Licht und Taktilität ist allerdings eine methodische Konstruktion ästhetischer Wahrnehmung, denn dabei wird vieles, auch Verbindendes außer Acht gelassen, wie die Wärme-Funktion.

623 Benthien: Haut, S. 52; des Weiteren Seitenangaben im Text.

kante Zweiseitigkeit und mithin Wendbarkeit. Bei noch so starker ‹Oberflächlichkeit› macht sich entsprechend stark die *Nachtseite* geltend. Dies Innen-Außen-Spiel kann als zwielichtiges Spiel des Textils oder aber als lockendes Spiel des Auges am Sichtbaren, das immer von seinem Gegenteil getragen wird, ‹zum Tragen kommen›. Einerseits scheint Stoff nun zwar bei möglichst viel Fläche möglichst wenig Volumen zu haben, keine Tiefe; er kann nicht einmal selbständig stehen, auf dass er möglichst optimal seiner Funktion, sich dem fremden Körper anzupassen, nachkomme. Andererseits weist jede Fläche mit jedem Faden selbst viel ostentativer auf das Darunterliegende hin als ein Stein oder eine Baumrinde. Schon der Faden selbst ist gedreht, dreht sich in seinem Lauf, der ihn zur Fläche fügt, unentwegt von unten nach oben, von innen nach außen. Auch führt so Genähtes, Gewebtes, Geflochtenes, Gestricktes und Gehäkeltes die Fäden ständig unter- und übereinander.

Wie die Haut hat der gewirkte Stoff ‹Poren› für die Lufteinfuhr und Schweißausfuhr. Dass die Menschen-Haut selbst andererseits als Kleidungsstoff immer noch fasziniert, thematisiert der Film «Das Schweigen der Lämmer», in dem Hannibal Procter Frauen die Rückenhaut abzieht, um sich daraus ein eigenes Kleid zu nähen.[624] Dass die Faszination der Haut als Stoff in einer nur noch Filet und Gehacktes essenden Gesellschaft eine andere ist als die bei Viehzüchtern ist die eine Seite der Ge-Schichte. Auch dass alle Hüllen fallen können, dass die Haut, einmal zur Hülle erklärt, auch als abziehbare vorstellbar ist, gehört zur Geschichte des Körpers. So erwähnt Benthien den in der frühen Neuzeit aufkommenden Typ der freiwilligen Selbstenthäutung auf anatomisierenden Graphiken, wo Ganzkörperfiguren selbst «ihre Haut wie ein textiles Gewand lüften und dem Betrachter einen Blick auf das vormals Verhüllte gewähren» (S. 77). Neben dem Paradigma des analytischen Forschers verweist Benthien besonders auf die Freiwilligkeit, ja den Anschein des Begehrens auf Vivisektion bzw. Häutung bei lebendigem Leibe hin und stimmt der Analogie von Sawday zu, dass die anatomische Selbstenthüllung mit der calvinistischen Doktrin des *nosce te ipsum* übereinstimme, «derzufolge es Aufgabe eines jeden Gläubigen war, sich kontinuierlich und rückhaltlos selbst zu betrachten und Gott gegenüber zu entblößen» (ebd.).

Eine solche Formulierung verdeckt mit einer Metapher, was sie aufde-

624 R.: Jonathan Demme, USA 1988.

cken soll: wie es zu der Vorstellung kommt, dass die Haut stoffartig ist und dass erst unter der Haut die nackte Wahrheit sichtbar ist (wo doch innere Organe weder sehen noch fühlen können). Dagegen deutet die Beliebtheit des mythologischen Themas der Schindung des Marsyas bei den Malern seit der Renaissance auf eine etwas andere freiwillige Vivisektion hin, von Künstlern, die auf Stoffen ihre Haut zu Markte tragen.[625] Selbst wenn sich hier die auch anatomischen Interessen der Renaissance-Maler wie Leonardo oder Michelangelo[626] mit denen ihrer malerischen Selbstinszenierung auf der Haut der Leinwand überschneiden, sollte doch bedenklich stimmen, dass dieses vermeintlich barbarische und befremdliche Thema sich so kontinuierlich durch die verschiedenen Epochen mit ihren verschiedenen Körper- und Kunstauffassungen zieht. Das Beispiel Michelangelos, der, wie auch Benthien erwähnt, sich in einem Sonett wünscht, dass seine Haut nach dem Tod den Geliebten ganz umhülle, macht indessen deutlich, dass gerade mit der Haut als Hülle, ja Stoff, keine Abwertung gegenüber inneren Werten verbunden werden muss.[627] Denn die Haut steht für das ganze Selbst des Dichters nicht trotz, sondern *wegen* ihrer performativen Möglichkeiten. Neben dem Selbstbildnis als geschundene Haut zeigt die Sintflut des Michelangelo noch ein zweites Hautbild: Links unten im Bild offenbart sich die Auferstehung des Fleisches als Einkleidung in die eigene frische Haut.[628] Das Motiv der Hautwanderung im Sonett ist also christlicher Herkunft, und doch besteht des Dichters ganz individuelle Säkularisierung darin, dass er sich einem irdischen Geliebten mit Haut und Haaren verschreibt. Ohne Übertragung keine Verschmelzung; aber ohne Ablösbarkeit, Wendbarkeit, ja Verfremdung zum Stoff keine Übertragbarkeit.

625 Weiterführende Hinweise zur Marsyas-Ikonologie bei Lücke, S. 536.

626 Benthien führt an anderer Stelle (S. 111) das Beispiel Michelangelos an, der der geschundenen Ganzkörperhaut des Hl. Bartholomäus sein Gesicht, sein einziges Selbstporträt, weiht. Doch haben auch Maler, die vivisektorischer Neigungen unverdächtig sind, dem Thema der Schindung zugesprochen, wie Lorenzo Lotto in seiner Allegorie von Tugend und Laster (1505, Nat. Gal. Washington), wo eine gehäutete Gorgo im Baum hängt.

627 Benthien: Haut, S. 111. Bei dem Sonett handelt es sich um jenes, das mit «O fussi sol le mie l'irsuta pelle ...» beginnt, das Benthien nach der Ausgabe von Guasti, Florenz 1863, S. 179 zitiert.

628 Eine gute Detail-Abbildung bei W. E. Wallace: Michelangelo – Skulptur, Malerei, Architektur. Köln 1999, S. 176.

Die Kraft der Verwandlung, der Überschreitung – und der Intimität hat die Haut nicht an sich, sondern im Spiel mit ihrer Repräsentanz, dem Stoff, erworben, eine alte Geschichte, aber keine archetypische, da die Schichten dieser Geschichte ständig umgewälzt werden und neue Nacktheiten zeigen und verhüllen. Ich erinnere an den «Netzstrumpf» für «Damen», wie er in den 40er Jahren des vorigen Jahrhunderts aufkam, der prima vista nichts zu verbergen schien und nur mit einer Idee von Hülle eine künstliche Haut der Nacktheit zeigte (und damit die natürliche Nacktheit der Haut verbarg). Wenn dann aber die Damen mit den noch ungebräunten Beinen[629] sich, fast schockierend sensationell, häuteten, wenn diese schlaffe künstliche Haut in ältlichen Falten von den Händen der sich offenbarenden Dame herabhing, tauchte die gleichsam enthäutete Nacktheit des leuchtenderen Beines wahrlich nicht als Sensations-Objekt auf, sondern als Offenbarung.

In Europa sind gemusterte Gewebe seit der Hallsteinzeit nachgewiesen und spielten für das Paradigma *Bild* noch in der Archaik eine größere Rolle als seit der Klassik bis heute – allein schon wegen ihrer Körpernähe und in der Verbindung zwischen Körper und Kultformen. Diese Bilder sind nicht mit glänzendem Öl auf die Leinwand aufgetragen, sondern vor allem mit dem Faden im Stoff durchwirkt. Sie bestehen aus Elementen, die rückwärtige, unsichtbare Verbindungen haben; ob gewebt, gestrickt, gestickt, geknüpft oder geflochten: buchstäblich werden sie gehalten von der Nachtseite des Stoffes, beziehungsweise des Bildes. Diese Nacht auf dem hautähnlichen Textil des Bildes, die den Faden hält, die Stelle seines Auftauchens bestimmt usw., diese Nacht ist so konstitutiv für das Bild wie es konstitutiv für unsern Blick auf das Bild ist, dass er aus dem dunklen Körper des Betrachters kommt. Die Rückseite des bilddurchwirkten Stoffes eine Nacht zu nennen, ist umso berechtigter, als vice versa die Nacht als Stoff ein roter Faden durch die Geschichte der Nachtvorstellung ist.[630]

629 Die ‹ästhetisch› gebräunte Haut ist keine nackte, sondern eine vom öffentlichen Licht der Sonne bezeichnete und eingekleidete Haut respektive Pelle.

630 Vgl. für den deutschen Sprachraum J. und W. Grimm: Deutsches Wörterbuch. Bd. 7. Leipzig 1889, Sp. 145, besonders Sp. 153. Siehe auch von *Nacht* abgeleitete Wörter wie *nachtbedeckt* (Sp. 169), *Nachtflor* (Spn. 177 und 197 unter nächtlich), *nachtumhüllt* oder *nachtverhüllt* usw. Ein früher deutscher ‹Deckmantel der Nacht› findet sich bei J. Beer: Die teutschen Winter-Nächte & Die kurweiligen Sommer-

Das im Stoff verankerte Bild[631] (durchschossen, geschlungen, verhäkelt usw.) bewirkt einen ästhetischen Entwicklungsschub, indem es eine Reflexion des Blicks aufs Objekt fördert. Die kognitive Dissonanz zwischen dem Wissen um die unsichtbare, aber konstitutive Fortführung des Fadens und dem Sehen einer ‹Kohärenz› des Bildes, das aus Interruptionen gefügt ist, regt im Kontext der Stoffanmutung als Haut einerseits zur Lockerung der naiven Einheit von Blick und Bild an, andererseits zur Erfahrung einer spiegelähnlichen Konfrontation. Denn der Blick auf das Bild kommt von innerhalb des Stoffes, den wir Haut nennen. Weil der Blick aus der Haut fährt, will er unter die Haut sehen – und die ‹Haut› des Bildes als Haut des Abgebildeten erkennen. So glaubt etwa Goethe, auf Tizians Frauenbildern «das Blut unter der Haut fließen zu sehen»[632].

Zwischen Opazität und Vision: der leibhaftige Blick

Jeder Blick sieht von sich selbst ab, von seiner leiblichen Herkunft. In verschiedenen kulturellen und ästhetischen Milieus, verschieden und verschieden stark, aber überall getragen von dieser leiblichen Perspektivität des Seh-Aktes, tritt im Moment der Fixierung eines Objektes auch dies Objekt selbst anscheinend oder scheinbar ebenso aus seinem dunklen Grund hervor. Die ‹gute Durchblutung› der im Stoff gewirkten Bilder unterstützt das Als-Ob einer ‹spiegelnden›, entgegenkommenden Bewegung, wobei der dunkle Grund des Objektes den dunklen Grund des Subjektes ‹spiegelt›. – Doch ist die Metapher des Spiegels in einiger Hinsicht irreführend, wenn man dabei an Spiegel*bilder* denkt, die aus Lichtstrahlen bestehen. Eher sollte man ein Echolot vorstellen, jedenfalls den Eindruck der Geschwindigkeitsverdopplung des Zusammenpralls von Schall und Echo. Doch auch dieses

Täge. (1682) Frankfurt 1985, S. 12: «Die finstre und dunkele Nacht taugte mir zu einem vortrefflichen Deckmantel, meine Person dahinter zu verstecken…»

631 Damit ist das textile Bild überhaupt angesprochen, insoweit es aus Maschen (Häkeln, Stricken, Schlingen, Knüpfen), aus «Fadenverkreuzung» (Flechten, Weben, Bildwirkerei) und durch nachträgliche Stoffveränderung (durch Sticken, Applikations- und Durchbrucharbeiten) entstanden ist.

632 J. W. Goethe: Transparent-Gemälde (1820). In: Ders.: Sämtliche Werke. Münchener Ausgabe. Bd. 13.2, 1993, S. 9.

Bild ist noch irreführend, indem es ein Bild ist. Vielmehr entsteht ein Phantasma der bilderlosen, unermesslichen Eigenständigkeit dessen, was da auftaucht, hinter seinem Auftauchen, das ähnlich der eigenen Selbstwahrnehmung ist, aber (oder deswegen?) das Prädikat ‹wirklich› verdient. Je intransigenter die Rückseite der auftauchenden Erscheinung ist, desto stärker ist der dunkle Drang des Betrachters, die Dunkelheit hinter der Bildoberfläche zu fiktionalisieren, also einer vorgestellten Sache die vermeintliche Kraft einer dunklen eigenständigen Wirklichkeit zu verleihen.

Was hier dem einen als eine Art reformierter Magie erscheint, dem andern als ein kulturhistorisch zu spezielles, nämlich romantisches Modell des Subjekt-Objekt-Verhältnisses, wäre in der Tat noch kulturhistorisch und gattungsästhetisch zu differenzieren. Ich erinnere aber bei dieser Gelegenheit an Hesiods imaginäre Nachtlandschaft von Tartaros II, jenes Gesicht auf dem sackartigen, nach hinten aber unermesslichen Korpus von Tartaros I. Man könnte hier von einer Begegnungsästhetik unter drei Aspekten sprechen: 1. Gegen-Seitigkeit am gegen-wärtigen Objekt durch imaginäres Zusammenfassen von Vorder- und Rückseite, die als zugewandt (sichtbar) und abgewandt (unsichtbar) er‹fahren› werden; 2. Dialektik von Innen / Außen am Selbst bei taktil dominierter Erfahrung; 3. Projektionen, vorgestelltes Überschreiten, erlebtes Nähern und Entfernen. – Was in dieser Ästhetik unterentwickelt ist? Die gefällige Breite, das Panorama, der euklidische Raum.

Hinter diesem konfrontativen Typ von ästhetischer Erfahrung vermute ich ein wichtiges Element jeder Nachtästhetik, ja für jede Ästhetik, insoweit sie aus der Nachtästhetik entwickelt wird. Ich vermute hinter meiner Vermutung einen je individualhistorischen Beweggrund, der so allgemeingültig ist wie das Gesetz der Thermodynamik, dass Wärme der Kälte entgegenfließt. Andererseits scheint bei diesen Vorgängen die Temperatur zuzunehmen, der Fluss bergauf zu fließen: Vom Verlassen des Uterus an wird das Wickelkind ‹performiert›, eingekleidet in zweite Häute. Seitdem existiert eine Stoff-Barriere zwischen Auge und Haut, die einerseits eine differenzierte (also auch gesonderte) Ent-Wicklung von eher inwändiger Taktilität und eher auswändiger Visualität fördert und andererseits eine ständige Synthese des leiblichen Selbst aus seinen inwändigen Überschreitungen erreicht, den phantasierten Passagen zu Objekten, die er in den ‹Vordergrund› rückt …

Was uns die materiellen Bilder sagen, sagen sie uns in der Sprache unserer frühen Berührungen. Der so immateriell scheinende Blick ist verankert im dunklen Meer der inneren Nacht; dieser Blick wird gehalten, gerichtet und ‹geworfen› vom dunklen Grund des Leibes aus, der aber nie nur eine Seite ist oder gar nur ein Rand, sondern dessen Haut / Stoff-‹Kombinat› immer schon Übertragungen erregt, ja gefordert hatte. Schon Babys ‹gucken aus der Wäsche›, die angezogenen Hautteile bleiben zu Hause – gereizt oder sediert. Doch wäre es einseitig zu sagen, nur die mobilen Hände und das bewegte Gesicht verträten die aktiven Anteile der Abenteuer des Gefühls und die mit Stoff bedeckten einen passiven Part. Die von außen gesehen nach innen verlagerte, weil stoffbedeckte Haut hat neben ihrem Zusammenspiel mit Blick und Bewegung den ganzen Kosmos von Innen und Außen schon an sich. Selbst mit der Kleidung, ja gerade durch sie, findet auf der Haut des felllosen Primaten eine ständige Sensibilisierung statt, deren Zuordnung als ‹innen› oder ‹außen› schwankend, dialektisch verschränkt, willkürlich und milieuabhängig sein kann. Der getragene Stoff ist *das* Medium der Über-Tragung.

Der Stoff kann also als Repräsentanz der Haut aufgefasst werden, so dass Spuren taktiler Übertragung die Kraft des Geistes oder der Seele des Trägers der übertragenden Haut darstellen. Eine bloße Berührung des Mantelsaums der französischen Könige sollte von Krankheit heilen.[633] – Das Turiner Grabtuch, in das der abgehängte Leichnam Christi ‹eingelegt› worden sein soll, ist so heilig, dass es selbst nur äußerst selten enthüllt wird.[634] Das berühmte Schweißtuch der Veronika ist wiederum ein Vorbild für die Leinwandmalerei, die dieses Leinwandbild des Menschensohnes als Bild im Bild zur Reflexion des Bildlichen verwandte.[635] Bild-Spuren, mit den Augen der Haut zu ahnen, lassen sich bis in die Moderne verfolgen, bis zu den Frottagen eines Max Ernst etwa und den Körperabrollbildern eines Yves Klein. – Angeregt durch die Manifestationen innerleiblicher und leibnaher Nacht bei Hesiod, postuliere ich mit der stofflichen Nacht und dem nächtlichen Stoff ein Nachtmedium, das den Leib darstellen, verwandeln, ‹performieren› kann, ebenso wie es stoffliches Ge-

633 Vgl. dazu: M. Bloch: Die wundertätigen Könige (1924). München 1998.

634 Zur Geschichte der Grabtuchforschung: I. Wilson: Das Turiner Grabtuch. München 1999.

635 Vgl. H. Belting: Bild und Kult. München 1993, S. 64, S. 246 und passim.

genüber ästhetisch mit Leibqualitäten ‹aufladen›, vulgo ‹beseelen› kann. Wenngleich diese Elemente in allen Kulturgeschichten immer eine Rolle gespielt haben und diese in letzter Zeit im Westen wieder zugenommen hat – man denke an an den Weltverhüller Christo und die Cyberhaut –, ist ein erster Höhepunkt dieser Ästhetik in der griechischen Sphäre ab dem 8. Jahrhundert feststellbar, der sich deutlich abhebt von der Bevorzugung des Nachthimmels etwa im nahöstlichen Umfeld. Im Bereich des Stoff-Paradigmas gibt es kohärente rituelle Nachbarschaften: Verhüllung durch Stoff (etwa um Kultfiguren), Offenbarung durch Verhüllung (Masken), Verhüllung durch Offenbarung (Teppiche, Totentücher). All dieses Gewirkte oder Geprägte bezieht unsichtbare *Abseiten* mit ein, dunkle Gründe oder Ursachen, die den rituellen, theatralischen oder schlicht festlichen Handlungszusammenhang verstärken: Sie, die Stoffe, sind Medien der Überfahrt und der Maieutik des Auftauchens.

Bilder erscheinen so als Endzustände von Bewegungen: des Stoffes, des Stoff–Tragens, des Übertragens von leibhaftiger Handlung (etwa in den vielen Umzügen). Noch ist Hesiod das ‹Kleid› der Musen, die aus ihm sprechen; bald darauf ist sein Text das wirkungsgeschichtliche Textil seiner Inspiration, und wir vertiefen uns in die und in den Falten zwischen den ‹gebundenen› Seiten. Am Vorbild leibhaftigen Anders*werdens* ‹entfaltet› sich mit der Bereitschaft zur Übertragung, im physischen wie ‹übertragenen› Sinn, der Sinn für Bildhaftigkeit. Auch in der Dunkelheit der Nacht wird ein Gegenüber zum eigenen dunklen Grund gesehen, das so bildfähig ist, wie das Selbst einbildungsfähig ist. Diese quasi elementare Metaphorik erscheint strikt a-geometrisch: Sie ist eine Bewegung von außen nach innen und/oder vice versa, von hell zu dunkel und/oder vice versa, sie hat keinen Vergleich vor sich, Nebeneinanderliegendes interessiert sie nicht, sondern nur die Passage des Anderswerdens und das (Auf)Tauchen.

Das sogenannte Imaginäre ent-faltet sich – individualgeschichtlich und aktuell ästhetisch – im Residualraum wirklicher körperlicher Bewegungen, es bildet neue Verhaltensmuster im (äußeren) Raum aus, begleitet dessen Ent-Wicklung oder das Zurück‹spulen› der Erinnerung (die Revokation)[636]: in Prozessionen/Umzügen, in den Verstellungen (Theater, Wettspiele), im Tanz und Gesang. Neben dem unsichtbaren Medium des

636 Revokation hat hier die Bedeutung von neuerlicher Evokation, Wieder-Hervorrufen, Wieder-in-Erinnerung-Rufen (gegen das Jetzt gerichtet).

Imaginären selbst und dem im Medium des sichtbaren Raums leibhaftigen Erfahren (in) körperlicher Bewegung sind drittens Stoffe Medien der Verbindung und Trennung der Räume, Körper und Semantiken (die Luft, das Wasser, die Kleidung).[637] Noch ist es dunkel in den Köpfen der Zuhörer, da mahnt Hesiod zum Aufbruch: «Lasst uns zuerst von den Musen am Helikon feierlich singen…» (Th. 1); und er bewegt die Luft, und die Musen tanzen herbei – gekleidet in nächtlichen Dunst (4–10).[638]

Der Abstand zwischen Stoff und Bild

Wenn aber nicht nur die Hesiodische, sondern jede Ästhetik, die bei der inneren Dunkelheit des Subjektes, der rückwärtigen Dunkelheit des Objektes und überhaupt bei jedem dunkeln Anfang einer ästhetischen Regung schon als Nachtästhetik und Nachtbild bezeichnet werden kann, dann fragt sich: Wie nennt man dann noch ästhetische Handlungen, die tatsächlich die reale Nacht anschauen, ergreifen, verändern, wie nennt man dann noch Bilder, welche die Nacht selbst darstellen?

Ein Nachtbild im engeren Sinne ist ein Bild, das sich so weit von seinen dunklen Gründen emanzipiert hat, dass es auch die dunklen Räume der Vorstellung – innen wie außen – darstellen kann. Diese vermeintlichen Abbildungen mögen die selbstbezüglichen Sonderfälle sein, die beim Thema Nacht seit der Malerei der Neuzeit am meisten interessieren; doch sollte man nie die Herkunft aus dem fundierenden Verhältnis der Bildästhetik zur Dunkelheit vergessen, das dieser Thematisierung die selbstreferenzielle Sonderstellung verleiht. Zwischen der latenten und der manifesten Nacht gibt es fließende Übergänge und unterschiedliche Grade der Bezüglichkeit. (Deshalb verwende ich die Bezeichnungen «Nachtbild» und «Nachtästhetik» sowohl für thematische wie für mediale Nachtbezüge.) So kann die

637 Wir wissen, dass außer der Luft zum festlichen Singen und dem Wasser zum verwandelnden Bad auch das Metall der Rüstungen zum Bereich kraftübertragender Stoffe gehört, die die Menschen wie verwandelt erscheinen lässt.

638 Von Schirnding übersetzt Th. 9–10: «Doch nach Anbruch der Nacht, gehüllt in dunstige Schleier, / steigen sie nieder und lassen schöne Gesänge ertönen.» Die dunstigen Schleier sind das Kleid der Nacht; ihr Fallen offenbart die Nacht der Musen.

«Emanzipation» eines bestimmten Bildes mit einer «Nacht drauf» von einer realen medialen oder einer inneren der Vorstellung so weit gehen, dass wir uns fragen müssen, ob ein Bild mit einer dargestellten Nacht «drauf» in diesem Falle überhaupt noch ein Nachtbild sein kann. Die physische Dunkelheit der auf einem Bild dargestellten Nacht fordert zum Beispiel mehr Standortlicht als ein helles Bild. Zwar schwankt in der Kunstgeschichte die semantische Funktion des Standortlichtes für das Bildthema, doch wäre es inkonsequent, dem keine ästhetische Bedeutung beizumessen, wenn man andererseits die (prä-)archaische Ästhetik aus (im wahrsten Sinne des Wortes) dunklen Quellen gespeist sieht und überzeugt ist, zumindest den Bereich der visuellen Ästhetik in den der Aktästhetik (am Leitfaden des Leibes) erweitern zu müssen. Dieses Phänomen der scheinbar proportionalen Abnahme von thematischen Nachtbildern, proportional zur Zunahme von nächtlichen Medien, ist wohl der Grund für die zeitgenössische verbreitete Meinung, es gebe seit der Moderne keine Nachtbilder mehr.[639]

Dem entspricht, dass es de facto keine Epoche der Weltgeschichte gibt, in der schneller, intensiver und extensiver neue visuelle Ästhetiken im Dunkeln entwickelt wurden (‹Stadtnacht›, Film, Fernsehen, Video, Installation, Computer usw.). Je weiter man die Grenzen des semantischen Feldes visueller Ästhetiken zieht, desto weniger ist Nacht irgendwie abgebildet, umso mehr ist sie Medium der Darstellung. Doch ist eben jener ansichtige nächtliche Raum, der auch Raum für moderne Nachtästhetiken bietet, gegenüber den luft- und stoffbetonten Zügen bei Hesiod noch nicht so recht zu seiner Geltung gekommen, obwohl es ihn früharchaisch bereits gibt. Auch ohne weitreichende künstliche Beleuchtung. Und wenn Hesiod sie auch nicht *künstlerisch* auffällig betont: Es gibt die Erfahrung der Vollmondnacht, der Sternennacht, des unsteten Feuers und der jähen Erhellung durch Blitze. Es gibt diesen nächtlichen Raum auch innerhalb der Vorstellungen, weil es auch *in* ihnen die Sensation von ‹nah› und ‹fern› gibt, von ‹ansichtig› und ‹verdeckt›, weil auch die ‹Entrückung› eine wichtige ästhetische Funktion hat.[640]

639 So hat die Ausstellung im Münchner Haus der Kunst (1999) mit dem repräsentativen Titel «Die Nacht» kein Nachtbild nach dem Surrealismus gefunden. Vgl. Haus der Kunst: Nacht.

640 Vgl. die Bilder, ja Visionen im Herabschauen auf nächtliches ‹Gefilde› in Homers Ilias (8. Gesang).

Doch wie werden reale Nachterfahrungen auf nächtliche Imaginationen übertragen? Oder gibt es diese Quasi-Abbildungen gar nicht, sondern nur die dunkle Kontinuität der inneren Nacht des Subjektes bei Erfahrungen und Vorstellungen?

Diese Kontinuität scheint dann in der Tat unauslotbar dunkel zu sein. Bei der Realisierung dessen, was Hesiod über die Ansicht des Tartaros vorträgt, kann der Hörer nicht einfach auf eine körperlose ‹Nachtraum-Info› zurückgreifen; vielmehr muss er (zumindest partiell) seinen Körper vergessen (eine musische Gabe) und in einer Bewegung befindlich sein, die manche «ausfahren» nennen (Schamanen, Parmenides) oder: in eine ‹Lesehöhle› eingehen.[641] Diese Vektorisierung ist noch im Vergessen des Körpers das Zurückgehen auf eine im Körper gebildete Perspektivität zwischen Körper und Raum, die nicht leicht einem willkürlichen Vorstellungsakt zur Verfügung steht, aber noch im einschläfernden Singsang von Hexametern hervorgerufen, ja ‹geweckt› werden kann.[642] Hinwiederum kann diese Perspektivität als Medium des imaginären Raumes durch willkürliche Techniken und Eingriffe auf den Körper selbst beeinflusst werden: durch Trance-Techniken, mittels Drogen und in Erschöpfungszuständen – aber auch durch Masken und Verkleidungen.

Andererseits ist auch bei Hesiod unverkennbar, dass die ‹Dilationsfähigkeit›, der ‹Blow Up› des imaginären Raumes, nicht nur von der Entwicklung der Körper-Kultur in bestimmten Kulturen und der aktuellen musischen Beeinflussung des Körpers abhängt, sondern auch von der thematischen Motivarbeit vorangetrieben wird. Jedenfalls entsteht die nächtliche Ansicht des Tartaros als ein Bild erst nach all den Konvulsionen des Titanenkampfes (Th. 666), bei dem sich körperliche und räumliche Aspekte fortwährend gemischt hatten. Das Brausen des Weltmeeres (678), das Dröhnen der Erde und das Ächzen des Himmels (679) sind

641 Vgl. H.-G. Friese: Dunkles Wesen. Nacht und Natur um 1800. Vortrag 1994, in: J. Zimmermann (Hg.): Ästhetik und Naturerfahrung. Stuttgart-Bad Cannstatt 1996.

642 Selbst die Bewegungsmuster *des* Träumens, die *in* Traumbildern der Fortbewegung, seit Homer (Il. 22, 199) bezeugt werden und in denen des Sinkens und Steigens ihren Ausdruck finden, zeugen von der Perspektivität des menschlichen Leibes.

das Turbulenzen des Leibes – oder der Leiber?[643] Schwer zu sagen, weil alles so verschlungen ist; es ist *ein* Ringen (666) des mächtigen Aufbegehrens, Aufbrausens der zuvor unterirdisch, im Erebos, eingeschlossenen Riesen, mit ihren raumsprengenden Körpern. Erst nach dem Kampf, nach der Entmischung von Körper und Raum, nach dem Wegschluss der Titanen ent-spannt sich ein luftiger Raum von 9 x 24 Stunden Fallzeit (722). Erst nach diesem Abstand, nach der Konstitution eines Horizontes, in dem Himmel, Erde und Unterwelt sich berühren (736), wo Anfang und Ende beieinander liegen (738), wo es in vielfacher Weise nächtlich dunkelt[644]: Da erst entsteht das erste Landschaftsbild Hesiods, eine Nachtlandschaft. – Es ist nur eine fiktive Nachtlandschaft, da unmöglicherweise Anfang und Ende von allem hier sich berühren, ähnlich wie beim musischen Chaos, dem Ende des Vorgesangs und Anfang des Hauptgesangs bei Hesiod selbst. Aber bildet nicht jedes Auge, das in der realen Natur einen Horizont zu sehen glaubt, diese Konstruktion des nur fiktiv *geschlossenen* Raumes ‹Landschaft› zwischen Himmel und Erde, horizontal vernäht aus dem Endlichen und dem Unendlichen, dem Sichtbaren und dem Unsichtbaren?

Diese Fiktion des Unendlichen im Endlichen ist das (gespiegelte?) Gegenüber von jenem Endlichen im Unendlichen, als das wir das Imaginäre bezeichnen können.[645] Genauer als mit dem Verweis auf die Berührung von Anfang und Ende, also unter *Ausschluss* des ‹mittigen› Hier und Jetzt, genauer kann man nicht die Heterotopie, den ‹Anderen Ort›, der ein Bild ist, beschreiben: Dasjenige Hier und Jetzt, das wir Hörer und Leser imaginär hier und jetzt, mit Tartaros II in uns, vor uns sehen: ist nicht Hier und Jetzt, sondern ein anderer Ort, der entfernteste Ort, die entfernteste Zeit in

643 Noch Schiller hat dem lebenden Leib des Tartaros mit dem Gedicht «Gruppe aus dem Tartarus» ein Denkmal gesetzt: «Horch – wie Murmeln des empörten Meeres / Wie durch hohler Felsen Becken weint ein Bach / Stöhnt dort dumpfigtief ein schweres – leeres / Qualerpresstes Ach». F. Schiller: Sämtliche Gedichte. Frankfurt 2004, S. 202.

644 Zur Erinnerung: *im* Tartaros ist es düster und dunkel (Hal 736), *um* seinen Hals herum (Th. 727) auch; dann sind dort «die Häuser der Nacht» (Hal. 745) und das «hallende Haus des unterirdischen Gottes, Hades des mächtigen, und Persephones, der finsteren Göttin» (Hal. 767).

645 Jede einzelne Vorstellung ist rückwärtig unendlich tief bestimmt, gehüllt in die Nacht des *bios*.

der Richtung des Vorher und Nachher (sowohl im ‹Draußen› des Bildinhalts als auch im ‹Drinnen› des Bildentwurfs).[646]

In der zyklischen Zeitauffassung, und in einer solchen befinden wir uns bei Hesiod (trotz seiner Weltalter-Mythe) nicht nur logisch, sondern, mit dem Hinweis auf den Ringstrom Okeanos, auch mythologisch, ist die Nachbarschaft von Anfang und Ende immer am entferntesten Punkt vom eigenen Standpunkt jetzt, am Umschlagspunkt vom tendenziell ‹Unwirklichen› zum tendenziell ‹Wirklichen›. Zugleich aber ist alles an diesem Scheitelpunkt ausgezeichnet durch eine besondere Beziehung zum Gegenüber. Trotz (oder wegen) der körperlich größten denkbaren Distanz ist hier im Umschlag der Zeitrichtung eine Spiegelsituation. Nur hier träfe ein auf die Tangente gemaltes Gesicht genau die Augen in einem gegenüberliegenden Jetzt. Diese Landschaft entfaltet sich mit der Entmischung von Körper und Raum – zugleich aber in der Atmosphäre ihrer *erinnerten* Einheit mit dem Körper – als ein phantasmatisch belebter Raum: Die dunklen unterirdischen Wurzeln der Erde und des Meeres müssen partout bis dahin reichen (Th. 728). Wenn der erste Eindruck vom Tartaros, dass er aus der Trennung von Hell und Dunkel entstanden ist, nicht täuscht, so ist der dunkle Raum dem Körper entrissen[647], und er ist dunkler geworden, der Raum, nach diesem Riss, dieser Ver-Tiefung und Abstoßung. – Dreifache Nacht trennt den eigentlichen Tartaros von seinen schaurig schönen ‹Weichbildern› in Tartaros II – ist er also nicht eigentlich so dunkel, weil die Dunkelheit des lebendigen Leibes dunkel ‹erinnert› (entäußert) wird?

Selbstredend ist trotz aller heutigen apparategestützten Aufklärung über die physische Dunkelheit des *Körper*inneren die innere Dunkelheit des *Leibes* immer noch ein Phantasma. Dieses Phantasma ist aber eine Wirksamkeit und kein Mangel, der durch mehr Licht beseitigt werden könnte. Dieses Phantasma ist notwendig und konstitutiv für den Zusammenhalt des Leibes. Das ‹Erinnern› der äußeren Nacht des Raumes und der Zeit zur inneren ist der leibkonstitutive Ausgleich zur intententionalen Aushäusigkeit seiner Sinne und seines Bewusstseins.

646 Den Sängern dessen, was war und was sein wird, hat die Verbindung von Anfang und Ende wohl viel zu sagen.

647 Am Anfang war Tartaros noch *in* der Erde, im Leib der Leiber, in Gaia (Hal. 119).

Die Topologie dieser unheimlichen Nacht *Tartaros*, eines verfemten, oder doch ‹verrufenen› Ortes, ist voller Anzeichen von Übertragung: Trennungen, Berührungen, Kommen und Gehen von ‹Tag› und ‹Nacht›. Wir wollen sehen, was diese Nachtansicht bedeutet und ob sie mehr als nur ein Zufallstreffer ist. Bevor wir in den Tartaros hinabsteigen, sollten wir die Bedeutung der Worte «verfemte», «verrufene», «verschriene» Orte bedenken. Unheimliche, schaurige oder grauenhafte Orte werden heutzutage durch entsprechende oder gerade unpassende sinnliche Eindrücke bestätigt oder sogar sensationsästhetisch hergestellt, von der Geisterbahn bis zum Horrorfilm. Es überwiegt dann der visuelle Eindruck oder die Disharmonie verschiedener Wahrnehmungen. Der Gelehrte Johannes Praetorius aus dem 17. Jahrhundert fasst noch jede Menge ‹unheimliche Orte› zusammen, alle nächtlich verdunkelt: vom Blocksberg, über die «Hexenkonvente bei Clery», den Kyffhäuser, ägyptische Pyramiden bis zu den Bacchanalien auf dem Parnass, insgesamt sind es elf Orte.[648] Aber der Witz ist bei ihm, dass hier nur ein Ort aufgerufen wird: der Text. Er hat alles nur über die Texte der alten und der neuen Schriftsteller zu einer globalen, sozusagen kulturfreien Orts-Übersicht kompiliert. Verfemte, verrufene oder verschriene Orte wirken aber über die unsichtbare Kraft eines magischen, richterlichen oder göttlichen Machtwortes. In oralen Gesellschaften wirkte die Scheu schon im Arkanbereich des Tabus nicht mehr nur wie in einem Gespräch mit der inneren Stimme, sondern bannte das ganze Wesen eines Menschern, der in die ‹Nähe› kam. Verschrien zum Beispiel wurde tatsächlich das ungesühnte Mordopfer über dem offenen Sarg, etwa durch das dreimalige «Zeter»-Schreien, wie noch der «Adelung» weiß.[649] – Dass es am Tartaros, diesem Straf- und Bann-Ort der Olympier, also so viel zu *sehen* gibt, ist schon eine ziemliche Sensation und zeigte einen imaginären Zuschauer zumindest seinerzeit durchaus im Konflikt zwischen innerer, mahnender Stimme und spektakulären Ansichten. Die Bedeutung des Tartaros als einer entfernten, aber inneren Nacht der (je eigenen) Vergangenheit spukt noch heute in den Texten. – In einem Propaganda-Text zum ‹Thriller› «Im Herzen des Tarta-

648 J. Praetorius: Hexen-, Zauber- und Spukgeschichten aus dem Blocksberg. Frankfurt 1979.

649 J. Chr. Adelung: Grammatisch-kritisches Wörterbuch der hochdeutschen Sprache. Leipzig 1793, Bd. 4, S. 1129; im Weiteren als Adelung zitiert.

ros» von Rosa Montero heißt es über die Heldin: «All die widersprüchlichen Gefühle, die sie so gut unter Kontrolle zu haben glaubte, sind wieder da und reißen sie in die tiefsten Schichten ihrer Seele, in ihren schwindelerregenden Tartaros. – Ein atemberaubend spannender Thriller…»[650] Wie man sieht, wird der Sturz der Frau sogleich überführt in den *thrill* der Leser: alles in den Tartaros.

650 dtv-Magazin, Frühjahr 2003, S. 2.

6. Ein nächtliches Panorama

Im Tartaros

Um die Bedeutung dieses dunklen Gebietes zu verstehen, müssen wir des Ortes gedenken, den er in der Dichtung einnimmt – und des Verhältnisses zu den Kindern der Nacht. Er ist ganz prononciert ein Ort der ‹Dichtung›, da er von eben jenem Stoff erfüllt ist, in den die Musen gehüllt sind; es ist der dunkle Dunst, die dichte Luft. Gerade aber weil er so hartnäckig mit der Nacht assoziiert wurde, bei Hesiod und seinen Nachfolgern, muss der räumliche *Abstand* hervorgehoben werden, den Hesiods *Tartaros* der *Nacht* und ihren Kindern ‹einräumt›. Dass die Personifikation Tartaros andere Personifikationen bei sich aufnimmt, ja sogar ein- und ausgehen lässt (Tag und Nacht), macht sie für die poetische, also übertragene, hergestellte Nacht-Ansicht unersetzlich.[651] Der Gott *Tartaros* entsteht gleich nach der Erde. Schon das ist nicht *ganz* richtig: Er wird nach der Erde auch als ihr zweiter Aspekt genannt, nach Olympos (Th. 119). Andererseits ist er nicht geradezu im geräumigen Schoß von Gaia entstanden, sondern im Chtonischen Schoß (*mycho chthonos*). Hier versammelte, verrammelte «der Grieche» «die geheimnisvollen Gewalten der Erdtiefe (*chthon*), deren düsteres Wirken, ihre *menis* [ihren Groll] scheuend», er «mit ehrfurchtsvollem Grauen anerkannte»[652].

Als späterer Ab-Ort der Besiegten muss er als von Gaia weitgehend selbständig verstanden werden – wenn er nicht immer schon ein vergangener, fremd gebliebener Ort der besiegten Kultur war. Wir haben also ganz zu Beginn des Hauptgesangs drei dunkle Mächte: Chaos, Gaia und Tartaros – die drei wie interpoliert erscheinenden lichteren Mächte, bzw. Gebiete Eros und Olympos spielen im weiteren Verlauf keine ausgesprochene Rolle. Und dann folgen auch schon die Kinder des Chaos, Erebos und Nyx, deren Kinder bisher am ausführlichsten behandelt worden sind, von ihnen wiederum die Moiren, die uns zu Stoff, Körper und Raum führten, der am Tartaros genauer untersucht wird. Von diesen ersten drei

651 Bei Aischylos wird der Tartaros geradezu eine Nacht genannt, und zwar von Apollon (Orestie, Eumeniden Vers 73), und Sophokles nennt ihn den «alten Gott der düstren Nacht» (Oidipus in Kolonnos, Vers 1390).

652 Kl. Pauly, Bd. 1, Sp. 1172.

nächtlichen Gegebenheiten Chaos, Gaia, Tartaros ist der letztere am deutlichsten raumartig, zum Beispiel als *Innen*raum aufgefasst, besonders wenn diese Göttin als *physische* Erde vorgestellt wird.

Andererseits herrscht Gaia nicht nur bei Hesiod (Th. 720), sondern auch bei Homer (Il. 8, 13), in der Mitte zwischen dem Nachthimmel Uranos[653] und der *unter*irdischen Nacht des Tartaros. Dieser ist dann ein externer Pol, dessen Ferne den Raum einräumt. Man sollte dennoch das Schillern der Bedeutungen zwischen «Vater des Typhoeus» und «Raum der Hölle» dem *Spotlight* der hesiodischen Metaphern zugute halten, die gezielt nur Einzelheiten in einer Nacht des Schweigens über den Kontext beleuchten. Der Tartaros ist der vorgestellte Raum für die Personifikationen anderer nächtlicher Gottheiten wie Hades und Persephone, die als diese Personifikationen bereits eine Art von Bildwerken sind. Von Tartaros ist (im Gegenteil zu Uranos) im ganzen Gesang kein eigenes Wort zu erfahren. Jedoch muss er ein wenig Körper haben, sonst könnte er keinen *Nacken* haben, um den Zeus ihm die Nacht legt. Und wenn er auch bei Hesiod Kinder nicht richtig *hat*, so entfährt ihm doch ein Nachkomme mit Gaia, das Ungeheuer Typhoeus[654], an dessen Zustandekommen sogar die Liebe beteiligt gewesen sein muss, denn Aphrodite hatte den Bund gestiftet (822): Seltsamerweise gewinnt Tartaros die wenigen individuellen Züge erst, nachdem Zeus ihn eindeutig als verfemten *Ort* in seiner Räumlichkeit markiert hat (721), nämlich durch seinen dreifach nachtbedeckten Nacken und durch seine Zeugung des Typhoeus. Aber seine Nähe bleibt begrenzt durch die nächtliche Halskrause, seine Tiefe dagegen ist quasi unendlich.

Erzählhistorisch zwischen dem Anfangszustand von Tartaros und demjenigen nach der Bezwingung der Titanen (re)generiert sich die Nacht in ihren Kindern, an denen gerade die Vermischung von Körper und Raum

653 Uranos bleibt in der «Theogonie» *himmlische* Nacht, er tritt regelmäßig dunkel eingehüllt oder mit Sternen auf (127, 176, 463, 470, 891) und nie mit der Sonne. Der Tageshimmel ist Äther, das Himmelsblau, wie es von Schirnding übersetzt (124). Tag- und Nachthimmel sind bei Hesiod nicht verwandt.

654 War die Verbindung etwa ungeheuerlich, ‹verpönt›? Denn irgendwie bleibt der Tartaros doch verbunden mit der Erde, weil allein durch sie zugänglich: «im Schoß der geräumigen Erde» (Th. 119). Und das Monstrum wäre die Strafe (poena)? – Vgl. Kap. B 1. Nachtleib.

(Philotes, Träume, Hesperos) sowie von Personifikation und Begriff auffiel. Zwischen dem Ende des Nachtkatalogs und dem Anfang des Tartaros-Panoramas liegen rund 500 Verse, die, selbst wenn man die zweifelhaften Passagen mitzählt, die sich mehr am Ende befinden, die Hälfte des Textkorpus ausmachen.[655] Und man kann sagen: Diese Text-Passage zwischen Nacht und Tartaros von Vers 225 bis Vers 719 bildet den theo*gonischen* Kern der Theogonie: die Entwicklung der Götter (mit Ausnahme der letzten Generation), ihre Konkurrenz (auch um die Menschen, vgl. Prometheus), ihren Kampf um die Vorherrschaft und die Durchsetzung einer ‹Ordnungsmacht› mit exekutiver Gewalt (Gefängnis). Zwischen der Aufzählung der Kinder der Nacht und der Beschreibung des Tartaros wühlt Zeus alles auf, siegt und entmischt Körper und Raum und ordnet dem Raum Funktionen zu. Wenn hier plötzlich die alten Nachtgestalten wieder auftauchen, so scheint es angebracht, nach der Klammerfunktion der Nacht zu fragen. Am Rand der Kämpfe und Zeugungen ist die Dunkelheit der Nacht ein Rahmen.

Thematisch geht es von Anfang an, seit Chaos also, um diese Entmischung von Körpern und Räumen, und der Kampf des Zeus ist nur die Kulmination dieses Prozesses. Diese *Ent*mischung ist immer wieder unterbrochen durch jene *Ver*mischung von Körpern, die Nachkommen hervorbringt, die Teil der Auseinander-Setzung sind. Deshalb kann man auch sagen, die Entfaltung des körperfernen Raumes vollziehe sich durch die Kämpfe *zwischen* Körpern. Die Betonung des gleich weiten Abstandes zwischen Gaia und Uranos einerseits sowie Gaia und Tartaros andererseits impliziert einen Symmetrie-Gedanken, der im Grunde Keim eines anderen (nämlich geometrischen) Raum-Gedankens ist als desjenigen, der zwischen Uranos und Gaia oder Tartaros und Gaia durch Begehren und Bedrückung erfahren wird.

Die Idee einer neuen Raum-Ordnung wird allerdings durch die Fortführung der Erzählung ‹in Schach› gehalten. Der kompositorische Kompromiss zwischen kosmischer Symmetrie und Zeitlosigkeit hier und epischer Erzählung bzw. *neuer* musischer Wahrheit da ist mit der Idee des «Noch einmal» gewonnen. Zeus muss noch einmal kämpfen: gegen Ty-

655 Textgrundlage der deutschen Ausgabe von Hal. ist die kommentierte englische Ausgabe von M. L. West: Hesiod, Theogonie. Oxford 1966/repr. 1971. West hält die Verse ab V. 901 für nicht hesiodisch (Hal. 201).

phoeus. Das Bild, das Hesiod vom Tartaros entwirft, täuscht also mit seinen unendlichen Entfernungen (Tartaros I), seinen dauerhaften Gefängnissen (Nacht um Tartaros, Styx, Hades) und der gepflegten Routine (ewiger Wiederkehr von Tag und Nacht und Tod und Schlaf) eine nächtliche Idylle nur vor, als Ruhe vor dem Furor. Die Nachtansicht von Tartaros II wird so eine spiegelbildliche Achse zwischen dem Titanenkampf und dem Kampf mit Typhoeus, das ist die zentrale kompositorische Bedeutung des Bildes von Tartaros II. Der Handlungsähnlichkeit entspricht eine räumliche Verlagerung des Geschehens vom Himmel auf die Unterwelt – weil das Gleichgewicht der Nacht um und in Gaia nicht mehr stimmt.

> Aber nachdem die Titanen durch Zeus aus dem Himmel vertrieben,
> schenkt die riesige Gaia dem jüngsten der Söhne das Leben,
> Typhon, in Liebe zu Tartaros durch Aphrodite, die goldne. (Hal. 822)

Das Wort «Himmel» vertritt das originale *ouranos*. Zeus muss also erst die Kinder der himmlischen Nacht[656] und dann das Kind der unterweltlichen Nacht bezwingen, bevor er seine Raumpolitik kraft unentwegter Zeugung durchsetzt (Th. 886). So wie die beiden Kampfszenen nicht einfach ein gleiches Doppel sind, so sind allerdings auch schon die fruchtbaren körperlichen Vermischungen der Gaia nicht gleich. Dass der Nachthimmel voller Begehren seinen Mantel über die Erde «deckt», räumt dieser männlichen Nacht des Verlangens seit Hesiod das Recht der Partnerwahl ein. Uranos kennt nur Eindringen, und alles, was ihn daran hindert, Kinder etwa, die raus wollen, hasst er. An Tartaros, der in der ganzen «Theogonie» kein Sterbenswörtchen sagt, waltete wohl Damenwahl, Aphrodite gab Gaia die Liebe zu Tartaros ein (824). Philotes, Liebesumarmung, ist der nächtliche Vorgang, den das Nachtbild des Tartaros verdeckt.

Während sich die Vorstellung der Hörer dem Nachtbild von Tartaros II ergab, muss die Zeugung des Typhon geschehen sein, denn Hesiod tut so, als ob während unserer imaginären Ansicht des Ortes, wo Anfang und Ende von allem zusammenfließen, keine Zeit vergangen sei, aber hinter

656 Es steht nicht *Äther* (der blaue Himmel), oder *Hemere* (die Tageshelle) hier; auch von der Höhe des Olympos ist nicht die Rede, sondern vom *ouranos*, der dem Uranos gehörte.

dem Bild sehr viel. Denn Zeugung und Schwangerschaft der Gaia scheinen unmittelbar nach, wenn nicht während der Vertreibung der Titanen mit Tartaros I, im Rücken von Tartaros II, vorangegangen zu sein (819). Dass zwischen dem ausklingenden Kampf gegen die Titanen und dem neu heraufziehenden gegen Typhoeus ein nicht nur zeitlicher, sondern auch räumlicher, ja ein genealogischer Zusammenhang besteht, ist daran ersichtlich, dass der letzte aufständige Mohikaner der alten Welt, also Typhoeus, aus eben jener unterirdischen Welt hervorgeht, die als Weichbild (Tartaros II) des Strafortes der gestürzten Herrscher soeben erst in den Blick geraten ist.

Genealogisch sind die beiden Linien des Hauses Gaia durch die Uranos-Tochter und Gaia-Enkelin Aphrodite verbunden, «denn mit Tartaros hatte den Bund Aphrodite gestiftet» (v. Sch. 822). Das wäre gar nicht nötig gewesen, denn es war Liebe (philotes, Th. 822). Im griechischen Text der Ausgabe von Karl Albert ist Philotes sogar groß geschrieben, dann wäre es die Tochter der Nacht, die für diese Verbindung gesorgt hätte. Wie dem auch sei, das Doppel von Philotes und Aphrodite verführt dazu, die Rolle der Letzteren noch einmal sozusagen heiratspolitisch zu spezifizieren, wie es von Schirnding mit der ‹Stiftung des Bundes› tat. Auch ohne dies bleibt der erste Akt der Liebesstiftung durch Aphrodite im Gang des Hesiodischen Gesangs bemerkenswert, weil er die Uranos- und Gaia-Kinder als einen Clan erscheinen lässt, der füreinander einsteht, und mittlerweile im gleichen nächtlichen Lager ‹haust›, im Tartaros. *Der* verharrt auch als zweite Wahl Gaias, dessen Ausgeburt gegen Zeus kämpfen wird, in schweigsamer Zweideutigkeit: einerseits unansehnlicher Müllplatz der Geschichte (Titanenversenkung), ein unendlicher Raum zu sein und andererseits ein dunkel raunendes Bild zeitlicher Unendlichkeit in der Zeitschleife der Bildanschauung am Rand einer ewigen Nacht.

Aber was hat der nächtliche Raum, der uns mit Tartaros II als Ansicht gegeben ist, mit den Nachtgestalten, der Göttin Nyx und ihren Kindern, zu tun? Nun, zunächst kann man sagen, dass der Raum am Rand der dreifachen Nacht der Aufenthaltsort der Nachtgestalten geworden ist. Vor allem Nyx wohnt hier ebenso wie Thanatos und Hypnos.[657] Viele eher al-

657 Zwar wohnt auch die Nachttochter «Tag» periodisch im Haus ihrer Mut-

legorische Kinder der Nyx fehlen, wie etwa Liebe, das Alter, die Träume. Wiederum andere sind neu, doch enthalten sie deutliche Hinweise auf Verbindungen zur Göttin Nacht. Der Höllenhund *Ker*beros etwa, wird ausgerechnet von Hesiod, der die Keren der Göttin Nyx untergeschoben hat, mit diesem Namen erwähnt. Auch stimmt seine Aufgabe als grausamer «Leichenfresser mit eherner Stimme» (Kl. Pauly) mit dem Funktionsbereich der Keren überein. Zugleich ist er Enkel des Tartaros, Sohn des Typhoeus und der Schlange Echidna, die nach einer Mythenvariante sogar selbst Tochter von Tartaros und Gaia, also Schwester des Typhoeus ist.

An *Horkos*, den Sohn der Nacht-Tochter Eris, erinnert hier unten der Fluss *Styx*, der zugleich die würdigste Tochter von *Tethys* und *Okeanos* ist (Th. 361). Denn so, wie Horkos für die Bestrafung des Meineids bei den Menschen steht (Th. 231 f.), so sorgt Styx für die Wahrung des Eides und die Bestrafung des Meineides bei den Göttern. (Th. 400) Eine Wortbrücke erschließt bei Hesiod eine zusätzliche Verbindung: Die Mutter des «Eides» (Horkos), der ursprünglich ein Fluch ist, «den jemand zur Bekräftigung seiner Aussage auf sich ruft» (Hal. 266), diese Mutter des Fluches wird «verhasst» (stygeros) genannt. ‹Styx› ist verwandt mit ‹Hass› (*stygos*). Bewusst erinnert Hesiod an den Zusammenhang des Nachtenkels Horkos mit Styx, indem er die Wortassoziation mit ‹stygeros› herstellt, bevor er den Namen der Göttin nennt (v. Sch. 775):

> Dort auch haust, den unsterblichen Göttern verhasst, eine Göttin
> Die entsetzliche Styx, des Ringstroms Okeanos erste Tochter.

Der Fluss aber fließt – und er ist rituelle Repräsentanz der Göttin, weil beim Götterstreit die Götterbotin Iris das eisige Wasser mit seiner beschwörenden Kraft (Th. 805) in goldenem Krug zum Olymp bringt – der Fluss aber fließt durch die schwarze Nacht, *dia nykta melainan* (788).

ter, doch sie wird nur einmal genannt, gelangt nicht zu bildlicher Anschaulichkeit, während Nyx geradezu kenntlich wird durch ihre beiden Kinder auf dem Arm, etwa auf der rekonstruierten Kypseloslade des 7. Jahrhunderts (Schefold; Früharchaisch, S. 190). Vom Tag (Hemera) gibt es meines Wissen überhaupt keine bildliche Darstellung.

Das Nachtbild mit ‹*Nacht*› im Tartaros

Während die *Nachtansicht* Tartaros II die unsichtbare Unterseite Tartaros I durch Verdeckung zur Nachtseite ihrer Nachtansicht macht, wird *auf* diesem Bild die Gruppe um die Göttin Nacht als eine von drei Hauptgruppen (neben Styx und Hades) dargestellt. Gerade weil die Nacht in sehr verschiedener Weise (zum Beispiel materiell als Abgrund, medial als dunkler Raum und ‹persönlich› als Mutter Nyx) auf diesem Bild vorgestellt wird, sollte die Besonderheit dieser mütterlichen *Göttin* Nacht im Bild der Unterwelt beachtet werden. Besonders ist der Unterschied in der Dreifaltigkeit Chaos – Tartaros – Nyx hervorzuheben. Nach jener Nacht, die ein Aspekt der Totalität ist und «Chaos» heißt, ist der Tartaros zunächst, als Inneres oder Unteres der Gaia, ein entrissener Teil des Leibs der Leiber, der ‹unser aller Mutter› ist. Letztlich erst mit dem Titanensturz (als seiner Füllung) erweist sich der Entrissene als unfassliche Leere, als ein dunkles räumliches Negativ zum Leib der Gaia, die vor allem immer deutlicher eine tragende Oberfläche hat. Tartaros wird ihr gegenüber die ‹ewige Nacht› der Unterwelt; Gaia aber ist immer, jedoch räumlich begrenzt. Von beiden unterscheidet sich die Nacht, die in ihrem periodischen Wechsel raumzeitlich begrenzt ist, aber überall hinkommt. Sie ist in dieser Beweglichkeit die anthropomorphere Gestalt und verbindet Tartaros und Gaia miteinander: den Fast-Nur-Raum mit dem Fast-Nur-Leib. Im Zwischenreich des Nachtbildes Tartaros II ist sie die Kommende und Gehende. Ihre Heimat ist aber die Nacht der Unterwelt; ihr Hauseingang gehört noch zu Tartaros II; ihre Wohnung erstreckt sich jedoch wohl in Tartaros I hinein.

Die grenzenlose Nacht im Chaos, die räumlich begrenzte, aber zeitlich unbegrenzte Nacht (Tartaros I) und die räumlich ubiquitäre, zeitlich aber nur periodisch anwesende Nacht (Nyx) sind präzise voneinander getrennt, berühren sich aber an den Grenzen. Die genaue Fixierbarkeit der zeitlichen Nacht (Nyx) in ihrer Gestalt ist die Voraussetzung für die Vorstellbarkeit ihres persönlichen Wandels – obwohl das Haus der Nacht schon etwas Mysteriöses ist. Denn wenn das *Innere* des Hauses tatsächlich mit Tartaros I gleichzusetzen ist, so wohnen Nyx und ihre Kinder als einzige nur zeitweise, nämlich tagsüber, im räumlich begrenzten Reich der *ewigen* Nacht. Gleiches gilt allerdings vice versa für den Tag, der nachts im Bereich der ewigen Nacht wohnt. Tag, Nacht und ihre Kinder genießen also als zeitlich bestimmte Götter eine gewisse Freizügigkeit. Diese Freizügkeit stellt sich der lesenden und hörenden Phantasie im weiteren Verlauf des Auftauchens von Hades, Styx und anderen immer mehr als bedrohter Sonderfall heraus. Die Pendlerin Nyx wird uns nebst Familie bezeichnenderweise im *Zwischenreich* zur Ansicht gegeben, da, wo sie weder tags nächtigt noch des Nachts ihrer oberirdischen Nachtschicht frönt.

Immerhin wird sie uns *dadurch* gezeigt. Denn die andern Göttinnen und Götter, Hades, Persephone, Styx, selbst die Hundertarmigen, werden uns überhaupt nicht gezeigt, nur ihr Wohnort wird genannt. Wir fügen unsere Vorstellung hinzu. Einzig der Hund Kerberos wird noch in der Art seines Verhaltens beschrieben. Die genaue Fixierbarkeit der zeitlichen Nyx durch ihr Haus in der räumlichen nyx erleichtert es uns, sie als wirklich lebendiges Lebewesen mit leibhaftigen Bewegungen zu imaginieren. Das Haus der Nacht wirkt mit seiner zweideutigen Lage zwischen Ansichts- und Vorstellungsraum wie die Erfahrung fremder Haut am andern Körper. Das Ein- und Ausgehen der Göttin des zweideutigen Hauses, das symbolisch das sichtbare Nachtbild mit dem unsichtbaren ‹Mehr› der Nacht dahinter verbindet, macht dieses Bild zu einem Schlüsselbild aller Nachtbilder und aller Erfahrung eines dunklen Zusammenhanges zwischen Leib und Raum.

Ganz entschieden und prägnant ist das Nachtbild hier aus seinen Elementen Raum und Leib gefügt. Der Einschub der Atlas-Beschreibung macht deutlich: Hier ist die Schwelle zum Raum der Räume – und zum Leib der Leiber: Atlas im Joch des Himmels (Th. 517 und 746) – während die zwischen Blau und Schwarz changierenden Wolken, in denen das Haus der Nyx zunächst noch verborgen ist, wie schon erwähnt, einen künstlerischen Bereich ahnen lassen. Hermann Fränkel übersetzt die Stelle, an der die Personifikation der Nacht ins Bild hereintritt, folgendermaßen:

> Dort ist die schreckliche Stätte der dunklen
> Nacht, deren Wohnung von schwärzlichen Wolken verhüllt ist.
> Davor trägt des Iapetos Sohn (Atlas) den geräumigen Himmel,
> steht und trägt mit dem Haupt und nie ermattenden Armen,
> ohne zu wanken, da wo sich die Nacht und Hemere (Tag) begegnen
> und einander begrüßen, die mächtige eherne Schwelle
> überschreitend, die eine hineinzugehen, die andere
> schreitet hinaus. Niemals umfriedet das Haus alle beide,

immer ist eine entfernt von dem Haus und tummelt sich wandernd 752
über die Weiten der Erde, die andere weilt in dem Hause 753
drinnen und wartet darauf, dass die Stunde des Ausgangs herankommt. 754
Eine bringt Licht und die Fülle des Schauens den sterblichen Menschen, 755
aber die andere hält Schlaf auf dem Arm, den Bruder des Todes, 756
Nacht die gefährliche, die sich verbirgt unter Wolken von Dämmer.[658] 757

Nicht nur das ‹abscheuliche› Haus der finsteren Nacht (v. Sch. 744) ist von schwärzlichen Wolken verhüllt (745), sondern auch die gefährliche Nacht selbst verbirgt sich unter Wolken von Dämmer (757). Zwar sind die Prädikate des Dunklen hier verschiedene, doch ist das Partizip *kekalymmenos* (verborgen) und das Substantiv *nephele* (Nebel, Wolke, Dunkel) jeweils dasselbe. Durch die phonetische Wiederholung des anfänglichen *nepheles kekalymmena kyaneesin* (745) in *nephele kekalymméne heroeidei* (757) am Ende, bzw. durch die vorzustellende Wolken-*Rahmung* des szenischen Bildes geschieht in der Sprache dieselbe Einhüllung des sprachlichen Nachtbildes, wie sie von der Szenerie der Nacht und der Person hier dargestellt wurde. Vor dem Hintergrund dieser Entsprechung fällt dann aber die Veränderung von der stofflichen oder materiell-künstlerischen Farbe der Nacht (745), *kyaneos* ist «schwarzblau schillernd», zu einer atmosphärischen (757) – *heroeides* heißt «luftartig», «dämmerig» – besonders auf. *Heroeides* betont wie schon das *heroentis* des Tartaros selbst das Luftige. (Der Wortstamm hero ist gleichbedeutend mit aer.)

Wir sind mit der Erscheinung dieser personifizierten Nacht vom materiellen, opaken, aber auch Licht zurückweisenden Schwarz zum diaphanen, *atmos*phärischen Schwarzblau gelangt. Zwar stammt das Tuch vom eher stürmischen Tartaros, doch daraus ist ein (etwas) durchsichtigerer Schleier der Nacht geworden, so hat es die ikonographische Tradition übernommen. Und die Bewegung ist vor allem kein fremder Sturm mehr aus dem Tartaros, sondern es ist, wenn nicht das stille Beben und Schauern nur des zarten Stoffes, so doch die weibliche Bewegung des Hüllens selbst, die das Tuch der Nacht bauscht. Durch die Epochen bauscht sich das Velum der Nyx, ein Luftigkeit ausströmender und luftsammelnder

658 Fränkel, S. 115; weitere Versbelege im Haupttext.

Schleier, schwebend zwischen ge- und entfesselt, sichtbar und unsichtbar, innen und außen, dunkel und hell.[659]

Die Personifikation der Nacht hat kaum eine weitere ikonologische Spezifikation aufzuweisen als diesen Stoff, der an sich schon die Bedeutung des Stoff-Paradigmas für die imaginäre Nacht anzeigt: zwischen Körper(verdeckung) und Raum(erstreckung) zu verbinden. Das hat die bildgebende Phantasie der folgenden Jahrhunderte am meisten an Nyx ‹beflügelt›. Je luftiger die Nacht, also je schwungvoller das Tuch in den Raum geworfen wird, desto markanter wird auf den bildlichen Darstellungen übrigens das Umstülpungs-Phantasma von Innen und Außen: Der strahlende Nachthimmel erscheint innen im gewölbten Tuch als Gewölbe des Nachthimmels, während außen die innere Nacht die Strahlen des Tageshimmels verdeckt. Das ist auf Bildern wie denen von Luca Giordano nicht so deutlich markiert wie der innere Nachthimmel, doch teilt sich das Verdunkelnde als Verschattung des Innenraums des Bausches mit. Natürlich kann ein Maler, der auf Tuch malt, kaum der Ahnung entgehen, dass diese Bezüglichkeit des Bild-Gewebes zwischen Außen und Innen auch mit seinem Bild-Gewerbe zusammenhängt. – Doch diese zarte, ‹malerische› Interpretation nächtlicher Weiblichkeit ist erst die spätere Geschichte einer unterworfenen und darum nicht mehr verderblichen Nacht. Nur: diese bildspendende atmosphärische Aufhellung muss zunächst festgehalten werden, weil entscheidend an der Göttin ihr Durchzug ist, den sie im Wandel zwischen unterweltlich und oberirdisch bildet – weil sie die Hindurchziehende durch innen und außen ist. Andererseits wird die atmosphärische Aufhellung der anschaulichen Nacht durchkreuzt von der gegenläufigen emotionalen Verdunkelung der Nacht, die man nicht sehen, nur imaginär nachvollziehen kann: War am Anfang des Hesiod-Bildes ein gewisses Haus der Nacht schreckenererregend, so ist am Schluss Nyx selbst gefährlich (s. o., 757).

659 Beispiele: Relief des Sarkophags von Kitanaura (Lykien, 2.-4. Jh. n. Chr.); Abb. in: B. Borchhardt-Birbaumer: Imago noctis. Wien 2003, S. 99; Luca Giordano: Die Barke des Charon, der Schlaf der Nacht und Morpheus. 1684–86, Fresko im Palazzo Medici-Riccardi, Florenz. Oder: K. F. Schinkel: Die Nacht in ein weites Tuch gehüllt, über dem Golf von Neapel schwebend, 1834. – Oder: J.-L. Gerôme: Die Nacht. (1850–55). Diese Luft hat die Nacht vom Tartaros aeroentos.

Hermann Fränkel allerdings kommt hier (S. 115) sogleich auf ein Lieblingsthema, das metaphysische Anliegen Hesiods, zu sprechen, indem er darauf hinweist, dass die Begegnung von Tag und Nacht «in einem mehr metaphysischen als räumlichen Sinn» gemeint ist. Wenn nämlich Hesiods Schilderung der Unterwelt topographisch gemeint sei, müsse sie «sonst im Westen und Osten zugleich liegen», die Schwelle dieser Begegnung. Nein, «in dem Bild der Schwelle, auf der sich Tag und Nacht begegnen», komme «die Bindung der Gegensätze zum Ausdruck, die einander ausschließend zugleich einander fördern. Es ist immer Tag oder Nacht, und die Schwelle repräsentiert das Oder, in einem mehr metaphysischen als räumlichen Sinn.» – Nun ist es zweifellos richtig, dass oben, auf der Erdoberfläche, Tag und Nacht sich nicht begegnen können, nicht aufeinander zugehen können, sondern einander folgen von Ost nach West. Doch da oben sind wir nicht. Auch ist der «Gegensatz» ein äußerst dürftiger Ersatz für «Begegnung» (mit Begrüßung), zu deren Ersetzung aber doch keine Not besteht.

Im Gegenteil relativieren sich die Widersprüche, wenn man den Begegnungscharakter ernst nimmt. Es gibt diesen Ort, wo sich die Richtungsbestimmungen aufheben, nur ist dieser Ort nie ‹Hier›, sondern immer ‹Dort›, am absoluten Gegenüber, am Horizont, dem Grund der Bildlichkeit (weil Übergang vom Sichtbaren zum Unsichtbaren). In einem zyklischen Weltbild treffen sich westliche und östliche Richtung genau gegenüber. Nur weil dieses Dort die vom eigenen wahrnehmenden Leib im Raum entfernteste Schwelle ist, geht dort hinten der Tag (mit der Sonne) unter und die Nacht (mit dem Mond) auf, müssen sich also begegnen dort, unterhalb, wo Anfang und Ende von allem zugleich ist. Dieser ausgedachte Raum der Begegnung ist aber nicht eigentlich metaphysisch, sondern objektivistisch gewendete Phänomenologie: das (von ihm abhängige) Gegenüber zum Körper der Wahrnehmung in seinem Raum, sozusagen negative Ästhetik.

Das Oder macht uns also kein Problem. Es ist die Schwelle zwischen dem sichtbaren und dem unsichtbaren Raum, an der ein Bild, eine szenische Vision auftaucht, eine metaphòrische (keine metaphysische) Handlung, die im Übertragen vom Unsichtbaren ins Sichtbare und vom Sichtbaren ins Unsichtbare besteht. Die Schwelle bezeichnet / begrenzt (von innen) den Raum der Kunst und der Poesie. Durchaus ist die Schwelle selbst materiell gedacht, ebenso wie der Raum von Tartaros I, vor dem die Schwelle sich befindet. Wir sind also mit Hesiod erstens vor der als real aufgefassten räumlichen Nacht, wo es immer dunkel ist, und zweitens im Bildraum von Tartaros II, in dem es mehrere Bilder, Szenen gibt. Das besondere Bild nun heißt ‹Nyx und Familie› (Tag, Tod und Schlaf).

Man kann aber nicht nur nicht davon absehen, dass Nyx et al. Personifikationen sind (obwohl Nacht auch um den Schlund von Tartaros gelegt ist), man soll sich auch noch vorstellen, dass Tartaros ohne allen Abzug seiner eindeutigen räumlichen Qualitäten zugleich auch eine Art Personifikation ist. Nur ist seine Gestalt eben ungestalt, nicht abgeschlossen. Er stellt (typologisch) ein Bindeglied zwischen Nyx und dem noch ungestalteren Chaos dar. Dieses abgestufte System unterschiedlicher Grade der menschenähnlichen Gestalt stellt, bewusst oder unbewusst, ein System unterschiedlich starker Symbolisierungen und unterschiedlich starker Vermengung von Raum und Leib dar. Je menschenähnlicher die Ausgestaltung ausfällt, desto deutlicher scheint mir der bewusst fingierte Gehalt das Gewand der Wahrheit darzustellen.

Dieses System ist situativ flexibel. Wenn ‹Tag› aus dem Haus von ‹Nacht› bzw. aus ‹Tartaros› heraustritt, dann ist ‹Tag› die stärkere Personifikation, und Tartaros sowie das Haus der Nacht verblassen zum Weichbild des verlassenen Raums, einer vergangenen Szene. Zum einen ist hier also kein Widerspruch zur Physik festzustellen, wenn Lebewesen (mit *Namen* Tag und Nacht)[660] einander begegnen; zum anderen widerspricht es nicht der Physik, wenn Lebewesen zwischen Hell und Dunkel (zum Beispiel an Höhleneingängen) den Eindruck haben, das je andere Phänomen, Dunkelheit oder Licht, komme ihnen entgegen. Der Wechsel von Raum- und Leiberfahrungsmustern, das Schwanken in der Orientierung

660 Schon die Tatsache der Namen scheint Fränkel nicht wahrhaben zu wollen, wenn er die (großgeschriebene) Nyx wie einen Ausdruck für die Sache Nacht behandelt. So übersetzt er (Vers 748): «… da wo sich die [!] Nacht und Hemere (Tag) begegnen». Hemere wird hier als Personifikation vorgestellt, die ‹Tag› bedeutet; Nyx dagegen ist kein Personenname, sondern schlicht *die* Nacht, eine Tatsache, die jeder kennt. – Wenn er dann davon spricht, dass sich Tag und Nacht (nicht Nacht und Tag, wie im Original) wie Gegensätze begegnen, dann deutet das seine Tag-Fixierung an und dass ihm die Perspektive aus der Nacht heraus gleichgültig ist, ja der Tatbestand der Perspektivität nicht viel gilt, angesichts des ‹höheren› Problems des Gegensatzes.

entspricht einerseits durchaus der realen Nachterfahrung aller Zeiten; andererseits deutet sich in der metaphorischen Oszillation zwischen gleichnishaftem Raum und Personifikation das ästhetische Spiel von Erinnern und Vergessen an: Je stärker das Erinnern die Widersprüche bemerkt, etwa zwischen Nacht um den Hals des Tartaros und Nacht, die im Hals desselben hin- und hergeht, desto stärker ist diese Dissonanz eine ästhetische Wirkungsoption, je weniger diese Widersprüche bemerkt werden, desto stärker ist das musische Vergessen in den Augenblick der imaginären Anschauung gebannt.

Das Hauptproblem ist nicht die Physik, sondern die Eigenart des bildlichen Zusammenhangs, der durch die ‹Schwelle› als Zwischenraum zwischen Diesseits und Jenseits angedeutet ist. Offensichtlich ist hier eine in sich geschlossene Ansicht als Szene gegeben, und das heißt auch: als eine sich enthüllende Offenbarung. Zuerst sind da schwärzliche Wolken (Hal. 744), dann die Häuser, die jene verbargen, dann die Bewohner, die teilweise von den Häusern verborgen werden. Mit einer umkehrenden Bewegung des Verhüllens endet dann das Bild der Nyxgruppe im Tartaros II-Bild: «eingehüllt in schwärzliche Wolken.» (Hal. 757) [661]

Innerhalb der Szene erlauben die besonderen Einzelbilder wie Nyx, Hemera, und Hypnos (die als Personifikationen Aufmerksamkeit für Symbolisches verlangen) eine freiere Gestaltung von Handlungen und Ereignissen, als es die dinglich-räumliche Fixierung vermag. Die Nacht-Gestalt bekommt nicht nur Beine, sondern sie macht auch der Phantasie Flügel, indem sie metaphorisch gespannt ist zwischen dem, was ihrer fiktiven menschenähnlichen Figur entspricht (Kinder kriegen, grüßen), und dem, was ihrer Funktion entspricht (verdunkeln, verhüllen). Menschliche und göttliche Lebewesen tragen, ertragen und übertragen eine Mehrzahl an ‹Gegensätzen›, also dürfen das auch fiktive menschliche Lebewesen und in Lebewesen verwandelte Räume, Zeiten, Sachverhalte tun. Wenn zum Beispiel der physikalische Tag in der Dunkelheit hausen würde, müsste man fragen, ob dann nicht der Tag dunkeln müsste oder die Nacht tagen, oder ob nicht alles in ewiger, weil entropischer Dämmerung sich mischen müsste. Doch da Hemera, eine selbständige Person, im Haus der Nyx wohnt, wo sie herstammt, so ist das in der

661 In der Ikonologie hat sich später die Hülle, die nachtblaue *Kalymma* der Nyx, ein mehr als schulterlanges Kopftuch, durchgesetzt.

Ordnung der Familie, hier kehrt sie dämmernd heim. Die vorzustellenden Personifikationen gilt es, gerade in der lebendigen Menschenähnlichkeit zu realisieren (das Kind auf dem Arm, das Warten auf den Ausgang, das Grüßen).

Die menschliche Geste der gegenseitigen Anerkennung der Götter symbolisiert darüber hinaus die Begegnung zwischen dem Zuhörer/Leser und dem Bild. Der Zuhörer kommt in der Imagination aus der Perspektive der Nacht (schwarz umwölkt, weil er nicht sofort sieht, sondern erst vor-stellen muss) auf das Bild zu, das in diesem Fall Hemera, ein Symbol, aus der Dunkelheit (eine imaginierte Ansicht) hervortretend repräsentiert. – Ganz recht, die Tageshelle – Ausgeburt von Nyx und Erebos – ist hier ein Bild im Dunkeln. Schließlich sind wir mit der ‹Nacht der Schläge›, mit Tartaros I und Nyx ins Bild getreten. – Hesiod vertraut hier ganz auf die ‹ansprechende› Anmutung des dunkel eingefassten Bildes, das sich symbolisch erkennbar abhebt: Sonst hätte ihn in der Tat der Widerspruch gestört, dass gleich darauf das Kleinkind *Schlaf* (Th. 756) wie auch sein Bruder Tod als gewaltige bzw. furchtbare Götter (759) mit eigenen Häusern (758) beschrieben werden. – Gerade weil sie aus dem objektivierbaren bloßen Phänomen dunkler Ansichtigkeit heraustreten, indem sie symbolischerweise miteinander sprechen, sprechen sie uns an, kommt das Bild in der Nacht (des Tartaros II und unserer Vorstellung) auf uns zu.

Vor einem als materiell und körperlich gedachten Raum und vor einer Szene, hinter der sie auch verschwinden können, führen als leibhaftig vorgestellte ‹Personen› (die zudem noch mehr sind: Personifikationen) ein Bild auf. Die Handlung vervollständigt in diesem Bild die periodisch hell-dunkel geteilte Welt – und, für uns: die Hell-Dunkel-Teilung auch unseres Leibes. Das Bild läßt innen und außen, hell und dunkel, räumlich und zeitlich Geteiltes einander begegnen. Das wäre doch ein erfüllter Traum vom Sehen: die Umkehrung des Ab-Sehens, die Heilung jener Zerrissenheit, die dem Leib qua Perspektivität inhärent ist und ihm entfährt. – Allerdings wird der Traum nicht *wahr*, weil der Eindruck des Unwirklichen bleibt, jetzt, da es kein Hier gibt, und hier, wo es kein Jetzt gibt: ‹vor› Ort, wo nur ein vages Zugleich von Anfang und Ende *mündet* und *entspringt*. (Fast redet es oder singt.) Nyx ist keine magische oder mystische, sondern eine literarische, das heißt imaginär übertragende[662] und aufschlussreiche Pförtnerin zur Welt der Visionen. Dass sie eine Seelenführerin zu inneren Bildern ist, wird durch ein ihr assoziiertes Schlüsselwort deutlich: *teras*. Nach dem Sturz in die ewige Nacht begegnen wir der Göttin des Durchzugs zwischen Himmel und Unterwelt in Tartaros II unmittelbar, als das Wort ‹Bild› (teras) gefallen ist. Bild und Nacht stehen originaliter in einem Vers (744), nachdem Einer nicht nur ins Bodenlose gefallen ist (Hal.742)[663],

> … sondern ihn Sturm auf Sturm bald hierhin risse, bald dorthin
> voller Gewalt – ein Grauen selbst den ewigen Göttern.
> Dies das schreckliche Bild; und verborgen in schwärzlichen Wolken
> stehen dort auch der finsteren Nyx entsetzliche Häuser.

Die letzten beiden Verse werden der Unechtheit verdächtigt; doch dann wäre der Fälscher genial, genialer vielleicht als Hesiod, denn mit dem Wort «Bild» (*teras*) werden mehrere kompositorische Probleme zugleich gelöst. Teras kann das Ende der Vision des Titanenkampfes signalisieren. Im Resümee, dass dies das Bild des Titanenkampfes ist / war, würde es so mit Vers 700 korrespondieren, wo mitten in der Bedrängnis des Kampfes Abstand mit der Vergewisserung der Bildhaftigkeit gesucht wurde. Hier wie dort befinden sich auch die beiden einzigen Stellen, an denen noch einmal vom Chaos die Rede ist. Während der ersten Signalisierung von Bildhaftigkeit droht der Himmel herunterzufallen (Th. 703), bei der zweiten kommt Bedrohung aus dem Tartaros (Nyx, Hades, Styx). Die beiden Nennungen von «Bild» würden einen Rahmen ergeben. – Die Bildhaftigkeit kann sich aber auch auf die kommende Vision vom Auftauchen der Nyx, ja auf die ganze Reihe der auftauchenden Vorstellungen vor Tartaros I beziehen, die in einem Panorama beisammen sind. Drittens kann das *Bild* die Stelle bezeichnen, die selbst Nicht-Bild ist, im Sinne von: Ende des einen Bildes, Anfang des anderen.

Denn die erste Beschreibung, die mit der Nennung des «Geheges aus Erz» (Th. 742) einsetzt, verdunkelt sich selbst mit der kurzen hypothe-

662 Zu ihrer Übertragungsleistung gehört die Überwindung der kognitiven Dissonanz, zugleich verderblich und liebevolle Mutter zu sein. (Th. 754 f.)

663 Im Original lautet Vers 744: «… touto teras[.] nyktos d' erebenne oikia deina …»

tischen Übertretung der Grenze (741), auf die nur noch eine sichtlose Sturmwirbelstaffel folgt (742), und dann ist man – imaginär zurückgescheut vor dem Abgrund – auch schon in den Wolken aus Schwärze (744), von denen aus sich das Bild wieder lichtet zur luziden Beschreibbarkeit des ‹nächtlichen› Familienlebens in der Vorhölle. (746) Viertens ist ganz allgemein die Funktion des *Abstands* festzuhalten, die zu einem Phänomen existiert, indem dieses als Bild gekennzeichnet wird. Das drückt sich parabolisch dadurch aus, dass der Kern des Bildes bzw. das Zentrum der Bilder ein Loch, ein saugender Abgrund ist, jenseits der Sichtbarkeit. Zwar steht hier nur das Verb *pheron* für das Forttragen des Windes von Wirbel zu Wirbel; aber *vor* diesem Schlund, an dem einer auf die Idee kommen könnte, den Eingang zu durchschreiten, ist das tragende Wesen des Sturms als ein Ziehen oder Saugen zu imaginieren oder sogar zu spüren. Diese Drift zwischen Diesseits und Jenseits ist konstitutiv für den Zwischenraum des Bildes.

Teras, ein altes, auch homerisch verbürgtes Wort, reicht dort einerseits bis an die Bedeutung von *sema* (Zeichen, Hinweis), andererseits bis an die von *eidolon* (Bild, Gestalt) heran. In der Regel ist *sema* summarischer, abstrakter (Il. 4, 381) und lädt weniger zur eigenständigen Betrachtung des visuellen oder gar nur des akustischen (Il. 8, 271) Ereignisses ein. Das Zeichen (*sema*) ‹Blitz von rechts› heißt zum Beispiel ‹Heil›. (Il. 2, 353) Zwar gibt es auch komplexere bildliche Ereignisse, die mit dem Wort *sema* bezeichnet werden, wie zum Beispiel die Szene, als Zeus einen purpurschuppigen Drachen schickt, der eine mitleiderregende Spatzenfamilie verputzt (Il. 2, 308). Doch gerade dieses komplexere Bild muss, ganz selbstverständlich, von einem Orakelspezialisten (Kalchas) wegen seines ‹Hinter›sinns «ausgelegt» werden, um verstanden zu werden. (Il. 2, 322) – Von teras gibt es zwar ähnlich zeichenhafte Beispiele (Il. 12, 256), aber andererseits auch fast «handgreifliche» Bilder, wenn etwa Eris das *teras* des Kampfes in den Händen hält (Il. 2, 4). Insgesamt ist *teras* anschaulicher, zugleich aber außergewöhnlicher, ja phantastischer. (eine Purpurwolke oder ein Drachen etc.) So ist das *teras* des Regenbogens, das Zeus den Menschen gibt, auch ohne Priester als Ende des Gewitters zu verstehen, durch welches Zeus zürnte. Für uns ist vor allem der homerische Kontext interessant: Der Regenbogen des Zeus wird hier mit einem materiellen Bildwerk verglichen: dem Schild des Agamemnon. (Il. 11, 24) Diese Vergleichsebene belebt einerseits die Aufmerksamkeit für das Besondere, das am Bild sichtbar ist, andererseits fördert die Differenz zwischen Ding und Sphäre, zwischen einer himmlischen Lichterscheinung und einer ehernen Prunkwaffe das Bewusstsein, oder doch die Ahnung über den Beitrag des Fiktiven für die Erfahrung.[664]

Teras-Bilder sind nicht immer (Il. 11, 4; 11, 28), aber häufig Vorzeichen, visuelle Orakel, gleichnis-, aber auch rätselhaft (Il. 4, 76) oder zumindest mit symbolischen Elementen durchsetzt, ohne je nur zeichenhaft zu gelten; denn die Bilder werden hieran im Vertrauen auf die auch informierende Tragfähigkeit des Angeschauten ‹realisiert›. Athene leuchtet wie ein Komet (Il. 4, 75), und es sind die Einzelheiten ihres Sprühens, die daraus das eigenständige Bild von Athene als einem funkensprühenden Kometen formieren. Die Übergänge zwischen Vergleich und Inkarnation sind geradezu fließend, wie im siebzehnten Gesang, wenn der Regenbogen als *teras* des Zeus verglichen wird mit der Purpurwolke, in die verhüllt Athene unter das Volk der Achaier tritt. Einerseits *ist* die Purpurwolke die Erscheinungsform, in der Athene ‹leibhaftig› anwesend ist, andererseits sieht die Wolke aus wie ein Bild/Zeichen, das Zeus den Menschen mit dem Regenbogen gibt. Doch die Differenzen scheinen wiederum vermittelbar durch die starke Betonung der performativen Handlung: Die *Herstellung* der Bildlichkeit im Gleichnis ist das Gemeinsame. So wie Zeus den purpurnen Regenbogen am Himmel ausspannte, so hüllte sich Athene in ein Purpurgewölk (Il. 17, 547). Beide Bilder geben sich in der ‹performance› zu erkennen, und der Hörer ist aufgefordert, die eine Übertragung auf die andere zu übertragen.

Wenn sich bei Hesiod das entsprechende *teras* nur auf den Titanensturz zurückbezöge, hätte das Wort eher die Bedeutung eines Zeichens. Doch scheint der Ausdruck zumindest ebenso die Folge der Bilder einzuleiten, die daran anschließen, wenn sich unser gestürztes Titanenauge an die Dunkelheit gewöhnt hat. Das symbolische Bild der menschengestaltigen Nyx, eingehüllt nicht in Purpurgewölk, sondern in blauschwarze Nebel, und die Ansicht der unterirdischen Nacht zeigen uns ein Bild vom

664 Das Wort *teras* lebt weiter in der *Teratologie*, der Lehre von den angeborenen Missbildungen, zu deren Vorgeschichte die anatomischen Kabinette mit ihren ‹Monstern› gehören, Existenz gewordenen Zeichen göttlichen Zorns. Siehe hierzu: G.-H. Schumacher: Monster und Dämonen. Unfälle der Natur – eine Kulturgeschichte. Berlin 1996.

Nachtbild: die äußere Erscheinung der Nacht (Nyx), eingehüllt in eine innere (Tartaros). Diese Umstülpung von Innen und Außen am imaginären Gegenüber spiegelt den Status imaginär äußerer Objekte in der Nacht der Vorstellung.

Tartaros, nicht nur wegen teras ein Ort der Übertragung, wohin das vermeintlich außerirdische Geschehen von Tag- und Nachtwerden übertragen ist, der Ort, wo Atlas schwer trägt am Auseinanderhalten von Außen und Innen und Oben und Unten, Tartaros ist der Bilderraum des inneren Geschehens, wo sich die Übertragungen begegnen: Die Vorstellung ‹Tag› taucht aus dem Dunkel auf und grüßt die Vorstellung ‹Nacht›. Hin und her getragene Bilder begegnen sich, sprechen sich an – und trennen sich. Das Vis-à-vis, die Polarisierung, die dunklen Rückseiten und die anschließende wechselseitige Zukehrung der jeweiligen Nachtseiten beschreiben eine heftige nächtliche Erfahrung, ein wiederkehrendes Muster nächtlicher Bilderfahrung. – Und eine ästhetische Dominanz der Nacht; denn es ist ein Nachtraum, in welchem sich Tag und Nacht begegnen und trennen.

Die Antinomie zwischen dem unsichtbaren Wesen oder Wirken der Götter und ihrer bildlichen oder zeichenhaften Erscheinung (leibähnlich bis vermeintlich leibhaftig) ist vielleicht in den Religionen das je unterschiedlich große Sandkorn, das zur unterschiedlich intensiven Perlen-Bildung, zur Arbeit am Bild führt.[665] Doch schon der eigene Leib ist gespalten in den sichtbaren und den unsichtbaren Teil. Und der Traum vom vollständigen Sehen gebiert Bilder des Ganzen – die, da nur Bilder, auf Dauer jeweils nur neue Trennungen manifestieren. Es sind Handlungen, zumindest imaginative Übertragungen notwendig, die ‹Augenblicke› der Begegnung hervorrufen, um sich dann als Metaphern, Gleichnisse oder Parabeln zu erweisen. Der Raum, in dem sich Tag und Nacht im Dunkeln begegnen, ist ein Parabel-Raum für die menschliche Hervorbringung von Bildern. Der Tartaros ist das bildgewordene Imaginäre.

665 Vgl. Vernant: Zwischen Mythos, S. 248.

Hades

Nacht und Tartaros sind auch über *Hades* (Th. 767) einander verbunden, dem einzigen freiwillig chronisch chthonisch (767) ‹hausenden› Kroniden. Der gewaltige Hades und die schreckliche Perse*phone* haben hier unten *hallende* Häuser. Wieso ist die arme Gefangene schrecklich? Weil sie die Herrin der hallenden Häuser ist. Noch bevor von den Toten die Rede ist, wird die szenische Raumerfahrung auf diese Personifikationen übertragen, und zwar über die Assoziation von Schauder und dem Klang unheimlicher Leere. Hesiods Schreibweise von Hades, nämlich Aides (Th. 311, 774) und Aidoneus (Th. 913) verweist dagegen auf den Zusammenhang von Hass und Bilderverbot, respektive *Anschauungstabu.* Weiche zurück! sagt der Name. – Trotz seines schauder-ästhetischen Nachtraumes ist Zeus-Bruder Hades nicht mit der Chaos-Linie der Nyx verwandt; aber man könnte ihn als Geschäftsfreund des Nacht–Sohnes Tod sehen, der *bei* ihm wohnt.

Von den drei Personifikationen Hesiods für Tod bezeichnet Thanatos «den Eintritt des Todes, das Sterben» (v. Sch. S. 248), also eben die Schwelle zum Haus des Hades. Dieser ist als Herrscher der Toten (Th. 851) auch bei Homer «der verhassteste unter den Göttern» (Il., v. Rupé, 11,159), wenngleich seine Macht der des Zeus nur wenig nachsteht. So wird er denn auch zuweilen beschönigend der «unterirdische Zeus» genannt.[666] Vielleicht ist ein etymologischer Zusammenhang zwischen dem deutschen «Hass» und dem griechischen Hades nicht mehr aufrechtzuerhalten, doch seine *Bedeutung* als «stygeros» (verhasst) ist notorisch[667], wegen seines grausamen Herzens. (v. Sch. 456) Wenngleich den Griechen der Zusammenhang von Toten und Fruchtbarkeit bekannt war[668], war ihnen vor allem der Anblick von Verwesendem ein Greuel.

Die eigentliche Wurzel der Hades-Namen ist *idein,* was auf Beinamen wie *Der Nicht-Sichtbare* hinausläuft.[669] Hades ist, im Gegensatz zu seiner Nachbarin, der nur halbverhüllten Nyx, der Gott mit der Tarnkappe

666 In «Werke und Tage» nennt Hesiod *Hades* den Zeus in der Erde (WuT. 465).

667 Vgl. Kl. Pauly, Bd. 2., Sp. 903.

668 Vgl. Burkert: Religion, S. 308.

669 Kl. Pauly, Bd. 2, Sp. 903 und Recl. Lex., S. 203.

(Il. 5, 845)[670], der die Toten vor allen wegschließt und vor allem nicht wieder herauslässt, weshalb er oft selbst am Tor zum ‹Hades› steht. Die Verräumlichung, die den Ausdruck *Reich* des Hades abkürzt zu ‹Hades›, ist selbst ein Ausdruck bannender, verdrängender Fixierung. Aber ‹Der Nicht-Sichtbare› verwies vielleicht immer schon auf ‹*Das* nicht Sichtbare›. Hades ist selbst ein Unort wie Tartaros I, der Mahlgrund[671], zugleich der ideale Malgrund für ein dunkles schauriges Bild: davor.[672] *In* ihm verschwinden auf Nimmerwiedersehen die Totenseelen, Schatten, für die bei Homer das Wort *eidolon* gebraucht wird, das Burkert (Religion, S. 301) mit «Bilderscheinung» übersetzt. Dieses Wort bezeichnet aber auch das Spiegelbild, das Spukbild und das Traumbild.

Das Bild als nächtlich-unterweltlicher Lebensrest, abgezogen vom Leichen-Material, das beschriebe auch noch das grausige Schreckbild der gestorbenen Medusa, deren abgetrennten Kopf Persephone im 11. Gesang der Odyssee offenbar hin- und herschicken kann, bis an die Grenze des Hades, um Unbefugte dort für immer zu bannen, am Ort der Bilder und Larven. Der tötende Totenkopf der Gorgo wird als eine ‹Sendung› Persephones verstanden (vgl. Od. Ham. 11,635). Sendung *ist* hier aber die Übertragung der Metonymie des Todes, ein tötendes inneres ‹Bild›, das aus dem Innern des Odysseus auftaucht, als er Tausende von Totengeistern lärmen

670 ... was eher ein Tarn-Cape war, ein dunkler Umhang mithin, wie auch Nyx einen hatte.

671 Das Wort «tartaros» für den Schlund der Unterwelt soll lautmalerisch Mahl-, Kau- oder Schluck- und Schmatzgeräusche wiedergeben. Vgl. Kl. Pauly, Bd. 5, Sp. 530, Artikel «Tartaros».

672 W. Marg hat diesen Raum vor dem eigentlichen Tartaros, der zugleich ein Zwischenreich ist, als «schaurig» aufgefasst; so übersetzt er das Wort *argaleios* (739), das Albert «schmerzlich», von Schirnding «widrig», Hallof/Hallof «schrecklich» und von Scheffer «widerlich» nennen. Schauer scheint zunächst eine Kategorie für Zu*schauer* zu sein. Es ist aber zu bedenken, dass der Schauer selbst die Götter ergreift und somit auch im Reich der Hesiodischen Phantasie ontologischen Rang hat: Es ist das andere Prinzip, jenseits des Jenseits, welche das Chaos, der Tartaros (I) sind, also der Schauer ist vis-à-vis dem saugenden Schlund, dem Klaffen, dem Gähnen. Hegel hat, inspiriert durch Platons Timaios (51a), die Abwehrbewegung des Bebens als erste Selbst-Differenzierung des substanziellen Geistes begriffen, das zugleich noch als Selbstbewegung des Chaos verstanden werden konnte. Vgl. G. W. F. Hegel: Jenaer Realphilosophie. Hamburg 1969, S. 80.

hört. Nicht nur ist Medusa das abgetrennte Bild des Totenlärms, sondern «bleiche Furcht überkam» ihn als Vorschein seiner Versteinerung. Die Differenz des Bildlichen zu seiner Bedeutung ermöglicht gerade noch die Flucht des schon Leichenblassen. – Das kraftlose Gewebe und Gewese der Toten-Larven aber wird festgehalten von unerweichlich marmornen Toren und ehernen Schwellen (Th. 811) des hallenden (Th. 767) Hadeshauses, vor dessen Weich-Bild (also Scheide-Bild) sich Tartaros II ‹erstreckt›. Nein, marmornes Tor und eherne Schwellen tauchen recht plötzlich zwischen Styx und Tartaros auf, genauer: da, wo alle Räume entspringen und enden. (807–09) Das Verschwinden ins dunkle Unsichtbare ist der Grund der und für Bilder.[673] – Neben den geraunten seien aber auch banale Malgründe genannt: Der Abscheu vor Verwesung ist so lebensnotwendig, wie der Abschied vom ‹verschiedenen› Verwandten, Geliebten etc. seinen Aufwand braucht. Überdeckungen: Wohlgerüche, Blumen, Schmuck, Stoffe und Gefäße, Vasen, Särge, Mausoleen und andere äußere und innere ‹Versteinerungen› sowie Visionen dienen beidem.

Tartaros II ist geprägt von ‹Verworfenheit› und dunkelstem Grauen. In dieser Hinsicht hat eine eindeutige Tendenz zum Negativen sich mit der Bewegung vom Bereich der Göttin Nyx zum Tartaros ergeben. Doch andererseits ist Tartaros II gerade die Aufhellung vor Tartaros I zur Ansicht einer Nachtlandschaft, ja zum Bild. Wie im Spiegel die opake Rückseite und die Reflexionsfläche zusammengehören, so ist auch Tartaros I und II: Einer. Am Horizont trägt Atlas «den riesigen Himmel mit seinem Haupt und nie ermüdenden Händen» (v. Sch. 746). Nach Ovid hat er Medusas Skalp gesehen, deshalb bleibt er Stein am Rande der Nacht (Metamorphosen IV, 652). Er ist eine Reminiszenz an die Hesperiden im Zentrum der Nachtkinder-Schar.

Ansonsten wird eine Reihe von Unsichtbarkeiten durch ihre sichtbaren Ränder vorstellig: Da sind vor allem die *Häuser*, die in dieser Landschaft umherstehen, Haltestellen der Erzählung: das Haus der Nacht (Th. 744), des Thanatos, des Hypnos (759), des Hades (455, 767). Hinzu kommt das «Modergemach», wo die Titanen ‹hausen›, das wir natürlich eben so wenig sehen wie das Innere der Häuser, denn es ist verschlossen durch eiserne Tore und eine Ring-Mauer. (v. Sch. 731–33) Das prächtigste Haus ist der Palast der Styx (Th. 777); silberne Säulen (Th. 779) reflektieren im

673 Nach Aristophanes schickt Hades sogar die Träume (Die Frösche, 1331).

Dunkeln. Dies also wäre die Landschaft; eine Landschaft aus anwesender Verschlossenheit (vor abwesenden Wesen). Zugleich stellen die Häuser eine Verbindung der Vorstellung mit dem dahinter liegenden Unvorstellbaren her. – Sicher, es gibt auch Lebewesen in dieser Landschaft. Die hundertarmigen *Briáreos, Gyges* und *Kottos* vor den Mauern des Tartaros I (734) sind indessen kaum vertrauenerweckender als die Titanen, die sie nicht herauslassen, und Zeus tat gut daran, diese seinerseits nicht aus Tartaros II hinauszulassen.

Die heimtückischste Verbindung/Trennung zwischen ansichtiger und unsichtbarer Welt stellt wohl der Hund *Ker*beros dar, er mutet an wie ein Bastard aus Totenhund (*Anubis*) und verkommener ‹*Ker*›. Er hat fünfzig gierige Köpfe (311). Aus erstklassigem nächtlichem Hause stammt er, der «bellende Bluthund des Hades» (v. Sch. 311), nämlich von Echidna und Typhaon.[674] Er schnappt nicht nach dem Untergehenden, wie es seine Mutter Echidna täte; auch reißt er sich nicht mit anderen Keren um den Toten; vielmehr begrüßt er ‹vor Ort› den Ankommenden mit gespitzten Ohren (es sind ihrer 100) und freundlichem Wedeln des Schwanzes (Th. 771). Den solcherart freundlich Heimgekommenen im Reich der Toten, den so zum Tod *Verführten* lässt er freilich «niemals wieder hinaus, und belauernd/frisst er, wen er gepackt beim Verlassen der Tore nach draußen» (Hal. 772).

Eine so stille und friedliche Landschaft mit so liebem Hund zu sehen – alle Geräusche und Stürme sind eingebildet – ist also hier ein Sehen des Unheimlichen, und jeder ist froh, dass er noch nicht heimgegangen ist.[675] – Es ist nicht zu übersehen, dass Hesiod hier ein im romantischen Sinne schauriges Bild malt, das auch Behagen am Schrecklichen aus der Distanz auslöst. Woher das Behagen rührt? Aus dem Gefühl des im letz-

674 Über Typhaon ist Kerberos Enkel von Gaia und Tartaros, über die menschenfressende Echidna (halb Nymphe, halb Schlange) Enkel von Phorkys und Keto, großelterlichen Geschwistern, die auch so feine Tanten wie die Graien und Gorgonen zeugten. Nach anderer Tradition stammt aber auch Echidna, wie ihr Mann Typhaon, von Gaia und Tartaros ab – eine Art Nachtverdopplung durch Geschwisterinzest.

675 Es besteht ein prinzipieller Unterschied zwischen der permeablen irdischen Grenze zur Nachtansicht von Tartaros II und der semipermeablen von dort aus zu Hades und Tartaros I.

ten Augenblick Entkommenden. Nach Burkert (Homo Necans) ist der rieselnde Schauer im Rücken stammesgeschichtliches Relikt aus der Zeit, da wir aus Furcht und Angriffslust die Rückenmähne spreizten, ins Feindbild gebannt. Heute ist davon lediglich das passiv empfundene Relikt geblieben, dass sich (!) uns (!) die Haare sträuben. Ein schauriges Bild *erinnert* an die Gefahr, *zeigt* aber zugleich, qua Bild, dass *es* die Gefahr nicht ist. Kerberos ist das Bild des Hades vor dem Hades. Dieser ist nicht nur unsichtbar, sondern sein Anblick wäre absolut nicht zu ertragen. *Aidos*, heilige Ehrfurcht (v. Sch. WuT. 199), Scham (Hal. WuT. 200), ein Blickverbot und Bedeckungsgebot sind dem *Aidoneus* gegenüber, der attisch «Hades» heißt, geboten.[676] Kerberos ist das Deck-Bild *vor* dem Hades, das bedingte Sicherheit signalisiert, solange man den Bannkreis des Bildes nicht verlässt.

Die Distanz von Bildlichkeit, das Indirekte, Übertragene im Hund und im ganzen Nachtpanorama von Tartaros II mag *uns* von den Toten, den Titanen und den eidbrüchigen Göttern im Hause der Styx unterscheiden. Doch ist die Distanz zu all den nächtlichen Gebilden, der Göttin Nyx, der physischen nyx als Halskrause an Tartaros usw., nur die Hälfte der Wahrheit unserer Anschauung, denn andererseits sind wir gebannt, gefesselt, verworfen in die Vorhölle ‹faszinierender Bilder›.[677] Wie waren wir hierher gelangt? Auf dem schnellsten Wege, der denkbar ist, auf dem Wege des imaginären Nachvollzugs der niederstürzenden Titanen. Die Hundertarmigen hatten sie derartig mit Felsbrocken eingedeckt, dass ihnen schon unterwegs Nacht wurde. Von Schirnding übersetzt das einsetzende Dunkel, das unsere Fahrt begleitet, so: «die Nacht der Geschosse senkte sich auf die Titanen» (v. Sch. 717). Zwar steht im Original nur «eskiasan», von

676 Von Schirnding weist darauf hin, dass *Aidos* in der Theogonie noch nicht vorkommt und andererseits eine Hauptkategorie der Ethik wird: als «Ehrfurcht» (v. Sch. 220). Doch ist bei Hesiod der Zusammenhang von Aidoneus und Aidos als einer der Blick- bzw. Verhüllungskultur unübersehbar. Gerade hat Hesiod in «Werke und Tage» als geboten genannt, dass man weder der Sonne noch der Nacht sein entblößtes harnendes Glied zeige (WuT. 726), da fordert er: «Ist die Scham (aidoia) von Samen befleckt, dann sollst du im Hause nicht dich nahen dem Herd und sie zeigen …» (v. Sch., WuT. 732) Die Scham bezeichnet also nicht nur das Schamgefühl, sondern auch das zu verhüllende Glied; das Wort «Scham» schon ist die Decke.

677 Die Halskrause der Nacht ist auch als Metapher der inneren Nacht der Angst zu verstehen – auch gegenüber bestimmten Bildern.

skia = «Schatten», «Dunkelheit». Doch schwingt im Wort zugleich die Bedeutung mit von «Schatten eines Verstorbenen» und «Schattenriss»[678], mit dem, nach der späteren Legende die Malerei begonnen haben soll.[679]

Diese Dunkelheit hat also auch ohne das Wort *Nacht* die Bedeutung des Übertragens von etwas Abwesendem oder Verschwindendem, und wir stürzen mit dieser dunklen Ahnung abwärts, zu der nächtlichen Landschaft voller Anzeichen…von Abwesenden – und sind gebannt, aufs Bild fixiert, hinter dem die Gefesselten liegen. Es ist kaum vorstellbar, wie dieses Bild *nicht* die mystische Schau im Mysterium und das Bild im Höhlengleichnis Platons geprägt haben soll – und durch sie die ganze ‹abendländische› ‹Aufklärung› samt Bildbegriff. Nur unterscheidet sich Platons Installation von der Hesiods darin, dass bei Ersterem die Gefesselten zugleich die Schauenden sind, während Hesiod immerhin noch einen Unterschied macht zwischen wirklich gestürzten Göttern und nur bestürzten Zuschauern, zwischen Gefesselten (wie den von Styx gefesselten Göttern)[680] und den nur Faszinierten, übertragen Gefesselten, *vor* Ort.

Styx

Durch die nächtliche Landschaft fließt der Fluss *Styx*. Bei Hesiod wird ihre Personifikation nach der Hervorhebung ihres Rangs (Th. 361), von Zeus als Schützerin des großen Eides der Götter (400) eingesetzt (sie gehört somit zur *göttlichen* Gerichtsbarkeit), nachdem sie als Erste dem Appell des Zeus zur Unterstützung seines Titanenkampfes gefolgt war. Sie hat also, auch wenn sie bei den Göttern verhasst ist, eine positive, von Zeus gewollte Funktion. Diese göttliche Person, die auch Kinder hat, die immer

678 Langenscheidt: Altgriechisch, S. 401.

679 Vgl. Plinius Secundus, Naturkunde Buch XXXV. München 1978, S. 21, 31 und 57.

680 Es gibt allerdings die These, dass die gefallenen Götter, die der Styx verfallenen Götter, nichts anderes sind als *Mensch* gewordene Götter (vgl. Kirk, S. 349). Bezeichnenderweise variiert Empedokles in seinem fragmentarischen Lehrgedicht «Reinigungen» die Styx-Verse aus Hesiods «Theogonie» (795–806), um die menschlichen Inkarnationen und die Rückverwandlung in einen menschlichen Gott zu beschreiben (Kirk, S. 348).

in der Nähe von Zeus sind (386)[681], ist zugleich der Fluss in Tartaros II, aus dem die Götterbotin Iris mit einem goldenen Krug (785) das rituelle Wasser für die Eide der Götter holt. Wer bei diesem Schwur einen Meineid leistet, liegt zunächst einmal ein Jahr gelähmt, stumm und atemlos da (775–98) – das singt Hesiod dem atemlos lauschenden, ‹faszinierten› imaginären Tartaros-Fahrer –, neun Jahre bleibt er dann verbannt (der meineidige Gott). «Im zehnten aber hat er wieder Gemeinschaft» (Alb. 803). Das Maß stimmt überein mit dem Wasser-Anteil, den *Styx* an *Okeanos* hat: ein Zehntel (Th. 789). Alles das: die verhasste Gewalt, ihr Anteil als Tochter an der Ewigkeit und der Unendlichkeit des Okeanos, ihre chthonische Verbindung, alles das wird versammelt durch die Nacht, durch die sie fließt: Das Wasser

> stürzt aus ragenden Felsen
> jählings herab. Und unter der wegüberzogenen Erde
> fließt es heraus aus dem heiligen Strom durch nächtliches Dunkel.
> (Hal. 786)

Es ist, genauer gesagt, nicht das nächtliche Dunkel, sondern die schwarze Nacht (*dia nykta melainan*), durch welche der Styx fließt. Dies wäre also hier unten eine vierte Art von Nacht, nach der Göttin, nach derjenigen, die einem den Hals zuschnürt, und nach jener, die *nur* in der (sprachlichen) Übertragung eine ist. Und so, wie hier der Anfang und zugleich das Ende von allem ist, ist nicht leicht zu entscheiden, ob sie ein physischer Raum ist, oder etwas, das eher nach ‹Medium› aussieht. Alle Wasser fließen zum Meer, dieses nicht; es fließt durch die Nacht, in einem Raum, der Anfang und Ende zugleich ist (Th. 736), die Nacht der (medialen) Übertragung. Das Zusammenstoßen einer vierfachen Nacht, physisch, rhetorisch, vorgestellt räumlich (aber nach anderen Gesetzen von Raum und Zeit) und schließlich personalisiert in Nachtgestalten, das ist kein unbegriffener Rand der Hesiodischen Begriffswelt[682], sondern eine nachtästhetisch bedeutsame Szenerie, und die Muse, die hier aus Hesiod gesungen hat, ist

681 Es sind dies ihre mit dem Titanen Pallas gezeugten Kinder Zelos, Nike, Kratos und Bia, «Personifikationen des Ehrgeizes, des Sieges, der Kraft und der Gewalt» (Recl. Lex., S. 489).

682 Vgl. Fränkel, S. 118.

eher ‹Ahnin› des archaischen Theaters als der Philosophie. Die Schwellensituation der nächtlichen Unterwelt – «nebeneinander von allem die Ursprünge und Grenzen, / schmerzlich dumpf» (Alb. 809) – das ist keine Notlage für den strauchelnden Metaphysiker, sondern die musische Botschaft aus der Maske des Sängers (widriger, modriger Schlund, schmerzlich und dumpf): In dieser Zwischenwelt ist er zu Hause, denn hier ist die Welt der Übertragung in mehrerlei Bedeutung. In Tartaros II *herrscht* die Nacht, auch als göttliche Person einer ästhetischen Welt: Dass sie schwarz ist, ist bei Hesiod die erste Charakterisierung der Göttin. Mehr noch: *nykta melainon* ist ein Zitat des ersten Musen-Kataloges, wo die Nacht die letzte der besungenen Gottheiten ist (Th. 20).

Und ob er nun auch das Publikum, *seinen* ‹Gott› nämlich, mit dem Redefluss über Styx bannen will, «starr liegt er da, ohne Atem und Stimme» (v. Sch. 797), das wissen wir nicht. – Immerhin galt dieses Nass auch als todbringend für Mensch und Tier. Jedenfalls hat das Wasser, bei dem die Götter ihren Eid bekräftigen, ihn, der die musische Wahrheit über die Götter verkünden will, zu den schönsten Bildern berufen, hier an der Schwelle, über die hinaus nur wenige Sterbliche wie Odysseus, der Lügenreiche, und Orpheus, der Sänger behauptetermaßen gefahren – und zurückgekehrt sind. Bei der heiligen Styx: Ihr prächtiges Haus hat ein Dach von riesigen Felsen. Weil dieses Dach von silberhellen Säulen getragen wird, «ragt es sicher zum Himmel». (v. Sch. 777)

Nur auf den ersten Blick scheint die Beschreibung dieses Hauses mit der zweiten Beschreibung, wie der Styx fließt, in Widerspruch zu stehen. Diese setzt ein, nachdem der Dauerzustand durch das seltene Ereignis unterbrochen wird, dass Iris hierher kommt, um aus dem goldenen Krug das Eideswasser zu schöpfen. Jetzt wird von dem Fluss gesagt, dass er «eisig herabfließt vom unersteigbaren Felsen» (v. Sch. 786), dass er aber «unter der Erde hinströmt ... durch schwarzes nächtliches Dunkel» (v. Sch. 787). Eigentlich, das heißt ohne die Perspektive der Wasser holenden Iris, müsste es umgekehrt sein: Der Fluss fließt durch dunkle Nacht, unterirdisch, durch Felsen. Iris kommt von weither dazu, dahin, wo der Fluss, der Felsen, die Nacht sich schließlich in einem Wasserfall öffnen.

Dies ist das einzige Haus, das einzige Tor, das sich während der Beschreibung öffnet zur Sichtbarkeit von Tartaros II hin. Diese Schwelle ist der genuine Ort der Übertragung, der Metapher. Die übertragene Bildlichkeit dieser Partie findet sich in der Beschreibung vor dem Holen des Wassers der Wahrheit.[683] Das Haus der Styx ist die chthonische Nacht, durch die sie fließt; sie selbst wird als die Säulen ihres Hauses metaphorisiert. – Das zum Himmel Ragende dieses Silbers ist aber zugleich, in der nicht übertragenen Bedeutung, die gegenteilige Bewegung: «Es stürzt aus ragenden Felsen jählings herab» (Hal. 786). Der entscheidende Punkt ist, dass die Metapher maskiert ist.

Selbst wenn die Zuschauer beim Hören des Wortes Styx zunächst den menschenverderblichen, geographisch in Nord-Arkadien fixierten Fluss vorstellten, wie er 200 Meter in einem grandiosen Fall senkrecht eine Felswand hinunterschießt, ist er hinreichend ent-stellt. Erstens wird er in einen anderen Raum übertragen (im wörtlichen Sinne): Das überwältigend großräumige Freilichtspektakel wird in eine unterirdische «Höhle mit silbernen Pfeilern»[684] eingestülpt. Zweitens ist die bildliche Fixierung fast so radikal wie bei dem materiellen Bild eines Flusses. Die Vorstellung bleibt natürlich ‹flüssig›, aber das Vorgestellte überdeckt nun die Wahrnehmungsprädikate (Bewegung, Offenheit, helle Umgebung); sie werden ins Gegenteil maskiert: Das Wasser wird zum Inbegriff der Statik (Säulen). Diese Entstellung im Sinne von Verstellung als ein Unkenntlichmachen unter Beibehaltung bekannter Elemente ist eine zweite Form der bildlichen Übertragung. (Die Maske wäre so eine Vorform der Metapher.)

Es wird nicht gesagt, der Styx fließe einen Felsen hinunter, sodass seine Strahlen wie silberne Säulen aussähen. – Fehlendes Vergleichswort, umgekehrte (‹spiegelnde›) Bewegung (hinab statt hinauf), Sprengung des Vergleichszusammenhangs: Das sind schon erstaunliche Anstrengungen zur Larvierung der Übertragung, angesichts der Tatsache, dass Hesiod ansonsten bei weitem nicht so ausgiebig aus dem Gleichniskrug auszuschenken pflegt wie Homer etwa. Die verdeckte Wirkung ist beim Hörer sensationell, nämlich gleichsam ‹unterirdisch›: schauerlich und unheimlich. In ihm bebt beim Hören der zweiten Hälfte des verkappten Gleichnisses (Th. 786) etwas nach in Resonanz, das er nicht sofort als etwas heimlich Bekanntes erkennt, weil er nicht auf die Bildlichkeit, die uneigentliche Rede vom Haus der Nacht ‹eingestellt› war.

683 Es überführt die Meineidigen sichtbar der Lüge, indem es sie in ein Koma überführt.

684 Recl. Lex., S. 489.

Meines Erachtens handelt es sich bei dieser doppelsinnigen Beschreibung der Styx um eine Schlüsselstelle für Hesiods ästhetische Wirkung. Die Stelle wird aufgewertet dadurch, dass ausgerechnet der Ritus einer Übertragung heiligen Wassers aus der Unterwelt in den Götterhimmel stärker als lügende Götter ist. Die Beschreibung dieses Ritus trennt das Gleichnis von seiner literalen Heimat. Man kann auch sagen: Der Akt, der zur Bekräftigung der Wahrheit einer Aussage führt, wird eingerahmt durch ein Gleichnis. (Ein Gleichnis aber ist ein Drahtseilakt über dem lähmenden Abgrund: wahr und falsch zugleich.) – Akt oder Bild, Ritus oder Rahmen, Evokationsbewegung oder Fixierung? Was steht im Zentrum der Hesiodischen Aufmerksamkeit für seinen Stoff: moralische Geschichten über Riten zur Ermittlung der Wahrheit und zur Sanktionierung der Unwahrheit, selbst bei den Göttern – oder die Fahrt der Vorstellung via Geschichten zu inneren Bildern?

Mir scheinen die erzählten Handlungen und Fahrten vor allem der psychischen ‹Erschütterung› zu dienen, welche die Hörer (und Leser) im Nachvollzug unklarer räumlicher, physischer und bildlicher Verhältnisse aus einem *inneren*, aber vorgestellten Hades hinausführt, in eine Art erhöhten Schwebezustand, in eine musische Atempause der Wahrheit. Sehen wir uns die schwindelerregende Beschreibung der heiligen Styx an, so sehen wir, dass unmittelbar, nachdem die Sturzbewegung der Styx als eine aufsteigende behauptet wurde, Iris herabstürzt, «schnelle Tochter des Thaumas» (v. Sch. 780). Sie «durchmisst den breiten Rücken des Meeres», «um Kunde zu bringen» (781) den *Göttern*. Das heilige Eideswasser der Styx bringt sie dann hoch zum Olymp, wo es lügende Götter verät und lähmt.

Der heilige Fluss in der unterweltlichen Nacht ist zugleich der Kraftquell der Übertragung zwischen Oben und Unten, Hell und Dunkel, Sichtbar und Unsichtbar, Wahr und Falsch; er ist Teil eines szenischen Emblems für das, was Metapher ist. Der andere Teil ist *iris*, der Regenbogen. Die Göttin Iris ist bei Hesiod zugleich die Personifikation des Regenbogens. Der Regenbogen aber ist wie in vielen alten Kulturen eine bildliche Rede Gottes bzw. der Götter mit den Menschen. Schon das Verständnis des Regenbogens als eine göttliche Rede impliziert eine bedeutsame Verbindung zwischen Himmel und Erde, wenn nicht gar, wie im ‹Alten Bund› der Juden, ein Bündnis nach der ‹Sünd-Flut›. Jahwe und, bei Homer, Zeus schicken den Regenbogen, und Zeus schickt ihn wohl auch, wenn er die Göttin Iris schickt. Iris stürzt also mit Lichtgeschwindigkeit in die Tiefe und kommt anschließend wieder zurück in den Himmel. Der reale Regenbogen hat allerdings eine entgegengesetzte Kurve. Man sieht ihn vor sich aufsteigen und niedersinken. Seine Kehre ist oben, nicht unten.

Soeben hat der imaginär in die Unterwelt versenkte Hörer das Stürzen des Wassers als Aufragen zum Himmel realisiert, da sieht er einen Regenbogen ... über dem heiligen Wasser aufsteigen? Niedergehen? Beides. Die Götterbotin sinkt und steigt, der Regenbogen steigt und sinkt, und das *Staunen* über beide erhebt die Hörer, lässt sie schwindeln und/oder lässt sie erstarren. Mit Iris als Tochter des «Thaumas» thematisiert Hesiod – unmittelbar nach dem Schwindel zwischen literalem Sturz und bildlichem Aufragen der Styx – dezent das Staunen über den Regenbogen, dessen Herkunft der Iris-Mythos vor Hesiod verkehrt hatte.[685]

Hesiod lässt nun zwar auch die Iris den Bogen vom Olymp (nach unten und wieder hoch) machen, aber die Kraft der Übertragung und Erstarrung hat das nächtlich fließende *Wasser* (dessen Kehre der dunkle Okeanos ist). Der Regenbogen trägt, im goldenen Glanz (eines Kruges) geborgen, das nächtliche Wasser nach oben, wo es meineidige Götter verwandelt in starre Bilder ihrer selbst. Leuchtende Farben tragen die unterweltlichen Wasser der «entsetzlichen Styx» (v. Sch. 776) zur Wahrheitsprobe: Das ist ein Bild für jede Bildlichkeit. Sie verbindet das Sichtbare mit dem Unsichtbaren, die Differenz der Phänomene, der Kontexte, der Wirklichkeiten.

Es ist der Sänger, der die Hörer in den Tartaros stürzt, sie in ein irisierendes Schauspiel und ein oszillierendes Auf- und Ab der Vorstellung jagt und von einer nächtlichen Macht singt, die selbst Götter zwingt. Diese dunkle Macht ist der ebenso unbekannte Hades der Phantasie, aus dem die Vorstellungen auftauchen.

Abgesehen von der Zeugenaussage eines solchen Lichtbildes aus Nacht zugunsten einer Theorie der Farben, welche nicht nur Brechung von Licht, sondern auch das Schwarz enthält, ist das Emblem des per Regenbogen auftauchenden Wahrheitswassers als ein nächtliches Gegenstück zur musischen Wahrheitslehre bedeutsam. Der Kontext ist zwar ähnlich dun-

685 Iris ist die Tochter der *Okeanos*tochter Elektra, die für Licht und Wasser steht, und die Nichte von Styx. Väterlicherseits stammt sie ebenfalls von da unten, denn ihr Vater *Thaumas* entstammt der Verbindung von Gaia mit Pontos. «Thaumas» aber steht für das Wunderbare (also zum Beispiel ein göttliches Bild), *thauma* ist ein Objekt des «Staunens». Mit dem Staunen beginnt bei Platon der Weg zur Wahrheit.

kel und zweideutig, und der Schwindel (Zwielicht, Zweideutigkeit, vorgestellte vertikale Desorientierung, Larvierung der Metapher) ist konstitutiv für eine Wahrheit, die sich via Übertragung zeigt. – Aber das Wasser fesselt die lügenden Götter, während der musische Vortrag die Hörer und Leser fesselt. Deren ‹Rührung› wäre ein Beweis der Wahrheit des Vortrags.

Freilich könnte die psychische Bewegung der Hörer (und schwächer der Leser) auch von einer partiellen physischen Erstarrung begleitet gewesen sein, gebannt von der Bildlichkeit Hesiods, die einen eminenten Raum-Verbrauch aufweist.[686] Im Hinblick auf die thematisierte Erstarrung der meineidigen Götter wird der erstarrte ‹Schauende› vielleicht auch zum Maskenträger seiner inneren Bilder, die wie die Wasser der Styx jäh aus der dunklen Physis ins Helle hervorbrechen. Diese Maske ist ein Spiegelbild der Dichtung Hesiods, seines Gesangs und seines Textes. Wo ist – zunächst sei Hesiods *Gesang* selbst befragt – etwas Ähnliches, ähnlich dem materiellen Bild: das Fixe, oder doch den kreisrunden Rahmen betreffend, der von der Unterwelt zur Überwelt zur Unterwelt kreist?

Diese Fixierung wird in der Zeitlichkeit des Gesangs erreicht durch die Wiederholung. Im Erlebnis einer Wiederholung berühren sich gewissermaßen Anfang und Ende einer Bewegung. Freilich ist sogleich einzuräumen, dass die Vorstellung des Kreisens einerseits durch die inhaltliche Erzählung gestützt wird und durch die geometrische Anordnung des Textes. Es ist ein gebräuchliches Verfahren in der «Theogonie», die Listen der Nachkommen dadurch tableauartig abzuschließen, dass der einleitende Satz (zum Teil variierend) am Ende wiederholt wird, so bei den Kindern des Nereus (240 und 263), der Keto (270 und 336) und der Tethys (337 und 367). Der Rahmen von Tartaros II sind die gleichlautenden Verse 736–739 und 807–810. Sie lauten in der Übersetzung von Hallof und Hallof:

> Dort nun sind des düsteren Tartarosdunkels, der braunen
> Erde, der öden See und des sternüberzogenen Himmels
> Aller nebeneinander, Quellen und Enden gelegen
> Schrecklich und modrig, wovor die Götter selber sich scheuen.[687]

686 Der Bilderbogen des Sängers sinkt mit dem uralt-ewigen Wasser der Styx (Th. 805) vom Olymp zurück in die Unterwelt, aus der alles entspringt, in die alles wieder mündet.

687 Moder ist Totes, in dem Leben keimt, Ende und neuer Anfang zugleich.

Die Beschreibung des Zwischenreiches als *Rand* von allem *bildet* selbst den (zweiteiligen) Rand der Beschreibung. Es folgen die Schlüsselworte(!) Schlund und Tor (740 und 811–14). Das ist aber sozusagen nur die Innenkante des Rahmens von der es ins Bild geht. Links und rechts von ihr, am äußeren Rand des Rahmens gibt es eine symmetrische Anordnung von Motiven und Worten. Am linken Außenrand, in neuzeitlicher *Lese*weise: am Anfang des Rahmens, haben wir Handlung (Sturz der Titanen) (bis 720); ihr entspricht die Geburt des Typhon aus der Unterwelt heraus (ab 820) rechts außen. Noch weiter außen stehen sich Titanomachie und Typhonomachie gegenüber. Die formalen und motivischen Entsprechungen zwischen beiden Kampfhandlungen sind derart vielfältig, dass mit Hans Schwabl von bewusster Analogie gesprochen werden muss. Links außen, aber weiter innen, kommt nach dem Tartarossturz die Beschreibung von Tartaros I (721–733) mit der Platzierung von Briareos, Gyges und Kottos zwischen Tartaros I und II (734/35). Auf der gegenüberliegenden Seite folgen ebenso nach Tartaros II (807–810) Tartaros I (813) und Kottos & Co. (815).

Einen Schönheitsfehler müssen wir einräumen: Die Reihenfolge auf der ‹rechten› Seite (also ab Vers 807) stimmt nicht zwischen Tartaros I und Kottos & Co.; sie müsste umgekehrt sein, um vollkommen aus der Einbettung des Bildes wieder hinaus zu führen. Doch sind der variierenden zusätzlichen Details zu viele, um sagen zu können, die anderen Entsprechungen seien zufällig. Zum Beispiel kommt das Wort «Chaos» (814) oder «Chasma» (740) wieder vor, was nicht nur an den Sog hinter der Wand, vor der das Bild sich entrollt, erinnert, sondern auch an den ‹Blow-Up› des Hauptgesangs, der mit dem Chaos begann, als der Sänger ein Gefäß für die Musen war. Innerhalb dieses Rahmens, der uns sagt: Was wir nun sähen, sei alles Tartaros II, und Tartaros I befinde sich «jenseits des finsteren Schlundes» (Hal. 814), innerhalb dieses Rahmens befindet sich ein fiktiver Raum, vor dem wir stehen und den Hesiod uns auffordert abzuschreiten: Von Nyx über Atlas zu Hypnos und Thanatos und bemerkenswert dicht zu Hades (Thanatos ähnlich eisern [Th. 764] wie Hades), dann über Kerberos zu Styx und hinaus über den gleichen Rahmen.

Es mag sein, dass bei den Namensrevokationen oben der Charakter der zeitlichen Abrundung, und Umkehr zum Hauptstrom der «Theogonie» überwiegt, handelt es sich dabei doch um eingeklammerte Genealogien. Die Wiedererinnerung eines Ausgangspunktes genealogischer Differenzierung hat im Normalfall die Rückkehr zum Anfang einer Verästelung erlaubt. Im Fall von Tartaros wird aber keine Genealogie eingeklammert, sondern ein nächtliches Gefilde, das zudem ausdrücklich markiert wird durch die Aufhebung zeitlich-einsinniger Abfolge, eben im Nebeneinander von Anfang und Ende (738). Hier wirkt die Wiederholung wie ein kräftiger Rahmen gegen die Zeitlichkeit eines gewohnten Handlungsverlaufs gegen die ‹spannenden› Kämpfe mit Typhon und Titanen.

Die kompositorische Funktion scheint klar: Fesselung, Faszination des Zuschauers durch die Evokation eines bannenden Bildes im Rahmen quasi (!) ritueller Wiederholung. Die erstaunliche Tatsache, dass bisher diese Verswiederholung «für die Philologen» ein solches «Ärgernis» gewesen ist, dass sie sich «mehrheitlich» «schon seit langem für die Tilgung wenigstens der zweiten Stelle entschieden»[688], wird verständlich vor dem Hintergrund, dass gemeinhin der Bildcharakter von Tartaros II und damit die Trennung von Tartaros I (als Bildgrund) und Tartaros II (als Bild) nicht erkannt wurde. So musste man sich mit der «anscheinend wenig sinnvolle[n] Tautologie» herumplagen, «dass laut 736–739 und 807–810 auch der Tartaros aus dem Tartaros entspringe». – Dabei sind die Regieanweisungen wie die Landschaft Tartaros II vor der Mauer von Tartaros I zu sehen sei, deutlich genug durch die ständigen Andeutungen auf das, was sich hinter dem Bild uneinsehbar aufhält: im Innern (Th. 751) der Häuser, jenseits (814) der Tore und Schwellen an Titanen, Toten und stürmischen Winden. Wie folgenreich die Unterschätzung dieser hesiodischen Veranschaulichung ist, wird sichtbar, wenn aus der Eliminierung der Wiederholung (als unhesiodisch) eine grundsätzliche Unterscheidung zwischen Hesiod und Homer, «für den Verswiederholungen etwas ganz Natürliches sind», abgeleitet wird.

Hier wird zu einer innerliterarischen Stil-Differenzierung erklärt, was eine gesamtästhetische Entwicklung sein könnte, die weniger durch einen Bruch zwischen Homer und Hesiod gekennzeichnet ist als durch eine stetige Akzentverlagerung von Handlungsdominanz zu bildgestützter Imagination. Hesiod benutzt diese Verswiederholungen zur Bildrahmung, aber er verstärkt damit nur eine Tendenz auch des wahr-

688 Von Schirnding: Einführung. In: Hesiod Theogonie – Werke und Tage, S. 155, die folgenden Zitate ebd.

scheinlich jüngeren, aber *archaisierenden* Homer, dessen Bilder (Gleichnisse) innerhalb der Narration zudem stärker handlungsorientiert sind. – Die Argumentation einer ästhetischen Entwicklung von Homer zu Hesiod wird übrigens hinfällig, wenn sich Homer endgültig als der Jüngere der beiden erweist. Unbenommen der eventuell großen kulturellen Verschiedenheit zwischen Böotien und Ionien oder Kilikien, unbenommen auch der Differenzierungen, die sich durch Homers stärkere Handlungsorientierung an einem älteren, ritualisiert überlieferten Stoff in der Ilias ergeben, ist die Gemeinsamkeit der ästhetischen Vorliebe der Überblendung von Erfahrungs- und Vorstellungsräumen zu betonen. Hesiod, scheint das nur prononcierter auszustellen. Erst in der letzten Zeit rückt die nachhaltige Überblendung eines homerischen Erfahrungsraums (sei es nun Kilikien oder ein anderer) auf einen überlieferten Vorstellungsraum in Ilios die Gemeinsamkeit mit dem doppelten Tartaros in unser Gesichtsfeld.

Hesiods Initiation in den Bilderraum: eine Übertragung

Aber spricht nicht die Tatsache, dass der Tartaros dreifach von Nacht umschichtet ist, gegen jede Sichtbarkeit, die aber doch auch bei einem als materiell nur vorgestellten Bild oder Bilderraum vorauszusetzen ist? Nein, denn man muss die Unterscheidung zwischen dem immer jenseitigen Tartaros, den Hesiod nicht beschreibt, und dem Tartaros II berücksichtigen, wo die Bilder vor dunklem Grund ‹auftauchen›. Wir stehen imaginär *vor* dem dreifachen Ring der Nacht, und so ist es erklärlich, dass es hier nicht ganz so dunkel ist, wie in einer wolkenverhangenen Neumondnacht. Restlicht vom Himmel schimmert schwach auf dem Wasserfall der Styx; in der Ferne berührt Atlas den Himmel, eben jener Atlas, der der Vater der Pleiaden ist…

Vielleicht ist hier ein Blick auf den Gebrauch ‹nächtlicher› Adjektive bei Hesiod angebracht, denn in den Übersetzungen gingen die deutschen Entsprechungen derartig übertragend hin und her, dass all die *schwarz, dunkel, finster, düster* für verschiedene griechische Adjektive an verschiedenen Gottheiten als Ausdruck der Beliebigkeit gelten konnten. Von den sechs nächtlichen Personifikationen Chaos, Nyx, Erebos, Gaia, Tartaros und Uranos können wir *den* Chaos hier einmal beiseite lassen. Hesiod nennt ihn zwar (Th. 814) *zopheros* («dunkel», «finster»)[689], und dieses Wort, das bei Homer nicht vorkommt, ähnelt verdächtig dem *dnopheros* («dunkel», «finster»), das Homer in der Odyssee zweimal, und zwar in *nächtlichem* Zusammenhang, benutzt.[690] Aber als *das* Chaos, als Gebiet vor allem, das irgendwie vor Tartaros kommt (814), ist ‹er› für die Initiation in den Bilderraum 1. unerlässlich, 2. selbst unbildlich, 3. für das ‹Rein und Raus› wichtig.

Auch Erebos, der wohl allgemeinste Begriff für Unterwelt, ist erst von Hesiod zu einer Gestalt verselbständigt worden, um die Herrschaft der Nacht über die oberirdische und unterirdische Dunkelheit zu unterstreichen. In der Ilias kommt er nicht als Person vor, aber als Totenreich zwischen Erdoberfläche und Hades (8, 368 und 16, 327). Hesiod verwendet seine *Personifikation* von Erebos, dem Gatten der Nacht, im Erzähl-Bereich der Unterwelt bzw. des Tartaros aber nicht mehr, sondern nur noch dreimal das Adjektiv *erebenne*, als Attribut der Nacht.[691] Als sich abschattende Erinnerung seiner Selbständigkeit wird der Hesiod-Leser den Erebos als eine Horizont-Kategorie verstehen, als eine Verstärkung und komplettierende Erstreckung des Nachtbereichs *Richtung* Tartaros. In dieser Kompaktheit von ober- und unterirdischer Nacht ist Nyx die dunkelste und nächtlichste, und es mag angemessen erscheinen, ihr Attribut *erebenne* mit «finster» zu übersetzen. *Nyx erebenne* scheint aber auch die duale Totalität von äußerer und innerer Nacht anzuzeigen. Zum einen wird das Adjektiv auch gebraucht, wenn es gar nicht um Unterwelt geht, zum anderen kommt das *erebenne* im Zusammenhang mit dem «Schoß der nächtigen Herrin» (Th. 213) vor. Nur sie kann eine so finstere Nacht sein, dass der Unterschied von Innen und Außen aufgehoben ist, denn auch ihr Schoß ist nächtlich. Nur Nyx also ist *erebenne*.

Auch die *riesige* Gaia, der *dunstig-dunkle* Tartaros und der *sternhaltige* Uranos besitzen ihre ‹Alleinstellungsmerkmale›. Da bei Hesiod der kastrierte Uranos für das Nachtbild die penetrative Bedeutung verloren hat, gehen wir hier nicht weiter auf ihn ein. Außer seinem *asteroentos* bringt

689 Pape: Handwörterbuch, Bd. 1, S. 1140, nennt als älteste Quelle des selten benutzten Wortes Hesiod.

690 *Dnopheros* kommt in Od. 13, 269 und 15, 50 in nächtlichem Zusammenhang vor; in der Ilias zweimal im Zusammenhang mit Wasser (9, 15 und 16, 4).

691 Th. 123, 213, 744; dann noch einmal in WuT. 17.

er sowieso nur noch etwas Räumlichkeit in die Ehe mit Gaia, indem er *eurys*, «weit» ist, aber das ist Tartaros auch, und Gaia ist breitbrüstig (*eurysternos*). Gaia, die bei Hesiod die am zweithäufigsten genannte Göttin ist, wird oft ohne Adjektive besungen. Aber so kann sie am besten ihre moralische Zweideutigkeit behalten, die sie ihren Handlungen entsprechend hat. Sie ist auch diejenige, die in den Adjektiven die größte Gemeinsamkeit mit Nyx hat, die ihrerseits viel dynamischer in den Adjektiven gestaffelt ist. Das häufigste Attribut der Nyx in der Theogonie ist nämlich *schwarz*, das sie mit Gaia teilt. In diesem Zusammenhang kann man Gaia die zweitnächtigste Vergöttlichung nennen. Sie wird zwar nicht *erebenne* genannt, aber *chtonios*, und ihr Sohn Tartaros hängt ihr immer noch ein bisschen nach, schließlich hat sie ihn ‹ungeheuer› geliebt.

Tartaros aber ist fast nur *heroentos*, fünfmal, ansonsten wird er nur einmal *eurys*, «weit» genannt, wie Uranos.[692] Bei *heroentos* besteht interessanterweise die größte Bedeutungsstreuung der Übersetzungen (dunstig, dunkel, nächtlicher Nebel, dämmerig, neblig). Das hängt womöglich mit der diffusen Beleuchtung, die immer da zu bemerken ist, wo Dunst ist, zusammen. Jedenfalls sind Luft *(hero… = aero)* enthalten und reichliche Wasser-Variationen von Styx bis Moder, und schließlich muss auch ein wenig Licht sein, wenn es dahinter noch dunkler ist. Licht kommt (scheinbar) aus den Phänomenen im Dunkel, wie dem silberhellen Strahl des Styx, oder es ist ganz in der Ferne zu ahnen, wo nicht nur die Sterne des (kleingeschriebenen) Nachthimmels ihren Lauf beginnen (736), sondern auch der Himmel selbst von Atlas getragen wird (746), wo sich schließlich Tag und Nacht «berühren» (v. Sch. 748). Das Zwischenreich des Bildes weist auf die Abkunft von ‹reinerem› Licht und von ‹reinerer Finsternis› zurück.

Und dasselbe gilt für alle potenziellen ‹Elemente›, die von hier ausgehen in alle wirkliche Welt. Genauer: Es ist hier umgekehrt aus der Wirklichkeit alles dasjenige in eine gleichsam wirkliche Unwirklichkeit hinein übertragen, was als Weltbild fungiert. Wenn Tartaros II den Anfang und zugleich das Ende von allem mal einschleift, mal markiert, dann ist das eine ziemlich gute Beschreibung von dem, was ein Bild ausmacht, das sich vom Kontext des Nur-Sichtbaren zugleich abhebt und sich in

692 Sie sind ja auch beide gleich weit von der Erde entfernt, die wiederum *eurysternos*, breitbrüstig ist.

ihn hineinstellt. Mit Blick auf die zeitliche Realisierung des Bildes ist immer etwas Zurückweisendes auf das Bedeutete impliziert und auf den Anfang des Bedeutens. Kommt ein Bild ohne die Dimension des Erinnerns aus, und sei es diejenige des zukünftigen Erinnerns, die im Bildgehalt vorausweisend ist? (...und die man ahnt, wenn man sagt: Das ist ein Bild.)

Solche Überlegungen verlagern den Vorrang des materiellen Bildes zu dem des imaginären. Aber ich denke, dass das die bedeutendste Veränderung des Bildbegriffs ist, die hier unten im Tartaros geschieht. Das Imaginäre, das immer schon, also auch vor Hesiods Zeit, verantwortungslos allen Gegebenheiten der Erfahrung aufhocken konnte, wird objektiviert und gespiegelt an der fiktiven Nachträumlichkeit, einer oszillierenden Zweischichtigkeit, vor der Ansichten begegnen. Einige Zeit später wird die Vasenkunst groß aufblühen, eine Bilderkultur auf dunklem Grund. Das Gefäßinnere, nicht nur von Vasen, ist der übertragene Tartaros I. Simonides, ein Mitte des 6. Jahrhunderts geborener Dichter, lässt Danae im gleichnamigen Gedicht zum schlafenden Klein-Perseus, den sie im Begriff ist auszusetzen, sprechen:

Säuglingsdumpf
schlummerst du
in dem freudlosen Holze,
in erzgenietete Nacht hingestreckt
...und bleischwarzes Dunkel.[693]

Wohlgemerkt: Schon seit Jahrtausenden hat es zu Hesiods Zeit Bilder gegeben, deren Oberfläche auf die dahinter verhüllte innere Nacht, auf das Dunkle des Körpers verwiesen, der sie trug: Schilde, Masken, Mumienmasken, Mumienbilder, Verwandlungen via Übergipsung.[694] Tartaros II ist

693 Simonides: Danae, in: Marg: Lyrik, S. 75.

694 Das vorderasiatische Neolithikum kennt mit Gips überformte und zum Teil bemalte Totenschädel seit 8800 v. Chr. Siehe Badisches Landesmuseum Karlsruhe (Hg.): Vor 12.000 Jahren – Die ältesten Monumente der Menschheit. Stuttgart 2007, S. 322. – Die erste ägyptische Gesichtsbemalung auf einer Mumie stammt wohl aus der Zeit um 2500 v. Chr. Vgl. A. Wieczorek u. a. (Hg.): Mumien – Der Traum vom ewigen Leben. Mainz 2007, S. 74. Für Griechenland sind die mykenischen Totenmasken aus dem 15. Jahrhundert v. Chr. relevant.

eine *Landschaftsmaske*, mit der man fliegen kann. Jedenfalls in der Phantasie.

Das Panorama der Visionen, das Hesiod vor dem Zuhörer und imaginären Zuschauer ausbreitet, ist demnach zugleich nicht nur ein Bild der Nacht, sondern ein Bild *in* der Nacht, das zugleich wiederum als Zwischen-Szene in die theogonische Handlung eingesenkt ist und diese retardiert und gliedert. Liturgisch könnte man diesen Zeitabschnitt auch als *Wandlung* auffassen, denn Tartaros ist die Aus-Zeit, die eingebettet ist in zwei Sturz-Szenen zur Unterwelt und zwei Auffahrt-Szenen aus ihr hinaus (die Titanen und Typhon). Die Wandlung vollzieht sich aber im Verkehr mit unsichtbaren (Trieb-)Kräften hinter der Bild-Wand. Der Ausdruck «Panorama» ist vielleicht insofern irreführend, als die Erkenntnis des Bild-Charakters *(teras)* der Ansicht nicht so sehr aus der Ko-Härenz auf der dargebotenen Fläche folgt, sondern vielmehr durch den ständigen Hinweis auf das Mysteriöse hinter dem Bild. Der Aspekt der rätselhaften oder wunderbaren Erscheinung selbst, wie er beim Homerischen *teras* üblich ist, ist bei Hesiod verlagert, weg von rätselhaften Ungeheuern, hin zur unspektakulären Unheimlichkeit, oszillierend zwischen Verbergen und Enthüllen.

Trotz eines vorstellbaren Nebeneinander – oder doch eines erzählten räumlichen Beieinander, das ein Minimim an vorgestellter Gleichzeitigkeit impliziert – lauert die ästhetisch-affektive Brisanz in dem Spiel von ‹Verdecken und Offenbaren› – und in der Drohung, dass das Öffnen (etwa eines ‹Hauses›) für einen neugierigen Zuschauer tödlich sein könnte. Zwischen der sichtbaren Oberfläche des Nebeneinander von Nyx, Thanatos, Hades usw. und den dahinter liegenden Innenräumen von Tartaros I und den Häusern besteht insofern auch ein ikonologisches Spannungsverhältnis, als das eigentlich Bildliche weder auf der Oberfläche noch im dunklen Innern sich ereignet, sondern im ständigen *möglichen* Übergang zwischen Innen und Außen: zwischen begegnendem, sichtbarem Außen und dem imaginierten, aber auch imaginierenden Innen!

Selbst das äußere Bild, die Ansicht, ist zweischichtig wie eine Maske. Eindrücklich und erregend ist die tartareske Oberfläche wegen der unsichtbaren Kräfte im Hintergrund des löchrigen Bildes, die es tragen, indem sie übertragen. Das eigentliche Ereignis ist eine Drift von ‹Bild› in Bild oder ‹Bild› auf Bild. In ungefähr der Mitte des Bildes von Tartaros II wird der Hades als Bild im Bild herausgehoben, indem er eine Rahmung durch Formelwiederholung erfährt. Umgeben von den Häusern des Thanatos und der Styx, die gleichfalls niemanden wieder herausrücken, bzw. selbst Götter zu lähmen verstehen, taucht der Eingang zum Hades auf (Th. 767) und wieder ab (773) mit der gleichen Formulierung (die nun wieder philologisch beanstandet wird):

> Auch das hallende Haus des unterirdischen Gottes,
> [Hades, des mächtigen, und Persephones, der finsteren Göttin,]
> ragt dort auf, und ein schrecklicher Hund hält Wache am Eingang…

Unabhängig von einer Klärung der Autorschaft bleibt die Wiederholung von Vers 768 in Vers 774 stimmig: Weder wird das Außerhalb des Hades noch das Innerhalb beschrieben, sondern wie man diesen Eingang der Götter betritt, am freundlichen Hund vorbei hineingeht und dann am tückischen Hund – nicht wieder vorbei kommt, nicht mehr entkommt dem Haus des «Hades, des mächtigen, und Persephones, der finsteren Göttin» (774).[695] Es geht also recht eigentlich um diese Schwellenerfahrung (zwischen Handlung und Bild), und der *Status* des Bildes ist selbst an diesem Übergang *festzumachen*: Einerseits ist die permanente Perforierung der Oberfläche die Thematisierung eines Innen-Außen-Themas (eingebettet in die quasi-rituelle Hinführung zum Bild und getragen von Sensationen des Stofflichen: Erde, Eisen, Stein, Wasser, Wind); andererseits ist das gleichzeitige räumliche Erstrecktsein dieser Perforierungen, das Nebeneinander dieser Perforierungen innerhalb einer Rahmung ein neues visuelles Ereignis. Hesiod hat als erster Grieche alle diese Orte zu einer ‹nahtlosen› Topologie zusammengefügt, zum (imaginären) Bild.

Das hier eingeklammerte Imaginäre schränkt den Bildbegriff nicht ein. Im Gegenteil: das *phorein* diesseits und jenseits des Loches, um das herum das Bild einer physischen Landschaft modert, ist derartig dominant, dass

695 In «Persephone» steckt vielleicht der Wortstamm von *persona*, Maske, und der Hinweis auf ein altes «chthonisches Maskentanzritual» (Kl. Pauly 4, 647), wie sie ja auch in der Odyssee als Herrin der Medusa genannt wird. Wichtig ist ein kryptischer Zusammenhang mit Hekate als Perseis (Kl. Pauly, ebd.), weil Hekate auch bei Hesiod als Tochter des Perses prominent besungen wird, ohne dass er unterweltliche Aspekte von ihr hervorhebt (Th. 411, 418, 444). Hekates Wappentier ist der Hund (Burkert: Religion, S. 114), dessen typisch archaische Eigenschaften die des Kerberos sind: unterwürfig freundlich, aber hinterhältig.

man, bei der Bedeutung des Tartaros für die abendländische Phantasiegeschichte, behaupten könnte: Diese Bildgründung ist eine Metapher für visuelle Konfrontation.[696] Zu diesem *Tragen* gehören zwei Vektoren: das *Nebeneinander* von Schwellen und das *Dahintersein. Davor* aber entsteht: *Atmosphäre*, etwas nicht von einer äußeren Begrenzung her Definiertes. Denn trotz aller Verschlüsse wird ja ständig auf die Passage hingewiesen, wodurch er, Tartaros II, innerlich als bedrohlicher und selbst (in seiner Räumlichkeit) bedrohter Raum aufgeladen wird.

Das *imaginäre* Vorbeiziehen an den unterirdischen Häusern mag einen älteren, leibhaftigen Umzug (pompé) erinnern, eine Initiation oder sonst eine kultischen Handlung, wie den bei Weihefesten allgegenwärtigen Tanz mit Chorlied[697], ein Vorläufer des griechischen Theaters, wo ständig etwas hin- und hergetragen wird. – Hat Hesiod, dessen Gesang mit dem Tanz der Musen beginnt, diese Handlungsmuster beerbt, benutzt, verdrängt, sublimiert? Die Frage ist nicht so abwegig oder spekulativ, wie sie auf den ersten Blick erscheinen mag. Denn die Unterweltbeschreibung hat die früheste Literatur in verschiedenen, auch ganz individuellen Ausprägungen, zu einer spezifischen Bildlichkeit geprägt; man denke nur an die mythischen Hadesfahrten von Orpheus, Herakles und Odysseus.[698] Bevor Odysseus Kontakt mit den Toten aufnimmt, vollzieht er ein chthonisches Opfer: bei Nacht (was kein Kunststück ist, denn am Rand des Okeanos ist «allzeit traurige Nacht» (Od. 11, 19) spendet er den Toten unter anderem Mehl und Tierblut in einer Grube. (Od. 11, 24) Es wäre eher ungewöhnlich, wenn bei Hesiod keine ähnlichen Erfahrungen eine Rolle gespielt hätten.

Gibt es Hinweise, welche die Lokalisierung des Modergemachs (Th. 731) erlauben? Wie, wenn der schreckliche *(argeleios)* modrige Schlund (739) Teil einer Kultmaske wäre, oder einer kultischen Maskierung mit

696 Vernant sieht in «Tod in den Augen», Frankfurt 1988, S. 70, den konfrontativen Blick der Medusa als einen Spiegelblick in den «Glanz der Nacht». Hesiod verwandelt die Maske der Medusa in ein Landschaftsbild.

697 Burkert: Religion, S. 167 f.

698 Das sind drei Helden in drei frühesten Manifestationen literarischer Autorschaft: die anonymen orphischen Weisungen, Homer und, für Herakles, Musaios, der (mythische) Schüler des Orpheus, der mehr als 600 Orakelsprüche verfasst hat. Vgl. Burkert: Religion, S. 190.

Erde? «Grausen erfasste da» nicht nur «die Götter» (740). Auch Zu*schauer* mögen angesichts eines solchen physischen Bildes, zu dem Gesang vorbereitet haben mag, in ein «ololygé» ausgebrochen sein; das ist ein schriller Ruf, ein lautmalerisches Wort für Wehgeschrei, aber auch ein Jubelschrei in den später überlieferten Dionysos-Mysterien.[699] Die chthonische Nachtfahrt zum kosmischen Licht ist ein verbreitetes Muster von Demeter- und Dionysos-Mysterien. Außer dem Einfluss, den Hesiod auf die Mysterien zweifellos gehabt hat, ist die Frage interessant, ob er seinerseits rituelles Erfahrungsgut verwandelt hat. Wahrscheinlich ist dieser zweideutige Ausruf schon zentraler sakraler Bestandteil der alten Opferriten gewesen.[700] Etwas von Opfertier hat selbst noch der Initiand in den Dionysos-Riten an sich, zugleich aber auch etwas von Maskierung: «Der Initiand wird mit einer Masse aus Lehm und Getreidehülsen – wohl besonders im Gesicht – überkleistert; aus dem Dunkel taucht die Priesterin als erschreckender Daimon auf[701], dann wird der Initiand sehr real gereinigt, er darf sich erheben, er ruft: ‹Ich entkam dem Unheil, ich fand das Bessere›, und die anderen kreischen dazu hell auf, mit jenem Kultruf (ololygé), mit dem Frauen auf die Gegenwart eines Gottes reagieren.»[702]

Sicherlich kann man nicht so weit gehen, die ganze Sprachhandlung in der «Theogonie», die zum Bild führt – und wieder hinaus – als eine symbolisch verschlüsselte Kulthandlung zu betrachten. Weder ist die Anschauung des Bildes von Tartaros II selbst die *erlösende* Schau, noch zeigt Hesiod uns nach der imaginären Unterweltsfahrt und der Ansicht der reinen Styx ein begeisterndes göttliches Kind; es ist nur Typhon, der den lichtvollen Zeus zum erneuten Kampf zwingt. Doch ist die Handlungstypik der Initiationsmysterien nur eine Sonderform der Sterblichkeitsverarbeitung, die in einzelnen Zügen zeigt, woher sie kommt: vom Begräbnisritual.

699 Vgl. Burkert: Antike Mysterien. München ²1991, S. 81.

700 Ebd., S. 103.

701 Daimon aber ist eine Metapher für Maske. «Jeder Gott kann als *daimon* wirken; nicht in jedem Wirken ist der Gott zu entdecken. *Daimon* ist das verhüllte Gesicht göttlichen Wirkens.» (Burkert: Religion, S. 280) – Bei Hesiod (WuT. 122) sind Dämonen geehrt als Totengeister der ersten Menschen des Goldenen Zeitalters.

702 Burkert: Mysterien, S. 81.

Wenn auch ohne die mystische Schau der Wiedergeburt, so wird doch immerhin vor Tartaros II die Angst vor dem Tod mit einer Bilderwelt bearbeitet, die zugleich mit der Verbannung der Angst die poetischen Deckbilder der Nacht hervorruft. Die Inspiration auch der imaginären Zu*schauer* verwandelt ihre Nachterfahrung von einer sublimen Prüfungssituation in eine Distanz implizierende Ansicht. Da ist einmal das wiederholte Attribut der Nacht, *oloos* zu sein, das von Schirnding mit «unheilschwanger» (224) und «verderblich» (757) übersetzt. *Ololyge* ist zusammengesetzt aus *oloos* und *lygos*, die Weidenrute, die Gerte. – Stärker ist das Indiz des Lehms als Repräsentanz für kultische, auch symbolische Beerdigung, der sich in den Käseschmier der schmerzhaften Geburt verwandeln kann.[703] Die frühesten Masken sind wahrscheinlich Lehmüberschmierungen gewesen[704], Modellierungen eines anderen Wesens oder Zustandes. Sie weisen zurück bis in die Zeit der übergipsten Skelette Catal Hüyüks.[705]

Doch dieses Beispiel ist nicht nur wegen des anderen Materials leicht irreführend, sondern wegen der behaupteten Integration des am Körper getragenen Maskenbildes in Handlung. Damit will ich nicht so weit gehen, die Mythen Hesiods als bloße Residuen ritueller Handlungen anzusehen, wie es ein Anhänger der Cambridger *Ritualtheorie* wohl täte[706], obwohl es verführerisch wäre, sich die Kämpfe der Titanen und gegen Typhon als Maskentänze vorzustellen, voller Stöhnen aus schaurigem Schlund und Dröhnen des hölzernen Tanzbodens. Auch gibt es viele Hinweise auf Mischformen und Überschneidungen, so etwa bildliche Darstellungen, auf denen Theseus den Minotauros bekämpft und doch

703 Aber auch der Jubelschrei in den Mysterien ist zweideutig: Jede Initiation ist als Wiedergeburt auch ein Tod.

704 Vgl. F. Graf: Die kultischen Wurzeln des antiken Schauspiels. In: G. Binder und B. Effe (Hg.): Das antike Theater. Trier 1998, S. 26. Insgesamt gilt der Zusammenhang zwischen altem (Initiations- und Opfer-)Ritual und Theaterentwicklung als immer wahrscheinlicher (S. 27). Vgl. auch B. Zimmermann: Europa und die griechische Tragödie. Frankfurt 2000, S. 13. – Auf dem Weg dazwischen stehen die Sänger, aus deren Körper die Musen singen, bevor sie Chorführer einer Mädchentanzgruppe werden.

705 Vgl. Badisches Landesmuseum Karlsruhe (Hg.): Vor 12000 Jahren in Anatolien – Die ältesten Monumente der Menschheit. Stuttgart 2007, S. 252.

706 Vgl. zusammenfassend W. Burkert: Mythos und Mythologie. In: Propyläen Geschichte der Literatur. Bd. I, Frankfurt und Berlin 1988, S. 17.

zugleich der leierspielende Anführer des Chores ist, der diesen Mythos singt.[707]

Eine bloße Nachahmung von Riten kommt schon wegen der eigensinnigen Auslegung des mythischen Stoffes und der programmatisch anderen Legitimierung durch Musen-Erwählung nicht infrage. Auch scheint mir die Handlungsreprise der Typhonomachie wenig vereinbar zu sein mit der auf einen Höhepunkt zu organisierten Anlage der bekannten Riten. (Ein eher autonomes musisches Programm von Erinnern und Vergessen scheint mir dagegen leichter mit der eigenartigen Form der Formelwiederholungen und der formalen Versmuster vereinbar zu sein.) Andererseits ist an der ganzen Komposition der «Theogonie» doch mehr Rituelles umgewandelt worden in Vorstellungshandlung, als es ein paar Stichwörter wie ‹modrig›, ‹Schlund› und ‹dumpf› zeigen können. Denn die ganze Handlung des Vortrags ist eng verbunden mit der Rahmung des Bildes von Tartaros II:

Laut, litaneihaft wiederholend und variierend hatte der Sänger die Musen um Eingebung gebeten; in der dringlichsten letzten Bitte des Proömiums um liebliche (*imero*essan) Lieder (Th. 104) klang Sehnsucht durch nach dem Anfang des Liedes und dem Anfang von allem in diesem Lied (115). Offensichtlich hat ein Proömium besonders die Funktion, eine Verbindung zum Publikum herzustellen, die ich im Vis-à-vis der aufgerissenen Münder als chaotische Anfangssituation dieses Hör- und Schauspiels selbst beschrieben habe. Chaos ist der erste Atemzug beim Neugeborenen wie beim Sänger; es wird so zu einer zentralen ästhetischen Kategorie des Gesangs. Parallel dazu ist Chaos auch ontologisch dasjenige, worum Hesiod am eindringlichsten gebeten hatte (115): der Anfang (*ex arches*). Mit diesem Chaos beginnt denn auch der Hauptgesang. Seine überraschende Heraushebung als Anfang, die in keiner Passage des Vorgesangs aufgetaucht war, kann als Wahrheitsdokument der musischen Inspiration gelten. Gegenüber diesem doppelten Chaos, mit dem das Reich der Nacht begann, sich zu entfalten, befand sich das Publikum und hielt den Atem an. Jetzt, vor Tartaros II, sind wir auch szenisch dahin gelangt, womit rein ver-

707 Siehe das Außenbild einer Schale des Archikles-Töpfers, um 540 v. Chr., München, Staatliche Antikensammlung. Abbildung bei: Olof Gigon: Literarische Gattungen und Dichtungstheorien. In: Propyläen Geschichte der Literatur. Bd. I, Frankfurt und Berlin 1988, S. 106.

bal die Musen begannen, und wohin uns Hesiod geführt hat, an den Ort des Anfangs – und das Ende aller Anfänge: Das Chaos reißt das Maul auf von Vers 740 bis 814, und dahinter würden einen die Stürme fortreißen. Davor aber sitzt das Publikum, hängt gebannt am Schlund des Sängers und hält den Atem an, leicht benommen vom Bild einer aufgehobenen zeitlichen Orientierung und vom Sog der quasi-rituellen Unterweltsfahrt. Dieses poetische Halluzinogen führt zum Ursprung der ‹Einbildung› der Welt in den Köpfen – durch des Sängers Zeitumkehr im Rückwärtsgang. Mag die Inspiration eingebildet oder fiktiv sein, sie dient dem Zweck, über die Imagination der Zuhörer eine freischwebende Zeitlichkeit der Vorstellung zu erreichen und aus ihr das Ideal einer auch ästhetisch anziehenden, ‹ewigen› Herrschaft zu begründen (vom Sänger begründet).

Etwas allgemeiner gesehen spitzt sich die Frage nach der Repräsentanz der (anderen) Künste in der «Theogonie» auf den Widerspruch oder das Spannungsverhältnis zwischen Formen des Zeiterlebens und der Visualisierung zu. Thematisch ist die Zeit des Tartaros II eingebettet in zwei Zeitschwellen, an denen jeweils Anfang und Ende sich berühren. Das sind auch räumliche Schnittstellen (von Himmel und ‹Hölle›, Innen und Außen etc.). Es bleibt aber durch solche Schwellen in der zeitlichen Folge des Hörens die leicht abgehobene oder leicht versunkene Gegenwart der Ansicht gewahrt, die mythologisch eine Oszillation der Zeitflüsse simuliert, was bezeichnenderweise mit dem Mythos von der Wiederkehr des Goldenen Zeitalters korrespondiert. Im Tartaros sitzt schließlich Kronos, von dem erzählt wird, er werde dereinst wiederkommen und eine sich ständig verjüngende Welt regieren. In der «Theogonie» ist das kein Thema; aber die schwebende Zeitlichkeit der Ansicht kontrastiert ebenso dem Hesiodischen Geschichtspessimismus über die Verschlechterung der Zeitalter (in Werke und Tage) wie seinem Glauben an den Fortschritt der Götter im Gang der Theogonie.

Phänomenologisch entspricht der Einführung in die schwebende Zeit die Veränderung der Aufmerksamkeit der Zuhörer. Vergessen sie im Nachvollzug der Götterkämpfe ihre eigene Anwesenheit, so werden sie in der Ruhe des Raums aufgefordert, ihren Blick von dem einen Haus zum andern schweifen zu lassen. Ja, sie können mit dem honigsüßen Hypnos die Lande durchstreifen und den Rücken des Meeres (762) oder sich von Eisenherz Thanatos packen lassen (764). Das alles setzt den imaginären

Raum voraus, der sich in ihrem leiblichen Dunkel ausdehnt. Die Frage ist nun die nach der ästhetischen Vorherrschaft einer bestimmten Form des Zeiterlebens oder einer, wenn auch übertragenen, Form der Räumlichkeit. Ist die spezifische Nacht-Bildlichkeit Hesiods stärker vom Prozesscharakter des Übertragens geprägt oder stärker von einem bestimmten Raumphantasma?

Die Frage klingt naiv und akademisch zugleich. Doch am Ende der Erörterungen über das ‹Stoffparadigma› materieller Ästhetiken zur Zeit Hesiods habe ich einen Hesiodischen «Sinn für Bildhaftigkeit» hervorgehoben, «dessen quasi elementare Metaphorik» «strikt a-geometrisch» ist.[708] Diese beginnt mit der immer vorausgesetzten Dunkelheit der Nacht als eines Gegenüber der innerleiblichen Dunkelheit und schätzt das Mysterium des «Auftauchens» höher als das Nebeneinander. Dem scheint die Nachtansicht von Tartaros II zu widersprechen: Ist nicht gerade der Bildcharakter dieser Unterwelt an seiner Rahmung aufgefallen, Inbegriff von neben dem Bild liegender Konstitution des Bildes? Und setzt nicht die Synopse von ‹innerhalb› und ‹außerhalb› der Bildlichkeit eine Zeitschleife frei – frei für Handlung der Imagination und somit für die Imagination von Handlung?

Doch der Tartaros *ist* kein materielles Bild. Und der Zu*hörer* hat *diese* Übersicht (von den Eckpunkten her) schon gar nicht. Er erfasst die Schwellensituation am Anfang der Tartaros-Szene gar nicht als Anfang etwa einer linken Seite und als Vorankündung des zurückgespiegelten Ausgangs. Der Zuhörer, ausgeliefert der musischen Zeit des Sängers, ist gar nicht in der Lage, links ein Chaos und rechts ein Chaos zu sehen und etwa gleich im Sinne ihrer geometrischen Entsprechung sich anklaffend: sie als Seitenansicht. Da wäre er als Zu*schauer* fein raus! Dennoch hat der Autor oder ein späterer Bearbeiter sinnvolle kompositorische Eingriffe – am *Text* vorgenommen. Und dieser Text kann in der Tat sehr gut als ein materielles Bild auf einer Fläche aufgefasst werden, eben so wie eine Notenschrift. Ist es verräterisch, dass ausgerechnet Wiederholungen häufig als unecht gelten – inklusive das Wort «Bild» (*teras*, 744)? Ich kann das philologische Problem nicht entscheiden. Entweder Hesiod oder spätere Bearbeiter haben der musischen Prozesszeit der Zuhörer über geometrische Elemente

708 Siehe oben das Ende von A 5, «Zwischen Opazität und Vision: der leibhaftige Blick».

am Text eine womöglich sogar visuell intendierte Akzentuierung verschafft[709], die sich gleichwohl den Hörern nur als intensivierte Sukzession von Erinnern, Vergessen, vielleicht sogar als ‹Leitmotiv› erschließt.

Dennoch ist bei Hesiod eine ästhetische Wertschätzung von Abstand und Übersicht des Bildes auch für die Zuhörer auffällig, die aber nicht als vorwaltender Rahmen, als Gefahren signalisierendes Tor gegeben wird, sondern als distanzierendes Resümee. Dass etwas ein schreckliches Bild sei, sagt ‹Hesiod› nicht am Anfang von Tartaros II, sondern am Ende des Titanenkampfes, von dem er sich aus unendlichem Gefälle-Abstand verabschiedet. Ebenso kommt mit dem musischen Erinnern vor Tartaros II an das erste Auftauchen des Chaos mit der *Behauptung*, hier sei Anfang und Ende von allem, auch das *Bild* des Anfangs der Hörerfahrung vom Chaos in den imaginären Blick. Die Retrospektive ist so zugleich ein Insichgehen des Hörers/Zuschauers. Auch wenn sich post festum die Rahmung der Tartaros-Ansicht durch die wiederholten drei Verse erschließt: Der Hörer wird das Chasma, den Schlund, zunächst mit dem Anfang der ganzen Theogonie verbinden und vor allem mit dem inzwischen gewordenen *Bild* des Anfangs: Jetzt erst liegt alles nebeneinander: Unterwelt, Erde, Meer und Himmel am gemeinsamen Ort der Erinnerung. – Am Anfang der Erzählung wirken diese ‹Elemente› stärker diachron, zuerst Chaos, dann Gaia; danach (!) Tartaros. Es folgt mit Eros eine Personifikation von *lösender und verbindender dynamis*; dann kommen die Kinder von Chaos, Nyx und Erebos und erst nach dieser Unterbrechung: Himmel (Uranos), dann Meer (Pontos). Als Letztes der späteren vier Elemente kommt das (Süß-) Wasser in den Blick: Okeanos, Kind von Himmel und Erde, ringförmig fließender Rand der Welt.

709 Hat jene Geometrie, die sich aus der Ansicht des Textfeldes ergibt, bei Hesiod oder späteren ‹Modernisierern› zur Verstärkung einer imaginären Bildansicht gedient? Jedenfalls wirkt es so bei der *Lektüre* des ‹Textils›. Die Verbreitung der Schrift hat über optische Beeinflussungen durch und auf diese Zeitkonserve wahrscheinlich auch die übertragen bildlichen Elemente der poetischen Sprache stark gefördert. Dabei muss nicht einmal die Richtung dieser Förderung von den materiellen Bildern her bestimmt gewesen sein. Denn deren Aufstieg im 6. Jahrhundert v. Chr. scheint im Gegenteil nicht nur von den überlieferten Epen nachhaltig beeindruckt gewesen zu sein, sondern schließt zeitlich auch an die öffentliche Aufmerksamkeit für Text und Textsicherung an: Die Gesetze Drakons (um 621 v. Chr.) waren öffentlich inschriftlich fixiert.

War dieser Rand erst *nach* Hesiod der *Anfang* von allem?[710] Homer nennt Okeanos ohne Erklärung, also wohl selbstverständlich, den *theon genesin* (Il. 14, 201), Urvater aller Götter, ja sogar den Ursprung allen Lebens (Il. 14, 246).[711] Homer kann damit sogar die Tradition wiedergeben; zu deutlich nämlich entspringt Hesiods Aufklärung über Okeanos nicht der Nacherzählung einer Genealogie, sondern der kompositorischen Strategie einer allmählichen Freigabe der grandiosen Nachtansicht von Tartraros II. Bei Gelegenheit der Geburt des Okeanos betont Hesiod nur erst die wirbelnde Tiefe des Auftauchens aus der Vereinigung von Himmel und Erde (Th. 133). Dass Okeanos der ringförmige Rand der Erde ist, erzählt Hesiod erst nach der Darstellung der Nyx-Kinder (242). Dass es ihm um den ‹ozeanischen› Horizont der tartaresken Nachtansicht geht, deutet nicht nur diese frühe erzählerische ‹Umarmung› der Nyx-Familie an, sondern auch Hesiods Einpflanzung einer Okeanos-Andeutung in das Zentrum des Nachtkinder-Katalogs, um dort innen den fernsten Wohnort der Hesperiden sozusagen fortzudeuten (215). Diese Konstruktion bereitet die Vision vor, wenn der kreisende Okeanos *den Anfang und das Ende* von allem be-deutet. Hier ist also das ‹einseitige› Prädikat vom ältesten Gott aufgehoben in eine oszillatorische Zeitlichkeit auch des Neubeginns.

Um diese Zeitlichkeit darzustellen, ist allerdings die Drehung des Gottes aus der Tiefe der Herkunft in den Raum der dunklen Vision geradezu notwendig. Abgesehen davon hat Hesiod den Widerspruch zwischen Chaos und Okeanos geschickt gelöst. Chaos bleibt gebunden an die leibliche Existenz des atmenden und Wahrheit singenden Subjektes – wenngleich auch dieses ein Metonym des ganzen präkosmischen Alls ist. Okeanos dagegen weicht mit seiner Visualisierung in die Ferne des Horizontes, als Randbedingung des Objektiven.[712] Immer wieder erwähnt

710 Die Liste der Flusskinder des Okeanos scheint Homer von Hesiod übernommen zu haben. Schrott: Heimat, S. 58.

711 Es ist ‹natürlich›, dass die Einheit des dunklen Tartaros als Anfang und Ende von allem die späteren Elemente Feuer bzw. Licht ziemlich vernachlässigt.

712 Neben 3000 Okeaninen sind die Titanengeschwister Tethys und Okeanos Eltern von 3000 Flüssen. *Jeweilige* Nähe und summarische Totalität sind hier in kritischem Bewusstsein des Sängers verknüpft: «Wie aber könnte ein sterblicher Mann von allen die Namen künden, die doch allein den Uferbewohnern bekannt sind?» (v. Sch. 369)

Hesiod bis zur Vision vor Tartaros diesen Rand, hinter dem es mythisch dunkel wird (275, 294), allerdings sprudelt es doch dann wieder plötzlich in der Nähe auf, wenn 25 Flüsse als seine Söhne ‹erzählt› werden (337). Je einer von ihnen wird Heimatgefühle im Zuhörer aufrufen. Der aber wird solcherart heimatflussauf an den Rand des Tartaros verschlagen, der schließlich die Heimat *aller* Flüsse ist. Styx, obwohl die älteste der Okeaniden, war erst zuletzt von Hesiod genannt worden (361), um als erste die Verbindung zu Okeanos wieder zu erinnern, wenn wir ins Schattenreich vor Tartaros eintreten (776, 789). Styx ist «des Okeanos Arm» (789), der nach uns langt.

Tartaros ist ein Ort des Inneren, denn Anfang und Ende sind jeweils in einem Inneren (im Leib oder in der Erde). Als *Einheit* von Anfang und Ende ist er zugleich eine Hypermetapher für Erd- als Leibinneres und Leib- als Erdinneres, für das Zugleich des imaginierenden Selbst und des imaginierten Fremden. Als Ort der *Erinnerung* der Entstehungsgeschichte der Elemente und Götter aber zeigt der Tartaros mehr als die Erinnerung des Anfangs; denn er offenbart den Grund, aus dem heraus die «Theogonie» gesungen werden musste: nicht, um die zeitliche Reihenfolge der Göttergeburten und Herrschaften in Ordnung zu bringen, sondern, um das Verhältnis der Sterblichen zwischen Tod und Unsterblichkeit zu klären. Oder anders gesagt: Der Tod steht zwischen den Menschen und den Göttern, den Hervorbringungen ihrer Einbildungskraft.

Und es ist verräterisch, wie sich die Ambivalenz zu den Göttern in der Spaltung zwischen siegreichen und ‹unter›legenen einerseits und in den guten und den schlechten Ort (Olymp und Tartaros) andererseits entmischt. In Tartaros II, den Abstand zur Erde ermessend, erhebt sich der imaginär schweifende Blick immerhin *über* die ‹gefallenen› und gebannten Götter, deren Los dem von Sterblichen nahe kommt, die auch hier in der Nähe hausen. Todähnliche Zustände halten am Styx die eidbrüchigen Unsterblichen gefangen. Auch wenn sich über die Schau des düsteren Ortes der Schleier des Unwirklichen legen sollte: Wer hier schaute, stellte vor; wer hier vor-stellte, war noch erst davor. Wer erst davor ist, vor dem Bild der Nacht, lebt noch. Solange Kerberos noch mit dem Schwanz wedelt, ist man diesseits des unumkehrbaren Jenseits. Die Bildhaftigkeit des Zwischenreichs, das Zwischenreich der Bildhaftigkeit weckt im Schaudern eine Abwehrbewegung zurück ins Leben.

Außer auf den Titanenkampf und auf das Chaos des Anfangs bezieht sich drittens das Erinnern vor Tartaros II – dieses dritte innere Vergegenwärtigen, das zugleich ein distanzierendes Davorstellen ist – auf den Katalog der Kinder der Nacht. Ähnliche Gedanken wie diejenigen, die um die Moiren und Keren kreisen, nämlich die um Sterblichkeit, Tod und den unerbittlichen Lauf des Lebens, bedrücken den imaginär Unterweltreisenden. Aber der Themenbogen von göttlicher Nacht (211) bis Eidbruch (231) aus der Nyx-Genealogie ist vom Stadium der Aufzählung in dasjenige der bildlichen Distanz gelangt: Nyx tritt nun wieder als Erste ins Bild (744), Styx, die Horkos entspricht, als Letzte (775). Die Gefahr ist subtiler: Die Keren verwandeln sich in einen *scheinbar* freundlichen Hund. Entscheidend aber ist: Aus der unmittelbaren Todesdrohung in Vers 220–223, die im vernichtenden «bösen Blick» (222) kulminierte, ist wie im Gegenblick das schweifende Anschauen geworden. Zwar ist das entsprechende Bild (*teras*) zunächst eine Einladung zum Rückblick. Doch wenn die Erinnerung einsetzt mit dem Auftritt der bekannten Gestalten (Nyx, Hypnos, Thanatos), dann sieht der imaginäre Blick in der Anschauung der Nachtlandschaft immer doppelt: Er sieht etwas hinter dem Sichtbaren: sowohl hinter der Wand von Tartaros II als auch rückwärtig der vermeintlichen Wahrnehmung.

Es handelt sich bei diesem erinnernden Übertragen notwendig um etwas Raumhaftes, das mit den Prädikaten *innerhalb* und *außerhalb* des Leibes verbunden ist. Ein bloßes Gedächtnis, die Göttin *Mnemosyne* (135), hatte Gaia, der Leib der Leiber, schon vor den leibnahen Hervorbringungen der Nacht (211) geboren. Die an allen Ursprung erinnernden Musen kommen *im Medium der Nacht* zwar schon am Anfang herab, ja sie sind der Anfang; aber erst *nach* dem Auftauchen von Nyx in dunkler Landschaft, erst mit dem *unterirdischen Bild* der Nacht – und dieses bedarf des Titanen-Sturzes und des imaginären Nachvollzuges beim Zuschauer – erst fast am Ende wird die lockenschöne Titanin Mnemosyne als von Zeus geliebte «Mutter der Musen mit goldenem Stirnband» (915) gefeiert, wiedererinnert. Neun sind es jetzt, für neun Nächte damals (54).

Für die abendländische Tradition der zwischen Innen und Außen oszillierenden *imaginierten* Nacht-*Ansicht* scheint der Tartaros (II) bedeutsamer zu sein als die *Personifikation* der Nacht, eben weil die Nachtansicht ein spezifisch *tiefen*orientiertes Erlebnis mit zweideutig dunklem Grund und *auftauchender* Sichtbarkeit, ja auftauchender *Drohung* der Sichtbarkeit ist. Die Nyx *im* Tartaros und die dreifache nyx *außen um* den Schlund des Tartaros herum sind nur Attribute einer (auch die Vorsteller) umwälzenden Dynamik von bildspendender Dunkelheit, innerleiblich und zugleich extrem außerhalb. Wenn in der Folge des sich anscheinend, vielleicht aber auch nur scheinbar, aufhellenden Abendlandes phantomatische Erinnerungen einer sogenannten ‹alten Nacht› auftauchen, so sind es Installationen des *Tartaros*, die damit weitergereicht werden, zum Beispiel von Helena in Goethes «Faust II» (3. Akt, ab Vers 8649):

> Doch das Entsetzen, das dem Schoß der alten Nacht,
> Vom Urbeginn entsteigend, vielgestaltet noch
> Wie glühende Wolken, aus des Berges Feuerschlund,
> Herauf sich wälzt, erschüttert auch des Helden Brust.
> So haben heute grauenvoll die Stygischen
> Ins Haus den Eintritt mir bezeichnet, dass ich gern
> Von oft betretner, langersehnter Schwelle mich,
> Entlassnem Gaste gleich, entfernend scheiden mag.

7. Die Bedeutung Hesiods für die Nachtästhetik und die Ästhetisierung der Nacht

Ist das Chaos doch, bei'm Himmel!
Wie ein Maskenball zu achten.[713]

Aber ist die «Theogonie» nicht vor allem der Lobgesang auf die hellen olympischen Mächte, welche die dunklen unteren besiegt haben? Überschätzt dann nicht die *ästhetische* Bedeutung der unterweltlichen Nacht Hesiods, wer die Einheit von Schönheit, Güte und oberirdischem Licht mit der *religiösen* Aussage der «Theogonie» übersieht?

Doch wer den Endzustand der olympischen Ordnung hypostasiert, verfehlt die epische Ästhetik der Theo-*Gonie.* Schon im mythischen Stoff ist allerorten das Licht als etwas repräsentiert, das aus dem Dunkel *hervorgeht*: Das Blau des Himmels und der helle Tag gehen aus der Hochzeit von Nacht und Unterwelt hervor (124), Zeus geht als nachtübertragener Säugling, ja fast noch Embryo aus dem Zweitwohnsitz in Gaias Höhle hinterm Dickicht hervor. (479) Sein Blitz, mit dem er die olympische Herrschaft befestigt und symbolisiert: eine *chthonische* Gabe Gaias. (504) Selbst wenn es von den Titanen heißt, ihr Vater Uranos habe sie nicht aus dem Schoß der Erde und ans *Licht* (157) gelassen, so schimmert daraus die Vorstellung durch, als ob die Kinder das Licht seien, das der Nachthimmel durch sein Umhüllen (127) ersticke.

Diese allgemeinen Vorstellungen von Licht *im* Dunkeln hat Hesiod aber in die Darstellungsstrategie übertragen, dass das Licht (vor allem in Gestalt von Zeus) bis zum Ende darum kämpfen muss, groß herauszukommen. Und dass der Sänger bis zum Finale des Titanenkampfes darauf wartet, *sein* großes Feuerwerk (als das des Zeus) zu starten, steigert die Spannung der Zuschauer, die vom Feuerräuber Prometheus über seine Fesselung geschickt zu den auch gefesselten Hundertarmigen geführt werden (616 f.), die Zeus das Feuer Gaias geschenkt haben und die Wende im

713 Anfang des Gedichtes «An sie» von J. W. v. Goethe, erschienen in der Zeitschrift «Chaos», herausgegeben von einem Musenverein, um das «Gespenst der Langeweile ... zu bannen». Siehe J. W. v. Goethe: Gedichte 1800–1832. Frankfurt 1988/98, S. 704. Zur Zeitschrift «Chaos» siehe Kommentar ebd., S. 1219.

Kampf bringen, als sie entfesselt werden. Die Zuschauer aber werden mit den Titanen aus dem Blitzlicht in die tiefe Dunkelheit gestürzt, wo in einem Zwischenreich, dem Modergemach fast aller Elemente, kein bisschen Feuer ist, nur ein wenig fahles Restlicht und die unendlichen Variationen von Wasser, Luft, Erde und Dunkelheit. Dennoch geht auch hieraus wieder, irgendwo hinter der Nachtansicht, ein Nach(t)kömmling hervor, Kind Gaias und des Tartaros, ein künstlerischer Gott, der sich verstellen kann, Unmassen an Feuer auswirft und selbst die Unterwelt zittern lässt (851). Ein anderes Feuer aus der Erde aber, der Blitz des Zeus, triumphiert über die Spektakel des *Typhoeus*.

Ästhetisch bedeutsam ist nicht nur das späte Auftauchen der Lichtspiele in der «Theogonie»,[714] sondern auch die Akzentverlagerung vom (kaum dargestellten) Opferfeuerraub des Prometheus (562) zur Inszenierung der Herrschaft. Die Theogonie ist nicht nur auch eine Kosmogonie, sondern als Vergestaltung der Götter auch eine verstellte oder verkappte *Androgonie*. Indem sie aber Androgonie (dargestellt von den Göttern) und Kosmogonie gegenüberstellt und diese Gegenüberstellung, wenn auch nur andeutungsweise, aber doch bewusst, mit der musischen Situation und Gestaltung selbst verknüpft, ist sie eine prononcierte Ästhetik. Da alles an dieser Entwicklung der Exodus aus einer breit entfalteten Nachtrepräsentation ist, die zum Licht der neuen Ordnung führt, ist diese Entwicklung eine Nachtästhetik. Da diese Nacht menschengeboren ist, ist sie in sehr starkem Maße *innere* Nacht. Denn Hesiods Nyx ist, in zeitlicher Umkehrung seiner *Darstellung*, das *Kind* aus Schlaf(losigkeit) und Traum – und aus der dem Leib inhärenten Zeitlichkeit: aus Trieb, Alter, Tod und Schicksal.

Hesiod verwandelt diese innere Nacht visionär und durch die Feier der olympischen Herrschaft. Aber er hebt diese innere Nacht nicht auf. Auch wenn er nicht der Erfinder einer Darstellung dieser inneren Nacht sein mag: Er ist ein frühester literarischer Zeuge solcher Inventionen und ein machtvoller Verstärker eines nicht mehr so leicht rückgängig zu machenden Entwicklungsschubes der Dunkelheit des imaginären Raumes, der

714 Dass, im Gegensatz zur älteren Legitimation durch höheres Alter, erst am Ende die Herrschaft (gegen Ältere) gesichert erscheint und dass sie mit der *gegenwärtigen Erscheinung* für die Imagination des Zuhörers, ‹Zuschauers›, zusammenfällt, das begründet erst den neuen, den ästhetischen Bund mit der Gottheit.

durch Licht erhellt wird. Alles religiös, narrativ oder schlicht ästhetisch bedeutsame Licht bei Hesiod ist Licht im Dunkeln. Nicht die Sonne, das Tageslicht oder der Äther sind wichtig, sondern Feuer und Blitz, die nicht nur scheinbar ihr Umfeld verdunkeln (Blendung), sondern de facto im Dunkeln erst erscheinen (meistens aus der Unterwelt; des Zeus Blitz geht mit der Verdunkelung des Gewitters einher).

Das liegt nicht an der Mangelhaftigkeit der künstlichen Beleuchtung, denn es gibt ja Sonne und Tageshelle, sondern daran, dass bereits vorarchaisch eine ästhetische Affinität für das Helle im Dunkeln (statt für das Dunkle im Hellen) sozusagen auf der Lauer der Latenz lag. Dies aber muss als Spiegelung der inneren Nacht aufgefasst werden. Selbst das Sehen, nicht nur die Vorstellung, wurde als Heraustreten von Licht aus etwas Dunklem aufgefasst.[715] Auch dies aber war natürlich die Vorstellung vom Sehen. Vorstellung und Sehen sind so lange nicht getrennt in der Vorstellung, solange nicht der Zweifel die Möglichkeit ‹einräumt› (ein neuer Raum), dass etwas vermeintlich gesehen wird, das möglicherweise nicht *ist.* Das impliziert eine Rückbeugung des vermeintlichen Sehstrahls zum strahlenden Wesen, die wir als eine Art Reflektion ansehen müssen. Vorstellung als Vorstellung ist immer reflektiert.[716]

Nicht nur die vorherige Verdunkelung in der Tartaros-Ansicht ist eine wichtige Initiation in dieses Theater, sondern auch die dort geübte Veränderung des Blicks auf etwas als auf ein Bild. Indem etwas als ein Bild erkannt wird, reißt ein (fesselndes) Band zwischen Bild und Blick, eine (innere) Distanzierung macht sich geltend, die ästhetisch gezielt benutzt werden kann zur Herstellung von Ferne gegenüber dem Angeschauten, ja zur ‹Entfernung› der Götter.[717] Die Mittel dieser ästhetischen Strategie

715 Vgl. Gérard Simon: Der Blick, das Sein und die Erscheinung in der antiken Optik. München 1992.

716 Das gilt nicht nur im Wahrheits-Fall der Sehstrahl-Konzeption; für diese ist die Reflektion allerdings im literalen Sinne wahr. Aber auch im Fall dominant rezeptiver Theorien des Sehens gilt immerhin der bildliche Sinn von Reflektion: Aufmerksamkeit, thematische Relevanz etc., alles was zum Richtungsimpuls von Sehen (Blicken) und Vorstellen gehört, wird erst durch bewusstes Vorstellen vom Augenschein abgekoppelt oder dem Sichtbaren entgegengehalten oder wird dem enttäuschten Blick erst nachträglich als Vorspiegelung bewusst.

717 Die größte Bedeutung haben *materielle* Bilder in der früharchaischen Dichtung bei Homer und Hesiod als *Darstellung* unerkannter Trugbilder, aus gött-

könnten von der bewussten Äußerlichkeit der Darstellung eines Spektakels reichen bis zur symmetrischen Entfernung und Spaltung der Herrschaftsräume oben und unten jenseits der Erde in Olymp und Tartaros. Jedenfalls wird mit der nächtlichen Ästhetik des typhonischen Feuerwerks nicht nur der Kosmos vervollständigt, sondern eine Ästhetisierung visueller Elemente erreicht, die drittens einige theologische Implikationen und Weiterungen aufweist. Möglicherweise hat Hesiod selbst diese Implikationen nicht gesehen; doch für uns Nachfahren seit der vorsokratischen Philosophie, die die grundlegende Abstraktion von den Phänomenen suchte, ist das vielleicht eines der wichtigsten Erbgüter Hesiods: die Ordnung der Welt aus dem Imaginären. Mit der Imagination all des von Hesiod Fingierten findet eine Entrückung der Götter vom Menschlichen statt, die das Göttliche stärker als Objekt der metaphorischen bzw. symbolischen Anschauung begreift und das Menschliche stärker auf das *Medium* dieser Anschauung verlagert. So gesehen werden die griechischen Götter von Partnern im *Gabentausch* zu *Kunstgöttern*, lange vor der Emanzipation der Bildenden Kunst von den Göttern. So gesehen liegt uns der Tartaros II, ins Unheimliche verstellter Spiegel unserer inneren Nacht, näher als der Olymp, wenn er uns auch weniger liegen mag.

Der ästhetische Eigensinn Hesiods kommt nicht nur in der tartaresken Schattenwelt zum Ausdruck, sondern auch in seiner göttlichen Personalpolitik (dazu weiter unten) und in kompositorischen Techniken. Gerade durch die anscheinend stärkere Abgehobenheit der Hesiodischen Götterwelt, die nur durch die Nachtgewächse und die Prometheus Geschichte mit Menschen zu tun hat, wird der Bedarf nach einer Systematik der Götter-Angelegenheiten geweckt – und in gesteigertem Maße *ästhetisch* befriedigt. Die interne Differenzierung von Göttergenerationen nach ästhetischen und zunehmend moralischen Kriterien ‹veredelt› auch die menschliche Ambivalenz gegenüber den Göttern. Außer dem Siegeszug eines gerechteren Gottes (Zeus) ist die Integration von Schreck-Phantasien in die Götterwelt (zum Beispiel bei den Nachkommen der Titanen) ein wichtiges ästhetisches Feld. Sie gibt der produktiven wie reproduktiven Imagina-

licher Rachsucht bei Hesiod, vgl. den Pandora-Mythos (Th. 581–84), bei Homer als verwirrendes Spiel zwischen Vorstellung wirklicher Szenen als wahrgenommener und der Vorstellung wirklich dargestellter Szenen als wirklich wahrgenommener (vgl. Homers Schildbeschreibung).

tion größere Gestaltungsmittel in die Hand, besonders deshalb, weil etwa die Hässlichkeit von Monstern nicht zwingend das Ergebnis moralischer Schlechtigkeit und Schauder keine reine Abwehrreaktion mehr ist.

Die gesteigerte emotionale Beanspruchung muss gleichzeitig flexibler werden als das ritualisierte Freund-Feind-Denken. Der ästhetische Eigensinn in der Hesiodischen Komposition ist besonders in der Einbettungs- oder Rahmungstechnik des Tartaros-‹Idylls› auffällig geworden. Es soll aber auch noch einmal an die fast manieristisch anmutende Suche nach dem richtigen Anfang erinnert werden, der dann ironischer Weise im Chaos endlich gefunden wurde. Die Staffelung der Anfänge ist wiederum mit dem expliziten Musenprogramm und der impliziten Widersprüchlichkeit der Behauptungen verbunden, einerseits sagten die Musen Wahrheit, mit Lüge gemischt, andererseits sage Hesiod die Wahrheit (die von den Aussagen der Musen abweicht). Die Übung in Widerspruchstoleranz im Spiel zwischen Erinnerung und Vergessen ist ein genuin ästhetisches Programm. Nach von Schirnding (S. 236) bedeutet der Name *Muse* ursprünglich so etwas wie ‹Nachsinnen›, ‹Erinnern›. Das Vergessen aber ist ebenso notwendig für die mit der Erinnerung (und mit anderen, unliebsamen Erinnerun*gen*) eventuell konkurrierende Wahrnehmung eines gegenwärtigen musischen Vortrags.

Der besondere Status von Tartaros II als einer nicht nur ästhetischen Zwischenwelt diesseits aller Jenseiten, aber auch jenseits der planen, sozusagen einflächigen oberirdischen Wirklichkeit besteht in seiner Spannung zwischen Leben und Tod (ähnlich wie im Nachtbereich der Nyx). Die existenzielle Bedeutung dieses Gefildes (bei zugleich irrealer Anmutung) bleibt, ebenso wie das Geschlecht der Nyx zuvor, als ein Widerlager zum eigentlich *theo*gonischen Gedankengebäude erhalten. Doch während sich beim Katalog der Nacht durch all die Probleme unterschiedlicher Abstraktions- und Metaphorisierungsformen hindurch das Schwergewicht auf die sozialen Verstrickungen der Existenz und den Ruf nach gerechter Ordnung verlagerte, spielt – neben allen Variationen von Strafe und ‹Verbannung› – im Tartaros die Einheit des imaginären Raums die Hauptrolle. Zwischen Tod und Leben konstituiert sich die Bildlichkeit als ein notwendiges (und im musischen Heilsplan des Sängers: notwend*endes*) Verhältnis der im Abwesenden (im Nicht-Ort) anwesenden Subjekte zu Tod und Leben, die trotz der atmosphärischen Anwesenheit abwesend sind: die Bildlichkeit ist imaginär und phantastisch. Die Nachtansicht ‹tangiert› hier, wo alles sich berührt (Th. 738), stärker die Einbildungskraft, als es die doch auch bilderreichen Kampfszenen vorher und nachher tun.

Dieser zum ersten Mal in der griechischen Literatur so geschlossene und sich aufladende Raum der Unterwelt ist voller Nacht, Unheimlichkeit und ambivalenter (Un-)Wirklichkeit als eines ästhetischen Verweisungszusammenhangs: Da ist die Leere zwischen den Häusern, die Verschlossenheit der Tore, die entstellte Wiederkehr traumatischer Anfänge des Klaffens und Gähnens, das zerrissene und getarnte Gleichnis, das wie ein Vorhang den Wasserfall des Styx umgibt. Hier ahnt der Zuhörer, hier spürt der imaginär Zuschauende: Es ist mehr da, als er sieht. Hier sieht er ständig mehr, als da ist (zum Beispiel während der Vorstellung von Kerberos ist er ganz kurz jenseits der Mauer). Während der ganzen Zeit des Vortrags bzw. der Lektüre hat ein System von Übertragungen materiell visueller Aspekte (Text als Bildoberfläche, der Sänger als Figur der Musen, Verdeckungsanalogien zu Stoff) und ritueller Aspekte (Formelwiederholung, Motivwiederholung, Klangmuster etc.) auf die Ebene der musikalisch theatralen Vision einen ‹Durchzug› im Bildraum bewirkt, den man *Atmosphäre* nennen könnte. Ganz kleine, feinstoffliche Teile sind wie Dunst in dem Raum hängen geblieben, der aus dem totum der *Berührungen* von allem mit allem, nämlich der Elemente und der Stadien einer zyklischen Zeitlichkeit, entstanden ist.

Neben der allgemeinen nachtästhetischen Bedeutung von Tartaros II scheint eine besondere in der Evokation eines Leibphantasmas zu liegen, die ein imaginäres Gegenüber auftauchen lässt. Die Vorstellung folgt dem Sturz der Titanen, und als ‹Gesicht› taucht Tartaros II aus dem Leibphantasma von Tartaros I hervor. Während es einem nicht so abgebrühten Zuhörer, wie wir es heutzutage gemeinhin sind, den Hals zuschnürt ‹angesichts› der Nacht, in die ihn der Gesang stürzt, wird auch dessen gefühlter Leib in dem Sinne sackartig, dass er inwärtig seiner Beklemmung eine ‹unendliche› Taubheit sich ausbreiten fühlt wie einen leeren Raum. Tartaros II, wie ausgestoßen vor dem Schlund, dem Modergemach, dem klaffenden Sack des nachtgewürgten Tartaros I – dieser Tartaros II ‹spiegelt› im Auftauchen die entgegengesetzte Bewegung der Phantasie der Zuhörer auf sie: ‹zurück›.

Zugleich überblendet dieses Nachtbild als ein Gesicht oder eine Maske die Ansicht des Sängers, aus dem ja (unsichtbar) die Musen sprechen. Wie im Palimpsest oder im Vexierbild kann freilich die alte Ansicht des Sängers unter der Nachtlandschaftsvorstellung (oder der vorgestellten Nachtlandschaft) wieder hervorleuchten, wenn das Stichwort Chaos an den Anfang der Theogonie erinnert. Doch es genügt die *Ahnung* des Entgegenkommens der Bilder (im Vehikel des singenden Leibs), um die *Dichte* der Atmosphäre zur ‹Betroffenheit› zu steigern. Es gibt einen von der «Theogonie» inszenierten phantasmageschichtlichen Zusammenhang, in welchem das jeweilige Subjekt bei der Imagination einer theogonischen Figur, während es vom eigenen Leib ‹absieht›, einen Phantomleib erschafft. Das Chaos des Anfangs ist ein solcher Phantomleib. Am Wandel der fiktiven Gestalten geht es dem Hörer, unabhängig davon, ob die einzelnen Gestalten mythologisch oder rituell viel miteinander zu tun haben, um das kontinuierliche Schicksal dieses Leibphantasmas, dieser imaginär in der Entäußerung entstandenen Körper, die zugleich fremd, ja befremdlich sind und ein Teil des eigenen ‹hingerissenen› Leibs sind. Und letztlich geht es ihm in der Lösung der Spannung um seine Wiederherstellung inklusive seiner ihn von sich selbst trennenden Ansichten. Es geht um den (wieder) auftauchenden Leib, um die Integration des dunklen Hintergrundes mit dem davorgestellten Gesicht in der Nacht, um die ‹Erinnerung› dieses Duos in Spiegelumkehr.

Der Tartaros II ist nicht nur ein die Vorstellung faszinierendes Bild, sondern auch ein Spiegelbild des gelebten Imaginären. Dieser Versammlungsort der Metaphern und Gleichnisse, den Empedokles in den Raum der Seelenwanderung verwandelt hat (Kirk, S. 348), wo die Hoffnung auf die menschliche Rückverwandlung in einen Gott wohnt, dieser Ort zwischen allem, wo Anfang und Ende sich berühren und alle Flüsse, Empedokles würde sagen: Wahrnehmungskanäle, zusammenkommen und sich wieder teilen[718]: Dieser dunkle innere Ort im Leib repräsentiert in Zeitumkehr und Übertragung ‹entstellte› innere Nacht: vergessene Erinnerung: *Ahnung*. Die Nachbarschaft von Rand und Zentrum, Anfang und Ende, Keim und Verfall spiegelt den unüberwindbaren Abgrund der Phantasie, die bei jedem Auftauchen sowohl Erinnerung als auch Erwartung ist und deshalb zugleich zukunftszugewandt und rückwärtsgewandt ist. Nur im

718 Alle Elemente sind hier in Metaphern der Quelle und der Mündung vorgestellt (Th. 736–38).

Spiegelbild ist diese Ansicht, wie die der Medusa, anschaubar – und schon differenziert sie sich *im* Zuschauer durch die Quasi-Handlung der Selbstübertragung an diesen Ort und durch die bildartige Räumlichkeit, die durch die Performation des Lesers, aber auch des Hörers erreicht war. Dieser Raum ist kein Ur-Raum, sondern ein relativ später Spiegel-Fokus, der die Auseinander-Entwicklung der Raum- und Zeit-Künste aus dem Imaginären zeigt. (Von hier aus verzweigen sich Bild- und Sprachkünste.) Das Imaginäre aber zeigt sich als Letztes, weil es der entfernteste und älteste Stern am Nachthimmel unserer Vorstellungskraft ist. Hierin besteht eine Gemeinsamkeit zwischen Flechtwerk und Nachthäusern, zwischen dem Nacht-Stoff-Paradigma und dem Nacht-Panorama-Paradigma: Das konfrontativ Begegnende und das löcherig Durchbrochene an der Schwelle zwischen Sichtbarkeit und Unsichtbarkeit sind ein Memorandum des Traumas der Trennung von Innen und Außen.

Solche Sichtweise scheint ohne Halt zu sein an dem, was man über die früharchaische Zeit zu wissen und sagen zu dürfen glaubt. Doch wenn man diesen Zusammenhang – *die Geschichte des Leibphantasmas* beim Hören und Lesen der «Theogonie», die einen *erhebt* aus dem Tartaros – vergleicht mit der kontingenten Geschichte der mythischen Stoffe in diesem Gesang, mit dem seltsamen Wechsel zwischen Katalog, ‹spannender› Handlung und *weitläufiger* Szenerie, so wird man all die disparaten, ja widersprüchlichen Geschichten[719] als die *eine* kohärente Geschichte der Einbildung erkennen, als die sie Hesiod geahnt oder geplant hat. All die Götter und kolossalen Phantasieleiber gehen einbildungsgeschichtlich auf *eine* Geschichte zurück: die Geschichte von Sänger und Hörer als zwei sich gegenüberstehenden leibhaftigen Dunkelheiten – aus der Sicht des Zuhörers. Die Phantasie des Hörers erkennt etwas im entgegenkommenden Bild wieder (nicht direkt, sondern als hinter dem Sichtbaren liegend, oder entstellt, beziehungsweise: un-heimlich), angereichert durch das autochthon Fremde am Leihkörper des Sängers und den Leibvehikeln der bekannten Gestalten.

719 Das gilt besonders für die wiederkehrenden Gestalten und Motive wie Nacht und Tartaros, die zum Teil ja auch einander widersprechende Abstammungen behaupten (wie bei den Moiren). Gerade die wiederkehrenden Gestalten und Motive zeichnen sich durch einen deutlicheren Grad an Leib- und Raum-Repräsentanzen aus.

Manchem in der Philosophiegeschichte Bewanderten mag dies wie eine phantastische Konstruktion aus dem Geist der *Bewusstseinsgestalten* in der Hegelschen Phänomenologie erscheinen. Deshalb seien gleich zwei Unterschiede hervorgehoben: Hesiods Anspruch geht nicht so weit wie der Hegelsche nach dem Absoluten Wissen; bleiben doch bei ihm zwei Instanzen erhalten (der Sänger und die Musen), und die Scheidung von Wahrheit und Trug bleibt problematisch. Vielmehr konzentriert sich Hesiod bei der Schau eines entstehenden Kosmos stärker einbildungsgeschichtlich auf die Trennung von Körper, Raum und Bild in der Vorstellung und auf die (Wieder-)Herstellung ihrer bereicherten Integrität via innerer Erfahrung als äußerer und äußerer Erfahrung als innerer. Der zweite Unterschied besteht, nein bestand, in der nicht nur inner-, sondern auch *inter*leiblichen Situation des mündlichen Vortrags. Das jeweilige Jetzt der Vortragssituation vernetzt auf vielfältige Weise das Was des Gehörten mit Aspekten der medialen Gegenwart, die das eigene Hören in Zustände der *Resonanz, Harmonik* und *Dissonanz* bringen können.

Da ist zum Beispiel das mit dem Chaos und den Musen ins Spiel gebrachte Luftthema, das zugleich für die mediale Gegenwart von Sänger und Hörer (*atemlos* lauschend) relevant ist. Das erste Ringen um Atem mag vorzeiten bei Sängern und Hörern (sowie Lesern) ein gleiches Geburtstrauma hinterlassen haben, eine vorkulturelle Einschreibung in den Körper, die immer, wenn der Atem stockt, spurhaft zu spüren ist. Doch die unterschiedlichen Kulturen der ‹Inspiration› – und ihrer Darstellung – kultivieren eine Ferne, fern von Angst, und eine einräumende Weite, für fremden Geist / Wind / Atem; diese Handlungen sind einer hörenden Phantasie die Geburtshelfer, die zum Durchbruch der Vorstellungen eher dadurch verhelfen, dass sie den Hörer den anschaulichen Sänger gegenüber erst einmal vergessen lassen.

Der Hörer verhält sich ja gegen seine eigene Anschauung des Sängers blind, wenn er die Musen aus ihm sprechen hört.[720] Erst in der Blindheit und getragen vom fremden Atem, kommt die Vision. Parallel zu diesem Geschehen verbildlicht die sogenannte Handlung auch die Geschichte von Atem und Einbildung: Titanomachie – Tartarosvision – Typhonoma-

720 Das ist wahrscheinlich keine Façon de parler, obwohl die Musenanbetung rituell ist. Denn die Vortragssituation von Sängerwettstreiten im 7. Jahrhundert ist in einem für uns nicht mehr nachvollziehbaren Ausmaß eine Ausnahmesituation.

chie handeln von Atemlosigkeiten des Kampfes (696–707) – von der Atemlosigkeit der Gebanntheit vor Bildern von gebannten Lügnern (Styx) – von den nutzlosen Winden des besiegten Artisten Typhoeus (872). Schließlich ergibt sich gemeinsames Aufatmen im stetigen Wind, der die Hexameter herüberbringt, in denen Zeus die Ordnung der Welt festigt (881). Das Luftthema stand aber ebenso, wie schon erläutert, in Analogie zur Entwicklung einer zunächst ‹stotternden› Erzählung schon nach dem Anfang mit Chaos, als die Chaos-Linie und die Gaia-Linie miteinander verschlungen waren.

All die Geschichten von Chaos, Nacht und Unterwelt, die phantasmatisch aufgeladen sind als Geschichten um den Erhalt eines *körperlich* bestimmten Selbst (Trennung von Gaia und Uranos, Kampf gegen Nachkommen und um das eigene Hervorkommen), sind ‹verknüpft› mit kompositorischen ‹Lösungen›: Dem Zuhörer waren das neue, seltsame ‹Knoten›, wie eben die Verknüpfung von Sukzessionsmythen mit narrativer Sukzession zeigt. Beide Weisen der *Folge* aber wurzeln in einem Phantasma des ‹Fort›, dem Zusehen, dass man Land gewinnt, eine ‹Regung›, die wohl allen menschlichen Lebewesen eigen ist. Ohne nun die ganze «Theogonie» noch einmal erzählen zu wollen, seien drei solcher Akzentverlagerungen angesprochen, die sich aus der phantasiegeschichtlich akzentuierten Lektüre ergeben.

1. Die Affinität zur erzählerischen Sukzession wie auch das Ringen um Abstand und Übersicht aus einheitlicher Perspektive im Bereich der Nacht-Macht könnte einem quasi Fluchtreflex folgen, der vom Dichter beim Zuhörer provoziert wird durch Dissonanzgefühle gegenüber unklaren Verhältnissen. Der Verschlingung von leiblichen und sozialen Aspekten der Existenz (Träume und Privilegien), Begierde und Moral (‹Umarmung› und ‹Täuschung›) entspricht das Schwanken zwischen abstrakter und bildlicher Bedeutung. Phantasmageschichtlich ist weniger wichtig, ob und inwiefern alle Kinder der Nacht böse sind, sondern, dass dahinter ein im Dunkeln wurzelnder Zusammenhang fremd und feindlich oder zweifelhaft ist. Die kulturhistorisch durchgängig feststellbare Dämonisierung der Nacht könnte mit der Verdrängung einer Art von Spiegelerfahrung zusammenhängen.

Das Zurückgehen auf die dunkle Ursache dieser scheinbar disparaten, oft bizarr isolierten, mal von innen, mal von außen gesehenen Phänomene der Nacht ist verhasst, weil es die innere Nacht aufweisen könnte, die bedrohlich chaotisch scheint; sodass nur durch Ordnung im hellen Außerhalb des Leibes dieser selbst integrierend wirken kann. An der Metapher der *Verdrängung* ist noch eine Spur der Leibhaftigkeit der vergangenen Erfahrung ablesbar. Was im Mythos des Titanenkampfes in die Unterwelt verbannt wird, ist die Verbildlichung einer *psychischen* Verdrängung in etwas Verworfenes, Unterworfenes, ‹Tot›-Körperliches innen und unten und dunkel, über das die Aufmerksamkeit hinaus- und hinwegsieht auf die Welt des Bewusstseins. Mit dieser Loslösung ist auch literal-körperlich etwas aufgegeben. – Aber die öffentliche Rezitation des Titanenkampfes, die verobjektivierte Darstellung der (symbolischen) Titanen-Verdrängung ist eben das Gegenteil von Verdrängung im Prozess des Zuhörens (und im geringeren Ausmaß auch des Lesens). Das szenische Spiel, wenn es auch nur vorgestellt ist, geht eher in Richtung einer ‹Austreibung›, einer Katharsis oder eines symbolischen Rollenspiels. Um den Wert dieser sozusagen nachtästhetischen Anamnese beurteilen zu können, benötigten wir allerdings eine bei weitem unseren Rahmen der Erörterung sprengende Empirie (über die damalige Aufführungspraxis, Aufmerksamkeitsregulierung und den gesamten kulturellen Kontext).

2. Dem Ringen um körperliche Integrität und Souveränität des Hörenden (und, vielleicht weniger intensiv: des Lesenden) entspricht nicht nur der Held Zeus in seiner kindlichen Schutzwürdigkeit, seinen Kämpfen und seiner wohltätigen Herrschaft, sondern auch der von den Musen ‹angehauene› und inspirierte Erzähler, der die Zuhörer einem Wechselbad aus einschläferndem Katalog und spannendem Kampf aussetzt. Das Bild des Gottes und die Fahrt der Vorstellung zu ihm laden ein zur Identifikation mit ihm. Jenseits der traditionell-rituellen Leier des Katalogs schließt der Rhythmus von Aktion – Vision – Aktion in der Folge von Titanomachie, Tartaros II-Passage und Typhonomachie die traumatisierende Ansicht (das Deckbild älterer Traumata?) heilsam in den Erzählkörper ein.

3. Unter und nach diesen Kämpfen entmischen sich Körper und Raum Bilder, zunächst noch ambivalent in der Ansicht auf Tartaros II, positiv in der Raumordnung des «weithin blickende[n]» olympischen Königs (884)[721]. Tartaros aber wird als Phantom des dem Leib entrissenen Raums

721 Ein Herrscher mit Weitblick und kluger Voraussicht kennt dennoch zur Zeit Hesiods kein besseres Mittel als die Einverleibung, wie sich am Verschlucken

geahnt. Wir sind Gaia[722]; Tartaros ist unsere entrissene innere Nacht, uns zugewandt durch seine eiserne Bedeckung, die den Grund von Tartaros II bildet. Tartaros II aber ist eine Maske vor dem entferntesten Abgrund, der denkbar ist, vor unserer inneren Nacht. Diese Maske taucht hinter der Maske des Sängers – aber vor unserem vorstellenden Auge – auf, hinter dem die Nacht der Phantasie haust, ihr Haus hat.

Mit seiner Tartaros-Darstellung führt Hesiod uns in einen musisch legitimierten erzählten Bilderraum ein, der ein phantastischer Nachtraum ist und zugleich ein Modell für spätere materielle Bilder. Auf den ersten Blick erkennt man zwar nicht viel mehr als Häuser. Aber ‹Haus› ist ein *Sprach*bild für ‹Bereich› – mit einem zugleich inneren und äußeren Aspekt. Eigentlich ist der ganze Kosmos in Häusern organisiert (von denen noch Reste in der heutigen Astrologie übriggeblieben sind). Doch ist bei ‹Haus› in der Archaik immer auch der zeitliche, nämlich der genealogische Faden mitzubedenken, der im Innern von den Moiren zugeteilt wird. – Das Haus aber nun, das reale, das vorgestellte und damit auch das wieder realisierbare, kann als Topos der Landschaft gar nicht überschätzt werden: Das gilt besonders für die Bilddialektik von Sichtbarem und Unsichtbaren – und damit auch für die Selbstthematisierung etwa der Malerei.[723]

Da diese ‹Gebilde› sowohl die Landschaft symbolisieren, indem sie metonymisch ein Pars pro toto der Körperumgebung sind, als auch den ganzen Leib (Seele inklusive), mit seiner extremen Spannung zwischen In-

der mit Athena schwangeren Metis (888) zeigt, einer Variation der bewährten titanischen Hauspolitik. Hier zeigt sich die Verbindung der kulturellen Leibdominanz im sozialen Raum mit der Genealogie mythischer Figuren als ein Bild des Vorgangs zwischen dem Sänger Hesiod, der die Musen verschlungen hat, und den Zuhörern, die dessen TheoGenealogie verschlingen.

722 «Die Menschheit stammt nach der großen mythologischen Tradition der Griechen ebenso von der Erdmutter Gaia ab wie die Götter.» Kerényi: Urbilder, S. 189. Hesiod selbst weicht von dieser Tradition jedoch ab.

723 Dass die perspektivischen Experimente der Frührenaissance in Häuserfluchten geradezu ertrinken, ist nicht nur das Ergebnis einer Vernachlässigung der freien Landschaft zugunsten der einfachen Linearperspektive, sondern auch eine Option für das Haus als Schwelle zwischen dem Sichtbaren und dem Unsichtbaren.

tentionalität und Extension darstellen[724], eignet sich diese Kreuzung hervorragend zur Kreuzung der Eigenschaften von Leib und Raum sowie von Innen und Außen. Ein Haus ist innen dunkler als außen, so auch der Leib und die Landschaft (die in der früharchaischen griechischen Auffassung immer eine Unterwelt hat). Bei diesem Unsichtbaren aber, das nicht da zu sein *scheint*, aber gerade im Nicht-Schein umso wesentlicher ‹anwest›, indem es durch die Bipolarität des Phänomens aufgerufen wird, bei diesem Unsichtbaren hebt eben die Imagination an, sich zu regen. Sie kommt immer dann aus ihrem dunklen Haus, wenn das Sichtbare gerade verschwindet. Sichtbares / Unsichtbares, Hell / Dunkel und Innen / Außen werden aber nun bei der Initiation dieses poetischen Mystagogen Hesiod in den Tartaros derartig verwirbelt, dass *in* diesem Zwielicht von Innen und Außen (Tartaros II) Häuser stehen, die die Zwielichtigkeit des Leibes und dieses Raumes wiederholen, steigern und symbolisieren.

Nun sind die psychischen Qualitäten von Innen und Außen keineswegs so austauschbar, wie es der Vorstellungsmaler Hesiod behauptet. Von innen ist Haus die Hülle um Intimes, ‹Heimliches›, Eingeräumtes. Von außen zeigt Haus die Grenze, die Souveränität, den Machtbereich von etwas an. Wenn die Häuser von außen gezeigt werden, aber als in einem Innenraum stehend (Unterwelt Gaias, Zwischenraum zwischen Tartaros und Erde usw.), und wenn dieser Innenraum im nächsten oder vorigen Augenblick wiederum der Außenraum (dreifache Halskrause der Nacht) um einen gigantisch großen Innenraum ist, der sich als der innere Teil eines Leibes erweist (des Gottes Tartaros), dann wird die Räumlichkeit eben un‹heim›lich. Und wenn die Vorstellung durch diese Volten sich einmal als unbehaust erwiesen hat, so zeigt sich die Imagination eben, bloßgestellt, als Innen eines leiblichen Gehäuses. Oder: Der

724 Siehe die Haus-Metaphorik bei Freud, die paradox ist. Sein Drei-Instanzen-Haus ist die *eigene* Leib-Seele, auch wenn das Ich nicht mehr Herr im eigenen Hause ist. (Vorlesungen zur Einführung in die Psychoanalyse. In: Studienausgabe. Bd. 1, Frankfurt 1969, S. 284) Sodann ist aber kulturpsychologisch das «Wohnhaus ein Ersatz für den Mutterleib». (S. Freud: Das Unbehagen in der Kultur. In: Studienausgabe. Bd. 9 Frankfurt 1969, S. 221) Mag die Mutter das / die Vertrauteste der Welt sein: Die Idee des Einwohnens in einer Andern geht die entgegengesetzte Richtung wie die des Hauswarts, der hinausschaut aus dem Haus, das sich der Außenwelt erst als Ganzes zeigt. Das Paradox der Hausmetapher entspricht vorzüglich dem Paradox des ‹ganzen Leibes›.

Tartaros selbst ist der Seelenraum. Spätere Vorstellungen von einer unsterblichen, weil eben umherziehenden *Seele* werden sich besonders an der ‹heroentischen› Qualität des Tartaros entzünden, wenn sie diese ‹luftartig› nennen[725], ja, wenn Pherekydes vom «Tartarosteil» (tartarie moira) spricht.[726]

Angesichts dieser ‹Eigenheime› kann man also ‹Unheimliches› sehen, weil Intimes oder bislang Unbekanntes Inneres als verstelltes Inneres des Hauskörpers geahnt werden kann. Dieses nicht ganz Geheure im Haus wird im Deutschen gerne mit dem Verb *hausen* umschrieben, denn besonders ‹finstere› Mächte wie Styx (775), Monster und schlechte Menschen (Wilde, Räuber, Barbaren) hausen. Der ‹Untergang des Hauses Usher› von Edgar Allan Poe wird ebenso ahnungsvoll in der ersten Ansicht desselben vorgezeichnet, wie es bei all den düsteren Hausansichten im Horrorgenre Konvention ist. Selbstverständlich sind das alles verschiedene kulturelle Kontexte, in denen Barbaren hausen, Dynastien stammsitzen usw. Aber an allen Häusern hat das Haus als Metapher des Leibes sozusagen mitgebaut. Die Rede vom Haus ist ab 1900 salon-, ja kneipenfähig geworden mit dem Topos des Ich als zweifelhaftem Herrn in seinem Hause, den aber nicht erst Freud erfunden hat.[727] – Die Häuser in Hesiods Nachtlandschaft sind ein weiteres Indiz für die Richtigkeit der Behauptung, der phantastische Nachtraum der Theogonie sei ein Spiegelbild der phantasierenden Seele. Es könnte sein, dass Hesiod mit der Übertragung und Verwandlung stoffbetonter Masken- und Verhüllungsästhetiken in die schwarzgrundige An-

725 Vgl. Kalogerakos: Seele, S. 60.

726 Vgl. ebd., S. 370.

727 Martin Stingelin gibt in der FAZ vom 7. 10. 2003 (S. L 38) S. Goldmanns Entdeckung weiter, dass der Gedanke, «dass das Ich nicht Herr sei in seinem eigenen Haus», schon 1875 vom Theologen F. W. Hildebrandt in der Frage Ausdruck fand, «wer denn eigentlich der Herr sei in unserm Hause». – Freud selbst hat allerdings die dunklen Geheimnisse der Seele originell in ein neues Haus verpackt, nämlich in das Haus, in welchem er den Gedanken vom Traum als Wunscherfüllung zuerst geträumt hat. Das Haus heißt pikanterweise ‹Bellevue›. «Glaubst Du eigentlich», schrieb er nach seiner dortigen Initiation an seinen Freund Fließ, «dass an dem Haus dereinst auf einer Marmortafel zu lesen sein wird: ‹Hier enthüllte sich am 24. Juli dem Dr. Sigm. Freud das Geheimnis des Traumes›?» Zitiert nach Lorenz Jäger: Das Mundhöhlengleichnis. In: FAZ, 8. 10. 2003.

sicht von Tartaros II an, über, vor, außerhalb von Tartaros I ein wichtiger Wegbereiter der archaischen Nachtbildästhetik geworden ist, die sich besonders sinnfällig in der nach Hesiod einsetzenden Vasenkultur großartig entwickelt. Aber auch die Entwicklung der Mysterien-Ästhetik mit ihren Installationen und Erscheinungen (Phasmen) in dunklen Räumen könnte von Hesiods Tartaros beeinflusst worden sein, obwohl das hierfür einschlägige Götterpersonal (Demeter, Dionysos, Kybele) – außer Nyx (!) bei Hesiod keine große Rolle gespielt hat.

Die Differenz des Ästhetischen zu Magie und Halluzination

Die Wirkung von Hesiods Nyx- und Tartaros-Darstellung wird auch andernorts «unheimlich» genannt.[728] Ein entsprechend sprechendes Wort mit dem schönen Doppelsinn des eingeschlossenen Heimlichen kennt die «Theogonie» nicht. Aber gerade an der Schwelle zwischen Tartaros I und II (739–745) häufen sich die Umschreibungen (*deinon, stygeon und argaleos*) – und zwar an *oikos* und *teras*, an Haus und Bild. In der Tat ist der Bildcharakter von *teras* ganz entscheidend für jene Abscheulichkeit, die unheimlich ist. Die Bildlichkeit ist aber wesentlich nicht dadurch gekennzeichnet, dass sie *aussieht wie* (etwas anderes), sondern dass sie sich auf das Davor und das Dahinter bezieht: Dass sie *vor* etwas gestellt ist, das so grässlich ist, dass es unsichtbar sein muss, oder das auf eine so grässliche Weise unsichtbar ist, dass etwas Grässliches davorgestellt werden muss: Das bezieht sich auf das hinter dem Bild Verhullte.

Doch der Zuschauer verhüllt damit zugleich den dunklen Spiegel der inneren Nacht; das Bildliche am unheimlichen Bild bezieht sich also auf den Zuschauer vor dem Bild (und auf dasjenige, was hinter seinem Blick existiert). Auch wenn dieses *teras* nicht unmittelbar die subjektive Angst visualisiert, sondern als ein Schreckbild der Götter oder ihr böses Vorzeichen aufgefasst wird, bezieht sich doch der Schrecken auf etwas Unsichtbares hinter dem Sichtbaren; es spricht einen Verweis aus und verändert so den Horizont des Sehens. Höhepunkt der Bilderfahrung: die paradoxe

728 Vgl. F. Graf: Griechische Mythologie. Düsseldorf und Zürich 1999, S. 82.

Offenbarung des Tabus: das Haus der finsteren Nacht, verhüllt durch blauschwarze Wolken (744).

Ein Bild zu sehen ist ästhetisch konstitutiv; es reißt notwendig den Raum auf und ab-gründet ihn im Akt der Bilderkenntnis neu. Dieser aufgerissene Raum repräsentiert die vorangegangene Fahrt oder den Sturz oder die bestürzende Erfahrung *zum* Bild in der Erfahrung der Ebenendifferenz: *Jedes* Bild, ob es die Wundererscheinung der Götter (das teras), ein materielles Götterbild (xoanon) oder ein ‹Sprach-Bild› ist: Jedes Bild ist zuallererst dadurch definiert, dass es ein Anderes ist. Dies ist kein Stück Holz, sondern ein Gott. Dies ist kein Hund, sondern ein zweideutiges Wort. Die *Erscheinung* des Adlers deutet auf das, woher er kommt. Der Riss der Ebenen-Differenz im Anschein ist aber zugleich nicht nur etwas, das in gewisser Weise den Raum (und/oder die Zeit) für die *Zwei*deutigkeit braucht, sondern auch etwas, das Distanz ‹einräumt›. Dieser Abstand ist freilich in verschiedenen Aspekten vorbereitet oder übertragen, etwa als Irrelevanz, Bedrohung, Unklarheit, Dunkelheit.

Die entscheidende Legitimation, diese Ebenen-Differenz als Raumspender anzusprechen, liegt aber darin, dass es eine Art Distanz nicht erst zwischen Objekt und Subjekt gibt, sondern *im* Subjekt zwischen den *Instanzen* der Wahrnehmung und der Vorstellung. Ebenen-Differenz am Bild zu erfahren ist eine Sache der aktivierten Instanzen-Differenz zwischen Wahrnehmung und Vorstellung. Wir können aber nicht anders denken, als dass die Vorstellung gegenüber der Wahrnehmung in einer Art innerleiblichem Rückraum residiert. Sobald wir eine Vorstellung von unserem Leib haben, haben wir ihn in den äußeren Raum unserer Wahrnehmungen gestellt, in welchem die Wahrnehmungsorgane äußerer und weiter vorne erscheinen müssen als das dunkle Innere, in dem wir die Differenz mit dem Anschein entdecken. Zwar können wir die Sinnlichkeit des äußeren Leibs gleichsam anästhesieren, einrollen in die Siebenmeilenstiefel der Vorstellung, die hinausjagt in die noch viel weitere Welt, als die sinnliche es ist, aber dann stülpen wir den Instanzenweg um, dann sehen wir kein Bild an, dann hören wir nicht zu.

Ein wichtiges Indiz dafür, dass es in diesem bildspendenden Dunkel von Tartaros II um die Verflechtung oder dialektische (ja sogar dialogische) Entwicklung von Leib und Raum, Körper und Ansicht geht, ist die Rolle der *Häuser* nächtlicher Gottheiten. Häuser sind besonders markante Körper im Raum, die innen Raum für menschliche Körper haben, denen dieser Raum wiederum außen ist, die aber außerhalb des Hauses ein Haus immer als ein mögliches Innen wahrnehmen, das ihrem dunklen Innen ähnelt und eignet.

Diese Häuser aber bilden nun wiederum eine äußere Banlieue um den Riesen-Leib des Tartaros. Ob es nun ein *domos* ist, wie für Styx (777) und Hades (767) oder *oikos/oikia*, wie für Nyx (756 und 744): Sie stehen *im* Tartarus und umgürten zugleich seinen Schlund. Dies das grässliche Bild. Alle weiteren Eigenschaften der Häuser bestätigen: Es geht um die ständige Verwirbelung von Innen und Außen. Als der Zuschauer von den schrecklichen Stürmen und Wirbeln in Richtung Tartaros (I) und hinein in Tartaros (II) geschleudert wird, ist das erste Bild nach jener Landung, die mit dem Wort Bild (*teras*) bezeichnet wird, eben das *Haus* der Nacht, vor welchem, aus welchem, es ja nun wirklich täglich/nächtlich ein und aus geht. Die Hervorhebung der Schwellen und Eingangsbereiche bestätigt: Um das dunkle Außen im Innen, um das dunkle Innen im Außen geht es bei den Bildern.

Die Welt-Innen-Nacht hinter Tartaros II ist nur deshalb so schrecklich, dass Tartaros II das Unheimliche der Lage repräsentieren kann, weil zwischen I und II *unserer* intentionalen Fahrt zum Bild etwas entgegenkommt, was daraus eine Heimfahrt macht. Die Visionen scheinen Kreuzungen spiegelbildlicher Bewegungen aus dem jeweils Dunklen ins Helle (weil Sichtbare) zu sein. Dass das Sichtbare eine Verstellung von Innerem ist – Hesiod hat es mit Apate, Prometheus, Pandora und schließlich Kerberos auf verschiedenen Abstraktions- und Verstellungsebenen thematisiert –, dürfen wir als projektive Umkehrung je eigener Erfahrung der Verstellung in potenziell jeder wirklichen ‹Äußerung› auch beim archaischen Menschen veranschlagen.

Diese Doppelbödigkeit der Erfahrung ist auch der Grund, auf den der Sänger die Hörer mit dem Versprechen verführt, Leid vergessen zu machen und wie ein Magier einen früheren Zustand wiederherzustellen. Er könnte aber lügen, wie die Musen selbst. Zugleich versprach er indessen eine ganz neue Wahrheit aus höherer und fremder Instanz, der man sich also, wenn man sie hören will, unterwerfen muss. Zwischen Zweifel und Hingabe hängt das Publikum an den Lippen des Sängers, während vor aller Augen sich ein Raum auftut, in dem erst Anfang und Ende sich berühren, dann ein Kommen und Gehen herrscht (Nyx und Hypnos), dann nur noch das Eingehen (in den Hades ohne Wiederkehr) droht und schließlich Lähmung (Styx). Diese interleibliche Dunkelheit im Medium der Vorstellung, die durch die ‹dunklen Inhalte› noch gesteigert wird, ist aber gerade wegen der in der Bewegung noch erhaltenen Differenz und zudem qua Verstellung zur *Un*heimlichkeit ein *ästhetisches* Phänomen. Das Befremden und das vorausgesetzte Wissen, Ahnen, Spüren, Fühlen der je eigenen Verstellung machen aus dem Unheimlichen eine ästhetische Kategorie. Diese Repräsentationen der Differenz, des nicht mit sich Identischen am Bild, unterscheiden das ‹Ästhetische› von der Fehlwahrnehmung, welche die Magie mit Selbstverständlichkeit manipuliert und welche die Halluzination in ihrer Selbstvergessenheit ignoriert.

Zwar wirkt eine ästhetische Strategie der *Befremdung* schon von Anfang der sich widersprechenden Anfänge an, zumindest seit dem Neuanfang mit Chaos. Zweideutigkeiten (etwa zwischen Körper und Raum) rissen schon hier den Horizont der Überlieferung auf und forderten eine Bereitschaft zur Realisierung der Metapher.[729] Doch in der imaginären Fahrt über den schwankenden Realitätsgrund der Nachtgestalten (Nyx und Kinder) hinaus ist dem Hörer und Leser mit Tartaros II ein wenn auch nur in der Vorstellung realisiertes einheitliches Bildmedium im ‹Rundgang›, eine ‹Enzyklopädie›, entstanden, die ihn mit den Zweideutigkeiten visueller Akte nebst Nachtseiten kon*frontiert* (ihm begegnet) – und *kon*frontiert (ihn mit einbezieht). Wenn der unvollständig überlieferte Corpus der «Theogonie» auch mit dem traditionellen Sieg des Olymps über die Nacht zu enden scheint, so hat er doch mit seiner elaborierten Atmosphäre der Nacht nachhaltig einen einbildungshistorischen Schatten von ‹Abendland› gen Westen geworfen, der sich vom ‹Gefühl für die Nacht› – der immer bevorstehenden und der immer schon gewesenen – nicht mehr wird lösen können.

Hesiods ästhetisch motivierte Nachtgötter-Variation

Neben des Sängers Schweigen über den ganzen Bereich nächtlicher magischer Handlungen und Vorstellungen sowie den Orakelbereich fällt die Einsilbigkeit über Göttinnen und Götter auf, die mit nächtlichen Kulten

729 Vgl. oben: Der Leib des Chaos.

zu tun haben: Demeter, Dionysos und Hermes und andere. Man könnte sich mit der Erklärung zufrieden geben, dass Hesiod keinen Kultführer, sondern eine Theogonie geschrieben hat. Doch einmal hat er sich selbst nicht daran gehalten (die Prometheus-, Nyx- und Tartaros II-Geschichten fallen aus dem theogonischen Handlungsschema heraus), zum anderen ähnelt sein Handlungsverlauf selbst einer Kulthandlung, sodass dahinter eine gewisse Wettbewerbssituation des Sängers gegenüber Orakeln oder anderen kultischen Traditionen denkbar scheint.[730]

Jedenfalls zeigen seine Auslassungen, Erweiterungen und Kombinationen am notorischen Nachtpersonal eine gewisse Zielstrebigkeit. Der Effekt ist immerhin der, dass alte kultische (und vielleicht lokal oder dynastisch begrenzte) Nachtkennzeichen wegfallen zugunsten einer subjektiven, aber verallgemeinernd wirkenden Rezeption von Evokation im Gesang und dem Einatmen seiner Atmosphäre. Die *Andro*gonie des Zuhörers, seine musische Heilung und zeitliche Vervollständigung, die Hesiod im Proömium in Aussicht gestellt hat, beabsichtigt schließlich mittels verinnerlichter Götter-Apotheose eine musische Kraftübertragung auf den Zuschauer als Halbgott. Die Handlung der Theogonie ist so als die Parabel ihrer Rezeption zu verstehen. Es geht mithin weniger um wahre Aussagen und Versöhnung mit den Göttern als um Atmen, Hören, Sehen und Vorstellen als Medium von erhebenden/erhabenen Erlebnissen.

Um zu zeigen, wie weit der Umbau am Nachtpersonal geht und wie sehr das mit der Förderung nächtlicher Visionen zu tun hat, sei auf *Hermes* und *Hekate* verwiesen. Für viele Philologen ist Hermes *der* Nachtgott der griechischen Religion gewesen.[731] Dieses Attribut ist allerdings erst *nach* Hesiod verbürgt, und zwar für seine Erscheinung als Führer durch die Nacht (Il. 24, 340) und als Führer in die Totenwelt. (Od. 24, 1) Als Götterbote, Musiker und begnadeter Lügner den Menschen im Allgemeinen sowie den Dichtern und Sängern im Besonderen recht nah, ist er vielfältig mit To-

730 In seiner Tartaros-Beschreibung hätte Hesiod allen Grund, der Göttin Persephone einige Hexameter zu widmen. Doch in Wahrheit bekommt der Hund Kerberos mehr Aufmerksamkeit als seine Herrin (Th. 769).

731 Vgl. K. Kerényi: Hermes der Seelenführer. In: Urbilder, S. 79; Otto: Götter, S. 147, sowie C. Ramnoux: La Nuit et les Enfants de la Nuit. Paris 1959, S. 155.

tenkult, nächtlichem Meuchelmord,[732] nächtlichem Diebstahl[733] und mit der Verführung ... zum Einverständnis ins eigene Ende verbunden (Od. 24). Doch Hesiod erwähnt nur seine Geburt (Th. 938) und seine Partnerschaft mit Hekate im Stall – während er deren Geschichte ausführlich erzählt. Hermes ist hier unbedeutender als Hekate, die vor und nach Hesiod keine Literatur so hoch gerühmt hat.

Clémence Ramnoux hat in den fünfziger Jahren des vorigen Jahrhunderts versucht zu zeigen, dass der Hermes des Aischylos, den der Chor der «Weihgussträgerinnen» (812) vor der nächtlichen Ermordung des Ägist durch Orest anruft, aus dem Ambiente der Hesiodischen ‹Nacht› ableitbar sei, nämlich aus den Kindern der Nachttochter Eris[734]: Lügen und Meuchelmord.[735] Das war gar nicht nötig, denn dass Aischylos von Hesiod beeinflusst ist und Hermes ein Nachtgott ist, war bekannt. Nur, er ist eben kein Enkel von Nyx und vertritt ein anderes Nachtgepräge, als Hesiod es verbreiten will, weshalb Hermes kein nächtliches Attribut von Hesiod zugestanden wird. Hermes, der Nacht-Schleicher und sexuell zweideutige Beischlafdieb der Jungfernschaft,[736] ist ein historisch entstandener Gott und keine literarische Personifikation *menschlicher* Nachtkinderschaft – obwohl alle seine Dienstbereiche unter der Nacht(göttin) vorkommen: Leben / Tod, verführerische Liebe, Trug und List. Und: Er stört die Vision von Tartaros II, obwohl er als Seelenführer täglich hier vorbeikommt. Denn: *Ansicht* ist seine Sache nicht.[737]

Statt die Zuhörer imaginär in den Hades zu stürzen, was ihnen dann aber die Augen öffnete, becirct Hermes die Totenseelen, die nicht wissen,

732 Ramnoux hebt (S. 157) des Hermes besondere Beziehungen zum Geschlecht der Atriden in Argos hervor.

733 Hymnos an Hermes, in: Od. Vers 67.

734 Ramnoux: La Nuit, S. 172.

735 Vgl. Th. 228 f. – In WuT. werden eher Lüge und verführerische Rede hervorgehoben, die Hermes der Pandora als Mit-Gift auf den Weg zu den Menschen mitgibt.

736 Die umstandslose Befriedigung des Knabenführers an einer Artemis-Nymphe ist früh besungen worden, «... und legte sich heimlich zu ihr» (Il. 16, 184).

737 Trotz all seiner nächtlichen Attribute (vgl. den Hymnos an Hermes) trennt diese multiple Persönlichkeit sein Leichtsinn und sein Sinn für Sonderangebote vom Milieu der Nyx. Und die Atmosphäre im Vorhof der Hölle bleibt ihm äußerlich.

wie ihnen geschieht – und als Schatten ewig im Hades bleiben. Nicht dass Hermes zur Zeit Hesiods ein nur böser, dunkler Gott gewesen sei; im Gegenteil: Dieser schon seit mykenischer Zeit überlieferte Gott[738] war wahrscheinlich schon vor seiner Preisung im ‹Homerischen› Hermes-Hymnos ein beliebter ‹trickster› und Meisterdieb; jeder Glücksfund wird nach ihm *hermaion* genannt.[739] Aber seine Nacht-Attribute, seine Geheimagententätigkeit und seine Heimlichkeit, eliminiert Hesiod – zugunsten des un-heimlichen Bildes vom Tartaros (aus dem immerhin Hermes die Persephone befreit hat).[740] – Und für die ‹Hermeneutik›, die sich von Hermes ableitet, hat Hesiod die Musen…

Ähnlich verhält es sich mit Hekate, von der die später, bis ins goldene Zeitalter Horazens hinein forcierten Züge einer sinistren Göttin niederster nächtlicher Zaubereien am stärksten die Tradition beeinflusst haben.[741] «Hekates Verbindungen mit Nacht, heulenden Hunden und dem Niemandsland des Scheidewegs betonen allesamt das grässliche und unheimliche Wesen ihrer göttlichen Gestalt.»[742] Mit 42 Versen (411–452) widmet Hesiod ihr die Hälfte desjenigen Platzes, den er allen Zeuskindern insgesamt einräumt (881–964). Doch mit keinem Wort erwähnt er deren *nächtliches* Auftauchen[743], ihre magischen Handlungen von finsterer Wirkung.

738 Sein Name ist auf den Linear-B-Tafeln durch die Brandkatastrophe von Knossos um 1375 v. Chr. verewigt: Siehe Burkert: Religion, S. 82 f.

739 Burkert: Religion, S. 247.

740 Homerischer Hymnos an Demeter, Verse 340 ff.

741 Th. Hopfner weist in «Hekate-Selene-Artemis und Verwandte in den griechischen Zauberpapyri und auf den Fluchtafeln» (1939, S. 126) darauf hin, dass die Gleichsetzung Hekates mit der Mondgöttin Selene bereits im 5. Jahrhundert v. Chr. üblich war. Als finstere Göttin, welche Medea in den «Argonauten» des Apollonios anruft, weiß sie wahrscheinlich älteres Sagengut hinter sich. Zur späteren Rezeption siehe Horaz: Satiren, Nr. 8: Spuk im Park. In: Horaz: Werke in einem Band. Berlin und Weimar ²1983, S. 176.

742 R. Buxton: Das große Buch der Mythologie. Stuttgart 2005, S. 84.

743 Hesiod nennt Asteria *euonymon* (Th. 409). Ob man das nun mit «namenschön», wie von Schirnding, oder mit «glückhaften Namens», wie Hallof/Hallof übersetzt: Der Zuhörer soll an die *Namens*bedeutung denken, also an Sterne. Zum Kontext der von Hesiod ins Licht gerückten Hekate gehört, dass ihrer Nennung seit Th. 350, mit Nennung des Namens Urania, zunehmend (nächtliche) Himmelskörper vorausgehen wie Selene (die Mondin, 371), Hyperion (374), Astraios (376),

Dass diese Züge und Nachtaspekte erst später entstanden sein sollen, will nicht recht einleuchten, zumal sie von Hesiod im Stall zusammengebracht wird mit Hermes, der auch als Viehdieb ein alter Nachtgänger ist.

Auch ist ihre Nähe zum Demeter-Kore-Mythos spätestens seit dem ‹Homerischen› Demeter-Hymnos (7.- 6. Jahrhundert) belegt[744], und dieser Zusammenhang ist nächtlich, wie die Fackel und ihre Persephone-Gefolgschaft anzeigen. Auch gibt es mythische Varianten, nach denen es Hekate ist, die Persephone aus der Unterwelt zurückholt.[745] Sowohl mythische und kultische als auch kleine geheimbündlerische oder abergläubische Praktiken[746] weisen auf Hekates frühe Nachtbedeutung hin.[747] – Nichts davon bei Hesiod. Vielleicht wertet Hesiod sie aus ‹Lokal*m*atriotismus› auf, denn Hekate ist wie seine Frau karischen Ursprungs. Doch ist sie eben auch schon in der *Sage* von der Argonautenfahrt (nicht erst in ihrer hellenistischen Textfassung bei Apollonius von Rhodos) zum Goldenen Vlies – und zwar mit nächtlichen Zügen von Magie und Zauberei verankert. Gerade diese Züge aber haben Hesiod, vermutlich *seiner* Nachtästhetik wegen, gestört. Deshalb hat er diese Attribute eliminiert.[748]

Ist nun mit dem Aufweis dieser der ‹Entnachtung› der beiden Götter durch Hesiod etwas erreicht? Trifft die Organisation der Erfahrung der «Theogonie» aus der Perspektive der Nacht überhaupt einen wesentlichen Punkt der griechischen archaischen Ästhetik oder gar des Kontinuums der Rezeption bis heute? Beides kann man bejahen. Hesiod hat nicht nur den Nachtgötterbestand auf traditionelle Weise variiert, indem er die einen vergrößerte und die andern herabsetzte. Wenn wir einmal die musische Programmatik zum Rahmenprogramm für außer Konkurrenz erklären, so können wir innerhalb des Rahmens dem Götterreigen die drei Nacht*schichten* gegenüberstellen, die sich für uns aus der Lektüre ergaben:

Eosphoros (381) oder der «leuchtende … Kranz der Sterne droben am Himmel» (382) im Allgemeinen. Hekate hat nächtliche Anmutung, aber keine Nachtbedeutung wird ihr selbst zugesprochen. Aus Kult wird Ahnung.

744 Homerischer Hymnos an Demeter, Verse 51–61 und 438–40.

745 Burkert: Religion, S. 249.

746 Burkert: Mysterien, S. 25 und S. 126, Anm. 35.

747 Bereits Wilhelm Heinrich Roscher hält in: Über Selene und Verwandtes (1890, S. 1) Hekate für eine ältere Mondgöttin der Griechen, als Selene es ist.

748 Auch für W. Marg (Erläuterungen, S. 202) wurden die Nachtaspekte Hekates von Hesiod energisch eliminiert.

Leibphantasmen (von Chaos bis Typhoeus), eine auch formal subtile Nacht*text*ur um Allegorien, Symbole und Klangspiele im Bereich der Göttin Nyx und schließlich den Raum der Nachtvorstellung von Tartaros II, in welchem die beiden ersten Aspekte zusammengeführt werden. Die kompositorische Geschlossenheit dieser drei Nachtschichten hat meines Erachtens nicht nur schon damals (etwa bei den Orphikern, den Vorsokratikern und Aischylos), sondern bis in die Moderne hinein eine entscheidende Rolle in der Rezeptionsgeschichte gespielt.[749] Was über die Zeiten als ‹Hesiodische Atmosphäre› erhalten blieb, hat nicht nur mit der Synergie (oder Gemengelage) dieser drei Schichten zu tun. Es lebt von einer anscheinend überhistorisch gültigen, jeweils neu wirksamen Sensibilisierung, deren Anmutung von etwas Historischem aber, nämlich der dunklen Vergangenheit des je eigenen Leibes, eine Bereitschaft zur Übertragung der Aufmerksamkeit auf die dunkle Vergangenheit des historischen Textes erzeugt.

Ästhetischer Schwindel zwischen innerer und äußerer Nacht – Hesiods neues Paradigma

Der Schwindel ist eine ästhetisch relevante Erfahrung und Technik. Eine gewisse Ästhetisierung des Schwindels geschieht schon naturwüchsig im Sinne der Umgruppierung nächtlicher Wahrnehmung: als Zunahme der imaginären Synästhesie bei gleichzeitiger ‹Anästhesie› anderer Bereiche. Wir kennen diese Umgruppierung von gewissen Erfahrungen in dunkler, sternloser Nacht, wo Wahrnehmungen ausfallen oder ungewiss werden und die Ahnungsbereitschaft aus dem Reservoir unseres Gedächtnisses aufsteigt. Ein herausragendes Feld dieser Umgruppierung ist auch das *musische* Spiel von Erinnern und Vergessen – das eigentlich jedes bedeutungsvoll ästhetische Erlebnis betrifft.

Die *Ästhetisierung* des Schwindels wird bei Hesiod nicht nur durch seine Darstellung in eine dunkle Nacht von Hörer und Leser überführt. Inhalt-

749 Vgl. den Goethe-Moritz-Komplex, dazu Carstens (Abb. 2), der die Tartaros-Höhle über den Moiren-Kreis und die Nyx-Mantel-Höhlung bis zum Schoß der Nyx überführt. – Vgl. auch F. Nietzsche: Homers Wettkampf. In: Fünf Vorreden zu ungeschriebenen Büchern. In: Ders.: Werke. Bd. 3.

lich wird sein Stil legitimiert durch das Musen-Programm: Der ‹nächtliche Tanz der Musen› im unsichtbaren Dunkel könnte in diesem Sinne sowohl eine Allegorie auf den körperlichen Wahrnehmungsschwindel als auch auf den sprachlichen Schwindel (*Lügen* und Vergessenmachen der prosaischen, profanen Gegenwart) darstellen. Wenn dieses Schwindelmotiv bei Hesiod wichtig ist, so ist Schwindel ein wichtiges (nacht-)ästhetisches Thema; denn es gibt keinen à la longue durée einflussreicheren Text über die Nacht seit den ersten überlieferten Schriftzeugnissen in Europa.[750] Hesiod vor allen machte die griechischen Götter, und Hesiod machte die Nyx. Dennoch ist die Erfindung des nächtlichen *Panoramas* und die damit zu erreichende Erweckung von Stimmung und Gefühlsambivalenz wahrscheinlich noch bedeutsamer als Hesiods *Pantheon.* – Zwar gibt es Jenseitsbeschreibungen auch schon in den Totenbüchern der Ägypter und im «Gilgamesh», aber ihre Wirkung auf Europa ist nicht so weit- und tiefreichend, und der Nachtaspekt ist nicht derartig konstruktiv und, wenn man so will, autonom-ästhetisch für das Vorstellungs-Bild und das imaginierende Subjekt genutzt.

Bevor die Themenstränge und Mediengeschichten, die sich aus den Hesiodischen Weichenstellungen ergeben, weiterverfolgt werden, seien Hesiodische Besonderheiten erinnert, die sowohl sein Pantheon als auch sein Panorama betreffen: Da sind die Zweideutigkeiten seiner Götterpolitik, die Verzweideutigung der Figuren zwischen metaphorischer und anschaulicher Realität einerseits und das Oszillieren der Nachtansicht zwischen Sichtbarkeit und Unsichtbarkeit, der Durchzug zwischen innerhalb und außerhalb (des Hauses) andererseits. Das alles lässt auf *eine* kohärente ästhetische Haltung schließen. Die Wahrheit, die Hesiod wahr*schein*lich macht, ist darin eine ästhetische, dass sie die Lüge integriert, wodurch alles Fiktive, Phantastische und Konstruierte ein Heim zum Spinnen bekommt. Die zweideutigen Musen können erklärtermaßen lügen und wahr sprechen, behaupten dennoch, die Wahrheit zu sagen; aber vielleicht ist schon das eine Lüge. Dieses *Vielleicht* ist ein ästhetisches Programm, das einerseits das Hesiodische Ein-Mann-Orakel als mit Delphi vergleichbar ausweist, andererseits die Alternative nicht nur zur Magie, sondern auch zum Orakelwesen andeutet.

Denn während die orakulöse Zweideutigkeit nur unwillig als göttliche Verborgenheit, als Nuss sozusagen, akzeptiert wurde, welche die Aus-

750 Dem ‹Griechischen Schwindel› ist ein eigenes Kapitel im Folgeband der «Nachtästhetik» gewidmet.

legekunst knacken will, ist Hesiods *Vielleicht* ein ästhetisches Ziel. – Hesiod und seine Musen sprechen nicht von «vielleicht», das ist wahr; aber sie kultivieren den offenen Widerspruch (der zugleich ein Test auf Erinnern und Vergessen des Hörenden ist).[751] Wenn man das *Vielleicht* als ein allgemeines ästhetisches Kriterium zu akzeptieren bereit ist, dann sprudeln die nachtästhetischen Quellen der Ästhetik stärker. Diese Quellen *müssen* – jedenfalls in der ersten musischen ‹Ansprache› dunkel sein: Im Wahrnehmungssubjekt muss zunächst eine gewisse Dunkelheit und Desorientierung herrschen, das Feld der äußeren Wahr-Nehmung muss zunächst andersartig, fremd, dunkel sein, und jede Erkenntnis taucht aus einer Verborgenheit oder einer eventuell bildhaften Verstellung auf. Die Quellen der Nachtästhetik sind chaotisch. Aber das Chaos ist keine Naturkonstante, sondern zumindest großenteils Ergebnis einer musischen Methode und eines poetischen Umwegs zurück.

Hesiod behauptet, die Wahrheit zu sagen – *wahrlich* ist sein erstes vorgeblich eigenes Wort (Th. 116), aber seine erste vorgeblich eigene Aussage, an ‹seinem› Anfang über den Anfang von allem, widerspricht den Musen, die nie vom von Chaos sangen. Indem Hesiod einerseits singt, was die Musen selbst sangen, und dann davon singt, was sie ihm gesungen hätten, was er singen solle, wird der Widerspruch programmatisch. Zugleich wird der Widerspruch forciert, indem sich Hesiod im eigenen Hauptgesang selbst widerspricht, wenn er die Moiren etwa doppelt gezeugt und geboren sein lässt. Das ist schon, erst recht in seiner Unbegründetheit, etwas anderes, als wenn verschiedene hellenische Stämme oder Städte konkurrierende Geschichten erzählen. Das gewittrig aufgeladene Klima der kognitiven Dissonanz, das durch das laute Wahrheitspathos so drückend wird, ist erst durch die Annahme erträglich, dass gerade diese Widersprüchlichkeit ein Indiz der ‹anderen› Wahrheit ist, einer Wahrheit, zu der man nur über diese Initiation in den Widerspruch gelangt.

Es gibt Anzeichen für den programmatisch anderen Sinn dieser Wahrheit. Der Gesang der Musen ist «heilig», übersetzt von Schirnding, was im Original *ambrosisch* ist – und doch etwas nach Zaubertrank schmeckt. Ist

751 … den Widerspruch zu bisherigen Vorstellungen über die Götter, über den Anfang und die Genealogien, die genealogischen Widersprüche im eigenen Text und diejenigen zwischen Proömium und Hauptgesang.

also nicht etwas *gänzlich* anderes als Magie und Halluzination. Die Nähe zu Stoffen, die highlig machen, ist unverkennbar. Die Inspirierten säuseln Honig und werden selbst wie Götter ‹erhöht›. Noch forcierter werden auch diese Gaben nicht nur ambrosisch, sondern geradezu *hieron* genannt, heilig (93). Nach den Musen und ihren Sängern werden auch die Hörenden im Hören dieser Heilkräfte teilhaftig. Sie geraten in einen anderen Zustand, werden verwandelt (103). – Diese Wahrheit ist eine der *Darstellung und der Rezeption*, eine Wahrheit, die einerseits *erlebt* wird in einem höheren oder entrückten oder anderen Zustand und die andererseits – und das unterscheidet sie von magischen Techniken oder Halluzination – durch die Realisierung von Negationen im Sinne des logischen und imaginativen Widerspruchs hindurch muss, durch Verneinungen wie: «dies ist nicht dies, sondern das». Besonders markant ist die Negation der Zeitlichkeit in der Zeitumkehr, die sich fiktiv auf mehreren Ebenen ereignet. Dem Vergessen der prosaischen Gegenwart entspricht die musische Erinnerung. Der wahre Anfang kommt am Schluss der Anfänge: Chaos. Der wahre Anfang ist ein Ergebnis der Darstellung. Die ästhetische Wahrheit ist eine der Übertragung in ein Reich, wo die Widersprüche Pole der womöglich schwindelerregenden Übertragung sind.

Das ästhetische Ziel ist die ‹Aufhebung› von Chaos, Streit, Kampf und ganz allgemein von Gegensätzen, auch zwischen Subjekt und Objekt. Diese Teleologie ist einerseits der grobe Handlungsfaden vom Chaos zur Herrschaft des Zeus in Ewigkeit. Andererseits betrifft sie das ästhetische Programm einer musischen Wirkung. – Im Präömium wird gefeiert, dass streitende Parteien vor dem inspirierten königlichen Richter, aus dem die Musen sprechen, in den Frieden einstimmen und dass sich vor den ‹Sorgenkindern› eine freundlichere Welt auftut. Hesiod hat sich für seine «Theogonie» selbst gewiss eine ähnliche Wirkung gewünscht. Ob sich sein Wunsch im Gesang erfüllte, können wir nicht sagen, weil der Schluss der «Theogonie» verloren gegangen ist und wegen fragwürdiger Anhänge auch ausgefranst erscheint.

Das Ziel aber ist die Ordnung selbst der zeitlichen Widersprüche. Dem inspirierten Sänger ist Wahrheit eine Gegenwart, in der Zukunft und Vergangenheit erschlossen beieinander liegen. Dieser Anspruch einer prophetischen Gabe liegt in der musischen Gabe einer Erinnerung, die ein Vergessen der unmittelbaren Gewissheit des Jetzt ist. Die schwierige, mehrfach neu ansetzende Fahrt in die chaotische Vergangenheit, in das

Vergangensein des Chaos erschließt erst den Grund für die Saat der Narration. Von hier aus ist die gegenwärtige Zukunft fixierbar, die auf die je zukünftige Gegenwart zwischen Sänger und Empfänger zusteuert, die vergangene Zukunft und zukünftige Vergangenheit ist und die Einheit der Zeiten mit dem Ende der Geschichte avisiert. Wahrscheinlich hat Hesiod noch mehr Zukunftskompetenz für sich behauptet; aber sicher ist, dass der Boden für diesen Anspruch der Grund des Erzählens ist, oder besser: der überwundene Abgrund des Chaos des Anfangs des Erzählens.

Er kann also singen, was war und was sein wird, in seinem Gesang berühren sich sozusagen Anfang und Ende. Die Parallele zur Ansicht von Tartaros II, wo Anfang und Ende der Welt sich berühren, ist bemerkenswert und für uns umso wertvoller, als Hesiod sich nicht sichtbar ihrer bewusst zeigt. Gerade weil er die Musen nicht in den Tartaros setzt, der ja nun auch ein Verbannungsort ist, wird die *Spiegelung* zwischen erhabenem Olymp und dem verrufenen Inneren, Unteren, umso deutlicher. Und in der Spiegelung wird der Begegnungscharakter objektiviert, der dem Subjekt die ästhetische Gegenwart be‹schein›igt: zur Erscheinung bringt und bestätigt. Die Spiegelung verweist wie das Spiel mit der verschlossenen Tiefe der Ansicht auf die Leibherkunft dieser Strebung, Asymmetrisches und Symmetrie zu integrieren. All die Negationen, Widersprüche, Übertragungen in Andersheit (musisches Vergessen der prosaischen Wirklichkeit) sind aber Voraussetzungen für einen ‹abgehobenen› Zustand, der sich imaginär, emotional, ja virtuell physisch jenseits einer Zeitlichkeit und Perspektivitat befindet, die Sterblichkeit und irdische Beschränkung bedeuten.

Eine imaginäre Erhebung der Zuhörer zum Olymp ist in der Textvariation von Vers 32 in Vers 37 geradezu fassbar. Hesiod singt, er habe von den Musen die Gabe erhalten, zu sagen, was war und was sein wird. Aber die Musen singen auf dem Olymp von dem, «*was ist*, was war und was sein wird». Der ganze Olymp selbst singt und klingt davon. Das ist erfüllte Gegenwart. Und Hesiod verspricht sie nun dem Publikum, «was rede ich da» von meiner Musenerwählung!? (35) «Auf *mit* den Musen beginne mein Lied, die Zeus, ihrem Vater, erfüllen das große Herz …» *Mit* den Musen erreicht sein nun folgender Gesang auch die imaginäre erfüllte Gegenwart des Gesangs – wenngleich er vielleicht nicht «ohne Ermüden» singt, wie die Musen es auf dem Olymp zu tun pflegen.

Doch dieser ästhetisch gewünschte Zielzustand ist so wenig fassbar wie Glück selbst. (Denn der Versuch zu fassen ist ein Objektivierungsversuch, der Subjekt von Objekt trennt.) Wenn wir aber, Hesiods Kulturfolger im nun begegnungsschwächeren Medium eines Textes, der zudem korrupt ist, wenn wir aber einen Schritt zurücktreten von der Anspruchsebene auf die Ebene der uns näherliegenden offenkundigen Widersprüche, die das Gegenteil bedeuten von (psychisch angenehmer) Integration, so gewahren wir die Wahrheit der Zweideutigkeit des Wortes «Schwindel». Die Musen lügen, Hesiod lügt, die Helden seiner «Theogonie» lügen[752], und die Zuhörer werden aufgefordert, sich selbst zu belügen, indem sie vergessen. Dieser sprachliche oder moralisch verwerfliche Schwindel ‹hängt zusammen› (unklare Ursache!) mit einem imaginären Schwindel, der die Hörer / Leser am ‹Gängelband› der Botschaften desorientiert taumeln lässt, die entweder anderen Wahrheiten anderer Sänger, Priester oder Kultbewahrer widersprechen oder sich selbst im selben Text.

Angeweht vom Atem des Gesangs, stürzen die Hörer wie die in den Tartaros Verworfenen mal hierhin, mal dorthin, Gewissheit suchend, doch ins Bodenlose fallend. Der semantische Aspekt des Lügenschwindels befindet sich in Parallelaktion mit dem *medialen* Schwindel. (Die schriftliche Montage akkumulierten, *entzeitlichten* Schrift-Wissens simuliert die leibhaftige *Gleichzeitigkeit* musisch erfüllter Gegenwart.) Dazu ein übertragener Schwindel: In der realen Kommunikation von Sänger und Hörer schwindelt der Vorstellung, aber auch imaginärer Schwindel kann vieles von dem bewirken, was einem Schwindel möglich ist, der durch eine leibhaftige Fehlwahrnehmung ausgelöst wird. Dieser Schwindel wird bestärkt durch die stetige Vorstellung von Bewegungsarten, die nicht gerade zum Standardprogramm von Fußgängern gehören: Musisches Tanzen und

752 Aus dem Katalog der Götter, die wie Kronos, Zeus oder Apollon im Kampf um Macht hinterlistig sind oder von hinten und aus dem Dunkeln zuschlagen, ragt Nyx heraus, die Betrug, Meineid, Lüge (als Enkelin) und Traum unter sich hat. Zeus betrügt Hera, Hera betrügt Zeus. Der Titan Prometheus betrügt Zeus; Zeus betrügt Prometheus oder Epimetheus mittels Pandora, und Pandora betrügt mit ihrer Schönheit, dem auffälligsten ästhetischen Merkmal, alle Menschen, die schließlich ihre Kinder sind. Typhoeus, der Stimmenimitator, ist natürlich auch ein Lügner. Und sogar der Höllenhund ist Symbol der hinterlistigen Verschleierung der Grenze zwischen dem endgültigen Totenreich Tartaros I und dem der Phantasie, aus dem man wieder auftauchen kann: Tartaros II.

sechsfüßiges Schreiten, drohende Verbergungen und ständiges ‹Hervorgehen›, titanisches Auffahren und Abstürzen, Gähnen des Chaos … bis sich am Ende das Highsein der Olympier – und der erhöhte Hörer etablieren.

Die motivische Entsprechung der inhaltlichen, fiktiv physischen Turbulenzen mit den medialen des Gesangs (Atmen, Gähnen, die Chaotisierung der Sukzession) und des Hörens (imaginäre Zeitumkehr auslösend) reizt zu einem wechselseitigen Übertragen von Wahrnehmung und Vorstellung, Gegenwart und Vergangenheit. Damit wird eine ästhetisch kontrollierte Erschütterung des hörenden (und schwächer des lesenden) Subjektes ausgelöst, deren revolutionäre Nachbeben bis in die Moderne fortgrollen. Hesiods ästhetische Adressaten können das Subjektive ihrer selbst gespiegelt sehen im zweideutigen Tartaros, der einerseits im Dunkeln sichtbar ist, andererseits unsichtbar wie das abgründige Unbewusste ist. Die schwindelauslösenden Bewegungen der Handelnden wie die Oszillationen zwischen ‹sichtbar› und ‹vorstellbar› erzeugen eine imaginäre Grundlosigkeit, die der ästhetische Grund des Auftauchens der Bilder aus dem Tartaros der Seele sind. Das Zwiegespräch aber zwischen zweideutigen Objekten oder Subjekten und verborgenen, dann auftauchenden Themen, Stimmungen oder Bildern ist wesentlich ein Ereignis/Erlebnis im Medium der Nacht.

Nur die Nacht gibt es zugleich innen und außen. – Nun gut, es ist nur die *Dunkelheit*, die ‹innerhalb› unserer leiblichen Organisation sowohl physisch, metaphysisch und metaphorisch herrscht als auch draußen periodisch mit unserm Innern übereinstimmt. Aber als Nacht ist sie bei Hesiod personifiziert, und zwar in einer denkwürdigen Individualisierung ihrer Eigenschaften: Sie hat nichts mit dem Nachthimmel Uranos zu tun, aber alles mit dem Zusammenhang innerer und äußerer Dunkelheit. Das Tageslicht geht aus ihrem nächtlichen Schoß ebenso hervor wie die inneren und dunklen menschlichen Eigenschaften und Befindlichkeiten. Sie ist die einzige außer dem Tag, die im Tartaros ein- und ausgeht. Aber der Tag kommt mythologisch aus der Nacht, und er bleibt den inneren Eigenschaften der Menschen äußerlich. Die Nacht hingegen gebiert all dieses ‹innere Zeug›: Schlaf, Traum, Schmerzen, Begehren, Streitsucht und das Innerste des Innersten: Sterblichkeit und Schicksal. Das Schicksal, das symbolisch an einem Faden hängt, sozusagen der rote Faden eines individuellen Lebens, ist eingewoben in ein Weltgewebe, welches Textil und

Text zugleich ist. Im Innersten des Nacht-Textils aber hüten eingestülpte Sinnbilder des Äußersten, des Abend-Landes, die Hesperiden (215), goldene Äpfel wie ihre Augäpfel vor dem Zugriff von außen. Die ästhetische Notwendigkeit der menschlichen Nacht folgt aus ihrer Ermöglichung der lebenswichtigen Umstülpung und Vermittlung von innen und außen, die bei Hesiod in ihrer konkreten Praxis Inspiration und Gesang heißt.[753]

Diese allgemeinen Überlegungen werden durch das Dauermotiv des Gebärens, des ‹Hervorgehens›, gestützt. Das Aufzählen der Generierungen wird so zu einer Einstülpung der Ausstülpungen in das Gewebe des Textes. Die Imagination der Geburten ist aber *das* Vehikel ästhetischer *poesis*: des Auftauchens glänzender Bilder, symbolischer Objekte und Metaphern und selbstsymbolischer Subjekte aus der inneren Nacht der Vorstellung. Mit dieser ästhetisch bestimmten Verlagerung der Nachterfahrungsthemen auf Musen und Chaos (Schwindel I und II), auf das Verhältnis von äußerer und leibinnerer Nacht, auf die damit mögliche Erweiterung und Vertiefung der Nacht um emotionale und phantastische Bereiche, vor allem aber mit der dadurch weiterentwickelten ‹Tiefe› des Bildbegriffs und der Metaphorik als kontrastiver Übertragungstätigkeit zwischen innerem und äußerem Dunkel ist Hesiod für mich der Begründer einer hesperidischen und insofern abendländischen Nachtästhetik.

Das Abend-Land, namentlich das christliche, hat Angst vor der Nacht – die jahrhundertelang ins Haus stand, im Vorhof des Jüngsten Gerichts-Tages. Das hat das *Abend*land nie daran gehindert, fasziniert in die kommende Nacht zu starren wie der fromme Erdenpilger auf die Sünde, wie der Heide auf Tartaros II. *Ästhetisch* gesehen ist die Verpönung der Nacht nur ein weiterer Schwindel in der Faszinationsgeschichte der Nacht. Schon das Platonsche Höhlengleichnis, also die sprachlich gelungene Verpönung der Nacht und des Irrlichtes, lebt von der Fesselung auch der imaginären Betrachter durch das Lese-Höhlenfeuer des Gleichnisses.

753 Bei all den Übertragungsprozessen zwischen innerer und äußerer Dunkelheit wird nicht nur etwas ins auftauchende Scheinen gehievt, sondern immer auch Abscheidung ins Dunkle erzeugt: Trennung, Vergessen.

Sechs rote Fäden durch die labyrinthische Geschichte der Nachtästhetik

1. Abweichend von der Vorstellung der Nacht als einer Himmelserscheinung und oberirdischen Periode ist für den Sänger der «Theogonie» Nacht stärker eine unterirdische, körperliche und leibinnere Realität. Die Bedeutung der Nacht *entsteht* erst als eine unbewusste oder bewusste Übertragung des Dramas leiblicher Konstitution von Innen und Außen. – Andererseits sind bei frühzeitlichen Göttern oder Mächten, deren Körperlichkeit hervorgehoben wird, Einschlüsse (Gaias Tartaros) oder Umschlüsse (Hals des Tartaros, Gaias Uranos) *äußerer* Nacht zu bemerken, die insgesamt Nacht als häufig mit körperlicher Begrenzung, Bedeckung sowie Schloss und Riegel assoziiert erscheinen lassen. Selbst die Weite des Sternhimmels wird als leibhaftige Bedrängung, als ‹Bemäntelung› eines inneren Triebs (des Uranos) dargestellt.

Diese körperbezogene Nacht erscheint ‹uralt›; erstens, weil sie mit den frühesten Figuren der theogonischen Entwicklung verbunden ist; zweitens, weil sie der unbeachtet fortlebende Schoß ist, aus dem theologisch, kosmisch und zivilisatorisch überwunden geglaubte Monstrosität auftaucht (die Hundertarmigen, Typhoeus); drittens, weil sie bei den Hörern und Lesern mit sehr frühen, schwach erinnerbaren Körpersensationen verbunden ist. Erzählte Körperphantasmen sind nämlich Hebammen der Erinnerung für Hörer und Leser und für ihre entsprechenden Nächte innen oder in einem anderen Körper. Aus dieser Perspektive geht es in der «Theogonie» vor allem um Geburt: a) direkt genealogisch, in den herausgesponnenen Fäden der Abstammung, die zu einem Netz verknüpft werden, das nun nicht mehr unterm Zeichen der Vulva steht, sondern das der ewig (mit Klugheit) schwangere Zeus beherrscht; b) als dramatische Nachahmung in den Auffahrten und dem ‹Auftauchen› der Götter c) in der Evokation auftauchender Bilder bei den Hörern, die zugleich ein Eintauchen in eine als ferne Welt fingierte Innenwelt darstellt (Tartaros II).

2. Aus diesen Zügen wird theogonisch sehr früh eine ganz andere Nacht (Nyx) entwickelt, die nicht nur psychologisch von den andern Göttern zu unterscheiden ist. Sie selbst ist fiktiv mit weniger menschlichen Eigen-

schaften und Anmutungen ausgestattet; aber sie *repräsentiert* Eigenarten der Condicio humana *in ihren Kindern.* Deren Existenzialität, Gefühls- und Sozialleben prägt die ‹Menschlichkeit› der Nacht. Vor allem unterscheidet sich Nyx durch ihr Hesiodisches Sprachgewand, das ihr keiner mehr so leicht auszieht. Aus den ‹textilen› Schichten von Begriffen, Allegorien, Metaphern, uneigentlicher Bedeutung und dem fernen Raum der eigentlichen Bedeutung, aus der Parallelität von mitgeteilter Sprache und sprachlicher Mitteilung, aus der Toleranz für Wiederholung und Überraschung: entsteht eine imaginäre nächtliche Räumlichkeit und die Bereitschaft, aus der Erfahrung von Differenzen und Dissonanzen ‹*heraus*›: zu übertragen. Über die verwandtschaftlichen Bande mit Chaos ist die Nacht stärker mit dem Sänger verbunden als die phantastischen Götter um sie herum. Der aufgerissene Mund von Chaos und Sänger zeigt ihre Verwandschaft in der poetischen Subjektivität: der Schrecken des Anfang(en)s, der tiefe Luftbedarf hier, das Einhauchen der musischen Inspiration dort, das staunende Gaffen über das unerhört Neue: Das sind alles Themen der Nacht.

Dieses poetische Nachtgewächs, eine aus der *Darstellung* der Nyx-Kinder erwachsene dunkle *Räumlichkeit* (zur Performation der Ebenen-Differenz und für Zweideutigkeit), die dennoch methodisch von einer bestimmten, inhaltlich thematisierten Nachtvorstellung zu unterscheiden ist, ist so eng mit den jeweils individuell frühesten (infantilen bis pränatalen) Spuren der Nachterfahrung verwachsen, dass diese im sprachlichen Medium entstandene Vor-Stellungs-Disposition nicht immer leicht vom vorliterarischen und vorsprachlichen Nachtphantasma unterschieden werden kann (von dem sie zeugt und das sie auch wieder evoziert oder provoziert). Aber aus der zeitlichen und medialen Differenz heraus sind für uns heute die Mittel der Darstellung identifizierbar und methodisch vom (kontextlos sich gebenden) Phantasma zu unterscheiden. Dennoch ist es für die archaische Rezeption wahrscheinlich, dass der mit sprachlichen Mitteln erweiterte Vorstellungsraum selbst gar nicht als ein ästhetischer oder gar innersprachlicher Raum erfahren wurde. Entscheidend für diesen roten Faden ist, dass eine phantasiebereite Räumlichkeit, die jeder Leib entwickeln muss und entwickelt, gefördert wird, indem der Faden ergriffen wird, unabhängig davon, ob er als literarischer oder mythologischer begriffen wird. Denn jeder Leib bedarf zu seiner Integrität einer (die Integrität infragestellenden) erschreckenden und/oder beglückenden Erfahrung des Außerhalb seines Selbst innerhalb seines Selbst; erst die Übertragung von Wahrnehmung in Vorstellung bringt Erfahrung.

3. Gleichsam zwischen diesen beiden Vorstellungskomplexen, dem Körperphantasma und der Räumlichkeit der sprachlich differenzierten Phantasie, ist der Motivkomplex von Faden und Stoff situiert. Zeitlich sind aber dafür in der Kosmogonie sowohl die körperlichen Sensationen wie Atmen als auch die weitergehend sprachlichen des Ausdrucks sowie die Disposition zum Phantasma vorausgesetzt. Theogonisch ist das Fadenmotiv spät und sparsam repräsentiert, nämlich mit dem zweiten Auftauchen der Moiren (Th. 904) und der Einkleidung der Pandora (571). Es knüpft aber eben an die älteren Schicksalsbestimmungen durch die Moiren als Nacht-Kinder an. (Und das sind die Götter, die für die Menschen am wichtigsten sind.) Faden, Stoff, Gewebe, Texturen und Übertragungen sind indessen immer Substanzen, Strukturen, Muster und ähnliches: im Dunkeln, in der Nacht der Verhüllung. – Innerhalb der «Theogonie» ist an die Stelle des bösen Blicks der Fadenzwang getreten. Ich will damit kein allgemeines körper- oder kulturgeschichtliches Entwicklungsschema behaupten, doch für die Vorstellung Hesiods scheinen gewisse Raumordnungen oder Entwicklungen räumlicher Vorstellungen im Zusammenhang mit Banden und Fäden *nach* dem Zerreißen jenes Zusammenhangs zu entstehen, der zuvor Wörter und Sachen identisch hat erscheinen lassen.

Das Faden- und Stoff-Paradigma wird deswegen weiterverfolgt, weil es, selbst noch als Arsenal von Vorstellungsbildern, Orientierung in der Erfahrung des Dunklen und der Nacht gegeben hat und, denken Sie ans Bild des Ariadne-Fadens im Labyrinth, ein auch philosophisch interessierendes Konkurrenzsystem zum Nachtbild geblieben ist – mit stärkeren taktilen Repräsentanzen und zugleich des Unsichtbaren, ja Abstrakten (eine Spur in der Nacht und aus ihr hinaus; ein Wissensweg im dunklen Anschein der Ausweglosigkeit). – Es muss jedoch beachtet werden, dass in dieser Schublade ‹Motivkomplex› noch zu viele Stoffe unentwickelt, eingerollt, nebeneinander liegen, im Beilager mit der theatralen Stofflichkeit der Maske einerseits und dem, was metaphorisch ‹Stoff› für Literatur ist, andererseits.

Der textile ‹Stoff›, im literalen Sinne, *trägt* die Übertragung vom Dunklen ins Bild – und das gilt besonders fürs materielle, übertragen aber auch fürs übertragene Bild. Die besondere Affinität der Verspinnung von Leib- und Raumphantasma im Erfahrungsbereich von Faden und Stoff zu ‹übertragener› Bedeutung wird gefördert von der verweisenden, ja transitorischen Kompetenz des flachen und/oder langen Stoffes, von seiner Übertragbarkeit im literalen Sinn, etwa in der Handelsschifffahrt (mit Segeln) oder als anpassungsfreudige Umgebung des Körpers. Aus der Weitläufigkeit und Viel*falt* der Stofferfahrung von ‹Körper› bis ‹Verkehr› resultiert die Robustheit auch der assoziativen Fäden und Netze der Imagination. Imaginäre Fäden und Netze verbinden die Sterne zu Bildern. Von da oben wirken Stoffe und Fäden wie Metaphern der imaginären Arbeit der Figuration.

4. Außer dem Faden-Stoff-Motiv entwickelt sich aus den verwickelten Verhältnissen zwischen Körper- und Raumvorstellung (s. oben 1. und 2.), bei Hesiod stärker, eine, in dieser Konsequenz durchgeführt, neue Art Nachtbild, die Darstellung einer Vision neuen Typs: Die Ansicht oder das Landschaftsbild (Tartaros II), vor dem die Imagination schweift/schwebt, setzt Entferntheit voraus, nicht nur im Sinne einer lokalen, sondern auch im Sinne einer psychischen Distanz (Abnahme der Relevanz oder Betroffenheit), die sich dann als Täuschung erweisen kann: in Umkehr-Phänomenen von Schrecken und Freude. Die Sukzession in der Sprache kann mit dem vorgestellten Nebeneinander der ‹Begegnungsstätten› *vor* dem Tartaros verschmelzen, oder sich der Zeit der Erfahrung anverwandeln. Aber nicht beides zugleich. Der Grund der Imagination ist erfahrbar nicht der Grund des Bildes.

Dennoch ist entgegen dem Anschein der präsentischen Erfahrung die Doppeldeutigkeit des Grundes unheimlich: Das Andere kommt bekannt vor. Der dunkle Außenraum könnte der (vergangene, zukünftige?) Innenraum sein. Aber die Getrenntheit ist die Voraussetzung für gewisse Schwindelerfahrungen, nicht nur bezogen auf die Unsicherheiten der Raumpositionen, sondern auch über das, was wahr und was falsch bzw. fiktiv ist. Spiegelndes Licht in der Dunkelheit von Nacht und Höhlen löst Schwindel aus (Styx), der wiederum Assoziationen und Imaginationen hervorruft. Die Geschichte des Schwindels ist inzwischen unlösbar verbunden mit der Geschichte der Nacht: «Keiner kann sie ohne Schwindel betrachten», sagt Jorge Luis Borges.[754]

754 J. L. Borges: Historia de la noche. In: Ders.: Rose und Münze. Gedichte 1973–77. Werke in 20 Bdn. Bd. 14. München und Wien 1994, S. 256.

Die doppeldeutige Situation dieser unheimlichen ‹Installation› hat auch philosophisch eine inspirierende Funktion – jedenfalls für jene Philosophen, für die alles aus einer ursprünglichen Zweiheit entstanden zu sein scheint oder aus dem Ungleichen (oder aus dem Zweifel, bzw. Fragwürdigen). Hesiod ist ein früher Vorläufer dieser Dualisten, Dialektiker und Gleichnisredner, indem er seinen Kosmos aus den beiden Fäden der Gaia- und der Chaoslinie verspinnt. Beide werden im Nacht-Raum-Bild aus Nyx und Tartaros zusammengefügt.

5. Ganz gleich, ob *nur* als Vorstellungsbild oder gebunden an das Medium der realen Nacht oder an artifizielle Medien: Das imaginäre Nachtbild bevorzugt überall ähnliche Modi in Raum und Zeit, die besonders mit der Ent-Wicklungsgeschichte von innerer und äußerer Nacht verbunden bleiben. Das heißt: Wichtiger als ikonische oder anekdotische Einzelheiten ist die Erscheinungsweise des Nachtbildes als Bild *im* Nachtraum und als *zeitigende* Erscheinung: sein *Auftauchen* aus nächtlichem Grund. Der nächtliche Grund war zuvor der Ort des Eintauchens des größeren Lichtes (Sonne). Aus Dunklem in Hellem wird Helles in Dunklem. Diese Umkehrung des Licht-Raum-Verhältnisses im Modus von Tauchen und Auftauchen taucht bei Homer *metaphorisch* auf, wenn bei ihm die Sonne als «Fackel des Helios» in den Okeanos getaucht wird, was Nachtwerden bedeutet (Il. 8, 485). Das kleinere Licht der Fackel, das Hell-Dunkel, sie repräsentieren die Umkehr(ung) des Dunkel-Hell-Verhältnisses im Tag. Doch darüber hinaus zeigen körperliche Sensationen (oder De-Sensibilisierungen) die Ausweitung des Raumes an: Die Aufwärtsbewegung selbst erscheint intensiviert durch den «Höhenschwindel», der durch okuläre Sinnestäuschungen wie spiegelndes Wasser in der Nacht *hervor*gerufen wird. Der Schwindel ist überhaupt einer der ältesten Begleiter oder Verursacher des Auftauchens nachtbildlicher Erfahrungen. Bei Betrachtung des nächtlichen Sternenhimmels kann zu allen Zeiten aller Kulturen der Sog oder das Saugen der Tiefe einen veritablen Schwindelanfall auslösen, der die Sterne zum Tanzen bringt.

Sicherlich kann man schon die ältesten körperlichen Sensationen, zum Beispiel die Geburt, als ein Auftauchen beschreiben, und das ist auch oft geschehen. Aphrodite Anadyomene ist die aus dem Meer der Nacht, aus der Gischt des nächtlichen Begehrens (Uranos), aus der hinterhältigen Kastration, die aus dem Innern Gaias heraus erfolgte (Kronos), aus dem genitalen Sturz in den öden Pontos: Auftauchende. Dieser Gestus, der zugleich ein starkes eigenes Sehen und Erblicken dieses visuellen Objektes Aphrodite einschließt, eine ‹Emergenz›, bedeutet zugleich ein Sich-Zeigen, Sich-Offenbaren. Mythologisch wird diese schwindelige Vision, bei der nicht klar ist, ob es Sehen oder Zeigen ist, mit Geburt gleichgesetzt, nämlich der Geburt der Aphrodite.

Die Wirkungsmächtigkeit dieses Schönheitsideals muss ebenso berücksichtigt werden wie der Umstand, dass sie nicht nur aus dem opaken Meer aufsteigt, sondern aus der Nacht der Begierde des Uranos und aus der tückischen Nacht des Leibs der Erde, aus der heraus Kronos mit seiner krummen Klinge fuhr. Aus dieser himmlischen und chthonischen Nacht der erotischen und ödipalen Gewalt und Hinterhältigkeit erstrahlt der Mythos von der Geburt der göttlichen Liebe wie eine Festästhetik des Auftauchens. Karl Albert zufolge ist Hesiods Bezeichnung Aphrodites als geschlechtsteilliebend (*philommedes* 200), «weil sie aus Geschlechtsteilen hevorgegangen ist» (Alb. 200), ein Wortspiel aus «das Lächeln liebend» (*philommeides*)[755]. Diese fingierte Etymologie, die den Liebreiz aus der Geilheit (oder dem Phallozentrismus) erklärt, geht nur den Weg der Handlung zurück, die umgekehrt vom nächtlichen Begehren des Uranos zum auftauchenden Liebreiz, zu Lächeln und Spielen führt, denen nicht nur Eros, sondern auch Himeros folgen.

Fast ebenso wichtig wie diese heteroerotisch bestimmte Schönheit ist an Aphrodite der Rückbezug auf die Herkunft aus dieser dunklen Nässe. Ihre Männersehnsucht wird aus ihrer Schaumgeborenheit (aus aphros) abgeleitet, worunter Hesiod den weißen Ring der Samenflüssigkeit verstand, die aus dem ins Meer gefallenen «göttliche[n] Fleisch» (Th. 191) der Himmelsnacht (Uranos) aufstieg. Bedeutsamer scheint mir – 2600 Jahre vor Freud – die Verbindung von Geburt und Liebeskunst. Denn die Verwandlung des uranischen Begehrens (metonymisch das Glied) in die Personifikation der Liebeskunst mit den Attributen ‹jugendliches Gekose, Gelächter, Spiele der Täuschung› usw. (Th. 205) und in die geschlechtliche Differenz, der die Sehnsucht auf dem Fuße folgt, wird als Geburt beschrieben. Der zweite Rückbezug, der zu einem ikonischen Dauerbrenner wurde, ist die erste Selbstzuwendung der frisch Aufgetauchten, die sich die nassen Haare auswringt. Sie trennt sich damit vom dunkelfeuchten Medium ihrer verwandelnden Passage, an das sie (sich) von nun an stän-

755 K. Albert, S. 59, Anm. 19.

dig (unbewusst) erinnern wird. Fortlebend noch in der Loreley, die sich ihre Haare kämmt, weil sie nass sind.

Die Geburt der Aphrodite ist nun aber eine besondere, göttliche, denn diese Schönheit ist sofort vollkommen. Wenn wir nun sagten, die Bezeichnung des ersten Auftauchens einer post-uranischen Sehnsucht nach einer schönen Liebe sei eine Geburt, so scheint für uns heutzutage klar zu sein, dass es jeweils um eine Geburt unseres Sehens gehe, die ästhetische Neugeburt der Betrachter. Aber dann ist die Metapher der Geburt, die von außen das Eintreten eines *anderen* Körpers oder Phänomens in den Raum *unserer* Sichtbarkeit oder der Vorstellung umschreibt, nicht in ihrem ganzen Gehalt erschlossen. Das gerade geborene Wesen ist dieses Bildes ja selbst nicht ansichtig. Im archaischen Griechenland jedoch wird das eigene Auftauchen mit dem Ausdruck *(ex-)anadoumai* betont – und damit die subjektive Erfahrung des Hervorkommens. Wenn man nun, obwohl das Sehen damals das Emittieren von Sehstrahlen war, die Göttin der Liebe als Auftauchende beschreibt, also als ein gesehenes Objekt, dem sofort die Sehnsucht auf dem Fuße folgt, so ist hieraus nicht nur die schwindelerregende ‹Zwielichtigkeit› des erotisch-ästhetischen Sehens ablesbar, sondern die tiefe und unsichtbare Verankerung dieser Auffassung in die je eigene Geburt.

Die Intensität dieser Ansicht ‹lebt› von der dunkelsten, kaum ahnbaren Erinnerungsspur des körperlichen Durchbruchs jedes Sehenden als eines Geborenen. Sowohl das Schwanken in der Zuschreibung der Auffahrt: ob dem visuellen Objekt oder dem schauenden Leib, als auch die visionäre Verschmelzung bedeuten eine psychische Selbstgeburt: Etwas Undarstellbares, etwas, das Vor-Innen war, *wird* zuallererst ‹erinnernd› am äußeren visuellen Objekt. Und es wird dieses in seiner ersten Erscheinungsform: als Bild / Metapher. – Dass es sich nicht einfach um eine Wahrnehmungsbewegung bei der Erfahrung inszenierten Auftauchens handelt, sondern um etwas an der Grenze der Unterscheidung von Subjekt und Objekt, sieht man daran, dass die Zuschreibung der Bewegungsrichtung nicht relational ist, sonst müsste man bei den gesehenen Aufwärtsbewegungen zu Boden stürzen. Stattdessen hat der (Zu-)Schauer des Auftauchens das ‹evidente› Erlebnis der Mit-Auffahrt. – Dass etwas zuerst als Bild / Metapher existiert, nicht als Abbild von etwas anderem, ist eine gravierende ästhetische Option, die der Nacht und aller Dunkelheit vermutlich einen entscheidenden medialen Rang einräumt.

Diese Aufwärts- oder Auswärtsfahrt leuchtender Bilder oder von Erfahrenden ins Leuchtende, Blitzende kann gesteigert werden durch die vorausgehende Sturzbewegung in den *Abgrund* oder in dem Stürzen ähnliche Bedrängungserfahrungen oder durch bedrängende Vorstellungen vom Stürzen (der Titanen oder abgeschnittener Glieder). Man kann sie auch dramatisieren durch den Paternoster-Effekt gegenseitigen Stürzens und Auftauchens. Die Tartaros II-Szenerie hat eine auftauchende Anmutung einmal durch den vorangegangenen Sturz und dann durch die noch stärkere intransigente Dunkelheit unterhalb oder hinter der sich offenbarenden Oberfläche (Tartaros I, das Innere der Häuser). Wenn auch psychosomatisch primordiale sogenannte prägende Körpererfahrungen und davon gebildete, sozusagen individualarchaische Leibphantasmen beim Auftauchen mit auftauchen (Geburt, Aufnahme zum Säugen, erste Erfahrung des Spiegelbildes), so ist hier die symbolische Inszenierung als eine eigen-sinnige ästhetische Strategie zu beachten. – Ähnliches ist aus eigentlich allen Kulturen bekannt, doch scheint die griechische in archaischer Zeit auf diesem Gebiet besonders kreativ gewesen zu sein.

Modalitäten des Auftauchens entsprechen der nächtlichen visuellen Erfahrung relativ plötzlichen Eintretens in Sichtbarkeit, also des *Erscheinens* im vollen Sinn des Wortlauts. Aber auch die Phantasie liebt die Schnelligkeit, und die Dunkelheit zwischen Vorstellungsbildern, die einen schnellen Bildwechsel ermöglicht. Doch im Kern lebt die emotionale Intensität von leibhaftiger Bewegungserfahrung und dem Wechsel von Innen-Außen-Bedeutung mit dem Wechsel von Hell-Dunkel-Erfahrung. Wie sehr auch die blitzschnellste Veränderung der Außensicht inklusive ihres Auftauchens von der leibhaftigen Fahrt geprägt ist, kann an einem zugespitzten Typ des Selbstauftauchens gezeigt werden, der eine Umstülpung oder Umkrempelung von Innen und Außen ist (musische Begeisterung bei Hesiod oder martialische Seelenstärkung bei Homer). Diese Erfahrungs- und Vorstellungsmuster können von verschiedenen Künsten und Kulten beerbt werden: in Sakralisierung, Mystifizierung und Offenbarung, in der Architektur, in Festen, in der Bildpräsentation usw. Neben dem Auftauchen aus Nassem ist auch der *anodos*, die Auffahrt (meistens auf die Anhöhe eines Berges) zu beachten, die ähnliche Visionen und Erlebnisse ermöglicht. Alles, was nächtlich sichtbar wird, wird in einer so spezifischen Weise auf seine rahmende Dunkelheit *bezo-*

gen, dass man sagen kann: Das nächtliche Visuelle wird in der Weise eines Bildes gesehen. Das Ein-Bild-Sehen hat seine früheste Ausbildung im nächtlichen Sehen.

6. Während 5. eine *allgemeine* ästhetische Vorliebe der archaischen Griechen (und späterer Nachtfreunde) beschreibt, die aus 4., der allgemeinen Nachtbild-Disposition, entwickelt ist, die wiederum aus Leibphantasmen (1.) und dem sprachlich geweiteten Vorstellungsraum (2.) entsteht, sei hier auf die mündliche wie schriftliche Ausgestaltung des Auftauchens bei Hesiod hingewiesen. Hierzu gehören überraschende Klangassoziationen ebenso wie Textbilder und Formelhaftes, die Naheliegendes verstellen und Entferntes überraschend nahebringen. Zweitens gehört dazu die *Narration* auftauchender Vision, deren Sukzession einer Inszenierung ähnelt. Drittens aber ist, neben allen Spielen mit Andeutungen, das Reich der Metaphern (2.) in seiner speziellen poetischen Umsetzung des Auftauchens zu beachten. Zum Reich der Metaphern zähle ich hier auch das beispielhaft verkappte Gleichnis zwischen dem Wasserfall der Styx und den aufragenden Säulen ihres Hauses. Etwas taucht im Gleichnis als etwas anderes auf. Fußt nicht alle Metaphorik auf der Übertragung des *Unähnlichen* im Dunkeln? Ist sie eine besondere Entwicklung aus nächtlichen Visionen? Hesiod hat diesen Aspekt prägnant, wenn auch nicht sehr ausgiebig behandelt. Die nächtlichen Visionen werden übertragen und erzeugt in Rede und Gesang, durch die Verwandlung des Chaos in Logos, Inspiration in Aspiration. Der Atem des Sängers ist der Mediator zwischen den Phantasmen in seinem Körper und den nächtlichen Ansichten.

Diese musische (Disposition zur) Strategie unterscheidet sich gleichwohl vom unwillkürlichen Wiederauftauchen alter Gespenster als phantastischen Ausgeburten von Traumata. Schon das bloße Auftauchen von Titanen und Monstern im Gesang hat exorzistischen Charakter. Der musisch begabte Heiler Hesiod bevorzugt den Exorzismus als therapeutisches Mittel. Die Therapie der Zuhörer, welche die «Theogonie» darstellt, arbeitet mit den exorzistischen Techniken der namentlichen Fixierung und anschließenden Riten und Gesten der Austreibung. Schon die Namensarbeit bei Hesiod bereitet die operative Entäußerung der Geister vor, indem sie am Corpus der Namen kleine Haken und Ösen zur ‹Expedition› und ‹Übertragung› anbringt. Die Austreibung ist hier eine literarische Umsetzung von Sturz und Auftauchen in Form von Bewegungs- und Handlungs*umkehr* in der Narration[756] sowie in Metapher und Gleichnis.

Die Verlaufsumkehr kann auch als Umkehr einer Entfremdungs-, Tarnungs- oder Verstellungsbewegung aktiviert werden: Der Sänger verfremdet Ker zu Kerberos, Moira zu Moiren, Ate zu Apate usw. und fordert die Hörer zur assoziierenden Umkehr auf – im Medium einer heilsamen Auffassung von Sprache als nichtidentisch mit dem ‹Gemeinten›. Das ist Tod und Geburt in der Zweideutigkeit und Bildlichkeit der Sprache.

Nicht nur ist im Bereich des Vor*gestellten* die Nacht das Medium für die Umkehr von Sturz und Auftauchen, sondern ebenso ist eine innere Nacht das Medium für den Transport von vorgestellter Nacht zu auftauchendem Bild. Die innere Nacht ist paradoxerweise die Mutter der imaginären Neugeburt. Die Sprache ist qua Stoff und Atmo-Sphäre eine mediale Repräsentantin der Nacht, die in spezifischer Weise poetische Rede gebiert. Alles Zweideutige, Verbergende und Erhellende, das Verschleppte und Beschleunigte, die umstülpenden Erfahrungen zwischen Form und Inhalt – das alles sollen Kinder der Nacht sein? Wir wollen sehen, wie weit wir mit ihnen kommen …

Die Punkte 2 (Übertragungen), 4 (Schwindel) und 5 (Auftauchen) betonen besonders Prozesse und Bewegungen, während 1, 3 und 6 sich mit den Medien Leib, Bild und Sprache beschäftigen. Diese letzteren 3 Punkte greifen wir nun aus der Leseerfahrung mit Hesiod heraus und machen aus ihnen Erzählstränge in die weitere Geschichte der Nacht seit Hesiod. Natürlich bleiben die Fahrten (2, 4 und 5) dabei Gegenstand der Aufmerksamkeit.

* *
*

756 Der Erzähler stützt diesen Gang durch die beiden inhaltlichen Stürze und Auftaucher; aber schon der Fortgang des Erzählens selbst ist eine heilsame Handlung des Fortbringens, dessen sich der Hörer durch ständige Um-Sichten, Rück-Sichten vergewissert: an Wiederholungen, an Variationen und an Verfremdungen.

B. Nachtleib

Drei Stränge Nacht: Nachtleib, Nachtsprache und Nachtbild

Wenn wir uns nun an drei Strängen vorsichtig vom Hesiod-Massiv abzuseilen beginnen und durch die dunkle Nacht der Geschichte der Nacht hangeln, so sollten wir immer daran denken, dass die Nacht unendlich viel weiter und tiefer ist als der Raum um das Seil, an dem wir hängen. Man könnte auch andere Themen wählen, etwa die Geschichte der Nachthimmelsbeobachtung, des Nacht-und-Liebe-Komplexes oder der Nacht-Darstellungen auf Bildern. Aber die Seile dürfen nicht zu dünn sein, wenn wir herausbekommen wollen, ob es eine ‹Verknüpfung› zwischen den Anfängen der Nachtästhetik und der neuzeitlichen Ästhetik in der Ebene des profanierten Abendlandes gibt. Natürlich ist in dieses Kontinuum nicht eine eigenständige ‹Entwicklung› eingetragen, aber doch ein Zopf an Rückbezug. Wenn man bedenkt, wie radikal sich seit Ende des 18. Jahrhunderts die Hellenisierung der deutschen Kultur dünkte, wie viel davon Projektion war und wie wenig davon übrig blieb, so erkennt man vielleicht auch, wie wichtig die Klärung des gegenwärtigen Grundes der Interessen an der Nacht der Vergangenheit ist. Das gilt besonders für die Nachtvorstellungs-‹Bewirtschaftung›. Wo die Projektion der Aufklärung nur den taghellen Geist der Griechen wahrnahm, wuchsen die gotischen Herzens-Dome des Schauerromans ins Titanische.

Wo verschließt sich die ästhetische Erfahrung heute der Nacht, und wo tauchen überraschende, verborgene Kontinuitäten auf? Zu berücksichtigen ist aber, dass wir nicht einmal von denjenigen ‹Anfängen der Nachtästhetik›, auf die sich unsere Kultur in verschiedenen Anläufen zurückbezogen hat, genügende Seilstärke aufgenommen haben. Auch der archaische Bezugsrahmen muss also verstärkt werden. Die drei Stränge, von denen wir in diesem Band nur erst den Nachtleib beschreiben können, sind nicht die einzig möglichen, und man kommt mit ihnen nicht überall hin; aber sie sind symptomatisch genug, um anzuzeigen, wo ästhetisch relevante Fäden historisch fallen gelassen wurden und wo sich Fäden durch Verflechtung stärkten. Auf die Untersuchung des *Nachtleibs* können wir nach den bisherigen Erfahrungen nicht verzichten; er ist nicht nur der Leib in der Nacht, sondern hat auch die Nacht im Leib. Allein hieraus ergibt sich eine andere Dialektik der Nacht, als sie im bloßen Blick aufs dunkle Äußere zu sehen wäre. Auch die Nachtsprache als eine fundierende Kommunikationsform und soziale Agentur ist nicht denkbar ohne das innere Geschehen der Sprechenden, zu welchem auch all dasjenige gehört, was diesem Sprechen im Dunkel seiner jeweiligen Nacht liegt. Verständigungen über die Nachtsprache sind umso dringender, als wir ohne sie zwar Nachtbilder sehen können, aber vielleicht ohne zu wissen, dass sie es sind. Am Ende der drei Stränge hoffen wir auf ein tieferes Nachtverständnis. Dabei ist der Wunsch nach Tiefe vielleicht die erste richtige Entscheidung über den Weg.

1. Monster

Stabilität in Afghanistan war zu einer Chimäre geworden
FAZ, 20. 5. 2008
London erlaubt Chimären
HAZ, 20. 5. 2008

Das erste Kapitel im «Nachtleib» behandelt Monster, Leihkörper (zum Beispiel gespielte und metaphorische Monster) und Fahrten des Nachtleibs. Unter ‹Monster› fasse ich (Un-)Wesen, deren Population in allen Kulturen äußerst variantenreich vom bösen oder außermoralischen Gott bis zum Gegenbild unseres Leibes, ja zum enormen Bild von Leiblichkeit in unseren Träumen reicht. Zwischen diesen Polen wüten die allegorischen Personifikationen wie Monster des gefräßigen Staates oder das Monster der Vernunft, vor dem die Kirche die Aufklärung gewarnt hat.[757] Doch zunächst lässt eine vielen Monstern gemeinsame Affinität zum Nachtleib eine Behandlung an dieser Stelle geraten erscheinen. Die betonte außergewöhnliche Körperlichkeit kommt zum Beispiel in der enormen Größe, in der Gefräßigkeit und in der Fähigkeit, sich teilen, verbinden und verwandeln zu können, zum Ausdruck. Der semitische *Moloch* etwa, ein Stier-Mensch-Mischwesen, für das es auch in Israel Kinderopfer gegeben hat[758], ist für uns zum Sinnbild von Unersättlichkeit geworden. Auch Gespenster fasse ich als Monster auf, obwohl sie in gewissem Sinne eine defizitäre, ja negative Körperlichkeit aufweisen. Sie werden zwar in der Regel als Geistwesen aufgefasst oder als psychische Energie von Toten. Aber sie bringen es, apart vom Heimatkörper, zu einem Bild von Körper, damit sie erfahren werden können. Ihre, wenn auch vage, körperliche Erscheinung ist ein Argument ihrer Wahrheit. Wie die meisten *Totengeister* sind sie nicht feurig oder verschlingend, sondern schwach, saugend und bestrebt, jemanden zu etwas hinzuziehen.

Beide Gruppen tauchen, ähnlich wie eine dritte Gruppe von Naturgeistern (Elfen, Kobolde etc.), vorzugsweise nachts, vor unserm Leib in der Nacht auf. Wer so etwas sieht, gilt sich selbst, jedenfalls aber fur an-

757 Vgl. Anonymus: Traktat über die drei Betrüger. (um 1675–1700) Hamburg 1992, S. 6f.

758 Kl. Pauly, 3, Sp. 1399, und G. J. Bellinger: Knaurs Lexikon der Mythologie. München 1999, S. 334; im Weiteren als Knaurs Lex. Myth. zitiert.

dere, als nicht ganz da, nicht ganz helle, etwa gar umnachtet. Da ist der eine Leib in der Nacht, mit Nachteinschluss – der andere ist das Monster. Dieses ist umso mehr ‹da›, er‹scheint› besonders heftig oder eben monströs, als das Ich in der Nacht sich selbst nur noch wie der *eine* von zwei Leibern erscheint. Muss es auch, wenn man ansonsten kaum etwas sieht und das wenige, das man sieht, mönströs, jedenfalls ‹maßlos› wächst (allein schon deshalb, weil nichts Anderes zu sehen ist). Kein Wunder also, dass das erschreckende Wesen im Kontrast zur inneren Dunkelheit der Angst schneeweiß ist oder sogar leuchtet. Wir selbst finden uns allerdings monströs verwandelt unter den nächtlichen Wahrnehmungsbedingungen. In sehr dunklen Nächten, etwa bei Neumond auf dem Lande, sehen wir nur schwarz-weiß, und die sehr wenigen Sinnesdaten aus entfernten anderen Wahrnehmungsfeldern müssen mühsam (auch ergänzend, ahnend, phantasierend) verknüpft werden; sind wir nicht selber Mischwesen?[759] Unsere Hände haben Augen, unsere Augen riechen die Gefahr unter den «Tausend Augen der Nacht». Bevor uns Hören und Sehen vergeht, übertragen wir unsere Sinnesleistungen heftig in Richtung Synästhesie.

‹Auf der anderen Seite› spiegelt uns die Nacht ständig etwas vor. Ist die undurchdringliche Dunkelheit nicht die beste Leinwand unserer Vorstellungen? Sind nicht alle Erinnerungsbilder Spiegelbilder? Spiegelbilder von nie Gesehenem? Denn ein Spiegel zeigt zwar einerseits weniger, aber auch mehr von uns: einen andern *Raum*… (von uns, oder auch nicht). Schon tagsüber sehen wir nicht auf einen Spiegel (wie auf ein Bild), sondern *in* ihn hinein. Schon morgens können wir denjenigen, der *aus* dem Spiegel heraus und uns entgegentritt, fragen: «Das soll ich sein!?» Ist da also etwas, dunkel hinter unseren Augen, das nun sichtbar wird im äußeren Dunkel als fremdes Eigenes? Oder wird da etwas hinter unserem Körper sichtbar als real fremde Erfahrung (eine Gefahr zum Beispiel)?

Gewiss ist der Unterschied beachtlich zwischen einem imaginären Spiegelbild und einer realen Spiegelung ohne äußere Dunkelheit. Aber weiß man das immer, in welcher Dunkelheit man steckt, wenn man nicht weiß, ob man etwas sieht oder etwas vorstellt? Es könnte doch sein, dass der Vorhang der Nacht unmerklich aufgeht vor der fernsten realen, nur nächtlich sichtbaren Ferne. Oder dass eine bis dato verhüllte Spiegelflä-

759 «… wir sehen nachts sozusagen mit anderen Augen, nämlich mit jenen Rezeptoren, die man Stäbchen nennt.» Friese: Dunkles Wesen. S. 241.

che unsere Projektionen, unsere leidenschaftlichen Blicke, unser inneres Feuer auffängt, erwidert! (Der Mond, eine Göttin, die Barfrau.) Diese Überlegungen sind nicht nebensächlich. Der Wechsel zwischen den Anmutungen nie gesehener Nähe und nie gesehener Ferne erfordert eine Bereitschaft zur Realisierung der Tiefe, die noch dramatisch durch die Unkenntnis der Richtung hin oder zurück, nach innen oder außen verdoppelt wird. Diese ästhetische Randbedingung des nächtlichen Spiegelraumes prägt die Bedeutung, welche wir der Erfahrung des monströsen Körpers geben.

So kommt das Monster meistens genau auf einen selbst zu.[760] Wächst es nicht im selben Maße ins Unermessliche, in dem der fixierende Blick versucht, es zu bannen? Bannt es nicht uns, während, weil, indem wir es zu bannen versuchen? Siehe Medusa. Möglicherweise hängt die Spaltbarkeit oder Verdoppelung des Nachtleibs – und sei es im ‹Auge› des spiegelnden Schildes, durch den Perseus Medusa fixiert – mit der Möglichkeit der Übertragung zusammen. – Oder ist diese Abspaltung und Verdoppelung nicht sogar die Voraussetzung für die Scheinkörper, Ersatzkörper und Leihkörper, die wir an Kleidung, Rüstung, Maske und überhaupt im Theater des Lebens bestätigt finden? Mit dieser Übertragung des Nachtleibs werden am Ende des Monster-Kapitels die Bewegungsformen des Nachtleibs in den Vordergrund rücken, von denen ich einige symptomatische unter dem Begriff «Fahrten» zusammengefasst habe.

Fahren kann vieles anzeigen, zum Beispiel «aus der Haut fahren», auffahren in den Himmel, zur Hölle fahren usw. Es dürfte inzwischen klar geworden sein, dass der Nachtleib nicht nur den Körper und seine Funktionen umfasst, sondern auch mit seelischen und Bewusstseinsfunktionen versehen ist. So wird es nicht wundernehmen, hierunter auch die Fahrten des Vergessens und Erinnerns rubriziert zu finden, die, den Musen entsprechend, zu den zentralen ästhetischen Beweg- und Abgründen gehören. – Im Folgenden mag es manchmal befremden, so viele Monsterphänomene aus den verschiedensten Kulturräumen und -zeiten miteinander verschnitten zu sehen. Aber das machen die Kulturen immer schon. Genau das *ist* ‹cultura›. Und die heutige ist in der Jagd nach und in der Vermischung von Monstern aller Räume und Zeiten wahrscheinlich die beute-

760 Im Unterschied zu den eigentlichen Monstern huschen Nachtgespenster gerne nur vorbei, damit wir ihnen folgen, auf ihrem Pferd, in den See, ins Grab.

gierigste aller Zeiten. Eine zweite Berechtigung zu diesem phänomenalen Kosmos, der ein kontextuelles Chaos anrichtet, sehe ich in der Einschränkung auf das Problem des Leibes, der Konfrontation der leiblichen Gestalt, Organisation und Arbeitsweise mit denjenigen leiblichen Verhältnissen, die von den frühen Kulturen bis heute vergleichbar geblieben sind.

Monster sind nicht nur Erscheinungen der Fehlwahrnehmung und der (über)wachen Phantasie, sondern besonders auch des Traums. Als eine Variante von Verwandlungen repräsentieren Ungeheuer im Traum aber nicht nur etwas Verletztes und Verletzendes[761], sondern auch einen zeitlichen Aspekt des träumenden Nachtleibs selbst: eine Übergangsfigur, eine ‹auftauchende› Bedrohung, Erinnern des Vergessenen als phantasmatisch umgekehrte Explosion eines sich aus dem Innern des Dunkels entäußernden Wesens.[762] Wer nicht träumt, sieht auch keine Gespenster. Aber keiner träumt nicht. Das Träumen wird im Folgeband der «Nachtästhetik» (über Nachtsprache) noch eine große Rolle spielen. Hier sei nur an die dem Spiegeln ähnliche Oszillation der vermeintlichen Traumherkunft erinnert, an die kulturhistorisch wechselnde Zuschreibung des exogenen oder endogenen Traumgeschehens.

In Ovids «Metamorphosen» (Buch 11, Verse 592–677) sind die Träume Personifikationen, Kinder des Schlafgottes. Namentlich genannt sind dort Morpheus, der die Gestalt von Menschen annimmt (ein Meta-Morpheus wird), die geträumt werden, Icelos, der sich in Tiere verwandelt, und Phantasos, der als unbelebter Gegenstand in den Traum eintritt. Die literarisch-begriffliche Reflexion mindert ihre Monstrosität. Sonst wären auch sie reine Monster zu nennen. Icelor, der als Tier erscheint, wird auch Phobetor, Erschrecker, genannt. Man vergegenwärtige sich nur die Mischung von Hesiods Tartaros mit dem Schlafraum von Poes «Ligeia», als der sich der ovidische Schlafraum des Gottes Somnus (Schlaf) am Rande der Welt erweist, in dem auch die 1000 Traumpersonifikationen in Standby-Schlaffheit hausen. Sie umlagern den ewig schlafenden Vater in seinem

761 In H. B. Flöttmann: Träume zeigen neue Wege. Stuttgart u. a. 1998, S. 234 u. S. 218, werden Monster als häufig auftauchende und «verschlingende, verderbenbringende Elternfigur» beschrieben.

762 R. Powell: Träume deuten und verstehen. Neuhausen (CH) 2002, S. 55: Ein geträumtes Ungeheuer «kann auch ein Teil Ihrer Persönlichkeit sein, der Ihnen missfällt und den Sie lieber verstecken wollen».

«Bett von Ebenholz, mit dunklen Daunen gefüllt, bedeckt von schwärzlichen Laken» (Ovid, B.11, Vers 610). Das waren mal schwärzliche Wolken im Tartaros um Nyx …

Zum dritten zentralen Monster-Aspekt (neben Spiegelerfahrung und Traum) erklären die ‹Normalos› die realen menschlichen Missbildungen. Besonders das dramatische Auftauchen von Miss*geburten* stellt bei dem hohen Rang, den Geburten in Tierhalter-Kulturen haben, eine individuelle, soziale und manchmal kosmische Katastrophe war. Etwas läuft total ‹verkehrt›, eine radikale Umkehr tut not. Im Allgemeinen werden Verletzungen der Norm und des Normgefühls sowohl durch äußere Missbildungen als auch durch extreme innere Abweichungen gerne in die Monsterschubladen geschoben. Das reicht vom «Elefantenmann»[763] bis zu «Robert dem Teufel», einer französischen, dann deutschen und spanischen Sagengestalt, die ‹den Teufel im Leib› hat, sich aber auf den realen Robert I., Herzog der Normandie (1027–35), bezieht.[764]

Wie das Beispiel Pandoras zeigt, gibt es schon im Altertum auch außen schöne, innen aber ‹fatale› Monster. Allerdings lag die Betonung damals mehr auf den körperlichen Absonderheiten, was sich in Zeiten höherer plastischer ‹Gestaltungskraft› am Körper und zunehmender Irritation über die zukünftigen Möglichkeiten künstlicher Menschen durchaus ändern und sich am Ersatzbild psychischer Monster gesteigert abreagieren könnte.[765] Natürlich können wir inhaltlich die Vorstellungen der verschiedenen Kulturen auch in den sogenannten ‹Zeiten der Globalisierung› nicht über einen Kamm scheren. Von den realen Missbildungen gibt es einen Königsweg zur Erklärung als Monster und darüber hinaus sogar als

763 Der Film «The Elephant-Man» (USA 1982, Regie J. Hofsiss) soll keine mediale oder zeitgenössische Bevorzugung bedeuten. Ein literarisches Beispiel für die Vermonsterung eines Missgebildeten ist die Erzählung «The Monster» (1899) von Stephen Crane. Ein bloß rhetorisches Beispiel ist Byrons Drama «Der umgestaltete Missgestalte», in welchem der bucklige Arnold von seiner Mutter «Du Alp. Du Nachtmahr» und «Du Scheusal der Natur» genannt wird. Lord Byron: Sämtliche Werke. Bd. III. München 1978, S. 609.

764 Vgl. Miguel Ximeno Sánchez: Die Geschichte von Robert dem Teufel. Madrid 1588.

765 Siehe weiter unten das Kapitel «Monster sind Medien sind Monster».

Gott. Die Beziehungen zwischen Monster und Gott sind sowieso in manchen Kulturen als bis zur Symbiose intim zu bezeichnen.

In Indien, dessen traditionelle hinduistische Religion ein Mischwesen mit Menschen- und Elefantengestalt und eine Göttin mit hundert Armen anbetet, ist noch in diesen Tagen ein «Mädchen mit zwei Gesichtern» als Gottheit verehrt worden. Zu der nur wenige Monate alt gewordenen Lali mit einer doppelten Ausstattung an Augen, Mund und Nase, erschienen täglich «unzählige Besucher, um ihr die Füße zu berühren und ihr Geschenke zu bringen»[766]. – Das *Auftauchen* der ‹Missgeburt› ist ein eventuell traumatisches Erlebnis der Ausstülpung eines abstoßend abnormen Körpers aus einem vertrauten, gebärenden, der dadurch auf eine allgemeine Schuld der Familie oder der Mutter oder auf etwas Geschlechtliches, respektive Sexuelles hinweist.

Alle drei Monstrositäten – Missbildungen, Mischwesen (auch mit Spiegelbildern) und Übergangsfiguren des träumenden Ich – zirkulieren, im Traum, im realen Nachtleben und darüber hinaus in den künstlerischen Manifestationen (etwa als Metamorphosen). Die ungewollte Monster-Parusie in der Realnacht mag sich bei Tage als vorschnelle Fehlwahrnehmung oder Halluzination erweisen, und je aufgeklärter die Zeiten sind, desto schneller scheint man diese Täuschungen erledigen zu können. Desto häufiger aber erweisen sich die Träume als eine unabweisbare innere Realität. Die Phantasien der Völker, aber auch ihrer Dichter, kennen neben den Monstern der Realnacht und denjenigen, die *im* Traum auftauchen, noch diejenigen, die sie als *Ursache* ihrer Träume oder diesen entsprungene, jedenfalls darstellbare und dargestellte Monster behaupten: Nachtmahre und Alben, Truden und Trolle bezeichnen in der realnächtlichen Außenwelt etwas, das in der Traumwelt selbst ganz andere Inhalte mit ganz verschiedenen Gestalten ‹schickt› oder darstellt. Sie sind also Zwischenwelt-Wesen, die die Wichtigkeit des Verkehrs zwischen nächtlich-monströsem Innen und Außen dokumentieren.[767]

Dass diese Oszillation zwischen Innen und Außen zum Kern des Monströsen gehört, zeigen manche terminologische Zweideutigkeiten, etwa bei: der oder dem Nachtmahr (Albtraum). In den achtziger Jahren des 20. Jahr-

766 HAZ, 11. 6. 2008, S. 10: «Mädchen mit zwei Gesichtern ist tot».

767 Diese Monster 3. Grades werden im Exkurs «Fährten der Nachtpost» behandelt.

hunderts wurden die amerikanischen Monsterfilme, die seit dem Zweiten Weltkrieg traumatische Gewalterfahrung und das Gefühl der Ohnmacht gegenüber einer abstrakter, aber ‹vernünftiger›, weil wissenschaftlicher werdenden Welt mit Science-Fiction-Monstern (Mutationen wie «Tarantula») versucht hatten zu exorzieren, abgelöst durch Nightmare-Filme wie diejenigen mit ‹Freddy Krueger›, die alle Anstrengung darauf verwandten, das Bedrohliche immer möglichst unfixierbar zwischen den Kategorien ‹Albtraum› und ‹reale Gefahr› gleiten zu lassen.[768] Und sind wir Monster-Konsumenten nicht auch auf eine übertragene Art Monster – nicht durch das, *was* wir im Traum sehen, sondern dadurch, *dass wir* sehen, wo nichts zu sehen ist? – Es gibt also in gewisser Weise Monster. – Das Träumen wiederum hat nicht nur Raum und Zeit im *Nachtleib*, sondern artikuliert sich in *Nachtsprache* und *Nachtbild*. Deshalb wird es auch in allen drei Themenfeldern behandelt werden. Beginnen wir mit dem Hesiodischen Erbe.

Von Hesiod aus

Bereits bei Hesiod hatten die sechs ‹Fäden› (Körper, Raum, Stoff / Medium, Imagination, Auftauchen und Metapher) ‹immer schon› Anteil am Körperphantasma einer *inneren* Nacht, das in der endgültigen Ordnung der Götter, die Hesiod mit seinem Gesang herstellen beziehungsweise zeigen wollte, zu einer beherrschten *unteren*, fernen Nacht wird. Diese programmatische Leib-‹Ausrichtung› verwirft einen ‹verwerflichen›, monströsen Teil zugunsten eines ‹ästhetischen› (eben des ‹olympisch› orientierten) in den Tartaros von Tortur und Tod. Unter einen höheren Ideal-Leib wird auch der eigene, natürlich hörende und vorstellende Leib subjiziert (‹unterworfen›). Einerseits ist aber *das* nicht ohne Weiteres als zentrale Aufgabe der archaischen ‹Literatur› anzusehen, wie das Beispiel Homers zeigt, andererseits ist diese Leibpolitik keine theogonische Erfindung, sondern allgemein und ‹vorliterarisch› bei vielen ‹Kulturen› anzutreffen. ‹Dämonisierung› und anschließende Bezwingung der Drachen bedeutete immer auch eine exorzistische oder zügelnde Arbeit am leiblichen Träger

768 Das «Lexikon des internationalen Films», Bd. L-N. Reinbek ²1995, S. 4136, führt 15 Nightmare-Filme auf, worunter die thematische Geschlossenheit der 6 Nightmare-On-Elmstreet- Filme mit der Figur ‹Freddy Krueger› herausragt.

der Phantasie (wenn nicht am Drachenhaften der Phantasie als da wären: Maßlosigkeit, Formlosigkeit und Monomanie). Eine größere Ambivalenz gegenüber den Drachen wie etwa bei den Chinesen und anderen asiatischen Kulturen oder vielleicht bei den Kelten spricht wahrscheinlich für eine stärkere (unbewusste) Identifizierung mit dem Drachen als dem Repräsentanten des eigenen Leib-Bildes.[769]

All die theriomorphen (tiergestaltigen) oder chimärischen (mischgestaltigen), enormen, unmäßigen und ‹vermessenen› (hybriden) Wesen, die vom Leib (wie Geryon) oder von Teilen des Leibs zu viel (die Hunderthänder) oder zu wenig haben (der Kyklop), stimmen bei Hesiod darin überein, dass ihr jeweiliges Verhältnis zwischen Innen und Außen nicht stimmt. Sie sind in gewissem Sinne noch nicht geboren, weil sie noch kein *eigenes* Äußeres haben: Wenn sie nicht zu viel oder zu wenig Glieder haben, so sind sie zusammengesetzt, Chimären, Verschnitt von verschiedenen Gattungselementen, *emergente Selbstfremdheit*, mit dem Kopf *eines* Löwen oder wie die Echidna mit dem halben Leib *einer* Schlange.[770] Obwohl gerade ihr Äußeres Eindruck machen soll, werden sie als ‹Ausgeburten› der Phantasie nie zu Ende geboren sein (und unaufhörlich dramatische Veränderung, undurchschaubare Mischung und überwältigende Steigerung repräsentieren). Hochexpressiv im Gähnen, Brüllen, Feuerspeien und im Überfall aus dem Hinterhalt oder dem Abgrund, ‹verkörpern› sie eher Energie und Bewegung denn äußerlich fest gewordene Gestalt. Sie können aber auf verschiedene Weise nicht aus sich heraus (wie die Titanen, Uranos und die Kroniden), oder ihr Äußeres ist ungewiss oder von chamäleonartiger Aspekthaftigkeit wie das des Typhoeus.

Nun mag es illegitim erscheinen, Drachen und Ähnliches mit Mischwesen und missgebildeten Menschen ‹in einen Topf zu werfen›. Aber ich denke, eben das tat die früharchaische Phantasie, und Schefold nennt die Art, wie Medusa über die Abstammung von Uranos und Gaia «in die

769 Vgl. die Unterscheidung zwischen den vier Quasi-Natur-Drachen (mit vier Krallen) und dem Kaiserdrachen (mit 5 Krallen): Knaurs Lex. Myth., S. 297.

770 Zur Fremdbestimmtheit der äußeren Gestalt s. u. die Anm. 773 über die Etymologie von *monstrum*. In allen Kulturen fließen die Übergänge zum normalen Trophäen- und Kulturbeute-Betrieb der Anverwandlung. Athena trägt Medusa auf der Brust, Perseus trägt sie vor sich her.

göttliche Ordnung mit einbezogen wird», «tief griechisch»[771]. Nicht nur zeugen Göttinnen Drachen, gebären Monster Menschen (Chrysaor, Pandora) oder Wundertiere wie Pegasos, sondern aus Drachen werden auch Menschen. Kadmos, der Urkönig Thebens, besiegt einen Drachen, dessen Zähne er aussät. «Der Drachensaat entsprangen bewaffnete Krieger», Ahnen der später herrschenden Familien Thebens.[772] Die imaginäre Bereitschaft, mit Fremden, Feinden, Tieren nicht nur die Waffen zu kreuzen, sondern auch die «Gaben» (Gene), ist hoch entwickelt gewesen. Dies impliziert die Fähigkeit, physiognomische oder ‹seelische› Verwandtschaft zu wittern – und Ähnlichkeiten der Körpersprache.

Ähnlich schnell, wie die Phantasie bereit ist, Mitmenschen in phantastische Wesen umzuformen, haben auch die Monster bei aller ikonologischen Konstanz im Detail, besonders im Augenblick des Auftauchens, wenig Figur im Sinne einer bleibenden Bildung ihres Äußeren nach Maßgabe ihres Inneren. Sie weisen auf etwas Fremdes hin, oder sie täuschen etwas vor. Oder sie sind sich selbst fremd, weil sie verwunschen sind oder weil der Grund ihrer Monstrosität überwuchert ist. Ähnliche Züge wie die der Persönlichkeitsspaltung bei Mr. Jekyll und Mr. Hyde (Robert Louis Stevenson) lassen sich bei manchen Paaren von Monster und Heros zeigen: Drachen als Doppelgänger der Helden sind in ihrer Konfrontationsgeschichte allerdings therapieverträglicher als der schizoide viktorianische Wissenschaftler Dr. Jekyll.

Ein modernes Beispiel dieses Motivs ist der Film «Dragonheart» von Rob Cohen (USA 1996), in dem Drache und Drachentöter zu beider Vorteil einträglich (und heimlich einträchtig) ihrer Bestimmung nachgehen. Draco lässt sich zum Schein von Ritter Bowen erlegen, und der kassiert dafür bei den Dörflern ab. – Das Schicksal des Drachen ist indessen auch mit dem des hartherzigen Königs Einon verknüpft: Der Tod des einen ist auch der Tod des andern. Aber, und das gälte eben auch für eine umlaufende Volkssage: Indem die Vorstellung sie zu *Monstern* macht, die sich zeigen (*monstrare*) oder gezeigt werden, die als Objekte des Schauderns *gegenüberstehen*, bildet sich in der Ambivalenz des Schauderns eine ‹ordentliche› Leib-Vorstellung aus.[773]

771 K. Schefold: Früharchaisch, S. 76.

772 K. Kerényi: Mythologie 2, S. 33.

773 Etymologisch ist *monstrum* (latein.) aus *monere* (‹er/mahnen›) über *monestrum* abgeleitet und heißt «Mahnzeichen», also sinnverwandt mit griechisch

Das Phantomglied der nicht mehr vorhandenen Rückenmähne meldet in der ‹*Gänse*›haut, durch welche wir uns wenigstens als metaphorischen Mischwesen fremd werden, die leibliche Zusammennahme von Anschauung vorne und Rückenschutz hinten an.[774] Indem die Ungeheuer häufig «unheilbrütend» genannt werden, wie die Lernäische Schlange (Hal. 311, v. Sch. 313), ‹objektiviert› die Anschauung das Drohende, Nicht-Sichtbare des Verdachts dieses Warnbildes zur (Nieder-)‹Trächtigkeit› des Vorstellungsbildes. Im Sinne der Oszillation zwischen furchtsamer oder aggressiver Abwehr und der Überwindung dieser Abwehr ist es kein Widerspruch, wenn man sich heute bemüht, den Drachen lieb zu haben. Das ist die Fortsetzung des Monsterkampfes mit anderen Mitteln. Ein Beispiel ist die äußerst erfolgreiche Kinder- und Jugendroman-Trilogie des *Drachenreiters* Eragon von Christopher Paolini (2003 ff), die in 38 Sprachen übersetzt ist. Zwischen Eragon und seinem Drachen Saphira besteht eine «unwiderrufliche geistige Verbindung», die man als «innig» bezeichnen kann.[775]

Älter ist allerdings die unmittelbare Abwehr vermeintlich falscher und widernatürlicher Körper. Aber diese Abstoßungsreaktion ist umso heftiger, je näher der ‹abstoßende› (!) Körper am eigenen Fleisch und Blut wächst. An ihnen als der schauderhaften Ausnahme, an der Mahnung oder dem Strafzeichen zürnender Götter oder an den direkten Ergebnissen von Verfehlungen *der* Natur oder *gegen sie*, bildet sich die Vorstellung von natürlicher Ordnung und ‹objektiver› Norm.[776] Das wiederum sind Rationalisierungen, die kulturell variieren.

Älter und subkulturell allgemeiner verbreitet, weil mit der leiblichen Organisation verknüpft, ist der Schauder oder Schauer und das Gruseln

teras; es *zeigt* also in dieser Ableitung etwas, auch wenn es nicht von *monstrare* abstammt. Gerade deswegen aber konnte aus *monstrum* seinerseits *monstrare* entwickelt werden. Etymologisch sind folglich die Wörter für jene visuellen Manifestationen, die mit Zeigen zu tun haben, wie Monstranz und ‹Demo› vom monströsen Extrem des *monstrum* abgeleitet.

774 Bei einem, der in den Grimm'schen Märchen auszog, das Fürchten zu lernen, helfen denn auch keine Monster, solange nicht hinten am Rücken dieses Gefühl ausgelöst wird, das hier von einem Schwall nasskalter Fische herrührt. Grimm: Kinder- und Hausmärchen, S. 51.

775 Ch. Paolini: Eragon – Der Auftrag des Ältesten. München [7]2005, S. 13. Vgl. A. Gläser: Besiegeln wir sein Schicksal. In: FAZ, 25. 10. 2008.

776 Vgl. hierzu Schumacher, Monster.

oder Grausen. Dieser Affekt ist explizit nicht nach den kulturell verschiedenen Objekten, die ihn auslösen, zu differenzieren. Der Affekt reagiert auf einen dunklen äußeren Raum, in dem man sich zu befinden scheint, oder auf einen inneren dunklen Raum in einem selbst, der vielleicht früher da ist. Selbst Immanuel Kant, der gerne sortiert, macht kaum einen Unterschied zwischen dem Erhabenen und dem Ammenmärchen, wenn er erklärt: «Der *Schauer*, der den Menschen selbst bei der Vorstellung des Erhabenen überläuft, und das *Gräuseln*, womit Ammenmärchen in später Abendzeit die Kinder zu Bette jagen … durchdringen den Körper, so weit als in ihm Leben ist.»[777] *Überlaufen* und *Durchdringen* thematisieren dem Bewusstsein jenen Zusammenhang von Außen und Innen, ohne den kein Selbstbewusstsein leibhaftig bei Sinnen ist. – Kalt weht der Abendhauch … und treibt die Kleinen ins Bett.

Nun stellen die Hesiodischen Monster, trotz ihrer großen Zahl und ihrer spektakulären Wirkung auf die nachfolgenden Generationen und Jahrhunderte, nicht *das* Zentrum der Hesiodischen Nachtästhetik dar. Dennoch sind hier viele Themen, Assoziationskomplexe und außerliterarische Phantasmen bereits angesprochen, die in späteren Nachtästhetiken, verteilt auf Sondergeschichten von Genres, als Geschichte der Monster wieder auftauchen. Dass also in den Nächten aller Kulturen, Kulte und Medien so viel Gespenster ‹hausen›, ist keine der Literatur äußerliche, effekthascherische und jeweils nur zufällig ähnliche Manipulation, sondern Ausdruck der Tatsache, dass (phänomenologisch) die Nacht im Nachtleib beginnt und dass das Gespenst der äußeren Nacht selbst die Wiederkehr des Entnachteten bedeutet. Was immer diese Ungeheuer (als Fiktionen, Artefakte, Maschinen oder Inszenierungen) real bezweckten oder darstellten, eine Warnung, eine Tabuierung, eine Strafe, den Bestrafer, den Bestraften: Sie waren *entstellt* im doppelten Sinn des Wortes: einerseits verunstaltet, andererseits hinausgestellt in die Nacht der Fremdheit, die so sehr der inneren Nacht gleichen konnte, dass das Monster immer schon drohend auf einen zu kam.

Einige Aspekte der Monster als Repräsentanzen des Nachtleibs sollen hier angesprochen werden. Wie viel Leib ist eigentlich in dem, was «Nachtleib» genannt wird? Einen Hinweis gibt bereits das altgriechische *phantasma*, das

777 I. Kant: Anthropologie in pragmatischer Hinsicht. In: Ders.: Werke in zwölf Bänden. Bd. XII, Frankfurt 1968, S. 446.

zwar rein lexikalisch nicht etwas sehr Anderes bedeutet als «Vorstellung», aber doch von unserer alltäglichen Vorstellung der ‹Vorstellung› in dem Sinne verschieden scheint, als das Phantasma weniger willkürlich und spielerisch ist und eher etwas Unwillkürliches, wenn nicht gar Nötigendes, ja Zwanghaftes aufweisen kann. Hier scheint die leibliche Trägerschaft und Motorik jener Vorstellung, die wir Phantasma nennen, stärker repräsentiert zu sein. Ich weiß, dass ich jetzt in Teufels Küche komme, wenn ich noch ein weiteres Wort darüber verliere. Denn weder vererben sich Albträume, noch ist der spielende Leib weniger Leib als der albträumende oder zwangsneurotische. Auch möchte ich so wenig psychoanalytische Präzedenzfälle der Geschichte der Nachtästhetik schaffen wie möglich, um nicht voreilig einschränkend festzulegen, was sich zu ‹vererben› hat.

Selbstverständlich wandelt sich das Gesicht des Monsters, schon durch die Veränderungen in der Dingwelt und gemäß den technischen Möglichkeiten. Allein wenn wir bedenken, mit was für Implantaten *unser* Leib die Welt durchläuft, dann erkennen wir, dass unser Eigenstes historisch durchgängig die andere Seite seines Inneren neu definieren, erweitern oder einschränken und mit Fremdem arrangieren muss. Die Vorstellung von menschlichem Geschwistermaterial aus der Eizelle der Kuh, kann erschrecken, aber manchmal lädt sie dazu ein, sich mit dem Monströsen anzufreunden. Das will ich in dieser Allgemeinheit nicht bewerten. Vielleicht erlaubt ein im Genuss erfahrener Narzissmus sogar eine weiterreichende Integration des Fremden als willkürliche Empathie.

Was sind schließlich eine Maschinenfrau wie Pandora oder die Automate in Hoffmanns Märchen vom Sandmann gegen eine Rasier-Apparat-Pandora aus Stahl, welcher unter der Dusche ein Lustmechanismus aus dem Handgelenk fährt, das männliche Kinn zu caressieren?[778] Die Lotion, welche die Shave-Pandora dabei spendet, «schützt Sie vor Irritationen und lässt Sie jung aussehen». Der Held in dieser Zeitungsanzeige mit dem Titel «feel different» ist nicht etwa ‹vergafft› in die Androine aus schimmerndem Metall, mit der er sich unter dem Schauer der Dusche krümmt; schließlich ist er, bei geschlossenen Augen, ganz versunken in die innere Nacht seines Traums, der von der Berührung der Anderen ausgeht, der Maschine.

778 Gemeinsame Anzeige von Philips und Nivea Men, z. B. am 13. 5. 2008 in der FAZ.

Natürlich ist der historische und kulturelle Hintergrund immer im Kopf zu behalten – die Dusche etwa verändert folgenreich das Verhältnis zwischen Nacht- und Tagleben. Aber von innerhalb, vom Nachtleib aus, ist ein je ähnliches Übertragungsphänomen am Monströsen vergleichbar, das oft nur durch den äußeren Kontext in der *Bewertung variiert.* In den Träumen zum Beispiel ‹ging› immer schon alles mit allem. Ovid erfand zur notdürftigsten Sortierung die Götter Morpheus, Icelos und Phantasus. Wenn Artemidor im 2. Jahrhundert n. Chr. weiß, dass es eine gute Vorbedeutung hat, im Traum statt des eigenen einen Löwen-, Wolfs- oder Elefanten-Kopf zu tragen, weil man sozusagen über sich hinauswächst, so spiegelt diese Traumsphäre zunächst einmal die Realität einer anderen Bilderwelt wider.[779] So was träumt man heutzutage nicht mehr? Noch nicht – kann sich natürlich wieder einstellen, falls die elektronischen Filme und Spiele (zum Beispiel Ego-Shooter), ihre mangelnde Leibhaftigkeit weiter kompensatorisch verstärken durch ‹monströse› Inhalte.[780]

Dennoch muss methodisch auch eine ‹ahistorische› Rückbeziehung des historisch jeweils verschieden Phantasierenden auf gleichbleibende Aspekte des Leibes in Betracht gezogen werden, um fern von sozusagen außerleiblichen Bewertungskriterien die im weitesten Sinne ästhetische Verarbeitung am Leibe rekonstruieren zu können. Um die Reichweite dieser methodischen Trennung zu zeigen betrachten wir kurz Jesus Christus als Monster. Monster sind ja in der griechischen Mythologie nicht nur Mischwesen aus Maschinen und Menschen oder Tieren und Menschen, sondern auch Kreuzungen zwischen Göttern mit Menschen (Skylla, Otos und Ephialtes usw.).[781] Wenn der Menschensohn im 6. Jahrhundert v. Chr. in Griechenland erschienen wäre, hätte er in Konkurrenz zum Menschen-

779 Artemidor (von Daldis): Traumkunst. Leipzig 1991. Kapitel 37, S. 56.

780 Vgl. das Frankenstein-Motiv in allen Medien. Aber auch all die künstlichen Menschen wie in Terminator I f. oder in «Blade Runner» und im ganzen Science-Fiction- und Fantasy-Genre. Sie können attraktiv sein, weil sie gar nicht wie künstliche Wesen aussehen, sie können aber auch aus dem entgegengesetzten Grund liebenswert erscheinen.

781 Nicht zu vergessen die *Dämonen*, geistige Zwischenwesen zwischen Göttern und Menschen, die eben im Zusammenhang des Moralischwerdens der griechischen Götter in der Spätklassik immer gespenstischere Züge annehmen. Vgl. Burkert: Religion, S. 487.

sohn Dionysos gestanden, der vielen seinerzeit monströs erschienen ist (dem Pentheus des Euripides zum Beispiel oder den Tyrannen, die ihn als Schrecken der hybriden Vernunft aufbauten).

Nun gut, Jesus ist am Kreuz gestorben; aber auch Medusa wurde enthauptet; alle Monster haben schließlich dran glauben müssen, damit man nachher an sie als an Warnbilder hat glauben können. Da er aber im Kontext des jüdischen Heilsglaubens auftauchte, des rigorosesten Monotheismus seiner Zeit, konnte sein oszillierendes Wesen als heilsame Vermittlung zwischen Gott und den Menschen erscheinen. Abgesehen davon, dass viele seiner Zeitgenossen ihn nur für einen menschlich-weltlichen Thronprätendenten hielten, konnte sein Mittler-Wesen auch deshalb als ganz unmonströses Phänomen betrachtet werden, weil er auch zwischen dem Medium der anschaulichen Welt und der rigoros für wahr gehaltenen Schrift (der Juden) durch seine körperliche Existenz vermittelte. Günstig dafür, nicht als Monster zu gelten, war auch, dass er bald in jene Sphäre wieder aufstieg, an die man nur glauben konnte, und die, wenn man auch an sie glaubte, doch irgendwie nicht ganz so ‹da› war, wie die wirkliche Welt.

Und dann verwies er immer wieder auf die Schrift zurück. Seine ganze Existenz, prophezeit und erinnert, ist dem Medium der Schrift verbunden. Wäre er geblieben und König von Judäa geworden, wäre die Auseinandersetzung, wer er wirklich sei, dringlicher gewesen. Trotz all dieser günstigen Umstände hat die Irritation über Substanz, Subjekt, Natur und/oder Wesen des Menschensohnes die Jahrhunderte zum Teil heftigst beschäftigt und beunruhigt. Ist Maria nur so etwas wie eine Leihmutter, eine menschliche Kuh oder Petrischale, von der kein ‹Erbmaterial› in Gott eingeht? Zum Teil wurde das geglaubt. Seit dem Konzil von Nicäa (325 n. Chr.) ist es amtlich, dass Gottes Sohn zwar gezeugt, aber nicht geschaffen ist, göttlich ist, aber Schmerzen litt, Angst und andere Gefühle hatte – und eben sterblich war.

Dass im Menschen Tierisches und Göttliches sein kann – wurde durch die menschliche Existenz Gottes in Gestalt seines Sohnes eher denkbar. Der entscheidende Punkt, Jesus von einem Monster oder Mischwesen zu unterscheiden, ist aber etwas kaum Vorstellbares: Tertullian nennt die beiden Teile Christi: vereint, nicht vermischt. Credo quia absurdum. Erst als man selbst immer differenzierter in sich hineinsah, verstand man die Richtung, in die das gehen konnte: im Selbstgespräch der Seele, wie es Augustinus pflegte. Seitdem ist Christus eine ‹offene Gestalt›, deren Offenheit oder Vieldeutigkeit nur insofern nicht als Skandal gesehen wird, als es den *Corpus* ‹Schrift› gibt – auch wenn man an sie, die Heilige, ‹glaubt›: eine Realität zweiten Grades, in die man mehr hineinlesen kann, die offen ist für den Herzschlag des Lesers.[782]

Im antiken Spiegel

Wenn allerdings versucht werden soll, bei Hesiod (und seinen Bearbeitern) *ästhetische* Darstellung von spezifisch *phantastischen* Motiven zu trennen, so darf nicht der irreführende Eindruck entstehen, als gäbe es überhaupt phantastisches Rohmaterial, besonders primitiver und ‹wilder› allgemeiner Vorstellungen oder Wahngebilde, frei von jeder kulturellen Infektion. Hesiod kennt 27 Monsternamen (ohne Pegasos, Pandora und diejenigen Sammelnamen gerechnet, die bereits durch Eigennamen vertreten sind). Auch unter dem Namen der Nacht sind bei ihm einige ehemalige Monster versammelt, und Grund, sich vor ihnen zu erschrecken gibt es wahrhaftig: Es sind die drei Todesarten, die Schicksalsgöttinnen und Nemesis. Aber die bezweckte Evokation der Affekte wird durch eine Tendenz zur Allegorie ästhetisch abgeführt. Sie sind verhasst, voller entsetzlicher göttlicher Wut, und sie verfolgen mit vernichtendem bösem Blick (Th. 211). Aber schon die Namensgebung und ihr nächtlicher Familienanschluss, Analogien, als Geschwisterbande symbolisch getarnt, sind Ästhetisierungen – mit Vorbildfunktion. Selbst ein hypothetischer Wahnsinniger des 8. Jahrhunderts v. Chr. war geprägt von Phantasien und Phantasmen an und in Gesängen, Spielen und Bildwerken. Die Grenzen sind fließend, und das so genannte phantastische Material ist immer schon kulturell, ja fremdkulturell umlagert, belehnt und geprägt oder ist assoziiert mit kulturell Durchgeformtem.

In seiner «Ästhetik des Horrors» (1994) memoriert Hans Richard Brittnacher die These von Friedrich Schatz (1901), dass alle Monster der griechischen Antike (im Widerspruch zur schönen Idealität der

782 Zum nachtästhetischen Doppelcharakter der Passion Christi siehe in B. 5 den Abschnitt: «Lamm Gottes».

Kunstkörper) ursprünglich reale Mißgeburten gewesen seien.[783] – Doch auf ein extrem abnormes real-menschliches Wesen (etwa mit zwei Köpfen)[784] kamen um 700 v. Chr. vielleicht 100 bildliche Darstellungen von Kämpfern mit zwei Köpfen auf bronzenen Plattenfibeln, Weinkannen und anderen Gefäßen[785]. Und um 600 v. Chr. kamen auf eine Missgeburt vielleicht 1000 Sphingen oder Chimären, etwa als Dekor auf Vasen aus orientalischem Warenverkehr – Dazu die unendliche Reihe anscheinend reiner Phantasie-Geschichten! In allen Räumen und Zeiten ähnliche Muster der Abnormität! Woher kommen all die Drachen? Die vedischen und keltischen, die sumerischen und biblischen, die chinesischen und amerikanischen, die griechischen, habsburgischen und angelsächsischen? Woher die Drachen im Tschad, in Burkina, Faso, Niger und Mali?[786] Sie waren vorchristlich und nicht nur indoeuropäisch. Woher bezogen «die über sechzig heiligen Drachenüberwinder der katholischen Kirche» ihren Rohstoff, wenn es diese genetische Konstanz naturaliter nicht gab?

Viel Phantasie wird bei der Beantwortung solcher Fragen wach, etwa wenn behauptet wird, dass Drachen nicht die «Ausgeburt der Phantasie» (Krischke) seien, «sondern des Versuchs, ein merkwürdiges Phänomen zu begreifen: den Regenbogen»[787]. Dieses Himmelszeichen sei ein kulturübergreifendes Vor-Bild, für Wesen, die sich ansonsten unmöglich realiter mit dieser phänomenalen Konstanz über alle Erdteile ausgebreitet haben können. Aber einerseits sind die zuständigen Wettergottheiten (wie

783 H. R. Brittnacher: Ästhetik des Horrors. Frankfurt 1994, S. 186; darin: F. Schatz: Die griechischen Götter und die menschlichen Missgeburten (1901). Nachdruck Amsterdam 1968.

784 Homer erwähnt in der Ilias (2, 621) die siamesischen Zwillinge Ktéatos und Eúrytos, Söhne der Moline und zweier Väter (Poseidons und des Sterblichen Aktor). Weder wird die Vereinigung verschiedener männlicher Samen in einem gemeinsamen Rumpf, noch die monströse Verdopplung der Glieder als furchtbar beschrieben.

785 Besonders aus spätgeometrischer bis früharchaischer Zeit sind viele Darstellungen überliefert. Siehe Schefold: Früharchaisch, S. 96 f.

786 Vgl. J. Knappert: Lexikon der afrikanischen Mythologie. Weyarn 1997, S. 87.

787 W. Krischke in: «Geschuppter Fischleib», in: FAZ, 3. 1. 2001, S. N5, über die These von R. Blust: The Origin of the Dragons. In: Anthropos, Bd. 95, H. 2, Fribourg 2000.

Iris) keineswegs ebenso deutlich mit Drachen verbunden oder gar Drachentöter, und andererseits sieht ein Drache keineswegs häufig wie ein Regenbogen aus. Ein bei Homer erwähnter «purpurschuppiger» Drache als «sema» des Zeus leuchtet nicht schön wie ein Regenbogen, sondern ist «gräßlich zu schauen» (Il. 2, 308) – wie das Zwischenprodukt aus der Purpurschnecke zur Herstellung des Purpurfarbstoffes: schmutzig grüngrau.[788]

Außerdem mag es zwar autochthone Hervorbringungen von Drachen geben, aber auch Kulturtransfer ist nachweisbar. Man wird nicht umhin können, eine Mehrzahl von Impulsen anzugeben – wie es auch immer schon eine Mehrzahl medialer Gründe gab, in denen Drachen hausten. Dies könnte zwar eine phantastische Wahlpräferenz bedeuten. Doch stecken hinter verschiedenen Medien meistens auch verschiedene soziale oder religiöse Funktionen. Drachen, als auslegungsbereite Himmelszeichen von Zeus geschickt, sind andere Drachen als symbolisch-rational kom-ponierte Mischwesen in einer ausgefuchsten Rätsel-Kultur; und das sind wieder andere, als jene, deren Anblick erschrecken soll. – Doch alle sind Monster: zum *Zeigen* (monstrare) bestellt und mit menschlichen Anteilen versehen. Gemeinsam ist ihnen oft ihre senkrechte Emergenz, ihr Auftauchen von unten und/oder ihr Flug – und/oder ihr eigener Ausbruch oder der Ausbruch ihres inneren Feuers. Ihre echsenartige Oberfläche weist aber ebenso auf real tierische Herkunft wie auf Wappnungsphantasien (durch Vermischung mit Metall) hin.

Trotz der verwirrenden Vielzahl der Phänomene und sozialen Bereiche, in denen seit alters her bis heute von Monstren geredet wird, gibt es eine erstaunliche Konstanz der enorm leiblichen Wesen, und die beruht auf dem Zielen nach der innerleiblichen Wirkung ihrer Adressaten. Hierin ist das *monstrum* verwandt mit dem *teras* Homers: Es ist szenisch. Es geht nicht um ‹tote› Objekte, eher um Erlebnisweisen von hoher Evidenz bei fragwürdiger Objektivierbarkeit. Zuweilen hat das vermeintliche Objekt keinen Objektstatus, ist nur ein bedrohliches Phänomen. Das plötzliche Auftauchen, das bedrohliche Anwachsen/Näherkommen und das Ausstülpen/Entbergen von Gefahr sind vermeintliche Ereignisse, die sehr ähnlich ihrer inneren Verarbeitung bei den Subjekten sind (nämlich dem Auftauchen von Angstvorstellungen und ihrem Ausdruck).

788 Vgl. M. Bruns: Das Rätsel Farbe. Stuttgart 1997, S. 172.

Nehmen wir die Feuer-Eruptionen aus dem Innern von Drachenleibern. Sie mögen phantastische Verarbeitungen von Vulkanausbrüchen sein; entscheidend ist ihre phantasmatische Verleiblichung. Während der längsten Zeit der Geschichte(n) von Monstern, die Feuer speien oder aus ihren Augen sprühen, glaubten bezeichnenderweise die Menschen auch, dass das Sehen ein Ausstrahlen von Licht sei, das, weil es vom Dunkel des Leibes umgeben war, besser «Feuer» genannt werden sollte.[789] Dieser monströse innerleibliche Brand des Drachen zum Beispiel wird nun zugleich als Kohldampf eines Lebewesens phantasiert, wohl doch, weil man weiß, was Hunger ist. Nun hat man am feurigen Monster Angst, verspeist zu werden. Die Feuers‹brunst› wird in vielen Kulturen als Monster dargestellt. Hier reicht dann die kontrastive Umgebung der Dunkelheit zur leiblichen Hülle dieser verzehrenden Energie, selbst wenn man ‹eigentlich› nicht mehr an Monster glaubt und nur von einem Feuer-Ausbruch spricht, wie Jakob Michael Reinhold Lenz (*1751):

> Feuer
> Von dem falben, fürchterlich widerscheinenden Kirchturm
> Brüllet die Feuerglocke hinunter: und alles wird rege.
> Menschen, in der Dämmerung unkenntlich, stehen von ferne,
> Ringen die Hände und rufen laut: Da ist keine Hülfe!
> Die entlegensten, schwärzesten Gassen durchmurmelt ein hohles
> Und verwirretes Sprechen: man klaget die Elenden, deren
> Häuser das flammende Monstrum verschlingt und fürchtet den
> Rachen.[790]

Wenngleich der imaginativ-affektive Wirkungsbereich derjenige ist, nach dem man die Monster-Szene zu bewerten hat, ist das Monster eine eminent (nacht-)ästhetische Kategorie, auch wegen der für diese Wirkung berechneten Artefakte und Machinationen. Für Schiller zum Beispiel beginnt die Ästhetik mit der Bezwingung der Monster (die wir waren, als wir noch an sie glaubten). In seiner «ästhetische[n] Erziehung des Menschen»

789 Vgl. ebd. den Abschnitt «Das Augenfeuer und die vier Farben», S. 14 f.

790 J. M. R. Lenz: Feuer. In: Ders.: Gedichte. S. 48, Dig.Bib. Deutsche Literatur von Luther bis Tucholsky, S. 343492. Beachte das flackernde Anwachsen der Versflammen.

parallelisiert er den Übergang von Orient zu Okzident mit dem Mündigwerden des Individuums, das mit einem freien Denken einsetzt, welches jede Macht als ein *Objekt* zu setzen in der Lage ist:

«Jedem Schrecknis der Natur ist der Mensch überlegen, sobald er ihm Form zu geben und es in sein Objekt zu verwandeln weiß. So wie er anfängt, seine Selbständigkeit gegen die Natur als Erscheinung zu behaupten, so behauptet er auch gegen die Natur als Macht seine Würde, und mit edler Freiheit richtet er sich auf gegen seine Götter. Sie werfen die Gespensterlarven ab, womit sie seine Kindheit geängstigt hatten, und überraschen ihn mit seinem eigenen Bild, indem sie seine Vorstellung werden. Das göttliche Monstrum des Morgenländers, das mit der blinden Stärke des Raubtiers die Welt verwaltet, zieht sich in der griechischen Phantasie in den freundlichen Kontur der Menschheit zusammen, das Reich der Titanen fällt, und die unendliche Kraft ist durch die unendliche Form gebändigt.»[791]

In solcher idealistischen Einschätzung wäre Hesiod, der Sänger der Titanen-Niederlage, der Begründer der abendländischen Ästhetik (und seine ‹Nacht›-Ästhetik bezeichnete den Übergang zu dieser). Aber selbst Schiller weiß, die Monster kehren immer wieder, selbst wenn man nicht an sie glaubt. Da ist zum Beispiel die Natur, etwa des Feuers. In seiner Tragikomödie «Turandot» gibt es das Rätsel des Blitzes, jenes zu ratenden Feuer-Ungeheuers, das als gefräßige Schlange beschrieben wird.[792]

Die Natur muss mal wieder den Sündenbock spielen. Dabei hat Schiller einen wertvollen Hinweis gegeben, indem er mit der «Gespensterlarve» eine doch wohl irgendwie leiblich zu denkende Umhüllung anspricht, die zur Grundausstattung dieses Naturwesens gehört. Da die Götter Vorstellungsbilder der Menschen sind, werfen (auch) die *Menschen* ihre Gespensterlarven ab, wenn die Götter es zu tun scheinen. Halten wir also zunächst den gestischen, szenischen Aspekt am Monster

791 F. Schiller: Über die ästhetische Erziehung des Menschen in einer Reihe von Briefen. Dig.Bib. Deutsch. Lit. S. 479099; vgl. F. Schiller: Sämtliche Werke. München 1962, Bd. 5, S. 652.

792 «Und dieses Ungeheuer / Hat zweimal nur gedroht – / Es stirbt im eignen Feuer, / Wie's tötet, ist es tot!» F. Schiller: Rätsel aus Turandot. Dig.Bib. Dtsch. Lyr., S. 92789; vgl. Schiller: Sämtliche Werke, Bd. 1, S. 447.

fest und sodann die Ambiguität zwischen dem Fremdesten und dem Eigenen, das Schiller hier als Natur verhandelt. Auch von der wichtigen Einschätzung, dass es vor allem auf die psychische, das heißt die imaginativ-affektive Wirkung der virtuellen Lebhaftigkeit ankomme, brauchen wir uns nicht zu verabschieden, wenn wir uns jetzt den Artefakten und Monsterdarstellungen zuwenden. Wohl wahr, zum Monster-Erlebnis gehört eine schwierige oder unmöglich scheinende Objektivation; doch die kann auch durch einen kunstvoll dargestellten Gegenstand oder eine hinterlistige Inszenierung erreicht werden. Schon die Komposition unzusammengehöriger Elemente kann das Immun-System der Vorstellung gegen das Wahrnehmungssystem in Verwirrung und in Alarmbereitschaft versetzen, was dann durch die Emergenz, durch das Auftauchen, Näherkommen und offenbarende Umstülpen oder Sich-Entlarven und Ent-Puppen zu Panik führen kann. Auf die monströse Erlebnisweise werden wir noch zu sprechen kommen. Einstweilen zu den Objekten:

Für das allgemeine Kultivieren der dann auch verwandelbaren Schreckbilder waren im ‹*Einzelfall*› tatsächlich etwa einäugige Missgeburten ‹vorbildlicher› in ihrer traumatisierenden Wirkung als entsprechende gegenständliche Darstellungen oder Erzählungen. Aber in welcher Richtung die Prägekraft eine höhere Auflage erreichte, scheint ebenso klar: Eher wird es so gesehen worden sein, dass eine wirkliche einäugige Missgeburt in Beschreibungen, ja tendenziell schon in der vermeintlichen Wahrnehmung, jenem mythischen Kyklopen nachempfunden wurde, der sein Sehorgan schön kreisförmig und stirnmittig im Gesicht hatte (was man sich übrigens mittels einer falschen Etymologie vom Wort her ausgemalt hatte). Die bildlichen Darstellungen der archaischen Zeit ähneln noch weniger realen Missbildungen, als das schon bei literarischen Darstellungen der Fall ist. Hier wird der Typ der Mischwesen bevorzugt, also mit Flügeln und/oder Schlangenleib. Zudem sind die medialen Anforderungen, um eine erschreckende Wirkung zu erzielen, so verschieden von denen der Gesänge, dass von einer ganz anderen Kombination von Monstergestalt und monströser Gestaltung gesprochen werden muss, von anderen ästhetischen Kriterien, die hier wirksam werden. Eine hübsch verschlungene Ornamentik etwa geht im 6. Jahrhundert v. Chr. mit dem Drachenleib des Typhon oft eine derartig *schöne* Mesalliance ein, dass dieses ‹Ungeheuer› kaum noch schreckt und keine

Chance gegen die ausschreitende Kraft des Zeus hat.[793] In der jeweiligen *Vorstellung* wiederum vermischt sich die größere ikonologische Breitenwirkung der ästhetischen Objektanschauung mit dem Horror einer Missgeburts-Begegnung.

Andererseits ist von heute aus kaum noch zu ermessen, wie tief der Abgrund und die Dunkelheit um ein Bild, um etwas Dargestelltes und um die Darstellung überhaupt und immer schon sind. Zu der monströsen Verquickung von Opfer und Täter in der Differenz von Darsteller und Dargestellten bieten die rituellen Anfänge des griechischen Theaters hinreichend Belehrung.[794] Zu den Bild*gegenständen* ist hier zu sagen, dass ihnen in frühester Zeit in einer affektiven Oszillation aus Angst, Scheu und Schauder einerseits und Triumphgefühl, Freude und Machtbewusstsein andererseits (wenn man sie nämlich besaß) begegnet worden ist. Es muss früh an ihnen die Ahnung einer nicht geheuren Differenz aufgekommen sein, dass sie nicht das waren, was sie vorstellten, dass gleichwohl hinter der Täuschung eine Macht sich in Dunkel hüllte, mit der nicht zu spaßen war.

Das Wort *eidolon*, Vorläufer unseres ‹Idols›, bedeutete einerseits «Gestalt» (etwa bei Homer), «Gebilde», «Schatten» – und «Trugbild»; aber andererseits «Nachbildung» und «Bild».[795] Dass für alle Phänomene das gleiche Wort eingesetzt werden konnte, mag ein Hinweis auf die allen Bildern gemeinsame und äußerst beunruhigend gewesene Tatsache sein, dass diese ‹Realität› *driftet* zwischen den Bedeutungen ‹gegenständliches Objekt›, ‹Realität hinter der Erscheinung› und ‹innere Realität der Phantasie›. Diese Gebilde wurden aber gefunden, gebildet, besessen, geraubt, geschändet und verehrt. Monströs sind in gewissem Sinn allein schon ihre Macht und die Nacht ihrer Herkunft und Verwendung.

Mit der Verstärkung der Abbildungsanmutung von *eikones auf* den Gebilden in archaischer Zeit ändert sich allerdings der Status dieser Ge

793 Vgl. Schefold: Früharchaisch, Abb. 196–199, S. 196f.

794 Siehe die Abschnitte «Bauch und Gott» I und II im Nachtmahlskapitel.

795 Siehe Benseler und Pape, Artikel *eidolon*. Im Gegensatz zur Gestalt-Bedeutung konnte das Wort später bei den Stoikern die Bedeutung ‹Bild in der Seele› › ‹Vorstellung› bekommen, während die Bedeutung ‹Bild› im Neuen Testament Richtung ‹Götzenbild› wanderte, das religiöse Verehrung genoss.

fahr, indem die Differenzierung zwischen Wahrnehmung und Vorstellung verstärkt wird.[796] Das Gebilde (zum Beispiel ein Krug), auf dem sich eine Gorgo-Darstellung befindet, vermittelt zwischen Ansicht und praktischer Absicht (etwa des kultischen, politischen oder haushälterischen Gebrauchs) ebenso wie, bei dem Weg nach ‹innen›, zwischen der Anschauung des Gegenstandes und dem Erinnerungsbild eines Schreckens. Angesichts aber der Tatsache, dass, seit es Monster-Darstellungen oder -Erscheinungen gibt, diese im Raum kultureller Absichten ‹brüten›, kommt es trotz des eventuellen phantastischen Mischmaschs im Kopf für die Beurteilung der Phänomene und Objekte entscheidend auf mediale Besonderheit und den Kontext ihres Gebrauchs an. Nur im Kontext der Wahrnehmung ist zu ermessen, ob die jeweiligen Differenzierungen, etwa zwischen dem Idealen und dem Abnormen, mit ästhetischen, religiösen oder sozialökonomischen Kriterien zu erörtern sind, oder ob es ‹nur› um die dramatische psychische Konstituierung der Unterscheidung von Selbstwahrnehmung und Gegenstandswahrnehmung geht.

Im Übrigen wird vielleicht die ‹wissenschaftliche› Phantasie bei ihrer monsterfeindlichen Rubrizierung auf falsche Monsterspuren irregeleitet, wenn sie sich an ikonologisch festgelegten Typen orientiert. Die genremäßige Monsterindustrie zum Beispiel im ‹orientalisierenden Stil› der plastischen Kunst ist nämlich qua Genrehaftigkeit bereits erheblich geminderter Schrecken, wenn nicht gar ein bloßes Spiel mit ihm. Wie viel erschreckender kann da die oft überraschend schwankende Wahrnehmung an jenen Mischgebilden sein, die wir «anthropomorphe» oder «zoomorphe» Gefäße nennen, und die im ganzen ostmediterranen Raum bis nach Südrussland und China um die Referenzzeit 700 v. Chr. herum schon lange verbreitet sind.[797] Die Tonkanne, die zugleich eine hockende Gorgo ist, erschreckt allein schon durch den Gegensatz der Funktionen (Erschrecken und Trinken), was vielleicht auch der Zweck dieser Figur war.[798]

796 Vgl. zu dieser Diskussion: J.-P. Vernant: Das Bild, das Imaginäre, die Imagination. In: Ders.: Mythos, S. 177.

797 Im nahen Balkan gibt es Monsterfiguren seit dem 6. Jahrtausend, vgl. Kruta, Anfänge, S. 77, S. 88. – Gefäße in Menschengestalt gibt es auch in Anatolien seit dem 6. Jahrtausend, siehe: Badisches Landesmuseum: Vor 12.000 Jahren, S. 200.

798 Schefold: Früharchaisch, S. 80.

Schon die nur metaphorische Pfropfung eines Menschenbildes mit einem Gefäß überträgt oft keine physiognomische Ähnlichkeit, sondern eine Funktion wie Ausgießen oder Speien (was vielleicht auch einiges über die elementaren Formen der Metaphorisierung, der Über-Tragung also, aussagt). Dabei kann etwa ein Mund extrem vergrößert, können Glieder extrem verstümmelt sein. Die wahrnehmende Realisierung der Bestandteile dieser Vereinigung, aus Frau und Kanne etwa), muss jeweils zurück zu den Bestandteilen der Wahrnehmung von Frau und Kanne, die von hier aus als Verstümmelte realisiert werden können, um dann wieder monströs zusammengesetzt zu werden, um schließlich der konstitutionell durch die Metapher bedrohten Funktion, etwa als Ausgießer oder Lichthalter, nachzukommen. Das ergibt neue Auslöser für phantastische Monster im Kopf, die gleichsam oszillatorisch, als Wackelbilder, hergestellt werden. Dieser *Vorstellungs*schwindel ist genau so als Mitursache für die monströse Wirkung des Endbildes verantwortlich zu machen wie der bereits im hergestellten Bild fixierte *Lügen*schwindel.

Solche imaginären Akte sind auch für ein versuchsweise positiveres Verhältnis zu den Monstern notwendig, wie es Brittnacher vorschwebt. Er geht von einem heuristischen Modell des (phantasierenden) Menschen aus, der sich zwischen idealem Leib auf der einen Seite und dem Tier auf der andern Seite situiert sieht – und plädiert dann grundsätzlicher für einen menschenfreundlich erweiterten Solidaritätsbegriff. (Ästhetik, S. 183) Dass es sich bei den Repräsentationsformen des Idealen häufig um Göttliches handelt, bei dem Monströsen aber eher um das Tierreich, lässt er zwar anklingen; aber es spielt keine Rolle für die Beurteilung seines Verhältnisses zu diesen Körpern. Natürlich stammen wir *heute* von den Tieren ab, aber in der Bibel und bei Hesiod waren wir am Anfang den Göttern gleich – und diese waren oft monströs. Bei Hesiod kommen denn auch keine *menschlichen* Fehlbildungen vor, sondern nur göttliche Monster, und diese Monster stammen von ferneren oder älteren Göttern.

In den «Ehoien» erwähnt Hesiod die siamesischen Zwillinge Kteas und Eurytos, die nach ihrer Mutter Moli(o)nen oder nach ihrem Vater Aktorionen genannt werden. Unter dem letzteren Namen sind sie als Bildthema bereits angesprochen worden. Hesiod nennt aber zwei Väter, nämlich Aktor und Poseidon. Und auch Aktor selbst stammt väterlicherseits über Myrmidon von Zeus ab. Auch Moli(o)ne, die mutterlos aufgewachsene Mutter der ‹Monster›, ist wahrscheinlich eine Unsterbliche (Ehoien

10, 10). Diese mehr als halbgöttlichen Wesen, deren Linie sich über die Mutter des Aktor, Peisidike, bis auf das Paar Prometheus und Pandora zurückverfolgen lässt, also auf die ersten, titanoiden Menschen, sind Repräsentanten eines, vielleicht matrilinearen Königtums in Elis (Kl. Pauly 3, Sp. 1399), erscheinen aber bei Homer als ganz normale Zwillinge (Il. 23, 641).

Ihre frühere monströse Verfremdung durch Hesiod steht aber keineswegs isoliert da, sondern wird begleitet durch die Bildbearbeitung des Themas der Aktorionen in der zweiten Hälfte des 8. Jahrhunderts. Selbst hier noch sind diese durch ihre Taten keineswegs als Unholde ausgewiesen. Allerdings ist ihr (unfairer) Gegner das Ungeheuer Herakles (im Löwenfell), der seine Gegner gerne zu Ungeheuern macht ... Was auch immer der Grund für die fingierte Monstrosität sein mag – die Verächtlichmachung feindlicher Stärke oder eines anderen Sozialverbundes, eine Irritation bei Doppelwahrnehmungen oder paradoxen Ähnlichkeiten verschiedener Bezugsquellen: Wahrnehmungen von Ungeheuern, Monstern, Missbildungen sind nicht der *Ausgangspunkt.* Die theogonischen Monster entstehen zum erhabenen Zweck der Affektbewältigung in der Vorstellungsarbeit und sind deshalb anders zu erleben als die täglich benutzten Monster auf der Gürtelschnalle, und diese wieder anders als die unvordenklichen Missgeburten.

Natürlich hat Brittnacher recht, alle monströsen Manifestationen zunächst als Projektionen menschlicher Gefühle oder leiblicher Befindlichkeiten zu vermuten; aber religiöse, ästhetische oder psychologische Beziehungen zu diesen Projektionen und ihren Produkten unterscheiden sich schon bei Hesiod voneinander und ebenso in allen folgenden Zeiten. Die sichtbaren, inszenierten oder verdunkelten Monster im sozialen Raum zeigen jeweils erst, *welche* psychischen Inhalte exorzisiert oder integriert werden müssen. Brittnacher zum Beispiel argumentiert aus einer eher romantischen Position heraus, wenn er sagt, «der jeweilige empirische Mensch» bestimmt sich «durch seine Abweichung vom Idealmenschen: Gerade das, was an ihm eigen ist, seine Einzigartigkeit verbürgt, ihn vom virtuellen Idealkörper unterscheidet, das also, was seine Identität ausmacht, bedeutet zugleich den verhaltenen Tribut der Hässlichkeit seines Körpers an das Monströse. Das prekäre Verhältnis des Menschen zum Monströsen verdankt sich der eigenen Teilhabe an ihm.» (Ästhetik, S. 184)

Aber diese Sympathie fürs Monster ist ein Produkt der modernen Entzauberung und Humanisierung. Die absolute Fremdheit und Unverständlichkeit des archaischen Phantasten im Verhältnis zu seinen Phantasien ermöglichte überhaupt erst das ‹Auftauchen› dieser Manifestationen – die dann, ganz aufgeklärt, als Popanz entlarvt und zu Objekten anderer Spiele verzweckt werden können. Dass noch bis auf den heutigen Tag die archaischen Gespenster reanimiert werden müssen, deren Namen eingetragene Warenzeichen werden, zeugt von einer gewissen Phantasielosigkeit des modernen Menschen, die von seiner Selbstbezogenheit herrührt. ‹Selbstbezogenheit› kann man auch als Konsequenz der Schrumpfung eines abergläubischen, projektiven ‹Objektivismus› positiv: als reflektiertes und kritisches Bewusstsein, beschreiben. Aber die Setzung eines ‹erhabenen›, entgegengesetzten Lebens, das als fremdes Wesen entgegenkommt, ist damit erschwert.

Brittnacher rennt darum offene Türen (zur Hölle in uns) ein, wenn er Sympathie für das Monster fordert. Denn seit der Entmachtung der unheimlichen Mächte fehlt dem aufgeklärten Bewusstsein sein unaufgeklärter Teil, und schon die Romantik macht das Monstrum zum Monument des Verlustes der Einbildungskraft. Seit 40 Jahren ist das Untier ein Kassenknüller; und es (etwa als Kuscheltier) zu umarmen, ist das betrüblich untrügliche Zeichen jedes vernunftbegabten Menschen, dass ihm etwas fehlt.

All die pädagogisch wertvollen Kinder-Monster, die die «halslosen Ungeheuer» mit den zerstückelten Spiegelbildern elterlicher Angst vor diesen Monstern konfrontieren, die sie wären, wenn die Erziehung der Eltern nicht glückte: «Robbi regt sich auf» (Mireille d'Allancé) und ‹gebiert› ein «Wutmonster» (er spuckt es aus), das sich dann gegen ihn selbst kehrt. Von Zottelkralle, dem Erdmonster, über den Kleinen Vampir, die Hexe Bibi Blocksberg, den Drachen Flitze Feuerzahn, das Krümelmonster aus der Sesamstraße und das Sockenmonster, über die Wilden Kerle (Maurice Sendak), über Shrek und Hulk, bis zu Pippi Langstrumpf werden alle Elemente bedient. Sicherlich sind das alles mehr oder weniger ‹gute› Monster, und Pippi wird nur von bösen Menschen «Ungeheuer» genannt.[799]

Doch es ist eben ein Teil Angstbewirtschaftung, die den gößten angstmachenden Anfall mit dem Namen des Monsters bannt. Dabei sind in je-

799 A. Lindgren: Pippi in Taka-Tuka-Land. Hamburg 1986, S. 144.

dem Autor Bildungsgüter eigener Monster-Lektüren mit am Werk. So scheint die hässliche (sommersprossige) Pippi – unter ihrer Kartoffelnase saß ein «wirklich riesig breiter Mund mit gesunden weißen Zähnen»[800] – aus dem Blut der geköpften und zum Popanz verschnittenen Medusa hervorgegangen zu sein, hat sie doch ein Pferd, dessen Aufgabe in nichts anderem besteht, als von ihr getragen zu werden, wie Pegasos auf archaischen Medusa-Bildern. Ihr auf dem Kopf tanzt nicht *Chrysaor*, sondern *Herr Nilssohn*, und ihr Vater ist nicht der Meergott und Medusa-Geliebte Poseidon oder der Meergott Phorkys, sondern Langstrumpf, als Seeräuber-Kapitän der Schrecken der Meere. Wie viel sehr gebildetes Grauen wird von der Phantasie der Autoren übermalt? Bleibt da noch etwas für die ungebildeten Monster der *kindlichen* Phantasie übrig?

Weit davon entfernt, diese offenkundig menschenfreundliche Gewohnheit zu tadeln, möchte ich auf den sedierenden Aspekt dieser Monster-Derivate (aus älteren Schrecken) in Pillenform hinweisen – der in keinem therapeutischen Zusammenhang zu den modernen Monstrositäten zu stehen scheint. Das moderne Monster ist ein umgestülptes. Von der schauerlichen Sphinx konnte man noch sagen, ihres Rätsel Lösung habe gelautet: «Es ist der Mensch.» Das alte Gespenst sah *leiblich* eher unmenschlich aus, hatte aber eine menschenähnliche Seele; jetzt ist das Monster außenrum einer wie du und ich, ist geachteter Bürger seiner Stadt und heißt Fritzl (der «Inzesttäter» von Amstetten)[801], Dutroux oder Heidnik. Seine abgründige Seele offenbart sich in seinem finsteren Tartaros unter seinem Wohnhaus oder einem anderen dunklen Kellerverlies.[802]

Aber war das nicht auch früher schon so, bei Haarmann, Mr. Jekyll,

800 A. Lindgren: Pippi Langstrumpf. Hamburg 1986, S. 14.

801 Vgl. Der Spiegel: Nr. 19, 2008: Das Böse nebenan – Wenn Menschen unmenschlich werden: Das monströse Doppelleben des Josef Fritzl (S. 54 f.). Die Anschlussgeschichte über die Ursache des Bösen im Menschen geht gleich ins Allgemeine mit dem Titel: Von Menschen und Monstern (S. 64 f.). – Auch andere Zeitungen gelangen bei diesem Fall in die Giftküchen allgemeiner Monster-Diskurse, so die HAZ vom 6. 5. 2008, S. 6.

802 «…der amerikanische Serienmörder Gerry Heidnik hielt 1986 fünf schwarze Frauen, im Untergrund angekettet, fest, die er vergewaltigte und zuletzt ermordete». – «Auch im Keller des Belgiers Dutroux starben 1996 junge Mädchen.» S. Rückert: Noch ein Keller. In: Die Zeit 20, 2008, S. 6.

Frankenstein (sen.), Blaubart und all den andern?[803] Neben den gleichbleibenden ‹Stoffen›, der Tyrannei und der Sexgier, die im Inzest zusammenfallen, ist der *Gestus* der Ausschließung und Einschließung des Unmenschlichen und Menschlichen am Wesen gegenüber entscheidend. Der Schauder, diese sich schüttelnde Entmischung, bezog sich früher vielleicht eher auf die äußerlichen Erkennungsmerkmale. Aber das kann ein Missverständnis sein, eine Unterschätzung ihres Symbolisierungskapitals. Unabhängig von der zu erörternden Bildhaftigkeit dieser Definitionsarbeit des Menschlichen am Monströsen bleibt die Tatsache festzuhalten, dass diese phantastische Ein- und Ausschlussarbeit am Leib durch die leibhaftige Umstülpung oder Entlarvung des Leibinneren und -äußeren geschieht.

Bloße, gar nur am Äußeren feststellbare Abnormität charakterisiert nicht hinreichend das Monströse. Es bedarf der zumindest versuchsweisen Betroffenheit des Zugehörigen dieser Mischfiguren – und der Ähnlichkeit im Unähnlichen. Brittnachers ‹Mensch› ist einer, der nicht so vollendet tanzen kann wie die Automate Olympia von E. T. A. Hoffmann.[804] – Doch solcherart Minus-Abweichungen von der Norm gelten nicht für die Monster Hesiods. Die sind zwar körperlich abnorm, aber nicht endgültig *defizitär* abnorm wie seine Menschen. Die Menschen in Hesiods Zeitalter sind (etwa in «Werke und Tage») zwar nie ‹vollendet› wie die Automate, sondern Schwundwesen der letzten Phase des Niedergangs. Dennoch fallen sie sowohl auf das vollendete Maschinenmonster herein als auch auf jene prinzipiell unvollständigen Monster, deren Bedrohlichkeit aus ihrem Mangel (nicht aus einem Defizit) besteht: Sie sind herrschsüchtig, unersättlich hungrig, ewig brünstig![805]

Ihre Bedrohung entsteht aus ihrem ‹exorbitanten› Bedarf, ihrer un-

803 Die Märchen von Ritter Blaubart sind am bekanntesten durch die Überlieferung von Bechsteins Sagen und Grimms Märchen; aber schon 1797 schrieb Ludwig Tieck ein Märchenspiel: Ritter Blaubart. In: L. Tieck: Phantasus. Schriften in 12 Bänden. Bd. 6, Frankfurt 1985. Im selben Jahr brachte er die Erzählung «Die sieben Weiber des Blaubart» heraus.

804 E. T. A. Hoffmann: Der Sandmann. In: Ders.: Sämtliche Werke in sechs Bänden. Bd. 3, Frankfurt 1985. Siehe auch L. Wawrzyn (Hg.): Der Automatenmensch. Berlin, 1976.

805 Letztlich ist der Unterschied zwischen Pandora und z. B. Typhoeus nur einer des Scheins. Typhoeus ist die Ausgeburt des Grolls Heras, und so verhält er sich. Pandoras Schönheit selbst *verschleiert* die *Hinterhältigkeit* des Gottes Zeus.

aufhaltsamen Wucherung, ihrer ‹penetranten› Nichtbefriedigbarkeit. Sie sind egozentrische Tyrannen, die drohen, zu Fürsten der Welt zu werden wie die Titanen, wie Typhoeus, wie die Sphinx vor Theben – oder sie sind, nicht weniger bedrohlich, absolut reduzierte Zombies der Übertragung eines fremden Willens, Apparatschiks der Gewalt, die sie repräsentieren (wie die Erinyen, Zerberus oder Medusa). Dabei bringen es die Monster sogar fertig, beide Typen, den Generalisten und den Spezialisten, zu vereinigen, und zwar dank der metaphorischen Schlüsselkompetenz, über die sie verfügen, derzufolge etwa Geilheit, Stillbedürfnis und Gemeinplätze zusammenfinden. In der bayerischen Sage über «Die dicke Agnes», aufgelesen im 19. Jahrhundert, heißt es,

«daß die dicke Agnes ein höllisches Gespenst war, welches um selbe Zeit in der Stadt sein Unwesen trieb. Das machte sich an die Leute, anfänglich in Gestalt eines daumen-langen Weibleins, und verlockte sie vom rechten Wege durch jene Redensarten und Gemeinplätze, womit das Laster sein Thun zu beschönigen pflegt. Und wo es nicht kräftig abgewiesen wurde durch Gebet und frommen Sinn, da blieb es hangen, gleich einem Vampyr, und saugte sich voll und gedieh und wuchs heran zum ungeschlachten Monstrum.»[806]

Man sieht, die Enfernung vom schon in der Odyssee bekannten blutsaugenden Totengeist (hier: höllisch) zum Vampir als Symbol eigener Triebe, ist nicht weit, und man darf sich nicht wundern, wenn aus so was ein Bastard hervorkriecht – als Symbolisierung eines monströs verpönten Begehrens. All die *teilweise* verführerischen Monster gehören hierzu: Pandora, «das schöne Übel» (Th. 585), Echidna, die Sirenen, die noch ‹unschuldige› Medusa ... Hier taucht am Monster also die Frage der *Schuld* auf, ein problematischer Begriff, der bestimmt nicht so alt wie die Monster ist, aber spätestens mit der griechischen Tragödie virulent wird. Man denke nur an die Erinyen des Orest und die Sphinx des Ödipus. Aber deren Wurzelform der Schul*den* und den ‹Diskurs› über die Verteilung der Gaben der Moira, die gab es schon vor Hesiods Zeiten. Vor allem gab es die Macht, gegen die man sich vergehen konnte in Hybris, und es gab die Macht, diese Hybris zu bestrafen, etwa durch Monster, die Hybriden.

Der Hybris-Diskurs wird nun allerdings auch zwischen Männern und

806 A. Schöppner: Sagenbuch der Bayerischen Lande (1852). In: Dig.Bib. D.Lit. Groß, S. 118.

Frauen geführt, nicht erst, seit Hesiod diese als der Götter monströse Strafe behauptet. Diese Kämpfe wird es geben, solange es Begehren zwischen den Geschlechtern gibt; denn immer wieder neu muss die Begierde zwischen Menschen die Erziehung durch die Anerkennungsdialektik durchlaufen. Noch in der Neuzeit spottet Sidonia Hedwig Zäunemann (*1711), die mit 36 Jahren ertrunkene Poeta laureata der Universität Göttingen: «Ein Weibsbild, das an Kiel und Wissenschaft gedenkt, / Und sie zu forschen sucht, das muß ein Monstrum heisen.»[807]

Weiterreichend als dieser Geschlechterkampf ist der Zusammenhang des Macht-, Moral- und Schönheitsdiskurses mit dem Monster. Letztlich fällt aber doch alles perhorresziert Monströse in diesen Diskursen auf das ambivalente Begehren im Imaginären zurück, weshalb dann das Thema der Frau als Monstrum aus männlicher Sicht doch nicht ganz so unwichtig ist – vor allem, wenn man bedenkt, dass Frauen die bevorzugten Opfer für die Monster, Götter oder schlicht Machthaber waren. Die Übergänge zwischen dem Jungfrauen-Opfer für Gottheiten, für Drachen und für das Ius primae noctis von Gilgamesh und König Schehrijar (oder Schahryar) sind eigentlich ebenso fließend wie die Übergänge zwischen Sex und Machtgier und Hunger.[808] Die Triften zwischen Tier und Mensch / Gott, zwischen denen die Monster hausen, beginnen im Grunde mit der paläolithischen Kunst, sichtbar zu werden. Regelrechte Monster, Mischgestalten aus Tieren mit menschlichen Elementen, gibt es in Südosteuropa seit dem 6. Jahrtausend v. Chr., bezeichnenderweise seit es auch Vasen in Form eines weiblichen Unterleibs gibt.[809] Bevor wir am Ende des Monster-Kapitels in die Monsterfahrt des Imaginären einbiegen, sei noch das Trio aus Macht, Moral und Ästhetik bedacht.

Die fernste, am wenigsten erreichbare und am weitesten wirksame Macht waren in der archaischen Zeit die Götter. Etliche Religionen kennen ungeschlachte Riesen wie die Titanen als ältestes Göttergeschlecht. Diese

807 S. H. Zäunemann: Unterthanigstes Sendschreiben an Ihro Hochfürstliche Durchlaucht zu Sachsen Meinungen (1737). In: Poetische Rosen in Knospen. Erfurt 1738, in: Dig.Bib. Dtsch.Lit.; vgl. dort S. 625.

808 König Schehrijar aus «Tausendundeiner Nacht» pflegte ja beides zu tun, erst zu ‹heiraten›, dann zu töten. Erst das Labyrinth der Erzählung vermochte diese Variante von Minotauros zu fesseln.

809 Vgl. V. Kruta: Anfänge, S. 75 f. und 88 f.

sind zwar nicht defizitär, aber sie *repräsentieren* ein Defizit der *Phantasie*: nämlich ‹hauszuhalten›. Gleichwohl hat dieser Phantasie-Kolonialismus der Auslagerung phantastischer Ausgeburten seine psychoökonomische Funktion: den Exorxismus der Angst. Bei Hesiod kommt die bannende Funktion des ausgelagerten Bildes hinzu. Nicht nur die Götter werden gefesselt im Styx, sondern auch die Phantasie im Bild durch den Schauder *am* Bild, also auf Distanz. Die Bildstrategie Hesiods steht im Dienst einer moralischen Idee, die zugleich eine ästhetische ist. Es geht um die Durchsetzung einer erst schwach entwickelten Norm: Gerechtigkeit, im Sinne von: das Zugemessene einhaltend. Die dahinter stehende Haltung ist *wesentlich* relational, ähnlich wie es für die von ihm aufgewertete Konkurrenzhaftigkeit der Eris aus «Werke und Tage» zutrifft. Die damit verbundene Kategorie des *Maßes*, Zeus unmittelbar unterstellt, seit er die Moiren ein zweites Mal gezeugt hat, ist bei ihm in erster Linie intersubjektiv und gehört nicht notwendig zum Körperdesign. Es wird nicht berichtet, ob die Musen etwa gut proportioniert seien – wohl aber, dass ihr Gesang einstimmig sei (WuT. 39).

Und von Zeus selbst, dem größten Gott Hesiods, wird nie gesagt, wie er aussieht. Das interessiert nicht. Ist er doch der Chef mit dem täuschenden Schein. Will er jemand vergewaltigen, gibt er auch mal den aus dem Nest gestoßenen schutzbedürftigen Kuckuck. Er ist der Stärkste, ist gut und gerecht (72), quod licet Iovi, non licet bovi. Er ist der historisch letzte und in seiner Ägide einzige *straffreie* Inzesttäter (der also *fast* keine Monster gebiert). – Und kein Wort fällt über seine Schönheit. Die Monster freilich sind alle, seien sie eine Meute oder ein einsamer Tyrann, ziemlich unkommunikativ, verbohrt oder verrannt in ihren Auftrag. Schon deshalb sind sie im ästhetischen wie im moralischen Sinne – wie ihre Delinquenten[810] – maßlos, also hässlich, was ja ursprünglich hassenswert heißt. Hässlichkeit ist fast eine soziale Kategorie bei Hesiod.

Und so unsozial wie die Monster ist die Phantasie, die sie hervorbringt. Das spiegelt sich in der Erscheinungsweise der Monster, die vorzugsweise lichtscheues Gesindel sind – in Nacht und Unterwelt hausen oder daraus ‹auftauchen›: Das Verhältnis zwischen Figur und Grund ist als das von Er-

810 Im Fall der Jungfrauen-Opferung fällt es zwar schwer, zu glauben, dass sie alle hässlich gewesen sind. In diesem Fall muss man aber daran denken, dass sie nur die Buße der *kollektiv* Schuldigen waren.

scheinung in der Nacht ungeklärt, rätselhaft, befremdend oder feindselig. Dass die inkarnierte Strafe (Missgeburt als Mahnbild) so hässlich wie das Vergehen ist, ist hier das Indiz einer spiegelnden Bannung im Dienste des Exorzismus. Bei Hesiod ist der hässliche Ort der Styx am Rand der Nacht, verhasst (stygeros) sogar den Göttern. – Das sollte uns ein Warnbild sein, nie voreilig die bloß physische anomale Einzigartigkeit als Signum des Monstrums zu nehmen.

Schon immer ist, wie bei Uranos, eine Entsprechung des sexuell Maßlosen mit dem politisch Maßlosen gesehen worden. Die Frucht seiner sexuellen Maßlosigkeit ist zugleich seine Strafe: Seine Söhne werden die Titanen genannt, ein fremd gewordenes vorgriechisches Wort für «Gottheit» (!), das Hesiod falsch etymologisch aus titainein = «sich strecken», «dehnen» ableitet[811] und das die Hallofs mit «Recker» übersetzen (Hal. 293). Diese «Recken» wollen zu hoch hinaus. Auch politisch Maßlose sind Monster, nicht nur im politischen Mythos (Leviathan), sondern auch im heutigen Wortgebrauch von Schriftstellern. Die Enormität des Monsters als Symbolisierung seiner Maßlosigkeit ist noch bis in unsere Tage hinein ein so verbreitetes Verfahren, dass man fürchten muss, etwas zu vorschnell zu exorzieren, was noch Ableger im dunklen Schoß der Gesellschaft hat. So schreibt Mario Vargos Llosa zu seinem Roman «Das Fest des Ziegenbocks» über einen dominikanischen Diktator: «Für mich war es entscheidend, dass Trujillo im Roman nicht als Dämon erschien, nicht als Abstraktion, sondern als ein Mensch, der sich über die Anhäufung von immer mehr Macht in eine Art Monster verwandelte.»[812]

Wenn man also bei Hesiod von einem Ideal menschlicher Integrität sprechen wollte, so bezöge sich das auf die (zumindest imaginär-) intersubjektive Sphäre. Der einzelne Mensch ist bei ihm sowieso ein Bastard (also ein Mischwesen) aus altem, gesunkenem Göttergeschlecht einerseits und aus jenem ‹Monstrum›, das «Pandora» heißt und eine Maschine ist, andererseits. Denn die Frauen (und damit die Menschen, also auch die Männer) stammen nach Hesiod von Pandora ab, die aber Kinder hat mit Epimetheus, dem immer nur aus Schaden klug werdenden Bruder des Prometheus (oder mit diesem selbst).[813] Diesen Gedanken der

811 V. Schirnding, Register, S. 249.
812 Verlagsprospekt Suhrkamp, Frankfurt, Januar 2001.
813 Vgl. Hesiod: Ehoien 3 und 4, Hal. S. 86.

Monsterkinderschaft der Menschen hat Hesiod nicht programmatisch bedacht; immerhin hat er jedoch mit dem Monsterverdacht gegenüber den Frauen viel für die Integration des Fremden in uns geleistet. Das klingt zynisch; man muss aber bedenken: Pandora ist ein Monster zweiten Grades. Sie ist gerade kein Schreckbild, auf das mit ‹gesundem› Schrecken gegen einen Unfall der Natur reagiert wird. Die Abwehr des Menschen soll ja gerade durch trügerische Schönheit unterlaufen werden. Doch daraus macht Hesiod wiederum, nach Prometheus, *sein* teras: Die weibliche Schönheit ist als des Schrecklichen Anfang wahrzunehmen, als Strafe wegen unserer hybriden (vermessenen) titanischen (verhassten) Väter.[814] Interessanterweise ist Pandora, die selbst nur das «Bild» (Th. 572) eines Menschen ist, ihrerseits gekleidet in verführerisch schöne Bilder von Ungeheuern (Th. 581):

> Wunder waren darauf an kunstreichen Bildern zu schauen:
> Ungeheuer, wie sie am Land und im Meere gedeihen.
> Davon schuf er gar viele – berückende Schönheit erglänzte –,
> wahre Wundergebilde: Sie glichen Wesen mit Stimme.

Das zeigt nicht nur den Grad der Ästhetisierung von Monstern an, sondern, in einer symbolischen Kreuzung, wie schön das Spiel mit dem Schrecken und wie bedrohlich Schönheit sein kann. Die schönen Ungeheuer auf der Oberfläche der «würdigen Jungfrau» (572) sind ein *teras* der Trägerin, die ja auch schön ist – wie die andern Ungeheuer. Eben durch diese mythologische Vergällung der Schönheit wird das schöne Bild zu einem Schreckbild und die weibliche Gestalt zu einem Albtraum (der Verpönung des Begehrenswerten). – Pandora ist also, wie zweieinhalb Jahrtausende später E. T. A. Hoffmanns Olympia, als «künstliche Jungfrau» (Th. 513) enttarnt. Doch im Unterschied zur romantischen Abwehr maschineller Perfektion muss der Hesiodische Mensch das göttliche Wunderwerk Pandora integrieren, nicht nur wegen der Altersvorsorge, sondern weil ihr Gefäß ‹Hoffnung› birgt, elpis, die einzige noch bleibende Gabe. (WuT. 96)

Künstliche Wesen und aufständische Götter, eine Kreuzung aus Betrug

814 Epimetheus stammt wie Prometheus, Atlas und Menoitios vom Uranossohn Iapetos ab.

und Hybris (Pandora / Epimetheus – Prometheus), machen den Menschen und prägen seine Kultur. – In dieser Geisteshaltung ist es kein isolierter virtuoser Trick, wenn Hesiod die Musen im Proömium der «Theogonie» programmatisch von Menschen und den Giganten in einem Atemzug singen lässt, quasi als Geschwistern, den Göttern zur Unterhaltung (Hal. 50). Einerseits spiegelt es die mündliche archaische Tradition wieder, dass die Welt voller Monster ist und diese im Dreieck Götter – Menschen – Monster verschiedene Koalitionen eingehen können. Andererseits spielt Hesiod das Monstermäßige betont herunter; viele Ungeheuer nennt er nur, ohne ihre Ungeheuerlichkeit zu beschreiben. Die Giganten zum Beispiel, die in der Antike zuweilen mit den Titanen verwechselt worden sind, werden von Hesiod auf eine typische Weise eingemeindet, wenn nicht eingepfercht: Die Musen singen vor Zeus «vom *Stamm* der Menschen und starken Giganten» (Hal. 50).

Monster sind aber nicht *nur* Fehlbildungen der Beziehung zwischen Menschen und Göttern. Vielleicht ist das Vieh, dem die Hirtenkulturen sehr nahestanden, die noch ungemischte Ausgangserfahrung für monströse Fehlbildungen der Einbildung. Auch innerhalb dieser schlecht vergatterbaren Gattung der Monster scheinen Drachen wie Typhoeus, auch die Titanen, zu verschieden von den Giganten; wie denn auch Erstere unsterblich sind, die Giganten aber nicht, weshalb sie in einem Atemzug mit den Menschen genannt werden können. (Th. 50) Doch sie alle sind Leib vom einen Leib (Gaia) und untereinander kreuzbar, also erzählbare Stämme begründend – in der Phantasie. Sie gehören also wie die Götter zum phantastischen Leib der Menschen. Die gemeinsame Funktion der Monster könnte in der Differenzierung älterer Geister- oder Dämonenvorstellungen zur Götter-Monster-Dualität liegen.

Sozialhistorisch könnte dieser Differenzierungsprozeß einen Paternalisierungsprozeß begleitet haben; mentalitätshistorisch dokumentiert die spektakuläre Leiblichkeit der Monster, die besiegt werden müssen, eine ‹*geistige*› Wende hin zum ‹*höheren*› göttlichen Idealleib, in dem sich der Mensch *spiegelt* – wodurch dieses Gottesbild mehr *Bild* ist als die entstellten Leiber monströser Expression. – Nicht alle schrecklichen Mächte entstammen freilich seit Hesiod der Gaia-Linie, siehe die Nyx-Kinder wie die Keren, Nemesis und Moiren. Deren geistige, programmatische Setzung setzt sich so auch genealogisch von den wuchernden Leibern aus der schwarzen Nacht Gaias ab. – Die versprochene Genealogie bändigt die

Verstörung, das panische Durchbrechen der Gäule der Phantasie, durch die Vorstellung der Kette auftauchender Glieder einer Ahnenreihe, die erinnerte und aufgezählte Zeugung ist. Die Genealogie ist das Zaumzeug der Erzählung am Pegasos des Hörers.

Die «Theogonie», die älteste Dichtung des Abendlandes, die mit einem Proto-Monster beginnt, mit dem Angstphantom der Atemlosigkeit, mit Chaos nämlich, der immerhin einen Leib hat, weil er Nacht *gebiert*, die «Theogonie», die mit den Frauen (im Frauenkatalog) zu enden scheint, diese «Theogonie» räumt all diesen verrückten[815], maßlosen und hässlichen Wesen (Einauge und Fischleib, Flügelmonster und Hundertarm)[816] noch mit ihrer programmatischen Bändigung viel mehr Geltung ein, als es die homerischen Epen und die lyrische und bildende Kunst nachher tun. Doch auch wenn der Kanon des 7. und 6. Jahrhunderts mit all seinen schön – strengen, nackten oder bekleideten Leibern und mit seinem Ethos des Maßes vieles verdrängen will, was Hesiod aus dem Monsterwesen in den Bereich der Nachtnähe transferiert und umgewandelt hat, so ist doch auch das von Hesiod selbst buchstäblich nach unten Verdrängte bei ihm zugleich stärker repräsentiert: als (vorübergehend) Erhabenes und als bleibende, wenn auch verdrängte Macht – mit ästhetischen Ambitionen (Tartaros II).

Seine größere Liebe gilt den nächtlichen Musen: ihrer unermüdlichen tänzerischen Leichtigkeit, ihrer Jugendlichkeit (‹Sehnsucht› erweckend), ihrer Helle und Harmonie (Einstimmigkeit des Gesangs).[817] Die Namen der Musen sind sein ästhetisches Programm; alle charakterisieren sie den Gesang, nie das Aussehen der Musen. Aber die monströsen Antipoden sind – nein, nicht die hässliche Wirklichkeit, sondern sozial negative Mächte, ästhetische Konstrukte, *um* Sanktionierungen auszusprechen. Zugleich wird diese ‹Monstrosität›, eine zum Zeigen bestellte Welt, sublimiert in

815 Vielleicht war Typhoeus aber nur unerkannt krank und hatte epileptische Anfälle. Epileptische Anfälle sind oft Folgen besonders schwerer Geburtstraumata.

816 Zu den geflügelten Ungeheuern zählen oft drachengestaltige, dann Mischwesen wie die menschenfressende Sphinx (Th. 326), schließlich Luftspezialisten wie die Harpyen, «Sturmwinde» (Th. 267).

817 Pindar dagegen, der Lobsänger des Wettkampfs, besingt später den Wechselgesang der Musen. (1. Pythische Ode)

eine tiefsinnige, gleichsam meta-phorisch wieder hinausführende Anschauung.

Und was wird sublimiert? – Nun, das ist gewissermaßen dunkel, tartaresk verschlossen, aber schon damals implizierte die Assoziation des Tierischem (viel Körper, viel Begierde) mit dem Wilden Asozialität qua Gesetzlosigkeit. Doch wenn damit auch eine denunziatorische Absicht verbunden gewesen ist, etwas als zum Tierreich gehörig auszuzeichnen, so *ist* doch diese Übertragung auf einen Sündenbock *auch* das Gegenteil der Vertreibung: ein Akt der Kultivierung des ‹Tierischen›. Es verhält sich hier wie mit den (jüngeren) Satyrn und den (älteren) Silenen. An Tierattributen wiesen sie manchmal Bocksfüße, gewöhnlich Pferdeohren oder kleine Hörner und einen Pferdeschwanz auf. Ihre Penisse sind oft erigiert und monströs groß. Auf den ersten Blick sind diese ‹Monster› nicht nur Mischwesen, sondern auch ‹Missgeburten›, denn ihr menschlicher Anteil entspricht nicht gerade dem griechischen Schönheitsideal, sondern eher dem Klischee eines leicht debilen, versoffenen, geilen Alten. Dennoch sind sie immer noch am ehesten als eine Art Menschen anzusehen.

Ist aber eine Täuschung; es sind Waldgeister, hierin verwandt dem deutschen Alb oder Waldschrat.[818] Treten diese lärmenden Schwärmer aber mit Dionysos auf, sind sie «offenbar die halbgöttlichen Verkörperungen seiner männlichen Verehrer»[819]. Sie haben sich also durch ihre Verehrung (und den dazugehörigen Weingenuss) von Menschen sowohl in Richtung Tier als auch in Richtung Gott verwandelt. Diese dionysische Jonglage mit drei Bällen, die jeder oberflächlichen Moral Hohn spricht, erzeugt eine verwirrende Drift der Übertragung und der Verwandlung auch derjenigen, die ihnen *zuschauen.* So werden sie die Ahnen des griechischen (und europäischen Theaters). Ohne diese vieldeutige Umarmung des Monströsen, fehlt ein wichtiger Anreiz zu Entstehung von Ästhetik.

Mischwesen sind *lebendige* Bilder von tierisch-göttlichen Menschen, haben ihren festen Raum, ihre feste Zeit und ihren gehörigen Ritus. Sie sind etwas völlig anderes als eine spontan affektive oder imaginative Regung, die sich ohne soziale Prädikation und Implikationen und kommu-

818 Siehe hierzu weiter unten das Kapitel «Fährten der Nachtpost».

819 Recl. Lex., S. 474.

nikative Techniken zu artikulieren glaubt. Aber sie haben einen Leib, einen Leib, welcher der bloßen Phantasie fehlt oder abgegangen ist. Im ästhetischen Kontext – etwa der «Theogonie» – sind Monster das Gegenteil ihrer selbst: Verbinder von Leib und Seele. Fremd sind sie ausgezogen – fremder kehren sie heim: voller semantischer Fremdfütterung aus ihrer sozialen und medialen Ausflugssphäre. Entstellt, im Theater, können sie erkannt werden als unsereins. – Nun wollen wir das Monsterwesen von seinem Pferdeschwanz her aufzäumen.

Nachtmähre und Pegasos

Eines der durch die Jahrtausende hindurch berühmtesten Pferde-Monster ist das Trojanische Pferd, das sich bis ins Medium des Internets durchgeschmuggelt hat, um fremder Leute Lebenssaft anzuzapfen, ihre Daten.[820] Es wird zwar kaum geradezu als Monster *behauptet*, doch reiht es sich motivgeschichtlich in die Familie derer von Pandora und Frankenstein ein, als unheilschwangeres künstliches Wesen. Es ist zwar nur aus Holz; doch bedurfte es gewiss der Ausstrahlung des an ihm vorgestellten Pferdes, um sowohl als überdimensionales Weihgeschenk als auch als Höllen-Maschinen-Tier durchzugehen. Seine ‹einmalige› Wirkung als Monster schränkt zwar wegen ihrer Berühmtheit die faktische Wiederholung dieses Überraschungscoups ein; doch als Einschleusung in die Vorstellung war das Trojanische Pferd umso erfolgreicher.

Der kolossale, unheilschwangere Leib öffnet sich nächtens im Innern der Stadt, vernichtet Troja und wuchert fort in der ‹Einbildung›, in Texten und Werken der bildenden Kunst – wie ein Trojaner. Untypisch für den *Fury*-Furor ist die überlieferte Einfuhr auf Rollen statt mit Flügeln durch die Luft. Dafür aber ist es ein extremes Beispiel für mörderische Ein- und Ausstülpung des Leibes und der Leiber. Die griechischen Krieger stülpen sich in die Rüstung, dann in den Leib des riesigen hölzernen Pferdes, welcher wiederum in den gut befestigten Leib der Stadt eindringen kann, als Votivgabe für die Götter der nun scheinbar von den Feinden befreiten Stadt. Es gibt, sagt Barry Strauss, unendlich viele Theorien, die das re-

820 Gemeint sind die widersinnig so genannten «Trojaner», die sich vom Trojanischen Pferd herleiten (in dem keine Trojaner saßen).

ale Artefakt als die narrative Erfindung oder bildhafte Verfremdung einer ähnlichen, aber nicht so gefährlichen Eroberungsstrategie ansehen, etwa eines Belagerungsturms.[821]

Dem Faszinosum des Pferdes hat das nichts anhaben können, geht es doch hier um ein Phantasma, um «Die Nacht des Pferdes» (S. 156). Da ist der plötzliche Ausbruch aus dem Inneren eines ungeheuren Leibes, die dramatische Nacht einer schicksalhaften Wende, der köstliche Rausch der festtrunkenen Troianer, die ihre Befreiung feiern, als unter ihnen der Tod zu wüten beginnt. Die griechischen ‹Ausgeburten› des monströsen Holz-Pferdes sind nicht nur eine böse Ausstülpung, sondern sie fressen sich von innen her durch die Stadt wie ein böses Virus. Was nicht verbrannt wird, wird ausgeschieden, das heißt raus- und mitgenommen: die Schätze und die Weiber. Die Verbindung der inneren Nacht des Pferdeleibes mit der äußeren in der Stadt und die Nähe des Vorgangs zum Verschlingen und Auswerfen (zum Fressen und Verdauen also) macht den Mythos vom Trojanischen Pferd zu einem Monster-Mythos.

Etliche Darstellungen aus archaischer Zeit übertragen dieses umstülpend konfrontative Phänomen aufs flache Gegenteil, aufs Bild. Eine *Relief*amphora aus Mykonos von etwa 670 v. Chr. mit Szenen des Trojanischen Krieges verstärkt allerdings das körperästhetische Faszinosum des Gefäßes mit dem dunklen Inneren, das seinerseits in die Erde gesteckt wurde, durch die bildnerische Reflexion über das Innen und Außen am leicht erhabenen Trojanischen Pferd[822]: In das Tier sind Fenster (Vertiefungen) eingelassen, aus denen wiederum Heldenköpfe schauen – und zwar so, dass noch ein bisschen tieferer Raum drum herum dargestellt wird.

Das Pferd selbst und die Kriegerköpfe, die wie in einem Bus sitzen, sehen zwar zur Seite, doch die Profile haben alle nur ein wulstiges Auge, das polyphemartig aus den Löchern im Pferd herausquillt, direkt auf den Betrachter zu. Diese Löcher sind nicht realistisch gemeint, sondern als unsere Gedankenlöcher zu den im Dunkel Verborgenen. Wie stark es um die Verschränkung von innerer und äußerer Nacht des Pferdes geht, ist an der genüsslerischen Darstellung der aus dem unsichtbar zu denkenden Inneren herausgehaltenen und baumelnden Bewaffnung (Helm, Schild und

821 B. Strauss: Der Trojanische Krieg. Stuttgart 2008, S. 157. Nächste Seitenangabe im Haupttext.

822 Schefold: Früharchaisch, S. 147–150; s. Abb. Nr. 5.

Abb. 5: Frühharchaisches Troja-Relief, Halsbild auf einer Reliefamphora aus Mykonos (ca. 670 v. Chr.)

Es ist Nacht in Troja – und im Innern des Pferdes, das gerade sein grauenvolles Monster namens Meuchelmord ausstülpt. Soeben noch waren die ‹Helden› bedrängt und bedroht; einer musste sterben, weil er Laut geben wollte. Jetzt verwandelt sich alles Unheilschwangere in ausbrechende Mordlust. Das archaische Bild ist geprägt von der Funktion der Körperbedeckung und der Umhüllung von Hohlkörpern, mithin von der inneren Nacht hinter den Bildern. Diese Nacht in Gefäßen ist unsichtbar, aber sie trägt das Bild: mit Nahrung, Reichtum, Tod.

Schwert) zu erkennen. Um das Pferd herum schreiten ebensolche glubsch- und einäugigen Krieger in ähnlicher Rüstung und seitlicher Richtung. Aber stärker wirken die vielen Buckelschilder mit gepunztem Rand: wie Augen in der Nacht. Der konfrontative Eindruck des Bildlichen wirkt, verstärkt durch die materielle Tiefenstaffelung des Reliefs bis zum Inneren der Amphora, suggestiv, um nicht zu sagen ‹beeindruckend›.

Symbolisch ist die Strategie der Monster-Integration in ein ästhetisches Konzept bei Hesiod am Pegasos-Mythos verdichtet. Wenn Pegasos bei Hesiod auch noch nicht expressis verbis als Dichterross auftaucht, deutet sich schon bei ihm an, dass Pegasos, das Musen-, nicht Medusenpferd, als Phantasie-Symbol kultische Bedeutungen ersetzt. Es gibt Hinweise, dass ein kultischer Hintergrund von Pegasos keineswegs zuerst von Poseidon stammte, sondern von der Gorgo Medusa, seiner sehr sterblichen Mutter (die durch ihren Tod unsterblich geworden ist).[823] Auf einer kykladischen Reliefamphora von ca. 670 v. Chr. enthauptet Perseus eine wahrhaft erschreckende Nachtmähre, ein «Rossweib», einen weiblichen Kentauren, der nicht nur durch sein frontales Vollmondgesicht erschreckt, sondern durch den Pferde-Hinterleib, dessen rechtes Hinterbein zudem eine unheimliche Synthese aus tierischer und menschlicher Ähnlichkeit darstellt.[824]

Pegasos selbst scheint auf materiellen Bildern ab Beginn des 7. Jahrhunderts aufzutauchen; und er wirkt hier keineswegs schon besonders poetisch – eher noch erschreckend. «Das erschütternde Bild des von Pegasos gestürzten Helden, der am Ende seines Lebens so vermessen war, in

823 Vgl. Ranke-Graves: Weiße Göttin, S. 460, der den Namen Pegasos mit dem der Aganippe gleichsetzt, die, übersetzt, «die Mähre, die gnädig vernichtet», ist, und der auf Demeter als Stuten-Göttin verweist – und damit allgemein auf Mondreligion, zu der auch die Musen gehoren, die sich in der mondförmigen Quelle der Hippokrene baden …

824 Kykladische Reliefamphora von 680/670, Paris, Louvre; abgebildet in Schefold, Früharchaisch, S. 77. Die Gestaltsynthese eines einzelnen Gliedes stellt die bei weitem seltenere Form der Verfremdung dar, seltener als die Kom-Position ganzer Leibesteile verschiedener Tiere. – Auf einer Metope vom Fries des Tempels C in Selinunt aus dem 6. Jahrhundert hält Medusa im Augenblick der Enthauptung bereits ein Pferd in ihren Armen, wie ein Eigentum und Attribut. Es kann aber auch die vorweggenommene Geburt des Pegasos symbolisieren. Dieses Pferd hat allerdings (noch) keine Flügel.

den Olymp reiten zu wollen, hat den Zeitgenossen solchen Eindruck gemacht, dass es sich auf drei kretischen Reliefamphoren um 650 wiederholt und auf dem Körper der Amphora im Louvre in drei Wiederholungen den Hauptfries bildet», schreibt Schefold (Früharchaisch, S. 94). Bedrohlich und bildsprengend steht Pegasos über dem fast schon rücklings liegenden Bellerophon. Bestrafte Hybris, *das* Thema der teilweise ‹drakonischen› Reformtyrannen der archaischen Zeit.[825] Zwei Vasenbilder zeigen um 600 den Helden noch ziemlich klein im Vergleich mit den Antagonisten Chimaira und Pegasos. Sogar die Eule der Athena, die ihren Reitschüler beschützt, ist riesig gegenüber ihm, und ihr Vollmondgesicht, das uns anstarrt, wirkt selber gorgonisch.

Dennoch scheint an den Bildern des einzigen *reitenden* unter den fünf großen Monsterkämpfern (Zeus, Perseus, Bellerophon, Herakles und Theseus) das Monströse am Menschen und am Tier früher gebändigt zu sein. Außer Bellerophon sind die anderen ungeheuren Monster-Killer alle zumeist Fußgänger, kämpfen aber gegen Mischwesen, die anthropomorpher sind als Bellerophons Chimaira. Bezeichnenderweise kämpfen die anderen gegen den Minotauros und ansonsten pferdegestaltige Monster. ‹Kulturbringer› Herakles raubt bei Nacht die Pferde des Thrakerkönigs Diomedes. Dieser selbst wird an die Pferde verfüttert, die sonst er mit Menschenfleisch ernährte. Der Mythos scheint sehr alt zu sein, und vielleicht verbirgt sich dahinter tatsächlich die Geschichte der ‹Einführung› der Pferdezucht bei den Griechen. Selbst Zeus' Gegner *Typhon* wird auf einer Lekythe von 680 und eventuell sogar auf der ersten plastischen Darstellung von Zeus in einer Bronzegruppe von 750 mit Pferdehinterteil dargestellt. – Liegt das an der harmonischen Verbindung von Pferd und Mensch im Fahrtmotiv? Oder macht das Hesiods Vorbild, der den Motivkomplex Medusa, zu dem ja auch Pegasos gehört, komplexer zeigt, als es die doch meistens monomanischer agiereden Monster-Terminatoren sind, denen ein Monster das extrem Andere ist?[826]

825 Die Chimäre war ein Monster mit einem Drachen-Hinterteil (Th. 322 und 325), griechisch *drakon*. Drakon war der gleichsam apotropäische Name des athenischen Tyrannen und Gesetzgebers in erster schriftlicher Aufzeichnung (um 621 v. Chr.), der für seine drakonische Strenge berüchtigt war, aber als Erster zwischen Mord und Totschlag unterschied.

826 Außer Bellerophon sind die andern Killer alle zumeist Fußgänger, und

Beides wird eine Rolle für die Ästhetisierung des Pegasos gespielt haben. Die Intensivierung des Erlebens der ‹Fort›-Bewegung wird als Katalysator für die Steigerung des übertragenden Blicks zu bedenken sein... Ich meine jetzt weniger auf dem Pferd selbst, sondern für den Betrachter vor den Pferden, die *vorüberreiten*, die die Konfrontation des Anblicks durch eine verstärkte seitliche Narration in eine Drift der Vorstellung mitnehmen. Hesiod aber hat dafür die Strecke frei gemacht durch seine Vorliebe für das Beilager des Liebens- mit dem Hassenswerten, die schon an den Nyxkindern und der Geburt der Aphrodite auffiel. Bei ihm entspringt Pegasos, das geflügelte Pferd, gleichzeitig mit seinem Zwilling Chrysaor dem Rumpf der geköpften Gorgo – und also gleichsam einer Mordtat. Doch schon den vorangehenden Liebesakt von Mutter Medusa und Vater Poseidon auf der blühenden Wiese hatte Hesiod liebevoll geschildert (Th. 279). Während Chrysaor, der eigentlich auch ein Ungeheuer sein müsste, was Hesiod unterschlägt, vor allem durch sein namengebendes goldenes Schwert gekennzeichnet ist (Th. 283), erfüllt Pegasos das Kriterium eines Mischwesens aus Pferd und Vogel – eigentlich natürlich, da schon Medusa früh sowohl als Pferd als auch geflügelt dargestellt ist. Aber diese Entmischung von schön (Gold) und monströs (gemischt) wird später durchkreuzt, wenn ausgerechnet der glänzende Recke Chrysaor die Familientradition hochhält und mit der Okeanine Kallirhoe, der «Schönfließenden», das dreiköpfige Ungeheuer Geryoneus (288) zeugt, während Pegasos zum Lieblingsbeförderungsmittel der Dichter seit Pindar wird[827], aus dem aber ganz selten noch das alte Ungeheuer hervorlugt.[828]

sie kämpfen gegen Mischwesen, die anthropomorpher sind als Bellerophons Chimaira. Bezeichnenderweise kämpfen sie gegen den Minotauros und ansonsten pferdegestaltige Monster. Selbst Zeus' Gegner *Typhon* wird auf einer Lekythe von 680 und eventuell sogar auf der ersten plastischen Darstellung von Zeus in einer Bronzegruppe von 750 mit Pferdehinterteil dargestellt.

827 Kl. Pauly behauptet (Bd. 4, Sp. 582), «die Vorstellung vom Dichterross ist erst in der Neuzeit ... entstanden». Dagegen spricht Pindar (Isthmien 7. 46), wenn er auch die Zügel betont, mit denen der Dichter das Pferd zu zügeln hat (Isthmien 7. 43). Siehe K. A. Pfeiff (Hg.): Pindar. Tübingen 1997, S. 163. – Die Zügel bringt ihm, während er schläft, in der Nacht, Athena, «die in seinem Traum sogleich Wirklichkeit war» (Pindar, Olympien 13, 66, Pfeiff, S. 82).

828 Vgl. Lücke, S. 624 (über Boccaccio).

Mit Bellerophontes jagen wir auf dem geflügelten Pferd der Phantasie durch Raum und Zeit und *besiegen* Monster, wie die feuerschnaubende, dreiköpfige Chimaira (324).[829] Stellvertretend für uns Mischwesen besiegt das Mischwesen Pegasos die Mischwesen-Angst, indem das, was vorher ängstigte, nun zu der phantastischen Vorstellung einer leiblichen Sensation wird, die eben in der Kom-Position einander fremder Glieder begründet ist: Leicht und losgelöst von jeglicher Angst fliegt es sich, wenn man zugleich sicher und warm auf dem breiten Widerrist eines starkhufigen Pferdes sitzt. Die Mischung fremder und vertrauter Glieder ist ein Gefährt der Übertragung, sowohl im Sinne der Austreibung als auch im Sinne der Metapher. Der Raum der Übertragung ist dunkel. Wahrscheinlich ist auch beim Himmelsritt des Paares Nacht ringsumher, denn es leuchtet von Feuern, Blitzen (286, 324) und den funkelnden Augen des Löwenkopfes (321).[830] Feuer und Blitze kommen den Griechen aus der Erde (als Vulkan Typhoeus) oder als Blitz (aus dunklen Wolken). Doch muss bedacht werden, dass hinter der individuellen Wirkung und der postalischen Übertragung im Luftreiten zuvor nicht nur religiöse Bedeutungen, sondern auch kultische Handlungen gestanden haben müssen.

Hinter dem metaphorischen Kom-Ponieren von Gliedern, die bei nüchternem Verstande nicht zusammengehören, und hinter musischen Fort-Bewegungen (Entzückungen, Entrückungen) muss am monströsen Eindruck ein Sinn bestanden haben, der bestimmte Elemente oder deren symbolische Repräsentanzen zusammenführte, in einem ganz eigentlich gemeinten Sinn von hier nach da brachte: als Opfer, als Versöhnung eines Totems mit einem anderen oder als Botschaft für kalendarisch geordnete, kultische Praktiken. Für Ranke-Graves ist jedenfalls klar, dass diese Mischwesen wie *Chimäre*, *Kentauren* und *Hippogryphe* wie *Pegasos*

829 Phantasie jagt ‹Chimären›: Das wäre doch im Nachhinein stark bramarbasiert. Ursprünglich ist Chimaira (= Ziege) nach ihrem gefährlichsten Teil, dem Brände speienden (Hal. 319) Ziegenkopf, benannt. Dazu muss man wissen, dass außer der Dreiteilung des Rumpfes (vorne Löwe, hinten Drachen, dazwischen Ziege) die Chimaira auch drei Köpfe von diesen Tieren hatte, jedenfalls bei Hesiod. (Th. 322)

830 Vgl. auch den Ritt von Don Quixote und Sancho Pansa auf dem Pferd *Holzzapferich* im 2. Teil des Romans von Cervantes.

«alle eindeutig pelasgische Kultsymbole» gewesen sind.[831] Der Vollständigkeit der Elemente wegen sei auch noch der Hippocampus erwähnt, ein Mischwesen aus Pferd und Fisch, auf dem Nestor, der Gott der Surfer, durch die Wellen des Meeres gleitet. Auf einer Attischen Schale von 520 v. Chr. ist der bärtige Alte so verwachsen mit dem Doppelwesen, dass man zunächst das Ganze für ein dreifaltiges Monstrum hält. Dieses ‹Meerespferd› scheint aber eine spätere Bildung, vielleicht in Konkurrenz zum Hippogryph, zu sein; denn auf älteren Darstellungen ist er zu Fuß und bestaunt Herakles im Kampf mit Triton, einem Meerungeheuer mit menschlichem Antlitz.[832] Nereus kann sich allerdings blitzschnell verwandeln. Wie dem auch sei, Nereus ist ein guter weiser Alter, als Seepferd-Ritter ebenso positiv gedacht wie Bellerophontes. Als Emblem der Dichtkunst hat der Verwandlungskünstler auf seinem Fabeltier gleichwohl nicht reüssieren können.

Diese Mischwesen – von göttlich scheinender Macht allein schon deswegen, weil sie die Einschränkung einer bestimmten Erscheinung und ihrer benennbaren sprachlichen Fixierung überschreiten – sind Beispiele von Phantasietätigkeit und vergessenen symbolischen Handlungen. Sokrates kann damit nichts anfangen, weshalb ihn Ranke-Graves auch zitiert: als einen Zeugen der Göttinnen-Vergessenheit bei den (spät-)klassischen Griechen, die nichts mehr mit matriarchalen und Mondgöttinnen zu tun haben wollen.[833] Bei Hesiod ist jedoch die positive Funktion der Pegasos-Figur und vor allem die Toleranz des (chaosnahen) Zusammengesetzten eindeutig an die Überwechslung des Paars ins patriarchale Lager gekoppelt (weg von den Weibern und ihren monströsen Ausgeburten). Das himmlische Pferd wohnt bei Zeus (Th. 285), dem Vater des Mörders seiner Mutter und bringt ihm Donner und Blitz (286). Das ist eine hochbrisante Post, die Pegasos hier von der Erde in den Himmel hinüberträgt. Nicht nur, weil Donner und Blitz in ihrer zweifachen Weise der Verdunkelung (durch

831 Ranke-Graves: Weiße Göttin, S. 11.

832 Sowohl Nereus als auch seine Töchter, die Nereiden tauchen, auf Meeresungeheuern reitend, aus den Wellen auf. Das in munteren Tritonen, Nereiden und anderem wunderbarem Volk symbolisierte Spiel der Phantasie am Spiel der Wellen wird getragen von der geheimnisvollen Nacht des Meeres.

833 Ranke-Graves: Weiße Göttin, S. 12.

Wolken und durch blendendes Licht) nachtästhetisch bedeutsam sind, sondern weil es im Grunde in der ganzen «Theogonie» um die Verlagerung von Donner und Blitz als Herrschaftsinsignien geht: von Gaia über Rhea zu Zeus.

Auf diesem Weg wimmelt es von ‹zwielichtigen› Wesen mit Feuerattribut (Kyklopen, Typhoeus, Chimaira, Pegasos). Zwischen beiden Lagern grollt es unentwegt, und die Kämpfer zwischen beiden Wetterfronten sind Monster: «Donnergetöse, Wetterleuchten und lodernde[r] Blitzschlag» (v. Sch. 707) herrschen beim Aufstand der Titanen. Die Kyklopen Brontes (Donner), Steropes (Blitz) und Arges (argos = gleißend), Söhne der Rhea, «erschufen als Gaben für Zeus den Blitz und den Donner» (Hal. 141). An anderer Stelle sieht es so aus, als ob Gaia diese Gaben immer schon hatte, und als ob nun, nach der Befreiung, die Kyklopen diese Waffen an Zeus weitergeben durften (Th. 505). Aber Gaia bringt schließlich noch Typhoeus hervor, der aus 200 Augen Flammen wirft (827). Die Theogonie setzt die Monster als Grenze und Vermittlung zwischen Hell (Zeus) und Dunkel (Gaia) ein: Gaia hat oder verwaltet Donner und Blitz, deshalb können auch die Titanen solcherart wüten, die Kyklopen stellen beides her und/oder schenken es weiter, Pegasos aber bringt es nach oben, jetzt wird Zeus sogar mit feuersprühenden Schauspielern wie Typhoeus fertig. Die eine Blitz-Donner-Karriere wird erhoben zum Olymp, die andere wird mit Nacht begossen und in die Unterwelt gestoßen.

Doch es geht hierbei nicht um die Geschichte von ein paar Theatereffekten, sondern um den nächtlichen Zusammenhang von Monstern und Musen. Das geflügelte Pferd selbst ist als Liebling der Musen Sinnbild der monströsen Herkunft der musischen Künste aus der Phantasie mit ihrer wilden Lust der Zusammenfügung des Unzusammenhängenden und der Trennung des Zusammengehörigen (Köpfung der Mutter, Erdwesen/Luftwesen). Schließlich haben seine Hufe den Fels für die mondförmige Quelle der Hippokrene, also das Vorspiel der Musen im Bad, aufgeschlagen. Schon der in einer verbotenen Liebe gezeugte und aus einer Bluttat Geborene erblickt sehr ähnlich einer Quelle das Licht der Erde: Da wo der Quell des Okeanosstroms ist (Anfang und Ende zugleich? Am Rand der Nacht?), da «entsprang» Pegasos (282) wie aus einer Quelle, wie eine Quelle. Mutter Medusa und Mutter Gaia verschwimmen ineinander, wenn dieses geflügelte Ross Pegasos genannt wird, «weil es am Quell des

Okeanosstromes aufsprang» (282).[834] Die kontrastive Lakonie in der Erzählung der Pegasos-Genese erzeugt ein Wechselbad der Gefühle: Auf die Liebe mit der schönen Medusa in sprießender Vegetation folgt die Tötung des trächtigen Monsters. Aufspringen die Wunder der Ambivalenz: Gold und Flügel einerseits, Riese und Mischwesen andererseits. Auch entspringen die Kinder aus der Verbindung zwischen Wassergott und pferdegestaltiger Fruchtbarkeitsgöttin nahe dem Vegetationsfest. Der Tod der Medusa erscheint so als Vegetationsopfer, das eine höhere Kreativität freisetzt[835]: Dieses seltsame Wesen «schwang sich empor, verließ die Erde, der Schafe Mutter und kam zu den Ewigen; Zeus' Paläste bewohnt es ...» (284).[836]

Um des Flügelrosses abgehobenen Standpunkt zu betonen, könnte man auch übersetzen «... verließ die Erde, die Mutter des Kleinviehs», denn *melon* umfasst auch anderes, zum Beispiel Ziegen. Noch wichtiger ist aber vielleicht, dass dasselbe Wort auch «Obstfrucht», ja «Apfel» bedeutet. Denn seine Mutter wohnt immerhin da «wo, am *Rande* der Nacht, die Töchter des Hesperos singen» (v. Sch. 275). Er wird also da geboren, wo die Hesperiden, nun als *Töchter* der Nacht symbolisiert, Äpfel bewachen (Th. 216). – Zufall? Wohl kaum, denn die Erde, die so seltsam mit der Medusa verschwamm, ist die chthonische. (Th. 284) Aus dunklem Innern fährt er mit Blitz und Donner in den Himmel. – Und den musischen Überschwang, woher hat er den? Selbst erfunden oder von Zeus? Als er noch im Mutterleib hockte, hörte er wohl das ewige Singen der Hesperiden am Rand der Nacht, in der er saß. Und wenn die Hesperiden Musen wären?

834 Die Ableitung des Namens von *pegai* = Quellen ist umso bedeutsamer für Hesiod, als sie sprachgeschichtlich nicht haltbar ist. Nach von Schirnding heißt Pegasos vielleicht «der Starke». Hesiod stärkt so die Quellen der Musen und das Bedürfnis der Dichter, auf Pegasos' Schwingen abzuheben, bis hinein ins 19. Jahrhundert. Vgl die Helikon-Satire bei K. L. Immermann: Münchhausen (1838/39). Frankfurt 1984, S. 287: «Ich – Fragment einer Bildungsgeschichte».

835 Bedenke, dass Medusa von Anfang an als Sterbliche eingesetzt wird, als unbegründete Ausnahme unter den Gorgonen (276).

836 Pegasos' Wasserschlagen erscheint so als Variation des Musengebets, das nach oben steigt und aus Donner und Blitz den Regen freisetzt; vgl. im Proömion, wie die Regenmetaphorik der Musen den donnernden Zeus umgibt und Lachen freisetzt (Th. 39–42).

Vielleicht hätten sie dann das ‹Familienwappen› gewechselt, von Schafen (oder Ziegen) zu Pferden. Der Sage nach ließ Pegasos durch seinen Hufschlag die Rossquelle «Hippokrene» am Helikon entspringen, in der die Musen sich baden (Th. 6), um inspiriert zu werden, bevor sie bei Anbruch der Nacht herunterkommen und Hesiod inspirieren (Umkehrung der Reihenfolge Hesperiden › Pegasos). Ranke-Graves geht noch weiter: «Wir dürfen wohl annehmen, dass die Brunnen Hippokrene und Aganippe ursprünglich vom mondförmigen Huf der Leukippe (= Weiße Mähre), der pferdeköpfigen Mutter selbst ausgestampft worden waren …»[837] Hesiod geht darauf nicht ein, obwohl die namentliche Erwähnung der Helikonischen Hippokrene dafür spricht, dass er die Sage kennt. Andererseits relativiert er deren Bedeutung durch die Erwähnung der anderen Gewässer, des Permessos und des heiligen Olmeios. Immerhin aber verlässt das die Musen beflügelnde himmelstürmende Pferd die Mutter der Schafe (oder der Äpfel)[838], und die Musen tanzen hinab zu den *Schaf*hirten und beschimpfen sie als «gierige Bäuche» (v. Sch. 26), bekehren aber den einen von ihnen, der sich «Glückliche Reise»[839] nennt.

Offensichtlich ist an den Reibereien zwischen den Tier-Totems oder den verschiedenen Züchter-Clans etwas dran, was verborgen oder vergessen wurde. Nur der Wechsel von der Mutter zum Vater, von Dunkelheit zu Licht, von unten nach oben, von innen nach außen und die Erhebung des geflügelten Monsterkindes zum Postpferd der Inspiration von Zeus' Gnaden bleibt deutlich. – Ab 600 v. Chr. soll man in Korinth, dem Hauptort des Bellerophontes-Mythos, das Pferd dann am Nachthimmel fixiert gesehen haben, als Sternbild – aber kopfüber.[840] Wer lange in die Nacht starrt, der weiß, dass alles verkehrt ist, und liest es richtig, mit Phantasie. Deutlich hebt sich der ambitionierte Eigensinn des Pegasos (der schwer zu zäumen ist, nur einen Helden trägt) von der durch die ‹Rosskur› in der Hippokrene ausgeflippten Schar der tanzenden, singen-

837 Ranke-Graves: Weiße Göttin, S. 460.

838 Ob das Pferd beim Verlassen wohl goldene ‹Äpfel› zurückließ?

839 Nur einmal fällt der Name Hesiod: als die Musen den Lämmerhirten belehren (Th. 22). Für die ‹gute Reise› schenken sie ihm berauschenden Lorbeer (30).

840 Vgl. N. de G. Tyson: Merlins Reise durch das Universum. München 1997, S. 124.

den Musen ab. – Wenn wir einmal den vorgeblichen Humanismus beiseiteschieben, der darin bestehen soll, dass Pegasos, selbst Monsterbrut, menschenfressende Monster wie die *Chimaira* besiegt[841], so bleiben die Monster als Ausgeburten der Phantasie übrig, die von einer anderen Art Phantasie besiegt werden.

Für Sokrates und Platon sind Monster selbstredend tot, und Sokrates ärgert sich im «Phaidros» wegen des sinnlosen Brütens über sie. Überdrüssig der Chimaira und all «dergleichen Gorgonen, Pegasen und anderen unendlich vielen und unbegreiflichen wunderbaren Wesen»[842], weist Sokrates darauf hin, dass er dafür keine Muße habe, solange er sich immer noch nicht, gemäß dem delphischen Spruch (und gemäß dem Rätsel der Sphinx), *selbst* erkannt habe. – Als ob die Monster je etwas anderes im Auge hatten als den Menschen: sei er sich selbst ein Rätsel, wie bei der Sphinx, oder sei er nur Beute, etwa der Chimaira. Aber an den Monstern erkannte die Vorstellung eher *das* Menschliche und nicht sich selbst; sie lernte sich verfremdet oder entstellt kennen, die Vorstellung; sie ging über sich hinaus. (Auch die Sphinx, ein Monster, stellte den Menschen als Monster, zumindest als Rätsel, vor: drei Wesen in einem zu sein; aber sie verrätselte das allgemeine Schicksal der Lebensalter.) Sokrates interessiert, «ob ich ein Ungetüm bin, abenteuerlicher zusammengeschlungen und fürchterlicher aufgebläht als Typhon, oder ein sanfteres und einfältigeres Geschöpf, das von Natur ohne Aufblähung an göttlichem Lose in gewisser Weise Anteil hat»[843]. Platon sucht überall nach dem Spiegel, der ihm sein wohl begrenztes Ich zurückwirft. Pegasos sucht noch und ermöglicht den musischen raptus (Entrückung, Verzückung), den Sprung durch den Spiegel.[844] Aus der Arbeit am Monster, die Grenze *des* Menschen zu suchen, vielleicht auch: zum Menschen hin

841 «Pegasos tötete sie und der tapfere Bellerophontes.» (Th. 325) Hier fällt die Betonung des Pferdebeitrags auf, der mehr als nur eine ‹tragende› Rolle, eine tragende nämlich spielt.

842 Zit. n. Ranke-Graves: Weiße Göttin, S. 11; vgl. O. Apelt (Hg.): Platon – Sämtliche Dialoge. Bd. II. Hamburg 1998, Phaidros, Kap. V, S. 33.

843 Ebd., S. 33.

844 Seine Hufe schlagen das Wasser, in dem sich die Musen spiegeln …

(Initiationsriten)[845], ist eine aufgeklärte Maxime *individueller, intellektueller* Selbsterkenntnis geworden.

Vielleicht kann man die Funktion schon der Hesiodischen Monster-*Verdrängung* in dieser metaphorischen, hinübertragenden Verfremdung der Phantasie sehen. Hier kommt der Vorstellung nicht das vorstellende Ich entgegen, aber etwas von der ähnlichen Leibhaftigkeit wie der des vorstellenden Leibes: der *phantastische* Raum. Noch deutlicher ist die metaphorische Aufgabe der Vorstellung in der Monster-*Sublimierung* an Pandora zu erkennen. Das literale Monster Pandora (über-)trägt schöne Bilder (auf Kleidung), ist bildhübsch. Die bildhübsche Oberfläche um die Frau herum gewinnt durch bildliche Übertragung (Ungeheuer-Darstellungen) die Bedeutung Ungeheuer zurück. Zwar sind auch die Eingriffe des Dichters der Götter-Entstehung in die phantastische Monsterwirtschaft nicht ohne Gewalt, und matriarchale Reste von chthonischer Unordnung schätzt er ebenso wenig wie Homer oder Platon. Aber historisch, zwischen dunkelsinnig gewordenen Riten (etwa Mondkulten mit Pegasos) und dem Kult des Rationalen, kultiviert er die musische, das heißt die poetische Phantasie als eine ein- und ausströmende Inspirationsquelle. Das Wesen aus Hufen und Flügeln wird zum Emblem der metaphorischen Mischung, der Übertragung. Dem getöteten Inbild visueller Fixierung, der Medusa mit dem versteinernden Blick, entsprang ein Wesen, das die Musenquellen springen lässt, und das sogleich zum Himmel springt, wohin auch die Musen ziehen, ewig wie Quellen ‹entspringend› und singend.

Aber ist dieses Fortziehen bis in den Himmel, so ganz ohne Spiegel, nicht gefährlich zweideutig? Ist die Quasi-Apotheose nicht eine verbrämte Todesfahrt? Waren die Musen bei Homer und vorher nicht vielleicht eher Todesengel (oder Klageweiber) für einen schönen Tod? Hat sie erst Hesiod von den Monstern weggerückt? Oder waren die Monster früher musischer, und sind sie erst mit der Bezwingung ihrer Kulte vernächt-

845 Die Motive ‹Jungmann und Pferdebändigung› zwecks Monsterbekämpfung (Perseus und Pegasus) sowie ‹Aufbruch von Mutter› und/oder ‹ritterliche Befreiung der (Jung-)Frau›, verweisen auf Initiationsriten. Vgl. Burkert: Religion, S. 390, und J. N. Bremmer: Götter, S. 72, der von einer rituellen Variante des Perseus-Mythos berichtet, in dem sich Knaben «von der Welt der Frauen» mit einem Scheingefecht verabschiedeten, «in dem Masken erschreckender Frauen eine wichtige Rolle spielten.» – Hinter wie vielen Monstern verbergen sich Masken?

licht worden? – Wir wissen es nicht. Für den Seelengriechen Friedrich Schiller war der Orient schuld. Erst die griechische Phantasie habe «das göttliche Monstrum des Morgenländers, das mit der blinden Stärke des Raubtiers die Welt verwaltet» in menschenfreundliche Kontur verwandelt. «Das Reich der Titanen fällt, und die unendliche Kraft ist durch die unendliche Form gebändigt.»[846]

Wenn das mal keine postmedusanische Versteinerung ist, diese unendliche Form! Das ist nun wirklich rein idealische Einbildungskraft. – Das Problem ist, dass es keine authentisch überlieferte griechische Narration gibt, die älter ist als Hesiod. Mit den Titanen erst ist die griechische Kultur groß geworden. Wahrscheinlich gibt es keine Kultur und erst recht keine Kunst ohne Monster. Sie nämlich liefern aus innerer Nacht. Auch Schiller hat es geahnt. Die Romantiker gingen geradezu nach innen auf der Suche nach ihnen – nach ihnen Freud mit noch mehr Licht. Die Künstler der Moderne drohen zuweilen in ihren Monsterkämpfen sogar die Unterscheidung zwischen innerer und äußerer Nacht zu verlieren. So schreibt Hugo Ball in seinem Vortrag «Kandinsky»:

«Eine Welt abstrakter Dämonen verschlang die Einzeläußerung, verzehrte die individuellen Gesichter in turmhohen Masken, verschlang den Privatausdruck, raubte den Namen der Einzeldinge, zerstörte das Ich und schwenkte Meere von ineinandergestürzten Gefühlen gegeneinander ... Zärteste Vibrationen und unerhörteste Massen-Monstra zeichneten sich auf den Horizonten, vermengten, zerschnitten durchdrangen einander.»[847]

Und das sind nicht nur die außerästhetische Welt seiner Zeit draußen und die vorästhetische innen, die sich hier wie im Hesiodischen Titanenkampf der Massen-Monstra durchdringen, sondern das ist der ästhetische Ausdruck selbst, der sich im Stil des modernen Künstlers ausdrückt:

Die Künstler in dieser Zeit sind nach innen gerichtet. Ihr Leben ist ein Kampf mit dem Irrsinn. Sie sind zerrissen, zerstückt, zerhackt, falls es ihnen nicht glückt, für einen Moment in ihrem Werke das Gleichgewicht ... zu finden ... Die stärkste Verwandtschaft haben ihre Werke noch mit den Angstmasken der primitiven Völker, den Pest- und Schreckensmasken der Peruaner, Australier und Neger. (Ebd.)

846 Schiller: Ästhetische Erziehung, S. 652.
847 H. Ball: Kandinsky (1917). In: Ders.: Schriften. Frankfurt 1984, S. 43.

Man kann die Unterschiede von Zeit, Raum, Gesellschaft, Klima und Ernährung und noch vieles mehr in Anschlag bringen – und doch wird man die Beständigkeit des Monstrums als Phantasma des Leibes einräumen müssen, das mal als der Widersacher menschlicher Veredelung, mal als dasjenige Subjekt, das diese Arbeit leistet, erscheint. Wir sehen, wie die Arbeit an Pegasos seit Hesiod eine der Zähmung dieses wilden Pferdes ist. – Selbst bei *Byron* ist Pegasos kein exaltierter Ekstatiker; und genauso wie man sagen kann, dass er eine Verbindung zum Himmel herstellt, kann man sagen, dass er sie unterbindet.[848] Die griechischen Mythen nach Hesiod berichten, wie das fliegende Pferd den völlig ausgeflippten, tanzenden Helikon im letzten Augenblick durch einen Hufschlag daran hindert, den Himmel zu berühren, und den Bellerophontes wirft er ab, als der den Himmel stürmen will.[849]

Schon Pindar vergleicht sich mit dem Pegasos-Reiter Bellerophontes, der indessen nicht abgeworfen werden will vom Pferd des himmlischen Vaters und sich mit dem Lorbeer begnügt.[850] Der Traum von der Zügelung der Phantasie ist jedoch selber traumgeboren, wenngleich gutes Augenmaß und Disziplin des täglichen Dichtens von der kriegerischen Übertragung des Dichtens aus dem Waffentanz zeugen: In der 13. Olympie überträgt Pindar seine Aufgabe des Dichtens auf Bellerophontes, dem in der Nacht Athena im Traum erscheint und ihm «das Zaumzeug mit dem goldenen Stirnband» brachte, und der Traum ist wahr, und das Zaumzeug liegt da, und er springt auf und – befragt den Seher. Schließlich packte der Held «stürmisch das Flügelross und spannte ihm den zähmenden Zauber ums Kinn.» (Olympie 13, 84) Von oben im Flug beginnt er den Waffentanz, dann schießt er seine Pfeile herab auf die Chimaira, die Amazonen und die lykischen Solymer. «Ich aber, der ich schnell einen Wirbel von Speeren / Werfe», vergleicht Pindar, nachdem er beredt den Sturz des Bellerophontes vom Pferd zu verschweigen angekündigt hat, «darf nicht meine vielen Geschosse / Mit den Händen schleudern neben das Ziel» (Olympie 13, 90).[851]

848 In seiner Dichtung «Don Juan» (1819 f.) reitet der Held der Reime neunmal den Pegasus.

849 Lücke S. 622.

850 Pindar: Isthmien 7, 43–50, in: Pfeiff (Hg.): Pindar, S. 163. Im Weiteren belege ich aus dieser Ausgabe im Haupttext.

851 Die erotische Metaphorik des Reitens ist oft genug mitzulesen; vgl. die

Pindars *Vergleich* der Medien von Gesang und Literatur mit denen der (vorgestellten) Wirklichkeit oder der bildlichen Darstellung derselben ist ziemlich das Gegenteil von dem, was die Faszination des Monströsen ausmacht: so etwas wie eine quer- und flachgelegte Konfrontation. Das Monster ist zwar auch der Ausdruck einer Übertragung, es selbst scheint dagegen immer aus dem Dunkeln zu kommen, unzugehörig dem *Kontext* des Auftauchens, ungehörig ihm gegenüber. Ich bin nicht zu wagemutig, wenn ich behaupte, nicht nur das konkrete Monster entsteht in der Phantasie, sondern das Monströse.

Es gibt im Verhältnis zu den wenigen menschlichen Missgeburten zu viele nie real aufgetauchte Zusammensetzungen wie die Kentauren, Minotauren oder Chimären. Das spricht nicht gegen ihre religiöse, moralische, kriegerische, soziale oder politische Indienstnahme, welche die Monstren unterschiedlich stark verpönt oder sogar integriert. Aber der spezifische Übertragungsaspekt ist jene asymmetrische doppelte Visualisierung. Erstens werden Teile aus einer Dunkelkammer herausgeholt, im Innern des Leibes, und zu einem Vorstellungsbild kom-poniert. Zweitens wird dieses Thema oder Motiv vergegenständlicht im performativen, musischen und bildnerischen Ausdruck – der dann gleichwohl zurückschlagen kann und diese, ähnliche, ja sogar anders aussehende Monster aus der Nacht der Phantasie hervorkommen lässt. Denn das Entscheidende ist hier der evozierende Gestus. Das Auftauchen der Monster in der Phantasie *ist* also bereits eine Übertragungsarbeit, deren Visualisierung eine psychische ‹Leistung› darstellt, die mit der Gestaltung des Ungestalten therapeutisch wirksam sein kann, deren Symbolisierung sogar aufklärerisch sein kann, die aber auch zur Sicherung von ‹Schreckensherrschaften› dienen kann.

Selbstverständlich kann im sozialen Raum die Darstellung dieser die Angst auch fokussierenden Gestalten umgekehrt zur Angsterzeugung eingesetzt werden. Wenn etwa auf den archaischen Schilden eine Medusa auf den Angreifer zuspringt, so wird dieser abgelenkt von dem wahren Angriff des seitlich hervorspringenden Schwertes. Wie immer man das Wirken des vor- und dargestellten Monsterbildes bewerten mag: Ent-

beiden Beispiele Anakreons in der Auswahl Margs: Griechische Lyrik S. 55. Siehe auch die erotische Attraktion, welche die reitenden Amazonen auf die griechischen Helden ausübten.

scheidend scheint die asymmetrische Übertragungsenergie aus dem Dunkeln. Dass diese Monster aus der inneren Nacht des Leibes (oder eines Sekundärleibes) auftauchen, welche die äußere Nacht für die Phantasie ist, findet seine symbolische Entsprechung in der Tatsache, dass die Monster bevorzugt aus der Nacht der Erde oder vom Rand der Nacht her auftauchen, dorther, wo über Tod und Leben entschieden wird. Auf der Fahrt nach Westen, wo er die Äpfel der Hesperiden erbeutet, «das Unterpfand der Unsterblichkeit»[852], bezwingt Herakles den ‹dreileibigen› Riesen Geryon, einen Enkel der Medusa, ursprünglich ein Todesdämon, der viele Ähnlichkeiten mit Hades selbst aufweist. Dieser Kampf ist auf vielen Bildern bereits des 7. Jahrhunderts dargestellt. Auf ihnen sieht man schon für diese wichtige Epoche die im Kampf symbolisierte Konfrontation des narrativen mit dem Schreck-Aspekt.

Es gibt sozusagen eine Lauf- und Lese-Ebene und einen ins Auge springenden ‹monströsen› Bildteil, dessen Monstrosität allerdings dadurch gemildert oder sogar gebannt ist, als er ins Objekt des materiellen Bildes fixiert ist. Am markantesten ist dieses ‹Mischbild› wohl dann ausgebildet, wenn die Maske der Medusa aus dem Bild herausblickt und den Betrachter selbst fragen lässt, ob nicht das ganze Bild selbst nur eine Maske oder ‹Vorwand› ist. Zwischen diesen beiden Bildkomponenten – und semantisch dementsprechend zwischen Monstern und Monsterbekämpfern – ist nun aber gerade in den frühen Bildern (und Gesängen) eine erstaunliche Zweideutigkeit und Oszillation zu entdecken. An einem Bild des Kampfes zwischen Herakles und Geryon auf einem ehernen samischen Pferde-Brustschutz (um 620 v. Chr.) bemerkt Schefold: «Dadurch dass Geryon wie ein sterblicher Krieger kämpft, wirkt sein Bezwinger noch unheimlicher. Es entsteht ein Gleichgewicht zwischen dem Helden und dem Dämon, der uns entgegenzukommen scheint, weil wir den Fries von links nach rechts lesen.» (S. 106)

Das Argument der tendenziellen Verwechselbarkeit zwischen Held und Monster ist belastbar. Das Verhältnis zwischen der Richtung zum Bild und den im Bild dargestellten Richtungen wird später noch eine große Rolle spielen, deshalb sei hier die Anmerkung erlaubt, dass *im Kampf* die-

852 Schefold: Früharchaisch, S. 105. Dort etliche Beispiele des Zweikampfes zwischen Herakles und Geryon (S. 105 ff.). Weitere Seitenangaben folgen im Haupttext.

ses Bild sogar wohl häufiger von rechts nach links gesehen wurde, weil man auf derjenigen Seite angriff, wo der schwächere linke Arm des Gegners war. In diesem Fall wirkte eher Herakles monströs konfrontativ. Entscheidend aber ist die über Jahrhunderte hinweg beliebte Darstellung eben des Herakles als eines Mischwesens aus Mensch und Löwe.

Dieses *Eintauchen* der Helden in das dunkle Innere der bezwungenen Feinde ist ein über Jahrhunderte, Jahrtausende und die verschiedensten ästhetischen Vorlieben hinweg beliebter Darstellungstyp geblieben, auch wenn das historisch jüngere Helden-Ideal sich mit Theseus und Perseus in eine stärkere Differenz zu seinen monströsen Feinden entwickelte. Das gilt besonders für die Epoche Solons, wenngleich Perseus von Anfang an menschlicher dargestellt gewesen ist. Er taucht auch nicht in Medusa, wie sonst die männlichen Helden in die Trophäen und Skalpe ihrer besiegten Feinde, sondern stellt ihr Bild sowohl als Spiegelbild zwischen sich und sie selbst wie auch später zwischen sich und seine Feinde, indem er ihr Schlangenhaupt hoch- und den andern Monstern entgegenhält. Aber auch er verbirgt sich damit ein wenig hinter dem apotropäischen, also sozusagen ‹umgedrehten› Monster-Repräsentanten. Das ist natürlich keine griechische Spezialität. Auch Jung Siegfried tauchte einst in Drachenblut.

Es geht also nicht nur um die magische Einverleibung der Kraft des Gegners. Mir scheint hier ein verbindender symbolischer Akt zwischen dem Auftauchen des Monsters aus der inneren Nacht und der Wiederkehr des Monsters aus der Verbannung in Nacht und Unterwelt stattzufinden. Die aus der inneren Nacht ausgestülpte Angst, verbannt in die fernsten Dunkelheiten, wird nun zu einer äußeren Rüstung (zuerst als Trophäe und Skalp, dann als Artefakt). In die Dunkelheit des feindlichen Körpers zu tauchen versieht mit äußerer Wappnung und Stärke. Der ‹innere Schweinehund› wird zum coolen Monster außen herum. – Das ist jetzt allerdings insofern irreführend, als man daraus eine umstandslose Umstülpung zur ‹moralischen› Aufrüstung erblicken könnte. Es ist aber entscheidend, dass der eigene ‹innere Schweinehund› zuvor unkenntlich gemacht worden ist zum fernsten Ungeheuer einer anderen Unterwelt als der eigenen.[853]

853 Stoßzähne des wütenden Wild-Schweines behüten das kluge Haupt des Odysseus – obgleich er von weitem und unbewaffnet eher einem Widder gleicht (Il. 3, 196).

Dieser Übertragungsgestus des Vorstellungsbildes aber aus der inneren Nacht via äußerer zu einer äußeren Nacht für Andere, *in deren* Schutz der Bildträger lebt, ist eine verbreitete magisch-apotropäische, aber eben auch ästhetische Handlung, Haltung und Darstellungsweise. Auch dies ist eine Möglichkeit, aus dem Dunkeln heraus zu sehen, sehen zu lassen und den Feinden zu zeigen, was sie sehen sollen. Selbst die kluge und weise Athena (b)rüstet sich mit dem tödlichen Blick ihrer erlegten Feindin Medusa. Mehr noch, selbst die Ägis, auf der das Gorgonen-Haupt prangt, soll, einem nachhesiodischen Mythos zufolge, der Skalp eines feuerspeienden Ungeheuers gleichen Namens gewesen sein. Pallas Athene soll anderen Mythen zufolge sogar einen menschlichen Riesen namens Pallas, der vielleicht gar ihr Vater war, erschlagen, abgehäutet und sich in seine Haut gekleidet haben. Deshalb der Name Pallas; auch Namen also sind Skalpe.[854]

Der ganze Bereich des bei Homer beschriebenen Tauchens in Rüstungen, die vielen optischen Waffen, die Monsterbilder (à la Medusa) nämlich auf dem Kriegsgerät und dem Pferdegeschirr, selbst die Giebelkonstruktionen mit der sterblichen Gorgonin und die Medusa-Kacheln als Eckdachpfannen auf den Hausdächern: all das bezeugt, wie weitverbreitet diese Umstülpung der Angst zum äußeren Schreck-Bild (gegen Angstgegner) gewesen ist, in das man sich bettet, in das man taucht wie in äußere Härtung.[855] Jenseits der bloß psychischen Aufrüstung bezeugen die Artefakte und die Erzählungen darüber, wie wesentlich die Fahrten zwischen innerer und äußerer (wenn auch fiktiver) Nacht für die frühen Typen der Bildfindung auch des Monströsen gewesen sind und wie sehr das äußere Bild sich als eines entwickelt hat, das in einem sehr prononcierten Sinn als Oberfläche nur Teil eines Spiels oder Kampfes mit dem dunklen Inneren (und Äußeren) gewesen ist. – Unabhängig vom Grad des Monströsen oder seiner Disziplinierung, die Pegasos verbildlicht, ist es erstaunlich zu sehen, wie aus dem geflügelten Pferd, das ein feuerspeiendes Monster be-

854 Burkert: Religion, S. 222.

855 Diese Umstülpung der Angst zur Erregung des Schreckens ist in Abwandlung auch an Formen zu erkennen, die auf den ersten Blick kein apotropäisches Bild aufweisen. Siegfried hat kein Drachen-*Bild* als Panzer, aber er taucht sein Äußeres ins Innere eines furchterregenden Anblicks, den die Hörer bei der Erzählung des Drachenkampfes imaginierten. Das Blut des Drachen, in dem er sich badet, ist dessen ausgestülptes ‹Inneres›.

kämpft, selbst ein hauptamtlicher Blitzträger Zeus' wird, ja wie er schließlich um 1800 das Feuer als zündende Idee aus sich herausschleudert. Der Dichter reitet ein Tier, nun gut ein Untier, aus dem Dichters Ideen herausschießen, er ist zum Symbol der untierischen, der dichterischen Phantasie selbst geworden. Siehe Schillers Ballade «Pegasos im Joche», wo ein lustiger Sänger einem Bauern einen Pegasos ‹ausspannt›; dort heißt es am Schluss:

«Der Hippogryph wird ausgespannt,
Und lächelnd schwingt sich ihm der Jüngling auf den Rücken.
Kaum fühlt das Tier des Meisters sichre Hand,
So knirscht es in des Zügels Band,
Und steigt, und Blitze sprühn aus den beseelten Blicken.
Nicht mehr das vor'ge Wesen, königlich,
Ein Geist, ein Gott, erhebt es sich,
Entrollt mit einemmal in Sturmes Wehen
Der Schwingen Pracht, schießt brausend himmelan,
Und eh der Blick ihm folgen kann,
Entschwebt es zu den blauen Höhen.»[856]

Doch auch die Nacht ist jetzt nicht mehr zu sehen. Nun ja, das ist Schiller. – Aber schon beim aufgeklärten Romantiker Heine ist sie wieder da, gehört zur Rahmenbedingung der Ansprache des Dichters an sein Pferd, das ihn reitet. In Caput III, also im 3. Kopf seines satirischen Monsters «Atta Troll» (1843), des politischen Gesinnungs-Bären der deutschen Literatur (im Herzen schwer, im Kopfe leer), «der sich mit Todesverachtung in einen Ozean von Allgemeinheiten stürzte»[857], beginnt der Dichter mit der Anrufung des nächtlichen ‹Tagtraums› (S. 501):

«Traum der Sommernacht! Phantastisch
Zwecklos ist mein Lied. Ja, zwecklos
Wie die Liebe, wie das Leben,
Wie der Schöpfer samt der Schöpfung!»

856 Schiller: Gedichte, S. 85.

857 H. Heine: Atta Troll. Vorrede. In: Ders.: Sämtliche Schriften in 12 Bänden. Bd. 7, Frankfurt 1981, S. 494. Weitere Seitenangaben im Haupttext.

Allerdings erhebt sich der leise Verdacht, dass die Nacht nun vor allem dazu dient, den poetischen Eigensinn (im Fabelreich) gegen die Welt abzuschirmen, was man pathetisch mit der «Verteidigung der Autonomie der Kunst» begründet. Freilich scheint das ehemalige Monster dabei zu einem putzigen Lustmolch zu regredieren (501):

> Nur der eignen Lust gehorchend,
> Galoppierend oder fliegend,
> Tummelt sich im Fabelreiche
> Mein geliebter Pegasus.

Zwar ist Heine klug genug, gerade keine Programme, auch nicht der Autonomie, *pathetisch* zu verkünden. Sein geliebter Pegasus (S. 502):

> Ist kein nützlich tugendhafter
> Karrengaul des Bürgertums,
> Noch ein Schlachtpferd der Parteiwut,
> Das pathetisch stampft und wiehert!

Aber seine Attitüde des Sängers kokettiert doch sehr mit des «Knaben Wunderhorn», wenn er von den goldbeschlagenen Hufen seines «weißen Flügelrössleins» singt, deren Zügel aus Perlenschnüren er «lustig schießen» lässt (S. 502).[858] Die tragikomische Alternative dieses Bellerophontes *ad fontes* (der alten Sagen) zum Absturz in den Abgrund der Allgemeinplätze ist der drohende Abgrund des Unsinns, der sich vor dem sehnsüchtigen Ironiker auftut (S. 502):

> Trage mich, wohin du willst!
> Über luftig steilen Bergpfad,
> Wo Kaskaden angstvoll kreischend
> Vor des Unsinns Abgrund warnen!

858 Vgl. das Titelgedicht in: A. v. Arnim/Brentano: Wunderhorn. München S. 11. – Auch wenn Heine mythische Nachtsymbolisierungen an Hufen (Mondlicht) und Zügeln (Sterne) hier angedeutet haben könnte, überdeckt die Tendenz der ästhetischen Eleganz, die sich vom politischen Schlachtross absetzt, diese Ekstasis an den Nachthimmel.

Die Funktionen von Nacht und Abgrund um den Dichter mögen sich in wechselnden Zeiten etwas anders akzentuieren, aber sie bleiben wichtige, wenn auch selbst nur vorgestellte Randbedingungen des reitenden, also phantasierenden Leibes. Es muss aber nicht immer gleich der Name Pegasos fallen. Gerade Heine ist ein gutes Beispiel dafür, wie man ewig abhängig bleibt von Nacht, Abgrund und den Monstern, während man sich zugleich mit dem Pegasos der Ironie aus dieser inneren Nacht befreit. Immer wieder; denn die Monster, an die er nicht glaubt – bei ihm sind es vorzugsweise weibliche Vampire, müssen in immer neuen Gedichten immer wieder bekämpft werden, glücklicherweise. In diesem chamäleonhaften Farbwechsel und der chimärischen Grundlosigkeit, die zwischen Sehnsucht und Ironie schwebt, ist indes das lyrische Ich seiner Gedichte, das uns in der Nacht der Lektüre entgegentritt, selbst eine Art Monster – wenn auch ein sympathisches.[859]

Ich weiß nicht, ob Sokrates, Platon und Schiller je auf einem ‹edlen Ross› gesessen haben, das mit ihnen durchgegangen ist. All die Pferde, die in den Himmel oder in die Hölle fahren, all die Götter, deren Inkarnation sie sind (Poseidon, Wotan usw.)[860], dann die finsteren nächtlichen Jagden: sie bekunden auch die realen Erfahrungen eines raptus, einer Entzückung und Entrückung, bei welcher die Welt ringsumher in Nacht versinken kann. Phantasien à la Pegasos beruhen also auf leibhaftigen, wenn auch nicht notwendig selbst erlebten Fahrt-Erfahrungen – und auf dem Gefühl einer nicht unbedingt als monströs zu verachtenden Selbstverwandlung in ein Mischwesen. Denn auf dem Pferd hält sich in solchen Fällen nur, wer mit ihm ‹verwächst›. Vor dem Hintergrund dieser Erfahrungen ist die Vorstellung von Kentauren relativ leicht nachvollziehbar. Das phantastische Erlebnis eines wilden Rittes ist einerseits eine Art leiblicher Jenseitserfahrung, ein ‹Trip›; andererseits wird die eigene Fixierung an die Welt links und rechts der Fährte gekappt, und die Phantasie wird zu einer Funktion

859 Heine ist denn auch mit zwei Gedichten, «Helena» und «Die Beschwörung» in der Anthologie von D. Sturm und K. Völker: Von denen Vampiren oder Menschensaugern. München [3]1973, vertreten.

860 Zur Jenseitsbedeutung des Pferdes: Hwb. Abergl. Bd. 6, Sp. 1609, weitere Belege im Haupttext. – Vgl. auch zum bronzezeitlichen Sonnenwagen von Trundholm in Teil A1: Dichtung, Theologie und nachtästhetischer Anteil.

des Geschwindigkeitsrausches. Diese Verwandlungen sind nicht geheuer, sind ambivalent. Reichhaltig ist die indogermanische Konnotation des Pferdes mit der Unterwelt, in der es sich als Jungfrau oder verzauberte Prinzessin erweist (Sp. 1614). Die Verwandlung zwischen Pferd und Mensch ist überhaupt im indogermanischen Vorstellungsbereich sehr häufig. (Sp. 1615) Von hier aus ist der retrospektive Eindruck der Zielstrebigkeit interessant, mit der sich die leibliche Erfahrung auf dem Rücken des Tieres später, seit Pegasos, ins Dichterische aufgemacht, hinübergetragen hat.

Aber Pegasos ist nur ein besonders herausgehobenes, weil selbstreferentielles Beispiel des *Erzählens* vom Pferd. In Griechenland stammen alle Pferde, nicht nur Pegasos, von Poseidon ab, der sie (außer den Pegasos) mit Demeter zeugte. Diese hatte sich in ein Pferd verwandelt, um ihm zu entgehen; er «verwandelte sich in einen Hengst und besprang sie». Dieser gewalttätigen Verbindung ‹entsprang› das Urpferd Areion.[861] Einer späteren Darstellung nach stammt das Pferd Arion / Erion sogar von Poseidon und der Göttin Erinys ab, und dieser Mythos scheint ihm immerhin ursprünglicher zu sein.[862] In einem Mythos, den Burkert «urtümlich» und «unzensuriert» nennt, stammt das Urpferd sogar vom ‹Erderschütterer› Poseidon solo ab, der «seinen Samen auf einen Felsen ergoss, der dann das Ross entspringen ließ» (S. 218).

Wir wissen, wie leicht im griechischen Mythos solistisch erzeugte ‹Ausgeburten› Monster werden. – In Athen konkurrieren Poseidon und die Medusa-‹Halterin› Athena um Macht bei den Menschen und Pferden. Athena erfindet nämlich «Zügel und Gebiss und macht damit das Tier für die Menschen erst handsam» (S. 338). Der Zusammenhang zwischen Pegasos und den Pferden überhaupt, die seine Brüder sind, ist auch dadurch gegeben, dass Bellerophontes «der erste Reiter, dem Poseidon einen Stier» opfert und der Athena Hippia einen Altar errichtet (S. 338). Die Monsternähe springt dem Pferd, bei aller Liebe und Bewunderung, immer wieder aus den Augen. Hektor hat im 8. Gesang der Ilias Rosse, «grass wie Gorgo an Blick und der männermordende Ares» (Il. 8. 349).

Dass im ganzen indogermanischen Sprachbereich das Pferd die Post in

861 Burkert: Religion, S. 218; weitere Belege im Haupttext.

862 W. Burkert: Typen griechischer Mythen auf dem Hintergrund mykenischer und orientalischer Tradition. In: Ders.: Kleine Schriften I. Homerica. Göttingen 2001, S. 8; weitere Belege im Haupttext.

Himmel und Hölle und unbekannte Gefilde bringt – und nicht etwa Vogel oder Fisch –, liegt an der realen Erfahrung mit diesem Vehikel, mit dem sich der menschliche Leib so vereinigen kann, dass es sogar Mischwesen gibt – nicht nur die Kentauren, sondern zum Beispiel auch die Hippoden, die Pferdefüßigen.[863] Mit keinem Tierleib ist der menschliche so eng zusammen, der ihn zugleich so vom Boden abhebt. Im russischen Zaubermärchen «Das goldmähnige Pferd» verwandelt sich ein vermeintlicher *Dummkopf* regelmäßig, indem er einem Pferd zum einen Ohr hinein und zum andern wieder hinaus fährt. Auch schlüpft er regelrecht in eine Pferdehaut zur Verkleidung.[864] Dennoch: Die Monster-Ähnlichkeit des Pferdes schimmert immer wieder durch. Die Macht des Pferdes ist oft nicht geheuer. Für den Helden Rostam im persischen «Schachname» von Ferdausi ist sein Ross *Raxs* (das Leuchtende) ein «Drache in Pferdegestalt»[865]. – Durch die möglichst intensive Symbiose ist seit der Zähmung der Pferde ein durch die Flügel notorisch symbolisierter Höhenflug möglich. Die daraus abgeleitete abendländische Geschichte der *Dichtung* als Zähmung des Monsters oder Musenpferdes ist zwar allen Hörern und Lesern von Geschichten plausibel, aber jeder Dichter muss aufs neue den Kampf mit den Chimairen seiner Einbildung bestehen, das nur bestehende uralte Logo allein bringt nicht mehr weiter. Entscheidend ist, dass diese symbolische Vereinigung von Domestikation und Wildheit, diese dichterische Sublimation mithin, immer wieder neu bei den durchgehenden Gäulen ansetzen muss, die gezähmt werden sollen.[866]

Und was heißt das für Dichter, die nicht reiten wollen oder können? Richtig, die Himmelsmacht des hochtrabenden Rosses ist ‹Eross›, es geht um erotische Phantasmen und ihre poetischen Verwandlungen. Für den

863 Vgl. B. Dal Lago Veneri: Der Traum der Vernunft. Wien und Bozen 1999, S. 214.

864 Siehe F. Martynowa (Hg.): Das goldmähnige Pferd. Russische Zaubermärchen. Leipzig 1988; darin: Das Schwein mit den goldenen Borsten, der Hirsch mit dem goldenen Geweih und das goldmähnige Pferd. S. 155 ff.

865 Abu'l-Qasem Ferdausi: Rostam – Die Legenden aus dem Schahname. Stuttgart 2002, S. 68.

866 Nach Burkert: Religion, müsste das historische Beiwort des Poseidon, «Erderschütterer», besser «Erd(durch)fahrer» lauten (S. 217, Anm. 21). – Burkert zufolge wurde das Durchgehen der Pferde bei einem Wagenrennen in Onchestos sogar als Opferzeremonie inszeniert (S. 217).

Psychoanalytiker ist die Sache natürlich klar: Die symbolische Bedeutung von Reiten wird noch gesteigert durch die des geflügelten Pferdes, aber auch des Pferdegespanns. Hinter diesen Fahrten oder Flügen mit Pferd, von denen die griechische Mythologie voll sei, stünden Traumfahrten: Erektionsträume, sagt Georges Devereux.[867] Hinter ihnen steht also eine nächtliche leibliche Realität. Wie sehr es bei den fliegenden Pferden um das Vögeln geht, also um ein übertragendes Fliegen, sieht man am sogenannten «Himmelspferd», das Blut schwitzen und fliegen kann, ohne dass es Flügel hat. Solch ein Hengst-Motiv ist aus der 2000 Jahre alten Han-Dynastie in China als Terrakotta-Figur überliefert.[868] Entscheidend für die metaphorische Dynamik des Pferdes ist, dass es sowohl den Ausdruck für Vögeln überträgt als auch die Übertragung des Vögelns in Weisheit und Poesie. *Al Burak* («Blitz») zum Beispiel, Mohammeds Wunderstute, war ebenfalls ein Mischwesen: mit einem (gekrönten) Frauenkopf und einem Pfauenschwanz. Mit ihm ritt oder flog Mohammed auf seinen *nächtlichen* Reisen von Mekka nach Jerusalem, von da aus in den Himmel und noch zu weiteren, profaneren Zielorten. Al Burak war so schnell auf seiner Himmelfahrt, dass Mohammed «einen Wasserkrug, den er bei seiner Abreise umgestoßen hatte, bei seiner Rückkehr noch auffangen konnte»[869].

In der Geschichte der Literatur sind nun allerdings die realen und die fiktiv realen Erfahrungen mit dem erotischen oder sexuellen Phantasma eines um ein (natürlich edles) Pferd erweiterten Leibes normalerweise etwas schamvoller ausgesprochen, dafür aber kontextiv weiter gestreut und insgesamt aufschlussreich. Erregend ist nicht nur die Verbindung des männlichen Leibs mit dem Tier, sondern auch diejenige des weiblichen Objektes der Begierde, das ebenfalls mit dem Pferd verheiratet ist. Schon reitende Frauen an sich erschienen den Griechen monströs. – Hekate wird allein schon wegen ihrer nächtlichen Fahrt und ihres Ritts auf Tieren zu

867 G. Devereux: Träume in der griechischen Tragödie. Frankfurt 1985, S. 73.

868 Siehe eine großformatige Darstellung in der FAZ vom 2. 6. 2008, S. K1 (Kunstmarkt-Extra).

869 Knaurs Lex. Myth., S. 88; weitere Darstellungen ebd., S. 337. – Die sexuelle Konnotation der Erkenntnis-Fahrt auf dem ‹Mischwesen› mit Frauenkopf wird durch die Wasserkrug-Geschichte noch verstärkt, die mir ein larvierter Traum zu sein scheint.

einer Hexe; ihre Verwandlungskraft beruht vielleicht nur auf der Einbildung nächtlich Irrender, die an Kreuzungen nicht mehr wissen, wohin ein Weg führt.

Wenn nun die entscheidenden griechischen Helden wie Herakles, Theseus und Achill auch alle ‹was mit Amazonen› hatten – merkwürdige Geschichten –, so scheint doch eine kompensatorische Beziehung zwischen männlichem Reiter und *Pferd* wichtiger gewesen zu sein. Diese schon physiologisch erhöhte reitende Einheit, die gleichwohl in jedem Sprung auch die Übertragung(sdifferenz) vom maskulin muskulären Willensausdruck zu seiner ‹tierischen› Expansion miterlebt, die beflügelt wird bis zum Abheben, die hat in der Literatur – und nicht nur in der sogenannten phantastischen – phantastische Rücklichter (für Hinterdreinleser) hinterlassen. Dabei wird jeweils die irreal-reale Wirkung von Parmenides bis Karl May durch dichte Nacht verstärkt. Man sieht nichts, das kundige Pferd umso mehr – es führt –, und der Rausch der gefühlten Geschwindigkeit und der ‹berückenden› Nachgiebigkeit des weichenden Raums, der Rausch der Verwandlung der Wirklichkeit: All das ergibt sich nicht aus der visuellen Fixierung von schnell wechselnden Einzelheiten der Umgebung, sondern aus dem Gefühl der Übertragung der äußeren Nachtwelt auf das intime Zwiegespräch der Körper.

Im Traum bedeuten Pferde nicht erst heute Sexualität und erotische Macht (sowohl als Wunsch wie als Bedrohung).[870] Schon Artemidor hat ihre nächtliche Erscheinung im Schlaf so bewertet.[871] Die erotischen, ja sexuellen Konnotationen sind in narrativen Überlieferungen ‹natürlich› sublim; aber es gibt da diese seltsame Vorgeschichte des Gespanns Pegasos-Bellerophon: Der Vater des Bellerophon war Glaukos, der Sohn des Sisyphos und der Merope. Er wohnte ‹zu› Potniai, in der Nähe Thebens, das heißt im Machtbereich der Göttin Potnia, der «Mächtigen». Wagenrennen waren ihm wichtiger als Menschen, die er an die Pferde verfütterte. Deswegen führte Aphrodite bei Zeus Klage und bekam die Erlaubnis, Glaukos nach Gutdünken zu bestrafen. In Wahrheit war sie erbost darüber, dass Glaukos seine Pferde nicht decken ließ. Als Liebes-

870 Vgl. D. v. Uslar: Tagebuch des Unbewussten. Würzburg 2003, S. 243, und Flöttmann: Träume, S. 220.

871 Artemidor: Traumkunst, S. 73, 221 und 250. Vgl. auch Devereux: Träume, S. 46 und 73.

göttin ging es ihr nicht um mehr Tiere, sondern um die göttlich-sexuelle Ordnung.

Dass es ihr nicht um die Bestrafung wegen der Verfütterung der Menschen an die Pferde ging, sieht man daran, dass sie die Pferde, natürlich nachts, entführte, sie mit Pferdewahnsinn fütterte und den später abgeworfenen Glaukos von ihnen fressen ließ. Sein Geist lebte aber als eine Art Gespenst in Stadien weiter, als ein Pferdeschreck (Taraxippos).[872] Der kultische Hintergrund dieser Geschichte ist verloren gegangen; Ranke-Graves hat Anhaltspunkte dafür, dass der mutterrechtliche Glaukos gegen die sexuelle und politische Eroberung durch die patriarchalischen Zeus-Anbeter kämpfte. Freilich opferten die Potnia-Anhänger die Menschen ihren (durch Enthaltsamkeit) wild gemachten Stuten. Aber diesen Hintergrund können wir hier insofern vernachlässigen, als er jahrtausendelang nicht mehr bekannt war, man aber die Geschichte weitererzählte. Vor allem gab es seitdem immer wieder diese nächtliche verschworene Einheit Mann-Pferd, die in ein anderes Reich geriet und zu weiblichen Wesen Abstand hielt – oder ihnen fremd war – oder nur scheinbar vergeblich zu ihnen gelangen wollte.[873]

Das gilt nicht für Parmenides, in dessen Fragment über die Natur liebreizende Mädchen den Weg immerhin säumen – den er mit seinen Pferden zur Wahrheit des Seins rast in der Nacht. Aber sein erstes Wort ist: *ippoi* – die Pferde. Sein erster Satz beginnt mit: «Die Pferde, die mich fahren, so weit nur der Wille dringt, zogen voran.» Mehr noch: *Sie* waren es, die ihn «auf der Göttin vielkündenden Weg gebracht hatten», «die kundigen Pferde». Sie brachten ihn aus dem «Haus der Nacht» hinaus zum Tor «der Wege von Nacht und Tag».[874] Diese Pferde sind, ebenso wie der weise Kentaur Cheiron, keine Monster, aber es sind doch ziemlich erhabene Tiere, verwandt mit all den vielen anderen (in frühester Zeit

872 Gr. Myth. 1, S. 208. – Aphrodite fütterte die Pferde mit einem Kraut namens Hippomanes.

873 Dass reitende Frauen nur männliche Angstvorstellungen gewesen sind, ist aber ziemlich unwahrscheinlich. Schließlich gab es nicht nur die Amazonen, sondern zum Beispiel die teilweise segensreiche Frau Holle mit ihren Nachtfrauen bzw. dem Wütenden Heer, die etwa am Hohen Meißner über die Wälder ritt. J. und W. Grimm: Deutsche Sagen (1816 f). Berlin 1891, S. 35, in: Dig.Bib. D.Lit. S. 205860.

874 Parmenides: Fragmente, B 1–5 und 9–11, S. 9, Fassung Heitsch.

wohl gar göttlichen) Pferden, die fliegen (bei Hesiod, Cervantes, Mohammed) und reden, ja wahrsagen können, ob in Mythen oder Märchen.[875] Aber der phantastische Nachtritt auf Pferderücken – Faust bringt er Richtung Helena – hat fast immer auch eine (nicht nur hetero-)erotische Komponente. Man denke nur an die Dreiecksgeschichten Karl Mays mit Held, Freund und Pferd. – Umso erhellender die Perhorreszierung als Nachtmähre, wie sie von den Bildern Johann Heinrich Füßlis bekannt ist. Die Vermutung monströser Verdrängungsarbeit liegt hier nahe. Zwischen diesen beiden Polen liegt das phantastische Nachtreich der Ritte auf Pferden.[876]

Nach der gespenstischen Walpurgisnacht und vor dem Versuch, Gretchen aus dem Kerker zu befreien, ‹sieht› man Faust in einer extrem kurzen Szene durch die Nacht jagen, auf schwarzen «Zauberpferden» «daherbrausend». Die Szenen-Anweisung: «Nacht. Offen Feld». Und außer dem eigenen Rasen nimmt Faust nur noch das seltsame Auf und Ab-Schweben der Hexenzunft wahr.[877] In dieser Szene bläst ein Nachthorn zum Aufbruch der neueren phantastischen Literatur, die mit Nodier nach Thessalien fliegt und mit Poe nach Metzengerstein. Nodiers Lorenzo reitet in der Erzählung «Smarra – Oder Die Dämonen der Nacht» (1821) in die Szenerie von Faust II am Peneius in Italien – aber im Traum als Lucius (der viel mit Apuleius, Lukian und all den antiken Hexengeschichten über Thessalien zu tun hat). Er spricht sein Pferd Phlegon an, und dieses spricht zurück. «‹Siehst du sie nicht, siehst du sie nicht›, sagte er zitternd, ‹dort die Fackeln, die sie sie vor uns schwenken, versengen das Heidekraut und mischen tödliche Dünste in die Luft, die ich einatme …›»[878] In diesen Fällen

875 Vgl. Kl. Pauly, 4, Sp. 684. – Die apotropäische Wirkung von Pferdeköpfen auf norddeutschen Dachfirsten ist derjenigen der Medusa vergleichbar.

876 Zu Füßlis Bild und zur englischen Doppelbedeutung von «mare» als Pferd und Albtraum: J. Starobinski: Besessenheit und Exorzismus – Drei Figuren der Umnachtung. Percha und Kempfenhausen 1976, S. 148.

877 J. W. v. Goethe: Faust. Texte und Kommentare in zwei Bänden. Hg. v. A. Schöne. Frankfurt 1999, S. 190 und S. 191.

878 Charles Nodier: Die Krümelfee und andere Erzählungen. Zürich 1979, S. 260. «Smarra» sei, so Nodier kurz zuvor in «Mélanges de littérature et de critique», das slawonische Wort für die «furchtbare Krankheit des Vampirismus». Zit. nach: H. D. Sturm und K. Völker (Hg.), Von denen Vampiren oder Menschensau-

wird das Phantasma von Bellerophon und Pegasos reliteralisiert. Anstelle der feuerspeienden Chimaira spucken hier Hexen das Feuer. Wohin treibt es Lorenzo durch Nacht und Wind? Nach Larissa, wo «die Wollust Erfüllung findet». Er hört schon Musik in der Luft, das ist der «Gesang ihrer jungen Mädchen.»[879] – Es wird bös' enden.

Böse endet auch Baron Friedrich von Metzengerstein in stürmischer Nacht und Feuersbrunst auf einem aus der Vergangenheit ihm sich aufdrängenden Phantomross, das er nie ohne Schaudern bestieg und von dem er nie wieder abstieg ohne den Ausdruck «triumphaler Bosheit an jedem Muskel seiner Züge»[880]. Hier verschmelzen der Held und eine Nachtmähre, sein Todesdämon, zu einer Einheit, um sich schließlich zu einem Phantombild im Nachthimmel aufzulösen. – Wir könnten die Literaturreise noch lange fortsetzen. Die Hinweise mögen genügen, um zu zeigen, dass mit einem Fortschritt an Monsterbekämpfung durch musische Pferde keineswegs zu rechnen ist. Solange es Nacht ist, Feuer gibt und die fortstürmende Einbildung Körperschnittstellen mit lebenden (oder elektronischen) Vehikeln findet, verwandeln sich Nachtmähren in ‹Nachtmähren› (und umgekehrt). Selbst einfache Geschichten, nachts am Kamin erzählt, verwandeln sich in die Zauberpferde, welche die Zuhörer hinwegraffen. Muss es mündlich sein, am unzeitgemäßen Kamin? Natürlich nicht. Die Monster reiten alle Medien.

Selbst als Albtraum gehören Pferde aber noch zum lebensfreundlicheren Pol der Monsterskala, und wenn sie auch in den meisten Epochen seit Hesiod und besonders in Richtung einer Ästhetisierung des Phantasmas eine bedeutendere Rolle gespielt haben, so soll doch nicht der andere Pol verschwiegen werden (den wir, wie alle Zwischenformen hier, nicht näher behandeln können). Die Pferdemonster sind heftig von Temperament,

gern. München 1973, S. 492. Der Name des Pferdes, Phlegon, ist auch der des Autors von «Die Braut von Amphipolis», einem der ältesten Vampyrtexte unserer Tradition (ebd., S. 7).

879 Ebd., S. 261. – Dem Typus dieser Nachtfahrt zur gewünschten Lust gehören die verwünschten Dämone an, «als Bettler oder Verwundeter verkleidet» (S. 261), die sich anhängen, festkrallen, den Zug zurückhalten wollen. Das ähnelt dem blinden Bettler in Flauberts «Madame Bovary», der auf die Nachtkutsche aufspringt und seinen Arm hineinstreckt.

880 E. A. Poe: Metzengerstein (1832). In: Ders.: Das Gesamte Werk in 10 Bänden. Herrsching 1979, Bd. 1, S. 88.

ihre Energie durchbricht die Grenzen der natürlichen Sphären. Zum virtuell diamedialen Zug gesellt sich häufig das Feuer als bewegtes, entgegenkommendes und heißes Licht in der Nacht. Der Kontrast von Licht und Nacht gehört selbst zu den Attributen von Ross und Mähre. Dagegen gibt es am andern Ende der Monstergestalten-Reihe die Monster der Entropie und Verwesung: triefende, schleimige, schwarze und kalte Wesen, wie sie im pseudohesiodischen «Schild des Herakles» als die Toten-Blut schlürfenden ‹Keren› beschrieben werden.[881] Besonders aber ist in dieser Dichtung *Achlys* hervorzuheben, «Todesdunkelheit» oder «Umnachtung», bei der innere und äußere Nacht einander fast identisch werden, weil die äußere Gestalt, die normalerweise die Nächte trennt, fast zusammengebrochen ist:

> «Todesdunkelheit stand daneben traurig und kläglich,
> Fahl, vertrocknet und ganz von Hunger zusammengebrochen,
> Kniegeschwollen und an den Händen riesige Nägel;
> Unrat sickerte aus der Nase; die Wangen herunter
> Träufelte Blut zur Erde. Mit unbeschreiblichem Grinsen
> Stand sie da und schwer mit Staub die Schulter beladen,
> Tränengebadet …» (Vers 264–270)

Der Stil dieses Gedichtes gilt Fränkel als ungriechisch und stilistisch schlecht, weil effekthascherisch überladen. Fränkel hält *Achlys* hier für eine Personifikation der Hinterbliebenen; in diesem Falle wäre die Achlys allerdings widersprüchlich gezeichnet. Doch es ist daran zu erinnern, dass dieser Gesang die Bildbeschreibung eines Kriegsschildes darstellt; die Beschreibung hat zudem die Hinterbliebenen auf dem Schildbild bereits kurz zuvor wiedergegeben (242–248). Die Bilder auf dem Schild sollen Schreckbilder gegen die Feinde sein. Das Schreckbild der Achlys ist: Verwesung. Die äußerste Hülle der Gestalt wird als durch Vertrocknung bereits eingefallen beschrieben; der visuelle Kontakt der gestalteten *Hülle* zur Außenwelt scheint zunächst ‹verhungert› zu sein (keine Farbe, keine feuchte oder luftige Verbindung, keine Form). Der Erde gleich – bedenke

881 Pseudo-Hesiod: Der Schild des Herakles. In: v. Sche, S. 175; weitere Zeilenbelege im Text.

die staubbeladenen Schultern (269) – sickern und sinken (ohne internen Impuls) Rotz, Blut und Tränen aus.

Für eine Allegorie der Hinterbliebenen spräche allenfalls, dass «die Wangen herunter … Blut zur Erde» träufelte; denn zuvor war von Weibern auf Türmen über dem Schlachtfeld die Rede, die sich «die Wangen zerkratzten» (242). Doch außer der Tatsache, dass Fortsetzungsbilder nicht aggressiv, das heißt konfrontativ genug sind, sprechen andere Einzelheiten stärker für die These, dass das Bild zum Feind sagt: «Schau mich an, bald bist du selbst so ein Aas.» Neben dem Staub sind die riesigen Nägel zu beachten. Noch heute glauben viele Menschen, dass Toten Nägel und Haare nachwachsen, obwohl es vor allem das eingesunkene Fleisch ist, dass die Nägel größer erscheinen lässt. Auch die Knie wirken größer, weil das Muskelfleisch von den Schäften gefallen ist. Für den Fall der Verwesungsdarstellung steigern gerade manche Widersprüche der ‹Gestalt› die Wirkung der Verunstaltung. So ist diese Dunkelheit des Todes einerseits vertrocknet (265), andererseits tränengebadet (270); das hat kosmische Anmutung: von Wüste mit salzigem Meer.

Am überzeugendsten spricht aber für die These eines Schreckbildes der Verwesung der grässliche Widerspruch von «unbeschreiblichem Grinsen» und «tränengebadet». Dieser Zusammenbruch des mimischen Orientierungssystems ist noch bei Poe ein wirkungsvolles Schauermittel, wenn sich etwa das breite Lachen des Seemanns aus der Ferne als das Grinsen des Totenschädels erweist; er bedeutet: die wenig geschmälerte Repräsentanz des Todes im Bewusstsein und ist selbst in der Erfahrung ein kleiner Tod. Das Zusammenfallen der Widersprüche im ‹Grinsen› und im ‹Tränenbad› der Figur des Todesdunkels, der Umnachtung, mutet also ziemlich modern an.

In der Digitalen Bibliothek «Deutsche Literatur von Luther bis Tucholsky» taucht 26-mal eine Wortkonstellation aus «Grinsen» und «tot» und 73-mal eine Wortkonstellation aus «Grinsen» und «Tod» auf, interessanterweise erst ab 1775.[882] Von hier aus ist das Träufeln des Blutes zur

882 Deutsche Literatur von Luther bis Tucholsky – Großbibliothek. In: Dig.Bib. Bd. 125 (Sigle: D.Lit. Groß) Frankfurt 2008, unter: Grins*UNDTot* und Grins*UNDTod*, Wortabstand max. 20 Wörter. Der erste Fall der ersteren Gruppe ist in Friedrich Heinrich Jacobi: «Aus Eduard Allwills Papieren» (1775) zu finden, der erste Fall mit Tod* in Christoph Martin Wieland: «Oberon» (1780).

Erde schon wieder plausibel: Es ist ein Opferspritzer der Trauernden, eine grässliche Verbindung zwischen Tod und Trauer, die am Bild der Verwesung die Ahnung der eigenen Verbindung mit derselben perhorresziert. – Wie gesagt: Dieses Monster der Achlys ist nicht so häufig aufgetaucht und nicht so stilbildend gewesen wie all die stolzen Pferde. Es gibt aber doch auch hier Nachfahren und entferntere Verwandte, die in schlechten Zeiten die Erde heimsuchen. Ich nenne nur Strix, Hydra, Zombies, Vampire: alle nasser, kälter, schwärzer.

Monster sind Medien sind Monster

Alles, was erscheint, impliziert ein Medium des Erscheinens. Unterschiedlich komplexe ‹Wesen› (aber auch Tatsachen und Sachverhalte) können in verschiedenen Medien erscheinen. Für Menschen ist ihr erstes Medium der Erfahrung (und der Erscheinung für Andere) ihr Leib. Aus der Sicht der Menschen unterscheidet sich der Leib (also der lebende und beseelte Körper) von allen anderen Medien dadurch, dass er eine prägende Unterscheidung zwischen innen und außen kennt, ohne deren ständige *übertragende* Verbindung er schlicht auseinanderfiele, es ihn schlicht nicht gäbe. Von diesem Medium kann er nicht absehen; es prägt auch sein Verhältnis zu Medien, die ganz flach sind. Demgegenüber sind alle anderen (also nichtleiblichen) Medien ‹einseitig›. Die Medien sind aber nicht identisch mit ihren Erscheinungen; auch das Medium des Leibes impliziert ein so zusagen antagonistisches Prinzip, die übertragende Kraft. Diese Kraft ist dargestellt in Monstern, welche die Flachheit der Medien sozusagen als Kraft der Übertragung in ihrem fast noch Rohzustand durchstoßen wollen, um einer externen Übertragung willen, die dort einen Zusammenhang von Innen und Außen herstellen wollen, einen Phantomleib.

So ist die Vorstellung, dass sich die Realität der im Medium, etwa in der Zeitung, erscheinenden Nachricht in Wirklichkeit hinter der Schrift abspielt, Zeugnis einer phantasmatischen Raumergänzung. Wie sonst sollte man verstehen, dass der Ausdruck *Hintergrundnachricht* oder *-berichterstattung* so selbstverständlich verstanden wird. Das Medium wirkt vielfach wie ein vertrackter Spiegel: Auf es wird ein leibeigener Ausdruck projiziert als einer, der von hinter dieser Fläche auf dieselbe Weise projiziert erscheint. Wird das Bewusstsein von der Medialität der Erscheinung unterdrückt, übersprungen oder noch gar nicht erreicht, so ist der antagonistische Charakter der Monster und Medien am offensichtlichsten. Insofern wirken Monster also gerade nicht als Medien. Aber die Medien können ein *Ergebnis* der Vermittlung anzeigen, wenn diese Spiegelung in Betracht gezogen wird und eine Oszillation des Blicks hinaus und zurück erreicht wird.

Auch hierfür gilt: Die in Wahrheit unmögliche monströse Ausfahrt der Phantasie in einen Raum hinter der Zeitung ermöglicht erst die Realisierung von dem, was Medialität heißen kann. Monster selbst können in gewisser Weise Medien sein, indem sie auch medial zur Erscheinung mangelnder Körpervermittlung von Emotionen beitragen – wenn man an sie glaubt. Sie treten dann gewissermaßen – egal in welchem Medium sie auftauchen – in das Medium des glaubenden Leibes zurück. Die Medien selbst andererseits, in unserem heutigen Sinne alles artifizielle Medien, stellen eben durch diese abgetrennte Selbständigkeit vom ursprünglichen Zweck des Ausdrucks und der Kommunikation usw. selbst auch etwas dar, was früher Monster dargestellt hätten: Fremde, Nichtmenschen mit wahnsinniger raum- und zeitübergreifender Kraft der Übertragung, die uns dann doch angehen. Obwohl nun Monster Medien und Medien Monster genannt werden können, verhalten sie sich zueinander – zwar ergänzend und fördernd, aber auch gegensätzlich in ihrer Abhängigkeit voneinander. Das Monstrum ist heiß, das Medium ist kalt. Die Emergenz des Monstrums ist ständig auf der Suche nach einer Ebene zum Auftauchen, und das Medium ist nichts ohne eine Sensation, die sich in seinem mittleren Bereich (zwischen dem Innen des Rezipienten und dem Außen des Aussenders) niederlässt, abzeichnet, durchschlägt.

Die Übertragungsenergie des Monsters wird seit den frühesten Erscheinungen in den theatralen und performativen Medien häufig symbolisiert, zum Beispiel durch das Feuer, das, sich dabei in Aussehen, Wirkung und ‹Charakter› verwandelnd, durch die verschiedenen Leiber und Medien hindurchschlägt. Athene kleidet sich in das (Ziegen-)Fell der Aigis, sie wohnt nun also innerhalb des ehemals feuer*speienden* Ungeheuers. Auf die Aigis setzt sie das Haupt der Medusa, deren Feuerblick versteinert. Oder ist Athena im Innersten das feuerspeiende Ungeheuer, das nun den Weg der medusischen Augen wählt? Jedenfalls wird in ihrem Tempel eine Priesterin der Athena Itonia namens Jodamia von ihrer nächtlich (!) erscheinenden Herrin anscheinend unfreiwillig versteinert, weil sie «auf ihrem Unterkleid das Haupt der Gorgone Medusa» trug. «Darum legte jeden Tag eine Frau Feuer auf dem Altar der J. und rief dazu dreimal in böotischer Mundart, ‹Jodame lebt und verlangt Feuer!›»[883]

Burkert betont die Doppelgänger-Funktion der Athena-Priesterin (S. 291 u. S. 311) – aber wer hat da versteinernd geblickt? Hat nicht Medusa in einem ebensolchen Athena-Tempel mit Poseidon frevelhaft gevögelt, und wurde sie nicht *deshalb* mit dem verstei*nernden* Blick gestraft? Ist Athena die Larve der Medusa und Iodama die Repräsentantin der Athena, dann schlägt Medusa hier zurück. Das Feuer aber soll von der Aigis durch Athena, durch das Medusa-Opfer hindurchschlagen und das Leben Iodamas erhalten. Das Feuer ist Seelenenergie, aber nicht individuell gedacht, sondern Nahrung und antreibende Kraft der Verwandlung, also durch die Gestalt(en) hindurch.

Nun ist das Feuer nicht das einzige Erkennungsmerkmal der Ungeheuer; sie kommen durch die Luft, aus dem Wasser und aus der Unterwelt. Dementsprechend nass oder feurig erscheinen sie; außerdem können sie beim Kreuzen der Elemente ihre Ausdrucks- oder Wirkungsweise wechseln. Zudem gibt es die Mischwesen und künstlichen Wesen in verschiedenen Kombinationen. Aber sie alle, nicht nur die Feuerspeier setzen Energie um: Die Mischwesen und Kunstwesen gewinnen Energie sozusagen aus einer metaphorischen Kernfusion verschiedener ‹Elemente›, also eines zusammengezwungenen Widerspruchs zwischen unpassenden Gliedern oder zwischen äußerer Anmutung und innerer (‹wesenloser›) Maschinerie. Die kalten, nassen Monster aber ‹gewinnen› Energie durch Entropie (vgl. etwa das Aussaugen des Lebens durch die Vampire). Immer wieder zeigen die verschiedenen Monstertypen Variationen von Essen/Trinken (Verbrennen/Verflüssigen)[884], sexueller Durchdringung und Ver-

883 W. Vollmer: Wörterbuch der Mythologie (1836/1874). In: Dig.Bib. Bd. 17, S. 4563. In anderer Schreibweise Iodama bei Burkert: Religion, S. 291, der Simonides als Quelle angibt.

884 Viele berühmte, noch heute beeindruckende Monster der Antike und des Mittelalters waren direkte Adressaten menschlicher Speiseopfer: Sphinx, Minotauros und Drachen. Ein ursprünglich dreiköpfiges Drachenmonster im Iran wurde zum iranischen (menschlichen) König umgebildet, dem im «Schahname» von Ferdausi zwei Schlangen aus den Schultern wachsen, «die täglich mit dem Hirn junger Männer gefüttert werden müssen». J. Ehlers: Glossar. In: Ferdausi: Rostam, S. 373.

schlingung und der Umstülpung der Erscheinung. Darin zeigt sich als gemeinsamer Zug: ein gewissermaßen unordentliches und prekäres Verhältnis zwischen Subjekt, Objekt und Raum. Bezieht sich diese phantastische Gemeinsamkeit auf eine Realität?

Wenn wir einmal die Frage ausklammern, ob es Monster gibt, so stellen wir fest, dass sie in Medien auftauchen: als Phantasma im eigenen Leib, als Übertragung am Leib des Anderen, in der Erzählung des Anderen, im kultischen Spiel und Maskentanz, als bildliche Darstellung, im Text usw. Die Monster der Phantasie scheinen sich in verschiedenen Medien verschieden zu spiegeln. Sie (ver)wandeln (sich) wohl mit den Medien. Die Monster der oralen Kommunikation sind alles in allem feuriger, als ob der lebendige Atem wie ein Feuer über die Hörer kommt – und die aufgerissenen Augen des Erzählers leuchten ungeheuer im Schein der Sehstrahlen der Zuhörer. (Oder der Imagination des Erzählers? – Aber auch sie bedarf der Zuhörer.) Siehe dagegen die Vampire des 19. Jahrhunderts: Sie saugen die Blicke des Lesers, während der glaubt, den Text zu verschlingen. Die modernsten Vampire hausen im Netz, sie saugen die Lebenszeit des Surfers (so heißen die bleichen Reiter heute), indem sie ALLES bieten. Auch die elektronischen ‹Viren› (eine Abkürzung von Vampiren) saugen parasitär im Leib des Netzfahrers, sogar Trojanische Pferde soll es wieder geben. Das klingt zwar alles plausibel, natürlich müssen die Monster sich nach dem weißen Laken ihrer Medien strecken, besonders wenn sie keine andere Existenzform haben. Die Frage ist nur: Ist es nicht eigentlich umgekehrt: Sind nicht die Medien selbst ein Instrument der Monster, dienen ihre Diversifikationen und sich beschleunigenden Wirkungsgrade nicht selbst dem Monster? – Aber welchem Monster denn? Sie dienen dem ersten Monster, demjenigen im Nacht-Leib, von dem die Energie der Verlebendigung kommt: von der Übertragung der Angst hinüber zur Vorstellung.

Ich weiß es noch, wie mir die ersten Monster erschienen sind. Ich war drei Jahre und hatte nachts ins Bett gepinkelt, in dem ich mit meinem kleineren Bruder im einzigen Schlafzimmer mit den Eltern lag. Mein kleiner Bruder wurde ins Ehebett gesteckt und ich, wie mir schien, zur Strafe in die Küche auf zwei Stühle verfrachtet. Meine Mutter hat später immer wieder versichert, ich hätte nur eine kurze Weile so zubringen müssen, bis mein Vater in der Dämmerung aufstand und zur Arbeit ging. Ich habe es nicht glauben können. Kerzengerade, kaum wagte ich zu atmen, saß ich eine Ewigkeit im Dunkeln und starrte auf das denkbar dunkelste Grau des Fensters, davor diese schwarzen Köpfe ... Blumentöpfe. – Zuerst versucht man es in solchen Fällen mit dem Schließen der Augen, mit der absurden Einrede, das sei nur Einbildung, die verschwindet, wenn man die Augen schließt. Ich weiß nicht, ob auch ich zunächst diesen Weg gegangen bin. Aber ich erinnere mich sehr genau an eine andere Bewegung: Bei all dem Schwanken der Vorstellung, was diese Wesen denn seien, hielt ich es nicht mehr aus, *vorstellen* zu müssen, was ich *wahrnehmen* wollte. Ich wollte, dass sich das, was sich da zeigte, endlich *entpuppte, offenbarte* als etwas, das IST, das es SELBST ist. Die Angst wurde nicht deshalb immer riesiger, weil sich eine bestimmte Monstergestalt festsetzte, sondern weil sie sich nicht festsetzte, weil ich nicht wusste, ob das, was da war, wirklich etwas *war*. Von heute aus betrachtet, hatte ich Angst, nicht *selbst* zu *sein*. In diesem elementaren Akt eines Spiegelentwurfs ohne Spiegel, der also gerade durch die Erwartung des Anderen entsteht, einer Gegenseite, wird eine wahre Todesangst versuchsweise durch die Erfindung der Realität ‹gebannt›. – Perseus erblickt Medusa als sein entstelltes Begehren im Spiegel des Schutzschildes.

Bei dieser Abspaltung, die aber paradoxerweise die Rückseite einer Verbindungsaufnahme darstellt, handelt es sich um etwas anderes als eine Distanzierung am Objekt, vielleicht eher um eine Vorstufe oder sogar ‹Regression›, wenngleich die Unterscheidung nur sehr schwer möglich ist, weil es ohne Objekte kaum zu Realitätskonzepten kommen kann. Vielleicht kann man sich damit helfen, diesen intentionalen Befreiungsakt als etwas ‹zwischen› Realitätsevidenz und Objektkonkretisierung zu definieren: als erstes *Medium*, das zwischen dem Affekt und dem ‹andern Ende› Halt gab: als eine Art Visualisierung wie auf halber Strecke. Gerade bei dem Versuch, das Phänomen als eines ‹draußen in der Nacht› *wahrzunehmen*, muss dieses durch innere Ausstrahlung von ‹Ahnungen› fokussiert werden.

Der Akt der Vor-Stellung konstituiert eine Art Ebene, ein Feld, eine Membran, die zugleich illusionär perforiert wird, während sie entsteht. Man könnte dabei an die Innenseite des geschlossenen Augen-Lides denken, was insofern angebracht ist, als Vorstellungsbilder leichter entworfen werden können, wenn der ‹Vorhang› zur Wahrnehmung geschlossen ist. Erleichtert werden könnte die Vorstellungsbildung nicht nur durch die Trennung zwischen Wahrnehmungs- und Vorstellungsdaten, die aus der Erinnerung kommen, sondern auch durch das Phantasma eines erweiterten inneren Dunkelraums, der bis zum Lid reicht. Diese Verdunkelung für die Vorstellung dient zwar der Dissoziierung des Chaos zwischen Wahrnehmung und Vorstellung, also auch der Wahrnehmung – im Fall der (äußeren) Nacht reicht nun der Augendeckel bis zum Fenster (und weiter hinaus). Aber es bleibt natürlich dunkel. Was man innen hat, weiß man jetzt genauer.

Bei diesem Vorstellen entstehen nun zwar Bilder von einem eventuell zunächst unvorstellbaren Grauen, aber das *Medium* sind nicht die Bilder, dies ist vielmehr der Raum des Entsatzes, der durch den Akt, durch die Übung in diesen Akten generiert wird. – Ich weiß, dass diese Vorstellung ungewöhnlich ist, ein Medium so stark an den Akt (seiner Genese und seiner Generierung) zu binden, aber es handelt sich auch um das individualhistorisch erste, selbstgenerierte Medium, den Leib. Dieser Akt des Setzens von Realität durch Entsetzen, also sozusagen vorstellungshygienisch, reicht auch nicht aus; er muss ein kontinuierliches Feld konstituieren, in dem diese Erfindung der Trennung von Innen und Außen statt-findet, und das ist die Nacht. Genauer gesagt: die äußere Nacht und die innere Dunkelheit; sie sind nicht wirklich ein Feld, aber ihre Phänomenalität ist so ähnlich, dass sie den größten Gegensatz von Ich und Welt unterschlägt, und diese Unterschlagung ist die Brücke … die aber erst mit dem phantasierenden Übergang ‹geschlagen› wird.

Das letztlich vorgestellte Monsterbild ist das selbstreferentielle Bild der Übertragung, selber ein Mischwesen aus äußerer und innerer Nacht, aus Wahrnehmung und Vorstellung, das als äußeres Bild der inneren Nacht auftaucht, aber zugleich ein inneres Bild der äußeren Nacht ist, in der Imagination. Dieses beim Übertragen entstehende Mittlere, das wie außen aussieht, aber innen ist, ist eine Art oszillierender Spiegel, der das Selbst und das Andere zeigt, zurückspiegelt und fortspiegelt. Insofern ist die Vorstellung eines Monsters, die sich an der intentionalen Wahrnehmung eines äußeren Wesens einstellt, eine Art Nachtfenster aus Spiegelung und Entfernung, das letztlich auch die Mittel zur Ver-Bannung des Monsters bereithält. Die Erkenntnis des eigenen Anteils am Monster vernichtet die Gebanntheit. Die Sphinx hält Ödipus den (metaphorisch entstellten) Spiegel vor, und Ödipus erkennt sich selbst. Nun gut, es ist nicht ganz er selbst, nur der Mensch an sich, der da in den Lebensaltern die Anzahl der benutzten ‹Beine› wechselt. Aber seine Antwort auf die Frage der Sphinx führt zu ihrer Selbstvernichtung.

Die Behauptung der Medien-Entwicklung aus der Vorstellung ist eine Zumutung, weil wir doch alle wissen, welch eine reale soziale Macht die Medien heute haben und wie effektiv sie ihrerseits die Phantasien der Menschen zu bewirtschaften scheinen. Aber zunächst sei darauf verwiesen, dass wir in diesem Teil der «Nachtästhetik» der Reichweite des Nachtleibs gerecht zu werden versuchen. Wir haben die Frage, ob es Monster gibt, versucht auszuklammern. Aber dadurch sind sie als etwas ziemlich Bedeutsames aufgetaucht: als etwas, dass es geben *muss*, weil es die Angst gibt. Auf diesem Weg der Quasi-Anrufung der Realität entsteht immerhin die Vermittlung des Affektes zu einer medialen Erscheinung, etwa der konkreten Vorstellung eines Monsters.

Vielleicht versteht man jetzt die Bedeutung des Monsterthemas für den Nachtleib und die ganze Nachtästhetik. Um wieviel realistischer und weiterreichend im Erklärungswert erscheint doch die Hypothese, wonach das erste Bild ein Monsterbild sei, das aus gebannter Todesangst entstanden ist – im Gegensatz zu einer Legende wie etwa der: Das erste Bild sei entstanden, weil die Tochter eines Malers das Konterfei ihres scheiden wollenden Geliebten an der Wand umrissen habe.[885] Ich denke, dass die Funktion des Überlebens elementarer ist als die der Vorratshaltung. – Ist der Vergleich mit der leichtgewichtigen Butades-Legende unfair? Ich glaube nicht, und zwar deswegen, weil ich die schwerer nachweisbare Position einnehme. Ich kann nur argumentieren: Die Phantasie ist die lebenswichtigere Arbeit als die Nachahmung. Erstere bahnt erst in der individuellen Entwicklung den Funktionsraum ‹Realität› via (zunächst interner) Medialität, weil sie affektiv notwendig ist.

Ist die Herabsetzung der Bedeutung von Liebesverlust für die Bildästhetik sachlich gerechtfertigt? Man kann doch nicht alles auf Angst bauen! D'accord; es gibt auch noch das Thema der Aggression. Wie schon

885 Plinius Secundus d. Ä. gibt im 35. Buch der «Naturkunde», München ²1997, S. 21, S. 31 und S. 57, die Fabel von Dibutades, der Tochter des korinthischen Töpfers Butades wieder, wonach das erste Bild ein Schattenbild vom scheidenden Geliebten gewesen sei, das hernach farbig ausgestaltet worden sei. Vgl. hierzu E. H. Gombrich: Schatten. Berlin 1996, S. 34; M. Wetzel: Die Wahrheit nach der Malerei. München 1997, S. 22; K. Seidel: Die Kerze. Hildesheim 1996, S. 155.

angedeutet und noch auszuführen ist, ist Gier das große Monster-Thema. Gier aber ist monströse Aggression, vor der die eigene gierige Psyche Angst hat und die sie als von außen kommende Aggression entstellt. Die Gier, ein entwicklungsgeschichtlich weit zurückreichendes sinnvolles Verhalten (Futterneid), setzt die Fremdheit und Andersheit des begehrten Objektes antizipatorisch als schon verschlungen voraus, das Objekt der Begierde steckt schon zur Hälfte im eigenen Rachen.

Das kommt besonders markant (und auch symbolisierungsfähig) bei Inzestmonstern zum Ausdruck, die ja ‹eigen Fleisch und Blut› sind. Uranos, der Fruchtbarkeitsgott, und Kronos, der Erntegott, symbolisieren das Inzestmonster, das im Fall des Uranos mit den Kindern vögelt, indem es sie zurückdrückt in den Uterus, und im Fall des Kronos die Kinder verschlingt, sich die Kinder einverleibt, damit es *sich in* die Mutter ‹einverleiben› kann. Hierin verwandt mit der ‹Begierde›, wie sie Hegel in seiner «Phänomenologie des Geistes» fasst, anerkennt die Gier nicht die Selbständigkeit des anderen Subjektes – und erweist sich selbst dadurch als unselbständig, giergetrieben.

Das ist nun aber bei echter Liebe nicht der Fall; sie weiß, dass ihr Liebesobjekt ein selbständiger Mensch ist, der vielleicht nicht mit der Art, wie sie ihn zum Objekt der Liebe macht, identisch ist, und gibt sich bei drohendem Verlust des Geliebten mit dem Bild desselben zufrieden, statt ihn selbst zu verschlingen. Insofern ist Vorratshaltung denn wohl doch der falsche Terminus. Vorratshaltung übten die sogenannten Monster in ihren Kellern, die Dutroux, Priklopil und Fritzl und der Minotauros. Die Monster sind eigene Gier-Aggression, entstellt als entgegenkommende Angstmacher. Die Überwindungs-Energie steht nun aber in keinem Verhältnis zu derjenigen einer bestehenden liebevollen Verbindung. Der Geliebte in den Augen der ‹Braut von Korinth›[886] und das Bild, das sie zu malen imstande war, haben beide den Reifegrad von Objektbeziehungen, hinter den das Monsterphantasma zurückfällt – den es aber mit seiner Vermonsterung erreichen will.

886 Das ist jetzt eine ganz böse Verwechslung, denn «Die Braut von Korinth» ist in der Ballade von Goethe eine Vampyrin, die sich den Versprochenen holt, und auch «Die Empuse» von Philostratus ist eine solche Braut, die ihren Geliebten «mit Wollust nährte, um ihn aufzuzehren». Beides in: Sturm / Völker: Vampire, S. 11.

Jetzt möchten Sie vielleicht wissen, welches Monster ich mir damals vorgestellt habe. Diesen Wunsch kann ich nicht erfüllen; denn, auch wenn ich schon gegen sie gekämpft haben sollte: Ich kannte noch keine Monster… Natürlich bekommen die Monster nicht nur in den frühesten kindlichen Objektbeziehungen derjenigen, die vor ihnen sich fürchten, ihre Muster, sondern aus dem gesellschaftlichen und biologischen Raum der Erfahrung ihre ikonische und narrative Einkleidung, ihr Entstellungsmaterial. Dennoch gibt es subkulturelle Züge, die man aus den verschiedenen Gesellschaften extrahieren kann, und die beziehen sich auf elementare leibliche Funktionen und Funktionen der Wahrnehmung. Das Andere des eigenen Leibes, das diesen erst konstituiert, hat zunächst eben ein anderer Leib zu sein, so anders wie nur möglich, um andererseits gerade noch als Leib erkannt zu werden. Zu dieser ‹Erkenntnis› der Leibhaftigkeit des Monsters gehört seine (wenn auch nur halluzinierte) Bewegung: die bedrohlich näher kommende oder oszillatorische Fahrt zwischen Nähern und Entfernen oder die schwankende, ‹unzurechnungsfähige› sich verwandelnde und schwindlige Anmutung, welche die Leibhaftigkeit der Erscheinung überhaupt fragwürdig erscheinen lässt.[887]

An diese monströse Fahrt kann ich mich ebenso gut erinnern wie an die ständige Drift der Gestaltvermutungen und die Unsicherheit, ob die ‹Gliederungen› zum Beispiel, mit Erwachsenen-Wörtern gesprochen, anthropomorph, teriomorph oder geomorph seien. Nicht erinnern kann ich mich daran, ob das Wesen, das mir näher kam, mich fressen wollte. Aber dieser Aspekt des Verschlingens, des Einstülpens oder Umfangens ist bei den ausge‹mär›ten Erwachsenenmonstern ziemlich konstant. Er ist sehr nah am Essen und Trinken und an der Sexualität gebildet, wenn die entsprechenden Phantasmen nicht sogar das Hauptthema der ausgereiften Monster darstellen. Es ist wohl so, dass jedes *zweite* Monster im Leben eines Menschen mit der Erinnerung phantastischer Verarbeitung des ersten Entwurfs verbunden ist, die wiederum mit dem eigenen Triebleben zusammenhängen.

Das stärkste Argument, sich bei der *nachtleibsästhetischen* Behandlung der Monster auf das Verhältnis von Phantasie und Leib zu konzentrie-

887 Die Leibhaftigkeit des Monsters erscheint fast selbstverständlich, ist aber entscheidend für den fort-spiegelnden Akt. Ein Name für den christlichen Teufel ist: «Der Leibhaftige».

ren, ist die Tatsache, dass auch heutzutage bei aufgeklärten Menschen, die nicht an die Realität von Monstern glauben, die Rede vom Monster nicht aufhört. Es geht hierbei nicht um ein nur metaphorisches Nachleben, sondern um eine unabweisbare innere Realität. Die Monster tauchen anfallartig im Medium der Medien auf, wo sie sich explosionsartig vermehren, die Dutroux, Priklopil und Fritzl. Im Unterschied zu den alten Monstren sehen sie gar nicht aus wie Typhoeus, Zerberus oder Medusa, sondern wie normale Menschen. Sie sind *innen* monströs. Das wird ausgestülpt in die Medien und eingestülpt in die prüfende Vorstellung der Leser: Bin ich auch ein Monster? Die Startbedingungungen dieser Umstülpungsvorgänge mögen bei der Vorstellung der Medusa umgekehrt sein, wie bei der Vorstellung von Fritzl; die Monster-Fahrt der Umstülpung von innen und außen selbst ist ähnlich. Wir werden darauf noch zurückkommen. Diese Vergleichbarkeit wäre ein Indiz dafür, dass zumindest ebenso sehr ‹die Medien› eine Funktion der Monster-Konstitution des Nachtleibs sind wie umgekehrt, wobei eingeräumt sei, dass mediale Innovationen auch neue Impulse sekundärer Angstlust generieren.

Wenn wir die Tatsache akzeptieren, dass der lebendige Leib selbst das erste Medium der Person wird, indem Wahrnehmung und Phantasie sich in ihm differenzieren, und wenn wir erkennen, dass diese Person in allen Kulturen zur Personanz neigt, allgemeiner: zur Übertragung, und dass das zweite Medium dieses Lebewesens in seinem Leben jeweils der reale andere Leib ist, dann verstehen wir auch, dass Monster in jedem Individuum neu entstehen. Aus der Individualgeschichte entäußerte Monster, also ihre Darstellungen, sind zwar nur Ausgeburten der Phantasie, aber aufgeladen mit der Energie ihrer Entäußerung, die sie äußerst entschlossen dazu nutzen, sich in neuen Medien einzunisten und fortzuwuchern als vermeinte Missgeburten, ‹Phantasiegebilde›, unverständliche Objekte bzw. Lebewesen, Träume usw.

Wenn man versuchsweise einmal alle medialen Unterschiede ausklammert, etwa zwischen einem geträumten Monster und einer realen ‹Missgeburt› mit monströsen Fehlbildungen oder zwischen einem Monstrum bei Luther und dem bei Mary Shelley, und stattdessen Gemeinsamkeiten des Verhältnisses Medialität–Monster in den Blick nimmt, dann kann es sein, dass man dann dem Geheimnis ihrer historischen oder hysterischen ‹Fruchtbarkeit› auf die Spur kommt. Ikonologisch herrscht immer schon ein heftiger Verkehr zwischen etwa geträumten Monstern, irgendwo in einem Buch abgebildeten Monstern und dem Monster, das auf dem alten Jahrmarkt während einer Gespenster*fahrt* auftaucht.

Diesen Willen zum Synkretismus in einander ähnlichen Bildmedien, aber mit verschiedenen Monstertypen findet man an Tony Johannots Illustrationen zu Nodiers «Smarra oder die Dämonen der Nacht», wo ein dem Füßli'schen ‹Nachtmahr› abgeschauter Inkubus auf einem weiblichen, aber umnachteten Unterleib (verschattet und kaum sichtbar) zugleich das Schlangenhaupt der Medusa und die Pranken und Flügel der Sphinx aufweist.[888] Synkretismus erscheint jeweils als authentisch phantastische, als eine sozusagen orientalische Produktionsweise der De-Monstration: Deformation und die Kumulation von Eigenschaften weisen eine überlegene göttliche Macht aus.[889] Monster scheinen ein zerstörungswilliges Verhältnis zum Medium ihres Auftauchens zu haben, als ob sie die Medien – eine zum Zeigen gespannte ‹Ebene› – durchschlagen, durchbrechen müssten, um ihre Körperlichkeit zu beweisen, seien es nun Bildträger, Projektionsflächen oder Oberflächen von Körpern und Bildträgern.[890]

Liegt das an ‹ihrer› Triebhaftigkeit, die ja eigentlich die ihrer Projektoren ist und die noch nicht die richtige Bildebene gefunden hat, die vielleicht nie eine richtige Bildebene außerhalb der Phantasie finden kann, wo sie bleiben kann, die Triebhaftigkeit? – Aber steht das nicht im Widerspruch zu der Vermutung, dass Monsterproduktion in erster Linie zur Medialisierung und damit Beherrschung der Angsteffekte dient? Nein, die Lösung des Widerspruchs besteht darin, dass die je *aktuelle* phantastische Monsterproduktion Vorrang hat vor dem medial sedierten Status. Man kann es rezeptionsästhetisch so fassen, dass die in ihrem Medium jeweils erfahrenen Monster ihr Medium imaginär verlassen, durchbrechen zum Imaginären des Rezeptors, oder man kann es produktionsästhetisch so fas-

888 Tony Johannot: Illustration zu «Smarra oder Die Dämonen der Nacht», in: Ch. Nodier: Krümelfee, S. 253.

889 Vgl. Brittnacher: Ästhetik, S. 186.

890 Vgl. Schumacher: Monster. Die Vorgeschichte der heutigen naturwissenschaftlichen Teratologie in Kuriositätenkabinetten und Horrorgeschichten ist selbst monströs, doch zeigt sie vorbildlich den langen Weg der wissenschaftlichen Einstellung gegenüber dem Objekt: mit Sachlichkeit, Affektbeherrschung, Penibilität (!) – bis hin zur Conterganforschung (S. 139).

sen, dass die phantastische Monstervorstellung, dann -darstellung, schneller als bei anderen Sujets den medialen Rahmen der wahrgenommenen Darstellung durchbricht und sich zu anderen Medien durchschlägt oder am selben Medium zu Darstellungs-Vermischungen gelangt. Bei diesem zweiten Grad der Monsterkreationen, die auf schon bestehende Bildungen zugreifen, fällt nicht die ikonologische Konstanz auf, sondern ein gleichbleibender Gestus virtueller Durchbrechung des Mediums, dem sie ihre Existenz verdanken (Formatsprengung, frontale Blicke hinaus zum Betrachter, Unordnung der Gestalten, schwache Sichtbarkeiten und dunkle Andeutungen in Zwischenräumen usw.).

Die Monster repräsentieren in ihrem Medium auch die zu ihrer Übertragung aufs Medium nötige transmediale Energie. Der Eindruck ihrer Medienfeindlichkeit kommt von ihrem Ausdrucks-Druck her, vom Schein der psychischen Energie der Traumata und der Affekte. Die Affekte sitzen selbstredend nicht realiter und hauptsächlich ganz alleine nachts auf dem Küchenstuhl, sondern sind eingebunden und provoziert von kollektiven und sachlich notwendigen Kontexten und Handlungen. Es gibt zum Beispiel auch Monster, welche die Bedrohungen des Wassers repräsentieren, wie Seeschlangen und Nixen und, seltener, Gefahren der Luft wie die Sirenen, die Harpyien, geflügelte Sturmdämonen (Th. 267) oder die *striges* genannten Vampirvögel in Ovids «Fasti», die als «Vögel der Nacht» um Verschonung angefleht werden (6, 158–167). Kein Element aber schien zumindest den archaischen Griechen so aggressiv und unersättlich wie das Feuer.

Wenn die Bestattungskulte immer auch die Funktion haben, die gefährlichen Leichen an der Wiederkehr zu hindern, aber zugleich den Ort des Gedächtnisses zu fixieren, dann erfüllte die Brandbestattung diese Funktionen besser als eine Verwesungsbestattung, ein Seemannsgrab oder ein Grab in der Luft, wie bei den Parsen.[891] Der tote Patroklos erscheint Achill im Traum, um den Brand bittend. – Manche Medien können allerdings Monster ziemlich flachlegen; als Monster sind die Grotesken auf der Renaissance-Tapete armselig gefällig geworden, schon wie sie in Reih und Glied nicht voneinander lassen können, sind sie die reine Travestie der visuellen Konfrontation mit dem Monströsen. Sie sind dann aber eben auch keine Monster mehr, sondern allenfalls Erinnerungsfiguren an Ungefäl-

891 In Phlegons «Die Braut von Amphipolis» wird denn auch die tote Braut baldmöglichst verbrannt. Sturm / Völker: Vampire, S. 10.

ligeres, Spiele des Mutwillens, der Ironie – und allenfalls des Horror vacui. In diesem Beispiel dominiert für die Wahrnehmung das Medium die *message* – allein schon wegen der ‹querenden› Redundanz der grotesken Figuren.

Aber im Allgemeinen und in der Gegenwart zunehmend erscheinen Medien selbst als etwas Monströses. Das liegt auf Seiten der Subjekte an der Bereitschaft, die medialen Randbedingungen und Kontexte außer acht zu lassen bzw. zu vergessen und die Darstellung für das Dargestellte zu nehmen. «Hinzu kommt, dass Medien sich per se für das Extreme interessieren.»[892] Natürlich sind es nicht die Medien selbst, sondern ‹monströse› Menschen in ihrer unersättlichen Gier; die bohrt sich durchs Netz, die ‹presst› das Papier. Die Neugier, der Zauberstab der Neuzeit, der bei den Alten «Hybris» hieß, hat offenbar einen glühenden Kern, der, wie das Feuer, zur Entartung, also Vermonsterung, neigt. Ihr entspricht auf der andern Seite der Pressezar oder Tycoon, der die Druckauflage steigern will. Natürlich ist er auch geldgierig, aber wahrscheinlich auch geltungs- und ausdruckssüchtig wie Typhoeus mit den tausend Stimmen. Schon Poe hat diesen monströsen Zug am Pressewesen gesehen, obwohl es bei ihm nur um fehlende Buchstaben ging und nicht um die Furien der Paparazzi.[893]

In der Zeit der sogenannten Neuen Medien spielen diese und andere immer mehr die Rolle von Monstern, weil sie profitwirksam möglichst unmittelbar auf die Affektökonomie durchschlagen wollen, also auf die Phantasieproduktion von Monstern. Manchmal entstehen dabei kollektive Konvulsionen von Mediatoren (Journalisten), Produzenten der Nachrichten (zum Beispiel Politikern oder Künstlern) und Rezeptoren, sodass man nicht mehr unterscheiden zu können scheint, was das Monster eigentlich ist. Innerhalb von zwei Wochen, von Ende April bis Mitte Mai 2008, war das Monster im Kellerverlies in Amstetten, in einer Installation in Mailand, wurde vom Monster des Staates zum Monster der Wirtschaft: Alle Medien waren voller Monster; sie hatten fur den Monster-Synkretismus aus Inzesttätern, aus dem Kapitalismus, aus dem Staat und aus der

892 I. Grimm: Die Jagd nach dem Millionenfoto. In: HAZ, 5. 8. 2008, S. 6.

893 E. A. Poe: Der je-x-te Ardikkel (1849). In: Ders.: Das gesamte Werk, Bd. 1, S. 523; im Original: «X-ing a Paragrab». In: Ders.: Complete Tales & Poems, New York 1989, S. 707.

Kunst gesorgt. Trotz der assoziativen Drift in jeweils einem Medium war aber jeweils diese Drift mit dem Blut (dem Geld) der Rezipienten gespeist gewesen.

Das Wort «Monster» hatte genügt, sich festzusaugen für die jeweils nächsten Anlässe, sich mit Phantasie auf ein anderes Feld zu werfen: Das sogenannte Inzestmonster von Amstetten, Josef Fritzl, hat am 28. 4. 2008 gestanden, seine Tochter Elisabeth 24 Jahre in einem unterirdischen Verlies gefangen gehalten, chronisch vergewaltigt und ihr sieben Kinder ‹gemacht› zu haben.[894] Bereits am selben Tag ist weltweit (in «Google groups») vom «Austrian Monster» die Rede. «The Time» spricht noch am selben Tag vom «Monster dad». Bereits am 1. 5. hält «Spiegel Online» das inzwischen wirksamste Schlagwort der Boulevard-Presse fest: «Inzest-Monster Fritzl». Am 2. 5. bringt die «Hannoversche Allgemeine Zeitung» (HAZ) ein Foto vom Belagerungszustand in Amstetten. Ein Heerzug von Aufnahmewagen mit monströsen Satellitenaufbauten verstopft die Straße des Monsters. Am 3. 5. berichtet Julia Voss in der «Frankfurter Allgemeinen Zeitung» (FAZ) unter dem Titel «Wüten wie ein Pestbazillus» über die Ausstellung eines Monster-Interieurs von Nathalie Djurberg, «Turn into me», in Mailand. Am 15. 5. kritisiert der deutsche Bundespräsident Horst Köhler, «dass sich die Finanzmärkte zu einem Monster entwickelt haben»[895].

Zugleich sind die alten und neuen Medien voll vom Staatsmonster und Monster Staat, seit der Steuerhinterziehung des damaligen Post-Chefs Zumwinkel wird das Steuer-Monster als Ursache vieler Verfehlungen der Bürger behauptet. Die «Süddeutsche Zeitung» hatte zum Beispiel am 19. 2. 2008 getitelt: «Ursachen des Steuerskandals: Zumwinkel und das Monster Staat». Es folgt als Tenor: «Bereits bei Nietzsche war der Staat das ‹kälteste Ungeheuer›. Selbst angesehene Bürger hinterziehen Steuern, weil sie ein gestörtes Verhältnis zum Staat haben.» Diese Perhorreszierung des Staates als Monster war schon einige Jahre vorher ein liberaler Popanz. Dass der Staat abspecken sollte in Zeiten der Globalisierung, war ja nur das Argument der Liberalen, die mehr Geld in der Tasche des ‹Weltbürgers› sehen wollten, der sich als Monster des Global Players entpuppte. Soeben wurde noch vor der Hydra des Staates ge-

894 FAZ und HAZ, 29. 4. 2008.
895 Der Stern, Nr. 21 / 2008, S. 44.

warnt[896], jetzt wird im Wirtschaftsteil der FAZ (15. 5. 2008) getitelt: «Köhler sieht Monster am Finanzmarkt».

Damit nicht genug; gierig hängen ‹die Medien› an den Mündern der politischen Verlautbarer und lesen ihnen das Wort *Monster* von den Lippen: Der Grünen-Abgeordnete Wieland kritisiert das geplante BKA-Gesetz; es schaffe eine Monsterbehörde (FAZ, 21. 6. 2008). «Stoiber will das europäische Monster zähmen.» (HAZ, 25. 6. 2008) Das wahre Monster aber hat nicht drei Köpfe oder hundert Arme, sondern ein Verlies, in dem die sogenannte Millionenauflage mit Stielaugen schmachtet. Dieses Monster ist nicht neugierig, sondern geldgierig, also ein monströses Kind vom Monster Kapitalismus, aber es ernährt sich von der anscheinend zwanghaften Neugier seiner Geldgeber, der Leser. Geldgier und Neugier sind konvertibel; Gier ist Gier. Austauschbarkeit der Gier ist an der Verstärkungsarbeit des Monsterthemas und an der thematischen Drift der aufbereiteten Monster-Phänomene zu beachten. Da ist einmal die Wut der vorgeblichen Monster-Jäger zu beachten, die das Monster Fritzl ja nicht unschädlich machen, sondern ausschlachten wollen, ihm oder seinen Opfern – egal, Hauptsache irgendwas davon – *näher*kommen wollen.

Mit ihren Aufnahme-Tentakeln suchen sie die Umgebung ab, erstürmen den Balkon des Krankenhauses, in dem die Opfer untergebracht sind, und verstärken jedes Monsterwort, indem sie es besonders herausstreichen. Im Interview des Bundespräsidenten war die Monster-Geißelung nur zwei Sätze lang. Aber schon am gleichen Tag des Erscheinens war das Monsterwort zum Titelwort der Gazetten gewuchert.[897] Die eher wirtschafts-, also monsterfreundliche FAZ, die bis vor kurzem noch ganz ohne Bilder auf der Titelseite auskam, versucht sich in Ironie, indem sie auf der ersten Seite ein Bild von Klaus Kinski in Werner Herzogs «Nosferatu»-Adaption «Symphonie des Grauens» unter dem Titel: «Markt des Grauens» herausbringt. Auf derselben Seite wird in einem Artikel, die SPD-Debatte über eine eigene Präsidenten-Kandidatur betreffend, Horst Köhler als Monster-Geißler ‹vorgeführt›; im Wirtschaftsteil desselben Tages folgt dann der erwähnte Monster-Artikel.

Die Ironie ist etwas hilflos, wenn sie das Ironisierte derartig hofiert.

896 Vgl. P. Kirchhof: Das Gesetz der Hydra – Gebt den Bürgern den Staat zurück! München 2006.

897 Vgl. Stern, HAZ und FAZ vom 15. 5. 2008.

Immerhin ist diese Ironie so feinsinnig, *sympathy for the devil* zu verbreiten, die auch Finanzmarktfachmann Köhler zu eigen ist, der von *Opfern* «einer selbst initiierten Gier nach immer mehr Rendite» gesprochen hat (HAZ, 15. 5. 2008). Denn das Bild von Nosferatu als Monster des Finanzmarktes zeigt ein erbarmungswürdiges *sterbendes* Phantom der Nacht, welches das Licht des gerade beginnenden Tages bzw. der Tageszeitung nicht erträgt. In der Tat ist das Finanzmarkt-Monster ein ‹Phänomen› nicht der *Real*wirtschaft, sondern einer Schattenwirtschaft, die, gnadenlos vom Licht der publizistischen Aufklärung beleuchtet, dahinschmilzt wie ein «Phantom der Nacht», nicht wahr? Solche Phantasien beschäftigen die Redakteure; man muss sie nur ans Licht ziehen, um zu zeigen, dass sie unentwegt versuchen, die alten Monster zu füttern.

Dem kommt natürlich entgegen, dass es vergleichbare Fälle gibt, die immer noch der Aburteilung harren oder wieder aufgewärmt werden. Am 16. 5. 2008 etwa berichtet die HAZ über den Prozess des Frauenmörders Michel Fourniret, der zugegeben hat, zwischen 1987 und 2001 sieben Mädchen und junge Frauen entführt, vergewaltigt und umgebracht zu haben, und der sich als «Monster der Ardennen» einen Namen gemacht hat. Überschrift: «Das Monster spricht». Es ist dem Einfluss der Presse zuzuschreiben, wenn die französische Staatsanwaltschaft die Ehefrau Fourniretts, Monique Olivier, als «Teufel» und «Monster» dargestellt hat (FAZ, 29. 5. 2008). Diese Vergehen stehen bisher nicht im französischen Strafgesetzbuch.

Aber man muss dem Medien-Monster zugutehalten, dass es mit manchen seiner unersättlichen Fangarme auch in die Verliese der wahren Monster-Exterminatoren langt, in die Installationen der Kunst, wo die alten Märchenmonster als normale Knabenvergewaltiger entpuppt werden. Seit Pegasos wissen wir, dass konvertierte Monster die besten Monsterjäger sind. Julia Voss berichtet «Anfang Mai» über Natalie Djurbergs Ausstellung «Turn into me» (!) in der Fondazione Prada in Mailand unter der Überschrift «Wüten wie ein Pestbazillus» (FAZ, 3. 5. 2008), und es könnte sein, dass sie nicht einmal vom neuesten Inzest-Monster behelligt worden ist, als ihr der Trickfilm in Djurbergs Installation so unter die Haut ging, der da heißt «We Are Not Two, We Are One». Umso schlimmer für die Welt – oder die Subjekte in ihr. Sie beschreibt die befremdende Initiation: durch ein großes Loch, das mit Filz ausgeschlagen ist (getötetes biotisches Material) und aus dem es atonal, rhythmisch und beunruhigend herraustönt. Dabei rieche es «eher nach Wald», wegen der Baumrinde auf dem Boden der Pavillons ist es wohl eher Totwald.

«Ab jetzt sind wir im Zentrum eines Albtraums: In den tageslichtlosen Gewölbehallen der Fondazione Prada hat die schwedische Künstlerin Nathalie Djurberg eine Geisterbahn aus Hinkelsteinen, Lebkuchenhäuschen und begehbaren Kartoffeln errichtet, die von Trickfilm-figuren bewohnt werden [...] Da gibt es den Wolf Hansbär, der in einer mit Porno- und Marienbildchen zugeklebten Küche lebt: Wie Isegrim aus der Fabel geht er auf zwei Beinen, aus seinem Hinterteil wächst ihm ein blonder Junge. Oder es gibt die Mutter, in deren Leib die Kinder zurückkriechen, sie schreit, wehrt sich, vergebens.»

Dieser «Parcours aus acht Filmen» wirkt in der Beschreibung von Voss wie ein Labyrinth mit Josef Fritzl und Mutter Gaia. Schon in Märchenzeiten war Voss ein Wesen, das ein gespanntes Verhältnis zu Isegrimm hatte. Jaja, die schöne Märchenzeit, als alles noch mit allem zusammenhing, die gab es wohl wirklich einmal. Grauenhaft. Unsere Namen Voss, Hans Wolf und Dieter Bär zeugen noch davon – und zeugen sich fort – und zeugen Mischwesen wie den Minotauros und Chimären.[898] Den Horror beschreibt Voss als «parasitäres Zusammenleben» auf Kosten des Wirts, eben als «Wüten wie ein Pestbazillus», «das mit Verschlingen, Hineinkriechen, Aufessen, Ausscheiden oder Erdrücken endet. Mit der Gewalt von Pestbakterien wüten in Nathalie Djurbergs Filmen die Akteure so lange, bis der befallene Organismus zerstört zurückbleibt.»

Die Beschreibung von Voss scheint einem aufklärerischen Impetus zu folgen, wenn sie von lebensgefährlicher Herrschaft einer aggressiven Krankheit spricht, die «Film für Film wie ein fauliges Geschwür aufplatzt». Ihre Monster wirken viel älter und bedrohlicher als die Blumentöpfe auf der nächtlichen Fensterbank, aber auch sie betreibt damit eine der Selbsterhaltung dienende Entstellung des Grundes der Angst, und was sich als Entlarvung gibt, ist die perhorreszierbare Larve. Die ag-

898 Die Namensmagie spukt Djurberg durchaus selbst im Kopf herum. Die Musik in diesem Gesamtkunstwerk stammt von Hans Berg, der Wolf in der Horrorküche heißt Hansbär. Da keine der Figuren mit eigener Stimme spricht und sich bewegt, «als seien sie von Hans Bergs Musik ferngesteuert», ist der Wolf auch als Inkarnation der Musik anzusehen, einer Musik, die offenbar keine Kreide gefressen hat.

gressiven Formen der (Inter-)Penetration, die Vor-Führung des Parasitären denunziert und verunstaltet die verführerische Anziehungskraft der Symbiose – Kinder wollen zurück in die Mutter – zur Schreckmaske der Medusa. Der wahre Grund der Fluchtbewegung ist die Symbiose als drohende Entropie des Individuellen. «Turn into me», ist die Aufforderung der Ausstellung selbst zum Zurückkriechen via Eintritt, und das Versprechen ist «We Are One».

All die Penetrationen, bis hin zur Penetration durch den Besucher dieser ‹Stiftung›, dienen dem kathartischen Zweck, den Todestrieb der Vereinigung, die Aufhebung der Individualität (der Getrenntheit) durch den Weg dahin, durch alle Penetrationen und Verdauungen hindurch: umzukehren. Das ist ein sehr altes und nicht nur Kunst-Programm, das es seit den kleinkindlichen Fenster-Gespenstern und den kunstvollen Gestaltbildungen gibt, etwa durch Versteinerung, im Schreck vor Medusa. Aber auch die Medien, vielleicht sogar, *indem* sie Monster machen, bekämpfen zugleich die monströse, undurchdringliche Wirklichkeit, durch den Bildschirm, den sie bilden, auf dem sich vieles von der andern Seite her durchbildet, deren Existenz (also der Wirklichkeit) damit gesichert scheint. Ich habe die Ausstellung in Mailand nicht gesehen, ein bisschen Schrecken reichte jedoch schon. Vor allem diese sozusagen querende Aufspannung des absolut Unzusammengehörigen in der Zeitung, besonders in der Sparte *Vermischtes*, aber auch auf dem Internet-Bildschirm, die ist gut für die Sortierung auf Abstand, auf Abstand hin. Und ein Spiegel ist sie auch, wenn man will. Alles in allem: fast so wirksam wie ein Sternenhimmel früher, vor dem Abgrund.

Aber man muss auf der Hut bleiben: Medien funktionieren in beide Richtungen. Wer bezahlt all die Schreckmasken auf Papier, in der Elektronik und in den Höhlen von Film und Kunst? Was nützt es ihm? Welche Freuden verbergen oder vergällen die Schutzschilde, Schandhüte und Verdunkelungsmanöver? Am Schluss ihres Artikels kommt Voss darauf zu sprechen, «dass nicht umsonst der millionenschwere Prada-Konzern» das «Turn into me» finanziert hat und sie asoziiert: «Zu den manieristischen Grottenlandschaften, die sich die Fürsten des 16. Jhs. leisteten, ist es nicht weit.» Trotz aller scheinbar demokratischen Öffentlichkeit und des triebgesteuerten Medienmarktes (Neugier, Geldgier) scheint sich (aus der beschränkten Sicht des Nachtleibs) hinter dem Monströsen immer noch ‹die Macht› zu verbergen, mit ihren wechselnden Gesichtern.

Ist es eine *innere* Instanz gegen ‹das Böse›? Oder ist das Monströse nur ein Popanz der Macht, die man durch ihn verehrt? Am Eingang zur manieristischen Grotte im Park von Bomarzo stand der Dante entlehnte Spruch über dem Eingang zu einer älteren Hölle: «Lasciate ogni speranza, voi ch' entrate.»[899] Schon in der Renaissance nahmen die veritablen Labyrinthe und ‹Zwinger› allmählich ab (nicht so das Monströse in der Kunst), aber zur *Demonstration* der Macht als potenzieller Folter dienten sie allemal. Auf das Monster der Macht kommen wir im Abschnitt «Soziale Aspekte des Monsters» noch einmal zurück. Hier sei noch kurz die gefährliche Ambivalenz angesprochen, welche vom Monster, das ursprünglich eine absolute Grenze ausgesprochen hat (Medusa am Eingang zum Hades), ausgeht, das als Grenzsymbol auch zur Hybris der Grenzüberschreitung einlädt, zu einem Reich, jenseits von Gut und Böse. Und so, wie das Monster sagen kann «Ich bin kein Monster», nur manche Taten waren monströs (HAZ 8. 5. 2008), so kann auch jeder Leser sagen: Auch ich habe eine dunkle Seite, die sollte vielleicht mal ausgelebt werden, zur Selbstverwirklichung – und zur Zurückweisung der Macht der Verbote-Aufsteller.

Man muss also kein Satanist sein, um Bewunderung für die *Genialität* des Verbrechers zu hegen, dem ja schon im Kleinformat als Gesetzesbrecher und Kavaliersdelinquent recht freundlich begegnet wird. Nur bei Kindern und Tieren, da hört der Spaß auf. – Wenn es aber so genial ist wie beim Fritzl, dem Monster … Die Beurteilung des Gottvaters Fritzl durch den Chefermittler Franz Polzer mit Worten wie «Unikat», «unglaubliche Schlauheit» und «Über seine Schaffenskraft würden sich viele andere freuen» gleicht eher einer Hymne.[900] Und dank der immer privater werdenden Medien via Internet steigen die Quellen der Freude. – Man kann nun durchaus der Ansicht sein, dass zwar die Berichterstattung, nicht aber die Monster-Delinquenz selbst gestiegen ist an Zahl und affektivem Aufruhr. Das besagt aber, dass immer mehr Leser nicht zu Monstern werden, genauer: nicht als solche auffallen. Entweder verhindert die

899 Dante: Göttliche Komödie. Die Hölle, 3. Gesang, Vers 9. (Lasst jede Hoffnung, ihr, die ihr eintretet.)

900 FAZ, 8. 5. 2008; die Schaffenskraft wurde in der Talkshow «Kerner» vom 6. 5. 08. bewundert. – Elfriede Jelinek nennt Fritzl in einem Internet-Artikel «Gott, Gottvater, Gottgroßvater». Zit. nach R. Meyer-Arlt: Gottgroßvater im Lebensgärtchen. In: HAZ, 9. 5. 2008.

vermehrte Lektüre die Zahl der Monster, oder die Zahl der Monster bleibt durch Lektüre gleich hoch. In jedem Fall steigt die Zahl der ‹von außen› mit Monster-Phantasien Beschäftigten an. Entweder wird so das Ausbrechen des ‹Pestbazillus› verhindert, oder es ist dieser selbst, in einem früheren Stadium. Dazwischen liegt die flache Folie, aus der die monströse Presse-Fresse als Zerrbild eines Spiegels erscheint: am monströsen Bösen die Banalität des Bösen zu erkennen, die den Raum des Betrachters spiegelt. Aber hierzu bedarf es eines sehr speziellen Reflexionswinkels, der immer schwieriger zu finden ist.[901]

Vielleicht sind die Medien *für uns* immer sensibler geworden, und *sie* führen, steigend mit ihrer Sensibilität, einen immer heroischeren Kampf gegen die Monsterflut. Das ist ironisch, wie man an der unmöglichen Steigerung von ‹heroisch› bemerken kann. Aber grundsätzlich gibt es zwischen der ‹phantastischen Schaffenskraft› des Monsters (hinter der banalerweise Viagra, die Monsterspeise, stecken soll), seiner Übertragungsenergie und andererseits einer gewissen Zustands-, oder Widerstandsenergie der Medien ein Kräfteverhältnis. Insofern können an der ‹Virulenz› von Monstern auch mediale Probleme oder Krisen sichtbar werden. Über das ‹Ringen› dieser Kräfte geben auch schon die alten Medien und Monster Auskunft. Um die Schaffenskraft des Monsters zu testen, gehen wir noch einmal zurück zu älteren Medien und ihren Fortschritten. – Bildliche Darstellungen von Monstern haben lange nicht mit der sprachlichen Artikulation der Phantasie von Monstern Schritt gehalten. Monsterdarstellungen des 8. und 7. Jahrhunderts v. Chr. wirken gegenüber Hesiods Vorbild oder dem Pseudohesiodischen «Schild des Herakles» reichlich dürftig.[902] Sowie sie aber technische Unvollkommenheiten hinter sich lassen, drohen sie dagegen, von Ausnahmen abgesehen, elegant und dekorativ zu werden.

901 Vgl. den Versuch von Heinrich Thies in der HAZ vom 10. 5. 2008: Die Banalität des Bösen.

902 Vgl. die früharchaischen Bilder, die als Narrationen angesprochen werden können: «Kampf des Zeus gegen Typhon», «Kampf des Bellerophon gegen die Chimaira», «Kampf des Perseus gegen die Gorgo Medusa», «Kampf des Herakles gegen die Hydra», «Kampf des Theseus gegen den Minotaurus» u. a. Eine gute Übersicht in: Schefold: Früharchaisch, S. 25–126.

Diesen Mangel an sozusagen visueller Monstrosität machen die archaischen Bildprogramme aber durch ihren materiellen Tiefenverweis wett: in Treibarbeit, Punzbildern, Vasen und anderen Gefäßen sowie Bekleidungs- und anderer Textilkunst. Die Steigerung des imaginären ‹Entgegenkommens› der Monster-Bilder in der visuellen Konfrontation ist nicht nur eine Aufgabe für die Techniken, sondern eine ständige Herausforderung des jeweiligen Mediums, die eigenen Grenzen und Voraussetzungen zu reflektieren und zu durchbrechen – und darüber hinaus: die dunkle Tiefe der semantischen Wurzeln der Bildgebung irgendwie auf der Oberfläche auftauchen zu machen. Schon die seitliche Streuung des Blickfeldes, der etwa das Nebeneinander zweier Figuren auf der Bildebene entspricht, offenbart das Problem: Zwei Monster sind weniger monströs als eines. Bezeichnenderweise gibt es den Horrorfilm, aber nur selten das Horrorbild, erst recht in Zeiten seiner flachen Autonomie von Körpern – trotz Füßli, trotz der erkennbaren Bemühung um visuelle Monstrosität in der Romantik, im Symbolismus oder im Expressionismus. Die Gewalt, die in gewisser Weise auf die Reduktion, Konzentration und Übertragungs-Bedürftigkeit des Seh-Sinnes wirkt, ist zwar beachtlich; aber nicht sie scheint es zu sein, die Monster gebiert, sondern die Phantasie, die sich am Stoff mästet, der die Leinwand zu mager erscheint, die sie sprengen möchte.

Vielleicht kann man geradezu von konkurrierenden Formen des Erscheinens sprechen zwischen Monstern einerseits und andererseits Bildern, die nicht auftauchen und entgegenkommen, sondern vor unsern Augen Nebeneinanderliegendes haben – und so die Konfrontation von Sehen und Gesehen-Werden relativieren. Allerdings ist dabei der historische Faktor zu berücksichtigen, dass die am Film geschulte Vorstellung dem Bild gegenüber eventuell einen größeren Übersetzungsweg zurückzulegen hat und das Nebeneinander der unbewegten materiellen Bilder (und auch das Nebeneinander von Bild und Nicht-Bild) stärker *lesen* muss. Wenn man heutzutage «Das Große Buch der Ungeheuer», eine Auswahl aus den Archiven der Londoner Kryptozoologischen Gesellschaft, in einem Versandkatalog angeboten findet neben dem «Großen Buch der Wappenkunst»[903], sieht man in den abgebildeten Monstern auf dem ersteren Buch kaum noch etwas anderes als die Rohstoffe heraldischer Übungen

903 Vgl. Versandkatalog von Frölich & Kaufmann, Januar 2001 (Neuerscheinungen).

der Dekoration von Dynasten. Monsterbilder, ja Schilderbilder überhaupt als ein Versuch, Monster auf der Ebene flach zu legen. – Bilder sind «*erlegte*» Monster.[904]

Andererseits demonstrieren die Bilder aller Zeiten gern die Reife ihrer Kunst-Herren an Darstellungen von Monstern, die von hinter oder unter dem Bild kommen und es durchstoßen herüber zu uns. Diesen Richtungssinn haben sie in allen optischen Medien. Gern wird zum Auftauchen auch die Bauchdecke benutzt, wie beim Alien in dem gleichnamigen Science-Fiction-Film.[905] Ist vielleicht der Bauch ein dem Monster angemessenes Medium? Vielleicht dann, wenn wir einen erweiterten Bauchbereich und das Beilager von Blähung und Unheilschwangerschaft annehmen: Jedenfalls galt schon in der Antike, dass die Imagination von Monstern Monster gebären konnte.[906] Andererseits konnten es im Zweifelsfall auch die Bohnen gewesen sein, die bei den Pythagoräern wegen ihrer blähenden Wirkung verpönt waren. Dass schwer verträgliche Speise oder das Schlingen von rohem Fleisch irgendwie dem Gebärkomplex zugehörig sind, ‹wusste› nicht nur Kronos, der seine Kinder verschlang, sondern auch Füßli, der meinte, Albträume durch das vorabendliche Verzehren von Unmengen an rohem Schweinefleisch herbeiführen zu können.[907]

904 Die Konstellation von Monsterbildern und Heraldik ist alles andere als zufällig, da die Herrschaftssicherung über wuchernde Genealogien ihre symbolische Abbreviatur in den gemixten und geklonten Monstern an, in, unter gemixten und geklonten Wappenbildern findet. Vgl. C. A. v. Volborth: Fabelwesen der Heraldik. Stuttgart und Zürich 1998. – Schon die Flachheit des Bildes aber ist ein Sieg über das Monströse.

905 «Alien», Regie: Ridley Scott, GB 1979; vgl. auch ähnliche Monstergeburten mit Motiven zwischen Satansmutterschaft und Obsession im Film «Carnosaurus» (R.: Adam Simon, USA 1993) – Frauen gebären dicke grüne Eier, aus denen Saurier schlüpfen, «Die Fliege» (R.: D. Cronenberg, 1985) und «Batman Returns» von Tim Burton. Zu Letzterem siehe E. Bronfen: Heimweh: Illusionsspiele in Hollywood. Berlin 1999, S. 467.

906 Vgl. G.-H. Schumacher, Monster, S. 33.

907 Vgl. Hanna Rheinz: Dunkle Wasser, lästige Chimären. In: ‹Kursbuch›, Heft 138 (1999), S. 20. Dass der Weg von zu viel ‹Falschem Hasen› zur voll ‹entwickelten› Mumie ein kurzer ist, weiß auch Poe: im ‹Disput mit einer Mumie› (GW I, S. 455).

Das Junktim zwischen pränataler Inkubation jedes Menschen und dem Inkubus scheint so alt wie sein drohendes Gegenüber in der monströsen väterlichen Verschlingung. Beide dramatisch ‹existenziellen› Rein-Raus-Bewegungen bzw. Ein- und Ausstülpungen vollenden sich zum Trio infernal (weil schmerzvoll und gewalttätig) durch sexuell stimulierte Gesten, die in ihrer Agglutination mit Fressen und Abort unheimlich werden. Füßlis Alpe, 1781 in «Die Nachtmahr», 1790/91 in «Der Nachtmahr» und ca. 1793 in «Der Alp verlässt das Lager zweier schlafender Mädchen», verweisen zumindest in den ersten beiden Fällen und unabhängig von irgendwelchen ikonologischen Anleihen bei nordischen Waldgeistern und südlichen Satyrn auf den Embryo, auf eine lastende Brut im Innern des Leibs, auf dem er sitzt. Seine Gekrümmtheit verweist auf die Enge und Beklemmung, die er innen erzeugt – oder erfährt.[908] Er beschreibt ja das Innere der Frau. – Aber hat er sich nicht auf den Bildern soeben erst niedergelassen, oder fliegt er nicht gerade auf seiner (Nacht-)Mähre zum Fenster hinaus? Auch dies ist richtig, aber die Zweideutigkeit und Widersprüchlichkeit von Innen und Außen macht schließlich das Unheimliche aus.

Werner Busch bezeichnet in seiner Betrachtung des «Nachtmahrs» von 1790/91 den Betrachter als Voyeur und zugleich Bedrängten sowie als Gnom und Nachtmahr.[909] Zum bedrückenden Wesen der Phantastik und des Traums gehört auch die lähmende Widersprüchlichkeit bei gleichzeitig fliegendem Wechsel der Pferde, pardon: der Perspektive. Wir sehen ein Interieur, dessen Wand eine Scheide darstellt, durch die das Pferd wie ein Penis zu uns (ins Bild) hereindringt. Zugleich ist die in diesem ‹Interieur› unserer Vorstellung Träumende selbst zu sehen, auf der andererseits wir selbst als Alb hocken.

Neben Ernährung/Verdauung und prä- bzw. perinataler Situation ist der sexuelle Komplex der dritte von ‹durchdringender›, also eintauchender und auftauchender Bedeutung.[910] Und der ist bei den Füßlischen

908 Von der Antike bis in die Neuzeit hinein wurde der zu enge Uterus als eine der drei Hauptursachen für Monsterbildung angesehen.

909 Städelsches Kunstinstitut (Hg.): Mehr Licht. – Europa um 1770. Die Bildende Kunst der Aufklärung München 1999, S. 66.

910 Individualgeschichtlich sind bereits die frühesten Stadien der Entwicklung zur Eigenleiblichkeit von leiblicher Interpenetration abhängig. Im Mutter-

Nachtmahr-Bildern denn auch schon beizeiten erregt wahrgenommen und erörtert worden.[911] Doch sei hiermit vor einer zu raschen Hierarchisierung der Komplexe gewarnt; so könnte eine sexual-analytische Entlarvungs-Perspektive eine kulturalistische Einschränkung der heutigen Wahrnehmung vergangener ‹Assoziierungen› bewirken. Wichtiger scheint mir die Möglichkeit des Floatens zwischen den Bereichen zu sein, die durch das Ein- und Auftauchen gegeben ist, sowie die intensive Oszillation zwischen Innen- und Außensicht.

Der Ausdruck *Oszillation* für den Wechsel einer Ansicht, ja für deren Umkehr, ist gewöhnungsbedürftig, weil dieses ‹Schaukelnde› eher ein Schwanken oder Schwingen eines Kraftausdrucks oder einer messbaren Bewegung zu sein scheint. Doch ist der Ausdruck immerhin am Ende des 18. Jahrhunderts für *schwer* messbare, kaum sichtbare oder vom Unsichtbaren ins Sichtbare schwankende Vorgänge üblich geworden. Goethe gebraucht ihn 1786 in seiner «Italienischen Reise» für das Schwanken der Erdanziehungskräfte,[912] und Forster erweitert die «Oscillation» 1787 in «Cook, der Entdecker» zur Gesetzmäßigkeit alles Lebendigen, zum «Puls der Natur», der das Leben sicherstellt. Denn der mittlere Zustand, ein vollkommenes Gleichgewicht, wäre die Ruhe des Todes.[913] Bereits Novalis gebraucht ihn in «Die Christenheit oder Europa» für das Schwanken in der Geschichte. Aus der Perspektive auf ein *durchgängiges* Feld der (inneren und äußeren) *Nacht* scheint das Verhältnis zwischen Traum und äußerer Phantasie nur eine Oszillation zu sein.

Nun sind in der Kunstgeschichte Darstellungen von träumenden Mädchen recht beliebt, bei denen die Träume den äußeren Raum der Schlafenden beleben. Eine fiktive Ausstülpbewegung, welche das imaginäre Eintauchen von Maler und Betrachter in die Schlafende verbrämt. Doch bei

leib nimmt der Fötus nicht nur Fremdstoffe der Mutter über die Nabelschnur auf, sondern er gibt auch Botschaften in den mütterlichen Blutkreislauf ein: Erbgutstückchen und Eiweißmoleküle. Es handelt sich um fremdes Material, das teilweise aus der väterlichen ‹Erbmasse› entstanden ist. Vgl. S. Karberg: Orakeln für das Mutterglück. In: FAS, 1. 10. 2006, S. 75.

911 Vgl. Gert Schiff in: W. Hofmann (Hg.): Johann Heinrich Füßli. Ausstellungskatalog Hamburger Kunsthalle, München 1974.

912 J. W. v. Goethe: Italienische Reise. Hamburger Ausgabe. München 1988, S. 18, Z. 8.

913 G. Forster: Werke. Bd. 2. Leipzig o. J. (1971), S. 108, und Dig.Bib. Bd. 1.

einem als Monster gemalten Albtraum, der den Leib der Frau ‹besitzt›, also besetzt, welche diesen Traum eigentlich innen hat, taucht die Frage auf: Wem gehört das Untier? Kommt es nicht doch von außen, vom Maler? Schließlich sehen wir nicht einen Traum*inhalt*, sondern die Illustration und Personifikation eines Sammelausdrucks (Albtraum).

Auf der Rückseite des Bildes «Die Nachtmahr» von 1781 befindet sich das Porträt einer Frau, das vielleicht Anna Landolt, eine Nichte des mit Füßli befreundeten Lavater, darstellt, in die der Maler heftig verliebt war. Die Absage seines Heiratswunsches durch ihren Vater trieb ihn nach London, aber in der Phantasie trieb er es weiter mit ihr. Der Aufhocker auf der *Ober*seite des Bildes sitzt zugleich auf der durchs Bild Verdeckten. Diese unterliegt dem Maler, seinem Bild und seiner ‹Nachtmahr›; er schickt ihr den Sukkubus, die Nacht-Mähre mit der Post. Gert Schiff dazu: «Wahrscheinlich hat die von Füßli mehrmals wiederholte Darstellung des Albdrückens für ihn den geheimen und persönlichen Sinn, dass seine Eifersucht und unterdrückte Begierde nach der mittlerweile Verheirateten sie nun in Gestalt böser Träume heimsuchten.»[914] Doch vielleicht überwiegt auch das Bedürfnis, den eigenen Albdruck loszuwerden – dafür ist eine Adressenangabe immer (be)förderlich. Wenn man aber bedenkt, dass Füßli sich eventuell gar einer gewissen Rosskur aus Schweinefleisch unterzog, um überhaupt jenen Albdruck zu erzeugen, den er der begehrten fernen Frau an den Hals wünschte, dann wiegt wohl schwerer, dass er ein Nachtbild malen wollte, ein ‹monströses› Bild mit schwer lastender Nacht auf… dem Betrachter.

In diesem Abschnitt über den Nachtleib steht allerdings, ausgehend von der *Genealogie* der Monster bei Hesiod, die Geburt im Vordergrund der Aufmerksamkeit und nicht der Geschlechtsakt. Die reale Missbildung zum Monster einerseits und die fruchtbare Imagination eines solchen andererseits[915] rahmen ein Feld von Repräsentationsformen der Ungeheuer oder ungeheuerlichen Darstellungen ein, denen eben dies gemeinsam ist: eine Intermedialität, die man auch als «Gebären» bezeichnen könnte: Nach Hanna Rheinz hat Freud 1899, «in dessen Behandlungszimmer in der Berg-

914 Gert Schiff in: W. Hofmann: Füßli, S. 149.

915 Die beiden Aspekte berühren sich wiederum in der Vorstellung, dass böse Vorstellungen Schwangerer böse Ausgeburten bewirken.

gasse 19 ein Nachdruck des Füßli-Gemäldes hing», folgende Verbindung zwischen dem Unbewussten und der antiken Unterwelt hergestellt: «Diese immer regen, sozusagen unsterblichen Wünsche unseres Unbewussten, welche an die Titanen der Sage erinnern, auf denen seit Urzeiten die schweren Gebirgsmassen lasten, die einst von den siegreichen Göttern auf sie gewälzt wurden und die unter den Zuckungen ihrer Glieder noch jetzt von Zeit zu Zeit erbeben...»[916] (Die Phantasietätigkeit, die das Medium der Unterwelt intermedial in die unbewusste Innenwelt überträgt, ist wie ein Gebären.) – Diese ständige Regsamkeit ist also auch bei Freud und Rheinz und mir zu beobachten. Ich zum Beispiel würde gerne wissen, wie viel Ahnung sich um 700 v. Chr. bis an die Schwelle zum Bewusstsein durchgearbeitet hat darüber, dass die Titanen oder Typhoeus unser Unbewusstes sind.

Eines aber hält sich erstaunlich gut im Gewirr der Verbindungen zwischen verschiedenen Räumen und Zeiten. Mögen auch die Behandlungsarten und die Tonfälle wechseln, ein bestimmtes Wort darf nicht fehlen. Rheinz im Anschluss an das Freud-Zitat: «So archaisch tritt nur der Angsttraum auf. Unter dem Diktat von Umkehrung und Entstellung stehend, gebiert er Gestalten, die mit den Kräften des Menschen in Verbindung stehen: Machtwesen und Abwehrzauberer, mit Fratzen ausgestattet.»[917] Dieses Wörtchen heißt in ‹gehobener› Ausdrucksweise (also als Abwehrzauber) «gebiert» (statt «gebärt»).

«Der Traum der Vernunft gebiert Ungeheuer» (in Goyas Radierung: «monstruos»). Es ist aber bei Goya die Vernunft, Unterabteilung ihr Traum, und die pflegt zu produzieren. Herstellung ist männlich, Ausgeburt ist weiblich, und zwar sehr niedrig-weiblich. (Ganz neuerdings ist auch das allerdings nicht mehr ganz so sicher, wo statt Faden und Schere Petrischale und Pipette des Gen-Schnipslers zu herrschen sich bereithalten.) Wichtig wird diese kleine Unterscheidung bei ‹Nachkommen›, also etwa ‹Produkten› der (zugegeben hermaphrodisischen) Phantasie, wie Bildern, Literaturen, Plastiken. Diffamierungen des Werkcharakters, des Realitätsgehaltes und der intersubjektiven Bedeutung von Kunstwerken

916 H. Rheinz mit Freud-Zitat in: Dunkle Wasser, S. 20. Siehe auch den Zusammenhang bei Freud selbst, der die Titanen mit ihrer Verdecktheit assoziiert. «Der Wunsch, welcher sich im Traum darstellt, muß ein infantiler sein.» S. Freud: Die Traumdeutung. In: Ders.: Studienausgabe Bd. II, Frankfurt 1972, S. 528.

917 Rheinz: Dunkle Wasser, S. 20.

sind nahe, wo deren Darstellungen den «Ausgeburten boshafter, nicht selten aggressiver Phantasien» auch nur «ähneln».[918]

Anlässlich des ‹Herauskommens› eines Monsterfilms namens «Octalus» (Stephen Sommer, USA 1998) wird ein Rezensent allgemein: «Die Geburt eines Monsters ist im Film immer auch die Ausgeburt seiner Technik»[919]. Technik ist also weiblich, besonders die «Computeranimation» «wuchert» (ebd.), weil sie kein *anschauliches* Herstellen ist. Die Ausgeburt ist vor allem ein ‹Objekt› des monströses Sehens! – Ins Herz ihres Jahresrückblickes auf das Jahr 2000 hat die FAZ (30. 12. 2000, S. 42) Goyas Capricho «Fliegende Hexen» (1797/98) gerückt, mit folgendem ‹Subtext›: «Er fürchte mehr die Menschen als die Monster, schreibt Goya, als er dies Capricho ‹Fliegende Hexen›, die einen Toten aussaugen und fressen, für den Herzog von Ossuna malte. Die kannibalischen Ungeheuer sind unsere eigenen Ausgeburten, die uns nachts überfallen: Wir fliehen, fallen hin, halten uns die Ohren zu und bedecken unsere Augen. Nur das unschuldige Tier kann ruhig bleiben.» Nun ja – aber das Wort *Ausgeburt* (kein Ausdruck Goyas) verweist auf das Tier in uns.

Die Brecht'sche Variante des Goya-Spruches «Der Schoß ist fruchtbar noch, aus dem das kroch» (Kriegsfibel 1955), ist besonders in der politischen Rhetorik im Schwange. Dieser apotropäische Bann macht nur die Bruthöhle verantwortlich, nicht die Penetranten. Er ist zudem sehr hygienisch, weil er die Verantwortung für Träume ablehnt. Schließlich ist die spanische Verbindung zwischen *Traum* und *Schlaf* der Vernunft hier gekappt. Im Schoß *schläft* die Vernunft nur, sie träumt nicht. Davor wacht der Mann, der vernünftige Drachentöter. Wenn das mal kein *Traum* der Vernunft ist ... Keine gleiche Art der Mütterlichkeit wie die Monster will genossen haben, wer über Untiere sagt, dass sie eine «Brut» seien (etwas wie Dracheneier in Ursuppe). Doch wo es ‹gebiert›, da ist ein Topos, der zugleich eine Ursache und ein Tabu fixiert, hinter dem noch Grässlicheres als das Ungeheuer (das sich ja immerhin im ‹Monstrum› zeigt) verborgen ist: Die Nacht der *Gebär*mutter. Weit weg, im tiefsten Dunkel hinterm Schoß soll eine ‹Mutter› hausen, ungeheuer wie ein Polyp. – Und das soll unsre frühste Wohnung sein!?

918 Ebd., S. 25 zu den Werken von Hieronymus Bosch.

919 «itz»: Das Monster, das aus der Tiefe kam: «Octalus im Kino». In: FAZ, 27. 5. 98.

Der romantische Monster-Diskurs mit seinen offengelegten und aufgesuchten Wegen nach innen ist in seiner ganzen Attitüde vom Hesiodischen Musenwerk fraglos zu unterscheiden; erst recht von unseren Bildern der griechischen Archaik. Doch schon zur Zeit Hesiods werden die Mysterien-Kulte, von einer ähnlichen Dringlichkeit beseelt, Wege nach innen suchen und wieder hinaus.[920] Und selbst hinter dem apollinischen Emblem des schönen ideal-nackten Jünglings verbirgt sich auch ein Versuch, in Drachenkämpfen das Trauma einer schweren Geburt zu meistern.[921] – Zu träumen, ein Drache verwandle sich in einen jungen Mann oder eine junge Frau, bedeute, dass der Träumer, die Träumerin, ein Held, eine Heldin, werde, so fasst Artemidor von Daldis verbreitete Vorstellungen im 2. Jahrhundert n. Chr. zusammen.[922]

Der ältere Weg Hesiods ähnelt diesem apollinischen, denn er führt aus Nacht und Grauen zum Licht überlegener Zeus-Herrschaft. Man hat Hesiods ästhetische Vorlieben oft in Zusammenhang mit dem orientalisierenden Stil in der Bildkunst jener Zeit gleichgesetzt, wozu Veranlassung besteht, seit klar ist, dass orientalische Geschichten Vorläufer des Hesiodischen Sukzessionsmythos sind. Doch muss bei der anhaltenden Breitenwirksamkeit der «Theogonie» mehr dahinter stecken als Stilnachahmung, nämlich eine tiefe Orientierungskrise, die nach Orient ruft.[923] Das Entscheidende ist jedoch die Integration des Monströsen ins Erhabene und der erhabene Weg in den zeusbeherrschten Kosmos. Zugleich wird der Körper des phantasiebegabten Zuhörers aufgehoben zu einem Ideal der Selbstbeherrschung und des Maßes und, darüber vermittelt: der Gerechtigkeit.

In diesem Sinne fängt «Werke und Tage» da an, wo die «Theogonie»

920 Siehe hierzu später im Kapitel «Das Nachtmahl» die Abschnitte Bauch und Gott I und II.

921 Vgl. S. 109: der Uteroide Apoll im Abschnitt «Zurück zur Nacht des Schicksals».

922 Artemidor: Traumkunst, S. 271.

923 Auch wenn Michael Siebler in «Troia», Stuttgart 2001, S. 101, von «fast übermächtigen Einflüssen aus dem Orient» spricht, so scheint der Eindruck der in die Fläche gehenden Ornamentalisierung auf die Phantasie weniger ‹monströs› zu sein als der des leibhaftigen Vortrags durch den Sänger.

aufgehört hat. Auf ihrem Weg vom Monster zur Monstranz (vom Kroniden zum leuchtenden, panoptischen Herrscher über eine himmlische Ordnung) hat Hesiod der Phantasie Asyl gewährt. Sie, die immer schon, wenn auch nicht nur, Ängste und Alpe phantastisch visualisiert, wird hier unbenommen des ästhetischen und religiösen Programms reformiert – aber nicht reproduziert: Die in der «Theogonie» gebundene Phantasie *erinnert* nur an die Arbeitsweise des ‹blinden› Wucherns, Brütens und Mixens. Das Hesiodische Asyl setzt eine Verfolgung voraus, die Ausdruck einer Krise war. Sie bestand in der unsicheren Grenze zwischen individueller und sozialer Verantwortung.

Die «Theogonie» und ihre Sukzessions-Dramen legen einen genealogischen *crash* nahe zwischen Erbfolge, Erbrecht einerseits und Geburtstrauma und ‹vorsozialer› Existenz andererseits. Diese Krise mag auch zu Homers Zeit bzw. in seinem Kulturraum bestanden haben, nur dass sie dort mit der Nostalgie (jedenfalls nicht selbstverständlich geltender) uralt scheinender Gesänge zugedeckt wurde. Immerhin geht es um die unaufhörliche Krise von Tod und Geburt, dazwischen aber: um den eigenen Anteil im Leben. Historisch auffällig erscheint allenfalls die geringe sprachliche Repräsentanz der Sexualität an dieser Krise, zumindest außerhalb der «Theogonie». Das eigentliche Monster aber ist die Phantasie als eine leibliche Regung, und die Krise, in der sich diese Phantasie befindet, ist ihre Energie, was immer ihre objektiven Grundlagen sein mögen. Das Medium hinwiederum, in welchem die monströse Phantasie sich verwandelt in visueller und anderer sinnlicher Virtualität und Gestalt, ist die Dunkelheit, ist die Nacht – im Leib.

In der sekundären Schwangerschaft des Mediums ähneln sich die Monster-Genesen vom Typ Typhoeus über Frankenstein bis zu Rosemaries Baby. Gleichgültig, ob sie fingiert, geträumt oder später sogar fabriziert sind (als Mäuse mit Schweineohren, Menschen mit Schweineherzen oder als zombihafter Ego-Shooter): Es sind alles unfertig und zu früh Geborene.[924] *An* ihnen als Phantasie*figuren* ist ja das Ungestalte ein Hinweis

924 Womit nicht ausgeschlossen sein soll, dass es auch monstrogene ‹Übertragung› gibt, zu langes Brüten über Hybriden. Denn auch der Mensch ist, evolutionshistorisch gesehen, ein zu früh Geborener, was Sympathie mit dem armen Monster nahelegt. – Seit der Mensch das weiß, nimmt er dieses Leiden phantasmatisch auf sich, will wiedergeboren werden.

auf ihre mangelhafte ‹Fertigkeit›, (sich) zwischen (und in) außen und innen zu unterscheiden. Der Nachtmahr, dieser koboldartige Gnom mit der Tarnkappe auf dem Kopf hat so unendlich viel mehr Gewicht als Ausdehnung, weil das Sichtbare nur ein uneigentlicher Vorschein seines inneren Drückens gegen den (phantastischen) Bauch oder Uterus ist. Füßli hat genaue Belehrung darüber verwendet, wie ein *innerer* Albdruck *auf* dem Körper (als dem Medium seines Auftauchens) aussieht: geschwollener Hals durch Verdrehung, Blutandrang in Wangen und Stirn, gequollene Unterlider usw.[925]

Da aber die Medien aller Räume und Zeiten einander berühren, beiwohnen und überlagern – oder sollte man besser sagen, dass eine monströse Energie sich durch alle Medien fortwährend Bahn bricht? – können Monster als fiktive Wesen eine stolze Ahnenreihe vorweisen, die sich parallel oder unterhalb der kanonischen Tagesphilologie fortgezeugt hat, bastardisiert und gekreuzt durch die jeweiligen ‹Kirchenväter› und ihre exorzistischen oder sonstigen Absichten. Elmar Locher zählt Plinius, Augustinus und Isidor dazu.[926] Das ist nur die Spitze eines kreißenden Berges; allein die bildlichen Ahnen, die von kunsthistorischen Ahnungen Füßlis Nachtmahr-Bildern untergeschoben werden, sind Legion.[927]

Quod erat *monstrandum*? Seit der Differenzierung der Künste in der archaischen Zeit verkörpern die Ungeheuer eine gleiche ‹Schuld› aus ungesunden, falschen, verhängnisvollen Beziehungen zwischen den Medien, wie sie es in mythischer Zeit zwischen Tieren und Menschen oder Göttern und Menschen taten: in schuldhafter, strafbarer oder büßender Kopulation.[928] Selbstverständlich erscheinen Monster von Hesiod bis heute höchst unterschiedlich stark oder schwach, sind maskiert mit den verschiedensten Funktionen der Moral, Therapie, Ästhetik, Pädagogik usw. Aber in

925 Die Rede ist von Füßlis Freund, dem damals berühmten Naturforscher Erasmus Darwin, der in seinem Lehrgedicht «Botanic Garden» (1789–91) diese Beschreibung anhand der ersten Fassung von Füßlis Nachtmahr gab, die wiederum Füßli bei seinem zweiten Nachtmahr-Bild gekannt haben muss. Siehe W. Busch: Materie und Geist. – Die Rolle der Kunst bei der Popularisierung des Newtonschen Weltbildes. In: Städelsches Kunstinstitut: Mehr Licht, S. 67.

926 E. Locher: Der Ort des Monströsen. In: Dal Lago Veneri: Traum, S. 243.

927 Vgl. W. Busch: Materie, S. 66.

928 Pasiphae kopuliert zur Buße für den Betrug des Minos an Poseidon mit einem Stier und gebiert den Minotaurus.

wohl allen Manifestationen ist das Visuelle, das Nachtbildliche eine Funktion des Nachtleibs, eine Eruption aus innerer in äußerer Nacht und / oder eine Penetration aus äußerer in innerer Nacht – der Phantasie. Eine stärkere ‹Dröhnung› musischer Inspiration, die ungebührlich, unbekömmlich oder ungeheuer gut gesteigert erscheint, weil sie tiefere Quellen in der Versteinerung aufgeschlagen hat oder eine Hülle gesprengt hat – wie Pegasos.

Phantasie und Medien machen also die Monster ... Die Monster im Film entstammen auf den ersten Blick hin aus der nämlichen Wurstmaschine, welche die uralten Monster-Stoffe – alle – verschlingt und in neuer Filmfolie wieder ausspuckt. Die 19 Filme im «Lexikon des internationalen Films» (Ausgabe 1995), die zur schnellen Signalwirkung das Reizwort am Anfang ihres Titels führen, sind hier durchaus repräsentativ für die überbordende Fülle von Horrorfilmen, in denen Monster ‹auftauchen›.[929] Frankenstein, Hexen und Werwölfe: alles schon ein paar Mal verdaut und entsorgt. – Aber im Kino *tauchen* sie *auf.* Die anhaltende Unruhe des Übergangs vom Nichtsehen zum Sehen des Seh-Dingsbums, des ‹Monsters›, ist die Hebamme einer imaginären Umstülpung des dunklen Erwartungsraumes. Diese Dynamik des *Auftauchens* kann durch die medienspezifischen Techniken von ‹Maske›, Beleuchtung, Kamerafahrt und Schnitt (!) in völlig realistischer Anmutung rasant gesteigert werden. Die konstant genau sitzende Kostümierung der ‹Maske› verstärkt den Eindruck, dass man *wahrnimmt,* obwohl es beim Auftauchen der Monster genre-gerecht dunkel ist.

Extreme Tiefen-Unterschiede werden durch stärkere, und eventuell den Körper visuell zerstückelnde oder ausschwemmende Hell-Dunkel-Effekte simuliert. Die ständige Emergenz durch wucherndes Wachstum wird mit Zoomfahrten (und Trickkamera) rasant gesteigert. Die Verletzung des Blicks durch den Schnitt öffnet für den Wechsel von Innen und Außen. Der sogenannte Perspektivwechsel muss ja für einen kleinen Augenblick immer erst ‹realisiert› werden. Wenn man dagegen einwendet, diese Verletzung sei nur eine Metapher, schließlich habe sich der moderne Zuschauer daran gewöhnt, so ist dem entgegenzuhalten, dass man sich durchaus an Verletzungen gewöhnen kann, ja dass diese Verletzung

929 Lexikon des internationalen Films. Bd. L-N, S. 3913–3915.

zur Angstlust des Sehens im Dunkeln gehört, die schließlich am Monster selbstreferentiell ‹abgeführt› wird. Denn das Monster wird in den billigen, also ökonomischen Monsterfilmen am Ende ‹zur Strecke gebracht›.

Apropos ‹zur Strecke gebracht›: Hier ist denn doch eine Veränderung am Monsterpersonal gegenüber der Antike festzustellen: Die Monster kommen noch schneller von noch weiter her und sorgen für eine Implosion des Raumes – und des Leibes. Sie kommen nämlich nicht nur aus einem heute noch ferneren All, aus einer noch tieferen Vergangenheit (ägyptische Mumien) oder aus einem noch ‹unsichtbareren› Mikro-Chaos (Pilze, Bakterien, Viren etc.), sondern diese Entwicklungsschichten werden noch ‹penetranter› durchbrochen. In «Monster aus dem All» entstehen schuppige Ungeheuer aus Schleim.[930] Das Chaos des Zusammenbruchs der Raum-Leib-Differenz ist im Film noch ‹perfekter› zu simulieren. Allerdings sind die Bestandteile nicht neu. Man denke an Tartaros II, an die *modrige* Übergangszone zwischen Werden und Vergehen, wo die Monster hausen oder nicht weit sind.

Auch ist zu fragen, ob das ein bloß medial-generiertes Phänomen ist. Denn wahrscheinlich können die ‹neuen Medien› gegenüber einem vertieften und komplexer gewordenen Raum- und Zeitgefühl die dadurch entstandene Trägheit des phantastischen Raumes und der vorstellbaren Zeit durch höhere Dynamik gerade einmal kompensieren. Die Erweiterung des Vorstellungshorizontes und das Wissen über Einzelheiten bis hin zu dieser Grenze bedingen einander, sorgen aber auch für eine immer stärkere ‹Verschränkung› des Heimatplaneten und eine wuchernde Vermehrung der Kostüme des globalisierten Leibs. Die Schränke der Zivilisation bersten von mehrmals getragener, aber immer noch brauchbarer Gespensterware. Zwischen Urschleim und Sternenstaub: Kommoden voller ‹mittlerer Gespenster›, Mischwesen mit ‹Scherenhänden› und implantierten Identitäten, die Ähnlichkeiten mit Menschen haben.

Phantasie und Medien *bilden* eine monströse Einheit … Aber kann man diese doch irgendwie nur halbwegs geglaubten Monster überhaupt vergleichen mit den übermächtigen gottähnlichen Monstern des Altertums?

930 Der amerikanische Originaltitel der amerikanisch-japanischen Koproduktion (1969) von «Monster aus dem All» ist: «The Green Slime» (Regie Kinji Fukasaku).

Sokrates und Platon ächzten schon unter der Monster-Neugier ihrer Zeitgenossen. Nun gut, dann gab es lange Zeit den Teufel, der heroisch, aber letztlich vergeblich, um die Oberherrschaft über die anderen Monster kämpfte (wozu er etliche erst einmal wieder zum Appell aus dem Schlaf aufschrecken musste). In der Renaissance werden die Monster wieder stärker ein künstlerisch interessantes Thema. Thomas Morus aber winkt gelangweilt ab; ihn interessieren an abenteuerlichen Reiseberichten eher «treffliche, besonnene Einrichtungen» anderer Völker. «Nach solchen Dingen waren wir besonders begierig, und von ihnen sprachen wir am liebsten. Nach den Ungeheuern fragten wir nicht weiter, die nichts Neues mehr an sich hatten. Denn Schrecknisse wie die Scylla, menschenfresserische Lästrygonen und derlei unglaubliche Monstra findet man fast überall, heilsame und weise Satzungen der Bürger jedoch durchaus nicht so.»[931] Nachdenklich macht nur, wenn selbst kluge Leute, die nicht an sie zu glauben bräuchten, im Eifer des Gefechts nicht anders sich zu helfen wissen, als das schwere Monster-Geschütz aufzufahren. So Luther, der vom Papst als dem «leidigen, verfluchten, ungeheuren Monstro zu Rom» spricht.[932] Es ist das Monster seiner evangelischen Wut, welches das römische Monster aufbläst:

«Und liefe das lesterliche, fressende, Beerwölfisch monstrum zu Rom seine schmir und henffene faden brauchen wo zu er kündte. Hie her nu, Babstesel, mit deinen langen Esels ohren und verdampten lügen maul! Die Deudschen haben das Römische reich nicht von deinen gnaden.»[933]

Vielleicht ist es unter seelenhygienischen Gesichtspunkten sogar recht klug, jedenfalls für Choleriker, an Monster zu glauben. Aber die Klugheit ist in der Wut nicht gefragt … Entkommen wir der Aporie einer affektiven Notwendigkeit von Monstern zu reden, an die wir nicht glauben, indem wir sagen, diese, unsere Monster seien gegenüber denen der

931 Thomas Morus (1516); erste deutsche Übersetzung unter dem Titel «Von der wunderbarlichen Innsel Vtopia genant», Basel 1524. Der Text folgt der Übersetzung von Ignaz Emanuel Wessely von 1896. In: Dig.Bib. Phil.: Philosophie von Platon bis Nietzsche, S. 9381.

932 M. Luther: Wider das Papsttum zu Rom, vom Teufel gestiftet. In: Ders.: Werke I. Bd. 54, in: Dig.Bib. D. Lit. Groß, S. 377776.

933 Ebd., S. 298.

Alten nur metaphorische Monster? Könnte man jenes Pascalsche Monster, das der Mensch ist, metaphorisch verstehen?

«Welche Chimäre ist denn der Mensch! Welche sonderbare Erscheinung, welches Chaos, welcher Gegenstand des Widerspruchs! Richter über alle Dinge, schwacher Wurm von Erde, im Besitz des Wahren, voll von Ungewissheit, Preis und Auswurf des Universums! Wenn er sich rühmt, erniedrige ich ihn, wenn er sich erniedrigt, rühme ich ihn und widerspreche ihm immer, bis er begreife, dass er ein unbegreifliches Monstrum ist.»[934]

Nein, wir entkommen diesen Widersprüchen nicht. Denn im gleichen Atemzug der allerdings längeren Geschichte der Neuzeit nimmt nicht nur die Rede vom Menschen als dem Monster zu, sondern auch die Rede vom realen Monster als ‹Laune› der Natur. Bereits George Berkeley nimmt die Tatsache, dass es «Monstra, unzeitige Geburten, nicht zur Entwicklung gelangte Früchte» und allgemein Naturkatastrophen gibt, als Argument für das Fehlen eines weisen und gütigen Geistes im Wirken der Natur.[935] Für Charles Darwin werden Mutationen und Monstren geradezu synonym.

«Selbst stark markierte Verschiedenheiten treten gelegentlich unter den Jungen einer und derselben Brut auf und bei Sämlingen aus derselben Frucht. In langen Zeiträumen erscheinen unter Millionen von Individuen, welche in demselben Lande erzogen und mit beinahe gleichem Futter ernährt wurden, so stark ausgesprochene Structurabweichungen, dass sie Monstrositäten genannt zu werden verdienen; Monstrositäten können aber durch keine bestimmte Trennungslinie von leichteren Abänderungen geschieden werden. Alle derartigen Structurveränderungen, mögen sie nun äusserst unbedeutend oder scharf markiert sein, welche unter vielen zusammenlebenden Individuen erscheinen, können als die unbestimmten Einwirkungen der Lebensbedingungen auf einen jeden individuellen Organismus angesehen werden …»[936]

934 B. Pascal (*1623): Gedanken über die Religion. In: Digitale-Bibliothek Bd. 2: Philosophie von Platon bis Nietzsche. S. 12108. Vgl. B. Pascal: Gedanken. Leipzig 1987, S. 63.

935 G. Berkeley: Abhandlungen über die Principien der menschlichen Erkenntnis. Hg. von F. Ueberweg. Berlin 1869, S. 104.

936 Ch. Darwin: Über die Entstehung der Arten (1859). Stuttgart 1899, S. 28. Vgl. Ch. Darwin: Gesammelte Werke. Neu-Isenburg 2006, S. 371.

Nicht nur die Götter können wie eine ‹blinde› Macht fehlwalten, auch die Natur, ganz unmetaphorisch. Manche Evolutionsforscher setzten sogar Hoffnung in sogenannte *hopeful monsters* (Richard Goldschmidt), um die (noch) fehlenden Übergänge der Evolution mit Makromutationen, die durch große Erbgut-Veränderungen entstanden sind, erklären zu können. Doch die Hoffnung trog wohl. Die 150jährige Debatte, woher die Plattfische kommen, für die man keinen evolutionären Übergang aus der Entwicklung der ‹normalen› Fische fand, hat jüngst in ruhigeres Fahrwasser geführt, nachdem der amerikanische Biologe Matt Friedman 50 Millionen Jahre alte Urplattfisch-Fossilien, die in nicht ganz so alten europäischen Naturkundemuseen vor sich hin sedimentierten, wiederentdeckt hat. Bei diesen Fossilien war ein Auge bereits asymmetrisch zum Scheitel hin verschoben.

Zwar findet der monströse Prozess der Metamorphose vom normalen Fisch zum Platt- und damit zum Gesichtsfisch in der Ontogenese jedes Plattfisches statt; aber als evolutionstheoretisches Argument war das wohl nicht ausreichend. Zumindest in diesem Streitfall kann man das *hopeful monster* begraben.[937] Der Witz an der Geschichte ist, dass die Übergangsfiguren viel monsterähnlicher sind als das hypothetische «hopefull monster». Wahrscheinlich hatte schon «das nur teilweise gewanderte Auge» einen Selektionsvorteil, und wenn es das Erschrecken eines Feindes war. Monster sind ja immer für etwas gut, sonst hießen sie nicht Monster. Ein psychologisch jedenfalls interessanter Fall, diese Monster-Debatte ausgerechnet an Plattfischen. Denn die haben ein Gesicht, und ein Gesicht ist ein Spiegel für einen Menschen mit Gesicht. Monster sehen dich an. Monströs ist, dass es eben doch etwas ganz anderes ist und kein Spiegel, oder?

Von diesen *hopeful monsters* der (hypothetischen) Natur ist es ein Katzensprung zu den *hopeful monsters* für die Menschen und von den Menschen geschaffen. Der Mensch selbst träumt nicht nur von künstlichen Menschen, sondern fingiert (Pandora, Frankenstein, Homunkulus), bildet sie, bringt sie in verschiedenen Medien zur Erscheinung, träumt von ihnen, vögelt mit ihnen, ‹erschafft› sie teilweise erhofftermaßen fast in der Petrischale. Es ist kein Sprachunfall, dass ‹Chimären› sowohl Monster bezeich-

937 Vgl. U. Bahnsen: Das wandernde Auge. In: Die Zeit, Nr. 29, 2008, S. 31.

nen, die es nicht gibt, als auch welche, die es sehr wohl gibt. Wenn die forschen Forscher triumphierend jene hybriden Embryonen aus menschlichen Stammzellen und Kuh-Eizellen «Chimären» nennen, so zeigen sie eben damit die Kontinuität eines Phantasmas.

Die Frage, ob es Monster in der Realität gibt, ist müßig. Es gibt sie doch in allen Medien. Und dass sie sich verändern mit den Medien, ist an dieser Stelle nicht so wichtig wie die Tatsache, dass es an allem, was Monster oder monströs genannt wird, eben diese Schicht des Zeigens gibt, mag sie nun das Trägerobjekt betreffen oder nicht. Die entscheidende Funktion ist immer dieselbe: Spiegeln und Fortspiegeln, was in der inneren Nacht abgründig versenkt oder flottierend, sozusagen geisternd, herumwest. Das Medium ist das Monster! in seinem untoten Status, durch den es gelingt, in allen Medien Traum und Wirklichkeit miteinander zu verschneiden. Da es diese zwielichtige Medialität gibt, also das Vermögen, das Fremde uns zu zeigen, uns *uns* zu zeigen, uns fremdzuzeigen, das Fremde in uns zu ent-fremden, verschwimmt allerdings der Unterschied im Naturbegriff zwischen der Natur, die wir verändern wollen, können, sollen, mit derjenigen Natur, die als Horizontkategorie der Gegebenheit determiniert erscheint.

Umso schlimmer, wenn sie *in uns* wütet. Da spielt sich manchmal uns (bitte!) vollkommen Fremdes, Monströses ab, das nicht in unserer Macht zu stehen scheint, sondern das unverschuldete Erbe der Natur sein soll. Die Grenze fällt in unseren dunklen Abgrund. Das Monströse ist ein Teil von uns, nicht nur, wenn wir Missgeburten sind. Diese Abgründe der inneren Natur: Schon die Denk-Möglichkeit der Abgründe zwingt zu einer Art Seelenhygiene, die mit der Unterscheidung und Partikularisierung der Aspekte, zu denen wir stehen können, von denjenigen, die wir verabscheuen, beginnt. Auch das sogenannte Inzest-Monster Fritzl verwahrt sich, auf seine Menschenwürde pochend, dagegen, «Monster» genannt zu werden, wenngleich er einräumt, dass es Monströses in ihm gibt und dass seine Taten monströs sind.[938] Hier ist die seelische, nicht die körperliche Abweichung von der Norm monströs, und die Hinweise, dass ein seelisches Monstrum, oder ein seelisches Partial-Monstrum mit monströsen Taten kein richtiges Monstrum sei, wäre monströs angesichts der realen Leiden, die damit verbunden sind.

938 FAZ, HAZ, 8. 5. 2008.

Im Gegenteil ist es so, dass die leibliche Abnormität und die qua Zusammengesetztheit sichtbare Übertragenheit der ‹alten Monster› – selbst wenn man an sie glaubte – immer schon den Fall des gelungenen *Exorzismus* darstellte. Diese Exorzisierung muss im / am Seelenmonster erst noch vonstatten gehen. Sie vollzieht sich auf drei Ebenen: auf derjenigen des anderen Monsters, in uns und am Medium des Diskurses, dem Medien-Monstrum sozusagen. In den Medien wird das ‹Monster› seziert: die Anteile Österreich, Faschismus, Patriarchalismus, allgemeiner Inzestwunsch aller Menschen usw. werden herauspräpariert und sorgfältig auf den Abstand zu uns hin vermessen. Dann wird in den inneren Abgrund auf ein leises Fiepen oder sonstiges Rumoren gehorcht. Gottseidank: Österreicher, Faschist und Chauvi ist man nicht. Aber Inzest? Hm! Muss man mehr drüber lesen.

Die geheimen, aber kollektiven Gedanken und Ängste über das Monströse im dunklen Innern *müssen* ein Medium der Verhandlung finden, in einem apodiktischeren Sinn als in der Antike. Statt der Götter ist die ebenso unermessliche Natur das Agens, die ungeheuerlicherweise sowohl innen als auch außen herrscht, die mithin fortwährend die affektive, moralische und reflexive Autonomie infrage stellt. Wenn wir diesem Monster der Natur einen Namen geben sollten, dann könnten wir es *Medium* nennen. Alle Medien, und besonders die sogenannten Neuen Medien sind Produkte dieses umnachteten Exorzismus der dunklen leibinneren Natur des Menschen. Die zunehmende Medialität und Intermedialität der Moderne ist ein Krisenprodukt der inneren Unabgrenzbarkeit. Je höher der Druck des Fragwürdigkeits-Exports, der Vergegenständlichung einer bloß möglichen Angst, der Selbstprüfung des Unbewussten im Spiegel der Andern und / oder der Öffentlichkeit ist, desto heftiger reißt das gähnende Chaos namens Medium das Maul auf. Und während der vorgeblichen Spende von Mitteilung saugt es an unserer inneren Natur und stellt sie an den Pranger unseres Abscheus, gegenuber dem wir dasjenige von uns, das wir wahrhaben wollen, als fratzenhafte Entstellung – im Spiegel sehen. Nehmen wir das unersättliche Pressemonster zum Beispiel; da die «Bild-Zeitung» als Monster relativ eingeführt ist, halten wir uns an sie. Dieser Popanz der ‹Massen› mit den aufgerissenen Augen, BILD, schreit es in Großbuchstaben heraus: «Inzest-Monster erzählt ALLES» [939] ... Wir aber zahlen.

939 Bild, 9. 5. 2008, S. 1.

Soziale Aspekte des Monsters I: Inzest und Exzess

Aus der zeitgenössischen Kontingenz der inneren und äußeren Natur, aus der, wenn auch nur erst gewähnten, gentechnologischen Planung der Planbarkeit heraus, wird nicht nur alles Soziale leicht monströs, sondern es ergibt sich auch ein neuer Blick auf die sozialen Aspekte des Monströsen, die es schon vor der Archaik gab. Um 700 v. Chr. ist das genealogische Paradigma dabei leicht zu isolieren. Wenn die richtige Wahl der Kopulations-Population in Hesiods Kultur der Züchter das A & O der richtigen Genealogie (bei Mensch und Tier) bedeutet, dann muss genealogisches Denken bei ‹teratologischen› Befunden auf falsche Kopulation rückschließen. Im Mythos ist das zu dieser Zeit bereits Allgemeinwissen: Schon die göttlichen Monster vor oder neben Zeus wie die Titanen, Giganten, Erinyen und so weiter sind Früchte der Rache, der Strafe, der Generationen-Schlachten: sozialer Kämpfe. Bei den dreißigtausend Göttern (WuT. 251), den Geistern, Dämonen, Kobolden, Gespenstern und Tieren, welche zu Wasser, zu Luft und zu Lande die Menschen umgeben, den belebten Raum durchqueren und mit den Menschen verkehren, ist es schwierig, Monster in engerem Sinn zu isolieren. Am ehesten entspricht dem lateinischen Schreckbild ‹Monster› noch der Terminus *peloron* (Ungeheuer), wie er von Hesiod für «die wilde Göttin Echidna» verwandt wird. (Th. 298) Für etliche (wie Kerberos oder Chimaira) gibt es andernorts den Ausdruck *teras* (Schreckbild). Doch auf die meisten, die diese Bezeichnung gleichfalls verdienten, wird sie nicht angewandt.

Diese Stigmatisierung wird wohl zielstrebig vermieden. Denn ein Ungeheuer, das Keto gebar, wird so eingeführt: «Keto gebar noch ein anderes, gänzlich unsägliches Scheusal» (*peloron*) (295). Und in der Tat waren von ihm zuvor eine gane Reihe solcher Scheusale der Linie Keto aufgeführt worden, ohne dass diese negative Bewertung erfolgte. Dazu gehören die Graien, die Gorgonen (Medusa inklusive) und die Enkel der Medusa, Urenkel der Keto, der dreiköpfige Geryoneus (270–290). Auffällig ist zunächst und wohl relevant für die soziale Frage, dass alle Scheusal-Kandidaten außergewöhnliche Individuen sind; selbst die Schwarmgruppen unter ihnen, die keinen individuellen Namen haben, wie die Erynien, haben ein Alleinstellungsmerkmal. Offensichtlich bewusst und mit Zufriedenheit, hebt Hesiod die arme Medusa heraus aus dem Kreis der Gorgonen, war sie doch schmerzerfüllt und sterblich (276). Die Enormität, das Anormale und das Singuläre dieser ungeheuren Individuen bilden die erste Schicht der Sozialrelevanz, die eine ganze Polis in Angst und Schrecken halten kann wie die Sphinx oder den Austausch zwischen den Städten unterbindet wie Geryoneus. Das menschliche Individuum innerhalb der Polis sieht hier im Ungeheuer ein Bild vom Tod der Gemeinschaft durch maßlose individuelle Ansprüche. Das kann aber diese Gemeinschaft auch zusammenführen. Siehe als Beispiel die Sphinx vor Theben. – Bei Hesiod nun besteht der Horror in der vielleicht systematisch ausgebliebenen sozialen Diskriminierung des Ungeheuers. Die Grenzziehung ist gerade die Aufgabe der Imagination der Hörer.

Der zweite Aspekt betrifft die ehelichen Beziehungen, genauer: die Züchtungsergebnisse. Keto und Phorkys sind für sich genommen physisch, ästhetisch und moralisch zunächst unauffällig; dennoch produzieren sie die längste Ahnenreihe des Horrors. Nach den erwähnten eigenen Monstern sind hier die Kinder ihrer Tochter Echidna zu nennen: der Hund des Geryoneus, Orthos mit Namen, dann Kerberos, die Hydra und Chimaira. Am schlimmsten aber wütete wohl die Sphinx, die Hesiod *Phix* nennt (326). Sechstens gebar Echidna den Nemeischen Löwen; hier irritiert wieder Hesiods positive Beschreibung der Hera («herrliche Lagergenossin des Zeus», 328), obwohl sie den Nemeischen Löwen fütterte, «den Menschen zur Plage» (330). – Und wieso ist dieses Geschlecht so fürchterlich? Weil hier besondere familiäre Beziehungen verschrecklicht werden. Es geht um Inzest! Die Stammeltern Gaia und Pontos sind zwar beide ein bisschen dunkel, aber nicht böse; ihre Kinder sind zum Teil aller Ehren wert, wie etwa der berühmte und ehrliche Nereus (232). Aber die Geschwister, der strömende Phorkys und die schönwangige Keto, bringen nur Ungeheuer hervor. Neben der Verunsicherung des Urteils durch Verteilung positiver Attribute an Monster (wie die lockenschönen Harpyien, 267) ist die Verpönung des Inzestes ein ebenso verheimlichtes wie unheimliches Motiv bei Hesiod. Bezeichnenderweise ist ausgerechnet die Sphinx ein gleichsam doppeltes Inzest-Produkt, denn die inzestgeborene Echidna, die mit dem Untier Typhaon «gewaltbesessene» Kinder hatte, wurde von ihrem Sohn Orthos «niedergezwungen» (327), also vergewaltigt, und die Frucht war die Sphinx. Eben die Sphinx, die von *dem* tragischen Protagonisten des Inzestes, Oidipus, gestürzt wurde!

Neben dem katastrophal antagonistischen Verhältnis zwischen einem enormen Einzelnen und der Gemeinschaft und zweitens neben dem familialen Antagonismus mit der Polis im Inzest (denn der Inzest verweigert die Mischung mit der Gesellschaft) kommt drittens in der Miss- und Mischgestalt die bestrafte Hybris und Selbstbezogenheit des Monsters zum Ausdruck. Das Aussehen der Monster widerruft im symbolischen Chiasmus das gesellschaftsfeindliche, familiale ‹Intranet› der inzestuösen Sexualität in der Überschreitung der metasozialen, das heißt biologischen Gesetze. Inzest wird symbolisiert als Exzess. Echidna, die Ausgeburt der Mesalliance zwischen den Geschwistern Phorkys und Keto, ist ein so *unsägliches* Scheusal (*peloron amechanon*, 295), dass Hesiod expressis verbis die Worte fehlen (so ‹unsäglich› ist das Scheusal).

Peloron ist nämlich einmal das Scheusal als ganzes, das heißt *auch* «halb ein Mädchen mit blitzendem Aug und rosigen Wangen» (298) und andererseits nur derjenige Teil des ganzen Ungeheuers, der «halb ein grauenerregendes Ungeheuer an Schlange» (*peloron ophin deinon*) ist (299). Dieser Teil des Ungeheuers erweckt Furcht, der ganze Zusammenhang des nicht Zusammengehörigen ist unsäglich und erzeugt Abscheu (vgl. *Scheu*sal). Vor dieser genetischen Übertragung von Mädchen an Schlange versagt – natürlich nur scheinbar – des Dichters Sage. Er zieht den Hut vor dem leibbetonten Protomodell der Metaphorik, das weder ein menschliches oder göttliches Individuum ist noch ein Tier, sondern ein Untier ist, das aber bildlich beides ist. In der Kreuzung zwischen individuell und tierisch steht der Sänger auf dem ‹gesellschaftlichen Standpunkt› und schüttelt den Kopf. Für mich besteht ein Zusammenhang zwischen der eingeräumten Unsäglichkeit des Monsters und der zuvor gezeigten moralischen Enthaltsamkeit bei der Aufzählung der Monster. Sie sind Teil einer Ästhetik des Schreckens, die den Hörer nötigt, sich selbst aus den Bestandteilen seiner Bilder ein Urteil zu bilden.

Da die Sexualität ein affektiv brisanter Treibstoff zwischen den Kräften der Natur und ihren einzelnen Gestalten ist, besonders in der Vermischung zwischen Individuen und Familien, zwischen Individuum und Gesellschaft und zwischen Familien und Gesellschaft, entwuchern ‹ihr› besonders viele Monster, auch in anderen Konstellationen: Der Hesiod bekannte Minotauros (Ehoien 145, 13) ist das Produkt einer Beziehung zwischen Pasiphae (Tochter des Helios und Gattin des Königs Minos von Kreta) mit einem Stier, auf den Pasiphae zur Strafe dafür ‹scharf› wurde, dass ihr Gemahl den Stier nicht dem Poseidon opfern wollte (also selber zu scharf auf den Stier war). Zwar zeigt sich nun am Minotauros die Frucht einer gleichsam in Liebe büßenden Kopulation von Frau mit Stier; aber zugleich ist dieses Wesen in gewisser Weise ein Bastard aus Minos und Tauros, welchen Minos für sich behalten wollte, weswegen er die Beziehung mit Poseidon sträflich vernachlässigte.

Auch Nicht-‹Verkehr› kann verheerende Folgen haben, weil daraus Ausgeburten des Zerwürfnisses hervorgehen können, wie bei Hera und Gaia zu sehen ist.[940] Heras Hephaistos, der nicht nur Pandora, sondern bei Homer auch andere Wunschmaschinen schuf[941], scheint deshalb verkrüppelt, weil seine Mutter ihn, wütend auf des Zeus fremdgehende kopulative Diplomatie – oder sind es züchterische Experimente? –, allein zeugte (Th. 928). Und die Blutschuld Gaias an Uranos bringt die grausigen Erinyen, die erschreckenden Giganten und die Eschennymphen hervor, indem Gaia das Blut in ihrem Schoß «sammelt» (Hal. 184).[942] Dagegen bringt das männliche Geschlecht solo, etwa in Gestalt des abgeschnittenen ‹Stamms› von Uranos, Aphrodite hervor, «ehrbar und schön», und es blüht, wo sie hintritt (Hal. 193–95).

Es ist nicht sehr kühn, hier eine vaterrechtliche Auffassung um ihre Vorrangstellung kämpfen zu sehen, die Hesiod, entgegen älteren Berichten mit anderen Eltern Aphrodites[943], bis in die (falsche) Etymologie hinein festlegt, denn Aphrodite sei aus dem *aphros*, aus dem Schaum der Scham des Vaters geboren (Hal.191 / 92). Die schöne Tochter ist Besitz des

940 Nyx ist eine Ausnahme, weil sie nicht so stark personifiziert ist; sie hat deshalb auch wohltuende parthenogenetische Kinder wie Schlaf und körperliche Liebe. Außerdem ist sie, im geophysikalischen Grenzbereich situiert, gewissermaßen vorsozial: Sie schafft erst die Voraussetzung für Gesellschaft: durch Liebe, Tod und Moiren, Betrug und Streit etc.

941 Es sind goldene Dienerinnen, die lebenden Mädchen gleichen, die Hephaistos tragen und sprechen können (Il. 18, 417). Vgl. Th. Morus: Utopia. In: K. J. Heinisch (Hg.): Der utopische Staat. Reinbek ³1968, S. 20.

942 Auch die Eschennymphen, die Meliai, sind mit Krieg und Gewalt verbunden, «denn das Holz der von den Kriegern im Kampf benutzten Speere stammt von den Bäumen, die sie bewohnen». (Vernant: Götter, S. 28) – Der andere Fall ist Typhoeus alias Typh(a)on, den Gaia im Groll auf Zeus mit einem Aspekt von sich, Tartaros, gezeugt hat oder der von ihr als Leihmutter ausgetragen wurde.

943 Bei Homer sind Zeus und Dione, beim lykischen Dichter Olen ist Eileithyia die Göttin der Geburt, die Mutter der Aphrodite (Recl. Lex., S. 58).

Vaters.[944] Selbstredend ist für jeden Züchter: Ein guter Schnitt erhöht die Fruchtbarkeit, bei Obstbäumen; ermöglicht er doch gute Pfropfung, eine Art von Kopulation.

Monster sind wandelnde Kopula, und es ist nicht von Anfang an negativ zu sehen, was hier zusammengesetzt wurde. Es kann auch das Beisammensein des Verschiedenen den unermesslichen Reichtum, die Macht bedeuten. Freilich hier wird es schon mindestens zweideutig, denn je mehr Macht ein Wesen hat, desto mehr Wesen haben weniger, werden ‹unwesentlicher›. Man könnte das Monster als etwas Protometaphorisches auffassen und es sogar zum Sinnbild der Übertragungsarbeit erklären, die es bedeutet, eine Ebenen-Differenz zu überwinden. Und in der Tat gibt es Phasen in der Kunst, die Monster goutieren, allerdings sind das dann welche, die nicht die medialen Ebenen überspringen, sondern Schmuck an Vase bleiben, auf der Tapete bleiben, Schmuck an der Dachkante.

Am wirkungsvollsten ist jedoch das phantasierte Monster, das sich dann wiederum in den anderen Medien niederlassen mag. Am Monster der Phantasie aber ist die gefährliche Leiblichkeit des Monsters entscheidend, Spiegel der gefähr*deten* Leiblichkeit der Phantasie selbst. Beide Haltlosigkeiten neigen zum Ausufern – oder auch zur Ausschreitung aus geballter Mangelhaftigkeit. Wie die Phantasie hat das Monster von etwas zu wenig und ‹komponiert› sich mit etwas anderem. Ein Mischwesen muss

944 Die allgemeinsten Züge des männlichen Kampfes um die Vorherrschaft sind an den drei Göttergeschlechtern abzulesen. 1. Der maßlose, *vaterlose* Uranos stopft die Kinder seiner Frau und Mutter ‹unentwegt› zurück, lässt sie nicht groß rauskommen. Er hat aber nur ‹draußen›, ‹in der Nacht› Macht. 2. Saturn beansprucht die Kinder (die aber seine Frau und Schwester ‹bekommt›) für sich. Sie sind sein Fleisch und Blut, haps. Er verdaut aber nicht gut; dass die Kinder unverletzt diesem Bauch der Zeit (in umgekehrter Reihenfolge ihres Eingangs) entspringen können, liegt wohl daran, dass die gierige Inbesitznahme, vielleicht sogar der Schwangerschaftsneid, größer waren als der Hunger nach Nahrung. 3. Zeus übernimmt nicht bloß die Produkte, sondern ‹schluckt› gleich die ganze Fabrik, nämlich Tante Metis, die Mutter seiner Kinder. Er ist seinen Kindern Vater und Mutter. Er kann sie also getrost fördern. – Und zudem wird Zeus ewig schwanger sein mit einer Klugheit, von der er immer als Erster wusste (weil er mit ihr schwanger ging). Diese Art weiser Voraussicht wird im Grunde so dargestellt, als ob sie erst zu existieren anfängt, als Zeus mit ihr schwanger geht (obwohl sie da schon von Zeus schwanger ist).

‹aus sich heraus› (und auf die Phantasie zu), weil jeder einzelne ‹Anlieger› unvollständig oder unterlegen ist, aber das Unpassende, Unorganische der Zusammenballung sich für die Niederlage oder Kupierung rächen will und nun auch kann. Die Emergenz, das Auftauchen des Monsters als Krisenphänomen ist deshalb in der Öffentlichkeit geeignet zur kollektiven Phantasmagorie, gerade wenn Leibanalogien politische und sozial kurrente Währung sind, wie es noch bis zum Faschismus üblich war (Volkskörper).

Und es waren lange nicht nur die *Analogien* des Leibes: Schließlich wurde die Legitimation zur Herrschaft in Monarchien vererbt. Die Erblichkeit des Alten Staates deutet die Tiefe der Analogie an, wenn im England des Bürgerkriegs und bis ins 18. Jahrhundert hinein der Staat als Monster auftauchen kann. Das politische Monster im Sinne von Thomas Hobbes' «Leviathan»[945] ist ein Denkbild der unausgewogenen Enormität des Körpers für die tendenzielle Maßlosigkeit des Staates, der wie ein Typhoeus oder sonst ein Dra-Dra[946] im unersättlichen Ausbreiten, Einverleiben und Umwidmen des Einverleibten ein Bild für wuchernde Despotie oder rasende Unordnung ist. 1738 stellt Lord Bolingbroke fest, dass der Staat ein neues und grenzenloses (oder undefinierbares) Monster geworden ist, zusammengesetzt aus einem König ohne monarchischen Glanz, einem Adels-Senat ohne aristokratische Unabhängigkeit und einem Senat der Gemeinen ohne demokratische Freiheit.[947]

Nicht erst das 20. Jahrhundert, aber dieses besonders anhaltend und systematisch, hat gezeigt, wie sehr Volksmassen oder schlicht der Mob

945 Vgl. Th. Hobbes: Leviathan (1651). – Auch wenn der Leviathan der Staatlichkeit von Hobbes zu einem Friedensheros umstilisiert wird, der gegen das Ungeheuer Behemoth, Sinnbild des Aufruhrs und des Bürgerkriegs, kämpft, so sind doch beide Wesen Reanimationen biblischer Ungeheuer (Buch Hiob). Zur späteren politisch-ästhetischen Wiederbelebung mythischer Ungeheuer siehe auch das Beispiel der Darstellung Marie Antoinettes als Harpyie auf einer kolorierten Radierung von 1784 (Anonym: Harpyie, das lebende Monster, das am Ufer des Sees von Fagua aufgegriffen worden ist … In: W. Hofmann: Das entzweite Jahrhundert. München 1995, S. 268).

946 Vgl. W. Biermann: Der Dra-Dra. Die große Drachentöterschau in acht Akten mit Musik. Berlin 1970.

947 H. S. J. Lord Bolingbroke: Letters in the study and use of history (1738). In: Ders.: Works. London 1967, Bd. 2, S. 333.

zu einem politischen Monstrum anwachsen können, angestachelt von einem kollektivierten Phantasma der Benachteiligung und Versehrung und fokussiert auf einen eingebildeten Volksfeind. (Auch hier werden Vorstellungen vom Volkskörper von Schädlingen und physiognomischer Definierbarkeit des rassischen Feindes immer noch von Züchterklischees und Schaudertechniken der Monsterisierung beherrscht.)

Bei Hesiod spielt *diese* politische Dimension selbstverständlich noch nicht die Hauptrolle, wenngleich die Sippschaft der Titanen bis in die falsche Etymologie der ‹Verhassten› (Söhne) einen Machtkampf symbolisiert und auch die ungeheure Erscheinung von Typhoeus einen Machtanspruch bedeutet. Schließlich geht es in der «Theogonie» um die Götterwelt, und deren Polis, der Kosmos, entsteht erst. Bei ihm dominiert die Monster-*Genesis*, und deren Ursache ist oft eine Blutschuld (an Uranos, an Gorgo Medusa, an der Mutter). Ungeheuer gebären Ungeheuer (die Sippschaft der Keto). Und Neid und Rachsucht gebären Ungeheuer.[948] – Die Vorstellung einer moralischen Verfehlung als Ursache für monströse Nachkommen gehört selbst in der atavistischen Variante einer Begleichung von Blutschuld (besonders Verwandtenmord) zur erstaunlich zählebigen gattungshygienischen Phantasie-Buchhaltung. Noch im späten 19. Jahrhundert war in Deutschland ein Drama recht erfolgreich, in dem die Klage führende Person vorhersagt, dass

> die schwangern Weiber zittern, zu gebären,
> weil sie nicht wissen, ob kein Ungeheuer
> in ihrem Mutterschoß herangereift …

Die Rede ist von Friedrich Hebbels Drama «Die Nibelungen», und die Rede führt die verbitterte Witwe Kriemhild, der bis dato kein weltliches

948 Seit der Neuzeit zählt zu den Erzeugern von Monstern der forsche Forscher, und nicht nur in der Phantasie oder durch eine fiktive Gestalt wie Frankenstein: Stammzellenforscher steckten bereits 1998 «Kerne aus fötalen Menschenzellen in entkernte Eizellen von Schweinen: Chimären-Embryonen aus Schwein und Mensch entstanden, die dann rasch getötet wurden.» (Der Spiegel, Nr. 22/2001, S. 224) Mittlerweile sind chimäre Stammzellen Forschungsalltag. Großbritannien erlaubt seit 2007 die Erzeugung von Chimären (HAZ, 6. 9. 2007).

Gericht gegen Hagen, den Mörder ihres Mannes, geholfen hat.[949] – Symbolisch ist die Monsterzeugung so erklärlich: Siegfried erschlägt ein Monster und taucht sich zur Unverwundbarkeit in dessen Blut. So wird er seinen Feinden ungeheuerlich. Die werden ihrerseits durch ihren heimtückischen Mord an Monster Siegfried zu Ungeheuern, jedenfalls ihren und den ihnen untergebenen geschwängerten Frauen. – Jedenfalls wünscht das die noch kinderlose Witwe Siegfrieds, die über ihren Gram selbst zum monströsen Ungeheuer wird: Am Hofe jenes verwünschten ‹Ungeheuers› von europäischem Format, das kein Ungeheuer sein will, am Hofe Attilas, brütet Kriemhild Rache. Symbolisch erfüllen sich hier also auch das 2. und 3. Gesetz: Ungeheuer gebären Ungeheuer. Und: Neid und Rachsucht gebären Ungeheuer.

Dass im Hebbelschen Beispiel nicht die seit altersher als männlich reklamierte (Er-)Zeugung, sondern eine weibliche Form des ‹Wertheckens›, das *Schwangersein* nämlich, als ein Synonym für einen Typ von böser Ursache, üblem Kern gilt, zeigt den politischen Zug von Vätern, die Domäne der Mütter in Misskredit zu bringen. Schon in der göttlichen Modellfamilie der griechischen Mythen ist es typisch: Die schöne Tochter ist Besitz des Vaters. Vom missratenen Sohn Hephaistos will Zeus dagegen nichts wissen. Der stammt vom zänkischen Haus*drachen*, Hera, ab, seiner Ehe-Frau mit der «ehernen» Stimme (Il. 5, 785). Aus ‹politischen› Gründen ist so was geheiratet worden, nun pocht sie, die ehemals reichste Göttin mit älteren Rechten im Land als der ‹alte Kuckuck› Zeus (der seine Eier immer in fremde Nester legt), ständig auf Gleichberechtigung. – Die ‹politischen Gründe› kann man auch deutlicher beim Namen nennen: Dass Zeus nämlich Hera vergewaltigt habe, «so dass sie, um der Schande zu entgehen, ihn heiraten musste», bedeutet schlicht: Eroberung. Ranke-Graves verbindet das mit der Inbesitznahme und kulturellen Überformung Kretas und des mykenischen Festlandes durch die Hellenen.[950] Um ihr, in der Absicht einer feindlichen Übernahme, nahe zu kommen, hatte Zeus sich in einen zerzausten (also schutzbedürftigen) Kuckuck verwandelt, den Hera mütterlich an ihrer Brust barg.

949 F. Hebbel: Die Nibelungen. Dritte Abteilung ‹Kriemhilds Rache›, 1. Akt, 7. Szene, Vers 3196 ff.

950 Gr. Myth. 1, S. 41 f.

Zwar gibt es die rührende Geschichte in der Ilias, dass Zeus sich der ersten Liebesnacht der Geschwister erinnert «beide das Lager besteigend, geheim vor den eigenen Eltern» (Il. 14, 296); aber der Clou ist doch, dass diese nostalgische Reminiszenz vom Liebeszaubergürtel Aphrodites ausgelöst wird, dass sie überhaupt zärtlich gebettet ist in den Betrug Heras, für die dieser Quickie eine Kriegslist ist. Der Gott des *Schlafes* kriegt eine Jungfrau von ihr zum Lohn dafür, dass er ihn heimsucht, «sobald ich zu ihm in Liebe mich lege» (Il. 14, 327). Die Liebe soll also möglichst kurz – und einschläfernd sein. Die Liebe als Mittel zum Zweck der Gewalt und Herrschaft über einen wie Zeus, dem die Gewalt das Mittel zum Zweck der Liebe ist: monströs!

Allerdings vergewaltigte Zeus nicht nur seine Schwester und endgültige Gattin, sondern auch seine Mutter Rhea und seine Tochter Persephone[951] – jeweils nach Verwandlung in eine Schlange. Außerdem übertrumpfte er die beiden vorolympischen Machterhaltungsstrategien, den Inzest und das Fressen der Kinder in einem einzigen Akt: Er fraß Metis (Klugheit), seine erste Frau und war so seinem Kind Athena Vater und Mutter zugleich. Zeus ist natürlich kein Monster, sondern nur die Ausgeburt einer verbreiteten Vorstellung der einwandernden Hellenen, dass Sex Politik ist, jedenfalls, wenn die Frau reich ist (und eventuell *noch* das Sagen hat). «Hera, die Schützerin der Seefahrer und die Herrin der Weiden, muss die reichste griechische Göttin der Frühzeit gewesen sein ...»[952] – Zeus hatte natürlich unter seinen 33 Kindern von Göttinnen und Menschen kaum ein echtes Monster. Selbst Skylla, die Tochter, die er mit Lamia hatte, welch letztere erst durch Hera zum blutsaugenden Monster wurde, nachdem Hera alle anderen Kinder Lamias mit Zeus umgebracht hatte, selbst seine Tochter mit der potenziellen Ungeheuerin, Skylla also, wurde erst durch eine andere eifersüchtige Ehefrau, durch Poseidons Amphitrite, zum Monster.[953]

Ihren Schoß setzt diese gleichwohl immer noch attraktive Gattin als Waffe ein; aber als Herrin über die Geburt versucht sie am entschiedensten, andere dynastische Linien des Gatten zu unterbinden: Das ist Hera in den Augen Zeus', Hesiods, Homers und aller Männer ihrer Zeit. Hera, die

951 Ebd., S. 44, und Kerényi: Dionysos, S. 80.

952 E. Simon: Die Götter der Griechen. München [3]1985, S. 46.

953 Gr. Myth. 1, S. 49 und S. 184.

aus Kriegslist mit ihrem Mann schläft, um ihn vom Schachtfeld vor Troja abzulenken (weil sie dort eigene Ambitionen hat), Hera, die Herakles' Geburt verzögert und die des Eurysteus beschleunigt, um Herakles, den Sohn des Zeus, herabzusetzen in der Rangfolge, diese Hera ist eine ausgezeichnete Herrin von Monstern, welche der Vatersohn Herakles später – mit Keule und im Löwenrock selbst einem monströsen Mischwesen ähnlich – bekämpft. Sie ist die Amme der Lernäischen Hydra (Th. 313), der menschenfressenden Sphinx (326) und/oder des nemeischen Löwen, den sie nährt, und die Mutter von Typhon.[954]

Ihre *mythologischen* Motive sind Eifersucht, Neid und Rachsucht gegen die Zeus-Kinder; aus diesem Grund hat sie auch *Hephaistos* allein erzeugt. – Muss noch darauf hingewiesen werden, dass es um einen Machtkampf zwischen väterlichen und mütterlichen Rechten und Anteilen geht? Hera hat vielleicht gleich viel oder mehr in die Ehe eingebracht. Nun muss sie sehen, wie er auch ihre Gaben verschleudert. Denn überall, wo er seinen Samen einpflanzt, pflanzt *er* sich fort, gibt *er* Vorteile (Unsterblichkeit, Stärke etc.) und bekommt *er* vielfach verstärkt zurück, von seinen Söhnen, die dort herrschen, wo Zeus seinen tüchtigen Pflock eingerammt hat. – So unterstützen die ‹natürlichen› Söhne ganz natürlich ihren Vater beim ‹natürlich göttlichen› Drang zu weiteren sexual-territorialen Eroberungen, zum Beispiel Hermes bei Io. – Die soziale, ja sozialisierende Bedeutung der olympischen Familie besteht gerade darin, dass nur wenige Kinder der Kernehe des ‹göttlichen Vaters› und seiner Schwester Hera, der Göttin der Ehe, entstammen. Bei Hesiod sind das lediglich Hebe, Ares und Eileithya (Th 922), die Göttin der Wehen. Nur Ares gehört zum erlauchten Zwölferkreis der olympischen Götter.[955] Die andern Kinder des Zeus sind Früchte einer energisch koitalen Populationspolitik.

Interessant ist an diesen Fällen die Überschneidung von Politischer und Affekt-Ökonomie. Zeus ist nicht der einzige Olympier der fremdgeht, von Poseidon wurden die zwei Fälle mit Medusa und Skylla bereits erwähnt. Die enteigneten oder entehrten Ehefrauen hängen den Gelieb-

954 Homerischer Apollon-Hymnos, 305.

955 Die marginalisierte Hebe durfte beim Göttergelage bedienen. Sie wird später dazu missbraucht, dem Zeus-Bastard Herakles was Hübsches zur Frau zu geben. Zur Legitimierung im Olymp reichte Hebe nicht, dafür musste Hera Herakles adoptieren, indem sie ihn zum Schein neu gebar.

ten ihrer Männer etwas an, übertragen ihren Hass auf sie: verhässlichen sie. Aber: Es ist *ihr* Hass, *ihre* Entstellung in den Spiegel, in dem Spiegel ihrer Feindinnen. Diese entäußerte, verselbständigte Emotion fällt analytisch sozusagen auf den zurück, von dem sie ausging, der sie zuerst wahrnahm (denn Wahrnehmen ist Licht aussenden, Strahlen), psychologisch strahlt sie auf jeden zurück, der schon davon gehört hat und jetzt Entsprechendes sieht. Das wiederum gibt uns einen Blick auf frühe Metaphernbildung frei: Sie läuft über Negationsprozesse und nicht über Ähnlichkeiten.

Ihre konsensuale Intersubjektivität – dieser Verfluchung wird zumindest zum Teil geglaubt – bedeutet: Der Hass geht wirklich auf die Hassenswerte, id est Hässliche über, bleibt an ihr hängen, wird ästhetisch, das heißt, in einem sehr interessierten Sinne wahrnehmbar, und hat ökonomische und politische Folgen: Verfolgung, Ausgrenzung, Ächtung usw. Die Tatsache, dass Affekte Tatsachen werden – und in dieser Verselbständigung sogar sozusagen frei flottierend, monströs unbeherrschbar, zwischen den Individuen dreinschlagen, ist in ihrer ganzen Auswirkung an den Erinyen zu sehen. Sie sind Ausgeburten des Hasses im wahrsten Sinne des Wortes, sie *sind* deshalb der Hass. Und das heißt im archaischen Griechenland: Sie sind eine Art Rechtssystem. Die sozialen Institutionen haben sich zwar dadurch weiterentwickelt, dass sie sich von dieser Art der (emotionalen) ‹Genugtuung› des (emotionalen) Schadens entfernt haben. Aber aus dieser alten Kultur kommt das Monster. Und wenn wir heute noch über Monster sinnvoll sprechen wollen, müssen wir immer fragen: Monster – Wovon?

Negationsprozesse bei der Übertragung, das heißt auch: Aggressionsakte bei der Metaphernbildung, der Ausmalung von Szenen, kommen wahrscheinlich viel häufiger vor, als bisher bemerkt wurde. Fraglich ist zum Beispiel, ob des Hephaistos verkrüppelte Beine wirklich eine Folge der geschlechtslosen Fortpflanzung Heras sind (Th. 928). – Hat nicht Zeus ihn vorzeitig aus *seinem* Himmel ‹abgetrieben›, sodass er zur Erde stürzte? Auch der Sohn des Hephaistos und mythische Stammvater aller Athener, Erichthonios, ist eigentlich ein Monstrum. Der Namensteil ‹chthonios› verweist auf Unterirdisches, und im Prinzip ist er immer unter der Erde. Sein Anblick bei Nacht ist so grässlich, dass er bei Jungfrauen zum Tode führt, wobei nicht klar ist, ob die Schlange(n) im Beilager seiner ‹kiste›, er selbst oder ein Aspekt respektive (metonymisches) Glied von ihm, dafür verantwortlich ist.[956]

Und wie ist dieses Monster entstanden? Aus einer versuchten Vergewaltigung der ewigen Jungfrau Athena durch ihre männliche Hebamme Hephaistos.[957] Erichthonios ist zugleich ein Vaterklon und das gemeinsame Kind einer gewalttätigen Beziehung, denn in der mythischen Vorstellung waren Athenas Schenkel, ihre Wolle, mit der sie den Samen auf ihrem Schenkel abwischte, und ihre Abwehr, ja noch ihre verwerfende Geste an der Zeugung beteiligt. Gaia nahm den ‹Wurf› auf, trug ihn aus, und Athena zog ihn später auf (also dann doch eher ein Muttersohn).[958] Eine monströse und doch für die Athener wichtige Geschichte, die dreierlei zeigt.

Erstens: welche Monster die Eiertänze um die richtige Abstammung erzeugen. Zweitens: wie ‹Verwerflichkeit› entstehen kann. Drittens: wie die Bilderpolitik der Verpönung (siehe zweitens) im Dienste von Macht und Herrschaft (siehe erstens) auftreten kann. – Halbmonster Hephaistos, rußverschmierter und verkrüppelter Künstler, der finstere Grund strahlender Kunst, ist ein Nachtgott, dem nächtliche Fackelumzüge gelten.[959] Hier interessiert sein zweimaliges Comeback als Unterhaltungskünstler und Schöpfer weiterer Monster, nämlich der Pandora und der künstlichen Mädchen, die ihm als Prothesen dienen (Il. 18, 417). Er ist zugleich ein Übertragungskünstler zwischen oben im Olymp und unten, schwitzend am Blasebalg (Il. 18, 372), zwischen hoch und niedrig, innen und außen, hässlich und schön, hell und dunkel.

In vaterrechtlichen Gesellschaften sind ‹Muttersöhnchen› oft monströs gemäß der Definition von ‹un-heimlich›, dass die Zuordnung zum Eigenen oder Fremden unklar ist. Vielleicht sollte man einschränken: in Gesellschaften mit noch nicht gesicherter Herrschaft des Mannes sind Muttersöhne die Monster. In *durchpaternalisierten* Gesellschaften werden es eher die Mütter sein. – In einem Weihnachts-Essay und gelegentlich eines Vergleichs der Kämpfe göttlicher Kinder mit Monstern in verschiede-

956 Burkert: Religion, S. 349.

957 … der vormals seinem (Stief-)Vater Zeus Gewalt antun durfte, um ihn von seiner Tochter Athene per Axthieb auf den Kopf zu entbinden.

958 Diese Geschichte wird allerdings nicht von Hesiod erzählt.

959 E. Simon: Die Götter der Griechen, S. 215.

nen Mythologien schreibt Caroline Neubaur über die Mutter-Kind-Ambivalenz: «Denn das Ungeheuer ist ja eine verselbständigte hypertrophe Abspaltung der Mutter-Imago. Stillende Mutter und verschlingende Mutter gehören in der Phantasie des Kindes zusammen und werden in den mythischen Geschichten ja durchaus in dieser inneren Verwandtschaft präsentiert.» [960]

Es ist aber wohl so, dass in verschiedenen Gesellschaftstypen die Monsterrolle durchaus verschiedenen Figuren im Dreieck Vater-Mutter-Kind zufallen kann, abgesehen davon, dass schon der Entwicklungsstand der Imago-Bildung ziemlich weitreichende Veränderungen in den Bewertungsmaßstäben mit sich bringt. In den Drachenkämpfen des Apollon und des Zeus kämpfen jedenfalls *erwachsene* Söhne gegen nachgeborene Muttersöhne. Zeus hat bereits die Brüder seiner Mutter besiegt (!), als er noch einmal gegen einen Gaia-Geborenen antreten muss, der ihm die Herrschaft über die Erde streitig macht, weil er ein direkter Erdgeborener ist. Psychologisch herrscht Gaia eher als weibliches Über-Ich, und die Ambivalenz zu ihr zeigt eher Ablösungskonflikte fast Erwachsener. – In «Werke und Tage» (129) wird das «silberne Geschlecht» der Menschen so vorgestellt:

> Hundert Jahre pflegte die sorgliche Mutter den Knaben,
> bis er endlich heranwuchs, der Dümmling, im eigenen Hause.
> Reifte er schließlich heran zum Maß der menschlichen Reife,
> kurz war dann und von Leiden erfüllt die Zeit seines Lebens,
> war er doch ohne Vernunft. Denn maßlos untereinander
> lebte die Menschheit …

Nun ist in westlichen Demokratien und unter den Auspizien der Genetik die Frage, ob die Familie, ihre Rechtstitel und ihre Gene, patrilinear oder matrilinear vererbt werden, weitgehend entschärft. Dennoch hausen in jeder Familie die alten Monster weiter, haben immer noch die drachenähnliche Gestalt, und es geht immer noch um die Frage, ob der Sohn dem Vater gehört / gehorcht oder der Mutter. Nur die Frage stellt jetzt ein anderer, nämlich der Sohn selbst. Im Ratgeber von Dr. med. Holger Bertram Flöttmann «Träume zeigen neue Wege» heißt es zu Monstrum: «Verschlin-

960 C. Neubaur: Angekündigte Erfindung des Kindes. In: FAZ, 23. 12. 2000.

gende, verderbenbringende Elternfigur. Der verdrängte, angstbesetzte Aggressionstrieb nähert sich in Gestalt eines Monsters».[961] Und unter «Drache» steht: «Symbol der grenzverletzenden, verschlingenden Mutter, Aggressive Energie.» Flöttmann berichtet vom fürchterlichsten und immer wiederkehrenden Kindheitstraum eines chronisch untreuen Studienrates, in welchem dieser von einem «drachenähnlichen Monster» heimgesucht wurde, «das mich umkreist und krokodilsgroße Zähne in seinem Maul hat, blutrot, fauchend und extrem furchterregend» (136).

Die wichtigste Übereinstimmung zwischen dem hesiodischen und dem flöttmannschen Drachen besteht darin, dass es sowohl im Griechenland des späten 8. Jahrhunderts v. Chr. als auch im 21. Jahrhundert n. Chr. keine Drachen gegeben hat. Auch gab es keine, als Herakles, Siegfried, St. Georg usw. einen solchen erschlugen. Die erstaunliche, auch ikonologische Kontinuität ist die Kontinuität der Imagination über elterliche oder über eine fremdere mediale Übertragung. Wer immer aber hier übertrug, musste je selbst einmal diese Monster so imaginiert haben, dass sie sich eingebrannt hatten in seine Erinnerung, die er weitergab. Wenn man weiß, wie schnell Wahrnehmungen und Informationen in einer Informantenkette aus natürlichen Personen nach den Spielregeln der «Stillen Post» bis zur Unkenntlichkeit deformiert werden, dann muss man zugeben, dass es nicht die Imaginationsinhalte allein sein können, die diese meta-individuelle Bild-Konstanz besorgen. Der vorgestellte Leib des Drachen muss vorzüglich den *Leib* der Vorstellung ergänzen oder ihn spiegeln. Das bedeutet, ‹Drache› oder ‹Monster› sind nicht *irgendwelche* Vorstellungen, sondern selbstreferentielle, die irgendwie das Vorstellen selbst betref-

961 Flöttmann: Träume, S. 218; weiterhin zit. im Haupttext. Flottmann gibt an, 17050 Träume bearbeitet zu haben (S. 19). – Hört sich monströs an; es stecken aber nur 473 Träumer «mit neurotischen und psychosomatischen Störungen» dahinter. Das monströse Zahlenwerk hat natürlich System, denn Dr. Flöttmann verkauft das Computerprogramm «Traumanalyse» an alle Träumer, die so nach je dem Traum morgens schnell zum Computer greifen und unter dem Stichwort «Hund» oder «Drachen» blitzschnell versichert werden, dass die Unfassbarkeit des Traumes im Netzwerk der großen Zahl der psychopathischen Normalität gut aufgehoben ist. Irgendwie rührend, diese Tendenz, die Monstrosität der Träume durch die Monstrosität ihrer obsessiven Einordnung bzw. durch das Monster der großen Zahl ‹begreifen› zu wollen. Vgl. auch die 6000 Träume in: D. v. Uslar: Tagebuch des Unbewussten.

fen, wahrscheinlich dessen unklare Stellung zum leiblichen Träger der Vorstellung.[962]

Neben der visuell beeindruckenden Körperlichkeit der Drachen-Imago, deren metakulturelle Kontinuität damit gleichwohl noch nicht erklärt ist, ist auf die Wechselblütigkeit der Drachen hinzuweisen, die allerdings im längsten Lauf der menschlichen Überlieferung kaum gewusst gewesen ist. Sind nicht auch Föten gewissermaßen Wechselblüter[963], und ist der dramatische Abfall der Außentemperatur nicht der nachhaltigste Schock der Neugeborenen?

Aber ist es nicht ein gewaltiger Unterschied, ob Zeus, Apollon, Perseus oder Herakles das vermeintlich fremde Monster als den *Sohn* irgendeiner Frau (Göttin) bekämpfen, oder ob Söhne von ihrer *Mutter* als Drache heimgesucht werden? Nun gibt es allerdings Unterschiede: in der Zuordnung von Fremd und Eigen, und diese Unterschiede zeugen auch von kulturellen Unterschieden: etwa zwischen einer musischen und einer psychoanalytischen Deutung der Welt. Aber der imaginäre Drache ist immer zuerst der eigene Drache. Dass der heutige Drache die Mutter bedeutet, sagt die Traumdeutung, und dass der Drache Typhoeus ein Attribut der Mutter-Imago des Zeus ist, archaisch-objektivistisch: ein Herrschaftsattribut der Gaia, das ‹deutet› Hesiod an, indem er Groß-Mutter Gaia sowohl zur Ziehmutter des Zeus macht als auch zur Mutter des Monster-Nachkömmlings – obwohl Zeus das chthonische Loch doch mit seiner Ersatzfigur aus Stein verschlossen hatte. Es sollte nichts nachkommen.

Die besagte Stelle hieß indessen schon damals Pytho (Th. 475). *Mein* Loch! sagte Zeus – und aus dem kroch Typhon, das Anagramm (die ‹Perversion›) von Python. Egal wie die Verstellungen der Einbildung oder des Traums arbeiten: Der Drache ist immer zuerst der eigene – ob man ihn als Alter Ego erkennt, als personifizierten Milchbruder Typhoeus aus der Halbdistanz bekämpft oder ob der eigene «verdrängte, angstbe-

962 Der berühmte Zauberer Merlin ist noch ein Knabe, als er den keltischen König *Vortigern* aufklärt: «Der rote Drache, das bist du, Wales!» – Siehe das Märchen: Warum der rote Drache das Sinnbild von Wales ist. In: A. Ehrentreich (Hg.): Volksmärchen aus England. Bd. II: Keltische Märchen. Frankfurt 1980, S. 70.

963 Der Hormonstoffwechsel mit der Mutter beeinflusst Herzfrequenz, Atemrhythmus und Bewegung. Siehe L. Janus: Die Psychoanalyse der vorgeburtlichen Lebenszeit und der Geburt. Gießen 2000, S. 106.

setzte Aggressionstrieb» (S. 218) aufs Muttertier verschoben wird. Dieses enorme Visuelle, das dem Imaginären gegenübersteht (ohne das das Imaginäre gleichwohl nicht existierte), dieses enorme Visuelle verweist auf das enorme Unsichtbare hinter dem Imaginären, den eigenen Körper, einschließlich des Emotionalen, ohne den das Imaginäre ebenfalls nicht existieren würde.

Das Loch ist so ein Topos erster (rückwärtiger?) Körperorientierung, das in verschiedenen individuellen und sozialen Kontexten semantisch verschieden besetzt (also verstopft) werden kann. Das Loch ist von elementarer Bedeutung, wenn man an die Eingänge und Ausgänge des eigenen und des anderen Körpers denkt. Der Apollon-Hymnos erklärt den Namen Pytho «nach einem Wort, das verrotten bedeutet»[964]. Wenn in Delphi das Loch mit einem Nabelstein zugerammt wird, so verweist das auf das Loch als traumatischen Übergang zwischen Innen und Außen. Der Verweis auf den verrottenden Drachen, das Unwesen jenseits des Loches (aus dem man doch selbst kam), zeigt die extremste Ausschließung, Entstellung am Gegner, am Alter Ego Drachen. Aber Zeus verstopft das Loch von außen.

Gegen Nachtmahre werden andere Kulturen später das Loch von innen verstopfen, um sie zu fangen, die Alpträume, und für die Ehe zu zähmen.[965] Aber das Loch ist ein transkultureller Ort an der Stelle des Spiegels. Jeder Spiegel sitzt nämlich in einem Loch. Sonst hätte der Spiegel keinen Halt in der Welt. Bei jeder Realisierung des Spiegelbildes muss in dem Loch oder an dem Loch (nicht lokalisierbar) für einen kurzen Augenblick das imaginäre Objekt mit etwas von außen Kommendem, Auftauchendem verschmelzen (und wenn es nur das wahrnehmende Ich wäre, das nicht weiß, dass es das wahrnehmende Ich ist).

Im Drachen, noch deutlicher in seinem Auftauchen, in seiner konfrontierenden Erscheinungsweise verbinden sich äußeres Bildangebot (etwa eines Erzählers) und die Bildnot, Bildsuche aus dem hinteren oder inneren Leib zu einem zusammengeschmolzenen Bild. Die Erscheinungsweise des Drachen aber ist in der Ikonologie des Drachen optimal symbolisiert: in der norm*sprengenden* Gestalt und der Konvulsivität des inneren Feuers,

964 Recl. Lex., S. 463.

965 Siehe weiter unten in diesem Kapitel den Beginn des Abschnitts «Fährten der Nachtpost».

eines der beständigsten Merkmale des Drachenmonsters. Dieser *Ausstülpungsgestus* der Gestalt[966], der die auf Bildern eher flächige Ansichtigkeit selbst geradezu bedroht, repräsentiert als Gegenüber die Konvulsivität der Imagination aus dem dunklen Leib. – Aber was ist an diesem Geschehen in der Nacht der Phantasie sozial? Nun, der Exorzismus des Drachen. Die Vorstellung ist eine (kommunizierbare) Herausstellung, Vorstufe der Vertreibung, die als Sieg über den Drachen gefeiert werden kann.

Allerdings gibt es auch raffinierte Monster oder raffinierte Monsterbearbeitung. Wie gesagt: Typhoeus war ein Künstler – und der Krüppel Hephaistos war auch einer. Von Hesiod wird die (vorher bekannte) Hephaistos-Vaterschaft des Zeus, ja jegliche Vaterschaft an Hephaistos schlicht ignoriert. Bei Homer ist die Strategie eine andere; er kehrt, nicht ohne Sympathie, den Muttersohn am göttlichen Schmied heraus, und das, obwohl der nicht nur von Zeus aus dem Himmel gestürzt wird, sondern auch von seiner «hündischen», also kriecherischen Mutter (Il. 18, 396) ‹fallengelassen› wird, als sie seine Lahmheit entdeckt. Er kommt fast zu Tode, wächst aber während einer sekundären Super-Schwangerschaft von neun Jahren in einer eigenartig überdefinierten Verborgenheit auf: Zwei Frauen retten ihn, eine verbirgt ihn im «Bausch»[967] – so die mythische ‹Kolportage›. Er wächst am Rand der Nacht, nämlich am Okeanos und (wie Zeus) im Grottengewölbe auf. In dessen dunklem Schutz lernt er seine Kunst, das Hämmern und Punzen von innen nach außen, das auf der Oberfläche der konvexen Körper (wie Bauch und Schild) mit seiner ganzen Ein- und Ausbildungskraft (des Feuers) arbeitet, so, dass außen die Bilder ‹ausgedrückt› sind, wie ein von weither übertragenes Erdbeben, wie ein Alb von innen …

Mit der Kunst kompensiert der behinderte Schmied seine Schwäche, er lernt das mephistophelische Denken: zu herrschen durch Selbst-Iro-

966 Vorn beim Drachen ist das Gefährlichste: Feuer und Krallen; in der Mitte das Größte, die Flügel; das Hinterste ‹verjüngt› sich wurmartig, wie eben erst geschlüpft.

967 *Kolpos*, der Bausch, heißt auch Mutterschoß. Wenn ich das nicht betone, so deshalb, weil die Erinnerung des ungastlichen originären Mutterschoßes durchaus in Schach gehalten, gebrochen wird durch den sekundären: in der Symbolizität von zweien: Eurynome und Thetis, die wiederum in Grotte und Wald auftauchen, um eintauchen zu lassen …

nie[968] und Dienstbarkeit. Seine Mutter bringt er zum Einlenken, indem er sie an den Thron fesselt, den er ihr baut. Er wird jedoch ein zweites Mal zur Erde gestürzt, als er seine geliebte Mutter beschützen will und deshalb dem Zeus zu wehren wagt, der nicht zögert, seine Frau zu schlagen. Es berührt, zu sehen, wie er nun, bei einem neuerlichen Streitfall, seine Mutter anfleht, sie möge sich vor der Macht des Zeus ducken, damit er nicht mit ansehen muss, wie seine Mutter geschlagen wird (Il. 1, 586). Vollends wird das Monster zum (unterschätzten) Narren, wenn sein watschelnder Gang beim Einschenken des Weins für die Götterfamilie das berühmte homerische Gelächter auslöst (Il. 1, 599). Wie hoch erhebt doch die Olympier, die sich eben noch unter dem Jähzorn des Göttervaters beugten, ihr Lachen über diesen lächerlichen Krüppel! Hier ist alles Monströse in die Reinigungskraft der ‹Kunst›, lachen zu *machen*, übergegangen. Ein Modellfall für das Monster als Narr – und die Monstrosität selbst des Humors.[969]

Dieser Künstlergott setzt seinen Hinkefuß als Köder für seine Zwecke ein. Vom aufsässigen Lichtträger (Luzifer) ist zwar bei diesem wohl ursprünglich halb-asiatischen Feuergott[970] nicht mehr viel zu bemerken. Doch seine Willfährigkeit ermöglicht ihm die Karriere zum Ingenieur von Verführungsmaschinen. Satan machte sich an Eva ran; Hephaistos macht Pandora. Hinter Pandora tritt zwar das Monströse des Hephaistos zurück, doch über das Auftragswerk dieser künstlichen Frau bringt er die Menschen in die vermeintliche Zwickmühle eines zweigeschlechtlichen, sterblichen Wesens: Entweder macht ‹Sie› ihn arm, oder ‹Er› stirbt aus. An diesem Künstler und seinem Werk ist auch die Innen-Außen-Dialektik beachtlich: Sein dunkles, hässliches Äußeres mit der guten inneren Haltung drückt sich aus, stülpt sich um: in Pandoras äußeren Schein, der die bösen Gaben der Götter innen verbirgt.

968 Simon: Götter, S. 214.

969 Der Narr als Zwerg, der sich als Monster erweist, ist gar nicht so selten in den fiktiven Werken von Literatur bis Film. Siehe die Scarbo-Gedichte A. Bertrands «Gaspard de la nuit» oder E. A. Poes Erzählung «Hop-Frog». Oft sind Zwerge so unheimlich wie Riesen, weil man sich ihnen gegenüber selbst wie ein Riese vorkommt. Hier bewirkt die erwähnte Negationsleistung am metaphorisch Unheimlichen, dass der Zwerg für einen heimlichen Riesen gehalten wird.

970 Siehe besonders den Lemnos-Komplex von Hephaistos bei W. Burkert: Neues Feuer auf Lemnos … (1970), in: Ders.: Wilder Ursprung – Opferritual und Mythos bei den Griechen. Berlin 1990.

Nun besteht ein gravierender Unterschied (schon der Blickrichtung) zwischen den Erinyen, deren böser Blick einen umbringt, und dem schönen Denkbild Pandora.[971] Gleichwohl wird hier vom gemeinsamen imaginären Bestand (der innerleiblichen Anbindung des Sehens) gezehrt. Das Phantasma des bedrohlichen Sichtbarwerdens aus etwas zuvor Verheimlichtem, Verborgenem oder nur Dunklem wird zu einem Funktionselement von Affekt-Bewirtschaftung in Bereichen der Ästhetik, Moral (Stigmatisierung), Politik (Heraldik), ja Kriegführung (Monsterbilder auf Kriegsschilden). Psychologisch anhaltend und kulturprägend ist die Verbindung mit ‹Geschlechtlichkeit› und Genealogie. Ebenso gehört das Monstermotiv in die Sphäre der Gaben und der sozialen wie ökonomischen Verteilung, sei es zwischen Mann, Gott und Frau, sei es zwischen den Menschen in weltlichen Bereichen. An Hesiod selbst ist die Tendenz einer Veränderung des Dreiecks Gott–Mensch–Frau zu bemerken, wie wir es noch als Verhältnis von Zeus, Prometheus und Pandora kennen:

Zeus hebt ab zur eher unparteilichen Spitze des Dreiecks als Schiedsrichter mit der Waage[972]; die Menschen tun einander unrecht, laden Schuld auf sich, die Zeus bestraft: am Glied des Züchters, am nächsten Glied aus dem Züchterpaar, am Glied der Herden. Rechtsprechende und unbestechliche Könige, Homer nannte sie «Hirten der Völker», sind ‹gesegnet› mit gesundem und fruchtbarem Vieh und Volk.[973] Die Frauen der Gerechten «gebären Kinder, die ganz nach Art ihrer Eltern geraten» (WuT. 235). In dieser Vorstellungswelt sind die Eltern der und die Herrscher über Monsterkinder selbst schuld. Letztere de-monstrieren Schuld und Sühne, ja fast so etwas wie Selbstverfluchung: «Schlimmes bereitet sich selbst, wer anderen Schlimmes bereitet, / so wie ein schlimmer Rat am schlimmsten dem, der geraten.» (264) – Und in Erinnerung an erlittenes Unrecht

971 Sie ist in gewisser Hinsicht das Gegenteil eines grausigen Vorzeichens, ein vergifteter Apfel. Doch selbst, wer ihre Bedeutung kennt, ist nicht frei von der vermeintlich tragischen Alternative zwischen der Auszehrung durch diesen ‹Hausdrachen› und dem sozialen Tod im Alter.

972 Der Zeus Hesiods hat nur Verbindungen und Nachkommen, keine Begierden. «Er hat das goldene, silberne, eherne Menschengeschlecht und die Heroen vertilgt und ist bereit, auch das gegenwärtige, das eiserne Geschlecht, zu vernichten, falls es die von ihm verfügte Lebensordnung nicht einhält.» E. G. Schmidt in: v. Sch., S. 251 f.

973 Hesiod: WuT. 224.

warnt Hesiod die adligen Prozessherren (248): Es müssen nicht immer die Erinyen die blutrünstigen Piesacker sein, deren brutale Gewalt und gnadenlosen Blick man spürt. Denn von «drei Myriaden» unsterblicher Wesen ist die Welt voll (253), die unsichtbar, in Nebel gehüllt, für Zeus «die Welt durchschweifen» (255), ganz zu schweigen von Zeus-Tochter Dike selbst, die für jeden rechtbeugenden Herrn sogleich Strafe einfordert beim obersten Richter (256).

Der Unsichtbarkeit der die Schuld registrierenden und ihr Zeugnis weiterleitenden Instanz entspricht die Unbeeinflussbarkeit der höchsten. Beides zusammen bewirkt, dass die schließlich sichtbare Strafe umso heftiger wirkt und zugleich als solch ein ‹Bild› gesehen, ja gelesen wird und nicht nur als etwas Sichtbares: als *Ausdruck* von etwas Unsichtbarem, von verborgener Strafe, verhängt von verborgenen Instanzen wegen vielleicht verborgener, durch die Strafe erst sichtbar werdender Schuld. Schon das *Auftauchen* der Monster ist in diesem Sinne Übertragungsästhetik. Eine falsche, böse Übertragung ging an die unsichtbaren höheren oder tieferen Mächte (Opferbetrug, Meineid, Beleidigung der Götter), und jetzt kommt die göttliche Gegenübertragung in Gestalt der ‹monstrierenden› Untiere.

In Wahrheit wird bei dieser Monster-Emergenz nur kritisch deutlich, dass es um ein Drama zwischen innen und außen geht: um die Imagination im eigenen dunklen Inneren bei der Wahrnehmung des Körpers gegenüber und die vorgestellte innere Dunkelheit, jedenfalls außerhalb der anscheinend oder nur scheinbar ‹ehrlichen Haut›. Die nicht immer gewährleistete korrekte Linie bei Hesiod, all die schönen Frauen, die Unheil bringen (Medusa, Keto, die Harpyien, Pandora usw.), all das befördert ein projektives Eintauchen in die innere Nacht der Anderen, die hinter dem schönen Schein haust. – Hesiod hat nicht Eva erfunden; aber das Abendland hat das Schöne als des Schrecklichen Anfang (oder Tarnung) dankbar aufgegriffen und emsig vermehrt. Pandora lebt weiter in den *femmes fatales*, sogar in Mona Lisa. «Nicht wenige sahen in der dargestellten jungen Frau ein fatales Monster, das die Generationen fortan verfolgen sollte.»[974]

974 F. Zöllner: Das Monster und die Männerphantasien. In: FAZ, 30. 6. 2008.

Soziale Aspekte des Monsters II: Der Eid

Die von Hesiod in «Werke und Tage» ausgesprochene *Königsmahnung* (s. o.) öffnet auch das Feld für die Erörterung des Verhältnisses zwischen Rechts- und Monsterwesen. Noch bedeutsamer für das Monster-Paradigma ist die uralte Institution des Eides und des Schwörens, die bei aller Dunkelheit der Herkunft immer noch eine Art magischer Bedeutung in unserem Rechtswesen und in der Politik hat. Das Eidwesen der geometrischen und archaischen Zeit ist ein wichtiger Faktor im gesamten sozialen, politischen, ökonomischen und religiösen Bereich. Eide fanden Anwendungen bei (inter-)familiären Streitereien, in Gerichtsprozessen, bei Friedensschlüssen und wirtschaftlichen Verträgen. Wenn der athenische Staatsmann Lykurg (4. Jahrhundert v. Chr.) behauptet: «Was die Demokratie zusammenhält, ist der Eid», so kann man das noch heutzutage, da demokratisch gewählte Kanzler einen Amtseid leisten, nachvollziehen.[975] *Horkos* (Eid) ist aber nach Hesiod ein Enkel der *Nacht*, Sohn der Streitgöttin *Eris* (Th. 231), völlig umgeben von einer absolut finsteren Meute: Schmerzen, Hunger, Schlachten, Lügen und Kriminalität (226). Und warum, wo er doch (später) die Demokratie zusammenhält? Weil er zum Meineid verführt. So schlimm muss Meineid sein. Noch im 4. Jahrhundert v. Chr. gab es Eides- bzw. Schwurformeln, die bewirken sollten, dass «im Falle des Meineids Menschen und Tiere Ungeheuer gebären und aufhören, sich nach den ‹Gesetzen der Natur› (Aischines II.111) fortzupflanzen»[976].

Da öfter als in klassischer Zeit institutionelle Sanktionsmöglichkeiten fehlten, errang dieses manchmal verzweifelte, aber gänzlich unersetzbare Mittel[977] seine normative Kraft allein durch die Anrufung der Götter, durch oft grausige und dunkle Blut- und Opferzeremonien im nacht-ästhetischem Schauer-Medium als quasi-juristisches Sanktionsmittel – und durch eine im Eid bereits enthaltene «Selbstverfluchung» (S. 378), die ‹automatisch› wirksam wurde, falls man die Götter im Anruf missbraucht

975 Lykurgos: Gegen Leokrates. 79 (331/332 v. Chr.), zit. nach Burkert: Religion, S. 377.

976 K. Papaioannou/J. Bousquet, Die Griechische Kunst, Darmstadt 1998, S. 67. Das Aischines-Zitat stammt vom Rhetor und Demosthenes-Gegner.

977 Burkert: Religion, S. 382; demnächst einfache Seitenangaben im Text.

hatte. Da der Meineidige oft ungestraft davonkam, wurde das Verfallsdatum der Schuld sozusagen verlängert und die leibhaftige Haftbarkeit auf die ‹Glieder des Geschlechtes› (Nachkommen) ausgeweitet – oder auf das Leiden im Jenseits.[978]

Obwohl es im Allgemeinen bei Homer noch keine Strafhölle gibt, werden Meineidige auch bei ihm schon in der Unterwelt von Unwesen gequält (Il. 3, 279). Die ‹heraufbeschworene› Ungeheuerlichkeit des Eidwesens, eine Ausgeburt des Unfriedens, manifestiert sich a) in jenem Typ von Ungeheuer, das selbst ein Strafgericht ist (die Erinyen), b) im monströsen, schuldhaften Erbe bis hin zur Monstergeburt[979], c) im schrecklichen Ritual, das magisch oder symbolisch auf diese beiden anderen Schuldeintreiber verweist. Wie sehr diese quasi juridische Praxis mit der Übertragung in eine jenseitige Sphäre und mit der körperlichen Rückbindung dieser Übertragung zu tun hat, zeigen rituelle Beschwörungsformen in der Ilias und der «Theogonie», und das sogar bei den Göttern. Hera berührt bei ihrem Schwur, Hypnos eine Charite zu geben, mit der einen Hand das Meer, mit der andern die Erde, beides ziemlich opake Mächte oder Kräfte. Hypnos fordert Hera (Il. 14, 271) auf:

> Auf, bei den Wassern der Styx, den unverletztlichen, schwöre,
> Fass mit der einen Hand die vielernährende Erde
> Und mit der andern das schimmernde Meer, sodass für uns alle
> Götter, die unten um Kronos versammelt sind, werden zu Zeugen …

Heras Körper, Medium zwischen den Welten, verweist auf den Körper des Vaters, Kronos. Ein anderes Beispiel ist das Styxwasser aus der Unterwelt. Die Götter brauchen es physisch zur Übertragung ihrer Schwur-Bindung an die verhasste Unterwelt (Th. 780). Aber wurde eigentlich im Eid ‹immer schon› das Ungeheuerliche, möglicherweise Dunkle heraufbeschworen? Burkert hält dafür. Nachdem er darauf hingewiesen hat,

978 Schon die Eidrituale waren häufig mit Opfertier-Kastrationen und Kastrations-Symbolen verbunden (Burkert: Religion, S. 378).

979 Eine tatsächliche Missgeburt kam wahrscheinlich nicht so häufig vor wie ein Meineid. Das lehrt, dass unangenehme *Vorstellungen* wie die von drohenden Monstern wichtiger waren als die tatsächlichen und dass diese Vorstellungen eine wichtige soziale Funktion hatten.

dass der Eid nicht eigentlich eine moralische Macht oder Instanz ist, hat er in einem Schlusssatz eine dunkle Vision: «Blind, starr, elementar ist der Eid zusammen mit der Religion aus den Tiefen der Vorgeschichte erwachsen. ‹Sohn des Streits›, ‹große Plage für die Menschen› und doch ein Fundament, auf dem man baut.» (S. 382)

Da ist sie wieder, die dunkle (blinde) Nacht (Tiefe) der Vergangenheit (Vorgeschichte), die aus der virtuellen Tiefe unseres Vorstellungsvermögens entsteht. Burkert erinnert hier an den nächtlichen Kontext des Gottes *Eid* (*Horkos*), bei Hesiod, der in der «Theogonie» als letztes genealogisches Glied der Nyx genannt wird – und als «Stifter des furchtbarsten Unheils, weil er zum dreisten Meineid verführt die irdischen Menschen» (Th. 231). Und warum soll der Eid zum Meineid verführen, wenn er sich doch den schauerlichsten Mächten verpflichtet? Dieses Drohpotenzial sollte doch eigentlich den Meineid verhindern! Aber der Meineidige glaubt nicht an die schauerlichen Mächte, nur daran, dass der andere daran glaubt. Während er vorgibt, mit den dunklen Mächten einen Straf-Automatismus für den Fall des Meineids zu verabreden, kommuniziert der Meineidige nur mit den ‹Rechtspartnern› des Eidwesens via ästhetischer Inszenierung einer Glaubwürdigkeit statt einer Wahrheit. Die potenzierte Lüge wirkt also, weil der selber ungeglaubte Schauer andere mittels ästhetischer Glaubwürdigkeit glauben macht. Dieses System lebt vom schauerästhetischen Schwindel. Das inszenierte Schaurige täuscht einen Vorschein des im Betrugsfall eintretenden Grausigen vor.

Und wie immer ist nicht klar, ob das dunkle Medium des Eides schon von Anfang an, ja damals mehr als später, so nächtlich war, oder ob es die verdunkelnde Distanz der Zeit ist, die Monster gebiert. Dabei gibt Burkert selbst einen interessanten Hinweis zur Klärung. Nachdem er die Eidesformeln in der Ilias beschrieben hat, die, vermutlich in Anlehnung an orientalische Muster, den *ganzen* Kosmos zum Zeugen nahmen, also wie Hera zum Beispiel in der Ilias: *auch* die Styx, den Unterweltfluss, glaubt er zu wissen, dass die Eidpraxis der Götter, bei der Göttin Styx zu schwören, «eine missverstandene Verselbständigung des Schlussteils dieser kosmischen Formel» sei (S. 378).

Seltsam ist nur, wie selbstverständlich alle nachfolgenden Geschlechter und Epochen Geschäftsverträge, Pakte und gewisse Überschreibungen immer mit *dunklen* Mächten beschworen. Der schon früher erwähnte Zusammenhang zwischen Horkos und Styx[980] besteht schließlich, spätestens seit Hesiod, darin, sich pars pro toto mit dem Styx auch dem Tartaros zu verpflichten. – Ich vermute, dass der Eindruck der historischen Tiefe immer wieder neu aus der Tiefe des Leibes, aus einer *inneren* Nacht der Vergangenheit entsteht, die hier verpfändet wird. Hier werden im Glaubensfalle psychische Schulden gemacht für die Zukunft der Strafe, die vom Beginn der eidlichen Verpflichtung an den Charakter von Vergangenheit haben und eine Verschattung des Zeithorizontes des Schwur-Belasteten bewirken.

Die nachtästhetische Bedeutung der Eidpraxis, die wir laut Burkert überall da antreffen, wo es Religion gibt[981], liegt aber nicht im Meineid, sondern im Eid, und obwohl seit der Einführung des Schriftverkehrs viele eidlichen Verpflichungen unnötig geworden sind, erfreut er sich immer noch eines regen Zuspruchs, was bei so langer Vorherrschaft des Meineids wohl kaum noch der Fall wäre. Dabei ist vor allem zu bedenken, dass die Eidleistungen zwar besonders zugespitzte *sprachliche* Handlungsmuster sind, dass sie aber eben eine spezifische Geltung haben, weil sie, wie Burkert sagt, eine «Beglaubigung jenseits der Sprache» *darstellen.*

Wenn dem so ist, dann muss man die rhetorischen Floskeln aber methodisch getrennt von den Riten und den darin artikulierten imaginären Vorgängen betrachten. Die oben erwähnte Eidformel mag ursprünglich den gesamten Kosmos und nicht nur die Nacht- und Unterwelt angerufen haben, bedeutsamer ist, dass diese furiosen Erinyen für die Verfolgung des Meineides da sind. In «Werke und Tage» warnt Hesiod, die Erinyen «schwärmen um den Eid, wenn er geboren wird» (WuT. 803) und, fasst Burkert zusammen, «sie werden den Eidesbrecher jagen bis über das Grab hinaus, sie strafen noch in der Unterwelt (S. 209). Das ist entscheidend; was geht den Schwörenden nach seinem Tod der Helios oder der Olymp an! Die Unterwelt ist seine Bestimmung. Und die weitere Entwicklung des Schuldbegriffs in der griechischen Tragödie öffnet ja auch den Horizont nach innen, für die Erkenntnis, dass innen die Erynien sind.

Was da in der Mitte der Gesellschaft verknüpft wird, unter physischen, symbolischen und imaginierten Zeugen, greift zwar auf das Äußerste, die

980 Siehe hier das Ende von A 6, Abschnitt: «Im Tartaros».

981 W. Burkert: Kulte des Altertums. München 1998, S. 205; weitere Seitenangaben im Haupttext.

religiösen Fixpunkte und das Innerste, die Gefühle aus; aber am wichtigsten ist die «Prägefunktion des Schreckens» (S. 206), und die ist mit den *dunklen* Mächten innen und außen verbunden. Dabei kommt der dunklen leibinneren Wahrheit des Ausgesagten die Impulsfunktion zu. Burkert erinnert an die Geschichte der Bedeutung des lateinischen Wortes *sensus*, die sich einer Schwurformel gegen leeres Gerede verdanke. Die Bedeutung von *Sinn* stamme von der Formel, man wolle nur das sagen, was man fühle (*quod me* sentio *dicere*) (S. 206). Dass es sich um das prononcierte Körperinnere handelt, das hier ‹hervorgerufen› wird, zeigen nicht nur die ubiquitäre Technik der ‹Gefühlsverbindung› durch Berührung, sondern auch die symbolischen Behandlungen der Eidopfer und der Sprüche, die den Zusammenhang mit Innerem hervorkehren. In der Ilias wird Wein ausgeschüttet und dazu wird geschworen: «Wer zuerst gegen diesen Eid frevelt: so soll ihnen das Gehirn zu Boden fließen, wie dieser Wein, ihnen und ihren Kindern…» (Il. 3, 299)

Das Berühren der Opfer-Eingeweide, das Tauchen der Schwerter ins Blut, das Treten auf die abgeschnittenen Hoden der Tiere symbolisiert die eigenen ‹Innereien› und die geschlechtliche Fortpflanzung: So ergeht es dem eigenen Leben, sagt der Nachtleib (vgl. S. 210). Das ist phantasiert und rituell metaphorisch dargestellt, und es funktionierte im gesellschaftlichen Leben. Diese symbolische Ausstülpung einer inneren Nacht scheint auch im Nahen Osten verbreitet gewesen zu sein (S. 210f.). Entscheidend hieran ist neben der Öffentlichkeit der Rückkoppelungseffekt dieser Symbolik auf das Imaginäre des Eidleisters. Der von Gott, Opfertieren oder bürgerlichen Zeugen bezeugte Handlungscharakter dieser symbolischen Übertragung prägt nachhaltig das imaginäre Leben, weil qua Handlung *Unumkehrbarkeit* inszeniert worden ist.

Burkert spricht hier die Versenkungsopfer als Beispiel für dargestellte Irreversibilität an. So wurden etwa Eisenbarren ins Meer versenkt, um eine Allianz zu besiegeln. (S. 211) Die schaurige oder grausige theatrale Nacht des Eides leistet eine Metaphorik, zu welcher die Sprache nicht ausgereicht hatte (deshalb die Eide). Da es sich hierbei um ein leibhaftiges Ernstmachen handelt, spricht vieles dafür, solche Körper-Metaphoriken explizit früher als und konstitutiv für die sprachliche Metaphorik anzusehen, ähnlich wie es für die Monster-Phantasmen wahrscheinlich ist. Der Kern der Metaphorik ist nicht sprachlich, sondern eine Verhandlung zwischen Imagination und leiblicher Erfahrung mit Wechsel der Prädikate von innen und außen. Der Streit, ob die Metaphorik ursprüngliches Sprachgeschehen oder leibliche Erfahrung ist, mag auf den ersten Blick unwichtig erscheinen, weil Sprache doch aus den frühesten Entwicklungsformen des Leibes heraustritt, weil Sprache doch eine Art der Übertragung *ist.* Doch die Bindung an den Leib ist eine Bindung an die asymmetrische Beziehung von innen und außen. Und die ist eine dunkle.

Die Voraussetzung für diese Dynamik zwischen Ritual und Imagination ist aber «mit der Notwendigkeit der Religion verflochten» (S. 212). Für Burkert setzen Eide «den Glauben an unsichtbare höhere Wesen voraus» (ebd.). – Könnte es nicht umgekehrt sein? Die höheren Wesen existieren vielleicht nicht ohne den Glauben an sie. Der Glaube aber ist ein Teil der Imaginationen; er ist innen, nicht ‹jenseits›; er ist im Jenseits, welches das Innen für uns ist. Dass der Glaube auf das Jenseits der äußeren Welt zu zielen glaubt, kommt vielleicht daher, dass er auf das Jenseits der inneren Nacht zielt, *in* der er sich befindet (der Glaube). Die Dynamik des Imaginären kommt vielleicht auf Grund seiner Differenz zur körperlichen Wohnung in Gang. Diese Dynamik aber bleibt ohne das Erleben einer Realität, das heißt ohne *körperlich* empfundene Übertragung von innen nach außen, in Berührung und symbolische Handlung, vage und diffus.

Am Ende seines Eid-Kapitels betont Burkert das antagonistische Verhältnis zwischen Eidpraxis und Schriftreligion. Trotz des ausdrücklichen Verbotes Christi zu schwören, «hat sich die spätere Praxis der Christen daran nicht gehalten: Der Eid erwies sich als unverzichtbar». (S. 211) Hat sich aber nicht vielleicht sogar eine weitere Eindunkelung der Eidpraxis im schriftlich-christlich geprägten Abendland ereignet? Eventuell ist das eine Täuschung, die sich aus der Rationalität des christlichen Gegenüber zur ja weiterhin magisch wirkenden Eidpraxis ergibt. Aber ist das nicht auch in diesem Fall eine neue Variante, bei der der Eid mit einer gewissen Opposition zur herrschenden Religion verbunden gewesen ist?

Die historisch auf die geistige Herrschaft des antiken Griechenland folgenden Geschichten um Verträge mit der Unterwelt, die einen ‹in Teufels Küche› bringen, sind Legion.[982] Da sind die alten Märchen und Volks-

982 Hwb. Abergl., Artikel «Eid», Bd. 2, Sp. 659–672; vgl. für unsern Zusammenhang besonders Sp. 660 (Selbstverfluchung), Sp. 662 (Verleitung des Teufels zum Meineid), Sp. 668 («Der Teufel soll mich holen») und Sp. 669 (Eides-Täuschungen).

bücher vom Teufelspakt in ganz Europa (wozu auch Dr. Faust, erschienen 1587, gehört), da sind die romantischen «Elixiere des Teufels» von E. T. A. Hoffmann und das schauernächtliche Ambiente in Carl Maria von Webers Oper «Der Freischütz». Der Teufelspakt ist aber keine ästhetische Petitesse. Er verbindet das vermeintlich primitive Monsterprogramm unaufgeklärter Geschichtenerzähler mit dem Gründungsmythos der modernen Literatur. Er ist das dunkle Gegenstück zum programmatischen Musenpakt bei Hesiod. Man sage nicht, Verzweifelte ‹aller Länder› hätten jeweils nur die Hilfe genommen, die sie bekommen konnten, und da man nicht die himmlischen Kräfte habe bewegen können, so habe man versucht, die unteren zu bewegen, zum Beispiel das ‹Unter›-Bewusstsein des sogenannten Unbewussten.[983]

Die Vertragspartner oben und unten sind schon deswegen nicht austauschbar, weil es diesen moralischen, ästhetischen und affektiven Unterschied zwischen Oben und Unten gibt – und gerade Hesiod hat ihn vergrößert. Denn mit den himmlischen Mächten treibt man seit Prometheus keinen Handel.[984] Jedenfalls ist damit schon die Funktion von Zeus als *oberstem* Richter unvereinbar. Auch sind eigentliche Verträge und Schuldver*schreib*ungen in den Dimensionen der *Fundamente* der Zivilisationsgeschichte etwas relativ Modernes. Nein, dass die Eide diesen Hautgout von Unterwelt bekommen, ist wahrscheinlich schon in archaischer Zeit Ergebnis einer sozialen Differenzierung und eines Rechtsempfindens gewesen, das mit der Weiterentwicklung der Tauschbeziehungen stärker herausgefordert wurde.

Relativierung und Kontingenz der Standpunkte, gepaart mit mangelhafter faktischer Durchsetzungskraft der Normen ließen nach externen Mächten rufen. Die Eidleister hielten sich an die unteren. Hesiod scheint

«Bisweilen ereilt das Geschick den Betrüger erst nach dem Tode; als Nachtgespenst muss er auf seinem Pferde ruhelos herumreiten.» (670)

983 «Flectere si nequeo superos, Acheronta movebo», sagt die rachsüchtige Hera in Vergils Aeneis (7, 312). Für Freud deutet diese Strategie «das Streben der verdrängten Triebe» an, sich dennoch durchzusetzen (Freud: Traumdeutung, S. 577), weshalb er diesen Satz (Heras!) zum Motto seiner gesamten Traumdeutung aufwertet (S. 12).

984 Nach seinem Opferbetrug und Feuerraub warnte Prometheus den Bruder, keine Gaben von den Göttern anzunehmen (WuT. 86), die damals aber die Geschäftsgrundlage waren.

stärker das Bedürfnis artikuliert zu haben, gut und böse als objektive und höhere moralische Unterscheidungskriterien in Geltung zu sehen. Wie repräsentativ er ist, können wir mangels Vergleichspunkt nicht beurteilen. Aber er, der bei dieser Unterscheidung nicht an (aus-)tauschbare Nutzungsverhältnisse denkt, er überträgt den Gegensatz von Gut und Böse in die kosmische Trennung zwischen der oberen und der unteren Welt, die eben auch eine ästhetische Trennungslinie ist (wenngleich *hier* nur der protoästhetische Nachtleib-Aspekt interessiert, der in Tartaros II repräsentiert wird).

Dem entspricht, dass zur Zeit Hesiods im profanen Bereich die Grenzen zwischen Eid und Meineid anscheinend zu verschwimmen drohen. Er, der an die unbestechliche, also antirituelle Gerechtigkeit des Zeus glaubt, er hält die ganze Eiderei im Grunde für frevelhaft. Deshalb lässt er selbst die Götter nur auf Styx schwören, deshalb ist Eid / Meineid ein Kind der Nacht-Tochter Eris. Hesiod verdunkelt die ihn abstoßende Welt der rituellen Belastungen und Entlastungen im Eid, indem er sie ins Milieu der Nacht stellt, wenngleich nur an den Rand und ohne sie monströs auszumalen. – Die Frage ist, ob der Meineidige selbst dieselbe Verpönung der Unterwelt immer schon impliziert und mitmacht, die er anruft, indem er die unteren Kräfte zu Zeugen seiner Wahrheit und Rachegöttern seiner Unwahrheit aufruft. Den wahrhaftigen Eidleistern können die finsteren Mächte sowieso nichts anhaben.

Die Notwendigkeit, mit dunklen Riten zu schwören, ja Pakte mit unterirdischen Kräften zu schließen, gibt es aber immer da, wo es große gute *überirdische* Götter gibt, die eine *überichliche* Macht (im allgemeinen Sinne) mit einem Ichideal verbinden. Sichtbarkeit, Öffentlichkeit, Kontrolle und ‹Druck›mittel: Das sind Mittel, welche schon physikalisch besser von oben erfolgen. Pakte dagegen, welche die menschliche Ohnmacht und die göttliche Übermacht zusammenbringen durch rituelle Handlungen, haben seit Hesiod etwas so Monströses wie «asymmetrische Kriege», besonders wenn das leibhaftige Pfand an den ‹Leibhaftigen› geht. Aus der unmittelbar leiblichen Perspektive oder aus einer Perspektive des Leibhaftigen, des leiblichen Verhafteten, stellt sich jede religiöse oder moralische oder soziale Ausdifferenzierung schon von selbst als eine Abstraktion, weg vom Leib, dar, dem nur das Innere, Untere und Dunkle bleibt. Eine Religion oder moralische Ordnung braucht gar nicht für sich das Obere, Äußere und Helle zu beanspruchen; schon indem sie herrscht und den gewohnten regen Verkehr des Nachtleibs zwischen Innen und Außen damit beschneidet, bedeutet das die Tendenz, die Nachtleib-Aspekte der leiblichen Einheit der Subjekte aufzuwerten als verbündete Mächte. – Spricht das nicht auch für die Hypothese, dass die Geschichte der Zivilisation eine Geschichte der Unterdrückung der Nacht ist?

Manchen mag die Art überraschen, wie hier aus den Aspekten des ‹Nachtleibs›, eines anscheinend nicht ganz vollständigen, jedenfalls nicht wie ein geometrischer Körper geschlossenen Leibes, dessen geburtliches Hervorgehen sich im Hervorkommen der Monster spiegelt, eine soziale Komponente herausgesponnen wird. Aber psychische Sozialisierung muss sich wahrscheinlich in dieser das Imaginäre prägenden Spaltung und Verdopplung des Leibkonzeptes einnisten, um übertragend zu wirken. (Das Monster als Vorläufer des Überich?) Der Nachtleib ist sowohl das Monster wie das ihn imaginierende seelisch-körperliche Mischwesen. Und auch wenn von realen Handlungen wie Gerichtsprozessen und Staatsverträgen die Rede ist, soll einmal der Schatten des Nachtleibs der Handelnden, die ja von ihren unfertigen Leibern am stärksten geprägt sind und Körperteile und Leibesfrüchte verpfänden, auf diese sozialen Szenen, auf diese ‹Tagungen› fallen.

Wohl gibt es für jedes einzelne Individuum immer schon auch die präexistenten sozialen Zumutungen. Aber genau aus dieser Perspektive, als monströse Zumutung, müssen sie auch einmal gesehen werden. Der andere Übergang von einem leiblichen zu einem sozialen Paradigma liegt nicht nur, aber prominent, im geschlechtlichen und generativen Bereich, also in allem, was mit Sexualität / Zeugung / Vererbung zu tun hat. Der ex post irreführende Begriff Demokratie verschleiert, dass Vererbung die zentrale politisch-ökonomische Tatsache war, nicht nur in der archaischen Aristokratie, sondern auch in den Demokratien, wo die Familien herrschten. In jedem einzelnen Individuum spielt sich diese Politik im Medium seiner Sexualität ab, in der fruchtbaren Interpenetration der Körper. Die Politik, die sich solcherart auch in der Vorstellung generiert, ist – selbst wenn sie rationaler redet – affektiver, intimer, dunkler und impliziert ihre Geltung im Raum der inneren Nacht des Begehrens. Nicht die Modalitäten der jeweiligen sozialen und intersubjektiven Regelung und ‹Einigung› sind metahistorisch, wohl aber das selber leibliche Medium solcher ‹Auseinandersetzungen› zwischen Individuation und Sozialisation, das zugleich dunkel, unerreichbar und nicht von *außen* kontrollierbar zu sein scheint.

Es geht hier um Heranwachsende, die noch nicht öffentlich auftreten und sich auf der Schwelle von privater zu gesellschaftlicher Existenz befinden. Sie haben zu schweigen, solange sie noch nicht das Zeugs von sich geben, das zur aufwendigen Inszenierung der griechischen Öffentlichkeit gehört.[985] Aber im Grunde ist die Integration des nachwachsenden Leibes in den funktionierenden Sozialkörper in allen Kulturen problematisch. In den unterschiedlichsten agrarischen Gesellschaften gibt es jugendliche Nachtschwärmer, die sich oft in Monster-Verbände verwandeln. (Sie haben zu schweigen, reden aber mit verstellter Stimme.) In den traditionellen Gesellschaften hatten sie dafür immerhin gewisse mythologische und rituelle Orientierungspunkte und ‹Sprachregelungen›. Die monströse Art, wie einerseits soziale Zumutungen von außen wahrgenommen werden, zugleich aber der Standpunkt des Leibes selber schwankt zwischen Innen und Außen, drückt sich in verschiedenen Gesellschaften verschiedener Zeiten durch die Monster der Adoleszenz aus: Jungmänner-Drachenkämpfe, ohne die auch Zeus kein König wird.

Dass Jung-Frauen zwar von Drachen gefangen genommen werden, selber aber nur selten welche bekämpfen – Maria die große Ausnahme –, liegt wohl daran, dass sie meistens darauf zugerichtet worden sind, später selber ‹Hausdrachen› zu werden. Kämpft der Junggeselle wie weiland Siegfried gegen Drachen, kämpft er gegen *seine* Unbeherrschtheit, indem er aufräumt mit der vielköpfigen oder vielarmigen Drachenbrut. Er kämpft gegen Terror und Unordnung draußen (drückende Tribute etc.), und er kämpft gegen das Brüten, gegen einen Aspekt der Mutterherrschaft im Hause an (mangelhaft ausgebildete individuelle Verantwortlichkeit des Brut-Kollektivs). Zugleich erwirbt er sich so das Recht auf Gründung eines Namens, eines Geschlechts. Ein Beispiel aus dem deutschen Bereich ist die Sage vom Monster von Geldern. Es schrie immer «Gelre, Gelre!» Was keiner verstand. Aber der Jungmann, der es besiegt, Lupold von Pont, macht

985 Aus der Sicht der Frauen ist das monströse Schauspiel, das die exklusiv männliche Öffentlichkeit bietet, noch krasser. Vergattert in den (ziemlich dunklen) Privatbereich des Hauses, bilden sie zwar für jedes männlich palavernde *zoon politikon* die schnatternde ‹Hausmacht›, aber in dieser Entfremdung werden sie einander zu Hausdrachen (Frau) und Titanen (Männer).

ihn zum ‹Hausdrachen› des Grafengeschlechtes von «Geldern»[986], indem er sein Schloß, das er auf dieser Kampfzone aufbaute, nach dem Geschrei des Drachen «Gelre» nannte. Selbst dieses vielleicht ‹gälisch› redende Ungeheuer, das unter einem Mispelbaume schrie, kommt nicht ohne ein Minimum an Nachtästhetik aus, denn seine Augen sprühten von Feuer und «funkelten wie Sterne in der Nacht».

Monster und Ungeheuer mögen zur Zeit Hesiods vielleicht noch nicht vorrangig Ausgeburten *moralischer* Bauchschmerzen gewesen sein, die zu Angst- und Albträumen führten. Doch schon die Eides-Zeremonien, welche Monster erst heraufbeschworen, stellen traumatisierende Ersatzhandlungen dar, symbolische Gewalt, die sich in Ängsten, Träumen und schuldsuchender Interpretation rätselhafter Erscheinungen fortpflanzt. Die soziale Haftbarmachung des Individuums mit dem Pfand seines Leibes und seiner leiblichen Nachkommen mag so die Keimzelle eines sozialisierten und bei höheren Mächten schuldverschriebenen sozialen Leibs sein. Das Monster visualisiert diese beginnende Agentur sozialer Differenzierung; aber vor allem differenziert sich *gegenüber* dem Monster der Nachtleib zum Leib.

Wir können hier beileibe nicht alle wichtigen sozialen Aspekte des Monsters auch nur streifen, auch wenn wir eine zusätzliche Darstellungsebene in der Erörterung des Verhältnisses zwischen Medien und Monstern angesprochen haben. Aber sowohl an der Erörterung ihres medialen Auftretens als auch an den drei angedeuteten Beispielen der ‹Biopolitik›: Eidwesen, Vererbung/Sexualität und ‹Generationsproblem› wird die Rolle des Monsters als dramatischer ‹Held› und tragisches Opfer der Übertragung sichtbar, dessen *Enormität* das Symptom der Überschreitung einer Schwelle oder Ebenen-Differenz symbolisiert. – Symbolisierung ist ein zu schwacher Ausdruck, obwohl eine Formel für die Repräsentanz des Bildlichen, Übertragenen notwendig ist. Sagen wir stattdessen: *Ausdruck*, so haben wir die asymmetrische Fahrt von Innen nach Außen samt dem energetischen Überschuss des Leibes, der sich hier artikuliert, zwar repräsentiert, aber wir haben nicht das Potenzial der tatsächlichen psychischen Energie berücksichtigt, das diese in der Regel ja unmöglichen *Affektpersonifikationen* (wie Wut-, Neid-, Rache-, Gier- und Geilheitsmonster) zeigen.

986 H.-J. Uther (Hg.): Deutscher Sagenschatz. München 2000, S. 213.

Nennen wir es eine *performance*, die das Monster sozusagen negativ maieutisch vorspielt und vorspiegelt: eine Verwandlung imaginärer Anteile des Individuums in soziale und sozialer Darstellungen in imaginäre Anteile.

Negativ maieutisch nenne ich die Schauder-Politik, die Verhässlichungsstrategie, mit der sowohl etwa aggressives Potenzial von Jugendlichen abgeführt werden kann als auch von Seiten der Gesellschaft Vergatterungen, Verpönungen und Disziplinierungen erreicht werden können. Letztlich: die transgenerative Aufrechterhaltung des moralischen Diskurses. Noch die Erynien oder die Mänaden in den klassischen Dramen von Aischylos bis Euripides setzen diese Politik als Katharsis-Programm fort. Sie appellieren an die innere Nacht der Phantasie. Mit der Erwähnung monströser Szenen in den klassischen Dramen soll daran erinnert werden, dass die fürs Abendland folgenreiche Zähmung der Monster aus der ästhetischen Verarbeitung sozialer Krisen erwachsen ist. Der Übergang ist hier oft durch das Repertoire der religiös (also sozial-extern und imaginativ) legitimierten Initiationsfeste und kultischen Veranstaltungen organisiert worden. Entscheidend ist die Integration von Affekten (Angst, Aggression, Rache, Neid, Dankbarkeit, Erleichterung, Freude etc.), ihre Herauslösung aus dem Kontext innerer, dunkler (das heißt unbildlicher) Erregungen in szenische Aktionen. Umstülpung von Innen nach Außen, oft in Verbindung mit Essen und Trinken, zeigen in ihren übertreibenden Aspekten Spuren der Austreibung des Monströsen aus den versammelten Nachtleibern. Die Satyrn der Satyrspiele, die mit den Sündenböcken verwandt sind, sind solche gezähmten Monster.[987]

Das Beispiel der Entwicklung des griechischen Theaters aus Bestandteilen von Initiations-, Fruchtbarkeits- und religiösen Opferfesten zeigt, wenn auch zunächst nur schlaglichtartig, wie konstitutiv der Monsterdiskurs für die Sozialsphäre sein kann. Gerade von Anfang an scheint das Leben zwischen Sozial und Individuell in monströser Symbiose verschlungen zu sein. Die psychoästhetische, religionsästhetische und moralästhetische Affektpolitik scheint von Anfang an in Exorzismen von Leibern bestanden zu haben, die zugleich schon in der Namengebung, der Funktionsbeschreibung und der Moral von der Geschichte (Erinyen, Keren, Medusa) soziale Instrumente der Verpönung gewesen sind. Entschei-

987 Siehe hierzu weiter unten im Nachtmahls-Kapitel die Abschnitte «Bauch und Gott» I und II.

dend aber ist die Veränderung in einem dritten, theatralen Bereich: im Medium der *Spiele*, die die affektive Teilhabe der individuellen Leiber ästhetisch erreichen, die Abfuhr des Hassenswerten in eine gewisse Wiederaufnahme umkehren, zur inneren Reinigung via Affekte. Diese Entwicklungstendenz vom Exorzismus zur Katharsis wird allein schon dadurch deutlich, dass es Maskenträger gibt, die also in ‹eine Rolle schlüpfen›. Ihr sekundärer, performierter Innenraum, in den hineingenommen wird, was zugleich ausgestoßen wird, steht metonymisch für den Raum der affektiven ‹Anteil›-Nahme der Zuschauer. Diese Prozesse aber sind, auch wenn nicht alle Spiele in einer äußeren Nacht der Öffentlichkeit stattfinden, ausgehend vom Imaginären im inneren Dunkel des Leibes und zurückkehrend als Annahme einer wenn auch erst rudimentären Schuld (zum Beispiel Dankesschuld oder Fremdverschuldung eines ‹Sündenbockes›). Die innere Dunkelheit als Inkubations- und Sterberaum des Hassenswerten ist also eine soziale Keimzelle der Monstersozialisierung. An dieser Sozialisierung allerdings ist das Medium zwischen allen, die Ästhetik der Spiele, entscheidend beteiligt: als ‹Zurückspiegel› für alle – zurück in ihre Nacht.

Was auf den ersten Blick als nur beschränkte und obsolete Form der Monsterrepräsentanz in vergangenen, vor allem in Face-to-face-Kulturen erscheinen mag, erweist sich in etlichen Merkmalen noch heute als relevant. Zwar haben reale Bräuche und Riten etwa von nächtlichen Schwarmgeistern (wilde nächtliche Jagden, Perchtln, Habertreibern) entscheidend an Bedeutung verloren. Doch genau mit der Aufhellung des nächtlichen Raumes durch die Entwicklung der künstlichen Beleuchtung und zur scheinbar positiveren Bedeutung des nächtlichen Erlebnisraumes hat die Verlagerung auf die immer schon gepflegte imaginäre Evokation von Monstern in nächtlichen Erzählkreisen bedeutenden Auftrieb bekommen. (Die Brut der *gothic novel* hätte ohne die Hebamme der künstlichen Beleuchtung kaum das Licht der Welt erblickt.) Mit dieser Erhellung der äußeren Nacht hat die Monsterproduktion eine neue Stufe der ästhetischen Sozialisierung erreicht.

Die Eroberung der europäischen Nachtstadt seit Beginn des 19. Jahrhunderts durch Bohemiens, Flaneure und Gewerbetreibende der Nachtindustrie ist von einer spürbaren projektiven und dann auch ästhetisch ‹verwirklichten› Aufbereitung und Kollektivierung des Bösen, Hässlichen und affektiv Monströsen begleitet gewesen.[988] Dieser Prozess setzt sich im Grunde mit den neueren Medien wie Film, Fernsehen und Internet fort. Eine stärkere Repräsentanz des Bösen und Monströsen bis hin zur unablässigen Variation der Monster (Tarantula, King Kong, Freddy Kruger, Shrek, Hulk etc.) scheint offenkundig zu sein. Das ist die alte Körperpolitik mit neuen Mitteln. Denn auch diese Medien sind ganz nah am Nachtleib, da ihre Semantik vom Licht (der Bildoberflächen) in der Nacht getragen wird. Dieses (gattungsgeschichtlich relativ junge) Licht in der Nacht ist im Gegensatz zum Tageslicht immer noch extrem körpernah, hell-dunkel-dynamischer, frenetischer semantisch geladen – und schwankt bzw. alterniert psychoästhetisch zwischen exorzistisch und kathartisch. Es eignet sich als Spiegel jenes Lichtes in der Nacht, als welches wir die Affekte und im Grunde das gesamte Seelen- und Bewusstseinsleben beschreiben können.

988 Siehe hierzu den Abschnitt über «Gaspard de la Nuit de Paris» in Kapitel B 3: «Fährten der Nachtpost».

2. Monster im Spiegel der Nacht

Hesiods Nachtfenster

Dass Monster lieber in der Nacht auftauchen, ist bekannt; dass die Dunkelheit des nächtlichen Mediums vorzüglich zur Technik des Ausblendens und zur Steigerung entgegenkommender leibhaftiger Bedrohung taugt, wird, seit es Monster gibt, in allen Medien zelebriert. «Das Grauen kommt in der Nacht»[989]. Aber nicht nur Monster, *alle* Seelen werden, fast allen Kulturen zufolge, in der Nacht und im Dunkeln sichtbar, und zwar in dem Maße, wie sie tags unsichtbar sind. Alle Seelen: das können die Geister, Gespenster und Monster sein oder die Gespensterseher, das wird kulturell unterschiedlich gesehen. Welche Funktion hat also die Nacht für die Vorstellung der Ungeheuer? Mit dem Hinweis auf die Doppelbedeutung der *Vorstellung*, möglicherweise ‹nur› ein Theater der inneren Nach-, oder doch eine ‹Vorstellung› von Ungeheuern zu sein, welche die Nacht draußen gibt, deute ich an, dass das Monster etwas mit Spiegeln zu tun hat. Oder ist nicht schon der nächtliche Raum ein Spiegel, der dem Monster ermöglicht, darauf ein Spiegel*bild* zu sein? Dass der Mensch in seiner Nacht schwankt, ob das Monster Einbildung (ein imaginäres Spiegelbild) sei oder eine reale äußere Bedrohung, mag ein abgekartetes Spiel zwischen verschiedenen Instanzen für die innere und die äußere Nacht sein, das den Spiegelcharakter qua Übertragungsverhältnis steigern soll. Es muss kein Aberglaube sein, der dieses Spiegelverhältnis in Kraft setzt. Auch eine theatrale Inszenierung in kathartischer Absicht ist möglich (in Spiel, Schauspiel, Film etc.).

Aber zeichnen sich die Monster nicht durch eine extreme Andersartigkeit uns gegenüber aus? Ist das ‹Gegenübersein› nicht allein *unsere* Übertragung? Sind die Monster selbst nicht geradezu unfähig zu spiegeln? Das Monster, das die Medien aus Dutroux, Fourniret und Fritzl machen, gleicht dem Uranos, Kronos oder Typhoeus in der unersättlichen Gier nach *Fressen, Sex* und unumschränkter *Macht.* Die immer wieder durchschlagende

989 So der Titel einer fünfbändigen Sammlung einschlägiger ‹Meisterwerke› (Poe, Hoffmann, Dostojewski, Shelley und Stoker), Frankfurt 2000. Auch im Kino machen Monster-Filme: «Nächte des Grauens» (R.: John Gilling, USA 1966).

‹Verschlingung› des eigenen Geschlechts im Inzest ist dabei nur die Brücke zwischen Hunger und Machtwillen. Gemeinsam ist diesen drei Plagen die Verneinung eines jeglichen Objektes, die Nicht-Anerkennung der Selbständigkeit von Objekten überhaupt. Ob man seine Brut selbst frisst, sie beim Vögeln zurückdrängt in den Bauch der Erdgöttin oder sie im Keller von Amstetten hält, ist dem *Phantasma* des Monsters gleich. Um spiegelnd ‹Sinn zu machen›, bevorzugt das Monster die Nacht. Diese Bedingung ist zwar nicht obligatorisch. Moderne Monster können durch größere Ähnlichkeit mit uns Menschen und durch die Verlagerung ihrer Bosheit in ihre innere Nacht genauso gut funktionieren. Doch scheint das ein zivilisationshistorischer Prozess zu sein, der auch immer wieder gern unterlaufen wird. Einfacher geht es mit der Nacht (besonders in fiktiven Nächten alter und neuer Medien). Die Nacht, aus der etwas auftaucht, macht daraus ein Monster (oder eine göttliche Erscheinung).

Dem widerspricht Hesiod, indem er den Nyx-Kinder-Katalog sorgfältig von den Monstern davor und danach abtrennt. – Doch die ausgeklammerten Schreckwesen der Gaia-Nachfolge, zu denen nicht nur die Uranoiden, sondern auch die Pontos-Nachfahren gehören, die als unterweltliche Schlangenartige oder als oberirdisches Raubgeflügel oder als unmögliche Mischung von beidem vielerlei Assoziationen zur Nacht bereithalten, klammern ihrerseits die Nyx-Familie ein. – Habe ich diese Raum-Analogie erschlichen? Wohl kaum, denn es handelt sich nicht nur um ein geometrisches Indiz am Textbild, sondern auch um eines der hörenden Erfahrung der Vorstellungsinhalte: Aus dem Vorher und Nachher des Nyx-Kinder-Kataloges hebt sich auch in der Erinnerung die nachhaltige Zuwendung der Nyx-Gestalten des Gesangs zum Zuhörer ab.

Der Nistplatz ist hervorragend im Grässlichen gesucht. Das passt schon. Denn gibt es Grässlicheres als Krankheit, Kummer und Tod? Aber die Kinder der Nacht ragen heraus, weil sie uns angehen: Unser Alter, unser Jammer, unsere Sterblichkeit sprechen uns hier an. Und doch werden sie im Unterschied zum Monster-Umfeld nicht als monströs geschildert. Zum Teil sich überschneidende Figuren wie die Erinyen und die Nemesis oder wie Aphrodite und Philotes unterscheiden sich entscheidend in der Beschreibung, weil die Nachtkinder bei Hesiod allegorischer sind. Zwar kann man die Keren auch als Monstren beschreiben, wie der pseudohesiodische «Schild des Herakles» zeigt.

Wenn diese Allegorien aber eingebettet sind in Gespenster-Genesen, so haben sie eine andere ästhetische Funktion. Während uns inhaltlich der Schrecken des Todes mehr ‹angeht› als die Entmannung des Uranos, weicht die abstrakte Art der Darstellung von Thanatos vor uns zurück (wie um Abstand bittend). Diese interne Umkehrung zwischen Thema und Darstellung ist ihrerseits in eine umgekehrte Relation der Monster drum herum eingebettet. Was gehen die Menschen die Nachkommen einer Echidna irgendwo am Rand der Welt an! Sie aber werden intensiv geschildert. Dieser doppelte Kontrast im Chiasmus von thematischer Relevanz und Konkretion der Schilderung ist die Naht zwischen dem Spiegel der Nacht und ihrem Rahmen. Die Allegorien der Nacht würden an Blindheit verkümmern, wenn sie nicht aus dem vollen literalen Horror drum herum schöpfen könnten.

Die Visualisierung einer Allegorie bedarf der Übertragung aus einem literalen oder physischen Bereich: aus dem monströsen Kontext – oder aus dem ‹Bauch› des Vorstellers. Aber der Mangel einer Projektionswand wird gerade schon bei Hesiod zu einer ästhetischen Stärke: der Vitalisierung der Vorstellungs*kraft* zwischen den Ebenen der Andeutung und wahrnehmenden Realisierung. Es kommen zwar innerhalb des «unheilschwangeren» (oloós, v. Sch. 224) Nachtbereiches durchaus schreckliche Wesen vor. Gerade die Moiren, welche die Menschen schon bei der Geburt beginnen, mit ihrem schrecklichen Blick zu verfolgen (Th. 220), ähneln jenen Strafgeistern, die noch die Nachkommen von Meineidigen heimsuchen. Aber der böse Blick ist buchstäblich das einzige körperliche Merkmal aller Nachtwesen, die Nyx hervorbringt, isolierte glühende Augen im Dunkeln. Enorme Körperlichkeit gehört zum Wesen der Monster als Mahnbild, kaum sichtbare Körperlichkeit jedoch zum Wesen der Nachtkinder.

Aller Sprachpolizei zum Trotz ist die ‹Schwangerschaft› des Unheils hier das Schlüsselsymbol. Noch drückt es eine Vorherrschaft der Vorstellung über das emergente körperliche Wahrnehmbare aus; aber das Auftauchen des Schrecklichen ist so sicher wie seine Verhüllung. In der abendländischen Geschichte der eingebildeten Monster und der monströsen Einbildungen ist die Grenze zwischen fiktiver physischer Sensation und dem Denkbild oft nicht so strikt gezogen worden wie bei Hesiod. Die Nachtmahr von Füßli besitzt und besetzt den geblähten Bauch der Träumerin (innen und außen). Aber das ist die spezielle kulturelle Perspektive eines Malers nach der Aufklärung. Hesiods *Träume*, Kinder der Nacht, sind keine Monster, weil sie körperlos gedacht wurden: meist von Göttern geschickte Bilder, Nur-Bilder oder erst nach dem Tod vom Körper abgelöste Bilder aus Luft, die zwar sprechen können, wie Patroklos, der Achill ‹im Traum› erscheint, aber nicht angefasst werden kann. Aber die Drohung der körperlichen Realität hängt im Raume …

Die Häufung von Monstern in Phantasien, Träumen und Kunstwerken wird oft als Krise des Körperlichen bei Zeiten hohen lebensweltlichen Abstraktionsdrucks gelesen. Hier deutet sich im Wechsel von jenen ‹Nacht›gestalten, die wir «Monster» nennen, zu jenen Nacht-Gestalten, die Kinder der göttlichen Nacht sind, ein Abstraktionsprozess an, der merklich vom Medium der Unsichtbarkeit («schwarz» ist hier häufigstes Attribut) gefördert wird. Die Produktion eines *neuen* Typs von (fast philosophischen) Ungeheuern durch die Befruchtung der Unsichtbarkeit der Nacht mit der Einbildungskraft von Hörern, Übersetzern und Lesern drückt sich besonders sinnfällig im zweithäufigsten Attribut der Nacht aus, eben jenem *oloos*, das eigentlich nur «unheilbringend» heißt, aber durch von Schirnding mit «unheilschwanger» (v. Sch. 224) übersetzt wird, weil sie selbst das konkrete Verderben nicht ist oder zeigt, sondern ahnen macht.

Ihre Kinder *sind* (wenn auch nur zum Teil) das Verderben; sie selbst ist, wie schon Karl Albert 1978 *oloos* übersetzte, «verderben*bringend*» (Alb. 224), im Gegensatz zu ihrem Kind, dem «verderblichen Alter» (Alb. 225), das *oulomenos* ist. Das hat den komischen Effekt, dass die Nacht, noch während sie fortwährend gebiert, schwanger ist, nämlich unheilschwanger: «Nemesis auch gebar zum Leid der sterblichen Menschen / Nacht, die unheilschwangere …» (v. Sch. 223). Die Schwangerschaft ist ein Symbol der Ahnung des im Dunkeln Verborgenen. Die Dunkelheit der Nacht wird als ein fruchtbarer dunkler Innenraum phantasiert, wenn das Symbol der Schwangerschaft in der Vorstellung realisiert wird. – Was immer aus diesem Schoß hervorkommt, es stillt die Ahnung nicht, die dem Unsichtbaren gegenüber heranwächst oder gar wuchert. Die Phantasietätigkeit im Bereich der *Nyx* ist aber ein Gebären, das, wenn es den Samen Hesiods austrägt, keine richtigen Monster, sondern eher Allegorien hervorbringt. Aber das schwankt. Der Nachtraum Nyx muss allerdings großzügig und weitläufig sein, wenn die Gestalten derart verschiedene Ansprüche an ihre Realisierung in der Vorstellung der Hörer / Leser machen. Diese Geschwister ähneln sich manchmal überhaupt nicht, obwohl sie parthenogenetischer Abstammung sind. Solcherart sehen die unmittelbarsten leiblichen Stimmungen, Verfassungen und Befindlichkeiten wie Jammer, Alter und Begierde den Phantasierenden fremd und wie von fernher an.

Heutzutage weiß jeder, dass das unsichtbare Grauen und die namenlose Angst schlimmer sind. Wenn man uns ein Monster zeigt, zucken wir schon seit Thomas Morus mit den Achseln, schauen auf der Rückseite nach den Fäden einer Marionette, nach einem Kabel oder fragen cool: «*Cui bono*». Seit der Aufklärung ist das ungewisse, brütende Unheil das schlimmere für uns, das heißt, es ist auch interessanter. Es wirft uns zurück auf unsere Vorstellung und damit möglicherweise auf das Begehren, ein Monster zu sehen – natürlich gegenüber, in der Nacht, aus der das Monster auftauchen könnte, oder da, wo das eigentliche Monster sitzt, bei uns in unserm dunklen Innern. Das ist die mögliche Spiegelsituation. Hesiod hat sie schon vorbereitet, er hat sie sogar einmal installiert, dazu weiter unten. Aber zu einem *allgemein* interessierenden Verfahren ist es erst nach der Rehabilitation der Neugierde und der Nobilitierung der Introspektion geworden. Der Prozess ist sehr komplex und ambivalent. Er kann bedeuten, das äußere Böse aufzuspüren und zu konkretisieren – oder das Böse in sich zu suchen, zur Austreibung oder zur (sublimierten) Realisierung.

Gewiss gehört auch eine longue durée der Abstraktifizierung des äußeren Bösen zum Problembereich. Die Entstehung des Schauerromans, des Kriminal- und des Phantastischen Romans sind auch als Reflex davon zu sehen, dass in dem Atemzug, wie der Teufel wieder modern wird, man nicht an ihn glaubt. – Und dann wieder doch: als Spiegelbild der inneren Nacht … des Lesers, das sich gegenüber, vor der Lesehöhle, abzeichnet. Seitdem der *neuzeitliche* Teufel seine malerischen Höllen in der Hochliteratur bewohnt, wird er mit Verständnis, wenn nicht mit Sympathie gesehen; hat er doch eine stolze, verzweifelte Seele. Er ist zwar immer noch der Teufel der Bibel, aber John Milton (*1608) zum Beispiel vergleicht ihn auch mit den Monstern Hesiods.[990] Er vergleicht ihn mit ihren Attributen enormer Körperlichkeit, um diese in Psychoenergie umzusetzen: in den Willen zum Bösen aus ‹unbändigem› Freiheitsdrang (1, 306).

990 John Milton: Das Verlorene Paradies (1667). 1. Buch, V. 227. Vgl. Stuttgart 1994, S. 12. – Auch liegt der gestürzte Satan zunächst gefesselt in der «stygischen Flut» (1, 276), also im Hesiodischen Tartaros, bevor er in sein höllisches Eigenheim umzieht (1, 283).

Lieber herrschen in der Hölle
Als Knecht im Himmel sein.[991]

Dieser Freiheitsdrang ist nun nicht nur eine Spur zur äußeren Wirklichkeit der «Glorreichen Revolution», sondern zugleich eine Spur zum wirklich Bösen im Innern von Menschen. (Ist doch schon dogmatisch die Freiheit eine Voraussetzung zum Bösen.) Und der teuflische Freiheitsdrang spiegelt den konstitutiven Freiheitsdrang des frühneuzeitlichen Lesers, der sich, neugierig lesend, bestätigt. – Freilich muss der Spiegel auch ein wenig verdreht werden, muss der verfemte eigene Teil verdunkelt werden. Ob der Leser seinen Anteil exorzisiert, fortspiegelt oder ob er im Dunkeln eine Allianz mit dem Bösen schmiedet, wird gerne im Dunkeln gelassen. Wenn man sieht, wie lange es dauert, bis das «Herz der Finsternis» (Joseph Conrad, 1911) aufgefunden wird, oder wie ein junger Mann scheinbar grundlos vom Fieber der Jagd nach «Cthulhu» (H. P. Lovecraft, 1928) gepackt wird, dann erkennt man die Mühen und Kosten der Visualisierung der inneren Nacht (der Suchenden), und immer ist es irgendeine Nacht, in der das Monster dann befreiend erscheint. Die Nacht ist der dunkle Spiegel. Das Dunkle an diesem Spiegel ist wichtig; denn es ermöglicht den Blick ins vermeintlich Offene, Fremde; man sieht ja noch nichts … obwohl: Das kann schnell kippen. Wenn dann das Monster auftaucht, es zu einer Konfrontation kommt, dann müssen die Spiegelanteile und die Fremdbilder schnell entmischt werden im Schauder.

Zu Hesiods Zeiten funktionieren die Monster selbst noch eindeutiger, und die Nachtfenster-Oszillation zwischen Spiegelung der menschlichen Existenz in der Nacht und ihren ‹Kindern› einerseits und den fremden (großenteils aus der Fremde ausgeliehenen!) Monstern andererseits ist ebenso eindeutig verteilt. Aber es entsteht bereits der Appeal drohender Ungewissheit. Die Schwangerschaft der Nacht ist ja auch deshalb ständig auf dem Sprung in unser Bewusstsein, weil die Kohärenz ihrer Personifikation nach jeder manifesten Geburtsaufzahlung zur nächsten übergehend, einen Augenblick der neuen Schwangerschaft impliziert. Der Überschuss an eingebildeter Schwangerschaft rührt von dem Entzug der Körperlichkeit und Sichtbarkeit der nachtgeborenen Wesen her (die doch

991 John Leonard (Hg.): J. Milton: The Complete Poems. Paradise Lost, I, 263: «Better to reign in Hell, than serve in Heav'n.» (Meine Übersetzung)

in unserm eigenen Körper hausen!), zu der die ‹Abstraktheit› des Nyxischen Schwangerschafts- und Geburtsvorgangs passt (keine Höhlen, kein Brüten, kein feuriges Ausfahren etc.), der bei der Geburt der Eris-Kinder schon einer Metaphorisierung von Kausalverhältnissen gleichkommt.[992]

Eben das aber, was hier ‹fehlt›, kennzeichnet die Monster in der *Umgebung* der Nachtfamilie, die bezeichnenderweise erdgeboren sind, das heißt aus der Gaia-Linie mit Uranos, aus der Gaia-Linie mit Tartaros oder der Gaia-Linie mit Pontos stammen. Letztere sind besonders durch Keto, das Seeungeheuer, vertreten, das eine weitere Kohorte berüchtigter Monster hervorbringt (zum Beispiel die Gorgonen), die wiederum Monster gebären, wie die «böse Echidna» (v. Sch. 303), die Mutter der Sphinx. Die Liste der ‹theologisch› weniger wichtigen Monster, die nach den Nachtkindern vorgestellt werden, ist lang und wird eingeleitet durch Töchter des Gaia-Sohnes Thaumas, die «lockenschönen» Harpyien, «die zugleich mit dem Wehen der Winde, dem Fluge der Vögel / eilen auf raschen Schwingen dahin; sie jagen der Zeit nach». (v. Sch. 267) Ein wunderschöner Euphemismus für diese tödlichen Flügelmonster, der eigentlich auch gut zu der bösen Täuschung passt, die nach Hesiod die körperliche Liebe bereithält, hinter der das Alter droht. Aber es ist undenkbar, dass diese Verse bei Philotes, der Tochter der Nacht stehen (224). Stattdessen ähneln sie den Versen für Aphrodite (205).

Das Reich der Nyx ist also eingelagert in eine Kasbah von Monstern. Dass die Nyx-Nacht von diesen nächtlichen Wesen geradezu wie in einer Höhle umschlossen ist, dass sich der Nyx-Bereich auf diesen nächtlichen Umraum bezieht, um aus ihm als etwas Besonderes heraus- und aufzutauchen, wiederholt und symbolisiert die Einbettung der Ferne in seiner Mitte, zeigen die Hesperiden (215), die eben jene goldenen Äpfel hüten, die auch die monströse Monstermutter Echidna (297) bewacht, und zwar unter der Erde im fernen Land Arimoia (304)[993]. Entgegen unserm Wissen von der Außenwelt wächst der Apfelbaum in einer Felsenhöhle. Vielleicht ist es auch ein anderes Monster, das Keto mit Phorkys herstellt, eine Schlange, «die tief in der finstern Erde, / fern an den großen Grenzen die goldenen Äpfel behütet» (Hal. 334). Entscheidend ist aber die Monsterver-

992 Vgl. Fränkel, S. 114.

993 Nach von Schirnding scheint das «Arimagebirge» noch nicht lokalisiert zu sein.

pflanzung ins Herz der Nacht und ihre ‹Aufhebung› durch Position und Beschreibungsänderung. Denn an den Äpfeln sitzen jetzt die hellsingenden Hesperiden (Th. 275 und 518), die nach einer anderen Tradition sogar von Keto und Phorkys abstammen statt von Nyx.[994] Die Nyx-Nacht wird zu einer inneren Nacht der Monsternächte. So ähnelt sie der Nacht im Innern der Menschen. (Die subjektiv je primordiale Nacht ist immer ein gleichsam schwangeres Innen.) Und ausgerechnet im Innern der inneren Nacht schlägt ein goldenes Herz aus Monsterblut. – Denn nirgendwo außer hier gibt es Blutsverwandtschaft oder Adoption von Monstern und Nachtkindern. Ist die allegorische Sublimation der Einbildungskraft im Bereich der Nacht aber nun ‹nur› eine Art Ästhetisierung des Schreckens, oder steht sie in einem Zusammenhang mit einem weiterreichenden ‹philosophischen› oder politischen Programm Hesiods?

In «Werke und Tage» zeigt Hesiod, dass ihm der Kontext von Eid und Monstern durchaus vertraut ist. Es werden die guten und schlechten Wirkungen der einzelnen Tage des Monats aufgeführt, und vom fünften heißt es – in der abweichenden Übersetzung der Hallofs: «Denn die Erinyen betreuen am fünften den Horkos / bei der Geburt, den Eris gebar, Eidbrechern zum Leide.»[995] Nach Burkert (Religion, S. 379) heißt das: An diesem Tag sind die Erinyen im Stand-By-Modus und können den Eidbrüchigen sofort quälen (und nicht erst später oder im Jenseits oder an seinen Nachkommen). Das sieht nach einer Reminiszenz der Keren-Arbeit im Nyx-Katalog aus, wo es diese den Erinyen ähnliche Göttinnen sind, die «die Vergehen verfolgen unter den Menschen und Göttern» (Hal. 220) und so lange zürnen, «bis … die schlimme Strafe gezahlt, wer immer gefrevelt» (Hal. 222). Etwas, das im Nachtbereich am ehesten einem Monster gleicht und zugleich den Erinyen, nämlich «die gnadenlos strafenden Keren» (217), befindet sich keinesfalls in der Nähe des Meineids, obwohl dieser noch am Ende des Nachtkataloges als Nachtenkel Horkos auftaucht, welcher «den Menschen auf Erden schlimmsten Schaden» bringt (Hal. 231). Die Ersetzung der Erinyen durch die Keren und deren Distanzierung von Horkos scheint nicht ohne Bedacht zu sein.

994 Vgl. Rec. Lex., S. 248, und Kl. Pauly, Bd. 3, Sp. 1117.

995 WuT., Hal. 803. Beachte die Metapher der Geburt für das ‹Leisten› eines Meineids.

Die Erinyen, nachgeborene Kinder von ungeheuren Eltern[996], die Kinder und Gatten bedrohen, zur Vaterkastration aufrufen und die ungeheuren Geschwister der Erinyen, die Titanen, verfluchen, sind wie die Giganten[997] und die melischen Nymphen Ausgeburten einer Blutschuld (Th. 185). Obwohl sie deutlich das ‹Ungeheuer-aus-Schuld›-Register ziehen, gehören sie nicht zum Hesiodischen Nyx-Recht-Bereich, sondern zum älteren (?) mutterleibsnahen Blutrecht (aus dem Hause Gaia), das vielleicht auch keine Gnade kennt, aber relativ einfache Formen der Entsühnung durch Reinwaschen der Blutschuld. Dennoch gibt es eben Verweise zwischen der Gaia-Linie und der Nyx-Linie. Der Rand der Erde ist der Rand der Nacht (275). Auch ist es die Nacht, die Nacht des himmlischen Uranos, die Gaia bedroht (wie jeder männliche Machtanspruch ihr bis auf Zeus zu viel wird). In der Nacht geschieht die Entmannung, und der Nachthimmel wird nun auf ewig unfruchtbar und entrückt bleiben. Auf der andern Seite ha-

996 Gezeugt vom Blut des Opfers bzw. des bestraften Verbrechers im Schoß der Rächerin, Anstifterin dieser Gewalttat, sind die Kinder der Rache die inkarnierte Rache (= *erinys*).

997 Ohne kritischen Einwand stellt E. Tripp die Tradition dar, dass die Giganten, wie auch andere «ungeheuerliche Nachkommen der Ge und des Uranos» (etwa die Kyklopen oder Typhoeus) «als Personifikationen oder Geister heftiger Naturereignisse (zum Beispiel vulkanischer Ausbrüche)» vorgestellt wurden. (Recl. Lex., S. 209) Diese Leerpackung «Naturereignisse» muss zurückgewiesen werden, sie basiert auf einem Naturbegriff und einer Kausalitätsvorstellung, die dem archaischen Denken fremd sind. Dass überhaupt so verschiedene Denk- oder Erlebnisweisen wie die Halluzination eines Geistes bei einer gewissen enormen Erscheinung oder (wie häufig im Hellenismus interpretiert) die Allegorie eines relativ abstrakten Sachverhaltes in einem Atemzug genannt werden, verkennt sowohl die sprachliche Differenziertheit Hesiods in den einzelnen Gestalten (nach Narrativität, Genealogie, Beschreibung der subjektiven Wirkung) als auch die unterschiedliche psychische Funktion der Artikulation monströser Phänomene als Phänomene – für die Subjekte. Wenn die Giganten in einem Satz mit den Menschen erwähnt werden als Gegenstand von Genealogie, so sind sie etwas völlig anderes als ein Typhoeus, der böse Winde fahren lässt. Das Innere schließlich der Erde ist so überkonnotiert mit psychischen Motiven, dass die geologische Reduktion eher belustigt. Das Inner- oder Unterirdische an Monstern ist jedenfalls wesentlich Innerleibliches, wie Angst und Schuldgefühl. Dass Gewitter der *Anlass* sind, diesen Gefühlen Gestalt zu verleihen, reicht noch nicht einmal dazu aus, ihre Herkunft im Schoß der Erde zu ‹wittern›.

ben die Erinyen deshalb etwas mit zivilrechtlichen Verhandlungen und so unblutigen Strafsachen wie Meineid zu tun, weil die doch männliche Eidpraxis eben auch einen usurpatorischen Vorstoß in die Domäne der Mütter wagte, wenn die Rechtspersonen bei öffentlicher Verhandlung meinten, ihre (Bei-)‹Wohnung›, die doch nicht die ihre war, beziehungsweise ihren vorübergehenden nächtlichen Aufenthaltsort, den Schoß der Frau, und deren Früchte verpfänden und verkaufen zu dürfen.

Es ist erhellend, wie aus der von Anfang an angelegten Doppelgeschichte von Gaia und Nyx in der Perspektive der Ungeheuergeschichten eine Parallelveranstaltung wird, in der sichtbar ein Motiv, das der Schuldverarbeitung, vom einen in den anderen Strang transferiert und sozusagen reingewaschen wird: Der symbolische Vatermord, den eine Kastration des Vaters durch den eigenen Sohn darstellt, geschah in Begleitung der Nacht bei einer Liebesumarmung (*philotes* Th. 175). Dann werden die Erinyen, die Giganten und die melischen Nymphen geboren, und es folgt eine ausführliche Schilderung der Geburt und des Wesens von Aphrodite, die aus der abgetrennten und hinabgeworfenen «Scham» (Hal. und v. Sch. 188) des gewalttätigen und dunklen Begehrens als Schönheit «auftaucht» (Hal. 191 f.).

Doch plötzlich, kurz bevor Hesiod die Göttin Nyx vorstellt, kommt er auf die Titanen zurück, die er doch schon früher behandelt hat, der Vater flucht seinen Söhnen und prophezeit ihnen Buße in der Zukunft (Th. 209 f.). Hier beginnt die ‹Verkettung› des Schicksalsfadens zum Geschlechterfluch, wie wir sie später bei den Tragikern sehen. Marg nennt diese Passage einen Nachtrag und «zugleich Weiteres ankündigend»[998]. Er denkt an die Titanenkämpfe. Doch das Buße-Motiv folgt viel unmittelbarer darauf durch die Niederkunft der Nacht mit ihren Sühnegeistern: ‹Zur Welt› kommen die Keren und die Nemesis auch in dem Sinne, dass es die Ebene der Menschen ist, in die nun das vormals höhere, kosmische Geschehen zurückgespiegelt wird. Es spiegelt sich hin bis zur Spiegelumkehrung der ‹Monster›-Zeugung, indem Horkos, der Meineid, der den Menschen «den schlimmsten Schaden bringt», am Ende dieses Nachtstückes steht und nicht, wie bei den Erinyen, am Anfang.

Hesiod komponiert also die Einspinnung der (vaterlosen!) Nyx-Kinder-Genese in die Monsternächte, die Verklammerung mit ihnen (Äpfel),

998 Marg: Erläuterungen, S. 133.

die Fortsetzung eines Motivs (Vergehen) von ihnen, den Kontrast zu ihnen (durch andere Ausgestaltung der Gestalten) und schließlich eine Spiegelung von ihnen (Umkehrung von Meineid und Vergeltung). Doch gänzlich anders als die Ungeheuergeschichten ist die Atmosphäre schon in diesem Nachtbereich. Die zwanghafte Sukzession der Gewalt und des Verhängnisses von Vergehen und Fluch ist buchstäblich ausgesetzt durch die gezielte Auseinander-Setzung, Zerstreuung der Glieder dieser Kette (Horkos – Keren) und durch die Aufwertung des dazwischen Befindlichen: der Nacht und ihrer Erlebnisweisen in Schlaf, Traum, Liebe, Sterben und so weiter. Monster werden von Panik auslösenden Signalen zu imaginären Objekten: Eris und – was am ehesten an die Erinyen erinnert, weil direkt an das Schlusswort Buße des Titanenkomplexes (210) anschließend – die «schwarze» Ker (211) bezeichnen Anfang und Ende des Nachtkatalogs, zusätzlich dynastisch durch eine Generation von Horkos getrennt.

Wie aufgerufen durch den Fluch des Uranos erscheint also zuerst jener Dämon, der von den Nachtkindern noch am ehesten einem Monster gleicht und bei Homer *gemeinsam* mit Eris und blutverschmiert auf dem Schlachtfeld wütet (Il. 18, 535). Diese Brücken- oder Fortsetzungsfunktion der Ker ist auch der Grund, weshalb gleich darauf von den Keren ausdrücklich bekräftigt wird, dass sie ebenso die göttlichen Vergehen verfolgen (Th. 220), obwohl die ganze Anlage des Nachtkataloges deutlich an die Sterblichen adressiert ist.[999]

Doch entscheidend ist die Veränderung, die in der gesamten ‹Umnachtung› mit den Personifikationen geschieht. Obwohl immer wieder ein Zusammenhang älterer Bedeutungen auftaucht in Erinnerung an die Titanensage, an schicksalsschwere Wahrträume (Oneiren 212), durch wiederkehrende Keren (und Moiren): der Status der Wörter, göttlichen Per-

999 Die Moiren und Keren waren schon von Hesiod miteinander vermischt worden, und diese Passage (Th. 220) wird als Interpolation aus Th. 906 betrachtet, wo sie zu den Moiren gehörig ist. Deshalb könnte zweifelhaft erscheinen, ob sich dieser Vers auf die Keren bezieht. Aber ausgerechnet der Hinweis auf göttliche Verfehlungen stammt nicht aus dieser Passage, sondern ist hier original. In diesem Sinne scheint die Übersetzung Margs plausibel, wenn er diesen Vers 218 f. (v. Sch.) weglässt: «Und die Moiren gebar sie / Und die Keren, die unversöhnlichen Rächerinnen, / Die der Menschen und Götter Übertretungen verfolgen; / Und die Göttinnen lassen nicht nach / in ihrem schrecklichen Groll, / Bevor sie mit schlimmer Strafe zurückgezahlt haben / Dem, der sich verfehlte.» (Marg 218)

sonen oder Sachen / Begriffe wird unsicher; es entsteht notwendig eine Toleranz für den Widerspruch in den Erscheinungen und zu den Erinnerungen der Hörer. Sie können, wenn sie wollen, auch in diesen «Phänomenen», wie Tadelsucht und Täuschung, Monster «sehen», müssen sich das dann aber gut überlegen ... Diese Art Sprach-Nacht auf oder unter dem inhaltlichen (Be-)Reich der Nacht flößt keine Angst vor dem gnadenlosen Verhängnis von Vergehen und Strafe ein, sondern sie ist ‹ein weites Feld› (von Liebe bis Tod und Alter bis Täuschung) überraschender Nähen und erstaunlicher Fernen. Zwar kann man immer noch alles auf einen Schoß schuldschieben, «aus dem das kroch», aber dann hätte man immer noch die Irritation darüber zu verdauen, dass der Nachtschoß ein Parallelschoß zur Mutter Erde ist. Freilich: Schoß und Parallele, das will so gar nicht zueinander passen ... Dennoch scheint der Eindruck dem Zweifel gegenüber Bestand zu haben, dass hier die eine Linie aus der andern übertragen ist. Zumindest objektiv wird mit der Parallelität von Gaia-Linie und Nyx-Linie die Kette des Verhängnisses durch Zweideutigkeit, Unklarheit und Doppelung relativiert, wodurch ein gewisser Horror zu einer von der hörenden Vorstellung mitbestimmten ästhetischen Größe wird.

Darüber hinaus zeigt ein Vergleich mit Gaia die Kulturleistung der Nyx-Symbolisierung: Sie lädt ein zur Rationalisierung und Sublimation von Ängsten und anderen Affekten, in dem sie zur Annahme des allgemein menschlichen und je eigenen Teils am zunächst bedrohlich Fremden (Moiren als Schicksal) auffordert. Die symbolische Verschwisterung von unter anderem Trieb (Philotes) und Schicksal (Moiren), am gleichen Busen der Nacht genährt, ist im archaischen Kontext von Göttergeschichten eine unerhörte Neuerung. Gaias mütterlicher Bauch ist das Medium des Auftauchens erschreckender Erscheinungen aus dem Dunkel oder das Medium des schrecklichen Kampfes um die Erscheinung von weniger schrecklichen Gestalten. Aber seit Zeus den Stein vor ihr Loch der Löcher rollte, und seitdem wir uns erinnern können: Sehen wir Gaia von außen (bis wir im Tartaros sind). Und wenn alles, was wir sehen, von unsrer dunklen Herkunft geprägt ist, sehen wir uns an der Oberfläche treibend, abgeschnitten von den Wurzeln des Sehens. (Wurzeln und Nabelschnüre sehen jedoch nicht.)

Erstes Sehen ist immer monströs, besonders wenn es keine Unterscheidung machen kann zwischen Sehen und Erscheinen. Die Sterne sind erst im Einzelnen sichtbar, seit der Himmel abgeschnitten ist von der Erde.

Mag der männliche Fruchtbarkeitsgott Sterne ‹enthalten› (*asteroenth*, 127), einzelne ‹Stern›-Bedeutungen tauchen erst in der Enkelgeneration des Uranos auf: mit Sonne, Mond und Astraios (376).[1000]

In der «Theogonie» kann Gaia, die älteste Göttin und Schöpferin aller männlichen Götter, zwar fortwährend ihren Söhnen und Männern Unheil und Übel bereiten, aber nie mehr wird sie die Macht erobern. Dennoch bleibt sie, obwohl unendlich alt, in der Lage, Monstren der Vergangenheit wiederkehren zu lassen. Ihr dunkler, *von außen* verschlossener Schoß bleibt infolge dieser Verdrängung unkontrollierbar und bis zum Schluss den ungestalten vermeintlichen Urmächten, Urnächten (Tartaros und Chaos) nahe. Im schlussendlichen Kosmos ist sie nicht zu verorten. Zuletzt war von ihr nur das Stöhnen als materielle Erde und Leid-Tragende der Titanenkämpfe vernehmlich gewesen (839–43, 858–67). Ihre Verzeichnung ist im Kern wohl älter als männlicher Herrschaftswille und beruht auf dem Überlebenstrieb aller Lebend-Geborenen mit dem dunkel umrandeten Bewusstsein dunkler Herkunft (und Zukunft).

Die unkontrollierbare Phantasie zeichnet diese Geburtskämpfe nach in den vielfältigen Variationen des *Auftauchens*: durch die aus dem Wasser auftauchenden, weil von Pontos abstammenden Ungeheuer, durch die inszenierte Nachgeburt in Sekundär-Höhlen (Zeus, Hephaistos, Dionysos, Typhon) und beim Auftauchen der Bilder im Tartaros. Das Auftauchen aber, draußen in der Nacht, simuliert, inszeniert, spiegelt nur das Auftauchen von Bildern aus der inneren Nacht des Bewusstseins (von Hörern und Lesern).

Die unendliche Variation eines bestimmten Typs der Visualisierung durch verschiedene (vorgestellte) Medien hindurch legt es nahe, den Kern des Monsters nicht in seinen jeweiligen Erscheinungsmedien zu sehen, sondern im ‹Sehen› des Monsters als eines monströsen Auftauchens von enormer Sichtbarkeit. Das monströse Auftauchen ist bedrohlich, weil es das Feld des Sehens tendenziell überschreitet, hin zum ‹betroffenen› Körper des Sehenden, ja durch ihn hindurch und hinter ihn insofern, als es

1000 Hyperion, der «oben Wandelnde» (v. Sch.), ist zwar ein Sohn von Gaia und Uranos, aber es gibt keine Hinweise darauf, dass dieser Vater der Sonne wie bei Homer auch von Hesiod mit dem Sohn Helios gleichgesetzt wurde. Er ist die *Bahnung* der Sonne.

die *eigenen* weggeschlossenen ‹Titanen› weckt: Verdrängtes, Beerdigtes. (Symbolischerweise ist Frankenstein junior aus Leichenteilen zusammengeflickt, die durch Blitz zum Leben erwacht sind.) Die den Hesiodschen Text imaginierenden Hörer- und Leser-Leiber befinden sich, äußerlich gesehen, außerhalb von Gaia und Nyx, werden aber damit konfrontiert, dass immer wieder Monströses aus dem dunklen Inneren ihrer imaginierten (!) Außenwelt auf sie zukommt.

Dabei geht das ‹Blicken des Sehenden› aus dem dunklen Innern hinaus. Das Sehen als ein Gebären. Das ist durchaus etwas anderes als ein symbolisches «Das Licht der Welt erblicken», mit dem das Geboren*werden* umschrieben wird; aber das weiß das Sehen nicht, wenn es Monster sieht. Monstersehen ist das Gegenteil von «Das Licht der Welt erblicken», nämlich den Abgrund der Welt, das Loch der Löcher (hinter, unter, in einem selbst). Das Grauenhafte ist nicht das Erscheinende, sondern das Nichterscheinende an ihm, das unbeschreiblich Formlose. Schreckformen (etwa das Enorme, das Gemischte) sind nur der Vor-Schatten des Grauenhaften. (Dass dieses Formlose den Rückraum des Sehimpulses im eigenen Innern spiegeln könnte, weiß der erschrockene Monsterseher gewöhnlich nicht.) Eine moderne Variante des Formlosen ist das «Unsägliche» (etwa des Grauens), das unendlich viele Worte machen kann, die Unsäglichkeit zu beschreiben (etwa bei Lovecraft).[1001] Die Folge davon ist eine neuerliche Zurückweisung des Lesenden auf seine eigene Vorstellung.

Natürlich gibt es reale Missbildungen und soziale Monster (etwa maßlose ‹viehische› Tyrannen), aber ihren Monster-Ausweis bekommen sie erst durch das Imaginäre der alarmierten Monster-Seher. Vor diesem zumindest geahnten Anteil an Selbsterkenntnis sind Monster ‹Scheusale› in der älteren, nicht moralischen Bedeutung des Wortes: tabuierte Mächte, die man zu *scheuen* hat. Unterhalb oder vor allen theatralen Inszenierungen, ‹draußen› in der Nacht der Monster, ist diese Alarmierung konstitutiv für das Monster-Sehen. Die konstitutive Verortung von innen und außen ist unmittelbar nicht erfahrbar, sie geht jeder individuellen Erfahrung immer schon voran und begleitet sie implizit. Aber indirekt ist sie zu ahnen. Zum Beispiel die (unthematische) eigene Geburt verleiht dem Erleben des ‹Zur-Welt-Kommens› eines Anderen höhere Bedeutsamkeit, und

1001 Vgl. H. P. Lovecraft: Horrorstories. Frankfurt 2008.

ähnliche Vorgänge, Ereignisse, ‹Fahrten› werden lebhaft phantasmatisch überhöht. Selbst die objektive Tatsache, dass Geburt etwas Abschneidendes und Offenbarendes für bereits Geborene *darstellt*, sagt noch nicht deutlich genug, dass es eine erste Dimension des Selbst-Ansichtigwerdens (des Auftauchens) an dieser Ansicht gibt, die monströs sein muss, weil sie unfasslich ist, die, wenn auch vielleicht nur für eine kurze Schockzeit prämedial erscheint, weil sie aus der dunklen Nacht innerer Unerfahrenheit je eigener Ausfahrt herausfährt. Das post festum a priori ‹Aus-Allem-Herausfallen› der Geburt und das ‹Entgegenkommen› des Monsters gehören wohl zusammen.

«Wer weiß nicht, Volusius, was für Monster von verrückten Ägyptern angebetet wurden? Der eine verehrt das Krokodil überaus, der andere fürchtet den Ibis», höhnt der römische Satiriker Juvenal.[1002] Er hat gut lachen. Er sieht die Monster der Ägypter, der anderen, sozusagen von der Seite, indem er sie zusammen mit ihrem Medium oder in ihrem unterschiedenen kulturellen Kontext erblickt, in dem sie dargestellt: gefesselt sind. Er hat seine *eigenen* Monster im Weinkeller. Jede Kultur, jedes Individuum *muss* zwar nicht eine verschiedene Monster-Ikonologie haben, hat aber ihre und seine je eigene Weise des Auftauchens und Spiegelns. Die Verteilung von Seiten- und Frontalansichten auf verschiedenen Götter-, Monster- und Helden-Darstellungen verschiedener Kulturen hängt allerdings nicht nur mit der kulturellen Verteilung von bannendem, tendenziell monströsem Bildcharakter einerseits und distanzierender Narration zusammen, sondern basiert auf der je individuellen Reife des objektivierenden Blicks.

Auch Monster können allerdings langweilig werden, wenn sie sich wiederholen und immer mehr als Repräsentanten des Genres oder sogar des Mediums nurmehr erscheinen, nicht auftauchen. Dann wird etwas Neues monströs, das dieses Medium zu durchbrechen droht oder dies verspricht. Nehmen wir das Beispiel der romantischen Malerei in Deutschland. Nach Jahrhunderten echt gotischer Dämonen als Kirchenschmuck und Jahrzehnten literarischer und ikonischer Gespenster von der vorromantischen Grabeslyrik über die unecht ‹gotischen› Schauergeschich-

1002 Juvenal, 15. Satire, zit. nach: R. H. Wilkinson: Die Welt der Götter im alten Ägypten. Stuttgart 2003, S. 68.

ten[1003] bis zu den Albtraumbildern eines Füßli oder Goya[1004], kann das ausgestaltete (aber sozusagen flach gewordene) Monster sogar wegfallen, wenn nämlich der dunkle Abgrund selbst, auf den das Monster verweist, für den das Monster gähnt, sich geltend macht. Wenn bei der Ansicht von Caspar David Friedrichs «Der Mönch am Meer» (1809/10) die Vorstellung ‹auftaucht›, als ob einem die Augenlider weggeschnitten seien, so beschreibt diese Vorstellung das Erlebnis der Ausfahrt des Blicks (inklusive chirurgischer Geburtshilfe).[1005]

Bezogen auf den erblickten dunklen Abgrund, würde diese monströse Nacht ein sensibles Wesen, das sich nur als dünnes Netz zwischen innerer und äußerer Nacht empfindet, durchfluten, wenn es auch noch seiner Augenklappen beschnitten würde. Ein solches erstes Erblicken, das ohne die subjektiven Schutz- und Neugierklappen, ohne ‹Augenspiel› geschieht, kommt dem (phantasierten) Geburtsakt gleich, es wird aber an Monstern in entgegengesetzter Richtung wahrgenommen. (Das ausfahrende Monstrum repräsentiert die Verpönung des Blicks ins Dunkle.) – Die inszenierten Monster-Erscheinungen (im Epos, im Theater, auf dem Bild) spielen mit dem Schrecken, der aus dem Rahmen fällt, dem durchbrochenen Medium, das die Kraft des ersten Bildes heraufruft, das ein Akt war: Durchbruch zum Sehen, der nur aus dem vergleichslosen, perspektivlosen Dun-

1003 Vgl. H. Walpole: Schloss Otranto (1761), ein Werk, das 1800 die 20. Auflage erlebte; E. T. A. Hoffmanns «Die Erzählung Cypriens» erscheint 1819 in «Die Serapionsbrüder».

1004 Vgl. J. H. Füßli: Der Nachtmahr (1781) und F. Goya: Saturn (1820–1823). Saturn ist der Hesiodische Kronos, der eines seiner Kinder frisst. Vgl. aber schon vorher für England: B. West: Der Tod auf einem fahlen Pferd (1776). – Goya ist einer der wenigen, die die Moiren Hesiods dargestellt haben: «Atropos oder die Parzen» (1820–23). Siehe Abb. 3, S. 267.

1005 Die Darstellung grauenhafter Immanenz der Elemente, der Entropie von innen und außen, des Zugleich von Eingeschlossenheit und Ausgeworfenheit (der «Mönch») haben eine biographische Plausibilität. Friedrich wäre als Kind fast ertrunken; sein Bruder starb bei dem erfolgreichen Versuch, ihn zu retten. Auch bei der gespenstischen Wirksamkeit dieser ‹Ikone› der Romantik kommen kultureller Bedarf und individuelles Phantasma zusammen. Das Meer ist das Monster des Unzeigbaren, dem der Mönch entgegengeht. Der monströse Blick auch des Betrachters durchbricht (imaginär) die mediale Grenze, die der Rücken des Mönches darstellt, zu etwas Unzeigbarem.

kel erfolgreich sein kann. Friedrichs Bild taucht auf zu einer Zeit, da die Bilder anfingen, immer flacher zu wirken, und die Sehnsucht nach Nachtansichten von der Natur immer noch stetig wuchs. (Friedrich war mit dem Arzt, Naturforscher und Psychologen Gotthilf Heinrich Schubert eng befreundet, als der in Dresden seine Vorlesungen über die Nachtseite der Natur hielt.)

Diesen Sprung über die Ebenen-Differenz der Medien kann die Phantasie erleben und gestalten. Die furiose Wirkung von Matthew G. Lewis' Schauerroman «Der Mönch» (1795), der 1799 in deutscher Übersetzung erscheint, ist immer noch ungebrochen[1006], da steht Friedrichs «Mönch am Meer» und überträgt den gotischen Monsterschauer in einen ästhetischen Nachtraum nach Art des Hesiod. Das graue Meer gleicht Pontos, dem Ahnen der längsten Monster-Dynastie in der «Theogonie». Gleich wird die Silhouette des Mönches sich im Meer verlieren. Dieses Verschwimmen des Erdgeborenen mit dem Meer im Medium des Bildes ist die Sublimation des furchtbaren Endes von Ambrosius im Roman von Lewis. Der Satan krallt seine Klauen in die Tonsur des Priors, trägt ihn unermesslich hoch in die Lüfte, lässt ihn fallen auf eine Felsspitze, dass er sich wälzt «von Abgrund zu Abgrund», bis er «zerstoßen, zerschmettert, verstümmelt» an einem Flussufer liegen bleibt und buchstäblich die versammelten Tantalus- und Prometheus-Qualen im *Tartaros* (das volle Körperprogramm: ausgesaugt und ausgehackt, verdurstend im Angesicht des Wassers) sechs Tage aussteht. Am siebenten stürmt es mit Winden, so stark wie die im Tartaros, dass die Felsspitzen schwanken; ein Gewitter umschließt den Himmel mit «blitzschwangern Wolken»; der Regen schwellt den Fluss an und schleppt «die Leiche mit sich in den Ozean».[1007] Manches ähnelt hier dem Tartaros: Das Fallenlassen aus der Höhe, der Wind, der Blitz, die Flüsse, die zum Ozean ziehen, und die Toten, die in den Tartaros kommen. – Aber ist es so wichtig, ob Friedrich tatsächlich an den Hesiodischen Nachtraum gedacht hat? Wichtig ist, dass Friedrich, umringt von den Monstern seiner Zeit, dem Nachtleib der Phantasie die Weite eines Nachtraums gegenüberstellt.

1006 E. T. A. Hoffmann wird 1814 durch Lewis zu seinem Roman «Die Elixiere des Teufels» angeregt.

1007 M. G. Lewis (*1775): Der Mönch. München 1965, S. 258f.

Von hier aus kommt der dritte Nachtaspekt Hesiods wieder in den Blick, ohne den sich die ästhetische Nacht als Spiegel nicht würde entfalten können. Man versteht Hesiods oszillierende Spiegelfunktion der Nacht nicht – und damit auch die seiner Monster nicht, wenn man den Tartaros nicht als den hinausgespiegelten inneren Nachtraum erkennt, als den ich dieses nächtliche Panorama im Hesiod-Kapitel dargestellt habe.[1008] Tartaros II ist der Raum, der von Tartaros I durch eine Spiegelwand getrennt ist, die durch Eingänge manchmal durchlässig ist, aber irgendwie droht, *immer* durchlässig zu sein. Hier sind Monster und Nyx auf engstem Raum beieinander, ohne sich zu begegnen oder zu berühren. – Obwohl die Nyx-Familie und die Sippen der Monster nichts miteinander zu tun haben sollen, muss Hesiod noch zweimal, sozusagen in einer topischen Regression, die beiden unterschiedlichen imaginären Programme, die damit repräsentiert sind, wieder aufeinander losgehen lassen, bevor sich dieser visionäre Nachtraum stabilisiert.

Zunächst findet der Kampf der Monstergenerationen statt (Th. 666): Uraniden gegen Kroniden, das heißt: Titanen gegen die Geschwister des Zeus, die wahre Ungeheuer aus Erebos-Tiefen (669) sind; sodann der Kampf gegen Typhoeus (820). Beide Male kommt der Aufstand aus der Unterwelt, beide Male zittert der Tartaros (681, 850); einmal ist selbst das Chaos in Mitleidenschaft gerissen; beide Male weitet sich die Unterwelt des Tartaros mit dem Untergang der Verlierer (720, 868). Das Ende ist eine Rauminstallation der Entmischung von Nachtpanorama und Monsterverlies mit Tartaros I und II, mit einer Spiegelwand dazwischen. Obwohl es ein Kampf der Monster ist, ist es auch ein nächtliches Spektakel: Glühender Wind (697), feurige Blitze (698), göttliches Feuer (700) gehen mal von Zeus auf die Titanen hernieder, mal kommt von unten das Feuer aus dem Inneren von Typhoeus (826), bevor auch dieses Ungeheuer vom Blitz-Licht des Zeus unter die Erde geschickt wird (859). Wir können zwar nicht sagen, dass die personifizierte Nyx an diesem Kampf beteiligt gewesen ist, wenngleich von Schirnding das am liebsten sagen würde, der die Monster von der «Nacht der Geschosse» (v. Sch. 716) in des Tartaros Dunkel versenkt sein lässt (Th. 716), wo nur von einer Umschattung die Rede ist. Gleichwohl: Der Effekt ist eine verstärkte Restaurierung jener zuvor

1008 Siehe A 6: «Ein nächtliches Panorama» – «Das Nachtbild mit Nacht im Tartaros».

schon durch die *Darstellung* Hesiods erreichten Trennung und gegensinnigen Bezugnahme von Nacht und Monstern.

Türsteher Zerberus bittet freundlich wedelnd mit dem Schwanz, doch hereinzukommen in die Bar, Gorgo Medusa droht von innen, und Nacht geht einfach rein, in Tartaros I. Sie wohnt hier, hat den Tod auf dem Arm – und der Tod kennt keine Wiederkehr. Dieser Tod aber schon, denn er ist die überindividuelle Personifikation desselben. Die Nacht ist die große Ausnahme, der Durchbruch im Spiegel und andererseits dessen Realisierung durch periodischen Verschluss; denn wir imaginären Zuschauer treffen sie ja nur *vor* der Mauer. Die Vorstellung des Lesers ist in diesem Spiegelkabinett, in diesem zugigen Vorraum, zugleich in einem innersten Raum (Gaias) und einem äußersten Raum, am weitesten nämlich entfernt von der Erdoberfläche Gaias, das heißt vom menschlichen Standpunkt.

Er ist hier in einem Spiegelraum, weil Anfang und Ende sich hier berühren. (Man stelle sich das so vor, als ob man vor einem Spiegel stünde, dessen Spiegelbild man mit seinem Finger an der Stelle des *gespiegelten* Fingers berührt.) Das Berühren von Anfang und Ende muss also nicht die Aufhebung der Zeit oder die Entropie von innen und außen bedeuten, sondern kann in der Realisierung des Spiegelbildes die Aufrechterhaltung, ja die Erfahrung der Ebenen-Differenz bedeuten: im Akt einer virtuellen Umstülpung oder doch Umkehrung einer Fahrt, die hinausgeht und sich entgegenkommt.

Dass Monster in verschiedener Weise etwas mit Spiegeln zu tun haben, ist uns schon verschiedentlich begegnet. (Medusa wird als Spiegelbild erkannt und besiegt; die Sphinx spiegelt Ödipus das Rätsel der menschlichen Biographie vor.) Aber in diesem Nachtraum kommen die Monster und die Nyx in einem konstruierten Spiegelraum zusammen, in dem sich die am Monster gespiegelte innere Nacht des Menschen und die äußere Nacht, welche die innere zu spiegeln vermag, wechselseitig eine dunkle Tiefe öffnen. Der unheilschwangere Bauch der Nyx hat sich zu einer unheilschwangeren Landschaft geweitet, wo die Monster der Vorstellung manchmal ein wenig bestätigt werden, man aber diesseits der Tür ist, aus der abwechselnd Tag und Nacht treten – wenn auch im Dunkel unter der Erde.

Dass einiges in diesem nach den Monsterkämpfen stillen Raum spiegelverkehrt ist, sieht man an der Spiegelumkehr des Wasser*falls* der Styx, der bis zum Himmel hinaufragt. Der oszillierende Spiegel vor den Häusern der Nacht, des Hades usw. bedeutet, dass es einen Weg ins unwiderrufliche Jenseits gibt, aber auch einen zurück – insofern alles nur erst Metaphernfahrt ist für diejenigen unter den Hörern und Lesern, die bis hierher mitgefahren sind. Spätestens wenn die Nacht wieder aus ihrem Haus tritt, immer noch oder wieder mit Tod und Schlaf auf dem Arm, heißt es, aufwachen aus der Metaphernfahrt, tua res agitur, fahr hinaus ans Licht – der Nacht. (Wenn nämlich Nyx aus Tartaros I auftaucht, dann ist der oberirdische Tag vorbei, die Nacht kommt auf die Erde. Wer mit der Nacht zurück auf die Erde geht, der hat den Tag verpasst, verlesen – in der Lesehöhle von Tartaros II.) Wer diese imaginäre Fahrt an den Rand der äußeren und inneren Nacht erfahren hat, hat ein anderes Verhältnis zu den körperbetonten Monstern. Er wird immer zunächst sehen, wer da wohin übertragen hat.

Die Verdoppelung der Nacht im Tartaros: einmal der neunfache Ring der Nacht, der diesem leibartigen Raum der Angst den Hals zuschnürt, dann diese Königin der Nacht mit ihren Kindern darin: Das installiert die Nacht als ein oszillierend spiegelndes Fenster, das abwechselnd einen Tiefenraum bis zum Himmel öffnet und im nächsten Augenblick das sich fremde Auge selbst. Dieses Nachtfenster zeigt im Innersten des Spiegels das Äußerste der Welt und das Innerste als ausgestülpt in die äußerste Nacht der Welt, unter der Erde. Hier unten wohnt alles Verdrängte, (scheinbar) Besiegte, hier sind die (untoten) Leichen im Keller. Die Nacht ist ein spiegelndes Fenster, mal öffnet sie sich zur unendlichen Allnacht, oder zum Jenseits oder Tod; mal spiegelt sie unsern Blick zurück. Das heißt, sie zeigt, wohin wir schauten, was wir im Auge hatten, zeigt unser Milieu der Nacht und unsere Herkunft. Das aber heißt auch, wir sehen die Monster als ein Spiegelbild, der Spiegelgrund ist die Nacht – gegenüber der inneren.[1009]

1009 Die Monster sind nicht immer *unser* Spiegelbild, verdoppeln oder ergänzen nicht immer *unser* Gesicht. Im Spiegel sehen wir auch Medusa, die hinter oder neben uns steht. Das fremde Spiegelbild *muss* auch nicht von einem Monster stammen. Zwei Verliebte können so zueinander stehen, dass sie jeweils nur den anderen wahrnehmen wollen; und doch projizieren sie, was sie sehen wollen, weil sie den Blickwinkel gewählt haben, unter dem sie sich selbst fortspiegeln und den anderen einspiegeln.

Zauberspiegel

Dieser Aspekt der Nacht mag bewusst oder unbewusst bei Hesiod eine größere ästhetische Bedeutung gehabt haben als bei seinen Zeitgenossen. Aber die nachtleibliche Affinität zum Spiegel der Nacht ist offenbar über die Zeiten und Räume hinaus verbreitet. Nacht und Spiegel bilden einen gefährlichen Zusammenhang. Noch heutzutage sind Zauberspiegel marktfähig. Ein gewisser Manticus bietet ein Buch und einen sogenannten Schwarzspiegel, das Werkzeug für Hellseher, Magier und Hexen, «zum Experimentieren» an.[1010] Dass das nächtliche Schwanken von Opazität und ‹Durchblick› metakulturell, aber kulturbildend, erstens als Fernrohr, weitens als Spiegel und drittens zum Vertauschen der beiden Funktionen gedient hat, wird am vielfältigen magischen Gebrauch materieller Spiegel in der Nacht sichtbar.

Das «Handwörterbuch des deutschen Aberglaubens» hält den Glauben, dass es gefährlich sei, «nachts in einen Spiegel zu sehen, für allgemein (Pythagoreismus, Persien) verbreitet. Meist heißt es, dass man dann den Teufel sieht oder eine Hexe oder ein garstiges Gesicht. Man kann dadurch aber auch das Spiegelbild verlieren, die Gelbsucht bekommen oder sogar sterben». Die Herausgeber erklären die Gefahr aus der Tatsache, «dass viele Menschen durch langes Anstarren blanker Gegenstände, z. B. eines geschliffenen Kristalls, einer Glaskugel, eines Glases Wasser, eines Spiegels, der Rückseite einer Taschenuhr u. a., sich in einen eigentümlichen visionären Dämmerzustand, der auch in eine Hypnose übergehen kann, versetzen und dabei Gesichts- und Gehörsbilder hervorrufen können».[1011]

Wenngleich das sehende Ausfahren auf einen äußeren Gegenstand (der zurückblickt) ein wichtiger, gleichsam energetischer Bestandteil dieser gefährlichen Wirksamkeit ist, ist damit der Anteil der Nacht noch nicht recht gewürdigt, die einerseits als Ausstülpung der inneren Nacht zur äußeren Rahmenbedingung des Blicks in den Spiegel wird, und die andererseits eben oszilliert zwischen der Gabe fremder oder eigener Gesichter – auf einer Oberfläche, die manchmal eine Unterseite, wenn nicht ein

1010 Manticus: Der wissende Spiegel. Wahrsagen und Magie mit dem Schwarzspiegel. München [3]2008.

1011 Hwb. Abergl. Bd. 6, Sp. 785.

Abgrund zu sein scheint. Das Körperwissen des Nachtleibs ist hier eine notwendige Voraussetzung für die Übertragung *ins* Spiegelbild – auch gerade deshalb, weil die ferne flache Ansicht davon nichts mehr wissen zu wollen scheint. Dass man in den Spiegel «hinein» schaut, zeigt, dass phantasmatischer Körperinnenraum hinter dem Spiegelbild allgemein die Übertragung fördert, das Bild für wahr zu halten. Der Blick ist ein Repräsentant des Körpers. In Jean Froissarts (gest. 1404) «L'espinette amoureuse» kann ein Kavalier seine Geliebte, «die weit fort ist, wiedersehen, weil er den Spiegel, in dem sie sich drei Jahre betrachtet hatte, unter das Kopfkissen legt»[1012].

«Die deutschen Sprichwörter – Gesammelt» von Karl Simrock (1846) wissen zwar: «Wenn man des Nachts in den Spiegel sieht, guckt der Teufel heraus.»[1013] Doch heißt es an späterer Stelle auch: «Wenn man zu Nacht in den Spiegel schaut, so schaut der Teufel mit hinein.» (Nr. 10217) Das dahinter stehende Gedankengut ist in Mitteleuropa allgemein verbreitet, und man kann den Teufel, der mit hinein sieht in den Spiegel, sowohl für das ‹nächtliche Milieu› halten, das mit hineinsieht (also die Gefahren der Verführung durch all die *andern* nächtlichen Sünder), als auch für ein nächtliches Sichtbarwerden des eigenen inneren Teufels. Der Teufel springt flottierend einmal aus dem Inneren des Blickenden, dann wieder aus der zum Spiegel gewordenen nächtlichen Außenwelt hervor. Wenn der Teufel sozusagen hinter dem Spiegel hervorkommt, so oszilliert die Bedeutung innen und außen. Der Blick in den Spiegel, macht in diesem Falle *auch* ein phantasmatisches Loch (zur Außenwelt), durch das der Teufel hereinkommt in die Welt des Spiegelblickers:

«Auch hat der Teufel Gewalt über die Spiegel, sobald es dunkel geworden, denn wer hinein sieht, zu dem schaut der Leibhaftige heraus. Auch gehören ihm für den betreffenden Tag diejenigen an, welche mit ungewaschenen Händen umhergehen.»[1014]

1012 J. Baltrusaitis: Der Spiegel – Entdeckungen, Täuschungen, Phantasien. Gießen ²1996, S. 212. – Er zitiert J. Froissart: Lespinette amoureuse. Paris 1958, V. 2626.

1013 K. Simrock: Die deutschen Sprichwörter – Gesammelt. Frankfurt 1846/ Dortmund 1978, Nr. 9701.

1014 A. Birlinger u.a.: Sagen, Märchen, Volksaberglauben. (1861) S. 265. In: Uther: D. Märch., Dig.Bib. Bd. 80.

Aus einigen erläuternden Zusätzen in Spruchsammlungen verschiedener Regionen erfährt man, dass durchaus an die ‹Sünde› der Selbstverliebtheit gedacht wird. Aus der Oberpfalz ist überliefert: «Wer Nachts in einen Spiegel schaut, dem schaut der Teufel heraus: es ist grosse Sünde.»[1015] Zu einer Schweizer Variation dieses Sprichworts vermerkt der «Wander»:

«Sieht abends man beim Lichterschein noch in den Spiegel stolz hinein, schaut reizend wie ein Blumenstrauss, gifthauchend Satanas heraus. Und stört er deiner Seele Ruh', schliess' schnell und fest die Augen zu. Gelöscht die freche Kerze sei, den freveln Spiegel schlag' entzwei.»[1016]

Doch ist hervorzuheben, dass viele dieser Zauberspiegel[1017] zum Teil mit komplizierten Prozeduren in der *Realnacht* verbunden sind, und dass sie versprechen, etwas von der Außenwelt zu zeigen. Eine Sage aus Uri zum Beispiel kennt einen solchen Spiegel als einen veritablen ‹Fernseher› nach Paris:

«Wenn man einen Berg- oder Weltspiegel will, soll man in der Heiligen Nacht auf einer Kreuzstrasse ein Loch in den Erdboden graben, einen Spiegel, mit dem Glase nach unten gewendet, darinnen vergraben und von 12–1 Uhr auf dieser Grube stehen bleiben. Aber da wird's nicht schön hergehen! Da werden alle Hexen und Teufel in allen möglichen Gestalten auf einen losfahren, es wird donnern und blitzen und rumoren. Aber sie können einem nichts antun; man muss nur keine Angst haben und ausharren, so kann man am Ende der Stunde den Spiegel ausgraben. Will einer davon springen, so packt ihn der Teufel. Aber in den Spiegel soll man zuerst einen Hund hineinschauen lassen, den Ersten nämlich, der in einen solchen Spiegel schaut, nimmt der Teufel. Nachher vermag jedermann mit ihm durch alle Berge hindurch und in die weitesten Fernen zu sehen, was er will, er kann z.B. von hier aus einen Freund in Paris damit beobachten.»[1018]

1015 F. X. Schönwerth: Aus der Oberpfalz. Deutsche Märchen und Sagen. Bd. 3, S. 240. In: Uther: D. Märch., Dig.Bib. Bd. 80.

1016 K. F. W. Wander: Deutsches Sprichwörter-Lexikon (1867). Bd. 4. Augsburg 1987, Sp. 693, Nr. 46.

1017 Vgl. W. v. Schulenburg (Hg.): Wendisches Volksthum in Sage und Sitte. S. 87 ff. In: H.-J. Uther (Hg.): Digitale Bibliothek Bd. 110: Europäische Märchen und Sagen. Berlin 2004, S. 10552; im Weiteren abgekürzt: Uther: Eur.Märch.

1018 Josef Müller, «Sagen aus Uri.», Schweizer Sagen Bd. 1, S. 224, in: Uther: Eur. Märch. S. 23500.

Von den Beispielen mit einem vergrabenen Spiegel und einer expliziten Nacht der Unterwelt gibt es etliche; einige haben sogar wie oben die Anmutung eines Kampfes mit Verbindung zur Unterwelt; andere halten es mit der Zahl der neun Nächte; so lange dauerte auch die Tartarosfahrt bei Hesiod, so viele Kinder hat auch die Shakespeare'sche Nachtmähre (s. u.).

> «Der Zauberspiegel.
> Es giebt Spiegel, mit denen kann man die Spitzbuben sehen. Dazu soll man einen Spiegel kaufen, nichts abhandeln und den unter einen Galgen, wo schon Menschen erhängt wurden, neun Nächte lang eingraben und zwar jede Nacht an einer verschiedenen Stelle. Die letzte Nacht, wenn man den Spiegel abholen will, kommt der čert und hält ein Buch hin, in dem muss man sich unterschreiben. Dann hat man den Zauberspiegel. Einen solchen hatte früher ein Mann in Schleife.»[1019]

Die Dominanz des Bösen, namentlich des Leibhaftigen, ist auffällig. Da kaum Nachtmahre, Alpe, Trolle oder Truden vorstellig werden, sondern nur Teufel und Hexen, nun gut auch ein Spitzbube, kann man davon ausgehen, dass der nächtliche Blick in den Spiegel entweder vom Christentum erfunden worden ist oder von ihm verpönt worden ist – so stark, dass man nur Böse(s) darin sieht. Ersteres können wir ausschließen; denn Zaubereien mit Spiegelbildern sind ebenso ubiquitär, wie das Vexierspiel zwischen Spiegelbild und Rückraum beliebt ist.[1020]

Seit dem klassischen Griechenland ist das Spiegelbild als chthonisch orientiertes Wahrsage-Instrument überliefert.[1021] Nicht allein der Kampf

1019 v. Schulenburg: Wendisches Volksthum …, S. 87. – Vgl. das Beispiel aus der Oberpfalz, wo der Spiegel auf das Gesicht eines ausgegrabenen Selbstmörders gelegt und anschließend in einer «öden Waldquelle» gewaschen werden muss, damit man einen «Erdspiegel» erhält, der einem alles zeigt, was man will. Schönwerth, Oberpfalz, Bd. 3, S. 218.

1020 Vgl. die chinesischen Zauberspiegel, welche die Muster oder Reliefs ihrer Rückseite auf der Spiegelseite abzubilden in der Lage sind.

1021 Vgl. Lilian Balensiefen: Die Bedeutung des Spiegelbildes als ikonographisches Motiv in der antiken Kunst. Tübingen 1990, S. 177. Balensiefen behauptet zwar wenig später, die Wahrsagekraft habe nicht im Spiegel gelegen, sondern

gegen konkurrierende Kulte ist der Grund der christlichen Verpönung des Spiegelbildes, sondern der Kampf um die *Seele* der Christen, die zu sehr an ihre körperliche Wohnung fixiert wird, wenn diese von außen, im materiellen Spiegel betrachtet wird. Der Blick in den Spiegel pervertiert gleichsam die wesentliche Perspektive der gläubigen Seele aus dem Dunkel heraus ins imaginäre Licht des Heils. – Der Christ hat sowieso einen besseren Spiegel, sein Gewissen. Es ist interessant zu sehen, wie der gegenreformatorische Prediger Abraham a Sancta Clara (*1644) aus der inneren *Stimme* des Gewissens ein *imaginäres* nächtliches Spiegelbild macht:

«Ein Spiegel ist zwar ein solcher gläserner Prediger, der einem natürlich die Wahrheit in Bart reibt, hast eine krumme oder stumpfe Nase, so sagt er's, hast einen lux- oder fuchsfarben Bart, so sagt er's [...] verschweigt nichts, aber gleichwohl in der Finster halt er's Maul; aber das beleidigte Gewissen schreit ohne Aufhören, vermantlet nichts, verhüllt nichts, verblümlet nichts, verschweigt nichts, schreit nit allein beim Tag, sondern auch bei der Nacht: ‹das, das, das hast gethan›.»[1022]

Der *wahre* Spiegel mag die irrlichternde Neugier, das Einfallstor der Wollust, bekämpfen, die teuflischen Anfechtungen der sinnlichen Erregung, überhaupt die ganze Affektion durch die Außenwelt, durch eine äußerliche Sichtweise, deren Repräsentant der Spiegel ist. Für uns ist Abrahams Argument wichtig, dass der Spiegel des Gewissens auch im Dunkeln funktioniert, also verlässlicher ist als die Spiegelfunktion des Textes (vgl. den *Beichtspiegel*). Dass sich mit dem Fortfall der sinnlichen ‹Verlockungen› der täglichen Welt ins Dunkle die nächtliche Regung zur Reflexion ‹aufgrund› der Dunkelheit mächtiger erhebt, ist wohl nicht hinreichend mit der Abwesenheit von Licht zu begründen, sondern mit der körperlichen Intuition der Nacht als eines Spiegelgrundes, als einer blickumkehrenden Opazität. Aber Abraham a Sancta Clara verkennt vielleicht ein wenig, dass immer schon nicht nur aus ‹äußerlichen› Gründen in den Spiegel geschaut wurde, dass viel *geistige* Neugier die Nacht im Himmel und auf Erden abzusuchen sich angewöhnt hat, und dass in einer unüber-

im Wasser, auf das der Spiegel gelegt worden sei (181). Aber das Wasser erfüllte genau die doppelte Funktion, sowohl zurückzuspiegeln als auch zur Unterwelt hin offen zu sein.

1022 Abraham a Sancta Clara: Judas der Erzschelm. Bd. 4. In: Ders.: Sämmtliche Werke, Bd. 7. Passau 1834–1836, S. 48 f.; in: Dig.Bib. D.Lit.Groß.

sehbaren Menge von Koalitionen zwischen Magie und Wissenschaften gerade eine Art Spiegelfunktion der Nacht kultiviert worden ist (Astrologie als Spiegel der Zukunft und der inneren Bestimmungen).

Während der ganzen Renaisssance in Europa sind sowohl Spiegelspielzeuge (Nebenprodukte der experimentellen Naturwissenschaften) als auch magische Spiegelpraktiken (Kaptomantrie) en vogue.[1023] Wahrsagen aber kann man Böses *und* Gutes. – Darüber hinaus gibt es einige Zeugnisse magischer Praktiken, die vorchristlichen Ursprungs sind, zum Beispiel die, das Bild des Geliebten herbeizuzaubern. Und diese (halluzinierte) Vereinigung des Wunschbildes aus der inneren Nacht mit dem Geliebten, der aus der äußeren Nacht kommt, ist explizit an bestimmte Nächte gebunden, das heißt, man glaubt an ihre die (christlich bestimmte) Wirklichkeit aufhebende Macht.

In Russland, aber auch in Deutschland galt die Nacht zum 30. November als magische Rauhnacht, in der die Frau das Bild des zukünftigen Gatten erblicken kann, wenn sie sich nach umständlichen Prozeduren der Reinigung und Abschließung des Hauses um Mitternacht völlig entkleidet «gegen das Fenster» wendet und dreimal den heiligen Andreas anruft:

Lieber Betschemel, ich tritt dich,
Heiliger Andreas, ich bitt dich,
Lass' jetzt meine Augen,
Den Herzliebsten schauen.[1024]

Andreas, der Schutzpatron Russlands, hilft im dortigen Volksglauben alten Jungfern und gegen Unfruchtbarkeit; aber er ist gewiss nicht der Stifter dieser magischen Praktiken, sondern hockt diesen auf. Wichtiger ist, dass man den Spiegelcharakter des Nachtfensters wahrnimmt. Auch wenn kein Glas in ihm die Frau spiegelt, so spiegelt die Projektionsfläche doch die innere Vorstellung eines Geliebten, der gleichwohl als von außen, aus der Rauhnacht aufgetaucht, vorgestellt wird. Überdies gibt es in dieser Nacht manchmal auch eine direkte Spiegelparade: Das Mädchen tritt um Mitternacht nackt, ein Licht in jeder Hand, vor den Spiegel, betet Andreas

1023 Siehe Beispiele bei Baltrusaitis (1978): Spiegel, S. 207.

1024 Bilderlexikon der Erotik (1928–32). Bd. 1, S. 56, Digitale Bibliothek Band 19, S. 229.

an und sieht «im Spiegel das Bild ihres Zukünftigen» (ebda). «In anderen Gegenden wird die Zeremonie vor dem Ofen gemacht.» (Auch diese beiden Übungen scheinen in der Regel nackt verrichtet worden zu sein. Der Ofen, worunter man sich die große schwarze Öffnung eines Kamins hinaus in die Mitternacht vorzustellen hat, repräsentiert zwar am deutlichsten den Aspekt der Öffnung des ‹Nachtfensters› in die Nacht; aber auch hier ist es natürlich ein Objekt des Begehrens in der inneren Nacht, das gespiegelt wird, wenn auch nur imaginär.

Die rituelle Entkleidung in der äußeren Nacht ist die symbolische Ausstülpung aus der inneren Nacht, in der der Wunsch ‹haust›. Diese ‹Enthüllung› offenbart nicht nur feierlich eine innere Wahrheit, sondern verstärkt magisch die ‹Anziehungskraft› auf das äußere Objekt des Begehrens in der äußeren Nacht. Die obligaten beiden Leuchter, welche die Hände außerstande setzen, in spontaner Scham die Scham zu bedecken, beleuchten diesen Akt des Seh(n)ens in die Nacht, welches wiederum gesehen werden soll, draußen in der Nacht, jenseits von Spiegel, Fenster, Ofenrohr. Ich habe leider keine Erfahrungen mit diesen magischen Praktiken, besonders was das Erscheinen der Geliebten betrifft. Zwei Installationen sind hier denkbar.

1. Die Spiegelfrau ist sich selbst nicht sichtbar in einem Spiegel, der schließlich irgendwoher den Geliebten zeigen soll – oder als Strafe: den Teufel. In diesem Fall dominiert am ‹Oszillographen› die Bedeutung der Heterotopie des Spiegels, der andersartigen Ferne, der Ferne des Anderen. Das Extrem ist hier der reale Nachtausgang des Ofenloches (vor dem sich der Wunsch nur imaginär spiegelt). Für diese Installationen des 1. Typs gilt: Der sich nächtlich spiegelnde Leib, der vom sich spiegelnden Leib nicht gesehen wird, aber erfolgreich vom Geliebten ‹aufgenommen› wird, vergibt sich (oder nur sein Spiegelbild?) an die Nacht, verliert sich in ein dunkles unsichtbares Jenseits, das seine Wünsche zwar spiegelt, aber nicht zurückgibt. Dafür den Anderen! Freilich kann man auf ewig sein Spiegelbild verlieren …

2. Im anderen Typus der Installation sieht die Nackte ihr Spiegelbild – und das scheint angesichts der vielen kirchlichen Warnungen vor dem Teufel der Selbstverliebtheit der häufigere Fall zu sein. Aber der Unterschied zum ersten Typus ist nicht qualitativ. Schließlich sind diese Fälle von Liebeszauber alle mit weiblichen Protagonisten gesegnet, und die sehen sich bekanntermaßen schon im Allgemeinen selbst wie von außen,

mit den Augen der/des Anderen. Siehe die Bilder von männlichen Malern über sich spiegelnde Frauen seit der Renaissance. Wie ihr Blick in den Spiegel die dunkle Landschaft hinter ihnen einfängt und dabei über das gespiegelte Antlitz forschend wie über eine fremde Landschaft schweift (Giovanni Bellini)! Wie ihr Blick in den Spiegel nur den Blick des Betrachters trifft und so das Bild der sich spiegelnden Frau zum Spiegel des männlichen Betrachters (und des Malers) macht (Tizian)! Wie sie kontrollierend den Blick zurückwirft, reflektiert, während sie ihren vermeintlich originalen nackten Leib im Bild dem Betrachter zuführt (A. Janssens)![1025] Sie hat, was man im Spiegel sieht, schon verinnerlicht und schickt dem Betrachter oder Maler *ihr* Bild.

Das haben natürlich Männer gemalt. Aber es geht schon seit Jahrhunderten so und bleibt nicht ohne Folgen fürs Selbstbild. – Wie dem auch sei. In der Literatur der Romantik werden wir plötzlich der Männer gewahr, die im Spiegel die ‹Braut› suchen (etwa bei Hoffmann, s. u.). Hier sollte nur die Fixierung aufs faktische Spiegelbild gelockert und der Unterschied relativiert werden zwischen demjenigen Spiegelbild, das einen selbst, und demjenigen, das einen Anderen zeigt. Falls man sich aber selbst im Spiegel sieht, wenn man auch an den Anderen denkt, so taucht der Geliebte aus dem Bild der Liebenden auf, wird gleichsam von ihr ausgebrütet, überblendet die eigene Gestalt oder verwandelt sie. Aufregende Geschichte! Aber nicht ganz so aufregend in diesen rituellen Nächten: Hat man doch fest an die magische Wirkung geglaubt, und alles hat nun seine Art. – Schlimmer sind dic unwillkürlichen Erlebnisse, des Nachts sein unerwartetes und fremdes Spiegelbild zu sehen (etwa in der Kneipe) – oder einen Schatten in der Nacht, der einem bekannt vorkommt. Schlimmer sind unwillkürliche Vorstellungsbilder oder Träume von sich selbst als ganz Anderem, der sich als man selbst erweist. Monströs!

Diese Vorstellungen einer magischen Beeinflussung, ausgerechnet im Medium der Nacht, in welchem die sozialen Organisationen nicht gerade zu Hause zu sein scheinen, sprechen fur eine verborgene, geahnte oder ‹abergläubisch› gewusste Verwandtschaft zwischen der inneren Nacht (etwa

1025 Siehe Giovanni Bellini: Weiblicher Akt mit Spiegel (1515); Tizian: Venus vor dem Spiegel (um 1555); zahlreiche ‹Kinder› bei Veronese, Rubens, van Dyck etc.; Abraham Janssens: Allegorie der Wollust.

der Wünsche) und der äußeren Nacht (ihrer Verwirklichung). Dass es in der Regel besondere Nächte (wie die Rau- und die Äquinoktialnächte) sind, in denen der Zauberspiegel wirkt, ist nicht so aufzufassen, dass hier nacht-externe Mächte wirksam würden, sondern so, dass diese besonderen Nächte besonders nächtlich sind, so nächtlich, dass sie die christliche Barriere der Verteufelung überwinden. Auch die innere Nacht scheint sich stärker zu regen. – Natürlich ist die nächtliche ‹Verankerung› des magischen Denkens und Handelns älter als ihre christlich-abendländische Bekämpfung. Der kulturübergreifende Grund für die Hoffnungen auf magische Wirksamkeit ist sozusagen ästhetischer Natur: Die Macht der Verwandlung der Wirklichkeit wird der Nacht attestiert, weil sie in der Lage ist, die unerschütterlichsten Wahrnehmungen zu erschüttern und vermeinte Tatsachen, ja die Faktizität selbst zu einem bloß täglichen Anschein zu depravieren.

Hoffmanns Zauberspiegel der Literatur

Es ist nun durchaus erhellend, dass sich der nächtliche Spiegel aus der Magie in die Literatur fortgestohlen hat. Die üblichen Verdächtigen können hier auf unfrischer Tat ertappt werden: Shakespeares Hexen im Macbeth (IV. 1), Lewis' Mönch[1026] und Goethes Faust I[1027], der ursprünglich auch eine Andreas-Nacht geplant hat, wovon noch die Reminiszenz eines Bürgermädchens (Vers 878) zeugt. Wahrscheinlich sollte sie den Transfer zwischen dem niederen, magischen Stand Gretchens und dem hohen Stand Faustens (oder des Literaten) darstellen.[1028] – Die schönere Hälfte des Spiegelbildes bleibt dem Teufel überlassen oder diesem hörig. Die kirchliche Verteufelung (im wahrsten Sinne des Wortes) ist nicht nur eine des Nar-

1026 M. G. Lewis: Der Mönch. München 1971, S. 339.

1027 J. W. v. Goethe: Faust (I), Hexenküche, V. 2429. Die Szene ist 1788 in Italien geschrieben, also relativ frei von der schauerromantischen Linie Lewis', der Shakespeare beerbt.

1028 Der Entwurf zur Andreasnacht in: Goethe: Faust – Texte. Hg. v. A. Schöne, S. 580. Zur These des Transfers von Volksmagie in den höheren Stil siehe A. Bohnenkamp: «… Das Hauptgeschäft nicht außer Augen lassend» – Die Paralipomena zu Goethes «Faust». Frankfurt 1994, S. 241.

zissmus, sondern auch der Sexualität und der Kultivierung des Begehrens gewesen.

Ende des 18. Jahrhunderts sieht es so aus, als ob alles noch einmal *literarisch* wieder(ge)holt werden müsse, zur Erholung des Narzissmus, der Sexualität und des Begehrens. Vor allem die Monster der *Angst* vor dem nächtlichen Blick in den Spiegel müssen bezwungen werden – und bereichern die Literatur des Schauerromans und der Romantik. Deren Interesse am Zauberspiegel scheint dabei im deutschen Sprachbereich größer zu sein als in der ‹Weltliteratur›.[1029] Wenngleich der magische Gebrauch des Zauberspiegels bereits im 17. Jahrhundert einmal durch Johann Christian Harsdörffer (*1607) literarisiert wird und in einem einsamen Geniestreich Johann Christian Günthers (*1695) als Metapher der Augen poetisch vereinnahmt wird, beginnt die Beliebtheit des Zauberspiegels in der Literatur allerdings erst mit der 2. Hälfte des 18. Jahrhunderts[1030]. Doch soll Günther kurz als Beispiel dafür gestreift werden, wie selbstverständlich die Vorstellung gewesen ist, dass Zauberspiegel und vielleicht alle Spiegel Bilder aus dem *Rückraum* desselben bieten. Denn dass die Augen Spiegel der Seele seien, ist so natürlich wie – ‹übernatürlich›[1031]:

Die wunderschönen Zauberspiegel,
So immer in Bewegung stehn,
Die marmorweißen Amorshügel,
Wenn sie stets auf- und niedergehn –
Sagt, wenn der Neid sie selber schaut:
Hier hat mehr als Natur gebaut.

1029 Die «Bibliothek der Weltliteratur», Berlin 2004, Digitale Bibliothek Bd. 89, führt 14-mal das Stichwort «Zauberspiegel», davon stammen nur fünf Eintragungen nicht aus deutschsprachigen Texten.

1030 J. Chr. Harsdörffer: Der Grosse Schauplatz jämmerlicher Mordgeschichte. Teil VII, CLI: «Der Zauberspiegel» Hamburg. 1656, S. 533, in: Dig.Bib. D.Lit. Groß; J. Chr. Günther: Als er sich über ihren Eigensinn beschwerte (um 1714). In: Ders.: Sämtliche Werke. Leipzig 1934 f., Bd. 1, S. 30. (Dig.Bib. ebd., S. 213.413)

1031 Natürlicherweise spiegeln die Augen der/des Anderen *unsere* Absichten im Blick auf sie. Was aber mit der Redewendung gemeint ist, unterstellt einen magischen Spiegel, der etwas aus seinem Hintergrund wiedergibt, das zugleich aufgetaucht und von außen reflektiert sein muss.

Von den 123 Nennungen des «Zauberspiegels» in der Digitalen Bibliothek «Deutsche Literatur von Luther bis Tucholsky» stammen die meisten, nämlich je acht Einträge von Jean Paul (*1763) und Bettina von Arnim (*1785). Es folgen mit jeweils sieben Nennungen Harsdörffers Geschichte und zwei Märchensammlungen (von Löhr und Grimm). Heine ist sechsmal dabei und Hoffmann viermal. Nicht nur die Quantität, sondern auch die Qualität des literarischen Rückbezugs auf die magische Praxis ändert sich mit dem Ende des 18. Jahrhunderts zunehmend. Man kann die Wende geradezu fixieren auf das Jahr 1769, als Johann Gottfried Herder (*1744) zunächst in einem Gedicht das magische Denken an Zauberspiegel ganz in christlichem Sinne kritisiert[1032] und dann im Juni des Jahres in «Der Genius der Zukunft» dem Geist auch der heidnischen Poesie den Besitz eines die Zeit aufhebenden Zauberspiegels attestiert.[1033]

Die allgemeine Tendenz ist: Entweder werden magische Vorstellungen nur berichtet, ins Medium der Literatur gehievt (etwa in die ‹Hexenküche› von Faust I), *oder* es findet eine Metaphorisierung statt, die literarisch anschlussfähig ist: Das Auge, die Imagination und die Erinnerung sind Zauberspiegel. Bei E. T. A. Hoffmann ist das von Anfang an anders. In seinem Werk spielt der nächtliche Spiegel (wie auch das verwandte Motiv des nächtlichen Doppelgängers) eine große Rolle, und weil er versucht, den psychischen Hintergrund des magischen Spiegelspiels mit der Programmatik der Poesie und der literarischen Komposition zu *verbinden*, scheint er einer exemplarischen Beachtung wert.

Sein Transfer der ‹abergläubischen› Rituale in die Lesehöhlen der Literatur scheint so beispielhaft, dass eine ältere Auswahl seiner Erzählungen als «Der Zauberspiegel» hat figurieren können.[1034] Diese Titelung ist nicht willkürlich, denn das Buch beginnt mit dem Märchen «Der Goldene Topf» (1814), in welchem sogar mehrere Zauberspiegel vorkommen. Der smaragdene, den der Student Anselmus in der vierten Vigilie – das Märchen ist also aus Nachtwachen aufgebaut – am Ring seines

1032 J. G. Herder: Gedichte. Werke in 5 Bänden. Weimar 1963, Bd. 1, S. 271; Dig.Bib. D.Lit. Groß.

1033 «... Dann liest der Geist in seines Meers Zauberspiegel die Ewigkeit!» (ebd., S. 275).

1034 E. T. A. Hoffmann: Der Zauberspiegel. Ausgewählte Erzählungen. München 1952.

Schwiegervaters in spe aufblitzen sieht, ist eher gutartig[1035], sogar mit Musik verbunden – und wenn man genau hinhört, hört man aus den recht synästhetischen «Krystallklängen» (S. 274, Z. 25), welche Serpentina umgeben, die «Zauberflöte» von Mozart (S. 274, Z. 27) heraus, die Hoffmann, während er den goldenen Topf sozusagen voll machte (es handelt sich immerhin um einen goldenen Nacht-Topf)[1036], mehrfach in Bamberg dirigiert hat (S. 755).[1037] Der goldene Zauberspiegel dagegen ist ein ganz höllischer mit allem schauernächtlichen Brimborium. Es wird in der siebten Vigilie erzählt, wie er in einer *Äquinoktialnacht* gegossen wird, und es ist bezeichnend, dass gerade zum Zeitpunkt dieser *rituell* bedeutsamen Nacht und gelegentlich der ausführlichen Beschreibung der nächtlich-magischen Praktiken der Erzähler den Leser ‹persönlich› anspricht und ihn im Konjunktiv ganz nah an die Szene heranführt (S. 280, 13): «Ich glaube wohl, daß dir, günstiger Leser! Kenntest du auch sonst keine Furcht und Scheu, sich doch bei dem Anblick dieses Rembrandtschen oder Höllenbreughelschen Gemäldes [...] vor Grausen die Haare auf dem Kopfe gesträubt hätten.»

Der Erzähler führt zwar den Leser so nah wie möglich heran an den heißen Feuerkreis, wo das Spiegelbild im Kessel gebraut wird, heran an die tödliche Angst Veronikas (S 281, 1), aber nur, um sofort das Bild einzufrieren als eines in der Manier von Rembrandt oder Breughel. Dieses Gemälde dann ist ein Seelengemälde, ein Spiegelbild, «das nun ins Leben getreten» (S. 280, 16), ein Zauberspiegel mithin ... in den der *Leser* getreten *wäre*. *Dem* sträubten sich dann vor Grausen die Haare – so körperlich *wäre* er anwesend. Historisch ändert sich nämlich so die Bezugnahme der nun schauerromantischen Literatur auf den Zauberspiegel. Der magische Gebrauch bestand in der nachtleiblichen Übertragung des Körpers ins

1035 E. T. A. Hoffmann: Der goldene Topf. In: Ders.: Fantasiestücke in Callot's Manier. Frankfurt 2006, S. 255, 31; weitere Belege im Haupttext.

1036 Siehe Hoffmanns frühe Ideenskizze des Märchens, ebd., S. 747.

1037 Die metaphorische Kombination von Kristall und Klang hat Hoffmann auch später noch als erlebte Synästhesie dargestellt. In «Die Automate» aus den «Serapionsbrüdern» «flimmerten kristallne Klänge aus den dunklen Büschen und Bäumen empor und strömten, vereinigt im wundervollen Konzert, wie Feuerflammen durch die Luft, ins Innerste des Gemüts eindringend und es zur höchsten Wonne himmlischer Ahndungen entzündend.» E. T. A. Hoffmann: Die Serapionsbrüder. München 1963, S. 352.

Bild um eines *visuellen* Ereignisses willen, etwa um den Geliebten zu sehen oder Paris oder die Zukunft. Wenn auch damit gedroht wurde, dass ein Monster, nämlich der Teufel oder die Hexen, herausspränge, so war der Zweck vornehmlich die Erfüllung der Wissbegier und des Wunsches, (ein Wunschobjekt) zu sehen.

Mit der Übertragung dieses Übertragungsprozesses an den schmächtigen Corpus der Texte beginnt die emblematische Spiegelfunktion des Zauberspiegels für die Literatur – und die Notwendigkeit ihrer Autoren, das ferne Leben jenseits des Nachtfensters der avisierten Lektüre (im Imaginären der Leser) stärker wirksam zur Geltung zu bringen. – In den «Fantasiestücken» bedient sich Hoffmann nicht selten der möglicherweise nur halluzinierten Installation eines aber realen materiellen Nachtbildes, das durch die Imagination des Betrachters (als Erzähler oder Leser) lebendig wird – und vom Leben des Vorstellenden zehrt.[1038] Die Phantasien an Nachtbildern sind das parallele Ereignis zu den magischen Herstellungen von Zauberspiegeln. Phantasiestücke sind Zauberspiegel. – Inhaltlich muss jetzt unbedingt der Jüngling aus dem Spiegel treten (S. 281, 20), die Liebende durch den Zauberspiegel in das Studierzimmer des Studenten eindringen können (S. 283, 15). Der Leser begehrt, ähnlich wie seine Held(inn)en, die Halluzination intensiverer Körpererfahrung der anderen. Bei Hoffmann ist hier der oszillierende Kälte- und Hitzeschauer repräsentativ (S. 278, 12; S. 280, 21; S. 282), der vor, während oder nach dem ‹Beischlaf› mit der Anderen im Spiegel den Heimkörper heimzusuchen pflegt. Bezeichnend, dass Veronika, obwohl sie schon im Besitz des nächtlich im Zaubertopf gegossenen Zauberspiegels ist, sich nochmals durch den Spiegel kämpfen muss, in dem wie in einer Lesehöhle oder eben wie in einem goldenen Zaubertopf der Student Anselmus – von einem leuchtenden Feuerstrom umgeben: schreibt (S. 283, 10). Dieser leuchtende Feuerstrom waren aber bei genauerem Hinsehen «nur große Bücher mit vergoldetem Schnitt» (S. 283, 11).

Die lesende Intensivierung der Imagination des Körperlichen im Spiegel des Textes ist keine postmoderne Konstruktion eines heutigen Germanisten, sondern schon Hoffmanns Versuch, die seinerzeit avanciertesten

1038 In den auf das Märchen folgenden «Abenteuern der Sylvester-Nacht» (S. 325) wird dieser Aspekt des Nachtbildes als Zauberspiegel konstitutiv.

Modelle eines Zusammenhanges von Weltseele (Schelling)[1039] und individueller Seele als den Zusammenhang von innerer und äußerer Nacht aufzufassen und der Erfahrung zugänglich zu machen: im Medium der Schrift. Es ist kein Zufall, dass Anselmus eigentlich ein geheimnisvolles Manuskript kopieren wollte, als Serpentina – der Name ähnelt der Serpentinata auf manieristischen Bildern, durch die verführerische Frauen in die Länge gezogen werden – in seine Gegenwart schlängelt und sie sich sozusagen verloben. Er kommt also nicht zum Schreiben, denkt er. Aber siehe: Ein Kuss des geheimnisvollen Halbtieres, sie verschwindet, und die Kopie ist vollendet (S. 292, 32). Was Anselmus hier kopiert, ist das ‹Buch der Natur› selbst. Während seiner Arbeit am Goldenen Topf hat Hoffmann eifrig Gottfried Heinrich Schuberts «Ansichten von der Nachtseite der Naturwissenschaft» (1808) studiert, in denen die Natur eben modellhaft als unleserlich und dunkel gewordene Schrift metaphorisiert wird.[1040]

Schubert entwickelt hierfür das Konzept der *Nachtseite* auch der Welt und des Menschen, zwei jeweils von der *Con*-Stellation Subjekt und Welt abgewandte dunkle Kehrseiten der Zuwendung, die sich, paradox formuliert, in ihrer Abwendung spiegeln, eine Art doppeltes Unbewusstes, das sich dereinst einander zuwendet, wenn man das Buch der Welt (das heißt der Gemeinsamkeit von innerer und äußerer Natur) wieder zu verstehen lernt. Diese doppelte Abwendung innerer und äußerer Natur beschreibt Schubert im Bild von der unverständlich, hieroglyphisch gewordenen Schrift. Dereinst aber, so prophezeit er, wenn die Nachtseite der Welt und des Seelenlebens einander wieder zuwenden, dann werden «die steinernen, halbverloschenen Schriftzüge … sich wieder bewegen und das dürre Todtengebein wird leben»[1041].

Einstweilen aber dient das Abschreiben einer unverstandenen Schrift

1039 Hoffmann hat sich laut Herausgeber spätestens 1813 intensiv mit Schellings «Von der Weltseele, eine Hypothese der höheren Physik» (1798) beschäftigt (S. 759). Diese «Weltseele» wiederum ist eine Weiterentwicklung des Platonismus, mit dem sich Schelling zum Beispiel schon 1794 in seinem «Timaeus» relativ selbständig macht. Vgl. T. Gloyna: Kosmos und System. Schellingiana, Bd. 15, Stuttgart-Bad Cannstatt 2002, S. 179 und S. 277.

1040 Siehe G. H. Schubert: Ansichten von der Nachtseite der Naturwissenschaft. Dresden ²1818, S. 15.

1041 Ebd., S. 22. – Vgl. auch Friese: Dunkles Wesen, S. 255.

als Allegorie der Reifung des Jünglings zu seiner naturgemäßen Bestimmung als Ehemann. Hier wird der Zusammenhang zwischen dem Zauberspiegel der Literatur und der «Zauberflöte» Mozarts sinnreich, denn es handelt sich beim ganzen «Goldenen Topf» um eine literarische Parallele zu diesem musikalischen Bewährungsdrama. Und der goldene Topf, der im ersten Entwurf Hoffmanns, getreu seiner romantischen Devise der Verbindung des Tragischen mit dem Komischen und des Banalen mit dem Erhabenen, ein goldener Nachttopf war, also auch die animalische Natur des ‹Besitzers› repräsentierte, wird schlussendlich ein Teil der magischen Aussteuer des neuen Hausstandes. Anselmus heiratet zwar keinen Drachen, aber eine smaragdene Schlangen-Frau, Tochter eines Mischwesens aus Salamander und Zauberer, der gegen Drachen kämpft.

Es wäre nun irreführend, das musikalische Motiv Hoffmanns auf das *Libretto* der Mozartoper von der Bewährungsprobe der Liebenden zu reduzieren. Neben dem Nacht-Literatur- und dem Nacht-Bild-Motiv spielt die Musik eine wichtige Rolle im Konzert der Anverwandlung zwischen innerer und äußerer Natur. Mag die Handlung des Märchens dominant die Probleme des Nachtleibs behandeln, eine Balance zwischen Traum- und Wachzuständen herzustellen und eine leibhaftige Übertragung zur Anderen zustande zu bringen: In seinem Verständnis der Schubert'schen Ansichten von der Nachtseite der Natur und der Seele steht die Musik noch am ehesten für die fast magisch leichte Wiederherstellbarkeit der Harmonie zwischen Innen und Außen, die ursprünglich überall geherrscht haben soll.

Für Ludwig etwa in «Die Automate» (1814) ist klar, dass der Mensch, in jenem Urzustand, wie er ihn aus Schuberts «Nachtseite der Naturwissenschaft» verstanden hat, «in der ersten heiligen Harmonie mit der Natur lebte, erfüllt von dem göttlichen Instinkt der Weissagung und Dichtkunst, als der Geist des Menschen nicht die Natur, sondern diese den Geist des Menschen erfasste, und die Mutter das wunderbare Wesen, das sie geboren, noch aus der Tiefe ihres Daseins nährte, da umfing sie den Menschen wie im Wehen einer ewigen Begeisterung mit heiliger Musik, und wundervolle Laute verkündeten die Geheimnisse ihres ewigen Treibens»[1042]. Die Erfahrung dieser Harmonie leitet bei Hoffmanns Figuren oft Umnachtungszustände ein. – Aber die Kombination der Körper und Seele

1042 Hoffmann: Die Serapionsbrüder. (2. Bd., 1819) München 1963, S. 349.

durchdringenden und erfüllenden Harmonie mit visuellen Ereignissen wie Feuerkreis und spiegelfähigem Kristall zeigt auch an, dass der Urzustand zur Zeit in Vergangenheit versunken ist und dass zur wunderbaren Verwandlung des inneren Menschen Hilfsmittel eingesetzt werden müssen, die schwächere Vereinigungsformen anzeigen, ja Spaltungen hervorrufen können, wie das Spiegelbild.

Der Zauberspiegel als zweideutiger Repräsentant (Gottfried August Bürger) oder als Kunstprodukt (Goethe) der äußeren und inneren Natur, der Wesen, ja der Seelenkräfte, ist zwar nicht neu.[1043] – Am bedeutsamsten unter den romantischen Vorläufern Hoffmanns ist wohl Novalis:

«Am Quell der Freiheit sitzen wir und spähn; er ist der große Zauberspiegel, in dem rein und klar die ganze Schöpfung sich enthüllt, in ihm baden die zarten Geister und Abbilder aller Naturen, und alle Kammern sehn wir hier aufgeschlossen. Was brauchen wir die trübe Welt der sichtbaren Dinge mühsam zu durchwandern? Die reinere Welt liegt ja in uns, in diesem Quell. Hier offenbart sich der wahre Sinn des großen, bunten, verwirrten Schauspiels; und treten wir von diesen Blicken voll in die Natur, so ist uns alles wohlbekannt, und sicher kennen wir jede Gestalt.»[1044]

Aber obwohl Hoffmann die hier zitierten «Lehrlinge zu Sais» verehrt hat und sein Serapionsbruder Ludwig sich gerade während der Musikerfahrung als mit einem Lehrling zu Sais vergleichbar bezeichnet (S. 346), zeigt sich in Hoffmanns Kombination von Klang mit Kristall und Feuer sein ganzer Gegensatz zur frommen Quasi-Entropie von innen und außen bei Novalis. Die Kälte- und Hitzeschauer seiner ‹Schauerromantik› werden vom leiblichen Eigensinn eines Individuums angefacht, das gleichwohl extrem empfänglich für äußere Wahrnehmungen wie für Imaginationen ist. Der Zauberspiegel der Schrift verspricht hier Linderung durch

1043 Vgl. G. A. Bürger: Gedichte Bd. 1, S. 236: «Prolog zu Sprickmanns Eulalia auf einem Privattheater» (entst. 1779/80); Dig.Bib. Bd. 75, Deutsche Lyrik v. Luther bis Rilke, S. 12992.

1044 Novalis: Die Lehrlinge zu Sais. In: Ders.: Schriften. Die Werke Friedrich von Hardenbergs. München 1978, Bd. 1, S. 212 – Goethe: Aus meinem Leben. Dichtung und Wahrheit. In: Hamburger Ausgabe, 1948 ff., Bd. 10, S. 41. Goethe bezeichnet hier in einem beigefügten ‹Lied› eine selbstgefertigte Zeichnung aus der intensiv erlebten Erinnerung als einen Zauberspiegel.

wechselseitige Übertragung und Ausbalancierung von inneren und äußeren Bildern. Die ambivalente Hingabe an eine *fremde* Macht, das Gefühl für die befremdliche Ebenendifferenz zwischen dem Imaginären und der wahrnehmbaren Welt bildet bei ihm erst den Motor der Übertragung.

Die (dargestellte) Schwelle zwischen Weltseele und Seelenwelt ist bei Hoffmann höher und scharfkantiger (verletzender) als bei Novalis, schon deshalb, weil das jeweilige Ich, das uns seine Perspektive leiht, seine körperliche Wohnung des Imaginären, seine Atmosphäre und Perspektive nicht so leicht aufgeben kann (wie es vielleicht will). Alles sieht jenseits der Spiegel-Schwelle so anders aus – oder so verkehrt. Das Spiegelbild etwa kann verschwimmen, ja geradezu verschwinden. Doch können Hoffmanns Figuren davon nicht lassen.[1045] Wenn die Schwelle zwischen Innen und Außen nachts auch herabgesetzt wird, so bleibt doch die halbwegs anerkannte Fremdheit (innen oder außen) ein Ansporn der Übertragung. In diesem Sinne wertet er, anders als Frühromantiker wie Novalis, das Unbekannte – und darüber das Unheimliche – zu einer wesentlichen Figuration des Unbewussten auf. – Er wertet zwar die innere, die psychische Realität auf, aber er ist in ihr keineswegs zu Hause.

Nicht zufällig erklärt Serpentina den Anselmus in der achten Vigilie des «Goldenen Topfes» als anfällig für solche Verwandlungs- respektive Liebesgeschichten, er habe nämlich ein «kindliches poetisches Gemüt» (S. 291, 30). – Die Poesie der Kindheit ist in der Tat eine empfindsame Entdeckung des 18. Jahrhunderts und als jeweils verlassenes Paradies oder versunkenes Atlantis eine Quelle der nostalgischen poetischen Bereicherung. – Aber es gibt eine reale psychische Unterseite kindlicher Erfahrungen und Traumata, die Hoffmann aufwertet, wenn er die Angst vor Monstern beim Blick in den nächtlichen Spiegel thematisiert. Aus einer Passage in «Das öde Haus» (1817) von E. T. A. Hoffmann glüht eine Erinnerung auf, die nicht aus irgendwelchen Lektüren stammt:

«Mit Beschämung muss ich euch bekennen, dass mir jenes Ammenmärchen einfiel, womit mich in früher Kindheit meine Wartfrau augenblicklich zu Bette trieb, wenn ich mich etwa gelüsten ließ, abends vor dem großen

1045 Es muss nicht der materielle Spiegel sein; vieles ist auch dadurch zu erreichen, dass man ‹zu tief ins Glas schaut›. Hoffmanns Figuren trinken gelben Liquör, Punsch oder ‹Elixiere des Teufels›, um in andere Zustände – oder ‹andere Umstände› zu kommen.

Spiegel in meines Vaters Zimmer stehen zu bleiben und hineinzugucken. Sie sagte nämlich, wenn Kinder nachts in den Spiegel blickten, gucke ein fremdes, garstiges Gesicht heraus, und der Kinder Augen blieben dann erstarrt stehen. Mir war das ganz entsetzlich graulich, aber in vollem Grausen konnt' ich doch oft nicht unterlassen, wenigstens nach dem Spiegel hinzublinzeln, weil ich neugierig war auf das fremde Gesicht. Einmal glaubt' ich ein Paar grässliche glühende Augen aus dem Spiegel fürchterlich herausfunkeln zu sehen, ich schrie auf und stürzte dann ohnmächtig nieder. In diesem Zufall brach eine langwierige Krankheit aus, aber noch jetzt ist es mir, als hätten jene Augen mich wirklich angefunkelt.»[1046]

Der Erzähler Theodor (!) weist hier implizit auf ein reales Drama der Kindheit um 1800 hin, auf Traumatisierungen und Vorstellungszwänge – die später poetisch fruchtbar werden konnten. Es sind zwar nur die bürgerlichen Kinder, denen mit Ammen und Wartfrauen die Aufwartung gemacht wurde; aber diese späteren Schriftsteller wuchsen zunächst im Aberglauben der Illiteraten, also des ‹Personals›, auf. Den Spiegel (der Erkenntnis) besaß indessen der mächtige Vater, dessen Doppelgänger der Sohn schließlich gewissermaßen ist. Diese Verbindung zwischen der sozialen Schicht der oralen Tradition und der bürgerlichen der Schrifthalter über ‹das Personal›, das etwas von magischen Spiegeln versteht, ist bei Hoffmann auch den Frauen möglich. Auch die Tochter des Konrektors Paulmann bedient sich im «Goldenen Topf» ihrer alten Kinderfrau, der Hexe Rauerin, um mit einem nächtlichen Liebeszauber – etwas für ihre Karriere zu tun; denn sie vermutet im Studenten Anselmus einen kommenden Hofrat. Trotz dieses instrumentalistischen Verständnisses von Magie wird sie von Hoffmann nicht negativ gezeichnet.

Es überwiegen aber bei Hoffmann die schwerwiegenden quasi-magischen Spiegelüberschreitungen während eines quasi-somnambulen Zustandes zwischen Wachen und Schlafen, in denen ein Bild, eine Ansicht oszilliert zwischen einem die Seele aufreißenden alten Vorstellungsbild und einem Fenster.[1047] Auch in Hoffmanns Novelle «Der Sandmann» aus den «Nachtstücken» wird Nathanael als Kind von der alten Kinderfrau durch das Greuelmärchen vom Sandmann gequält, der den Kindern,

1046 E. T. A. Hoffmanns «Das öde Haus» gehört zum 2. Teil der 1817 erschienenen «Nachtstücke», in: Ders.: Fantasie- und Nachtstücke. München 1960, S. 471.

1047 Vgl. ebd., S. 470.

«wenn sie nicht zu Bett gehen wollen», so viel Sand in die Augen streue, dass diese blutig herausspringen, zum Halbmond getragen werden (der Mond als Spiegel) und von dessen Kindern aufgepickt werden.[1048] Auch hier die Schwelle zwischen Wachen und Schlafen, auch hier die Trennung vom Vater wegen dessen unheimlichen Gastes.

Man schmälert die literarische Leistung von Texten dieses Sujets nicht, wenn man an die real-pathologische Seite erinnert, die das Spiegelverbot zur Folge hat. Hoffmanns Leiden, seine Grenzüberschreitungen in den Alkoholrausch und in den Wahn öffneten die Verliese der Verzweiflung einem bizarren Humor, führten in Schatzhöhlen seiner dunkel glänzenden Poesie. «Die Tagebücher und Freundesberichte erwähnen optische Illusionen und Halluzinationen, fixe Ideen und Anzeichen simultaner Bewusstseinsspaltung.»[1049] Schon als Kind, im Hause seiner Großmutter, von Wahn und Hysterie umgeben (S. 449), war er wohl sehr ‹reizbar›. Beruht die Spiegelgeschichte auf eigenem Erleben? 1809, mit dreiunddreißig Jahren und kurz vor seinem literarischen Durchbruch, gesteht Hoffmann seinem literarischen Spiegel, seinem Tagebuch: «Ich denke mir mein Ich durch ein Vervielfältigungsglas – alle Gestalten die sich um mich herum bewegen, sind Ichs und ich ärgere mich über ihr thun und lassen ppp.»[1050]

1845 verrät Heine in «Die romantische Schule in Deutschland» Hoffmanns Spezialrezept:

«Er konnte die Toten aus den Gräbern hervorrufen, aber das Leben selbst stieß ihn von sich als einen Spuk. Das fühlte er; er fühlte, dass er selbst ein Gespenst geworden; die ganze Natur war ihm jetzt ein mißgeschliffener Spiegel, worin er, tausendfältig verzerrt, nur seine eigene Totenlarve erblickte, und seine Werke sind nichts andres als ein entsetzlicher Angstschrei in zwanzig Bänden.»[1051]

1048 Hoffmann: Der Sandmann. In: Ders.: Nachtstücke, S. 333.

1049 Kollektiv für Literaturgeschichte (Hg.): Erläuterungen zur Deutschen Literatur: Romantik. Berlin [Ost] 1973, S. 449; weitere Belege im Haupttext.

1050 E. T. A. Hoffmann: Tagebücher. München 1971, S. 107, zit. nach W. Hinderer: Die poetische Psychoanalyse in E. T. A. Hoffmanns Roman «Die Elixiere des Teufels». In: G. Neumann (Hg.): Hoffmanneske Geschichte. Würzburg 2005, S. 55.

1051 H. Heine: Die romantische Schule in Deutschland. Werke und Briefe in zehn Bänden. Weimar [2]1972, Bd. 5, S. 139.

Ohne damit die Literatur Hoffmanns auf seine Leidensgeschichten reduzieren zu wollen, muss man doch anerkennen, dass viele steile Seelendramen in seinen Werken keine ausgedachten Märchen, sondern die literarische Übertragung psychischer *Realität* sind, Übertragungen bis hinüber zu uns. Der «missgeschliffene Spiegel» Heines ähnelt verdächtig dem «matt geschliffenen» Spiegel in Hoffmanns «Sandmann». Der Erzähler benutzt ihn dort – in direkter Ansprache des Lesers! – als Metapher des dichterischen Wahrnehmungsvermögens, nachdem er Nathanaels Angstbilder von den Augen im Mond verfremdet wiedergegeben hat (S. 333):

«Vielleicht wirst du, o mein Leser! dann glauben, daß nichts wunderlicher und toller sei, als das wirkliche Leben und daß dieses der Dichter doch nur, wie in eines matt geschliffenen Spiegels dunklem Widerschein, auffassen könne.»

Der matt geschliffene Spiegel liegt als ein Text vor Augen des Lesers. – Die Mattheit aber ist kein Manko; bringt sie doch die *Dunkelheit* des Widerscheins, repräsentiert sie doch den anderen Teil, innerhalb des Körpers, der den Spiegel trägt …

Natürlich entwickelt sich die historisch bestimmte psychische Realität innerhalb einer je konkreten sozialen und familiären Wirklichkeit. Auf zwei historische Aspekte des Spiegel-Paradigmas sei hier deshalb hingewiesen, die zur Real-Pathologie des Unheimlichen gehören. Ein Aspekt ist der bürgerliche Machtanspruch des Vaters, dessen Spiegelbesitz als Symbol der Souveränität sowie der Herrschaft über das kindliche Selbstbild gesehen werden kann. In Abwandlung des biblischen Bilderverbotes könnte man die patriarchale ‹Anordnung› so verstehen: Du sollst dir kein Bild von *dir* machen.[1052] An die Stelle des Vaters tritt im Erwachsenenleben der bürgerlichen Gesellschaften nicht selten der Arzt des Vertrauens. In der Erzählung «Das öde Haus» requiriert der väterliche Arzt, bei dem am Schluss der Erzählung die Fäden zusammenlaufen, den markaussaugenden Taschenspie-

1052 Vgl. die Empathie des Autors, die aus der Perspektive des Medardus in den «Elixieren des Teufels» spricht: Das ganze Drama des bewusstseinsgespaltenen Helden mit Doppelgänger entsteht aus einer familial aufgefassten Erbsünde des Vaters, dessen Abwesenheit (Tod) ebenso zu *dessen* Buße gehört, wie das monströse Nachfahren des Nachfahren *dessen* Verhängnis ist. Das ist die Fortsetzung einer ‹Geschlechter-Buße› im zweiten Glied.

gel des Erzählers. – Der zweite Aspekt zeigt den Machtdiskurs in seiner vorbürgerlichen Variante der Verteufelung des Interesses am eigenen Bild. Die heute schwer verständliche Gedankenlosigkeit und Herzlosigkeit, welche so in den Kindern Monster der Angst-Vorstellung brüten und wuchern ließ, kann man nur dadurch verstehen, dass sie Tradition waren, also von Geschädigten weitergegeben wurden. Zumindest noch die Generation der vor dem Zweiten Weltkrieg Geborenen ist mit der Drohung des Teufels, der aus dem Spiegel tritt, in den man blickt, aufgewachsen.[1053]

Heute weiß der Gebildete, wie bedeutsam das sogenannte Spiegelstadium (zwischen dem 6. und 18. Monat) ist, in welchem sich das Kind im Spiegel erkennt und mit der so gewonnenen Bildkontrolle über seine körperliche Einheit sowohl lernt, sich mit fremden Augen zu sehen, als auch, sich in andere hineinzuversetzen.[1054] Dieses natürlich auch in der weiteren Kindheit fundamentale Glück der Erkenntnis der Integrität (und damit der Freiheit) – aber auch der Übertragbarkeit von Ausdruck und Fremdheit vor dem Spiegel scheint nicht nur von ein paar einfältigen Ammen, sondern auch von der kirchlichen Macht und dem bürgerlichen Vater bedroht gewesen zu sein. Vielleicht über Jahrhunderte – sicher aber seit der zweiten Hälfte des 18. Jahrhunderts – scheint das Bedrohungsgefühl der Opfer (zumindest post festum, wenn sie schreiben können) zu wachsen: mit den Chancen der Freiheit, die allerorten geahnt werden. Auch die Zunahme der literarischen Beliebtheit des Doppelgänger-Motivs weist auf einen realpathologischen Kern drohender Desintegration des Selbstbildes.[1055] Das Doppelgänger-Motiv selbst ist eine uralte Methode der Abspaltung von Ungutem – wie beim Sündenbock; siehe oben das Beispiel der Athena-Priesterin. – Heutzutage steht freilich in jedem Kinderzimmer ein Zauberspiegel. Er spiegelt das, was die Kinder sehen zu wollen glauben oder sehen wollen sollen, und zeigt ihnen alle Monster der Welt zugleich… in der Monstrosität des Zeigens.

1053 Das ist das Ergebnis einer kleinen Umfrage im Familien- und Bekanntenkreis.

1054 Siehe hierzu auch das Augen-Motiv in Hoffmanns «Der Sandmann» im ersten Teil der «Nachtstücke». (1816)

1055 Vgl. außer Hoffmanns «Die Elixiere des Teufels», «Prinzessin Brambilla», «Der Magnetiseur» und «Der Sandmann» auch Poes «William Wilson» (1840), Dostojewskis «Doppelgänger» und Strindbergs «Inferno».

Es ist kein Zufall, dass der Spiegel nicht nur im sogenannten Volksaberglauben, sondern auch in der Literatur mit der Nacht verbunden ist. Meistens ist die Nacht der Träger des Spiegels, und da *im* Spiegel das Drama des Wechsels zwischen dem Bild des Ich und der/des Anderen das Entscheidende ist, rückt die Nacht als der Körper des Spiegels ins Bewusstsein, der dazu ‹beiträgt›, dass über der Drift des Bildes nicht der Körper verschwindet. Denn die Nacht, das ist die innere Nacht, die Nacht hinter dem Spiegel und die Nacht zwischen diesen Nächten. Sie hält zusammen die Akte der Übertragung, die Erlebnisse der Entfernung und der Näherung, des Befremdens und des Erkennens. In diesem Zusammenhang mag es Dir einleuchten, Leser, dass das Schreckgespenst im nächtlichen Spiegel nur eine negativ erlebte Sonderform unter vielen nächtlichen Visionen darstellt, in denen sich immer wieder die enge Verbindung zwischen der Substanzialität der Nacht und einem antwortenden Gesicht abzeichnet. Nirgendwo anders als in der Nacht, wenn der unmittelbare Impetus auf die gegenständliche Welt ins Haltlose zu fallen droht, wird das Entgegenkommen des Spiegelbildes dramatischer erfahren und wird dieses Entgegenkommen stärker als die Antwort auf die Handlung des eigenen Ahnens, Spähens und Schauens begriffen, als *Entsprechung* der Ausfahrt aus dem Imaginären. Hierbei kommt es nicht auf die *ikonologische* Übereinstimmung an, sondern auf den Gestus der Zusammenkunft, der Begegnung und der tiefreichenden Berührung.

Diese Spiegelerfahrung spielt nicht nur im Volksaberglauben und in der Literatur eine konstitutive Rolle, sondern auch in den Mysterienkulten. Weil sie in Hoffmanns Fantasiestück «Der Magnetiseur», in dem es auch um Zauberspiegel geht, eine gewisse Alibifunktion für mysteriöse Praktiken darstellt, sei hier die Göttin Isis als Beispiel genannt. Sie ist *die* Spiegelgottin, trägt sie doch einen Spiegel auf ihrem Haupt. Es wird zwar behauptet, dieser Spiegel stelle die Sonne bzw. den Mond dar, doch als Scheiben Darstellung über dem Antlitz der Göttin ist selbst die Gestirns-*Darstellung* als Bild ein Spiegel des Lichtes (vom Dargestellten). Als große konfrontierende Fläche über dem göttlichen Gesicht ist die Scheibe aber zugleich der Spiegel der Projektionen auf die Göttin. Als Nachtgestirn (Mond) spricht sie zum verzweifelten «Goldenen Esel» von Apuleius. – Nun ist diese Isis, die zum verwandelten Lucius spricht, nicht unmittelbar *sein* Spiegelbild. Das heißt, er erkennt noch nicht, dass die glänzende Mondscheibe, die da in der Nacht der Verzweiflung und Erschöpfung aus dem Meer auftaucht, sein *Spiegel*bild ist. Wie sollte er auch, da er noch, seines Wesens entfremdet, ein Esel ist. Aber sie spricht ihn mit seinem Namen an, und er erkennt in ihr das Resümee seiner Sehnsüchte, das ihn zu seiner Rückverwandlung bringt. Über die Ansicht der Anderen gewinnt er seine Identität wie aus einem Spiegelbild zurück. Man kann auch sagen, über den Zauberspiegel des Mondes sieht er seine Braut; denn der Göttin Isis weiht er sein weiteres Leben.[1056] – Neben berühmten nächtlichen Installationen wie dieser gibt es viele unscheinbare Andeutungen von Ahnungen und Intuitionen, dass Nacht und Spiegel paradoxerweise zusammengehören. Magie, Literatur und Religion bewahren Zeugnisse ihrer nachtästhetischen Wurzeln einer Spiegelerfahrung. In Hugo von Hofmannsthals Erzählung «Andreas» (!) sieht der gleichnamige Titelheld nachts aus dem Fenster und: «Ihm war so heimlich, so wohnlich wie nie in seinem Leben. Er sah auf den rückwärtigen Hof hinaus, über dem Stall hing der Vollmond, es war eine spiegelhelle Nacht.»[1057]

Die Abenteuer der Sylvester-Nacht

Hoffmann spiegelt die Leser in den Spiegel seiner Literatur auf ähnliche Weise hinein, wie die Braut in der Andreasnacht ihren Bräutigam hereinbittet: durch die Ausstellung des inneren Dunkelraums zu einer äußeren Nachtszene. – Hoffmann wurde übrigens über Nacht berühmt, als er 1814 den ersten Band seiner «Fantasiestücke in Callot's Manier» herausbrachte, von denen einige Stücke zuvor schon anonym veröffentlicht waren. Es war so etwas wie eine feindliche Übernahme der Leser, die zum Teil schon im Dunkeln vom Autor besetzt wurden. – Größtmögliche Interpenetration mit den Lesern zu erreichen, das war eine Leidenschaft

1056 «Der Goldene Esel» von Apuleius wird im Folgeband der «Nachtästhetik» ausführlich behandelt. Hier ist auf die nächtliche Erscheinung im 11. Buch angespielt, bei der nicht klar ist, ob Lucius sie wach erlebt oder ob sie zuvor Erlebtes im Traum spiegelt. Fast glaubt er, die Göttin Isis trage einen Spiegel auf dem Kopf… Apuleius: Der goldene Esel – Metamorphosen. O. O. ²1963, 11. Buch, 3, 4 und S. 459.

1057 Hugo v. Hofmannsthal: Andreas. In: Ders.: Erzählungen, Erfundene Gespräche und Briefe – Reisen. Frankfurt 1979, S. 223.

Hoffmanns. Die Ausstülpung und Verselbständigung der Fantasien aus dem Innern des Erzählers zu einem fiktiven äußeren Raum, in dem sich der Erzähler unter seine Personifikationen mischt und mit ihnen handelt, grenzt methodisch an Wahnsinn.

Sieht man von seinem Einleitungstext über Jacques Callot ab, so ist die erste echte Erzählung, «Der Ritter Gluck», bereits ein Modellfall. Vom Leser kann nicht entschieden werden, ob die darin auftauchende Figur des Komponisten Christoph Willibald Gluck ein ausgestülptes Delirium des Erzählers, ein Revenant des realen Künstlers oder schlicht ein (fiktiv) realer Wahnsinniger ist, der sich für Gluck hält. Vielmehr zeigt Hoffmann soviel scheinbar offene Spiegel-Türen in diesem Erzählkabinett, dass der Leser gar nicht glaubt, einen Schritt in Richtung eines distanzierenden Urteils tun zu müssen, sodass er je schon drin ist – und drin bleibt.[1058]

Im Fantasiestück «Die Abenteuer der Sylvester-Nacht» geht es systematisch um diese Fortspiegelung – die sich hinter dem Motiv des verlorenen Spiegelbildes versteckt hält. Der «Herausgeber» des Tagebuchs eines «reisenden Enthusiasten» wünscht darin unmissverständlich, dass der Leser die Grenze zwischen äußerem und innerem Leben so wenig erkenne wie der reisende Enthusiast, dass er sich unversehens in einem «fremden Zauberreiche» befinden solle, «dessen seltsame Gestalten recht in dein inneres Leben treten sollen und mit dir auf Du und Du umgehen wollen wie alte Bekannte. Dass du sie wie diese aufnehmen, ja dass du, ihrem wunderbarlichen Treiben ganz hingegeben, manchen kleinen Fieberschauer, den sie, stärker dich fassend, dir erregen könnten, willig ertragen mögest, darum bitte ich, günstiger Leser! recht von Herzen.» (S. 325)

Ausgerechnet diese Rauhnacht von Silvester soll uns packen; es kommt also darauf an, das Spiegelkabinett zu erkennen, in das uns der «Herausgeber» zieht. Man beachte die Schwindelschwelle zwischen dem Plural *der* Abenteuer und dieser singulären Nacht: Ist es nun eine Erzählung, oder sind es mehrere? Beides trifft zu; dieselbe Nacht wird aus verschiedenen Standpunkten gespiegelt. Ob diese verschiedenen Perspektiven einem oder mehreren Helden eignen, wird unklar, weil sie sich ineinander spiegeln. Es handelt sich hier um sechs Einzeltexte: um vier nummerierte innere sowie einen Rahmentext des Herausgebers und einen Rahmentext des Erzählers der Fantasiestücke, eines laut Untertitel Erzählers des Gan-

1058 Hoffmann: Fantasiestücke, S. 19. Weitere Seitenbelege im Text.

zen, also des «reisenden Enthusiasten», der sich am Schluss auf den realen Autor zurückbezieht. Dieser fahrende Begeisterte führt uns in drei Geschichten immer tiefer in eine Geschichte mit Spiegeln hinein, die sich in der vierten text-inneren Geschichte wiederum spiegeln.

Zwar zeichnen sich die Texte Hoffmanns allgemein gerade durch ihren direkten Gesprächscharakter aus – und das bedeutet die wenn auch stumme und vom Leser nur mitgeahnte (eingespiegelte) Gegenwart des jeweils stummen Anderen während der jeweiligen Rede des Einen – aber in den «Fantasiestücken», besonders in der «Sylvesternacht» rascheln besonders die kommunizierenden Papierschichten der Geschichten (also aus verschiedenen Zeiten und Räumen), die einander überdunkeln und so den Spiegelcharakter verstärken. Denn jeder Text über einen anderen Text ist die Kommunikation über einen Graben hinweg aus Zeit und Raum; die Realität *im* jeweiligen Textspiegel ist dabei abgeschlossen und gerade erst wegen der Ebenen-Differenz zum Leser oder Herausgeber spiegelfähig. Die mit jedem neuen Textbezug einsetzende Reflexion über den anderen Text reißt die Risse auf, die sie nähen will.

Der reale Autor Hoffmann, der am ganz entfernten Schluss aus einem ganz entfernten Spiegel heraus direkt angesprochen wird (S. 359), schreibt, nach einer realen Erfahrung oder Phantasie in der Silvesternacht 1814/15, seit dem 1. 1. 1815 an einer Geschichte, die am 6. 1. beendet wird. Er schreibt tagsüber, aber diese Tage schweben über den realen Rauhnächten, die bis zum 6. 1. dauern. Der «Herausgeber» nun teilt ein Stück aus dem Tagebuch des Enthusiasten mit, der die Abenteuer der Silvesternacht erlebt hat, der aber auch wiederum einen Text mit verarbeitet hat, den ein anderer geschrieben zu haben scheint, der Maler Erasmus Spikher. Dieser Maler hat sein Spiegelbild an eine fatale Frau verloren. Paradoxerweise steht also am Ende der Spiegelflucht eine Figur *ohne* Spiegelbild, die gleichwohl den Zusammenhang zum Anfang zurückspiegeln soll. Aus dem Spiegel des abgeschlossenen Textes schaut der reisende Enthusiast und redet mit Julia und Theodor Amadäus (S. 359). Vielleicht ist das gerade das Funktionsprinzip der lesenden Neugier, die sich hier verliert, die sich hier spiegelt im Selbstverlust.

Es gibt aber noch dies soeben erwähnte andere Wesen, das alles zusammenhält, die Spiegellust und den Spiegelverlust. Man kann auch sagen, diese ewige *Julia* ist die Braut im Zauberspiegel, die durchgereicht wird von Spiegel zu Spiegel (wenngleich ihre fiktive Rolle eher die einer bösen Frau mit magischen Kräften ist, die den Liebenden ihr Spiegelbild raubt). Hinter dem letzten Spiegel dieser Julia steht der Name (Namen sind Spiegel) für die Bamberger Geliebte des Autors (vgl. S. 798). Der hat sie sich aus dem Herzen fortgeschrieben, vergeblich; denn am Ende sind die Namen Hoffmann und Julia, zumindest im Grabstein des Textes, schriftlich vereint, getrennt nur durch drei Wortpaare und eine Anrede «Oh Julia – Giulietta – Himmelsbild, Höllengeist, Entzückung und Qual, Sehnsucht und Verzweiflung. – Du siehst, mein lieber Theodor Amadäus Hoffmann …» (S. 359). Die dreifache, quasi elektrische Polarität der inneren Paare (positiv und negativ) verbindet oder trennt die Polarität Julia / Giulia und die Polarität Enthusiast / Hoffmann. Der weibliche Pol ist hier zur Hälfte monströs, aber nur in dem Maße, wie man dem Himmelsbild verfällt, das man sich von ihm (also der Frau) macht. Das Monster wohnt im Herzen der Phantasie, und die fantastischen Stücke spiegeln die Phantasien von Malern wie Callot, Rembrandt, Spikher, oder von Hoffmann (vgl. S. 803 f.) – oder von Lesern. Gerade Hoffmanns Vorbilder Callot, Rembrandt – der Enthusiast erwähnt noch Breughel (S. 340,34) – haben auf «mehreren ihrer Bilder» Jungfrauen als «von Untieren *bedroht*» gezeigt (S. 809, Anm. zu S. 340, 34). Hier geht es also spiegelverkehrt in die Geschichte.[1059]

Mantel-, hut- und kopflos stürzt der namenlose Enthusiast (namenlos wie der Autor) in die «finstere, stürmische Nacht» des ersten Abenteuers, «Die Geliebte» genannt, gleichsam eine maieutische Inkarnation des Fiebers, zu dem der Herausgeber auch die nachfahrenden Leser aufgefordert hatte: «Ich hatte den Tod, den eiskalten Tod im Herzen, ja aus dem Innersten, aus dem Herzen heraus, stach es wie mit spitzigen Eiszapfen in die glutdurchströmten Nerven.» (S. 325) Solcherart wie die Magd der Andreasnacht gleichsam entkleidet, ja aus dem Häuschen, ist er gleichwohl irgendwie auch auf dem Heimweg, nämlich unterwegs zur Einladung beim Herrn Justizrat. Die beiden sind sich nicht grün, können aber wohl nicht

1059 Tatsächlich interessiert sich Callot kaum für *weibliche* Ungeheuer. Außer seiner «Pandora» (Radierung, um 1625) sind die Ungeheuer tierartig und mischgestaltig. Selbst seine Radierungen und Zeichnungen zum Thema der Versuchung des hl. Antonius zeigen nur wenig weibliche Bedrohung. J. Callot: Das gesamte Werk. München 1971, Bd. 1, S. 598–600, Bd. 2, S. 1415–1419 und S. 1513–1523.

voneinander lassen. Dazu muss man wissen, dass der ausgebildete Jurist Hoffmann seit dem letzten September in wachsendem Maße juristisch engagiert ist.[1060] Am Tag nach dem Beginn der Niederschrift der «Sylvester-Nacht» erhält Hoffmann «volles Votum beim Kammergericht» (S. 545). Hinter den beiden *völlig verschiedenen* Figuren Enthusiast und Justizrat steht der Enthusiast und ‹Justizrat› Hoffmann.

Neben dieser Fortspiegelung und metonymischen Entkleidung vor dem Spiegel (ohne Hut und Mantel) ist die Erwähnung des Teufels bedeutsam, der schon vor jener Spiegelsituation gefürchtet wird, die ihm in einer geschlechterverkehrten Andreasnacht seine zum Sterben geliebte Geliebte vorspiegelt. «Für den Sylvester-Abend spart mir der Teufel jedes Mal ein ganz besondres Fest und Dornenstück auf. Er weiß im richtigen Moment recht furchtbar höhnend mit der scharfen Kralle in die Brust hineinzufahren, und weidet sich an dem Herzblut, das ihr entquillt.» (S. 326) – Auch dass sein Alter Ego, der Justizrat, mit dem Teufel im Bunde ist, wenn er den Erzähler einlädt, ahnt dieser (S. 326). Die Antipathie scheint übrigens gegenseitig zu sein, der Justizrat nennt ihn geradezu bedrohlich vertraulich: «Freundchen, Freundchen» (S. 327, Vs. 7). – Der hinlänglich als suizidgefährdeter Märtyrer eingeführte unglücklich Liebende tritt nun mit dunklen Ahnungen erfüllt ein in den festlich gefüllten Salon … und ein lebenspendender Blitz seligster Erinnerungen lässt sein inneres Dunkel erstrahlen (S. 327, 15): «*Sie* war es – *Sie* selbst, die ich seit Jahren nicht gesehen, die seligsten Momente des Lebens blitzten in *einem* zündenden Strahl durch mein Innres – kein tötender Verlust mehr – vernichtet der Gedanke des Scheidens» (S. 327, 14)!

Es ist Julia – oder nicht? Während der Erzähler enthusiastisch über die Zweifel hinwegsetzt, streut er sie selbst, anscheinend unbewusst: Ob sie nicht eine andere geworden ist, und woher kennt überhaupt dieser blöde Justizrat diese wunderbare Frau!? Hat er eine Halluzination? Oder hat er ein reales Bild, das überm Sofa hängt, mit einem inneren Bild überblendet? Sie begrüßt ihn nur oberflächlich, ja ihr Basiliskenblick will ihn töten (S. 327, 37). Oder blickt er in einen (verstellten) Spiegel? Im schnellen Zurückweichen hat der Enthusiast dem Justizrat, «der dicht hinter mir stand, die dampfende Tasse Tee aus der Hand in das zierlich gefältete Ja-

1060 Vgl. die ‹Zeittafel› der Fantasiestücke, S. 543 ff.: nach dem 7. 7. 1814, Mitte September sowie 1. und 31. Oktober.

bot» geschüttet (S. 328, 3f.). Man lacht über beider (!) Tölpelhaftigkeit – Sind sie nicht eins?

Aber der Enthusiast verdrängt vor dem Spiegelbild den Justizrat, und prompt ist es, «als ginge ein Strahl aus der herrlichen Vergangenheit, aus dem Leben voll Liebe und Poesie zu mir herüber» (S. 328, 10). Ihr Bild bleibt schwankend. Ihm fällt ihr altertümliches Outfit auf – wie auf einem altniederländischen Gemälde (S. 328, 30). Im nächsten Augenblick ist ihr Gesicht «verzerrt zum höhnenden Spott» (S. 329, 2). Dann wieder spricht sie zu ihm «mit lieblicherer Stimme als je» (S. 329, 11). Im Gewoge von Musiklauschern werden sie getrennt, dann wieder kommt er fast zum Orgasmus durch verstohlene Sensationen körperlicher Nähe (S. 329, 18). Schließlich wird er von Julia zum Trinken eines Punsches aus einem «seltsam» blinkenden, kristallenen Pokal verführt: Will er noch mal, wie früher so gern aus ihrer Hand? (S. 330) – Zum Trinken verführt – aus Liebe! Ist aber keine Liebe drin im Trank, ist ein teuflisches Elixier!

Das Trinken gehört ja zu den bevorzugten nachtästhetischen Riten der Inspiration (Begeisterung) und zur körperlich durchdringenden Grundlage imaginärer Interpenetrationen, gerade bei Dichtern und anderen musischen Künstlern, weil die ‹Geister› so schnell ‹eindringen›. Hier wird besonders der Übertragungscharakter von der Frau zum Trinkgefäß durch den Enthusiasten dargestellt: als ein Betrugs- und Verzauberungsmanöver: «Julia – Julia, seufzte ich auf. Den Pokal erfassend berührte ich ihre zarten Finger, elektrische Feuerstrahlen blitzten durch alle Pulse und Adern – ich trank und trank – es war mir als knisterten und leckten kleine blaue Flämmchen um Glas und Lippe.» (S. 330) Das Irrlicht geht hier fiktiver Weise von der elektrisierenden Berührung aus, nicht vom Trinken. Aber mit dem Trank dringt sozusagen eine phantasmagorische Julia in ihn ein, die von früher – während er zugleich mit der immerhin grammatisch von Julia zu Julie herabgebeugten Geliebten händchenhaltend, er weiß nicht, «wie es sich begab», auf der Ottomane sitzt, ihr seine ewige Liebe zu erklären.

Das alles ist ziemlich traumartig, und selbst innerhalb eines Traumes wäre nicht klar, als was er im dämmrigen Licht einer einzigen Alabasterlampe seinen Engel von früher überhaupt anbetet: Ihre Liebe sei der Funke, der in ihm «höheres Leben in Kunst und Poesie» entzünde. Ohne ihre Liebe sei alles tot und starr (S. 330, 20). Dieses zweideutige Liebesgeständnis zeigt, dass er zumindest zur Hälfte ein projiziertes Bild als Aphrodisiakum der Kunst, für die Kunst, getrunken hat, dass er sie verschlungen hat zum höheren Zweck der Kunst. Da schwankt kreischend der gespenstisch hässliche «Kleinmeister» von Ehemann herein, spinnenbeinig und froschäugig, Allegorie der banalen, der ‹verwünschten› Realität, auf der Suche nach seiner «Jule – Jule – wo bist du denn?» (S. 330, 27) Dass aus Julia Julie und schließlich Jule wird, die den enthusiastischen Trinker aus seinen Träumen reißt, ist nicht so erschreckend wie die Tatsache, dass der Enthusiast selbst immer noch nicht weiß, welche Wirklichkeit gilt und was er gesehen hat. Nur was er sucht, weiß er…

Schaut man nachts in den Spiegel, besonders wenn man auf ‹Brautschau› ist, so schaut der Teufel heraus. Der Teufel ist in diesem Fall der Maler des Bildes der Jule (der edlere Bilder äffend in den Dreck zieht): «Und der spinnenbeinigte Kleinmeister [!] griff nach ihrer Hand, sie folgte ihm lachend in den Saal.» (S. 330, 31) Es ging nur um einen Bilder-Kampf? Es ging um Alles oder Nichts. Schon die Alabasterlampe hat das ganze Liebesdrama angekündigt. Bereits im fünften Fantasiestück, «Nachricht von den neuesten Schicksalen des Hundes Berganza» (1813) wirft eine Alabasterlampe ihr mildes Licht auf eine Braut in der Hochzeitsnacht, wie sie sich für die Hochzeitsnacht umzieht. Der Hund Berganza, der das unterm Bett beobachtet, liebt sie über alles. Jetzt sieht er ihre ganze Schönheit, die aber für ein besoffenes lüsternes Schwein von Bräutigam vorgesehen ist. Als der sie in seiner moralisch und physisch verletzenden Art drangsaliert, verbeißt sich der Hund in ihn und wird als eine tollwütige Bestie von der ganzen Hochzeitsgesellschaft aus dem Haus gejagt (S. 155). Die Braut, Cäzilia, weist viele Züge von Hoffmanns realer Gesangsschülerin Julia Mark auf, in die er sich in seiner Bamberger Zeit leidenschaftlich verliebte.[1061]

Umso hässlicher zeichnet der eifersüchtige Dichter den Mann, der die Braut bekommt. Sehr poetisch die höhere Liebe des Hundes gegenüber dem bestialischen Lüstling von Ehemann. Der Hund Berganza beschnüffelt zunächst fetischistisch die Nachtwäsche der noch nicht anwesenden Braut – obwohl man zugeben muss, dass bei Hunden Schnüffeln kaum als fetischistisch zu bezeichnen ist – und beschreibt das Umziehen überhaupt nicht, obwohl es wenige Minuten dauert: «Und in wenigen Minuten war das reiche Gewand mit dem einfachen Nachtkleide vertauscht.» (S. 156, 8) Erst als sie narrativ wieder angezogen ist, versichert Berganza seinem

1061 Vgl. S. 538 unter der Jahreszahl 1811.

nächtlichen Gesprächspartner: «Wie schön sie war!» Daran sieht man: Ihr *Bild* hat er gewonnen und behalten – auf der *Flucht* vor der vulgären bourgeoisen Sinnlichkeit. Die aber vielleicht schon mit der Spaltung zwischen dem idealistischen Bild von Cäzilia und seiner Liebe zu dieser «keuschen engelreinen Braut» (S. 157, 6) einerseits – und dem «feile[n] Freudenmädchen» (S. 157, 7), das der Hochzeiter aus ihr macht, beginnt: als Flucht vor *sich selbst.*

Diese tragisch endende *Hochzeitsnacht*, in welcher der Hund Berganza der innig geliebten Herrin zunächst so nah wie nie war und aus der er doch fortgestoßen wurde, indem er an einem ‹Bild› festhielt, diese Hochzeitsnacht ist mit der Alabasterlampe wieder da: im rauhnächtlichen Salon von bürgerlichen Ungeheuern, die dem ‹Enthusiasten› nach dem Leben trachten – wenn auch nur à la mode: «Auf ewig verloren! schrie ich auf – ‹ja gewiss, Codille Liebster!› meckerte eine Lhombre spielende Bestie.[1062] Hinaus – hinaus rannte ich in die stürmische Nacht.» (S. 330 u.) Wie zuvor – als Hund.

Der Künstler hat wie jeder Enthusiast mit zu hohem Einsatz gespielt in der Gesellschaft von Ungeheuern (Bestien), die *Mensch* (L'hombre) nur spielen. Aber es bleibt unmöglich, die Position des Erzählers zu fixieren[1063]: Ist sein poetischer Liebeswahn pathologisch, oder ist seine Gesellschaft unmenschlich? Jedenfalls ist die extreme Oszillation des Erscheinungsbildes von Julia / Jule eigentlich eine ziemlich realistische Darstellung des Leidens an Liebesverrat und Eifersucht; so entstehen Gespenster, Monster der nur noch rauchenden Liebesglut. Noch in «Berganza» hat der liebende Hund versucht, das unbegreifliche Verhalten Cäzilias mit ihrer Unerfahrenheit zu entschuldigen. Doch in der Erklärung, sie habe wohl «die gereizte Sinnlichkeit» (S. 154, 21) für Liebe gehalten, verbirgt er nur mühsam einen sogar doppelten Vorwurf. Immerhin ist in dieser früheren Erzählung das Leiden aber zur Hälfte durch eine verlogene bürgerliche Familie verursacht, unter deren kulturliebender Draperie ökonomische Antriebe bestimmend sind. (Hoffmann hat «Berganza» kurz nach der Ver-

1062 «Codille», sagt der Sieger des L'hombre-Spiels zum Verlierer beim Endstich; soll heißen: «verloren!»

1063 Hat er vielleicht auch kein Spiegelbild? Als Künstler etwa? Oder wegen seiner Hingerissenheit? Oder weil er ganz ausgestülpte innere Nacht ist, die kein Bild wirft auf dem Spiegel der Gesellschaft?

heiratung Julia Marks mit einem Bamberger Bürger begonnen, etwa ein Jahr nach dem Fast-Höhepunkt mit Julia, den er in seinem Tagebuch notiert.) Wiederum ein Jahr später ist von dem sozialen Hintergrund einer Julia aber nur noch die mediokre Atmosphäre im Salon übriggeblieben. Dafür ist die zum bloßen Gegenüber destillierte fiktive Julia gespenstisch groß geworden in *ihrer* (nicht seiner) Ambivalenz.

Gab es in diesem ‹Abenteuer› eine Art Spiegelbild nur erst als imaginäre Überblendung einer Projektion auf ein wahrgenommenes ‹Bild› (sei es einer realen Frau, sei es eines materiellen Bildes), so konzentriert das zweite Abenteuer der Silvesternacht, «Die Gesellschaft im Keller» genannt, das Geschehen allmählich auf das Thema des nächtlichen Blicks in den realen Spiegel. Der desillusionierte Enthusiast, ausgesetzt der kalten stürmischen Nacht, findet Unterschlupf in einem ‹philiströsen› Berliner Kellerlokal, wo er Peter Schlemihl, den Botaniker ohne Schatten, und Erasmus Spikher, den Maler *ohne* Spiegelbild, trifft. – Aber der Entgeisterte rast nicht so ohne Weiteres aus dem Salon in die Kneipe. Vielmehr wird der Übergang zwischen diesen zwei äußeren ‹inneren› Nächten (also in zwei verschiedenen Räumen) durch eine Spiegelung einerseits retardiert und andererseits bewerkstelligt; diese Spiegelung lässt den Leser kurz auf der Schwelle fragen, wer ihn weiterführt oder neu einführt? Denn nach dem atemlosen Sturz in den Nachtsturm am Ende des ersten Abenteuers folgt eine ruhige Stimme, die nüchtern beschreibt: «Die Promenade unter den Linden ist sonst ganz angenehm, aber nicht in der Sylvester-Nacht bei tüchtigem Frost und Schneegestöber.» (S. 331, 3–5)

Zwar führt der Enthusiast, durch die Voranstellung von «II» (im Off über der Geschichte) kurz unterbrochen, sich gleich wieder, wie in einer Rückblende des ersten Anfangs, mit «Fieberglut» und «Eisschauer» ein (S. 331, 6), aber er bleibt zunächst eine Weile der Beobachter draußen im Dunkel, in einer äußeren Nacht, die so zum inneren Scharnier der beiden Innenraumnächte wird. Ein ausgestülpter *man of the crowd* ist er, der das Publikum sortiert, das in dieser Rauhnacht sozusagen verwandelt aus den Berliner Lokalen ‹strömt› (S. 331, 12)[1064]. Ein vornehmeres Haus entlässt Angeheiterte, die dem immer noch durstigen Punschtrinker von Austern

1064 Er selbst spricht das Wort «Rauhnacht» aber nicht aus; er spricht nicht einmal über Verwandlungen.

und Weingenüssen schwärmen. Ein leerer Bierkeller dagegen, mit einem ‹einsamen Licht›, trägt ihm ein Gespräch des Wirtspaares ans Ohr, in dem es genau um den Vergleich ihres armseligen Bierladens mit dem vornehmeren «ausländischen Laden» samt exotischen Genüssen geht (S. 332). Obwohl der Enthusiast außen unbehütet, innen durstig durch die finstere Nacht stürmt, beschreibt er zunächst ganz ruhig Leute, die aus dem Bild herauskommen, in das er zu gehen gedenkt, und so, wie er die beiden Etablissements gegeneinander hält, sollen wir überhaupt die zweite Szene, also das zweite Abenteuer, für eine Art Spiegelung der ersten nehmen.

Im Vergleich der beiden Häuser wird auch das Motiv der sinnlichen, ja sündig teuflischen ‹italienischen› Nacht verstärkt, das zuvor erst leise durch ‹Julia›, die Alabasterlampe und, wie der Herausgeber der Frankfurter Ausgabe notiert, durch die Wechselschauer von Hitze (Italien) und Eis (Deutschland) intoniert wurde.[1065] Der Wirt des ‹deutschen› Bierladens erzählt, sich gleichsam bekreuzigend, von dem furchtbaren italienischen Salat in dem anderen, dem vornehmeren Etablissement. Geradezu unheimlich sei ihm geworden, und der «kleine Kerl», der den Salat auftrug, kam unserm Bierwirt vor «wie ein Däumling mit einem Satansfraß die Leute zu verlocken» (332,25).

Dieses ganz kleine blasse Männlein ist eine phantastische Zusammenpunschung des spinnenbeinigen Gemahls der Jule und des Kellners mit dem Punsch, den ‹Ich› in Geschichte I aus der Hand Julias empfängt. Noch hier draußen, ernüchtert in der Berliner Silvesternacht stehend, mit einem klaren Blick für die zweierlei Weisen, die Nacht zu leben, schieben sich Bilder der vorigen Szene unter die Wahrnehmung, nein: unter das Wahrgenommene: als Rede eines anderen. Das ist hoffmannesk. Der phantastische Nachtleib des Enthusiasten zwischen den Räumen literarisiert hier das traditionelle abergläubische Monsterprogramm der Rauhnächte, enorme Körper auftauchen zu lassen aus dem schüttelfrostigen Träger der Phantasmen in der Nacht, in *die* Nacht.

Zwar scheint der Körper dieses ‹Geistersehers› eindeutig ‹lokalisierbar›: «Schnell fuhr ich in den Keller hinein.» (S. 333, 1) Aber kaum realisiert er seine philiströse Lage, da fällt ihm, wenn auch nur nebenbei, der Teufel ein (S. 333, 7). – Die Wirtin sitzt übrigens am Ofen. – Und er ist in Gedanken bei der Soirée des Justizrates, der ihn als Biertrinker gewiss ver-

1065 Vgl. Stellenkommentar zu S. 325, 16, auf S. 805.

ächtlich gemacht haben würde. Aber der Justizrat ist der Spiegel-Antagonist des Enthusiasten (auch des Autors). In diesem so präparierten Keller begegnet der Ich-Erzähler dem leibhaftigen Peter Schlemihl – dem Mann ohne Schatten aus Adelbert von Chamissos «wundersamer Geschichte», die kurz zuvor erst (1814) herausgekommen war – und einem Erasmus Spikher, Hoffmanns Gegenstück, das nun ‹herauskommt›.

Schlemihl ist geradezu hineinmontiert ins nächtliche Bild, genau so beschrieben, wie er im Buch des konkurrierenden Kollegen steht.[1066] Genauer: so beschrieben, wie er auf einem Titelkupfer zu sehen gewesen ist, das aber in Wahrheit die Gestalt des Autors Chamisso getroffen hat. Schon das materielle Bild gab also dem Schlemihl den Schatten des Autors. Hoffmann, der Chamisso kurz vorher kennengelernt hat, gibt zumindest für Eingeweihte der Berliner Szene den Hinweis auf den Autor, wenn er sich dieses Bildes zur Verlebendigung Schlemihls bedient. Der Sinn besteht in der spiegelgeometrischen Funktion, die damit der anderen Figur, *Erasmus Spikher* als einem Alter Ego des Enthusiasten oder auch Hoffmanns zugewiesen wird.

Dieser kleine dürre Mann, ein hüpfender Irrwisch, dessen faltenreiche Mantel-Performance seine geringe Körperlichkeit wie in einer Phantasmagorie überspielt (S. 334, 27), ist in gewisser Weise auch der Schatten und das Gegenbild des mantellosen Erzählers. Er hat kein Spiegelbild mehr; aber die Funktion dieser Art der Einführung beider Gestalten liegt in der nachdrücklichen Vergleichbarkeit von Spiegelbild und Schattenbild. Der Lange ohne Schatten und der Kurze ohne Spiegelbild sind als Heterotypien ihrer Autoren fortgespiegelt durch einen sehr schrägen Blick in den Spiegel, fortververdunkelt wie ein ‹geworfener› Schatten. Der Kleine, der gerade frisch aus Italien gekommen zu sein scheint, ist zugleich eine lebende Analogie zu «Froschauge», dem Gatten Julias, und zum Däumling mit dem ‹Satansfraß› des «italiänischen» Salates im vornehmen Konkurrenz-Etablissement.[1067]

Zwischen den beiden: der ‹Begeisterte›; der sympathisiert mit dem großen ruhigen Schlemihl; der quecksilbrige Kobold, der ihn aus hohlen

1066 Vgl. Stellenkommentar S. 807 zu S. 333, 20.

1067 Der Kleine betont seine frische Ankunft aus Italien. – Zum dämonischen Assoziationshintergrund gehört, dass 1797 der allerorten für Furore sorgende Roman «Der Italiäner» von Ann Radcliffe erschienen war.

Greisenaugen ansieht (S. 335, 10), als sein Mangel auffällt, ist ihm unheimlich (S. 335, 18)[1068]. Aber der Unheimliche steht ihm näher. Alle drei indessen ‹erkennen sich› als Geister, die aus den Masken des großen, des kleinen und des nervösen Körpers herausleuchten (S. 335, 34). Der Enthusiast bemerkt noch, dass sie wohl alle drei etwas an den Teufel verloren hätten (S. 336, 4) – womit er seinen Hut und Mantel für den Leser als Spiegelbild und Schatten vergleichbar macht. Im Streit entlarven die beiden Figuren vor dem Erzähler ihren Mangel, fliehen aus der Kneipe, der Enthusiast will Peter einholen – vergebens –, will wieder in den Bierkeller zurück – vergebens –, der Wirt, der Philister, bekreuzigt sich und schlägt ihm die Tür vor der Nase zu.

Dass sich der reisende Enthusiast bei Peter Schlemihl wohlfühlt und ihm Erasmus Spikher unheimlich ist, hat eine gemeinsame Ursache. Er kennt nicht nur schon Peter, sondern er ist *dessen* Spiegelbild. Ausgerechnet der stürmische *Anfang* der Erzählung des Enthusiasten – «Ich hatte den Tod, den eiskalten Tod im Herzen…» (S. 325, 24) – ist eine Spiegelung vom Ende dieser «wundersamen Geschichte» Chamissos her. Der ruhelose Reisende (!) Schlemihl, der im Zickzack die Weltenden, die Richtungen und Zeitenwenden durchtaumelte, wird ebenfalls abwechselnd von Kälte durchschüttelt und von einem brennenden Fieber durchglüht.[1069] Für den Erzähler also ist Schlemihl Original, Heimat – wenn er auch nicht identisch mit ihm ist. Rasmus wiederum ist der Spiegel dieses Spiegel-Ichs, das sich von ihm umso unheimlicher bedroht sehen muss, als es ihn nicht als seinen Spiegel begreift. Diesen enthusiastischen Zauberspiegel wiederum, der das Bild von Schlemihl aufnimmt, umwandelt und fortspiegelt, hin zu Rasmus, soll man nicht als Plagiat auffassen, sondern als Konsequenz eines ästhetischen Programms, das auch Fieberschauer vom imaginären Zu-Schauer (Leser) wünschte, der auf «alte Bekannte» stößt. (S. 325,

1068 Hohlauge und Froschauge repräsentieren zwei Arten von Zerrspiegel. – Auch wenn Hohlauge Spikher kein Spiegelbild von *sich* mehr hat, kann er doch Zerrspiegel für andere sein.

1069 Adelbert von Chamisso: Peter Schlemihls wundersame Geschichte. Frankfurt 1973, S. 116. – Vgl. hierzu auch E. Matala de Mazza: Erinnerungen, Wiederholungen, Löscharbeiten – Zur Nachtseite der Bilder in E. T. A. Hoffmanns *Abenteuern der Silvester-Nacht.* In: G. Neumann (Hg.): Hoffmanneske Geschichte. Würzburg 2005, S. 167.

13) Schließlich hatte zum ästhetischen Programm der gegenseitigen Interpenetration von Autor und Leser die strikte Anonymität des Autors gehört, die nur gegen seinen Willen gebrochen wurde.[1070]

Ethel Matala de Mazza stellt zu Recht den geradezu alltagsästhetischen Kontext heraus, in dem Chamissos Geschichte vom verlorenen Schatten steht: Schon seit den 70er Jahren des 18. Jahrhunderts erfreuen sich die ursprünglich französischen Silhouetten und Scherenschnitte, abgelöste Schattenbilder, also Körperspuren, auch in Deutschland allgemeiner Beliebtheit, ja zuweilen fast fetischistischer Verehrung, wenn sie pars pro toto genommen wurden. – Nachtbilder sind diese fixierten Schatten nicht nur wegen der Dunkelheit innerhalb ihres Umrisses, sondern wegen ihrer Umkehrfunktion des Hell-Dunkels der imaginären Erinnerungsansicht und ihrer Sensibilisierung des Richtungssinnes. Sie sind keine Ansicht und löschen eher das Erinnerungsbild, als es darzustellen, da sie Aufnahmen ausgesparter Licht-Ablagerungen von der entgegengesetzten Seite her sind. In dieser Ablösung des Körperbildes vom Körper und durch ihre Gegen-Ansicht von gegenüber her sind Schatten- den Spiegel-Bildern vergleichbar. Sie verweisen auf die Differenz von Körper und Bild, machen aber aus der Distanz den Verlust des Körpers fühlbar. Genitivus objectivus. Das Andere als das Sichtbare am Körper wird Gegenstand des Wunsches.

Der Unterschied zwischen beiden Bildern besteht hier in der materiellen Fixierbarkeit des Schattenbildes, etwa als Scherenschnitt, das aber nur ein fixes Körperbild qua Opazität auf der Fläche darstellt. Die Spiegelinstallation transponiert dagegen das abgelöste Bild in eine fortwährende, womöglich kreisende Spiegelflucht. Manchmal leuchten darin statt Menschen Porträts alter Meister auf, nur kurz und wieder von anderen verdrängt. Auch sind es *alte* Meister; alles haucht Vergangenheit, Ableben vom Leben des Körpers aus. Die Flüchtigkeit der sich fortspiegelnden Bilder radikalisiert hier das Bewusstsein des abwesenden Körpers. Das heißt, das verlierbare Spiegelbild forciert die kritische Situation des Leibs in der Nacht und der Nacht im Leib. Der Nachtleib in der Nacht besteht schließlich sowohl aus dem Bewusstsein des kritischen Leibes als auch aus der Opazität innen und außen, welche wiederum der Träger der Imaginationen und Spiegelungen ist. Wenn Matala de Mazza die auch zeitliche Nähe der Silhouette zur Fotografie hervorheben kann, so mag die Verwandt-

1070 Matala de Mazza: Erinnerungen, S. 161.

schaft der Hoffmannschen Spiegelflucht mit dem Film im Kinosaal vergleichbar erscheinen. – Was aber Hoffmann mit der Koalition zwischen Peter und Rasmus erreicht, ist die Ästhetisierung auch des Spiegelbildes, das aus der magischen Schmuddelecke befreit wird. Freilich um den Preis einer endlosen Desillusionierung, die das Übertragen gleichwohl nicht lassen kann. Unheimlich.

Das Zentrum des enthusiastischen Traumas indessen heißt Julia, und darauf führen den Geisterseher das dritte Abenteuer der Silvesternacht, ein gewisser Spiegel und der unheimliche Gnom zurück. Wieder ist der Eingang in die Geschichte, «Erscheinungen» mit Namen, ein Gang durch den Spiegel. Sie beginnt wieder mit einem Blick von außen auf einen für uns Fremden: «Herr Matthieu ist mein guter Freund und sein Portier ein wachsamer Mann, der machte mir gleich auf, als ich im goldenen Adler an der Hausklingel zog.» (S. 337 f.) Es steht aber auch ein materieller Spiegel im Zimmer, das ihm zugewiesen wird. Er stellt beide Lichter auf den Spiegeltisch – immer noch ist Silvesternacht – und findet sich beim Hineinschauen «blass und entstellt», sodass er sich «kaum selbst wieder erkannte» (S. 338,11):

«Es war mir, als schwebe aus des Spiegels tiefstem Hintergrunde eine dunkle Gestalt hervor, so wie ich fester und fester Blick und Sinn darauf richtete, entwickelten sich in seltsamem magischen Schimmer deutlicher die Züge eines holden Frauenbildes – ich erkannte Julien.»

Bei seiner sehnsuchtsvollen Anrufung Julias stöhnt und ächzt es hinter den Bett-Gardinen, wo der Enthusiast den Maler ohne Spiegelbild findet, der im Schlaf laut Giulietta ruft, vielleicht hervorgerufen durch den Ruf des Enthusiasten nach Julia. Vielleicht war das aber ein paralleles Ereignis. Oder sogar nur *ein* Ereignis? Giulietta / Julia ist die Braut, die in dieser Rauhnacht als ferne Geliebte von beiden Seiten eines Spiegels aus fokussiert wird. Sie ist die identische Geliebte, für die Rasmus und der Enthusiast zum Teil dieselben Worte der Beschreibung finden[1071] und die sie beide gleichzeitig seufzen lässt. Vielleicht entsteht dies ‹Frauenbild› erst aus einer Doppelprojektion (bzw. einer wahnhaften Rückprojektion).

Welchen Sinn sollte aber diese Doppelprojektion haben, wenn sie dieselbe Figur hervorbringt? Nun, die Figur ist eben nicht identisch, wohl aber ist der Hervorbringer dieser Figur gespalten, sodass sein Alter Ego

1071 Vgl. S. 328, 21 und S. 344, 3.

die vorgeblich identische Figur von der entgegengesetzten Seite aus sichtbar macht. Die vermeintlich äußerste Ferne des Spiegelhintergrundes und des Raumes, aus dem heraus Rasmus ‹projiziert›, beleuchten im Grunde das Innerste *eines* Seelenraumes. Der Enthusiast ist vom Herausgeber Hoffmann, hinter dem der Autor Hoffmann steht, ‹begeistert› worden (mit einigen «geistigen Zügen»), Spikher wiederum «ähnelt physiognomisch in auffälliger Weise Selbstporträts und Beschreibungen Hoffmanns». (S. 804) Die Doppelprojektion aber hat ihren Sinn darin, das *gespaltene* Bild der Geliebten zu zeigen, als edle, reine und ganz junge Jungfrau einerseits und als Vamp andererseits. Das gespaltene Bild ist Ergebnis seines seelischen Zwiespaltes in der Hingabe an dieses Vexierbild.

Wir befinden uns hier in einem nur scheinbar äußeren Raum; in Wahrheit ist es ein Innenraum. Symbolisiert wird das durch den irrtümlich doppelt belegten Hotelraum, belegt vom Erzähler und vom Maler. Aber Rasmus ist schon in der Kneipe als unheimlicher Aspekt des Enthusiasten erschienen. Fremder und eigener (innerer) Nachtraum oszillieren hier, um eigene Anteile als fremde zu entstellen (und fremde wiederum zu integrieren). Rasmus ist der entstellte Enthusiast, haust hinter dem Spiegel, in den der Enthusiast sah. Er kennt nicht nur dieselbe Frau, sondern ihr Bild kommt dem Enthusiasten sozusagen aus der spiegelbildlichen Richtung entgegen: aus dem tiefsten Hintergrund, aus der äußersten Ecke des Zimmers und aus dem Traum des Alter Ego. Sie erkennen einander auch als ähnlich und als zuweilen von einem tollen Spuk erfasst. Über die Erwähnung Julias aber wird nun auch eine Differenz der beiden deutlich. Das soeben noch ins Innere des Begeisterten dringende rührende Gesicht des spukhaften Kleinen wechselt plötzlich ins Fach des krächzenden Alten, der schlafen will und den Spiegel verhängt sehen möchte. *Er* hat den Schaden nämlich weg, der dem Enthusiasten nur erst droht, von Julia: sein Gesicht zu verlieren im Spiegelbild, das die Geliebte sucht.

Spikher zeigt ihm seine *Zukunft*, die droht, wenn er sich weiter in Julia vergafft. Die gespenstische Alterung seines Gesichts wirft ein Licht zurück auf das Gesicht des Enthusiasten, der sich beim ersten Blick in den Spiegel so blaß und entstellt fand, dass er sich kaum wiedererkannte (S. 338, 10). Der Zusammenhang dieser beiden ‹Augenblicke› wird verstärkt durch die dabei gegensinnigen Bewegungen der Aufdeckung und der Verhängung des Spiegels (S. 338, 8 und S. 339, 22) und die seltsame Fremdbestimmtheit der Aufdeckung des Spiegels und von Spikhers ‹Entdeckung› seines Geheimnisses (S. 339, 29). – Wie dem nun sei, die Unglücksgefährten beschließen zu schlafen: im selben Raum, im selben Bett. (Es gibt nur eines.) Die beiden sinken geradezu zu einer Figur zusammen. Durch das melodiöse Schnarchen des Kleinen narkotisiert, schafft es das Ich gerade noch, den Spiegel zu verhängen, die Lichter zu löschen und sich «so wie der Kleine» ins Bett zu werfen und in den Schlaf zu fallen. Das klingt verdächtig nach der Einschlafschwelle *eines* Menschen, auf der er noch mal hochschreckt und sein Einschlafen träumt.

An dieser Stelle sei daran erinnert, dass wir uns in einer Silvesternacht befinden. Nirgendwo in diesen Abenteuern wird aber der magische Augenblick des Jahreswechsels um Mitternacht erwähnt, auch erzählt der Enthusiast nichts weiter über besondere Eigenschaften dieser Rauhnacht. Der Leser sollte sich nur das Datum vor Augen halten; denn hier wird Schwellenmagie der Rauhnacht auf die phantasieschwangere Schwelle zwischen Wachen und Träumen übertragen. Auffällig ist, dass der Erzähler und sein Double im Schichtsystem schlafen, und sich in dieser Synthese ihre Julia-Botschaften stecken. Vor der schmalen Schwelle, an der sie soeben fast gleichzeitig in den Schlaf gesunken sind, hatte der Erzähler gewacht und der Kleine geschlafen. Als Ersterer schließlich morgens aufwacht, ist der Kleine fort, er hatte, während der Enthusiast schlief, einen Brief an ihn geschrieben.

Dazwischen wird ein seltsamer Zustand beschrieben, bei dem nicht klar ist, ob der Enthusiast träumt oder wacht: «Blendender Schimmer» (S. 340, 17) *weckt* ihn, und er sieht den Kleinen im weißen Schlafrock und in Nachtmütze am Spiegeltische sitzend, schreibend. Oder träumt er nur den Anderen? Immerhin betont der ‹Reisende›, dass der Kleine trotz des vermutlichen Morgens «bei beiden angezündeten Lichtern am Tische saß» (S. 340, 20). Der Morgen spricht für eine Realisierung des «blendenden Schimmers» im Aufwachen, die Kerzen vor dem Tisch und die Übertragung des Spiegelblicks auf Papier deuten dagegen auf eine quasi-magische Handlung in der Nacht hin. Die paradoxe Gleichzeitigkeit aber spricht für den Traum. Auch ist ein «blendender Schimmer» (S. 340, 17) in sich widersprüchlich: aus Sonne und Kerze gebildet – erinnert zudem an den gleißend hellen Glanz (*candor*) der Vollmondscheibe, der Lucius im 11. Buch des «Goldenen Esels» von Apuleius weckt.

Der Sinn dieser Installation besteht in der möglichst direkten Überblendung von Traum und Schreiben, als einer Handlung der Einspiegelung der Braut. Dem Schreiber sieht dabei der (träumende?) Enthusiast gleichsam über die Schulter in den Spiegel, denn er sieht den Kleinen von hinten vor der Reflektionsfläche. Ihn graust. Ohne zu sagen, dass er wieder eingeschlafen ist, erfasst ihn plötzlich ein Traum und setzt ihn wieder auf der justizrätlichen Ottomane «neben Julien» ab (S. 340, 22). Wieder reicht Julie ihm den Kristall-Pokal, «aus dem blaue Flammen emporleckten» (S. 340, 30). Während (oder indem) der Kleine außerhalb des Traums des Anderen seine Geschichte mit Giulia niederschreibt, warnt er nun (hinter ihm stehend) den Enthusiasten vor dem Trunk und der Frau, die ihn reicht. Merkwürdigerweise warnt er vor ihr, weil sie ein Fantasiestück sei, in Callots Manier. Der Kleine weiß sogar mehr und nennt noch Breughel und Rembrandt als Maler, und dem schaudernden Erzähler fallen gleich die von «höllischen Untieren umgebene[n] lockende[n] Jungfrauen auf den Bildern jener Meister» ein (S. 340, 37). Diese Bilder sind das wahre Wesen hinter der lockenden Julia, weil sie Repräsentanten der inneren Julia sind, im Herzen des Enthusiasten.

Der Traum wird, bei gleichbleibender Tendenz der verhinderten Vereinigung mit Julia, immer verworrener, bis der ‹reisende Enthusiast› spät aufwacht und erfährt, dass der Kleine abgereist ist, ihm aber, während er von ihm träumte, einen Text geschrieben und hinterlassen hat. Dieser flirrende Wechsel von fremdem und eigenem Erleben hat etwas von einem Fenster in der Nacht, das vor dem Dunkel mal das eigene, mal das fremde Gesicht zu spiegeln oder zu zeigen scheint… zum Verwechseln. Dies andere Gesicht spricht nun aus dem vierten Abenteuer der Silvesternacht, genannt «Die Geschichte vom verlorenen Spiegelbilde» (S. 342). Aber der Text, den wir lesen, ist nicht der Text Spikhers, sondern die Wiedergabe durch den Enthusiasten. Erst so aber wird daraus schließlich die Behauptung gerechtfertigt, dass dies auch ein Abenteuer der Silvesternacht sei, denn es handelt sich ‹an sich› um eine lange vorher geschehene Geschichte. Auf diese Weise der Wiedergabe ist es eine in der Silvesternacht geschriebene Geschichte, die ein Abenteuer für den enthusiastischen Erzähler ist, indem er sich so in das Geschehen hineinbegibt, wie er in der Nacht von Spikher heimgesucht wurde. Wichtig scheint dem Autor nicht zu sein, dass sich die beiden Figuren gegenseitig identifizieren als sie selbst, sondern dass sich vor dem Leser ein Fenster aus Traum und Spiegel öffnet und schließt, dass sich ein Vexierbild aus Fremdem und Eigenem bildet.

Die Geschichte vom verlorenen Spiegelbild, erzählt in der dritten Person vom Maler Rasmus Spikher, der im Alter von 27 Jahren die kalte Heimat, seine liebe Ehefrau und seinen kleinen Rasmus verlässt, um im warmen Florenz ein flottes Leben zu führen. Mit anderen jungen Nachtschwärmern feiert er die notorische Italienische Nacht voller Wein, Weib und Gesang. Man trinkt Syrakuser, eine Weinsorte, die den ‹Elixieren des Teufels› verteufelt ähnlich schmeckt.[1072] Bei der Begegnung mit der Schönsten, Giulietta, auch sie ein wahres ‹Frauenbild› (von Mieris oder Rubens), regt sich eine fremde Gewalt in seinem Innern, und er erstarrt. Nach dem obligaten Trank aus dem vollen Pokal inklusive Fingerkontakt wirft er sich ihr in glühendem Liebeswahn zu Füßen. Nach ihrem Sirenengesang (mit Krystallstimme!) bis zum Morgenrot ist's um ihn geschehn (S. 345, 17).

Er geht sich selbst fremd, während Giulietta sich als eine der «schlausten Courtisanen» erweist, die alle in ihren Bann schlägt – wohl auch mithilfe gewisser Wunderessenzen ihres Quasi-Zuhälters *Dappertutto*, einer teuflischen Gestalt, die wie der Name sagt, alle Türen öffnet (S. 346f.).[1073] In einer inszeniert wirkenden Eifersuchtsszene tötet er, eher in Notwehr, einen Konkurrenten, wird besinnungslos von Giulietta ‹gerettet›, die ihn aber zur Flucht drängt. Sein Spiegelbild dürfe aber bei ihr, die ihn innig liebe, bleiben. Da steht schon der Spiegel in der Nacht, mit zwei brennenden Kerzen davor. Auf ein Zögern hin wirft sie ihm vor: Du wolltest mir gehören mit Leib und Leben, jetzt gönnst du mir nicht mal «diesen Traum deines Ichs, wie er aus dem Spiegel hervorschimmert» (S. 349, 28).

In seinem verzweifelten Trennungsschmerz gibt er ihn als Talisman und Pfandobligation her (S. 349, 35). Niemand soll ihn auslösen können außer ihm selbst mit seinem Leib und seiner Seele. Giulietta streckt, gemeinsam mit ihm vor dem Spiegel, die Arme nach seinem Bild aus, das fast unabhängig von seinem Erzeuger hervortritt, um im seltsamen Duft in ihre Arme zu gleiten. Unter höllischem Gemecker fällt er in Ohnmacht, rappelt sich aber voll Grausen hoch, taumelt «in dicker dichter Finsternis» hinaus und in die Kutsche Dappertuttos (S. 350f.), der ihm für die bloße Überlassung dieses Spiegelbildes, das er schon Giulietta überlassen hatte,

1072 Der erste Teil der «Elixiere des Teufels» ist bereits einige Monate vor den Abenteuern der Silvesternacht beendet worden (vgl. S. 543, 23. April).

1073 Vgl. den Teufel Alain R. Lesages: «Der hinkende Teufel» (1707, Nördlingen 1987); er öffnet den Einblick in alle Häuser und Zimmer.

weil er sie verlassen musste, die Möglichkeit verspricht, unter wechselnden Gesichtern immer bei Giulietta bleiben zu können, sie also nie mehr verlassen zu müssen. Beide konkurrieren also um das Spiegelbild, dieses Traum-Ich (eine Bestätigung des Zusammenhangs, wie er sich im Hotel ergab). Es ist wertvoller, als der Maler gedacht hatte, und hätte ihm sogar die leibhaftige Nähe zur Geliebten ermöglicht – die sich von außen betrachtet nicht nur des Geliebten entledigt hat, sondern ihn auch noch beraubt hat. Um was? Um die Seele? Um sein ‹Ansehen›?

Nach Spikhers Schilderung der Flucht in den kalten Norden meldet sich der (nicht so weit gereiste) Enthusiast als Redakteur des Rasmus-Textes zu Wort – wie, um eine äußere Sicht auf die Erfahrungsauswahl eines Spiegelbildlosen anzudeuten: Spikher wird als schlechter Kerl und Frevler verfolgt, wo immer sein Mangel auffällt. Die Polizei fordert den Nachweis eines Spiegelbildes als Identitätsausweis (S. 352), und selbst seine Frau und sein Kind verstoßen ihn entsetzt, als sie bemerken, dass er sich nicht spiegelt. – Dabei hatte er doch Giulietta «ganz aus Sinn und Gedanken verloren» (S. 353, 2). Weder scheint es sich beim Spiegelbild um bloße bürokratische Papiere zu handeln noch um seine Seele. Irgendwas dazwischen muss es sein… Vielleicht eine Art «image», ein Bild von sich für andere, die sich ein Bild von einem machen, wenn sie ihn lieben?

Wir können das Entsetzen von Gesellschaft und Familie noch heute, trivialmythengesättigt, nachvollziehen. Wesen ohne Spiegelbild müssen Monster sein – wie Revenants oder Vampire. Denn wer kein Spiegelbild hat, ‹existiert› nicht, besteht nur aus einer Perspektive. Oder? Allerdings verdrängen wir damit, dass die Monster gleichwohl *unser* Spiegelbild sein können, das *uns* abhanden kommt, wenn wir die scheinbar andere Perspektive nicht als unsere fremdgehende erkennen. Rasmus ist ein Spiegel des Enthusiasmus. Oder ist es umgekehrt? Ein Vergleich der groben Handlungsgerüste von erster und vierter Szene zeigt das: Trinken, Liebeserklärung, widerlicher Konkurrent und Flucht prägen beide Szenen. Ist die eine Szene der Traum der andern? Welche ist das Original? Immerhin werden Erzähler und Maler im dritten Abenteuer weitgehend ineinander geblendet, indem der Traum des Enthusiasten mit der Niederschrift von Rasmus synchronisiert wird. Versuchen wir, Rasmus als Original zu denken.

Er will seiner Frau das Spiegelbild unwert machen, fast in der Art der Kirchenväter: Das Spiegelbild sei eine Illusion, führe zu Eitelkeit und «spalte» das «eigne Ich» in «Wahrheit und Traum» (S. 353). Die Frau kann ihn nur entsetzt verwünschen und als einen «höllischen Geist» und Verdammten verbannen (S. 353, 27 und 30). Rasmus flieht voll Wut und Verzweiflung durch die Welt – Aber hat dieser Maler nicht recht mit der Ansicht, dass das Spiegelbild Wahrheit und Traum spalte? Und welches Bild wäre dann Wahrheit, welches Traum? Das sagt er wohlweislich nicht, denn die Positionen werden dauernd vertauscht.

Im Übrigen ist ja Rasmus derjenige, der Wahrheit und Traum gespalten hat, wenn er meint, noch der Wahre zu sein, aber zugleich sein Traum-Ich abgegeben hat. Entscheidend ist doch wohl, wie wichtig die Spalt*barkeit* ist (die Doppel-Ausstattung) und was dem bloß noch abgespaltenen Ich fehlt. Jedenfalls ist eine intersubjektive Komponente am spiegelfähigen Subjekt nicht von der Hand zu weisen. Die Doppelausstattung ist sinnvoll wegen der gegenseitigen (auch asymmetrischen) Übertragung. Und, um den sarkastischen gesellschaftskritischen Tonfall gegenüber dem Personalausweis-Zwang ins erhabene Fach zu transponieren: Die gegenseitige Übertragung macht die Identität; diese ist ein Ergebnis der Intersubjektivität. Hier nun zeigt sich der Hintersinn des Schriftstellers, der sich seine Papiere ausstellt. Spikher *hat* zwar kein Spiegelbild, aber er *ist* das Spiegelbild des Enthusiasten. Spikher stellt die Spiegelebene schreibend her, der Enthusiast wiederum schreibt sich im Tagebuch als Spiegel des Autors. Auch die beiden Letzteren spielen sozial die Rolle von Eigenbrötlern – oder doch seltsamen unverankerten Menschen. Aber zusammen mit ihren Texten, mit ihren fiktiven Spiegelbildern gelingt ihnen vielleicht eine Übertragung. Der Text ist ihr Spiegelbild.

Spielerisch wird das Thema angedeutet. Der Teufel meldet sich als Vermittler zurück und verspricht die Rückgabe des Spiegelbildes um den Preis der vollständigen Verschreibung von Leib, Leben und Seele an die nun wieder geliebte Giulietta (S. 354, 17). – Er muss nur noch zum Beweis der Lösung von den Fesseln der Familie Gattin und Sohn vergiften. Rasmus lehnt entsetzt ab (355), aber das Familienklima bleibt vergiftet. Im eigenen Haus erscheint noch einmal Giulietta in der Nacht, und er will sich ihr mit Leib und Seele ausliefern; er muss nur mit seinem Blut einen Teufelspakt signieren, der seinen Anhang vollständig der Willkür Dappertuttos ausliefert. Schon will er unterschreiben, da erscheint seine (noch lebende) Frau als weißes Gespenst, warnt ihn «um des Heilands willen» (357,24), und er verstößt Giulietta samt Teufel endgültig unter großem

Höllenspektakel der beiden (schneidende Misstöne, stinkender Dampf, Dunkelheit). Am Morgen danach spricht er sich mit seiner Frau aus, sie hat Mitleid mit ihm; aber seine soziale Rolle als Familienvater könne er so nicht ausfüllen. «Wandre also nur noch ein bisschen in der Welt herum und suche gelegentlich dem Teufel dein Spiegelbild abzujagen. Hast du's wieder, so sollst du mir recht herzlich willkommen sein.» (S. 358)

Das ist nun aber ein befremdlicher Zungenschlag der resoluten Frau in der wirklichen Welt, die nichts mit den Spiegelungen Spikhers, des Enthusiasten, des Herausgebers und des Autors zu tun hat. Frau Welt sagt, er soll sich nur recht brav die Hörner abstoßen auf seinem verlängerten Vatertagsausflug. Das klingt schon ein wenig nach einem Privileg zum Lotterleben. Nur gelegentlich soll er versuchen, dem Teufel sein Bild abzujagen. Aber was hat der Kleine schließlich auch groß verbrochen, der sein Traum-Ich vielleicht nur an eine Traumgestalt verlor! Im heiteren Kunstmärchenton klingt die Geschichte vom verlorenen Spiegelbild aus. Erasmus habe auch mal den Peter Schlemihl getroffen, ein Joint Venture hätten sie vorgehabt zu gründen. Wurde aber nichts draus. So ziehen sie, jeder für sich, ihrem Fehlenden nach. Künstler sind sie, unstete Gesellen ohne bürgerlichen Identitätsausweis, die ihre innernächtlichen Hirngespinste in der Außenwelt suchen, und in der nächtlichen Außenwelt ihre Hirngespinste erleiden. – Nun scheint zumindest Rasmus am Schluss nicht mehr arg zu leiden.

Man muss jedoch bedenken, dass der Enthusiast mitgeschrieben hat. Und wenn man es recht bedenkt, kann die Tatsache, dass Spikhers Körper im Spiegel unsichtbar bleibt, auch bedeuten, dass er nur ein Hirngespinst *ist*, die Erscheinung eines Anderen, die keinen Körper hat. Spikher ist ein Geist vom Geiste des namenlosen Enthusiasten – nicht wirklich *lebend.*[1074] Und dass *der* namenlos ist, verweist wiederum auf Namenlosigkeit als ein Äquivalent der Spiegel- und Schattenlosigkeit. Das aber heißt, auch der Enthusiast ist ein Spiegelbild, hinter dem der Herausgeber steht, hinter dem der Autor steht. Die Funktion dieser Spiegelflucht ist der Bilderfluch namens Julia. Ein Anderer als der Enthusiast, Rasmus, hat behauptetermaßen Giulietta schlechtgeredet, schlechtgeschrieben. Jetzt kann er abziehen und sie suchen; der Enthusiast aber ist außen vor... fast... Die-

1074 Vgl. auch Schlemihls Freund und Retter in der Not, der *Bendel* heißt, was ein Anagramm von *lebend* ist.

ser Reisende, der ja schon den Abschiedstext des Abgereisten auf seine Art umgestaltet hat, ist denn auch noch via «Postskript» im Bild. Vor ihm liegt der ‹gemischte› Text, da hat er dieses Spiegelerlebnis:

«Was schaut denn dort aus dem Spiegel heraus? – Bin ich es auch wirklich? O Julia – Giulietta – Himmelsbild – Höllengeist – Entzücken und Qual – Sehnsucht und Verzweiflung. – Du siehst, mein lieber Theodor Amadäus Hoffmann…» (S. 359, 7 f.)

Hier ist nicht die weitestgehende Überblendung von Rasmus und dem Enthusiasten erreicht, die geschah zuvor in der Nacht während des Ineinander-Schreibens und -Träumens. Eben deshalb prallt des Enthusiasten Blick zurück vor dem Zauberspiegel dieses Textes. Spikher hat Giulietta als eindeutiges Monster der Klasse Chimaira enttarnt: Sie hatte zuletzt in einer Nacht, als Höllenschlange von Spikher verbannt, funkelnde Blitze geschossen aus grässlich verzerrtem Gesicht auf einem Körper aus brennender Glut, war auf Rabenfittichen unter Missklang und Gestank geflohen (S. 357, 27). Der Nach-Schreiber aber blickt aus dem Spiegel des zum Teil von ihm selbst verfassten Skriptes auf sich und sieht die trotzdem aufrechterhaltene Ambivalenz zwischen Hingabe und Angst vor Selbstverlust gegenüber einer geliebten Frau. Sein Blick aus dem Rückspiegel der Erasmus-Geschichte trifft auf den Spiegel der ersten Geschichte, welche «Die Geliebte» hieß und all seine Ambivalenz zu ihr als taumelnden Wahrnehmungsschwindel inszenierte.

Noch weiter geht der Spiegel-Blick zurück, hinaus zu Hoffmann, der ihn schreibt… Wie bewusst Hoffmann zwischen der Geschichte von Rasmus und seinem Postskript eine Spiegelungsmöglichkeit installiert hat, sieht man am Übergang. Der letzte Satz der Rasmus-Geschichte lautete, den Titel «Geschichte vom verlorenen Spiegelbild» zum Rahmen krümmend: «Ende der Geschichte vom verlorenen Spiegelbilde.» (S. 359, 5) Dann folgt die Zäsur einer anderen Textsorte: «Postskript des reisenden Enthusiasten» (S. 359, 6). Das ist keine Selbstbezeichnung des Erwähnten, der ja vor und nach dieser Zäsur derselbe Schreiber ist, das ist die trennende, einschneidende Glaswand des ‹Herausgebers›. Sie verstärkt nur die ohnehin vorhandene Unsicherheit des Enthusiasten, ob er vor oder hinter dem Spiegel steht, ob er Spikher ist… oder aus dem Off des Herausgebers kommt.

Dem entspricht die Fragwürdigkeit der Ansprache überhaupt. Der Enthusiast mag, wie der Herausgeber schrieb, sein inneres und äußeres Leben nicht trennen (S. 325, 7); gleichwohl ist es befremdlich, wenn er in seinem Tagebuch den Autor seines Tagebuches (im äußeren Leben) anspricht, ja ihn um Vergebung bittet für diese Geschichten (S. 359). Das ist vielleicht ein Selbstgespräch des Autors, doch wird eben über die Spiegeldifferenz immer wieder eine Asymmetrie erzeugt, die diese Geschichten ewig weiterlaufen lassen könnte. Schon die Art der Rede des Enthusiasten unterscheidet sich vom verläppernden Gestus der Rasmus-Geschichte. Die Verzweiflung hört nicht auf. Gleichzeitig weist der Enthusiast darauf hin, «mein lieber Theodor Amadeus Hoffmann! dass nur zu oft eine fremde dunkle Macht sichtbarlich in mein Leben tritt und den Schlaf um die besten Träume betrügend mir gar seltsame Gestalten in den Weg schiebt» (S. 359, 11). Die fremde dunkle Macht ist der Autor, oder besser: Es ist dessen dunkle Macht, die seltsamen Gestalten sind Julia oder Giulia. Der Autor führt sie ihm zu. Der glühende Kern im Innern des Autors kann von seiner Liebe nicht lassen. In einer Staffel von Spiegeln erledigen seine Doubles oder Double-Doubles diese unmögliche Imago mit einer Deutlichkeit, die Resultat der Entfernung ist. In wenigen hastigen Atemzügen des Enthusiasten lässt er das ganze Illusorium zusammenstürzen.

Matala de Mazza weist auf eine Eintragung in *Hoffmanns* realem Tagebuch hin, aus der Zeit, da er wahnsinnig in seine 15jährige Gesangsschülerin Julia Mark verliebt war, die er in den Aufzeichnungen frei nach Kleist «Käthchen» nennt: Am 18. März 1811 (ihrem Geburtstag) heißt es: «›*enthusiasmo*‹ mit Ktch beynahe den höchsten Gr[ad] erreicht»[1075]. Die Bedeutung dieses Enthusiasmus ist daraus abzulesen, dass das Datum in unendlichen Variationen durch die Hoffmanschen Textgeschichten reist und kreist.[1076] Den selben Tag, zwei Jahre später und kurz nach der Verheiratung Julias mit einem älteren Kaufmann, wählt Hoffmann zum Datum eines Verlagsvertrags, der seine Selbstgeburt als Schriftsteller beglaubigt. Mit diesem Vertrag gewinnt er zahlensymbolisch seine Geliebte zurück, die er zugleich an einen Kaufmann verkauft, weil sie in die Texte übergeht,

1075 Hoffmann: Tagebücher, S. 124; zit. nach Matala de Mazza: Erinnerungen, S. 163. Weitere Belege aus ihrem Aufsatz werden im Haupttext durch Seitenangabe belegt.

1076 Von den vielen Beispielen, die Matala de Mazza anführt, sei hier nur auf den Namen des Kalenderheiligen für den 18. März hingewiesen: Anselmus, wie der vom Helden des «Goldenen Topfes» (S. 164).

die in dessen Besitz übergehen. Zurück gewinnt er sie gewissermaßen, weil er schließlich mit dem Vertrag eine Art Teufelsverschreibung eingeht, die dem Verleger das Recht zugesteht, «daß er über das erhaltene Manuskript als über sein Eigenthum schalten und walten kan»[1077]. Das erinnert an den Vertrag von Spikher mit Dappertutto in den «Abenteuern der Sylvester-Nacht», der Letzterem die volle Verfügungsgewalt über Frau und Kind übertragen sollte (S. 357, 6); noch während Giuliettas Feuerküsse auf den Lippen brannten, hatte er unterschreiben sollen.

Wie sehr hier Liebesfeuer gegen ‹Kohle› getauscht, eine Liebesgeschichte in Textgeschichte übertragen wird, wird daran deutlich, dass ungefähr zur Zeit des Verlagsvertrages in das Manuskript von «Berganza» der Text eines «Sonettes an Cäzilia» eingefügt wird, das Hoffmann in der Nacht zum 18. März 1811 für Julia zum Geburtstag geschrieben hat, und mit dem er dann vielleicht an ihrem Geburtstag «fast den höchsten Grad erreicht» hat. ‹Übertragen› ist hier im physischen Sinn zu verstehen: Er hat dieses nächtliche Manuskript aus seinem Tagebuch herausgerissen und dem zum Druck bestimmten Manuskript von «Berganza» beigefügt – und zwar im September 1813.[1078] – Aus der Verstirnung des Textes strahlt dann freilich diese himmlische Beziehung zwischen einer Julia und ihrem Gesangslehrer namens Kreisler noch (als fiktive Makulaturblätter!) aus den «Lebensansichten des Katers Murr» zurück. Hier ist dieses Verhältnis ein quasi-magnetisches – im guten Sinne, das Julia vor den verderblichen Einflüssen eines bösen, prinzlichen und vampyrhaften Magnetiseurs schützt.[1079]

Man könnte einwenden, dass dieser Hintergrund der Entstehungsgeschichte nichts mit der *Lese*erfahrung der «Fantasiestücke» zu tun hat. Aber man sieht von diesem Seelenpunkte Hoffmanns aus deutlicher, dass die spezielle Anlage der Spiegelungen nicht nur den persönlichen Gewinn des Dichters hat, dass er, statt etwas schriftlich zu erledigen, die Ambivalenz zwischen Erinnern und Vergessen jederzeit neu beleben kann. Für den Leser, auch in Unkenntnis der ersten privaten Feuersbrunst, bedeutet

1077 Hoffmann, zit. nach Matala de Mazza, ebd., S. 163.

1078 Hoffmann: Nachricht von den neuesten Schicksalen des Hundes Berganza. (1813). In: Ders.: Fantasiestücke, S. 143.

1079 Hoffmann: Lebensansichten des Katers Murr (1819). In: Ders.: Sämtliche Werke in sechs Bänden. Bd. 5, Frankfurt 1992.

das, dass er durch die Spiegelinstallation tiefer in die Falle des Irrlichtes läuft – und vielleicht sein Inneres mit fremdem Inneren vertauscht, denn er spürt die Energie, von der die fehlleitenden Strahlen ausgehen; sie trägt auch die Übertragungen der Leser. Freilich stolpern diese immer wieder über merkwürdige Wechselfälle, die eben dieser auktorialen Ambivalenz zu verdanken sind.

Zu solchen Szenen, die uns auch wieder aus dem Spiegel werfen können, gehört der merkwürdige Tonfallwechsel von Spikhers banalem Ende zu des Enthusiasten erneuerter leidenschaftlicher Oszillation zwischen Anbetung und Verdammnis seiner Julia / Giulia. Der Autor ist dafür verantwortlich, dass die Differenz des Enthusiasten zum Maler Spikher wiederbelebt wird (S. 359, 5). Spikher ist mit Julia fertig. Der Enthusiast gerät über dem Miterlebten und Mitgestalteten an Spikhers Geschichte in eine noch größere Ambivalenz und redet in den Koordinaten *seines* wahnhaften Zusammentreffens mit Julia im ersten Abenteuer der Silvesternacht: Er weiß nicht einmal mehr, was er vor kurzem noch in sein Tagebuch geschrieben hat, dass er nämlich in der Silvesternacht Julia wiedergetroffen hatte. Jetzt schreibt er: «Ganz erfüllt von den Erscheinungen der Sylvesternacht glaube ich beinahe, dass jener Justizrat wirklich von Dragant [ein Konfekt], sein Tee eine Weihnachts- oder Neujahrsausstellung, die holde Julia aber jenes verführerische Frauenbild von Rembrandt oder Callot war, das den unglücklichen Erasmus Spikher um sein schönes ähnliches Spiegelbild betrog. Vergib mir das!» (S. 359, 14)

Wie kann man mit so wenigen Federstrichen so viel Chaos anrichten! Der Ich Erzähler hat doch drastisch beschrieben, wie unterschiedlich er sich an Weihnachten und Neujahr fühlt! (S. 326, 7) – Der Sinn besteht in der Erinnerungsunschärfe des *Oder*, sie rettet seine Ambivalenz. Denn freilich gab es da diesen Traum im *Hotelzimmer* – auch noch in der Silvesternacht – dass er zu *Weihnachten* beim Justizrat auf der Ottomane saß. Weihnachten ist die gute, christianisierte Rauhnacht, Geburtsfest des unschuldigen Kindes; Neujahr ist die Geburt des weltlichen, wenn nicht sogar heidnischen Kalenders. Beide Feste markieren wichtige Schwellen-Zeiten oder -Zustände, die ich aber als Symptome oder symbolische Repräsentanten einer ästhetisch-anästhetischen Schwelle gelesen habe, nämlich dem Übergang zwischen Wachen und Schlafen. Dennoch haben beide Feste hier keinen ambivalenten Charakter. Die Ambivalenz entsteht erst im Postskriptum, im «Oder» eines Enthusiasten, der vielleicht Probleme hat, sich von Rasmus zu unterscheiden. Aber das heißt nicht, dass es egal wäre, ob Weihnachten oder Neujahr ist. Weihnachten, also im *Traum* der Silvesternacht, will er nur die schöne Julia, und der Kleine stört ihn dabei. Nachträglich, als Enthusiast, als Reisender in Richtung Hoffmann redend, übernimmt er noch einmal kurz die Perspektive Spikhers, um sie sodann umso eiliger zu verlassen: Weihnachten *oder* Neujahr, das heißt: innerhalb oder außerhalb des Traums, des Traums, der ihm von außen gestört erscheint: weil «eine fremde dunkle Macht sichtbarlich in mein Leben tritt und den Schlaf um die besten Träume betrügend mir gar seltsame Gestalten in den Weg schiebt» (S. 359,11).

Der Witz dieser Verbindung besteht in einem rasanten Austausch der guten und der bösen Julia. Denn das nachträgliche «Oder» gehört zusammen mit einem zweiten nachträglichen «Oder»: dass nämlich «die holde Julia jenes verführerische Frauenbild von Rembrandt oder Callot war» (S. 359, 17). Welches Bild sollte das aber sein? Es muss ein ganz bestimmtes, eben «jenes», sein; zugleich aber von Rembrandt *oder* Callot. Das sind nun sehr verschiedene Maler / Zeichner. Hat er das Bild gar nicht im Kopf? Hat er nicht. Er hat Julia im Kopf, seine Julia. Wer «von Callot oder von Rembrandt» sprach (also in spiegelverkehrter Anordnung der Namen), das war der Kleine in des Enthusiasten Traum. Und das waren Warnungstafeln, wovon er sprach. (S. 340, 34) Daraufhin sieht der Enthusiast im Traum seine Julia sehr genau an, und er erkennt eine gewisse Ähnlichkeit im Stil der Kleidung. Dazu assoziiert er Untiere in der Umgebung der Jungfrau (was zweideutig ist). Seine Julia ist aber nicht *ein* Bild. Ex post, soeben aus dem Spiegel des Textes aufgetaucht, behauptet der Enthusiast, ausgerechnet der Warner vor einer bestimmten Julia, der sie mit Warnungsbildern vergleicht, der sei vom verführerischen Frauenbild «um sein schönes ähnliches Spiegelbild» betrogen worden! Aber gemach: er glaubt es nur «beinahe» (S. 359, 15).

Das «Postskript des reisenden Enthusiasten» ist ein Schlüsseltext, der sich unter anderem explizit auf das Programm der «Fantasiestücke in Callot's Manier» bezieht, wenn dieser ‹Enthusiast› behauptet, *beinahe* zu glauben, dass Rasmus auf die Callotsche Manier hereingefallen ist. Schließlich hatte der im Gegensatz zu Rasmus nur unvollständig ‹Reisende› beim Justizrat andere Bilder eines anderen Malers – nur zum Vergleich – im Kopf, die ihn aber eher fremdeln ließen (S. 328, 20). Das ganze Rückzugsgefecht des Enthusiasten lässt doch immerhin die Spur einer

Trennung zurück: zwischen den kurrenten Bildern Julias und *der* Julia. Alle sind drauf reingefallen, Rasmus und die Leser. Der Enthusiast aber geht zurück zum Urheber seines Spiegelbildes. Sein letzter Satz ist an Hoffmann gerichtet und lautet: «Vergib mir das.» (S. 359, 20) Was? Dass Spikher um sein schönes ähnliches Spiegelbild betrogen wurde? Das ist nicht seine Schuld. Dass Julia nur ein Frauenbild von Rembrandt oder Callot war? Dafür kann er nichts, dafür würde er nichts können, wenn es so wäre… Nein, dass er beinahe glaubt, Julia sei ein Bild eines Malers, dafür bittet er um Vergebung. Denn er weiß es besser: Es ist die Geliebte des Autors, den er um Verzeihung bittet. Es ist der Autor selbst, der seine Braut verkauft hat an den Herausgeber. Aber in Gestalt des Enthusiasten bittet das Alter Ego sein Alter Ego um Verzeihung, dass er Julia fast auf ein Bild von Rembrandt oder Callot reduziert hätte.

Ich will hiermit nicht den Text auf eine Biographie reduzieren, eher reduziert ja Hoffmann seine Biographie auf Texte. Er selbst inszeniert und verhüllt sie halbwegs. (Anonymität… aber Geburtstagszahlenspiele) Es ist auch so, dass der Kern seines Idealbildes von Julia, dessen Maske er wie einen Balg von Doppelgängern ins Spiegelkabinett der Verzerrungen wirft, nicht identisch mit Julia Mark in Bamberg ist, sondern literarisch konserviert mit verdunkeltem Firniss ist: Es ist die Julia aus Shakespeares Drama «Romeo und Julia», an die er denkt. Sie hat im 3. Akt einen phantastischen Monolog an die Nacht, als das Medium der Liebenden, das die Liebenden also zusammenbringt.[1080] Fast wird sie selbst zur Nacht, wenn sie Romeo hereinbittet: «Komm, Nacht! – Komm Romeo, du Tag in Nacht!» (Vers 17) Er wird auf ihr liegen, wenn sie zusammen fliegen: «Denn du wirst ruhn auf Fittigen der Nacht / Wie frischer Schnee auf eines Raben Rücken.» (Vers 18 f.)

Es geht noch wunderschön so weiter: Wenn er stirbt, soll er selbst ein Teil der Nacht sein, lauter kleine Sterne, so schön, dass «alle Welt sich in die Nacht verliebt» (Vers 24). Aber Hoffmann / Rasmus genügt in der «Sylvester-Nacht» Giuliettas Attribut des Raben, *seine* ‹Fittige der Nacht› – und vielleicht noch die Verkehrung des Schnees in «dicken stinkenden Dampf», um seine Julia / Giulietta makaber zu entstellen. Er kann sich zwar damit herausreden, dass das Rasmus erlebte und schilderte: «… und es rauschte wie mit schwarzen Rabenfittigen im Zimmer umher. – Giuli-

1080 W. Shakespeare: Romeo und Julia. 3. Akt, 2. Szene, Vers 6.

etta – Dappertutto verschwanden im dicken stinkenden Dampf …» (S. 357, 34) Aber der Seufzer nach seiner Selbsterkenntnis im Spiegel «O Julia – Giulietta – Himmelsbild – Höllengeist» gibt nur zu deutlich zu verstehen, dass der Spiegel auch ein Nachtfenster ist, das tief blicken lässt …

Das Besondere an Hoffmanns Weiterentwicklung des Zauberspiegels aus dem Bereich der oralen Literatur liegt nicht an den einzelnen nächtlichen Spiegelungen, in denen man sein Spiegelbild verlieren kann, sondern an der sich gegenseitig *spiegelnden Komposition* ihrer Elemente in der ganzen Erzählung, die den Leser einspiegeln sollen in die oszillierende Mischung von unerhörter Neuigkeit aus magischer Zauberei einerseits und immer wieder fortgesetzter Wiederholung qua Spiegelung. Variation heißt das Zauberwort dieses Kristallklangs im günstigsten Fall.

Nun ist aber Hoffmann nicht der Erste, dessen Komposition dem Leser den Zauberspiegel vorhält. Bereits der erste, 1804–05 in St. Petersburg veröffentlichte Teil der «Handschriften von Saragossa» des polnischen Grafen und Sympathisanten der Französischen Revolution Jan Potocki arbeitet mit dieser phantastischen Spiegelungsmaschine. Roger Caillois bemerkt in seinem Nachwort zur Frankfurter Ausgabe: «Dieselbe Situation wird immer von neuem wiederholt und vervielfältigt; als werde sie durch Zauberspiegel unaufhörlich reflektiert.»[1081]

Der sich stets erneuernde Anziehungspunkt ist die Liebschaft eines Reisenden mit zwei verführerischen moslemischen Schwestern, die sich schließlich als niedere Monster erweisen, als Succubi. Damit erst sind sie erledigt, erledigt wie die doppelte Julia/Giulietta. Die Erledigung eines psychischen Ambivalenzkonfliktes durch literarische Fortspiegelung des Objektes von Angst und Begierde ist zwar nur eine von mehreren literarischen Kompensationsmöglichkeiten; sie ragt aber heraus unter den anderen durch ihre Sogwirkung auf die Leser. Im Frankreich des 19. Jahrhunderts hat Hoffmanns Spiegelkabinett mehr Erfolg gehabt als die «Handschriften von Saragossa», die kurz vor der französischen Ausgabe der «Fantasiegeschichten» herauskam. Möglicherweise wurde den Lesern der «Abenteuer der Sylvester-Nacht» deutlicher der Zauberspiegel vorgehalten, der bei Potocki zu sehr ins Labyrinth führte. Jedenfalls wartet die Oper «Hoffmanns Erzählungen» von Jacques Offenbach (1881) nicht nur

1081 R. Caillois: Nachwort. In: J. Potocki: Die Handschriften von Saragossa. Frankfurt 1975, Bd. 2, S. 865.

mit einer Bearbeitung des Spiegelthemas der ‹Abenteuer› auf, sondern spiegelt alles nochmals auf Hoffmann zurück.[1082]

Das ganze Spiegeltheater wäre aber ästhetisch nicht so ‹reizvoll› und moralisch nicht so beunruhigend, wenn es nicht in der Nacht geschähe, wo, zumindest einige Augenblicke lang, nicht entscheidbar ist, ob eine Ansicht fremdgegeben oder selbstprojiziert ist. Dies wiederum bedeutet, dass die typische Ambivalenz gegenüber einem solcherart gegebenen visuellen Objekt nicht etwa einer Schwierigkeit der Abwägung von Werten entspringt, sondern auf der grundsätzlichen Asymmetrie von Innen oder Außen beruht, die paradoxerweise zugleich kurz außer Kraft gesetzt erscheint, wenn eine Drift oder Fahrt aus dem Spiegel heraus oder in ihn hinein stattfindet. Der Spiegel in der Nacht verwandelt sich dann von einer Grenze zum Anderen in eine Symmetrieachse sich penetrierender Blicke und sich überlagernder, überblendeter oder sich entlarvender Bilder. Auf einer quasi-magischen Erzählebene geschieht das, wenn Rasmus Giulietta sein Spiegelbild abtritt und dieses dann auch heraustritt.

Nachhaltiger wirkt auf den Leser die kompositorische Spiegelung etwa von der 1. Szene in die 4. Szene. In der 3. Szene, im Hotel, steht ein Spiegel, der die Grenze zwischen Spikher und dem Enthusiasten ‹markiert›. Er wird aber zur Symmetrieachse der gegenseitigen Überschrei*t*ung oder Überschrei*b*ung im Traum des Enthusiasten und im Schreiben Spikhers vor dem beleuchteten Spiegel. Wir stoßen hier auf Fahrten von Reisenden, wenn Sie so wollen, die allgemeiner und vielfältiger als die ‹Ambivalenz› des Autors sind, denn sie hängen nicht von einem bestimmten Libido-Objekt desselben ab, sondern sie ‹spiegeln› für uns das Träumen und das Schreiben – ineinander. Es ist eine dunkle Repräsentanz des Nachtleibes, die Drift und Switch antreibt und organisiert, eine dem lebenden Körper einwohnende Kraft, die in ihrem Drang der Überschreitung organisiert, was Innen und Außen für ihn bedeuten. Sie macht das Licht an im Dunkeln, verstirnt Romeo zum Liebesobjekt der ganzen Welt und facht die Glut an in den sich spiegelnd anziehenden Körpern.

Was sind das für «elektrische Feuerstrahlen», die durch alle Pulse und Adern «blitzten», was sind das für «kleine blaue Flämmchen», die um Glas und Lippen «knisterten und leckten», als der ‹Begeisterte› Julias

1082 Matala de Mazza: Erinnerungen, S. 156.

zarte Finger berührte? (S. 330, 6) So beschreiben doch Magnetisierte ihre Gefühle.[1083] Was für Schauer durchbeben den Maler Rasmus, wenn Giuliettas Augen höher auffunkeln? (S. 346, 28) Was schließlich sind das in Wahrheit für Funken, in denen plötzlich der teuflische Zuhälter Dappertutto mit funkelnden Augen und strahlenden Stahlknöpfen auf seinem feuerroten Rock auftaucht? (S. 345 f.) Er erinnert an den dämonischen dänischen Major, einen ‹Magnetiseur› der gleichnamigen Geschichte aus dem 2. Band der «Fantasiestücke». – Und der wiederum erinnert an den realen Magnetiseur Franz Mesmer, der seine ‹Messen› in feuerrotem Seidenkostüm zu zelebrieren pflegte.[1084] Es ist der *animalische Magnetismus* im literalen oder symbolischen Verständnis von Trieb und Leidenschaft, ohne den der Spiegel in der Nacht blind bliebe. Unter seinen vielen Spielarten, die seit Mitte des 18. Jahrhunderts diskutiert und praktiziert werden, erlebt Erasmus Spikher eine Variante, die besonders nah an den physikalischen Magnetismus und eine allgemeine Theorie des elektrischen Wechselstroms der Liebe gebunden ist.

Aber ohne die Vorstellung der Spiegelinstallationen, literal oder symbolisch, bliebe auch dieses Allgemeine, sub- oder meta-individuelle Fluidum zwischen innerer und äußerer Nachtseite der Natur unsichtbar. Das mag im Allgemeinen kein Problem sein, ist aber eines für die Literatur. Die Objekte der lesenden Imagination müssen fokussierbar, individualisierbar werden, um das lesende Individuum zu ergreifen. Das gilt nicht nur inhaltlich für einzelne Szenen, sondern auch für den Fortgang der Narration, die sich bei Hoffmann hier und in anderen Erzählungen wie durch Spiegelung weiterbewegt. Mehr noch, und dieses Argument gilt nicht nur für Leser, sondern auch für den Autor: Soll die Schrift vor Augen (oder sogar das weiße Blatt) einen nicht mit starren Basiliskenaugen töten, so bedarf es einer Übertragungskraft, die selbst vielleicht nicht sichtbar ist, ohne die aber nichts zu sehen ist. Eine hohe psychische Einsatzbereitschaft wird deshalb vom empfindsamen und romantischen Autor verlangt.

Ein Selbstporträt Hoffmanns, ungefähr Ende des Jahres 1815 gezeich-

1083 Vgl. Arnold Wienholt: Heilkraft des Tierischen Magnetismus. 3. Theil, 3. Abt., Lemgo 1806, S. 245; zit. nach J. Barkhoff: Geschlechteranthropologie und Mesmerismus. In: Neumann: Hoffmanneske Geschichte, S. 20.

1084 Siehe hierzu H. P. Treichler: Die magnetische Zeit – Alltag und Lebensgefühl im frühen 19. Jahrhundert. Zürich 1988, S. 32.

net, zeigt ihn mit elektrisiert aufragenden Haaren, die in einer Legende erklärt werden: «Neuaptierte Haare oder Geistererscheinungen»[1085]. Interessant an dieser das eigene Gesicht mit Buchstaben der Legende überschreibenden Bleistiftzeichnung ist die Gemengelage von relativ hirnlosen Bezeichnungen wie «a die Nase» und «b. die Stirn» mit symbolischen Zuschreibungen etwa an den Haupthaaren oder am Backenbart: «l. Der Backenbart oder übernächtige Gedanken eines Mondsüchtigen.» Das Gesicht verwandelt sich in das Textfeld eines Lesers, das Körperbezeichnung und Übertragung auf einem gemeinsamen Feld verbindet. – Diese Übertragungen sind ironisch, Hoffmann schreibt kaum im Zustand der Magnetisierung; aber er inszeniert sich hier als ‹geistreiches› Medium einer Naturkraft, die auf den Leser blickt.

Es geht also nicht darum, die Texte auf die Biographie einer schreibenden Person zu reduzieren, wo doch diese Person selbst sich mit Namen nicht zeigen will und sich in mehrere Personen aufteilt, die in den Texten herumgeistern. Vielmehr reicht das Feld der Fiktionalisierung bis zum Autor zurück. Die beiden herausragenden *Figuren* sind der namenlose reisende Enthusiast und der Herausgeber Theodor Amadäus Hoffmann; man kann sie auch danach unterscheiden, dass der Herausgeber der romantische Spiegel-Monteur ist, der die differentesten Textsorten ineinander spiegelt. – Warum sammelt er aber die Differenz, wenn er sie doch schließlich aufhebt? Weil er fokussiert, weil er Energie sammelt, weil sein Spiegel ein Brennglas in der Nacht der lebendigen Natur ist, deren Energie verstreut und gefangen ist in der inneren Nacht des Nachtleibs. «Fokussieren!» lautet das Zauberwort des magnetischen Gurus, jedenfalls bei Hoffmann. «Der Inbegriff aller Seligkeit ist im Fokus», sagt der «Magnetiseur» im gleichnamigen Fantasiestück (S. 214). Das Modellhafte an den Hoffmannschen Operationen liegt in der Zusammenführung zweier völlig verschiedener nachtästhetischer Kulturen und der damit zusammenhängenden Vorstellungen vom Leib in der Nacht und von der Nacht im Leib, indem er den ‹niederen› Diskurs des ‹abergläubischen›, magischen Gebrauchs und Geredes vom Zauberspiegel mit dem eher ‹steilen› und ambitionierten Diskurs der tierischen Elektrizität und des animalischen Magnetismus kombiniert, der als aufklärerische Bewegung begann und als Spiritismus

1085 Hoffmann: Fantasiestücke, Bildteil, Abb. 11, Tafel XIII.

endete. Wie produktiv die ‹reflektierende Organisation› und die ‹übertragende Kraft› hier zusammenwirken, sei im Folgenden aus der anderen Perspektive des thematisierten Magnetismus zusammengefasst.

Das magnetisierte Nachtfenster

Der Zauberspiegel vis à vis ist sowohl im Medium der Magie wie der Literatur eine Oberfläche, die oszillierend einmal den dunklen Körper dahinter erscheinen lässt, dann wieder die eigene (ohne einen Spiegel unbekannte) Ansicht, die nun einen dunklen Rückraum des Betrachters zu ‹unterstellen› einlädt. Gotthilf Heinrich Schubert (*1780), von dem weiter unten noch die Rede sein wird, hat in seiner zweiten Auflage der «Ansichten von der Nachtseite der Naturwissenschaften» nicht nur bezeugt, dass Kinder auch um 1800 hinter den Spiegel guckten, sondern eingeräumt, dass er selbst in seiner ersten Ausgabe zehn Jahre zuvor zuweilen in den Spiegel der Nachtansichten etwas hineingelegt hat, manchmal sogar etwas Heiliges, was nur eine Reflexion von außen war. Diese Fehlsicht aber sei typisch bei Nachtansichten – und damit meint er nicht nur die literale Anschauung einer Nachtlandschaft, sondern die metaphorisch erweiterte Nacht eines unbekannten inneren und äußeren Universums, das sich auf der Nachtseite des Planeten der (bisherigen) Vernunft erstreckt.[1086]

Dass diese Nachtseite lichtabgewandt ist, ist körperbedingt. – Diese Einsicht ist umso bemerkenswerter, als die Nachtseite grundsätzlich eine Hälfte der Welt und des Menschen darstellt, ohne deren Integration Welt und Mensch nicht heil sind. Die grundsätzliche Zweideutigkeit der Nacht als etwas ‹Abseitiges› und zugleich als notwendiger Weg zur substanziellen Ganzheit ist auch in dem Sinne konstitutiv, als ein ständiges Ausloten der Abgründe und Abtasten der Grenzen im Dunkeln eine Oszillation der Wertungen impliziert, die ein Quellpunkt poetischer Übertragungsfahrten ist.

Der Zauberspiegel erscheint da als eine symbolische Steigerung jedes Spiegels in der Nacht, als ein Nachtfenster mithin, das, imaginiert oder halluziniert, zwei Wesen ‹zur Deckung› bringt. Im märchenhaften Phantasiestück «Der Goldene Topf», das bereits Reflexe der Schubert'schen

1086 G. H. Schubert: Nachtseite, 1. Vorlesung, S. 3.

Nachtansichten aufweist[1087], wird der Spiegel (S. 282, 32) durch magische nächtliche Praktiken gewonnen; in den «Abenteuern der Sylvesternacht» spiegeln sich, über die Spiegelbild-Vereinigungen zwischen dem Enthusiasten und Erasmus sowie Erasmus und Giulietta hinaus: die verschiedenen Textebenen. Sie sind die Fortsetzung des Zauberspiegels mit anderen Mitteln. Aber schon in der früher geschriebenen Erzählung aus dem zweiten Band der «Fantasiestücke», «Der Magnetiseur» (S. 178), entsteht die Spiegelung aus der Differenz der Schrift-Ebenen. Bevor wir aber auf die Rolle des historischen Phänomens *Magnetismus* für die Erzählung und die Lektüre eingehen, sei daran erinnert, dass wir uns hier im Monster-Kapitel befinden. Wir beschäftigen uns mit einem Leib-Phantasma, das um so ‹monströsere› *körperliche* Erscheinungen an die Wand wirft, als es nur Erscheinungen sind. Die Sehnsucht nach dem Leibhaftigen wird daran zweideutig.

Nun sind Vamp Giulietta und Magnetiseur Alban keine Monster im handelsüblichen Kirmesformat; aber deshalb sind sie ernster zu nehmen. Entsprechend einer romantischen Tradition der Integration des Monströsen kultivieren besonders die Liebhaber einer schwarzen oder schaurigen Romantik die Monster mit den gleitenden Übergängen zum Menschlichen, damit die Übertragungen nicht voreilig vom Schauder abgeschüttelt werden. Hoffmanns Magnetiseur Alban zum Beispiel erinnert nicht nur explizit an den Herzog von Alba, der die spanischen Niederlande verheert hat, sondern hat Züge Napoleons aufgenommen, an dem freilich für Hoffmann, der unmittelbar nach der Schlacht von Dresden das leichenübersäte Schlachtfeld aufgesucht hat, die monströsen Züge überwogen.

In seiner albtraumartigen «Vision auf dem Schlachtfeld von Dresden» (1814) krallt den hybriden Tyrannen nach der Schlacht, wie in Lewis' Schauerroman «Der Mönch», ein Drache, der ihn der ewigen Qual der Vergeltung überantwortet.[1088] So wie der reale Imperator hier fiktional verfremdet wird, so werden andererseits fiktive Gestalten wie der dänische Major und Alban mit sprechenden Details aus der Wirklichkeit ausgestattet. Auch das Monster Napoleon besaß schließlich eine gefährlich verführerische Kraft, der die Freiwilligen Europas erlagen – auf dem Schlachtfeld. Beim Frauenbild der Julia / Giulietta ist es der chimärische Eindruck,

1087 Vgl. W. Hinderer: Poetische Psychoanalyse, S. 44.
1088 Hoffmann, Fantasiestücke, S. 480, 32 und S. 482, 17.

Abb. 6: Daniel Chodowiecki: Magnetiseur und Patientin. Kupferstich. Graphische Sammlung, Zentralbibliothek Zürich.

Oft war ein Dritter dabei. Denn die Grenze zwischen ärztlicher Kur und Verführung lag im Dunkeln.

der beim Scheusal namens Antonia, Gräfin von Z. aus dem «Öden Haus» noch ins Grässliche gesteigert wird. (Diese Nachtmahr bekommt sogar ein Kind vom Opfer, dem sie nächtens aufhockt.[1089]) Die Chimäre ist jetzt aber keine stabile Mischgestalt mehr aus verschiedenen Wesen, sondern das Wackelbild eines seelisch hin und her gerissenen Projektors.

Die *magnetische* Übertragungskraft ist nicht die einzige, derer sich Hoffmann bedient. Außergewöhnliche körperliche Zustände spielen überhaupt eine große Rolle. Da ist zunächst das *Trinken* und die Trunkenheit. Vielleicht sind zum Beispiel die ‹Elixiere des Teufels› (im gleichnamigen Roman) doch nur ein verteufelt guter Syrakuser. (Immerhin war der Verleger, dem sich Hoffmann ausliefert, zugleich Weinhändler.) Andererseits, wenn Julia den Pokal mit elektrischen Fingern berührt, ist die Wirkung vielleicht doch eine magische. Im «Magnetiseur» genügen sogar ein paar Tropfen, um Maria (allerdings nur im Schlaf) bereit für den Magnetismus – und den Magnetiseur zu machen; aber im narrativen nächtlichen Alltag reicht den Serapionsbrüdern oft ein Punsch zur Begeisterung. Allerdings ist unter dieser Erzählbruderschaft, die sich real seit 1816 zu sogenannten Seraphinenabenden und seit 1818 Serapionsabenden in Hoffmanns Wohnung treffen, auch der Leibarzt des preußischen Königs, David Ferdinand Koreff, der sich mit Magnetismus zumindest gut auskennt.

Unter seinem Einfluss hat eine königliche preußische Untersuchungskommission die Klagen preußischer Ärzte gegen die vorgebliche Scharlatanerie der Magnetiseure zurückgewiesen. Noch größer war allerdings der Druck der Berliner Medizinstudenten, die Mesmerismus studieren wollten.[1090] Es gibt da über den Punsch hinaus also auch ‹magnetische› Kräfte, welche die Gruppe zusammenhielten; schließlich beschäftigt sich Hoffmann schon seit 1812 mit Magnetismus, wahrscheinlich schon länger, denn er war von 1798 bis 1800 und 1807/08 in Berlin, der heimlichen Reichshaupstadt des Magnetismus, wo der Magnetismus immer wieder *der* Gesprächsgegenstand war. Friedrich Wilhelm II., der 1797 starb, hatte täglich zwei elektrische Bäder genommen.[1091]

1089 Hoffmann: Das öde Haus. In: Fantasie- und Nachtstücke. München 1967, S. 487.

1090 Treichler: Magnetische Zeit, S. 300.

1091 Ebd., S. 299. – Hauptstadt des Magnetismus ist Berlin aber nicht wegen König Friedrich Wilhelm II. geworden, der sich von seiner Mätresse täglich den

Als zweites Moment sind die Hitze- und Kälteschübe des Fiebers zu nennen, die durch einen exaltierten Enthusiasmus geradezu hervorgerufen werden, oder die, verborgene psychische Tendenzen krisenhaft aufzeigend, ihrerseits Visionen evozieren, etwa bei Veronika im «Goldenen Topf» (S. 261, 5; S. 282, 3), bei Pater Medardus laufend und eben beim Enthusiasten persönlich in der Silvesternacht. Der Enthusiasmus ist im Kontext der Aufklärung keine harmlose geistige Hochstimmung. Ursprünglich eine dionysische Gottbesessenheit, wird er in der säkularisierten Zeit ein eher körperliches Krisensymptom. Shaftesbury bezeichnet ihn in «Ein Brief über den Enthusiasmus an Mylord ***» als eine Art Krankheit. Diese ‹Pest des Enthusiasmus› dürfe man aber nicht ausrotten wollen, weil sonst die ganze Natur «in einen tödlichen Krebs verwandelt» werde.[1092] Ständiger Begleiter des Enthusiasmus, sowohl in der Religion wie in der Liebe, sei die Melancholie (S. 13). Weshalb der Enthusiast, so möchte es scheinen, immer nur *fast* zum Höhepunkte kommt, wie der Musiklehrer bei Julia …, der Enthusiast bei Julia oder der Kapellmeister Kreisler der mit seinem Adagio über Romeo und Julia nicht fertig wird.

Dieses Adagio, so der exzentrische Johannes Kreisler im 9. Fantasiestück, den gleichzeitig mit der «Sylvester-Nacht» geschriebenen «Kreisleriana», sei, «eigentlich ein lang ausgehaltener Ton Juliens, auf dem Romeo in den höchsten Himmel voll Liebe und Seligkeit heraufschwebe» (S. 360,28). Wir wissen nicht, wie es ‹Romeo› mit dieser Sirenen-Auffahrt wirklich geht, aber der Musiklehrer, egal wie er heißt, wird ihre Gesangskünste wohl nicht zu seinem Kunstwerk vollenden. Romeo Kreisler jedenfalls, der viele Züge Hoffmanns aufweist, erscheint noch im «Kater Murr» seiner Gesangsschülerin Julia im Traum.[1093] Wie in Shakespeares Drama nimmt die Träumende hier einen duftenden und schimmernden Nachttraum wahr, der sich in eine einzige sehnsüchtig bebende Naturmusik verwandelt, die sich *in ihr* befindet; noch deutlicher «dass ich selbst

«Unterleib» magnetisieren ließ (ebd.), sondern wegen des Berliner Magnetiseurs Karl Christian Wolfart, der als Beauftragter der Berliner Untersuchungskommission Mesmer in Frauenfeld (Schweiz) besucht hat – und mit dessen Vermächtnis als Sachwalter des Magnetismus zurückgekehrt ist (S. 300).

1092 A. Earl of Shaftesbury: Der gesellige Enthusiast. München 1990, S. 14; weitere Seitenangabe im Text.

1093 Hoffmann: Kater Murr, S. 213.

der Gesang sei, der durch den Garten ziehe». Kreisler aber erscheint und sagt zu ihr: «Der Ton ist die Seligkeit..., und in deinem Wesen ruht mein Gesang, der aber ist ewig wie die Sehnsucht.» Das ist die Spiegelung von Julias lang ausgehaltenem Ton (s.o.), und in diesem Traum-Adagio geht durch *Julia* ein «himmlisches Gefühl». – Was aber bleibet, ist die Sehnsucht.

Julia glüht noch von der Nacht. Schließlich war ihr Kreisler zur Hilfe erschienen gegen den bösen magnetischen Prinzen[1094], der sie gleichfalls in diesem Traum heimgesucht hatte. Als sie das Fenster aufreißt, ist dieses wieder entmagnetisiert, in der Ferne sieht sie Kreisler mit dem Fernglas forttanzen, und es ist hell. Julia glüht ebenso wie Hedwiga, deren Krankheit schon weiter fortgeschritten ist, und die wie «in Fieberhitze glühte» (S. 212). Hitze und Kälte sind thermodynamische Zustände, deren Koexistenz nur durch Entropie möglich ist, also gar nicht. Das Fieber wie der Schüttelfrost sind aber ein Krisensymptom, das genau gegen diese Entropie ankämpft. Die Temperaturdifferenz ist auch eine Art Beziehung, eine unmögliche. – Allgemein sind drittens körperliche Krisen zu nennen, die durch abnorme psychische Zustände ausgelöst werden oder diese ihrerseits auslösen. Dazu reicht manchmal schon Angst in der Nacht, Einsamkeit, Übermüdung, Erschöpfung, Sehnsucht usw., die zu Halluzinationen und milderen Formen der ‹Fehlsicht› führen. Hoffmann wusste spätestens von Schubert, dass schon im Schlaf nach außergewöhnlichen Krisen oder Anstrengungen die zweite Schlafphase eine somnambule Bereitschaft für Fragen des Magnetiseurs entstehen ließ.

Außergewöhnlich ist viertens der Schlaf selbst und die ‹deliriale› Schwelle zu ihm. Der Schlaf trägt die Erlebnisweisen des Träumens, die nur durch den besonderen körperlichen Zustand der fahren gelassenen Kontrolle möglich sind. Auf fast alle diese Zustände bezieht sich aber eigentlich auch die Praxis des Magnetisierens.[1095] Denn der Magnetismus be-

1094 Er hypnotisiert die Frauen mit seinem Basiliskenblick – außerdem ist er Italiener ... (S. 212).

1095 Noch in einer seiner letzten Erzählungen, «Die Genesung», wendet der Erzähler zur Genesung eines Wahnsinnigen «das dem Schlafe vorhergehende Delirium, das schon an und für sich selbst dem magnetischen Halbschlafe sehr nahe verwandt» ist, an. E. T. A. Hoffmann: Poetische Werke in sechs Bänden. Berlin 1963, Bd. 6, S. 736 (vgl. Dig.Bib. D.Lit.Groß.).

kommt während der großen Zeit der Säkularisation ab 1750 nicht nur fast den Status einer alternativen Natur-Religion, sondern er wird eine therapeutische Praxis, die sich besonders bei den Frauen großer Beliebtheit erfreut.

Um die Atttraktivität des tierischen Magnetismus für die Literatur zu verstehen, muss man die reale Attraktivität der therapeutischen Versuche ihres Erfinders Mesmer in die mentale Lage Ende des 18. Jahrhunderts einordnen. Bereits seit 1752 wurden die von Benjamin Franklin erfundenen Blitzableiter in den USA installiert; in Deutschland zierte zuerst 1769 die Jakobi-Kirche in Hamburg ein solches Gerät.[1096] Eine der ältesten, seit Zeus den Göttern zugeschriebenen Mächte, die aus dem Dunkel zuschlugen, schien ‹abführbar› zu sein. Zugleich richtete sich die Aufmerksamkeit intuitiv auf die mögliche tierische Elektrizität, die im Zusammenhang mit dem Magnetismus gesehen wurde.

Zwar entdeckte Luigi Galvani erst im Revolutionsjahr 1789 elektrische Ladungen in Versuchen mit Froschschenkeln, aber die Behauptung eines ‹tierischen Magnetismus› durch einen späteren schwäbischen ‹Modearzt› namens Franz Anton Mesmer datiert bereits aus dem Jahr 1767, und ist seit 1775 Gesprächsstoff der Gebildeten Europas.[1097] Unabhängig von den heftig umstrittenen Methoden und Techniken Mesmers, der auch Bäume magnetisierte und hypnotische Verfahren auf den Magnetismus zurückführte, war es unter den Gebildeten in Europa eigentlich Common Sense, dass es ein einheitliches Reich von Elektrizität und Magnetismus geben müsse, das in der Außen- wie Innenwelt tätig sei: eine dunkle Kraft mit leuchtenden Erscheinungen: Blitzen draußen und Erkenntnisblitzen drinnen im Menschen. Seit Herder werden durchgängig der «elektrische und magnetische Strom» in einem Atemausstoß genannt.[1098]

1096 Siehe hierzu Ch. Begemann: Furcht und Angst im Prozess der Aufklärung. Frankfurt 1987, S. 349

1097 Siehe hierzu Treichler: Magnetische Zeit, S. 19. Benjamin Franklin übernimmt 1780 in Paris den Vorsitz der königlichen Kommission, welche Mesmers behauptete Existenz eines neuen physikalischen Fluidums verwirft (ebd. S. 35).

1098 J. G. Herder: Ideen zur Philosophie der Geschichte der Menschheit. Berlin und Weimar 1965, Bd. 1, S. 34; H. Heine: Lutetia. In: Ders.: Sämtliche Schriften in 12 Bänden. Frankfurt u. a. 1981. Bd. 9, S. 533; J. W. v. Goethe: Zur Farbenlehre. Ge-

Nicht der technische Fortschritt, wie er sich an der neuen Straßenbeleuchtung in Paris zeigte, welche die Revolutionäre als Erstes zerstörten, sondern dieser Fall einer aufzuklärenden bio-physikalischen Einheit dunkler Kräfte mit illustrer Wirkung ist als Emblem der Aufklärung geeignet. Freilich: Gegenüber der *Therapie* sind viele Wissenschaftler aller Richtungen sogleich alarmiert, und ein geheimes Sondervotum der königlichen französischen Untersuchungskommission spricht von sittlichen Gefahren, weil gemeinhin der männliche Magnetiseur auf die magnetisierte Patientin eine starke erotische Anziehungskraft ausübe.[1099] Der Einwand ist nur zu berechtigt, denn es ist Gesprächsthema von Wien bis Paris, dass die überspannten Jungfrauen und die gelangweilt hysterischen Damen von Welt ‹durchdrehen› vor lauter Magnetismus. Der ungebremste Fluss des magnetischen Fluidums zwischen Frau und Welt fließt nun einmal mesmeristischerweise nur über das außergewöhnliche Fluidum des Magnetiseurs in heilsame Bahnen. Mesmers Fluidum ist so kostbar, dass er mit Magneten im Bett schläft und ein eng anliegendes hirschledernes Unterhemd trägt, damit nicht «das persönliche Fluidum ungenutzt verströmt» (S. 21).

Man mache sich keine Illusionen über den Charakter dieses Fluidums; es hat nichts mit unserem Alltagsverständnis von ‹geistiger Ausstrahlung› zu tun. Dieses Fluidum bewegt sich vor allem durch jene ‹Übertragung› fort, die wir Berührung nennen, vulgo Anfassen. Die königliche Kommission in Paris kritisiert 1784 den engen Rapport zwischen Arzt und Patientin: Er umschließt mit seinen Knien die ihrigen, streicht mit der Hand über Bauch und Unterleib «bis zu den empfindlichsten Stellen des Körpers», berührt sich mit den Gesichtern, vermischt den Atem, teilt einander die physische Erregung mit, «und die gegenseitige Anziehungskraft der Geschlechter wirkt sich aus»[1100]. Die Wirkung bei den meistens jungen und attraktiven Frauen fasst Treichler mit dem Ausdruck «magnetische(r) Orgasmus» (S. 323) zusammen. Das konnte nicht nur zu sexuellem Missbrauch, sondern auch zu «fataler Hörigkeit» führen (ebd.). Unabhängig da-

denkausgabe der Werke. Zürich 1949. Bd. 16, S. 201; Jean Paul allein zehnmal in verschiedenen Werken.

1099 Treichler: Magnetische Zeit, S. 35; weitere Seitenangaben im Text.

1100 Treichler: Magnetische Zeit, S. 322 f., zitiert aus dem Kommissionsbericht.

von, was der oder den Magnetismus sonst noch trieb, ist dieser sexuelle Aspekt das, was die Öffentlichkeit von 1780 bis 1820 am meisten am tierischen Magnetismus bewegte. Und die Literatur hat in den meisten Fällen vor allem eine erotische Beziehung als (Sub-)Thema, wenn es um Magnetiseure geht. Hoffmanns Objekte des Magnetismus sind fast ausnahmslos Opfer eines hybriden Begehrens.[1101]

Abgesehen von diesen horrend asymmetrischen Beziehungen zwischen Magnetiseur und Magnetisierten, die reichhaltigen Stoff für Horrorgeschichten von bösen Verführern, Manipulatoren und teuflischen Zerstörern abgeben – auch «Der Magnetiseur» von Hoffmann ist als Kritik an diesen Verhältnissen zu sehen – ist eine grundsätzliche Polarität des magnetischen Kosmos der entscheidende Köder für die Literatur. In Hoffmanns Fantasiestück «Berganza» ist der elektrische Strom gleichsam das Medium der Übertragung einer Geschichte. Der gleichnamige Hund springt zum Ich Erzähler auf die Parkbank, lehnt sich an ihn, und fast berührt dessen Schnauze das Gesicht des Erzählers, wenn Berganza beginnt (S. 117):

«Die Nacht ist kühl, genieße daher etwas von meiner animalischen Wärme, die zuweilen gar in elektrischen Funken aus meinen schwarzen Haaren knistert; dazu mag ich das, was ich dir jetzt erzählen will, nur ganz leise herreden.»

Der heiße Atem der Geschichte, oral, magnetisch und freundschaftlich vom *Tier* auf den *Erzähler* übertragen … Das Größte aber ist die Liebe, sie spiegelt sich hier in einem Modell der Welt, die grundsätzlich polar ist, das heißt in einer konstitutiven Zweiseitigkeit existiert, die sich ewig anzieht (und sich nur in dieser Differenz erhält). Dass es in der Geschlechterbeziehung auch andersherum geht und die Frau die Magnetiseuse ist, hat Hoffmann mit seiner Julia gezeigt; noch abgründiger und mit den zusätzlichen Zügen einer sexuellen Aufhockerin und Vampyrin versehen, zeichnet er Gräfin Antonia, die Irre aus dem «Öden Haus» (ein «Nachtstück» von 1817). Jean Paul, der ‹Vorredner› der «Fantasiestücke», der ihm auch im elektrischen Enthusiasmus für die tierische Elektrizität vorangegangen ist, schlägt den Bogen in seiner wie so häufig leicht beschönigenden Weise aus:

1101 Ausnahme: die späte Erzählung «Die Genesung», in: Hoffmann: Poetische Werke, Bd. 6, S. 735.

«… glücklich ist der, sag' ich, der immer mehr glaubt, daß die Liebe, dieser menschliche Magnetismus, immer dieselbe geistige Elektrizität und Desorganisation verbleibe, sie mag als Blitz in der Geschlechter-Liebe – oder als sanfter Nord- und Heiligenschein in der Menschenliebe – oder als Lichtmagnet in der Freundschaft – oder als Nervengeist in der Mutterliebe erscheinen.»[1102]

Bei der allseitigen Übereinstimmung, dass Magnetismus und Elektrizität in der Physik und in der Biologie irgendwie zusammengehören, ist es kein Wunder, wenn der metaphorische Blitz der ‹Geschlechterliebe› phantastisch-literal in der kleineren Dosis als blaue Flämmchen auch zwischen Julia und dem Enthusiasten knistert. Die elektrische Ladung fordert umso energischer nach Abfuhr, als die geschlechtliche Liebe in jener Zeit nur zu oft allzu geladen *bleibt*. Die zahlreichen Laien-Übungen im Familien- und Freundeskreis haben so manche libidinösen Erregungsquanten in andere Bahnen geleitet, eben in mesmerische.

Es ist billig, die vor allem auf Hypnose beruhenden tatsächlichen Heilungen psychischer und psychosomatischer Leiden mit dem Hinweis auf die irrationalen Heilserwartungen zu diskreditieren, die gerade im Zeitalter der Aufklärung ‹ins Kraut schossen›. Nicht nur ist das Leben der Nerven elektrisch bestimmt, sondern es gibt eine psychische Realität, die sich Ausdruck verschafft, Ausdruck verschaffen muss in Phantasien, Symbolisierungen, Somatisierungen. Begemann weist auf Furcht und Angst auch im Prozess der Aufklärung der Aufklärer selbst hin, die selbst zuweilen staunen, zu welch monströser Form des Aberglaubens sie fähig sind.[1103]

«Ein Graf de Lutzelburg fragte in tiefer Bewegung, ob der tierische Magnetismus wohl die ‹seit langem gesuchte Wahrheit› sei – jenes Licht, nach dem die Freimaurer von jeher vergeblich strebten.»[1104]

«Dass ausgerechnet im Zeitalter des Lichts der Obskurantismus neue Blüten treibt»[1105], hängt auch mit der Aufklärungsbedürftigkeit selbst zusammen, mit der Neugier, die ihre Schatten vorauswirft. Wenn der aufklä-

1102 Jean Paul: Das Leben des Quintus Fixlein. In: Werke. 1. Abt. Bd. 4, S. 223 (Dig.Bib. Bd. 125, S. 125 295057).

1103 Begemann: Furcht und Angst, S. 275 – mit einem Beispiel ‹monströs› gewordener Zukunftsneugier bei Lichtenberg. (S. 277)

1104 Treichler: Magnetische Zeit, S. 39; weitere Seitenangaben im Text.

1105 Begemann: Furcht und Angst, S. 274.

rungsbereite Mensch vom Dunkeln ins Helle tritt, ist eine gewisse Rückversicherung der dunklen Herkunft allein schon zur Orientierung, das heißt zur Durchführung der Aufklärung ohne Blendung, ratsam. Ein spezieller Zug ins Religiös-Schwärmerische aber zielt auf einen realen Mangel an psychischer Bindung, der durch die hundertjährige Predigt des Individuellen, durch geistige Unabhängigkeit und Selbstdenkertum nicht hat erledigt werden können. An den vernünftigen Umrissen der individuellen Schauseite in den Grenzen kollektiver Vernunft ist das Hingabepotenzial nicht zu fixieren, das sich einen dunklen Kosmos sucht – der über den Leib des Anderen erreichbar ist …

Fast dreißig Jahre, bevor Schubert viele mesmerischen und verwandte Erfahrungen mit der Real-Metapher der *Nachtseite* der Natur und des Menschen zusammenfasst, nämlich 1779, propagiert Mesmer ein *fluide universellement répandu* (S. 24), eine Allfluth[1106], deren Unterbrechung und Störung im Körper eine, wenn nicht *die*, Krankheit darstellt, die durch Übertragung selbst auf unbelebte Objekte (und Kanalisation, Konzentration sowie Aufbewahrung) geheilt werden kann (S. 25). Die weitere Entwicklung des Mesmerismus zeigt immer stärker Ähnlichkeiten mit der psychoanalytischen Kur: Wie in deren Sitzung spielen Übertragung und Gegenübertragung eine große Rolle; eine heilsame Krise ist die Regel (ebd.), und das Auftauchen vergessener Erfahrungen spielt eine große Rolle. Besonders die Integration der Hypnose hat schließlich auch zu Beginn der psychoanalytischen Bewegung große Erkenntnisbedeutung gehabt.[1107] Am Anfang aber stehen die physischen Aspekte im Vordergrund: Die Patienten schlucken Eisenpartikel und werden mit einem Magneten bestrichen. Das Bestreichen des Patientenkörpers mit der Hand, den Fingerspitzen oder nur mit dem Daumen entlang der Nervenbahnen bleibt die am meisten verbreitetete Technik unter den verschiedenen Schulen. Die *Verdun-*

1106 Vgl. J. Barkhoff: Die Literarisierung des Mesmerismus bei E. T. A. Hoffmann. Ein Heilkonzept zwischen Naturphilosophie, Technik und Ästhetik. In: J. Zimmermann (Hg.): Ästhetik und Naturerfahrung. Stuttgart – Bad Cannstatt 1996, S. 270.

1107 Der Artikel «Hypnose» in: M. Plon und E. Roudinesco: Wörterbuch der Psychoanalyse, Wien 2004, S. 427, beginnt denn auch mit dem tierischen Magnetismus Mesmers.

kelung der Sitzungsräume spielt eine ebenso große Rolle wie das Arbeiten mit Spiegeln (S. 20, S. 25, S. 301) und mit Musik (S. 22). Indem diese theatralen Inszenierungen von den Eliten in den Metropolen oder Residenzen wie Paris und Wien goutiert wurden, hatten sie eine auch nachtästhetische Vorbildfunktion.

Anfangs überwiegt der experimentelle Charakter von Versuchsanordnungen, die für Außenstehende ein Zeichen von Scharlatanerie sind, subjektiv aber bei aller Skurrilität vom Geist ernsthaft gemeinter Analogie geprägt sind. Über die Musik gibt es einen phantastischen Bezug zu Hoffmann selbst, denn die «Krystallklänge» des «Goldenen Topfs» entstammen wohl der Glasharmonika, die auch der Magnetiseur bei seinen Sitzungen in seinen Kliniken in Wien, Paris, Spa und anderswo auf seinen Empfängen einsetzte. Mesmer hat das Instrument Benjamin Franklins (des ‹Blitzableiters›) erworben, spielt es meisterhaft, und selbst die Mozarts sind davon begeistert. – Auch Mesmer ‹steht auf› Mozart, finanziert sein Singspiel «Bastien und Bastienne», das im Mesmerschen Park uraufgeführt wird. Der Komponist überträgt seine Erfahrungen mit der Mesmerschen Wunderharfe in ein Rondo für dieses Instrument und erwähnt Mesmer in seiner Oper «Cosi fan tutte» (S. 23). Ausgerechnet Mozart, den Hoffmann über alles liebte. (Er hätte auf Mesmer zum ersten Mal beim Studium der Oper stoßen können.) Es sind Strahlen und Schwingungen aller Art, die Mesmer hier versammelt; auch die visuellen Erlebnisse stehen nicht unterm Primat der Objektwahrnehmung, sondern oszillierender Sichtbarkeit wie das Fahren mit den Armen oder Händen vor dem Gesicht des Patienten, das ihn ebenso in einen tranceartigen Zustand versetzt, wie die sonore Stimme. Allerdings gibt es auch die unangenehm fixierende Strahlkraft eines starren Blickes (Hoffmanns Basiliskenblick), der eine nervöse Krise auslösen kann.

1784 löst Mesmers Schüler, der Marquis de Puységur, ein Schisma aus; in seiner Schule wird der Talmi ausgeräumt, dafür wird die Hypnosetechnik zum wichtigsten Verfahren der ‹Weissagung›, das allerdings immer noch mit tierischem Magnetismus *begründet* wird. Entscheidender Unterschied ist die Berufung auf den *Willen* des Arztes, welcher das vitale Prinzip in Gang setzt (S. 39). Auf der anderen Seite steht dem aber die Willenlosigkeit der in Somnambulismus bzw. in Trance versetzten Patientin gegenüber. Es handelt sich um eine dramatische Steigerung der Verführbarkeit zum Übermenschen, der Hoffmanns Magnetiseur Alban erliegen wird. Man *überschätze* aber in dem ganzen hypnotischen Diskurs nicht die vorgebliche Geistigkeit dieser Puységurschen Richtung und der kulturellen Einbettung dieser Art von Schlaf. Dass noch heute im Englischen *to mesmerize* «hypnotisieren» heißt, obwohl nicht Mesmer, sondern Puységur der Pfadfinder zur Schlafwandlung war, ähnelt einer kollektiven Fehlleistung, die bei ‹Schlafen› an etwas anderes denkt.

Von mehreren Dichtern und Schriftstellern ist, Jürgen Barkhoff zufolge, auch eine reale magnetisierende Praxis bekannt, zum Beispiel von Lavater, Novalis, Jean Paul, Schelling, Friedrich Schlegel – und als weibliche Ausnahme: von Bettina von Arnim.[1108] Die anhaltende Herausforderung des magnetischen Paradigmas für die Literatur vom Barock bis zu Poe, der in «Die Tatsachen im Falle Valdemar» (1845) sogar einen Toten zurückholen lässt[1109], kulminiert aber wohl im Werk Hoffmanns. Von den 1418 Treffern unter dem Stichwort *magnet** in der «Digitalen Bibliothek der deutschen Literatur von Luther bis Tucholsky» (Großbibliothek) stammen allein 149 von Hoffmann. Das wird nur noch von Daniel Casper von Lohenstein (182) übertroffen, der allerdings außer Konkurrenz läuft, da er noch nichts von *animalischem* Magnetismus wusste.[1110] Bemerkenswert am Hoffmannschen Werk ist auch die motivische Konstanz. Noch in den «Serapionsbrüdern» taucht das Stichwort 99mal auf; aber auch eine seiner letzten Erzählungen, «Die Genesung», handelt von einer erfolgreichen magnetischen Kur. Besonders wird die Phantasie der Dichter (und wohl auch der damaligen Leser) vom Doubblebind aus magnetisierender Beruhigungskur und erotischer Aufregung beschäftigt, wie ein Beispiel aus von Arnims Roman «Armut Reichtum, Schuld und Buße der Gräfin Dolores» zeigen mag:

«Dann forderte Lenardo Hollin auf, seine Schwester zur Ruhe zu magnetisieren; das war dem Vater ein sehr willkommenes Experiment, und Hollin musste sich anschicken, mit dem wundervollen Treiben des Bluts in der Nähe der Geliebten, in der ganzen Anspannung des geheimnisvollen Schwungs der magnetischen Bewegung über alle Schönheit zwischen

1108 Barkhoff: Geschlechteranthropologie und Mesmerismus, S. 22.

1109 E. A. Poe: Das gesamte Werk in zehn Bänden. Herrsching 1977, Bd. 5, S. 839; vgl. auch «Mesmerische Offenbarung», S. 811.

1110 Lohenstein (*1635) ‹magnetisiert› vor allem sein Drama «Cleopatra» (1661). Die nächsten Plätze verteilen sich wie folgt: Gutzkow 76, Jean Paul 68, Goethe 35.

Berührung und Nichtberührung hinzuschweben: der qualvollste Genuß in der ganzen Welt, fast wie aller Umgang zwischen Braut und Bräutigam, die zu vertraut sind, um sich Gewöhnliches zu sagen und sich nicht mehr erlauben dürfen. Einer meiner Freunde klagte mir einst in solchem Zustande, daß ihm von dem ewigen Lächeln dabei die Lippen wehe täten.»[1111]

Aber hier eilt die Phantasie kaum den Einsichten der Magnetiseure davon, die wie Mesmer selbst von «Erguss» oder «Entladung» des Lebensfeuers sprechen.[1112] Barkhoff zitiert den Heilbronner Stadtarzt Eberhard Gmelin: «Die Begattung ist im Grunde nichts anderes als tierischer Magnetismus: er unterscheidet sich von dem eigentlich sogenannten durch nichts anderes, als durch die Teile, aus welchem der Nervenäther aus und in den anderen Teil überströmt.»[1113] Die zum Teil brachialen Abreibungen der Mesmerschen *baquets*[1114] traten zurück gegenüber der Willenskraft des Magnetiseurs, der Bedeutung von Trance, Schlaf und Traum und der Beeinflussung des Letzteren durch die psychische Energie des magnetisch geladenen Arztes.

Die *baquets* waren Gruppensitzungen Kranker mit verschiedenen (hauptsächlich somatisierenden) Leiden, die mit Stricken untereinander und zu Eisenstäben hin, die aus einem Bottich herausragten, verbunden waren. Diese Bottiche waren mit Wasser, Glas- und Eisenstaub gefüllt. Der Magnetiseur geht von Bottich zu Bottich, streicht mit gespreizten Fingern über die Patienten oder berührt sie mit dem magnetisierten Eisenstab; manche fixiert er mit den Augen; dann wieder greift er zur Glasharmonika. Es ist dunkel, aber «wandhohe Spiegel reflektierten das Fluidum».[1115]

«Es kam zu Krisen, Zusammenbrüchen, Schreikrämpfen und Schluchzen; die betroffenen Patienten führte man in die chambre des crises, ei-

1111 A. v. Arnim (*1781): Armut, Reichtum, Schuld und Buße der Gräfin Dolores (1810). In: Ders.: Sämtliche Romane und Erzählungen. Bd. 1, München 1962, S. 100; (Dig.Bib. Bd. 125, S. 265 69).

1112 F. A. Mesmer: Mesmerismus. Oder System der Wechselwirkung... Berlin 1814 f., Bd. 1, S. 117, zit. nach Barkhoff: Mesmerismus, S. 20.

1113 Eberhard Gmelin: Ueber Thierischen Magnetismus. In einem Brief an Herrn Geheimen Rath Hoffmann zu Mainz. Tübingen 1787, S. 112, zit. nach Barkhoff: Mesmeris, S. 20.

1114 Vgl. Treichler: Magnetische Zeit, S. 32; siehe dort auch die Abbn. nach S. 2, 3 und 5.

1115 Treichler, ebd.; weitere Seitenangaben im Text.

nen mit Kissen und Matratzen gepolsterten Behandlungsraum, wo sie von Mesmer oder seinen Assistenten weiter betreut wurden.» (ebd.) Trotz des individuellen Timings bei den Krisen, selbst in kollektiven Sitzungen, ist die Auffassung vom Körper als eines fluidalen Gefäßes, das durch Schwingungen an der Oberfläche in ein fluidales Gleichgewicht (oder zum ‹Singen›) gebracht wird, relativ oberflächlich. Zwar ist der Kern des Geschehens der Oberfläche des Leibes verborgen, aber Mesmer kennt im Grunde nur eine universelle Krankheit: die Störung des fluidalen Verkehrs zwischen dem leiblichen Innen und dem Weltall. Immerhin: Auch hier schon ist die Installation des Körpers in Dunkelheit und Spiegel bemerkenswert, der etwas Unsichtbares ‹reflektiert›.

Allerdings hat sich bereits im 18. Jahrhundert eine gewisse Subtilisierung des erotisch-magnetischen Diskurses durch den abtrünnigen Mesmerschüler Puységur angebahnt, ja Sonderformen haben sich bis hin zu recht ‹entmagnetisierten› Formen des Spiritismus und des Spiritualismus fortgemacht von der leiblichen Wurzel dieser dunklen Geschichten. Auf den französischen Marquis de Puységur muss deshalb hier eingegangen werden, weil er die spätere Interpretation des magnetischen Flusses als eines fluidalen Verkehrs zwischen äußerer und innerer *Nacht* vorbereitet hat. Bei ihm nun, der die Himmelsströme zu vernachlässigen scheint, gibt es zwar auch die handfesten Kontakte (etwa mit Seilen um einen magnetisierten Baum); aber seit 1784 steht bei ihm der hypnotische Schlaf im Vordergrund, dessen Potenzen er bei einer Magnetisierungskur entdeckt hatte: «Bisher unzugängliche» Persönlichkeitsschichten werden freigelegt. (S. 37 f.) Es handelt sich bei diesem *somnambulisme* also auch um eine Individualisierung des Leidens, die zugleich tiefere sensuelle und kognitive Fähigkeiten wie von einer höheren Sphäre offenbart. Patienten in Trance diagnostizieren ihre Krankheit und verschreiben sich gleich das entsprechende Rezept (S. 38), erkennen unbekannte Leute und verfügen über divinatorische Fähigkeiten, Bauernlümmel sprechen plötzlich in erlesenem Hochdeutsch (S. 38–41).

In diesem Zusammenhang gewinnt besonders der *Traum* an Interesse und Bedeutung. In seinem Paradigma vereinigt sich eine breite Tradition, die ihn seit Herder als die Quelle der Poesie feiert, mit der neuen Linie des Magnetismus in therapeutischer Absicht, der aus aufklärerischer Neugier und Experimentierlust geboren ist. Das Interesse an der tiefen Dunkelheit des Anderen und an der Möglichkeit der Kommunikation mit dieser dunklen Welt ließ sich kaum noch verdrängen. Wohlgemerkt, der Status solcher Regungen oder Überlegungen war durch den mesmerischen Kontext verändert, denn er versprach eine einheitliche Welt zwischen dem All und dem dunklen Inneren, die sich austauschte im physischen Medium des Streiche(l)ns und des leibhaftigen Kontaktes leitfähiger Materie. Draußen Nacht, drinnen Nacht, dazwischen Berührungen.

Die *Repräsentanz* der äußeren Nacht freilich ist die andere innere Nacht des Magnetiseurs. Ende 1799 vermerkt Novalis in seinen Notizen «*Thierischer Magnetism.* (Vers[uche] mit J[ulie]) Heterogeneisierung der *verschiednen Glieder* am Körper durch Streicheln etc. Wirckung der Arzneimittel – Sollte man nicht den Körper durch Gedanken, Glauben etc. in eine wundervolle Wirksamkeit setzen können – gegen einen andern. «[1116] – Dahinter steckt die ‹Willenskraft› des Marquis de Puységur. Ausgerechnet Julie heißt Novalis' Versuchsperson. Das Schreiben Hoffmanns, für den Novalis ein Vorbild war (S. 180, 16)[1117], und dessen offenbar anhaltendes Leiden Julia hieß[1118], dessen Enthusiast eine Julie liebte, dessen Magnetiseur Alban auch der Puységurschen Richtung des Magnetismus anhängt, zeigt Züge einer Psychoanalyse avant la lettre – und zugleich einen grausigen ‹Gedankenaustausch›: Albans Freund Theobald erreicht auf Anweisung des Magnetiseurs, dass die Traumgedanken seiner untreu gewordenen Braut in seinen nächtlichen Sitzungen an ihrem schlafenden Somnambusen ‹ausgetauscht› werden, dass an die Stelle ‹des Anderen› der Gedanke an den magnetischen Beisitzer tritt,

1116 Novalis: Fragmente und Studien 1799/1800, Nr. 257. In: Ders.: Werke, Tagebücher und Briefe Friedrich von Hardenbergs. München 1978, Bd. 2, S. 795.

1117 Vgl. Hoffmann: Der Magnetiseur. In: Ders: Fantasiestücke, S. 180,16. Siehe dort im Abschnitt «Träume sind Schäume» weitere Zitate und Andeutungen des ‹Magnetiseurs›. Vgl. auch den Anfang des Stellenkommentars zu «Der Magnetiseur», ebd., S. 735.

1118 Die ‹wahnsinnige› Leidenschaft für Julia Mark hat schon 1811 «ihren unmittelbaren Niederschlag in der ‹Nachricht von den neuesten Schicksalen des Hundes Berganza›» gefunden. (Zeittafel in: Hoffmann: Fantasie- und Nachtstücke, S. 772 f.) Bei dem Namen Julia denkt Hoffmann an die unsterblich gewordene Liebe von Romeo und Julia, wie im 9. Fantasiestück («Kreisleriana») zum Ausdruck kommt, an dem er zeitgleich mit der «Sylvester-Nacht» schreibt (S. 360, 28). Ähnlichkeiten hier mit S. 329, 14. Selbst der Frauenarm von «üppiger Schönheit» in «Das öde Haus» (1816) weist auf die Julia beim Justizrat hin.

der sich ihre verratene Liebe zu ihm über die Traummanipulation zurückholt (S. 198).

Aber jenseits dieser Horrorgeschichte, die allerdings in dem zeitgenössischen Kompendium von Carl Alexander Ferdinand Kluge ein reales Vorbild hatte[1119], ist die Aufwertung des Traumlebens zu einer eigenen Realität mit einer besonderen Aporie belastet: Die Andersartigkeit der Traumwirklichkeit wird zum Ausgangspunkt aller anderen magnetischen Phänomene erhoben – aber umso bedrohter ist die Verbindung zur normalen Wirklichkeit, sei es des Tages, sei es der Außenwelt überhaupt, die bis zum Ende des Weltalls reicht. In Kluges Darstellung des Magnetismus (1811), die Hoffmann gelesen hat und auf die er sich bezieht (S. 180, 30), heißt es: «Die Untersuchung der magnetischen Zustände wird mit der des Schlafs beginnen müssen, indem sich gerade durch diesen die übrigen magnetischen Erscheinungen erst miteinander verketten.»[1120]

Abwärts wendet sich der Schläfer, zu der seit Novalis wieder heiligen Nacht; vom Tage aus ist da nichts zu sehen. Zwar ist der Schlaf ein Fenster zur inneren ‹Nacht› im Traum; aber dass der Magnetismus oder eine andere Wirklichkeit mit dieser Wirklichkeit kommunizieren könne, scheint in dem Maße nicht begründbar, wie die Andersartigkeit der Traumwelt nötig ist, diese überhaupt als Wirklichkeit auszuweisen – und nicht als einen defizitären Modus, einen Schatten der täglichen, der bewussten Wirklichkeit. Zwar, wenn sich das tägliche Bewusstsein des Traums erinnert, dann wird das Fenster zur inneren Nacht zu einem Spiegel; aber dann ist damit auch ein ‹reflektiertes› Subjekt-Objekt-Verhältnis angesprochen, das die eigene Wirklichkeit des Traums dementieren könnte. Wir kommen hier auf den heimlichen Grund, weshalb die Nachtästhetik auf der Suche nach dem Spiegel ist: Im Traum *selbst* wird selten eine Spiegelung erfahren, die sich kreuzende Perspektiven vergleichen lässt.

Wenn aber der Traum das Urmodell aller Imagination ist, wie bei den meisten Romantikern, dann hat alle Imagination ein Artikulations-, Refle-

1119 C. A. F. Kluge: Versuch einer Darstellung des animalischen Magnetismus als Heilmittel. Berlin 1811.

1120 Ebd., S. 317; zit. nach Hartmut Steineckes Kommentar der «Fantasiestücke», hier S. 736.

xions- und Legitimationsproblem. Denn was darüber im wachen Zustand zu sagen wäre, wäre möglicherweise eine wesentliche Verzerrung. Eine Art Zauberspiegel ist da intuitiv immer schon kompensatorisch in Gebrauch gewesen, der auch den vielleicht nicht spiegelfähigen (Ab-)Grund der Wünsche und Ängste zur Erscheinung brächte – und zwar so, wie es dem Tagesbewusstsein nicht gegeben sein kann: in der nächtlichen Wirklichkeit. Aus dem Zauberspiegel sähe der Bräutigam heraus, von dem man träumt, oder der Teufel, der die Strafandrohung der psychischen Zensur-Abteilung repräsentiert.

Man könnte das Problem mit heutigen explizit psychoanalytischen Begriffen (wie *Übertragung, Gegenübertragung* und *freie Assoziation)* eleganter beschreiben. Aber hier kommt es darauf an, den zeitgenössischen Gestus einer *Nachfolge* jener *Abwendung* vom Tag, jener Hinwendung zur Nacht zu zeigen, die in jedem Einschlafen praktiziert wird, die aber nun aufgefangen wird, durch einen Spiegel … des Mythos von der ursprünglichen Einheit der Welt durch alle Organisationsformen des Lebens hindurch. Denn es ist die Nachtseite, ein Medium in der nächtlichen Realität, das als naturphilosophisches und ärztliches Begegnungszentrum theoretisch und praktisch ausgebaut wird.[1121]

Die alte philosophische Vorstellung von der Einheit der Natur, die Friedrich Wilhelm Joseph von Schelling in seinen idealistisch-ontologischen Entwürfen reformuliert hat, hat neben Schubert viele romantische Natur-, Sprach- und Seelenforscher, etwa der Heidelberger Romantik um Joseph Görres und Friedrich Creuzer, zu Analogisierungen des Traums oder des Traumgeschehens mit ihren zum Teil jungen Fachgebieten (wie Chemie) angeregt. Bereits 1807 erscheinen in Heidelberg die von Carl Daub und Creuzer herausgegebenen «Studien», in denen Görres das planetarische Geschehen des Wechsels von Tag und Nacht in einem systematischen Naturzusammenhang mit dem Wechsel von Wachen und Schlafen sieht.[1122] Der in katholischen Kreisen einflussreiche

1121 J. Barkhoff weist in Mesmerismus, S. 271, auf die historische Linie, die von Puységur über Charcot zu Freud führt. – Der Psychoanalytiker ist, bezogen auf die Übertragung der unbewussten ‹Allfluth›, der Zauberspiegel des Unbewussten.

1122 J. Görres: Religion in der Geschichte. In: Carl Daub und Friedrich Creuzer (Hg.): Studien. 3. Band, Heidelberg 1807; über Google lesbar. Des Weiteren Seitenangaben im Text.

Görres kommt zu einer Art von chthonischem Weltbild, demzufolge der Mensch durch göttliche Schöpfung zu einer Symbiose von Tag und Nacht gebracht wurde. Die Unterwelt, christliche Heimat der Monster namens Teufel, überhaupt alles Unterirdische ist nun im ‹Nachtmenschen› versammelt, der verbunden ist mit allen unterirdischen Strömen, Metallen, ja untergegangenen Weisheiten. Vom alten Orakelglauben bis zum heutigen Träumen hat alles seinen Raum in dieser Einheit aus Nacht und Unterwelt, weil diese irdische Natur die Mutter von allem Individuellen ist, das sie hervortreibt. In einem ewigen Zyklus von Werden und Vergehen treibt das Individuum an die Oberfläche unter der Sonne – und ist seiner dunklen Herkunft eben durch die Individuation in vielem unbewusst, so wie ihm vieles rätselhaft und wunderbar ist, was von der nächtlichen Mutter stammt. (S. 322)

Gleich wichtig ist Görres die Tagseite des Menschen, das Sehen, das Bewusstsein, sogar die Vorstellung – wohl weil sie ihm aus der Anschauung entspringt. (S. 326) Diese Tätigkeiten bringt er metaphorisch mit Himmelserscheinungen zusammen: Blitzschlag des Bewusstseins, Ätherweite der Anschauung – und dann natürlich: die Reflexion. (ebd.) Obwohl nun beide Seiten, welthistorisch und im Individuum, immer wieder, aber mit wechselnder Vorherrschaft «innig vereint» sind (S. 326), bleiben es doch zwei Seiten, und so muss der Nacht gegeben werden, was der Nacht gehört: «Nur der Nachtmensch soll in der Nacht allein noch wachen und in den Träumen dunkle Hieroglyphen würken.» (S. 327)

Einerseits ist das Träumen mit der übergeschichtlichen oder unterschichtlichen Wirkmacht der Geschichte verbunden, und insofern ist die alte Analogie der überzeitlichen Macht des Traums verständlich, der die Vergangenheit und die Zukunft kennt[1123] – was bei den Magnetiseuren eine große Rolle spielte, – andererseits ist bei aller ontischen Dignität des Traums das Manko der Unverständlichkeit nicht zu leugnen. Die überwältigende Empirie wirrer oder böser Träume ist entweder ein Beweis der Bösartigkeit von Mutter Nacht oder aber der Reflexions-Abseitigkeit der Nachtseite. Hier tut sich ein Spalt auf zwischen der Bedeutung des Trau-

1123 Vgl. Franz Jos. Mone [und F. Creuzer]: Symbolik und Mythologie der alten Völker. 5. Teil: Geschichte des Heidenthums im nördlichen Europa. Leipzig und Darmstadt 1822, S. 424: Was schon die «Edda» sagt, gilt noch heute: Dem «Menschen wird Zukunft vorgebildet im Träumen».

m*ens*, also der Traumfahrt des Nachtleibs überhaupt, und der Bedeutung der individuell je unterschiedlichen einzelnen Träume, den Traumbildern. Wenn diese sich auch oft gleichen, also von einer gemeinsamen Sprache zeugen, so müssen die Differenzen in der Individualität liegen, die ja nun auch nicht uninteressant ist, namentlich bei bestimmten psychischen Leiden (wie Psychosen, Zwangsneurosen, Traumata etc.), die sich in Träumen niederschlagen. Der rasante Anstieg an Bedürfnissen der Traumentschlüsselung, der sich schließlich auf alle möglichen Forschungsgebiete ausdehnte (Mythenforschung, überhaupt Vergangenheiten als Traumphasen der Menschheit usw.), ist also einmal durch die Entdeckung von Zusammenhängen zwischen körperlichen Praktiken (mesmerische Berührungen) und Träumen sowie andererseits durch die imaginären und analogisierenden Exorbitationen der *Vorstellung* von Philosophen und Forschern erklärlich.

Der unterirdische Aspekt der Nacht ist nun ein ganz großer Unterstrom, der seit dem ‹Auftauchen› der heidnischen Unterwelt in der Renaissance und verstärkt seit der Aufklärung ab 1700 aus der christlichen Verpönung in die moderne Ambivalenz führt: Das Interesse an Höhlen und archäologischen Grabungen (Pompeji, Herculaneum) und an den versunkenen Schichten der Vergangenheit (Vermessung der antiken Cloaca Maxima Roms durch Giambattista Piranesi) nimmt ebenso zu wie die Lust an den ausgegrabenen hieroglyphischen Bildwerken der Ägypter und an den Fiktionen eines (meistens utopisch besseren) unterirdischen Lebens von Ludvig Holbergs «Niels Klimt» bis zu Giacomo Casanovas «Eduard und Elisabeth». Mehr chthonische Nacht auf Erden war nie seit der Zeitenwende bis dato. Und die Hieroglyphen bilden ein symbolisches Bindeglied zwischen Traum und Schrift.

Erst 1823 werden die Hieroglyphen Ägyptens anhand des Steins von Rosette durch den napoleonischen Bildungsoffizier Champollion entziffert. Die Hieroglyphen versprechen: Es gibt eine materielle Spur, einen *Zugang* zu einer unverbildeten sinnreichen und anschaulichen Sprache, in welcher Bezeichnung und Bezeichnetes sich berühren – aber einstweilen ist dieser Zugang noch verschüttet. Seit der Empfindsamkeit schmiegt sich daran der Mutter-Nacht-Diskurs, der sich über Herder und Novalis bis Schubert in seiner «Geschichte der Seele» (1830) zur (allerdings schon antiken) Erkenntnis steigert, dass «die Nacht eine allgebärende Mutter der Dinge» ist. «Der Anfang allen Werdens verbirgt sich uns im nächtlichen

Dunkel»[1124] – und damit ist bei Schubert explizit auch die Nachtseite im individuellen Leben der Seele angesprochen: die innere Dunkelheit, aus der die «Regungen des Begehrens» und «die Reihenfolge der Vorstellungen» auftauchen (S. 157). – Für sich genommen bedeutet der Satz über den dunklen Mutterschoß des Werdens bloß: Wir können nichts erkennen über den Ursprung der Geschichtlichkeit vor lauter Dunkelheit. Doch der Satz davor macht daraus ein freudiges Geheimnis im Schoß je bevorstehender Geburt, wenn nicht gar der Sehnsucht auf eine Existenz im Schoß der Nacht.

Nicht darin aber unterscheidet sich Schubert von seinem Weimarer Gymnasial-Lehrer Herder, oder von Novalis oder Görres, sondern in seiner Verbindung heterogener Empirien, zum Beispiel mineralogischer Naturforschung, die allerdings auch von einigen andern (wie Goethe, Franz Xaver Baader und Novalis) betrieben wurde, mit etwa der praktischen Tätigkeit eines *Arztes*, der sich in Magnetismus, Hellsehen und Träumen auskannte. Damit beschäftigten sich seine Dresdner Vorlesungen über die Nachtseite der Natur (1807–1809), die ihn so berühmt machten gerade unter den Dichtern, dass alle auf seine «Symbolik des Traumes» (1814) warteten. Kommt hinzu, dass er eine ‹poetische Ader› hat und die Gedanken über Bilder zu leiten, zu magnetisieren versteht.[1125] Die Gedanken über Bilder zu leiten, impliziert immer eine gewisse tragende Dunkelheit, die Bilder sind schließlich nicht selbst ein Urgrund der Erkenntnis, die Quelle der Zuordnung von Sinn und Sinnlichkeit selbst ist verborgen.

Diese *poetische* Dunkelheit ist es schließlich auch, die Schubert für Dichter so attraktiv macht; sie schließlich könnte der Dichter in gewisser Weise mit einer Art mütterlicher Dunkelheit gleichsetzen – was ja selbst Goethe seinen Faust hat denken lassen.[1126] Die Frage ist, ob Schubert als Naturforscher vordringlich die Klärung der unverständlich gewordenen Hieroglyphen sucht oder als Dichter den Dunkelraum, in dem die Hieroglyphen so sinnreich unverständlich stehen. Die Hieroglyphen, womit er in der ersten Vorlesung der Nachtansichten alle seine Ansichten,

1124 G. H. Schubert: Die Geschichte der Seele (1830). (Nachdr. der Ausgabe von 1878: Hildesheim 1961, S. 155) ; weiterer Beleg im Text.

1125 Sein erstes Werk war ein Roman, «Die Kirche und die Götter» (1804).

1126 Siehe hierzu das Kapitel «Goethes Faust, der Homunkulus und die klassische Walpurgisnacht».

die er dem Leser unterbreitet, zusammenfasst, also auch die Träume, sollen nämlich vor allem *Sehnsucht* nach dem tiefen Verständnis erzeugen, das dadurch zerstört ist, dass alles Verständnis verloren ging in die Nacht, etwa durch eine «Umwälzung» so, wie Land im Meer versinkt.[1127]

Schubert hat nicht erst in der «Symbolik des Traumes» den Gedanken ‹positiv besetzt›, dass bei aller Gleichwertigkeit von Tag- und Nachtseite und der Sehnsucht der Vereinigung der Welten von Traum und Reflexion, es gerade das *Hieroglyphische* am Traum ist, das sich der Analyse in die Dunkelheit des Sinns entziehende Fremde, was in diesem unverständlichen Gegensatz eine noch verborgene, «höhere geistige Welt» – aber im niedrigen Keimstadium zeigt.[1128] Es geht also nicht um ein klassisches Objektivationsverhältnis etwa einer beobachtenden Vernunft, sondern um *Gegensätze*, die analogisch alle Gebiete von der Himmelskunde über Chemie und Biologie sowie Anthropologie und Psychologie umfassen. Die Reflexion, das Tagesbewusstsein, die Wachheit stehen in einem Verhältnis des kosmogonischen Eros zu der Nachtseite: Sie wünschen es, sehnen sich danach, dass «beyde Welten tief im Innern Wesen sich vereinen» (S. 325). Es handelt sich hier um die Ontologisierung einer Gefühlsmacht, die nicht nur im Paradigma der polaren Elektrizität ‹strömt›, sondern unterhalb des visionären Rahmens einer ursprünglichen, aber vergangenen Einheit eine handfeste Triebökonomie verlangt: Ein Mittel, hier und heute die Vereinigung herzustellen, sei das Magnetisieren (S. 326). Der allerotische Gegensatz von Mann und Frau wird in die recht zeitgebundene Geschlechtsrollenzuweisung einer somnambulen Buhle und ihres magisch-magnetischen Magisters gemodelt.

Obwohl nun Schubert 1818 in seiner korrigierenden zweiten Auflage immer wieder den Spiegel des Tagesbewusstseins in diese dunkle Nachtlandschaft hineinhalten will, bleibt ein Widerspruch zwischen der allgemeinen Nacht des astronomischen, geologischen und biologischen Anfangs und der Bewertung der späten Restleuchten aus dieser Zeit, wie es Traum und Somnambulismus für ihn sind. Obwohl der Somnambulismus eigentlich als «höhere Stufe des wahren Zustands der Seele» gilt (S. 348), der Bedeutendes, wenn auch Unverständliches beeindruckend

1127 Schubert: Nachtseite, [2]1818, S. 22 f.

1128 Schubert: Ansichten von der Nachtseite der Naturwissenschaft. Ausgabe Dresden [1]1808, S. 318; weitere Belege im Text.

sagt, hat der Magnetiseur mit seinem Willen ‹das Sagen›. Man könnte einwenden, dass der Magnetiseur eine höhere Synthese aus Strahlen und Reflexion erreicht habe, die sogenannte *Fokussierung*, aber die Art, wie er Einfluss gewinnt, wie er organisiert, disponiert und distanziert bleibt, bei gleichzeitiger elektrischer Ausstrahlung, ist eine reflexive, beobachtende, analytische.

Die gesteigerte Ausprägung des Somnambulismus ist für Schubert der «Doppelschlaf», «wo die magnetisch Schlafenden nur noch für ihren Magnetiseur, mit dessen Seele die ihrige eins scheint, Sinn und Bewußtseyn haben» (S. 349). Da es in diesem Zustand nur noch einen *Willen* des Magnetiseurs gibt, kann die Magnetisierte zum geistigen Doppelgänger des Magnetiseurs werden. – Neben jener Form des Doppelgängers, der aus einer Persönlichkeits-*Spaltung* entsteht, ist hier also der Doppelgänger aus der Fusion zweier Geister, genauer aus der Geistes-Übertragung auf ein sich hingebendes Seelchen entstanden. Natürlich ist dieses Beziehungsmodell für lüsterne Leser – und sogar für lüsterne Leserinnen sehr attraktiv gewesen, und das Geraune über die schamlose Unterschiebung der fleischlichen Wünsche unter die geistigen, besonders bei den literarischen Verarbeitern, ist auch nie verstummt gewesen, ist von den Magnetismus-Fachleuten auch immer eingeräumt worden. Aber man kann im Fall Hoffmanns immerhin sagen, dass er eine vermutlich reale Fall-Beschreibung von Kluge[1129] in kritischer Absicht zur Geschichte «Der Magnetiseur» umgebaut hat, und dass *er* eben auch Magnetiseusen kennt, wie Julia und Antonia, Gräfin Z.

Man übertreibt nur wenig, wenn man den Magnetiseur als die *Inkarnation der Reflexion* bezeichnet. Er verwirklicht sich erst im anderen Körper, und es ist die physische Existenz desselben, der via leibhaftige Differenz von Verdopplung erst reden lässt. Der geistige Doppelgänger ist sein *geistiges Spiegelbild*. Der Ausdruck ist problematisch, weil das Spiegelbild gerade die körperliche Außenseite eines Lebewesens von außen zeigen soll. Er ist aber insofern gerechtfertigt, als man dieses geistige Spiegelbild als Misch-

1129 Oberchirurg Carl Alexander Kluge, sozusagen preußischer Hofmagnetiseur (Treichler: Magnetische Zeit, S. 299), berichtet 1811 in seinem «Versuch einer Darstellung des animalischen Magnetismus als Heilmittel», «irgend wo gelesen zu haben», dass ein junger Mann willensmagnetisch die Liebe eines Mädchens zu ihm in ihrem Schlaf erzwang.

form begreifen kann: Der damit sichtbare Körper zeigt eine Differenz, das geschlechtlich entgegengesetzte Wesen. Dieses aber ist innen erfüllt vom Anderen, der sich in diesem Innern spiegelt: in der höheren Geistigkeit des träumenden Wesens, in seiner wahrsagenden Fähigkeit usw.

Diese Überblendung von wahrnehmbarer Differenz und übertragener Identität ist so attraktiv, weil sie an einer *leiblichen* Erscheinung, im somnambulen Nachtleib erscheint. – Bei dieser Überlegung handelt es sich nun aber um meine Konstruktion einer Einheit von Phänomenen, die in wechselnden Koalitionen auftreten. Unstrittig ist zunächst nur, dass der Magnetiseur bei Schubert Traum und Reflexion, Tag und Nacht, Energie und Visualisierung verbindet. Es ist eine empirische Vorlage für Schubert, dass seit Mesmer die Magnetiseure mit Spiegeln im Dunkeln arbeiten. Man kann hier das Modell von der Magd in der Andreasnacht, die ins Nachtfenster sieht und den Anderen einspiegelt, auch für den Magnetiseur umkehren: Er schaut ins Nachtfenster der Anderen, in die er durch körperliche Berührung der mesmerischen Streichung eindringt, und verdoppelt sich, wie auch die Andere sich durch Spaltung verdoppelt.

Bemerkenswert an der *Hoffmannschen* Übertragung von Schuberts Ideen in die Fantasie- und Nachtstücke ist nun die Intensivierung dieses magischen Dreiecks ‹Spiegel›, ‹Magnetiseur›, ‹Traum›, das seine Protagonisten in immer neuen Richtungs-Anordnungen durchlaufen. In den «Abenteuern der Sylvester-Nacht» kommt zuerst das Magnetisieren (knisternde Funken von Julias Hand), dann die Spiegelerfahrung im Hotel (das Bild Julias wird überblendet oder durchlöchert, hin zum koboldhaften Rasmus), dann besetzt Rasmus den Enthusiasten im Traum (wenn nicht schon die Bilder Julias auf dem Empfang beim Justizrat eine Spiegelung sind). Im «Magnetiseur» werden Spiegelformen evoziert durch Alban als Wiedergänger des Majors (der ein Magnetiseur ist), dann wird Magnetisierung im Traum Augustes durch Theobald erzählt, dann realisiert sich *daran* für Marie die Spiegelgestalt der Geschichte, dann wird sie magnetisiert und im Traum bearbeitet, dann wird die ganze Narration in den folgenden Lesarten gespiegelt. (Siehe dazu weiter unten.) Im «Öden Haus» wird ein Fenster zunächst bei Tag beäugt, aber dann mit Taschenspiegel. Es folgt sofort ein delirialer Zustand, durch den die Magnetiseuse Angelika Kontakt zu ihm aufnimmt – und ihn im Traum heimsucht. Diese Geschichte wird gespiegelt durch die des italienischen Offiziers. Durch die Spiegelung gelingt es dem Arzt, den Fall aufzuklären und den Ich-Erzähler Theodor zu kurieren. Bei Hoffmanns Versuchsanordnungen zur Klärung des Verhältnisses von Traum und Reflexion scheint sich in der Folge der Erzählungen vom «Magnetiseur» über die «Sylvester-Nacht» zum «Öden Haus» die Figur des Magnetiseurs zu verflüchtigen in eine ‹mediale›, katalysatorische Personifikation magnetischer Kräfte zwischen Traum und Bild, Obsession und Spiegel. Diese könnte die Aufgabe haben, die Ekstasen von Traum, Hingabelust und verzweifelter Leidenschaft ins spiegelnde Erzählen zu bannen, zu entsorgen in den anderen Corpus des Textes. In zwei der drei Erzählungen aber ist der Ich-Erzähler nicht der Magnetiseur, sondern ein enthusiastisches oder träumendes Wesen, dem die unfreundliche Übernahme droht. Im «Magnetiseur» wechseln die Erzählperspektiven mit der Fiktion verschiedener Texte. Dies mag ein Hinweis sein darauf, dass es neben dem eher empfänglichen Ich-Erzähler auch einen großen Manipulator im Hintergrund gibt, der magnetisierend tätig sein könnte. Die Verteilung von auktorialen Ich-Anteilen auf verschiedene Figuren und literarische Funktionen beherrscht Hoffmann jedenfalls besonders virtuos.

Dennoch ist an dieser passiven Perspektive des Ich-Erzählers interessant, dass sie der von Schubert bevorzugten ähnelt. Denn *der* inszeniert sich, allein schon über seine orakelnde Sprache, eher als ein passives Medium, denn als Magnetiseur.[1130] Seine Bewertungen der Träume, des Magnetismus und des Hellsehens sind für ihn von der anderen Seite her zu betrachten, von der nächtlichen Totalität der mütterlichen Ursprünge, die heute zur Nachtseite herabgesunken ist. Seine Sehnsucht identifiziert sich mit der *gattungsgeschichtlichen* dunklen Herkunft, in die alles Individuelle wieder eingehen wird, indem er poetisch die Vereinigung mit dem Versunkenen propagiert. Die Todessehnsucht hält sich in unüberbietbarer Zweideutigkeit mit dem Wunsch nach Auferstehung des Fleisches – die Waage: «Aber sie wird wiederkehren, die süße, schöne Zeit der Mandelblüthe, und die steinernen, halbverloschenen Schriftzüge werden sich wieder bewegen und das dürre Totengebein wird leben!» (2. Auflage 1818, S. 23) – Welches?

Dass alles individuelle Leben dem Tode entgegenstrebt, vielleicht

1130 Die alten Orakel sind ihm Zeugnisse einer höheren Wirkmacht dessen, was in der säkularen Zeit nur noch im Traum spurhaft anwest.

selbst oder gerade in der Erfüllung seiner Lebensimpulse, ist eine auf Freuds Todestrieb vorausweisende Erkenntnis. Einstweilen aber begnügt sich der Autor, der sich in diesen Vorlesungen als begeisterten Wanderer inszeniert (wenn nicht als Vorform des reisenden Enthusiasten), mit der Erzeugung der Sehnsucht nach dieser Heimat im Herzen des «Mitwanderers» (ebd.), seines Lesers. Die Sehnsucht aber begnügt sich mit der *Ahnung*, dass ihre (*glücklicherweise*) vorerst dunkle Ahnung nur der Vorschein jener endgültigen dunklen Vereinigung ist, die die Aufhebung des Individuellen bedeuten würde. Das poetische Talent zur Bildersprache ist deshalb konstitutiver Bestandteil der in ihr angesprochenen Zweideutigkeit zwischen einer eigentlichen und einer uneigentlichen Nachtseite. «Ahndungen einer allgemeinen Geschichte des Lebens», so der Titel der ersten größeren Veröffentlichung Schuberts (1806, 1807 und 1821), und die ‹Ahndungen› sind hier sowohl im aktiven Sinne von Verfolgung, also Forschung zu verstehen, als auch im Sinne eines atmosphärischen Anhauchs, dessen nebulöse Inspiration die Imagination als eine Aufforderung zum musischen Tanz verstehen kann … der die Distanz zu jener endgültigen Erfüllung hält, die den Tod bedeutet.

Denn typisch schon für die Schubertschen «Ahndungen» ist das Wissen, dass allein aus dem Tod das individuelle Leben hervorgeht, wie andererseits, von den niedrigsten Stufen des Lebens an, dieses individuelle Leben aus der «Vermählung der Gegensätze» hervorgeht.[1131] Diese Gegensätze sind von einem allgemeinen Grund des Daseins aus sich heraus entlassen worden, um aneinander zur Vereinigung zu streben – um einer höheren Einheit willen, die freilich den Tod des zuvor nur gegensätzlichen Individuellen bedeutet. In den «glühendsten, schönsten Augenblicken des Lebens» ist «der Tod am nächsten» (S. 20). Das Imaginäre nur erst im Stadium der Ahnung dieses seligen Todes zu halten ist vielleicht die beste Rettung, die zugleich ein wenig wohligen Schauer bietet. Das ist Literatur.

Der Erzähler in Hoffmanns mesmerischen Geschichten kann ein Lied von diesen elektrischen Beziehungen singen. Er selbst entgeht immer knapp dem Schicksal der Rasmus, Maria, des italienischen Offiziers im öden Haus. Eine einzige Macht ist wahrscheinlich für den Autor, sicher für einige Protagonisten, groß genug, dieser gefährlichen Elektrizität der

1131 G. H. Schubert: Ahndungen einer allgemeinen Geschichte des Lebens. 1. Theil. Leipzig 1806, S. 212.

Triebe und des egoistisch umgelenkten Willens entgegenzutreten und zugleich eine unschädliche und doch beseligende Wirkung zwischen zweien ‹hervorzurufen›: die musische Macht der Musik, wie sie etwa der Kapellmeister Johannes Kreisler hat, der mit Julia auf den Flügeln des Gesangs in den Himmel einkehrt und sie vor prinzlichen Lumpen beschützt.[1132]

Die Ahnungen, die Imagination überhaupt und erst recht ihr romantisches Vorbild, der Traum, haben nun aber den entscheidenden Nachteil, dass sie kein Spiegelbild haben. Dass man Träume Schäume nennt, sie immer mal wieder für unwirklich ausgibt, ist verständlich wegen ihrer mangelnden *adäquatio rei et intellectus*, ihrer Gegenüberstellungsresistenz; aber das ist eine falsche Perspektive. Denn der Traum *ist* schließlich eine Realität (man wacht von ihm auf). Aber er ist weder für eine andere protokollierende Instanz sichtbar, noch ist er ‹bei sich›, sondern über sich hinaus, bei dem, wohin es ihn zieht. Alle diese imaginären Prozesse haben gerade ihre Legitimation für Schubert darin, dass sie zu einem Anderen ihrer selbst hin ziehen, das im Dunkeln liegen muss, weil es das eigene defizitäre Unbewusste ihrer ganzheitlichen Herkunft ist. Oder noch radikaler: Vom ‹Urgrund› her schlägt sich durch die Nachtseite der Welt und dann durch die der Seele eine Wahrheit und Wirklichkeit des Traums hindurch bis zum Schlafenden, die nur wegen der Schwächung der Reflexion, also des Tagesbewusstseins, zur wenn auch nur hieroglyphischen Sprache findet. Entweder verliert sich für ihn das Träumen (diese unwillkürliche, metaindividuelle Tätigkeit des Nachtleibs, nicht die einzelnen Bilder) durch ein nächtlich geöffnetes Fenster, hinaus in die Nacht der Herkunft – oder es zieht durch die Nacht herein. Und wenn immer die nebulösen Andeutungen von mythischen Sibyllen oder nordischen Geistern konkret werden sollen, kommt für ihn der tierische Magnetismus ins Spiel.

Hoffmanns stärkster Unterschied zu Schubert liegt vielleicht im mangelnden Appetit auf den allgemeinen Heidelberger Mutterkuchen und den Dresdner Ahnenstollen. Allein schon durch die Ironie, die er von seinem verehrten Vorbild Ludwig Tieck, sozusagen mit der poetischen Muttermilch eingesogen hat, ist er gegen diese geistige Gynäkokratie geimpft. Auch Hoffmanns Helden, selbst wenn sie delirieren, bevorzugen junge Mädchen und nicht Matronen. Allerdings zeichnet Hoffmann noch die Figur des Serapionsbruders Ludwig (ausgerechnet Ludwig) mit lächelndem

1132 Vgl. Hoffmann: Kater Murr, S. 213.

Verständnis, wenn der über diese vorzeitige Einheit von Nacht, Natur und Mutter schwärmt:

«… als der Geist des Menschen nicht die Natur, sondern diese den Geist des Menschen erfaßte, und die Mutter das wunderbare Wesen, das sie geboren, noch aus der Tiefe ihres Daseins nährte, da umfing sie den Menschen wie im Wehen einer ewigen Begeisterung mit heiliger Musik, und wundervolle Laute verkündeten die Geheimnisse ihres ewigen Treibens.»[1133]

Eine elektrisierende Ambivalenz von Hingabe und Fluchtreflex kennzeichnet Hoffmanns Verhältnis zu allem panerotischen Höheren auf der Nachtseite. Aber selbst die angstentstellten Fratzen «anmutiger Jugendblüte»[1134] bedienen sich nicht aus dem Rollenfach der Mütterlichen, sondern aus dem der alten, hexlichen Vettel (Julia, Angelika). Das ganze Unbewusste und deshalb Unkontrollierbare von Magnetisierung, Schlaf und Traum, für das ja selbst Schubert zunächst einmal Distanz empfahl, war ihm nicht eingebettet in eine große Vision starker Einheit von Tag- und Nachtseite, Physis und Bedeutung. Das verstärkt schon für ihn selbst, erst recht für seine Leser, ein Legitimationsproblem des Traumes, dem Distanz bekanntlich nicht bekommt. Die alte Analogisierung von Reflexion und Spiegelerfahrung wird in diesen Zeiten des intensivierten Traumdiskurses wieder hoffähig. Der württembergische Mediziner Carl August Eschenmayer konstatiert in seiner 1817 erschienenen «Psychologie» eine «Karakteristik von Wachen, Schlaf und Träumen» an der Trennung von Außen- und Innenwelt, die dem Selbstbewusstsein und dem Ichgefühl schlagartig mit dem Aufwachen gegeben sind.[1135]

Diese Differenz mag das träumende Wesen nicht vermissen, ja seine nachhaltigsten in die Wachzeit übertragenen Erinnerungen beziehen sich auf die wunderbare Aufhebung der Differenz oder die Umstülpung von innerem und äußerem Raum. (Obwohl diese Prädikate wiederum erst vom Wachbewusstsein vergeben werden können.) Wer nun aber, besonders durch den romantischen Traum-Diskurs angesteckt, Sinnfälliges, konkret

1133 E. T. A. Hoffmann: Serapionsbrüder, darin: «Die Automate»; S. 349. Ludwig bezieht sich hier explizit auf Schuberts Ansichten von der Nachtseite.

1134 Hoffmann: Das Öde Haus, in: Nacht- und Fantasiestücke, S. 468.

1135 C. A. Eschenmayer, S. 223; zitiert nach Petra Gehring: Traum und Wirklichkeit. Frankfurt und New York 2008, S. 126.

das Ich Betreffendes in eine narrative Ordnung bringen will, muss verstärkt die Differenz zwischen diesem (nachträglich gesehen) inneren Geschehen und dem (nachträglich gesehen) äußeren Geschehen darstellen. Gerade wer alles das an den Träumen, was irrational, irreal und surreal erscheint, nicht auf die Hieroglyphen der Vorzeit bezieht, will diese Tiefe des Traums, die er erst wachend als *sein* Inneres bezeichnen kann, auch für die Reflexion seines Zustandes erschlossen sehen. Dazu kommt natürlich die erzähltechnische Attraktivität der Traumszenen und -sprachen für den Schriftsteller.

Diese Attraktivität ist, wie der volksmagische Zauberspiegel belegt, keine neue. Was im dunklen Innern verschlossen, verborgen, ja unerkannt arbeitet, wütet, gräbt, soll dinglich gegenüber sein im Zauberspiegel. Der Zauberspiegel, der das Wunsch- oder Angstobjekt zeigt, spiegelt nicht die eigene Außenseite, sondern das Innere, das nun, im Spiegel sichtbar, erst zum real Inneren verortet werden kann, weil erst im / am Zauberspiegel überhaupt Innen und Außen zusammengebracht werden. Denken Sie an die Vorstellung, dass der Bräutigam oder der Teufel ‹aus dem Spiegel auftauchen›. Vieles davon gilt nun auch schon für den gewöhnlichen Spiegel in der Nacht, nicht magisch, aber imaginär wirksam bis zur Halluzination. Zwischen Magisch und Imaginär oszilliert der Gebrauch des Spiegels im verdunkelten Raum des Magnetiseurs. Er bringt magnetische ‹Strahlen› dieses Therapeuten aus dessen Körperinneren heraus über die Oberflächen der Körper in die Innenseite der Patientin, die dann in Schlaf und Traum noch empfänglicher wird für diese doch schließlich: Außenwelt. – Bei Erzählern wie Hoffmann ist nicht nur der Text selbst ein Spiegel zwischen Autor und geliebtem Leser: Spiegelbildlich installierte Textsorten steigern in ihm die Fesselung und Verführung im Labyrinth. Die Narration bewegt sich oft in Spiegelungen fort.

Der phantastische Effekt ist dabei nicht eine Vergleichgültigung des Unterschiedes, sondern gerade eine Verschärfung des ‹delirialen Schwellenzustandes› auch des Lesers. Während der Wert des Somnambulismus bei Schubert in der Ahnung einer rein geistigen Vermählung mit dem *Ganzen* liegt, reizt das Ensemble aus Traum, Spiegel und Nacht bei Hoffmann mit der Vorspiegelung von phantastischer Körperlichkeit. Der phantastische Spiegel in der Nacht, gegenüber von Schlaf und Traum, ist nicht bloß als eine abgesetzte optische Technik der Visualisierung zu begreifen, sondern muss als die Vervollständigung des phantasmatischen Nachtleibs begriffen werden. Das gilt nicht nur für die Installation ‹Spiegel in der Nacht›, die eine Tiefe hinter der Oberfläche vorstellt, sondern auch für die Performance ‹Imagination vor Spiegel›, bei der die Außenansicht *im* Spiegel – und das (Sich-)‹Inne-Werden› der *Vor*stellung *einen* Nachtleib bilden. Die Oszillation wiederum von Spiegel-Nacht und Spiegel-Vorstellung eröffnet ein weites Feld des Nachtfensters für metaphorische Überblendungen von Außenwahrnehmung und Vorstellung. Diese monströsen Mischgestalten zwischen ‹fremd› und ‹eigen› locken den Leser in der Lesehöhle und zeugen mit ihm Nachwuchs an Erkenntnis: Fremde Unbewusstseine, die sich manchmal als die eigenen offenbaren.

Bei aller Liebe für Schuberts Stoffe ist Hoffmanns Spiegel-Funktion also eine andere. Der reale magnetisierende Gebrauch des Spiegels durch die Ärzte jedenfalls konzentrierte sich auf die *Einsammlung* von Strahlen aus der fernen Diaspora und nicht auf die Wiedergabe ‹innerer Gesichte›. Sinnfällig wird das an jenem *Kugelspiegel* auf dem zentralen Magnetstab des magnetisierten Zubers, den der einflussreiche Magnetiseur Wolfart 1813 in seiner großen Berliner «magnetischen Poliklinik» installiert hat. Er dient zwar im Dämmerlicht zur Beförderung eines hypnoiden Zustandes, aber kaum zum Hineinsehen mit dem Ziel, etwas zu sehen.[1136] Krasser könnte der Unterschied nicht sein zu dem Taschenspiegel, den Theodor im Nachtstück «Das öde Haus» benutzt, um seine Beobachtung eines Fensters in demselben unauffällig fortzusetzen.

Der Spiegel ist hier zunächst die Fortsetzung eines Fensters mit anderen Mitteln, ein Opernglas, ähnlich dem Fernrohr, das Kreisler zur Beobachtung einer anderen Julia im «Kater Murr» einsetzt, er gibt etwas zu sehen, das aus dem Wunsch des Beobachters ‹hervorgeht›. Der nämlich hatte nur erst einen Arm von «üppiger Schönheit»[1137] gesehen, der eine Kristallflasche auf die Fensterbank stellte, da war's um ihn geschehen (und er ‹trank›), denn von «fast üppiger Schönheit» ist das Bild *Julies*, also in der anderen Psyche des Enthusiasten aus den «Abenteuern der Sylvester-Nacht» (S. 328, 23). – Es ist da mindestens Seelenverwandtschaft mit dem Enthusiasten zu berücksichtigen, denn er selbst, Theodor, der Erzäh-

1136 Treichler: Magnetische Zeit, S. 301.

1137 Hoffmann: Das öde Haus. In: Ders.: Fantasie- und Nachtstücke, S. 464, weitere Belege im Text.

ler der Geschichte, räumt ein, ein Geisterseher zu sein (S. 462). Entweder hat hier also der *Autor* seiner Liebe zu Julia einen Fensterplatz geschenkt, oder der fiktive Erzähler dieser Geschichte hat eine archetypische Imago aus sich herausschauen lassen.

Natürlich wirkt das wenige pars pro toto seiner Vorspiegelung, das er sieht, wie ein Spiegel auf ihn zurück. Fenster und Spiegel überblenden sich zum Nachtfenster am Tage, denn er gerät in Trance, kehrt in den benachbarten «leuchtenden Spiegelladen» (S. 464) eines Konditors ein und lässt sich dort berichten, dass es im öden Haus besonders zur Weihnachtszeit spuke (S. 465) – das ist die Zeit der Rauhnächte. Im nächsten «Delirieren des Einschlafens» (S. 468) vervollständigt er den Arm der Fremden bereits zu einem «Zauberbild» (ebd.) voll objektiv ironischem Traumkitsch, phantasiert, die «unglückselige Sklavin eines boshaften Teufels» – magnetisiert (ebd.). Erst als er nach diesem Traum wiederum das Fenster indirekt mit einem frisch erstandenen Taschenspiegel beobachtet, weiß er, das ist «die holde Engelsgestalt meiner Vision» (S. 470).

In der nun einsetzenden Trance erinnert Theodor den weiter oben zitierten kindlichen Zusammenbruch beim verbotenen Blick in den Spiegel, Eiseshauch durchbebt seine Adern, er will den Spiegel vor Grausen fortschleudern, da strahlt ‹ihr› Blick mit Himmelsaugen bis ins Herz hinein, und es entsteht ein Raum voll vom «wonnigen Schmerz süßer Sehnsucht», voll «elektrischer Wärme». Die Wirkung setzt also bei einer traumatisierten Stelle an; aber er selbst, der Theodor, überschreitet auch die Grenze des Traumas – und das alte Verbot, in den Spiegel zu schauen. Die Botschaft ist zweideutig, nach Art des kurrenten Magnetismus: Entweder kommt die Bereitschaft für die magnetische Strömung der Wirkung von außen entgegen – oder ein Wesen ist zu geschwächt für den tagesbewussten Widerstand gegen die Nachtseite.

Die sogenannte Engelsgestalt heißt denn auch sinnigerweise Angelika, Gräfin von Z, ist ein veritables Monster, und er gerät von diesem Spiegelblick an unter ihren elektrischen Einfluss (S. 471). Selbst wenn er, zum prosaischen Gebrauch der Halsbindenknüpfung in den erblindeten Spiegel haucht, um ihn zu polieren, erscheint das holde Gesicht der Unholden (S. 473). Es erscheint nicht durch das Polieren, wie bei irgendeinem läppischen Zauberring oder Eisenstab, sondern durch Atem-Übertragung; verschwindet der Hauch, verschwindet es auch, das Gesicht. Sehr sinnreich, haben wir doch vom Spiegel gehört, den der Arzt dem Sterbenden vor den

Mund hält, um zu prüfen, ob er noch lebt. Dieses Bild also kommt von ganz innen, wird ihn den Atem kosten, aber so lange erscheinen, wie er noch atmen kann.

Er hat es nämlich dabei auf der Brust, wie von einer Nachtmahr, die ihm aufsitzt; markverzehrende Erschöpfung ist die Folge. Er kann nicht aufhören, obwohl da immer wieder auch diese grausige Vermischung ist, als sei er selbst die Gestalt der Frau, die von den Nebeln des Spiegels umhüllt und umschlossen ist (S. 474)[1138], klassische Oszillation von Fremd- und Selbstwahrnehmung im Zauberspiegel – und ein bisschen auch etwas von einem Doppelgänger durch Magnetisierung. Denn es wird immer deutlicher, dass *sie* eine fremde Macht ist. Er wähnt kommenden Wahn, geht zum Arzt und übt Abstinenz. Sie aber sucht ihn trotzdem heim, meistens um Mitternacht, wenn sie «spitzige glühende Dolche» in sein Inneres bohrt (S. 475 f.) und er in «ohnmachtähnliche Zustände» gerät (S. 476).

In diesem kranken Zustand nimmt er an einem Gespräch über Magnetismus teil, in dem alle Aspekte von «Kluge, Schubert, Bartels u. m.» reflektiert werden (ebd.), inklusive die Frage nach dem Anteil eigener Schwäche und der Wechselseitigkeit der magnetischen Fixierung. Das Gespräch konzentriert sich auf verwandte ältere Phänomene von Liebeszauber, und ein ‹ältlicher› Herr erzählt die Geschichte eines italienischen Obristen, der im Traum immer von einer Frau heimgesucht wird, die ihm aufhockt wie im Traum und ihn aussaugt, dass er sich hernach fühlt, «als habe er geschwelgt im Liebesgenuss» (S. 479). Nachdem er daran gestorben ist, wird per Brief bekannt, dass eine Antonia, sein trügerisches Abbild umarmend, mit ihm gestorben ist – in Pisa. Sofort erkennt er in des toten Obristen Zustand entsetzt den seinigen, und zugleich mit dem wütenden Schmerz ging eine solche «wahnsinnige Sehnsucht nach dem unbekannten Bilde auf, daß ich davon überwältigt aufspringen und hineilen musste nach dem verhängnisvollen Haus» (ebd.).

Auch die Erzählung elektrisiert also wie ein Spiegelbild, und die Fortspiegelung des ganzen magnetischen Blendwerks auf die Gleichnis-Ebene der sich spiegelnden Narrationen entzündet erst das ganze Feuerwerk der Hoffmannschen Spiegelgeschichten – nicht nur in den Protagonisten, son-

1138 Man kann dieses Erlebnis sowohl als Entstehung eines Doppelgängers auffassen als auch darin die Übereignung eines Spiegelbildes sehen (wie bei Erasmus Spikher).

dern auch im Leser solcher Geschichten. Wie sehr Hoffmann versucht hat, diese Parallelgeschichte als Spiegelung darzustellen, kommt in dem markierten Gebrauch des *Abbildes* zum Ausdruck, das in einem magischen Ritual pars pro toto mit dem Original des Offiziers in den Tod mitgenommen wird, woraufhin Theodor sofort ‹das unbekannte Bild› im öden Haus aufsuchen muss. – Weniger wichtig für den Fortgang der Geschichte ist, was in jener schönen warmen Juliusnacht (!) (S. 481) geschah[1139], da er, «rasend vor dürstendem Liebesverlangen» (S. 479) ins öde Haus eindrang und von einer jugendlichen Schönheit aufs Brautbett gelockt wird, die sich aber als Hesiodische Graie entpuppt, deren «gelbes, von Alter und Wahnsinn grässlich verzerrtes Antlitz» dann aber doch wiederum nur die Maske über einem holden «Spiegelbild» zu sein scheint (S. 480). (Das Original ist seine ambivalente Projektion.) Er wird in letzter Minute vom Wächter des Hauses vor der wahnsinnigen Angelika gerettet – und gerät nun allmählich auf jene Seite der Erzählung, die eine andere Seite spiegelt. Man kann sich das wie eine Raute vorstellen: Links sieht Theodor auf eine Geschichte des italienischen Obristen. Oben auf der Spitze befindet sich sein Arzt und unten an der Spitze Angelika.

Wichtiger ist diese Geschichte der kreuzweisen Spiegelungen. Es stellt sich nämlich heraus, dass der Arzt Theodors auch der Arzt des italienischen Offiziers war. Nicht nur erweist sich selbst der Arzt als schwach empfänglich für die böse Ausstrahlung aus Theodors Spiegel, sondern er hat auch einige Zeit vorher versucht, den Offizier durch Magnetisierung zu heilen. Dessen Strahlung war aber so hoch dosiert, dass der Arzt die Behandlung hatte abbrechen müssen, weil ihm selbst davon übel wude. An der unteren Spitze dieser vorzustellenden Raute befindet sich Angelika, die auf die beiden ‹seitlichen› Männer einen so verheerenden Einfluss hat. Die beiden senkrechten Rollen können aktiv magnetisieren, die beiden waagerechten sind unter Einfluss von unten geraten. Am Schluss, der über Leichen geht, wird der Arzt versuchen, Angelika zu heilen. Er ist es, der immer mehr zum Erzähler, ja zum Protagonisten wird, weil er beide Fälle

1139 Zur Evokation von ‹Julia› gehören außerdem «ein langer, schneidender, aus weiblicher Kehle strömender Ton» (S. 479) (vgl. 8. Fantasiestück «Kreisleriana», S. 360) – und viele Kleinigkeiten wie der *dragantne* Justizrat aus dem Traum über Julia (Fantasiestücke, S. 341) – das öde Haus gehört einem Zuckerbäcker – und die Halsbinde des Träumers, die der Justizrat zuzieht (Fantasiestücke, S. 341).

vergleichen kann. Er auch ist es, der ‹unserem› Erzähler wiederum erzählt, was sich für eine grausige Familiengeschichte hinter Angelika verbirgt.

Sie hat ihre magnetischen Kräfte weniger aus Rache für zurückgesetzte Liebe gegenüber ihrem italienischen Offizier eingesetzt, der ihre Schwester vorgezogen hatte. Vielmehr war es von Anfang an ihr Kalkül, ihn nach eigener Willkür in hemmungsloser Liebeslust auszusaugen (S. 486). Sie hatte sogar ein Kind von ihm, wovon er offenbar nichts wusste. Diese ganze verwickelte Familiengeschichte wird gedrängt, hastig wie in Umrissen vom Arzt für seinen anderen Patienten, Theodor, rekapituliert, oder es ist Theodor, der es für uns gedrängt rekapituliert, eine Gesichtskontrolle im Spiegel. Jedenfalls, so wie auch der Arzt ihm nicht alles erzählt, sondern nur das, was für diesen wichtig ist, so macht es auch Theodor mit seinen Zuhörern. Der Spiegel der Erzählung wirft nur einen kleinen Ausschnitt aus einer großen unergründlichen Nachtseite hinein in den nächtlichen Freundeskreis um Theodor. Selbst der Arzt gesteht am Ende, dessen Spiegelbild gleichfalls gesehen zu haben, wie er ja auch dem italienischen Offizier nicht hatte helfen können. Diese ‹dunkle Seite der Macht› ist viel größer als wir, und ob der Spiegel hilft oder schadet, ist kaum wirklich auszumachen; jedenfalls bewirkt er die Krise. Vielleicht auch dem Leser. Aber sind wir nicht alle ein klein wenig Monster? So die Botschaft.

Wehmütig lächelnd ergreift schließlich Freund Franz (aus dem Rahmen der Geschichte) die Hand Theodors (Achtung, sie ist magnetisch!) und sagt zum Abschied: «Gute Nacht, du Spalanzanische Fledermaus!» (S. 488) Der reale Lazzaro (!) Spallanzani (*1729), ein Naturforscher, hat als Erster erfolgreich mit künstlicher Befruchtung experimentiert, Hoffmann hat ihn im ersten Teil der Nachtstücke, in der Erzählung «Der Sandmann» (1817) als Nathanaels Professor und vorgeblichen Vater Olimpias verewigt. Aber Franz will wahrscheinlich Theodor nur auf eine verwandte Krankheit der Fenster- oder Spiegelguckerei hinweisen, die er mit Nathanael gemeinsam hat, der sich nicht in Angelika (oder ihr Double Edmonde), sondern in Olimpia verguckt. Was schwerer wiegt, eine kosmische Nachtseite oder eine individuelle Pathologie, lässt Hoffmann in der Schwebe … einer taumelnden Fledermaus, die sich durch ein offenes Nachtfenster in ein ödes Haus verirrt – oder zielsicher hinein begibt. Kein künstlicher Mensch, nur ein blindes Tier, dem Professor Spalanzani das Augenlicht geraubt hat, um zu beweisen, dass Fledermäuse mit etwas anderem sehen als mit äu-

Abgrund entgegen, also der leere: moralisch, psychisch, physisch und ökonomisch.

Hoffmann hat nicht als Erster einen Magnetiseur literarisch negativ gezeichnet. Bereits 1810 hat Achim von Arnim (*1781), der sich spätestens seit 1799 mit dem Magnetismus beschäftigt hat, einen ‹scheinheiligen› Magnetiseur sein obskures Mach(t)werk treiben lassen, um schnöder Befriedigung seiner sexuellen Lust willen: In seinem Roman «Armut, Reichtum, Schuld und Buße der Gräfin Dolores» werden wir Zeuge einer veritablen Liebesattacke eines natürlich italienischen Marchese, der den ganzen magnetischen Talmi nur als taktische Waffe einsetzt.[1141] Noch älter ist der Roman des französischen Dichters und Militärwissenschaftlers an der École Polytechnique Jacques Antoine de *Réveroni Saint-Cyr* (*1769), der sich «Pauliska ou la perversité moderne» (1798) nennt. Andrejs Petrowski nennt das Werk einen «Geniestreich zwischen *roman noir* und *science fiction*, in dem sich die Ereignisse der französischen Revolution mit Elementen des Schauerromans und einem Delirium aktuellster wissenschaftlich-technischer Entwürfe verbinden.»[1142] Pauliska ist in Réveronis Roman eine polnische Gräfin, die, 1793 durch die russische Besetzung Polens vertrieben, eine leidensreiche Irrfahrt durch europäische Unruhen durchmacht und deren Gegenspieler Baron d'Olnitz als Materialist und Wissenschaftler konsequenterweise nur seinem eigenen Vorteil dient, wenn er «magnetisch-elektrische Experimente» an ihr vornimmt und sie mit einem Serum liebeshörig machen will. (S. 118) Dieser absolute Fiesling ‹verfüttert› sogar Kinder und junge Frauen an seine elektrischen Maschinen zur Erlangung der ewigen Jugend (S. 119).

Im Unterschied zu diesen Phantasien will Hoffmann tief in die Lehre vom Magnetismus selbst einschneiden und erbittet sich sogar Kritik von medizinischen Fachleuten noch während der Arbeit an der Novelle (S. 725).[1143] Die drei Fachleute oder Sympathisanten des Magnetismus

1141 A. v. Arnim: Armut, Reichtum, Schuld und Buße der Gräfin Dolores. In: Ders.: Sämtliche Romane und Erzählungen, S. 253.

1142 A. Petrowski: Weltverschlinger, Manipulatoren und Schwärmer – Problematische Individualität in der Literatur des späten 18. Jahrhunderts. Heidelberg 2002, S. 115. Weitere Seitenangaben im Text.

1143 In Wahrheit haben die Vorstellungen des Magnetismus Hoffmanns Phantasien bereits vorher nachhaltig geprägt. Schon der «Don Juan» (1812) ist

in seiner Erzählung sind zunächst alle edel gesinnte idealistische Jünglinge, die von der Lehre selbst pervertiert werden. Das ist wohl nicht als Abrechnung mit dem Magnetismus zu verstehen, wie auch die weiteren Geschichten von ihm zu diesem Thema zeigen, sondern als eine Methode anhaltender Ambivalenzerzeugung. Im gleichen Maß aber, wie die Eigenschaften der drei ‹Jünglinge› beginnen zu schillern, wird der *Autor* brutal. Einen Monat vor Beendigung der Novelle weiß er schon: «Am Schlusse der Erzählung wüte ich unter den lebendigen Menschen, wie ein Dschingis Khan; aber es soll nun einmal so sein.» (ebd.)

Wir werden unsererseits also nicht umhin kommen, am Schluss die auktoriale Pointe zu reflektieren. – Aber welche Funktion soll denn nun bei aller Ambivalenz der Helden die Trennung der beiden Nachtseiten, der Nachtseite des Menschen von der Nachtseite der Natur, in diesem Falle haben? Meines Erachtens soll der Schauer des Lesers, dessen Nachtseite also, an die nun abgerissene und offene individuelle Nachtseite der Protagonisten herangeführt werden. Ein vollständiger Kosmos ist für einen Leser schließlich immer eine relativ langweilige Geschichte, eine Kugel zum Meditieren oder Einschlafen. Aber in der dunklen Innenansicht eines Helden spiegelt sich die Nachtseite des Lesers. Das ist wahrscheinlich kein psychologisches Kalkül des Autors; aber auch der hat schließlich eine Nachtseite der Seele, die zur Geltung kommen will, und das tut sie auch, wie ich am Ende der Zusammenfassung dieser Geschichte zeigen möchte.

Ein Titel wie «Der Magnetiseur» lässt erwarten, dass die Geschichte eine Handlung entlang dem Auftreten dieses Dunkelmannes hat; aber ein kurzer Blick auf die Seiten des Textes zeigt, dass es sich um eine Ansammlung verschiedener Textsorten handelt, die verschiedene ‹Perspektiven› repräsentieren – auf ein allerdings überschaubares Zentrum. Der Untertitel nämlich nennt alles: «Eine Familienbegebenheit». Das ist eine bösartige Zweideutigkeit; am Ende der Erzählung hat sich die Familie komplett ins Jenseits ‹begeben›. Was hier Unfassbares geschehen ist, ist wie aus Spiegel-Splittern fokussiert. Der erste Teil des Textes, «Träume sind Schäume», wird von Hoffmann ein «Aufsatz» genannt. Der Titel bezieht sich auf den-

eine verkappte magnetistische Erzählung, in der mal Don Juan der Magnetiseur im roten Kleid ist, mal ein gewisser Theodor den somnambulen Enthusiasten in die leere nächtliche Oper ruft (Fantasiestücke, S. 83).

selben Ausspruch des Vaters von «Heinrich von Ofterdingen» (Novalis), der damit die Träume als aufgeblasene Illusionen treffen wollte. Dies ist der einzige Textteil, in dem die Familie beisammen ist, über Träume in Erzählungen gleichsam disputiert, um am Schluss überrollt und dissoziiert zu werden von einem wahr werdenden Alb-Traum in Gestalt des Magnetiseurs Alban.

Es ist ein 9. September, und der müde Baron ist schon im Begriff, ins Bett zu gehen – auch seine Tochter Marie kann kaum noch die Augen offenhalten –, da stolpert er über seinen Ausspruch ‹Träume sind Schäume› in eine Erörterung über die Macht der Träume mit seinem Sohn Ottmar, der ein eifriger Anhänger der Lehren seines Freundes Alban ist, eben des Magnetiseurs. Alban tritt erst am Schluss dieser Szene auf, nachdem sein Geist immer drohender in der Luft gelegen hat. Dafür ist als Vierter in dieser nächtlichen Runde der alte Hausfreund Bickert dabei, ein vernunftliebender Maler, der wie der Baron skeptisch ist gegenüber dem «überbrausenden Enthusiasmus für das Wunderbare» (S. 180). Diese Formulierung rückt Ottmar recht nah an einen gewissen Enthusiasten in diesen Fantasiestücken.

Obwohl der Baron fürchtet, dass sein Sohn Ottmar und dessen (anscheinend abwesender) Freund Alban damit Oberwasser für ihre Theorie des magnetischen Einflusses beim Schlafen und Träumen erhalten, erzählt er nun einen alten Traum, zum einen, weil er ihn bedrückt, zum andern, weil er sich an einem 9. September ereignet hat. Damals war er in seiner militärischen Ausbildung einem Major mit einer unheimlichen Ausstrahlung unterstellt. Trotz seiner Gefühlsschwankungen hingen alle ganz unbegreiflicher Weise an ihm (S. 181, 35). Am schlimmsten waren die Tage, wenn er sich in aller Frühe seine rote dänische Staatsuniform anzog und 24 Stunden im Freien herumtobte und schrie, fortwährend mit einem imaginären Gegner focht, schließlich auf Bäume flüchtete und von oben herab auf eine Art lachte, «dass das Blut in den Adern erstarrte» (S. 182, 30). An den Äquinoktien hatte er diese ‹Paroxysmen› regelmäßig. – Die Kombination von Mesmerismus und Volksaberglauben ist mit diesen beiden Details unterschwellig gelungen. Mesmer war bekannt für seinen feuerroten uniformartigen Mantel, und die Äquinoktien spielten schon im Volksaberglauben eine bedeutende Rolle unter anderm bei der Verwendung von Zauberspiegeln. Die Zusammenfügung dieser beiden Seiten verstärkt der Baron im Folgenden, wenn er das Gerede der Leute über den Major wiedergibt, die einerseits von magnetischen Fähigkeiten, andererseits von einem Teufelspakt munkeln (S. 183).

Der Baron erhält die besondere Zuneigung des Majors und fühlt sich darin äußerst ambivalent angespannt zwischen einem gewissen Wohlbehagen in seiner Gegenwart einerseits und dem angstvollen Gefühl eines unwiderstehlichen Zwangs andererseits (S. 183,31). Er scheint vom Rotrock hypnotisiert worden zu sein und sich hernach jeweils krank und matt gefühlt zu haben (S. 184, 1). In dieser besagten Nacht erlebt der Baron einen fürchterlichen Albtraum, in welchem der Major mit einem spitzen glühenden Instrument ins Hirn seines ‹Knechts› fährt – oder fahren will, er weiß es nicht (S. 184). Mehrere Anzeichen sprechen aber dafür, dass der Major sich tatsächlich am Lager des Barons aufgehalten hat – obwohl dem wiederum widerspricht, dass der Major sofort mit Zeugen aufgesucht wird, tot ist und mehrere Türen, durch die er gekommen sein muss, von innen abgeschlossen waren (S. 185). Ein ungelöstes Rätsel, das bewusst nicht aufgelöst wird; soll es doch eine offengehaltene Wunde des Barons und der Leser bleiben.

Dieser Horror ist insofern modern, als er weder aus frommen und moralischen Gründen, noch wegen seiner kausalen Erklärung oder wegen seiner fraglichen Heilbarkeit fasziniert, sondern wegen seiner Vitalität. Er pflanzt sich denn auch gleich fort zur 16jährigen Maria, auf die das vom Vater gemalte Bild wie ein Spiegelbild wirkt, denn sie sieht schon den «fürchterlichen Major in seiner dänischen Uniform» vor sich stehen, «den Blick starr auf mich gerichtet …» (S. 186). Eilig verhängt der gute Hausfreund, der Maler Franz Bickert, den imaginären Spiegel mit dem eingespiegelten Bild, genauer: Er hämmert einen theoretischen Panzer, «den kein Mondstrahl durchdringt». (S. 186, 23) Aber trotz seiner rationalistischen Sicht auf das Wesen des Traums spukt auch in seinem Kopf der Zwang, nach einer Spiegelmetapher zu greifen: Alles im Bewusstsein stamme von der äußeren Natur, das Abseitige und Verrückte komme aber daher, dass es wie in einem Hohlspiegel aufgefangen sei (S. 187, 17). Er erzählt noch einige seiner Albträume, allerdings auf humoristische Weise, wobei auffällt, dass sie mit dem Motivkreis des Zauberspiegels und der Körperübertragung auf Papier bzw. in Text zu tun haben. Der Teufel bittet ihn zum Beispiel durchs Ofenloch zu einem Empfang herein, oder der Maler träumt sich als ein Wasserzeichen und wird mit kratzender Feder traktiert. (S. 190)

In einem scheinbar lustigen Intermezzo bis zu Ottmars Erzählung wird weiter an der Schraube böser Ahnungen gedreht. Maria bereitet einen Punsch zu, dessen magische Kraft, sagt der Vater, wohl auf einer Zauberformel beruhe, die sie darüber spreche (S. 192, 8). Marie belustigt das eine Spur zu ausführlich. «Kaum habe ich die nächtlichen Fantasien und Erscheinungen [des Vaters] überstanden, so findest du in mir [Bruder Ottmar] selbst etwas geheimnisvolles, und wenn ich auch weder an den fürchterlichen Major noch sonst an einen Doppeltgänger mehr denke, so laufe ich Gefahr, mir selbst gespenstisch zu werden, und vor meinem eigenen Bild im Spiegel zu erschrecken.» (S. 192, 22) Sie denkt also selbst dann noch an den Major, wenn sie nicht mehr dran denkt. Und der Major ist ein Doppelgänger der Spezies Doppel*t*gänger, also Wiedergänger – wenn er nicht einen Wiedergänger *hat.*[1144] Das kann man als Interpretation der Geschichte des toten und zugleich untoten Majors auffassen, der am Bett des jungen Barons gestanden hatte, während er tot in seinem Zimmer lag; aber der Major als Doppeltgänger kam bisher noch gar nicht vor (außer dass von ihm geredet wurde!), und dafür ist er dann doch sehr forciert in einer Nebenbemerkung untergebracht. (Vor allem, wenn man bedenkt, dass der Doppelgänger bis dato zwar in Sagen und Märchen vorhanden war, aber kaum in der deutschen Literatur.)

Und wie begeistert der Vater (!) auf den von ihr ins Spiel gebrachten Spiegel reagiert, vor dem sie Gefahr laufen könnte, sich selbst gespenstisch zu werden: «Das wäre denn doch arg, sagte der Baron lachend: wenn ein sechzehnjähriges Mädchen nicht mehr in den Spiegel sehen dürfte, ohne Gefahr, ihr eigenes Bild für eine gespenstische Erscheinung zu halten.» (S. 192, 28) Gebannt wiederholt der Vater die Worte der Tochter; auch er hat den Zauberspiegel der Tochter gesehen. Die Frau ist unter Einfluss – und da erfahren wir nebenbei, dass Ottmars Freund Alban seit einiger Zeit im Hause der Familie weilt (S. 193, 12). Diese Insinuationen des Autors sind durchaus bewusst. Wie ein Magnetiseur setzt er unterhalb der ‹Inhalte› seine magnetischen Ströme per Wortwahl an: Als Ottmar, um den Widerstand seines Vaters und Bickerts gegen Alban zu entkräften, eine ‹Begebenheit› (!) erzählen will, die ihm Alban mitge-

1144 Die Schreibung *Doppeltgänger* ist eine Hoffmann'sche Spezialität. Sie kommt 56-mal in der Dig.Bib. Bd. 125 vor: einmal bei Heine, zweimal bei Jean Paul – und 53-mal bei Hoffmann.

teilt hat, drückt Maria ihre Ambivalenz gegen Albans Erzählungen, von denen sie offenbar schon gekostet hat, mit ziemlich ähnlichen Worten aus, wie der Baron sie für seine Ambivalenz gegen den Major gefunden hatte. Albans Erzählungen seien «auf eine solche seltsame Weise spannend, daß der Eindruck zwar in gewisser Art wohltätig ist, aber man sich doch erschöpft fühlt» (S. 194, 4).[1145] Das rein sprachliche Doppelgängerwesen wird schon zu dieser Zeit, als Maria des Vaters frühere Gemütszustände und jetzige Erzählung ‹wiederholt› und spiegelt, beim Baron ahnungsweise manifest; denn er glaubt zu dieser Zeit schon, dass er Alban früher schon einmal gesehen hat. (S. 204, 7) Von dieser *Übertragung* wird der Leser allerdings erst später erfahren.

Ottmar nun erzählt die Geschichte einer Freundschaft zwischen seinem Freund Alban und dessen schwärmerischem, zartem Gefährten Theobald. Als die Besten unter den Medizinstudenten in J. kamen sie sich schnell näher und entbrannten leidenschaftlich für den tierischen Magnetismus. Weichlich weiblich und in Idyllen schwärmend, hatte Theobald eine Art Knabenführer in Alban, wiewohl dieser von seiner Vorliebe für die ältere, physisch und krisenbetonte Variante des Mesmerismus immer mehr hinüber gezogen wurde zur psychischen Richtung Puységurs, die den Somnambulismus auf die Nachtordnung setzte. Eine gewisse schwache Spiegelung des Verhältnisses zwischen dem Major und dem Baron im Verhältnis Albans zu Theobald ist auch hier schon für den Anfang der Freundschaft zu ahnen, wenn es heißt, Alban «verschmähte es nicht, ihm [Theobald] in seine kleinen fantastischen Blumengärtlein zu folgen» (S. 194, 36; vgl. S. 184, 6), wenn er ihn auch immer wieder auf die «rauhen Stürme des wirklichen Lebens» (S. 195, 2) zurückführte, seinen inneren Funken zur Flamme anfachte.

Wenngleich die Freunde sich nach beendigtem Studium trennen, weil Theobald seine langjährige Verlobte heiraten will, trennen sie sich im Bewusstsein, gleichsam Priester einer heiligen Sache zu sein. Theobald, ein Waisenkind mit Erbschaft, der Auguste, die Tochter seines Pflegevaters und Onkels, heiratet, gedenkt gleichwohl, das kontemplative Leben eines forschenden Priesters der psychischen Geheimnisse zu führen, das ihn «wie in immer höheren Weihen zum Betreten der innersten Gemächer

1145 Vgl. die Aussage des Barons S. 183, 32 und S. 184, 3.

in dem großen Isistempel» *heiligt* (S. 196, 13–21).[1146] Alban, «der von des Jünglings frommem Gemüte alles hoffte», ermuntert ihn zur Treue an der Erforschung der magnetischen Religion. – Es kommt hier darauf an, zu sehen, dass Hoffmann ausführlich, energisch und mit verstiegenem Vokabular dafür sorgt, dass wir die beiden für ausgemachte Gutmenschen und Idealisten halten.

Auguste, die Verlobte Theobalds, die *Ottmar* (der Nachfolger Theobalds bei Alban) in der Wiedergabe der Erzählung seines Freundes Alban hartnäckig nur «das Mädchen» nennt, war inzwischen geistig verwirrt und krank zum Tode geworden, nachdem sie sich in einen natürlich italiänischen Offizier verliebt hatte, der aber in einen Krieg musste, von dem sie dann unentwegt fürchtete, dass er ihr den Geliebten fortgerissen habe. Theobald war schon in den glücklichen Tagen dieser italiänischen Liebe vergessen gewesen (S. 196 f.). Alban richtet den lebensmüden Theobald wieder auf und rät ihm zu einer Art hypnotischer Traumkur an der Braut. Theobald gibt sich diesem Rat geradezu «gläubig hin» (S. 197, 20), entspricht er doch zutiefst seiner eigenen Überzeugung. Nacht für Nacht, während «die schrecklichsten Träume das arme Mädchen ängsteten» (es ist natürlich die Angst um ihren Italiäner), führt deren Mutter (das ist *seine* Pflegemutter) ihn ans Bett der Träumenden. Mit der Kraft des Willens fixiert er sie «einige Mal», schaut sie fest an, bis die Schreie nach dem Offizier schwächer werden, dann legt er seine Hand auf die ihre und nennt leise *seinen* Namen. Nach einiger Zeit wird die Nennung des italienischen Namens immer bruchstückhafter, wie immer mehr vom Vergessen bedroht. Nach wieder einigen Nächten geht Theobald dazu über, ihr die frühesten gemeinsamen Erinnerungen an die frühe Kinderzeit wie eine Bouillon einzuflößen.

An dieser Stelle der Erzählung, da ‹dem Mädchen› Theobalds Perspektive eingepflanzt wird, fällt Ottmar bezeichnenderweise erst wieder der Name Augustes ein, so identifiziert er sich mit der zweiten Taufe einer Schwester im Namen *eines* Bruders (wenn Theobald auch nur ein ‹Pflegebruder› war). Wie in einer Art (umgekehrter) psychoanalytischer Anamnese lernt die Träumende allmählich zu sprechen und ganz in «Theobalds

1146 Auch Alban selbst wird sich später als «Priester der Isis» bezeichnen (S. 217, 3). Der Name Isis hat um 1800 einen eher positiven, erhabenen Klang – aber Isis ist auch die Göttin der Zauberei und magischer Praktiken.

Ideen» einzugehen, ja sie «führte selbst die charaktervollsten Begebenheiten der Kinderjahre» herbei (S. 199, 10) – natürlich diejenigen, in denen Theobald ein strahlender Held ist. Von nun an erinnert Auguste auch tagsüber, dass sie von Theobald geträumt hat, und beginnt ihn zu vermissen. Da erscheint er ihr realiter bei Tage, indem er vorspiegelt, jetzt erst vom Studium heimgekommen zu sein. Sie liebt ihn zutiefst, gesteht ihm ihre Verirrung und wie Theobalds Erscheinung in ihren Träumen die «feindlichen Geister» verjagt habe. – Theobald und Alban, sagt Ottmar noch, hätten kein Hindernis mehr gesehen in der *Vereinigung*... da fällt *dessen* Schwester Maria mit einem dumpfen Schrei ohnmächtig vom Stuhl (S. 201, 14). Sie hat in einem imaginären Zauberspiegel der Geschichte Augustes *ihre* Geschichte erkannt. Im Spiegel sieht sie statt ihres Verlobten Hypolit den Teufel Alban.[1147]

Sie scheint tot, doch wenn man vom Teufel spricht, kommt er: Alban... Schweigend und würdig tritt er an Maria heran, fixiert sie, spricht sie an, dann diagnostiziert er sachlich wie ein Arzt einen «gefahrlosen Nervenzufall» mit baldiger Besserung. – Aber Maria ist nicht ‹das Mädchen›; sie bäumt sich auf und wach werdend lispelt sie, «Verlasse mich entsetzlicher Mensch, ohne Qual will ich sterben.» (S. 201, 36) Albans Bild, bisher – trotz des Widerstandes von Seiten des Barons und des Hausfreundes Bickert – von Ottmar nur in den edelsten Zügen gezeichnet, hatte sich schon verdunkelt zu dem eines fiesen Manipulators, wenn auch in der anscheinend selbstlosen Absicht, seinem Freund Theobald zu helfen. Jetzt hat er seinen einzigen kurzen, leibhaftigen Auftritt – der ihn zweideutig zeigt: zwar von unzweideutiger ärztlicher Autorität, aber mit einem seltsamen, furchtbaren Lächeln und für die ‹ungeduldige Kleine› voll höhnender Ironie, mit der er ihren Abscheu gegen ihn überspielt.

Er prophezeit ihr genesenes Erwachen für den nächsten Tag um genau 6 Uhr, händigt der Familie ein Fläschchen mit Tropfen aus und verschwindet wieder. – Hilflos wehren sich Bickert und der Vater gegen die zweideutige Wirkung, sie tragen Verdachtsmomente gegen ihn zusammen, assoziieren Swedenborg, Cagliostro u. a. Ist er doch wie ein zitierter Schutzgeist (und wie der Major) offenbar durch die noch immer geschlossene Türe hereingekommen (S. 202, 30). Auch erfährt der Leser erst jetzt, dass Alban schon vor einiger Zeit die an einem unheilbaren Nervenleiden dahinsie-

1147 Die allgemeine Spiegelfunktion der Vorstellung ist im Grunde schon impliziert in der magischen Sonderform des materiellen Zauberspiegels.

chende Maria durch eine magnetische Kur in wenigen Wochen gerettet hatte. (S. 203, 6) – Allerdings war sie zuvor auch «gleich nach Albans Erscheinung auf seltsame Art» erkrankt (S. 204, 10).

Aber um wessen Geschichte geht es hier eigentlich? Um diejenige Marias, die ebenfalls einen fernen Verlobten hat, gegen den ein Magnetiseur ankämpft? – Hier wäre das familienerhaltende Magnetisieren (à la Theobald) zu einem familienzerstörenden (à la Alban) verkommen. – Die Geschichten, die vor Marias Ohnmacht erzählt wurden, wären dann verobjektivierte Vorahnungen gewesen. – Oder geht es um die Geschichte des Barons, der nun bekennt, dass er, seit Alban unter ihnen weile, immer öfter an den unheimlichen dänischen Major denken müsse, dem der Magnetiseur schließlich unheimlich ähnele. Hätte Hoffmann die Reihenfolge andersherum begonnen und zuerst von der Ähnlichkeit der beiden gesprochen, so wäre die Deutung eines objektiven Fast-‹Doppelgängers› plausibel gewesen, wie sie Bickert vorschlägt: Die Ähnlichkeit des dunklen, habichtsnasigen und schwarzglühend blickenden Magnetiseurs mit dem Major habe halt die Erinnerung wieder aufleben lassen. Aber die erzählte Reihenfolge des Barons betont die Gleichwertigkeit der Möglichkeit, dass vor aller visuellen Ähnlichkeit eine *innere* Regung des Barons an den Major denken muss. Ob eine Angstneurose mit Wiederholungszwang einer Vorstellung vorliegt oder ob einer doppelt auftaucht, ein verdoppeltes Wesen hat, ein zweites Mal verkleidet / verwandelt wieder auftaucht, bleibt in der Schwebe.

Oder wird hier die Geschichte des immerhin titelgebenden Magnetiseurs erzählt, der trotz seines feierlich-mystischen Brimboriums und seiner magnetischen Baumbestreichungen und trotz seiner magisch anmutenden kraftsammelnden Gesten (S. 204, 23–29) eigentlich, außer bei Ottmar, nur Abwehr und Abscheu erregt. Man weiß es nicht, denn es ist wenig Konkretes an ihm wirklich nachzuvollziehen – beim Leser. Was seltsam ist, denn er ist mit allen bisherigen Geschichten verknüpft. Ein Schatten vom Major her, von Theobald her und von Maria her fällt auf ihn, sodass er, wie in Form einer negativen Fokussierung immer dunkler wird – dunkler im doppelten Sinn des Wortes: Existiert er physisch als der Wanderer durch die Geschichten, ist er der eine ewige Wiedergänger dieser Geschichten, oder ist er ein Bündel dunkler Verdächte aus ganz verschiedenen dunklen ‹Gründen› all der anderen? Im Lichte der schon gehörten Geschichten der Vergangenheit erwartet man von der offenbar gegenwärtigen Geschichte mit Maria baldige Aufklärung über das Wesen des dunklen Alb(an)s.

Am wenigsten gefährdet scheint noch der nicht blutsverwandte Maler Bickert zu sein; er wird der malende Zeuge und Hausverweser bis zum bitteren Ende. Mit dem Topos des Hauses sind wir an einem klassischen Ort des Schauer-, Monster- und Horror-Romans, der das unheimliche Gebäude zum Emblem des kritischen (das heißt fiebernden) Nachtleibs prädestiniert. Die Gestalten in diesem Haus sind äußerlich in gutem Zustand; aber innerlich wütet ein Dämon; sie sind selbst ‹öde Häuser›, in deren Innerem (ihren Träumen) Alban umgeht. In dieser Diagnose beschwört der Vater des Hauses seinen Freund Franz: «...sei achtsam – rate – hilf – stütze, wenn du an meinem morschen Familiengebäude etwas wanken siehst» (S. 205, 13). Das Familiengebäude ist einmal das *bildliche* Gebäude der Familie, zum anderen das Haus, das bald durch das Familienschicksal verödet sein wird. Von Horace Walpoles «Schloss Otranto» (1761) über Hoffmanns «Magnetiseur», «Ödes Haus» und «Kater Murr» bis zu Poes «Untergang des Hauses Usher» können wir das Innere solcher Familienruinen als unheimlich ausgestülptes *äußeres* Innen, als gespenstisches Ambiente erleben. Es sind aber die inneren Nächte *verschiedener* Individuen, familiär agglutiniert: eine imaginäre Installation sich verstärkender Geschichten, eine familiale, also unfreie Assoziation sich spiegelnder innerer Verdunkelungen.

Ich weiß nicht, *wie gebräuchlich* das Magnetisieren von Kindern durch Mütter etwa zum Einschlafen um 1800 gewesen ist. (Durch Bettina von Arnim wissen wir davon.) Aber auf jeden Fall ist nachzuvollziehen, dass durch das Eindringen in den Traum von außen, durch die vielen Berührungspunkte beim Streichen und vor allem die weltanschauliche Universalisierung dieser Strahlen bis zur Nachtseite der allgemeinen, auch astronomischen Natur eine äußerst problematische Ambivalenz zwischen Intimität und Weltanschauung entstand, in der die leibliche Schutzhülle um das innere Dunkel arg bedroht erscheinen konnte. Auf den magnetischen Strahlen gleitet eine Erotisierung oder gar Sexualisierung durch die intimen Räume, die zugleich überhöht, überdeckt oder sogar sublimiert werden konnte. Hier hat der magnetische Diskurs mit seinen symbolträchtigen Riten durchaus eine ähnliche Funktion, wie es die dionysischen Mysterien oder sogar entsprechende Feste haben konnten, wenngleich: im manchmal arg engen familiären Rahmen, natürlich.[1148]

1148 Nicht nur bei Hoffmann wird die Vergleichbarkeit der magnetischen mit den Isis-Mysterien immer wieder betont, hier etwa S. 196, 21.

Hinzu kommt der ‹Durchzug› im Hause selbst: Der besonders geschlechtlich, nämlich dynastisch gesinnte Adel wie auch das wohlhabende Bürgertum, das seinen noch weitgehend durch Tausch erworbenen Reichtum ebenso ‹bürgerlich› in einer familiären ‹Burg› zusammenhielt, waren auf Hauspersonal angewiesen, das bei der Zunahme an Philosophen, Dichtern und Musikern als Hauslehrer eine gewisse Gefahr für das Kapital der Ehre darstellte. Ich nenne nur außer Hoffmann selbst: die Dichter Wieland, Klopstock, E. M. Arndt, Wilhelm Heinse, Jean Paul und Jung Stilling, Hölderlin, ferner die Philosophen Mendelssohn, Rousseau, Kant, Schelling, Fichte, Herbart, Hegel usw. Letztere alle in der Schweiz tätig. Bei Hölderlin vermutet Treichel erotische Gefährdungen als Grund für seine Entlassung in Hauptwil. Fichte kehrt schließlich «mit einer ‹wackeren Züricherin› in die Heimat zurück»[1149]. Die intellektuelle Szene um 1800 ist ohne Hauslehrer nicht denkbar – und diese nicht ohne ihre erotischen Verwicklungen. Diese Hoffmann vertraute Hauslehrer-Perspektive vertraut er rührend seinem Musiklehrer Kreisler im «Kater Murr» an. Der adelige oder großbürgerliche Haushalt wird also von diesen magnetisch-erotischen Strahlen durchdrungen, wenngleich man vielleicht einräumen muss, dass der Magnetismus in der Literatur eher weniger repräsentiert wird als in der damaligen Öffentlichkeit.

In der Literatur Hoffmanns erfährt die eigentlich normale Ambivalenz starker erotischer Leidenschaft eine immense symbolische Verstärkung, indem sie auf den kosmischen Strahlen des tierischen Magnetismus aus dem einzelnen Leib heraus in die magnetische Nacht oder aus ihr in den liebenden Leib einfährt. Die Ambivalenz, hinter der sich auch ein sozial problematisches Verhältnis zur Sinnlichkeit verbergen mag, wird so zu einer Angelegenheit von Liebe und Tod, dem klassischen Aufgabenfeld der Nacht. Auguste, Maria und Theodor oder der italienische Offizier (im «Öden Haus») spielen auf verschiedene Weise den Ambivalenzkonflikt zwischen gefährlicher Hingabe und beseligender Erweiterung durch. Die tierisch-magnetische Erweiterung der Libido hat aber auch einen Nebeneffekt: den der Reanimierung der moirischen Dimension der Nacht. Die Rückkehr der Wahrsagekompetenz der Träume wurde nicht nur von Schubert herbeigesehnt. Da die Träume nah an der Nachtseite des allge-

1149 Treichel: Magnetische Zeiten, S. 80.

meinen Lebensprozesses wohnen und der Magnetiseur, dieser neuzeitliche Eros, in dieser Nacht der Seele zu ihnen kommt, sieht er sich, zumindest in der Fiktion des Hoffmannschen Magnetiseurs, auch als Vermittler des Schicksals.[1150]

Die wahre Berechtigung, im Zusammenhang von Nachtleib und Spiegel in der Nacht so eingehend den Inhalt zu rekonstruieren, liegt im Zusammenspiel zwischen diesen Inhalten und der Komposition des Textes, oder sagen wir *der Texte*. Der von Hoffmann «Aufsatz» genannte Textteil endet wie ein Novellen-*Kapitel*, nicht wie das Ende einer Geschichte. Statt der Fortsetzung folgt ebenso abrupt, wie der erste Text begann, «Mariens Brief an Adelgunde», ihre Freundin und zugleich die Schwester ihres Verlobten Hypolit (S. 205). Sie erzählt nach dem Zusammenbruch und ihrer anscheinenden Heilung ihre immer noch unbegriffene Krankengeschichte, die voller Depression, Wahnvorstellungen und allgemeiner körperlicher Erschöpfung ist. Ihr Retter aber sei der Arzt Alban, der Freund ihres Bruders, den sie schon seit längerer Zeit kennt, der ihr aber derartig gleichgültig war, dass sie sich nicht einmal an sein Aussehen erinnerte. Seit jener Zeit aber war ihr im Traum ständig ein majestätischer Retter erschienen, der sie von allem bösen Zauber befreite. Sie erschrickt, als sie im zu Hilfe gerufen Arzt Alban eben diese Mischung aus Prinz und Priester ihrer Träume wiedererkennt. Aber sie beachtet nicht den zeitlichen Zusammenhang ihrer Erkrankung und ihrer Träume.

Sie ist also bereits ‹präpariert›, als sie erfährt, dass sie durch den sogenannten Magnetismus geheilt werden soll. Sie wird in einen «exaltierten Zustand» versetzt, «in dem ich schlafend und in diesem Schlaf erwachend selbst meine Krankheit einsehen und die Art meiner Kur bestimmen werde» (S. 208, 7). Trotz ihrer Angst und ihres Widerstandes weiß sie von Anfang an, dass alles Sträuben gegen den Willen des Traummannes vergebens sein würde. Und siehe, es geht ihr gut, sie hat sogar bemerkenswerte Fähigkeiten außer ihrem heiteren Gemüt hinzugewonnen (Farben und Metalle erkennen, lesen usw.): Aber alles nur, sobald Alban es verlangt – und er verlangt von ihr zum Beispiel, ihm Alles zu sagen, was in ihrem In-

1150 Maria ist klar, dass Widerstand zwecklos ist (S. 208, 14); dem Magnetiseur ist klar, dass seine außergewöhnlichen Kräfte nur ein Aspekt der Umsetzung der Herrschaft des Geistigen sind. (S. 213, 32)

neren vorgeht. Wann er will, erscheint er ihr, und in ihrem untergehenden Bewusstsein strahlt ihr ein glühendes Leben auf (S. 208, 35), und sie weiß: «er ist dann selbst in meinem höheren Sein, wie der höhere belebende Funke» (S. 208, 37). Man muss bedenken, dass es ein somnambuler Zustand ist, der ihr der Einzige zu sein scheint, in dem sie leben kann. Ohne ihn würde ihr «Selbst in toter Öde» erstarren (S. 209, 6). Er gibt ihr den Ausdruck, selbst in *diesem* Brief.

Dieser Einfluss vergiftet, von außen unbemerkt, schon lange Marias Innenleben, während es ihr besser zu gehen scheint – und vor ihrem hier bereits erzählten Zusammenbruch. Um so heroischer ihr Widerstand, den sie nun schon als bösen Ungehorsam gegen ihren Meister empfindet und dessen Höhepunkt ihr Ohnmachtsanfall während der Erzählung Ottmars war. Einzig ihre treue Liebe zum Verlobten vermag es, die letzten Widerstandsreserven zu mobilisieren. Der Leser sieht aber schon klarer den eifersüchtigen Kampf Albans gegen Hypolit in ihr, wenn sie glaubt, nur durch *Ihn* ihren Hypolit stärker lieben zu können. Betont unscharf führt «Alban, der hohe herrliche Mann» sie «als durch das höhere Leben geweihte Braut in seine Arme» (S. 209, 23). Als Alban sich sogar drohend in ihre Gebete für Hypolit drängt, wächst in ihr der Verdacht, der Magnetiseur wolle sie ‹scheinheilig› umstricken und «irdische Liebe in meinem Innern entzünden» (S. 210, 3). In der Nacht der Erzählungen von Baron und Ottmar habe der Gedanke sie verfolgt, Hypolit solle ihr geraubt werden und der Magnetiseur würde sie versklaven.

In ihrer Todesangst dreht sic ihre somnambulen Kräfte um: Sie *sieht* Alban in seinem Zimmer in magischen Ritualen und Kreisbewegungen, mit einem zu einer grausigen Larve verzerrten Gesicht, aus dessen glutroten Augen Basilisken schnellen – eben wie dieselben eidechsenartigen Monster, die ihr während ihrer ‹Krankheit› aus Lilien zu schießen schienen (S. 209, 26). – Lilien sind das Symbol der Jungfräulichkeit, die Jungfrau Maria (die der Schlange den Kopf zertreten sollte) wurde im Mittelalter mit diesem Attribut versehen. – Alban hat sie jetzt aber endgültig geheilt, sie hat sich am andern Morgen geschämt. Jetzt geht alles seinen geruhsamen Gang, und er lebt ganz in ihrem Schlaf. Apropos: beiliegend noch Zeilen für Hypolit (211). – Der Effekt dieses harmlosen Briefes ist durchaus unheimlich; denn unter der Decke des Textes pocht das grausige Gegenteil dessen, was sie sagt: Ihr wiederhergestellter Leib, das Gemüt eingeschlossen, ist, wie ihr Text, wie die Leiber von Vampirisierten oder Zombies, das Vehikel eines furchtbaren Einwohners, der nicht mehr als Feind erkannt werden kann. *Er* schreibt diesen Brief (S. 209, 6), *er*, dem sie ihr «inneres Leben ganz» anvertraut (S. 211, 32).

Der dritte Text ist ein Brieffragment von Alban Theobald. Der Leser ist beunruhigt, weil er nicht weiß, wie dieses Fragment hierher kommt, besonders deshalb, weil er mit dem abgerissenen Ende eines Satzes beginnt, der einen materiellen Rand des Text-Anfangs suggeriert. Woher aber kommt dann die Überschrift: «Fragment von Alban's Brief an Theobald» (S. 212). Es ist nicht *ein* Brief von Alban, sondern ein bestimmter, irgendjemand schon bekannter Brief. Wer ist dieser? Gibt es noch einen weiteren Manipulator außer dem Magnetiseur? – Der allerdings entlarvt sich hier auf furchtbare und auch schmähliche Weise, weshalb er seinen Brief offenbar abbricht und nicht abschickt.

Der Brief ist eine Rechtfertigung seiner Behandlung Marias gegenüber Theobald, der, obwohl seine damalige ‹Brautschau› bei Auguste auch nicht unbedenklich war, Albans Vorgehen offenbar schon kritisiert hat. Theobald war allerdings seinerzeit schon verlobt, hatte in seinen nächtlichen Therapien viele alte Geschichten aus gemeinsamer Zeit in ihr wieder wach werden lassen und scheint in gewisser Weise selbst zu glauben, dass er uneigennützig liebt. Im Hintergrund aber wirkt, dass es zwei verschiedene Familiengeschichten sind. Die Mutter Augustes und seine Pflegemutter führte Theobald selbst an ihrer Tochter Bett, während Alban ein Eindringling in den Familienfrieden und in eine bestehende Verlobung ist. Als Erstes wettert er denn auch in diesem Text gegen die herrschende Moral der Menge, der Gewohnheit und gegen die Furcht der Kleingeister (S. 212, 1–15).

Geschickt aber wechselt er vom Schein-Angriff gegen das Milieuchristentum zum geradezu antichristlichen Ausfall mit den Mörsern einer Naturreligion. Fühl doch die Adlerschwingen an den Schultern, die die künstlichen Eindämmungen der christlichen Moral überfliegen wollen! «Aszetische Schulmeister» sprechen von den Anfechtungen Satans, aber «jede Neigung, die den höheren Gebrauch der inneren Kräfte in Anspruch nimmt, kann nicht verwerflich sein und muss eben aus der menschlichen Natur entsprungen und in ihr begründet nach der Erfüllung des Zwecks unseres Daseins streben. Kann dieser [höchste Zweck] denn ein anderer sein, als die höchstmögliche vollkommenste Ausbildung und Anwendung unserer physischen und psychischen Kräfte [?]» (S. 212, 22f.) Er nimmt die Brisanz dieser Überlegung etwas zurück, indem er nun so tut, als ob es nur um ein freundliches Wetteifern zwischen Theobalds Vita contemplativa und Albans Vita activa gehe – innerhalb einer Art von Kirche. In Wahrheit hat er die Katze bereits aus dem Sack gelassen, indem er jede Neigung rechtfertigt, die höhere *Mittel* in Anspruch zu nehmen versteht. Die Mittel heiligen den Zweck.

In dieser Lehre vom Übermenschen darf und soll jede besondere Kraft der Natur, die sich in einem Individuum besonders stark zeigt, auch benutzt werden, damit sich die Natur darin weiter aufwärts entwickelt. «Die Waffe, mit der wir, denen die Kraft und Übermacht innewohnt, diesen geistigen Kampf gegen das untergeordnete Prinzip kämpfen, und uns dasselbe unterjochen, ist uns, möchte ich sagen, sichtbarlich in die Hand gegeben.» (S. 213, 15) Geistig sind daran allerdings lediglich die Waffen (der Natur) und die Macht, die sich daran zeigt. Die Eroberung einer Frau aus niedrigen Beweggründen ist wegen der sozusagen medialen Kraft des Magnetiseurs, die darin zum Ausdruck kommt, geistig. Was Schubert als natürliche Aufwärtsentwicklung des sich selbst entwickelnden Lebens in ein Prinzip gießt, leitet Alban nun auf seine Mühlen eines egozentrischen Sozialdarwinismus. Was davon in Umlauf ist, der therapeutische Mesmerismus, ist nur eine ganz untergeordnete Tendenz des Weltgeheimnisses ihrer «unsichtbare[n] Kirche» (S. 213, 28); ja er ist geradezu ein «Schleier», «gewebt… den blöden Augen der Ungeweihten», die nicht durchblicken. (S. 213, 31)

Wie sich schäbiger Egoismus in den glänzenden Schleier einer verquasten Geheimreligion hüllt, ist hier brilliant vorgeführt. Eine Art Bestätigungs-Gemeinschaft des schrankenlosen ‹Natur›-Derivats wird trotz der egozentrischen Perspektive gerne mitgenommen. Schon die Reduktion des Mitmenschen auf ein untergeordnetes Prinzip (S. 213) machte frösteln. Die monomanische Fixierung auf diese geistige Kraft kommt symbolisch zum Ausdruck durch die Arbeit der Fokussierung, die alles fremde Geistige unterjocht und es nur in uns (also in den Mitgliedern der unsichtbaren Kirche) existieren lässt. (S. 214, 5). Fokussierung ist Vergöttlichung und Seligkeit (S. 214, 10). Je unbedenklicher man in der Wahl seiner Mittel ist, desto eher bestätigt der Erfolg diesen höheren Status. – Allerdings ist ihm noch nicht klar, wie das Verhältnis von Geist und Körper funktioniert, wenngleich er die physischen Mittel nicht ablehnt. Aber das ist mal klar:

«Die physischen Hilfsmittel sind uns nur wie Zeichen des Herrschers in die Hand gegeben, denen sich unbekannte Vasallen unterwerfen.» (S. 214, 24) Apropos, da fällt ihm ein, weshalb er dieses ganze Gebäude aufgebaut hat: um Theobalds «sogenannten moralischen Ansichten» zu begegnen, lediglich «einer aufwallenden Neigung gefolgt zu sein» (S. 214, 33).

Dass Alban überhaupt noch spürt, dass es Legitimationsbedarf gibt, ist das Einzige, was noch für ihn einnimmt. Die verächtliche Schilderung des Schlosspersonals, besonders des quasi-religiös himmelnden Ottmar, der sich sein Freund zu sein dünkt, zeigt, dass alles reklamierte Geistige bloße Maskerade ist (S. 216). Er spürt denn auch, dass er die *geistige* Art der Beziehung zu Maria nicht überzeugend darzustellen vermag. Die Darstellung der geheimen körperlichen Näherung ihr gegenüber (natürlich ohne ihr Wissen) unterlässt er lieber, «da manches sich kleinlich ausnehmen würde» (S. 217, 16). Selbstverständlich kann er sich nicht zur Rolle des schmachtenden Liebhabers herabbegeben (S. 216, 6). Es ist allein *seine* Erkenntnis der «geheimen geistigen Beziehung zwischen Marien und mir». (S. 216, 8) Was der Geist Mariens ist, bestimmt er. Ihr Widerstand gegen ihn, der ihm wehtut, ist nur der einer fremden feindlichen Kraft, die ihren Geist gefangen hält. Per definitionem muss nämlich das Geistige an Maria, wie das aller Weiber, reines Hingeben, Anerkennen und Verehren des höheren Prinzips (also des seinigen) sein (S. 217, 5). Ihn beseligt der Gedanke, dass «die Natur» will, was er will: die *Einverleibung* ihrer Existenz und Identität (S. 216, 33) so, dass ihre Trennung von ihm «sie vernichten muss» (S. 216, 34).

Nun sollte man denken, dass der Geist keine Ausdehnung, keine räumliche Beschränkung oder gar Asymmetrie besitzt, wie sie etwa kennzeichnend für die leibliche Unterscheidung zwischen Innen und Außen ist. Nichtsdestotrotz scheint das die Hauptsache für Alban zu sein: Interpenetration…, bei der die Einverleibung überwiegt. Er nennt es «innigste *geistige* Verbindung mit dem Weibe» (S. 216, 37; Hervorhebg. von mir) mit dem höchsten «Seligkeitsgefühl» (S. 217, 1), das dem Isispriester frommt. Aber dabei will er sie «in mein Selbst» ziehen (S. 216, 33); und das Selbst ist nun einmal wie das Gefühl keine rein geistige Kategorie. Gefühl wie Selbst sind verortet und gerichtet, weil sie leibgebunden sind. Er ist sich selbst nicht ganz klar über die starke körperliche Komponente seiner Projektionen auf «das Weib», aber die Oszillation von Rein und Raus spricht eine deutliche Sprache: Das Weib ist williges *Hin*geben, aber auch das «begierige Auffassen des fremden, außerhalb liegenden» (S. 217, 6). Seinen Geist soll es aufgeben, den fremden Körper «begierig auffassen». Allein schon dieses unruhige Hin und Her spricht für das fremdbestimmte, das passive Wesen des Weibs. Der Geist bleibt immer bei sich, selbst wenn er sich körperlich mitteilt. Ziel des Ganzen ist die «höchste Wonne» (S. 217, 11) – allerdings nicht des begierig auffassenden weiblichen Prinzips, sondern des männlichen Geistes.

Dieser männliche Geist ist begierig genug, das doch sowieso schon begierige Objekt der Begierde in einen «fantastischen Zustand» (S. 217, 18) zu versetzen mittels Hypnose, die wie Nervenkrankheit aussieht, sie dann scheinbar zu heilen, indem er ihren leiblichen Panzer im Schlaf durchbricht, und ihr auch insgeheim körperlich nahe zu sein (S. 217, 14). Er ist fast am Höhepunkt, während er den Brief abfasst, denn er hat via Somnambulismus ihr gänzliches «Heraustreten aus sich selbst» (S. 217, 27) und ihr Eintreten in die höhere «Sphäre des Meisters» (S. 217, 28) erreicht.[1151] «Es war *mein* Geist, der sie dann willig aufnahm und ihr die Schwingen gab, dem Kerker, mit dem sie die Menschen überbaut hatten, zu entschweben. Nur in diesem Sein in mir kann Marie fortleben…» (S. 217, 29)

Unabhängig davon, ob Alban sie irgendwann physisch vergewaltigt, oder psychisch so weit manipuliert hat, dass das nicht nötig ist, oder ob er dieses ‹In-mir-Sein› von ihr nur phantasiert, spricht dieser verbale Rausch der Präpositionen die Sprache des phantastischen und des realen Nachtleibs. Der reale Nachtleib Marias wird in einen phantastischen Zustand versetzt; im Schlaf, bei innerer Nacht, ereignet sich die Verbindung. Aber im Leib des Manipulators hausen die Phantasmen von ihrem Geist, der die räumlichen Fesseln ihres individuellen und sozialisierten Leibes sprengte und nun in ihn eingezogen ist. Es ist nicht zwingend, in dieser, die sexuelle ‹Hingabe› des Mannes überhöhenden, geistigen Gegenbewegung des Hinein-Ziehens der Frau ins eigene Selbst (S. 216, 33) eine Regression auf älteste, nämlich orale Muster der Triebbefriedung zu sehen. Aber dieses Phantasma der Interpenetration spielt, bei aller selbstherrlichen Einseitigkeit, mit den Möglichkeiten des Nachtleibs, mit dunklen Innenräumen von Schlafenden, die auf dunklen, unsichtbaren und geheimen Wegen von dem einen in den anderen leiblichen Raum wandern, sich übertragen.

1151 Der Ausdruck ‹Meister› passt weniger zu einem Arzt und Priester, mehr zu einem Musiklehrer und Tonmeister.

Bei aller Bösartigkeit, die Hoffmann psychologisch nachvollziehbar zeichnet, kommt am Magnetiseur, ähnlich übrigens wie am bösen Helden der «Elixiere des Teufels» eine zwei-deutige Sehnsucht auch des ‹Saugenden› nach *Inter*penetration zum Ausdruck, die den Magnetiseur als die dunkle Variante des Enthusiasten erscheinen lässt. Die Einholung weiblicher, teuflischer oder nur alkoholischer Geister ist die Kompensation einer verzehrenden Verlusterfahrung in der ausfahrenden Leidenschaft oder auch nur im Begehren, selbst wenn es sich als Agenten der ganzen Nachtseite der Natur versteht.

Plötzlich bricht der Brief ab. Immer höher hatte sich das triumphale Bewusstsein – besonders gegenüber seinem Adressaten – geschraubt; selbst der Nebenbuhler, der Bräutigam Hypolit, ist ja kein Gegner. Wenn aber doch, nun, so «wirst du mir im Gefühl meiner Kraft zutrauen, dass etc. --» (S. 218, 17) Entsetzt wirft hier Alban den Spiegel fort. Der Brief an Theobald war ja ein Beichtspiegel. Die Vorstellung, wie er sich mit den Augen seines moralisch integeren Alter Ego sehen würde, prägte seine Strategie der Mitteilung. Er hat schreibend, ‹reflektierend›, in einen Spiegel gesehen, denn das hinausgeschaffte Gedachte hat ihm sichtbar vor Augen gelegen. Und aus dem Spiegel hat der Teufel seiner wahren Absichten herausgeschaut! Der Spiegel des Textes enthüllt die Wahrheit seines Nachtleibs hinter der Maske der Bonhomie.

Man erwartet nun die dramatische Durchführung der vermuteten eigentlichen Geschichte. Durch das Gegenstück Albans hat man ein expositionelles Triptychon oder einen dreiteiligen Spiegel, der die Strahlen auf eine zentrale Geschichte bündelt: Was geschah wirklich in jener Nacht zum 9. 9., als Maria im Spiegel der Erzählung über Auguste Alban mit verzerrtem Gesicht in seinem Zimmer herumhantieren sah, und er dann durch verschlossene Türen hereinkam? Was geschah weiterhin in der Nacht der scheinbaren Genesung? Was macht der Teufel, also die Titelfigur des Magnetiseurs, nun mit der 16jährigen Jungfrau Maria? Aber da kommt nichts. Im Zentralspiegel sah man alle versammelt, hörte Geschichten aus verschiedenen Vergangenheiten und fürchtete etwas für die Zukunft. Die beiden Briefe spiegelten die Ereignisse aus gegenüberliegenden Seitenansichten, reduzierten aber zugleich den Zeitraum des Erzählten auf die unmittelbare Vergangenheit. Jetzt wäre die Zeit für die Kulmination der Ereignisse und Entlarvungen.

Stattdessen beginnt der nächste Text: «Das einsame Schloss», falls man überhaupt ahnt, dass er mit den vorigen zu tun hat, wie aus unendlicher Ferne des Raumes und der Zeit. Auch weiß man nicht einmal, wie der Text hierher kommt, von wem er stammt und ob überhaupt ein Bezug zum Flügelspiegel besteht. Das getitelte Schloss könnte der Schauplatz der vorigen Begebenheiten von außen sein. Aber selbst das ist weit weg, als ein Ich-Erzähler (wohl per Kutsche) aus dem Wald kommt und im Abendlicht ein Dorf im Tal, ein Schloss auf dem Berg und eine Leichen-Prozession vom Schloss auf den Friedhof des Dorfes zu erblickt. Offensichtlich beschreibt der Erzähler eine ganz eigene Zeit sui generis, und selbst, wenn sie mit der Zeit des schon Erzählten zusammenhängen sollte, ist diese alte Familienbegebenheit längst erledigt. Was nämlich nun erzählt wird, steigt aus der Naturzeit eines ländlichen Idylls auf, das wie ein ‹neuer Bund› nach einem Gewitter alle atmosphärischen Brücken zur Vergangenheit eingerissen hat. Es gibt zwar keinen Regenbogen, aber «Glockengeläute und geistlicher Gesang» erheben das Naturidyll ins religiös Erhabene und Zeitenthobene. Das Gewitter, das zurückliegt, kann man natürlich auch symbolisch auf das Innere eines bekannten Schlosses beziehen, auf die dort jüngst oder längst vergangenen Ereignisse; denn nach der impliziten Morddrohung des letzten Textes beginnt der neue Text so: «Das Gewitter war vorüber, und in rotem Feuer brennend brach die sinkende Sonne durch die finsteren Wolken.» (S. 218, 20)

Dass sich dieses Naturschauspiel auf die vorige Geschichte zurückbezieht, kann man ahnen; aber es handelt sich eben um eine sozusagen atmosphärische Rückspiegelung ohne thematische Fixierung. Genau an die Stelle einer vermissten Fortsetzung der Geschichte hat der/ein Erzähler jetzt den Leser und imaginären Zuschauer in eine Lücke postiert, von der aus er in den Zauberspiegel der Vergangenheit schauen kann: «… hoch hervor ragten die gotischen Türme des Schlosses, dessen Fenster im Schein der Sonne glühten, als wollten innere Flammen hervorbrechen» (S. 218, 28). Das spiegelt exakt die Projektionen der Leser auf das innere Feuer einer Geschichte, einer katastrophalen Geschichte in einem Schloss. – Aber der Abstand wird noch einmal vergrößert, indem nun in aller Ausführlichkeit eine ländlich-heitere Beerdigungs-Szene geschildert wird. Erst nach gut anderthalb Seiten darf man vermuten, dass der Tote Franz Bickert ist, weil der Name Franz fällt (S. 220, 1). Erst eine Seite später, voller weiterer physiognomischer Studien über einen Landpfarrer, ist man sicher, dass Franz Bickert beerdigt wurde, dass er der Letzte im verödeten Schloss eben des Barons war, und dass er es verwaltet hatte bis zuletzt (S. 220, 33).

Der Ich-Erzähler bittet den Geistlichen ohne Angabe von Gründen, das Schloss besichtigen zu dürfen, wo er, ständig vom schwatzhaften geistlichen Begleiter an seiner Fokussierung auf unsere alte Geschichte gehindert, zunächst die ausführlichen Wandmalereien Bickerts in phantastischem gotischem Stil besichtigt. «Sehr oft wiederholt war eine hässliche Teufelsgestalt, die ein schlafendes Mädchen belauscht.» (S. 221, 12) Erst nach der Besichtigung auch des Zimmers von Bickert, fast am Ende dieses Textes, gibt der Ich-Erzähler zu verstehen, dass er vielleicht Wochen im Schloss wohnen wolle und dass er der vom Pfarrer längst erwartete Bevollmächtigte des Schlosserben sei, der alles zu begutachten habe (S. 222, 5). Das hat er sowohl uns als auch dem geistlichen Schlüsselverwalter sehr bewusst verheimlicht (S. 220, 36).

Und der Sinn dieses Inkognitos? Der ‹intrigante› *Gesamt*-Erzähler wünscht, dass wir uns, ohne seine Führung zu bemerken, in dieses Spiegelkabinett *wie* von selbst begeben. Er kam nun in der vierten Geschichte hinter unserem Rücken hervor, ging uns unbekannterweise voran ins Schloss, wo die alte Geschichte spielte, die wir hören wollten, und gibt sich jetzt als derjenige zu erkennen, der die Herausgabe und Komposition der von uns bisher gelesenen Texte verantwortet, an die er jetzt erzählterweise erst kommt: Jetzt erzählt er, in seiner Erzählergegenwart, dass er die von uns bereits gelesenen Texte (jetzt) zusammenstellt – und ein notizenkurzes Tagebuch des Malers darauf folgen lassen wird. Er ist der Gestalter der Geschichte aus Textblättern in zeitlicher Spiegelumkehr, er hat das Triptychon aufgebaut. Er hatte schon seine Spuren hinterlassen, die wir lasen: Von ihm stammt die Überschrift über dem abgebrochenen Brief des Magnetiseurs.

Jetzt sollen wir uns im Spiegelraum, in dem wir eingeschlossen sind, zur vierten Seite umdrehen, die alles bisher Gelesene bündelt. Diese Vierfachspiegelung zum lesend geschlossenen Raum eines Fantasiestücks, wobei die vierte Wand eine Spiegeltür ist, die sich mit der Erkenntnis des Raumes geschlossen hat, ist übrigens kein Einzelfall. Hoffmann hat diese narrative Installation in den «Abenteuern der Sylvester-Nacht» wiederholt (s.o). Es folgt also der fünfte Text «Aus Bickerts Tagebuch», aus dem Innern dieses Gehäuses – nicht ohne seinen Autor noch schnell in ein fragwürdiges Licht zu rücken. Wie kam er an die Texte, etwa an Marias Brief, der wohl nicht abgeschickt wurde? Schließlich hat Maria bereits in ihm darüber geschrieben, dass vorige Briefe von ihr an ihre Freundin nicht angekommen waren (S. 206, 3). Hat Bickert sie abgefangen, etwa weil er Maria liebte? (Oder ist Bickert das Inkognito des allwissenden Autors im Innern seines Kaleidoskopes, der alle aus ihm herausgeworfenen Figuren noch einmal kurz aufblitzen lässt?)

Zunächst gibt Bickerts Tagebuch Zeugnis von seinen Kämpfen. Als Marias Hochzeit mit Hypolit bevorsteht, bereut der Maler seine Verdächtigungen gegenüber Alban, die aber immer wieder aufflackern. Wie der Baron und Maria neigt er aber letztlich (und schädlicher Weise) zu ‹vernünftigen› Erklärungen wie: ein verdorbener Magen (S. 223, 27). In der Nacht vor der Hochzeit sehen Franz und der Baron eine «hagere Figur im weißen Schlafrock mit dem Licht in der Hand» vorüberrauschen (S. 223, 10) – wie aus Marias Zimmer. Der Baron hält die Figur für den Major, Bickert hält sie für Alban. Die noch unwahrscheinlichere Alternative eines veritablen Gespenstes färbt auch auf Bickerts Realitätsprüfung ab: Wahrscheinlich war beides Einbildung. Aber am Tag drauf fällt Maria vor dem Altar, als der Bräutigam sie umarmen will, tot um. Alban, der Satan war es, der entflohen ist.

Hypolit bezichtigt Ottmar der todbringenden Kuppelei – und stirbt im Duell gegen ihn. Ottmar büßt durch den Heldentod in einem Krieg. Am 9. September mitternachts stirbt der Letzte der Familie, der Baron. Bickert lebt, fast wie ein Schlossgespenst, im öden Haus weiter: nur in der Vergangenheit. (Die Vermutung, dass Bickert ein Alter Ego des Autors ist, verstärkt sich durch die Art, wie er in dieser 5. Szene alle Figuren nur noch je einmal auftreten lässt, um sie dann abtreten zu lassen.) In seinen häufigen Träumen verschwimmen die Grenzen zwischen dem lieblichen Schimmer der Vergangenheit und der Zukunft im Jenseits, aus dem die geliebten Freunde ihm zuwinken. Der Ich-Erzähler des vierten Textes hatte vor dem Text auf einem Rundgang durchs Schloss die phantastische Enzyklopädie des Malers begutachtet, an der ihm die wiederholte Darstellung einer ‹hässlichen Teufelsgestalt› auffiel, «die ein schlafendes Mädchen belauscht» (S. 221, 13).

Ist vielleicht das ganze Fantasiestück *von Anfang an* die erzählerisch umgesetzte Bild-Phantasie vor Bildern? Hier kommt es darauf an, für wen man Bickert hält. Der Erzähler des vierten Textes betont zweimal die *dreijährige* Solitude nach dem Ende der Familie, und dass die Bilder *nach* der Familienbegebenheit entstanden seien (S. 220, 33 und S. 221, 4). Aber wenn die Geschichte zeitlich vor den Bildern tatsächlich im Schloss geschehen ist, dann war dieses Schloss ein Kaleidoskop; dann ist die gesamte Geschichte zur Zeit des Eintreffens des Erzählers der vierten Geschichte vier Jahre alt. Die Geschichte ist 1813 geschrieben worden; vier Jahre zuvor sitzt Hoffmann in seinem Kaleidoskop und sieht lauter Ichs um sich: «1809, mit dreiunddreißig Jahren und kurz vor seinem literarischen Durchbruch, gesteht Hoffmann seinem literarischen Spiegel, seinem Tagebuch: ‹Ich denke mir mein Ich durch ein Vervielfältigungsglas – alle Gestalten die sich um mich herum bewegen, sind Ichs und ich ärgere mich über ihr thun und lassen ppp›.»[1152]

Wie in einem matten Spiegel blitzen hier nur die rohesten Daten einer *vorzustellenden* ausgeglühten Geschichte auf, die schon von Bickert fast stichwortartig und auf emotionale Ausbrüche verkürzt dargestellt worden ist. Es ist dieselbe Abbreviatur einer nachgereichten Inhaltsangabe einer sozusagen übersprungenen Kerngeschichte, wie sie schon am Ende von ‹Das öde Haus› begegnete. – Es folgt ein «Billet des Herausgebers» an den Ich-Erzähler des vierten Textes, der alle Texte für uns so zusammengestellt hat, wie wir sie gelesen haben (S. 225). Nachträglich erfahren wir seinen Namen: Justizrat Nikomedes. Dieser Herausgeber öffnet nun wiederum die Spiegelkiste des Nikomedes und zeigt, dass um sie wiederum eine größere Spiegelkiste angeordnet ist, in der der Erbauer der kleineren Spiegelkiste sitzt, der uns in diese kleinere Kiste der Familienbegebenheit hat hinein begeben lassen.

Der Herausgeber zeigt hier, wer das Sagen hat: Nicht nur ist er es, der allem die letzte Gestalt gibt; er gibt auch den Texten ihren Ort als letzte Geschichte des zweiten von den zwei Bänden der Fantasiestücke, die hiermit, mit seinem Billet an den Justizrat, beide schon verkauft werden, deren Kauf genauer gesagt, erst angelaufen sein wird, wenn der Justizrat diesen Brief lesen kann. Er schickt ihm diesen Brief nämlich nicht per Post, sondern über dieses Druckwerk, in dem auch steht, wie er es erhalten soll, wenn er es doch schon erhalten hat, indem er es liest.

1152 Selbstzitat, siehe S. 618. Darin Zitat aus: E. T. A. Hoffmann: Tagebücher, S. 107; zit. nach Walter Hinderer: Poetische Psychoanalyse, S. 55.

Macht er sich über den Justizrat lustig? Oder etwa über uns? Der Grund, warum er diesen Brief nur per Buchdruck mitteilt, ist der, dass er nicht einmal weiß, «ob Sie wirklich existieren, mein wertester Justizrat! Behalten Sie mich aber doch lieb etc.» (S. 225, 19) (Mit dem Herausgeber haben wir ein weiteres Erzähler-Ich, das dem physischen Autor noch näher steht.) – Und er ist hinüber … Der Satz unter Bickerts Tagebuch-Auszügen, von dem wir vermuteten, er sei ein justizrätlicher Aktenvermerk, stammt wohl vom ‹Herausgeber›, der bestimmt, was literarisch ‹existiert›, und er könnte das ‹Aus› auch für den Nachlassverwalter bedeuten, der im Augenblick der geschehenen Textanordnung ausgedient hat. In der zweiten Fassung der Fantasiestücke ist denn auch dieses ganze «Billet des Herausgebers an den Justizrat Nikomedes» gestrichen; das «Und er ist hinüber» ist damit das Ende des Tagebuchs, das Ende des Fantasiestücks und das Schlusswort des Herausgebers zum zweiten Band der «Fantasiestücke».[1153]

Der große Zauberer reißt das Fenster unserer Lesehöhle auf und sagt, wir können gehen. Er hat seine Freude (oder seine Kur) gehabt. (Wir auch.) Hoffmann hat uns vorgespie(ge)lt, wie das funktioniert, einen mit einer Geschichte einzufangen. Das ist die eigentliche Geschichte. Was wir anfänglich für die eigentliche Geschichte, die vom Magnetiseur, gehalten haben mögen, ist uns nie direkt begegnet. Im ersten Teil wurden wir mit Vorvergangenheiten und Verdächtigungen konfrontiert. Die beiden Seitenflügel zeigten per Brief Situationsbeschreibungen und Erwartungen. Die vierte Erzählung führte uns von ganz weit her noch einmal ganz explizit ins Schloss, damit wir in der fünften nachträglich zusammengefasst in Stichworten mitbekommen, was wir verpasst haben. Wir haben noch mehr verpasst: die Geschichte unserer Einbettung.

Die Texte werden fortlaufend kürzer: Der ‹Aufsatz› hat siebeneinhalb, die Briefe Marias und Albans jeweils sechseinhalb, die Erzählung des vielleicht nicht existenten Justizrates über das einsame Schloss vier, das Tagebuch Bickerts zweieinhalb und das Billet des Herausgebers eine halbe Seite. Immer wichtiger wird die Gefangennahme des Lesers durch die Beschleunigung des Textsortenwechsels. Immer spannender spinnt dieser

1153 Die 2. Auflage erscheint 1819 und liegt in Hoffmann: «Fantasie- und Nachtstücke» vor.

Perspektivenwechsel den hilflosen Leser in das Textgewebe ein. Keineswegs ist die zunehmende Abbreviatur der Texte auf abnehmendes Interesse oder mangelhafte Gestaltungskraft des Autors zurückzuführen. In der zweiten Auflage ist nämlich die Verkürzung noch rasanter. Weite, eher pittoreske Teile des ‹einsamen Schlosses›, die den eigenständigen Wert dieser Erzählung ausmachten, und der ganze Schlussteil des Herausgeber-Billets sind fortgefallen.[1154] Das verstärkt die strukturelle Funktion der letzten Teile, eine immer schneller werdende Pirouette, einen saugenden Wirbel in den Abgrund zu erzeugen.

Allerdings wird zum Ende deutlich, dass die Geschichte ziemlich frech auf einen gewissen Manipulator zuläuft, der diese eventuell fiktive Gestalt, die alles bis dato Gelesene komponiert zu haben vorgab, mit «lieber Bruder» anredet, was den Verdacht nährt, diese Figur sei sein fiktives Alter Ego; er also, der Herausgeber, hat alles, alles so schön verwirrend angerichtet. – Ist *er* vielleicht der Magnetiseur, der «hämische Satan», der entflohen ist? (S. 224, 3) Oder vorsichtiger formuliert: Hat der Autor seiner Erfindung seine Seele geliehen, um uns ganz in seinen ‹Fieberschauer› hinein zu magnetisieren? Zuzutrauen wäre es ihm (vgl. S. 325, 16). Und dass er überhaupt, rein stofflich natürlich, kleine Mädchen oft bedroht erscheinen lässt, will leider nur zu gut zu seinem flagellantistischen, aber anonymen Brotroman «Schwester Monika» (1815)[1155] passen.

Auch ist an dieser Stelle darauf hinzuweisen, dass er mit seinem Fantasiestück «Don Juan» nicht nur Mozart, sondern auch dem Don-Juanismus einen gewissen Tribut zollt. Dieses Stück schreibt er im September (!) 1812, und es scheint ihm, als ob die Darstellung des Don Juan darin die «Überspannung und die darin herrschende Geisterseherei entschuldigen könne»[1156]. Aber es geht nicht nur um den Stoff, sondern auch um seine Biographie. Ein Jahr also nach einem gewissen Tête à tête mit Julia Mark, gibt er dem Verleger Kunz gegenüber (das ist ausgerechnet der, dem er den ‹18. 3. mit Julia› vertraglich überschreibt) zu, dass ihm in seinem «Don

1154 Fortgefallen sind außer dem Schlusstext: S. 219, 2–34; S. 220, 11–32; S. 221, 14–24. S. 222, 7–10 ist kürzer formuliert. Vgl. Der Magnetiseur in Hoffmann: «Fantasie- und Nachtstücke», S. 174.

1155 E. T. A. Hoffmann (anonym): Schwester Monika. München [14]1982.

1156 Siehe Hoffmanns Brief an die Redaktion der Allgemeinen Musikalischen Zeitung vom 2. 2. 1813 in: Kommentar der «Fantasiestücke», S. 673.

Juan» seine «Julia bei der Zeichnung der Donna Anna» vorgeschwebt hat (S. 675).

Man kann diesen Schwebezustand noch genauer fassen: Lange vor seiner Geschichte «Die Abenteuer der Sylvester-Nacht» und vor der fiktiven Komposition eines Adagios, in welchem Shakespeares Julia einen ‹lang ausgehaltenen Ton› kreiert, auf dem Romeo «in den höchsten Himmel voll Liebe und Seligkeit» heraufschwebt (S. 360, 28), aber eben nach dem «enthusiasmo» im Tagebuch, wo Hoffmann beinahe den höchsten Grad erreicht hat (s.o., S. 317), hat der Enthusiast ein phantastisches Tête à tête mit Donna Anna in der ‹Fremdenloge› einer Oper. Nach ihrem Verschwinden zu ihrem Auftritt auf der Bühne hat er beim Hören ihres Gesangs den Eindruck, als ob seine schönsten Träume wahr würden und die geheimsten Ahnungen die Gestalt der Erkenntnis annähmen. Er spürt ihren Atem und erbebt in «trunkener Wollust». «Unwillkürlich schlossen sich meine Augen und ein glühender Kuß schien auf meinen Lippen zu brennen: aber der Kuß war ein, wie von ewig dürstender Sehnsucht lang ausgehaltener Ton.» (S. 89, 19 f.)

Für sich allein gelesen, würde man den Kuss für eine halluzinatorische Übertragung oder eine Metapher der Musikempfindung halten. Durch den Rückbezug auf den höchsten Grad mit Julia, die Verbindung mit Shakespeares Julia und die Verbindung mit dem Musiklehrer Kreisler (mit dem sich Hoffmann fast identifizierte) ist auch eine Umkehr von literal und bildlich denkbar: Am Anfang stünde der Kuss mit Julia Mark; er wird in die höchsten Töne übertragen; lang hält er diese sublimatorische Tonlage aus. Diese Umkehrung von Gesang und Kuss gibt die Entwicklung von «trunkener Wollust» (Kuss) zu «dürstender Sehnsucht» (Gesang) genau wieder.

Wir wollen nicht weiter hineinhorchen; schließlich sind die «Phantasiestücke» anonym erschienen. Aber vielleicht sind die musikalischen Fantasien hier als Lei*d*motive in Lei*t*motive übertragen, die sich von psychischen Schlüsseltopoi fortentwickeln zu Spiegelungen für Leser. – Das soll nicht heißen, der *Autor* zöge sich damit aus dem Text heraus. Das Gegenteil ist der Fall. Nur, jetzt sind die Leser seine Lieben, die er, ganz im Stil eines gewissen Magnetiseurs, ‹ganz in sein Selbst› (vgl. S. 216, 33) ziehen will, die er ‹willig in seinen Geist aufnehmen› will (vgl. S. 217, 29). Und er ist persönlich anwesend, im Zentrum der Ereignisse, mit einem Teil seiner Persönlichkeit, die Verbindung hat mit dem ewig kreislernden Kosmos und der ewigen Wiederkehr kalendarischer Daten.

Es ist der 18. 3., ein Datum mit Fluidum, das alles ins Verhängnis reißt, ins Verhängnis dieser Geschichte – mit Julia. Der annoyme Autor dieser Geschichte war am 18. 3. 1811 fast bis zum Höhepunkt mit Julia gekommen, hat am 18. 3. 1812 aller Wahrscheinlichkeit nach Donna Anna aus dem «Don Giovanni» Mozarts mit seiner Julia überblendet und am 18. 3. 1813 seinen Pakt mit dem Verleger geschlossen. Der Zusammenhang zwischen der Beziehung zu Julia und ihrer Übertragung auf das Werk via Vertrag wird durch die schon erwähnte gleichzeitige materielle Überführung eines Geburtstagsgedichtes aus dem Tagebuch für Julia per Klebstoff auf das Manuskript von ‹Berganza› erhärtet (S. 296). Im «Magnetiseur» nun hat er den 18. 3., die Geburtsnacht seines offiziellen Schriftstellerwesens, zu einer immer wiederkehrenden Rauhnacht seiner Liebesleiden gemacht:

An einem 9. 9. erzählt die Familie des Barons ihre magnetischen Erinnerungen, was mit dem Zusammenbruch Marias endet. Böse formuliert kann man auch sagen, der Magnetiseur kommt hier fast zum Höhepunkte. Diese Art schwacher Gegenwart, denn sie ist geprägt von anderen Erzählungen, spiegelt einen 9. 9. herein, als der Major den Baron heimsuchte und doch anscheinend tot war. Diesen 9. 9. kann man auch als Anfang des Verhängnisses verstehen, wenn man glaubt, der Magnetiseur sei der Doppeltgänger des Majors. An einem dritten 9. 9. stirbt der Baron, und alle Familienmitglieder sind damit tot. Und immer war tiefe Nacht.

Wenn man die Zahl des Monatsnamens mit der Nacht des Monats addiert, erhält man dreimal den 18., also den 18. 3. – Nicht entscheidend scheint das individuelle kalendarische Jahr zu sein, sondern die ewige Wiederkehr des gleichen Datums, das nur für einen Einzigen diese singuläre Bedeutung durch die Vernetzung erhält. Die astronomisch kreisende Grundlage der persönlich verankerten Bedeutung scheint sich in Bickerts Ende zu bestätigen, das in der späteren Fassung ja auch das Ende des «Magnetiseurs» und des zweiten Bandes der «Fantasiestücke» markiert. Drei Jahre lebt er noch allein im verödeten Schloss – ohne eine Gegenwart (S. 224, 28), nur den Erinnerungen an die Vergangenheit und der Erwartung der Wiedervereinigung im Jenseits lebend. Diese beiden Nicht-Jetzte verschwimmen zur Richtungsindifferenz seiner Träume, während er darauf wartet ‹hinüberzuwallen›, wie weiland das Ich in des Novalis vierter «Hymne an die Nacht». Hoffmanns Ich-Erzählung *endet* bekanntlich in der zweiten Fassung mit dem rätselhaften Eintrag eines Anderen: «Und er ist hinüber» (S. 224, 34) – hinüber zur Nachtseite der Natur, woher auch die

Nächte ihre allgemeine Bedeutung des Übergangs, der Verwandlung und der Wiederkehr erhalten, ganz zu schweigen von der Schicksalsbedeutung für besondere Individuen.

Auch solche signifikanten Daten spielen also für bestimmte Individuen, glauben sie, die Rolle eines Nachtfensters. Natürlich geht es nicht um die Bedeutung, die der 18. 3. für Bickert, den Baron und Maria hat, sondern um des Dichters (heimliche) Fokussierung seiner Gestalten auf sich selbst, und zwar stärker, als wenn er seinen bürgerlichen Namen (den andere ihm gaben) oder seinen realen Geburtstag mit bestimmtem Jahr installiert hätte. (Die Jahre verstreichen, doch der 18. 3. feiert ewig Wiederkehr.) Ewig kreist nun Hoffmanns Julia, so wie umgekehrt Shakespeares Romeo von *seiner* Julia zum Himmelsstern verbal entrückt wurde, als Widmungsadressatin im Orbit. Per Vertagsabschluss am 18. 3. nimmt Hoffmann sich vor, sie via Werk auf ewig zu entrücken, für alle sichtbar, doch nur für ihn in der mystischen Bedeutung erkennbar. (Hoffte Hoffmann.) Was hat Hoffmann davon? Er zieht uns in seine Kreise, macht uns zu gefesselten Lesern, genießt die Macht, diesen Ersatz für Liebe, als Magnetiseur der Literatur. Wie gesagt: «1809, mit dreiunddreißig Jahren und kurz vor seinem literarischen Durchbruch gesteht Hoffmann seinem literarischen Spiegel, seinem Tagebuch: ‹Ich denke mir mein Ich durch ein Vervielfältigungsglas – alle Gestalten die sich um mich herum bewegen, sind Ichs und ich ärgere mich über ihr thun und lassen ppp›.»[1157] Er sitzt im Innern seines selbst entworfenen literarischen Vervielfältigungsglases. Die Ichs, auf die er im Innern blickt, locken mit derjenigen Seite, die für ihn ihre Nachtseite darstellt, uns hinein, weil wir jene Nachtseiten als unsere dunklen Spiegel sehen wollen. Wenn wir drin sind, sind wir seine Ichs – oder an der Stelle von Maria und Julia.[1158]

Wir Leser verbinden zwar normalerweise mit dem Datum nicht die biographische Bedeutung, die es für den Autor hat, weil wir normalerweise nicht darauf kommen, den Fokus der Geschichte außerhalb des Textes zu suchen. Aber die Spiegelung der Erzählebenen ineinander durch

1157 Hoffmann: Tagebücher, S. 107; zit. nach W. Hinderer: Poetische Psychoanalyse, S. 55. – «Wie gesagt» heißt: wiederholtes Selbstzitat, siehe oben S. 618 und 710.

1158 Vgl. die Namensähnlichkeit von Maler Bickert mit Maler Spikher, der kein Spiegelbild mehr hatte. Bickert malt es sich.

die Wiederkehr der Daten (wenn auch ohne ihr Scharnier, das Hoffmann heißt, werden schon viele bemerken. Diese Hinweise auf die immer gleiche Nacht im Jahr bewirken eine doppelte Involvierung des Lesers, der, in Spiegeln voranschreitend, immer wieder Entsprechungen in Rückblicken zu erblicken aufgefordert wird. Er hilft so selbst mit, sich einzuspinnen in die Lesehöhle, während er bei einer einfacheren Sukzession immer stärker darauf aus wäre, den ‹Ausgang› einer Geschichte zu erfahren. Neben den Spiegelungen der Erzählebenen, in die der Leser hineingerät und die eine Sache der Textsorten und der Einführung ins ‹öde Haus› (auch der Literatur) sind, spielt aber die Beschleunigung der Fahrt eine bedeutende Rolle.

Die Spiegelungen haben eine ähnliche Funktion wie der Tartaros bei Hesiod. Sie konstruieren dem imaginären Leib via Lesen einen Umraum wie Tartaros II, der sowohl die Grenze zwischen allem als auch der Übergang zu allem ist, die nächtliche Einheit von Innen und Außen im Innern von Spiegeln. Aber in diesem Raum herrscht ein *spin* durch die textile Beschleunigung von Blickwendungen. Bickert lebt drei Jahre ereignislos vor sich hin, bevor er ‹hinüberwallt›. Aber das Tempo der Leser in der ‹einbildenden› Drehbewegung der Erfassung von ‹Aspekten› der Geschichte nimmt zu. In die nach der zweiten Fassung letzte Textsorte gerät unser ganzes bisheriges Wissen über die Geschichte mit hinein, und dadurch entsteht ein Erlebnis von Beschleunigung. Der Leser gerät in den Maelstrom der realisierten Texte, in einen Strudel hinab zum Ende der Geschichte ... des Lesens.

Die imaginäre *Synthese* von Drehbewegung und senkrechter Fahrt in der Lesehöhle ist zwar eine unrichtige Vermischung zweier verschiedener Ebenen; denn die Drehung bezieht sich auf die lesende Realisierung der Text-Konstellation, während die Senkrechte die inhaltliche Bedeutung des *Falles* eines Hauses, des Niedergangs einer Familie, repräsentiert. Aber diese Synthesen leisten wir eben normalerweise beim Lesen, je weniger wir darauf achten, desto mehr. Und die Dichter berücksichtigen Drehung und ‹Fall›. Ein Blick zurück, und das Haus Usher versinkt im Teich, die Seiten oder Augenlider fallen zu. – Die erste Fassung des «Magnetiseurs» war da noch menschenfreundlicher. Das Billet des Herausgebers ist ein Nachtfenster, das fortwährend auf und zu geht, so gelingt uns Fledermäusen die Flucht ins Freie – der Erkenntnis, dass alles Fiktion ist. – Aber Text war es doch – und hierin hatte es eine den lesenden *Leib* betreffende Bedeutung: als dessen Begrenzung und deren Überwindung.

Der Spiegel in der Nacht ist ein großes Thema des Nachtleibs, weil er die Übertragungen reflektiert und fremde und eigene Ansichten verbindet zu einem neuen Quasi-Leib. Der Zauberspiegel ist eine Intensivierung des phantasmatischen Lebens, ja eine Beseelung mit dem dunklen Innern des Schauenden. Vom materiellen Zauberspiegel der Magie über den Zauberspiegel des Magnetismus, der nicht nur die visuellen, sondern auch die ‹tierisch-magnetischen› (libidinösen) ‹Strahlen› der Menschen und der lebendigen Welt fokussiert, bis zu jenem Zauberspiegel, welchen die Schrift darstellt, in dem Augenblick, da wir sie lesen, zeigt sich immer auch die Fähigkeit des menschlichen *Leibes* zur Über-Tragung, zur Meta-Phorisierung. Bewusst spreche ich hier nicht von Bewusstsein, schon gar nicht von Geist, obwohl die beiden Dioskuren immer dabei sein wollen – und sind. Die Grenze aber und ihre Überschreitung sowie den Richtungssinn, der dabei zwischen Innen und Außen vorausgesetzt, erschüttert und erneuert wird, den steuert der raumgebundene Leib bei, in dem das alles wohnt, was von Traum bis Wissen reicht.

Natürlich lebt auch das materielle und unwunderbare Spiegelbild von mehr als den Strahlen und Schatten der Körper; wenn wir sie erkennen, besonders wenn wir uns erkennen, projizieren wir immer auch unsere Vorstellungen und Erinnerungen auf das Bild. Aber Zauberspiegel zeigen uns unsere Projektionen, auch unser inneres dunkles Leben, unsere Wünsche und Ängste, unsere imagines. Oszillierend zwischen der Ansicht des Eigenen und des Fremden, des Selbst und des ganz Anderen, des Eigenen, das als fremd erscheint, und des Fremden, das uns plötzlich anspricht, konstituieren diese visuellen, ‹magnetischen› und imaginären Blickfahrten erst den ganzen, ewig unabgeschlossenen Leib. In Krankheit, Krise und Erschöpfung tritt uns dabei ein Monster gegenüber. Und Krise ist ein weites Feld; schon das Lesen-Wollen ist eigentlich immer ein bisschen kritisch, denn schon reffen wir gewisse Segel auf dem Schiff, mit dem wir die physische Welt er-fahren.

Wichtig scheint mir, dass es die Intentionalität des Leibes ist, die eine einheitliche, das heißt in sich verbundene Spiegel-Sphäre von der Magie bis zur Literatur und von der Halluzination bis zur kühnen Metapher begründet, in welcher die je andere Seite der Differenz mit repräsentiert oder sogar mit bedacht wird. Die Spiegel-Sphäre ist ebenso löchrig wie der Leib. Weiß der Himmel, ob wir manchmal die Sterne durchblinken sehen oder eine unbekannte ‹Seite› von uns. – Das mit der ‹Begründung der Spiegel-sphäre› ist erläuterungsbedürftig: Jeder einzelne Leib muss diese Sphäre neu aufbauen, was aber nicht den Einfluss der Intersubjektivität und sekundärer ‹Traditionen› trübt oder schmälert. Im Gegenteil, muss doch der Anteil der Fremdheit erst gelernt werden, aus der die Selbsterkenntnis hervorgeht. Aber alles deutet darauf hin, dass die Entstehung des Metaphern-gebrauchs aus den *asymmetrischen* Fahrten der Übertragungen zwischen Innen und Außen beginnt – und aus dem inneren Dunkel.

Kein Wunder, dass die Nacht das bevorzugte Medium der Übertragungen im Zauberspiegel ist. In der Magie ist die verwandelnde und/oder wunscherfüllende Kraft gebunden an die besonderen Nächte wie Losnächte und Äquinoktialnächte. Aber neben den rituell-analogen Handlungsbezügen – Übertragung der Wünsche via Ofenloch und Nachtfenster an die äußere Nacht – ist hier eben auf den intensivierten Nachtcharakter der besonderen Nächte hinzuweisen, auf ihre signifikante pars-pro-toto-Relevanz. Diese Wende- und Umkehrnächte beziehen sich auf planetarische Besonderheiten einer Allnacht und stellen insofern eine Art Fokussierung von allgemeinster Nacht-Bedeutung via irdischer Stellung zur Nachtseite im Sonnensystem auf die einzelne Vorstellung dar, die in einem Körper vor dem ‹Abzug› oder dem Nachtfenster steht und Kontakt zur Nacht aufnimmt. Die Fahrt-Vorstellung hat Asyl im Magnetismus erhalten. Dieser aber verstärkt zugleich die Aufmerksamkeit für die innere Nacht.

In forschungspraktischer, diagnostischer oder therapeutischer Absicht evoziert der Magnetismus durch Berührung oder Hypnose am Somnambulismus die innere Nacht der ‹Seele›: Sie soll herauskommen, sich übertragen in eine unbewusste Sprache. Vor dem Spiegel der Literatur räumt der lesende Leib beim Akt der Wahrnehmung von Zeichengruppen der inneren Nacht der Imagination einen Raum ein, der sich weitet bis zu derjenigen Weltgröße, die sich ‹auftut› – auftut sozusagen um die aktuale Imagination herum (das heißt leibphantasmatisch); denn natürlich ist der leibinnere Raum der Lektüre immer schon auch ausgedehnt von Erinnerungen über Schluchten des Vergessens hinweg und reicht von der vorletzten Imagination bis zur ersten.[1159] Dass eben dieses Lesen eine magne-

1159 Näheres dazu im Folgeband der «Nachtästhetik», Kap. 3: «Wo innere und äußere Nächte sich begegnen: in der Höhle des Lesens».

tische Kur ist, betont Hoffmann mit der Übertragung des thematischen Magnetismus auf das Setting der Lektüre. – Ich vermeide hier jegliche Analogie mit dem Begriff der musikalischen Komposition. Wahrscheinlich verfügen die Musen des Gesangs (und der Musik) über eine noch tiefere Quelle von Strahlen oder Wellen unterhalb oder außerhalb eines jeglichen Spiegels…[1160]

1160 … wenngleich Hoffmann manchmal versucht hat, Musik und Spiegel zu verbinden, etwa im «Goldenen Topf» (S. 235, 31) am smaragdenen Ring, von dem Kristallklänge aufsteigen; s.o. S. 611.

3. Fährten der Nachtpost

Von Mähren, Mahren und Märchen

Der leibphantasmatische Aspekt der *Fortbewegung* an den Übertragungen soll allmählich in den Vordergrund der Untersuchung treten; deshalb rufen wir noch einmal die Pferde auf, jene Vehikel, die manchmal mit dem Leib der Reiter zu verwachsen scheinen und die selbst als Albtraum noch zum lebensfreundlicheren Pol der Monsterskala gehören. Manchmal verwachsen sie auch mit den Geschichten über sie, und wir wollen wissen, ob sie auch durchs Nachtfenster fliegen können. Noch immer reiten die Dichter «Auf dem Phantasieross»[1161] – aber nicht nur sie, und immer wieder verwandelt sich das Pferd in eine üble Nachtmähre, die über einen kommt, die einen reitet. Auf dieses sozusagen schwarze Schaf der Dichterpferde wird das Feld der Monsterbetrachtung erweitert, um die treibenden Kräfte dieser Luftritte zu erkennen. Auf einen hochtrabenden Pegasos kommen schließlich hundert dunkle Mähren, etwa im Traum oder in *Märchen.* Immer schon regte das Nacht-Pferd die Phantasie oder *fantasy* zum Reiten an. Im Internet tummelt sich die ‹Nachtmähre› als Großplastik (Ariel Auslender) oder als kleine Spielfigur (Bullyland); in Weblogs oder Internetspielen wird sie ‹ausgemärt›; in Fantasy-Buchreihen kommt sie manchmal durch die Bücherwand – so in «Nachtmähre» von Piers Anthony[1162], der die Identität dieses Wesens mit dem Nachtmahr betont. Aber ist die Nachtmähre denn ein Pferd? Mit dieser Frage im Inneren reiten wir ‹gen Mitternacht›, also nachtwärts und nordwärts, nach Deutschland.

Die Lust der Phantasie auf und an Veränderung und Überschreitung ihrer dunklen Behausung zeigt sich noch an den Artefakten im Tageslicht. Auch die Kelten zum Beispiel hatten Freude an einem geflügelten Pferd auf dem Deckel einer bronzenen Kanne, einer Grabbeigabe aus dem 5. Jahrhundert v. Chr. Die fingierte Selbstfesselung des Mischwesens mit einem Raubtierkörper, dessen Schwanz in einer Kette ausläuft und das sich vor allem so in die Flügelspitze beißt, dass sich ein ringförmiger Griff

1161 Vgl. W. Koeppen: Auf dem Phantasieross. Frankfurt 2005.
1162 P. Anthony: Nachtmähre. Bergisch Gladbach 1985.

zum Heben und Öffnen des Deckels ergibt, ist in mehrfacher Hinsicht bemerkenswert. Menschen lieben solche Monster, die sich in ihrer Wut und Gier selbst umbringen, ja selbst verzehren. Vielleicht kann man das Übertragungs-Motiv des Mischwesens, ein basales Narrativ, das durch die Verbindung des Verschiedenen entsteht, als selbstreferentielle Darstellung der Sublimationsleistung der Phantasie ansehen, ähnlich dem Gleichnisritt Pindars (auf Pegasos). Zur hier implizierten Fahrt der imaginären Übertragung, die ja nun zu einer artifiziellen objektiviert wird, gehört die Bewachung von Ein- und Ausgang (Deckel), die das zugleich flugfähige und gefesselte Untier mit riesengroßen senkrecht verdrehten Augen symbolisiert. Ein Triumph der Phantasie (auch über sich selbst), dass das zur Halt- und Maßlosigkeit neigende Wesen sozusagen gezügelt gebraucht werden kann zur Öffnung eines verschlossenen Innen.[1163]

Diese Übertragungen sind von allen Kulturen bekannt, und sie bedürfen nicht immer eines Pferde-Anteils für ihre metaphorische Drift. Das «Damen-Conversations-Lexikon» (1834–38) weiß von einem *Marovit*, einem wendischen Kobold und «Alp» zu berichten, der «vielleicht mit Mara identisch [ist], da in nordischen Sprachen Mara auch Alp heißt, und Nachtmar, Nachtmähre in der deutschen Sprache vorkommt. Er galt [als] ein abschreckendes Ungeheuer mit einem Löwenkopfe und abgestumpften Armen, die mit Schuppen und Federn bekleidet waren, auch mit einem buntfarbigen Stocke.»[1164] – Der Pferde-Anteil ist in Kulturkreisen, die Pferde kultivieren, deutlich ausgeprägter, wenn wir uns ins Medium der Nacht begeben, das sich sowohl im Verhältnis zur äußeren Gestaltungsmöglichkeit als zur inneren Regsamkeit der Phantasie anders behauptet als der Tag: Auf der ganzen Welt und zu allen Zeiten ist die Nacht das bevorzugte Medium der Gespenster oder Monster, sehr veränderlichen Wesen, die sich mit dem Tageslicht, mit dem Hahnenschrei oder später mit dem Glockenläuten verziehen. Natürlich kann man sich einreden, dass das alles nur Halluzinationen oder Traumwesen sind. Aber es zeigt sich

1163 Siehe Ausstellungskatalog des Landes Hessen: Das Rätsel der Kelten. Stuttgart 2002, S. 257: keltische Röhrenkanne aus einem Fürstengrab am Glauberg (Bibliographie unter «Kelten»).

1164 Damen-Conversations-Lexikon in 10 Bänden. Leipzig 1834–38, Bd. 7 (‹Mythologie›), S. 121; Dig.Bib. Bd. 118, S. 7151.

immer wieder neu eine große Unsicherheit, ob das sich Zeigende innen oder außen ist. Das liegt an der natürlich-physischen Verwandtschaft zwischen innerer und äußerer Nacht. Werden die Träume des Nachts unmittelbar danach dem / der Geliebten im Bett erzählt, dann ist die Ma(h)r, eine Mähr, ein medial vermitteltes Phänomen zwischen innen und außen, das sehr schnell geglaubt werden kann, etwa wenn es von einem, der noch halb im Schlaf ist, einem erzählt wird, der selbst noch halb im Schlaf ist.

Solche posttraumatischen Erzählungen müssen früher häufiger vorgekommen sein, als die Schlafstatt noch nicht mehrheitlich die Zweier- oder Einer-Kiste war. Die Geschichten können herumgehen, und wenn einer mal nachts leibhaftig herumgeht, könnte er schwören, dass er die Mahr tatsächlich und leibhaftig gesehen hat, etwa auf einer riesigen Mähre. Es kann sogar zu rituellen Konsequenzen kommen, wie bei den guten Geistern, den sogenannten Benandanti im Italien des 16. Jahrhunderts oder (wie meistens) bei den «Frauen der Nacht», die schon im 4. Jahrhundert n. Chr. als gesamteuropäisches Problem der Kirche verdammt werden müssen. In einem «Kanon» des Konzils von Ankara (314 n. Chr.) heißt es:

«Es soll hinzugefügt werden, dass gewisse verbrecherische Frauen Komplizinnen des Satans sind, verführt von seinen Trugbildern und seinem dämonischen Blendwerk, glauben und bekennen, daß sie auf gewissen Tieren reiten und den Luftraum durchfahren, in Gesellschaft der heidnischen Göttin Diana oder der Herodias und begleitet von Frauen in unglaublicher Zahl; sie gehorchen der Göttin wie einer allmächtigen Herrin.»[1165]

Ich will mich jetzt nicht auf den alten Streit einlassen, wie real oder geträumt die weiblichen Nachtritte waren. Alles ist erzählt und findet sich in Akten übertragen. Auch die christlichen Zuordnungen heidnischer Götternamen (wie hier Diana oder Herodias) sind von Anfang an, das heißt, seit wir Quellen von ihnen haben, korrumpiert, sei es durch antike oder später mittelalterliche Rezeptoren. Entscheidend scheint mir das Ver-

1165 Zit. nach C. Lecouteux: Das Reich der Nachtdämonen. Düsseldorf und Zürich 2001, S. 19, Kapitel: «Die Frauen der Nacht» – Der Sache nach sind die Frauen der Nacht eine gemein-germanische und mittelalterliche Erscheinung. Die entsprechenden mittelhochdeutschen Ausdrücke sind *nahtvarn* und *nahtfrouwen.* W. Golther: Handbuch der germanischen Mythologie 1908. Kettwig ²1985, S. 117.

gleichbare von Erzählungen und Gerichtsverhandlungen zu sein: die Ungewissheit der Unterscheidung von innen und außen, von Traum und innerer Erfahrung einerseits und Realität andererseits. Diese Ungewissheit ist verstörend und/oder der poetischen Produktivität förderlich. Gerade weil man schon als Einzelner mehrmals in der Nacht aufwachen und einschlafen kann, oszilliert der Realitätsmodus selbst demjenigen, der kerzengerade im Bett sitzt und dem Geräusch nachhorcht, ob es von innen oder außen kam.

Hier beginnt der nächtliche Zusammenhang von Moira[1166] (Schicksal), Monster, Mädchen, Mähre (Stute) und Mär (Geschichte). Es gibt wahrscheinlich keine eindeutigen etymologischen Ableitungen, schon gar nicht eine für alle. Aber Tatsache sind die wilden Mythologien der Bevölkerungen selbst, ihre Adaptionen von fremden Kulturkreisen oder Herrschern und ihre neuerliche Selbst-Uminterpretation. In Dithmarschen hieß (der, die) das Nachtmahr *Nachtmoor*[1167] und in der Westpriegnitz *Nachtmord*[1168]. Aber hinter diesen semantischen Analogien der einigermaßen haltbareren Volksetymologien verbergen sich meistens mehrere verschiedenartige Assoziationen, deren Überlagerung Tiefen-Anmutung verleiht. Was ist schließlich eine Nachtmähre? Allgemein ist bekannt, dass das ein Albtraum ist, meistens in der Form Nachtmahr (männl. oder weibl.), Mahr oder Mähre. Der aufgeklärte Johann Christoph Adelung bemerkt in seinem Wörterbuch 1793, «der große Haufe» schreibe das Nachtmahr «einem bösartigen Geiste» zu. «Von dem Mahr oder Mahren geritten, oder gedrückt werden.»[1169]

Es ist also ein bedrückender Traum oder ein Monster. Keiner weiß ohne Kontext, ob dabei an ein Gespenst oder an eine Traum-*Metapher* gedacht wird, oder, noch feinsinniger, ob es (bewusst oder unbewusst) in der Schwebe gehalten wird. Halten wir aber fest, dass ‹geritten› (gedrückt)

1166 Schlaflos und nörgelnd wälzt im Reich der Nyx auch der Germane sein schweres ‹Los›, es drücken ihm die Plagegeister einer Schuld oder eines Begehrens schwer auf der Brust.

1167 *Mora* scheint allgemein slawisch ‹Alb› zu bedeuten. Kluge Etym., S. 533, unter «Mahr».

1168 Schulenburg: Wendisches Volkstum, S. 142, Anm. 16 [Dig.Bib. Bd. 110: Europ. Sagen …]

1169 Adelung, Bd. 3, S. 33: Der Mahr; weitere Seitenangabe im Haupttext.

oder geritten (gefahren) wird. Die Mähre ist die *Reiterin*, und der Alb-Träumer ist das von ihr gerittene Pferd, was verwundert, da doch auch *Mähre* ‹Pferd› heißt. Aber immer ist Nacht. – Mähre heißt aber auch Kunde oder Gerücht, Mär oder Märchen: in allen Fällen eine Übertragung. Vier Varianten gibt Adelung an: Gerücht, Nachricht einer geschehenen Sache, wahre Geschichte, Lügengeschichte (S. 34). Die Bedeutungen «wahre Geschichte» und «Nachricht» nennt er veraltet. Deutet dieser Druck, diese ‹Mitteilung›, auf einen Zusammenhang höherer Wahrheit mit einer Reiterin? Stecken irgendwelche Gottheiten hinter den Mahren oder Mähren? Die erste Bedeutung von *Mähre* ist für Adelung «Mädchen». Bei heutigen Umschreibungen des Wortstamms *mœr-ija*, ‹verkünden› fällt der Umlaut œ in etymologischen Lexika auf, der in Altnordisch *mœra* und Altenglisch *mœran* auftaucht. Adjektivbildungen gehen in die Richtung ‹berühmt› und ‹löblich› und hängen zusammen mit einem keltischen Wort für groß.[1170] Hier sind wir wieder mit Adelung d'accord, der noch *maren* für ‹ausbreiten› angibt (ebd.). Auch dieser Verbzusammenhang scheint nicht unwichtig. Denn eines der wichtigsten Phänomene alles Monströsen ist die immense Ausbreitung einer Brut oder die Vergrößerung eines Körpers. Da ist etwa die «Dicke Agnes», das höllische Gespenst. – Doch die Frage ist, ob es einen Zusammenhang zwischen Kunde und Frau gibt, ob etwa gar die Mahr(e) eine Moira ist. In älteren Büchern wird schließlich die Moira Platons oder Homers noch *Möre* geschrieben.

Nun ist das entscheidende althochdeutsche Wort verschieden: mari / mare = Kunde, ahd. mara = (Nacht-)Mahr, aber neben dieser Ähnlichkeit fällt die Ähnlichkeit auf von altenglisch *mœre* (wie ‹mare›) für Nachtmahr und altenglisch *mœran* und mittelhochdeutsch *mœren* für ‹künden› (*verbreiten?*). Wahrscheinlich konnten die indogermanischen Stämme falsche Etymologien und erst recht Assoziationen zwischen Gespenst, Monstrum und Kunde, Nachricht nicht immer vermeiden. Heute heißt *mare* im Englischen hauptsächlich ‹*Stute*› und *nightmare* ‹Nachtmahr›. Mir scheint die Unschärfe zwischen (Geister-)Pferd und Traum von der Nacht her zu kommen, welche die äußere der inneren Dunkelheit angleicht. Es muss allerdings nicht die Ähnlichkeit sein, die etwa von *mare* zu *nightmare* führt. Wir kennen aus dem indogermanischen Sprachbereich viele Beispiele, in denen die Vorschaltung ‹Nacht› so viel wie ‹Nicht› heißt. Der *Nachtkö-*

1170 Kluge Etym., S. 539 unter «Märchen».

nig ist kein König, sondern der nächtliche Latrinenentsorger. Die Nachtschwalbe ist eine Nichtschwalbe, weil sie der Ziegenmelker ist, wenn sie nicht sogar synonym mit der Bordsteinschwalbe ist. Letztere wiederum, auch «Blume der Nacht» genannt, mag stark duften und schwirren, aber sie blüht und fliegt nicht wirklich.[1171] Ein(e) Nachtmahr oder -mähre ist keine Botschaft oder ein Pferd, sondern ein Traum und – ganz verkehrt – ein Reiter. Irgendwie gibt es dann aber doch eine Art Identität der Nichtidentität, vielleicht allein schon durch die Verneinung.

Das größte Durcheinander entsteht durch den Einbruch der Grenze zwischen innen und außen. Wenn man Albträume hat, sieht man oft nicht, dass man jeweils in einem Traum ist und wer ihn bringt. Wer nachts einen im Albtraum neben sich keuchen hört, sieht nicht, was für (ein / e) Kunde ihn bedrückt. Aber es ist Nacht, und da gehen innen und außen oft seltsam ineinander über, man vermischt inneres und äußeres Geschehen. Das von außen sichtbar am Boden gedrückte schlafende Wesen träumt in heftiger Bewegung, dieser Widerspruch findet im Paar Pferd und aufhockendes Wesen seinen passenden Ausdruck. Nichtschlafende tauschen Erinnerungen über Träume aus, in denen auf Pferden geritten wird, stellen sich Trauminhalte in ihrer ausgestülpten Form der Erzählungen vor – und träumen dann auch wieder davon. Zum Beispiel von nächtlichen Frauenschwärmen, die auf Tieren ritten, die gibt es doch, die wurden doch verurteilt! Da ist die Frau obenauf. Der Mann will aber auch obenauf sein. Und träumt die Frau als Pferd. «The grey mare is the better horse» für «Die Frau ist der Herr im Haus». Das Pferd als Symbol geschlechtlicher Attraktivität wird weiter unten noch einmal auftauchen.

Und dann die ganzen Schreibfehler! Adelungs ‹Mä*d*chen› statt Mä*r*chen für *Mähre* ist wohl ein solcher. Dennoch werden wir immer wieder seltsamen Zeugnissen begegnen, welche die Mädchen bei den Mahren und den Mähren nicht loswerden. Im Indogermanischen gibt es viele *mer*-Bestandteile von Wörtern für Mädchen, Jüngling, aber auch junger

1171 Vgl. ähnliche Ausdrücke für Prostituierte, Striptease-Tänzerinnen und Freier wie: Nachtfalter, Nachtrabe, Nachteule, Nachtpflanze, Nachtgewächs und Nachtschattengewächs. Die austauschbaren biologischen Literalien betonen die einheitliche Tendenz der Verpönung oder Herabsetzung in der semantischen Negation, hin zur Metapher. Ähnlich auch Nachtfutter, -hunger und -husten, obszön für Beischlaf (Grimm: Wörterbuch, Spalten 177, 187).

Hengst.[1172] In diesem Bereich scheint *jung* und *Nachkommenschaft*, eventuell *schnell groß werdend, sich «mehrend»*, eine Rolle zu spielen.

Aber die ‹großen Frauen› sind offenbar ein Netzwerk aus Erzählen und Verzaubern. Das «Herkunftswörterbuch» des Duden gibt unter *Mahr* die Reichweite der Bedeutungen und Schwerpunkte an, wenn es von der slawischen Variante, die russische *kikimora*, «ein Gespenst das nachts spinnt», bis zur altirischen *morigain*, «Vampir, weiblicher Unhold» eine gemeinsame keltisch-germanisch-slawische Wortbrücke schlägt, ein Wort im Sinne von «Zermalmerin» mit einer «unter *mürbe* behandelten Wurzel»[1173], nämlich *[s]mer[e]* = ‹[zer]malmen›. Hier sind wir aber an einem Punkt, wo trotz der einsinnigen Herkunft aus der Bedeutung Malmen zugleich die Bedeutung erzählen gebraucht wird. Das Wort heißt *mären* und bedeutet in Kluges «Etymologischem Wörterbuch» ‹herumwühlen›, ‹trödeln› und kommt von mhd. *mer* ‹Brot eintauchen und so essen› (S. 540), kommt also aus der Bedeutung malmen – heißt aber auch ‹quatschen›, ‹faseln› (Duden Herk., S. 423). Man kann halt auch auf Wörtern wie auf trocken Brot rummären. Erzählen und Essen, Spinnen und Flachs zermalmen, Gespenster (Gespinste) sehen verweisen auf einen uns von den Moiren bekannten Bereich, wenn wir das Erzählen vielleicht eher etwas im Sinne von Künden, Ansagen, Diktum verstehen. Dazu kommt das Pferd, allerdings hier nur erst mit seiner markant seitlichen Malm-Bewegung. Aber auch die Keren scheinen bei Fuß zu stehen, wenn wir an die blutsüchtige Bedeutung von Vampyr denken, die in Mahr aufbewahrt ist.

Zur phantasmatischen Verwandtschaft zwischen Keren, Nachtmahren und Vampyren hier nur kurz so viel: Vampyre scheinen in Mittel- und Westeuropa erst seit den aufwühlenden Debatten über die richtige Form der Beerdigung ab der zweiten Hälfte des 18. Jahrhunderts in den Fokus der Hochliteratur gekommen zu sein.[1174] Seitdem erleben sie eine Hausse nach der anderen in allen Medien. Seit Jahren herrscht nicht nur an Halloween (auch ein Totengeisterfest) ein «Blutsaugerboom in den USA» (Neue Zürcher Zeitung, 24. 10. 2008) und in Europa. Aber eigentlich sind

1172 Kluge Etym., S. 533 unter «Mähre».

1173 Duden: Das Herkunftswörterbuch. Mannheim u.a. 1963, S. 416 (Sigle: Duden Herk.).

1174 Ein Beispiel ist mit Nodiers «Smarra» kurz behandelt worden. Siehe S. 505.

sie schon seit der Antike immer wieder anfallartig aus der Erde aufgetaucht. Jean-Claude Schmitt bringt fürs Mittelalter das Beispiel des Berichts von Wilhelm von Newburgh aus dem Jahre 1196, als vier Fälle von Vampiren (sanguisuga) England beunruhigen.[1175] Interessant ist der Streit über die Lösung des Problems. Die Kleriker wollen den Text einer Absolution auf die Brust der Toten legen (hilft der Inhalt der Absolution oder die Textualität?), aber furchtlose «Junge» enterden des Nachts die Leichen, zerstückeln und verbrennen sie, nicht ohne ihnen zuvor das Herz entnommen zu haben, denn sonst würden sie nicht brennen. (S. 97) Man streitet sich also, ob das Übel vom Geist oder vom Körper kommt.

Die Übergänge zwischen Toten- und Schicksalsgeistern wiederum sind nicht nur bei Hesiod fließend. Claude Lecouteux zählt eine Reihe von Beispielen auf, in denen weibliche Gottheiten der Kelten und Germanen schon von den Römern als Schicksalsgöttinnen interpretiert wurden und von den Germanen wohl auch so umgedeutet wurden. Das alte heidnische Wintersonnwendfest (in den Zwölfnächten) war früher ein «Fest der Toten und daher auch der Ahnen».[1176] Die Verteilung von Gaben, die später als Weihnachtsgeschenke Weltgeschichte machen, ‹kommt› von den zahllosen Muttergottheiten, die zugleich Fruchtbarkeits- und Totengöttinnen waren. Einige von diesen Gottheiten wie die Disen der Skandinavier und die Walküren werden mit den germanischen Nornen ‹verwechselt› (S. 30).

Diese Walküren reiten auf Pferden durch die Luft, und manchmal erscheinen sie wie veritable Sturmgötter, die den Stürmen gebieten (so im zweiten Lied von Helgi in der sogenannten Liederedda). Diese (und andere) Walküren kommen zu neunt, andere zu zwölft, und hier ist der Zusammenhang von Pferd und Schicksal (Los, Anteil) besonders deutlich. Am Vorabend der historischen Schlacht von Clontarf (S. 1014), in welcher der irische König Brian starb, sah, dem sogenannten Walkürenlied in der «Brennu-Njals saga» zufolge, ein Mann zwölf Reiter in eine Frauenkammer eintreten. Vom Fenster aus sah er dann Frauen an einem Webstuhl, dem Männerköpfe als Gewichte dienten und Därme als Kett- und Schuss-

1175 J.-C. Schmitt (1994): Die Wiederkehr der Toten. Stuttgart 1995, S. 96; weitere Seitenangabe im Text.

1176 Claude Lecouteux: Das Reich der Nachtdämonen. Düsseldorf und Zürich 2001, S. 30; folgende Seitenangaben im Text.

fäden; «ein Schwert nahm die Stelle des Schlagbretts ein, und ein Pfeil ersetzte das Hölzchen zum Ordnen der Fäden»[1177]. Lecouteux: «Diese Frauen weben den Tod, und nach Vollendung des Werkes reißen sie das Tuch in Stücke und jede von ihnen behält einen Fetzen davon in der Hand, sie besteigen ihre Pferde und reiten davon, sechs nach Norden und sechs nach Süden.» (S. 31)

Bemerkenswert ist vielleicht noch, dass die skandinavischen Texte nicht so klar wie die lateinischen und die deutschen angeben, dass immer Nacht ist. Das kann an fremdkultureller Überlagerung durch die Römer liegen (und wiederum deren griechischer Beeinflussung) oder deren Adaption durch die Germanen; es kann aber auch Ergebnis der christlichen Verpönung der heidnischen Götter sein. Jedenfalls ist durch Unverständnis, Ethnozentrismus oder christliche Ungeduld zu viel über einen Kamm geschoren worden in Verfolgung all der reitenden weiblichen Nachtgötter (Hulda, Percht, Gute Frauen), als dass die Einflüsse noch einigermaßen zweifelsfrei auseinandergehalten werden könnten (S. 33).

Aber Weben, Spinnen, Flachs-Einweichen und der seltsame Pferde-Kult sprechen für Schicksalsgöttinnen, die zugleich Toten- und Fruchtbarkeitsgöttinnen sind. – Dass die Pferde einen Totenkult-Kontext haben, gehört aber wohl zu ihrer Fähigkeit, zwischen den Welten zu übertragen. Denn auch viele Totenheere, wie das «Wilde Heer», sind Wiedergänger, deren Schicksal hienieden noch nicht geklärt ist. In der Antike und bis ins Mittelalter hinein sind übrigens Pferde-Mit-Bestattungen für menschliche Tote üblich gewesen. Childerich soll allein 21 Beipferde bekommen haben. Die Pferde konnten auch als Opfer gedacht sein, denn ihnen waren die Köpfe abgeschlagen. Rudolf Simek hält die mitbestatteten Pferde nicht für Zeugen eines Jenseitsrittes oder gar Jenseitskampfes zwischen den Pferden, denn es habe sich zumeist um Wallache gehandelt, sondern für einen Fall von archaischem Brauch einer opfernden Verschwendung.[1178]

Vielleicht hängen die kopflosen Pferde jedoch auch mit der Wilden Jagd und der Suche nach dem gewebten oder gesponnenen Schicksal zusammen. Vielleicht hängen die Köpfe der Pferde am Webstuhl. Jedenfalls

1177 Rolf Heller zit. n. Lecouteux: Nachtdämonen, S. 31.

1178 Rudolf Simek: Religion und Mythologie der Germanen. Darmstadt 2003, S. 193.

ist das Jenseitsfahrtmotiv ein ganz starkes, denn ihm entspricht bei den Wikingern die Schiffsbestattung. (S. 196) – Wer hier das Fahrtmotiv der Übertragung für überstrapaziert hält, möge bedenken, wie gegenwärtig das Jenseits trotz Unsichtbarkeit im mittelalterlichen Weltbild gewesen ist. Der Übergang von Leben zum Tod und von Tod zum (ewigen) Leben ist wegen der geglaubten und vorgestellten Gegenwart des Jenseits nicht irgendein abgeleitetes Bild, sondern der literale Ausgangspunkt für das, was Fahrt bedeuten konnte. Die ersten Fahrten, wahrscheinlich in allen Kulturen, sind Fahrten ins Unbekannte – aber Vorgestellte.

Über das gesamte christliche Mittelalter hinweg kämpft der Klerus einen heroischen Kampf gegen Nachtgespenster, Totengeister und heidnische Mütter. Das Mittelalter stellt insofern einen Sonderfall in der Geschichte der Monster dar, als allein schon das kulturübergreifende theologische Monopol fremde *Götter* ausschloss. Selbst eine nachlässigere Durchsetzung dieses Monopols als jene, die sich in der Etablierung der Inquisition manifestiert, würde letztlich – wir sind alle nur Gast auf Erden – sogar alles Fremde oder Rätselhafte abgelehnt haben müssen. Alles Anomische war im Prinzip böse, war der verworfene, der verfemte Teil der Welt: des Teufels und des Reichs der Nacht.[1179] Die abgründigste Nacht war, egal wie finster die irdische war, die ewige Nacht der Hölle. Die irdischen Dämonen lebten in einer ebenso abgemilderten irdischen Nacht, wie das irdische Licht ein nur gebrochenes, abgeleitetes Himmelslicht war.

Die polaren Kräfte waren also extern. Der Prozess der Subsumtion aller Ungeheuer unter den Teufel ist Texten wie dem angelsächsischen «Beowulf» aus dem 8. Jahrhundert abzulesen, wo der grimmige Geist, Unhold und Meertroll *Grendel*, «der in der Finsternis hauste», synonym dem Teufel wird, weil von ihm «alle schlimmen Unholde ... alle bösartigen Riesen, auch die Alben und weitere schreckliche Ungeheuer, auch die Giganten, die seinerzeit gegen Gott stritten» abstammen. Ähnlich der griechischen Mythologie ist statt der Hölle hier der Rand (der Ausstoßung) im Spiel. Grendel war ein «Markgänger», der «an der Grenze der menschlichen Behausung lebte, weit hinten an Moor und Meer, wo er sein Unwesen

1179 Auch ohne Dämonologie führte die vollständige Usurpation des Lichtes durch den christlichen Gott zu einer moralischen Verfinsterung des Dunkels.

in Sumpf und Schlamm trieb». Natürlich sucht der Menschenfeind die schlafenden Kämpen in der Nacht heim und rafft sie hinweg.[1180]

Der Kampf des Licht-Reiches mit dem der Finsternis wurde indessen in jedem einzelnen Leib ausgefochten. Mit diesem Ordnungsentwurf in zwei Welten war nicht nur jede monströse fremde Macht gottlos, um den göttlichen Teil kupiert, sondern es waren auch die kreatürlichen Ambivalenz-Taktiken ausgeschlossen. Jedenfalls in der dogmatischen Tendenz war die Menschenseele gottgleich, und der sterbliche Leib war ein Teil des Bösen. Der Mensch war also selber stärker ein Monster, ein Mischwesen, bemüht um eine tendenzielle himmlische Eindeutigkeit. Dementsprechend waren Mischwesen *ohne* Menschenanteil, wie die Drachen, böser als der Kentaur und Kronide Cheiron, der schon in der Antike als kynischer Philosoph, weiser Menschenführer und Heilkünstler geehrt wurde.[1181]

Aber die Zweideutigkeit des Kentauren war eben in der christlichen Spätantike ein Argument zu seiner symbolischen Verteufelung, während in der Renaissance ein steinschleudernder Kentaur zum Wappentier der erfolgreichen Familie Sassetti und zum Sinnbild einer «Selbstempfindung» reussieren konnte.[1182] Noch heutzutage spendet ein heraldischer Kentaur ‹geistiges› Wohlbefinden, indem er auf einem Cognac-Korken (Rémy-Martin) seine Lanze zum Wurf streckt, die den Weg zum Rausch weist. – Die *besiegten* Monster wurden allerdings auch im Christentum, wie früher die Medusen, nicht eliminiert, sondern als Trophäen zu apotropäischen Dachreitern, Wasserspeiern oder Wasserspendern, etwa an Aquamanilen, begnadigt zu ästhetischen Sklaven in der zeremoniellen Hierarchie (etwa des ‹Wasser-Reichens›).

Michael Brandt hebt im Vorwort des Katalogs zur Ausstellung «Bild und Bestie» (2008) den Zweck der Bestie als Bild «für die symbolische Rei-

1180 H.-J. Hube (Hg.): Beowulf. Wiesbaden 2005, S. 32 f. (Prosafassung Hube).

1181 Zu *Silen* vgl. unten «Xenophons philosophisches Gastmahl» im Nachtmahl-Kapitel. Zu *Kentaur* vgl. Faust II, der von einem solchen zu Helena geführt wird; siehe unten: «Goethes Faust, der Homunkulus und die klassische Walpurgisnacht».

1182 Im «Physiologus» aus dem 2. Jahrhundert n. Chr. ist der Kentaur (wie die Sirene) ein Symbol des Heuchlers, ja des Ketzers. Siehe Dass., Stuttgart 2001, S. 27. Zum Renaissance-Wappen siehe: A. Warburg: Die Renaissance als Übergangszeitalter. In: Ders.: Werke in einem Band. Frankfurt 2010, S. 268.

nigung von allem Bösen» hervor.[1183] (Der Titel «Bild und Bestie» erinnert übrigens an den Titel der Fabel «La Belle et la Bête».) Die vom Kreuz unter‹joch›ten Dämonen der Antike sind zwar im *liturgischen* Gebrauch alles andere als verwunschene Untiere, die durch *Liebe* verwandelt werden; aber der *ästhetischen* Anschauung anverwandeln sich die Monster fortwährend durch den Ausguss ihrer inneren Füllung. Nach dieser Zweck-‹Erfüllung› stehen sie aber wieder als Monster da, und zwar für die längere, nichtliturgische Zeit. Für längere Zeit steckt im Schnabel des Greifen-Aquamaniles der behelmte Ritter (S. 335); aus dem Rachen des Drachenaquamaniles windet sich ein halber Mönchsoberkörper (S. 346), in einem weiteren ist der Kopf eines Jünglings verschwunden (S. 355). Hier ist also etwas zusammengewachsen, was nicht zusammengehört. Dies ist aber nur eine unter vielen Kom-Ponierungen, die das Monströse der Übertragung selbst repräsentieren. Zu dieser Technik der Übertragung gehören auch die Schwänze, die sich in Schlangen, die sich wiederum in Griffe verwandeln können. Die Übertragung macht die Monster, und ein wenig Monströses ist in jeder Übertragung, selbst in einer ‹kühnen› Metapher vorhanden. Dieser ästhetischen Kompetenzerweiterung steht andererseits die Verkörperung eines Nachtreichs der Angst gegenüber, das die Kirche in unermüdlicher Ausschmückung von Teufeln und Höllen vergrößert, statt es zu verkleinern

Erstens wächst die Hölle durch neues böses Personal ehemals gutartiger oder zweideutiger heidnischer Wesen und die Bösartigkeit des Teufels selbst. «Der Teufel der Landbevölkerungen zum Beispiel war lange Zeit weniger erschreckend und gutmütiger als jener der Prediger», schreibt Delumeau.[1184] Gleichwohl spricht er von einem massiven Eindringen der Theologie in das tägliche Leben ab dem 14. Jahrhundert. (S. 40) Die theologische Überformung der Angst schürt diese, obwohl sie als Befreiung von der heidnischen Angst verstanden wurde (S. 39). Die massive Seelen-Massage war de facto eine kulturelle Aggression, wurde aber als Akt der Verteidigung verstanden. Denn Kirche, Staat und die Eliten fühlten sich durch «eine ländliche, heidnische Kultur» umzingelt und bedroht (S. 41). Delumeau lässt den Eindruck entstehen, als sei dieser Prozess des gegenseiti-

1183 M. Brandt in: Ders. (Hg.): Bild und Bestie. Aussstellungskatalog. Hildesheim 2008, S. 15; weitere Seitengabe im Text.

1184 J. Delumeau: Angst im Abendland. Reinbek 1985, Bd. I, S. 38; weitere Seitenangaben im Text.

gen *Aufschaukelns* von traditionellen Angstformen und -ausdrücken einerseits und theologischen Verschiebungen in der Dämonologie ein Prozess seit dem 14. Jahrhundert bis über die Renaissance hinaus gewesen. Freilich lassen sich auch externe Beweggründe für die Annahme einer europaweiten Tendenz ab dem 14. Jh. angeben: Kriege, Pest und Hungersnöte. Aber zu allem kommt die Verdichtung des städtischen Lebensraumes (woher die meisten Zeugnisse kommen): Diese relativ neue Kollektivität mit noch fragilen Balancen zwischen nah und fern, innen und außen (Mauern) kippt leicht in Richtung Hysterie. Dennoch sind diese Angstwucherungen eben aus demselben Grund lokaler Verdichtung selten epidemisch. Dantes Hölle ist früher, weil Florenz früher verdichtet war. Aber die Hölle wird insgesamt größer durch die ständige Umwidmung des heidnischen Pandämoniums in höllisches Personal. Ohne das jetzt an die große Glocke einer gesamteuropäischen Diffamierungsgeschichte der Nacht zu hängen, muss man doch vermuten, dass die unnatürliche Lebensordnung der Mönche (Homogenisierung der Zeit) und der Städter sie der Nacht entfremdet hat, welche dadurch Opfer der Übertragung einer phantasmatischen Nacht ans böse Jenseits der Hölle wurde.

Zweitens nämlich scheint in etlichen europäischen Milieus diese Entfremdung zeitlich mit der zunehmenden Aufforderung zum Blick nach *innen* übereinzustimmen. Dadurch wird auch die Hölle in den Gläubigen immer größer, denn das Visuelle fällt in ihrer vom Glauben ans Jenseits gedüngten Phantasie auf fruchtbaren Boden. Beide Höllen, innen und außen, werden so immer mehr *Vorstellungs*höllen, ihres irdisch-rituellen, quasi natürlichen (praktischen) Zweckes beraubt.[1185] Aber die Nacht selbst wird noch tiefer, dunkler. Die Toten, die nachts aus dem Grab kommen, kommen jetzt direkt aus der *ewigen* Nacht der Hölle. Totengeister aber sind die Ausbrüter der Gespenster, Geister, Monstren usw. Davor bräuchte man als Christ keine Angst haben, denn in Toten ist keine Seele mehr. Aber trotz der Hölle hielten die europäischen Völker am Glauben von der Wiederkehr der Toten fest. Schon vor dem Siegeszug der Vampire in Westeuropa

1185 Umso reichhaltiger sprudeln die solcherart bereits verinnerlichten Quellen der Inspiration, aufgeschlagen durch den Hufschlag der Introspektion; siehe das Vorbild der Heiligen Ignatius von Loyoloa, Juan de la Cruz und Theresa von Ávila.

wurden verbrecherische oder ketzerische Tote wieder ausgegraben und nochmals hingerichtet, damit sie nicht wiederkehrten. Möglicherweise vermehrte sich die Bevölkerung der Wiederkehrenden durch ebendiese Introspektion. Der eigene Leib war ja Beispiel dafür, wie sehr sich die Vorstellung von dem der Außenwelt verpflichteten Leib abwenden konnte, ihr Eigenleben entfalten konnte.[1186] Wenn die Seele aber unsterblich war, konnte sie auch wiederkehren …

Drittens schließlich werden innere und äußere Hölle als innere und äußere Nacht einander ähnlicher – und so leichter konvertierbar und befahrbar. Der Ofen, zum Beispiel, war sowohl der Ort, auf dem man schlief und träumte als auch der Zugang zur Hölle. Der Platz hinterm Ofen hieß in vielen deutschsprachigen Gegenden «in der Höll»[1187]. Selbst wer das ironisch verstanden hat, bezeugte die Nähe zwischen dem inneren Feuer, etwa im Traum, im Schlaf, auf dem Ofen und dem äußeren Feuer, unterm Bett, in der Hölle, in der Nacht. Sicherlich gab es schon vor der Christianisierung eine unübersehbare Schar von Feuer-Dämonen oder -Geistern. Der Gebrauch des Zauberspiegels ist schließlich keine christliche Erfindung. Aber eine veritable christliche Hölle, deren Einstieg oder Ausgang sich unterm Bett befindet, das ist schon eine größere Gefahr. So hält sich denn manchmal der Teufel selbst im Ofen auf (Sp. 1187 f.).

Die alten Lokalisierungen konnten vielleicht als Methode zur Bekämpfung kleinerer Monster, der Feuerdämonen oder der Nachtmahre dienen. Aber durch die Höllen-Holding des Bösen und den Teufel als die zweite Supermacht führt die Externalisierung *innerer* Bedrohungen zu einer gigantisch anwachsenden Bedrohung durch ein nur vermeintliches Außen. Alle Wesen des Albtraums bekommen einen unübersichtlichen Status, werden Zeugen des bedrohlichen *Durchzugs*, des Nachtwindes der Verwandlungen. Delumeau, der eine Gruppe von alten Nacht-Mahr-Erzählungen, die allerdings erst im 19. Jahrhundert gesammelt wurden, untersucht, konstatiert ein «buntes Durcheinander» bei der Beschreibung des Aussehens dieser französischen Cauquemares, Quauquemaires oder Chauche-Vieilles (I, S. 131). Klar ist, dass sie im Schlaf kommen, aber ob es Kobolde, Werwölfe oder Töchter eines Mannes sind, der zum Werwolf wurde,

1186 Vgl. Delumeau: Angst, Bd. I, S. 108.
1187 Hwb. Abergl. Bd. 6, Sp. 1187; nächste Spaltenangabe im Haupttext.

ist nicht klar. Deutlich ist der Kampf gegen den Durchzug zwischen innen und außen durch magische Markierungen einer Grenze. Aber überall sind Löcher.

Neben oder hinter dem Ofen ist zum Beispiel der Stall solch ein ‹Loch› in der Abwehr: Hier hausen die Tiere, denen man nah ist, die versorgt werden müssen (I, S. 131 f.) – und die einen versorgen. Kühe zum Beispiel müssen winters im Dunkeln gemolken werden. Haustiere und Nutzvieh sind nicht nur ein Teil der Gemeinschaft, sondern sie ähneln den Menschen in manchem – nachts mehr als tags. Auf dem Stroh lagern nicht immer nur die Tiere... Eine Zeugin berichtet von der Vertreibung der Quauquemaire: Sie hat in der Johannisnacht, der schon in der heidnischen Magie hochbedeutsamen Mittsommernacht, acht Strohhalme zu vier Kreuzen gebunden, die sie an den vier Ecken ihres Bettes befestigt hat (I, S. 131) – ausgerechnet in der Johannisnacht, wo alles junge Volk sich in Nachtschwärmer verwandelt, wo sich die Liebespaare sortieren.[1188] Und die Strohhalme hat sie wohl aus dem Stall, wo die Pferde stehen. Die Frage ist, ob die Nachtmahr das Problem oder die Lösung des Problems ist. Die gründlichste Lösung des Nachtleibs von seinen drückenden Heimsuchungen liegt wohl in dem Rat, das Hemd verkehrt herum anzuziehen (I, S. 132). Jetzt sind innere und äußere Nacht gleichsam umgestülpt.[1189]

Der Durchzug zwischen dem dunklen Innen und Außen scheint jedenfalls ein gemeinsamer ‹Zug› der Zeit zu sein. Mag sein, dass die klerikale Ausmalung der Höllen als kathartische Schreckwirkung intendiert war; aber eine historische Tatsache scheint mir die Verzweideutigung der visualisierten Hölle zu sein, die mehr an Tiefe und psychischer Repräsentanz enthalten hat als der Himmel. Schon ikonologisch ist die Darstellung hier ‹phantasiereicher›. Nicht nur das *Bestiarium* der Maler des 16. Jahrhunderts (Brueghel, Baldung Grien, Bosch) ist ‹phantastischer› als das etwa der gesamten toskanischen Malerei des 14. Jahrhunderts (im Gefolge der Dante'schen Hölle), sondern vor allem die Raum-Erfindungen und Atmosphären auf Bildern sind ohne die christliche Perhorreszierung und die Verwandlung des visualisierten Schreckens in Angstlust-Imagination nicht denkbar.

Das ganze christliche ‹Verteufelungswerk› ist ein zu weites Feld für

1188 Ebd., Bd. 4, S. 708 f.
1189 Ebd., Bd. 3, Sp. 1710.

das Gärtchen des Monstrums im Nachtleib, das ich hier bestelle. Das teuflische ‹Kunst›-Werk ist auch nicht einfach nur den Hirnen der Kirchenführer entsprungen. «Der Hang zum ausschweifend Phantastischen, die Faszination für die Ausgeburten des Jenseits, für die Gestalten der Hölle und des Paradieses, die im späten Mittelalter am Horizont der abendländischen Welt erschienen», hat nicht nur die frühneuzeitliche Phantasie der Maler bestimmt, wie Baltrusaitis feststellt[1190], sondern ist auch auch ein Motiv für die Mittelalterliebe der Romantik gewesen. Dem mittelalterlichen Ausdrucksrepertoire für das grotesk ausschweifende dunkle Fach lag aber ein reales Ausschweifen – von den Kreuzzügen über die intensivierten Handelsbeziehungen mit dem Nahen und die Entdeckung von solchen mit dem Fernen Osten – zugrunde. Die Kohärenz des christlich-abendländischen Selbstverständnisses bediente sich zur Selbstdefinition gegenüber der Hölle des Bildrepertoires der christlichen Feinde.

Jurgis Baltrusaitis hat gezeigt, wie konstitutiv der nah- und fernöstliche Monster*import* fürs Spätmittelalter gewesen ist, wie dieses eingeführte Bestiarium sich mit neuentdeckten eigenen oder antiken Quellen verband, sodass es schließlich kaum noch für etwas Fremdes gehalten werden konnte.[1191] Eigentlich eine monströse Taktik. Baltrusaitis endet mit einer Neuzeit, «in der ein Leonardo da Vinci bei seinen Entwürfen von Flugmaschinen Verwendung für die Fledermausflügel chinesischer Teufel fand» (S. 365). Der revolutionäre Prozess von der Höllenangst zur Neugier Leonardos hat 400 Jahre gedauert, und entscheidend für seinen Erfolg war die Balance zwischen Gesten der Entäußerung, ja Entfremdung, Entstellung von etwas Verdunkeltem und Verpöntem einerseits und der Aneignung, Integration und Einfühlung andererseits.

Beide kulturellen Strategien erzeugen eine doch relativ fragile Gemengelage aus phantasierten und real erfahrenen Anteilen. Die darstellende Vermittlung in allen Künsten ist so ein ständiges Ein- und Ausstülpen dunkler Anteile – im Stoffwechsel mit dem kulturellen und natürlichen äußeren Raum. Die phantastische Malerei des 16. Jahrhunderts ist so nicht nur die Fortsetzung der Monster-Evokationen des Hochmittelalters, sondern eine offensive Eroberung des (zuvor introspizierten) dunklen Innen-

1190 Jurgis Baltrusaitis: Das phantastische Mittelalter. Frankfurt, Berlin, Wien 1985, S. 365.

1191 Ebd., S. 364.

raumes als fiktiven Außenraumes der Nacht. Die Gespenster des Hochmittelalters sind verworfene, ausgeworfene Objekte, Fremdkörper in ihrer Umgebung. Die Bilder der Gespenster von Brueghel, Bosch und Grünewald sind dagegen Aspekte eines gespenstischen *Raumes* – mit Atmosphäre oder gar Hautgoût. Diese gespenstischen Innenräume als Außenräume passen zu den Erfindungen der Nachtmalerei seit der Mitte des 15. Jahrhunderts, die alles Unheimliche neu als das entfremdet Heimliche interpretieren.

Das Jahrhunderte dauernde Ringen zwischen den Kräften der theologischen Perhorreszierung des Antichristlichen und den Kräften der alltäglichen, ökonomischen und ästhetischen Mediatisierung des Verteufelten hatte aber schon zwei Jahrhunderte zuvor innertheologisch einen allmählich immer tiefer greifenden gegenläufigen Prozess in Richtung Integration des Verfemten freigesetzt, als Erde und Hölle mit der sogenannten Erfindung des Fegefeuers einander näher kamen. Noch Papst Gregor I., der 593 die Lehre vom Fegefeuer verkündete, bezeichnete den Körper als «abscheuliches Gewand der Kirche»[1192]. Zugleich kam das Christentum nach einer gewissen europaweiten Homogenisierung und dogmatischen Stabilisierung auch dem Menschenbild der älteren heidnischen Welt, die reichhaltiger an Zwischenreichen war, wieder ein wenig näher durch die Betonung der innerweltlichen Moralität. Beispielhaft ist hier Dante, der Vergil in das Fegefeuer verabschiedet. Mehr war nicht drin, weil er Heide war. Immerhin: Dante hat Vergil aus der Hölle ‹befreit›, aus dem Verschweigen.

Vielleicht hat man bei der allmählichen Aufwertung des Fegefeuers im 13. Jahrhundert mehr oder weniger bewusst darauf reagiert, dass der Bogen zuvor überspannt gewesen war. Die ständige Thematisierung der Hölle hatte nicht nur die Vertiefung der inneren Hölle bewirkt, sondern auch eine Gewöhnung an die mit ihr aus der Gemeinschaft der Gläubigen hinausgestellten Monstrositäten. Der Effekt ist jedenfalls eine realistischere Beobachtung der Zwischenphänomene, eine Annäherung des Jenseits-Diskurses an das irdische Verhalten und eine größere Verbindung der christliche Ungeheuer-Politik mit den Strategien der traditionell überlieferten, vorchristlichen Formen des ‹Aberglaubens›, die nicht so unwider-

1192 Zit. nach J. Le Goff und N. Truong: Die Geschichte des Körpers im Mittelalter. Stuttgart 2007, S. 11.

ruflich und rigoros zwischen gut und böse, innen und außen, monströs und menschlich unterschieden.

Die seelische Erschütterung wird jetzt durch die Nähe der erzählten Beispiele zum Leben der Hörer erreicht. Lecouteux rekonstruiert die historischen Variationen eines Predigt-Exemplums des Caesarius von Heisterbach (Anfang 13. Jahrhundert) und eines ähnlichen Beispiels von Hélinand von Froidmont, das es bis in die Handlung einer Novelle von Boccaccio schafft – und darüber hinaus in den deutschen ‹Sagenschatz› bis ins 19. Jahrhundert hinein.[1193] In beiden Fällen büßt eine *untote* Frau ihre vormaligen Sünden, mit einer chronischen nächtlichen Flucht vor einer teuflischen nächtlichen Jagd im Mondschein. Während der Mond und die nächtliche Jagd hier auf heidnische, der Teufel aber auf christliche Spuren deuten, ist das allmähliche Wegfallen des Teufels umso bemerkenswerter.

Schon «zu etwa gleicher Zeit» dieser Geschichte, die sich im Erzbistum Mainz zugetragen haben soll, wird aus der Grafschaft Nevers durch Hélinand von Froidmont eine ähnliche Geschichte erzählt, bei der aber der teuflische Verfolger durch den Liebhaber der Frau ausgewechselt wird. Beide strafen sich durch seine nächtliche Verfolgung (natürlich auf einem schwarzen Pferd), durch die Tötung der Frau und die Verbrennung derselben im glühenden Holzkohlengraben des Köhlers, der alles beobachtet, für den Ehebruch am Ehemann der Frau (S. 73).

Die Verlagerung der Feuerqualen ins Oberirdische und die Profanierung der Hölle zu einer solchen, die sich die Ehebrecher selbst sind, deuten eine Tendenz an, die in der Bußspiegelvariante der Hélinand-Adaption von Iacopo Passavanti (1300–1357) in Florenz noch verstärkt wird. Hier wird am Schluss ausführlich erklärt, dass sich die wiederholte nächtliche Jagd nicht ewig wiederholen wird, weil es eine endliche Buße ist. «Wisse also, dass wir nicht verdammt sind. Was wir hier tun, ist zu unserer Bestrafung und diese schweren Qualen werden irgendwann ein Ende finden.» (S. 75) Erstaunlich neben der Europäisierung der Stoffe, welche die lokalen Verständniswege doch in Mitleidenschaft gezogen haben muss, ist das Auflodern der heidnischen Glut – als nachtglühendes Pferd. War der Teufel in der ersten Geschichte noch der Reiter auf dem Pferd, so ist er in der Variante von Hélinand und Passavanti ein Dämon, «dem aufgetragen ist,

1193 Lecouteux: Nachtdämonen, S. 72 f.; weitere Seitenangaben im Text.

die Menschen zu quälen», wie Lecouteux übersetzt. (Ebd.) Der Reiter ist selbst der Getriebene. Gleichwohl bilden Pferd und Reiter eine glühende Einheit. Bei Passavanti sah der Köhler

«... in schnellem Lauf eine Frau herankommen, nackt und mit losen Haaren, verfolgt von einem schwarzen Ritter auf einem schwarzen Ross und mit einem Dolch in der Hand. Aus dem Mund, der Nase und den Augen des Ritters und des Pferdes schossen lodernde Flammen.» (S. 74)

Trotz der Dämonisierung des Teufels ist das gemeinsame schwarze Outfit und die innere Glut ein Hinweis auf die gemeinsame Natur des menschlich-tierischen Paares. Die verfolgte nackte Frau wird recht anschaulich erdolcht, im glühenden Kohlengraben einige Augenblicke gegrillt und «ganz in Flammen gehüllt und glühend» wieder herausgezogen (S. 75). Besonders beeindruckt haben muss die Geste einer Opferung: In allen drei Erzählungen wird die Frau quer übers Pferd gelegt (S. 72f., S. 75). – Aber gerade an diesem Detail könnte sich die dramatische und letztlich europaweite Veränderung der Imagination andeuten. Das letzte Beispiel von Passavanti malt den Pferde-Überwurf der (glühenden) Frau auf das (glühende) Pferd vor dem (glühenden) Mann aus. Er «warf sie vor sich über den Hals seines Pferdes und enteilte dorthin, woher er gekommen war» (S. 75).

Der Hals ist derjenige Teil des Pferdes, welcher der liebkosenden Hand des Reiters am ehesten zugänglich ist. Unter der gleichmachenden Asche der christlich-europäischen Verteufelung der fleischlichen Sünde erstehen nicht etwa alte heidnische und zwar lokale Opferkulte neu, sondern eine entritualisierte europäische und durch Imagination vermittelte Sinnlichkeit, bei welcher die Symbolizität dieses machtvollen Tieres eine besondere Rolle spielt: die Rolle der Zweideutigkeit und des Ebenenwechsels von ‹verpönt› und ‹ideal›. Denn man darf nicht vergessen, dass das ganze europäische Mittelalter neben dem religiösen Diskurs begleitet war vom Vorbild einer höfischen und ritterlichen Elite, deren ganze Tugend auf dem Rücken der edlen Rösser ritt, im Einsatz gegen Heiden, Drachen und andere Unholde. Der erotische Mehrwert der Rosse und Stuten hat diese noch weitaus länger durch die Literaturgeschichte wiehern lassen, durch die ganze Romantik[1194] und hinein ins 20. Jahrhundert – trotz Rosinante und der Dicken Berta. Es gab schon Kanonen, Panzer und erste Flugzeuge,

1194 Vgl. hierzu das Eichendorff-Kapitel im Folgeband der «Nachtästhetik».

aber dem Landarzt gingen bei Kafka dennoch die gespenstischen Rosse durch, die ihn von Rosa trennten. Statt des mitternächtigen Jagdhorns der Wilden Jagd war es bei ihm das Fehlläuten der Nachtglocke gewesen, dem zu folgen nie wiedergutzumachen war.[1195]

Die Sache mit dem überhistorischen *Eross* ist aber nun einigermaßen vertrackt, so vertrackt wie das Verhältnis der zivilisierten Menschen zu ihren Trieben. Einmal symbolisiert das Pferd, besonders wenn es fliegen kann, nicht nur im Traum, machtvolle erotische und sexuelle Antriebe[1196]; andererseits verkörpert es seit Pegasos den Höhenflug der Sublimation, nicht nur in der Poesie, sondern auch im ritterlichen Verhalten. Es sind ja nun wirklich fortwährend Jungfrauen zu retten, besonders vor diesen ständig keuchenden Drachen der Geilheit. Oder ist es das Pferd, das man ist, das keucht? Es ist ein Albtraum: Der eigene Schwanz verwandelt sich in einen Drachen oder eine Schlange! Seit Ende des 13. bis Ende des 15. Jahrhunderts vermehren sich in englischen, französischen und flämischen illuminierten Handschriften Darstellungen von Kentauren, die ihren eigenen Schwanz, der sich zu einem Monstrum auswächst, mit Schild und Schwert, seltener mit Pfeil und Bogen, bekämpfen. Baltrusaitis meint: «... ohne ihren Kampf ganz ernst genommen sehen zu wollen» (S. 177). Wenn die Ironie hier ein Eigengewächs ist, dann handelt es sich um ein bemerkenswertes Beispiel einer Sublimation, welche die Triebkräfte des Pferdes, das man selbst ist, durchaus erkennt und bekämpft, aber gleichwohl nicht gedenkt, auf die weitere Fortbewegung als Pferd zu verzichten.

Die Profanierung der Hölle zum inneren Feuer der Einbildung und die Einebnung der Differenzen zwischen der bösen nächtlichen Welt und der guten christlichen an den Kunststücken brachte die ältere, vorchristliche Strategie der Dämonenbekämpfung wieder zur Geltung, eine Tendenz, die durch die steigende Bildung und Neugier in der Renaissance noch gefördert wurde. Das alte rituelle und magische Verständnis der lokalen Bräuche im Umgang mit Un-Holden und nichtmenschlichen oder halb-

1195 Franz Kafka: Ein Landarzt. In: Ders.: Gesammelte Werke, Bd. 4, Frankfurt 1976.

1196 Fürs englische Mittelalter sei auf «Das Milieu der Nacht» von Frank Rexroth verwiesen (Göttingen 1999), der den Namen einer sich damit selbst anpreisenden Hure erwähnt: Emota *Coltastatur*. *Colt* heißt Fohlen und hat eine eindeutig erotische oder sexuelle Konnotation (S. 232).

menschlichen Wesen war zwar perdu, aber die ‹Sinnlichkeit› war durch die notorische Sünden-Anmut(ung) geweckt worden. Das schlimmste Übel der menschlichen Existenz, die Erbsünde, wurde schließlich im Mittelalter «in eine sexuelle Verfehlung umgewandelt»[1197]. Allein die ständige Propagierung der mönchischen Askese als des besseren Lebensentwurfes, dazu die Vergatterung der Sexualität ins Sakrament und die Erklärung einer verbotenen Bedürfnis-Befriedigung zur *Übertretung* (also: zur Hybris) werteten den Diskurs des Sexuellen auf und förderten eine wie immer geartete Umorientierung der Triebziele sowie eine Erotisierung auch von vorher nicht erotisch besetzten Feldern.

Die neuzeitliche Behandlung der Monster näherte sich dann aber einer *vor*christlichen an, vielleicht getragen durch eine Tradition, die sich in der Skepsis gegen das Gelehrte, das Schriftwissen, zu dem weite Bevölkerungskreise keinen Zugang hatten, aufrechterhalten hatte: in der stärkeren Zweideutigkeit zwischen Innen- und Außenwelt und in der weniger rigiden Verteufelung des Monströsen. Wir können hier keine flächendeckende *durchgängige* Tendenz ab dem 15. Jahrhundert behaupten, doch scheint mir gerade am Feld zwischen Mär (Erzählung), Mähre (Pferd), Mahr (Gespenst oder Traum) auch im Bereich der sogenannten Volksdichtung eine ähnliche Monster-Annäherung stattgefunden zu haben wie in der Dichtung. Dass die Literatur und das aufgeklärte geistige Leben überhaupt sich der auch vorchristlichen und oralen ‹Literatur› zuwandte, vermehrte freilich die poetischen Aporien, da das ehemals ‹Abergläubische› nun nur noch das Eingebildete, Phantastische war. Dieses musste besonders wirkungsvoll im subjektiven Erleben verankert sein und zugleich irgendeine Art quasi-externer Legitimation aufweisen. Der Königsweg zur guten Fee, zum Zauberer, Teufel usw. war hier der Traum, der ja nun im romantisch gesammelten ‹Volksgut› besonders ‹äußerlich› dargestellt wurde: als Alb.

Dass andererseits die Monster ‹nur› *Missgeburten* sind, musste nicht erst von Darwin entdeckt werden. Man kann sogar, etwa in Norddeutschland, Faustregeln aufstellen: «Wenn sœben Jungens odder Dierns na einanner geburen warden, so is dor ümmer ein Nachtmahrt ünner.»[1198] Nacht-

1197 J. Le Goff: Geschichte des Körpers, S. 39.

1198 K. Bartsch: Sagen, Märchen und Gebräuche aus Meklenburg. Wien.

mahre oder -mähren: diese Bezeichnung geht im deutschen Sagengut wild durcheinander, und ebenso schwankt die Bedeutung von äußerem Gespenst, innerem Traum und: Objekt der Begierde. Am erstaunlichsten ist wohl hieran, dass, obwohl Monster die Nachtmahre zur nächsten Verwandtschaft zählen, sie andererseits auch Tiere sein können, mit denen man intim zusammen ist, wenn auch nicht gewollt.

«Im Schießhause auf dem Solling erzählte einer, ihn habe auch einmal die Nachtmahre geritten und wie er so gelegen und geächzt, da habe ihm seine Tochter zugerufen: ‹Vadder, vadder, wat is ju denn?› Da habe er geantwortet: ‹Dat lork hat mek am balge.› Denn er habe es wie ein paar lange, schwere Brüste auf sich liegen gefühlt, aber sowie er gesprochen, sei es verschwunden, und er habe es noch tap, tap zur Stube hinausgehen hören.»[1199]

Adalbert Kuhn, der Sammler westfälischer Bräuche und Sagen, erklärt hierzu: «Lork ist zwar hier bloße Schelte = Kröte, bezeichnet aber wie dies zugleich auch die Hexe und Mahre; auch die Unken erscheinen als Mahren, indem sie den Pferden des Nachts die Mähnen in unentwirrbare Zöpfe flechten.[1200] Die notorische Flechte aus Tier und Traum durchquert die normale Grenze der sozusagen tages-anschaulichen Gestalt des Menschen: von außen drängendes, ja eindringendes (etwa vampyrähnliches) materielles Wesen kreuzt den ausfahrenden Traum, der seiner leiblichen Wohnung entfliegt: auf der Schwelle zwischen äußerer und innerer Nacht. Die Nachtmähren kommen immer nur nachts, keineswegs aber sind sie immer unwillkommen. In etlichen Zeugnissen wird diese sexuelle Zusammenkunft durch die Erwähnung eines Loches im Haus betont, das man nur schließen muss, um die Nachtmähre zu besitzen, das heißt: als liebe Frau. Manchmal ist es auch umgekehrt; man hat eine liebe Frau, und die erweist sich als Nachtmähre:

«Ein Mann hatte eine solche Nachtmähr zur Frau bekommen, ohne

1879/80, Bd. 2, S. 41; Dig.Bib. D. Lit. Groß, S. 41130. Für diesen Ausspruch gibt es mehrere sammelnde Zeugen aus verschiedenen norddeutschen Ländern.

1199 A. Kuhn: Sagen, Gebräuche und Märchen aus Westfalen (1859). Dig.Bib. D. Lit. Groß, S. 33292.

1200 Ebenda mit weiteren Varianten für Norddeutschland bei Georg Schambach, Josef Müller und den Brüdern Grimm. – *Lork* scheint die niederdeutsche Entsprechung für ‹Lurch› zu sein, weitläufig verwandt mit Drachen.

daß er davon wusste. Aber es fiel ihm bald auf, daß in mehreren Nächten seine Frau aus seinem Bette verschwunden war. Darum hielt er sich einmal wach, um sie zu beobachten, und da sah er, wie sie sich aus dem Bette erhub und, da die Tür fest verriegelt war, durch das Loch des Riemen schlüpfte, mit dem die Klinke aufgezogen wird. Auf dieselbe Weise kam sie auch nach einiger Zeit wieder zurück. Der Mann verstopfte am andern Morgen die Öffnung in der Tür aufs sorgfältigste und er fand von nun an seine Frau immer neben sich. Als er aber nach längerer Zeit meinte, sie hätte nun wohl ihre Unart abgelegt und vergessen, so zog er den Pflock heraus, um die Klinke wieder gebrauchen zu können. Da fehlte gleich in der folgenden Nacht die Frau und kam nun gar nicht wieder zurück, wie sie sonst getan. Nur an jedem Sonntagmorgen fand der Mann von ihr reine Wäsche für ihn hingelegt.»[1201]

Wenn hier auch ein Augenzwinkern nicht zu übersehen ist, so ist der Horror nicht zu verachten, der sich durch das dunkle Feld der gleitenden Übergänge ergibt, hinter denen sich auch im wirklichen Leben ganz ernsthaft die vertrauteste Person als das fremdeste Wesen erweist. Aber spiegelt das nicht die Selbstfremdheit, die sich auf dem Weg nach innen unweigerlich irgendwann auftut?

«Die Nachtmahr zu Höstörp
Hinter Dieck in der Fiekenkath … wohnte ein Mann, den hat die Mahr immer des nachts gepeinigt. Da hat er einmal in das Loch, durch welches die Mahr kam, einen Pflock gesteckt und sie gefangen. Das ist nun aber eine kleine feine Dirne gewesen, die hat er bei sich behalten und sie ist auch ganz im Guten geblieben … Nach Jahren, als die Dirne groß und ungemein hübsch geworden war und sich fleißig zeigte, hat der Sohn des Mannes sie gefreit und sie ist Frau vom Hause geworden. Als sie eine Zeit lang zusammengelebt haben, und schon mehrere Kinder hatten, kommt er auf den Einfall, das Haus zu verändern und umzubauen. Das Pflockloch, welches die Maurer nicht kannten, ward auch mit weggerissen und als der Pflock herausgezogen ward, ist die Frau mit einem Male verschwunden und von ihren Kindern und Manne weggewesen. Bei recht schönem Wetter ist sie einmal wieder-

1201 K. Müllenhoff: Sagen, Märchen und Lieder. Kiel 1845, S. 260: «mündlich aus Dithmarschen»; vgl. Dig.Bib. D. Lit. Groß, S. 403759.

gekommen, hat die Kinder hinter dem Backofen [!] gekämmt und gewaschen, ins Haus ist sie aber nicht hineingekommen, und nachdem die Kinder erwachsen waren, hat sie sich nicht wieder sehen lassen.»[1202]

Noch im 19. Jahrhundert lassen sich viele gemeinsame Züge für die deutschen Landschaften ausmachen: Die Nachtmahr als Frau kommt immer nachts. Sie stellt einen geheimnisvollen Durchzug zwischen innerer und äußerer Nacht dar. Durch die Symbolik der (Pfosten-)Löcher ist die sexuelle Symbolik mit einer sozusagen weltanschaulichen Ordnung des Drinnen und Draußen aus der Perspektive des Hauses verbunden. Die Triebe sind aber erst durch ‹Domestikation› in etwas Angenehmes verwandelbar. Fast sieht es so aus, als ob schon das zivile Zusammenleben mit den Trieben des Mannes aus der Wilden von draußen eine liebenswerte Frau (und einen friedfertigeren Mann) macht. Aber dieses Monster ist, wie die Pandora von Hesiod, nicht von außen gesehen ein Monster, sondern innerlich. ‹Man› kann noch so lange zusammenleben: Die ‹Nichtfremdheit› ist eine bloße ‹Hoffnung›.

Einmal nur die Öffnung freigegeben, schon fliegen alle Gaben fort. Zurück bleibt die Hoffnung. Aber stattdessen kommt bestenfalls sonntags die Wäsche. Das ist kein bloßes Zeugnis unzeitgemäßer Mysogonie. Weibliche Schriftsteller könnten die nämliche geschlechtliche Entfremdung und die daraus folgende Selbst-Entfremdung aus ihrer Perspektive ebenso in unserer Zeit beschreiben, wie es etwa Botho Strauß in der ‹Kalendergeschichte› Mikado getan hat.[1203] Die Tiefe dieser Geschichten ist nicht zu verachten; lehren sie doch, dem Schein der Bonhomie und der gesicherten häuslichen Verhältnisse und manchmal auch sich selbst zu misstrauen, wie das letzte Beispiel aus Süddeutschland zu diesem Komplex zeigen mag. Der Dingkult und magische Praktiken deuten auf eine lange zurückreichende Koalitionsgeschichte mit noch älteren Bestandteilen. Folgendes stammt aus Bechsteins ‹Deutschem Sagenbuch›.

1202 J. G. Th. Grässe: Sagenbuch des Preußischen Staats. Glogau 1868/71, Bd. 2, S. 1047. Dig.Bib. D. Lit. Groß, S. 197798.

1203 Botho Strauß: Mikado. In: Mikado. München und Wien 2006.

«Die Schrettele
Schrat und Schrettele sind unheimliche Wesen, in mannigfacher Beziehung abschreckend und furchtbar gedacht. Dem ursprünglichen Begriff nach ist der Schrat ein struppiger wildhaariger Waldspuk, daher ein wilder Waldschrat, und zwar für beide Geschlechter, der spätre hat sich in der verkleinernden Form Schrättlein zur Nachtmahr ausgebildet. Das Schrattele ist in Schwaben Alp, daher heißt es auch in mancher Gegend bloß Drückerle, Nachtmännle; selbst zottig und zotelig, …, verpfitzt [verfilzt] es, indem es gleich der Mahr im Niederland auch die Pferde quält, der Tiere Mähnen, flicht die Weichselzöpfe, saugt an Brüsten und Eutern der Menschen und Tiere, selbst an denen ganz junger Kinder, daß sie aufschwellen. … Als Alp kommen die Schrettele durchs Schlüsselloch und ziehen durch dasselbe wieder hinweg … und plagen absonderlich gern Wöchnerinnen und Wochenkinder, nehmen auch Tiergestalt an und drücken die Menschen, daß ihnen schier der Odem ausgehen möchte. Glücklich ward ein Müller kuriert, und schlecht kam eine Trude weg, die ihn schrecklich plagte. Der Gequälte stöhnte und ächzete, konnte sich aber nicht ermuntern. Der Kamrad, der bei ihm schlief, stieg auf, machte Licht und sah einen Strohhalm quer über dem Schlafenden liegen, den er in die Hand nahm. Gleich wachte jener erleichtert auf, und da verbrannten sie den Strohhalm. Nie kam die Trude oder das Schrettele wieder zu dem Mühlburschen, drüben im Nachbarhause aber lag die Frau im Bett und hatte Brandblasen an allen Gliedern.»[1204]

Diese Geschichte ist so vieldeutig, dass sie Fluchtwege zeigt für diejenigen, von denen hier erzählt wird – aber auch für diejenigen, die diesen Stoff in der Regel mündlich erzählen, auf ihre Weise ausschmücken, verfinstern oder mit einem Augenzwinkern flunkern[1205] – je nach Adressat und Situation. Zwischen der nicht gar so unüblichen dörflichen ‹Nachtfahrt› der Geschlechter einerseits und magischen, dem Voodoo verwandten Praktiken, vermeintlich gegen Träume (!), befindet sich ein weites dunkles Feld

1204 L. Bechstein: Deutsches Sagenbuch. Leipzig 1930, S. 615f. In: Uther D. März.; in: Dig.Bib. Bd. 80.

1205 *Flunkern* hat ursprünglich die aufhellende Bedeutung von ‹glänzen› und die zwielichtige von ‹glitzern›.

der Übergänge: Ehefrauen, die ihre Familie verlassen haben, werden als Nachtmahre aus der menschlichen Gemeinschaft ausgestoßen, aber aus Nachtmahren können normale Ehefrauen werden, wie die Beispiele weiter oben zeigen. Gedeihlich ist die Grenzmarkierung zwischen Traumerleben und Wirklichkeit verwischt. Der Grund ist in der mangelnden oder gefährlichen Befriedigung zu sehen. Ist es wirklich ein Traumerleben gewesen, von dem der ‹Kamrad› noch einen Strohhalm zurückbehielt. War er nicht vielleicht bei der Nachbarin, im Heuschober? – Wie dem auch sei, vielleicht hat diese Nachbarin einen ‹zu großen Zauber› auf ihn ausgeübt.[1206]

Das gleichbleibende Muster in diesen Erzählungen, im Gegensatz zu den oben erwähnten Fabeln aus dem 13. Jahrhundert, ist, dass der Mann unten liegt, geritten wird. Er ist das Pferd, erfährt die Sexualität als eine atemberaubende Drangsal. Zum Bedrohungspotenzial gehört in diesem Fall schon, dass die Nachtmahr den Mann eindeutiger im Traum reitet als etwa im Beispiel weiter oben von Passavanti. Das hängt damit zusammen, dass im ersteren Fall der Genuss schon gehabt ist, der Ritt zu dritt zum oberirdischen Fegefeuer ist die Strafe für die Freuden. In allen späteren Beispielen ist die Strafe *vor* der Sünde da, das heißt, es handelt sich um eine Zensur des Überichs, die den Wunsch zum Angsttraum entstellt.

Dass die moralische Geschichte des 13. Jahrhunderts und die Verinnerlichung der Nachtmahr zum Albtraum sich auf ein und demselben motivgeschichtlichen Feld bewegen, mag ein grausiges Detail erhellen: Der Müller wird geritten von einer Nachtmahr oder Trude, von der nur noch ein Strohhalm zurückblieb, quer über seinem Bauch, den sie geritten hat. Quer über dem Hals des schwarzen Rosses des schwarzen Ritters liegt auch die untreue Frau in der Predigt-Geschichte von Passavanti – nachdem sie im Feuergraben verbrannt worden ist. Das holen die beiden Kameraden bei Bechstein sogleich nach und verbrennen den Strohhalm. Glücklicherweise kommt die Nachbarin mit Brandblasen davon. – War's nur ein Strohfeuer?[1207] Jedenfalls sind die Verwandlungen der Schrättele

1206 Im Märchen «Frau Trude» ist diese eine veritable Hexe, die ein Mädchen in einen Holzklotz verwandelt, den sie verfeuert. Grimm: Kinder- und Hausmärchen, S. 197.

1207 Siehe oben das Stroh als Bestandteil des Abwehrzaubers gegen Nachtmahre bei Delumeau.

oder Nachtmahr in einen Strohhalm ‹Legion› (wie der Teufel), verbreitet in ganz Europa.[1208] Die Grenzen zur Hexe sind fließend; aber eine Quelle weiß es genau: Das Schrättele unterscheidet sich dadurch von der Hexe, dass sie das «Schrattweisgehen» nicht wie diese freiwillig tut, sondern von der Mutter «erbt und ob auch ungern gehen muss». Die Schratten (Mütter) wie die «Schrättelein» (Töchter) seien daher mehr zu bedauern als zu hassen.[1209] Gemeinsam ist all diesen ‹Strohhalmen› ihr nächtliches Auftreten, ihre Bettnähe (sowohl, was ihre magische Bannung, als auch, was ihre erotische Druck- und Anziehungskraft angeht), dass sie durch Pfosten- oder Schlüssellöcher ins Haus kommen, dass sie leicht entflammbar und dadurch zu vernichten sind.

Diese Mutter-Kind-Beziehung wirft ein Schlaglicht auf ein gemeinsames Thema aller Alben, Nachtmahre und Schrate einerseits und der Erinyen, Typhoeus und der Drachen andererseits. Dieses Thema ist die Beziehung zwischen der inneren Nacht des Leibes und der äußeren Nacht der Gespenster, und ein vorzügliches Übertragungs-Symbol ist der *Wechselbalg*, auch *Wechselbutte* oder *Butz* genannt. (Noch der putzige Bi-Ba-Butzemann erinnert uns daran.) Es handelt sich um ein missgestaltetes Kind, das durch Mahr, Alb, andere Nacht- und Spukgeister, aber auch durch die Frau Holle, den Teufel oder die Hexen in der Nacht, vorzugsweise um Mitternacht, *ausgetauscht* wird.[1210] Die darum sich rankenden Vorstellungen sind im keltischen, germanischen und slawischen Sprachbereich um 1000 bereits feste Tradition (Sp. 864). Auslöser dieser Vorstellungen scheint meistens die mütterliche Angst um das Kind zu sein, das bis vor kurzem im eigenen Innern getragen wurde. Schlimmer ist später die Vorstellung, dass das Kind bereits ausgetauscht *ist.* Am grässlichsten wohl die postnatale Übergangsphase, wenn die Mutter, der Vater oder beide zweifeln, ob das Kind das eigene ist – etwa, weil es nachts plötzlich so unendlich oft und viel trinken will. – Ist dieses untergeschobene Wesen überhaupt ein

1208 Vgl. auch etliche Erzählungen aus Südwestdeutschland in A. Birlinger u.a.: Sagen, Märchen, Volksaberglauben. Freiburg i. Br. 1861, S. 301–306 und Grässe: Sagenbuch Bd. 2, S. 456; beides in: Dig.Bib. D. Märchen.

1209 Birlinger: Sagen, S. 305.

1210 Siehe Hwb. Abergl. Bd. 9 (Nachträge), Sp. 835–864. Weitere Belege daraus mit Spaltenangen im Text. – Zu *Frau Holle* s. a. K. Lyncker: Deutsche Sagen und Sitten in hessischen Gauen. Kassel 1854, S. 17; In: Dig.Bib. D. Lit. Groß.

Kind? Oft ist es ein Alb oder der ganz besondere Alb, der schon 1000 Jahre alt ist, so alt wie ein bestimmter Wald, aus dem er kommt. Der nennt sich selbst «einen alten Knorren, der schon in mancher Wiege gelegen habe» (Sp. 859).[1211]

Auch hier ist, wie bei der Schratte und dem Schrättelein, eine Unterscheidung zwischen den Generationen nicht immer leicht. Die eigenartige griechische Parallelität, dass es Straf- und Verfolgungsmonster (als externe Gewalt) einerseits und monströse Missgeburten als vererbte Strafe andererseits gibt, die von innen kommt, erscheint im Reich der Nachtmahre und Alben noch stärker ein Netz des Schicksals zu bilden. Auf den ersten Blick gleichen sich die ‹klassischen Riesenmonster› und die nordischen Wechselbalg-Dämonen zwar nicht – Letztere sind eher Zwerge, verwachsen und extrem hässlich (S. 839) –, aber ihre Erscheinungen weisen ebenso wie die zusammengesetzten Wesen der Griechen weit über die menschliche Sphäre hinaus. Wechselbälge erscheinen gelegentlich als Kröte, Schlange, Katze und Hund. «Häufig ist das untergeschobene ‹Kind› gar kein lebendes Wesen, sondern ein Ding (Stück Holz, Lehmklumpen, Besen usw.), das durch Beschwörungen lebendig gemacht werden kann.» (S. 835) Man hat zwar seit der Renaissance versucht, natürliche Erklärungen für diese Sagenwesen zu finden – viele Bescheibungen sprechen für Krankheiten wie den Kretinismus der Berg- und Waldbewirtschafter –, doch die Zeugnisse des Schauders und der Entfremdung von aus dem eigenen Innern hervorgebrachten Wesen, die man nicht anerkennen oder wiedererkennen kann, reichen weiter.

Auf den zweiten Blick zeigen sich hier dann doch viele Ähnlichkeiten mit den Monstern und Missgeburten im alten Griechenland. Die Ähnlichkeit beginnt mit der engen Verbindung der drei tiefen innerleiblich-außerleiblichen Übergänge: Sexualität, Geburt und Saugen / Säugen: in der Vorstellung. Im oben zitierten Beispiel aus Dithmarschen wird die Geschichte der Eroberung einer Nachtmahr als Braut eingeleitet mit der Erklärung,

1211 Es soll ein in ganz Nord- und Mitteleuropa feststehendes Motiv, einen Verwunderungsspruch geben, mit dem die Perspektive des Wechselbalges sich meldet; feste Bestandteile sind hier das Bekenntnis seines Alters, seiner Still-Erfahrung mit anderen Müttern und sein Altersvergleich mit einem konkreten Wald – z. B. Westerwald oder Böhmerwald. (Hwb. Abergl. Bd. 9, Sp. 859) Dahinter scheint mir ein poetischer Kopf zu stecken – oder viele.

dass jedes siebte Kind eine Nachtmahr sei.[1212] Wechselbälger entstehen von Alben, Mahren, Hexen und zum Teil von den synonymen *Unterirdischen* (S. 846) durch Teufelsbuhlschaft (also durch das Vögeln mit dem Teufel), durch Austausch im Uterus und durch Vertauschung der Neugeborenen (S. 849).

Bei der Teufelsbuhlschaft handelt es sich meistens um erotische Träume, «die sich steigern können bis zur eingebildeten Schwangerschaft»[1213]. Dieses Phänomen ist eine Variation des auch in der Antike bekannten Incubus[1214], des auch in mittelalterlichen Traktaten behandelten Incubus- und Sukkubus-Zaubers und des Albs, der auch bei Füßli auf der Nachtpostkarten-Frau hockt. Unterdrückte und im Albtraum entstellte Sexualität kann sich locker mit der Depression der Wöchnerin verbinden oder mit ihren seltsamen Zuständen in nächtlicher Einsamkeit, mit einem ungeheuerlichen ‹Balg›, das nicht aufhören will zu trinken. – Denn dies ist der zweite Punkt der Übereinstimmung mit den ‹Alten›: seine Unersättlichkeit. «Ein Wechselbalg erscheint unersättlich, er isst und trinkt so viel wie ein paar Erwachsene zusammen, in vielen Fällen genügt ihm nicht die Milch einer Frau, sondern saugt er vier bis fünf Frauen völlig aus.» (S. 840) Der dritte Vergleichspunkt ist seine Unberechenbarkeit. Trotz seiner Fresswut ist er meistens klein, schwach, auf allen vieren krabbelnd und idiotisch. Er entwickelt sich nicht, aber plötzlich wachsen Kopf und Extremitäten extrem, er springt und tanzt, und seine Dummheit ist nur Verstellung, «um die Menschen zu plagen» (S. 841).

Für uns interessant ist das so ähnliche Milieu der Nacht im Fall der albtraumhaften Zeugung (oder der Imagination einer solchen) und die nächtlichen Wach-Schlaf-Wechsel der Mutter, die das Kind säugen muss. Die Zahl der hier nicht sämtlich genannten Tauscher ist so groß und vielfältig (S. 845), dass demgegenüber das einheitliche nächtliche Milieu größere Bedeutung bekommt. Verschiedene Gebiete kennen verschiedene besonders gefährliche Nächte, etwa die Rauhnächte, die Samstagnacht (Bayern) oder die erste Nacht im Mai (Sachsen etc.). Besonders gefährdet sind die Kinder vom Austausch, wenn sie noch nicht getauft worden sind

1212 Müllenhoff: Sagen, S. 260: «mündlich aus Dithmarschen»; siehe auch Dig.Bib. D. Lit. Groß, S. 403759.

1213 Hwb. Abergl. Bd. 9, Nachträge Sp. 862.

1214 Vgl. Kl. Pauly 2, Sp. 1387 über Ephialtes, Faunus und Silvanus.

oder wenn bei der Taufe ein Fehler unterlaufen ist. «Die Gefahr steigert sich, wenn die Mutter eingeschlafen ist, ohne Vorsichtsmaßregeln getroffen zu haben.» (S. 849) Die wichtigste Vorsichtsmaßnahme ist das Licht, das möglichst nahe ans Bett gebracht werden muss und meistens bis zur Taufe brennen gelassen wird. (S. 851) Alle Öffnungen des Hauses müssen nachts geschlossen werden, bis das Kind getauft worden ist. (S. 853) Mutter und Kind dürfen über Nacht nicht allein und unbewacht gelassen werden – bis zur Taufe; ist der Vater fort, genügt es, dass die Mutter sich ein Kleidungsstück von ihm überzieht. Der ständige Hinweis auf die Taufe deutet vielleicht auf einen Kulturkampf, bei welchem der Teufel durch untergeschobene Fortpflanzung beim Menschen eine feindliche Übernahme plant, während er mit Menschenkindern eine gewisse Blutauffrischung erreichen will. Aber hauptsächlich haben sich diese Vorstellungen wohl wegen der schauderhaften Prägekraft von Schrecken, Angst und Selbstentfremdung so lange gehalten.

«Häufig herrscht die Meinung, dass ein untergeschobenes Kind behalten werden muss, wenn man es berührt oder genährt hat.» Kann man ermessen, welche Qualen hier thematisiert werden? Die verzweifelten Grausamkeiten zur Abtreibung des lebenden Balgs (Folterungen, Ins-Wasser- oder Ins-Feuer-Werfen usw.) (S. 856), bis im letzten Augenblick dann doch die Elbenmutter den Rücktausch ermöglicht, sind so erschütternd, weil man dahinter die mythologische oder alltägliche Grausamkeit an ungewollten Kindern ahnt: von Hephaistos über Stiefkinder (wie Schneewittchen, Aschenputtel, Allerleihrauh etc.) bis zu normalen missgestalteten Kindern, die an Jodmangel leiden.

Dies aber sind nur die Endzustände; die Nächte vorher sind schlimmer, wenn in der Dunkelheit und dem intimen Prozess des Stillens abwechselnd mit Schlaf und in einer Situation von Geisterbedrohung und halbwachen Zweifeln an der Herkunft der ‹Leibesfrucht› sich etwas Gespenstisches zwischen dunklem Innen und dunklem Außen herumwälzt. Die Furcht wird mit in den Schlaf genommen, in dem «ein Gespenst auf diese Kindsmutter wie eine schwere Last gefallen» ist, «hat sich hin und wieder über ihr gewältst, hette auch das Kind weggerissen, wenn es die Mutter nicht mit beyden Armen umfasst und festgehalten» hätte (S. 861). Piaschewski, der Autor dieses Beitrags, malt die alte Beschreibung eines Franciscus aus: wie die Mutter im Dunkel hochschreckt, im Dunkel sich bewegende Schemen entdeckt, die mit der Wachheit im Licht sich verflüchtigen, sodass sie glaubt, das Licht habe den Geist vertrieben. Schon das Komplott zwischen der eigenen inneren Nacht (wo das Kind herkommt, die Träume und die Furcht wohnen) und der äußeren Nacht (wo der Alb herkommt, durch jedes Loch im Haus) ist ein gefundenes Fressen für die unersättlichen Dichter.

Ein bekanntes Beispiel aus der Romantik, die sich des Themas gerne bediente, ist Hoffmanns «Klein Zaches, genannt Zinnober» (1815/16); hier ist der Titelheld recht repräsentativ mit den landläufigen Vorstellungen eines Wechselbalges ausgestattet. Auch der kleine Rasmus Spikher aus den «Abenteuern der Sylvester-Nacht» trägt Züge eines Wechselbalges. Der enthusiastische Erzähler dieses Phantasiestücks wäre dann der Original-Säugling. Beide scheinen aber etwa gleichstarke Trinker zu sein.[1215] Warum sich die Romantik des Themas gerne bediente? Zum Teil lag das auch daran, dass sich in der Figur des Wechselbalges viele Themen kreuzten: die Entdeckung der monströsen inneren Realität, die problematische Sexualität, der zunehmende Generationenkonflikt und, relativ neu: die Perspektive des Heranwachsenden, der sich verstoßen, verkannt und selbstfremd vorkommt (und schreiben kann). Ähnlich ist es in Byrons Drama «Der umgestaltete Missgestalte», in welchem der bucklige Arnold von seiner Mutter «Du Alp. Du Nachtmahr» und «Du Scheusal der Natur» genannt wird – und *dann* einen Teufelspakt eingeht.[1216]

Aber fast zweihunder Jahre zuvor, 1624, wurde in London das Drama von Thomas Middleton und William Rowley «The Changeling», «Der Wechselbalg», uraufgeführt.[1217] Er heißt Antonio und kann immerhin lachen; daran erkennt Lollio, dass er kein Vieh ist (1. Akt, S. 21).[1218] – Und ist kein wirklicher Wechselbalg, denn der wird nach gemeineuropäischer

1215 S. im vorigen Kapitel «Monster im Spiegel der Nacht» den Abschnitt «Die Abenteuer der Sylvester-Nacht».

1216 Byron: Werke, Bd. III, S. 609.

1217 Deutsch von B. K. Tragelehn, Frankfurt und Basel 2002.

1218 Die Dig.Bib. D. Lit. Groß hat von Luther bis Tucholsky 161-mal das Wort Wechselbalg. Die ältesten Nennungen, es sind sieben, stammen von Lohenstein; die häufigsten von Grimm («Märchen und Sagen») und Kuhn («Norddeutsche Sagen und Sagen aus Westfalen») mit jeweils 15 Nennungen. Die häufigste literarische Nennung hat E. T. A. Hoffmann mit sieben.

Übereinkunft von den Nachtmähren wieder zurückgetauscht, wenn er zum Lachen gebracht wird.[1219] Überhaupt ist die Frage, ob nicht den Dichter am Wechselbalg vor allem das Metaphernmodell interessiert, dass etwas (oder jemand) eigentlich etwas (oder jemand) ganz anderes ist; dass etwas ganz anderes eigentlich dasselbe ist (A ist B). In Middletons Drama spielt der Wechselbalg Antonio nur eine Nebenrolle: Um der Frau eines eifersüchtigen Irrenarztes nahe zu sein, gibt er sich als Idiot aus. Er ist aber vielleicht als Emblem für die tragische Haupthandlung zu sehen, in der Beatrice ihrem Geliebten Alsemero eine jungfräuliche Dienerin (einen Wechselbalg) an ihrer Statt unterschieben zu müssen glaubt, während sie sich gleichzeitig dem Mörder ihres *un*geliebten Verlobten hingeben muss, den sie loswerden musste, um mit jenem Mann zusammen zu sein, dem sie nun nur mit ihrem Wechselbalg dienen kann, während sie an den Mörder das Preisgeld zahlt.

Wahrscheinlich hat Shakespeare kurz zuvor das Wechselbalg-Thema metaphorisch verwendet und emblematisch geadelt.[1220] Bei ihm kommt der *Changeling* öfter vor, am auffälligsten im «Wintermärchen» (III, 3) und im «Sommernachtstraum». Der Sommernachtstraum ist eine nonchalante Überblendung: Das klassische Athener-Nachtleben, wo man gerade, zum Schmuck der Hochzeit von Theseus und Hippolyta, beginnt, das Theater *nachts* zu feiern – Athener Handwerker spielen das Stück ein –, wird verschnitten mit einem keltischen Nacht-Reich von Feen, Elfen und eben Alben, wie Puck einer ist. (*Ich schwärme nachts umher* ... II, 1, 43)

Hier herrschen Oberon und Titania (!) – die miteinander verkracht sind, weil er ihren Wechselbalg haben will, als Edelknaben (II, 1, 120). Bei Nachtmahren und Elfen ist Wechselbalg etwas ganz Normales, möchte man denken, doch die Eifersucht Oberons zeigt einen deutlichen Zug

1219 Vgl. Brüder Grimm (hier heißen die Nachtmahre Wichtelmänner): Kinder- und Hausmärchen. Drittes Märchen in der Trilogie «Die Wichtelmänner», S. 190.

1220 Der Liebe der Elfenkönigin zum Handwerker Zettel entspricht die Liebe der olympischen Götter zu den Sterblichen. Subthema ist die seit Heinrich VIII. sich verstärkende Legitimitätskrise des Adels und das steigende Selbstbewusstsein des Bürgertums. Achtzehn Jahre nach Middletons Wechselbalg beginnt die «Glorious Revolution» (1642). Nochmals sieben Jahre später wird der erste europäische König exekutiert und die Monarchie abgeschafft.

von Machtkampf zwischen ‹seiner› und ‹ihrer› Linie, im Hintergrund hört man Zeus und Hera schimpfen. Sie bekränzt das geraubte indische Fürstenkind – er will, dass es ihm dient – im rauen Forst als Knappe (II, 1, 19). Auch hier ist das Balg an sich, an dem sie zerren, gar nicht so wichtig. Aber es ist wieder ein Kennzeichen der Kämpfe zwischen Mann und Frau, die beide herrschen wollen. Schließlich schiebt Oberon Titania mit Hilfe seines Nachtmahrs Puck und eines Liebeszaubers auch tatsächlich einen Wechselbalg unter: Zettel, dem er einen Eselskopf überzieht. Dass diese Mischgestalt als Wechselbalg verstanden werden soll, macht Zettel (unwissend) durch sein Lied deutlich, mit dem er Titania weckt, sodass sie sich, Pucks Zauber gemäß, in ihn verliebt:

> Der Kuckuck, der der Grasemück'
> So gern ins Nestchen heckt
> Und lacht darob mit arger Tück'
> Und manchen Ehmann neckt. (III, 1, 133)

Zum Kuckuck! Rieccolo: Zeus, der Vater der Wechselbälger heißt jetzt Oberon! Vor lauter Eifersucht und Herrschsucht wittert Oberon zunächst einen Wechselbalg unter seiner Gattin, der seine ‹Linie› bedrohen würde, will diesen Wechselbalg sich untertan machen, und, als das nicht gelingt, seiner eigenen Frau zur Strafe einen Zufalls-Wechselbalg unterschieben (womit er sich selbst bestraft). Vom Monster sind wir also wieder bei dieser Art Wechselbälger gelandet, die wir schon als Minotauros oder vielleicht sogar als Esel Lucius kennen, hinter dem eine vornehme Matrone bei Apuleius her ist. – Doch wo sind all die Pferde der Nachtpost geblieben?

Lears Ritt in die Nacht

William Shakespeare kennt diese seltsamen Pferde. Schon Puck ahmt nachts die Töne der Stuten nach, um die Hengste verrückt zu machen. Doch wo ist hier die Nachtmähre geblieben, die wir doch auf der Füßli'schen Nachtmahrpost deutlich dräuend gewahrten? Nun, einerseits sind wir selbst das Pferd unserer Einbildung, wenn uns der Teufel reitet. Wenn wir ‹wähnen›, reiten zu *müssen*, sind wir selbst das gerittene

Pferd. Andererseits reiten wir dann ja auch – irgendwie. Und das Pferd ist die Frau, die *mit* uns durchgeht, oben oder unten. Die Frau wiederum reitet anscheinend seit dem Mittelalter bis in 18. Jahrhundert hinein auf allem Möglichen, wie Kälbern und Böcken, immer seltener auf Pferden. Und namentlich an dem Besen will der Mann sein *tintinabulum* nicht wiedererkennen, obwohl sich das Bewusstsein der reitenden Hexen vielleicht in einem albtraumähnlichen Zustand befindet. – In der Romantik ist das magische Pferd aber wieder da: als Nachtmähre. Der Sagensammler Bechstein konstatiert nach einer Geschichte über die weibliche Nachtmähre, die einen Jüngling nächtlich heimsucht, eine allgemeine Etymologie der Pferde-Mähre, die der weiblichen aus der Nachtmähre abgeleitet sei, welche die Pferde-Mähre reite.[1221]

Doch immer wurde nachts geritten, und erst wenn wir die phantasmatische Vereinigung von Mensch und Tier im Ritt berücksichtigen, sehen wir einen gemeinsamen Zug an diesem Paar Pferd-Mensch. Es sind verschiedene Strebungen des Ich, die hier zu verschiedenen Strategien führen können. Je nachdem, ob diese Vereinigung gewünscht oder befürchtet wird, wandelt sich der Charakter des Pferdes, die Rollenzuteilung von Pferd und Mensch und das Geschlecht der beiden. Hengst oder Mähre können für den eigenen Trieb stehen oder für das Triebobjekt, es kann diabolisch sein, wie oben bei Passavanti bemerkbar war, und es kann eine göttliche Funktion wahrnehmen, wie Pegasos bei Bellerophon, der abgeworfen wird, oder wie bei Pindar, der sein Metier beherrscht. Fürs neuzeitliche Europa hat besonders Shakespeare dieses grässliche Kuddelmuddel endgültig unauflöslich verzwirnt. Gerade diesem von der Nacht Geliebten liegt besonders daran, die Besonderheit der Nacht ‹jetzt› mit allen Besonderheiten anderer Nächte in anderen Räumen und anderen Zeiten zu verknüpfen. Siehe oben am Beispiel des «Sommernachtstraums» – und siehe auch das nächtliche Duett von Jessica und Lorenzo im «Kaufmann von Vene-

1221 «Selbst Pferde wurden von der Mahr geritten, wie denn das Wort Mahr selbst so viel ist als Pferd, wovon in deutscher Sprache noch die Worte Marstall und Mähre üblich sind, daher auch bei der bösen Trudentat der Begriff von reiten und geritten werden. Die Mahr ist aber selbst bisweilen Vampir, und ebenso vertauscht sie Kinder gegen Wechselbälge. Wer den Kindern abends ein Kreuz über Wickel und Wiege macht, hat nichts von der Mahr für sie zu fürchten.» Bechstein: Sagenbuch, S. 122.

dig», das mit dem Pathos von «Der Mond scheint hell. In solcher Nacht ...» einsetzt.[1222] Auch mit nächtlichen Spukgestalten aller Art ist er besonders vertraut. Berühmt ist die Schilderung der Queen Mab, einer Nachtmahr, in «Romeo und Julia»:

Eben diese Mab
Verwirrt der Pferde Mähnen in der Nacht,
Und flicht in strupp'ges Haar die Weichselzöpfe,
Die, wiederum entwirrt, auf Unglück deuten.
Dies ist die Hexe, welche Mädchen drückt,
Die auf dem Rücken ruhn, und ihnen lehrt,
Als Weiber einst die Männer zu ertragen.[1223]

Die heimische Folklore ist bei Shakespeare jedoch nur ein Motiv unter anderen; denn dieses Drama ist ein italienisches, nach einer italienischen Renaissance-Novelle. Alle Stoffe werden eben durch ihre Standort-Entwurzelung zu poetischen Fährten der Nachtpost. Wir rufen ihn aber hier auch als nachtästhetischen Kronzeugen an, weil er so virtuos das gesamte Gewölbe der Nacht illuminiert. Siehe Julias Gleichsetzung ihres Geliebten mit der Nacht – und: wie sie ihn verstirnt.

Komm, Nacht! – Komm, Romeo, du Tag in Nacht!
Denn du wirst ruhn auf Fittigen der Nacht
Wie frischer Schnee auf eines Raben Rücken. –
Komm, milde, liebevolle Nacht! Komm, gib
Mir meinen Romeo! Und stirbt er einst,
Nimm ihn, zerteil' in kleine Sterne ihn:
Er wird des Himmels Antlitz so verschönen,
Daß alle Welt sich in die Nacht verliebt
Und niemand mehr der eiteln Sonne huldigt.[1224]

1222 W. Shakespeare: Sämtliche Werke. Berlin 1975, Bd. 1; «Der Kaufmann von Venedig», S. 452–453; Dig.Bib. Bd. 61, Berlin 2002: Shakespeare – Complete Works, S. 13008.

1223 Ebd., Bd. 4, S. 101; Dig.Bib. 61, S. 16955.

1224 W. Shakespeare: Romeo und Julia. 3. Akt, 2. Szene, Vers 17, in der Übersetzung von A. W. v. Schlegel und L. Tieck.

Auch nächtliche Genreszenen à la Homer vermag er zu malen. Siehe sein nächtliches Feldlager in «Heinrich V.», welches der Chor besingt,[1225] und die eindringliche Beschreibung einer nächtlichen Vergewaltigung fällt zwar nicht völlig aus dem Rahmen der frenetischen Dramatiker der Shakespeare-Zeit (wie Webster, Ford und Marlowe), ragt aber heraus durch die zielstrebige Verbindung zwischen innerer und äußerer Nacht, die uns am Nachtmahr interessiert. Lucretia wacht aus einem Albtraum auf, der sich als wahr erweist, der Unhold reitet bereits auf ihr.

> Die Hand, die er auf ihre Brust noch hält
> (Als Sturmbock auf den Wall von Elfenbein)
> Fühlt, wie ihr wundes Herz bald steigt, bald fällt,
> Verzweifelnd ringend gegen Todespein,
> Und zittert mit der Zitternden, – allein
> Dies mehrt nur seine Glut, heißt Mitleid schweigen,
> Die holde Burg im Sturme zu ersteigen.[1226]

Eine der eindrücklichsten Szenen, in denen Shakespeares Figuren die äußere Nacht als Repräsentanz der inneren darstellen und erfahren, ist die vierte Szene im 3. Akt von «König Lear». Während einer der vielen Sturmnächte Shakespeares, die sich wie die Nacht der Welt ausnehmen,[1227] redet Edgar, der Sohn Graf Gloucesters, irre, gibt sich als ‹armer Tom› aus, als sein Vater auf öder Heide als ‹wandelndes Feuer› (sagt der Narr), das heißt, mit einer Fackel, auftaucht:

«Das ist der böse Feind Flibbertigibbet; er kommt mit der Abendglocke und geht um bis zum ersten Hahnenschrei; er bringt den Star und den Schwindel, macht das Auge schielend und schickt Hasenscharten, verschrumpft den weißen Weizen und quält die arme Kreatur auf Erden:

1225 W. Shakespeare: König Heinrich V. In: Ders.: Sämtliche Werke Bd. 3, S. 444; Dig.Bib. Bd. 61, S. 15767.

1226 W. Shakespeare: Lucretia. In: Ders.: Sämtliche Werke, Bd. 2, S. 731; Dig.Bib. Bd. 61, S. 18737.

1227 Vgl. R. Vollmann: Shakespeares Arche. Nördlingen 1988, S. 337.

Sankt Withold ins Feld dreimal wollt' schreiten:
Kommt die Nachtmähr' und ihre neun Füllen von weitem;
Da dräut er gleich:
Entweich'! Entweich'!
Und trolle dich, Alp, und troll' dich![1228]

Die Übersetzung von Ludwig Tieck scheint der Urheber dieser erfolgreichen Darstellung der Nachtmahr als Nachtpferd zu sein. Erfolgreich nicht nur in Deutschland, sondern auch in England selbst. Aber in Wahrheit ist diese Fährte der Analogie schon von Shakespeare selbst gelegt worden:

… Swithold footed thrice the old;	Swithold trat dreimal das Moor;
He met the *night-mare*, and her nine fold;	er traf die Nachtmahr und ihre neunfältige Brut;
Bid her alight,	hieß sie absteigen
And her troth plight,	und ihr Jawort geben,
And aroint thee, witch, aroint thee!	Und pack dich, Hexe, pack dich![1229]

Flibbertigibbet ist ein Irrlicht und böser Nachtgeist, der schwindelig vor Augen macht und Glieder absterben lässt (Kribbeln, wie von Nadeln erzeugt). Es ist aber nicht sofort klar, ob er auf der Nachtmähre sitzt oder gar nichts mit dem Folgenden zu tun hat. Wichtiger sind die Andeutungen von Magie. In der neueren Übersetzung von Raimund Borgmeier u. a. wird dieses «Swithold footed thrice the old» wiedergegeben als: «Swithold trat dreimal das Moor.»[1230] Es wird sich um ein dreimaliges Moorstampfen gehandelt haben, das die Nachtmähre hervorrufen konnte. Tieck aber hat,

1228 Shakespeare: König Lear; Dig.Bib. Bd. 89, ‹Die Bibliothek der Weltliteratur›, S. 62373. Vgl. Shakespeare, Sämtliche Werke Bd. 4, S. 555. – Shakespeare hat es übrigens geschafft, in drei Versen fünf Nächte unterzubringen:» O grim lookt night, o night with hue so blacke, / O night, which euer art, when day is not: / O night, o night, alacke, alacke, alacke.» A Midsummer Night's Dream, S. 96; Dig.Bib. Bd. 61, S. 1018 (vgl. Shakespeare-First Folio, S. 178).

1229 Shakespeare: King Lear / König Lear. Stuttgart 1973, übers. R. Borgmeier, u. a., S. 134, Vers 123 ff. Hervorhebung von mir.

1230 Ebd., S. 135, Vers 123.

ebenso magisch-imitatorisch, den Klang von *fold* in die Bedeutung von «Fohlen» (*foal*) übertragen. Dadurch wurde es naheliegend, die Nachtmähre als Mutterstute auszugeben. Diese Vorstellung ist so suggestiv, dass die erwähnte Übersetzung von Borgmeier u. a. nicht davon loskommt und aus *nine-fold* die «neunfache Brut» macht. Doch für Brut steht im Original kein Wort und *nine-fold* heißt lediglich «neunfach» oder besser «neunfältig».[1231] Entweder *erscheint* sie gleichsam neunfach, etwa mit neun Köpfen (schließlich sehen die Augen dank Flibbertigibbet schlecht), oder es ist *ihre* (*her*) Neunfaltigkeit, machtvolles Attribut und ‹antichristliche› Verhöhnung der Dreifaltigkeit. Jedenfalls bittet er sie abzusteigen.

Das konnte Tieck nicht akzeptieren, da sie ja bei ihm das Pferd selbst war. So ‹dräut› der ‹hl. Ludwig›, der Autor von «Phantasos», ihr nur, sie solle entweichen. Um ihr Jawort konnte er sie schon gar nicht bitten. *To plight one's troth* heißt «sich verloben»; *to trot* wiederum heißt «ein Pferd traben lassen», aber auch «abziehen». (Ein Trotter ist ein Traber.) Sollte es wirklich Zufall sein, dass Shakespeare selbst zweimal einen ‹Hauch› von Pferd (mit der Ähnlichkeit zu *foal* und *troth*) in diese irre Rede in irre(ende)r Nacht hineingebracht hat? Wahrscheinlich nicht; denn dagegen spricht die Schreibung der *Night-Mare* mit Bindestrich (sowohl in der First Folio Edition als auch in der Riverside-Ausgabe).[1232] *Nightmare* heißt «Nachtmahr» und *mare* heißt «Stute». Wenn Shakespeare einen Strich zwischen *night* und *mare* setzen lässt, so sollen wir aus dem Nachtmahr die Mähre, das Pferd, heraushören und mit der Nachtmähre das Nachtmahr, den Albtraum. Wir sollen beides zusammen vorstellen, das man verwechseln und trennen kann – so wie auch der / die Nachtmahr absteigen kann vom Pferd, um es laufen zu lassen, damit man sich verlobe, oder wie es stattdessen zu einem Verlöbnis mit dem Tier kommt, weil der nachtmahrische Tierhalter sich ‹getrollt› hat. Sublimation und Triebbefriedigung sind so verheddert ineinander, dass man am besten die Zügel schleifen lässt und dem Pferd die Kontrolle überlässt, sei's zum Olympos oder Tartaros.

Der Bindestrich dient auch der Hervorhebung der *Nacht* an der Nacht-Mähre, und hieran zeigt sich die ganze Kunst Shakespeares, die innere

1231 Es gibt zwar eine Bedeutung für *fold* als ‹Familie›, aber das scheint grammatisch prekär: die ‹Neun-Familie›.

1232 Siehe Shakespeare: Complete Works. English & German, Dig.Bib. Bd. 61.

Nacht des Albtraumes mit der äußeren Nacht des Sturmes zu verbinden, mehr noch: in äußerer Sturmesnacht die inneren Nächte von Lear und Edgar miteinander zu ver-blenden. Dazu muss man wissen, dass diesem Edgar hier sein Vater vorgeblich als Gespenst mit Fackel erscheint. Da ist denn der *Anschein* verständlich, dass Edgar von dem *ganzen* Aufzug nichts wissen will, egal wer Mähre / oder Reiter, Ross oder Reiterin ist. In der Übersetzung von Erich Fried geht es nicht um eine Verknüpfung von Nachtmahr / Pferd mit Edgar selbst, sondern Nachtmahr und Pferd sind das Paar, das er verteiben will:

Sankt Veit ging dreimal durchs Feld allein.
Da traf er die Nachtmahr und ihre Neun.
Aber wie sie auch tobten,
Er schlug ihren Verlobten
Und schrie, pack dich fort Hexe, pack dich.[1233]

Dass Veit / Withold den Verlobten schlug, ist von der Übersetzung her nicht sehr überzeugend, als psychologische Erklärung schon. Gegenüber dem Vater oder dem Überich leugnet Edgar, selbst der Verlobte der Nachtmähre, also der Hexe, zu sein. Dabei hat er kurz zuvor gestanden, mit der Nacht-Mähre, also dem Pferd, gemeinsame Sache gemacht zu haben und sein Gewissen verjagt zu haben. Verstellt, als Verrückter, hat er von einem bösen Feind erzählt, der ihn hoffärtig werden ließ (*proud of heart*), sodass er «auf einem braunen Traber über vierzöllige Brücken ritt, seinen eigenen Schatten als Verräter zu jagen. Gott schütze deine fünf Sinne! Tom ist es kalt! Oh do de do de do de …»[1234] Auch *nach* der hier im Zentrum stehenden ‹Erscheinung› der Nachtmähre betont ‹Tom› / Edgar, dass er «Pferd zum Reiten und Waffen zum Tragen» gehabt habe. (140) Die Nachtmähre steht also hier – sei sie Pferd, Trieb oder Reiterin – im Zentrum eines Pferdebezugs, das ein haarsträubendes schwarzes Loch ist, das alles verschlingende Monstrum des Wahnsinns.

Aber es ist ein simulierter Wahnsinn. Edgar verstellt sich auf der Flucht

1233 Shakespeare: Werke. Übersetzt von Erich Fried. Frankfurt [5]1995, Bd. 3, S. 1888.

1234 Sakespeare: King Lear – König Lear, III, 4, 55. Weitere Belege nach dieser Ausgabe durch Versangabe im Haupttext.

vor seinem Vater Gloster, der ihn verstoßen hat und ihn jagt. Gleichwohl ist der Sohn hin und her gerissen; deshalb spricht er in Rätseln wie eine Sphinx des Wahnsinns: gegensinnig. Deshalb der Double-Bind vor dem Vater, der zugleich ein böses Irrlicht in der Nacht ist.[1235] Deshalb auch muss er seinen Albtraum-Vater bitten, abzusteigen und das Treueversprechen zu geben – und ihn zugleich zum Teufel schicken (125).[1236] Deshalb muss er kurz-, klein- und unkenntlich geschlagene Trümmer bewusst, aber wie Traumfetzen, wie Botschaften der Nachtpost durch das Universum jagen. Und wir werden sehen, dass es nicht nur *sein* Universum ist, in dieser «tyrannischen Nacht» (155). So nennt ausgerechnet der Vater des ‹Verirrten› dieses ‹Universum›.

Die Reduktion der Nine-Fold auf die ‹Neun› der Nachtmahr bei Fried lässt kurz aufblitzen, dass das die Reste dieses ersten Wahnsinnsrittes über vier Zoll breite Brücken sind – und von «Gott schütze deine fünf Sinne!» (56) Vier und fünf gibt neun. – Die Neunfalt, die Sankt *Withold* im Lied, das ‹Tom› singt, entgegentritt, ist eine verschlüsselte Erinnerung, die Edgar beim Auftritt des Vaters (in Begleitung Lears) ereilt. Dabei muss die Neunfalt nicht die Summe seiner Verfehlungen sein; sie kann auch ihre Strafe bedeuten. «Swithold footed thrice the old» (123), das kann auch bedeuten: Er übertrat dreimal das Althergebrachte, die Tradition; oder Dreimal trat er den Alten, den Vater. Das potenzierte Strafgericht folgt auf dem Fuß: Dreimal drei ergibt die Neunfalt der Nachtmahr.

Früher war er ein vielfaches Tier der Sündhaftigkeit, «Schwein an Trägheit, Fuchs an Verstohlenheit, Wolf an Gier» usw. (94), und jagte seinen Schatten, jetzt ist *er* der Schatten seiner selbst; in seinem Rücken, wo die Angst hochkriecht: der «Fürst der Finsternis» (146). Dazu muss man wissen, dass der im Original ein *Prince* of Darkness ist und dass ‹Prinz› Edgar selbst in seiner bösen Zeit mit seiner Dame den «act of darkness» tat (87), viele Eide schwor und sozusagen mit der Sünde verlobt war. Jetzt hockt er, tief entzweit mit seiner Angst, anderthalb Faden

1235 Fried übersetzt *Flibbertigibbet* mit «Galgenfürbalgen», sodass aus Edgars Namengebung der Vorwurf an den Vater wegen zu heftiger Bestrafung herauszuhören ist.

1236 Verkehrte Welt. Der legitime Sohn muss den Idioten spielen, damit der Vater ihn nicht als seinen Sohn erkennt, während der wahre Wechselbalg, der uneheliche Sohn Edmund, der Intrigant ist, der in derselben Nacht den Vater verrät.

hat er gezählt[1237], und friert in der stürmischen Nacht. – Wir können hier nicht auf allen Spuk und Zauber eingehen, der in solcher außergewöhnlichen Nacht (III, 2, 41) zitiert wird. Aber auf die Magie der verstreuten Fährten muss noch mit einem Beispiel eingegangen werden. Zu den Pferden:

Die Nachtmähre ist also *auch* ein Pferd, ein Wahnsinnspferd. Um die wahnsinnige Zerrissenheit von Edgars wilder Jagd zu verstehen, die der doppelt Verstellte (als Tom und Withold) in seinem Double-Bind zum Ausdruck bringt, sind im Text der vierten Szene Pferde-Ausdrücke ver‹streut› (wie der Strohhalm auf dem Kameraden), die das *troth* als Einbettung von *trot* bezeugen: Schon bei seiner ersten Selbstdarstellung als ‹Armer Tom› reitet er nicht auf einem beliebigen Pferd über 11,6 cm breite Abgrundsbrücken, sondern auf einem *bay* trotting-*horse* (56), auf einem braunen Traber; und kurz vor seinem Veits-‹Tanz›-Lied (oder Spruch) beendet Edgar die Aufzählung seiner tierisch-bösen Verwandlungen mit dem Aufruf: «Let him *trot* by», «lass ihn vorbeitraben!» (102) Nach dem widersprüchlichen Spruch wiederum erinnert der ‹Irre› (im Angesicht des väterlichen ‹Irrlichts›), dass er einst ein Pferd zum Reiten hatte und bewaffnet war. Der Witz an diesen Spuren ist, dass sie auf Lear weisen, dem der Narr den Narren Edgar als veritables Nachtgespenst (im Bettlaken) ankündigt.

Dieser Alb kommt aus dem Stroh: «Was bist du, *das* im Stroh da rumort?» (44) Am Ende des vierten Aktes findet Cordelia es bezeichnend für die bedauerliche Existenz ihres Vaters, dass er in dem «kurzen und muffigen Stroh eines Schuppens» hatte unterkriechen müssen (IV, 39). Aber das stimmt faktisch nicht. Umso auffälliger ist für den Zuschauer die unbewusste Gleichsetzung von Lear mit Edgar. Der Zusammenhang zwischen Edgar, dem verstoßenen ‹Bastardsohn› Gloucesters, und Lear, der Cordelia verstieß, ist über das Pferde-Emblem verstreut angedeutet. Beide reiten die gleiche Nachtmähre und bewohnen denselben Nachtmahr-Raum. Dieses unbewusste Mehrwissen der Personen, das die Empathie der Zuschauer steigert (sozusagen ihren Beschützerreflex), ist eine Spezialität von Shake-

1237 Sei es das Fadenmaß der Tiefe, in der er hockt, oder seien es anderthalb Schicksalsfäden. Schließlich ist er ein Spiegel Lears. Aber auch dieses Gespann in der Nacht kann man als anderthalb Paar, einen Schizophrenen, ansehen: als den Prinzen der Finsternis, der er mal war, und den Schatten seiner selbst.

speare, und in dieser Schlüsselszene des Dramas, dem finsteren Herzen des Stückes, hat dieses ahnungslose Ahnen eine besondere Bedeutung. Edgar inszeniert seinen Wahnsinn als Verstellung vor dem geliebten und gefürchteten Vater; aber fast verrät er sich, als Gloucester Lear fragt: «Was, haben Euer Gnaden keine bessere Begleitung?» (III, 145) Denn Edgar, der kurz zuvor von *seiner* teuflischen Begleitung sprach, bezieht das auf sich und antwortet ihm. Und Gloucester spricht zu Lear von seinem, Gloucesters Sohn, von Edgar: *völlig zusammenhanglos.* – Es sei denn, er hätte die Stimme Edgars erkannt, ohne es zu wissen.

Diese Zusammenhänge werden möglich durch die Eigenart dieser Nacht, und sie werden gesteigert im Verhältnis zwischen Edgar und Lear. Edgar bezieht sich zwar vor allem auf seinen Vater, aber er selbst ist eine Projektionsfigur für Lear. Beim ersten Auftreten Edgars ist sich Lear gewiss, dass ‹der arme Tom› so elend ist, weil er alles seinen Töchtern gegeben hat (48). Der redet zwar nur irre, aber Lear ist sich nun noch sicherer, dass dessen Töchter ihn dahin gebracht haben. Und als Kent sagt, der Irre habe gar keine Töchter, flippt Lear, selbst fast im Wahn, aus: «Tod, Verräter!» (70) Und in fließendem Übergang erzählt er sein Töchter-Drama als das von Edgar. Der ‹Zusammenhang› ist also ein besonderer. Er ähnelt sich wahnhaft dem vermeintlichen Wahn seines Gegenübers an; aber Shakespeare betont die Differenz durch die offenkundige Fehldeutung Cordelias, er habe im Stroh gesteckt. Diese Differenz ist genauso wichtig. Edgar ist auch das Gegenteil, Eltern*opfer.* Genau darin besteht seine Spiegelfunktion. Der Täter Lear erkennt sich am ähnlichen Leid des Opfers Edgar, indem er seine Opferung Cordelias in Edgar erkennt, wahnsinnig verstellt, um die neue, ihm fremde Sicht auf sich von außen zu begreifen. Solche Gegenspiegel sind nicht so selten, wie man glaubt. Wer hätte nicht schon im morgendlichen Spiegelblick die Person neben sich ganz anders gesehen. Dieser Gegenspiegel hat zwei mögliche Richtungen: Er kann das Eigene am Fremden zeigen oder das Fremde hereinholen in den feindlichen Blick: auf Medusa oder Schneewittchen.

Shakespeares feines Gespür für den ‹dramatischen› Gewinn aus asymmetrischen Beziehungen ist aber nicht der einzige Grund für Lears Nachfolge Edgars im Wahnsinn. Dieser Wahnsinn hat kathartische Funktion, und der wahnhafte Gebrauch des Gegenspiegels wird gefördert vom Medium der Nacht. Die Arbeit der Katharsis ist eine phantastische Umstülpung von innerer und äußerer Nacht. Dieses Verhältnis wird nun geklärt: Bereits am Ende des 2. Aktes, unmittelbar bevor Lear abtritt, hinaus in die Sturmnacht, welche im zentralen dritten Akt heulen wird[1238], verwünscht er seine Töchter als Monster (unnatürliche Hexen) (II, 280) und kündigt Rache an.[1239] Bis auf den Grund ist er voll Heulen. Philologisch korrekter: «Ich habe vollen Grund zum Weinen.» (II, 286) – Und mitten in diesen Text hinein kommt die Anweisung Shakespeares «Storm heard at a Distance» (II, 287). Dann wieder Lear: Eher wird sein Herz zerbersten, als dass er weint.

Die Töchter ziehen sich zurück ins Haus, denn «es wird einen Sturm geben» (289), und bei allem Zynismus kündigen sie Lears Nacht und Sturm draußen doch auch als Lears ‹eingebrockte Suppe› an; mehrfach wird angedeutet, dass diese «wilde Nacht» *seine* Nacht ist. Gloucester, sagen die bösen Schwestern, soll herauskommen aus diesem Sturm, sich nicht auf Lear einlassen (289–311). Wichtig ist hier vor allem das Eingreifen der ‹Regie› mit der Ankündigung der Sturm-Nacht draußen, das eine Verbindung mit der inneren Sturmnacht in Lear herstellt. Eine Verbindung zwischen dem Sturm draußen und dem drinnen stellt Lear zwar selbst an, er fordert vom Sturm, ihm den Rest zu geben, und dem Rest der Welt natürlich gleich mit (III, 2, 1). Aber er versucht noch, seinen Gram als einen äußeren darzustellen. Er hält den Sturm nicht für seinen eigenen Groll, sondern für einen Bündnispartner seiner grimmigen Töchter. (III, 2, 15) Kent tritt in dieser Szene auf, betont noch einmal das außergewöhnliche Strafgericht dieser äußerst äußeren Nacht (III, 2, 42). Auch Lear scheint sie subjektiv noch für ziemlich äußerlich zu halten, denn er fühlt sich unschuldig (2, 58) und verlangt nach Stroh (2, 70).

Noch am Anfang der vierten Szene deutet Kent eine Herrschaft der äußeren Nacht an, wenn er von der «Tyrannei der offenen Nacht» spricht

1238 Bis zum Ende der 4. Szene heult der Sturm, mit Ausnahme einer kurzen 3. Szene zur selben Nacht in Gloucesters Schloss (Gloucesters Verblendung). In der 5. Szene wechselt es vom Sturm in der Nacht zur Umnachtung Lears in dieser Nacht. In der 7. Szene folgt Gloucesters Blendung, die Dunkelheit (III, 7, 84), die ihm ein Licht steckt über seinen verräterischen illegitimen Sohn Edmund (90).

1239 Nach der Blendung Gloucesters befürchtet ein Diener, dass Regan noch unsterblich werde und dann alle Frauen «sich in Ungeheuer verwandeln» (III, 7, 101).

(4, 1), aber Lear ist auf dem Weg, auch subjektiv die Nacht mit seinem inneren Zustand zu verbinden: «Schütte weiter, ich will aushalten.» (4, 18) Er will in Edgars Schuppen. Und im Zuge dieser ‹Einkehr› – noch ist nur der Narr drin – bekommt er Mitleid mit den anderen Kreaturen, will sich dem Spüren ihrer Armut ‹aussetzen› («expose thyself to feel what wretches feel») (34). Entscheidend ist die Zunahme des bedeutungsvollen Redens übers Wetter zwischen allen. «Diese kalte Nacht wird aus uns allen Narren und Irre machen», sagen der Narr (79), Lear und Edgar und die Zunahme der Regieanweisung: «Immer noch Sturm.»[1240]

Dieser Regie-Sturm tritt regelmäßig an Nahtstellen der Übertragung auf; besser gesagt, er schafft diese Nahtstellen: zwischen äußerer und innerer Nacht (4, 1), zwischen Edgar und Lear (4, 62 und 4, 102) und sogar in Gloucester selbst, dessen Rede an der Stelle von «Immer noch Sturm» unterbrochen wird, als er von Lears Fall überträgt auf seinen eigenen. – Und das vor seinem Sohn, der aus dessen falscher Beschuldigung gegen ihn dennoch die Vaterliebe heraushören muss. Hier gehen so viele innere Nächte übereinander. «Was ist das für eine Nacht!», sagt Gloucester (173). Tom «ist es kalt» (176).[1241] – Der Einstülpung der Nacht sozusagen von ganz oben, außen, vom Autor her, entspricht am körpernächsten Ende die Ausstülpung in die Nacht als die eigene. Als Lear Edgars «unbedeckten Körper diesem Exzess der Himmel» (103) ausgesetzt sieht, hält er sich und seine Mannschaft für überkultiviert, möchte wieder ein «armes, nacktes, gegabeltes Tier» sein wie sein *Alter* Ego (Edgar) und reißt sich die Kleider vom Leib (112). Es handelt sich um den Versuch einer hautnahen Kontaktaufnahme mit der äußeren Nacht als der Repräsentanz der inneren. Bitte nicht schwimmen, sagt der Narr (113).

Sowohl wegen der thematischen Projektionen des verstoßenen Vaters an den verstoßenen Sohn als auch wegen ihres nächtlichen Leidensaustausches kann man sagen: Die beiden bewohnen die eine äußere Nacht als gemeinsame Repräsentanz ihrer je inneren. Da liegt es nahe, im Zweifelsfall nachzufragen, woher der Donner rührt, der alle rührt (159). Die ‹stille metaphorische Nachtpost› von Edgar zu Gloucester, von Lear zu Edgar, von Gloucester zu Lear, welche die stürmischen Gefühle ins Wetter beför-

1240 Siehe 4, 3; 4, 62; 4, 102 und 4, 167.
1241 Vgl. ähnlich schon vorher: Gloucester / Edgar (4, 149–151).

dert und das stürmische Wetter ins Herz, ist eine einzige, aber vielschichtige kollektive Um-Nachtung, die sich auf die anderen ausdehnt. Jede Figur sagt, in unterschiedlichem Zustand, was für ein verrücktes Wetter das sei und dass man noch verrückt werde in dem Wetter.[1242] Diese Verrückung ist eine kollektive Umstülpung der inneren Nacht nach außen: als Wetter-Metapher – und nach innen: als Strafe, Buße und Aufforderung zur ‹Einkehr› (und zur Umkehr der Sichtweise). Diese ‹äußere› Nacht, in der sich alle befinden, die gemeinsame Nachtmahr der 4. Szene des 3. Aktes ist die innere Nacht des ganzen Stückes. Im Inneren der Nacht kommt den vier Figuren (Lear, Narr, Kent, Gloucester) aus dem Dunkel des Schuppens, aus dem Stroh, ein Gespenst entgegen, etwas ganz Fremdes, das ein Monstrum ist, ein Menetekel, ein teras: nicht nur ein Schreckbild, sondern ein Schreckspiegel: ein Bild für ein vertrautes Leid im Innern von Lear und Gloucester. Und aus der Mitte der Spiegel-Rede dieses am wenigsten *wirklich* Verrückten von den fünfen springt die Night-mare ins Spiel, Spiegel im Spiegel, den drei Edelleuten ins Gesicht. Die reagieren denn auch, wie vom Pferd getroffen:

> Kent: Wie geht es euer Gnaden?
> Lear: Was ist der?
> Kent: Wer ist da? Was sucht ihr?
> Gloucester: Was seid ihr da? Eure Namen? (128)

Mitten darin, aus dem dunklen Herzen des ganzen Stückes, entspringt die Nachtmähre, die Night-mare als *Emblem* der Umnachtung. Shakespeare betont (mit der Abtrennung des ‹mare› durch den Bindestrich) die Bedeutung des Pferdes, des Tierischen, der äußeren Bedrohung. Aber zugleich ist die Nachtmähr(e) ein dunkler Spiegel, der auf die gesamte Peripherie der Szene, des Stückes, bis hinaus zum Schauer der Zu-Schauer wechselnd Nähe und Ferne blinkt. Am deutlichsten auf uns Zuschauer hin, deshalb Emblem. Denn wir müssen den Unterschied sehen: Ddiese Nachtfiguren erkennen nicht, wer da sozusagen auf dieser Nachtmähre reitet und die Nachtpost bringt. Dennoch erkennen alle etwas, wenn auch unterschiedlich stark, an dem Reiter, kaum an der Mähre wieder.

Aber die Zuschauer wissen, dass es Edgar ist. Nicht nur können sie

1242 Narr 78; Gloucester 173; Lear 17; Kent 2.

eine wechselnde Perspektive zu ihm einnehmen (die von außen und die der anderen Figuren), sondern sie sehen das Pferd schillernd in der Bedeutung eines Albtraums, einer inneren Umnachtung oder als Symbol der äußeren nächtlichen Bedrohung, als Monster nämlich in der allgemeinen Um-Nachtung. Und so ahnen sie, dass sich hier bedeutende innere Vorgänge als äußere – für uns – darstellen. Edgars Not und Ambivalenz artikuliert sich in Rätselmetaphern, als Wahnsinn *verstellt*, Gloucester bestürmen seine Erinnerungen, und Lear hält den Leidensgenossen seiner verstoßenen Tochter für seinen eigenen Leidensgenossen. Der Zuschauer aber sieht das allgemeine Ansteigen des nächtlichen Fiebers als die ständige unruhige Umwälzung zwischen innerer und äußerer Nacht, als Alb(traum).

In den Umwälzungen dieser Szene scheint mir die Zauberkraft der Shakespeare'schen Suggestion aufzutauchen. Shakespeare nutzt die Techniken der heidnischen Magie hinter dem St.-Witholds-Lied, die wir alle mit der Muttermilch schon eingesogen haben, und verwandelt sie in nahrhafte Metaphorik. Hierbei geht es nicht um einzelne Wortbilder, sondern um den Prozess einer poetischen Umstülpungsszene. Der Adressat ist die Imagination der Zuschauer. – Ist das nicht jene Nachtästhetik Shakespeares, die von den Romantikern später so frenetisch begrüßt wurde? Ist das nicht schon in der Renaissance und der Elisabethanischen und Jakobinischen Zeit eine Fahrt der poetischen Monsterverwandlung: die fortwährende Umstülpung von innerer und äußerer Nacht durch das oszillierende Nachtfenster – mal Traumbild, mal Bestie zeigend, zwischen Selbsterkenntnis und Entfremdung im Monster? Shakespeare hat den Monsterdiskurs aus seiner christlichen Abseitigkeit in die Sphäre zurückgeholt, in die er gehört: in die der Erleuchtung. Wenn wir von den moralischen Verpönungsstrategien und ihren ästhetischen Vergällungstechniken, die schließlich auch Medusa verhässlicht haben, absehen, ist die Vision eines Engels, das Auftauchen einer Gottheit in der Nacht, nicht sehr verschieden von der Parusie Edgars für Lear.

Shakespeares Dämonisierung des Psychischen und Beseelung des Dämonischen bedient sich des Mediums der Nacht, um eine Umstülpung von innen und außen als zentrales nächtliches Erlebnis zu inszenieren. Intuitiv haben das viele Volksmärchen auch getan, aber die dichterische Reflexion ersetzt den Aberglauben (an die Realität des Erlebten) durch den Flug der Metapher mit ihrem blitzschnellen Perspektiv-Wechsel der Ahnungen im Dunkeln – des imaginären Nachvollzugs, der Realisierung in der Phantasie. Auch Shakespeare benutzt dabei kompositorische Mittel, die nicht unbedingt während des phantastischen Ritts oder Flugs bereits auffallen. Zu diesen Mitteln gehört die Versenkung entscheidender (auch innerer) Ereignisse in das nächtliche Mittelstück des Dramas, also in den 3. Akt. Außer King Lear ist hier an Macbeth zu erinnern.

Aber natürlich gibt es auch andere Mittel. Eines der ältesten ist die Vorwegnahme der Handlung im nächtlichen Traum, die wir schon im Gilgamesh haben und die tatsächlich in vielen Kulturen einer Einschätzung der Vita activa entspricht, dass diese nämlich von der Traumwelt oder -zeit vorherbestimmt sei. Shakespeare benutzt diese ausgestülpte Traum- oder Geistersphäre (die Übergänge sind fließend) auch als Vorschatten des Finales, wie etwa in Richard III., wo die Geister der Ermordeten den Gang der am Tage folgenden Schlacht vorhersagen. Diese *nächtliche Realität* trifft Richard III. wie nichts anderes und zerbricht ihn (5. Akt, 3. Szene). – Es muss aber kein Traum sein, ein Selbstgespräch in der Mördergrube des Herzens oder im skorpionzerfressenen Hirn tut es auch, wie Macbeth zeigt, der, bevor der große Nachtakt in der Mitte des Stückes steigt (Banquos Ermordung, Hexenszene), die innere Nacht im wahrsten Sinne des Wortes evoziert. «Komm, sackschwarze Nacht, / verhüll dem milden Tag die sanften Augen …»[1243] Dieses Einstülpen eines körperlich gedachten Tages (II, 2, 47) durch eine ebenso personifizierte Nacht (II, 2, 53) wird in der Ansprache an die Nacht aus der inneren hervorgeholt.

Ein Wort noch zu den Pferden. «Ein Pferd, ein Pferd. Mein Königreich für ein Pferd», das ruft Richard III. zweimal am Ende seines Dramas. «Horse» ist sein letztes Wort. Ein Pferd ist ihm sein ganzes Königreich wert, für das er dieses ganze Drama mit Mord und Totschlag doch veranstaltet hat. Sein höchstes Gut. Das ist insofern irreführend, als es nur ein beliebiges Pferd ist, mit dem er flüchten will. Zwar gibt es hier immer noch Reste der alten Troika zu bestaunen: Reiter, Pferd und Drachen nämlich. Aber es ist der Drache, der nach dem Pferd verlangt. Ausgerechnet Sankt Georg hat Shakespeares Finsterling unmittelbar vor der Entscheidungsschlacht angerufen, der solle ihm «die Hitze eines Drachens» einflößen (V, 3). Doch

1243 W. Shakespeare: Macbeth. Übers. von Frank Günther, München 1995, II, 2, Vers 46.

übrig bleibt von dieser ‹Bestie› «ein Straßenhund. Ein Tier von unten bloß».[1244]

Seit Bellerophon auf Pegasos gegen die feuerspeiende Chimäre kämpft, vertreten Pferd und Drache zwei meistens antagonistische Körperphantasmen und, darauf aufbauend, verschiedene Psychoagenturen, die indessen nicht gar so krass wie Körper und Geist oder Gut und Böse geschieden sind, weil beide Tiere sind. Das Pferd ist gut gebändigter Trieb – wenn man es zu reiten versteht – und ächzender, unterworfener Leib, wenn die Nachtmahr reitet, obenauf ist. Ist das Pferd, auf dem man reitet, im Ritt ein harmonisches Gespann von Ich und Es, so irrlichtert der Drache (oder Ähnliches) meistens zwischen Es und Überich (oder Über-Es). Aber seit Shakespeare beschleunigt sich der Wechsel der Tiere für die nächtliche Fahrt. – Pegasos? Gérard de Nerval reitet *Chimären.* Seine Benennung eines Gedichtzyklus nach diesem Monster manifestiert: Der Dichter exekutiert keinen Auftrag eines lichtvollen Olymp mehr.[1245] Er will die Einheit von Wahn und Welt. Er träumt «in der Grotte, wo die Sirene schwimmt …».[1246]

Das hat übrigens nichts mit den ‹Innovationen› realnächtlicher Fortbewegungen zu tun. Nerval ist früher. Und Antoine de Saint-Exupéry, der Ritter der Lüfte, krallt sich trotz seiner Nachtflüge ebenso inbrünstig in die gewölbte Kruppe der durchs All fliegenden Erde, wie sich Lucius in Nodiers «Smarra» an sein sprechendes Pferd Phlegon klammert.[1247] Und dem Landarzt gehen immer noch die Pferde durch, die ihn von Rosa trennen. Der Diskurs mit Nachtmähren und Monster ist seit der Romantik noch stärker abgekoppelt von der außeren Wirklichkeit, das Nachtgetier kann so noch expressiver auftauchen in fiktiv äußerer Nacht. Machen wir einen letzten Ritt mit Aloysius Bertrand (*1807).

1244 W. Shakespeare: Richard III. Übers. von Thomas Brasch, Frankfurt 1985, V. Akt, 4. Szene, S. 172.

1245 G. de Nerval: Chimères/Chimären. In: Ders.: Die Töchter der Flamme. München 1989, S. 287.

1246 Ebd.: «El Desdichado» S. 289. – Muss man noch darauf hinweisen, dass in anderer Hinsicht Welten, reale Welten, Shakespeare und Nerval trennen? Die Einsamkeit der Nächte Nervals, der in den verlassenen Grotten der anderen haust (vgl. seine Überschriften), wäre bei Shakespeares Spiegelfeuern zwischen den Protagonisten undenkbar.

1247 Vgl. A. de Saint-Exupéry: Wind, Sand und Sterne (1939). Düsseldorf [25]2000, S. 84, und Nodier: Smarra, S. 260.

Gaspard de la Nuit de Paris

Wahrscheinlich ist Nerval zur Symbolisierung seiner Gedichte als Chimären (1854) von Aloysius Bertrands «Gaspard de la Nuit» ‹animiert› worden, der 1842 postum erschienen ist. Dieser ‹Nacht-Kaspar›, fiktiver Autor der gleichnamigen Sammlung von Gedichten in Prosa, fürchtet zwar, seine «Mären» würden dereinst vergessen sein, brüstet sich aber gleichwohl triumphierend, derjenigen Chi-Märe, welche die Kunst ist, auf den Spuren gewesen zu sein, und zwar fast so, als ob es reichte, auf ihren Spuren – nun eben: zu wandeln.[1248] In Wahrheit ist der *fiktive* Autor dieser «Phantasien in der Manier Rembrandts und Callots» (so der Untertitel) selbst die Chimäre. In erster Linie ist das lyrische Ich in diesen Prosagedichten eine Chimäre, aber der reale Autor Bertrand zielt damit auf den fiktiven Autor Gaspard als auf einen ‹verwunschenen› oder verwünschten Unhold, von dem man schließlich nicht einmal weiß, ob er existiert (der Teufel möglicherweise)[1249], oder ob er nicht vielleicht nur ein Albtraumspender, ja Albtraumbewohner ist. Die *Figur* des Dichters als Chimäre deutet das Typhoeus-Erbe bereits in der *Manier* an, in der diese Nachtstücke andere Nachtstücke nachahmen. Die «Zwiegestalt» der Kunst erscheint zudem personifiziert in einer Misch-Figur des lyrischen Ichs, die oszilliert zwischen introvertierten Rembrandt- und extrovertierten Callot-Elementen.[1250] (Prolog, 29) Pindar reitet Pegasos; aber Gaspard ist die Chimäre.

1248 A. Bertrand: Gaspard de la Nuit. Phantasien in der Manier Rembrandts und Callots. Frankfurt 1978, S. 9. Weitere Seitenangaben im Haupttext. Seine «Märe» (S. 116) ist im Original aber nur eine «fabel»; s. A. Bertrand: Gaspard de la Nuit. Paris 1920, S. 40.

1249 G. Roskoff erwähnt im 2. Bd. seiner «Geschichte des Teufels», Nördlingen 1987, S. 440, den *Schwarzen Kaspar*, der die Teufelskinder holte, die dem Teufel verschrieben waren – ähnlich dem Dr. Faustus. Doch reichte zur ‹Verschreibung›, dass man sich mit magischen Ritualen unverwundbar (*fest* bzw. *gefroren*) gemacht hatte, was besonders zur Zeit des Dreißigjährigen Krieges ‹gut angenommen wurde›, aber zweifellos älteren Ursprungs ist.

1250 Vom lothringischen Kupferstecher Jacques Callot ist der kritische Geist gegen die Monster der Aggression (Strafen, Kriege) und der Askese berühmt gewesen. Seine wiederholten Versuche über «Die Versuchung des Hl. Antonius» (1616/17, 1634, 1635) sind voller klassischer Monster und monströser Erfindungen. Die gleichnamige Radierung von 1634 zeigt eine Chimäre als Feuer und Wurf-

Doch ist der Unterschied schon deshalb nicht so umwerfend, weil diese Tiere oder Untiere, seien es nun Pferde oder Monster – in Fahrt und Kampf intim miteinander verstrickt –, immer auch Manifestationen eines Kampfes verschiedener psychischer Instanzen miteinander gewesen sind. Und zumal die wechselnden Nachtvehikel der französischen Romantiker fahren notorisch mit dem Motiv der Sinnlichkeit und der ‹Aufsässigkeit› durch die Nacht des christlichen Abendlandes. Bei Pindar ist Pegasos noch das Symbol für Form-Beherrschung und Selbst-Disziplin. Die romantischen Untiere sind, oft von Volks-Märchen oder Verwandlungssagen abgeguckte Entfremdete, Verstoßene der Sinnlichkeit. Die Sympathisanten der Verwünschten suchten, da ihnen die Sinnlichkeit als ein zur Fratze entstellter Wasserspeier der christlichen Kathedralen erschien, entweder verwunschene Nischen verwunschener Orte und Zeiten (Friedhöfe, Ruinen, Ägypten, das Mittelalter, die heidnische Antike), oder es schien ihnen Sinnlichkeit nur als *Auf-Begehren* repräsentierbar zu sein – auch im Sinne einer Befreiung der Sinne. Es klagt Théophile Gautier:

«Wir wollen nun die unvergleichliche Orgie beschreiben, wogegen Belsazars Feste verblassen: eine Nacht bei der Königin Kleopatra», schreibt der Wortführer der französischen Exotisten 1845, um klagend fortzufahren: «Aber [wie] sollen wir mit unserer modernen, keuschen, eisigen Sprache diese zügellose Aufwallung, diese große mächtige Ausschweifung malen, die sich nicht scheute, Wein und Blut, diesen doppelten Purpur, zu mischen? Den Auftrieb unbefriedigter Wollust, der sich gewaltsam auf das Unmögliche stürzte, mit einer Glut, die noch durch kein langes christliches Fasten gedämpft war.»[1251] Das Negative, Aufständische, ja Teuflische ist dabei den französischen Romantikern, die schließlich, inspiriert oder traumatisiert, den *terreur* der Französischen Revolution erlebt hatten und bis 1870 drei weitere Revolutionen ‹hinlegten›, leichter aus der Feder geflossen als etwa den deutschen Romantikern.[1252]

geschosse speiende Kanone. Vgl. Callot: Das gesamte Werk, Bd. 2: Druckgraphik, S. 1512.

1251 Th. Gautier: Eine Nacht der Kleopatra. In: Ders.: Romane und Erzählungen. Wiesbaden 2003, S. 376.

1252 Vgl. den gepflegt satanischen Hautgoût noch beim erzkatholischen Barbey d'Aurevilly (*1808) mit seinen «Diabolischen Geschichten» (1874) und seinem Roman «Finsternis» («Une histoire sans nom», 1883).

Die Engländer allerdings hatten ihren Byron, der sich in den 1820er Jahren in ganz Europa ‹ungeheuer› vermehrte. Der gewaltsam-anziehende, vampyrische Charakter all der düsteren gefallenen Engel und ‹Gezeichneten›, die überall nur Unheil säten, hat in Form des europäischen Byronismus das Heldenbild der Literatur geprägt. Dabei gibt es mancherlei Verbindungen zwischen dem sozial-aufrührerischen Ethos und dem verführerischen Eros.[1253] Doch das sind keine wesentlichen Differenzen, wenn man auf die europäischen (negativen) Vorbilder nach 1789 schaut, die zwischen Albtraum und Teufel schwanken. Die von allen gepflegte *sympathy for the devil* hat schließlich einen entscheidenden Auftrieb durch einen deutschen Mephisto erhalten, einen Winkeladvokaten körperlicher Sinnlichkeit und geistigen Eigen-Sinns. Die Romantiker, nicht nur die Dichter unter ihnen, verehrten Goethes «Faust» (I), Faustens Mephisto – und beider Teufelsritt zur Walpurgisnacht. Fausts Frage an den Teufel während des Teufelsritts: «Was weben die dort um den Rabenstein?» erscheint in den «Paralipomena zu Gaspard de la Nuit» als Motto über dem Gedicht «Der Galgen» (S. 157).[1254]

Nehmen wir die Faust-Illustrationen von Delacroix zum Beispiel, die 1828 in Paris erschienen sind. Die Schlüsselradierung zeigt den sich sozusagen selbst reitenden Mephisto – aber nicht über dem Brocken, sondern über der Stadt: einen menschenähnlichen geflügelten Teufel, der sowohl zu fliegen als auch zu kriechen scheint. Sein phantastischer Körper in der Schwebe de-monstriert: «Aufstieg und Absturz sind eins».[1255] Man ist bei den zuweilen gehässig Kadaver-Romantiker genannten Nachtreitern nicht wählerisch, was die Nachtmähre angeht; sei es der Teufel selbst (das hat ja Tradition in Frankreich)[1256], oder sei es ein totes Pferd. Im nachgelassenen Poem des «Gaspard de la Nuit», «Das tote Pferd», ist aber, im Gegen-

1253 Vgl. M. Praz: Liebe, Tod und Teufel. München 1963, S. 72.

1254 Beachte das unheimliche Weben in der Nacht, das Hexengespinst; es wird vom Erzähler dieses Gedichtes weidlich ausgesponnen: Ist's eine Spinne, die Musselin als Tuch für den erdrosselten Hals wirkt? (S. 157).

1255 D. Schäfer: Bilder, an die man hätte denken können. In: Staatliche Kunsthalle Karlsruhe (Hg.): Eugène Delacroix. Karlsruhe 2004, S. 88; siehe Abb. 7, auf der folgenden Seite.

1256 Vgl. A. R. Lesage: Der hinkende Teufel.

Abb. 7: Eugène Delacroix: Satan über den Dächern. Lithographie, Illustration zu Goethes «Faust» (1827).

Delacroix' 17 Lithographien zu Goethes «Faust», nach und in eindringlicher Beschäftigung mit dem Drama in den Jahren 1825–27 entstanden, sind ein herausragendes Beispiel der romantischen Faszination für das Teuflische und Böse. Er selbst hat seine oft sehr tiefdringenden Szenenstudien nicht als Text-Illustrationen verstanden, sondern als selbständige Arbeiten. Das Original mit dem Titel «Méphistophélès dans les airs» zitiert unter dem Bild das Schlusswort Mephistos aus dem Prolog und übernimmt so die teuflische Deutung des Ganzen. «Von Zeit zu Zeit seh' ich den Alten gern, / Und hüte mich, mit ihm zu brechen.» (Vers 350 f.)

satz zum sinnlichen Teufel von Delacroix, nicht die körperliche *Sensation* entscheidend, sondern das Phantasma der *Fahrt*. Die dritte und vierte Strophe lauten (S. 155):

> «Jede Nacht, sobald der Himmel fahl wird vom Mondlicht, fliegt dieser Kadaver davon, und auf ihm reitet eine Hexe, die ihn mit ihren spitzen Hacken spornt, während der Wind in die Orgel seiner hohlen Rippen bläst.
> Und stünde zu dieser verschwiegenen Stund in einem Grabe des Kirchhofs ein schlafloses Auge offen, es würde sich plötzlich schließen, aus Furcht, ein Gespenst zwischen den Sternen zu sehen.»

Dass die Fahrt das entscheidende Ereignis oder der bestimmende Zustand ist, wird am Perspektivwechsel zu diesem schlaflosen *Auge* eines Toten, eines Gespenstes also, deutlich, das seinerseits Angst vor einem möglichen Gespenst zwischen den Sternen hat. Das Ganze wiederum wird auf die sprachliche Ebene einer Vermutung im Konjunktiv gehievt, die wiederum ihrerseits in der letzten, hier nicht wiedergegebenen Strophe unter einem Mond anwest, der mit nur einem Auge einen streunenden Hund bescheint, der Teichwasser schlappt (S. 156). Die Erhöhung des Blickens mit einem schlaflosen Auge bis zum Mond – also gleichsam anstelle, an die Stelle des Gespenstes eines Pferdekadavers, das noch in der Strophe, die seinem Nachtritt voranging, recht drastisch in seiner körperlichen Schindung geschildert worden war –, thematisiert die Nachtfahrt als eine zwischen einem schlafenden und einem wachenden Auge. Die Fahrt zwischen Traum und – wenn auch fingierter – Wahrnehmung ist auch als ein oszillierendes Nachtfenster denkbar, mal den Innenraum spiegelnd, mal die nächtliche Ferne.

Der Unterschied zwischen dem Delacroix'schen Teufel und dem Bertrand'schen Kadaver ist allerdings nicht nur der von Vehikeln. Der Teufel Goethes und Delacroix' reist zur Buhlschaft, während das tote Pferd eigentlich nichts mehr reißt. Die Liebe spielt im «Gaspard» nur eine untergeordnete oder, wenn man so will, nur allzu übergeordnete Rolle (einzige Ausnahme: das datierte Gedicht «Chèvremorte» von 1832). Denn nur die unglückliche Liebe zu einer verehrten Toten macht die Kunst (S. 11). Hier sieht man allerdings, dass Bertrands Abstand zu den Frenetikern der französischen Romantik größer ist als zu Goethes Faust. Während Gaspard seine Elisabeth zu «einer Beatrice in himmlischem Gewande» (S. 11) verklärt, zieht Faust seinem Gretchen die entrückte Helena vor.

Auch die Entgegensetzungen zwischen rebellischer Gesinnung (vorwiegend der französischen Romantiker) und tiefsinniger Nischenhockerei (vorwiegend der deutschen) sind übrigens im durch das in der Poesie vermittelten Körperphantasma nicht so sauber getrennt, wie die Literaturwissenschaft annimmt. Jedenfalls hat seine engagiert radikaldemokratische Haltung während der Julirevolution (S. 164f.) Bertrand nicht davon abgehalten, die politisch konservativeren oder vorsichtigeren deutschen Romantiker zu verehren. Der Untertitel des Gaspard spielt schließlich auch auf E.T.A. Hoffmanns «Fantasiestücke in Callot's [!] Manier» und seine «Nachtstücke» an.

Ausdrücklich erweist Bertrand in seinem zweiten «Scarbo» genannten Gedicht Hoffmanns «Nachtstücken» seine Reverenz durch ein Zitat. Ein Geist hatte sich hier unbegreiflicherweise in ein Heim eingeschlichen und war ebenso unbegreiflicherweise wieder entkommen (S. 158). – Der Zeichner und Kupferstecher Bertrand hat des Komponisten Hoffmann Fantasiestücke aber nicht nur nachgeahmt. Bei Hoffmann kommt Rembrandt nicht im Titel der Fantasiestücke vor, wohl aber in den weiter oben behandelten «Abenteuern der Sylvester-Nacht», und zwar mit doppeltem Bettzeug eingebettet in den Traum des Enthusiasten, in dem ihn sein Alter Ego, der Maler ohne Spiegelbild, vor Julia warnt, einer Figur, die er eigentlich kennen müsse von den «Warnungstafeln» Brueghels, Callots und Rembrandts her.[1257]

Der ‹reisende Enthusiast› mag wie sein Spiegelbild, der Autor Hoffmann, in der Malerei nicht so bewandert sein wie in der Musik. Doch bildet sein «Postskriptum» eine nachhaltige Provokation für den romantischen Maler und Zeichner, wenn er ‹beinahe glaubt›, dass «die holde Julia … jenes verführerische Frauenbild von Rembrandt oder Callot war, das den [Maler] Erasmus Spikher um sein schönes ähnliches Spiegelbild betrog» (S. 359, 17). Dieses «Oder» zwischen Rembrandt und Callot bei Hoffmann ist verräterisch. Bertrand ist hier bestimmter: Er wertet Rem-

1257 Hoffmann: Fantasiestücke, S. 340, 34. Siehe auch oben: «Hoffmanns Zauberspiegel der Literatur». – Während der Enthusiast das träumt, schreibt sein nächtlicher Quälgeist so etwas Ähnliches als Geschichte auf.

brandt auf, indem er ihn in den Titel hebt, und verstärkt programmatisch den Gegensatz zwischen seinen Rembrandt- und seinen Callot-Stücken (S. 29). Das ist nur konsequent; schließlich hat das erste Buch des «Gaspard» den Titel: «Die flämische Schule» (S. 35), und das malerische Hell-Dunkel ist hier stärker aus der Malerei übernommen. Dennoch kann man die Verlagerung des Kunstbezugs nicht einfach als Weiterentwicklung des poetischen Imaginären nach Hoffmann ansehen. Gerade dieses ‹Oder› des literarischen Komponisten, die Ungewissheit gegenüber dem visuellen Objekt und gegenüber seinem Status verstärkt den Zusammenklang zwischen innerer und äußerer Nacht als den Trägern innerer und äußerer Bilder.

Bevor wir den Spuren Gaspards folgen, die Bertrand mit seiner Nachtpost zwischen Dijon und Paris hinterlassen hat[1258], stöbern wir eine weitere Nachtmähre auf, mit der seine zwielichtigen Ichs unterwegs sind. In «Die Phantasmagorien der Nacht», dem dritten seiner sechs «Bücher», intoniert ein Ich zunächst «Die gotische Stube» mit dem Motto: «Zur Nacht ist meine Stube voller Teufel.» (S. 77) Aber der schlimmste aller hier quälenden Monster (Drachen, Teufel, Kobolde) ist *Scarbo*, ein männlicher Nachtmahr mit vampirischen Zügen, «der mir in den Hals beißt; und um die blutige Wunde auszubrennen, taucht er seinen eisernen Finger hinein, der rot ist von der Glut des Ofens» (S. 78). Im nächsten Gedicht namens «Scarbo» wird der augenscheinlich von Gaspard (Bertrand) erfundene boshafte Zwerg (S. 79) als ebenjene intermedial zwischen Albtraum und Nachtgespenst driftende Figur vorstellig, die wir als Alb, Schrettele oder Nachtmahr kennen. Im nächsten Gedicht, ‹Der Tolle› tollt er in der Nachtstadt und im nächtlichen Haus umher. Droht er in ‹Scarbo› dem Ich noch die höllischsten Leiden als Leiche an – wobei das Stoff-Motiv des Leichentuchs herausragt[1259] –, hat das lyrische Ich des ‹Nacht-Kaspars› fast sympathische Züge eines Nachtstromers im alten Paris. Das sind dichternahe Inszenierungen, die seit den revolutio-

1258 Bereits 1833 hat er seine vielfach schon fertigen Phantasien unter dem Titel «Gaspard de la Nuit» im Gepäck (Helmut Scheffel, Nachwort, S. 165).

1259 Mitsamt der Spinne will Scarbo ihn, eingesponnen in ein Spinnweb, verscharren; wie eine Mumie soll er in eine Vipernhaut gefüllt sein, während er «in Muße die kleinen Kinder in der Vorhölle schreien hören» soll (S. 79).

nären Nächten von Paris (Rétif de la Bretonne)[1260] mit Wonneschauern goutiert werden: «ein Auge zum Mond gekehrt, das andre geborsten» (S. 80).

Und näher rückt das böse Kerlchen, das manchmal, wie in «Das Tor des Louvre» (S. 101), recht realistische, wenn auch irrlichternde Züge aufweist und sich als Hofzwerg des Königs erweist (S. 102), dem doch von ‹Gaspard› erfundenen lyrischen Ich, indem es von seinem Dach Falschgeld herunterregnen lässt, das es mit dumpfen Schlägen in seinem Keller geprägt hat (S. 80).[1261] Dieser Zwerg nun sucht ein Pferd. In der folgenden ‹Phantasie›, «Der Zwerg» mit Namen, hört man im Motto schon unbekannte Stimmen aus der Ferne Schottlands im Zwiegespräch über Pferde und andere Windspiele, die man beritt (das können nur Zwerge sein)[1262], als ‹Ich› nah am nächtlichen Fenster einen Nachtfalter greift, «der aus einem Mondstrahl oder aus einem Tropfen Tau geschlüpft war» (S. 82). – Der Falter als Symbol der Seele hat bei Gaspard die spezielle Bedeutung von ‹unschuldiger Kinderseele›, die der Rahmenerzähler Bertrands zu Anfang seufzend erinnert – und die ihm auch sonst noch nachhängt. Schließlich droht ein gewisser *Scarbo* im Gedicht «Scarbo» dem lyrischen Ich als schlimmste Qual an, in einer verpuppten Leichengestalt (wie eine Mumie) die kleinen Kinder in der Vorhölle in Muße anhören zu müssen (S. 79).

‹Ich› hält also im auf «Scarbo» folgenden Gedicht «Der Zwerg» «ein zappelndes Nachtgeschöpf» zwischen seinen Fingern, «das einen reichen Zoll von Düften entrichtete, um seine Flügel» aus dem Griff des Ichs zu befreien (S. 80). Das «rastlose Tierchen» entschlüpft und lässt in seinem Schoß – o Entsetzen! – eine *monströse*, missgestaltete Larve, mit einem menschlichen Schädel zurück. Dass dem Seelentierchen die Flucht gelingt, war zu erwarten. Wie sagte doch der autobiographisch angehauchte Erzähler Bertrands zu Anfang des Buchs: «Die Kindheit ist ein Schmet-

1260 N.-E. Restif de la Bretonne: Die Nächte von Paris 1789–1793. Leipzig und Weimar 1989; im Original: Les Nuits révolutionnaires.

1261 Siehe die Ähnlichkeit mit der Freud'schen Haus-Metapher für ‹Ich›, ‹Es› und ‹Überich›.

1262 Im Deutschen ist das *Windspiel* allerdings nicht nur ein Hund, sondern auch eine Bezeichnung für das *tintinabulum*, den (aufgehängten) Phallus mit Glockenspiel zur Abwehr böser Geister, den können auch Gnome in der Kirche reiten oder metaphorisch Menschen.

terling, der allzu bald ins Licht der Jugend fliegt und sich die weißen Flügel verbrennt...» (S. 8) – Im Schoß! O Entsetzen! Und wer ist entflohen, wer blieb zurück? Sind die kleinen Kinder aus der Vorhölle entflohen? Und ähnelt die Larve mit dem Menschenschädel nicht dem Gespinst der Spinne, das der Scarbo zwei Gedichte zuvor aus dem Ich-Erzähler angedroht hatte zu machen?

Aber nein, Ich ist ein anderer; denn mit dem lyrischen Ich dieses ausgestülpten Albtraums redet plötzlich dieser grässliche Rückstand der Jugend; *er* ist der Zwerg (nicht das Ich – behauptet dieses). Das Gedicht erfährt hier genau nach drei von sechs Strophen eine Zäsur, die fast wie eine Spiegelachse anmutet, denn das Gegenüber aus dem Schoß erhebt seine Stimme; jetzt spricht Es. Das Ich antwortet und fällt dann zurück in die Beschreibung seines Inneren. Die Totenkopflarve ist der Scarbo, fragt nach der Seele desjenigen, der soeben noch eine Seele entfliehen ließ. Scarbo will auf ihr reiten. Das Ich, das soeben noch sich an den Flügeln festhielt, die entkamen, ist jetzt selbst auf der Flucht als Seele. Dieses lyrische Ich sagt dem Scarbo, dass seine Seele ein Zelter sei, der in «der goldenen Spreu der Träume» ruhe. Nicht also liegt der Traum in der Seele eines Pferdes, sondern das Pferd als Seelenbild ruht im Traum – allerdings auf Stroh. Letzteres hört sich dann doch wieder recht tierisch an. Wir wissen, was Stroh bei Nachtmähren zu bedeuten hat! Und Bertrand hat die Konnotation der burgundischen oder schwäbischen Volkssagen recht genau beachtet.

Die Seele des Ichs, das soeben noch die Falterseele gefangen hielt, flieht nun selbst als Pferd schaudernd vor dem Zugriff des Albs, der doch ein ‹gespinstischer› Rückstand in seinen Fingern war. Flieht durch die Nacht über der alten Stadt. – Halt! Nacht steht da nicht. Da steht:

> Und Schauder ergriff meine Seele, und sie floh durch das fahle Spinnweb der Dämmerung über schwarze Horizonte, die gezackt waren von schwarzen gotischen Kirchtürmen. (S. 82)

Das fahle Spinnweb der Dämmerung, das ist nicht nur die sich lichtende *äußere* Nacht, das ist die innere Nacht, das Gehäuse der Mumie; Ich ist das Nachtgespenst im Gespinst der Spinne (vgl. S. 79). Mehr noch, die Pferdeseele flieht:

> Doch wie sie wiehernd davonstob, hängte der Zwerg sich an sie und drehte sich wie eine Spindel im Wocken ihrer weißen Mähne. (Ebd.)[1263]

Hier ist Scarbo ent-‹larvt› als die klassische Nachtmähre der Märchen, reitend auf der Nacht-Mähre namens Seele. Denn wie anders als im Traum soll sich das ereignen, dass ein Ich *spricht*, seine Seele schlafe. (Es ist ein Traum im Traum.) Scarbo umgarnt wie eine Moira; sein Traum-Garn ist die Geschichte und das Geschick, in die das erzählende Ich sich einspinnt, uns einspinnt. Wir haben bereits im Hesiod-Teil als erste Agentur der Übertragungsfahrt der Körper den *Stoff* behandelt, der mittels äußerer Hülle ein Innen schafft und Inneres ‹ausdrückt› im performativen Gewand, in der Maske, im Tuch der Nacht. Immer wieder sind uns Motive des Webens, Flechtens und des nächtlichen Spinnens begegnet – auch als Selbst‹bezug› aufs Erzählen, Dichten und ‹Trachten›.[1264] Und immer wieder mit Pferden.

Queen Mab in Shakespeares «Romeo und Julia» dreht ebenso die Weichselzöpfe in die Mähnen der Pferde wie der Scarbo und das schwäbische Schrettele.[1265] Von der Kikimora Russlands, einem Gespenst, das nachts

1263 Da der Wocken eigentlich, synonym dem Rocken, ein Stab ist, auf dem das Fasermaterial locker aufgehäuft ist, um von der Spindel abgezogen zu werden, scheint mir die Übersetzung nicht glücklich, denn die Spindel bohrt sich nicht in den Stab. Im Original heißt es auch: «dans les quenouillées de sa blanche crinière» (S. 27). – Die Mähne ist also das gerockente Material, das für den Spindelbohrer ‹aufgebäumte› Werg.

1264 Das gemeineuropäisch nächtliche Beilager von Textil-Arbeiten und Schnurren der Unterhaltung setzt sich selbst in den adeligen Salons im St. Petersburg des 19. Jahrhunderts fort, wo die Damen auf Soiréen, über dem Stickrahmen gebeugt, den männlichen Erörterungen über Russlands Schicksal unter Napoleon lauschen. So ist es naheliegend, auch in der Textarbeit das ‹Spinnen› und das Spinnen miteinander zu ‹verspinnen›. Lew Tolstoi vergleicht in «Krieg und Frieden» den Salon von Anna Pawlowna einer Spinnerei, in der sie als Fabrikantin von Gesprächskreis zu Gesprächskreis eilt, um die «Gesprächsmaschine» in «gleichmäßigen, schicklichen Gang» zu halten, bis die «Spindeln … überall gleichmäßig und ohne zu verstummen» surrten. Lew Tolstoi: Krieg und Frieden. München 2010, S. 19 ff.

1265 In «Der Galgen» «zwackt» ein Käfer «auf seinem schwankenden Flug

spinnt, bis zu den Poltergeistern, deren erster Teil ihres Namens von mittelniederdeutsch *polter* stammt für «Lappen» (auch *Nachtpolter* für «Nachthemd», ursprünglich wohl ein Leichentuch): Immer wieder ‹spinnen› die Geschichten die Verwandlungen des Körpers aus, wobei der ganze Stoffbereich jene Umstülpung von innen und außen symbolisiert, die er vormals als Membrane magischer und ritueller und geträumter Performationen getragen haben mag. Denn der eine Pol ist immer das Traumgeschehen. Faden und Stoff verbinden Scarbo mit Gaspard: Roskoffs «Geschichte des Teufels» hat ein reiches Depot mit Stoffmustern zur Teufelsverschreibung. Der *Schwarze Kaspar* holte die Teufelskinder, die etwa «Nothemden» trugen, «wozu das Leinengarn in der Christnacht von unzweifelhaften Jungfrauen in Teufelsnamen gesponnen … werden musste …»[1266]

Die Körperberührung des Stoffes ist hier entscheidend. Hostien aufs *enthäutete Fleisch* des eigenen Körpers oder «Passauerzettel auf Jungfern-Pergament» (ebd.), die unter der Kleidung auf den linken Arm gebunden wurden, waren ebenso wirkungsvolle ‹Verschreibungen›. Auf dem Zettel konnte stehen: «Teufel hilf mir, Leib und Seel geb ich dir!» (Ebd.) Außer dem Zusammenhang von Körper, Stoff und Text(il) ist für den Dichter ein solch wirksamer Text wie eine Teufelsverschreibung von höchster Verführungskraft.[1267] Allerdings ist die Rezeptur umgekehrt zu verstehen. Teuflisch gute Bücher

von diesem kahlen Schädel [des Gehenkten] ein blutiges Haar». Im Original steht für Käfer *escarbot*, was einen Teil der physischen Erscheinung von Scarbo erklärt, der auch in «Der Zwerg» als Käfer auftaucht. In der deutschen Übersetzung aber heißt das: ein *Schröter* (S. 157), also ein Schrettele. Dahinter tut sich ein weites Bedeutungsfeld auf. So steht der «Schröter» in «der ältern sprache namentlich für den schneider, dessen gewerbe anfangs den tuchhandel mit umfaszte» (Grimm, Wörterbuch, Bd. 15, Sp. 1790, 25). «Heute wird schröter hauptsächlich als bezeichnung eines käfers, besonders des hirschkäfers, gebraucht.» (Ebd.) Vgl. den ‹*Skarabäus*›. Doch gab es auch die Beschreibung als fliegenden Wurm, im Französischen und Italienischen auch als fliegenden Hirsch. – Auch Gregor Samsa ist ein Scarbo, er handelt mit Tuchwaren. F. Kafka: Die Verwandlung. In: Ders.: Gesammelte Werke, Bd. 4, S. 57. Hier ist das Ich selbst vollends zum Monster geworden.

1266 Roskoff, Geschichte, Bd. 2, S. 441.

1267 Der Herausgeber des Buches spielt selbst mit der teuflischen Herkunft desselben. Unter der Statue eines buchlesenden Geistlichen lernt er den buchlesenden Gaspard kennen, der über ein antiquarisch erstandenes Buch zur Suche

des Dichters sind nur der Nebeneffekt seiner Unverwundbarkeit, für die er seine Seele ‹verschrieben› hat. Alle Verwundungen und Verwundbarkeiten werden ‹fortgeschrieben›, eine seelische Eiseskälte bleibt zurück – hinter heißen Texten. So die Vorstellung oder der Traum.

Dazwischen rast das Pferd, *es* überträgt in den anderen Status, fährt in die Verwandlung, zunächst nur der Seele oder einer bestimmten Instanz von ihr, aber vielleicht auch verbindet es die schicksal- oder triebhaft unausweichlich einander ‹zugesponnenen› phantastischen Körper oder die in ihnen symbolisierten psychischen Instanzen, die im Text miteinander prozessieren. Denken Sie an die Geschichte bei Lecouteux von den Frauen, die den Tod weben und auf Pferden mit ihren Lappen zu ihren Bestimmungsorten nach Norden und Süden reiten. Aber die Dichter reiten mit Pferd in den Körper des Traums, durch ihn hindurch und imaginär hinaus. – Mit diesem fliehenden Pferd scheint sich das lyrische Ich zwar zu identifizieren, doch mutet etwas befremdlich an, dass sie noch in der vorletzten Zeile «wiehernd davonstob», die Seele.

Gleich wird sie weit weg sein, doch sie bleibt dem Ich und uns greifbar, denn der Zwerg hängt sich an sie wie eine Spindel im Wocken ihrer weißen Mähne. Die Mähne der Seele ist nur das Ungesponnene der Geschichte dieses kleinen Demiurgen, der die Arbeit der Geschichte macht. Wir müssen den Gedanken akzeptieren, dass der Falter, der Zelter, der Zwerg *ein* dreifaltiges Wesen sind. Der Perspektivwechsel vom Schmetterlings*fänger* zum fliehenden Pferd und zum reitenden Zwerg ist eine Fahrt durch die psychischen Instanzen, deren Differenzen durch ihre körperliche Verschiedenheit gewahrt bleiben. Besonderer Nachdruck liegt aber hier auf der Erkenntnis, dass derjenige, dem wir den Genuss dieser poetischen Geschichte verdanken, der böse Geist selbst ist, der durch mehrere Gedichte geistert und ein rechter Quälgeist ist. Er ist das jagende Schuldbewusstsein und zugleich, weil er sich an diese fliehende Seele wie an seinen Rohstoff heftet, der Demiurg der Geschichte, die wir lesen. Dennoch: In der Oszillation zwischen der eingebildeten Bewegung des Davonstiebens in die Nacht und einer *inneren* Unabschüttelbarkeit eines ungewollten Lebendigen durchbricht hier die Mähre das Nachtfenster – das ja zu Hälfte ein Spiegel ist.

nach dem Wesen der Kunst kommt, zur Teufelssuche und zu einem nachgelassenen Band Gedichte unter dem teuflischen Namen des Autors.

Sinnigerweise spiegelt sich das Gedicht in der Insel-Ausgabe, aus der ich hier zitiere, in der Lithographie von Delacroix zu Goethes «Faust»: «Satan über der Stadt» (s. o.); will sagen: hier wird im Spiegel die böse dominierte Dreifaltigkeit der neuen Poesie sichtbar. Dieser Teufel ‹entfaltet› prachtvoll seine ehemals englischen Flügel über einem kraftvollen, nicht unedlen Leib, der heidnisch-heroisch wirkte, wenn er nicht so serpentinato, verdreht wäre. Erinnert gleichwohl an ein Pferd mit gutem Widerrist und muskulösem Schenkel. Es ist aber Mephisto; sein teuflischer Kopf, sein Geist, ist das Zentrum dieser polyvektoralen Dynamik des phantastischen Rittes über der Stadt.

Die Mähne der Seele ist nur das Ungesponnene der Geschichte, sagte ich, der Geist der *poesis* ist im Gesponnenen manifestiert, in der Larve, die sich als bohrende Spindel ‹entpuppt›. Insofern ist die Anmutung der Moira kein Zufall. Es gibt einen Nachtschwärmer namens Totenkopf-Schwärmer aus der Familie der *Sphingidae*, dessen lateinischer Name *Acherontia atropos* ist.[1268] (Sphinx, Acheron und Atropos – eine feine Gesellschaft von Namen.) Die Analogie dieses Zwergs zu anderen Erscheinungsformen Scarbos ist auch in der Tatsache gegeben, dass der Totenkopfschwärmer mit seinem Rüssel schwebend den Nektar aus den Blüten saugt. Eine gewisse Ähnlichkeit mit den vampyrischen Zügen im Gedicht ‹Scarbo› passt hier auch zu den darin angedrohten Mumifizierungen (S. 78).

Es bringt uns in diesem Zusammenhang nachtästhetisch nicht weiter, diese drei psychischen Instanzen psychologisch zu ‹entlarven›, da es uns weder um eine allgemeine Nacht*psychologie* geht noch um eine individuelle Analyse. Gaspards *ästhetische* Verdichtung bestimmter Bilder passt auch nicht immer zu einer Kohärenz psychologischer Symbolik, die er gleichwohl anspielt. So bildet die Larve eines Falters im normalen Leben der Insekten ein Jugendstadium ihres Lebenszyklus, indem sie zum Beispiel fortpflanzungsunfähig ist. Hier aber ist die Larve im Schoß eher ein Kokon, der ein *Altenteil* des flüggen Schmetterlings ist. «Eine garstige Larve mit einem menschlichen Schädel» (S. 82), das kann auch ein hässlicher Greis sein mit Glatze, Schatten seiner selbst – wie die Larven, als

1268 H. Reichholf-Riehm: Schmetterlinge. München 1983, S. 110 Die Puppe des Totenkopfschwärmers hat realiter keinen Totenkopf. Aber hier sind ohnehin Falter und Käfer zusammengeschoben – und alle Metamorphosen sind Traumverwandlungen.

welche in der griechischen Antike die Totengeister bezeichnet wurden. Wichtig ist, dass zwischen den Instanzen immer wieder der Blick auf eine je andere Instanz wie auf einen anderen Körper fällt, dass es monströse Sichtbarkeiten von Inkarnationen und, wenn man so will, Exkarnationen gibt. Der Nachtfalter repräsentiert die flüchtige, vergangene Kindheit, auch die unschuldige Seele, die aber nun doch körperlich mit der abgestoßenen abstoßenden Larve zusammenhängt.

Diese hässliche Larve ist das vom Alb gepeinigte Ich, mumifiziert, sowohl im Leichentuch als auch im Kokon. Aber zugleich ist diese Larve der Alb selbst, vielleicht eine Repräsentanz des Überichs, das den Verräter seiner jugendlichen Unschuld heimsucht. Entscheidend ist, dass sie nicht voneinander lassen können. Der Alb wächst aus dem Schoß der verfolgten Unschuld als flagrantes Symbol eines Verpönungsprozesses von Sexualität. Das Pferd ist zwar gemeinhin ein Symbol für vom Ich integrierte Sinnlichkeit; aber ein Zelter ist ein Pferd für Damen und Geistliche, das im Passgang geht. Es ist ein Albtraum, wenn es wiehernd davonstieben will … und doch nur das Ungesponnene ist, Werg für den Zwerg.

Aber ein Spinner ist eben auch der Falter, sein zartes Gespinst führt ebenso zur Spindel in der Fahne der Flucht. Dieser Zusammenhang ist unabwendbar verzwirbelt, eine fast moirische Verzwirnung des Triebschicksals. Diesen Zug ins Schicksalhafte, zumindest im dritten Buch, übersieht man in der deutschen Übersetzung leicht, wenn man «Phantasmagorien der Nacht» liest; das klingt ein wenig nach subjektiver Irrealisierung und Fehlwahrnehmung. Im Original heißt es «La nuit et ses Prestiges», also «Die Nacht und ihre Geltung» (oder: «ihr erhabenes ‹Ansehen›»).[1269] Allerdings ist im *Prestige* der Nacht ursprünglich auch ein böser oder doch negativer Sinn von Täuschung verborgen, denn das Wort stammt von der lateinischen *praestigia*, dem Blendwerk der Gaukler.[1270]

Das Jahrtausende währende Beilager von monströsem Körper und dem Faden-Stoff-Paradigma, zugespitzt auf die ‹Spindel der Notwendigkeit›, hat einen leicht erklärbaren Bestandteil (sozusagen das Kissen die-

1269 Das dritte Buch mit elf Gedichten namens «La Nuit et ses Prestiges» beginnt in der französischen Ausgabe (Paris 1920, S. 25) mit diesem Titel.

1270 K. E. Georges: Ausführliches lateinisch-deutsches Handwörterbuch. Digitale Bibliothek Bd. 69. Berlin [2]2004.

ses Lagers): Schließlich wurde nachts beim Sinken des Körpers, besonders des kindlichen, in den Schlaf das Garn gesponnen, auch des Erzählens. Bertrand spinnt nicht mehr selbst, jedenfalls kein Garn; hat es aber vielleicht als Kind erlebt. Jedenfalls kennt er die alten Geschichten von Cauquemares, Alben und kleinen ‹bucklichten Männchen›.[1271] Er ist nicht der Erste, welcher im übertragenen Mundraub an der oralen Literatur die Spindel entwendet, sie als selbstreferentielles Symbol der literarischen ‹Textilität› verwendet und sie zugleich als Sublimation triebökonomisch wendet.

Schon die französische Literatur des 18. Jahrhunderts ist voller spindelhaltender Feen (also Moiren) gewesen.[1272] Das große romantische Vorbild Bertrands, Charles Nodier, der, ganz allgemein gesagt, die kleineren Monster wie Smarra und Trilby aufwertet und sie mal gut, mal ziemlich böse sein lässt[1273], lässt die Spindel tanzen, was das Zeug hält. In «Trilby oder Der Kobold von Argyll» (1822) wird die herzzerreißende Liebesgeschichte zwischen der verheirateten, einsamen Fischersfrau Jenny und dem Hausgeist Trilby erzählt, die mit einem gemeinsamen Liebestod endet. Als Jennys Liebe durch das exorzistische Paar aus Ehemann und Mönch bedroht wird, denkt Jenny über ihren Hausfreund:

> Was soll auf dieser Erde aus ihm werden, wenn er des einzigen Glücks in den Dämmerstündchen beraubt ist? Tat er so großes Unrecht, der arme Trilby, wenn er abends mit meiner Spindel spielte, sobald ich sie beim Einschlafen aus meiner Hand gleiten ließ, oder wenn er den Faden, den ich berührt hatte, um sich wickelte und dabei mit Küssen bedeckte?[1274]

Nodier hatte diese Geschichte nach einer Schottlandreise geschrie-

1271 Das kleine bucklige Männchen, ein Weinbauer, der ihm die teuflische Natur des Gaspard de la Nuit verrät (S. 26), trägt deutliche Züge des christlich verteufelten Dionysos, wenngleich Gaspards (!) geliebtes «Dijon» nach einem andern, nach *Sankt* Dionysius benannt ist (S. 17).

1272 Siehe hierzu oben, A 4: «Die Nacht des Schicksals».

1273 Der Inkubus *Smarra* bringt in der gleichnamigen Erzählung (1821) das Liebespaar Polémon und Myrrhé nach einem makabren Fest um.

1274 Ch. Nodier: Trilby oder Der Kobold von Argyll. In: Ders.: Die Liebe und das Zauberbuch. Leipzig 1989, S. 37; weitere Seitenangaben im Text.

ben, in Schottland spielt sie, und Schottland ist die Heimat auch des ‹Windspiels›, das Bertrand seinem ‹Zwerg› voranstellt, der sich dann wie eine Spindel in die Mähne des fliehenden Pferdes dreht. Mit der Zusammenführung von Tintinabulum[1275] und Spindel möchte ich darauf hinweisen, dass das Geschlecht solcher Kobolde nicht entschieden ist und sich nach dem heimgesuchten Geschlecht richtet.[1276] Die Spindel aber ist keine erzählerische Ausschmückung Nodiers, sondern ein zentraler Kultgegenstand aus der oralen Tradition auch Schottlands. Die Spindel tanzt immer wieder den Übergang, die Initiation vom müden Singsang der Spinnerin in den Traum hinterm Schlaf. (S. 67) Dass Bertrands Geschichte eine verdichtete Variation der Nodier'schen ist, sieht man an der (zeitlich umgedrehten) Versammlung von Pferd, Spindel und Nachtfalter. Bei Nodier reitet Trilby auf Pferden, wobei er «die langen Ringellocken ihrer wehenden Mähne durch seine Finger gleiten» lässt und sie auch sonst caressiert, dass sie «vor Freude wiehern» (S. 32). Nodier hatte erzählt, wie die dunkle Jenny sich, während ihre Spindel tanzte, in den Schlaf sang und wie dann Trilby hurtig aus seinem Loch tanzte (S. 33). Nodier war es, der beschrieb, wie Trilby sich auf ihre Knie schwang, die er «wie ein Nachtfalter mit dem lautlosen Schlag seiner unsichtbaren Flügel sanft berührte» (S. 33).

Aber Nodiers Trilby ist ein Guter. Zwar kennt Bertrands Vorbild[1277] auch böse Nachtmahre wie Smarra oder den Teufel; aber Bertrand ist es, der diesen Zwerg schlechtmacht, indem er ihn mit teuflischen Zügen verbindet. Der besondere *spin* Bertrands ist es aber, dass er diesen Alb zum *Subjekt* der Poesie macht. Denn das lyrische Ich in diesem Gedicht und anderen ist eben, zumindest einerseits, auch der reitende Zwerg und Teufel. Mehr noch, dieser gehört auf geheimnisvolle Weise mit dem fiktiven Autor Gaspard de la Nuit zusammen. Allein die Tatsache, dass Scarbo die *verschiedenen* Gedichte durchkreuzt und beherrscht, dürfte einem zu denken geben: Scarbo ist Gaspard. Die fast anagrammatischen Namen klingen nicht nur ähnlich. Gaspard, der deutsche Kaspar, einer von den Heiligen Drei Königen, Schutzheiligen der Stadt Köln, die auch

1275 Im Deutschen ist die Übersetzung von Bertrands *levrier*, Windspiel, zugleich eine Bezeichnung für das Tintinabulum. Vgl. Anm. 426 und 1262.

1276 Vgl. Nodier: Trilby, S. 36.

1277 Siehe Nodier als Mottospender bei Bertrand, ebd., S. 91.

Bertrand heilig ist, ist ein Name persischen Ursprungs und soll ‹Schatzmeister› bedeuten.[1278]

‹Schatzmeister der Nacht› also; und wer ist das? Eine Bedeutungsschicht von *scarbo* weist auf *escarbot*, den Hirschkäfer, hin, aus dessen Gattung der Scarabäus, frz. *scarabée*, herausragt, der im Deutschen auch *Pillendreher* heißt. So macht der seinen Reichtum: Er verspinnt Fasern zu einer Kugel. Im Reich der Phantasie sind Spindel, Spinne und Pillendreher verwandt. Das hier besprochene Gedicht heißt zwar «Der Zwerg» («Le Nain»), aber der ist eben sehr verwandlungsfähig. In «Scarbo» droht der boshafte Zwerg selbst mit *escarbot*, dem großen Käfer.[1279] Es ist schließlich die gleiche Technik des Vampirs: Da, wo Scarbo in der ‹Gotischen Stube› den glühenden Eisenfinger in das Saugloch am Hals taucht (S. 78), da dreht sich der Zwerg wie eine Spindel in das Werg des Zelters (S. 82).

Bertrand ist nicht der Letzte, der seine Kobolde mit der Spindel in Zusammenhang bringt. Kafkas Erzählung «Die Sorge des Hausvaters» erzählt zum Beispiel von einem koboldartigen Wesen namens *Odradek*, das wie «eine flache sternartige Zwirnspule» aussieht, «und tatsächlich scheint es auch mit Zwirn bezogen; allerdings dürften es nur abgerissene, alte, aneinandergeknotete, aber auch ineinanderverfitzte Zwirnstücke von verschiedenster Art und Farbe sein»[1280]. Obwohl der *Hausvater* diesen Geist kaum kennt, ist der Odradek als Hausgeist aufs engste mit dem Hausvater verbunden. Neben der Bedeutung als Schicksalsfaden ist die Bedeutung eines *Alter Ego* zu spüren, als welches wir sein Werk auffassen könnten, von dem er fürchtet, dass es ihn mit all seinen losen und nachschleppenden Enden überlebt. Auf beide Sinnschichten – Schicksal des ‹Hauses› und ‹Werk› – trifft die Aussage zu: «Das Ganze erscheint zwar sinnlos, aber in seiner Art abgeschlossen.» (S. 129) Auch der Schlussabschnitt zeigt, dass die Identifizierung des Kobolds mit der Spindel und die Oszillation der Bedeutung zwischen Schicksal und Werk noch dichter ist als bei Bertrand:

«Sollte er einstmals etwa noch vor den Füßen meiner Kinder und

1278 J. E. Stadler u. a. (Hg.): Vollständiges Heiligenlexikon (1858–1882). Neufassung: Digitale Bibliothek Bd. 106. Berlin 2005, S. 567.

1279 Bertrand: Gaspard, S. 79; weitere Seitenangaben im Text.

1280 F. Kafka: Ein Landarzt. In: Gesammelte Werke, Bd. 5, S. 129; weitere Seitenangaben im Text.

Kindeskinder mit nachschleifendem Zwirnsfaden die Treppe hinunterkollern? Er schadet ja offenbar niemandem; aber die Vorstellung, daß er mich noch überleben sollte, ist mir eine fast schmerzliche.» (S. 130)

Die geheimnisvolle ‹Verbundenheit› zwischen Hausvater und Odradek, die in der Konkurrenz um ein langes Leben zum Ausdruck kommt, wird etwas klarer, wenn man nicht den Odradek als das Ich des Werkes ansieht, sondern den Erzähler. Odradek mit seinen schon beschlossenen Lebensfäden, durcheinander und zusammengestückelt, ist der biologische Kafka. Hier spricht also der Ich-Erzähler des Werkes als der Ich-Erzähler des Werkes. Odradek ist der Autor Kafka, «außerordentlich beweglich und nicht zu fangen» (S. 129), mit einem Lachen, «wie man es ohne Lungen hervorbringen kann.» (S. 130) Was die Nähe des Spindelgnoms zum Erzähler angeht, so ist Scarbo auf der Mitte der Strecke zwischen Trilby und Odradek zu treffen. An Boshaftigkeit ist Scarbo aber nicht zu übertreffen. – Und die Verbindung zwischen Scarbo und dem Ich-Erzähler Bertrands?

Wenn wir den Blick weiten von der einzelnen nächtlichen Jagd in «Der Zwerg» zum narrativen Rahmen, so wittern wir die Fährte zu einem fiktiven Autor, der seinerseits die Fährte einer gewissen Chimäre, der Kunst, gewittert hat und ihr zumindest ganz nah gewesen ist. Noch weiter draußen fällt dann der Blick zurück auf den realen Autor Bertrand, der seinen bürgerlichen Vornamen *Louis* mit der Patina von *Aloysius* überzogen hat, für das romantische und mittelalterliche Deutschland schwärmt und auch an den unglücklichen Kaspar Hauser gedacht hat, als er sein *Alter* Ego, den fiktiven Autor der Geschichte, Gaspard de la Nuit nannte.[1281] Hier führen nun die beiden Fasern Kindheit und Dichtung zusammen. Das sozusagen elternlose Kind Kaspar Hauser, das 1828 (als Delacroix' deutscher Satan sich über der Nachtstadt räkelte) in Nürnberg aufgetaucht war und fünf Jahre später in Ansbach ermordet wurde, ist das unschuldigste Kind von der Welt, zumal man ihm seine Kindheit gestohlen hatte. Dieser Gaspard Hauser ist ein zynisches Emblem für die entflohene Kindheit, die der Rahmenerzähler (zwischen Aloysius und Gaspard) programmatisch mit der Dichtung verbindet:

«Kindheit und Dichtung! Wie bald ist die eine vorüber, und wie treulos die andre! Die Kindheit ist ein Schmetterling, der allzu bald ins Licht

1281 Helmut Scheffel, Nachwort in Bertrand: Gaspard, S. 169. Gleichwohl ist die ältere Bedeutungsschicht des ‹Schwarzen Kaspar› (s. o. und Roskoff) weiterhin aktiv.

der Jugend fliegt und sich die weißen Flügel verbrennt, und die Dichtung gleicht dem Mandelbaum: ihre Blüten sind süß, doch ihre Früchte sind bitter.» (S. 8)

Die Assoziierung von Flucht der Kindheit mit einer ähnlich wiederholten Kränkung durch die Dichtung ist nicht weit von einer expliziten Kompensationstheorie der Dichtung entfernt. Umso bedeutsamer, dass sich hier der *reale* Autor ganz besonders nah zeigt. Denn den oben zitierten Sätzen sind folgende vorangestellt:

«Mein Herz hängt an Dijon wie ein Kind an der Amme, deren Milch es eingesogen, wie ein Dichter an dem Mädchenbilde, dem seine erste Liebe gegolten. – Kindheit und Dichtung ...» Bertrands Herz hängt an Dijon, das Kind hängt an der Amme, der Dichter hängt am Mädchenbilde, und Scarbo hängt an der Mähne der fliehenden Mähre.[1282] – Das ist jetzt gemein, weil es die anscheinend dramatisch notwendigen Perspektivwechsel unterschlägt, die etwa in «Der Zwerg» zwischen Falterfolterer und Zelterverfolger gleichsam fliegend vorgenommen werden.[1283] Doch schließlich ist auch zu berücksichtigen, dass ein Gedicht kein reiner Ab- oder Ausdruck von Lust oder Angst ist und dass hier fliegende Pferdewechsel der *Übertragung* (wenn sie auch treulos sind) faszinieren und / oder befreien. Von ganz weit her klingt das Motto über «Der Zwerg» (S. 82) hier nach:

«‹Du reitest zu Pferde?› ‹Warum auch nicht?
Wie oft musste ehdem mich tragen
Ein Windspiel des Lairds von Linlithgow –
Hui das war ein lustiges Jagen!›
(Schottische Ballade)»

Die Sätze über Kindheit und Dichtung folgen aber nicht nur einem Seufzer nach Dijon, sondern ihnen folgt (postwendend) Gaspard auf dem Fuße, dessen Begegnung mit so seltsamen Ausdrücken wie «ein armer Teufel», der

1282 Nachtmähren und Kobolde hängen an den Eutern, die sie nachts melken, so auch Nodiers Trilby (S. 31).

1283 Die Kindheit überlebt als böser Zwerg, ein Revenant, der sich nicht abschütteln lässt. – Es gibt eine gewisse Übereinstimmung mit Kafkas Erzählungen «Gassenfenster» und «Unglücklichsein»: Nachtfenster, Pferde, Gespräche am Rande oder im Innern des Traums um Verfolgung und Verteidigung.

«verbeulte Filz» und die «wirre Mähne» intoniert wird. Ich sagte ja: Gaspard ist Scarbo. Doch verweilen wir vor weiteren Enthüllungen dieses Verhältnisses noch kurz weiter draußen, am Anfang des Buches und beim realen Autor. Die Dichtung Bertrands will zurück nach Dijon, in die Kindheit und darüber hinaus in die Kindheit des Abendlandes, ins Mittelalter und in die alten Geschichten von Karl dem Kühnen. Am Anfang von allem steigt das mittelalterliche Weichbild der Stadt als gereimtes Proömium auf: «Schon steigst du fern am Himmel,/Stolzes Dijon herauf» (S. 7). Dieser (imaginäre) Anblick ruft im Klangkörper des Erzählers alte Lieder wach. Ein dunkles *Inneres* erbebt – das S*a*iten hat, nicht S*e*iten, die hier raunen (ebd.):

Es raunt in meinen Saiten
Ein leiser Widerhall
Von Liedern alter Zeiten,
Von deiner Glocken Schall

Die Idee des lyrischen Ichs als Schallkörper hatten auch Eichendorff, Rilke und andere. Wenn wir noch weiter hinausgehen, an den allerersten Anfang des «Gaspard de la Nuit», so gewahren wir noch hinter dem Weichbild von Dijon einen Mann im Motto, der seinerseits auf Dijon geblickt hatte, und nun fragt: «Erinnerst du dich noch, mein Freund?» (S. 7) Lang, lang ist's her, und der, der da zurückblickt auf Dijon, blickte einst zurück im Scheiden von Dijon, denn er war unterwegs nach Köln, das ist die Stadt, deren Dom der Satan gebaut hat, weiß Gaspard (S. 20). Dieses von ganz weit weg her Zurückschauen, dann dieses Spiel von äußerster Ferne und körperlicher Nähe (mit Spinnweb und all dem Zeug), das ist sein ‹Ding›, das Erinnerungsding *poésie en prose.* Bertrands literaler Geburtsort ist allerdings jenseits des Albs, pardon: der Alpen, heißt Ceva, liegt im Piemont. Von Anfang an gehört das verwirrende Spiel zwischen irisierender Ferne und dichtester körperlicher Nähe in der Nacht, wo sich die Perpektiven abrupt umkehren, zu den obsessiven Fahrten des *realen* Autors.

Buchstäblich keine ‹Fantasie›, die nicht mindestens *ein* Motto eines fremden Autors aus fremden Zeiten und Räumen herbeispielte und voranstellte, oft unmittelbar vor der Intonation einer direkten Rede des lyrischen Ichs. Ein Blick aus der Ferne, von fremden Dichtern, auf die unmittelbarste Nähe, den Blick-Winkel des Ich. Rastlos reist einer mit der Nachtpost nach Paris und retour nach Dijon, blickt auf die Aussätzigen unterm Fenster (oder im Bett) und auf die zarte Schönheit der ‹verwunschenen› Vergangenheit, sei es der Kindheit oder des Mittelalters. – Doch halt, das ist nicht Bertrand. Der Autor des «Gaspard dela Nuit» ist ein gewisser Gaspard. Der Rahmenerzähler stellt ihn uns vor als einen armen ‹Teufel (!), armen Künstler und vor allem: einen jener armen Schlucker, die es auf der Fährte des notorischen Ewigen Juden in die Welt verschlägt.[1284]

Der als Teufel maskierte nachtfahrende Dichter (oder der als Dichter verpuppte Teufel): Das ist nicht nur ein Pariser Motiv, sondern ein Motiv auch aus dem altvorderen Dijon, und es betrifft alle unruhigen Geisterfahrer (‹Scholaren›, Schrifthengste, Schlaflose), die das Nachtöl saufen und die Zeit umkehren. Die Sonnenwendnacht des 22. Juni 1464 machten einige «junge Leute … zu einem regelrechten Alptraum für die Bürger. Als Teufel maskiert rannten sie durch die Stadt, stießen entsetzliche Schreie aus, warfen Steine in Fenster und an Türen und schütteten Dreck in die Brunnen»[1285]. – Das kam häufiger vor, besonders in Uni-Städten oder solchen mit hohem Anteil Auswärtiger (wie Venedig oder Rom). Wir wissen von solchen Fällen durch Schreiber, habituelle Exoten in einer vorwiegend illiteraten Welt.

Monströs ist an Gaspard, dass sein Hunger und sein Durst unersättlich (rasend) und unstillbar sind (S. 8 f.); aber wenn man das auf die Sehnsucht des Künstlers, der er *auch* ist, beziehen kann, so hat Gaspard hier ein Motiv der Eingeweide und der Sehnsucht, nämlich des ‹metaphysischen Hungers›, markiert: Mephisto, der ewige Student Faust und der Teufelspakt. Nerval hatte gerade Faust I übersetzt, der nun in aller Munde war, nicht zuletzt wegen der fremd anmutenden, deutsch-magischen und mittelalterlichen Teufelspaktgeschichte. Dieser Faust-Mephisto-Gaspard also, fiktiver Autor all der nachgelassenen Fantasien, schreckt den Rahmenerzähler aus seinen Träumen (S. 8) [!] und erweist sich in seiner kurzen Selbstvorstellung als Spiegelbild der romantischen Kunst-Programmatik. Einzelne seiner resümierten Stationen sind selbst wiederum Nachtfenster-Fluchten. So diejenige, als er nachts in seiner Mansarde in einem antiquarischen Buch liest, dessen Einband eine geflügelte Schlange zierte, «die auf einem Wimpel die Worte *Gott – Liebe* [im Original deutsch] entrollte». In einem mystischen Augenblick schweift der Blick im Mondschein hinaus aus der

1284 A. Bertrand: Gaspard de la Nuit, Paris 1920, S. 2.
1285 T. Boiadjiev: Nacht, S. 325.

Lesehöhle und hinab unter das Fenster – und «der Finger Gottes [streift] die Tasten der Weltorgel: So schwirren Nachtfalter aus der Tiefe der Blüten, die sich schwärmerisch der Nacht zum Kusse auftun» (S. 10).

Über das Rencontre von Mondstrahl, Nachtfenster und -falter, das wir ja vom «Zwerg» her kennen, möchte ich mich nur räuspern. Wichtiger ist hier, dass gewisse Ähnlichkeiten zwischen dem lyrischen Ich in «Der Zwerg» und Gaspard hinausgespiegelt werden zum Rahmenerzähler. Der war von Gaspard aus seinen *Träumen* gerissen worden, in die er über die Betrachtung eines buchlesenden Geistlichen aus Stuck versunken war. Nun erzählt Gaspard, wie bei der Lektüre dieses Gebetbuches die (schwärmerische) Nacht draußen so weit hereinragt, dass er sich seinerseits zu weit hinauslehnt, aus dem Fenster.

Jedenfalls fällt das heilige Buch durch das Nachtfenster auf das Paar: alter Pfarrer aus dem kalten Thüringen und weißes Mädchen mit Harfe. (Finger Gottes! Tasten der Weltorgel!) Jedenfalls meint auch Gaspard zu *träumen*, jedenfalls sieht auch er einen Geistlichen, und das Buch fällt von ihm selbst durchs Nachtfenster hinunter zu diesem Pfarrer (dem Gegenstück zum buchlesenden Geistlichen aus Stuck, den der Erzähler sah, bevor *er* dem schwarzen Gaspard begegnete). Dass diese Installation auch dazu dient, in kürzester Zeit die notwendigermaßen unglückliche Liebe zu einer möglichst bald schon Toten zu absolvieren, ist klar … gehört zu diesem symbolistischen Programm avant la lettre: «Elisabeth ist tot, eine Beatrice in himmlischem Gewande.» (S. 11)

Dass Bertrand kein Klischee auslässt – Elisabeth von Thüringen –, lenkt die Aufmerksamkeit auf das eigentliche Anliegen dieses Kunst-Suchers. Gott und die Liebe (die zweifache Elisabeth) zu erfahren, war nur die notwendige, aber nicht hinreichende Bedingung der Kunst, jetzt sucht Gaspard deren *ideelles Prinzip* (S. 11). Wir aber sehen die Hauptanstrengung Bertrands: eine Flucht von Nachtfenstern zu erreichen über den Erzähler, der Gaspard trifft, zum lyrischen Ich, dem Scarbo begegnet: vom Innern des Dichters außerhalb der Literatur hinein in das Herz der Dichtung und des Lesers. Die Traum-*Schwelle* markiert hier eine Bahn nächtlicher Übertragung, die mit ähnlichen Schwellen bedeutungsvoll erhöht wird: dem Nachtfenster und demjenigen ‹Nachtfenster›, als welches wir das Buch bezeichnen können. Ein solches Nachtfenster wird sich gleich für den Leser öffnen, wenn er die Bücher des Nacht-Kaspars zu Gesicht bekommt. Das Gedicht «Der Zwerg» bildet – wie andere Gedichte aus dem

«Prestige de la Nuit» – mit vielen entsprechenden Symbolen einen negativen oder Zerrspiegel der Gaspard'schen Initiationsgeschichte in die Kunst. Eigentlich ist es nicht einmal ein Zerrspiegel, denn die Initiation ist noch nicht vollendet und wendet sich nun selbst ins noch Düstrere.

Das ‹ideelle Prinzip› der Kunst suchte Gaspard, sagt er, lange vergebens in der Landschaft und in der architektonischen Vergangenheit Burgunds. Eine neue Fährte wittert er, als er in der Kirche Notre Dame eine jener monströsen Figuren *lachen* hört, die in den mittelalterlichen Architekturen an den Gemäuern lehnen oder als Wasserspeier die Albträume auf das nächtliche Paris träufeln.[1286] Er erläutert aber für diesen Fall einer Begegnung: ein Verdammter, «der in den Qualen der Hölle die Zunge herausstreckte, die Zähne fletschte und die Hände rang» (S. 20). Den größten Effekt macht, dass diese Leidensfigur ein «Höllengelächter» anstimmt: «sarkastisch – schneidend – pittoresk» (S. 20)[1287]. Das Opfer und sein Teufel fallen in dieser Gestalt zusammen und in diesem Gelächter übereinander her.[1288] Der bittere Hohn (griech. *sarkasmos*) erhebt sich über die eigenen Leiden, die ins Fleisch schneiden (*sarkazein* = ‹Fleisch abreißen›). Allein schon die Verbindung von *pittoresk* mit dem Verbindungsglied *schneidend* erregt den Verdacht, dass hier Genres miteinander verschnitten werden sollen; sie verhöhnt aber

1286 Bereits das zweite Gedicht des ersten ‹Buches›, «Der Maurer», widmet sich diesen «steinernen Ungeheuern» und dem «verworrenen Abgrund», der sich von ihnen aus ergibt (36). Die deutsche Ausgabe von 1978 ziert, noch als Illustration der folgenden Begegnung in der Rahmenerzählung, die Radierung «Le Stryghe» von Bertrands Zeitgenossen Charles Meryon (21); das ist das Emblem der späten Pariser Stadtromantiker.

1287 Im Original «sarcastique – incisif – pittoresque», Bertrand: Gaspard, Paris 1920, S. 7.

1288 Genau hier setzt der Erzähler sich (zunächst) von Gaspard ab, schämt sich der vertanen Zeit mit einem «Besessenen» (S. 20), hält alles für Fehlwahrnehmung. Ausgerechnet einen Strohhalm (*fétu*) soll Gaspard wohl im Auge gehabt haben, der Spinner. Das heißt, ihn hat die Nachtmähre geritten. Dass ‹Gaspard› hier die ganzen Nachtmahr-Geschichten, die auch seine Geschichten durchtollen, am Strohhalm herbeizieht, sieht man am Bezug auf St. Johannis, der sowohl in den Volkssagen als auch in seinen Gedichten sichtbar ist (siehe «Der Tanz unter der Glocke», S. 85) – und in der Einführungsgeschichte, wo ein kleiner St. Johannis lebendig wird (S. 23).

im Sarkasmus ebendiese Hoffnung auf eine doch unmögliche Verbindung des Malerischen (das aus der Distanz betrachtet wird) mit dem körperlich Einschneidenden, Eindringlichen. Der Satan könnte doch das ideelle Prinzip der Kunst «bedeuten» (20); im Original: die zweite *Bedingung* der Kunst *sein.*[1289] – Das geht dann in Richtung Teufelspakt.

Aber alles, was er findet, der Gaspard der Nacht, ist Einbildung (S. 24). Den Teufel gibt es nicht, sagt er, und: Die Kunst ist nur «im Busen Gottes» zu finden (immerhin: nicht im Buch Gottes). Diese teuflische Behauptung, dass es ihn nicht gebe, vermag allein der Teufel aufzustellen. Gaspard ist der Teufel, den es nicht gibt. Es gibt ihn allerdings lediglich insofern nicht, als er nur ein Teil von dem ist, dem er entspringt, widerspricht, ent-spricht: dem realen Autor, aber auch seinem fiktiven Double Gaspard. Dieser arme Liebesleidende, der dreißig Jahre lang die Nächte seines Lebens für die Narrheiten seiner Sehnsucht vertan hat, leiht ihm schließlich das Büchlein der Fantasien – das der Erzähler aber nicht mehr zurückgeben kann, weil Gaspard verschwunden ist. Es ist das Buch, das wir lesen, und Gaspard sagt von ihm, dass seine nächtlichen Mühen immerhin mit dem Aufgehen der ahnungsvollen Dämmerung des Helldunkels belohnt worden seien (25). Die Nachforschungen des Rahmenerzählers ergeben, dass der geheimnisvolle und gespaltene Autor – mit einer Träne in dem einen, dem himmelwärts gerichteten Auge, reklamiert er den Busen Gottes – auf dieser Erde eine Mischung aus Gespenst und Teufel ist, der auch schon mal «als hübsches junges Ding … fromme Seelen in Versuchung» führt, zum Beispiel den heiligen Antonius oder den Herrn Pfarrer (S. 27).

Aber ist der Gewährsmann dieser Auskunft nicht selbst ein Unterteufel? Ein buckliges kleines Weinbauer-Männchen, das «sich über meine Verlegenheit amüsierte». Egal, der Erzähler glaubt ihm (ist ein Komplize!), glaubt ihm auch, dass Gaspard «der Junker Voland höchstselber» sei. «Sein Buch aber lasse ich drucken.» (S. 27) Junker Voland ist indessen der Teufel. Im Original steht auch schlicht *diable* (S. 9). Der Übersetzer Jürgen Buchmann wählte diesen altdeutschen Ausdruck, weil sich Mephisto in Goethes Faust selbst so nennt. Gaspard *ist* Le Diable à Paris[1290], deshalb

1289 «Satan pourrait bien être la seconde de ces conditions, ce qui dans l'art est idée.» Bertrand: Gaspard, Paris 1920, S. 7.

1290 Die erste deutsche Übersetzung des «Gaspard» erschien 1911 unter dem Titel «Junker Voland. Phantasien in der Art von Rembrandt und Callot».

ist es sinnreich, dass der Delacroix'sche Teufel nicht nur den deutschen Mephisto ‹bezeichnet›, sondern auch den französischen Kaspar illustriert. So reist denn der lithographierte Teufel vom Brocken aus über die Dächer einer Stadt namens Paris, landet im Fenster neben dem Gedicht «Der Zwerg» und wird ein «zappelndes Nachtgeschöpf», das im Gedicht nach der Seele des Ich verlangt … Nun ja, Gaspard ist ein Kind Bertrands, das er nicht druckt, *obwohl* der in der Hölle schmort (oder geschmort wird), sondern eher, *weil* er der Teufel ist: «Si Gaspard de la Nuit est en enfer, qu'il y rôtisse! J'imprime son livre». (S. 9) Unterschrift: Louis Bertrand.

Der ‹arme Teufel› Gaspard soll *der* Teufel sein? Der da sagt im «Zwerg»: «und Schauder ergriff meine Seele» (S. 82), und der im «göttlichen Busen» das Heil der Kunst sieht, der soll mit Louis Bertrand unter einer Decke stecken?[1291] Gewiss, der aufständische Teufel Miltons hat schon zu Zeiten der Französischen Revolution die Sympathien der armen aufständischen Teufel von Paris genossen. Und erst recht der oszillierende Halbteufel, der im Gaspard durch das unharmonische Paar von einem frommen und einem geborstenen Auge symbolisiert wird, fasziniert die Romantiker[1292]; ist doch die Zusammenzwingung der transzendentalen und der sinnlichen Perspektive das verborgene Motiv hinter dem Wunsch der nichtliterarischen Realisierung des literarischen Inhaltes: die ‹Seite› ganz radikal zu wechseln und die Seiten der Lesehöhle zu durchstoßen, auf dass die innere Nacht zur äußeren werde. Irgendeine ‹Liebe› ist immer dabei, darin hatte der Teufel Gaspard durchaus recht, auch wenn sie oft nur als Nachtfalter erscheint. So definiert schließlich Roland Barthes die Nacht: «Nacht. Jeder Zustand, der beim liebenden Subjekt die Metapher der (affektiven, intellektuellen, existenziellen) Dunkelheit weckt, gegen die er sich sträubt oder in der er sich beruhigt.»[1293]

1291 Bedenke Leser, dass Bertrand hier ganz gutbürgerlich bürgt mit seinem bürgerlichen Namen Louis Bertrand.

1292 Bertrand variiert hier Erasmus Spikher, den koboldhaften Maler ohne Spiegelbild aus Hoffmanns «Abenteuern der Sylversternacht», der «wie aus zwei verschiedenen Gesichtern heraussah». Hoffmann, Fantasiestücke, S. 335, 29; siehe oben «Die Abenteuer der Sylvester-Nacht».

1293 Roland Barthes: Fragmente einer Sprache der Liebe. Frankfurt 1984, S. 176.

Der Fortschritt in der Literatur und in der Verstellungs-Kunst seit Shakespeare ist nun, schon seit Milton (*1608) des Teufels – oder *zum* Teufel, je nach Standpunkt. Er fokussiert die psychischen und imaginären Ambivalenzen in seiner Gestalt. Der Teufelspakt ist zwar ein beliebtes, aus der oralen Tradition übernommenes Motiv, aber seit es Literatur gibt, ist die Schrift selbst ein Konkurrenzunternehmen zu magischen Verpflichtungstechniken mit faktensetzender normativer Kraft. Dichter verfassen selten Verfassungen wie Gesetzgeber, aber sie sind, wie jeder Leser, Teil einer magischen Inszenierung des Imaginären. Sie blicken in den Spiegel, und heraus schaut der Teufel. Der Spiegel der Schrift gibt nur einen Schmachtleib wieder, umso dringlicher ist die Kompensation dieses medialen Mangels durch einen fett-bösen, monströsen Inhalt, eine Art aufständische Sinnlichkeit. Deshalb geraten die Teufel immer interessanter als die Engel. Der stolze Rebell, ein Teil von uns, sagt seit Milton:

> Lieber Herrscher in der Hölle
> Als Knecht im Himmel sein.[1294]

Der Teufel ist die Inkarnation des sinnlichen Mangels der Schrift und zugleich, im Kampf dagegen, die semantische Repräsentanz dieser Sinnlichkeit (wenn auch verkehrt, wie im Spiegel). Dass seit dem 18. Jahrhundert die literarische Welt überhaupt inhaltlich voller «Weltverschlinger, Manipulatoren und Schwärmer» ist, wie Andrejs Petrowski seine Untersuchung über «Problematische Individualität in der Literatur des späten 18. Jahrhunderts» zusammenfasst, liegt auch daran, dass diese Welt aus Papier ist.[1295] Dazu muss berücksichtigt werden, dass die Negation des Teufels sich auch darauf bezieht, dass es bis zur Renaissance nur einen Text gab, eben die Heilige Schrift. Seit Gaspard de la Nuit ist der Teufel der Autor – wenn er auch zugleich nur ein armer Teufel ist, der zu viel fühlt …[1296]

1294 John Milton. Paradise Lost, 1, 306; Übersetzung des Autors. Vgl. oben «Monster im Spiegel der Nacht».

1295 Petrowski: Weltverschlinger.

1296 Freilich gibt es Übergänge seit Milton. Der Rebell William Blake (*1757), für den schon Milton «von des Teufels Partei» war, «ohne es zu wissen», sammelt nicht nur orale Literatur aus der Hölle («Sprichwörter der Hölle»), sondern lässt den Teufel schreiben. Eine verführerische Aufforderung an die Neugier und die

Aber wird diese Allianz zwischen der fiktiven Nacht der Hölle, des Teufels und der imaginären Nacht der Lektüre, des Lesers, nicht überbewertet? Wenn Barthes die Nacht einen Zustand nennt, welcher die Metapher der Dunkelheit weckt, so mag das manchem nah an der Behauptung liegen, dass die Nacht selbst nur eine Metapher sei. Aber das «nur» ist gerade die (vorliterarische) Realität, die zur Übertragung zwingt! Die Umnachtung, die Barthes anspricht, *weckt* eine Metapher. Hier schlief die innere Nacht, eine Realität, die zum Traum geweckt wurde. Diese Realität verschleiert und verwandelt sich im Gespinst des Traums und zum Gewebe des Textes. Die Liebe als Thema ist nur eine notwendige, nicht eine hinreichende Übertragungskraft. Die eigentliche Dynamik der literarischen Nachtästhetik entsteht durch die ‹Schnittstelle› zwischen der ganz inneren Nacht des Traums und der Literatur.

Im Traum werden alle Gefühle durch den Kampf der Instanzen wie verwandelt. Das Träumen ist die Gebärmutter all der Monster. Und wenn auch alle möglichen realen Instanzen, die Kirchen, Staaten und auch die Literaten, diese Träume in ihrem Sinne verwalten und sozialisieren, so zehren sie doch immer vom Potenzial dieser nächtlichen Agentur. Das Gedicht «Der Zwerg» ist genauso ein übertragener Traum wie die ganzen anderen Fantasien, wie die Schwellen zwischen den Ichs, Gaspard und Louis. Alle Literaturen (auch die oralen) haben vom Traum gelebt. Sie waren aber bestrebt, um der geahnten Realität hinter den Traumfahrten willen, die Fahrten zu ‹objektivieren›, als wirkliches Geschehen zu verkleiden.

Trotzdem musste die Evidenz der inneren Erfahrung repräsentiert werden. Deshalb die vielen unmöglichen Konstruktionen von Träumen, die von Göttern kommen und doch innere ‹Er-Fahrung› sein müssen (Patroklos erscheint Achill), von Träumen, die von Schauspielern (Ovid) gespielt werden, und schließlich von Träumen, die als äußeres Geschehen ausgestülpt werden, indem sie außen die Alben und Nachtmahre haben. Shakespeare hat früh *bewusst* die Träume ausgeschüttet in seine Nachtszenen. Dabei hat er fleißig all die Mythen und Sagen, die gar nicht wuss-

sinnliche Leidenschaft. Er schreibt mit «fressendem Feuer» («corroding fires»). Dahinter kann sich kaum verbergen der Stolz des Ätzers, des Radierers Blake, dessen leidenschaftlicher Gestus der Text- und Bildgebung sich mit dem aufständischen Teufel identifiziert. William Blake: Zwischen Feuer und Feuer. – Poetische Werke. München 1996; darin: Die Hochzeit von Himmel und Hölle, S. 214 ff.

ten, dass sie Traumproduktionen waren, aufgenommen – und wieder hinausgestellt als Geister, Hexen und Gespenster. Aber dabei geht es ihm nicht um die Trauminhalte und ihre verrätselten Gestalten; sondern um *das* Träumen als eine Übertragungsfahrt zu einer fremden, verschlüsselten und doch heimlichen und metaphorischen, vor allem auftauchenden Wahrheit. Im Auftauchen selbst liegt hier ein Teil der nächtlichen Glaubwürdigkeit.

Auch die Renaissance des Traums gehört zum Erbe der humanistischen Literatur. In Deutschland genießt der Traum seit Herder als Quelle der Poesie höchstes Prestige; und fast vierzig Jahre vor Bertrand hat Novalis in seinem «Heinrich von Ofterdingen» diese gedankliche Erkenntnis programmatisch umgesetzt. Jedoch ist an ihm ein Dilemma zu konstatieren, dass gerade die Angleichung von Traum und Welt zu einer gewissen Entropie der Ebenendifferenz führt. Da auch die Wirklichkeitsebene traumartig wird, kommt es zu einer dem Willen zum Symbolischen verdankten Quasi-Änasthesie, die die sinnliche Spannung der Nachtfahrt der Übertragung herabsetzen kann. Nur das Gleichnis vom Riss im Vorhang, welcher der Traum sei, lässt ahnen, dass auch Novalis ahnte, dass der Traum in sein Gegenteil eingelagert sein muss, um Fahrt zu machen: in den Körper, in die Bettwäsche, in den Vorhang vor dem nächtlichen Fenster, das eine *andere* Perspektive ahnen lässt – die dann der inneren Nacht Anmutung realer Räumlichkeit gewährt:

«Ist nicht jeder, auch der verworrenste Traum, eine sonderliche Erscheinung, die auch ohne noch an göttliche Schickung dabey zu denken, ein bedeutsamer Riß in den geheimnißvollen Vorhang ist, der mit tausend Falten in unser Inneres hereinfällt?»[1297]

Die ‹Franzosen›, die schon im 18. Jahrhundert den Teufel hoffähig gemacht haben, hätten schon an Jan Potockis «Handschrift von Saragossa» erleben können, zu was die Mischung aus Traum und Teufel fähig ist, wenn sie ihn damals schon (1805) gelesen hätten.[1298] Was neu in Poesie umgesetzt wird, ist die Erkenntnis, dass die schlimmen Inhalte des Trau-

1297 Novalis: Heinrich von Ofterdingen. In: Ders.: Werke, Tagebücher und Schriften Friedrich von Hardenbergs. München 1978, Bd. 1, S. 244.

1298 Jan Potocki: Handschrift; vgl. auch unter anderem Titel: Ders.: Die Abenteuer in der Sierra Morena oder die Handschriften von Saragossa. Berlin 1998.

mes nicht von den Nachtmahren und den Bohnen kommen, sondern in gewisser Weise des Teufels sind – der man selber ist. Schon die christliche Verteufelung der oralen heidnischen Kultur und die gleichzeitige Verteufelung der Sinnlichkeit (und des Erkenntnisdrangs) – so sieht es jedenfalls die Aufklärung – machten den Teufel und die Sinnlichkeit zu Koalitionären der Widersetzlichkeit, deren sicherstes Asyl der Traum ist. Die größte Leistung des Traumes – die Negation der Wirklichkeit – findet nur als diejenige metaphorische Arbeit, die eine Negation darstellt, zu ihrem Triebziel: zur Wunscherfüllung. (Auch der Teufel gilt als der große Leugner und Verleumder.) Selbst noch im Albtraum. Selbst die entstellten Fratzen und Maskierungen der verwünschten Wünsche in Gestalt eines Versuchers stellen nur das eine Ende der Skala dar, an deren anderem sich der Frosch als Prinz erweist.

Nun sind die Träume *in* der Literatur, namentlich in den romantischen Literaturen Europas, nichts Neues, und gerade Bertrands unmittelbares Vorbild Nodier hat bereits die methodische Labyrinthisierung vom Innerhalb und Außerhalb des Traums vorgemacht[1299]. Aber die gezielte Nutzbarmachung verpönter Triebe und ihrer ‹Verteufelung› im Traum für ein literarisches Übertragungsnetz, hinein in das Imaginäre der Leser, das ist besonders Bertrands Verdienst. Nun gut, auch Nodier überlegt, seine entschlafenen Musen, die er in allen Ehren geliebt hat, durch den Teufel zu ersetzen. Zehn Jahre hätte sein Ich-Erzähler in «Die Liebe und das Zauberbuch» dafür gegeben, wenn ihm «ein Kobold, groß wie ein Nichts, ein Teufelszwerg» erschienen wäre.[1300] Aber Bertrand führt den Teufel nicht nur über die oben beschriebenen Stufen der Fiktionalität ein, sondern er zeigt ihn uns als lyrischen *Autor* und als eine Traumfigur, die gerade über die Traumüberschreitung von der unabweislichen inneren Realität dieser imaginären Agentur zeugt. In der Rahmengeschichte erzählt dem Rahmenerzähler der *Teufel* Gaspard, der sich schon halbwegs als ein solcher zu erkennen gegeben hat[1301], wie er den Teufel gesucht hat, wie er dann aber

1299 Vgl. außer «Smarra» und «Trilby» (er streichelt von außen, sie träumt wollüstig von innen, S. 33 und S. 35 auch den Anfang von «Die Liebe und das Zauberbuch – oder Wie ich mich dem Teufel verschrieb». In: Ders.: Dass., S. 107.

1300 Nodier: Die Liebe und das Zauberbuch, S. 84 und 85.

1301 «Allenthalben ist man gewärtig, ihm zu begegnen, nicht anders als ich im Augenblick Ihnen», sagt Gaspard zu Louis (S. 22).

feststellen muss, dass er ihn im Traum gesucht hat, um dann zu bekennen, dass es ihn nicht gibt. (S. 24) Das ist grandios und genau von der Logik der Verneinung beim Träumen. – Und dass es ihn doch gibt, den alten Lügner und Leugner (wir Leser sind ja *Er*), das zeigt ja sein Buch, das er hinterlässt, wir haben es vor Augen. – Ist nicht das Buch ein Zeugnis der Verneinung der Welt, die es verschlingt: zu seinem ‹Inhalt› macht?

Bemerkenswert ist die Hartnäckigkeit, mit der Bertrand immer wieder die Grenze zwischen Traum und Wirklichkeit überquert.[1302] Er berichtet, wie ihn die Teufelssuche in die Unterwelt der Kirche treibt, in der verbrecherischen Absicht, das Allerheiligste (eine Hostie und eine Reliquie) zu stehlen (S. 23 f.). Das sind Repräsentanzen heiliger Körper, und die Körperlichkeit des frevelhaften Erzählers wird ebenso betont eingeführt wie die penetrative Tendenz seines Antriebs. Bis auf die *Knochen* (seine Reliquien sozusagen) durchnässt von einem nächtlichen Unwetter, zieht er durch die im Schlaf zusammengekrümmte (*accroupie*) alte Stadt, tappt im Dunkeln durch die Vertiefungen (*anfractuosités*) Unserer Lieben Frau, «ohne die Hand vor den Augen zu sehen», und erlebt dann ein nächtliches Figurentheater, das durch einen aufblitzenden Lichtschein in der Finsternis eingeleitet wird und durch einen Kerzenschein «in der Tiefe der Taufkapelle» ausgetrieben wird. Diese Kerze ist nämlich die in den Traum hineinverwandelte Sonne, «die plötzlich durch die Läden blinzelte», während Sperlingsschnäbel an seine Fensterscheiben trommelten (S. 24).

Die Annäherung von Tagfenster und Nachtleib, dessen Augenlider die Sonne zu nächtlichem Kerzenschein verdunkeln, betont noch einmal jene körperliche Realität der periodischen, nun aber beendeten Nachtdurchdrungenheit, die jetzt erst als *Nichtigkeit* behauptet wird – ebenso wie die Nichtexistenz des Teufels damit bewiesen zu sein scheint, dass alles nur ein Traum ist. – Das Gegenteil bezeugt das Buch «Gaspard de la Nuit», das den Traum des Teufels ins Recht setzt. Gerade aber weil der Traum im Inneren des Körpers all die physikalischen und biologischen Beschränkungen und Belastungen erfolgreich aufzuheben gewillt ist, ist um der Befrie-

1302 Dazu gehört die Ungewissheit, ob Ich wacht oder schläft, wie in «Mein Urahn» (S. 89), und die poetisch realisierte Wanderung *zwischen* den Träumen und durch sie hindurch in «Ein Traum» (S. 87).

digung des träumenden Leibes willen die Bedeutung des Körperlichen monströs gesteigert.

Das Körperliche, depraviert auf seine bloße Bedeutung, tendiert zu (vergeblichen) Versuchen, das Medium seines nur ‹bedeutenden› Zustandes zu überschreiten: durch Vergrößerung, Beschleunigung oder Näherkommen. Diese Übertragung des literal Körperlichen auf imaginär monströses Wachstum und Emergenz ist wohl traumgeboren und wird adaptiert in den Monster-Mythen aller Zeiten. Auch die missgestalteten Mischgestalten sind agglutinierte Fahrten, etwa vom Vogel über die Ziege und den Löwen: zur Chimäre. Noch gefährlicher ist das Rudel der hungrigen Wölfe der Analogie, wenn mal eine feurige Mähre, dann wieder ein hässlicher Zwerg sichtbar wird – und die beiden obskur und oszillierend zusammengehören. Der Zwerg und das Riesentier von Mähre verkörpern den Körper dazwischen, der träumend zwischen beiden Instanzen hin- und herfährt und das Innerhalb und Außerhalb seiner selbst verbinden will. Der Zwerg ist ein Schmachtkörper mit extremem Gewicht (Alb), von außerhalb des Traumkörpers kommend. Das Pferd aber ist trotz seiner beeindruckenden Körperlichkeit so leicht wie seine Flucht aus der Hölle des Traums, die aber nicht gelingt …

Bertrand mixt diese Mischgestalt nun zusätzlich mit dem Teufel. Vor allem aber, und das ist neu: Dieses Wesen, dessen Mischgestalt nur in einzelnen Phantasmen auftaucht, dessen ganze groteske *Miss*gestalt sich also eigentlich erst aus der *Zeit* der atmosphärischen Aufladung in der Lesehöhle ergibt, ist der ambivalente Held, eine riesige Mischfigur, die sich über die Ebenen (von Rahmen, über interne Monster bis ins lyrische Ich hinein) erstreckt, hoch infektiös wie ein Leservirus. – Freilich, um diese körperliche Sensation der Übertragung zu gewahren, bedarf es des Wissens, wie unmöglich sie ist, wegen der Berge an Papier dazwischen. Diese Reliquien aufbewahrter Bedeutung repräsentieren ab 1800 aber die Überlagerungen all der Vorstellungen, deren je individuelle Relevanz wie in einem Palimpsest unter Klischees schlummert.

Wie schon erwähnt, kommt *keine* der «Phantasien in der Manier Rembrandts und Callots» ohne ein Motto von anderen aus, wie denn auch die Genrehaftigkeit, die Manier, an anderen, nämlich Rembrandt und Callot schon feststellbar war. Der Untertitel spielt zudem auf die Fantasien und Nachtstücke nach der Manier Callots von E. T. A. Hoffmann an, der also seinerseits an Callot eine Manier festgestellt haben muss, die ihm zusagte, ebenjene geheimnisvolle Mischung aus malerisch und aggressiv-eindringlich. (Letzteres reicht von schaurig bis horribel.)[1303] Hoffmanns Ausdruck *Nachtstück*, welcher der Sache nach auch auf Bertrands Fantasien zutrifft, verweist zurück bis auf die malerischen Nachtstücke, deren ‹Vorbilder› in Leonardos und anderer Renaissancemaler *notti* zu sehen sind. Diese suchten die Nacht in angstüberwindendender Neugier auf, um möglichst virtuos den Effekt, den die äußere Nacht machte, aufs Bild zu ‹bannen›. Dabei entdeckten sie die innere in der äußeren Nacht und die äußere in der inneren. Die ‹Entdeckung› einer Ästhetik der Nacht ist gebunden an die ‹Erfahrung› des *leiblichen* Mediums zwischen innerer und äußerer Nacht. – Ein Ersatzleib kann nun zwar aus den Text-Schichten, den Nachtstücken der andern entstehen. Doch muss man zugeben, dass zwischen dem (wirklichen) Träumen, bei dem die Monster auftauchen, und den ‹komponierten› Stücken der literarischen Fiktion die schöpferische Phantasie im Spiel mit der Wahrnehmung einen performativen Körper aus einem inneren und äußeren Stoff erschaffen muss: aus Spindeln, Gardinen, Masken, Larven und anderen Gespinsten im doppelten Sinne des Wortes.

Der Motivkreis von Stoff und Stoffen, sei es als Fasermaterial, Faden oder Fetzen, Lappen oder Bettwäsche, umzingelt hier performativ den Körper, aus seinem Äußeren ein engeres Innen bildend als die normale Kleidung, denn all dies ist nahe an Schlaf und Traum. Auf der Kreislinie des Stoffmotivs tanzt die Spindel ihre Pirouetten. Selbst die «säuerlichen roten Beeren», welche der junge Gaspard auf der Suche nach der Chimäre der Kunst bei der *Teufelsklause* pflückt, sahen aus wie Spindeln (S. 13). Schon das erste Buch, «Die Flämische Schule» (S. 33), das prima vista noch ohne die Nacht auszukommen scheint, erschafft eine phantastische innere Nacht des Körpers im Stoff, indem es sich von den Bildern, den Leinwandbildern der Flämischen Schule aus in die Rückseite des stofflichen Trägers der Bilder versenkt. Der Zyklus beginnt mit «Haarlem» (S. 35):

1303 Außer auf Rembrandt und Callot bezieht sich «Gaspard» selbst in seinem nachgelassenen Prolog auf etliche Maler, von denen der letzte der namentlich erwähnte Füßli ist (S. 29). – Das erste Buch der Phantasien heißt «Die Flämische Schule» (S. 33).

«Haarlem, diese prächtige Leinwand, die die ganze Flämische Schule zusammenfasst, Haarlem gemalt von Jan Brueghel, Pieter Neefs, David Teniers und Paul Rembrandt.»

Es folgt ein Kanon dreizeiliger Genrebilder, welche die volkstümlichen Belustigungen aufführen, die auf der altniederländischen Malerei zu sehen sind. Aber die Zusammenfassung ist: Haarlem ist eine *Leinwand.* Das ist nun eine sehr unwörtliche Übersetzung der *bambochade* des Originals: «Harlem, cette admirable bambochade qui résume l'école flamande ...» (S. 11). Denn die Bambochade bezieht sich mehr auf eine Malerpersönlichkeit und die Bildinhalte (s. u.). Aber die Versenkung in den *Stoff* der Performation dieser lyrischen Bilder Bertrands ist damit vorweggenommen:

Die Wäsche, die in der Sonne trocknet (S. 35), leitet allmählich von der Vorstellung von Bildinhalten auf der Leinwand zum Körper als Träger von Stoffen. Selbst «Der Maurer» auf dem Gerüst in der gotischen Kirche ist ganz vertieft in die Wäsche der kaiserlichen Truppen, die er in der Ferne erspäht: in den Dreispitz, in die «Achselschnüre aus roter Wolle, die Kokarde, über die eine Kordel läuft, und das Bändchen um seinen Zopf» (S. 36). Vollends repräsentieren die Stoffe im «Scholar von Leyden» die Herr-Knecht-Dialektik ihrer leiblichen Träger: hier Mijnheer Blasius, versunken in den Utrechter Samt seines Lehnstuhls, mit einer feinen Spitzenkrause unterm Kinn wie gebratenes Geflügel auf einer Auflaufform; dort der arme Scholar von Leyden «mit dem zerschlissenen Barett und den fadenscheinigen Hosen» (S. 38). Und so endet auch das Lied: Mijnheer erhebt sich halb aus seinem Utrechter Samt, und der Scholar verneigt sich und tritt rücklings ab, mit seinen «zerschlissenen Hosen und Strümpfen» (S. 40). Im nächsten Gedicht, «Der Spitzbart», unterscheiden bereits Bärte Verfolger und Verfolgte, geht es einem Juden bereits an die Wäsche, der sich seiner Verhaftung in der Synagoge durch einen Selbstmord entzieht (S. 41 f.). Bevor die Gedichte endgültig phantastisch werden, also von innen zeugen, zeigt «Der Tulpenhändler» die Verstrickung von Körper und Blick im Stoff (S. 44):

«Alles still, nur das Knistern des Velinpapiers unter dem Finger des Doktors Huylten, der von seiner Bibel mit den gotischen Illuminationen den Blick einzig hob, um Gold und Purpur zweier Fische zu bewundern, die in den feuchten Flanken einer Wasserkugel gefangen waren.»

Ein Tulpenhändler in schnöden merkantilen Absichten blitzt bei diesem Gelehrten ab. Das Gedicht endet, indem Meister Huylten den Verschluss seiner Bibel zuhakt (wie ein Kleid), die Augengläser in ihr Futteral zurückschiebt und den Fenster-Vorhang wegzieht, hinter dem wie eine Wirklichkeit eine Passionsblume mit der Dornenkrone, dem Schwamm, der Geißel, den Nägeln und den fünf Wundmalen Unseres Herrn sichtbar wird. Auch die Wirklichkeit ist nur ein Bild im Bild, das sich nach der Reise durch den Stoff auftut (S. 45).

> «Der Tulpenhändler verneigte sich respektvoll und schweigend, verwirrt von einem inquisitorischen Blick des Herzogs von Alba, dessen Porträt, ein Meisterwerk Holbeins, an der Wand hing.»

Die Finger des Doktors Huylten, die den Blickwechsel inszenieren – unter ihnen raschelt das Velinpapier der Bibel, rauscht der Vorhang vor dem Fenster –, weisen auf den Körper, kehren die Außen-Orientierung dieses Tastorgans um, indem sie das phantastische Innenleben des Fingerhalters ansprechen. Die Finger, welche die *feuillets de vélin* (Original, S. 14) unter sich knistern lassen, werden die Finger sein, die den Nachtfalter in «Der Zwerg» gefangen halten wollen.[1304] Auf dem Weg dahin fangen «Die fünf Finger der Hand» an, ein phantastisches Eigenleben zu entfalten (S. 46). Eine vollends entrückte Welt intonieren die fünf Finger sodann auf der «Viola da Gamba», welche die nächtlich traumhafte Szene von Pierrot Lunaire und der italienischen Komödie zum Leben erwecken (S. 47). All diese phantastischen Effekte (innerhalb des Körpers) werden durch die Verwandlungen des Körpers via Stoff erreicht, unmöglich, sie hier alle nachzuzeichnen; sie erstrecken sich bis in die Paralipomena hinein.

Noch der Strohhalm im Auge Gaspards (S. 20) spielt mit dem Stoff-Motiv. Vielfältig sind die Begegnungen dieser tierischen Nahrung mit der Haut der Menschen gewesen (vom Strohhut bis zum unbürgerlichen Nachtlager). Das lateinische Wort für Stroh, *stramen*, ist schließlich auch das Stammwort für ‹Stramingewebe›. Bertrand aber vermutet kein *brin de paille* im Auge Gaspards, was den Halm betont hätte, sondern ein *fétu*, das

1304 Auch das pergamentartige Blatt Velin erinnert an Tierhaut und hat das Kalb zum etymologischen Ursprung.

wohl mit lateinisch *fetus* verwandt ist, aber französisch «Stroh» bedeutet. Im Lateinischen ist die Bedeutung äußerst ‹ausgemärt›: Der Fötus, das Gebären, das Wachstum, die Geburt, das Erzeugnis, der Spross, die junge Brut, ja: Befruchtung. Möglich ist im germanischen Sprachbereich auch eine Verwandtschaft mit Fetzen (Lappen) und Fotze.

Wenn wir die reale Situation des Spinnens und des ‹Spinnens› bis zum Einschlafen bedenken, die in vielen Nachtmahrsgeschichten erzählt wird, die bei den Literaten à la Nodier fortgesponnen wird, so erscheint der ganze stoffliche Bereich wie eine einzige Leinwand zur verwandelnden Umstülpung des Innen und des Außen, zum Aus-der-Haut-Fahren – und in den Traum. Allein das Gedicht «Der Zwerg» wartet mit Gardinen, einer Larve und der Streu der Träume auf. – Diese *litière dorée* (Original S. 27) hat die Bedeutungen von Stroh und Bett (*lit*) recht gut vereint.[1305] Es folgen das «fahle Spinnweb der Dämmerung» (S. 82), die das fliehende Ich einhüllt, und das Bild der Spindel im Wocken der Pferdemähne. In anderen Gedichten des «Prestiges der Nacht» wird ähnlich textil verhüllt, enthüllt; im ersten Gedicht namens «Scarbo» (ein zweites treibt in den «Paralipomena zu Gaspard de la Nuit» sein Unwesen) finden wir eine Versammlung von Variationen über das Leichentuch: Spinnweb, Espenlaub, goldgefleckte Streifen einer Vipernhaut, Mumie. Es stimmt, diese Stoffmotive sind in den pittoresken ‹Büchern› des «Gaspard» seltener. Immer wieder flackert aber ein *Stroh*feuer auf, gigantisch auf dem Fluss, und alles Nachtgesindel tanzt in «Der Turm von Nesle» vor seinen wirbelnden Flammen (S. 60); oder das Stroh ist Material für die Masken in venezianischen Nächten.[1306]

Nicht alle ‹Bücher› des Nachtkaspars sind Nachtfahrten oder Überfahrten zwischen Traum und Nacht. Wie auch, wo doch die ersten von ihnen 14 Jahre vor ihrer Sammelveröffentlichung erschienen sind.[1307] Doch von Anfang an stand Bertrand in freundschaftlichem Verkehr mit den damals

1305 Die Spitzenleistung an Übertragung und Flucht mittels Stroh bringt der Klausner in «Die Zelle», dem unbemerkt aus dem Stroh seiner Liege eine Leiter geflochten ist. *Geflochten* zur Flucht (S. 122).

1306 «Das Lied der Masken», S. 135.

1307 Zwei Gedichte aus dem 6. Buch («Albumblätter») schließen mit einem Datum. («Chévremorte», 22. 6. 1832 und «Der letzte Frühling», 11. 5. 1836)

schon berühmteren Romantikern wie Nodier, Victor Hugo und Nerval, die ihn begeistert lobten.[1308] In diesem Zusammenhang ist seine Motivkontinuität bedeutsam, die bei *Zwerg* und *Teufel* besteht. Bereits die erste Selbst-Ankündigung einer Gedichtsammlung (1828) lässt mit dem projektierten Titel «Bambochades romantiques» aufhorchen, weil hier, Hartmut Scheffel zufolge, an den missgestalteten und deshalb «bamboccio» genannten Maler Peter van Laer aus der ersten Hälfte des 17. Jahrhunderts erinnert wurde, der «derbe, komisch-burleske Volksszenen malte» (S. 163).

Und als Jacques-Louis Napoléon Bertrand, so der eigentliche Name des Dichters, 1830, nach der berühmten (Theater-)Schlacht von Hernani, das heißt nach dem Premieren-Tumult um Victor Hugos Verschwörerdrama «Hernani» zwischen Klassikern und Romantikern, diesen neuen Anführer der romantischen Schule in einem Gedicht begeistert pries, verglich er ihn mit Napoleon und … Luzifer (S. 161). Der Teufel war also allmählich eine Identifikationsfigur der Romantiker geworden.[1309] Er war, wenn man so will, der Anführer der Opposition. Wogegen ihre Mitglieder opponierten? Einige waren gegen das Christentum; dagegen verwahrten sich andere (wie Chateaubriand). Der Teufel, eigentlich das größte, weil vom Monopolanspruch der katholischen Kirche gemästete Monster, war der Geist der Opposition an sich, und sowohl für die nostalgisch-christlichen Romantiker wie für die Kirchenkritiker und Atheisten war le diable formidable.

Zum Diskurs des Teuflischen gehört der Hautgoût alles Nächtlichen, Finsteren und Phantastischen. Die bedeutende und einflussreiche italienische Revolutionärin Prinzessin Christina Belgiojoso, Freundin aller romantischen Dichter (inkl. Heines), eröffnet 1836 in ihrem neuen eleganten Palais im Pariser Exil an den Champs-Élysées einen Salon, der mit

1308 Vgl. das Nachwort von Helmut Scheffel in «Gaspard», S. 163; weitere Belege im Haupttext.

1309 1831 wird die Oper «Robert der Teufel» von Giacomo Meyerbeer uraufgeführt. Der Stoff aus dem mittelalterlichen Frankeich ist 1588 in Madrid von Miguel Ximeno Sánchez unter dem Titel «Die Geschichte von Robert dem Teufel» verbreitet worden. – Dass die «kitschige Mystifikation des Mittelalters» in der Oper ohne Logik und mit «monströsen Protagonisten» so begeistert gefeiert wurde, führt Heinrich Heine in «Französische Zustände» auf die verworrene Zeit zurück. Kindlers Literaturlexikon im dtv. 25 Bde. München 1978, Bd. 19, S. 8216.

schwarzem Samt, pompejanischen Fresken, Kruzifixen und Totenköpfen ausstaffiert ist. Gabriele Killert und Richard Schroetter, auf die ich mich hier beziehe, bemerken an diesem «morbiden Ambiente» durchaus «etwas Opernhaftes (eher Meyerbeer als Rossini)»[1310]. Dieselbe Widersprüchlichkeit war durchaus im literarischen Formbereich auszumachen. Viele opponierten gegen die Klassik, besonders gegen einen als starr empfundenen Formenkanon. Aber wenn es besonders feierlich werden sollte, griff man gern auch wieder aufs Sonett zurück. Was sie alle auszeichnete: viel Gefühl, noch mehr *Ausdruck* des Gefühls. Drei Jahre nach der posthumen Herausgabe des «Gaspard de la Nuit» ist die Hausse des Teufels spektakulär zu Buche geschlagen mit den beiden opulenten Anthologien «Le Diable à Paris» (1845 / 46), herausgegeben von Pierre-Jules Hetzel mit Illustrationen von Grandville, Gavarni und anderen sowie mit Texten von Nodier, Gautier, Nerval, de Musset – aber auch von Sand und Balzac. Letzterer hat zwar nostalgische Anwandlungen, ist sonst aber doch eher ein Realist zu nennen.

Das teuflische Substrat, von dem sie *alle*, gemeindebildend, zehren, ist aber die Nachtstadt Paris. Neben der allgemeinen Herausbildung zur Metropole seit der ersten Revolution wächst oder wuchert hier die europaweit erste moderne Nachtkommune mit erheblicher Nachtindustrie heran. Hinzu kommt das politisch-aufsässige und nervöse Klima der Hauptstadt des 19. Jahrhunderts, das nach den revolutionären Exzessen der 1790er Jahre nicht gerade ruhiger geworden ist. Erst in den dreißiger Jahren des 19. Jahrhunderts gibt es wieder eine gut funktionierende (polizeiliche) Nachtwache.[1311] Am deutlichsten mit dem Teufel hat hier das immer noch – oder schon wieder – *sündig* genannte Nachtleben zu tun. (Die allerchristlichste Monarchie herrscht wieder bis 1830.) Die zahlreichen Enthüllungs- und Sextourismus-Bücher verbreiten den Ruf ihrer Nutten europaweit – wie etwa «La volupté prise sur le fait ou les nuits de Paris» (1815)[1312].

1310 G. Killert und R. Schroetter: Fürstin der Freiheit. In: Die Zeit, 27 / 2008, S. 90.

1311 Vgl. J. Schlör: Nachts, S. 75.

1312 Bereits ab 1783 erscheinen etliche fingierte Korrespondenzen, von denen hier nur die 1784 anonym gedruckten «Briefe der Julie an Eulalie oder die getreue Abschilderung der Galanterien von Paris» erwähnt seien, die noch im selben

Bei der übernächsten Revolution von 1871 wird denn auch die Prostituierte zum Emblem des revolutionären Proletariats und der «Pariser Orgie» aufsteigen, «eine rote Kurtisane mit kampfesschwangeren Brüsten», wie Arthur Rimbaud singt.[1313] Nun, in den Vierzigern ist jedenfalls noch der Teufel das Emblem der Stadt, und alle, die was zu sagen haben, aber nichts zu sagen haben, haben einen Pakt mit dem Teufel im Kopf, gerieren sich ein wenig wie ein solcher und, was vielleicht das Wichtigste ist: malen überall den Leibhaftigen an die Wand. Will sagen, über die vielleicht wirklich bösartiger, sehnsüchtiger und sowohl moralisch wie ökonomisch zwielichtiger gewordene nächtliche Bevölkerung hinaus wird auch viel Teuflisches *hinein*gesehen. Die Nachtstadt von Paris ist der symbolische Ausdruck des je eigenen inneren Gottseibeiuns, der sich mit den anderen inneren Gottseibeiuns gemein macht.

Ganz Paris verschlingt obsessiv die finstere Pariser Unterwelt aus Eugène Sues «Die Geheimnisse von Paris», die «ein Echo der humanitären sozialen Strömungen der vierziger Jahre» sein sollen, «die in der Revolution von 1848 ihren Höhepunkt finden», heißt es im Klappentext der von Helmut Kossodo herausgegebenen Ausgabe.[1314] Aber die städtischen Nachtgänger Sues sind so wenig repräsentativ wie diejenigen Bertrands. Das ganze aufstrebende Bürgertum, die gutsituierten Bummler, die auf die Armen trafen, der normale mediokre Kleinbürger der Nachtstadt, kommen hier nicht vor. Die armen Teufel – und selbst die reichen Teufel sind Inkarnationen eines monströsen Phantasmas. Trotzdem sind Sue und Bertrand realistisch: seelenrealistisch. Der Teufel als das Emblem des Nachtpacks, das sich des Nachts herumplackt und sein Säckel oder das des anderen zu tragen hat, repräsentiert nicht den realen Durchschnitt nächtlich verkehrender Leute, sondern eine Art ausgestülpter Seelen-Hölle, die auf vielen lastet ...

Jahr auch auf Deutsch herauskommen. Das Genre der Dirnenbriefe ist zwar keine Neuerung; hier allerdings werden Tatsachen genannt, die das Buch zu einem Bordellreiseführer machen. Bereits 1785 wird eine erweiterte Zweitauflage nötig, im Erscheinungsjahr von de Sades «Die 120 Tage von Sodom – oder die Schule der Ausschweifung».

1313 A. Rimbaud: Pariser Orgie oder Paris verpöbelt sich wieder. In: Ders.: Das poetische Werk. München 1980, Bd. 2, S. 366.

1314 E. Sue: Die Geheimnisse von Paris (1843). 3 Bde. Frankfurt 1988, Bd. 1.

Zielstrebig erweckt Bertrand den Anschein von realistischer Verdichtung. Außer dem Spiel mit dem Autor als Teufel und dem lyrischen Ich, das der Teufel als verfemter eigener Teil reitet, gibt es in vielen Abstufungen zum armen Teufel und zu realistisch gemalten boshaften Zwergen eine Symphonie von Dämonen der Nacht (S. 109), die früher vielleicht im Stall ihr Unwesen trieben, jetzt aber eben in der Stadt. – Ganz recht, vieles wirkt nostalgisch in diesen ‹Bildern›, die sich «Phantasien» nennen. Die Architektur ist alt, Juden, Hexen usw. tummeln sich in alten Gemäuern. Aber es wird doch vorzugsweise vom Nachtfenster aus gesehen, wie ein Weichbild aus großer Ferne, verfremdet durch sprachliche Verknappung und Dekontextualisierung – und *dadurch* wiederum modern. Denn durch die Nähe, die von innen aus der Entfremdung der Ich-Erzähler hervorgeht, geschieht die moderne Überblendung von innerer und äußerer Nacht als monströses körperliches Phantasma. Der Körper unter der Herrschaft des Phantasmas: Das ist der Teufel.[1315]

Bei all den malerischen Gestalten, den Banditen, Soldaten am Wachfeuer, den Adeligen und Geistigen, die aus den alten Bildern entsprungen sind, den Musikanten und unmöglichen Sagengestalten wie Undine und Salamander, dann wieder nur Rufe durch die Nacht: Es geht zuerst und zuletzt immer wieder nur um dasselbe Spiel zwischen der inneren und der äußeren Nacht. Von ersterer gehen die Phantasmen aus: vom Teufel im Dichter. Neu an ihm ist erstens, dass er weiß, dass er selbst es ist, und zweitens, dass er das nutzen wollen muss zur lyrischen Innovation, denn der Markt ist heiß wie die Hölle. Das Nachtgelichter, die *gueux de la nuit*, sind (merkantile) Ausgeburten seiner Phantasie, zu denen ihn die Nachtgewächse der modernen Stadt allerdings inspirieren. Der Dichter ist das tonangebende Monster.

Gaspard, das Alter Ego Bertrands, geriet nach 1842 in Vergessenheit, kein Geringerer als Charles Baudelaire holte ihn aber als Vorbild seines «Spleen de Paris» wieder hervor: In Prosa verdichtet Baudelaire hier Tableaus der nachtstädtischen Existenz.[1316] Baudelaires Nachtstadt wird im Folgeband

1315 Um den Teufel, einen boshaften Zwerg, Scarbo, Hexen oder Höllengeister geht es im «Gaspard» 24-mal.

1316 Ch. Baudelaires «Le Spleen de Paris» erschien ab 1857 in der von Bertrand erfundenen Form der poèmes en prose unter wechselnden Titeln wie auch «Poèmes Nocturnes» (1857). Für das Fortleben des Monsterdiskurses spricht

der «Nachtästhetik» noch ausführlich gewürdigt.[1317] Hier interessiert zunächst *sein* Kriterium des Vergleichs, denn vom Stil her sind beide Prosagedichtformen doch ziemlich verschieden. In einem Brief an den Verleger und Mitautor des «Diable à Paris», Arsène Houssaye, gesteht Baudelaire den Vorbildcharakter des berühmten Gaspard bei der «Schilderung des modernen Lebens, oder vielmehr eines *Aspektes* des modernen und sehr viel abstrakteren Lebens» (S. 115). Und in schmeichelndem Tonfall spricht er von den «lyrischen Regungen der Seele, den Wellenbewegungen der Träumerei, den jähen Ängsten des Gewissens» (ebd.). Dieses «quälende Ideal» – und das ist nun überraschend – soll «durch den Aufenthalt in den riesigen Weltstädten» entstehen, «wo unzählige Beziehungen sich kreuzen» (ebd.). Nun, das Abstrakte der Moderne und die lyrischen Regungen der Seele scheinen prima vista nicht sehr plausibel voneinander abzuhängen.

Ist auch egal, denn er gesteht gleich darauf, dass er dieses Ideal Bertrands, von dem er wohl annimmt, dass es in ähnlicher Weise auch das Ideal Houssayes ist, nicht habe realisieren können (S. 117). Was er zustande gebracht habe, sei etwas geworden, «das davon seltsam abwich» (ebd.). Das ist vielleicht alles ziemlich ironisch gegen Houssaye, einen einflussreichen Publizisten, der «in den Augen Baudelaires ein dürftiger Literat ist»[1318]. Aber ein wahrer Kern der Baudelaire'schen Nähe zu einigen der Gedichte Bertrands ist die zunächst unvermittelte Montage zwischen innerem Seelenzustand und den nervigen ‹Weltstädten›. Die äußere und zwar moderne Weltstadtnacht zu einer Phantasmagorie der inneren Nacht zu symptomatisieren – und dabei die bereits wirkende Dominanz der äußeren Wahrnehmungsnacht auf die Phantasie umzukehren –, das bedarf der Macht des Teufels, den der Dichter im Leib hat. Die (simulierte) imaginäre Evokation aller Mächte des Bösen, die (vorgeblich) in der inneren Nacht hausen und über die man verfügt, das ist das eigentliche Erbe Gaspards an Baudelaire.

Das moralisch zerrüttete oder fragwürdige Ich, das neben Baudelaire

der zwischenzeitlich ins Auge gefasste Titel «Petits Poèmes lycanthropes» (1866) – also Werwolfsgedichte. Siehe: Ch. Baudelaire: Sämtliche Werke / Briefe. München 1975 ff., Bd. 8, 1992, Anm. S. 344; weitere Belege im Text.

1317 Vgl. in diesem Band auch den Baudelaire-Abschnitt im folgenden Kapitel: «Erinnern und Vergessen als Inszenierung des Nachtleibs» : «Lethe ...»

1318 K. Stierle: Der Mythos von Paris. München 1993, S. 890.

auch Poe und Kafka *darstellen*[1319], verweist auf den Schöpfer, den ‹Poeten›, als hybrides, als sich selbst inszenierendes Monster. Die Selbstinszenierung ist allerdings als kleine Einschränkung der Monsterwirklichkeit zu verstehen, denn Inszenierung ist letztlich nur eine subtilere Variante des Exorzismus. Der Autor ist ein wahrer Teufelskerl, Albtraum-Reiter und zuschanden gerittene Mähre zugleich. Obskur bleibt, ob sie erfunden oder erlitten sind: die Erinnerungen, Versäumnisse, Krämpfe, Albträume, Choleriken und Nervenleiden (S. 131). Baudelaire zeichnet mit seinem Namen teuflische Gespensterszenen, voller Sarkasmus und Ironie. «Jeder hat seine Chimäre.» (S. 133) – Ja und? Die «unwiderstehliche Gleichgültigkeit … lastete schwerer auf mir als auf jenen ihre erdrückenden Chimären» (ebd.). Deshalb feiert das spleenige Ich die Lust des Bösen. Als der Erzähler einem Glashändler in «Der schlechte Glaser» seinen ganzen «Kristallpalast» eingeschlagen hat, resümiert er:

«Solche nervösen Späße sind nicht ganz ungefährlich, und oft muss man sie teuer bezahlen. Aber was kümmert die Ewigkeit der Höllenstrafen den, der eine Sekunde lang die Unendlichkeit der Lust erfahren hat?» (S. 141)

Wo steckt aber nun das Teuflische oder Monströse eigentlich, im *Geist* der Baudelaire'schen Aufsässigkeit oder in den Dunkelheiten des *Körpers*, in der unendlichen Sekunde der Lust? In der Oszillation der Antworten ist die Vorherrschaft des Fahrtmotivs im modernen Nachtleib gegründet – wenn das mal nicht die alte Sehnsucht der Schäfer nach den Musen ist … Modern monströs ist dabei der *selbstentfremdete* Pol der Übertragung und das Wissen um das ent-stellte Spiegelbild.

Bedeutsam am Monster sind seine Nachtfahrten der Übertragung; und neben denjenigen Ungeheuern, welche am Ende die ungeheure Fahrt zurückspiegeln, sind die Pferde-Bastarde Personifikationen der Fahrt selbst. Wo finden diese Fahrten statt? Nicht in *einem* Raum, sondern zwischen unvergleichlichen Ebenen des Traums im Schlaf in der Nacht und dann in den imaginären eigenen und anderen Vergangenheiten und schließlich den Wahrnehmungswelten der Nacht, in denen sie mit den anderen, den

1319 Für Poe siehe seine Erzählung «Das verräterische Herz»; für Kafka den Ich-Erzähler als Alb in: «Ritt», in: Ders.: Gesammelte Werke, Bd. 5, Beschreibung eines Kampfes, S. 19.

Traum-Welten überblendet werden, Mischwesen und Metaphern zeugend. Dazu gehören die Fäden und Stoffe, körpernahe Grenzflächen, die fast nur aus Innen- und Außen-Bedeutungen bestehen, deren Status schwankt zwischen Sensation und Bildlichkeit: von der Bettwäsche und der Gardine, bis zur Frau, die Gaspard «die Seide meines Lebens zupfte».[1320]

Und hinter der Gardine: das *Nachtfenster*: Seine Glasrauten werden von den Wassertropfen Undines betupft und zum Tönen gebracht (S. 90). Aus ihm kann man sehen, ohne gesehen zu werden (S. 62), durch es dringen die Stimmen herein (S. 55). – Aus ihm wird der Nachttopf entleert (S. 67). Es trennt den Nachtwind vom schlafenden Buch (S. 85) oder verbindet das Buch mit dem nächtlichen Wachtraum draußen (S. 11). Es bildet ein eigenes Nachtbild zwischen drinnen und draußen (S. 77). Neben dem transitorischen und diaphanen Aspekt ist die nichtüberwindbare Schwelle genauso wichtig: eine Schnecke etwa, Spottbild der jagenden Nachtmähre, «von der Nacht in die Irre geführt», die ihren Weg auf der leuchtenden Scheibe sucht (S. 80). Ganz weit draußen schließlich, jenseits des Körpers des Schreibers: der Körper des materiellen Textes: so verschlossen wie der Körper eines träumenden Schläfers. Im Gedicht «Der Tanz unter der Sonne» schläft der *Rosenroman* auf dem Pult des Erzählers, während Windböen an sein Fenster schlagen (S. 85). Das Buch mag im offenen Tag liegen wie der schlafende Bauer mit seinem gekrümmten Rücken; doch der Inhalt des Buches, ja schon des Textes, ist eine neue innere Nacht. Nachts taucht dann das Gelesene in der eigenen inneren Nacht des Lesers auf. – Wir aber haben im nächsten Abschnitt den Blick für den ganzen menschlichen Nachtleib zu weiten; wie fährt *der* durch die Nacht?

Dass wir inzwischen vom Monster via Nachtmähre beim Traum angekommen sind, hat seinen Sinn darin, dass die Träume die Heimat der Monster sind, oder genauer: Die Monster sind vor allem auch symbolische Abbreviaturen der Traum*fahrten*, welche die täglichen Geltungsebenen von ‹Wirklichkeiten› überschreiten, durchstoßen, das Unmögliche negieren. Bei aller historischen und sozialen und intersubjektiven Wandelbarkeit und Beeinflussbarkeit: Das Träumen ist jene Produktivität, von der die tägliche Imagination und künstlerische Arbeit zehrt, die sonst unterm Primat der Wahrnehmung zusammenbrechen würde. Das ist kein spiritua-

1320 Bertrand: Gaspard, S. 148; weitere Seitenangaben aus «Gaspard de la Nuit» im Text.

listischer oder imaginistischer Standpunkt; denn es ist gerade die Leibgebundenheit des Traums, welche die Schwelle schafft, die negiert wird. Die innere Umnachtung, der ent-individualisierende körperliche Vorgang des Einschlafens ist die Voraussetzung für die Individuation, die im leibhaftigen Traumfahren stattfindet.

Die Ästhetik der Nacht ist geprägt von der Nähe zur Anästhesie der Nacht. Die wache Wahrnehmung, die Imagination und die Kognition nutzen diese oszillative Grenz-Erfahrung für Vermutung, Analogie und Metaphorik. Dabei reduzieren sie die Komplexität, welche in der inneren Nacht aufgebaut wurde (welche natürlich ihrerseits auch eine Komplexitätsreduktion der täglichen Erfahrungs-*Inhalte* darstellt). Die Rätselhaftigkeit und Spuren verwischende Vertracktheit der Träume, die man kaum nacherzählen kann, verweisen auf die hier überwundene Ordnung. In Bertrands Gedicht «Ein Traum» aus dem «Prestige der Nacht» (S. 87) erzählt ein Ich von einem Traum (oder sind es nicht doch mehrere?), in dem es Nacht ist, in welchem auf verschiedene Weise gestorben wird und eine von diesen armen Sündern plötzlich das träumende Ich selbst ist, das mit zerzaustem Haar aufs Rad geflochten wird: «et moi que le bourreau liait échevelé sur les rayons de la roue» (Original, S. 29).[1321] Doch während die Geschichten der anderen in diesem Traum enden –, oder sind es ihre Träume, die enden? –, endet zwar in gewisser Weise auch *sein* Traum, aber in ungewisser Weise auch wiederum nicht:

> «Aber ich – der Stab des Henkers war beim ersten Mal zerbrochen wie ein Glas, die Fackeln der schwarzen Büßer waren unter Regenbädern erloschen, und die Menge verlief sich mit den übergetretenen eiligen Rinnsalen der Gossen – ich aber irrte durch andere Träume bis gegen Morgen.» (S. 88)

Genauer gesagt: Er fuhr fort, verfolgte andere Träume bis zum Erwachen («et je poursuivais d'autres songes vers le reveil») (Original, S. 29) – durch *rêve*, via *songe* bis *réveil*. Aber wann ist das Erwachen? Deutet *songe* nicht

1321 Wir bemerken hier die Fortsetzung der Scarbo- und Zwerg-Geschichten. Das Rad des Schicksals spricht ein analoges Drehen auf der Stelle an, wie es auch die Spindel der Moira treibt, und mit dem «verstörten Haar» (S. 87) ist die wirre Mähne der Mähre verwirbelt, zumal *échevelé* an *cheval* erinnert.

einen allgemeineren Traum an, der den Tagtraum einschließt? Ist der Traum nicht die größte Kontinuität einer Biographie – bis zum Erwachen im Tode? Dann schlösse er alle Wirklichkeiten ein. So macht es dieser Ich-Erzähler Gaspard mit seiner phantastischen Gleichsetzung von Wasser- und Menschenmenge. Hier ist es der Regen, der dem Träumenden das Leben rettet, der ständige Fluss der Übertragung, der ihn vom Rad befreit.[1322] Häufiger symbolisiert der Nachtwind diese Übertragung von Ferne und körperlich spürbarer Bewegung. Er bewegt, zum Luftzug verdünnt, den Wandteppich (S. 89), fährt durchs Gerippe des toten Pferdes (S. 155), öffnet das halbverriegelte Fenster (S. 86), ist eine «nächtige Windsbraut» am Galgen, die winselt (S. 157), und treibt den Rauch zum Strom, pflanzt sich murmelnd fort in den Falten der Standarten, in «Die Nacht nach der Schlacht» (Original, S. 65). Am häufigsten aber ist es bei Bertrand die Stoff-Erfahrung, die über die eifrig befragte Schwelle zwischen rêve und réveil hinweghebt. Ein Rausch und Rauschen von Spinnweben über den Wandteppich, das Messbuchbändchen, das Seidengewand und den Baldachin des Bettes zeigt ein Ich im Bett der Geschichte («Mein Urahn»), das sich schließlich fragt (S. 89),

> «... ob ich wachte oder träumte – ob dieses Zwielicht vom Monde oder vom Morgenstern rührte – ob es Mitternacht war oder Anbruch des Tages!»

Das letzte, nachgelassene Gedicht der deutschen Fassung von 1978[1323] ruft noch einmal das Leitmotiv «Scarbo» auf, stellt es unter das Motto der Hoffmann'schen «Nachtstücke» und betont seine Nachtaktivität: Scarbo verlischt mit dem Licht des heraufziehenden Tages (S. 158). Neben der konzentrierten Performanz der Stoffe und des Spindel-Tanzes bleibt die fremde, selbstherrliche Gabe dieses Nachtmahrs der Kunst im Gedächtnis. Nicht der Künstler, dieser Alb selbst bestimmt «Das Ansehen der Nacht»: als eine Fahrt zwischen Innen und Außen, Schlafen und Wachen (S. 158):

1322 Zur Übertragungsfunktion des Nachtregens vgl. auch «Undine» (S. 90) und die Einleitungs-Erzählung (S. 22) in «Gaspard de la Nuit».

1323 In der französischen Ausgabe (1920) folgt lediglich ein Widmungsgedicht «An Monsieur David, Bildhauer».

> «Und glaubte ich dann, er sei verschwunden, wuchs der Zwerg zwischen mir und dem Mond wie der Turm eines gotischen Domes, und eine goldene Schelle klingelte an seiner Zipfelmütze.»

Dieses Läuten der Nachtglocke ist eine Fährte zu nächtlichen Fahrten der Verwandlung. Manchmal ist die Ausfahrt verwehrt, dann kehrt sich die *Mähr(e)* gegen den Reiter, oder der Zwerg wächst immens zwischen der inneren und der äußeren Nacht.

Fahrten

> *Diese Phototaxis trägt zu der wohl größten Verlagerung von Biomasse auf der Erde bei – der* vertikalen *Wanderung des Zooplanktons im Meer.*[1324]
>
> *Wir Menschen sind wie Laub wie Wellen des Meeres, heraufgestiegen, hinabgesunken ...*[1325]

Nachdem ich heute Nacht mit dem Nachtmähren-Kapitel fertig geworden war, befand ich mich plötzlich auf einem Gefährt der Marke Pegasus. Weiß der Himmel, woher es mir zugeflogen war und wie ich darauf kam! Welch ein Wunderwerk! Es fuhr mich von selbst! Anstelle einer Lenkstange hatte es, wie etwa ein Pferd zwei seitliche Gesichtshälften hat, je eine weiße Scheibe auf beiden Seiten. Daran konnte man wohl die Geschwindigkeit ablesen. – Jetzt schien es sogar zu sprechen. Das war aber ein Radio, das im Kopf des Gefährten versteckt war! Diente die Skala etwa zur Programmwahl? Sowie ich aber die weiße Scheibe auch nur mit der Fingerspitze berührte, fiel sie mir entgegen; lauter billige kleine Plastikrädchen und -schrauben tanzten auf dem Boden herum, und das Innere

1324 R. W.: Zwei Augenzellen sorgen für Bewegung [bei der Ringelwurmlarve]. In: FAZ, 26. 11. 2008.

1325 Alexander Gruber, Text aus «Davids Lied vor Saul». In: Der Turm, 10. Teil, Bad Godesberg 1962, Lied 1021. Saul wird übrigens im Alten Testament aus Verzweiflung Anhänger nächtlicher Totenbeschwörung und lässt den Geist Samuels heraufbeschwören (1. Buch Samuel).

des Wunderwerks war ein einziges Schlachtfeld von Innereien. Das würde nie mehr zu reparieren sein! – Jetzt merkte ich erst, dass mein Wunderpferd ein kleines Kinderdreirad war, auf dem ich nur ganz unmöglich zusammengefaltet hocken konnte. An Bewegung war schon gar nicht zu denken! – Während ich geknickt auf das wirre Innenleben der Maschine starre, kommen immer mehr Leute *über* mir zusammen, die mich kennen und den Kopf über den Kindskopf schütteln, der so hartnäckig seine Illusion reitet. Soeben unter der Dusche ist mir der Traum wieder eingefallen. Ich muss das Kapitel wohl noch mal durchgehen …

Wie alle Lebewesen bewegen sich die Menschen; aber die menschliche Bewegung ist sowohl entwicklungsgeschichtlich als auch kulturgeschichtlich immer seltsamer geworden, ist immer öfter ein Fahren. Hier werden Beweggründe zum stetigen Anwachsen des Bewegt-*Werdens* realisiert, die irgendwie zur Selbst-Bewegung des ganzen Leibes in Beziehung gebracht werden müssen, um den Menschen zu verstehen. Diese anderen Bewegungen fasse ich als Fahrten auf, und sie haben, wie sich zeigen wird, einen besonderen Schwerpunkt in der Nacht – nicht nur, weil sie aus der inneren Nacht der Vorstellung heraus/hinaus entworfen werden. Aber wenn wir zunächst bei den hier vorgestellten Monstern verweilen, Lebewesen, die besonders heftig zu leben und sich zu bewegen scheinen und die unser Leben bedrohen, so stellen wir fest, dass sie sich anders bewegen. Das tun sie aber nicht wegen ihres tierischen Anteils, sondern wegen unseres Verhältnisses zu ihnen. Vornehmlich tauchen sie aus der Unterwelt oder Hölle auf, oder sie bedrohen uns aus der Luft. Selbst die Übergangswesen zwischen Nachtmähren und Wunderpferden bewundern wir meistens von unten bei ihrer ‹Wilden Jagd›. Neben ‹oben› und ‹unten› war schon an den Monstern das Drama zwischen innen und außen auffällig gewesen; ihr Auftauchen hat oft den Eindruck einer Ausstülpung oder drohenden Verschlingung gemacht. Wir haben natürlich nicht alle oder auch nur die meisten Monster vorgestellt; wie auch! Das Bestiarium der Monster ist trotz seiner unablässigen Wiederholungen so unerschöpflich wie der ‹schöpferische› Mensch (der die Wiederholung vergeblich hasst).

Dennoch hätte auch eine andere Blickrichtung, etwa auf Drachen oder Sphingen, einen ähnlichen *Fahrt*-Wind zwischen innerer und äußerer Nacht erfahren. Immer wieder zeigen sich Variationen wie *Auftauchen* (Drache) oder *Stürzen* (Chimäre, Sphinx), und immer noch und immer wieder werden die alten Mythen sogar mit aufklärerischem Beweggrund bemüht oder mit menschlichem Verständnis dargestellt. Jean-Auguste Ingres' Gemälde «Ödipus löst das Rätsel der *Sphinx*» von 1808 hängt nicht nur als Kopie in Freuds Behandlungszimmer, sondern wird ab 1921 sozusagen zum Firmenlogo der Psychoanalytischen Bewegung, indem es zum Signet des Psychoanalytischen Verlages in Wien wird. Dieser Verlag, der systematisch die *corporate identity* pflegte, machte aus der Sphinx ein Gütesiegel.[1326] Zwar ist der Held des Bildes Ödipus; aber auch ein Held ist nicht der Herr im Haus. Durch die Verflachung des Bildes im Signet wird Ingres' Hell-Dunkel-Gegensatz eliminiert, die Sphinx aus dem Dunkel geholt und ihr zuvor fast unsichtbarer linker Löwenvorderlauf bekommt die gleiche Begegnungs-Bedeutung wie der Arm des Ödipus – Natürlich haben alle Betrachter das Schicksal der Sphinx im Kopf, die sich, sobald Schwellfuß, der Held des Abendlandes, den Mensch an seinen Füßen oder doch Beinen erkennt, vor Wut in einer alternativen Art der Fahrt zu Tode stürzt. So sind sie, die Wutmonster.

Doch liegt vielleicht ein wenig Wahrheit in der Aufwertung der Sphinx. Machen wirklich die Beine (vier beim Krabbeln, zwei erwachsen, drei im Alter) den Menschen aus in seiner Zeit? (Denn um die Zeit seiner Veränderung, Beweglichkeit und ‹Fahrt›, ums ‹Erwachsen›- und Hinfällig-Werden geht es schließlich in diesem Rätsel.) Vielleicht hat sich die Sphinx auch aus *Verzweiflung* darüber in die Tiefe gestürzt, dass Ödipus nicht bemerkte, dass Auftauchen und Stürzen genauso wichtig sind wie der aufrechte Gang. Wollte nicht die Psychoanalyse die alten Gespenster heraufholen aus der Unterwelt? Die Sphinx ist ein menschenfressendes Ungeheuer, aber wer hat sie dazu gemacht? So einfach links, zwei, drei, geht das nicht mit der Erlösung der Verwünschten!

Die Sphinx, jedenfalls die auf dem Bild von Ingres, wird sich gleich in den Abgrund stürzen, da, wo er am tiefsten ist. Am tiefsten ist er links unten, neben einer Art Grabstein, auf dem Schwellfuß seinen Fuß abstützt, der seine gesamte herausfordernde Gestik gegen die Sphinx trägt. Auf die-

1326 Hierzu Ch. Windgätter: Kriegsgewinne für die Seelenkunde – Etikette des Wissens: Die Corporate Identity der Psychoanalyse. In: FAZ, 9. 7. 2008, S. N3. – Bis heute verhüllt das Bild (siehe Abb. 8, S. 815 auf Umschlägen psychoanalytischer Bücher, was des Rätsels Lösung ist – z. B. bei M. Plon / E. Roudinesco: Wörterbuch.

Abb. 8: Jean-Auguste Dominique Ingres: Ödipus löst das Rätsel der Sphinx (1808). Paris, Louvre, Legat Comtesse Duchâtel 1878.

Beachtlich: die starke dunkle Vertikale und die ‹persönliche Handschrift› des Malers, die Signatur, nah am Abgrund, aus dem der Fuß eines ‹Gefallenen› den aufrechten Gang als das Rätsel der Lösung verhöhnt.

sem Grabstein neben dem Abgrund steht: «Ingres 1808». Da unten liegt er wohl, der Künstler – neben allen, die gleich ihm das Rätsel der Sphinx nicht gelöst haben. Man sieht noch ein wenig Gerippe samt Schädel herausragen und, an der dunkelsten Stelle des Abgrundes und des Bildes – wie ein höhnisches Ausrufezeichen: einen Fuß, aber von unten. Diese Fußsohle, die auf ‹Ingres› zeigt und auf den Zeigefinger von Ödipus, löst nicht das Rätsel der Sphinx, aber das Rätsel des Menschen: Der Mensch stürzt in das Menschsein (Geburt) und stürzt in die Entmenschung (Tod). Diese ‹Fahrten› bestimmen die Bewegtheit und Gerichtetheit von ‹Erfahrung›.

Solche Verbildlichungen bestimmen noch immer die imaginäre Lebensgemeinschaft mit den Monstern. Der Monsterfilm «Der unglaubliche Hulk» (L. Leterrier, USA 2008) erzählt Bert Rebhandel zufolge «von der Menschwerdung des Monsters» Hulk, das in einem lieben, friedlichen Menschen namens Banner wohnt, aber bei Wut erwacht, grün anläuft und eine monströse Kraft entfaltet.[1327] Die finale Menschwerdung des Monsters geschieht am Schluss, als sich der menschliche Wirt Banner aus einem Hubschrauber über New York auf einen bösen Mutanten aus seinem Blut *stürzt*, um die Menschheit zu retten. Nur wenn er sich während des Sturzes in den Hulk verwandelt, kann er überleben. «Es ist der Moment, in dem der Hulk einer von uns wird.» (Ebd.) Er überlebt nicht, er wird geboren.

Das Monster ist ein Mahnbild und ein Symptom der Krise auf der Schwelle des Nachtleibs zwischen innen und außen. Es visualisiert nicht nur die nächtliche Er*fahr*ung, sondern auch die Nacht der Existenz, die wir durchfahren, die in uns fährt. Das Sehen von Monstern im Dunkeln wiederholt, umspielt und arbeitet die Dramen auf der Schwelle durch, nämlich außer Geburt und Tod auch Identitätskrisen und Liebe, Einsamkeit und soziale Initiation. Aber neben diesen Fahrten, einschneidenden Lebensübergängen, die sich monströs visualisieren können, sind auch die profanen Nächte voller Fahrten: beim Fallen in Schlaf, Rausch und Trance, beim Auffahren der Träume und Visionen bzw. *in* Träumen und Visionen, beim Auffahren *aus* dem Schlaf.[1328]

1327 B. Rebhandel: Grüner wird's nicht. In: FAS, 6. 7. 2008, S. 28.

1328 Vgl. Ernst Jünger (1970/78), Annäherungen – Drogen und Rausch, Stuttgart 2008, S. 365. Zu anderen Kulturkreisen vgl. auch R. Gelpke: Vom Rausch im

Das alte deutsche Lemma *fahren* hat durchaus auch aktivere Bedeutung, die Bedeutung von *Selbstbewegung*, gehabt. Besonders, wenn innere Zustände draußen ablesbar waren, war die Fahrt sichtbar geworden: an fahrigen Menschen, die sich durch die Haare *fahren*, an auffahrender Wut, die aus der Haut *fährt* oder an der Hof*fart*. Letztere bedeutet seit dem 12. Jahrhundert die hohe Art zu ... leben. Fahrt bedeutet Leben – wie auch am Ausdruck *Wohlfahrt* abzulesen. Darüber hinaus *er-fahren* wir u.a. Ge*fahren*, haben Lebensge*fähr*ten und Vor*fahren*. Wir Nach*fahren* erfahren aber immer auch die Lebensfahrt als Gefahrenwerden (durch Vorfahren und allgemeine Vorfahrtsregeln). *Ge*fahren wird vor allem der Nachtleib, der auch eine eigene Geschichte hat.

Dass wir heute mit dem Wort *fahren* eher eine Fortbewegung mit Vehikeln verbinden, deutet eine gewisse historische Paradoxie an, dass wir nämlich für eine größere Selbstbestimmung unserer Bewegungsziele eine größere Abhängigkeit von Fahrwerken in Kauf nehmen, für eine größere Bewegungsfreiheit: Bewegungseinschränkung. Das ist eine sehr lange Geschichte des Körpers. Beim Reiten und Fahrradfahren gibt es noch eine gewisse Koordination zwischen Muskeltätigkeit und den Fahrten des Blicks. Doch schon bei den Passagen mit der Kutsche wurde die Massage des Passagiers passiver erlebt. Bereits Parmenides fährt mit der Nachtkutsche zur Wahrheit des «Seins»[1329] – und schwankt, ob er selbst fährt (V. 4) oder die Pferde (V. 1+4), oder ob die Mädchen die Fahrt «lenkten». (V. 5) Die Mädchen sind die zwei Sonnentöchter (9) Medeia und Pasiphae (eine unterweltliche Zauberin und eine Mondgöttin mit Traumorakel), und der Gestus ist der klassisch nachtästhetische des Auftauchens: aus dem «Haus der Nacht» mit Tor, Schwelle und dem Lüften des Schleiers (V. 9–13). Ob die Heimat der Nacht nun oben bei den Sternen oder unten, in der Unterwelt ist, sie kommt aus der Senkrechten, ist nur nachts auch vor und hinter uns, wer sie selbst aufsuchen will, muss hinauf oder hinab.

Mit der Kutschfahrt des Parmenides beginnt historisch eine langanhaltender Aufschwung von Erzählung, denn der Korper war und ist relativ untätig beim Gefahrenwerden, und die Vorstellung, gelockert vom

Orient und Okzident. Stuttgart 1982, etwa S. 37, ein Beispiel des iranischen Dichters Sâdeq Hedayat (1903–1951).

1329 Siehe Parmenides: Fragmente; im Weiteren werden Verszahlen aus Fragment B1 angegeben.

rüttelnd fremdbewegten Körper, ist bereit, Er*fahr*ungen (von woandersher, woandershin) auszutauschen.[1330] Die systematische Entkoppelung der Muskelbewegung des fahrenden Leibs vom frei gewordenen Blick ist seitdem durch die technische Entwicklung der Vehikel immer weiter vorangetrieben worden, sodass eine erfahrbare Unterscheidung zwischen simulierter Bewegung und der realen Fort-Bewegung schwieriger und scheinbar irrelevant geworden ist. Zwischen dem Weltraumfahrer und dem Surfer im Internet besteht kein fundamentaler Unterschied in der Stellung der Leiber zu ihrem Raum und dem Blick hinaus.

Insgesamt ist die menschliche Fahrt allgemeiner als die menschliche Erfahrung; Erstere schließt als Leben Bewegung, Veränderung und Übertragung ein, auch die der Erfahrung. Dass der Mensch Erfahrungen macht, liegt an seiner ontogenetisch zu frühen Ausfahrt aus dem Mutterleib. Die Fahrt der Geburt bedingt die Erfahrung. Aus Nacht zum Licht? Darin geht die Bestimmung der Nacht nicht auf. Die Nacht kann selbstverständlich selbstbewusst erfahren werden, auch in ihrer Ästhetik. Aber gerade in der Nacht tritt zusätzlich oder alternativ ein passiveres oder unverstandenes Fahren in Kraft und Erscheinung, das wiederum mit dem existenziellen Horizontbegriff der Fahrt (Am-Leben-Sein, Geborensein, Sterblich-Sein) verbunden ist: via Schlaf und Traum und Phantasie im Dunkeln. Die äußere Nacht erinnert die innere Nacht an die äußere Nacht im Inneren einer anderen.

Wer heute nachts aus dem Fenster schaut, weiß, dass sein Leib Insasse eines *globalen* ‹Gespanns› ist, auf der Fahrt durch die Nacht des Alls. Möglich, dass er tief durchatmet, die Ruhe der äußeren Nachtbewegung in seine innere fahren lässt und sich ins Bett bewegt. Möglich auch, dass ihn der Zoom des Blicks oder der Rausch der globalen Bewegung vom Fensterkreuz zum Kreuz des Südens packt, dass er, ‹Hut und Mantel vergessend›, in die Nacht der Großstadt hinausstürmt – schwindelnd etwa zwischen Frontscheibe und Rückspiegel. «Lass uns Drogen nehmen und rumfahren», singt einlullend die Band «Zukunft» aus dem MP3 – Der ästhetische nächtliche Zusammenhang zwischen dunklen, sozusagen ‹letzten Fragen›

1330 Siehe für die Neuzeit: Wickrams «Rollwagenbüchlein» aus dem 16. Jahrhundert und den «Kurtzweiligen Reyßgespahn» des Johann L. Talitz von Lichtensee (1645). Zur Übersicht: S.A. Neumann: Den Spott zum Schaden – Prosaschwänke aus 5 Jahrhunderten. München 1977.

und billiger Nachtindustrie war bisher kaum Thema einer *Ästhetik der Nacht*; und zwar wohl hauptsächlich deswegen, weil Ausgangspunkt die Phänomene der äußeren Nacht waren, weil die literale Nacht ganz selbstverständlich die Nacht draußen war. Wir aber schauen auf den Leib in der Nacht und die Nacht im Leib. Dazwischen die Fahrten.

Natürlich ‹tangiert› die unterschiedliche Fahrweise weiterhin den Leib, je nach Vehikel-Typ und Schnelligkeit. Aber die Gemeinsamkeiten des Gefahrenwerdens (vom Kinderwagen über die magnetische Kur bis zum Fahrstuhl) gegenüber der Selbstbewegung (vom Krabbeln bis zum Hinken) müssen auch als nachtleibliche Gemeinsamkeiten gesehen werden, die verwandt sind mit der delirialen Schwelle zum Schlaf: Die leichte Dösigkeit durch *entsorgte* Fortbewegung (die immer auch eine relativierte Schwerkraft ist), die Schwingungsübertragungen der Vehikel, die Druckwechsel bei hohen Geschwindigkeiten und starken Veränderungen in der Senkrechten etc. lassen unter anderem den Blick an der langen Leine, lockern das Verhältnis zwischen der visuellen Orientierung im Raum und der leiblichen ‹Befindlichkeit› – oder knüpfen es neu.

Die Sphinx hatte unrecht: Meistens bewegen wir uns geistig, auf vier (Stuhl-)Beinen. Dazwischen liegen wir auf vier Füßen auf der kline (Bett) oder in der Klinik. Selbst wenn wir fliegen, sitzen wir. Das Auge, gewöhnt an die körperliche Rückmeldung bei Eigenbewegung, täuscht sich öfter. Die Augen sehen bei einem selbstgesprungenen Salto anders als beim Loop in einer Kirmesmaschine. Auch dass Sie für einen Augenblick im Bahnhof nicht wissen, ob Ihr Zug oder der Zug gegenüber sich langsam in Bewegung setzt, liegt nur daran, dass Sie sich nicht aus eigener Kraft in Bewegung setzen. Hier nun schwindelt Ihnen wohl kurz, und solche Schwindel lernt man, so zu ignorieren, dass man sie kaum noch wahrnimmt. Dennoch kann man nicht verleugnen, dass unser *Leib*, im Alltag auf immer mehr solcher ‹Fahrten› unterwegs, immer häufiger ein gleichsam träumender Leib ist, während unser Geist hellwach ‹tagt›.

Das sind nur versprengte Nachfahren größerer Nachtfahrten. Eigentlich sind diese keine ‹Tagesfahrten› zu festen Zielen, sondern sie überwinden entweder ‹auf der Stelle› (abrupt) die Schwelle (in Stürzen und Flügen etwa), oder sie bleiben auf der Stelle der ‹Schwelle›, wie es im Schweben der Fall ist oder in der Trance (etwa hinter dem Ego-Shooter). Während die Schwelle, an der *Monster* auftauchen, selbst eine Schwelle der Visualität markiert (zwischen Wahrnehmung und Phantasie oder zwischen Wahr-

Nehmung und ‹Schwindel›), bezeichnet die Schwelle der Nachtfahrt eher eine Grenze zwischen Selbst- und Fremdzurechnung (auch taktiler, haptischer und Gleichgewichtssensationen) sowie zur Unzurechnungsfähigkeit hin. Es geht also nicht um Strecke, sondern um Ebenen-Differenz, wenngleich externe Zielpunkte von Sturz und Flug durchaus ihren Beitrag zum Schwindel leisten können und auch das Auftauchen, das doch in ein Sehen mündet, zu den Nachtfahrten zählt. Nicht nur das Selbstabtauchen (oder Sinken, Stürzen, Taumeln etc.) und das Selbstauftauchen (erhebende Gefühle) gehören zu den Nachtleibsfahrten, sondern genauso das Ab- und Auftauchen von Objekten in der äußeren oder von Situationen in der inneren Nacht. Denn die Fahrt ist eine (zudem noch dunkle) Relationsveränderung.

Vorzugsweise sind die Nachtfahrten, wenn sie nicht schwer berechenbare Bewegungen des Umkehrens oder Umstülpens sind, Fahrten in der Vertikalen[1331], während die gewöhnlicheren täglichen Fahrten im Rahmen ihres Horizontes verbleiben. Beide Fahrten haben aber ihr physisches Komplementär- oder Gegenlager: Der Schlafende *liegt* quer zu seinem *Sinken* in den Schlaf und zum Auftauchen des Traums.[1332] Wach und *senkrecht* durchpflügt der aufrecht gehende Mensch die Oberfläche seines Lebenswandels: *waagerecht.* Dass er auf zwei Beinen aufrecht von hier nach da gehen kann, den Blick nach vorn, macht den Menschen nach ‹landläufiger› Meinung aus. Doch selbst der solcherart sehende und zielgerichtet gehende tägliche Leib wird durchkreuzt von senkrechten Gesten, die, da sie zumindest traditionell physikalisch nicht leicht ex-‹pediert› werden können (also nicht dahin gebracht werden können, wohin sie zeigen), Reservoir symbolischer Handlungen sind, wie: zum Gebet erhobene Hände oder auf das Wasser geschlagene Ruten, beides zur Evokation unsichtbarer, aber oberirdischer oder unterirdischer Mächte und leibhaftig nicht erreichbarer Orte. – Überhaupt lohnen die erhobenen Hände einen genaueren Blick; denn gemeinhin wird der aufrechte Gang irgendwie mit der

1331 Siehe ‹Himmelfahrt› und ‹Fahr zur Hölle!› – Vgl. R. Bilz: Die vertikale Tendenz im hypnagogen Erleben und das Gleichnis vom Licht des Bewusstseins (1950). In: Ders.: Wie frei ist der Mensch? Frankfurt 1973, S. 382.

1332 Die Schwelle zwischen Wachen und Schlafen wird vom leichten Schwindel gehütet, wie Jean Paul im 12. Kapitel des «Siebenkäs» bemerkt. Jean Paul: Werke. München 1959–63, 1. Abt., Bd. 2, S. 352.

besonderen ‹Stellung› des Menschen bzw. mit seinen exklusiven Beziehungen zum ‹Transzendenten› zusammengedacht. Soweit dieses Blicken mit dem Himmel in Beziehung gebracht wird – mit himmlischen Zeichen, Gottes Erscheinung aus den Wolken oder schlicht mit den Sternen am Nachthimmel –, ist das aber besonders oberflächlich gedacht. Jedenfalls ist anthropologisch die Entwicklung des menschlichen Gesichtes zwar im Zusammenspiel mit dem aufrechten Gang oder als eine Folge davon zu betrachten, doch dient der Blick dem aufrecht Gehenden ganz offensichtlich dazu, den waagerechten Horizont zu erobern. Der Sitz der Augen mit dem optimalen Blickwinkel liegt im rechten Winkel zur Wirbelsäule. Der aufrechte Gang kann also nicht zu dem Zweck entstanden sein, in die Sterne zu sehen, sondern allenfalls um, mit geerdetem Blick, dem anderen in die Augen zu sehen. Den Himmel siehst du, liegend auf dem Rücken, bevor das Auge zufällt.

Dennoch ist es sinnvoll gewesen, die höheren Mächte die Höheren zu nennen und vom *erhabenen* Anblick des Himmels bei Nacht zu reden. Denn der Blick geht nach oben bei diesen Fahrten der Einbildung. Ein gestischer Sinn dieses Blicks nach oben ist die leibliche Selbstaufgabe – jedenfalls dann, wenn der aufrechte Leib als dem Menschen wesentlich angesehen wird. Wer aber den Schlaf als Conditio humana seiner Geistesgegenwart achtet und den Traum für seinen Geist nicht missen kann (und das sind wohl alle, selbst wenn sie es nicht wissen), der hat kein Problem damit, dass die senkrechten Blickfahrten aufwärts – und diese sind besonders in der Nacht wertzuschätzen – den Leib nach hinten zwingen. Die senkrechte Blickfahrt nach oben, gilt sie nun dem Unsichtbaren oder dem höheren Sichtbaren, gehört zum menschlichen Entrückungspotenzial, das wir für ein zentrales Element der Nachtästhetik halten.

Wir treffen es auch in der Bildästhetik als starkes Motiv an, das die Gewohnheiten und Gewöhnlichkeiten des horizontalen Sehens durch senkrechte Verbedeutung durchkreuzt: Das geschieht zum Beispiel durch die Inszenierungen auftauchender Bilder oder durch die Vertikalisierung der Sehachse, wenn an die Stelle des Sternhimmels das Deckengemälde tritt, für tendenziell Liegende (vgl. die Deckenbilder in Grabkammern ägyptischer Pyramiden). Das Kippen der Körper durch die Anordnung der Bilder kann durchaus kultische, zeremonielle, ja liturgische Unterwerfungs-Absichten implizieren. Raffaels Deckenfresken ‹machen› Sinn, weil sie den Blick in der Kirche nach oben zwingen, in eine Geste der Anbetung. Dieses religiöse Muster wird wiederholt in den profanen Inszenierungen der Bilderseligkeit, zum Beispiel bei Sonnenfinsternissen oder wenn etwa auf der Berliner Internationalen Funkausstellung 2003 ein gewölbter Nachthimmel, eine vatikanische Kapelle aus flimmernden Glotzen den Schauern die Augen hochreißt, aus Zuschauern Aufschauer macht.[1333]

Aber die Senkrechte ist ebenso bedeutsam für den waagerechten Leib, der nach *unten* schaut. Die abgehobene Sicht, die (f)liegend die Welt überblickt, ist uns länger schon von den nächtlichen Flug-Träumen bekannt. Diese Nachtfahrt findet tagsüber in den Akten des Lesens und der ‹Versenkung› in Bilder, etwa Buchillustrationen, seine subtile Fortsetzung. Aus diesem Winkel der Betrachtung heraus ist die horizontale Begegnung mit ebenso senkrechten Bildern, wie wir selbst es sind, eher der Sonderfall, der selbst in der Hochzeit des gemalten Tafelbildes von 1400 bis 1900 nicht die Hauptrolle der Bilderfahrten spielte.[1334] Allerdings ging die Hauptbedeutung der visuellen Kommunikation in der horizontalen Sehachse vertikaler Leiber gegenüber vertikalen Bildträgern ab 1900 zum Film und später zum Fernsehen über, zwei Medien, die den nächtlichen Aspekt dieser Fahrten durch entgegenkommendes Licht (statt entgegenkommender Monster) und den ‹runterziehenden› Sessel noch steigerten …

Diese Verbedeutungsakte, rechtwinklig zur Lage des Körpers oder die Lage des Körpers zur Welt thematisierend, sind eben keine bloßen Merkzeichen von Kognition und Imagination, sondern leibhaftige Fahrten. Gerade für die Leibgebundenheit von Sensationen der Senkrechten sprechen die Flug-Erlebnisse von Sterbenskranken, die «das Gefühl hatten, ihren Körper zu verlassen und ihn schwebend von oben zu betrachten». Denn das Besondere an *diesen* «Bewusstseinsreisen» ist der Blick zurück, hinunter auf den verlassenen Leib statt in die Ferne.[1335] Seele im Geisterflug und

1333 Siehe ein Foto von Jan Bauer/AP in «Der Spiegel», 35/2005 über einen Artikel, der «Netz und Glotze heiraten» heißt. Zwei staunende Menschen sind zu sehen, die ob der göttlichen Hochzeit im Äther das Transzendente dieser globalen Tautologie zu fühlen scheinen.

1334 Vermutlich schon ab 1600 und dann steigend mit dem Grad der Alpabetisierung beginnt der leibliche Gestus, den das Lesen erfordert, den Blick auf ein Objekt in Augenhöhe zu dominieren.

1335 Wenn Seele das ist, was zurückblicken kann, so hat diese kontrafaktische Fähigkeit treffend ihren symbolischen Ausdruck im Seelen-Vogel gefunden,

gleichsam entseelte körperliche Hülle der Scheidenden sind immer noch *ein* Leib, nur umgestülpt. Für diesen «Geisterflug der Seele», oder schnöder: für diese «Halluzinationen», scheinen US-Forscher folgerichtig jenes Kontrollzentrum im Gehirn verantwortlich machen zu können, «das den Übergang vom Schlaf- zum Wachzustand reguliert»[1336]. Jedenfalls stellten diese Forscher fest, dass die untersuchten «Nahtod-Probanden» mit solchen Visionen «häufig auch schon früher beim Einschlafen oder Aufwachen ähnliche Situationen erlebt hatten». Die Rückbeziehung auf den ältesten ‹Ort› der Nachtästhetik, nämlich die Schwelle zum Schlaf, macht diesen Geisterflug zu einem ‹herausragenden› Aspekt der Nachtfahrten. «Bei Umfragen unter 13000 Europäern berichtete mehr als jeder Zwanzigste, das Auseinanderdriften von Körper und Geist schon einmal verspürt zu haben.»[1337]

Nun ist darüber trefflich streiten, ob auch der Schlaf selbst zur Nacht-*Ästhetik* zählt und nicht etwa zur nächtlichen *An*ästhesie. Die älteste europäische Nachtästhetik, Hesiods «Theogonie», macht um den Schlaf, den Sohn der Nacht, kein großes Gewese. Und diese Tatsache berücksichtigend, beginnt mein Gang in die Nachtästhetik nicht mit dem Schlaf. Aber vielleicht ist die wirklich älteste ästhetische Leistung auch die Übertragung, und der phantasmatische Primat der Außenwelt der homerischen und archaischen Zeit hat die Gesten des Sinkens in den Schlaf und des Aufsteigens der Träume immer schon in den Sturz alter Götter und das Aufsteigen der olympischen übersetzt. Diese Vermutung verstärkt sich angesichts der beobachteten Entäußerung des Traumerlebens, wenn etwa geglaubt wird, dass die Träume von Göttern geschickt werden oder Repräsentanzen der Personen sind, die geträumt werden.

Wir sehen das heute anders, blicken gebannt nach innen, halten Schlaf und Traum für die unsrigen, und schon dass wir uns an die nächtlichen Vorkommnisse erinnern (wollen), macht sie zu Aspekten der Nachtästhetik. – Aber auf einer elementaren Ebene zeugen beide Vorstellungswelten von einer nächtlichen Fahrt. Denn die horizontale Körperlage selbst fördert bereits ein anderes Verhältnis zu den Wahrnehmungsobjekten

der auf seine frühere Erscheinung herabsehen kann. Vgl. die Darstellungen der Ba-Seele in den Grabkammern Ägyptens seit dem 2. Jahrtausend.

1336 Der Spiegel, 17/2007, S. 151: «Geisterflug der Seele».

1337 Ebd.

und den damit auftauchenden Vorstellungen, und zwar nicht nur wegen der geweckten Assoziation mit dem kommenden Schlaf, die im Körper schlummert, sondern schon deswegen, weil die Schwerkraft virtuell abnimmt, indem sie wie der Körper auf dem Eis über eine größere Fläche gestreckt wird, um nicht einzubrechen. Musikkonzerte im Dunkeln und im Liegen werden jetzt ‹en vogue›, auf der man – aufgehoben – davontreibt …[1338]

Die kulturelle Bewirtschaftung der sensuell-phantasmatischen Senkrechten hat zu grenzenlos scheinenden Variationen (auch Mischformen) von Übertragungshandlungen verschiedener ‹Kollektive› geführt. Darüber sollte nicht vergessen werden, dass es immer post festum vorkulturell erscheinende Vektoren sind, die die soziale Verbedeutung anregen: Das Geborenwerden von Säugetieren ist zunächst einmal eher eine Niederkunft, ein Fall in die Welt, der kulturell als Auftauchen des Kindes gefeiert wird. Der Tod ist biologisch zunächst einmal darin sichtbar, dass einer nicht mehr aufsteht. Es wird sich aber vorgestellt, dass die Seele auffährt oder absteigt, und der Leichnam wird in die Erde versenkt oder den aufsteigenden Flammen, der Luft überantwortet. Das ‹transzendentale› Sein wird vornehmlich in der Senkrechten verortet. Kultische, magische und symbolische Handlungen nehmen Kontakt zu dieser überirdischen oder unterirdischen Welt auf. Was aber ist diese Senkrechte, die man ja nicht als Pfahl mit sich führt, sondern die der dunkle und dennoch wirksame Vektor des lebendigen Leibes ist? Sie ist zugleich ‹Zusammenhang› mit der Erde und die belebte Differenz zu ihr, ist die Verwandlung der Schwerkraft in nachtleibliche Performanz.

Schmerz und Freude der Nachfahren und Vorfahren bei Tod und Geburt beziehen sich auf etwas ‹An-Ästhetisches›, auf etwas außerhalb der Wahrnehmung Liegendes: Wo kommt er her, wo geht er hin, der neue andere, der alte andere? Der ästhetische Bedarf der emotionalen Verarbeitung impliziert bereits ein der Wahrnehmung entzogenes Feld der Übertragung, das vorzugsweise in die Senkrechte fährt. Etwas pointiert formuliert beginnt die Ästhetik am Wahrnehmungsentzug: am Verschwinden und Auftauchen. Auch das Auftauchen, die Form der Erscheinung, die sich in den meisten starken Visionen geltend macht, setzt ja das

1338 Siehe im Internet unter «Konzert im Liegen».

Erstaunen, den Raptus oder das den Schwindel auslösende ‹Hinfällig-Werden› des vorher geltenden Feldes der Wahrnehmung voraus.

Die Hypothese, dass die Kunst in der menschlichen Evolution aus der Verarbeitung des Todes des andern entsteht, ist mittlerweile ein Gemeinplatz, der durch die fortdauernden Enterdungen kultischer Artefakte zu einer verdinglichten Auffassung der ästhetischen Grundlagen dieser Kunst verführt wird. Aktual setzt zunächst einmal im ‹Augenblick› der Realisierung des Todes eine haltlose Umkehr von der Intentionalität der Wahrnehmung des anderen Leibes ein. Das Wahrnehmungsobjekt wird zum Erinnerungs- und Vorstellungsobjekt. Auch wenn das den Trauernden im Augenblick der Trauer nicht interessiert oder er das nicht wahrhaben will, ist das eine Übertragungsfahrt in einen dunklen Raum, welche die Nichtwahrnehmbarkeit des anderen nicht akzeptiert. Diese Fahrt, fort vom übrigen Feld der Wahrnehmung, fort von der Anästhesie des Andern, bahnt im Grunde schon alle Vor-Stellungen, Verortungen des Jenseits. Die kontrafaktische Fahrt von der Wahrnehmung zur ‹erinnernden› Verortung der Imagination ist der größte Energiespender zur Bildung religiöser Vorstellungen nicht wahrnehmbarer Orte. Ästhetik begänne so durch die Überfahrt, über Anästhetisches hinweg als eine kontrafaktische Setzung. Die Kontrafaktizität selbst bevorzugt zur Durchsetzung ihrer Geltung Nacht und Fahrt. Diese Fahrten von der Wahrnehmung zur Vorstellung und dann von ihr zu den kultischen, ästhetisch wieder wahrnehmbaren Gesten und Bildern draußen wären die Grundlage sowohl aller Metaphorik als auch des Bedürfnisses nach einer ‹schönen Leich›.

Eine ähnliche ästhetische Bedeutung des Geburtsphantasmas ist wahrscheinlich, aber an dieser Stelle der Erörterungen noch zu komplex für eine Nachzeichnung als Fahrt. Das liegt daran, dass die Geburt doppelt besetzt ist als Geburt des Anderen und als Selbstgeburt. Während das innere Erleben des Sterbenden wenig zur Beerdigungsästhetik beitragen kann, ist der (wenn auch unbewusste) Beitrag von Spuren eigenen Geburtserlebens zum Erleben der Geburt eines Kindes nicht so leicht zu ermitteln. Vielleicht wird die Bedeutung der senkrechten Fahrt, die mit dem Phantasma der Geburt zusammenhängt, aber bei der Ästhetisierung der Erinnerung deutlich, die schließlich ‹auftaucht›.[1339]

1339 Vgl. unten in «Erinnern und Vergessen als Inszenierung des Nachtleibs» den Abschnitt: «Lethe und das auftauchende Palimpsest».

Nun könnte sich gegen die Vermutung der Begründung jeglicher Ästhetik aus der Nachtfahrt der Übertragung in ‹andere Orte› der Einwand erheben, gerade von den ältesten Begräbnisformen, die wir kennen, sei kaum auf explizite Jenseitsvorstellungen zu schließen, und zunächst sei einmal vom Faktum der Ästhetisierung oder kulturellen Verbedeutung des Leichnams selbst auszugehen. Hier wird aber ein Übertragungsfehler ex post gemacht. Phänomenologisch besteht zwischen dem Himmelreich und der schönen Leich kein großer Unterschied. Es wird nicht etwa das Aas geschmückt. Geschmückt wird ein vollständig neuer Ort – der Übertragung. Vollständig neu deshalb, weil eine intentionale Umkehr vom lebendigen Wahrnehmungsobjekt zum Erinnerungsobjekt stattgefunden hat – und zwar zum je ersten Mal in dieser rigorosen Trennung – und weil daraufhin eine neuerliche Umkehr zu einem neuen wahrnehmbaren Repräsentanten (Leichnam) eines gewesenen Objektes stattfindet, der die materielle Spur der eigenen Fahrten ist. – Welche Bedeutung hat dann aber die Favorisierung der Senkrechten in den ästhetischen Riten, Gesten und Symbolen? Vielleicht ebendie der kontrafaktischen Verbedeutung via ästhetischer Übertragung: Die gefühlte Senkrechte im Leib ‹steht› für die ‹Auferstehung›, für den ‹Aufstand› gegen die Waagerechte, für die *ästhetische* Fahrt, für jenes seltsame Vexierspiel aus wahrnehmbar und nicht wahrnehmbar.

Die vertikale Vektorisierung aus dem Leib heraus, die bei zunehmender thematischer Relevanz zunehmend innere Dunkelheit in eine vorgestellte äußere Nacht abstrahlt, sie könnte die treibende Agentur der oberirdischen und unterirdischen Jenseitserfindungen, der frühesten mythologischen Stoffe, der religiösen Vorstellungen und der literarischen Fahrten sein. Die Hesiodische Narration zwischen Geburtenfolgen und Kämpfen spielt sich schließlich, ganz im Gegensatz zu den typischen Tätigkeiten eines Hirten und Feldbestellers, vorwiegend in der Senkrechten ab. Und die Ilias hat zwei ständig mitzudenkende doppelte Bühnen aus Olymp und Troia.

Gehen wir weiter zurück, sehen wir die Vorherrschaft des Traums für die Handlung – und ebenfalls die ereignistragende Bedeutung der Unterwelt im «Gilgamesh». Im ägyptischen Kulturkreis schließlich ist das Gewicht des Himmels und besonders der Unterwelt prägend für die Lebenswelt, in welcher diese anderen Welten ja eigentlich nicht existieren. Was aber immer, seit Ewigkeiten, Tag für Tag und Nacht für Nacht geschieht, ist das Aufstehen und Hinlegen. Und das kontrafaktische Aufstehen des Traums aus der Waagerechten des Schlafs. Neben den herausragenden Erlebnissen von Tod und Geburt ist die Übertragungsfahrt der allnächtlichen Träume ein erstes Muster der Nachtästhetik, das in der den normalen Alltag der alten Kulturen nicht widerspiegelnden Dominanz der Senkrechten zum Ausdruck kommt. Diese imaginäre Ordnung der inneren Nacht, die via Schwerkraft besonders mit der chthonischen Nacht verbunden ist und deren Differenz in die Himmelsnacht extrapoliert wird, findet nicht nur in den literarischen Zeugnissen seinen beherrschenden Ausdruck, sondern auch in zahllosen Riten und intuitiven Übertragungen körperlicher Gesten und Prozeduren.

Ekstase, Rausch und Trunkenheit, selbst wenn sie von an sich ‹ortlosen› Drogen hervorgebracht werden, betonen die senkrechte Fahrt (oder doch die Fahrt mit Blickfreiheit nach unten). Aber es gibt auch unauffälligere Gesten, die vermeintlich prosaische Handlungen ‹unterstreichen›. Das ‹martialische› Stampfen der Kämpfer in der Ilias auf dem Schlachtfeld, überhaupt die Aufmerksamkeit Homers und Hesiods für das Dröhnen des Bodens und schließlich all die *Tänze* im kultischen Sinn, schwankend in der religiösen oder profanen Bedeutung, das sind Manifestationen einer gesuchten ‹Erfahrung› der Senkrechten.[1340] Der Tanz, eines der wichtigsten Elemente der archaischen griechischen Kultpraxis, ist mit seinem Schwindel und seiner Trance durch und durch eine Verbindung senkrechter und waagerechter Bewegungsarten des Leibs. Der besondere Bezug der tanzenden Musen (wie auch der dionysischen Mänaden) nach oben zu Bergeshöhen und Quellen, die Orakel-Orientierung (Baum- und Vogelflugorakel) und nach unten (Delphi, Trophonios, Labyrinth) verweisen in ein oberes und unteres Jenseits. Nach unten geht der Ausdruck des Fußes mit jedem Schritt.

In der Verbindung senkrechter und waagerechter Bewegungskomponenten beim Tanz vermute ich ein Vorherrschen der ästhetischen Senkrechten im Stampfen, Hüpfen, Springen und Bücken, jedenfalls für die alten Kulturen, denn diese Bewegungsformen unterscheiden sie vom profanen oder prosaischen Gehen. Der Tanz, jedenfalls in seinen vormodernen Formen, hatte zusätzlich noch durch sein schwindelerregendes *Dreh*moment die Funktion der Vermittlung körperlicher Entäußerung

1340 Weitere senkrechte Vorgänge im Dunkeln sind das Säen/Aufwachsen aus einem ‹Schoß› und das Verdauen.

mit der Umkehr von Wahrnehmung zur Imagination und von Imagination wieder zur Wahrnehmung. Es folgt also dem physischen ein Bedeutungsschwindel. Selbstverständlich ist hier nicht alles Wesentliche über den Tanz gesagt. Doch scheint es wichtig gegenüber den Versuchen, den menschlichen Tanz aus der Sprache oder der Musik abzuleiten, zunächst einmal auf die körperlichen Gefühlsgrundlagen zu sprechen zu kommen: auf leibinnere Komplexe wie das Gleichgewicht und das Exponieren des Körpers im Tanz aus dem Inneren. Dazu kommen die Berührungen der Körper miteinander. Zwischen dem inneren Gleichgewicht und den Zugkräften an den zufassenden Händen wird ein Balance-Verhältnis zwischen innen und außen gefühlt, zwischen eigenem und fremdem Leib (das rhythmo-periodisch die Schwerkraft ‹aufhebt›).

Jenseits aller physikalischen und symbolisch vertikalen Topologie (Berg-und-Tal-Tanz, Sternbildtanz, Tanz zur *Herauf*führung unterirdischer Geister usw.) ist selbst jener Tanz, der auch eine Fortbewegungsart darstellen kann (Umzüge, vom *komos*[1341] bis zur Love-Parade), eine bedeutsame Manifestation senkrechter Nachtleibsfahrt, und zwar durch die Trance und jene Schwindelformen, die er durch Dreh- und Kreisbewegungen erreicht. Dabei sollte man die tänzerische Verbindung nicht bloß als die Resultante zweier Vektoren vorstellen.

Das phänomenale Vorne/Hinten der leiblichen Raumorientierung wäre zwar auch bei der tänzerischen Bewegung auf einem Boden als ein asymmetrischer Vektor auf die geometrische Konstruktion zu übertragen, doch besonders die mediterranen Dreh- und Reigentänze (bis hin etwa zu denen der sufischen Derwische) erreichen ihre Weise des *Schwindels* durch die kontinuierliche Durchkreuzung und ‹*Liquidierung*› der Vorne-Hinten-Orientierung und – auf die Außenwelt bezogen – durch eine Abwicklung vom horizontalen *Gesichts- und Blickfeld.* Schon durch die ‹Aufhebung› des Gewichts der visuellen Fixierung des horizontalen Gegenübers in der Drehung ‹steigt› psychologisch das ‹Gewicht› der axialen Senkrechten. Die *Love-Parade*, später *Reincarnation* [!]-*Parade* genannt, hat es fertig gebracht, den Vektor horizontaler Fortbewegung völlig aus dem Repertoire der eigenleiblichen Bewegung auszugliedern. Die bodies stehen auf dem Wagen,

1341 Der *komos* ist ein ausgelassener, festlicher Umzug bei Dionysosfesten und nach privaten Gelagen, vielleicht erst ab dem 6. Jahrhundert v. Chr. in Griechenland.

und während die wummernden Bässe den Zusammenhang des zuckenden Leibs mit der, wenn auch nicht jauchzenden, so doch dröhnenden Erde betonen, bewegen sie sich auf der gleichen Stelle auf und ab und im Kreis.

Mit dem Tanzen rückt der *Schwindel* ins Zentrum der Aufmerksamkeit, der im Grunde schon bei vielen hier behandelten Phänomenen eine tragende Rolle gespielt hat. Man denke an die Schwindelschwelle zwischen Wachen und Schlafen, an die Trance der Magnetisierten, an die Nachtfenster, oszillierend zwischen den Ansichten von Spiegel und Fernrohr, man denke an das Hesiodische Kampfgetümmel zwischen den Olympiern und den Titanen, überhaupt ans Chaos. Da wir, den semantischen Schwindel im Kopf, also Lug und Trug, den Schwindel in großem Stil erst im Buch über die Nachtsprache behandeln, sei hier nur ein kurzer Überblick über die Relevanz für den Nachtleib angeboten. Auf den ersten Blick scheint Schwindel heute ein eher banales Symptom ungewohnter Fahrbewegungen zu sein – siehe Kirmes-, Reise- und Seekrankheit. Am besten sei es, im Auto vorne zu sitzen und auf dem Schiff den unbewegten Horizont zu fixieren, heißt es. Ohne zu taumeln hält das Auto Kurs, das aber doch von einem Blick auf ineinanderstürzende Ansichten gesteuert wird, von der routinierten Bearbeitung sich umstülpender Bilder

In die auf uns zustürzende Front-Sicht ist das Spiegelbild der fliehenden ‹Vergangenheit› eingebettet, deren Ansichten sich ausstülpen zum fortstürzenden ‹Weich-Bild›. – Doch wie steht es mit den in unserer Kultur zunehmenden Blickfahrten mit ‹Kick›? Kultivieren sie nicht das Gegenteil der motorisierten, bemüht schwindelfreien Fahrt? Sucht das müßig-rastlose Auge der Moderne nicht zunehmend das flüssige Bild, das unscharfe Gesamtbild, Spiegel der Schweifbewegungen unserer Blicke? Und insgesamt: Sucht nicht die Vorstellung vom ‹eigenen› Leben den rhythmischen Tanz zwischen Fokussierung und Unschärfe wie eine visuelle Übertragung von ‹Puls›? Schon der Erregungstaumel in illuminierten Nachtstädten seit dem 19. Jahrhundert (lauter Spiegel in der Nacht), dann die Blickfahrten in der Dunkelheit von Kino und Fernsehen: Sie wurden durch kleine Dosen Schwindel gefördert. Auch simulierte Fahrten im Computerspiel sind nicht nur ein ‹Schwindel› im Sinne von Betrug, sondern sie implizieren auch den Körperschwindel, weil sie Körpererfahrungen und deren Orientierungsbilder zur Umsetzung des Spiels voraussetzen.

Der körperliche Schwindel, verwandt dem Rausch, ist eine der gattungs- und individualhistorisch ältesten Nachterfahrungen, weil er auch die dramatische und zuweilen traumatische Schwelle zwischen Schlaf und Wachen bezeichnet, bewohnt und überwindet. In Zeiten, da noch Nachtwachen die Nacht gliederten, war die Erfahrung des Schwindels auf der Schwelle gewiss deutlicher. Die mühsamen nächtlichen Übungen, der aufkommenden Müdigkeit *nicht* entgegenzusinken, lassen einerseits die Schwelle ernorm anschwellen, andererseits wird der Schwindel immer verlockender, ‹hinreißender›. Der Schwindel ist bei guter Technik minutenlang auszuhalten und dann abzuschütteln wie eine Nachtmähre. Dichter wie Hoffmann, Poe oder Nodier nutzen diese Oszillationen auf der Schwelle für ihre poetischen Eroberungen am Rande des Traums. Erfahrungen mit dem nächtlichen Schwindel haben immer auch das Bewusstsein dafür geschärft, dass es eine innere Nacht gibt, die bei Müdigkeit unaufhaltsam der Vereinigung mit der äußeren Nacht entgegenstrebt.

Die Nähe der Schwindeltechniken zur Nachtästhetik ist schon daraus ersichtlich, dass es auch in Letzterer oft um die Lichtung der optischen Anker geht. Auch in zeitgenössischen Nachtkünsten, wie etwa in der Ausstellung «Schwarzraum» (Bern 2001), wird durch die Dunkelheit der Eindruck erweckt, «der Boden werde einem unter den Füßen weggezogen, der Körper schwebe». Erinnerungen an prä- und postnatale Schwebezustände können aufsteigen: «Katharsis oder Vertigo»[1342]. – Der nahtlose Übergang zwischen dem ‹Schwindel› auftauchender Vorstellungen, der Schwindelangst (über einem Abgrund) und dem körperlichen Schwindelanfall als Gleichgewichtsstörung macht den Schwindel für kultische Handlungen so bedeutsam. – Die Schizophrenie der zeitgenössischen Schwindelkultur besteht nun darin, dass sie einerseits in den modernen Künsten (oder Kitzeln) schwindelerregende Fahrten als Wege zu Bild-Offenbarungen goutiert[1343] und andererseits ausgesprochenen Schwindel nur als Krankheitssyndrom kennt, unter dem in Deutschland 20 % der Männer und 40 % der Frauen einmalig bis chronisch leiden.[1344]

1342 M. Vogel: Sehen im Dunkeln. In: NZZ, 14. 7. 2001, S. 33.

1343 Vgl. die simulierte Tauch- und Flugfahrt im Deutschen Pavillon der Weltausstellung Lissabon mit induzierter Schwerkraft-Veränderung – und den Flugtaumel mit schwankenden Bildern beim simulierten Heimflug aus dem Regenwald zurück ins «Regenwaldhaus Hannover» (Expo 2000 in Hannover).

1344 Vgl. M. Messner: Mit Homöopathie gegen Schwindel. In: HAZ, 26. 6. 2001

Aber die Schwindel der Drehung und der Senkrechten sind auch leibhistorisch enger miteinander verwandt als mit dem horizontalen Geschehen von Gehen und Sehen, welches wiederum im Mutterleib nicht die Hauptrolle spielte. Dafür gehören Sinken / Steigen und Wirbel / Drehung zur allnächtlichen Fahrt im Gebärmuttermeer.[1345] Andererseits ist von senkrechten und spiraligen Fahrten bei ganz jungen Säuglingen zunächst kaum noch mehr übrig geblieben als ein Sturz von der Wickelkommode und eben das Gewickeltwerden.[1346]

Nun ist eine Kombination senkrechter und rotierender Bewegungen natürlich auch an der Mechanik unbelebter Körper zu beobachten, eben weil schon die zentripetalen oder zentrifugalen Kräfte der Drehbewegung achsenbezogen sind. Viele Alltags- und Kultgegenstände seit der Steinzeit zeugen von der Erfahrung der Kombinierbarkeit an unbelebten Körpern, von ihrer Verschmelzung mit den lebendigen Leibern der Hand-Werker und vielleicht von dem damit möglichen ‹Heraufholen› ältester Erlebnisse in werktätige Erinnerung (via Entäußerung). Das reicht von der Faszination der auf- und abtanzenden Spindel im Kinderspiel (Kreisel und Pitschendop) bis zur Anwendung des Bohrhammers als esoterischer Sinnbohrer.[1347] Das Bohren (also das Vertiefen durch Drehbewegung) ist übrigens eine Technik, die seit der Altsteinzeit bekannt ist.[1348]

Sprachliche Ausdrücke bezeugen die Arbeit der Schwindelerfahrung, die Drehen und Stürzen, Wirbel und Senkrechte ‹assoziiert›. Siegfried

1345 Drehschwindel kann auch als Umkehrerfahrung beschrieben werden; von der beim Schwindel gelegentlich ‹auftauchenden› Umstülpbewegung, dem sogenannten Reihern, wollen wir diskret schweigen.

1346 Die Sturzerfahrung ist peri- und postnatal negativ besetzt; aber es ist nicht eigentlich die Fahrt, sondern ihr Ende: Denn, wie Tom Waits im Film «Down by Law» von Jim Jarmusch weiß: «It's not the fall that kills you, but the sudden stop». Zit. nach S. Zielinski: Einschwingen und Auslenken. In: T. Fecht / D. Kamper (Hg.): Umzug ins Offene. Wien / New York 1998, S. 221.

1347 Neben der heilsamen Wirkung des Schlagbohrers auf Heimwerker im Allgemeinen sei die esoterische Benutzung in New-Age-Kreisen erwähnt. In ihrem Bericht «New Age City – Hört den Ruf der Erde» im Zeit-Magazin 26 / 1990 stellen Chr. Seiler und Chr. Känzig eine Therapeutin vor, die mit einem Schlagbohrer bei ihren Klienten «Erinnerungen an frühere Leben» «reaktiviert» (S. 38).

1348 Der Homo erectus von Bilzingsleben (350 000 v. Chr.) hatte Bohrgerät aus Stein; vgl. D. Mania, A. Dietzel: Begegnung mit dem Urmenschen. Hanau 1980.

Zielinski erinnert in diesem Zusammenhang der Desorientierungs-Verarbeitung an die etymologisch doppeldeutige Herkunft des lateinischen Wortes *vertikal*, das heute nur noch «senkrecht» heißt und in seiner psychologischen Variante *Vertigo* nach Hitchcocks gleichnamigem Film noch auf längere Zeit dominant mit der Bedeutung von Höhen-, also Sturzangst belehnt sein wird. Denn im lateinischen Ursprung bedeutet *vertere* stärker «drehen», «wenden». Wahrscheinlich stammt auch das Wort *Wirtel* im Spinnwirtel nicht daher, dass dieser die Spindel *beherbergt*, sondern von einer mit *vertere* gemeinsamen Wort-Wurzel, von der auch das deutsche Verb *werden* abstammt.[1349] Hier sind Bewegungs-, ja Schöpfungsformen repräsentiert, die auch schon für frühere Zeiten gar nicht wichtig genug genommen werden können. Ich sage nur: «Eurynome! – Empedokles!» Im Lateinischen bezeichnete man mit *vertere* «die Bewegung eines Wirbels in Gewässern und übertrug diese Bedeutung dann auch auf den Haarwirbel, und sie wurde von dort metonymisch übertragen auf Kopf, Haupt, Spitze, mit der Senkrechten als Richtungsbezeichnung: wie ein Lot von oben nach unten verweist, wie ein Körper, der von oben nach unten fällt, von der Spitze eines Turmes zum Beispiel, der im Lateinischen VERTEX heißen würde»[1350].

Mit der Nennung des Angstschwindels sei zugleich auf die Bedeutung verwiesen, die der reale Schwindelanfall für heftige Gefühle hat, die bis zur Ohnmacht führen können. In Christoph Martin Wielands «Aurora und Cephalus» wird zum Beispiel Eifersucht von einem Schwindelanfall begleitet[1351]. Auch in anderen Kulturen ist der Schwindel vor, während und nach dem *coitus* dabei. – Ein willkürlich herausgegriffenes Beispiel aus dem chinesischen «Djin Ping Meh»: Simen Tjing ist in Goldlotos, die kurz vor ihrem Höhepunkt ihren Liebhaber veranlasst, «an ihren Brustwarzen zu saugen. Ehe sie sich aber dessen versah, überkam sie ein Schwindelgefühl. Reichlich sonderte sie Flüssigkeit ab. Im Krampf streckte sie die Glieder von sich. Ihr Herz sprang und zuckte wie ein kleines Reh.»[1352] Natürlich hat die Rede über den Liebestaumel ihre Konjunkturen. Doch wenn

1349 Duden Herk., S. 768, Artikel «Wirtel».

1350 Siegfried Zielinski: Einschwingen, S. 220.

1351 Chr. M. Wieland: Werke. München 1964, Bd. 4: «Comische Erzählungen», S. 155.

1352 Djin Ping Meh. Ausg. 1755. Übers. von O. und A. Kibat; Frankfurt und

man das einmal weiß, wird auch die Rede über nichterotischen Schwindel ihren erotischen Subtext enthalten.

Wenngleich nun diese psychische Turbulenz auch bei Glücksgefühlen auftaucht, gilt in unserer Kultur der individuellen Souveränität über Gefühle die größere Aufmerksamkeit dem *Angstschwindel*. Er dient wie in der kultischen Trance eher der Desensibilisierung gegenüber der *Außenwelt*; das ist wohl evolutionshistorisch eine ähnliche Schutzfunktion der Lebewesen, wie der Fluchtschlaf.[1353] Gleichzeitig kann sich der Schwindel natürlich umso lauter als inneres Warnsignal melden. – Als Peter Schlemihl erfährt, dass er für seinen Schatten «Fortunati Glückssäckel» erhalten soll, bekommt er einen Glücksschwindel nebst Augenflimmern. Als er später plant, seinen Schatten zurückzurauben, ergreift ihn ein Schwindel ängstlicher Erwartung oder der Versuchung zum Mut.[1354]

Spätestens seit dem ‹Aufschwung›, den die Musik im 7. Jahrhundert v. Chr. nahm[1355], werden zugleich Trance und Schwindel des *Tanzes* hoch geschätzt – bis heute. Natürlich ist die griechische Gesellschaft bei einer generellen Bewertung auch des profanen Tanzes sehr gespalten gewesen, und ausgerechnet für Pirouetten und andere Drehungen beim Tanzen scheinen gerade die Griechen – im Unterschied zu anderen mediterranen Kulturen – nicht viel übriggehabt zu haben. Dafür muss aber auf den kultischen Zusammenhang von Wein- und Drogenrausch mit dem Tanz der Mänaden, Thyiaden und Satyrn (u. a.) etwa im Dionysischen Festbereich hingewiesen werden; hier ist der Schwindel vorprogrammiert.

Gerade dieser Rausch- und Trance-Anteil scheint in modernen Massentänzen (wenn auch ohne religiöse Inbrunst) zuzunehmen. Ob das nun in der Disko oder auf der Love-Parade zum Ereignis wird: Es wird zugleich immer mehr auf der Stelle getanzt; das ist nicht nur ein Ausdruck von Platzmangel. Ohne ‹Ecstasy› und andere, ähnliche Mittel scheint aber doch der Normalfall auf eine Weise der Umnachtung hinauszulaufen, den frühere Tanzkundige als Ausdruck «profaner, inbildloser Ekstase» be-

Berlin 1987, Bd. 4, S. 332. Das kleine Reh ist wohl eine weltdurchsprengende Männerphantasie. Vgl. die Ähnlichkeiten mit Archilochos: Gedichte, S. 107.

1353 R. Bilz: Die unbewältigte Vergangenheit des Menschengeschlechts. Frankfurt 1967, S. 246, nennt diesen Fluchtschlaf «Übersprungsschlaf».

1354 Chamisso: Schlemihl, S. 31 und S. 97.

1355 Kl. Pauly 3, Sp. 1487.

schrieben hätten.[1356] – Als kulturübergreifendes epochales Suchmuster erweist sich aber die Bereitschaft zur Trance und diese selbst, weil sie auch in völlig anderen ‹Szenen› eine große Rolle als therapeutischer (s. o. «Magnetismus») und religiös interpretierter Zustand spielt. Siehe die einschlägigen Körperkulte importierter, besonders östlicher Religionen, wie Meditation, Yoga und «unterwache Bewusstseinszustände».[1357] – Doch auch die Sprache hat Anteil am Schwindel des Tanzes, zumal in ihrer lyrischen, besonders chorlyrischen Rhythmisierung. Die Ausdrücke «Hebung» und «Senkung» des Vers*fußes* deuten einen Tanz der Sprache an, aus den fallen, stürzen konnte, wer das Maß der Schwingung nicht hielt. Diese Stürze wiederum werden zum hinkenden Jambos veredelt, und in trunkenen Dithyramben für Dionysos werden die trunkenen Sinne gefeiert. «Vom Weine die Sinne zusammengeschmettert», heißt bei Archilochos[1358], was sich als Vorspiel zu religiösem Rausch und Vergessen versteht:

Kann Dionysos dem Herren
präludiern das schöne Lied,
Seinen Dithyrambos, drinnen
in der Brust zerblitzt vom Wein.[1359]

1356 D. Günther: Der Tanz als Bewegungsphänomen. Reinbek 1962, Foto Kees Scherer vor S. 129.

1357 H. Chr. Meiser: Trance – Andere Bewusstseinszustände und die Arbeit mit ihnen. Frankfurt 1996.

1358 Die Übersetzung des Archilochos-Verses, der zum Aulos gesungen wurde, ist von W. Kranz: Geschichte der griechischen Literatur». Köln, 1992, S. 72.

1359 Es handelt sich um denselben Archilochos-Vers, hier in der Übersetzung von W. Marg: Griechische Lyrik, S. 9. Kurt Steinmann übersetzt die ‹zusammengeschmetterten Sinne› und die ‹zerblitzte Brust› mit «zusammengedonnert im Zwerchfell»: K. Steinmann (Hg.): Archilochos: Gedichte. Frankfurt 1998, Nr. 47. Der umstrittene Bereich, der zusammengeschmettert, zerblitzt oder zusammengedonnert ist, heißt im Original *phrenos*, Zwerchfell, Brust oder Seele, Geist, Verstand, ja sogar Wunsch oder Sinn: ein dunkler, rückwärtiger Raum, der nur ungenau zu beschreiben ist. Dessen dunkle Ungenauigkeit aber im Rausch sozusagen nach vorne kommt oder auftaucht, während der Betrunkene darin ertrinkt. – Der Ausdruck *phrenos* sollte im 19. Jahrhundert übrigens eine ‹tolle› Karriere machen. Nachdem er zuvor schon eher in der *phrenitis* eine unspezifische Gemütskrankheit

Hesiods Verehrung der tanzenden Musen verdient vor diesem historischen Hintergrund besondere Aufmerksamkeit. Was bietet Hesiod an, das dem Tanz des Nachtleibs gleichkommt, auf dass er der ihm aufgetragenen Übertragung der doch tanzend kommenden Musen nachkomme? Seine Hexameter scheinen weder so leicht wie Musentänze zu sein noch so bedeutsam die Unterwelt heraufzustampfen, wie es sich in der direkten rhythmischen Umsetzung gehörte. Aber der *Vorstellung* bietet Hesiod stärker als alle alt-griechischen ‹Literaturen› die Fahrten des Nachtleibs nach unten und oben – im Nachvollzug der Wendungen und Umkehrungen des Schicksals, in Aufstieg und Fall von Göttern. Was die Hesiodischen Körper aber sowohl von den Körpern aller möglichen Mythen und Sagen wie auch von Homer unterscheidet, das ist die Art der Bewegung, wobei doch sie immerhin aus Körpern Leiber von Lebewesen macht.

Doch während Biologen und Anthropologen fortwährend mit der Bewegung der menschlichen ‹Art› die Art der *Fort*bewegung im Sinn haben und von der offenen Savanne als dem Entdeckungsfeld des aufrechten Gangs träumen, und während selbst bei Homer die Irrfahrten des Odysseus vor allem oberirdisch in die Irre führen und die Helden vor Troja auf der Oberfläche der Erde als dem Schlacht-Feld kämpfen, fliehen und ihre besiegten Gegner hinter sich her schleifen, ist der Hesiodische Text voller Abgründe und Auffahrten, und die Sensationen des Stürzens und Steigens beherrschen die Vorstellung der Hörer. Selbst ein Albtraum, den Homer zum Gleichnis nimmt, ist nicht einer vom Stürzen und Fliegen, sondern von einer unaufhörlichen Verfolgungsjagd (Il. 22, 218), und er vergleicht diesen Albtraum mit der wirklichen Verfolgungsjagd zwischen Hektor und Achill. – Allerdings hat die Ilias die zusätzliche Handlungsebene des Olymp und die Odyssee diejenige der Unterwelt. Seit der spätarchaischen Zeit scheint dagegen *literarisch* für lange Zeit die Horizontale vorzuherrschen, die Unterwelt weniger aufgesucht zu werden, wenngleich diese Einschätzung das Ergebnis einer unausgewogenen Quellenlage sein kann. Außerdem wächst zeitgleich die Bedeutung der Mysterienreligionen an.

In Hesiods Buch Genesis der göttlichen Ordnung ist der Kampf um das Terrain nicht so wichtig wie am Strand vor Troja, Fern- und Heimweh treiben

bezeichnet hatte (vgl. Duden Herk., S. 185), tauchte er bei den ‹Frenetikern› der französischen Romantik als Parole auf.

keine Argonauten oder einen Odysseus, und die Einhaltung der göttlichen Regeln durch die furchenziehenden Bauern (WuT) ist in der «Theogonie» kein Thema. Aber die dunkleren, nicht rein selbstbestimmten Fahrten der Existenz: Geborenwerden und Verworfensein zeigen sich deutlich dem Träumen und Vorstellen. Davon zu singen war nicht Ausdruck unreifer Wildheit. Allerdings sollte man die Identifikation von *Sturz* mit Tod und *Geburt* mit Auftauchen immer auch (kreuzweise) gegenlesen als eine ästhetische Verschleierung des Gegenteils. Schließlich gleicht physisch und psychisch die Geburt eher einem Sturz, und Todesfälle werden gern verklärt zu senkrechten Entrückungen. Die Bewegungen des Steigens und Sinkens können unter anderem auch in ihrer kontrafaktischen Umkehrung oder in ihrer den Kontext verfremdenden Praxis Aspekte einer ästhetischen Haltung sein und etwa wie eine Metapher oder ein Gleichnis wirken.

Doch der Nachtleib fährt schon bei all den Stoffwechseln wie Atmen, Essen, Trinken, Verdauen, Ausscheiden im Dunkeln. Auch Scham und Begehren, sogar das Kopulieren ereignen sich im Dunkeln. Etwas geht vom Hellen ins Dunkle, wirkt – oder wird etwas anderes im Dunklen, etwas anderes tritt aus dem Dunklen aus und/oder geht von oben nach unten und von unten nach oben. Ein persischer Gelehrter sagt über die Liebe, sie sei eine Geisteskrankheit; «sie tritt ein durch das Auge und tritt aus durch das Geschlechtsglied; und ihre Heilung besteht im Beischlaf oder in der Abreise.»[1360]

Selbst wenn solche nachtleibliche Vorgänge nicht bewusst erlebt werden, können sie in imaginäre Fahrten übertragen werden: zu Himmel- oder Höllenfahrten, zu Geburten oder Verschlingungen. Dass diese dunklen Leibes-Fahrten und der Bereich der Nacht von der Theogonie bis zu den Schubert'schen «Ansichten von der Nachtseite» so häufig beieinander sind, lässt vermuten, dass diese Koalition kein Zufall ist. Wenn viele dieser Vorgänge auch *metaphorisch* als in ‹innerer Nacht› geschehend gelten, so ist dennoch diese ‹Nacht› kein ‹uneigentliches› Bild, sondern die Dokumentation eines notwendigen Artikulationsbedarfs von etwas Dunklem in der Wiederholung und Variation, in anderen Handlungen, Spiegelungen, Bildern, Texten. In diesem immer schon ästhetisierten Kontext erscheint die Nacht.

1360 Rudolf Gelpke zitiert (Rausch, S. 233) aus einem Brief des Gelehrten Mohammad Ali Djamalzadeh an ihn, in dem dieser wiederum Mullah Sadrâ zitiert.

Dabei geht der Bedarf in beide Richtungen: Alle Kosmologien der Welt metaphorisieren die Geburt; sie bedürfen der Sichtbarkeit des Geborenwerdens, um die ästhetische Wahrheit, die Wahrheit des Auftauchens, des ‹Wirtels›, des Werdens zu fassen: «Nicht zufällig stellt der Sturz aus der intrauterinen Nacht ins Licht des Tages das szenische Urbild von Wahrheit.»[1361] Aber die Gebärenden und vielleicht auch die so gerade um ihr Auftauchen (woanders) Kämpfenden brauchen ebenso diese Kosmologien, die Einbettung in diesen Weltentwurf, die dargestellte Öffnung zur Welt, die Öffnung zur Welt durch Dar-Stellung: Kosmisch symbolische Geburtsrituale, ja der Gesang von Ursprungsmythen wird bei vielen Völkern als Maieutik, ‹Hebammenkunst›, gebraucht.[1362]

Es handelt sich um eine nacht-ästhetisch relevante Auffassung und Praxis Hesiods, weil ihr Nachvollzug mit einem ästhetischen Ertrag beschenkt: Die beiden siegreichen Kämpfe des Zeus werden als Selbstgeburt inszeniert. Sein Windelstein verschließt die Unterwelt (chtonos, Th. 499) gegen alle Durchfahrten. Später de*fin*ieren seine vom Entferntesten zurückgekommenen Adler, die sich auf dem Loch der Löcher niederlassen, die Übermacht der Weite (aus der Höhe) über die Tiefe. Der Schwindel-Zeus, der nur ein Stein ist, bekräftigt den Sieg eines, der auch den Schein von sich beherrscht, im Kampf um die Schwelle zum Loch: Schwellentheater. – Aber immer noch ist das deutlichste Herrschaftszeichen von Zeus, der Blitz, etwas jäh aus dem Dunkeln Auftauchendes, das von Gaia und den Unterirdischen stammt. Eine starke Leistung der kontrafaktischen Phantasie, den Blitz aus dem Schoß der Erde aufsteigen zu lassen, wo doch jeder sehen kann, woher der Blitz kommt. Auch zwei weitere Hesiodische Zeus-Attribute, die brutale physische Gewalt (*Bia*) und die Autorität (*Kratos*) stammen aus dunkler Quelle, sind emporgehobene Kinder der lähmenden Styx (385), die immer in der Nähe von Zeus bleiben müssen (386–88), während die bannende Macht der Mutter in den Tartaros verbannt wird. Das ‹Entsetzen›, welches Styx darstellt, wird ent-setzt, zurückversetzt in den Rückraum dieser Installation mit Netz und Adler. Andererseits kommt der imaginäre Sturz in den Tar-

1361 Andreas Breitenstein: Geburt – Die Gabe der Existenz. In: NZZ, 23. 12. 1994.

1362 Vgl. M. Nadig: Die archaische Kunst des Übergangs – Geburtsrituale bei den Cuna, Magar und Maya. In: NZZ, 23. 12. 1994.

taros (zwischen den kämpferischen Auffahrten des Zeus) einer imaginären Neugeburt des Hörers gleich, der mit der Vision einer für ihn neuen Welt belohnt wird.

Wie stark die leibhaftigen und/oder imaginären Er-Fahrungen oder Fahrten des Sinkens und Steigens, des Drehens und Wendens in kultischen und ästhetischen Handlungen und Haltungen verdeckt sind oder auftauchen, das soll eine durchgängige Fragestellung bleiben. – So gehören zum Nachtleib ebenfalls der Wunsch zu tauchen oder zu fliegen (etwa als Transformation des Geburtssturzes)[1363] und die kulturellen symbolischen bis technologischen ‹Entsprechungen›: vom Mythos des Fliegens bis zum Flugzeug. Allerdings ist hier weniger an Fortbewegung und mehr an Steigen und Sinken zu denken. Im Mythos von Dädalus und Ikarus geht es um die richtige Höhe und nicht um die Überwindung einer Strecke. – Ebenso weisen alle Weisen des Fahrens Aspekte des Nachtleibs auf. Unabhängig vom wachen Tagesbewusstsein des sein Schiff, Luftschiff oder Auto navigierenden Selbstfahrers ist dessen Nachtleib ein Gefährt, das ihn bewegt. Neben der Passivität gehört eine tranceartige Herabminderung der Bewegungssensation selbst (bei gleichzeitiger möglicher Zunahme der ‹Vision›) ebenso zum Fahren des Nachtleibs wie eine Steigerung der Sensationen in der quasi-intrauterinen Situation (Brummen, Dröhnen, Rattern, ja selbst Sitzen).

Beide Differenz-Erlebnisse, relativ zum Wissen oder zu anderen Wahrnehmungsquellen: zu geringe oder zu starke Fahrsensation können als Schwindel erfahren werden, als Rausch der Wahrheit oder Lüge. – Das kulturelle Gepräge der spätarchaischen bis klassischen Griechen zum Beispiel scheint sich auf den *ersten* Blick vorzugsweise in der Horizontalen zur Geltung zu bringen: in all den Wettläufen, den Prozessionen zu den Gemarkungen der Heimat und den Umzügen bei öffentlichen und privaten Festen. Der freie Mensch geht aufrecht, zwar hin und her, aber nicht auf und unter. Doch schon dem zweiten Blick fällt die zum Teil labyrinthische, zum Teil stern-zeichenhafte Gestaltung des Raum-Leib-Verhältnisses im Tanz auf, der ja bei Hesiod durch den nächtlichen Tanz der Musen, von den Bergen herab, eine besondere Bedeutung hat.

Schwindelgefühle und Taumelbewegungen im Dunkel der Desorien-

1363 Vgl. H. Argelander: Der Flieger. Frankfurt 1972.

tierung, die bis heute in ekstatischen Kulten verbreitet sind, können zwar schon durch Pirouetten, Seitschritte im Reigen, Stampf- und Springbewegungen in der Ebene ausgelöst zu werden, doch muss wie etwa beim Musentanz und bei verschiedenen Tänzen des dionysischen Festkreises bei den Auf- und Abstiegsbewegungen in den Bergen, deren Ursprünge im Einzelnen bis auf die minoische Zeit zurückreichen können, immer auch die ‹*erhabene*› Bedeutung ‹transzendentaler› Symbolisierung der Senkrechten berücksichtigt werden. Mag der Schiffer in die tiefe Nacht des Meeres starren, über die hinweg sein Schiff *schaukelt*, und dabei an all die auftauchenden Göttinnen und Götter denken (Apollon, Dionysos, die Weiße Göttin, Tethis Aphrodite usw.), während sein Schiff im Wellental versinkt: Sein *Tages*bewusstsein bringt ihn schließlich von hier nach da. Mögen die Bauern an die Wiederkehr, den *anodos* der Persephone aus der Unterwelt herauf, in den Frühling, denken, wenn sie ihren Samen der Mutter Erde übergeben, doch ihrem Tagesbewusstsein hat Homer ein ‹unsinkbares› Zeugnis gesetzt, als er sie auf dem Schild-Bild des Achilleus als Pflüger, Schnitter und Reben*leser* ihre Reihen ziehen lässt (Il. 18, 541). Die leibliche Handlung des Lesens von Textzeilen wäre noch hinzuzuzählen.[1364]

Dagegen sind das ‹Sinken› in Schlaf und Traum und das ‹Hochfahren› aus beiden Bewegungen des Nachtleibs. Ein Nachtleib ist der mit Nacht in sich, um sich und, bei unklaren Verhältnissen, sogar: zwischen ‹in sich› und ‹um sich›. Mit den unklaren Verhältnissen ist es uns möglich, (zu erinnern *und* zu vergessen) auch das Reich des Eros (einschließlich des leibhaftigen und imaginären, wechselseitigen oder gemeinsamen Eintauchens und Auftauchens) in der vollen Reichweite seiner Zweideutigkeit für den Nachtleib zu reklamieren. Denn die *Frage*, ob das Festhalten am pränatalen Glück, «in allen seinen kulturellen Bestrebungen wie auch im Akte der Begattung den alten Zustand wiederherzustellen»[1365], als zerstö-

1364 So bewahrt die altgriechische Zeilenanordnung als ‹boustrophedon› («wie ein Ochse beim Pflugen»), also in fortlaufend *wechselnder* Richtung zu lesen, die Erinnerung an einen Vergleich dieses speziellen Sehens mit einem Tagewerk. – Sobald zum Lesen aber auch das Realisieren von Bedeutung hinzukommt, findet eine andere Fahrt als die mit der Pflugschar statt; imaginäre Akte gehören zum Nachtwerk. – Vgl. auch die Höhle, die beim Lesen entsteht, die ‹Lesehöhle›; in: Friese: Dunkles Wesen.

1365 F. Alexander: Metapsychologische Darstellung des Heilungsvorganges.

rerisches, gliederlösendes Wirken dieses dunklen Gottes Eros oder als sein schöpferisches, schönes Wirken, sein geniales Herstellen von neuen Beziehungen aufzufassen ist, stellt in der dunklen Unklarheit dieser Zweideutigkeit ... eine weitere ästhetische Bereicherung dar.

Ja, Sie haben richtig gelesen: Das Fragen ist eine Sublimation des Schwindels und wird hier sogleich mit-reklamiert als Technik und als ein Verhalten zu Fragwürdigem, das nachtästhetische Implikationen hat, also auch als ein Aspekt der Nachtästhetik verstanden werden kann. *Muss* nicht zum Beispiel alle Kunst fragwürdig sein, weil sie den Schwindel hervortreibt zwischen innen und außen – Imagination und Wahrnehmung? Während in unserm Kopf das Bild vom Schildbild des Achill entsteht vom oberirdischen Treiben der Menschen, treibt vom dunkeln Innern aus Hephaistos mit Punzschlägen dieses Bild hervor. Indem Homer bewusst den Bildinhalt mit der Bildherstellung in der verrußten Werkstatt des Hephaistos synchronisiert, bewirtschaft er den Schwindel des Ebenen-Transfers zwischen dem Geschehen auf dem Bild (Linien-Ziehen der Pflüger usw.) und demjenigen unter / hinter dem Bild (das Punzen).

Nicht erst der Schwindlige und der Schwindelnde fahren im Dunkeln; schon das Fragen, das oft erst zum Schwindel (der Ungewissheit und der Lüge) einlädt oder Anlass gibt, ist eine Nachtfahrt. Denkende Dichter haben diese Erfahrung immer wieder beschrieben. Maurice Blanchot meditiert 1955 über Hölderlins Zeilen aus ‹Brot und Wein›: «Nur zuzeiten erträgt göttliche Fülle der Mensch / Traum von ihnen ist darauf das Leben. Aber das Irrsal / Hilft, wie Schimmer, und stark machet die Not und die Nacht». Ob es nun Irrsal, das Fehlläuten der Nachtglocke oder der Schwindel in der Nacht ist: Je mehr «die Welt sich als die Zukunft und den großen Mittag behauptet ... je mehr scheint es, als müsse die Kunst bis zu jenem Punkt hinabsteigen [!], an dem noch nichts einen Sinn hat.» Dies ist die Antwort auf die Frage nach der Wahrheit des Schwindels und der Authentizität des Nichtwahren. «Der Dichter ist derjenige, der durch sein Opfer im Werk die Frage offenhält.» [1366]

In: Internationale Zeitschrift für Psychoanalyse 11 (1925), S. 157–78; zit. nach L. Janus: Die Psychoanalyse der vorgeburtlichen Lebenszeit und der Geburt. Gießen 2000, S. 154.

1366 Maurice Blanchot: Das Unzerstörbare. München 1991, S. 78.

Das fragwürdige Pathos der Übertragung von innen nach außen, von unten nach oben und vom Dunklen ins Licht ist aber nur die programmatische Ausstellung der Gesten, die auch den ‹alltäglichen› Nachtleib ‹treiben›. Nächtlich ist der Nachtleib in den Erfahrungen des Sinkens und Steigens nicht nur deswegen, weil es dafür kein Licht braucht oder weil es meistens Nacht ist, wenn man in den Schlaf sinkt, oder weil der Schlaf selbst eine Art Nacht ist (wie für Heraklit)[1367]. Vielmehr ist die Erfahrung des Sinkens selbst vielfältig und früh mit derjenigen der Dunkelheit assoziiert. Dazu gehört das alltäglich kosmische Geschehen des Wechsels von Tag und Nacht ebenso wie das Körpergefühl der Bettschwere. Feuer steigt nach oben, und die Nacht senkt sich scheinbar nieder, mythologisch damit erklärt, dass sie stärker mit Erde und Wasser verbunden ist als das sauerstofffressende Feuer.

Wenn also Parmenides von der dumpfen, schweren Masse der Nacht spricht, sollte man, bevor man Verpönung der Nacht wittert, das Gewicht der Einsicht ermessen, dass die frühen griechischen Nächte stärker als Himmelsnächte innere waren, die im Sinken erfahren wurden. Dunkle Materie ist nun einmal schwerer als Licht. Wer über die Assoziierung der Nacht mit Schwere die Nase rümpft und sie für eine falsche Erklärung des ‹Wechsels von Tag und Nacht› hält, dem ist entgegenzuhalten, dass es von einem höheren Standpunkt der Wahrheit aus gar keinen *Wechsel* von Tag und Nacht gibt, sondern nur die Bahn der Planeten.[1368] Das Phänomen des Wechsels ist also sowieso nur das Phänomen aus einer bestimmten, der geozentrischen, ja allgemeiner ‹massezentralen› Perspektive, für die die Sonne unter der Erde verschwindet wie der Mensch unter der Bettdecke.

Doch diese verbreitete Assoziation des Nachtleibs mit der physikalischen Schwere (oder Leichtigkeit, etwa bei einer Vision) ist nicht das Entscheidende, sondern die gefühlsprägende körperliche Befindlichkeit in all den Lagen des Nachtleibs: pränatal im Fruchtwasser schwebend, perinatal im Geburtssturz und Auftauchen beim ersten Luftzug, in den Sensationen des Saugens/Schluckens, Gesäugtwerdens und Erfülltseins, beim Einschlafen und im ‹Beischlaf› (und ebenso in der intensiven oder vorge-

1367 «In der Nacht zündet der Mensch ein Licht für sich an, wenn seine Sehkraft erloschen ist …» (Frgm. 26), Kirk, S. 225, Nr. 233. Im Kontext ist dieses Licht aber der Traum und somit die Nacht der Schlaf.

1368 Diesen ‹Standpunkt› hat Heraklit vertreten …

stellten Erinnerung sowie in ähnlichen oder simulierten Erlebnissen). Der Nachtleib ist weder souveränes Subjekt noch hilfloses Objekt, sondern ein die Subjekte mitbewohnendes Mischwesen (symbiotisch oder schmarotzend), das periodisch, anfallweise oder ständig um sein Auftauchen in der Gegenwart kämpft.

Überhaupt ist dem Nachtleib die Kleiderordnung der neun musischen Künste zu eng, und wir wollen ihn nicht ins abendländische Reich ‹kulturell wertvoller› *Hervorbringungen* vergattern, sondern auch das ‹nachtländische Reich›[1369] der Trunkenbolde mit ihrer Kunst des Ertrinkens, überhaupt alle hochfahrenden und abstürzenden Räusche bedenken; ebenso nicht zu vergessen: die billigen Künste des Fliegens und Stürzens seit des mythischen Dädalus Zeiten, wie sie uns von der Nachtindustrie – das ist diejenige Industrie, die uns ‹unsere› Träume wahr zu machen verspricht – angeboten werden in Form von Tauchkursen, beim Bungeejumping, im Expo-Katapult[1370] oder mit den bescheidenen Vergnügungen von Schiffschaukel, Kettenkarussell und all den andern schwindelnden Machinationen, die uns die Sinne schwinden machen, uns schwindlig machen.

Schon das Seilhüpfen der Kinder und alle Körperspiele mit stark ausgebildeter Senkrechten und viel Wiederholung gehören der Sphäre der Nachtästhetik an. Auch die Griechen hatten Göttinnen, die den Schwindel heiligten. Nehmen wir das Schaukeln, jenen ständigen Wechsel zwischen Sturz und Aufflug, der uns, obsessiv betrieben, schwarz vor Augen werden lässt, schwindeln macht oder nur beschwingt. In Athen gab es am dritten Tag der *Anthesterien*, einem dreitägigen Dionysosfest, und zwar nach dem kultischen Betrinken am zweiten Tag, ein rituelles Schaukeln. Dieses Schaukelfest (*Aiora*), bei dem Mädchen in hoch aufgehängten Stühlen geschaukelt wurden, hängt eng zusammen mit der trinkrituellen und erotischen Komponente dieses Weinfestes. «Der Tag des Schaukelns ging der Nacht voraus, in der die Hochzeit der [rituellen] Königin mit Dionysos stattfand.»[1371]

1369 Siehe «Das nachtländische Reich des Doktor Lipsky» von Helmut Eisendle, Salzburg und Wien 1979.

1370 Auf der Weltausstellung 2000 in Hannover erfreute sich ein nicht ungefährliches Schleudergerät großer Beliebtheit, das die Passagiere mit äußerster Geschwindigkeit in ziemliche Höhen katapultierte.

1371 K. Kerényi: Dionysos, S. 107. Ein rotfiguriger Skyphos des Penelope-Ma-

Doch Kerényi weist auch auf eine profane (und peri- sowie postnatale) Dimension dieser der Ekstase dienlichen Praxis hin: «Es ist das erste Spiel, das mit dem Neugeborenen gespielt wird, und wird geübt, wo es fröhliche Jugend gibt.»[1372] Magische und der Ekstase dienende Schaukelriten sind vom Balkan bis zum Baltikum verbreitet gewesen. «Bei den Esten schaukeln sich die Mädchen die ganze Sommernacht hindurch bei den brennenden Holzstößen», weiß das «Handwörterbuch des deutschen Aberglaubens»[1373]. Auch diese kleinen Künste sind zugleich Inszenierungen des Erinnerns und Vergessens – wie künstlerische Form (via Wiederholung) selbst zugleich Erinnerung und Vergessen ist. Doch sind Erinnern und Vergessen älter als alle sichtbaren Künste; sie sind Installationen des Nachtleibs, Fahrten des Auftauchens und des Abtauchens.

Nicht weniger fundierend für die Nachtästhetik als die vertikalen und Schwindel-Fahrten sind die nachtleiblichen Fahrten von innen nach außen und vice versa. Sie verweisen den individuellen Leib von frühester Zeit an auf den andern Leib, dem er einwohnt, aus dem er ausfährt, von dem die Milch in ihn einfährt, in den er liebend einfährt, von dem er liebend erfüllt wird. Die Übergänge zu den Erlebnissen des Auftauchens und Abtauchens sowie zu anderen Schwindelfahrten sind fließend. Die beiden wichtigsten Aspekte sind die Umstülpung und die Interpenetration. Der erste Akt bezeichnet die Umkehrung der Zuordnung *eines* Leibes gemäß innen und außen (zum Beispiel beim Ein- und Aus-Atmen). Als übertragen auf die Literatur ist die Umstülpung schon am Anfang des Hesiod-Kapitels am Phantasma des Chaos so beschrieben worden. Zuletzt begegnete sie bei Shakespeare, bei Lears Ritt in die Nacht und im Stoff-Paradigma des «Gaspard de la Nuit». Der zweite Akt benennt die Einfahrt des eigenen Außen in ein fremdes Innen und umgekehrt (wie beim Vögeln). Aber die beiden Fahrt-Typen sind eigentlich nur perspektivisch verschieden. Man kann zum Beispiel das Saugen des Säuglings

lers (Mitte des 5. Jahrhunderts) zeigt eine «Mänade auf der Schaukel, die ein Satyr anstößt.» H. W. Parke: Athenische Feste. Mainz 1987, S. 180. Die Gegenseite zeigt die attische Kultkönigin, die Basilinna, «die in der Prozession zu ihrer Hochzeit mit Dionysos schreitet», im Gefolge der einen Sonnenschirm haltende Satyr (ebd.).

1372 K. Kerényi: Dionysos, S. 107.

1373 Hwb. Abergl. Bd. 7, Sp. 1017.

nur als Einstülpung beschreiben, als Umkehrung seiner Sensationen vom Schreien zur Einfuhr der Milch. Aber dabei ist er auf den anderen Leib angewiesen, in den er hineinwirkt beim Saugen, der sich daraufhin ausstülpt aus dem Innern der Brust und als Milch einfährt in die Mundhöhle des Kindes.

Auftauchen weist im Erleben vertikaler Fahrt oft auf Umstülpungen hin, nicht nur wegen des Sichtbarwerdens. Auffahrten wie Ausfahrten (Auftauchen) trennen etwas Individuelles von größeren Massen, sind gegen die auch *inhärente* Schwerkraft gerichtet. Das Einfahren wird umgekehrt und ähnlich wie das Abtauchen häufig auch von Erlebnissen des Sinkens begleitet, von der tendenziellen Liquidierung der Differenz der aufrechten Schwerkraft des individuellen Körpers. Die Dialektik der körperlichen und geistigen Liebe ist eine der Interpenetration, wie sie in einigen Geschichten, literarischen wie oralen, der beiden vorangegangen Kapitel schon vorgestellt wurden (zum Beispiel im «Magnetiseur» und in der «Sylvester-Nacht»).

Aber auch hierfür gibt es, wie für die Phantasmen des Sinkens und Steigens, ein ganz einfaches allnächtliches Vorbild im Traum. Was immer im Körper des Schlafenden von außen eingedrungen sein mag: alles fährt im (!) Traum hinaus. Kaum würde ein Träumender träumen können, dass das Geträumte sich im Leib des Träumers befindet. Als letzter Fahrttypus schließt sich hier die Spiegelfahrt an, wie sie vom Zauberfenster bis zu Hoffmanns magnetisiertem Nachtfenster als leibliches Phantasma und in der literarischen Übertragung behandelt worden ist. Das zwischen entrückender Fernsicht und rückbezüglicher Reflexion oszilliernde Nachtfenster wechselt zwischen Ausfahrt und Einkehr.

Die physischen Fahrterlebnisse sind früh für die imaginären Fahrten der Lektüre beansprucht worden, nicht nur für die inhaltlich erzählten Reisen, sondern auch für den Gang der Poesie selbst (in Rhythmik, Wiederholung, Reim etc.). Und manchmal wird durch die senkrechte Fahrt sogar die Nacht herbeigezaubert – wie in Nikolaj Gogols (*1809) Roman «Tote Seelen» (1. Teil 1841). Der Schwindler Tschitschikov flieht am Ende des Romans auf seiner Troika aus seiner ganzen Handlung heraus – und begeistert sich an dieser Schwindelfahrt, bei der er allem davonfliegt – wie gehoben von einer unbekannten Kraft. «Doch etwas Schreckliches liegt in diesem Vorüberfliegen: Jeder Gegenstand hat keine Zeit, deutlichere Formen anzunehmen, und nur der Himmel über uns, die leichten Wolken und der aufleuchtende Mond scheinen unbeweglich zu sein.»[1374] Plötzlich ist es also Nacht geworden, und zwar über dem Schwindel der Beschreibung, deren Ziel dieses scheinbar bleibende Medium des Nachthimmels ist. Gogol hat den Leser aus der Handlung hinausgehoben, hinaus über alles, was dem Fliehenden soeben noch vorbeiflog. Plötzlich ist es ganz Russland, das vorbeifliegt, dieses schwindlerische sich selbst beschwindelnde Russland. «Russland, wohin fliegst du?» (Ebd.) – Aber wie soeben der Flug Tschitschikovs unversehens zum Vorbeiflug seiner Landschaft wurde, so wird nun unversehens aus Russlands Flug der Vorbeiflug der ‹ganzen Welt›, die vor Russland zurückweicht, weil Russland fliegt: Es hat sich in Romane vertieft.

1374 N. Gogol: Die toten Seelen – oder Tschitschikovs Abenteuer (1., vollendeter Teil). Köln und Berlin 1965, S. 349.

4. Erinnern und Vergessen als Inszenierung des Nachtleibs

Nun ist der Nachtleib zwar ein Ensemble von Körper und Seele, doch mag es Widerstände geben, auch Erinnern und Vergessen als *Fahrten* zu akzeptieren. Wir sind aber Lebewesen im ‹Lauf› der Zeit, und selbst der ‹leth›argische Sack vor dem nächtlichen Fernseher *verhält* sich auf diese Weise des Vergessens zu seinem Tages- und gesamten Lebens*lauf*. Unser Lebens*lauf* orientiert sich am täglichen *Lauf* der Welt und muss sich aufrecht halten am alltäglichen *Handlauf* der Dinge. Gegenüber dieser Zweidimensionalität der Prosa des Lebens, in der alle Veränderungen Variationen des Bestehenden sind, thematisiert der Nachtleib mit Erinnern und Vergessen die erhebenden und bestürzenden Fahrten von Werden und Vergehen. Im Folgenden seien einige nachtästhetische Aspekte von Erinnern und Vergessen beleuchtet – und von ihnen wiederum nur diejenigen, die das Verhältnis von innerer Nacht und äußerer Dunkelheit betreffen. Für einen weiteren Horizont sei auf Harald Weinrichs «Lethe – Kunst und Kritik des Vergessens» verwiesen, wo die Nacht allerdings keine große Rolle spielt.[1375] Aber er hat einige Argumente *für* die Kunst des Vergessens versammelt, die dem dunklen Bereich der Nacht benachbart sind. Den meisten Lesern ist schließlich intuitiv selbstverständlich, dass unser Vergessen irgendwo bei uns, im inneren Dunkel stattfindet, und dass Erinnerung ein Licht ist, das daraus auftaucht.

Schon dem normalen Leib in jeder äußeren Nacht wächst der Bedarf an Erinnerung und Vergessen, zum Teil sogar dramatisch. Wenn ich den Lichtschalter nicht sehe, muss ich mich erinnern, um zu wissen, wo ich ihn tastend zu suchen habe. Dabei geht dann innen ein Licht an, das den dunklen Raum, in dem ich mich befinde, in demjenigen dunklen Raum, um den ich mich gleichsam herum befinde, imaginär beleuchtet. Die ganze Identität des Menschen kann nach dem Maße, in dem er sich abgekoppelt wähnt von jenem Raum, den er für seine Identität wesentlich hält, in der Nacht fragwürdig werden. Da hilft nur noch eine tiefe, biographisch

1375 Harald Weinrich: Lethe – Kunst und Kritik des Vergessens. München 2005.

verankerte Erinnerung. Nicht umsonst lautet manchmal die bange Frage: «Wer sind wir nachts?»[1376]

Zugleich aber ist die Nacht das Medium, die Zeit und der Raum, da das Vergessen wesentlich wird – für Leib und Seele. Der Schlaf ist ein großes Vergessen – und das Träumen schließlich auch. Dahinter steckt, für manche vielleicht beängstigend, für andere befreiend oder erleichternd, mehr als nur der reine Mangel. Nachts vergisst sich Dr. Jekyll und verwandelt sich in Mr. Hyde. Das ist nicht nur ein verschmocktes Thema des Viktorianismus, als der Roman von Robert Louis Stevenson erscheint. Harald Weinrich bringt hierzu die Geschichte einer «Vergessensintrige» aus «Tausendundeiner Nacht»: Harun-ar-Raschid begegnet nachts seiner Lieblingssklavin, mit der er zerstritten ist, für die er aber sofort entflammt, als er sie, die sich in ihrem Kummer betrunken hat und wohl auch etwas freizügiger daherkommt, erkennt. Er will sie sofort umarmen, sie entzieht sich mit dem Versprechen, ihn tags darauf zu empfangen, wenn sie vorbereitet sei.

Als er am Tag kommt, weist sie ihn mit dem Spruch ab: «Der helle Tag verwischt das Wort der Nacht.»[1377] Das leuchtet jedem sofort ein. Der eindrückliche Glanz in der Nacht kommt von dem Dunkel drumherum. Erinnern ist Licht, Vergessen ist Dunkelheit. Wenn der Tag kommt, verblassen die Sterne, das unvergessliche Erlebnis kann vergessen werden. Das Wort der Nacht neigt zur Trunkenheit, tags ist die Sklavin nüchterner. (Das Tageslicht ernüchtert.) Auch Harun selbst hat nicht die Geschichte, aber sein nächtliches Begehren vergessen. Der *Spruch* begeistert ihn nun, und drei Hofdichter sollen etwas dichten, das jeweils mit dem Spruch endet: «Der helle Tag verwischt das Wort der Nacht.» Wir sehen, wie die Worte der drei Dichter das Wort der Nacht verwischen, der Sinn der Worte wandert fort an andere Orte.

Es geht unversehens um einen Dichterwettstreit, und dasjenige der drei Gedichte, das Weinrich zufolge dem nächtlichen Geschehen bedenklich nahe kommt, zeichnet Harun als einziges der drei nicht mit einem Preis aus; mehr noch: Sein Dichter soll geköpft werden, weil der Kalif

1376 Vgl. das gleichnamige Buch von Katharina Zimmer, München 1996.

1377 Weinrich: Lethe, S. 127; weitere Seitenangaben im Text. Es geht um die Erzählung von Harun-ar-Raschid und den drei Dichtern (386. Nach der Fassung von Enno Littmann, Bd. III, S. 442).

glaubt, so genau könne man die vergangene Nacht nur beschreiben, wenn man zugeschaut habe. Aber Abu Nuwâs, der Poet, rettet seinen Kopf, indem er sich wie alle Dichter einem Irren(den) gleichsetzt, bei dem Reden und Tun auseinanderfallen. Wörter selbst kommen also schon an den vergessenen ‹Wahnsinn› der Nacht heran, aber sie gelten nichts mehr – jedenfalls nicht im Sinne der nächtlichen Erlebnisse. Denn Geld bekommt der Dichter jetzt doch noch, obendrein, zu seinem geretten Kopf: 20 000 Dirhems. Der letzte Vers verwischt bereits im Sand des täglichen Vergessens: «Der helle Tag verwischt das Wort der Nacht.»

Ein weiteres Thema zeichnet sich hier am Horizont des Vergessens ab, an das wir beizeiten erinnern werden: die Verwandlung. Wer sich vergisst, verwandelt sich, ebenso wie derjenige, der sich erinnert, sei es an seine ‹wahre Identität› und Berufung oder an ähnlich Wichtiges, das er vergessen hatte. Die Verwandlungen geschehen wohl auch deshalb so häufig in der Nacht, weil Erinnern und Vergessen einen hohen Anteil an ihrem Zustandekommen haben. Weinrich verweist auf den Fall der *Gefährten* des Odysseus. Bevor sie durch die Berührung mit Kirkes Zauberstaub in Schweine verwandelt werden, wird ihre Erinnerung an die Heimat zunächstst durch einen Zaubertrank «gelöscht», «der sich wiederum als Vergessensdroge erweist» (S. 28). – Ist das nicht schon der wesentliche Teil der Verwandlung? Ein wenig geht auch die Argumentation Weinrichs in diese Richtung, wenn er von der «Vergessensdroge» der Liebe spricht, mit der Kirke den ‹Irrfahrenden› ‹becirct› (ebd.), sodass nun *er* seine Heimat vergisst. Eine Steigerung des Themas der Selbstvergessenheit der Liebe stellt für Weinrich die Affäre von Odysseus mit der kleinen Göttin (Nymphe) Kalypso dar, die ihm Unsterblichkeit verspricht, was das Vergessen aller irdischen Belange, inklusive des Verlangens nach Penelope, bedeuten würde. Zeus reißt ihn aus dem Schlamassel. Aber dass beim Transfer von ‹sterblich› zu ‹unsterblich› Erinnerung und Vergessen neu gemischt werden, ist ein altes Thema, etwa wenn die unsterbliche Seele in den oder in *einen* sterblichen Körper fährt. Damit wären wir wieder beim Fahren. Aber kann man Erinnern und Vergessen nicht deutlicher an ein auch äußeres nächtliches Fahren binden?

Beide Themen hängen wesentlich mit der Aufmerksamkeit für die reale, physikalische und kulturell bewirtschaftete Nacht zusammen: einerseits über die Thematisierung der Periodizität von Tag und Nacht überhaupt, dann wegen der Tatsache, dass diese Thematisierung vorzugsweise in der Nacht stattfindet (Schlaf, Traum, nächtliche Feste, nächtlich einsame Wachheit). Es gehört aber zu den Eigenheiten meiner Bemühungen, versuchsweise die Reihenfolge der Thematisierung von äußerer und innerer Nacht umzukehren, um zu prüfen, ob diese quasi-kopernikanische Nachtwende, dass die äußere Nacht sich um die innere dreht, Projektionen entdeckt: Inwieweit ist die äußere Nacht eine übertragene, sekundäre – periodisch von der inneren erhellte?

Das größte und wunderbarste, weil sich wieder aufhebende Vergessen bringt immer noch der Schlaf. Im Schlaf vergisst sich das Bewusstsein, während im selben Atemzuge der Körper sich mit diesem Schlaf er*inner*t, zurückholt. Innerhalb des Schlafes wiederum vergisst das Bewusstsein, dass es schläft (jedenfalls meistens), und erinnert sich gleichzeitig. Die *Wachenden* wiederum erinnern und vergessen entweder kollektiv (erzählend oder saufend) oder individuell (grübelnd oder saufend) die Ereignisse und Taten. Die Vereinsamung dieser nächtlichen Sisyphosse mag historisch und soziokulturell zugenommen haben. Dass letztlich alle Schwärmer und Härmer in Hypnos' Armen landen müssen und von der ‹Sippe› der Träume heimgesucht werden, zeigt jedoch, wo der nachtleibliche Grund der Variationen zu suchen ist.

Geboren zu sein und sterblich, diese ‹bleibenden Gegebenheiten› schreiben uns jene zeitliche ‹Segnung› vor, die in Erinnerung und Vergessen liegt und die sich im Einschlafen und Aufwachen überträgt. Dieses Werden, Vergehen und Schwanken des Lebens *Fahrten* zu nennen, scheint archaische, vorrationale oder außereuropäische Vorstellungskulturen zu bevorzugen. Die europäische Neuzeit würde vielleicht bis hin zu Edmund Husserl (Bewusstseinsstrom) oder Sigmund Freud (Acheron) *Ströme* vorziehen, in dem Sinne, wie Sören Kierkegaard vom Sich-Erinnern und Vergessen sprach: «In diesen beiden Strömungen bewegt sich das ganze Leben.»[1378] Dieser Unterschied ist aber nicht so stark, wenn man darauf schaut, dass das «Sich-Bewegen» *im* Strom von Erinnern und Vergessen doch keineswegs so reflexionsdominant ist, wie das Reflexivpronomen versprechen könnte.

Seit den Zeiten der mythischen Lethe wird Vergessen mit Flüssigkeit

1378 Sören Kierkegaard: Entweder/Oder. 1. Teil. In: Ders.: Gesammelte Werke, Düsseldorfdorf. ²1964, S. 312.

und Fließen assoziiert. Ist alles so schön löslich im Wasser. Schwamm drüber. Die Erinnerung hingegen liebte es – nicht nur *bis* zur Entdeckung und Indienstnahme der Elektrizität – feurig und – das bleibt dann nicht aus – leuchtend. Seit dem 18. Jahrhundert ist aber auch ‹Strom› bis heute zunehmend «fluid», eine *feurige* Energie – die fließt. Selbstverständlich sind die Akzentuierungen, Intentionen und thematischen Schwerpunkte des Erinnerns und Vergessens unterschiedlich stark natur- und sozialgebettet, je nachdem auch, ob im kultischen Tanz, in Schlaf und Traum oder in der Literatur und den Künsten erinnert und vergessen wird. Die Musen sind Erinnernde. Die Nachttöchter Tadelsucht und Nemesis (Vergeltung) können nicht vergessen. Doch immer gibt es auch die Nähe des Vergessens zu den Nachtkindern Schlaf und Tod. «Der Tod ist ein Schlaf, in welchem die Individualität vergessen wird», schreibt Arthur Schopenhauer in «Die Welt als Wille und Vorstellung»[1379].

Das Musenwerk der «Theogonie» macht das Auftauchen von Erinnerung (musische Inspiration und Erinnerung der Musen) und das Abtauchen ins Vergessen (als heilsame Umkehr des bösen Laufs der Welt zum Gutem) zum Thema im Proömion und zur hauptsächlichen Aufgabe im Hauptteil. Auf der anderen Seite dieser aber doch hellwachen und stärker erinnernden als vergessenden Kunst liegt der Leib in der Nacht des Vergessens – und träumt, er fliege (oder reite himmelwärts wie Bellerophontes, Pindar oder Parmenides). Der Traum ist die Erinnerung, eingebettet in jenes Vergessen, welches der Schlaf ist – Freilich kann man auch den Schlaf selbst als eine Erinnerung an den Zustand vor der Wachheit – und als eine ‹Er*inne*rung›, als ein Innewerden des Körpers auffassen, das sich wunderbarerweise bei jedem Aufwachen vergisst, um dem Bewusstsein die Hinwendung zum Außen einzuräumen. Doch werden auch im *Traum* selbst zugleich Erinnerung und Vergessen seltsam gemischt. Man erinnert sich der Flügel, die man schon hatte – und vergisst, dass man sie längst nicht mehr hat.[1380] So fahren Geschichte des Leibes und der Seele fortwäh-

1379 A. Schopenhauer: Die Welt als Wille und Vorstellung. In: Ders.: Werke in 5 Bänden. Frankfurt 2006, Bd. 1, S. 365.

1380 Die Flügel sind hier nicht nur metaphorisch gemeint. Wenn man bedenkt, dass Blindgeborene im Traum nicht schlechter sehen als Sehende, also eine angeborene Sehoption gebrauchen, dann wird es denkbar, dass evolutionshistorisch alte, auch vorhumane Körper*programme* im Gehirn, die physisch nicht mehr

rend ineinander. In seinem Gedicht «Traum vom Fliegen» beschreibt Karl Kraus die ‹bestürzende› Erfahrung der Lügenhaftigkeit des Traumflugs beim Aufwachen. «Und trotzdem bleib' ich dem Traume gewogen, / so läuft er sich leichter, der Lebenslauf.»[1381]

«We are such stuff, as dreams are made on; and our little life / Is rounded with a sleep», sagt Prospero in Shakespeares «Sturm» (IV, 1), nachdem der Zuschauer bereits ein Monster namens Caliban[1382] und eine Schar Geister mit antiken Götternamen kennengelernt hat. Das ist nur ein Schauspiel, sagen Schauspieler im Schauspiel, und dass das Leben nur ein Traum sei, ist seit Shakespeare die beliebte Rechtfertigung des traumnahen Theaters.[1383] Aber Shakespeare will alles ‹bloß› Gleichnishafte offensichtlich dadurch aufwerten, dass er nicht sagt, das Leben sei ein Traum, oder es gleiche ihm, sondern, dass er sagt: «Wir / Sind solcher *Stoff*, aus dem Träume gemacht sind …»[1384] (Hervorh. vom Autor) Der Stoff, aus dem die Träume sind, ist der gleiche Stoff, aus dem auch wir sind.

Im Übrigen ist die Basis und der Horizont des solcherart auftauchenden Lebens (indem es nicht mehr nur Stoff ist): der Schlaf. «Und unser kleines Leben rundet Schlaf ab» (E. Fried). Das aber ist keine postlebendige Verzierung von Leben und Traum, sondern die Bedingung des Traums – und auch des Lebens. Denn der Traum ist aufsteigende Erinnerung aus abgesunkenem Vergessen im Schlaf. Der Schlaf ist so grundlegend, wie der Okeanos es kosmogonisch für die Erde oder der Abgrund (Tartaros) für den Erdenbürger ist. Der Schlaf gibt dem Leben erst die (runde) Form, wenn er es nicht solcherart besetzt, dass der Traum nur ein vorübergehender Ausbruch ist. «… und dies kleine Leben *umfasst* ein Schlaf», übersetzt A. W. v. Schlegel zweideutigerweise das Shakespeare'sche

benutzt werden können, im Traum wach werden. Vgl. J. Kaube: Der Schlaf der Vernunft erzeugt Bewegungsspielräume – Behinderte sind nicht fixiert auf das, was sie nicht können: Eine bemerkenswerte Studie zum Verhältnis von Wirklichkeit und Traum. In: FAZ, 22. 12. 2010.

1381 Karl Kraus: Traum vom Fliegen. In: Gsteiger: Träume, S. 295.

1382 Zwar wird der missgestaltete und ‹ungebildete› (savage) Sohn der ehemaligen Inselherrscherin, der Hexe Sycorax, vor allem als Sklave eingeführt, doch ähnelt er auch dem Stimmenimitator Typhoeus.

1383 Vgl. das Drama «Das Leben ist ein Traum» von Calderón de la Barca, uraufgeführt 1635.

1384 Übersetzung von Erich Fried, Shakespeare: Werke, Bd. 3, Frankfurt 1995.

«rounded with».[1385] – Solcherart gibt es bei Shakespeare eine gemeinsame Realität von Leben und Schauspiel in der phänomenalen Welt von Sinken und Steigen (der Vor*hänge* und *Auf*züge) und von Hellem in Dunklem. – Über die fundamentale *condicio* des sterblichen Verhältnisses von Leben und Tod in Wachen, Schlaf und Traum sind alle Verhältnisse von Erinnern und Vergessen auch dem Nachtleib zugehörig.[1386]

Alles Reden vom *Auftauchen* der Erinnerung(en) und vom *Versinken* in Vergessen sei *nur* metaphorisch, treffe also nichts Wesentliches an Erinnerung und Vergessen? Das kann ich nicht gelten lassen. Wie, wenn auch die Flugbereitschaft zur metaphorischen Tätigkeit erst vom Nachtleib gestellt werden muss!? Das wirkliche Gefühl des Auftauchens (von Erinnerung) gehört zur leiblichen Grundausstattung, auch wenn es unterschiedlich interpretiert wird, auch wenn es uns zu ‹übermannen› droht: Die relationale Vertikale, die das Auftauchende auch im Zugleich oder Vorher bestürzender Erfahrungen realisieren kann, bleibt eine Konstituante von Erinnern und Vergessen, die hiermit für zum Gebiet des Nachtleibs gehörig reklamiert wird. Die fiktiven und imaginären Modi mögen variieren: Die Vertikale von Prousts Madeleine, auftauchend aus dem *verschluckten* Tee, ist eine Variation der auftauchenden Musen beim Abschied vom toten Achill[1387]: Diese verkörpern die Erinnerung an den lebenden Helden, während sein Körper dem Vergessen anheim*fällt*.

Das Auftauchen der Erinnerung bedeutet: Diese ist nicht immer bloß ein Modus des Bewusstseins. Eher scheint es umgekehrt zu sein. Das Gefühl der mit einem Wissen verbundenen ‹Überlegenheit›, können Anthropologen behaupten, mag früh in der Assoziation physischer Überlegenheit zu der dem Leib eingeschriebenen Skalierung von oben bis unten bei Erinnern / Vergessen geführt haben. Aber das Problem ist doch nicht

1385 Max Koch (Hg.): Shakespeares Dramatische Werke. Cotta'sche Bibliothek der Weltliteratur, Stuttg. o. J., Bd. 12, S. 312 f. – Das Schlegel'sche «Umfassen» würdigt aber nicht genug die Allianz, die im «with» angedeutet ist, oszillierend zwischen der Bedeutung eigener (Selbst-)Ergänzung und fremder Beigesellung.

1386 *Schlaf* und *Traum* sind zu komplexe Themen der Nachtästhetik, als dass wir sie en passant angemessen behandeln können. Ausführlicheres zu Schlaf und Traum folgt im Folgeband der «Nachtästhetik», in «Nachtsprache».

1387 Vgl. W. Schadewaldt: Von Homers Welt und Werk. Stuttgart 1965, S. 179.

das erinner*te* Wissen (alles Wissen ist abrufbare Erinnerung), sondern die Überführung vom Vergessenen über dunkle Ahnungen bis zum dämmernden Bewusstsein, das schließlich im geistigen Mittag seines Selbstbewusstseins ziemlich überheblich gegenüber seiner dunklen Herkunft einherstolziert. Das Erinnern, nicht das Erinner*te*, ist in Dunkelheit getauchtes Auftauchen. Wer die Erfahrungen des Herausfallens aus einer einstudierten Rolle – beim Vergessen des Textes oder unter ‹Altersvergesslichkeit› leidend – ernst nimmt, weiß, wie fremdgegeben und aus einem *unermesslichen* Nachtmeer auftauchend ihm die Wiederkehr des Vergessenen erschienen ist. Man war doch bei vollstem Bewusstsein gewesen, während man vergeblich im Trüben fischte!

Die schöpferische Rolle des Vergessens für die *Erinnerungsverjüngung* – und der Fehl-Erinnerungen für die metaphorisch-biographische Selbstkur – wird in unserer Kultur immer noch in einer gewissen Leibfeindlichkeit missachtet, die das Vergessen allein deshalb schon negiert, weil es an die Fehlbarkeit, ja Sterblichkeit des Leibes erinnert. Plotin hält die «bewegliche und fließende Natur des Körpers» für den «Grund des Vergessens».[1388] Erinnerung aber gehöre nicht zu diesem System des Körpers, sondern zu dem der Seele. Für die Erinnerung sei der Körper ein Hindernis. So sehr sei der Körper der Grund des Vergessens, dass man sagen könne: der Strom der Lethe sei eben diese fließende Natur. Heute ist man eher bereit, die dialektische Einheit von Erinnern und Vergessen und beider leibliche Bedingtheiten anzuerkennen, doch fällt es ‹dem Bewusstsein› immer noch leichter, sich selbst eben mit der Einheit seines erinnerten, id est erscheinenden Wissens zu identifizieren. Die leibfreie Erinnerung der Seele jedenfalls ist eine armselige Instanz, einer eingeborenen Idee ähnlich, die sich in den Körper verirrt hat, sich in ihm nie ändern wird, weil sie keine Empirie hat, und die genauso gut in ein Schwein fahren kann, ohne zu leben, weil sie nicht sterben kann, weil sie nicht ‹ex-sistiert›.

Die konstitutive Rolle des unbegreiflichen Vergessens für jede Poesie und Kunst besteht auch darin, dass die Phantasie im Nachtleib etwas anderes er*inne*rn kann als vergessen wurde. Gewaltige Übertragung im Dunkeln, die Neues kom-poniert. Diese Inszenierungen des Nachtleibs kön-

1388 Plotin: Enneaden. Bd. II: Über die Seele oder Über psychologische Aporien. Dig.Bib. Phil., S. 7152.

nen auch von anderen *an den* Nachtleib herangetragen werden. «Noch denken wir mit den Gedanken jener Großen und Weisen, die dem Körper nach längst verlebt sind», schreibt Herder.[1389] Kollektiv erinnerte Geschichten (die indessen individuell er*inn*ert werden müssen) legen sich auf die je individuellen Schichten, die als untere Schichten erhalten bleiben, welche die oberen bewegen: verborgene Kräfte, die die verbedeutenden Bewegungen punzen, ihnen ‹Anschwung› und ‹Aufschwung› verleihen.

Das sind nur Vorstellungen, gewiss; Phantasmen, ‹Hirngespinste› nicht erst der modernen ‹Tiefen›psychologie, sondern auch schon der romantischen Ästhetik, ja der inquisitorischen Selbsterforschung eines Ignatius Loyola.[1390] Wo immer das Bewusstsein sich selbst erforscht, muss es dieses innere Afrika mit einem inneren Ariadnefaden von Körpervorstellungen ermessen, die ihm sein innerer Leib vorzugeben scheint, herauszuspinnen scheint. «Schiene gleich manches im dunklen Grunde unseres *Gedankenmeeres* todt und begraben zu liegen; zu rechter Zeit steigets doch hervor und organisirt sich zu = und mit andern Gedanken: denn in der menschlichen Seele ist nichts todt; alles lebt», fährt Herder auf seinem Gedankenmeer fort.[1391]

Die Bereitschaft zur Annahme dieser kulturellen Ergänzung, also des Erinnerns und Vergessens des Anderen, kommt von der unbewussten, geahnten, gefühlten, erfahrenen oder phantasierten Unvollständigkeit des geborenen Leibes.[1392] Der geborene, sterbliche und triebdynamische Leib reagiert auf Abrisse und ist ‹hineingehalten› in Abgründe, die er nicht

1389 Zit. nach M. Heinz und J. Johannsen: Im dunklen Grunde unseres Gedankenmeeres ... In: NZZ, 13. 12. 2003, S. 47.

1390 Gustav René Hocke resümiert in «Die Welt als Labyrinth», Reinbek 1987, S. 82, über die ‹Höllenmeditation› in den Exerzitien des hl. Ignatius: «Bilder des Grauens, wie mit einer ‹Laterna magica› in die meditative Kammer des Bewusstseins hineinprojiziert, und zwar durch Vorstellungskraft.»

1391 Herder: Ideen, Bd. 1, S. 34.

1392 Die Betonung liegt auf der Unvollständigkeit des geborenen (verselbständigten) Wesens. Lebewesen *leben* aus Unvollständigkeit heraus und gegen sie. Individuation bedarf der Anschlüsse, Schnittstellen für Transfusion und Verschmelzung (Eindringen des männlichen Samens in die weibliche Eizelle, Anlegen des Embryos an der Gebärmutter, Saugen an der Brust, sich im Spiegelbild erkennen ...).

ermessen kann. Sie liegen im Dunkeln verborgen, an den Enden eines Schicksalsfadens oder einer Doppelhelix oder unter dem «unentwirrbaren Netz» des Eros.[1393] An Hesiod zeigt sich, dass auch damals schon, als es anscheinend noch keine Geburtstrauma-Theorien gegeben hat, kein Leib ohne Abriss oder Abgrund denkbar war, der auf vielfache Weise mit Nacht assoziiert war (umringt, umwunden, umgossen). Die musische Kunst wirkt an der ‹Heilung› dieser Wunde *aus* Nacht, indem sie die innere Nacht der Phantasie im Nachtleib wachsen lässt. – Und die ‹*bildende*› Kunst? Wenn die Kunstgeschichte mehr oder weniger bewusst den späteren Aufstieg der Bildkunst vom früher höheren Niveau der musischen ableitet[1394], so erhebt sich die Frage nach dem Anteil an Nacht im Bild umso dringlicher.

Dabei geht es nicht nur um jene Phantasmen, die es schon vor Hesiod gab und die er im Medium der Theogonie weiterbefördert: enorme Wesen an den extremen Rändern menschlicher Erfahrung (Unterwelt / Olymp) – obwohl schon diese Ergänzungen zeigen, dass der in der Vorstellung überwundene Abgrund schwerlich nur vom eigenen Körper überwunden werden kann. Es geht auch nicht nur um die räumlichen Phantasien der *Häuser* in Tartaros II, die unterschiedliche Formen des Ersatz-Uterus darstellen, in den man prinzipiell nicht mehr zurückkommt (dreifache Nachtschicht). *In* das eine Haus, das des Hades, gelangt man dann schon, aber nicht mehr aus ihm heraus. Und die andern Häuser sind nicht für die Menschen, sondern dienen als Herberge den ewigen Nomaden Nacht und Tag sowie Schlaf und Tod selbst. Vielmehr langt jede phantasmatische Ergänzung immer schon auch nach dem zeitlichen Heilmittel, das die Musen bieten oder sind: nach Erinnern und Vergessen. Indessen wäre jeder Leib auch ohne seine kulturelle Einkleidung durch Musen oder im Mythos immer schon ein erinnernder und vergessender, und der hohe Mittag alles erinnerten Bewusstseins *schläft* auf der Mitternacht des Vergessens.

1393 Fragment von Ibykos; vgl. S. 255, Anm. 443.
1394 Vgl. Papaioannou / Bousquet: Kunst, S. 74.

Pindar – Auftauchen des Erinnerns aus dem Vergessen

Wenden wir uns einem antiken Sänger zu, der vor allem die wahrlich körperlichen Werke besungen hat, nämlich der Sieger in sportlichen Wettkämpfen. Pindars Werk ist ein einziges Epitaph auf real gewesene Körper, Tagesberühmtheiten, körperlich natürlich viel präsenter als der Dichter. Aber seine stillen Buchstaben leben länger als das Leben. Mit Pindar tritt der Nachtleib in sein Stadium des poetischen Selbstbewusstseins ein; denn all die Titanenkämpfe, all das Auftauchen siegreicher Körper und die Mahnung ihres baldigen Abtauchens sind kein göttliches Schauspiel mehr, sondern ein athletisches, das in ein poetisches Spiel der Auf- und Abfahrten der Imagination mündet.

Friese erinnert hier an Theunissen, der wie ein Sisyphos einen ‹dickleibigen Wälzer› gegen das ständig drohende Vergessen wuchtet: gegen das Vergessen des Dichters Pindar.[1395] Dieser wiederum erinnerte und verewigte zeitlebens die siegreichen Kämpfer der olympischen, pythischen und sonstigen Spiele. Während Friese, Theunissen und Pindar jeweils auf ihre Art die je zeitgenössischen Memorialtechniken bedienen, betreiben sie alle jene Fahrten des Vergessens, die erst dadurch zustande kommen, dass sie immer schon *nicht* wissen, *wie* Erinnern Vergessen gebiert und Vergessen Erinnern, indem sie sich ahnend oder sogar sehnsüchtig der sich anbahnenden Gegenwart öffnen oder hingeben. Die Situation als Zuhörer Pindars ist von heute aus gesehen vermutlich nicht so sehr verschieden von der rund zweihundert Jahre älteren Situation mit Hesiod. Die Zuhörer der «Theogonie» vergessen ihre Sorgen, weil sie so sehnsüchtig an die Musen erinnert werden – von Hesiod, der sie innen hatte: die Musen … jetzt verborgen wohnhaft im Text. Die Aufmerksamkeit für die Wahrheit der Musen räumt im Vergessen der Prosa des Lebens der Erinnerung eine Nacht ein, in der die musische Botschaft wie ein Licht im Meer des Vergessens auftaucht.

Aber was ist hier mit Erinnerung gemeint? Hesiods Erinnerung an seine Nacht mit den Musen? Was hat diese Erinnerung mit derjenigen Erinnerung zu tun, mit welcher die Zuhörer beschenkt werden? Vordergründig geht es nur um Hesiods Darstellung alter Geschichten. Sie kön-

1395 M. Theunissen: Pindar – Menschenlos und Wende der Zeit. München 2000.

nen gar nicht alt genug sein. Am besten, sie fangen mit dem Anfang an, dem aller Geschichten. Aber was die Zuhörer in ihrer Aufmerksamkeit ahnen, bezieht sich gerade auf die Ahnen. Das Ahnen, ein dunkles Fühlen kommender Gewissheit sucht geradezu die Ahnen – solchen Suchens. Das mehr oder weniger unbewusst vergangenheitsorientierte Ahnen sucht eine Bestätigung in den Ahnen, in Anfängen. Das unbewusst Vergangenheitsorientierte aber ist der heimliche, noch jede *Neu*gier begleitende Gegensinn der Öffnung für andere(s). Der erfahrende Anfang ist Rückkehr, Heimat; der Anfang kommt der *Neu*gier entgegen.

Der archaische Grieche war tatsächlich archaisch gestimmt, nicht weil er der Erste war, sondern weil er das Erste suchte. – Zwar haben immer schon Einzelne und Viele in allen Kulturen zuvor irgendwie zurückgedacht (allein schon wegen der Erbschaft), auch versucht, über sich hinaus zurückzudenken. Aber *wir* wissen nicht nur kaum etwas davon, weil es nicht überliefert ist, sondern es war auch immer dann nicht sehr erfolgreich, wenn es keine außerleiblichen Memorialtechniken gab, wie etwa Grabstein und eben Schrift. Und vor Hesiod breitet sich in seinem Kulturkreis die Nacht der *dark ages* aus, weil gerade soeben erst mit einer eigenen Schrift metaleibliche ‹Uhren› für die zukünftige Vergangenheit in Umlauf geraten sind. Mit der Schrift wächst nicht nur das Interesse an Wirkung in der Zukunft, sondern das Interesse für die andere Perspektive aus dem Anfang heraus.

Die griechische Archaik beginnt mit Hesiods Zeit. Als einem Glied in der Kette von Vorfahren und Nachfahren reicht dem Archaiker die eigene Erinnerung ans selbst Erlebte nicht aus. Ständig erwartet er von anderen (etwa in Orakeln), dass sie ihm sagten: Dies oder jenes aus deiner Familiengeschichte hast du vergessen. Das archaische Individuum *war* geradezu eine Erinnerung der vorangegangenen Individuen, aber eben eine vergessene Erinnerung, sei es, weil das, *wovon* es eine Erinnerung war, in Vergessenheit geriet, sei es, weil das je nachfahrende Individuum wegen seiner moirischen Abgeschnittenheit diesen Sachverhalt zu vergessen befürchtete oder vergessen zu haben ahnte. Die materielle Basis dieser ‹Veranlagung› war der Ahnenkult der archaischen Griechen – und das Ahnen auf der Schwelle zwischen Vergangenheit und Zukunft konnte zu einer, wenn nicht *der* Wurzel der Nachtästhetik werden.

Die hier proklamierte Nacht der Analogie stand in einem Funktionszusammenhang der Begräbniskultur: mit der traumatischen Gegenwart des Todes und mit deren Beschönigungen in ‹lebendig› gewordener ‹Kunst›. (Verhüllende Gerüche, Blumen, Spiele, Gesänge, Vasen usw.) Doch hat das weniger mit dem toten Körper in der Nacht der Erde zu tun, denn man wird dergleichen Ahn*ung*skultur auch bei Gesellschaften mit Brandbestattung finden.[1396] Vielmehr liegt der Zusammenhang zwischen Ahnen und Ahnung darin, dass so, wie der je lebendige Leib eingebettet ist in dunkle Her- und Zukunft und diese wiederum in die Geschichte der Vor-Fahrenden und Nach-Fahrenden, dass so auch die je gegenwärtige Wahrnehmung, Ahnung und Imagination eingebettet ist in die Dunkelheit des Vergessens, die Zeitlichkeit ihrer Existenz. Trotz aller gedanklichen Entlarvung der dialektischen Verschränkung zwischen Erinnerung und Vergessen wird man in allen Kulturen Erinnerung als aufgetaucht vorgestellt sehen aus einem Meer des Vergessens (also aus dem Innern einer Nacht, die dem Meer ähnelt).[1397] Die Gleichsetzung von individuellem Leben und Erinnerung (zeitlich verdichteter Hintergrund der Erfahrung) ist nicht einfach eine Metapher, sondern das Gleiche aus je anderer Perspektive. Die Dynamik dieser Geschichte wird aber aufrechterhalten von der je asymmetrischen Ausfahrt der Aufmerksamkeit im Dunkeln. Diese ist das Licht, das sich nicht sieht, aber in der auftauchenden Erinnerung ‹reflektiert› wird zur Sichtbarkeit.

Über die individuelle nachtleibliche Verankerung des Vergessen-Erinnern-Komplexes mit dem Nacht-Licht-Komplex ist einiges Notwendige schon zu Beginn dieses Kapitels gesagt worden. Aber die Dunkelheit der Nacht war früher – vor der Entwicklung weiterreichender (und privatisierbarer) Beleuchtung – *kollektives* Schicksal. Gemeinsam war man blind. Die Leiber waren zugleich weiter auseinander, auf sich zurückbezogen und zugleich näher beieinander. (Durch Blicke nicht getrennt – und nicht

1396 Die homerischen Helden werden brandbestattet, gleichwohl fragen ihre Larven den Odysseus, ob sie auch nicht vergessen werden. Werden sie nicht, Odysseus ist ja bei ihnen. Die phantastischen Fahrten zur Unterwelt werden aus dem Ableben geboren.

1397 Trotz Brandbestattung taucht das Leuchten der Erinnerung in allen Kulturen aus Nacht, Nassem und dunklen Massen auf. Mir ist nichts bekannt von Ahnen, die in der Erinnerung oder im Traum als Schatten oder nasse Massen aus Licht oder Feuer auftauchen.

verbunden, aber verbunden und getrennt durch Berührungen und andere sinnliche Übertragungen.) Im zeitlichen Sinn war die Nacht das Vergessen des Tages und zugleich die Hochzeit seiner vergemeinschaftenden Erinnerung. Dieser Chiasmus von der enthüllenden Verhüllung und der verbergenden Entbergung führt von der Wahrnehmungsübertragung ins Dunkle über die Ahnung und Phantasie zur bewussten Imagination und erweist das Nachtlicht der Erinnerung (des vergessenen Lichtes des Tages) als einen Anfang der Nachtästhetik. – In «Dunkles Wesen» habe ich behauptet, dass die Kunst aus der Nacht kommt, weil die nächtliche Dunkelheit bzw. mangelhaftes Sehen die Übertragungsarbeit erfordert und fördert.

Der Ahnenkult des Sängers Pindar (*522/18) besteht in einer variantenreichen Verknüpfung von ‹Starkult› und Mythenkult. Im Augenblick des Sieges wird der siegreiche Faustkämpfer, Ringer, Wagenlenker und so weiter, also ein kurzfristig wegen seiner sichtbaren körperlichen Kunst herausragender Mensch, konfrontiert mit seinen Ahnengeschichten (oder denjenigen Mythen, die einen Bezug zu den Spielen haben).[1398] Daraus folgt eine Relativierung, Rahmung und/oder Kontrastierung dieses herausragenden Augenblicks, die noch gesteigert werden kann durch eine Mahnung für die wechselhafte Zukunft in Form von Gnomen (Denksprüchen). Zugleich aber singt das Preislied den Ruhm des Mannes als Teil einer Gemeinschaft von Vor- und Nachfahren, und der Sieger wird so unsterblich wie Pindar – und alle, die nach diesem kommen, den Ruhm Pindars zu singen, wie Hölderlin und andere.[1399] In seiner 7. Olympie, für einen Sieger im Faustkampf, Diagoras von Rhodos, sind Kunst und Vergessen fast obsessiv aufeinander bezogen. Nachdem Pindar sich drei Strophen lang auf eine Stufe mit dem zu besingenden Sieger gestellt hat und zuletzt gemeinsam mit ihm und unter feierlicher Musik geradezu *auftauchend* an Land gestiegen ist, verspricht er, die Sage von Rhodos «vom Ursprung an» zu erzählen.[1400] Bevor er aber von diesem *versprochenen* Ursprung erzählt,

1398 Vgl. Kl. Pauly 4, Sp. 860.

1399 Wenn es stimmt, dass das höchste Ziel in Pindars Welt der Ruhm ist, so Pfeiff: Pindar S. 19, dann steht dieses ätherische Wesen Ruhm nicht nur seltsam dem Körper gegenüber, der ihn erreichen will, sondern der Ruhmredner wird zum Alter Ego des ‹Be-Rühmten›, ohne das ‹nichts läuft›.

1400 Pfeiff: Pindar S. 66; weitere Seitenangaben im Haupttext.

hat er also schon von einem viel älteren erzählt: ebendem Auftauchen. Es handelt sich um das selbstreferentielle Auftauchen von Pindars Lied und um den Mythos vom Auftauchen der Insel Rhodos. Zwar spricht er nur vom *Landen* eines Männerpaares (S. 66, 3. Str.):

> Jetzt auch stieg ich unter den Klängen von beiden[1401]
> Mit Diagoras an Land, Rhodos preisend,
> Aphrodites Tochter im Meer und Helios' Braut …

Aber bei «Aphrodites Tochter im Meer» denkt jeder an die landende Zypris, also *ihr* Auftauchen vor der Insel. Zudem klingt hier der wahre mythische Ursprung an, den jeder Rhodier im Kopf hat: dass nämlich Rhodos, die Tochter von *Liebe* und die Braut von *Sonne*, in einem sehr speziellen Sinne aufgetaucht ist, von dem sogleich die Rede sein wird. – Noch ein Ursprung wird hier erwähnt, dass nämlich Aphrodite mit dem Meergott Poseidon Rhodos gezeugt hatte[1402], bevor die Insel aus dem Schoß des Meeres auftauchte. Der älteste bekannte Beleg ist wohl eben die Pindar-Stelle, was trotzdem nicht dafür spricht, dass erst dieser die Mythe erfunden hat. Denn sonst hätte er die Schwierigkeit vermieden, einen männlichen Rhod*os* als Tochter Aphrodites zu behaupten. Jedenfalls ist bei dem allerdings viel späteren Diodorus Siculus die Rede von einem Sohn Rhodos von Aphrodite und Poseidon. Auch gibt es die Überlieferung, dass Helios nur mit *Rhode*, einer Nymphe, auf Rhodos die Rhodier zeugte.[1403] Auch das Meer wird sich als Nacht erweisen, sogar als eine Art Nacht des Vergessens. Ich spreche das an, damit auch der heutige Leser ahnen kann, was kommt. Die zweite Assoziation bezieht sich auf jenen Mythos, von dem Pindar sich zu erzählen anschickt und den der alte Schwindler als den Ursprung behauptet. Denn auch *Tlepolemos* sei hier gelandet, der Heraklessohn, dessen Nachkommen die Rhodier seien.

«Ich will ihnen vom Ursprung an, von Tlepolemos, / Die gemeinsame Sage kundtun und genau berichten» (S. 67, 4. Str.). Jener habe, wohl im Wahn, Likymnios, den Bruder Alkmenes erschlagen, und daraufhin, einem Orakel folgend, eine Schifffahrt nach Rhodos unternommen, das er

1401 Gemeint sind Phorminx- und Flötenspiel.
1402 Gr. Myth. I, S. 58.
1403 Recl. Lex., S. 466.

dann besiedelt habe. (Ebd.) Der Bemäntelung der stadtgründenden Schuld entsprechend («doch um den Sinn der Menschen hängen zahllos Verfehlungen …»), hat Pindar vergessen oder ‹vergessen›, dass diese Fahrt des Tlepolemos eine Sühnefahrt war. Aber das macht nichts, denn mit dieser war ja die tödliche Selbstvergessenheit des Täters vergeben und vergessen. Pindar hat auch ‹vergessen›, was die wahre Ursprungslegende war, er erinnert sich jetzt aber wieder, als er imaginär mit Tlepolemos landet: Tlepolemos landet da, wo Zeus

> … einst mit goldnem
> Schneegestöber die Stadt besprengte,
> Als durch Hephaistos' Künste
> Unter dem erzgeschmiedeten Beil Athena
> Auffuhr aus dem hohen Scheitel des Vaters …
> (S. 67)

Die für ihre Künstler berühmte Insel (von hier stammten Chares von Lindos und der Schöpfer der Laokoon-Gruppe) hatte nicht nur früher schon den Segen kunstnaher Götter (Hephaistos, Athene), sondern sie hatte schon eine *Stadt,* die zur Geburt der Athene mit goldenem Schneekonfetti beschenkt wurde. (Obwohl doch die Rhodier von Tlepolemos erst noch gezeugt werden müssen.) Damit nicht genug, es geht nun noch weiter zurück, denn zur Zeit der Geburt Athenas hatten die Menschen dort bereits etwas vergessen, nämlich, wie sie nach Geheiß des den Menschen leuchtenden Gottes *Helios* einen Altar für Athena einzurichten hätten und Opferfeuer für Zeus. Entweder war Athena noch gar nicht geboren, oder das ‹damalige› Gebot des Sonnengottes bezog sich doch erst auf den Geburts-Tag der Athene, sodass das Vergessen des Opferfeuers erst anschließend folgt. Dann ist es seltsam, wie nun, nach dem Vergessen, nochmals eine goldene Wolke[1404] sich auf die Stadt senkt und Athena sie mit der Gabe des Kunstverstandes beschenkt. Wie dem auch sei, wenn es wirklich eine zweite Wolke war, die Gold regnen ließ, so handelt es sich um eine vergessene Erinnerung, eine unbewusst erinnernde Variation des Vergessenen: Diese Wolke regnet herab, während die erste Schnee von gestern war. –

1404 Golden wie das Schneegestöber und dunkel wie die Wolke des Vergessens.

Nun hatte die archaische Sprache der Griechen ihre Schwierigkeiten mit der Consecutio Temporis[1405]; doch es steckt mehr dahinter, denn es gibt noch eine dritte Wolke, genau zwischen Schneegestöber aus Gold und Regenwolke aus Gold (S. 67 f.):

Manchmal jedoch kommt unversehens des Vergessens Wolke
Und entzieht dem Geist
Den geraden Weg zu den Dingen.
Damals stiegen sie hinauf und hatten doch
Keinen Keim eines brennenden Feuers bei sich, sondern
Stifteten auf der Hochburg einen Hain für
Feuerlose Opfer. Zu ihnen aber lenkte Zeus
Eine gelbe Wolke und regnete viel Gold, sie aber, die Glanzäugige …

Diese Wolkenmetapher für Vergessen, eingelassen zwischen zwei Wolkengaben mit zukunftsträchtiger Kunst, ist insofern bedeutsam, als sie etwas ähnlich ‹Verhängtes› beschreibt wie die ‹Verfehlungen› am Anfang des Liedes, die «um den Sinn der Menschen hängen» (ebd., Vers 28): Irrfahrten, dort wie hier, wo dem Geist der gerade Weg zu den Dingen entzogen ist. Eine gewisse Schuld wird so als Vergessenheit relativiert, und so wie die Sühnefahrt des Tlepolemos vergessen ist, wird auch das Vergessen des Feuers von den Göttern vergessen. Die Menschen opfern falsch, feuervergessen und werden doch mit einer Fülle von «Bildwerken» belohnt, die «ähnlich den Lebewesen und Umherwandelnden» sind (S. 68, Vers 53 f.). – Oder ist es zeitlich umgekehrt, und die Kunst macht jeweils die Wolken des Vergessens (Sühneopfer und Weihegeschenke)? Der Mythos hätte also Ursache und Wirkung vertauscht? Das könnte immerhin leicht geschehen sein bei der erinnernden Fahrt zurück. Ausgesprochen aber hat Pindar einen zumindest zeitlichen Zusammenhang: Auf das feuervergessene Opfer folgen die Gaben der Kunst. Der Kunstsinn der Rhodier war indessen eine Tatsache, und das spätere Weltwunder, der Koloss von Rhodos, ist ein ‹ewiges› Denkmal für Helios. Aber das ist meistens vergessen …

1405 Indiz ist hier ein zweimaliges «damals» (S. 67, V. 39 und S. 68, V. 48), das sich jeweils auf die Zeit der Geburt Athenes zu beziehen scheint, aber zugleich den Anfang und das Ende eines Prozesses bezeichnet.

Jedenfalls ist die Ode immer noch nicht bei dem wahren Ursprung von Rhodos angelangt, und der wahre Grund für die Milde der Götter über die Vergesslichkeit der Menschen wird jetzt erst eröffnet. Helios, der Hauptgott von Rhodos, hatte das Feueropfer geboten, nicht Prometheus. Licht ist Erinnerung des Gebotenen, Vergessen ist eine Verdunkelung der Sonne, weshalb ja auch Nyx, in eine Wolke gehüllt, erscheint. Theunissen paraphrasiert Pindars Wolke des Vergessens: «Das Vergessen *ver*hüllt, die Voraussicht *ent*hüllt.»[1406] Pindar selbst hatte als Gegensatz des Vergessens «die Ehrfurcht aus Vorausschau» gelobt, der Sache nach ist diese Vorausschau indessen: Erinnerung. Aber selbst die Götter hatten einst gefehlt und die Sonne vergessen, als die gerade *abwesend* war. Es war also *Nacht*, und die Götter vergaßen bei ihrer Aufteilung der irdischen Güter und Gebiete, auch Helios zu bedenken.

> Da Helios fern war, wies ihm keiner sein Los zu,
> Und sie ließen ihn ohne Anteil an der Erde,
> Den heiligen Gott. (S. 68, V. 58 f.)

Gegen des Vergessens Wolke kämpfen Götter selbst vergebens, besonders nachts. – Zeus will neu losen, aber Helios will Land eigener Wahl, und da der sehstrahlstarke Sonnengott tief in Verborgenes sieht, erspäht der Vorausschauende *kommendes* Land: das noch im Wasser verborgen wachsende Rhodos. Das will er zur Wiedergutmachung des Vergessens haben.[1407] – Man bedenke die zwingende Anschaulichkeit nach allem, was über die Anbindung von Vergessen und Erinnern an die Periodizität von Tag und Nacht gesagt wurde. Es war Nacht, die Sonne war nicht da, jetzt kommt *Helios* und sieht, wie sich das Land, «noch in salzigen Tiefen verborgen» (ebd., V. 57), seiner Licht-Bahn entgegenstreckt.

> Selber sehe er schon im Innern des grauen Meeres vom Grund her
> Wachsen ein weidereiches Land für die Menschen und erfreulich für die Herden. (V. 63)

1406 Theunissen: Pindar, S. 356.

1407 Andere Übersetzer betonen die zeitliche Umkehr des falsch Entschiedenen im Sinne von Hesiods *paretrapein*. Vgl. Theunissen: Pindar, S. 999, Anm. zu Str. 4, Verse 58–63.

Helios bekommt dieses Land; Herr Sonne zeugt mit Frau Rhodos sieben Söhne, die Stammherren der Insel, und vererbt ihnen Kunstverstand – der im sogenannten Koloss von Rhodos zum Ausdruck kommt: eine Statue des Helios selbst. Hier kommt die Gabe der Kunst an ihren Spender zurück. Dieser Kunstverstand ist doppelt geschenkt: als Ergebnis der Feuervergessenheit der Rhodier und als Wiedergutmachung des Vergessens der Sonne. Auch auf diese Weise kommt die Kunst aus der Nacht. Der Clou an dieser Geschichte ist, dass sie uns nun zum zweiten Mal, aber als die ursprünglichere Variante erzählt wird. Selbst die Götter standen unter einer Wolke des Vergessens: der Abwesenheit von Helios. – Die Wolke des Vergessens ist also die kleine, epigonische Variante der Nacht des Vergessens. – Statt nun die Auslosung zu wiederholen, pocht Helios auf das Auftauchende. Im irdischen Vorspiel entspricht dem der Aufstieg der Opferwilligen zum Burgberg. Die entlastende Funktion des himmlischen Vergessens für das irdische ist offensichtlich. Erstaunlich aber ist, dass Pindar selbst darauf nicht hinweist; ja, er gibt selbst nicht zu verstehen, dass ihm die wiederholenden Züge der zweiten Geschichte bewusst sind. Von Helios empfangen die Rhodier «kunstverständigen Sinn» (V. 68) und von Athena (später, aber früher erzählt) die Gabe meisterlicher Hände (V. 51).

Wer vergisst, muss wiederholen … wer erinnert: auch. In den unmessbaren Verschränkungen zwischen Erinnern und Vergessen wohnt die Ahnung – des Sängers, der Hörer – und der bildenden Künstler, die zum zweiten Mal Kunstsinn empfangen. Die Ähnlichkeit der Bildwerke ist keine Kopie eines etwa danebenliegenden Originals, sondern eine Gabe. Die größte Ähnlichkeit schafft immer noch die Wiederholung aus dem Vergessen.

Wie buchstäblich ist dann jedoch noch das Vergessen als Voraussetzung der Kunst anzusehen? Hier ist Pindar zweimal deutlich, der Abriss ist endgültig: Die späteren Rhodier hatten «keinen Keim eines brennenden Feuers bei sich» (V. 47), und Helios hat keinen «Anteil an der Erde». (V. 59) *Bewusst* ist hier nichts gemischt, Erinnern ist unverfügbar. Dann aber kommt die Gabe von anderen. Vom Götterhimmel kommt die göttliche Gabe der Glanzäugigen, von der Moira *Lachesis* bekommt Helios feierlich Rhodos als Gabe zugesprochen. Diese fremde Eingebung ist die Voraussetzung der Kunst, und Pindars Mischung von Erinnern und Vergessen, sein Ahnungs-Werk, kommt daher, dass er schon inspiriert ist, wenn er singt. Selbst die «Zeit, der Vater der Dinge», singt Pindar in der 2. Olympischen Ode für *Theron* von Akragas, könne Taten nicht ungeschehen machen. «Aber Vergessen mag bei glücklichem Lose sich bieten. Denn unter edlen Freuden stirbt das Leid.»[1408]

Nun erscheint hier zwar das Vergessen als Ergebnis der edlen Freuden, doch zugleich muss man die *edlen* Freuden als Ergebnis des Vergessens sehen. Besonders aber sind sie fremdgegeben. Zu diesen edlen Freuden gehören nicht nur die Künste, sondern auch die edlen Wettkämpfe, deren Siegesfreude Pindar besingt. In diesem erhöhten Augenblick des Sieges stellt er sich imaginär an ihre Seite. Der Gesang ist auch für die Faustkämpfer und Ringer eine fremde Gabe, in der sie an ihre Ahnen erinnert werden. Auch die Wettkämpfe sind zugleich ein Erinnern und Vergessen: Vergessen der Kämpfe und Erinnerung daran; so sind sie historisch entstanden. Vor Troja zum Beispiel finden die Wettkämpfe unmittelbar nach der Schlacht statt, eine Ablenkung, aber zugleich wird an die Sieger die Beute verteilt.[1409]

Die Betonung der Bedeutung des Vergessens für die Kunst und die Erfahrung der Fremdgegebenheit steht im schärfsten Gegensatz zur überbewerteten «Butades-Legende», in welcher der Schattenriss einer real noch vorhandenen Person zur Gründungsakte der Kunst erklärt wird. Die Geburt der Kunst aus dem Vergessen betont den Verlust der Kontinuität und die Notwendigkeit der Ahnung, Phantasie und Vorstellung, den Abgrund zu überwinden. Die Butades-Legende dagegen glaubt an die direkte Übertragung und das immer greifbare Fortleben in Speichermedien. Das ist Töpfermentalität, die das Eingemachte liebt.[1410]

Es ist das berühmte Wunder griechischer Humanität, dass Kampfeswut sich in Wettkampflust sublimiert – und ins Theater. Auch Pindar führt einen Wettkampf – gegen den Sieger. Aber er fährt in andere Richtungen, in die vertikalen von Erinnern und Vergessen. Die Gesänge sind auch inhaltlich ständiges inständiges Sinken und Steigen. Ausgeleiertes

1408 Pindar: 2. Olympische Ode. In: W. Marg (Hg.): Lyrik, S. 86, Übers. von A. Graf Schenk von Stauffenberg.

1409 Das vielfältige Herauswachsen verschiedener archaischer Kunstformen aus ‹Spielen› zur Kampfvor-(Waffentanz) und -nachbereitung (Trauerspiele) kann hier nicht näher erläutert werden. Vgl. z. B. Burkert: Religion, S. 173: *agon.*

1410 Siehe Plinius: Naturkunde Buch 35: «Farben, Malerei, Plastik», S. 115.

Leierspiel ist seine Sache nicht, er will beflügeln.[1411] Dieses Sinken-Steigen ist gerade das Lebensmotto der kriegerischen Aristokratie, das immer wieder eingedenk einer doppelten Ebene mit Ahnen und Göttern lebt – und es ist ‹selbstsingend› das Emblem der Lebensfahrt des Sängers. Resümierend drückt es die soeben schon angesprochene 8. Pythie für den siegreichen Ringkämpfer Aristomenes von Aigina in der Übersetzung von Uvo Hölscher aus:

Wer aber grad etwas Schönes errungen hat,
Fliegt vor großer Herrlichkeit
Voller Hoffnung empor mit beflügeltem Mut:
Stärker als Reichtum ist sein Trachten.
In kurzem wächst das Freudige den Menschen,
So aber auch stürzt es zu Boden,
von abgewandter Gunst erschüttert. (S. 96)

Das erinnert an die Fahrten von Schlaf und Traum? Richtig, auch Pindar ergeht es so, wenn er fortfährt:

Eintagswesen! Was ist Sein? Was Nichtsein?
Eines Schattens Traum ist der Mensch.
Aber wenn gottgeschenkter Glanz kommt,
Liegt helles Licht auf den Männern und freundliche Lebenszeit.
Aigina, liebe Mutter, auf freier Fahrt
Behüte deine Stadt … (S. 96 f.)

Reicht es nicht zu sagen, dass der Mensch ein Träumer sei? Nein, *er* muss der Traum *sein* – eines anderen! Und selbst das reicht nicht: Er ist der Traum eines Schattens! Wieder eine der typischen Übertreibungen Pindars? Schatten hat Anteil an der Bedeutung der Nacht, des Sinkens, der Vergessenheit; auch die Seelen der Ahnen sind Schatten. Die Lebenszeit ist eingebettet in die Ahnenzeit vor und nach diesen Fahrenden. Von der Thematisierung der Lebenszeit aus ergibt auch die Assoziation der nächtlichen Traumexistenz mit «Eintagswesen!» einen zusätzlichen Sinn: Es ist

1411 Pindar, 8. Pythische Ode, übersetzt von U. Hölscher; siehe Marg: Lyrik, S. 94; weitere Seitenangaben im Text.

nicht nur die Bedeutung von Eintagsfliege[1412], eingebettet in die Vergessenheit ihrer ‹ephemeren› ‹Bedeutung›: Diese oberflächlichen Tageswesen sind darüber hinaus auch nachtverwurzelt; nur flüchtig erblicken sie das Licht des Helios, im Verhältnis zu den Göttern eben nur einen Tag. Wahrer Glanz ist gottgeschenkt. Er richtet auf zur freien Fahrt. In der 7. Olympie, der wir uns wieder zuwenden, sind Hell / Dunkel, das Sinken / Steigen und Feuer / Wasser[1413] modellhaft mit *Erinnern und Vergessen* verbunden, jener zeitlichen Bedingtheit des Leibs, die noch am ehesten die Sterblichkeit der Eintagsfliege kompensieren könnte oder zu ertragen hülfe:

1. Vergessen der Schuld des Tlepomenos, Schneegestöber: «Auffuhr» Athene «aus dem hohen Scheitel des Vaters mit übergewaltigem Schrei» (V. 36). Dieses Auftauchen assoziiert Pindar dem ‹*Auftauchen*› des Tlepomenos an der Küste von Rhodos.
2. Die Wolke des Vergessens *senkt* sich über die Rhodier: Sie ziehen opferwillig *hinauf* (V. 46).
3. Eine Wolke aus Gold; es folgen Ruhm und «*höhere* Leistungskraft».[1414]
4. Nacht des Vergessens (des Sonnengottes); Helios *zieht auf.*
5. Er späht *hinunter*: Rhodos wächst am Grund des Meeres *herauf.*
6. Die Worte *fallen* «in die Wirklichkeit»: Die Insel wächst über die Meeresoberfläche *hinauf.*

Thematisch geht es um Erinnern und Vergessen, aber diese Fahrten sind nur Aspekte von Steigen und Sinken, Sieg und ‹Nieder›lage – der gesamten Lebensfahrt. Insofern kommt der ‹Paarung› von Kämpfer und Sänger, Pindar und Diagoras, emblematische Bedeutung zu. Theunissens Feststellung:

1412 Eine Eintagsfliege fast ist Diagoras, kaum wird er noch erwähnt mit seinen abgezählten Siegen – gezählte Tage! «Die etwas nachlässige Behandlung des Adressaten», schreibt Theunissen, «ist umso bemerkenswerter, als Diagoras der berühmteste Athlet Griechenlands war.» Theunissen: Pindar, S. 90; weitere Seitenangaben im Text.

1413 Erinnerung brennt wie Feuer, Vergessen ist flüssig wie die Wolke, der Fluss – und die Trunkenheit.

1414 Dass die Kunst «ähnlich den Lebewesen und Umherwandelnden ist», sagt nichts von einer Kopie, eher vom Glanz des Erinnerns im ‹Ähnlichen›.

«Unsere Ode rollt Geschichte von hinten her auf» (S. 91), ist zurückzuverfolgen bis auf die fiktive Selbstinszenierung vom auftauchenden Gesang des Sieges in den Gestalten von Pindar und Diagoras. Dieser Gestus ist offenbar Ausdruck einer in Fleisch und Blut übergegangenen imaginären Selbst-Performanz. Der ganze Nachtleib, mit Gesang und Faust, das ist jener Leib, der von der Vertikalen beherrscht wird und der nicht nur ein Nachtleib ist, weil er schläft und träumt und auftaucht aus dem Schlaf, sondern weil auch seine gesamte Existenz eine nachtumflossene, nachtumwobene, wenn man so will, moirische ist. Die Auffahrt im Glanz ist fremde Gabe.

Theunissen, bemüht, den Geschichtsdenker Pindar herauszustellen, bemerkt, dass der dreifache Abstieg in die Zeit ein Aufstieg in der Wertordnung ist (S. 91), in eine Region, wo Verfehlung und Vergessen immer unwesentlicher sind (ebd.). «Auf Rhodos ruht der Segen der Götter», die Rhodier sind nur «Stellvertreter aller Menschen» (S. 92). Und der Segen zeigt sich in Kunst und Reichtum. – Aber die Kunst des Sängers ist voller Hebungen und Senkungen, der Melodie, des Versmaßes und der Bilder. Diese Gesten von Bewegungen sind die Übertragungen des Nachtleibs in die Wahrheit der Poesie. Theunissen selbst hebt das Pathos hervor, mit dem die Verwirklichung von des Sonnengottes *Wort* geschieht: *en alatheia*, in der Unverborgenheit also (S. 96). Aber das Geschehen des Wahrwerdens ist ein Auftauchen. Und es ist sinnvoll, daran zu erinnern, dass Erinnern nur deshalb in der Metapher des Auftauchens auftaucht, weil es sich dabei an reales Auftauchen (Körper-Erlebnisse wie Geburt, Saugen etc.) erinnert oder ahnend annähert. Athena taucht auf, weil sie geboren wird, aus dem feuchten Schoß von Metis (oder dem ‹Hirn› von Zeus)! Aphrodite und Rhodos tauchen bei ihrer Geburt (imaginär) physisch aus dem Meer auf. Auch Proust war einmal aufgetaucht (geboren). In diesem Sinne tauchen die Madeleines aus Prousts Teetasse auf, so wie die Grazien am Strand von Deauville auftauchen, so wie ab etwa 1850 der ganze Kult des Strandlebens[1415] für die modernen, säkularisierten Gesellschaften nötig war, damit es Auftauchendes gab, Göttliches.[1416]

1415 Der Auftauchkult an der Scheidelinie zwischen unendlicher Weite und bedrängend naher Undurchdringlichkeit war eigentlich nie unterbrochen. Aber um die Mitte des 19. Jahrhunderts taucht der moderne Massentourismus am Strand auf. Vgl. A. Corbin: Meereslust – Das Abendland und die Entdeckung der Küste. Frankfurt ²1999.

1416 In der «Helena» des Euripides sagt ein alter Krieger, «der Gott» sei ewig

A-Lethaia sucht der Blick auf die weite leere Meeresoberfläche. Gerade weil auf der öden Meeresoberfläche wenig zu sehen ist, kann der Blick nach demjenigen suchen, was im eigenen Dunkel verborgen ist. Auftauchen die Bilder aus dem Dunkel des Kinos, des Fernsehens, des Computer-Umraums. Der Grund für diese Versenkung ins Auftauchende ist die Sehnsucht – nicht nur der Dichter. Nach oben geht die Fahrt auch des Auftauchens draußen auf dem Meer, weil es das Versunkene ist, das auftaucht. (Das Versunkene ist das Schlafende, Tote, das zu keiner Eigenbewegung mehr fähig, nur noch der Schwerkraft hat erliegen können.) – Selbst Helios späht sehnsüchtig. Jeder sehnsüchtige Blick reißt sich vom leiblichen Anker los, ist verloren im Außerhalb des Grundes seiner Sehnsucht und sucht im Anderen als dem ‹Augenport› der Sehnsucht Halt. Dort ist Auftauchen das Begegnende, Entgegenkommende, Haltgebende. Nicht nur der spähende Blick, auch der «Gipfel der Worte» muss in die Wirklichkeit fallen[1417], um das Erspähte auftauchen zu lassen. Die Insel Rhodos kommt ihm also entgegen, und er vermählt sich mit ihr.

Das Phänomen des Auftauchens (und Eintauchens) wurde als das allgemeinere nachtleibliche Phänomen der Erlebnisse des Erinnerns (und Vergessens) behauptet. Das Auftauchende gegenüber der Sehnsucht tritt ebenso aus dem Dunkeln hervor wie die Sehnsucht selbst. Diese tut dasselbe (oder etwas Ähnliches?) in umgekehrter Richtung. Helios kommt aus der Nacht, Rhodos kommt aus der Nacht. Der Hirte Hesiod kommt aus der Nacht, die Musen kommen aus der Nacht. Dennoch ist im Gegenüber nicht dasselbe oder bloß eine Projektion. Das Auftauchende kann maieutisch die Sehnsucht auftauchen lassen. Das Auftauchen der Sehnsucht kann im auftauchenden Gegenüber eine Antwort, eine Atempause oder die durstlöschende Quelle sehen, die immer schon gesucht wurde.

Das dringliche intentionale Sehen wurde als der allgemeinere nacht-

«schillernd», sich drehend und vor allem auftauchend. Euripides: Sämtliche Tragödien. Bd. IV, übers. von E. Buschor, Vers 711. Die Götter tauchen, der Kontext zeigt es, als (fingierte) Erinnerungen auf. Dieses Auftauchen (fehlerhafter) Erinnerungen macht die Götter. Aber dass das im Schein von (personifizierender) Erinnerung geschieht, dafür sorgt eine namenlose Macht des Nachtleibs im Gestus des Auftauchens.

1417 Pindar, 7. Olympie. In: Pfeiff: Pindar S. 68, Vers 68 f.

leibliche Modus des Auftauchens behauptet, doch ist eine eindeutige Hierarchisierung in diesem Bereich nicht möglich. Was ist denn Sehnsucht anderes als eine spezifische Mischung aus Erinnern und Vergessen? Das erwartungsvolle Ausschau-Halten oder Suchen, verlässt und vergisst es nicht den Träger des Blicks fern von sich, indem es eintaucht wie Helios in etwas Dunkles, worin das Kommende zu ahnen ist als das, wonach man sucht? (Sei es, dass man schon weiß, zu wissen meint, wonach man sucht, sei es, dass man nicht weiß, wonach man sucht, oder sei es, dass man nicht weiß, dass man sucht, wenn man sich süchtig hinausbegibt.) – Wie signifikant der Ausdruck *Auftauchen* auch heute die Fahrten von Erinnern und Vergessen beschreibt, zeigt Wolf Singer in einem Artikel über die Illusion der Bewusstseinsfreiheit und die uns unzugängliche Prioritätensetzung des Gehirns: «Man sucht einen Namen, findet ihn nicht, die Aufmerksamkeit wandert zum nächsten Problem, und plötzlich taucht der gesuchte Name im Bewusstsein auf.» [1418]

Nun gibt es unzählige Varianten von Erlebnissen des Auftauchens, des Auftauchenden; in vielen ist nicht zu entscheiden, wer denn auftaucht, das Erleben oder sein Gegenüber (sein Gegenstand oder die ganze erlebte Welt). Und in vielen Weisen des Auftauchens ist die tendenzielle Subjek-Objekt-Verschmelzung das heimliche Ziel. Die Variationen von Elevationserlebnissen und Entrückungen bis zum Auftauchen von Geistern und Göttern zeugen aber nicht nur von der Vielfalt kultureller Einflussmöglichkeiten, sondern auch von der Flexibilität der Erfahrungsverarbeitung des Nachtleibs. Jedes Auftauchen ist ein Erinnern – aber glücklicherweise oft zu größeren Teilen ein Fehl-Erinnern. Da das Auftauchende in dem fremd scheinenden Medium überraschend, fremd und andersartig eben: auftaucht, kann es nur deshalb (unter anderm) auch schön, beglückend, erlösend, tröstlich sein, weil es falscherweise oder falsch erinnert wird bzw. weil *etwas Vergessenes in etwas Erinnertes übertragen wird.*

Wäre das unvergleichlich Neue tatsächlich nur das unvergleichlich Neue, wäre es entweder nicht wahrnehmbar, oder es hätte augenblicklich

1418 W. Singer: Keiner kann anders, als er ist. In: FAZ, 8. 1. 2004. Zwar ist das, was unserer Freiheit vorwaltet, für Singer ein «Netzwerk», aber die Ebenendifferenz zwischen den neuronalen Prozessen und dem Bewusstseinsbildschirm, der mit «ausformuliertem Kulturwissen» bestückt ist, muss immer noch mit Auftauchen überwunden werden.

den Identitätsverlust des Wahrnehmenden zur Folge (oder doch zumindest schwerste Traumatisierungen). Man muss hier ganz entschieden die inhaltliche Botschaft von der Handlung, von der Fahrt des Nachtleibs trennen: Wie neu oder bestätigend immer der Inhalt des Auftauchenden ist: Er*innerung* ist die Umkehr des suchenden Blicks und die Wiederkehr des vergessenen Hafens ... in den vergessenen Hafen der leiblichen Heimat.[1419] Erinnerung ist ein Umkehrerlebnis und eine Umkehr der Perspektive. Umkehr wovon? Nur Eintauchen ‹ruft› Auftauchen ‹hervor›, nur Vergessen gebiert Erinnerung. Einerseits liegt hier eine logische Banalität vor: Etwas Erinnertes *muss* zuvor entäußert, also vergessen gewesen sein. Andererseits wird hier eine esoterisch anmutende *Hingabe*, Dreingabe, ein Verlust gefordert, der unberechenbaren Gewinn bringen kann. Der kalkulierenden und instrumenellen Vernunft mag das ein zu riskantes Geschäft sein.

Aber es hilft nichts: Die Kunst kommt Hesiod und Pindar zufolge nicht aus der Nachahmung einer Technik, sondern aus der Dunkelheit von Sehnsucht und dem Opfer[1420] – was damit heute vergleichbar ist, wäre noch zu zeigen. Als verantwortlich für die Fahrten des Nachtleibs, für die Erhebung in den Glanz und den Sturz in die dunkle Tiefe, weiß Pindar nur die Götter. Doch das ist in Griechenland zu seiner Zeit schon lange nicht mehr ohne Alternative. Die Lyriker um 600 kennen den Schwindel und die Vertikale und das Helldunkel der Liebe. Schon dem archaischen Archilochos hat Liebesverlangen Todesnacht (Achlys) über die Augen gegossen.[1421] Doch: «... dass du mich, den Vereinsamten, erblickst, / ... im Dunkel liegend / ... wurde ich ins Licht gestellt»[1422]. Noch 2700 Jahre später klingt es ähnlich; aber Liebe ist hier wieder synonym mit Lyrik: Auf die Anfrage der «Neuen Zürcher Zeitung»: «Wohin geht das Gedicht?» schreibt Alberto Nessi: «Die Dichtung geht nirgendwohin. Sie steht still. Sie steht und wartet, dass jemand sie ans Licht bringt, wie einen kostbaren Stein unter den Felsen her-

1419 Als Achill aus seiner Rüstung verklärt auftaucht, erscheint er dem ‹erinnernden› Sänger wie ein von ferne leuchtendes Feuer aus dem Heimathafen.

1420 Vgl. 7. Olympic, 8. Strophe: das feuerlose Opfer. – Die Nachahmung ist in der Regel nur die spiegelnde Oberfläche eines Abgrundes bewusster oder unbewusster Einstülpung und verwandelnder Ausstülpung.

1421 Archilochos: Gedichte, Fragment 71; bei Diels «Vorsokratiker» Frgm. 112, S. 100.

1422 Archilochos: Gedichte, Fragment 59, S. 94.

vor.»[1423] Bei Pindar steht und fällt alles im Paradigma der Gaben: Helios fordert *Kompensation* des Vergessenwordenseins. Die Moira spricht ihm eine Gabe zu, die Worte fallen, sie fallen in die Wirklichkeit; sie können nur wirken, indem sie fallen! Pindar betont noch die Fallhöhe und den Charakter der Gabe, indem er sagt: «Da ward der Worte *Gipfel* vollendet und fiel/In die Wirklichkeit …» (S. 68, V. 68) Auch eine Art Hin-Gabe: Das ist ein (sehnsüchtiges und spendendes) Eintauchen, denn dort unten wirkt es: «Aus der feuchten Salzflut/Wuchs die Insel herauf». (Ebd., V. 69)

Als ob Pindar sich erinnerte, womit menschliches und göttliches Vergessen und Erinnern, womit die Vermählung von Eintauchen und Auftauchen zusammenhängt, sagt er es nun: mit der Gabe der Kunst. Die Söhne des Helios empfangen vom «Stammvater scharfer Strahlen und Herrn feuerschnaubender Rosse» «kunstverständigen Sinn» (V. 70f.). Aber hatten sie den nicht schon von Athena? Nein, das war nicht vorher, sondern nachher. Die Söhne des Herrn scharfer Strahlen und *feuer*schnaubender Rosse vergessen des Feuers und des Kunstverstandes, um ihn neu von Athena zu erinnern. So haben es die Rhodier noch nicht gehört (oder haben sie es vergessen?), als jetzt ein neuer Tlepolemos und ein neuer Helios auftauchen: Diagoras und Pindar, Stifter des *Glanzes* von Sieg und Lied.

Sowohl die Inhalte und Themen des Gedichtes als auch die Komposition aus Verweisen von Erinnern und Vergessen, als auch die Stilisierung des Gedichtes zum Teil einer Feier bezeugen nicht nur das Entstehen auch der Sangeskunst aus der nachtleiblichen Paarung von Erinnern und Vergessen, sondern sie ermöglichen einen Rückschluss von der Sprache auf ihren Träger: Der Leib ist der erste Träger jeder Metapher – und ein Gedicht ist bereits die Metapher des Leibes. Ein besonderer Aspekt der leiblichen Beweglichkeit, die nachtleiblichen Fahrten leiten diese Übertragung. Unabhängig davon, ob man nun die Entstehung des Terms Metapher etymologisch und kulturempirisch vom ‹Transfer› von Gütern her ableiten kann (etwa für die athenischen Arrhe*phoria*), liegt das Besondere dieser tiefen Bereitschaft zur Fahrt, zum Eintauchen und Auftauchen, zum Vergessen und Erinnern usw. in der Asymmetrie zwischen Hell und Dunkel und Übertragendem und Übertragenem. Wahrscheinlich ist die Zeitlichkeit dieser Übertragungen verantwortlich dafür, dass es kein Neben-

1423 A. Nessi in: Wohin die Dichtung geht. In: NZZ, 8. 1. 2004, Sp. 4.

einander gibt, etwa zwischen Original und Übertragung, keine räumlich koexistente Ähnlichkeit, sondern nur, in der Kulmination dieser Fahrt: Entgegenkommen. Bedenkt man immer diesen konstitutiven Bruch, dieses Ungleichnamige zwischen Eintauchen und Auftauchen, diese Ebenen-Differenz, so kann man vielleicht sogar sagen: Grund der Ästhetik ist die Übertragung; alle Künste beginnen als Fahrt zum (noch dunklen) Gleichnis, in der Metapher und so weiter …

Dieser Wunsch nach ästhetischer Erfahrung im Hell-Dunkel-Gegensatz ist keine individuelle Marotte eines einzigartigen Dichters, und sie zeigt sich empirisch greifbar für viele zunächst als religiöse Erfahrung.

> Immer wenn ein Gott einem Menschen Freude schickt,
> Hat er zuvor sein Herz in Dunkel gestoßen. (S. 203)

Zur Zeit Pindars war die orphische Welt bereits fester Bestandteil des religiösen Lebens vieler poleis. Namentlich die Anhänger der Mysterien von Eleusis gingen selbst in die unterweltliche Nacht, um das Licht einer Kosmos-Anschauung und ihrer individuellen Zukunft zu erleben. Pindar war, wie auch viele Nicht-Dichter, ein Eingeweihter; denn er wusste, wie es im Jenseits aussieht.

> Selig, wer jenes geschaut hat, wenn er unter die Erde geht!
> Kennt er doch des Lebens Ende,
> Kennt den gottgegebenen Anfang. (S. 193, Frgm. 137)

Dieses Wissen teilte er mit allen Eingeweihten. Jeder Einzelne konnte in den Eleusinischen Mysterien sein künftiges Schicksal erfahren: Wenn er hier in der Weihe Nacht rituell oder symbolisch unter die Erde, durch Finsternis ging[1424], so war dies schon gleichnishaft erfahrende Vorwegnahme des späteren Abgangs. Pindar kennt in seinen Trauerliedern und Grabgesängen drei Wege ins Jenseits, aber sie führen immer zuerst ins unterirdische Dunkel. Der erste Weg ist den Heroen vorbehalten, wie Herakles, der danach aufstieg zum Olymp. Der zweite Weg ist derjenige der

1424 Vgl. Burkert: Mysterien, S. 78 f. und F. Teichmann: Die griechischen Mysterien. Stuttgart 2007, S. 181 ff.

Seligen, die selig sind «durch ihren Anteil an mühsallösenden Weihen» (S. 192, Frgm. 131). «Ihnen leuchtet die Macht der Sonne, während hier unten Nacht ist.» (S. 191, Frgm. 129) Und er entwirft eine idyllische Landschaft voller Aroma, Naturschönheit, Unterhaltung und Kunst, mit sanften Flüssen darin und «weithinleuchtendem Feuer» (ebd.). Der dritte Weg führt die Unfrommen und Gesetzlosen «in den Erebos und den Abgrund» (ebd.). «Dorther speien die ewige Finsternis aus / Trägrinnende Flüsse der finsteren Nacht. (Frgm. 130) – Die Eingeweihten konnten die ‹mysteriöse› Erfahrung machen, dass alle Schau ein Gleichnis sei. Wie sehr dieses Gleichnis dem Leben nach dem Tod gleicht, bleibt in dieser Gleichnishaftigkeit allerdings ein Geheimnis. Denn (Frgm. 131):

> Der Leib folgt zwar dem allgemeinen Tod;
> Lebendig aber bleibt noch ein Abbild des Lebens,
> Denn das stammt allein von den Göttern;
> Es schläft bei tätigen Gliedern, doch Schlafenden
> Zeigt es in vielen Träumen die nahende Entscheidung
> Zwischen Freudigem und Schlimmem.

Pindar kennt zwar die Seelenwanderung, weiß, dass Persephone nach neun Jahren die Seelen wieder zur Sonne emporschicken kann, wo aus ihnen größte Männer, Könige, Heroen werden können (Frgm. 133), aber die ‹Lebendigkeit› des ‹Abbildes› vom Leben im Jenseits erscheint doch recht zweideutig, zwieschlächtig: Ist dieses abbildhafte Leben da unten, hinterm Dunkel, nur ein Traum, oder ist vielmehr der Traum hier oben, im Leben, schon von der gleichen Qualität wie das Leben im Jenseits? – Bei all diesen Staffelungen der Erlebnisschichten, die das jeweilige Gleichnis ausmachen: Das abbildhafte Leben im (vermeinten) Jenseits selbst, das Erlebnis in der Mysterienhöhle, der Traum im Schlaf: die Relationen von Erinnerung und Vergessen spielen hier die heimliche Hauptrolle. Die Bilder sind immer wieder Nacht des Vergessens und Licht der Erinnerung. Am – rekonstruierten – vorläufigen Ende von Fragment 129 heißt es:

> Und manche Flüsse fließen hindurch ohne Rauschen und sanft; sie [die Seligen] führen Unterhaltungen in Erinnerung an Vergangenes und Gespräche über Gegenwärtiges, einander geleitend oder beieinander verweilend.

Dies wäre das Höchste in den Gefilden der Seligen? Spiegelt das nicht unsere oberirdische Mischung aus Wahrnehmung (der Gegenwart) und Erinnerung zurück? Außer dem Glück der zurückgespiegelten Zukunft, die nicht im Inhalt steht, ist aber das wahre Glück ebendie *Balance* und *Gemeinsamkeit* von Erinnerung und Gegenwart an einem sanft fließenden Lebensfluss ohne Rauschen. Ein ungestörtes, seliges Beilager aber von Erinnerung und Gegenwart wäre das Paradies; es wäre die Einlösung jeder Gleichnishaftigkeit des Lebens. Denn Erinnerung ist Vergessen der Gegenwart und Gegenwart ist Vergessen der Vergangenheit. Nur durch eine Art Nacht, dazwischen oder drum herum, scheinen sie verbindbar, durch nächtliche Übertragung, durch ein Gehen im Dunkeln.

Goethes «Faust», der Homunkulus und die Klassische Walpurgisnacht

Bevor wir in den Verdacht geraten, einschlägige Stellen notorischer Nachtfreunde so lange rückzukreuzen, bis eine nachtästhetische Ursuppe daraus entsteht, soll das berühmte Werk eines repräsentativen Dichters neuerer Zeit, das auch anderen poetischen Richtungen die Anerkennung abgenötigt hat, gründlich abgehorcht werden. Nur in extenso kann man an einem Modell zeigen, dass der erinnernde und vergessende Nachtleib die Hälfte einer poetischen Welt ist – oder mehr, und dass die darauf basierenden nachtästhetischen Ansichten ein *ganzes* Werk mitgestalten, ob wohl es nicht als nachtästhetisches Programmwerk bezeichnet zu werden pflegt. Ich spreche von Goethes «Faust II»[1425] – nun gut, ein sogenanntes Alterswerk, da mag man leichter über Erinnerung und Vergessen reden. Aber andererseits schlägt Goethes Homunkulus für uns eine Brücke zwischen dem Monsterkomplex und dem, was wir heute sozusagen als ein Mahnbild des Nachtleibs auffassen können, denn er ist in vitro entstanden.

Patron des Homunkulus ist der Nachtleib Faust, der in seinem dunklen Drang noch einmal die versammelten spekulativen, kreativen und emotionalen Aspekte des Monsterkomplexes mit dem Komplex der Er-

1425 Ich behandle hier nicht den ganzen «Faust», sondern nur den Nachtleib-Aspekt im ersten Teil von «Faust II».

innerungs- und Vergessensfahrten verbindet. Das ist um 1830 herum einer der elaboriertesten Versuche, romantische Phantasie mit damals moderner Wissenschaft und dieses Paar wiederum mit dem Paar antiker Phantasie und Weisheit zu verschneiden. Wie sehr der Nachtleib von der Nachtsprache mitgebildet wird, kann hier schon besichtigt werden.

Prima vista scheint Goethes Gesamtschau auf den Lauf der Welt – vom Himmel durch die Welt zur Hölle – zwar nicht mehr viel an Nachtleibs-Erkenntnissen bereitzuhalten. Man weiß: Am Schluss gibt es eine klassische Auffahrt, ein Auftauchen im Himmel, und die letzten sprachlichen Dekrete dieses Textes scheinen keine *neue* Offenbarung, sondern eine *alte* Leier zu sein. Ein katholisch angehauchtes sprachliches Hochamt im Himmel mit verschiedenen Marien, Engeln und einem Chorus Mysticus ist seinerzeit jedenfalls nicht gebührend verstanden worden. Für die Nachtästhetik ist Goethes Faust aber allein schon deshalb interessant, weil diese *Tragödie*, wie sie trotz (oder wegen?) der finalen Himmelfahrt heißt, intensiv und variantenreich die beiden Aspekte des Nachtleibs, den Monster-Diskurs und die dramatischen Fahrten von Erinnern und Vergessen, zusammenführt – Doch kommen wir vom Chorus Mysticus zunächst einmal auf den Boden der erotischen Tatsachen: In Albrecht Schönes «Bühnenfassung» der Goethe'schen Walpurgisnacht ruft der von einer Sexualorgie begeisterte Faust aus:

Dass ich mich nur nicht selbst vergesse!
Heiß ich mir das doch eine Messe![1426]

Natürlich will sich auch Faust vergessen, er will sich nur nicht zu früh vergessen. Zwischen dieser schwarzen Messe der Walpurgisnacht und dem Hochamt von Fausts mystischer Rettung liegt die *Klassische* Walpurgisnacht, und die Frage ist, wie hoch oder niedrig das Vergessen gedacht ist. Jedenfalls ist das Vergessen hier vielschichtiger. Der hohe Rang, den Vergessen – zumal als *Schlaf* des Vergessens – im Schaffen Goethes hat, ist vielleicht bekannt. Man denke an Orest in seiner «Iphigenie auf Tauris» (III, 2). In Goethes Roman «Die Wahlverwandtschaften» scheint das ‹mu-

1426 Schönes Bühnenfassung reintegriert später von Goethe Verworfenes, hier Verse 294 f. in: Goethe: Faust, Textband S. 749.

sische Vergessen› der Lektüre in das Vergessen der Protagonisten hineingespiegelt und konstitutiv für die «Zeitstrukturen» zu sein.[1427] – Der hohe Rang des Vergessens darf indessen nicht auf seine wohltätige Hälfte reduziert werden. In seinem szenischen Gedicht «Proserpina» (1778) setzt Goethe den Genuss der Granatapfelkerne dem Vergessen gleich. Jetzt muss Proserpina alle Hoffnung aufs jenseitige Diesseits vergessen. Jetzt bleibt nur noch, die heraufziehenden Qualen aus «stygischen Nächten» bewusst anzunehmen.[1428]

Schöpferisch ist das Vergessen, wenn etwa nach dem Schlaf auf einer höheren Stufe neu begonnen wird. Im Schlaf des Vergessens, im Vergessen selbst, ist nicht nur ein Sinken, sondern zugleich ein Steigen, das wir mit Erinnerung gleichsetzen können. Allerdings ist die Erinnerung nicht unbedingt eine individuelle, sondern auch eher eine die Individuation relativierende oder gar teilweise aufhebende Re-Präsentation der Vergangenheit. Andererseits kann man sagen, dass jede Individuation Vergessen impliziert. Fiktive Gestalten in der Literatur haben nun den Vorteil, dass sie vergessen können und gleichwohl für uns gewisse Erinnerungen *darstellen.* Faust im «Faust I» ist literarisch eine andere Figur als derjenige in «Faust II». (*Unsere* Erinnerung hält ihn besser zusammen als seine eigene.) Goethe selbst hat ihn so gewollt, wenn er im Gespräch zu Eckermann sagt:

«Der erste Teil ist fast ganz subjektiv; es ist alles aus einem befangeneren, leidenschaftlicheren Individuum hervorgegangen, welches Halbdunkel den Menschen auch so wohl tun mag. Im zweiten Teil aber ist fast gar nichts Subjektives, es erscheint hier eine höhere, breitere, hellere, leidenschaftslosere Welt.»[1429]

Die Grenze ist eben der nächtliche Schlaf, mit dem «der Tragödie zweiter Teil» beginnt, indem der ‹Held› gebadet wird «im Tau aus Lethes Flut»[1430].

1427 Vgl. J. Reusch: Zeitstrukturen in Goethes Wahlverwandtschaften. Würzburg 2004, S. 168.

1428 J. W. Goethe: Proserpina. In: Ders.: Poetische Werke. Berliner Ausgabe. Bd. 5. Berlin 1965, S. 335–39.

1429 Goethe zu Eckermann, 17. 2. 1831, zit. nach Schöne: Kommentar zu Goethe: Faust, S. 388..

1430 Faust II, 1. Akt, Vers 4629; zit. nach A. Schöne (Hg.): Goethe: Faust, Texte

I

Albrecht Schöne erläutert: «Mit dem heilenden Schlaf, der in der Eröffnungsszene Faust Vergessen schenkt, fällt über sein Inneres ein Schleier, der fortan die personale Individualität verdeckt und die an sie gebundene Identität der Person aufzuheben scheint. Das gilt, in unterschiedlichem Maß und auf unterschiedliche Weise, für alle Figuren, die Goethe im Zweiten Teil auf die Spielbretter der *Faust* – Dichtung setzt.» (Schöne, S. 388) Das heißt nichts weniger, als dass der ganze Zweite Teil vom Vergessen des Ersten lebt, zumindest sein gesamtes Personal. Natürlich erinnern *wir* uns besser an Fausts Vorleben; aus dem verschieden intensiven Erinnern von Lesern und fiktiven Handelnden entsteht so etwas wie eine Protoform des *suspense.* Und ‹*natürlich*› gibt es eine natürliche, grenzübergreifende Einheit von Erinnern und Vergessen. Als der erholte Faust sich am erholten frühen Tag zur erholten Jahreszeit des Frühlings mit Lust (wieder) zu regen beginnt, spricht er die Erde an mit den Worten:

> Du Erde warst auch diese Nacht beständig
> Und atmest neu erquickt zu meinen Füßen,
> Beginnest schon mit Lust mich zu umgeben,
> Du regst und rührst ein kräftiges Beschließen,
> Zum höchsten Dasein immerfort zu streben. (4681 ff.)

Ein Leben beginnt elementar neu («des Lebens Pulse», 4679), von vorne – und doch sogleich mit jenem Drang zum Höheren, den der Zweite Teil auszeichnet. Gretchen ist vergessen, Helena heißt die Zukunft. Was aber haben wir als Band zwischen dem alten Vergangenen und dem neuen Zukünftigen? Die Beständigkeit von Erde und Leib in der Nacht (des Vergessens). Faust ist also wie neugeboren. – War er denn wie tot gewesen? Nicht direkt; aber als er am Schluss der ersten Tragödie Margarete im Kerker erlebt, die schon «zum Blutstuhl» «entrückt» ist (4592), verwünscht er sich: «O wär' ich nie geboren!» (4596) – Jochen Hörisch hat daran erinnert, dass dieser Ausruf ein Gesang ist: von Orpheus, in der Oper von Christoph Wil-

[I] und Kommentare [II], im Weiteren Versangaben im Text, Kommentare als Schöne, S. XX.

libald Gluck.[1431] Margarete ist Eurydike, und Faust ist Orpheus. Das ist allein deshalb schon interessant, weil Faust sich später, ohne sich an den alten Orpheus zu erinnern, noch einmal in die Unterwelt begibt, nun um Helena heraufzuholen. Natürlich von einer ‹höheren Ebene› herab!

Von diesen Wiederholungen gibt es etliche, und das Interessanteste an ihnen ist vielleicht, wie gesagt, die unterschiedliche Mischung von Vergessen und Erinnern in diesem Wiederholen und Wieder-Holen. Hörisch hat den Hinweis auf die in Faust II vergessene Unterwelt von Faust I bemerkenswerterweise dazu benutzt, den Geburtscharakter dieser Vergessensfahrt hervorzuheben. Der Wunsch, nie geboren zu sein, «ist bekanntlich kaum zu erfüllen – wohl aber der Wunsch nach einer Wiedergeburt», und diesen Wunsch assoziiert er mit «Fausts Drang ad fontes».[1432] – Der Tiefgang zur Quelle ist aber ein Gang zu den Müttern. Wie viel Vergessen des Gangs zu den *Müttern* ist bereits in der Inszenierung aller Unterweltsfahrten von Helden, die ihr *Mädchen* befreien wollen. Schon der Plural der Mütter ist eine Verkleinerungsform zur Minderung des erdrückenden Einflusses der *Einen* zu einer Horde von Schwestern. Dann wird, schon mit dem Demeter-Persephone-Mythos, der Demeter- und Mutter-Nacht-Anteil an die Tochter delegiert. Das alles verschleiert, dass es bei der Rettung der Geliebten um Selbstrettung qua Wiedergeburt geht.

Von der physischen Geburt als einer Fahrt des Vergessens haben wir bereits geschrieben. Auch Goethe inszeniert hier *Fausts* Aufwachen aus dem Vergessen als eine *Selbst*geburt. Hörisch: «Er verschreibt sich selbst eine Renaissance.» (Ebd.) Vielleicht Goethe, aber wohl nicht Faust. Faust ist nicht Nietzsche. Zwar ist das Erwachen Fausts einer Geburt gleichzusetzen: «Schlaf ist Schale, wirf sie fort!», singt ein Chor, offensichtlich sind es Eierschalen. Aber die schärfste Betonung liegt hier im *Nicht*selbst der Geburt. Diesen Chor muss man sich als eine Gruppe von Hebammen vorstellen, die die Arbeit einer anderen unterstützen: der Nacht. Es ist ja nicht so, dass irgendwie in einer Regieanweisung gesagt würde, zwischen Teil I und II habe eine Nacht stattgefunden, in der nun Faust all die schlimmen Sachen um Gretchens Verhängnis vergessen habe. Vielmehr stirbt Gret-

1431 Chr. W. Gluck: Orpheus und Eurydike. 1762, Arie des Orpheus: «Ach ich habe sie verloren».

1432 J. Hörisch: Am farbigen Abglanz haben wir das Leben. In: M. Götz u. a. (Hg.): Schatten, Schatten. Museum für Gestaltung Basel 2003, S. 72.

chen in der letzten Nacht von Teil I, der ganze Faust I endet mit dieser endenden Nacht, und der ganze Teil Faust II beginnt mit einer beginnenden Nacht und der ‹Wiedergeburt› des Helden. *In* der Endnacht von Faust I geschah einiges. Aber die Nacht des Anfangs von Teil II *ist* selbst das entscheidende Geschehen, das durch eine regelrechte Handlung von Sängern seine feierliche Rahmung bekommt.

Es ist der alte Faust, der aus dem nächtlichen Kerker in einem literarischen topos, dem «locus amoenus», landet (Schöne, S. 400). Geister, Ariel und der Chor führen das Wort. Es *ist* bereits alles anders, bevor Faust auch nur ein Wort sagt. Dann erst setzt am Ort dieser stilisierten Natur das *nächtliche Geschehen* ein, das im Stil einer eleusinischen Mysterienfeier oder orphischer Hymnen an die Nacht vom Chor besungen wird als ein Mysterium der Natur. Erst aus dieser nächtlichen Schöpfung geht der neue Faust hervor: Er *erblickt das Licht der Welt* – das ihm fast zu hell ist, «sodaß wir wieder nach der Erde blicken, zu bergen uns in jugendlichstem Schleier» (4713). Ziemlich feinsinnig hat Goethe hier die allegorische Bedeutung einer geistigen Geburt relativiert und einen empirischen Menschen in Geltung gebracht, von dem er nicht sagt, wie er sich *im Einzelnen* von dem gleichnishaften Faust unterscheidet. Des Neuerwachten Lichtempfindlichkeit ist eine ironische Brechung des reineren, des heiligen Lichtes, für das der Held laut Ariel nämlich bestimmt ist: «Gebt ihn zurück dem heiligen Licht.» (4633) Faust aber, der soeben das Licht der Welt erblickt hat, das er seinerseits sofort gleichnishaft auffasst (4707), gibt sich fürs kommende Drama das Motto vor: nicht direkt ins Licht zu starren, sondern ‹sozusagen› mit der Sonne im Rücken (4715), auf die belebte Erde zurückzuschauen: «Am farbigen Abglanz haben wir das Leben.» (4727)[1433]

Albrecht Schöne hat in seinem Kommentar die Affinität Goethes zum Herder'schen Glauben hervorgehoben, dass sich die Schöpfung des bib-

1433 Gleichnismöglichkeit impliziert Wiederholung: ein Zurückkommen auf Vergangenes, sei es im Erinnern oder Vergessen. Hier ist es das Motiv des zu starken Lichtes (4707), dem Faust ja laut Ariel «wiedergegeben» worden sein muss (4633). Hier wird die «Flammenbildung» (499) des Erdgeistes aus der 1. Nacht des Anfangs, nämlich in «Faust I», wiederholt, die Faust zunächst nicht «erträgt» (485). Aber auf einem höheren Niveau: Nicht Faust evoziert durch dunkle Magie das Licht, sondern es geschieht ihm, dass er sozusagen von lichteren Mächten ans Licht gehoben wird, von Ariel und dem Chor nämlich.

lischen Gottes aus Nacht zu Licht im allnächtlichen Mysterium wiederholt (S. 402). Der Chor kommentiert das Geschehen einer (fiktiv) realen Nacht und leistet zugleich Geburtshilfe. Wie sehr das ‹schöpferische›, das natürlich-periodische und das individual-geburtliche Geschehen ineinander spielen, wird durch die Regieanweisung: «Ungeheures Getöse verkündet das Herannahen der Sonne» (nach 4665) deutlich. Es ist eindeutig als äußeres Geschehen markiert – aber in der Natur läutet weder Donner das Nahen der Sonne ein, noch kündigt sich die Sonne selbst mit Getöse an.

Das Getöse macht also nur Sinn als Drama der (inneren) Geburtserfahrung, als die innere Geburt des Äußeren. – Die schöpferische Erfindung des ‹ungeheuren Getöses› aus der Nacht (der Phantasie des Dichters) weist auf eine andere Nacht als Mutter des Einfalls hin, den der Dichter hier hatte. Denn es ist die Erfahrung der Neugeburt nach dem nächtlichen (weil natur-parallelen) Schlaf, die die äußere Welt als Gleichnis der inneren aufzufassen gehalten ist.[1434] Schöne verweist auf Herders «Älteste Urkunde des Menschengeschlechtes», in welcher der Theologe das Aufwachen von Natur und Mensch als «große Morgenlektion Gottes» bezeichnet hat, die selbst nur ein «dunkler Abglanz» des Schöpfungswunders sei.[1435] Diesen ‹dunklen Abglanz› Herders hat Goethe selbst nach fast 60 Jahren nicht vergessen, wenn er ihn auch zum *farbigen* Abglanz, an dem wir das Leben haben (4665), aufhellt.

II

Um den Rahmen des Vorhabens nicht zu sprengen, verenge ich den Blick auf den zweiten Akt von Faust II, noch schärfer nehme ich dann die «Klassische Walpurgisnacht» ins Auge. An dieser wiederum interessiert mich besonders die letzte Einstellung «Felsbuchten des Ägäischen Meeres», an der Goethe bis kurz vor *seiner* Auffahrt in den Olymp gearbeitet hat. (Schöne, S. 531) Zu dieser Zeit stand das fertige Bild Helenas, nämlich der

1434 Die Gleichnis- und Parabel-Liebe Goethes hat einen pulsierenden Innen-Außen-Verkehr; neben dem tages- und jahreszeitlichen Zyklus als Bildebene des Inneren ist die römische Brechung der griechischen Antike qua Renaissance auffällig: eine Wiedergeburt, die der seinen entgegenkommt.

1435 Zitiert nach Schöne, S. 403.

3., der Helena-Akt, schon vier Jahre vollendet vor ihm. Er wusste also ziemlich genau, wohin die Felsenbucht-Szene führen sollte. – Die Klassische Walpurgisnacht, eine der größten Nachtszenen der *Literatur*, interessiert auch im Buch vom *Nachtleib*, weil wir sein Imaginäres am ehesten indirekt im *Ausdruck* zur fiktiven und zeitlichen Gestaltung zu fassen bekommen. Der Nachtleib ist unter anderem der schlafende, träumende, vögelnde, phantasierende und übertragende Leib (mit Körper, Seele und den treibenden Aspekten des Bewusstseins).[1436]

Das Schicksal dieses Nachtleibs, der in diesem Falle sogar in seiner fiktiven Realität der Person Faust II derartig zwischen Räumen und Zeiten driftet, dass er mit jeder neuerlichen Liquidierung einer zeiträumlichen Bestimmtheit immer imaginärer wird, sein Schicksal also besteht in der Identität und Differenz seiner Intentionalität. Was immer diesen Faust (I) trieb, antrieb und umtrieb, er wird es zum Teil vergessen haben. Aber ihn rettet der (aus seiner Sicht) Kollateralschaden der Liebe, ihre Gegenseite sozusagen. Auf dem Weg zu diesem Geisterreich werden die nachtleiblichen Verhältnisse zwischen dem Imaginären und verschiedenen Leibesphänomenen durchgespielt. Neben einigen Monster-Konferenzen und der Erinnerungsthematik, die schon dadurch vorgegeben ist, dass die Klassische Walpurgisnacht eine zweite Walpurgisnacht ist, fliegt, vögelt, schläft und überträgt es sich hier, dass es seine nachtleibliche Art hat. Ein Homunkulus sieht Träume, Träume werden wahr, eine Unterwelt wird aufgesucht, ein Fötus redet mit Toten, und die Erde kreißt. – Zuvor muss aber kurz der Zusammenhang des ersten Aktes von Faust II mit dem zweiten sichtbar gemacht werden.

Schon der erste Akt von Faust II, in der kaiserlichen Pfalz, wartet in seiner dritten Szene («Weitläufiger Saal») mit einem nächtlichen Karnevalsfest auf (ein Scharnier zwischen den beiden Walpurgisnächten) und muss des-

1436 Dass der Vorgang der Begattung zumindest im Deutschen, schon im Mittelhochdeutschen, mit Vögeln gesehen wurde (Duden Herk.), spricht für den engen Zusammenhang dieser Tätigkeit mit Phantasie und Übertragung. Tierisches wird herübergedacht, Lust hinübergetragen – in alle möglichen Phantasiewesen. Wilhelm Heinse beobachtet im Vatikan einen frisch aufgestellten Satyr mit einer Nymphe, «die er vögeln will». Findet er possierlich. W. Heinse: Die Aufzeichnungen. Bd. 1. München 2003, S. 778.

wegen als bedeutender Komplex in einer goetheschen Enzyklopädie der Nachtästhetik gesehen werden[1437], als welche man den «Faust» auch lesen kann, in dem insgesamt und in der Regel die Nachtszenen die bedeutenderen sind. Diese sogenannte Mummenschanz (vor 5065) ist nach der Klassischen Walpurgisnacht die zweitgrößte Szene im Faust II und zudem mit einiger Empirie aus Goethes Rolle als Weimarer «Hofpoet» unterfüttert, der «zahlreiche Hoffeste und Maskenzüge dieser Art arrangiert und inszeniert» hat (Schöne 426). Sie kann, auch wegen ihrer häufigen Verweise auf die Klassische Walpurgisnacht, durchaus als ein Gegenstück zu dieser betrachtet werden.

Bemerkenswert ist, dass Faust seit der ‹Anmutigen Gegend› immer noch nicht aufgetaucht ist und erst nach dem Fest zu Wort kommt, dass andererseits (stattdessen?) Goethes eigene Erfahrungen in kritischen Anmerkungen zum Verhältnis von Fürstenpolitik und Hoftheater durchklingen. Auf diesem Fest wird dem Kaiser eine Unterschrift abgeluchst, mit der das Papiergeld eingeführt wurde. Die Deckung dieser Schuldverschreibung mit erst noch zu hebenden, ungefundenen Schätzen unter der Erde liefert den Kaiser sozusagen der Unterwelt aus. Wenn dadurch die Papiergeldwirtschaft als Mummenschanz hoch drei erscheint, so ist dieser Eindruck nicht ganz richtig, da nur die Deckung erschwindelt ist. Im Gegenteil, dadurch, dass diese Schein-Wirtschaft zunächst funktioniert, zeigt sich die Welthaltigkeit des Mummenschanzes, weil «die Welt ein einziger großer Tor» ist (5087).

Auch ergibt sich ein Gegensatz von daher, dass dieses Fest von Mephisto initiiert wurde, während die Klassische Walpurgisnacht vom Homunkulus in Fausts Interesse avisiert worden ist. Der sichtbarste Zusammenhang aber ist der jahreszeitliche. Der gesamte 1. Akt (außer der Eingangsszene) spielt zur Karnevalszeit, der zweite endet mit der Walpurgisnacht. Zwischen diesen Nächten liegen kalendarisch ungefähr zwei Monate, für Faust ist das wie eine einzige Nacht, doch dazu später. In dieser relativ kurzen Zeitspanne werden aber die historisch größten Sprünge gemacht. Der Karneval im «weitläufigen Saal» der Kaiserpfalz hat dabei

1437 Aus dem Off seiner Gegenwart verkündet zum Beispiel der Herold in einer Szenenanweisung, dass die Nacht- und Grabdichter ‹leider› fehlen, weil sie gerade «mit einem frisch entstandenen Vampiren» sprechen müssten, «woraus eine neue Dichtart sich vielleicht entwickeln könnte» (vor 5299).

eine mehrfache Brückenfunktion: als mittelalterlich anmutende Szene verbindet er ‹uraltes› Heidentum der nordischen Walpurgisnacht mit der Jetztzeit. In Wahrheit ähnelt dieses Fest aber mehr einem *fürstlichen* Karneval zur Zeit der italienischen Spätrenaissance[1438], was als Prunkästhetik eine Verbindung zum Weimarer ‹Hoftheater› darstellt. Sozusagen ikonologisch und motivisch aber stellt das italienische Renaissance-Programm dieses *Maskentheaters* eine lateinische und geographische Verbindung zur griechischen Mythologie dar.[1439]

Durch die Oszillation verschiedener Zeiten und Räume im engen Rahmen einiger (Vor)Frühlingsnächte scheint eine ästhetische Richtung umso beharrlicher hindurch. Diese ästhetische Richtung können wir als immer zielstrebiger werdende Artikulation der *Sehnsucht* verstehen, Leib und Imagination, Vergessen und Erinnern zu vereinigen. Hier ist das Monster-Thema eng mit dem Thema des unvollständigen oder zusammengemischten, also bastardisierten Leibes verbunden. Grundsätzlich aber ist zunächst im Vordergrund der Mummenschanz-Themen die Absicht sichtbar, diesen reichhaltigen Phänomen-Bestand wahrzunehmen und mitzuteilen. Zwar gibt es also Kritik, zum Beispiel am Wirtschaftsbetrug und an der Maßlosigkeit der Jugend (5958), als deren Folge die nur durch Zauberkraft eingedämmte Brandkatastrophe dargestellt wird, mit der die Szene endet. Aber insgesamt haben wir dieses nächtliche Theater als den bunten Abglanz des Lebens zu nehmen, an den zu halten sich der wieder genesene Faust vorgenommen hatte (4727). Eine ästhetische Kategorie schließlich, die per Goethes Regieanweisung ins Stück gefunden hat, nämlich die Anmut («Anmutige Gegend» und «anmutige kleine Gestalten» (vor 4613), zieht nun quasi selbst mit im Aufzug der Gestalten, nämlich in Gestalt der Grazien. Diese singen ein dreistrophiges Programm der Anmut. Die höchste Steigerung der Anmut wird dann Helena sein, an welcher der weise Kentaur Chiron ihre Anmut höher lobt als die *statuarische* Schönheit anderer Frauen. Chiron (7399):

1438 «Personal und Requisit sind nahezu ausnahmslos einem dokumentierenden Sammelwerk von Antonio Francesco Grazzini entnommen» (Schöne, S. 426), das frühestens 1559 erschienen sein kann.

1439 Denkbar ökonomisch der Hinweis, dass der Kaiser aus Italien Krone und Kappe mitgebracht habe (5087).

... Frauen-Schönheit will nichts heißen,
Ist gar oft ein starres Bild;
Nur solch ein Wesen kann ich preisen,
Das froh und lebenslustig quillt.
Die Schöne bleibt sich selber selig;
Die Anmut macht unwiderstehlich,
Wie Helena, da ich sie trug.

Dieser asymmetrische Aspekt der Anmutung, des Quellens, verdient genauere Beachtung, denn er scheint mir der *jumping point* zu sein, der die polare Spannung (vom Leser) zum finalen Höhepunkt der Klassischen Walpurgisnacht ausmacht. Goethe hat ein ‹wunderbar› metamorphotisches Verständnis von Gestalt und Gestalten. Sie sind flexible und professionelle Dienerinnen der Imagination.[1440] Was aber sein Herold in diesem weitläufigen Saal zeremoniell «hervorruft», «die griechische Mythologie», hat zwar Charakter und ist gefällig; aber die Gestalt ist in einem spezifischen Sinne defizitär: als Maske. – Am Nachtleib ist die Maske bisher vor allem durch ihre verhüllende und umnachtende Funktion aufgefallen. Tartaros II erschien uns als Maske vor der inneren Nacht lesender Imagination; auch von der Maske als Vorform der Metapher ist im Abschnitt über den Styx schon die Rede gewesen.

Hier erscheint sie als ein unvollständiger oder ‹gemischter› Leib, der gewisse Vergleichbarkeiten mit der Phiole des Homunkulus aufweist, wenngleich die ‹Programmseite› bei Ersterer außen und beim Glasröhrchen innen ist. Es liegt im Wesen der Maske, dass ihre hohe Erinnerungskonsistenz durch ikonologische Fixierung der Außenseite zwar einen monströsen Leib demonstrativ zusammenpropft, der innen nächtlich ist und sprachlich durchdringend. Aber diese ‹Personanz› hat der maskentragende Leib eben nur sprachlich. Seine ikonologisch präzise Schauseite ist nur unvollständig mit der doppelt dunklen Imagination innen und deren leiblicher Gestaltetheit verbindbar. Die Ansicht für andere und das verhüllte Innere dissoziieren sich leicht. Es droht die Gefahr des Erlebnis-Verlustes der leiblichen Anteile, die nicht zur Semantik der Maske gehören.

1440 Vgl. Goethes Überlegungen zu den Metamorphosen der Poesie anlässlich der Gestalt des Euphorion (Schöne, S. 443 f.).

Das Isolierte, Partialisierte, Einsame und Melancholische gehört zur chronischen Pathologie der Maskenträger. Das Starre der Maske setzt sich schnell in der gespenstischen Vereinzelung von Maskenträgern im Maskenzug fort. Gold und Glied, die beiden kaum verhohlenen Haupt- und Staats-Begierden des Mummenschanzes (Schöne, S. 429), kriegen zwar einen ‹Steifen›, ‹kommen aber nicht zu Potte› – altes satyrisches Thema: Der als Plutus maskierte Mephisto jagt vergeblich mit einem Phallus aus Gold die Weiber (5780).[1441] Hier quillt nichts, schon gar nicht die Anmut – Ein Teufel bedient sich übrigens genauso gern der Maske wie die vermeintlich illegitimen Begierden, die er anspricht. Ein Beispiel sei Mephisto, der sich (auch) im für ihn ungemütlichen Süden hinter einer Maske des *Phorkyas* verschanzt.

Goethe scheint an solch eine Art der Charakterisierung gedacht zu haben, wenn er eine durchaus sympathische Figur, die Allegorie des Friedens, «Olivenzweig mit Früchten» nennt (vor 5120). Natürlich handelt es sich um eine Olivenzweig-*Trägerin*; aber die Absprechung ihrer Gestalt macht dem Leser doch das Verwunschene (jeder Allegorie?) deutlich: ein Zweig, der redet. Noch deutlicher wird das Zwanghafte und Fixierte der Maske, einer Gestalt in Maske, an den Moiren, die Goethe nach den *Grazien* (Chariten) und vor den *Furien* (Erinyen) unter römischem Alias als *Parzen* einführt (5305). Der permanente Erinnerungszwang einer moirisch verstandenen Ordnung kommt in Lachesis zum Ausdruck, die sich in dieser Goethe'schen Fassung allein für die Zuordnung der individuellen Gabe verantwortlich fühlt. Auch sie würde gern mal aus der Reihe tanzen; allein (5341):

Könnt ich einmal mich vergessen [!]
Wär es um die Welt mir bang …

1441 Schon in der griechischen Antike ist Plutus, der Reiche, die beschönigende Maske des Fürsten der Unterwelt, der, christlich verteufelt, Mephisto ähnelt, wenn er auch nicht selbst der höchste Satan ist. In den «Hexen-, Zauber- und Spukgeschichten» von Johannes Praetorius, die Goethe benutzt hat, befindet sich ein Holzschnitt von Gérard d'Euphrates (1549) mit der Unterschrift: «Satan (Pluto) empfängt neu gewonnene Hexen» (S. 36). Das Originalwerk von Praetorius hatte den Titel: «Blockes-Berges Verrichtung».

Man könnte einwenden, dass der Fatalismus mit der Semantik der Moiren zu tun hat und weniger mit dem Maskenprogramm. Siehe Abb. 2 (S. 221) von Carstens, die Goethe selbst 1803 für Weimar erworben hat und auf der eine Moira *verhüllt* über dem Buch des Schicksals sitzt, während Lachesis neben ihr ‹eingespannt› ist zwischen der Lektüre dieser Gebrauchsanweisung und der Zuteilung des entsprechenden Fadenzwangs. Lachesis singt in dieser Fassung nach Moritz' Griechischer Mythologie von Vergangenem – und kann damit nicht aufhören. – Doch man wird, einmal auf die Spur gebracht, eine ähnliche starrsinnige Beschäftigung mit ihrer eigenen Bedeutung auch bei den Furien (5357) und Grazien (5299) bemerken – entgegen dem emotionalen Gehalt, den sie noch im Namen transportieren. Allegorien und Masken sind sich darin ähnlich und potenzieren das als allegorische Masken wie hier, dass sie kalte schwarze Löcher eines zunehmenden Zwangs zur Selbstexplikation sind. Deshalb werden sie nie ‹aus ihrer Haut› können …

Das Nichtvergessen-Können des deterministischen Schicksals auf ‹der Mummenschanz› korrespondiert der Angst Faustens auf der 1. Walpurgisnacht, sich zu früh zu vergessen, zu früh aus seiner Haut zu fahren. Das spiegelt nicht nur den später synthetisierten Gegensatz von Freiheitsdrang und höfischem Zeremoniell, sondern auch den ästhetischen Gegensatz von Rausch und Maske. – Eine Gestalt gibt es jedoch auf diesem Karneval, die sehr wohl aus ihrer Haut kann; das ist der Knabe Wagenlenker (5512), eine wahrlich nachtästhetische Erscheinung, da sein vierbespannter Wagen, Schauder erregend (5520), *wie* (!) eine Epiphanie aus der Laterna Magica herangeschnaubt kommt (5518): Es gibt irrlichternde Sterne, und der Wagen fährt, irreal anmutend, ohne sie zu zerteilen oder zu verdrängen, durch die Menge hindurch.[1442] Der Knabe, an der Schwelle zur Männlichkeit, ist wunderschön in seiner «Nacht der Locken» (5543) und hat hier zwei Aufgaben: den König Plutus zu fahren und Gaben zu verteilen. Goethe selbst hat einmal bekannt, bei diesem Knaben an Euphorion gedacht zu haben, der allerdings (im Stück) von Helena und Faust erst noch gezeugt werden muss. Nun ja, zuerst ist der Dichter schwanger. Der

1442 Man soll hier an eine Art Lichtbildprojektion auf einen Dunst oder eine künstliche Wolke denken, wie sie zur Erzeugung sich bewegender Bilder damals üblich waren. Aber unzweideutig ist das ein Vergleich: Wie ein Bild aus der Laterna Magica kommt dieser Wagen hier herangefahren (5518).

Knabe Lenker selbst gibt sich als «die Poesie» zu erkennen (5573), und die wird immer wieder neu geboren (5573):

> Bin die Verschwendung, bin die Poesie.
> Bin der Poet, der sich vollendet
> Wenn er sein eigenst Gut verschwendet.[1443]

Doch hier ist es sein Beruf, den Wagen (aus der Unterwelt) zu lenken, auf dem der dicke König Plutus sitzt, eine Art Verwandter, wenn auch vielleicht nur im Reichtum – und Konkurrent um die Beliebtheit beim Volke. Plutus ist allerdings ein Vermummter und ein Maskenheld (5737); er ist der Hades *in persona.* Der schwarzgelockte Jüngling aber ist der Karnevalsprinz, der vom Wagen die «Kamelle» herabwirft. Die Gaben sind indessen nur Schein, auf den die Menge gierig hereinfällt. Dieser verführerische König der verkehrten Welt, der tiumphal für einen Tag auf seinem Gefährt einkehrt, weist zurück zum Dionysos-Kult und zu jenem Gott, der für seine falsch verstandenen Gaben getötet wurde, der aber immer wieder auftaucht auf seinem Schiffskarren zur Feier der Dionysien. Obwohl dieser Gott – eine ästhetische Dreistigkeit ohnegleichen – sich als Maske auf einem Stock *darstellt, ist* er das Gegenteil dieser starren Schabracke: rauschhafte Bewegung.

Aber der immer wieder neugeborene und getötete *Bacchos*-Wagenlenker ähnelt hier dem Heiligen Ersatzkönig für einen *Tag*, der es dem Heiligen König für ein *Jahr* ermöglicht, weiterzuleben und zu herrschen, bis zum nächsten Karneval, weil an seiner statt der Jüngling getötet wird – nach dem Fest. Denn die wahre Herrscherin ist (nicht mehr lange) noch die Heilige Königin, die für ein Großes Jahr einen Mann zum Mitkönig gewählt hat, der aber am Ende des Jahres sterben muss.[1444] Ich

1443 Die Überblendung der Personifikation der Poesie mit der Symbolisierung des Poeten (s. o.) ist verdächtig und weist darauf hin, dass die Allegorie dem Poeten zu eng (geworden) ist, der sich gleichwohl mit der Poesie als seinem verschwendeten Teil identifiziert, weil sie ihn vollendet. (Goethe erwägt, ihn als Inkarnation Euphorions zu sehen, dessen Vater wiederum Faust ist. Vgl. Schöne, S. 443) Da Faust kein Dichter ist, weist dieses Vexier-Bild auf Goethe selbst hin. Aus welchem Hades kommt der alte Knabe? Werden wir oben erfahren, wenn Faust hinabfährt.

1444 Zur Hypothese der «Schwächung der matriarchalischen Tradition» durch Einführung eines «Ersatz-Knaben-Königs»: Gr. Myth. I, S. 16.

weiß nicht, wie viel Goethe von diesem alten Ritus aus den frühesten Übergängen zum Patriarchat gewusst oder geahnt hat. Aber der frühe Tod des später wiedergeborenen Euphorion und vor allem der drohende Tod im nächtlichen Meer und das Wiederauftauchen des Prometheussohnes Phileros in seinem Stück Pandora lassen doch auf einige Ahnungen schließen. Auch dieses ‹Drama› endet mit einem Dionysos-Fest.[1445] Die hier nur unterschwellig gegenläufige Bedeutung des Karnevals zum starren Maskenzug (rauschhafte Selbstopferung und Wiedergeburt) muss dennoch offengelegt werden, weil sie eine Bewegung zur Felsenbucht-Szene hin offenbart.

Die meisten Masken dieses Mummenschanzes können aber eben nicht aus ihrer Sekundär-Haut; sie erscheinen am nächsten Karnevalstag selbst wie Gespenster auf der Suche nach ihresgleichen.[1446] Für eine Ästhetik des Gestalt-Wandels sind Masken deshalb eher ein Notbehelf, oft eine Sackgasse. Dass in der Mummenschanz-Szene ebenso Nymphen (5872) auftreten wie in der Felsenbucht-Szene, sagt deshalb wenig, weil ihre Erscheinungsform entscheidend ist. Ein *ästhetischer* Fadenzwang, ihre Maskenhaftigkeit, macht selbst Nymphen, Faunen (5819) und Satyren (5829) fade. Ihr Konventionalismus mag zu bestimmten sozialen oder kulturellen Lagen passen, Goethes Sache sind sie nicht. Seinen Faust lässt er jedenfalls noch das gute alte *Schaudern* hochleben.

Dieses Schauderprogramm befreit von der Katalepsie der Maske, und zwar leibhaftig, denn das Schaudern ist physiologisch eine adstringierende Haut- und Muskelbewegung (Gänsehaut), die das Aufrichten der nicht mehr vorhandenen Rückenmähne bewirkt, vorzeiten zeigte es Schrecken und Abschreckung zugleich. Die Ambivalenz von Kulturwesen ohne Rückenmähne, die den Schauder internalisieren und die nun Faust in der übernächsten Szene zeigt, ist kaum noch zu überbieten. Im 4. Bild des 1. Aktes, in einer finsteren Galerie, sucht Faust Hilfe bei Mephisto. Heinrich soll für den Kaiser Helena und Paris herbeizaubern. Die Musterbilder ihres Geschlechtes will seine Majestät in «deutlichen Gestalten» schauen (6186). Das sei zu hoch für ihn, sagt Mephisto, da müsse Faust zu den Müttern (6216). Die Mütter sind sozusagen die Mütter der Gestal-

1445 J. W. v. Goethe: Pandora. In: Ders.: Sämtliche Werke. Frankfurter Ausgabe. Band I, 6. Frankfurt 1993, S. 694.

1446 Siehe das Ende von «Hell erleuchtete Säle» (6376).

tung (6286). Von dort müsse er mit Hilfe eines magischen Schlüssels einen glühenden Dreifuß in die Oberwelt stibitzen. Fausten schaudert's (6218).

Ihn schaudert's, aber er macht es: Er versinkt in die Unterwelt und taucht in der nächsten Szene «Hell erleuchtete Säle» «auf der andern Seite des Proszeniums wieder herauf» (vor 6421), um tatsächlich die homerischen Gestalten als scheinbar lebendige Erscheinungen hervorzurufen. Diese folgende Szene, die wie eine Entlarvung von Mephistos mystifizierendem Mütter-Geraune aus der «Finsteren Galerie» anmutet, taucht nachträglich auch Faust in ein zweideutiges Licht (Schöne, S. 473). Die Äußerlichkeit des Anlasses und die Nonchalance der Umsetzung stehen aber nicht nur im krassen Gegensatz zu der Tatsache, dass es gerade das Ewigweibliche – mit besonderem Einschlag zu glorreicher Mütterlichkeit – ist, das ihn später retten wird. Dass diese Begegnung für Faust und seine Lebensabschnittsgefährtin Helena schicksalhaft sein wird, steht im Missverhältnis zum betrügerischen Illusionstheater, das Goethe hier bloßlegt. Aber der Dichter spielt geschickt mit verschiedenen Perspektiven – und lässt Zuschauer Zuschauer sein, seien es die beim Hoftheater *im* Stück oder die Zuschauer und Leser vor der Bühne und über dem Text: von Mephisto verführt. An Fausts Ernsthaftigkeit kann nämlich kein Zweifel bestehen. Faust hat Angst – und er überwindet die Angst, indem er in die Unterwelt steigt. Diese Angst hängt eng mit dem Schauder zusammen, den Mephisto bemerkt, als Faust nach Regieanweisung Goethes «aufgeschreckt» wird (vor 6217).

Mephisto spricht verlegen von Göttinnen, die in ihrer Einsamkeit frei von Raum und Zeit thronen: den Müttern (6212). Sie sind zu hoch für Mephisto und zugleich tiefer, vielleicht älteren Rechts als spätere Unterwelten.[1447] Für Freudianer scheint die Sache klar, dass es Unbewusstes, Verdrängtes, ‹Mutter› ist, die dahinter steht, die in tiefste Zonen der eigenen Identität hinabreichende erste libidinöse Beziehung (in abgrundtiefer Abhängigkeit). Schon Mephisto lockert die Bedrängnis, die von ‹Mutter› ausgeht, indem er im bestimmten Plural von ihnen spricht: «*Die* Mütter sind es!» Denn im Plural sind sie nicht so einsam, sind der Ansicht entfernter

1447 Goethe gibt als einzige Quelle seiner Vorstellungen Plutarchs Lebensbeschreibung des Marcellus an. Im Plutarch selber gibt es aber Weiterführendes zum älteren, matriarchal beeinflussten pythischen Orakel (Gaia). Vgl. hierzu Schöne, S. 466.

als Kollektiv und haben so ihre eigene Art. Faust steigert die Verstellung noch, *aufgeschreckt:* «*Mütter*!» Mütter haben noch mehr *ihre* Art, und ihre Beziehung zu einem bestimmten Sohn ist gelöscht. Sohn Faust prüft die Verträglichkeit der Wörter, sozusagen im Mund (6217):

> Die Mütter! – Mütter! – 's klingt so wunderlich.

Der Tabucharakter hinter dem ausgesprochenen Wort ist kaum zu übersehen: Kein Weg, nur Einsamkeit, ja absolute Leere, eine Leere, die ihn selbst, den Faust, ins Leere stoßen oder ziehen werde (6246):

> Nichts wirst du sehn in ewig leerer Ferne,
> Den Schritt nicht hören den du tust,
> Nichts Festes finden wo du ruhst.

Pars pro toto steht der Sog der Leere für das Loch der Löcher. Schöne verweist darauf, dass Mephisto einen ähnlichen Eiertanz darum machte, Faust zu ermöglichen, in Gretchens Kammer zu gelangen. (Schöne, S. 466) Und die sexuelle Symbolik der Mittel, die Mephisto ihm schließlich gibt, um das Sinnbild der Liebe an die Oberwelt zu holen, spricht für sich: Einen Schlüssel gibt er ihm, der ihn führt: bis zum glühenden Dreifuß, in dessen Licht er die Mütter gewahren werde. Mit dem Schlüssel solle er den Dreifuß berühren, der ihm dann an die Oberfläche folgen müsse, von wo man mit ihm Held und Heldin aus der Nacht rufen könne.[1448] Fausten schaudert's zunächst immer noch, das Wort «die Mütter» trifft ihn wie ein Schlag. (6265) Doch eben der Schauder ist das neue Motiv Fausts. Nicht der banale Erfolg bei Hofe oder das noch unbekannte Bild des antiken Paares treibt ihn an, sondern eben der Schauder (6271).

1448 Das pythische Dreibein (höher als ein Stuhl) ist sexuell zweideutig, es kommt darauf an, wer es ‹besitzt›. Drei glühende Beine sind phallisch hoch drei, verweisen dann jedoch eher auf einen Mangel. Das pythische Dreibein trug aber einen Kessel, glühend mit Dämpfen, den die Pythia ‹besaß›. Der Thron dieses Beckens verwies wiederum auf das mantische Becken oder Gesäß der Frau. Vgl. die Darstellung des Kodros-Malers auf der Attischen Trinkschale aus Vulci (um 435 v. Chr.) im Antikenmuseum Berlin, Nr. F 2538.

Doch im Erstarren such ich nicht mein Heil,
Das Schaudern ist der Menschheit bestes Teil;
Wie auch die Welt ihm das Gefühl verteure,
Ergriffen, fühlt er tief das Ungeheure.

Soeben war noch das Ungeheuer (des Inzestes?) in der Tiefe, schon hat es Faust sublimiert zum Ungeheuren, das er tief *fühlt*. Das Schaudern *ergreift* ihn – und er fühlt *tief*. Eine Umstülpung oder Interpenetration zwischen Schauder und Faust findet hier statt, die Durchbrechung einer Grenze von innen und außen. Dass das Schaudern der Menschheit bestes Teil sei, ist nicht die Sensation. Die ganze Ästhetik des Erhabenen im 18. Jahrhundert ist davon bestimmt, dass sich dem Menschen am Schauder die Empfänglichkeit (innere ‹Ergriffenheit›) für Erhabenes, Höheres, als er ist, letztlich: für Göttliches, erweise. Aber statt sich zu schützen oder zumindest in die Knie zu sinken *vor* dem Erhabenen, ergreift er dies Erhabene, und sei's mit magischem Schlüssel. Begeistert ruft er aus (6281):

Wohl! Fest ihn fassend fühl' ich neue Stärke,
Die Brust erweitert hin zum großen Werke.

Die fast ekstatische Annahme dieses Schauders ist ihm einen ganz andern ‹raptus› wert: seinerseits bei den Müttern das ‹Dreibein› zu rauben. Er ahnt am Grund und Abgrund seiner schöpferischen Phantasie (die Leere ist ein leeres Blatt Papier) eine Art Liebe, die zu vielem fähig ist, vor allem zu «Gestaltung, Umgestaltung, / Des ewigen Sinnes ewige Unterhaltung» (5287) – so Mephisto über das Treiben der Göttinnen. Der Musensohn begreift, dass da unten mehr zu holen ist als das *Symbol* des Orakels, nämlich die mantische Kraft der Poesie:[1449] Die Mütter sind ja *vor* aller Gestalt, indem sie Mütter aller Gestalten sind; das ist die Variation von Moritz' Nacht als Mutter aller schönen und furchtbaren Bildungen. Und Mephistos Be-

1449 Der Dreifuß ‹zeigt› auf das delphische Orakel, auf das Gesäß der Priesterinnen (wie Manto) in Ekstase (Dämpfe hier als Weihrauch), auf Apoll – und auf die chthonische Spalte der Mütter, denen das Orakel in der Nacht der Vergangenheit einmal gehört hat (s. o. «Pytho am Uterus der Welt»). Im zweiten Akt wird ihn Manto in die Unterwelt geleiten und ihm helfen, zu Helena zu gelangen, eine Wiederholung voll Vergesssen, aber auf höherer Ebene.

schreibung der Mütter in der Unterwelt hat in der Tat eine gewisse Ähnlichkeit mit der Atmosphäre auf Carstens' Illustration dazu. (Abb. 2) Aber neu ist die offene Sympathie des Sohnes für diese weibliche Produktionsweise, wenn er Dichter ist (und die ‹Ausgeburten der Phantasie› sucht): Dort unten ist nämlich nicht nur das Reich des «längst nicht mehr Vorhandnen» (6278), sondern auch die Macht, kraft des Dreifußes Gestalten «aus der Nacht» hervorzurufen (6298).[1450]

Das hat weniger mit dem Klischee des faustischen Übermenschen zu tun als mit dem ‹romantisch› gewordenen Begriff des Schauders, der als eine Art autopoetischer Zeugungsvorgang der Natur begriffen wurde. «Der Schauer der Nacht», so Hegel schon 1805, «ist das stille Beben und Regen aller Kräfte der Substanz.»[1451] Diesen Zeugungsvorgang zu bejahen und Hingabe als Losung auszugeben, ist das Gleiche. Homunkulus wird diesen letzten Weg für sich, für Faust und die (Be-)Gattungsgeschiche gehen. – Die ahnende Annahme und Sublimation seiner Mutterliebe macht Faust bereit, in allem falschen Schein ein höheres Ziel namens Helena zu erkennen. Die ist schließlich eine Mutter der Poesie, weil Euphorions.[1452]

Der Kern des Ungeheuren ist die Erinnerung des Mütterlichen und damit die zeitliche Umkehr, und es mag sein, dass es bei dieser angstbesetzten ‹Perversion› weniger um die Mutter-Imago geht als um das, was dem Ich auf seinem Weg zurück ins immer stärker Ungestaltete noch bleibt an Identität.. Dagegen sind Monster, die den Weg zur Unterwelt versperren könnten, reinster Jahrmarktsplunder. Um dahin zu kommen, müsse Faust dem «Entstandnen» entfliehen (6276); doch am «längst nicht mehr vorhandenen» solle er sich ergötzen (6278). Das Ungeheure ist, wie Nacht und Chaos, vor aller Gestalt. Somit kommt aber der zweite Sinn der Erinnerung zu seinem Recht: Dies ist zugleich ein Weg nach innen, in die ei-

1450 Das delphische Orakel war auch eine Dichter-Fabrik und Ver*schlüssel*ungsagentur.

1451 Hegel: Jenaer Realphilosophie, S. 80. Zum Zusammenhang dieses Schau(d)ers mit seiner subjektiven Variante der Phantasie siehe: Friese, Dunkles Wesen, S. 262. – Schauder und Schauer sind zwischen 1795 und 1830, zumal im Landstrich zwischen Weimar und Jena, weitgehend synonym.

1452 Goethe sah im Knaben Wagenlenker Euphorion (Schöne, S. 444) – und in diesem die Personifikation der Poesie (5573). Diese Poesie kommt recht nachtästhetisch daher: Den Herold schaudert vor den geflügelten Rossen und irrlichternden bunten Sternen in seinem Gefolge – «wie von magischer Laterne» (5518).

gene Erinnerung, aber auch in etwas noch Innereres, das zugleich etwas Äußeres, Coenästhetisches ist, in eine fast gestaltlose Urphantasie. Es wird deutlich an den Müttern der Gestaltung: Sie sind (6289)[1453]

Umschwebt von Bildern aller Kreatur.
Sie sehn dich nicht, denn Schemen sehn sie nur.

Alle Gebilde, auch deren *Ein*bildungen, sind ein nachgeordneter Dunstkreis um ein Innen, das selbst nur Schemen sieht. Dieses tendenzielle Nichts kommt vielleicht allein von der *Umkehr* jenes anthropologisch konstanten Wegs zum Licht qua Intentionalität, von der *Umkehr* des natürlichen Lebenstriebes via Nacht der Mütter. Aber vielleicht kann man es auch weniger dramatisch darstellen, als es der Scharlatan Mephisto getan hat. Es ist die je schon ins rückwärtige Dunkel zurückgesunkene geglückte Mutter-Kind-Dyade, welche poetisch ‹begabt› – und dazu begabt, Frauen zu erkennen[1454] –, wenn es gelingt, zurückzusehen. Nein, das ist falsch; aber man muss zurückgehen können, immer wieder ins Dunkel, ohne etwas zu sehen. – Vielleicht sollte man die beiden Stränge des orphischen Drangs (Gesang und Eurydike) auseinanderhalten. Vielleicht auch nicht – wenn einem mehr an der Poesie gelegen ist. Goethe jedenfalls fährt einen gefährlichen Kurs der Überblendung (von Liebe zur Dichtung und Mutterliebe), und sein Faust wird davon geblendet. Faust sieht nicht, dass es unter einem andern Blickwinkel nur darum geht, «eine herrliche verwegene Phantasei» (6418) auf die Bühne des Rittersaals zu bringen.

Ist Goethes Mutter-Weihrauch ‹speziell›? Nun, die deutsche Luft ist seit 1780 geradezu geschwängert mit Müttern: Mutter Natur (Herder)[1455], Mutter Nacht (Moritz), Mutter Traum (Novalis). Die blaue Blume des Heinrich von Ofterdingen ist ein Traumgesicht der Mutter.[1456] Der engste

1453 Ähnlich hatte sich Goethe schon Proserpina vorgestellt: umgeben von den Larven (vgl. Dig.Bib. Bd. 1, Proserpina, S. 335).

1454 «Wer sie erkannt, der darf sie nicht entbehren» (6558).

1455 Johann Gottfried Herder: Vom Erkennen und Empfinden der menschlichen Seele. Herders Wke. in 5 Bdn., Bd. 3, Berlin / Weimar 1978, S. 345.

1456 Zu Anfang des Romans «Heinrich von Ofterdingen» von Novalis (Bd. 1, S. 242) träumt der «Jüngling» einen veritablen Stilltraum, dessen Höhepunkt das

Zusammenhang besteht aber wohl zu einer Durcharbeitung der griechischen Mythologie auf römischem Boden, wo Goethe nicht nur eine reale Geliebte, sondern auch in Karl Philipp Moritz einen Gefährten für die Reise der Phantasie fand. Sowohl druckt Goethe in seiner «Italienischen Reise» eine Programmskizze Moritzens aus gemeinsamen Gesprächen über die Autonomie des Ästhetischen[1457], als auch druckt Moritz in seiner bald darauf erschienenen «Götterlehre» ein Motto-Gedicht Goethes, in welchem die Gattin «Phantasie» gepriesen wird.[1458]

Markant ist die Ähnlichkeit beider im Lavieren und im Larvieren der klaren Umrisse zweier mythologischer Gestalten, um sie überblenden zu können: Nyx und Gaia, Nacht und … Körper. An der Nyx betont Moritz den Zusammenhang von Ästhetik und Geburt: «Die Nacht ist reich an mannigfaltigen Geburten, denn [!] sie hüllt alle die Gestalten in sich ein, welche das Licht des Tages vor unserm Blick gestaltet.» (S. 9) Als ob es noch um Nyx ginge, forciert Moritz das von Nyx abziehbare Prinzip *anschaulicher Qualitäten* der ästhetischen Unähnlichkeit, die aus dem Finsteren, Tiefen, Irdischen das Himmlische, Hohe und Leuchtende gebiert. Aber er redet unterdessen von Gaia, die über diese Eigenschaften mit Nyx verbunden wurde. Aus dem einschließenden Schoß ihrer dunklen und festen «Körpermasse» entwickeln sich alle Erzeugungen. (S. 9 f.)

Und wer besamt? Der Same ist, trotz ihrer vormaligen Allegorie als göttliche Gattin, die Phantasie: Sie ‹bildet sich ein›, und es treten hervor: die mythologischen Dichtungen. Die Phantasie «flieht den Begriff eines anfangslosen Daseins, alles ist bei ihr Entstehung, Zeugen und Gebären, bis in die älteste Göttergeschichte.» (S. 1) Wem die Behauptung der Affinität der Phantasie zur mütterlichen Produktivität zu tendenziös interpre-

Erscheinen der blauen Blume ist, die ein zartes Gesicht bekommt, als ihn seine Mutter weckt, deren herzliche Umarmung er erwidert.

1457 Karl Philipp Moritz: Über die bildende Nachahmung des Schönen. In: J. W. v. Goethe: Italienische Reise, S. 534.

1458 K. Ph. Moritz: Götterlehre. Nachdr. der Ausgabe 1795: Lahr 1948, S. 6–9; weitere Seitenangabe im Text – Goethes Gedicht ‹Meine Göttin› (Ders.: Gedichte 1756–1799. Frankfurt 1987/98, S. 319) aus dem Jahre 1780 erklärt Jupiters Lieblingstochter Phantasie zur Lieblingsgöttin des lyrischen Ichs – und zur Gattin der Menschheit, besonders aber seiner selbst. Sie bringt den Dienstreisenden Goethe durcheinander und verwandelt seinen Klepper in den geflügelten Pegasus. (Vgl. Kommentar, ebd., S. 1033).

tiert erscheint, der lese Moritz' Verbindungsstelle zwischen dem allgemeinen Programm der mythologischen Phantasie und der konkreten Myxis von Nyx und Gaia: Die «Erzeugung der Götter» beginnt mit dem Satz: «Da, wo das Auge der Phantasie nicht weiter trägt, ist Chaos, Nacht und Finsternis; und doch trug die schöne Einbildungskraft der Griechen auch in diese Nacht einen sanften Schimmer, der selbst ihre Furchtbarkeit reizend macht.» (S. 9)

Aus dem formlosen Dunkel geht in autonomer weiblicher Produktionsweise der schöne griechische Mythos hervor – aber nur deshalb, weil die Insemination der ‹Einbildungskraft› mit Restlicht begattet, das weiter reicht, als das Auge der Phantasie selbst. Dafür muss sie aber fast über ihren eigenen Schatten springen: Um des Lichtes der Gestaltung willen muss die Phantasie mit dem ‹Abwegigsten› vögeln. Sie kann sich da nicht einfach andere Götter suchen. Sie muss in diese Nacht der Mütter (Nyx und Gaia), denn sie muss aus dem Gegensätzlichen das Schöne als Gegensatz *aller* Gestaltungen der Mythologie hervorbringen. Aus diesem Gegensatz der Vermählung der ästhetischen Gegensätze Dunkel und Licht sowie ‹Verhülltes› und ‹Unverhülltes› entsteht alles Weitere.

Bei Moritz geht es um allgemeine Gesichtspunkte des Verhältnisses zwischen Phantasie und den Müttern (Nyx und Gaia) zur Schöpfung einer Mythologie, aller mythologischen Gestalten. Am wichtigsten ist erstens, dass jede mythologische Götterlehre immer schon als ein Phantasiegebilde akzeptiert wird, ein Produkt der Phantasie, frei von externen Zwecken religiöser Praktiken, der Belehrung oder des Begriffs-Wissens. Zweitens ist wichtig, dass die Vereinigung von Phantasie und Dunkelheit sowohl Götter und die Erscheinungen der Welt erzeugt als auch die Mythologie und Kunst: Äther, Tag, Uranos usw. einerseits (S. 9), reizende Früchte der Nacht dank des sanften Schimmers der Einbildungskraft andererseits. (Ebd.)

Diese Punkte greift Moritz wieder auf, wenn er die Göttin Nyx selbst behandelt. Seine ästhetisierende Interpretation des Mythos, der alles Begriffliche und Metaphysische hasse (S. 1), forciert er noch, indem er als erstes Prinzip das Verhüllen erinnert und darin wiederum das Prinzip der Mutterschaft von «Bildungen» sieht (S. 34). Als erstes der jungfräulichen Nachtkinder Hesiods nennt er das in Dunkel gehüllte *Schicksal*, das sein Illustrator Carstens in einer späteren Fassung mit verhülltem Kopf zeichnet. (Abb. 2) Goethes visuelle Phantasie, die dem von ihm selbst erworbenen Bild der Nacht und ihrem Milieu gewiss verpflichtet ist, weiß die Nächtlichkeit des Schicksals immer auch als (attraktiven) Konterpart seiner poetischen Phantasie und damit seiner Schicksals-Gestaltung. Weil aus ihrer Nacht des Schoßes – Verhüllung sexualisiert die ‹Scham› zusätzlich – Erscheinungen, Gestalten oder Bildungen hervorgehen (seien sie nun das Schöne oder das Furchtbare), deshalb kann man diese Nacht als «Mutter der Ästhetik»[1459] bezeichnen.

Psychologisierend behandelt er die göttliche Mutter-Nacht als Medium einer ästhetischen Übertragung der empirischen Nachterfahrung: «Es ist das nächtliche geheimnisvolle Dunkel, worin sich noch etwas über Götter und Menschen Obwaltendes verhüllt, das die Begriffe der Sterblichen übersteigt.» (S. 34) Man braucht die Phantasie nicht von weit her heranzukarren: Hier, in diesem Dunkel, setzen ungefragt Ahnung, Vermutung und Phantasie ein, um das Geheimnis zu ergründen oder schlicht den Ausfall der visuellen Information zu ersetzen. So geschieht es immer in der Nacht, auch ohne ästhetische Begründung. Aber dies ist ein folgenreiches ästhetisches Verfahren, bei dem Kunst und Dichtung aus dem Dunkel auftauchen. Die Kunst kommt aus der Nacht, lautete eine These über die romantische Ästhetik.[1460] Vermutlich beginnt jede selbstbewusste ästhetische Aufmerksamkeit und Erfahrung im Dunkeln.

Die Phantasie ahnt aber auch, dass sie bei der Ergründung des Dunklen, Verhüllten, Geheimnisvollen trotz aller *Neu*gier *zurück*gehen muss, hinter das Begriffliche, Begriffene, an den Anfang der Gestaltung der unpassenden Vorurteile, in eine Dunkelheit hinein, die irgendwie das Umgekehrte zur normalen Daseinserschlossenheit des Wirklichkeitsmenschen ist, in eine Nacht hinein, aus der die Phantasie selbst hervorgegangen ist. Das Prinzip der Umkehr, das schon die Hesiodischen Musen propagiert hatten, ist verschieden metaphorisch darstellbar. Sehr häufig geschieht das durch die ästhetische Vergegensätzlichung, am häufigsten durch den besonders am schöpferischen Anfang von Mythologien inszenierten Gegensatz von Hell-Dunkel. Zwar folgt der Mainstream der Narrationen der scheinbar natür-

1459 Friese: Dunkles Wesen, S. 241.
1460 Vgl. ebd.

lichen Sequenzierung vom Dunklen zum Hellen, also dem Lauf der Welt, weil ‹alle Welt› ins Helle strebt. Doch wer an den Anfang will, muss eben zurück, ins Dunkle, damit er den Gang ins Helle spielen kann.

Die Assoziation der Rückwendung der Phantasie in die Vergangenheit der Geschichte mit der Rückwendung in eine Kinderzeit ist dabei eine weitverbreitete Übung der Klassizisten wie der Romantiker um 1800: «... weil aber die zu große Nähe und Deutlichkeit des Wirklichen ihrem dämmernden Lichte schaden würde, so schmiegt sie sich am liebsten an die dunkle Geschichte der Vorwelt an, wo Zeit und Ort oft selber noch schwankend und unbestimmt sind, und sie desto freiern Spielraum hat» (S. 2). Wenn die Kunst aus der Nacht kommt, so deshalb, weil die Phantasie in die Nacht gegangen ist. So wie Faust, der Künstler, der zu den Müttern geht, sich einen neuen Mythos hervorzubringen – mit Helena. So wie Faust, den die ‹Mutterliebe› retten wird.

Es gehört aller Nachdruck auf die eigenartige, aber wiederholte Bemerkung, dass die Nacht deshalb die Mutter der Erscheinungen sei, weil sie alle Gestalten einhüllt (S. 9), weil sie verbirgt und verhüllt (S. 34).[1461] Das ist in nuce eine genealogische Begründung der Metaphorik (der Erscheinungen) aus dem (gestischen) *Gegensatz*. Zwar wird aus ihrem Schoß auch der Glanz geboren (S. 34), aber die *Begründung* der Mutterschaft liegt nie im Auftauchen, nur im Verbergen. Dieser Gestus des Einstülpens verweist darauf, dass noch etwas hinzukommen muss (denn es geht ja um die Welt der Erscheinungen), und das ist die Phantasie, deren Wesen es ist «zu formen und zu bilden». (S. 1) Angezogen durch das Geheimnis des Dunkels, trägt sie «einen sanften Schimmer» (S. 9) in den Schoß, der an der Gestaltung der Erscheinungen beteiligt ist.

Die Phantasie ist also notwendig für eine solche Ästhetik des Auftauchens. Ahnt die Moritz'sche Phantasie, dass die Mütter ihr eigenes Produkt sind? «Alle diese Geburten der Nacht sind dasjenige, was sich entweder dem Blick der Sterblichen entzieht, oder was die Phantasie selbst gern in nächtliches Dunkel hüllt.» (S. 35) Uranos hat schließlich vorgemacht, dass, in nächtliches Dunkel zu hüllen, ein Synonym für den Akt der Begattung ist. Verhüllen und Eintauchen sind die *eine* ‹Zweierkiste›.

1461 Vielleicht ist psychologisch wichtiger, dass umgekehrt Mutterschaft die Nacht der Erscheinungen ist: Die Schwangerschaft der Mutter wäre so in der verhüllenden Nacht ästhetisch zum Emblem erhoben.

Aus der Zeustochter Phantasie wird bei Faust der Sohn Einbildungskraft. Faust dringt zu den Müttern vor; seine Einbildungskraft zeugt zum zweiten Male Helena. Diese ist (wie Phantasie) eine Zeus-Tochter und, einer mythologischen Variante zufolge, Tochter der Nachttochter Nemesis, also eben derjenigen Frau, die auf Carstens Abbildung aus der Höhle der Nacht hinaussieht.[1462] – Aufkommende Vermutungen des 19. Jahrhunderts über ein vergangenes Matriarchat oder eine vergangene Herrschaft der Mütter der Gestaltung mögen hier ein ästhetisches Programm der Einbildungskraft beeinflusst haben, das in Helena das Emblem von Faust II sieht. Euphorion, die Inkarnation der Poesie mit übernatürlichen Kräften, mag verschiedene Väter haben (Achill oder Faust); aber er hat nur eine Mutter: Helena ist die göttliche ‹Verkörperung› fremdgehender Schönheit und die Ausgeburt des Einbilders, des göttlichen Schwiegersohnes: des Dichters. Aber *sie* ist die Mutter der Poesie.[1463]

Am Hof der ‹kaiserlichen Pfalz› scheint die Fahrt in die Nacht aber nun etwas ‹verkommen› zu sein: Der um 1830 banal gewordene Kern der höfischen «Phantasei», um die es hier geht, ist eine spezielle Form der Laterna-Magica-Darbietung vor großem Publikum: eine Transparent-Bild-Projektion auf ein Rauch-Gewölk, das aus dem Dreifuß aufzusteigen scheint. Durch unscheinbarste Bewegungen des Nebels erscheinen die projizierten Personen wie lebendig. Zu diesem Zweck liegt die Rittersaal-Szene von Anfang an im Dunkeln. Dies ist ein Theater im Theater, denn zum größeren Teil wird in dieser Szene die Reaktion des höfischen Publikums gezeigt, das Schöne zufolge gar nicht bemerkt, wie diese Phantasmagorie entsteht.[1464] Dadurch entstehe für den (bürgerlichen) Leser dieses (höfischen)

1462 Siehe S. 221, Abb. 2 links, wo sie als eine der Nacht fast gleichrangige Göttin dargestellt ist und mit einer Geißel.

1463 Da Faust kein Dichter ist, setzen wir hier Goethe ein, dessen Pferd der Phantasie 1780 durchzugehen drohte und darauf ein Gedicht hervorbrachte, das «Meine Göttin» hieß, das er seiner ersten Helena, Charlotte von Stein, gab; siehe oben Anm. 1458.

1464 Schöne, S. 479 – Allerdings weiß das Publikum, dass es sich um eine (nicht mehr sensationelle) «Phantasei» handelt. Dennoch trifft es zu, dass des Hofpublikums Projektionen hier zum Teil ätzendem Spott unterliegen, wenn z. B. der Duft aus dem Kessel ausgerechnet von der ältesten Hofdame für den Duft aus «des Wachstums Blüte» dieses Jünglings gehalten wird (6477). – Doch es macht die Raffinesse der Goethe'schen Darstellung aus, dass abgeschmacktes Gaukelspiel mit

Stückes im Stück eine ironische Brechung, die auch den magischen Zauber ins Unernste ziehe. Trotzdem sei das Thema der Selbstsuggestion ein ernstes, schließlich erliege ihm auch Faust. Die Warnung vor der Gefahr solcher augenverblendenden Wirkung habe «wohl auch vor den Bildschirmen *unseres* Massenmediums einige Geltung» (Schöne, S. 478).

Der Hinweis auf die Verbreitetheit des Laterna-Magica-Theaters um 1800 ist ernst zu nehmen. Es handelt sich bei den Bildern aus Licht *im* Dunkeln um veritable visuelle Nachtästhetik, für die asymmetrische Bewegungen des Entgegenkommens typisch sind, ob es sich nun um Kirchenfenster-, Transparent- oder Fernseh- oder Computerbilder handelt. Hinter der verhüllenden Bildwand sollten rollbare Lichtträger durch Veränderung des Abstands zu diesen Lein-Papier- oder Seidenwänden das Entgegenkommen des Bildes erleben machen. (Schöne, S. 480) Hier ist gegenüber Schöne deutlich zu machen, dass Goethes Nebelbilder nicht dazu dienen (sollen), die Faustische Sehnsucht nach Helena dadurch zu diskreditieren, dass sie von dieser billigen Illusion hervorgerufen worden wäre. Zwar scheint Faust zunächst eher Spaß zu haben am pompösen Theater, wenn er «*großartig*» (vor 6427) und im Priesterkleid namens der Mütter spricht; zwar vergisst Faust am Schluss den technischen Aspekt der Darbietung völlig. Aber er war schon vorher in einer anderen Realität, die selbst Mephisto angst um ihn werden ließ (6305). Im Namen dieser Realität voll «Graus und Wog' und Welle der Einsamkeiten» (6351) fühlt er sich legitimiert zu sagen (6553):

> Hier faß ich Fuß! Hier sind es Wirklichkeiten,
> Von hier aus darf der Geist mit Geistern streiten.

Faust weiß also, wo er steht, wenn Helena auf ihn zukommt. Wenn er ‹vermessen› die Ebenen-Differenz überwinden möchte, dann deshalb, weil er diese zu schmerzlich empfindet. Zum Schutz vor Beckmessern und Kleingeistern erlaubt Goethe diesen, zu glauben, dass auch Faust vom Schein getroffen wurde, um desto deutlicher unter dieser Larve die innere Realität von Fausts Fahrt in die Unterwelt gelten zu lassen. Mag diese Imagi-

erhabensten Gegenständen vereinigt erscheint: Der Dreifuß ist ja nicht nur ein Melkschemel mütterlichen Geistes, sondern auch Symbol der Zweideutigkeit gereimter Weisheiten.

nation Traum, Tagtraum oder tatsächlich eine magische Handlung gewesen sein: Ihre Dringlichkeit, ihre Überwindung von Widerständen und ihre anhaltende Wirkung weisen sie als eine (innere) Realität aus. Dass die Geistererscheinung in einer Explosion endet und Faust in Ohnmacht fällt, erklärt nicht, dass er noch zwei Monate später ohne Besinnung ist und erst aufwacht, als er den fiktiv realen griechischen Boden einer längst vergangenen Zeit berührt.

Um die Reichweite der Goetheschen Nacht der Mütter und ihre Verbindung zur Hesiodischen Mutter Nyx aufzuweisen, sei noch einiges erinnert: Mephisto behauptet zwar, diese Mütter wohnten außerhalb von Ort und Zeit (6215), also in ewig leerer Ferne (6246). Aber er sagt auch, dass sie im Tiefsten wohnen (6284) und dass es dort absolut dunkel ist (6285). Das Stampfen mit den Füßen, um den Boden zu öffnen und zu versinken (6304), soll auf den Brettern, die die Welt bedeuten, zwar häufiger vorkommen, erinnert aber an Fruchtbarkeitsriten und musische oder martialische Tänze, die mit der Unter-Welt kommunizieren. – Aber woher hat *Mephisto* den Schlüssel? Er hat mehr mit dieser Mutter-Nacht zu tun, als er zugibt. Hat Faust vergessen, wie Mephisto sich ihm in der ersten Nacht vorgestellt hat (1349)?

Ich bin ein Teil des Teils, der Anfangs alles war,
Ein Teil der Finsternis, die sich das Licht gebar,
Das stolze Licht, das nun der Mutter Nacht
Den alten Rang, den Raum ihr streitig macht …

Es lässt sich vielleicht nicht nachweisen, dass Goethe die «Theogonie» Hesiods selbst gelesen hat; er kann über seinen Gewährsmann Hederich hesiodische oder sogenannte orphische Konzeptionen von der Nacht als der Mutter aufgenommen haben[1465]; beide haben gesagt, dass die Nacht das Licht (den Tag) hervorgebracht habe, beide betonten den Urcharakter der Nacht. Interessant ist nun die Stellung Mephistos zu dieser Mutter ‹Nacht› – und die Entstellung, die er zwischen «Faust I» und «Faust II» hier vorgenommen hat. Mephisto hatte seine Einstellung bei seiner Selbstvorstellung in «Faust I» (1338) als ein Aufstands-Programm verraten:

1465 Benjamin Hederichs «Gründliches mythologisches Lexicon» (Leipzig 1770) stand Schöne (S. 523) zufolge ständig auf seinem Schreibtisch.

Ich bin der Geist der stets verneint!
Und das mit Recht; denn alles was entsteht
Ist wert daß es zu Grunde geht …

Seine Destruktivität und Negativität kontrastiert mit dem schöpferischen Aspekt und dem All-Aspekt der Mutter Nacht. Aber Nacht hat als Mutter aller Bildungen selbst auch jenen Auflehner hervorgebracht, den Mephisto «Licht» nennt. Fast klingt es so, als ob Mephisto dieses stolze Licht sei, das nun der Mutter ‹Nacht› den alten Rang streitig macht. Schließlich ist auch ‹Luzifer› ursprünglich eine Lichtgestalt. Dann wäre es nur konsequent, dass Mephisto seine Herkunft aus dieser Nacht verschleiert und behauptet, Mütter herrschten in der Nacht des *Nichts*. Aber dem widerspricht, dass er dem Licht wünscht, es möge bald mit den Körpern, an denen es haftet, zugrunde gehen (1358). Doch wer weiß, vielleicht verbindet Mephisto, verfangen in den Abgründen seiner Dialektik, mit *diesem* Zu-Grunde-Gehen gar nichts Negatives bzw. das gute Negative, das er will. In der Konzeption der Mutter *Nacht* à la Hesiod und Moritz, welche die ästhetischen Gegensätze aus sich herausproduziert (Schönes und Furchtbares), ist Mephisto nur ein Aspekt der nächtlichen Dialektik.[1466]

Er bleibt ein Abkömmling der All-Nacht, und wenn er nicht geklont ist, dann ist er selbst dieses Licht, oder das Licht ist sein Bruder oder ein Teil seiner Schizophrenie. Jedenfalls: Er hat den Schlüssel. Gewiss, es bleibt die Differenz zwischen *der* Mutter, die anfangs alles war, also allen *die* Mutter war, zu den *Müttern* aller Gestalten. Der depotenzierenden Vervielfältigung der Mütter entspricht die Veräußerlichung des Nachtcharakters: In *Nyx* war Nacht selbst personifiziert, an den *Müttern* hat sich Nacht medialisiert zu deren Aufenthaltsraum. Aber Faust wittert den alten Zusammenhang, wenn er hofft, ausgerechnet in dem, was die nun (verketzerte) Nacht noch ist, nämlich die Leere, das Nichts: «das All zu finden» (6256). Wenn die Mütter die Gestalt(ung)en schaffen, dann sind Mephisto und Faust gewissermaßen Brüder, aber sehr verschiedene Brüder. Denn während Mephisto die Abspaltung und Verleugnung der Herkunft betreibt, vom Ganzen zum Teil geht, geht Faust in einer Art topischer Regression zurück zu den Müttern, vom Teil, das er ist, zum Gan-

1466 Allerdings gewinnt Mephisto offenbar in dem Maße Selbständigkeit, als Goethe bestrebt ist, die negativen Anteile der Mütterlichen zu ‹beschönigen›.

zen. Im Besonderen das Allgemeine finden, das ist Goethes ästhetisches Programm. So wird Faust in Faust II wiedergeboren. Er selbst findet seinen nächtlichen Schlaf im Zusammenhang mit «jenen ewigen Gründen» (4707), und seine «Lebens Fackel» ist Teil des Feuermeers (4710), der Sonne aus der Unterwelt.

III

Die beiden Zimmer-Karnevalsnächte, «Weitläufiger Saal» und «Rittersaal», bilden die Vorbereitung zur «Klassischen Walpurgisnacht» im Freien. Von Nacht zu Nacht geht es hier dringlicher um die Verwirklichung des Imaginären, um die Auferstehung des Fleisches, oder märchenhafter: um Befreiung und Freiung der (ewig erneuerten) Jungfrau. Immerhin, in diesem letzten Bild des ersten Aktes gelingt Faust ein Auftauchen des Scheins (6449) von Helena (und Paris) im Namen der Mütter, und er hält nicht nur seinen Schlüssel, sondern auch das Bild für den Schlüssel zu einer Realität. Denn als das Bild seine Geschichte erzählt, *Paris* also Helena rauben will, ist Faust empört, will sie in seine Wirklichkeit rauben, sie gehört ihm (6544). In einem vertrauten Muster tyrannischer Söhne von ‹bezaubernden› Frauen[1467] fordert er gar von den Müttern, die er doch beraubte, ihre Liebesgabe (6558):

Gewagt! Ihr Mütter! Mütter müßt's gewähren.
Wer sie erkannt der darf sie nicht entbehren.

Bannend berührt Faust mit dem Schlüssel den dunstigen Paris; es gibt eine (Knallgas-)Explosion[1468], Tumult und Finsternis – und Mephisto flieht und fliegt, den ohnmächtigen Faust auf dem Rücken. Aber der ist auch ohne diesen Schlag ziemlich ausgeflippt. Er ist, wie Mephisto zu sagen beliebt, «paralysiert» von Helena (6568). – Der Zusammenhang dieser Lähmung mit ‹Geschlechtskrankheit› ist zur Entstehungszeit von Faust II besonders vi-

1467 Siehe Comus, den Sohn der Zauberin Circe, in Miltons Maskenspiel «A Masque Presented at Ludlow Castle» von 1634, in: Ders.: The Complete Poems. London 1998, S. 46.

1468 Das Knallgas wurde zur Beleuchtung mit Kalklicht verwendet, und eine Explosion war nicht so selten (Schöne, S. 480).

rulent.[1469] Der Arzt Mephisto diagnostiziert hier bösartig die Folge wilder Liebe als Ursache für Fausts vermeintlich idealistische Infektion.

Im ganzen folgenden zweiten Akt ist Faust entweder bewusstlos oder er ist wie bewusstlos Helenen hinterher. Der Schlaf Fausts vom Ende des 1. Aktes bis zur dritten Szene des 2. Aktes ist also nicht nur Schlaf des Vergessens, sondern auch die Ohnmachtsstarre einer Fixierung der *Erinnerung* an ein Bild. Das von unten her *aufgetauchte* Bild Helenas hat sich ein‹gebildet›, eingebrannt in Faust als Gleichnis einer ‹höheren›, bis dato unerreichten Wirklichkeit. – Es ist wohl eher *die Bildhaftigkeit* der Helena als diese selbst, die ihn elektrisiert. Diese Bildhaftigkeit, die Mitte zwischen der Sterblichkeit der Sünderin und der anschauungslosen Heiligkeit der Mütter wahrend, steht emblematisch für die Ästhetik selbst, der Faust, nein Goethe, sich verschreibt.[1470] – Faust selbst aber, der Schläfer und Helena-Sucher, parallelisiert fast für die gesamte Zeit des zweiten Aktes ein ganz anderes Geschehen, in dem es vorgeblich um etwas ganz anderes geht: um älteste Monster und Götter, modernste Wissenschaft, zwei längst tote Weisen (Thales und Anaxagoras) und um erdgeschichtliches Geschehen. Tiefstes Vergessen (Gretchen) und höchstes Erinnern: Was hat das mit dem Naturgeschehen zu tun – und mit einem Laboratorium der Menschheit, die es schon zu Homunkuli bringt?

Dieses Geschehen erweist die Mitherrschaft des Traums (als Vergessen einer Wirklichkeit oder Erinnerung der Wirklichkeit Helenas) – am Traum der Vernunft. Wenn der bewusstlose Faust des Mittelalters Jahre, vielleicht Jahrzehnte nach «Faust I», nun in ein Zimmer des ‹Alten› Faust geflogen wird[1471] und dann in ein mittelalterliches *Laboratorium,* so bleibt er immer in Traumgedanken an Helena. All der wissenschaftliche Fortschritt, sozusagen nebenan, dient der *Verwirklichung* seines Traums, also der Fleischwerdung Helenas – oder seiner selbst, denn sie sind beide nicht ‹voll da›. Und wissenschaftlicher Fortschritt findet nun in der Tat statt, denn nicht nur glaubt Wagner in seiner Sternstunde: «Es wird ein Mensch gemacht» (6836), sondern Goethe macht durch die Veränderung gegen-

1469 Erst 1822 hat Antoine Laurent Bayle diese Spätfolge der Syphilis wissenschaftlich beschrieben.

1470 Faust selbst ist hier noch nicht so weit: «Mit Gewalt/Faßt er sie an, schon trübt sich die Gestalt.» (6560).

1471 Goethes Regieanweisung betont das «altväterische Bett» (vor 6566).

über früheren Fassungen ebenso klar: So, durch einfache Mischung chemischer Elemente, wird er eben nicht gemacht.

Sprang der Homunkulus in der früheren Konzeption, seine Phiole sprengend, als lebendiger Zwerg hervor[1472], so bleibt er jetzt zunächst in seiner fremden ‹Fassung›, sehnsüchtig um Verkörperung bittend. Albrecht Schöne hat in seinem großen Faust-Kommentar gezeigt, wie sehr diese Zurücknahme der ‹alchymistischen Sensation› auf Goethes naturwissenschaftlicher Informiertheit – und letztlich auf Wahrheitsliebe beruhte. (Schöne, S. 505, S. 530) Denn er hat sich bis unmittelbar vor Beendigung dieser Szene mit den neuesten Erkenntnissen und Experimenten der noch jungen Chemie beschäftigt. Danach schien eine synthetische Herstellung von ‹Lebensstoff›, organischer Materie, zwar in greifbare Nähe gerückt zu sein, eine künstliche Produktion des Menschen aber erschien umso unmöglicher.[1473] Vielmehr war Goethe klar geworden, dass die Menschengenese eine Unzahl kleiner Entwicklungsschritte voraussetzte – und eine fast unermesslich große Zeitspanne.

Der in der letzten Fassung des Dramas also nur halbfertige Homunkulus erzwingt ganz neue Szenen, die ihn auf der Suche nach seiner Vollendung zeigen. Wenn dieses ‹Werden› am Schluss durch eine Hochzeit des phantastischen ‹Idefix› (Homunkulus) mit dem Element des Lebens überhaupt gelingt – mit dem Wasser oder mit der Muschelwagenfrau (allegorisch für Liebesverschwendung) –, dann steht «nach dem kühnsten Aktschnitt, den je ein Dramatiker gesetzt haben mag (dreieinhalb Milliarden Jahre überbrückend)... zu Beginn des 3. Aktes der Mensch vor Augen, das Musterbild weiblicher Schönheit»: Helena.[1474] Fausts Traum wird wahr. Das ganze ehrwürdige Monsterwesen wird also einerseits aus dem Mittelalter up to date gebracht, denn natürlich ist auch der Homunkulus ein Monster, ähnlich dem Frankensteins, doch andererseits führt Goethes Handlung allego-

1472 Noch 1826 habe Goethe vorgeschwebt, dieses «chemisch Menschlein» zur Welt kommen zu lassen. «Dieses zersprengt Augenblicks den leuchtenden Glaskolben und tritt als bewegliches wohlgebildetes Zwerglein auf.» Goethe-Notiz vom Dezember 1826, zit. nach A. Schöne: Karl Marx lernte von Mephisto, was Besitz vermag. In: FAZ, 3. 1. 2004.

1473 Vgl. A. Schöne: Karl Marx, worin er über die Folgen eines Besuches von Berzelius, dem Mitbegründer der modernen Chemie, berichtet.

1474 Ebd., 4. Spalte.

risch auf die früheste Entstehungsgeschichte der Lebewesen zurück. Drittens aber dient die ganze Verwissenschaftlichung des Monsterwesens und die philosophische Vertiefung der Lebensfrage der Verwirklichung eines individuellen faustischen Lebenszieles dazu, Helena zu erreichen.

Helena wiederum ist eine mythologische Figur, welche einmal die mythische Liebesgabe einer Liebesgöttin war, nämlich diejenige Aphrodites an Paris. Helena ist so offenkundig ein durchgehecheltes Weibsbild aus zahllosen Überblendungen, immer wieder geraubt und durchgebrannt, dass zunächst dunkel ist, was Faust in seinem dunklen Drange will, wenn er Helena will. Will er wie Orpheus die Geliebte in Wirklichkeit, oder will er wie Orpheus eingehen ins literarische Nachleben? Zwar *berührt* ihn die Bildhaftigkeit Helenas: sie überträgt sich, indem sie neue Bilder auslöst, die als innere Realität dauerhaft Wohnsitz nehmen in Faust. Aber das reicht ihm nicht. Wohin indessen er sich überträgt, in die literarische Verwirklichung oder in die fiktive Realisierung seiner Träume, das bleibt im Dunkeln. Der Homunkulus ist die heimliche Hauptfigur des ganzen 2. Aktes, aber das parallele Geschehen ist dasjenige um den schlafenden oder Helena suchenden Faust. Der romantische, wissenschaftliche und antike Monsterdiskurs werden zusammengeführt auf eine Faust-parallele Liebespilgerschaft. Denn der Homunkulus verwirklicht sich in der Liebe – wie er sie versteht.

Das eigenartige Verhältnis Faust – Homunkulus muss kurz angesprochen werden. Das In-vitro-Wesen meldet erste Lebenszeichen, während Faust schläft. Dass Faust im 2. Akt viel schläft, verdient wiederum besondere Aufmerksamkeit, weil der gesamte Faust II erst nach einem tiefen Schlaf des Vergessens völlig neu beginnt. Wenn er da bereits am Ende des 1. Aktes wieder in Ohnmacht oder etwas Ähnliches versinkt, so scheint dieser Zustand in Zusammenhang zu all den vielen Naturkräften gesehen werden zu müssen, die das Stück durchziehen.[1475] Ein Subjekt des freien Willens scheint Faust bis zur Erringung Helenas nicht zu sein. Er ist noch im gleichen ‹Schlaf›, wenn er in der ersten und zweiten Szene in verschiedenen Räumen liegt. Zuerst in seinem alten Zimmer, dann im Laboratorium. Man könnte denken, Faust *träume* alles Geschehen um ihn herum.

1475 Das schlafende Subjekt erscheint einerseits niedriger organisiert als die geschichtliche Natur der Dramenhandlung, andererseits steht es in Einklang mit höheren Naturkräften.

Der Homunkulus könnte also geradezu in seinem Schlaf entstehen, wäre seine Imagination.

Dieser Blickwinkel ist deshalb interessant, weil die «Klassische Walpurgisnacht» um 1830 herum einen hochromantischen Vorläufer hat, die thessalische Zaubernacht in Nodiers bereits erwähnter Erzählung «Smarra, ou les démons de la nuit». Diese Erzählung erschien 1821; der Ruhm seines Dichters stieg von da an fortwährend, bis im Jahr 1832 die Herausgabe seines Gesamtwerkes beginnt und er 1833 in die Académie Française aufgenommen wird. «Smarra» aber gilt als Gründungsquelle der «école frénétique», die – ausgerechnet im Jahr 1830, als Goethe am Peneius grübelte, kodifiziert wurde durch Nodiers Programmschrift «Du Fantastique en littérature»[1476]. Nicht nur betrachten es die Frenetiker als ihre vornehmste Aufgabe, die Grenzen von Leben und Traum systematisch einzureißen oder doch zu verschleiern, sondern man kann geradezu sagen, dass für den Surrealisten avant la lettre der Traum der eigentliche Deuter des Lebens, also dessen Gedicht sei.[1477]

Es ist schwer vorstellbar, dass ausgerechnet Goethe von dieser Traumtränke Thessalischer Nächte nichts mitbekommen haben soll. – Wenn dem Faust-Dichter aber der Kontext klar war, dann ist es umso bemerkenswerter, wie er diese romantische Programm-Nacht klassisch harmonisiert, indem er zwar Ambiente und Anmutung von Hexen bis Zaubermond ‹gelten› lässt, diesen aber den Unterstrom der Sehnsucht nach Helena und die Pilgerschaft des Homunkulus zufügt, gegenüber dem bestenfalls die *Vermutung* zugelassen wird, dass er, der Homunkulus, ein Traum sein könnte. Denn er ist auch ein Traum der *Wissenschaft*, und die pflegt von der Geltung im Bereich der äußeren Realität zu träumen. Vielleicht träumen *Goethe* und Nodier sogar von ähnlichen Orgien am Peneius, aber bei Goethe (und bei Faust) stehen sie im Dienste einer nächtlichen, erinnernden Rückkehr zur Gattungsgeschichte (als eine imaginäre Geschichte der Begattung mit klassischer Schönheit).

Das Erste, was das erst halbfertige Wesen nun zustande bringt, ist zwar die Anrede an Väterchen Wagner und Vetter Mephisto (6879), dann aber entschlüpft die Phiole den Händen ihres Züchters, schwebt über dem Schla-

1476 Siehe H. Hofer, Nachwort zu: Ch. Nodier: Krümelfee, S. 442.
1477 Vgl. Hofer, ebd., S. 449.

fenden und liest, ihn beleuchtend, seine Träume. Im Innern Fausts ‹verschwimmt› gerade die Liebesszene ‹Leda und der Schwan› (6903) mit der Liebesszene zwischen Zeus und Hera im Ida, in der Fassung des vom Autor geliebten Homer.[1478] Wenn Homunkulus also schon nicht Fausts Traum ist, so könnte er doch dessen verselbständigte Traum- oder Phantasie-*Instanz* darstellen, die sich verwirklichen will (7831). Mephisto nennt ihn denn auch gleich einen Phantasten (6922). Doch dieser Phantast scheint ziemlich realitätstüchtig zu sein; denn nachdem er den ihm wohl zunächst fremden Faust einmal ‹gelesen› hat, weiß er genug von ihm: «Erwacht uns dieser, gibt es neue Not, / Er bleibt gleich auf der Stelle tot.» (6930)

Und schon übernimmt die Phiole das Kommando, dem Mephisto sich gerne beugt (wie er sich Faust gebeugt haben würde): Auf zur Klassischen Walpurgisnacht! Teufel, Faust, Homunkulus: Im Zaubermantel fliegt das surreale Trio (der Negative, der Schlafende und der Körperlose) ins nordgriechische Thessalien (6936). Fast erscheint der ‹Kunstmensch› als Fausts abgetrennter Lebenswille oder ‹Ich-Prinzip›. Dass diese Phiole deshalb eigenmächtig das Kommando übernimmt, braucht kein Widerspruch zu sein, kämpfen doch in jedem Menschen oft genug verschiedene Strebungen gegeneinander. – Seltsam nur, dass dieses Kerlchen, das keinen Leib hat, sondern nur Feuer im Glas ist, der Sprache vom ersten Augenblick an so mächtig ist, wie es Faust dieselbe verschlagen hat. Sie reden nur einmal ganz kurz miteinander, als sie gelandet sind, da leuchtet die feurige Phiole dem Protagonisten heim auf eine Weise, dass man denkt, sie sei das Sprachrohr eines noch höheren Wesens, nämlich des Autors. Faust, soeben erwacht, bringt nur das eine, das er denkt, heraus: «Wo ist sie?» – Weiß der Körperlose nicht, aber über Fausts Vorleben weiß er Entscheidendes (7058):[1479]

1478 Die Technik des ‹Verschwimmens› stellt eine Übertragung von Erfahrungen aus dem Bereich des Wassers und des Feuchten dar. Übereinstimmung hier also mit Badeszenen. – In diesem Liebestraum geht Faust keineswegs fremd; der Traum von Leda und Zeus in Schwan-Gestalt verspricht ihm vielmehr das baldige Auftauchen von Helena, die ein Kind auch dieser Begegnung ist. Im Mythos schlüpft Helena aus einem Ei, ist also halb göttlicher Wasser-Vogel, halb sterbliches Säugetier.

1479 Auch seinen Vetter Mephisto, dem er freundlich gesonnen ist (6885), durchschaut er bis auf den Abgrund seiner Schlechtigkeit (6924 und 6977).

In Eile magst du, eh' es tagt,
Von Flamm' zu Flamme spürend gehen:
Wer zu den Müttern sich gewagt
Hat weiter nichts zu überstehen.

Man kann ihn also auch den guten Geist des Textes nennen, allerdings nur bis zum Ende dieser Reise in die Nacht der Vergangenheit, dann hat er ausgedient. Immerhin hat der Mutterlose eigentlich die Pointe des ganzen Dramas verraten – und das Geheimnis von Goethes Kreativität als Musen*sohn*. Doch letztlich ist das Verhältnis zwischen Homo und Homunkulus unauslotbar tief und gewinnt immer neue Bedeutung, sobald man in verschiedenen Situationen des Schauspiels die Perspektive wechselt. Zwar hat der Homunkulus eigene, lebenswichtige Interessen: Er will sein Gehäuse sprengen, ganz werden, «verkörperlicht» sein (8252). Aber andererseits tut er etwas für jenes ganz konkrete Leben, das Faust in Gestalt von Helena entgegenkommen wird.

Und Faust, dessen Name ursprünglich «Fruchtbarkeit» und «Glück» bedeutet, hat schließlich auch nach körperlicher ‹Erfüllung› geschmachtet, will sich also auch gleichsam verkörperlichen, wenn er die körperliche Gegenwart Helenas will. – Wie dem auch sei, wenn jetzt die drei, Mephisto, Faust, Homunkulus, leuchtend unterm Bausch des Zaubermantels wie ein Meteor überm nächtlichen Hellas niederkommen, so haben wir eine veritable Parallel-Aktion zwischen der wissenschaftlichen Suche nach dem Leben (nebst Folgen) und der erotischen Suche im Fahrtmotiv: zu Helena.[1480] Bis zur Landung allerdings bleibt Faust bewusstlos, im Zustand «imaginativer Schau»[1481], also in Ekstase mit Vision.

Die Landschaft der «Klassischen Walpurgisnacht» ist durchgängig eine Nachtlandschaft, bestehend aus den drei Szenen «Pharsalische Felder», «Peneius» und «Felsbuchten des Ägäischen Meeres». Die Szenerie

1480 Goethe spricht diese parallele Fragestellung selbst durch den Mund von Wagner und Mephisto aus: Ersterer fragt den ‹zur Sprache kommenden› Homunkulus sofort: Wie kriegt man Leib und Seele zusammen (6894); Letzterer fragt, warum sich Mann und Frau so schlecht vertragen (6898) und schickt ihn mit diesen Worten zum schlafenden Faust als zu seiner Aufgabe (6902).

1481 Kindler, S. 3456.

scheint also zumindest räumlich einer bestimmten Realität nicht zu entraten. Am Anfang herrscht Finsternis, dann immer Mondlicht, welches im letzten Szenenbild am Meer im Zenit verharrt. Dem entspricht inhaltlich die Wandlung von einem «Schauderfeste dieser Nacht» (7005) zu einer verklärten – oder immerhin rauschenden Ball-Nacht, doch dazu später. Also irgendein magischer Zauber? Oder nicht doch lediglich die zeitlose Allegorie einer imaginären Erinnerungs-Landschaft?

Nun, zunächst verändern sich ja die Szenen, so schnell wie in einer Traumfolge. Wenn man jetzt die große Rolle des faustischen Schlafs für diese Sequenzen bedenkt, so bekommt der Hinweis, dass diese Landschaften Erinnerungslandschaften sind, eine besondere Bedeutung. Schon der Titel der Szenen-Trilogie, «Klassische Walpurgisnacht», macht nur Sinn für Autor und Leser, weil sie Erinnernde sind: Dabei geht es nicht nur vom Mittelalter per Luftfahrt zurück ins Altertum, sondern es wird an den Harz erinnert, um diesem Mummenschanz Vergleichbares in Hellas gegenüberstellen zu können. Aber es gibt keine griechische Walpurgisnacht. Also ist der Titel eine Metapher; also ist die ganze Handlung ein Gleichnis, eine Parabel. Da immer einmal wieder innerhalb der griechischen Variation an die nordische erinnert wird, sind auch wir gehalten, immer wieder zu vergleichen. Gleichwohl geht es nicht um einen Hexenvergleich oder darum, wer den stärkeren Zauber-Qualm bietet, sondern um eine ‹Aufhebung› des Vergleichs auf eine höhere Ebene von …? Erinnern, Vergessen, Gleichnis: Ereignis.

Kaum ein zweites Drama der Neuzeit ist so sehr ein Drama von Erinnern und Vergessen. Dabei geht es nicht nur um die Durcharbeitung von Inhalten, sondern die Anteile von Erinnertheit und Vergessenheit im Erleben, im vorgestellten, vor Augen geführten Erleben: Sie machen das Drama. Es gibt zum Beispiel, und besonders in dieser seltsam uneigentlich benamten Nacht, Wiederholungen des Vergessenen, Ahnungen des Vergessenen, Vergleiche im Erinnern und potenzierte, ineinandergeschobene, wenn man so will bastardisierte Erinnerungen, die auf ein Vergessen höherer Stufe hinauslaufen, auf so etwas wie eine neue Unmittelbarkeit, ähnlich wie bei Hegels absolutem Wissen. Natürlich thematisiert Goethe bereits seit der «Zueignung» immer wieder Gestaltungsprobleme des gesamten Dramas (1):

Ihr naht euch wieder, schwankende Gestalten!
Die früh sich einst dem trüben Blick gezeigt.
Versuch' ich wohl euch diesmal festzuhalten?
Fühl' ich mein Herz noch jenem Wahn geneigt?
Ihr drängt euch zu! Nun gut, so mögt ihr walten,
Wie ihr aus Dunst und Nebel um mich steigt;
Mein Busen fühlt sich jugendlich erschüttert
Vom Zauberhauch, der euren Zug umwittert.

Aber gewünscht wird eine möglichst leibhaftige Vergegenwärtigung, und zwar nicht nur, um sich zu verjüngen, sondern auch, um die Differenz zwischen Erinnern und Vergessen, Ähnlichem und Gleichem, Bild und Wesen zu überspielen, das heißt darum, die eigene Zeitlichkeit, am besten in einem Augen-Blick, zugleich zu vergessen und zu erinnern: zu imaginieren. «Werd ich zum Augenblicke sagen: Verweile doch ...», dann ist diese Differenz zugleich aufgehoben und (qua Aufforderung) nicht aufgehoben. Dieses Drama von Erinnern und Vergessen, das auch eines zwischen der Differenz im Gleichnishaften und dessen hier nur sich er‹eig›nenden Essenz ist, wird mit unerschütterlicher Hartnäckigkeit vorgetragen und endet konsequent in den Versen «Alles Vergängliche / Ist nur ein Gleichnis; / Das Unzulängliche / Hier wird's Ereignis ...» (12104) – Und das Vergängliche hat hier wahrlich Zeit (dreieinhalb Milliarden Jahre). Das heißt, die so verschiedenartig gleichnishaften «Gestalten» im Faust sind auch in der Art ihrer Gestaltetheit Passagiere einer Fahrt, die letztlich in einer einzigen endet, einem Auftauchen. Hier nun, in der 3. Szene des 2. Aktes von Faust II nahen sich die Gestalten gerade wieder einmal besonders schwankend, und das liegt nicht daran, dass es Gespenster, Monster oder Dämonen sind, sondern daran, dass ihre *Fokussierung* in dieser Programm-Nacht des Gestalten-Transfers, in der Walpurgisnacht, das eigentliche Geschehen ist, für Autor und Leser.

Wer sich um 1830 herum eine klassische Walpurgisnacht vorstellt, sieht eine Contradictio in adjecto, denn das Klassische ist seit Generationen das Normative, eine Walpurgisnacht aber der Ausnahmezustand, Umkehr der Herrschaft in einer (Karnevals-)Nacht. Mit offenkundiger Freude verwirrt Goethe hier die widersprüchlichen Erwartungen: Das Klassische malt er schauerromantisch, und das Saturnalische (das er realiter in seinem italienischen Arkadien genossen hat) wird verklärt. – Mit dem leuchtenden Ballon des phiolendurchglühten Zaubermantels, der für die Hexe *Erichtho* wie ein Meteor aussieht, erblickt der Leser eine gespenstische Landschaft der Erinnerung, die zumindest kunstgeschichtlich eigentlich noch nicht, nicht mehr, klassisch ist: die Pharsalischen Felder in Thessalien, «wo 48 v. Chr. die Entscheidungsschlacht zwischen Caesar und Pompeius tobte» (Schöne, S. 533).

Doch der Erinnerungscharakter dieser blutgetränkten Landschaft ist den drei Luftfahrern nicht interessant. Beim Leser indessen erhöht solche Ignoranz vor dem *Faktischen* dieser Geschichtsruine den gespenstischen Eindruck davon, dass zu dieser besonderen Walpurgisnacht die historische Nacht nach der Schlacht sich wieder belebt und die ‹schwankenden Gestalten› von damals wieder am Feuer sitzen, das sich in den wie frischen Blutlachen spiegelt (7025).[1482] Die Farce wirft ein gespenstisches Licht auf jene drei Entitäten (Teufel, Mensch und sprachfähige chemische Mischung), die von oben diese Nachtansicht genießen (7040). Denn sie sind es, die sich in dieser «gespenstischen» Szene spiegeln: drei isolierte Schatten ihrer selbst, die sich, von jetzt an meistens getrennt und mehr oder weniger allein, ihren Weg durch die Nacht – ihrer Geschichte – schlagen, besessen von ihren je eigenen fixen Ideen, von thessalischen Hexen, von Helena und von ‹Körper!›. Mephisto wiederholt

1482 Zwar ist die sorgenvolle Nacht vor der historischen Schlacht angesprochen, als Caesar und Pompeius schlaflos blieben, aber zugleich ist die Hexe Erichtho das *Nachgesicht* dieser Nacht. Ob sich solch grauenhaftes Geschehen historisch immer wiederholen muss, gespenstischer Wiederholungszwang der Geschichte, oder ob die ewige Wiederkehr der grauenvollsten Nacht dem kalendarischen Wiederholungszwang der Walpurgisnacht geschuldet ist oder dem Zauber der Hexe: Das bleibt im Dunkeln. Jedenfalls sind es Tote, die wiederkehren, also der Zustand nach dem Schlachtfest. Die Oszillation zwischen dem Vorher und dem Nachher verstärkt sich, wenn man Erichtho über ihren schlechten *späteren* Ruf als Toten-Vampyrin klagen hört. Mit dieser Klage der Vampyrin kreuzt sich das schlechte Gewissen des Historikers, des «rückwärtsgekehrten Propheten» (Friedrich Schlegel), der für seine Totengespräche erst die Schwelle des individuellen Gestorbenseins des Gesprächspartners überwinden muss. Auch in diesem Sinne könnte man den von Schöne hier erinnerten Satz Goethes aus «Dichtung und Wahrheit» als vampyristisch verstehn: «Die Geschichte, selbst die beste, hat immer etwas Leichenhaftes, den Geruch der Totengruft.» Goethe: Sämtliche Werke. Frankfurter Ausgabe, I 14, S. 935, zit. nach Schöne, S. 534.

den Brocken, Faust will Helena wieder holen; nur dieses Glühwürmchen will ein *erstes* Mal es selbst sein, aber es will damit die Schöpfung wiederholen.

Schon beim Erscheinen von Faust II war das Erstaunen über die Fülle des phantastischen Personals groß; hatte doch der alte Goethe schon in seiner klassischen Zeit um 1800 die ganzen mythologischen Chargen zum Teufel gewünscht. Doch hier sieht man, wozu sie gut sind; denn all die Monster, Hexen, Mischwesen und Homunkuli sind Geheim-Agenten der Großmacht Erinnern und Vergessen. Ihre Mittel sind: Verfremdung, Entstellung (Maskierung), Verschiebung, Verdrängung und Sublimation. Die ‹Legende›, mit der diese Spione des Phantastischen ausgestattet sind, verdankt sich den noch heute gängigen *Labor*techniken des Pfropfens, Verschmelzens und Mischens, etwa beim ‹Erzeugen› chimärer Zellen mit liebsamen Eigenschaften. Ebendiese sozusagen proto-metaphorischen Tätigkeiten treten hier im Verein mit Handlungsmischungen und Landschaftsüberblendungen auf. Beide Aspekte erhellen sich so gegenseitig. Was diese Alterationen bewirken sollen, ist letztlich Bedürfnisbefriedigung oder etwas zweideutiger: ‹Erfüllung›. Das ist nicht nur Wunscherfüllung, sondern die leibhaftige (sozusagen Zeit-)Füllung der unentwegten intentionalen Entleerung des faustischen Prinzips. Die letzte Strophe der «Zueignung» ist durchaus keine Lagebeschreibung *vor* dem Abfassen des Dramas, sondern die ästhetische Realität im Drama (25):

> Und mich ergreift ein längst entwöhntes Sehnen
> Nach jenem stillen ernsten Geisterreich …
> Was ich besitze seh' ich wie im weiten,
> Und was verschwand wird mir zu Wirklichkeiten.

Erinnern Sie sich des Hesiodischen Musen-Programms: der Sehnsucht, mit dem es anhebt, und der beglückenden ‹Umkehr› (Vergessen der Sorgen), welche die Musen erreichen?[1483] Diese Umkehr wird durch den stän-

1483 Hier sind es die Sirenen, die ständig flöten und singen, am Ende sind es mystische Chöre. Obwohl auch Faust deren verderbliche Wirkung kennt, verschließt er seine Ohren nicht mit Wachs. Aber er weiß, der Gesang der Sirenen löst eine Sehnsucht aus, die einzulösen nur im Jenseits ist.

dig umgekehrten Blickwinkel aufs Erinnerte erreicht. Sie ist das Gegenteil zu jener Variante der Intentionalität, die den faustischen Drang bezeichnet, und stellt die dialektische Aufhebung der Sehnsucht durch die Sehnsucht selbst dar – durch die Vervollständigung der zeitlichen Aspekthaftigkeit der Gegenwarten. Zwar: In der «Zueignung» spricht der *Autor* über seine Lebens- und Werkabrechnung. Aber die Blickrichtung zurück selbst ist es schon, welcher der intentionale Leib bedarf. Vieles (besonders seiner Phantasien, die in Nachtsszenen souveräner handeln können) betrifft auch seinen Protagonisten Faust, dessen erfüllter Augenblick nicht der stiere Blick eines vermessenen Blinden ist, sondern seine Heimkehr ins Reich der (singenden, nicht säugenden) Mütter.

Den Reichtum der «Klassischen Walpurgisnacht» macht es aber aus, dass drei fiktive Perspektiven die Erinnerungs-Nachtlandschaften erhellen. Mephisto, Faust und Homunkulus: Jeder hat hier *seine* Szene. Mephisto kommt in der ersten, der finstersten Szene, ‹groß raus›. Er ist es auch, der am eindeutigsten die farcenhafte Wiederholung einer zweiten Walpurgisnacht im Auge hat, weil er scharf auf thessalische Hexen ist. Aber weil er immer aufs Gleiche hinauswill, findet er es hier zu anstrengend. «Zwar sind auch wir von Herzen unanständig, / Doch das Antike find ich zu lebendig.» (7086) Faust dagegen ficht kein Ungeheuer an, bringt es ihn nur Helena näher (7193). So reden sie denn, meistens führt Mephisto das große Wort, mit Erichtho, Sphingen, Sirenen, Greifen, Ameisen, Arimaspen[1484] und Sirenen: im *Fabelreich*, wo sie sich, wie der Homunkulus glaubt, befinden, denn dort, also hier, suche Faust ja seine Helena (7052).

Ich bin da nicht so sicher. Zwar bringt Goethe in der Landschaftsbeschreibung einen ‹fabelhaften› Effekt unter, wenn er die Wachtfeuer *blau* brennen lässt (7033), aber das gehört zu Goethes erforschter Wirklichkeit seiner Farbenlehre: dass der Kerzenlichtschein unter Vollmond blau erscheint (Schöne, S. 535)[1485]. Goethes Erzählhaltung ist also hier eher die von ‹unglaublich, aber wahr!›. Am farbigen Abglanz haben wir das Leben.

1484 Sagenhaftes Volk einäugiger Goldräuber, weit jenseits des Skythengebietes. Siehe Herodot: Neun Bücher, 3. Buch: Thaleia, Kap. 116.

1485 Man soll sich aber offenbar nicht sicher fühlen, denn in Goethes Farbenlehre war von einer *Kerze* bei Vollmond die Rede, hier herrschen andere Lichtverhältnisse: bei *Wachtfeuern* unter *unvollkommenem* Mond (7031).

Das Wort Fabelreich kommt schließlich von einem selber ziemlich fabelreichen Kerlchen, das vielleicht nicht anders kann, als sich in *so* etwas zu verwirklichen. Jedenfalls bezieht sich diese Stelle durch das sogleich folgende «Wo ist sie?» (7056) zurück auf jene Situation am Ende des 1. Aktes im Rittersaal, da Faust ein (stummes) Truggebilde in seine körperliche Gegenwart zu ziehen versucht. Nun ist er radikaler, geht er ihr entgegen. Aber in ein Fabelland? Selbst wenn er das akzeptieren könnte: Er würde selbst dort nur ihre Wirklichkeit suchen. Aber er hält den Boden, auf dem er landet, die Luft, die er atmet, für real. Das weckt ihn auf und ‹inspiriert› ihn. Goethe hat schon in frühen Jahren die sinnliche Gemeinschaft mit der fernen Geliebten über den Kontakt mit Dingen (Textilien etwa) genossen, diese Fähigkeit teilt er nun auch an Faust aus, der die von Helena durchatmete Luft voll durchzieht (7073). Das geht, wenn Letztere auch lediglich noch in fast metaphorisch kleinen Anteilen vorhanden sein kann, nur deshalb, weil es das wirkliche Griechenland ist, auf dem er gelandet ist.

Das zweite Bild entfaltet sich zunächst in der Nähe des ersten, nämlich am Fluss Peneius, der unter anderem auch die Pharsalischen Felder durchfließt. Nach einem idyllischen Erlebnis mit Nymphen reitet Faust auf Chiron, dem mythischen, kentaurischen Arzt, zur Apollo-Priesterin Manto, die mit ihm zu Persephone in die Unterwelt fährt, um Helena heraufzuholen. Faust wird im Drama erst wieder ‹auftauchen›, wenn Helena ebenso aufgetaucht ist. Die Fahrt in den Abgrund wird mit einem großen Erdbeben beantwortet. Auf der Oberseite übernimmt, nach einem märchenhaften Zwischenspiel mit Ameisen, Greifen, Pygmäen, Daktylen und Kranichen des Ibikus, Mephistopheles die Fortsetzung der Handlung. Nachdem der vergeblich versucht hat, sich eine von den larvenhaft schönen, vampyrischen Lamien zu krallen, und nachdem er zwischendurch den Homunkulus getroffen hat, der die Philosophen Thales und Anaxagoras sucht, ergattert er von den Phorkyaden (den drei Graien mit zusammen nur einem Auge und einem Zahn) ein «Bildnis» (8017), also ein Gesicht bzw. eine Maske.[1486] Er wird als hermaphroditischer Phorkyas erst wieder im 3. Akt auftauchen.

1486 Laut Regieanweisung nach 1038 legt Mephistopheles die Maske einer Phorkyade an und steigt in die Kothurnen (Schöne, S. 561).

Am Monsterpersonal scheint sich prima vista nicht viel zu ändern, wenngleich am Ende dieses zweiten Bildes die konkurrierende Mentorschaft zweier veritabler antiker Philosophen den Charakter des Gespenstischen an Homunkulus entscheidend relativiert, weil die beiden alten Weisen versuchen, Fassung zu bewahren und zu begreifen. Thales versucht, der leuchtenden Phiole zu erklären, dass alles Leben aus dem Wasser kommt, während Anaxagoras dem künstlichen Wesen das Feuer als erstes Lebensprinzip der Natur nahelegt. Aber diese Gespräche finden erst am Ende der Szene am Fluss statt. Indessen bemerkt man, dass das Wasser steigt und dass seine Lebensbedeutung immer mehr in den Vordergrund plätschert, selbst am Monsterpersonal stellt sich ein leichtes aquatisches Übergewicht gegenüber feurigen, irdischen und luftigen (Un-)Wesen ein.

Aber dass sich überhaupt eine Art elementarer Zuordnung abzeichnet, spricht selbst für eine gewisse kosmogonische Zivilisierung in dieser seltsamen Nacht. Eigentlich ist die Zuordnung der Monster zum Wasser keine Überraschung. Denn Monster brauchen Mischbarkeit, Lösbarkeit, Übertragbarkeit. Die Elemente Erde und Luft sind als Lebensmedien ungünstiger: Erde ist zu schwerfällig für Verwandlung, Luft ist zu flüchtig. Nur Feuer kann noch eine Zeit Paroli bieten. Zwar gibt es auch Erdgeister: Däumlinge, Ameisen usw.; die Sphinxe wären noch zu vermelden, die Goethe ein wenig veräppelt, weil er sie offenbar als Artefakte darstellt, die nur aus prätentionaler Gravität behaupten, sich nicht von der Stelle bewegen zu *wollen* (7181). Und in der Luft schwirrt es von Lamien, Schlangenköpfen und Kranichen des Ibykus. Aber das ist alles marginal. Am wichtigsten sind die altehrwürdigen Monster der Seefahrer, die Sirenen, Töchter des Flussgottes Acheloos. Ihr Gesang prägt von Anfang bis Ende die Walpurgisnacht. Und sie singen selbstredend das Lob des Wassers: «Ohne Wasser ist kein Heil!» (7499)

Das zweite Bild der Klassischen Walpurgisnacht, «Peneius», intensiviert die Motivarbeit an Erinnern und Vergessen, die in der vergessenen Geschichtslandschaft des ersten Bildes bereits angedeutet gewesen ist. Goethe selbst hatte ursprünglich ‹Peneus› zweisilbig aufgefasst, sodass der Fluss an Penis erinnert. Zunächst scheint der Fluss selbst zu träumen, in seinem «Wallestrom» (7256), Nymphen säuseln Faust ein Wiegenlied (7269), und dann sieht und hört er eine Szene, von der er nicht weiß, ob es Träume oder Erinnerungen sind (7275). Es ist eine Liebesszene: Leda und der Schwan.[1487] Das ist eine Wiederholung; diese Szene hat er, nach Auskunft des Homunkulus, selbst schon einmal geträumt (6916); er kann sich nicht erinnern; aber er ahnt etwas[1488], und diese spezifische Erlebnisart des Ahnens ist oft ein Erinnern entlang einer metonymischen Spur, deren finaler Erkenntnisblitz dem Entschlüsseln einer Symbolisierung gleichkommt. Erinnern und Vergessen im Dienste von Übertragung und Rückübertragung.

Ahnt Faust, dass in dieser griechischen Walpurgisnacht Leda ein Deckbild von Mutter Nacht ist? Gerhard Kaiser hat bereits auf die ikonische Ähnlichkeit der beiden Figuren hingewiesen.[1489] Asmus Jacob Carstens, der in seiner zweiten Fassung von «Die Nacht und ihre Kinder» von 1795 (Abb. 2) den wie bei Leda geöffneten Schoß durch den Knaben Tod verschließt und bedeutsam macht, muss, Kaiser zufolge, das Correggio-Bild gekannt haben. Goethe kannte nicht nur das Correggio-Bild, sondern zu seiner Zeit wurde in Weimar das Bild von Carstens angeschafft. Goethe kehrt aber im Faust II die Reihenfolge der Bilderentstehung um. So wie aus dem gesenkten Schaft der gelöschten Fackel des Knaben Tod der aufrecht sich schlängelnde Hals des Schwanengottes wird, so wird aus der unheimlichen Nacht der Mutter und der fatalen Frauen im Hintergrund

1487 Schon der Schwan des Apollon, also der Kunst, landet für seine Kunst am Peneios (Homerischer Hymnos 21: An Apollon). – Die bei Malern seit der Antike beliebte mythologische Liebesszene zwischen Zeus und Leda ist deshalb – rein malerisch – interessant, weil ein Schwan keinen Penis hat, aber mit seinem raumgreifenden und vielsagend gewundenen Hals der symbolische Stellvertreter eines solchen sein kann. Seine Darstellungen werden in der Renaissance «zahllos» (Lücke, S. 528), und sie reichen von meditativ (Michelangelo) bis «pornographisch». Gustav René Hocke nennt die Leda im Manierismus ein «pornographisches Weibchen» (G. R. Hocke: Die Welt als Labyrinth. Reinbek 1987, 116). Goethe besaß eine Kupferstich-Reproduktion dieses Correggio-Bildes von Desrochers (Schöne, S. 514 u. Abb. 9), auf der die lustvolle Hingabe an den Körper des Schwans nur dann nicht als Sodomie gelten kann, wenn dieser Hals ein allegorischer *göttlicher* Schwanz ist.

1488 «Gesunde junge Frauenglieder» spiegeln sich im Wasser «wider» (7284). Wasserspiegel-Bilder: ein altes Motiv der Wieder-Holung; vgl. die globale Ästhetik der Pools vor Mausoleen, Heiligtümern und vor der Vergangenheit entlehnten Legitimationsquellen der Macht.

1489 G. Kaiser: Mutter Nacht – Mutter Natur. In: F. A. Kittler (Hg.): Austreibung des Geistes aus den Geisteswissenschaften. Paderborn u. a. 1980, S. 111 ff.

bei Carstens das göttlich heitere Liebesspiel in der Natur. Bemerkenswert, dass dieses Corregio-Bild eigentlich eine *tägliche* Idylle zeigt. Goethe aber transportiert diese Szene wohl auch deshalb in die Nacht, weil er Leda an Nyx heranführen will. Beide Bilder fallen durch eine außergewöhnliche Zeitlichkeit in der Darstellung auf.

Die Leda-Szene hat links und rechts Vergangenheit und Zukunft des gegenwärtigen Augenblicks versammelt, wodurch der *erhabene* Augenblick der Gegenwart kenntlich wird. Carstens' vierfache Höhle der Nacht (Erdhöhle, Höhle der Moiren, Höhle der mütterlichen Gebärde mit bergendem Tuch und Schoß-Höhle der vom Tod bedeckten Geburt)[1490] ist von einer zeitlichen Versunkenheit gekennzeichnet. Beides ist der Erinnerung und dem Vergessen eigentümlich. Der Zweck dieser Überblendung der Gestalten und der Anmutung ihrer Szenen ist die Arbeit am positiven Bild der Nacht als Medium der Liebe – und die erinnernde Durcharbeitung einer traumatischen Nacht. Die Nacht, die Carstens (mehrmals) gezeichnet hat, ist das Reich der Mütter, in das Faust sich hinabbegeben hat, um Helena zu erobern. (S. o., Teil II, «Mummenschanz») Goethe war darin sehr beeinflusst von Moritz' Fassung des griechischen Mythos, die von Carstens illustriert worden war und der eine Vignette der Nacht und ihrer Kinder – Vorläuferin der hier behandelten Fassung – beigegeben war (mit den zu ahnenden Gestalten, die aus der Erdspalte unter ihr herauslugten. Jetzt aber geht er zurück auf eine *Quelle* von Carstens' Bildfindung, zu Correggio, um aus der Mutter aller Gestaltung die (zweite) Mutter seiner Geliebten Helena zu machen. Nyx wird Leda, und die Nacht, in die er geht, um Helena zu holen, ist eine Nacht der sexuellen Liebe.

Die Szene wird unterbrochen durch das Auftauchen des Pferdemenschen Chiron. Einem unbedarften Nordländer muss dieser weise Arzt und Erzieher des Achill eher wie ein Monster erscheinen, anders dem Mephisto, der schließlich Pferde*füße* hat. Die Wandlung der Monsterbegegnungen zum Guten und die Unterwanderung des Scheins[1491] spiegelt hier Fausts guten

1490 Nach ebd., S. 102.

1491 Die eigentlich befremdliche Gestalt ist dem klassisch gebildeten Faust so vertraut wie den alten Griechen. Sie ist vielleicht die Mystifikation eines Reitervolkes, ist aber bei den Griechen auch als Sohn des Kronos ein Halbgott, Arzt, Bildender Künstler und: ein Sternbild.

Weg. Der führt vom glühenden Sitz einer Orakelpriesterin (Dreifußkessel) zum Sitz auf einem Pferderücken, auf dem auch Helena saß. Diese Verbindung ist berechtigt, denn Chiron redet gerade über Frauen-Anmut, als er wie nebenbei erwähnt, dass er auch Helena trug – und übertrug über den Fluss, dass genau da, wo Faust jetzt sitzt, Helena gesessen habe, dass sie ihm genau so ins Haar gefasst habe wie er (7404–10).

Das nenn ich Übertragung! Dieselben Berührungssensationen am selben göttlich-tierischen Objekt. Die fast fetischistische Berührungs-Übertragungslust ist nun immer noch ganz der alte Faust (wie schon der junge Goethe). Er kannte Gretchen kaum, da wollte er schon ein «Strumpfband seiner Liebeslust» (2662). Hier spricht der Dichter von eigenen Präferenzen. Seit den Tagen seiner Jugend schätzt Goethe materielle Teile oder Spuren eines Wesens zur imaginären Übertragung ihrer Bedeutung. Welch einen Kult machte er nach der Trennung von Charlotte Buff um all die ‹Läppgen›, Stoffe, Kämme und *Silhouetten* der Freundin. «Denn wir sind arme sinnliche Menschen», pflegte er sich zu entschuldigen.[1492]

Ganz recht, auch die Silhouetten sind als Reliquien von metonymischer Funktion. Diese beliebten Abdrücke des Schattenumrisses sind eben keine Ansichten: Sie geben nicht den Anblick wieder, sondern die augenlose Nachtseite eines Körpers, die das Erinnerungsbild eher durchkreuzt.[1493] Auf dieses Negativ aber überträgt sich dann die Ahnungsarbeit, die in solch einen gegensinnigen Abdruck der Natur die ‹Spur› der Erinnerung ‹überträgt›.[1494] Der ohne Helena so unvollständige Nachtleib Faust wird von diesem gemischten Leib Chiron übertragen, an derselben Stelle seines Widerristes und über denselben Fluss Peneius. Die Übertragung ist

1492 Goethe an J. C. Kestner, 15. 12. 1772, in: E. Behrend: Goethe, Kestner und Lotte. München.1914, Briefe S. 24.

1493 Ich erwähne die mit der Fotografie vergleichbare Autorität des Schattenbildes, weil sie Goethe persönlich so erlebt hat. Vgl. seinen Brief an Kestner vom 25. 12. 1772, in: ebd., 26.

1494 Die um 1800 beliebten Silhouetten (Scherenschnitte) beleben, ähnlich wie das Transparentbild, die Ästhetik des auftauchenden, des entgegenkommenden bzw. sich entfernenden Bildes. Licht und Schatten, Spuren des Realen, können als Autorität der Wahrheit hinter dem Eindruck des Entstellten oder Verkehrten die Aufforderung zur Übertragung des Erinnerungsbildes auf dieses ‹wirkliche› verstärken, weil sie als Zeugnisse der Entsprechung des eigenen Auftauchens im Anblick erfahren werden können.

auch bei Chiron durchaus mehrdeutig, denn dass Helena ein *Quell* – der Lebenslust – ist, sagt sich leichter, wenn man gerade wieder über denselben Fluss setzt.

Ein übrigens besonderer Fluss ist der Peneius, in dem sich die musenartigen Sirenen baden (7495) und der auch einmal rückwärts fließen kann, wenn sich bei den Müttern was ereignet (7503). Im Gespräch mit Chiron enthüllt Faust, wie musisch er Helena auffasst. Anlässlich der erstaunlichen Fülle dichterischer Bearbeitung des Stoffes, nein einer Frau, die nie altert, appetitlicher Gestalt bleibt und vor allem nie mündig wird (7430), bleibt nur zu sagen: Mündig zu werden braucht sie nicht: hat Dichtermund genug.[1495] Chiron sagt es so, wie es auch Goethe immer wieder gesagt hat: «G'nug, den Poeten bindet keine Zeit.» (7433) Das ist immer noch zweideutig; diese Zeitfreiheit reicht von derjenigen bloßer Einbildung bis zum erfüllten Augenblick. Und die unmögliche Kühnheit Fausts besteht ja gerade in der Suche nach dem erfüllten Augenblick mit einer literarischen Figur (7434):

> So sei auch sie durch keine Zeit gebunden!
> Hat doch Achill auf Pherä sie gefunden,
> Selbst außer aller Zeit. Welch seltnes Glück:
> Errungene Liebe gegen das Geschick!

Innerhalb der poetischen Zeit des Schau-Spiels beansprucht Goethes Faust eine *Realisierung* dieser poetischen Zeitsouveränität, obwohl die Zeitfreiheit Helenas offensichtlich nur darin besteht, dass es Dichter sind, die sie immer wieder jung erzeugen – aber eben unvollständig. Eine der ältesten Mittel der ‹Herrschaft› über die Zeit ist die Magie und deren die rituelle Wiederholung und Wieder-Holung. Die spätere Ehe Fausts mit Helena ist die Wiederholung derjenigen sagenhaften Helenas mit Achill. Aus der Ehe Fausts mit Helena wird ebenjener Knabe Euphorion noch einmal geboren werden, den Helena und Achill bereits geboren hatten. Letztere waren damals eigentlich schon tot gewesen. Achill war auf die Donauinsel Leuke ‹entrückt›, und Helena kam zu ihm aus dem Schattenreich der Unterwelt herauf. Heroen und Heroinen können eben nicht sterben, aber das Leben haben sie von Dichtern, folglich ist

1495 Netterweise bringt Faust Helena allerdings das Reimen bei (9377).

der Knabe ein Emblem der Poesie. Wie geistig man die Liebe zwischen Helena und Faust nehmen muss, ist daher eine Frage der Phantasie. Andererseits behauptet die Liebe des Dichters natürlich immer, die größte Liebe zu sein, und jeder glaubt um der Möglichkeit der eigenen willen «jener Liebe, die das Leben selbst ist, die das ganze Universum ist», wie es in «La Traviata» heißt.

Soll heißen: Bei jener Liebe, die eine Phantasie des Nachtleibs ist, stellt es keine Minderung durch Eifersucht dar, dass Helena durch so viele heldenhafte Betten gezogen wurde oder ist, es steigert ihren Wert. Faust ermutigt es jedenfalls, dass sie selbst den toten Achill auf Pherä… Pardon, es war Leuke, wo Helena mit Achill… auf Pherä war etwas Ähnliches gewesen: Da hatte Herakles, den mit Faust der Dreifußraub aus der Unterwelt verbindet, Alkestis für den liebenden Admetos aus der Unterwelt heraufgeholt. Schöne macht plausibel (S. 545), dass Goethe die beiden Geschichten bewusst zusammengeschoben hat, weil die Stadt Pherä mythischerweise einen Zugang zur Unterwelt gehabt hat. Wiederholung wird hier auf Wiederholung gestapelt: Faust war ja auch schon unten, gleich wird er wieder hinuntergehen.

Es ist für ihn in dieser Nacht *ein* Tag, dass er sie aus der Unterwelt hervorzauberte im Rittersaal und dass er nun wieder hinuntergeht, sie zu sehen (7472). Er gelangt in dieser seltsamen, «verrufenen» Nacht (7482) zur Orakelpriesterin Manto, die ihn zu Persephone in die Unterwelt unterm Olymp führt (7489). Um Helena heraufzuholen: ein zweiter Orpheus. Schon Manto erinnert an diesen Vorläufer (7493), aber vor allem hat Goethe in seinen «Paralipomena» selbst die Formel «ein zweyter Orpheus»[1496] geprägt. Eigentlich ist er ein dritter, denn objektiv stieg da einer am Ende des Faust I mit einem Lied von Glucks Orpheus aus Gretchens Zelle, um auf einer blühenden Wiese wiedergeboren zu landen. Also ein dreifacher Orpheus, ein zweifacher Herakles[1497] und zweifacher Achill, zu dem Goethe auch ein besonderes Verhältnis hat[1498], werden hier, neben ande-

1496 Paralipomenon 123 C, in: Goethe: Faust (Texte), S. 643, Z. 292.

1497 … nämlich der mit dem Dreifuß und der von Pherä.

1498 ‹Goethe› spielte als Kind mit Puppen, und zwar den Achill, wie er im 2. Buch von «Dichtung und Wahrheit» erzählt. In seinem epischen Fragment in Hexametern «Achilleis» von 1797, erschienen 1808, «vergisst» dieser in seiner Liebe zu Polyxena sein «drohendes Geschick». Kindler 3, S. 740.

ren Geschichten[1499], übereinandergeschichtet. Warum? Um die Zeit zu beschwören und anzuhalten, um sich umzukehren und so die Zeiterfahrung zu verdichten zur Intensität gelebter, nicht phantasierter Gegenwart. Die Heilige Familie aus Faust, Helena und Euphorion weiß später in edler, vielleicht fiktiv absoluter Unmittelbarkeit nichts von ihrer eigenen Wiedergängerei. – Der Ebene der Heldenschichtung entspricht die der Dichterschichtung, denn die Vorbilder Vergil und Dante waren ja schon da. (Schöne, S. 527)

Die Schichtung der erinnerten Zeiten zum Vergessen der eigenen ist wie ein Sprungbalken zum Übertragen des Leibs in eine nicht nur andere Art von Zeit, sondern auch eine Art von vollständigerem Nacht*leib*. (Helena ist nicht Beatrice.) Das Geheimnis der Goethe'schen Vorstellung beruht darauf, dass die Erhebung ins Gleichnishafte (bis zum Schluss-Chor des gesamten Faust-Dramas) als ‹Eräugnis›[1500] gefeiert wird, als Apotheose des Besonderen und Vollendung der Leibhaftigkeit (im Sprachleib). Vielleicht ist es dieser Traum, der Goethe zeitlebens an seinen Homer band, der für die Sterblichen keinen anderen ‹Himmel› kennt als die Schau des auftauchenden Achill, seines im Glanz ‹nächtlicher› Gleichnisse verklärten, das heißt gerüsteten Leibs. Eben dazu gehört die Verwandlung der leibhaftigen ‹Zeitlichkeit› (im Sinne ihrer Beschränktheit) durch die je spezifischen Bedingungen seiner Gegenwart, seiner Erwartung, seiner Erinnerung und seiner Vergesslichkeit.

An dieser Stelle, wo in seltsamer Nacht Faust ‹über den Fluss geht›, den er unterschreitet, mehren sich die Zeitaussagen und deren Referenz zur Nacht. Nur in dieser Nacht, wenn die Mondin ihren Lauf anhält, reitet der Lehrer Achills, der sowohl Träger Helenas als auch Faustens ist, von einem musischen Fluss-Idyll für «wenig Augenblicke» (7449) zu einer Orakel-Priesterin Manto, der er jetzt Fausten übergibt. Fluss- und Wasser-Übertragungen bilden selbst schon seit dem Flussidyll im Traum einen Teil der Zeitqualitäten ab. Chiron setzt ihn an einer Quelle ab, die er ihm zu seinem Heil (des Vergessens von Helena) empfiehlt (7461). – Das

1499 Katharina Mommsen hat laut Schöne (S. 526) gezeigt, dass Goethe 1824/25 eine Geschichte aus 1001 Nacht las, in der ein Prinz sich bei einer Bade-Szenen-Schau in eine Geisterprinzessin verliebt, die er in langer Fahrt nach vielen Prüfungen gewinnt.

1500 Vgl. 7750 und Schönes Kommentar zu 5917, Schöne, S. 453.

Wasser überträgt in seiner urspringenden Qualität des Quellens und Verfließens das Übertragungsmedium für Erinnern und Vergessen … sowie für Ewigkeit. – «In grauser Nacht» (7463) stehen sie in einer geschichtsgetränkten Landschaft[1501], die sogleich wieder (7469) in einem nächtlichen Bild der Ewigkeit verklärt wird:

> Blick auf! hier steht bedeutend nah,
> Im Mondenschein der ewige Tempel da.

In quasi liturgischen Anweisungen Chirons werden die beiden Nachtaspekte (graus, kraus, strudelnd versus ewig) zur Ansicht gebracht: «Geschwind herab!» (7462) und «Blick auf!» (7469). Gleich beginnt die Endstufe des Gebets, wenn es in die Unterwelt geht. – Im Traum erfährt andererseits die Seherin und Orakel-Priesterin Manto von der Ankunft der Halbgötter (7473). Faust als Halbgott! So wie – Achill! Das schlägt einen gewaltigen Bogen zurück zum zweideutigen Gesülze eines Geister-Chors in Faust I, Studierzimmer 2 (1612), den man noch als Background-Group des Teufels auffassen durfte. Nun sagt es eine positive Figur, auch sie aber mit bedeutenden Beziehungen zur Unterwelt: Es muss wohl was dran sein.[1502] – Einmal im Jahr, in der «verrufenen Nacht» – zufällig ist es die Klassische Walpurgisnacht – treffen sich der rastlose Zeitreisende Chiron und die ewig überm Eingang zur Unterwelt Hockende. Chiron kreist und bringt im Auftrag der verrufenen Nacht Faust «strudelnd» (7483) zu einer Manto, die von sich sagt: «Ich harre, mich umkreist die Zeit». (7481) Die Senkrechte zur Unterwelt, auf der sie sitzt, ist die Attraktorin der Bewegung. Da sie den liebt, «der Unmögliches begehrt» (7488), führt sie ihn hinab zu Persephone, wie damals den Orpheus (7493).

1501 Hier soll 168 v. Chr. das Heer der römischen Republik den griechisch-makedonischen König Perseus geschlagen haben; hier soll «der Bürger» über «den König» triumphiert haben (7465–68).

1502 Halbgötter können sterblich oder unsterblich sein, Letzteres zum Teil durch eigene Leistung. Achill gibt die Unsterblichkeit auf zugunsten des Glanzes im Sieg gegen Hektor. (Die Musen sorgen natürlich für die ‹Unsterblichkeit› des Gestorbenen.) Wunderbarerweise bleibt er aber zeugungsfähig und zeugt mit Helena die Poesie. – Goethe beginnt mit der Wiederaufnahme der Arbeit am «Faust» 1797 in dem Jahr, als sein Achilleis-Fragment herauskommt und absehbar wird, dass *dieser* Achill Fragment bleiben wird.

Zu dieser dramatischen Zeitumkehr, poetisch die Vergangenheit wieder lebendig zu machen, ist allein die Nacht geeignet, die in der Geschichte als uneigentlich gilt, auf den Tag des Geschehens vermeintlich nur verweist. Aber Nacht ermöglicht dem Tag, dadurch, dass sie ihn überträgt, bedeutend zu werden. – Doch ist es nicht illegitim, die Zauberkraft dieser besonderen Nacht, wenn der Mond still steht, auf die Nacht überhaupt zu übertragen? Nun zum Stillestehn des Mondes ist ein Mond nötig, und wenn die Aufgaben keine besonderen sind, genügt auch eine normale Nacht oder gar eine Partialnacht wie die «Finstere Galerie» im 1. Akt. Faust ist übrigens nicht der einzige Luftfahrer, der, sich über Hellas herabsenkend, untergehen wird. Der Homunkulus versinkt gar ins Urmeer, Mephisto allerdings versinkt nur hinter einer Maske, taucht aber erst zur Zeit der aufgetauchten Helena wieder auf: als Phorkyas.

Goethe, der ursprünglich eine große Hades-Szene folgen lassen wollte, verzichtet darauf, was den Gleichnis-Charakter des oberirdischen Geschehens und den Übergang von des Homunkulus Meerfahrt zum Auftauchen Helenas machtvoll verstärkt. Fausts Unterweltsfahrt schlägt nämlich in einem gewaltigen Beben zur Erdoberfläche durch; das verändert geradezu die Landschaft und sorgt für einen doppelten Boden des oberirdischen Erlebens. Wenn wir auch nicht wissen, was dort unten geschieht: Bis Faust wieder auftaucht, so will uns das Grummeln des personifizierten Erdbebens, Seismos, der sich von Chaos und Nacht her abgestammt wähnt (7559)[1503], bedeuten, bis Faust wieder auftaucht, ist dieses oberirdische Geschehen als Gleichnis des unterirdischen zu verstehen. Besonders das Zerschellen einer gewissen Phiole am Muschelwagen der auftauchenden Galateia weist hier bedeutungsvoll ‹nach unten›. Seismos, der stolz darauf ist, die Landschaft den Menschen erst gestaltet zu haben (7550), lässt den Fluss der Zeit gar eine Zeitlang rückwärts fließen (7503); jedenfalls ist der bisherige Abfluss des Peneius verbaut. Das führt dazu, dass die Musen dieser Landschaft, die Sirenen, die im Fluss singend gebadet hatten, hinab zum Meeresufer fliehen, zu einer Schwelle zwischen oben und

1503 Wenn andererseits Goethe den Seismos als Poseidon identifiziert, «der die Insel Delos baute / Einer Kreißenden zulieb» (7533), dann spielt er auf die Geburt eines anderen Kunstgottes als des Typhoeus an, auf Apoll. Das Kreißende (Gebärende) und das Kreisende (Saugende) bleiben hier aufeinander bezogen, bis beides sich in der Paarung von Homunkulus und Galatea vereinigt.

unten, zu Strand und Welle (7311), zu einem Meeresfest. Und wieder wird (wie beim Fluss-Idyll) das Spiegelbild des im Wasser still stehenden Mondes beschworen, der mit heiligem Tau befeuchtet (7509):

> Fort! Ihr edlen frohen Gäste
> Zu dem seeisch heitern Feste,
> Blinkend wo die Zitterwellen,
> Ufernetzend, leise schwellen;
> Da wo Luna doppelt leuchtet,
> Uns mit heilgem Tau befeuchtet.[1504]

Natürlich leuchtet Luna selbst nur *einfach.* Die Darstellung des sekundären Spiegelungslichtes als ein zweites, gleichberechtigtes Leuchten ist indessen kein Zufall, sondern verweist uns auf die archaische Vorstellung vom Spiegellicht als *auftauchendem* Licht, wie sie in den Kultbildern der Götter und Göttinnen mit Pool um oder vor sich zum Ausdruck kommt.[1505] – Die Vorstellung von Lichtspiegelung als auftauchendes Licht ist historisch zu durchgängig und geographisch zu ubiquitär, um sie als eine Goethe'sche Spezialität anzusehen. Es handelt sich hier um ein Phantasma vom sich (in) der Nacht öffnenden Fenster des Leibes, so ‹selbstverständlich› wie die Auffassung vom Gesicht als dem Spiegel der Seele. Die Bewegung des Auftauchens ist hier nur subtil angedeutet durch die gleichzeitige Bewegung des Untertauchens, welche ein Taufen ist: «mit heilgem Tau befeuchtet»; siehe oben. Auch hier wird also auf das untere Geschehen verwiesen.

Die heftige tektonische Verwerfung, das Aufreißen neuer Schlünde, das die Unterweltsfahrt Faustens begleitet, setzt seltsame Wesen und Geschichten frei, wie diejenige von den Greifen, Ameisen und Pygmäen, auf die ich hier nicht weiter eingehen kann. Aber auch Mephisto ist verwirrt von der Veränderung der Erdgestalt, die ihn von den Sphingen trennt und mit den Lamien in Verbindung bringt. Gemäß seiner höllischen Herkunft

1504 Vgl. dagegen die giftigen Dämpfe der Nachtluft, die noch in abergläubischer Neuzeit vom *einfachen* Mond herabsinken sollen; siehe «Vorrede».

1505 Vgl. Claudia Wölfel: Erwägungen zur künstlichen Beleuchtung von Skulptur. In: W.-D. Heilmeyer und W. Hoepfner (Hg.): Licht und Architektur. Tübingen 1990, S. 43.

sieht er das Geschehen eher als ein vulkanisches (7690). Der folgende Satyrtanz Mephistos auf der frustrierenden Jagd nach den Lamien und der Empuse ist fast der einzige, der den Erwartungen des Klischees einer Klassischen Walpurgisnacht entgegenkommt. Die Lamien sind schöne ‹Larven›, hinter denen sich kinderraubende Gespenster verbergen; die Empuse ist eine Kinder-Vampyrin und/oder Hekate-Vertreterin.

Er begreift den abgeschmackten Mummenschanz (7795). Trotzdem: «Ich möchte gerne mich betrügen, Wenn es nur länger dauerte.» (7799) Nach einem neuerlichen Hinweis auf die spukhafte Entstehung des Gebirges in einer Nacht trifft Mephisto auf Homunkulus, der in Begleitung der Philosophen Thales und Anaxagoras auf der Suche nach seinem Körper ist; mit ihnen wandert der Zuschauer weiter durch das Mysterium der Nacht. Die Alten streiten sich über das Ur-Element – *das* Thema für den Geist im Fläschchen. Thales lässt alles aus dem Wasser entspringen, Anaxagoras alles aus dem Feuer. Wasser ist zum Mischen gut – auch Homunkulus ist eine Mischung. Aber das Feuer scheint die Wärme des Lebensdrangs zu haben. Ihr Streitgespräch dreht sich um die Ursache des unterirdischen Geschehens: Ist es vulkanischen (7855) Ursprungs oder ist «lebendiges Fließen» dafür verantwortlich? Dahinter verbirgt sich ein für Goethe zeitgenössischer Streit zwischen Vulkanisten und Neptunisten um die Entstehungsgeschichte der Erde. (Schöne, S. 556)

Zu dritt ziehen sie zum Meeresfest, auf dem sich die Entstehungsgeschichte des Lebens sozusagen urmeerhaft wiederholt (7950).[1506] Unterdessen verwandelt sich Mephisto – oder ist es eine Art Transplantation? Nach der Enttäuschung der vermeintlich «holden Maskenzüge» (7797), die sich zu früh als leerer Mummenschanz erweisen (7795) – was auf den höfischen Karneval zurückverweist –, findet nämlich zwischen Mephisto und seinen ebenso nachtgeborenen Verwandten (8010) – nun nicht gerade ein Geschlechtsakt –, aber eine monströse Pfropfung statt, indem sich eine der Graien/Phorkyaden in Mephisto «überträgt» (Schöne, S. 560), sodass aus drei Graien und einem Mephisto zwei Graien und ein Hermaphrodit ent-

1506 Die Assoziation von Erdbeben und Geburt wird von Goethe ins Urmeer fixiert. Er selbst verweist 1808 bei der Lektüre von Senecas «Naturales Qaestiones» darauf. Letzterer habe die Entstehung der Ägäischen Inseln genau so beschrieben wie er es sich selber vorgestellt habe «als Insel im Urmeer durch eine submarine Eruption» (Schöne, S. 549).

stehen (8029). Es ist also mehr als ein bloßer *Anschein* der Veränderung gemeint, wenn vom überlassenen Bildnis (8017) die Rede ist. Andererseits findet mit diesem Quasi-Inzest keine Wesensveränderung des Chaos-Sohnes statt, der in der Theaterpraxis eine Maske absetzen wird, wenn er sich wieder als Mephisto enthüllt (1038).

IV

In den «Felsbuchten des Ägäischen Meeres» verdichtet sich die wunderbare Nacht zu einem magischen unvergänglichen Augenblick, denn der Mond verharrt (auf Regieanweisung) im Zenit. Zu diesem Augenblicke könnte Heinrich sagen: «Verweile doch …» Aber kein Faust, kein Mephisto weit und breit. Nur die Phiole tapert unermüdlich durch die Walpurgisnacht – ihrer Bestimmung entgegen. Da es sich um eine Nacht voller Wiederholungen und Erinnerungen handelt, macht diese stehengebliebene Zeit im Zauberlicht des Mondes den Eindruck einer Allegorie der unvergänglichen Erinnerung, deren Szenerie nur darstellungsbedingt sukzessive (denn es gibt jetzt keine Sukzession) auftaucht – aus der Nacht des Meeres und zugleich aus der Nacht der Erinnerung. Zuerst tauchen die sirenischen Musen auf, die in lauter gesungenen und geflöteten Gesten ein einziges Auf- und Abtauchen spielen und hervorrufen (8034):

Haben sonst bei nächtigem Grauen
Dich thessalische Zauberfrauen
Frevelhaft herabgezogen,
Blicke ruhig von dem Bogen
Deiner Nacht auf Zitterwogen
Mildeblitzend Glanzgewimmel,
Und erleuchte das Getümmel
Das sich aus den Wogen hebt.
Dir zu jedem Dienst erbötig,
Schöne Luna, sei uns gnädig!

Die Regieanweisung hebt unseren Blick hinauf zum Mond und senkt ihn dann hinunter zu den Sirenen. Diese heben den Blick hinauf zur Mondin und blicken für sie hinab aufs Meer. So wie der Blick des Helios Rhodos heraufholt, so hebt der Blick der Mondin ein dienstbares Getümmel aus den

Wogen. Auftauchen «Nereiden und Tritonen als Meerwunder». Die Nereiden, «fünfzig Mädchen an Zahl», Töchter des Nereus, kennen wir schon von Hesiods Theogonie (Th. 264). Sie sind so bezaubernd, dass Hesiod sich bei ihrem imaginären Anblick verzählt, denn er zählt 51 auf. Goethes mythologischer Gewährsmann Hederich hebt noch ihren spielerischen Charakter und ihre Begleiter-Rolle für die auftauchende Venus hervor (Schöne, S. 564). In Begleitung dieser Nymphen des Meeres tummeln sich, wie Satyre des Meeres, die Tritonen, poseidonischer Abkunft und zweifelhafter, aber gewiss immer schwankender Gestalt. Das Muschelhorn scheint noch ihr dauerhaftestes Attribut zu sein. Die drei Gruppen besprechen das Fest, wobei die Sirenen noch am ehesten wie Festausrichter wirken. Die andern beiden zischen gleich wieder ab nach Samothrake, die Kabiren zu holen, mystische Fruchtbarkeitsgötter, die mit einem Mysterienkult der Großen Mutter (Kybele) verbunden werden.[1507]

Nach erneuter Anrufung der Mondin, die Nacht anzuhalten (8078), tauchen Homunkulus und der Wasser-Philosoph Thales auf. Der altgriechische Weise, der bei Betrachtung des nächtlichen Sternenhimmels schon mal ins Wasser (Brunnen) gefallen war[1508], der also einen Zusammenhang kennt zwischen Eintauchen und Auftauchen (des Nachthimmelslichtes), führt seinen Schützling zu Nereus, den Greis des Meeres: Der Vater der fünfzig herrlichen Gestalten möge einen Gestaltungsvorschlag machen für jenes imaginäre (8204) oder virtuelle, jedenfalls sprachmächtige Wesen in der Phiole, das «zu entstehn» wünscht (8133). Der Alte hat aber keine Zeit und nur Augen fürs Meer; er erwartet in dieser Zaubernacht seine Mädchen. Da haben wir das Drama: Das Imaginäre und die Mädchen, wie werden sie zusammenkommen? Dieses körperlose Feuer

1507 Kl. Pauly 3, Sp. 34: «Kabeiroi». Der Charakter dieser Götter und Göttinnen des zweitgrößten griechischen Mysterienkultes ist bis heute nicht vollends klar. Es gibt aber vielfache Überblendungen mit u.a. Bergwerk, Mutter (Demeter) und Liebe (Aphrodite).

1508 Vgl. H. Blumenberg: Das Lachen der Thrakerin. Frankfurt 1987. Die mythologische und im Synkretismus leicht uneigentlich wirkende Atmosphäre sollte nicht über Goethes Ambitionen hinwegtäuschen: Naturgeschehen (Beben), Musisches Fest (Sirenen), philosophische Erörterung und religiöse Unterstützung durch die Mysterien der Kabiria zugleich, das geht aufs Ganze unterm Zeichen des stehenden Mondes. Nachvollziehbar ist das am ehesten *nacht*ästhetisch – für diejenigen, die ähnliche Beilager von Wachheit und Traum erlebt haben.

in vitro, sozusagen das Imaginäre im wissenschaftlichen Gewande, muss erst noch eintauchen in den Stoff des Lebens, um in organischer Gestalt auftauchen zu können. Da der Phiolen-Inhalt, also Homunkulus, Fausts Trauminhalt sah (ein Schwan hat aber kein «z» hinten / unten), da sich die beiden fast gar nicht sprechen, spricht einiges dafür, dass Homunkulus etwas von Faust Abgeschnittenes ist.[1509]

Hier nun aber, wo die Nacht stille steht, zerschellt «in einem hymnisch-orgiastischen Akt» die Phiole am Muschelwagen der Galatea, «und Wagners kristalline Substanz» löst sich in das Element, «aus dem das organische Leben hervorgeht».[1510] Diese kühne Konfrontation des monströsen Milieus der Wissenschaft mit ältestem Musenspiel, des Schaums der Träume, die Ungeheuer gebären, mit dem Schaum der Kastration des Uranos, wird hier lässig, aber bewusst zelebriert. Nereus sieht sie kommen, mit so anmutiger Gebärde, «dass selbst der Schaum sie noch zu heben scheint» (8143). Aus dem Schaum der abgeschnittenen ‹Scham› des Uranos war Aphrodite aufgetaucht; hier taucht nun Galatea auf, getragen von Aphrodites Muschelwagen. Ursprünglich nur die schönste der Nereiden, wird Galatea als spätere Stellvertreterin und göttliche Erbin der Liebesgöttin und ihres Kultes in Paphos vorgestellt (8144). Doch die Orgie lässt noch auf sich warten. Der Alte will seine «Vaterfreudenstunde» (8150) nicht gestört sehen, schickt Thales mit ‹Röhrchen› weg: zu Proteus. – Was ein richtiges Fest ist, das braucht seine umständlichen Vorbereitungen und Verzögerungen. Erneut wird in dieser Nacht mit den Sirenen der Blick aufs Meer gerichtet, wo die Nereiden und Tritonen die Kabiren herbeibringen, «sehnsuchtsvolle Hungerleider / Nach dem Unerreichlichen». (8204) Die Sehnsucht hat uns noch gefehlt …

Angelockt vom Flämmchen in der Phiole, erscheint Proteus, der «Wundermann», der weiß, wie man entstehn und sich verwandeln kann» (8152) – in Gestalt einer Riesen-Schildkröte. Dass den Gestalten-Wandler das Imaginäre fasziniert, ist genauso einsichtig wie das Interesse des Imaginären,

1509 Wer den Kupferstich nach Correggios «Leda und der Schwan», den Goethe 1822 erwarb und «als wichtigste Bildvorlage» für diese Verse verwendete (Schöne, S. 514), selbst gesehen hat, weiß, dass man hier von Schwan und Schwanz nicht schweigen darf. Es geht schließlich auch um Zeugung, um die Zeugung Helenas.

1510 A. Schöne, ‹Karl Marx›, Sp. 4.

Gestalt anzunehmen. Warum aber wird Röhrchen von Nereus zu Proteus geschickt? Proteus wird nämlich manchmal mit Nereus verwechselt, auch werden beide Götter ‹Alter Mann des Meeres› genannt. Außerdem ist Proteus über eine von des Nereus Nereiden, nämlich Psamathe, Schwiegersohn des alten Alten – und könnte jetzt in Ruhe neben seinem Schwiegervater stehn und die flotte Flotte von Delphinen und Muschelwagen erwarten.[1511]

Der Grund ist, dass über diesen Schlenker noch die Assoziation einer andern Frau und Halbgöttin über die Erscheinung der Galathea geblendet werden soll: die der Helena. Der alte Meeresgott Proteus ist nämlich wahrscheinlich mit dem ägyptischen König Proteus identisch, der Helena während des Trojanischen Krieges in seine Obhut nahm.[1512] Wir wissen, dass Faust schon vor seiner Begegnung mit Margarete von Mephisto dazu verwünscht wurde, Helena in jedem Weibe zu sehen (2604). Aber weiß das auch der «Jungfernsohn» (8253)? Mit Helena im Hinterkopf richten die Allegorien des Imaginären, des Urelementes und der Metamorphose, also Homunkulus, Thales und Proteus, ihren Blick wieder aufs Meer, wo es immer voller wird und wilder wogt. – Auch Proteus ist der Meinung, dass der noch hermaphroditische, also unentwickelte Phioleninhalt im Meere anfangen müsse, sich zu entwickeln, doch sind Abgründe zu ahnen hinter der Zweideutigkeit, dass der kleine Mensch im Meer seine sexuelle Orientierung schon finden werde, und andererseits, dass man dort im Kleinen anfange und sich freue, Kleinste zu verschlingen. Er redet offenbar von der allgemeinen Entwicklung der Lebewesen. Da muss der so redegewandte und geistreiche (8249) Kleine aber mächtig zurück von seiner individuel-

1511 *Muschelwagen* trifft genauer als «Schiff» oder «Boot» die Bildvorlage Raffaels. Die sehr hochliegende Riesenmuschel hat an der Seite ein Rad, wie es Raddampfer haben. Es ist aber nicht für den Antrieb bestimmt, denn aufrecht wie in einer Kutsche oder einem Streitwagen steht Galatea, eine weibliche Wagenlenkerin, und lenkt die Zug-Tiere: Delphine. Das Rad am Schiff ist also symbolisch: Es verweist auf den Schiffskarren des Dionysos und mithin auf das griechische Nachtfest, das einer Klassischen Walpurgisnacht am ehesten gleicht: auf die Großen Dionysien.

1512 Recl. Lex., S. 458. Unterschwellig wird die Imagination zugleich auf jene Variante der Helena-Sage geleitet, die auch Euripides für sein Drama benutzt hat: dass Helena unschuldig ist – jedenfalls am Trojanischen Krieg, weil es nur ein Bild (das Klischee) von ihr war, das nach Troja gelangte, während sie sich züchtig bei Proteus in Ägypten auf ihr Comeback mit einem gereinigten Image vorbereitete.

len Entwicklung und hinab in die Geschichte der Entstehung der Arten. · Den Homunkulus ficht das nicht an, er riecht den Dunstkreis seiner Bestimmung: «Es grunelt so und mir behagt der Duft!» (8266)

Immer toller wird das Treiben auf dem Meer. Den Dreizack schwingend, jagen auf Seepferden (Hippokampen) und Meerdrachen die *Telchinen* von Rhodos heran (8275); Meerdämonen sind sie und die Schmiede von Neptuns Dreizack. Gegen des Zeus Blitze von oben geben sie etwas an mit der Gewalt ihrer Wogen, die von unten dagegen hochspritzen. Diese Kleingötter der bildenden Kunst brüsten sich wie die Rhodier Pindars, den Helios als Koloss von Rhodos errichtet zu haben, wie sie überhaupt wegen ihrer Helios-, also Sonnen-Verehrung in dieser verzauberten Nacht etwas deplatziert erscheinen. Den Paragone gegen den Metamorphotiker Proteus dagegen verlieren sie in den Augen des Gläsernen (Homunkulus). Was bedeuten schon erzene Standbilder, sagt der Alte (8312): «Längst sind sie wieder eingeschmolzen.»

> Dem Leben frommt die Welle besser;
> Dich trägt ins ewige Gewässer
> Proteus-Delphin. (8315)

Etwas unfair von Proteus, die Unbeweglichkeit fixierter *Kunst*werke mit dem wechselhaften, sich ewig erneuernden *Lebens*-Wasser zu vergleichen. Aber hinter Proteus steht wohl Goethe, und nur weniges zeigt die Differenz zwischen den Metamorphosen seiner Natur-Religion und den Metamorphosen eines Ovid deutlicher auf als die hymnische Bejahung auch der ständigen Revision der einmal geprägten Form zugunsten der Erneuerung des Lebens. Für Homunkulus bedeutet das indessen, dass seine Geschichte nur Sinn macht als Teil des allgemeinen Kreislaufs des Lebens. Er solle gar nicht erst anstreben, Mensch zu werden, denn dann sei es ja aus mit ihm (8330). – Inzwischen singen die Sirenen den Höhepunkt des Festes herbei. Die Tauben der Aphrodite bilden einen Mondhof und kündigen das Nahen einer zweiten Aphrodite an: Galatea auf ihrem «Muschelpfad» (8339–54). Psyllen und Marsen, von Goethe eigenmächtig der zyprischen Aphrodite zugeordnet, steigern die erotische Anmutung. Obwohl sie auf Meerstieren, -kälbern und -widdern angeritten kommen (vor 8359) – beim «Säuseln der Nächte» (8364) und süß säuselnd wie diese –, führen sie (8368)

Durch liebliches Wellengeflechte,
Unsichtbar dem neuen Geschlechte,
Die lieblichste Tochter heran.

Goethes Musen, die Sirenen, sind hin und weg von der «lockenden Anmutigkeit» (8390) dieses Weibsbildes, das von einem Reigentanz aus derben Nereiden und zärtlichen Doriden[1513] umschlängelt, umkreist, umschwärmt wird: eine spiegelbildliche Übertragung des umgurrten Mondhofs. Von den Griechen hat Goethe die klassische Mischung von Göttlichem und Menschlichem in seinem Schönheitsbegriff übernommen. Doch ist es seine neuzeitliche Kultur und seine Persönlichkeit, welche die Erhebung des Erotischen zum Göttlichen zugleich mit den Zügen des Mütterlichen ausstattet. Man kann sogar sagen: Die Milchgöttin ist eine Mutter-Imago, verehrend ‹verewigt› und menschlich bewegend, entrückt und zugleich an-ziehend. Es singen die Sirenen (8385):

Bringet, zärtliche Doriden,
Galatee, der Mutter Bild:
Ernst, den Göttern gleich zu schauen,
Würdiger Unsterblichkeit,
Doch wie holde Menschenfrauen
Lockender Anmutigkeit.

Goethe hätte leichter gleich Aphrodite auf den Muschelwagen stellen können, statt deren Adoptivtochter. Doch dann hätte er (neben der geringeren Wasser-Repräsentanz) nicht den Charakter göttlicher Würde (von Doris, der natürlichen göttlichen Mutter) gewahrt und vor allem den entrückten Charakter von *Bild* – und, in diesem adorativen Gestus: von Reinheit gerettet. Die Adoptivtochter der (dadurch ins Himmlische verschobenen) Großen Liebe (Aphrodite) ermöglicht im repräsentativen Stellvertreterstatus der Bildhaftigkeit einerseits die sinnliche Liebe, andererseits im Verweis auf das, *wovon* Galatea ein Bild ist, die Vereinbarkeit mit der natürlichen Mutterliebe.[1514]

1513 Das sind Schwestern der Nereiden mit gleicher Abstammung, nur dass sie als ein anderer Aspekt nach der Mutter benannt sind.

1514 *Gala* bedeutet im Griechischen auch «Milch». Gala*thea* ist also die

Man wird zugeben, dass für ein parthenogenes Wesen wie Homunkulus eine jungfräuliche Mutter, ein Bild von Mutter (8386), die beste Mutter der Welt ist. Zugleich nähern sich mit dem schlangen-umschlungenen Muschelwagen die sexuellen Konnotationen. Die Doriden haben nämlich ihre «Gatten» mitgebracht: aus Seenot gebor(g)ene Knaben, «die es nun mit heißen Küssen treulich uns verdanken müssen» (8399). Papa Nereus heißt die töchterliche Mischung aus Barmherzigkeit und Lust gut, besteht aber auf Befristung: «Und hat die Neigung ausgegaukelt, / so setzt gemächlich sie an Land.» (8414). Genau das finden auch die Jünglinge richtig gut. Sind also alle zufrieden – außer Nereus, dem sein «Liebchen» (8423), kaum hat es sich auf dem «Muschelwagen» (nach 8424) genähert, schon wieder «in kreisenden Schwunges Bewegung» (8427) entrissen ist.

Einer der Knaben ist Goethe. Geschickt hat der Dichter den Liebeswunsch der Schößlinge umgedreht in die Lust der mütterlichen Doriden auf ihre Schützlinge. Eine Geliebte nach «der Mutter Bild» hat Goethe zumindest in jungen Jahren heftig vorgeschwebt. Man denke nur an die jugendliche Mutter im Kreis ihrer zahlreichen Kleinen, an Charlotte Buff in Wetzlar, die nicht nur «Werther», sondern auch Goethe in seinen Briefen ‹angehimmelt› hat.[1515] Wenn er mit ihren jüngeren Geschwistern auf dem Boden herumtollte, dann war er auch ein Kind von ihr.[1516] In Weimar wurde er dann sehr erwachsen, aber seine lange Jahre glückliche Beziehung zur anderen Charlotte, zu Frau von Stein, war die zu einer älteren und mütterlichen Muse.[1517] Etwas daran ist wohl repräsentativ gewesen, wenn man

Milchgöttin; der Muschelwagen mit dem Schaum vor dem Bug ist die Brust. Homunkulus, die treibende Ungestalt der «Klassischen Walpurgisnacht», wird gestillt.

1515 Der Ausdruck *angehimmelt* ist berechtigt, weil Werther in Lotte das Bild ihrer noch verehrungswürdigeren toten Mutter sah, als deren Stellvertreterin sie über ihren jüngeren Geschwistern waltete als sie noch Jungfrau war. J. W. Goethe: Die Leiden des jungen Werther. In: Ders.: Sämtliche Werke, Hamburger Ausgabe, Bd. 6, 3, S. 56–58.

1516 Ebd., Eintrag 29. 6., S. 30. Vgl. Goethes Brief an H. Buff v. 15. 3. 1773, in: E. Behrend: Goethe, Kestner und Lotte, S. 38

1517 Vgl. H. Koopmann: Goethe und Frau von Stein. München 2002. Die sieben Jahre Ältere ist zur Zeit der Begegnung siebenfache Mutter; vier der Kinder sind allerdings nicht mehr am Leben.

an die damals schon lange Tradition der Regression des Eros auf die Eroten denkt. Die süßen kleinen Putti mit den putzigen Flügeln und dem rosigen Po sind (um am Wasser zu bleiben) kunsthistorischer ‹Mainstream› gewesen. Nehmen wir mit Schöne (S. 574) zum Beispiel Raffaels großes Wandbild «Triumph der Galatea» aus der Villa Farnesina in Rom: Hier schießen die Säuglinge am Himmel mit ihren Liebespfeilen auf die Gruppe um Galatea.

Das Beispiel ist insofern interessant, als Goethe es selbst studiert und beschrieben hat und weil es ihn zu seinem szenischen Bild inspirierte.[1518] Ein Vergleich mit dem Bild Raffaels macht deutlich, wie stark die hinreißend komponierte Kreisel-Bewegung Goethe beeinflusst haben muss, in deren Zentrum Galatea, stehend auf dem hochgewölbten Muschelwagen, eine Spirale auf dem Meer bildet, die das ganze Bild erfasst. Delphine, Hippokamp, Tritonen und Doriden: alles da. Nur die Sirenen fehlen, und die Goethe'schen Lust-Knaben sind nach oben entrückt; selber unberührt, verschießen sie an der Stelle der Aphrodisischen Tauben ihre Pfeile, während die wahren Liebhaber, die Tritonen, mit dionysischer Gewalt die Frauen packen und sie zu entreißen entschlossen sind. Der größte Unterschied aber ist der, dass auf Raffaels Bild ein diffuses *Tages*-Licht den Hintergrund bildet, während bei Goethe eine sehr markante, nämlich die Walpurgis-*Nacht herrscht.* Dieses «mythische Liebesfest», hat Goethe nicht nur durch die Hell-Dunkel-Umkehrung umgedeutet. Bei Raffael triumphiert Galatea, die Allegorie der Liebe, ausweislich ihrer Putten-Aureole, nur als höheres Prinzip der Liebe, während sich dieses Prinzip in concreto inkarniert und ausdrückt in der kraftvoll männlichen Bemächtigung der Frauen. Goethe dagegen lässt nur die Flügel oben – den Tauben, holt die Knaben nach unten zu den Frauen und degradiert die Muschelhornbläser zum Begleitpersonal. So ist es mythologisch richtig, denn die griechische Galatheia liebte keine alten Männer oder Barbaren mit nur einem Auge (wie Polyphem oder Phorkyas), sondern den hübschen jungen Acis.[1519]

1518 Goethe besaß in seiner Graphiksammlung eine Kupferstich-Reproduktion des Raffael-Bildes von Marc Domenico Cunego.

1519 Recl. Lex., S. 444. – Goethe hat sich hier an seinen Gewährsmann Hederich gehalten, der Ovid und Hesiod als Quellen angibt. B. Hederich: Gründliches Mythologisches Lexikon. Leipzig 1770, Sp. 1134.

Abb. 9: Domenico Cunego / Raffael: Triumph der Galatea. Kupferstich, 1772. Nationalmuseum Stiftung Weimarer Klassik.

Das Original, die «Galatea» Raffaels (1512–14) in der Villa Farnesina ist fast drei Meter hoch und mutet heller an. Das Hell-Dunkel des Kupferstichs verstärkt die dunkle Körperhaftigkeit.

Wie wichtig Goethe diese Umdeutung im Medium einer Zaubernacht ist, sieht man jetzt, wenn das Kreisen wieder näher kommt, das Thales und ein Chor «der sämtlichen Kreise» (vor 8444) als dem Wasser entquollen feiern (8444): Frauenherrschaft und Nachtherrschaft gehören hier nämlich zusammen, und zwar in dem Augenblick, da sich die rauschhafte Bewegung auf den Homunkulus richtet. Jetzt, entquollen (!), glänzt dem Alten der Muschelthron wie ein Stern durch die Menge (8453).

Geliebtes leuchtet durchs Gedränge,
Auch noch so fern
Schimmert's hell und klar,
Immer nah und wahr. (8454)

Wenn das nicht ausgemalte Erinnerungen sind! Doch dazu später, Homunkulus ist nämlich jetzt so weit und leuchtet schon ins schöne Feuchte. Proteus, die männliche Hebamme seiner Endgeburt, die Kere seiner förmlichen Vernichtung und Kupplerin seiner Vermählung, leitet schon den mystischen Coitus mit einer veritablen Synästhesie ein (8461):

In dieser Lebensfeuchte
Erglänzt erst deine Leuchte
Mit herrlichem Getön.

Nereus und Thales betrachten von weitem die Hochzeit zwischen dem feurigen Phiolen-Erguss und der fahrenden Muschi als ein nachtästhetisches Schauspiel: Das Wechselspiel zwischen mächtigem Lodern und lieblichen Flämmchen ist ihnen aus ihrem Abstand ein Bild, ein Als-Ob: «Als wär' es von Pulsen der Liebe gerührt.» (6468) Ja ja, die Sehnsucht, sagt Thales. Er ahnt ein kosmisches Geschehen: Der Verführte wird sich zerschellen; da flammt und blitzt es, es «ergießet sich schon» (8473). – Auch die Sirenen besingen, auch sie aus sicherer Entfernung, das feurige Nachtspektakel, das an ein Meeresleuchten erinnert, wenn die Wellen, gegeneinander zerschellend, funkeln (8475). Auch sie betonen den verklärenden Schein des feurigen Wunders. Eine erhabene Aufwärtsbewegung des Lichtes «hellet hinan» (8476), es sind

Die Körper sie glühen auf nächtlicher Bahn;
Und rings ist alles vom Feuer umronnen;
So herrsche denn Eros der alles begonnen! (8477)

Der Akt ‹mündet› in vielfache «Heil»-Rufe, in die «All-Alle» einstimmen: Heil den Elementen, dem Abenteuer und den Orten. Nur seltsamerweise heißt es nicht: «Heil dem Homunkulus!» Der hat es doch aber gerade nötig, oder gerade nicht? Nun, wenn Eros herrscht, der alte Gliederlöser, «der alles begonnen» (8479), dann geht eben alles auf Anfang zurück. – Jeder Orgasmus in Liebe und Hingabe ist ein kosmisches Ereignis, da nimmt mehr Gestalt an als ein kleines Röhrchen. – Homunkulus wollte indessen entstehen, er wollte *seinen* Körper. – Aber hat er ihn nicht, in dem Augenblick, als er die Fassung verliert? Steht da nicht: «Die *Körper* sie glühen auf nächtlicher Bahn» (8477)? Ist das nicht die Geburt des Nachtleibs aus der Er-Fahrung der Ekstase?

Was soll aus dem Zusammenstoß einer spätmittelalterlichen Alchemisten-Phiole mit einer symbolischen Wasserkutsche schon entstehen? Ist nicht die Verletzung der bestehenden Form die Voraussetzung eines hier allerdings recht eruptiven Verständnisses von ‹Ursprung der Gestaltung›? Wenn man die einzelnen Schritte genauer untersucht, werden die Eigenschaften des Homunkulus bereits vor dem Zerschellen immer körperlicher – eine Voraussetzung für diese Art der Destruktion: Durch die Sehnsucht zur Hingabe bekommt die Leuchte Töne (8463), das Lichtspiel beginnt zu *pulsieren* (8468), und mit «Ächzen» und «Dröhnen» (8471) beginnt die Erfahrung des Widerstandes: Zerschellen heißt dann: Flamme, Blitz (Zeugungsstoff!), Erguss. – Das ist doch alles aus der Loge eines nächtlichen Theaters betrachtet! Orgasmus und Panorama-Blick, das geht nicht zusammen.

Es ist bekannt, ein wie leidenschaftlicher Kunstbetrachter und -sammler Goethe war. Bildliche Darstellungen aller seiner Phantasiegestalten konnte er ganz leicht in seiner eigenen oder der herzoglichen Bildersammlung, über die er die Oberaufsicht führte, einsehen.[1520] Aber nichts wäre falscher, als eine bildästhetische Präpotenz gegenüber der imaginär-literarischen anzunehmen oder gar plane Abbildung von Anschauung in Sprache am Werk zu sehen. Die Umkehrung ins nächtliche Negativ des Galatea-Bildes ist hier

1520 Vgl. H. Mildenberger u. a. (Hg.): Geheimster Wohnsitz – Goethes italienisches Museum. Ausstellungskatalog Kunstsammlungen Weimar. Berlin 1999, S. 60.

zutiefst mit dem geheimnisvollen Geschehen selbst verbunden: Es ist das Licht im Dunkeln, sei es von Gischt oder glühenden Körpern, das der Phantasie Raum gibt und das zugleich die Post ist, die ‹abgeht›. Wir sollten aber diese Umkehrung für ein Schlüsselmotiv der ästhetischen Arbeit Goethes an materiellen Bildern nehmen: Sie werden als Berührungspunkte von Erlebnissen ins Dunkel des Imaginären geholt, wo sie aufleuchten, wenn sie sich mit irgendwelchen Muschelwagen verbinden. Es gibt Bildgattungen, die solche Verfahren maieutisch entäußern, zum Beispiel die schwarzgrundigen Vasenbilder, für die sich Goethe zeitlebens interessiert hat.[1521]

Beides aber, Ekstase und Vision (oder enthusiasmos)[1522], sind ‹Aspekte› des Nachtleibs. Ihre Aspekthaftigkeit schließt in demselben Maße die Zusammenschau aus, wie wir nicht zugleich den Blick nach innen und nach außen richten können.[1523] Statt *Ekstase und Vision* können wir auch *Vergessen und Erinnern* sagen oder *Entäußerung und Aneignung* (Hegel). Selbstverständlich werden sie immer zusammen*gedacht*. Aber dann sind es nicht mehr die spezifischen Phänomene des Nachtleibs, um die es hier geht: um das *Fahren* der nächtlichen Erfahrung in seiner Aspekthaftigkeit. – Doch trifft das nicht für jede Erfahrung, auch die tägliche, zu? – Das schon, die tägliche Erfahrung ist davon nicht prinzipiell ausgeschlossen, wenngleich die innere Nacht-Seite (das Vergessen usw.) in ihr nicht die verwandelnde Kraft hat. In der Nacht aber *sind* Ekstase und Vision zusammen, obwohl sie nicht gleichzeitig erfahren werden können, es sei denn wie hier im Gegenüber verschiedener ‹Subjekte›.

In Goethes Klassischer Walpurgisnacht ist aber, wegen der im wahrsten Sinne ‹welt-anschaulichen› Bedeutung, die der Dichter ihr beimaß, diese Gegenüberstellung *modellhaft* deutlich und ‹klassisch› ausgewogen *dargestellt*: Substanziell ist das kosmische Geschehen, das eigentliche Fest

1521 Vgl. L. Ritter-Santini: «Auf dunklen Grund gezogen» – Das Gedächtnis der Bilder. In: Ebd., S. 41. – Siehe aber auch etwa die Filmnächte im Freien; vgl. Abb. 1.

1522 Nach M. Buber: Ekstatische Konfessionen. Leipzig 1925, S. 14, ist jene Vervollständigung des Leibes, die er Vereinigung mit Gott nennt, in einem Auswärts- und einem Heimspiel möglich, als «Eingehen in Gott» (Ekstase) und als «Erfülltsein vom Gotte» (Enthusiasmus).

1523 … außer vielleicht, aber nur ahnungsweise, in der tiefsten, bildlosen Nacht, wenn innere und äußere zu entropieren drohen. Über Beispiele bei Bataille: Friese: Metaphern, S. 197.

im Rausch der Sinne, die *Hingabe* als kosmisches Prinzip der ‹Gestaltung› (vielleicht auch für die dichterische Imagination). Kluge (Thales) und gütige (Nereus) Alte stehen in der Nacht am Meeresrand und *versammeln, erinnern* die Ansicht zum Bild. So verteilt auf Jugend und Alter, Geist und Verlangen, *muss* es nicht zugehen. Die Erfahrungen der Mystiker(innen) gelangen zur Schau *nach* einer Fahrt des Vergessens – etwa in einer Nacht. Die Ekstase muss auch kein völliges Zerschellen jeglicher Form bedeuten; völlige Trunkenheit, ein tiefer Orgasmus, Erschöpfung, Schlaf und Ohnmacht reichen aus, sie zu spenden.

Und die Vision muss nicht durch die Abwesenheit gegangen sein. Eine überschrittene Schwelle, eine erfahrene Liquidation von Geltungen, wie sie häufiger in Ausnahmenächten durch Desorientierung, Verfremdung (Monster) gegeben sind, reichen aus. – Aber beide Aspekte sind Aspekte des Nachtleibs, dessen innere Nacht gewöhnlich (tags öfter) verhüllt ist von der Intentionalität des Leibes – wenn er nicht umnachtet ist. Für die Darstellung ist das Spektakel von ferne natürlich ergiebiger als der Strudel des Vergessens. Goethe ist denn auch mit rasanter Kamerafahrt aus der Intimität von Proteus und Homunkulus in die sichere Entfernung, in den Augenhafen von Thales und Nereus gefahren. (8463/8464) Aber er blickt, ‹voll hinter› Thales und Nereus ‹stehend›, gebannt auf das ‹eigentliche› Ereignis, das im glühenden Kern eben kein Eräugnis mehr ist. An der *Spaltung* der Aspekte in Gleichzeitigkeit, hier durch Verteilung auf verschiedene symbolische Subjekte, zeigen sich zwei dominante Typen nachtleiblicher Fahrten: Umkehrung ins Gegenüber (durch verschiedene Subjekte angezeigt) oder Umstülpung von innen und außen – wenn nämlich alles auf das eine phantasierende Subjekt zurückbezogen wird, das hinter dem Text steht.

Hinter dem Text steht der 81-jährige Goethe mit der gedrängten Synopse seines erinnerten Lebens: Seine Lebenslust gibt sich an die geile Maske des Mephisto, an das rastlose Röhrchen der Sexualität, an den unterirdischen Faust bei den Müttern hin. Der alte Goethe rekapituliert die Fahrt der Galatea, wie er sie vom Bild des Raffael in Rom erinnert[1524], und er weiß, warum er die Phiole dazutut: *Villa Farnesina*, Rom! Rom, das bleibt zeitlebens seine glücklichste Erinnerung seligsten Vergessens. Hier, wo Raffaels höchstes

1524 Nach Schöne (S. 574) hat Goethe noch 1818 in seinem Aufsatz «Über Philostrats Gemälde» das Bild «einlässlich paraphrasiert». – Und von einem Bild hat Galatea im «Faust» Bedeutendes übernommen: Sie sagt kein einziges Wort.

erotisches und schöpferisches Glück sich verausgabte, steckt das Sinnbild von Goethes Rom. In Rom hatte er, zum ersten Mal, eine glückliche ‹Geschichte› mit einer *jungen* Frau, die das Zusammenrauschen und Zerschellen einschloss. Dieser wirklichen Frau hatte Goethe einen interessanten Decknamen gegeben, der im Zusammenhang zu demjenigen Werk steht, das ihn die meiste Zeit seines erwachsenen Lebens begleitete: Er nannte sie *Faustina*[1525] – und besang sie in den «Römischen Elegien».[1526]

Das ist nicht irgendeine Erinnerung, sondern eine zentrale. Im Oktober 1828, das heißt, noch näher der Herstellungszeit der «Klassischen Walpurgisnacht» als das Gespräch mit Berzelius im August dieses Jahres, erinnert sich Goethe gegenüber Eckermann, «was eigentlich ein Mensch sei»: «Ja, ich kann sagen, dass ich nur in Rom empfunden habe, was eigentlich ein Mensch sei. Zu diesem Glück der Empfindung bin ich später nie wieder gekommen; ich bin, mit meinem Zustande in Rom verglichen, eigentlich nachher nie wieder froh geworden.»[1527] Die Sirenen der mondbeleuchteten Felsenbucht singen im Hintergrund, als Goethe am 5. 4. 1829 Eckermann sein Gedicht «Cupido» vorliest, das, wenn auch geschickt larviert, auf sein reales Liebesleben Ende Januar 1788 verweist.[1528] Nun aber ist es keine Frau, kein Muschelwagen, sondern sein *Gedicht*, das wie Rhodos aus dem Meer des Vergessens auftaucht.

Muss man noch darauf verweisen, dass Goethe seine Italien-Erfahrung immer wieder mit «Verjüngung» und «Wiedergeburt» zusammengefasst

1525 Siehe R. Zapperi: Das Inkognito. München 1999. Nicht erst 1829 also wird Goethe mit Erinnerungen an Faustina konfrontiert, die in die Arbeit an Helena eingehen. Die Erlebnisse mit ‹Faustina› stehen auch in zeitlichem Zusammenhang mit der erneuten ‹Faust›-Beschäftigung in Rom (vgl. Korrespondenz 1. 3. 1788, in: J. W. v. Goethe: Italienische Reise, S. 524.

1526 R. Zapperi: Inkognito, S. 207 ff. Namentlich erwähnt Goethe Faustina in der Elegie XVIII; siehe Goethe: Gedichte, S. 169, auch in der Ausgabe letzter Hand von 1827 (!): Dig.Bib. D. Lyr., S. 285. Es ist aber hervorzuheben, dass Faustina, obwohl ein damals in Rom verbreiterter Name, ein Pseudonym ist, das Goethe gewählt hat. Nach Zapperi (S. 219 ff.) verarbeitet die 6. Elegie einen realen Brief der Geliebten, den Goethe besaß. Vgl. Goethe: Gedichte 1800–1832, S. 158.

1527 Zapperi bringt dieses Zitat (S. 238) als Resümee der römischen Liebesgeschichte Goethes. – Die Namen Faust und Faustina aber bedeuten Glück und Fruchtbarkeit.

1528 Ebd., S. 236.

hat?[1529] Hier ist die griechische (!) Landschaft Arkadien, wie sein vorgeblich autobiographisches Reisetagebuch im Untertitel behauptet: «Auch ich in Arkadien».[1530] Muss man daran erinnern, dass er eine «gleichsam unterirdische Reise» (wie Faust) ins mythische Land unternommen hatte?[1531] Darf man vergessen, dass er damals durchaus von einem Taumel gesprochen hatte, den es in in ein Gleichgewicht zu bringen galt? Diese Erinnerungen bewegen den poetischen Nachtleib und, vielleicht gestützt durch Bewegungsmuster eines Bildes und dessen mythologisches Personal, überträgt der Dichter seine Fahrten in die des Homunkulus und des zeitgleich unterirdisch fahrenden Faust, dessen phallischer Traum der oberirdisch pilgernde Homunkulus ja vielleicht nur ist. Er wird Helena noch einmal gewinnen, Homunkulus zeugt sie mit Galatea. Der Dichter wird sich mit der Frau noch einmal verwirklichen in der Poesie des Euphorion.

Es geht hier nicht um Schlüsselloch-Perspektiven. Aber wir müssen, wie schon bei der Vorstellung E.T.A. Hoffmanns geschehen, den phantastischen Fahrten der Literatur möglichst viel von der leiblichen Hafenausfahrt gegenüberstellen, um die Art dieser Fahrt zu fassen. – Und der Zusammenhang Faustina – Galatea – Helena ist deshalb so wichtig, weil wir die Fahrt der Erinnerung und ihres Löschens in der Übertragung vom Imaginären des Nachtleibs in die entäußerte und fixierte Sprache, den Text, aufweisen wollen. Goethe selbst, der schon in der für die Freundin, Charlotte von Stein, dann in der für die Öffentlichkeit bestimmten Fassung der

1529 Goethe: Italienische Reise, Eintrag. 3. 12. 1786, S. 147, bzw. Brief an Herder 2.–9. 12. 1786.

1530 Ebd. – Im Januar 1788 wurde Goethe in Rom in die Gesellschaft der Arkader aufgenommen (ebd., S. 479). – Im 3. Akt von «Faust II» ist Arkadien das Land, wo Faust und Helena das kurze Glück mit Euphorion genießen (ebd., S. 371).

1531 Goethe in einem Brief an seinen Herzog vom 3. 9. 1786, zit. nach Karl Eibl, in: Goethe: Gedichte 1756–1799, S. 951. – Das Unterirdische spielt auf sein Inkognito an – aber auch auf das nach Sizilien verlegte «Arcadia» (1504) von Sannazaro, das der Held, Sincero, unterirdisch erreichte. Das Unterirdische Arkadiens birgt aber auch den Gegensinn der Liebe, den Tod. Goethes Untertitel ist die Übersetzung der Grabinschrift in Gemälden von Guercino und zwei berühmteren Nicolas Poussins, von denen eines auch heißt: «Les bergers d'Arcadie. Et in Arcadia ego». Und wohl die Hälfte seiner vielen Interpreten bis heute hat gedeutet: Auch ich, der Tod, bin in Arkadien. Seit Orpheus müssen die Dichter hinunter in das Todesreich, um die Geliebte oder die Geschichte zu (be-)freien.

‹Italienischen Reise› eifrig Spuren des realen Liebeslebens gelöscht hatte, wollte auch später nicht, dass gewisse Zusammenhänge deutlich wurden, die sein wirkliches Liebeserlebnis mit der Italienischen Reise und mit derjenigen in die Klassische Walpurgisnacht verband.[1532] Deshalb löschte er in der Ausgabe letzter Hand dieses von der Öffentlichkeit autobiographisch aufgefassten Reiseberichtes den Untertitel «Auch ich in Arkadien!».

Das war 1829, als er glaubte, «Faust II» werde bald erscheinen, dessen Szene in «Arkadien» bereits fertig war. Was sollte die Öffentlichkeit denken: Faust ist mit Helena in Arkadien, und in einer autobiographischen Schrift war Goethe «auch in Arkadien»!? Muss also gelöscht werden. – Es ist aber die Intensität wahren Erlebens, mehrfachen Vergessens oder Vergessenwollens und Wiedererlebens, die den Faust II von blasser und beliebiger Allegorik abhebt. Wir müssen die Realien des Dichters, sein Liebesleben, seine Erinnerungs- und Larvierungs-Manöver ansprechen, um einsichtig zu machen, dass die fiktive ‹Verkörperung› einer Leidenschaft ohne Leib, durch nächtliche Aufgabe einer äußerlichen Fassung, keine theatralische ‹Phiolen-Schieberei› ist, sondern Goethes Reflexion der paradoxen Imagination ist, sowohl innerleiblich als auch vor-gestellt zu sein.

Ein erfahrener Schiffer seines Nachtleibs reist vorzugsweise in der Vertikalen. Nicht ‹gotische› Frömmigkeit erhebt der Theaterdirektor (in Goethe) zum Programm «Vom Himmel durch die Welt zur Hölle» (242). Es geht am Schluss sogar wieder hinauf. Auch die *Anmut*, dieser entgegenkommende Aspekt der Schönheit, wird von der «Lustigen Person» (durchaus auch ein Alter Ego des Dichters) eingefordert. Sie ist ein Erlebnis im Dunkeln, wenn es gilt, «mit holdem Irren hinzuschweifen.» (209) – Die Frauen-Bilder Goethes schließlich sind einer gemeinsamen imaginativen Unterwelt verpflichtet, wenn sie immer wieder aus der Vergangenheit (und ihrem schlechten Nimbus) befreit werden, wiederholt und wieder-

1532 Während seines Sizilienaufenthaltes im Mai 1786 hat Goethe zum Beispiel drei Tage mit einer türkischen Kellnerin aus Trapani auf der Sizilien westlich vorgelagerten Ägaden-Insel Marèttima verbracht. (Vgl. S. Reimertz: Als Odysseus nach Hause kam. In: FAZ, 17. 2. 2005, S. R1.) Ebenfalls auf Sizilien spielt die Sage von Galatea und Acis (ein Reisegrund für Goethe?). Acis wurde nach seiner Ermordung durch Polyphem in einen Fluss(gott) verwandelt, der nördlich von Catania ins Meer fließt, wo sich Goethe ebenfalls aufhielt.

geholt werden müssen und immer wieder an ihnen Wiedergeburten von Söhnen sich ereignen, aus dem Schoß der Nacht.

In seinem epischen Fragment «Proserpina» (1778) ist für die Frau und Göttin, die der griechischen Persephone entspricht, noch am wenigsten Hoffnung auf Rettung. Doch das liegt nicht am fragmentarischen Charakter des Gedichtes, sondern vielmehr ist das Ende stimmig: Proserpina muss in der Vergessenheit bleiben, denn sie hat vom Korn des Vergessens, vom Granatapfel gegessen und bleibt nun ausgesetzt den Qualen aus «stygischen Nächten»[1533]. – Das Stück «Pandora» (1808)[1534] schließlich, auch seine Protagonistin ist eine Femme fatale, wie Helena und Proserpina zweideutigerweise verewigt, kulminiert wie die «Klassische Walpurgisnacht» in einem «dionysischen Meeresfest», nachdem Phileros «in die nachtumhüllten Fluten, sich vom Felsen stürzte» (982). Der Lebenstrieb aber bringt ihn «neugeboren zurück». (994) Eos sieht ihn auftauchen (996); Delphine

Tauchen auf und heben tragend
Ihn, den schönen aufgefrischten. (1010)

Nicht um ihn zu retten, sondern um ihn im Hervorheben zu umspielen. Die Gestalt der Pandora selbst glänzt im Stück – durch Abwesenheit! Sie steht aber typologisch zwischen Proserpina und Helena, weil von Anfang an für dieses Fragment gebliebene Stück die Wiederkehr der Gattin des Epimetheus vorgesehen war. Das Stück hieß ursprünglich: «Pandoras Wiederkehr». – Neben vielen ähnlichen Motiven ist der Zusammenhang bedeutsam, der zwischen der Entrückung, Vergöttlichung und Idealisierung der ‹Frau mit Vergangenheit› einerseits und andererseits dem materiellen Pars-pro-toto-Kult besteht, den die *verschiedenen* Helden kennen, den also Goethe betreibt.[1535]

«Wie Helena Faust entschwindet – da ‹Glück und Schönheit dauerhaft sich nicht vereint› (9940) – und ihm Kleid und Schleier zurücklässt,

1533 J. W. v. Goethe: Proserpina – Ein Monodrama. In: Ders.: Sämtliche Werke, Hamburger Ausgabe. Bd. 4, S. 455, S. 460 und S. 462.

1534 J. W. Goethe: Pandora, S. 661, Versangaben im Text.

1535 Dazu muss man weder Held noch Dichter werden; das ist Alltagsästhetik, die sich heutzutage allerdings meta-, respektive aftererotisch gibt: an Fan-Artikeln und in Marken-Liebhaberschaft.

so ist Pandora von Epimetheus gegangen und hat nur ihren Kranz zurückgelassen», schreiben die Herausgeber der von uns zitierten «Pandora» (S. 1257). – Hier muss auf dem Nicht-Schein, dem Nicht-Bild dieses fast fetischistischen Teils von einem geliebten ‹Objekt› beharrt werden. Es ist der buchstäblich übertragende Leib, der auch *vor* der Sprache und der Ähnlichkeit der bildlichen Erscheinung: überträgt in sinnliche Spur. Auch das gemalte Bild der Galathea ist nicht in seiner lächerlichen Tageshelligkeit als Abbild wichtig, sondern wegen der Grenze des Visuellen darauf, die in der Erinnerung überschritten werden kann, zum Erinnerungsbild einer Nacht, an dem das Aufgetauchtsein aus einem sinnlichen Schwindel entscheidend ist. Das unbewegte Bild auf der hellen Fläche erinnert an eine Bewegung, die das Bild nicht leistet, aber im dunklen Innern aufrührt.

Nicht der Abbildungsaspekt ist für Goethes Nachtbild einer Felsenbucht entscheidend, sondern eine *Anmutung*, fast wie von einer Reliquie. Das ist eine biographisch durchgängige Weise der Ästhetisierung. Wenn Goethe sich den Brautstrauß-Rest von Charlotte Kestner, verflossene Buff, an den Hut steckt (als Pars pro toto eines Kranzes) und das Weite sucht, so erfindet er eine aufgeladene Dinglichkeit und Sinnlichkeit, deren Kraft in der Vereinnahmung in den Nachtleib und in der Verausgabung aus ihm heraus entsteht und besteht. Die Schwelle zwischen dieser Einfahrt und dieser Ausfahrt, in das Dunkel und aus ihm heraus, ist die *Berührung*.

Anmutung und Realisierung des Pars pro toto verwandeln die körperliche Sensation in eine Metonymie. Sowohl nach außen wie nach innen wird das Datum brutum entweder dem Wahrnehmungsurteil als Teil eines Gegenstandes, Bildes oder Raum-Aspektes gegeben, oder es wird Auslöser einer Erinnerungs- (und Vergessens-)Fahrt der Imagination. Die metonymische Struktur von Erinnern / Vergessen funktioniert wie der vertrocknete Brautstrauß auf Goethes trotzig trauerndem Haupt: Ein Aspekt an einem Objekt wird unter Abspaltung, Vergessen, ‹Umnachtung› von dessen eigenem Zusammenhang, hervorgehoben und erhellt eine andere Nacht im Inneren des Leibs.

Die Metonymie von Erinnern / Vergessen wird eigentlich immer miterlebt als eine Art Auftauchen des Lichtes im Dunkeln. Ihr kunstfertiger Re-Export in die verschiedenen Medien beruht auf dem endgültigen Abschied im Wesentlichen, auf dem geahnten oder gefühlten Nichtsein dessen, was im Brautstrauß und in der Wiederkehr der Erinnerung als seiend behauptet wird. Diese abgründige Differenz kann sich nur im dunklen Innern des Leibes konstituieren: über das Vergessen und Einnachten der Wahrnehmungsrealität. Diese Differenz ist eine wesentliche Voraussetzung jeder Kunst – und die Voraussetzung der Metapher. «Denn Erinnerung ist Vergessen der Gegenwart, und Gegenwart ist Vergessen der Vergangenheit. Nur durch eine Art Nacht, dazwischen oder drumherum scheinen sie verbindbar, durch nächtliche Übertragung.» [1536]

Die Nacht ist das Medium der Erfahrung und der Darstellung dieser Differenz von Wahrnehmung und Imagination im Spiel von Vergessen und Erinnern. ‹*Die* Nacht›, das heißt: die mögliche virtuelle Indifferenz zwischen der inneren und der äußeren Nacht. ‹Der Nacht› traut man die Fähigkeit zu, zwischen den Polen ‹innen› und ‹außen› zu oszillieren, ja zu wechseln, ohne dass dabei die Glaubwürdigkeit des je anderen Aspektes herabgesetzt würde. In der Benutzung dieses Vertrauenskapitals, das jeder Leser in seiner allnächtlichen oder einer je einzigartigen Nachterfahrung erworben hat, ist Goethe repräsentativ, im Ausmaß der Nutzung dieses Vertrauens in das, was die Nacht vermag, ist er modellhaft.

Eine fiktive Realnacht, die «Klassische Walpurgisnacht», zu welcher die ‹Handelnden› wie durch eine zeitfreie Tunnelnacht (mittels Zauber und Traum) von einer anderen fiktiven Realnacht des Spätmittelalters her gelangt sind, spielt in «Faust II» die zentrale Rolle eines Mediums, in welchem drei Figuren (Mephisto, Faust und Homunkulus), wie durch ein reales Dunkelfeld getrennt, aber auch verbunden, auftauchen und sich, je verschieden, ‹realisieren›. Gewiss ist andererseits das Wort *real* für die fiktive gemeinsame äußere Nacht mit jenem äußersten Misstrauen zu bedenken, das immer schon in realer Nacht angebracht ist. Stärkeres Vertrauen und stärkeres Misstrauen zugleich – das lernt man in der Nacht zu haben, weil man emotional und imaginär stärker gefordert ist, wegen des schütteren Datenanfalls. Das Misstrauen gegen die Realität der hier angebotenen Nacht ist besonders angebracht wegen der (neben ihrer singulären Anmutung für den Leser) seltsamen Nicht-Singularität: Manches wiederholt sich: kalendarisch (Walpurgisnacht), personell (Helena) oder historisch (die Nacht nach der Schlacht). – Oder wiederholt sich das Bewusstsein, sind das alles Halluzinationen, Projektionen der Figuren, des Lesers? Wer weiß denn überhaupt und wie viel von diesen Wiederholungen und Selbstwiederholungen? – Schließlich bleibt die Zeit sogar stehen, und eine

1536 Das ist der Schlusssatz meines Pindar-Abschnittes.

Nacht nach einer tatsächlich geschehenen Schlacht der Antike hält immer noch an.

Andererseits kennt auch der Leser solche real-nächtlichen Erlebnisse, in denen die Zeit stehenzubleiben scheint. Gerade diese Scheinhaftigkeit kennen sie von realen nächtlichen Erlebnissen, in denen sie wach genug sind, sich zu fragen, ob sie wachen oder schlafen. Dieser Zweifel ist es, der ein gleißendes Licht wirft auf die zwar subjektive, aber geschärft als real erlebte Gegen-Wart. Dass die Figuren *im* Text selbst nicht so ganz wach erscheinen wie der Leser – traumartig besessen von einem Schönheitsideal wie Faust, in dunkle Begierde verstrickt wie Mephisto und von dunklem Drang nach Selbstverwirklichung getrieben wie Homunkulus – verstärkt noch den Realitätsaspekt einer gemeinsamen Außennacht, in der sich alle wie in einer äußeren Bedingung zu befinden scheinen: die drei aus dem Spätmittelalter, der Leser und der Autor.

Denn was sie alle verbindet, ist die Nacht der Erinnerung, an Geschichte und an eigene Geschichten. Immer gemischt mit Vergessen. Faust erinnert sich zum Beispiel an Helena – aber Margarete hat er vergessen. Weiß er, dass er Achill imitiert? Die Leser, jedenfalls die zeitgenössischen Leser Goethes, konnten es besser wissen, weil «die Alten» ihnen (verschulte) Ahnen waren. Sie wurden bei diesen Ahnungen von Ähnlichkeit sofort auf die typisch nächtliche Zweideutigkeit gestoßen, hier auf die des Autors: Was bezweckte Goethe wohl mit diesem verkappten Gleichnis individueller und mythologischer Geschichte? – Sie lasen dieses Drama nämlich selbstverständlicher als eines der Erinnerung des Autors und seines faustischen Lebens. Über ihre eigenen Erinnerungen erschloss sich dieses Drama zugleich einen vergangenen Stoff der Geschichte, der wiederum mit eigenen Erinnerungen an die langlebige Lektürezeit gebunden war. Die seltsam stehende Zeit der Mondnacht ist das anschauliche Erinnerungszeichen, eine virtuelle Zeitkonserve, für verschiedene Erinnerungsschichten disparater Vergangenheiten (die allerdings zu gemeinsamen Motiven oder ‹Stoffen› gebündelt werden können).

Eine große Gemeinsamkeit verschiedener Imaginations-Sphären ist im *Autor* versammelt. Er versetzt sich in die inneren Nächte von Faust, Mephisto und Homunkulus und setzt diese inneren Nächte (in) einer fiktiv realen Nacht aus. Er hat auch eine gewisse Vorstellung von den inneren Nächten der Leser. Er bemüht sich mittlerweile zwar nicht mehr wie der

Theaterdirektor eines Duodezfürstentums um die Gunst des Publikums, aber er scheint zu wissen, was er an kulturellem Wissen voraussetzen kann, wann er etwas eher versteckt, als dass er es offenbart, und wann er so etwas wie eine Bereitschaft zu mephorischen Vermutungen bei der Lektüre weckt. Aber vor allem geht es um *seine* Erinnerungen, und zwar in verschiedenen Graden der Verobjektivierung. Es geht um seine vergangenen Lieben, aber immer auch um deren Gleichsamkeit. Und bei Erinnerungen geht es ihm nicht nur um die Erinnerungen an Geschichte(n), sondern auch um die Gleichnishaftigkeit des Erinnerten selbst als Teil *der* Geschichte. Schon der Zeitgenosse Goethe hat seine realen Erfahrungen immer auch danach beurteilt, wie weit sie selbst Teil der zukünftigen Vergangenheit, also der Geschichte sind.

Er, der die verschiedenen Epochen und Lieben Fausts kennt und zusammenhält, er schickt ihn in *seine* (Goethes) Nacht der Historie und der Mythen. Faust ist eine Verkörperung eigener Aspekte von Geschichtserfahrung und (verdichteter) Gegenwartserfahrung. Ebenso verkörpert der Homunkulus, der ihm in gewisser Weise sogar näher steht als der Faust des Schönheitsideals, einen Teil des heftigen Interesses Goethes an der Natur der Geschichte: Es ist die ganze Ur- und Gattungsgeschichte, die der Naturforscher Goethe mit der körperlichen Existenz des Menschen, auch mit seiner, verbindet. Der tiefe Wunsch nach leiblicher Integrität, der den ganzen Goethe seit den Zeiten von Götz und Werther bewegt, ist entflammbar in der Phiole eingeschlossen. Lebenswille und Naturgeschichte wollen sich sozusagen erinnern, wenn sie am Muschelwagen zerschellen. Zugleich ist Homunkulus nicht nur eine Fiktion, die sich nach der körperlichen ‹Bildung› (‹Fiktion›) sehnt, sondern er symbolisiert ‹das Fiktive› in dieser phantastischen Nacht: das Körperliche als Wunsch. Mephisto symbolisiert die Dialektik zwischen Körper und Geist, zwischen Homunkulus und Faust. Aber allen dreien ist gemeinsam, dass sie ‹nicht ganz anwesend› sind, dass sie Variationen der Erinnerungen sind – in der Nacht der Vergangenheit.

Es ist das immer noch bekannte Drama auch der realen Nacht und ihrer Ästhetik, das durch die Abschwächung der täglichen imperativen Wahrnehmungsmandate des Lichtes eine stärkere Oszillation zwischen Wahrnehmung und Imagination (die aus der inneren Nacht der Erinnerung heraustritt) ermöglicht und erfordert. Drei privilegierte Nachtfahrten, das Schreiben, das Lesen und das Träumen, nutzen die nachts leichtere Möglichkeit der Wahrnehmungs-Abkoppelung von der Außenwelt zum verstärkten Auftauchen-Lassen der Erinnerungen. Das Fahrtmotiv wird weitergegegeben an die Figuren, die fliegen, untertauchen und auftauchen.

Was aber nun an diesen anscheinend allgemein gültigen nächtlichen Dramen der Erinnerung das jeweils stärkste kulturelle und individuelle Profil zu geben scheint, das ist der jeweilige Anteil von Erinnerung und *Vergessen* und die Art ihres Verkehrs miteinander. So virtuos verschiedene Erinnerungsschichten und die Schichten verschiedener objektiver Vergangenheiten hier überblendet sind, so unentwickelt scheint die Repräsentanz des Vergessens zu sein. Zwar hat Faust seinen Kaiserhof ebenso vergessen wie der Autor Goethe seine Existenz in Weimar; aber außer diesem sozusagen musischen Vergessen, das für das Hinüberwandeln von Faust aus dem ersten Teil in den zweiten notwendig zu sein scheint (siehe die Eingangsszene) und das wir schon in Hesiods «Theogonie» gelobt sahen, scheint das Vergessen keine große Rolle zu spielen. – Warum auch, nicht wahr? Alles Vergessene ist sozusagen ‹gegessen›. – Und wenn nicht, wenn das Vergessene wieder auftaucht, wenn das Vergessene wieder erinnert wird, wird es doch geschöpft aus einem Reservoir, zu dem Erinnerung und Vergessen einen gemeinsamen Zugang haben! Dieses Reservoir ist nicht irgendwo anders, sondern im individuellen Leib. Wenn Erinnern und Vergessen eine gemeinsame *leibliche* Realität haben, dann muss das Vergessene irgendwie repräsentabel sein – und deshalb auch entwicklungsfähig.

Etwas zu kurz kommt im Erinnerungskunstwerk Goethes das Vergessen. Es ist zwar nicht einfach am Vergessenen darzustellen; aber auch Spuren, Ahnungen als Übertragungen des Vergessens im Erinnerten sind arg verwischt. Das Vergessen ist auch gefährlich, denn es stellt die Souveränität des Autors grundsätzlich in Frage. Diese Souveränität ist eine des Geistes, und vielleicht ist eine gewisse christlich tradierte Körpervergessenheit dafür verantwortlich zu machen, dass die Rolle des Vergessens gewissermaßen vergessen wurde gegenüber der Übermacht des Geistes, der in letzter Konsequenz ewig war und kein Vergessen kennen konnte. Der Status des Vergessens aber ist keine Lappalie, denn wie heutzutage allgemein bekannt, verändert sich das Erinnerte durch das vorherige Vergessen-Gewesen-Sein.

Auch ‹spürt› man heute eher das Vergessene als etwas ‹Verdrängtes›. Im literalen Sinne dieses Ausdrucks scheint etwas Materielles bzw. Körperliches dokumentiert zu sein, das wieder lesbar zu machen ist. Im Verhalten und in der Sprache können Spuren anzeigen, dass Vergessenes Verdrängtes ist. Zwei Aspekte seien hier besonders herausgehoben: dass das ‹Vergessene› nur etwas in innerer Nacht Verborgenes sei – und dass es materielle Spuren gibt. Der letzte Aspekt ist seit der Renaissance immer stärker beachtet worden, und das hängt mit dem Siegeszug der Schrift zusammen – und mit ihrer Fesselung des Imaginären. Die Schrift wird zu einem paradigmatischen Spiegel des Verhältnisses von Körper und Geist, Text und Bedeutung. Gehen wir unter diesem Aspekt noch einmal zurück, zurück bis zum mythischen Fluss Lethe. Von Lethe gibt Goethe, genauer sein von Shakespeare entliehener Geist Ariel, dem Faust nur Tau zu kosten (4629), denn ein Trank wäre sein Tod.[1537] Schade eigentlich, wo doch Trinken und Vergessen so gut löschen, tief miteinander verwirbelt … Trinken und Dichten, gehört das nicht zusammen? Also zurück zu Lethe, zur uralten Lethe.

Lethe …

Im *altgriechischen* Kontext ist die Nächtlichkeit des Vergessens unvergesslich. Dem *Mythos* zufolge, dessen Alter indessen ungewiss scheint, kommen die Toten auf ihrer Unterweltreise zum Vergessen: an den Fluss Lethe. Nachdem sie im Fluss des Vergessens ihren Durst ‹gelöscht› haben, sind sie endgültig tot, in Vergessen*heit* gesunken. Die Symbolik des Flusses hält in der Schwebe, auf welcher Seite des Ufers das Vergessen geschieht.[1538] Zwar scheint der Tod hier darin zu bestehen, dass sich die Trunkenen «nicht mehr an ihr früheres Leben erinnerten» (ebd.). Bei Homer erinnern sich jedoch die Toten an ihr oberirdisches Leben, nicht nur nach dem Blutopfer-Trank (Od. 11, 25), sondern auch ohne denselben. (Od. 11, 23 f.) Manche, wie Herakles, scheinen nur noch zwanghaft perpetuierte Erinnerung

1537 Damit erklärt sich Schöne (S. 405), dass Faust, nur mit Lethes Tau betupft, von seinem «Teil I» herüberwandelt; denn Goethes Gewährsmann Hederich hat die ‹höllische› Bedeutung des todlichen Lethetrankes betont. Allerdings erwähnt er auch Hederichs Vermutung, dass Pythagoras Lethe für seine Seelenwanderungs-Lehre erfunden habe: Vergessenheitstrinken als ein «Bad der Wiedergeburt» (S. 406). So idealistisch war Faust nun wohl doch nicht. Er wollte seinen (paralytischen) Körper behalten um der Erinnerung Helenas willen. Bedenke aber, Leser: Tau ist nächtlich, mit seinem Wort-Klang beginnt im Deutschen auch das Tauchen, nun gut, nur das Wort dafür.

1538 Vgl. Recl. Lex., S. 315; weitere Seitenangabe im Text.

zu sein. «wie nächtliches Düster blickte er grimmig umher, hielt ohne Hülle den Bogen, legte den Pfeil auf die Sehne, als suchte er immer zu zielen.» (Od. 11, 606)

Was macht er da unten? Der unsterbliche Herakles ist doch im Olymp, und sein Körper ist auf das gründlichste zu Asche verbrannt? Es ist sein *eidolon* (Od. 11, 602), das Voss mit ‹Gestalt› übersetzt und Weiher mit ‹Maske›. Das ist wohl zu körperlich, *Bild* trifft es vielleicht eher, wenn man unser heutiges *Idol* mitdenkt. Freilich sind sie empfänglich für Blut, und deshalb ist selbst *Schatten* (was andere vorschlagen) zu schwach. Aber alle sind doch mit Erinnerungen beschäftigt, wenngleich *das* wiederum ihnen unbewusst ist. Diese Erinnerungen ähneln eher Reflexen als dem Unbewussten. Wie das ausgelöste Herz getöteter Schildkröten, das noch nach 24 Stunden schlägt, machen die ‹Larven› der Unterwelt weiter, einerseits, weil sie primitiv, gleichsam routiniert, erinnern, andererseits, weil sie vergessen haben, dass sie gestorben sind.

Wahrscheinlich hat der chthonische Herakles vergessen, dass er unsterblich ist. Unsterblich ist man nämlich nie allein: Man wird erzählt, man kriegt geopfert, und man hat seine Kultstätten der Begegnung. – Man wird ‹gesehen› und ‹gehört›. All die Namen, die Odysseus über dem dampfenden Blut in den Mund nimmt, sind Namen von Unsterblichen: indem er sie in den Mund nimmt, mit ihren Trägern spricht und von ihnen erzählt. Homer öffnet in einem düsteren Opferritual die Pforten seiner inneren Hölle, da wuseln ihm schon aus dem Düstern die Scharen der Totenseelen (*psychai*) entgegen (11,36). Sie nehmen allmählich Gestalt an, vor allem hört er Stimmen. Sie «lärmten, als sprächen Verzückte; – mich packte das blanke Entsetzen» (11,43). Es sind Vorspiegelungen seines verzweifelten Inneren. Gerade das isolierteste, fremde Unbewusste ist ein Spiegelbild von versunkener Begegnung.

Gemeinsam ist in beiden Textpassagen das *Gespräch* – mit dem lebenden Unterweltreisenden und andererseits mit den gerade erst ankommenden Toten. Integrierbar ist das in den Lethe-Mythos, wenn man den Trank des Vergessens auf die Lebenden bezieht: Trinken die Toten, können die Lebenden vergessen: Mit dem ‹Fluss ohne Wiederkehr› ist eine Grenze zwischen Lebenden und Toten überschritten. Freilich, der Sänger öffnet die Pforten der Unterwelt wieder ein wenig, er verleiht den Toten Blut und bringt sie zum Sprechen. – Jetzt tauchen die Musen auf aus dem Strom des Vergessens, reden aus Dichtern von Fahrten zu Toten … Im Trinken ist beides möglich, erinnern und vergessen, im Trinken verschwimmt eine Grenze. Noch heutzutage, da man sein Gedächtnis elektronischen Speichern anvertraut, *löscht* man ‹Erinnerungen›, indem man Dateien löscht. Oder wird bereits etwas (ähnlich wie Schiffsladungen) gelöscht, wenn es durch out‹sourcing› woanders, etwa im PC, abgeladen wird? Ob Brand, Ladung oder Durst: Die Gleichsetzung von Trinken und Vergessen, Füllung und Entspannung des Bauchs und seiner Muskulatur bei gleichzeitiger Leerung des geistigen Speichers, die eigentlich nur eine Umwälzung ist, hat eine alte leibliche Spur. Sie führt zu einer anderen Lethe, die bei der *Geburt* überschritten wurde.

Wahrscheinlich wird die Erinnerung an die Kämpfe und Krämpfe im Geburtskanal zum großen Teil gelöscht durch jenen Mutter-Fluss an schmerzlinderndem Oxytocin, der andererseits auch die Uterus-Kontraktionen und die Milchbildung steuert.[1539] Nach der Geburt wenden sich die Krämpfe um das Kind im Geburtskanal sozusagen um, pflanzen sich ins kindliche Innen fort, stülpen sich wiederum aus ins Hungerbrüllen. Auch sie werden gelöst, und vielleicht wird ihre Erinnerung gelöscht im Löschen des Durstes. Auf jeden Fall überschreitet der Mensch auch am Anfang eine Lethe. Der Sterbliche ist zeitlich beiderseits von Vergessen begrenzt. Andererseits sind die Grenzen fließend, und viele Informationen sind bei dem Sturz ins ‹Licht der Welt› auch nach der Geburt gespeichert, etwa bestimmte Reflexe wie der Greifreflex.

Wie bewusst in vielen Kulturen Geburt als Vergessen von Vorigem eingesetzt wird, mag das Adoptionsritual zeigen, mit dem der gestorbene Herakles im Olymp als einer der Zwölf aufgenommen wird. Zeus überredet die seinem Bastard feindlich gesinnte Hera, Herakles noch einmal zu gebären: Sie legt sich ins Bett, täuscht Wehen vor und zieht ihn dann unter ihrem Rock hervor. – Und jetzt liebt sie ihn als ihren Sohn; die alten Geschichten vergessen sie.[1540]

Die paradoxe Leibgebundenheit von Erinnern und Vergessen, die jeweilige Bestätigung ihrer Schwellen in der imaginativen und performativen Überschreitung: Sie sind das Fundament ihrer kulturellen Entfaltung, darauf baut die Ordnung von Schlaf und Wachheit ihr Haus. Vom

1539 Th. Verny und J. Kelly: Das Seelenleben des Ungeborenen. München 1981, S. 86.

1540 Gr. Myth., Bd. 2, S. 195.

Körper zum Raum: Eine Spur des Wissens vom Vergessen im Geborenwerden fließt, fast überwuchert, in einer Landschaft: Im Asklepios-Mythos umgrenzt der Fluss Lethaios (*Zur-Lethe-Seitiges*) den *Geburts*ort des Heilgottes Asklepios.[1541] Wahrscheinlich ist die *räumliche* Bedeutung von Lethe als «das Verborgene», «das Abgeschiedene» sogar älter als die des «Vergessens». Diese Nähe des Vergessens zum Verbergen macht andererseits die Analogie von Erinnerung mit Enthüllung, ja die Gleichsetzung der Wahrheit (a*lethei*a) mit ihrer Offenbarung, Eröffnung plausibel. Zugleich deckt die Übertragung von zeitlichen Aspekten (Erinnern und Vergessen) auf räumliche (Verbergen und Enthüllen) ein erhebliches Potenzial kognitiver Prozesse und ästhetischen Erlebens auf.[1542]

Bei Hesiod ist die *Göttin* Lethe das Kind der Nyx-Tochter Eris (Th. 227), gehört also zur Linie der göttlichen Nacht, die auch über die Moiren die Gaben für die Menschen bereithält oder selbst personifiziert.[1543] Und die hesiodische Göttin ist, wie die Lethe des Geburtstraumas, umgeben von Mühsal, Schmerzen und Hunger. (226f.) Es gibt auch keinen Grund, die Göttin *Vergessen* hier nur als einen aus der augenblicklichen Eingebung geborenen Begriff Hesiods anzunehmen, denn es gibt kultische Lethe-Trunke bei Orakeln einerseits und Opferstätten für die Lethe andererseits. Wer im Höhlen-Orakel des Trophonios die Wahrheit erfahren wollte, musste von Lethe trinken, und ein Altar der Lethe stand im Erechthion zu Athen, dem gemeinsamen Tempel für Athena und Poseidon. Am elegantesten wäre es, alles zu integrieren durch die Annahme einer unterirdischen Gottheit.[1544]

1541 Kérenyi: Urbilder, S. 58. – Die Heilkraft des Vergessens als Umkehr des Unheils klang schon im Lobgesang Hesiods auf die Musen an. Die Institution des Heilschlafs als Technik des Vergessens genoss in der gesamten Antike hohe Achtung.

1542 Auch in Hegels «Phänomenologie des Geistes» ist die vorübergehend schwache Unterscheidung zwischen räumlichen und zeitlichen Parametern, zumindest ihre Übertragbarkeit, als Dialektik von Entäußerung und Erinnerung (Aneignung der Entäußerung) fruchtbar gewesen. – Im Bereich der Ontogenese ist an die Bedeutung des kleinkindlichen Fort-Da-Spieles zu erinnern.

1543 Im orphischen Hymnos auf *Hypnos* ist Vergessen sogar die Schwester des Schlafes, also die *Tochter* der Nacht. F. Graf: Nachwort. In: Plassmann: Orpheus, S. 128.

1544 … wie W. H. Roscher meint, in: Ausführliches Lexikon der griechischen und römischen Mythologie. Leipzig [3]1884, Reprint Hildesheim 1992–93, Bd. 2, Sp. 1956.

Vergessen, die Tochter jener *Streitsucht* (Eris), die besonders am Zerwürfnis zwischen Sterblichen und Unsterblichen arbeitet[1545], ist in ihre Geschwister textbildlich geradezu eingebettet: in die Schmerzen von Mühe / Plage (226) einerseits[1546], und in die tränentreibenden Schmerzen (227) andererseits. Bei der Geburt treten wir unter mütterlichen und eigenen Schmerzen, die wir vergessen haben, aus dem Verborgenen hinaus und beim Tod unter Tränen (auch der Angehörigen), ‹die wir vergessen haben›, wieder in dieses Verborgene hinein. (Daher auch die heutige Todes-Bedeutung von *lethal*.) Das existenzielle Vergessen ist ein Nachtmeer, in dem das nachtästhetisch bedeutsame Licht der Erinnerung auftaucht. Denn wenn auch das Hören des Gesangs Erinnern und Vergessen zugleich ist, so ist doch die Richtung des Erlebens: das ‹Erinnern› der Musen – auch wenn es gleich wieder vergessen werden könnte, in der Nacht der sterblichen Alltage.

Der Zusammenhang zwischen der *Hesiodischen* Nyx-Enkelin Lethe und dem Unterweltfluss des Vergessens ist immer wieder bestritten worden. Doch kann das allenfalls heißen, dass die Mythe und die kultischen Praktiken um den *Trank* des Vergessens nachhesiodisch (aber unter seinem Einfluss) entstanden sind.[1547] Da das Nacht-Personal in Tartaros II aufzutauchen pflegt und auch im Kultus Lethe-Wasser im Zusammenhang mit Unterwelt und anderen Nachtkindern üblich ist[1548], müsste erst einmal gezeigt werden, warum die Lethe Hesiods nichts gemein haben soll mit dem Fluss der Unterwelt. Immerhin scheint eine verborgene Lethe-Tradition die doch musische Assoziation von Trank und Rausch des Vergessens gesäugt und gestillt zu haben, wenn später Plutarch den Dionysos einen Sohn der Lethe nennt, weil er der Gott des Weines ist.[1549] – Nach orphischer Lehre tranken aber

1545 Auf der legendären Hochzeit zwischen dem sterblichen Peleus und der machtvollen Göttin Thetis wirft die uneingeladene ‹böse Fee› Eris den verhängnisvollen goldenen Apfel mit der Widmung «Der Schönsten» in die Festgemeinschaft. Der Trojanische Krieg und die sozialen und psychischen Verheerungen der Nachkriegszeit, welche die klassische Tragödie bestimmen, sind die Folge.

1546 Da *ponos* nicht nur «Pein» bedeutet, sondern auch: «das Erarbeitete, Frucht oder Lohn der Arbeit» (Langenscheidt: Altgriechisch, S. 364), liegt die Assoziation der Geburtswehen nahe.

1547 Die erste Erwähnung soll sich Roscher zufolge in den Epigrammen (184 Bergk) des *Simonides* (um 557–468 v. Chr.) befinden.

1548 Vgl. Roscher: Mythologie, Sp. 1956.

1549 Siehe Gr. Myth. 1, S. 46.

auch die «ins irdische Leben Zurückkehrenden»[1550] aus dem Fluss des Vergessens. Da alle Geburt, orphisch gesehen, eine Wiedergeburt ist, bezeichnet nach dieser Lehre Lethe auch das Geburtswasser des Vergessens.

Man schmälert nicht den Einfluss der griechischen auf die deutsche Vorstellungswelt ab Ende des 18. Jahrhunderts, wenn man darauf hinweist, dass das Vergessen im Schlaf elementar für die Reproduktion des menschlichen Leibes ist und dass allein schon wegen der Erholung im Schlaf das Vergessen eine angenehme Erinnerung weckt. Doch wenn man einen kurzen Blick in den Bildersaal deutscher Vorstellungen über das ‹Vergessen› wirft, stellt man fest, wie begierig hier die Inspiration aus dem Altertum aufgesaugt wurde. Die ‹Begierde› spricht für die leibliche Konstanz, die Ikonologie für einen interkulturellen Transfer. Man assoziiert Vergessen mit Dunkelheit (Marie von Ebner-Eschenbach) und Nacht (Heinrich Heine), mit allen Formen von Lethes Wasser (E. T. A. Hoffmann), mit Bedürfnisbefriedigung und Hingabe (Goethe) und mit Musischem. (Wilhelm Raabe)[1551] Der erwachende, todesbereite Orest spricht im II. Aufzug von Goethes «Iphigenie auf Tauris» (1786):

> Noch einen! reiche mir aus Lethes Fluten
> Den letzten kühlen Becher der Erquickung!
> Bald ist der Krampf des Lebens aus dem Busen
> Hinweggespült; bald fließet still mein Geist,
> Der Quelle des Vergessens hingegeben,
> Zu euch, ihr Schatten, in die ew'gen Nebel.[1552]

Es erscheinen zuvörderst Todkranke, Leidende, Unterlegene, denen Vergessen eine Süßigkeit ist.[1553] «Mit des Vergessens süßer Nacht» laben Le-

1550 Roscher: Mythologie, Sp. 1957.

1551 Aus der Dig.Bib. D. Lit.: M. v. Ebner-Eschenbach: Bozena, S. 8428; H. Heine: Zum Lazarus (aus dem «Romanzero»), S. 38403; E. T. A. Hoffmann: Prinzessin Brambilla, S. 47921; J. W. v. Goethe: Stella, 2. Akt, S. 2108; W. Raabe: Chronik der Sperlingsgasse, S. 75944.

1552 J. W. Goethe, Hamburger Ausgabe, Bd. 5, S. 41; Dig.Bib. D. Lit. Groß, S. 170073.

1553 Siehe Plutarch: Gegen den Aberglauben. In: Ders.: Religionsphilosophische Schriften. Düsseldorf und Zürich 2003, S. 12 f.

thes Wasser das lyrische Ich eines Gedichts in Heines «Romanzero» mit dem bezeichnenden Titel «Zum Lazarus». – Man ahnt, in welcher Tradition Freud mit seiner Konzeption des Todestriebs oder der ursprünglichen Ununterscheidbarkeit von Eros und Todestrieb steht, wenn Goethes Stella im gleichnamigen Schauspiel ausrufen kann: «Seligkeit … des Vergessens sein selbst …»[1554] Natürlich kennt man Ende des 18. Jahrhunderts nicht nur die große Liebe, sondern vor allem deren Lektüre: die «süße» Selbstvergessenheit des Lesers.[1555]

Vielleicht greift aber das Glücksstreben immer wieder noch weiter über den Grenzfluss hinaus. Die Unermesslichkeit des Horizontes von Erinnern und Vergessen lassen die ‹Individuen› immer wieder neu die Grenzen der Erfahrbarkeit von Sterblichkeit und Geburtlichkeit bedenken. Nicht erst Nietzsche wollte sich selbst gebären.[1556] Schon für Fichte verachtet die «Liebe des Vernunftlebens zu sich selber» – «die rastlose fortbrennende Flamme des wirklichen Lebens» vor sich – alles Vergangene: «es tödtendt und in den Schooß der Vergessenheit versenkend», «um in jedem Augenblicke neu sich zu gebären».[1557] – Aus welchem Schoß sich selbst zu gebären? Gehört der Schoß noch zu ‹sich selbst›? Die Fremdgegebenheit des Geborenwerdens wird also allein dadurch gewährleistet, dass die Selbstliebe etwas überantwortet, anheimgibt, was dann aber doch nichts anderes als der Stand-by-Zustand der Erinnerung ist.

Nun ja, mehr Werden wird gemeinhin nicht gewünscht als ‹neu sich selbst›: kein anderes, sondern das veränderte, aber identische Selbst: eine verjüngende Selbst-Erinnerung. Nichts tiefer Vergessenes gibt es für jedes Ich als den Schoß; kein größeres ‹*Da*› gibt es, welches das Ich der rastlos ‹*fort*›-brennenden «Flamme des wirklichen Lebens» entgegenhalten könnte. Das Selbstbewusstsein aber, das hier jauchzend der Zukunft entge-

1554 J. W. Goethe: Stella, 2. Akt. Dig.Bib. D. Lit. Groß, S. 169733.

1555 J. G. Fichte: Die Grundzüge des gegenwärtigen Zeitalters. 6. Vorlesung. In: Fichtes Werke. Berlin 1971, Bd. VII, S. 90.

1556 Die inszenierten Selbstgeburten als Zarathustra, der seine selbstgewählte Höhle verlässt, oder als Dionysos, der ständig wiedergeboren wird, karikiert Peter Sloterdijk: «Im Eifer der Verkündigung wird er Schwangerer, Gynäkologe und göttliches Kind in einem.» P. Sloterdijk: Der Denker auf der Bühne. Frankfurt 1986, S. 45.

1557 Fichte: Grundzüge, S. 58.

gengeht, fordert nur das Verdrängte zur Wiederkehr auf. (Oder kehrt es sich selber um?) – Man sage nun nicht, diese Selbstgeburt sei doch nur eine Metapher. Wofür denn dann? Warum soll man wünschen, zu erleben, was man nie erlebt hat? Nun, weil man es aus der radikal anderen Perspektive erlebt hat, als Mutter, Vater, ‹Außenstehender›. Nie wird diese Erinnerung der Erwachsenen ‹wirklich› das eigene Vergessen wachrufen. Nie wird das doch beobachtete Geborenwerden anderer zu deren eigener Erinnerung werden. Diese fundamentale *intersubjektive* Verschränkung von Erinnerung und Vergessen wird immer fühlbar, ahnbar bleiben als konstitutiver perspektivischer Mangel des je eigenen Leibes. Dieses Fehlende wird nur übertragen erfahren, und jeder Leib kommt nur wegen des Fehlenden zur lebensnotwendigen Übertragung. Gut, dass es diese Einheit von Erinnern und Vergessen, die im Grunde in der Einheit des reflektierten Selbstbewusstseins gewünscht wird, nie gibt. – Aber gut, dass sie gewünscht werden kann.

Das alles mag in der Neuzeit aufmerksamer im Kontext des *eigenen* Erinnerns und der radikalen Lösung von ‹Vergessen› gelegen haben, weil die eigene Identität stärker als eine zeitliche erfahren und vorgestellt wurde. Während sich dieses individuelle Drama also gegenüber der frühgriechischen Zeit verstärkt zu haben scheint, gibt es andererseits eine Auffassung von Vergessen bei Hesiod, die in der Neuzeit kaum aufgenommen wurde. In der «Theogonie» ist Vergessen deswegen das Kind der Eris (Th. 227), weil aus ‹Streit› Rechtsvergessenheit (Missachtung von Gesetz, ja vielleicht sogar von Gerechtigkeit) hervorgeht. Die Geschwister sind Gewalt, Schmerzen, Rechtsübertretung, Verblendung und (Mein)eid.

Trotzdem lassen sich über ‹Vergessen› Brücken zum Vergleich der Vorstellungen von individueller Identität schlagen. Denn die frühgriechische Kultur ist voller Wiedergutmachungstechniken, mit denen ungefähr dasjenige, was wir heute Schuld(en) nennen, vergessen gemacht werden soll. Die vielen Waschungen von Göttern und Menschen an Festen[1558] und zu alltäglichen Verrichtungen sind auch als ‹Liquidationen› Vorbereitungen und Keimformen zeitlicher Umkehr (Reinwaschen) von Schuld. Sie gehören aber vielleicht noch stärker einer Schamkultur[1559] an als dem ausgeprägten

1558 Vgl. W. Burkert: Religion, S. 133 und S. 347, sowie T. Scheer: Die Gottheit und ihr Bild. München 2002, S. 57.

1559 Zum Konzept der (homerischen) Schamkultur gegenüber der (archaischen) Schuldkultur vgl. Dodds: Griechen, S. 17.

Konzept individueller Selbstverschuldung in der eigenen Zeitlichkeit. Diese individuelle Schuldkultur wird seit der mittelalterlichen Erfindung des Fegefeuers stärker mit dem Vergessen assoziiert, ist stärker eine Schuldabwaschung (allerdings ist der Körper tot). Dante lässt Lethe als Läuterungsstrom nicht in der Hölle fließen, sondern im «Purgatorio» (Fegefeuer): für «die reuigen Seelen, deren Schuld durch Buße getilgt ist»[1560]!

Trotz der unterschiedlichen ‹Reue›- und ‹Buße›-Praktiken, etwa zwischen dem 6. Jahrhundert v. Chr. in Hellas und dem 19. Jahrhundert in Deutschland ist die Vorstellung von Umkehrbarkeit im Medium des Flüssigen fast überall verbreitet. Das kommt vom *Säuge*tier. Und das hat weiterreichende Folgen als den ubiquitären Alkoholismus. Der Schweizer Dichter Jeremias Gotthelf braucht das Meer nicht gesehen zu haben, das Meer, an dessen unzähligen griechischen Gestaden ständig irgendetwas versenkt wurde, um verjüngt, gereinigt, ‹entschuldigt› wieder aufzutauchen[1561]; er kennt ein Meer der Frühzeit, er hat es vergessen, aber er erinnert es nach jedem Schlaf: Der Schlaf ist ein «Meer des Vergessens». Jeder, der erfüllt ist vom Trinken, wird trunken, indem das innere Meer plötzlich sich umstülpt und zum äußeren wird, auf dessen Grund man sinkt. ‹Lethargie›, Trance und Schlaf sind ein Musenprogramm. «Aus der dämmrigen Nacht des Vergessens taucht es auf und klingt es», nicht nur dem Erzähler der «Chronik der Sperlingsgasse» von Wilhelm Raabe[1562] oder dem altgriechischen Hörer der Rhapsoden, sondern auch dem Schläfer, dem im subjektiv grenzenlosen Vergessen seiner Grenzen Ureigenstes im Traum auftaucht.

Die Erfahrung dieser (zeitlich begrenzten) Grenzenlosigkeit und ihre Hinnahme scheint nicht nur für die meisten erwachsenen Individuen eine Selbstverständlichkeit zu sein, sondern sie scheint auch die kon-

1560 Schöne S. 406. Er zitiert Dantes «Divina Commedia» (Purgatorio XXVIII, 128 und Inferno XIV, 136) und weist darauf hin, dass die Eingangsszene von «Faust II», in der Lethe in Tau-Dosis gespendet wird, eine Nachwirkung dieser Dante Szene im Fegefeuer ist. Im Vergleich damit, darf der noch lebende Faust na türlich nur Tau-Lethe genießen. Wie sanguinisch dieser Faust gegenüber Dantes Ich ist! Der Tau war doch nur für die reuige Seele, gegen die Sünde, welche der Körper ist! Hier wird der Körper gestärkt.

1561 Bei den eleusinischen Mysterien mussten nicht nur die Menschen, sondern auch ihre Opferschweine im Meer gereinigt werden. Vgl. Parke: Feste, S. 90

1562 W. Raabe: Die Chronik der Sperlingsgasse. Berlin und Weimar 1964; Dig.Bib. D. Lit., S. 75944.

trafaktische Erweiterung des eigenen Leibs und Lebens auf die vergangenen und kommenden Welten zu fördern. Schon die Verräumlichung des Verborgenen in den Vorstellungen der beiden Lethen (zum Beispiel orphisch) ist eine phantasierende Entlastung des zeitlichen Traumas. Von der Geburts-Lethe bis zur Todes-Lethe fährt das Leben im scheinbar grenzenlosen Dunkeln; die Spotlights der Situationen unterwegs erreichen nie den Horizont der beiden Lethen.

Wenngleich die *nachsinnenden* Musen Hesiods, die Töchter von *Gedächtnis* (Mnemosyne), die zeitliche Form der Wahrheit, die A-Lethaia, die sie verkünden, zu betonen scheinen, nämlich das Wissen, was war, ist und sein wird (32), sind sie doch andererseits selbst auch dem szenischen Wahrheitsbegriff des Verbergens und Offenbarens verpflichtet, indem sie aus dem Dunkel der Nacht auftauchen und einhauchen oder (wie sich die Toten in der Unterwelt erzählen) beim Abtauchen der *psyche* des toten Achill auftauchen, um dessen ewigen Ruhm im Klagegesang: zu gebären. Auftauchen und Abtauchen, Erinnern und Vergessen (des Körpers) bedingen einander.

Nun habe ich soeben bei der zeitlichen Bestimmung der Wahrheit den Modus der Gegenwart untergeschoben. Die Musen verkünden den Menschen gar nicht, was *ist*[1563], sondern nur, «was war und was sein wird» (32). Aber sie spenden eine höhere Gegenwart im Vergessen (*Lesmosyne*) der schlechten Gegenwart (55). Den kleinen Tod der musischen Kunst, das Versinken ins Vergessen: die «Atempause» (v. Schirnding)[1564], das fordern die Musen, indem sie auftauchen, von ihren Hörern. Auch die Göttinnen selbst sind so lange tot, wie sie nicht vom rühmenden Sänger, während die Zuhörer ins Vergessen sinken, am Anfang und Ende in die Erinnerung geholt werden. Fast im gleichen Atemzug, in dem sie dem Publikum die Atempause und dem Sänger den langen Atem gewähren über Vergangenheit und Zukunft, fordern sie vom Sänger die In-Spiration zurück: ihren

1563 Allerdings den Göttern, oben im Olymp klingt auch die Gegenwart! (Th. 38).

1564 Beachtlich ist die Zweideutigkeit der «Atempause», von Schirndings Wort für *ampauma* (Th. 55). Neben der Pause *zum* Atmen ist auch die Pause *vom* Atmen, also die Pause vom Leben denkbar, welche die Kunsterfahrung ist. Als solche hat sie nah am Tod gebaut.

Geburts- und Todesatem zu Anfang und Ende seines Gesanges, mit dem er sie bedenken und beleben soll: im Gedächtnis der Sterblichen (31–34).

Wahrheit ist abhängig von Lethe: Als *Un*verborgenheit, Offenbarung ist sie das Auftauchen aus ebendem Verborgenen, Dunklen. Das A- von Aletheia kann sogar nicht-negativ, verstärkend nämlich, gedacht werden: als sehr wohl Verborgenes, das nur manchmal sich zeigt. Als Rede des ‹Nicht-Vergessens› ist sie nicht nur sprachlich ans Vergessen gebunden, setzt nicht nur logisch Vergessen voraus; sondern sie ist empirisch nicht möglich ohne das Vergessen von etwas anderem, zumindest ohne das Vergessen der Gegenwart der Erinnernden im Erinnern. Auf das Verhältnis zwischen Menschen und Musen bezogen, kann man von einem Chiasmus aus Erinnern und Vergessen sprechen: Die Musen besingen die Toten, die Lebenden lassen die Musen hochleben.

Lethe ist ein Synonym für den nächtlichen Horizont des Leibs in Herkunft und Zukunft, und musisches ‹Sinnen› im Singen ist ein Erinnerungsakt. Schon die Ableitung von Stamm‹*bäumen*› ist eine phantastische Ergänzung des in der ‹Waldes-Nacht› seiner fraglichen Herkunft liegenden ‹Sprosses› (vulgo ‹Nachwuchs›). Die von den Musen eingeflößte Auf*zählung* der Geschlechterfolgen, bei Hesiod der unzerreißbare Faden der Er*zähl*ung, ist die phantastische Ergänzung der moirischen Faden-Abschnitte und der letalen Abrisse zwischen den Generationen. – Für den Alzheimer im Altersheim gibt es nicht einmal sogenannte Sukzessionsmythen. – Aber auch die verhängnisvollen Schuldübertragungen der Generationen in den klassischen Tragödien (etwa bei den Atriden) verweisen auf die grässlich unvertreibbare innere Dunkelheit der Ungewissheit von Herkunft und Zukunft. Nicht, wer der Vater ist und wohin das alles führt, sind die zentralen Fragen, sondern diejenige nach der unbegreiflichen Substanz dessen, was Herkunft und Zukunft eigentlich sind.

Die Kunst der Genealogie ist weiße Salbe für das wahrscheinlich in langer historischer und vorhistorischer Zeit unaussprechliche Trauma der Zeitlichkeit. (Hektor geht in 11 Generationen auf Okeanos zurück, Hesiod in 13 auf Poseidon, Kleitos in 17 auf Oineus.)[1565] Und die Erfindung von

1565 Vgl. die Stammbäume im Anhang von Hal. – Das ist aber keine *literarische* Erfindung, sondern die orale Tradition. In der Ilias (6, 145) sagt Glaukos, bevor er sein Leben im Zweikampf mit Diomedes verliert, erst einmal seinen Stammbaum auf.

Ur-Eltern und sonstigen Ursprüngen entspringt dem unstillbaren Bedürfnis nach Umkehr aus dieser Dunkelheit. Das Gefühl für die Ewigkeit der Nacht jenseits der Erinnerung von Beginn und Ende der Lebenserwartung ist so ‹gigantisch›, dass diese Nacht nicht nur räumlich, in der Sturzdistanz zum Tartaros, symbolisiert wird, sondern die fehlende Erinnerung des Beginns durch die Erinnerungsvirtuosität der Genealogie phantasierend ergänzt wird. Der *Grund* der Genealogie *kann nicht* extern sein, obwohl er extern sein *muss* (um Abgrenzung zu ermöglichen). Genialerweise kann das nur im Bild vom eigenen Leib, in seiner Abgründigkeit, begründet sein: im Chaos des Anfangs. Aber dieses Chaos ist aufgehoben in der menschlich-musischen Symbiose, welche in ihrem Paternoster-System eine unheimliche Wahrheit lindert: dass es nur die doppeldeutige musisch inspirierte Gegenwart (mit dem kleinen Tod darin) ist, der Hauch der gesungenen Atmosphäre, der eine einstweilige Aufhellung des Zeitleibs erreicht, der umso unweigerlicher ins pränatale und postmortale Dunkel abfällt, das grenzenlos ist. Was im räumlichen Denken die Nachtumschließung noch als Schutzraum der Eigenheit behaupten kann, dem das Dunkel außerhalb, wenn nicht gar äußerlich ist, hat im genealogischen, eigentlich ‹archaischen› Denken an das zeitlich Erste, im Bedenken der *arché*, eine jeden Halt zerrüttende Wirkung. Die verhüllte Nyx und die nackte Wahrheit sind ein und derselbe phantastische Leib. Dann wäre also die Kunst der Nacht eine des Verhüllens, ein Mantel des Vergessens, während die Erinnerung das offenbare Licht der Wahrheit zeigt? Nein, so ist das nicht zu lesen! Erinnern *und* Vergessen, Nacht *und* Licht sind *ein* Nacht-Leib aus beiden Aspekten, die sich fortwährend ineinander spiegeln, umstürzen, umstülpen. Das Ganze von Verbergen und Enthüllen, Ein- und Auftauchen, Erinnern und Vergessen, Nacht und Licht ist die Springquelle der Nachtästhetik: *ihre* Dynamik.

… und das auftauchende Palimpsest

Der ‹Fluss ohne Wiederkehr› löscht nun zwar das ‹Wissen um› Gegenwart, Sorge und Schuld; aber gelöscht ist gelöscht. Eine gewisse Zeit*umkehr* des Bewusstseins in der Negation der Aktualität ist nicht so wörtlich zu verstehen, als ob dadurch schon die alten Erinnerungen oder gar das alte Leben verjüngt aus den Fluten stiegen. Der Sinn des mythischen Lethe-Tranks war immerhin ursprünglich die Nichtwiederkehr der Toten. Die Musen andererseits bringen, während die Sorgen der Zuhörer ins Vergessen sinken oder fortschwimmen, durchaus das Auftauchen einer Erinnerung, die Wiederkehr der Götter-Bilder – und sogar vom Anfang her, aus einer anderen Richtung. Aber diese Vergangenheit ist eine der Unsterblichen, von Unsterblichen überliefert, wenn auch die *Inhalte* (etwa über Nyx und Kinder) die Menschen angehen und in den Sänger eingehaucht sind. Die Inhalte der Hesiodischen Nachtästhetik betreffen also durchaus jeden Einzelnen, der da seufzt in seiner Nacht, wenn er singen hört, dass die Nacht das Seufzen gebiert.[1566] Die zunehmende soziale Bedeutung des individuellen Lebens im Abendland lässt aber die mangelhafte Erinnerung zunehmend als ein ‹eigenes› Problem erscheinen. Zwar ist die inzwischen christliche Seele unsterblich und bräuchte folglich das kleine Sterben im Vergessen nicht fürchten, aber der individuelle Leib, Erbsünde-Erbe Adams und sterbliche Ursache des Vergessens, der ist das Problem. Immerhin verspricht der Neue Bund durch Christi Tod, der bei jeder Taufe – Lethe zum Vergessen der Erbsünde – bekräftigt wird, eine individuelle Bewertung der Erden-Schuld im Jenseits. Das ist viel später, sodass die lebenslange Aufmerksamkeit für das richtige Verhältnis zwischen der unsterblichen Seele und dem vergesslichen Leib, für das Verhältnis zwischen Vergessen und Erinnern, selbstverständlich wurde. Die von der katholischen Kirche verwaltete Heiligkeit von Erinnern und Vergessen ist das Sakrament der *Buße* und der *Beichte*. Die notwendige Voraussetzung für die Löschung im Schuldregister, die reinwaschende Absolution ist die reuige Umkehr, also die bittere Erinnerung, die durch tätige Buße nochmals umgekehrt wird Richtung Gegenwart – und darüber hinaus. Der *Vorsatz* der Sündenfreiheit er-richtet eine Zukunftsperspektive, zu der das Versprechen gehört, sich ständig an den Vorsatz zurückzuerinnern. Es handelt sich hier um eine jahrtausendealte Kunst der Lebensführung, die mit einem elaborierten Ritual von Erinnern und Vergessen verbunden ist.

Zur christlichen Tradition der leiblichen Verankerung von Erinnern

1566 Hesiod personifizierte das Seufzen in der Nacht durch Momos, den Tadler und Oizys, die schmerzliche Drangsal. 500 Jahre später ersteht die Seufzerin machtvoll wieder auf in Gestalt der *Suspiria* von de Quincey: «Suspiria de profundis, being a sequel to the confessions of an English Opium Eater», erschienen 1845 in «Blackwood's Edinburgh Magazine».

und Vergessen gehört einiges, was hier nicht behandelt werden kann. Es sei nur auf das Beispiel des *hl. Abendmahls* im Abendland verwiesen, das neben (und gegensinnig zu) der göttlichen Inkarnation in Brot und Wein ein Erinnerungsma(h)l ist. Die körperliche Unterstützung der Er-Innerung durch die orale Vereinnahmung spricht für eine intime Kenntnis des Zusammenhangs der Erinnerung mit den elementaren körperlichen Vorgängen. Wie denn die Kirchen in der longue durée ihrer Riten überhaupt viel Körperkultur auch des Vergessens aufbewahrt. Das Erinnerungsmahl ist öffentlich, zumindest gemeinschaftlich. Aber das Vergessen, die ‹Vergebung› der Sünden findet meistens im geheimen Dunkel des Beichtstuhls statt.

Obwohl das christliche Verhältnis zum Leib vielfältigen historischen und kulturellen Schwankungen ausgesetzt gewesen ist, blieb die gesteigerte Selbstaufmerksamkeit für das Verhältnis von Seele und Leib prinzipiell teleologisch ‹ausgerichtet›, nämlich auf die zukünftige ewige Erinnerung der Seele an sich selbst im Jenseits. Das Versprechen an die Auferstehung des Fleisches, an einen unsterblichen Leib, der nicht mehr sündigen *konnte*, erschien vielleicht der Mehrheit der nicht ganz so Heiligen nicht als das Nonplusultra der Individualität; aber deswegen wurde das Fleisch ja keineswegs vergessen. Im Prozess der *säkularen* ‹Neugeburt› der *Antike* in der «Renaissance» kommt relativ dramatisch die Suche nach der Neugeburt des *Körpers* auf Erden zum Ausdruck. – Aber vorher war schon Neugeburt im Himmel denkbar. In der *Neu*gierde für die verborgene Wirklichkeit der Welt, für die Unterwelt des Vergangenen und Vergessenen sucht ein Ich, in der Renaissance wahrscheinlich eher, öfter oder dringlicher, auf symptomatische Weise *seine* Verankerung von Erinnern und Vergessen in der Welt. Die Neugeburt der Antike gehört insofern zur Neugeburt des Individuums, als die Neugierde sich den vergessenen Leib der Erde als ihrer Seele zugehörig erklärt. Die er-innernde Verankerung des Geistes in der materiellen Welt wertete die Repräsentanten einer materiellen Gedächtniskultur kultisch auf. Die sichtbar lange Haltbarkeit der Schrift auf Stein und Ton war hier ebenso ein Paradigma der ja vor allem philologischen Renaissance, wie die nachtleibliche Affinität zu den *körperlichen* Bedeutungsträgern (Pergament, Papyros, Papier) das ihre zu einer phantasmatischen Einbettung der Erinnerung suchenden Seele in die Vergangenheit beitrug.

Pergament stammt von Säugetierleibern, und Papier wurde seit seinen chinesischen Anfängen auch aus (körpernahen) Textilien (etwa Kleidungsstoffen) hergestellt. Bevor die Papierherstellung im Mittelalter auch in Europa (über die Araber) bekannt wurde, spielte der Papyrus aus dem gleichnamigen Schilf eine besonders wichtige Rolle.[1567] Dieser Stoff ist nicht so körperfern, wie es scheint; auch er hat lange in der Geschichte als geflochtenes Textil ‹Berührungspunkte› mit dem Körper gehabt. Nicht nur trugen ihn die Menschen als Kleidung, sondern er trug seinerseits auch die Körper, die auf ihm schifften, die auf ihm als einer Matte schliefen und träumten.[1568] Der Wurzelstock der Staude diente als Nahrung.

Alle materiellen Schriftträger genossen schon in der Antike als Ur-Kunden hohe Verehrung. In der Renaissance aber begannen sie, mit den magischen Kräften der Reliquien zu wetteifern. Nicht weil sie gegen Vergesslichkeit halfen, sondern weil sie Vergessenes bezeugten, *die Menschheit* an Neues erinnerten. – Was aber leistet die Schrift auf materiellem Träger als ein Denkbild für das Spiel von Erinnern und Vergessen? Die Schrift ist haltbar, aber wo ist das Vergessen? Zwar gab es schon früh abwaschbare Schrift auf Papyri; aber ursprünglich waren die Papyri heilig und ihre Produktion den Priestern vorbehalten. Etwas von vornherein Löschbares, Vergessbares zu schreiben, trifft aber nicht das eigentliche Problem der unsterblichen Seele im vergesslichen Leib – und der leibhaftigen Erinnerungsfähigkeit der allgemeinen Geschichte. Schriftträger mit *löschbarer* Schrift, neben den Papyri Wachs- und Schiefertafeln, gab es mehrere. Das wirklich interessierende Problem ist für die Neu-Gier der Neuzeit: das wirklich Vergessene neu zu erinnern oder etwas Fremdes zu entdecken, was an Vertrautes erinnert, etwa Lektüren. Aber auch die Enterdungen anderer materieller Dokumente der Vergangenheit, beispielsweise des vorher nur aus Texten bekannten Laokoon aus dem Boden Roms, verwandeln

1567 Früheste Papyros-Produktion datiert vom Beginn des 3. Jahrtausends, ist aber in Griechenland erst ab ca. 500 v. Chr. nachweisbar, obwohl Ägypten es seit ca. 1000 v. Chr. exportiert. Kl. Pauly, Bd. 4, Sp. 497.

1568 Aus Papyrus waren auch die Schriften, die den toten Körper ins Jenseits begleiteten und bei der Auferweckung im anderen Leben halfen. Seit dem Beginn des Neuen Reiches «legt man dem Toten einen Papyrus in das Grab oder wickelt diesen in die Mumie ein», Eggebrecht: Ägypten, S. 336. – Das sogenannte Totenbuch war ein Kleid für die Ewigkeit, zur Erinnerung.

die Entdeckung einer fremden Geschichte in eigene: Das nur Gelesene taucht auf. Der Gestus des Vergessens als eines ‹Liquidierens› war bei Papyros, Kreide auf Schiefer und selbst beim fast flüssigen Wachs der Tafel lethisch. Aber ein neues Paradigma war seit der Renaissance mit der Entdeckung der Bedeutung des *Palimpsestes* geboren.

Ausradierte, überschriebene Texte gibt es, seit es Texte gibt. Selbst die abgewaschenen Papyri wurden zuweilen Palimpseste genannt.[1569] In gewisser Weise können wir auch die sogenannte «Himmelsscheibe von Nebra» als ein Palimpsest ansehen, auf dem vergessene Bedeutungen überschrieben wurden mit eigenen ‹Reimen›, die sich spätere Bildbesitzer auf die älteren Beschreibungen kosmischer Vorgänge (oder völlig anderer, irdischer Denkwürdigkeiten) machten. Bei diesen metallischen Deckbildern benutzte man allerdings den größeren Teil der älteren Schicht, der mit den eigenen Vorstellungen integrierbaren älteren Kenntnisse. Aber beim paradigmatischen Palimpsest der Neuzeit geht es um die neuerliche Abschabung der oberen Schicht, um die ältere *wieder* zur Erscheinung zu bringen, es geht um die *Ent*-Deckung eines Textes als Palimpsest.

In einem Festvortrag zur Verleihung des Adelbert-von-Chamisso-Preises 2005, «Vom Schreiben auf Papier und anderen Wundern», ‹hebt› Harald Weinrich das leibhaftige ‹Wunder› vom Wiederauftauchen des Gelöschten ‹hervor›. Ein Wunder wie die Wiederauferstehung des Lazarus ist es für den *Leser* von normalerweise toten Buchstaben. Das Palimpsest ist das Emblem des umstürzenden Verhältnisses von Erinnern und Vergessen; es ist die Auferstehung des archäologischen Paradigmas der ‹Geschichte› am Leibe des Lesers. Weinrich beschreibt, wie die Mönche im Mittelalter wegen chronischer Papyrusknappheit in mühsamer Schab- und Kratzarbeit ‹Tabula rasa› mit antiken Quellentexten machten, um freie Schreibflächen auf dem alten Pergament für vermeintlich wichtigere Texte, etwa für einen Augustinus-Kommentar zu Psalmen, zu erhalten.[1570]

Aber die untergegangene Schicht des zu vergessenden heidnischen Altertums war spurhaft erhalten geblieben und wurde neuzeitlich, in epo-

1569 Vgl. Eggebrecht: Ägypten, S. 349.

1570 H. Weinrich: Vom Schreiben auf Papier und anderen Wundern. Robert Bosch Stiftung, Stuttgart 2005, S. 5; weitere Belege im Haupttext.

chalen Akten der Umwertung der Werte, wieder ans Licht gehoben, während nun die Zerstörung der mittelalterlichen Schrift oft ohne Zögern in Kauf genommen wurde. Diesem Graben nach der verborgenen, unteren Schicht einer höheren Bedeutung entspricht überhaupt der gleichsam archäologische Gestus der Neuzeit, welche, die Mittelalter-Schicht beiseite räumend, die untere entdeckt. Angesichts auftauchender Schönheiten wie der etruskischen Vasen oder des marmornen «Laokoon», der 1506 der Erde Roms entstieg, mag diese Umwälzung der Werte plausibel sein. Aber die penible Erforschung der antiken Cloaca Maxima Roms durch den Kupferstecher Piranesi, gut 250 Jahre später, deutet an, dass der Gestus des Grabens und Enterdens selbst, unabhängig vom ästhetischen Wert der Funde, eine nachhaltig umtreibende kulturrepräsentative, ja geradezu kultische Handlungsweise gewesen ist, die das Geschichtete, von der Oberfläche der Gegenwart Verhüllte, wertschätzt.[1571]

Die ‹Umbettung› der Zeichen des Kirchenvaters war insofern paradigmatisch, als der zuvor ‹unterlegene›, gelöschte Text auf dem Pergament Ciceros verschollene Schrift «De re publica» war. Angelo Mai (*1782) entdeckte 1820 in der Vatikanbibliothek nicht etwas Fremdes, sondern etwas sagenhaft Berühmtes. Man hatte mit Ausnahme des 6. Buches – «Scipios Traum» – nur *über* diese Schrift gelesen, jetzt konnte man sie selber lesen (wenn auch immer noch nicht vollständig). Diese Verknüpfung *eigener Erinnerung* an (bisher unbefriedigende) Lektüre mit dem kulturellen ‹Vergessensein› des Textes und mit dessen neuer materiellen Form der Erinnerung verbindet phantasmatische Körpergeschichte (nicht nur Lese-Geschichte) mit der Gattungsgeschichte. Pegasos scharrt an der Tierhaut, und es entspringen die Musen-Quellen, die Quellenwerke der Antike.

Die Faszination des Scharrens im Verborgenen aber kommt vom je eigenen Körper und dessen Suche nach dem Vergangenen. – Vielleicht ist in dieser Geste des Tiefergehens ein Gegensinn enthalten, vom Sich-Ausgraben nämlich, von der Geburt und vom Auftauchen. Und Texte sind, weil sie an Vergessenes erinnern können, seit der Renaissance mit Ent-Decken, ja Ausgraben verbunden und assoziiert gewesen. «Bisher»,

1571 Geborenwerden und Sterben, Trinken/Essen und Ausscheiden sowie Säen und Ernten mögen die Ahnen dieses Programms sein, das sich auch in der Bereitschaft zum Ahnen, Vermuten und Spekulieren ausdrückt.

schreibt Giacomo Leopardi im Dezember 1822 an seinen Vater, «habe ich noch keinen Gebildeten in Rom getroffen, der unter Literatur etwas anderes verstünde als Archäologie.»[1572] Es ist aber immer auch eine eigene Sache, die enterdet wird; sonst wäre schließlich der anhaltende Jubel über den Text, der das Licht der Welt wiederentdeckt hat, seltsam übertrieben gewesen.

Schließlich gab es 1820 unter dem Gesichtspunkt der Neuheit und Aktualität Wichtigeres zu lesen als Cicero. Aber der italienische Dichter, Antiken-Kenner und Hesiod-Übersetzer Leopardi verfasst eine Ode auf Angelo Mais Entdeckung, weil er die Assoziation der Wiederauferstehung des Alten Italien damit verknüpft, ganz konkret: den *risorgimento* gegen die Fremdherrschaft über Italien in *seiner* Zeit. (S. 7)[1573] Diese Übertragung hatte ihr Modell bereits im Akt der Erkenntnis des Palimpsestes gehabt. Mai stößt auf etwas bislang Unbekanntes, weil ihm etwas an der spurenhaften Durchschrift vertraut vorkommt. Dieses Vertraute zugleich als etwas Fremdes zu entdecken und das Fremde wiederum als Vertrautes, kommt einer Art Selbst-Entdeckung (etwa im Spiegelstadium) gleich. Die Übertragung von Palimpsest auf Geschichte überhaupt und von der empirischen Zeitlichkeit des Individuums auf den Stoff einer allgemeineren Geschichte ist nicht nur eine Redeweise. Nach Weinrich stellt sich dem Dichter Leopardi sein geliebtes Heimatland Italien «als ein großer Palimpsest dar, der noch auf seine glückliche Entdeckung und die endliche Freilegung des Original-Textes wartet» (S. 7).

Das Palimpsest erinnert hier nicht an sich selbst, sondern an etwas anderes, eine zeitgeschichtliche Übertragbarkeit. Für Leopardi ist das zeitgenössische Italien selbst schwer «in Vergessenheit … wie nie versenkt»[1574]. Da müsse man dem Ruf aus «Gräbernacht» lauschen. (Die obskure Gräbernacht ist das Missing Link zwischen Körperlichkeit und Gattungsge-

1572 Zit. nach A. Marcone: Mommsen und die deutsch-italienischen Beziehungen. In: A. Demandt u. a. (Hg.): Theodor Mommsen – Wissenschaft und Politik im 19. Jahrhundert. Berlin 2005, S. 143.

1573 Es handelt sich um den Canto Nr. 3 «Ad Angelo Mai» von 1820. 1823 verfasst Leopardi einen Aufsatz über Ciceros «De re publica».

1574 G. Leopardi: An Angelo Mai, als er die Bücher vom Staate wiederentdeckt hatte. (2. Str.) In: Ders.: Gedichte. Neapel 1835, übers. von Paul Heyse, S. 38; Dig.Bib. Weltlit. Bd. 89. Weitere Seitenangabe im Haupttext.

Schichte.) Fast verwischt ist die Grenze zwischen Leopardis aktueller Nacht des Vergessens der Alten und der vergangenen Nacht des Vergessens. Denn wenn es heißt, «Denkmäler Eurer Größe umgiebt ein träger Sumpf», so wird es zweifelhaft, wer es denn ist, der in die Nacht des Vergessens versinkt (S. 38). Der edle Geist des Ausgräbers Mai soll aber weiter erinnern an die Zeit, da «heilige Schatten ... aus des Vergessens Nacht» (S. 39) ihr Haupt erhoben (die es also auch damals schon gab). Mehr noch: Diese Verbindung zweier Epochen ist paradigmatisch auch in ihrer je biographischen Bedeutsamkeit, also ihrer Übertragbarkeit auf die individuelle Lebensgeschichte.

Leopardi habe bekannt, das Schreiben der Verse habe ihn selber aus einer ‹tiefen› Sinn- und Schaffenskrise erlöst, und das sei ihm wie durch ein Wunder geschehen, «per miracolo» (S. 7). Weinrich hebt dieses ‹Wunder› nicht grundlos hervor, er hat es schließlich auch schon im Titel seiner Rede versprochen. Im Grund bedeutet das Wort «Wunder» bereits, dass in der Selbstverwandlung Leopardis nicht einfach ein Selbst sich eigenmächtig hochgestrampelt hat, sondern dass im eigenen Inneren zugleich etwas ganz Fernes, Fremdes, *wie* von außen tätig gewesen ist. Das ist vergleichbar einem umwälzenden Konversionserlebnis, das aus der Unverhofftheit, aus einem dunklen Tiefen oder Inneren hervorbricht und das bisher Bedeutende unter dem Auswurf begräbt. Was da an neuer Schaffenskraft auftaucht, ist dennoch nichts Fremdes, diese eigene Kraft ist nur wieder da, irgendwie war sie vergessen.

Das prima vista mnemotechnische Kuriosum Palimpsest wird sogleich ganz modern aufgefasst: als Metapher der ‹revolutionären› (umwälzenden) Auffassung von Geschichte, ja Erdgeschichte, als einer ständigen Schichtung und Umschichtung und andererseits auf den menschlichen Prozess von Erinnern und Vergessen selbst bezogen. Heinrich Heine etwa nennt 1829 Herculaneum und Pompeji «Palimpsesten der Natur»[1575], und Samuel Taylor Coleridge (*1772) spricht 1826 in den «Abschweifungen Kains» der «Miscellaneus Poems» vom «palimpsest tablet of my memory»[1576].

Interessant ist auch der Fall Thomas de Quinceys, nicht nur, weil

1575 Heinrich Heine: Reisebilder. 3. Teil. In: Ders.: Werke und Briefe, Bd. 3, S. 245.

1576 Siehe S. T. Coleridge: Vorwort (1826) zu: The Wanderings of Cain (1798). In: Ders.: The Complete Poems. London 1954.

er Baudelaire beeinflusst hat, sondern weil er den Topos der Wiedergeburt mit dem moirischen Strang, der Erinnern und Vergessen mit Tod und Geburt verzwirnt, verbindet. De Quincey hat Francis Bacons (*1561) Essay «On Death» gelesen, den ersten Kronzeugen des Geburtstraumas in der Neuzeit, für den nämlich die Geburt vielleicht so schlimm ist wie der Tod.[1577] Wegen dieser traumatischen Tiefe, weiß de Quincey, gibt es kein endgültiges Vergessen (ultimate forgetting).[1578] Dass in gewisser Weise nichts verloren geht im Sein, weiß man im Grunde seit Parmenides. Noch in der Frührenaissance ist diese Ewigkeit aber jenseits des irdischen Seins verortet. – Und selbst wenn man unchristlicherweise an eine Wiedergeburt der individuellen Seele auf der Erde glaubt, ist die Identität dieser Seele mit einer vorangegangenen leiblichen Existenz vergessen.

Noch in der Frührenaissance glaubt allerdings ein magisches Denken im selben Wort, erst recht im selben Namen, an die Teilhabe in der Substanz. Der Renaissance-Papst *Pius* II. alias *Enea* (!) Silvio Piccolomini kann sich nach der Lektüre der Schicksalsähnlichkeiten seines Namensvetters, des *pius Aeneas* bei Vergil, als Wiedergeburt dieses Trojaners darstellen. Das Amt des Papstes nimmt er 1458 mit einem Vergil-Zitat an: «Sum pius Aeneas, fama super aethera notus.»[1579] Natürlich wusste er, dass fortan das *Pius* groß- und der Aeneas kleingeschrieben werden würde: «Vergesst Aeneas, haltet euch an Pius»[1580], aber die Vorstellung der Wiedergeburt rückt der wiedergeborenen Seele den fremden neuen Körper sozusagen näher an die materielle Schicht aus Erde und Dunkelheit, für die seit Petrarca das dunkle Mittelalter (die alte, christliche Neuzeit seit Konstantin) stand.[1581] Hier muss sich also ein geistiges Wesen aus den Finsternissen durcharbeiten, wenn es diese auch leichter vergessen, hinter sich lassen kann. Es ist aber

1577 Th. de Quincey (*1785): Confessions of an English Opium-Eater (Ausg. 1856). London 1956, S. 326; deutsch: Bekenntnisse eines englischen Opiumessers. Leipzig und Weimar 1981 / 1992, S. 250 und Anm. 96, S. 299.

1578 Ebd., S. 315; deutsche Ausgabe S. 238.

1579 Zitiert nach H. Hofmann: Vergesst Aeneas nicht! In: NZZ, 22. 10. 2007, S. 47, 1. Sp. Seine Übersetzung: «Ich bin der fromme Aeneas, durch meinen Ruhm bis an den Himmel bekannt.»

1580 Ebd., 2. Sp.

1581 Vgl. HWPh., Bd. 8, S. 785.

nicht so, dass das Geburtstrauma für dualistische oder Seelenwanderungsvorstellungen keine Rolle spielte. Im bereits erwähnten manichäischen Sermon vom Licht-Nous wird eine Art Geburtstrauma beschrieben, wenn die Seele in den Leib des noch unerlösten Menschen fährt:

«So wie ein Mann, der in eine Schlangengrube getaucht wird, aus ‹Furcht bewusstlos› wird und sich an nichts erinnert, nicht an den Vater und nicht an die Mutter, so ‹befindet sich [die] Seele im Leib trun[ken und] ohne Bewusstsein›.»[1582]

In diesem manifest gnostischen Bewusstsein ist der Seele der Körper so fremd wie eine Schlangengrube, und das Trauma sorgt für das vermeintlich vollständige Vergessen des Woher und der Seelenwanderung selbst. Das gehört zu den Selbstverständlichkeiten der meisten Seelenwanderungsvorstellungen. Schon bei Bacon beginnt das Individuum mit seiner empirischen Existenz, die eine körperliche ist. Für die modernen Modernen, also nach der Französischen Revolution, wird es zunehmend unmöglich, die Seele vom *individuellen* Körper zu lösen. Bei Coleridge, Poe und Baudelaire ist alles immer ‹noch da›, weil es die individuellen materiellen Speicherschichten gibt, die bisweilen Daten aus tieferen Regionen an höhere abgeben.

Es ist nicht bloß virtuos gestaltete Mode, sondern es hat etwas Obsessives, wenn Poe und Baudelaire vom verwesenden Fleisch nicht lassen können. Verborgen unter der toten Oberfläche wartet der Geist Voldemorts oder Ligeias als deren Palimpsest. Relativ unabhängig aber von den historischen Auffassungen über das Verhältnis von Leib / Körper und Seele / Geist und unabhängig von der Zuordnung dieser Relation zum Phantasma der großen Geschichte ist eine *Vektorisierung* von Erinnerung als Neugeburt und Vergessen als Versinken in dunklem Inneren, Trennung und Verfemung durchgängig: Das visuelle Objekt ist das ‹Licht der Welt›, an dessen Anblick wird die Geburt ‹festgemacht›. Das dunkle Innen, aus dem die Fahrt heraus stattfindet, ist der fremde, vergessene Körper. Giovanni Boccaccio rühmt Giottos Befreiung der Malerei «aus der Verborgenheit des Grabes an das Licht»[1583], und der Erste, der die später kulturhistorische *Metapher* der Wiedergeburt in der Renaissance überliefert, Filarete, beschreibt mit ‹Wiedergeburt› zunächst nur sein Erlebnis (1460/64) an-

1582 W. Sundermann: Der Sermon vom Licht-Nous. Berlin 1992, S. 65, § 11.
1583 HWPh., Bd. 8, S. 785.

gesichts *antikisierender* Bauwerke in Florenz: «Ich scheine wie neugeboren, wenn ich diese edlen Bauwerke sehe.»[1584]

Natürlich sind auch Bauwerke oft Palimpseste, und sie sind als solche auch in der Renaissance verstanden und freigelegt worden (etwa das römische Pantheon unter Mithilfe von Raffael, der wiederum seinen Körper dem christlich-römischen Baukörper unterlegte). Dem Problembewusstsein über die Gefahr des Vergessens scheint aber das ursprüngliche *Schrift*-Palimpsest näher zu liegen. Besonders anziehend am kulturellen Gedächtnis der Texte scheint für das Thema der subjektiven Erinnerung die Sinnfreiheit des materiellen Zusammenhangs zwischen den Schichten. Zwar gibt es immer Gründe, warum die eine Schrift zugunsten der anderen ‹unterlegen› ist, aber *diese Gründe* sind weniger sichtbar. Einem späteren Entdecker wird aus dem Gegensatz der alten und der neuen Schrift eben ein (materieller) Zusammenhang – mit all der Autorität des Gegebenen. Gegebene Ge-Schichte hat aber für das Subjekt, das sich mit den *Sinn*zusammenhängen *seiner* Erinnerungsstiftung herumplagen muss, etwas fast so Entlastendes wie eine Geschichte, die ein anderer erzählt.

Diese vermeintlich kontingente Schichtung der Geschichte bildet die dunkle Rückseite, die ein Spiegel braucht. Die Attraktivität des neuzeitlichen Palimpsest-Diskurses liegt in der geahnten Spiegelung der menschlichen Conditio gegenüber den Bau- oder Textkörpern. Ihre (nur dem Bewusstsein erschließbare) Differenzierung zwischen der sinnlich, anschaulich erfahrbaren Gegenwart der physischen Existenz und einer vergangenen, aufbewahrten Bedeutung, die vor den Augen des Betrachters eine *Vergangenheit be-deutet*, spiegelt dem Zeitbewusstsein des betrachtenden Subjektes seine eigene zeitliche Spreizung von der Gegenwahrt der Wahrnehmung des Dokumentes oder Artefaktes zurück über das Erinnerbare bis zum Vergessenen, ja bis zum *von Vorfahren* Vergessenen, das aber gleichwohl den Nachfahren noch zu beeinflussen in der Lage ist. Hier kommen wir zum springenden Punkt des veränderten Phantasmas der Vergangenheit seit der neuzeitlichen Individualisierung der Kultur.

Was Vergangenheit *wirklich ist*, ist nämlich eine Angelegenheit der Phantasie. Die Grundbedingungen, die in unserem Bewusstsein etwas Vergangenes ausmachen, sind unmöglich die des vermeintlich Vergangenen selbst. Der räumliche und zeitliche Horizont, der das Vergangene vom Ge-

1584 A. A. Filarete, Traktat über die Baukunst, zit. n. ebd., Bd. 8, S. 786.

genwärtigen unterscheidet, ist notwendig der unsrige. Das heißt, auf die Problematik von Nacht und Leib bezogen: Die *historische* Vergangenheit hängt nicht wirklich mit unserem sinnlich existenten Körper zusammen. (Aber natürlich ist die ‹historisierende› Phantasie bestimmt durch ihren leibhaftigen Wohnort.) Das Bewusstsein darüber, dass dieses Vergangene in seiner Kohärenz (nur) phantastisch ist, ist zu verschiedenen Zeiten verschieden stark ausgeprägt. Aber dem korreliert auch eine entsprechend verschieden stark entwickelte Form von Zeitbewusstsein.

Geschichte existiert im Mittelalter (außer bei Schriftkundigen) stärker in Geschichten vom Hörensagen, deren Träger die Tradition ist. Diese tendiert aber zu einer sehr kurzsichtigen Diachronie der Geschichte. Schon was über die leibhaftig erfahrene Großelterngeneration hinausgeht, verschwimmt in zeitlich vager Dauer. Bezeichnenderweise glauben viele Gläubige im Mittelalter, Jesus oder Maria Magdalena seien Bekannte der Großeltern gewesen. Andererseits konnte noch im Friesland unserer Tage geglaubt werden, der Brauch des Kuhfladenwerfens sei uralt, obwohl er erst drei Generationen alt ist. Tja, hier gibt es Vergessen.

Aber andererseits *ist* die ganze leibliche (und soziale) Verfassung und Existenz ein Dokument und Artefakt der Geschichte bis anhin. Denn alle Lebensumstände, Ess-, Schlaf- und Liebesgewohnheiten ‹vergangener Geschlechter› haben sich sedimentiert im nur partiell eigenen (geerbten, sozialisierten) Körper, der eben nicht als so eigen, so abgetrennt: so in-divi-dual-isiert aufgefasst wird. Dual ist natürlich schon der ‹traditionelle› Leib, der Körper *ist* Geschichte, die Vorstellung *ist* Gegenwart (etwa der Seele). Vorstellungen über die Vergangenheit sind in diesem ‹vorwissenschaftlichen› Bewusstsein kein Problem; andererseits gibt es keine scharf umrissene Idee des Andersseins des Vorstellungsobjektes. Phantasien über die Vergangenheit sind parallele Einwohnungen des traditionell ‹erweiterten› Körpers, nicht eigentlich ‹nicht› (vergangen), sondern irgendwie nur ältere, fraglosere (Ge-)Schichten.

Abb. 10: Multi-Palimpsest im «Heiligtum von Les Trois Frères»; Zeichnung von Henri Breuil; in Clottes / Lewis-Williams.

J. Clottes u.a. vermuten, dass in solchen besonders tiefinneren Nischen wie dem «Heiligtum von Les Trois Frères» Tiergeister in oder nach der Trance evoziert oder auf die Felswand gebannt wurden. Diese Überlagerungen je einzelner fixierter Visionen im Dunkeln, die «kaum noch auseinanderzuhalten sind» (S. 109), sollte man sich realistischerweise im Negativ dieser Zeichnung vorstellen.

Thomas de Quincey

Für die neuzeitlichen ‹Individuen› dagegen ist die *individuelle* Vergangenheit erstens ungleich viel wichtiger, nämlich als *Gründungs-* wenn nicht Schöpfungsmythos ihrer Individualität, und zweitens bildet die wichtiger genommenene leibliche Selbstorganisation und Selbstaufmerksamkeit ein unüberwindliches Hindernis für die Behauptung realer gattungsgeschichtlicher Verankerung von vergangener und eigener *Bedeutsamkeit.* Im Grunde gebietet es schon die Selbstachtung des Individuums, dass die Geschichte vor dem Selbst aus der entgegengesetzten Perspektive, hin *zu* ihm re-konstruiert wird. Wenn es die Schrift nicht gegeben hätte, hätte man sie nun für den Leib erfinden müssen – wenn nicht die Geschichte der Schrift dieses Problem des neuzeitlichen Leibes erst mitgeschaffen hätte. Der Abriss des enttraditionalisierten Leibes von seiner (dadurch erst dramatisch angewachsenen) Vergangenheit – und erst recht, von der Vergangenheit *vor* ‹seiner› Zeit – wird im *Gegenübersein* der Schrift einerseits repräsentiert, aber im *Beilager* von Semantik und Semiotik zugleich gemildert. Interessanterweise ist die Begeisterung des ‹Trio Infernale› aus Samuel Coleridge, Thomas de Quincey und Charles Baudelaire für die emblematische Bedeutung des Palimpsestes als Geschichts-Korpus akzentuiert von ihrem langanhaltenden Opium-Konsum.

Die biochemisch verlässliche Wirkung des Opiums hat zum Beispiel für de Quincey etwas dem Schriftstatus Vergleichbares. Die Opium-Fahrten sind es, die ihn glauben lassen, es gebe kein Vergessen[1585] und die vorgestellten Dinge würden in einem «zwangsläufigen Prozess […] wie etwas mit sympathetischer Tinte Geschriebenes durch die wilde chemische [!] Kraft meiner Träume in einem unerträglichen Glanz, der mein Herz zerfraß [!], ans Tageslicht gebracht». (S. 237) Das Opium als Paslimpsest-Säure verbürgt sozusagen in seiner – im wissenschaftlichen Experiment wiederholbaren – Wirkung die physische Wahrheit der Geschichte, Vergessenes freilegend, ‹Schrift›. Von der opiumgestützten Fiktion einer körperlich dokumentierbaren Geschichte aus, jenseits der Oberfläche des Körpers und der äußeren Wahrnehmung, wird es möglich, die Vorstellungsfahrt ins Innere als reale Fahrt in den dunklen Innenraum des Körpers zu behaupten, der zugleich

1585 Th. de Quincey: Bekenntnisse, S. 238; weitere Seitenangaben im Text.

der Raum der Nacht der individuellen Vergangenheit ist, der darüber hinaus den Gehalt von Vergangenheit als Geschichte anderer Räume und Zeiten repräsentiert. Die Verbindung zwischen der individuellen und der gattungsgeschichtlichen oder kulturgeschichtlichen *Nacht der Vergangenheit* wird dabei über die deutliche Konnotation mit der äußeren Realnacht erleichtert.

Obwohl de Quincey nämlich zu allen Tageszeiten Laudanum-Tropfen nahm, ist für ihn ästhetisch entscheidend, dass durch den chronischen Opium-Konsum ab 1817 allmählich ein «Gleichklang zwischen dem träumenden und dem wachenden Zustand des Gehirns» entstand (S. 236). Seine «Bekenntnisse» inszenieren immer die wachen, schlaflosen Nächte, in denen die Phantasie mal mehr, mal weniger freiwillig «die Dunkelheit mit allen möglichen Phantomen» (ebd.) erfüllt. Hier gibt er aber nicht eine Krankheit oder ein Leiden als Grund für die nächtliche Phantasietätigkeit an, sondern die allgemeine Fähigkeit, die schon Kinder haben. Dieser, wenn man so will, allgemein-menschliche Zug der Phantasietätigkeit im Dunkeln wird bei ihm nun via Opium stärker an die innere Nacht des Träumenden angeschlossen, dem sich wiederum in seinen Träumen unendlich weite, unendlich dunkle Räume erschließen. Man denkt an den Sturz in den Tartaros oder die gnostische Einfahrt der Seele in das Gefängnis des Leibes, wenn man über die Traumseite seiner Fahrten liest:

«Ich schien jede Nacht hinabzusteigen – nicht metaphorisch, sondern buchstäblich hinabzusteigen – in Klüfte und sonnenlose Abgründe, in Tiefen unter den Tiefen, aus denen je wieder aufzusteigen hoffnungslos erschien. Und wenn ich aufwachte, hatte ich auch nicht das Gefühl, dass ich wieder aufgestiegen wäre. Warum sollte ich davon eigentlich weiter berichten? Denn diese Düsternis, die diese ungeheuren Schauspiele [!] begleitete und schließlich bis zur vollständigen Dunkelheit geradezu selbstmörderischer Verzweiflung anwuchs, lässt sich doch nicht in Worte fassen.» (S. 237)

Die auf den ersten Blick räumliche Ähnlichkeit zur Hesiodischen Unterwelt wird noch verstärkt durch de Quinceys Hinweis auf «die ungeheure Ausdehnung der Zeit» da unten. Erinnern wir uns an den Rand des Tartaros als dem Anfang und Ende von allem. Am Zeitaspekt wird aber auch der Unterschied dramatisch deutlich: Denn die ganze Inszenierung gilt dem Phantomglied der amputierten Geschichte, der eigenen und der gesamten. «Manchmal schien ich in einer einzigen Nacht (welche!?) siebzig oder hundert Jahre lang gelebt zu haben, ja manchmal hatte ich das

Gefühl, das einer Zeitdauer entspricht, die die Möglichkeit menschlicher Erfahrung weit übersteigt.» (Ebd.)

An dieser Stelle wird die Sorgfalt der Inszenierung aus Außen-Nacht-Phantasie und Innen-Nacht-Traum deutlich. De Quincey hat kurz zuvor beschrieben, wie in der Nacht der *wachen* Phantasie «ein Fries nie endenwollender Geschichten» (S. 236) an ihm vorüberzieht, «so traurig und ernst wie die Geschichten aus Zeiten vor Ödipus und Priamos, vor Tyrus, vor Memphis …» – Ganz recht, es ist nicht die Geschichte selbst, die er phantasiert, sondern eine szenische *Anmutung* solcher Geschichte. Die Essenz des phantasierten Ersatzes der fehlenden Geschichte ist verräterischerweise das *Schauspiel* ihres *ewigen Abschieds*. Er assoziiert «Prozessionen in trauervollem Pomp» (ebd.), also eine Art Beerdigung. Das Rahmen-Thema der schlaflosen Nacht, die ‹Vergangenheit›, und der konkrete Inhalt ‹Beerdigung› verschwimmen hier quasi-symbolisch in einer ‹endlosen› Prozession. Und dann geht's auch gleich abwärts, will sagen: An dieser Stelle der Beerdigungsprozession organisiert er den Übergang zur *eigenen* Hadesfahrt im Traum: Nach «vor Ödipus und Priamos, vor Tyrus, vor Memphis» kommt: «Gleichzeitig damit vollzog sich eine entsprechende [!] Veränderung in meinem Träumen: ein Theater schien plötzlich in meinem Gehirn eröffnet und beleuchtet zu werden, das nächtliche Schauspiele von mehr als überirdischem Glanz bot.» (Ebd.)

Genau darauf aber bezieht sich die Formulierung der «ungeheuren Schauspiele» auf der Traumseite der Nacht (s. o.). Obwohl de Quincey im nächsten Atemzug von der «vollständigen Dunkelheit geradezu selbstmörderischer Verzweiflung» spricht, nimmt er aus der wachen Realnacht-Seite «die nächtlichen Schauspiele» (ebd.) mit herein, wenn er von der «Düsternis, die diese ungeheuren Schauspiele begleitete», spricht (S. 237). Selbstmord und Schauspiel das scheint nicht die gleiche Ebene zu sein, auf der hier Geschichte verhandelt wird, und deshalb hat er auch den nichtmetaphorischen Charakter in der *Übertragung* von der äußeren zur inneren Nacht betonen müssen. Das gemeinsame, als literal behauptete Feld ist die Dunkelheit, in der Schauspiel und Selbstmord eines sind. Es ist die Nacht, die diesen Übergang ermöglicht: «Ich schien jede Nacht hinabzusteigen – nicht metaphorisch, sondern buchstäblich hinabzusteigen, in Klüfte und sonnenlose Abgründe, in Tiefen unter den Tiefen …» (Ebd.)

Diese Traumnacht aber ist die Nacht der Erinnerung. Nur in dieser Nacht selbst wird die realnachts phantasierte Geschichte wahr, indem deren Drive oder ihre Drift, ihre Anmutung von Geschichte, von ‹anderer Zeit›, durchsetzt oder überblendet wird mit der eigenen, individuell abgesunkenen Nacht des Vergessens. «Kleinste Vorfälle aus der Kindheit oder vergessene Szenen späterer Jahre wurden oft wieder lebendig.» (S. 238) Dennoch will er nicht sagen, dass dies die Evokation des Vergessenen in der Erinnerung ist, «denn wenn man mir im wachen Zustand davon berichtet hätte, wäre ich nicht in der Lage gewesen, sie als einen Teil meiner vergangenen Erlebnisse zu erkennen». (Ebd.) Wenn er auftaucht in den Tag ist alles so vergessen wie für die Seele, die in den fremden Leib des Gnostikers eingetaucht ist.

Das Nachtwesen spaltet sich hier grundsätzlich, behauptetermaßen nicht metaphorisch, vom Tagwesen ab, um als dieses Nachtwesen die Integrität und Gemeinsamkeit der Nacht der beiden Vergangenheiten zu erhalten: Kindheit und ‹vor Troja›. Zwar scheint zunächst zweifelhaft, ob wirklich die Wucht der Geschichtlichkeit an sich für die Verschneidung mit den Kindheitsvorfällen reklamiert wird. Das ‹Wie› des Vergleichs der realnächtlichen Wachphantasien und das Stichwort «Schauspiel» scheinen dagegen zu sprechen. Aber das Schauspiel und das ‹Wie› treten dem eigenen Anspruch nach in die nichtmetaphorische Ebene beim Träumen ein. Die Nicht-Erinnerbarkeit ist ein weiteres Argument der Realität, weil die träumende Erinnerung der Willkür des subjektiven Bewusstseins entzogen ist. Das stärkste Argument für eine behauptete individuelle Nacht der objektiven Vergangenheit ist aber eine geniale Kurzschluss-Operation des Schrift-Paradigmas mit der inhaltlichen Nacht der Verzweiflung: Unser Nacht-Hirn ist Schrift. Sein und ihr Inhalt ist das Weltgericht. Es gibt kein Vergessen, weil «nämlich das düstere Buch des Gerichts, von dem die Heilige Schrift spricht, in Wirklichkeit der Geist jedes einzelnen Menschen ist» (S. 238).

Wichtig ist, was hier das Literale des Vergleichs ist. Der gläubige Thomas sagt nicht, dass das individuelle Bewusstsein sein eigenes Buch des Gerichtes führt in einer Art Heiliger Schrift. Sondern er geht von der Existenz eines Buches der Schlussabrechnung für alle aus, von dem in der einen Heiligen Schrift (für alle) die Rede ist. Er schiebt hier einen heimlichen Sinn von (Un-)Heilsgeschichte unter die Behauptung, dass es nur eine individuelle Geschichte gibt (die aber für jeden die Wucht der allgemeinen Apokalypse hat). Im Grunde ist die Aussage unlogisch, dass die allgemeine Apokalypse «der Geist jedes einzelnen Menschen *ist*». Die Vorstellung wird allein dadurch erträglich, dass die physische Existenz des Unvergesslichen doppelt überindividuell ‹abgesichert› ist: durch die ‹Buchform› der Gerichtsgeschichte und die Textform der Aufbewahrung, als Schrift, als heilsgeschichtliche, nämlich Heilige Schrift.

Buch und Schrift aber als gedruckte, als materiell individuelle ‹Exemplare› (ehemals ‹Beispiele›) eines Textes lassen die individuellen Abweichungen wie Anstreichungen oder Ausrisse erscheinen. – Aber ist das der Sinn des Vergleiches? Nein; denn die Wirklichkeit des Jüngsten Gerichtes, der Nemesis des anscheinend Vergessenen, ist *nur* der Geist des Einzelnen. Das, wovon die Bibel spricht, ist nur ein Gleichnis für die individuelle Realität als Schrift. Das Buch ist kein Druckexemplar, sondern eine Handschrift, entstanden aus Erinnern und Vergessen des Einzelnen. Wichtiger als die allgemeine Verbreitung desselben Textes ist die individuelle Einschreibung, die konkrete Versenkung des Vergessenen ins manuelle Palimpsest und die nächtliche Verborgenheit des Subtextes. Die Lektüre ist das Entscheidende, und die öffnet sich zur nächtlichen Offenbarung. Deshalb ist es von emblematischer Bedeutung, dass dieser *Geist des Einzelnen*, die Summe seiner nächtlichen Erinnerungen und täglichen Vergessenheiten (seine innere Nacht also) nicht nur mit dem schriftlichen Palimpsest gleichgesetzt wird, sondern mit einem Bild zu derjenigen realen Außennacht zurückkehrt, die ihm am Anfang dieser Passage den Weg in die innere Nacht der Träume gebahnt hat: Es gibt kein Vergessen, die eingeprägten Spuren sind «unzerstörbar», und trotz aller zufälligen Verhüllungen und Schleier zwischen unserem gegenwärtigen Bewusstsein und den geheimen Inschriften in unserm Geist bleibt die «*In*schrift», ob verhüllt oder unverhüllt, immerdar,

«so wie Sterne sich vor dem Tageslicht nur scheinbar zurückziehen, während wir alle genau wissen, dass es nur das Licht ist, das wie ein Schleier über sie gezogen wird, und dass sie nur darauf warten, wieder zum Vorschein zu kommen, sobald sich das verbergende Tageslicht zurückgezogen hat» (S. 238).

Die Nacht mit ihren Sternen ist nur ein Gleichnis für die innere Nacht des Menschen. – Dieses ‹nur› kann man freilich verschieden auffassen. De Quincey ist insofern noch ein wenig romantischer, als er dieses ‹nur› als die Einschränkung seiner Rhetorik auffassen würde: Es mag die Nacht mit ihren Sternen geben, aber ich habe sie jetzt nur als Gleichnis verwendet. Dass seine Sterne gleichwohl noch Absichten haben, etwa darauf «warten» können, wieder zu Vorschein zu kommen, wäre bei dem Nachfolger und Überschreiber seiner Bekenntnisse, bei Baudelaire also, kaum noch denkbar.

Vor der Besichtigung des Baudelaire'schen ‹Hirns› sollte der Hinweis nicht fehlen, dass der Altar des Palimpsestes, an dem das Vergessen geopfert wird, um eine tiefere und gattungshistorische Erinnerung zu erhalten, ein Triptychon ist. Der linke Flügel enthält innen die Ansicht der Schriftrolle, der rechte Flügel ist innen ein Leporello. Die Schriftrolle ‹taucht› bei de Quincey kurz nach dem eben zitierten Text auf als ein Bild für eine Verschlimmerung oder Vertiefung, für einen «tremending change»[1586] seiner Träume, die nun mit Kopfschmerzen verbunden sind. Dieses Bild des wachen ‹Beschreibers› ist umso bemerkenswerter, als es eingebettet ist in seine dargestellten Träume von, über und mit Wasser, die sich ozeanisch erweitert hatten. «Und jetzt trat eine ungeheure Veränderung ein, die sich langsam wie eine Schriftrolle viele Monate lang entfaltete und eine fortdauernde Qual zu werden versprach …» (S. 242) Dieses Entfalten – «unfolding itself slowly like a scroll»[1587] – ist eigentlich als ein Entrollen aufzufassen, als ein Ent-Wickeln im wörtlichen Sinn.

Im wörtlichen Sinn ist hier die Physik der Textverhüllung und -offenbarung enthalten, auf die es ihm ankommt, denn dieses Rollen ist verbunden mit der wogenden See, von der er inhaltlich träumt. Das Entrollen der Schriftrolle ist das Bild des wachen und kopfschmerzgeplagten Beschreibers für das geträumte Rollen der See. Genauer: Immer wieder nur das Gleiche zu träumen, wäre nicht das Aufrollen der Schrift; das Aufrollen der Schrift ist die allmähliche, also sukzessive Entstehung einer Botschaft durch Vertiefung. Denn beim Aufrollen gelangt man in immer tiefer eingerollt gewesene Schichten der Rolle. Dieser Ausstülpungsgestus kann ‹andererseits› eine Umkehrung des Einrollens am anderen Ende zur Folge haben. Dieser ausstülpende Gestus des *scrolls* vertieft das, wofür er ein Bild ist, nämlich die Wiederholung des Auftauchens in Träumen vom «wogenden Wasser des Ozeans» (ebd.).

Aus dem wogenden Wasser nämlich tauchen Massen von Menschen-Gesichtern auf: «flehende, grimmige, verzweifelte Gesichter» (ebd.). Vielleicht hängt das damit zusammen, dass er lange Zeit in wechselnden Londoner Menschenmengen eine Ann gesucht hat. Insofern ist es assoziativ plausibel, dass er erst vom Singular des *Antlitzes* spricht, das sich auf dem Ozean zeigte. Doch die Fortsetzung seiner Assoziationen zeigt, dass er an

1586 De Quincey: Confessions, S. 318 f.

1587 Ebd., S. 318; das Zitat am Schluss des Kapitels S. 319.

das Antlitz der Gattungsgeschichte denkt, die hier das Licht der Welt erblickt, auftauchend aus der Tiefe der rollenden See. Er spricht nämlich von verzweifelten Gesichtern, «die zu Tausenden, zu Myriaden, zu Generationen auftauchten» (ebd.). Und er ist der selber erschütterte Geist über den Wassern, der diese Generationen Verzweifelter aus der Tiefe heraufrief, aus der Tiefe der Rolle. «Meine Erschütterung war grenzenlos; mein Geist schien über den wogenden Ozean hin und her geschleudert und über die rollenden Wellen hinweggerollt.» (Ebd.) Er ist ihre Schriftrolle.

Der bohrende Charakter in die Tiefe der individuellen, besonders aber auch der anthropologischen Vergangenheit zeigt sich kurze Zeit später durch seine Phantasien über die Ansicht des Alters, das selbst im Gesicht eines jungen Chinesen «die Jugend im Einzelwesen bezwingt» (S. 243). Schauer überfällt ihn vor der «geheimnisvollen Erhabenheit der *Kasten*... die seit solch undenklicher Zeit nebeneinander dahinfließen». (Ebd.) Wohlgemerkt, jenes Wimmeln von Menschen in der großen südasiatischen ‹officina gentium› goutiert er nicht; äußerster Abscheu ist «zwischen mir und ihnen» (ebd.); eher könnte er mit Wahnsinnigen, Ungeziefer, mit Krokodilen und Schlangen leben (S. 244). Deshalb sind die verabscheuten Repräsentanten der dunklen Vergangenheit auch so verzweifelt, dass sie ihn ‹heimsuchen› müssen. Sie gehören zu ihm wie seine verdrängten Sünden, und *sie* sind verzweifelt, weil zugleich er auch *sie* ist. Im Traum kann man das nicht immer auseinanderhalten. Und dafür sind Träume offenbar da. Aber das Auftauchen der Generationen aus dem Meer, aus den Gezeiten der Geschichte wird entrollt vom ‹Scrolling› des gemarterten Hirns, sich walzend über den sich wälzenden Wellen – *weltered upon the weltering waves.*

Charles Baudelaire I[1588]

Einerseits stilisiert Baudelaire den provokanten Traditionsbruch, andererseits gibt es für ihn insofern kein wesentliches Vergessen, als die materiell gedachte Schichtung nicht nur der allgemeinen Geschichte in den Schichten der Erde, sondern auch der individuellen Geschichte in den Schichten des Gehirns gibt. In «Le Palimpseste» (1860), einem Mischwesen aus Essay und Poesie, unter dessen Text ein neuartiges Palimpsest mal überschrie-

1588 «Charles Baudelaire II» folgt im 2. Band der «Nachtästhetik».

ben und versunken ist, mal sich aus Baudelaires Worten heraushebt (nämlich de Quinceys «Bekenntnisse eines Opiumessers»), hier also eröffnet er dem Leser ein neues Palimpsest: «Was ist das Menschengehirn anderes als ein ungeheures natürliches Palimpsest? Mein Gehirn ist ein Palimpsest, und das deinige ebenfalls, lieber Leser.»[1589]

Schicht auf Schicht aus «Vorstellungen, Bildern, Gefühlen» hüllen die jeweils nachfolgenden die vorangehenden ein, keine ist wirklich zerstört. Diese Einschreibungen der begrabenen Schichten (S. 174), «geheimnisvoll einbalsamiert… in dem, was wir Vergessen nennen» (S. 175), tauchen auf in Extremsituationen, die bei Baudelaire häufig dunkel und/oder fallend konnotiert sind[1590], aber auch als «hohe Erregtheit» unter Opium-Einfluss (ebd.) beschrieben werden, tauchen auf und erhellen sich zum «Theater ihres vergangenen Lebens» (S. 174f.). Mag sein, dass die Seele nicht (mehr) unsterblich ist, aber: «Das Palimpsest des Gedächtnisses ist unzerstörbar.» (S. 175)

Das Seltsamste an diesen Erfahrungen sei nicht die Gleichzeitigkeit so vieler sukzessiver Erlebnisse, sondern die Nötigung zum *Wiedererkennen* des Eigentümlichen (S. 175). (Und das setzt Vergessen voraus.) – Die Atmosphäre ist für Heutige geladen mit dem Pathos der Psychoanalyse. Die Lektüren der Kinder verblassen, schreibt er, aber die «tiefen Tragödien der Kindheit … leben im Verborgenen fort» (S. 176). Man muss indessen berücksichtigen, dass Baudelaire hier in einem Verfahren, das er gleichwohl für «analytisch» hielt, einen *fremden* Text paraphrasierte und dabei abwechselnd denjenigen de Quinceys und den seinigen zum Palimpsest und zu seiner Entdeckung machte. Sehr verallgemeinert, auf die Vergleichbarkeit von psychoanalytischer und poetischer Übertragungs- oder Untertragungsarbeit bezogen kann man aber sagen: Es geht um das Fremde im Eigenen und das Eigene im Fremden, das es nur als (vielleicht erschwindeltes) *Wieder*erkennen gibt. Die Schichtung der Welt als Palimpsest des Hirns ist von ebensolcher Bedeutung wie die Schichtung des Gehirns als Palimpsest der Welt. – Nun ist die Weltgeschichte voller Hirne, die sich die Welt im Geiste als Spiegelung des Weltgeistes denken. Nichts ist unvermeidlicher und drängender für den Bewusstseinsinhalt als seine (virtuelle) Situierung

1589 Baudelaire: Werke, Bd. 6: Die künstlichen Paradiese, S. 174; weitere Seitenangaben im Text.

1590 … als Unfall, jähes Ersticken vom Wasser, Todesgefahr …

in der Welt und vice versa. Aber Baudelaires Leidenschaft für das unverlierbare Sein der Gedanken (auch als Dateiformat für ‹Erlebnisse›) gilt nur eher indirekt dem Sein, weil er direkt an der ästhetischen Form des Auftauchens, des Enthüllens aus den unteren Schichten interessiert ist.

Es geht ihm vielleicht um die ontologische Aufwertung eines *Erlebens*typus des Wirklichen, um den Typ ‹Vision im Dunkeln›, wenn er folgende Anekdote zum Wahrzeichen erhebt: Ein «genialer», aber «misanthropischer» Mensch wirft aus «Rache an der Ungerechtigkeit seiner Zeit» alle seine Manuskripte ins Feuer und antwortet auf die Fragen nach dem Sinn dieses «dem Hass dargebrachten schrecklichen Brandopfers»: «Was tut's? Wichtig war doch nur, dass diese Dinge geschaffen wurden; als geschaffene aber sind sie.» (S. 175) Und er schlussfolgert:

«Nichts geht verloren im Geistigen ebenso wie im Stofflichen. Wie jede Handlung, in den Wirbel des unaufhörlich tätigen Alls geschleudert, in sich unwiderruflich und nicht wiedergutzumachen ist, ganz abgesehen von ihren möglichen Wirkungen, so ist ebenso jeder Gedanke unauslöschlich. Das Palimpsest des Gedächtnisses ist unzerstörbar.»[1591]

Wir wollen hier nicht kleinlich über die Logik eines großen Wurfs richten, der nur eingebildet ist. Denn die Einbildung ist in der Tat ein großes Werk der Menschheitsgeschichte. Jedenfalls war es in der von ihm vorgestellten Anekdote das *dingliche* Sosein «dieser Dinge» (s. o.), die Beschaffenheit der Geschaffenheit, die für ihr Dasein sorgte. Die Zerstörbarkeit alles Geschaffenen ist aber die Voraussetzung für das weitere ständige Verwirbeln des unaufhörlich tätigen Alls; schon die poetische Handlung war eine Zerstörung von etwas anderem. Bei der Kontinuität des Geistigen geht es aber doch wohl gerade nicht um die gleiche Art des Geschaffenen. Die heimliche Synthese, das «Palimpsest des Gedächtnisses», ist als Metapher haltbarer als in ihrer eventuellen materiellen Beschaffenheit. Palimpseste können genauso unwiderruflich zerstört werden wie andere Dinge. Was Baudelaire hier allerdings originell ‹erschafft›, ist ein ästhetisches Mischwesen aus Geist und Materie. Das *Palimpsest* des Gedächtnisses ist jener übrig bleibende *Aspekt* von ihm, der per definitionem als Möglichkeit des Auftauchens konserviert wurde. Immerhin.

1591 Der Wirbel des Alls (Baudelaire), die Wogen der See (de Quincey) und das Chaos (Hesiod) drei Abgründe der Unvergesslichkeit …

Harald Weinrich vermerkt durchaus die Nähe des Palimpsest-Paradigmas zur Seelen-Archäologie der Psychoanalyse. Besonders die Heraushebung des Wunder-Aspektes ist auffällig. Dass er dem ungläubigen Leopardi das letzte Wort gibt: «Wunder» (meraviglio), spielt noch auf seine eigene Überschrift an: «Vom Schreiben auf Papier und anderen Wundern.» Selbst der Namensgeber des Preises, Adelbert von Chamisso, wird auf S. 6 heranzitiert, dessen Peter Schlemihl mit dem Schatten eine «Schicht seiner selbst … leichtfertig abtritt»: «‹Wundersame› Geschichte». Der *Wunderblock*, jenes um 1900 beliebte Kinderspielzeug, das Sigmund Freud 1924 in seiner «Notiz über den Wunderblock» zu einer Symbolisierung der analytischen Anamnese animierte, ist ein mehrschichtiges und mehrfarbiges Wachstäfelchen, dessen Einschreibungen sich durch eine Cellophanfolie immer wieder löschen lassen.[1592]

Entscheidend aber ist, dass durch eine gerichtete Aufmerksamkeit für die Tiefenstruktur unter der immer wieder gepflügten und geeggten Oberfläche der gelöschte Text wieder auftauchen kann oder doch rekonstruierbar erscheint. Wir können auf die psychoanalytischen Folgerungen nicht weiter eingehen; wichtig scheint mir aber der Aspekt, der bei Baudelaire kaum an die Oberfläche seines Palimpsestes tritt. Die Betonung des Wunderbaren ist insofern sachlich zutreffend, als es sich beim Auftauchen des Vergessenen auch um ein Erleben des *Fremdgegebenen* handelt (wie etwa auch um eine Rettung von außen).

Es ist nicht Mais eigener ‹Corpus›, unter dem er das Abgeschabte entdeckt. Es ist der Teufel, der die Seele Schlemihls wie ein zusammengerolltes Palimpsest entführt. Es ist der Therapeut, der mit seiner methodischen Aufmerksamkeit für den *Anderen* die ‹schäbigen› Spuren des Verdrängten ans

1592 S. Freud: Notiz über den ‹Wunderblock›. In: Ders. Studienausgabe Bd. 3. Frankfurt 1975, S. 363–371. In seinem größeren Werk zum Thema, «Lethe», S. 168, geht Weinrich näher auf Freuds ‹Wunderblock› und auf dessen Umwälzungen einer «Kulturgeschichte des Vergessens» (S. 171) ein. Dass die ‹Notiz über den Wunderblock› wenig beachtet sei (S. 169), kann man allerdings gerade für die letzten Jahrzehnte kaum sagen. Immerhin gibt es seit 1978 eine Zeitschrift für Psychoanalyse mit Namen ‹Wunderblock›. 1989 richteten die *Wiener Festwochen* eine Ausstellung dieses Namens aus und brachten einen dicken Katalog heraus mit Autoren, die diesem Paradigma verbunden sind: J. Clair u. a.: Wunderblock – Eine Geschichte der modernen Seele. Wien 1989.

Licht holt. Im Zusammenhang des Weinrich-Titels «Vom Schreiben auf Papier und anderen Wundern» ist es wichtig, auf den Dialog-Charakter und die Zweier-Situation der klassischen Psychoanalyse hinzuweisen. Weinrich erinnert in «Lethe» daran: «Freud schärft dem behandelnden Arzt nachdrücklich ein, sich während der Behandlung keine Notizen zu machen. Erst im nachhinein soll der Gang des therapeutischen Gesprächs zwischen dem Patienten und dem Analytiker aus dem Gedächtnis niedergeschrieben werden.»[1593] Denn im Schreiben wird etwas überschrieben, werden die Aussagen des Patienten zu schnell zum Palimpsest für den eigenen Text. Schreiben ist auch Vergessen, wie jede Art der Übertragung. Dagegen betont, scheint mir, Baudelaire zu sehr das je eigene Palimpsest, wohl aus begreiflichen, aus ästhetischen Gründen: Es geht um die ‹Ur-Heber-Rechte›.

Einerseits ist an der ästhetischen wie an der ärztlichen Kunst die Auferstehung der einverleibten ‹Erinnerung› (nämlich des Vergessenen) am eigenen Leibe bedeutsam. Andererseits erzeugt die Anteilnahme am nächtlichen Milieu des Vergessens, des Verdunkelten, Verstellten und Verdängtens usw., aus dem das Erinnerte (wie rückverwandelt, jünger oder in der glänzend paradoxen Formulierung: *wie neu*) *wieder* auftaucht, das ‹tief› erst *Gewordene*: eine Art Wirklichkeitsrepräsentanz.

Das darin implizierte (‹eingewickelte›) Unverfügbare erst gewährt jene Ebenendifferenz, die für alle Übertragung nötig ist, sei es die im Dialog mit dem Therapeuten oder im *inneren* Dialog mit der Unterwelt. Freilich, ein Palimpsest gräbt sich nicht selber aus. Diese notwendige Beweglichkeit vom Dunklen ins Helle, vom Tiefen ins Hohe ist nicht gut im Emblem des Palimpsestes vertreten. Hier sind immer noch die psychonautischen Fähigkeiten im Flüssigen oder Luftigen vonnöten.[1594] Lethe ist kein Abwasser, sondern ein Grundwasser. Die Freude, Trauer und Schrecken am Wiedererkennen beziehen sich auf das Auftauchen des Versunkenen; sie sind dem flüssigen Medium verbunden – vielleicht schon seit dem Auftauchen aus dem dem Fruchtwasser und den frühesten Kind-

1593 Weinrich: Lethe, S. 168. Er bezieht sich dabei auf die «Ratschläge für den Arzt bei der psychoanalytischen Behandlung», in: Studienausgabe Bd. 8, S. 377.

1594 In seiner Widmung der «Künstlichen Paradiese» an ‹J. G. F.› inszeniert sich Baudelaire auch nicht als einen verwitterten Grabstein, sondern als «einen düsteren, einsamen Spaziergänger … der in der beweglichen Flut der Menge dahintreibt» (S. 56).

heitserinnerungen, die wir nur auftauchend kennen. Vielleicht ist die Freude am Auftauchen aber auch die Freude über das Vergessen, das in dieser Art von Auftauchen immer eingeschlossen ist (Geburtstrauma). Jedenfalls bleiben die Gesten der Vertikalen, die Beweglichkeit des Mediums und die transmediale Bewegung trotz der Wertschätzung des verhüllenden Opaken in allen Kulturen ‹en vogue›. Nun gut, das übertragende Medium könnte auch die Luft sein. Aber dass beides, Erinnern und Vergessen, mit dem geburtlichen Auftauchen assoziiert wird, ist besonders bei den beiden Palimpsest-Bewunderern de Quincey und Baudelaire auffällig.

Unmittelbar nachdem Baudelaire die Unvergesslichkeit des in die tieferen Schichten des Kinderhirns eingeschriebenen frühen Leides hervorgehoben hat, kommt er auf de Quinceys Erinnerung an die römische Göttin Levana (S. 176) zu sprechen, die diesem in Oxford oft in seinen Träumen erschienen sei.[1595] Es ist de Quinceys Erinnerung, aber es ist von beabsichtigter Bedeutung, dass das Palimpsest de Quinceys mit demjenigen Baudelaires amalgamiert wird. Baudelaire schiebt sich gleichsam unter die Textoberfläche von de Quincey und subjiziert zugleich de Quinceys Vergangenheit der seinen. Zu einer solchen em*ph*atischen und em*p*athischen ‹textilen› Vereinigung ist er auch noch mit Poe gekommen. Relativieren wir also den ‹vorgeworfenen› literarischen Solipsismus Baudelaires: Palimpsestuöse Dialoge, ja Anverwandlungen sind ihm willkommen.

Die Funktion der Göttin Levana, so Baudelaire / de Quincey im Text Baudelaires, habe, wie das verbum *levare* anzeige, in der rituellen Hochhebung des Frischgeborenen bestanden, dem die Sterne gezeigt wurden (S. 176) – oder das den Sternen gezeigt wurde? – Nun ist diese römische Gelegenheitsgöttin im 19. Jahrhundert nicht unbekannt gewesen, in Deutschland etwa als Personifikation der Kinderaufzucht respektive Pädagogik.[1596] Baudelaire / de Quincey aber sind hier Schichtarbeiter im psychischen

1595 Baudelaire paraphrasiert den Abschnitt «Levana und unsere Damen von Sorrows» aus der Nachschrift zu den Bekenntnissen eines englischen Opiumessers, die 1845 zunächst separat unter dem Titel «Suspiria de profundis» erschienen ist.

1596 Vgl. Jean Pauls aphoristische «Levana oder Erziehungslehre» (1806 / 7) oder die Zeitschrift «Levana», die J. F. W. Pustkuchen seit 1829 herausgab. Vgl. J. Pauls Vorrede zur 2. Auflage der «Blumen-, Frucht- und Dornenstücke».

Palimpsest. «Denn der Göttin der Hinaufhebung unterstanden 3 Göttinnen der Traurigkeit.» (S. 177) Und es folgt eine (ziemlich runterziehende) Allegorie im Stil [!] der Alten, über die wahren, sich zum unauslöschlichen Trauma einspindelnden Moiren des Kinderhirns: *Unsere Liebe Frau von den Tränen (Mater Lachrymarum), Unsere Liebe Frau von den Seufzern (Mater Suspiriorum),* und die jüngste und wie bei Hesiods Atropos die furchtbarste: *Unsere Liebe Frau von den Finsternissen (Mater Tenebrarum).* (S. 177–180)

Ähnelt diese metaphorisch-phantastische Traumaverarbeitung nicht einem *Versteckspiel* zwischen Erinnern und Vergessen, wie es als Mythos seit den ältesten Quellen bekannt ist? Was seit Äonen von Kindheiten nächtliche Heimsuchung ist, wird doch im euphemistischen Narrativ verdrängt – durch Herkunftsverdrängung, Verallgemeinerung, Auslassung, Verwischung, Entstellung ins Fremd-Monströse oder Umkehrung und Verleugnung. Den Punkt der Umkehrung, der mit der guten alten Technik des Tabus verwandt ist, greift Baudelaire hier bewusst als sarkastische literarische Technik auf, wenn er feststellt, dass die drei Lieben Frauen den Eumeniden glichen, also den «Wohlwollenden», wie die attische Tragödie, Besänftigung suchend, die übelwollenden Erinyen zu nennen sich bemühte. Warum aber dieses Schielen eines Modernen nach dem Antiken? Weil es das nicht eigene, individuelle Antike ist und deshalb nach ästhetischen Kriterien, das heißt, auch für andere, Erinnern und Vergessen mischt. Die Technik der raunenden Anverwandlung hat eine ähnlich therapeutische Funktion wie der antike Euphemismus. Baudelaire zieht aus der untersten Furcht Furche wirre Fadenschnipsel dunkler Herkunft herauf und fügt daraus eine neue geschriebene Oberfläche, welche die noch tiefer reichenden Abgründe überdeckt.

Die Stränge zu den Ursachen kappt er, und die herausragenden Fäden verknüpft er zu einer ästhetisch kohärenten und tragfähigen Textur. In diesem Fall sind das die katholischen Marien, etwa des Rosenkranzes oder von Stoßgebeten, die in Zeiten besonderer Drangsal angerufen werden. Die älteste seiner drei Lieben Frauen nennt er auch «Madonna». Die anderen drei Bedeutungsschichten sind die Erinyen, die Moiren und der Tartaros. Sie dürfen nur kurz auftauchen, damit nichts nachkommt, sie aber an der Oberfläche in die Breite des neuen Textes verspannt werden können. Die Begründung, dass er die älteste der drei Lieben Frauen wegen ihres Alters «Madonna» nennt, ist eine ziemlich dreiste Verstellung, wenn er an anderer Stelle sagt: «Sie war auch zu Bethlehem, in jener Nacht, als das Schwert des Herodes die unschuldigen Kindlein aus ihren Kammern fegte.» Maria ist der Grund für Madonna (S. 177). Die Erinyen evoziert er durch den Namen der Eumeniden, die Moiren durch die Beschreibung Unserer Lieben Frau von den Finsternissen: «Die dritte Schwester jedoch, die auch die jüngste ist!... Still! nur flüsternd darf von ihr gesprochen werden.» (S. 179) – Sonst dürfte man sagen, dass sie die Furchtbarste ist: Atropos! Diese Liebe Frau von den Finsternissen trägt auch die dritte Ahnung von Hesiods Finsternis, den Tartaros (dreifach umnachtet am Hals), allerdings auf dem Kopf:

«Trotz des dreifachen Trauerflors, der ihr Haupt verhüllt, kann man, so hoch es auch hinaufragt, dennoch das wilde Licht erkennen, das aus ihren Augen bricht, ein immer flammendes Licht der Verzweiflung... Diese fordert Gott heraus.» (S. 179)

Mögen diese Göttinnen alle ihre eigene unaussprechliche Schaurigkeit besitzen: Indem er sie oberirdisch vertextet, bleiben sie über Wasser, aber sie halten sich nur durch Vergessen ihrer Fäden. Ebenso geht es mit den individuellen Kindheitstragödien, die verstellt werden zu Bildern unaussprechlicher Geheimnisse (S. 180). Man muss hier die unaufhörliche Verwandlung von Vergessen in Erinnerung und Erinnerung in Vergessen bewundern, die mal als persönliche Katastrophe und mal als überindividuelle moirische Ordnung inszeniert wird. Denn die drei Quälgeister, Dienerinnen von Levana, sind nur dazu da, deren Künste des Auftauchens zu unterstützen. Ohne den Aspekt dieser *Hebung* wäre ‹Levana› kaum von anderen Erdgöttinnen zu unterscheiden, herrscht sie doch «über jenes mächtige System von Zentralkräften, das tief im Schoß des menschlichen Lebens verborgen ist und unaufhörlich in den Kindern sein Werk verrichtet» (S. 177). Aber durch grausamste Schmerzen hebt sie den Menschen gerade aus dieser Ebene hinaus auf jene Höhe, von der aus er schaudernd zurückschauen kann.

Bei dieser Ebenen-Differenz ist es unerlässlich an jene Kluft zu denken, die sich zwischen den Opium-Träumen, in denen ihm als einzigem [!] Levana erscheint, auftut und der Situation des Schreibens dieses Textes. Ein weiterer Abgrund tut sich zwischen Autor und Leser auf. Die Arbeit der drei Matres dient nämlich dazu, das Ich in einen Zustand zu überführen, wo er behauptetermaßen alles sieht, der Leser aber nur die Ahnung der Quintessenz zu kosten bekommt. Die Ahnung *ist* vielleicht die Quintessenz, eine grauenhafte Mischung aus Erinnern und Vergessen. Und das, was der Autor vermeintlich genauer sieht, aber nur in Andeutungen mitzuteilen bereit und in der Lage ist, ist vielleicht – gerade in der Genauigkeit – ‹bloß› die Personifikation von Ahnung. Das klingt vielleicht nebulös, aber gerade darum geht es. Es handelt sich in dieser mystifizierenden Rede um ein Gegenstück zur Hesiodischen Museologie:

Mutter Finsternis soll auf der letzten Stufe der Qualen, die zu seiner Vervollkommnung notwendig sind, ihr «Szepter schwer auf seinem Haupte ruhen» lassen; kein Weib soll sich «in seiner Nacht» zärtlich zu ihm setzen, er soll hoffnungslos sein und von ihr verflucht. Dann aber, vervollkommnet, «soll er Dinge sehen, die zu sehen nicht erlaubt ist, Schauspiele, die abscheulich, und Geheimnisse, die unaussprechlich sind. So soll er die ältesten [!] Wahrheiten lesen [!], die traurigen Wahrheiten, die großen, die furchtbaren Wahrheiten. So soll er auferstehen, ehe er gestorben ist.» (S. 180) Eine grandiosere Form des Auftauchens (nach der Fahrt zu den Müttern der Gestaltung) als das Auferstehen ist kaum vorstellbar. Vielleicht ergibt sich der Eindruck der Auffahrt aber allein schon aus der Tiefe der gesehenen Geheimnisse ältester Vergangenheiten. Schon die Opiumvisionen waren ein Vergessen oder ein Palimpsest, geschrieben mit dem Szepter der Finsternis, das die alten Buchstaben der Kindheit vertauschte. Ein weiteres Palimpsest ist der Text darüber. Aber all diese Palimpseste müssen einsinken oder überdeckt werden und auftauchen.

Marcel Proust I

Unbenommen der psychoanalytischen Hoffnung, in therapeutischer Absicht die frühere ‹Schrift› möglichst unverstellt zur Anschauung zu bringen, ist *ästhetisch* das *Spiel* zwischen Erinnern und Vergessen, Verbergen und Auftauchen, vor allem kreuzweise mit ‹fremd› und ‹vertraut› gemischt, wahrscheinlich produktiver – und vielleicht sogar wahrer. Die *hergestellte* Dunkelheit – etwa als ausgesprochene Unaussprechlichkeit – ist dabei eine *neue* und notwendig vagere Nacht als die natürliche. Denn die Vagheit ist erforderlich für die Übertragung des Lesers, aus seiner Nacht hinaus in die des Textes.

Vielleicht gibt es in der Geschichte der Ästhetik einen stillen oder sogar unerkannten Wettstreit der musischen und bildenden Künste, welche Arten des Vergessens und Erinnerns reichere Ernte bringen: Das Tauchen (und Fliegen) oder das Graben (und Verdecken) – jeweils in beiden Richtung von raus und rein. Im Kontext des Nachtleibs zur Nachtsprache scheint das Paradigma von Tauchen-Auftauchen obenauf zu sein. Aber der Anschein kann sich ändern, wenn sich unsere ‹Nachtästhetik› zum materiellen Nachtbild durchgearbeitet haben wird. Wie sehr beide Typen, Fahrt und Schichtung, miteinander verbunden sein können, ist noch an Weinrichs Plädoyer fürs Palimpsest in der besprochenen Preisrede abzulesen. Prousts «epochales Romanwerk ‹Auf der Suche nach der verlorenen Zeit› … ist in diesem Kontext zwanglos als ein großer literarischer Palimpsest interpretierbar, bei dem eine tief im Vergessen ruhende Erinnerung durch solche wunderlichen [!] Reagenzien wie Tee und Teegebäck wieder ins Bewusstsein zurückgerufen und in Poesie verwandelt wird. Diese Wiederbelebung der Kindheit aus der Tiefe des Vergessens ist für den Erzähler mit einem überströmenden [!] Glücksgefühl verbunden.» (S. 6)

Mit Verlaub, Meister, es ist nicht der Tee! Es ist das Tauchen. Und es ist bezeichnend für die Erinnerungskunst Prousts, dass so viele Auftauchende aus der Erinnerung aus dem Wasser (des Vergessens) auftauchen. Der Sinn der von ihm so genannten *mémoire involontée* lebt von der Vergessenheit. Es ist der Leib mit seinen Handlungen und Wahrnehmungen, der die Evokationen bewirkt, an denen dann allerdings auch tagtraumartige Assoziationen und die Spurensuche beteiligt sind. Das Schlagen eines Löffels gegen einen Teller löst die Erinnerung an den seit Ewigkeiten verklungenen Hammerschlag eines Bahnarbeiters aus.[1597] Diese Erinnerung aus einer Nachtfahrt des Körpers (die keiner sieht) ist dann immer auch eine Metapher. Diese unwillkürliche Metapher kann beglückend wirken, weil sie, der gegenwärtigen Befindlichkeit vergessend, via ‹Fehlwahrnehmung› sinnliche Präsenz zu haben scheint. Besonders aufschlussreich sind die realen Fahrten des Körpers, die jeder sehen kann, die dann aber ins Dunkle fahren, dahin, wo sie den übertragenen Sinn finden, zum Beispiel die Erinnerungsbilder.

Wie ernst Proust das literale Sprungbrett zum Tauchen in den Tee des Vergessens genommen hat, ist an der ersten Vorstellung dieses Themas durch den Ich-Erzähler im ersten Band der «Recherche» abzulesen. Es ist ein Löffel (!) Tee, worin ein Stückchen Sandkuchen aufgelöst ist, das er in

1597 M. Proust: Auf der Suche nach der verlorenen Zeit. In: Ders.: Werke. Bde. 1–7 und Supplementbd. Hg. und übers. von L. Keller. Frankfurt 1994–2007, Bd. 7, S. 260. Weitere Band- und Seitenangaben nach dieser Ausgabe im Haupttext. Vgl. die ältere Ausgabe von Eva Rechel-Mertens, Frankfurt 1969, Bd. 13, S. 270.

bedrückter Stimmung an den Mund führt. «In der Sekunde nun, da dieser mit den Gebäckkrümeln gemischte Schluck Tee meinen Gaumen berührte, zuckte ich zusammen und war wie gebannt durch etwas Ungewöhnliches, das sich in mir [!] vollzog.»[1598] Ein grandioses Glücksgefühl wie Liebe und Unsterblichkeit stellt sich ein, und er bemerkt, dass diese Essenz, die mit Tee und Gebäck zusammenhing, aber weit darüber hinausgeht, nicht *in* ihm ist, sondern: «ich war sie selbst.» (1, S. 67) Er trinkt und trinkt immer wieder, grübelt und grübelt, wiederholt die erste Bewegung, erinnert die erste Empfindung, aber das Glücksgefühl, «dieser unbekannte Zustand» (1, S. 68), stellt sich nicht mehr ein. Er ruft nun keineswegs etwas zurück oder hervor, sondern er lenkt seinen Geist ab, schafft eine völlige Leere um ihn und stellt ihm dann noch mal «den ganz frischen Geschmack jenes ersten Schlucks gegenüber» und *spürt*,

«wie etwas in mir sich zitternd regt und verschiebt, wie es sich zu erheben versucht, als ob etwas sich in großer Tiefe vom Ankertau gelöst hätte; ich weiß nicht, was es ist, doch langsam steigt es in mir empor; ich spüre den Widerstand und höre das Raunen der durchmessenen Räume.» (1, S. 69)

Hier sind bereits viele Motive versammelt: die Tiefe, das Wasser, der Kampf zwischen dem Flüssigen und dem Festen sowie zwischen unten und oben. Und der Faden in die Tiefe ist dick wie ein Ankertau. Im nächsten Augenblick wird er auch von dem Dunkel sprechen, aus dem das Etwas emporsteigen soll. Die Technik der «raunenden Anverwandlung», von der bei Baudelaire die Rede gewesen ist, wird hier als Proto-Nachtsprache ausgegeben, die beim Durchmessen der Räume vernommen oder hergestellt wird. Ob seine Bemühungen das Raunen herstellen, als ein sich selber fremdes Ahnen etwa, oder ob er fremde Stimmen hört, ist nicht entschieden, aber die Räume deuten etwas Distinktes ihm, dem Forschenden gegenüber, an.

Er vermutet zwar sogleich ein Bild, eine visuelle Erinnerung, aber diese versucht offenbar eigen-sinnig, auf der Spur des Geschmacks «zu mir zu gelangen.» (Ebd.) Der fast spiritistische Charakter einer Séance ist nicht zufällig, denn mit einer bemerkenswerten Finte hat der Ich-Erzähler diese zweite Schlüsselszene des Romans von der ersten getrennt, in der es um eine Nacht mit der Mutter ging: Er findet hier «den keltischen Aberglauben sehr vernünftig, nach dem die Seelen der Lieben, die uns verlas-

1598 Proust: Suche, Bd. 1: Ausgabe L. Keller, Unterwegs zu Swann. Frankfurt, S. 67.

sen haben, in irgend ein Wesen untergeordneter Art gebannt bleiben, ein Tier, eine Pflanze, ein unbelebtes Ding», denen wir zufällig in die Nähe kommen. «Dann horchen sie bebend auf, rufen uns an, und sobald wir sie erkennen, ist der Zauber gebrochen. Erlöst durch uns besiegen sie den Tod und kehren ins Leben zurück.» (1, S. 66)

An diese magische Vorstellung erinnert die oben zitierte Passage. Es ist hier eine fast ebenso magische Vorstellung angesprochen, als ob im Tee oder in der Madeleine ein Wesen zu ihm spricht, dessen Raunen er nur verstehen muss. – Aber zugleich hat Proust eine strikt entgegengesetzte Vorstellung, wenn er die Essenz dieses Glücksgefühls mit seiner eigenen Essenz identifiziert und seine Erinnerung darin sucht. Nachdem er nichts mehr fühlt, nachdem der Augenblick «in die Tiefe geglitten» ist und er nicht weiß, ob er jemals wieder «aus seinem Dunkel emporsteigen wird», versucht er noch zehnmal erfolglos, sich zu ihm «hinunterzubeugen». (1, S. 69) Erfolglos, er gibt auf – und «mit einem Mal war die Erinnerung da». (1, S. 70)

Noch einmal, lange zuvor nämlich, hatte Tante Léonie die Madeleine in den Tee getaucht und ihm davon zu kosten angeboten. Es folgt die Beschreibung einer idyllischen Kindheitsszene und die Begründung der Erinnerung durch den ‹Eigensinn› von Geruch und Geschmack, fast selbständigen Wesen, auf deren «beinahe unfassbaren Tröpfchen, ohne nachzugeben, das unermessliche Gebäude der Erinnerung» getragen wird» (ebd.). Zu schön, um wahr zu sein. In Wahrheit weiß das Ich noch nicht, warum es so glücklich war (jedenfalls in der Fiktion der *vergangenen* Erinnerungsarbeit, welche dieser Roman ist); in Wahrheit besteht diese kleine Handlung aus lauter kleinen Unterhandlungen: Mal ist es die Geschmackserfahrung, mal das Trinken und Tauchen, mal die Madeleine selbst, die in verblüffenden *Perspektivwechseln* auftaucht: Tante Léonie wohnt in der Rue St. Jacques, und die Madeleine ist in Form einer Jakobsmuschel gebildet. Aber diese «dicklichen ovalen Törtchen», die man «**P**etites **M**adeleines» nennt, die er von seiner Mutter bekommt und vorher von Tante Léonie bekommen hat, in deren Kontext diese kleine Muschel aus Kuchenteig noch menschlicher erscheint, weil sie «so füllig und sinnlich wirkt unter ihrem strengen, frommen Faltenkleid» (ebd.), ist zugleich **P. M.** (Proust, Marcel) selbst.[1599]

Seine Erinnerungen nämlich gehen auf wie die japanischen Papier-

1599 Vgl. Keller, Anmerkung zu Bd. 1, S. 67, S. 651: Proust hat erst später die Petits Madeleines in Großbuchstaben gesetzt. Seinen Text signiert er mit P. M. –

schnitzel in den Porzellanschalen, die zuerst alle gleich aussehen. Wenn sie sich aber «vollgesogen» (1, S. 71) haben (wie die Madeleine), dann entfalten sie sich zu ganzen Landschaften, zur Landschaft in Combray, mit den Seerosen auf der Vivonne, mit Blumen im Garten, Häusern, Dorf und Kirche. Aber das Entscheidende ist hier das, was der Ich-Erzähler mit der programmatisch eingeführten Erinnerung *vergessen* hat, was er erinnernd überdeckt hat: Soeben hat er noch von seiner Nacht mit Mama erzählt, wie sie vorlesend die Nacht bei ihm verbracht hat. Sie las den Roman «François le Champi» (1848) von George Sand (*1804). Es war der Roman eines Findelkindes, das später seine Findelmutter heiratet, und die heißt Madeleine.[1600] Den Namen Madeleine hat das Ich hier ‹vergessen›. Seine Mutter, lesen wir, habe aus fürsorglicher Liebe zu ihm die anzüglichen Stellen des Romans gar nicht vorgelesen, Leerstellen für die Phantasie ihres Findelkindes, pardon Sohnes. Uns verschweigt der Ich-Erzähler diese leicht inzestuös anmutenden Stellen ebenfalls, ganz fürsorgliche Mutter der Leser. Denn auch die brauchen Leerstellen für ihre Lektüre. Keine Spur ohne Leerstellen.

In diesem ersten Fall der Mémoire involontée ist das Auftauchen trotz der Erfolglosigkeit des Nachtauchens nicht unerheblich mit den eigenen Geschmackssensationen und den ‹geistigen› Bewegungen verknüpft. Leibhaftig hatte nur die Tante die Tauchbewegung mit der Madeleine vollzogen, jedenfalls der Erinnerung nach. Schon bald darauf, noch im ersten Band, rückt aber auch die eigene physische Bewegung im Verhältnis zu einer visuellen Sensation in den Vordergrund: Die abrupte Veränderung der Ansicht einer Landschaft mit Kirche durch die schnelle Kutschfahrt in einer Kurve, löst bei ihm ähnliche Glücksgefühle aus, die vage mit etwas Erinnerbarem zu tun haben, das nicht fassbar ist (1, S. 263).

Grundsätzlich sind unsere visuellen Objekte über unsere Blicke und Bewegungen *im* Körper verankert, so wie sich unser Körper mit seinen Funktionen auch im äußeren Raum und an visuellen Objekten verankert. Wackelt das Bild, taumelt der Körper. Aber taumelt der Körper, wackelt auch das aktuell-fixierte Bild und alte, darunterliegende, tauchen auf. Proust hat es *am Ende des Zyklus* noch eindringender beschrieben, wie die Erinnerungen auftauchen, als er in einer schnellen Bewegung einem Auto

Manche betrachten sogar das Porträt der Tante Léonie als ironisches Selbstporträt des Autors. Siehe Keller, Anm. 1 zu Bd. 1, S. 73, S. 651.

1600 Siehe G. Sand: Der Teufelsteich – François das Findelkind. Zürich 1980.

ausweicht, über schlecht behauenen Pflastersteinen strauchelt und dann in eine tiefere Stelle des Bodens tritt.[1601] Dem per pedes und nur ahnungsweise abwärts Tauchenden taucht eine Flut von Bewegungs- und Erinnerungsbildern auf und entgegen, die früher durch ähnliche Tauchfahrten ausgelöst worden waren. Diese Erfahrungen sind keine Nebensache, sondern fahren ihn ans Ziel seiner Erinnerungsfahrt zur verlorenen Zeit, die sich als Erweckungsfahrt zum Dichter herausstellt.

Vor diesem Erlebnis hat er die willkürlichen Erinnerungen an schöne Stellen seines Lebens schal und langweilig gefunden (7, S. 256), jetzt beschließt er, auf solche von körperlichen Bewegungen und Sensationen ausgelösten Tauchfahrten ins Vergessen(e) genauer zu achten. Die Tauch- und Auftauchbewegung ist keine Zutat von mir. «Ein Glücksgefühl gleicher Art wie es mir die beiden Bodenplatten geschenkt hatten, überflutete mich» (7, S. 260), schreibt er, als er die kurz darauf folgende Erinnerung an die Wagenfahrt in der Bretagne hat, bei der die Hammerschläge des Bahnarbeiters eine Verknüpfung mit einem schönen Sommertag in Balbec hergestellt haben.

Proust weiß, dass die Tauchfahrten so mit dem Leib verbunden sind, dass sie Schwindel auslösen. Die «gegenwärtigen Stätten … schwanken … in dem Schwindel einer Ungewissheit …, die derjenigen gleicht, die man manchmal im Augenblick des Einschlafens angesichts einer unaussprechlichen Vision verspürt»[1602] (7, S. 271). Die Spur eines *Schwindels*, vielleicht ein leeres Gefühl oder ein ‹Raunen› in der Magengrube mag sich melden, das sind älteste Sensationen, deren Einschreibung bis in die Säuglingszeit zurückreichen. Davon spricht Proust nicht; es ist auch nicht nötig für eine Spur, deren Ende man nicht sehen muss, um ihr zu folgen. Wir wollen hier auch nicht psychologisieren, aber es ist doch nicht ganz unerheblich, dass es etliche Male sozusagen Still-Situationen sind, in denen die Erinnerungen auftauchen:

Die Hammerschläge des Bahnarbeiters am Rad des Waggons treffen

1601 Von jetzt an wird wieder aus Band 7 zitiert, hier S. 258. Weitere Nachweise im Text mit Bandzahl.

1602 *Unaussprechliches* (aporreton) erleben Proust, de Quincey, Baudelaire und der Initiand im Mysterium von Eleusis. Zu Letzterem: Teichmann: Mysterien, S. 183. Ein gleiches Wort für so unterschiedliche Fahrten. Gemeinsam ist allen das Sprechen über das Unaussprechliche – und die wörtliche Behauptung, sich jenseits des Wortes leibhaftig befunden zu haben.

sein Ohr, als er gerade eine Bierflasche öffnet (7, S. 260). Das Spüren einer «*Madeleine*, die in Tee getaucht war» (7, S. 258), ist erst möglich, wenn man den ersten, leicht überfließenden Tee herausgedrückt hat – wie die Milch aus der Brust. Eine dritte orale Sensation ist, im nächsten Augenblick bei den Guermantes, das Abwischen des Mundes mit einer Serviette. – Es ist wahr, Proust erinnert an verschiedenen Stellen unterschiedliche Aspekte und Handlungsabschnitte von Eintauchen, Auftauchen und «Kosten» der Madeleine[1603]; aber an dieser Stelle des Vergleichs seiner Erinnerungsfahrten betont er wie der Opiumesser den «Zauberschlag» den seine *gehabte* Erinnerung nun bewirkt: Er ist jetzt ein ‹inspirierter› Dichter. *Ausgelöst* wurde die Sensation indessen durch das Tauchen (wie ja der Stillung durch die Brust die Fahrt zu ihr voraufgeht). – Die Gegenwartsentrückung der Erinnerung ist insofern Teil einer Metaphorisierung, als es das «Wunder einer Analogie» (7, S. 265) ist, das auch die literale Unvergleichbarkeit zwischen Löffel und Hammer vergessen macht.

Wichtiger ist für ihn das tiefere Tauchen nach dem ‹tieferen Grund› der Beseligung, die auftauchte, nachdem er die eingetauchte Madeleine in den Mund getaucht und «auf der Zunge verspürt hatte» (7, S. 258). Er steht also immer noch auf dem Gehweg, hat berauschende Visionen und bleibt, ungerührt vom Gelächter einer Schar von Chauffeuren,

«in schwankender Haltung stehen, wie ich es eben schon getan hatte, während mein einer Fuß auf dem hohen Pflasterstein, der andere auf dem niedrigen ruhte. Sooft ich nur rein materiell dieses gleiche Auf- und Abtreten vollzog, blieb es ergebnislos für mich; sobald es mir aber gelang, die Matinee bei den Guermantes zu vergessen [!] und wiederzufinden, was ich empfunden hatte, als ich in dieser Weise meine Füße aufsetzte, war mir von neuem die undeutlich aufblendende Vision ganz nahe … (7, S. 259)

Auslöser ist nicht selten ein körperlicher Schwindel oder ein Schwanken;[1604] fast gleichzeitig beginnt das Tauchen. Fast gleichzeitig taucht in diesem Fall die darunterliegende Schicht auf: die Empfindung von Venedig, auf zwei ungleichen Bodenplatten im Baptisterium (Taufen ~ Tauchen) von San Marco (7, S. 259).[1605] Aber das Zitat oben zeigt, dass er auch

1603 Auf S. 268 (ebd.) betont er die Tauchfahrt der Madeleine.

1604 Siehe auch Bd. 7, S. 270, S. 271 und S. 27.

1605 Die Reichweite dieser Evokation der Vergangenheit hat Proust selbst in einem Notat seiner «Carnets» umrissen: «Wir halten die Vergangenheit für mit-

nicht mehr versucht, wie die ungeduldige Pechmarie (der aktiven Erinnerung) der Goldmarie (Mémoire involontée) hinterherzuspringen, sondern geduldig den Empfindungen, die sich geben, in die Tiefe nachzutauchen. Es bleibt das Spiel mit einer unauslotbaren, sich selbst entbergenden Macht. Noch in Gedanken an seine Erlebnisse und an die Übertragungen derselben auf schwankendem Grund kommt er zur Matinee der Guermantes und hat das Erlebnis des Löffelschlags, der zum Hammerschlag wird. Und wieder erfährt er, wie eine banale Geste – er wischt sich nach einem Schluck Orangeade den Mund mit der Serviette ab (Stillerlebnis) – eine starke Vision auslöst. Hier erinnert er auch den Leser mit einem sozusagen musenästhetischen Vergleich an seine eigene kontinuierliche und programmatische Lektüre: Es ging ihm mit dieser Wischbewegung «wie jener Person aus *Tausendundeiner Nacht*…, die, ohne es zu wissen, genau den Ritus ausführte, der, für sie allein sichtbar, einen gefügigen Geist erscheinen ließ, der bereit war, sie in die Ferne zu führen» (7, S. 261).

Wahrscheinlich ist der Komplex aus Vergessen und Mémoire *involontée* sowie gezielterem Vergessen durch gezielteres Erinnern das auch subjektiv empfundene Eingemachte der ‹Literatur›, genauer: der vom Leib evozierten Imagination und Metaphorik. Hesiod und Homer haben es nur nicht so sichtbar thematisiert. Vielleicht ist die plötzliche Einblendung der Hesperiden in die Litanei der Nachtkinder eine solche mémoire involontée, ein solches Hirn-Palimpsest. – Aber um das Tauchparadigma stärker als die Alternative des Palimpsestes zu begreifen, ist es nützlich, nicht nur das Fahrtmotiv daran hervorzuheben, sondern auch die Bedeutung des Lethe-Flusses, metonymisch alles Flüssige und Wässrige, medial und als Inhalt der Imagination. Proust hat selbst das Fahren in seinen Erinnerungsschichten als den eigentlichen Schöpfungsakt des Buches bezeichnet[1606] und diesen Vorgang, der ja nun auch die Gestaltung betrifft, als ein ständiges Umkreisen eines

telmäßig, aber die Vergangenheit ist nicht das; sie liegt in der Unebenheit zweier Bodenplatten im Baptisterium von San Marco.» (7, S. 582, zu S. 259)

1606 Mehr noch, es ist die Wiedergeburt eines Wesens, gezeugt aus dem Beilager von Löffel und Hammer, von Hofpflaster und Baptisterium (S. 267) und vielen anderen sensorisch inspirierten Erinnerungen. Proust glaubt, dieses (sein inneres) Wesen «nährt sich einzig von der [zeitlosen] Essenz der Dinge» (ebd.). Das kann eine Verwechslung sein. Das Gefühl dieser Essenz nährt sich vielleicht aus

Tauchers beschrieben, eines Tauchers nach seinem Unbewussten (7, S. 277). Dem entspricht das evidente Gefühl für die Wirklichkeit der Bilder, weil diese spürbar sich bemühen, «wieder zum Licht emporzusteigen» (7, S. 277). Die Reinigungsbewegung mit dem Mundtuch nach dem Trank löst die Erinnerung an die steigende Flut in Balbec aus, vor den «bläulichen Brüsten», zu denen die Wolkenhügel aufgeschwollen waren. (7, S. 261)

Proust taucht nicht nur seine «kleine Madeleine» (7, S. 265) in den Tee des Vergessens, sondern er taucht auch selbst in den Metaphern von Bildern im Wasser. Der Name «Madeleine» ist übrigens Programm, ein Programm, das nicht nur auf der Zunge zergeht. Maria Magdalena eine *reuige Sünderin* und eine sehr französische Heilige, die ein legendäres zweites Leben in der Provence verbrachte, ist seit Jahrhunderten die Verführerin der Maler, die auf der Suche nach der Unschuld des Bildes vor dem Gemaltsein (oder vor der Reue) sind. Die in einem Legendenstrang überlieferte Geliebte von Jesus und die erste Zeugin seiner *Auferstehung* wurde, der «Legenda Aurea» des Jacobus de Voragine zufolge, von Christenverfolgern in einem segel- und ruderlosen Schiff dem Untergang preisgegegeben, tauchte aber, durch göttliche Vorsehung bestimmt, bei Marseille auf und bekehrte Südfrankreich.[1607] Proust ist diese Heilige schon deshalb nahe, weil sie einen Tempel in Paris hatte, immer noch hat, genauer eine Kirche, aber in einem neoklassischen Tempelbau auf der Place Madeleine im 8. Arrondissement.[1608]

Proust war diese Kirche von klein auf bekannt, denn in der Confiserie Gouache auf dem Boulevard La Madeleine bekam er als Kind oft ein Bonbon (7, S. 198). In dieser Kirche steht übrigens auf dem Altar eine für unser Thema bemerkenswerte Statuengruppe von Carlo Marochetti, welche die Auffahrt Magdalenas in den Himmel zeigt. Eine Gruppe von Engeln umgibt mit ihren großen Flügeln die Heilige in Form einer Muschel. So ähnelt sie der auftauchenden Venus, Aphrodite oder Galatea. Das Eintauchen der «kleinen Madeleine» in den Tee ähnelt der rituellen Reinigung der Athena Polias oder dem entsündigten Wiederauftauchen der Aphrodite.[1609] Diese

der Überwindung der dazu notwendigen Differenz von Wahrnehmung und Imagination (vgl. S. 266 u.).

1607 Siehe Jacobus de Voragine: Die Legenda Aurea. Gütersloh [14]2004, S. 362.

1608 Der Baubeginn datiert von 1764 und die Nutzung war in den Revolutionswirren lange Zeit umstritten; erst 1845 wurde der Bau als Kirche geweiht.

1609 Ist es wirklich nur Zufall, dass die flüchtige, wiedergefundene und wie-

«Petite Madeleine» hat die Form einer Muschel, ähnlich derjenigen, auf der die ‹große› Madeleine und auch Aphrodite aus dem Meer auftauchten. Letztere zum Beispiel auf dem seinerzeit wieder beliebten, wiederbelebten Bild von Botticello, das Proust kannte. Mehrfach betont Proust den Aspekt der Zeitumkehr, der gelöschten Zeit dazwischen, auf dem Weg zur wiedergefundenen. Die Gleichzeitigkeit von Vergangenheit und Gegenwart in der Übertragung hebt ihn aus der Zeit. Diese Umkehr, etwa durch die «göttliche Speise», schafft einen «von der Ordnung der Zeit befreiten Menschen» (7, S. 267). Die Perspektiven wechseln allerdings: Auch die untergegangenen Situationen können ihn, durch den Schwindel evoziert, überfluten, wieder zurückweichen, wieder heranbranden (7, S. 270).

Diese berühmten Passagen bei Proust sind nicht einzigartig; sein ganzes Werk ist Tauchen in innere Nacht, in der seine versenkten Begegnungen ver- und geborgen sind. Dies bereits ist sein Kunstwerk; denn das Kunstwerk ist das einzige Mittel, «die verlorene Zeit wiederzufinden» (7, S. 306). Und darin liegt das wahre Leben. «Das wahre Leben, das endlich entdeckte und erhellte, das einzige infolgedessen von uns wahrhaft gelebte Leben ist die Literatur: jenes Leben, das in gewissem Sinn jederzeit allen Menschen so gut wie dem Künstler innewohnt.» (7, S. 301) Es ist aber nur wahr, indem es vergessen war und auftauchen kann oder indem man nach ihm tauchen kann. Das Vergessen repräsentiert hier mehr als eine ausfallende Mnemotechnik, es repräsentiert den Tod und die Zeitlichkeit, welche die Wirklichkeit des Menschen prägt. Und natürlich sind darin verborgen die Wunder und Wunden der Liebe und des Schmerzes von Mama über Gilberte bis Al-

der entflohene Frau in dem berühmten Film vom Schwindel, in «Vertigo», dass die Frau, die mehrere ist, die selbst der Inbegriff des Schwindels ist und immer ins Wasser will, dass diese Frau *Madeleine* heißt? Der Film von A. Hitchcock (USA, 1958) ist eine Adaption des Romans «D'entre les morts» von P. Boileau und Th. Narcejac (Paris 1958). In der deutschen Fassung (Reinbek 2005) unter dem Titel des berühmteren Films, «Vertigo», kann man schrittweise verfolgen, wie der sehr private und nicht sehr schwindelfreie Detektiv Roger Flavières seine kleine Madeleine vereinnahmt, schon bevor er sie kennt. Es ist das Wort, der Name: «Madeleine … Er liebte diesen Namen, der ein bisschen nach Sehnsucht klang.» (S. 20) In Wahrheit sind Film wie Buch ein Tauchen nach «Obsessionen der Phantasie», werden «die Schichten und Widersprüche des inneren Seelenlebens der Hauptfigur subtil aufgedeckt». Lexikon des internationalen Films, Bd. V–Z, S. 6174.

bertine, die manchmal alle nur als Variationen einer Gottheit erscheinen.[1610] All die ‹entflohene› Liebe (und Zeit) wird ertaucht, und deshalb ist es kein billiger Witz, wenn er immer und immer wieder diese heilsame Geste des Eintauchens der Madeleine und des Schmeckens derselben auf der Zunge, wo auch die Sprache lauert, la langue, wiederholt. Es sind sublimierte penetrative Akte mit einem unwiderstehlichen Sog ins Wasser.

Am Tag des Eintauchens der Madeleine «hatte sich in mir im Schoße der Stätte, an der ich mich befand … eine Empfindung gebildet …, deren Strahlung noch eine schmale Zone rings um mich herum durchdrang». (7, S. 268 f.) Er beschreibt die Vision auftauchenden Lichtes, das die *äußere* Wirklichkeit gleichsam durchdringt – aber wo befindet sich der, welcher das sagt? Sehen Sie diese eigenartige Wackeligkeit des Bildes oder der Bilder: Die Empfindung bildete sich *in ihm*, aber zugleich *im Schoße* der Stätte, an der er sich befand. Die Bedeutung des Schoßes, *in* dem er sich befand, ist insofern entscheidend, als es überhaupt nicht entscheidend ist, wo dieser Schoß sich befindet: Die ersten drei Pünktchen im Zitat (s. o.) stehen für eine Aufzählung von Orten und Situationen, die Proust in Gedankenstrichen einklammert, weil es unerheblich ist, an welchem bestimmten Ort er sich befindet. Die späteren drei Pünktchen stehen für die Empfindungen (aus Geräuschen, Geschmack, Schritten). Die so tiefen Einbettungen in Orten und in seinen Empfindungen werden also ziemlich resolut zusammengefasst zu den Bestimmungen: ‹in einem äußeren Schoß› zu sein und zugleich in seinen Empfindungen zu sein.

Hier ist immer wieder Flüssigkeit nötig, um innen und außen zu verbinden, und die Bewegung des Verbindens ist erotisch konnotiert. In einer früheren Phase dieser Tauchbewegung hin zur «Wiedergefundenen Zeit», in der «Entflohenen» («Flüchtigen»), taucht das Ich durch Bilder Elstirs («nackte Frauen in üppiger Landschaft», Bd. 6, S. 166) zu Erinnerungen an Albertines Bein, imaginiert Wasserspiele zwischen ihr und anderen Mädchen, verwandelt ihr Bein in einen Schwanenhals (der vielleicht in Wahrheit einem göttlich schonen jungen Mann gehört), lässt sie in Versailles unter den «unbekleideten Statuen von Göttinnen» in den Wasserbecken

1610 Keller weist im Anhang von Bd. 2, S. 786 darauf hin, dass bei genauer Realisierung der Lektüre der Beschreibung einer Signatur von Gilberte das imaginäre Palimpsest von Albertine erscheint.

auftauchen und sieht sie dann als «das junge Mädchen am Meeresufer: in der doppelten Nacktheit weiblicher Marmorstatuen, inmitten schwüler Hitze und üppiger Vegetation, ins Wasser getaucht wie nautische Basreliefs» (6, S. 167). Auch dies sind Tauchfahrten der Erinnerung, aber von der Eifersucht verstellt. An ihrem Ende taucht kein Glanz auf, kein fließendes Licht, sondern Albertine als Leda, die ihre Lust mit einer Frau hat, wie auf dem Bild, das er ihr ermöglichte zu sehen, als er ‹seinerzeit› vergeblich versuchte, ihr das Bild Elstirs (s. o.) vorzuenthalten, um sie nicht auf lesbische Abwege zu bringen (6, S. 167).[1611]

Nun, das sind notwendige Irrfahrten des Tauchens gewesen. Der gigantische Roman endet mit dem Vorhaben, ihn zu schreiben, indem er die Tauchfahrten zu Ende bringt (7, S. 528), auf die Gefahr hin, aus den erinnerten Figuren Monster der Erinnerung zu machen, da sie doch aus so vielen Schichten der Erinnerung bestehen. (7, S. 528) Indem das Kunstwerk sein wahres Leben ist, erzählt er um sein Leben (das in Wahrheit Literatur ist) wie damals Scheherazade in «Tausendundeiner Nacht». – Natürlich würde er nur nachts tauchen. «Am Tag würde ich höchstens versuchen können zu schlafen. Wenn ich arbeitete, würde es nur nachts geschehen können. Doch es würde vieler Nächte bedürfen, vielleicht hundert, vielleicht tausend. Ich aber würde in der Angst leben, nicht zu wissen, ob der Herr meines Geschicks, der weniger nachsichtig als der Sultan Scheriar war, am Morgen, wenn ich meine Erzählung unterbrach, mein Todesurteil noch etwas aufschieben und mir erlauben würde, am nächsten Abend darin fortzufahren.» (7, S. 520 f.)

Tausend Nächte und immer noch eine nächste … Die Erzählerin aus «Tausendundeiner Nacht» hier als Kronzeugin des Nachtwerks der *Recherche* zu zitieren, ist insofern angemessen, als dieses andere nächtliche Erzählwerk, das auf Leben und Tod mit der Nacht der Erzählung verbunden ist, ein Fixstern am nächtlichen Horizont von Prousts Arbeit ist. Bereits zu Beginn der Suche nach der verlorenen Zeit geistern deren Helden als Vergleich durch die Erinnerungen (1, S. 28). Im Medium der Nacht des Schreibens, die wir Leser am Ende des Romans imaginieren, verbinden sich die Nachtmeere von Proust und von uns, seinen Lesern. An seinen

1611 Aus der heteroerotischen Szene «Leda mit dem Schwan» bei Correggio wird bei Proust eine lesbische; aber der Schwanenhals verrät die Verstellung: Es sind Männer.

Text gewordenen Tauchfahrten des Nachtleibs im Wasser des Vergessens – Springquell sprudelnder Metaphern und auftauchender Erinnerungen – verwandeln sich seine ältesten Körperbilder (die ruhende Hand im fließenden Wasser, Schwindelgefühl beim Auftreten auf wacklige Bodenplatten im Zusammenhang mit Venedig) in Hammerschläge, Bodenplatten und Meerbrisen *unserer* Erinnerungen: wie wir Proust in der Bretagne lasen, in Venedig, in Marburg, Juveskulä oder Hannover, ein Leben lang, immer vermischt mit Szenen des eigenen Lebens, die einem in diesen Situationen durchleuchtet schienen von der Lektüre – oder nicht so wichtig wie die Lektüre selbst. Vor Tische las man's anders.

Wie gesagt, unter der Schutzherrschaft der Musen scheint das Auftauchen des Erinnerns aus dem Vergessen das mehr versprechende Paradigma zu sein gegenüber dem Palimpsest – nicht nur für Schriftsteller. Jeder Text, den wir lesen, kann ein Palimpsest unseres eigenen Lebensbuches sein, aber wir müssen tauchen, damit es auftaucht. Es kann aber auch jede unwillkürliche Handlung, jeder Sinneseindruck einen solchen vergessenen Sinn, ein altes Bild, frisch wie am ersten Tag, auftauchen lassen; deshalb gehören diese Fahrten nicht allein der Nacht*literatur*, sondern dem ganzen Nachtleib. So hat es auch Proust selbst schon gesehen (7, S. 301).

Aber ich will gerne einräumen, dass für eine längere Zeit in der Geschichte des Erinnerns de facto Palimpsest und Tauchen eine eingespielte Fahrgemeinschaft bildeten. Proust schabte schließlich tausendundmehr Nächte hindurch bis morgens früh mit seiner kratzenden Feder das Papier ab, bis sich etwas zeigte, bis Mama ihm die Tages-Zeitung und den Kakao ans Bett brachte. – Heute kratzt und taucht man nicht beim Schreiben. Was die Hände hergeben, taucht fremdgegeben (‹Dateien› sind's) aus den Schluchten der Bytes in leuchtenden Desktops vor uns auf. Was richtig abgelegt wurde, ist gesichert, bleibt unvergesslich vergessbar. Und ebendadurch ist es schon vergessen, wir haben es ja gespeichert. Die Suchmaschinen tauchen nicht mehr, denn sie kennen keine Tiefe. Oder: Wir kennen ihre Tiefe nicht. Aber zum Trost sei darauf hingewiesen, dass wir unsere Tiefe nicht abgeben können, wir können sie allenfalls vergessen. Und gehen ins Kino, sehen im Dunkeln den Film, der nach einem untergegangenen Schiff benannt ist, das nach den versenkten Hesiodischen Titanen benannt ist, und der ein einziges Tauchfest der Erinnerung ist.[1612]

1612 Zum Film «Titanic» von David Cameron (USA 1999) vgl. Friese: Tauchen.

Kunst des Vergessens

Madeleine unter der Dusche und im Tee

Tauchen ins Dunkle und Auftauchen ins Helle sind für Prousts Drama von Erinnern und Vergessen wesentlich, und gerade die Anfänge seiner Tauch-Recherche verdeutlichen, dass das Drama ein leibhaftiges ist und keines auf Papier. Erst die Wahrnehmung der leiblichen, physischen Umnachtung des Erinnerns ermöglicht die Übertragung an den Leib aus Papier. Erst vollgesogen mit dem Tee des Vergessens, blüht die Erinnerung der japanischen Papierschnitzel in den Porzellantassen auf zu Seerosen auf der Vivonne. Diese leibliche Ausstattung der Erinnerung ist heute noch dieselbe. Deshalb tut tauchen not, kann noch heutzutage keiner diese Fahrt des Nachtleibs vermeiden, irrlichtert das Wort «tauchen» durch alle Medien des Vergessens (im Alltag wie auch in alten und neuen Medien). Auch wenn das ‹Auftauchen› häufig nur eine sogenannte tote oder schlafende, in Wahrheit aber nur vergessene Metapher ist für eine besondere Art von ‹Erscheinen›, so können tote Metaphern in fließendem Verkehr mit ähnlich toten Wasserwörtern oder in Nachbarschaft zu bewussten Sprachbildern vom Wasser sehr schnell verflossene Gefühle des Körpers reanimieren.

Und woher stammt das Bedürfnis, bei Metapher an Tod und Schlaf zu denken? Tote Metaphern sind die Revenants der Phantasmen. – Dennoch ist der ästhetische Eigensinn des Auftauchens nicht abhängig von metaphorischer Nachbarschaft, das heißt von einer Ähnlichkeit bloß im Bilde. Wenn immer das Wort «Auftauchen» in der alltäglichen Semantik auftaucht, und es taucht immer öfter auf, unterscheidet es sich von der «Erscheinung» in charakteristischer Weise als ein Phänomen, das noch nicht einem *bestimmten* Wesen zugeordnet werden kann, aber (noch) eine dunkle Hülle, ein Medium oder einen Ort hat, an oder aus dem es auftaucht; es kann deshalb auch noch nicht *nur* symbolisch gesehen werden. ‹Probleme› oder ‹Komplikationen› zum Beispiel ‹tauchen› im heutigen Sprachgebrauch verdächtig häufig ‹auf›. Wahrscheinlich räumt die (tauchende) Ahnung dem auftauchenden Phänomen eine frühere Zeitstelle des Sich-Zeigens ein als dem Scheinen des Erscheinens.

Das impliziert, dass die Wahrnehmung oder die Phantasie dem Auftauchenden eine noch stärkere Herkunftsbetonung im dadurch mitpräsentierten Medium (oder Ort oder ‹Mantel›) der Dunkelheit attestiert. Dadurch gibt sich das Auftauchende als etwas zu erkennen, das ‹sich gibt›, und zwar als Evidenz aus dem Fremden oder dem Anderen. Denken Sie an die erste Erinnerungsarbeit des Ich-Erzählers ‹auf der Suche nach der verlorenen Zeit›: Wie er den Eindruck hat, (s)eine Erinnerung kämpfe sich irgendwo unten bei sich mühsam nach oben durch, gleichsam eine keltische Totenseele. Erst als das Ich die Bergung des ankerlosen Schiffes aufgibt, ist die eigensinnige Erinnerung plötzlich da.

Aber vielleicht stellt sie sich entstellt nur ein, etwa als Negation eines erschütternden Erlebnisses, als kontrafaktische Bedürfnisbefriedigung, als gegensinnige Bewegung zu der des Verlustes. Es fällt schließlich auf, wie hartnäckig idyllisch die Erinnerungserlebnisse des Auftauchens sind. Was wurde damit eventuell versenkt? Proust erinnert sich noch spät, in den 1920er Jahren, dass die Lektüre Poes, «sogar seine einfachen Abenteuerbücher … in der Trostlosigkeit meines Lebens eine Freude der Erinnerung» sind.[1613] Das «sogar» ist verräterisch; hat die gute Mutter Proust (M. P.) ihren lesenden Kindlein etwas unterschlagen? – Schließlich ist Poe bekannt für seine zahlreichen *Untergänge* und Begräbnisse bei lebendigem Leibe, etwas dem Vergessen und Vergessen-Werden Ähnliches. – Da ist etwa die Lektüre vom «Untergang des Hauses Usher». Das ist die Geschichte mit dem Geschwister-Inzest. Solche Poe-Ethiken beschäftigten Proust durchaus, namentlich in «Sodom und Gomorrha», wo er von einer Adeligen erzählt, die, verleitet von einem «Dämon(en) der Perversität … auf die skandalöseste Art und Weise» gelebt hatte.[1614] «Le démon de la perverse» ist aber, wie Luzius Keller vermerkt, der Titel von Poes «The Imp of the perverse», in der Übersetzung von Baudelaire (4, S. 816).

Madeline Usher nun, die lebendig begrabene Schwester, taucht zum Ende der Geschichte als hohe Gestalt (*lofty*)[1615] aus ihrer Gruft auf, mit Blut auf ihrem weißen Kleid und «abgezehrten Leibes» (*emaciated*)[1616], also

1613 Brief an Nathalie Clifford Barney, 29. 1. 1921; zit. nach J.-Y. Tadié: Marcel Proust. Frankfurt 2008, S. 82.

1614 Proust: Suche, Bd. 4: Sodom und Gomorrha. Frankfurt 1999, S. 160 f.

1615 E. A. Poe: The Fall of the House of Usher. In: The Complete Tales and Poems of Edgar Allan Poe. New York 1989, S. 276.

1616 Poe: Der Fall des Hauses Ascher. In: Ders.: Das Gesamte Werk, Bd. 2, S. 664.

ganz *un*ähnlich der dicklichen Madeleine aus dem Tee. Ihr weißes Kleid ist befleckt, das Gegenteil der Unschuld, ja Frömmigkeit der Madeleine. Sie taucht auf, um dann mit ihrem zu Tode getroffenen Bruder zu Tode zu sinken (sie fällt). Der Ich-Erzähler flieht entsetzt in die stürmische Nacht, sieht aber noch die explosive Feuersbrunst, die das Herrenhaus bersten lässt. Er schaut in einen Abgrund, und es schwindelt ihn, während es grölt wie von tausend Wassern, «und der unergründliche klamme Pfuhl zu meinen Füßen [!] schloß sich mürrisch & schweigend über den Trümmern des Hauses Ascher» (664). Dies ist das Negativ zum Keks im Tee. Die unvermutete Ansicht des Auftauchens (Madelines) und dann des Abtauchens des ganzen Schlosses, also die umgekehrte Reihenfolge, passt zu seinem Schwindel, zum fließenden Grund zu seinen Füßen (wie auf dem Trottoir in Paris und in der Kirche in Venedig) zur Gestalt und zum Schicksal Madelines als Symbol des Verlustes *seiner* Lüste, der von Madeleine Proust. Zum Glück des Auftauchens gehört das Versenken von etwas anderem in den *tarn* des Vergessens, in den Pfuhl.[1617]

Nun könnte es so aussehen, als werde die zentrale nachtleibliche Bedeutung des Tauchens lediglich aus der Metaphernarbeit eines Dichters abgeleitet, der anerkanntermaßen *der* literarische Spezialist für Erinnern und Vergessen ist. Ich werde aber versuchen, weitere möglichst unterschiedliche Beispiele anzuführen, welche die Repräsentatitivität von Tauchen/ Auftauchen für Erinnern und Vergessen aufzeigen – in der Literatur und im ganzen übrigen Leben. Historisch hat seit der Aufklärung Wasser stetig zunehmende Konjunktur, die mit zwei Supertrends der ‹Körperphantasien› zusammenhängen: «Zurück zur Natur» und «Hygiene». Man reinigt weniger Göttinnen und Opferschweine im Meer, als dass man selbst darin badet.[1618] Und auch der Waschzwang, dem ein reaktionäres Verhältnis zur Zeitlichkeit ja nicht abzusprechen ist, indem er fortwährend einen früheren Zustand der Reinheit herstellen will, hat gerade in den ‹fortschrittlichsten› Gebieten obsessive Züge. Das soll nichts mit dem Tauchen zu tun haben?

Strahlend ist der Sieg der Dusche in der westlichen Welt, die trotz Hitch-

1617 Mit «klammem Pfuhl» übersetzt Arno Schmidt (ebd., S. 664) den *dank tarn at my feet* des Originals (S. 277). *Tarnish* heißt auch «Fleck», «Makel».

1618 Vgl. A. Corbin: Meereslust.

cocks «Psycho» seit dem Ende des Zweiten Weltkriegs unsere Tage prägt. Außer den auffällig kulturpathogenen Zügen – wie kritisch die abendländische Individualität zu sehen ist, zeigt sich beim morgendlichen Eintauchen in den Tag am Familienstreit um die Reihenfolge der Bad-Benutzung – weist gerade das Duschen eine besondere Ähnlichkeit mit dem Tauchen auf. Zwar stellt man sich prima vista nur *unter* das Wasser, man taucht also ein; aber andererseits taucht man stetig auf, jedenfalls fast, denn der Widerstand des Körpers gegen das fallende Wasser kommt virtuell einem Tauchen nach oben gleich. Manche tauchen unter der Dusche so leidenschaftlich auf, dass sie gar nicht mehr auftauchen, *aus* der Dusche.

Zugegeben, die Reinigung des Körpers steht oft nicht im Zentrum der schläfrigen Aufmerksamkeit des Dusch-Tauchers. Aber mit Hygiene hat dieses Tauchen immer noch zu tun: Es geht um Erinnerungs- oder besser Vergessenshygiene. Man wäscht sich den Arbeitsstress aus der Haut, so wird er vergessen. Böse Manager duschen sich in Unschuld, um hernach ihrem philanthropischen Hobby nachgehen zu können, ohne dieses zu beschmutzen. Noch weiter verbreitet ist wahrscheinlich das morgendliche Duschen: ‹Schlaftrunken› schleicht man in die Berieselung, und ‹putz›munter taucht man wieder auf. Meistens. Dann hat man die Nacht fortgeduscht, der Nachtleib verzieht sich in die verborgensten Universen des Werktägigen. Manche benutzen die Dusche allerdings zur Verzögerung des Auftauchens und begnügen sich mit der Virtualität desselben beim Eintauchen in den Strahl. Für sie ist die Dusche eine Fortsetzung des Bettes, um noch eine Weile den kommenden Tag zu vergessen. Oder, um sich an die Träume der vergehenden Nacht zu erinnern. (Ich kenne welche, die setzen sich erst mal hin in der Dusche.)

Man sieht, diese Tauch-Schwelle des Duschens deutet in zwei Richtungen. Es handelt sich übrigens um genau diejenige Schwelle zwischen Tag und Traum, über der früher (oder immer noch?) der Dichter schwebt und schwindelt. Allen, welchen die vermeintlich nur hygienische Marginalie des Duschens hier etwas überbewertet erscheint, sei eine Beschäftigung mit den kultischen Weihen empfohlen, welche mittlerweile allerorten das Tauchen in Wellness-Center erfährt. Denn Wasser und Öle und das Eintauchen darin spielen eine, wenn nicht die Hauptrolle in den Inszenierungen der *wellness*. Ob es das türkische *Hamam* ist, das *Hawaianische Lomi Lomi Nui* oder *Ayurveda*: Überall wird das *Mysterium* gesucht und gefunden. Irgendwas Religiöses als Hintergrundmusik kann nicht schaden. «Im

Raum der Stille» ist es, wo «von Zeit zu Zeit ein waschechter [!] Shaolin-Mönch bei Managern gefragte Meditationskurse gibt»[1619].

Das Thema besitzt also eine verborgene Bedeutung, die über die des Eintauchens des *Körpers* ins Wasser hinausweist. Man kann sagen: Der Mensch ist als Lebewesen ein wesentlich fahrendes Wesen, und dieses Fahrwesen ist wesentlich ein tauchendes Wesen. Der Mensch ist ein tauchendes Wesen, weil er eintaucht bei der Geburt und abtaucht im Tod, eintaucht beim Einschlafen und auftaucht beim Aufwachen. Aber vor allem ist er ein tauchendes Wesen, weil diese *Bedeutungen* von Geburt und Tod fortwährend in ihn eintauchen und aus ihm auftauchen, ob er nun daran denkt oder nicht, er ist geprägt durch dunkle Herkunft und dunkle Zukunft. Schon Einschlafen und Aufwachen prägen seine biographische Balance von Erinnern und Vergessen.

Darüber hinaus taucht alles von draußen hinein und hinab in sein dunkles Innen, das anatomisch genauer zu bestimmen zwecklos wäre, weil es hier auf die für sein Leben notwendige Art der Verfügung und Nicht-Verfügung seiner Dunkelheit und dessen, was darin verborgen ist, ankommt. Auch die Atemluft, auch die Milch, alle Getränke und Nahrungen tauchen in ihn so hinein wie seine Eindrücke, Sinneswahrnehmungen, Erinnerungen und Übertragungen. Der Mensch ist ein tauchendes Wesen, weil er innen Nacht hat, und dass wir diese innere Nacht nicht genauer objektivieren können, präzisiert die phänomenologische Beschreibung der Unverfügbarkeit dieses Dunkels – das gleichwohl beim ständigen Tauchen in die Welt ebenso ständig mit im Spiel ist. Das Tauchen nach innen kann das Tauchen nach außen überlagern, mit ihm verschwimmen; das eine kann für das andere gehalten werden usw. Nachtästhetik ist deshalb keine Sache bloß für Freunde der Nacht, sondern betrifft alle, die erinnernde und vergessende Nachtleib-Fahrer sind, also alle.

Neben der Dunkelheit des Tauchens ist auch die Stille zu bedenken, die nicht nur ein teures Gut in Wellness-Kursen ist. Die ‹eintretende› Stille (relativ egal, wie still es draußen ist) leitet das Sinken in den Schlaf ein, aus

1619 C. Diemer: Zell am See für zwei. In: NZZ, 15. 11. 2007, S. 29. Dieser ‹Reisebericht› ist einer von vielen, die in dieser Ausgabe auf vier Zeitungsseiten zum Thema Wellness stehen. Im Bericht über ein Hamam-Bad in den Bündner Bergen von Jan Mühlethaler heißt es: «Das langsame Eintauchen in die sinnliche Welt des Hamams ist eine besondere Erfahrung …» (Ebd., S. 28).

dem die Träume auftauchen. Immer wieder beschreiben Proust und andere das Stillwerden als den Rahmen des Eintauchens in die Ekstasen der Erinnerung. Als das Findelkind François (!) le *Champi* (Marcel) nach einem ganzen Leben mal wieder mit dem Wagen Richtung Champs (!) Elysées (!) fährt, wohin er einst mit Françoise (!) eingebogen war, «erhob ich mich langsam zu den schweigenden Höhen der Erinnerung» (7, S. 246). Das Schweigen ist ein musisch prägnanter Aspekt der Stille. Singen ist seit Hesiod ‹entsinnen›, ‹nachsinnen› – und notwendig mit Schweigen verknüpft. Schweigen ist eine Art der Vergessenheit. Der Einschlafende hört gerade noch das Schweigen, bevor er vergisst. Das Löschen der Außenwahrnehmung und das Vergessen der Verknüpfung mit der Gegenwart gehören zusammen.

Die vielfältigen Bedeutungsnuancen von Löschen als Vergessen und Entspannen (Durst löschen) gehören zusammen. Löschen und Vergessen sind in der Stille geborgen. Hier sei auf den Zusammenhang mit dem ‹Stillen› hingewiesen, zu welchem der Säugling hochgenommen wird. Marcel befindet sich erinnernd im Wagen auf dem Weg zu den Guermantes, als ihm, einen Satz vor der Erwähnung der *Champs* Elysées, etwas über die Verdauungsweise des Säuglings einfällt, der «pausenlos und ohne Atemholen» Milch «einsaugen kann». (7, S. 245) Der Autor (jeder Autor) muss leider immer wieder zwischendurch schweigen, Atempausen einlegen, vergessen. Das Schreiben aber ist es ein stilles Brüllen um Milch oder ein stillendes Brüllen (was eher ein Vergessen wäre).

Die Frage der Stille ist für einen, der seine Wohnung mit Korkplatten und dreifachen Vorhängen abdichtet[1620], nicht unwesentlich, und die Atempausen sind für einen *Asthmatiker* ein bleibendes Thema. Er selbst stellt am Ende seines Lebens und seines Romans den Beginn seines lebenslangen Leidens am Asthma in den Zusammenhang mit dem Sündenfall eines unangemessen spät noch genossenen Stillaktes. Die ‹*Milch*› war der Roman vom Findelkind, das seine Stiefmutter heiratet, den ihm seine Mutter vorliest, nachdem er sich als unfähig erwiesen hatte, bis zum Morgen zu warten, um «meine Lippen auf das Antlitz meiner Mutter zu drücken» (7, S. 522). Die Stille des Schreibens soll ihn zurücktragen zur verlorenen Zeit.[1621]

1620 M. Proust: Briefe zum Werk. Frankfurt 1977, S. 531.

1621 Gegen 1881 (mit ungefähr zehn Jahren) soll der erste Asthma-Anfall aufgetreten sein. Aber erst ab 1897 beginnt die Chronifizierung. (Briefe zum Werk, S. 530) – Die Phantom-Urszene überdeckt rückwärts den wahren Schreibbeginn:

Entgegen der Psychoanalyse, die programmgemäß in die Tiefe des Vergessens, des Verdrängten und Verstellten vorzustoßen sich bemüht, um eine wahre Bedeutung, einen verhärteten Kern, einen verdrängten Stein des Anstoßes ins Licht der Analyse hochzuwälzen, betont die Nachtästhetik das fortwährende und fortbildende *Spiel* von Vergessen und Erinnern, von dem das analytisch Erschlossene nur einen minimalen Raum-Zeit-Ausschnitt des inneren Nachthimmels beleuchtet, was aber nicht gegen das analytische Verfahren zu wenden ist, denn dieser Ausschnitt kann bei einem Patienten ein Schwarzes Loch sein, das den ganzen übrigen Himmel verschlingt. Diesem Loch könnte man nicht mit der Madeleine kommen; die Kleine würde nie wieder auftauchen.

Bei diesem (notwendigen) Spiel der Nachtästhetik, in welchem sich die innere Nacht des Leibes befindet (die sich im Gedächtnis fokussieren mag, was aber dem Phänomen des Tauchens/Auftauchens nicht ansehbar, sozusagen äußerlich ist), ist also ein ständiger Verkehr zwischen Eintauchen und Auftauchen zwischen Imaginationen, Wahrnehmungen, Übertragungen (Verwechslungen des einen mit dem andern) und sekundären Übertragungen (gezielte Metaphorisierung). Jedes Erinnern *ist* auch ein Vergessen, indem es etwas zur thematischen ‹Relevanz› ‹erhebt› und das Irre‹levante› ‹überscheibt› wie ein Palimpsest. Dieses Vergessen kann in unterschiedlicher Weise geschehen: als ein Überdecken (Verdrängen), aber auch als ein Verformen, indem ältere Bestandteile in neue Kenntlichkeit überführt werden (wobei etwas anderes abgesondert wird), oder als eine Verzerrung, Verstellung, Verschiebung usw. der unliebsamen Erinnerung. Gegenüber dem Vergessen des Erinnerns muss die Chance des Erinnerns, die das Vergessen bietet, hervorgehoben werden. Jedes Vergessen ist auch ein Er-Innern. Geborgen unter der immer dicker werdenden Deckschicht aus gewesenen Oberflächen von Erinnerungen, die im Kontakt mit der Außenwelt immer neuen Übertragungen und Verformungen, Aktualisierungen halt, ausgeliefert gewesen sind, taucht das Älteste, Fremdestgewordene als frische, junge Wahrheit der Erinnerung auf, je tiefer, dunkler, unzugänglicher es *vergessend* er-innert worden war.

1905 stirbt seine Mutter, er erleidet eine seelische Krise, zieht in seine neue lärm- und lichtgeschützte Klause, träumt von seiner Mutter (4, S. 823) und konzentriert sich auf die schriftstellerische Selbstübertragung (sozusagen ins Stille). Vgl. Briefe zum Werk, S. 531.

Daher der Reiz des Anfangs. Es ist gut möglich, dass sogar das von Anfang an immer fremdest Gewesene – wie die ältesten, ausgeliehenen Götter Hesiods – insgeheim als Phantom-Erinnerung auftaucht, weil insgeheim das Älteste, das es gibt, sowieso immer man selbst ist. – Bei den ältesten Texten haben wir nun den unschlagbar paradoxen Vorteil, dass beides zutrifft. Denn als fremde, nicht von uns selbst erfundene, objektiv älteste ‹Götter› kann man heute die alten Texte (und andere Monumente) bezeichnen – die zugleich den *inhaltlichen* Vorstellungszwang vom Ältesten, Fremdgegebenen dokumentieren, die sie (für sich ungewusst, für uns bewusst) jeweils selbst waren. – Ich werde meinerseits, trotz zunehmender Vergesslichkeit aus der Einsicht, dass Vergessen die Chance des Auftauchens birgt, die Konsequenz ziehen, sorgfältiger das Vergessen zu pflegen. Vielleicht ist die Ästhetik des Vergessens ja auch nur etwas für alte Leute oder, na gut, Sänger, deren Kurzzeitgedächtnis in dem Maße nachlässt, wie aus der Vergessenheit ihres Lebens die entscheidenden Eindrücke auftauchen. Vielleicht muss man aber auch die Nacht des Vergessens wachsen gelassen haben, um die quintessentiellen Auftauchererlebnisse zu haben. – Wie man das Vergessen pflegt? Durch Aufmerksamkeit für Gegenwärtiges. Sie bedarf allerdings eines gelassenen Loslassens von Konzepten, die wiederum umso notwendiger sind, je vielfältiger die konkurrierenden Angebote für die Wahrnehmung sind. Deshalb wächst die Nacht des Vergessens besonders gut in der Nacht, sie ist eine Nachtblüte.

Ein unbeabsichtigter Teil des Vergessens ist immer schon in der lebensweltlichen Erschlossenheit beschlossen, eingeschlossen. Und auch jede Aufmerksamkeit hat eine dunkle Rückseite. Sich für die Nacht zu interessieren oder nicht, für die Elemente der Welt oder nicht, für die Unterwelt oder eine andere, mag immer auch ein Vergessen des inneren Grundes oder seine Heraufholung sein. – Nimmt also auch alle Kunst, die musische wie die bildende, ihren Anfang von der Nachtästhetik her, die wiederum ein Übertragungskomplex des Nachtleibs ist? Diese Hypothese liegt sozusagen in der Nachtluft. Hier soll indessen nur erst gezeigt werden, wie bedeutsam die Nacht des Vergessens auch für Nachtästhetiker avant la lettre war, die in der Mehrzahl der überlieferten Schichten der Geschichte keine eingetragenen Nachtfreunde waren.

Die ästhetische Nachtflucht vieler Epochen, ihre Nachtvergessenheit, wird oft genug zurückgespiegelt, indem die Nacht selbst mit Vergessen assoziiert wurde. Die verpönte wie die heilsame Nacht (s. o.) kennen also das (im Einzelnen verschiedene) Vergessen der Nacht, weil sie ihre innere kennen. «Dein Name sei vergessen, in ew'ge Nacht getaucht ...» flucht ‹Der Alte› in Uhlands Ballade «Des Sängers Fluch».[1622] Hier ergänzen sich verpönte Nacht und Fluch der Vergessenheit. Nacht und Vergessen können sich natürlich auch wohltuend ergänzen. Im populären Rilke-Projekt «Bis an alle Sterne» beschwört den Hörer vier Minuten lang Nina Hagen mit «Vergiß, vergiß und laß uns jetzt nur dies erleben, wie die Sterne durch geklärten Nachthimmel dringen»[1623].

Die Gleichsetzung von Nacht und Vergessen entstammt wahrscheinlich unserem ältesten Körpergedächtnis als Säugetier. Auf Fotos erscheinen uns die hellsten Partien als die nächsten, relevantesten, sie stechen ins Auge. Das ist keine Frage von Objektfixierung. Allgemein ist die uns voll umgebende Tageshelle ein Synonym für Gegen-Wart, im noch unentschiedenen Sinn von Raum und Zeit. Es ist dieses Licht der Gegenpart unserer dunklen Organisation und richtet uns sozusagen auf – und hin zur Außenwelt. Im unentwickeltesten Zeitbewusstsein ist das Licht ein Signal räumlicher Nähe, wärend die Vergangenheit und die Zukunft ohne eine unterscheidende Perspektivierung dunkle Irrelevanz sind: Nicht-Jetzt, der unbeachtete Horizont unserer Aufmerksamkeit.

Jede Wahrnehmung bedarf einer Differenz zwischen Sender und Empfänger, die umso ausgeprägter sein muss, je wichtiger die Rolle der visuellen Wahrnehmung ist. Der Körper differenziert sich im äußeren Licht. Äußere Dunkelheit ist demgegenüber eine Art von Irrelevanz, die nicht nur ähnlich der Irrelevanz des Nicht-Jetzt ist, sondern die auch körperlich sozusagen nicht ‹da› ist, jedenfalls nicht gegenüber. Dem entspricht die zeitliche Abschattung individueller Zeit. Je deutlicher das Zeitbewusstsein von Lebewesen ist, desto markanter ist die Grenze zur Dunkelheit eine des Vergessens. Erinnern ist dann aber nicht eine Dependance des Tageslichtes, der Gegenwart, sondern notwendig ein kleines Licht, das trotz der Nacht des Vergessens und wegen ihr auftaucht: Licht, das wesentlich *im* Dunkel ist, in jenem Dunkel der Gegenwart, das wir herstellen oder haben

1622 L. Uhland: Gedichte. In: Ders.: Werke. Bd. 1, München 1980, S. 253; Dig.Bib. Deutsch. Lyr., S. 71265.

1623 Rilke Projekt (Richard Schönherz und Angelica Fleer): Bis an alle Sterne (BMG 2001). Das Rilke-Gedicht heißt: «Die Welt, die monden ist».

oder sein müssen, um der Erinnerung zum Aufscheinen zu verhelfen. – Vergessen besonders die Zeit, als wir nicht dieses Zeitbewusstsein hatten und diese markante Grenze *zur* Dunkelheit, weil Dunkelheit uns vollständig umgab: das Ur-Meer der Uteronauten. Ich weiß, wissen wir nicht …

Will man auch in den meisten historischen Zeiten nicht wissen. In archaischer Zeit möchte der Sänger vor allem Dunkles, Nasses, Niedriges, Negatives vergessen und besonders das Leuchten der himmlischen Ordnung musisch erinnern. Diesen Eindruck kann man noch schärfer stellen: Beschreibungen, Bilder von Erinnern und Vergessen verteilen sich von Anfang an spiegelnd auf Licht für Erinnern und Nacht für Vergessen. Bei genauer Untersuchung der antiken Assoziationen zu Erinnern/Licht sowie Vergessen/Nacht sieht man, dass sich die ganze Zahl der klassischen vier Elemente in diese Dialektik von Erinnern und Vergessen teilt. Zwar gilt erst Empedokles als der Erfinder der klassischen Vier-Zahl von Luft, Feuer, Wasser Erde, doch ganz ohne programmatische Ambitionen tauchen schon vorher diese Elemente im Kontext von Erinnern und Vergessen auf, und zwar in jener markanten Verteilung, die sie bereits in der mythischen Nachtordnung hatten und noch großenteils haben: Luft (Tartaros), Wasser (Lethe, Styx) und Erde (Gaia, Erebos) sind dem Vergessen wie der Nacht zugesellt, das Licht dem Tage und der Erinnerung (wenn es nicht lediglich Licht *in* der Nacht ist).

Da aber die Elemente des Vergessens viel umfassender sind, taucht die Erinnerung meist als ein Nachtlicht aus dem Meer des Vergessens oder als ein Feuer aus der Erde auf. Üblicherweise herrscht in der imaginären Ordnung nicht die Ruhe einer ausgewogenen Verteilung. Namentlich die Luft von Nacht und Vergessen ist ein *Wind* (Wind des Vergessens bei Nonnos)[1624]. Während es in unserer Sprache den Ausdruck *Tagwind* nicht gibt, ist der Nachtwind in vielen Sprachen notorisch. Er kommt vom Tartaros, wenn nicht vom Chaos her, und wenn er bläst, ist die Atemkunst nicht weit und die Äolsharfe singt.[1625] Und während ein Windhauch über

1624 Nonnos: Leben und Taten des Dionysos. 17. und 36. Gesang: In: Ders.: Werke in zwei Bänden. Berlin und Weimar 1985, Bd. 1, S. 252, und Bd. 2, S. 59; Dig.Bib. Dicht. Ant., Bd. 30.

1625 Obwohl die Äolsharfe im Prinzip nichts anderes ist als ein paar dem Wind ausgesetzte Saiten, scheint sie nur nachts sich zu regen, jedenfalls in der deutschen Literatur.

die Saiten seiner Zimbel fährt, die im Baum hängt, fährt durch die Seele des Zigeuners nachts auf der Weide ein Traum.[1626] Sowohl der Wind wie die Wasser des Vergessens betonen den ‹umwälzenden› und auflösenden Charakter: die Umkehr, die Liquidation, die Negation.

Auch Lethe ist mitreißend und umstürzend wie Styx, bildet Strudel[1627], ist ein *Quell* ewigen Vergessens[1628] und gibt einen Schlaftrunk. «Wie es geschah, dass durch weichliches Nichtstun mir tief in die Seele die Gabe des Vergessens drang, / grade als hätte ich Becher, gefüllt mit dem Schlaftrunk der Lethe mit durst'ger Kehle ausgeschlürft ...[1629] – Die vermeintlich zeitumkehrende Kraft des Wassers hat in allen Kulturen rituelle Waschungen von Göttern und Menschen gefördert. Nur weil diese Vorstellung selbstverständlich ist, war die Behauptung des Heraklit so provokativ, dass der Fluss *nicht* wiederhole. – Und wenn Pilatus seine Hände in Unschuld wäscht, so ist das nicht weit entfernt von der heutigen Bedeutung des «Schwamm drüber», wenngleich man zugeben muss, dass hier die Umkehrungsbedeutung des Vergessens fast vergessen ist. Aber nur fast, denn dieses Hin- und Herfahren mit dem durchstreichenden Gestus des Wischens ist eine Körperadaption der wechselnden Wasser-Ströme, die allein schon durch den häufigen Richtungswechsel Symbole des Vergessens sind. (Wenn Sie jetzt beim Lesen mit dem Kopf schütteln, so bestätigen Sie mit dieser Geste des Verneinens die Bedeutung des Hin-und-her für die Akte gewollten Vergessens.[1630]) – Nacht, Vergessen und Wasser bilden mit ‹Durstlöschen› und mit ‹Stillen› *einen* Themenkomplex. Ein Bäuerchen

1626 N. Lenau: Die drei Zigeuner. 4. Str., wörtlich: «Und der dritte behaglich schlief, / und sein Zimbal im Baum hing, / über die Saiten der Windhauch lief, / über sein Herz ein Traum ging». Lenaus Werke in einem Band. Berlin und Weimar 1981, S. 158.

1627 Nonnos: Dionysos, 3. Gesang, Werke Bd. 1, S. 55.

1628 Properz: Elegien. Berlin 1920. 3. Buch, S. 133; Dig.Bib. Dicht. Ant.

1629 So beginnt «Verliebt», die 14. Epode von Horaz. Werke, S. 136.

1630 H. W. Parke weist in «Athenische Feste» auf die lange Geschichte der Erörterung der Bedeutung des Schaukelfestes hin, die mal in Schaukelbewegung einen «Vorgang der Reinigung ausweisen» (S. 182), mal eine Vertreibung von Unreinheiten (S. 182 f.), mal eine Befreiung des Gemeinwesens von bösen Geistern feiert (S. 183). Diese Varianten lassen sich gut zu der Verallgemeinerung zusammenfügen, dass das Hin und Her des Schaukelns ein Gestus der Verneinung ist, bei dem eine Hälfte der Bewegung jeweils der andern widerspricht.

noch, und dann kommt der Schlaf herbei. Es muss nicht Milch sein, zur Not reicht Wein. In der zweiten Hälfte des 5. Jahrhunderts mahnt Kritias zum maßvollen Weingenuss, sonst kommt die «*Gewalt* des Vergessens», «und der Schleier des Stumpfsinns» lauert in der Nähe.[1631]

Zwischen Wasser und Luft schwebt die *Wolke* des Vergessens (Pindar), während der *Schleier* des Vergessens (Heliodor, Marc Aurel)[1632] via Stofflichkeit der Nacht die irdische, wenn nicht gar unterirdische Nacht repräsentiert. Der Schleier kann also auch zur Darbietung luftaufgelockerter Opazität dienen. Nicht nur kommen diese Attribute Schleier und Wolke auch an der personifizierten Nyx vor, sondern sie sind als ‹Hülle› Übertragungen leiblichen Geschehens auf besonders Phänomene des Wechsels und des Übergangs.[1633] Diese Übertragungen sind Metaphern einer leibhaftigen Unruhe, einer nächtlichen Fahrt, die erst in dieser metaphorischen Spiegelung die eigene, innere Natur erkennt. Ein primäres ästhetisches Verfahren (der Übertragung) gibt so dem Leib seine fehlende Gegenseite. Denn es ist unverkennbar, dass dieses Verfahren nicht von den Bildern ausgeht, sondern von der Fahrt: von Suchbewegungen, deren Erwartungshorizont nicht einmal zwischen Zukunft und Vergangenheit unterscheiden lässt.

Wer nämlich wirklich die Gleichwertigkeit von Erinnern und Vergessen behauptet, gerät in die Aporie, kein Vergessen aufweisen zu können, ohne sich zu widersprechen. Ein *bestimmtes* Vergessen ist eine phänomenologische Unmöglichkeit. Das heißt auch: Gibt es nur irgendwie die Erkenntnis von Vergessen überhaupt, so dehnt sich das Vergessen unmessbar und dann unermesslich aus. Andererseits ist *alles*, wovon man spricht, Erinnerung. Spricht man über Vergessenes, spricht man über wiedererinnertes Vergessenes. Das Sprechen spricht also immer über alles und nichts.

1631 Kritias: Mahnung zu maßvollem Weingenuss; Dig.Bibl. Dicht. Ant., S. 9 (S. 6239).

1632 Heliodor: Die äthiopischen Abenteuer von Theagenes und Charikleia. Leipzig 1957, II. Kap., S. 79; Dig.Bib. Dicht. Ant., S. 4074 – M. Aurel: Meditationen. 4. Buch, S. 35; Dig.Bib. Dicht. Ant., S. 5823.

1633 Herder notiert die vergessensseligen Übergänge zwischen den Elementen Staub (von Erde zu Luft) und Schlamm (von Erde zu Wasser), wenn er vom «Staub der Vergessenheit» und vom «Schlamm der Vergessenheit» spricht: Herder: Ideen, Bd. 1, S. 34, und Bd. 2, S. 241. Die christliche Schöpfungsgeschichte des ‹erdschaffenen› Menschen rückt so seine materielle Basis der Sterblichkeit nah an die Vergessenheit.

Jede Metaphorisierung im Kraftfeld dieser nichtvergleichbaren Reiche Erinnern und Vergessen schafft erst die Worte für die Suchfahrt nach den fehlenden Objekten.

Plotin bereits bezieht die mythische Prädikation der Außenwelt des Vergessens zurück auf den vergesslichen Körper: «die bewegliche und fließende Natur des Körpers» muss «der Grund des Vergessens» sein, «daher unter dem Strom der Lethe wohl auch eben diese [fließende Natur,] verstanden werden kann».[1634] Für Plotins bloß geistig aufgefasste Erinnerung fließen äußere und innere Flüsse sowieso ineinander, da sie der Erinnerung gleichweit entfernt und gleichgültig sind. Diese Auffassung ist falsch, aber psychologisch verständlich. Jede Erinnerung hebt sich ja ab vom Körpergeschehen, aus dem sie auftaucht. Jede Erinnerung dünkt sich *allein* auf dem Nachtmeer des Vergessens, und sie ist es insofern, als sie Verbindungen zur empirisch-leiblichen Gegenwart teilweise kappen oder doch lockern muss. Aber sie ist es nicht, indem diese Bewegung da ist: des Auftauchens, Eintauchens und des Schiffens. Wäre der Körper ohne die Erinnerung, würde er sich nicht bewegen. (Und wäre die Erinnerung ohne Körper, würde sie sich auch nicht bewegen, aber ohne Bewegung gäbe es sie gar nicht.) Denn jede Selbstbewegung impliziert Erinnerung. (Und jede Erinnerung impliziert Selbstbewegung.) Es ist also die leibliche Einheit, oder sagen wir besser: die Angewiesenheit beider aufeinander, die die Drift macht, *vor* allem Finden der Worte und Orte.

Nun, wenn aber alles Erinnerte sowieso nicht an das spezifische Vergessen und an das Vergessene im Vergessenen heranreicht, weshalb sich dann noch Gedanken darüber machen? – Weil es sich lohnt, den *Repräsentanzen* des Vergessenen oder des Vergessens nachzuspüren. Das Erinnerte wäre nicht das Erinnerte, wenn es nicht unterscheidbar wäre von dem Was des Erinnerten. Könnte das Vergessen(e) charakterisierbar sein durch den Unterschied, den es mitbewirkt hat? Zwei Aspekte seien an dieser Stelle, wo es um dunkle Gründe des nachtästhetischen Erinnerns und Vergessens geht, hervorgehoben: die Manifestation des Fremdgegebenen und die Differenz im Ähnlichen. Es kann etwas Fremdes eingeschlossen sein, das eigenes, aber unzugängliches Fremdes (‹Vergessenes›) ist, es kann die Vorstellung fremder Gabe eingeschlossen sein (Musenstiftung)

1634 Plotin: Enneaden. Bd. II, 3. Über die Seele oder Über psychologische Aporien I, S. 35. Dig.Bib. Bd. 2, S. 7152.

und es kann der oder die andere eingeschlossen sein als Alter Ego, große Liebe oder in anderen Formen nicht-souveräner Beziehungen.

Marcel Proust II

Da wir uns hier in der Erörterung des Nacht*leibs* befinden, müssen wir immer noch die Differenz zwischen dem Leib des Dichters und seiner schriftlich fixierten Repräsentanz als Ich-Erzähler Marcel ansprechen. Das ganze Drama von Erinnern und Vergessen, besonders die oben in «Marcel Proust I» behandelten Erlebnisse sind fiktive Konstruktion. Die umwälzenden Ge-Schichten seines Hirn-Palimpsestes fanden *so* nicht im Nachtleib von Proust statt, sondern nur vermittelt über jener Nachtleib-Repräsentanz des Ich-Erzählers, die er auf Papier gestapelt hat. Ich will also hier nicht den geradezu uferlosen, aber konstitutiven Schwindel ansprechen, dass Proust seine Inversion maskiert, aus einem männlichen Geliebten eine Frau macht, dass er also während des ganzen langen Romans, des Schreibens, der Relektüre und des Umschreibens fortwährend an eine andere Person, an andere Personen anderen Geschlechts denkt, als er uns weismacht. Das könnte man sich noch mit der Ähnlichkeit von Gefühlen, etwa der Eifersucht erklären – wenn auch dadurch alles fiktiv Reale des Romans extrem abgewertet wäre als symbolische Repräsentanz eines fast körperlosen Gefühlsdramas.

Das offenbar jahrzehntelange Tauchen nach dem wahren Grund der Erinnerung, nach der wiedergefundenen Zeit, ist eben keine Psychoanalyse, sondern eine Fiktion oder, wenn man so will, ein Schwindel: ein fortwährendes Vergessenmachen der wahren Gründe, warum er sein Leben so führte, wie er es führte. Dieses Vergessenmachen hat eine reale Oberfläche: seine öffentliche Version als Buch. Aber auch für den Autor selbst und seine innere Wahrheit gilt als Tatsache, wie stark die Vergessens- und Erinnerungsarbeit dieses Lebenswerkes von dem Realpalimpsest seiner Texte geprägt ist. Man könnte von einem abgekarteten Spiel zwischen der imaginären Taucharbeit des Autors und den fixierten, niedergelegten Schichten seiner ‹Absonderung› sprechen. Das Realpalimpsest besteht in seinem Fall unter anderem aus bereits zuvor veröffentlichen Texten (die man sozusagen nicht mehr wegkratzen kann), Stapeln von schwarzen Moleskin-Heften, die in sich und ‹untereinander› jeweils ein nach oben und unten sortiertes Alter haben, das aber natürlich relativ leicht umwälzbar ist, und schließlich aus zusammenfaltbaren *Leporellos*[1635], von ihm so genannte béquets (7, S. 587) oder Papierbahnen, immer wieder umgeschnitten und verklebt.

Leporello ist ursprünglich der Buchhalter der Namen von Damen, die Don Juan befahren hat. *Das* Leporello ist also mit gutem Grund ein Corpus zu nennen, das alle *anderen* Körper repräsentiert, ja eine Art Gegenkörper bildet. Bei einem Leporello, dem, wie schon gesagt, «rechten Flügel des Altars der Erinnerung»[1636], ist ähnlich wie bei einer Papyrus-Rolle das Älteste oft das Innerste oder Unterste. An der denkbar kleinsten Nische im Textfeld kann sich ein Zeitschacht öffnen, so tief, wie der Leporello lang ist. So ein Leporello kann hier real das Echolot repräsentieren umgekehrt zur real dem Leser Proust auf seiner Leseebene auftauchenden Erinnerung. Zusammengeschoben ist dieses Leporello aber ein mobiles Stück Zeittiefe, das man wegen seiner kleinen Fläche auch in andere Nischen platzieren kann, nicht weil das Material hier auftaucht, sondern weil es sich zur Anlage eines neuen Stollens eignet, der das obere Geschehen von unten sozusagen ganz anders beleuchtet. Zunächst mag also Vergessenes in zeitlicher Tiefe unwillkürlich aus dem Textfluss auftauchend erinnert und damit dargestellt werden. Umso leichter lässt es sich hernach übertragen, umbetten oder ausgraben, jedem neuen Ankerplatz neue Möglichkeiten überraschender Blicke in die Tiefe bietend.

Es handelt sich also bei dem, was ein naiver Leser sich in jahrelanger Lektüre *sukzessive* erschließt, um ein zeitlich permanent ‹pervertierbares› Dokument, das sozusagen sub specie aeternitatis als palimpsestuöses Perpetuum mobile aufzufassen ist. Da kann man als Verwalter seines performativen Textleibes schnell zu der einen Leser irritierenden Auffassung gelangen, dass die entscheidenden Augenblicke sozusagen identisch und zeitfrei sind. – Andererseits ist es auch dem Belieben des Lesers freigestellt, über die Lektüre zu disponieren, wie er es will. Nur die sukzessive Verarbeitung, die Folge der *gemachten* Erfahrung, welche eine Synthese von Lese- und Lebenszeit ist, die bleibt dem Leser ebenso unumkehrbar – wie dem Autor.

Wir können natürlich nicht diejenigen Erlebnisse erinnern, die Proust endgültig nicht zu Papier gelassen hat, die er vergessen hat, die in Verges-

1635 Vgl. Proust: Suche, Bd. 7, S. 579 (Anm. zu S. 240), weitere Seitenangaben im Text, und ders.: Nachgelassenes und Wiedergefundenes. In: Suche, Supplementband, S. 665 zu S. 530.

1636 Siehe oben bei de Quinceys Schriftrolle.

senheit versunken sind. Aber wir können bei der Gelegenheit unserer Lektüren und Re-Lektüren unsere eigenen Erinnerungen an die vergessenen Begleiter, Begleitumstände und begleitenden Erfahrungen zurückrufen und umschreiben. Die entäußerte Zeitlichkeit der faktischen Hingabe im Erleben und im Lesen ist aber bei aller Disponibilität der Erinnerung vergeben, unwiderruflich vergangen. Dieses Nicht ist der Heimathafen der metaphorischen Schiffahrt: die Verknüpftheit einer Wahrnehmung mit einem Objekt. Der im Sinn des Wortes ‹springende Punkt› ist also das Dabei-Seiende, jetzt, früher und später: Die Tauchfahrten des Vergessens, das Auftauchen des Erinnerns sind bereits metaphorische Akte. Es ist von Bedeutung, dass das eine vergessen, das andere erinnert wird, dass sich das umkehren kann und dass diese Fahrten des Nachtleibs durch Texte dunkler, schneller werden.

Der virtuellen Zeitfreiheit der *Mémoire involonté*, die sich, durch ihre eigensinnige Auffassung der Sprachsignale des Körpers animiert, zu jeder Zeit, an jedem Ort zeigen kann, kontrastiert in eigenartiger Weise die schriftlich fixierte Repräsentanz des Proust'schen Gehirn-Palimpsestes. Das Realpalimpsest ist ein sekundärer Nachtleib, der einer Mumie gleicht mit seinen unendlichen Schichten, seinen Überklebungen; wenn auch statt der Bemalung nur noch Schriftzeichen zu sehen sind.[1637] Aber trotz des darin eingewickelten ewigen Lebens überwiegt der erschütternde Eindruck des Körperlichen, einer ständigen Mühsal der Mémoire *volonté* um das Auftauchen an der Oberfläche der Geltung. Wie körperlich, also dem Raum und der Zeit der Veränderung unterworfen, die Bedingungen der Mémoire involonté wahrhaft sind, ist an diesem Text-Corpus zu studieren. – Bald werden viele diesen Eindruck nicht mehr verstehen, wenn sie von früh an Texte in digitale Dateien eingeben, wo sie als ‹Chimären› existieren, als geklonte, unausgereift gehaltene, quasi-leibhaftige Lagerstätten, aus denen nach Belieben Organe zur Transplantation in andere Text-Mutanten entnommen werden können, andere zur beschleunigten Vermehrung eingepflanzt werden können. Die Textleiber dagegen, mit denen Proust Nacht für Nacht, Jahr für Jahr Umgang hat, während er den Umgang mit der täglichen Welt auf ein Minimum reduziert, bestimmen das raumzeitliche Umfeld seiner *mémoire*.

In gutem Kontakt steht der nächtliche Schreiber zum Beispiel mit ei-

1637 Vgl. etwa sein Cahier XX, das in der rowohlt monographie «Marcel Proust», Reinbek ^{4}1969, S. 56 f. von Claude Mauriac abgebildet ist.

ner ganzen unterirdischen Stadt, die sich ihm erschließt, wenn er im Schlaf «das Adernetz der unterirdischen Stadt» durchmisst, «um uns auf den düsteren Fluten unseres eigenen Blutes wie auf einem sechsfach gewundenen inneren Styx eingeschifft zu haben». Es folgt die herzergreifende Schilderung eines Traums von seiner gestorbenen Großmutter in «Sodom und Gomorrha»[1638]. Doch schon hier sieht man alle Unterweltsfahrten seit Hesiod, man sieht die eingesickerte Literatur im Traum, die aus dem Traum aufgetauchte Literatur, die Perspektiven-Umstülpung (Adernetz), und man wird am dann erzählten Traum sehen, wie die Erinnerung darin arbeitet, oder sagen wir besser: fährt, schifft. Diese Fahrten schaffen sich ihre Raumfluchten und wechselnden Szenen aus dem Phantasma einer Art Innenseite des Körpers. Diese Visualisierungen sind immer schon Übertragungen des Raumerlebens in Körperempfindungen und deren Umwandlung zu Szenen. Können wir überhaupt ermessen, wo an den ‹täglichen› Fiktionen der Literatur die Unabhängigkeit von der nächtlichen Schiffahrt beginnt?

Marcel Proust, der Autor, hat zum Beispiel diesen Gründungsmythos seiner ‹Mémoire involontée› nie so erlebt, wie er ihn geschrieben hat; aber *getaucht ist er* notorisch. In früheren, auch schon erfundenen Text-Entwürfen zu seinem Roman handelt es sich um den gewöhnlichen, das heißt den alltäglichen Verzehr von Zwieback oder geröstetem Brot.[1639] Die fiktive Singularisierung des erzählten Tauchaktes von Brot / Madeleine in Tee metaphorisiert (wenn auch unbewusst) den Tauchakt des Erinnerns an jene Stelle, zu der er durchdringt und die er gleich darauf auch objektiv metaphorisiert wiederholt, wenn er nun zur darunterliegenden Erinnerungsschicht der Madeleine von Tante Léonie vorstößt, die wiederum auf den Erinnerungstaucher selbst verweist, wenn dahinter ein ironisches Selbstporträt stehen sollte.

Diese Thematisierungen des Erinnerns sind je neue Akte des Vergessens: als ein ästhetik-ökonomisches ‹Verdrängen› des Autors und als ein Verdrängen des realen eifersüchtigen Liebhabers.[1640] Erst 1911 überdeckt

1638 Proust: Suche, Bd. 4: Sodom und Gomorrha, S. 238.

1639 Vgl. L. Keller, Anm. 1 zu S. 67 und Anm. 2 zu S. 70 zu / in Proust, Auf der Suche ..., Bd. 1, S. 651 und Supplementbd. S. 671, Anm. zu Bd. 1, S. 67.

1640 So steht der ganze Band 6, «Die Flüchtige», unter dem Motto: Albertine vergessen!

die ‹*erinnerte*› Lektüre mit Mama das, was er damals wirklich von ihr aus «François le Champi» vorgelesen bekam. Im selben Zusammenhang erfindet er dort erst die Madeleine. Zugleich aber ‹vergisst› er, zu erzählen, dass die Sekundärmutter des Findelkindes Madeleine heißt, ein umso bemerkenswerteres Vergessen, als er die ja wohl zuvor vergessene Madeleine-Erfahrung, jedenfalls den zweiten Teil dieser Episode, am Schluss in den Schlussband des Textes ‹überträgt›. Die Identifikation mit der symbolischen Bedeutung der Madeleine geht so weit, dass er nachdrücklich einen Eigennamen kreiert («Petite Madeleine»), der ‹buchstäblich› sein letztes Wort ist: die Signatur P. M.[1641]

Zwei Tatsachen stehen aber fest: Das Erlebnis mit der Madeleine ist erfunden. Und: Er ist zurückgetaucht in niedergelegtes Vergangenes, denn er hat Spuren der Veränderung am alten Text zurückgelassen. Er war also da ... Diese beiden Tatsachen rücken das Ergebnis einer *metaphorisierenden* Verbindung in den Mittelpunkt des Interesses. Obwohl es das noch nicht gab, wonach er tauchte, brachte er etwas zurück, eine evidente Verbindung, die geradezu leuchtete. Er muss also ins Dunkle getaucht sein und hat trotzdem ans Licht gebracht. Denn er erzählt im Schlussband von einem *auftauchenden Licht*, von dem er in der ersten Tauchfahrt zurück (von Madeleine zu Tante Leonie) nichts erzählt hat. Ja, er erzählt am Schluss geradezu von sich übertragenden Erinnerungen, die wie Kaskaden in einem Wasserfall in die Tiefe des Vergessenen stürzen. Ihre Signifikanz erscheint zwar wie ‹von selbst aufgetaucht›, ist aber zugleich Ergebnis dieser ziellosen Fahrt ins Dunkle – und des Vergessens der aktuellen Ablenkungen.

Erst aus dieser Serie von Tauchfahrten in vergangene, vergessene Tauchfahrten taucht verstärkt das *Licht* der Vision auf, «von blendendem Licht» (7, S. 259), eine aufblendende Vision (ebd.), eine «neue, azurumwogte Vision» (7, S. 261), eine «Strahlung» (7, S. 269). Die Metaphorik hat ‹selbstredend› ein Ziel, das aber nicht für alle gedacht ist, oft genug noch nicht einmal für den Auteur involonté. – Nun ist unbewusste Metaphorisierung im Schlaf, qua Traumsymbol, zwar eine Selbstverständlichkeit; aber die vielfältigen Variationsmöglichkeiten in den Verhältnissen zwischen Erinnern und Vergessen, in den Graden der Zielstrebigkeit und des Bewusstseins sind in einer Art metaphorischer, halbbewusster Phantom-Erinne-

1641 Auch diese Kenntnisse verdanke ich den Anmerkungen von Luzius Keller (S. 650–652).

rung oder phantasierten Erinnerung – und erst recht in einer darauf und auf Papier fußenden *Komposition* aus Erinnern und Vergessen – doch ein ganz eigenes Terrain.

Die Erotisierung vom Keks zur reuigen (und ‹vergangenen›) Sünderin weist auf eine Vereinigung des ‹Findelkindes› P. M. mit Mama, also ‹Madeleine› Proust (P. M.). Für Keller steht die Erfindung und Singularisierung der Madeleine «im Zusammenhang mit der für Combray typischen Atmosphäre von Frömmigkeit und Sinnlichkeit»[1642]. – Man muss nicht alles auf das Inzestmotiv in François le Champi zurückbeugen. Dafür verbergen sich zu viele Venus-Albertinen und andere begehrenswerte Objekte mit künstlerischen Ambitionen unter dem ‹frommen› Faltenkleid der Pilgermuschel (St. Jakob). Tauchen hat auch ‹sui generis› seinen Reiz, und mit jedem Tauchgang kann eine neue Venus auftauchen, immer jungfreudich rein und frisch wie zuvor (oder vordem). Das macht das Vergessen; das kommt vom Tauchen.

Proust genießt zwar auch die Variante des ‹himmlischen› Flugs als eine Ekstase der Erinnerung. – Als er mit einem Wagen die «so lange vergessenen» Straßen Richtung Champs Èlysées (!) durchfährt, wird der Boden immer weicher. «Und wie ein Flieger, der bis dahin mühsam auf der Erde entlanggerollt ist und nun plötzlich ‹abhebt›, erhob ich mich langsam zu den schweigenden Höhen der Erinnerung.» (7, S. 246)[1643] – Aber das Tauchen spielt bei ihm die größere Rolle, sei es, weil es mit dem Auftauchen auch selbst ein Abheben kennt, sei es, weil das feuchte Medium für ihn eine deutlicher erotische Komponente hat.[1644] Das Tauchen der Erinnerung im Vergessen und des Vergessens in die Er-Innerung ist eine ästhetische Sublimierung des Erotischen. Die Metapher aber – ist sie nicht immer auch das Ergebnis eines Tauchaktes? Ob geträumt, phantasiert oder bewusst gesucht, immer kommt sie aus der Dunkelheit, in die man getaucht war. Vergessen die Differenz zwischen literal und übertragen zwischen Mutter und Keks, vergessen in den auftauchenden Wundern der Analogie, wenn die Differenz zwischen Löffel und Hammer fast vergessen ist.

1642 L. Keller in Proust: Suche, Bd. 1, S. 651 zu Anm. 2 von S. 70.

1643 Sein geliebter ‹Chauffeur› Agostinelli, eine Vorlage für Albertine, bekam von ihm einen Flieger und starb später beim Fliegen (1914).

1644 Seine Eifersucht um die flüchtige Albertine kreist auch um ein Dusch-Etablissement.

Über all den *inneren* Nächten von Vergessen, Erinnern und Umschreiben sollte nicht der Kontext der realen Nacht von Paris ab etwa 1908 vergessen werden. Der reale Proust erzählt (schreibt) nicht nur wie Scheherazade real nur nachts: um sein Leben, um seine wiedergefunden Lebenszeit; sondern diese Nacht nimmt zu und ist als ein Vergessen der täglichen Prosa der Welt eine bedeutende Stütze dieser realnächtlichen Erinnerungs- und Umschreibungsarbeit, die den auftauchenden Metaphern seines Erinnerns Glanz und Konsistenz verleiht: der äußere Ring seines Nachtleibs. Tagsüber aber befindet er sich in einer künstlichen äußeren Nacht. «Weder Lärm und Staub der Straße noch das Tageslicht durften in den mit Korkplatten und mit dreifachen Vorhängen abgedichteten Raum eindringen.»[1645] Dreifach also auch um ihn die Nacht: die Nacht am Tage, die äußere Nacht der bewussten Arbeit und die Nacht der Traumarbeit und des wachen Tauchens in die innerleibliche Nacht des Vergessens. Sosehr lebt er in der Real-Nacht, dass er zu Beginn des Ersten Weltkrieges fürchtet, für einen Deserteur erklärt zu werden, weil er sich der doch am Tage stattfindenden Musterung nicht stellen kann, «da er ja schläft». Er versucht sogar, «die besondere Gunst einer Arztvisite um Mitternacht erwirken zu können» [1646].

Nächtliche Musterung, damit ist er vertraut. Wenn die Sonne ins Meer getaucht ist und viele Menschen sowie einige Pariser ins Meer des Vergessens tauchen, via Schlaf, dann taucht dieser Deserteur des Tages erinnernd in sein Vergessen ein, das durch das Vergessen des Tages gesteigert wird. Zunächst handelt es sich um seine Stapel Papier, die er wieder und wieder liest und umwälzt. Diese Nacht aus Papier ist das Palimpsest vergangener erlebter Tage und des je gerade verschlafenen Tages. Aber darüber hinaus finden wir den späten Proust auch in der *Realnacht draußen* wieder, jedenfalls in seiner Darstellung von ihr. Und hier sehen wir, dass die Nacht-Vorstellung der untergehenden Sonne, die verjüngt wieder aufsteigt, in seinem Kopf doch bedeutsam auf- und untergeht und hier bedeutsam mit Schuld und Reinigung in der Zeit verbunden ist. Er erinnert einen Spaziergang im dunkler werdenden Paris, bei dem ihm die Erinnerung an eine Begegnung mit Saint-Loup einfällt, bei der beide sich an früher erinnern. «Welcher Abgrund trennt uns jetzt davon» (7, S. 101), sagt sein Freund

1645 Proust: Briefe zum Werk, S. 531.

1646 Keller zitiert in Bd. 7, S. 553 (zu S. 45) aus dem Tagebuch von Paul Morand.

Saint-Loup (alias Harun al Raschid) in der Erinnerung einer Erinnerung einer Erinnerung, und ihm (Saint-Loup?) geht das Gedicht «Le Balcon» von Baudelaire durch den Kopf, den er (Proust) intensiv studiert hat[1647]:

> Vom Abgrund, der sich unserm Lot versagt,
> Zum Himmel die verjüngten Sonnen steigen,
> Die sich so rein gespült in tiefer Meeresnacht. (7, S. 102)

Das Baudelaire'sche Gedicht beginnt übrigens mit der Anrufung der sehr unkeuschen und sozusagen prinzipiell fremdgehenden Mutter der Erinnerungen: «Mère des souvenirs, maîtresse des maîtresses».[1648] Er bezieht also das mehrschichtig thematisierte subjektive und intersubjektive Erinnern und Vergessen mit Baudelaire auf ein kosmisches Geschehen, auf die *reinigende* Nachtfahrt der Sonne im dunklen und vor allem flüssigen Medium der Meeresnacht. Und während sich das Dunkel des Schweigens senkt über den *nicht* zitierten letzten Vers dieser letzten Strophe des Gedichtes von Baudelaire: «O Schwüre! O Düfte! O unendliche Küsse!», dunkelt es auch im modernen Paris (der primären Erinnerungsschicht).[1649] Die Stadt ist schon nächtlich erleuchtet, als ihm der noch «bläulich schimmernde» Himmel einem unermesslichen türkisfarbenen Meer gleicht. Aus der Meeresnacht, mit Abgrund assoziiert, ist das immer dunkler werdende Meer *über* Paris geworden. Er bedenkt die «ungeheure Kreiselbewegung der Erde» (geophysikalisch), «auf der sie in ihrer Verblendung (!) ihre Revolutionen und Kriege weiterführen», die Menschen (7, S. 104).

Die Oszillationen zwischen dem städtischen Lichterglanz unten und dem Rest-Tageslicht oben lassen ihn schwindeln.[1650] Das Meer über dem Nachtmeer wird plötzlich so senkrecht … Es dunkelt, er verirrt sich, folgt

1647 Siehe M. Proust: Über Baudelaire. In: Ders.: Tage des Lesens. Frankfurt [3]1969, S. 97.

1648 Ch. Baudelaire: Le Balcon. (Les Fleurs du mal) In: Ders.: Werke, Bd. 3, S. 122.

1649 Baudelaire, ebd., S. 125.

1650 Immer wieder die Meeresnacht. Wie bei de Quincey verwandelt sich die städtische Masse (dort London, hier Paris) auf der Suche nach einer persönlichen Erinnerung (hier Anne, dort St. Loup) in ein Phantasma der Gattungsgeschichte (dort China und Indien, hier der Orient), das aus der Meeresnacht auftaucht.

mechanisch dem «Labyrinth der Straßen» (ebd.) und wähnt sich am Trocadéro in die Zeit um 1815 zurückversetzt, die aber sogleich mit dem Eindruck einer orientalischen Phantasiestadt überblendet wird. Der visuelle Kern dieser Phantasmagorie sind reale alliierte Truppenteile aus Afrika und Indien, die gerade realiter durch die Straßen ziehen, aber er vergleicht diese exotische Verfremdung sogleich mit den malerischen Bilderfindungen eines Carpaccio für seine Venedig-Ansichten. Was für Carpaccios Venedig Konstantinopel, das ist für sein Paris nun ... das hier. Es schwanken also mal wieder tüchtig die Bodenplatten (vor der Ungewissheit, ob ‹hier› gerade Venedig oder Paris, Konstantinopel oder die Traumhauptstadt des 19. Jahrhunderts ‹statt-findet›), als er einen großen dicken Mann hinter Zuaven auftauchen sieht, bei dem er schwankt, wofür er ihn halten soll (7, S. 105).

Es ist aber die Evokation einer Erinnerung, das darf, das soll man hier vergessen, und nachdem er den Grüßenden erkennt, folgt eine 50-seitige Rekapitulation von dessen Schicksal bis zu diesem Zeitpunkt, während welcher der Leser, je nach Temperament und Phantasie, im tranceartigen Schwebezustand oder im mulmigen des Schwindels sich fragt, in welcher Zeit-Schicht und wo er sich befindet. Für alle diese Schauspiele seiner Erinnerungen reklamiert er die Fiktion einer realen Nacht in Paris (7, S. 163), die er komponiert auf nächtlicher Tauchfahrt in seinem Zimmer – immer wieder neue Schichten umwälzend, wie ein schlafsuchender Fieberkranker sich im Bett wälzt.

Bis zu seinem Tod (1922) stellt er Texte um und korrigiert die Reinfassung von 1919. Sein letzter Entwurf zum Ende des Textes schließt nicht mehr mit dem summarischen ‹Terminus› *Zeit*, sondern mit dem Namen «Gilberte» (Suppl., S. 554). Wenn da nicht mal wieder eine Madeleine aus der Tee-Lethe aufgetaucht ist! Denn hinter Gilberte aus Tansonville verbirgt sich eine *Madeleine* Lemaire[1651] (nicht la mer, la mère?), die Proust schon seit der Jugendzeit kennt und die ihm unter anderem seine «Freuden und Tage» illustriert hat (1896). Sie ist es, die den jungen Proust in ihrem Salon der ‹Gesellschaft› – und dem ‹Baron Charlus› (Graf Montesquiou) zuführt – und zwar als ihren Knaben, genauer als ihren erlesenen Pagen («mon page délicieux»).[1652]

Ist Gilberte (wer immer das ist) das Schlusswort? In jedem Fall be-

1651 Siehe L. Keller in Bd. 7, S. 559 zu S. 88.

1652 Zit. nach U. Link-Heer: Mode, Möbel, Nippes, facons et manières. Robert

ginnt der Schluss mit dem Entschluss, den Roman zu schreiben, mit der Erinnerung des Zusammenhanges von Nacht und Mama – wer immer das ist. Vielleicht die Mère des souvenirs vom «Balcon» Baudelaires? In jener Nacht, als die Mutter seinem Begehren nachgab, als er ihr Nachgeben als eine karitative Herabsetzung seines eigenen Begehrens zu einer Bedürftigkeit erkennt, als mit ihrem oralen Stillakt des Vorlesens die Entdeckung des verkappten Inzest-Romans «François le Champi» beginnt: da haben sein Leiden und seine Regression der Willenskraft begonnen. Durch das Nachtfenster der Erinnerung gelangt er an jenes Nachtfenster, vor dem er damals stand (als der Roman seines Lebens begann).

«Alles hatte sich in dem Moment entschieden, in dem ich – unfähig, noch bis zum Morgen zu warten – nur um meine Lippen auf das Antlitz meiner Mutter zu drücken, einen Entschluss gefasst, mich aus dem Bett und im Nachthemd ans Fenster begeben hatte, durch das der Mondstrahl fiel, und dort sitzen blieb, bis ich Monsieur hatte aufbrechen hören.» (7, S. 522)

Aber dieses Nachtfenster ist eine Erfindung: eine fiktive Erinnerung, die ein Vergessen ist. Und wenn Proust noch doppelt so lange gelebt hätte: Immer würde er neue unterste Schichten erfunden haben, die er umgewälzt hätte in seiner schlaflosen inneren und äußeren Nacht in seinem Zimmer in der realen Nacht von Paris. Ein immer wieder neu auftauchendes Palimpsest seiner selbst.

Noch in den letzten Stunden vor seinem Tod – er kann nicht mehr schreiben, hat schon Abschied genommen von seinem textilen Sekundärleib – diktiert er seiner Haushälterin die x-te Korrektur seiner nicht unwichtigen endgültigen Entscheidung, ob nun Marcels Eifersucht gegenüber Albertine berechtigt gewesen sein soll oder nicht. Sein letzter Wille – als Autor oder als Liebender? – ist nach dem heutigen Textbestand nicht mehr endgültig widerspruchsfrei zu klären. – Es mag sein, dass es im Normalfall der Romane angebracht ist, eine gewisse Autonomie der Texte gegenüber den dem realen Innenleben der Autoren anzunehmen. In diesem Fall gab es zwar eine Aufspaltung in Fiktion und Realität, aber diese Trennung war, da der Roman sein Leben war und sein Leben der Roman, in ein unauflösbares Dickicht der Verstrickungen, der Verstellungen und Übertragungen aus Erinnern und Vergessen geraten. Man hat deshalb die unauflösliche Eifersucht

de Montesquiou und Marcel Proust. In: Th. Hunkeler und L. Keller (Hg.): Marcel Proust und die Belle Époque. Frankfurt 2002, S. 84.

als eine Allegorie für den unaufhebbaren Schwindel der Fiktion angesehen: «Marcels Eifersuchtsphantasien» werden «so zum Sinnbild der Fiktion an sich, zu einer mise en abîme des fiktionalen Schreibens. Dass die Wahnvorstellungen auch nach dem Tod Albertines nicht zur Ruhe kommen, kann als Bild dessen betrachtet werden, was Rainer Warning Prousts ‹Schreiben ohne Ende› genannt hat», schreibt Luzius Keller (6, S. 430)... schreibe ich.

Die literarische Ausnahmestellung Prousts und die Individualität der tiefen zeitlichen Schichtung seines Narrativs sollen aber nicht vergessen machen, dass die Nachtstadt Paris ein kollektives Palimpsest ist. Als solches wird es von Proust in seiner Bedrohtheit (durch den Ersten Weltkrieg) gelesen und fixiert. Nach Karlheinz Stierle verweist «Der Mythos von Paris» bereits bei Balzac auf eine Lesbarkeit der Stadt selbst.[1653] Spätestens mit Poes Detektiv-Geschichten und dann mit Baudelaires Paris, unter dem das Palimpsest seines Nachtleibes begraben liegt, ist auch dem Nicht-Pariser verständlich, dass unter dem kollektiven Text ‹Paris› andere Lektüren verborgen liegen. Besonders Prousts «Arabische Nächte» sind keine private Überblendung der mondänen Nachtstadt, sondern gehören sozusagen zu ihrem imaginären Haushalt.[1654] So spendierte der Modeschöpfer Paul Poiret 1911 ein legendäres «Bacchanal» für die Hautevolée (300 Gäste, 900 Liter Champagner), das er «Tausendundzweite Nacht» nannte. Die Mischgeburt der griechisch-arabischen Nacht aber wuchs heran zu einem Schönheitsimperium aus Mode, Parfüm und Accessoires, das alle Pariserinnen, die auf sich hielten, in Scheherazades verwandelte.[1655]

Doch täuschen wir uns nicht über die Richtung des verwandelnden Eintauchens. Ob der Homunkulus im ägäischen Nachtmeer der Vergangenheit am mythischen Muschelwagen der Galatea zerschellt, ob der Londoner Opium-Esser im Nachtmeer seiner Träume hin- und hergerissen wird von den Verzweiflungen der Generationen, ob das Ich von Baudelaires Pariser Balkon in seine Erinnerungen stürzt, hoffend, wieder aufzutau-

1653 K. Stierle: Paris, S. 34.

1654 Allerdings hat «1001 Nacht» bei Proust noch einen speziell homosexuellen und inzestuösen Kontext. Vgl. L. Keller, Anm. in Bd. 7, S. 575, zu S. 207.

1655 A. Köhler: Die tausendundzweite Nacht. In: NZZ, 30. 5. 2007, S. 25 (Bericht von einer Ausstellung im Metropolitan Museum of New York über den französischen Modemacher Paul Poiret.

chen aus der verdichteten Nacht wie die Sonne aus der Tiefe des Meeres, ob Marcel die Venusmuschel der Erinnerung in den Tee des Vergessens taucht, um – was eigentlich? – auftauchen zu lassen: Sie tauchen alle in die *innere* Nacht, um die herum sie leben und wahrnehmen. Zuerst sollte man aber das Vergessen nicht vergessen. Es spielt eine wichtige Rolle für die avisierte Verwandlung (zur körperlichen Integrität beim Homunkulus, zum wahren Dichter bei Proust, zur poetischen bei gewöhnlichen Trinkern auf einem Bacchanal). Zuerst wird die Gegenwart vergessen, sodann aber auch das vermeintliche Ziel. Es gibt kein Ziel, es sei denn, der Weg sei das Ziel, was aber eine Selbsttäuschung ist, wenn es kein Ziel gibt. Das Auftauchen der Erinnerungsbilder aus der Nacht des Vergessens ist selbst das höchste Glück. Denn sonst würde das einmal aufgetauchte Bild, nun besser festgehalten, genügen. Das aber ist nicht der Sinn des Erinnerungsbegehrens, die bloßen Bilder sind enttäuschend, so hat es Proust selbst erfahren. Für diesen Nachtleib ist die leibhaftige Er-Fahrung der Tiefe das Entscheidende, die Suche nach dem Untersten, Innersten und Dunkelsten, selbst wenn es das nicht gäbe. Vielleicht ist so Baudelaires Anfang des «Balkons» (3, S. 123) zu verstehen:

> Mutter der Erinnerungen, Geliebte der Geliebten! O du all meine Lust!
> O du all meine Pflicht! Gedenken wirst du der Schönheit unserer
> Liebkosungen, des sanften Heimes und der zauberhaften Abende,
> Mutter der Erinnerungen, Geliebte der Geliebten!

Es ist hier nicht von der Erinnerung an die Mutter die Rede, sondern von der Mutter der Erinnerung. Wenn wir aber die Mutter unterscheiden wollen von der Erinnerung, liegt es nahe, «Mutter» als synonym mit *Vergessen* aufzufassen. Daran ist nicht nur der Aspekt sinnreich, der ‹Mutter› als die gegenwärtig je Vergessene auszeichnet, woraufhin man Gegenwart vergessen muss, um Mutter aufzusuchen, sondern auch als die symbolische Repräsentanz der vorgeburtlichen Vergessenheit, so wie auch Faust sie aufsucht in der Unterwelt. Entscheidend aber ist hier zunächst die Fahrtrichtung zurück, hinein in das «sanfte Heim», ins «sanfte Herz».[1656]

1656 Der Balkon, in: Baudelaire: Werke, Bd. 3, S. 122, Vers 4 und Vers 24, jedes Mal wird die Qualität *süß* erinnert.

Andererseits ist schon im ersten Vers von der «Geliebten der Geliebten» die Rede, es geht um körperliche Liebe, und es heißt unzweideutig: «Wo anders sollte ich dein Schmachten, deine Schönheit suchen als in deinem lieben Leibe und deinem so sanften Herzen?» (5. Str.) Ist das ein Inzestthema? Ja und nein. Es ist die Verlagerung des Inzestes in die poetischen Akte des Eintauchens[1657] und die musische Stiftung des Auftauchens – der Imagination im Zentrum, in der Spalte zwischen «Schönheit» und «Liebkosungen». Das Tauchen selbst ist das ganze Begehren; dessen unauffälligste Symbolisierung der Mutter-Kind-Dyade ist die Verwandlung in Trinken, das nun in diesem Gedicht, aber doch auch im Bacchanal von Paris (s. o.) seinen Ort findet.[1658] Ist Baudelaire also nur noch verliebt in seine Erinnerungen? Genau darauf gibt er keine Antwort, um den Schwindel des Tauchens fortsetzen zu können; denn das Was der Erinnerung, an dessen Grund das Erlebte liegt, darf nicht als Ziel verschwinden. Mit äußerster Sorgfalt hat Baudelaire deshalb in der Schwebe gelassen, ob er seine Virtuosität des Erinnerns feiert oder etwas sucht, das nur im «lieben Leibe» einer anderen liegt. O ja, beim lustvollen Eintauchen und Auftauchen geht es auch und besonders gern ums Vögeln; aber es ist nicht klar, ob nicht letztlich das Vergessen und Erinnern, das Leben als Eintauchen und Auftauchen insgesamt, wichtiger sind, jedenfalls für einen guten Schriftsteller. Am Ende beschwört Baudelaire zwar im kosmischen Bild des Sonnenaufganges das Auftauchen der Sinnlichkeit aus dem Abgrund der Mutter der Erinnerungen (3, S. 123):

> Diese Schwüre, diese Düfte, diese unendlichen Küsse, werden sie aus einem Abgrund, den auszuloten uns verwehrt ist, wiederkehren einst, wie in den Himmel die verjüngten Sonnen steigen, nachdem sie in der Tiefe der Meere sich gebadet haben? – O Schwüre! O Düfte! O unendliche Küsse!

1657 Siehe den Rahmungseffekt in dieser Strophe durch Wiederholung des Anfangs am Ende.

1658 «Und ich trank deinen Atem» (5. Str., Übers. des Autors), Mutter der Erinnerung. Das ist Musen-Inspiration und hält die Schwebe zwischen den oralen Akten des Trinkens als Küssen und der Poesie, die hier in «Schwüren» erinnert wird (6. Str.). Und Schwüre gebären Schwindel. Denke an Horkos, den Enkel der Nacht!

Aber dieses Auftauchen ist in Fragen gestellt, in Form der Frage nämlich. Nur die Nichterfüllung erlaubt die lyrischen Erhebungen, die O's und die Ausrufezeichen. Genau diese Zeilen erinnert nun aber Proust, als er sich als Marcel (oder als St. Loup?) einer Begegnung mit St. Loup (oder mit Marcel?) erinnert, bei der sie sich an eine vergangene Geschichte erinnern (7, S. 102). Es ist nicht mehr entscheidend, in welchem Grade es um Mama, Leonie, Gilberte, Albertine, Madeleine oder einen realen Geliebten geht. Es geht um das Rein und Raus von Eintauchen und Auftauchen, den Hebammenkünsten der Poesie. Die vermeintliche Ur-Geschichte mit Mama ist nur ein Deckbild. Seine wahre Mutter ist nun die Mutter der Erinnerung, die zu einer Mutter der metaphorischen Verwandlung, der symbolischen Erfindung geworden ist. Fein hübsch im Dunkel des Vergessens: das sublime Glück des Tauchens im Schreiben von Palimpsesten. Tiefer als ein Lot zu tauchen, seufzt Proust, an Baudelaire vorbei (7, S. 102), der auf de Quincey liegt (S. 248), der auf Shakespeare ‹beruht›[1659], und wer weiß, wohin noch. Hauptsache tauchen … und auftauchen.

Muss man noch betonen, wie leibhaftig diese Fahrten durch die Schichten der Texte zu verstehen sind? Ein Hauch von Beau de l'air weht schon zu Beginn des Romanwerks – als Einschub seiner Geschichte mit Mama – durch die kleine onanistische Kammer im Turm von Roussainville-le-Pin (1, S. 20). Luzius Keller, der darauf aufmerksam gemacht hat (Suppl., S. 670), fasst zusammen: «Seit den Texten aus dem Jahr 1893 beruft sich Proust auf Baudelaire, wenn es gilt, die Tiefen von Seele und Körper auszuloten (Gefühle gegenüber der Mutter, Homosexualität …).» Man sieht, das ‹Lot› im Schacht der inneren Nacht wirkt selbst in Keller nach. Hinter dem Paradigma des Palimpsestes für Geschichte und Erinnerung steckt vielleicht eine langandauernde historische Umwendung, zurück zum Körper und zum Selbst.

1659 In Shakespeares «Sturm» (III, 3, 101, Riverside-Ausgabe, S. 1628) sagt Alonso «Deeper than e'er plummet sounded». De Quincey zitiert diese Redeweise in seinen «Bekenntnissen», S. 248, kurz bevor er einen Abschied für immer träumt, dann in Krämpfen aufwacht, und «Ich will nicht mehr schlafen!» ruft (S. 249). Baudelaire adaptiert diese finstere Stelle im ›Balkon‹, die dann Proust wieder aufnimmt.

5. Das Nachtmahl

Nachtleib und Nachtsprache kommen im Nachtmahl zusammen. Bevor Prometheus Zeus betrog – beim Mahl – sprachen sie noch zusammen. Danach war die Kommunikation gestört, und Zeus schickte die Gegengabe Pandora. Diese Gegengabe für den Betrug war als ständiges Strafgericht gedacht: ein dunkler Hohlkörper, nur mit Hoffnung gefüllt, dem sein Spiegelbild, der männliche Nachtleib, verfallen war. Das sind alte Geschichten; aber fassen wir den deutschen Sprachgebrauch ins Auge, so fällt eine gewisse Affinität der *Bezeichnungen* des Sprechens und Essens füreinander auf, die gleichwohl verschiedener Herkunft sind. *Mahl* zum Beispiel heißt einerseits «Essen», andererseits hieß es seit dem 8. Jahrhundert «Versprechen», «Verhandlung». Eine Mahlstatt war eine Gerichtsstätte im Freien. Nun kommt das Ess-Mahl aber von etwas ganz Un-Essbaren, nämlich von einer zeitlichen Bedeutung, wie sie auch im Wort all*mählich* vorhanden ist. Über die Bedeutung «Essenszeit» hat sich dann die Verschiebung zu «Essen» ergeben. Es bleibt aber, wie in dem Wort *Mahlzeit*, eine zeitliche Konkretisierung in der Nähe: Vorzugsweise ist das Mahl ein zeitlich bestimmtes Mahl.

Dennoch bleibt die Frage, wieso ausgerechnet *mahlen* eine Bewegung des Zermalmens und Zerreibens beschreibt, zu der nicht nur Mühlen, sondern auch Zähne fähig sind. Schon das Malmen des Tartaros erinnerte an die Kaubewegungen. Der Zahn der Zeit, von dem schon die Rede war, bevor es Zahnräder in Uhren gab, muss eine innere, mahlende Uhr gewesen sein, mit einem aggressiv mahlenden Vorspiel der Zähne und einer Zeit des Abschieds. In der Mitte der auflösende und nährende Bauch der Zeit, der einnimmt und ausgibt. Jedenfalls ist auch im Tartaros die Zeit selbst zermalmt gewesen, weil dort Anfang und Ende von allem einfach nebeneinander lagen – aber eben auch den Anfang machen können.[1660]

Zurück zum Mund, der *spricht.* Was der Mund mit *Mahl* mal gesagt hatte, war ein besonderes Wort, ein wichtiges und bindendes – für die Zeit. Es ist in *Gemahl* vorhanden, dem man die Zusage gegeben hat. «In ähn-

1660 Kluge Etym., S. 532.

licher Weise bedeutet langobardisch *gamahal* «Eideshelfer».[1661] Auch der Eid hat schließlich eine für die Zeit geltende Bindungswirkung. Kann ja alles Zufall sein. – Aber wie ist es mit dem Wort «Gericht», das selbst in Zeiten schriftlicher Urteilsbegründung immer noch spricht, Recht spricht? Was hat das mit meinem Leibgericht zu tun? Gar nichts? Schade eigentlich.[1662] – Wie viele Menschen haben gleichwohl seit dem Mittelalter überlegt, ob es da nicht einen Zusammenhang gibt! Wie viele Menschen haben richtig essen und rechtsprechen versuchsweise zusammengedacht!

Essen und Erinnern

Hier nun steht die Verbindung des *Nachtleibs* mit der *Nachtsprache* im Vordergrund, die einerseits die Zeitlichkeit des Leibes im Erinnern und Vergessen zu behandeln nötig macht, wie in den letzten Kapiteln geschehen, andererseits die ‹Tragweite› von Ein- und Ausstülpen, das heißt ihre Übertragungsmöglichkeiten untersucht. Die *Stillsituation* des Säuglings ist als Paradigma der Räumlichkeit des Nachtleibs in seiner Fortwirkung auf Sprache und Ernährung bzw. Verdauung anzureißen. Entstehen nicht in dieser Szene die Pfade von Erinnerung und Entäußerung, zumindest in raumkonstitutiven Spuren? – Neuerdings gehört es zum Allgemeingut, anzunehmen: «Das Sozialgefüge des Menschen ist im Wesentlichen eine Folge des gemeinsamen Mahls.» Das kommt vom Kochen, sagt der zitierte Zeitschriftenartikel mit dem Titel: «Ich koche, also bin ich.» [1663] Das Kochen aber ist eine sozialisierte, das heißt, eine räumlich und zeitlich vorverlegte Verdauung. Das räumlich und zeitlich Sozialisierte wird, anders als die rohe kalte Beute, die an Ort und Stelle der Gelegenheit verputzt werden kann, später, woanders, heiß ‹angerichtet› verinnerlicht. Meistens gehören zum Anrichten und Gericht mehrere, die Verdauung (und der Hunger) bleiben freilich individuell. Da muss man sich einigen.

Die Verbindung zwischen Ernährung und Rede, auch darüber, wer die

1661 Ebd., S. 311.

1662 Die beiden Wörter haben sogar eine gemeinsame Wurzel im Stamm *geriht(e)*, ‹richtig›; aber das *essbare* Gericht ist nur ein «Verbalabstraktum» zu einem sehr allgemeinen Verb *richten*. Es ist nur ‹angerichtet›.

1663 Der Spiegel, 52 / 2007, S. 126: «Ich koche, also bin ich».

Gabe gab oder wer derjenige Fremde ist, der sie erbittet, ist eine uralte. Das Nachtmahl wiederum ist eine Fortsetzung der Erinnerung mit anderen Mitteln. Andererseits hat jede Erinnerung immer schon von den frühesten Techniken der Nahrungseinfuhr- und -ausfuhrbewegung profitiert. Und auch wenn man die heutigen Koch-Talk-Shows im Fernsehen für etwas ganz Neues hält, deuten Ausmaß und Frequentierung auf die ‹Stillung›, also ‹Erfüllung› eines elementaren Bedürfnisses hin, besonders nachts. Durch alle Zeiten hindurch reicht das Repertoire von den ältesten Götter-Genealogien eines göttlichen Gastes beim Opfermahl, über die spannendste Erzählung des menschlichen Gastes über seine Herkunft, bis zu den *fragwürdigen* Reden, die verdauungsfördernd geschwungen werden – oder vom Essen und Trinken beschwingt wurden.

Zur Illustration des altehrwürdigen Beilagers von Futtern und Schwindeln sei an die deutschen Ausdrücke für schwindlerische, lügnerische und prahlerische Erzählungen, aber auch für die Betonung der Wahrheit erinnert, die auf Mahlzeiten verweisen, wie *auftischen* und *aufschneiden* (seit dem 17. Jahrhundert). Bemerkenswert ist dabei die performative Versicherung der Wahrhaftigkeit, etwa in der sprichwörtlichen Redensart: «jemandem reinen Wein auftischen».[1664] Beim «Aufschneider» ist die Bedeutungsverlagerung besonders markant, denn in der literalen Bedeutung von «Fleisch aufschneiden» ist der Ausdruck schon seit dem 16. Jahrhundert bekannt.[1665] Die Verlagerung zu *Prahlen* wird durch die Bedeutung von «mit großem Messer aufschneiden» gefördert. Im «Wander» wird die Redeweise vom «Großprahler» überliefert: «Er schneidet gewaltig auf» (Bd. 1, S. 164).

Entscheidend ist jedoch weniger das Messer als die Größe des damit möglichen Happens, des Mundstücks. Wenn jemand den «Mund zu voll genommen» hat, hat er auch zu große Stücke … *geredet.* Das ist seltsam, denn der Mund wird dem Vollmundigen gar nicht voll beim Reden, er steht nämlich offen, und alles geht hinaus und tönt «vollmundig». Es

1664 Wander, Bd. 5, S. 118, Nr. 750. – Zahlreiche Ausdrücke, bezeugen die selbstverständliche kulturelle Tiefe und interkulturelle Verbreitung eines Zusammenhangs von Nahrungsaufnahme und Sprachausgabe. Dahinter stehen Bräuche und Gewohnheiten wie das «Tischgespräch», die «Tischrede» und das «Tischgebet», «dem Wein zusprechen», «einen Toast ausbringen» und «Prosit».

1665 Kluge Etym., S. 64 r. u.

handelt sich hier wahrscheinlich nicht um eine Ähnlichkeit der Erscheinung, sondern um den Gegensinn von Essen und Reden, der im Gleichnis nach Einheit ‹knurrt›. – Woher aber kommt das besagte «Große Messer»? Mancher hat vielleicht noch ein großes Bratenmesser in der Küche, das an Weihnachten oder an einem anderen großen Fest schon mal hervorgeholt wird.

In den Zeiten vorportionierter Mahlzeiten ist daran zu erinnern, dass dem großen Bratenmesser, das der Hausherr nach dem einschüchternden Ritual des Wetzens an den großen Braten setzte, der für mehrere Mahlzeiten reichen konnte oder musste, eine dramatische, ja schicksalhafte Bedeutung zukam. Dieses Messer teilte wie weiland die Moiren das individuelle Los zu. Der Braten als Ganzes verkörperte gleichsam ein Familien-, ja vorzeiten sogar ein Sippenschicksal: Ein ganzes Jahr von der Familie als lebendes Vieh durchgefüttert oder als Beute von vielen mühsam erjagt, forderte er nun die Zu*teilung* des oralen, das heißt also individuellen (einge*teilten*) An*teil*s (inklusive die oratorischen Rechte am Gebet oder Tischgespräch). Das weist auf Zeiten zurück, wo man die Heldentaten des Beutemachens hervorkehrte, während man einkehrte. Bei Grimm heißt es: «Unter dem großen Messer hat man sich am ersten das Weidmesser zu denken, da bei lustigem Jägermahlen prahlerische Jagdgeschichten vorgetragen werden.»[1666] Aus gegebenem Anlass beschränken wir die Erörterung des Verhältnisses von Ernährung und Sprache auf die Situation des Nachtmahls.

Mit wohl allen anderen einigermaßen gesitteten und kollektiven Mahlzeiten teilt das Nachtmahl die Eigenart, dass der leibliche Stoffwechsel den sprachlichen und der sprachliche den geistigen sozusagen mitbewohnte. Das sprachliche ‹Rein und Raus› ist dabei seit frühesten Dokumenten auf etwas Abwesendes bezogen oder ein Jenseits. Schwer zu sagen, ob die müßige, entspannte Phantasie oder Erinnerung an vergangene Jagden die göttlichen Mitesser heraufbeschwor oder ob ein vorwaltendes religiöses Empfinden die Gabe als göttergegeben ansah, was es geraten sein ließ, die Götter zum Mitessen einzuladen. Aber das (oder der) Nicht-Anwesende spielte für die anwesenden Erzähler und Esser eine große Rolle. Alle rituellen, ja kultisch im Festkalender fixierten Opfer- oder Gast-Mahlzeiten sind ‹Erinnerungs›feste, mythologisch und gastronomisch.

1666 Zit. nach Wander, Bd. 1, S. 164.

Die Vermutung liegt nahe, dass die Nacht, genauer: die nächtliche Dunkelheit, jene Ausblendung förderte, welche die *innere* Dunkelheit aktivierte, aus der heraus die eingebildeten Mahlzeiten mit abwesenden Göttern vorstellig wurden, nebst aufleuchtenden Erinnerungen an vergangene Mähler. Das Dreieck aus Essen, Vorstellen und Handeln: mithin aus körperlicher Nahrungseinfuhr und Verdauung, aus religiöser Phantasie und vorgestellter Verwandlung nebst Narration und allen Formen der Inszenierung der Mahlzeit und des darstellenden Spiels, sollte man nicht aus dem Auge verlieren. Ob in Jagdgesellschaften, in Bauernkulturen oder städtischen Zivilisationen: Das Nachtmahl war die meiste Zeit die Hauptmahlzeit, besonders dann, wenn sie innen mit außen verband: repräsentatives Gastmahl war.

Wie aber kommen wir von hier aus ins nächtliche *Gespräch*, zu dem doch zumindest zwei gehören? Gerade Erinnern – Vergessen und Essen – Verdauen scheinen schließlich besonders solipsistische Vorgänge im einzelnen, abgetrennten Körperhaushalt zu sein. Indessen erweist sich gerade das Beziehen im Erinnern und Essen als Aufnehmen eines Gesprächsfadens. Das klingt waghalsig, aber es klappt auch besonders gut eher im Dunkeln. Wenn wir uns den Wortgebrauch von *erinnern* genauer ansehen, können wir einen Widerspruch zwischen literalem Wortsinn und dem eigentlich damit angesprochenen Erlebnis feststellen. Der literale Wortsinn behauptet einen Internalisierungsvorgang, während das Erlebnis eine Externalisierung darstellt; denn die Erinnerung *taucht auf*, stellt vor. Es muss eine ‹Erinnerung› stattgefunden haben, im Dunkeln; aber wenn wir eine Erinnerung thematisieren, ist es das aufgetauchte Erinnerte.

Der projektive Objektivismus vergangener Traditionen ist wohl dafür verantwortlich zu machen, dass die innere Dunkelheit für eine äußere ausgegeben wurde, aus der im Akt der Erinnerung vorgeblich etwas ins Bewusstsein trat. Ja, es stimmt, das Unbewusste ist den Menschen genauso ‹äußerlich› wie die Nacht draußen, und vice versa ist die Nacht draußen der Erinnerung genauso innerlich wie die innere Nacht. Darum kann das Spiel der Erinnerung so gut funktionieren. Die Nacht ist das Hausmedium der Erinnerung, weil nachts eine Schwellenerniedrigung zu bestehen … *scheint*! Aus dem dunklen Inneren taucht eine Entäußerung auf, virtuell wie etwas von draußen, ein Bild von einer Welt, jung wie eine neue wirkliche, draußen in der Nacht.

Wie das Atmen ist auch das Essen ein Prozess in zwei Richtungen, hinein und hinaus; die Doppeldeutigkeit der Richtungen, die im Dunkeln noch stärker erlebt wird (bis hin zur phänomenalen Suspendierung der Richtungshaftigkeit), erleichtert eine Verknüpfung oder besser eine Überlagerung mit dem Gestus der Erzählung, die ein Ausdruck der Erinnerung ist. Das christliche Abendmahl erinnert an ein erzähltes Abendmahl: Das gemeinsame Essen Gottes soll die Erinnerung an ihn zumindest verstärken, wenn es nicht gar eine sakramentale Verwandlung im Innern des Essers bewirken soll. Aber die kultischen Erinnerungsmähler sind begleitet von *Entäußerungs*handlungen: im Erzählen, in der Handlung des Gottesdienstes, im dramatischen Spiel, die alle zugleich szenisches Erinnern sind. Das hl. Abendmahl, das Passahfest, die Dionysischen Feste: Das sind alles auch Nachtessen.

Die tendenzielle Umkehrbarkeit der Prädikate innen und außen bei Nacht hat hier identitätsstiftenden Rang für das individuelle Erleben und die Vorstellung des umgebenden, haltenden oder schlicht größeren Seins oder Kosmos. Das wahre, jedenfalls das tiefste *Erinnern* ist dabei eigentlich jenes Einwandern des Äußeren, Erlebten ins Dunkel des Bewusstseins, das wir *Vergessen* nennen. Die Doppeldeutigkeit des Erinnerns aus Einfahrt und Ausfahrt wird noch einmal gedoppelt durch die Doppeldeutigkeit der Akte, auf die das Wort *Vergessen* weist. Weinrich hat in «Lethe» auf den alten Wortstamm, der auch im englischen *to forget* enthalten ist, hingewiesen, also auf das *Bekommen* darin. Allerdings hat er das Präfix *ver-* lediglich als Negation interpretiert, wie beim Gegensatz *kaufen/verkaufen.*[1667]

Im Deutschen ist das Präfix *ver-* aber mehrdeutig, es kann auch eine Steigerung – und damit eine Betonung der*selben* Richtung – ausdrücken: Sich *verlieben* ist kein Hassen, sich *verlaufen* ist kein Stehenbleiben, und das hängt nicht am Reflexivpronomen: V*ermuten* ist nicht «mutlos werden», und eine *Ver*bindung ist keine *Ent*-Bindung. Zwar intoniert *ver-* zuweilen eine semantische Negation, doch diese bezieht sich oft gerade nicht auf die Richtung, sondern auf das Maß einer Bewegung, kritisiert ein Zuviel des Gleichen: Vermessenheit, Verstiegenheit, Verblendung usw. So wie im Erinnern schon Einfahrt und Ausfahrt verborgen zusammengedacht werden, so ist es auch beim Vergessen, das ein Verlieren und Bekommen ausdrückt. Was beim Vergessen bekommen wird, das geht in zwei Richtungen: Da jedes Erinnern auch ein Einholen ins Dunkle, ein Verges-

1667 Weinrich: Lethe, S. 11.

sen ist, fällt uns die Erkenntnis nicht schwer, dass jedes Vergessen eine Inkubation für das kommende Orakel des Erinnerns ist, eine Art Säen der Erinnerung. – Im Übrigen ist selbstverständlich das rituelle Vergessen, etwa in kultisch legitimierter Trunkenheit oder Trance, ein genauso wichtiger Aspekt von nächtlichen Gelagen, Gesprächen, Spielen und Gesängen, die zu Ehren eines Gottes oder eines zu erinnernden Ereignisses gegeben und genossen werden.

Der an beiden einzenen Wörtern vorhandene Gegensinn der Bedeutungen von Erinnern und Vergessen deutet vielleicht darauf hin, dass diese Worte nicht von Anfang an aufeinander angewiesen gewesen sind, sondern aus einer je eigenen Sinnprovinz oder Lebenssphäre stammen. Da rührt sich die Frage nach einer möglichen Differenz im Bedeutungshorizont. Hier hilft ein Vergleich mit dem Vorgang des Essens, respektive dem des Verdauens. Wir wissen inzwischen, dass das Verdrücken einer Madeleine der Erinnerung geradezu erstaunlich förderlich sein kann. Andererseits ist die Steigerung des Bekommens, *For-Get*, letztlich unbekömmlich, wenn sie nicht an einen Ausgang führt. «Vergiss es!» will in die Richtung führen von: «Ist gegessen», also erledigt, intus, out. Alles Essen ist auch ein Vergessen, wenn man ans verdaute Ende denkt. Die materielle Dimension des verborgenen Vorgangs *Essen* ist insofern beim Vergessen als einem Essen / Verdauen stärker repräsentiert, als es stärker materialiter auch wieder hinausgeht – wenn das auch tunlichst im Dunkeln bleibt, hinter einem.

Andererseits ist nicht von der Hand zu weisen, dass vielen Abortierern bei dieser Entsorgung besonders viel ‹einfällt›.[1668] Aber das gehört jetzt nicht hierher. Wenn nun auch der Gedanke der Ausfuhr im Vergessen zunächst stärker repräsentiert scheint, so erinnert das Beispiel des Essens daran, dass etwas innen bleibt, es ist Nahrung, geht ins Blut, fördert den Geist und die Erinnerung an einen guten Eingang und einen guten Ausgang. Innerhalb des Horizontes von Erinnern ist die Assoziation mit einem ausweglosen, sackartigen Dunkel näherliegend, aus dem es keinen Ausgang gibt, also in gewisser Weise kein Vergessen (als Verschwinden). Aber dafür taucht ‹Verdautes› imaginär auf und ist somit dem Dunkel des Vergessens entronnen. Die Imaginationen des Erinnerns als Verdautes zu

1668 Vgl. H. Friese: Sehen und Scheißen. In: M. Monte: Was das Truthuhn tut nun. Untergriesbach 2004.

bezeichnen, mag insofern als unzutreffend erscheinen, als es sich um keinen Abfall oder gar Schmutz handelt, sondern zumindest im aktualen Erleben um das wertvollste des Ich. – Aber es stellt eine Verdauung insofern dar, als es erstens eine Entäußerung ist und zum anderen meistens den Charakter oder die Funktion einer Entledigung, Erledigung, Klärung eines zuvor verworrenen oder verschlungenen Vorganges hat.

Bauch und Gott I
Innere Nacht des Essers und ‹äußere› Nacht des göttlichen Auftauchens

Und wo bleibt die sogenannte Kommunikation? – Das auf den ersten Blick befremdlich erscheinende Symposion von Erinnern und Essen ist keine Erfindung von mir, sondern ist in jedem Individuum jeweils zusammen entwickelt worden. Die «Madeleine» ist ein Metonym der Mutterbrust. Alle orale Lust, die am meisten verbreitete und wohl verwandlungsfähigste der Lüste, *entstammt* nicht den jeweiligen Geschmackssensationen, sondern den Fahrterlebnissen auf der Milchstraße in den Körper, und die damit erreichte Vertiefung bahnt die Erinnerung an die Fahrt. (Es mag zu einer späteren individuellen Entwicklungsphase eine stärkere Betonung des Ausgangs gehören, aber das anale Stadium der Entwicklung lassen wir jetzt einmal beiseite.)

Ich vermute also, dass auch alle adulte orale Lust (nicht unbedingt deutlicher, aber stärker als andere Lüste) Erinnerungslust ist, die sich, wenn sie erinnert, spurhaft ‹uralten› Pfaden der oralen ‹Erinnerung›, der Sensation annähert, und: dass überhaupt die Lust, sich zu erinnern, oral fundiert ist. Aber das, woran die Erinnerung anschließt, ist bereits ursprünglich orale *Kommunikation*, wenn sie auch nicht von Anfang an den Charakter eines Gesprächs oder einer sogenannten ‹visuellen Kommunikation› hat. Die sensationelle Tiefe, von Innen-Außen-Differenzierung, entsteht mit einer Akt-auslösenden Berührung, der eine Fahrt vorangegangen war zur Brust. Fahrt, Brust, später der Blick ins Gesicht der Mutter: Das sind Anschlüsse, die orale Aktion auslösen. Hier ist der Ort, wo die Lust am Laut laut wird, Sprache entsteht. Nicht nur hier, aber *vor* allem.

Aus der individuellen Perspektive gesehen, ist das Nachtmahl die Fortsetzung der Stillsituation mit anderen Mitteln. Die Entstehung eines zum Bild fixierbaren (An-)Blicks, und die ersten akustischen, wenn nicht gar phonetischen ‹Ausdrucksweisen› wie Bäuerchen und Lallbläschen bilden individualgeschichtlich die Grund-Schule der visuellen und oralen Kommunikation. Wesentlich anders am Nachtmahl ist die Erweiterung der Mutter-Kind-Dyade zum nicht nur familiären, sondern auch geselligen Raum. Natürlich gibt und gab es immer schon auch *tägliche* und ‹asoziale› *Gelegenheiten*, eine gewisse Sprache des Leibs (Knurren und Grummeln oder Gurgeln des Magens) zum Stillen zu bringen.

Ja, ich gebe zu, auch das *tägliche* Essen ist nicht immer asozial. Doch liegt es vermutlich an der stillen oder rumorenden, auf jeden Fall aber dunklen Hinter- und Innergründigkeit der leiblichen inneren Nacht, dass das Nachtmahl eine besondere, antwortende Rolle im intra- und intersubjektiven Haushalt des Imaginären einnimmt. Und dass es deshalb eine besondere Rolle in all den unsichtbaren Belangen spielt, die eine kulturelle oder soziale Identität ausmachen. Gerade die subjektiv chaotische innere Dunkelheit und Tiefe der körperlich nach außen hin abgeschlossenen Individuen macht sie für eine soziale und religiöse Vergemeinschaftung, Sozialisierung und Verbildlichung so attraktiv. Freilich erleichtert den Kollektivierungsaspekt eine Bahnung der Übertragungsrichtung, und die wird durch analogische Koppelung der inneren Nacht an die äußere erreicht.

Wenn ich sage, alle rituellen Mähler sind Erinnerungsmähler, so ist damit nicht nur die geistige Erinnerung angesprochen, sondern auch die physische: der Natur, des Kosmos oder der Götterwelt. Spätestens seit dem Neolithikum, aber wahrscheinlich schon seit dem jungpaläolithischen, einem festen zeitlichen Muster von Jagden, Wegenetzen und Stammeszusammenkünften folgenden Zeitplan, war die Mahlzeit ein fixierter und analogisch, symbolisch oder magisch organisierter Bestandteil von Erinnerung. Im neolithischen Rhythmus von Aussaaten und Ernten, Geburten und Opfertoden der Herde war die Rhythmizität der Natur, des Kollektivs und des Individuums synchronisiert und sozusagen vergleichnist. Ins dunkle Innere der Erde kamen die Samen der Toten, die Opfertiere und das Saatgut für das eigene Essen. Eigenes Essen ist Auftauchen aus der Erde zum Einfahren in die eigene innere Nacht.

Wenn wir uns die archaischen Verbindungen zwischen Essgewohnheiten und Opferbräuchen bei den Griechen ansehen (etwa im Demeter- oder Dionysos-Kreis), so fällt die obligatorische Verbindung zwischen Gottesvorstellung und Essen via Opfer auf. Wie sehr geht es doch beim Verkehr mit den unsichtbaren Mächten um das Einholen und Herausgeben von Speise und Trank! – Und wie sehr ist die Kommunikation mit den äußeren dunklen oder verborgenen Mächten eine Kommunikation ‹aus dem Bauch heraus›, aus dem nahrungsgeprägten dunklen Inneren, aus dem Hunger oder Durst nach göttlicher Erfüllung der Nacht zur Gegenwart. Die Nacht der göttlichen oder kosmischen Verdauung ist die Nacht der Erinnerung und des Vergessens in dem Sinne, dass sie das Verschwinden und die Wiederkehr in der Einheit der Verwandlung darstellt.

Dass das Essen hierbei nicht nur eine dekorative Beilage ist, sieht man an den Menschenopfern in den Religionen. Wie eine *Ziege* wollte der große Agamemnon die Tochter Iphigenie der Artemis opfern.[1669] Ob sie im letzten Augenblick durch eine Hirschkuh ersetzt, wirklich getötet oder entrückt wurde ins Land der Taurer, ja als Göttin sich erwies (Hekate, Artemis oder eine andere), ist mythologisch und tragisch umstritten geblieben, ist aber nicht so entscheidend wie die Bereitschaft des großen Strategen, seine Tochter als Götterspeise *anzubieten.* Dass dahinter auch der Machtkampf zwischen Mutter und Vater eine Rolle spielt, zeigt Klytaimnestra, für die das Tochteropfer Agamemnons der Grund zur ‹Scheidung›, zur Ermordung Agamemnons und zur Begründung einer neuen ‹Linie› mit Aigisth gewesen ist.

Das ist bei den drei großen monotheistischen Religionen nicht sehr viel anders. Sie feiern zwar im Abraham-Mythos von der *Zurückweisung* des Menschen- und Sohnesopfers als göttliche Nahrung die Humanisierung ihres Verhältnisses zur göttlichen Herrschaft, geben aber zugleich dem Patriarchalismus eine stabile Nahrungsgrundlage. Das Opfertier, der ‹Sündenbock› (Ziege oder Schaf), ist der entscheidende Milchersatz, der das Kind – den Sohn – von der allmächtigen Mutterbrust reißt und das Gefälle der Ohnmacht vom allmächtigen (Gott-)Vater zum Sohn etwas abflacht, indem eine Tischgemeinschaft oder zumindest ein Tauschgemeinschaft der Gaben hergestellt wird.

Auch wenn nicht in allen Religionen und allen Kulthandlungen vor-

1669 Aischylos: Agamemnon, Vers 232.

zeiten das essbare Opfergut von den Menschen selbst gegessen wurde[1670]: Das war Menschen*nahrung*, die da als Brandopfer verbrannte und als Libation verschüttet wurde. Und sie war ein Äquivalent oder sogar ein Gleichnis für den *Menschen* als Nahrung der Götter. Nicht nur ist die Ziege ein Gleichnis für den Menschen als Götterspeise, sondern der Mensch kann sich auch als Ziege sehen, er kann es auch nachspielen. Man sieht, hier sind weite Felder eröffnet, auch Felder der Ästhetik des gleichnishaften Eintauchens und Auftauchens als ein mysteriöses Verspeistwerden und Wiedergeborenwerden. Mit der Vorstellungsmöglichkeit des Verspeistwerdens wird eine orale Nächtlichkeit revitalisiert, welche die äußere reale Nacht (aber auch Höhlen und dunkle Räume) als die innere Nacht einer äußeren Gewalt, einer Gottheit auffassen kann.

Mag sein, dass die kaum greifbare Ahnung eines Lebens *im* Bauch aus dem Mutterleib ‹entspringt›. Aber fassbar wird sie in der Übertragung an eine verschlingende Nacht, da man selber verspeist wird, ein bisschen sogar dann, wenn gefeiert wird, dass man nicht mehr verspeist wird. – An dieser Stelle wird es nun endgültig unmöglich, von mehreren Religionen und Kulten gleichzeitig zu sprechen. Aber an vielen Religionen wird der politische Sinn dieser heute seltsam anmutenden Hingabe durch die damit mögliche *Wiedergeburt* (oder Verklärung oder Apotheose) sichtbar: Jetzt ist der Vater die Mutter. Er holt das Kind, Dionysos etwa, aus seinem Schenkel, Athena ist seine Kopfgeburt.[1671] Die inhärente imaginäre Kommunikation ist aber nicht nur eingebildetes Gespräch und mythisches Gerede, sondern hat rituelle und performative Konsequenzen in real sozialen Akten. Gemeinden werden im Festmahl mit den Gottheiten zum Leben erweckt, Staaten gefestigt.

Hier muss zunächst unbedingt die Frage gestellt werden: Was kommt von was? Es werden nicht die schon entwickelten religiösen Vorstellun-

1670 Herodot berichtet im 4. Buch (Melpomene, Kap. 103), dass noch zu seiner Zeit die Taurer ihre Feinde der Göttin Iphigenie opfern.

1671 Auch der christliche Gott opfert seinen Sohn, lässt ihn eintauchen in Maria, auftauchen aus der Jungfrau, als Menschenopfer, eintauchen in die Hölle und an Himmelfahrt wieder auftauchen in den Himmel. Jesus selbst sieht sich als Nahrung und teilt sich selbst beim Abendmahl aus, taucht das Brot, seinen Leib in die Suppe. – Wie sehr er als ein Nachtmahl zu begreifen ist, sieht man daran, dass die Welt sich verfinstert, als er seinen Leib hingibt und stirbt.

gen und Bräuche gewesen sein, die nach einem Äquivalent in der inneren Nacht der Individuen zwecks analogischer Verankerung gesucht haben, wie überhaupt die Idee der dunklen Umstülpung oder Umwandlung von innen und außen in der bloß äußeren Natur selbst nicht besonders auffällig ist. Es ist der eigene Bauch und seine verborgene Arbeit im Dunkeln, die nach dem Gleichnis suchen. Aus dem Essen, aus den Mahlzeiten entstehen die Gottesvorstellungen. Nun gut: *bei* den Mahlzeiten; denn nötig ist auch die dunkle Arbeit des ‹Bauchs der Rede›, der Lunge also, welche die nächtlichen Gespräche als Intermissionen der Einfuhr ermöglicht.

Es sind die *Bäuche* der Hirten Hesiods, welche die Musen zwar beschimpfen, aber eben doch ansprechen. Und wahrscheinlich hat das Mahl die Musen evoziert, die nun als Hauch oberhalb des Bauchs inspiriert werden (wie anderseits das Mahlen des Mahls von Chaos über Tartaros und Kronos bis zu Prometheus selbstreferentiell den olympischen Glanz verschattet). Es bräuchte nun nicht so entscheidend zu sein, was zuerst war, die Gottesvorstellung oder das Essen. Aber für die Nachtästhetik ist das ein nicht unwichtiges Indiz: Zuerst ist jeweils die innere Nacht; man nannte sie nur nie so, weil man erst noch ihr unerkanntes Gleichnis suchte.

Nur weil die äußere Nacht, deren Anziehungskraft noch nicht verstanden wurde, der immer fremd gebliebenen inneren Nacht glich, wurde sie so attraktiv für die Analogien des Essens und Trinkens – und, weil das so elementar war: für die Analogien des Lebens überhaupt. Diese Aussagen sind natürlich extrem spekulativ. Aber das musste einmal gesagt werden, um andere als *geistige* Wege der Verbindung von innerer und äußerer Nacht aufzuzeigen. Sicher, auch die Analogien vom Leib der nächtlichen Erde kommen aus dem ‹Geist›; der aber ist nur ein ‹Gast› beim Mahl. Die Übertragungslust und -dynamik ist ein verdauungsfördernder und von der Verdauung maieutisch geförderter Effekt, der auf eine Verallgemeinerung zielt, die in der Mahl-Gemeinschaft ‹vorspielt›, spielerisch vorgemacht wird.

Natürlich gibt es auch ‹äußere› Gründe für die Bevorzugung des kultischen oder repräsentativen Nacht-Essens. Das Ruhen der Kämpfe und Tagwerke erlaubt aufwendigere Inszenierungen. Die anschließende Stille der Nacht und der Schlaf stellen das Sattwerden in einen der Still-Situation ähnlichen Zusammenhang: Schon in archaischer Zeit wird bei den Griechen das Essen im ‹Liegen› modern. Nur wahre Herrscher über den *oikos* können es sich allerdings leisten, auf die ältesten ‹Anliegen›, die oralen ‹Erfüllungen›, zurückzukommen: Frauen und Kinder mussten am Tisch sitzen. (Kl. Pauly 3, S. 93) Dieses Bedürfnis kann sich erst wieder melden, wenn man nicht mehr wachsam sein muss, etwa am Lagerfeuer, und wenn die *Bedienung* in der Familie funktioniert. Wenn man alles selbst machen muss, ist ein Essen im Liegen ziemlich unbequem.

Aber auch das Liegen bleibt der sozialen Inszenierung des Blickwechsels und des Gesprächs untergeordnet, denn man liegt seitlich. Liegt bei den einfacheren Mählern und ‹Gelagen› die Bedeutung des kommenden Schlafs schon mit am Tisch[1672], so steigt mit der Gastbetonung, also mit dem repräsentativen und gesprächigen Anteil, zugleich der Bezug auf eine *durchwachte* Nacht an. Im 5. Jahrhundert v. Chr. hat sich die Gewohnheit, Festmähler bis zum Tagesanbruch dauern zu lassen, offenbar auch bei ‹gewöhnlichen› Gastmählern breitgemacht.[1673] Vielleicht ist die Kultivierung des Mahls zum Nachtmahl in allen Kulten als Bereitschaft vorhanden, weil es der *inneren* Nacht entspricht, der man ‹gehorcht›.

Die Reklamierung der Hungerwahrnehmung als Spüren einer ‹inneren Nacht› mag auf den ersten Augenblick als Konstruktion eines notorisch Nachtverrannten erscheinen. Doch ist zu bedenken, dass das jeweilige Verständnis für das Knurren und Brennen des Magens mit der Erinnerung an Stillwerden und Löschen verbunden ist. Hunger ist stillbar. Früher, als Säugling, ist selbst ein späterer Held und Heerführer eingeschlafen, wenn der Wunsch ‹erfüllt› war – und ist so, da schlafenderweise innen und außen sich ziemlich nahe kamen, in eine doppelte Nacht versunken. Später stiegen die Träume auf. – Jetzt erinnert es selbst ein Held: Die Nacht will kommen, wenn der Hunger spricht. In der Ilias und in der Odyssee gibt es die feste Redewendung: «der schwarzen Nacht gehorchen und ein Mahl bereiten».[1674] In diesen Fällen scheint der Hunger nicht das Ergebnis ir-

1672 Alkibiades beschreibt in Platons «Symposion» (218 St.), wie er und Sokrates einmal auf denselben Klinen der Nachtruhe pflegten, auf denen sie zuvor gegessen und getrunken hatten. Platon: Dialoge. Bd. III, Gastmahl, S. 69.

1673 J.-M. André: Griechische Feste – Römische Spiele. Stuttgart 1994, S. 61 f.

1674 In der Ilias (Il. 8, 502) sagt es der Trojaner Hektor, während es auf der Gegenseite Nestor sagt (Il. 9, 65). In der Odyssee setzt sich Eurylochos mit dem Spruch gegen Odysseus durch: «Fügen wir jetzt uns dem Dunkel der Nacht. Wir bereiten ein Nachtmahl» (Od. 12, 291).

gendeines göttlichen Gebots der Nyx zu sein, die ja auch in keinerlei kultischem Zusammenhang mit Mahlzeiten oder Ernährung steht, sondern das physische Dunkel scheint die Kämpfer an Mahl und Schlaf zu erinnern. Jedenfalls ist die Hauptmahl-Zeit des *deipnon* «in homerischer Zeit» der Abend, und dabei bleibt es bis in klassischer Zeit. Erst im 5. Jahrhundert v. Chr. gibt es überhaupt eine dritte Mahlzeit zum Mittag; das Verdauungsgespräch im Liegen aber, das *symposion*, gibt es nur nachts. (Kl. Pauly 3, Sp. 893)

Außer der Dunkelheit verbindet das *Licht im Dunkeln* die innere mit der äußeren Nacht. Zum Nachtessen braucht man Licht, und dieses ist immer ein besonderes Licht: Licht *im* Dunkeln. Dieses *gemachte* Licht ist 1. immer semantisch geladen, es hebt etwas Bedeutsames (zum Beispiel die Speisen oder das glänzende Essgeschirr) aus dem umliegenden Dunkel heraus oder hervor und macht allein schon dadurch anderes noch unsichtbarer. 2. Diese Lichtquelle ist immer *näheres* Licht als das Sonnenlicht, mit einem anderen Hell-Dunkel als das Fernlicht des Tages (breiterer Schlagschatten, stärker ‹gerichtete› Reflexe). In frühesten Zeiten war das Feuer sowohl Heizung, Beleuchtungslicht, Herd, auf dem die Mahlzeit verdaulich gemacht wurde, als auch sozialer ‹Focus›. Allerdings gibt es schon im Paläolithikum eine gewisse Feuerstellenteilung. Für handwerkliche Tätigkeiten im Magdalénien gab es oft eine andere als die Stammesfeuerstelle; dennoch blieben für Letztere viele Funktionen zusammengefasst: Wärme, Nahrung, Licht, soziale Orientierung und Kleinkunst.[1675]

Schon die frühesten Nachtmähler waren immer *glänzend*, und dieses seltsame Wort hält sich trotz der modernen Beleuchtungsgeschichte bis heute.[1676] Seltsam ist daran, dass Glanz eigentlich ein Reflexionslicht ist,

1675 Vgl. L.-R. Nougier: Die Welt der Höhlenmenschen. Zürich und München 1989, S. 191.

1676 Vgl. den 8. Gesang der Ilias. – Für die kaiserzeitliche Antike: Achilleus Tatius: Leukippe und Kleitophon. In: B. Kytzler (Hg.): Im Banne des Eros. Sämtliche Liebes- und Abenteuerromane der Antike. Bd. II. Düsseldorf 2001, S. 196. – In der 7. Geschichte des 2. Erzähltags von Boccaccios «Dekameron» gibt Pericone ein glänzendes Nachtmahl, das er in die Nacht hinein verlängert, um erotisch zu verführen. – Brillat-Savarin geht in seiner «Physiologie des Geschmacks» von der grundsätzlichen Notwendigkeit eines glänzenden Nachtmahls aus und fordert den höchstmöglichen Grad an Beleuchtung. J.-A. Brillat-Savarin: Physiologie des Geschmacks (1825). Frankfurt 1979, S. 123.

sich also von außerhalb des glänzenden Objektes speist; es wird aber *nacht*-ästhetisch gefeiert wie von innen auftauchendes Licht. Von innen auftauchendes Licht ist jeder Glanz sowieso schon dann, wenn man ihn auf die ihn umgebende äußere Nacht bezieht – als Licht *in* der Nacht. Bei einem ‹glänzenden Mahl› leuchten aber Objekte (wie Geschirr und Besteck) und besonders auch die Gesichter – jedes verschieden nach dem Grad der Zuwendung zum externen Licht – *wie* auf eigene Weise, wie von *innerer* Glut!

Dieser Effekt wird andererseits immer wieder – etwa aufgrund von Bewegungen – durchbrochen oder überblendet durch die Spiegelerfahrung der also externen Lichtquelle. Das ist ein dem nächtlich erleuchteten Fenster verwandter Modus szenischen Erlebens am anderen. Der verbreitete Drang, das den Menschen äußere Licht der Nacht – wie das Lagerfeuer und ebenso dessen Reflexe auf den Gesichtern – für ein Licht, das von innen nach außen durchdringt, zu nehmen, beruht auf der tiefverankerten, aber allgemein verbreiten Ahnung von der inneren Nacht. Die äußere Nacht scheint gewisse Vorstellungen von auftauchendem, austretendem Licht zu animieren, die innen aufsteigen und nach draußen projizieren. *Vorstellung* überhaupt wirkt wie Licht in der Nacht: Sie selbst taucht auf wie ein Licht in der Nacht. Die geahnte, gespürte oder bewusst vermutete Ähnlichkeit der inneren und äußeren Nacht erlaubt immer wieder die Vorstellung einer Penetration des Lichtes von innen nach außen und von außen nach innen.

Ein Beispiel, das extrem weit von der paläolithischen Nachtmahl-Situation entfernt ist, soll hilfsweise den Grad der Verbreitung illustrieren: In der 3. Strophe des geistlichen Liedes «Dunkle Nacht» (original «Gesänge der Seele») von Juan de la Cruz sagt einer, der in dunkler Nacht aus seinem Haus ging, dass er sich dabei von keinem anderen Licht führen ließ, «als das im Herzen brannte»[1677]. – Gewiss, das ist symbolisch, bedarf aber der literalen Plausibilität eines Gangs in die äußere Welt, die auch sogleich behauptet wird, wenn Juan versichert: «Dies führte mich / sicherer als das Licht des Mittags ...» Religiöse Gefühle hängen eng mit Nahrung zusammen, die deshalb auch eine bedeutende Rolle in der Gleichnissprache spielt. Allerorten führt Gott das gläubige Schaf auf saftige Weiden «und schenkest mir vol ein».

1677 Siehe Juan de la Cruz: Die dunkle Nacht (1586). Freiburg u.a.O. (1995) 2003, S. 27.

Dieses Beilager ist nicht Dionysos verdankt, sondern dem jüdischen und christlichen Gott (Psalm 23). Zu den herausragenden Beiträgern dieses Beilagers von Gott und Essen gehören Träume und Erinnerungen: Die Träume steigen auf wie die Flammenbilder; das Feuer der inneren Verdauung brennt behaglich wie das äußere, die geahnte Sättigung lässt an einen gewissen Augenglanz ahnend erinnern, der sehr viel früher irgendwie darüber schwebte. Womöglich spielte der Erinnerungszusammenhang von innerer und äußerer Flamme der Mahlzeit in der Steinzeit eine größere Rolle, weil zumindest die Kleinkinder der fleischfressenden Paläolithiker so lange gestillt wurden, dass diese Epoche der Entwicklung sich mit derjenigen der Festigung des Erinnerungsvermögens überschnitt. Für das Neolithikum sinkt die Notwendigkeit des längeren Stillens wegen der neuen Nahrungsquellen wie Tiermilch und Körnerbrei. Zumindest Letzterer bedurfte jedoch andererseits der Vorverdauung durch das Feuer. Außerdem gab es weiterhin genug Gründe, erst mit drei oder vier Jahren ‹abzustillen›: nomadische Lebensweise, schwankende Ernährungslage oder vermeintliche Empfängnisverhütung.

Die Suche nach dem Glanz als einer Verweisung von innen nach außen und umgekehrt scheint mir eine ‹kulturtragende› Tatsache zu sein, die zur Verfeinerung des Mahls im Nachtmahl beigetragen hat. Die Verbindung zwischen Nacht und Essen im zweideutigen Glanz ist ein derartig zugleich wohliges und erhabenes Gefühl, dass die Redseligkeit nicht weit ist – sowohl am Feuer als auch nachher. Eine der ersten *Idyllen* unserer Literatur (avant la lettre) ist das sogenannte Lageridyll im 8. Gesang der Ilias, eines der großartigsten Gleichnisse Homers mit eingebautem Verdauungsspaziergang. Und wie es damals üblich war, ist dieses Nachtmahl zugleich ein Opfermahl für die Götter, die allerdings nur den aufsteigenden Fettdampf bekommen, den sie nicht annehmen, weil sie Ilion hassen, sagt Homer. Die Troer aber wissen davon nichts und sind am Feuer ebenso hochgemut, wie ihr Braten-Fettdampf hoch hinaus will ins Clair-obscur. Homers ausfahrendes Gleichnis verbindet Mahlzeit mit Nachthimmel (Ham. 8, 555):

> Wie wenn um den *glänzenden* Mond am Himmel die Sterne
> Leuchten in strahlendem Glanz, wenn ohne Wind ist der Äther,
> Sichtbar werden die Warten und ragenden Spitzen der Berge
> Und die Täler, vom Himmel herab bricht unendlicher Äther,

Und man sieht alle Sterne, es freut sich im Herzen der Hirte:
So viel zwischen den Schiffen da und den Fluten des Xanthos
Feuer der brennenden Troer leuchtete ihnen vor Troja.
Tausend Feuer im Felde entfachten sie, aber an jedem
Saßen fünfzig Mann im Scheine lodernden Feuers.

Es handelt sich hier um eine metaphorische Parallelverschiebung. Dem Verhältnis des inneren Nachtfeuers der Verdauung zum äußeren Feuer in äußerer Nacht entspricht das Verhältnis dieser Lagerfeuer (als innere Feuer der äußeren Nacht) zum Kranz der Gestirne. Dieser Kranz der Gestirne, das äußerste Licht in der äußersten Nacht, senkt sich wiederum hinab ins Herz des Hirten. Auch dieser Vergleich ist wieder differenziert in äußeres und inneres Licht. So, wie die Sterne sowohl glänzen als auch leuchten, so senkt sich bei der Vision des Hirten sowohl Licht in sein Herz, als auch tritt es wieder aus im Sehen der Lagerfeuer. Sowohl Lagerfeuer wie himmlische Konstellation haben also inneres und äußeres Licht. Wichtig aber ist, dass der Vergleich selbst nicht trigonometrisch ist. Also nicht so: Hier bin ich, dort werden zwei Punkte verbunden, sondern so, dass der Vergleich der äußeren Nächte durch den Eingang in die innere und den Ausgang in die äußere Nacht geschieht. Die ‹innerste›, die fünfte Zeile verbindet und spiegelt im Komma *Sterne* und *Herz* – und der Doppelpunkt illustriert mit der Gleichniswende die neuerliche Umkehr nach außen.

Hier ist von großartigen Fahrten des Blickes und der Lichter die Rede, die vielleicht der Hirte selbst unternahm, der in der Mitte des Vergleichs seine Augen ‹weidete› – also zu einem sublimeren Mahl überging. – Wer ist der Hirte? Sicher ist hier nicht in erster Linie der Herr über die Schafe und Rinder, die gerade verbruzzeln, angesprochen. Dieser Hirte freut sich über die Offenbarung eines senkrechten Zusammenhangs von Landschaft und Jenseits, vom Raum der Übersicht über Täler und Berge bis zur Untersicht in den Himmel. Wenn er diese Freude vergleicht mit derjenigen des weiträumigen Anblicks über 50 000 schmausende Krieger an tausend dampfenden Feuern, dann deshalb, weil hier ein Hirte der *Völker* fühlt, Hektor, der Gastgeber und Befehlshaber über zahlreiche Heere fremder Völker. Er aber kann diese Übersicht nicht an irgendeinem Feuer haben, sondern nur draußen im Dunkeln. Dieses Gleichnis erfordert inhaltlich das, was vielleicht jeder Gleichnisakt an sich erfordert: den Gang ins Dunkel. Von ihm aus im Blick zurück leuchtet dann das Idyll wie ein Sternenhimmel.

Im ersten Teil des doppelten Gleichnisses, das sowohl ein irdisches mit einem himmlischen Lager-Idyll vergleicht als auch den *Gang* des Himmels ins Hirten-Herz mit dem *Gang* des Herzens zu den Feuern seiner ‹Schafe›, blicken sowohl die Gestirne herab, als auch blickt der Hirte zu ihnen hinauf. Man muss allerdings wissen, dass bei den archaischen Griechen das Blicken selbst wie ein Ausstrahlen aus einem inneren Feuer verstanden wurde.[1678] Andererseits ist dieser Sehstrahl zugleich ein reflektierender Gegenblick, der bezeichnenderweise erst nach dem Leuchten der Gestirne und ihrer Erhellung des Feldes geworfen wird. Die Gestirne ihrerseits scheinen ihr Licht so vom Bannkreis des Mondes zu erhalten wie die Menschen-Gesichter: Sie glänzen. Allerdings, auch der Mond glänzt. – Doch Homer sagt nicht, dass da Menschen am Lagerfeuer säßen wie Sterne um den Mond, sondern dass man von weit außerhalb aller Lagerfeuer ein nächtlich mampfendes Gestade überblicken kann und dass dieser Anblick so ähnlich erfreulich ist, wie wenn ein Hirte (oder ein Gastgeber) sich freut, den Nachthimmel zu sehen – und dasjenige, was der in seinem Leuchten zeigt.

Entfernt vom Essen selbst, weidet sich ein Blick auf Schmauser so, wie sich in seinem Herzen der Hirte an der nachthimmlischen Ordnung erfreut. Es geht also ganz hinaus ins Dunkle, das Feuer ist jetzt ‹vergleichbar› weit wie die Sterne, und diese Entfernung lässt die größtmöglichen Differenzen zusammenschießen zwischen Feuer und Stern, aber auch zwischen Nachtbild und Herz. Dies ist ein Verdauungsspaziergang; er führt erst weg vom Ausgangs- und Zielort am Feuer (von dem wir noch gar nichts wissen), lässt uns zuerst das Sekundäre sehen, womit das Gesehene

1678 Vgl. G. Simon: Blick, S. 36 über «aktines», Lichtstrahlen, und zugleich «die sehend-sichtbaren *Feuer*pfeile des Blicks, die den Akt des Sehens selbst sichtbar machen» (ebd.). In diesem Gleichnis der Ilias spielt das Wort allerdings keine Rolle, wie auch der subjektive Blick keine Rolle spielt, im Gegensatz zur dramatischen Umkehr der Ansichten. Im Gleichnis kommt immer nur das Wort (Er-) Scheinen (*phainon*) vor. Nur an der Scharnierstelle (Vers 559) steht *eidetai* beim Hirten, was Hampe und Schadewaldt mit «sichtbar werden» übersetzen, Rupé aber mit «wird man gewahr». *Eidon* heißt schlicht sehen, aber mit einer schwer nur übertragbaren Bedeutung von «eine Ansicht machen».

verglichen wird, kehrt um und zeigt uns dann das Gesehene als etwas für immer anders Gewordenes: als das vom anderen schon gesehene Sichtbare, als verglichenes Gesehenes, als ein Bild, als ein ‹Weich›-Bild, also von weitem: Jetzt ist es etwas zum ‹essen› für uns, verdaulich gemachte innere Augenweide für unsere grasenden Pferde der Vorstellung.

Diese Veränderung der Sichtweise auf das Idyll ist nur durch die Intermission möglich, durch den Weg-Gang vom Noch-zu-Vergleichenden ins Dunkle, in die Nacht (wo auch die innere Nacht der Erinnerung Anschluss findet). Zur Not reicht auch eine Verdunkelung durch den Gang in die Imagination. Diese Gänge werden von der Verdauung angeregt und regen die Verdauung an. Noch heute ist die Offenbarung eines höheren Lichtes möglich, wenn wir etwa aus der Kneipe kommen und nach einiger Zeit im Dunkeln sehen, wie die Sterne ‹rauskommen›. Die *Vision* ist hier in das *Gleichnis* von einem überführt, der ins Dunkel gehen muss, um die Vergleichbarkeit von Lagerfeuern mit Sternen zu sehen.

Mehr noch, um uns wirkungsvoll zu erleuchten, führt uns der Sänger zunächst ins Dunkel des *Bildes*, indem er uns die erste Hälfte dieses Liedes lang (bis Vers 559) von seiner übersichtlichen Position aus sagt, *als was* er das sieht, *was wir noch nicht* sehen. Alles, was wir bis Vers 559 imaginieren können, ist mit einem extremen Vorbehalt des ersten Wortes «Wie» versehen. Dann erst kann sich unser Auge, gewöhnt an die Dunkelheit des vermutlichen Bildes, behaglich sattsehen am idyllischen Bild eines Festmahls dort am Feuer, am Festmahl des Bildes – in unserer Vorstellung, die wieder mit der Assoziierung des Essens ausklingen darf: «Und die Pferde rupften sich Spelt und weißliche Gerste.» (564)

Unabhängig aber von der Komplexität des Vergleichs gibt es eine für alle nachvollziehbare Erlebnisbasis der Vergleichbarkeit von glänzendem Nachtmahl und himmlischer Konstellation (die mit dem aufsteigenden Opferfeuerrauch zum Himmel kultisch vorgeprägt erscheint): das Rein und Raus des Stoffwechsels und das Austreten und Reflektieren von innerem und äußerem Licht. Homer stellt es so dar, als ob der Mond (wie das Feuer) die Sterne glänzen macht, die allerdings daraufhin leuchten.[1679]

1679 Dieser Eindruck wird allerdings von der deutschen Übersetzung forciert, die wechselt zwischen «leuchten» und «glänzen», während bei Homer alles nur (er)scheint. Es wird aber durch den Kontext entschuldigt und durch den auch für

Wenngleich es umgekehrt ist, entspricht das der Situation am Feuer, in einer ‹ambrosischen› Nacht, da die Helden durch Nahrung leuchten vor *innerem* Behagen – obwohl es vielleicht eigentlich nur der Feuerschein ist (vgl. Od. 4, 575). Auf jeden Fall aber steht das Mahl in der Nacht in engem Zusammenhang zu inneren und äußeren Feuern, und es erstaunt nun nicht mehr, im Zusammenhang mit Nachtmahl von der ambrosischen Nacht zu hören, die ja dann selbst göttliche Nahrung und Stärkung austeilt. Wir wissen, es ist der Schlaf, vorher aber kommt die Nahrung – die ‹Milchstraße› ist eine Erfindung der Griechen.

Wenngleich wir vermuten, dass in Homers Gleichnis die Perspektive eines Gastgebers wichtig ist, ist dieses Mahl doch aus einer Position vom Dichter nachempfundener Einsamkeit beschrieben, in welcher ein panoramatischer Blick nur noch visuell ‹weidet›. Zunächst aber ist zu fragen, ob nicht auch innerhalb der Tisch- oder Lagergemeinschaft ein aufmerksamer Blick auf den auftauchenden Glanz im Auge des ‹Genossen› wichtig gewesen ist. Die kultivierte Erweiterung der Stillsituation des Mahls wird besonders beim *Gastmahl* deutlich (bei dem andererseits der Inszenierungsaufwand und der Gesprächsbedarf ansteigt). Beim Gastmahl zeigt sich auch, wie alt die gattungsgeschichtliche Kon-Jugation des Innersten und des Äußersten ist. Denn immer schon sind Waffenstillstandsverhandlungen, ja jegliche Diplomatie im weitesten Sinne des Wortes (inklusive der Verführung des ‹anderen Geschlechtes›) mit dem gemeinsamen Essen verbunden gewesen.

Eine Ironie der Etymologie, reiner Zufall oder ein noch verborgener höherer Sinn haben es gefügt, dass das äußerste Außen (der Gast) und das innerste Innen in einem Wort zusammenfinden: *gastronomia.* (Und dabei spiele ich nicht auf die *astronomia* an.) Athenaios überliefert 330 Verse eines «gastronomischen Gedichtes in Hexametern» von Archestratos, einem Zeitgenossen des Aristoteles. (Kl. Pauly 1, Sp. 504) Hier geht es um gutes Essen; das Stamm-Wort ‹gaster› aber bedeutet Bauch. Gastronomia wäre Bauch-Wissenschaft. Seit 1623 ist es in dieser Bedeutung im Französischen verbürgt und erlangt weltweite Bekanntheit durch Jean-Anthèlme Brillat-Savarin (*1755), in dessen «Physiologie des guten Geschmacks» sie etwas Ähnliches bedeutet. Allerdings mit einer entscheidenden Bedeu-

Archaiker hier wohl evozierten Zwang zur Symmetrie zwischen dem Feuerkreis mit Essern und dem Mondkranz aus Sternen.

tungsverschiebung: Der Gastronom ist hier ein guter Esser, ja ein «Feinschmecker», bei dem die reine Physiologie der Verdauung nur noch die Hälfte der Bedeutung hat, umso wichtiger wird für die Tafelfreude das Gespräch mit Gästen. Seine ‹Gastronomie› behandelt de facto fast nur «Gast-Mähler» (obwohl das Wort selbst immer noch die Pflege des Bauches bedeutet, auf Feinschmeckers Behagen zielt).[1680]

Im Deutschen hat 1815 auch kurz die französische, das Essen betreffende Bedeutung Eingang gefunden; aber seit 1825, seit der Rezeption von Brillat-Savarin, konnte sich der Gebrauch des Wortes schwungvoll mit einer eklatanten Bedeutungsverschiebung vermehren, weil im germanischen Wortgebrauch Gasthöfe und Gastwirte Gastmähler zur Bewirtung von *Gästen* ausrichteten. Ein Gast ist aber, der germanischen Wortgeschichte zufolge, kein Bauch, sondern ein Fremder, ja ursprünglich sogar ein garstiger Fremder, nämlich ein Feind. Dementsprechend ist heute noch, abweichend vom französischen Wortgebrauch, deutsche ‹Gastronomie› ein Teil des *Fremden*verkehrs.[1681] Die im Dunkeln liegenden Wege der Verdauung und der Herkunft des Fremden treffen sich an der doppelten oralen Mündung von Welt und Mund zur Rede und zur Speise. Die tiefste und dunkelste Ambivalenz von «Zum Fressen gern haben» und dem ‹Vertilgen› des fremden Materials treffen sich hier und verdichten die Begegnung von innen und außen.[1682]

Älteste Feuer

Während die Kommunikation mit *Texten* und über sie viel jünger ist – auch unabhängiger von physischer Gemeinschaft, hat die doppelte orale Nacht von Stillen und Lautgeben nicht nur die Jahrtausende geprägt, sondern auch die langen Jahrhunderte des Übergangs von Manuskript- zu

1680 Brillat-Savarin: «Geschmack» und «Gastronomie» erläutern sich gegenseitig in seinem Titel.

1681 Vgl. Kluge Etym., S. 300. – Duden Herk. verweist unter «Gast» auf lateinisch hostis: «Feind» (S. 198).

1682 Jeder Gast ist ein Gericht, das einverleibt, verdaut und wieder entlassen wird. Jedes Gericht ist ein Gast aus einer andern Welt, der in uns wandert, bis er wieder – nicht ohne Hinterlassung wertvoller Gaben – geht.

Drucktexten. Nicht nur in der Gemeinschaft der kollektiven Andachten und Eucharistien herrscht das laute Beten, Singen und Vorlesen vor, sondern auch beim textgestützten privaten und einsamen Gespräch mit Gott, beim Gebet nämlich, werden, zumindest noch im Mittelalter, Mund und Stimme bewegt. Selbst die säkulare Alphabetisierung, die durch die protestantische Aufwertung der Schrift und ihre nationalen Übersetzungsprojekte befördert wurde, ist von vielen Herrschern und Kirchenoberen argwöhnisch beäugt worden und deshalb nur zögerlich vorangekommen.

Nach 1500 blieb trotz der Druckkunst über mehr als zwei Jahrhunderte hinweg Textbesitz ein Privileg, sodass (bei regionalen und städtischen Unterschieden) biblische und andere Geschichten bis weit ins 18. Jahrhundert hinein in einer oral-textilen Mischkultur überliefert wurden – aber immerhin: kollektiv. In den Familien waltete – wie weiland der Hirte der Völker, wachend über 1000 Feuer – der Patriarch vorlesend seines Amtes: der Verbindung zwischen der Welt draußen und seinen Schäfchen drinnen; im nächtlichen Vorlesekreis am Feuer oder über den schwachen Lichtern der Öllampen und Kerzen übertrug sich via Vorlesen durch den seltenen Lesekundigen oder Textbesitzer die Wirkung des Lesens auf Unkundige oder Textlose.[1683]

Doch gehen wir noch einmal zurück in die Nächte des Paläolithikums. Immer gab es einen engen zeitlichen und topologischen Zusammenhang von nächtlichem Essen und nächtlichen Gesprächen oder Erzählungen, will sagen, Erinnerungen vergangener, weil täglicher Handlungen oder Fiktionen von Handlungen im Dunkel der Muße. Das frühkindliche Phantasma des inneren dunklen Leibs, der ‹auffährt›, das heißt angehoben, gehalten und erfüllt wird, dann in den Schlaf sinkt und niedergelegt wird, findet in den gattungsgeschichtlich frühesten Formen der Ernährungsgemeinschaft seine auch individualhistorische Übertragung: Dem Feuer der Verdauung entspricht nämlich von Anfang an die soziale Situation am nächtlichen Lagerfeuer, das wärmt, die Blicke fokussiert, die Nahrung der Verdaulichkeit zuführt und dabei die Geschichten vom Tage wieder aufwärmt.

Selbst der sogenannte Höhlenmensch *lebt* ja in der Regel nicht in Höhlen, sondern draußen, allenfalls unter den Abris. Nicht Wände bestimmen

1683 Vgl. H. Zedelmaier: Lesen in der frühen Neuzeit. Internet Uni München, 2005.

von außen seinen sozialen Raum, sondern ein inneres Feuer – auch draußen in der Nacht. Das Lagerfeuer ist ein inneres Feuer wie das der Imagination, weil es im Herzen der Lagergemeinschaft prasselt, lodert oder glüht, weil es ins zwar beschränkt nur einsehbare, aber im Gefühl und im Wissen unermessliche Feld der unbekannten Nacht ausstrahlt. Kohärenz und Signifikanz sind dadurch Prädikate der Gefühlsqualitäten und der Intensität und nicht des Leib-fremden Maßes eines von außen begrenzten Raumes.

Außer der erhöhten Wachsamkeit für die dunkle *Rück*seite dieses sozialen Raums, die kalt an jedem einzelnen Rücken hochkriecht, die aber schon früh arbeitsteilig, wenn auch nie restlos, durch Wachen ‹entsorgt› gewesen ist, ereignet sich in dieser Nacht am Feuer die doppelte orale Reproduktion von Nahrung und Narration, wobei das Erzählen hier noch äußerst weit zu fassen ist: als szenische Vergegenwärtigung des Ungegenwärtigen (des Erinnerten, imaginär Anwesenden), eingeschlossen Tanz und Gesang. – Außer der erhöhten Wachsamkeit? Das ist ein affektiver Sprung in die Ambivalenz zur Nacht. Denn mit der neuen Binnenbehaglichkeit am Feuer wächst gemäß der Regel, dass viel Schatten ist, wo viel Licht ist, die Un-Heimlichkeit der äußeren Nacht an. Je heimeliger das Feuer, desto unheimlicher die Nacht. Der dramatische Charakter des Gegensatzes von Hell und Dunkel, wenn, wie beim Lagerfeuer, das Licht *im* Dunkel ist, lässt immer wieder neu die äußere Nacht als verlassene, ehemals *zugleich* (leib-) innere und äußere Nacht erscheinen.

Selbst wenn es die leibinnere Nacht jeweils vor der individualhistorischen Teilung in innere und äußere Nacht gar nicht gegeben haben sollte, so gibt es sie post festum a priori als Phantom der verlassenen Einheit. Dabei kann schon hier, also etwa in paläolithischer Zeit, das auftauchende Feuer als Spiegelung der auftauchenden Imagination in Leib-innerer Nacht, ja als deren Ausstülpung verstanden werden. Das können wir nicht belegen, aber die gesamte Höhlenmalerei machte keinen Sinn, wenn sie nicht auch Ex-Stallation einer imaginären Installation wäre, die am Feuer beginnt. Nicht nur ist sie nicht sichtbar, wenn man kein Licht ins Dunkel mitbringt, sondern sie ist auch selbst zuvor ins entlegenste Innerste verbracht worden, ins Unsichtbare[1684], aus dem sie stammt, denn die Vorstellung hatte sich an dieses entlegene Innere gewandt, um sich auszustülpen.

1684 Die eindruckvollsten Wandbilder sind immer noch zum größten Teil im

Die Jahrtausende währende Höhlenmalerei ist ein dauerhaftes Argument für das kultisch überhöhte Chiasma von innerer und äußerer Nacht und für die Nähe des Bildes zum Feuer in der Nacht. – Wenn aber alle die physiologisch und kulturell lebenswichtigen Funktionen, Licht für visuelle Orientierung, Verteidigung gegen außen und Kommunikation, Wärme für den Leib und Hitze für das Essen, im Feuer noch verhältnismäßig wenig differenziert, sondern gebündelt erscheinen, dann gibt es für alle diese Gegebenheiten die eine, sozusagen ‹umfassende› Gegenspielerin: die Nacht. Sie war immer schon vorher, denn die Menschen werden gewusst haben, dass gegen deren bestehende Realität das Feuer erfunden und erkämpft wurde. All die sinnfälligen Phänomene, zum Beispiel die Rede am Feuer, kommen aus der Nacht. Gerade mit den ersten Schritten der Abkoppelung der Zivilisationen von der nächtlichen Periodizität findet eine bedeutsame ‹assoziative› Rückkoppelung an die Nacht als ein Ur statt. Je später es ist, umso früher war schon die Nacht.[1685]

Spätestens bei Hesiod ist an den (Un-)Gestalten von Chaos über Uranos und Kronos bis Typhoeus die Ausstülpung eines nachtleiblichen Phantasmas der Bilder in den Bahnen von *Verschlungen*werden und Geborenwerden oder Aus*speien* und Opfern organisiert. Die Ambivalenz zur Nacht als ein kulturprägendes Thema ist aber nicht einfach auf das positive Licht und die negative Nacht verteilt. Durch die leibliche und affektive Wegwendung von der Nacht steigt die Möglichkeit der Verlebendigung ja Personalisierung der Nacht, indem man ihr selbst die eigene psychische und physiologische ‹Bewegung› andichtet, hinzuphantasiert.

Nicht nur behauptet sich so phantastischerweise am Un-Heimlichen der Nacht eine alte Schuld-Forderung der ‹Verlassenen›, sondern auch das Feuer war nie ganz geheuer. Als Emblem zweckgebundener Beherrschung wilder Natur ist es immer auch als Mahnmal der Abwendung von Natur oder von göttlicher Ordnung mythologisiert worden. Das Feuer wird personifiziert oder geraubt durch Trickster wie Loki (› Lohe) und Prometheus; Verführer, Gleisner und Rebellen wie Luzi-Fer halten es dem gött-

tief-verborgenen Innern der Höhlen zu sehen. Siehe M. Lorblanchet: Höhlenmalerei. Sigmaringen 1997; vgl. auch A. Pastoors / G. C. Weniger (Hg.): Bilder im Dunkeln – Höhlenkunst der Eiszeit. Neanderthal-Museum 2004.

1685 Die schriftlichen Quellen der orphischen Vorstellungen von Nacht als ältester Göttin sind auf jeden Fall nach-hesiodisch.

lichen Licht entgegen, machen Theater daraus in Höhlen des falschen Bewusstseins (Platon). Das Feuer ist als Repräsentant von Verstellung, Vortäuschung und Verführung das Geburtslicht von Lüge und Fiktion, den Ausgeburten des Imaginären. Im Feuer wird der Abfall des Tieropfers zu den Göttern als das Heiligste expediert, während die Menschen die guten Teile bekommen.

Um aber den sozialisierenden Stoffwechsel zwischen Hell und Dunkel, innerer und äußerer Nacht, innerem Licht im Dunkel und äußerem Licht im äußeren Dunkel in seinem wahrhaft ein- und ausstülpenden Wesen zu begreifen, ist zu bedenken, dass es diesen Zusammenhang zwischen Schmausen und Lauschen als Einfahrt und Eindruck und dem Rauschen der Sprache als Ausfahrt und Ausdruck gab und gibt. Wortmalerisch intonieren Schmausen, Lauschen und Rauschen eine Balance und die Rhythmen zwischen nächtlichem Rein und Raus am sich aufwölbenden Mund eines Sprechers dieser Silben, der vielleicht mit einem Rülpser beginnt oder (frei nach Hesiod) mit dem Chaos der Verdauung. Wenn das beherrschte Feuer (das zugleich fortwährend den Verdacht seiner eigentlichen Unbeherrschbarkeit schürte) der Inbegriff menschlicher Kultur ist, dann ist die Nacht das primäre Medium derselben.

Der spezielle Zusammenhang zwischen innerleiblichem Dunkel und dem Dunkel um das Feuer herum ist zwar bei mir phänomenologisch aufgewertet, mythologisch aber ist er ein alter Hut. Die Blitze des Zeus waren schließlich *innerirdische* Gabe der Gaia. Darüber hinaus haben Archäologen und Paläohistoriker immer schon die Bedeutung des nächtlichen Lebensraumes am Feuer – wenn sie sich getrauten zu sagen, was sie denken – gerühmt. Einerseits wird mehr Lebenszeit und Lebensraum der Natur und ihren Rhythmen abgewonnen, übrigens nicht nur durch die Zeit am Feuer selbst, sondern darüber hinaus auch dadurch, dass die gegarte Mahlzeit nachher viel weniger Zeit zur Verdauung beansprucht.[1686]

Andererseits ist dieses neue Feld oder Medium qualitativ vom täglichen Raum unterschieden. Zum medialen Aspekt gehört die Möglichkeit der musischen Vergegenwärtigung des Vergangenen. Aber der Begriff der

1686 Vgl. «Ich koche, also bin ich» in: Der Spiegel 52/2007, S. 127. Der hier vorgestellte Biologe Richard Wrangham sieht außerdem in der Ernährung durch Gegartes eine entscheidende Bedingung für die rapide Hirnentwicklung seit etwa 1,9 Millionen Jahren (ebd., S. 126 f.).

Möglichkeit selbst ist hier schon ein Schlüsselbegriff, denn die zusätzlich gewonnene Zeit am Feuer ist die Nacht der verschiedenen Möglichkeiten; alles ist vom großen dunklen Zauberwald der *Wahl* umgeben: Man kann essen *oder* reden, schlafen *oder* vögeln, imaginär fliegen *oder* träumend fliegen, ganz der Ort sein, den man erschafft oder weg sein und unterwegs. Der Archäologe Georg Kraft sieht in der befeuerten nächtlichen Natur das Entstehen der

«Muße zum Austausch [!] von Gedanken und Gefühlen. Das Feuer ist ein sichtbares Wahrzeichen und Denkmal des Menschen als Schöpfer… Im Lichtschein des Feuers lebt er in seiner eigenen Welt, in der Kultur… Das Feuer, später der Herd – ist der Mittelpunkt seines Lebens und seines Lebensgefühls; hier entspringt Rede und Gesittung.»[1687]

Wie schon erwähnt, entsteht hier aber auch die Wildnis als die vom Bannkreis des Feuers aus undurchdringlich *gewordene* Finsternis. Die Grenze zwischen Kultur und Wildnis verläuft durch den Körper in der Nacht, und zwar dort, wo äußere Wärme und äußere Kälte sich treffen. Wo sonst auch sollten sich dunkle Physis und leuchtende Einbildung eher *ent*mischen als hier. – Wir können hier keine Geschichte der künstlichen Beleuchtung, des nächtlichen Essens und auch noch der nächtlichen Gespräche geben. Doch obwohl die Makro-Kulturgeschichte eine Geschichte der Differenzierung der Funktionen von Wärmen, Beleuchten, Bildgeben, Erzählen und Ernähren ist, wirft das paläolithische Feuer ein zwar flackerndes, aber auch erhellendes Licht auf die Affinität der erwachsenen, sozialen Nachtmahls-Kommunikation zur Still-Situation, zum Phantasma innerleiblicher und interleiblicher Nacht und zur Inszenierung des Imaginären im nächtlichen Fiktiv des Erzählens.

Apropos Lagerfeuer: Sie sind nicht erloschen! Zwar scheinen sie nur noch aufzuglimmen: am individuellen Glimmstengel; aber die rauchenden Gefährten der gefährlichen Nächte, in denen der Krebstod droht, rücken zusammen in den Zeiten, da man diese Kommunion der Lungenauswürfe, geborgen in Wolken aus Rauch, aus den *Gasthäusern* vertreibt. Groß war zunächst der Jammer in Deutschland, als das öffentliche Rauchverbot nur erst drohte (2006/7). Am stärksten aber war der Widerstand in der Gastronomie, wo man den Zusammenhang von Glut und Gastlichkeit, Rauch-

1687 G. Kraft: Der Urmensch als Schöpfer. Berlin 1942, S. 160.

Enden und *innerer* Beize noch kennt. Zwar kann man Zigaretten nicht wirklich als Nahrung betrachten, obwohl so manche Zigarette schon einen Apfel ersetzt hat (besonders nachts im Bett, zu zweit) und obwohl das Hantieren mit der Glut am weißen Stengel nur als die elegantere Variante des Saugens am feuergegarten Markknochen gilt[1688]; aber diese In- und Exhalation ist doch mehr als nur Luftaustausch: geistige Nahrungsaufnahme und Stimmungsabgabe, Atmo-Sphäre sozusagen. Denn das ist ja wohl klar: Raucher sind die geselligeren Menschen, sind füreinander Gas(t)geber.

Wenn die Luft eines Raucherzirkels geschwängert ist, wie man sagt, von Rauchschwaden, die von innen kommen, so zeigt sich an der Eintrübung der Atmo-Sphäre gerade die Fruchtbarkeit einer wahrlich interpenetrativen Zusammenkunft. Nichtrauchende Gesprächsgruppen mögen sich *gegenüber*sitzen, face to face, Fassade versus Fassade. Raucher aber hocken *zusammen*, wenn sie nicht sogar ineinanderhecken. Zufrieden oder erregt, jedenfalls bereit nicht nur zum verbalen, sondern auch zum emotionalen Austausch, stoßen sie eine bereits von Mitrauchern inseminiert gewesene Schwade, die sie gastlich und gaströs hereinholten bis an die letzten Ränder der Lunge, hinaus, wo sie sich mischt, die Schwade, in phantasiefördernden Kringeln oder Wolken, mit den Protuberanzen der anderen kommunizierenden Vulkane. Wörter, wie Glutfunken aufstiebend, ausgestoßen aus dem Nachbarschlot und zärtlich gehüllt in blauen Dunst!

Aus der fast unsichtbaren, aber wolkigen Nähe des Nachbarn schwebt *Ahnung* über den Inhalt der Rede, mehr nicht. Und das ist auch gut so. Mag der Rauch der *homerischen* Feuer in den Äther sich recken, *hier* ist der verdunkelnde Qualm selbst der Stamm, der die *paroles* treibt, Stammtischparolen. Wie Sterne im Kreis um den Mond: aufleuchten ringsum und feuerrot die Mündungslichter der Nikotinjäger, um gleich darauf mit dem Verblasen der inneren Nacht die äußere, ach was: die gemeinsame Dunkelheit zu nähren: kollektive Umstülpung in ‹Umnachtung›.

1688 Vgl. die ‹Cowboy-Marken› (Camel, Marlboro etc.), deren Image mit Lagerfeuern und dampfenden Brandzeichen auf lebenden Steaks ‹glänzt›. Rauch kann tödlich sein.

Bauch und Gott II
Ziegenbraten an Bocksgesang

… meist in der hohen Einsamkeit der Nacht
Euripides: Bakchen, 486

Obwohl die improvisierten Nacht-Gelage im Kriegsepos Ilias nicht das zivile Niveau von Mykene oder gar Troja erreichen, gesellt sich dort zur Anschauung des nächtlichen Feuers ganz selbstverständlich der Gedanke an die Götter sowie ihre Empfangsbereitschaft, und zugleich ermöglicht der Hell-Dunkel-Kontrast eine Übertragung in die Sprache des Gleichnisses. Das Nachtmahl vor Troja ist hier insofern von symptomatischer Bedeutung für die Nachtsprache, als es Gedanken an Höhere, Unsichtbare, Vergangene usw. eingibt und andererseits eine höhere Sprache erleichtert, die den Kontakt mit dem dunklen anderen, zum Beispiel den so anderen: Göttern, Geistern, Gespenstern, vorstellbar macht. Dazu nun das Tiefere: Es ist schon physiologisch naheliegend, dass Essen und Trinken die Zunge lösen, auch zum Gesang. Aber es würde entschieden zu kurz greifen, das Auftauchen von Glanz, das Vorstellen einer versöhnlichen Kommunikation mit Unsichtbaren und jene dem ‹entsprechende› poetische Sprache des Gleichnisses als pure ausgleichende Ausdrucksbewegung des Verdauens anzunehmen.

Denn schon das Essen-Fassen selbst ist in dunkleren Zeiten mit Schuldgefühlen und Angst vergällt gewesen. Deshalb all die heute lachhaften Inszenierungen der Einwilligung des Schlachtviehs, die Unschuldskomödien und Wiedergutmachungen[1689]. Die orale Aggression wird deshalb in der Regel zunächst als orale Hin-Gabe inszeniert. Ins Opfer und beim Opfern wird Imaginationskapital investiert, das als Inspiration durch Essen und Trinken (imaginär vermehrt) zurückkommt. Die ‹Verdauung› des Fremden (ein Weg nach innen also) ist als magische Konsumtion zugleich Teil einer imaginären Produktion gewesen (Artikulation nach außen), was man an der Bedeutung des Mahls für die Religionen sieht. Die *Verdauung des Fremden* ist hier nicht bloß als Sprachbild zu sehen, sondern

1689 Vgl. Burkert: Religion, S. 104. Beim athenischen Opferfest Bouphonia (Ermordung des Ochsen) sind alle unschuldig außer Axt und Messer, die zur Strafe ins Meer geworfen werden. J. G. Frazer: Der Goldene Zweig. Frankfurt 1977, Bd. II, S. 678.

in all der *rituellen Vielfalt* ihrer Bedeutung, zum Beispiel in der eucharistischen Gemeinschaft.

In Erinnerung daran, dass sie auf der Flucht vor den Ägyptern nicht vom Roten Meer ‹verschlungen› wurden, wohl aber der Feind, feiern die Juden das Passahfest: mit einem Mahl, einem Nachtmahl natürlich. Essen und Erinnern bahnen sich (‹gegenseitig›!) den Verkehr. Aus dem periodischen Fest der Hirten über die Erstlingsgeburten ihrer Nahrung wurde ein Opferfest zum Dank für Befreiung – und zur Bindung an den Befreier. Der Beitrag des Nachtmahls zur (hier noch religiös motivierten) Nachtästhetik kommt einerseits in der ‹Zutage-Förderung› der Erinnerung und des Imaginären, andererseits in der Geburtshilfe zum Ausdruck. Das Nachtmahl hat substanziell und dauerhaft viele Religionen, die Poesie und die Verwandlungen in den Kulthandlungen und im dramatischem Spiel geprägt, in Europa zum Beispiel bis hin zu Tragödie und Komödie.

Die frühgriechische Religion stellt sich, wie andere nahöstliche und indo-europäische Religionen auch, im Opferritus das Zentrum ihrer gemeinsamen ‹Bindung› vor. Das Opfer aber ist im ältesten Ideal vieler Religionen Teil der *Tischgemeinschaft* mit den Göttern, wenn auch viele zeitliche Streckungen einer bloßen Tauschgemeinschaft von Gaben das Bild leibhaftiger Gemeinschaft etwas undeutlicher haben werden lassen.[1690] – Noch im oben behandelten Lageridyll der Ilias ist davon die Rede, wenngleich die Götter das Opfer der Trojaner in diesem Fall nicht annehmen. – Der Schwindel des Prometheus, der Zeus wählen ließ zwischen dem schlecht aussehenden (aber das Beste bergenden) Teil des Mahls und dem fettglänzenden (aber nur Knochen enthaltenden) anderen Teil, verbesserte zwar die schlechte Ernährungslage für die Menschen, bewirkte aber bei Zeus die Aufkündigung der Tischgemeinschaft. Den Entzug des Feuers als Strafe, der nicht nur die Verdauungssituation wiederum verschlechterte, sondern auch alle Brand-Opfer unmöglich machte, beantwortete Prometheus zwar mit dem Raub desselben.

Aber zur Strafe wurde wiederum der Titan eine Ewigkeit lang von Zeus gegessen, und der aß nur das Beste, seine Leber. Der ‹Kronide›, in dessen Familie Kinderfraß alltäglich war, aß nicht mehr persönlich, das ist wahr. Es war sein Attribut, der Adler, der seinem Onkel an die Leber ging. Aber

1690 Etwa vom Typus: Im Winter ein Schwein für Demeter geopfert, dafür im Sommer Korn von ihr.

was heißt das schon bei *den* Verwandlungskünsten eines alten Kuckucks? – Nachts wuchs die immerwährende Adlernahrung immer nach. – Auch dies kann man als eine Art Tischgemeinschaft bezeichnen, etwa nach Art der Tischgemeinschaft zwischen Fuchs und Gans, nicht sonderlich zynischer als die der Menschen, die den Göttern den Abfall ihres Mahls unterschoben. Dass auch die Götter einander fressen, zeigt nur, wie nah die Gottesvorstellungen am Essen hausen. Zeus frisst den Titanen Prometheus, Kronos frisst die Kroniden, die Titanen fressen Dionysos, das ist kein nahöstlicher (semitischer) Import, sondern nur der Sonderfall des Menschenopfers, das auch von Indien bis Amerika verbreitet war.

Dieser Sonderfall ist ähnlich gelagert wie die Fälle des Menschenopfers für Menschen, wie er etwa im Atreus- und Thyestes-Mythos vorliegt. Atreus kocht seinem Bruder Thyestes zum Versöhnungsgastmahl dessen eigene Kinder, die Thyestes dann nichtsahnend verspeist. Die Einverleibung des Fremden erweist sich als Einverleibung des Eigenen. – Viele ‹Einverleibungen› durch Götter, die dann sekundär gebären, wären vielleicht nicht so häufig in verschiedenen Kulturkreisen vorgestellt worden, wenn es nicht die prägenden oralen Erfahrungen gegeben hätte. Manchmal machen es die Götter auch nicht selbst, sondern lassen essen, zum Beispiel den Wal, der Jonas verschluckt. Die Titanen verschlingen, von Hera beauftragt, Dionysos-Zagreus; aber des Letzteren Herz verspeist Semele, von Zeus beauftragt, um Dionysos wiederzugebären.[1691] Die mythologischen und rituellen Erklärungen (Initiationsriten) als *zweite* Geburt sind allein deswegen schon bedeutsam, weil sie die Konkurrenz zur *primären* bezeichnen können. Welche magischen Kräfte dem Essen zugestanden wurden, sieht man an den Bräuchen nicht nur der ältesten Völker, sich Körperteile des Feindes einzuverleiben. Es gibt aber auch Fälle von bleibender geistiger Nahrung, die, einmal ins eigene Innere befördert, dort ewig klugscheißen, wie es bei der geistigen Nahrung der Fall ist, die Metis für Zeus ist. Aber auch Bauchredner nähren sich ‹redlich› von der verbreiteten Analogie zwischen Reden und Essen.

Das Feuer in der Nacht als Außenstelle des inneren Dunkels lässt zwar Göttliches leichter ‹sehen›, doch dieses ist dadurch auch ferner gerückt. Dass, mythologisch gesprochen, mit dem Besitz des Feuers, das doch auch für viele Opfer an die Götter nötig *schien*, die Götter ferner rückten, scheint deren letzter Dienst an der Steigerung ihrer *imaginären* Vergegenwärti-

1691 Recl. Lex., S. 156 f.

gung zu sein. Denn an Rauch und Bild der Flamme wurde konkret die Art der göttlichen Präsenz und ihre kommunikative Stimmung abgelesen. Wenn auch im konkreten Fall des Lageridylls betont wird, dass trotz der anscheinenden Himmelsaufnahme des Fettdampfes die seligen Götter gegen Troja voreingenommen waren (Il. 8, 548), so bestätigt die Ausnahme den regelmäßig fragenden Blick auf die Erscheinung des Opferfeuers. – Auch dies scheint interkulturell verbreitet zu sein; erinnert sei hier an das biblische Opfer Kains und Abels: An der Rauchfahne wurde die Annahme oder Verweigerung der Sendung erkannt. Die Bedeutung des religiösen und damit imaginären Horizontes beim großen Nachtmahl mag daran ablesbar sein, dass noch im klassischen Griechenland klassisches Fleisch wie Schaf, Rind und Schwein nur im Zusammenhang der Zuteilung von Opferfleisch erhältlich war und dass der Wein als Gabe des Dionysos immer zur Legitimierung, ja Heiligung von Begeisterung und Trunkenheit beitragen konnte.[1692] Jedes Mahl begann mit einem Trankopfer (Libation) an einen Gott, mit einem Ausguss vor dem Einguss.

Essen, dionysisch

Auf *Dionysos*, den immer wieder neu auftauchenden, aber in Wahrheit uralten griechischen Gott muss eingegangen werden[1693], weil die lange Geltung der dionysischen Analogie von Mahlzeit und Verwandlung ihn für uns zu einem Modellfall macht. In seinen Kulten sind die Mythen und Riten von ‹Gott-Essen› und ‹-Trinken› besonders komplex und kommunitär verbunden. Das Fleisch und Blut der Mahlzeit scheint zuweilen vom Gott selbst zu stammen.[1694] In Orchomenos verwandelt sich Dionysos vor den

1692 Vgl. Burkert: Religion, S. 101, S. 108 und S. 122. – Auch ist die *leibhaftige* Anwesenheit und der leibliche Ausdruck bei der Schlachtung des göttlichen und menschlichen Mahls zu beachten: Beim tödlichen Schlag haben die Frauen den schrillen Opferschrei auszustoßen. «Leben übergellt den Tod» (ebd., S. 102).

1693 Dionysos ist schon in der Bronzezeit mit Zeus verbunden. (W. Burkert: Die Griechen und der Orient. München 2003, S. 80) Er weist Ähnlichkeiten mit Osiris und mit Jesus auf. Möglicherweise heißt Dionysos «Gotteskind» (Burkert: Religion, S. 253).

1694 Vgl. Kerényi: Dionysos, S. 146; weitere Seitenangaben im Text.

Töchtern des Minyas von einem Mädchen in einen Stier, einen Löwen und einen Pardel, aus deren Maul Milch und Nektar fließen.[1695] Gewiss kann hier nicht der ganze nachtästhetisch relevante Geltungsbereich der Dionysos-Kulte behandelt werden. Aber welche Rolle dort Essen und Trinken spielen, soll hier erörtert werden.

Plutarch nennt Dionysos nach orphischer Tradition *Zagreus*, *Nyktelios* und *Isodaites*. Kerényi schlägt als Übersetzung von Zagreus die Bezeichnung «Wildfänger» (S. 65) vor, wobei auch eine Fallgrube mitzudenken ist. Es soll «eine reduzierte Stufe der Wurzel von *zoé* («Leben») darinstecken (S. 65). Vielleicht hat auch der Name *Zagros* für ein wildreiches Gebirge in Kurdistan und eine der Quellgebiete der neolithischen Wildtierzähmung hier Pate gestanden. Jedenfalls steht Zagreus für Leben als Beute, das heißt, tot *oder* lebendig. Das passt wiederum mit Grube und Unterwelt zusammen. Teilweise scheint Dionysos sogar mit Hades gleichgesetzt gewesen zu sein. (Ebd.)

Jedenfalls ist ausweislich von Goldblättchen als Grabbeigaben (zum Teil in Form von Efeu-Blättern) davon auszugehen, dass Dionysos ebenso der Herr eines *Mysterien*kultes mindestens seit dem 5. Jahrhundert v. Chr. ist[1696] und dass die Absolvierung der Mysterien später den Beerdigten ein festliches und seliges Weiterleben unter der Erde versprach (S. 85). Von keinem anderen Mysterienkult, so Burkert, gebe es vergleichbare persönliche Dokumente über so viele Jahrhunderte hinweg (S. 86). Von den Mysterien der Lebenden ist bekannt, dass sie eine Art Unterweltsfahrt simulierten, an deren Ende der Eingeweihte als strahlender Dionysosknabe auftaucht. Dies ist das Vorspiel der postmortalen Verwandlung, in welcher der Tote zu Dionysos wird. Die nächtliche Bedeutung des Chthonischen Dionysos (= Zagreus) wird verstärkt durch seinen Beinamen *Nyktelios*. Von

1695 J. J. Bachofen beschrieb in ‹Der Mythus von Orient und Occident› (S. 343) den Mythos um Dionysos in *Orchomenos* als einen Paradefall dionysischer Bezwingung des Mutterrechts. Die Thebaner hatten behauptet, seine Mutter Semele habe bloß irgendeinen sterblichen Mitzeuger gehabt. Ein Muttersohn braucht in matrilinearen Gesellschaften keinen Vater, zumal wenn die Mutter Semele heißt und vielleicht die Mondgöttin Selene ist. Die Thebaner sahen das schon anders. Vater Zeus hilft hier aus, indem er die sechsmonatige Frühgeburt selbst austrägt, Vater und Mutter zugleich ist.

1696 W. Burkert, «Die Griechen und der Orient», S. 84; des Weiteren Seitenangabe im Haupttext.

Nyx hat Dionysos das Orakel in Delphi, das aus einer Erdspalte sprach, erhalten. Aber außer der ‹himmlischen› Nacht als Medium seiner Feste und Fahrten verweist ‹der Nächtliche› nicht nur auf die delphische Unterwelt, sondern auch auf die Unterweltfahrt allen Fleisches in der Verdauung. Der Zusammenhang mit Nahrung ist über die Ziege in fast übergroßer Fülle offensichtlich. Selbst für das Orakel musste zuvor eine Ziege geopfert werden. Anscheinend waren es die Ziegen selbst gewesen, die die Ausdünstungen, die Boten-Stoffe über der delphischen Erdspalte, zuerst deutlich anzeigten, indem sie in «einen ekstatischen Zustand gerieten».[1697]

Der Kern dieser umnachteten Ziege ist ihre absolute Zweideutigkeit, einerseits den sterbenden Gott und andererseits den sterblichen Opferer zu repräsentieren. Natürlich wurde die Ziege gegessen. Die Repräsentanz des Menschen wird von Gott gegessen, die Repräsentanz des Gottes vom Menschen. – Das Fleisch machte also eine gastrische Unterweltsfahrt durch, an deren Ende die Erlösung bzw. ein Festmahl in der Unterwelt stand … Die dritte Charakterisierung fasst den Zusammenhang von Tiernahrung und nächtlichen Riten metonymisch zusammen, indem sie den *Isodaites* anspricht, den «genauen Zerteiler des Opferfleisches» (S. 146). Womit zerteilt er das Fleisch? Nach dem allerdings erst spätantiken Nonnos mit dem Messer der Titanen, mit der «Tartaria machaira» (S. 154). Das klingt nach Tartaros (I), nach dem Mahlen beim Kauen und dem Rülpsen beim Verdauen.

Nahrung (Fleisch, Wein und andere Drogen) und Rede (Hymnen und Orakel) kennzeichnen allerdings nicht hinreichend die nächtliche Seite der dionysischen Mysterien, Orakel und Feste. In der dreimonatigen dionysischen Winter-Periode in und um *Delphi*, die ungefähr mit dem 8. November begann, im *Dadophorios*, im «fackeltragenden Monat», wurde der Dithyrambos getanzt, der Schwindeltanz «voller Leidenschaft und Wechsel, Wirrnis und Schwanken», so Plutarch nach Kerényi (S. 139). Manche Frauengruppen tanzten mehrmals auf die Höhen, von überall her kamen sie, manche tanzten schon vom Heimatort aus, wie die Thyaden aus Athen.[1698] Ihr *thyein*, ihr Schwarmtanz mit Fackeln, in Trance über nächt-

1697 Kerényi: Dionysos, 147; des Weiteren belegt im Haupttext.

1698 Laut Kerényi wechseln sich die Thyaden und die Mänaden im Zweijahresturnus ab. Erstere sind milde Frauen und bergen den neugeborenen Knaben (S. 138).

liche Schneefelder hinweg, glich fast dem Fliegen (S. 140). Das geheimere Rasen der anderen Frauen, der Mänaden, hinauf zum Parnass (2458 m) oder auf andere unzugängliche Höhen ereignete sich wahrscheinlich wiederum jedes andere zweite Jahr, dann aber mehrfach in einer blutigen Zerstückelungsorgie endend, die in den Dramen von Aischylos oder Euripides auch Menschen, Herrscher, Söhne wie Pentheus als vermeintliches Tier zum Opfern werden lässt.[1699]

Das ist letztlich immer noch die Vorbereitung zu einem Mahl. Zu einem *Nacht*mahl – denn der helle Tageshimmel ernüchtert die wahnsinnige Agaue.[1700] Da die Gesellschaft seiner Anhänger (Thyaden, Mänaden, Satyrn und Silene) nachts durch orgiastische Riten in einen Zustand der Raserei (und der Trunkenheit) gerieten, währenddessen ihnen der Gott in Gestalt eines essbaren Tiers erschien, soll hier das Nachtmahl-Relevante dieser Feiern angerissen werden. Denn aus der rituellen Opferung eines Ziegenbocks (der natürlich anschließend verspeist wurde) scheint sich der Anfang des «Bocksgesangs» (und der Satyrspiele) entwickelt zu haben. Dieses performative oder performierte theatrale Reden oder Singen ist eine ‹Wiege des Theaters› – aber auch Vorbild jenes *komos*, des Nachspiels eines profanen Nachtgelages der klassischen Griechen, bei dem gegessen und getrunken, erotisch gespielt oder ernst gemacht wurde. Dass ein Gott in Umkehrung der Tatsachen als der Nahrung*geber* auftaucht, ist aufgrund der basalen imaginären Tauschgesetze jeder Religion nicht verwunderlich. Dass er selbst die Nahrung *ist*, ist dagegen schon seltener; noch seltener ist das dionysische und das spätere christliche Selbstopfer des Gottes. Hier ist aus dem Böckchen ein «Lamm Gottes» geworden, aber der Wein ist das Blut geblieben. Selbst die Nahrung sein zu wollen, das zeigt unter anderem auch den verborgen usurpatorischen Charakter dieser Götter: Sie wollen Mütter sein: Lebensspender und Stiller.

An den Mänaden und Satyrn sieht man den Zusammenhang des Monsterthemas mit der Ästhetik des Theaters und des Nachtmahls; denn der ewige Hunger ist charakteristisch für alle Monster und viele Mischwesen.[1701] – Nun ist das Verspeisen, besonders des Tieres, von der elementa-

1699 Aischylos: Eumeniden, 26; Euripides: Bakchen, 1105.

1700 Euripides: Bakchen, 1267.

1701 In allen Jägerkulten, einschließlich wohl der paläolithischen, verwan-

ren Ambivalenz gekennzeichnet, dass es ‹einerseits› subjektiv wohltuend, ‹andererseits› objektiv zerstörend ist: zerstückelnd, zermalmend, auflösend. Diesen Zusammenhang möchte man, kann man aber nicht trennen. Ersteres trägt wahrscheinlich zur geschärften Unterscheidung von Subjekt und Objekt unter den Menschen bei, Letzteres schleicht sich als Projektion immer wieder in den Objektivismus ein. Dass der grausige Tartaros ein (ferner) *Schlund* ist, der verschlingt, ist die Vorstellungshygiene eines oralen Traumas, das noch in jungpaläolithischer Zeit, als 90 % der Nahrung fleischlich sein konnte, eine prägende Bedeutung gehabt haben muss. Am anderen Ende einer Skala der Grausamkeit staut sich die Milch in strotzenden Brüsten, bereit dem Säugling, der zu saugen versteht.

Das ‹Strotzen› habe ich gewählt, um die Geste der Natur hervorzuheben, die dem Geborenen (*natus*) hier im wahren Sinne des Wortes *entgegenkommt.* Vom wilden Zerreißen wilden, lebenden Fleisches durch Irre bis zum menschlichen Säugen von Zicklein, einem sozusagen mildesten Übertragungsstrotzen auf Artfremde, reicht die Skala der dionysischen Riten und Mythen. Mehr noch, alles scheint darauf angelegt zu sein, einen möglichst engen Zusammenhang zwischen grausamer Wildheit des Zerreißens und Verschlingens und der mildesten Form der Ernährung, des Stillens von Schutzbedürftigen, herzustellen. Das ästhetische oder religiöse Begehren der Dionysos-Kulte – wir können das von heute aus nicht unterscheiden –, die Gegensätze zwischen Grausamkeit und Zärtlichkeit, Aggression und Hingabe zusammenzubringen, ist über allen zeitlichen, räumlichen und kulturellen Differenzen hinweg im Motiv-Kreis um Dionysos immer wieder zu beobachten gewesen. Entgegen der heute bevorzugt wahrgenommenen ekstatischen Seite der Mänaden ist der Hauptheld, dem Christkind nicht unähnlich, ein sowohl mythologisch als auch in den Dionysos-Mysterien wiedergeborener *Knabe Dionysos* – einerseits …

Zum Beispiel preisen Grab-Texte aus Unteritalien eine wohl von einem Blitz erschlagene Tote als göttliche Wiedergeborene. Auch sprachlich paart sich hier grimmige Imagination mit zartem Ausdruck der Seligpreisung. Auf einem Goldblättchen aus einem Grab des 4. Jahrhunderts in Thurioi (Unteritalien) heißt es: «Böcklein fiel ich in die Milch.»[1702] Das

delt der Hunger einen Schamanen oder sonstigen Vormacher in ein (maskiertes) Mischwesen aus Mensch und aus der Vorstellung, die er von seiner Beute hat.

1702 Zitiert nach Burkert: Religion, S. 439; weitere Seitenangaben im Text.

ist ein in der Antike gängiger *Eintopf*, und auch wenn man es frommer als «Initiationsopfer» beschreibt, wurde es wohl gegessen.[1703] Sei dies nun ein Gleichnis für den Toten (der als Wiedergeborener ja noch sehr jung, ein Knabe, ein Böckchen ist) oder nur eine Erinnerung an den Grad der mystischen Eingeweihtheit in ein Mysterium mit einem Bocksopfer: Dieser Unglücksfall wird als Gleichnis für den Glücksfall der Vergöttlichung des Verstorbenen angesehen.

Auf einem ähnlichen Goldblättchen in einem größeren Grab derselben Gegend, dessen Insasse kultische Verehrung genoss, wird der Glückliche gepriesen: «Freue dich, erlitten zu haben, was du noch nie zuvor erlittest; Gott bist du geworden aus einem Menschen. Böcklein fielst du in die Milch.» (Ebd.) Ähnlich wie in einem westsemitischen Text von Ras Schamra, wo junge Weinbauern ein Zicklein siebenmal in Milch kochen, wurden in einer griechischen dionysischen Opfer-Zeremonie sieben Stücke des Zickleins auf Spießen gebraten, nachdem sie sie zuvor gekocht worden waren. Man weiß aber offenbar heute nicht definitiv, ob sie zuvor in Milch gekocht wurden.

«Wurden sie in Milch gekocht, so war die Handlung nicht ohne mythischen Inhalt: Sie evozierte das Bild der kindlichen Glückseligkeit bei der Mutter. Das zum Gott gewordene Zicklein vereinigte sich mit ihr wieder, wie es Dionysos mit seiner göttlichen Mutter tat. Er stieg im Mythos zu ihr in die Unterwelt hinunter.» (S. 160)

Wie sehr die mysteriöse Vergöttlichung des Toten mit dem mythischen Schicksal des Gottes Dionysos gleichgesetzt worden ist, zeigt der Spruch, der dem erstgenannten Milch-Böcklein voranging: «Ich entflog dem Kreis der schweren Trauer und Schmerzen. Ich erreichte den ersehnten Kranz.[1704] Ich tauchte unter den Schoß der Herrin, chthonischen Köni-

1703 Kerényi weist auf das biblische Verbot hin: «Koche nicht ein Böcklein in der Milch seiner Mutter» (2. Mos. 23,19 u. a. O.), das sich gegen den Brauch u. a. der Kanaaniter richtet. Besonders weist er auf Kilikien hin, wo es vor dem 8. Jahrhundert eine griechische Minderheit gab und von woher auch Spuren nach Delphi weisen (S. 159 f.).

1704 Ist es der Kranz, den der Eingeweihte auf dem Haupte trägt, oder gar derjenige, der ihn als einen Dionysos ausweist? Vielleicht verweist der Kranz auch auf den Kranz der Sterne um den Mond, wie er vom Fettdampf der Hekatomben aus dem Hirten der Völker in den Blick gerät. Das widerspräche der Tauchfahrt in die Unterwelt? Nicht unbedingt. Unter den vielen dionysisch inspirierten Mysterien,

gin.» (Ebd.) Dazu muss man wissen, dass Persephone einer Mythenvariante zufolge die erste Mutter des Dionysos war (bzw. die dritte, wenn man Zeus mitzählt), in die der besungene Tote wieder eingeht, wenn er unter ihren Schoß taucht. Die göttliche Wiedergeburt war dann ein *Auftauchen* (etwa aus dem Meer, aus einer Verkleidung oder Verwandlung). Aber inwiefern hängt das Böcklein mit Nachtmahlen zusammen?

Aus zugegeben gänzlich anderer Quelle, etwa der klassischen griechischen ‹Tragödie›, springt uns das Böcklein wieder entgegen, als kultische Mahlzeit. Von den weiblichen Anhängern des Dionysos-Kultes heißt es: Auf dem ‹Höhepunkt› ihrer Performance «hatten die Schwärmer oft Visionen ihres Gottes, der ihnen in der Gestalt eines Stiers oder einer Ziege erscheinen konnte. Die Frauen säugten Zicklein oder Rehkitze, zerrissen sie manchmal mit bloßen Händen und verzehrten sie feierlich.»[1705] Aber Dionysos selbst wurde nach Hesychos «Zicklein» genannt, nach Kerényi seine häufigste Tiergestalt.[1706] In den «Bakchai» von Euripides, so nannte er die Mänaden – nach dem Wort für *bakchos*, der Knabe –, zerreißt Agaue sogar ihr eigenes Kind, will es als junges Kälbchen zum Festmahl spendieren.[1707]

Der tiefste Gegensatz der Oralität ist hier zusammengefasst, und die fundamentale Gegensätzlichkeit von Zerstörung und Hege wirkt wie eine Grundlegung oder spielerische Bearbeitung der Reichweite und Tiefe, welche die oralen Prozesse im Menschen und in der Natur bewirken. Legt die mörderische *Umkehr* des idyllenträchtigen *Stillens* (in Muttermilch getötet) nicht einen Gegensinn der Oralität frei, der auf den alles verwandelnden, aber grundlegenden dunklen Grund von Tod und Leben verweist, auf die innere Nacht hinter dem Mund, hinter der Brust, hinter jeder freundlich dem anderen zugewandten Öffnung des Leibs? Im dionysischen Zen-

die immer wieder in Kulthöhlen (auch) der Initiation eine Unterweltsfahrt simulieren, gibt es pythagoräische, von denen bekannt ist, dass an der Decke des Gewölbes Sternbilder gemalt waren. Vgl. M. Lurker: Wörterbuch der Symbolik. Stuttgart ²1983, S. 467. – Vgl. auch den Sternenkranz der Dionysos-Gemahlin Ariadne, die zugleich eine Herrin des Labyrithes war, in dem ein Stier(-Gott) herrschte, hauste, gefangen gehalten wurde …

1705 Recl. Lex., S. 159.

1706 K. Kerényi: Dionysos, S. 154.

1707 Euripides: Bakchen, 1185.

trum der Oralität von ‹Wein, Weib und Gesang› steht jedenfalls die Feier des *einen* Gegensinns von Tod und Leben.

Es ist bezeichnend, dass das erwähnte Lexikon der antiken Mythologie unmittelbar nach dem zitierten Satz über Frauen, die Zicklein säugten und feierlich verzehrten, von der «sexuellen Freiheit» spricht, die «möglicherweise ein wichtiger Bestandteil der Riten gewesen» ist.[1708] Auch die Sexualität *folgt* hier nicht nur auf das Nachtmahl, sondern sie ist in den legitimierenden Mythen genuin oral aufgefasst. Den Orphikern und Onomakritos aus dem 6. Jahrhundert v. Chr. zufolge überredete die eifersüchtige Hera die Titanen dazu, den kleinen Dionysos-Zagreus zu zerreißen und aufzufressen.[1709] Titan Kronos war darin ja schon geübt. Da *wir* den Orphikern zufolge von den Titanen abstammen, ist auch in uns eine wenn auch kleine Portion Dionysos – die unbezähmbar danach drängt, sich mit andren Portionen – in anderen Menschen – wieder zusammenzusetzen.

Aber das ist jetzt nicht mein Argument für den dichten Zusammenhang von Sexualität und Oralität. Vielmehr das Kommende: Die aus dem Vater geborene Athena rettet das Herz des Dionysos, das Zeus verschluckt (orales Verbergen und Lebenserhaltung).[1710] Daraufhin zeugt Zeus den schon einmal mit Persephone gezeugten Dionysos ein zweites Mal mit Semele. Irgendwas vom oral gesicherten Leben muss also auch wiederum penetrativ übertragbar gewesen sein. In einer zweiten Variante wird der Versuch, orale Akte als Zeugungsakte unterzuschieben, noch deutlicher: Zeus flößt Semele «die Stücke des Herzens in einem Trunk ein, und sie

1708 Rec. Lex., S. 159.

1709 Kerényi, ebd., S. 146.

1710 Zu den zahlreichen Varianten siehe Gr. Myth. 1. S. 91; im Weiteren nur durch Band- und Seitenzahl im Text belegt. Auffällig ist, dass sich in der zusammengeschobenen Darstellung Ranke-Graves eine *drei*phasige Biographie des Dionysos behauptet. Erst in seinem zweiten Leben kam der Gott unter das Matronat der Persephone, die ihn zur Aufzucht Athamas und Ino von Orchomenos gab, die ihn zur Tarnung vor Heras Verfolgung in Frauenkleider steckten. Erst nachdem Athamas seinen eigenen Sohn im Wahn für einen Ziegenbock gehalten und ihn getötet hat, verwandelt Hermes auf Befehl von Zeus den Dionysos in ein Zicklein, das bei den Nymphen (Mänaden) auf dem Helikon aufgezogen – und verzogen wurde, wofür sich Vater Zeus mit ihrer Verstirnung, als Hyaden nämlich, bedankte. Verzogen wurde das Zicklein durch übermäßigen Honiggenuss.

wurde schwanger».[1711] Dies erkläre seinen Beinamen ‹Der zweimal Geborene›. Neben dem Stillmotiv, das in den Rehkitz- und Zickleinvarianten angesprochen wurde, ist auch das Motiv der zweifachen ‹Schwangerschaft› (Herz im Bauch und ‹Frühchen› im Schenkel) ein Indiz für eine Art männlicher Raubmutterschaft, das heißt eines patriarchalischen Versuchs, die Ehren und Gaben, die mit der Mutterschaft verbunden gewesen sein mögen, für sich selbst zu beanspruchen.

Ranke-Graves zufolge, der die griechischen Mythen für ein Medium und Produkt der Kämpfe zwischen Matriarchat und Patriarchat hält, hat Dionysos viele (von Zeus eroberte) Mütter, aber nur einen Vater. Dionysos bedeute geradezu «der zweimal Geborene» oder «das Kind der doppelten Tür». (1, S. 46) In einigen Varianten kommt «der zweimal Geborene» *zuerst* aus dem Schoß der verbrannten Semele, wird von Hermes gerettet und in Zeus' Oberschenkel eingenäht.[1712] Nach Ranke-Graves scheinen hier die boiotischen Hellenen der traditionellen *Opferung der Könige* ein Ende gemacht zu haben, die unter dem Kult der Semele, wohinter sich die Mondgöttin Selene verberge, heiliger Brauch war (1, S. 48). Der zweimalige Dionysos scheint also unter zwei verschiedenen Herrschaften zu herrschen. Und vielleicht sind die verschiedenen Dionysoskulte etwas Gegensätzliches. «Semele wurde in Athen während der Lenaia angebetet. Dies war das Fest der Wilden Frau, bei dem ein einjähriger Stier, der Dionysos darstellte, in neun Teile zerlegt und ihr geopfert wurde. Ein Teil des Stieres wurde verbrannt, die übrigen wurden von den Teilnehmern roh verzehrt.» (1, S. 48)[1713]

Die einzelnen Bestandteile des Dionysos-Komplexes kommen wahrscheinlich aus recht verschiedenen Kontexten und Lebensräumen (minoisch, mykenisch, phrygisch, lydisch, thrakisch, boiotisch, orphisch usw.); deshalb gibt es nicht den *einen* narrativen Kern. Aber durch die Kulte hin-

1711 Recl. Lex., S. 156.

1712 Recl. Lex., S. 157.

1713 Ein gewichtiges Indiz für die Triftigkeit des Argumentes von der zweierlei Herkunft ist die wechselnde Ziegen- oder Stiergestalt. Euripides nennt Dionysos in den «Bakchen» «unsern stiergehörnten Gott» (*thaurokeron theon*, 100) – «dürstend nach rohem Genusse, / dem Blute des Zickleins» (139). Aber gemeinsam ist Stier und Ziegenbock / Zicklein jeweils die Oszillation zwischen Fressen und Gefressenwerden.

durch scheint die Austauschbarkeit oder Analogienähe von sexueller Interpenetration, Tauchen und Auftauchen in Geburt und Tod und das orale Phantasma (Verschlingen, Trinken, Säugen) erhalten geblieben zu sein. Diese interkulturelle Gemeinsamkeit einer im Rein und Raus dieser Akte erfahrenen inneren Dunkelheit könnte die jeweils ersten Bahnungen von Übertragungen, auch metaphorischen, auch fremdkulturellen ebenso erleichtert haben, wie diese innere Dunkelheit andererseits erst in den Übertragungsakten erfahren wurde.

Nun hatte Zeus aber keine Milch. Wie sehr das Motiv der väterlichen Mutterschaft mit dem der Säugung, also der ersten Mahlzeit, zusammenhängt, zeigt der eigenartige Aspekt, dass Dionysos zum Schutz vor Heras Eifersucht in ein Zicklein verwandelt wird, das von den Nymphen auf dem Berg Nysa gesäugt und aufgezogen wird. Diese Ammen-Nymphen sind aber wiederum die späteren Mänaden, die Zicklein säugen – und sie wie Titanen zerreißen –, wohingegen ihnen ihr Gott Dionysos als Ziege erscheint! Das ist ein Reigentanz des Gegensinns, der in der interpenetrativen Oralität ‹angelegt› ist.[1714] Warum nicht gleich als das frühere Zicklein! Damit er von den Ammen gesäugt werden kann – und zerrissen, wie bei den Titanen, zerrissen, wie sein Beiname *Isodaites* es verspricht, auf dass wir alle *gleichviel* davon haben, als Kinder der Titanen.[1715] – Mahlzeit! 500 Jahre vor dem Christentum feiern die Griechen an den dionysischen Festen bei Braten und Wein: Gott essen.

Den realen antiken Griechen war der Gegensinn von kleinem Böckchen und großem Sündenbock durchaus bekannt – weshalb sie ihn zusammendachten. Milch verträgt sich zum Beispiel ihrer Meinung nach nicht mit Wein, deshalb ist den Milchammen der Weingenuss verboten. Auch dürfen die Ammen nicht vögeln oder sich irgendwelchen anderen Ausschweifungen hingeben. Die nächtlichen Störungen des Säugens müs-

1714 Nicht nur schießt die Milch ins Kind, sondern das Saugen an der Mutterbrust setzt Prozesse im Innern der Mutter frei, von denen das Ausströmen von Oxytocin nicht der schlechteste ist.

1715 In der späthellenistischen Kompilation «Heiliger Reden» des Orpheus entstehen die Menschen aus den von Zeus mit seinem Blitz zu Asche verbrannten Titanen, die den zerrissenen, gekochten und gebratenen Dionysos intus haben. Siehe hierzu Burkert: Religion, S. 442.

sen sie gut vertragen.[1716] Ausgerechnet seine Milchammen verführt Dionysos zum Mänadentum – und zu sexuellen Ausschweifungen. Oder ist es andersherum? – Jedenfalls galten diese Auflagen nur des Kindeswohls wegen. Denn alles schlägt über die Milch aufs Kind durch, nicht nur der Wein, der unter anderem das Kind schwindlig macht. Auch der Zusammenhang zwischen Ernährung und Rede war bekannt, weshalb «gutes Griechisch sprechende Ammen gesucht» waren, wie Angelika Dierichs zusammenfasst. Mehr noch: «Der Charakter prägt sich über die Nährmilch!» (S. 106) Also waren die Nymphen-Mänaden für das Brausen des Dionysos Bromios verantwortlich!

Die Dionysos-*Mysterien* waren geheim; was sich deshalb in Mythos und Ritus darauf bezieht, ist in seinem Verhältnis zwischen Oralität und anderen (etwa sexuellen) Aspekten nicht zu bewerten und in seiner Symbolik nicht abschließend zu bestimmen. So ist es möglich, dass das Herz des Dionysos ein insgeheim doppeldeutiges Kode-Wort für Phallos ist. Ein Phallos aus dem Holz des Feigenbaums, dessen Bezeichnung derjenigen für Herz glich, scheint hier eine rituelle Bedeutung gehabt zu haben. Kerényi zufolge ist der *kradiaios Dionysos*, von dem die orphischen Fragmente schreiben, ein Schlüsselwort des Mysteriums. Dieses Ding, das Athena in einem geheimnisvollen Korb zu Semele brachte, damit diese Dionysos ein zweites Mal gebäre, kann sowohl des Gottes Herz als auch seinen Phallos aus Feigenholz bedeuten. Denn zwar bedeutet *kradia* «Herz»; aber *krade* heißt ‹Feigenbaum›[1717]. – Allerdings gibt es eine verwirrende Fülle von Hinweisen, dass bei den Griechen die Feige selbst mit der Vagina gleichgesetzt wurde, «und *sykazo* hieß ‹eine Frau unzüchtig betasten›». Ebenso stand in Eleusis sowie in der Wolfshöhle für Romulus und Remus ein Feigenbaum – jeweils eine Verbindung zur Unterwelt. Eleusis aber wird auch mit Geburt gleichgesetzt.[1718]

Selbst die profanierende Redeweise über «Mahlzeit» und «Vögeln» entspricht dem dionysischen Stil, dem Obszönitäten bei gewissen Umzügen nicht fremd waren. Da ist zum Beispiel die nächtliche Aischrologie, die scherzhafte Schimpfrede beim Einzug des Großen Dionysos in

1716 Dierichs: Götter, S. 106; weitere Seitenangabe im Haupttext.

1717 Kerényi: Dionysos, S. 162.

1718 Siehe H. P. Duerr: Traumzeit – Über die Grenze von Wildnis und Zivilisation. Frankfurt [6]1982, S. 206, Anm. 37.

Athen zu erwähnen (die weiter unten noch behandelt wird). – Mit Entsetzen Scherz zu treiben und den Scherz immer wieder ins Entsetzen zu jagen, das entspricht dem Drang der Dionysiker zum emotionalen Gegensatz. Wie schon Otto bemerkte:

«Liebe und wildeste Raserei, kalter Schauer und Seligkeit reichen sich in seinem Gefolge die Hand, und alle uralten Wesenszüge der Erdgottheit sind bei ihm ins Maßlose gesteigert, aber auch ins Tiefsinnigste.»[1719]

Man braucht jedoch die dionysische Dialektik nicht in toto auf die vegetativen Gegensätze von Werden und Vergehen zu reduzieren. Dafür sind zu viele Sündenböcke, ist zu viel Geheimniskrämerei im Spiel und zu viel Verstellung. Aber der performative Umschlagplatz für all die mysteriösen Übertragungen dieses nächtlichen Gottes scheint das orale Rein und Raus in innerer und äußerer Nacht zu sein.[1720] Wenn neben allen Traditionen der religiösen Travestie, Bramarbasierung und ‹Satyre›, für die das dionysische Milieu immer empfänglich gewesen ist, hier auch das Gegenteil immer auf der Lauer liegt, den Scherz ins Entsetzen zu jagen, dann ist das als Versuch zu werten, eine ursprüngliche und nicht bewältigte innere Dunkelheit, Ursprung rätselhafter Verwandlungen, durch Anbetung und Offenbarungseid zu bewältigen. Dieser Gott ist ein Skandal, aber essbar, trinkbar.

Bacchantische Feste

Worin aber sind Essen, Reden, mystische Schau des Gottes und Masken-Schauspiel vergleichbar? Im Gestus von Eintauchen und Auftauchen. Dieser Gott ist Eintauchen und Auftauchen. Die Argiver riefen ihn alljährlich zum Auftauchen aus dem alkyonischen See, während sie im Gegenzug an derselben Stelle ein Lamm als Opfer für den Totenwärter hinabwarfen.[1721] Bereits bei Homer (Il. 6, 135) taucht Dionysos verschreckt ins Meer, als Lykurgos «des schwärmenden Gottes Dionysos Ammen» mit dem «Ochsenstachel» schlägt und tötet.[1722] «... Thetis nahm den Verzagten / Auf im

1719 Otto: Götter, S. 198.

1720 «Nächtlicher» wird Dionysos im Hymnos «Dem Dreijährigen» genannt. In: Plassmann: Orpheus, S. 92.

1721 J. G. Frazer: Goldene Zweig, Bd. II, S. 568.

1722 Kerényi: Dionysos, S. 117, hält die Übersetzung «Ochsenstachel» des ho-

Bausch; er zitterte stark vor des Drohenden Stimme.» (Il. 6, 136) Im Netz der Fischer aus Methyma taucht das ‹Gesicht› (*prosopon*) des Dionysos aus dem Meer auf, die Pythia in Delphi befiehlt, ihn als *Dionysos Sphalen* zu verehren. In Delphi selbst gab es einen kleinen Tempel des Dionysos Sphaleotas, des Gottes «der schwanken lässt»[1723].

Als Böckchen ist er ganz Eintauchen in Milch, als Erwachsener taucht er in die Unterwelt oder in die Frau des Basileus, des kultischen Stadtkönigs, wenn er auf seinem Schiffskarren aus dem Meer auftaucht, in das alte hölzerne Kultbild aus Eleutherai eintaucht, eintaucht in die innere Nacht aller Seelen im nächtlichen komos der Großen Dionysien in Athen, aufgetaucht aus dem Wein, aus dem Schenkel des göttlichen Vaters oder in *personam* des mystischen Knaben, der in der Nacht der dionysischen Mysterien Eingeweihten erscheint. Das Schwanken käme von Trank und Tanz? Vielleicht; aber das innere Erlebnis ist: Man hat den Gott verschlungen; in Wahrheit ist er eingedrungen; jetzt spricht er aus den seltsamen Sprüngen.

Dieses Erlebnis wird zugleich kollektiv in Festen inszeniert, welche die Erzählungen über den Gott mit Handlungen verbinden. Was seit Homer über Dionysos und seine Taten und Leiden erzählt wird, ist nicht erst in den Mysterien performiert worden, sondern in zahlreichen anderen Festen Griechenlands (etwa in den Agrionai im dorischen und äiolischen Siedlungsgebiet) und besonders Athens. Die aufs individuelle Erleben fokussierten Mysterien des Dionysos eröffneten im Herbst lediglich die halbjährliche Wintersaison der Dionysos Herrschaft. In Athen und im nächsten Umland gab es kalendarisch festgelegte Feste zu Ehren des Gottes bis ins Frühjahr: Die ‹ländlichen› Dionysien im Dezember / Januar, die Lenäen, das Kelterfest im Februar und die Anthesterien, das Blütenfest, im März. Dazu kam das kalendarisch nicht festgelegte Fest der ‹Großen (städtischen) Dionysien› in zeitlicher Nähe zu den Anthesterien.[1724]

Im Folgenden möchte ich den Motivkreis nächtlicher, dionysischer Oralität noch enger einkreisen, hin zur Geburt des Dramas aus dem Gast-

merischen *buplex* für einen Euphemismus; schließlich spreche Homer deutlich vom «Menschenmörder Lykurgos».

1723 M. Detienne: Dionysos – Göttliche Wildheit. München 1995, S. 21.

1724 Parke: Athenische Feste, datiert die Städtischen Dionysia allerdings fast einen Monat nach den Anthesteria.

mahl, die seit der Schöpfung der Großen Dionysien im 6. Jahrhundert sinnfällig wird. Eine Besonderheit ist dabei zuvor zu erwähnen, die Kerényi gründlich untersucht hat, und zwar ein zeitlicher Erwartungshorizont, der über die jährliche Periodizität hinausweist. Dionysos ist nämlich ein (ursprünglich?) trieterisch auftauchender Gott.[1725] Im ersten Jahr ist er der chthonische Gott, der am Ende (zum zweiten Mal) geboren wird. Im zweiten Jahr ist er auf der Erde und wird am Ende getötet, zerrissen, gegessen, begraben. Die Jahresfeste des Winters wechseln also ihre Teleologie, und damit auch ihre Handlung von einem Jahr aufs andere. Ein dionysischer Dithyrambos spricht es aus:

> Schrei auf zu ihm:
> Dionysos werden wir besingen,
> an den heiligen Tagen,
> den zwölf Monate lang abwesenden.
> Jetzt ist die Zeit da, jetzt sind die Blumen da.[1726]

Zwölf Monate abwesend, um dann für Wochen, ja Monate besungen zu werden, das benötigt unter Wahrung der kalendarischen Balance mindestens einen Zweijahres-Turnus. – Aber bedeutet *trieterisch* nicht so etwas wie «dreiphasig»? Welche ist die dritte Phase? Im ersten Homerischen Hymnos an Dionysos wird von des Zeus Vohersage gesungen, dass «genau nach drei Jahren / Immer die Menschen vollendete Hekatomben dir bringen»[1727]. Aber in alten Kulthandlungen scheint sich das kaum *objektiv* niedergeschlagen zu haben, etwa als das Fest einer dritten Geburt oder das des erwachsenen Dionysos, wenn man den chthonischen und den bakchischen voranstellt. Eine Ausnahme sind die orphisch beeinflussten *Mysterien*, die allerdings jünger sind. Die erst spätantik überlieferten «Orphischen Hymnen» sprechen immer wieder vom «dreimal geborenen bacchischen Herrscher» (von zwei Frauen und von Zeus).[1728] Hier sieht

1725 Vgl. hierzu auch die Zusammenfassung der mythologischen Varianten bei Ranke-Graves in Gr. Myth. 1, S. 91.

1726 Zit. nach Kerényi: Dionysos, S. 129.

1727 Hom. Hymn., S. 453.

1728 Plassmann: Orpheus: Dem Dionysos, S. 64. Siehe z. B. auch: Hymnos an Dionysos Bassareus – Am Dreijahresfeste (S. 84) und: Dem Dreijährigen (S. 92).

es aber so aus, als ob die dritte Phase der Erinnerungskult selbst, die *bewusste* Wiederholung ist.

In den dionysischen *Mysterien* wäre die Dreifachgeburt geboten, weil die dritte Geburt des Dionysos identisch gesetzt wird mit der heiligen Schau des Mysten, bzw. mit seiner Schaustellung als Bacchos.[1729] Die dritte Zeit wäre also nicht eine gleichartige dritte Zeit hinter den beiden anderen, sondern wäre in beiden Zeiten eine reflexive Aufstockung, der erinnernde Rückbezug auf die vorangegangene. Diese Revokation und Zurückholung hat von Anfang an all die musischen Handlungen legitimiert, die auf der Opfergemeinschaft aufbauen: Prozessionen, Tänze, Gesänge und Spiele. In ihnen erscheint nämlich der Gott (oder er wird expediert); aber er erscheint in einem *eigenen* heiligen Raum in heiliger Zeit. Die Maske des Gottes und der Satyrn oder Chorführer zeigen das an. Nur die *erinnernde* Wieder-Holung bringt den wieder heilen, den ganzen Gott. Sie revoziert den Verdauten, den verspeisten Gott, der in den Titanen, ja in den Menschen selbst ist, und der aus der Erinnerung – bis zum Wahn wahr – auftaucht.

Deshalb ist Dionysos der Gott des Auftauchens. Mag er für Otto der Gott der Erscheinung sein, für Kerényi der Gott der Ankunft, für mich taucht er aus der Verdauung auf, aus dem Essen, aus dem Inneren des Weinseligen, aus Erinnerung und Rückruf, vorgestellt als Auftauchen aus der Unterwelt, dem Bauch der Erde, aus der sekundären Gebärmutter des Zweimalgeborenen.[1730] Als Gott des Auftauchens ist er aber auch ein Gott der poetischen Inspiration. «Die Musen sind die typischen Begleiterinnen des Dionysos in der Tragödie.»[1731] Er ist das Emblem der auftauchenden Erinnerung, auftauchend aus dem Vergessen – das der Wein spendet.[1732]

1729 Ein Verzicht auf Persephone oder Semele wäre den Orphikern schon aus Gründen der kosmogonischen Balance, auf die sie großen Wert gelegt haben, nicht möglich gewesen. Vielleicht waren auch sie es erst gewesen, die die *Amme* Persephone geradezu zur Mutter des Dionysos gemacht haben.

1730 Zum Auftauchen gehört das Medium des Meeres, das in seiner Ankunft auf dem Schiffskarren angespielt wird. Vgl. auch sein Erscheinen «am Strande des Meeres auf felsiger Klippe» im Homerischen Hymnos an Dionysos. (Homer: Odyssee und Homerische Hymnen, S. 511)

1731 A. F. H. Bierl: Dionysos und die griechische Tragödie. Tübingen 1991, S. 164.

1732 Euripides: Bakchen, 282; weitere Versangaben im Text.

Diese musische Dialektik aus Vergessen und Erinnern ist uns schon bei Hesiod begegnet. Und auch die dem Hesiodischen Sänger attestierte Kraft, die Zukunft zu sehen, behauptet die Chorführerin der Bakchen / Mänaden des Euripides von Dionysos:

> Der Gott ist auch prophetisch, denn sein Tanz,
> Sein Taumel ist des Sehergeistes voll.
> Und wen er ganz mit seiner Kraft durchdringt,
> Verkündet oft im Rausch das Künftige. (298 f.)

Da wir gerade beim Essen sind und den Mund noch voll haben, sei mit der gebotenen Schicklichkeit, das heißt, ganz kurz darauf hingewiesen, dass sich hier eine gewisse Konkurrenz zwischen Hesiod und dem dionysischen Delphi andeutet. Vielleicht war wirklich ein älterer Dionysos-Kult im minoischen oder mykenischen Hellas etabliert, dann verdrängt, dann kam Hesiod, der ihn erzählerisch auf ein karges Pflichtteil herabsetzte, und nun kam, vielleicht nur fünfzig Jahre nach diesem, ein ziemlich auf neu gemachter uralter Gott zurück und brachte Wein, Weib und Gesang mit. Ranke-Graves behauptet, die Mänaden seien die Musen. (Gr. Myth. 1, S. 100) Mit ihnen kam der *Schwindel* von Maske und Rausch. Aber beide Ästhetiken, die Hesiodische und die dionysische, kamen in der Nacht: Dort waren es die Musen, die zu den Bäuchen sprachen, hier ist es der Sohn einer Nachtgöttin, Semele, dessen Sturm auf Delphi nachts erfolgt bei Fackelglanz. (306) Zurück zum Zweimal-Geborenen, zu seinem in kürzerem Zeitrahmen *selbst*inszenierten Fort-Da-Spiel. Denn es sei sogleich eingeräumt, dass das spätarchaische Athen mit seinem grandiosen Dionysos-Apparat keinen Zweijahreszyklus einhielt, sondern jedes Jahr alles feierte.

Ist also die Vorstellung eines *trieterischen* Dionysos in der Lage, die auffälligsten Gegensätze in den Kulten für diesen Gott einigermaßen zu erklären? Vermutlich nicht. Dafür gibt es zu viele Ausnahmen vom Zwei-Phasen-Gott, sowohl ganz frühe wie ganz späte. Marcel Detienne, der sich vorgenommen hat, für die Widersprüche des Gottes ein «spezifisches Handlungsmuster herauszuarbeiten»,[1733] weist auf die gleichzeitig-gegensätzlichen Kulte in Theben, Sikyon und Korinth hin; zumindest Sikyon und Korinth sind aber die Vorläufer Athens im dionysischen Theaterwe-

1733 M. Detienne: Dionysos, S. 18; weitere Seitenangaben im Text.

sen gewesen. (S. 47) Die schon in verschiedenen mythologischen Fassungen auffallende Maskierung des wiedergeborenen Gottes, zum Beispiel sein maskenartiges Gewand (ebd.), das ihn vor der stiefsöhnemordenden Hera verbirgt, verschiebt die Bedeutung seiner Tiergestalt hin zur Simultaneität zweier verschiedener Kulthandlungen, die kalendarisch gleichzeitig stattfinden. Ihre, wenn man so will, nachtleibliche Verschiedenheit drückt sich im Gegensatz von Wahnsinn und Heilung, Krankheit und Reinigung, Bakchios und Lysios aus.

Mit Pausanias beschreibt Detienne die maskenhafte Gegenwart des Gottes aus Gold und Elfenbein in Sykyon – und seine Schar von eingeweihten Frauen in Marmor – und in Trance (S. 51 f.). Aber *jedes* Jahr in einer Nacht teilt er sich in zwei Masken: Der *Lysios* (Löser), mit den Frauen in Trance, bleibt zurück, und der *Baccheios* rast mit den Rasenden, mit brennenden Fackeln und einheimischen Hymnen in sein Dionysion. Heilende Trance und zerstörerischer Wahn seien aber nur zwei Aspekte derselben Sache. In Korinth habe es zwei völlig «einheitlich gestaltete Statuetten» von Dionysos aus Holz, mit Goldblech beschlagen und mit zinnoberrot geschminktem Gesicht gegeben, aber mit den verschiedenen Namen *Lysios* und *Baccheios* (S. 53). Diese stupende Rhetorik der Identifikation, die der Rhetorik der Maske überhaupt gleicht, etwas anderes für etwas Gleiches auszugeben, wird hier durch die Technik gesteigert, etwas Gleiches, ja anscheinend intentional Identisches für etwas anderes auszugeben. Das Ganze bekommt eine sozusagen rasend oszillatorische Bedeutung am Statuarischen, wenn man weiß, dass die Substanz dieser beiden Masken *getränkt* ist vom Blut des Opfers. Denn die Masken sind geschnitzt aus dem Holz, an dem der Leidensmann (nicht Jesus, sondern Pentheus), der Feind des Dionysos, von den Wahnsinnigen zerrissen wurde (S. 53).

Aber auch in Athen, das spätestens seit der rigorosen, politisch motivierten Reform des Festkalenders im Allgemeinen und der Stiftung eines fast neuen Dionysosfestes (im 6. Jahrhundert) ein Bewusstsein für die Konstruiertheit des Heiligen haben musste, war die Verbindung zu Opfermahl und Evokation, deren Mittel die quasi dritte Zeit der heiligen Erinnerung ist, immer präsent – zumal das trieterisch feiernde Delphi, wo sich das Grab des Gottes befand, für den Dionysos-Kult durchaus die übergeordnete Instanz aller Städte war.[1734] Zwei berühmte Nicht-Athener, Archi-

1734 Kerényi: Dionysos, S. 136. – Vgl. Parke: Feste, S. 156: «Der athenische

lochos und Pindar, geben davon Zeugnis. Pindar, ganz der Seher in der Hesiodischen Nachfolge, ruft den Hörern im Fragment eines Dithyrambos (Nr. 75) zu: «Seht mich von Zeus her mit dem Glanz der Gesänge zu dem Zweiten Gott schreiten.»[1735] In einem anderen Dithyrambos-Fragment (Nr. 70b) an Theben heißt es:

> Früher erschallte langgedehnt Dithyrambengesang, unklar
> Kam das S aus dem Munde der Menschen. –
> Offen sind zur heiligen Wiederkehr
> Von neuem die Tore; darum jauchzt, die ihr wisst,
> Wie das Fest des Bromios[1736]
> Auch die Himmlischen begehen beim Zepter des Zeus
> In ihren Hallen. Bei der erhabenen
> Großen Mutter beginnt das Dröhnen der Pauken, hinein
> Schallen die Klappern und die lodernden Fackeln
> Von gelbem Kienholz; hinein
> Dringt der Najaden laut hallendes Stöhnen;
> Rasen und Schreien bricht los in
> Nackenwerfendem Taumel; hinein fährt der allgewaltige Blitz,
> Feuersprühend, und Enyalios' Speer. [1737]

Bund der Frauen pflegte alle zwei Jahre nach Delphi zu gehen, um mit den delphischen Frauen ein gemeinsames Fest zu feiern.» – Auch von Theben wurde behauptet, es hüte das Grab des hier Zerrissenen. Vgl. Frazer: Goldene Zweig 2, S. 567.

1735 Pfeiff (Hg.): Pindar, S. 181, Vers 8–9. In Vers 13 heißt es: «Klare Zeichen bleiben mir, dem Seher, nicht verborgen.» – Weitere Belege im Haupttext durch Angabe der Fragment-Nummer.

1736 *Bromios*, der «Lärmende», ist ein Beiname des Dionysos. Dabei lärmt der Gott selbst gar nicht. Aber der Anführer des Dithyrambenchores, der Exarchos, führt den Krach zumindest an. Zwar ist es denkbar, dass der Lärm dem Dionysos mit diesem Beinamen einfach zugeschrieben wurde, aber es ist mindestens ebenso plausibel, anzunehmen, dass der lärmende Chorführer in actu Dionysos ‹war›, ganz so, wie auch der Dionysos-Priester der nächtlicherweise die Athenische Basilinna, die kultische Königin heiratete, Dionysos ‹war›, ganz so, wie der Dionyso-Priester in der ersten Reihe des Dionysostheaters zu Athen «das wache Interesse des Gottes an den dargestellten dramatischen Ereignissen verkörperte». (Buxton: Mythologie, S. 37)

1737 *Enyalios* ist ein Name des schon mykenischen Kriegsgottes Ares. Hier bedeutet das etwa ‹Speer der Wut›.

Sind die Najaden, die dem Dionysos-Böckchen Milch spendenden Quell-Nymphen, zugleich die menschlichen Mänaden in ihrer dionysischen Orgie beim Fest, den Berg hinaufrasend in nächtlichem Fackellauf, so ist hier eine verstörende, aber typisch dionysische Umwendung des Hineinfahrens zu bemerken. Das hallende Stöhnen der entrückten Najaden dringt in die Hallen der Götter ein. Und in diesen Taumel des Eindringens fährt wiederum der Blitz hinein. Es ist *Zeus* als *Semeles* Wunschbild, das sie tötet – und so zugleich die erste, die Notgeburt des Dionysos ermöglicht. Ob die Najaden die Inkarnation der *mythischen* Nähr-Ammen des frühgeborenen Dionysos sind, oder ob sie als *Bakchen* das Böckchen *Bakchos* zerreißen, oder ob es die *menschlichen* Mänaden des Festes sind, die sich im Als-Ob verlieren, das ist *hier* insofern unerheblich, als der Gesang das gerade energisch zusammenwirft, den Taumel-Schwindel und den Lügen-Schwindel. Pindar beginnt mit den menschlichen Dithyramben und fordert dann auf zur Wiederkehr: Die Tore sind offen.[1738]

Die Hörer sollen im Jauchzen das göttliche Jauchzen nachmachen. Dieses wieder-holende Handeln ist aber ein einziges Eindringen. Das frenetische Hinein ist kaum noch zu steigern, da fährt der Blitz hinein in die eindringenden Najaden. Deutlicher kann man die *Inter*penetration kaum darstellen, die eine zugleich sexuelle und religiöse Komponente hat. Bakchos (Verehrer) und Bakchos (Gott) verschmelzen in der «bakcheia», im «Rasen». Das mythologische Bindeglied ist Semele, die Mutter des Dionysos, die von ihrem begehrten Wunschbild des Zeus verbrannt wird – und damit das Auftauchen des Knaben freigibt. Der Zusammenhang ist eindeutig, denn dies ist ein Dithyrambos für Theben, und Pindar erinnert explizit an das mythische Königspaar der Stadt, *Kadmos* und *Harmonia* (Vers 28 f.), bei deren Hochzeitsmahl es die letzte ‹harmonische› Mahlzeit zwischen Göttern und Menschen gegeben hat. Harmonia aber ist die Mutter Semeles.[1739]

Wenn der menschliche Tanz und Gesang aber wahrhafter oder wahn-

1738 Aber auch offene Tore sind wie Masken, sie sind die Grenze, die sie dementieren. Ihre schwebende Schwelle weist auf das Verlangen der Überschreitung, markiert die erlebte Verwandlung.

1739 In Pindars Dithyrambos 75 (für Athen!) ist die Thebanerin Semele selbst die Kulthalterin des DionysosKultes: «... und zur stirnbandgeschmückten Semele kommen die Chöre» (Vers 18).

hafter, als wir es uns vorstellen können, der Tanz und der Gesang der Götter selbst ist, was ist dann der Blitz? Der Blitz ist auch der Sohn des Zeus, Dionysos … im Genuss des Weines.[1740] Der Blitz zerreißt den Sänger und ist zugleich derjenige, der aus dem Sänger ausfährt. Der Sänger ist Semele, der Gott intus hat. – Ich wäre nicht draufgekommen, und vielleicht noch nicht mal Pindar selbst, wenn es nicht bereits seit dem 7. Jahrhundert das Vorbild des Dithyrambikers Archilochos gegeben hätte:

Kann Dionysos dem Herren
Präludiern das schöne Lied,
seinen Dithyrambos, drinnen
in der Brust zerblitzt vom Wein.[1741]

Dieser Austausch von Wein-Einfahrt und Dithyrambos-Ausfahrt zeigt eine orale Dialektik mit der überschießenden Synthese des Schauspiels, jedenfalls ist das zweihundert Jahre später (noch) so, wenn sich die Götter und die menschlichen Chorsänger zum Mahl treffen, am «opferduftenden Nabel der Stadt», wie Pindar für die Athener dichtet. (Nr. 75,3) Damit ist der Eingang zur Unterwelt angedeutet, nahe am alten athenischen Tempel für *Dionysos Limnaios* im Süden der Stadt, der in der heiligen Festzeit, ebenso wie der Eingang zur Unterwelt, offensteht. Dieser Verkehr zwischen Unterwelt und oberirdischer – oder zwischen Wein und Gesang – ‹begeistert›: Man sieht den Gott und ist selbst göttlich.

Die dialektische Bedeutung des Weinbaus erkennt man daran, dass er eine Begründung für den Zweijahreszyklus bietet und diesen zugleich in göttlichem Auftauchen synthetisiert. Der Wein ist zwar auch ein Teil der jährlichen Vegetation, aber er bedarf eines zweiten Jahres, um zu reifen. Diese zweite ‹Schwangerschaft› ist chthonisch, weil der Wein (halb)

1740 Wein ist das *Blut* der Erde. Erst im Genuss wird es lebendig; erst im *Rausch* «glüht sein Geist» (Otto: Götter, S. 198).

1741 W. Marg: Lyrik, S. 9. Die Übersetzung desselben Textes von K. Steinmann (in: Archilochos: Gedichte, S. 87) hält das dithyrambosträchtige Zwerchfell für nur «zusammen*gedonnert*» vom Wein, aber das Stammwort *keraunos* kann zwar außer Blitz auch Donnerkeil heißen, doch E. Benselers «Griechisch-Deutsches Schulwörterbuch» (Leipzig 1882, S. 449) erinnert unter *keraunios* explizit an Semele, ebenso Papes «Handwörterbuch».

in der Erde vergraben reift, im großen tönernen Pithos. Die ‹Erinnerung› und ihr Ausdruck im Weingenuss und im Gesang ist dann die dritte, die heilige Zeit. Denn im Wein ist der ‹traubenbeladene› Gott.[1742]

An den *Pithoigia*, dem ersten Festtag der Anthesterien, wurden zum ersten Mal die Weinfässer geöffnet, der Gott des Weines wurde sozusagen aus der Erde geholt und zu seinem Heiligtum gebracht – und gekostet. Der Wein des Gottes als der Gott des Weines? Ein wenig schon: Bevor sie selbst tranken, «beteten sie zu ihrer Trankspende, daß der Genuß dieses Getränkes unschädlich und heilsam für sie sein möge».[1743] An diesem Tempel des Dionysos Limnaios (‹sumpfig›), einem der ältesten Heiligtümer, schöpfte man aus einer Quelle Wasser zur Mischung mit dem Wein. Das ist aber nahe bei Lerna, wo Dionysos einst in die Unterwelt ging – und zurückkam. Das Wasser verbindet also auch mit der Unterwelt. Unterwelt und Oberwelt des Mostes und des Wassers werden verbunden, wie auch Dionysos Unter- und Oberwelt verbindet. Das Trinken begann wahrscheinlich erst nach Sonnenuntergang, wenn das Dionysos-Heiligtum geöffnet wurde.[1744] So wie die Schranke zwischen innerer und äußerer Nacht fällt, so fällt nun die zwischen dem Chtonischen und und dem Oberirdischen.

Neben der Weinbauernwelt ist die Viehzüchterwelt (und Jägerwelt von Zagreus), neben dem Trinken das Essen in der Ziege trieterisch auffassbar, wenn man den unterirdischen Dionysos im Bauch der Erde als Embryo auffasst, der im nachgeburtlichen Jahr zunächst noch wachsen muss. Dreimal ruft der erste «Homerische Hymnos» «An Dionysos» den Gott mit dem Beiwort «Bocksgestalteter» an.[1745] Es ist aber hierunter nicht das gerade aus der Unterwelt aufgetauchte Böckchen zu verstehen – denn ‹es› wird im nächsten Atemzug «Weiberbetörer» (V. 17) genannt –, sondern der herangereifte Dionysos, dessen oberirdisches Jahr (metonymisch für Lebenszeit) bald zu Ende ist. Wahrscheinlich sind im Weingott und im Ziegengott gegensätzliche Aspekte, ja Kulturen mehr oder weniger gewaltsam vereinigt.

1742 Siehe den Homerischen Hymnos Nr. 26, «An Dionysos»; in: Homer: Odyssee und Homerische Hymnen, S. 520.

1743 Parke: Feste, S. 162.

1744 Ebd., S. 169.

1745 Siehe den Homerischen Hymnos Nr. 1, «An Dionysos» in: Homer: Odyssee und Homerische Hymnen, S. 453.

So kann es kommen, dass die Ziege einerseits der Traubengott selbst ist, andererseits der Feind des Weinstocks, der den Wein auffrisst und deshalb ‹geopfert› werden muss, sozusagen als Sündenbock. Die Ersatzfunktion gehört durchaus dazu, ihm wird das Vergehen der Titanen, ihn gegessen zu haben, ebenso aufgebürdet wie das Vergehen der Menschen, die das Gott-Essen von den Titanen geerbt haben. Das muss nicht mit der komplizierten orphischen Mythologie des Dionysos begründet werden, die seit Mitte des 6. Jahrhunderts durch Onomakritos in Athen repräsentiert wird. Der Sündenbock nimmt sozusagen die Schuld der Menschen auf sich, dass sie ihn fressen werden. Mit der aufgebürdeten Verfehlung, das frische Weinlaub gefressen zu haben, stellen sie ihre eigene künftige Belastung durch Weingenuss schon mal rechnungsfrei.

Hiermit haben wir die Saat der sogenannten «ländlichen Dionysien» erfasst, die in den «Großen Dionysien» so großartig aufgegangen ist, mit Bocksgesängen: ‹Tragödien›. Die ländlichen Dionysien waren trotz ihrer rituellen Einfachheit eine kunstvolle Verspannung von Widersinnigem, symbolisiert in Essen und Trinken. Es gab Wein und Ziegenbraten, hinterher Ausgelassenheit, wohl auch sexuelles Schwärmen. – Eine gewisse phallische Regsamkeit und Aufmerksamkeit ist bei den ländlichen *Dionysia* deutlicher als bei den repräsentativen Stadtfesten. Vielleicht ist der Zusammenhang zwischen dem winterlichen Verzehr der Tierbestände und der fälligen ‹Neuproduktion› im Austausch auf dem Land nicht nur als dringlicher angesehen worden – siehe die Bilder von kopulierenden Maultieren[1746] –, sondern auch gattungsübergreifender. Von rezenten Jägerkulturen ist bekannt, dass zum Austausch der *tierischen* Jagdbeute auch zwischenmenschlich gevögelt wurde.[1747]

Dass die Barriere zwischen Tier und Mensch bei den Festen unter Dionysos nicht so ängstlich beachtet wurde, zeigen die Mischgestalten wie Silene und Satyren. Insofern, also ganz fern, aber immerhin, ist das ländlich-unsittliche Phallos-Gebaren immer auch im Zusammenhang zu künf-

1746 Siehe z.B. die attische Choenkanne mit einem Liebesspiel von Maultieren in der Staatlichen Antikensammlung München. (Abb. Kerényi, Dionysos, Nr. 55) – Aber Sex-*Bilder*-Produktion- und Konsumtion ist natürlich die städtische Variante; es ist eine attische Vase.

1747 Vgl. Duerr: Traumzeit, S. 202 f., Anm. 27. Die Yanomami zeugen einen Tapir als Ersatz für den zu erlegenden – auf dessen Fährte.

tiger Fleisch-Mahlzeit zu sehen. Selbst der mysteriöse Kern der *Anthesteria*, der *hieros gamos*, die nächtliche ‹heilige Hochzeit› zwischen der *Basilinna* und dem Gott steht im Zusammenhang von Essen und Trinken. Unter der Anweisung der Basilinna hatten ihre 14 Gerarai am Choentag die 14 Altäre im Heiligtum vorzubereiten, wozu auch die Herrichtung der Opfertiere gehörte.

Was die 14 ehrwürdigen Frauen hernach in den heiligen Räumen taten, ist ein Geheimnis, die Basilinna (kultische Königin) aber zog im Dunkeln, begleitet von Fackelträgern, hinauf ins Boukoleion, ins Zentrum, um mit Dionysos die heilige Ehe zu vollziehen. Die Vereinigung diente nicht der Viehproduktion, aber möglicherweise der Fruchtbarkeit der Weinfelder.[1748] Nach dem Mahl gab es den *askoliasmos*, den Tanz-Wettkampf auf dem Weinschlauch, der ein aufgeblähtes eingefettetes Ziegenfell war. Dass auf der Ziege herumgetrampelt wird, ist mythologisch gerechtfertigt, weil die ‹böse› Ziege den Wein gefressen hat. Auch hier kommen also Ziege und Wein wieder zusammen.

Der Gastmahlsaspekt könnte vielleicht darin gesehen werden, dass die Jäger und Viehhalter Gast der Weinbergsbesitzer und die Weinbergbesitzer Gast der Tierbesitzer waren, jedenfalls war die Ziege Gast des Weinbergs, und der Wein ist nun Gast der Ziege, in ihrem Bauch. Aber das ist Spekulation. Die Ursprünge von Tragödie und Komödie werden jedenfalls «im ländlichen Kult des Gottes gesehen, wo man am Fest des Gottes einen Ziegenbock opfert und nach reichem Weingenuss versucht, wie lange man sich tanzenderweise auf einem eingeölten Weinschlauch halten kann»[1749]. Der hier zitierte Fritz Graf sieht einen Widerspruch dieser Hypothese zu derjenigen des Aristoteles, der einerseits zwei verschiedene Wurzeln für Komödie und Tragödie behauptet, nämlich den ausgelassenen Gesangsumzug der Berauschten mit Phalloslied für Komödie und den Opfergesang beim Bock. Ich halte es indessen für denkbar, dass früher alles eins war. Zweifellos weist der *komos* der klassischen Zeit, der durchaus auch privaten Dionysos-Bruderschaften, auf ältere, aristokratische Bräuche zurück.

Dieser satyrhafte Schwarmtanz (also mit Verstellung und Maske) des *komos* kann durchaus auch tragische Züge gehabt haben, ähnlich wie der Ge-

1748 Parke: Feste, S. 173.
1749 Graf: Kultische Wurzeln, S. 17.

sang um den Bock, nicht nur den Wettgesang um den Preis des Bockes bedeutet haben kann, sondern auch den Gesang beim Opfern des Bockes, der dem profanen Verspeisen desselben voranging. Der Preis, der Weinschlauch, kommt ja auch als Tanzunterlage vor. – Da übrigens sowieso jedes Mahl mit einer Trankspende an Dionysos eingeleitet wurde, bietet sich auch hieran die Gelegenheit zu kultischer und musischer Weiterentwicklung (etwa in Dithyramben). Sowohl *vor* dem Mahl, beim (Trank-)Opfer (oder aus dem Gebet heraus vor dem Opfer, als auch *nach* dem Mahl kann ein Aspekt von Geburt und Tod des Dionysos spielerisch ausgestaltet worden sein. Dass also die Tragödie eher ‹vor Tische› entstanden zu sein scheint, nämlich aus den das Opfer begleitenden rituellen Handlungen und Bittgesängen[1750], die Komödie aber aus dem Nachtisch des *komos*, weist nicht zwingend auf verschiedene Wurzeln dieser theatralischen Gattungen.

Meine Ausführlichkeit in dieser Sache ist durch den außergewöhnlichen Rang begründet, den die Herrscher Athens dem Gastmahl, das ein Nachtmahl war, einräumten. Es ist nicht übertrieben, zu behaupten, dass für viele seinerzeit das Gastmahl das Ideal des Staates war. Der ‹weise› Solon, protodemokratischer Gesetzgeber Athens, der sich selbst auf einem Schlachtfeld der gegensätzlichen Interessen von beiden Seiten, den Adeligen und den Bauern, angegriffen wähnte, lehnte um 600 v. Chr. die Unersättlichkeit des Adels mit den Worten ab, der habe es verlernt, «die sich bietenden Freuden zu genießen in der Sorglosigkeit des Gastmahls»[1751]. Fast hundert Jahre später regiert der demokratische Reformer Kleisthenes die Athener. Er ist der Enkel des Tyrannen Kleisthenes von Sikyon. Dieser hatte seinerzeit demjenigen von allen Hochzeitsbewerbern seine Tochter versprochen, der ein Jahr lang als sein Gast die Hochzeit am besten zu feiern verstünde.

Ein Jahr lang also prüfte er alle auswärtigen Bewerber auf ihre Tauglichkeit und, «was das Wichtigste war, beim gemeinsamen Mahl»[1752]. Kleisthenes der Athener, der Sohn des damaligen Siegers, war gewissermaßen die Frucht dieses Mahl-Wettbewerbs. Das ist keine launige Folklore,

1750 Vgl. Zimmermann: Europa, S. 14. Nach ihm bildete das Mahl den Abschluss, als Ausdruck von «Versöhnung oder Rettung der Gemeinschaft».

1751 Zitiert nach Chr. Meier: Athen. München 1995, S. 80.

1752 Ebd., S. 96; weitere Seitenangabe im Haupttext.

sondern Politik. Derselbe jüngere Kleisthenes wird von seinem Konkurrenten Isagoras mit Hilfe des Königs Kleomenes von Sparta vertrieben, der Isagoras mit einem kleinen Heereskontingent aushalf, weil er dessen Gastfreund geworden war (S. 100). Dieselben Spartaner hatten allerdings zuvor Kleisthenes bei der Befreiung Athens von der Tyrannis geholfen, «obwohl sie mit den Peisistratiden durch Gastfreundschaft verbunden waren» (S. 97). Nur der wiederholte Rat des (vielleicht bestochenen) Orakels von Delphi hatte dies vermocht, nur das heilige Orakel stand über den Gesetzen der Gastfreundschaft.

Nun muss man nicht denken, dass das Gastmahl ein genuin demokratisches Kulturgut gewesen ist; seine Kultivierung war das Werk der Aristokraten. In archaischer Zeit griff sogar ein ‹Tier› wie Achilleus noch selbst zur Leier, zur Klassik hin griff die frei Haus gelieferte Unterhaltungsware zum Symposion immer mehr um sich (Rätsel, Kottabos, Tänzer, Gaukler, Hetären). Auf dem festlichen Geschirr um 500 v. Chr., das zum Gelage, also zum oralen Gebrauch gedacht war, ist alles mit berühmt gewordenem Kunstverstand dargestellt. Die dargestellten Handlungen bis hin zu Liebesspielen dienten nicht nur der Augenweide, sondern auch dem Essen und Trinken.[1753] Aber wie innig Essen und besonders Trinken mit sexueller Anmache vermischt war, ist an den Trinkschalen ersichtlich, deren ‹pornographische› Bilder sich dem Trinkenden Zug um Zug mit dem Leeren der Schale enthüllten, wobei die schwappende Neige mit einem raffinierten filmischen Animationseffekt aufwartete.

Das Bildprogramm der Trinkschalen war aber nur ein Aspekt eines performativen Gesamtkunstwerkes. Zwischen dem Trinken und musischen, theatralen und sexuellen Handlungen vermittelte der Akt des Trinkens selbst. Es gab brustförmige Trinkgefäße mit dionysischem Bildprogramm. Der aufgemalte Dionysos sitzt – wie ein Böcklein in der Milch – und wartet auf Stillung – wie alle Trinker. Seine vollbusige Mond-Mutter konnte ja nie stillen, weil der Blitz des Zeus sie verbrannt hatte. Bleibt der Wein – aus dem Metonym des Weibs zu schlürfen. Die Nähe zur theatralen Verwandlung veranschaulicht auch die sogenannte Augenschale, die 50 Jahre lang in Gebrauch war. «Leerte ein Trinker seine Schale, wurde sie quasi zu seiner Maske.»[1754]

1753 Siehe van Vilsteren u. a. (Hg.): 100 000 Jahre Sex.

1754 Th. Mannack: Griechische Vasenmalerei. Darmstadt 2002, S. 40 f. mit

Abb. 11: Mastos. Martin v. Wagner Museum der Universität Würzburg.

Der Mastos, ein Trinkgefäß in Form einer Frauenbrust, war etwas fürs Gelage und musste ‹ex› getrunken werden. Das Bild zeigt Dionysos zwischen zwei Satyrn. Die Verschiebung von Milchbrust zu Weingenuss (und zurück zur Frauenbrust) ist ein zentrales dionysisches Motiv. Zum Kannenfest wurden die dreijährigen Kinder entwöhnt und bekamen ihr erstes Kännchen.

Da war das nächtliche Ausschwärmen nach dem Gelage das Mindeste, was Erleichterung brachte. Entsprechend allgemein war es verbreitet, sowohl bei den privaten als auch den öffentlichen Festen. Anlass war die obligate Trankspende an den dionysischen Kultbegleiter Hermes, der draußen stand, als phallostragende Herme. Es ist aber möglich, dass der *komos* erst mit dem Siegeszug der Dionysosfeste im 6. Jahrhundert so repräsentativ wurde.[1755]

Zwischen den hundert Jahren aber von Solon bis Kleisthenes regierten hauptsächlich die Tyrannen, und sie waren es, die sich um die Reform und Neugründung von Kulten, neben den Panathenäen eben auch um die Dionysien, besonders verdient gemacht haben. Unter der zweiten Tyrannis des Peisistratos von Athen werden 535 oder 531 v. Chr. die Großen Dionysien eingeführt, die auf den ländlichen und anderen Dionysos-Festen aufbauen,

Abbn. – Vollbusig ist Semele (Selene) im Hymnos «Der Semele». In: Plassmann: Orpheus, S. 83, siehe Abb. 11.

1755 Vgl. Kl. Pauly, Artikel «Symposion», Bd. 5, S. 449, und Artikel «Komos», Bd. 3, S. 291.

wobei die erste Tragödie von Thespis gespielt wird. Vor ihm sind im 6. Jahrhundert schon die Tyrannen Periandros von Korinth und Kleisthenes von Sikyon als Erweiterer der Dionysosfeste hervorgetreten. Immer geht es um die Gemeinsamkeit der Polis (mit Stoßrichtung gegen die Aristokraten). 508 schließlich, im Jahr der Einführung der Demokratie durch den *Athener* Kleisthenes, wird dort der erste Dithyramben-Agon aufgeführt. Man sieht, die Nähe des Gastmahl-Paradigmas für die Politik betrifft die Frage der Polis als Ganzes, es geht um die Repräsentation der Staatlichkeit in der rituellen Metapher des Gastmahls. Man kann «die Etablierung der Dionysosfeste als tragenden Pfeiler im politischen Denken des Kleisthenes ansehen»[1756].

Allerdings: In dem Maße, wie sich um den wilden Kern der Mahlzeit – die Herkunft aus dem barbarischen Brauch des Rohfleischvertilgens ist auch im klassischen Athen nie aus dem Bewusstsein getilgt[1757] – die Volksmassen scharen, bleibt vom Essen nicht viel übrig. Nicht nur aus logistischen Gründen. Wenn um 500 v. Chr. im Dionysos-Theater am Südhang der Athener Akropolis vor vielen Tausenden von Zuschauern ein schuldlos Schuldiger auf der Bühne als Opfer dargebracht, ‹gegeben› wurde, was die *tragodoi* (*Bockssänger*) besangen, wenn 1000 Chorsänger beim Dithyrambenwettstreit auftraten, so war von der Idee des Kultmahls nicht viel mehr übrig geblieben als die Gegenwart des Dionysos in Gestalt seines Priesters – der in der ersten Reihe saß – und die Einmaligkeit der Aufführung. Als symbolisches Opfer an Dionysos durften, konnten die ‹Darbietungen› nicht noch einmal gegeben werden. Erst seit 386 v. Chr. durften Stücke in Athen wiederholt werden. Mit dem ‹eigenen› Repertoire ist die Loslösung vom Opferkult vollbracht, weshalb Zimmermann (Tragödie, S. 40) das Jahr 386 auch «als Geburtsjahr des modernen europäischen Theaterbetriebs» ansieht.

Der größte Teil der Aufführungen (Dithyrambos, Tragödie, Komödie und Satyrspiel) fand wahrscheinlich seit der Mitte des 6. Jahrhunderts tagsüber statt. Aber es waren die zum Teil parallel weiter gespielten nächtlichen Verwandlungen und Maskenzüge, von denen diese Spiele abstammten. Zwischen diesen repräsentativen ‹Tagungen› gibt es auch neue, sehr spezielle dionysische Handlungen, Ereignisse und Verwandlungen in der Nacht. Aber die hohe Kunst und die karnevalesken, nächtlichen Vergnügungen drifteten immer deutlicher auseinander. Bevor wir die Großen Dionysien

1756 Zimmermann: Tragödie, S. 17.
1757 Vgl. Burkert: Religion, S. 434.

weiter beobachten, muss der Zusammenhang der ländlichen Dionysien mit den teilweise älteren dionysischen Festen, die kalendermäßig dazwischen liegen, kurz genauer betrachtet werden. Denn sie zeigen, dass die Verbindung dionysischer Feste mit Essen und Trinken durchgängig ist.

Der Festkalender beginnt im Herbst mit den Dionysos-Mysterien, die in der eleusischen Initiation zum Bakchos-Knaben gipfelten. Am 7. Pyanopsion (im Oktober) fand ein Dionysosfest zur Weinlese statt, die *Oschophoria.* Bei Letzterer, einer Art Landpartie, zogen sensationellerweise Frauen mit, die *deipnophoroi,* Trägerinnen des Essens, insofern es zusätzlich zum Opferfleisch benötigt wurde. Nach der Opferung der Tiere nahmen die Frauen am öffentlichen Bankett teil. – Eine absolute Ausnahme! – Obendrein wurden *während* des Essens Sagen erzählt. Ziemlich ungewöhnlich.[1758] Die *deipnophoroi* sind übrigens nur ein weiteres griechisches Glied in der unerschöpflich langen Prozession von *phoroi,* die in Prozessionen irgendwelche Gegenstände oder Tiere irgendwohin führen.[1759]

Dieser Über*tragungs*prozess scheint mir immer deutlicher die rituelle Wurzel der Metapher zu sein, weil hier literale und bildliche Übertragung immer wieder zusammenfallen: durch den Akt. Das *meta* ist hier eine zeitliche Präposition, die, literal ‹vor› dem *phorein* ‹positioniert›, anzeigt, was ‹nach› dem realen Tragen erst geschehen ist: eine Übertragung der Bedeutung. Ein Schaf verwandelt sich auf dem Weg zur Opferstätte in ein symbolisch anderes Wesen, allein schon deswegen, weil es ein symbolisches Schaf *wird.* Aber es kann sich auch in die Bedeutung eines Gottes, Sünders oder Feindes verwandeln.

Man sieht, rituell könnte die Metamorphose dem relativ ähnlich sein. Zwar verändert sich beim ‹übertragenen› Opfertier gerade nicht die Gestalt. Gegen den häufig gleichbleibenden Gestalteindruck[1760] aber behauptet die Vorstellung dieses Objektes eine Wesensveränderung in *dessen* unsichtbarem Inneren. In seinem *eigenen* dunklen Inneren der Vorstellung muss der Opferer freilich die *Gestalt* des anderen Wesens ‹setzen›, vorstellen, um behaupten zu können, die sichtbare Gestalt sei dem We-

1758 Parke: Feste, S. 117; weitere Seitenangaben im Text.

1759 Vgl. z. B. die Arrhephoria, Thesmophoria und Oschophoria.

1760 Die Opfer-Feste kommen insofern der Anschauung entgegen, als gewisse *dekorative* Veränderungen vorgenommen werden können, die aber nicht die Gestalt verändern, etwa, indem die Ziege ein Kleid bekommt.

sen ‹äußerlich›. Gerade die innere Vorstellung ist im Gegensatz zu Wahrnehmung und Denkoperation besonders abhängig von der ‹Setzung› der Gestalt. Das legt die Vermutung nahe, dass Metaphorik aus vorgestellten Metamorphosen entstanden ist, die aber eine starke Innen-Außen-Differenzierung zwischen Subjekt und Vorstellungsobjekt voraussetzen.

Im griechischen Monat Poseideon (Dezember) gab es wiederum ein ungewöhnliches Fest, die Haloa (‹Tennenfest›), mit obszönem, «wohl nächtlichem»[1761] Bankett für Frauen, die von Männern, Beamten (!), bedient wurden. «Die Frauen trugen Nachbildungen von männlichen und weiblichen Geschlechtsorganen und ergingen sich in zügelloser Obszönität der Sprache und Schimpfworten, wie wir es schon von anderen reinen Frauenfesten kennengelernt haben.» (S. 146) Wie es weiterging, ist unbekannt. Ob nur die Vorstellung (der Frauen) bedient wurde oder ob es zu einer Metamorphose der Glieder kam, ist hier uninteressant. Interessant ist der orale Aspekt, dass die genitalen Nachbildungen Backwaren waren, die gegessen wurden (literal), während im Gegenverkehr ‹entsprechende Wörter› ausgestoßen wurden. Diese doppelte Oralität nach dem Herbeitragen[1762] der metaphorischen Gegenstände verweist auf den Aspekt der Integration auch des *inneren* Dunkels für die Realisierung bildlicher Bedeutung. – Ebenfalls wurden in ganz Attika im Dezember, aber an lokal unterschiedlichen Tagen, die ländlichen Dionysia gefeiert, vor allem eine Prozession mit Weinkrug, Rebe, Ziegenbock, getrockneten Feigen und dem Phallos. (S. 150) Hier gab es ebenfalls den Askoliasmos, ausgetragen in verschiedenen ‹Disziplinen› (S. 152).

Auch das Kelterfest *Lenaia* im *Gamelion*, dem kältesten Monat des Jahres (Januar / Februar), ist ein berauschendes Weinfest, nur für Frauen, mit vielen, dem Karneval verwandten Zügen. Seine Klimax soll das Zerreißen und der Verzehr von Tieren im Rohzustand gewesen sein. Das Geschirr zu den Lenaien, etwa der berühmte attische «Satyrspielkrater» des Pronomos-Malers[1763] zum Mischen des Weins, oder der Stamnos des Dinos-Malers, zeigen den Gott als Maske auf der Stange,[1764] weitere Schauspie-

1761 Burkert: Religion, S. 397.

1762 Burkert, ebd.

1763 Siehe Buschor: Vasen, Abb. 257.

1764 Siehe ebd., Abb. 242 und die Schale des Dionysos-Spezialisten Makron «Mänaden an einem Kultbild des Dionysos», Mannack: Vasenmalerei, S. 144.

ler – und Masken, Masken. Ein anderes Bildprogramm kennt Dionysos in Frauenkleidern.[1765] Am uralten Heiligtum des Dionysos Lenaios, im Lenaion, wurden bereits vor der Einrichtung der Großen Dionysia, also vor der Mitte des 6. Jahrhunderts, «dramatische Agone» gegeben, übrigens auch noch nach dieser ‹dramatischen› Neuerung. (S. 154) Auch hier ist das Zentrum ein Mahl, eines um Mitternacht (Parke 158).

Das älteste Dionysosfest der Athener waren die *Anthesterien* im März; ihre drei Festtage hießen: Fassöffnung (*pithoigia*), Kannenfest (*choes*) und Fest der Töpfe (*chytroi*). Wie schon erwähnt, steckten die *pithoi* halb in der Erde, sie wurden jetzt geöffnet, um die «durstigen» Geister, die auf die Erde zurückkamen, zu tränken. «Durstig waren sie nicht auf Wasser, sondern im Jahre, in dem Dionysos entmannt unter ihnen weilte, auf Wein.» (S. 186) Natürlich wurden auch alle Lebenden, Sklaven und Kinder eingeschlossen, durch den überall hinziehen Weinduft ‹animiert›, es den durstigen Totenseelen gleichzutun und mit ihnen und dem auftauchenden Gott zu bechern. Der zweite, der *Kannen*tag, war in Gemeinschaft mit den Geistern der Tag der Dreiliter-Kanne *chous*, die im Wetttrinken geleert wurde.

Wie sehr es bei den Anthesterien um die ‹Erörterung› des Gastmahls ging – um den Zusammenhang von Trinken und Reden, Fremde und Hiesige, innen und außen –, zeigt dieses mittlere Fest. Denn es ist eine demonstrative kultische Vermeidung des Kerns von Gastlichkeit und Rede bei gleichzeitig permanentem Trinken. Zwar wurden an diesem Abend Freunde zur Geselligkeit eingeladen. Aber der Gastgeber stellte nur «Kränze, Wohlgerüche und Dessert». Jeder Gast «brachte sein eigenes Essen mit und ... sein eigenes Getränk in einer Weinkanne, dazu eine Trinkschale» (S. 173). Jeder trank sein Maß in Schweigen. Der Sage nach soll der noch blutschuldbefleckte Orest ausgerechnet beim Nachtessen an den Anthesteria in Athen um Asyl gebeten haben. Da König Demophon ihm das Gastrecht nicht verweigern durfte, andererseits aber gleichsam eine ‹Infektion› mit der Blutschuld via gemeinsam getrunkenem, heiligem Wein, dem Blut der Erde, und durch das Geschirr befürchtete, griff man zu dieser schuldhygienischen Maßnahme, die sich im Festritual verfestigte (S. 174).

1765 Vgl. die Attische Bildfeldamphora des Amasis-Malers (550/540 v. Chr.) mit Dionysos im roten Mantel, Borbein: Griechenland, S. 301. Solcherart maskiert kam er auch nach Orchomenos.

Daran sieht man, welches Ausmaß an magischer Vereinigung normalerweise einem Mahl zugetraut wurde.

In der Nacht danach bebte das Ziegenfell wieder unterm *Askoliasmos*. Der Hauptpreis im Wetttrinken ist nämlich ein Weinschlauch gewesen.[1766] – Auch die dreijährigen Knaben, die wohl bis auf diesen Tag Mutter- oder Ammenmilch erhielten, bekamen eine kleine *Choe*, aus der sie trinken durften, das gehörte zu ihrer an diesem Tage gefeierten Aufnahme in die Gemeinschaft, in ihre Männerbundklasse (S. 188). Wenn die Kindlein knülle waren, waren auch sie voll des Dionysos, des trieterischen, also des dreijährigen. Am Tag der *Töpfe* wurden die mit Dionysos ausgeschwärmten Totengeister, die Keren, feierlich aus großen Töpfen gespeist, worin sich «gekochte Erdfrüchte und Sämereien» befanden (S. 187). Das diente als Wegzehrung – und Aufforderung, wieder nach unten zu verschwinden. Sprichwörtlich sei, so Kerényi, der Festspruch geworden: «Hinaus, ihr Keres, es gibt nicht mehr die Anthesterien.» (S. 187) Die Athener begleiteten sie hinaus, wenn sie an diesem Tag mit weinbeschwertem Kopf wiederum zu den ‹Sümpfen› zogen.

Dionysos selbst wäre nun nach der trieterischen Ordnung für die nächsten zwölf Monate oben geblieben. Nach der athenischen Ordnung war er nach einer kurzen hohen Zeit wiederum geteilt und doppelt, oben und unten zugleich. Auch der Staat selbst gab den Toten noch ein Abschiedsmahl, indem er in einen breiten Erdspalt nächst dem Olympeion eine Mischung aus Weizenmehl und Honig an die Toten opferte.[1767] – Typisch ist für die meisten, nicht nur die dionysischen Feste Athens die Verbindung von Mahl und performativer Bewegung: mit Umzügen und Prozessionen, wo etwas von hier nach da getragen wird (metaphorein). Hierbei wird Imaginäres kollektiv in Bewegung umgesetzt, rudimentär theatralisiert.

Die athenische Benennung der Anthesterientage nach Trink- und Essgeschirr zeigt die Bedeutung des gemeinsamen Mahls mit den göttlichen oder dämonischen Gästen. Ihre anwesende Herrschaft legitimiert alle Umkehrung der Ordnung als deren Neustiftung. Namentlich die gegenseitige Konsumtion in geschlechtlicher Vereinigung war sozusagen ein Mahl mit den Göttern. Diese gegenseitige Gast-Gebung fand in der Nacht statt,

1766 Kerényi: Dionysos, S. 191 f.; weitere Seitenangaben im Text.
1767 Parke: Feste, S. 179.

in einer verwirrend vielfältigen Mischung von öffentlichen, geheimen und privaten Riten, auf die hier einzugehen leider nicht der Raum ist. Es sei nur darauf hingewiesen, dass es ähnlich wie beim Wein auch hier festübergreifende Zeiten der Reife gab.

So galten Hochzeiten im Monat Lenaia, also um die Zeit des Lenäenfestes, als Vorbereitung dieser Frauen auf die Nacht mit Dionysos (Götterbegattung ist schließlich nicht ohne), die in historischer Zeit offiziell nur noch der Frau des kultischen Stadtkönigs, des Basilieus, und vielleicht ihrem Kollegium der ‹Ehrwürdigen› Frauen vorbehalten war. Diese Heilige Hochzeit wurde in der Nacht zwischen dem Kannenfest und dem Fest der Töpfe gefeiert, zählte aber schon zu den Töpfen. (S. 189) Was in dieser Nacht des Schwindels zwischen Kannen und Töpfen geschah, wurde vom Staat nicht überwacht, vielleicht gibt es deshalb darüber keine direkten Auskünfte. Doch Kerényi zweifelt nicht daran, dass die reiche Bilderwelt der ‹Töpferware› eine allgemeine Nacht des Schwärmens bezeugt. (S. 192)

Man muss sich vergegenwärtigen: Den ganzen Tag wurden Mädchen geschaukelt, kleine Knaben erinnerten an den wiedergeborenen Dionysos, die Männer soffen, was sie konnten. In der Nacht dann gab es die Frauengeheimnisse im Heiligtum, die Männer ‹standen auf dem Schlauch›. Zum Schwindel des Schaukelns kam der Schwindel der Trunkenheit und der Schwindel auf dem Ziegenbauchschlauch. Dazu der Schwindel im Tempel: Entweder bekam die Basilinna nur ihren ehelichen *Basileus* oder immerhin einen Fremden als Dionysos-Schauspieler, oder sie bekam, wie vielleicht auch die 14 *Gerarai*, die ‹Ehrwürdigen› Frauen[1768], nur einen kultischen Phallos aus Feigenholz.

In der Stadt aber der größte Schwindel: In den Häusern warten die Frauen auf die Ankunft je ihres Dionysos'. Bilder auf Komos- und Festgeschirr erzählen von Männern, die ‹den Dionysos machen›. «Auf einer Choenkanne will wahrscheinlich ein Athener mit diesem Kopfschmuck in der Rolle des Dionysos eine Haustür stürmen, in der Nacht, betrunken und von der Herrin des Hauses, einer jungen Frau, mit der Geste der Geheimhaltung und einem Lämpchen empfangen.» (S. 192) Auch diese Dionysos-Simulation verwirklicht im Schwindel der Trunkenheit den Schwindel des ‹Als-ob›.[1769] – Es ist auch nur gerechter Gabentausch, dass

1768 Nach Hesiod ist Geras, das Alter, ein Kind der Nacht (Th. 225).

1769 Die Kehrseite der unter der Tyrannis demonstrierten, ‹dionysischen›

die Preisträger im Wetttrinken nun noch das Geweih der Gehörnten bekommen – und ihre Frauen denjenigen Strategen beim Wein überlassen müssen, deren erotische Ambitionen höher waren als ihre oralen. Aber, wie gesagt, das wurde vom Festkomittee klugerweise nicht überwacht.

Das System der athenischen *Großen Dionysien*, die explizit als Import von außen, aus Eleutherai, eingeführt wurden, was jedes Jahr pompös, mit einer *pompe*, einem festlichen Einzug demonstriert wurde, bestand aus einer sinnreichen Trennung besonders der nächtlichen, vulgären, sexuellen Aktivitäten von den immer großartigeren und differenzierteren öffentlich-täglichen Aktivitäten. Selbst die obligate Phallos-‹Übertragung› war nun therapeutisch begründet. Sie sollte die Männer von Geschlechtskrankheit befreien, mit der sie wegen ihrer mangelnden Dionysos-Verehrung bestraft worden waren.[1770] Waren die alten Feste für alles, was ‹rein und raus› betraf, gut, für Wein, Weib und Tanz (hinaus in die Wildnis), mit Lärm und Spottgesang, so wurde das stärker per Fernsinn ‹erhebende› Schau-Spiel im weitläufigen Theater am Südhang der Akropolis immer anspruchsvoller, und die Themen verlagerten sich vom Opfer zum tragischen ‹Helden›, sodass schon Solon, nicht nur wegen der Masken, ausrief, dass alles Schwindel sei, «Lüge», *telykauta pseudomenos.* (S. 199) Diese Behauptung des Schwindels kann ästhetisch nicht hoch genug bewertet werden, denn sie weist auf die kritische Übergangszone vom Kult zur Kunst.

Noch immer sehen Skeptiker eine große Lücke in der Beweisführung der Herleitung des Dramas aus dem Opferritual. Das Kernproblem sieht Fritz Graf in der rituellen Teleologie der Wiederholung, ein Ritus muss genau das wieder bringen, was von ihm erwartet wird.[1771] Ein Drama lebt aber vom Unerwarteten, von einem Horizont, offen für Reflexion, Beurteilung und Widerspruch. Trotz gemeinsamer Wortwurzel im *tragos* (Bock) und se-

Frömmigkeit sind Verstellung und Heuchelei. Das hängt mit ebendem erweiterten Begriff von Öffentlichkeit zusammen, der die Tyrannis groß machte. Typisch dafür ist der Verdacht, Peisistratos habe sich selbst eine Wunde beigebracht, um vor der Volksversammlung behaupten zu können, seine Feinde trachteten ihm nach dem Leben. Vgl. Chr. Meier: Athen, S. 86.

1770 Parke: Feste, S. 19.

1771 Andererseits war der mythische Dionysos auch in vor-tragischer Zeit immer schon der sich überraschend Zeigende, der Unberechenbare.

mantisch in dem Verb *dran* (› dromena) für Handeln, will das nicht recht zusammenpassen. Für Graf ist in diesem Zusammenhang der (vermeintliche?) Import des Gottes von außen von besonderer Bedeutung. Hinzu kommt die widersprüchliche Mythologie des Gottes selbst.[1772] Aber vielleicht ist der Begriff des Ritus von Graf auch zu idealtypisch isoliert von den traditionellen Gebräuchen, die im Umkreis der alten Feste des Gottes widersprüchlicher sein durften als bei den tyrannischen Neuplanern.

Die nächtliche Aischrologie, also die scherzhafte Schimpfrede beim Phallosumzug bzw. beim Einzug des Dionysos (sie ist wahrscheinlich die Wurzel der Komödie), dann das Schaukeln der Mädchen und das Weinschlauchspringen der Männer, all das sind Handlungen, die zwar rituell sind, aber zugleich offen. Es ist nicht klar, wann man besoffen oder schwindlig ist, und: was man dann für einen Stuss von sich gibt. Im Zentrum aber all dieser kleinen und meinetwegen unsauberen Rituale stehen Essen und Trinken. Das sind sehr wohl ehrwürdige Rituale des Stoffwechsels zwischen Mensch und Natur, die sehr unerbittlichen Gesetzen gehorchen. Dennoch sind sie offen, bis man voll ist. Besonders beim Gastmahl – und bei den Dionysien hat man einen sehr hohen Gast – weiß man nie, ‹was hinten rauskommt›. Das Nichtwissen ist man dem Gast aus Respekt schon fast schuldig.

Graf weist (S. 22) auch auf den Unterschied der Adressaten hin: hier der Gott im Ritus, dort das Publikum bei den dramatischen Spielen. Aber dieser Gott aus Tierfleisch und Wein ist eben etwas Besonderes, er ist zu Besuch, er verstellt sich, er taucht auf in verschiedener Gestalt. Bei ihm ist von Anfang an thematisiert, was andernorts unvereinbar erscheint: zugleich (oder besser: abwechselnd) Gläubiger und Gott zu sein, Gastgeber und Gast, Verwandlungskünstler und Ergriffener. Wenn bereits um 650 v. Chr. Archilochos, der den Dithyrambos kann, Teile der Festgemeinde erzürnt, weil ‹Archie› und seine Freunde etwas improvisieren, dann sieht man einen Streit zwischen Kultanhängern, die *auch* ‹Publikum› sind, und jenem Publikum im neuen Sinne, das neuen Ausdruck sucht statt Ritual, lange bevor es Tragödien gibt. Das alles beginnt für mich mit dem Drama des Gastmahls, das seine heiligen Gesetze kennt – aber der unbekannte, quasi heilige Gast ist so unberechenbar wie die Wirkung von Speis und Trank auf seinen Bauch.

1772 Graf: Kultische Wurzeln, S. 22; weitere Seitenangabe im Text.

Was schließlich in den Großen Dionysien post festum übersichtlich, als ob es aus der Ewigkeit käme, organisiert erscheint, ist in jedem Akt ein Ergebnis von erregten Diskussionen, Meinungsverschiedenheiten, Interessengegensätzen und anderen hochkultischen Errungenschaften der unruhigen Polis. Im Jahr 508 ist mit dem ersten Dithyrambenwettstreit der Kalender – fast – fertig und zugleich (durch Kleisthenes) die Demokratie «eingeführt». Wenn wir die Nächte und die Mähler weglassen und auf die repräsentativen Akte schauen, erhalten wir ab 486, dem Jahr der Einführung der Komödie, folgenden Festplan des nun demokratischen Staatsfestes: 1. Tag: Feierliche (Aus-)Rüstung der Söhne von Gefallenen auf Staatskosten – Öffentliche Ausstellung des Staatsüberschusses – Dityrambenwettstreit von zehn Doppelchören à 100 Mann. 2. Tag: Kömödienwettstreit. 3. bis 5. Tag: Tragödie und Satyrspiel. An jedem der drei Tage wurde eine tragische Tetralogie mit einem Satyrspiel abgeschlossen.

Theater als sublimiertes Opfermahl

Fast von den ersten tragischen Aufführungen der Großen Dionysien an ist die Kritik nicht verstummt, dass die Dramen nicht mehr richtig dionysisch seien. Wahrscheinlich sind deswegen zusätzlich die Satyrspiele zum Abschluss der tragischen Tetralogie in den Spielplan aufgenommen worden. Die Kritik bezog sich weniger auf die nicht-dionysischen Themen als auf die Art der Handlung, sonst hätten die Satyrspiele nicht als Kompensation dienen können. Immerhin steht die Hälfte des Personals fest: Die schwärmenden ‹satyrischen› Mischwesen, mit Vater Silenos als Chorführer, gehören als Waldgeister traditionell zum Gefolge des Dionysos. Es ist schwer zu ermessen, ob sie eher als selbständige halbgöttliche Existenzen gedacht wurden, die dann von Schauspielern nachgespielt wurden, oder eher als Verwandlungen der menschlichen Verehrer zu halbgöttlichen Verkörperungen oder als Geister, die in die Dionysos-Anhänger gefahren waren.

Jedenfalls waren sie verkleidet: mit dem Pferdeschwanz, mit der stupsnasigen Gesichtsmaske, den Bocksfüßen und dem riesigen erigierten Phallos. Gegenüber der früh einsetzenden ‹Individualisierung› der Tragödienrollen und -plots (wie Familiengeschichten), die sozusagen eine Bedingung für deren Dramatik ist und die durch solche Staatsakte wie die

Einrüstung der Jungmänner betont wird, fällt die Anonymität und Amoralität der Satyre auf. Sie sind lüstern, unheroisch, ja feige und werden von einem *trickster* aus der Versklavung befreit.[1773] Vielleicht reflektieren diese Spiele den Gegensatz von Stadt und Land oder den von ländlichen und städtischen Dionysien. Aber es scheint unauslotbar, wer tiefer auf Kosten des anderen lacht.

Eindeutig ist, dass sie als Kompensation zur Tragik des ursprünglichen Opfergesangs ein schwärmendes, überschäumendes Wesen der erwachenden Vegetation des Frühjahrs darstellen. Wichtig ist das, wenn auch realiter individuelle, Leben hinter und innerhalb des Vehikels der gleichförmigen Maske. Denn es scheint das Verhältnis zwischen Maske und Maskenträger zu sein, das sich im neuen Verismus der Tragödie verändert hatte. Die Maske des Satyrs drückt das ‹unausgedrückte› Leben des Weins, pardon, des ‹kreatürlichen› Lebewesens … aus. Die Maske der Tragödie zeigt einen individuellen … Totengeist.

Der erste historisch fassbare athenische Tragödiendichter, Thespis, soll anstelle der Hefe, die bei den alten Lenaia zur Bemalung der Gesichter benutzt wurde, zunächst weiße Kreide eingesetzt haben, «die sich für die Totengeister ziemte, wenn sie wieder erschienen»[1774]. Später verwendete er Leinwandmasken, welche die Heroen vielleicht würdiger erscheinen ließen (S. 200). «Er wählte zu ihrer Bekränzung die Zweige einer nicht undionysischen Pflanze: der *Andrachne* (Östlicher Erdbeerbaum), der in Griechenland auch komáros heißt und dessen Früchte zur Verstärkung des Weins dienten.» (S. 200)

Auffällig ist die Kontinuität der *Nahrhaftigkeit* ihrer Masken: von den alten Tretern in der Kelter bis zu den edlen Tragöden. Die Hefe zum Kelterfest kommt vielleicht nicht nur aufs Gesicht, sondern auch in den Wein, sie lässt ihn sozusagen toben und schwärmen. Kreide und Leinwand scheinen sich vom Nahrungsparadigma zu entfernen. Dafür bietet der Kranz sozusagen eine Verstärkung der Hefe-Bedeutung. Denn die Frucht des komáros findet nicht nur im Wein Verwendung. Sie ist ein noch heute gebräuchliches griechisches Rauschmittel, das schon in minoischer Zeit bekannt war – so die Herausgeberin des «Dionysos» ihres Mannes, Magda

1773 Kerényi hält die Satyre für die ursprünglichen Treter der Trauben in der Kelter (Dionysos, S. 56), weshalb sie auch auf das Kelterfest, die Lenäen, verweisen.

1774 Kerényi: Dionysos, S. 199; weitere Seitenangaben im Text.

Kerényi, im Nachwort von 1975. Unter anderem eine solche Pflanze hat ihr «trotz fehlender fachlicher Kompetenz ... den Mut gegeben», das Lebenswerk ihres Mannes herauszugeben (S. 238).

Kerényis Idee der Unzerstörbarkeit des Lebens kann man auch ganz unsatyrisch hier ‹am Werk› sehen. Die zentrale Idee der Dionysoskulte hinter dem betäubenden *swing* von (Opfer-)Tod und Neugeburt ist immer auch die individuelle Perspektive – und die betörende Illusion ihrer Aufhebung. Die Brutstätte, der Herd dieses Stoffwechsels von Individualisierung und Entindividualisierung ist aber die Idee des Beilagers von Essen / Trinken und Rede / Gesang. Die *Opferstelle* (das ist ein Speisetisch!) wird zur Bühne; das ist die ganze Veränderung. Kreide und Leinwand bezeichnen die Schwelle (und verhüllen sie), von der aus die Attribute der Nahrung nur noch *symbolische* Verweise auf Nahrungsergänzungsmittel sind (die vielleicht die wahre Kraftquelle der Mänaden waren, denn der Wein wird sie nicht zu solchen Kraftanstrengungen befähigt haben, im nächtlichden Fackellauf die verschneiten Berge zu stürmen und Tiere zu zerreißen). Die einzige erhaltene Angabe, sagt Kerényi, wie es «bei den großen Dionysien *vor* dem Auftreten des Thespis herging», zeige die Rolle der Satyre:

«Vor Thespis stieg jemand auf den Tisch, den eleós, auf dem das Opfertier zerteilt wurde, und antwortete einem Chor. Ein Zwiegespräch entwickelte sich. Waren es die Anhänger des Gottes, die den Opferer – und in dieser Eigenschaft einen Feind des Dionysos – zur Rede stellten?» (S. 199)

Der tragische *agon* zwischen Protagonist und Chor beginnt hier am Opfertisch, und der tragische Held ist das Opfer. Was sich mit Thespis ändert, ist, dass die Mahlzeit, nun gut, das Opfer[1775], zur Maske wird. Innerhalb der Maske, unter der Leinwand trägt das anonym gewordene Trägerleben der Maske mit der Maske die *Totenqeister* ... aus. 25 Jahre nach der Niederlassung der orphischen Auffassung des Dionysos-Mythos in Athen mit *Onomakritos*, der die Titanen den Dionysos fressen lässt und die Menschen als Wirte seines rußigen Gottes-Restes sieht, siegt, so sieht es Ke-

1775 Einen weiteren Hinweis für die weitgehende Synonymität von Mahl und Opfer bei den Griechen liefert Vernant: Mythos und Religion im alten Griechenland. Frankfurt und New York 1995, S. 69: «Das Wort *hiereion* bezeichnet ein Tier als Opfertier und gleichzeitig als ein zum Verzehr geeignetes Schlachttier.» Das Mahl sei ein Akt gesellschaftlicher Kommunion gewesen.

rényi, eine poetischere Variante der Vermahlung zwischen Mensch und Gott, bei der mit *Bühnen*mitteln die Vergegenwärtigung erreicht wird. *Dagegen* wehrte sich vielleicht Solon. Denn des Thespis neue Maskenkunst holte «die Toten selbst leiblich aus der Unterwelt» (S. 199).

Nach all den Jahrhunderten der Forschungen zur Entwicklung der Tragödie sieht man immer noch nicht so recht, wie dieser Zusammenhang zwischen Chor und Schauspielern entstanden ist, die sich sprachlich, szenisch und musikalisch so scharf voneinander unterscheiden.[1776] In unserem Zusammenhang ist aber die Person in der Persona, in der Maske, von größerem Interesse, und zwar als sublimierte Variante des Verschlingens (Zeugens) und Gebärens (Groß-Rauskommens), also des Essens und des, nein nicht des Ausscheidens, sondern des Redens. Der soeben erwähnte Albrecht Dihle konstatiert, dass «trotz der Schnelligkeit, mit der sich die neue Kunstform entwickelte», trotz aller bühnentechnischen Neuerungen «die Zahl der Schauspieler nur sehr zögernd vergrößert» wurde. (S. 112) Das spricht dafür, dass die Kommunikation der Rollen miteinander, also auf der gleichen performativen Ebene der dramatischen Fiktion, zunächst weniger wichtig war als die innere Verlebendigung des Äußeren – oder umgekehrt: als die Personifizierung der fiktiven Person in der Persona, als das Drama der Verkörperung selbst.[1777] Aus der Asymmetrie der Beziehung zwischen innerhalb und außerhalb der Maske entwickelte sich wahrscheinlich das Potenzial der dramatischen Interaktion.

Dagegen könnte eingewendet werden, dass schon mit dem dithyrambischen Heraustreten des Chorführers oder eines Protagonisten eine Gegenüberstellung von Chor und Chorführer erreicht ist, die der entscheidende Schritt hin zu einer ‹dramatischen› Entwicklung gewesen ist. Schließlich war der Chorführer ein Antworter (*hypokritḗs*), und er trägt vor allem eine Maske mit sprechendem Gesicht aus stuckiertem Leinen, eine Maske zum Sprechen. Das betont doch den konfrontativen Aspekt in *äußerer* Kommunikation. Der stärkste Widerspruch gegen die frühe Vor-

1776 Vgl. Dihle: Literaturgeschichte, S. 111; weitere Seitenangabe im Text.

1777 Erst Aischylos führt zwei Schauspieler ein und Sophokles drei. «Damit war die kanonische Zahl erreicht.» Erika Simon: Stumme Masken und sprechende Gesichter. In: Th. Schabert (Hg.): Die Sprache der Maske. Würzburg 2002, S. 20.

herrschaft der Innen-Außen-Dialektik der Maske könnte sich darin zeigen, dass Dionysos selbst als Kultbild flach wie ein Bild war: Das *prosopon* des Gottes war «ein Antlitz ohne Hinterkopf»[1778].

Gegen diesen Einwand spricht, dass in der Tat Dionysos auch früher schon, auch als Relief oder Marmorkopf prosodisch dargestellt wurde, während die Schauspielermaske gar nicht mehr wirklich prosodisch war. Wegen der häufig notwendigen Wechsel der Rolle hatten die Masken zur Zeitersparnis bei der ‹Aufmachung› auch Bart und Oberhaar. Sie hießen dennoch *prosopon*, weil sie die Maske des wesentlich prosopischen Dionysos waren, weil sie Dionysos bedeuteten. So wie die Gesichtsmaske des Dionysos nie von ‹Gleich zu Gleich› sprach, sondern eine wesentliche Barriere zwischen dem Enthüllten und dem Verborgenen darstellte, so verschluckte die Maske des Dionysos im Schauspiel den Schauspieler und ließ den Gott aus der Maske heraus durchdringen, personare. Zugleich war der Gott aus der Oberfläche in den Schauspieler eingedrungen, der dadurch als Gott heraustreten konnte, in *ekstasis.*

Aber die Andersartigkeit des tendenziell dunklen Innenraumes der Maske, außen um den profanen Innenraum des Schauspielers, musste auch erfahren werden, um ekstatisch überwunden werden zu können. Sie bewirkte die Anmutung einer zugleich äußeren (anderen) und inneren Leibräumlichkeit, deren sekundäre Innerlichkeit die Personanz ‹beflügelte›. Für Weihe scheint jedenfalls klar zu sein, dass dann die Masken der klassischen Tragödie Vollmasken waren, «die wie Visierhelme über den Kopf gestülpt wurden»[1779]. Doch die plastische Innenräumlichkeit ist weniger wichtig, sie kann auch, den Spielbedingungen entsprechend, wieder zurücktreten. Aus dem Athen des 3. Jahrhunderts v. Chr. sind zum Beispiel auch Masken aus Terrakotta bekannt, die vorne aufgesetzt und hinten mit einem Band gehalten wurden.[1780] Die *vergrößerten* Augen- und Mundlöcher betonen einerseits die Frontalität und andererseits die Tiefe dahinter: die Dunkelheit des ‹Unsichtbaren› und den ‹gähnenden› Abgrund.

1778 Ebd.

1779 R. Weihe: Die Paradoxie der Maske. München 2004, S. 132.

1780 Siehe J. Camp und E. Fisher: Götter, Helden, Philosophen. Stuttgart 2003, S. 134.

Diese asymmetrische Personanz, die akustische Weise des Auftauchens, scheint bedeutsamer für die Entwicklung der Dialogizität des Dramas gewesen zu sein als das Miteinander von Chor und Antworter. Denn ihr Ensemble gewinnt an Dramatik erst aus der Andersartigkeit ihrer jeweiligen Herkunft, ihrer Anmutung und ihres musischen Gebarens. Wahrscheinlich wurden nämlich im 6. Jahrhundert verschiedene Traditionen und Kulte um Dionysos in der Tragödie gegeneinander gespannt und zusammengesponnen mit dem Chor und dem ersten Maskenschauspieler. Und während der Chor die Tradition der alten Kulttänze vertrat, war der Chorführer oder Antworter oder Erklärer: der auf dem Opfertisch, ein vom Gott Besessener, ein musisch Begeisterter, der in der Maske (des Opfers?) improvisierte. Schon der wegen seiner Improvisation gescholtene Archilochos verwies auf den Blitz in sich, und Pindar sprach im Dithyrambos 70b von einem unklaren S aus dem langgedehnten Dithyrambengesang[1781]:

> Früher erschallte langgedehnt Dithyrambengesang, unklar
> Kam das S aus dem Munde der Menschen. –
> Offen sind zur heiligen Wiederkehr
> Von neuem die Tore; darum jauchzt ...

Spricht er von akustisch schlechten Masken? Und ist das Tor zur Unterwelt vielleicht auch die Öffnung in der Maske? Vielleicht ist doch etwas dran an der Bedeutung des Namens Dionysos als ‹das Kind der doppelten Tür›, wie Ranke-Graves (1, S. 46) sagt. Die Stadttore Pindars sind zugleich die Tore zur Unterwelt und die Löcher zur doppelten inneren Nacht hinter der Maske. Wenn an der Hypothese vom Kampf zwischen Matriarchat und Patriarchat in Dionysos etwas dran ist, dann scheint die Maske überlebenswichtiges Vehikel einer wechselhaften Existenz zu sein. Ein Sohn ist jeweils verschlungen; es gibt aber immer zwei Tore hintereinander: den Mund und den Maskenmund.[1782]

Oder kam das S unklar aus dem Mund, weil sein Träger trunken war? In gewisser Weise und besonders im Festkreis um Dionysos ist der Rausch nicht nur das Gegenteil der festen Maske, sondern auch ihre Innenseite.

1781 Pfeiff: Pindar, S. 180.

1782 Auch die sexuelle Zweideutigkeit ließe sich als eine Larvierung von je dem andern Geschlecht verstehen.

Hinter der Satyrmaske ‹rauscht› Lethe, das Vergessen.[1783] Dem Lügen-Schwindel der fixierten Darstellung eines anderen auf der Maske entspricht der Dreh-Schwindel des Rausches und der Fehlwahrnehmung. Das kann auch so dramatisiert werden, dass die Trunkenheit der Maske *gegenüber* spielt. Leider gibt es nur noch wenig Textzeugnisse von Satyrspielen. Aber in einem von Euripides überlieferten Stück «Der Kyklop» hält dieser von Odysseus betrunken gemachte Einäugige die hässlichen Maskenträger für begehrenswerte Grazien, und die alte Mischgestalt des Silen hält er für den schönen Knaben Ganymed, den er zu vernaschen gedenkt. Und im Stil des Sündenbocks klagt Silen: «Oh weh, ihr Buben, tragen muss ich arges Leid.»[1784]

Der erhaben-tragische Ton wird hier zwar lächerlich gemacht, aber er ist auch das Thema. Hinter der lustigen Maske steckt also nicht nur eine Privatperson des Sängers, sondern vielleicht ein höheres Opfer (also Essen), das seine Sache mit dem Gott austrägt. In diesem Fall ist es ein Knabenopfer, und der Kyklop sieht *im* Silen ein Knabenopfer. – Ist hier etwa ein mythisches Relikt von einem Menschenopfer, das erst später durch ein Tieropfer und dann durch ein symbolisches Opfer, einen tragischen Helden abgelöst worden wäre? Der Dithyrambos ist in Athen relativ spät als eigenständiger Wettbewerb des ersten Tages zu den Großen Dionysien gekommen. Und hier stand die Sippe, der *phylos*, der die Chöre aufführte, im Vordergrund. Er auch bekam den Preis, nicht der Dichter, der auch der Chorführer war. Der Dichter bekam den Preis in den Sparten Tragödie und Komödie.

Aber der Dithyramben-Agon hatte eine fast hundertjährige Karriere hinter sich, als er in Athen eingeführt wurde. Arion von Methymna soll der Erste gewesen sein, der um 600 unter Periandros von Korinth, dem ältesten Zentrum der neuen Dionysos-Religion, den ersten Dithyrambos aufgeführt hat. Dass er einigen auch als der Begründer der Tragödie galt, spricht für einen engen Zusammenhang beider Gattungen, der in dem Auseinandertreten von Chor und Chorführer deutlich wird. Spätestens mit der Einführung des Dithyrambos in Sikyon wird aber deutlich, dass häufig lokale Heroen das Opfer sind, das vom Dionysoskult verschlungen wird. Im ganzen archaischen Griechenland waren schon damals alte He-

1783 Plutarch nennt Dionysos einen «Sohn der Lethe» (Gr. Myth. 1, S. 48).
1784 Zit. nach Buxton: Mythologie, S. 37.

roen-Kulte verbreitet. Sie galten lokalen Helden, häufig mythischen ersten Königen, vor allem aber Toten. Die waren zwar keine Götter, aber zumindest in dem Sinne Halbgötter, dass sie nach ihrem Tode dauerhaft verehrt wurden (mit Opfern und Spielen zu ihrem Gedächtnis). Das Besondere an ihnen war ihre lokale Verankerung, die den Ankerplätzen sozusagen ihre Identität gab. Die Verankerung ist geradezu geophysisch aufzufassen: Es sind die Begräbnisstätten gemeint.

Auf diese unterweltlichen Topoi werden nun die Dionysika gestülpt. Man kann hier geradezu von einer kultischen Homogenisierung im Namen des Dionysos sprechen. Der Gott eignete sich besonders deshalb zu dieser Verwandlung, weil er der Gott der Verwandlung war, und zwar im besonderen derjenigen durch ‹Einverleibung› und (verändertes) Auftauchen. In Sikyon überträgt *Kleisthenes* (der Ältere) die tragischen Chöre für den unerwünscht gewordenen «local hero» *Adrastos* auf Dionysos. (*Epigenes* soll ihr Schöpfer gewesen sein.)

Aber er trennt die tragischen Chöre für Adrastos/Dionysos von den Opfern, die er nun auf einen Import aus Theben überträgt, auf *Melanippos*, den Sohn des *Astakos*. Herodot berichtet im fünften Buch (Kap. 67) von der Trennung zwischen dem *Gesang* für die Leiden des Adrastos und dann des Dionysos einerseits und dem Opfermahl für einen anderen Leidenden, eben Melanippos. Das scheint ein wichtiger Schritt zur Loslösung des künstlerischen Opfers vom kultischen zu sein, wenngleich die Zuschauer zuerst rein dionysische Themen erwartet zu haben scheinen.[1785] Das Opfer*mahl* bekommt also ein Held, der selbst von seinem Feind gegessen worden war.[1786] Es ist nicht hinreichend, diese Trennung von Kult und Kunst mit einem humanen Abscheu gegen das Tier- und erst recht das Menschenopfer zu begründen. Denn dieser Mythos vom kannibalischen Opfer wurde ja erst neu kultisch eingeführt.

Das gegessene Opfer durfte in der Tragödie nicht vergessen werden, aber es musste im Hintergrund bleiben; es wurde noch zur Übertragung auf tragische Helden gebraucht. Ein dunkler Anteil des Bauches an der Geburt der Tragödie macht sich hier und später in Athen vielleicht geltend.

1785 Vgl. Zimmermann: Tragödie, S. 22.

1786 Vgl. ebd., S. 21. – Während der verwiesene Adrastos aus dem verhassten Argos kam, war Melanippos einer der Thebaner, der zwei der «Sieben gegen Theben» tötete; einer der Argiver verschlang aber sein Gehirn.

Ist die Sprache des Dramas, genauer: das tragische Sprechen aus einer Maske eine Art Schuldumkehr der oralen Einverleibung? Warum schließlich beschäftigen sich die Dramen so eingehend mit schuldlos Schuldigen? Doch um zur Reinigung *(katharsis)* derjenigen zu verhelfen, die das Maskenspiel konsumierten. Wir wissen, dass es zur Hochzeit der klassischen Tragödie nicht nur ‹ernst› wurde mit dem Schauspiel, sondern dass auch insgesamt der moralische Diskurs eine Blütezeit erlebte.

Um welche schuldlose Schuld oder Schuldigkeit konnte es bei den Schauspielen zum Dionysosfest aber überhaupt gehen, die hier sprachlich – für alle gemeinsam! – expediert wurde? Sicher nicht um den Diebstahl des einen oder den Mord des anderen, sondern um eine eher gemeinsame Ausschreitung, die zum Fest dazugehörte, wenn sie auch nicht groß als Staatsakt herausgestellt wurde. Es ging um den sprachlichen Ausgleich der immensen Einfuhren an Essen und Trinken und der nächtlichen Genüsse bei ebendiesem Fest. Es ging um eben die Schuld(en), die für die meisten das Fest erst zum Fest machten. Während der fünf Tage gab es nächtliche Gelage, den komos und den Beischlaf ‹frei Haus›. Aristophanes hat die Sicht der einfachen Massen aus der Stadt und dem Umland sicher nur wenig überzeichnet, wenn er einen Herold in «Die Acharner» werben lässt (1085):

Zum Festmahl komm
Sogleich mit deinem Korb und deiner Kanne!
Der Priester des Dionysos lässt dich laden.
Nur schnell! Die andern warten längst auf dich,
Und alles ist schon fertig zugerichtet,
Als: Tische, Polsterkissen, Teppiche,
Festkränze, Salben, Naschwerk, Freudenmädchen,
Lebkuchen, Fladen, Sesamstritzel, Krapfen
Und Tänzerinnen, das ‹Schätzchen des Harmodios›.

Das sind die Hauptattraktionen der Massen. Unter ihnen sind die Einfuhren in die *orale* Dunkelheit (des Bauchs) vielleicht die am ausgiebigsten Gewürdigten. Die ernsten Geschichten dagegen werden die meisten, deren Alltagsleben ernst genug war, ‹billigend in Kauf genommen› haben als Buße, Magenbitter und als tragische Ausverleibung.[1787] Einer für alle

1787 So tragisch war die Austreibung der oralen Einverleibung nun auch wiewar der tragische Held, der ziemlich laut unter der Maske werden musste, wenn er alle erreichen wollte. Aber was war der Sinn davon? Ohne die Vergnügungen, ohne Essen und Trinken usw. hätte man doch auf die ‹Reinigungs›-Kosten und sprachlichen Höchstleistungen verzichten können? Schließlich brachten spätestens seit Perikles die Wohlhabenden ein Opfer für die armen dionysischen Massen, indem sie deren Theatereintritt (zwei Obolen) über einen Theorikon genannten Fonds spendierten (S. 200). Der Sinn ist der gemeinsame Stoffwechsel, eine Sozialisierung von Import und Export. – Und der Schlüsselbegriff ist hier das Opfer.

Verwandlungen des Opfers

Erinnern Sie sich an die Travestie der *Leiden* durch den alten Silen, der vom Kyklopen für Ganymed gehalten wird? «… tragen muss ich arges Leid»? Ihm verwandt scheint der Chorführer zu sein, der zugleich den alten Heros gibt, der zum Widersacher des Dionysos wird, damit er der tragische Bock sein kann und auf den Opfertisch steigen kann. Von solchen und ähnlichen Episoden ist die Geschichte des dionysischen Siegeszuges voll. Vor der Einführung der Großen Dionysien hatte Delphi Athen warnend an die Geschichte des Ikarios und seine Tochter Erigone erinnert, die Dionysos zum Dank für ihre gastfreundliche Aufnahme (er soll Erigone zur Frau gemacht haben) mit der Kunst des Weinbaus beschenkte. Da die ersten Hirten den Wein ungemischt tranken, fielen sie in Ohnmacht – und erschlugen nachher Ikarios.

Er hatte sich nichts zuschulden kommen lassen, aber er musste leiden. Verzweifelt erhängt sich Erigone in einem Baum. Dionysos rächte sich, indem er athenische Mädchen wahnsinnig werden ließ, «worauf sie sich an Bäumen erhängten»[1788]. Zur Besänftigung richteten die Athener das Schaukelfest ein, an dem Erigone nachgeahmt wird. Dies ist nun keine Tragödie, weist aber das ähnliche Muster auf, dass nämlich die Feiernden in die Rolle des Opfers schlüpfen und das Opfer auf Dionysos bezogen wird. Wenn die zwei zentralen Bestandteile der griechischen Religion

der nicht. Während der ganzen theatralischen Aufführung wurde ausgiebig gegessen und getrunken. Parke: Feste, S. 201; weitere Seitanangabe im Text.

1788 Recl. Lex., S. 262.

einerseits das Opfer und im Gegenzug das Auftauchen, die Evokation des Gottes sind, dann gehören solche theatralen Larvierungen wie das ‹lustige› und ‹erotische› Schaukelfest zum unverzichtbaren Vermittlungsdienst, und die Maske könnte man als Emblem dieser Arbeit auffassen, dieser Arbeit des Verschwindenlassens oder übertragenden (metaphorischen) Verdeckens, dass einer die Zeche zahlen muss.

Wir kennen seit den Hesiodischen Gesängen das heikle Dreieck zwischen Sterblichen, Unsterblichen und den Tieren, zwischen denen es immer wieder auch Mesalliancen gab, was etwa zu Untieren führte. Aber mit den Dionysia taucht eine rasende oder tanzende Verwirbelung dieses Dreiecks auf, die unausweichlich scheint. Ziege = Gott = Mensch, alles eins im Blut der Erde. Larviert wird so, dass Menschenopfer nicht mehr Kult sind, sondern nur in ihrer Gründungs*sage* vorkommen, während das Tier realiter gegessen wird (das symbolisch allerdings der Gott sein kann). *Ausgesprochen* wird der Tod der Menschen, *eingenommen* wird das tote Tier. Der Gott springt zwischen Tod und Leben. Der Gott ist die Maske zwischen Rein und Raus. Die Maske aber ist das Emblem für die Verwandlung des Opfermahls zum Theater.

Was deutlich den Siegeszug des Gottes kennzeichnet: Leichen pflastern seinen Weg. In Orchomenos ist Learchos noch das Opfer Heras, weil seine Eltern Dionysos aufgenommen haben. Schon hier fällt auf, dass er von seinem Vater im Wahn, er sei ein Ziegenbock, getötet wurde, während Dionysos als Zicklein entkommt.[1789] Dionysos kommt zurück, wobei die Anfänge der Umkehr in Kreta grausam dunkel sind. Hier wurde er als Kleinkind Zagreus *um Mitternacht* von den Titanen entführt und roh verschlungen. Aber die Sage geht, dass alljährlich ein Knabe anstelle des «Stierkönigs» Minos geopfert worden war. Ob dieser Kannibalismus nun der ursprüngliche Kult des Dionysos war oder ob im Gegenteil der Kult des Dionysos-Zagreus dieses Knaben-Opfer ersetzte durch die Zerreißung des Stieres, ist nicht klar. (1, S. 104)

In beiden Fällen aber war das Opfer zugleich der Gott, mit dem die Esser eins wurden. Eindeutiger schon scheint Thrakien Rückkehrgebiet zu sein, wo sich Orpheus, immerhin sein Priester, dem kultischen Kannibalismus widersetzt und dafür von den Mänaden zerrissen wird. Sein Kopf treibt singend durch den Fluss Hebros, ins Meer hinaus und wird zur In-

1789 Gr. Myth. 1, S. 91; weitere Seitenangaben im Text.

sel Lesbos (1, S. 98). Ranke-Graves ist sich mit dem Neuplatoniker Proklos (*410 n. Chr.) sicher: «Dieser Orpheus hatte keinen Konflikt mit dem Kult des Dionysos; er *war* Dionysos.» (1, S. 100) Und die Mänaden, die ihn zerreißen, sind die Musen, die ihn beweinen (1, S. 100 und S. 101).

Ebenfalls in Thrakien tötet er König Lykurgos, der sich ihm widersetzt. In Theben lässt er Pentheus zerreißen, der sich ihm zunächst widersetzt, dann aber hingibt. Auch hier diese verstörende Ähnlichkeit zwischen Täter und Opfer. Er, der so viel gelitten hat, wird der Heiler von Leiden[1790], und *Pentheus* ist der ‹Leidende›, «der Leidmann, dem das schwerste Leiden droht», wie ihm Dionysos selbst vorhersagt. (V. 507) Ist Pentheus der Gott auf der Tanne, oder ist es Dionysos, dessen Namenstteil *-nysos* auf *nys*, ‹Baum›, verweisen könnte? – Zurück in Orchomenos, von wo er auch vertrieben wurde, schlägt er die Töchter des Minyas, die sich seinem Kult widersetzen, mit Wahnsinn, worauf auch sie den Sohn der *Leukippe*, einen der drei, in Stücke reißen und verschlingen. Hier ist die Kulthandlung zugleich eine Strafe für die Nicht-Kulthandlung. Und auch hier sieht es so aus, als ob das Opfer für Dionysos zugleich er selbst wäre. Denn seitdem wurde am jährlichen Agrionen-Fest eine von den weiblichen «Dionysos-Adepten», die den Gott suchen, von einem Dionysos-Priester getötet.[1791]

Eine Ausnahme bildet seine Station auf Naxos, wo er die von Theseus verlassene Nachtgöttin Ariadne freit. Sie war nicht nur Hüterin eines kretischen Stierkultes (Minotaurus) – einen solchen hat er sich vielleicht erst von ihr geborgt –, sondern auch Herrin des Labyrinthes, das sowohl als Höhle wie auch als Tanz Bezug zum dionysischen Wechsel zwischen Unterwelt und Oberwelt und zum *Maskentanz* hatte.[1792] Immerhin wurde hier niemand im Wahnsinn zerrissen und gefressen. Aber vielleicht hat Dionysos Theseus ja *vertrieben* und dafür gesorgt, dass er in Athen (und bei Ariadne) nicht mehr landen konnte – er selbst statt seiner umso triumphaler.

Verdächtig nur, dass er nach ihrem Tod ihren *Brautkranz* als Sternbild (Corona Borealis) an den Himmel versetzte (1, S. 93). Ist nicht der Kranz der Eingeweihten in die Mysterien des Dionysos eine Art Brautkranz? Das

1790 Euripides: Bakchai (Die Mänaden), Vers 283; weitere Versangaben oben.

1791 Gr. Myth. 1, S. 93; ihm zufolge heißt Agrionia «Aufforderung zur Wildheit»; weitere Seitenbelege oben.

1792 Zu Labyrinth siehe oben im Text, S. 163 und zu Maskentanz: H. Kern: Labyrinthe, S. 63–65.

Motiv durch die chthonische Nacht zur himmlischen scheint sich also durchzuhalten. – Die nächste Station ist Argos, wo er Perseus für seinen Widerstand mit dem Wahnsinn der Frauen bestraft, die begannen, ihre Säuglinge zu verschlingen. (Ebd.) Zum Schluss, er sitzt, Ranke-Graves zufolge, bereits zur Rechten des Vaters, steigt er (nochmals) zu Persephone in den Hades und erwirkt von ihr, die für seine erste, seine zweite oder seine Pflegemutter gehalten wird, die Freigabe der toten Mutter Semele (ebd.). Das ist der Mond im Kranz der Sterne, und unten dampfen immer noch die Opferfeuer.

Neben der Konstanz nächtlicher Medialität, sei sie chthonisch oder himmlisch, fällt das An-die-Stelle-Setzen, diese Überdeckung der jeweiligen Helden oder Könige der poleis auf, alternierend mit der Einverleibung ihrer Säuglinge. Aber auch Dionysos selbst wurde als Böckchen zerrissen und kommt in zweierlei Altersstufen. Am deutlichsten wird die Rolle des konkurrierenden «local hero» als Opfer für Dionysos im allerdings erst klassischen Drama von Euripides, das «Die Bakchen» heißt, und eigentlich «Pentheus» heißen müsste. Aber schon *Thespis*, der die erste Tragödie in Athen aufgeführt hat, hat ein verlorenes Satyrspiel «Pentheus» geschaffen, und auch Aischylos hat eine Tragödie «Pentheus» geschrieben.[1793] Pentheus ist der *Cousin* von Dionysos. Seiner Tante Semele hatte man seinerzeit die Begattung durch Zeus nicht geglaubt; Dionysos musste fliehen, und Pentheus herrscht inzwischen über Argos.

Er will die neue Mänaden-Mode unterdrücken, beobachtet ihr nächtliches Rasen und wird von seiner eigenen Mutter Agaue zerrissen, als Opfertier, aber auch als vermeintlicher Löwe. (1141, 1174) Zwar lässt Euripides zwischendurch Agaue ihre Beute für ein Kälbchen halten und die Mähne für zartesten Flaum (1185), um die Anmutung zarter mütterlicher Gefühle grell durch die Maske der Jägerin hindurchblitzen lassen;[1794] aber dominant bleibt der Löwenkopf auf der Stange, wozu man wissen muss,

1793 Vgl. Euripides: Sämtliche Tragödien, Bd. V, Anhang S. 377: Hypothesis des Grammatikers Aristophanes. Euripides' Tragödie ‹spielt› in Theben, am Grab Semeles, mit der alles Unglück begann, weil sie sich nicht mit der *Maske* des Zeus zufriedengab. Aber die Tragödie *spielt* in Athen, dass sie in Theben spiele. Da ist es angebracht, sich auf die lokalen Heroinen zu beziehen, die es auch in Athen gab: die Bakchen.

1794 *Moschos* kann übertragen auch allgemein «Sprössling» bedeuten (und

dass der Löwe nicht nur das Wappen der Stadt Theben war, sondern auch ein «Kalenderemblem» des Dionysos selbst. «Er wurde zum Löwen im Frühjahr.» (Gr. Myth. 1, S. 95) Pentheus, der Konkurrent um das dynastische Erbe des greisen Kadmos, könnte also nicht nur der *Feind* des Dionysos gewesen sein, sondern auch der Stellvertreter des chthonischen Dionysos. Er trug dessen Maske, als er auf dem Riesen-Thyrsosstab saß, der eine Fichte, Kiefer, Pinie oder Tanne war. Pentheus war selbst Dionysos, sein erbeutetes Löwenfleisch ist von Agaue offenbar als Festmahl (1183) gedacht. Der greise Kadmos, der auch der Großvater des Dionysos ist, drückt das mit Blick auf seinen geliebten Pentheus in sarkastischer Verzweiflung aus:

> O unermesslich Leid, unschaubar Bild
> Ein herrlich Opfertier, zu dessen Schmaus
> Du diese Stadt und mich geladen hast!
> O, wie beklag ich dein und mein Geschick!
> Uns hat der Gott, der unserm Haus entsproß,
> Mit Recht, doch über alles Maß bestraft. (1244)

Tief im Herzen der griechischen Mythen über familiären Kannibalismus pocht die nur geahnte Erkenntnis, dass Fleischfresser sich letztlich immer nur ins eigene Fleisch schneiden. Zu sehr wird Fremdestes anverwandelt beim Kauen und Verdauen, wird das eigene Fleisch sich fremd beim Töten von Lebewesen, die des Ausdrucks von Schmerz fähig sind. Selbst Dionysos, der Thebaner, wird von Rache zerfressen (1849), und man traut ihm zu, dass er sich aus Rache selbst seiner Familie zum Fraß hinwirft. Bedenken wir, dass Pentheus in der Maske des Dionysos zerfleischt wurde. In Korinth sind es, auf Geheiß des delphischen Orakels, wo des Dionysos Grab war, zwei als ‹identisch› intendierte Masken aus demselben ‹Stamm›, dem Stamm der Pinie (Kiefer), der getränkt vom Blut des Pentheus ist. Im Innern der Masken ist das Blut von Pentheus. Aber wieso gibt es zwei? Geben sie zwei Stadien der Entrückung, des Andersseins wieder, die Trance und den Wahnsinn? Nein, sie selbst geben wieder, *dass* es zwei verschiedene Phasen gibt, deren Verschiedenartigkeit aber nicht dargestellt werden kann oder soll. Sie besteht in der Unvergleichlichkeit von innen und

darum auch «junger Löwe»). Hier überwiegt die mütterliche Regung ihrem Kleinen gegenüber.

außen. Pentheus und Dionyseus sind einer, in zwei verschiedenen Phasen – des Auftauchens.[1795] Einer ist je in der dunklen Tiefe des andern verschluckt. Kein Blut ist auf der weißgoldenen Fläche zu sehen.

Eine vegetarische Interpretation läuft aufs selbe hinaus. Die doppelte Identität ist keine verschrobene Spezialität einer eigenwilligen Stadt wie Korinth. Schon James George Frazer hatte in «Der goldene Zweig» eine beeinduckende Liste von Bäumen vorgelegt, in denen der Vegetationsgott Dionysos wohnen sollte. «In Boötien war einer seiner Titel «Dionysos im Baume», und er wird als darin wohnend und im Frühjahr daraus hervorbrechend dargestellt[1796]. Wenn es heißt, dass er vor allem von Obstbauern verehrt wurde, indem ein Bild von ihm «in der Form eines natürlichen Baumstumpfes» in den Obstgärten aufgestellt wurde, so ahnen wir, woher die Stange ‹stammt›, auf der die Maske sitzt. So auch bekommt das Orakel von Delphi, das den Korinthern gebot, eine besondere Kiefer, wir wissen schon, welche, «in gleichem Maße wie den Gott» zu verehren, eine ganz andere Repräsentativität. (Ebd.)

Da den Korinthern die gottähnliche Verehrung von Baumstümpfen kultischer Alltag war, musste ihnen daran gelegen sein, die *neue* Richtlinie ‹umzusetzen›, das «In-gleichem-Maße-wie». Ihre geniale Lösung war die Kreation zweier identisch aussehender Masken. Eine Maske bedeutete: «Ich bin Dionysos», und die andere: «Ich bin der Baum». Genial hieran ist die Erkenntnis über Genesis und Geltung des Gleichnisses. Es entsteht nicht über die Ähnlichkeit, sondern über die Differenz, über die Differenz der Wege in die Realisierung der Bedeutung: Einmal steht am Ende der Gott, ein anderes Mal die Substanz des Baumes. Wie wir wissen, war es nicht irgendein Baum, sondern das Blutholz des Gottes im Baum, Pentheus, pardon Dionysos. Aber auch ohne die fleischliche Interpretation wird klar, dass die literale Substanz des Baumes das Opfer ist, verborgen hinter dem Topos der Übertragung, hinter der Maske. Sie hat das Opfer schon intus. – Die jeweils zweite Maske der Ansicht (egal welche) weist auf die Differenz. Die zwei Masken verweisen auf das eine Gleiche, das Holz, aus dem die Götter ‹stammen›.[1797]

1795 Die Doppeltheit ist die letzte, ewig schwindende, schwindelerregende Spur der Differenz.

1796 Frazer, Goldene Zweig, 2, S. 564; weitere Seitenangabe im Text.

1797 Auch die dionysischen Vegetarier liebten das Licht in der Nacht. Vom

Nachtästhetisch relevant ist die Frage nach dem Status der Differenz, ohne welche es die ästhetisch elementare Verwandlung und die Metapher nicht gibt. Es ist Nacht, als das Blut von Pentheus in den Stamm fährt. Die Nacht wird bezeichnet als innere Nacht hinter der Maske, wenn sie aus dem Holz herausgeführt wird in der doppelten Aussage: «Dies ist Pentheus.» – «Dies ist Dionysos.» Es ist Nacht in der Vorstellung des Maskenbildners, der ins gleiche Holz zwei verschiedene Verehrungsobjekte hineindenkt, hineinsenkt, die möglichst identisch aussehen. Szenisch, bildnerisch und vorgestellt: das sichtbar Unsichtbare, die Nacht der Verwandlung.

Euripides nun mobilisiert und integriert post festum, von der Basis des gefestigten tragischen Bühnenwesens aus mit dem ‹wahnsinnigen› Tier-Opferkult ältere, vormoralische Emotionalität. Indem er noch weiter zurückgeht, auf das gottgewollte Menschenopfer nämlich, deckt er den Skandal göttlicher Macht überhaupt auf, der im Theater verbrämt wurde, nun aber gerade durch die Maske demaskiert wird. Der Skandal des Menschenopfers (dahinter: der verborgene Kannibalismus) hat bis in den Hellenismus hinein die Griechen verstört. Die in die Götter projizierte Konvertibilität von Mensch und Tier hat ihre Spuren nicht nur in Mythen, sondern auch in Festen hinterlassen. Im Monat Munichion feierte man die *Munichia* zu ehren der *Artemis*. Deren Heiligtum habe einmal eine Bärin betreten, die von den Athenern getötet wurde, worauf Artemis die Bevölkerung mit einer Plage bestrafte. Das Orakel riet dann zu einem Mädchenopfer. Einer namens *Embaros* verkleidete eine Ziege als seine Tochter und opferte jene als diese. Als Preis hatte er das Priesteramt für diese Göttin verlangt und bekommen. Wer sollte auch besser für dieses Amt geeignet sein?[1798]

In seinem «Dionysos» hält Kerényi Pentheus für einen spätminoischen Prototypen des leidenden Gottes, des Heros, der sterben muss (S. 58). Er vermutet, dass Pentheus so etwas wie ‹*Der Leidende*› ist. Einerseits kann Dionysos selbst auch ein solcher Vertreter einer gemeinsamen Wurzel, einer Urtragödie gewesen sein; andererseits schluckt dieser Heros die anderen. Doch auf den zweiten Blick legt Euripides für uns das Thea-

thrakischen Stamm der Bisaltae weiß Frazer (Goldene Zweig, S. 565), dass bei einer üppigen Ernte zu seinem Fest ein mystisches Licht über seinem Heiligtum strahlte.

1798 Parke: Feste, S. 211.

ter als Fortsetzung des Kannibalismus mit anderen Mitteln bloß. Der Gott des Theaters ist kein Menschenfresser; er hat nur die anderen Kulte geschluckt. Aus dem Essen des Gottes hat sich die abendländische Kultur des Theaters entwickelt. Die Maske ist ein Emblem für diese Übertragung aus dem inneren Dunkel, in dem das gegessene Opfer steckt, hinaus in die Rede und den Gesang. Euripides führt doch vor, wie Pentheus in die Maske des Dionysos gesteckt wird, bevor er als vermeintliches Tier zerrissen wird von Frauen, die ihrerseits den Gott intus haben (und sich wie Tiere verhalten).

Wenn in der ersten Zeit des Thespis die Chorführer noch wie Tote wirkten mit ihrem kreidigen Gesicht, so kann der Chor zur Meute werden, der entweder Pentheus zerreißt oder Dionysos. Aber selbst an der starren Maske ist die Essbarkeit ein Indiz für die Umkehrung des Todes zur Neugeburt. So wie sich Max und Moritz aus der Brotmaske fressen, so frisst sich der ewig Wiedergeborene, der Auftauchende, durch die Masken seiner Repräsentation. In diesem Zusammenhang scheint es erhellend, dass viele frühe Masken im Kontext von Dionysos essbar waren, Essbares enthielten oder darauf verwiesen: Kleie, Erdbeerbaum-Blätter und Portulak (eine fleischige Salatpflanze). Bevor Thespis als Erster die Leinenmaske einführte, experimentierte er (außer mit Bleiweiß) auch mit Portulak.[1799]

Die Weißfärbung kann auch von der Überlieferung des kultischen Spiels um Zagreus zeugen. Die Titanen hatten bei der Entführung des Knaben ihre Gesichter bis zur Unkenntlichkeit mit Gips bemalt (Gr. Myth. 1, S. 104).[1800] Gips und die Leinenmaske betonen stärker den Kontrast in der Fläche; dies scheint wegen der Fernwirkung für die immer größer werdenden Zuschauerräume wichtig zu sein. Dennoch ist zu berücksichtigen, dass schon Dionysos selbst eine Lein-Wand war. Sie verbarg zwar das numinose Wesen des Gottes, das aber gleichwohl die Maske durchdrang. Paradox dargestellt durch die Augen dieser Maske, die nicht durch Löcher repräsentiert wurden, sondern aufgemalt waren. Sie öffneten den Stoff gleichsam für den durchdringenden Blick auch des Gottes auf den ergreif-

1799 Siehe ausführlicher Weihe: Maske, S. 128.

1800 Maske und Mumie bilden in diesem Mythenkomplex irritierende Übergänge. So wird von Athene um das Herz des Dionysos ein Gips-Leib modelliert, dem seine Halbschwester ewiges Leben einhaucht. Dionysos ist die wandelnde Vollmaske mit dem pochenden Herzen.

baren Gläubigen. Zugleich verbargen die aufgemalten Augen de facto dem Betrachter den Blick auf die dunkle Herkunft des fremden Blicks – hinter dem sich oft der Wein befand: Besonders auf dem entsprechenden Geschirr mit ‹Weinhintergrund› bezieht die Maske auf der Oberfläche sich auf den sie tragenden Körper zurück (vgl. die sog. Augenschale), der das ‹Blut der Erde› enthält. Dieses Wein-Blut vermag als Dionysos-Seele Gefäß und Maske zu durchdringen.[1801]

Die Maske fixiert die ganze Dramatik und das ganze Geheimnis der Verwandlung des Opfermahls in die abendländische Theaterkunst. Die Maske ist das Tor zwischen Essen und gotterfülltem Ausdruck. Das Opfer wird maskiert (das Tier als Mensch, der Mensch als Tier), der Gott ist eine Maske, und die Ersetzbarkeit wird auf dem Theater gefeiert – innerhalb und außerhalb der Maske. «In mancher Gestalt / Naht sich das Göttliche».[1802] Aber es kann sich auch nur in *anderer* Gestalt und «ungeahnt» (1390) nahen. Semele verbrennt, weil sie Zeus in seiner wahren Gestalt sehen will, damit beginnt das Unglück im Hause Theben. Die Maske bezeichnet als Tor zum Chtonischen, zum Nachtleib, zum Numinosen, wesentlich die zur Performation notwendige Differenz. Man kann ganz in der anderen Seite sein, aber dann ist man auch ein ganz anderer, kennt sich selbst nicht mehr. Wie tief ist die Maske von der oralen Einfuhr ins Dunkle geprägt! Entscheidend ist doch das Mundloch!

Ohne die anhaltende Arbeit der frühesten Kulte an der verstörenden Fremdheit, die Essen und Trinken *auch* bescheren, hätte es die Kunst, die von der Maske her kommt, von der Schwelle zwischen bildender und performativer Kunst, wohl nicht gegeben. – Vom Genuss der göttlichen Weinspende käme all die Verwandlungsfreude und ihr Schrecken? – Mittlerweile weiß man, dass dieser Dionysos ein wahrer Lebensmittelladen gewesen ist. Hörner zum Beispiel trug er je nach Anbetungsort verschiedene: von Hirsch, Ziege, Stier oder Widder. Je nach Anbetungsort, das heißt: je nach Speisegewohnheit. Diese und andere Nahrungshinweise fasst Ranke-Graves in seinem Dionysos-Artikel zusammen. Er verweist auf die frühen Erkenntnisse Jane Harrisons, dass der Weingott zuerst ein Biergott, «auch Sabazios genannt», gewesen sei, dass der Ausdruck *tragos* nicht von einer Ziege abzuleiten sei, sondern von *tragos* «Dinkelweizen», aus dem in

1801 Vgl. ähnlich Weihe: Maske, S. 107.
1802 Euripides: Bakchai, Vers 1388; weitere Versangabe im Text.

Athen Bier gebraut wurde. Und der Traubenkorb sei zuerst ein Getreidekorb gewesen (1, S. 95). Mehr noch:

«Daß Makris Dionysos mit Honig nährte, und die Mänaden efeuumrankte Fichtenzweige als Thyrsoi verwendeten, verweist auf die frühere Form eines berauschenden Getränkes, auf Kiefernbier, verstärkt mit Efeu und mit Met gesüßt. Met war ‹Nektar›. Er wurde aus gärendem Honig gebraut und war das Lieblingsgetränk der Götter des homerischen Olymp.»

Essen und Trinken bewirken eine göttliche Verwandlung. Mythologisch wird daraus: Gott gibt Nahrung, ja, Gott wird Nahrung. In Wahrheit wird Nahrung vergöttlicht. Die Erfahrung des Verschwindenlassens von Beute im eigenen dunklen Rückraum, wo es knurrt, dann die Erfahrung der Verwandlung bei Sättigung und Rausch, dann das Auftauchen von Inspiration, Imagination und verselbständigter Andersheit aus einem zuvor fremden dunklen Raum der Verwandlung, der so eigenes nachtleibliches Medium wird, diese Erfahrung der Verwandlung aus der inneren Nacht führt zur Vergöttlichung in der Vorstellung – und im Ausdruck. Das Theater ist Ausdruck geistiger Verdauung des Opfermahls, und die Maske ist das Emblem dieser gedoppelten inneren Arbeit.[1803]

Als ästhetische Zwischenstufe zwischen Opfermahl und Tragödie mögen der Tanz, der Umzug, die Bewegungen in den äußeren Raum gelten, die der Nahrung entgegengehen, sie ergreifen, oder die eine bereits empfangene Stärkung und Verwandlung ausstülpen, etwa durch Masken hindurch. Was von vielen Jägervölkern bekannt ist, das Nachmachen der Beutetiere, denen man auf diese Weise magisch nachstellte, scheint auch in den Hüpf- und Springbewegungen alter griechischer Kulte angelegt gewesen zu sein, die zu Formen des Dithyrambus wurden. Ranke-Graves zufolge bedeutet *nysos* ‹lahm›, und «in diesen Bierorgien auf den Bergen scheint der Heilige König herumgehüpft zu sein wie ein Rebhuhn». (1, S. 95)

Was diesen Fruchtbarkeitstänzen folgte, war die Befruchtung. Das heißt, die ganze sexuelle Konnotation war die natürliche Konsequenz dieses Stoffwechsels. – Mit dem Mehrwert von Rede und Gesang durch die Maske. Spätestens mit der Einführung eines ‹Antworters› oder ‹Erklärers›,

1803 Hinter der Metapher der geistigen Verdauung verbergen sich verschiedene psychische Arbeiten, die je nach sozialem Kontext verschiedene Funktionen haben können: Verdrängung gewaltsamer Prozesse, entlastende Verschiebung ins Theatrale, Sublimation der inspirierten Bäuche.

der dem rituellen Chor Rede und Antwort steht und damit in Distanz zur bewegten Masse, wird eine Dissoziation deutlich zwischen demjenigen Schwindel, der im Rausch umtreibt, und demjenigen Schwindel, der sorgfältig und diszipliniert für den *agon* eingeübt wird.

Ein Wort noch zur Maske, dem Urbild des Bildes. Denn nicht die nachgezeichnete Umrisslinie eines wenn auch noch so geliebten Jünglings ist für mich das erste Bild, sondern die Maske – oder ähnliche bedeutende Oberflächen, die sich auf Unterflächen beziehen, die sie verdecken.[1804] Nur ein Bild, das ein Innerhalb und Außerhalb des Bildes kennt, kann ‹be-deuten›, was Bilddifferenz bedeutet, nur implizierte Perspektivität kann die Bildbedeutung konstituieren: im Gewahren des Zeigens. Wir Abendländer sehen zu sehr das Verbergen, das die Maske bietet. Der Gott, der eine Maske ist, ist aber der geborene Enthüller. Im Theater enthüllt er sich als der Spiegel der inneren Wandlung, als Gott, der die Maske des Profanen und des konventionellen Verkehrs von Außenseiten miteinander durchdringt, als Spiegel der Wandlung der Zuschauer. Zu dem Spielzeug, mit dem die weißmaskierten Titanen den kleinen Zagreus in Kreta *fort*lockten, gehörte ein Spiegel. In der kultischen Nachstellung dieser mythischen Szene durch die Orphiker stellte für Ranke-Graves der Spiegel «das andere Ich oder den Geist der Teilnehmer an den Mysterien dar» (1, S. 104).

Für Pindar zerreißt Dionysos die «Umgarnung schwer erträglicher Sorgen»[1805]. Manche werden wahnsinnig von dem, was die Maske zeigt. Denn sie spiegelt, was die (vielleicht unbewusste) Selbstmaskierung verbirgt. Seit Freud ist diese Selbstmaskierung als *Verdrängung* in aller Munde. Dionysos ist das Symbol der Wiederkehr des Verdrängten, das als fremder Gott die Panzerung des Verdrängers spielerisch durchdringt. Er kommt als Fremder in der Nacht, aber er ist derselbe wie der Alte Bekannte in der *inneren* fremden Nacht. Dionysos, «die wandelnde Vollmaske mit dem po-

1804 Hierzu zähle ich neben den Masken im engeren Sinn die neolithischen Übergipsungen von Schädeln, die mykenischen Totenmasken und die Bilder auf Rüstungen. Aber im Grunde gilt diese Bilddefinition des Selbstbezugs auf den anderen schon für die Übermalungen paläolithischer Zufallsplastiken; denn sie besagen: Dies ist nicht dies, sondern jenes.

1805 Pfeiff: Pindar, Frgm. 248.

chenden Herzen»[1806], taucht mit dem Dionysos-Schauspieler, dann mit jedem Schauspieler auf der Bühne auf, hinter dessen Maske ein anderer unterdrückt wird und lemurenhaft agiert. Mit pochendem Herzen (starr wie eine Maske) nimmt der Zuschauer den dunklen Spiegel wahr. – Die Betonung liegt auf der Dunkelheit des Spiegels. Denn wenn wir die bedeutsamen Phänomene des Dionysischen zusammenfassen sollten, wie Maske und Rausch, Verschlingen und Artikulieren und nicht zuletzt die hier etwas zu kurz gekommene Sexualität, für die symbolisch an die «Schlangen im Ohr des *Melampus*» erinnert sei, so ist der Spiegel kein flächiges Bild, sondern ein ständig von Implosion bedrohtes Nachtfenster der Interpenetration: ich als der andere.

Solche projektiven Spiegelerfahrungen setzen rudimentäre Erfahrungen *in, innerhalb* oder *unterhalb* einer Maske oder den eigenen Leib ähnlich verhüllenden und zugleich bezeichnenden Bedeckung voraus. Die Leugnung der eigenen Außenseite in der Verstellung, ein *Schwindel*, den schon die weißbemalten Titanen fertigbrachten, um Dionysos zu entführen, thematisiert immer auch, für manche zum ersten Mal, ebendies damit Verborgene. Mit jeder Bewegung und Lautgebung aber stülpt sich ein anderes Wesen aus der Dunkelheit hervor und verlebendigt das, was von außen als Maske sichtbar ist – dem Träger innen nur vor dem Spiegel. Eine zweite Haut, die man schließlich spürt: vermittels Druck, Hitze, Juckreiz oder am veränderten Klang und Sichtfeld, impliziert die Erfahrbarkeit der inneren Verhüllung und Dunkelheit als eine *zweite* innere Nacht, die zurückweist auf die erste. Je stärker die Maske ein eigenes Wesen ausdrückt und eine eigenständige Form hat (im Ausdruck, aber auch durch die Starre und den Zwischenraum), desto deutlicher wird dem *Masken-Phoros* der dunkle Zwischenraum als ein Meta-Phoros, ein Überträger, der den Metaphernraum doppelter Vernachtung (statt Belichtung) vertritt.

Diese *innere* Dunkelheit zweiten Grades ist zugleich eine *äußere Dunkelheit* zweiten Grades. Denn dieses Metonym der äußeren Welt ist zugleich eine Metapher der äußeren Nacht (in der inneren Nacht der Maske). Solche *Erinnerungen* an ein Innerhalb der Maske fördern ihre Revokation durch die Zuschauer und bewirken eine ‹dramatische› Steigerung im Maskentheater (im weiten Außenraum, in dem die Masken innen sind),

1806 Selbstzitat von oben, S. 1107, Anm. 1800.

weil nun auch die Masken-Ansicht zweideutig ist: Das Augenspiel kommt aus tieferen Schichten, der Mund spricht fremd, hohl, schwer verständlich wie das Orakel. Wie von fern her durchklingt das Wesen sein *prosopon*, wenn es auftaucht. Es muss nicht immer ein Gott sein, der auftaucht. Aber die Schauspiele um Dionysos thematisieren selbstreferentiell das Theater: Auftauchen ist göttlich.

Und wo bleibt das Essen? Sollte nicht alles von Gott-Essen ‹herrühren›? Es ist wahr, das griechische Theater ist mit der *Entfernung* vom Opfermahl stetig bedeutsamer geworden. Aber einem Zuschauer, der seines Wissens noch nie maskiert war und der gerade friedlich Sesamstritzel mit den Zähnen zerreißend oder einen Lebkuchen verdrückend die Tiefe hinter der Maske draußen ahnt, einem solchen Schmauser bleibt vielleicht der Brocken im Schlund stecken, und, äußerlich starr, weitet sich ihm der Magen zum Tartaros. Es war seine orale Tätigkeit gewesen, die ihm die oratorische so nahe gebracht hat. Aber das kennen wir ja, vom Essen und Trinken beim Fußballspiel, vor dem Fernseher, im Kino. Nur ausgerechnet im Theater dürfen wir es heutzutage nicht mehr. Dafür häufen sich auf der Bühne wieder die Schlachtfeste. Vielleicht hängt das ja zusammen.

Die Erfahrungen mit dem dionysischen Ensemble aus ‹Essen› und ‹Singen› lassen mich die Maske für ein Emblem des oralen Paradigmas halten: Der orale Verkehr in beiden Richtungen bildet das Basismodell der *Metaphorizität.* In ihm ziehen sich die *Gegensätze* an und nicht die Ähnlichkeiten. Feind wird Alter Ego, Opfer wird Gott, Gott wird Opfer, Pentheus wird Dionysos, Dionysos wird Pentheus. Ähnlichkeit ist ein Produkt, keine Voraussetzung. Dieser Prozess setzt Dunkelheit voraus. Die Metapher wird über einen Abgrund an Differenz erreicht. Aber dieser Abgrund ist nicht irgendwo im Parnass oder in Delphi, sondern es ist der dunkle Innenraum der leiblichen Gestalt mit Magen, Lunge und auftauchender *Imagination* im Kopf. Letztere setzt nicht nur Gesang und Rede in Gang, sondern auch den Gang, den Tanz, den Sprung nach außen. Denn natürlich ist eine Metapher nicht nur eine gesprochene. Im nächtlichen Schwärmen und Schweifen wird die äußere Nacht der Verwandlungen auf dem kürzesten Weg zu einem Gleichnis der inneren Nacht der Imaginationen.

Dass Dionysos ein Gott der *Tiefe* ist, der aus dem alten Holz des Rebstocks, aus dem Tier, aus dem Inneren der berauschten Tänzer als Fruchtbarkeit und entsprechende Emotionalität ausschlägt, auftaucht und durch die Maske spricht, ist der noch heute bis zum Kultischen gefeierte Nachtzug am Gott.[1807] Weniger beachtet scheint mir, dass die Ausstülpung des Inneren intersubjektiv, ja intermedial geschieht: im Gestus der Ent-Stellung und Gegenüber-Stellung, ja der göttlichen Konfrontation des eigenen Innen am fremden Außen, das als Zeichen eines fremden oder nur fremd gewordenen, aber verwandten Innen auftaucht. Kollektive performative Verfremdung lädt im Chiasma der Übertragung zum Gastmahl der Empathie und Metaphorik.

Raus, raus, raus!

Ich bin dein Labyrinth
Dionysos zu Ariadne, nach Nietzsche[1808]

Dionysos ist nicht totzukriegen, weil er immer noch nahrhaft ist. Dabei ist *er* es, der sich in die Herzen seiner Anhänger frisst, durch die Renaissance, durch Hölderlin, aus dem es nach «Brot und Wein» schreit[1809], durch die Romantiker hindurch, weiter durch Nietzsche und die Vitalisten des 19. und 20. Jahrhunderts hindurch, um immer wieder neugeboren aus ihnen hervorzubrechen, aus der Maske der Person. «Ich, der letzte Jünger und Eingeweihte des Gottes Dionysos», bekennt Nietzsche in «Jenseits von

1807 Vgl. O. Leege: Dionysos in der modernen Religionsgeschichte. In: R. Schlesier und A. Schwarzmaier (Hg.): Dionysos – Verwandlung und Ekstase. Berlin und Regensburg 2008, S. 130–141, der besonders auf W. F. Otto hinweist. Otto erscheint fast als Gründer einer dionysischen Weltanschauung (S. 140).

1808 «Klage der Ariadne», in: Dionysos-Dithyramben. In: F. Nietzsche: Werke, Bd. 2, S. 1259.

1809 Friedrich Hölderlins «Brod und Wein. An Heinze», in: Ders.: Sämtliche Werke. Hg. von D. E. Sattler. Bd. 6, Neuwied 1979, S. 116, ist eine Nacht-Elegie, deren erste Strophe 1807 separat unter dem Titel «Die Nacht» erschienen ist (ebd., S. 120) und die den ‹kommenden Gott› feiert. Hölderlin mag als Beispiel für all die ‹strömenden› Reden der ‹heiligtrunkenen› Romantiker stehen, die ihre Aufforderung zur heiligen Trunkenheit wahrlich nicht aus dem Kelche Jesu, sondern von Dionysos und seinem ‹Mundschenk› Pindar erhielten.

Gut und Böse»[1810], wird bei seinem psychischen Zusammenbruch nicht nur zu Dionysos, sondern er wird auch von anderen, aus der zeitlichen Ferne noch, so gesehen, zum Beispiel von Karl Schlechta im Schlusswort zum dritten Band seiner Nietzsche-Ausgabe: «Nietzsche hat sich als ein Opfer in den Abgrund der Zeit geworfen. Der Abgrund hat sich geschlossen; nunmehr können wir hinübergehen.»[1811] Jedem Band der von Alfred Bäumler herausgegebenen Stuttgarter Ausgabe in Einzelbänden ist derselbe Text «Das Leben Friedrich Nietzsches» hintangestellt, der auf seinen Wahnsinnsausbruch in Turin im Herbst 1888 hinweist: «Er schrieb Wahnzettel an seine Freunde, auf denen er sich als ‹Dionysos› oder als ‹Der Gekreuzigte› unterzeichnete.»[1812]

Historisch gesehen, siegt Dionysos in jedem Drama, in jeder Lektüre. Denn auch der Text ist eine Maske, in die der Leser taucht, aus der er auftaucht als ein Imaginierender, der seinen Leib in der Lesehöhle geopfert hat (wobei mancher gerne zwischendurch knabbert oder an einem Glas Rotwein nippt). An den verrücktesten Stellen taucht dieser Gott immer wieder neu aus dem Meer der Bücher auf. 1985 berichtet Detienne in seinem bereits erwähnten Dionysos-Buch vom Bericht des späthellenistischen Geographen Strabon (*63 v. Chr.), der sich wiederum auf Poseidonius von Apameia bezieht, im Atlantik vor der Loire-Mündung gebe es eine nur von Frauen, Namneten (vgl. Nantes) bewohnte Insel, und die Frauen seien von Dionysos besessen und trieben seine Riten.[1813] 1998 erscheint in Paris der Roman von Cathérine Clément «Les Dames de l'Agave».[1814] Und die Dame, welcher ein neugieriger Religionsforscher heimlich auf eine Loire-Insel folgt, wo der Frauenbund um *Agaue* dionysische Kulthandlungen begeht, heißt Agathe *Penthais* (Pentheus). Das kann nicht gutgehen, und das ist auch gut so, liest sich wie ein Krimi mit Mord im heutigen Frankreich. Keiner glaubt dem Professor, der im Fernsehen vor der Wiederkehr des Dionysos warnt – bevor er sein Opfer wird.

In den Texten wiederum erleiden einzelne Aspekte der Dionysien eine

1810 F. Nietzsche: Jenseits von Gut und Böse. In: Ders.: Werke, Bd. 2, S 755.
1811 Friedrich Nietzsche: Werke in drei Bänden. Bd. 3, München 1956, S. 1452.
1812 F. Nietzsche: Jenseits von Gut und Böse. Stuttgart 1964, S. 428.
1813 M. Detienne: Dionysos, S. 82.
1814 C. Clément: Frauen der Nacht. München 1999, S. 158.

weitere motivische Banalisierung des Opfers, etwa in der arkadischen oder satirischen Literatur. Sogar der *Weinschlauch* bebt wieder, lebt gespenstisch weiter. Diese ehemals dionysische Synthese aus Essen und Trinken – denn der Schlauch ist eine metonymische Ziege – wird zum nächtlichen Feind, gegen den der Ich-Erzähler kämpft. Lucius, der goldene Esel des Apuleius, droht sogar während sehr dionysisch anmutender Festtage zu einem Sündenbock zu werden, weil er in Schläuche verwandelte Wesen (oder in Wesen verwandelte Schläuche) aus vermeintlicher Notwehr zerstückelt hat.[1815] Auch dem Heros Don Quixote nutzt es nichts, dass er den Askoliasmus gewonnen hat. Lucius bekommt wenigstens einen gerichtlichen ‹Freispruch›, Don Quixote, der Mann, der nie zum Essen kommt, weil er immer reden muss, erntet bloß Gelächter als Preis, nachdem er im Wahn ein Gemetzel unter den Weinschläuchen angerichtet hat.[1816]

Der Dionysos-*Kult* um das Essen und Trinken des Gottes ist, sieht man von der Dialektik der Maske ab, nicht einzigartig. Manches ist im Osiris-Mythos und im Christentum ähnlich. Herodot vermutete es, und Plutarch war sich sicher, dass «Osiris kein anderer ist als Dionysos», dass ihre Umzüge und Orgien ähnliche sind und dass «die Nachtfeste des Dionysos» übereinstimmen mit der Überlieferung von der «Zerreißung des Osiris, seiner Wiederbelebung und Neugeburt».[1817] Nun ist zwar die textgestützte Erinnerung, welche wir dem europäischen Drama und dem Neuen Testament der Bibel verdanken, diejenige, welche am häufigsten eine gleichartige Inkarnation zu imaginieren imstande ist, über Jahrtausende hinweg. Aber selbst der Osiris-Mythos ist in einer Verschmelzungsvariante mit dem des Dionysos noch heute zum Auftauchen in trivialer Unterhaltungsliteratur fähig. Der Roman «Mumienherz» von Thilo P. Lassak ist untertitelt: «Die Rückkehr des Seth». Laut Klappentext geht's darum: «Oberägypten 13 000 vor Christus. Ein Junge wird geboren. Sein Herz ist unsterblich. New York 2007. Nach einem Autounfall gerät das Leben des 15-jährigen Sid völlig aus den Fugen: Albträume, Verfolgungsängste, Wahnvorstellungen. Ihm wird klar: Ein

1815 Apuleius: Goldene Esel, 2. und 3. Buch, S. 83 ff.

1816 Siehe in diesem Kapitel weiter unten den Abschnitt «Don Quixote».

1817 Plutarch: Über Isis und Osiris. In: Ders.: Drei religionsphilosophische Schriften, S. 193, Nr. 35.

jahrtausendealter Kult ist hinter ihm her.»[1818] Sid ist Seth; Seth ist der mythische Gegenspieler von Osiris. Es wird nicht so viel erfunden, wie phantasiert wird. Das Wiederkäuen ist die gastrische Grundlage der Wiedergeburt.

Potpourri

Die folgenden Stückchen, habe ich unterm Titel «Potpourri» zusammengewürfelt, weil noch dieses Wort eine Spur von Essen bei Musik und theatralischem Naschwerk aufweist, weil es sich um eine Folge leicht verdaulicher Unterhaltungs‹häppchen› handelt. Dieses einen *Eintopf* bezeichnende Lehnwort aus dem Französischen entstammt seinerseits dem spanischen *olla podrida* und heißt wörtlich «Topf mit Verfaultem».[1819] Es sind also alte Sachen verschiedenen Alters versammelt, und ich hoffe nur, dass das Verfaulte noch als *Haut goût* durchgeht. Im Übrigen soll durch die leichte Verdaulichkeit der Bröckchen, deren Mundsamkeit ein Indiz für Kultiviertheit – oder infantile Regression bedeuten mag, die Redseligkeit oder doch die Mitteilbarkeit ihres geistigen Gehalts aufgeschlossen werden. Ist schließlich ein Potpourri.

Die nächtliche Redseligkeit, von den paläolithischen Feuern vor der Höhle bis zur Nacht, da die springenden Brunnen lauter reden (Nietzsche), gleicht so sehr einer pneumatischen Gegenbewegung zum Schlucken ins Dunkel der nächtlichen Trunkenheit, Sattheit und Versunkenheit, dass man versucht ist zu sagen: Unterhalb der je verschiedenen Kultivierungen von Sündenböcken und diplomatischen Gepflogenheiten ist es das

1818 Th. P. Lassak: Mumienherz. Ravensburg 2007, Klappentext. Das Phänomen, dass in einem Heranwachsenden vergangene Kämpfe vergangener Epochen oder Vorfahren sich abzeichnen, durchbrechen zur Gegenwart, ist schon im SF-Film «Krieg der Sterne» und im *Helden Harry Potter* angelegt. In *Voldemort* ist Blut von Harry, in Harry ein Stück Seele Voldemorts. (J. K. Rowlings: Harry Potter und die Heiligtümer des Todes. Hamburg 2007, S. 716 und S. 693) Dieser Abschlussband beginnt mit einem Motto aus der «Orestie» des Aischylos, der eine extrem körperliche Sicht auf die verhängnisvolle Geschichte einer Dynastie hat, es geht um einen blutigen Schnitt, mit dem eine eiternde Wunde aus dem mehr-generativen Körper geschnitten wird. Der Schluss des Mottos beschwört die «sel'gen Geister drunten in der Tiefe»: bringt den Kindern Hilfe, bringt den Sieg (S. 7).

1819 Kluge Etym., S. 643.

menschliche *Säugetier*, das die Nacht sucht, *um* zu reden. Wohl wahr, es ist die *menschlich erleuchtete* Nacht, das Feuer, in welches der Mensch gern sieht. Doch er blickt immer zugleich über es hinaus in die Nacht – oder eigentlich zurück in die innere Nacht der Herkunft seiner am Feuer (oder unter der Leselampe) geweckten Erleuchtung, Imagination. Jeder Sinn, als Ausrichtung eines intentionalen Aktes, hat auch seinen Gegen-Sinn. Am Feuer ist die Einbildung kaum zu unterdrücken, am Hellen das Dunkel nicht zu leugnen. Der Blick ins Helle ist der Blick aus dem Dunklen.

Um die Nachtsprache von der paradigmatischen Dominanz des Schmachtleibes ‹Text› zu entlasten, muss auch hier wieder auf den Beitrag der oralen Einfuhr beim Saugakt für die Sensibilisierung des Sprachraums (Mund, Mundhöhle, Rachen, Abstimmung mit Atmung usw.) und für die Entstehung der visuellen Objektfixierung hingewiesen werden. Lange vor jeder Schrift dockt sprachliche (und visuelle) Sensibilisierung an die Wunsch-‹Erfüllung› im dunklen Innern an. Erinnern und Vergessen dieser Prozesse, die das, was Innen und Außen heißt, erst konstituieren, ernähren und hegen die Imagination. Das Stillen des Hungers und die Stille der Nacht sind eine wohl in allen Kulturen anzutreffende ‹Assoziation›, die in der Wertschätzung des Nachtmahls zum Ausdruck kommt, des Essens im erleuchteten Dunkel. (Und sei's auch nur der Hamburger im Autokino oder der aufgerissene Kühlschrank in der Küche.)[1820]

Für wichtiger als die Inhalte nächtlicher Reden seien hier einmal die Gesten der oralen Ausfuhr und die Funktion für die Performation der Gefühle genommen. Grundsätzlich müssen wir allerdings bei allen schriftlichen Zeugnissen den Vorbehalt berücksichtigen, dass jeder *Text* von der medialen Aufhebung der Kontextgebundenheit seines Inhaltes via Schrift *lebt*. Schon die mündlichen Erzählungen während eines Gelages oder nach dem Essen stellen eine mediale Übertragung des Erzählten in die Nacht des Nachtmahles dar, aber es handelt sich immer noch um ein kollektiv fixiertes real-leibliches Medium der Nacht, während das Medium des Textes kontextfreier ist. Dennoch bewahren viele Texte Spuren ihres Startplatzes, des Erzählens beim oder nach dem Essen in der Nacht als ihre Inhalte auf. Denn das Nachtessen ist die denkwürdige, repräsentative, sozial weitergefasste Ernährung mit Erzählung.

Eine der ältesten Bezeichnungen für eine bestimmte Art Nachtmahl ist

1820 Vgl. die Frittenfett-Erleuchtung auf Abb. 13 auf S. 1198

der *eranos*, ein eher intimes Freundschaftsmahl, zu dem jeder der Freunde etwas beiträgt.[1821] In scharfem Gegensatz steht es in Homers Odyssee zu dem ausschweifenden Verprassen der Güter des Odysseus durch die frechen Freier und unwillkommenen Gäste der Penelope. Das ist kein *eranos*. (Od. 1, 226) Interessanterweise steht *eranos* auch im zweiten Beispiel der Odyssee als seltsam irrealer Kontrast zu einem realen Gastmahl im Raum der Erzählung. Das Rahmen-Gastmahl ist aber in Ordnung, es handelt sich um das Nachtmahl bei *Alkinoos*, dem König der Phäaken, im elften Gesang, und Odysseus erzählt von seiner Fahrt zum Rand des Hades, wo er unter anderem den toten *Agamemnon* trifft, der ihm wiederum von jenem grausigen Nachtessen bei *Aigisth* erzählt, wo er «unter den Freuden des Gastmahls»[1822] erschlagen wird. Auch hier sind also die Gesetze der Gastfreundschaft sozusagen tödlich verletzt. Der teuflische Gegensatz zum Freundesmahl ist aber geradezu kongenial teuflisch von Odysseus inszeniert, wenn der beim Gastmahl des *Alkinoos* erzählt, wie *Agamemnon* erzählt (Od. 11, 410):

> … er lud mich zur Mahlzeit,
> Rief mich ins Haus und erschlug mich dabei wie ein Rind vor der Krippe.
> Jämmerlich musste ich sterben, daneben die andern Gefährten,
> Alle schlug man sie nieder wie Schweine mit weißen Zähnen,
> Endlos, als gäbs eine Hochzeit, gäb es ein Mahl unter Freunden,
> Gäb es ein Schlemmen und Schwelgen im Haus eines mächtigen Reichen.

Hier revanchiert sich Klytaimnestra mit einer Gegenmahlzeit für die Mahlzeit, die er ihr mit der Opferung Iphigenies bereitet hat. Dies ist nicht nur Agamemnons Tod, sondern auch der Tod der fiktiv vortrojanischen Ordnung. Nicht nur wird das heilige Gastrecht für eine hinterhältige Mordstrategie missbraucht, statt den Bauch des Gastes zu füllen, wird der feindliche Gast (im Vergleich) zur Füllung der Bäuche wahrer Freunde. Und der Erzähler? Nährt sich geradezu am Bild der Abschlachtung, indem er das ‹Schlachtfest› mit dessen Zweck, dem Schlemmen und Schmausen verbindet. Das Opfer zu sein für ein anderes, besonders schönes Mahl, üp-

1821 Kl. Pauly 2, Sp. 342.
1822 Homer: Od. 11, 411, Übersetzung Voß.

pig wie ein Hochzeitsmahl, denn seine eigene «grausige Gattin» (Od. 11, 409), Klytaimnestra, ist ja die Komplizin dieses Blutbades (11, 422), oder eben üppig wie ein *eranos* (11, 416), das kehrt nicht nur die Perspektive um, sondern ist geradezu eine Verschmelzung des Kontrastes von innen und außen. Dem entspricht die nachhaltige Bildinszenierung Homers von Schlachteplatte und Schlachtgemälde (11, 419):

> … An beladenen Tischen, am Mischkrug
> Lagen im Saal wir herum, und das Erdreich dampfte vom Blutdunst.
> Priamos' Tochter Kassandra hörte ich jämmerlich schreien;
> Über mir schlug sie die hinterlistige Klytaimnestra
> Tot …

Man kann diese Beschreibungslust nicht als eine ‹Geschmacks›-Frage abtun; vielmehr spricht aus dieser Lust das Wissen um den Zusammenhang von Essen und Aggression – nicht nur in einer für Homer als vergangenen Schlachtergesellschaft, für die Blutdurst lebenserhaltend war. – Blut bringt in der Odyssee, die übrigens voller Mahlzeiten ist, sogar Tote zum Reden (und Schwärmen) (11, 145). – Umso ferner das wahre Freundschaftsmahl. Aber auch dieses Horizontbild bestätigt die Richtung des Antriebs zum Bilde: Das Schlemmen und Schwelgen ist zugleich eine tendenziell maßlose Einfuhr in den Bauch wie eine maßlose Ausfuhr an Ausgaben. Wenn der *eranos* wirklich ein Mahl ist, an dem alle mit vereinten Kräften sowohl der Gaben wie der Genüsse beteiligt sind, so drückt sich damit der Wunsch nach einer Entgrenzung und Liquidierung der Gegensätze von Einfuhrsorge und Verausgabung, von Rein und Raus aus.

Schon in der Odyssee mag *eranos* ein nostalgisches Gegenbild zu den ‹heimtückischen› Meuchelmählern der Gastfeindschaft sein, von denen die griechische Mythologie mindestens ebenso voll ist wie von der Beschwörung der heiligen Gastfreundschaft. Jedenfalls muss ein Aroma herübergeweht sein, ins so anhaltend archaisierende Klima des so modernen 20. Jahrhunderts, als 1933 in Ascona am Berg der Wahrheit (Monte Verità) der Freundeskreis Eranos – natürlich wurde er nicht profan ‹gegründet› – ins Leben trat. So wie in der Antike die Freunde ihre ‹Köstlichkeiten› zusammentrugen zur oralen Vereinigung, so sollte ab 1933 ein Austausch geistiger Nahrung stattfinden aus westlichen und östlichen Religionen, aus Anthropologie und Psychologie.

Die ewig junge Tupperparty Wikipedia weiß dazu: «In übertragener Bedeutung ist ein Eranos ein geistiges Fest, zu dem die Eingeladenen Eigenes mitbringen, eine Rede zum Beispiel, ein Lied, einen Trunk oder auch und nicht zuletzt die Offenheit, beim gemeinsamen Gespräch in der Runde schöpferisch zu improvisieren.» Bemerkenswert ist die kontinuierliche Übertragungsfreude von Essen/Trinken auf geistige Rede, obwohl doch die Richtung eigentlich ‹kontrovers› ist, zwischen Essen und Reden: Die Freunde «leben und essen gemeinsam für acht Tage, was eine förderliche Atmosphäre zum produktiven Diskutieren der gegenseitig vorgetragenen Reden schafft»[1823]. Olga Fröbe, die Gastgeberin, die es verstanden hat, eine geradezu kultische Atmosphäre um die Auserwählten zu schaffen, trat in der Öffentlichkeit vor allem als die Herausgeberin von «Eranos» hervor, eines Jahrbuchs mit den gesammelten Mahlzeiten der Freunde.[1824]

Bei aller heutzutage heiter stimmenden Eigentlichkeit ihrer Vorworte ist doch ein ernster Kern in der der Antike abgelauschten Sym-Pathie von Schmausen und Lauschen füreinander erkennbar. Eine Sehnsucht nach Tiefe, Ergriffenheit, ‹mantrischer Wirkung der alten Texte›, Berührung «durch unser aller innersten Kern» werde in der «Sympathie aller Dinge» (C. G. Jung) schmeckbar (S. 6). Der Austausch von Reden und Essen erscheint hier als eine sublime Weise der Interpenetration zur Tiefenerschließung und Auslieferung an die Tiefe. Mit der von ihr beschworenen «Wandlungskraft des Unzerstörbaren» (das klingt nach Mitglied Kerényi) tritt aber eine verstörend dumpfe Redeweise (aus der Maske) auf die Bühne (S. 7), eine Rede, welche 1952 die auch psychischen Verheerungen des Faschismus zu einer Art, wenn auch besonders schlimmer, Dionysien entrückt. Dabei wollte sie nur am offenbaren Genuss der archaischen Mahlzeiten partizipieren, aus denen ein Duft von Zivilisation, Lebensart und geistiger Regsamkeit steigt. Es klang so schön aus dem Weichbild der Zeit. Das Palindrom zu *eranos* ist *sonare* …

1823 Beide Zitate aus: Wikipedia, Artikel: Eranos (31. 1. 2008). Das erste Zitat stammt von Thilo Schabert.

1824 Den Titel hat Rudolf Otto («Das Heilige») gewählt. Das Nachwort zum 20. Band (1952) von «Eranos» betont die Abscheidung dieser ‹Humanisten› «von profanen Zwecken und allzumenschlichen Absichten und Ablenkungen» (Zürich 1952, letzte Seite, unpaginiert). Weitere Seitenangaben im Haupttext.

Schmausen und Lauschen, nichts Schöneres gibt es dem Volke, sagt Odysseus zu Beginn des 9. Gesangs. Und er erzählt weiter, durch die Nacht mit Alkinoos hindurch, von der Nacht am Rande des Hades, von der Rückfahrt zu Kirke, vom Schmausen der Unmengen von Fleisch und von «süßestem Rauschtrank» (Od. 12, 30) und von den Erlebnissen mit den Erzählungen der blutbelebten Toten, die er soeben dem Alkinoos selbst schon erzählt hat (12, 35). Zwar erzählt er seine Geschichte als Gast erst nach dem Essen, ja schon der Sänger Demodokos hatte erst nach dem Essen begonnen (8, 485); aber die intime Nähe von Singen und Magen oder Schmausen und Lauschen bleibt das Ideal.

Nun weiß jeder selbst, wie schwer es ist, das gleichzeitige Reden und Essen ... aufzugeben.[1825] Man kann daraus die Konsequenz ziehen, ein Nacheinander zu bevorzugen. Die sokratische Gesprächsphilosophie ist zum Beispiel der Symposions-Nachtisch nach dem gemeinsamen Mahl, dem *Syndeipnon.* Aber die Speisen waren hier eher abstrakt, vulgo karg. Das nächtliche Festmahl dagegen dauerte meistens bis in den Morgen hinein und variierte mit besonderer Raffinesse Möglichkeiten des Beilagers von Tanz, Gesang und eben von jeder Art Potpourri mit sättigender, begeisternder und befriedigender Beilage.[1826] Es wurde also zu einer Kunst erhoben, Essen und Reden möglichst nah aneinanderzurücken, ohne mit vollem Mund zu reden.

Dabei wird es seit dem Hellenismus Ausdruck höchster Raffinesse, ‹geschmackvoll› übers Essen zu reden. Im kaiserzeitlichen Rom verschwimmen die Grenzen zwischen dem Theater, zwischen den Gängen und der Inszenierung des Auftragens und Anschneidens usw. Bekannt ist das Beispiel vom «Gastmahl des Trimalchio» des Gaius Petronius zur Zeit Ne-

1825 Nicht nur bei Kindern: In Xenophons Memorabilien (III, 14) wird Sokrates bei einem Gastmahl von einem Vortrag abgelenkt durch einen allzu leidenschaftlichen Esser, der sich um nichts anderes kümmert. Davidson: Kurtisanen, S. 25.

1826 Ebd., S. 61. Auch der Wein wurde «nur zu besonderen Gelegenheiten oder im rituellen Kontext» getrunken. Oswyn Murray: Der griechische Mensch und die Formen der Geselligkeit. In: J.-P. Vernant (Hg.): Der Mensch der griechischen Antike. Essen 2004, S. 257. Nach dem attischen Festkalender, unerwartete Gäste inklusive, gibt es die ‹besondere Gelegenheit› ca. einmal wöchentlich. – Der ‹rituelle Kontext› kann sich auf den ersten Schwapp als Trankopfer reduzieren. Wichtig aber ist die vorstellbare Nähe der Götter.

ros[1827], wo es zur höchsten Kunst wird, beim repräsentativen Nachtessen übers Essen zu reden. Besonders die «Mäkelei», eine Art verbalen Kotzens, wird en vogue. Aulus Gellius zitiert in den «Attischen Nächten» einen gewissen Favonius über «Küchenfürsten und Wohlstandshelden», «denen Prasserei und übertriebene Mäkelei gleichviel gelten wie geistige Genüsse»[1828]. Man kann sogar sagen, dass ihnen Prasserei nicht mehr galt als die postwendende Mäkelei. Für diese orale Balance von Rein und Raus (von Essen und Reden also) waren sie bereit, immer weniger zu essen, damit sie genug zu kritisieren hatten. Man darf nicht aufessen, manches zu essen, gilt als … ‹ausgesprochen› ‹geschmacklos›. Bald wird man, folgert Favonius, die Speisen nur noch «abschmecken», «um sich ja nicht müde zu essen» (S. 185).

Das delikate Beilager von Erzählen und Beilage ist in wohl allen Kulturen zu Hause. Raffiniert die Variation in den Nächten aus «Tausendundeiner Nacht». Die Raffinesse ist besonders deutlich in der Überblendung von Scheherazades Erzählnächten und erzählten Nachtmahlen, die gewaltige Erzählorgien auslösen. In der 28. Nacht erzählt Scheherazade den Beginn der Erzählung vom «Träger und den drei Damen».[1829] Das Nachtmahl dieser 28. Nacht besteht nur aus der Aufzählung von Nahrungsmitteln, die der Träger in Bagdad für eine der drei Damen einkaufen und nach Hause tragen hilft. Aber das *erzählte* Nachtmahl, das dann (in der 30. Nacht) erfolgt, löst eine wahre Explosion von Erzählungen aus, die Scheherazade über 30 Erzählnächte verteilt. Der Übergang zwischen Essen und Erzählen ist dabei im wahrsten Sinne des Wortes äußerst fließend: Zunächst steigt die Trunkenheit, dann die Schlüpfrigkeit und dann steigen die Damen, begleitet von den lyrischen Ergießungen des Trägers, ins Wasserbecken (S. 103–111). Man ist beim Nachtisch, als die drei einäugigen Bettelmönche dazustoßen, neues Erzählfutter. Schließlich kommt sogar der Kalif von Bagdad mit seinem Wesir dazu; «das Fest und das Trinkgelage» gehen weiter (S. 116).

1827 Petronius: Satyricon. Frankfurt 1980; siehe dort (S. 83) auch seine Dionysos-Adaption.

1828 Aulus Gellius: Attische Nächte. Frankfurt 1988, S. 185, nächste Seitenangabe im Text.

1829 Tausendundeine Nacht. Übers. von Claudia Ott. München 2004, S. 98; weitere Seitenangaben im Text.

Doch wir wollen den Blick von der zu Literatur gewordenen Mundkunst noch einmal zurückzwingen. Die Spur einer vorliteralen Dimension ist darin zu sehen, dass der rachedurstige König, dem Scheherazade dieses Labyrinth von Erzählungen auftischt, darüber dreißigmal einschläft. Es handelt sich um Gutenachtgeschichten nach dem Abendessen, vor dem Einschlafen – allerdings im Verhältnis zu den heutigen Betthupferln gargantuesken Ausmaßes, dauern die Geschichten doch jeweils bis zum Morgen. – Dass nach dem Essen und dem Erzählen noch etwas Allerletztes kommt, das weiß nicht nur der kleine Marcel auf der Suche nach der verlorenen Zeit. – Schließlich hat auch der Schah seine Zeit wieder beisammen, als ihm am Ende von 1001 Nächten seine lieben Kinder entgegenspringen, die er jeweils kurz vor dem Einschlafen, sozusagen als Gute-Nacht-Kuss, gezeugt hat. Die Gute-Nacht-Geschichte mit Gute-Nacht-Kuss nach dem Essen und vor dem Einschlafen ist also eine kulturübergreifende Variante des Nachtmahls. – Wenn wir auch zugeben müssen, dass mittlerweile die Zahnbürste dazwischenfährt und dass die Vereinsamung während und nach dem Nachtmahl so stetig zunimmt wie die Erderwärmung. Immer mehr Singles haben zur Mikrowellen-Pizza nachts nur noch das blau glosende Feuer der Glotze als Partner oder hacken beim ‹Einfüllen› E-Mail-Kleinholz.

Der leichte Plauderton über die Abgründe der Zeiten, Kulturen und alltäglichen Gewohnheiten hinweg ist nicht nur zu vertreten, weil der kulturübergreifende Charakter des Nachtleibs daran sichtbar wird, sondern er ist notwendig, um über die damit leichtere Verdaulichkeit des Nachtleib-Lesefutters den Leser an die ‹Nacht des Salons› heranzuführen, die einen Höhepunkt in der teilweise recht schwierigen Geschichte des Verhältnisses zwischen nächtlichem Gespräch und nächtlichem Essen darstellt. Kern des Problems ist das Bedürfnis, beim Essen zu reden und beim Reden zu essen. Kern der Kultur (seit dem Neolithikum hat die Kultur Kerne im Sinn von Mehrwert) ist es, die beiden nachtleiblich entgegengesetzten Akte so zu differenzieren, dass beides zwar physiologisch und phonetisch auseinandergehalten werden kann, aber in einem zeitlichen und räumlichen Zusammenhang bleibt.

Die Lösungen bestehen entweder darin, dass es ‹Gänge› gibt, Epochen des einen oder des anderen, dass es ein grundsätzliches Nacheinander gibt, wie beim Symposion, oder dass es eine Funktions- bzw. Rollenteilung gibt: Die einen reden und singen, während die andern schmausen und lauschen. Diese Differenzierung ist die Spalte, in welche die Literatur ihren Keil treibt. Der vom Schlucken freigesetzte Vortragende kann sich spezialisieren, auch vorbereitete Texte anbieten, und nach dem Essen können auch Texte erörtert werden. Schließlich werden die Nachtmähler ein Handlungschema der Literatur, wie schon die reichhaltige Symposien-Literatur zeigt, die im Gefolge des Platonischen Gastmahls entstanden ist und sich bald sogar freimacht von der Notwendigkeit, von einem realen Mahl zu erzählen, ja überhaupt auch übers Essen zu reden.[1830]

Besonders unter der literarischen Tradition des Platonischen Genres *Symposion*, verbunden mit je eigenen Bräuchen, etwa an den Saturnalien, konnte auch in der römischen Antike immerhin die Erinnerung daran erhalten bleiben, dass Texte in vagem Zusammenhang zu Essen und Trinken bekömmlicher waren und leichter tiefer gingen. Ambrosius Theodosius Macrobius, der um 400 n. Chr. gelebt hat, hat zum Beispiel die altrömische Sitte, dass zu den Saturnalia und an den Tagen darauf sich Freunde reihum gegenseitig zum Mahl luden, in ein fiktives, platonisch anmutendes Symposion verwandelt, das drei Tage mit jeweils drei Mahlzeiten währte[1831], wobei die Mahlzeiten aber eher als Anlass dienten, nebenbei auch über Nusssorten und Materialien des Essens zu fachsimpeln. Dabei entstehen zwar durchaus regelrechte Vorträge über die Vor- und Nachteile einfacher oder stattdessen gemischter Nahrung, bei denen auch die Ausbreitung des Wissens über die Verdauungswege und die Wirkung des Weines nicht zu kurz kommt[1832], aber das ist Buchwissen, ohne Bindung an die Erfahrung des Mahls selbst, bei welchem sie gerade sitzen.

Immerhin war aber der bei Macrobius aufrechterhaltene Anspruch, die wohltätige (philosophische) Rede (S. 261) gerade im Speisezimmer zu pflegen, ein haltbarer Fond, den die neoplatonische Gesprächsküche der Renaissance dankbar weiterverwendet hat. Der spätantike Neuplatoniker ist insofern für uns interessant, weil er den antiken Musenkult und die quasi-prophetische Erhöhung des Dichters, die wir schon von Hesiod ken-

1830 Vgl. weiter unten «Xenophons philosophisches Gastmahl».

1831 A. Th. Macrobius: Tischgespräche am Saturnalienfest. (Saturnalia) Hg., übersetzt und eingeleitet von O. und E. Schönberger. Würzburg 2008; weitere Seitenangaben im Text.

1832 Ebd., «dritter Tag, Nachmittag» Buch 7, Kap. 4 und 5, S. 268.

nen, über die christliche Zeit hinübergerettet hat, wie O. und E. Schönberger konstatieren. Mit der Nacht scheint er zwar nicht viel am Hut zu haben, denn er ist ein Sonnenanbeter (S. 13), und man geht zeitig ins Bett, um sich bei Sonnenaufgang weiter zu unterhalten. (S. 160)[1833] Seine neun eingeladenen und drei uneingeladenen Gäste nennt er indessen Musen und Grazien (S. 11). Damit erinnert er, der Vergil fast wie einen Gott verehrt, an die vergangene Möglichkeit einer Heiligen Zeit, die unter Kronos / Saturn noch kosmische Zeitumkehr kannte, wenn sie nun auch nur noch im poetischen Sinne einer musischen Evokation durch den inspirierten Dichter erlebt wird (12).

Die Tradition der literarischen Nachtmähler von der Spätantike bis zur Renaissance ist gleichwohl nicht ungebrochen. Auch die Nachtmähler der italienischen Renaissance werden zunächst einmal neu mit den ‹Naturalien› der mittelalterlichen oralen Erzähltradition beliefert, die vor allem eine der Zeit nach dem Nachtessen ist. Die erste Sammlung von ‹Neuigkeiten› in Italien, der anonyme «Novellino», gesammelt zwischen 1280 und 1300, bietet noch einen bunten Kranz recht verschiedener Texte, aber von typisch mündlicher und situativer Prägung. Dagegen greift, am zeitlich anderen Ende dieser Epoche, die Konzeption des ‹Akademikers› Grazzini schon ziemlich ins Abendmahl ein. Grazzinis Novellensammlung der (unabgeschlossenen) «Nachtmähler» (1540–1550), die im Deutschen unter anderem als «Lauten und Dolche» veröffentlicht wurden, deren Originaltitel «La prima e la seconda Cena» ‹lautet›, profitiert bereits wieder von der, wenn auch erst in der Neuzeit wiedergeborenen antiken Tradition.[1834]

Er hat nämlich eine Rahmenerzählung, die, selbst wenn sie eine reale Rahmenhandlung abbilden sollte, ziemlich durchliterarisiert ist: Fünf

1833 Aber es ist die Zeit der Wintersonnenwende, da selbst die Sonne spät aufsteht.

1834 Siehe Antonfrancesco Grazzini (*1503): Lauten und Dolche – Novellen bei Nacht erzählt. München 1962; dort Einleitung S. 7. Die unabgeschlossene Sammlung sollte mehrere Nächte umfassen. Der ursprüngliche Titel der hier zitierten deutschen Übersetzung von Alfred Semerau lautet «Novellen der Nachtmahle» (1910). Überliefert sind im Original «La prima e la seconda Cena» und «Una Novella che ci resta della Terza Cena», wie es 1790 heißt.

junge Männer und vier junge Frauen treffen sich an drei Karnevalsabenden zu Nachtmahlen, um sich gegenseitig Geschichten zu erzählen. Die Geschichten sind aber Woche für Woche länger, also nach Länge sortiert, weil ja für die letzten Geschichten am meisten Zeit zur Vorbereitung war. (Damit sinkt natürlich das Zeitbudget fürs Essen.) So wird nicht nur der lebendige Ad-hoc-Zusammenhang zwischen Essen und Reden systematisch gelockert, sondern es steigt auch der Verdacht, dass die Erzähler zum Nachtessen Geschriebenes mitbrachten. Vielleicht deutet diese Konstruktion auch an, dass die Rahmenhandlung selbst, bei allen zugestandenen Vorbildern ähnlicher Erzähl-Clubs, von Anfang an von einem Textproduzenten fingiert wurde. Denn Grazzini ist Schriftsteller, Mitbegründer der ehrenwerten «Accademia degli Umidi»[1835] (Akademie der Schmorgerichte) und später Mitglied der noch bestehenden «Accademia della Crusca». Crusca hieß auch das von ihnen herausgegebene Wörterbuch der italienischen Sprache, aber *crusca* heißt zunächst «die Kleie».[1836] – Wie dem auch sei: Erhellend ist, dass in deutschen Fassungen die nächtlichen Rahmenerzählungen und Rahmennachtmähler gar nicht mehr auftauchen. Die Nachtmahle werden zu einem innerliterarischen Topos (trotz Schmortopf und Kleie: ohne Essen), die eben *nach* Nächten *ge*zählt werden – wie die Erzählnächte von «Tausendundeiner Nacht» (in Ausgaben ohne Rahmenhandlung) oder die Erzähltage von Giambattista Basiles «Pentamerone».[1837]

Insgesamt ist in der Renaissance-Novellistik der Übergang von schriftlicher Sammlung mündlicher Tradition zu rein literarischer Erfindung fließend. So sind die Novellen von Matteo Bandello (*1485) in

1835 Mitglieder dieser florentinischen Akademie trafen sich schon in den 20er Jahren des Cinquecento zum nächtlichen Zeichnen der «Nacht» in der Grabkapelle der Medici. Siehe H. Gaßner: «Der Mond ist aufgegangen.» Malen im Dunkeln – Malen des Dunkels. In: Haus der Kunst (Hg.): Die Nacht. München 1998, S. 18.

1836 Auch deren Mitglieder, die sich «Crusconi» nannten, Kleieflocken, waren der Nahrhaftigkeit verpflichtet, trennten sie doch die (sprachliche) Spreu vom Weizen. Vgl. Wikipedia, Artikel «Accademia della Crusca».

1837 G. Basile: Das Märchen der Märchen – Das Pentamerone. Hg. von Rudolf Schenda, München 2000. Immerhin wird jeder der fünf taglangen Erzählmarathons mit einem ausgiebigen Frühstück begonnen, und manche Assoziationen Basiles wahren noch den Zusammenhang von Erzählen und Essen. Vgl. den Beginn des zweiten Tages, ebd., S. 134; weitere Seitenangabe im Text.

Hinsicht der literarischen Verselbständigung zwischen dem «Novellino» und Grazzini angesiedelt. Es sind vom Autor behauptetermaßen mündlich gehörte Geschichten, die ihm aber «unter die Hände kamen» und die er jeweils mit brieflichem Anschreiben verbunden fixiert, also zu einem Text-Anhang umwandelt. Andererseits komponiert er die Geschichten nicht nach schriftstellerischen Gesichtspunkten, sondern «ohne dabei eine andere zeitliche Folge einzuhalten als jene, in der sie mir unter die Hände kamen»[1838]. Aber die Rahmenhandlung der Briefe ist jetzt sozusagen genuin schriftlich. Dennoch: Das Beharren auf der Ordnung des mündlichen Eingangs erweist dem hörenden Leib noch die Ehre der Authentizität.

Dasselbe gilt für die Angabe des oralen Gewährsmannes, hier Alemanni (S. 9). Aber der Zusammenhang der Rahmenerzählungen zum Nachtmahl ist keineswegs so repräsentativ, wie man vermuten könnte. Den «piacevoli ed amorosi notti di novizi» Pietro Fortinis, erzählt von fünf Frauen und zwei «Jünglingen», stehen «Le giornate delle novelle di novizi» gegenüber. (beides vor 1562).[1839] Das «Dekameron» Boccaccios (Mitte 14. Jahrhundert) und das «Heptameron» Margarethes von Navarra (Mitte 16. Jahrhundert), zwei große Vorbilder, erzählen am Tage. Der Grund dafür wird in der Übergangssituation vom mündlichen Erzählen zur schriftlichen Erfindung liegen. Bei Bandello, der seinerzeit Leonardo bei der Arbeit am «Abendmahl» zusah (I, S. 58), scheint manchmal das Nachtmahl als Erzählgrund kurz auf (I, S. 90), aber der schmilzt dahin wie der Käse an der Sonne, weil der Grund für die *geschriebenen* Erzählungen nun jeweils ein Brief des Autors ist.

Aber zur gleichen Zeit entstehen neue abendliche Unterhaltungen, und immer mehr auch bürgerliche Feste, Spiele und Musiken wandern in den folgenden Jahrhunderten, entsprechend den Möglichkeiten der künstlichen Beleuchtung, immer tiefer in die Nacht, wie der Salon im 19. Jahrhundert und noch später der Film. Um die ganzen Verquickungsmöglichkeiten zwischen oraler und schriftlicher Verbindung mit dem Nachtmahl in der Spätrenaissance zu illustrieren, ist der «*Don Quixote*»

1838 Matteo Bandello: Novellen. Berlin 1988, Erster Bd., S. 6; weitere Band- und Seitenangaben im Text.

1839 Vgl. Chr. Wolter: Begebnisse und Leidenschaften. Nachwort in: M. Bandello: Novellen, Zweiter Bd., S. 346.

(1605/1615) von Miguel de Cervantes ein gutes Beispiel, denn der ganze Roman lebt von der Verwirbelung der Lektüren mit der alltäglichen Wirklichkeit – und mit mündlichen Erzählsituationen.

Don Quixote I[1840]

Der in Raum und Zeit irrfahrende ‹Ritter› Don Quixote – also ein ewiger Gast – kommt in den verschiedensten Gesellschaftskreisen zum Nachtessen: bei armen Hirten, im Gasthaus, bei einem Landedelmann und bei vielen anderen.[1841] Nie gelingt ihm eine Balance von Essen und Reden, genauer gesagt: Der Dünne kommt oft nicht zum Essen, weil er sozusagen aus dem ‹Steh›greif, das heißt vorzugsweise im Stehen, Geschichten erzählen und Reden halten muss. Bei den Ziegenhirten allerdings, projizierten Inkarnationen einer dionysischen Schar, ist es anders. Hier kommt er zum Essen und zum Sitzen, ja, er nötigt seinen dicken Knappen, sich entgegen der Ordnung zu ihm zu setzen. Der Grund ist, dass er hier zu Hause ist, in einem Locus amoenus: Beim Nachtisch, es sind Eicheln, hält er eine begeisterte Eloge auf Arkadien, das ihm zu diesem Ambrosia einfällt (S. 114), auf den Kommunismus, die freie Liebe (S. 112) und … nein, den Gesang beim Abendmahl der Arkadier nennt er nicht, den praktiziert er. Immerhin aber hat er uns damit eine enorm lange Tradition der Literatur vor Augen gehalten, die, ob nun Bukolik oder Arkadische Dichtung genannt, explizit ans Nachtmahl der Hirten gebunden ist (oder vorgibt, es zu sein).

Hier kennt sich DQ (Don Quixote) als Literaturkranker aus; sein gewähntes Rittertum hält er für verwandt mit dem Arkadischen. Er nennt die Ziegenhirten seine Brüder. Der Witz an der Geschichte ist, dass in der Tat die Arkadier immer schon die Grenzverwischung zwischen Fiktion und Real-Inszenierung betrieben haben. Es ist noch nicht lange her, dass

1840 Ich benutze die Schreibweise der Erstausgabe von 1605. – Don Quixote II folgt in Bd. II der «Nachtästhetik», in «Nachtsprache».

1841 M. de Cervantes Saavedra: Don Quijote de la Mancha – Erster und zweiter Teil. In: Ders.: Sämtliche Werke. Bd. II, Frankfurt 1995. Die besagten Nachtmähler sind u a. dasjenige bei den Ziegenhirten (11. Kap.), in der Schenke (32. Kap.), im Hause des Ritters mit dem Grünen Mantel (Bd. II, S. 18). Weitere Seitenangaben im Text.

Torquato Tasso daran zugrunde gegangen ist, dass er den ästhetisierenden Schein von neureichen Abenteurer-Fürsten, die sich als egalitäre Schäfer ausgaben, für Wahrheit hielt. Aus diesem Arkadiertum ist für zwei Jahrhunderte so etwas wie eine Real-Fiktion geworden; denn reiche Bürger, Adlige und ein Teil des Klerus inszenierten mit Rollenspielen ihr reales Leben als Arkadier. Noch Goethe wird einer werden, in Italien.[1842] DQs Selbst-Einbettung in seinen literarischen Traum ist insofern nicht ohne weiteres wahnhaft, als viele es so machen, es so seine Art hat. Wie sich gleich darauf zeigt, im Buch, leben bei diesen einfachen Ziegenhirten mehrere gebildete Konvertiten, sozusagen als Bohemiens avant la lettre, aber gemäß der gelesenen Schrift. Diese gebildeten Lehrer oder reichen Gutsbesitzerkinder lassen alle ihre Güter fahren, um als freischwebende Hirten der Leidenschaft zu frönen, bei der nicht immer klar ist, ob diese Leidenschaft Liebe (à la Aminta) oder ‹verlorene Liebesmüh› der Dichtung heißt.

Aber für den Zusammenhang von Reden und Essen bei Cervantes ist die Tradition der «Arabischen Nächte» Scheherazades vielleicht bedeutsamer als die der Eicheln essenden Arkadier. Das Erzähllabyrinth, das den Leser bei Don Quixotes drittem Gasthofabenteuer ab dem 35. Kapitel verschlingt, findet seinesgleichen höchstens bei Scheherazade. Vom 32. bis zum 48. Kapitel scheint eine einzige nicht enden wollende Nacht von Erzählungen fast alle mitzureißen, die bisher zum Personal des Romans gehörten, mit Ausnahme DQs. Die physische Nacht dauert zwar nur bis zum 44. Kapitel (S. 549), aber der Geschichtenhunger und der Aufklärungsbedarf gehen pausenlos mit dem Morgengrauen weiter. Nicht enden will die Nacht dunkler Schicksale in dunklen Geschichten.

Nächte biographischer Vergangenheiten, fortdauernde Verhängnisse, werden im Licht der Gegenwart durch gegenseitiges Erzählen erhellt, gelöst, erlöst. Es handelt sich um Lebenserzählungen, aber auch um Erzählungen über andere sowie theatrale Inszenierung und schließlich, denn hungrig sturzen sich alle außer DQ auf jedes Erzählfutter, schließlich auch um Literatur, die im Gasthof gefunden wird. Manche Erzähler ihres unglücklichen Schicksals finden sich hier glücklich wieder zusammen: Cardenio und Dorothea, die beiden verlassenen Liebenden, treffen Luscinda und Fernando, die beiden dazugehörigen Untreuen; der christ-

1842 Das Motto seiner Italienischen Reise lautet «Et in Arcadia ego».

liche Sklave aus Algier findet nach Jahrzehnten seinen Bruder, den Kammergerichtspräsidenten, und dessen Tochter Clara begegnet endlich mit Don Luis ihrer bislang unerklärten Liebe.

Das Erzählen heilt hier die Wunden der realen Vergangenheit und des Lebens in der familiären oder erotischen Diaspora. Andererseits sind alle (außer DQ) neugierig. In dieser Herberge zur ewigen Wiederkehr mit dem je gleichen Personal gibt es eben auch eine Krankheit: die Neu-Gier auf Geschichten. Diesen Neugierigen wird die Neuigkeit, eben die «Novelle vom unziemlich Neugierigen», vorgelesen[1843], ein Gleichnis nicht nur für die Gesellschaft im Allgemeinen, sondern auch für das von Dorothea und Cardenio erlebte und erzählte Liebesdrama. Alle sind hungrig auf Geschichten, außer DQ, denn der hat seine angelesenen Geschichten im Kopf, und alles, was ihm *leibhaftig* begegnet, sind ihm nur Schein, Gaukelspiele von Zauberern oder Gleichnisse, insofern sie seinen für wahr gehaltenen Lektüren widersprechen. Er also gleich ins Bett, und prompt kann sich das ganze Personal seiner Real-Inszenierung rühren, denn sie alle machten ja bis soeben Rollenspiele, vorgeblich um DQ nach Hause zu bringen. (S. 379) Das heißt, sie dürfen nun ihr eigenes Schicksal weiterverfolgen.

Aber fast scheint es, als seien ihnen zunächst die Geschichten der jeweils anderen die interessanteren. Zunächst wird also die tragische Novelle um das provozierte Eifersuchtsdrama der Freunde Anselmo und Lotario vorgelesen, aber an der spannendsten Stelle wird es unterbrochen von dem eigenartigen ‹Zechgelage› DQs unterm Dach, der im Traum, aber handfest, einen ‹blutroten› Kampf gegen die Weinschläuche des Wirtes führt, die er für einen feindlichen Riesen hält (S. 436). Die Kammer schwimmt im Blut seiner Vorstellung (S. 437), im realen Wein. Eine traurige Farce des dionysischen *askoliasmos*, sogar eine Farce der Farce von Apuleius auf den Kampf mit dem Schlauch auf den Schlauch und um den Schlauch – aber immerhin mit der ‹Verwandlung› von Wein in Blut.[1844]

Nichts könnte deutlicher den parabolischen Charakter in der Szenenfolge des dritten Schenkenaufenthaltes klarmachen. Während sich die ‹normalen› Leute aller Stände einträchtig um den Gleichnischarakter der fremden Novelle versammeln (die u.a. das Drama zwischen Carde-

1843 Der Pfarrer wird aufgrund des Titels neugierig (S. 386).
1844 Der «Askoliasmos» ist zum ersten Mal auf S. 1079 behandelt worden.

nio und Don Fernando spiegelt) und das sie Betreffende als Interesse wahrnehmen, versinkt der träumende Ritter in einem imaginären Blutbad, ertrinkt er fast im Wein. Aber der Gleichnischarakter bezieht sich eben auf alle Handlungen an und in diesem Haus, und der Unterschied zwischen allen anderen und DQ tritt hier immer klarer zutage. Die Geschichten der anderen sind wirklich erlebt und erfahren. Ihre Dunkelheit, Verworrenheit und Traurigkeit löst sich auf in gegenseitiger Erkenntnis und Wiedererkenntnis.

Auch die bisherigen Abenteuer-Geschichten DQs verfolgen ihn bis hierher, holen ihn hier ein. Aber außer einer kurzfristigen Beschämung über seine illusorische und nur eingebildete Hilfe für den Knaben Andres holt ihn hier nur der *unaufgelöste* Gleichnischarakter, der bannende ‹Zauber› seiner bisherigen Abenteuer ein: Der Barbier will seine Bartschüssel zurück, die Bruderschaft Hermendad will ihn verhaften; und wieder versteht er nicht, wie schon seinerzeit in dieser Schenke, auf der Hinfahrt nämlich, die Doppeldeutigkeit seiner Keuschheitsbemühungen. Dafür muss er ‹hängen›: Die Tochter des Wirtes spielt die Verliebte am nächtlichen Fenster; er aber, sie zu besänftigen, reicht seinen Arm herein, der prompt am Fensterkreuz festgebunden wird.

Sowie sein Pegasos-Rosinante, auf dem er steht, sich bewegt hätte, hätte er äußerst schmerzhaft in der Luft gehangen – was dann auch, zum Glück erst am Morgen, geschieht. – Da der leibhaftige Sinn der Welt nicht durch seine mentale Rüstung hindurch zu ihm vordringt, versteht er andererseits auch nicht Gleichnisse als Hinweise. Bildliches Geschehen nimmt er für Realität.[1845] Am Ende dieses Aufenthaltes im ‹ewigen Gasthof› des Romans und an dessen vorläufigem Ende sieht man den eingebildeten Don, eingesperrt in einen Käfig, auf dem Heimtransport. Es ist ein symbolischer Käfig seiner Einbildungen, in den er von all jenen gesteckt wurde, die das Zweideutige leben und lieben, die so tun, als ob er recht habe, aber ihn zum Transport in einen Käfig sperren, um ihn für immer zu kasernieren. Letztlich hat er sich selbst dahinein manövriert. Ausgezo-

1845 Er befreit eine Marienstatue auf dem Geißler-Umzug (S. 627), zerschlägt die Marionetten des Maese Pedro (S. 885) und hält jedes Theater, das man ihm spielt, für wahr. Auch Maese Pedro ist übrigens ein (unerkannter) später Wiedergänger. Im ersten Teil des Romans hatte DQ ihn als Galeerensträfling Ginès de Pasamonte auf seiner Überführung befreit.

gen, ein anderer zu werden und die Welt zu verändern, hat er die Welt des angelesenen Scheins nie verlassen können, weil ihm jede Zweideutigkeit fremd ist.

Und das Nachtmahl? Es ist in die Mitte der turbulenten Geschichten und Wiederbegegnungen[1846] platziert. Nach den Novellen und der Gegenüberstellung der ‹Gemischten Doppel› von Verlassenen (Cardenio und Dorothea) versus Treulosen (Fernando und Luscinda) und dem Eintreffen der Gruppe um den christlichen Maurensklaven gibt es ein Abendessen, von dem aber nicht viel mehr erzählt wird, als dass es DQ mit seiner Vorrede einleitet (S. 476) – bis es beendet ist und er nichts gegessen hat. Natürlich erzählt er nie, wie die anderen, eine spannende Geschichte, sondern er hält einen umständlichen Vortrag mit allem rhetorischen Pipapo zur Verteidigung der Ritterschaft nach Art einer akademischen Denkschrift: Warum dem Ritterwesen unter den Berufen die höchste Krone zuzusprechen ist. Es finden also ausgerechnet hier kaum Gespräche statt, immerhin geht das bei den vergnügten Essern als Unterhaltung durch. So brauchen sie nicht reden, haben ja den Mund voll. Solche Typen der Arbeitsteilung gab es schon bei den Symposien und Mahlzeiten der griechischen Tischgemeinschaften.

Es muss sich übrigens um eine sehr lange Sommernacht handeln, denn erst nach der Erzählung des befreiten Sklaven wird es dunkel (S. 527). – Und es kommt eine neue Ladung Geschichten per Kutsche: der Kammergerichtsrat, der sich als Bruder des ehemaligen Sklaven entpuppt, mit seiner Tochter, die sich als verliebt in den Maultiertreiber erweist, der morgens seine Dichtkunst aus Leidenschaft zeigt. Doch das ist später. Dass es erst sehr spät richtig dunkel wird, sieht man daran, dass es nach des Pfarrers Wiedergabe der Sklavengeschichte für seinen neu aufgetauchten Bruder schon Mitternacht ist. Statt sich seinem erkannten Bruder zu erkennen zu geben, hat der Ex-Sklave in der Tat zugelassen, dass der Pfarrer für ihn die Geschichte, fingiert als diejenige eines Bekannten, erzählt, vorgeblich, um zu prüfen, wie er es aufnimmt. Hier sieht man schön die Lust auf Einbindung in die Geschichten der andern.

Der herausragende Novellist Cervantes bringt seine im Prinzip immer noch ‹moralischen›, das heißt ‹exemplarischen› Geschichten inner-

1846 Geschichten führen hier unweigerlich zu Wiederbegegnungen, Geschichten *sind* Wiederbegegnungen.

halb des Romans gegen den Roman, gegen die Obsession DQs, ja gegen das Obsessive des Romans, in Stellung. Die Novelle um Walter und Anselmo hat eine Moral oder Nutzanwendung, nämlich die, die Grenzen der Neugier einzuhalten, was der leibhaftige Fernando nicht tat. Dann folgen lauter Geschichten, die erzählte reale Vergangenheiten sind und die sämtlich in Wirklichkeit zurückverwandelt werden, so, als ob das Erzählen das Erzählte aus einem verwunschenen Zustand befreit.

Es ist erstaunlich, wie gründlich und systematisch Cervantes den Ritter vom tristen Antlitz in der langen Nacht der sich begegnenden Erzählungen, ja selbst beim Nachtmahl, auf engstem Raum von den anderen fernhält: wie ein Gespenst. Als alle sich um die Novelle versammeln, schläft er. Als schließlich nach der letzten Geschichte vor Morgengrauen alles schläft, wacht er – allein mit zwei Frauen, die ihm einen Streich spielen und sich dann auch schlafen legen. Dazwischen, beim Mahl und kurz danach, ist er zwar den kürzeren Teil der Nacht mit den anderen in einem Raum, der Literat, aber er redet, während die andern essen, und die Geschichte des Zusammenfindens der beiden Brüder aus Léon (Kammergerichtspräsident und Ex-Sklave) bringt er nur «mit den Hirngespinsten von der fahrenden Ritterschaft» (S. 534) zusammen. Es gibt keinen einsameren Menschen als diesen Lettern-Ritter in seiner mobilen, aber geschlossenen Anstalt namens Einbildung. Er bleibt darin gefangen, weil er keinen Nachtleib kennt: nicht den Unterschied von Eindruck und Ausdruck, kaum den von Ein- und Ausstülpen – er ist ein grotesk schlechter Esser, dem Wein geht er mit dem Schwert zuleibe –, weil er nicht richtig überträgt.[1847]

Dass seine Geistesabwesenheit beim Essen der anderen keine zufällige Episode ist, zeigt seine nächtliche Aventüre, bei der er zwei Stunden hilflos zwischen innen und außen hängt. Diese komische Szene ist die fulminante Parodie eines der wichtigsten nächtästhetischen Erlebnisse oder Installationen. Ihre einfachste Form ist der indoeuropäische Brauch des nächtlichen «Fensterlns», welches wiederum eine Art Entrée oder Vor-

1847 In dieser Hinsicht ist der humorlose, ‹einfältige› Ritter das krasse Gegenteil von Cervantes, welcher die Zweideutigkeit, das Spiel mit den Ebenen und Autorschaften so nötig hat wie ein oraler Erzähler seinen Mund. Ein Autor ist kein Ritter, sondern ein Schwindler.

spiel für weiter gehende koitale Hell-Dunkel-Dramen darstellt.[1848] Es ist aber auch ein Urtopos für nächtliche Erlebnisse wie Offenbarungen oder musische Eingebungen sowie eine Vorrichtung szenischen und poetischen Erlebens und Ausdrucks. Wir werden dem *Nachtfenster* in seinen ästhetischen Formen der Nachtsprache und des Nachtbildes noch begegnen. Ausgangspunkt seiner ästhetischen Bifurkationen ist aber für die Nachtästhetik der Leib mit seiner konstitutionellen Intentionalität aus der Spannung von innen / außen und hell / dunkel.

Dass Cervantes hier weiß, was er tut, macht diese Parodie zur schärfsten Kritik an seinem geliebten missratenen Kind, kurz bevor es nach Hause kommt: DQ weiß nicht, was ein Nachtfenster ist. Cervantes aber nur zu gut. Diese Inszenierung des Nachtfensters, signifikant in der italienischen Renaissance-Novelle von Romeo und Julia, die Shakespeare später weltberühmt gemacht hat, wird nämlich bei Cervantes in dreifacher Steigerung virtuos durchgespielt. Im zweiten Buch, am Hof des Herzogs, erzählt Gräfin Dreifalt (Trifaldia), wie sie, hingeschmolzen von der nächtlichen Poesie vor dem Fenster, einem Liebhaber, ihre Pflichten als Anstandsdame der Infantin über Bord werfend, Tür und Tor usw. öffnete. (S. 991) Kurz darauf kehrt Cervantes die Rollenperspektive um und lässt Altisidora vor dem Nachtfenster Don Quixotes, also mit der Frau draußen in der Nacht, ein Ständchen singen. (S. 1040) Und wiederum kurz darauf kehrt der Dichter auch die räumliche Richtung dieser Installation um, indem er DQ, der Altisidora (wie alle Frauen) ernüchtern und von sich abbringen will, ein nächtliches Ständchen zur Gitarre, aber hinaus aus dem Zimmer – darbieten lässt. (1055) – Also dieser christliche Ritter hat von den Alten nicht die Liebe nach dem Mahl übernommen. Deshalb auf zu einer kurzen Stipvisite zurück in die Antike, der Liebe wegen!

Xenophons philosophisches Gastmahl

Das festliche, besonders das religiös begründete Nachtessen, nicht nur der klassischen Griechen, ist durchsetzt und gerahmt von Riten, Inszenierungen und Formen des sprachlichen Verkehrs mit Unsichtbaren. Die Kommunikation mit mächtigen Unsterblichen verleiht der leiblichen Ge-

1848 Vgl. Hwb. Abergl. 2, Sp. 1329.

meinschaft der sterblichen Mahlzeiter, zumal wenn ein Lebewesen dafür sterben muss, eine intensive ‹eingebildete› Beilage. Von den Bittgesängen vor dem gemeinsamen (Opfer-)Mahl über die Kommentare und Zwischenrufe beim gesungenen Erläutern des Opfers, über die Symposien nach dem Essen, hinaus in den nächtlichen *komos* und ins nächtliche Beilager bewährt sich die wachsende Sprachkunst als äußere Sozialisierung eines im individuellen Dunkel verborgenen Vorgangs – und als Verdauungshilfe. Im Gegensatz zum christlichen Gottesdienst wurde aber die imaginäre Anwesenheit eines Gottes, besonders im Kontext der Erinnerungsfeste (vor allem für Dionysos), anschaulich herbeigespielt. Nach dem öffentlichen Opfermahl macht sich der kultische König der Athener, der Basileus, wahrscheinlich zum eigenen Hahnrei, indem er Dionysos wird und als solcher bei seiner Frau zum *hieros gamos* ‹einkehrt›.

Das ist nun nicht wirklich theatral, denn man sah es nicht. Gleichwohl ist dieses Ziel des Mahls – die *Verwandlung* und gegenseitige *Einkehr* – mit liebevollem Fleiß in den *profanen* Nachtmählern der griechischen und römischen Antike wiederholt worden. Noch der Lügner Lucius wird von Apuleius übers Nachtmahl und den Beischlaf in die Hybris einer Verwandlung zum Esel geführt. Auf der anderen Seite entwickelte sich aus der halbprivaten Form der Kultvereins-Festmähler und sogar der privaten Feste (die gleichwohl Kultelemente übernahmen) eine eigenständige *Symposionsliteratur* heraus. Diese verselbständigte sich schließlich zu einem Genre von Anthologie, Blütenlese oder eben Potpourri, das nur noch fiktiv eine Sättigungsbeilage hat. Ob *Xenophons* (*430) «Gastmahl» (um 385 v. Chr.) eine solche Fiktion ist oder ein reales Gastmahl nacherzählt, ist nicht geklärt. Der historische Anlass des Gastmahles war der Pankrationssieg des jungen Autolykos im Jahre 422 v. Chr. Den kann der junge Xenophon noch nicht mitgefeiert haben. Aber die Geschichten waren wohlbekannt.

Glaubt man diesem sokratischen Philosophen, so hält es sogar die Liebe zur *Weisheit* für ihre Aufgabe, beim Mahl Kupplerdienste für tiefergehende Liebe zu leisten. Da die sokratische Philosophie insofern eine gewisse Ähnlichkeit mit der Urform des Dramas, des kultischen Spiels (besonders der Vegetationsfeste), aufweist, sei kurz ein Blick auf das philosophische Symposion als dem Epigonen eines dionysischen Agons geworfen. – Worin die Ähnlichkeit besteht? Nun, auch im sokratischen Dialog gibt es, wie in der dithyrambischen Chorlyrik, einen Antworter, und der Antworter ist meistens das ‹Opfer›, das dem Fragenden recht geben muss. –

Und worin besteht die philosophische Kuppelei? In der Anstiftung zu den schönsten Gesprächen, in der Verbindung von Gespräch und Mahlzeit und schließlich in der Verbindung von Geist und Eros.

Sokrates hat in *Xenophons* «Gastmahl» jedenfalls selbst behauptet, am stolzesten sei er auf seine Kupplerkunst.[1849] Mit der Begründung lässt sich Xenophons Sokrates fast bis zum Ende des langen Gesprächs Zeit, aber aus dem Handlungsverlauf des Nachtmahls ist sie schon vorher ersichtlich. Um ein Festmahl, das er seinem sehr jungen Geliebten und dessen Vater zu geben beabsichtigt, «glänzender» (!) zu gestalten, lädt der reiche Kallias den Sokrates und seine Clique ein, als oralen (also sprachlichen) Schmausschmuck sozusagen (S. 152). Um den armen Schlucker Sokrates gleich ins Höhere, zu sich hinauf zu ziehen, auf gleiche Mundhöhe sozusagen, verspricht er mit seiner mahlzeitlichen ‹Kostprobe› von Gelehrsamkeit und Redekunst Anspruch auf des armen Philosophen Achtung erheben zu können (S. 153). Schon diese Umstände der Einladung werfen ein Schlaglicht auf die Kupplerkunst, die in der Gelehrsamkeit und Redekunst liegt. Denn Sokrates sagt zur Begründung seines Stolzes auf die Kupplerkunst, dass er «ein reicher Mann seyn könnte, wenn ich von meinem Talent in dieser Kunst Gebrauch machen wollte» (S. 171). Das ist eine raffinierte Replik auf den Stolz des reichen Kallias auf seine Redekunst. *So* fremdgehen wie Kallias könnte Sokrates allemal – wenn er wollte.

Aber eine weiter gehende Kuppelei besteht in der Verbindung von Essen mit glänzender Schönheit, und zwar nicht mit derjenigen der Rede, denn die kommt erst nach dem Essen zum Zug, sondern mit der sprachlos machenden Schönheit des so schönen, sprachlosen Jünglings Autolykos. Diese Epiphanie wird von Xenophon anzüglich in nachtästhetische Gefilde der Dionysos-Religion geführt: «Denn wie ein im Dunkeln plötzlich erscheinender Glanz sogleich alle Augen aufschauen macht, so zog auch die Schönheit dieses Jünglings die Blicke aller Anwesenden auf ihn …» (S. 153) Schon wieder dieser Glanz beim Mahl. Es ist aber dann doch eher apollinischer Glanz: Für Xenophon hebt sich der von der göttlichen, aber keuschen Liebe zu Autolykos besessene Kallias-Glanz wohltuend von den

1849 Xenophons Gastmahl. In: Xenophon: Sokratische Denkwürdigkeiten. Frankfurt 1998, S. 171; weitere Seitenangaben im Text.

üblichen (dionysischen) Gottbesessenen ab (S. 154). Ja, ja, die Liebe ist ein Mysterium, zum Schauen bestellt, und so «herrschte also während des Essens eine so allgemeine Stille unter den Gästen, als ob sie ihnen von einem Höhern geboten worden wäre» (S. 154).

Glücklicherweise wird dieses erhabene Opfermahl der Liebe unterbrochen vom professionellen Spaßmacher Filippus, der sich selbst zum Essen einlädt, aber mit ‹Lachenmachen› bezahlen will. Da keiner über ihn lachen will, hört er auf zu essen und tut so verzweifelt über die Nichtakzeptanz seiner Währung, dass alle wieder lachen. Jetzt isst er wieder, Gott sei Dank. Das ist alles, was übers Essen geschrieben steht. Dieses scheint nur noch Anstandsopfer zu sein, das man absolvieren muss, um, Tische beiseite, Trankopfer gebracht, schnell noch einen Lobgesang, endlich Unterhaltung machen zu können. Es kommen Tänze und Musik, dazwischen Gespräche, liebevoller Spott gegen Sokrates von seinen Freunden, dann wieder schöne Musik von schönen Menschen. Sokrates will jetzt die Rede von Kallias hören, der daraus eine *gemeinsame* Aufgabe für alle macht: zu sagen nämlich, worauf sie am stolzesten sind. Die Begründungsreden geraten zu einem achtbaren und geistreichen Salongespräch über das Schöne, Wahre und Gute. Schließlich begründet Sokrates seinen Kupplerstolz mit dem pädagogischen Eros, der ihn treibt (S. 192), nicht ohne vorher in gezielter Zweideutigkeit so zu tun, als ob er von einem anderen Eros rede (S. 194). – Zweideutigkeit als die wahre Kuppelei.

Der erotische Unterstrom, der von Anfang an mit der glänzenden Schönheit des Geliebten den Text durchzieht, wird auch in einem lustigen Schönheitswettbewerb des Sokrates mit Kritobul deutlich, in dem der Philosoph sich als Dionysiker outet, der einem Silen ähnelt, und Silene sind Göttersöhne (S. 199). Er hält seine Gruppe für den *Thiasos* des *Eros* (S. 206) und weiß, dass sie alle permanent in einen anderen verliebt seien, außer *Antisthenes*. Der wiederum bekennt seine Liebe zu Sokrates, der andererseits zum Scherz eine «sich spröde stellende Hetäre» spielt (S. 207). In diesem erotisch geladenen Klima fällt Sokrates den Spruch von den zweierlei *Afroditen, Afrodite Urania* und *Afrodite Pandemos*, von der Liebe zu schönen Seelen, Freundschaft und edlen Handlungen einerseits und der Liebe zu schönen Körpern andererseits (S. 208). Natürlich sei die Himmlische vorzuziehen (S. 209).

Mir scheint das Bemerkenswerte an der fortgesetzten sokratischen

Kuppelei zu sein, dass er die beiden Aphroditen ganz schön warm miteinander werden lässt. Wahre Seelenliebe weiß auch die körperlicher zu schätzen. Aber ist das Ganze nicht ein Satyrspiel unerfüllter körperlicher Liebe? Dass der sich selbst als *Silenos* sehende Sokrates behauptet, Zeus habe den Ganymed «nicht seiner Gestalt, sondern seiner Seele wegen … in den Olymp aufgenommen» (S. 215), ist schon sehr rührend, wenn man daran denkt, dass ein gewisser Silenos bei Euripides dachte, der ‹Einäugige› halte ihn selbst für Ganymed.[1850] Das im «Gastmahl» Erzählte könnte 422 v. Chr. vorgefallen sein.[1851] Zu der Zeit lebte Euripides noch. Sowohl Euripides als auch der reale Sokrates könnten je den anderen als Vorbild genommen oder ein älteres Motiv aufgenommen haben. Aber in jedem Fall ist die verborgene oder vielleicht sogar unbewusste Gleichsetzung von Ganymed und Silenos Sokrates die hintergründigste. Sie kann sogar die vorgebliche Liebe der höheren Liebe desavouieren.

In *Platons* «Gastmahl» kommt nun aber die Rede vom Silen Sokrates ebenso vor, natürlich in platonischer Interpretation. Alkibiades, der allerdings nicht gerade durch einen philosophischen Lebenswandel aufgefallen ist, erzählt bei diesem Gelage von der ewigen Verliebtheit des Sokrates in juvenile Schönheit, erinnert an sein sileniles Aussehen und an seine vorgebliche totale Unwissenheit.[1852] Öffne man aber «jene künstliche Silenengestalt», die also eine Art Maske ist[1853], «welche Fülle von geistiger Kraft zeigt da das Innere! Kaum zu glauben, ihr Tischgenossen.» (S. 68) Diese Kraft wird von Alkibiades vornehmlich in dem Sinne ‹platonisch› gewürdigt, als sie dem Eros widersteht, jedenfalls dem Eros in Gestalt des Alkibiades, obwohl: Der glaubt zu wissen, dass der Silen Sokrates mit allen schönen jungen Männern so verfährt. Der innere Ganymed des Euri-

1850 Siehe oben S. 1097 über das Satyrspiel des Euripides, «Der Kyklop».

1851 Kl. Pauly 5, 1427.

1852 Platon: Das Gastmahl, S. 68; weitere Seitenangaben im Text.

1853 Otto Apelt hatte in seiner kommentierten Inhaltsübersicht von 1923 die ‹künstlichen Silenengestalten› als «Gehäuse oder Schränke für kleine kostbare Götterbilder» angesehen. (In: Ders.: Dialoge, Bd. III, S. XXXIII) Das mag hineinspielen, doch Schränke oder Gefäße reden nicht wie Silenen, wohl aber Maskenträger. Für die Assoziation mit Masken sprechen des Sokrates Replik auf Alkibiades, den er des dionysischen Maskenspiels verdächtigt – und nicht zuletzt die später hereinbrechenden Komasten.

pides ist also bei ihm eine bloße Allegorie seiner sozusagen unerotisierbaren Unerschütterlichkeit. Das ist insofern ein infamer Angriff unter dem Deckmantel des Tugendlobes, als der Abend Dionysos und besonders Eros geweiht ist, zu dessen Lob die Reden geschwungen werden (S. 9). Alkibiades hat zweimal extra ein Gastmahl für Sokrates arrangiert, um ihn zu verführen (S. 69) – da sieht man also, wofür die Gastmähler gut sind –, aber er hat ihn nicht ‹rumgekriegt›.

Er ist sogar zu ihm aufs Bett gestiegen, das sein Lager noch vom Mahl her war, aber er hat ihn nicht geöffnet gekriegt. Mehrfach redet Alkibiades vom unzugänglichen Inneren der Gestalt, deren «Deckel» er aufklappen will (S. 75). Das Äußere ist der Silen oder Satyr, dessen Rede auch derb oder lächerlich klingt. «Öffnet man aber den Verschluss und vertieft sich in das Innere» (S. 76), findet man Vernunft, göttliche Lehre, Tugend und Weitsicht (ebd.). Vertieft man sich nun in dieses Innere, und sei es nur in anfänglich sexueller Absicht, so wird man zum Philosophen – von der Kraft der Abweisung durch Sokrates. Aber so macht er es mit allen, spielt den Liebhaber, um sie für die Philosophie zu gewinnen, wird zum abweisenden Geliebten, aber an die Wahrheit hat er sie dann verkuppelt. Deshalb lieber *Agathon*, sagt *Alkibiades*, lass dich nicht täuschen und werde nicht erst durch Schaden klug, also, lass ab vom Philosophen und werde *so* zum Philosophen.

Der Zweck, den Sokrates sogleich durchschaut, ist es, Agathon, den Gastgeber, mit Sokrates zu entzweien und beide wiederum jeweils nur in Alkibiades selbst verliebt zu machen. Man sieht, auch Philosophen werden beim Gelage kämpferisch. Wie nah die dionysische Anmutung immer noch ist, zeigt die Wortwahl von Sokrates, der dem Alkibiades vorhält: «der Schleier ist gelüftet und dein Satyr- und Silenendrama aufgedeckt». Findet Agathon auch – und legt sich neben Sokrates (S. 76). In einem hat Alkibiades allerdings recht: Der wahre Sokrates ist unerschütterlich (S. 72). Eine große Schar von «Nachtschwärmern» platzt nämlich herein, sprengt den sublimierten Liebesreigen, und man wird «gezwungen maßlos zu trinken» (S. 78). Die ganze Nacht durch bis zum Morgen; manche fliehen, einige schlafen ein; zum Schluss redet nur noch einer. Das liegt daran, dass er auch beim Trinken am meisten verträgt. Wer gut trinken kann, kann auch gut reden. Und Trinken gehört für Philosophen zur Nahrung. Mehr noch: Im Wein liegt Wahrheit, und so hat der Weinhaltigste den Weisheitspreis gewonnen. Denn «Dionysos soll der Schiedsrichter» über den Weisheitsagon sein, unter dieser Devise hatte das Essen und das Gelage seit dem Eintreffen des Sokrates gestanden (S. 7).

Xenophon ist dagegen weniger *platonisch*-dionysisch. Sein «Gastmahl» mit Sokrates endet in einem «Tanzspiel» mit ‹Ariadne und Dionysos› – ein gerade an den Athener Dionysien immer wieder durchgespieltes Thema –, wobei ‹Tanz› sehr dionysisch aufzufassen ist.[1854] Es handelt sich eigentlich um ein Liebesvorspiel aus Küssen und Umarmungen. Zum Hauptakt, «als ob sie nun zu Bette gehen wollten» (S. 224), tanzt das Paar hinaus. Alle hätten schwören können, die Liebe des Paars sei echt, waren selbst echt aufgebracht und brachen sofort echt auf – zum ehelichen Bett, zu Pferde:

«Da schworen die Unverheiratheten, daß sie unverzüglich heirathen würden; die bereits Vermählten aber schwangen sich auf ihre Pferde und ritten in vollem Galopp zu ihren Frauen nach Haus.» (Ebd.)

Der Philosoph aber «und die Zurückgebliebenen» führen nach dem Nachtmahl noch ihre Verdauung spazieren. Der Philosoph ist nur der Kuppler dieses Liebesmahls gewesen, das mit den glänzenden Augen eines jugendlichen Geliebten begann, mit der Erregung des Dionysos und seines Gefolges endete und bei dem so wenig übers Essen geredet wurde …

Das ist natürlich auch ein philosophisches Gastmahl, obwohl es für weniger philosophisch gilt als das platonische. Ich halte es schon allein deshalb für philosophisch, weil bei Xenophon so viel Philie und Weisheit gegessen und getrunken wird, dass ein erbauliches Ende in Sicht ist: im Bett oder unterm sogenannten Himmelszelt. Es ist allein deshalb schon philosophisch, weil es so rettungslos unrealistisch ist. *Lukians* «Gastmahl» scheint mir da eher den Ausgang eines festlichen Mahles in der klassischen Antike, aber auch noch eines Hochzeitsfestes von heute, etwa auf dem Lande, zu beschreiben. Allerdings bringt sein Hochzeitsfest zugleich die Karikatur eines philosophischen Diskurses von der Art des Xenophon. Hier benehmen sich alle Philosophen daneben (Lukian vermutet, dass das

1854 Nicht erst durch ihre ‹Vermählung› mit Dionysos wird die «Nachtgöttin Ariadne» (s. o. S. 1102), Hüterin eines Stierkultes und des Labyrinth-Tanzes, zu einer Theatergöttin. – Über dem Haupteingang des Burgtheaters in Wien befinden übrigens sich noch heutzutage Friese mit Bacchus- und Ariadne-Darstellungen.

viele Einverleiben fremder Gedanken beim Lesen ihren Geist verdorben hat), und die blutige Schlacht aus Gemeinheit und ‹Lust am Dialog› kulminiert im banalen Kampf um Hühnerschenkel, um einen ‹Nachtisch›, der zum Mitnehmen bestimmt war.[1855] Spaß scheint der Kehraus aber doch gemacht zu haben. Irgendeine körperliche ‹Extravaganz› oder Ertüchtigung muss schließlich die Balance wiederherstellen zwischen innerer und äußerer Nacht, also zwischen Einfuhr und Ausfuhr.

Lamm Gottes …

Der jüdische «Leib des Herrn», der sich beim Verspeistwerden sozusagen in einen christlichen Leib verwandelt, ist – siehe Dionysos – nicht der erste Gott, der verspeist wurde; der Menschensohn hat indessen deutlicher sich selbst geopfert. Über den Grad der Freiwilligkeit – siehe sein einseitiges Gespräch im Garten Gethsemane – wollen wir gnädig hinwegsehen; nur sei noch angemerkt, dass es nicht nur Liebe für die Menschen sein kann: bei dem starken Vater, bei dem ständigen Hinweis, dass er mit seinem jeweiligen Handeln irgendeine bestimmte Schriftstelle bestätige – und bei dem Zwang zur Spiegelung des abrahamitischen Beinahe-Kinderopfers. Denn mit dem Sohnestod wird der zweite Bund Gottes nach demjenigen mit Abraham geschlossen. Das Christentum nun, stolz auf seine schriftliche Verbindlichkeit, ist gleichwohl nicht durch die Schrift *begründet* worden, sondern durch die leibhaftige Selbstaufopferung und die damit mögliche *Eucharistie*.

Historisch – oder für Schriftungläubige: gründungsmythologisch – war das ‹Abendmahl› in Emmaus die konstituierende Sitzung. Eigentlich war es ein Nachtmahl, denn es dunkelte bereits auf dem Heimweg der Jünger, bevor sich danach der inzwischen fast göttliche, weil auferstandene, aber noch stigmatisierte Leib des Herrn in die Nachtspeise seiner Anhänger *verwandelte*. Kanonisch wird zwar schon das rituelle jüdische Passahmahl unmittelbar *vor* der Passion und dem Tod Jesu als das

1855 Aber «die Ungelehrten betrugen sich das ganze Gastmahl über aufs anständigste, ohne sich weder im Trinken zu übernehmen, noch sonst etwas zu tun oder zu reden, dessen sie sich zu schämen gehabt hätten». Lukian: Das Gastmahl oder Die neuen Lapithen. In: Ders.: Werke. Berlin und Weimar ²1981, Bd. 1, S. 203.

konstituierende ‹Abendmahl› festgelegt. Aber einerseits gab es zum traditionellen Passahmahl Lamm oder Schafbock, andererseits berichtet kein Evangelium, dass es bei diesem 1. Abendmahl Schaffleisch gab, obwohl Jesus das Lamm Gottes ist und die Evangelisten versuchen, den Tod Jesu immer wieder in den Passah-Zusammenhang zu bringen. Das Passah-Fest dauerte mehrere Tage, und das Hauptfest beginnt, wenn das Lamm Gottes tot ist.[1856] Dieses Fest wird seinerseits mit den Dionysien verglichen.[1857]

Das *Markus*-Evangelium über die erste Mahlzeit (14, 22–25) trägt in den deutschen Fassungen oft den Titel: «Jesus setzt das Abendmahl ein»[1858]. Hier sagt der brotbrechende, menschenleibliche Jesus schon: «Da, nehmt, das bin ich.» Sie essen bereits eine Weile, also ist es Nacht; dennoch ist das vielleicht nicht *das eine* konstituierende Nachtmahl; Christus fordert noch nicht zur erinnernden Gemeindebildung auf wie in Emmaus. Sie sind noch eine jüdische Gemeinde, nehmen das Passahmahl ein, «… sangen den Hymnus, den man nach dem Passahmahl singt, und zogen zum Ölberg», ein jüdischer *komos* sozusagen (14, 26). Allerdings begründet in der gesamten Antike eine feierliche Mahlgemeinschaft an sich immer schon einen verpflichtenden Bund. Deshalb erscheint es den Versammelten besonders verwerflich, dass, wie Jesus sagt, «einer, der hier mit mir isst» (14, 18), ihn verraten soll. Er wiederholt nachdrücklich: «Es ist einer von den Zwölfen, derjenige, der gleichzeitig mit mir den Bissen in die Suppenschüssel tunkt.» (14, 20) (Es gibt also nicht nur Brot.) Ähnlich ist es beim Kelch, den er kreisen lässt mit den Worten:

«Das ist mein Bundesblut, ausgeschenkt für alle. / Amen, ich sage euch: Von jetzt ab werde ich erst wieder trinken, was aus Trauben gekeltert wurde, wenn Gottes Herrschaft vollendet ist.» (14, 25)

Erstaunlicherweise staunt keiner darüber, dass er Gott essen und trinken soll. Das spricht gegen einen *neu* eingesetzten Bund im Sinne eines Glaubensbundes. Denn was ist ein Bund, von dem der größere Teil nichts

1856 Bei Johannes findet das (1.) Abendmahl zur Nacht vor der Passah-Nacht statt, ebenso, wie der Prozess und die Kreuzigung am Tag vor dem Passahfest stattfindet (Joh. 19, 14).

1857 Gr. Myth. 1, S. 95. Vgl. K. Berger und Chr. Nord (Hg.): Das Neue Testament und frühchristliche Schriften. Frankfurt 1999; im Weiteren als NT zitiert.

1858 Ebd., S. 428; weitere Stellenangaben im Text.

weiß, wozu er auch nichts sagt. Wahrscheinlicher sind zwei Interpretationen. 1. Das mit dem Fleisch und Blut wird ‹nicht so ernst› genommen, weil es ein altbekanntes Gleichnis ist, es ist Routine gewordenes Gleichnis eines alten Rituals von Bündnisgenossen oder sogar von Dionysos-Feiern, denn die Römer herrschen in Judäa und geben dem Bacchus, was des Bacchus ist. 2. Jesus bezieht sich mit Bundesblut auf den Alten Bund, der schließlich im jüdischen Passahmahl bekräftigt wird, oder auf einen erst zukünftigen Bund, «wenn Gottes Herrschaft vollendet ist» (14, 27); so lange will er jedenfalls keinen Wein anrühren. Der Bund hat also keine literale Gegenwart – oder vielleicht ein bisschen davon. Denn im Evangelium nach *Lukas* fordert Jesus zum Gottesdienst auf mit den Worten: «Das bin ich für euch. Tut dies immer zur Erinnerung an mich.» (22, 19) – Aber erinnern kann man erst beim zweiten Ma(h)l. – Ebenso deutlich sagt er über den Wein: «Dieser Becher ist der neue Bund, gestiftet durch mein Blut.» (22, 21) Aber kein Wort darüber von den Jüngern, stattdessen diskutieren sie darüber, wer unter ihnen «der Wichtigste sei» (22, 24). Sagen wir es mal so: Das *Angebot* ist da, mehr nicht.

Wichtiger für den «neuen Bund» ist das Einlösen auf der Gegenseite: das Auftauchen der *Erinnerung*, wenn der Auferstandene vor Emmaus *auftaucht* und beim zweiten Mahl zum ersten Mal am Brotbrechen erkannt wird. Diese erste Erinnerung könnte als die konstitutive Handlung der christlichen Gemeinde gelten. Sie ist eine Handlung, weil sie *Ausdruck* jener ‹Erinnerung› ist, die mit dem erstmaligen Essen des Brotes Christi ‹nach innen ging›, und weil sie dann jeweils mit der Erinnerung der anderen ausgetauscht worden ist. Zugegeben, zunächst taucht erinnernde Imagination nur als Probehandlung des Bewusstseins auf. Aber die gemeinsame Übereinstimmung der Erinnerung – also deren Austausch – macht daraus theatrale Handlung.

Das Wiedererkennen des gegeißelten und gekreuzigten Brotes am Akt des Brotbrechers ist in der Erinnerung ‹verknüpft› mit der leibhaftigen Einfuhr von Brot und Wein. – Aber so manche Wunder erkennt man erst nachher, an der Nachhaltigkeit in der Erinnerung. – Nun muss man allerdings einräumen, dass eigentlich der Bund erst nach dem Wunder der *Auferstehung* in Kraft treten kann, das sich zwischen den beiden Mahlzeiten ereignet hat. Doch andererseits wird daraus etwas heilsgeschichtlich Bedeutendes erst dadurch, dass dieses Opfer auch als Essen beim Gläubigen ankommt, und diese Verknüpfung ist im jüdischen Passahmahl durch das Wunder der Selbst-Verwandlung Jesu in Brot und Wein angelegt worden. Sehen wir also noch einmal zurück auf dieses nächtliche Wunder.

Die Nachhaltigkeit der Erinnerung wird auch hier verstärkt durch eine nächtliche Rahmung, welche die Ausnahmesituation fokussiert: In einer feierlichen Passahnacht, die eine uralte Nacht der Vergangenheit in Ägypten erinnert, wo der Judengott massenhaft kleine Ägypter tötet, während die Juden selbst sich bei Lamm und ungesäuertem Brot verbarrikadieren, redet dieser Jesus, der auch schon mal einem nächtlichen Massenkindermord entging, so seltsam, dass er das ungesäuerte Brot sei, das er gerade bricht. Und dann steigt auch noch die bedrohliche Atmosphäre auf, kurz bevor sie hinaus in die Nacht gehen. Als Jesus von seinem nahenden Ende spricht, da er «wie ein Verbrecher behandelt» wird (Luk. 22, 37), und die Jünger erwidern: «Herr, hier sind zwei Messer», sagt Jesus trocken: «Das dürfte reichen.» (22, 38)

Den Sarkasmus bemerkt keiner; das zeigt, wie wörtlich seine Anhänger ihren Herrn andererseits immer wieder verstehen – und wie sie zusammenrücken vor der unbekannten nächtlichen Bedrohung. Wichtiger aber für die Nachhaltigkeit der Erinnerung ist ihr Ringen in der inneren, subjektiven Nacht, im Beilager von Bauch und Vorstellung. Jedes Einverleiben vermag es, unüberbrückbar scheinende Gegensätze zu liquidieren und etwas Feindliches in etwas Freundliches zu verwandeln, besonders, wenn der Feind zur Nahrung wird; damit assoziierte Vorstellungen können tief ‹mitgehen›. Besonders, wenn man statt eines Feindes den geliebten Herrn und Meister verspeisen soll, steigert sich die Intensität des Gefühls durch den Ambivalenzkonflikt. Besonders, wenn die geliebte Person so eindrücklich die Identität mit dem Essen behauptet. «Dies ist mein Leib ...» (Luk. 24) Das *sagte* Jesus, während er offensichtlich unverletzt leibhaftig anwesend war und sich selbst in Händen hielt. Wahrscheinlich hat er auch davon, also von sich, gegessen.

Credo quia absurdum – aber daraus entsteht nachhaltige Metaphorik und Gleichnisarbeit: über den grässlichen Widersinn und die Nötigung seiner Aufhebung, oder sagen wir besser: durch ‹Liquidierung› und orale Vereinnahmung in den Dunkelraum der Verwandlung. Deshalb handelt es sich hier auch nicht um *irgendein* Beispiel dafür, wie oral ‹unterfüttert› die Realisierung von Übertragenem funktioniert. Vielmehr ist diese Nahrung eine Steigerung aller bis dato bekannten Opfer-

Metaphysiken und Opfer-Metaphoriken der Religionen. Schon der Alte Bund wurde mit einem Pokal des Melchisedek besiegelt.[1859] Er wird bekräftigt durch das Manna, das Gott in der Wüste regnen lässt. Auch Jesus selbst als Brot taucht schließlich nicht zum ersten Mahl auf. Realiter hatte Jesus mal 5000 Hungrige gesättigt. Sogleich wollten sie ihn zum König machen (Joh. 6, 1–15). Jesus aber verweigert sich, verweist aufs Wort als jene Nahrung, die wahrhaft sättigt (6, 22–71), und sagt: «Ich bin das Lebensbrot. Wer zu mir kommt, wird nie mehr hungrig sein.» (6, 35) Und noch einmal, nachdrücklicher, das alttestamentarische *Mannah* andeutend:

«Ich selbst bin das Lebensbrot. Eure Väter haben in der Wüste Mannah gegessen und sind dennoch gestorben. Hier ist das Himmelsbrot – wenn man davon isst, wird man den Tod nicht schauen. Ich bin das Lebensbrot, vom Himmel herabgekommen. Wer von diesem Brot isst, wird für immer leben. Das Brot, das ich austeile, bin ich selbst, ein Mensch aus Fleisch und Blut, damit die Welt lebt.» (Joh. 6, 49)

Seit es Kulte mit Göttern gibt, gibt es Opfer- und Tischgemeinschaft, und seitdem gibt es diese Gesten oder ‹Tricks›, etwas für etwas anderes auszugeben: Knochen für Fleisch, Lamm für Sohn, Ziege für Tochter usw. Bissen und ‹Bilder› – eine alte Geschichte. Jesus jedoch forciert die Bildlichkeit zu einem unverständlichen Skandal, der die zentrale Differenz zu allen anderen Religionen ausmacht. Irgendwie soll man dieses Brot und diesen Wein immer noch ‹wörtlicher› nehmen, als man sich vorstellen kann; das heißt: Jesus treibt unaufhörlich sein Wort Gottes ins Fleisch. Die wortgläubigen Juden sagen: Das geht doch nicht. (6, 53) Da legt Jesus nochmals nach:

«Amen, amen, ich sage euch: Nur wenn ihr das Fleisch des Menschen-

1859 Der theologisch bedeutsame Hebräerbrief (um 56 n. Chr.) behandelt Melchisedek als menschlichen Vorläufer des Hohen Priesters Jesus im Himmel. Siehe NT, S. 184, «Brief an die Hebräer», Kap. 5, 10 und Kap. 7, besonders 7, 17. Als erstes Beispiel der hohepriesterlichen Tätigkeit nennt der unbekannte Verfasser das Opfer. Da die Adressaten inzwischen die «allerersten Grundlagen der Worte Gottes» (5, 12) wieder vergessen zu haben scheinen, ‹oralisiert› er im doppelten Sinne: «Ihr habt anscheinend wieder Milch nötig, weil ihr noch keine feste Nahrung vertragt. Wie ein Säugling könnt ihr die harten Worte der ‹Lehre der Gerechtigkeit› noch nicht verdauen.» (5, 12)

sohnes esst und sein Blut trinkt, habt ihr das Leben. Wer mein Fleisch kaut und mein Blut schlürft, lebt für immer. Ihn werde ich am Jüngsten Tage auferwecken. Denn mein Fleisch kann man essen und mein Blut kann man trinken. Wer so isst und trinkt, der bleibt bei mir und ich bleibe bei ihm.» (6, 53)

Das ist noch keineswegs das Ende der Beteuerungen; die Worte, die ins Fleisch gehen sollen, ins Fleisch der Hörer und Leser, scheinen nicht enden zu wollen, sodass selbst viele seiner Jünger sagen: «Seine Worte sind zu hart, kein Mensch kann sie ertragen», und ihn an dieser Stelle verlassen. Kein Prophet oder Glaubensgründer oder Gott hat so intensiv den Zusammenhang der Oralität von Essen / Trinken und dem Wort betont – und ebenden Widerspruch ‹hervorgerufen›, den er nun selbst beim *Abendmahl* aufs äußerste zugespitzt hat. Hier ist der Kern der christlichen Botschaft. Die ‹Fleischwerdung› des Wortes geschieht hier als Fleischwerdung der Metapher, also als etwas Unmögliches. Und der Sinn davon ist, den Glauben von magischem Handeln oder rituellem Gerede zu befreien. Mit der Handlung des Mahls soll die Botschaft ‹zu Herzen› gehen, so tief, wie nur ein Widerspruch geht und nur die orale Einfuhr einen unfassbaren Kern der religiösen ‹Einbildung› verankern kann. Das Wort wird Fleisch durch den Glauben, es zu essen, es inkarniert im Fleisch: der Gläubigen! Das ist die Basis der Erinnerung. Die Jünger sind in dieser Hinsicht einiges gewohnt; aber diese Zuspitzung beim Passahmahl ist doch die Höhe: Er bricht seinen Leib, sagt, man soll essen, und, dass es bald ernst wird. Wie ernst, das ist jetzt die Frage. Einer zückt schon mal das Messer.

Wenn nach der dunklen Zeit der ‹Erinnerung›, welche die Passion für die Jünger ist, zugleich nach der Einverleibung des toten Jesus durch die Unterwelt und nach der Ausstülpung durch die Auferstehung das erste Erinnerungs-*Entäußerungs*-Mahl in Emmaus stattfindet, gibt es eine gewisse Ähnlichkeit zwischen der Entäußerung der Erinnerung an Jesus: mit derjenigen Marcels beim Essen / Trinken der Madeleine (verwandelt taucht auf Tante Léonie) und mit derjenigen beim Ziegenbraten und Wein am Anthesterienfest (Dionysos erscheint, sei es als Vision, sei es als Schauspiel). Schon bevor Jesus das Brot irgendwo eintunkt, kommt die Erinnerung. Jesus reißt dem Brot auch nicht die Schulter aus, wie es Agaue mit Pentheus tat. Die Erinnerung sitzt tiefer. Der Vergleich des «wahren Weinstocks» Jesus (Joh. 15, 1) mit dem des Dionysos erhellt gerade, was die Bildlichkeit angeht, einen markanten Unterschied.[1860]

Denken Sie hierbei an die beiden gleich aussehenden Dionysosmasken in Korinth, wobei die eine auf das blutgetränkte Holz (nicht von Jesus, sondern von Pentheus) verweist, aus dem die Maske gemacht ist, und das andere auf den Gott, der maskiert erscheint. Weil das austauschbar gleich *aussieht*, wird man bei der ‹Realisierung› des Bildgehaltes in beiden Fällen die Bedeutungsgleichheit von Holz-Substanz und göttlicher Erscheinung ‹realisieren› müssen. Diese ‹Realisierung› ist die Erinnerung einer (erzählten oder gespielten) *Handlungs*erfahrung. Das diente der Integration des ‹Feindes›, des Sündenbocks, des Opfers in den Täter-Gott – und zugleich einer *vertieften* Gleichnispraxis. Aber diese Nötigung zur Gleichnisvertiefung ist auch bei der schillernden Doppelexistenz Jesu als Gott und Mensch schon gegeben.

Auch der Leib des Herrn nimmt wie Pentheus in seinem Tod die Sünden der Welt auf sich – mit dem Kreuzesholz, das er trägt, an dem er sein Blut lässt wie Pentheus an der Fichte.[1861] Dieser Kreuzestod, der von den beiden Abendmahlzeiten eingerahmt ist, wird im Brotbrechen symbolisiert. Aber darüber hinaus hält Jesus mit dem Brot nicht eine gleich aussehende Maske seiner Selbst-Maske in den Händen. Er ist, zumindest beim ersten Abendmahl, das die Erinnerungs*fähigkeit* allererst herstellt, ein natürlicher Mensch mit einem essbaren Brot. In diesem Zusammenhang ist die Rhetorik der Leibhaftigkeit, die bei den Dionysosmasken mit der Aufwertung der verborgenen Holz-Substanz bezweckt war, noch deutlicher. Denn es kann nicht sein, was Jesus sagt. Bei aller Vorstellung einer geheimen Einwohnung von Gottheiten in Bildwerken, die schon von den Ägyptern, ja in allen magischen Vorstellungen gepflegt wird, ist die kognitive Lösung der Differenz von Wesen und Erscheinung bei den Dionysosmas-

1860 Was nicht heißt, dass der größte Unterschied in ihrem Status der Bildlichkeit liegt. Die Lehre ist doch zu verschieden. Dionysos ist keine Inkarnation der Liebe, sondern einer unerbittlichen Macht: der sich selbst verschlingenden und gebärenden Natur bzw. Realität.

1861 ... obwohl er keine Maske ist, oder doch? Ähnelt seine ‹Dornenkrone› nicht eher einem Efeukranz? Ist sein auferstandener Leib noch *der* Leib, der am Kreuz hing? Lässt er sich vom ungläubigen Thomas nicht in die Wunde fassen, als ob sie täuschend echt gemacht sei?

ken doch an die erscheinenden, gleichartigen Objekte delegiert, und damit ins *Objekt* ‹gebannt›.

Jesus aber verbindet den Widerspruch mit einer Aufforderung zur oralen Lösung, also zu einer subjektiven ‹Verinnerlichung› qua Einverleibung.[1862] Die Leibhaftigkeit ist hier ganz ernst und literal gemeint. Er sagt nicht, ‹meine Seele ist aus meinem Leib hinaus und ins Brot gefahren; jetzt esst mit ganzer Seele›. Er möchte die volle Oralität des Lamms Gottes, die Vereinigung (communio) der Leiber. Daran soll man ihn erkennen. Er vertraut gerade auf die Kraft der Einbildung qua Essen und Trinken, indem er älteste Einverleibungs-Aggressivität mit aufruft: Kauen und Schlürfen. (Joh. 6, 53) Es ist nicht bekannt, dass einer der Jünger gesagt hätte: ‹o Herr, wenn das dein Leib ist, so wollen wir vor dem Brot bloß niederknien und es anbeten.› Die psychische Ambivalenz wird durch die kognitive Dissonanz der zwei Brote oder zwei Leiber noch verstärkt und verlangt heftig, sozusagen mit dem Weg der Verdauung, nach einer imaginativen Auf- und Ein-Lösung. Diese Resubjektivierung der kontra-phänomenalen Einbildungskraft ist das große theatrale Ereignis des Christentums.

Die beiden ‹Abendmahle› (erst recht das zweite) waren im Hinblick auf die Speisefolge nur ein kleines Nachtmahl; in Sachen Opulenz und Theatralität können sie mit den öffentlichen Opferfesten an den Dionysien gewiss nicht mithalten. Aber als orale Vergemeinschaftung des Imaginären suchen sie ihresgleichen. Pentheus verwandelt sich im Baumstamm zum Sündenbock Dionysos (der auch der Gott der Bäume ist). Jesus *trägt* seinen Baumstamm selbst zur Opferstätte, an der er sich in den Sohn Gottes verwandelt. Das (Über-)Tragen hin zur anderen Bedeutung ist eine Real-Metapher, die den Leib des Menschensohnes in den Leib des Herrn (zurück-)verwandelt, und ebenso ist dieser Gang zwischen zwei Nachtmählern die Verwandlung der Verdammten der Erbsünde in Kandidaten für das Gottesreich. *Dass die Metapher aus dem verwandelnden Hinübertragen, aus einer leibhaftigen Handlung kommt,* ist die notwendige Ergänzung zur vertieften Verinnerlichung des Glaubens, die Jesu Gleichnissprache über die affektive Ambivalenz und die kognitive Dissonanz hervorruft.

Wie tiefgreifend mit dieser Verbindung von Verinnerlichung und

1862 Zwar kann sich ein Dionysiker vorstellen, er trinke Gott; aber ihn leibhaftig wahrzunehmen, während der sich zugleich in anderer Gestalt anbietet, das ist doch schon eine andere intellektuelle Herausforderung.

großer, sinnfälliger Handlung die gläubige Einbildungskraft verändert werden soll, zeigt Jesus mit seinem Alternativvorschlag zur griechischen Mimesis des Dramas der Natur zum theatralen Drama. Jesus fordert zur *Nachfolge* auf (Mk. 8, 34). Das heißt: Jeder hat, dem Vorbild Jesu folgend, «Kreuz und Schande» zu tragen, obwohl er gar nicht weiß, was sein ‹Kreuz› ist. Dieses Kreuz wird (allerdings in der Narration ex post) schon vor dem Kreuzestod metaphorisch gebraucht für je andere Leiden um des Glaubens willen. Aber es muss aus dem Herzen erfolgen. Und dies bedeutet eine Selbstveränderung. «... wer sich selbst zum Ziel hat, wird sich verfehlen.» (8, 35) Die verwandelnde Kraft der aufopferungsvollen Liebe wird betont durch die darauf folgende Geschichte, in der drei Jünger Zeuge werden, wie Jesus sich vor ihren Augen verwandelt. (9, 2–10) Dies kann man sich auch ästhetisch zu Herzen nehmen als verwandelnde Kraft der *übertragenden* Liebe, die alles Handeln und Erleiden in seiner ganzen Verschiedenartigkeit als einen Kreuzweg ansieht.

Und was hat das mit der Nacht zu tun? Oder gar mit deren Ästhetik? Wenn man von den beiden nachtästhetisch theatralen Rahmenhandlungen, Geburt und Tod (also Weih- und Osternacht), absieht, scheinen Leben und Wirken des Menschensohnes diesbezüglich unauffällig. Doch in Wahrheit bewirkt Jesus einen Paradigmenwechsel von der äußeren zur inneren Nacht: zum Nachtleib als oral bestimmtem Heim der Erinnerung und Imagination. Zunächst einmal ist aber daran zu erinnern, dass Jesus ästhetisch keineswegs bescheiden oder gar enthaltsam war. Nicht nur waren seine Handlungen provokativ und umstürzlerisch (gegen Pharisäer, für Huren und andere Verachtete), sondern auch seine Gleichnisse und Wunder sind ästhetische Spitzenklasse. In der oben zitierten historisch-kritischen Ausgabe des «Neuen Testaments» von Christiane Nord und dem ökumenischen Wechselgänger Klaus Berger kommen die theatralen, ja die inszenatorischen Aspekte um das Brot beim zweiten Mahl, an dessen Art, es zu brechen, sie ihn erkannten, zum Ausdruck. Bereits vor dem Mahl heißt es: «Jesus tat so, als wollte er weitergehen» (wie ein Schauspieler vor der Zugabe), «die Jünger drangen *in ihn*» (wegen der Dunkelheit). Beim Brotausteilen aber «gingen ihnen die Augen auf und sie erkannten ihn. Doch in dem Augenblick [!] war er verschwunden.» Die zeitliche und sprachliche Gleichsetzung von Erkennen und *Nicht*sichtbarkeit verweist die Jünger selbst auf das imaginäre Feuer zuvor, bei der Rede Christi, an das sie sich *nun* erinnern.

Diese Abkoppelung des Glaubens vom ersten Anschein ist die Hauptbotschaft des prämortal noch notorischen Wundertäters. Das Grab ist leer, darum ist er wahrhaft auferstanden. Und selig sind diejenigen, die nicht sehen und doch glauben. (Joh. 20, 29) – Aber das ist jetzt schon für die späteren Gläubigen, die nicht dabei sein konnten. Für *die* inszeniert Lukas den Abschied: wie Jesus sie segnet, dabei verschwindet und sie in Freude zurücklässt. Wichtiger für unsere Nachtmahlsgeschichte ist der *Übergang* von der nächtlichen Erfahrung *zu* dieser Glaubensfestigkeit, und der ist mit der Nacht und dem Nachtmahl besonders eng verknüpft.

Der Zusammenhang zwischen nächtlicher Erscheinung und innerer Nacht erst des Essens, dann des Glaubens ist die entscheidende nachtästhetische Vorbereitung auf den Glauben (auch ohne ‹Erscheinungen›). Vielleicht kann man, nur wenig zugespitzt, sagen: Der Kern des irdischen Lebenswandels Gottes und der göttlichen Selbstopferung ist die Lehre vom rechten Verständnis des Gleichnisses, dessen Wahrheit hinter der Differenz, ja sogar *in* der Differenz unsichtbar und dunkel ist. Die notorische Gleichnisrede des Meisters reicht von der untersten Form der Anschaulichkeit im Wunder bis zur metaphysischen Auffassung der Passion des Lamms – und der Nachfolge Christi. In diesem Sinne ist die Nächtlichkeit der Passion parabolische Medialität.

Schon der postmortale, aber noch irdisch ‹erscheinende› Jesus bevorzugt im Allgemeinen das Auftreten in der Dunkelheit.[1863] Im apokryphen, aber frühen Evangelium nach Petrus, das spätestens 75 n. Chr. entstanden ist, betont ‹Petrus› nicht nur die Verfinsterung am Tage des Sterbens und rückt ihre Atmosphäre in die Nähe jener Nacht des Verhörs, als er selbst Jesus verriet[1864], sondern er macht aus der Auferstehung auch ein nachtästhetisches Ereignis mit himmlischer Stimme, glänzenden Männern und wunderbarer Graböffnung.[1865] Hier erfolgt dann auch endlich das seit

1863 Der Status seiner Realität ist extrem komplex, eine Zusammenfassung seiner oft paradoxen Gleichnisrede: Sein Leib ist einerseits verklärt (Noli me tangere); andererseits soll der Ungläubige getrost seine Finger in die Wunde legen.

1864 Siehe Abb. 12, S. 1160 von Lorenzo Lotto: Christus verlässt das Prätorium.

1865 Siehe NT: «Das Evangelium nach Petrus», S. 676ff.; hier Kap. IX, 35,

Gethsemane fällige *Wechsel*gespräch des Sohnes, der bis in den Himmel ragt, mit dem Vater.

Petrus, der nach dem dritten Hahnenkrähen ins Morgengrauen gerannt war und «bitterlich» geweint hatte (Mk. 26, 75), hörte nach eigenem Bekunden nicht auf zu weinen, «bis es Sabbat wurde». (Petr. 7, 27) Er war durch seine Verleugnung tief gefallen; umso grandioser ‹seine› Auferstehung … des Herrn (nach Petrus): Der Himmel öffnet sich, zwei glänzende Männer steigen herab, vor ihnen öffnet sich das Felsengrab (9, 34), und zu dritt, mit Jesus im Arm und mit dem Kreuz dahinter, tauchen sie auf und ragen plötzlich bis zum Himmel. Er fährt noch höher, ‹überragt› den Himmel und redet mit dem Vater. Der Vater fragt, «hast du den Toten gepredigt?» Und der ‹Antworter›, der wie Dionysos, aber nur für drei Tage, in der Unterwelt war, antwortet: «Ja, das habe ich getan.» Verbindung also der überirdischen und irdischen mit der unterweltlichen Nacht. (10, 40)

Doch die Tendenz der anderen Evangelien geht dahin, zu *glauben*, dass es nichts mehr zu *sehen* gibt: weil das Grab leer ist. Maria Magdalena findet das Grab leer, als es noch dunkel ist[1866], am selben Abend tritt Jesus in der ängstlich geschlossenen Gesellschaft der Jünger auf. Später erscheint der Herr noch sieben Jüngern am Ende ihres zunächst erfolglosen Nachtfischens. Auch hier sorgt Jesus für ein anständiges Mahl, diesmal wird's ein Frühstück. (Joh. 20–21) Am deutlichsten wird die Überführung von Nachtästhetik in frohe Botschaft für die Zukunft lesender Herzen bei Lukas am Ende seines Evangeliums. Nachdem ihnen in der Nacht von Emmaus die Augen aufgegangen waren, erinnerten sie sich auch an ein gewisses *inneres* Nachtfeuer zuvor: «Brannte nicht unser Herz, als er unterwegs mit uns sprach und uns die Schrift erklärte?» (Luk. 24, 33)

Aufgewühlt brechen sie noch in derselben Nacht nach Jerusalem auf und berichten dort den elf Aposteln. Plötzlich taucht auch hier Jesus unter

S. 678; weitere Angaben im Text. – Vgl. die Abb. Altdorfers auf der Umschlag Rückseite dieses Buches.

1866 Bei Lukas ist es schon Morgen, aber «in aller Herrgottsfrühe» (24, 1), bei Matthäus ist es noch Abend (28, 1), als Maria Magdalena und die andere Maria Zeugen der Graböffnung durch einen Engel werden. Etwas später tritt ihnen Jesus selbst entgegen (28, 9). Bei Markus ist allerdings schon die Sonne aufgegangen (16, 2). Aber das früheste Evangelium nach Johannes sagt unzweideutig: «Es war noch dunkel.» (20, 1)

ihnen auf. (24, 36) Angst überwiegt, sie wollen ihrer Wahrnehmung nicht trauen. Sie sollen ihn anfassen, spüren; und noch während sie zwischen Freude und Entsetzen hin und her gerissen sind, sagt er: «Habt ihr was zu essen hier? Sie gaben ihm ein Stück gebratenen Fisch. Er nahm den Fisch [der Verklärte] und aß mit ihnen.» (24, 42) Sie verzehrten gemeinsam die Ambivalenz. Gleich darauf aber verweist er auf die Entsprechung seines Lebens mit der Heiligen Schrift. Dann verschwindet er. Die Nachtästhetik des Nachtmahls stiftet die schriftgestützte Imagination des Glaubens.

Wenn wir nun aber die Kontinuität der beiden Nachtmähler anschauen, fällt es uns wie Schuppen von den Augen, dass das Ganze, vom Passahmahl bis zum letzten Fischessen, *ein* einziges großartiges Nachtmahl mit mehreren Gängen ist. Denn die Hauptmahlzeit ist natürlich der Leib des Herrn am Kreuz. Das ist ein Nachtmahl mit Lamm Gottes, eingesenkt in die beiden Rahmen-Nachtmahle, die sich vorher und nachher darauf beziehen, von denen das erste in nächtlicher Bedrückung endet und das letzte in nächtlicher Bedrückung beginnt (Joh. 20, 19). Als Jesus schließlich stirbt und Gottvater dieses eigene Opfer an sich selbst annimmt, ist es zwar Tag, aber es ist finstere Nacht am Tage (Mk. 15, 33; Luk. 23, 44; Matth. 27, 45).

Dieser Aspekt ist nicht unwichtig, denn nur so ist gewährleistet, dass es – für das Lamm Gottes – immer noch das (mehrtägige) Passahfest ist, das in der vorangegangenen Nacht begann, und dass andererseits ein expliziter Nachtbezug gegeben ist: auf ebendiese Nacht des Mahls und den Hinweis auf seinen Tod. Denn dieser Schwamm, getränkt mit einem Derivat von Wein, mit Essig nämlich, erinnert einerseits an den Sinn dieses Todes, indem er an das getrunkene *Bundesblut* erinnert, und andererseits bekräftigt es in dieser Erinnerung seine Prophezeiung, dass er keinen Wein mehr anrühren werde, bis das Reich Gottes da sei. Vielleicht hat Markus (14, 25) die ‹juristisch› anmutende Formulierung Jesu, er werde nichts mehr trinken, was aus Trauben gekeltert wurde, erst nach dem Essigschwamm ‹erinnert›, oder der Essigschwamm ist nachträglich als Andeutung des Bundesblutes ‹erinnert› worden; jedenfalls war die Verwandlung von Wein in Essig damals bekannt.

Essig ist zugleich ein Wein-Zeichen (erinnert an ihn) und Nicht-Wein (nicht mehr als Wein trinkbar): ein Teil der Inszenierung des nächtlichen Grenzübergangs – eben ins Reich Gottes: Es ist eine sonderbare, irreguläre

Nacht, der Essig wird gereicht, und einer der Zuschauer scheint gerade mit der Essiggabe einen Handlungsaufruf an Gottvater zu verbinden: «Mal sehen, ob Elia kommt und ihn vom Kreuz abnimmt!» (Mk. 15, 37) Jesus trinkt (Joh. 19, 30), schreit auf (Mk.15, 37), stirbt. Der Tempelvorhang (die Grenze zum heiligen Bereich) zerreißt, und der Hauptmann sagt: «Dieser Mensch war wahrlich Gottes Sohn.» (Mk. 15, 39) Johannes, der einzige Evangelist, der dabei war, verdeutlicht den Essig noch stärker als die bittere Neige eines gewissen Leidenskelches aus Gethsemane. «Als Jesus den Essig genommen hatte, sagte er ‹Es ist zu Ende›. Er neigte sein Haupt und gab den Lebensgeist zurück.» (Joh. 19, 30) Diese Assoziierung des Passah-Weins als Bundesblut mit dem Essig im Schwamm scheint auf den ersten Blick willkürlich, besonders weil Jesus ja selbst diesen Essig trinkt. Aber Jesus stellt diesen Zusammenhang selbst her, und jetzt kommen wir zum Kern dieser (wenn auch *vielleicht* unbewussten) nachtästhetischen Inszenierung des Gesamtmahls, wenn er nämlich im Garten Gethsemane, und zwar aus *Angst vor seinem Sterben*, vor seinem Opfer auch des Blutes also, betet:

«Mein Vater, wenn es möglich ist, soll dieser Leidensbecher an mir vorübergehen. Doch nicht was ich will, sondern was du willst, soll geschehen.» (Matth. 26, 39)

Er kehrt zurück zu seinen eingeschlafenen Jüngern, fordert sie zur Wachheit auf, und betet noch einmal, wieder wird, in der deutschen Übersetzung, abgekürzt, von Jesus dasselbe Bild des Leidensbechers benutzt. Wieder kehrt er zurück, wieder weckt er seine Jünger, wieder betet er ein drittes Mal, und wahrscheinlich hat er dieselben Formulierungen gebraucht wie beim ersten und zweiten Mal. Das betont die feierliche Inständigkeit des Gebetes und die programmatische Bewusstheit vom Bild des Leidensbechers seines eigenen Blutopfers. Und «wie Blut tropfte sein Schweiß zur Erde» (Luk. 22, 44). Das semantische Band zwischen der Metapher des Leidensbechers für seinen eigenen Tod und ebendiesem eigenen Tod wird durch das beide Male nachtumhullte Gebet an den Vater bekräftigt.

Der angerufene Vater antwortet jeweils nur indirekt.[1867] In Gethse-

1867 Das irritiert schon. Schließlich hat sich Gottvater aus geringerem Anlass, bei der Taufe Jesu durch Johannes, effektvoller in Szene gesetzt (Luk. 3, 22). Vielleicht distanziert er sich von so einem barbarischen Akt wie dem Sohnesopfer,

mane schickt er einen Engel zur Stärkung (Luk. 22, 44), beim Sterben antwortet Gott mit der ‹Umnachtung› des Tages[1868], und beim Tod Jesu zerreißt der Vorhang des Tempels (Mk. 15, 38). – Als Jesus kurz vor seinem Tod Gott noch einmal anklagt, warum der ihn verlassen habe, bekommt er Essig und stirbt (Matth. 27, 46). Jesu Schlussworte am Kreuz weichen in den Evangelien voneinander ab; aber dieses Schlusswort an den Vater bekommt er in allen Erzählungen – und seinen Essigschwamm. Der andere Bezug des Leidensbechers weist zurück zum Abendmahl; man kann darüber kaum hinweg, wo er doch den Kelch so betont als sein Blut angeboten hatte. Auch ist bemerkenswert, dass Jesus bittet, der Kelch möge doch an ihm *vorüber*gehen. (Matth. 26, 39) Wohin soll er denn gehen, der Kelch, und woher kommt er? Er kommt aus der Tafelrunde, da Jesus das Abendmahl eingesetzt hat und den Kelch *kreisen* lässt mit den Worten: Das bin ich. Jesus ist der Kelch, den er nicht trinken will. Das ist nur auf den ersten Blick paradox, denn hier wird der allzumenschliche Jesus schwach vor seiner göttlichen Aufgabe. Außer Johannes, der in dieser Nacht noch sehr viel Predigt des Menschensohnes unterbringen muss und als Ersatz für den Kelch Jesu Selbst-Gleichnis vom wahren Weinstock bringt (Joh. 15, 1), haben alle anderen Evangelisten den Leidensbecher im Programm (obwohl sie nicht unmittelbar dabei waren).[1869]

Ausgerechnet Johannes, der dabei war und den Essig am deutlichsten als Teil des Finales bescheibt, hat den Becher im Olivenhain nicht! Aber genau deswegen betont er vielleicht den Wein*stock* des Herrn: um den *Essig*stock ein wenig mehr vom *Wein*kelch abzurücken, aber das Bindeglied des Weines soeben noch zu halten. Das ganze Passahmahl ist bei Johannes zweideutiger. Einerseits führt Jesus es bei ihm nicht als *sein* Abendmahl ein, andererseits vereint es Täter und Opfer; ja das Opfer Jesus bestimmt den Täter Judas zum Täter, der so ein Opfer des Opfers ist. Jesus sagt: Wem ich das eingetunkte Brot gebe, der ist der Verräter, und er gibt es Judas, in den prompt der Satan fährt. Jesus sagt noch, er solle mal voranmachen;

das er ja schon vor Urzeiten bei Abraham abgelehnt hatte. Die Gottverlassenheit des Opfers am Kreuz unterstreicht andererseits die Selbstaufopferung zum Liebesmahl.

1868 Eindrucksvoll wird die Stimmung der Bevölkerung bei der Verfinsterung im «Evangelium nach Petrus», Kap. 5 beschrieben. NT, S. 679.

1869 Mk. 14, 36; Luk. 22, 42 (Leidenskelch); Matth. 26, 39.

schnell verdrückt der den Bissen und geht hinaus in die Nacht, die für ihn zum Selbstmord führt. Das Ganze ist bei Johannes also eher ein Satansmahl als die erste Eucharistie – von der bei ihm gar nicht die Rede ist.

Und doch ist seine Verbindung zwischen diesem Nachtmahl und dem Nachtmahl am Kreuz nicht geringer. Nur ist sie – dionysischer: Der Rohrstock, den Jesus gereicht bekommt, gleicht dem Thyrsosstab, und er ist ebenso aus Holz wie der Weinstock, beide Hölzer gelten genauso gut für das fruchtbare Holz wie die Pinie. Mehr noch: Johannes betont den Gestus des Eintauchens, hier Brot, dort Schwamm. Am vertracktesten und damit typisch dionysisch ist die Dialektik von Opfer und Täter, indem an ihnen parallele Handlungen vollführt werden und sie den eingebrockten Bissen schlucken müssen.

Selbst die Abweichungen des Johannes bestätigen den offenbar bedachten liturgisch-metaphorischen Handlungs- und Bildzusammenhang zwischen dem Abendmahlskelch und dem Essigschwamm. Sein symbolisches Bindeglied in drei von vier Fällen, der Leidenskelch, ist von so umwälzender imaginativer Kraft, dass er in der abendmahlischen, pardon abendländischen Malerei plötzlich anschaubar vor uns steht – z. B. in Dürers Eisenradierung von 1515 «Christus am Ölberg».[1870] – Der Leidensbecher in der Nacht am Ölberg, sozusagen leibhaftig aus der Tisch-Rede Jesu entsprungen in das Bild vom Garten Gethsemane, explodiert geradezu in der interessanten Zeit der Entstehung der abendländischen Nachtbildnerei seit dem Ende des 15. Jahrhunderts, und zwar sowohl in Deutschland als auch in Italien und den Niederlanden, und das im Zusammenhang all der nächtlichen Passionsbilder, die hier die Fähigkeiten zur Übertragung nächtlicher Stimmungen ins Bild maßgeblich gefördert haben.[1871] Es

1870 A. Dürer: Das gesamte graphische Werk in zwei Bänden. München 1988, Bd. 2, S. 1906. Siehe auch sein «Christus am Kreuz mit den drei Engeln» von 1516, wo die Engel das ausströmende Blut Christi in Pokalen auffangen (S. 1738). Vgl. auch den Holzschnitt aus der «Großen Passion» (1497–98), sowie seine Federzeichnungen «Christus am Ölberg» von 1515, 1521 und o .J. in Bd. 1, S. 658, S. 939 und S. 1035.

1871 Ich nenne summarisch einige Namen. Aus Deutschland (außer Dürer): Meister des Wittingauer Altars (1380–90); Meister der Nürnberger Passion (1446–55); Lukas Cranach d. Ä. (1502 und 1509); Hans Schäufelein (1510); Albrecht Altdorfer (1509–13 und 1513); Hans Weiditz (1522); Hans Holbein d. J. (um 1523); Hans Burgkmair (1524); Matthias Gerung (1536). Aus Flandern (inkl. Bur-

überwiegen die kleinen Formate, besonders Druckwaren mit hoher Verbreitungszahl für den intimen Bereich der Andacht, zum Beispiel als Bibel- oder Stundenbuchillustration. Im absoluten Kontrast zum Genre und Format: die ebenso neue große, motivisch dichte und sich im nächtlichen Unendlichen verlierende Landschaft mit Kreuz (etwa Grünewalds).

Dieser Kontrast der Visualisierungsstrategien zwischen Intonation der Intimität und der fiktiven, realistischen Offentheit einer natürlichen, aber ‹entsprechenden›, das heißt tendenziell metaphorischen Landschaft in der Renaissance wird entscheidend gefördert vom imaginären Nachvollzug eines literarischen, aber kanonischen ‹Vorbildes› der Passion, in der es um die Entsprechungen zwischen äußerer und innerer Nacht geht. Was das mit Mahlzeit zu tun hat? Moment. Dieser Leidenskelch, der die Passionsnacht mit dem Abendmahl, dem Tod Christi und dem Nachtmahl in Emmaus verbindet, stellt symbolisch den Nacht-Gang als ‹Gang› in der Speisefolge heraus. Das, was als Nachtspaziergang *nach* dem Mahl, hinaus in die äußere Nacht aussah, erweist sich als Eingang ins Zentrum des Mahls. (Nennen wir es Horsd'œuvre). Das Thema Nacht wird also mit der Mahlzeit sozusagen verschnitten oder überblendet. Jesus spricht zum Beispiel über den Leidensbecher, während die Apostel ‹der Nacht gehorchen› und schlafen.

Wie stark die anhaltende Verstörung über den Leib des Herrn, der sich zum Essen und Trinken anbietet, auf die Phantasie auch der späteren Nacht der Leser gewirkt hat, ist an diesen Nachtbildern mit Kelch des Spätmittelalters und der Renaissance zu erkennen, die einen neuen Typ Frömmigkeit anzeigen. Obwohl die Landschaften einen immer selbstbewussteren Anspruch auf Realismus dokumentieren, taucht da der von Jesus nur bildlich angesprochene Kelch materiell-bildlich auf und, das ist die Pointe: häufig anders, als es in der Bibel steht. Denn in der Mehrzahl der Bilder reicht der Engel Jesus ausgerechnet jenen Kelch mit dem Leib des Herrn

gund): Brüder Limburg (Ende 14. Jahrhundert); Meister der Bedford Hours (1400); Israhel van Meckenem d. Ä. (1457–70); Jan Gossaert (vor 1510); Lucas van Leyden (1509 und 1521); Crispin van den Broeck (1517); Mitarbeiter des Adriaen Isenbrant (1530–40). Aus Italien: Fra Angelico (1437–46); Lorenzo Monaco (1457–70); Giovanni Bellini (1465–70); Carlo Crivelli (1468); Tintoretto; Niccolò dell'Abate (1553); Giulio Bonasone (um 1563); Giovanni P. Lomazzo (1571). Von Italien nach Spanien: El Greco (um 1605 und um 1610).

zur Stärkung, der Jesum zittern macht. Das ist ein ziemlich starkes Nachbeben der Bilderfinder, das von ihrer Erschütterung durch den Doppelcharakter des Leibes Christi zeugt, den Jesus zuvor als Abendmahlzeit ins Paradox gejagt hatte. Diese Literalisierung der Metapher im Kontrast zur realistischen Nacht spiegelt den ganzen Widerspruch zwischen symbolischem Leib des Herrn und real-menschlichem auf der Ebene der Malerei, der aber in der Vorstellung ausgetragen werden muss – und zum intensiveren Ausdruck in der Nachtlandschaftsdarstellung findet. Der christliche Glaube nötigt zum Nachtbild, zum inneren und zum dargestellten.

Doch zunächst noch einmal zurück zur ‹Ausgangs›-Situation, zum Nachtmahl. Da wir schon oben als die größte Zumutung dieses Essens die Verbindung der oralen Festigung der Freundschaft mit der Einverleibung genannt haben, kommt es jetzt darauf an, wie dieses Dilemma, die notwendige Ambivalenz, mit anderen Mitteln weitergeführt wird: Die dem Abendmahl folgenden Nachtszenen sind nicht nur eine Passion für Jesus, sondern auch eine für die Jünger. Sie müssen ‹da durch›, und zugleich erleben auch sie diese typischen Stimmungen der Ausgesetztheit in der äußeren Nacht und der Leiden an einer inneren Nacht als eine Art verändernden Stoffwechsel mit der menschlichen Natur. Sie gehen hinaus in die Nacht mit schwer verdaulichen Fragen und Zweifeln: Wieso ist der Wundermann in dieser Nacht so klein und schwach? Wieso müssen wir ihn essen, zu unserm Heil? Wer ist der Verräter? Warum muss er sterben, obwohl wir ihn essen – oder weil wir ihn essen?

Diese inzwischen kulminierte Interpenetrationsaufforderung[1872] nehmen sie jedenfalls mit in die äußere Nacht hinaus, die ein Teil des Mahls ist. Die einzelnen Evangelisten betonen verschiedene Aspekte dieser Ambivalenz des Essens, die auch eine Undurchsichtigkeit zwischen dem literalen und dem bildlichen Sinn impliziert. Aber das grobe Handlungsgerüst ist das gleiche, durch das die nächtliche Atmosphäre als ein Teil dieser Verarbeitung weht. Die Stationen sind: Gebet Jesu im Garten, Festnahme, Verhör im Hause Kaiphas, Verleugnung des Petrus, (Verhör des Pilatus, Geißelung und Dornenkrönung, Kreuzweg), Tod (und Grablegung).[1873]

1872 In Joh. 10, 9 behauptet Jesus: «Ich bin das Gatter. Wer durch mich ein und aus geht, wird gerettet und findet eine Weide.» Vgl. NT, Thomas-Evangelium, Logion 108, S. 667.

1873 Die in Klammern gesetzten Szenen sind in den Evangelien zwar als vor-

Der letzte Teil dieser Stationen wird zwar schon wieder tagsüber durchschritten, aber die Jünger sind seit der Nacht verschwunden, haben sich ins Dunkle verkrochen und tauchen in den Erzählungen erst nach der Auferstehung wieder auf.

Bleiben wir in der erzählten Nacht, so fällt der Umschlag von der Doppeldeutigkeit der Mahlzeit in die Eindeutigkeit der dramatischen Handlung draußen in der Nacht bei Johannes besonders auf. Soeben noch hat Jesus seinen Aposteln die Füße gewaschen, da sagt er: «Einer der mein Brot isst, versetzt mir hinterrücks einen Tritt.» (Joh. 13, 18) Dann spricht er über den Nächsten, in dem er ist, und über denjenigen, in dem er ist, indem der den Nächsten aufnimmt, und dann fügt er «heftig erregt» hinzu: «Amen, Amen, ich sage euch, Einer von euch wird mich ausliefern.» (13, 22)

Dieses Ausliefern ist eine Art Gegenbewegung zum Vereinnahmen, und Jesus forciert diese Gegensätzlichkeit. Gefragt, wer der Verräter sei, kehrt Jesus die Bewegung des Brotausteilens in den semantischen Gegensinn: «Es ist der, dem ich das Brot eintunke und gebe» (13, 26), sagt er, tunkt das Brot ein und gibt es Judas. «Da fuhr der Teufel in Judas» (13,27), also nicht Jesus. Jesus aber sagt zu ihm: «Was du tun willst, tu bald.» (13, 28) «Judas aß den Bissen Brot und ging schnell hinaus. Es war Nacht.» (13, 30) Judas schluckt, der Teufel fährt ein in die innere Nacht, und der Verräter fährt aus in die äußere, wo der Verrat sich vollziehen wird in einem oralen Akt (Judaskuss). Das Ganze ist bei Johannes ein raffinierter *suspense*. Nach der Beschleunigung der Handlung durch seine Provokation des Judas redet der Meister selbst erst einmal ziemlich lange, es ist sein Vermächtnis; aber dann geht alles ganz schnell. Kaum sind sie im Garten, schon kommt Judas mit Fackeln, Laternen und Soldaten, und sie verhaften Jesus. (18, 1) Es fehlt bei Johannes also die Gebetsszene des Herrn. Aber halt, den Kelch lässt auch Johannes sich nicht nehmen. Als Petrus dem Sklaven des Hohenpriesters namens Malchus ein Ohr abhaut, fordert ihn

mittägliche berichtet, sie gehören aber zur Gesamtmahlzeit und werden in Bildern ab etwa Ende des 15. Jahrhunderts nicht selten als nächtliche Szenen dargestellt, also jedenfalls mit auffälliger Verdunkelung. Vgl. z. B. Hieronymus Bosch: Die Kreuztragung Christi (um 1484); Matthias Grünewald: Verspottung Christi (um 1505); Sebastiano del Piombo: Pieta (1517); Tintoretto: Geißelung Christi (1585); Tizian: Dornenkrönung» (um 1545 und 1570–76).

Jesus zum Einstecken des Schwertes auf. Oder «soll ich den Kelch, den mir der Vater zugedacht hat, nicht leeren?» (18, 11) Den ihm Judas sozusagen darreicht, als Gegenangebot zum eingetunkten Brocken. Das ist der dramatische Part, der von der inneren und äußeren Nacht des Verräters.

Aber Johannes kennt auch die abgeschwächte Variante des Verrats: die Verleugnung des *Petrus*. In der undurchschauten Zweideutigkeit zwischen dem ‹Weg› der Passion Jesu und dem Weg aller, jetzt gleich, in die Nacht, fragt dieser Jesus, warum er nicht mitkann, dahin, wohin Jesus geht, um für ihn zu kämpfen. Jesus prophezeit ihm seinen dreimaligen Verrat noch in dieser Nacht (13, 38), in die sie jetzt hinausgehen, ohne zu wissen, wohin (14, 5; 14, 31). Und obwohl er sagt, «lasst uns jetzt gehen», (14, 31) führt er sie Johannes zufolge erst einmal in seinen Wein, in sein Gleichnis vom Weinstock (15, 1). Und nachdem er ausführlich beschrieben hat, wie es bald sein wird, wenn er bei seinem Vater ist, sodass die Apostel endlich glauben, sie hätten ihn nun verstanden, stößt er sie vor den Kopf, fast so, wie er Judas hinausgestoßen hat, und mehr noch so, wie er Petrus vergattert hat: «Es kommt eine Zeit, und die ist jetzt, da werdet ihr in alle Richtungen versprengt und lasst mich allein.» (16, 32) Er empfiehlt die Jünger noch in einem längeren Gebet dem Schutz seines Vaters; und so hin- und hergerissen gehen sie hinaus in die Nacht. In eine Nacht, die voller Widersprüche, Bedrückung, Isolierungen, Schwächeanfälle (Zittern des einen, Einschlafen der anderen), voller Gebet, Verrat, Qualen, Verleugnung und Reue ist.[1874]

Die Passionsnacht ist aber auch eine schwere Mahlzeit, und zwar nicht nur parabolisch durch die Handlungsanordnung. Das literale Abendmahl ist schließlich nur die Metonymie und das Vorbild der Selbstopferung des Lamms, das die gesamte christliche Gemeinschaft erst begründet. Ob das kleine Mahl das Gleichnis des großen oder das Mahl am Kreuze das Gleichnis des kleinen ist, ist insofern unerheblich, als Jesus die ganze Zeit seines Wirkens hindurch den Glauben als die größtmögliche Arbeit der *Verwirklichung* des Gleichnisses propagiert hat, und die Metaphorik des Essens war ihm zur Evokation einer *leibhaftigen* Verdauung des Metaphorischen eminent wichtig. Zeitlebens durch provokative Gleichnisarbeit hervorgetreten, hat der ‹Mittler› beim Nachtmahl diese Gleichnisarbeit

1874 Siehe Abb. 12, Lorenzo Lotto: Christus verlässt das Prätorium. Vorne im Bild ist Petrus, nicht Jesus zu sehen. Dieser steht oben auf der Treppe.

Abb. 12: Lorenzo Lotto: Christus verlässt das Prätorium. (1520–32). Mailand, Privatsammlung.

Nicht nur wegen seiner Enzyklopädie nächtlicher Beleuchtungen und ihrer Schatten zeigt dieses Ölbild die kompositorischen Vorzüge eines Nachtstücks. Neben den beunruhigenden Schattenwirkungen, die den Film Noir vorwegnehmen, sind die differenzierten und subtilen Mischungen von Nacht und Licht auf Köpern und im Raum hervorzuheben, die alles in sein je eigenes Geheimnis tauchen, bereit, in jedem Augenblick aus dem Dunkel zu treten – wie Christus im Hintergrund.

selbst an den bedrohlichen Rand einer metaphorischen Entropie geführt durch die Aufforderung, ihn zu essen.

Die anhaltende und schöpferische Verstörung über das Verhältnis von Wort und Essen, Glauben und Leben ist einerseits in der Nacht als Mahl-Zeit angesprochen, andererseits hat genau dieses Problem der Erfahrung als dasjenige der Verteilung von Wahrnehmung und Imagination immer schon die Faszination des Nachtmediums ausgemacht: die unklare Verteilung von äußerer und innerer Realität. Das Essen, überhaupt jegliches Einverleiben in der Nacht, ist der eine große Vektor, die äußere Realität in die innere dunkle Realität (der Affekte, des Imaginären) zu übertragen. Die Erinnerung überträgt (sich) chiasmatisch aus der inneren Dunkelheit in die Vor-Stellung, bis hin zu Vision und Halluzination draußen in die Nacht.

In den Evangelien taucht dieses Chiasma als das der Differenz von Leib und Geist auf, wobei die Bildlichkeit der Bilder selbst quasi-platonisch auf den niedrigeren Status des göttlichen Lichtes verweisen, das die Noch-Sterblichen nicht ertragen können, so im ‹Thomas-Evangelium› (70–80 n. Chr.) zu lesen.[1875] Die Aufhebung der Differenz im Gleichnis wäre der paradiesische Zustand. Auf der Erde aber kann man nicht mehr verlangen als die Speisung im Gleichnis. (Die innere Dunkelheit des Verzehrens / Verdauens als Topos literaler ‹Erfüllung›.) Deshalb so häufig das Gleichnis der Speisung.[1876] Innerhalb des Gleichnisdiskurses gibt es leichte und schwere Kost. Die Mutter-Kind-Gemeinschaft nähert sich schon ziemlich der Aufhebung der metaphorischen Differenz:

«Jesus sah kleine Kinder, die gestillt wurden. Er sagte zu seinen Jüngern: ‹Diese Kleinen, die gestillt werden, kann man mit denen vergleichen, die in die Herrschaft Gottes eingehen.› Die Jünger fragten: ‹Werden wir denn als Säuglinge in Gottes Herrschaft eingehen?› Jesus antwortete ‹Wenn ihr die zwei zu einem macht [und versöhnt], wenn ihr das Innere wie das Äußere macht [sodass kein Graben zwischen Sagen und Handeln ist] und das Äußere wie das Innere und das Obere wie das Untere […], wenn also der ganze Leib verwandelt ist dank eurer Art zu leben, dann werdet ihr eingehen in Gottes Herrschaft.›» (Log. 22)

1875 NT, Thomas-Evangelium, Logion 83 und 84, S. 663. Weitere Angabe mit Log. im Text.

1876 Siehe das Gleichnis vom Reich Gottes als Hochzeitsmahl des Königs (Matth. 22).

Das aber wäre die Aufhebung jeglicher Perspektivität und somit auch der Ästhetik. Solange wir noch nicht so weit sind, haben wir die Nacht, die Nacht der *befürchteten* Entropie und der *nur erst erhofften* Aufhebung der Unterschiede, andererseits die Nacht der immens anwachsenden Unterschiede zwischen innen und außen und die Nacht der Zweifel und der Gleichnisdifferenz, die ästhetische Nacht mithin. In der Passionsnacht trennt sich diese Ästhetik, die in der Stimmung zwischen einer gewissen Bangheit des Herrn und einer etwas desorientierten Entschlossenheit zum Kampf bei den Jüngern schwankt.[1877] Die einen sinken in die natürliche postorale (nicht pastorale) An-Ästhesie des Schlafes, der andere ist in hyper-ästhetischer Todesangst und sieht einen Engel.

Seine Handlungsweise, vielleicht ist es auch eher die der Erzähler, grenzt an magische Beschwörung, wenn er dreimal betet und dreimal zu seinen von ihm verlassenen, aber ihn auch nicht unterstützenden Anhängern zurückkehrt. Diese beiden sozusagen nachtästhetischen Pole werden zusammengebunden und gegen den äußeren Feind ins Feld geführt, der die Nacht noch einmal emotional-kontrastiv dramatisiert. Ein markanter Haufen vom Knüppelschwinger bis zum Ältesten rückt vor, zur Nachtzeit, da die Zeichen das Gegenteil bedeuten können: Ein Kuss vom Verräter (welch eine wunderbare und hier abgründige Hochzeit zwischen Leibhaftigkeit und Wortzeichen doch der Kuss ist!), und schon ist Jesus gefangen.

Einer haut dem Malchus ein Ohr ab. Alle Jünger fliehen. «Ein junger Mann lief hinter Jesus her, er trug nichts als ein Hemd. Jemand vesuchte ihn zu ergreifen, bekam aber nur sein Hemd zu packen, sodass er splitternackt entkam.» In dieser Zuspitzung des nächtlichen Handgemenges verlieren bei Markus (14, 43) alle außer Jesus allmählich ihre Namen, «einer» verliert sogar sein Hemd. Bei Lukas, dem Apostel der Maler, setzt Jesus am Schluss des Gemenges die Handlungsweise seiner Gegner mit dem Medium, indem sie geschieht, gleich. «... jetzt ist eure große Stunde, die Finsternis kann ihre Macht zeigen» (Luk. 22, 53). Damit stiftet Jesus selbst die ganze folgende Nacht der Passion als Gleichnis. Ein Duft von Moiren beschwert die Luft; hier heißen sie Propheten: «Die-

1877 Lukas beschönigt, die Jünger seien, vom Kummer erschöpft, eingeschlafen (Luk. 22, 46). Glaube ich nicht. Gerade die Jünger bei Lukas fuchtelten zuvor mit den Messern (Luk. 22, 38).

ses alles ist geschehen, damit die Schriften der Propheten erfüllt werden», sagt Jesus. «Dann ließen alle Jünger Jesus im Stich und flohen.» (Matth. 26, 56) Wie gesagt.

… auf der Augenweide

Die sechs Real-Nacht-Szenen: Abendmahl, Gebet im Garten Gethsemane, Festnahme Jesu, Verleugnung des Petrus, der tagnächtliche Kreuzestod und die nächtliche Auferstehung aus dem Grab gehören nun aber zu den großartigsten Bildthemen der Malerei von 1400 bis 1620, und besonders die Nachtmalerei ist am imaginierten Zusammenhang vom Essen Gottes und Gottes Sterben in Dunkelheit gereift. Im Bannkreis der biblischen Erzählung dieser beiden Nächte stehen noch Geißelung, Dornenkrönung, Beweinung / Pietà und Grablegung der malerischen Einbildung zur Verfügung. Sie werden zwar als am Tage geschehen erzählt, aber die Bildfindungen seit dem Spätmittelalter sind häufig deutlich von erfundener Nächtlichkeit.[1878]

Am andern Ende der Vita des Menschensohnes können wir noch die Geburt des Christkindes mit der nächtlichen Hirten-Verkündigung dazuzählen. Auch diese Erzählungen stellen eine nächtliche wunderbare Fleischwerdung des Wortes (als Verheißung und Botschaft) dar, welche die Maler dieser absolut unwahrscheinlichen Wahrheit – das menschheitsrettende Baby als Futter für Ochs und Esel in der Strohschütte – zu einer widersprüchlichen Einheit aus realistischer Anmutung und ‹phantastischer› Überhöhung herausfordern. Die Aporie einer realistischen Darstellung der unwahrscheinlichen, aber realen Nacht ist erheblich innovativer als die Anforderungen es sind, die an die malerische Bedienung der Konventionen von Realität bei einem wahrscheinlichen Thema gestellt werden. Es ist bezeichnend, dass die Darstellung der ja mythologisch-literarisch extrem festgelegten und außer-ordentlichen «Heiligen Nacht» von Correggio (1530) schlicht «Die Nacht» genannt worden ist, dass sie also zum repräsentativen Nachtstück, zu einem Modell-Ensemble von intimer Nacht mit großer Nachtlandschaft hat werden können. Kein Wunder, wer

1878 Siehe z. B. Christus an der Geißelsäule (van den Hoecke / Ykens), Tizians Dornenkrönungen, Bassanos Grablegung (1585) und del Piombos Pietà.

seine ‹Io› gesehen hat, weiß, dass dieser Maler von der inneren Nacht herkommt, die er als äußere darstellt.[1879]

Der zeitliche und ästhetische Sprung soll über die Ähnlichkeit das Originalproblem der frühchristlichen Botschaft beleuchten. Für die Jünger, Apostel und schreibenden Evangelisten war das zentrale Problem, die innen, aus dem Dunkeln, aus dem Glauben leuchtende, christliche Botschaft darzustellen: Wie kann ihre paradoxe, unwahrscheinliche oder unvernünftig erscheinende Wahrheit tief erfahren werden und doch ihre Gleichnishaftigkeit realisiert werden als ein Indiz wahrer Realität? Das orale Paradigma, die Verbindung von Essen / Trinken mit der Rede öffnet den Dunkelraum leibhaftig assoziierender Rede über das dunkle Geheimnis, das der Gottessohn ist.[1880]

Die Versenkung und Integration der äußeren Nacht der Passion in die Erfahrung von literalen Mahlzeiten an den Rändern mit dem Gotteslamm als Herzstück des nun phantastischen Leibes schafft einen imaginativen Tiefenraum, der übertragen wird in die Schrift und nacherfahren werden kann bei der Lektüre – wenn denn die jeweils kleinkindlichen Ein-Bildungen der Imaginationstiefe durch orale Erfahrungen zuvor jeweils hatten stattfinden können. Es ist also die im Text transportierte inhaltliche Nachtästhetik des Neuen Testamentes, die nach einer imaginären Übertragung schreit wie nach Essbarem, zu der orale Kompetenz nötig ist. Mit ihr kann die Nacht des Gebetes Jesu im Ölberg bildnerisch zu einem Teil des Nachtmahls gestaltet werden, etwa im Emblem des Leidensbechers. Nur so kann die Metapher Jesu für sein Opfer zugleich als himmlische Stärkung für sein Leiden verstanden werden.

Die Sehnsucht nach der realistischen Anmutung einer dargestellten Nacht, welche die abendländische Malerei seit der Frührenaissance so singulär beflügelt hat, ist nicht in erster Linie aus dem Studium der realen äußeren Nacht entstanden, sondern aus der zu Herzen gehenden Einverleibung der Texte, aus der andächtigen Versenkung in die geschriebene Botschaft, die durch die geistigen Verdauungsprobleme den inneren Nachtraum vertiefte. (Das neuzeitliche Nachtbild ist die Fortsetzung der

1879 Correggio (*1489/94): Jupiter und Io (um 1530, Kunsthistorisches Museum Wien); siehe Abb. 14, S. 1230.

1880 Der Kapitel-Titel von Johannes 7 lautet in der zitierten Ausgabe: «Wer Jesus ist, das ist verborgen und umstritten» (S. 329).

Eucharistie mit andern Mitteln.) Die Ambivalenz zwischen innerer und äußerer Nacht, die Leichtigkeit der Passage zwischen den beiden Dunkelheiten erlaubte es überhaupt erst, eine vage Andeutung dunkler Tiefe als genau richtig gesehen und dargestellt zu behaupten. – Zwar gibt noch die malerisch gleich wichtige Nachterfahrungs-Übertragung aus der Lektüre: die nächtliche Frohe Botschaft an die Hirten und die Geburt des Kindes (vereinzelt schon im 14. Jahrhundert).[1881] Im Motiv der Passionsnacht jedoch ist das Nachtmahl übertragen selbstreferentiell das Thema einer Imagination, die durch die Passagen zwischen innerer und äußerer Nacht substanziell genährt wird.

Aber ist es nicht selbstverständlich, dass alle religiösen Themen zu Themen der Malerei werden, weil sie vom Unsichtbaren leben? Nun, dann müsste die religiöse Malerei immer schon das Nachtbild favorisiert haben. Hat sie aber nicht. Ostern ist das *liturgisch* höchste Fest und hat zunächst in der Entwicklung der Malerei eine ähnlich schwache Bedeutung fürs Nachtbild gehabt wie das Pfingstfest, obwohl die Auferstehung nachts stattfand. Erst nach dem Siegeszug der Nachtbilder von Passion und Geburt in den Stundenbüchern und Andachtsbildern des 15. Jahrhunderts konnte die explizit nächtlich dargestellte Apotheose reüssieren.

Zwar kommt dem Nachtbild die behauptetermaßen reale Nacht-Ästhetik der Passion entgegen, aber diese wird verstärkt durch einen gewissen Hunger nach nächtlicher *Realität* als demjenigen Medium, in welchen Fleisch und Glauben am ehesten ihr geheimes Beisammensein zu verstehen versprechen. Natürlich ist an dem Einwand richtig, dass religiöse Themen seit dem frühen Mittelalter dominant waren. Aber das impliziert die Vorherrschaft des literaturgestützten Imaginären bei der Eroberung der Nacht. Und die größten bildnerischen Innovationen scheinen auch dem entsprechend textnah entstanden zu sein: als Buchillustration.

Wie aus dem dekorativen Gold, das historisch vom Buchstaben kommt, der Bildhintergrund wird und dieses sozusagen aus der textilen Außenwelt ins Bild hereingeholte Material allmählich zum realen und zugleich illusorischen Lichtträger wird, der dann immer mehr abgelöst wird vom Weiß und von dessen Derivaten der Aufhellung von Farben, das ist Aus-Druck der leibhaftigen Erfahrung in der Höhle, die beim Lesen ent-

1881 Vgl. Taddeo Gaddi: Verkündigung an die Hirten. Fresko, Florenz S. Croce, 1328–30. Zu T. Gaddi: B. Borchhardt-Birbaumer: Imago noctis, S. 222.

steht. Es ist ein heute noch faszinierendes Erlebnis zu sehen, wie sich beim Betrachten der «Gefangennahme Christi am Ölberg» in den «Très Riches Heures» der Gebrüder Limburg (um 1416)[1882] der reale Glanz des Goldes der natürlichen, künstlichen, heiligen (symbolischen) und Reflexionslichter im Bild überträgt als Aufhellung, und wie dieser Glanz zugleich aus dem Bild, aus der Bildlichkeit heraus in unsern Standort und unsere Wahrnehmung hinein leuchtet.

Der Kontrast zwischen dem Wunderbaren oder Unwahrscheinlichen einerseits und dem irreal anmutenden Realen, das keine großen Unterschiede macht zwischen Sichtbarem und Vermutetem, erlaubt Übertragungen aus der inneren Realität der Imagination, die sonst nicht darstellbar wäre, weil sie nicht ausdenkbar ist. Die Abschwächung der Farbwerte, fast bis zu ihrer Diffusion, zugleich mit einer sensationellen Dramatisierung von Tiefe via Thematisierung von Innen-Außen-Differenz kommt aus der Vertrautheit mit der Tiefe der Einbildung, aus deren diffuser Dunkelheit ähnlich geartete Bilder auftauchen.[1883] Wie gesagt, diese Einbildungen sind Übertragungen auch je eigener Erfahrungen, die nicht nur die von Säuglingen sind. Reue zum Beispiel kann jeder nachvollziehen, der schon mal wie Petrus einen Freund und Meister verraten hat. Von Petrus ist bekannt, dass er zwischen dem letzten Abendmahl (also dem ersten) und dem ersten Abendmahl der Erinnerung (also dem letzten in Emmaus) vor Trauer und Reue gefastet hat.

Diese Gefühle von Dunkelheit mit leerem Magen, die machen eine innere Nacht, die in den fahlen Farben des Fastens bei Lorenzo Lotto *übertra-*

1882 Siehe die «Très Riches Heures», München 1973, Nr. 102: Die Gefangennahme Christi; vgl. auch bei Nr. 110 «Der Tod Christi» das Einsickern des Goldes von außerhalb des Bildes, außerhalb der Welt, ins Bild.

1883 Vgl. den erwähnten «Tod Christi» der «Très Riches Heures» (Nr. 110) oder die «Belles Riches Heures» des Duc de Berry zum gleichen Thema (fol. 145V); E. König: Die Belles Riches Heures des Duc du Berry. Stuttgart 2004, S. 104. Besonders innovativ ist auch die Hell-Dunkel- und die Farbgestaltung der Grablegungs-Szene in den «Très Riches Heures», die wie ein *Opfermahl* zelebriert wird. Das Reallicht des Goldes wird zur Darstellung des Schattens auf Gewändern depraviert, die nah an der schwarz gemalten Metonymie des Totenreichs herangerückt werden, welches von einem Steinsarg vertreten wird. Das Abendrot aber fächert die Tiefe des Raumes auf und wirft realistisch anmutende Schatten einer körperhaften Landschaft: Abendrot mit Abendbrot.

gen sind, und zwar in seinem ‹Christus verlässt das Prätorium›.[1884] Dieses Bild ist ein relativ spätes Beispiel; dafür ist hier ziemlich viel versammelt von dem, was die frühneuzeitliche Nachtbildnerei als eine Art Metaphorik imaginärer Prozesse der Verarbeitung äußerer Einflüsse und Nächte kennzeichnet, wo das orale Paradigma eine bedeutende Rolle spielt. Dazu gehört das Spiel mit der Verunsicherung der Zuschreibung von innerer und äußerer Nacht sowie das Spiel mit Gedränge und Verlorenheit (das schon bei Giottos Gefangennahme die Komposition bestimmt). Bei Lottos Übertragung der Reue des Petrus fällt die Leere des Vordergrunds und das ferne Gedränge um Jesus auf, dann der ungemütliche Durchzug zwischen dem virtuellen Innen und Außen, der durch die vielen Öffnungen des Bildes nach hinten entsteht, hier sind es Türen und Fenster. – Dass die Bilder der Renaissance die Illusion der Tiefe erobern konnten, verdanken sie dem Nachtbild, das aus dem Nachtmahl der Lektüre entstand.

Einzuräumen ist, dass am Anfang dieses Prozesses auch Fresken wie die von Pietro Lorenzetti aus dem ersten Drittel des 14. Jahrhunderts («Abendmahl» und «Gefangennahme») lokal nicht unwichtig waren. Doch schon bald ergreifen besonders die kleinen Formate die Initiative, wie die Predelle zunächst der italienischen Altäre. Auch hier ist wie bei den Bibel- (und anderen Buch-)Illustrationen allein die Intimisierung durch Nähe, die eine real kleine Fläche fiktiv vergrößert zur fiktiven Landschaft, ein stärker imaginärer Akt der Übertragung. Es ist kein Zufall, dass diese Nachtbilder oft das Abend-Mahl zum Thema haben und andererseits gerade zur Zeit einer Krise der Flachheit des Bildes auftauchen, zur Zeit der Intimisierung des subjektiven Blicks.

Der subjektive Blick überträgt die je individuellen Kontexte des Sehens aus der Tiefe des Erlebens in virtuelle Tiefe des flachen Mediums. Diese Tiefe bieten das Hören und Lesen von Texten. Die allmähliche Renaissance des Lesens ist eine Geschichte der immer leichter erreichbaren Schriften, die zunächst die heiligen sind. Wenn aber in diesen Schriften zu lesen ist, dass das Wort Christi mit Verstand und Gefühl und nicht rituell zu lesen ist, so steigert das die Bindung der Einbildung an den Text noch. Genau in jene Zeit fällt aber drittens (außer der frommen Fragwürdigkeit des Glaubens und der Vermehrung der Schrift) die Diskussion

1884 Lorenzo Lotto: Christus verlässt das Prätorium. (Um 1520) Abb. 12, S. 1160.

über die literale Bedeutung des Abendmahls – die vielleicht nicht so erregt und schismatisierend geführt worden wäre, wenn die Glaubensbotschaft nicht so intensiv zur individuellen Perspektivierung im inneren Nachvollzug aufgerufen hätte und wenn es nicht andererseits die vermehrte Erreichbarkeit des Textes gegeben hätte. In einseitiger Zuspitzung: Die Verwandlung des Leibes Jesu in Brot und Wein führt hinaus ins Nachtbild.

Genauer kann das Verhältnis zwischen dem oralen Paradigma und der ‹Auferstehung› des Nachtbildes billigerweise erst in einem weiteren Band der «Nachtästhetik» analysiert werden, der das Nachtbild zum Thema hat. Es geht hier auch nicht um eine monokausale Ableitung, dafür sind im 15. Jahrhundert die kulturellen Milieus und die künstlerischen Lebenswelten noch und schon wieder zu differenziert. Auch ist das die nächtlichen Valeurs der Imaginationen beeinflussende reale Raumerleben spätestens seit 1400 nicht nur anhaltend, sondern auch tiefergreifend durch die Europäisierung des Handels und seit 1500 durch die Öffnung zur ‹Neuen Welt› verändert. (Die Entdeckung des *Globus* als erster Schritt zur Globalisierung.) Aber es gab immer auch den europäischen Kanon der christlichen Tradition und besonders der Heiligen Schrift. In ihren überlieferten Motivbestand ehrwürdigen Alters konnte jede künstlerische Innovation hineingetragen, übertragen und auf je eigene Art von anderen kulturellen oder künstlerischen Intentionen *entsprechend* aufgenommen werden. Die Bibel ist ein solcher Handelsplatz der Ideen und Ausdrucksformen des Erlebens, der genauso zum Austausch, ja zu einer gewissen Kohärenz von Vorstellungen führt, wie das für die Wirtschaftswege gilt. Bei aller Wertschätzung der Wiedergeburt heidnischer Sinnlichkeit und Bildpolitik: Alles, was an humanistischer Befreiung in die Alten hineingedacht worden sein mag, antwortete auf komplexe Fragen, spezielle Neugierden und Erlösungsbereitschaften aus der Perspektive dieser europäischen lingua franca, welche das Christentum war. Mag Papst Pius II. über seine Abstammung von den Trojanern, mögen die *französischen* Medici während ihrer zum Teil recht ‹dionysischen› Hofhaltung über Semeles Apotheose phantasieren[1885]: Eine wachsende bürgerliche Schicht in den Städten Europas erobert die Hl. Schrift ab 1500 – und wird gebildet beim Abendmahl,

1885 Circa 1585 malt Antoine de Caron, Hofmaler der Medici in Paris, die «Apotheose der Semele».

wenn die Bibel vor oder nach dem Essen, also hungrig oder gesättigt, vorgelesen wird vom Patriarchen, der das Brot austeilt.

Die Eigenart dieser Religion wiederum liegt in ihrer Aufforderung zum antirituellen, ‹leibhaftigen› Glauben, der von der tiefen, dunklen Gleichnishaftigkeit zentraler Aussagen geprägt ist. Nach dem Streit über die Trinitätslehre ist seit dem Mittelalter vermehrt die Abendmahlslehre zum Zentrum der Zweideutigkeit avanciert, deren dynamische Relation von Essen / Trinken / Reden zu Nacht (innen / außen) ist. Hier ist darauf hinzuweisen, dass es zwar fast das ganze Mittelalter hindurch immer wieder Diskussionen um Jesu Wesensverwandlung in Brot und Wein gegeben hat, dass es aber eine Kulmination ins 16. Jahrhundert hinein gibt, die der beschleunigten Entwicklung zum Nachtbild ähnlich ist und sie begleitet. 1215 verkündet das 4. Laterankonzil von Trient die Wesensverwandlung als Dogma. Diese Verwandlung, die eingeräumtermaßen nicht durch Zauberworte der Priester geschieht, sondern durch die Gnade des sich fortgesetzt Opfernden, forciert einerseits den Glauben gegen den bloßen Anschein, andererseits bestärkt sie den durch Nahrungserfahrung fundierten Appetit auf Übertragung. Diese doppelte Verinnerlichung (beim Sehen und beim Essen) kann gar nicht hoch genug in Anschlag gebracht werden, wenn es darum geht, etwas über allgemeinverbindliche Rahmen oder Horizonte der abendländischen Imaginationskultur zu beschreiben.

Der 1330 geborene John Wycliffe lehnt die Transsubstantiationslehre als nicht biblisch begründet ab. Auf ihn wiederum beruft sich Jan Hus (*1370), der 1415 auf dem Konzil in Konstanz, auf dem Wycliffes Lehre als Ketzerei verdammt wird, verbrannt wird. Er gilt als Begründer einer einheitlichen tschechischen Schriftsprache und insofern vielleicht auch einer tschechischen Nationalkultur. Anfang des 16. Jahrhunderts erfolgt dann die Kulmination durch die drei Reformatoren Luther, Calvin und Zwingli, die gleichzeitig mit der ersten Hochzeit des Nachtbildes stattfindet, hinaus zu den großen Formaten, ja zur Plastik der «Notte» Michelangelos, deren Attribut unterhalb ihrer marmornen Brust, die Maske, vielleicht eine Allegorie der *inneren* Nacht ist ... Um jetzt nicht ins Dickicht der einzelnen Bilderwelten hinabzusteigen, nenne ich hier noch die gesamteuropäische Bewegung des Manierismus, dessen Bilder Transsubstantiationen selbst dem Anspruch nach waren: verblüffende, schockierende, staunenerregende *Wunder*, die also leibhaftigere Wirkungen hervorrufen wollten. Stürzende Körper, schwindelerregende Serpentinata-Figuren feiern den (kurzfristig simulierten) Abgrund unter der Malfläche als jenen Tartaros, der dem sozusagen gierigen Rachen der Neugier des ‹Betrachters› den Spiegel vorhält.[1886]

Allein die im 16. Jahrhundert europaweit verbreitete Manier des einheitlich dunklen Grundes, aus dem besonders die nackten Figuren wie aus der Tiefe auftauchten[1887], zeigt, dass das ‹Kunstwollen› nicht unbedingt den Nachvollzug eines narrativen Themas suchte, sondern eher die Spiegelung der inneren nächtlichen Tiefe des imaginären Grundes. Was und welche lokalen Gruppen immer man zum Manierismus zählt: Die Zunahme der Nachtthemen zur Durchdringung einer virtuellen Tiefe des zu flach gewordenen Bildes werden seine Anhänger wie Gegner ihm attestieren. Vier Jahre, bevor Luther, Calvin und Zwingli sich im Marburger Religionsgespräch (1529) nicht einigen können, ob das Essen Gottes statt mit der Transubstantiation mit der Konsubstantiation Luthers (leibliche Gegenwart des Herrn), mit der realen spirituellen Gegenwart Jesu (Calvin) oder nur zeichenhaft als Erinnerung (Zwingli) stattfinde, wurde den drei *Malern* und Dürer-Schülern Sebald und Barthel Beham sowie Georg Pencz in Nürnberg der Prozess gemacht, weil sie die «Realpräsenz Christi in Wein und Brot bezweifelt» hätten.[1888]

In Italien scheint die Glaubenskrise um die Verwandlung, also die Krise des Imaginären, zwar prima vista nicht dieselbe große Rolle gespielt zu haben, wie in Mittel- und Nordeuropa[1889]; aber die ‹Infektion› mit den

1886 Vielleicht ist ‹Spiegelung› etwas zu reflektiert für den Kurzschluss zwischen Effekt und Affekt, den nicht nur manieristische Bilder, sondern auch Gesamtkunstwerke (Grotten, Gärten) suchen. Jedenfalls soll nicht nur ein scheinbar äußerer Körper bestaunt werden, sondern es soll eine tiefgehende *innere* Verwandlung stattfinden. Mit Hilfe der projektiven heidnischen Vergangenheit soll vielleicht so etwas wie eine manieristische Eucharistie mit dem Bild stattfinden. Zum Katalog der Verwandlungen und Affekte siehe auch: A. Bonito Oliva: Die Ideologie des Verräters. Köln 2000.

1887 Vgl. J. Bousquet: Malerei des Manierismus. München [3]1985, S. 90, «Schwarze Gründe».

1888 Jörg Träger: Renaissance und Religion. München 1997, S. 403; weitere Seitenangaben im Text.

1889 Dafür ist die Alternative des heidnischen Altertums umso herausfordernder und verführerischer, namentlich der dionysische Aspekt. Aber diese Alternative ist zunächst eine akademische und höfische Spezialität.

Zweifeln etwa in Kommunen wie Florenz (Savanarola) oder bei einzelnen Künstlern (Michelangelo) ist bekannt, und das Klima des Verdachts geistert durch alle Moden des 16. Jahrhunderts. Jörg Träger erinnert in seiner Untersuchung «Renaissance und Religion» an den Fall Veronese: Noch 1573 wird «Das Letzte Abendmahl» Paolo Veroneses für den Speisesaal (!) eines Klosters vor die Inquisition geladen, nicht nur wegen der blasphemischen Profanierung dieses heiligen Abendmahls durch hässliche Gestalten, sondern auch wegen des Verdachts «lutherischer Unterwanderung». (S. 403) Dabei bestand seine Blasphemie eigentlich eher katholisch auf der Präsenz des Realen, indem er im Bild zeitgenössisches Ambiente in eine «prunkvolle Loggia mit Ausblick auf eine palladianische Stadtarchitektur unterbrachte» (ebd.) – mit sehr irdischen und ordinären Gestalten jener Observanz, die auch Jesus schon vorgezogen hatte. Vom Inquisitionstribunal verurteilt, die inkriminierten Stellen zu ändern, ändert Veronese den *Titel* und macht aus dem heiligen Abendmahl das «Gastmahl im Hause Levi», das war zwar auch eine biblische Geschichte erzählt (Luk. 5); aber dieses Mahl war ein beliebiges profanes Mahl gewesen, das jetzt nicht nur durch jenes großartige, ja großspurige Bild eine Aufwertung erfuhr, sondern das eine Entweihung des ja einmal in das Bild eingeschossenen sakralen Zwecks war. – Man muss bedenken, dass es während des 16. Jahrhunderts in Europa noch Bilderzerstörungen gab, weil den Bildern vermeintlich eine (un-)heilige oder magische Macht innewohnte.

1522, im selben Jahr, da Tizian sein «Bacchanal» malt, muss sich Luther gegen die «Schwarmgeister» in Wittenberg wenden. – Es handelt sich erst mit dieser Umwertung durch Umwidmung um eine Blasphemie nach Art des Belsazar, denn immerhin war ‹der Veronese› für einen Sakralbau in Auftrag gegeben worden. Zwei Tendenzen werden nach Traeger daran deutlich: eine Hypostasierung der Bildlichkeit selbst zum Kult – inklusive der kultischen Verehrung, die gewisse Maler wie Raffael genossen (S. 407), und ein Dilemma der katholischen Kirche selbst, die immer mehr darauf angewiesen war, «den Glanz irdischer Leiblichkeit als Metapher für den transzendenten Inhalt des Glaubens zu nutzen. Die irdische Leiblichkeit aber war als solche immer schon eine gefallene.» (S. 408) Die Übungen im katholischen Glauben hatten aber gerade darin bestanden, Gleichnishaftigkeit und Bildlichkeit möglichst leibhaftig zu denken. Nun wurde das Bild zu einem weltlichen Sakrament, bei dem es nicht so sehr um den *Glanz*, schon eher vielleicht um den *Schmelz* des Fleisches im Bilde als der Metapher, ja dem Vorschein der wahren Auferstehung des Fleisches ging. In gewisser Weise bekommen die Bilderstürmer in der Malerei der Gegenreformation also recht.

Die Zweideutigkeit des Metaphorischen, die aus der prinzipiellen Umkehrbarkeit von literaler und übertragener Bedeutung auftaucht, hatte aus dem christlichen Imaginären selbst die Lust am dargestellten Fleisch hervorgetrieben. Da, wo, wie in Italien, der Protestantismus nicht zu einer weiträumigen Volksbewegung wurde, hatte zuvor schon die Neugier immer neue Wunderwerke der heidnischen Antike aus dem Boden des Alten Rom ent-deckt, einer Antike, die den nackten Leib und den Wein feierte. Bis in den Vatikan marschierte die Dionysos-Religion vor, jedenfalls bildlich.[1890] Hat sich vielleicht aus der christlichen Konstitution des Imaginären, konfrontiert mit der neuentdeckten antiken Paarung von Gottesvorstellung und Leib-Darstellung, die Auffasung von dem verändert, was ein Bild und eine Metapher zu sein hatten?

Es ist schließlich immer noch ein *christliches* Grabmahl, auf dem die heidnische Göttin Nyx als Mutter von Tod und Schlaf und Schicksal (!) ruht: in der Gestalt, die Michelangelo ihr gab. Die plastischen Werke bedürfen aber einer anderen Weise der Annäherung. Hier soll nur erst auf die heidnische Thematik der Nacht auf einem christlichen Grab hingewiesen werden. Schon früh hat Michelangelo einen Marmor-Bacchus geschaffen (um 1496/97), an dem, im Gegensatz zum sublimen Nachtraum des flachen Nachtbildes, die Aufforderung an den Betrachter zum Tanz

1890 Um 1512 rauscht die *Galatea* von Raffael in den Palazzo Farnese, während in Florenz Sebastiano del Piombo den Tod des Adonis mit üppigen weiblichen Akten belebt. Tizian bringt 1518/19 die Andrier, ein dionysisches Gelage, und 1522/23 «Bacchus [also Dionysos] und Ariadne». Tintoretto hat noch 1576 eine «Venus, Ariadne und Bacchus», eine symbolische Darstellung desjenigen ‹Pettings›, das die Gesellschaft beim Gastmahl mit Sokrates in Xenophons Version auseinanderstieben ließ. – Aber schon im 15. Jahrhundert hatte gerade das Dionysos-Motiv zunehmendes Interesse erfahren und war mit dem christlichen Gottesopfer verbunden worden. Siehe I. P. Culiani: Eros und Magie in der Renaissance. Frankfurt 2001, S. 72. Er thematisiert die anonyme Einfügung in den Dialog von Nikolaus von Kues: Gespräch über das Globusspiel/Dialogus de ludo globi (1463). An Illustrationen sind hier auch diejenigen in Francesco Colonnas «Hypnerotomachia Poliphili» (Venedig 1499) zu erwähnen, die mehrfach den bacchischen Schwarm zeigen (Culiani, S. 76).

auffällt, so entsublimiert unsicher steht Bacchus hier mit seinem schräg gehaltenen Leidens-Kelch, fast gelehnt an den Trauben haltenden Ziegen-Knaben.

Ich argumentiere hier anscheinend einseitig, weil ich vom antiken Nachtmahl herkomme. Aber das orale Paradigma für die Vertiefung der Bildauffassung lässt sich gerade an den religiösen Quellen der malerischen Innovationen der Renaissance zeigen. Der andere Pol der Nahrungsskala, gegenüber dem Fleisch, ist die Milch, und die fließt seit dem 15. Jahrhundert besonders lieblich aus der heiligen Brust, an der Jesus hängt (und seine gläubigen Anhänger). Der ganze Erfindungsreichtum der Maler hängt an dieser Umkehrbarkeit des literalen Modells für eine metaphorische Gottesmutter. Jean Fouquets Madonna mit der entblößten Brust (Diptychon Melun) sieht aus wie die Mätresse Karls XII., Raffael malt nach dem Modell seiner Geliebten, und Botticelli benutzt dieselbe Schönheit für die Geburt der Venus wie für verschiedene Madonnen (S. 408 f.).

Der Verdacht greift zu kurz, wenn man die christliche Einverleibung der heidnischen Nacktheit, etwa ins Marienbild, als bloßen Vorwand für maskierte Lüsternheit sieht. Der Florentiner Meister der Eroberung von Tarent malt bereits in der 1. Hälfte des 15. Jahrhunderts ein veritables Nachtbild, in dem er das Bildprogramm frommer Marienandacht auf einen «Triumph der Venus, verehrt von sechs berühmten Liebhabern: Achilles, Tristan, Lancelot, Samson, Paris und Troilus», überträgt. Auf dieser zwölfeckigen Holz-Tafel schwebt Venus in einer Mandorla (oder Vulva) im Nachthimmel über den sechs Inspirierten der Liebe. Heilige Lichtstrahlen, die sonst vom Jesuskind in der Krippe ausgehen (Geertgen tot Sint Jans) oder die Leuchtbahnen der Stigma-Empfängnis darstellen, gehen nun zwischen der ‹Mandorla› (vulgo Vulva) der Venus und den Mündern ihrer Jünger hin und her – oder her und hin. Dass es hier auf die mündliche Lobpreisung und nicht auf voyeuristischen Gruppensex ankommt, ist offenkundig.[1891]

Aber Abendmahl hin, Stillbild her: Die Themen sind nur die Oberfläche der malerischen Intention einer leibhaftigen Fahrt in die (dunkle)

1891 Lawrence Gowing (Hg.): Die Gemäldesammlung des Louvre. Köln 1987 (1994), S. 95: Meister der Eroberung von Tarent: ‹Tiumph der Venus, verehrt von sechs berühmten Liebhabern: Achilles, Tristan, Lancelot, Samson, Paris und Troilus› (Durchm. 51 cm).

Tiefe des (ausgestülpten oder gespiegelten) Imaginären zur Begegnung mit der vorgestellten äußeren Nacht. Die Darstellungen nackter Körper, die Erinnerung an Tiefenwahrnehmungen beim Stillen, die Illusion der Nacht, der Dunkelheit hinter und zwischen und vor dem Sichtbaren: Das sind nur die Vorwände der wahren Übertragung der inneren Nacht in die äußere Nacht zwischen Viskosität und Ölglanz, dargestelltem Schimmer und dem Schimmer zwischen Darstellung und Firnis. Das ‹Nachtöl› – wie sehr haben die italienischen Maler ihre niederländischen Konkurrenten um diese Substanz beneidet, die zwischen dem Bildgrund und der glänzenden Oberfläche einen heilenden Sakralraum vorzuspielen, vorzuspiegeln verstand – ist das verbindende Medium zwischen der Nahrung für nächtliche Beleuchtung in der Kammer der Studien, dann für die Erleuchtung als ewiges Licht des Glaubens und der Imagination und schließlich für die Darstellung auf dem Bild unter dem Firnis.

Bevor wir zum Nachtmahl im engeren Sinn zurückkehren, sei auf den repräsentativen Charakter des *oralen Paradigmas* von Essen und und Trinken für Schrift und Bild hingewiesen. Die ‹Heilige Schrift› ist das Schlüsselwerk des Abendlandes, in dem das Nachtmahl der Transsubstantion substanzielle Bedeutung hat. Der neuzeitliche Entwicklungsschub in der Renaissance setzt auch mit je individuellen Eroberungen des Textes durch Lektüre ein – und mit der Revitalisierung der Bedeutungsfrage des Abendmahls im Schisma. Gleichzeitig ist der phantastische (also triebdynamische) Überschuss dieser ‹geistigen› Nahrungsquelle zumindest der Anlass für einen Umbau des Imaginären, wie er sich am neuen Typ der ‹stillen› Andacht sowohl in der Text- wie in der Bild-Versenkung zeigt.

Selbst die experimentelle Suche nach einer realistischen Darstellung der äußeren Nacht nimmt die reale Nacht als Bild für affektive Zustände, die effektiv reanimiert werden sollen. Das Artefakt einer «notte», von der Leonardo nur scheinbar verdinglicht spricht, setzt schon bei ihm den «occhio tenebroso» voraus, den nach innen gewandten Blick, und wie jedes Bild bedarf die Notte des eigenen Dunkels, am besten vor dem Einschlafen, jedenfalls der im Liegen vollbrachten ‹Arbeit der Nacht› am Auftauchen der Erinnerung.[1892] Die neuzeitliche Malerei basiert auf diesen oszillieren-

1892 Vgl. A. Chastel: Leonardo da Vinci. Sämtliche Gemälde und die Schriften zur Malerei. München 1990, S. 384 (Mskr. A 106 r.). Zum «occhio tenebroso» Leonardos siehe auch das Glossar Chastels, ebd., S. 117.

den Nachtfenstern Schrift und Bild, vor denen und in denen Versenkung und Spiegelung kreuzweise als Fahrt nach innen und nach außen realisiert werden, die immer als eine Fahrt ins Dunkle beginnt, schöpferisch zu werden. Die kultische und metaphorische Aufwertung der oralen Erfahrung hat diesen ästhetischen Aufschwung entscheidend gefördert.

Zum historischen Beitrag, den das *christlich* geprägte orale Paradigma für den Prozess der Aufklärung und der Säkularisierung geleistet hat, gehört die theoretische und empirische *Neugierde*, die wie die *Phantasie* von den aufreizenden Widersprüchen des oralen Paradigmas (etwa zwischen bildlich und wörtlich) herausgefordert wird. Natürlich ist die Neugier, vielleicht eine übertragene Form des Hungers, allgemein menschlich verbreitet, und es ist auch bekannt, wie hart ‹die Renaissance› um die Legitimation der theoretischen Neugierde gegen eine Kirche hat kämpfen müssen, für die *curiositas* eine Sünde war.[1893] Aber die christliche Lehre von der Mahlgemeinschaft mit Gott macht doch besonders hungrig auf die Klärung der Wirklichkeitsmodi und der inneren Dunkelheit.

Doch die Analogie von gastrischer Füllung mit Glanz der Erleuchtung und von Hunger mit Dunkelheit scheint universell in Gebrauch zu sein. Die verwandte Lust an der Verschlingung von leiblicher und geistiger Nahrung ist bei François Rabelais (*1483) etwa offensichtlich. Dieser Dionysiker vor dem Herrn, ein Humanist, Arzt und phantastischer Schriftsteller, hat zunächst einmal als Mönch, wie alle gelehrten Mönche, Griechisch über die Bibel gelernt, und dann eben auch über Aristoteles. Die Bildungselite des Christentums, die auch die griechischen Dramatiker kannte, ist, wenn auch vielleicht etwas verschämt, bikulturell gebildet gewesen. Neugier war Büchemeugier – aber doch oft vom praktischen Interesse geleitet: am richtigen Staat, am gesunden Leben, an gedeihlicher Liebe usw. Auch Rabelais, dessen «Gargantua und Pantagruel» von 1534 bis 1564 (posthum) in mehreren Portionen veröffentlicht wurde, die alle sogleich verboten wurden, steht französischen Kreisen nah, die immer wieder des Luthertums wegen verdächtigt, ja getötet wurden, sowie den manieristischen Kreisen um König François I.

Rabelais' schwelgerisches, quasimündliches Lesefutter, das prallvoll

1893 Vgl. hierzu Hans Blumenberg, etwa «Legitimität der Neuzeit» (Frankfurt 1966), dessen 3. Teil 1973 als «Der Prozess der theoretischen Neugierde» erschienen ist.

mit dem Gehackten antiker Autoren farciert ist und eine Vielfalt von Handlungstypen für ein gargantueskes Mahl metaphorisiert, bezeugt nicht nur einen unersättlichen Appetit auf Literatur, sondern auch, weil Literatur nicht wirklich sättigt, ein unaufhörliches Suchen nach neuen Formen des (literarischen) Einverleibens.[1894] Sein Roman endet mit einer Art dionysischen Unterweltfahrt in den Weinkeller.[1895]

Dass es auch im Frankreich der zweiten Hälfte des 16. Jahrhunderts nicht beim Wein blieb, dafür sei der Seigneur de Brantôme zum Zeugen gerufen, der in seinem «Leben der galanten Damen» unter anderem von einem Prinzen erzählt, der für seine großartigen und «leckeren Mahle» berühmt war – und für einen kostbaren Weinkelch mit derartig unzüchtigen Darstellungen, aus dem zu trinken alle Gäste verpflichtet waren[1896], dass die Wirkung ähnlich drastisch war wie im dionysischen komos oder nach der erwähnten Aufführung von «Ariadne und Bakchos» beim xenophonischen Gastmahl. «Rasend vor Liebeswut» stößt die Dame hervor: «Ich halte es nicht mehr hier aus! Steigen wir schnell in den Wagen und gehen nach Hause, denn ich kann dieses Feuer nicht mehr zurückdämmen; man muss es auslöschen, das brennt zu sehr.» (S. 57) Eine Dame! Das ist neu!

Die sublime Gier der Neugier, etwa eines Leonardo oder Rabelais, ist nicht aus den *Objekten* ihrer Begierde, etwa neuen Tatsachen, zu erklären, sondern aus der phantasiegenährten Intentionalität eines Sättigungs-Versprechens. Hierbei ist der Hunger auf interessante Nahrung zur Einverleibung vorrangig. Zwar ist die Neigung verbreitet, Neugier, wenn schon nicht als Voyeurismus, so doch als *visuelles* Interesse aufzufassen, und die

1894 F. Rabelais: Gargantua und Pantagruel. München 1964. Im 44. Kap. (Bd. 2, S. 302) muss Panurg ein *Epilenion* singen, ein Winzerlied zur Kelter (*lenos*); dieses Wort ist auch das Stammwort der dionysischen *Lenaia*. In der Ausgabe von 1565 ist der Text des Liedes buchstäblich und graphisch der göttlichen Boutelge, der Weinflasche einverleibt, die der Text selbst preist – und die der Text in der Flasche bittet, ihm das Orakel zu geben (S. 303). Denn im Wein ist Wahrheit (S. 305).

1895 Ebd., Bd. 2, 5. Buch, S. 279 bis zum Schluss. In dessen 37. Kap. stehen teilweise wörtliche Übernahmen aus den «Hypnerotomachia Poliphili». Zu den Dionysos-Motiven Rabelais' vgl. das Ende der Anmerkungen von L. Schrader zum 33. Kap., ebd., S. 477 und S. 482.

1896 Seigneur de Brantôme: Das Leben der galanten Damen. Frankfurt 1981, Bd. 1, S. 56; weitere Seitenangabe im Text.

wissenschaftliche Neugier sogar als ein höheres Erkenntnis-Interesse, das von den inneren Zwecken absieht, also mit verstelltem Blick wie Perseus sieht; aber das wird in jeder konkreten Realisierung der Neugier doch als Verdunkelungsmanöver ähnlich sichtbar wie der Voyeur hinter der Gardine. Die Neugier verweist in der Neuzeit auf die dunkle Innenseite ihrer Träger. Schon das Wort *neu* ist ein eigenzeitliches Prädikat, und die verzeitlichte Ausdrucksweise markiert die subjektive und eigenkulturelle Perspektivierung.

Zu den beiden größten ‹Geschichten› der Neuzeit zählen die Ent-Deckung der Welt und die Ent-Deckung der Unterwelt. Mit Letzterer spreche ich die italische Erde an, in der die nackten heidnischen Gottheiten gesucht und gefunden wurden, die auch von den Nachfolgern Petri goutiert wurden. Wie sehr diese Ent-Erdungen auch als Palimpseste einer je unbewussten *individuellen* Frühzeit des Neuzeiters zu verstehen sind, überlasse ich Ihrer Phantasie. Dass aber die *Neu*gier sich hier auf Vergangenes bezieht, wird man nicht bezweifeln. Im *Alten* kommt hier eine Art Anfang der Neuheit suchenden Phantasie entgegen. Das Interesse an der Zusammenfügung zeitlicher Perspektiven-Divergenz zu ‹erfüllter Zeit› mag auch mit der schwindenden Verbindlichkeit der christlich versprochenen Ewigkeit zusammenhängen; aber die neugierige Zuwendung zum Noch-Dunklen spiegelt auch die Dunkelheit der noch Licht suchenden ‹Seele›.

Die inkubatären Suchbewegungen zur irdischen Einwohnung manifestieren die orale Lust der Einverleibung. Auch die globalen Entdeckungen der Erde, die mit der Annahme ihrer Kugelgestalt ermöglicht wurden und diese bestätigten, zeigen ein zumindest verborgenes oder unbewusstes Interesse an der irdischen Geschlossenheit (affin pränataler Krümmung) sowie an der zeitlichen Berührung von Anfang und Ende. Der Antrieb dazu ist vielleicht individual- und gattungsgeschichtlich mit der Nahrungssuche zu verbinden, wie dieser Trieb der Selbsterhaltung ja vielleicht der flexibelste und dem Neuen gegenüber offenste Triebtyp ist.

Diese doppelsinnige orale Disposition zwischen innen und außen ist im Christentum durch 1500 Jahre Wandlung und Mahl geheiligt, das heißt affektiv und geistig aufgewertet worden. Sie ist zudem gekoppelt mit einer Vertiefung des Verständnisses vom ‹Wort›, jedenfalls unter dem Tenor des Gotteswortes. Die orale Bereitschaft zur Anverwandlung des Fremden, die zu einer Verdauungshilfe unverständlicher Botschaft wurde und zu einer Vertiefung des Verständnisses zwischern ‹literal› und ‹übertragen› herausforderte, hat zu einer konstitutionellen Offenheit für Fremdes, Anderes, Widersprüchliches geführt – natürlich hauptsächlich nur, insofern es einverleibbar war. Die Neuheiten aus aller Welt waren aber in der Frühneuzeit vor allem berichtete, nicht gezeigte Neuigkeiten. Ihnen entspricht literarisch das neue Genre der Novellen. Nun gut, die andere Hälfte der Neuigkeitenbeschaffer waren die Philologen. Sie entsprangen wie Athena dem starken Bein des Christentums als Schriftreligion.

Die klare, gleichwohl intellektuell herausfordernde Dunkelheit zentraler dogmatischer Aussagen (Trinität, Menschen-Natur Jesu, transsubstanzielle Speise) hat früh zu einem Appetit auf dunkle Bedeutungen geführt und zur ständigen Schärfung des Begriffsbestecks, mit dem die Mahlzeit bereitet wurde. Auch ‹die Schrift› schwankte geduldig zwischen literaler und übertragener Auslegung. Aber auch der materielle Aspekt der Schrift, die Schichtung der Texte und das Palimpsest, war bei den Philologen (später auch bei den nicht-‹beglaubigten› Schrifthaltern) nicht ohne nachtleibliche Entsprechung. Das Auftauchen der verschütteten Vergangenheit auch aus den unteren Schichten von Pergament, Papyros und Papier kam einer phantasmatischen Einbettung der «Erinnerung suchenden Seele in die Vergangenheit» entgegen, wie ich in «... und das auftauchende Palimpsest» gesagt habe.

Der Aufbruch in die äußere Welt und in die Zukunft war ein vermeintlicher Ausbruch aus der inneren Nacht, aus einer raumzeitlich und historisch spezifizierten inneren Nacht sowohl der Kultur als auch der Individuen. Wenn es denn ein Aufbruch oder Ausbruch war. Denn ist es nicht zutreffender, zu sagen: Dieses orale Paradigma des westlichen Monotheismus hat die andere Welt einverleibt, geschluckt? Wie sonst wäre die Rede vom immer noch existenten christlichen Abendland verständlich? Die sogenannte Kontinuität des christlichen Abendmahls ist mit dem globalen Abendkapitalismus zur monströsen Fressmaschine mutiert. Das ist eine verzerrte Darstellung der Geschichte, wenn man auf die äußere Wirklichkeit sieht. Aber das innere, orale Nacht-Programm zeigt hier seine böse, verschlingende Seite der Nächsten‹liebe›.

Die Gegenüberstellung von Böcklein in Muttermilch und Lamm Gottes im Weinkelch hat über Mahlzeiten auch den Nachtleib als Medium der Verwandlungserfahrung und Metaphernfahrt deutlicher werden lassen.

Zwischen den Polen von Gott-Essen und der ins Bild sublimierten Nachtästhetik sind immer schon die zwei Modelle der Leib-Politik, die dionysische und die christliche, gegenübergestellt gewesen. Erec R. Dodds nimmt 1951 und 1966 Überlegungen von Aldous Huxley auf, der von den nächtlichen Ausschreitungen der Mänaden, ihrer ekstatischen Nacht-Fahrt zum Höhepunkt, ihrem rituellen Tanz zur Bergspitze sagt: «Mit ihren Muskeln erhalten sie am leichtesten Kenntnis vom Göttlichen.»[1897] Dodds vermutet, dass in allen Kulturen Tanzwütige existierten, die immer mal wieder zu «spontanen Anfällen von Massenhysterie» (S. 143) geführt hätten. «Indem solche Hysterie in einen geordneten Ritus geleitet wurde, welcher alle zwei Jahre einmal vollzogen wurde, hielt der Dionysoskult sie in Grenzen und gewährte ihr eine relativ harmlose Möglichkeit der Abreaktion.» (Ebd.)

Eine solche psychologisierende Sicht wird aber wohl kaum in historisch fassbaren Handlungen oder Ereignissen sichtbar werden, und es gab sie auch eher nicht. Allerdings führt er etliche Beispiele von Tanzwut in Mittelalter und Neuzeit an, die schon Zeitgenossen mit den Dionysien gleichsetzten. In manchen Fällen gab es eine periodische Häufung mit der Spitze um St. Johannis oder St. Veit (Lear!), und in wenigen Fällen scheint sich daraus relativ natürwüchsig eine jährliche, festliche Quasi-Tanztherapie entwickelt zu haben, etwa die Echternacher Tanzprozession gegen Epilepsie (ebd.). Aber bedenkenswert ist am Fall der Dionysien, dass (wie auch in anderen Fällen) vor den Mythen die Riten gewesen sein könnten, vor allen Riten aber: abweichende, gleichwohl relativ zwanghafte Verhaltensweisen, die nicht ohne weiteres erklärbar waren. Ihr Kern ist eine nächtliche Fahrt, die mit Wein und Drogen beginnt und im Rohfleischverzehr endet. Schon der Nebensatz im Dodds-Zitat: «... welcher alle zwei Jahre einmal vollzogen wurde ...» weist aber auf den selbst in diesem Modell noch vorhandenen Gegenpol hin: den der Erinnerung. Auch wenn hier nur erst der Zipfel der kalendarischen Erinnerung sichtbar ist, greift diese sozial gelenkte Technik auf das je Erinnerte zurück, das wiederum bis aufs Körpergedächtnis zurückweist, das dann rituell und mythologisch entäußert wird in bewussten ‹Erinnerungen›.

Das *Christentum* jedoch, das seit der ‹Renaissance› (also seit der Wie-

1897 Dodds: Griechen, S. 142; er zitiert aus A. Huxley: Ends and Means. Weitere Seitenangaben im Text.

dergeburt der Antike) mit dem Vorwurf lebt, körperfeindlich zu sein, und das Huxley zufolge einen Fehler machte, «als es den Tanz einer vollständigen Säkularisierung überantwortete» (ebd.), forcierte den Ausbau der inneren Nacht: der Erinnerung, der Selbsterforschung und der Kontemplation. – Aber das ist Schnee von gestern.[1898] Die Dionysien in der Disco von heute kommen mit Ecstasy aus, ohne Mythen, kaum Riten: inbildlose Ekstase. Nicht einmal auf dem Heimweg von McDonald's, wird die grausame Nacht bemerkt, die doch zwischen den Brotdeckeln steckte, die Industrienacht im Schlachthaus, vor allen Augen verborgen und verdrängt – und jetzt innen arbeitend. Das nächtliche Opfer-Essen scheint jedenfalls in den westlichen Industriegesellschaften keine bedeutende Rolle mehr zu spielen und darum auch nicht mehr diesen Verkehr zwischen innerer und äußerer Nacht auf den doppelten Bahnen von Essen und Reden zu organisieren. – Vielleicht sollten wir wieder eine Etage tiefer, beim gutbürgerlichen Gastmahl schauen, ob wir Entsprechendes finden.

Wenn wir aber von diesem Seitenblick auf Tanz und Bild zurückkehren zur Ansicht des Essens, die wir seit dem Paläolithikum über Homer und die Griechen hinaus genossen haben, so stellen wir fest, dass eigentlich immer schon Imaginäres und Essen verwandt sind wie Tag und Nacht. (Sie grüßen sich an der Schwelle des leiblichen Tartaros.) Das primäre Wunder ist – neben dem oft übersehenen Wunder der Verwandlung des Hungers in die ‹Erfüllung› – die wunderbare Vermehrung von Nahrung aus der Kreuzung von Essen mit Reden durch die Übertragung der Erinnerung und durch die Erinnerung der Übertragung. Erinnerung und Übertragung (als der veränderte Anteil am Stoff) sind so wirksam, weil schon

1898 In den unmodischen, kalten Nachtgefilden des Lebens, die gleichwohl jeden betreffen, hält sich Schnee von gestern gleichwohl ewig. Ursula Krechel zitiert in ihrem Gedichtband «Jäh erhellte Dunkelheit» (Salzburg/Wien 2010, S. 92) eine Grabinschrift aus dem 18. Jahrhundert an eine Tote: «Du bist vollendet! Hast ausgetrunken den Kelch deiner Leiden. Zieh hin, zieh hin in Frieden. Glückliche Seelige!» Das könnte auch auf einem zeitgenössischen Grabstein stehen. Hier wird das Schicksal noch getrunken bis zur bitteren Neige – «in imitatio Christi». Im Fortleben der Metapher vom Ölberg lebt so – jenseits jeder Körperfeindschaft – das Wissen um das gemeinsame Mahl, die Verknüpfung des Todes mit dem Leib durch das Leben selbst – in seinem Stoffwechsel – und die Hoffnung auf die Einlösung des Versprechens, welche das eucharistische Nachtmahl gibt.

bei der Mahlzeit selbst eine ‹aufwühlende› Verwandlung des egozentrischen Rein-Raus zum sozialen Leib stattgefunden hat, die erst am anderen zeigt, dass alles seine Art hat, was hier in sich geht. – Ein etwa bloß seine Notdurft verrichtender Fresser hat buchstäblich kein Auge für seine Verdauung. Aber der gemeinschaftlich mahlzeitende Esser sieht am *Gefährten* der oralen und gastrischen Fahrt, was zugleich *in ihm* vor sich geht: durch den auch beim anderen *auftauchenden* Ausdruck, etwa des Behagens. Das ist sogar beim Hamburger möglich, wenngleich hier eher der Ausdruck von Mordlust zu beobachten ist, der tief blicken lässt, weil man beim Big-Mac das Maul so tierisch weit aufreißen muss. Das Wunder des Stoffwechsels innen … und gegenüber Blickwechsel, Wortwechsel. Ein antwortendes Wesen bietet dem malmenden Tartaros ‹Paroli›, hinter ihm bereitet der gleiche Abgrund gastrischer Vorgänge nun ein milderes Feuer der Sättigung.

Für die Bewältigung dieses Schismas von Eindruck und Ausdruck (von privatesten Vorgängen im Innern und der Fokussierung von Augenspiegeln) bei den nachtmahlenden Augenspielen in der Nacht draußen: Dafür werden Hören und Sprechen dringend nötig. Jedes Wort ist jetzt ein leibhaftes, und doch kann seine Bedeutung die Leibhaftigkeit dementieren. Ein schönes Beispiel, wie kontrafaktisch wahrhaft und nahrhaft große Gleichnisse funktionieren – und wie förderlich dabei der Schleier der Nacht ist. Denn die Nacht fördert das Theater des Auftauchens – aus innerer Nacht. Glänzende Augen finden hierbei ihre glänzenden Gleichnisse in den oralen oder visuellen Darbietungen (Gesänge, Tänze, Lichtspiele).[1899]

Doch hier soll noch nicht von den Gleichnissen die Rede sein, sondern vom Trio aus innerer und äußerer Nacht und aus Rede. Angeregt und entspannt durch die inneren Vorgänge des anhaltenden Appetits, des Kauens, des Schluckens, der Sättigung und der Verdauung, wird das gesellige Wort im Verein mit der äußeren Nacht zu allen Zeiten fragwürdiger, aber toleranter genommener Erscheinungen (gnädig verhüllt der Mantel der Nacht die Bosheit des Tages, den Schmutz und die Armseligkeit der Lage, während andererseits vieles irrlichtert und glänzt, was nicht Gold ist), auch im

1899 Ein Beispiel für die Übertragung von Essen an Augenweide und die damit verbundene Aufhellung ist in Ludovico Ariosts «Der rasende Roland», 32. Gesang, Strophe 110, zu lesen (München 1987, Bd. 2, S. 207).

gutbürgerlichen Nachtmahl gepflegt. Es ist der mahlzeitende Nachtleib, der auch Nachtbild und Nachtsprache hervorbringt. Wenngleich die Gemeinsamkeit nicht so ‹eng› zu sehen ist, da die Gleichzeitigkeit von diesem ‹Rein und Raus› sowohl im Leib als auch außerhalb Verdruss bereiten kann: Zugleich Reden und Essen wird weder gern gehört, noch lässt sich ein Verschlucken immer vermeiden.

Es kommt aber nicht nur auf eine individuelle Abstimmung des Einzelnen an, sondern auch auf eine Abstimmung mit dem Essen und Reden der Partner, wozu sie auch angesehen werden müssen, genauer: Es gibt Blickwechsel knapp oberhalb der Münder und knapp außerhalb von Kauen und Schlucken, Atmen und Reden. Eine gelungene Plauderei mag also noch so oberflächlich erscheinen, was die Inhalte betrifft. Wenn dabei gegessen und getrunken wird, ist sie immer ein ‹tiefsinniger› Stoffwechsel, eine Vertiefung der Kommunikation durch die Tischgemeinschaft, durch den Kommensalismus. Immer wieder in der Geschichte der Esskultur knüpfen Nachtmähler innige Bande und tiefe Verpflichtungen, dunkle, gefährliche Abreden werden getroffen, Komplotts beim Kompott ausgeheckt.[1900] – Heute nennt man das «Geschäftsessen».

Die religiöse Dimension überdauert indessen im kultische Getue mancher Haute Cuisine, die tiefergehende Bedürfnisse mit zeremoniellem Aufwand in der Garnitur zu veräußern scheint. Noch der Typ des aufgeklärten Materialisten Jean-Anthèlme Brillat-Savarin, der vom Körper auch schon mal als von einer Maschine spricht, und der mit seiner «Physiologie des Geschmacks» die ganze materielle Anmutung des Appetits auf Aufklärung evoziert, spricht von «transzendenter» Gastronomie. Brillat-Savarin ist kein Solitär in seiner Zeit. Bereits zwei Jahre vor seiner Physiologie war in Deutschland der «Geist der Kochkunst» (1823) erschienen, und 1828 kann man die «Vorlesungen über die Esskunst» eines Antonius Anthus lesen. Gemeinsam ist den dreien die Bemühung um eine gedeihliche Komposition aus Geist und Materie, die Inszenierung mit guten Substanzen.[1901]

Das spätere und noch zeitgenössische Brimborium von Gourmet-‹Päpsten› (!) spielt bereits in der Karikatur Brillat-Savarins auf dem Umschlag der zitierten deutschen Taschenbuchausgabe vor: Zwei Put-

1900 Vgl. für das spätklassische Griechenland: Davidson: Kurtisanen, S. 303.
1901 Siehe G. Neumann: Der Mensch ist, wie er isst. In: Die Zeit, 12/2007, S. 62.

ten, die an Spanferkel erinnern (diese Schweine haben jedoch keine Flügel), halten einen grünen Kranz aus dem beliebten Küchen- und Ruhmgewürz Lorbeer über seinem Haupte. Oder sind das «Frankfurter Gemischte Kräuter»? Jedenfalls ist es ein physiokratischer Heiligenschein. Das trifft durchaus schon Brillat-Savarin selbst. Dieser sonst so umgängliche Feinschmecker, bereit, jede gastronomische Gefallsucht mit verbaler Münze der Schmeichelei zu bezahlen, gerät nur einmal in jesusmäßige Rage und sammelt ewige Schmach auf jene «stumpfsinnigen Fresser» herab, die in «tempelschänderischer Zerstreutheit einen Wein von vornehmster Blume herunterstürzen!» (S. 89).

Ha, Blume! Anthesterien! Welcher Tempel wird hier geschändet? Der Leib des stumpfsinnigen Fressers, genauer: dessen sozialer Leib. Des Mampfers und Säufers Ignoranz gegenüber der gastronomischen Begutachtung ist asozial, ja ein Frevel gegen den heiligen Leib. In der Tat hat die Physiologie eine Art religiöser Botschaft: den höheren Stoffwechsel mit der Natur. Höhepunkt ist die wohlgenährte Stille – die Stille der Nacht, der Schlaf, der Traum, die erfrischte morgendliche Auferstehung.[1902] – Aber da es der «zerstreut» getrunkene Wein ist, der ihn in Rage versetzt, ist der grüne Kranz über seinem Haupte wohl eher der Kranz des Dionysos aus Efeu- oder Erdbeerbaumblättern. – Weiter ohne Götterspeise:

Gut bürgerlich – mit Brillat-Savarin

«... wenn der bei mir rausgeht –
das ist die Erleuchtung!»
Alfons Schuhbeck[1903]

Brillat-Savarin, den ich, Roland Barthes folgend, zwecks leichterer Verdaulichkeit kurz B-S nenne, hat mit seinem «Geist der Kochkunst» laut Untertitel «Gedanken zur transzendentalen Gastronomie» geäußert, die zunächst einmal einer physiologischen Basis bedürfen, sonst hätte das

1902 Jean-Anthèlme Brillat-Savarin: Physiologie des Geschmacks. Frankfurt 1979, S. 141–148.

1903 Der Sternekoch Alfons Schuhbeck auf die Frage, ob sich die Ernährung auf die Intelligenz auswirke, über einen Gast, der bei ihm essen war (Fernsehsendung «Wie schlau ist Deutschland», ZDF, 5. 3. 2008).

‹Übersteigende› nicht Sinn noch Abtritt. Diese Basis ist der Bauch (*gaster*), und das Transzendentale ist in der liebevollen und regelrechten (-nomie) Zuwendung zu sehen. Freilich gab es immer schon die selbstbewusst ausgestellte orale Sinnenfreude derer, die es sich leisten konnten. Aber der Materialismus der modernen Anthropologie des 18. Jahrhunderts schaut nun genauer nach innen, in die Chemie der Speisen und Verdauungsprozesse und inauguriert eine zweckmäßige Natürlichkeit, die frei vom allegorischen Pomp der Renaissance-Fürsten ist. Karlheinz Stierle zufolge ist Brillat-Savarin der Erste, der das neue Paradigma der *Physiologie* und ihren naturwissenschaftlichen Nimbus, den die naturhistorischen Forschungen des Georges Baron de Cuvier (*1769) mit sich gebracht hatten, metaphorisch beerbt.[1904]

Unterhalb der wissenschaftlichen Ebene hat natürlich ein guter *Gastgeber* immer schon wie ein Physiologe ‹den Gast gegeben›, das heißt als eigentlicher ‹Gastnehmer›, in einem komplexen und intimen Austauschverhältnis zum fremden Bauch gestanden, das ihm sorgfältig auf alle Quellen der Sprache des fremden Inneren zu achten gebot.[1905] Rülpsen, Furzen, Schweiß, Gesichtsfarbe und Augenglanz sind von einem Stifter der Gastlichkeit seit jeher als Ausdrücke innerer Befindlichkeit den Gästen *abgelesen* worden. Der Prozess der Zivilisation vom 15. bis zum 19. Jahrhundert und die soziale, zumindest speisehygienische essrituelle Distanzierung der Körper hatten zwar dazu geführt, dass man Rülpsen und Furzen nicht mehr unbedingt vermisste, umso sorgfältiger aber waren die anderen äußeren Zeichen innerer Befindlichkeit zu beobachten.

Man kann die Idee einer transzendentalen Gastronomie mit der ‹erhöhten› Aufmerksamkeit für das innere Dunkel erklären, die die den physiognomischen Vergleich auftauchender Zeichen gleichsam transzenden*taler* erscheinen lässt. Noch Kant, der das Wort *transzendental* verweltlicht hat und der eine sehr hohe Meinung vom geselligen Mahl hatte, hat diese mit ‹wahrer Humanität› zusammenstimmende Form des ‹Wohl-

1904 Stierle: Paris, S. 180. Stierle nennt in diesem Zusammenhang die im selben Jahr (1825) erschienene «Physiologie der Leidenschaften …» von J.-L. Alibert, Honoré de Balzacs «Physiologie der Ehe» (1826) und Sophie Gays «Physiologie des Lächerlichen…» (1832).

1905 Vgl. über das seltsame Austauschverhältnis, das den ‹Gast-Geber› zum Gast macht, H.-D. Bahr: Die Sprache des Gastes. Leipzig 1994, S. 12.

lebens› betont pragmatisch und didaktisch behandelt.[1906] Obwohl auch er noch von einer gewissen «Heiligkeit und Pflicht zur Verschwiegenheit» über das, was bei einem «Symposium» gesprochen wurde, weiß, gilt sein Hauptinteresse dem Genuss des Mahles und der Teilnehmer selbst (S. 618). Die Konversation ist bei ihm strategisch in Gänge gegliedert, die bewusst die Analogie zu den Gängen der Mahlzeit suchen. (S. 620)

Die Mahlzeit endet mit einem leicht erotisierten Lachen, «welches, wenn es laut und gutmütig ist, die Natur durch Bewegung des Zwerchfells und der Eingeweide ganz eigentlich für den Magen zur Verdauung, als zum körperlichen Wohlbefinden bestimmt hat» (S. 621). Das ist der tiefste Vorstoß Kantens; für den Gang des *Essens* in die dunkle Tiefe interessiert er sich nicht. Wer ohne Tartaros auskommt, braucht auch keine Transzendenz, und damit hängt wahrscheinlich zusammen, dass die Nächtlichkeit des Mahls, die Inszenierung nach Hell-Dunkel und Innen-Außen kaum eine Rolle spielt – sowohl bei ihm als auch bei großen Teilen jenes Bürgertums, das Kant repräsentiert.

Einerseits nun beerbt Brillat-Savarin das Aufklärungsideal der Natürlichkeit, andererseits ist sein Werk ein typisches Produkt der Régence, jener Restaurationszeit, in der höfische Manier, oder doch aristokratischer Stil, durchaus wieder Vorbildcharakter annahmen, besonders für den sogenannten Geldadel. B-S selbst hatte als Royalist fliehen müssen. In Hinsicht der Verbindung von höfisch und bürgerlich, elegant und wissenschaftlich ist die neue Herrschaft des guten Geschmacks durchaus vergleichbar mit der Situation am Anfang dieses sich neu verstehenden Zivilisationsprozesses in der italienischen Renaissance, etwa bei Leon Battista Albertis (*1404) «Della Famiglia».[1907] Noch deutlicher die Ähnlichkeit bei Baldassare Castiglione (*1478), dessen «Hofmann» das Thema des richtigen Dienstes bei den Fürsten zum Anlass nimmt, vom selbstverantwortlichen Tun und Leben zu schreiben.[1908] Dieses Buch, das manche Ähnlichkeit mit dem Symposion Platons aufweist, ist selbst als eine Reihe von vier

1906 Nämlich in seiner «Anthropologie in pragmatischer Hinsicht» in: I. Kant: Werke, Bd. 6, S. 617; weitere Belege im Text.

1907 Deutsch: L. B. Alberti: Vom Hauswesen (1437–41). München 1986.

1908 B. Castiglione: Der Hofmann (1528). Berlin 1996; weitere Seitenangaben im Text. – Zur Vermittlungsleistung Castigliones zwischen Hof und Humanismus siehe P. Burke: Die Geschicke des ‹Hofmann›. Berlin 1996, S. 46.

nächtlichen Gesprächsrunden, die sich jeweils nach einem Gastmahl am Hof des Herzogspaars von Urbino ergeben, gestaltet (S. 19). Aber so wenig wie im «Hofmann» übers Essen geredet wird, so wenig wird in der «Pysiologie des Geschmacks» über die leidenschaftliche Liebe geredet.[1909]

Und doch verbindet beide der Wille zum guten Stil beim Essen – der nicht einfach nur den existierenden Adel kopiert, sondern vernünftig begründet sein will. B-S ist schließlich kein Dandy. Was in der Renaissance die geadelten Warlords waren, das sind nun die nachrevolutionären Bourgeois, die sich Privilegien beim Adel besorgen oder durch Finanzgeschäfte sehr schnell zu sehr viel Reichtum gelangt sind. Restauration und Rafferei schaffen, ähnlich wie an den neureichen Fürstenhöfen der italienischen Renaissance, eine Ästhetik aus dem Geist des Legitimationsnotstands. Einerseits muss es durchaus auch dem Bauch richtig gutgehen, man muss in ihn hineinhorchen; andererseits muss es auch etwas hermachen, das Mahl. Am leichtesten sind beide Richtungen natürlich mit riesigen Portionen zu befriedigen: Sieht gut aus und bringt viel ein. Nach Brillat-Savarin ist es ein Gesetz, dass die, die am schnellsten zu Geld kommen, es auch am schnellsten wieder ausgeben. «In allen Kochbüchern gibt es deshalb für alle Arten von Speisen stets eine oder mehrere mit der Bemerkung à la financière.» (S. 100)

Es bedarf schon einer gewissen Konzentration von Kapital, politischer Macht und ‹geistiger› Ausstrahlung in dieser nach 1815 erst wieder kommenden Hauptstadt des 19. Jahrhunderts, um derart stilbildend auf die Haute Cuisine Europas zu wirken, wie es geschehen ist. Die Literaten werden «um der Pikanterie ihrer Unterhaltung und schließlich um der Mode willen, die seit einiger Zeit für jede Gesellschaft einige Literaten vorschreibt», eingeladen, schreibt B-S 1825 (S. 103). Ach, sagt Sokrates. Mögen diese selbst auf die Stoffe der tonangebenden Gesellschaft oder schlicht deren Aufträge scharf sein, sie sind de facto ihre Lautsprecher. Dennoch ist immerhin eine gewisse Hochachtung für das gehobene Gespräch zu erkennen – weil eine gute Geschichte gut für die Verdauung ist.

1909 John Hale schreibt in seiner «Kultur der Renaissance in Europa» (München 1994, S. 581) anlässlich der vielen neuen Benimmbücher seit dem 15. Jahrhundert für die Oberschichten von Italien bis England: «Als Todsünden des Fleisches waren Völlerei und Wollust schon immer als unzertrennliches Paar angesehen worden.»

Ansonsten überwiegt in höheren Gesellschaftskreisen des ganzen 19. Jahrhunderts der diplomatische Aspekt, der immer schon eines guten «Arbeitsessens» bedurfte. Dieser Ausdruck des 20. Jahrhunderts trifft durchaus der Sache nach schon die PR-Arbeit des 19. Jahrhunderts. Eine böse Sicht auf diese Tradition der Bourgeoisie, die mit ihren ‹glänzenden› Soupers und Soireen ökonomisch konkurriert, bietet Jean-Marie Villiers de L'Isle-Adam (*1838) mit seiner ‹grausamen Geschichte› über «Das schönste Gastmahl der Welt», bei dem ein Konkurrent das absolut gleiche Mahl bietet wie sein Gegner, dessen Gastmahl bis dahin als das schönste der Welt gegolten hat. Der einzige Unterschied: Jeder Gast erhält diskret in einem Kuvert einen Geldschein. Dieses Mahl ist jetzt das schönste.[1910]

Die Erzählung erschien zwar erst 1883; doch sorgt ein gewisser *haut goût* aus Wirtschaft und Politik bei dieser Haute Cuisine ab ovo für ein gewisses Geschmäckle. Nach B-S nämlich begann alles mit den katastrophal hohen Staatsschulden, die Frankreich 1815 an den Schäden der napoleonischen Abenteuer zu ‹reparieren› hatte. Statt bankrott zu gehen, brach aber damit für das Land eine bemerkenswerte Erfolgsgeschichte an, die im Grunde bis heute anhält. Die Eintreibung der Reparationen brachte Scharen von Barbaren in die Mausefalle von Paris oder noch zutreffender, da gar nicht mit verborgener List arbeitend: Paris wurde zu einem «riesigen Speisesaal» (S. 85), besonders nachts. Diese Initiation in die Gemeinde der Feinschmecker bedeutete die Geburt nicht nur des kulinarischen Tourismus, sondern der gesamten französischen kulinarischen Exportwirtschaft. «... die echten Franzosen lachten und rieben sich die Hände: ‹Die haben wir! Heute abend werden sie wieder mehr harte Taler verzehrt haben, als der Staatsschatz ihnen heute früh gezahlt›.» (Ebd.)

Natürlich speist die mondäne Welt, *le monde*, auf feinere Art als jene Barbaren, durch deren unersättliche Bäuche sie wiederum reich geworden ist. Aber sie haben auch nur Bäuche, die den Gesetzen der Pysiologie gehorchen. Mund und mundus, die weite Welt und die intime Verdauung sind in der Perspektive des Feinschmeckers in ein dynamisches Verhältnis getreten – zwischen weltweiten Beziehungsnetzen und dem sorgfältigen Blick eines Gastgebers auf das Innere der Gäste. Bei all den aufgestellten Gesetzen über die Reihenfolgen von Weinen und Speisen geht es B-S

1910 J.-M. Villiers de L'Isle-Adam: Grausame Geschichten. Frankfurt 1985; darin: Das schönste Gastmahl der Welt, S. 145.

nicht um ein diplomatisches Protokoll verzehrbarer Symbole der Staatsmacht, sondern um die Steigerung des Wohlbefindens jenseits notdürftiger Sättigung, dies die «Transzendenz». Und in dem Maße, wie der Hunger verstummt, wird das Plaudern in behaglicher Geselligkeit umso vernehmlicher. Hier ist auch bei anderen Fachleuten der Gastgebung der Gastgeber als Stratege gefordert:

«Der Herr des Hauses muß während der Mahlzeit über die Unterhaltung wachen, und zwar ebensowohl darüber, daß sie nicht stocke, als darüber, daß sie nach keiner Seite hin ausarte; denn gegen das Dessert werden häufig die Zungen freier und es herrscht in der Gesellschaft eine größere oder geringere Aufregung.»[1911]

Die Konversation ist fast die wichtigere Hälfte der Tafelfreuden (B-S, 122 f.), was Dichter für diese attraktiv machen könnte – und vice versa –, gäbe es da nicht speziell bei B-S die Einschränkung, dass diese ‹Tafelfreude› aber allein der andern, Tafelfreude des Essens und Trinkens, zu dienen und verdauungsfördernd zu sein hat. Dichter sind poetische Opferlämmer oder Böckchen in ihrer Milch. Diese gravierende Einschränkung wäre für schwermütigere Kaliber des *Homme de lettre* ein Grund, wie der *Duc de l'Omelette* und andere Alleinfresser und -zecher Poes die edle Tafelrunde zu fliehen, um nach schwererer Kost dunklere Träume und Phantasien zu ‹goutieren›.[1912] Brillats orale Causerien dienen dagegen lediglich der gastrischen und peristaltischen Entlastung. Unmissverständlich spricht er von «Verdauungsgespräch» (S. 124). Seine inhaltlichen Anforderungen sind dementsprechend homöopathisch dosiert. Offenbar hat er schon mal von der verdauungsfördernden Wirkung von Bewegung gehört. Jedenfalls empfiehlt er, der Tafelgäste als innerlich Reisende betrachtet (daher die ‹Gänge›), als Zwischengang Erzählungen von vergangenen Reisen. – Und kein Politisieren beim Dessert! (S. 147)

Das Trinken gehört für ihn wie für Dionysos und Jesus (dem einst ein Kelch Emblem des Lamms war) zur Ernährung; aber es dient auch der Erholung vom Reden; denn «Reden erhöht den Durst» (S. 77). Ist doch, wie

1911 Baronesse de Fresne: Maximen der wahren Eleganz und Noblesse in Haus, Gesellschaft und Welt. Weimar 1859, S. 64; siehe auch «Gutes Benehmen: Anstandsbücher von Knigge bis heute», Dig.Bib., Bd. 108, S. 6467.

1912 Vgl. «Der Duc de l'Omelette» von E. A. Poe, in: Das gesamte Werk Bd. 1, S. 91.

wir inzwischen wissen, seit dem dritten Lebensmonat für jeden, auch den erwachsenen ‹Säugling› Durst der Preis der Rede, weil wir, seit diesem Alter mit abgesenktem Kehlkopf, nicht mehr gleichzeitig Luftröhre und Speiseröhre offen halten können. Trunkene Rede probt das Glück der Fusion. – Und wir können ergänzen: Trunkenheit erhöht die Red-Seligkeit, welche letztlich auch nur eine besonders feine, wenn auch nicht sehr kommunikative Form des Rülpsens ist. Der hohe Grad an Feuchtigkeit, ja Milchigkeit seiner Rede lässt vermuten, dass die beiden ‹erotischen› *Säuglinge* in seiner Glorie (Titelbild) auf die Stillzeit als transzendente Hochzeit der Mahlzeit verweisen. Da ist zunächst einmal die Gewichtung im Verhältnis trockener und nasser Nahrung. Wohl kaum einer (außer den Dichtern natürlich) hat zuvor so konsequent das Trinken zur Ernährung erklärt (S. 74) und die ‹geistigen› Getränke sozusagen zur transzendentalen Macht erhöht (S. 79), die den Menschen vom Tier unterscheidet.

Die Bedeutung des Trinkens hängt für einen solch philosophischen Feinschmecker damit zusammen, dass er grundsätzlich die chemische Beschaffenheit der Substanzen im allgemeinen Stoffwechsel beachtet. Roland Barthes hat bereits in den Siebzigerjahren des vorigen Jahrhunderts die Nähe des Feinschmeckers zum Säugling konstatiert, womit er allerdings bei B-S offene Türen einrennt. «Der *wahre* Zustand der Nahrung … ist der flüssige: Der Geschmack resultiert aus einem chemischen Vorgang, der immer über die Feuchtigkeit verläuft, und ‹es gibt nichts Schmackhaftes, was nicht bereits aufgelöst oder in Bälde löslich ist›.»[1913] Das Gleichnis der einzelnen Geschmackssituation zum Stoffwechsel der Welt nährt sich hier vom Wasser als dem «großen mütterlichen und thalassischen Motiv: Das Wasser ist nährmütterlich; die Nahrung ist grundlegend ein inneres Bad, und dieses Bad – B-S dringt auf diese Präzisierung – ist nicht nur vital, es ist auch beglückend, paradiesisch; hängt doch der Geschmack, das heißt das Glück des Essens, von ihm ab.» (S. 284)

Wenn die Feinschmeckerei nach B-S «ein klug geordnetes Mahl zu einem Gleichnis der Welt» (S. 21) komponiert, so muss man ihre Welt für eine sehr weiche und die Petitessen und Näschereien bevorzugende halten, die einen schnellen Wechsel von außen und innen ästimiert. Immerhin zeigt

1913 Roland Barthes: Brillat-Savarin-Lektüre, S. 284; weitere Seitenangabe im Text.

die Ambition zum Gleichnis die Nähe der beiden oralen Genüsse im Verständnis des Feinschmeckers. In dieser Hinsicht kann man den Text dieses Juristen aus dem Jura über den Geschmack auch als Gleichnis seines Geschmacks lesen. Jenes ‹Gericht›, welches sein Text ist, die ganze ‹Anrichtung› seines eigenen Opus magnum, ist doch sehr kleinteilig und flüssig geschrieben: Hier eine Skizze, dort eine Liste, hier eine Anekdote, dort eine Anleitung – immer überraschend, wie es sich für einen liebevollen Gastgeber gehört. Das Stichwort vom «liebevollen Gastgeber» ermöglicht mir, im Stile einer Plauderei beim Mahle, die etwas beiseite führende Frage zu stellen, wie es mit dem Verhältnis zwischen Tafel- und Bettfreuden bei B-S aussieht. Natürlich ist das Verhältnis von Beilager und Beilage zu allen Zeiten eines der wechselseitigen Stimulation gewesen, wenn auch beides zuweilen mit wechselndem Partner gepflegt wurde. «Ich muss meinem Mann noch Gallrei zu essen geben heut Nacht, sagte die Frau.»[1914]

Doch häufiger liegt gemeinsam genossenes Fleisch auch gemeinsam bei. Krustiger Braten von der Lende macht hungrige Liebhaber behende, wie es bei «Tom Jones» heißt[1915], und B-S, dessen Ideal von guter Gastronomie das Raffinement aller bisherigen Kulturen einschließen möchte, geht ganz selbstverständlich davon aus, dass ein großer Liebhaber und Gourmet sich in die gleiche Physiognomie teilen (96). Die Tafelfreuden aller Zeiten eigneten sich sowohl zum aphrodisischen Vorspiel als auch zur Hauptspeise, und selbst als Hauptspeise ist sie sowohl der Ersatzbefriedigung dienlich als auch der erotischen Sublimation im Tête à Tête. Eine Variante der erotischen Sublimation ist der liebevolle Gast*geber*. Beschäftigt mit dem Gleichnis zwischen der weiten Welt und den innersten physiologischen Vorgängen, sind seine Liebesakte vorwiegend visueller Natur, wenngleich man sofort einräumen muss, dass die unsichtbaren Vorgänge mit großer Empathie der Beobachtung beigesellt sind. Mag der banale Koch andächtig beobachten, wie das Eigelb sich kräuselt, der Gastgeber beobachtet die Gäste:

«Indessen regt es sich überall in der Nährmaschine: der Magen wird empfindlich, die Magensäfte scharf, die inneren Gase ziehen hörbar umher, der Mund füllt sich mit Speichel, und die Verdauungskräfte stehen alle unterm Gewehr, wie Soldaten, die nur noch den Befehl zum Sturm

1914 Wander, Bd. 1, S. 1322.
1915 Henry Fielding (*1707): Tom Jones (1749). München 1966, Bd. 2, S. 293.

erwarten. Noch drei Augenblicke: dann kommt ein Magenkrampf, man gähnt, man leidet – man hungert.» (S. 26)

Selbst die vollendetste Höflichkeit könne dies nicht verbergen; also lässt sich für ihn dieses Geschehen an seinen Ausdrücken «beobachten» (S. 27). Wie ein Kerberos an der Schwelle zwischen innen und außen, beobachtet der Gastgeber Ein- und Ausgänge, orale ‹Erinnerung› und ihren ‹Ausdruck›. Die moderne Verlagerung der Aufmerksamkeit zur oralen Schwelle – zwischen gastrischen und gastronomischen Vorgängen – kommt durch die Aufwertung des Tafelgesprächs und die neuen kritischen Fähigkeiten der Geschmacksbegutachtung durch den Gast und der Begutachtungs-Begutachtung durch den Gastgeber zum Ausdruck. Nicht erst das Plaudern beim Schmausen oder die literarische Kritik hernach verstärken die Begegnung von Rede und Reede[1916], schon beim Fühlen der Nahrung im Mund entsteht laut B-S eine «Geschichte», deren narrative Struktur, das ist ihre «zeitliche Zerlegung», Roland Barthes als ein «Rauschen der Sprache» hervorhebt. Diese innerleibliche Geschichte des ‹sechsten Sinns›, der Geschmacksempfindung – 1. direkte Reizeinwirkung, 2. vollständige Geschmacksentfaltung, 3. reflektierte Empfindung mit abschließendem Urteil – «lässt sich tatsächlich ein wenig wie eine Erzählung oder eine Sprache entwickeln.» (S. 279)

Der Gast selbst ist also als Kritiker einer Geschichte gefragt, und der Gastgeber prüft von Anfang an kritisch die kritischen Fähigkeiten des Gastes. Schon während ein Teil des innerleiblichen Geschichtsprozesses hinab in den gurgelnden Styx des Geschmacksvergessens erst beginnt, sich zu verlieren, und bevor Behagen oder Unbehagen sich nach unten und nach oben ausbreiten, richtet sich das reflektorische Erlebnis auf die Kartierung der ersten beiden Phasen in die Erinnerungslandschaft ein, vergleicht vergangene Erinnerungen und vorangegangene Erwartung, die bereits eine Synthese aus aktuellen Erwartungen (gespeist von Düften, dem Aussehen der Speise und dem Sprechen darüber) und gewesenen Erwartungen und Erinnerungen war, mit dem noch bestehenden *Appetit* (S. 26). Alles zusammen lasst *Tafelfreude* aufkommen, jene grandiose Transzendenz des Hungers, die B-S der Transzendenz des Fortpflanzungstriebs in der Liebe gleichsetzt.[1917]

1916 Reede ist die hohe Kante, wo die Ladung landet und gelöscht wird.
1917 Vgl. Barthes: Brillat-Savarin-Lektüre, S. 280.

Während im Mund sich erst ein malzig-blumiges Aroma, dann der bittersüße Salbeiduft und schließlich der nussige Buttergeschmack der berühmten und beliebten Innerei auf der Zunge entfaltet, hinunter in den Kupferkeller des Blutes, wollen die Worte aus dem dunklen Innern heraus und vorbei an der abwärtsleitenden gelösten Leber strömen: «Das erinnert mich an die Kalbsleber, die ich vor Jahrzehnten ‹Chez Marcel› in Camaret aß.» Aber sie haben es schwer, die Worte, vorbeizukommen, weil die Zähne, der Gaumen immer wieder neu die tuffige, fast cremige Konsistenz dieser Titanenspeise für Zeus verdrücken müssen. Dieser Leib, der sich ein wenig vergisst, indem er sich ‹erinnert›, taucht, indem er vergangene Verdauung hochkommen lässt, ist ganz Nachtleib. – Dem entspricht nun die historische Zunahme der *äußeren Nacht*, denn die Soireen und Soupers wurden in der Régence immer beliebter (S. 169).

Übertrieben? Barthes hebt jedenfalls die Ähnlichkeit des genießerischen Essens mit dem nachtästhetischen Ereignis des Träumens hervor: «Der Appetit hat etwas vom Traum an sich, ist er doch Erinnerung und Halluzination zugleich, weshalb es vielleicht besser hieße, dass er mit dem Phantasma verwandt ist.» (S. 294) Barthes betont nun zwar mit der je einzigartigen erquickenden Verquickung von zeitlichen Modalitäten (via Erinnerung und Erwartung) die solipsistische, weil innerliche Traumhaftigkeit. Aber bei der Beobachtung des Raumes, in dem der Appetit, das Essen und die Tischgespräche sich kreuzen, sieht man die gesellige Verflechtung innerer und äußerer Nächte von Tischgenossen. Dennoch: Es bleibt eine leichte Widersprüchlichkeit zwischen dem ersten und letzten Triebziel, dem Gleichnis für den Stoffwechsel (mit) der Welt einerseits und der Tafelfreude im engeren Sinne, die zur Hälfte ‹Konversation› ist, ein gegenseitiges Einander-Zuwenden, in welchem die Tafelrunde sich in einer den Einzelnen stützenden und kontrollierenden Weise zugleich selbst stabilisiert.

«Indem er spricht – plaudert –, während er isst, bestärkt der Tafelnde sein Ich und schützt sich vor jeder subjektiven Flucht durch das Imaginäre des Diskurses.»[1918] Dennoch: Der nächtliche Aspekt des Nachtmahls scheint in jene Zielkurve einzubiegen, die da Schlaf heißt: Erst muss das Feuer des Verlangens wachgerufen werden, dem die «Ekstase des Genusses» mit an-

1918 Barthes, ebd., S. 283.

schließender «völliger Ruhe der Seligkeit» folgt. (S. 118) Diese letzte Phase ist noch kein Schlaf, das Mahl ist noch nicht einmal beendet. Dennoch ist dieses Muster ziemlich ähnlich dem erotischen. Bei der Beschreibung eines frugalen Nachtmahls zwischen armen Eheleuten, das mit einer halben Flasche Madeira zum feurigen Abschluss gebracht wird, schließt B-S: «Dann nimmt dasselbe Bett sie beide auf, das gleiche Feuer zieht sie zueinander – bis sie ein holder Schlaf das Gegenwärtige [ihrer Armut] vergessen und von einer reicheren Zukunft träumen lässt.» (S. 92) Ein gleiches Feuer?

Was es mit dem Feuer der nächtlichen Tafelfreuden auf sich hat, wird sich bald zeigen. Zunächst sei darauf hingewiesen, dass bereits kurz nach diesem Dreischritt der Esslust mit der Ekstase des Genusses festgehalten wird: «Die Tafelfreude bedingt weder Entzücken noch Ekstase noch Leidenschaft. Was sie an Intensität verliert, gewinnt sie durch die Dauer.» (S. 119) Bei einem guten Nachtmahl verstehen sich die Ekstase der Esslust und die Freude der Geselligkeit außerordentlich gut, kommen sich nicht ins Gehege des Behagens. Obwohl nun die Tafelfreude prinzipiell nicht der Anbahnung von anderen Leidenschaften im Wege steht, dient sie einem primären Lustprinzip des Essers als ein Aufschub, der den eigentlichen Genuss noch steigern kann. Dieser eigentliche Genuss sind der Schlaf hinterher und der Traum. Und dies sind doch eigentlich Ekstasen, wo sich die gesellige Selbstkontrolle auflöst und der Mensch ganz Naturwesen wird, Teil eines allgemeinen Stoffwechsels, denn, natürlich: Die Ernährung geht weiter. (S. 143)[1919]

Die Ruhe des Schlafs ist B-S ein unbeschreiblicher Genuss (S. 142), der natürlich durch die vorherige Ernährung (und anderen mündlichen Austausch) geprägt ist. Hierin nun zeigt sich das genuin Nachtästhetische des Genießers: Er liebt das Schlafen und Träumen als den krönenden Abschluss der Tafelfreuden: Er hat das Essen und die Geselligkeit goutiert; jetzt geht er «zufrieden mit sich und der Welt» zu Bett, «sein Auge

1919 Das Fließende von «Schlemmen» zu «Schlummer» hat ein *odeur* von Morbidezza, Ausfluss eines transzendentalen Stoffwechsels: Jeder Stoff verwandelt sich via Liquidierung, Verflüssigung. Schon die höchsten Wonnen des Geschmacks werden nach der Reizung der Geschmacksknospen im Medium der (fast) flüssigen Nahrung erlebt, fließend auch ist die gastrische ‹Lösung› der Stoffe in Einfuhr- und Abfuhrgüter.

schließt sich, durch jene Dämmerung schwebt er dahin und sinkt zuletzt für einige Stunden in tiefen Schlaf». (S. 147) Dieser Nachtanschluss bringt ihn zu einer zweiten «mysteriösen Existenz» (S. 148) im Traum, und «er schwebt zu Orten, wo es ihm gefiel». Dieser stärkende Genuss in nicht ermüdenden Reisen hängt natürlich von der unbeschwerlichen Reise der Nahrung im Körper ab. Dennoch: Welch eine ‹transzendentale Tafelfreude›!

Erweist sich der reflektierte Feinschmecker bereits durch solche programmatischen Überlegungen als liebevoller Gastgeber des Traums, so wird andererseits deutlich, wie viel das Nachtmahl mit den anderen nachtästhetischen Medien Schlaf und Traum verbindet. Was aber hat es nun mit dem Feuer auf sich? Beobachten wir zur Beantwortung dieser Frage den Gastgeber, der, auch wenn er nicht der Koch ist, den ganzen Abend über sorgfältig mit dem Schüren des Feuers beschäftigt ist. Wie alle Gäste studiert er sorgfältig die Gesichter und ihren Eindruck / Ausdruck: Schlucken sie begeistert, stockt ihre Rede (usw.)? Statt nun ein Register für Fürze und Rülpser aufzustellen, untersucht der Gastgeber das innere Feuer der Gäste am Leuchten der Augen.

Er hat hier Nachtbilder vor sich, wie Hektor sie an dem Symposion der Sterne um den Mond sah. «Der Körper des Feinschmeckers wird wie ein sanft strahlendes, von *innen* beleuchtetes Gemälde gesehen.»[1920] Barthes betont mit «von innen beleuchtet» den Charakter des *auftauchenden* Lichtes. Denn die Lust, die als Glanz in den Augen der Genießer aufscheint, kommt weder von der illustren Beleuchtung noch vom Prickeln in der Mundhöhle, sondern von einer sehr tiefreichenden, «globalen [!] Empfindung» des inneren Körpers, die tiefer reicht als der 5., der Geschmackssinn. Deshalb würde ihn Barthes auch den sechsten Sinn nennen, hätte B-S. diese Würde nicht dem «Zeugungssinn» vorbehalten (S. 281).

Diesen Glanz des Antlitzes, vornehmlich des Blickes, studiert B-S sowohl als die nachhaltig angegessene Konstitution des habituellen *Feinschmeckers*[1921] als auch bei der kurzen Vor-Prüfung, ob ein Esser dieses

1920 Barthes, ebd., S. 282; weitere Seitenangaben im Text.

1921 Genaue und rigorose Untersuchungen hätten erwiesen, so B-S, dass stärkende, zarte und sorgsame Ernährung, die Schönheit fördere, die Augen glänzender, die Hand frischer und die Muskeln straffer mache (S. 87); Künstler und Kenner

Titels würdig sei[1922] als auch am Ergebnis eines Nachtmahls. Feinschmeckerei hat für ihn nichts mit der Pappsattheit des Essers zu tun, sondern mit einem transitorischen Zustand des Genossenhabens und weiteren Genießens. Zuerst ist da die den ganzen Körper durchströmende Wärme, dann die Beschleunigung der kommunikativen Reaktion durch die Erfrischung des Gehirns, dann folgen: Heiterkeit des Gesichtsausdruckes, leichte Rötung der Haut, Glanz in den Augen. Barthes hält das Glänzen «natürlich» für «ein erotisches Attribut» (S. 282) – sexueller Observanz: Das Glänzen verweise auf eine gerötete und zugleich feuchte Materie; auf das Leuchten des Begehrens im Körper, auf das Strahlen der Ekstase und den ölig-glänzenden Ausdruck der Lust (ebd.). Diese sozusagen interpenetrative Interpretation betreibt nicht nur Barthes, sondern auch Brillat-Savarin. Dennoch ist die voyeuristische Perspektive noch einmal etwas Sekundäres gegenüber dem Glanz, der auch durch einen trockenen Blick hindurch am Auge der anderen wahrnehmbar ist.

Nach B-S halluziniert schon der bloße Appetit ein ‹glänzendes Mahl›, das die Augen ebenso glänzen lässt: «Es ist ein Zustand, traumartig.» (S. 26) Hier sind allein die Erwartungen glänzend, nicht der Genuss. Und diese Erwartungen richten sich allein aufs Mahl. Aber was heißt schon «allein»? Wir müssen einräumen, dass die Esslust, wie alle Erotiken, die Einverleibung und den Ausdruck kennen, und dass sie wie am Auge der Mutter den Glanz wahrnehmen und aussenden können. Diese Leute, deren Auge nicht glänzt «am Busen einer edlen Schüssel» (S. 111), sind ihrer nicht würdig. – Etwas anderes nun ist der begeisterte Blick des Feinschmeckers auf den Glanz, der im *Angesicht* – ‹Gesicht› wäre zu ausdruckslos – des anderen Feinschmeckers aufsteigt. Dieser zweite Blick begeistert sich ja nicht am etwa gar dampfenden Busen, welchen eine edle Schüssel bildet (und wo Rauch ist, ist auch Feuer), sondern vornehmlich

des Essens erschienen durchweg zehn Jahre jünger als Dilettanten (88). Vgl. auch S. 108–110.

1922 Kaum ironisch offeriert B-S gastronomische Examina mit «Probeschüsseln» anerkannten Wohlgeruchs, -anblicks und -geschmacks. «Völlige Leerheit des Blicks und Unbelebtheit der Züge am Busen einer edlen Schüssel» lassen einen Kandidaten gleich durchfallen (S. 111). Diese Examina sind sogar nach durchschnittlichen Monatseinkommen gestaffelt und skizzieren die Art der zu erwartenden oralen (sprachlichen) Erwiderung (S. 114).

am bebenden Busen der Frau. Die orale Organisation der Erotik ist also ausbaufähig zur heterosexuellen Anziehung. Lediglich die Frau habe eine *instinktive* Neigung zur Feinschmeckerei, weil sie der Schönheit ‹günstig› sei. (S. 87)

Der Zweck der Schönheit liegt natürlich im männlichen Anblick. Während also die Frau instinktiv ihrem Fortpflanzungstrieb dient, indem sie gerne nascht, dient der Mann seinem Fortpflanzungstrieb, indem er diesen Genuss beobachtet. «Nichts reizender anzuschaun als eine hübsche Näscherin unter den Waffen.» (S. 86) Ausgerechnet hier, beim ‹schwachen Geschlecht›, betont der Softie den erotischen Kampf, den geschlechtsreife Sexualität auszeichnet. Die gegenseitige Durchdringung wird im aggressiven Einverleibungsakt an der zierlichen Frau als offenbar besonders antörnend erinnert: *Bissen* führt sie zum Mund, elegant geschnitten. Den Rebhuhnflügel, den man *beißen* muss, erwähnt er, bevor die entspannende Feuchtigkeit auftaucht: «Ihre Augen glänzen, ihre Lippen blühn, die Konversation fließt, jede Bewegung ist grazil …» Das Wasser rauscht, das Wasser schwoll …, da war's um ihn geschehn. Bei so viel Reizen: «Kato, der Zensor selbst, ließe sich erweichen.» (S. 86) Männliche Feinschmeckerei ist das Sehen und Ausmalen dieses ‹Bildes›: sublimiertes Verschlingen. Auch hier aber gäbe es Glanz in den Augen.

Bei all dem Geraune über archaische Aggressivität in der Nähe zur Sexualität muss aber klar sein: Dies hier ist hochkomplexes Theater, inszenierte Nachtästhetik, an deren Ende kein Tod und keine Apotheose stehen, sondern Schlaf und Traum. Das Mahl ist der Ausgangspunkt für eine Rein-Raus-Metaphorik, deren Medium sich erst in der mahlzeitigenden Passage zwischen äußerer und innerer Nacht ergibt. Die *äußere* Nacht ist mit dem finalen Höhepunkt des Mahls im Bett markiert (dem Schlaf), was immer sich dazwischen an Erotischem ereignet. Dieses Fest der äußeren Nacht beginnt mit der illustren künstlichen Beleutung, die sich im *Spiegel*-Glanz des Auges zeigt. Auf dieser Kleinigkeit müssen wir schon bestehen: dass in Wirklichkeit der Glanz von außen kommt. Nächtlich ist dieser Glanz von außen, weil er von vielen kleinen und relativ nahen Lichtquellen kommt, wodurch er sehr beweglich, temperamentvoll wie die Bläschen des in Mode gekommenen Champagners wirkt.

Aus der inneren Nacht des genießenden Leibes aber steigt der vermeintliche, der inszenierte, der metaphorische Glanz im Auge auf, der diesem Reflexlicht imaginär überblendet wird. Die Lust auf das Innere des/der anderen, sei es der liebevolle Blick des Gastgebers oder der lüsterne des Genießers (auf die Lüster im Auge der Frau), wird gekreuzt vom Ausdrucksbegehren der Tischgenoss/inn/en, die genossen haben und sich behaglich fühlen. Bei Frauen mag das Koketterie genannt werden. Aber *flirten* tun doch alle, und in Wahrheit ist die *Verteilung* auf den «skopischen Trieb» des Mannes (Barthes) und den instinktiven Schönheitsdienst der Frau beim Naschen eine historisch überholte Rollenaufteilung. Jenseits der Rollenspezialisierung bleibt indessen gültig: Durch die Überblendung zur Erscheinung auftauchenden Lichtes von innen werden innere und äußere Nacht zusammengeführt, inneres Dunkel kann sich mit äußerem decken, und äußeres Licht dringt projektiv tief ein. Blicke sind Nachtfenster.

Man versteht nun, warum auch heutzutage das *glänzende* Mahl ein Nachtmahl sein muss. Vor allem in der Nacht taucht selbst Reflex-Licht scheinbar aus einem dunklen Inneren auf und spiegelt so, maieutisch und verstärkend, die aus dem inneren Dunkel auftauchende Lust im Auge des Essers. «Der große Pellaprat», der so oft wie möglich den warmen Glanz des Kerzenlichtes beim Abendmahl zu nutzen empfiehlt, sieht die Schönheit eines Mahls «vor allem im Funkeln der geschliffenen Flächen. Kristall und Silber verleihen der Tafel jenen Glanz, ohne den eine gelungene Tafeldekoration nicht möglich ist»[1923]. – Nach der stürmischen Geburt und der manierierten Pubertät des Nachtbildes in der Renaissance, die mit der teilweise kriegerischen Auseinandersetzung um den fleischlichen Gehalt des Abendmahls zusammenging, hat sich mit dem sogenannten *Stillleben* ein eigenes Genre der sublimierten Tafelfreude entwickelt: reinste Augenweiden aus Essbarem und glänzendem Gerät, deren Licht aus der dunklen Tiefe der Dinge und Körper zu kommen scheint, die miteinander ein visuelles Verdauungsgespräch führen und den Betrachter blinzelnd hereinbitten, ins *Öl*.

Der Glanz beim (imaginären) Essen ist nicht neu. Wir sind in gewisser Hinsicht immer noch am Lagerfeuer: Gewiss haben auch schon im achten Gesang der Ilias die Augen geglänzt, als sie das triefende Fett am Feuer

1923 R. Kramer (Hg.): Der große Pellaprat – Die moderne französische und internationale Kochkunst. Deutsche Neufassung von Walter Bickel. Lugano-Castagnola [8]o. J., S. 18f.

Abb. 13: Ausschnitt aus der MAN-Reklame «Kann man mit altem Frittenfett eine ganze Stadt beleuchten?» (2010)

Man kann. Man kann damit sogar Hühner und Schweine mästen, sodass die Fritten in neuem Fett frittiert werden, die Bratwürste aber altes enthalten, wie der sogenannte Dioxin-Skandal gezeigt hat. Die Frittenbude als Ort okeanischer Gefühle (oder als modriger Schlund) am Rande des Tartaros, wo Anfang und Ende von allem zusammenfließen und wieder aus einander hervorgehen, wie Hesiod sagen würde.

glänzen sahen. – Allerdings wird der gleichnisfördernde Fortgang vom Feuer, in die Nacht hinaus – und die Sterne kommen raus – wohl nicht mehr so tief ins Herz treffen wie bei Homer. Ist zu viel Hochglanz überall, schon seit langem. Man kommt nicht mehr raus in die Nacht, deshalb geht's nicht mehr so tief rein. «Die Entdeckung eines neuen Gerichtes beglückt die Menschheit mehr als die Entdeckung eines neuen Gestirnes.» (S. 16) – Höchstens die Feinschmecker treten hernach, zufrieden wie der Hirte der Völker, nach draußen, in die Nacht, und resümieren ihr Essen beim Starkoch im Landgasthof: Mensch, drei Sterne! Mindestens!

Jetzt geht's um die Wurst

Der Feinschmecker ist indessen nur die redseligste und, wenn Sie so wollen, die verlogenste unter den Wurstmaschinen. Alle Dynamik der ‹Transzendenz› lebt vom substanziellen Einstülpen und Ausstülpen. Vom Märchen über das Schlaraffenland bis zum Film «Das Große Fressen»[1924], welches gewesene Feinschmecker recht exzessiv und zugleich rituell wie einen Gottesdienst zelebrieren, geht es elementar zunächst immer auch um die ganze Komplexität des Umstülpens, das heißt: nicht nur um das Einverleiben, sondern auch um das Sich-Selbst-Einstülpen in etwas anderes, in einen externen ‹Leib› hinein: Sich durch einen Berg zu fressen von Griesbrei im Märchen, von Kartoffelbrei, rosa Pudding und einen weiblichen Gast im Film, das hat auch Erlebniseigenschaften des Eintauchens, dessen existenzielle Seite nicht verkannt werden sollte.

Schließlich suchen die in die Nahrung wie in ein ‹Großes Mysterium› eintauchenden Fresser den leibhaftigen Tod. – Wieso aber lebt der Sublimationsprozess zum Feinschmecker auch vom ‹Ausstülpen›? – Noch die ‹Augenweide› erinnert an ‹Grasen› und Eingeweide, und noch der blasierteste Picker einer Olive aus der Füllung eines Fisches, der allein für diese Olive zubereitet wurde, klaubt etwas aus einem Eingeweide, um es seinem Eingeweide einzuverleiben. Auch für ihn geht es, bildlich gesprochen, wenn es ums Essen geht: um die Wurst. Die Wurst ist das Emblem der Umstülpung.

Zwecks Einstülpung in *seinen* Darm stülpt der Mensch zum Beispiel das Schwein aus, holt dessen Darm heraus. Das Äußere des Schweins stülpt er sodann in jenes zuvor innere Organ ein, in das das Schwein *seine* Nahrung eingestülpt hatte. Der Mensch sieht nun dieses vorgeblich apettitliche Äußere, also die zur Haut deklarierte «Pelle», und denkt sogleich

1924 Das Motiv ‹Schlaraffenland› reicht mindestens bis ins 14. Jahrhundert zurück und ist im Deutschen seit Hans Sachs und Sebastian Brant schriftlich überliefert. Interessant ist die Verwandtschaft des mhd. *slur* (das Herumtreiben) auch mit *schlummern.* (G. Wahrig: Deutsches Wörterbuch, Gütersloh 1980, S. 725 und Duden Herk. S. 608) – Vom Film «La Grande Bouffe» (Regie: Marco Ferreri, Frankreich 1973) heißt es in einer Rezension, dass jede Kameraeinstellung in diesem Film eine Delikatesse sei, die «einen 5-Sterne-Eintrag im Michelin-Führer» verdient. Michael Dlugosch, www.filmrezension.de, November 2000.

ans Innere – der Wurst und seiner selbst (indem ihm etwa das Wasser im Mund zusammenläuft). Nun, die Geschichte endet mit zwei Enden, sozusagen: Die Wurst wird in den menschlichen Darm eingestülpt – und als Wurst, sozusagen, wieder ausgestülpt. Hier hilft kein Schimpfen über wurstige Geschmacklosigkeit: Die Tatsache muss ertragen werden, dass seit Jahrhunderten die Wurst als Symbol des existenziell ‹Eingemachten› gilt (wenn es nämlich «um die Wurst geht»), während ‹andererseits› von ausfahrenden Würsten geredet wird, ohne dass einem der Appetit vergeht.[1925]

Die Assoziation des entäußerten Darmes (vom Schwein) mit seinem verinnerlichten Äußeren (dem Fleisch) entspricht so sehr der umstülpenden Existenz des Menschen, dass er auch wesentlich eine Wurst genannt wird: Die Wurst ist das Emblem seiner Essenz. Nicht nur bei Hanswurst. Die Stadt Berlin brachte vor einiger Zeit eine Werbe-Postkarte, gesponsert von 18 großen Firmen, heraus, auf der ein Hundehalter mit seinem kotenden Köter gezeigt wird. Motto: «Nur ein kleines Würstchen. Genau wie Herrchen.» Dieser Spruch impliziert aber, dass es auch andere Menschen gibt: große Würstchen. Im Prinzip, jenseits aller Wurstigkeit, ist der Mensch eine Wurst. Zwar ist die Atemluft das erste Transportmittel des Stoffwechsels, doch die in der Wurst symbolisierte Verdauung ist ‹eigener›, ist die erste symbolfähige Variante des menschlichen Rein-Raus-Spiels.

Das ist nichts Neues. Schon Märchen sind voller Würste, die, da sie reden können, den *menschlichen* Kannibalismus bezeugen. Denn sprechende Würste sind Menschen.[1926] Die Grimm'schen Märchen, die in «Dr. Allwissend» sogar ein Orakel haben, das aus der Speise wahrsagt (S. 435), warten mit einer «wunderlichen Gasterei» auf. Hier lädt eine Blutwurst ihre Freundin, die Leberwurst, zu einem Essen ein … ganz knapp entkommt sie dem «langen, langen Messer»[1927]. Eine Wurst will eine Wurst fressen – Das ist nur noch steigerbar durch die Horrorvorstellung von Lebewesen, zum Beispiel Monstern, die sich selbst auffressen. – Eine weitere Variante des Rein-Raus-Spiels der Wurst führt uns zurück zum Mythos vom zerstückelten Dionysos. Im Grim'mschen Märchen von Daumerlings Wander-

1925 Siehe Matt Monte: Was das Truthuhn tut nun. Untergriesbach 2004.

1926 Zum Verschlingen als Kampftaktik siehe das Märchen «Der Hund und der Sperling» in den «Kinder- und Hausmärchen» der Brüder Grimm, S. 265.

1927 Ebd., S. 819: «Die wunderliche Gasterei».

schaft wird nicht nur das Innere vom Schwein zum Äußeren der Wurst, die wiederum zum Inneren des Menschen wird, bevor sie wieder rauskommt, sondern jetzt gelangt ein zugegeben kleiner Mensch *in* die Wurst und droht zerhackt zu werden.

Daumerling erlebt bei seiner Wanderschaft, außer einem nächtlichen Schwarmzug mit Räubern, hauptsächlich Essgeschichten. Schon bei seinem ersten Meister ist ihm das Essen nicht gut genug. Schließlich ist er als Hausknecht in einem Gasthof Ess-Spion, denn er denunziert den Speisenklau der dort dienenden Mägde. Sie rächen sich, indem sie ihn unters Futter für die Kühe mischen. Als Nahrung in der Kuh missfällt ihm vor allem die Dunkelheit. Dann wird wiederum die Kuh zur Nahrung verarbeitet, und unser Dionysos-Knabe muss ordentlich tanzen, um nicht von den Hackmessern zerstückelt zu werden. Diese lebende Nahrung versucht sich mehrmals verständlich zu machen, wird aber nicht gehört.

Mit Speckbrocken wird er in eine Blutwurst gestopft und hängt bis zum Winter (vielleicht bis zu den Lenaien) im Rauch. Wiederum muss er beim Aufschnitt aufpassen, damit ihm «etwa der Hals nicht mit abgeschnitten würde». Ihm gelingt die Flucht auf einem Fuchs (der ihn beinahe in Gedanken verspeist hätte), dem er als Gegenleistung «die armen Piephühner» des Vaters verspricht. Der Vater gibt dem Fuchs natürlich gerne die Hühner, obwohl, rein fleischlich gesehen, an Daumerling viel, viel weniger dran ist. – Aber welcher Vater opfert schon gern seinen Sohn zur Speisung einer fremden Macht, heiße er nun Abraham, Gottvater oder Daumerlingsvater.

Da der Sohn jetzt wieder an der väterlichen Quelle ist, der er entsprang, sei noch mal zurückgeblickt, in den Kochtopf des Anfangs. Denn der ganze Ausflug begann sozusagen im heimischen Kochtopf. Daumerling, der zum Abschied noch einmal hatte mitessen wollen, hatte zu tief in die Schüssel gesehen. «Weil er aber den Hals zu weit hineinstreckte, fasste ihn der Dampf von der Speise, trieb ihn zum Schornstein hinaus, und führte ihn eine Weile in der Luft herum, bis er endlich auf die Erde herabsank.»[1928] – Zweierlei ist an diesem Knaben, der mal Wurst war, denkbar.

1928 Brüder Grimm: Kinder- und Hausmärchen: «Des Schneiders Daumerling Wanderschaft», S. 201. Ähnlich ist das Märchen «Daumesdick» der Grimms (S. 178). Auch hier ist das Kindsopfer des Vaters untergründig der Plot der Geschichte, und so, wie in der einen Geschichte Daumerling von Kuh und Wurst ver-

1. Das ganze Abenteuer ist eine Phantasie der ‹Nase› überm Essensdunst. Daumerlings (vielleicht hungrige) Einbildung wandert mit dem Dunst durch den Rauchfang hinaus – und verwandelt ihn zum Beispiel zur Wurst, die im Rauch hängt. – Der Traum von ihm in der Wurst überm Rauch entschlüsselte sich also als geheime Offenbarung seiner Nase überm Essen. Statt dass er aber das Essen im Topf intus hätte, hat die eingebildete Wurst ihn intus. Die Nase ahnt das Gesetz der Welt von Einstülpen und Ausstülpen.

2. Abraham opfert sein ‹Würstchen› Isaak für die Suppe. (Der Gott wird aber mit dem Rauch abgespeist.) Glücklicherweise gibt sich der Fuchs mit den Piephühnern zufrieden. Sieht alles ganz natürlich aus: Die Piephühner gehören natürlicherweise zum Fuchs wie der Sohn zum Vater. Ist aber in Wahrheit vertrackter. Das Märchen lässt eine Spur Mitleid mit den armen Piephühnern aufkommen, die vom Fuchs gefressen werden, weil dem Vater der Sohn lieber ist, obwohl der nur ein kleines Würstchen ist. Dem Vater sind die Piephühner weniger wert, obwohl mehr Fleisch dran ist, weil der geopfert gewesene Sohn mehr einbringt. Schließlich bringt Daumerling einen unlauter erworbenen Kreuzer mit ein.

Glücklicherweise müssen wir mit unserer bewusst unhistorischen Darstellung einiger Aspekte des Nachtleibs nicht entscheiden, was vorher war, die Gottesvorstellung oder die Nahrungsnotdurft. Jedenfalls liegen beide Bereiche häufig im Symposion, und beide sind geprägt durch die umwälzende, umstülpende Erfahrung von Einfahrt und Ausfahrt, Inspiration und Einverleibung, begeisterte, begeisternde Rede und Verdauung. Dass ich von letzterer Etappe der fortwährenden menschlichen Umstülpung kaum gesprochen habe, mag der Leser zum Zeichen dafür nehmen, dass ich nicht aus Übermut die Konstellation von Gott und Bauch untersucht habe. Dieses konstitutive Rein-Raus-Spiel ist, stärker als die späteren und geselligeren Formen der Nachtmahle, geradezu tartaresk. Die kleinen Würstchen Daumerling und Daumesdick, Allegorien – oder zumindest Metonymien – der Mahlzeit, konstatieren als wichtigste Bedingung die große Finsternis da drinnen.[1929] Aus dieser Nacht der leiblichen Verschlin-

schlungen wird, so wird Daumesdick von Kuh und Wolf verschlungen. Der Vater holt ihn da raus, aus dem Wolf, den Daumesdick von innen in die väterliche Vorratskammer dirigiert hatte, und gibt ihm erst mal was zu essen. (S. 184).

1929 Siehe S. 340 und S. 381.

gung erblühen (und erglühen) später die lieblichen, seien es nun die der ‹Sterne-Küche› oder die der angebeteten Nachtmacht der Liebe. – Freilich wissen wir, was wir dem Leser der Nacht*ästhetik* schuldig sind, und so gilt es zum Schluss einzuräumen, dass die Wurst nur der Hans-Wurst der ästhetischen Nacht ist. Aber das orale Beilager aus Essen und Rede wird den Leser geneigt machen für die Vermutung, dass der Gestus der Umstülpung konstitutiv für die Nachtsprache ist. Was zu zeigen wäre.

Umstülpung ist wiederum nur ein, wenn auch wichtiger Aspekt von Verwandlung in der Nacht, die mit der Interpenetration zwischen Menschen, die sich lieben oder genießen, zusammenhängen und deren Hebamme die Interpenetration zwischen innerer und äußerer Nacht ist. Wenn aber die äußere Nacht innere und die innere Nacht äußere wird, handelt es sich um eine Umstülpung der Nacht: ein Phantasma der Liebenden. Die Umkehr der Prädikate innen und außen im Dunkeln ist das zentrale nachtästhetische ‹Konversionserlebnis›. Beim Nachtmahl geht es schließlich nicht nur um Erfüllung des Bauches, sondern gerne auch um die Verführung zum Zusammenrauschen, vulgo co-itus.

Dabei ist das von B-S bevorzugte Beilager von feuchter, weicher, schlüpfriger Kost einerseits und dem Biss in den knusprigen Rebhuhnflügel andererseits durchaus als Metaphorik der Verführung zu beachten, die in allen Kulturen gepflegt wurde. Die alte, dionysisch kultivierte Dualität von Milch und Rinderschulter, Säuglingsoralität und Aggressionstrieb ist zu allen Zeiten nicht nur gastronomisch beliebt gewesen, sondern im Sinne einer Metaphorik der Verführung zur Interpenetration in Anspruch genommen worden. Von der «knusprigen Lende» Fieldings ist es nur ein kurzer Weg zum «knackigen Po», der am Strand bewundert wird. Und der einschlägig bekannte Name *Casanova* steht heute für «reine Rinderknacker», wie man der Internet-Reklame einer Benediktinerabtei entnehmen kann, die sechs Stück davon à 200 g für 4,99 Euro anbietet.[1930]

Das mag man nicht für überzeugend halten, zumal der arme Chevalier sich auch noch gegen Salatblattläuse schützen muss: «Sperli Kopfsalat Casanova resistent gegen grüne Salatblattläuse» (ebenfalls Internet). Doch wenn wir uns eine spezielle lukullische Nahrung vornehmen, fällt es uns wie Schuppen von den Augen, wie Fischschuppen: Fische und Mee-

1930 Benediktinerabtei Plankstetten: Casanova, reine Rinderknacker … (www.knetto.de, August 2009).

resfrüchte passen nicht nur wegen ihres Eiweißgehaltes besonders gut zu Hetären und deren Genuss, wie schon Davidson in «Kurtisanen und Meeresfrüchte» hervorhob, und zwar nicht nur, weil der antike Japp auf Meeresfrüchte beinahe der sexuellen Begierde gleich war[1931], sondern weil alles Geschuppte und Hartschalige half, «des Leibes Verteidigung zu untergraben», wie Anaxandrides in seinem Stück «Odysseus» behaupten lässt (ebd.). Vor allem lehrte es, welch eine köstliche Schlüpfrigkeit letztlich so leicht zu genießen war, wenn der im Grunde ‹äußerliche› Panzer erst einmal geknackt war. Es handelt sich hier also um einen maieutischen Aspekt beim Genuss all der Tiere, die außen äußerst hart und innen zutiefst weich sind, es geht um die Beherzigung des mollusken Verhältnisses von Knackigkeit und Schlüpfrigkeit. Es geht um das Brechen von Charakterpanzern und starren Masken des Anstandes, das belohnt wird mit kinderleichtem Genuss.

Hebamme Casanova – eine nicht unangemessene Vorstellung. Denn der Verführer verlockt zum Austragen einer Übertragung. Der metaphorische Aspekt der Weichtier-Aufschließung und -Einverleibung ist hier nicht unerheblich, schließlich ist die Muschel das Wappentier und Vehikel Aphrodites. Und so ist es kein Wunder, dass die «Kochpiraten GmbH» im Internet eine *Garnitur Casanova* anbietet, mit pochierten Austern, Miesmuscheln, Trüffelscheiben und Weißweinsauce. – Es interessiert an dieser Stelle weniger die Verführung durch symbolische Nahrungsobjekte als die erotische Verführung, die in der übertragenden Imagination selbst – und dann in der hinübertragenden Handlung der Übertragung besteht. Metaphorik ist eine verführerische Macht. Knackig ist die Schwelle der Ebenendifferenz, schlüpfrig die Verschmelzung. Casanova hat es ausführlich geschildert, wie er mit Schaumwein aus dem Mischkrug und geknackten Austern, von Mund zu Mund geschlürft, ins Dekolleté versenkt und wieder hochgeholt, das ‹Herz› gleich zweier Klosterinsassinnen brach und erweichte – in einem glänzenden *Nacht*mahl am prasselnden Feuer des Kamins.[1932]

1931 Davidson, S. 30; weiterer Seitenverweis im Text.

1932 Es handelt sich um ein mehrtägiges Verführungsgericht mit doppeltem Austern-Angriff. Der Höhepunkt dieser Geschichte mit Armellina und Emilia beginnt im dritten Kapitel des 12. Bandes: G. Casanova: Geschichte meines Lebens. Frankfurt o. J., Bd. 12, S. 59, besonders S. 75.

Gute Nacht – Residuen und Desiderata

Schon wird es Nacht im Buch, und sind doch so viele Fragen noch offen. Wir können nicht beurteilen, wie repräsentativ die bisherigen Sondierungen sind. Es ist überhaupt fraglich, ob man je eine Übersicht über die Nacht erlangen kann oder erlangen wollen soll. Gleichwohl ist damit nicht jede Liebe zum Wissen perdu. Aber sie kommt nur langsam, tastend voran in einem Labyrinth sich kreuzender möglicher Wege – von anderen. Dass die Nachterfahrung ohne den Wechsel der Perspektiven zwischen äußerer und innerer Nacht nicht zu begreifen ist, widerspricht nur scheinbar der Idee eines roten Fadens der da «Nachtleib» *heißt.* Denn der Nachtleib *ist* das Labyrinth, in dem sich innen und außen ständig verkehren.

Der Anfang dieses Fadens ist Hesiods Theogonie, der älteste ‹abendländische› Text mit der zugleich nachhaltigsten Nachthaltigkeit. Es war nicht der erstbeste Text, der mir zu dieser Expedition eingefallen ist. Wie rigoros ich mich an den hier entwickelten Leitfaden zu halten versucht habe, ist daraus ersichtlich, dass die Themen, an die man zuerst bei ‹Nacht› denken mag, nämlich ‹Schlaf› und Himmelsnacht, hier noch kaum eine Rolle spielen, weil Hesiod sie nicht so wichtig nimmt. Und es könnte sich später sogar zeigen, dass diese beiden Themen zwar den Horizont nächtlicher Entrückung bezeichnen, in ihrer Bedeutung für die Ästhetik der Nacht aber vielleicht überschätzt werden.

Allerdings kann man an ihnen die gleiche Paradoxie des *Geheimnisses* studieren. Und in dieser Ähnlichkeit mögen sich Schlaf und Welt-Nacht spiegeln. Ein Geheimnis ist immer die Präsentation eines asymmetrischen Zusammenhangs. Entweder stehe ich außerhalb der Grenze, hinter welcher ich eine unermessliche Tiefe ahne, oder ich werde *in* der Offenbarung eines Geheimnisses herausgehoben aus einer unermesslichen Tiefe des Nichts. Beziehe ich Schlaf und die Unendlichkeit des Alls aufeinander – was ich natürlich nur im Wachen tue –, so erscheint mir am Schlafenden jene Tiefe des inneren Versunkenseins, der die Tiefe des äußeren Alls entspricht.

Beide Pole aber, das ist der Skandal im Zwischenreich, also für den Leib in der Nacht mit der Nacht im Leib, kümmern sich nicht! Weder umeinander noch um mich! Darin sind sie gleich, der Nachthimmel und der

Schlaf. Vielleicht sind sie, die das nächtliche Phantasma umhüllen, eins. Jedenfalls kommen (oder kamen) der Phantasie in ihrem dunklen Leib seit langem die Träume aus dem äußersten Raum (der Sterne oder Götter) und senken sich ins Innere des ins Innere versunkenen Schläfers. Jedenfalls steigt das Träumen wiederum seit langem aus der inneren Verschlossenheit auf und reitet, fliegt und fährt, was das Traumzeug hält, in die tiefsten Fernen. Im Zentrum dieser grenzenlosen, weil sich umstülpenden Ereignisse sitzt der wache Spinner, der Entdecker der Interpenetration von Schlaf und Weltall: in der Nacht auf der Erde. Nun, vielleicht ist da doch noch ein «Desiderat» (!), von den Sternen zu hoffen…

Schon die Sondierungen über das «Nachtmahl» haben ‹Bauchschmerzen› bereitet, denn sie führen an die Grenze der Hesiodischen Nachtlandschaft. Legitimiert sah ich mich dennoch durch die Bedeutungskomplexe der musischen Inspiration, der ‹verschlingenden› Nacht des Chaos und des Tartaros (wenn hier auch zunächst die andere Oralität des Sängers im Vordergrund stand) und durch das Prometheus-Paradigma (den Opferbetrug), das bei Hesiod konstitutiv für das zerrüttete Verhältnis zwischen den Sterblichen und den Unsterblichen ist (Pandora). Die Opfermahlzeit ist aber nicht nur für eine Kultur repräsentativ, «wo jedes Schlachten ein Opfern ist»[1933], sondern auch fürs christliche Abendland, dessen Herd und Tafel das ‹umgekehrte› Opfer Gottes in der Eucharistie ist.

Zugleich wird im «Nachtmahl»-Kapitel mit der dionysischen Welt ein Kontrast zur Hesiodischen sichtbar gemacht. Hesiods Theogonie führt vom Chaos zum Kosmos; Dionysos, der in der Göttergeschichte ‹des Boiotiers› nur pflichtschuldig im Katalog (Th. 940, 947) genannt wird, führt vom Kosmos zum Chaos – freilich nur für die Ausnahme-Zeit seiner Feiern. Aber auch Hesiod führt ja über das von ihm erfundene und bedrängender als Chaos gezeichnete dunkle Innere ins Licht der Zeus-Herrschaft, die von oben und außen kommt (nicht ohne zuvor mehrmals zum Tartaros als dem Rand des Abgrundes zurückzuführen). Die imaginative Verinnerlichung der kosmischen Genese wird bei Dionysos nur vertieft, indem der gesamte nächtlich-theatrale Aspekt zugleich leibhaftig bis ans Ende einer inneren leibhaftigen Erschöpfung geführt wird (durch Essen, Trinken, Tanz und Vögeln), der ästhetisch und in der

1933 Christian Meier, Geleitwort in Paul Veyne: Die griechisch-römische Religion. Stuttgart 2008, S. 8.

historischen Tendenz zunehmend in die theatralen Visionen und Auditionen des Dramas mündet – und in eine wiederhergestellte kosmische Ordnung des Kalenders – oder in die Verheißung eines zukünftigen individuellen Heils beim Initiierten.

Ein Aspekt ist allerdings etwas unterbelichtet geblieben, obwohl ich ihn bei der Behandlung der Monster Hesiods herausgestellt habe und er im Kapitel vom Nachtmahl wieder etwas sichtbarer wurde: der Aspekt der sozialen und der kollektiven Nacht, wie sie durch die Nacht des Schicksals repräsentiert ist, also symbolisch durch die Moiren. Aber die Hesiodische Exposition gilt für alle drei Nachtstränge: Nachtleib, Nachtsprache und Nachtbild, und ich denke, in den Büchern über die Nachtsprache und das Nachtbild den sozialen Aspekt der Nachterfahrung stärker berücksichtigen zu können.

Die schwache Belichtung der kollektiven Nacht ist zum Teil durch die Fokussierung auf den Nachtleib entstanden, durch die vordringliche Erörterung der ‹inneren› Nacht. Im Übrigen sind etliche Phänomene auf den zweiten Blick stärker sozial verankert als auf den ersten. Monster, die Halluzinationen einer leibinneren Umnachtung scheinen zwar zunächst Manifestationen der individuellen Entfremdung des Selbst zu fremden Wesen, entstellt in die Fremdheit der äußeren Nacht zu sein; aber nicht erst den Psychoanalytikern sind Monster Agenten des Über-Ichs, Ausgeburten der Verinnerlichung sozialer Instanzen.

Hoffentlich ist die konstitutive Bedeutung der *inneren Nacht* für die Nachterfahrung deutlich geworden. Das Verhältnis zwischen innen und außen ist das zentrale Thema nicht nur der Nachterfahrung, sondern der Nacht. Es ist das Thema der Subjektivität und des Selbstbewusstseins in der Welt und der Welt im Subjekt. Im Prinzip gibt es keinen Unterschied zwischen innen und außen ohne das Subjekt, sozusagen dazwischen. Nur die unhintergehbare Asymmetrie, die erfahrene Differenz in der übertragenden Perspektivität macht die Unterscheidung zwischen der Nacht draußen und drinnen. (Und ohne sie gibt es keine Spiegelung.) Die Nacht ist das geheimnisvolle Medium der Differenzierung und der angstvollen oder freudigen, jedenfalls gefühlsrelevanten Aufhebung der Differenz zwischen innen und außen. Eigentümlich für das Medium der Nacht scheint die Möglichkeit zu sein, *sowohl* die Bestätigung der Differenz zwischen innerer und äußerer Nacht *als auch* deren Aufhebung zu erreichen. In einem modernen deutschen Schlager heißt es:

Vagabunden der Nacht kenn' keine Grenzen,
Denn Verlangen ganz allein ist ihr Ziel.[1934]

... und nicht etwa die Stillung, die Erfüllung dieser Sehnsucht. Trotz aller Vorbehalte gegenüber einer zu elaborierten Sublimationshypothese, ausgerechnet an der Sprache des deutschen Schlagers, scheint zumindest unbewusst in diesem Text die Antinomie des nächtlichen Verlangens selbst geahnt zu werden, dessen Ausdruck im nächtlichen Vagabundieren ein in die äußere Nacht gestülptes Verlangen nach Einstülpung, also nach Erfüllung ist, das aber andererseits selbst schon das Ziel ist, welches mithin in seiner Erfüllung verfehlt sein würde. Dieses kleine Thema des Popsongs hat eine gewaltige historische Tradition, wenn wir an die Ähnlichkeit mit der Hesiodischen Inspiration durch die Musen denken, der die nächtliche Sehnsucht der ‹Bäuche› vorangegangen ist.

Der Ausdruck «historische Tradition» ist freilich fragwürdig, denn Frank Galan ist wahrscheinlich nicht über die Lektüre der «Theogonie» auf dieses Thema gestoßen, erst recht nicht durch eine Überlieferungskette von seinen ‹Ahnen› her. Wir müssen also entweder akzeptieren, dass es eine anthropologische Konstante des Nachtleibs gibt, oder, was ich bevorzuge, da es ja eine große Variationsbreite und die Möglichkeit der Verweigerung gibt, dass es unterhalb kultureller und sprachlicher Überlieferung eine Protogeschichte der Nacht gibt, weil es eine Protogeschichte des Nachtleibs gibt: Eine spezifisch der Nacht gegenüber (auf-)fällige affektive Disposition, die sich aus dem präpositionalen Verhältnis von Sinnen, Sinnlichkeit und Sinn ergibt, welche dem Leib einwohnen und doch ständig auswärts sind.

Alles, was in der solcherart äußeren Nacht erfahren wird, besonders das, was wir an ihr für spezifisch nächtlich halten, ist uns zunächst zwangsläufig als Wider- oder Fort-Spiegelung des Inneren gegeben, sei es, dass wir den äußeren nächtlichen Raum als einen äußeren Innenraum ‹setzen›, sei es, dass uns notwendig ein Umbau unseres Verhältnisses von Wahrnehmung und Imagination und ein Rückgriff auf Reserven der Erinnerung und Übertragung *geschieht*. Lange erstaunte mich, wie unweigerlich ich bei jeder Behandlung des Nachtthemas auf Höhlen, Labyrinthe

1934 Frank Galan: Vagabunden der Nacht. Maxi-CD-ROM 1999.

und alle möglichen Formen von Ersatz-, Nebenhöhlen und -löchern kam, bis ich begriff, dass das sowohl zur äußeren Nacht als *ihrer* inneren Nacht gehört als auch die subjektive innere Nacht repräsentierte, mit der man die äußere wahrzunehmen gehalten ist.

Äußerlich betrachtet ist die Grenze zwischen dem Leib in der Nacht und der Nacht im Leib durch die Haut, dann die Wahrnehmungsorgane und die ‹Äußerungen› des Körpers gegeben. Doch phänomenologisch ist der Leib nicht wirklich solcherart zuhandenes Zeug. Woher taucht die Erinnerung auf, aus welcher fremden, fernen Tiefe? Und ist überhaupt die Tiefe an sich nicht eine Erstreckung, die zu realisieren in unfassbarer Weise jenseits von innen und außen ist – oder sogar diesseits? Die Nacht ist indessen das große Gemeinsame, innen, außen, außen im Innen und innen im Außen. – Aber gibt es überhaupt eine innere Nacht. Ja doch, *thematisch fassbar* allerdings wird sie zuerst als äußere. ‹Die› Nacht ist eine Übertragung der inneren – die dann natürlich zurückwinkt. Diese innere Nacht zeigt sich auf dreierlei Weise: physisch, affektiv-kognitiv und im übertragenden Ausdruck. – Ausgerechnet die physischen ‹Phänomene› oder sagen wir besser ‹Indizien› einer inneren Nacht sind besonders phantastisch konnotiert, während die ‹sprachlichen› oder sonst wie ‹übertragenen›, künstlerischen ‹Ausdrücke› der inneren Nacht besonders nah an die äußere Nacht, was den Realitätsmodus betrifft, heranreichen.

Hohlkörper

Das *Körperinnere* als Nacht hat seinen Referenzstatus als inneres Nonplusultra der Imagination in dem Maße eingebüßt, wie es die neuen Darstellungstechniken (Fotografie, Film, Röntgen, Ultraschall, Tomographie usw.) zugänglich gemacht haben, wenngleich die Objektfixierung der Diagnostik immer noch den dunklen Kontrastraum bevorzugt, den diese lichtabgewandte Räumlichkeit immer schon hatte. Seit der neolithischen Gefäßkultur ist der menschliche Körper eine Hohlform mit implizitem Nachteinschluss, wenn etwa der jüdische Schöpfer-Gott seinen Odem in die Lehmform hineinhaucht oder Pandora, die Mutter der Menschen, eine Büchse oder ein Krug voller Übel ist. Explizit wird diese innere Nacht des menschlichen Körpers in einem präislamischen Schöpfungsmythos ausgesprochen, den der Jemenite Abdullah al-Udhari aus verschiedenen Suren des Koran rekonstruiert hat.[1935]

Demzufolge wurde die Menschengestalt aus schwarzer, roter und weißer Erde aus den Bergen, Flussbetten und Ebenen (16. 12) geknetet, dann vierzig Jahre lang getrocknet und gehärtet (16. 21–25). Azaazeel, eine Art Luzifer dieses Mythos, «fürchtete die Menschengestalt, und wann immer er an ihr vorbeikam, schlug und trat er dagegen, und ein klirrender Ton erklang aus der hohlen Form» (17. 1). Der zukünftige Teufel erkennt auch sogleich die Schwachstelle der Gestalt: «Da dieses Wesen hohl ist, wird es zu essen und zu trinken brauchen.» (17. 6)

Auch in diesem Mythos ist die Seele ein Hauch Gottes (19. 1). Aber sie ist eigensinnig und weigert sich lange, lichtgebadet, wie sie ist (19. 2), über den Mund in dieses tiefe Dunkel der Menschenstatue einzutauchen (19. 4). 4000 Jahre braucht dann besagter Hauch, um in dieser für ihn ‹äußeren›, inneren Nacht alle Teile dieses tönernen Kunstwerkes zu besetzen, das heißt zu beseelen. Dann erst nennt Allah das Gebilde Adam. – Je kruder körperlich (gefäßhaft) diese innere Nacht gedacht wird, desto deutlicher erweist sie sich als Produkt der Phantasie, der inneren Nacht eines anderen. Die Nacht innerhalb der dunklen Form ist nicht die Seele selbst, wie manchmal metaphorisch in der Neuzeit. Aber sie ist zwischen Form und Inhalt, Barriere und Verbindung zwischen Körper und Seele, letztlich ist sie Repräsentant der Dunkelheit der *Vorstellung* eines anderen (oder des Teufels), der eben nicht hineinsehen kann – aber weiß, wie dunkel (lehmige) Hohlformen, Sonderformen der geophysikalischen Nacht, sind.

Alle Kulturen glauben an die Bedeutsamkeit einer leibinneren Dunkelheit, weil sie innen dunkle Hohlkörper kennen – wenn sie auch meistens verdrängen oder vergessen, dass diese innere Dunkelheit die Quelle der Bedeutungen ist, die sie der Nacht geben. Die Übertragung der unzugänglichen Dunkelheit auf die anderen ist eine Art Anerkennung ihres Eigen-Sinns. – Kant und der frühe Hegel sind zwar etwas ungenauer in der Lokalisierung, meinen letztlich aber wohl eher den Geist, irgendwo hinter den Augen oder dem Mund, der zum Herzen führt: Irgendwie sehen

1935 Siehe Abdullah al-Udhari: The Arab Creation Myth. O. O. (Tschechien) 1997; vgl. Die Tageszeitung, 4. 10. 1997, nach dem «Index on Censorship» ausgewählt und übersetzt von Uta Ruge. Angaben der Koran-Suren und Nummern im Text.

sie da etwas wie den Sternenhimmel.[1936] Da sind die neuen Hirnforscher genauer, die das neuronale Netz als Sternkarte zeichnen und behaupten. – Sie sind genauer … und gewissermaßen flacher, denn das *Staunen*, der *Schwindel* und die *Ergriffenheit* über das Wunder der unermesslichen Übertragung, hinweg über die Grenze von Innen und Außen, fehlen, sind nur ein weiterer Punkt im Netz der Darstellung – kommen aber aus der Tiefe des Körperwissens.

Daraus wird ersichtlich, wie gerade die unzweideutig scheinende Lokalisierung des dunklen Innen auf eine äußerste Nacht zurückzugreifen bereit ist, die zwar einerseits das Entfernteste ist, das uns die Anschauung gibt, aber vielleicht gerade dadurch erst die unermessliche Entfernung eines Gedankens von seiner inneren Darstellung… seltsamerweise: plausibel macht. Innen und außen sind gleichweit, und hier zeigt sich der Gegensinn eines Urwortes: Nacht. Der Leib in der Nacht und die Nacht im Leib, sie wären eins, wenn man sie nicht ausdrücken müsste, damit sie sind… damit sie ist. Sie muss aber vielleicht sein, die Nacht, als Durchgangsfeld und Einheit von innen und außen, um die Welthaltigkeit des Leibs und die Leib‹haltigkeit› der Welt zu ‹entfalten› – oder doch erfahrbar zu machen.

Eine dementsprechende Naturerfahrung ist seit der Neuzeit bis heute ästhetisch fruchtbar gewesen. Die kulturellen Formen dieses Ausdrucks mögen extrem variieren, gemäß dem Wissen und den Techniken der Welt- und Selbsterschließung; aber das zentrale Thema der Nacht ist die wechselseitige Konstituierung des Innen und Außen (und ihre Aufhebung). Das ist jedenfalls keine Spezialität einer romantischen Epoche. Schon Thales, eher naturwissenschaftlich ‹bewandert›, fällt bei Betrachtung des Sternenhimmels in eine Grube (oder ins Grübeln?) oder allgemein in den Schacht einer inneren Erkenntnis, der so tief ist wie die Sterne hoch. Solche Vergleiche funktionieren aber nur mit jener Körper-Intuition, die auch in Kants berühmtem Ausspruch vorausgesetzt ist:

«Zwei Dinge erfüllen das Gemüt mit immer neuer und zunehmenden Bewunderung und Ehrfurcht, je öfter und anhaltender sich das Nachdenken damit beschäftigt: Der bestirnte Himmel über mir, und das moralische Gesetz in mir.»[1937]

1936 Kant, Kritik der praktischen Vernunft. In: Ders.: Werke, Bd. 7, S. 300; vgl. auch G. W. F. Hegel, Jenaer Realphilosophie, S. 187, Anm. 1.

1937 Kant, ebd. Vgl. die Behandlung dieses Kant-Zitates in der «Vorrede».

Über das Verhältnis zwischen «über mir» und «in mir» kann man nicht nur moralisch ins Grübeln kommen. Wolfgang Frühwald hat in «Das Gedächtnis der Frömmigkeit» auf die religionsästhetische Lehre hingewiesen, die Matthias Claudius aus Kant gezogen hat.[1938] In seinem pädagogisch absichtsvollen Gedicht «Die Sternseherin Lise» aus dem «Wandsbeker Boten» lässt Pfarrer Claudius, stärker noch als Kant es gedacht hat, die einfache Magd Lise den Zusammenhang zwischen der Augenweide des Sternenhimmels und dem inneren Sinn zusammenziehen:

Die Sternseherin Lise

Ich sehe oft um Mitternacht,
Wenn ich mein Werk getan
Und niemand mehr im Hause wacht,
Die Stern am Himmel an.

In den nächsten beiden Strophen wird die Sternen-Herrlichkeit beschrieben in Bildern der ‹Augenweide›: als Lämmer und als Perlen an Schnüren. Dann heißt es zweideutig von dieser himmlischen «Flur», auf der Sterne wie Schafe weiden: «Und kann mich satt [!] nicht sehn …» Lises Schlussfolgerung:

Dann saget unterm Himmelszelt,
Mein Herz mir in der Brust:
«Es gibt was Bessers in der Welt
Als all ihr Schmerz und Lust.»

Ich werf mich auf mein Lager hin,
Und liege lange wach,
Und suche es in meinem Sinn,
Und sehne mich danach.[1939]

1938 W. Frühwald: Das Gedächtnis der Frömmigkeit – Religion und Literatur in Deutschland. Frankfurt 2008, S. 79.

1939 M. Claudius: Sämtliche Werke. Düsseldorf und Zürich [8]1996, S. 595 (7. Teil des «Wandsbeker Boten»).

Man beachte die erneute Betonung des Außenraums – jetzt schon zweideutiger als äußerer Innenraum: Himmels-Zelt – in der vorletzten Strophe, welche die Umwendung in den Innenraum der Brust besonders deutlich macht. Aus dieser Umwendung folgt eine neuerliche nach außen, die aber nun sozusagen noch innerer ist: zum Lager, auf das ‹hin› sich Lise wirft. Dann geht es wieder tiefer ins eigene Innere, in dem sich ‹Ich› nach etwas sehnt, was ‹Ich› draußen in der Nacht gesehen hat. – Das Erstaunlichste an dieser Bewegungsabfolge ist die in der Selbstverständlichkeit verborgene Gewissheit, vom mitternächtlichen Himmelsanblick auf die Hoffnung schließen zu können, im eigenen Sinn etwas Entsprechendes zu finden – das dann sogar als etwas Besseres erkannt wird, das wiederum in der Welt ist. Die Hoffnung liegt in der Analogie ‹durch Dunkelheit zum Licht›, die dem körperlich grundierten Erleben der Welt von Anfang an eingeschrieben wird. Der Blick aus der Nacht, «wenn niemand mehr im Hause wacht», zum geschmückten Himmel ist entsprechend demjenigen aus dem Körper in die Außenwelt – und demjenigen aus der Dunkelheit der Selbsterforschung zum Licht der Erkenntnis. Der Körper ist vorausgesetzt. Freilich muss noch gefahren werden: ins Dunkle.

Der lebendige Leib

In der Wochenzeitung «Die Zeit» beantwortet die Nobelpreisträgerin Christiane Nüsslein Vollhard die Frage «Wie lässt sich Leben definieren?» mit Begriffen wie Zellteilung, Wachstum und Vermehrung, die allesamt auf den Energie-Aspekt der lebendigen Welt zulaufen: Leben schafft entgegen dem Entropiegesetz «komplexe geordnete Strukturen». Diese Autopoesie ‹lebt› aber paradoxerweise in der extremen Abhängigkeit von außen: «Die dabei verwendete Energie kommt aus dem Sonnenlicht.»[1940] Wohlgemerkt, es handelt sich hier um alles Leben, auch das unsrige, und es geht nicht nur um die Nahrungskette, sondern auch um die große Kette der Evolution, die autopoetisch die Differenzierung der Arten organisiert. Wenn das Leben aus dem Licht ernährt wird, wenn jedes einzelne Leben die Reproduktion einer energieabhängigen Differenzierung ist: Was bleibt

1940 Die Zeit, 14/2008, S. 43: Die Evolution findet statt. Fragen an Christiane Nüsslein-Vollhard.

da noch der Nacht? Nun, es gibt einen Gegenspieler, der hier nur erst als Molekülstruktur auftaucht. Sämtliche belebte Materie hat eine Molekülstruktur, deren Ordnung zwar vom Licht ernährt sein mag und die sich dadurch auch teilen, vereinigen und verändern kann, deren Eigensinn der Ordnung, deren Veränderungsbewegung aber vom Licht nicht erklärt werden kann. Das Licht schafft keine Individualität. Zwar weiß die Autorin, «dass Leben aus unbelebter Materie ‹von allein› entstanden ist», aber mit diesem ‹von allein› wird bereits ein Gestus der Absonderung in die Materie projiziert, die seit jeher in vielen Kosmogonien mit der Nacht gleichgesetzt wird, die das Negative ist.

Selbst im christlichen Glaubenssatz der *Creatio ex nihilo* (2. Jahrhundert n. Chr.) ist sie noch vorhanden, denn dieses «nihil» ist die Zuspitzung der nichtswürdigen Finsternis, die der göttlichen Erschaffung der Welt vorangeht. (Selbst wenn wir uns ein substanzielles Nichts vorstellen, bleibt dieses *ex* in der Aussage, die Spur eines gedanklichen Gestus der Verneinung, der nun die logischen Kosten der Absonderung zu tragen hat.) Wir können aber den Spieß umdrehen. Wenn die Materie von allein Differenzierung der Arten und Individualisierung der einzelnen Lebewesen hervorbringt, dann bringt sie diese schöpferische Differenzierung im negativen Bezug auf die allgemeine, vorausgesetzte Energie zustande, vermöge jenes Aspektes an der Materie, den wir Dunkelheit nennen oder Schatten – oder Nacht.

Alle materiellen Wesen, die wir kennen, setzen die allgemeine Entstehung von Materie fort, die sich kosmologisch als Ausfällung der primären Lichtenergie des Big Bang beschreiben lässt. Dieses ‹outsourcing› der Natur bezieht sich in jedem Fall des Lebens zurück auf dieses andere des Lichts, indem es zu der Grundbedingung seiner Organisation und damit seines Lebens gehört, *nicht* identisch mit dem Energielieferanten zu sein. Jedes Lebenssystem existiert nur, indem nicht alle – und hier kommt bereits das verräterische Wort – *äußeren* Bedingungen übernommen werden. Spätestens von der ‹Gestalt› an, selbst von der Gestalt der Zelle an, gibt es einen Rand tendenzieller Opazität. Jedes Wesen, und sei es noch so sehr als Lichtwesen aufgefasst, mit Lichtquanten in seinen Zellen, ist dunkler als das Sonnenlicht oder sondert sich vermittels anderer zeitlicher Periodik von ihm ab. Die lebende *Gestalt* selbst, erst recht die menschliche, intern hochorganisierte, ist also nicht nur als Analogie von Vase oder Dose, sondern als Organisation von Leben, die immer nur als Eigenleben beginnen kann, als Organisation von Innen-Sein, die Antwort der Materie auf das Licht: ein Nachtfenster.

Die basalen Lebensfunktionen dieses Leibes stellen die dunkle Verbindung (und Trennung) von innen und außen her. Bei den Säugetieren ist die Hell-Dunkel-Dynamik besonders ausgeprägt, weil es diese Übertragung aus dem dunklen Äußeren, welches das dunkle Innere einer anderen ist, hinaus in ein helles Äußeres gibt, das den Beginn des Ausbaus eines dunklen eigenen Innen darstellt. Das Auftauchen des Leibes bei der *Geburt* ist eine äußere Belichtung, die wiederum umgekehrt wird durch die lethale Umnachtung, mit dem Zurücksinken der leiblichen Hülle in die Erd-Hülle, den dunklen ‹Schoß› der Erde (wo die Nacht ihr Haus hat). Alle primitiven Lebensfunktionen des Neugeborenen dienen der wenn auch unbewussten Selbsterhaltung des dunklen Innen gegen die äußere Lichtwelt. (Der Zweck seiner ersten Regungen liegt im dunklen Innern.) Das Atmen saugt Luft ein und stülpt sie verändert wieder aus. Die Verwandlung der ‹äußersten›, gasförmigen Lebensbedingung des Geborenen bis hin zu ‹Geist› (Inspiration) und brüllendem Ausdruck weist schon weiter hinaus auf die sprachlichen Dimensionen dieses dunklen Stoffwechsels.

Die seltsamen Fahrten zur Brust der ‹Inspiration›, das Stillen und überhaupt der ganze weitere Aspekt der Nahrung und des Verdauens bilden den dritten Aspekt des Einstülpens und Ausstülpens, der für den Nachtleib konstitutiv ist, bevor er denken kann und seinem Leib als einem *Objekt* der Erfahrung gegenübertreten kann. Als vierten Aspekt des Nachtleibs können wir noch den der Sexualität fassen, der gegenseitigen Durchdringung von innen und außen, der allem aufgeklärten Voluntarismus zum Trotz eng mit Geburt (und Stillerfahrung) und Tod zusammenhängt. Wie die anderen drei Aspekte spielt Sexualität eine entscheidende Rolle nicht erst für den Gang der Theogonie, denn das ‹Zusammengehen› der Geschlechter bestimmt den Gang der Handlung, die eine Kette des Hervorgehens ist.[1941] Auch das Einfahren in die dunkle

1941 Ähnlich bedeutsam ist die Sexualität auch im Gilgamesh-Epos. Ur-Mensch Enkidu wird mit der ‹Intiation› durch die Tempelhure Schamchat zum ‹richtigen› Menschen (Gilg. I, 188) und kommt so zu Gilgamesh, dessen Herrschaft sich natürlich-dynastisch durch eine Art Ius primae noctis fortpflanzt, indem ihm

fremde Tiefe, die metonymische Nachtfahrt des Vögelns, beruht auf der leiblichen Erfahrung mit dunklem Leibesinneren, auf das sich ja auch die libidinöse Besetzung von Oralität und Analität beziehen. – Die rückhaltloseste Nachtfahrt, bei der sich innen und außen gegenseitig übertragen, ist der Schlaf. Immerhin lässt Hesiod ihn als Personifikation aus der Personifikation der (äußeren!) Nacht hervorgehen und Traum und Tod zum Bruder haben.[1942] Alle diese organischen Funktionen des Leibes gehen entweder den Menschen vor ihrer bewussten Selbstthematisierung voran oder knüpfen an vor-selbstbewusste Lebensäußerungen an.

Diese jedem sprechenden oder auch nur fühlenden Menschen spürbar vorwaltende Dunkelheit bildet die grundlegende räumliche und zeitliche Orientierung von Sensibilität, Emotionalität, Affektivität und Intentionalität. Diese Dunkelheit ‹vektorisiert› das jede Vorstellung dunkel anziehende Themenpotenzial der Nachtästhetik. Die älteste Nachtästhetik Europas, diejenige Hesiods, beschäftigt sich nicht mit dem Sternenhimmel draußen in der Nacht oder einem äußeren ‹Nachtleben›, sondern mit diesem immer schon vorher daseienden nachtleiblichen Leben, das infolge seiner großen Selbständigkeit gegenüber einem gegenwärtigen Ich sowohl äußere wie innere Dunkelheit ist – und auch so umkehrbar oder umgestülpt dargestellt werden kann.

Da gleichwohl für jedes Ich, das noch einigermaßen bei Trost ist, die *Unterscheidung* zwischen innen und außen entscheidend ist, da diese zur Bewältigung einer traumatischen Identitätsbedrohung lebensnotwendig ist[1943], ist Nachtästhetik keine Spielerei, sondern auch fundierend für ein ästhetisches, das heißt mit ‹Interesse› wahrnehmendes, vorstellendes und bildendes Verhältnis zur Welt (das also weiter reicht als das ‹interesselose Wohlgefallen›). Zu dieser Bewältigung gehört, so notwendig

alle ersten Brautnächte gehören. Der ist mithin der Vater aller Erstgeborenen. Vgl. Gilg. II, 63 und VIII, 35.

1942 Hierin unterscheidet er sich ein wenig von Homer, für den der Schlaf lebhafter als Hülle des Traums und Genosse des Beischlafes präsent ist. (Hypnos als Komplize Heras beim ‹Einlullen› des Zeus.)

1943 Man muss hier gar nicht das spekulativ nur zugängliche Geburtstrauma ansprechen. Man denke zum Beispiel an die Angst etlicher Kinder und mancher Erwachsener (s. o. Baudelaire) vor dem Einschlafen.

wie spielerisch, die fortwährende Umkehrung von innen und außen und die imaginäre und metaphorische Außerkraftsetzung dieser Unterscheidung. – Aber bereits *vor* dieser bewussten, willkürlichen oder mutwilligen Tätigkeit des Verhaltens zur äußeren Nacht, reagiert das lebende, innen dunkle ‹Gefäß› auf äußere Dunkelheit, äußere Stille, allgemeine Signallosigkeit (oder thematische Irrelevanz) und Maßlosigkeit (Tiefe) – etwa durch Einschlafen.

Selbstverständlich können diese äußeren Bedingungen auch zutiefst beunruhigend sein – wenn sie von einer differenten Position (der angstvollen Erwartung eines Feindes, des Hungers, der bekämpften Müdigkeit usw.) aus bemerkt werden, aber dies ist dann eine Position des Bewusstseins. Das Einschlafen dagegen ist eine Art Angleichung von innerer und äußerer Nacht, die als ästhetische Randbedingung der Nachtästhetik gesetzt werden kann. Wohlgemerkt spreche ich hier nicht vom Schlaf, sondern vom Einschlafen; denn der Schlaf selbst bringt das Traumleben, das eine neue Arbeit der Unterscheidung von innen und außen in Gang setzt. Aber das tiefe Wissen, phänomenologisch ist es eher die tiefe Ahnung, eines bestehenden, vorbewussten Zusammenhangs von innerer und äußerer Nacht macht erst die Behauptung *denkbar*, dass gewisse topologische Merkmale wie etwa die inneren Erleuchtungen und die «Sterne droben» irgendwie zusammengehören. Diese Ahnung ist die Voraussetzung für den Sternenglauben, dass also das, was heutzutage eine zutiefst ‹endogene› Sache, der Gene nämlich, ist, einmal zu einer Angelegenheit der ‹Genien› oder der Schicksalssterne werden konnte.

Mit der in diesen Projektionen implizierten Ahnung eines dunklen Zusammenhangs konnte auch das Verständnis, die religiöse Sehnsucht oder die ästhetische Lust (zum Beispiel im Modus von Neugier) an gewissen ‹Erscheinungen› und an ihrer Vertauschbarkeit entstehen: Das *Auftauchen* (von etwas) war keine unverständliche isolierte Gewalt, von einer rätselhaften Macht außerhalb der bekannten Welt – etwa als Licht geschicktes Verhängnis oder als Gabe; sondern es gehörte der dunklen äußeren und körperhaften Welt selbst als je eigener Hervorbringung an, so, wie Typhoeus Sohn der Erde ist, so, wie man auch das subjektive Auftauchen kannte: als ein Spüren im eigenen Innern von etwas sich Regendem (Erwachen, Hunger, Gefühle überhaupt, Gedanken). Wie im unmittelbar vermeinten Innern, so im unmittelbar vermeinten Äußeren war etwas je Auftauchendes von dieser Welt, aus der es auftauchte: als Umstülpung aus dem Dunkel, als Verkehrung der Prädikate innen und außen. Das Auftauchen innerer Siegeszuversicht im Dunkel des Leibes, aus dunkler Stimmung des Leibes (übertragen: im Dunkel der Rüstung) waren vergleichbar dem Auftauchen des Leuchtturmlichtes aus dunkler Nacht für irrende Nachtschiffer, weil irrende Nachtschiffer das Auftauchen der Hoffnung aus der Verzweiflung – im Angesicht des Leuchtturmleuchtens kannten. So konnte Homer seinen Achill in die Nacht des Leuchtturms schicken, indem er ihn aus seiner Rüstung auftauchen ließ.[1944]

Die Nachthaut

Seit der Antike setzen Hexen ihre nackte Haut der Nacht aus, die Berührung von Nacktheit mit Nacht scheint magische Kräfte freizusetzen (meistens bei männlichen Malern und Dichtern).[1945] Es ist aber unklar, ob das Einreiben mit der Flugsalbe *mehr* Nacktheit bedeutet oder *weniger*.

Unsere Haut schließt unsern Leib nach innen ab, und trotz des Grenzverkehrs in beide Richtungen, zum Beispiel in der Atmung und der Transpiration, überwiegt in der visuell dominierten Erfahrung des Tages der Leib der anderen als umschlossen von ihrer Haut. In wirklich dunklen Nächten aber, wenn wir jederzeit irgendwo anstoßen könnten, steigt die Relevanz der Berührung, und unser Fingerspitzengefühl dehnt sich über den ganzen Körper aus. Im Abschnitt «Das Netz der Haut» am Anfang des «Nachtleibs» habe ich das Thema bereits angesprochen, das aber noch gründlicher zu bearbeiten ist. Diese Berührung muss nicht solipsistisch sein, kann Empathie bedeuten mit der inneren und äußeren Nacht aller Natur und Kreatur. Wie im Abschnitt «Lears Ritt in der Nacht» beschrieben: Shakespeares Lear taucht in stürmischer Nacht voll in seine kathar-

1944 Homer, Il. 9, 367 und 18, 203. Zur Übertragung des leiblichen Verhältnisses zwischen innen und außen auf die Rüstung vgl. Il. 4, 146.

1945 Vgl. Pamphile und Photis bei Apuleius: Der Goldene Esel, 3. Buch. Siehe auch S. Schade: Vom Umgang mit Hexenbildern. In: Historisches Museum der Pfalz Speyer (Hg.): Hexen – Mythos und Wirklichkeit. Speyer und München 2009, S. 201. – Gerade der hohe Anteil an Männerphantasie ist exemplarisch.

tische Umnachtung, indem er sich die Kleidung vom Leib reißt und im Mitgefühl für den nackten und scheinbar irren Leidensgenossen Edgar innere und äußere Nacht nahtlos (also textilfrei) ineinander übergehen lassen will.

Die ‹Haut *in* der Nacht›, das sei hier alles nur für später skizziert, wäre so der erste Zugang zu dem ganzen ‹vielschichtigen› Komplex der Nachthaut. Die Sensibilisierung für Berührung in der Nacht ist nämlich nicht nur eine Steigerung der passiven Empfindlichkeit. Literarische Zeugnisse lassen eine auch unter Illiteraten verbreitete Bereitschaft vermuten, in einer Art avisueller Exhibition seine Haut der Nacht auszusetzen.[1946] «Wie wärst du mir lieb, o Nacht!», schreibt Baudelaire im Gedicht *Obsession*, «ohne jene Sterne, deren Licht eine bekannte Sprache spricht! Denn ich suche die Leere, die Schwärze, und die Nacktheit!«[1947] Das bei Hesiod dokumentierte Verbot, nachts nackt herumzulaufen und zu harnen[1948], wird nicht grundlos gewesen sein. Bataille beschreibt die Umarmung der Nacht als Vorspiel zu einem obszönen Sexualakt:

«Die Nacht in den verlassenen Straßen war nackt, und ich wollte nackt sein wie sie: ich zog mir die Hose aus und legte sie über meinen Arm; am liebsten hätte ich die Frische der Nacht um meine Beine geschlungen; eine betäubende Freiheit trug mich dahin. Mir war, als sei ich gewachsen. In der Hand hielt ich mein steifes Glied.»[1949]

Die Lust auf nächtliche Nacktheit ist im Kontext der Zivilisations(ge)-

1946 Erinnert sei an die magische Nacktheit der ‹Braute› vor dem «Zauberspiegel» in der Andreasnacht. – Selbstverständlich wird die Haut auch gern dem Licht ausgesetzt. Der Kult des Sonnenbadens ist allerdings jüngeren Datums. Älter und historisch nachhaltiger ist der Wunsch, seine Haut dem Nachtlicht auszusetzen. Der Mythos von Endymion steht dafür, in den sich die Mondin Selene verliebte, die ihm 50 Kinder gebar. Wahrscheinlich hat er sie im Schlaf gezeugt; denn Selene liebte ihn in seiner schlafenden Nacktheit. Deshalb gewährte ihm Zeus auch den Wunsch, ewig zu schlafen, ohne zu altern. Das Motiv ist seit der Renaissance unter Malern sehr beliebt gewesen. Vgl. Borchhardt-Birbaumer: Imago, S. 634–42; ein glanzvolles Beispiel: «Der schlummernde Endymion» (1793) von Anne-Louis Girodet de Roucy-Trioson im Louvre

1947 Baudelaire: Besessenheit, in: Ders.: Werke, Bd. 3, S. 205.

1948 WuT 727.

1949 G. Bataille: Madame Edwarda. In: Ders.: Das obszöne Werk. Reinbek 1980, S. 67.

schichten zu sehen, gewisse Freuden im Dunkeln zu suchen, wo sie sich nicht schämen müssen. Hier vertritt also die ‹Nacht› an der Nachthaut den funktionellen Aspekt der Interpenetration. Im Gedicht «Nachthaut» von Heidrun-Auro Brenjo ist dieselbe für den Ich-Erzähler schlicht die Haut der/des abwesenden Geliebten, von der es heißt: «Es bleibt ein Schmerz./Begierdenlicht entströmt deiner Nachthaut/Du bist mir so fern.»[1950] In der dritten und wiederholt in der fünften von fünf locker gefügten Strophen fällt dann der Entschluss:

> Ich mache mich bereit, einen Schritt zu tun
> Lasse mich von deiner Nachthaut nochmals berühren
> Nehme meine gebrochenen Flügel
> Lerne fliegen und wieder neue Wahrheiten probieren

Hier wechselt die Perspektive gegenüber Batailles Beispiel. Es geht um die erogene Haut, die eine innere Nacht umschließt, und um den Zusammenschluss innerer Nächte, welcher aus der Berührung eine wechselseitige Durchdringung der Nacht macht. Um nicht vom Geschlechtsakt zu sprechen, weise ich auf die universale und historische Bedeutung des Kusses hin, dem schließlich schon ein internationaler Tag des Kusses gewidmet ist. Es sollte eine *Nacht* des Kusses geben! Im Liebeskuss berühren sich zwei erogene Zonen, hinter deren Löchern eine Nacht bis in die Lungenflügel reicht, aus denen die Atemluft aufsteigt und sich vermischt mit derjenigen der anderen. Aber auch hinter den vielfältigen Formen des Begrüßungskusses, die wir seit der Antike kennen, verbirgt sich das Ideal des Austausches von Innerem, und der Anklang an die Nachtmahls-Gemeinschaft bleibt spürbar. So ist eine Ähnlichkeit des Begrüßungskusses mit dem Brauch zu konstatieren, dem Gast zu seiner Ehre etwas vorzukauen. Das ist wiederum auch dem Fütterungsverhalten menschlicher und tierischer Eltern verwandt. Das orale Paradigma wird nachtästhetisch nach außen in die Nacht getragen. Hin und wieder ist es schon begegnet, etwa wenn E. T. A. Hoffmann im Fantasiestück «Don Juan» Kuss und Tonkunst miteinander verschweben lässt[1951],

1950 Heidrun-Auro Brenjo: www.festtagsgedichte.de, «Nachthaut», 2. Strophe.

1951 Siehe oben das Ende von «Der Text als Zauberspiegel des lesenden Nachtleibs».

oder wenn im «Gaspard de la Nuit» die Blüten «sich schwärmerisch der Nacht zum Kusse auftun» (S. 10) – um die Schwärmer einzulassen zur (ästhetischen) Befruchtung.[1952]

Auch der Text von Brenjo beschreibt nicht eine reale Berührung mit einer realen Nachthaut, aber es wird eine magische Wiederannäherung an den / die Geliebte(n) in der Ferne versucht, wobei nicht klar wird, ob die Nachthaut ein Geschlechtsteil oder eine *Nicht*haut (nämlich das Begehren nach der Haut) ist. Diese trunkene Oszillation zwischen Erfüllung und Begehren ‹rührt› aber nicht allein vom Begehren der sexuellen Überschreitung der Grenzen der Haut bei Nacht her, sondern auch von der inneren Bereitschaft zur Entgrenzung der Haut nach Einbruch der Nacht – oder zur Berührung mit der Hülle der Nacht …

Es fällt sicherlich schwer, von ‹der Nachthaut› ihren sexuellen Kontext wieder abzuziehen. Wenn wir indessen an all die stofflichen, also textilen Qualitäten denken, die der Nacht seit Hesiods Zeiten attestiert worden sind, dann fällt es leichter, in der Berührung zwischen der Nachthaut, welche die Nacht selbst für die Haut ist, und der *Hautnacht*, welche die menschliche Haut unter sich birgt, jene *proto*sexuelle Geste der Einhüllung oder des Eintauchens zu sehen, welche wir *Schlaf* nennen, die tendenzielle Aufhebung der Grenze zwischen innerer und äußerer Nacht. Das gebauschte Schultertuch der Göttin Nacht, das in den neuzeitlichen Darstellungen eine *Ent*hüllung der Nacktheit der Nacht feiert, belehnt schließlich das griechische Schultertuch, mit dem die unheilschwangere Nyx ihre Gestalt *ver*hüllt.

Aber ich möchte nicht den Eindruck erwecken, dass mit «Schlaf» das letzte Wort über die Nachthaut gefallen sei. Zu widersprüchlich sind die Fahrtrichtungen einerseits zur anästhetischen Beendigung des Berührungsreizes im Schlaf, andererseits zur Sensibilisierung der Haut an der dunklen Nachtluft – und drittens zur unendlichen Drift der Übertragungen in den nächtlichen Transvestitionen, den Verwandlungen und Einkleidungen in neue Häute. Iris Köhler-Terz dichtet im Netz: «Nachts trage ich mein schönstes Kleid […] Ich trage meine Nachthaut nur für dich.»[1953] Der Meister-Hermeneutiker der Nacht in Djuna Barnes' Roman «Nachtge-

1952 Siehe oben in der Mitte von «Mit des Teufels Nachtpost von Dijon nach Paris», S. 774.

1953 Iris Köhler-Terz: Nachthaut. 14. 10. 2008, iriskt.beepworld.de.

wächs», der große Dr. Matthew-Mighty-grain-of-salt-Dante-O'Connor, der die Nacht selbst für eine Haut hält, «über den Kopf des Tages gezogen», ist schließlich Transvestit.[1954] Denn die Nacht ist die Zeit der Masken, Kostüme und Häutungen, des Schlüpfens in die Haut der anderen. (Auch das kann man schon wieder schlüpfrig interpretieren.) In Paul Celans Gedicht «Das Fremde» aus dem Band «Zeitgehöft» (posthum 1976) ist die Nachthaut (aber auch die Taghaut) eine Gabe eben es Fremden zwischen innen und außen, genauer: des Fremden zwischen innen und innen und außen und außen (denn das Fremde zwischen innen und außen hat noch keine fremde Perspektive aufgenommen). Das Fremde der Nacht hält so gerade die Fremden in der Nacht aneinander, an sich und ‹durch einander›:

Das Fremde
hat uns im Netz,
die Vergänglichkeit greift
ratlos durch uns hindurch,

zähl meinen Puls, auch ihn,
in dich hinein,

dann kommen wir auf,
gegen dich,
gegen mich,

etwas kleidet uns ein,
in Taghaut, in Nachthaut,
fürs Spiel mit dem obersten, fall-
süchtigen Ernst.[1955]

Aber ist diese Häutung bei Celan wirklich eine vor allem nachtästhetische Erfahrung? Spricht er nicht auch von Taghaut? – Jeder mag für sich prüfen, ob nicht die Rede von der Taghaut nur möglich ist, weil die Nachthaut erfahren wurde. «Zähl meinen Puls, auch ihn, in dich hinein», wer sagte

1954 Barnes: Nachtgewächs, S. 98.

1955 Paul Celan: Das Fremde. In: Ders.: Zeitgehöft – Späte Gedichte aus dem Nachlass. Frankfurt [3]1996, S. 51.

das schon des Tags? Die gegenseitige Durchdringung ins Dunkel ist das Nonplusultra der Berührung.

Die Nachthaut repräsentiert ein extrem breites Repertoire nächtlichen Verhaltens, aus der Haut des Tages auszufahren, mit der Nachthaut aus der inneren Nacht in die äußere einzubrechen und in eine andere Existenz aufzubrechen. Das reicht von der Angst oder dem Wunsch zu sterben, mit seiner Identität zu brechen oder sich zu vereinigen, eins zu werden mit einem, einer anderen. Aus einem Gedicht Johannes R. Bechers ist das Ausreise-Verlangen bekannt, «In fremde Länder einzubrechen, / Die Nächte aufzubleiben und bei Brot und Wein / Mit dem, der grad am Tische sitzt, zu sprechen / Und namenlos zu sein.»[1956]

Die innere Nacht des Gefühls

Dieses Beispiel ist schon wieder das einer *imaginären* Fahrt hinaus und hinein zum Gleichnis; aber die Umkehrung der Präpositionen kann ebenso in der Fehlwahrnehmung und ihrer Aufhebung geschehen. Man hält zum Beispiel den extraterristrischen Blick auf eine Karte von der nächtlichen Beleuchtung der Erde irtümlich für den Karten-Blick in umgekehrte Richtung von der Erde zum Sternenhimmel. Oder, ein anderes Beispiel, beim Rein und Raus des Vögelns führt der Orgasmus zum Erlebnis des Zusammenbruchs von innen und außen. In den meisten Fällen begleitet ein größerer oder kleinerer Schwindel die Desorientierung (der beim Beispiel des Gleichnisses eng mit dem sprachlichen ‹Schwindel› zusammenhängt). Der erlebte Zusammenbruch der Unterscheidung von innen und außen, geschehe er nun im Orgasmus oder durch einen einfahrenden Gott oder überhaupt als Gefühl eines religiösen Ergriffenseins, ist, wie auch das dionysische Chaos, das den Kosmos nur in Frage gestellt, um ihn wiederherzustellen, die Re-Produktion der leiblichen Fähigkeit, zu empfangen, auszudrücken und, wie im Schlaf, via Entgrenzung seine Grenze zu erfahren und gestärkt zu sehen.

Wenn ich hier drei ‹Mächte›, den Orgasmus, die Gottes-Erfahrung und den Schlaf, genannt habe, so nur, um die Spannweite anzudeuten, die bei

1956 J. R. Becher: Der Sommer summt (1930). In: Frankfurter Anthologie, FAZ, 10. 7. 2010.

der affektiven Ordnung der Nacht eine Rolle spielt. – Denn während wir bereit sind, den Schlaf als etwas bloß Inneres zu sehen und als ein Versinken oder Verlöschen der affektiven Zuwendung zur Außenwelt, besteht der Sinn der Gotteserfahrung gerade darin, eine zumeist hohe, jedenfalls ferne, äußere und fremde (immer ganz andere) Macht tief innen wirkend zu erfahren. Schon eine einfache kleine Verliebtheit (ohne Sex) ist mit dieser Verwirrung von innen und außen verbunden, die wir Schwindel nennen. Das Klischee von den Schmetterlingen *im Bauch* ist insofern triftig, als dazu die Vorstellung großer *äußerer* Luftigkeit gehört – und des vermeintlich seligen Taumelns *in ihr.* Man trifft eine Person, in die man sich verliebt hat, und statt sein Verhalten, oder doch seine Aufmerksamkeit, auf die Intensivierung der Begegnung zu konzentrieren, wird man abgelenkt durch dunkle innere Turbulenzen, wie sie zum Beispiel Martin Walser am alten Goethe beschreibt: «Ihn durchschoss eine Bewegung, eine Welle, ein Andrang von innen, im Kopf war es Hitze. Er spürte, dass es ihm schwindlig werden könnte.»[1957]

Ist die Gleichsetzung von Gotteserfahrung mit Verliebtheit und Orgasmus eine bloß mutwillige Provokation? Ich denke, nicht. Ich vermute, allen kulturrelativistischen Tendenzen von Religionswissenschaften und Ethnologien zum Trotz, dass es gleichsam unterhalb der sozialen Übertragungsformen in Religionen eine transkulturelle nachtleibliche Verankerung basaler ‹lösender› und ‹bindender› Gefühle gibt, welche die schwächeren Formen religiöser Dispositionen und Organisationen von Erfahrung miternährt. Der Kern ist das paradoxe Ergriffensein von einer besonders anderen ‹Person› oder äußeren Macht, die zugleich vermeintlich tief innen gespürt wird (da, wo man eventuell vorher nichts gespürt hatte). Die gleichzeitige Repräsentanz des (näher kommenden) Fernen und des tiefsten Inneren (als Synthese oder erregender Widerspruch) gibt die Evidenz der Gotteserfahrung (und der erfüllten Liebe). Dichter und Maler drücken die verschiedensten numinosen Begegnungen immer wieder auf eine ähnliche Weise aus – die sie aber als leiblichen Ausdruck des inneren Geschehens bei anderen Menschen übertragen haben.

Im Grimm'schen Märchen «Von einem der auszog, das Fürchten zu lernen» kennt dieser «eine» (nachts) keine Furcht, bis ihm ein Wasserschwall

1957 M. Walser: Ein liebender Mann. Reinbek 2008, S. 11.

mit Fischen über den Rücken gegossen wird.[1958] Da schaudert's ihn. – Hier wird eine körperliche Erfahrung zum Geburtshelfer eines inneren Gefühls, der Furcht. Der Rücken spielt hier eine besondere Rolle, denn er ist relativ wenig durch die Blicke geschützt, die einen äußeren Feind fixieren können. Hier richten sich bei angegriffenen Säugetieren Haare besonders imponierend auf, zum Zeichen von Furcht *und* Aggression. Bei anderen Wirbeltieren wie Fischen und Vögeln richtet sich Entsprechendes auf, etwa Flossen und Federn. Der Rücken, das Hintere als dasjenige, was vorne zu schützen wäre gegen außen, hat immer schon den Vertreter des Inneren gegeben. Mag sein, dass ihm eine besondere Verbindung zwischen dem Hippocampus (wo das räumliche Gedächtnis mehr oder weniger wohnen soll, von wo auch der Bewegungsimpuls mehr oder weniger ausgeht) und dem Rückenmark entsprach.

Jedenfalls birgt das Innere der Wirbelsäule die Verbindung zwischen ‹oben› und ‹unten›, zwischen dem Gehirn und unter anderem dem Geschlecht. Aber das weiß kein Held, der je nur einen Angriff von hinten fürchtete. Im Rückenmark wird aber auch der Befehl des Hirns weitergegeben, der eine Angstlähmung erzeugt (etwa wenn eine Situation hoffnungslos ist). Ins Mark getroffen, versteinern die griechischen Männer, die Medusa geschaut haben. Perseus gelingt die Wendung zur Flucht, weil er durch Re-Flexion gerüstet ist. Er beobachtet Medusa über den Spiegel: seinen Schild, und Medusa wird dadurch ein Bild. Das Schaudern bezeichnet bereits den Übergang von der Angstlähmung zum Fluchtreflex, genauer: zu etwas dem Fluchtreflex Entsprechenden, denn der Reflex selbst war ja bereits reflexartig ausgeblieben. Das Ganze ist ästhetisch höchst motivierend. In der Neuzeit scheint die Betonung des Schauderns einerseits stärker zur Befreiung von der «Katalepsie der Maske» (Goethe) zu dienen, andererseits, zumindest in der deutschen Romantik, in einer Ambivalenz zwischen Starre und Bewegung zu schweben. – Aber das führt jetzt zu weit fort vom körperlich sichtbaren Ausdruck einer inneren Bewegung, die zugleich als eine äußere Einwirkung erfahren wird.

In der Ilias wird Achilleus von etwas ergriffen, von dem Vernant sagt, dass es bei den Griechen die unmittelbare und unbewusste affektive Reaktion auf die Gegenwart des Heiligen bezeichne, nämlich vom *thambos*, der ehr-

1958 Brüder Grimm: Kinder und Hausmärchen, S. 51.

fürchtigen Scheu.[1959] Wovor «erschrak» Achill? (Il. 1, 199) ‹Wovor› kann man eben nicht sagen, weil es von hinten kam und deshalb gleich drin war: Athena hatte ihn ergriffen, von hinten, am Haar. Erst nach dem Umdrehen erkannte er ihr furchtbar strahlendes Auge. Bei Hampe ist *thambein* nur mit «erstaunte» übersetzt. Bei Schadewaldt und wieder bei Schrott mit «erstarrte».[1960] Bei Ersterem *er*strahlten Athenes Augen schrecklich, wie von der Umdrehung Achills entfacht. Drehung und andere Schwindelbewegungen könnten sehr leicht als Übergangsmöglichkeiten zwischen Starre und selbstbestimmter Bewegung entstanden sein.[1961]

Doch vorangegangen ist das, was die Griechen laut Vernant mit *thambos* als fundierende religiöse Erfahrung bezeichnen. Der Zusammenhang zwischen der Rückseite und dem Innen ist noch in dem neuzeitlichen Ausdruck *Konversion* zu ahnen.[1962] Ähnlich, wenn auch grausamer, schlägt ein Gott bei Patroklos zu, der ‹ins Mark getroffen› wird. Mehrmals war Patroklos vergeblich von vorne gewarnt worden, bevor sein Verhängnis ihn von hinten ereilte (Il. 16, 791). Apollon haut ihm die Hand von oben auf den Rücken, und Patroklos verliert seine ‹Rüstung›. Bildlich fällt alles von ihm ab, aber es ist das mit «Rüstung» ausgedrückte Selbst (um sein Inneres herum), das fällt. Zuvor schwindelt ihm! (16, 792) «Schrecken betäubte sein Herz und lähmte die glänzenden Glieder». (16, 806) Dann durchbohrt ihn ein feindlicher Speer von hinten.[1963]

Wer unterscheidet schon von außen einen nach hinten *gerissenen* Kopf von einem nach hinten *geworfenen*? Diesen rückwärtigen Ausdruck des

1959 Vernant: Mythos und Religion, S. 27.

1960 Homer: Ilias. Übertragen von R. Schrott. München 2008, I, 199.

1961 Pindar spricht von «nackenwerfendem Taumel»; s. o. S. 1074.

1962 Ich spreche hier von religiöser Erfahrung im Sinne von William James' «Die Vielfalt religiöser Erfahrung» (1901 / 02, Frankfurt 1997). Zu dieser Vielfalt gehört einerseits das Gefühl, sozusagen im Herrn zu wohnen (S. 104), wie auch das Konversionserlebnis. In ihm dringen geistige Prozesse, die sich subliminal abgespielt haben, unterhalb der Wahrnehmungsschwelle, «abrupt in das primäre Bewusstsein» ein und bringen es «aus dem Gleichgewicht» (253).

1963 Dieses *taphos*, bzw. *taphein* beschreibt in der griechischen Urfassung des Neuen Testamentes die Gefühle der Hirten, denen «plötzlich ein Engel des Herrn» zusammen mit einem gleißenden Glanz in der Nacht die Geburt Jesu verkündete. «Sie standen starr vor Schrecken» (Luk. 2, 9).

tendenziellen Zusammenbruchs der Grenze von innen und außen kann man auch an ekstatischen oder verzückten Bewegungsformen feststellen. Schon bei vielen kultischen Tänzen ist ein Zugleich von Erstarrung und Bewegung zu konstatieren. (Wir unterlassen hier die an sich nötige Erörterung über den Anteil äußerer Mittel wie Drogen.) Das Verhalten scheint nicht mehr auf einer visuellen Orientierung im äußeren Raum zu ‹fußen›, aber gleichwohl im Innern *fremd*gesteuert zu sein. Von den Dionysien ist der spezielle ruckartige Tanz oder Zug der *Mänaden* und *Thyaden* mit ihrem auch mimisch erstarrten Gesicht auf dem nach hinten geworfenen Kopf über dem wie geknickten Nacken überliefert.

Als ob sie an den Haaren, den Anzeigern von Angst und Aggression, von der Flucht zurückgehalten würden. Oder geben sie in ‹Kopflosigkeit› ihren Kopf einem Verfolger hin, um ihn abzulenken? Gerade die Vieldeutigkeit dieser Geste spricht für ihr stammes- und individualgeschichtliches Alter. Schließlich kann man sich durch willkürliches Kopfschütteln oder -werfen auch in einen Zustand von Trance oder schwindliger Befriedigung versetzen. Und der zumeist männliche Beobachter oder Beschreiber von Bildnissen der Mänaden hält diese Kopfhaltung nicht nur für eine erotische Geste, sondern für ein Bild, wenn nicht sogar für einen Ausdruck von Orgasmus.

Ein weiteres Beispiel für den nach hinten geworfenen Kopf als (An-)Zeichen einer inneren *oder* äußeren dunklen Macht – und des Zusammenbruchs der Unterscheidung von innen und außen – sei mit dem Gemälde der «Io» von Correggio angesprochen, die sich gerade einem nebulösen Untier (Zeus) hingibt. – Vielleicht ist Zeus hier aber nicht wegen seiner unmenschlichen Begierde so ungestalt und dunkel, sondern weil er als Traum zu Io kommt. – Mit ihrem nach hinten geworfenen Kopf, der uns auf ihren Rückenakt verweist, wirkt sie wie eine Mänade – wenngleich Correggio natürlich nur zärtlichstes Einverständnis der Naturen zu malen in der Lage ist.[1964] Wie der Betrachter, der den Gott von vorne in seiner dunklen Wolkigkeit kaum richtig fixieren kann, scheint auch Io selbst mit ihrem Hinterkopf ganz auf ihren Rücken zu weisen als dem Wegweiser zu ihrem wahren inneren Erlebnis.

Dieses Bild ist ein Hinweis auf die innere Nacht des Dargestellten, in der innen und außen zusammenfallen, weil dieser Akt ein Traumakt ist. Zeus sucht Io regelmäßig nachts im Traum heim; ihre Familie aber glaubt

1964 Correggio: Jupiter und Io. Um 1530, Kunsthistorisches Museum Wien.

Abb. 14: Correggio: Jupiter und Io (um 1530). Kunsthistorisches Museum Wien.

Schon fällt der Nacken nach hinten; noch hält der wolkige Arm von Zeus den Rücken, der sinken will. Aber das Format hält mit 163 cm Höhe die Vermutung ‹aufrecht›, dass Io gar nicht träumt, dass der Wolkengott wirklich realiter aus der Höhe niederkommt. Allein die Haltung und der Gesichtsausdruck Ios beschämen einen niederträchtigen Betrachter: Das Sichtbare ist hier nur der Ausdruck inneren Erlebens.

nicht an ihre unschuldige Opferrolle; Correggio auch nicht. Wir sehen nun, was sie träumt, von hinten, ihr Inneres im Rückenakt. Eine ungestalte Wolkentatze des Gewittergottes, des Nachtmahrs auf diesem sehr senkrechten Bild weist in seiner umarmenden Gebärde auf diesen Rücken als den Repräsentanten des inneren Geschehens. Das ist kein christlicher Ausrutscher an einem heidnischen Stoff. Hundert Jahre später betont Gianlorenzo Bernini in der «Ekstase der Hl. Teresa von Avila» am zurückgebeugten Kopf und am Liebespfeil des geflügelten Knaben über ihr die Vereinigung von himmlischer und irdischer Liebe.

Es gibt eine gemeinsame nachtleibliche Wurzel dieser so verschiedenen und verschieden deutbaren nächtlichen Bewegungsgefühle und Gefühlsbewegungen, die Achills Erfahrung vergleichbar macht mit derjenigen der Mänaden oder der Vorstellung, die Correggio von einem traumhaft schönen Begattungsakt der Io mit einem dunklen, ungestalten Gott hat, oder mit dem Gruseln, das jenem tumben Tor in Grimms Märchen gänsehauterzeugend über den Rücken läuft, als er mit einem Eimer voll Wasser und Fischen übergossen wird. Was ist damit gewonnen? Wenn es diese dunkle innere Nacht, und sei es auch nur als eine Art Spur der emotionalen Vektorisierung gibt, und zwar *bevor* unser Verhältnis zur Außenwelt auch durch Wahrnehmung und Sprache *bestimmt* wird, bevor wir also ‹die› Nacht erleben und benennen, dann gewinnt die Behauptung an Gewicht, dass das, was für uns die äußere Nacht ausmacht, dominant geprägt ist von der inneren. Die Weltliteratur ist voller innerer Nächte, die ‹nur› metaphorisch aufgefasst werden. Mir geht es aber darum, möglichst tief die Spur einer real inneren Nacht zu verfolgen. Dabei soll nicht all die kühne Metaphorik durch Literalisierung als bloße Nachahmung von realen Erfahrungen innerer Nächte verkleinert werden, sondern sichtbar werden, wie real, wie unersetzlich, unersättlich und unersätzlich die Macht der Übertragung ist, wie sehr also die bildlichen Ausdrücke in jeder Dichtung notwendig zur Arbeit an der inneren und äußeren Nacht gehören – und so immer einen Teil Nachtästhetik enthalten. Gibt es *für uns* überhaupt eine Nacht ohne übertragende Nachtästhetik?

Die Nacht des Bewusstseins

Das, was wir so «Nacht» *nennen*, also die äußere Nacht auf der Erde, ist ein Produkt unserer inneren Nacht, und zwar letztendlich der Nacht unseres Bewusstseins. Das hört sich gemäß den Usancen einer 500-jährigen Ideologiekritik gar nicht einmal so unvernünftig an, aber auch wenig revolutionär. Lässt sich doch die Behauptung, dass die äußere Nacht unsere Projektion wäre, locker in unser pragmatisch ritualisiertes Weltverstehen einfügen, dass die Konstituierung aller inneren und äußeren Verhältnisse wie auch dasjenige zwischen Subjekt und Objekt immer schon ein wechselseitiger Prozess ist und gewesen ist, bei welchem sozusagen ein Recht der ersten Nacht nicht auszumachen ist.

Doch schon bei diesem ‹nächtlichen Stoffwechsel› sind gewisse Arbeitsteilungen auszumachen. Der thematische Anstoß und die Bewegung dieser Vermittlung gehen doch vom jeweiligen Individuum aus (die äußere Nacht sieht relativ teilnahmslos zu). Der nachtleibliche Grund und die dunkle Wohnung seines Selbstbewusstseins waren freilich immer schon da, und sie ermöglichen vielleicht erst das Denken einer Konsistenz jener so verschieden scheinenden dunklen Welten, die die Menschen in der Geschichte ihres Redens über die Nacht eigentlich dachten, in diese äußere Nacht ent-sorgt oder objiziert zu haben. Gewiss, jeder Wahrnehmungsakt (von) der Welt ‹draußen› zieht als Repräsentant im Gehirn und anderswo seine Nervenbahn, relativ unabhängig vom Mondlicht. Aber ebenso voll ist die Weltgeschichte von der Intuition, clair-obscur, über die innere Nacht.

Unübersichtlicher, labyrinthischer wird aber der Befund, wenn wir uns den Terminus «Nacht des Bewusstseins» genauer ansehen. Unser Bewusstsein macht nämlich in diesem Fall des Genitivs gerne einen Kompromiss zwischen der Nacht als Gegenstand des Bewusstseins und der Nacht als Umnachtung, als Bett und Horizont des Bewusstseins. Wir können nicht leugnen, dass die Nacht als *Gegenstand* des Bewusstseins zutiefst geprägt sein muss von jener Dunkelheit der Wahnvorstellungen, der Bewusstlosigkeit, des Vergessens, der Triebe, des Tiefschlafs. Und sei ‹die Nacht› noch so sehr als unserem Bewusstsein äußerlich behauptet, so rechnen wir diese Dunkelheit doch zu *unserem* dunklen Inneren. Zu viele innere Zustände an der Schwelle zu dieser Finsternis und das Kommen und Gehen von Nacht und Tag in unserem Inneren geben uns zu verstehen, dass diese Dunkelheit unser Inneres ist (wie sehr dieses Innere auch, von unserem Bewusstsein unbeeinflusst, seinerseits, am Bewusstsein vorbei, Kontakt mit der Außenwelt hat). Wie sollten wir sonst je weitermachen können nach jedem Erwachen? Unsere Identität ist undenkbar ohne die Nacht des Bewusstseins.

Es hängt nun nicht nur von unserem subjektiven, sondern auch vom kulturellen Verhältnis zu unserem Bewusstsein und vom Verhältnis dieses Bewusstseins zu seiner Umwelt im weitesten Sinne des Wortes ab, ob wir diese innere Nacht außerhalb unseres Bewusstseins, die ja Einlagerungen unbekannten Ausmaßes auch innerhalb unseres Bewusstseins hat (Vergessen), als einen drohenden (weil hereinragenden) Abgrund perhorreszieren oder ihn als Heimathafen unserer Lebensreise und Bett unseres Lebensstromes eher anziehend finden. Aber Gleichgültigkeit gegenüber dieser Nacht des Bewusstseins wäre eine Verdrängung, die unser Bewusstsein einschränken würde.

Es liegt klar zutage, dass deshalb die Nacht als *Gegenstand* des Bewusstseins einerseits kaum klein genug zu kriegen ist, um fassbar zu werden, andererseits, psychologisch gesehen, unbedingt ins Überschaubare gestaltet werden muss. Gerade weil wir, am dunklen Rand des Bewusstseins, ahnen, dass diese innere Nacht vom dunklen Rand unseres Bewusstseins über das im unterschiedlichen Grade Unbewusste bis zur körperlichen Dunkelheit fließend hinübergeht in eine körperliche Nacht, die wiederum Teil der irdischen und universellen Nacht ist, die keinen Unterschied mehr macht zwischen Subjekt und Objekt, gerade darum müssen wir sie objektivieren, zu einem Objekt machen.

Dass Bewusstsein immer das Bewusstsein *von etwas* ist, erweist sich im Fall der Nacht des Bewusstseins insofern als prekär, als die Nacht sowohl Hülle für es als auch Lücke ihn ihm ist, dass das Bewusstsein selbst das Objekt auch der dunklen Welten und des dunklen Lebens ist – und dass es das selbst bemerkt. Dass wir in bedeckter Neumondnacht oder in einem absolut dunklen Raum von James Turrell Todesangst oder ekstatische Zustände bekommen, liegt nicht nur daran, dass uns die Wahrnehmungsgegenstände zum Bewusstseinsbezug fehlen, sondern auch daran, dass sich äußerste und innerste Dunkelheit vor uns, hinter uns und in uns zusammenschließen. Vielleicht zu einer ganzen Welt, vielleicht aber auch ohne uns. Schon das Vielleicht ist eine neue, nachtgeborene Welt – des Bewusstseins.

Man sage nicht, die künstliche Verdunkelung und die wolkenbedeckte Neumondnacht seien untypische Sonderfälle unserer normalen Nacht, in der man immer ein bisschen sehe. Der eigentliche Antipode des Lichtes ist die opake Materie, der wir teilhaftig sind. Alle anderen Nächte, die wir Nacht nennen, ähneln eben mehr der Nacht als dem Tag, und sie gehören auch physikalisch eher der primären Finsternis als dem Tag an. Dieses Wissen verwehrt es uns zu sagen, die sogenannte ewige und die sogenannte innere Nacht seien nur metaphorische Nächte der normalen. Umgekehrt wird ein Nachtgewand daraus: Gegen die tödliche oder orgiastische Einheit von innerer und äußerer Nacht erfindet sich das Bewusstsein selbst, indem es eine Nacht im mittleren Außenwelt-Bereich setzt, der es gegenübertritt, wenngleich es hier einräumt, die Grenze des Gegenübertretens erreicht zu haben.

Aus unserer beschränkenden Perspektivität auf der Erde und im Leib heraus schöpfen wir mit dem Netz unseres Bewusstseins von der wahrhaft multilateralen Urfinsternis eine an der Reichweite und im Spektrum begrenzte und so eben fassbare Nacht ab. Unsere Schöpfungsmythen verraten, was *wir* getan haben. Diese Nacht ist nun zugleich noch fremder, weil äußerer, und zugleich heimlich bekannter, weil unser Werk. Sind auch Lichter darin, wie auch in unserem Inneren, in unserm Hirn – das sich das ja aus-gedacht hat.

Selbstverständlich ist weder die ausgedachte äußere Nacht noch die wirkliche Nacht wesentlich nur die Dunkelheit, denn die Nacht ist eine Totalität. Zu ihr gehören die Lichter *im* Dunkeln in jener Proportion, die eine spezifisch nachtästhetische Welt kreieren – drinnen und draußen und zusammen. Aber jenseits von Hell-Dunkel und dem verräumlichenden Identitäts-Paradigma wird unsere Identität und darüber auch unser Bewusstsein von der Welt bereits geprägt, bevor die Nacht *Gegenstand* unseres Bewusstseins werden kann. Und die Lichter (innen und außen) sind nur ein Teil derjenigen Prozesse, in denen wir gattungs- und subjekthistorisch ununterbrochen einen Keil zwischen innerer und äußerer Nacht treiben. Diese Spaltung betreiben wir nicht nur durch die visuelle Wahrnehmung, sondern auch durch die interne Synchronisierung unserer anderen, dunkleren Sinne und der dadurch möglichen Organisation von Innen, inklusive der Korrespondenz mit Erinnerung und Vorstellung.

Das Auf- und Abtauchen der Monster, der Erinnerungen, des Hungers usw. aus der Nacht des Bewusstseins präludiert immer schon den musischen Eingebungen über die kommende und gehende, steigende und sinkende Nacht, etwa der Nyx und ihrer Kinder. Natürlich ist die irdisch-äußere Nacht *für uns* auch an sich periodisch. Aber deren thematische Relevanz ergibt sich aus der anscheinend ständigen Verbindung zwischen unserer Innenwelt und Außenwelt, mythologisch: zwischen Himmel und Tartaros. Im *Erleben* mag die Gegensinnigkeit der Nachtzeit, ihre mitternächtliche Kehre und die Einheit der zeitlichen Widersprüche am markantesten erscheinen, doch für das Bewusstsein und seine elementare Funktion, interne und externe Prozesse zu unterscheiden, sind alle zeitlichen Merkmale der Nacht Leuchtspuren des Big Bang, auf deren Bahnen es post festum a priori die asymetrische Intentionalität in seiner umnachteten Existenz zu behaupten sucht.

Die großen hier behandelten Themenkomplexe der zwischen innen und außen oszillierenden nächtlichen Monstererscheinungen, des Palimpsestes von Erinnern und Vergessen und der Nahrungsstoffwechsel, erlauben zwar Lokalisierungen an körperlichen Referenz-Stellen. Aber immer erst nachträglich. Das für das Bewusstsein bahnende Geschehen des Eintauchens / Auftauchens beim Erinnern und Vergessen und der Umstülpung im Saugakt beim Essen und Vögeln wird erst a posteriori zu einem *nächtlichen* Apriori: mit der ästhetischen Relevanz im weitesten Sinne als Wahrnehmungsrelevanz. Auf eine körperliche Verankerung wird immer nur *verweisbar* sein als auf die Spur einer dunklen Übertragungs-Herkunft. Das gilt auch für die Übertragungen zwischen verschiedenen Sinn-Provinzen untereinander.

Gefühle gehen zum Beispiel durch den Magen. Man kann das ganz bewusst artikulieren: Achill will Hektor fressen, vor lauter Hass (Il. 22, 347). Und man kann das bewusst gestalten: Ein Vasenbild zeigt die spätere Ankunft der trojanischen Bittgänger vor Achill, der auf seiner Kline liegt, im Beilager der erlegte Feind, also Hektor. Achill obenauf, Hektor unterhalb der Kline. Im Bild werden beide Kämpfer, die auch sonst noch manches verband im Leben, verbunden ... (Hektor war ja in die Rüstung des Achilleus getaucht, nachdem der fehlgetauchte Patroklos von Apollon daraus gepellt worden war. Achill kannte also ganz genau den wunden Punkt der Rüstung, durch den er ins nun feindliche Innere derselben hatte durchdringen können.) ... Verbunden also werden auf dem Bild die beiden Körper, der lebende und der tote, durch die vorbereiteten Fleischfetzen, durch Achills Grillgut.[1965]

Das ist nur ein Bild, eine vielleicht unbewusste Übertragung aus der Lektüre-Erfahrung eines Vasenmalers mit Homer, der seinerseits seine leibhaftige Erfahrungswelt auf Chios, in Kilikien oder sonstwo übertragen hat auf einen Helden längst vergangener Zeiten im wiederum fernen Troja, wo er sich einen Leuchtturm auf der windumtosten nächtlichen Küste vorstellt. Aber ist dies nicht auch möglicherweise ein erhellendes Bild über die tatsächlichen ‹Bewusstseinsströme›, unabhängig von diesem oder einem je anderen Inhalt, aber abhängig von der Ahnung eines solchen?

Wie zeigt sich die Nacht innerhalb des Bewusstseins zwischen verschiedenen neuronalen Reizen, wenn man sie von außen beobachtet? Das wache Bewusstsein ist ja kein Aufblinken verschiedener Stellen im Hirn, die lediglich bestimmten Inhalten draußen entsprächen. Unter Hirnforschern überwiegt seit längerem die Vermutung,

«dass dem Bewusstsein in räumlicher Entfernung voneinander stattfindende neurale Prozesse zugrunde liegen, die durch reentrante Wechselwirkungen gleichzeitig in hohem Maße integriert, dennoch aber permanent veränderlich gehalten werden und somit hoch differenziert sind. Dieser Schluss wird insbesondere dann bedeutsam, wenn man sich klar macht, dass … Integriertheit und Differenziertheit allgemeine Eigenschaften bewussten Erlebens sind – unabhängig von dessen Inhalt.»[1966]

Was bedeutet hier «Differenziertheit? Wie bei der Ebenen-Differenz der Übertragung ergibt sich die Differenzierung bei neuralen Prozessen erst durch die Fahrt, ja durch eine von außen als ‹Querfeldein›-Koordination erscheinende Fahrt. Da die *Notwendigkeit* der Differenz sich nicht etwa aus den Wahrnehmungsinhalten ableitet, sehen wir hier die Impli-

1965 Z.B. auf der Schale des Oltos (um 520), München Staatliche Antikensammlung Nr. 2618. Vgl. Schefold: Spätarchaisch, S. 236 f.

1966 G. M. Edelman und G. Tononi: Gehirn und Geist. München 2002, S. 106. – Mit «reentranter Wechselwirkung» beschreiben sie nicht einfach die reziproke Beziehung auf einer bestimmten neuronalen Strecke, sondern die permanente räumliche und zeitliche Koordinierung vieler parallel geschalteter Wege. Die Korrelation von Signalen zwischen «verschiedenen Hirnarealen» wird «unablässig verändert» (S. 72). Weitere Seitenangabe im Text.

kation einer räumlichen oder zeitlichen Entlegenheit (oder Tiefe), die notwendig außerhalb dessen sich konstituiert, was als Nachricht beschreibbar wird. Immer wieder wird seit den Vorsokratikern die Aktivität des Bewusstseins mit einem Feuer beschrieben, auch von Gerald M. Edelman und Giulio Tononi (S. 72), und daran ist viel Wahres, denn es handelt sich um ‹Bewusstseins-Strom›, Elektrizität.

Aber es muss dann auch die Notwendigkeit eingeräumt werden, dass es ein Feuer in der Nacht ist. Die zitierten Autoren können, sagen sie, «eine Theorie des Bewusstseins … formulieren, die erklären kann, wie aus Materie Phantasie hervorgeht, dass diese Theorie aber nicht imstande sein wird, Erfahrung zu ersetzen» (S. 302). Die Aufmerksamkeit sei hier auf das Wort *hervorgehen* gerichtet, ein Wort, das viele deutschen Hesiod-Übersetzer für die dynastischen Generierungen der Theogonie verwenden. Damit ist eine Asymmetrie impliziert, eine Richtungshaftigkeit und je konkrete Ausrichtung, deren Herkunft dunkel ist, ähnlich der erlebten körperlichen Herkunft einer Idee. Erfahrung hat hier den schon bei Hegel beanspruchten Leistungscharakter einer überwundenen Differenz, die gleichwohl nicht dem Inhalt der Erfahrung inhärent ist. Die phänomenale Erfahrung «wurzelt in unserer ureigenen Verkörperung des Geistes, unserem individuellen Phänotyp … Verkörperung in der jeweiligen individuellen Hülle ist der Preis für den Zugang zu solcherlei qualitativem, subjektivem Erleben.» (S. 303)

Gehen wir von solchen synthetischen Kategorien zurück auf die neuronale Ebenen-Differenz zwischen verschiedenen Hirnregionen, so bleibt uns nur die Alternative, für die Darstellung der notwendig organisierten Differenz auf einen Körper-Geist-Dualismus zurückzukommen oder einer Art von organischer, organisierender Dunkelheit (etwas wie Hülle oder *hyle*, Stoff) einen konstitutiven Beitrag für das Bewusstseinsleben zu attestieren. Der überwundene Widerstand, der mit der räumlichen Distanz und der materiellen Widerständigkeit der grauen oder weißen Masse an Zellen (schon Zellen implizieren Widerstand) vorausgegangen ist, ist notwendig für die Ko-Ordination von Differenz, die erst die Identität eines Wahrnehmungsthemas ermöglicht. Auch ohne des Parmenides Bild der Nacht als träge Materie im ‹Gegen-Licht› sehen wir hier eine Nacht im Hirn: eine dunkle Statthalterin des (mit Licht) Nichtidentischen, das man sich hier im ‹Innersten› des Menschen nur als etwas der jeweils bewussten Regung Äußeres vorstellen kann, und das doch, als in jedem Erlebnis oder jeder Äußerung qua Überwindung eingeschlossene Nacht ist.

Was hier nur skizzenhaft einen Klärungsbedarf umschreibt, soll im Folgeband der Nachtästhetik an der Nachtsprache vertieft werden. – Ich weiß nicht, ob man jemals erkennen wird, woher die konstante menschliche Intuition einer inneren Nacht ‹rühren› sollte, die von de Quinceys und Baudelaires Behauptung des Gehirns als eines Palimpsestes bis zur Ausmalung einer äußeren Nacht als einer inneren bei Hesiod reicht, wenn nicht von dieser tiefen Ahnung der leiblichen Verhüllung, Umnachtung sozusagen, jeden Inhalts des Bewusstseins im weitesten Sinne. Man könnte zwar meine Argumentation umkehren und sagen, diese Umnachtung des Geistes rühre von dem starken oder gar traumatisierenden ‹Eindruck› her, den die *äußere* Nacht (oder das außen dominante Verhältnis von Helldunkel überhaupt) auf das lichtbetonte Bewusstsein mache, das eben ähnlich organisiert sei wie die äußere Welt. Doch in dieser Argumentation würde das vorausgesetzt werden müssen, was für den bewussten Leib das größere Rätsel ist, was ihn selbst konstituiert und was ihn für die Nacht erst empfänglich macht: das lebendige Verhältnis von innen und außen in allen biologischen, affektiven und intelligenten Prozessen und Fahrten der Erfahrung sowie der (‹reentren›) sprachlichen Übertragung.

Nacht und Sex oder auch Liebe

Unentwegt überträgt der Leib im Dunkeln. Die Gefühlsbewegungen werden durch die körperlichen vorgebildet, gesteigert und bestätigt – von der Geburt, über die Atmung, Stillung (des Hungers) bis zum Sexualakt – und beeinflussen ihrerseits Denken und Wahrnehmung sowie die körperlichen Reaktionen. – Die ‹ehrliche Haut› nimmt's als Geständnis, wie Wolfgang Hilbig, dessen lyrisches Ich im Gedicht «Trauriges Lied» (1964) bekennt, zeitlebens einen Menschen gesucht zu haben «dem ich mein Inneres so nach außen kehren könnte, so wie einen Handschuh, so ehrlich – ehrlich welch schöne Wahrheit wäre das geworden …»[1967] – Diesen Un-

1967 W. Hilbig: Trauriges Lied. In: Ders.: Gedichte. Frankfurt 2008, S. 300. Der

terbau der Nachtästhetik gilt es, auch in den Bereichen der Nachtsprache und des Nachtbildes nicht mehr zu vergessen. – Nach so viel Eindringen in die Lesehöhle der Texte und weil es bisher etwas zu kurz gekommen ist, wird man es nicht als Spekulation auf die Lüsternheit der Leser verachten, wenn ich auch ein paar Worte über das gegenseitige Eindringen verliere, das der Volksmund mit dem Fliegen assoziiert, indem er es das *Vögeln* nennt.

Schon vorher geht der Schwanz aus sich raus. Indem sich das Blut in einem immer externer werdenden, ausfahrenden Glied des Körpers sammelt, verlässt es innerere Bahnen und verdeutlicht so, wenn auch nur sehr unter anderem, das Gefühl einer Art Umorganisation und Umstülpung von innen und außen. In der Erektion geht dieses Pars pro Toto aus sich heraus, aus seiner Hülle und Vorhaut und aus dem ‹toto›, für das es steht; noch mehr hinaus gelangt es (und quasi folgend *er*) in ein anderes Inneres hinein. In diesem äußeren Inneren findet die ständige Integration von Identität und Differenz, von Innen und Außen durch die Bewegung des Rein und Raus statt. Im Augenblick der ‹Entladung› vergehen Raum und Zeit und folglich auch die Unterscheidung innen und außen. Der erlebte Zusammenbruch der Unterscheidung ist aber zugleich ein ‹schöpferisches Beben der Substanz›, eine Synthese von Aneignung und Entäußerung – nicht nur, aber auch im Herauswerfen, in der Ejakulation (beider Geschlechter) nämlich, die von Archilochos auch so beschrieben wurde:

> Und ganz ihren schönen Leib um und um betastend,
> schleuderte [warm] ich meine Kraft heraus, streichelnd ihr
> blondes [Haar] … (Frgm. 77)

In einem anderen Fragment hat Archilochos die Umnachtung beschrieben, die der «göttlichen Sache» (ebd.) vorausgeht:

> Denn ein solches Verlangen nach Liebe hat sich unter das Herz geschlangelt
> Und viel Dunkelheit über meine Augen gegossen
> Und mir aus der Brust geraubt den zarten Sinn. (Frgm. 71)

Wahrheit die Ehre: Das traurige Lied endet mit der Erkenntnis: «O weh, seitdem du kamst / suche ich nicht, / nicht mehr, seitdem du kamst, o weh …»

Zugegeben: Das Fragment 77 ist kein großes Zeugnis der *Inter*penetration. Im Gegenteil: Das Ich spielt hier den Gott der ‹göttlichen Sache›, von der das Mädchen ‹ergriffen› wird. Er hält ihren Nacken, «als sie verschreckt innehielt wie ein Rehkitz [auf der Flucht]» (ebd.). Und hinterher streichelt er ihr blondes Haar. Wir haben hier, nicht nur mit dem Rehkitz, beim Dionysiker Archilochos den Anklang an die Mänade ebenso wie an Achill und das allgemeine menschliche Fluchtverhalten. Aber auch im weiblichen Orgasmus soll der Kopf nach hinten fallen, und der Vogel Archilochos singt eben nur realistisch und ehrlich aus seiner Perspektive.

Gemeinhin verschmilzt im Orgasmus ja auch nicht so viel, wie allgemein verbreitet und geglaubt wird. Und das *Inter* bei der Interpenetration ist eine *gegen*-seitige Durchdringung, die sogar beeinträchtigt werden könnte durch Gesprächs-Gegenverkehr. Dennoch ist natürlich die solipsistische Reibung auf der nach oben offenen Richter-Skala dieser Erdbeben offen für das *Erleben* wahrer (weil übertragender) eindringlicher Vergemeinschaftung. Jenseits der Rubbelmechanik ist die gemeinsame ‹Einräumung› eines umstülpenden Raumerlebens schließlich nicht nur eine symbolische Geschenkschleife der Natur, sondern gehört zur Zeugungsfunktion der Be-Gattung, die über deren ‹Erleben› hinausweist. Natürlich erlebt man nicht, wie die Zeugung zwischen Tod und Geburt in der Gattung die Waage hält; aber das Einzelexemplar ist doch von dieser Selbstreproduktion der Gattung bis in sein Erleben geprägt: Es gibt Erfahrungen, die seine grundsätzliche Horizontalität und Perspektivität sprengen, seine normale Sortierung zwischen innen und außen umkrempeln. Das sei eine mystische Aufwertung des Vögelns zum Schöpfungsakt? Ja, woher kommt denn wohl die Beschreibbarkeit des Schöpfungsaktes in den religiösen Texten!

Ohne mich jetzt als Wortführer der weiblichen Perspektive aufspielen zu wollen, scheint mir, trotz unterschiedlicher Körpermerkmale, bei der weiblichen Gefährtin dieser *Nachtfahrt* eine ähnliche Turbulenz aus Vereinnahmung und Verausgabung, Systole und Diastole zu bestehen.[1968] Das Verlangen, *im Raum des Mannes* zu sein, spricht sich zum Beispiel auch im Wunsch nach Umarmung aus. Das ist zwar ein interkulturell schon sehr

1968 Ein Teil der körperlichen Bewegungen beim Geschlechtsakt ist historisch durch die Funktion bedingt, dass die weibliche Eizelle im Raum der Frau nistet und dass der männliche Same dahin übertragen werden muss.

lange bekanntes Bedürfnis; das heißt aber nicht, dass dieses relativ passive Begehren die einzige Form der weiblichen Wünsche einzudringen ist. – Im Kapitel «Fährten der Nachtpost» habe ich am Beispiel deutscher Sagen über die Nachtmahr weibliche Wesen vorgestellt, die nachts in den Raum des Mannes eindringen und auf ihm reiten. Der Mann konnte durch Verschließen eines gewissen Loches in der Wand seines Hauses diese Nachtmahre in seine Ehefrauen verwandeln, Einwohnerinnen seiner Wohnung. Auch der männliche Geist des «Magnetiseurs» bei E. T. A. Hoffmann träumt von seinem Geist als einer Wohnstatt für die begehrte Frau.[1969]

Die Bereitschaft, *amor penetrans* als transitorisch, translokal und transhuman, jedenfalls als ‹trans›, anzuerkennen, wird nicht nur im Verkehr mit Nachtmahren, die zu Ehefrauen mutieren, deutlich, sondern auch in der Charakterisierung des Aktes als göttlich. Archilochos deutet die Inanspruchnahme des ‹Göttlichen› für das weibliche Erlebnis der körperlichen Liebe schon mit dem rückwärts geneigten Nacken an. Die wechselseitige Beeinflussung von religiösen und erotischen Gefühlen ist eine allgemeine historische Tatsache, die mit einer bemerkenswerten Verdichtung der Erlebnisvektoren innen und außen einhergeht (das Höchste zutiefst innen, vom Fernsten besessen sein im eigenen Leib usw.).[1970]

Dieser ‹unwahrscheinliche› Zustand schreit nach sprachlichem Ausdruck, deshalb sind die mythologischen Fassungen der göttlichen Liebe

1969 Siehe oben, das Ende des Abschnitts «Der Text als Zauberspiegel des lesenden Nachtleibs».

1970 Der in den Nacken geworfene Kopf ist in vielen alten Kulten verbreitet und nicht nur auf Frauen beschränkt. Die männlichen kastrierten Priester der Kybele taten ein Gleiches. Zumindest bei ihnen ist nicht immer zu erkennen, ob dieser Wurf Ausdruck der Ekstase, Technik zu deren Erlangung oder bloßes Symbol ist. In Catulls berühmtem Gedicht über Attis (Carmina Nr. 63) befiehlt Kybele einem Löwen, den fluchtbereiten Attis drohend zu vergattern, und zwar so: «... schüttle wild deine feuerrote Mähne an dem mächtigen Nacken.» (Catull: Sämtliche Gedichte. Stuttgart 1995, S. 91) Im Kontext ist aber deutlich, dass der Löwe mit dieser symbolischen *Unterwerfungsgeste* Attis bedrohlich zur Unterwerfung ermahnt. Als Schwindel- und Trancetechnik erscheint sie in Apuleius' Goldenem Esel, wo der Kopfwurf nach hinten in das Kreisen desselben bei den Kybelepriestern beschrieben wird. (8. Buch, S. 329) In den *Diskos* seit den sechziger Jahren des 20. Jahrhunderts wird man ähnliche Wurf-Gesten wieder finden.

so phantastisch. Zu bedenken ist, ob nicht überhaupt nur wegen der unwahrscheinlichen inneren Zustände affektiver Erleuchtung und damit vorausgesetzter affektiver Umnachtung diese frühen Sprachschöpfungen möglich gewesen sind. – Weiblichkeit wie Nächtlichkeit der körperlichen Liebe sind jedenfalls seit Hesiod verewigt, indem es die *Göttin* Nacht ist und die Göttin *Nacht*, welche die Mutter des *Liebesverlangens* (Philotes) ist, die *vaterlos* aus der Nacht hervorgeht. Der Göttin *Philotes*, der personalisierten sexuellen Leidenschaft und Praxis, die von Schirnding nicht mit «Durchdringung», sondern mit «Umarmung» übersetzt, ist zur Balance aus der Gaia-Linie eine Liebesgöttin zur Seite gestellt, die ganz die *mutterlos* Auftauchende ist, Aphrodite, das Produkt einer ‹scharfen› Geschlechter- und Geschlechtstrennung – und einer Scheidung von innerer und äußerer Nacht:

Die männliche Nacht *Uranos* penetriert die innere Nacht der Gaia, aus der die Sichel des Kronos herausfährt, die nicht nur den himmlischen Nachtpimmel abschneidet, sondern so auch *Geschichte* in Form der Geschlechterfolge freisetzt. Die Zeitsichel des Kronos (die aber von der mütterlichen Personifikation der chthonischen Nacht stammt) spaltet im Kampf der einen Nacht gegen die andere den Freiraum der Generationen auf, die sich ihr eigenes Daseinsrecht erkämpfen. Und einen neuen Nachtraum der Liebe, symbolisiert durch Aphrodite, das Kind einer Kastration statt einer Vereinigung. Ihr folgt Himeros, als sie auftaucht, die Sehnsucht, Symbol neuer nächtlicher Weiträumigkeit.

Der Kastrationsakt ist nicht nur Ausdruck männlicher Angstphantasien (von zu lange im dunklen Schoß Zurückgehaltenen) vor einer *Vagina dentata.* Ebenso kann er als Symbol eines in Aggression umkippenden Begehrens beider Geschlechter gelten, die einander keinen Raum einräumen können. – Wichtig aber ist in diesem ‹Zeugnis› die Inkarnation der Erotik im Scheidungskind Aphrodite. Die Sichel der Zeit hat sie insofern traumatisiert, dass sie sich immer nach dem Schwanz, Spur ihrer Herkunft, sehnen wird und diese Sehnsucht auf andere überträgt. Von Dionysos ist die Schaumgeborene Mutter des heiligen Phallos, *Priapos.* Und sie dringt tief in die Seele der Männer ein.[1971] Das Auslangen der

1971 Besonders pflegte «die Göttin den andern Göttern erst Liebe zu den Sterblichen einzuflößen und dann über ihre Verlegenheit zu lachen». Recl. Lex., S. 60.

Männer, ihre Ausfahrt in Sehnsucht ist die *Folge*, mythisch verkörpert in Himeros. Noch heute wird so gesungen: «Denn Verlangen ganz allein ist ihr Ziel.» (F. Galan)

Wenn wir den Mythos verlassen und uns den literarischen Zeugnissen weiblichen Eindringens in den Mann zuwenden, verstärkt sich der Eindruck, dass weiblicher ‹Einfluss› – nach dem frühen der Milch – sich anders, aber nicht schwächer in der dunklen Nacht des Mannes Raum verschafft. Markant ist das Eindringen in die *Höhle* des Mannes, der vielleicht selbst ‹außen vor› steht, dieselbe zu beschützen. Vom «Hohenlied Salomos» aus der Bibel über den Kristallpalast des Herrn, den Teresa von Avila (*1515) erreichen will, bis zur neugierigen Gattin, die im Märchen der Gebrüder Grimm Blaubarts verbotene, blutige Kammer öffnet[1972], ist die Literatur voller männlicher Räume, welche die Frauen erobern.[1973] Im englischsprachigen Roman des Somaliers Nuruddin Farah, «Duniyas Gaben» (1993), der aus der Perspektive Duniyas geschrieben ist, denkt die Protagonistin, dass die Ehe eine Wohnung, die Liebe aber ein Palast ist, «in den sie bis jetzt noch nicht die Gelegenheit gehabt hatte, einen Fuß zu setzen»[1974].

Das ist eine zentrale Metapher, die zur Parabel der entscheidenden Liebesgeschichte dieses Romans wird, als Duniya in der Nacht und in einem besonderen Dunkel innen und außen (Stromausfall) die Wohnung ihres Geliebten Bosaaso erobert (S. 302, S. 307) und beim Vögeln mit ihm über seine Schlafzimmer redet (S. 311). – Gewiss ist das Geschehen viel komplexer, man kann sogar sagen, paradoxer, da es sich ja um eine Interpenetration handelt. Aber die Beschreibung, noch aus *einer* Perspektive, zeigt

1972 Grimm: Kinder- und Hausmärchen, S. 821.

1973 Siehe «Die Seelenburg der heiligen Theresia von Jesu» in: Dies.: Sämtliche Schriften. Bd. 5, München und Kempten 91997. Vgl. auch die Metaphorik des «Herrn» in ihren anderen Schriften, etwa die vom Weinkeller des Herrn in «Von der Liebe Gottes» (Frankfurt 1984, S. 58). Mit diesem Text webt sich Teresa gleichsam in den Liebestext des «Hohenliedes Salomos» ein. – Die Weinkellermetaphorik wird sinnigerweise in der Plastik Berninis «Die Ekstase der Hl. Teresa» (1645–52) wieder aufgenommen, indem er sie als Mänade mit ‹entrückter› Kopfneigung zeigt, wie sie bald von einem Pfeil des Bacchos, pardon, der Gottesliebe durchbohrt sein wird.

1974 N. Farah: Duniyas Gaben. Frankfurt 2001, S. 120; weitere Seitenangaben im Text.

gerade die Paradoxien des sexuellen Raumes, die ihrerseits zu jenem Schwindel beitragen, der zum Zusammenbruch der räumlichen Orientierung führen kann. *Sie* ist es, die davonfliegt in die äußere Nacht, wie eine Sternschnuppe oder wie der Streitwagen des Propheten Elias (S. 302). Und doch: «... ihr Körper öffnete sich noch weiter, und noch viel mehr Paläste taten sich darin auf», für die Bosaaso die Schlüssel hatte (S. 309). Also nicht ihr Inneres ist dieser Palast der Liebe; sondern *darin* tun sich viele Paläste auf, in ihrer Mehrzahl werden sie *wie* von außen gesehen und erschlossen. Sie hört auf zu denken, sein Körper steht plötzlich in Flammen, beide fiebern vor Erregung, rufen den Namen des anderen und kommen zum Orgasmus. Jetzt ist der Strom auch wieder da ... durch Nacht zum Licht.

Der Text eines männlichen Autors ist vielleicht nicht repräsentativ für *weibliche* Vorstellungen von der erotischen ‹Einwohnung› in den männlichen Raum. Aber es gibt auch Beispiele weiblicher Autorschaft.[1975] Im Band über die Nachtsprache werden wir die «Seelenburg» Teresas von Avila besichtigen. So nennt die spanische Mystikerin das erotischreligiöse Ziel ihrer frommen Annäherung an den Herrn. Die Verbindung von religiösem und erotischem Motiv ist keineswegs sensationslüstern herbeigespielt. Sie ist nämlich signifikant; treffen wir sie doch in vielen Liebesdiskursen – so auch im oben zitierten aus muslimischer Tradition: Beim Vögeln denkt Duniya an religiöse Themen, und «ihn zu lieben war göttlich. Das war klar.» (S. 308) Die jahrtausendealte transkulturelle Vermischung – vielleicht sollte man eher von der sehr späten versuchsweisen Entmischung eines einheitlichen körperlich-imaginativen Komplexes von Genuss und Hingabe sprechen – war immer eine Vermischung von innen und außen im Dunkeln und hat die wechselseitigen Positionswechsel der Empathie gefördert.

Die leibhaftige Erfahrung des dunklen Innenraumes ist von Anfang an verwirbelt mit der beiderseitigen Übertragung von körperlichen Bewegungen und Positionen mit Gefühlen und weiter gehenden Vorstellungen, sowohl im eigenen wie im fremden Leib. Ein letztes Beispiel aus

1975 Ein zeitgenössisches Beispiel ist Natascha Wodins autobiographischer Roman «Nachtgeschwister» (München 2009), in dem die Ich-Erzählerin über die Lektüre eines Lyrikers (W. Hilbig) auch in seinen leibhaftigen Raum und seine Nächte eindringt. (S. 13) Gibt es einen Zusammenhang zwischen ihrem Eindringen und seinem «o weh»? Vgl. S. 1238f., Anm. 1967.

einer relativ unfrommen Kultur sei hier herangezogen, Veronique Olmis Erzählung «Ein Mann eine Frau». Als die Erzählerin sich beim Vögeln auf den Mann legt, benutzt sie die Senkrechte zur phantastischen Organisation der Versenkung in ihn: «Sie kam über ihn, legte sich auf ihn wie auf einen Felsen ...» Als Eingang benutzt sie seine Augen, die «er ... ohne Scham und ohne Verwunderung geöffnet ...» hielt.[1976] In Wahrheit ist es sein Blick, den sie sucht, der ihr sein Inneres erst bahnt (S. 80). «... und seine Augen hatten den Glanz der Aufrichtigkeit» (S. 81). Die Rede über seinen Blick umgibt ihre Sätze: «Also versenkte sie sich in ihn. Ernst. Bewegt und dankbar, denn er ließ es zu.» (S. 80) – Selbstredend wird dieses verwirrende Gemenge aus körperlichen bis imaginären Übertragungen auf den anderen Leib auch auf den eigenen zurückgewendet. Denn beim Cunnilingus würde er «das aufsaugen, dessen Geschmack ihr unbekannt war, und da atmen, wohin sie niemals tauchen würde» (S. 82). – Über Geschmack lässt sich bekanntlich nicht streiten. Aber die Erfahrungen auch des Geschmacks selbst ‹bewegen› sich auf den immer wieder gleichen dunklen Bahnen in ein dunkles Inneres ... als sei's aufs Äußerste, Höchste (S. 84):

«... deshalb drangen Worte wie von Gebeten aus ihrer Kehle. Mein Gott Mein Gott Mein Gott, weil sich etwas anderes vollzog als das irdische Leben, es geschah das Unverständliche, das absolute Vergnügen, das Abheben und das Mysterium .. und ihr Orgasmus war so stark so heftig ihr Körper gekrümmt ihr Hals nach hinten geworfen ihre Hände weggerissen vom Kopf des Mannes an die zerwühlten Laken geklammert ...»

Die Ich-Erzählerin als Mänade? Das erscheint denn doch als Verrat an der inneren Erfahrung durch die Inszenierung eines äußeren Blicks als inneren. Der Blick von außen auf die Äußerungen der inneren Aufhebung des Gegensatzes von außen und innen mag dem Leser als unechte Inszenierung erscheinen. Die bekannte Theaterautorin («Der Gott des Gemetzels») kennt sich immerhin aus im dionysischen Gewerbe ihrer Zeit; schließlich ist in derjenigen Pariser Szene, die das Sagen hat, das Dionysische en vogue.[1977] Auch diesen Diskurs seit Michel Maffesolis «Der Schatten des Dionysos», erneuert in Michel Onfrays «Philosophie der Ek-

1976 V. Olmi: Ein Mann eine Frau. München 2006, S. 80; weitere Seitenangaben im Text.

1977 Siehe das Ende von «Bauch und Gott II» im Kapitel «Das Nachtmahl».

stase»[1978], mag man teilweise als modisches Gerede abtun. Es handelt sich auch nicht um eine neue ‹verbindliche› Religion, eher vielleicht um Eskapismus – auch wenn Maffesoli es Humanismus nennt:

«Vielleicht sollte man von einem anthropologischen Humanismus reden, der von sich sagen könnte, ‹nichts Unter-Menschliches ist mir fremd›. Darauf liefe die Lehre dessen hinaus, was ich das Dionysische genannt habe: Unangefochten von der Sterilität der Zustände ist, so stellt sich heraus, die nächtliche Seite ein fruchtbarer Schoß.»[1979]

Entscheidend ist: Es wirkt, und auch hinter schlechtem Geschmack kann ein authentisches Verlangen nach Überschreitung der Verliese des Phantasmas pochen, das seit Dionysos so unberechenbar ist, weil (vermeintlich) jenseits der *Trennung* von äußerer und innerer Nacht die Grenzen zwischen geistiger und körperlicher Sehnsucht verschwimmen. – Historisch ist der Prozess der abendländischen Säkularisierung und der Heiligung der irdischen Liebe ein und derselbe Prozess. Wie viele schlechte Romane seit Jahrhunderten selbst das reale sexuelle Geschehen wie tief beeinflusst haben, ist kaum zu ermessen. Nachtästhetisch ist für diese Vergesellschaftung innerer Nacht nicht die sprachliche Qualität eines Endproduktes wichtig, sondern die Kultivierung des Nachtleibs, der ein guter Boden auch für feinere Sprachgewächse ist.

Kultiviert wird der Nachtleib auch in der *religiösen* Sprache, der man das Ringen um die Wahrhaftigkeit einer *spirituellen* Erfahrung nicht so leicht abspricht. Das heißt: Sowohl lernt der fromme Mann sich als Wohnung für ein geliebtes Wesen kennen, als auch erobert die liebende Frau das Schloss des Himmels. Schon Meister Eckart schließt eine Predigt mit dem Wunsch: «Daß wir so ein Bürglein seien, in dem Jesus aufsteige und empfangen werde und ewig in uns bleibe in der Weise, wie ich's gesagt habe, dazu helfe uns Gott. Amen.»[1980] Diese passive, quasi-weibliche Empfangsbereitschaft ist nicht die Ausnahme, sondern seit Bernhard von Clairvaux (*1090) die Tradition (auch) der männlichen christlichen Mystiker – deren Seele weiblich ist. Nur noch ein Beispiel aus der «Dunklen Nacht» von Juan de la Cruz:

1978 M. Onfray: Philosophie der Ekstase. Frankfurt 1993.

1979 M. Maffesoli: Der Schatten des Dionysos – Zu einer Soziologie des Orgiasmus. Frankfurt 1986, S. 175.

1980 Meister Eckart: Predigten. Stuttgart 1936, Frankfurt 2008, Predigt 2, S. 37.

Gesang der Seele (5. Strophe)

O Nacht, die mich beglückte,
Wie lieb ich dich ob Morgenrotes-Scheine;
Dein Dunkel ja mich führte
Zum seligsten Vereine,
Wo ich, in ihn gewandelt, ward die Seine![1981]

Das ist kein Sex; aber die Sprache des Gebets ist in ‹dunkler Nacht›-Fahrt auf Wegen unterwegs, welche die Körpererfahrung erschlossen hat. Andererseits scheinen die Menschen beim Sex nicht selten quasi-religiöse Gefühle oder Vorstellungen zu haben, wie überhaupt die kulturelle Anziehungskraft dieses Vorgangs besonders darin zu bestehen scheint, dass er kein rein mechanischer ist und notorisch sensorische, affektive und mentale Verquickungen und Turbulenzen erzeugt. Diese triebgeleitete Überschreitung der Ebenendifferenz kommt aus dem Dunkeln und liegt im Dunkeln. Die innere Nacht (die mit der Übertragung im Dunkeln sich weitet und funktional differenziert) ist ihr Medium. Und da dieser Überschreitung auch an der Überschreitung der Innerlichkeit gelegen ist und an der Zusammenkunft mit dem anderen, ist auch die äußere Nacht das bevorzugte Medium der Liebe.

Die äußere Nacht als Medium der Liebenden zum Austausch innerer Nächte? Da mag mancher denken, es ginge auch einfacher. Ist es nicht einfach bloß das *Schamgefühl*, das die Menschen in die Nacht treibt, das ‹es› sie in der Nacht ‹treiben› lässt? Ist die Nacht also bloß ‹negativ› gesehen: als *Verhinderin* visueller Penetration, als Binde der Blindheit, damit kein anderer von außen das Schamgefühl verletze? Ich sage, die äu-

1981 Juan de la Cruz: Des Heiligen Johannes vom Kreuz «Dunkle Nacht». In: Ders.: Sämtliche Werke in 5 Bdn., Bd. 2. München 1979, S. 3. Das «*ob* Morgenrotes-Scheine» meint «über», «mehr als» das Morgenrot. Vgl. auch die Übersetzungsvariante derselben Übersetzer, P. Aloysius und P. Ambrosius, ebd. und die Neuübersetzung von Ulrich Dobhan, Elisabeth Hense und Elisabeth Peeters: Die dunkle Nacht, Freiburg ^{6}2003, S. 27. – Mit der seit Archilochos bekannten zärtlichen Geste um den Nacken, die seit Bernhard von Clairvaux anhand des Hohen Liedes Salomonis (8,3) für die mystische Beziehung der Seele zum himmlischen Bräutigam ersehnt wird, führt Christus, der Geliebte, die Menschenseele Juans in seligen Schwindel (7. Str.).

ßere Nacht dient im Gegenteil vor allem der Überschreitung der inneren Nächte. Schon der berühmte und obligate ‹verhüllende Mantel der Nacht› hat zwei Seiten, und die innere dient als äußerer Innenraum der Übertragung (hat Sterne innen bei Uranos, Hera und Nyx selbst). Auch die Nacht der Liebe *Gottes* kennt keine Scham in dem eingegrenzten Sinne.

Allerdings kennen wir im Alten Testament eine aufschlussreiche Scham vor Gott. Diese Scham wird sogar erfunden zum Ausschluss Gottes. ‹Scham›, das heißt seitdem: Etwas *Äußeres* (die Nacktheit oder das Glied) bezeichnet nun ein verhülltes und dadurch verborgenes *Inneres*. Diese offenbarende Verweisung auf das dunkle Innere muss deshalb ihrerseits verhüllt werden. Dem Buch Genesis entsprechend soll die Scham entstanden sein, nachdem sich die ersten Menschen etwas eingeführt haben, den Apfel vom Baum der Erkenntnis. Als Gott sie sucht, gehen sie mit dieser Füllung in die Verhüllung. Dass sie nach dem *oralen* Genuss ihre Geschlechtsteile, die auf den Verkehr nach innen verweisen, verbergen, spricht für die Übertragungskraft der Innen/Außen-Dialektik über die Felder der erotischen Organisation hinweg.

Die sexuelle Scham wird hier als erfundener Vorwand vor einer oralen Überschreitung (dem Raub einer göttlichen Mahlzeit) dargestellt. Man soll die Geschichte nicht überbewerten; aber sie nimmt die Erkenntnis vorweg, dass es viele individualgeschichtliche Stadien der Übertragung im Dunkeln oder Verborgenem gibt, bevor es überhaupt die genitale Übertragung, die wechselseitige Durchdringung je innerer Dunkelheit gibt. In dieser historischen Reihe der Erkenntnis sollte man Adams Verführung durch Eva als ein Vorspiel, nein, einen Initiationsakt verstehen: Sie dringt mittels ihrer Gabe, des Apfels, in das Innere des Mannes und höhlt es aus zum Raum der Scham. Von jetzt an ‹speisen› Adam und Eva vorzugsweise in der Nacht.

Auch diese (weltgeschichtlich äußerst erfolgreiche) Verschiebung im Dialog mit Gott ist beim mythologischen Urpaar bereits eine Übertragung vom oralen zum genitalen Paradigma. Beide ‹Stellen› verweisen auf das dunkle Innere des Leibes. – Man könnte überhaupt die Übertragung als die fundierende Realität auch jeglicher Ästhetik nennen, wenn dieser Begriff in seinen jeweiligen Anwendungen nicht zu wenig von der jeweils spezifischen Modalität erfassen würde. Im Fall der Nachtästhetik fällt die nachtleibliche Besonderheit fort, was für die späteren ‹höheren› ästhetischen Techniken der Übertragung, zum Beispiel der Metaphorik, eine zerstörerische Wirkung zur Folge hätte: Die eigentliche Leistung des Metaphorischen ist nämlich nur aus der Asymmetrie zu begreifen, die bei aller Ähnlichkeit von der inneren zur äußeren Nacht besteht. Die bloße Vorstellung, sich verstecken zu wollen, seine Blöße (ein Metonym für das Selbst) verhüllen zu wollen, setzt eine schon im kleinkindlichen Fort-Da-Spiel vorausgesetzte, aber letztlich immer derart unbegreiflich dunkel bleibende Trennung von innen und außen voraus, dass sie gerade am Thema der *äußeren* Nacht virulent wird: als verstörende oder erregende Ähnlichkeit in der absoluten Differenz (welche die Conditio sine qua non des Subjektes ist).

Wir können durchaus die Verschiebung vom Nachteingang des Mundes zum Nachteingang des Genitals als eine Übertragung behaupten, der eine weitere Übertragung von der eigenen inneren Nacht zur inneren Nacht der anderen entspricht oder folgt; ja, wir können durchaus die Übertragung an die Nacht der Welt verstehen, mit der die äußere Nacht als die Scham des Kosmos begriffen werden kann. Davon ist jedenfalls zum Beispiel Hegel nicht weit entfernt, wenn er von der Bewegung des Anschauens zur Erkenntnis kommt, dass «die Nacht ... die reine Individualität der Erde» ist.[1982] Andererseits nennt er im selben Werkzusammenhang die «gesättigte Begierde»: «Schlaf», «Insichsein» und «Nacht, die Selbst ist». (158)[1983] Das ist nur eine Metapher, aber ohne diese gibt es kaum dieses vermittelnde Denken zwischen Sinnlichkeit und Abstraktion, um das sich die System-Dialektiker um 1800 so bemüht haben.

Auch Schellings «Erster Entwurf eines Systems der Naturphilosophie» von 1799 zeugt von dem Versuch, innere und äußere Natur einander zuzuwenden.[1984] Das gesamte dialektische Denken jener Zeit ist von einer teilweise hymnischen Durchdeklination von innen und außen bestimmt,

1982 Gewiss, er hat die Analogie der periodischen Abwendung des Globus vom Sonnenlicht im Kopf, aber er projiziert ein Inneres der Erde namens Nacht, «worein» [!] die Kategorien der Zeit und des Raumes «zurückgegangen sind». G. W. F. Hegel: Vorlesungen zur Naturphilosophie (Mitschriften). In: Ders.: Realphilosophie, S. 176; weitere Seitenangabe im Text.

1983 Zwar wird diese Beschreibung hier für «das Tier» gegeben; aber der Kontext weist auf das Organische überhaupt und die Stellung der Begierde darin. Die Beschreibung, fast schon Definition der «gesättigten Begierde» gilt für alle, auch die Menschen. Wir kennen sie als ‹Stille› der Nacht.

1984 F. W. J. Schelling: Ausgewählte Werke: Schriften von 1799–1801. Darm-

durch ein ständiges Umstülpen der Erkenntnis auf der nächstfolgenden Stufe der Dialektik. Das dem zugrundeliegende Bedürfnis auf Aneignung und Entäußerung ist auch als zeitgemäßer Ausdruck eines ästhetischen Begehrens hinter dem vorgeblichen oder vermeinten philosophischen zu verstehen. Bei Novalis steht die ästhetische Sehnsucht nach der Aufhebung eines Widerspruchs zwischen äußerer und innerer Nacht sogar im Vordergrund, obwohl auch er aus der Tradition des nachkantischen Systemdenkens hervorging. Mehr dazu im nächsten Band.

Aber die dunkle Barriere zwischen innen und außen ist die *Voraussetzung* jeden Beziehens, und diese Voraussetzung wird je nach Grad ihrer vermeintlichen Verletzbarkeit unterschiedlich stark besetzt oder tabuiert. Diese anthropologische Voraussetzung der Individualität bewirkt, bei aller kulturhistorischen Differenzierung, dass zum Beispiel alles dunkle Innen dramatisch vektorisiert erscheint, erst recht die gedankliche oder imaginäre Entgrenzung. Nicht erst im dialektischen Denken. Schon die Scham, entwicklungsgeschichtlich älter als der Schuldbegriff, ist ja eine Erkenntnis. Zumindest ist sie in der Bibel das Produkt eines Einstülpungsaktes (des Essens oder Liebens), der als erkenntnisversprechend verkauft worden war. Schon der etwas ältere Text über den Anfang der Welt, Hesiods «Theogonie», die litaneihaft das ‹Hervorgehen› der Individuen auseinander besingt, ‹isst› diesen Apfel gleichsam, indem sie Äpfel (die am Rand der Erde wachsen) ins Innere desjenigen *Text*leibes versenkt, der die Hervorbringungen der Nacht behandelt (Th. 215).[1985]

Diese Vektorisierung ist zweideutig, eben nach innen und außen, und wir haben sie seit der Behandlung der Nachtfahrten verfolgt. Das Stürzen und Fliegen, Eintauchen und Auftauchen, das Umstülpen von Erinnerungen, Vorstellungen und Gefühlen, Verwirbeln oder Schwindeln der Sinnprovinzen: Das sind alles spezifische Formen der Übertragung mit dunkler Herkunft und/oder dunklem Ziel. Dass sie von primären Prozessen

stadt 1975; vgl. seine Passagen über den Gegensatz von Licht und Körper in «Drittes mögliches System», S. 132.

1985 Wie um den Zwang zur Einverleibung des Äußersten zu demonstrieren, singt Hesiod später von einer Schlange (statt von Mädchen), die die Äpfel «im Dunkel der Erde» hütet (Th. 334). Diese Hüterin eines Inbegriffs von Schönheit ist selbst «grässlich anzusehn» (334).

des leiblichen Lebens beeinflusst sind, ist ebenso evident wie die Tatsache, dass dieses innere (phänomenale) Chaos von der Außenwelt beeinflusst ist. Deshalb wird schließlich auch ein Teil der Außenwelt, die sogenannte Nacht, zum Repräsentanten der inneren.

Nicht wegen der Scham, nicht wegen einer bestimmten Gefühlsregung der Abwehr und Isolierung also, ist die äußere Nacht das Medium der Liebenden, des Austausches innerer Nächte, sondern wegen der öffnenden Anmutung, die sich durch ihre übertragene Verwandtschaft mit der übertragungsbereiten inneren Nacht ergibt. Der Renaissance-Architekt Leon Battista Alberti (*1404) hat seinen Kindern im Buch «Vom Hauswesen» («Della Famiglia», 1437–41) empfohlen, die Gattin in tiefer Nacht nach etwa drei Stunden Schlaf zu wecken und zu begatten, weil sie dann dafür am ‹empfänglichsten› sei: Nicht nur die Gefühle gehen dann tiefer; auch die Fruchtbarkeit steigt ihm zufolge mit der weiblichen Lust.[1986] In diesem Kontext verlöre «Beischlaf» seine herabsetzende Bedeutung als Sättigungsbeilage zum Schlaf-Beilager. Der Schlaf ist ein Kuppler der ‹philotetischen› Tätigkeit der Nacht: Indem er die innere Nacht des Schlafenden der tiefen äußeren Nacht draußen angleicht, erleichtert er der (und dem) Erwachten, innen und außen aus- und einzustülpen. In diesem Kontext scheint die Passion von Künstlern für schlafende Frauen (gerne auch mit nach hinten gefallenem Kopf)[1987] nicht mehr nur voyeuristisch zu sein (wenn sie sie denn zu ihrer Zeit wecken). Bild und Schlaf sind einander ebenbürtige Vorstadien der Zusammenkunft (vulgo Coitus).

In den «Hymnen an die Nacht» von Novalis begegnen sich Schlaf und Bild, und trotz der Jahrhunderte und der kulturellen Unterschiede zwischen Alberti und Novalis dürfen wir sie vergleichen, weil sie aus der gleichen nachtleiblichen Erfahrung zur Assoziation von innerer und äußerer Nacht gelangen, die sich einander erotisch übertragen. Nun gut, der Tonfall, mit dem die Nacht herbeigefleht wird, ist eher orphisch als christlich:

1986 Leon Battista Alberti: Vom Hauswesen. München 1986, S. 148.

1987 Willkürliche Beispiele: Pompeji, Fresko Schlafende Bacchantin [in: de Sivry/Meyer (Hrg.): Die Kunst d. Schlafs. Wien 1997, S. 24–25]; I. Scarsellino, Venus und Amor; Tizian, Huldigung der Venus; Correggio, Venus, Satyr und Cupido; Füßli, Die Nachtmahr (1810–20); Courbet, Der Schlaf; de Lempicka, Groupe de quatre nus (1925); Picasso, Le Rêve (1932); J. N. Uelsman, Untitled, 1983.

«Muß immer der Morgen wiederkommen?/Endet nie des Irdischen Gewalt?/Unselige Geschäftigkeit verzehrt/Den himmlischen Anflug der Nacht?/Wird nie der Liebe geheimes Opfer/Ewig brennen?/Zugemessen ward dem Lichte seine Zeit/Aber zeitlos und raumlos ist der Nacht Herrschaft …»[1988]

Aber die himmlische Gabe der heiligen Nacht (36) ist ein «heiliger Schlaf» (143), die Gabe für «der Nacht Geweihte» (145). Nur die Toren verkennen, dass es der schweigende Bote des heiligen Schlafs ist, der den Geweihten der Nacht das Tor öffnet zur Nacht des Schoßes und zum Schoß der Nacht (158 f.).

Sie wissen nicht
Daß du es bist
Der des zarten Mädchens
Busen umschwebt
Und zum Himmel den Schoos macht –
Ahnden nicht
Daß aus alten Geschichten
Du himmelöffnend entgegentrittst
Und den Schlüssel trägst
Zu den Wohnungen der Seligen,
Unendlicher Geheimnisse schweigender Bote.

Die Nacht ist die Gottheit eines Mysteriums, in das ihr Bote, der Schlaf, den Initianden einweiht. Der Schlaf als Stellvertreter der äußeren Nacht macht zum Himmel den Schoß. Hier wird nicht wie zuvor (119 f.) die (himmlische) Nacht selbst zum bräutlichen Schoß, nachdem Nacht die Augen «in uns geöffnet» hat (104), also die Nacht *in* uns, sondern ebender Schoß des Mädchens wird durch die Nacht zum Himmel (162). Die Nacht macht nicht nur den Himmel zu einem Schoß, sondern hier: den Schoß zu einem Himmel. Wegen der Nacht ist das Vögeln himmlisch. Nun gut, es ist bei Novalis vielleicht nicht direkt das Vögeln, aber übertragen. Alle die Übertragungen sind nur sinnvoll für uns wegen der leibhaftigen Erfahrungen – der Nacht und der ‹Mädchen›. Der Liebesakt auf «der Nacht Al-

1988 Novalis: Hymnen an die Nacht. Handschriftenfassung in: Ders.: Werke, Bd. 1, S. 152, Vers 132 f. Weitere Belege daraus durch Versangabe im Text.

tar» (127), den das Ich besingt, ist mit all dem Gehen ins dunkle Tiefe (der Augen), dem Sinken aufs weiche Lager und dem Fallen der Hüllen, kaum unterscheidbar von einem realleiblichen.

Der scharfe Unterschied zu Alberti besteht in der Schlaflosigkeit des heiligen Schläfers. Denn der ‹heilige Schlaf› ist ein «Zustand höherer Wachheit»[1989]. Fern jeder Liebespragmatik gerät dafür die Nacht selbst immer stärker ins Visier einer ‹höheren› Sehnsucht. Diese Nachtbegeisterung schildert das Ich im (3.) Hymnos selbst als aus der Trauer um eine reale gestorbene Geliebte entstandene «Hilfe» (176), aus der Kraft «meiner alten Seligkeit» (179). Diese Nachtbegeisterung war als «Schlummer des Himmels» ‹über ihn gekommen›, woraufhin sich die Gegend erhebt – und darüber (hinaus) noch sein nachtbesamter Geist – von der Nachtbegeisterung entbunden und neugeboren (184). – Im zweiten Teil der Nachtästhetik soll Novalis ausführlich zu Wort kommen; hier geht es zunächst darum, den leiblichen und erotischen Erfahrungsanteil der inneren Nacht für die vielschichtigen sprachlichen Übertragungsprozesse zwischen innerer und äußerer Nacht in Anschlag zu bringen. – Das ‹Ich› hat die Vision der Geliebten; *in* ihren Augen die Ewigkeit; er weint an ihrem Halse (193):

> … entzückende Tränen. Das war der
> Erste Traum in dir. Er zog vorüber aber sein Abglanz
> blieb der ewige unerschütterliche Glauben an den
> Nachthimmel und seine Sonne, die Geliebte

Einige ästhetische Präferenzen der Nacht

Kommen wir zur Grenze zwischen der inneren und der äußeren Nacht, dem ästhetischen Zentrum ‹der› Nacht. In gewissem Sinne der Ästhetik, nämlich im Sinne des Netzwerks der Sinne, das unser dunkles Inneres umhüllt, können wir diese innere Nacht nicht überschreiten. Andererseits sind die Sinnesdaten nichtssagend ohne unsere Übertragungen in Richtung der Bedeutung und in Richtung auf die Welt. Dieses Nachtfenster oszilliert zwischen sinnlicher Wahrnehmung einerseits und Erinnerung,

1989 Hans Jürgen Balmes, Kommentar, in: Novalis: Werke, Bd. 3, S. 69.

Vorstellung, Phantasie und Erwartung andererseits. Die Schwelle zwischen innerer und äußerer Nacht wird erst im Übertragen als Hindernis und Referent der Richtungssensation erfahrbar und erscheint andererseits als Voraussetzung der menschlichen Intentionalität als einer Beziehungsfähigkeit aufs Außerhalb und Nicht-Jetzt. Ohne diese Übertragung, die wir auch schlicht ‹Leben› nennen können, gäbe es keine Unterscheidung von innen und außen. (Ohne Übertragung gibt es überhaupt keine Unterscheidung; ohne Unterscheidung ist Übertragung unmöglich.) Der Weltraum und das ‹Herz› sind nur verschieden durch die Unterscheidung – und sind gleich per Übertragung: Da ist die Tiefe, da ist die Richtung vom Chaos zur Ordnung oder von der Ordnung zum Chaos oder beides oder dazwischen. Und zwischen Ordnung und Chaos oszillierend eine Art Nacht oder Ahnung.

Woher kommt denn der Blick, woher kommt das Wort, woher kommt die HerVorstellung? Ebenso traumatisierend tief kann der gestirnte Nachthimmel sein.[1990] Hier tauchen Lichter auf, Gestalten, Sternbilder-Geschichten – woher? (Und woher kommt eine Frage?) Kulturhistorisch bedeutsam scheint, dass die Sterne als Bilder der scheinbar unmittelbaren Anschauung die Frage des Woher abzuschneiden vermögen. Grimassierend oder begütigend ziehen sie vorüber, vorbei, durchkreuzen die traumatische Tiefe der Nacht, weben ein *Netz* aus den querenden Fahrten, lassen sich auf einem Mantel nieder, bedecken und verhüllen die schamlose Kopulation der inneren mit der äußeren Nacht. – Aber wer behauptet, die Nacht sei draußen, exorziert sie – vergeblich.

Erfahrend, Bedeutung verleihend, gestaltend bewegt sich die aisthesis der Nacht zwischen den unfassbaren Polen innerer und äußerer Dunkelheit. – Ist sie so nicht auch das (schwindelerregende) Fundament jeglicher Ästhetik? In einem allgemeinen Sinn kann man das durchaus sagen. Denn vom Leib aus mögen wir, soweit wir es vermögen, nach innen oder außen versuchen zu ‹erfahren›: Wir landen unweigerlich an der Dunkelgrenze der Her-

1990 Als «noch tiefer» könnte man die quasi absolute Finsternis einer bewölkten Neumondnacht, einer Höhle oder artifiziellen Installation bezeichnen. Doch bezeichnender Weise könnte man hier auch von einer Erfahrung der *Tiefenlosigkeit* sprechen, weil die ästhetische Schwelle fehlt. Jedenfalls zunächst. Andere Sinne würden einspringen und ihre Erfahrung übertragen.

kunft des Lebens. Die Dunkelgrenze ist nicht nur metaphorisch zu nehmen. Denn die Tatsache der Materialität unserer leiblichen und damit individuellen Existenz ist aufs engste mit dem Gegensatz zum Licht verbunden. – Die Nachtästhetik des Leibes selbst thematisiert schon dieses intentionale Verhältnis der Nacht und zur Nacht in den Ereignissen des Lebens wie Geborenwerden, Sterben, Schlafen, Essen, Erinnern und Sexualität.

Die Nachtästhetik als Phänomenologie individueller, intersubjektiver und kultureller Verhältnisse zur Nacht untersucht auch die expliziten und ästhetisch expliziten Verhaltensweisen zur Nacht innen und außen – und besonders die Übergänge. Aber die Übertragung im Dunkeln ist derartig eine die leiblichen und geistigen Regungen und Depotbildungen fundierende Tatsache des menschlichen Lebens, dass sie alle ästhetische Fahrt und Erfahrung in einer sozusagen umgekehrten Rotverschiebung erspüren lässt. Diese übergreifende primäre Intentionalität sorgt dafür, dass es zwischen den fundierenden Manifestationen des Lebens (wie Geburt, Ernährung, Schlaf etc.) einerseits und den jeweiligen kulturellen disziplinären Vergatterungen, Sedimentierungen und Clusterbildungen (wie etwa ‹Schulen› von Techniken) andererseits immer wieder Verwerfungen, Überschreitungen und Umformungen kultureller Institutionen gibt.

Nehmen wir das *Labyrinth* zum Beispiel, das ich zu Anfang des Buches als Dokument für die Ahnung einer Entsprechung oder Verweisung zwischen den inneren und äußeren Nächten gelesen habe. Dieses nachträglich meistens als ursprüngliche Kulthöhle erscheinende Gebilde, das vielleicht aber zuvor eine Himmelskarte war – oder ein Denkweg –, macht vor, weist auf, leitet hin zur Erfahrung, wie der Weg nach innen sich verwandelt in den Weg nach außen – und vice versa. Ist die Architektur der verschiedenen Labyrinthe nicht vielleicht eher nur der Aushub des Maulwurfs oder die erstarrte Sedimentierung musischer Entrückung im Tanz, Ausdruck einer inneren Sehnsuchtsbewegung oder einer Suche nach dem Innern? – Klingt großartig. Vielleicht wurde jedoch das erste Labyrinth schlicht gefunden, auf der Flucht, beim Sich-Verlaufen; es hatte gepasst, man bemerkte, dass mehr drin war und passte sich an wie ein Einsiedler krebs. – Jedenfalls schlägt dieses Denkbild immer neue Gänge, tanzt immer neue Pirouetten in Gärten, Grotten, Installationen, zu musikalischen Labyrinthen und Erzählmodellen.[1991] In der Neuzeit ist es ein Organ im

1991 Vgl. z.B. C. Castoriadis: Durchs Labyrinth. Frankfurt 1981; H. Kern: La-

Innenohr zur Ausbalancierung des Gleichgewichtes mit der Welt. – Vergleichbar dem Monster oder der Chimäre, ist auch das Labyrinth lähmend oder schauerlich ein Gespenst auf dem Zaun zwischen Ordnung und Chaos. Zeigt diese Installation einerseits eine gewisse Präponderanz der inneren Nacht gegenüber der äußeren (man muss in der kretischen Variante die innere Nacht bis zu Ende gehen), so tendiert sie andererseits zur Bildung von Gesamtkunstwerken und zur Wucherung – in Gärten und Phantasien allemal.

Wir wollen hier kein neues Fass aufmachen, aber wenigstens kurz sei noch ein weiteres Beispiel nachtleiblicher Übertragungsarbeit des Verhältnisses zwischen innerer und äußerer Nacht erwähnt: das Spiel mit dem Ersatzkörper der Maske und in der Maskierung, wie es in «Bauch und Gott II» anhand des Dionysos-Komplexes bereits angesprochen wurde. Auch der minoische Labyrinth-Mythos wurde als Maskentanz gegeben. Man taucht in eine äußere Nacht der Maske, die zu einer inneren wird im Auftauchen der Rolle aus der Handlung oder der Sprache der Maske. Die *innere* äußere Nacht in der Maske (zwischen innerleiblicher und außerleiblicher) ist das Erfahrungsmedium des Nachtverkehrs auch von außen, wo sie als *äußere* innere Nacht geheimnisvolles Leben gewinnt. Die Maske wäre nur ein Spielzeug, wäre sie nicht gewachsen als Zweideutigkeit der Leibesoberfläche seit den frühesten Fahrten der Übertragung zur Erfüllung (etwa bei der Brustaufnahme zum Stillen). Die Verweisung zwischen dem Trinken (und Essen) des Gottes und der Erfülltheit von ihm in den dionysischen Festen, wozu auch das Theater gehört, weist zudem auf den konstitutiven Beitrag der doppelten Oralität (Essen und Stimme) für die Erinnerung. Jede Einsenkung eines Eindrucks ist zugleich so etwas wie eine Maskierung.

Die ganze Unterwelt unter den *Deck*erinnerungen und den Symbolisierungen des Erinnerten taucht mit dieser Perspektive aus der Maske des Erinnerns auf. Nach der Geste des Versinkens einer Madeleine im Tee, nach der Geste des Versenkens des Versunkenen in den oralen Tartaros taucht das Auftauchen auf von etwas als von etwas anderem, von Françoise als

byrinthe; M. Schmeling: Der labyrinthische Diskurs. Frankfurt 1987; B. Burrichter: Erzählte Labyrinthe und Labyrinthisches Erzählen. Köln u.a. 2003; U. Schnabel: Im Labyrinth des Denkens. In: Die Zeit, 15/2008, S. 38.

Tante Léonie und von der kleinen Madeleine, die für wechselnde Personen steht, am Schluss, als Textmaske, für den ‹Hervorbringer› selbst: «PM» (als Spiegelbild von M.P.). – Diese Übertragungsarbeit macht die Verwandtschaft zwischen dem Masken-Komplex und dem Palimpsest-Paradigma verständlich. Ursprünglich wurde das neuzeitliche Palimpsest seit der Renaissance signifikant, weil es mit der zunächst überdeckenden Schicht, die den Intentionen des Entdeckers feindliche oder gleichgültige Gegenwart einer Welt repräsentierte, die qua Überdeckung die Vergangenheit ‹machte›. Zwischen dem Überdeckenden und dem Überdeckten gab es keinen intentionalen Zusammenhang – aber einen materiellen. Schon Leopardi, erst recht de Quincey und Baudelaire machten daraus den Zusammenhang *eines* materiell gedachten Gehirns, dessen Geist geschichtet war und über- oder untertrug, welch Letzteres die Arbeit (inner-)psychischer Maskierung genannt werden könnte.

Labyrinth, Maske, Palimpsest: solche und ähnliche Zeugen eines Körperphantasmas oder einer ‹Einschreibung›, die vielleicht in verschiedenen kulturellen Milieus zu verschiedenen Ausdrucksformen gelangen oder darin sich der jeweils gegenwärtigen Nachträumlichkeit nicht entziehen können, sind gleichwohl dazu in der Lage, die Kammern der ästhetischen Disziplinierung zu durchdringen, also die Mauern zwischen innerer und äußerer Nacht, welche die Verwalter, Anwälte und Nutznießer der Kultus-Betriebe aufgerichtet haben, – kurzfristig – zum Wanken zu bringen. Neben der unmittelbaren und expliziten Real-Nacht und ihren Raum Ablegern wie Installation und Kino sowie dem inhaltlich expliziten Vorkommen der Nacht als Bedeutung in den Künsten und Gesten von ästhetischem Interesse zeugen diese Manifestationen von ‹Phantasma› bis ‹Denkfigur› und ‹Handlungsmodell› von der die handwerklichen oder ökonomischen oder (seltener) sozialen Grenzen der einzelnen Künste sprengenden Kraft der individualhistorisch älteren Übertragungskunst des Nachtleibs.

Das Palimpsest des *Hirns* wird nun heutzutage mit dem Positronen-Emissions-Tomographen (PET) untersucht. So wird etwa sichtbar, «dass jahrelanges Einprägen [!] von Fahrtrouten … und Sehenswürdigkeiten den hinteren Teil des Hippocampus anwachsen lässt, der für das räumliche Gedächtnis zuständig ist. – Taxifahren formt das Gehirn.»[1992] Die Hirn-Elek-

1992 Schnabel: Labyrinth, S. 39.

trische fährt also das Taxi – denn ohne den Gast ‹Bedeutung› würde sich die Fahrt nicht lohnen – und bildet damit einen leiblichen ‹Ausdruck› der Übertragung im ansonsten dunklen Raum. – Das hätte man Proust sagen sollen, als er mit Françoise im Wagen saß und um eine bestimmte Ecke fuhr. – In Wahrheit ist jede Kunst, die immer auch Erinnerungskunst ist, ein blinder Passagier in dieser Hirnelektrischen, und die aufleuchtenden Neuronenstrecken sagen nur sehr wenig über das wahre Labyrinth der Bedeutungsassoziationen aus. Letztere sind der dunkle Schmied, der in noch dunklerer Nacht der Übertragung Welt und Hirn behämmert, punzt, beschreibt.

Aber auch innerhalb der verschiedenen musischen und bildenden Künste gibt es, wenngleich unauffälligere, so doch haltbarere Repräsentanten der leibhaftigen Übertragung im Dunkeln mit implizitem Nachteinschluss unterschiedlicher Dichte und Reichweite. Die Metaphern, verwandt den Masken, und – in größerer Verdünnung – jene Übertragung, welche die Rede überhaupt schon je ist, sie sind ebenso Kinder der leibhaftigen Nacht wie das vielköpfige Monster ‹Spiele›, heute als *event* verkleidet, ein wie Typhoeus kaum zu bewältigender Verwandlungskünstler, der ohne Überraschung, Staunen und Schwindel nicht lebensfähig wäre. Auch Überraschung und Staunen aber reklamiere ich für die Nachtästhetik: Sie tauchen auf. Oft sogar nicht nur aus dem ‹Zufall›, sondern aus den Nischen der Verdunkelung, den Falten des Gefälligen und den bunten Farben der Vertuschung. Selbst die Malerei, prima vista flachste aller Künste, finden wir seit hundert Jahren versunken in Gesten der raum- und zeitverbrauchenden Genre-Grenz-Gängerei, versunken ins Nageln, Punzen und Spritzen, ins Übertragen der Nacht zwischen den Bildern durch das Übermalen, Verhüllen und Schlitzen, beschäftigt mit der Infragestellung des Grundes, der Reflexion medialer Grenzen usw. Die Frottagen, Montagen, Edge-Paintings und Schlitz-Bilder stellen nicht nur die Bildfläche als sublimierte Dreidimensionaltät in Frage, sondern verweisen auf das materielle Bild als Barriere der Übertragung zwischen innerer und äußerer Nacht. Von dem Sog, den das sterbliche Action-Painting oder die Installationen dunkler Räume auf die Malerei ausüben, ganz zu schweigen.

Abgesehen von den einzelnen Effekten ist das eine alte Geschichte der Versuche, den Körper der Kunsterfahrung in ‹Mitleidenschaft› zu ziehen. Selbst innerhalb der *malerischen* Darstellung verweisen immer wieder

‹Einstellungen› des Blicks auf Fahrten des Nachtleibs: Da sind die Nachtfenster bildenden Kartuschen-Bilder des Barock. Die Trompes-l'œils aller Zeiten wiederum goutieren den Schwindel im doppelten Sinn des Wortes. Seit der Renaissance ist der sich behauptende individuelle Leib besonders trotzig gegen spiritualistische Vorstellungen als stürzender Körper dargestellt (etwa bei Giulio Romano, Hendrik Goltzius, Joachim Wtewael). Georg Baselitz stürzt gleich die ganze Welt um. Es ist nur die bildliche Darstellung; aber indem man die bildliche Darstellung mit dem Dargestellten identifiziert, stürzt die Welt. Das ist sehr listig, denn die Geste des Umkippens ist eine Trotzreaktion gegen die ungegenständliche Malerei, die behauptet hat, die gegenständliche gehe auf dem Kopf – und sie selbst sei konkreter.

Indem nun die gegenständlich dargestellte Welt stürzt, wird selbst dem vermeintlich ungegenständlich darauf blickenden Betrachter klar, wie sehr Stehen und Sehen ‹zusammenhängen›. Dass er ohne die Senkrechte nicht auskommt, zeigt ihm spätestens die ‹Hängung› am ‹Standort›. Wenn mich nicht alles täuscht, hat Baselitz, der das Bild in der hauptsächlichen gestaltorientierten Darstellung ‹normal› gemalt und hernach verkehrt herum gezeigt hat, zumindest zuweilen ein Gegengewicht ins Bild gepflanzt, damit der Betrachter den vermeintlichen Akt der Umkehrung nicht so leicht imaginativ aus der Betrachtung entfernen kann: Er hat aufs umgekehrte, schon ‹gestaltete› Bild einen Hintergrund etwa gemalt, der seinerseits verkehrt herum aussieht, sobald die Gestalten nicht mehr kopfüber gesehen werden. (Jetzt stürzt der Grund.) Auch hier wird also der Schwindel einverleibt.

Aber was wiegen die umstürzlerischen Gesten der ‹analogen› Ästhetik gegen die anscheinend weltumstürzende, grenzensprengende neue Kommunikations-Technologie? Auf den schnellen Blick hin könnte man diese als Sieg der Nachtästhetik feiern, denn die leuchtenden Displays verkünden immer strahlender die Botschaft vom Licht der Welt in einer schon dadurch relativ dunkler werdenden physischen Umwelt. Alles, was gilt, muss leuchten. Allein wegen der Aufmerksamkeit, welche die digitalen Bilder und überhaupt die Zeichen im ‹Strom› der Elektrik, der Zeit und des Bewusstseins herrisch fordern, sinkt alles um den je aktuellen Datenaustausch herum zu einer nächtlichen Höhle der thematischen Irrelevanz herab. Doch wer vermag am Ende noch, bewusst wahrnehmend, vorstellend und gestaltend zu *übertragen*, wenn es keine Perspektiven- und Ebenendifferenz mehr aus einem inneren Dunkel heraus gibt, das noch für etwas gilt?

Wenn der zwecks Selbst-Inszenierung medial adaptierte Blick vom selbst entworfenen Außen aus auf sich verschwimmt mit dem Blick aus dem Inneren heraus auf die andere? (Siehe das Handy als verdinglichter Zauberspiegel.) Wenn wegen der thematischen Irrelevanz äußerer und innerer Dunkelheit die intentionalen Äußerungen verkümmern in der Entropie der Perspektiven? Dann ist ‹alles aus›. – Doch es ist möglich, dass die sensationelle Attraktion des digitalen Nacht-Gesichtes, dessen netzartige Nachtseite man nicht mehr bemerkt, verschwindet wie die Attraktion der Hoffmann'schen Olympia, wenn man ihre Anmut als projektionsgesteuert entdeckt, gespeist aus der verliehenen Tiefe unserer leiblichen Dunkelheit. Dann wird das Spielzeug ‹blöd› oder zuhandenes Zeug des Alltags, und wir suchen ‹darüber hinaus› wenigstens oszillierende, also teilweise *geöffnete* Nachtfenster, Wege ins Offene, im Dunkeln …

Die Bild-Beispiele mögen die Aporien für den dritten Teil der «Nachtästhetik», für «Nachtbild», eher andeuten als entlasten. Einerseits wird die ganze Bedeutung der Nachtästhetik nur transdisziplinär *auftauchen*, weil sie selbst vordisziplinär ist und in der Überschreitung erst sich zeigt. Andererseits muss die zum Teil sehr verborgene Wirkungsmacht ihrer Antriebe dadurch aufgezeigt werden, dass sie im je besonderen Bereich ihres Auftauchens als ‹Werkzusammenhang› erfahrbar wird. Auch in Zukunft werden wir schwindelerregend schwanken müssen zwischen transdisziplinärem Überflug und bohrender Vertiefung in die Werke der Nacht.

Einstweilen: Am Nachthimmel strahlen die Desiderata … Das ist normal. Nacht *ist* die Ästhetisierung der Dunkelheit. Zwischen innen und außen.

Außer im Schlaf. – Gutnacht …

Literaturverzeichnis

Abenstein, Reiner: Griechische Mythologie. Paderborn 2005
Abraham a Sancta Clara: Judas der Erzschelm. Bd. 4. In: Ders.: Sämmtliche Werke. Bd. 7. Passau 1834–1836. In: Digitale Bibliothek: Deutsche Literatur von Luther bis Tucholsky. Berlin 2008, Update Jubiläumsausgabe
Achilleus Tatius: Leukippe und Kleitophon. In: Bernhard Kytzler (Hg.): Im Banne des Eros. Bd. II. Düsseldorf 2001
Adelung, Johann Christoph: Grammatisch-kritisches Wörterbuch der hochdeutschen Sprache. Leipzig 1793. In: Digitale Bibliothek Bd. 40, Berlin 2001
Aischylos: Tragödien und Fragmente. Übers. von Oskar Werner. Reinbek 1966
Aischylos: Werke in einem Band. Aus dem Griechischen übertragen und herausgegeben von Dietrich Ebener. Berlin, Weimar [2]1987. In: Digitale Bibliothek Bd. 30: Dichtung der Antike. Berlin 2000
Aischylos: Die Orestie des Aischylos. Übers. von Peter Stein. München 1997
Albert, Karl (Hg.): Hesiod: Theogonie. Kastellaun 1978
Alberti, Leon Battista: Vom Hauswesen. München 1986
Alkaios: Carmina. Übers. von Max Treu. Göttingen 1952
Alvarez, A.: Die Nacht – Von Dunkelheit, Träumen und Nachtschwärmern. Hamburg 1997
Anatolien; siehe Badisches Landesmuseum Karlsruhe (Hg.): Vor 12000 Jahren in Anatolien
André, Jean-Marie: Griechische Feste – Römische Spiele. Stuttgart 1994
Anonymus: Briefe der Julie an Eulalie oder die getreue Abschilderung der Galanterien von Paris (1784). Rastatt 1987
Anonymus: Codex Hammurabi. Übers. von W. Eilers. Wiesbaden 2009
Anonymus [E. T. A. Hoffmann]: Schwester Monika. München [14]1982
Anonymus: Traktat über die drei Betrüger. Hamburg 1992
Anthony, Piers: Nachtmähre. Bergisch Gladbach 1985
Anzieu, Didier: Das Haut-Ich. Frankfurt 1991

Apel, Friedmar: Leichten Fußes an die Quelle. In: FAZ, 2. 8. 1997

Apelt, Otto (Hg.): Platon: Sämtliche Dialoge. Hamburg 1998

Apollodor: Die griechische Sagenwelt – Apollodors mythologische Bibliothek. Köln 1997

Apollonios von Rhodos: Die Fahrt der Argonauten. Übers. von Paul Dräger. Stuttgart 2002

Apuleius: Der goldene Esel – Metamorphosen. Übers. von Edward Brandt. O. O. [2]1963

Archilochos: Gedichte. Übers. von Kurt Steinmann. Frankfurt 1998

Argelander, Hermann: Der Flieger. Frankfurt 1972

Ariosto, Ludovico: Der rasende Roland. München 1987

Aristophanes: Sämtliche Komödien. München 1976

Arnim, Achim von, und Clemens Brentano (Hg.): Des Knaben Wunderhorn (1806/08). München 1984

Arnim, Achim von: Armut, Reichtum, Schuld und Buße der Gräfin Dolores. In: Ders.: Sämtliche Romane und Erzählungen. Bd. 1. München 1962

Artaud, Antonin: Die Nervenwaage und andere Texte. Frankfurt 1964

Artemidor (von Daldis): Traumkunst. Leipzig 1991

Åsteson, O.: Das Traumlied des Olav Åsteson. Stuttgart 2006

Augustinus: Bekenntnisse / Confessiones. Frankfurt 2007

Aurel(ius), Marc(us): Meditationen. In: Digitale Bibliothek Bd. 30: Dichtung der Antike. Berlin 2000

Bachelard, Gaston: Die Flamme einer Kerze. München 1988

Bächler, Wolfgang: Traumprotokolle. Ein Nachtbuch. Frankfurt 1972

Bachofen, Johann Jacob: Versuch über die Gräbersymbolik der Alten (1859). Basel [3]1954

Bachofen, Johann Jacob: Das Mutterrecht. (Auswahl) Hg. von H.-J. Heinrichs. Frankfurt 1975

Bachofen, Johann Jacob: Der Mythus von Orient und Occident. (Auswahl) Hg. von Manfred Schroeter. München 1956

Bächtold-Stäubli, Hanns, und Eduard Hoffmann-Krayer (Hg.): Handwörterbuch des deutschen Aberglaubens. 10 Bde. Augsburg 2005

Badisches Landesmuseum Karlsruhe (Hg.): Vor 12 000 Jahren in Anatolien – Die ältesten Monumente der Menschheit. Stuttgart 2007

Badisches Landesmuseum Karlsruhe (Hg.): Zeit der Helden – Die ‹dunklen Jahrhunderte› Griechenlands 1200–700 v. Chr. Karlsruhe und Darmstadt 2008

Bahnsen, Ulrich: Das wandernde Auge. In: Die Zeit Nr. 29/2008
Bahr, Hans-Dieter: Die Sprache des Gastes. Leipzig 1994
Balensiefen, Lilian: Die Bedeutung des Spiegelbildes als ikonographisches Motiv in der antiken Kunst. Tübingen 1990
Ball, Hugo: Kandinsky (1917). In: Ders.: Schriften, Frankfurt 1984
Baltrusaitis, Jurgis: Der Spiegel – Entdeckungen, Täuschungen, Phantasien. Gießen ²1996
Baltrusaitis, Jurgis: Das phantastische Mittelalter. Frankfurt, Berlin, Wien 1985
Bandello, Matteo: Novellen. Zwei Bde. Berlin 1988
Barbey d'Aurevilly, Jules Amédée: Diabolische Geschichten. Nördlingen 1985
Barbey d'Aurevilly, Jules Amédée: Finsternis. Bremen 1999
Barkhoff, Jürgen: Die Literarisierung des Mesmerismus bei E.T.A. Hoffmann. In: Jörg Zimmermann (Hg.): Ästhetik und Naturerfahrung. Stuttgart-Bad Cannstatt 1996
Barkhoff, Jürgen: Geschlechteranthropologie und Mesmerismus. In: G. Neumann (Hg.): Hoffmanneske Geschichte. Würzburg 2005
Barnes, Djuna: Nachtgewächs (1936). Frankfurt 1985
Barthes, Roland: Fragmente einer Sprache der Liebe. Frankfurt 1984
Barthes, Roland: Brillat-Savarin-Lektüre. In: Ders.: Das Rauschen der Sprache. Frankfurt 2006
Bartsch, Karl: Sagen, Märchen und Gebräuche aus Meklenburg. Bd. 2. (Wien 1879/80) In: Digitale Bibliothek Jubiläumsausgabe 1.1. Update: Deutsche Literatur von Luther bis Tucholsky – Großbibliothek. Berlin 2008
Basile, Giambattista: Das Märchen der Märchen – Das Pentamerone. Hg. von Rudolf Schenda München 2000
Bataille, Georges: Madame Edwarda. In: Ders.: Das obszöne Werk. Reinbek 1980
Baudelaire, Charles: Sämtliche Werke/Briefe in acht Bänden. München 1975 ff.
Baudelaire, Charles: Les Fleurs du mal. In: Ders.: Sämtliche Werke/Briefe. Bd. 3. München 1975
Baudelaire, Charles: Le Spleen de Paris. In: Ders.: Sämtliche Werke/Briefe. Bd. 8. München 1992
Baudelaire, Charles: Die künstlichen Paradiese. In: Ders.: Sämtl. Werke/Briefe in 8 Bdn., Bd. 6. München 1991

Bauer, Jan / Agence Press: Titelphoto in: Der Spiegel, 35 / 2005
Baumstark, Reinhold (Hg.): Von neuen Sternen – Adam Elsheimers *Flucht nach Ägypten*. München 2005
Bechstein, Ludwig: Deutsches Sagenbuch. Leipzig 1930. In: Die Digitale Bibliothek der deutschen Märchen und Sagen. Frankfurt 2004
Beer, Johann: Die teutschen Winter-Nächte & kurzweiligen Sommer-Täge. Frankfurt 1985
Begemann, Christian: Furcht und Angst im Prozess der Aufklärung. Frankfurt 1987
Behrend, E.: Goethe, Kestner und Lotte. München 1914
Behringer, Wolfgang: Chonrad Stoeckhlin und die Nachtschar. München 1994
Bellinger, Gerhard J.: Knaurs Lexikon der Mythologie. München 1999
Belting, Hans: Bild und Kult. München 1993
Bemmann, Dorothea, und Hans (Hg.): Botschaft der Nacht – Auf den Spuren von Traum und Wirklichkeit. Freiburg 1989
Benseler, Gustav E.: Griechisch-Deutsches Schulwörterbuch. Leipzig 1882
Benthien, Claudia: Haut. Literaturgeschichte – Körperbilder – Grenzdiskurse. Reinbek 1999
Berger, Klaus, und Christiane Nord (Hg.): Das Neue Testament und frühchristliche Schriften. Frankfurt 1999
Berkeley, George: Abhandlungen über die Principien der menschlichen Erkenntnis. Berlin 1869. In: Digitale Bibliothek Bd. 2: Philosophie von Platon bis Nietzsche. Berlin 1998
Bertrand, Aloysius: Gaspard de la nuit. Phantasien in der Manier Rembrandts und Callots. Frankfurt 1978
Bertrand, Aloysius: Gaspard de la Nuit. Paris 1920
Bexte, Peter: Blinde Seher. Dresden 2000
Bibel, siehe Luther, Martin: Die gantze Heilige Schrift
Bibel, siehe Altes und Neues Testament mit Bildern alter Meister. Gesamtausgabe in der Einheitsübersetzung. Augsburg 2004
Bibel in gerechter Sprache. Hg. von Ulrike Bail u.a. Gütersloh 2007 (CD-ROM)
Bibliothek der Weltliteratur, siehe Digitale Bibliothek Bd. 89: Die Bibliothek der Weltliteratur. Berlin 2004
Bielefeld, Claus-Ulrich: Ein Liebesdrama in fünf Akten. In: Frankfurter Anthologie, FAZ, 9. 1. 2010

Biermann, Wolf: Der Dra-Dra. Die große Drachentöterschau in acht Akten mit Musik. Berlin 1970
Bierl, Anton F. Harald: Dionysos und die griechische Tragödie. Tübingen 1991
Bilderlexikon der Erotik. Hg.: Wiener Institut für Sexualforschung (1928–32); Neufassung, siehe Digitale Bibliothek Bd. 19 unter demselben Titel, Berlin 2003
Bilz, Rudolf: Die vertikale Tendenz im hypnagogen Erleben und das Gleichnis vom Licht des Bewusstseins. In: Ders.: Wie frei ist der Mensch? Frankfurt 1973
Bilz, Rudolf: Die unbewältigte Vergangenheit des Menschengeschlechts. Frankfurt 1967
Binder, Gerhard, und Bernd Effe (Hg.): Das antike Theater. Trier 1998
Binford, Lewis R.: Die Vorzeit war ganz anders. München 1984
Birlinger, Anton, u.a.: Sagen, Märchen, Volksaberglauben. Freiburg i. Br. 1861. In: Digitale Bibliothek Bd. 80: H.-J. Uther (Hg.): Deutsche Märchen und Sagen. Berlin [2]2004
Blake, William: The Book of Urizen. London 1979
Blake, William: Das erste Buch von Urizen. In: Ders.: Zwischen Feuer und Feuer – Poetische Werke. München 1996
Blake, William: Werke. Übers. von Walter Wilhelm. Berlin 1958
Blanchot, Maurice: Das Unzerstörbare. München 1991
Bloch, Ernst: Tübinger Einleitung zur Philosophie. Frankfurt [5]1967
Bloch, Marc: Die wundertätigen Könige. München 1998
Blumenberg, Hans: Beobachtungen an Metaphern. In: Archiv für Begriffsgeschichte, Bd. XV, H. 2, 1971
Blumenberg, Hans: Der Prozeß der theoretischen Neugierde. Erweiterte und überarbeitete Neuausgabe von «Die Legitimität der Neuzeit». 3. Teil. Frankfurt 1973
Blumenberg, Hans: Das Lachen der Thrakerin. Frankfurt 1987
Blumenberg, Hans: Höhlenausgänge. Frankfurt 1989
Blumenberg, Hans: Die Vollzähligkeit der Sterne. Frankfurt 1997
Blust, R.: The Origin of the Dragons. In: Anthropos, Bd. 95, H. 2, Fribourg 2000
Boardman, John: Kolonien und Handel der Griechen. München 1981
Boardman, John: Rotfigurige Vasen aus Athen – Die klassische Zeit. Mainz 1991

Boccaccio, Giovanni: Das Decameron. München 1964
Böhme, Hartmut: Fetischismus und Kultur. Reinbek 2006
Bohnenkamp, Anne: «... das Hauptgeschäft nicht außer Augen lassend» – Die Paralipomena zu Goethes «Faust». Frankfurt 1994
Boiadjiev, Tzotcho: Die Nacht im Mittelalter. Würzburg 2003
Boileau, Pierre, und Thomas Narcejac: D'entre les morts. Paris 1958
Boileau, Pierre, und Thomas Narcejac: Vertigo. Reinbek 2005
Bolingbroke, H. S. John Lord: Letters in the study and use of history (1738). In: Ders.: Works. London 1967
Bonito Oliva, Achille: Die Ideologie des Verräters. Köln 2000
Borbein, Adolf H.: Das alte Griechenland. München 1995
Borchhardt-Birbaumer, Brigitte: Imago noctis. Wien u. a. 2003
Borchers, Detlef: Die Zukunft, die nicht geschehen ist. In: FAZ, 2. 1. 2010
Borges, Jorge Luis: Historia de la noche. In: Ders.: Rose und Münze – Gedichte 1973–1977. In: Werke in 20 Bdn., Bd. 14. München und Wien 1994
Borman, Ruud: Der geflügelte Phallus. In: Vilsteren, Vincent T. van, u. a. (Hg.): 100 000 Jahre Sex. Zwolle und Stuttgart 2003 / 2004
Boucher, Pierre / Büro Hamburg: Illustration in: A. Alvarez: Die Nacht. Hamburg 1997
Bousquet, Jacques: Malerei des Manierismus. München [3]1985
Brandt, Michael (Hg.): Bild und Bestie. Aussstellungskatalog. Hildesheim 2008
Brantôme, Pierre de Bourdeille, Seigneur de: Das Leben der galanten Damen. 2 Bde. Frankfurt 1981
Breitenstein, Andreas: Geburt – Die Gabe der Existenz. In: NZZ, 23. 12. 1994
Bremmer, Jan: Götter, Mythen und Heiligtümer im antiken Griechenland. Darmstadt 1996
Brentano, Clemens; siehe Arnim, Achim von (Hg.): Des Knaben Wunderhorn
Brillat-Savarin, Jean-Anthèlme: Physiologie des Geschmacks. Frankfurt 1979
Brittnacher, Hans Richard: Ästhetik des Horrors. Frankfurt 1994
Bröckers, Matthias: Das sogenannte Übernatürliche. Frankfurt 1998
Bronfen, Elisabeth: Heimweh: Illusionsspiele in Hollywood. Berlin 1999
Bronfen, Elisabeth (Hg.): Die Nacht – Ein Lesebuch von Träumen, Gewalt und Ekstase. München o. J.

Bronfen, Elisabeth: Nur über ihre Leiche – Tod Weiblichkeit und Ästhetik. München [2]1994
Bronfen, Elisabeth: Tiefer als der Tag gedacht: – Eine Kulturgeschichte der Nacht. München 2008
Brown, Norman O.: Love's Body. Frankfurt und Berlin 1979
Brown, David Alan, Peter Humfrey und Mauro Lucco (Hg.): Lorenzo Lotto. National Gallery of Art. Washington 1997
Bruhn, Siglind: [zu Scarbo] in Wikipedia vom 27. 6. 2008
Bruit Zaidman, Louise, und Pauline Schmitt Pantel: Die Religion der Griechen. München. 1994
Bruns, Margarete: Das Rätsel Farbe. Stuttgart 1997
Buber, Martin: Ekstatische Konfessionen. Leipzig 1925
Bürger, Gottfried August: Gedichte. Berlin u.a. 1914. In: Die Digitale Bibliothek der Deutschen Lyrik, Frankfurt 2003
Burke, Peter: Die Geschicke des «Hofmann». Berlin 1996
Burkert, Walter: Mythos und Mythologie. In: Propyläen Geschichte der Literatur. Bd. I. Frankfurt und Berlin 1988
Burkert, Walter: Griechische Religion der archaischen und klassischen Epoche. Stuttgart u.a. 1977
Burkert, Walter: Homo necans. Berlin [2]1997
Burkert, Walter: The Formation of Greek Religion at the Close of the Dark Ages. In: Ders.: Kleine Schriften I. Homerica. Göttingen 2001
Burkert, Walter: Kleine Schriften I. Homerica. Göttingen 2001
Burkert, Walter: Die Griechen und der Orient. München 2003
Burkert, Walter: Kulte des Altertums. München 1998
Burkert, Walter: Wilder Ursprung – Opferritual und Mythos bei den Griechen. Berlin 1990
Burkert, Walter: Antike Mysterien. München [2]1991
Burrichter, Brigitte: Erzählte Labyrinthe und Labyrinthisches Erzählen. Köln u.a.O. 2003
Busch, Werner: Materie und Geist. In: Städelsches Kunstinstitut (Hg.): Mehr Licht. München 1999
Buschor, Ernst: Griechische Vasen. München 1969
Buxton, Richard: Das große Buch der Mythologie. Stuttgart 2005
Byron, George Gordon Lord: Sämtliche Werke. Bd. III. München 1978
Byron, George Gordon Lord: Der umgestaltete Missgestalte. In: Ders.: Sämtliche Werke. Bd. III. München 1978

Calderón de la Barca, Pedro: Das Leben ist ein Traum (1635). Leipzig 1964
Callot, Jacques: Das gesamte Werk. 2 Bde. München 1971
Cameron, David (Regie): Titanic. Film, USA 1999
Camp, John, und Elizabeth Fisher: Götter, Helden, Philosophen. Stuttgart 2003
Cancik, Hubert (Hg.): Antik. Modern. Stuttgart 1998
Cartledge, P. (Hg.): Kulturgeschichte Griechenlands in der Antike. Stuttgart 2000
Casanova, Giacomo: Geschichte meines Lebens. Frankfurt o. J.
Cast, Kristin (und P. C.): Gezeichnet. deutsch. 2009
Castiglione, Baldassare: Der Hofmann (1528). Berlin 1996
Castoriadis, Cornelius: Durchs Labyrinth. Frankfurt 1981
Catull (C. Valerius Catullus): Sämtliche Gedichte. Stuttgart 1995
Celan, Paul: Zeitgehöft – Späte Gedichte aus dem Nachlass. Frankfurt [3]1996
Cervantes Saavedra, Miguel de: Don Quijote de la Mancha. Hg. von Anton R. Rothbauer. In: Ders.: Gesamtausgabe in vier Bänden, Bd. 2. Frankfurt o. J.
Cervantes Saavedra, Miguel de: Exemplarische Novellen. In: Ders.: Gesamtausgabe in vier Bänden, Bd. 1. Frankfurt o. J.
Chamisso, Adelbert v.: Peter Schlemihls wundersame Geschichte. Frankfurt 1973
Chastel, André (Hg.): Leonardo da Vinci, Sämtliche Gemälde und die Schriften zur Malerei. München 1990
Clair, Jean u.a.: Wunderblock – Eine Geschichte der modernen Seele. Wien 1989
Claudius, Matthias: Sämtliche Werke. Düsseldorf und Zürich [8]1996
Clément, Catherine: Frauen der Nacht. München 1999
Clottes, Ilan, und Lewis-Williams, David: Schamanen – Trance und Magie in der Höhlenkunst der Steinzeit. Sigmaringen 1997
Codex Hammurabi. Übers. von W. Eilers. Wiesbaden 2009
Coleridge, Samuel Taylor: The Wanderings of Cain. In: Ders.: The Complete Poems. London 1954
Condillac, Etienne Bonnot de: Abhandlung über die Empfindungen (1754). In: Günter Gawlick (Hg.): Geschichte der Philosophie. Bd. 4: Empirismus. Stuttgart 1985
Corbin, Alain: Meereslust – Das Abendland und die Entdeckung der Küste. Frankfurt [2]1999
Coren, Stanley: Die unausgeschlafene Gesellschaft. Reinbek 1999

Crane, Stephen: The Monster (1899). New York 1975
Creuzer, Friedrich und Franz Jos. Mone: Symbolik und Mythologie der alten Völker. Leipzig und Darmstadt 1822
Cronenberg, David (Regie): Die Fliege. Film, USA 1985
Culiani, Ioan P.: Eros und Magie in der Renaissance. Frankurt 2001
Dal Lago Veneri, Brunamaria: Der Traum der Vernunft. Wien und Bozen 1999
Damasio Antonio R.: Ich fühle, also bin ich. München 2000
Damen-Conversations-Lexikon in 10 Bdn. Leipzig 1834–38. In: Digitale Bibliothek Bd. 118. Berlin 2005
Dante Alighieri: La Vita Nuova / La Divina Commedia. Hg. von Erwin Laaths. Wiesbaden o. J.
Dante Alighieri: Die Göttliche Komödie. Frankfurt 2002
Darwin, Charles: Über die Entstehung der Arten (1859). Stuttgart 1899
Darwin, Charles: Gesammelte Werke. Neu Isenburg 2006
Das Neue Testament und frühchristliche Schriften. Hg. von Klaus Berger und Christiane Nord. Frankfurt 1999
Davidson, James N.: Kurtisanen und Meeresfrüchte. Berlin 1999
Debord, Guy: In girum imus nocte et consumimur igni – Wir irren des Nachts im Kreis umher und werden vom Feuer verzehrt. Berlin 1985
Delumeau, Jean: Angst im Abendland. 2 Bde. Reinbek 1985
Demme, Jonathan (Regie): Das Schweigen der Lämmer. Film, USA 1988
Der Spiegel: Das Böse nebenan – Wenn Menschen unmenschlich werden: Das monströse Doppelleben des Josef Fritzl. Nr. 19 / 2008
Der Spiegel: Ich koche, also bin ich. Nr. 52 / 2007, S. 126
Der Spiegel: Geisterflug der Seele. Nr. 17 / 2007, S. 151
Der Spiegel: Am Anfang war der Sud. Nr. 52 / 2009
Descartes, René: Abhandlung über die Methode. Hamburg 1957
Descartes, René: Die Prinzipien der Philosophie. Leipzig [3]1887
Descartes, R.: Über die Leidenschaften der Seele. Leipzig 1891
Descartes, R.: Meditationen – Mit sämtlichen Einwänden und Erwiderungen. Hamburg 2009
Detienne, Marcel: Dionysos – Göttliche Wildheit. München. 1995
Deutsche Literatur von Luther bis Tucholsky; siehe Digitale Bibliothek: Update Jubiläumsausgabe. Berlin 2008
Deutsche Literatur von Lessing bis Kafka; siehe Digitale Bibliothek Bd. 1. Berlin 2004

Devereux, Georges: Träume in der griechischen Tragödie. Frankfurt 1985

Dick, Glamour: Selber leben! Selber schreiben! Das wofür wir uns schämen, macht uns interessant: Vom Selbstverständnis der Blogger. In: FAZ, 12. 2. 10, S. 37 f.

Die Digitale Bibliothek der Deutschen Lyrik. Frankfurt 2003

Die Digitale Bibliothek der deutschen Märchen und Sagen. Frankfurt 2004

Die Erzählungen aus den Tausendundein Nächten; siehe Tausendundeine Nacht

Die Tageszeitung, Berlin 4. 10. 1997: Uta Ruge über Abdullah al-Udhari

Die Zeit / Zeitmagazin: Ich habe einen Traum. Nr. 2 / 2010

Diels, Hermann, und Walther Kranz: Die Fragmente der Vorsokratiker. 3 Bde. Berlin ^{6}1951

Diemer, Claudia: Zell am See für zwei. In: NZZ, 15. 11. 2007, S. 29

Dierichs, Angelika: Von der Götter Geburt und der Frauen Niederkunft. Mainz 2002

Digitale Bibliothek Bd. 1: Deutsche Literatur von Lessing bis Kafka. Berlin 2002

Digitale Bibliothek Bd. 2: Philosophie von Platon bis Nietzsche. Berlin ^{3}2004

Digitale Bibliothek Bd. 10: Goethe: Briefe, Tagebücher, Gespräche. Berlin ^{2}2004

Digitale Bibliothek Bd. 17: Wilhelm Vollmer: Wörterbuch der Mythologie (^{3}1836 / 1874). Berlin ^{2}2004

Digitale Bibliothek Bd. 19: Bilderlexikon der Erotik. Hg. vom Wiener Institut für Sexualforschung (1928–32). Berlin 2003

Digitale Bibliothek Bd. 30: Dichtung der Antike. Berlin 2000

Digitale Bibliothek Bd. 40: Grammatisch-kritisches Wörterbuch der hochdeutschen Mundart. Berlin 2001

Digitale Bibliothek Bd. 61: Shakespeare: Complete Works. Berlin 2002

Digitale Bibliothek Bd. 80: H.-J. Uther (Hg.): Deutsche Märchen und Sagen. Berlin ^{2}2004

Digitale Bibliothek Bd. 89: Die Bibliothek der Weltliteratur. Berlin 2004

Digitale Bibliothek Bd. 106: Vollständiges Heiligenlexikon. Hg. von Johann Evang. Stadler u. a.; digitale Neufassung. Berlin 2005

Digitale Bibliothek Bd. 108: Gutes Benehmen – Anstandsbücher von Knigge bis heute. Hg. von Werner Zillig. Berlin 2004

Digitale Bibliothek Bd. 110: H.-J. Uther (Hg.): Europäische Märchen und Sagen. Berlin 2004

Digitale Bibliothek Bd. 117: Berlin [2]2006: siehe Wilhelm Pape

Digitale Bibliothek Bd. 118: Damen-Conversations-Lexikon in 10 Bdn. (Leipzig 1834–38). Berlin 2005

Digitale Bibliothek der Deutschen Lyrik, Die; siehe Die Digitale Bibliothek d. Deutschen Lyrik

Digitale Bibliothek, Jubiläumsausgabe 1.1 Update: Deutsche Literatur von Luther bis Tucholsky – Großbibliothek. Berlin 2008

Dihle, Albrecht: Griechische Literaturgeschichte. München [2]1991

Dijkstra, Bram: Das Böse ist eine Frau. Reinbek 1999

Diogenes Laertios: Leben und Lehre der Philosophen. Stuttgart 1998

Djin Ping Meh. Ausg. 1755. Übers. von O. u. A. Kibat. Frankfurt, Berlin 1987

Dlugosch, Michael: Das große Fressen. In: www.filmrezension.de, Nov. 2000

Dodds, Erec R.: Die Griechen und das Irrationale. Darmstadt 1970

Doderer, Heimito von: Die erleuchteten Fenster. Frankfurt 1989

dpa (Deutsche Presseagentur): Feuerwerk und Wasserfontänen – Die Eröffnung des Burj Chalifa. 5. 1. 10, Fotogalerie

dtv-Lexikon – Ein Konversationslexikon in 20 Bdn. München 1966 ff.

dtv-Magazin Frühjahr 2003. München 2003

Duden: Das Herkunftswörterbuch. Mannheim u. a. 1963

Dürer, Albrecht: Das gesamte graphische Werk in zwei Bänden. München 1988

Duerr, Hans Peter: Traumzeit – Über die Grenze zwischen Wildnis und Zivilisation. Frankfurt [6]1982

Ebener, Dietrich (Hg.): Griechische Lyrik in einem Band. Berlin und Weimar [2]1980

Ebener, Dietrich (Hg.): Euripides: Werke in drei Bänden. Berlin (O.) 1979

Ebert-Schifferer, Sybille (Hg.): Savoldo. Mailand und Frankfurt 1990

Eckart, Meister: Predigten. (Stuttgart 1936 ff.) Frankfurt 2008

Edda. Übers. von Felix Genzmer. München 1997

Edelman, Gerald M. und Giulio Tononi: Gehirn und Geist. München 2002

Eggebrecht, Arne: Das alte Ägypten. München [4]1997

Ehrentreich, Alfred (Hg.): Volksmärchen aus England. 2 Bde. Frankfurt u. a. 1980

Eibl, Karl (Hg.): Der junge Goethe in seiner Zeit. Frankfurt und Leipzig 1998

Eichendorff, Joseph von: Sämtliche Gedichte. Frankfurt 2005

Eichner, Cornelia: Nachthaut. Geest Verlag. Vechta 2002

Eisendle, Helmut: Das nachtländische Reich des Doktor Lipsky. Salzburg und Wien 1979

Eisler, Rudolf: Wörterbuch der philosophischen Begriffe. Berlin ^{2}1904. In: Digitale Bibliothek Bd. 2: Philosophie von Platon bis Nietzsche. Berlin ^{3}2004

Eliade, Mircea: Schamanismus und archaische Ekstasetechnik. Frankfurt 1975

Eliade, Mircea: Die Religionen und das Heilige. Frankfurt 1998

Encyclopaedia Britannica. 2001, digital; CD-ROM, britannica.co.uk 2001

Encyclopaedia Britannica. 2004, digital; London 2004

Englische Literatur, siehe: The Digital Library of English Literature. Digitale Bibliothek. Frankfurt 2004

Eranos – Jahrbuch. Bd. 1 ff. Hg. von Olga Fröbe-Kaptein. Zürich 1933. Bd. 20. 1952

Euripides: Iphigenie im Taurerlande. In: Gustav Adolf Seeck (Hg.): Euripides: Sämtliche Tragödien und Fragmente. Bd. IV. München 1972

Euripides: Helena. In: Gustav Adolf Seeck (Hg.): Sämtliche Tragödien und Fragmente. Bd. IV. München 1972

Euripides: Die Mänaden. In: Gustav Adolf Seeck (Hg.): Euripides: Sämtliche Tragödien und Fragmente. Bd. V. München 1977

Euripides: Werke in drei Bänden. Hg. von Dietrich Ebener. Berlin 1979

Euripides / Raoul Schrott: Bakchen – Nach Euripides. München 1999

Farah, Nuruddin: Duniyas Gaben. Frankfurt 2001

FAZ : Das Monster, das aus der Tiefe kam: «Octalus im Kino». 27. 5. 1998

FAZ: Das saugende Herz. 14. 6. 2006

Fecht, Tom, und Dietmar Kamper (Hg.): Umzug ins Offene – Vier Versuche über den Raum. Wien / NewYork 1998

Ferdausi, Abu'l-Qasem: Rostam – Die Legenden aus dem Schahname. Stuttgart 2002

Fernyhough, Charles: Das Kind im Spiegel. München 2010

Ferreri, Marco (Regie): La Grande Bouffe, Film, Frankreich 1973

Fichte, Johann Gottlieb: Die Grundzüge des gegenwärtigen Zeitalters. In: Fichtes Werke. Bd. VII. Nachdruck Berlin 1971

Fielding, Henry: Tom Jones. 2 Bde. München 1966
Fink, Gerhard (Hg.): Ovid: Metamorphosen. Frankfurt 1992
Fink, Gerhard: Die griechische Sprache. Darmstadt [3]1997
Flaubert, Gustave: November. München 1974
Flaubert, Gustave: Reise in den Orient. Frankfurt 1985
Flöttmann, Holger Bertrand: Träume zeigen neue Wege. Stuttgart u.a. 1998
Forster, Georg: Werke. Bd. 2. Leipzig o. J. [1971]
Fränkel, Hermann: Dichtung und Philosophie des frühen Griechentums. München 1993
Frazer, James G.: Der Goldene Zweig. 2 Bde. Frankfurt 1977
Fresne, Baronesse de: Maximen der wahren Eleganz und Noblesse in Haus, Gesellschaft und Welt. Weimar 1859. In: W. Zillig (Hg): Gutes Benehmen: Anstandsbücher von Knigge bis heute. Digitale Bibliothek Bd. 108. Berlin 2004
Freud, Sigmund: Studienausgabe. 10 Bde. Frankfurt 1969
Freud, Sigmund: Vorlesungen zur Einführung in die Psychoanalyse. Studienausgabe Bd. 1. Frankfurt 1969
Freud, Sigmund: Die Traumdeutung. In: Studienausg. Bd. 2. Frankfurt 1972
Freud, Sigmund: Das Unbehagen in der Kultur. Studienausgabe Bd. 9. Frankfurt 1969
Freud, Sigmund: Notiz über den «Wunderblock». Studienausgabe Bd. 3. Frankfurt 1975
Friedrich, Sabine: Nachthaut. Frankfurt 2000
Friese, Heinz-Gerhard (= Heinzgert): Die drei Leben des Heinrich Schliemann. Feature Norddeutscher Rundfunk, 26. 12. 1990
Friese, Heinz-Gerhard: Tauchen und Auftauchen – Tod und Ästhetik. In: H.-G. Friese sen. (Hg.): Festschrift – 25jähriges Jubiläum des Künstlerkreises La Bohème. Essen 2001
Friese, Heinz-Gerhard: Metaphern der Nacht, Nacht der Metapher. In: Paragrana, Bd. 9, 2000, H. 1
Friese, Heinzgert (= Heinz-Gerhard): Dunkles Wesen – Nacht und Natur um 1800. In: Jörg Zimmermann (Hg.): Ästhetik und Naturerfahrung, Stuttgart-Bad Cannstatt 1996
Friese, Heinzgert: Sehen und Scheißen. In: Matt Monte: Was das Truthuhn tut nun. Untergriesbach 2004
Frisk, Hjalmar: Griechisches etymologisches Wörterbuch. Heidelberg 1970

Fritz, Kurt von: Das Proömium der hesiodischen Theogonie. In: Ernst Heitsch (Hg.): Hesiod. Darmstadt 1966
Frölich & Kaufmann (Hg.): Versandkatalog Januar 2001 (Neuerscheinungen)
Froissart, J.: Lespinette amoureuse. Paris 1958
Frühwald, Wolfgang: Das Gedächtnis d. Frömmigkeit. Religion und Literatur in Deutschland. Frankfurt 2008
Fukasaku, Kinji (Regie): Monster aus dem All. Film, Japan/USA 1969 (= The Green Slime)
Fuller, R. Buckminster: Bedienungsanleitung für das Raumschiff Erde. Reinbek 1973
Gaiman, Neil: Ramadan. In: Ders.: Sandman. O. O., Panini 2010
Gaßner, Hubertus: «Der Mond ist aufgegangen …» Malen im Dunkeln – Malen des Dunkels. In: Haus der Kunst (Hg.): Die Nacht. Ausstellungskatalog. München 1998
Gautier, Théophile: Romane und Erzählungen. Wiesbaden 2003
Gautier, Théophile: Eine Nacht der Kleopatra. In: Ders.: Romane und Erzählungen. Wiesbaden 2003
Gautier, Th.: Der Klub der Haschischesser. In: Ders.: Romane und Erzählungen. Wiesbaden 2003
Gawlick, Günter (Hg.): Geschichte der Philosophie. Bd. 4: Empirismus. Stuttgart 1985
Gehring, Petra: Traum und Wirklichkeit. Frankfurt und New York 2008
Gellius, Aulus: Attische Nächte. Frankfurt 1988
Gelpke, Rudolf: Vom Rausch im Orient und Okzident. Stuttgart 1982
Giebel, Marion (Hg.): Homer: Odyssee. Übers. von Johann Heinrich Voß. München ^{6}1996
Gigon, Olof: Der Ursprung der griechischen Philosophie. Von Hesiod bis Parmenides. Basel 1945
Gigon, Olof: Literarische Gattungen und Dichtungstheorien. In: Propyläen Geschichte der Literatur. Bd. I. Frankfurt und Berlin 1988
Gilgamesch-Epos, Das. Übers. von Stefan M. Maul. München 2005
Gilgamesh. Übers. von Raoul Schrott. München 2001
Gilling, John (Regie): Nächte des Grauens. Film, USA 1966
Gimbutas, Marija: Die Sprache der Göttin. Frankfurt 1995
Ginzburg, Carlo: Die Benandanti – Feldkulte und Hexenwesen im 16. und 17. Jahrhundert. Frankfurt 1980

Glamour Dick: Selber Leben! Selber schreiben! Das, wofür wir uns schämen, macht uns interessant: Vom Selbstverständnis der Blogger. FAZ, 12. 2. 2010

Gläser, A.: Besiegeln wir sein Schicksal. In: FAZ, 25. 10. 2008

Gloyna, Tanja: Kosmos und System. Schellingiana Bd. 15. Stuttgart-Bad Cannstadt 2002

Godelier, Maurice: Das Rätsel der Gabe – Geld, Geschenke, heilige Objekte. München 1999

Görres, Joseph: Religion in der Geschichte. In: Carl Daub und Friedrich Creuzer (Hg.): Studien. 3. Band, Heidelberg 1807

Goethe, Johann Wolfgang: Sämtliche Werke nach Epochen seines Schaffens. Münchner Ausgabe. München 1991

Goethe, Johann Wolfgang: Briefe, Tagebücher, Gespräche. Digitale Bibliothek Bd. 10. Berlin ²2004

Goethe, Johann Wolfgang: Transparent-Gemälde. In: Sämtliche Werke. Münchner Ausgabe. Bd. 13.2. München 1993

Goethe, Johann Wolfgang von: Gedichte 1756–1799. Frankfurt 1998

Goethe, Johann Wolfgang von: Gedichte 1800–1832. Frankfurt 1998

Goethe, Johann Wolfgang von: Die Leiden des jungen Werther. In: Ders.: Sämtliche Werke. Hamburger Ausgabe. Bd. 6, 3. Hamburg 1969

Goethe, Johann Wolfgang: Aus meinem Leben. Dichtung und Wahrheit. In: Ders.: Sämtliche Werke. Hamburger Ausgabe. Bd. 10 (1948 ff.) Münchner Ausgabe Bd. 16 (1985)

Goethe, Johann Wolfgang von: Faust. Texte und Kommentare in zwei Bänden. Hg. von Albrecht Schöne. Frankfurt 1999

Goethe, Johann Wolfgang von: Italienische Reise. Hamburger Ausgabe. München 1988

Goethe, Johann Wolfgang von: Pandora. In: Ders.: Sämtliche Werke. Frankfurter Ausg. Band I, 6. Frankfurt 1993

Goethe, Johann Wolfgang: Proserpina – Ein Monodrama. In: Ders.: Sämtliche Werke. Hamburger Ausgabe. Bd. 4. 1969

Goethe, Johann Wolfgang: Poetische Werke. Berliner Ausgabe. Berlin 1965. In: Ders.: Digitale Bibliothek Bd. 1

Goethe, Johann Wolfgang von: Zur Farbenlehre. Gedenkausgabe der Werke. Bd. 16, Zürich 1949

Goethe, Johann Wolfgang: Paralipomena zu Faust, siehe Anne Bohnenkamp 1994

Gogol, Nikolaj: Die toten Seelen – oder Tschitschikovs Abenteuer. Erster, vollendeter Teil. Köln und Berlin 1965
Golther, Wolfgang: Handbuch der germanischen Mythologie (1908). Kettwig ²1985
Gombrich, Ernst H.: Schatten. Berlin 1996
Görres, Joseph: Religion in der Geschichte. In: Carl Daub und Friedrich Creuzer (Hg.): Studien. 3. Band. Heidelberg 1807
Gowing, Lawrence (Hg.): Die Gemäldesammlung des Louvre. Köln 1987
Graf, Fritz: Nachwort, in: Joseph Otto Plassmann (Hg.): Orpheus – Altgriechische Mysterien. Köln 1982
Graf, Fritz: Die kultischen Wurzeln des antiken Schauspiels. In: G. Binder und B. Effe (Hg.): Das antike Theater. Trier 1998
Graf, Fritz: Griechische Mythologie. Düsseldorf und Zürich 1999
Grässe, J. G. Th.: Sagenbuch des Preußischen Staats. Glogau 1868/71; Dig.Bib. D. Lit. Groß
Grazzini, Antonfrancesco: Lauten und Dolche – Novellen bei Nacht erzählt. München 1962
Greene, Brian: Das elegante Universum. Berlin 2000
Grimal, Pierre: Die Mythologie der Griechen. In: Ders. (Hg.): Mythen der Völker. Bd. 1. Frankfurt ²1977
Grimm, Imre: Die Jagd nach dem Millionenfoto. In: HAZ, 5. 8. 2008
Grimm, Jacob: Deutsche Mythologie. Bd. 1. (1835) Nachdruck Frankfurt und Berlin 1981
Grimm, Brüder: Kinder- und Hausmärchen. Frankfurt und Leipzig 2004
Grimm, Jacob und Wilhelm: Deutsches Wörterbuch (1838 ff.) – Elektronische Ausgabe der Erstbearbeitung. Frankfurt 2004
Grimmelshausen, Hans Jacob Christoffel von: Der abenteuerliche Simplicius Simplicissimus, Deutsch. Frankfurt 2009
Grossinger, Richard: Der Mensch, die Nacht und die Sterne. München 1981
Gruber, Joachim: Apollo(n). In: Hubert Cancik und Helmuth Schneider (Hg.): Der Neue Pauly. Bd. I. Stuttgart und Weimar 1999
Gsteiger, Manfred (Hg.): Träume in der Weltliteratur. Zürich 1999
Günther, Dorothee: Der Tanz als Bewegungsphänomen. Reinbek 1962
Günther, Johann Christian: Sämtliche Werke. Bd. 1. Leipzig 1934/1935; Dig.Bib. D. Lit. Groß
Haid, Klaus Toni, Bernhard Hofferberth und Günter Hortmann: Schwindel und Gleichgewichtsstörungen. Berlin und Wiesbaden 1997

Hale, John: Kultur der Renaissance in Europa. München 1994
Hallof, Luise und Klaus (Hg.): Hesiod: Werke. Berlin und Weimar 1994
Hamel, Jürgen: Geschichte der Astronomie. Basel u. a. 1998
Handwörterbuch des deutschen Aberglaubens (1927–1942). Hg. von Hanns Bächthold-Stäubli und Eduard Hoffmann-Krayer. 10 Bände. Augsburg 2005
Hannoversche Allgemeine Zeitung (HAZ): Mädchen mit zwei Gesichtern ist tot. 11. 6. 2008, S. 10
Harsdörffer, Joh. Christian: Der Grosse Schauplatz jämmerlicher Mordgeschichte. Teil VII, CLI: Der Zauberspiegel (1656). In: Dig.Bib. D. Lit. Groß
Haus der Kunst München (Hg.): Die Nacht. Ausstellungskatalog Wabern-Bern 1998
Hebbel, Friedrich: Die Nibelungen – Ein deutsches Trauerspiel in drei Abteilungen. Stuttgart 1995
Hederich, Benjamin: Gründliches mythologisches Lexicon. Leipzig 1770; digitale Beilage in: K. Eibl (Hg.): Der junge Goethe in seiner Zeit. Frankfurt und Leipzig 1998
Hegel, Georg Wilhelm Friedrich: Jenaer Realphilosophie. Hamburg 1969
Hegel, Georg Wilhelm Friedrich: Jenenser Logik, Metaphysik und Naturphilosophie. Hamburg 1986
Heiler, Friedrich: Die Religionen der Menschheit. Stuttgart 1999 (1959)
Heilmeyer, Wolf-Dieter, und Wolfram Hoepfner (Hg.): Licht und Architektur. Tübingen 1990
Heine, Heinrich: Sämtliche Schriften in 12 Bänden. Frankfurt; Berlin; Wien 1981
Heine, Heinrich: Atta Troll. In: Sämtliche Schriften in 12 Bänden. Bd. 7. Frankfurt 1981
Heine: Lutetia. In: Sämtliche Schriften in 12 Bänden. Bd. 9. Frankfurt 1981
Heine, Heinrich: Die romantische Schule in Deutschland. In: Werke und Briefe in zehn Banden. Bd. 5. Berlin und Weimar ²1972
Heinisch, Klaus J. (Hg.): Der utopische Staat. Reinbek ⁵1968
Heinrich, Klaus: Parmenides und Jona. Frankfurt 1966
Heinse, Wilhelm: Die Aufzeichnungen. Bd. 1. München 2003
Heinz, Marion, und Jochen Johannsen: Im dunklen Grunde unseres Gedankenmeeres … In: NZZ, 13. 12. 2003

Heitsch, Ernst (Hg.): Hesiod. Darmstadt 1966

Heliodor: Die äthiopischen Abenteuer von Theagenes und Charikleia. Leipzig 1957; Dig.Bib. Dicht. Ant.

Hellbrügge Theodor J. Hermann v. Wimpffen (Hg.): Die ersten 365 Tage im Leben eines Kindes. München 1973

Herder, Johann Gottfried: Gedichte. In: Werke in fünf Bänden. Bd. 1. Weimar 1963; Dig. Bib D. Lit. Groß

Herder, Johann Gottfried: Herders Werke in fünf Bänden. Berlin und Weimar 1978

Herder, Johann Gottfried: Ideen zur Philosophie der Geschichte der Menschheit. Berlin und Weimar 1965, vgl. auch Dig.Bib. Phil.

Herodot: Neun Bücher der Geschichte. O. O. 1999

Hesiod: Theogonie. Hg. von Martin L. West. Oxford 1971

Hesiod: Sämtliche Gedichte. Übers. von Walter Marg. Zürich und Stuttgart 1970

Hesiod: Theogonie. In: Luise und Klaus Hallof (Hg.): Hesiod: Werke. Berlin und Weimar 1994

Hesiod: Theogonie – Werke und Tage. Hg. von Albert v. Schirnding. Düsseldorf und Zürich [2]1997

Hesiod: Sämtliche Werke. Übers. von Thassilo v. Scheffer. Bremen 1984

Hesiod: Theogonie. Hg. und übers. von Karl Albert (Hg.): Kastellaun 1978

Hesiod: Werke und Tage. In: Albert v. Schirnding (Hg.): Hesiod: Theogonie – Werke und Tage. Düsseldorf und Zürich [2]1997

Hesiod: Ehoien (Frauenkataloge). In: Luise und Klaus Hallof (Hg.): Hesiod: Werke. Berlin und Weimar 1994

Hesiod, siehe Pseudo-Hesiod: Der Schild des Herakles. In: Hallof 1994

Hilbig, Wolfgang: Werke Bd. 1: Gedichte. Frankfurt 2008

Himmelmann, Nikolaus: Wenn die Götter Wein ausschenken. Heilige Spende: ein Paradox der antiken Religionsgeschichte. In: FAZ, 13. 10. 1999

Hinderer, Walter: Die poetische Psychoanalyse in E.T.A. Hoffmanns Roman «Die Elixiere des Teufels». In: Gerhard Neumann (Hg.): Hoffmanneske Geschichte. Würzburg 2005

Hirschfelder, Hans Ulrich, und Gert Nieke (Hg.): Nachtstücke. Frankfurt 1988

Historisches Museum der Pfalz Speyer (Hg.): Hexen – Mythos und Wirklichkeit. Speyer und München 2009

Historisches Wörterbuch der Philosophie, Bd. 1–13. Hg. von Joachim Ritter u. a. Basel 1971–2007
Hitchcock, Alfred (Regie): Vertigo. Film, USA 1958
Hobbes, Thomas: Leviathan (1651). Reinbek ²1969
Hocke, Gustav René: Die Welt als Labyrinth. Reinbek 1987
Hofer, Hermann: Nachwort zu: Charles Nodier: Die Krümelfee. Zürich 1979
Hoffmann, E. T. A.: Sämtliche Werke in sechs Bänden. Hg. von Wulf Segebrecht u. a.; Frankfurt 1985 ff.
Hoffmann, E. T. A.: Fantasiestücke in Callot's Manier. Frankfurt 2006
Hoffmann, E. T. A.: Nachtstücke. In: Ders.: Fantasie- und Nachtstücke. München 1967
Hoffmann, E. T. A.: Nachtstücke. In: Ders.: Nachtstücke, Klein Zaches, Prinzessin Brambilla. Werke 1816–1820. In: Ders.: Sämtliche Werke. Bd. 3. Frankfurt 1985
Hoffmann, E. T. A.: Die Elixiere des Teufels. Frankfurt 2007
Hoffmann, E. T. A.: Die Serapionsbrüder. München 1963
Hoffmann, E. T. A.: Lebensansichten des Katers Murr. In: Ders.: Sämtliche Werke. Bd. 5, Frankfurt 1992
Hoffmann, E. T. A.: Tagebücher. München 1971
Hoffmann, E. T. A.: Poetische Werke in sechs Bänden. Berlin 1963
Hoffmann, E. T. A.: Der Zauberspiegel. Ausgewählte Erzählungen. München 1952
Hoffmann, E. T. A. (anonym). Schwester Monika. München ¹⁴1982
Hofmann, A. Albert, Carl A. P. Ruck und R. Gordon Wasson: Der Weg nach Eleusis. Frankfurt 1984
Hofmann, Heinz: Vergesst Aeneas nicht! In: NZZ, 22. 10. 2007
Hofmann, Werner (Hg.): Johann Heinrich Füßli. Ausstellungskatalog der Hamburger Kunsthalle. München 1974
Hofmann, Werner: Das entzweite Jahrhundert. München 1995
Hofmannsthal, Hugo v.: Erzahlungen, Erfundene Gespräche und Briefe – Reisen. In: Ders.: Gesammelte Werke in Einzelbänden. Frankfurt 1979
Hofsiss, J. (Regie): The Elephant-Man, Film, USA 1982
Hölderlin, Friedrich: Sämtliche Gedichte. Hg. von Jochen Schmidt. Frankfurt 2005
Hölderlin Friedrich, Sämtliche Werke. Kritische Textausgabe hg. von Daniel E. Sattler. Bd. 6. Frankfurt 1976, Neuwied 1979

Homer: Ilias und Odyssee. Übers. von Johann Heinrich Voß. Neu-Isenburg 2008
Homer: Ilias. Übers. von Hans von Rupé. Zürich ^{10}1994
Homer: Ilias. Übers. von Wolfgang Schadewaldt. Frankfurt 1975
Homer: Ilias. Übers. von Roland Hampe. Stuttgart 1979
Homer: Ilias. Übertragen von Raoul Schrott. München 2008
Homer: Odyssee. Übers. von Johann Heinrich Voß. In: Marion Giebel (Hg.): Homer: Odyssee. München ^{6}1996
Homer: Die Odyssee Homers. Deutsch erneuert von Albrecht Schaeffer. Leipzig o. J. [1927]
Homer: Die Odyssee. Übers. von Wolfgang Schadewaldt. Düsseldorf ^{3}2007
Homer: Odyssee und Homerische Hymnen. Übers. von Anton Weiher. München 1990
Homer: Odyssee. Übers. von Roland Hampe. Stuttgart 1995
Homer / Anonym: Homerische Hymnen. In: Homer, Odyssee und Homerische Hymnen. München 1990
Hopfner, Theodor: Hekate-Selene-Artemis und Verwandte in den griechischen Zauberpapyri und auf d. Fluchtafeln. In: Pisciculi – Festschrift Franz Joseph Dölger. Münster 1939, S. 125–145
Hoeppe, Götz: Blau. Die Farbe des Himmels. Heidelberg 1999
Horaz: Werke in einem Band. Berlin und Weimar ^{2}1983
Hörisch, Jochen: «Am farbigen Abglanz haben wir das Leben». In: Matthias Götz u. a. (Hg.): Schatten, Schatten. Museum für Gestaltung; Basel 2003
Hornung, Erik: Die Nachtfahrt der Sonne. Zürich und München 1991
Hubert, Martin: Netzwerkgeflüster. Was das Gehirn in Ruhe bewegt. Deutschlandfunk-Köln, 13. 5. 2010, «Forschung aktuell»
Hunkeler Thomas, und Lucius Keller (Hg.): Marcel Proust und die Belle Époque. Frankfurt 2002
Immermann, Karl Lebrecht: Münchhausen (1838 / 39). Frankfurt 1984
Jacobus de Voragine: Die Legenda Aurea. Gütersloh ^{14}2004
Jäger, Lorenz: Das Mundhöhlengleichnis. In: FAZ, 8. 10. 2003
James, William: Die Vielfalt religiöser Erfahrung (1901 / 02). Frankfurt 1997
Jamme, Christoph: Gott an hat ein Gewand – Grenzen und Perspektiven philosophischer Mythos-Theorien der Gegenwart. Frankfurt 1999

Janus, Ludwig: Die Psychoanalyse der vorgeburtlichen Lebenszeit und der Geburt. Gießen 2000

Jean Paul: Das Leben des Quintus Fixlein. In: Ders.: Werke. 1. Abt. Bd. 4; Dig.Bib. D. Lit. Groß

Jean Paul: Blumen-, Frucht- und Dornenstücke oder Ehestand, Tod und Hochzeit des Armenadvokaten F. St. Siebenkäs In: Ders.: Werke. 1. Abt., Bd. 2. München 1959–63; Dig.Bib. D. Lit. Groß

Johannes vom Kreuz, siehe Juan de la Cruz

Juan de la Cruz: Die dunkle Nacht. Übers. von Ulrich Dobhan, Elisabeth Hense und Elisabeth Peeters. Freiburg u a. 2003

Juan de la Cruz: Des Heiligen Johannes vom Kreuz «Dunkle Nacht». In: Ders.: Sämtliche Werke in 5 Bänden, Bd. 2. München [7]1979, übers. von Pater Aloysius ab Immac. Conceptione

Jünger, Ernst: Annäherungen – Drogen und Rausch. Stuttgart 2008

Jütte, Robert: Geschichte der Sinne. München 2000

Kafka, Franz: Ein Landarzt. In: Ders.: Gesammelte Werke. Bd. 4. Frankfurt 1976

Kafka, Franz: Die Verwandlung. In: Ders.: Gesammelte Werke. Bd. 4. Frankfurt 1976

Kafka, Franz: Ritt. In: Ders.: Gesammelte Werke. Bd. 5. Frankfurt 1976

Kaiser, Gerhard: Mutter Nacht – Mutter Natur. In: Friedrich A. Kittler (Hg.): Austreibung des Geistes aus den Geisteswissenschaften. Paderborn u. a. 1980

Kalogerakos, Ioannis G.: Seele und Unsterblichkeit. Stuttgart und Leipzig 1996

Kamper, Dietmar und Tom Fecht (Hg.): Umzug ins Offene – Vier Versuche über den Raum. Wien und NewYork 1998

Kant, Immanuel: Anthropologie in pragmatischer Hinsicht. In: Ders.: Werke in 12 Bdn., Bd. 12. Frankfurt 1968

Kant, Immanuel: Kritik der praktischen Vernunft. In: Ders.: Werke in 12 Bdn., Bd. 7. Frankfurt 1968

Karberg, Sascha: Orakeln für das Mutterglück. In: FAS, 1. 10. 2006

Käßmann, Margot: Ich habe einen Traum. In: Zeitmagazin Nr. 2/2010

Kaube, Jürgen: Der Schlaf der Vernunft erzeugt Bewegungsspielräume. In: FAZ, 22. 12. 2010

Kaul, Flemming: Der Sonnenwagen von Trundholm. In: Harald Meller (Hg.): Der geschmiedete Himmel. Stuttgart 2004

Kaulen, Hildegard: Geburtsort Badewanne. In: FAZ, 4. 3. 2002
Kelten, Die: Land Hessen (Hg.): Das Rätsel der Kelten. Ausstellungskatalog Stuttgart 2002
Kerényi, Karl: Die Mythologie der Griechen. 2 Bde. München 1981
Kerényi, Karl: Humanistische Seelenforschung. München und Wien 1966
Kerényi, Karl: Urbilder der griechischen Religion. Stuttgart 1998
Kerény, Karl: Dionysos. Stuttgart [2]1998
Kerényi, Karl (Hg.): Die Eröffnung des Zugangs zum Mythos. Darmstadt 1976
Kern, Hermann: Labyrinthe. München [4]1999
Kern, Otto F., u. a. (Hg.): Orphische Fragmente (Orphicorum fragmenta). Berlin 1963
Kierkegaard, Sören: Entweder/Oder. 1. Teil. In: Ders.: Gesammelte Werke. Düsseldorf [2]1964
Killert, Gabriele und Richard Schroetter: Fürstin der Freiheit. In: Die Zeit, 27/2008
Kindlers Literatur Lexikon im dtv. 25 Bde. München 1974
Kindlers Neues Literatur-Lexikon. Hg. von Walter Jens. Reinbek 1996; 23 Bde. digital München 2000
Kirchhof, Paul: Das Gesetz der Hydra – Gebt den Bürgern den Staat zurück! München 2006
Kirchmann, Julius Heinrich v.: Descartes' Leben und Schriften. In: Reneé Descartes' philosophische Werke. Bd. 1. Leipzig 1870
Kirk, Geoffrey S.; John E. Raven und Malcolm Schofield: Die vorsokratischen Philosophen. Stuttgart und Weimar 1994
Kittler, Friedrich A. (Hg.): Austreibung des Geistes aus den Geisteswissenschaften. Paderborn u. a. 1980
Kleine Pauly, Der: Lexikon der Antike in fünf Bänden. Hg. von Konrat Ziegler u. a. München 1975 und 1979
Kluge, Carl Alexander Friedrich: Versuch einer Darstellung des animalischen Magnetismus als Heilmittel. Berlin 1811
Kluge, Friedrich (Hg.): Etymologisches Wörterbuch der deutschen Sprache. Berlin und New York [23]1999
Knappert, Jan: Lexikon der afrikanischen Mythologie. Weyarn 1997
Knaurs Lexikon der Mythologie. Hg. von Gerhard J. Bellinger. München 1999

Koch, Manfred, und Angelika Overath (Hg.): Schlaflos: das Buch der hellen Nächte. Lengwil 2002
Koeppen, Wolfgang: Auf dem Phantasieross. Frankfurt 2005
Köhler, Andrea: Die tausendundzweite Nacht. NZZ, 30. 5. 2007, S. 25
Kollektiv für Literaturgeschichte: Romantik – Erläuterungen zur Deutschen Literatur. Berlin [Ost] 1973
König, Eberhard: Die Belles Riches Heures des Duc de Berry. Stuttgart 2004
König, Eberhard: Das liebentbrannte Herz – Der Wiener Codex und der Maler Barthélemy d'Eyck. Graz 1996
König, Oliver: Haut. In: Christoph Wulf (Hg.): Vom Menschen. Weinheim 1997
Koopmann, Helmut: Goethe und Frau von Stein. München 2002
Köpping, Klaus-Peter: Ekstase. In: Christoph Wulf (Hg.): Vom Menschen. Weinheim und Basel 1997
Koslofsky, Craig: Von der Schande zur Ehre. Nächtliche Begräbnisse im lutherischen Deutschland (1650–1700). In: Historische Anthropologie Bd. 5, 1997, H. 3, S. 350
Kraft, Georg: Der Urmensch als Schöpfer. Berlin 1942
Kramer, René (Hg.): Der große Pellaprat – Die moderne französische und internationale Kochkunst. Lugano-Castagnola [8]o. J.
Kranz, Walther: Geschichte der griechischen Literatur. Leipzig 1992
Kraus, Karl: Traum vom Fliegen. In: M. Gsteiger (Hg.): Träume in der Weltliteratur. Zürich 1999
Krechel, Ursula: Jäh erhellte Dunkelheit. Gedichte. Salzburg und Wien 2010
Krischke, W.: Geschuppter Fischleib. In: FAZ, 3. 1. 2001, S. N5
Krumeich, Ralf, Nikolaus Pechstein und Bernd Seidensticker (Hg.): Das griechische Satyrspiel. Darmstadt 1999
Kruta, Venceslas: Die Anfänge Europas. München 1993
Kues, Nikolaus von: Gespräch über das Globusspiel/Dialogus de ludo globi (1463). Hamburg 2000
Kues, Nikolaus von, siehe auch Nicolaus von Cues
Kuhn, Adalbert und W. Schwartz: Norddeutsche Sagen, Märchen und Gebräuche… (1848) In: H.-J. Uther: Deutsche Märchen und Sagen. Berlin 2004. In: Dig.Bib. Bd. 80
Kuhn, Adalbert: Sagen, Gebräuche und Märchen aus Westfalen (1859). In: Dig.Bib. D. Lit. Groß

Kunsthistorisches Museum Wien: Die Gemäldegalerie. Hg. von Wolfgang Prohaska. London 1997

Kytzler, Bernhard (Hg.): Im Banne des Eros. Sämtliche Liebes- und Abenteuerromane der Antike. Zwei Bände. Düsseldorf 2001

Lacan, Jacques: Das Spiegelstadium als Bildner der Ichfunktion, wie sie uns in der psychoanalytischen Erfahrung erscheint (1949). In: Ders.: Schriften 1. Olten 1973

Langenscheidts Taschenwörterbuch Altgriechisch. Berlin u. a. 1981

Lassak, Thilo P.: Mumienherz. Ravensburg 2007

Leach, Edmund R.: Zwei Aufsätze über die symbolische Darstellung der Zeit. In: Wilhelm E. Mühlmann und E. W. Müller (Hg.): Kulturanthropologie. Köln und Berlin 1966

Lecouteux, Claude: Das Reich der Nachtdämonen. Düsseldorf und Zürich 2001

LeDoux, Joseph: Das Netz der Gefühle. München 2001

Leege, Oliver: Dionysos in der modernen Religionsgeschichte. In: Renate Schlesier und A. Schwarzmaier (Hg.): Dionysos – Verwandlung und Ekstase. Berlin und Regensburg 2008

Le Goff, Jacques und Nicolas Truong: Die Geschichte des Körpers im Mittelalter. Stuttgart 2007

Lenau, Nikolaus: Lenaus Werke in einem Band. Berlin und Weimar 1981

Lenz, Jakob Michael Reinhold: Feuer. In: Ders.: Gedichte. In: Dig.Bib. D. Lit. Groß (Jubiläumsausg. 1.1) Berlin 2008

Lenzen-Schulte, Martina: Kein Kreuz mit dem aufrechten Gang. In: FAZ, 5. 4. 2006, S. N1

Leonard, John (Hg.): John Milton: The Complete Poems. Harmondsworth 1998

Leopardi, Giacomo: An Angelo Mai, als er die Bücher vom Staate wiederentdeckt hatte. In: Ders.: Gedichte. Neapel 1835, übers. von Paul Heyse. Dig.Bib. Weltlit. Bd. 89

Lesage, Alain R.: Der hinkende Teufel. Nördlingen 1987

Leumann, Manu: Homerische Wörter. Basel 1950/Darmstadt 1993

Lewis, Matthew G.: Der Mönch. München 1965

Lewis, Matthew G.: The Monk. New York 1978. In: The Digital Library of English and American Literature. Frankfurt 2004

Lexikon der afrikanischen Mythologie. Hg. von Jan Knappert. Weyarn 1997

Lexikon des internationalen Films. Reinbek ^{2}1995

Lindgren, Astrid: Pippi in Taka-Tuka-Land. Hamburg 1986

Lindgren, Astrid: Pippi Langstrumpf. Hamburg 1986

Link-Heer, Ursula: Mode, Möbel, Nippes, façons et manières. Robert de Montesquiou und Marcel Proust. In: Thomas Hunkeler und Lucius Keller (Hg.): Marcel Proust und die Belle Époque. Frankfurt 2002

Linke, Norbert: Kein schöner Land … Niedernhausen o. J.

Lizot, Jacques: Im Kreis der Feuer – Aus dem Leben der Yanomami-Indianer. Frankfurt 1982

Locher, Elmar: Der Ort des Monströsen. In: Bruna Dal Lago Veneri: Der Traum der Vernunft. Wien und Bozen 1999

Lohenstein, Daniel Casper v.: Cleopatra. In: Ders.: Afrikanische Trauerspiele. Hg. von Klaus Günther Just. Stuttgart 1957; Dig.Bib. D. Lit. Groß

Long, Anthony A. (Hg.): Frühe griechische Philosophie. Stuttgart und Weimar 2001

Longhi, Roberto: Venezianische Malerei. Berlin 1996

Lorblanchet,: Michel: Höhlenmalerei. Sigmaringen 1997

Lotto, Lorenzo. Ausstellungskatalog. Hg. von David Alan Brown u. a.; National Gallery of Art. Washington 1997

Lovecraft, Howard Phillips: Horrorstories. Frankfurt 2008

Lücke, Hans-K., und Susanne: Antike Mythologie. Reinbek 1999

Lukian: Das Gastmahl oder Die neuen Lapithen. In: Ders.: Werke. Bd. 1. Berlin und Weimar ^{2}1981

Lurker, Manfred: Lexikon der Götter und Symbole der alten Ägypter. Bern u. a. ^{3}1995

Lurker, Manfred: Wörterbuch der Symbolik. Stuttgart ^{2}1983

Luther, Martin (Hg.): Die gantze Heilige Schrift. München 1974, Bd. I–III

Luther, Martin: Wider das Papsttum zu Rom, vom Teufel gestiftet. In: Ders.: Werke. Bd. I. 54. Weimar 1888 ff. In: Dig.Bib. D. Lit. Groß

Lyncker, Karl: Deutsche Sagen und Sitten in hessischen Gauen. Kassel 1851. In: Dig.Bib. D. Lit. Groß

Maaß, Michael: Das antike Delphi. Darmstadt 1993

Maaß, Michael: Delphi, Orakel am Nabel der Welt. Sigmaringen 1996

Macrobius, Ambrosius Theodosius: Tischgespräche am Saturnalienfest (Saturnalia). Hg. von Otto und Eva Schönberger. Würzburg 2008

Maffesoli, Michel: Der Schatten des Dionysos – Zu einer Soziologie des Orgiasmus. Frankfurt 1986

Maistre, Xavier de: Die nächtliche Reise um mein Zimmer. In: Ders.: Die Reise um mein Zimmer. München 1968

Malkowski, Rainer (Hg.): Das Insel-Buch zur Mitternacht. Frankfurt 1981

Mania, Dietrich, und Adelhelm Dietzel: Begegnung mit dem Urmenschen. Hanau 1980

Mannack, Thomas: Griechische Vasenmalerei. Darmstadt 2002

Manticus: Der wissende Spiegel. München [3]2008

Marcone, Arnaldo: Mommsen und die deutsch-italienischen Beziehungen. In: A. Demandt u. a. (Hg.): Theodor Mommsen – Wissenschaft und Politik im 19. Jahrhundert. Berlin 2005

Marg, Walter (Hg.): Griechische Lyrik. Stuttgart 1989

Marg, Walter (Hg.): Hesiod: Sämtliche Gedichte. Zürich und Stuttgart 1970

Marijnissen, Roger H. und Peter Ruyffelaere: Hieronymus Bosch. Köln 1999

Martynowa, Franziska (Hg.): Das goldmähnige Pferd. Russische Zaubermärchen. Leipzig 1988

Matala de Mazza, Ethel: Erinnerungen, Wiederholungen, Löscharbeiten – Zur Nachtseite der Bilder in E. T. A. Hoffmanns *Abenteuern der Silvester-Nacht.* In: G. Neumann (Hg.): Hoffmanneske Geschichte. Würzburg 2005

Maul, Stefan M. (Hg.): Das Gilgamesch-Epos. München 2005

Mauriac, Claude: Marcel Proust. Reinbek [4]1969

Megas, Georgios A.: Die Moiren als funktionaler Faktor im neugriechischen Märchen. In: Laogràphia, Bd. 25, 1967

Meier, Christian: Erkenne, dass du ein Mensch bist. In: FAZ, 14. 2. 1987

Meier, Christian: Athen. München 1995

Meier-Koll Alfred: Chronobiologie. München 1995

Meiser, Hans Christian: Trance – Andere Bewusstseinszustände und die Arbeit mit ihnen. Frankfurt 1996

Meister Eckart, siehe Eckart, Meister

Meller, Harald (Hg.): Der geschmiedete Himmel. Stuttgart 2004

Merleau-Ponty, Maurice: Phänomenologie der Wahrnehmung. Berlin 1966

Messner, Marcus: Mit Homöopathie gegen Schwindel. In: HAZ, 26. 6. 2001

Meyer-Arlt, R.: Gottgroßvater im Lebensgärtchen. In: HAZ, 9. 5. 2008

Michelet, Jules: Die Frauen der Revolution. Frankfurt 1984

Middleton, Thomas, und William Rowley: Der Wechselbalg. (Übers.: B. K. Tragelehn) Frankfurt und Basel 2002

Mildenberger, Hermann u. a. (Hg.): Geheimster Wohnsitz – Goethes italienisches Museum. Ausstellungskatatalog, Kunstsammlungen Weimar. Berlin 1999

Milton, John: The Complete Poems. London 1998

Milton, John: Das Verlorene Paradies (1667). Stuttgart 1994

Milton, John: In: Ders.: Das Verlorene Paradies. Werke. Frankfurt 2008

Mindlin, Betty (Hg.): Der gegrillte Mann – Erotische Mythen vom Amazonas. Zürich 2006

Mommsen, Katharina: Goethe und 1001 Nacht. Frankfurt (1960) 1981

Mone, Franz Jos. [und Friedrich Creuzer]: Symbolik und Mythologie der alten Völker. Leipzig und Darmstadt 1822

Morchner, Tobias, und Andreas Schinkel: Spontanpartys im Maschpark weiter erlaubt. In: HAZ, 8. 6. 2010, S. 1 und 9

Moritz, Karl Philipp: Götterlehre (1791). Frankfurt und Leipzig 1999

Moritz, Karl Philipp: Götterlehre (1795). Lahr 1948

Moritz, Karl Philipp: Über die bildende Nachahmung des Schönen. In: Johann Wolfgang v. Goethe: Italienische Reise. München 1988

Morus, Thomas: Von der wunderbarlichen Innsel Vtopia genant. Basel 1524. Nach der Übers. von Ignaz Emanuel Wessely (1896). In: Dig.Bib. Phil.

Most, Glenn W.: Strenge Erforschung wilder Ursprünge. Walter Burkert über Mythos und Ritus. In: Walter Burkert: Wilder Ursprung – Opferritual und Mythos bei den Griechen. Berlin 1990

Mühlmann, Wilhelm E., und Ernst W. Müller (Hg.): Kulturanthropologie. Köln und Berlin 1966

Müllenhoff, Karl: Sagen, Märchen und Lieder. Kiel 1845. In: Dig.Bib. D. Lit. Groß

Müller, Josef: Sagen aus Uri. Schweizer Sagen. Bd. 1. In: Dig.Bib. Eur. Märch. Bd. 110

Münzberg, Olav, und L. Wilkens (Hg.): Aufmerksamkeit. Klaus Heinrich zum 50. Geburtstag. Frankfurt 1979

Murray, Oswyn: Der griechische Mensch und die Formen der Geselligkeit. In: J.-P. Vernant (Hg.): Der Mensch der griechischen Antike. Essen 2004

Museum Rietberg: Orakel – Der Blick in die Zukunft. Ausstellungskatalog. Zürich 1999

Nadig, Maya: Die archaische Kunst des Übergangs – Geburtsrituale bei den Cuna, Magar und Maya. In: NZZ, 23. 12. 1994

Naubert, Benedicte: Volksmährchen der Deutschen. Bd. 2 Leipzig 1840. In: H.-J. Uther (Hg.): Deutsche Märchen und Sagen. Dig.Bib. Bd. 80, Berlin ²2004

Nerval, Gérard de: Chimères / Chimären. In: Ders.: Die Töchter der Flamme. München 1989

Nessi, Alberto: Wohin die Dichtung geht. In: NZZ, 8. 1. 2004, Sp. 4

Neubaur, Caroline: Angekündigte Erfindung des Kindes. In: FAZ, 23. 12. 2000

Neue Pauly, Der. Enzyklopädie der Antike. 16 Bde. Hg. von Hubert Cancik u. a. Stuttgart und Weimar 2007

Neues Testament, siehe Das Neue Testament …

Neumann, Erich: Die Große Mutter. Olten ²1987

Neumann, Gerhard (Hg.): Hoffmanneske Geschichte. Würzburg 2005

Neumann, Gerhard: Der Mensch ist, wie er isst. In: Die Zeit, 12 / 2007

Neumann, Siegfried A. (Hg.): Den Spott zum Schaden – Prosaschwänke aus fünf Jahrhunderten. München 1977

Nicolaus von Cues: Von der Wissenschaft des Nichtwissens. In: Digitale Bibliothek Bd. 2: Philosophie von Platon bis Nietzsche. Berlin ³2004

Niederstedt, J.: Nicht schön, aber empathisch. In: FAS, 20. 6. 2010

Nietzsche, Friedrich: Werke in 3 Bdn. Hg. von Karl Schlechta. München 1956

Nietzsche, Friedrich.: Homers Wettkampf. In: Fünf Vorreden zu ungeschriebenen Büchern. In: Ders.: Werke in 3 Bdn. Hg. von Karl Schlechta. Bd. 3. München 1956

Nietzsche, Friedrich: Jenseits von Gut und Böse, Stuttgart 1964

Nietzsche, Friedrich: Geburt der Tragödie aus dem Geist der Musik. In: Ders: Werke in 3 Bdn. Hg. von Karl Schlechta. Bd. 1. München 1956

Nilsson, Martin P.: Geschichte der griechischen Religion. 2 Bde. München 1976

Nodier, Charles: Die Krümelfee und andere Erzählungen. Zürich 1979

Nodier, Charles: Smarra oder die Dämonen der Nacht (1821). In: Ders.: Die Krümelfee und andere Erzählungen. Zürich 1979

Nodier, Charles: Die Liebe und das Zauberbuch. Leipzig 1989

Nodier, Charles: Trilby oder Der Kobold von Argyll. In: Ders.: Die Liebe und das Zauberbuch. Leipzig 1989

Nodier, Charles: Mélanges de littérature et de critique. Bd. 1. Paris 1820

Nonnos: Leben und Taten des Dionysos. In: Ders.: Werke in zwei Bänden. Berlin und Weimar 1985; Dig.Bib. Bd. 30: Dicht. Ant.
Nougier, Louis-René: Die Welt der Höhlenmenschen. Zürich und München 1989
Novalis: Hymnen an die Nacht. In: Ders.: Werke, Tagebücher und Briefe Friedrich von Hardenbergs. Bd. 1. München 1978
Novalis: Die Lehrlinge zu Sais. In: Werke, Tagebücher und Briefe Friedrich von Hardenbergs. Bd. 1. München 1978
Novalis: Heinrich von Ofterdingen. In: Werke, Tagebücher und Briefe Friedrich von Hardenbergs. Bd. 1. München 1978
Novalis: Schriften. Die Werke Friedrich von Hardenbergs (HKA Bd. 1). Stuttgart 1960–77; Dig.Bib. D. Lit.
Nüsslein-Vollhard, Christiane. Fragen an Christiane Nüsslein-Vollhard: Die Evolution findet statt. In: Die Zeit, 14 / 2008
Ohly, Friedrich: Schriften zur mittelalterlichen Bedeutungsforschung. Darmstadt 1977
Olmi, Veronique: Ein Mann eine Frau. München 2006
Olsson, Manuela (Hg.): Abends nach 8 – Lektüre für die Nacht. Stuttgart 1996
Onfray, Michel: Philosophie der Ekstase. Frankfurt 1993
Orpheus, siehe Plassmann, Joseph Otto
Otto, Rudolf : Das Heilige. Gotha 1929
Otto, Walter Fritz: Apollon und Artemis. In: Antike 1925
Otto, Walter Fritz: Die Götter Griechenlands. (1929) Frankfurt 1987
Otto, Walter Fritz: Die Musen. Düsseldorf und Köln 1955
Otto, Walter Fritz: Dionysos. Mythos und Kultus. Frankfurt ³1960
Otto, Walter Fritz: Theophania. Frankfurt 1975
Ovid: Metamorphosen. Übersetzung von Gerhard Fink. Zürich und München 1989
P. C. und Kristin Cast: Gezeichnet. Deutsch 2009
Paglia, Camille: Die Masken der Sexualität. München 1992
Paolini, Christopher: Eragon – Der Auftrag des Ältesten. München 2005
Papaioannou, Kostas und Jacques Bousquet: Die Griechische Kunst. Darmstadt 1998
Pape, Wilhelm: Handwörterbuch der griechischen Sprache – Griechisch-Deutsches Handwörterbuch (1848). Neuausgabe in: Dig.Bib. Bd. 117, Berlin ²2006

Parke, Herbert W.: Athenische Feste. Mainz 1987
Parmenides: Die Fragmente. Zürich 1995
Pascal, Blaise: Gedanken über die Religion. Berlin 1840; Dig.Bib. Phil.
Pascal, Blaise: Gedanken. Leipzig 1987
Pastoors, Andreas, und Gerd-C. Weniger (Hg.): Bilder im Dunkeln – Höhlenkunst der Eiszeit – Die Sammlung Wendel. Neanderthal Museum 2004; CD-ROM
Paulys Real-Enzyklopädie der griechischen Altertumswissenschaft. Supplement-Band V. Stuttgart 1931, unter ‹Delphoi›
Pausanias: Beschreibung Griechenlands. Auswahl und Übers. von Jacques Lager. Zürich 1998
Pausanias: Reisen in Griechenland. Gesamtausgabe in 3 Bänden. Düsseldorf und Zürich 2001
Peterich, Eckart (Hg.): Fragmente frühgriechischer Lyrik. Zürich 1948
Petronius: Satyricon. Frankfurt 1980
Petrowski, Andrejs: Weltverschlinger, Manipulatoren und Schwärmer – Problematische Individualität in der Literatur des späten 18. Jahrhunderts. Heidelberg 2002
Pfeiff, Karl Arno (Hg.): Pindar. Übertragung, Einführung und Erläuterung. Tübingen 1997
Physikalische Blätter 57, 2001, Nr. 1: Stochastische Resonanz: Rauschen macht sensibel
Physiologus. Hg. von Otto Schönberger (griech. – deutsch) Stuttgart 2001
Piaget, Jean: Das Weltbild des Kindes (1926). München ^{8}2005
Pindar. Übers. von Karl A. Pfeiff. Tübingen 1997
Plassmann, Joseph Otto: Orpheus. Altgriechische Mysterien (1928). Köln 1982, Nachwort von Fritz Graf
Platon: Sämtliche Dialoge. Hg. von Otto Appelt. Nachdruck Hamburg 1998
Platon: Das Gastmahl. In: Ders.: Sämtliche Dialoge Hamburg 1998
Platon: Phaidros. In: Ders.: Sämtliche Werke. Bd. 4. Reinbek ^{8}1969
Platon, Politeia. In: Ders.: Sämtliche Werke. Bd. V (griech. – deutsch). Frankfurt 1991
Plinius Secundus: Naturkunde. Buch XXXV. München ^{2}1997
Plon, Michel, und Elisabeth Roudinesco: Wörterbuch der Psychoanalyse. Wien 2004

Plotin: Enneaden. Bd. II: Über die Seele oder Über psychologische Aporien. Berlin 1880; Dig.Bib. Phil. Berlin 2004

Plutarch: Über Isis und Osiris. In: Ders.: Drei religionsphilosophische Schriften. Düsseldorf und Zürich 2003

Plutarch: Gegen den Aberglauben. In: Ders.: Drei religionsphilosophische Schriften. Düsseldorf und Zürich 2003

Poe, Edgar Allan: Complete Tales & Poems of Edgar Allan Poe. New York 1989

Poe, Edgar Allan: Das Gesamte Werk in zehn Bänden. Übers. von Arno Schmidt und Hans Wollschläger. Herrsching 1979

Poe, Edgar Allan: Der Rabe. In: Ders.: Das Gesamte Werk in zehn Bänden. Bd. 9. Herrsching 1979

Poe, Edgar Allan: Der je-x-te Ardikkel (1849). In: Ders.: Das Gesamte Werk in zehn Bänden. Bd. 1. Herrsching 1979; im Original: Xing a Paragrab, siehe E. A. Poe: Complete Tales & Poems. New York 1989

Poe, Edgar Allan: Metzengerstein (1832). In: Ders.: Das Gesamte Werk in zehn Bänden. Bd. 1. Herrsching 1979

Poe, Edgar Allan.: Der Duc de l'Omelette. In: Ders.: Das Gesamte Werk in zehn Bänden Bd. 1. Herrsching 1979

Poe, Edgar Allan: Hop-Frog. In: Ders.: Complete Tales & Poems. New York 1989

Poe, Edgar Allan: Der Fall des Hauses Ascher. In: Ders.: Das Gesamte Werk in zehn Bänden. Bd. 2. Herrsching 1979

Potocki, Jan: Die Handschrift von Saragossa. Frankfurt 1975

Potocki, Jan: Die Abenteuer in der Sierra Morena – Oder Die Handschriften ... Berlin 1998

Polt-Heinzl, Evelyne, und Christine Schmidjell (Hg.): Die Nacht. Gedichte. Stuttgart 2004

Powell, R.: Träume deuten und verstehen. Neuhausen (CH) 2002

Praetorius, Johannes: Hexen-, Zauber- und Spukgeschichten aus dem Blocksberg (= Blockes-Berges Verrichtung). Frankfurt 1979

Praz, Mario: Liebe, Tod und Teufel. München 1963

Prohaska, W. (Hg.): Kunsthistorisches Museum Wien – Die Gemäldegalerie. London 1997

Pröhle, Heinrich: Kinder- und Volksmärchen. Leipzig 1853; Dig.Bib. Deutsche Märchen

Properz: Elegien. Berlin 1920; Dig.Bib. Dicht. Ant.

Propyläen Geschichte der Literatur. Bd. I. Frankfurt und Berlin 1988
Proust, Marcel: Auf der Suche nach der verlorenen Zeit. In: Ders.: Werke II. Bde. 1–7 und Supplementband. Hg. und übers. von Luzius Keller. Frankfurt 1994–2007
Proust, Marcel: Auf der Suche nach der verlorenen Zeit. Übers. von Eva Rechel-Mertens. Werkausgabe Edition Suhrkamp in 13 Bdn. Frankfurt 1969
Proust, Marcel: Über Baudelaire. In: Ders.: Tage des Lesens. Frankfurt ^{3}1969
Proust, Marcel: Briefe zum Werk. Frankfurt 1977
Proust, Marcel: Briefe zum Leben. 2 Bde. Frankfurt 1978
Pseudo-Hesiod: Der Schild des Herakles. In: Hallof, Luise und Klaus (Hg.): Hesiod: Werke Berlin und Weimar 1994
Pustkuchen, Johann Friedrich Wilhelm (Hg.): Levana. Herford 1829
Quincey, Thomas de: Suspiria de profundis, being a sequel to the confessions of an English Opium Eater. In: Blackwood's Edinburgh Magazine. 1845
Quincey, Thomas de: Confessions of an English Opium-Eater. (Ausg. 1856) London 1956
Quincey, Thomas de: Bekenntnisse eines englischen Opiumessers. Leipzig und Weimar 1992
Raabe, Wilhelm: Die Chronik der Sperlingsgasse. Berlin und Weimar 1964. Dig.Bib. D. Lit.
Rabelais, François: Gargantua und Pantagruel. München 1964
Radcliffe, Ann: Der Italiäner. München 1973
Rahden, Wolfert von: Der Grund des Abgrunds: In: Paragrana, Bd. 9, H. 1, 2000
Ramnoux, Clémence: La Nuit et les Enfants de la Nuit. Paris 1959
Ranke-Graves, Robert: Griechische Mythologie. 2 Bde. Reinbek 1974
Ranke-Graves, Robert: Die weiße Göttin. Reinbek 1985
Raven, John E.; Geoffrey S. Kirk und Malcolm Schofield: Die vorsokratischen Philosophen. Stuttgart und Weimar 1994. (Sigle: Kirk)
Rebhandel, B.: Grüner wird's nicht. In: FAS, 6. 7. 2008, S. 28
Reichholf, Joseph H.: Warum die Menschen sesshaft wurden. Frankfurt 2008
Reichholf-Riehm, Helgard: Schmetterlinge. München 1983
Reimbold, Ernst Theodor: Die Nacht im Mythos, Kultus und Volksglauben und in der transpersonalen Erfahrung. Köln 1970

Reimertz, Stephan: Als Odysseus nach Hause kam. In: FAZ, 17. 2. 2005, S. R1

Reiners, Ludwig (Hg.): Der ewige Brunnen. München 2005

Reitzenstein, Richard: Altgriechische Religion (1924/25). In: E. Heitsch (Hg.): Hesiod. Darmstadt 1966

Renger, Almut-Barbara und Immanuel Musäus (Hg.): Mythos Pandora. Leipzig 2002

Restif de la Bretonne, Nicolas-Edmè: Die Nächte von Paris 1789–1793. Leipzig u. Weimar 1989

Restif de la Bretonne, Nicolas Edme: Revolutionäre Nächte in Paris. München 1989

Reusch, Judith: Zeitstrukturen in Goethes Wahlverwandtschaften. Würzburg 2004

Rexroth, Frank: Das Milieu der Nacht. Göttingen 1999

Rheinz, Hanna: Dunkle Wasser, lästige Chimären. In: Kursbuch 138, 1999

Rickenbach, Judith: Dodona – Eine der ältesten Orakelstätten in der Antike. In: Museum Rietberg (Hg.): Orakel – Der Blick in die Zukunft. Zürich 1999

Rickenbach, Judith: Delphi – Die Orakelstätte des Apollon als Mittelpunkt des Universums. In: Museum Rietberg (Hg.): Orakel ... Zürich 1999

Rilke, Rainer Maria: Gedichte an die Nacht. Frankfurt und Leipzig 2004

Rilke Projekt (R. Schönherz / A. Fleer): «Bis an alle Sterne». CD. BMG 2001

Rimbaud, Arthur: Das poetische Werk. 2 Bde. Übers. von Hans Therre und Rainer G. Schmidt. München 1980

Rimbaud, Arthur: Pariser Orgie oder Paris verpöbelt sich wieder. In: Ders.: Das poetische Werk. Bd. 2, München 1980

Rimbaud, Arthur: Sämtliche Dichtungen. Übers. von Walther Küchler. Heidelberg 1965

Ritter, Henning: Die Nacht der Träume. In: FAZ, 13. 1. 2010

Ritter, Joachim, Karlfried Gründer und Gottfried Gabriel (Hg.): Historisches Wörterbuch der Philosophie. 13 Bde. Basel 1971–2007

Ritter-Santini, Lea: «Auf dunklen Grund gezogen» – Das Gedächtnis der Bilder. In: Hermann Mildenberger u. a. (Hg.): Geheimster Wohnsitz – Goethes italienisches Museum. Berlin 1999

Rohde, Erwin: Psyche (1894). Darmstadt 1991

Roscher, Wilhelm Heinrich: Ausführliches Lexikon der griechischen und römischen Mythologie. Leipzig ^{3}1884–1937, Reprint: Hildesheim 1992–1993, Bd. 2, Sp. 1956

Roscher, Wilhelm Heinrich: Über Selene und Verwandtes. In: Ders.: Studien zur griechischen Mythologie und Kulturgeschichte. 4. Heft. Leipzig 1890
Rosenkranz, Karl: Ästhetik des Hässlichen (1853). Leipzig 1990
Roskoff, Gustav: Geschichte des Teufels (1869). Nördlingen 1987
Rötzer Florian in: Telepolis. (Internet-Magazin) 13. 11. 2006
Roudinesco, Elisabeth und Michel Plon: Wörterbuch der Psychoanalyse. Wien 2004
Rowlings, Joanne K.: Harry Potter und die Heiligtümer des Todes. Hamburg 2007
Ruck, Carl A. P., R. Gordon Wasson und A. Albert Hofmann: Der Weg nach Eleusis. Frankfurt 1984
Rückert, Sabine: Noch ein Keller. In: Die Zeit, 20 / 2008
Rüther, Tobias im Gespräch mit Airen: Helene Hegemann hat das nicht erlebt. In: Frankfurter Allgemeine Zeitung, 12. 2. 2010
Sade, Donatien Alphonse François Marquis de: Die 120 Tage von Sodom. In: Ders.: Ausgewählte Werke. Bd. 1. Frankfurt 1972
Saint-Exupéry, Antoine de: Wind, Sand und Sterne (1939). Düsseldorf [25]2000
Sand, George: Der Teufelsteich – François das Findelkind. Zwei Romane. Zürich 1980
Sánchez, Miguel Ximeno: Die Geschichte von Robert dem Teufel. Madrid 1588
Sannazaro, Jacopo: Arcadia (1504). In: Ders.: Opere. Hg. von Enrico Carrara. Turin 1952
Savoldo, Giovanni Gerolamo: Ausstellungskatalog. Mailand und Frankfurt 1990
Schabert, Thilo (Hg.): Die Sprache der Maske. Würzburg 2002
Schade, Sigrid: Vom Umgang mit Hexenbildern. In: Histor. Museum der Pfalz Speyer (Hg.): Hexen – Mythos und Wirklichkeit. München 2009
Schadewaldt, Wolfgang: Von Homers Welt und Werk. Stuttgart 1965
Schadewaldt, Wolfgang: Die griechische Tragödie. Tübinger Vorlesungen. Bd. 4. Frankfurt 1991
Schadewaldt, Wolfgang (Hg.): Homer: Ilias. Frankfurt 1975
Schadewaldt, Wolfgang (Hg.): Homer: Die Odyssee. Reinbek 1984 (1958)
Schaeffer, Albrecht (Hg.): Homer: Die Odyssee Homers. Leipzig o. J. (1927)

Schäfer, Dorit: Bilder, an die man hätte denken können. In: Staatliche Kunsthalle Karlsruhe (Hg.): Eugène Delacroix. Karlsruhe 2004

Schambach, Georg: Niedersächsische Sagen und Märchen. Göttingen 1855. In: Dig.Bib. D. Lit. Groß

Schatz, Friedrich: Die griechischen Götter und die menschlichen Missgeburten (1901). Amsterdam 1968. In: Brittnacher, H. R.: Ästhetik des Horrors. Frankfurt 1994

Scheer, Tanja: Die Gottheit und ihr Bild. München 2002

Scheffel, Helmut: Nachwort. In: Bertrand, Gaspard de la nuit, Frankfurt 1978

Scheffer, Thassilo von (Hg.): Hesiod, Sämtliche Werke. Leipzig 1965 (Bremen 1984)

Schefold, Karl: Götter- und Heldensagen der Griechen in der spätarchaischen Kunst. München 1978

Schefold, Karl: Götter- und Heldensagen der Griechen in der früh- und hocharchaischen Kunst. München 1993

Schelling, Friedrich Wilhelm Joseph: Von der Weltseele, eine Hypothese der höheren Physik (1798). In: Ders.: Werke. Bd. 1. Leipzig 1907; Dig.Bib. Phil.

Schelling, Friedrich Wilhelm Joseph: Erster Entwurf eines Systems der Naturphilosophie (1799). In: Ders.: Ausgewählte Werke: Schriften von 1799–1801. Darmstadt 1975

Schiff, Gert: Füßli, Luzifer und die Medusa. In: Werner Hofman (Hg.): Johann Heinrich Füßli. Ausstellungskatalog der Hamburger Kunsthalle. München 1974

Schiller, Friedrich: Sämtliche Werke. Bd. 1. München 1962

Schiller, Friedrich: Sämtliche Gedichte. Frankfurt 2004

Schiller, Friedrich: Über die ästhetische Erziehung des Menschen in einer Reihe von Briefen. In: Ders.: Sämtliche Werke. Bd. 5. München 1962; vgl.: Dig.Bib. D. Lit.

Schirnding, Albert von (Hg.): Hesiod: Theogonie – Werke und Tage. Düsseldorf und Zürich ²1997

Schlesier, Renate: Die Musen und Zeus. In: O. Münzberg und L. Wilkens (Hg.): Aufmerksamkeit. Klaus Heinrich zum 50. Geburtstag. Frankfurt 1979

Schlesier, Renate und A. Schwarzmaier (Hg.): Dionysos – Verwandlung und Ekstase. Berlin und Regensburg 2008

Schlögl, Hermann A. (Hg.): Gärten der Liebe – Lyrik aus der Zeit der Pharaonen. Düsseldorf und Zürich 2000

Schlör, Joachim: Nachts in der großen Stadt. München 1991

Schlör, Joachim (Hg.): Wenn es Nacht wird – Streifzüge durch die Großstadt. Stuttgart 1994

Schmeling, Manfred: Der labyrinthische Diskurs. Frankfurt 1987

Schmidt, Ernst Günther: Einführung. In: Schirnding, Albert v.: Hesiod, Theogonie – Werke und Tage. Düsseldorf und Zürich [2]1997

Schmidt, Bernhard: Griechische Märchen, Sagen und Volkslieder (1877). Nachdruck Hildesheim und New York 1978

Schmitt, Jean-Claude: Die Wiederkehr der Toten. Stuttgart 1995

Schnabel, Ulrich: Im Labyrinth des Denkens. In: Die Zeit 15/2008

Schofield, Malcolm; Geoffrey S. Kirk und John E. Raven: Die vorsokratischen Philosophen. Stuttgart und Weimar 1994.

Schöne, Albrecht (Hg.): Johann Wolfgang von Goethe: Faust. Texte und Kommentare in zwei Bdn. Frankfurt 1999

Schöne, Albrecht: Karl Marx lernte von Mephisto, was Besitz vermag. In: FAZ, 3. 1. 2004

Schönherz, Richard, und Angelica Fleer (Musik) / Rainer Maria Rilke: Rilke Projekt. Bis an alle Sterne. BMG Ariola 2001

Schönwerth, Franz Xaver: Aus der Oberpfalz. In: Dig.Bib. Bd. 80: Deutsche Märchen und Sagen

Schopenhauer, Arthur: Die Welt als Wille und Vorstellung. In: Ders.: Werke in 5 Bdn. Bd. 2. Frankfurt 2006

Schöppner, Alexander: Sagenbuch der Bayerischen Lande (1852). In: Dig. Bib. D. Lit. Groß Schrott, Raoul: Die Musen. München 1997

Schrott, Raoul: Bakchen – Nach Euripides. München 1999

Schrott, Raoul (Hg.): Gilgamesh. München 2001

Schrott, Raoul: Homers Heimat. München 2008

Schrott, Raoul (Hg.): Homer: Ilias. München 2008

Schrott, Raoul: Die Poesie ist älter als der Acker. In: FAZ, 30. 12. 1999

Schubert, Charlotte und Ulrich Huttner (Hg.): Frauenmedizin in der Antike. Düsseldorf 1999

Schubert, Gotthilf Heinrich: Ahndungen einer allgemeinen Geschichte des Lebens. 1. Theil. Leipzig 1806

Schubert, Gotthilf Heinrich: Ansichten von der Nachtseite der Naturwissenschaft. Dresden [2]1818

Schubert, Gotthilf Heinrich: Die Geschichte der Seele. Nachdruck der Ausgabe von 1878. Hildesheim 1961

Schubert, Gotthilf Heinrich: Symbolik des Traums. Bamberg 1814. Nachdruck Heidelberg 1968

Schulenburg, Willibald v. (Hg.): Wendisches Volksthum in Sage und Sitte. In: Uther, H.-J. (Hg.): Europäische Märchen und Sagen. In: Dig.Bib. Bd. 110, Berlin 2004

Schuller, Wolfgang: Der Tempelschlaf der Griechinnen. In: FAZ, 16. 3. 2000

Schumacher, Gert-Horst: Monster und Dämonen, Unfälle der Natur – eine Kulturgeschichte. Berlin 1996

Schulze, Winfried: Der 14. Juli 1789. München 1989

Schwabl, Hans: Beispiele zur poetischen Technik des Hesiod. In: Ernst Heitsch (Hg.): Hesiod. Darmstadt 1966

Schwabl, Hans: Zeus. München 1978

Schwarz, Julia (Hg.): Rowohlt Lesebuch des schönen Schauders. Reinbek 1992

Schwibbe, Gudrun und Regina Bendix (Hg.): Nachts – Wege in andere Welten. Ausstellungskatalog des Historischen Museums Hannover. Göttingen 2004

Scott, Ridley (Regie): Alien, Film, Großbritannien 1979

Seidel, Katrin: Die Kerze. Hildesheim 1996

Seiler, Christian und Christian Känzig: New Age City – Hört den Ruf der Erde. In: Zeitmagazin 26 / 1990

Seitter, Walter: Geschichte der Nacht. Berlin und Bodenheim 1999

Shaftesbury, Anthony Earl of: Der gesellige Enthusiast. München 1990

Shakespeare, William: Complete Works. In: Dig.Bib. Bd. 61. Berlin 2002

Shakespeare: 27 Stücke von William Shakespeare in der Übersetzung von Erich Fried. Berlin, Frankfurt [4]1995

Shakespeare, William: Sämtliche Werke. Übers. von August Wilhelm Schlegel und Ludwig Tieck. Berlin 1975

Shakespeare, William: King Lear / Konig Lear. Übers. von Raimund Borgmeier u. a. Stuttgart 1973

Shakespeare, William: Macbeth. Übers. von Frank Günther. München 1995

Shakespeare, William: Richard III. Übers. von Thomas Brasch. Frankfurt 1985

Shakespeares Dramatische Werke. Hg. von Max Koch. Bd. 12. In: Cotta'sche Bibliothek der Weltliteratur. Stuttgart o. J.

Shaw, Ian, und Paul Nicholson (Hg.): Reclams Lexikon des alten Ägypten. Stuttgart 1998
Siebler, Michael: Troia. Stuttgart 2001
Simek, Rudolf: Religion und Mythologie der Germanen. Darmstadt 2003
Simon, Adam (Regie): Carnosaurus. Film, USA 1993
Simon, Erika: Die Götter der Griechen. München ^{3}1985
Simon, Erika: Stumme Masken und sprechende Gesichter. In: Thilo Schabert (Hg.): Die Sprache der Maske. Würzburg 2002
Simon, Gérard: Der Blick, das Sein und die Erscheinung in der antiken Optik. München 1992
Simrock, Karl: Die deutschen Sprichwörter – Gesammelt. Frankfurt 1846. Nachdruck Dortmund 1978
Singer, Wolf: Keiner kann anders, als er ist. In: FAZ, 8. 1. 2004
Sivry, Sophie de, und Philippe Meyer (Hg.): Die Kunst des Schlafs. Wien ^{2}1997
Slawik, Eckhard, und Uwe Reichert: Atlas der Sternbilder. Heidelberg und Berlin 1998
Sloterdijk, Peter: Der Denker auf der Bühne. Frankfurt 1986
Sloterdijk, Peter (im Gespräch mit H.-J. Heinrichs): Kosmische Quartiere. In: Lettre 46 / 1999
Städelsches Kunstinstitut u. a. (Hg.): Mehr Licht. – Europa um 1770. München 1999
Starobinski, Jean: Besessenheit und Exorzismus – Drei Figuren der Umnachtung. Percha und Kempfenhausen 1976
Steinecke, Hartmut: Kommentar in: E. T. A. Hoffmann: Fantasiestücke in Callot's Manier. Frankfurt 2006
Steinmann, Kurt (Hg.): Archilochos. Frankfurt 1998
Stierle, Karlheinz: Der Mythos von Paris. München 1993
Stingelin, Martin: Kein Grund zur Hysterie. In: FAZ, 10. 3. 2003
Stolz, Matthias: Deutschlandkarte Lange Nächte. In: Zeitmagazin, 30 / 2010
Strauss, Barry: Der Trojanische Krieg. Stuttgart 2008
Strauß, Botho: Mikado. München und Wien 2006
Sturm, Dieter, und Klaus Völker (Hg.): Von denen Vampiren oder Menschensaugern. München ^{3}1973
Sue, Eugène: Die Geheimnisse von Paris (1843). 3 Bände. Frankfurt 1988
Süddeutsche Zeitung, 6. 11. 2009: Schreien auf französisch. Schon Neugeborenen hört man die Mutterspache an

Sundermann, Werner: Der Sermon vom Licht-Nous. Berlin 1992
Tadié, Jean-Yves: Marcel Proust. Frankfurt 2008
Tausendundeine Nacht: Enno Littmann (Hg.): Die Erzählungen aus den Tausendundein Nächten. 12 Bde. Frankfurt 1976
Tausendundeine Nacht. Übers. von Claudia Ott. München 2004
Teichmann, Frank: Die griechischen Mysterien. Stuttgart 2007
Teresa von Avila: Die Seelenburg der hl. Theresia von Jesu. In: Dies.: Sämtliche Schriften Bd. 5. München und Kempten [9]1997
Teresa von Avila: Von der Liebe Gottes. Frankfurt 1984
The Digital Library of English Literature. Digitale Bibliothek. Frankfurt 2004
Theresia von Jesu, siehe Teresa von Avila
Theunissen, Michael: Pindar – Menschenlos und Wende der Zeit. München 2000
Thiel, Thomas: Navigieren – Bruno Latour über das Netz. In: FAZ, 16. 6. 2010
Thies, Heinrich: Die Banalität des Bösen. In: HAZ 10. 5. 2008
Thies, Heinrich: Zu Besuch bei Verwandten aus der Bronzezeit. In: HAZ, 28. 12. 2009
Thomson, George: Frühgeschichte Griechenlands und der Ägäis. Berlin (Ost) 1960
Tieck, Ludwig: Werke in einem Band. Hamburg 1967
Tieck, Ludwig: Der Blaubart – Ein Märchenspiel in fünf Akten. In: Ders.: Phantasus. Schriften in 12 Bdn., Bd. 6. Frankfurt 1985
Tomasello, Michael: Die Ursprünge der menschlichen Kommunikation. Frankfurt 2009
Tononi, Giulio und Gerald M. Edelman: Gehirn und Geist. München 2002
Träger, Jörg: Renaissance und Religion. München 1997
Treichler, Hans Peter: Die magnetische Zeit – Alltag und Lebensgefühl im frühen 19. Jahrhundert. Zürich 1988
Très Riches Heures, Die ~ des Jean Duc de Berry im Musée Condé Chantilly. München 1989
Treusch-Dieter, Gerburg: Die Spindel der Notwendigkeit. In: Ästhetik und Kommunikation 47, 1982
Tripp, Edward (Hg.): Reclams Lexikon der Antiken Mythologie. Stuttgart [6]1999
Tschuang Tse: Der Schmetterlingstraum. In: M. Gsteiger (Hrg.): Träume in der Weltliteratur. Zürich 1999

Tyson, Neil de Grasse: Merlins Reise durch das Universum. München 1997
Uhland, Ludwig: Gedichte. In: Ders.: Werke. Bd. 1. München 1980, S. 253; Dig.Bib. D. Lyr.
Uslar, Detlev v.: Tagebuch des Unbewussten. Würzburg 2003
Uther, Hans-Jörg (Hg.): Deutscher Sagenschatz. München 2000
Uther, Hans-Jörg (Hg.): Deutsche Märchen und Sagen. Dig.Bib. Bd. 80, Berlin ²2004
Uther, Hans-Jörg (Hg.), Europäische Märchen und Sagen. Dig.Bib. Bd. 110. Berlin 2004
Vergil: Aeneis. 7. und 8. Buch. Stuttgart 2001
Vernant, Jean-Pierre: Tod in den Augen – Figuren des Anderen im griechischen Altertum: Artemis und Gorgo. Frankfurt 1988
Vernant, Jean-Pierre: Mythos und Religion im alten Griechenland. Frankfurt und New York 1995
Vernant, Jean-Pierre: Zwischen Mythos und Politik. Berlin 1997
Vernant, Jean-Pierre: Götter und Menschen. Köln 2000
Vernant, Jean-Pierre (Hg.): Der Mensch der griechischen Antike. Essen 2004
Verny, Thomas, und John Kelly (1981): Das Seelenleben des Ungeborenen. München 1981
Villiers, Jean-Marie de L'Isle-Adam: Grausame Geschichten (1838). Frankfurt 1985
Vilsteren, Vincent v., u.a. (Hg.): 100 000 Jahre Sex. Zwolle und Stuttgart 2003 / 2004
Vogel, Matthias: Sehen im Dunkeln. In: NZZ, 14. 7. 2001
Volborth, Carl-Alexander v.: Fabelwesen der Heraldik. Stuttgart und Zürich 1998
Vollmann, Rolf: Shakespeares Arche. Nördlingen 1988
Vollmer, Wilhelm: Wörterbuch der Mythologie (1836). Neubearb. Von W. Binder, Stuttgart ³1874; siehe Digitale Bibliothek Bd. 17. Berlin ²2004
Voragine, siehe Jacobus de Voragine
Voss, Julia: Wüten wie ein Pestbazillus. In: FAZ, 3. 5. 2008
W., R.: Zwei Augenzellen sorgen für Bewegung (Ringelwurmlarve). In: FAZ, 26. 11. 2008
Wahrig, Gerhard: Deutsches Wörterbuch. [Gütersloh] 1980
Walde, Christine: Die Traumdarstellungen in der griechisch-römischen Dichtung. München und Leipzig 2001

Wallace, William E.: Michelangelo – Skulptur, Malerei, Architektur. Köln 1999
Walpole, Horace: Schloss Otranto (1764). Bergisch Gladbach 1983
Walpole, Horace: The Castle of Otranto (1765). Oxford 1964. In: The Digital Library of English Literature. Frankfurt 2004
Walser, Martin: Ein liebender Mann. Reinbek 2008
Wander, K. F. W. (Hg.): Deutsches Sprichwörter-Lexikon (1867). 5 Bände. Augsburg 1987
Warburg, Aby: Werke in einem Band. Frankfurt 2010
Wartke, Ralf-Bernhard: Alles für die Fruchtbarkeit. In: FAZ, 26. 4. 2003
Wasson, R. Gordon, Carl A. P. Ruck und Albert A. Hofmann: Der Weg nach Eleusis. Frankfurt 1984
Wawrzyn, Lienhard (Hg.): Der Automatenmensch. Berlin 1976
Weeber, Karl-Wilhelm: Nachtleben im alten Rom. Darmstadt 2004
Weihe, Richard: Die Paradoxie der Maske. München 2004
Weininger, Otto: Geschlecht und Charakter. Wien 1926
Weinrich, Harald: Lethe – Kunst und Kritik des Vergessens. München 2005
Weinrich, Harald: Vom Schreiben auf Papier und anderen Wundern. Festrede zur Verleihung des A.-v.-Chamisso-Preises 2005; im Internet unter «Robert-Bosch-Stiftung»
West, Martin L.: The Date of the Iliad. In: Museum Helveticum 52, 1995
West, Martin (Hg.): Hesiod: Theogonie. Oxford 1971
Wetzel, Michael: Die Wahrheit nach der Malerei. München 1997
Wieczorek, Alfried, u.a. (Hg.): Mumien – Der Traum vom ewigen Leben. Mainz 2007
Wiegel, Hildegard: Neuer Wein in alten Schläuchen. In: FAZ, 15. 5. 2008, S. 34
Wieland, Christoph Martin: Comische Erzählungen. In: Ders.: Werke. Bd. 4. München 1964
Windgätter, Christof: Kriegsgewinne für die Seelenkunde – Etikette des Wissens: Die Corporate Identity der Psychoanalyse. In: FAZ, 9.7. 2008
Wilkinson, R. H.: Die Welt der Götter im alten Ägypten. Stuttgart 2003
Wilson, Ian: Das Turiner Grabtuch. München 1999
Winkler, John: Der gefesselte Eros. Marburg 1994
Wittgenstein, L.: Wiener Ausgabe – «The Big Typescript». Wien 2000
Wodin, Natascha: Nachtgeschwister. München 2009
Wohlers, Christian: Einleitung. In: Descartes: Meditationen. Hamburg 2009

Wölfel, Claudia: Erwägungen zur künstlichen Beleuchtung von Skulptur. In: Wolf-Dieter Heilmeyer und Wolfram Hoepfner (Hg.): Licht und Architektur. Tübingen 1990

Wolter, Christine: Begebnisse und Leidenschaften. Nachwort. In: Matteo Bandello: Novellen. Berlin 1988

Wulf, Christoph (Hg.): Vom Menschen. Weinheim 1997

Xenophon: Sokratische Denkwürdigkeiten. Frankfurt 1998

York Project, The (Hg.): 25 000 Meisterwerke – Gemälde, Zeichnungen, Grafiken. Berlin ²2005; auch in: Dig.Bib., 2. Jubiläumsausgabe, Berlin 2007

Zajonc, Arthur: Die gemeinsame Geschichte von Licht und Bewusstsein. Reinbek 1994

Zapperi, Roberto: Das Inkognito. München 1999

Zäunemann, Sidonia Hedwig: Poetische Rosen in Knospen. Erfurt 1738. In: Dig.Bib. D. Lit.

Zedelmaier, Helmut: Lesen in der frühen Neuzeit. Internet, Uni München. 2005

Ziegler, Konrat und Walther Sontheimer (Hg.): Der Kleine Pauly – Lexikon der Antike. München 1979

Zielinski, Siegfried: Einschwingen und Auslenken. In: Tom Fecht und Dietmar Kamper (Hg.): Umzug ins Offene. Wien und New York 1998

Zillig, W. (Hg.): Gutes Benehmen: Anstandsbücher von Knigge bis heute. Dig.Bib., Bd. 108, Berlin 2004

Zimmer, Katharina: Wer sind wir nachts? München 1996

Zimmermann, Bernhard.: Europa und die griechische Tragödie. Frankfurt 2000

Zimmermann, Joerg (Hg.): Ästhetik und Naturerfahrung. Stuttgart-Bad Cannstatt 1996

Zöllner, Frank: Das Monster und die Männerphantasien. In: FAZ, 30. 6. 2008

Verzeichnis der Siglen

Alb.	Albert, Karl (Hg. und Übers.): Hesiod Theogonie. Kastellaun 1978
Adelung	Adelung, Johann Christoph: Grammatisch-kritisches Wörterbuch der hochdeutschen Sprache. Leipzig 1793. In: Digitale Bibl. Bd. 40. Berlin 2001
B-S	Brillat-Savarin, Jean-Anthèlme: Physiologie des Geschmacks. Frankfurt 1979
Barthes	Barthes, Roland: Brillat-Savarin-Lektüre. (1975) In: Das Rauschen der Sprache. Frankfurt 2006
Dig.Bib. D. Lit	Digitale Bibliothek Bd. 1: Deutsche Literatur von Lessing bis Kafka. Berlin 2004
Dig.Bib. D. Lit. Groß	Digitale Bibliothek, Jubiläumsausgabe 1.1 Update: Deutsche Literatur von Luther bis Tucholsky – Großbibliothek. Berlin 2008
Dig.Bib. D. Lyr.	Die digitale Bibliothek der Deutschen Lyrik. Frankfurt 2003
Dig.Bib. D. März.	Die digitale Bibliothek der deutschen Märchen und Sagen. Frankfurt 2004
Dig.Bib. Dicht. Ant.	Digitale Bibliothek Bd. 30: Dichtung der Antike. Berlin 2000
Dig.Bib. Eur. Märch.	Digitale Bibliothek Bd. 110: Europäische Märchen und Sagen. Berlin 2004
Dig.Bib. Phil.	Digitale Bibliothek Bd. 2: Philosophie von Platon bis Nietzsche. Berlin ^{3}2004
Duden Herk.	Duden: Das Herkunftswörterbuch. Mannheim u.a. 1963
FAS	Frankfurter Allgemeine Sonntagszeitung
FAZ	Frankfurter Allgemeine Zeitung
Fränkel	Fränkel, Hermann: Dichtung und Philosophie des frühen Griechentums. München 1993
Gilg.	Das Gilgamesch-Epos. Hg. und übers. von Stefan M. Maul. München 2005
Gr. Myth.	Robert Ranke-Graves: Griechische Mythologie. 2 Bände. Reinbek ^{7}1974

Hal.	Hallof, Luise, und Klaus (Hg.): Hesiod: Werke. Berlin und Weimar 1994
Ham.	Hampe, Roland (Hg. und Übers.): Homer: Ilias. Stuttgart 1997
HAZ	Hannoversche Allgemeine Zeitung
Hom. Hymn.	Homerische Hymnen. In: Homer: Odyssee und Homerische Hymnen. München 1990
Hwb. Abergl.	Hanns Bächthold-Stäubli und Eduard Hoffmann-Krayer (Hg.): Handwörterbuch d. deutschen Aberglaubens. Augsburg 2005
HWPh.	Ritter, Joachim, u. a. (Hg.): Historisches Wörterbuch d. Philosophie. Basel 1971–2007
Il.	Homer: Ilias; übersetzerneutral, meistens übers. von Hans v. Rupé, Zürich ^{10}1994
Kindler	Kindlers Literaturlexikon im dtv. München 1974
Kirk	Kirk, Geoffrey S., John E. Raven und Malcolm Schofield: Die vorsokratischen Philosophen. Stuttgart und Weimar 1994
Kl. Pauly	Ziegler, Konrat, und Walther Sontheimer (Hg.): Der Kleine Pauly – Lexikon der Antike in fünf Bänden. München 1979
Kluge Etym.	Kluge, Friedrich (Hg.): Etymologisches Wörterbuch d. deutschen Sprache. Berlin und New York ^{23}1999
KNLL	Jens, Walter (Hg.): Kindlers Neues Literatur-Lexikon. Reinbek 1996; digital: München 2002
NT	Das Neue Testament und frühchristliche Schriften. Hg. von Klaus Berger und Christiane Nord. Frankfurt 1999
NZZ	Neue Zürcher Zeitung
Od.	Homer: Odyssee, übersetzerneutral, meistens Weiher
Od. Ham.	Homer: Odyssee. Übers. von Roland Hampe, Stuttgart 1995
Paralipomena	Bohnenkamp, Anne: «… das Hauptgeschäft nicht außer Augen lassend» – Die Paralipomena zu Goethes «Faust». Frankfurt 1994
Rupé	Homer: Ilias. Hg. und übers. von H. v. Rupé. Zürich ^{16}1994

Scha.	Homer: Ilias. Übers. von Wolfgang Schadewaldt. Frankfurt 1975
Th.	Hesiod: Theogonie, unabhängig von den verwendeten Textausgaben
v. Sch.	Hesiod: Theogonie – Werke und Tage. Hg. und übers. von Albert von Schirnding. Düsseldorf und Zürich ²1997
v. Sche.	Hesiod: Sämtliche Werke. Übers. von Thassilo v. Scheffer. Bremen 1984
Wander	Wander, Karl Friedr. Wilh. (Hg.): Deutsches Sprichwörter-Lexikon (1867). Augsburg 1987
WuT	Hesiod: Werke und Tage. In: Albert von Schirnding (Hg. und Übers.): Hesiod: Theogonie – Werke und Tage. Düsseldorf und Zürich ²1997

Bildnachweis

Abb. 1, Foto: Toni Kretschmer, Gestaltung: SPOG – Agentur für Ideen 23/ Abb. 2, Klassik Stiftung Weimar, Musseen 221/ Abb. 3, Wikipedia 267/ Abb. 4, D-DAI-ATH-NM 5390, Fotograf: Eva-Maria Czakó 334/Abb. 5, akg-images/Erich Lessing 480/Abb. 6, Zentralbibliothek Zürich Graphische Sammlung und Fotoarchiv 655/Abb. 7, akg-images 771/Abb. 8, akg-images/Maurice Babey 815/Abb. 9, Klassik Stiftung Weimar, Museen 935/ Abb. 10, bpk/Muséum national d'Histoire naturelle, Dist. RMN 972/ Abb. 11, Martin von Wagner Museum der Universität Würzburg 1082/ Abb. 12, Privatsammlung 1160/Abb. 13, MAN 1198/Abb. 14, Kunsthistorisches Museum, Wien 1230